ATLAS
ENCYCLOPÉDIQUE
MONDIAL

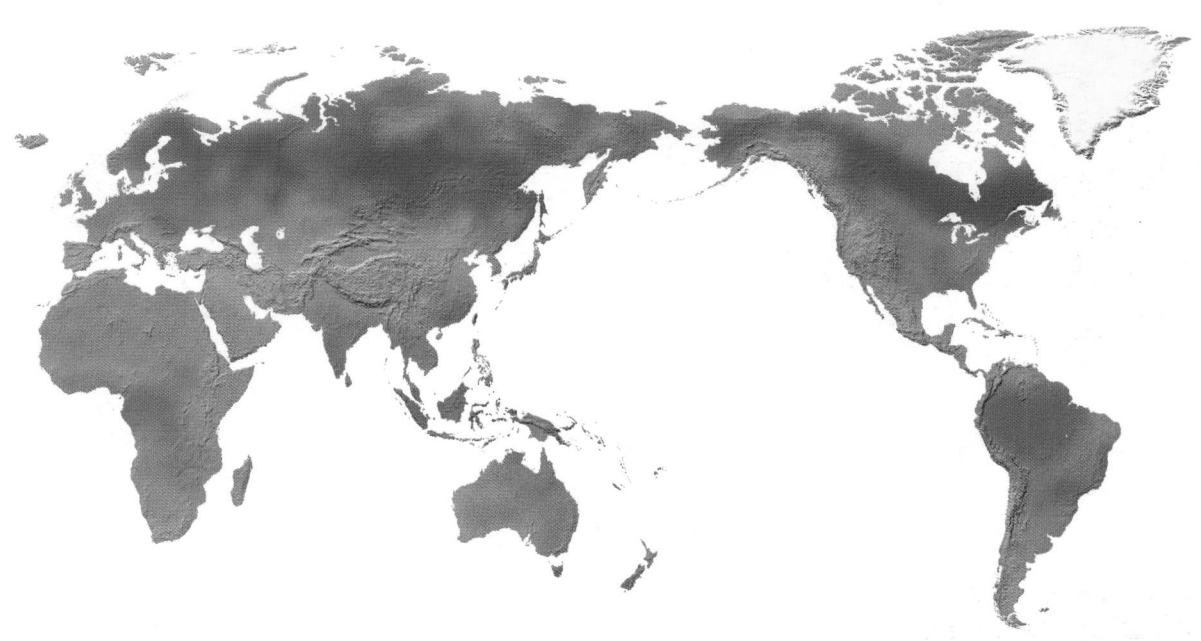

Libre Expression
@ QUEBECOR MEDIA

UN LIVRE DE DORLING KINDERSLEY
www.dk.com

POUR LA SIXIÈME ÉDITION

DIRECTEUR ÉDITORIAL
Andrew Heritage

RESPONSABLE CARTOGRAPHE
David Roberts

RESPONSABLE ÉDITORIAL CARTOGRAPHE
Simon Mumford

COORDINATION
Phil Rowles

SIXIÈME ÉDITION MISE À JOUR ET ÉDITÉE PAR
Centre de Références International sur les Questions d'Actualités, Cambridge (CIRCA)

CHEF DE PROJET
Catherine Jagger

SUPERVISION ÉDITORIALE
Roger East

ÉDITEURS : Richard J. Thomas, Philippa Youngman, Matthew Cann

GRAPHIQUES : Jenny Durham, Alex Yedigaroff

BASES DE DONNÉES : Carolyn Postgate, Kate Yedigaroff

RESPONSABLES ÉDITORIAUX ET RECHERCHES
John Coggings, Alan Day, Ian Gorvin, Helen Hawkins, Lawrence Joffe, Frances Nicholson, Farzana Shaikh, Jo Skelt, Paul Sutton

---

NUMÉRISATION : Nina Blackett, Nishi Bhasin, Pooja Huria

RECHERCHE ICONOGRAPHIQUE : Louise Thomas

CARTOGRAPHIE : Dorling Kindersley

DIRECTION ÉDITORIALE
Andrew Heritage
RESPONSABLES ÉDITORIAUX
Ian Castello-Cortes, Wim Jenkins
CHEFS DE PROJET-ÉDITION
Debra Clapson, Catherine Day,
Jo Edwards, Jane Oliver
ÉDITEURS
Alastair Dougall, Ailsa Heritage,
Nicholas Kynaston, Lisa Thomas,
Susan Turner, Chris Whitwell,
Elizabeth Wyse
ASSISTANCE ÉDITORIALE
Sam Atkinson, Louise Keane,
Zoë Ellinson, Caroline Lucas, Sophie
Park, Laura Porter, Jo Russ,
Crispian Martin St. Valery,
Sally Wood, Ulrike Fritz-Weltz
RELECTEURS
Jane Bruton, Reg Grant,
Ann Kramer, Lesley Riley

DIRECTION ARTISTIQUE
Philip Lord, Chez Picthall

CHEFS DE PROJET-DESIGN
Martin Biddulph, Scott David,
Carol Ann Davis, David Douglas,
Yahya El-Droubie, Karen Gregory

DESIGN
Tony Cutting, Rhonda Fisher,
Nicola Liddiard, Katy Wall

ASSISTANCE ARTISTIQUE
Paul Bayliss, Carol Ann Davis,
Adam Dobney, Kenny Laurenson,
Paul Williams

RESPONSABLE NUMÉRISATION
Nina Blackett

FABRICATION
Wendy Penn

CHEFS DE PROJET-CARTOGRAPHIE
Caroline Bowie, Ruth Duxbury, James
Mills-Hicks, John Plumer, Julie
Turner

CARTOGRAPHES
James Anderson, Dale Buckton, Roger
Bullen, Tony Chambers, Jan Clark,
Tom Coulson,
Martin Darlinson, Claire Ellam,
Julia Lunn, Michael Martin,
Alka Ranger, Peter Winfield,
Claudine Zante

RECHERCHE ICONOGRAPHIQUE
Alison McKittrick, Sarah Moule,
Christina Rista, Louise Thomas

GESTION DES BASES DE DONNÉES
Simon Lewis

INDEXATION
Margaret Hynes, Julia Lynch, Barbara
Nash, Jayne Parsons,
Janet Smy

Cette édition a d'abord été publiée en Grande-Bretagne par Dorling Kindersley Limited,
80 Strand, Londres WC2R ORL - htpp:/www-dk-com
Copyright © 1994, 1995, 1996, 1998, 2000, 2002, 2003, 2004 Dorling Kindersley Limited, London

---

POUR LA VERSION FRANÇAISE

DIRECTION ÉDITORIALE
Sylvie Zucco

TRADUCTION
Cécile Arnaud, Véronique Bayle,Catherine Cosquer, Ysis Delisle, Véronique Dreyfus, Françoise Fauchet,
Magali Guenette, Christain Muguet, Emmanuel Pailler, Julie Sibony

RELECTURE
Marie Bondeelle, Catherine de Bernis, Olivia Dejean, Didier Delacroix, Christine Desnos, Gilbert Gié,
Françoise Malvezin, Marie-Christine Raguin, Caroline Regnaut-Labord, Blandine Veith, Claudine Vergé

RECHERCHE
André Bastien

Copyright © 1996 pour la 1re édition, 1997 pour la 2e édition mise à jour, 1998 pour la 3e édition, 2002 pour la 4e édition mise à jour,
2004 pour la 5e édition mise à jour
Nathan, pour la traduction française
Copyright © 2004 Libre Expression pour l'édition française au Canada
ISBN 2-7648-0155-6

Avant-Propos

Concevoir un atlas encyclopédique mondial avec la pleine conscience de l'instabilité du monde tenait de la gageure. Les modèles politiques et les personnalités surgissent et disparaissent, tandis que des changements viennent régulièrement modifier le paysage culturel mondial au gré des évolutions des idées et des mouvements de population. Toutes les informations rassemblées dans cet atlas encyclopédique ont été puisées aux sources mêmes des référentiels qui font autorité dans chaque domaine concerné, pour fournir les données le plus à jour. Notre équipe composée de conseillers spécialisés, de rédacteurs, de graphistes et de cartographes a cherché non seulement à expliciter le sens de toutes ces informations, à les replacer dans un contexte clair et dynamique, mais aussi à les présenter de telle façon qu'elles restent pertinentes dans le temps, malgré les bouleversements qui agitent chaque jour le monde. Cette nouvelle édition, qui a reçu l'*imprimatur* du *Financial Times*, a été entièrement revue et mise à jour, afin de rendre compte des changements et évolutions récents. Elle comprend les toutes dernières données statistiques, et plus de 60 nouvelles photographies.

Nous tenons à remercier les nombreux conseillers et collaborateurs dont la persévérance, le soin et l'attention portés aux détails ont permis la réalisation de cet ouvrage.

Conseillers Mondiaux

Anthony Goldstone, Éditeur senior pour l'Asie et le Pacifique ;
Le Bureau de renseignements de *The Economist* (Londres) ;
Professeur Jack Spence, Directeur d'Études à l'Institut Royal des Affaires Internationales (Londres).

Conseillers Régionaux

Asie
Anthony Goldstone, Londres

États-Unis
Michaël Elliot, Rédacteur à la rubrique diplomatie
Newsweek, Washington DC

Afrique
James Hammill, Assistant en Politiques africaines
à l'Université de Leicester
Kaye Whiteman, Rédacteur en chef
de *West Africa Magazine* (Londres)

Europe
John Ardagh (Londres)
Rory Clarke, Éditeur senior pour l'Europe,
Le Bureau de renseignements de *The Economist* (Londres)
Charles Powell, Centre d'Études européennes
au Collège St Antony (Oxford)

Russie et Cei (Communauté des États Indépendants)
Martin McCauley, Maître Assistant à
l'École des Études slaves et est-européennes, Université de Londres

Moyen-Orient
John Whelan, ancien rédacteur en chef de
Middle East Economic Digest

Amérique Centrale et du Sud
Nick Caistor, Producteur, section
Amérique latine, BBC Service international

Pacifique
Jim Boutilier, Professeur d'Histoire,
École des Ponts et Chaussées, Victoria (Canada)

Caraïbes
Canute James, *Financial Times*
Kingston, Jamaïque

Ont collaboré à cet ouvrage :

Janice Bell, École des Études slaves et est-européennes, Université de Londres
Gerry Bourke, Correspondant en Asie de *The Guardian*, Islamabad
Vincent Cable, Directeur de Programme Économie Internationale
P.K. Clarke, MA, ancien Directeur de recherches en cartographie, ministère de la Défense
Ken Davies, Éditeur senior, Bureau de renseignements de *The Economist*, Londres
Roger Dunn, Analyste, Groupe de Contrôle des risques, Londres
Aidan Foster-Carter, Maître-assistant en Sociologie, Université de Leeds
Professeur Murray Forsyth, Centre d'études fédérales, Université de Leicester
Natasha Franklin, École des Études slaves et est-européennes, Londres
Adam Hannestad, *Blomberg Business News*, Copenhague
Peter Holden, Département des Recherches de *The Economist*, Londres
Tim Jones, Knight Ritter, Bruxelles
Angella Johnstone, Correspondant des Affaires Intérieures de *The Guardian*, Londres
Oliver Keserü, Chambre de Commerce International, Paris
Robert Macdonald, Bureau de renseignements de *The Economist*
William Mader, ancien responsable du Bureau Européen de *Time Magazine*, Washington
Professeur Brian Matthews, Institut des Études du Commonwealth, Londres
Nick Middleton, Collège Oriel, Oxford
Professeur Mya Maung, Département des Finances, Collège de Boston, Massachusetts
Judith Nordby, Université de Leeds
Simon Orme, Londres

Professeur Richard Overy, département Histoire, Collège King, Londres
Steve Percy, Service Est-Asie, BBC Service International
Douglas Rimmer, membre honoraire senior de recherches,
Centre d'études ouest-africaines, Université de Birmingham
Donna Rispoli, Collège Linacre, Oxford
Ian Rodger, *The Financial Times*, Zürich
Institut Royal des Affaires Internationales de Londres
Struan Simpson, Centre de recherches St James, Londres
Julie Smith, Collège Brasenose, Oxford
Elisabeth Spencer, Londres
Michiel Van Kuyen, Université Erasmus, Rotterdam
Steven Whitefield, Collège Pembroke, Oxford
Georgina Wilde, Directeur régional d'Asie et du Pacifique,
Bureau de renseignements de *The Economist*, Londres
H.P. Willmott, Professeur invité, département des Stratégies et Opérations Militaires,
Collège National de l'Armée, Washington
Andrew Wilson, Collège Sydney Sussex, Cambridge
Tom Wingfield, de l'agence Reuters, Bangkok
Centre international de contrôle et de défense de l'environnement, Cambridge
CIRCA, Centre d'Informations de Recherches et de Références, Cambridge, RU

SOMMAIRE

2
LES PAYS DU MONDE

1
LE MONDE

Territoires et Dépendances d'Outre-Mer

3
INDEX

INTERPRÉTATION DES GRAPHIQUES ET DES SYMBOLES

LES ICÔNES ET LES INDICATEURS DE TENDANCE peuvent varier, et toutes les variantes ne sont pas présentées sur ces pages. Ces variantes sont constituées de plusieurs symboles groupés au sein d'un même icône ou d'un même indicateur de tendance.

CLIMAT

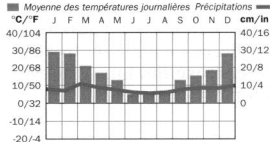

Les données indiquées sont celles de la capitale. Elles indiquent les moyennes estivales et hivernales.

TRANSPORTS

 Principal aéroport international du pays et nombre annuel de passagers

 Nombre total de navires de la flotte marchande nationale

RÉSEAU DE TRANSPORT
Les infrastructures de communications nationales sont quantifiées en kilomètres et en miles.

 Étendue du réseau routier national

 Étendue des autoroutes et des routes nationales importantes

 Étendue du réseau ferroviaire adapté au transport de marchandises

 Étendue des voies navigables adaptées au transport de marchandises

TOURISME

 Nombre de touristes par an, y compris les hommes d'affaires

 Indicateurs de tendance : hausse/stabilité/baisse du nombre de visiteurs

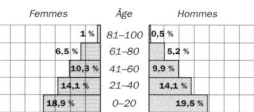

À chaque pays correspondent une présentation de son activité touristique ainsi que des explications lorsque celle-ci est marginale. Le graphique présente la répartition en pourcentage des visiteurs selon leur pays d'origine.

PROFIL DU PAYS

 Date d'indépendance ou de formation du pays

 Date d'établissement des frontières actuelles

 Jour de la fête nationale

POPULATION

 Principales langues parlées par ordre décroissant d'importance

 Densité moyenne de la population du pays

 Ce diagramme présente la répartition en pourcentage des habitants selon leurs convictions religieuses.

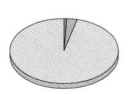 Ce diagramme présente la répartition en pourcentage des habitants selon leur appartenance ethnique.

89 %   **11 %**

Ce graphique représente la répartition en pourcentage des citadins (gris) et des ruraux (vert).

Femmes	Âge	Hommes
1 %	81–100	0,5 %
6,5 %	61–80	5,2 %
10,3 %	41–60	9,9 %
14,1 %	21–40	14,1 %
18,9 %	0–20	19,5 %

% de la population par tranche d'âge

Ce graphique présente la répartition par tranches d'âge de la population, ce qui fournit des données intéressantes sur la démographie du pays.

POLITIQUE

 Date des dernières et des prochaines élections. Lorsque la date ne peut être déterminée, le terme incertain apparaît à la place de la date.

 Nom du chef de l'État. Il est fréquent que cette fonction soit nominale et que le chef de l'État ne soit pas la personne qui ait le plus de pouvoir.

Ce graphique présente la répartition des sièges au sein du parlement selon les résultats enregistrés par les partis aux dernières élections législatives du pays.

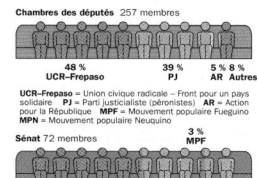

Chambres des députés 257 membres

48 % UCR–Frepaso   39 % PJ   5 % AR   8 % Autres

UCR–Frepaso = Union civique radicale – Front pour un pays solidaire   PJ = Parti justicialiste (péronistes)   AR = Action pour la République   MPF = Mouvement populaire Fueguino   MPN = Mouvement populaire Neuquino

Sénat 72 membres

54 % PJ   25 % UCR–Frepaso   3 % MPN   15 % Autres   3 % MPF

 Code du pays sur les plaques d'immatriculation

 Décalage horaire (heures en plus ou en moins par rapport à l'heure GMT)

Indicatif téléphonique international

 Suffixe Internet du pays

POLITIQUE EXTÉRIEURE

 L'abréviation qui figure sur le drapeau indique que le pays est membre de cette organisation.

 Les drapeaux gris indiquent que le pays ne fait partie d'aucune autre organisation internationale.

AIDE INTERNATIONALE

 Le montant net des aides internationales versées ou perçues est indiqué en dollars US.

 Ces symboles indiquent si le montant des aides versées ou perçues tend à croître, à stagner ou à diminuer.

DÉFENSE

 Ce chiffre correspond au montant du budget annuel du pays affecté à la défense.

 Ces symboles indiquent si le montant du budget de la défense tend à croître, à stagner ou à diminuer.

FORCES ARMÉES
Ces icônes représentent les principaux corps d'arme de l'armée du pays.

 Armée de terre : équipement et effectifs

 Marine nationale : équipement et effectifs

Armée de l'air : équipement et effectifs

Arme nucléaire : matériel détenu

ÉCONOMIE

 Produit national brut (PNB) - la valeur totale des biens et des services produits par un pays.

 Cours moyen du dollar US dans la devise du pays. Certaines devises sont trop instables pour pouvoir donner un chiffre significatif.

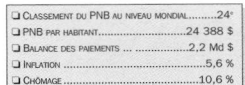

❑ Classement du PNB au niveau mondial	24ᵉ
❑ PNB par habitant	24 388 $
❑ Balance des paiements	2,2 Md $
❑ Inflation	5,6 %
❑ Chômage	10,6 %

Les chiffres significatifs sont destinés à donner une vue d'ensemble de l'économie du pays. Le produit national brut (PNB) comprend les revenus provenant des investissements et des entreprises d'un pays installées sur le territoire national ou à l'étranger. La balance des paiements est la différence entre les entrées et les sorties de devises.

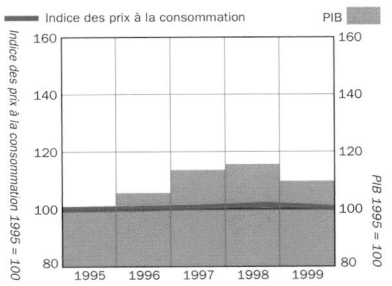

On peut lire sur le diagramme ci-dessus, l'évolution annuelle du PIB et des prix à la consommation.

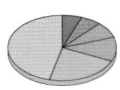 Le camembert ci-contre indique les pays d'où proviennent les principales importations.

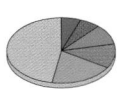 Le camembert ci-contre indique les pays vers lesquels s'effectuent les principales exportations.

RESSOURCES

 Pétrole produit en nombre de barils par jour ouvrable (b/j). Éventuellement, on indiquera la capacité de raffinage et les réserves de pétrole.

 Estimation des ressources animales

 Les principales réserves minérales sont données dans l'ordre décroissant de leur valeur économique.

 Pêche annuelle (si nécessaire)

Hydraulique 39 % (28 Md de kwh)	
Thermique 50 % (37 Md de kwh)	
Nucléaire 11 % (8 Md de kwh)	
Autres 0 %	

0   20   40   60   80   100
% de la production totale par type d'électricité

Ce tableau indique la part des différentes sources d'énergies utilisées dans la production d'électricité. On trouvera dans le corps du texte la liste des ressources de chaque pays.

ENVIRONNEMENT

 Part du territoire bénéficiant d'une protection ou d'une conservation nationale

 Émissions de CO_2 par habitant et tendance depuis 1990 (hausse/stabilité/baisse)

TRAITÉS ÉCOLOGIQUES
Pays signataire des traités internationaux de protection de l'environnement

 AIBT : le bois

 Protocole de Montréal : CFC

 CITES: espèces menacées

 Convention pour la biodiversité

 UNCLOS : pollution maritime

 Convention cadre changement climatique

MÉDIAS

 Liberté de la presse

 Contrôle partiel de la presse

 Sévères restrictions sur la liberté de la presse

Le chiffre indique le nombre de journaux qui circulent chaque jour, exprimé pour 1 000 habitants.

PRESSE ET TÉLÉCOMMUNICATIONS
Chaînes de télévision, stations de radio et journaux nationaux par importance et statut

 Principaux journaux nationaux

 Chaînes de télévision : publiques/privées

 Stations de radio : publiques/indépendantes

CRIMINALITÉ

 Statistiques sur la population carcérale (si disponibles)

 Les symboles indiquent la tendance générale des chiffres de la criminalité.

Meurtres	
4	pour 100 000 habitants

Viols	
5	pour 100 000 habitants

Vols	
431	pour 100 000 habitants

Cet encadré présente les chiffres officiels de la criminalité.

CHRONOLOGIE

Prenant pour point de départ un événement important dans l'histoire du pays, cet aperçu chronologique s'achève à notre époque.

ÉDUCATION

 Taux d'alphabétisation

 Nombre d'étudiants du supérieur

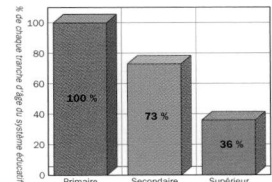

Ce graphique indique le taux de scolarisation pour chaque tranche d'âge.

L'enseignement primaire va jusqu'à 11 ans, le secondaire de 11 à 16/18 ans et le supérieur correspond aux études au-delà du secondaire.

SANTÉ

 Le nombre de médecins par habitant correspond à la moyenne nationale.

 Liste des principales causes de décès

RICHESSES

 Nombre de voitures pour 1 000 habitants

 Nombre de lignes téléphoniques pour 1 000 habitants

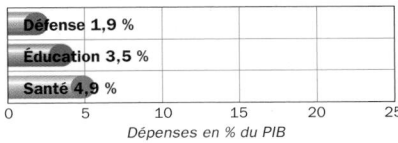

Défense 1,9 %	
Éducation 3,5 %	
Santé 4,9 %	

0   5   10   15   20   25
Dépenses en % du PIB

Pourcentage du PIB consacré aux dépenses de défense, d'éducation et de santé.

CLASSEMENT MONDIAL

Le classement mondial repose sur l'index de développement humain établi par l'ONU. Divers indicateurs ont été retenus de manière à couvrir toute une série de domaines d'ordre économique, médical, éducatif ou social.

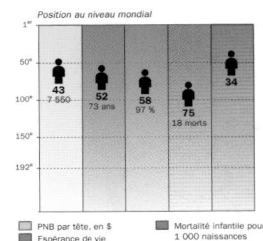

LE MONDE PHYSIQUE

SOULEVÉE, PLIÉE, CRAQUELÉE par les forces tectoniques, érodée par les vents, les pluies et la glace, la surface terrestre se modifie sans cesse. Résultat spectaculaire de séismes ou d'inondations, ces mutations sont parfois dramatiques. Le plus souvent, il s'agit cependant d'un processus étalé sur des millions d'années ; la carte du monde n'est qu'un cliché momentané de l'évolution de la planète Terre. La représentation orographique ci-dessous montre l'ensemble de la croûte terrestre, au-dessus et au-dessous du niveau de la mer. La taille du globe peut être mesurée de diverses manières : son diamètre équatorial est de 12 756 km, mais son diamètre polaire n'est que de 12 714 km. Océans et mers couvrent les deux tiers de sa surface et les fonds marins sont façonnés, comme la surface terrestre, par les mouvements tectoniques qui, depuis des millions d'années, créent ainsi sous l'eau chaînes volcaniques, profondes fosses, bassins et plateaux. Les courants marins brassent en permanence tout autour du monde les eaux chaudes et froides. Le plus grand océan est le Pacifique avec plus de 181 millions de km².

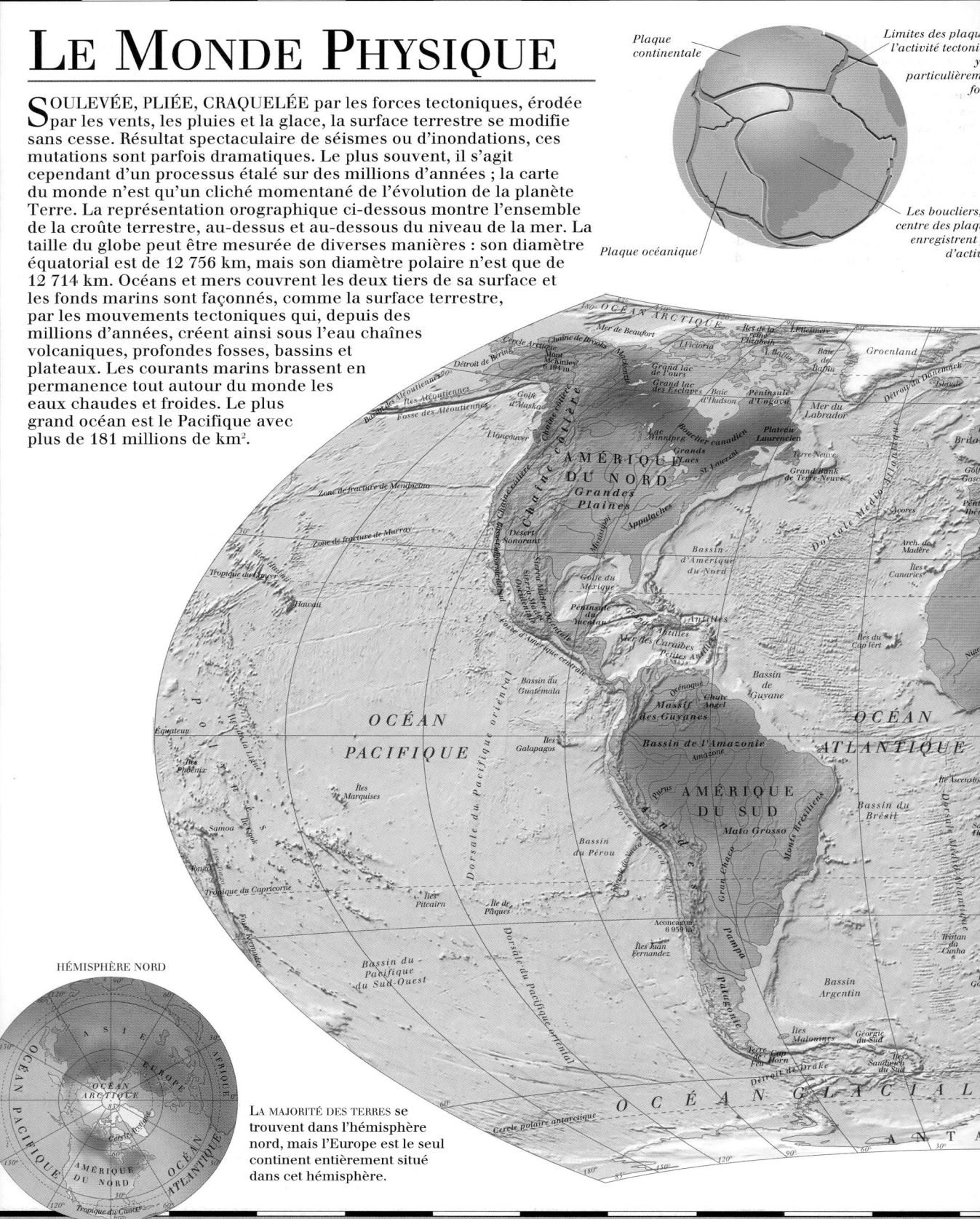

Plaque continentale

Limites des plaqu l'activité tectoni y particulièrem fo

Les boucliers, centre des plaq enregistrent d'activ

Plaque océanique

HÉMISPHÈRE NORD

LA MAJORITÉ DES TERRES se trouvent dans l'hémisphère nord, mais l'Europe est le seul continent entièrement situé dans cet hémisphère.

LA DYNAMIQUE TERRESTRE

LA CROÛTE TERRESTRE comprend huit grandes plaques tectoniques continentales ou océaniques, ainsi que d'autres plus petites. Ces plaques bougent en permanence, déclenchant en leur point de rencontre des éruptions volcaniques, des séismes, voire de gigantesques raz de marée, les tsunamis. Les plus hauts volcans nés de ce processus sont l'Aconcagua (6 959 m), en Argentine, et le Kilimandjaro (5 895 m), en Tanzanie. Tous deux sont désormais éteints. Ces mouvements ont aussi donné naissance à l'Himalaya (lors de la collision entre deux plaques) et aux îles Hawaii, créées par les déplacements de la plaque du Pacifique autour d'un « point chaud » de magma.

RÉGIONS GÉOGRAPHIQUES

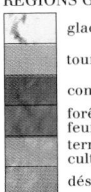 

glace		désert froid	
toundra		savane tropicale	
conifères		forêt pluviale tropicale	
forêt de feuillus		montagne	
terres cultivées		région sous-marine	
désert chaud			

TERRE - DONNÉES PHYSIQUES

PLUS HAUTES MONTAGNES
1 **Everest** . . . . 8 848 m
2 **K2** . . . . 8 611 m
3 **Kangchenjunga I** . . . . 8 590 m
4 **Makalu I** . . . . 8 463 m
5 **Cho Oyu** . . . . 8 201 m

PLUS LONGS FLEUVES
1 **Nil** . . . . 6 695 km
2 **Amazone** . . . . 6 516 km
3 **Yang Tsé Kiang** . . . . 6 380 km
4 **Mississippi-Missouri** . . . . 6 019 km
5 **Ob-Irtych** . . . . 5 570 km

PLUS GRANDS DÉSERTS
1 **Sahara** . . . . 9 065 000 km²
2 **Désert d'Australie** . . . . . . 3 750 000 km²
3 **Gobi** . . . . .1 295 000 km²
4 **Désert d'Arabie** . . . . 750 000 km²
5 **Sonoran** . . . . 311 000 km²

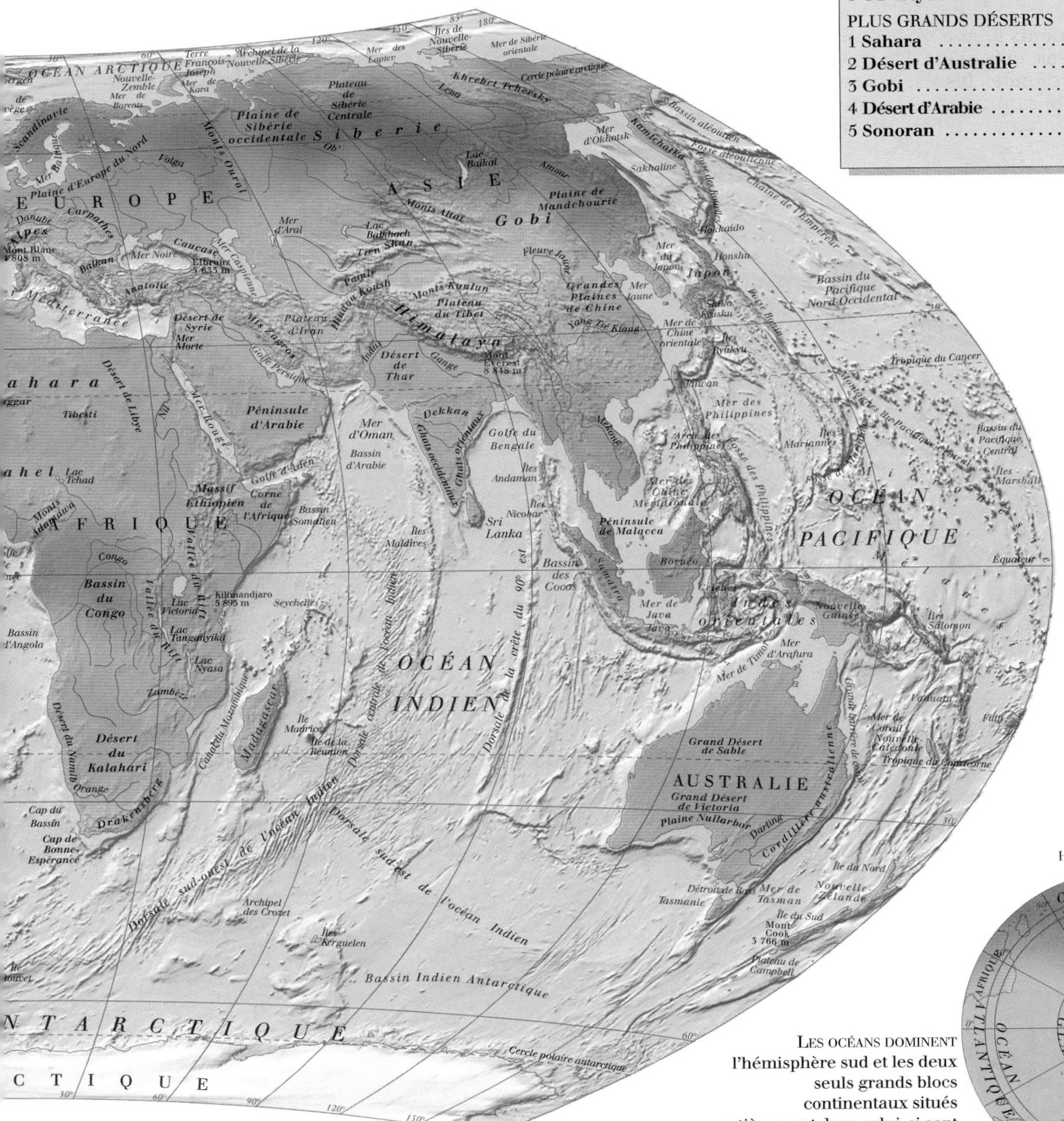

HÉMISPHÈRE SUD

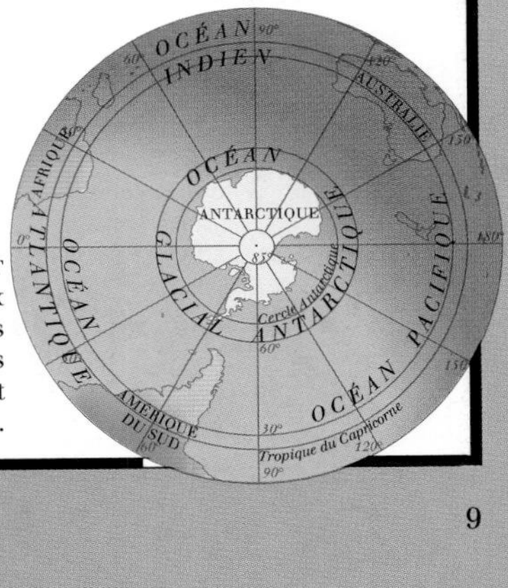

LES OCÉANS DOMINENT l'hémisphère sud et les deux seuls grands blocs continentaux situés entièrement dans celui-ci sont l'Australie et l'Antarctique.

LE MONDE POLITIQUE

AU DÉBUT DU XXIe SIÈCLE, le monde se composait de 193 pays indépendants ; le Timor oriental ayant accédé à l'indépendance en mai 2002. En 1950, on en comptait à peine 82. À l'exception de l'Antarctique, où les revendications territoriales ont été suspendues par traité international, chaque parcelle de la Terre appartient officiellement à un pays ou est revendiquée par un autre. Il reste environ 60 territoires d'outre-mer dépendants de pays tels que la France, l'Australie, le Danemark, la Nouvelle-Zélande, la Norvège, le Royaume-Uni, les États-Unis ou les Pays-Bas. La volonté d'autodétermination a incité beaucoup de peuples à s'affranchir du joug du colonialisme et de l'oppression qui ont marqué leur histoire. Dans bien des cas, lorsque cet élan vers l'indépendance avait une origine religieuse ou ethnique, les différends entre minorités ont aussi provoqué de violents conflits internes, mais beaucoup de nouveaux pays ont pu évoluer pacifiquement et réussir à établir de vraies démocraties. L'avènement de dictatures menées par des militaires et des despotes est souvent le résultat des luttes intestines pour le pouvoir qui caractérisent les premiers pas des nouvelles nations.

PLUS ANCIENS PAYS

Saint-Marin
301 ap. J.-C.

France
486 ap. J.-C.

Thaïlande
1238 ap. J.-C.

Danemark
950 ap. J.-C.

Andorre
1278 ap. J.-C.

Légende

Frontières reconnues
Frontières contestées
Frontières non définies
Limites des dépendances
insulaires d'un État
Limites des territoires
des États insulaires

Tristan da Cunha
(Sainte-Hélène)
Territoire rattaché à un État,
géré par un gouvernement
autonome

Île Gough
(Tristan
da Cunha)
Territoire sans gouvernement
autonome (le nom de l'État
dont il dépend figure entre
parenthèses)

FRONTIÈRES INTERNATIONALES

ON DISTINGUE TROIS grands types de frontières entre les États : les frontières reconnues et acceptées par la communauté internationale ; les frontières non définies, qui désignent l'absence de frontière nettement délimitées et fixes ; les frontières contestées, qui établissent *de facto* une limite territoriale décidée unilatéralement par un pays ou devant faire l'objet d'un arbitrage. Il existe des frontières litigieuses dans le monde entier : entre l'Inde et le Pakistan, mais aussi entre le Royaume-Uni et l'Irlande, ou encore en Israël.

PAYS AYANT LE PLUS DE VOISINS

1 Chine *14*: Afghanistan, Bhoutan, Birmanie, Corée du Nord, Fédération de Russie, Inde, Kazakhstan, Kirghizstan (ou Kirghizie), Laos, Mongolie, Népal, Pakistan, Tadjikistan, Viêt-nam.

2 Fédération de Russie *14*: Azerbaïdjan, Biélorussie, Chine, Corée du Nord, Estonie, Finlande, Géorgie, Kazakhstan, Lettonie, Lituanie, Mongolie, Norvège, Pologne, Ukraine.

3 Brésil *10*: Argentine, Bolivie, Colombie, France (Guyane française), Guyana, Paraguay, Pérou, Surinam, Uruguay, Venezuela.

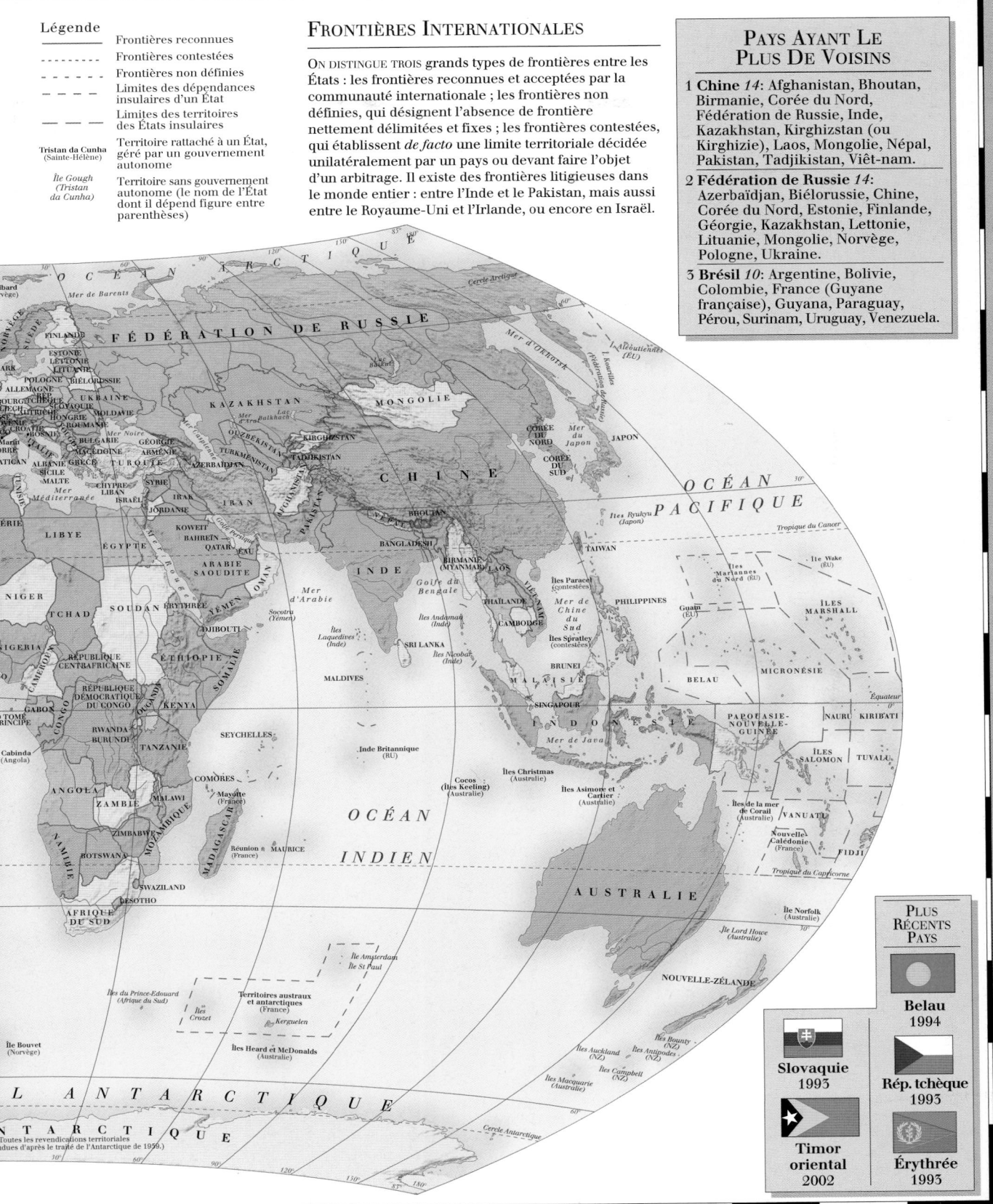

PLUS RÉCENTS PAYS

Belau
1994

Slovaquie
1993

Rép. tchèque
1993

Timor oriental
2002

Érythrée
1993

MARS
- *Diamètre : 6 786 km*
- *Masse : 0,642 x 10²⁴ kg*
- *Température : de -137 à 37°C*
- *Distance du Soleil : 228 millions de km*
- *Durée de l'année : 1,88 année terrestre*
- *Gravité à la surface : 1kg = 0,38 kg terrestre*

TERRE
- *Diamètre : 12 756 km*
- *Masse : 5,98 x 10²⁴ kg*
- *Température : de -70 à 55°C*
- *Distance du Soleil : 150 millions de km*
- *Durée de l'année : 365,25 jours*
- *Gravité à la surface : 1kg = 1 kg*

VÉNUS
- *Diamètre : 12 102 km*
- *Masse : 4,87 x 10²⁴ kg*
- *Température : 457°C*
- *Distance du Soleil : 108 millions de km*
- *Durée de l'année : 224,7 jours*
- *Gravité à la surface : 1kg = 0,88 kg terrestre*

LA TERRE

LES GAZ TELS QUE le dioxyde de carbone sont des gaz à « effet de serre » : ils laissent les ondes courtes des radiations solaires pénétrer dans l'atmosphère, mais empêchent les ondes longues d'en ressortir. Ceci piège la chaleur et élève la température autour de la Terre. Plus l'on dégage de ces gaz, plus la chaleur peine à s'évacuer et risque de provoquer un réchauffement de la planète.

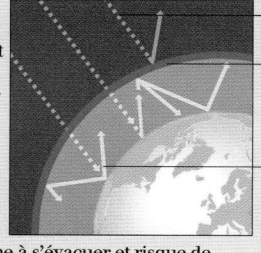

Radiations solaires à ondes courtes

Les gaz à effet de serre empêchent les radiations à ondes longues de ressortir de l'atmosphère.

La réfraction des ondes longues à partir de la Terre réchauffe l'atmosphère.

MERCURE
- *Diamètre : 4 878 km*
- *Masse : 0,33 x 10²⁴ kg*
- *Température : de -173 à 427°C*
- *Distance du Soleil : 58 millions de km*
- *Durée de l'année : 87,97 jours*
- *Gravité à la surface : 1kg = 0,38 kg terrestre*

LE SYSTÈME SOLAIRE

L E SYSTÈME SOLAIRE COMPREND **neuf** grandes planètes, leurs satellites naturels, des astéroïdes, ainsi que des comètes en orbite autour du Soleil. Le Soleil se compose de 70% d'hydrogène et 30% d'hélium. Ses réactions de fusion nucléaire transforment l'hydrogène en hélium et dégagent la chaleur et la lumière qui rendent possible la vie sur la Terre. Les quatre planètes les plus proches du Soleil - Mercure, Vénus, Terre et Mars - sont dites telluriques. Jupiter, Saturne, Uranus et Neptune, plus éloignées, sont de gigantesques planètes gazeuses. Pluton, en bordure du système solaire, est beaucoup plus petite et rocheuse. Le plus grand satellite naturel est Ganymède (5 262 km de diamètre) ; il gravite autour de Jupiter, la plus grosse planète. La comète de Halley est la plus brillante vue de la Terre ; elle passe près du Soleil tous les 76 ans. Le plus grand astéroïde s'appelle Cérès (940 km de diamètre) et appartient à la ceinture principale d'astéroïdes entre Mars et Jupiter. La Terre est unique en son genre dans le système solaire, voire dans l'Univers : elle seule abrite la vie.

JUPITER
- *Diamètre : 142 984 km*
- *Masse : 1 900 x 10²⁴ kg*
- *Température : -153°C*
- *Distance du Soleil : 778 millions de km*
- *Durée de l'année : 11,86 années terrestres*
- *Gravité à la surface : 1kg = 2,53 kg terrestres*

SATURNE
- ⊖ *Diamètre : 120 660 km*
- ● *Masse : 570 x 10²⁴ kg*
- ○ *Température : –185°C*
- ◑ *Distance du Soleil : 1 427 millions de km*
- ◐ *Durée de l'année : 29,46 années terrestres*
- ⊖ *Gravité à la surface : 1kg = 1,07 kg terrestre*

URANUS
- ⊖ *Diamètre : 51 118 km*
- ● *Masse : 86,71 x 10²⁴ kg*
- ○ *Température : –214°C*
- ◑ *Distance du Soleil : 2 870 millions de km*
- ◐ *Durée de l'année : 84,01 années terrestres*
- ⊖ *Gravité à la surface : 1kg = 0,92 kg terrestre*

LA LUNE ET LES MARÉES

SI LES VAGUES sont formées par les vents soufflant en surface, les marées, elles, sont dues à l'attraction du Soleil et de la Lune sur les océans. Les marées de vives-eaux surviennent lorsque la Terre, la Lune et le Soleil sont alignés (ci-dessous, à gauche) et les marées de mortes-eaux, lorsque les axes du Soleil et de la Lune avec la Terre sont perpendiculaires (ci-dessous, à droite).

FACE VISIBLE

MARÉES DE VIVES-EAUX
LES PLUS FORTES

MARÉES DE MORTES-EAUX
LES PLUS FAIBLES

Terre

Lune

Soleil

Bourrelet
d'eau lié à
l'attraction
gravitationnelle

FACE CACHÉE

NEPTUNE
- ⊖ *Diamètre : 49 528 km*
- ● *Masse : 86,71 x 10²⁴ kg*
- ○ *Température : –225°C*
- ◑ *Distance du Soleil : 4 497 millions de km*
- ◐ *Durée de l'année : 84,01 années terrestres*
- ⊖ *Gravité à la surface : 1kg = 0,92 kg terrestre*

PLUTON
- ⊖ *Diamètre : 2 300 km*
- ● *Masse : 0,012 x 10²⁴ kg*
- ○ *Température : –236°C*
- ◑ *Distance du Soleil : 5 900 millions de km*
- ◐ *Durée de l'année : 248,54 années terrestres*
- ⊖ *Gravité à la surface : 1kg = 0,30 kg*

CHRONOLOGIE DE LA CONQUÊTE DE L'ESPACE

1957 : lancement de Spoutnik, premier satellite artificiel, par l'URSS

12.04.1961 : Youri Gagarine (URSS), 1ᵉʳ homme dans l'espace

13.02.1966 : première tentative d'alunissage par Luna 9

1976 : analyse de la surface de Mars par les missions Viking 1 et 2

20.02.1986 : lancement de la station Mir

24.04.1990 : lancement du télescope spatial Hubble

20.11.1998 : lancement de la première partie de la Station spatiale internationale

1950 1960 1970 1980 1990 2000 2010

10.10.1959 : premières photographies de la face cachée de la Lune par la sonde Luna 3

10.07.1962 : lancement de Telstar 1, premier satellite commercial de communication

21.07.1969 : Neil Armstrong et Buzz Aldrin, les deux premiers hommes sur la Lune

28.01.1986 : explosion de la navette Challenger tuant les sept membres de l'équipage

25.08.1989 : passage de la sonde Voyager 2 à proximité de Neptune avant sa sortie du système solaire

2004 : date prévue de l'atterrissage d'une sonde sur Titan, le plus grand satellite de Saturne

LE CLIMAT

LES ZONES CLIMATIQUES de la Terre sont définies en fonction de modèles stables sur de longues périodes qui associent diverses moyennes de températures et de précipitations. La météorologie, au contraire, définit les variations ponctuelles des vents, des températures et des précipitations. Les climats varient aussi selon la latitude, l'altitude, les vents dominants et les courants marins. Les modifications à long terme telles que le réchauffement de la planète ou l'arrivée d'une ère glaciaire sont ponctuées par des variations régionales à court terme comme le déplacement de fronts dépressionnaires, les cyclones ou les blizzards.

ZONES CLIMATIQUES

- Calotte glaciaire
- Continental arctique
- Subarctique
- Continental tempéré
- Humide et tempéré (océanique)
- Méditerranéen
- Semi-aride
- Aride
- Tropical
- Équatorial

COURANTS MARINS
- Chaud
- froid

VENTS DOMINANTS
- → Chaud
- → froid

VENTS LOCAUX
- → Chaud
- → froid
- Juin → Saisonnier*
- * (les vents saisonniers peuvent être chauds ou froids)

TEMPÉRATURES

LA TERRE PEUT AUSSI ÊTRE DIVISÉE en trois grandes zones, qui la ceinturent à certaines latitudes. Entre les deux tropiques règne la chaleur ; les régions polaires sont glaciales et, entre tropiques et cercles polaires, s'étend une vaste zone plus ou moins tempérée.

- < à - 30 °C
- de - 30 à - 20 °C
- de - 20 à - 10 °C
- de - 10 à 0 °C
- de 0 à 10 °C
- de 10 à 20 °C
- de 20 à 30 °C
- > à 30 °C

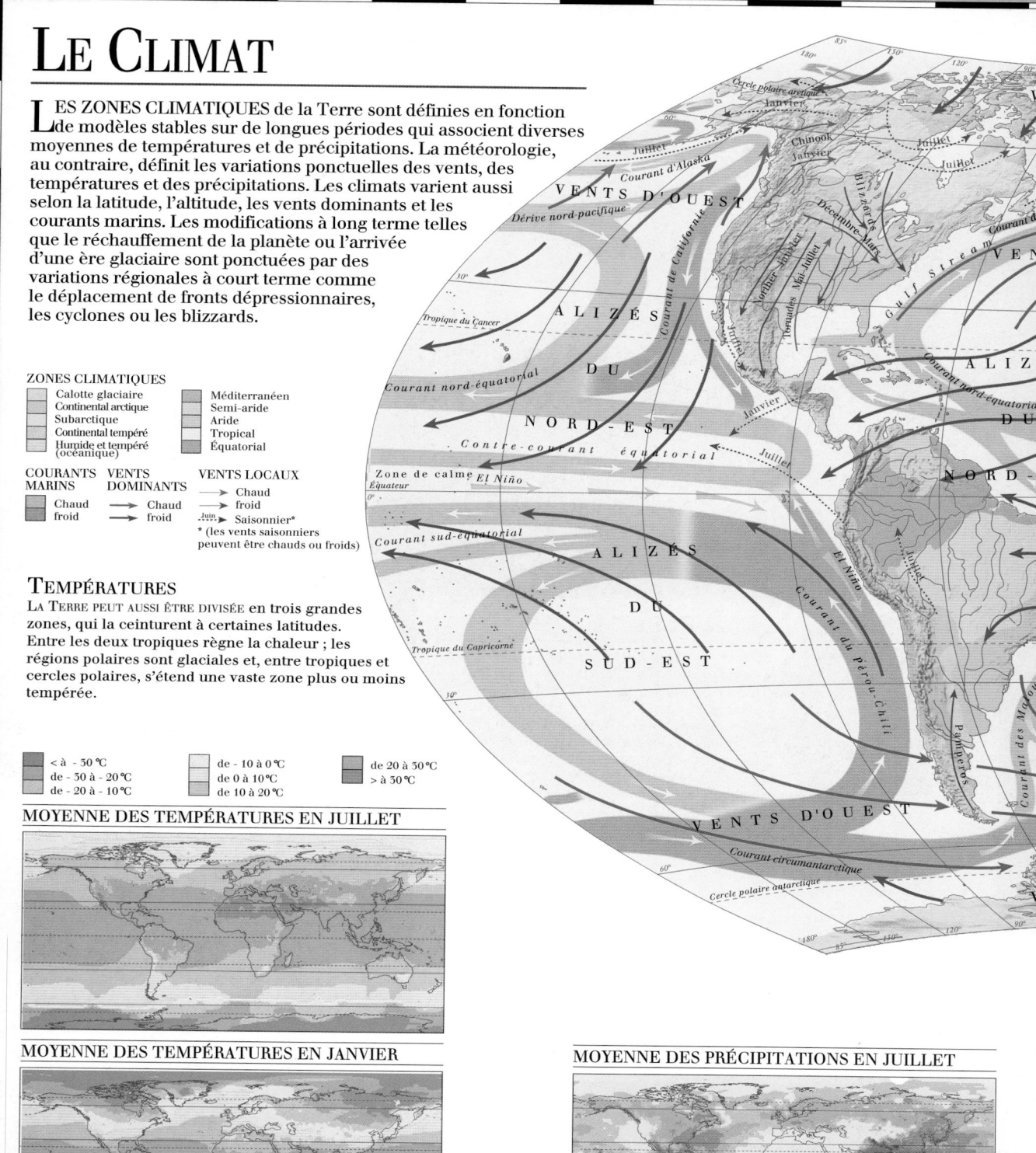

MOYENNE DES TEMPÉRATURES EN JUILLET

MOYENNE DES TEMPÉRATURES EN JANVIER

MOYENNE DES PRÉCIPITATIONS EN JUILLET

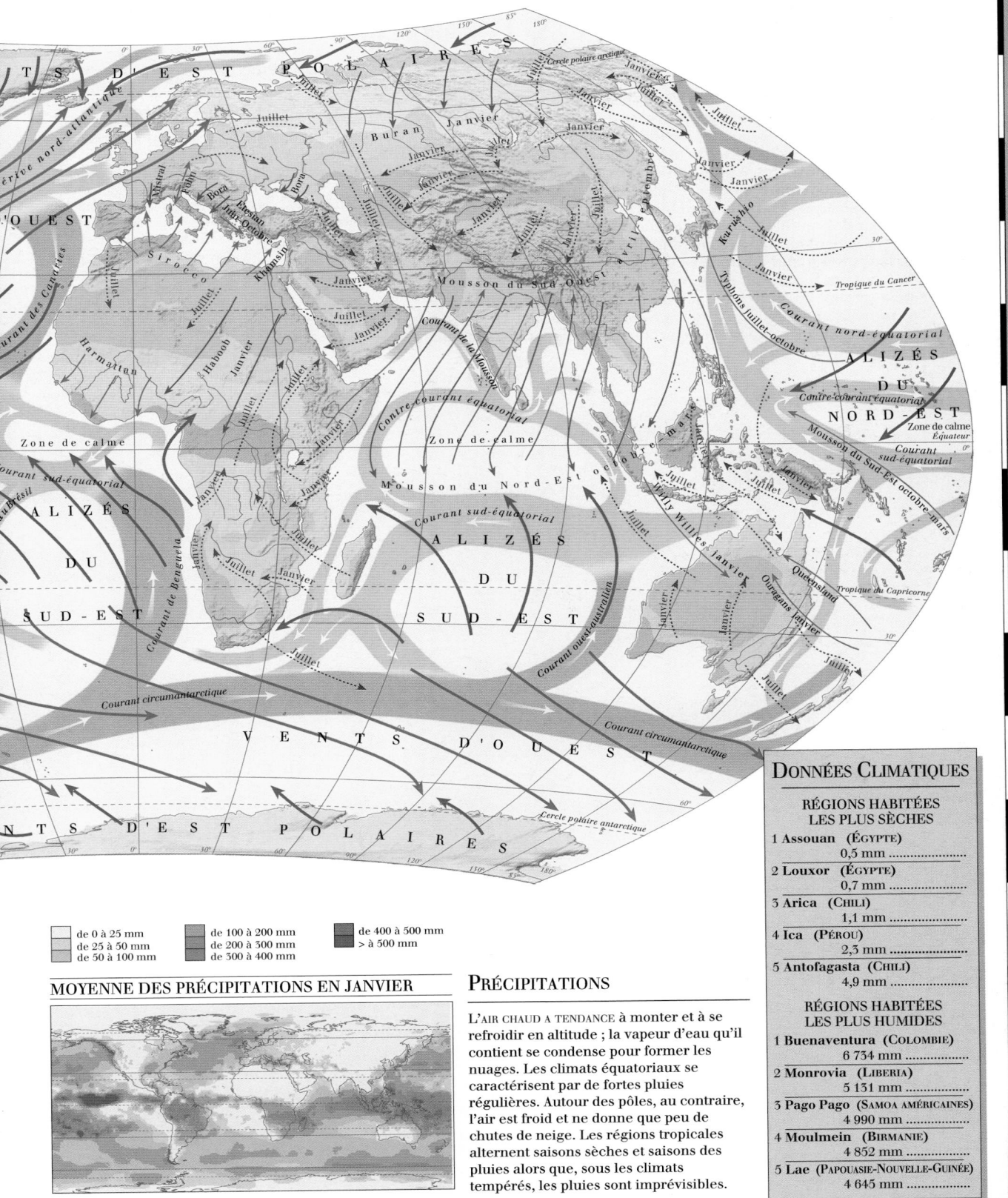

MOYENNE DES PRÉCIPITATIONS EN JANVIER

de 0 à 25 mm
de 25 à 50 mm
de 50 à 100 mm

de 100 à 200 mm
de 200 à 300 mm
de 300 à 400 mm

de 400 à 500 mm
> à 500 mm

PRÉCIPITATIONS

L'AIR CHAUD A TENDANCE à monter et à se refroidir en altitude ; la vapeur d'eau qu'il contient se condense pour former les nuages. Les climats équatoriaux se caractérisent par de fortes pluies régulières. Autour des pôles, au contraire, l'air est froid et ne donne que peu de chutes de neige. Les régions tropicales alternent saisons sèches et saisons des pluies alors que, sous les climats tempérés, les pluies sont imprévisibles.

DONNÉES CLIMATIQUES

RÉGIONS HABITÉES LES PLUS SÈCHES

1 **Assouan** (ÉGYPTE)
    0,5 mm ....

2 **Louxor** (ÉGYPTE)
    0,7 mm ....

3 **Arica** (CHILI)
    1,1 mm ....

4 **Ica** (PÉROU)
    2,3 mm ....

5 **Antofagasta** (CHILI)
    4,9 mm ....

RÉGIONS HABITÉES LES PLUS HUMIDES

1 **Buenaventura** (COLOMBIE)
    6 734 mm ....

2 **Monrovia** (LIBERIA)
    5 131 mm ....

3 **Pago Pago** (SAMOA AMÉRICAINES)
    4 990 mm ....

4 **Moulmein** (BIRMANIE)
    4 852 mm ....

5 **Lae** (PAPOUASIE-NOUVELLE-GUINÉE)
    4 645 mm ....

L'ENVIRONNEMENT

LA BIOGÉOGRAPHIE ÉTUDIE la Terre en fonction de ses biomes, c'est-à-dire des grandes communautés écologiques liées aux conditions climatiques et dans lesquelles co-existent certaines espèces végétales et animales. Des facteurs de différenciation autres que la distribution des espèces interviennent à l'intérieur de cette classification : richesse des sols, altitude, activités humaines telles que l'urbanisation, l'agriculture intensive et la déforestation. À l'exception des calottes glaciaires, pratiquement toutes les régions du globe ont été colonisées par des animaux ou des végétaux tout au long de l'histoire de la Planète. Aucun animal ne pouvant vivre sans les plantes, celles-ci sont appelées producteurs primaires. La rapidité d'utilisation de l'énergie (chaleur, humidité) d'une zone pour produire des matières organiques servant de nourriture se nomme productivité primaire ; elle détermine la quantité et le type d'animaux pouvant vivre en un lieu. L'aridité et le froid restreignent cette productivité et, par conséquent, la vie végétale ou animale.

LA BIODIVERSITÉ

LA BIODIVERSITÉ DES RÉGIONS varie en fonction du nombre d'espèces végétales et animales, ainsi que de la diversité génétique des populations de chaque espèce. Les espèces végétales et animales endémiques (c'est-à-dire présentes en un seul endroit du monde) jouent également un grand rôle dans la détermination du niveau de biodiversité. L'arrivée des hommes et leur intervention sur la Nature ont par ailleurs empiété sur de nombreuses régions autrefois caractérisées par de riches flores et faunes endémiques. Des projets internationaux s'efforcent de surveiller et de préserver cette biodiversité dans les zones encore sauvages.

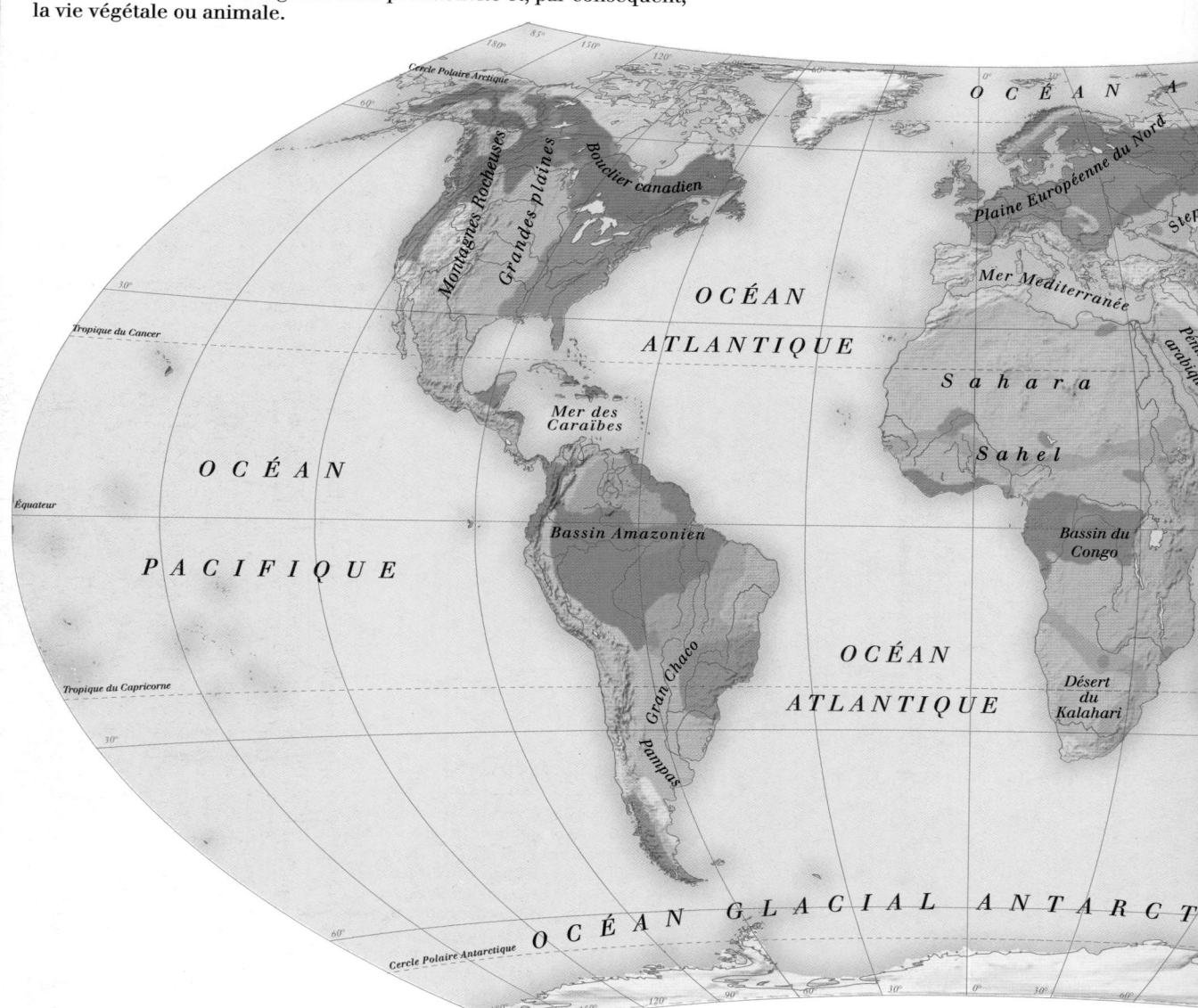

FAUNE

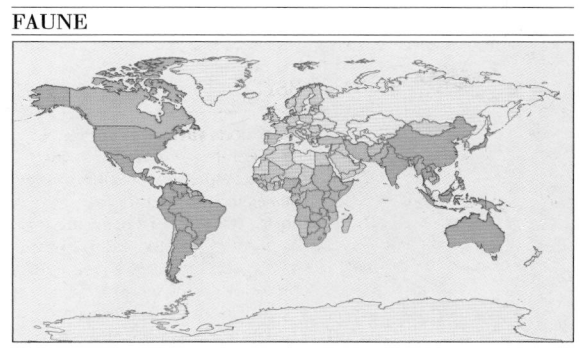

Nombre d'espèces animales par pays
- > à 2 000
- de 1 000 à 1 999
- de 700 à 999
- de 400 à 699
- de 200 à 399
- de 100 à 199
- de 0 à 99
- Chiffres non disponibles

ADAPTABILITÉ DES ANIMAUX

LE DEGRÉ D'ADAPTABILITÉ DE L'ANIMAL aux conditions climatiques et environnementales est essentiel pour la survie des espèces. Beaucoup, notamment chez les grands mammifères, se raréfient et occupent des territoires de plus en plus restreints à mesure que le développement humain et l'agriculture moderne restreignent leurs habitats naturels. L'homme a par ailleurs provoqué, délibérément ou accidentellement, l'extension dans le monde entier des espèces les plus communes. Certaines de ces populations animales sont désormais plus nombreuses que les populations endémiques.

FLORE

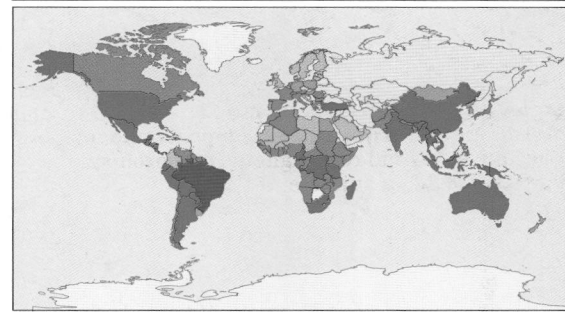

Nombre d'espèces végétales par pays
- > 50 000
- de 7 000 à 49 999
- de 3 000 à 6 999
- de 2 000 à 2 999
- de 1 000 à 1 999
- de 600 à 999
- de 0 à 599
- Chiffres non disponibles

ADAPTABILITÉ DES PLANTES

LES CONDITIONS ÉCOLOGIQUES (climat, type de sol, concurrence d'autres organismes, etc.) influent de diverses manières sur le développement des plantes. Soumise à des conditions identiques en différents points du globe, la végétation suivra un développement similaire, éventuellement modifié par des facteurs locaux spécifiques.

TYPES DE BIOMES
- Montagnes
- Régions polaires
- Toundra
- Forêts pluviales tropicales
- Forêts sèches
- Savanes
- Prairies tempérées
- Végétation Méditerranéenne
- Forêts de conifères
- Forêts pluviales tempérées
- Forêts de feuillus
- Déserts froids
- Déserts chauds
- Zones marécageuses

DONNÉES ÉCOLOGIQUES

GRANDES ZONES PROTÉGÉES
- **Seychelles** 95%
- **Équateur** 43%
- **Kiribati** 39%
- **Venezuela** 36%
- **Danemark** 32%

PLUS FORTES DÉFORESTATIONS ANNUELLES
- **Brésil** . . . . 23 090 km²
- **Indonésie** . . . . 13 120 km²
- **Soudan** . . . . 9 590 km²
- **Zambie** . . . . 8 510 km²
- **Mexique** . . . . 6 310 km²

ESPÈCES CONNUES
- **Micro-organismes** 5 800
- **Invertébrés** 1 021 000
- **Plantes** 322 500
- **Poissons** 19 100
- **Reptiles et amphibiens** . 12 000
- **Mammifères** 4 000

ESPÈCES MENACÉES
- **Mammifères** 484
- **Oiseaux** 403
- **Reptiles** 100
- **Amphibiens** 49
- **Poissons** 291
- **Invertébrés** 763

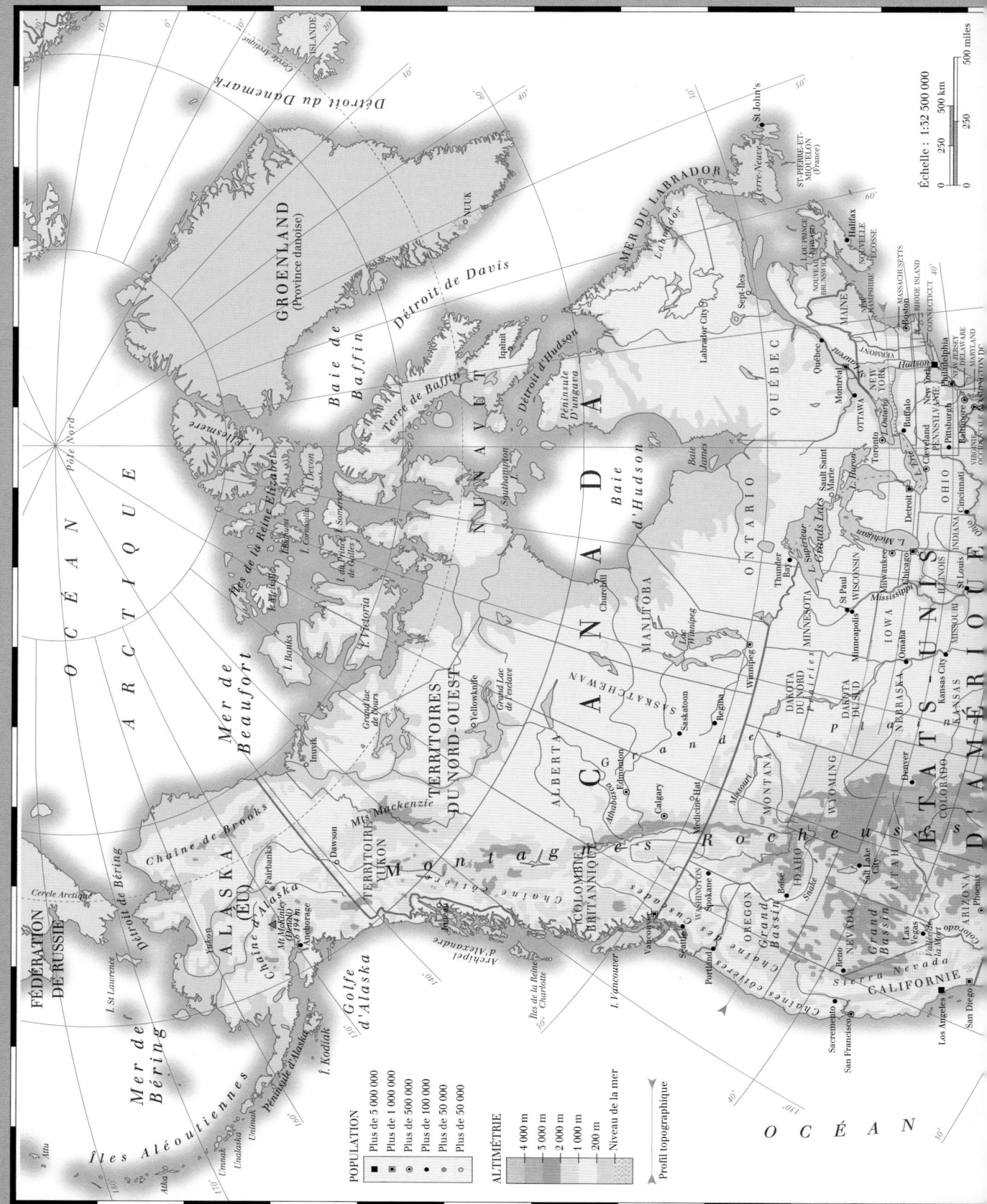

Échelle : 1:32 500 000

500 miles

500 km

POPULATION
- Plus de 5 000 000
- Plus de 1 000 000
- Plus de 500 000
- Plus de 100 000
- Plus de 50 000
- Plus de 50 000

ALTIMÉTRIE
- 4 000 m
- 3 000 m
- 2 000 m
- 1 000 m
- 200 m
- Niveau de la mer

Profil topographique

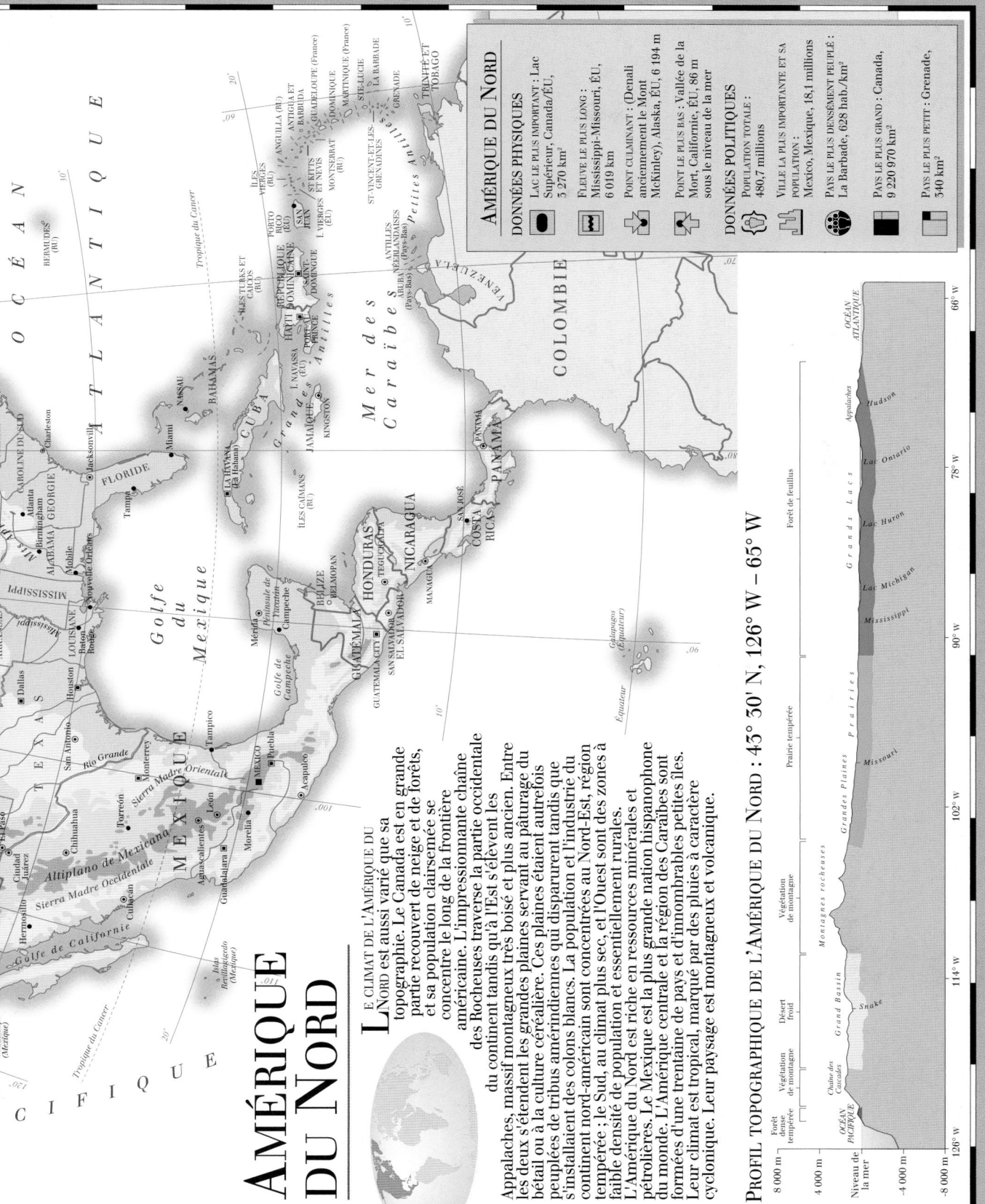

AMÉRIQUE DU NORD

LE CLIMAT DE L'AMÉRIQUE DU NORD est aussi varié que sa topographie. Le Canada est en grande partie recouvert de neige et de forêts, et sa population clairsemée se concentre le long de la frontière américaine. L'impressionnante chaîne des Rocheuses traverse la partie occidentale du continent tandis qu'à l'Est s'élèvent les Appalaches, massif montagneux très boisé et plus ancien. Entre les deux s'étendent les grandes plaines servant au pâturage du bétail ou à la culture céréalière. Ces plaines étaient autrefois peuplées de tribus amérindiennes qui disparurent tandis que s'installaient des colons blancs. La population et l'industrie du continent nord-américain sont concentrées au Nord-Est, région tempérée ; le Sud, au climat plus sec, et l'Ouest sont des zones à faible densité de population et essentiellement rurales. L'Amérique du Nord est riche en ressources minérales et pétrolières. Le Mexique est la plus grande nation hispanophone du monde. L'Amérique centrale et la région des Caraïbes sont formées d'une trentaine de pays et d'innombrables petites îles. Leur climat est tropical, marqué par des pluies à caractère cyclonique. Leur paysage est montagneux et volcanique.

AMÉRIQUE DU NORD

DONNÉES PHYSIQUES

- LAC LE PLUS IMPORTANT : Lac Supérieur, Canada/ÉU, 3 270 km²
- FLEUVE LE PLUS LONG : Mississippi-Missouri, ÉU, 6 019 km
- POINT CULMINANT : (Denali anciennement le Mont McKinley), Alaska, ÉU, 6 194 m
- POINT LE PLUS BAS : Vallée de la Mort, Californie, ÉU, 86 m sous le niveau de la mer

DONNÉES POLITIQUES

- POPULATION TOTALE : 480,7 millions
- VILLE LA PLUS IMPORTANTE ET SA POPULATION : Mexico, Mexique, 18,1 millions
- PAYS LE PLUS DENSÉMENT PEUPLÉ : La Barbade, 628 hab./km²
- PAYS LE PLUS GRAND : Canada, 9 220 970 km²
- PAYS LE PLUS PETIT : Grenade, 340 km²

PROFIL TOPOGRAPHIQUE DE L'AMÉRIQUE DU NORD : 43° 30' N, 126° W – 65° W

AMÉRIQUE DU SUD

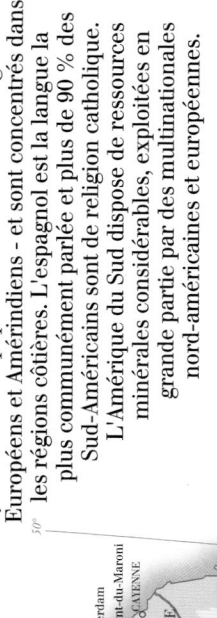

QUATRIÈME CONTINENT DU MONDE EN SUPERFICIE, l'Amérique du Sud dispose d'une des ressources les plus importantes de la planète – la forêt Amazonienne. Première source d'oxygène, elle abrite la moitié de toutes les espèces vivantes répertoriées, tandis que le bassin de l'Amazone – second fleuve du monde par sa longueur – contient un cinquième des réserves d'eau douce planétaires. La Cordillère des Andes, qui longe le flanc occidental du continent jusqu'au Sud, protège les plaines du Gran Chaco, la Pampa et les terres désolées de l'extrême Sud. Les Sud-Américains sont en grande majorité *mestizo* – population issue du métissage entre Européens et Amérindiens – et sont concentrés dans les régions côtières. L'espagnol est la langue la plus communément parlée et plus de 90 % des Sud-Américains sont de religion catholique. L'Amérique du Sud dispose de ressources minérales considérables, exploitées en grande partie par des multinationales nord-américaines et européennes.

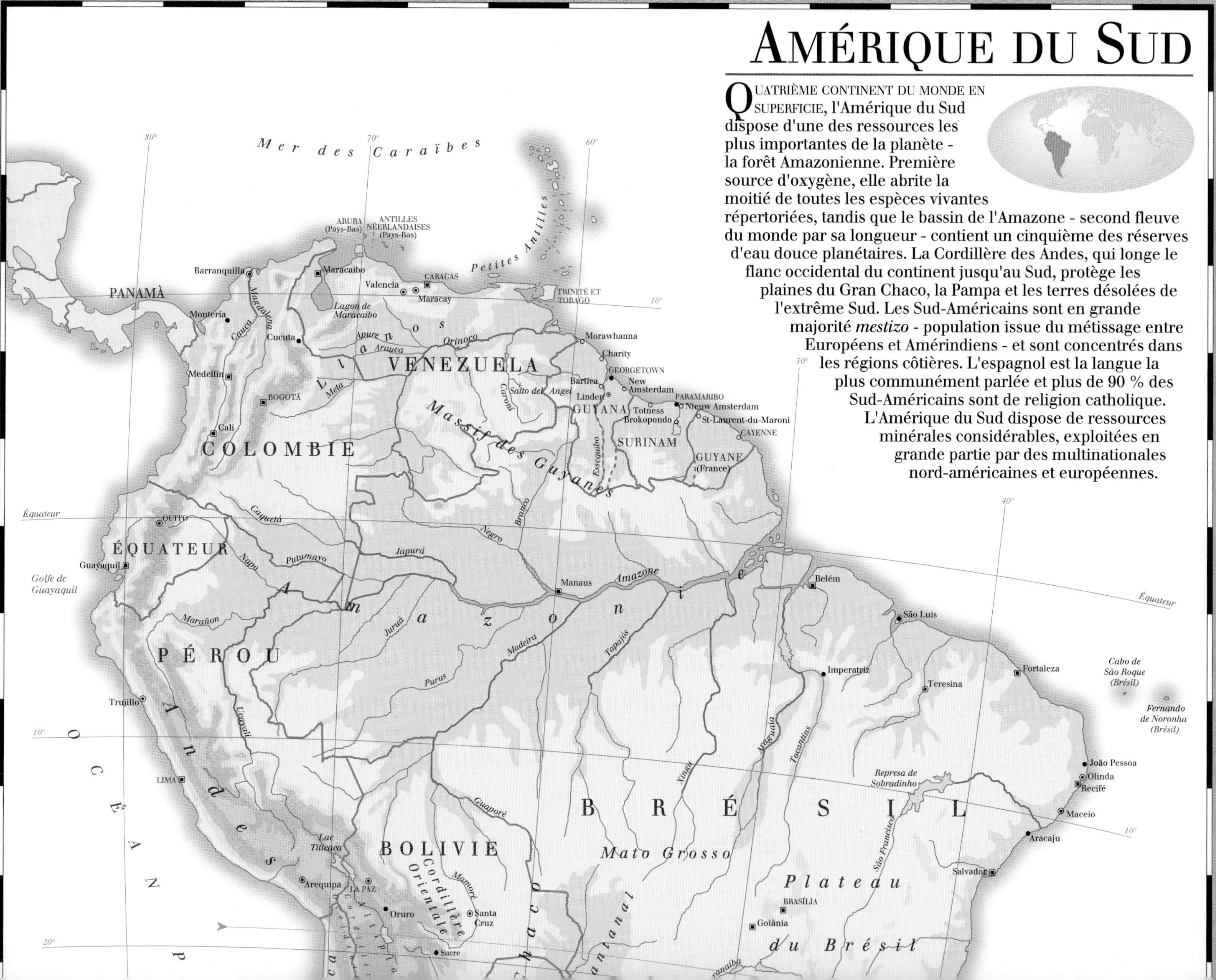

PROFIL TOPOGRAPHIQUE DE L'AMÉRIQUE DU SUD: 18° S, 75° W – 36° W

GROENLAND
(Province danoise)

JAN MAYEN
(Norvège)

Détroit du Danemark

REYKJAVIK Akureyri
ISLANDE

Mer de

Norvège

ÎLES FÉROÉ
(Danemark) 0

Îles Shetland

Îles Orcades

Hébrides

Édimbourg

Mer

Belfast *Nor*

RÉPUBLIQUE
D'IRLANDE ÎLE DE MAN
(RU) ROYAUME-

DUBLIN Manchester

Cork UNI PAYS-BAS

Birmingham AMSTERD
Rotterdam

Cardiff LONDRES BRUXELLES
BEL

Manche

GUERNESEY (RU)
JERSEY (RU) PARIS

Nantes *Loire* FRANCE

Ge

Golfe de Bordeaux *Massif*
Gascogne *Central*

La Corogne *Rhône*
Toulouse *Pyrénées* ANDORRE Marsei

Porto Saragosse Barcelone

ESPAGNE

MADRID *Èbre*
Tage
Valence Minor
Majorque

LISBONNE Palma *Îles Baléares*
Ibiza

Séville M e

Málaga

GIBRALTAR
(RU) Ceuta (Espagne) M e

Melilla (Espagne)

ALGÉRI

MAROC

EUROPE

L E PLUS PETIT DES CONTINENTS, après l'Australie, l'Europe connaît une grande variété de climats et de paysages. La toundra de l'extrême Nord cède la place à une région froide et humide couverte de forêts denses. La Plaine d'Europe du Nord, qui dispose d'un bon réseau hydrographique, est fertile, riche en pétrole, en charbon et en gaz naturel. Le littoral méditerranéen, chaud, sec et vallonné, offre des conditions idéales pour la culture des olives, des agrumes et de la vigne. Un grand ensemble montagneux en arc de cercle, constitué par les Pyrénées, les Alpes et les Carpates sépare le Nord du Sud. À l'Est, les plaines ondoyantes de la Russie européenne et de l'Ukraine, couvertes de forêts de conifères ou servant à la culture du blé, s'étendent jusqu'aux monts Oural. La majorité des Européens sont chrétiens - catholiques ou protestants. Les langues des divers pays diffèrent et sont pour la plupart d'origine latine (du roman), germanique ou slave.

Açores
(Portugal)

O C É A N   A T L A N T I Q U E

POPULATION

■ Plus de 5 000 000
▣ Plus de 1 000 000
◉ Plus de 500 000
● Plus de 100 000
◉ Plus de 50 000
○ Moins de 50 000

ALTIMÉTRIE

3 000 m
2 000 m
1 000 m
200 m
Niveau
de la mer

Profil topographique

Echelle : 1:22 500 000

0   250   500 km
0   250   500 miles

PROFIL TOPOGRAPHIQUE DE L'EUROPE : 46° N, 5° W – 48° E

Forêt de feuillus	Végétation de montagne	Forêt de feuillus	Végétation de montagne	Forêt de feuillus		Prairie tempérée	Désert froid

8 000 m

4 000 m

Niveau de la mer

-4 000 m

-8 000 m

OCÉAN ATLANTIQUE   *Alpes*   *Alföld*   *Carpates*   Mer Noire   Crimée   Mer d'Azov   MER CASPIENNE

Rhône   *Danube*   *Carpates Occidentales*   *Delta de la Volga*

0°   11° E   22° E   33° E   44° E

DONNÉES SUR L'EUROPE

DONNÉES PHYSIQUES

LAC LE PLUS IMPORTANT :
Lac Ladoga, Russie
européenne, 18 390 km²

FLEUVE LE PLUS LONG :
Volga, Russie
européenne, 3 688 km

POINT CULMINANT :
Elbrouz, Caucase,
Russie européenne,
5 642 m

POINT LE PLUS BAS : Delta
de la Volga, mer
Caspienne, Russie
européenne, 28 m sous
le niveau de la mer

DONNÉES POLITIQUES

POPULATION TOTALE :
704,9 millions

PAYS LE PLUS DENSÉMENT
PEUPLÉ : Monaco
16 410 hab./km²

VILLE LA PLUS IMPORTANTE ET
SA POPULATION : Moscou,
Russie européenne
9,5 millions

PAYS LE PLUS GRAND : Russie
européenne, 3 955 818 km²

PAYS LE PLUS PETIT :
Vatican, Italie, 0,44 km²

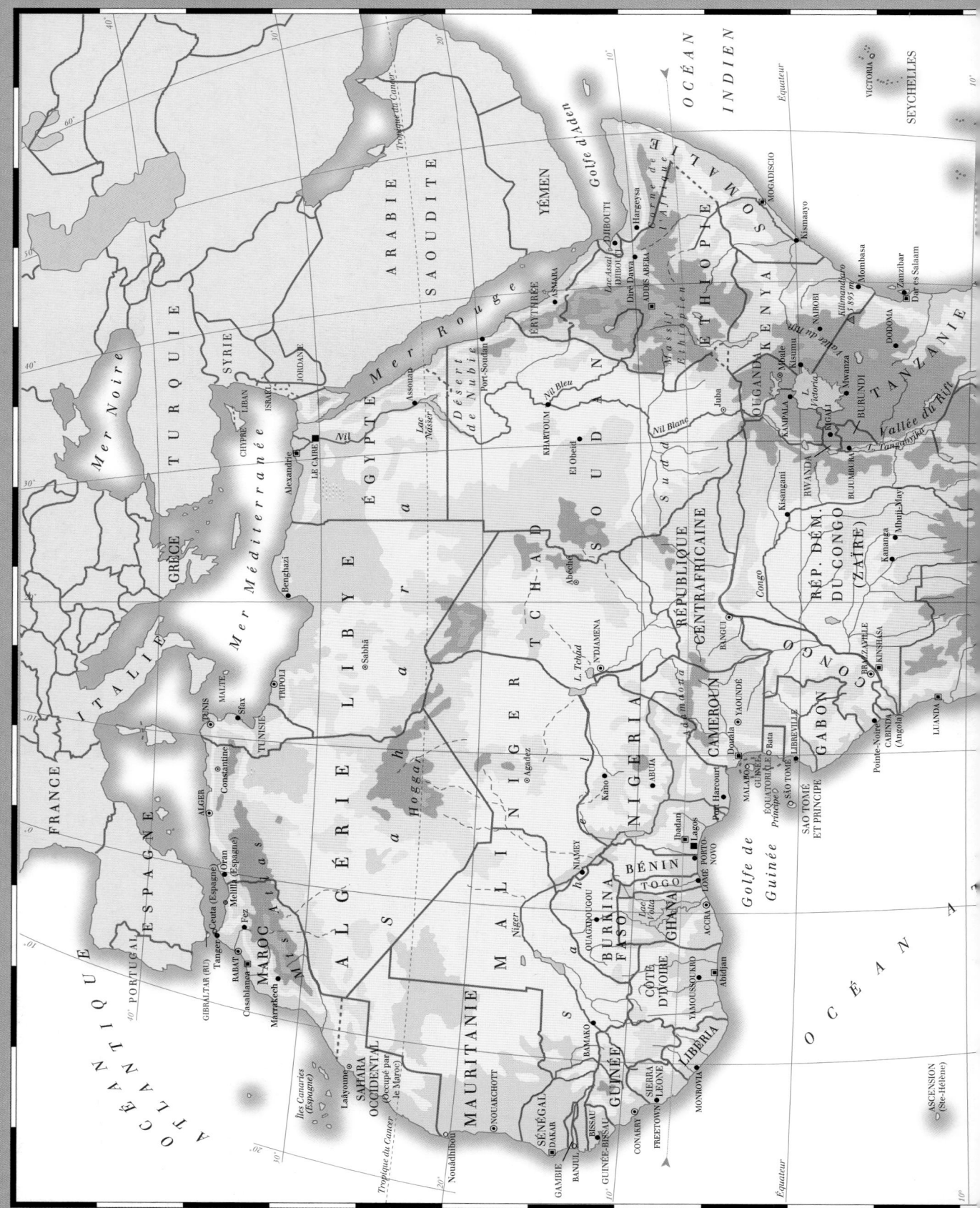

ALTIMÉTRIE

- 4 000 m
- 5 000 m
- 2 000 m
- 1 000 m
- 200 m
- Niveau de la mer

POPULATION

- ▪ Plus de 5 000 000
- ■ Plus de 1 000 000
- ◎ Plus de 500 000
- ● Plus de 100 000
- • Plus de 50 000
- ○ Moins de 50 000

Profil topographique

DONNÉES SUR L'AFRIQUE

DONNÉES PHYSIQUES

LAC LE PLUS IMPORTANT : Lac Victoria, 68 880 km²

FLEUVE LE PLUS LONG : Nil, Ouganda/Soudan/Égypte, 6 695 km

POINT CULMINANT : Kilimandjaro, Tanzanie, 5 895 m

POINT LE PLUS BAS : Lac Assal, Djibouti, 156 m sous le niveau de la mer

DONNÉES POLITIQUES

POPULATION TOTALE : 785,8 millions

VILLE LA PLUS IMPORTANTE ET SA POPULATION : Lagos, Nigeria, 13,4 millions

PAYS LE PLUS DENSÉMENT PEUPLÉ : île Maurice, 645 hab./km²

PAYS LE PLUS GRAND : Soudan, 2 376 000 km²

PAYS LE PLUS PETIT : Seychelles, 270 km²

AFRIQUE

L'AFRIQUE, DEUXIÈME CONTINENT DU MONDE en superficie après l'Asie, est dominée par le Sahara au Nord et la Vallée du Rift à l'Est. Le climat méditerranéen de l'extrême Nord et de l'extrême Sud permet la culture de la vigne et d'autres fruits. La forêt tropicale humide forme une ceinture le long de l'Équateur tandis que les grandes plaines tropicales d'Afrique servent de pâturages aux troupeaux d'animaux sauvages ou domestiques. La vallée du Nil, étroite bande de terre qui traverse l'Égypte, est irriguée par le plus long fleuve du monde ; des peuples y vivent depuis la préhistoire. Les parties centrale et méridionale du continent sont riches en minéraux. Près d'un dixième de la population mondiale vit en Afrique qui compte un très grand nombre d'ethnies, de langues et de cultures. Si l'islam et le christianisme sont très répandus, beaucoup d'Africains restent fidèles aux différentes traditions et croyances religieuses locales.

PROFIL TOPOGRAPHIQUE DE L'AFRIQUE 7° N, 15° W – 55° E

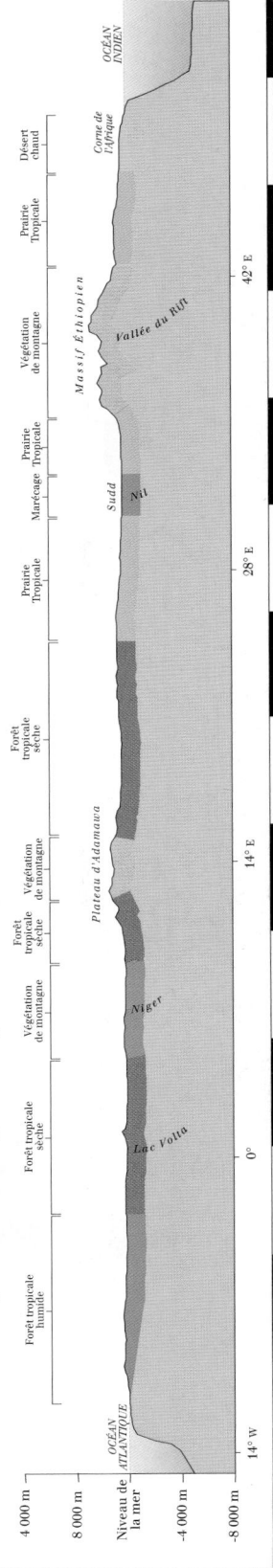

Échelle : 1:17 000 000

0   200   400 km
0   200   400 miles

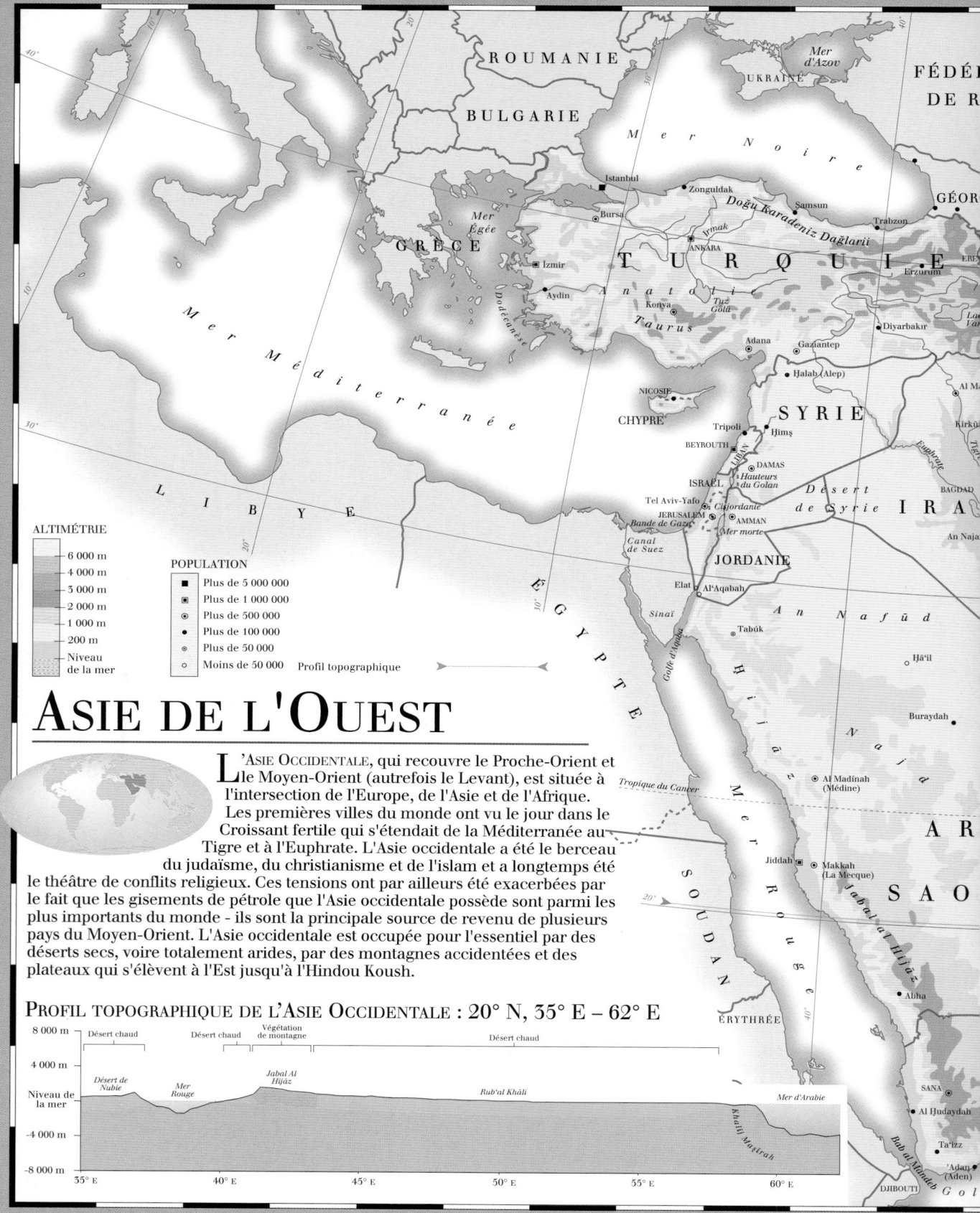

ALTIMÉTRIE

- 6 000 m
- 4 000 m
- 3 000 m
- 2 000 m
- 1 000 m
- 200 m
- Niveau de la mer

POPULATION

- ■ Plus de 5 000 000
- ▣ Plus de 1 000 000
- ◉ Plus de 500 000
- ● Plus de 100 000
- • Plus de 50 000
- ○ Moins de 50 000
- Profil topographique

ASIE DE L'OUEST

L'ASIE OCCIDENTALE, qui recouvre le Proche-Orient et le Moyen-Orient (autrefois le Levant), est située à l'intersection de l'Europe, de l'Asie et de l'Afrique. Les premières villes du monde ont vu le jour dans le Croissant fertile qui s'étendait de la Méditerranée au Tigre et à l'Euphrate. L'Asie occidentale a été le berceau du judaïsme, du christianisme et de l'islam et a longtemps été le théâtre de conflits religieux. Ces tensions ont par ailleurs été exacerbées par le fait que les gisements de pétrole que l'Asie occidentale possède sont parmi les plus importants du monde - ils sont la principale source de revenu de plusieurs pays du Moyen-Orient. L'Asie occidentale est occupée pour l'essentiel par des déserts secs, voire totalement arides, par des montagnes accidentées et des plateaux qui s'élèvent à l'Est jusqu'à l'Hindou Koush.

PROFIL TOPOGRAPHIQUE DE L'ASIE OCCIDENTALE : 20° N, 35° E – 62° E

KAZAKHSTAN

Mer
d'Aral

Kyzyl Kum

OUZBÉKISTAN

BISHKEK

Mts Kirghiz

KIRGIZSTAN

Karakol

*Ozero
Issyk-Kul'*

Dashkhovuz

Urganch

TASHKENT

Namangan

Osh

*Ozero
Aydarkul'*

CHINE

Gandža

AZERBAÏDJAN

BAKOU

Krasnovodsk

Karakumy

Samarkand

Khŭjand

Qarshi

Amou

TADJIKISTAN

DOUCHANBÉ

Pamir

Tien Shan

Tabriz

Länkäran

Nebitdag

TURKMÉNISTAN

Chardzhev

Kŭlob

Khorugh

K2
8 611m

Monts Karakoram

Indus

Rasht

Khrebet Kopbpaÿ

ASHGABAT

Mary

Kurgan-Tyube

Mer Caspienne

Mazâr-e-Sharîf

Baghlân

Hindou Kouch

Jalâlâbâd

Peshâwar

ISLAMABAD

*vycheh-ye
miyeh*

Gorgân

Mashhad

KABOUL

Râwalpindi

Reshteh-ye Kuhhâ ye Alborz

TÉHÉRAN

Hamadân

Qom

Dasht-e-Kavir

Herât

AFGHANISTAN

Gujrânwâla

Lahore

Chenab

Bâkhtarân

IRAN

Esfahân

*Plateau
d'Iran*

*Hâmûn-e
Sâberî*

Kandâhâr

Faisalâbâd

Ahvâz

Mts Zagros

Helmand

Multân

Basrah

Âbâdân

Kermân

Zâhedân

Quetta

KOWEÏT

KOWEÏT

Shîrâz

PAKISTAN

INDE

*Désert
de Thar*

Sukkur

Golfe Persique

Bandar-e-'Abbâs

BAHREÏN

Détroit d'Ormuz

Indus

Hyderâbâd

MANAMA

DOHA

Dubaï

Sharjah

Tropique du Cancer

RIYAD

Al Hufûf

QATAR

ABOU DHABI

Suhâr

Golfe d'Oman

Karâchi

Hjarad

ÉMIRATS
ARABES UNIS

Ar Rustâq

Nazwâ

MASCAT

Sûr

*Mer
d'Oman*

SIE

OITE

OMAN

*Khalij
Maşîrah*

ÉMEN

YÉMEN

Rub' al Khâli

OCÉAN INDIEN

Şalâlah

Al Mukallâ

Hadhramaut

Aden

*Socotra
(Yémen)*

Échelle : 1:17 000 000

0   200   400 km

0   200   400 miles

DONNÉES SUR L'ASIE DE L'OUEST

DONNÉES PHYSIQUES

LAC LE PLUS IMPORTANT :
mer d'Aral, 40 000 km²

FLEUVE LE PLUS LONG :
Euphrate, Syrie/Irak,
2 815 km

POINT CULMINANT :
K2, Cachemire,
Inde/Pakistan, 8 611 m

POINT LE PLUS BAS : mer
Morte, Israël/Jordanie,
392 m en dessous du
niveau de la mer

DONNÉES POLITIQUES

POPULATION TOTALE :
467,7 millions

VILLE LA PLUS IMPORTANTE
ET SA POPULATION : Istanbul,
Turquie, 9,5 millions

PAYS LE PLUS DENSÉMENT
PEUPLÉ : Bahreïn,
907 hab./km²

PAYS LE PLUS GRAND : Arabie
Saoudite, 2 149 690 km²

PAYS LE PLUS PETIT :
Bahreïn, 680 km²

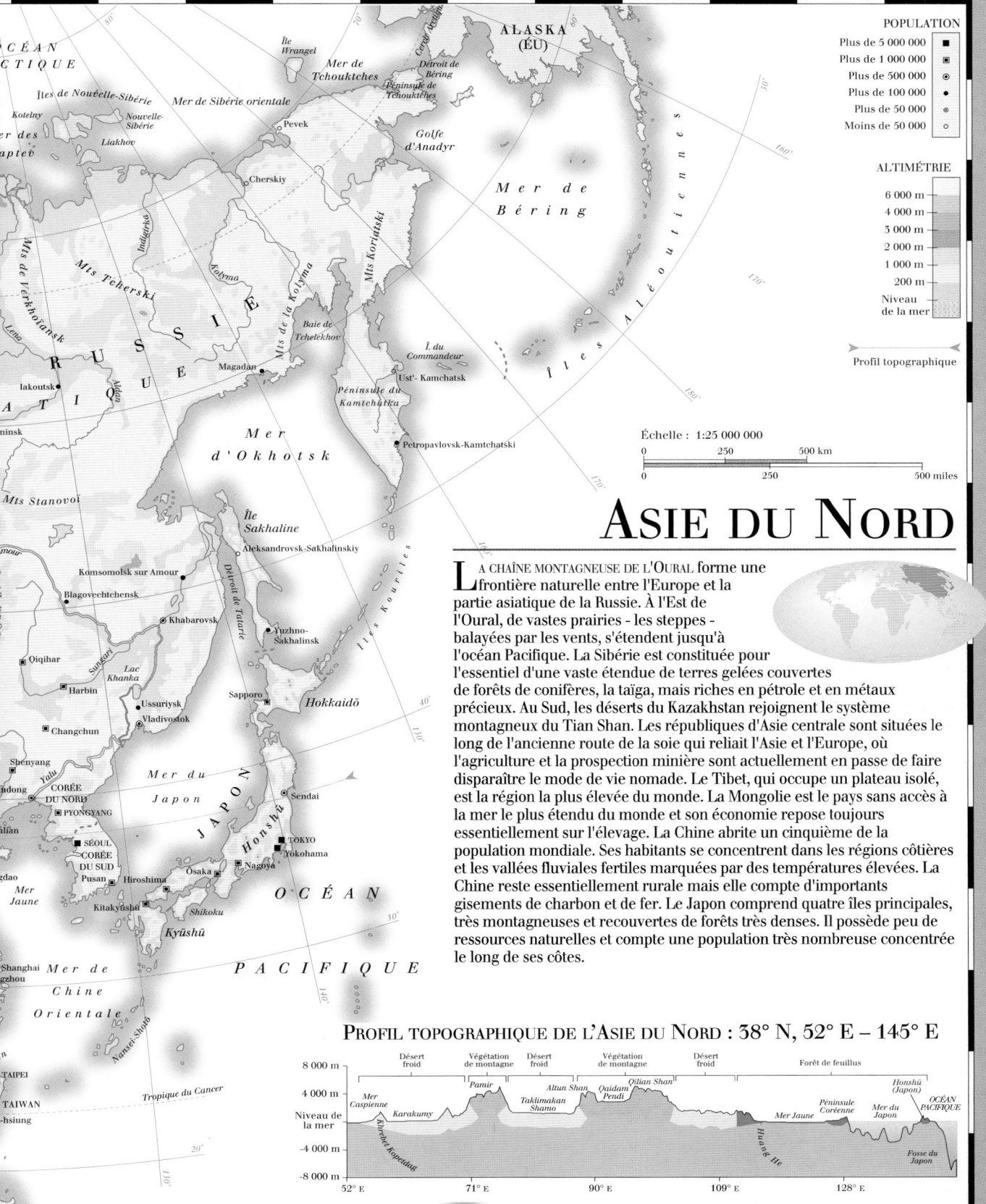

ASIE DU NORD

La chaîne montagneuse de l'Oural forme une frontière naturelle entre l'Europe et la partie asiatique de la Russie. À l'Est de l'Oural, de vastes prairies - les steppes - balayées par les vents, s'étendent jusqu'à l'océan Pacifique. La Sibérie est constituée pour l'essentiel d'une vaste étendue de terres gelées couvertes de forêts de conifères, la taïga, mais riches en pétrole et en métaux précieux. Au Sud, les déserts du Kazakhstan rejoignent le système montagneux du Tian Shan. Les républiques d'Asie centrale sont situées le long de l'ancienne route de la soie qui reliait l'Asie et l'Europe, où l'agriculture et la prospection minière sont actuellement en passe de faire disparaître le mode de vie nomade. Le Tibet, qui occupe un plateau isolé, est la région la plus élevée du monde. La Mongolie est le pays sans accès à la mer le plus étendu du monde et son économie repose toujours essentiellement sur l'élevage. La Chine abrite un cinquième de la population mondiale. Ses habitants se concentrent dans les régions côtières et les vallées fluviales fertiles marquées par des températures élevées. La Chine reste essentiellement rurale mais elle compte d'importants gisements de charbon et de fer. Le Japon comprend quatre îles principales, très montagneuses et recouvertes de forêts très denses. Il possède peu de ressources naturelles et compte une population très nombreuse concentrée le long de ses côtes.

PROFIL TOPOGRAPHIQUE DE L'ASIE DU NORD : 38° N, 52° E – 145° E

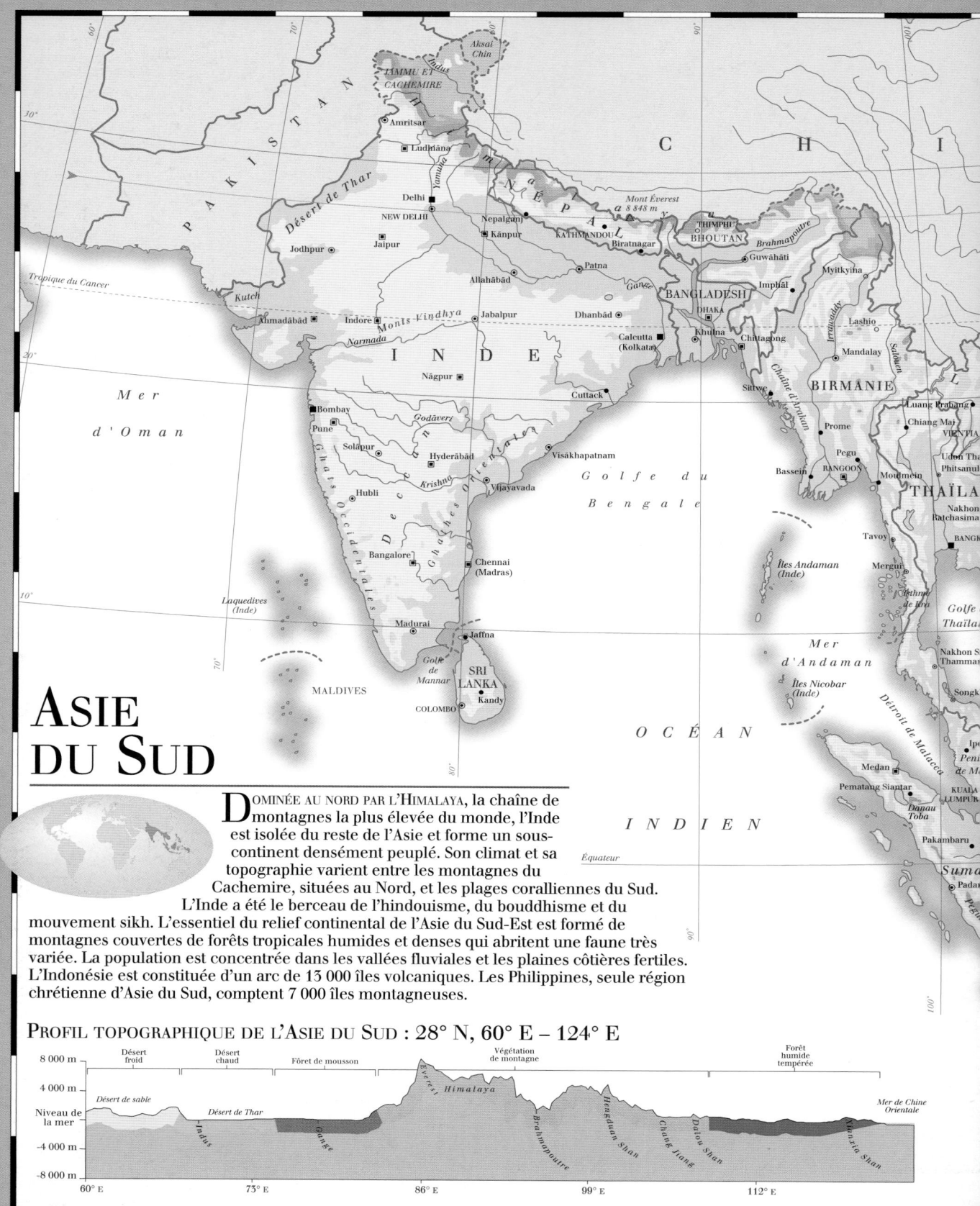

60° 70° 60° 90°

30°

PAKISTAN

Aksai Chin

JAMMU ET CACHEMIRE

Indus

C H I

• Amritsar

• Ludhiāna

Yamuna

N É P A L

Mont Éverest 8 848 m

Delhi

NEW DELHI

Désert de Thar

Nepalganj •

• Kānpur

KATHMANDOU

Biratnagar •

THIMPHU

BHOUTAN

Brahmapoutre

Myitkyina

Jodhpur ⊙

Jaipur ⊙

Allahābād •

• Patna

• Guwāhāti

• Imphāl

Tropique du Cancer

Kutch

Ganga

BANGLADESH

Irrawaddy

Lashio

Ahmadābād •

Indore ⊙

Monts Vindhya

Jabalpur •

Dhanbād •

DHAKA ⊙

Khulna ⊙

Chittagong •

Mandalay •

20°

Narmada

I N D E

Calcutta (Kolkata) ⊙

Chaîne d'Arākan

Salween

Nāgpur ⊡

Cuttack •

Sittwe •

BIRMANIE

Luang Prabang •

M e r

Bombay ⊡

Godāveri

Pune ⊡

Chiang Mai •

d ' O m a n

Solāpur ⊙

Hyderābād ⊡

Visākhapatnam •

G o l f e   d u

Prome •

VIENTIA

Decan

Krishna

Vijayavada •

B e n g a l e

Pegu •

Bassein •

RANGOON

Udon Tha

Phitsanul

10°

Hubli •

Ghats Orientales

Ghats Occidentales

Moudmein •

THAÏLA

Bangalore ⊡

Chennai (Madras) ⊡

Îles Andaman (Inde)

Nakhon Ratchasima

Tavoy •

Mergui •

BANG

Laquedives (Inde)

Madurai •

Jaffna •

M e r   d ' A n d a m a n

Nakhon S Thammas

Songk

Détroit de Malacca

ASIE
DU SUD

Golfe de Mannar

SRI LANKA

Kandy •

COLOMBO

MALDIVES

Îles Nicobar (Inde)

Isthme de Kra

Golfe Thaïla

Ipe

Peni de Me

O C É A N

KUALA LUMPUR

Medan •

Pematang Siantar •

Danau Toba

DOMINÉE AU NORD PAR L'HIMALAYA, la chaîne de montagnes la plus élevée du monde, l'Inde est isolée du reste de l'Asie et forme un sous-continent densément peuplé. Son climat et sa topographie varient entre les montagnes du Cachemire, situées au Nord, et les plages coralliennes du Sud. L'Inde a été le berceau de l'hindouisme, du bouddhisme et du mouvement sikh. L'essentiel du relief continental de l'Asie du Sud-Est est formé de montagnes couvertes de forêts tropicales humides et denses qui abritent une faune très variée. La population est concentrée dans les vallées fluviales et les plaines côtières fertiles. L'Indonésie est constituée d'un arc de 13 000 îles volcaniques. Les Philippines, seule région chrétienne d'Asie du Sud, comptent 7 000 îles montagneuses.

I N D I E N

Équateur

Pakambaru •

Suma

Pada

PROFIL TOPOGRAPHIQUE DE L'ASIE DU SUD : 28° N, 60° E – 124° E

	Désert froid		Désert chaud		Fôret de mousson		Végétation de montagne			Forêt humide tempérée

8 000 m

4 000 m

Désert de sable

Himalaya

Everest

Niveau de la mer

Désert de Thar

Indus

Ganga

Brahmapoutre

Hengduan Shan

Chang Jiang

Daxue Shan

Mer de Chine Orientale

Wuxia Shan

-4 000 m

-8 000 m

60° E   73° E   86° E   99° E   112° E

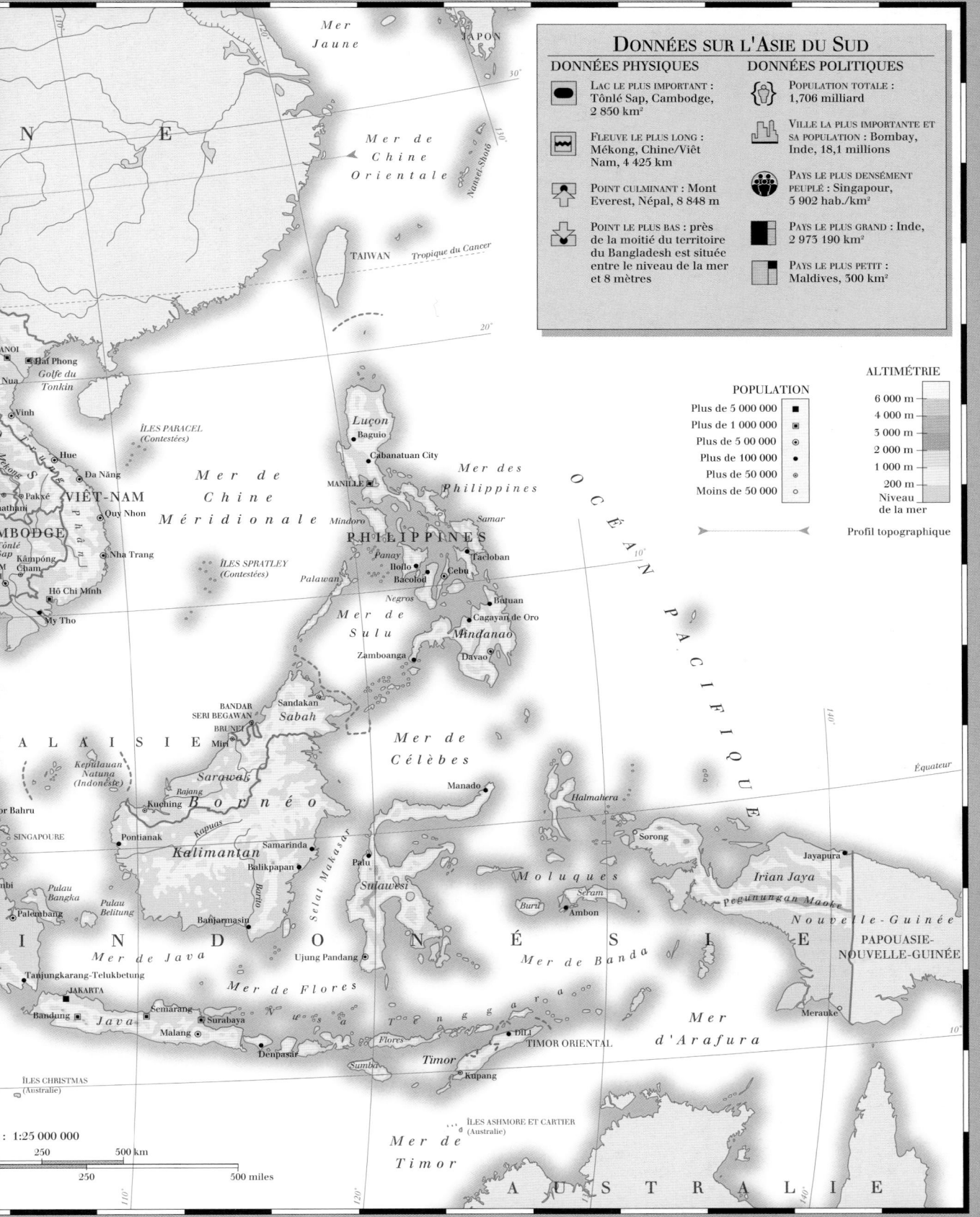

Tropique du Cancer

TAIWAN

ÎLES MARIANNES
DU NORD
(É.U)

OCÉAN PA

ÎLE WAKE (É.U)

*Mer de
Chine
Méridionale*

*Mer des
Philippines*

Saipan

GUAM (É.U)

ÎLES MARSHALL

M

I

PHILIPPINES

*Mer de
Sulu*

KOROR
Babelthuap

Yap

Pohnpei
KOLONIA

ÎLES MARSHALL

C

R

Îles Ratak

Îles Ralik

O

Majuro

N

10°

MALAISIE
BRUNEI

*Mer des
Célèbes*

PALAU

Îles Truck

Kosrae

MICRONÉSIE

BAIRIKI
Tarawa

E

S

I

Tungar

NAURU

E

Équateur

INDONÉSIE

*Archipel
Bismarck*

M

*Mer de
Bismarck*
Nouvelle Bretagne

Rabaul

Bougainville

ÎLES SALOMON
Santa Isabel

A

N

TUVALU

Nanumea

Nukufetau
FONGAFALE

Mer de Banda

Mt Wilhelm
4 509 m ▲

*Nouvelle
Guinée*

PAPOUASIE
NOUVELLE
GUINÉE

Mer Salomon

Malaita
HONIARA

Guadalcanal

Îles Santa Cruz

San Cristobal

E

Nukula

10°

ÎLES ASHMORE ET CARTIER
(Australie)

*Mer de
Timor*

PORT MORESBY

Détroit de Torres

Rennell

Espiritu Santo

Vanua I

*Mer
d'Arafura*

Darwin

*Golfe
de
Carpentarie*

Mer de Corail

ÎLES DE LA MER
DE CORAIL
(Australie)

VANUATU

Malekula

PORT-VILA ●Éfaté

Vitì Levu

SUV

FID

OCÉAN

INDIEN

Broome

*Grand
Désert
de Sable*

TERRITOIRE
DU NORD

Cairns

Récif de la Grande Barrière

Townsville

MacKay

C
o
r
d
i
l
l
è
r
e

A
u
s
t
r
a
l
i
e
n
n
e

NOUVELLE-
CALÉDONIE
(France)

*Nouvelle
Calédonie*

Îles Loyauté

NOUMÉA

AUSTRALIE

Rockhampton

QUEENSLAND

Alice Springs

Désert Gibson Mts Musgrave

*Désert de
Simpson*

Brisbane

Gold Coast
Toowoomba

Î. NORFOLK
(Australie)

Î. Lord Howe (Australie)

Ball's Pyramid (Australie)

20°

Tropique du Capricorne

AUSTRALIE
OCCIDENTALE

*Grand
Désert
de Victoria*

Lac Eyre

AUSTRALIE
DU SUD

Lac
Torrens

Darling

Mts Grey

NOUVELLE-
GALLES
DU SUD

Murray

Newcastle
Sydney
Wollongong

CANBERRA

*Mer de
Tasman*

Auckland
Hamilton

Geraldton

Kalgoorlie

Port Lincoln

Adelaide

VICTORIA

Bendigo
Geelong ● Melbourne

TERRITOIRE
DE LA CAPITALE
D'AUSTRALIE

NOUVELLE-
ZÉLANDE

WELLINGTON

Perth

Esperance

130°

Bunbury

Albany

Détroit de Bass

Launceston

TASMANIE

Hobart

140°

Christchurch

Dunedin

*Îles Bounty
(NZ)*

*Îles Antipodes
(NZ)*

30°

110°

120°

40°

150°

50°

*Îles Auckland
(NZ)*

160°

170°

ALTIMÉTRIE

	3 000 m
	2 000 m
	1 000 m
	200 m
	Niveau
de la mer

POPULATION

■	Plus de 5 000 000
▣	Plus de 1 000 000
◉	Plus de 500 000
●	Plus de 100 000
⊙	Plus de 50 000
○	Moins de 50 000

Échelle : 1:40 000 000

0	500	1 000 km

0	500	1 000 miles

AUSTRALIE ET OCÉANIE

L'Océanie, un « continent » fait d'îles, s'étend sur une vaste partie de l'océan Pacifique et abrite pourtant moins de 0,5 % de la population mondiale. Constituée d'une myriade d'îles volcaniques ou coralliennes regroupées en trois groupes principaux (Micronésie, Mélanésie et Polynésie) et dominée par l'Australie, elle comprend peu d'autres pays disposant de grandes étendues de terres à l'exception de la Nouvelle-Zélande, la Papouasie-Nouvelle-Guinée et Fidji. La population de l'Australie, pays plat et sec, est peu dense et essentiellement installée dans les plaines littorales, notamment dans le Sud-Est. Certaines régions situées à l'intérieur des terres sont toujours peuplées par des Aborigènes, qui ont été les premiers habitants du continent, mais les Européens et les Asiatiques qui sont arrivés par la suite forment aujourd'hui l'essentiel de la population. En raison de leur isolement, la flore et la faune de ces pays possèdent de nombreuses espèces et variétés endémiques. L'Australie est riche en minéraux et compte notamment des gisements d'or, d'uranium et de fer, qui lui ont permis d'asseoir sa prospérité. Les îles de Papouasie-Nouvelle-Guinée sont montagneuses et couvertes de forêts tropicales humides, tandis que le Nord de la Nouvelle-Zélande est caractérisé par un relief accidenté d'origine volcanique et un climat tempéré. Les peuples d'Océanie ont colonisé le Pacifique vers l'an 1500 et les nombreuses communautés insulaires de pêcheurs et d'agriculteurs, tels les Maoris de Nouvelle-Zélande, ont donné naissance à des cultures très originales.

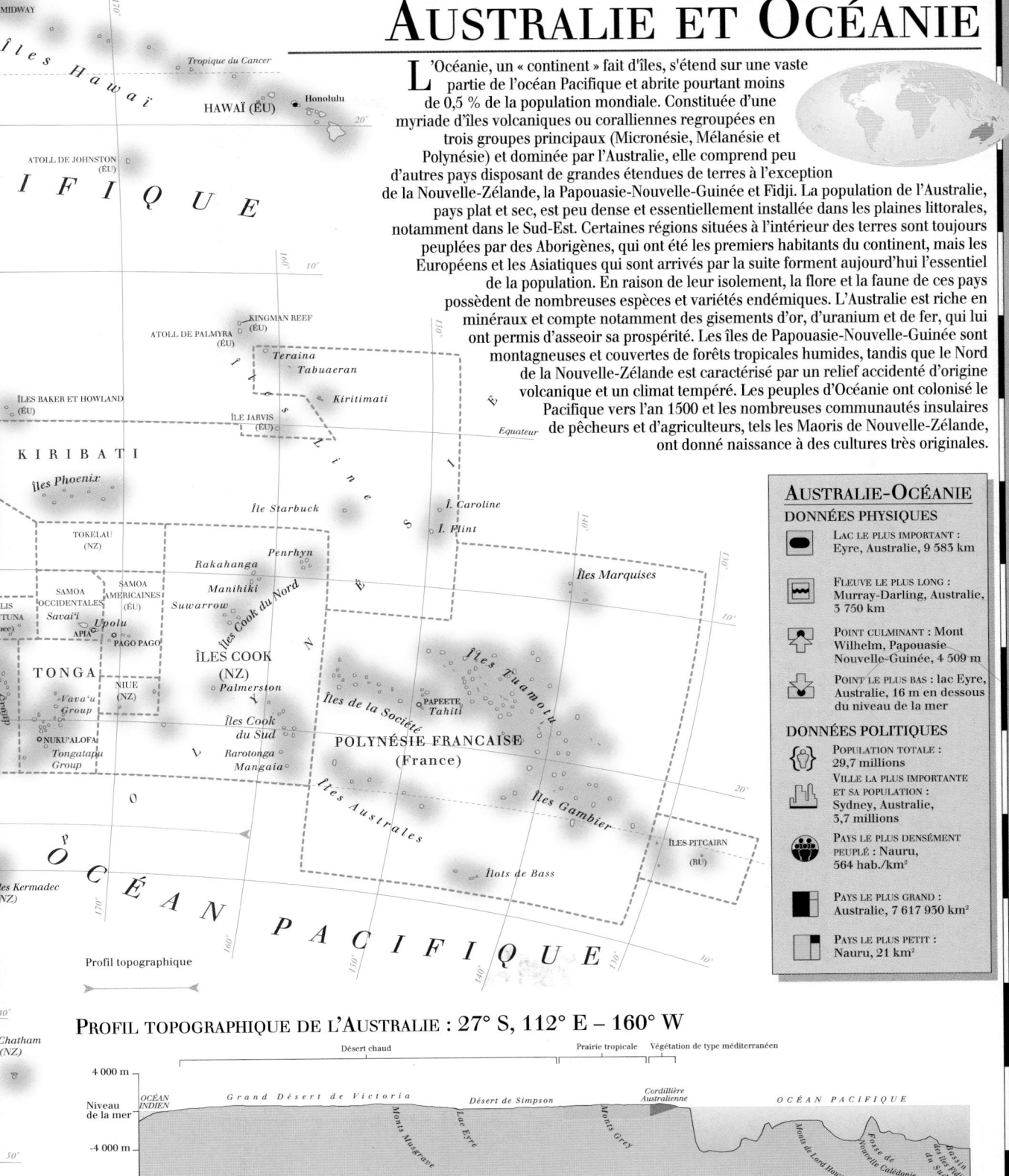

AUSTRALIE-OCÉANIE

DONNÉES PHYSIQUES

LAC LE PLUS IMPORTANT : Eyre, Australie, 9 583 km

FLEUVE LE PLUS LONG : Murray-Darling, Australie, 3 750 km

POINT CULMINANT : Mont Wilhelm, Papouasie-Nouvelle-Guinée, 4 509 m

POINT LE PLUS BAS : lac Eyre, Australie, 16 m en dessous du niveau de la mer

DONNÉES POLITIQUES

POPULATION TOTALE : 29,7 millions

VILLE LA PLUS IMPORTANTE ET SA POPULATION : Sydney, Australie, 5,7 millions

PAYS LE PLUS DENSÉMENT PEUPLÉ : Nauru, 564 hab./km²

PAYS LE PLUS GRAND : Australie, 7 617 930 km²

PAYS LE PLUS PETIT : Nauru, 21 km²

Profil topographique

PROFIL TOPOGRAPHIQUE DE L'AUSTRALIE : 27° S, 112° E – 160° W

Désert chaud — Prairie tropicale — Végétation de type méditerranéen

4 000 m

Niveau de la mer

-4 000 m

-8 000 m

OCÉAN INDIEN — Grand Désert de Victoria — Monts Musgrave — Lac Eyre — Désert de Simpson — Monts Grey — Cordillière Australienne — OCÉAN PACIFIQUE — Monts de Lord Howe — Fosse de Nouvelle-Calédonie — Bassin des îles Fidji du Sud

112° E   125° E   138° E   151° E   164° E

FUSEAUX HORAIRES

−2 −1 0 +1 +2 +3 +4 +5 +6 +7 +8 +9

SPITZBERG +1
(Norvège)

Terre François-Joseph

Terre du Nord +7

Î. de Nouvelle Sibéri

JAN MAYEN
(Norvège)

Novelle-Zemble +5

+10

RUSSIE

−1

ISLANDE 0

Î. FÉROÉ
(Danemark)

+1

+10

NORVÈGE

SUÈDE

FINLANDE

+3 +5

+7

Russie
Asiatique
+8

+9

+10

ROYAUME
UNI

DANEMARK

+2

EST.
FÉD. LET.
DE RUS. LIT.

Russie
Européenne

+4

+5

IRLANDE 0

PAYS-BAS

POLOGNE

BIÉLO.

+4

KAZAKHSTAN

MONGOLIE

+10

Î. ANGLO-
NORMANDES (RU)

BELG.
ALLEMAGNE
LUX. RÉP. TCH.
FRANCE LIECH.
SUISSE AUT. HONGRIE.
MONACO SLVN. CRO.

SLOV.
UKRAINE
+2
MOLD.

+3

+6

+4

CHINE

CORÉE
DU NORD

JAPON

Açores
(Portugal)

ANDORRE

+1

S.M.
VAT.
B.H.
ALB.

ROUMANIE

BULG.

GÉORGIE
+4 AZERB.
ARMÉNIE
+5

OUZBÉK.
+5
TURKMÉN.

KIRGHIZSTAN

+8

CORÉE
DU SUD

+9

−1

PORTUGAL
ESPAGNE

ITALIE

MACÉD.

TURQUIE
+2

AZERB.

TADJIKISTAN

GIBRALTAR (RU)

GRÈCE

MALTE

CHYPRE
ISRAËL

SYRIE
LIBAN
IRAK
JORDANIE

IRAN
+3½

AFGH.
+4½

+5

NÉPAL
+5¾

BHOUTAN
+6

TAIWAN

Madère
(Portugal)

TUNISIE

+3

KOWEIT

PAKISTAN

Î. Canaries
(Espagne)

MAROC

ALGÉRIE

LIBYE

ÉGYPTE

BAHREIN
QATAR

E.A.U.

BANGLADESH
+6 +6½

LAOS

SAHARA OCCIDENTAL

+1

ARABIE
SAOUDITE

OMAN

INDE
+5½

BIRMANIE

+7

CAP
VERT

−1

MAURITANIE

0

MALI

NIGER

TCHAD

ÉRYTHRÉE
+2

YÉMEN

Î. LAQUEDIVE
(Inde)

Î. Andaman
(Inde)

THAÏ.

CAMB.

Î. Paracel
(disputées)

Î. MARIAN
DU NOI
(ÉU)

SÉNÉGAL

−1

SOUDAN

DJIBOUTI

GUAM
(ÉU)

GUINÉE-BISSAU

BURKINA FASO

SIERRA LEONE

GUINÉE

NIGERIA

BÉNIN

RÉP.
CENTRE
AFRICAINE

ÉTHIOPIE
+3

Î. Spratly
(disputée)
+8

PHILIPPINES

MICRONÉ

LIBERIA
CÔTE-D'IVOIRE

CAMEROUN

Î. ASCENSION
(RU)

0

GHANA
TOGO

0

GABON

CONGO

SÀO TOMÉ ET PRINCIPE

RWANDA
BURUNDI
RÉP. DÉM.
DU CONGO
(ZAÏRE)

OUGANDA

SOMALIE

MALDIVES

+6

SRI LANKA

BRUNEI
+8

MALAISIE

SINGAPOUR
+8

+10

PALAU

+9

STE HÉLÈNE
(RU)

0

KENYA

+7

INDONÉSIE

PAPOU
NOUV
GUIN

ANGOLA

TANZANIE

SEYCHELLES

TERRITOIRES
BRITANNIQUES
DE L'OCÉAN INDIEN
(RU)

Î. CHRISTMAS (Australie)

+8

ZAMBIE

MALAWI

COMORES

Î. COCOS (KEELING)
(Australie)
+6½

TIMOR ORIENTAL

Î. ASHMORE et
CARTIER (Australie)

O C É A N

MOZAMBIQUE

MAYOTTE (France)

MADAGASCAR

A T L A N T I Q U E

NAMIBIE

ZIMB.

+3

MAURICE
RÉUNION (France)

+9½

TRISTAN DA CUNHA
(RU)
−0

BOTS.

+1

SWAZILAND

O C É A N

+8

AUSTRALI

+10

Î. Gough
(RU)

0

AFRIQUE
DU SUD
+2

LESOTHO

I N D I E N

+10½

Méridien de Greenwich

+5

+11

Î. du Prince Edward
(Afrique du Sud)

TERRES AUSTRALES
ET ANTARCTIQUES FRANÇAISES
(France)

+5 +5

Tasma

Î. HEARD ET MAC DONALD
(Australie)

ANTARCTIQUE
(Hormis la terre de Graham, l'Antarctique n'est soumis à aucun fuseau horaire)

| 11:00 | 12:00 | 13:00 | 14:00 | 15:00 | 16:00 | 17:00 | 18:00 | 19:00 | 20:00 | 21:00 | 22: |

O C É

+11   +12   −12   −11   −10   −9   −8   −7   −6   −5   −4   −3   −2

N   A   R   C   T   I   Q   U   E

LIGNE DU CHANGEMENT DE DATE

Î. de la Reine Elizabeth

GROENLAND
(Danemark)

Terre de Baffin

−9
Alaska
(ÉU)

+12

−8

Cercle Arctique

−1

−3

−7

C   A   N   A   D   A

−4

−5

Terre Neuve
−3½

ST-PIERRE-
ET-MIQUELON
(France)

−3

−12

−6

ÉTATS-UNIS

OCÉAN

O C É A N
P A C I F I Q U E

ATLANTIQUE

BERMUDES
(RU)

PORTO RICO (ÉU)
ÎLES VIERGES DU ROYAUME UNI (RU)
ÎLES VIERGES (RU)
ANGUILLA (RU)
ST KITTS ET NEVIS

Tropique du
Cancer

−10

Î. MIDWAY
(ÉU)

−11

RÉP. DOM.

Î. TURKS ET CAICOS
(RU)

Î. CAÏMAN
(RU)

BAHAMAS

MEXIQUE

HONDURAS
BELIZE

CUBA

LA JAMAÏQUE

HAÏTI

ANTILLES
NÉERLANDAISES
(Pays-Bas)

ANTIGUA ET BARBUDA
MONTSERRAT (RU)
GUADELOUPE (France)
DOMINIQUE
MARTINIQUE (France)
STE-LUCIE
LA BARBADE
ST-VINCENT-ET-LES-GRENADINES

Hawaï
(ÉU)

ATOLL JOHNSTON (ÉU)

Î. WAKE
(ÉU)

−10

−10

−5

−4

Î. Navassa
(ÉU)

GUATEMALA
SALVADOR
NICARAGUA
COSTA RICA

Î. Clipperton
(France)

ARUBA
(Pays-Bas)

VENEZUELA

GRENADINES
TRINITÉ ET TOBAGO

ARSHALL

+12

WALLIS ET FUTUNA
(France)

KINGMAN REEF (ÉU)
ATOLL DE PALMYRA (ÉU)

−10

PANAMA

COLOMBIE

GUYANE (France)

11

Î. BAKER ET
HOWLAND
(ÉU)

NAURU

+12

Î. JARVIS
(ÉU)

+12

Î. Galâpagos (Équateur)

ÉQUATEUR

GUYANA
SURINAM

Équateur

K I R I B A T I

SALOMON   TUVALU

TOKELAU
(NZ)

Îles Marquises
−9½

PÉROU

B R É S I L

−4

Î. COOK
(NZ)

−5

VANUATU

+11

ELLE CALÉDONIE
(France)

FIDJI

−10

−10

POLYNÉSIE FRANÇAISE

BOLIVIE

PARAGUAY

−3

Tropique du Capricorne

de la mer de Corail
(Australie)

−11½

Î. NORFOLK
(Australie)

TONGA

SAMOA

NIUE (NZ)

SAMOA
AMÉRICAINES
(ÉU)

−8½

Î. San Felix
(Chili)

Î. San Ambrosia
(Chili)

−6

Î. PITCAIRN
(ÉU)

ÎLE DE PÂQUES
(Chili)

CHILI

−4

ARGENTINE

URUGUAY

10½

Î. Kermadec
(NZ)

NOUVELLE-
ZÉLANDE

+12

Î. Chatham (NZ)

+12¾

Î. Bounty
(NZ)

Î. Juan Fernandez
(Chili)

O C É A N

Î. Campbell (NZ)

Î. Macquarie (Australie)

P A C I F I Q U E

CHILI

−5

−4

Îles Malouines
(RU)

−2

23:00   24:00   01:00   02:00   03:00   04:00   05:00   06:00   07:00   08:00   09:00   10:00

ANTARCTIQUE
Terre de Graham
−3

Cercle Antarctique

CHRONOLOGIE DE L'HISTOIRE MONDIALE

CES TABLES résument les événements cruciaux de l'histoire du monde, depuis les premières traces de peuplement et l'apparition de l'agriculture jusqu'en 2001. Chacune des six colonnes se distingue par une couleur correspondant à une partie du monde. La lecture horizontale permet de suivre l'évolution parallèle des cultures sur les différents continents, tandis que la lecture verticale retrace le parcours d'une même région, de ses premiers pas vers la civilisation à ses vagues de migration, ses empires et ses révolutions, sans oublier sa participation aux guerres mondiales et à la diplomatie politique de la fin du XXe siècle.

AMÉRIQUE DU NORD

❏ **15000 av. J.-C.** Traces de peuplement humain en Amérique du Nord.

❏ **7000 av. J.-C.** Début d'un peuplement semi-permanent en Amérique du Nord.

❏ **5000 av. J.-C.** Apparition de la culture du maïs en Amérique centrale.

❏ **800 av. J.-C.** Expansion maya vers le nord jusque dans la péninsule du Yucatán.

❏ **v. 300** Début de la période classique de la civilisation maya dans le Yucatán.

❏ **900** Effondrement du pouvoir maya à l'avantage des Toltèques.

❏ **v. 1000** Colonisation du Groenland et découverte de l'Amérique (Vinland) par les Vikings.

❏ **1200** Arrivée des Aztèques dans la vallée de Mexico.

❏ **1325** Fondation de Tenochtitlan par les Aztèques.

❏ **1492** Arrivée de Christophe Colomb en Amérique.

❏ **v. 1500** Dissémination des Inuit à travers l'Arctique.

❏ **1502** Importation d'esclaves africains dans les Caraïbes.

❏ **v. 1510** Trafic d'esclaves en direction de l'Amérique.

❏ **1519** Début de la conquête de l'Empire aztèque par Cortes.

❏ **1607** Premier établissement permanent anglais (Jamestown, en Virginie).

❏ **1608** Fondation de Québec par des colons français.

❏ **1620** Débarquement des puritains du *Mayflower* en Nouvelle-Angleterre.

❏ **1773** Début de de la révolution américaine (*Boston Tea Party*).

❏ **1776** Déclaration d'indépendance des États-Unis.

❏ **1789** George Washington, premier président des États-Unis.

❏ **1791** Révolution haïtienne.

❏ **1803** Quasi-doublement du territoire des États-Unis grâce à l'acquisition de la Louisiane.

❏ **1810** Révolution mexicaine.

❏ **1819** Achat de la Floride à l'Espagne par les États-Unis.

❏ **1821** Indépendance du Mexique.

❏ **1828** Guerres entre fédéralistes et centralistes au Mexique (jusqu'en 1859).

❏ **1845** Annexion du Texas par les ÉU.

❏ **1846** Guerre entre le Mexique et les États-Unis (jusqu'en 1848).

AMÉRIQUE DU SUD

❏ **v. 20000 av. J.-C.** Arrivée des premiers groupes humains.

❏ **v. 11000 av. J.-C.** Traces de peuplement à Monte Verde, au Chili actuel.

❏ **v. 4500 av. J.-C.** Signes d'agriculture dans le Centre et le Sud des Andes.

❏ **v. 3000 av. J.-C.** Apparition des premiers grands villages.

❏ **v. 2500 av. J.-C.** Architecture en pierre et construction de temples dans les Andes.

❏ **2000 av. J.-C.** Premières céramiques et culture à grande échelle du maïs au Pérou.

❏ **v. 1800 av. J.-C.** Construction du centre cérémoniel de La Florida au Pérou.

❏ **v. 450** Épanouissement de la culture nazca ; tracé de gigantesques dessins et lignes droites dans le désert .

❏ **700** Émergence du royaume chimu sur la côte nord du Pérou.

❏ **v. 1200** Établissement des Incas dans la vallée du Cuzco.

❏ **1438** Naissance de l'Empire inca.

❏ **1475** Conquête du Chimu par les Incas.

❏ **1494** Traité de Tordesillas : partage du monde occidental entre l'Espagne et le Portugal.

❏ **1498** Débarquement de Christophe Colomb à Trinidad.

❏ **1500** Découverte de la côte brésilienne par Cabral.

❏ **1502** Première expédition du Portugal au Brésil en vue de l'exploitation du littoral.

❏ **1525** Guerre civile au sein de l'Empire inca.

❏ **1532** Début de la conquête de l'Empire inca par Pizarro (jusqu'en 1540).

❏ **1562** Décimation de la population amérindienne du Brésil par les guerres et les maladies (jusqu'en 1563).

❏ **1568** Occupation française du Nord du Maranhão.

❏ **1630** Établissement des Hollandais en Nouvelle-Hollande, vaste territoire du Nord du Brésil.

❏ **1654** Reprise du Brésil par les Portugais.

❏ **1663** Transformation du Brésil en vice-royauté.

❏ **1695** Découverte d'or au Brésil.

❏ **1739** Création de la vice-royauté de Nouvelle-Grenade pour défendre la côte caraïbe.

EUROPE

❏ **v. 6500 av. J.-C.** Premières fermes en Grèce et autour de la mer Egée.

❏ **v. 2000 av. J.-C.** Alignement de Stonehenge. Début de la civilisation minoenne en Crète.

❏ **v. 753 av. J.-C.** Fondation de Rome.

❏ **v. 750 av. J.-C.** Premières cités-États grecques.

❏ **510 av. J.-C.** Fondation de la République romaine.

❏ **431 av. J.-C.** Guerre du Péloponnèse entre Sparte et Athènes.

❏ **218 av. J.-C.** Invasion de l'Italie par les Carthaginois sous le commandement d'Hannibal.

❏ **49 av. J.-C.** Conquête de la Gaule par Jules César.

❏ **27 av. J.-C.** Effondrement de la République romaine ; naissance de l'Empire romain.

❏ **43** Invasion de la Grande-Bretagne par les Romains.

❏ **238** Début des invasions des Goths aux frontières de l'Empire romain.

❏ **330** Déplacement de la nouvelle capitale de l'Empire romain à Constantinople.

❏ **410** Invasion et sac de Rome par les Visigoths.

❏ **486** Fondation du royaume des Francs.

❏ **711** Conquête de l'Espagne par les musulmans.

❏ **793** Raids des Vikings en Europe.

❏ **800** Couronnement de l'empereur Charlemagne.

❏ **1066** Conquête de l'Angleterre par les Normands.

❏ **1236** Invasion mongole en Russie.

❏ **1337** Début de la guerre de Cent Ans.

❏ **1453** Chute de l'Empire byzantin après la prise de Constantinople par les Turcs ottomans.

❏ **1478** Ivan III, premier tsar de Russie.

❏ **v. 1500** Renaissance italienne.

❏ **1521** Début de la Réforme protestante.

❏ **1534** Rupture d'Henri VIII d'Angleterre avec Rome.

❏ **1588** Défaite de l'Armada espagnole face aux Anglais.

❏ **1618** Guerre de Trente Ans.

❏ **1642** Guerre civile anglaise (jusqu'en 1649).

❏ **1756** Début de la guerre de Sept Ans.

AFRIQUE

❏ **20000 av. J.-C.** Figurines en terre cuite en Algérie.

❏ **9000 av. J.-C.** Premier village en Afrique centrale.

❏ **3100 av. J.-C.** Unification de la Haute et de la Basse-Égypte par le premier pharaon Ménès.

❏ **v. 2650 av. J.-C.** Début de la construction des grandes pyramides en Égypte.

❏ **2040 av. J.-C.** Moyen Empire en Égypte.

❏ **1350 av. J.-C.** Introduction du culte du soleil en Égypte par le pharaon Akhenaton.

❏ **1085 av. J.-C.** Fin du Moyen Empire en Égypte.

❏ **814 av. J.-C.** Établissement d'une colonie phénicienne à Carthage.

❏ **332 av. J.-C.** Conquête de l'Égypte par Alexandre le Grand.

❏ **255 av. J.-C.** Échec de l'invasion romaine en Afrique.

❏ **146 av. J.-C.** Conquête de Carthage par Rome.

❏ **31 av. J.-C.** Mort de Cléopâtre et fin de la dynastie ptolémaïque en Égypte.

❏ **v. 600** Création du royaume du Ghana.

❏ **1067** Destruction du royaume du Ghana par les Almoravides.

❏ **v. 1300** Émergence du royaume du Bénin (Nigeria).

❏ **1390** Formation du royaume du Kongo.

❏ **1441** Exportation d'esclaves par les Portugais de la côte Atlantique vers l'Europe.

❏ **1498** Franchissement du cap de Bonne-Espérance par Vasco de Gama.

❏ **1502** Début de la traite des esclaves vers le Nouveau Monde.

❏ **1570** Établissement d'une colonie portugaise en Angola.

❏ **1652** Établissement d'une colonie hollandaise au cap de Bonne-Espérance.

❏ **1787** Fondation de la Sierra Leone pour accueillir les esclaves libérés en Afrique.

❏ **1795** Prise du cap de Bonne-Espérance par les Anglais aux Hollandais.

❏ **1798** Occupation de l'Égypte par Napoléon.

❏ **1816** Expansion zouloue menée par le roi Chaka.

❏ **1822** Établissement d'une colonie au Liberia par des esclaves affranchis.

❏ **1830** Invasion française en Algérie.

❏ **1836** Début de la migration des Boers.

❏ **1838** Affrontements entre les colons boers et les Zoulous.

❏ **1848** Fondation de l'État libre d'Orange par les Boers.

❏ **1853** Découverte des chutes Victoria par Livingstone.

❏ **1869** Ouverture du canal de Suez.

ASIE ET MOYEN-ORIENT

❏ **v. 8350 av. J.-C.** Fondation de Jéricho, première ville fortifiée du monde.

❏ **v. 3000 av. J.-C.** Essor de la civilisation sumérienne en Mésopotamie.

❏ **v. 3500 av. J.-C.** Fondation de la première ville chinoise, Liangchengzhen. Invention de la roue en Mésopotamie.

❏ **v. 1750 av. J.-C.** Fondation de l'Empire babylonien sous Hammourabi.

❏ **v. 1200 av. J.-C.** Exode des Juifs d'Égypte vers la Palestine.

❏ **v. 1100 av. J.-C.** Expansion de la civilisation phénicienne dans le bassin méditerranéen.

❏ **v. 660 av. J.-C.** Fondation de l'Empire japonais par Jimmu.

❏ **550 av. J.-C.** Fondation de l'Empire perse.

❏ **334 av. J.-C.** Invasion de l'Asie mineure par Alexandre le Grand.

❏ **332 av. J.-C.** Fondation de l'empire des Maurya en Inde.

❏ **202 av. J.-C.** Fondation de la dynastie Han en Chine.

❏ **v. 112 av. J.-C.** Liaison entre la Chine et l'Occident par la « route de la soie ».

❏ **v. 30 av. J.-C.** Crucifixion de Jésus de Nazareth ; début du christianisme.

❏ **200** Fin de la dynastie Han en Chine.

❏ **320** Fondation de l'empire des Gupta en Inde du Nord.

❏ **v. 550** Invasion des Huns en Perse et en Inde.

❏ **624** Unification de la Chine par la dynastie Tang.

❏ **1044** Fondation de la Birmanie.

❏ **1096** Première croisade.

❏ **1185** Règne des shoguns Minamoto au Japon.

❏ **1206** Début de la conquête mongole de l'Asie sous Genghis Khan.

❏ **v. 1220** Fondation du premier royaume de Thaïlande.

❏ **1258** Sac de Bagdad par les Mongols.

❏ **1264** Fondation de la dynastie Yuan par Qubilai Khan en Chine.

❏ **1275** Arrivée de Marco Polo en Chine.

❏ **1333** Guerre civile au Japon suite à la chute de la dictature militaire des Minamoto.

❏ **1349** Fondation de Singapour par les Chinois.

❏ **1368** Début de la dynastie Ming en Chine.

❏ **1392** Indépendance de la Corée.

❏ **1498** Première liaison entre l'Europe et l'Inde par Vasco de Gama.

❏ **1609** Premier shogun Tokugawa au Japon.

❏ **1619** Fondation de Batavia (future Djakarta) par les Hollandais dans les Indes orientales.

❏ **1747** Fondation de l'Afghanistan.

❏ **1842** Annexion de Hong Kong par les Britanniques.

AUSTRALASIE ET OCÉANIE

❏ **18000 av. J.-C.** Occupation de Fraser Cave à l'extrême sud de la Tasmanie.

❏ **v. 10000 av. J.-C.** Début de la disparition de la langue de terre reliant l'Australie à la Tasmanie. Apparition de formes anthropomorphes dans l'art rupestre australien.

❏ **v. 8000-6000 av. J.-C.** Élévation du niveau des mers et submersion de la langue de terre entre l'Australie et la Nouvelle-Guinée.

❏ **v. 6000 av. J.-C.** Naissance de la culture austronésienne suite à une vague de migration venue d'Asie du Sud-Est.

❏ **v. 4000 av. J.-C.** Arrivée des Austronésiens dans les îles du Sud-Ouest du Pacifique.

❏ **v. 1000 av. J.-C.** Émergence d'une société polynésienne archaïque aux Fidji, Tonga et Samoa.

❏ **v. 300 av. J.-C.** Peuplement de l'île de Pâques.

❏ **1000** Peuplement de presque toutes les îles du Pacifique.

❏ **1520** Arrivée e Magellan dans le Pacifique.

❏ **1526** Découverte de la Nouvelle-Guinée par Jorge de Meneses.

❏ **1606** Franchissement du détroit qui porte son nom par Torres, prouvant que la Nouvelle-Guinée est une île.

❏ **1642** Découverte de la Tasmanie et de la Nouvelle-Zélande par Tasman, qui cherche un continent au sud.

❏ **1688** Dampier, premier Anglais à visiter l'Australie.

❏ **1768** Premier voyage de Cook.

❏ **1773** Franchissement du cercle polaire antarctique par Cook qui contourne le continent (jusqu'en 1775).

❏ **1779** Décès de Cook, tué lors de son troisième voyage à Hawaii.

❏ **1788** Établissement de la première colonie pénitentiaire à Port Jackson (Sydney).

❏ **1802** Contournement de l'Australie par Flinders (jusqu'en 1803).

❏ **1818** Début des « guerres des mousquets » chez les Maoris de Nouvelle-Zélande.

❏ **1819** Localisation de l'Antarctique par l'expédition de Bellingshausen.

❏ **1823** Arrivée de Weddell dans la mer qui porte son nom.

❏ **1829** Annexion du tiers occidental du continent australien par les Britanniques.

❏ **1830** Nombre d'étrangers dans la population permanente de Nouvelle-Zélande : 200 à peine, des Britanniques pour la plupart.

❏ **1840** Traité de Waïtangi : établissement de la souveraineté de la Grande-Bretagne sur la Nouvelle-Zélande.

❏ **1841** Octroi à la Nouvelle-Zélande du statut de colonie indépendante de la Couronne.

❏ **1845** Guerre dans l'île du Nord (jusqu'en 1846)

AMÉRIQUE DU NORD (SUITE)

❑ **1848** Ruée vers l'or en Californie.

❑ **1861-1865** Guerre civile aux ÉU.

❑ **1863** Émancipation des esclaves.

❑ **1865** Reddition des Sudistes. Assassinat du président Lincoln. Abolition de l'esclavage aux États-Unis.

❑ **1867** Achat de l'Alaska à la Russie par les ÉU pour 50 millions de dollars. Création du dominion canadien.

❑ **1869** Droit de vote garanti par le 15e amendement aux esclaves libérés des ÉU.

❑ **1871** Début des guerres apaches.

❑ **1876** Bataille de Little Big Horn : le général Custer et 250 soldats sont écrasés par les Sioux.

❑ **1890** Massacre des Sioux à Wounded Knee.

❑ **1896** Ruée vers l'or du Klondike.

❑ **1898** Guerre hispano-américaine.

❑ **1899** Cession de Cuba et de Porto Rico par l'Espagne aux États-Unis.

❑ **1910** Début de la révolution mexicaine.

❑ **1921** Restriction de l'immigration aux États-Unis.

❑ **1929** Krach de Wall Street.

❑ **1933** Politique du New Deal du président Roosevelt.

❑ **Années 1940** Émeutes raciales.

❑ **1941** Entrée en guerre des États-Unis contre l'Allemagne et le Japon.

❑ **1945** Fin de la Seconde Guerre mondiale.

❑ **1949** Création de l'OTAN. Début de la guerre froide.

❑ **1950** Guerre de Corée (jusqu'en 1953).

❑ **1959** Révolution cubaine.

❑ **1962** Crise des missiles de Cuba.

❑ **1963** Marche sur Washington conduite par Martin Luther King. Assassinat du président Kennedy.

❑ **1964** Approbation par le Congrès américain de la guerre contre le Viêt-nam.

❑ **1968** Assassinat de Martin Luther King. Émeutes dans 124 villes des États-Unis.

❑ **1969** Premiers pas sur la Lune, effectués par une mission américaine.

❑ **1973** Retrait des troupes américaines du Viêt-nam.

❑ **1974** Démission du président Nixon suite au scandale du Watergate.

❑ **1979** Guerre civile au Nicaragua (jusqu'en 1990) et au Salvador (jusqu'en 1992).

❑ **1987** Traité sur la limitation des forces nucléaires intermédiaires (INF) entre les États-Unis et l'Union soviétique.

❑ **1991** Guerre du Golfe, menée par les États-Unis et leurs alliés pour mettre fin à l'invasion du Koweït par l'Irak.

❑ **1994** Signature de l'ALENA (accord de libre-échange nord-américain).

❑ **1999** Échec du procès intenté au président Clinton pour faux témoignage au sujet de ses relations intimes avec une stagiaire de la Maison-Blanche, Monica Lewinsky.

AMÉRIQUE DU SUD (SUITE)

❑ **1750** Traité de Madrid : délimitation des frontières entre les colonies espagnoles et le Brésil.

❑ **1811** Début du combat de Bolívar pour la libération du Venezuela. Indépendance du Paraguay.

❑ **1817** Victoire décisive de San Martin sur les Espagnols qui libère le Chili.

❑ **1821** Indépendance du Pérou.

❑ **1822** Indépendance du Brésil.

❑ **1823** Abolition de l'esclavage au Chili.

❑ **1825** Indépendance de la Bolivie.

❑ **1828** Indépendance de l'Uruguay.

❑ **1830** Éclatement de la Grande Colombie en 3 États souverains : Équateur, Colombie et Venezuela.

❑ **1851** Abolition de l'esclavage en Colombie.

❑ **1853** Abolition de l'esclavage en Équateur, Argentine et Uruguay.

❑ **1854** Abolition de l'esclavage en Bolivie et au Venezuela.

❑ **1864** Guerre du Paraguay : victoire du Brésil, de l'Argentine et de l'Uruguay sur le Paraguay.

❑ **1870** Abolition de l'esclavage au Paraguay.

❑ **1888** Abolition de l'esclavage au Brésil.

❑ **1900** Grande vague d'immigration italienne en Argentine.

❑ **1914** Ouverture du canal de Panamá.

❑ **1930** Révolution militaire au Brésil.

❑ **1932** Guerre du Chaco entre la Bolivie et le Paraguay (jusqu'en 1935) ; victoire de la Bolivie.

❑ **1937** Instauration d'un régime totalitaire au Brésil par Vargas.

❑ **1946** Arrivée au pouvoir de Perón en Argentine.

❑ **1955** Coup d'État militaire contre Perón, écarté du pouvoir jusqu'en 1973.

❑ **1968** Création du groupe de guérilla urbaine des Tupamaros en Uruguay. Prise du pouvoir par la junte militaire au Pérou.

❑ **1970** Élection d'Allende à la présidence du Chili.

❑ **1973** Coup d'État de Pinochet soutenu par les État-Unis contre le gouvernement élu ; assassinat d'Allende.

❑ **1976** « Sale guerre » menée par les escadrons de la mort, de droite, en Argentine.

❑ **Années 1980** Retour à la démocratie dans de nombreux pays.

❑ **1982** Guerre des Malouines entre l'Argentine et la Grande-Bretagne.

❑ **1983** Restauration de la démocratie en Argentine.

❑ **1985** Restauration de la démocratie au Brésil et en Uruguay.

❑ **1989** Restauration de la démocratie au Chili.

❑ **1999** Rétrocession du canal de Panamá au pays du même nom et fermeture des bases américaines.

EUROPE (SUITE)

❑ **1789** Révolution française.

❑ **1792** Proclamation de la République française.

❑ **1804** Napoléon, empereur de France.

❑ **1812** Invasion de la Russie par Napoléon.

❑ **1815** Défaite de Napoléon à Waterloo.

❑ **1845** Début de la famine causée par la pénurie de pommes de terre en Irlande.

❑ **1854** Guerre de Crimée (jusqu'en 1856).

❑ **1870** Guerre entre la France et la Prusse.

❑ **1914** Première Guerre mondiale (jusqu'en 1918).

❑ **1917** Révolution russe et fondation du premier État socialiste.

❑ **1933** Prise du pouvoir en Allemagne par les nazis ; nomination de Hitler au poste de chancelier.

❑ **1936** Guerre civile espagnole (jusqu'en 1939).

❑ **1939** Invasion de la Pologne, qui précipite la Seconde Guerre mondiale.

❑ **1941** Déclaration de guerre aux États-Unis et tentatives d'invasion de la Russie par l'Allemagne.

❑ **1944** Débarquement des troupes alliées en Normandie ; avancée des Russes en Europe de l'Est.

❑ **1945** Défaite de l'Allemagne.

❑ **1949** Création de l'OTAN.

❑ **1957** Fondation de la CEE.

❑ **1961** Construction du mur de Berlin. Youri Gagarine, premier homme dans l'espace.

❑ **1968** Débuts des troubles en Irlande du Nord.

❑ **1973** Adhésion de la Grande-Bretagne au Marché commun européen.

❑ **1975** Mort du général Franco et fin de la dictature en Espagne.

❑ **1986** Explosion d'un réacteur à la centrale nucléaire de Tchernobyl. Lancement dans l'espace de la station soviétique Mir.

❑ **1989** Révolutions démocratiques en Europe de l'Est. Chute du mur de Berlin.

❑ **1990** Réunification de l'Allemagne.

❑ **1991** Effondrement de l'Union soviétique au profit d'une Communauté d'États indépendants. Proclamations d'indépendance de la Slovénie et de la Croatie en Yougoslavie.

❑ **1992** Guerre civile en Bosnie-Herzégovine (jusqu'en 1995).

❑ **1993** Séparation de la République tchèque et de la Slovaquie.

❑ **1994** Invasion russe en Tchétchénie.

❑ **1995** Élargissement de l'Union européenne à 15 membres avec l'adhésion de l'Autriche, de la Finlande et de la Suède.

❑ **1999** Adoption de la monnaie unique européenne dans 11 pays. Politique « d'épuration ethnique » menée par les Serbes yougoslaves sur les Albanais du Kosovo ; frappes aériennes de l'OTAN. Séisme à Izmit, en Turquie.

AFRIQUE (SUITE)

❏ **1875** Confirmation par Stanley de la source du Nil aux chutes Ripon.

❏ **1879** Victoire des Britanniques sur les Zoulous.

❏ **1881** Occupation de la Tunisie par les Français.

❏ **1882** Occupation de l'Égypte par les Britanniques.

❏ **1883** Début de la conquête française de Madagascar.

❏ **1889** Colonisation de la Rhodésie.

❏ **1894** Occupation de l'Ouganda par les Britanniques.

❏ **1899** Guerre des Boers (jusqu'en 1902).

❏ **1910** Formation de l'Union sud-africaine.

❏ **1911** Conquête italienne de la Libye.

❏ **1935** Invasion italienne de l'Éthiopie.

❏ **1942** Arrêt de la progression allemande par les Britanniques à El-Alamein.

❏ **1948** Prise du pouvoir par le Parti national, partisan de l'apartheid, en Afrique du Sud.

❏ **1956** Échec de l'intervention britannique pour empêcher la nationalisation du canal de Suez.

❏ **1960** Guerre civile au Congo belge. Accession de 15 pays d'Afrique à l'indépendance.

❏ **1962** Indépendance de l'Algérie.

❏ **1963** Indépendance accordée à la Zambie et au Malawi. Fondation de l'Organisation de l'unité africaine (OUA).

❏ **1964** Condamnation à la prison à vie de Nelson Mandela en Afrique du Sud.

❏ **1974** Destitution de l'empereur Hailé Sélassié en Éthiopie.

❏ **1975** Indépendance de l'Angola et du Mozambique ; guerres civiles.

❏ **1980** Établissement d'un gouvernement à majorité noire au Zimbabwe.

❏ **1981** Assassinat du président égyptien Sadate.

❏ **1984** Famine en Éthiopie.

❏ **1987** Nouvelle famine en Éthiopie.

❏ **1990** Libération de Mandela : début du démantèlement de l'apartheid. Indépendance de la Namibie.

❏ **1991** Début de la guerre civile en Sierra Leone.

❏ **1994** Organisation des premières élections multiraciales en Afrique du Sud ; élection de Mandela à la présidence. Tentative de génocide des Tutsis sur les Hutus au Rwanda.

❏ **1997** Renversement de Mobutu au Congo (ex-Zaïre).

❏ **1998** Implication des pays voisins dans la guerre civile au Congo.

❏ **1999** Retour de la démocratie au Nigeria.

ASIE ET MOYEN-ORIENT (SUITE)

❏ **1854** Début des échanges commerciaux entre le Japon et les États-Unis.

❏ **1877** Couronnement de la reine Victoria comme impératrice des Indes.

❏ **1917** Déclaration Balfour : promesse d'une terre juive en Palestine.

❏ **1922** Destitution du dernier sultan ottoman ; proclamation de la République en Turquie.

❏ **1926** Réunification de la Chine par Tchang Kaï-chek.

❏ **1932** Fondation du royaume d'Arabie Saoudite.

❏ **1941** Attaque japonaise de Pearl Harbour.

❏ **1945** Bombardement atomique américain des villes japonaises d'Hiroshima et de Nagasaki ; reddition du Japon.

❏ **1947** Partition et indépendance de l'Inde et du Pakistan.

❏ **1948** Indépendance de la Birmanie et de Ceylan. Création de l'État d'Israël.

❏ **1949** Victoire des communistes lors de la guerre civile en Chine ; proclamation de la République populaire. Indépendance de l'Indonésie.

❏ **1950** Guerre de Corée (jusqu'en 1953).

❏ **1954** Indépendance du Laos, du Cambodge et du Viêt-nam.

❏ **1959** Occupation du Tibet par la Chine.

❏ **1965** Envoi de soldats américains au Viêt-nam.

❏ **1966** Révolution culturelle en Chine.

❏ **1971** Indépendance du Pakistan oriental (futur Bangladesh).

❏ **1975** Chute de Saïgon et fin de la guerre du Viêt-nam. Guerre civile au Liban (jusqu'en 1989).

❏ **1979** Fondation de la République islamique d'Iran. Invasion vietnamienne du Cambodge ; expulsion des Khmers rouges.

❏ **1980** Guerre Iran-Irak (jusqu'en 1988).

❏ **1982** Invasion israélienne au Liban.

❏ **1986** Destitution de Ferdinand Marcos aux Philippines.

❏ **1989** Massacre de la place Tienanmen à Pékin.

❏ **1990** Invasion du Koweït par l'Irak.

❏ **1991** Guerre du Golfe. Début des négociations de paix au Moyen-Orient.

❏ **1996** Prise du pouvoir par les talibans en Afghanistan.

❏ **1997** Rétrocession de Hong Kong à la Chine. Crise financière asiatique.

❏ **1998** Effondrement du régime de Suharto en Indonésie. Essais nucléaires indiens et pakistanais.

❏ **1999** Vote du Timor oriental en faveur de l'indépendance suivi de violences perpétrées par la milice indonésienne qui finissent par nécessiter l'intervention internationale.

AUSTRALASIE ET OCÉANIE (SUITE)

❏ **v. 1850** Arrivée à Hawaii d'ouvriers émigrés de Chine, du Japon et des Philippines.

❏ **1851** Découverte d'or en Nouvelle-Galles du Sud.

❏ **1858** Union de plusieurs tribus maories autour d'un roi pour s'opposer aux ventes des terres ancestrales.

❏ **1860** Surnombre des colons européens par rapport aux Maoris en Nouvelle-Zélande.

❏ **1861** Découverte d'or en Nouvelle-Zélande.

❏ **1862** Deuxième guerre maorie.

❏ **1864** Arrivée des premiers bagnards français en Nouvelle-Calédonie.

❏ **1865** Arrivée de 1 000 Chinois à Tahiti pour travailler dans les plantations de coton (jusqu'en 1866).

❏ **1869** Arrivée du dernier navire de bagnards en Australie.

❏ **1870** Écrasement de la résistance maorie. Achat de vastes territoires par les Allemands aux Samoa occidentales.

❏ **1874** Arrivée de main-d'œuvre indienne dans les plantations de canne à sucre aux Fidji.

❏ **1888** Début de la colonisation chilienne de l'île de Pâques.

❏ **1890** Découverte d'or en Australie.

❏ **1898** Annexion de Hawaii par les États-Unis, auxquels l'Espagne cède Guam.

❏ **1901** Octroi à l'Australie du statut de fédération autonome au sein de l'Empire britannique.

❏ **1912** Arrivée de l'expédition d'Amundsen au pôle Sud.

❏ **1914** Plus de 60 000 soldats australiens parmi les victimes de la Première Guerre mondiale (jusqu'en 1918).

❏ **Années 1930** Australie fortement touchée par la crise mondiale.

❏ **1942** Menace d'invasion japonaise en Australie suite au bombardement de Darwin.

❏ **1946** Début des essais nucléaires américains dans les atolls micronésiens d'Eniwetok et Bikini.

❏ **1948** Orientation de la politique d'après-guerre sur l'immigration blanche, essentiellement d'origine britannique.

❏ **1966** Début des essais nucléaires français dans les îles Tuamotu.

❏ **1972** Critique par le gouvernement travailliste de l'attitude paternaliste de la Grande-Bretagne vis-à-vis de l'Australie.

❏ **1975** Restrictions à l'immigration.

❏ **1985** Proposition d'interdiction des essais nucléaires dans le Pacifique par le Forum du Pacifique Sud ; refus des États-Unis et de la France.

❏ **1988** Fêtes du Bicentenaire de l'Australie marquées par les mouvements de protestation aborigènes.

❏ **1996** Arrêt des essais nucléaires français dans le Pacifique.

❏ **1999** Rejet par référendum du statut de République en Australie.

LA FORMATION DU MONDE MODERNE

LE MONDE ACTUEL est, à l'instar des êtres vivants qu'il abrite, le produit d'une évolution qui a pris plusieurs millénaires. Son découpage géographique et culturel reflète les diverses phases du développement de l'humanité à travers le temps. Toutefois, une grande partie des origines de la géographie humaine moderne remonte à un passé relativement proche. Les pages ci-après représentent l'édification et la chute des divers États et empires des temps modernes en commençant par le premier événement important pour les explorateurs européens : la découverte des Amériques en 1492. Ces cartes représentent la manière dont les influences culturelle et politique européenne et asiatique se sont répandues, jusqu'à nos jours. Cette expansion a laissé une empreinte indélébile sur la structure des langues, les religions, les systèmes éducatifs et les régimes politiques de la planète.

LES PRINCIPALES VAGUES MIGRATOIRES DEPUIS 1500

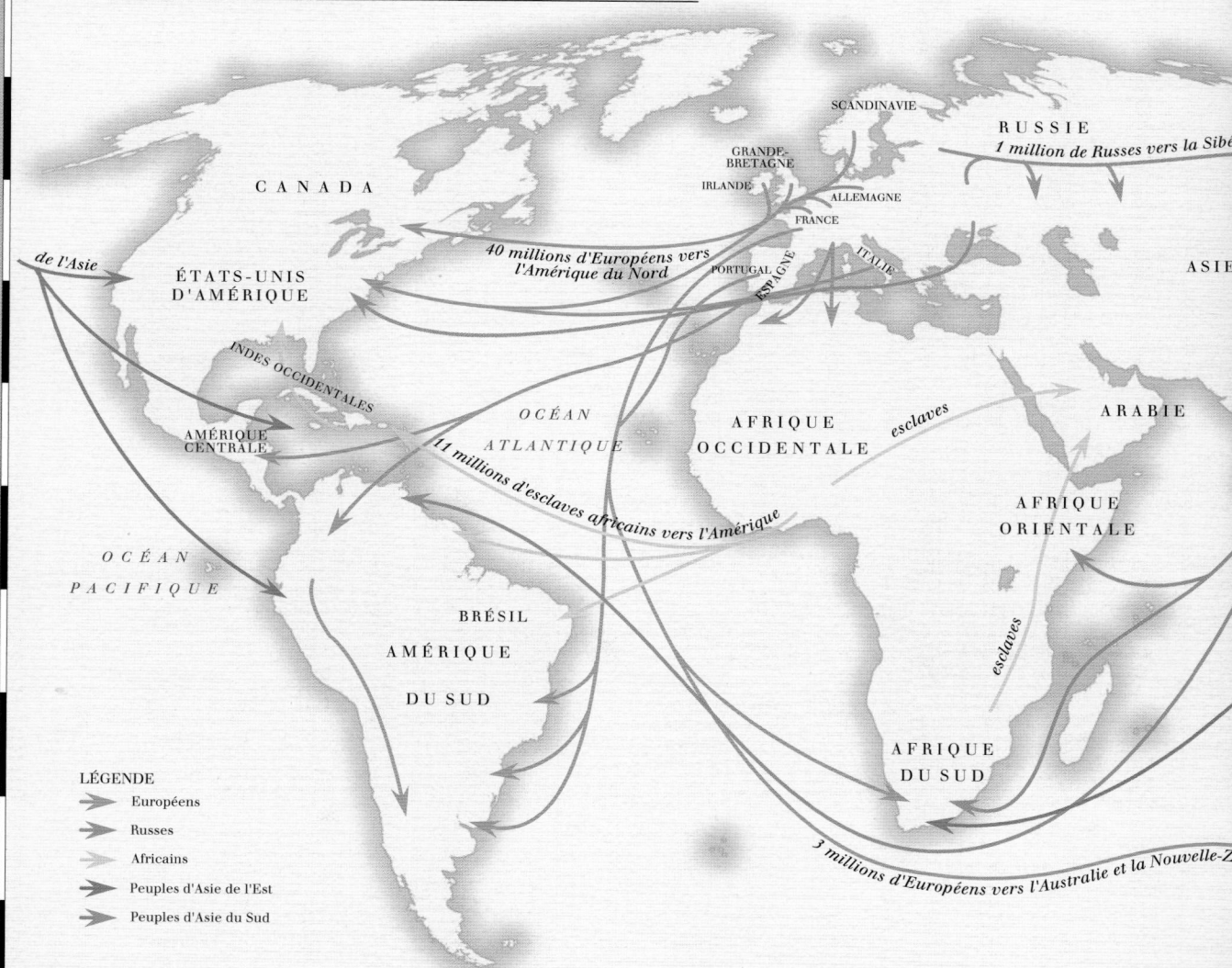

SCANDINAVIE

RUSSIE
1 million de Russes vers la Sibé...

GRANDE-BRETAGNE
IRLANDE
ALLEMAGNE
FRANCE
PORTUGAL
ESPAGNE
ITALIE

CANADA

de l'Asie

ÉTATS-UNIS D'AMÉRIQUE

40 millions d'Européens vers l'Amérique du Nord

ASIE

INDES OCCIDENTALES

OCÉAN ATLANTIQUE

AFRIQUE OCCIDENTALE

esclaves

ARABIE

AMÉRIQUE CENTRALE

11 millions d'esclaves africains vers l'Amérique

AFRIQUE ORIENTALE

OCÉAN PACIFIQUE

BRÉSIL
AMÉRIQUE DU SUD

esclaves

AFRIQUE DU SUD

3 millions d'Européens vers l'Australie et la Nouvelle-Z...

LÉGENDE

Européens

Russes

Africains

Peuples d'Asie de l'Est

Peuples d'Asie du Sud

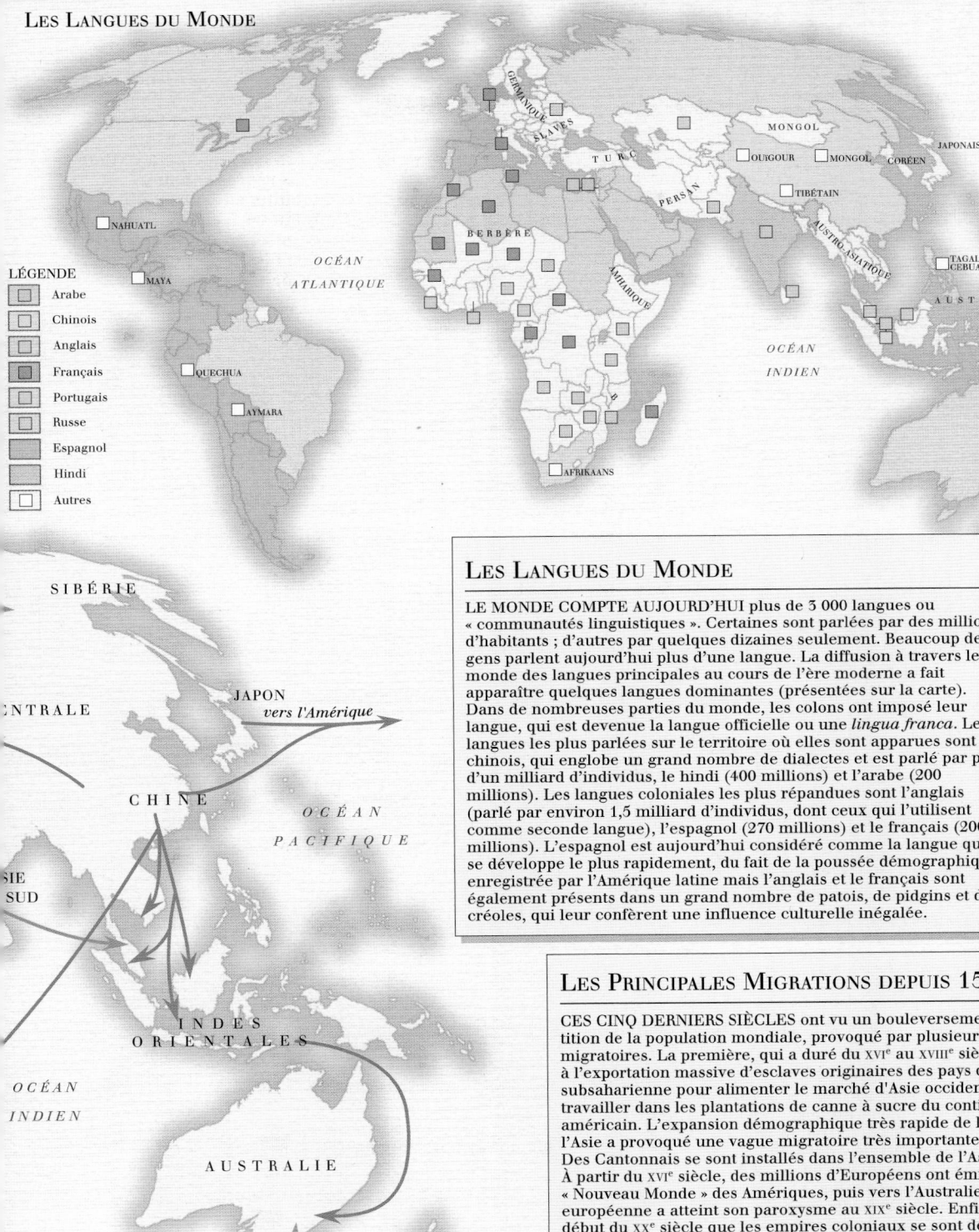

LES LANGUES DU MONDE

LÉGENDE
- Arabe
- Chinois
- Anglais
- Français
- Portugais
- Russe
- Espagnol
- Hindi
- Autres

LES LANGUES DU MONDE

LE MONDE COMPTE AUJOURD'HUI plus de 3 000 langues ou
« communautés linguistiques ». Certaines sont parlées par des millions
d'habitants ; d'autres par quelques dizaines seulement. Beaucoup de
gens parlent aujourd'hui plus d'une langue. La diffusion à travers le
monde des langues principales au cours de l'ère moderne a fait
apparaître quelques langues dominantes (présentées sur la carte).
Dans de nombreuses parties du monde, les colons ont imposé leur
langue, qui est devenue la langue officielle ou une *lingua franca*. Les
langues les plus parlées sur le territoire où elles sont apparues sont le
chinois, qui englobe un grand nombre de dialectes et est parlé par plus
d'un milliard d'individus, le hindi (400 millions) et l'arabe (200
millions). Les langues coloniales les plus répandues sont l'anglais
(parlé par environ 1,5 milliard d'individus, dont ceux qui l'utilisent
comme seconde langue), l'espagnol (270 millions) et le français (200
millions). L'espagnol est aujourd'hui considéré comme la langue qui
se développe le plus rapidement, du fait de la poussée démographique
enregistrée par l'Amérique latine mais l'anglais et le français sont
également présents dans un grand nombre de patois, de pidgins et de
créoles, qui leur confèrent une influence culturelle inégalée.

LES PRINCIPALES MIGRATIONS DEPUIS 1500

CES CINQ DERNIERS SIÈCLES ont vu un bouleversement de la répartition de la population mondiale, provoqué par plusieurs vagues
migratoires. La première, qui a duré du XVIe au XVIIIe siècle, correspond
à l'exportation massive d'esclaves originaires des pays d'Afrique
subsaharienne pour alimenter le marché d'Asie occidentale et
travailler dans les plantations de canne à sucre du continent
américain. L'expansion démographique très rapide de l'Europe et de
l'Asie a provoqué une vague migratoire très importante.
Des Cantonnais se sont installés dans l'ensemble de l'Asie du Sud-Est.
À partir du XVIe siècle, des millions d'Européens ont émigré vers le
« Nouveau Monde » des Amériques, puis vers l'Australie. Cette diaspora
européenne a atteint son paroxysme au XIXe siècle. Enfin, c'est au
début du XXe siècle que les empires coloniaux se sont développés et
qu'une dernière vague de migration s'est produite, lorsqu'une partie de
la population de l'Asie du Sud et de l'Est a quitté le continent pour
travailler en Afrique et aux Amériques. Alors que des sociétés
homogènes se sont développées en Amérique du Nord et en Australie,
de nombreuses communautés ethniques demeurent éparpillées à
travers le monde.

LE MONDE EN 1492

LORSQU'IL PARTIT, AVEC SON ÉQUIPAGE, de l'Ouest de l'Europe, à la recherche d'une route plus courte pour relier l'Asie, Christophe Colomb a lancé une vague de découvertes qui allaient rapprocher des parties du monde jusqu'alors hétérogènes pour former le monde géographique actuel. L'entité politique la plus importante était alors l'empire chinois des Ming. Culturellement, l'islam avait donné naissance à une unité religieuse qui allait de l'Asie du Sud-Est à la côte atlantique de l'Afrique du Nord. L'Europe consistait en un enchevêtrement de monarchies rivales ; l'Afrique subsaharienne était composée d'une myriade de royaumes marchands ; les Amériques constituaient un monde à part juxtaposant des cultures tribales extrêmement diversifiées et dont les empires se limitaient à l'Amérique centrale et au centre des Andes.

LES ÉTATS ET LES TERRITOIRES DU MONDE

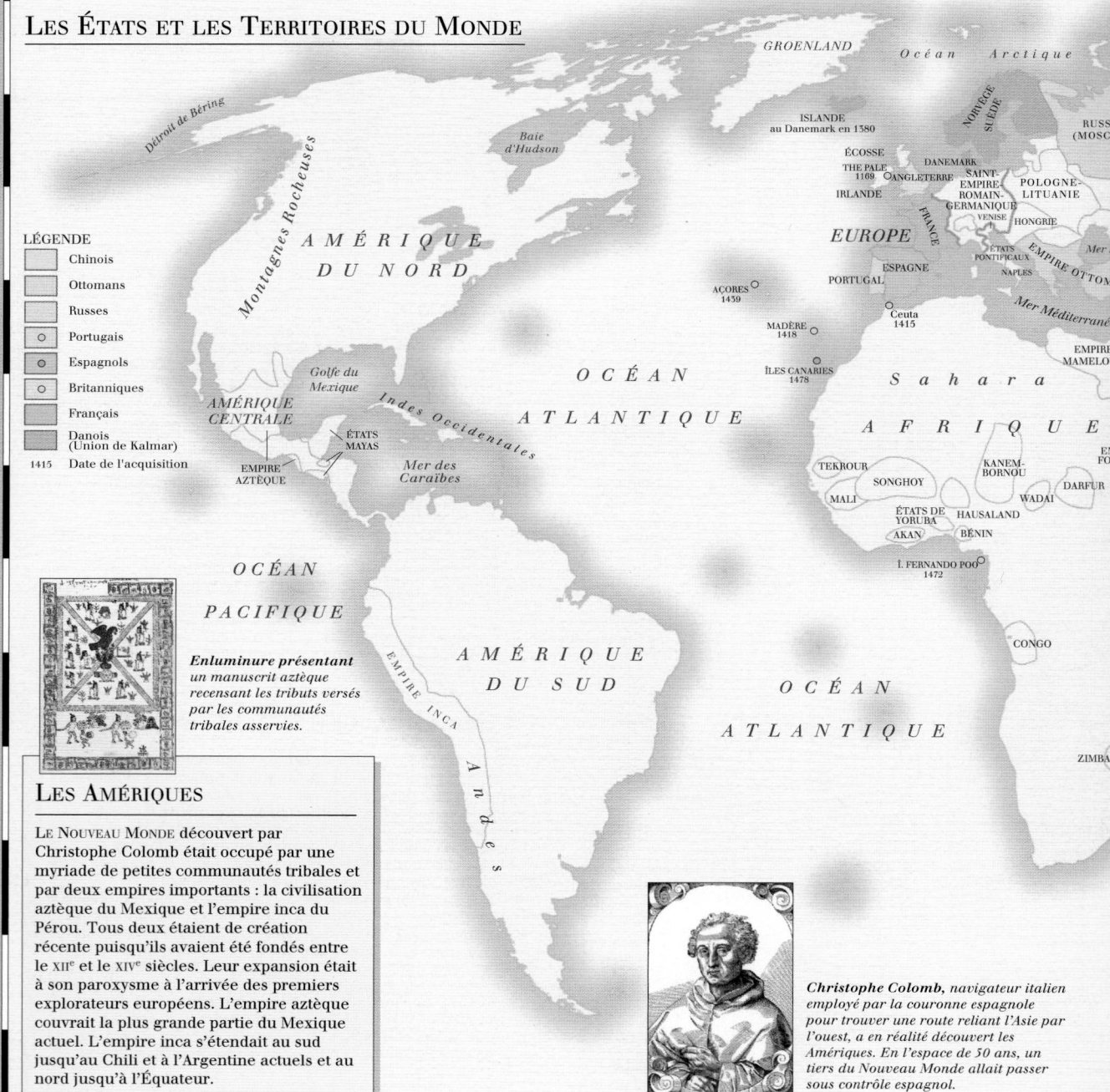

LÉGENDE

- Chinois
- Ottomans
- Russes
- ○ Portugais
- ○ Espagnols
- ○ Britanniques
- Français
- Danois (Union de Kalmar)

1415 Date de l'acquisition

Enluminure présentant un manuscrit aztèque recensant les tributs versés par les communautés tribales asservies.

GROENLAND

Océan Arctique

ISLANDE au Danemark en 1380

NORVÈGE SUÈDE

RUSSIE (MOSCOU

ÉCOSSE

THE PALE 1169

ANGLETERRE

DANEMARK

SAINT-EMPIRE-ROMAIN-GERMANIQUE

POLOGNE-LITUANIE

IRLANDE

VENISE

HONGRIE

FRANCE

ÉTATS PONTIFICAUX

Mer Nor

EMPIRE OTTOMAN

ESPAGNE

NAPLES

Détroit de Béring

Baie d'Hudson

Montagnes Rocheuses

AMÉRIQUE DU NORD

EUROPE

AÇORES 1439

PORTUGAL

Ceuta 1415

Mer Méditerranée

MADÈRE 1418

ÎLES CANARIES 1478

Sahara

EMPIRE MAMELOUK

Golfe du Mexique

AMÉRIQUE CENTRALE

ÉTATS MAYAS

Indes Occidentales

Mer des Caraïbes

EMPIRE AZTÈQUE

OCÉAN ATLANTIQUE

A F R I Q U E

EMPI FOUN

TEKROUR

KANEM-BORNOU

SONGHOY

DARFUR

MALI

WADAI

ÉTATS DE YORUBA

HAUSALAND

AKAN

BÉNIN

Î. FERNANDO POO 1472

OCÉAN PACIFIQUE

AMÉRIQUE DU SUD

EMPIRE INCA

Andes

OCÉAN ATLANTIQUE

CONGO

ZIMBABW

LES AMÉRIQUES

LE NOUVEAU MONDE découvert par Christophe Colomb était occupé par une myriade de petites communautés tribales et par deux empires importants : la civilisation aztèque du Mexique et l'empire inca du Pérou. Tous deux étaient de création récente puisqu'ils avaient été fondés entre le XIIe et le XIVe siècles. Leur expansion était à son paroxysme à l'arrivée des premiers explorateurs européens. L'empire aztèque couvrait la plus grande partie du Mexique actuel. L'empire inca s'étendait au sud jusqu'au Chili et à l'Argentine actuels et au nord jusqu'à l'Équateur.

Christophe Colomb, navigateur italien employé par la couronne espagnole pour trouver une route reliant l'Asie par l'ouest, a en réalité découvert les Amériques. En l'espace de 50 ans, un tiers du Nouveau Monde allait passer sous contrôle espagnol.

EUROPE

L'EUROPE CHRÉTIENNE que Christophe Colomb avait quittée était elle-même un continent instable, exposé à la violence et menacé par des envahisseurs en provenance d'Asie, à l'est, et de l'Empire ottoman au sud. Du fait des guerres civiles et des conflits entre les dynasties, les frontières étaient extrêmement instables et les États étaient faibles militairement. Seules la France, unifiée à la fin du XVe siècle, l'Espagne, devenue une monarchie unifiée à la fin des années 1490, le Portugal et l'Angleterre étaient proches de leur forme actuelle.

Légère, robuste et équipée d'un gréement latin, la caravelle portugaise était le vaisseau de haute mer idéal.

ASIE DE L'EST

EN 1492, le pays le plus puissant était la Chine des Ming. Fondée en 1386 après le déclin du régime mongol, la dynastie des Ming contrôlait un territoire s'étendant de la Mandchourie, au nord, aux frontières du Viêt-nam, au sud. Les empereurs s'appuyaient sur une structure traditionnelle, reposant sur un appareil de contrôle bureaucratique, pour diriger leur vaste empire depuis Pékin (Beijing), d'où ils organisaient leurs guerres punitives contre les pirates mongols et japonais qui sillonnaient les côtes. La culture et le commerce chinois se sont étendus à l'Asie du Sud et du Sud-Est et les navigateurs chinois sont parvenus à atteindre la mer Rouge et les côtes d'Afrique orientale.

Les jonques chinoises sillonnaient les mers qui entourent la Chine et convoyaient leurs marchandises jusqu'aux Indes orientales, à Ceylan et en Afrique orientale.

OCÉANIE

LA CARTE ETHNIQUE, POLITIQUE ET RELIGIEUSE, de l'Asie du Sud-Est était déjà en place à la fin du XVe siècle. Le pays le plus important était alors l'Empire srivijayan hindou-bouddhiste, qui englobait l'archipel des Indes orientales. Les marchands musulmans avaient déjà commencé à incorporer cette partie du monde particulièrement riche à l'empire marchand de l'océan Indien. Plus à l'est, les groupes d'îles dispersés dans le Pacifique ont été colonisés par des vagues de colons mélanésiens.

L'outrigger a été le véhicule de l'ère coloniale du Pacifique.

Carte

Détroit de Béring

S i b é r i e

KHANAT DE CRIMÉE

Mer d'Aral

Mer Caspienne

A S I E

G o b i

Mer du Japon   JAPON

CORÉE

AKKOYUNLU

KHANAT OUZBEK

PERSE TIMURIDE

Golfe Persique

H i m a l a y a

NÉPAL

TIBET

SULTANAT DE DELHI

EMPIRE MING

Mer d'Arabie

Golfe du Bengale

AVA

PÉGOU

LAOS

A N N A M

CAMBODGE

SIAM

Mer de Chine Méridionale

OCÉAN

PACIFIQUE

YÉMEN

VIJAYANAGAR

Mer Rouge

ÉTHIOPIE

Ceylan

Micronésie

OCÉAN INDIEN

ROYAUME DU SRIVIJAYA

Indes Orientales

M é l a n é s i e

Madagascar

Les boutres arabes ont permis de construire un réseau d'échanges marchands autour de l'océan Indien.

A U S T R A L I E

NOUVELLE-ZÉLANDE

MOYEN-ORIENT ET AFRIQUE

APRÈS AVOIR SUBI pendant plusieurs siècles des invasions de l'Occident chrétien et des empires asiatiques nomades, le Moyen-Orient s'est stabilisé grâce au regain d'influence de l'Empire ottoman. Cet empire s'est étendu jusqu'au Maroc, en Afrique du Nord, ce qui lui a permis d'englober tant l'Afrique subsaharienne que les marchés d'Asie. Les grandes villes du Moyen-Orient surpassaient celles d'Europe.

Le compas magnétique utilisé dès le XIIIe siècle était essentiel pour les explorateurs qui partaient en haute mer. Toutefois, les premiers compas n'étaient pas toujours très fiables et les vaisseaux se perdaient souvent. La navigation devint plus précise avec l'invention du chronomètre.

LES GRANDES DÉCOUVERTES : 1492-1648

LE PREMIER PAYS QUI TIRA PARTI de l'ère des grandes découvertes fut l'Espagne. Au milieu du XVIᵉ siècle, sous le régime de l'empereur Charles Quint, elle devint la première puissance coloniale européenne et l'un des royaumes les plus riches du continent. L'Espagne étendit ensuite son pouvoir à l'ensemble de l'Amérique centrale, à une grande partie de l'Amérique du Sud, de la Floride et des Caraïbes et, en Asie, aux Philippines.

Elle fut ainsi le premier pays d'Europe à coloniser des territoires situés outre-mer. Au début du XVIIᵉ siècle, les colons britanniques, hollandais et français ont commencé à mettre en danger la domination espagnole aux Amériques et en Asie de l'Est, tandis que des pirates du monde entier se sont mis à piller les convois de marchandises espagnols qui transportaient des chargements de grande valeur.

LES ÉTATS ET LES TERRITOIRES DU MONDE

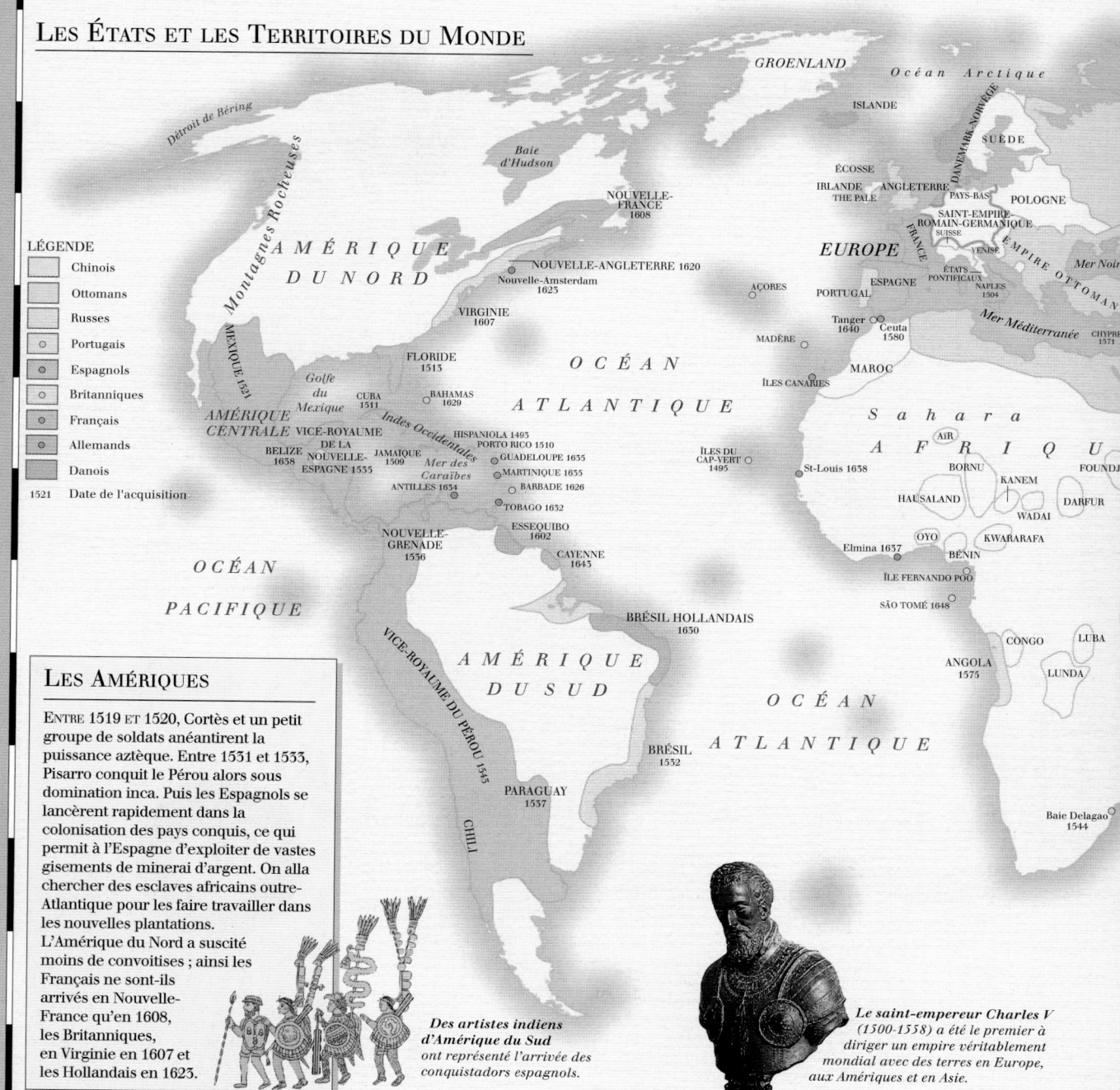

LÉGENDE

▢	Chinois
▢	Ottomans
▢	Russes
○	Portugais
◉	Espagnols
○	Britanniques
◉	Français
◉	Allemands
▢	Danois
1521	Date de l'acquisition

LES AMÉRIQUES

ENTRE 1519 ET 1520, Cortès et un petit groupe de soldats anéantirent la puissance aztèque. Entre 1531 et 1533, Pisarro conquit le Pérou alors sous domination inca. Puis les Espagnols se lancèrent rapidement dans la colonisation des pays conquis, ce qui permit à l'Espagne d'exploiter de vastes gisements de minerai d'argent. On alla chercher des esclaves africains outre-Atlantique pour les faire travailler dans les nouvelles plantations.

L'Amérique du Nord a suscité moins de convoitises ; ainsi les Français ne sont-ils arrivés en Nouvelle-France qu'en 1608, les Britanniques, en Virginie en 1607 et les Hollandais en 1623.

Des artistes indiens d'Amérique du Sud ont représenté l'arrivée des conquistadors espagnols.

Le saint-empereur Charles V (1500-1558) a été le premier à diriger un empire véritablement mondial avec des terres en Europe, aux Amériques et en Asie.

EUROPE

APRÈS L'INSTAURATION PAR MARTIN LUTHER de la Réforme protestante dans les années 1520, l'Europe fut déchirée par des guerres de religion. La Scandinavie, l'Angleterre et l'Écosse ont adopté cette nouvelle Église mais partout ailleurs, des conflits intérieurs meurtriers ont plongé des pays dans une longue période de guerre et de persécution : la guerre de Trente ans. Elle prit fin en 1648. Elle ravagea l'Europe centrale et occidentale et décima la population allemande, mais elle aboutit à un accord qui a duré jusqu'au XXᵉ siècle : la République hollandaise et le Nord de l'Allemagne sont devenus protestants, tandis que le Sud de l'Allemagne, la Pologne et le Sud-Ouest de l'Europe sont restés catholiques.

L'utilisation de caractères mobiles, pour imprimer a joué un rôle déterminant pour la circulation des idées, pour la science et le commerce au début de l'époque moderne.

ASIE

EN 1480, LA PETITE PRINCIPAUTÉ DE MOSCOVIE (Moscou) a renversé le joug mongol et entrepris d'étendre son pouvoir à l'ensemble du territoire s'étendant de l'océan Arctique à la mer Caspienne. Le pouvoir russe s'est ensuite étendu à l'Oural après la conquête de Kazan, durant les années 1550, puis à la Sibérie, jusqu'à la côte Pacifique en 1649. Ce territoire est resté pour l'essentiel inhabité, mais au sud, le nouvel empire se heurta à un petit groupe de Khanats musulmans, en Asie centrale, ainsi qu'à la dynastie des Qing, de création récente, qui avait ravi le pouvoir aux Ming en 1644.

Les navigateurs et les géomètres européens réalisaient des cartes très précises de leurs voyages.

L'empereur moghol Shah Jahan (1592-1648), qui a fait ériger le Taj Mahal.

ASIE DU SUD ET OCÉANIE

LES PORTUGAIS et les Espagnols furent les premiers à se livrer au commerce avec l'Inde moghole et la Chine des Qing. Ils ont également mis en place des liaisons marchandes transpacifiques entre l'Amérique centrale, les Philippines et la Chine. La création des compagnies hollandaise et britannique des Indes orientales au début du XVIIᵉ siècle a marqué l'avènement de deux nouvelles puissances maritimes.

Carte

EMPIRE RUSSE
Sibérie
Détroit de Béring

KAZAKHSTAN
Mer d'Aral
KHWAREZM
KHANAT DE KHOKAND
KHANAT DE KACHGAR
OUZBÉKISTAN
Mer Caspienne

A S I E

PERSE SAFARIDE
Golfe Persique
Himalaya
TIBET
NÉPAL
EMPIRE MOGHOL
EMPIRE MANDCHOU (QING)
JAPON
Mer du Japon
CORÉE
Deshima 1641

OMAN 1508
Diu 1535
Surat 1608
Daman 1559
Bombay 1554
Mer d'Arabie
Goa 1510
Hooghly 1640
ARAKAN
Golfe du Bengale
BIRMANIE
LAOS
SIAM
Masulipatnam 1611
Madras 1639
CEYLAN 1505
Galle 1640
Macao 1557
FORMOSE 1624
A N N A M
Mer de Chine Méridionale
PHILIPPINES depuis 1565

OCÉAN PACIFIQUE

Micronésie

ÉTHIOPIE

Malacca 1641
MOLUQUES depuis 1605
Mélanésie

QUE ORIENTALE PORTUGAISE depuis 1505

OCÉAN INDIEN

Makassar 1607
Batavia 1619
Indes Orientales
1610
TIMOR 1618

Madagascar

AUSTRALIE

Les royaumes marchands de l'Afrique de l'Ouest ont produit des œuvres comme ce bronze provenant du Bénin et représentant un soldat portugais.

AFRIQUE ET MOYEN-ORIENT

À L'HEURE OÙ L'EUROPE ÉTAIT DIVISÉE par la Réforme, au XVIᵉ siècle, l'islam connaissait un regain d'influence extraordinaire. Le nouvel essor de l'Empire ottoman plaça le Sud-Est de l'Europe sous l'influence de l'islam, qui s'étendit également jusqu'aux pays subsahariens en suivant les axes commerciaux. En Afrique orientale, il progressa au sud, le long de la côte. À l'est, les dirigeants islamiques ont créé deux nouveaux États impériaux (Perse, Inde).

NOUVELLE-ZÉLANDE

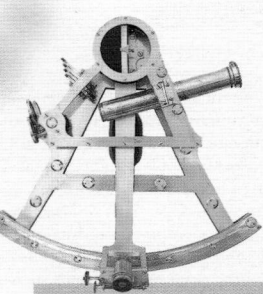

Le sextant permettait aux navigateurs de prendre des mesures précises des corps célestes par rapport à l'horizon et par conséquent de calculer leur latitude avec précision. Les premiers sextants maintenus en l'air étaient plus souvent utilisés à terre.

L'ÈRE DE L'EXPANSION : 1648-1789

LA PÉRIODE QUI VA du milieu du XVIIᵉ à la fin du XVIIIᵉ siècle vit l'Europe considérablement renforcer ses positions dans les pays découverts, inaugurant une ère de colonialisme et d'expansion politique. Ces années furent également pour le continent une période de croissance démographique et d'accroissement de son poids économique très sensibles, accompagnés par des progrès artistiques et scientifiques très rapides.

Tous ces facteurs contribuèrent à l'expansion de l'Europe, et eurent pour résultat d'exporter la culture européenne dans le monde entier, traversant progressivement la planète et anéantissant souvent des cultures indigènes aux technologies moins perfectionnées. En 1775, alors que l'Europe allait être le théâtre de troubles politiques importants, seules l'Afrique et l'Australie n'avaient quasiment pas été affectées par cette vague expansionniste.

LES ÉTATS ET LES TERRITOIRES DU MONDE

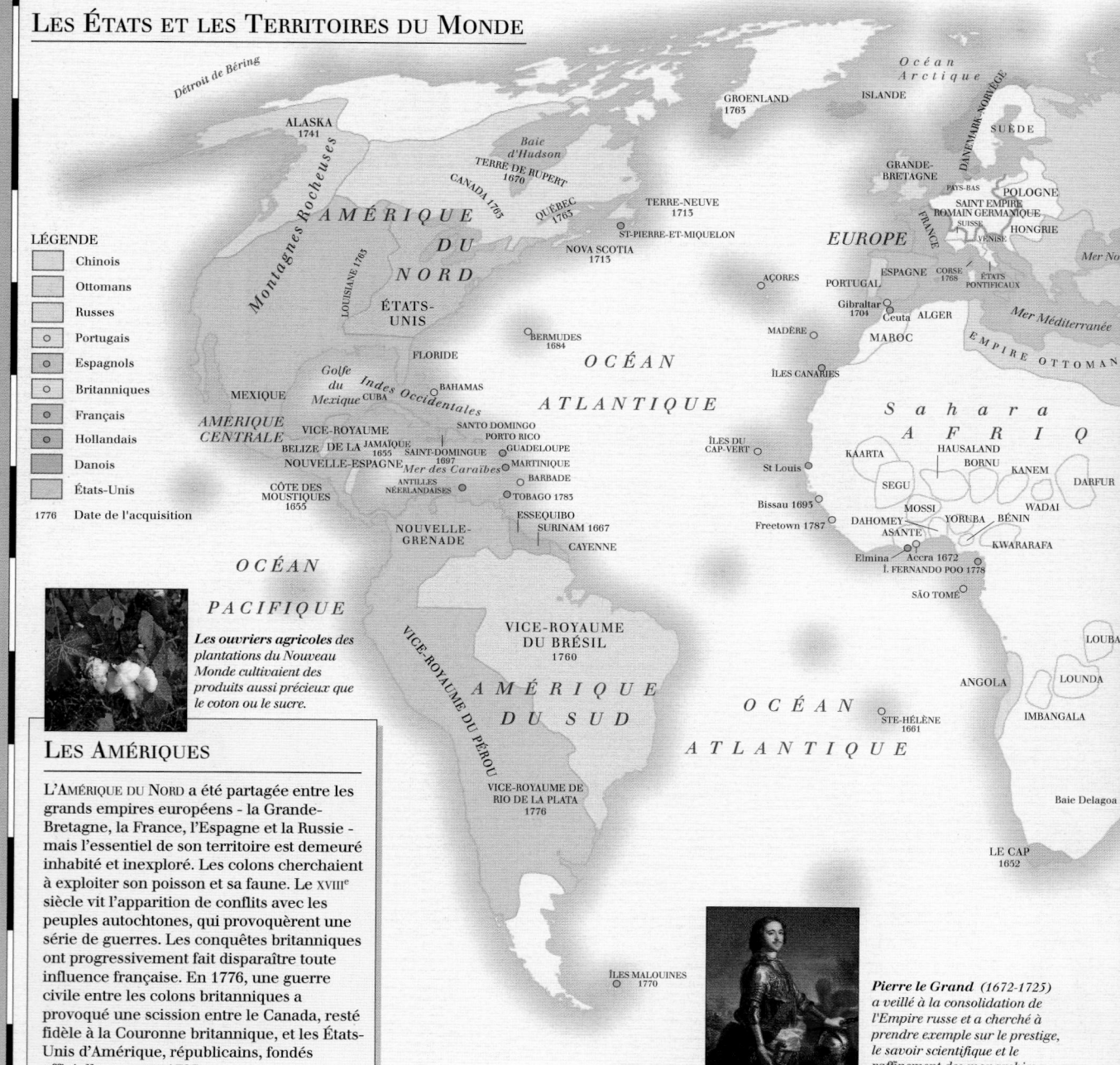

LÉGENDE

- Chinois
- Ottomans
- Russes
- ○ Portugais
- ○ Espagnols
- ○ Britanniques
- ○ Français
- ○ Hollandais
- Danois
- États-Unis

1776 Date de l'acquisition

Les ouvriers agricoles des plantations du Nouveau Monde cultivaient des produits aussi précieux que le coton ou le sucre.

LES AMÉRIQUES

L'AMÉRIQUE DU NORD a été partagée entre les grands empires européens - la Grande-Bretagne, la France, l'Espagne et la Russie - mais l'essentiel de son territoire est demeuré inhabité et inexploré. Les colons cherchaient à exploiter son poisson et sa faune. Le XVIIIᵉ siècle vit l'apparition de conflits avec les peuples autochtones, qui provoquèrent une série de guerres. Les conquêtes britanniques ont progressivement fait disparaître toute influence française. En 1776, une guerre civile entre les colons britanniques a provoqué une scission entre le Canada, resté fidèle à la Couronne britannique, et les États-Unis d'Amérique, républicains, fondés officiellement en 1783.

Pierre le Grand (1672-1725) a veillé à la consolidation de l'Empire russe et a cherché à prendre exemple sur le prestige, le savoir scientifique et le raffinement des monarchies européennes.

EUROPE

Après la guerre de Trente ans, l'Europe commença à s'organiser en système d'États plus stables, les dynasties imposant un pouvoir davantage centralisé. Les Habsbourg prirent alors le contrôle de la Hongrie et d'une grande partie de l'Europe centrale. La Russie étendit ses frontières à la Pologne et à l'Ukraine. La dynastie française des Bourbon devint la plus puissante d'Europe et sa richesse économique et culturelle lui permit de rivaliser avec les empires d'Asie établis de longue date. Le français devint la langue courante des Européens lettrés et la philosophie française donna naissance au mouvement intellectuel des « Lumières ».

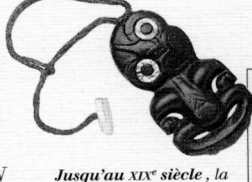

Isaac Newton (1642-1727), principal scientifique de l'Âge de raison de l'Europe.

ASIE

La dynastie des Qing donna à la Chine sa forme actuelle. En 1658, l'ensemble de la Chine du Sud était sous contrôle mandchou. Les Mandchous ont occupé Formose (Taiwan) en 1683 et la Mongolie extérieure en 1697. Le Tibet est devenu un protectorat en 1751. Lors de cette expansion, la population chinoise a triplé et l'économie a connu un essor spectaculaire avec le développement du commerce du thé, de la porcelaine et de la soie avec la Russie et l'Occident. La Chine mandchoue a été suffisamment puissante pour résister aux incursions tentées par les empires européens, évitant la destinée fatale de l'Empire moghol, en Inde, disputé par la Grande-Bretagne et la France.

Les grands bateaux des compagnies britannique et hollandaise des Indes orientales assuraient les lointains échanges commerciaux entre l'Europe et l'Asie.

Jusqu'au XIXᵉ siècle , la culture néo-zélandaise maorie est restée l'une des seules encore préservées du contact avec les Européens.

OCÉANIE

Les petits royaumes en guerre d'Asie du Sud-Est et d'Océanie sont devenus la proie des marchands espagnols, portugais, hollandais et britanniques. À la fin du XVIIIᵉ siècle, rares étaient cependant les royaumes colonisés officiellement. L'Australie a été découverte par Tasman en 1692 mais elle est restée inexplorée et n'a pas été colonisée, exception faite de petites colonies pénales créées par les Britanniques en Nouvelle-Galles-du-Sud (1788) et en Tasmanie (1804).

EMPIRE RUSSE

A S I E

KAZAKHSTAN
Mer d'Aral
Mer Caspienne
KHOKAND
TURKESTAN
PERSE
Golfe Persique
AFGHANISTAN
BALOUTCHISTAN
Mer Rouge
ÉTHIOPIE

MONGOLIE 1697
SIN-KIANG 1760
EMPIRE MANDCHOU (QING)
Himalaya
TIBET 1751
NÉPAL
BENGALE 1757
EMPIRE MARATHE
Surat
Diu
Daman
Bombay 1661
Goa
Mahé 1725
MADRAS
Karikal 1738
Pondicherry 1674
Galle
CEYLAN 1658

Détroit de Béring

Mer du Japon
JAPON
CORÉE
Deshima

O C É A N
P A C I F I Q U E

Chandernagore
Golfe du Bengale
CIRCARS DU NORD 1756
ÎLES ANDAMAN 1789
BIRMANIE
SIAM
ANNAM
Macao
FORMOSE 1683
Mer de Chine Méridionale
PHILIPPINES
MARIANNES 1668
ÎLES CAROLINES 1686
M i c r o n é s i e

MALACCA
Penang 1786
MOLUQUES
M é l a n é s i e

Mer d'Arabie

O C É A N
I N D I E N
ÎLES CHAGOS 1784

Indes Orientales Néerlandaises

TIMOR

...UE ORIENTALE ...RTUGAISE

Madagascar
RÉUNION 1662
Fort Dauphin 1766

A U S T R A L I E

ÎLE LORD HOWE 1788

NOUVELLE-GALLES-DU-SUD 1788

NOUVELLE-ZÉLANDE

Les marchands d'esclaves faisaient marcher leurs cargaisons humaines de l'intérieur des terres à la côte pour les charger ensuite à bord de leurs bateaux.

AFRIQUE

Durant le XVIIᵉ et le XVIIIᵉ siècles, l'Afrique était considérée comme une source d'or et d'esclaves. Quelque 13,5 millions d'esclaves ont ainsi été convoyés depuis la côte ouest et l'Angola portugais. Les marchands africains vendaient leurs cargaisons humaines à des intermédiaires européens qui revendaient à leur tour les esclaves qui avaient survécu. Dans le Nord et le Nord-Est de l'Afrique, les marchands d'esclaves arabes commerçaient avec l'Empire ottoman, mais le reste de l'Afrique demeurait isolé.

Le chronomètre d'Harrison, inventé en 1762, a permis aux navigateurs de mesurer le temps avec précision et par conséquent de calculer leur longitude exacte, ce qui a réduit considérablement les risques de naufrage et a permis par la suite de réaliser des cartes du monde précises.

LE TEMPS DES RÉVOLUTIONS : 1789-1830

EN 1789, LA RÉVOLUTION FRANÇAISE mettait fin au pouvoir monarchique. L'effondrement de la monarchie la plus puissante d'Europe se répercuta à l'échelle planétaire. Les révolutions française et américaine introduisirent l'idée d'un État moderne et d'un gouvernement représentatif du peuple. D'autres révolutions éclatèrent en Europe et les colonies d'Amérique latine accédèrent à leur indépendance.

Une autre révolution, industrielle celle-ci, se déroulait parallèlement en Europe, et transformait l'ancienne économie fondée sur le commerce en un système industriel qui dépendait des matières premières mondiales et s'appuyait sur un marché planétaire. Les années révolutionnaires marquèrent ainsi l'avènement d'un nouvel ordre économique et politique moderne à l'échelle mondiale.

LES ÉTATS ET LES TERRITOIRES DU MONDE

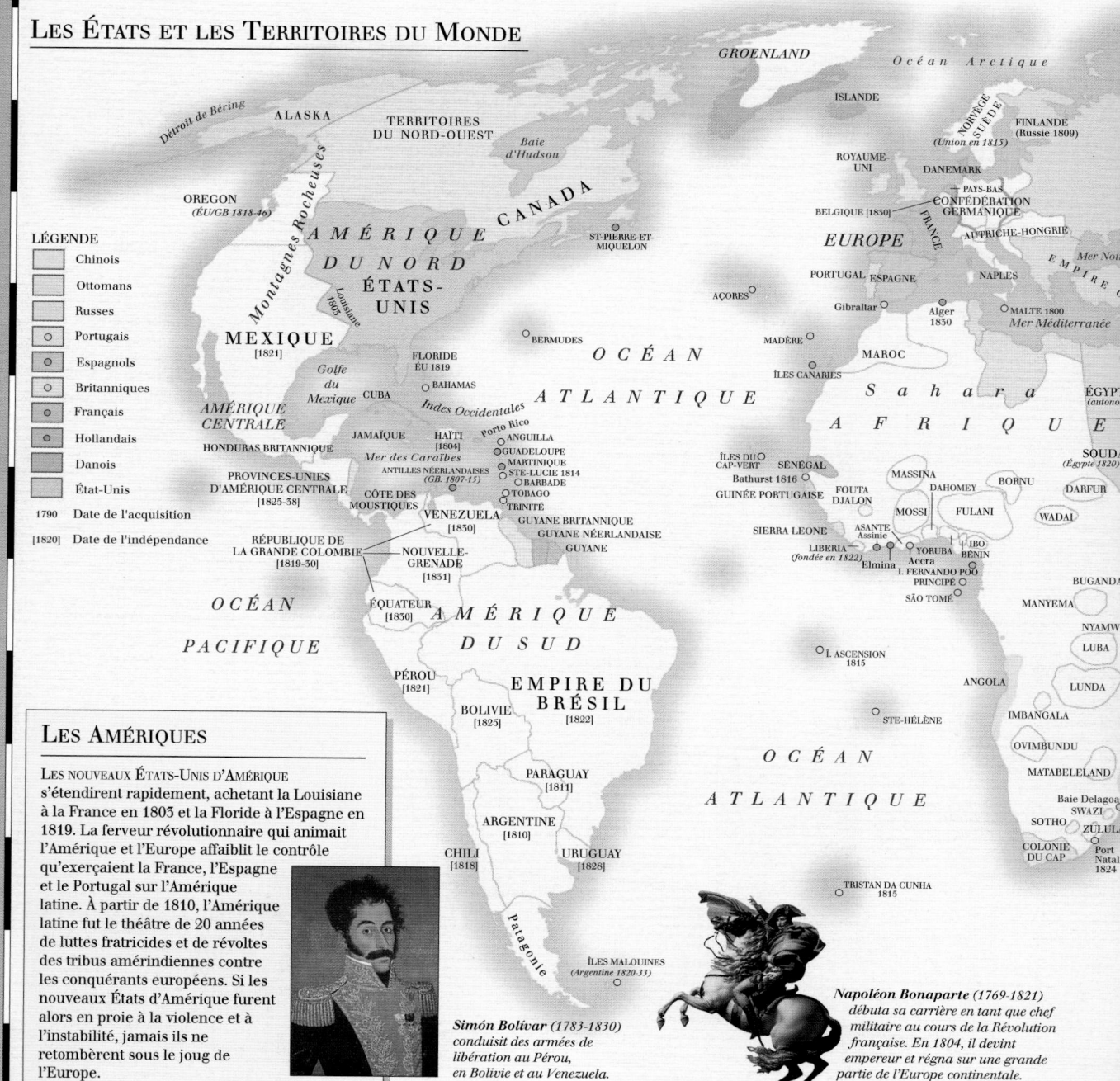

LÉGENDE

- Chinois
- Ottomans
- Russes
- Portugais
- Espagnols
- Britanniques
- Français
- Hollandais
- Danois
- État-Unis

1790   Date de l'acquisition

[1820]   Date de l'indépendance

LES AMÉRIQUES

LES NOUVEAUX ÉTATS-UNIS D'AMÉRIQUE s'étendirent rapidement, achetant la Louisiane à la France en 1803 et la Floride à l'Espagne en 1819. La ferveur révolutionnaire qui animait l'Amérique et l'Europe affaiblit le contrôle qu'exerçaient la France, l'Espagne et le Portugal sur l'Amérique latine. À partir de 1810, l'Amérique latine fut le théâtre de 20 années de luttes fratricides et de révoltes des tribus amérindiennes contre les conquérants européens. Si les nouveaux États d'Amérique furent alors en proie à la violence et à l'instabilité, jamais ils ne retombèrent sous le joug de l'Europe.

Simón Bolívar (1783-1830) conduisit des armées de libération au Pérou, en Bolivie et au Venezuela.

Napoléon Bonaparte (1769-1821) débuta sa carrière en tant que chef militaire au cours de la Révolution française. En 1804, il devint empereur et régna sur une grande partie de l'Europe continentale.

EUROPE

SOUS NAPOLÉON BONAPARTE, la France conquit une grande partie de l'Europe et mit fin à l'ancien ordre féodal. Napoléon contribua à façonner les nouveaux États européens qui apparurent au XIXe siècle comme la Belgique, l'Italie et l'Allemagne. Il légua à l'Europe un code civil moderne ainsi qu'un nouveau système d'éducation et d'administration locale.

Les moteurs à vapeur transformèrent l'économie industrielle de l'Europe.

ASIE

LA PRINCIPALE PUISSANCE COLONIALE en Asie était alors la Russie qui consolida son empire au nord et au centre de ce continent tout au long du XIXe siècle. Les Hollandais commencèrent alors à étendre leur emprise sur les Indes orientales, tandis que Français et Britanniques se livraient une lutte sans merci pour le contrôle de la région de l'océan Indien. La France dut progressivement céder ses positions en Inde, où la Compagnie britannique des Indes orientales, alliant diplomatie et force militaire, étendit rapidement son influence. Fermés aux étrangers, les vastes marchés asiatiques résistaient au commerce international : les souverains de la puissante dynastie mandchoue des Qing, comme ceux du Japon, restant insensibles aux avances européennes.

Les épices des Indes orientales, comme le poivre, comptaient parmi les denrées les plus précieuses du commerce avec l'Asie.

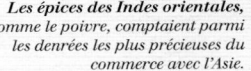

James Cook (1728-1779) effectua de nombreux relevés hydrographiques de l'océan Pacifique.

OCÉANIE

L'EXISTENCE DE L'AUSTRALASIE fut confirmée par les explorateurs portugais et néerlandais des XVIe et XVIIe siècles. Mais il fallut attendre les expéditions du capitaine Cook des années 1770 pour disposer d'un relevé géographique du Pacifique, et de cartes de la côte orientale de l'Australie tout juste explorée. Au cours des trente années qui suivirent, de petites colonies de peuplement furent établies le long des côtes ; en 1829, la Grande-Bretagne avait conquis l'ensemble du continent.

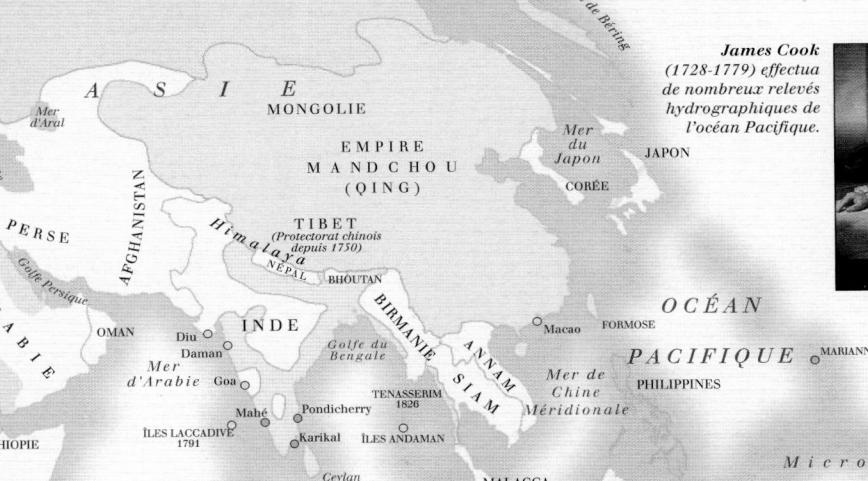

EMPIRE RUSSE

A S I E

Mer d'Aral

MONGOLIE

EMPIRE MANDCHOU (QING)

Détroit de Béring

Mer du Japon

JAPON

CORÉE

PERSE

AFGHANISTAN

TIBET
(Protectorat chinois depuis 1750)

H i m a l a y a

NÉPAL

BHOUTAN

INDE

B I R M A N I E

Macao

FORMOSE

OCÉAN

PACIFIQUE

MARIANNES

ARABIE

OMAN

Diu
Daman

Golfe du Bengale

A N N A M

S I A M

Mer de Chine Méridionale

PHILIPPINES

Mer d'Arabie

Goa

TENASSERIM 1826

ÉTHIOPIE

Mahé

Pondicherry

ÎLES LACCADIVE 1791

Karikal

ÎLES ANDAMAN

Ceylan

ÎLES CAROLINES

M i c r o n é s i e

ÎLES MALDIVES 1887

MALACCA

Malacca 1824

SINGAPOUR 1819

ZANZIBAR (Oman)

SEYCHELLES 1794

ÎLES CHAGOS

INDES ORIENTALES NÉERLANDAISES

Timor

M é l a n é s i e

Nouvelle-Guinée

ORIENTALE UGAISE

O C É A N

I N D I E N

Madagascar

ROYAUME HOVA

MAURICE 1810

RÉUNION

AUSTRALIE OCCIDENTALE 1829

NOUVELLE-GALLES-DU-SUD

A U S T R A L I E

ÎLE LORD HOWE

NOUVELLE-ZÉLANDE

ÎLES CHATHAM 1791

TASMANIE *(Terre de Van Diemen)*

ÎLES AUCKLAND 1806

ÎLES MACQUARIE 1811

Les premiers immigrants européens en Afrique s'installèrent dans la colonie du Cap.

AFRIQUE

LE NORD DE L'AFRIQUE appartenait alors au vaste Empire ottoman musulman ; de là, l'Islam se répandit jusqu'en Afrique occidentale et jusqu'à la corne de l'Afrique. Les guerres saintes menées à la fin du XVIIIe et au début du XIXe siècles permirent d'islamiser une grande partie de l'Afrique saharienne et sub-saharienne. Au sud prospéraient de vastes royaumes tribaux, dans le bassin du Congo, au Zimbabwe et au sud de l'Afrique.

Au cours de la révolution industrielle européenne, l'implantation de machines telles que les métiers à tisser mécaniques permit à l'Europe de contrôler à l'échelle mondiale le commerce en pleine expansion des matières premières et des produits manufacturés en série.

L'ÂGE DES EMPIRES : 1830-1914

LE XIXE SIÈCLE fut dominé par l'essor de l'industrie et du transport moderne ainsi que par l'expansion du commerce et de l'influence européenne à l'échelle planétaire. L'industrie faisait de l'Europe un continent riche et puissant ; ses capitales étaient des monuments élevés à la gloire de la nouvelle ère européenne. Le chemin de fer et la navigation à vapeur révolutionnaient les transports, apportant une abondance de biens manufacturés et de connaissances techniques, et permettant l'émigration de colons européens jusqu'en Amérique, en Afrique et en Asie. Le pouvoir que l'industrie et l'armement moderne lui conféraient permit bientôt à l'Europe de dominer le monde. Cette évolution jeta les bases du partage que nous connaissons aujourd'hui entre un monde riche au nord, prospère et développé, et un monde pauvre au sud, moins avancé et dépendant de l'autre moitié du globe.

LES ÉTATS ET LES TERRITOIRES DU MONDE

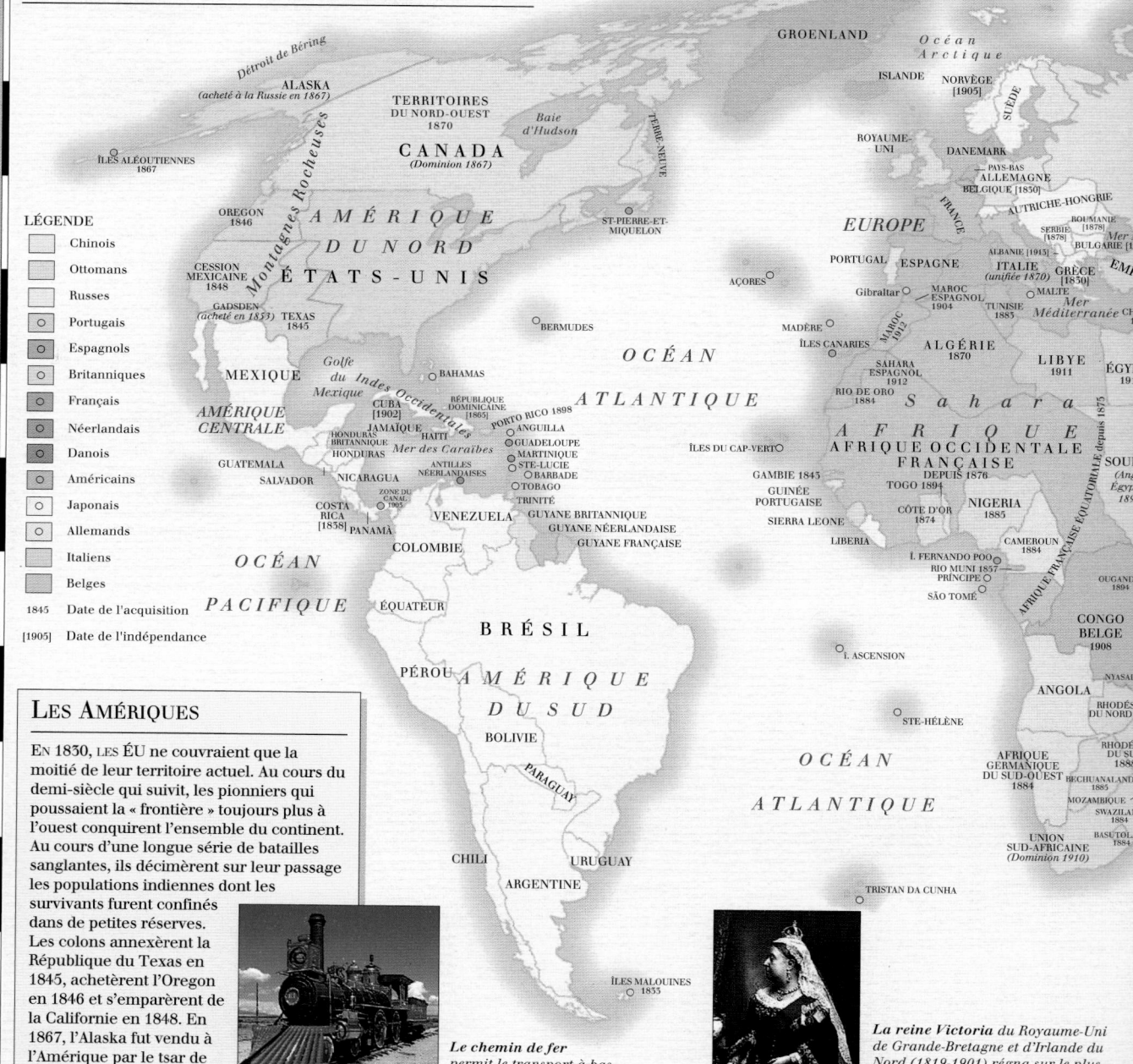

LÉGENDE

- Chinois
- Ottomans
- Russes
- ○ Portugais
- Espagnols
- Britanniques
- Français
- ○ Néerlandais
- ○ Danois
- ○ Américains
- ○ Japonais
- ○ Allemands
- Italiens
- Belges
- 1845 Date de l'acquisition
- [1905] Date de l'indépendance

LES AMÉRIQUES

EN 1830, LES ÉU ne couvraient que la moitié de leur territoire actuel. Au cours du demi-siècle qui suivit, les pionniers qui poussaient la « frontière » toujours plus à l'ouest conquirent l'ensemble du continent. Au cours d'une longue série de batailles sanglantes, ils décimèrent sur leur passage les populations indiennes dont les survivants furent confinés dans de petites réserves. Les colons annexèrent la République du Texas en 1845, achetèrent l'Oregon en 1846 et s'emparèrent de la Californie en 1848. En 1867, l'Alaska fut vendu à l'Amérique par le tsar de Russie.

Le chemin de fer permit le transport à bas prix des immigrants et des marchandises.

La reine Victoria du Royaume-Uni de Grande-Bretagne et d'Irlande du Nord (1819-1901) régna sur le plus grand empire de tous les temps.

EUROPE

AU XIXᴱ SIÈCLE, l'Europe se tourna vers une économie industrielle. Dans les nouvelles villes industrielles, les demandes de réformes libérales et d'une organisation politique parlementaire se firent de plus en plus pressantes. Les nationalistes créèrent de nouveaux États en Allemagne, en Italie, en Grèce, en Serbie et en Belgique. Alors que se dessinait progressivement la carte de l'Europe moderne, l'Europe impérialiste continuait son essor.

Les navires à voile assurèrent l'essentiel du commerce avec l'Océanie jusqu'au début du XXᵉ siècle.

ASIE

DÉVELOPPANT DES INTÉRÊTS COLONIAUX qui remontaient au XVIIIᵉ siècle, la Grande-Bretagne et la France transformèrent le paysage politique de l'Asie du Sud. La Grande-Bretagne étendit sa domination sur l'Inde puis annexa la Birmanie en 1885. Les Empires vietnamien et chinois furent soumis aux pressions de plus en plus vives des Européens désireux d'étendre leurs marchés et de propager la foi chrétienne : l'empire des Qing concéda quelques zones d'influence ; l'Empire vietnamien résista et fut soumis à la puissance française par la force. Au cours des années 1890, l'ensemble du Sud de l'Asie, à l'exception du Siam, était sous la domination de l'Europe qui détermina la structure des futurs États.

L'empereur japonais Mutsuhito (1852-1912) ouvrit le Japon au commerce et à l'influence européenne.

La colonisation de l'Australie et de la Nouvelle-Zélande s'appuyait sur l'élevage des moutons.

OCÉANIE

AU XIXᴱ SIÈCLE , l'Australie et la Nouvelle-Zélande restèrent liées à la Grande-Bretagne. Elles furent peuplées par des fermiers puis par des émigrés britanniques attirés par l'or et les autres ressources minérales. En 1840, la Nouvelle-Zélande tomba sous la domination des Britanniques qui chassèrent les Maoris de leurs terres. Il fallut attendre 1872 pour la traversée du continent australien et 1901 pour la proclamation du Commonwealth d'Australie.

(Carte)

EMPIRE RUSSE

Mer Caspienne

KAZAKHSTAN
1854

Mer
d'Aral

TURKESTAN
1895

BOUKHARA 1868

TURKMÉNISTAN
1885

A S I E

MONGOLIE
(autonome en 1912)

MANDCHOURIE

AMOUR
1858

SAKHALINE
1905

ÎLES KOURILES
1875

OUSSOURI
1860

Mer
du
Japon

JAPON

Port Arthur 1905

Weihaiwei 1898

Ts'ing-Tao 1898

CORÉE
1905

AFGHANISTAN

Himalaya

TIBET
[1912]

CHINE

NÉPAL

BHÛTAN

BIRMANIE

I. RYU KYU
1874

OCÉAN

PERSE

Golfe Persique

BAHREIN
1861

Chandernagor

INDE

Macao

Hong Kong
1841

FORMOSE
1895

PACIFIQUE

ARABIE

OMAN

Diu
Daman

Golfe
du
Bengale

Mer de
Chine
méridionale

INDOCHINE FRANÇAISE
1887

MARIANNES 1899

ÉRYTHRÉE
1889

HADRAMAUT
1888

Aden
1839

SOCOTRA
1886

Mer
d'Arabie

Goa

Mahé

Pondichéry

Karikal

SIAM

PHILIPPINES
1898

GUAM
1898

ÎLES CAROLINES
1899

Micronésie

SOMALILAND
BRITANNIQUE 1884

SOMALILAND
FRANÇAIS
1884

SOMALIE (ITALIE) 1889

I. LACCADIVE

CEYLAN

ÎLES NICOBAR
1869

ÎLES ANDAMAN

BORNÉO BRITANNIQUE
DU NORD 1881

MALACCA

SARAWAK 1888

ARCHIPEL
BISMARCK
1884

NAURU
1888

ÉTHIOPIE

ÎLES MALDIVES

Mélanésie

AFRIQUE
ORIENTALE
BRITANNIQUE 1888

SEYCHELLES

ÎLES CHAGOS

NOUVELLE-
GUINÉE

ÎLES SOLOMON 1893

ZANZIBAR 1890

INDES ORIENTALES
NÉERLANDAISES

PAPOUASIE
1906

AFRIQUE
ORIENTALE
GERMANIQUE 1885

ÎLES DES COMORES 1886

I. CHRISTMAS
1888

TIMOR

OCÉAN

MADAGASCAR 1882

I. COCOS
1857

INDIEN

MAURICE

RÉUNION

NOUVELLE-CALÉDONIE
1853

A U S T R A L I E
(Commonwealth 1901)

I. NORFOLK

NOUVELLE-ZÉLANDE 1840
(Dominion 1907)

ÎLES CHATHAM

TASMANIE

ÎLES AUCKLAND

ÎLES MACQUARIE

Quinine - remède contre le paludisme.

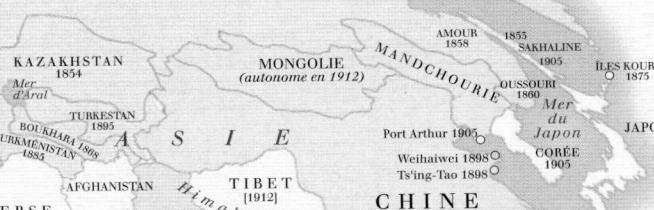

De nouveaux médicaments rendirent possible la colonisation de l'Afrique.

AFRIQUE

LA STRUCTURE POLITIQUE DE L'AFRIQUE indépendante fut mise en pièces par les ambitions territoriales des empires européens. En même temps que les sociétés africaines se dressaient contre l'intrusion des États européens, l'Europe renforçait son pouvoir politique et militaire de manière à protéger ses intérêts. Les nations européennes se partagèrent l'Afrique à Berlin en 1884, déterminant les frontières de nombreux États modernes.

Première mitrailleuse, inventée par Gatling en 1862.

Les puissances impériales européennes parvinrent à maintenir des colonies, pour la plupart très étendues, sous leur domination grâce à leur supériorité militaire. Les populations locales étaient rarement de taille à lutter contre des armées hautement entraînées, des marines puissantes, un armement de pointe.

LES GUERRES MONDIALES : 1914-1945

En 1914, LES RIVALITÉS IMPÉRIALES ET MILITAIRES européennes furent à l'origine de la première des deux guerres mondiales, le conflit le plus vaste et le plus meurtrier dans l'histoire de l'humanité. La Première Guerre mondiale, achevée en 1918, marqua la fin de l'ancien ordre international. La révolution de 1917 enterra l'Empire russe qui devint, sous l'influence d'une poignée de bolcheviks, l'Union soviétique. L'Empire germanique des Habsbourg et l'Empire des Ottomans furent démantelés. Une paix fragile s'ensuivit mais l'ancien équilibre avait disparu. En 1939, la paix fut de nouveau compromise par la montée de nationalismes virulents en Allemagne, au Japon et en Italie. La Seconde Guerre mondiale coûta la vie à 50 millions de personnes et dévasta l'Europe et l'Asie. L'issue de cette guerre, en 1945, vit l'émergence de deux nouvelles superpuissances : les ÉU et l'Union soviétique.

LES ÉTATS ET LES TERRITOIRES DU MONDE

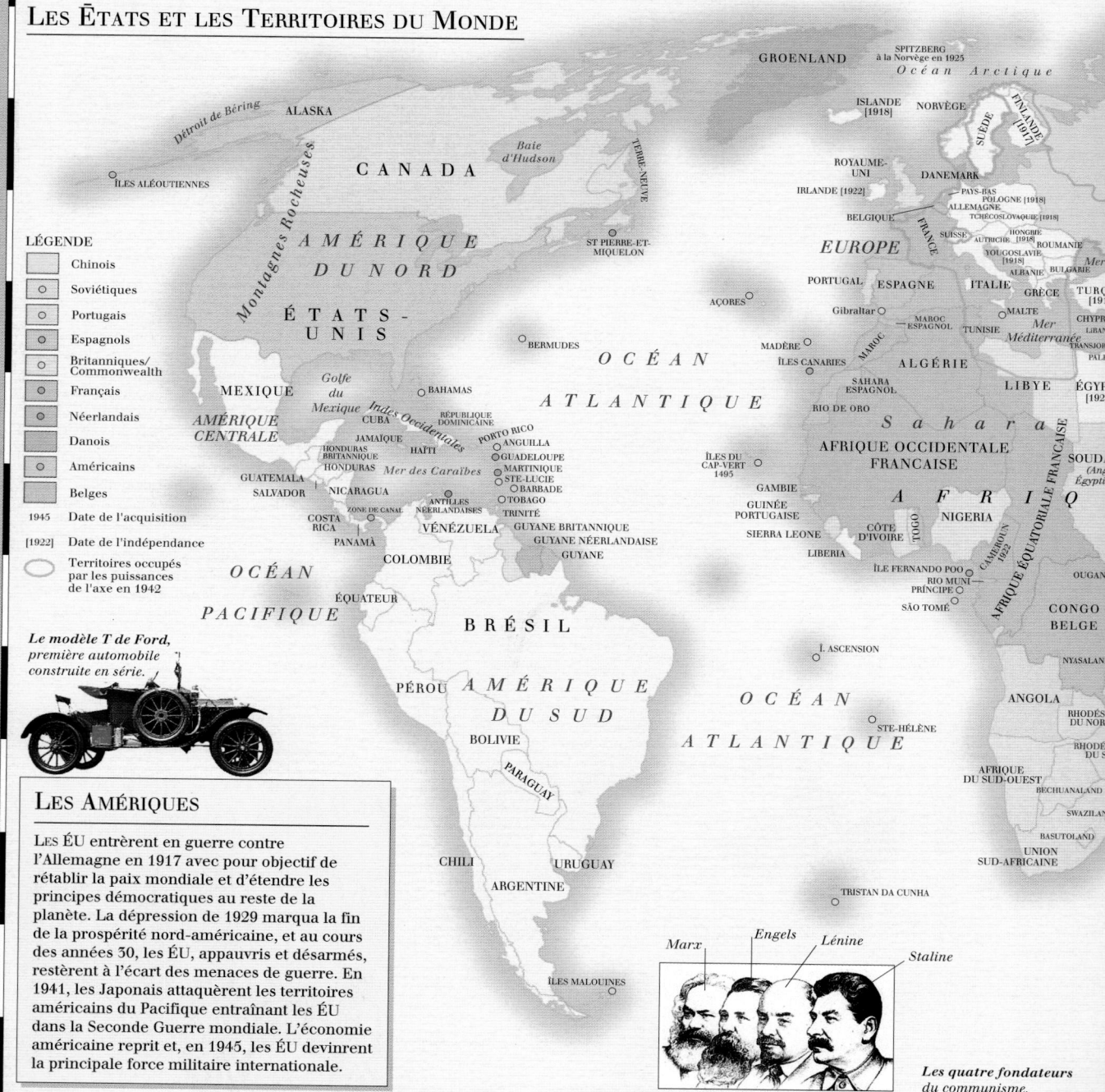

LÉGENDE

	Chinois
⊙	Soviétiques
⊙	Portugais
⊙	Espagnols
⊙	Britanniques/ Commonwealth
⊙	Français
⊙	Néerlandais
	Danois
⊙	Américains
	Belges

1945 — Date de l'acquisition

[1922] — Date de l'indépendance

⬭ Territoires occupés par les puissances de l'axe en 1942

Le modèle T de Ford, première automobile construite en série.

LES AMÉRIQUES

Les ÉU entrèrent en guerre contre l'Allemagne en 1917 avec pour objectif de rétablir la paix mondiale et d'étendre les principes démocratiques au reste de la planète. La dépression de 1929 marqua la fin de la prospérité nord-américaine, et au cours des années 30, les ÉU, appauvris et désarmés, restèrent à l'écart des menaces de guerre. En 1941, les Japonais attaquèrent les territoires américains du Pacifique entraînant les ÉU dans la Seconde Guerre mondiale. L'économie américaine reprit et, en 1945, les ÉU devinrent la principale force militaire internationale.

Marx — Engels — Lénine — Staline

Les quatre fondateurs du communisme.

Map labels: GROENLAND, SPITZBERG à la Norvège en 1925, Océan Arctique, ISLANDE [1918], NORVÈGE, SUÈDE, FINLANDE [1917], Détroit de Béring, ALASKA, Baie d'Hudson, TERRE-NEUVE, ROYAUME-UNI, DANEMARK, IRLANDE [1922], PAYS-BAS, POLOGNE [1918], ALLEMAGNE, TCHÉCOSLOVAQUIE [1918], BELGIQUE, FRANCE, SUISSE, AUTRICHE [1918], HONGRIE [1918], ROUMANIE, YOUGOSLAVIE [1918], ALBANIE, BULGARIE, EUROPE, CANADA, ÎLES ALÉOUTIENNES, Montagnes Rocheuses, AMÉRIQUE DU NORD, ST PIERRE-ET-MIQUELON, PORTUGAL, ESPAGNE, ITALIE, GRÈCE, TURQUIE [1919], AÇORES, Gibraltar, MAROC, MAROC ESPAGNOL, TUNISIE, MALTE, CHYPRE, LIBAN, Mer Méditerranée, TRANSJORDANIE, PALESTINE, ÉTATS-UNIS, BERMUDES, MADÈRE, ÎLES CANARIES, ALGÉRIE, LIBYE, ÉGYPTE [1922], MEXIQUE, Golfe du Mexique, BAHAMAS, OCÉAN ATLANTIQUE, SAHARA ESPAGNOL, RIO DE ORO, Sahara, AMÉRIQUE CENTRALE, Indes Occidentales, RÉPUBLIQUE DOMINICAINE, CUBA, PORTO RICO, ANGUILLA, AFRIQUE OCCIDENTALE FRANCAISE, SOUDAN (Angl. Égypte), JAMAÏQUE, HAÏTI, GUADELOUPE, ÎLES DU CAP-VERT 1495, AFRIQUE, GUATEMALA, HONDURAS BRITANNIQUE, HONDURAS, Mer des Caraïbes, MARTINIQUE, STE-LUCIE, BARBADE, GAMBIE, GUINÉE PORTUGAISE, NIGERIA, AFRIQUE ÉQUATORIALE FRANCAISE, SALVADOR, NICARAGUA, O'TOBAGO, TRINITÉ, SIERRA LEONE, CÔTE D'IVOIRE, ZONE DE CANAL, ANTILLES NÉERLANDAISES, VÉNÉZUELA, GUYANE BRITANNIQUE, LIBERIA, OUGANDA, COSTA RICA, PANAMÀ, GUYANE NÉERLANDAISE, GUYANE, COLOMBIE, ÎLE FERNANDO POO, RIO MUNI, PRÍNCIPE, SÃO TOMÉ, CONGO BELGE, OCÉAN PACIFIQUE, ÉQUATEUR, BRÉSIL, Î. ASCENSION, NYASALAND, PÉROU, AMÉRIQUE DU SUD, ANGOLA, RHODÉSIE DU NORD, STE-HÉLÈNE, OCÉAN ATLANTIQUE, RHODÉSIE DU SUD, BOLIVIE, PARAGUAY, AFRIQUE DU SUD-OUEST, BECHUANALAND, SWAZILAND, CHILI, URUGUAY, BASUTOLAND, UNION SUD-AFRICAINE, ARGENTINE, TRISTAN DA CUNHA, ÎLES MALOUINES

EUROPE

LES DEUX GUERRES MONDIALES éclatèrent en
Europe. En 1914, le RU, la France et la Russie,
avec l'aide des ÉU, s'allièrent pour vaincre
l'Allemagne. En 1918, de nouveaux États
naissaient en Europe de l'Est. En 1939, le
regain nationaliste allemand fut à l'origine de la
Seconde Guerre mondiale ; une grande partie de
l'Europe occidentale tomba sous la coupe d'un
nouvel ordre allemand jusqu'à ce que l'URSS, le
RU et les ÉU se soient armés pour reconquérir
l'Europe et vaincre l'Allemagne.

La supériorité mécanique
et industrielle décida de
l'issue de la Seconde
Guerre mondiale.

ASIE

L'EFFONDREMENT DE L'EMPIRE CHINOIS EN 1911, suivi par la
disparition de l'Empire russe en 1917, furent
responsables de l'instabilité qui s'empara alors de l'Asie.
En 1937, les ambitions territoriales du Japon sur la
Chine provoquèrent une guerre entre les deux pays.
L'Union soviétique fut victime de l'agression allemande
à partir de 1941. Les forces communistes parvinrent à
tenir le Japon et l'Allemagne en échec puis à imposer
une stabilité politique en Asie. En 1945, l'Union
soviétique avait reconquis les territoires qu'elle avait dû
céder pendant la guerre et dominait
l'Europe de l'Est. En Chine, les
armées communistes remplirent le
vide laissé par la défaite japonaise.

*Le Mahatma Gandhi
(1869-1948) conduisit l'Inde à
l'indépendance, en prônant la non-
violence active et la désobéissance civile.*

OCÉANIE

POUR LA PREMIÈRE FOIS de son
histoire, l'Australie fut
confrontée à une réelle
perspective d'invasion. Au cours
de la Seconde Guerre mondiale,
les armées japonaises
débarquèrent sur l'île de
Nouvelle-Guinée et
bombardèrent des villes.
Les sous-marins japonais
attaquèrent Sydney. Si la Bataille
de la mer de Corail, en mai 1942,
sauva l'Australie, il fallut près de
trois ans aux Australiens pour
chasser du Pacifique les Japonais
qui refusaient d'abandonner les
ressources pétrolières et
minérales qu'ils avaient
annexées.

*Le Japon se présentait
comme le libérateur de
l'Asie assujettie par les
chaînes du colonialisme
européen.*

*La conquête de l'air fut l'une des
principales réussites technologiques
de cette période. En permettant les
bombardements,
elle ajouta une
dimension
dévastatrice à la
guerre tout en
transformant le
transport civil.*

*Hailé Sélassié
(1892-1975), empereur
d'Éthiopie, le seul empire
indépendant d'Afrique.*

MOYEN-ORIENT

EN 1918, L'EMPIRE TURC disparaissait après quatre siècles de
domination. Les frontières modernes de l'Afrique du Nord
et du Moyen-Orient furent redéfinies après les ravages de la
Première Guerre mondiale par les pays vainqueurs. La
Seconde Guerre mondiale et le génocide des juifs d'Europe par
l'Allemagne nazie jetèrent les bases du nouvel État d'Israël. Sa
création fut à l'origine du conflit entre Palestiniens et Israéliens.

*Un Zeppelin allemand
des années 1930.*

Carte

U R S S

Détroit de Béring

SAKHALINE
1945

MONGOLIE
[1924]

Mer
d'Aral

A S I E

Mer
Caspienne

Mer
d'Aral

Î. KOURILES
1945

Mer
du
Japon

JAPON

CORÉE
[1945]

CHINE

AFGHANISTAN

IRAN
(Perse)

TIBET

Himalaya

NÉPAL

BHÛTAN

ÎLES RYU KYU
1945

OCÉAN

PACIFIQUE

IRAK
1932]

Golfe Persique

BAHREIN

Chandernagor

INDE

BIRMANIE

Macao

Hong Kong

TAIWAN (Formose)
1945

ARABIE
AOUDITE [1952]

OMAN

Diu
Daman

Goa

Golfe
du
Bengale

INDOCHINE FRANÇAISE

MARIANNES
1945

YÉMEN
[1918]

HADHRAMAUT

Mer
d'Arabie

THAÏLANDE
(Siam)

Mer de
Chine
Méridionale

PHILIPPINES

GUAM

ÉRYTHRÉE
1941

Aden

Mahé

Pondicherry

Karikal

Î. LACCADIVE

CEYLAN

Î. ANDAMAN

ÎLES CAROLINES
1945

SOCOTRA

SOMALIE
BRITANNIQUE

SOMALIE
FRANÇAISE

SOMALIE ITALIENNE 1941

Î. NICOBAR

BORNÉO DU NORD
BRITANNIQUE

Micronésie

ÉTHIOPIE

MALACCA

SARAWAK

ÎLES MALDIVES

ARCHIPEL
BISMARCK
1945

NAURU
1945

KENYA

ZANZIBAR

SEYCHELLES

ÎLES CHAGOS

INDES ORIENTALES
NÉERLANDAISES

NOUVELLE-GUINÉE

PAPOUASIE

Mélanésie

ÎLES SALOMON

TANGANYIKA

MOZAMBIQUE

ÎLES COMORES

OCÉAN

INDIEN

Î. CHRISTMAS 1888

ÎLES COCOS

TIMOR

MADAGASCAR

MAURICE

RÉUNION

NOUVELLE-CALÉDONIE

AUSTRALIE
(Dominion 1926)

Î. LORD HOWE

NOUVELLE-ZÉLANDE

ÎLES CHATHAM

TASMANIE

ÎLES AUCKLAND

ÎLES MACQUARIE

LES TEMPS MODERNES : 1945 À AUJOURD'H

L ES LIENS QUI AVAIENT UNI LES ÉU et l'Union soviétique pendant la guerre se détériorèrent au cours des efforts entrepris pour reconstruire l'Europe et l'Extrême-Orient. Le monde se partagea alors en deux camps ennemis : un capitalisme de type libéral d'un côté et le communisme de l'autre. Ces deux blocs se livrèrent une "guerre froide", chacun s'efforçant de résister à l'autre et de le renverser. Elle donna lieu à une série de conflits déclenchés par des enjeux mineurs : la guerre de Corée (1950-53), la crise de Cuba (1962) et la guerre du Viêt-nam (1954-75), sans compter ceux, plus meurtriers sans doute, auxquels le monde échappa grâce à la force de dissuasion nucléaire. L'effritement du communisme en Russie et en Europe de l'Est mit progressivement fin au clivage Est-Ouest pour le remplacer par un ordre mondial moins stable, dominé par un climat d'incertitude économique et la flambée des nationalismes.

LES ÉTATS ET LES TERRITOIRES DU MONDE

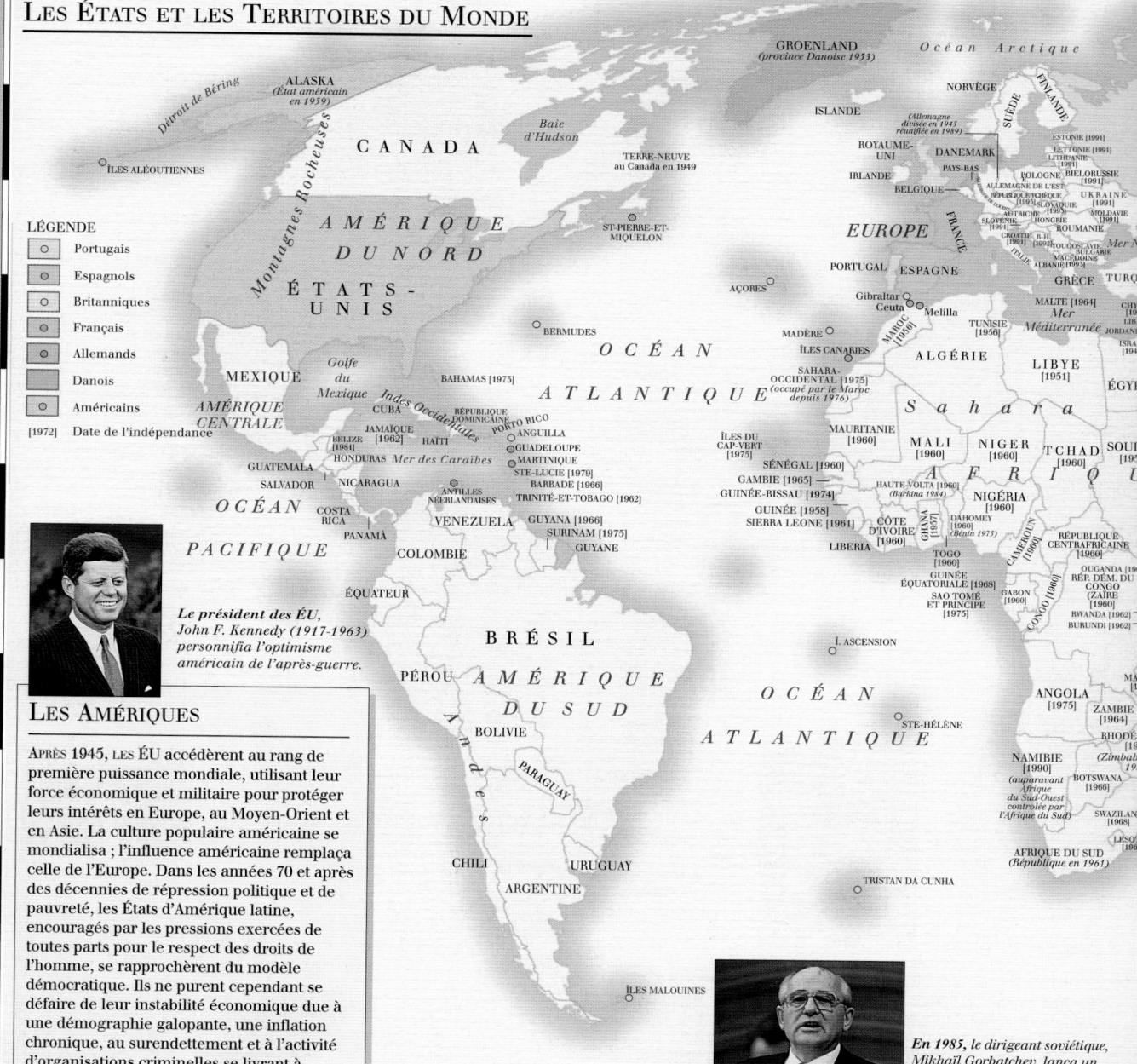

LÉGENDE

- Portugais
- Espagnols
- Britanniques
- Français
- Allemands
- Danois
- Américains

[1972] Date de l'indépendance

Le président des ÉU, *John F. Kennedy (1917-1963) personnifia l'optimisme américain de l'après-guerre.*

LES AMÉRIQUES

APRÈS 1945, LES ÉU accédèrent au rang de première puissance mondiale, utilisant leur force économique et militaire pour protéger leurs intérêts en Europe, au Moyen-Orient et en Asie. La culture populaire américaine se mondialisa ; l'influence américaine remplaça celle de l'Europe. Dans les années 70 et après des décennies de répression politique et de pauvreté, les États d'Amérique latine, encouragés par les pressions exercées de toutes parts pour le respect des droits de l'homme, se rapprochèrent du modèle démocratique. Ils ne purent cependant se défaire de leur instabilité économique due à une démographie galopante, une inflation chronique, au surendettement et à l'activité d'organisations criminelles se livrant à l'exportation de la drogue.

En 1985, le dirigeant soviétique, Mikhaïl Gorbatchev, lança un programme de réformes économiques et politiques qui mit fin au communisme soviétique.

Le mur de Berlin, symbole européen du clivage Est-Ouest, tomba en 1989.

EUROPE

EN 1945, L'EUROPE ÉTAIT DÉVASTÉE ; au cours des 30 années qui suivirent, l'Europe de l'Ouest connut cependant une longue période d'expansion économique qui lui permit de retrouver sa prospérité ainsi que sa stabilité politique. Elle s'orienta progressivement vers l'unité politique et économique au sein de la CEE. Le développement de l'Europe de l'Est fut ralenti par le communisme soviétique jusqu'à sa faillite idéologique à la fin des années 1980.

ASIE

EN ASIE DU SUD, les mouvements nationalistes populaires accédèrent au pouvoir en Inde, en Birmanie, en Malaisie et en Indonésie ; en Chine et en Indochine, le pouvoir passa aux mains de mouvements communistes dont la création remontait aux années 20. Après 1949, la Chine de Mao Zedong, grâce à sa population et à ses forces militaires, devint la seconde superpuissance communiste du monde. Mais la palme de la réussite revient au Japon. Vaincu en 1945, son économie et ses villes détruites par les bombardements, le Japon, aidé par les ÉU, se lança dans un vaste programme de reconstruction économique. Au cours des années 1980, il devint l'une des grandes puissances industrielles.

Le communisme chinois, qui repose sur la mobilisation des classes paysanne et ouvrière, reconnaît néanmoins la nécessité de réformes économiques.

Un traité interdit, depuis 1986, les essais nucléaires dans le Pacifique.

FÉDÉRATION DE RUSSIE

Détroit de Béring

KAZAKHSTAN [1991]

MONGOLIE

Mer d'Aral

OUZBÉKISTAN [1991]

KYRGYZSTAN [1991]

ERBAIDJAN [1991]

TURKMÉNISTAN [1991]

TADJIKISTAN [1991]

ARMÉNIE [1991]

A S I E

CORÉE DU NORD

Mer du Japon

JAPON

C H I N E

IRAN

AFGHANISTAN

TIBET (à la Chine en 1950)

CORÉE DU SUD

ÎLES RYUKYU (Japon)

RAK

PAKISTAN [1947]

Himalaya

NÉPAL

BHOUTAN

EFFI 961]

QATAR [1971]

ÉMIRATS ARABES-UNIS (fondés 1971)

BANGLADESH [1971] (auparavant Pakistan Oriental)

BIRMANIE [1948]

Macao

Hong Kong

TAIWAN [1949]

BIE SAOUDITE

ÉRYTHRÉE [1993]

LAOS [1954]

Viêt-nam unifié en 1976

MARIANNES

OMAN

INDE [1947]

Golfe du Bengale

THAÏLANDE

OCÉAN

Mer d'Arabie

CAMBODGE [1955]

Mer de Chine Méridionale

PACIFIQUE

GUAM

(Yémen du Nord 1967)

(Yémen du Sud 1967)

SOCOTRA (Yémen du Sud)

I. LACCADIVE (Inde)

CEYLAN [1948] (Sri Lanka)

VIÊT-NAM DU SUD

Î. ANDAMAN (Inde)

[1954]

DJIBOUTI [1977]

Yémen unifié 1990

ÎLES MALDIVES

Î. NICOBAR (Inde)

MALACCA [1967]

BRUNEI [1984]

PALAU [1995]

MICRONÉSIE [1991]

ÉTHIOPIE

SOMALIE [1960]

MALAISIE (fondée en 1965)

ARCHIPEL BISMARCK (PNG)

NAURU [1968]

KENYA [1963]

SINGAPOUR [1965]

I N D O N É S I E [1949]

SEYCHELLES [1976]

ÎLES CHAGOS

Mélanésie

NZANIE [1964]

ÎLES SALOMON [1978]

MORES 975]

O C É A N

Î. CHRISTMAS (Australie)

E. TIMOR (Indonésie)

PAPOUASIE-NOUVELLE-GUINÉE [1975]

ZAMBIQUE [1975]

I N D I E N

ÎLES COCOS (Australie)

MADAGASCAR [1960]

RÉUNION

OCÉANIE

LES ANNÉES 1990 virent l'avènement d'un nouveau grand pôle commercial et industriel dans la région du Pacifique, mis en place par les puissances japonaise, américaine et australienne de l'après-guerre. Une masse salariale à bas prix et des frais généraux peu élevés amenèrent la Corée du Sud, Taiwan, Singapour, la Malaisie et l'Indonésie à rejoindre cette aire de prospérité ; une grande partie des forces industrielles y sont aujourd'hui concentrées.

NOUVELLE-CALÉDONIE

A U S T R A L I E

Î. LORD HOWE (Australie)

Gamal Abdel Nasser (1918-1970), homme d'État égyptien, incita les nations arabes à résister à l'Occident.

NOUVELLE-ZÉLANDE

ÎLES CHATHAM (NZ)

AFRIQUE ET MOYEN-ORIENT

AFFAIBLIES PAR LA GUERRE, les puissances coloniales furent confrontées à un impérieux mouvement de revendications indépendantistes. Entre 1958 et 1975, 41 pays africains accédèrent à l'indépendance, l'Afrique du Sud restant le seul État aux mains des Blancs jusqu'en 1994. Au cours des années 1970, le Maghreb et le Moyen-Orient virent émerger en leur sein l'islamisme, nouvelle forme d'anti-impérialisme.

ÎLES AUCKLAND (NZ)

ÎLES MACQUARIE (Australie)

À partir des années 1950 et jusqu'aux années 1970, la rivalité entre superpuissances s'exerça dans l'espace. Les Soviétiques envoyèrent le premier homme dans l'espace en 1961 et les Américains firent les premiers pas sur la Lune en 1969. Depuis, les missions spatiales sont devenues des événements quasi quotidiens.

POPULATION

LA POPULATION MONDIALE, 6,2 milliards d'habitants en 2002, devrait atteindre près de 10 milliards de personnes en 2050. Même si, dans les pays en voie de développement, près de 800 millions de personnes souffrent de malnutrition et plus d'un milliard vit sous le seuil de pauvreté, l'amélioration des conditions alimentaires, médicales et sanitaires entraîne une diminution de la mortalité infantile et une augmentation de l'espérance de vie. Dans une grande partie de l'Afrique, cependant, l'épidémie de Sida frappe si fort que la population va chuter dans des proportions considérables. Ailleurs, le ralentissement de la croissance démographique est dû à la baisse des taux de naissance, déjà répandue dans les pays les plus industrialisés. Il en résulte un vieillissement rapide de la population : on estime que le monde comptera près de deux milliards de personnes de plus de 60 ans en 2050. Le peuplement est très inégalement réparti, car il varie selon le climat, le terrain, les ressources naturelles et les facteurs économiques. On vit en grande majorité le long des côtes et des vallées fluviales. L'urbanisation s'accroît : en 2002, un peu moins de la moitié de la population mondiale habitait en ville, surtout en Asie. À la suite de l'exode rural, les chômeurs ne cessent de venir gonfler les gigantesques bidonvilles qui se développent aux abords des grandes villes du Tiers monde.

POPULATION

• Ville de plus de 5 millions d'habitants

DENSITÉ DE POPULATION
(habitant/km²)

- Moins de 2
- 2 à 5
- 5 à 11
- 12 à 20
- 21 à 50
- 51 à 100
- 101 à 201
- Plus de 201

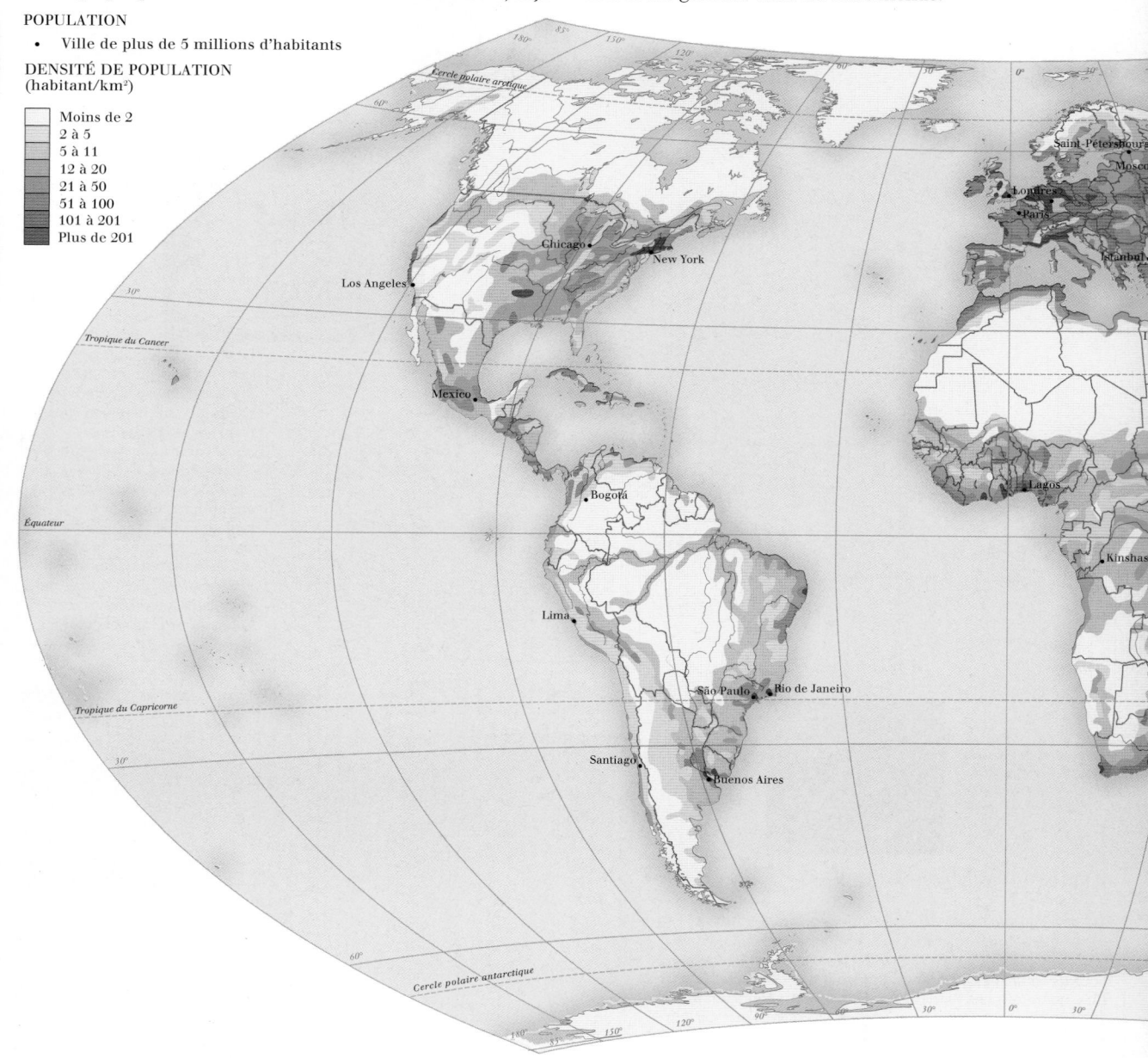

MORTALITÉ INFANTILE

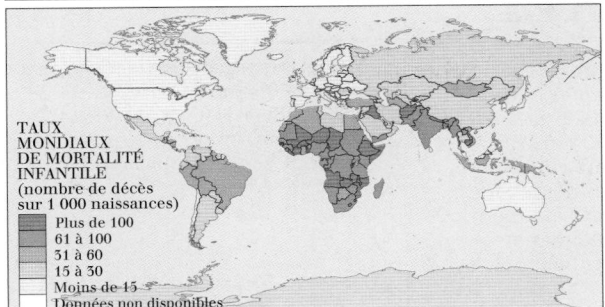

TAUX
MONDIAUX
DE MORTALITÉ
INFANTILE
(nombre de décès
sur 1 000 naissances)

- Plus de 100
- 61 à 100
- 31 à 60
- 15 à 30
- Moins de 15
- Données non disponibles

LA MORTALITÉ INFANTILE

ON RELÈVE LES TAUX DE MORTALITÉ INFANTILE les plus élevés en Afrique, en Amérique du Sud et en Asie du Sud, des continents où règnent la pauvreté et la maladie et où les soins sont moins développés qu'en Amérique du Nord ou en Europe. Le pays affichant le taux de mortalité infantile le plus élevé est la Sierra Leone, dont les villes ont été dévastées par la guerre civile.

ESPÉRANCE DE VIE

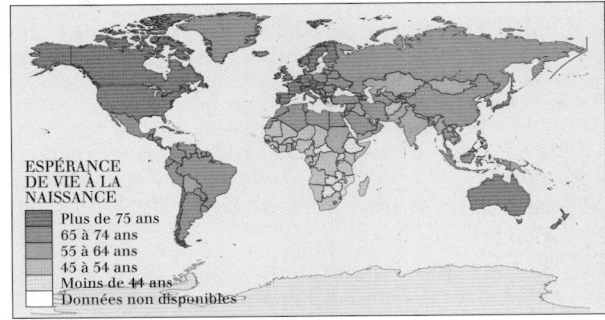

ESPÉRANCE
DE VIE À LA
NAISSANCE

- Plus de 75 ans
- 65 à 74 ans
- 55 à 64 ans
- 45 à 54 ans
- Moins de 44 ans
- Données non disponibles

L'ESPÉRANCE DE VIE

C'EST ÉGALEMENT EN AFRIQUE qu'elle est la plus basse, pour les mêmes raisons que celles évoquées ci-dessus. En Europe occidentale et en Amérique du Nord, l'espérance de vie augmente à un rythme tel que chaque génération peut espérer vivre plus longtemps que la précédente. Dans les pays développés, on vit parfois jusqu'à deux fois plus longtemps qu'il y a un siècle.

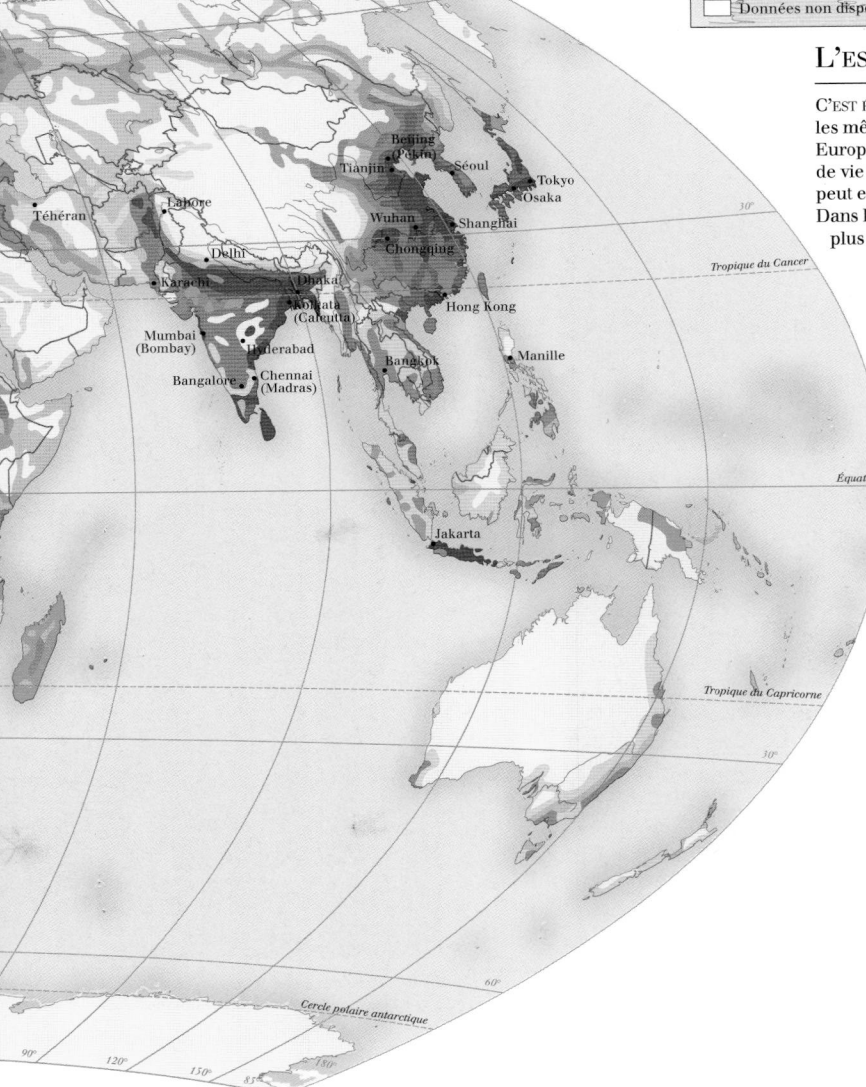

FICHE POPULATION

PLUS FORTES POPULATIONS

1 **Chine**	1 277 millions d'habitants
2 **Inde**	1 014 millions d'habitants
3 **États-Unis**	281 millions d'habitants

PLUS GRANDES SUPERFICIES

1 **Fédération de Russie**	16 995 800 km²
2 **Chine**	9 326 410 km²
3 **Canada**	9 220 970 km²

PLUS FORTES DENSITÉS DE POPULATION

1 **Monaco**	16 253 hab./km²
2 **Singapour**	5 902 hab./km²
3 **Cité du Vatican**	2 273 hab./km²

PLUS FAIBLES DENSITÉS DE POPULATION

1 **Mongolie**	2 hab./km²
2 **Namibie**	2 hab./km²
3 **Australie**	2 hab./km²

LA RICHESSE MONDIALE

Malgré le fantastique bond en avant des économies émergentes d'Asie et d'Amérique du Sud, les écarts de prospérité restent énormes entre les pays industrialisés et les autres. 25 % de la population mondiale se partagent 75 % des richesses et 2,8 milliards de personnes vivent encore avec moins de deux dollars par jour. La situation de l'Afrique subsaharienne, minée par les guerres, la corruption et les pandémies (en particulier le Sida), continue à se dégrader. Seize des vingt pays les plus pauvres appartiennent au continent noir. Le plus déshérité de tous, le Burundi, a un revenu par habitant 654 fois inférieur à celui du pays le plus riche, le Luxembourg ! En haut du tableau, notons le tir groupé des pays de l'Europe du Nord, nettement plus prospères, en termes de PIB par tête, que ceux du Sud. La France, après plusieurs années de croissance molle, a rétrogradé à la dixième place, derrière la Belgique, le Royaume-Uni et l'Allemagne. Enfin, si l'on considère la richesse globale (le PIB), il faut souligner la très forte progression de la Chine, désormais la sixième puissance mondiale, presque au niveau de la France, ainsi que celle de l'Inde (onzième), de la Corée (douzième) et du Brésil (treizième). Mais, si l'on rapporte la richesse à la population, ces nouveaux pays industrialisés restent encore très loin des grandes nations occidentales.

LA TAILLE DES PAYS EST PROPORTIONNELLE À LEUR PRODUIT INTÉRIEUR BRUT, (ESTIMATION 2004), EN MILLIARDS DE DOLLARS.

CANADA 917,3

ÉTATS-UNIS 11437,3

GUATEMALA 19,7

MEXIQUE 642,5

TRINIDAD ET TOBAGO 10,8

SALVADOR 13,9

VENEZUELA 86,4

COSTA-RICA 18,6

EQU

PANAMA 13,3

COLOMBIE 75,6

BRÉSI 540,1

PÉROU 65

URUG 11,9

CHILI 76,3

ARGENTINE 146,9

LES PREMIÈRES PUISSANCES MONDIALES EN 2004

PAYS	PIB [1]	PAYS	PIB [1]
1. États-Unis	11 437, 3 Mds $	29. Afrique du Sud	164, 1 Mds $
2. Japon	4 195 Mds $	30. Finlande	163 Mds $
3. Allemagne	2 436, 2 Mds $	31. Irlande	159 Mds $
4. Royaume-Uni	1 826, 7 Mds $	32. Portugal	154 Mds $
5. France	1 799, 1 Mds $	33. Argentine	146, 9 Mds $
6. Chine*	1 657, 3 Mds $	34. Iran	141 Mds $
7. Italie	1 506, 3 Mds $	35. Thaïlande	139, 3 Mds $
8. Canada	917, 3 Mds $	36. Israël	110, 9 Mds $
9. Espagne	870, 4 Mds $	37. Malaisie	107, 4 Mds $
10. Mexique	642, 5 Mds $	38. Singapour	96, 3 Mds $
11. Inde	605, 6 Mds $	39. Hongrie	90, 2 Mds $
12. Corée du Sud	554, 8 Mds $	40. République Tchèque	90 Mds $
13. Brésil	540, 1 Mds $	41. Venezuela	86 ,4 Mds $
14. Australie	530, 7 Mds $	42. Philippines	85, 6 Mds $
15. Pays-Bas	527, 6 Mds $	43. Émirats Arabes Unis	82, 2 Mds $
16. Russie	505, 1 Mds $	44. Pakistan	79, 7 Mds $
17. Suisse	319, 8 Mds $	45. Nouvelle-Zélande	77, 3 Mds $
18. Belgique	309, 2 Mds $	46. Chili	76, 3 Mds $
19. Suède	308, 1 Mds $	47. Colombie	75, 6 Mds $
20. Taïwan	294, 2 Mds $	48. Égypte	72, 8 Mds $
21. Turquie	280, 4 Mds $	49. Algérie	65, 6 Mds $
22. Autriche	254, 2 Mds $	50. Pérou	65 Mds $
23. Indonésie	223, 6 Mds $		
24. Pologne	221, 4 Mds $	[1] En milliards de dollars.	
25. Danemark	218, 4 Mds $	* Hong Kong inclus.	
26. Arabie Saoudite	209 Mds $		
27. Norvège	208, 9 Mds $		
28. Grèce	182 Mds $		

Source : Fonds monétaire international.

Le tourisme de masse est devenu l'une des principales sources de revenus de nombreux pays.

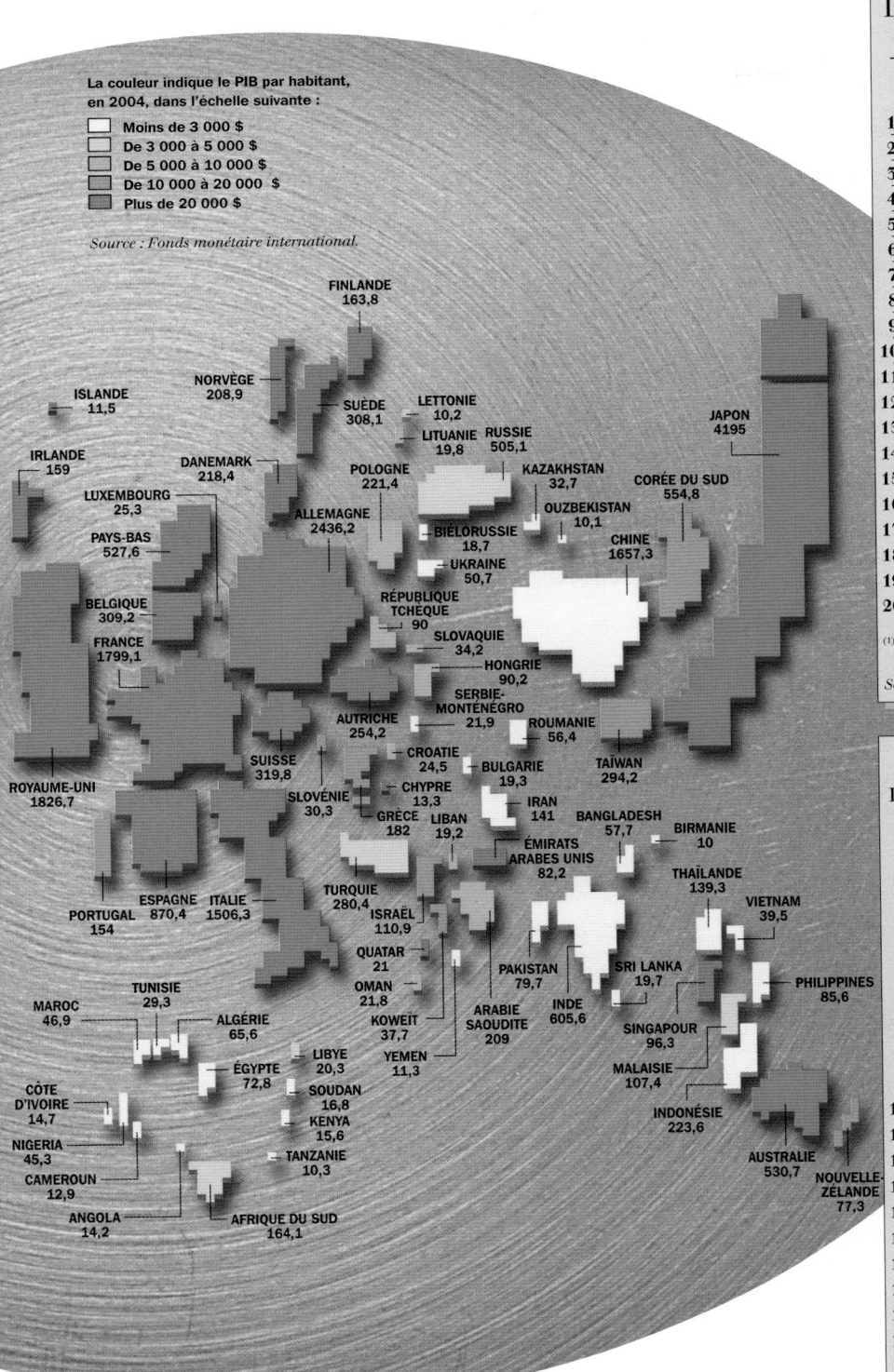

La couleur indique le PIB par habitant, en 2004, dans l'échelle suivante :

- Moins de 3 000 $
- De 3 000 à 5 000 $
- De 5 000 à 10 000 $
- De 10 000 à 20 000 $
- Plus de 20 000 $

Source : Fonds monétaire international.

FINLANDE 163,8
ISLANDE 11,5
NORVÈGE 208,9
SUÈDE 308,1
LETTONIE 10,2
LITUANIE 19,8
RUSSIE 505,1
JAPON 4195
IRLANDE 159
DANEMARK 218,4
POLOGNE 221,4
KAZAKHSTAN 32,7
CORÉE DU SUD 554,8
LUXEMBOURG 25,3
ALLEMAGNE 2436,2
OUZBEKISTAN 10,1
PAYS-BAS 527,6
BIÉLORUSSIE 18,7
UKRAINE 50,7
CHINE 1657,3
BELGIQUE 309,2
RÉPUBLIQUE TCHÈQUE 90
FRANCE 1799,1
SLOVAQUIE 34,2
HONGRIE 90,2
SERBIE-MONTÉNÉGRO 21,9
AUTRICHE 254,2
ROUMANIE 56,4
SUISSE 319,8
CROATIE 24,5
BULGARIE 19,3
TAÏWAN 294,2
SLOVÉNIE 30,3
CHYPRE 13,3
IRAN 141
BANGLADESH 57,7
GRÈCE 182
LIBAN 19,2
BIRMANIE 10
ROYAUME-UNI 1826,7
ÉMIRATS ARABES UNIS 82,2
THAÏLANDE 139,3
TURQUIE 280,4
VIETNAM 39,5
ESPAGNE 870,4
ITALIE 1506,3
ISRAËL 110,9
PORTUGAL 154
QUATAR 21
PAKISTAN 79,7
SRI LANKA 19,7
PHILIPPINES 85,6
TUNISIE 29,3
OMAN 21,8
INDE 605,6
MAROC 46,9
ALGÉRIE 65,6
KOWEÏT 37,7
ARABIE SAOUDITE 209
SINGAPOUR 96,3
LIBYE 20,3
YEMEN 11,3
MALAISIE 107,4
CÔTE D'IVOIRE 14,7
ÉGYPTE 72,8
SOUDAN 16,8
NIGERIA 45,3
KENYA 15,6
CAMEROUN 12,9
TANZANIE 10,3
INDONÉSIE 223,6
AUSTRALIE 530,7
NOUVELLE-ZÉLANDE 77,3
ANGOLA 14,2
AFRIQUE DU SUD 164,1

LES PAYS LES PLUS RICHES EN 2004	
PAYS	PIB [1] par habitant
1. Luxembourg	54 974 $
2. Norvège	45 473 $
3. Suisse	43 569 $
4. Danemark	40 491 $
5. Irlande	39 890 $
6. Islande	39 230 $
7. États-Unis	38 852 $
8. Suède	34 227 $
9. Japon	32 858 $
10. Qatar	32 358 $
11. Pays-Bas	32 329 $
12. Finlande	31 384 $
13. Autriche	31 115 $
14. Belgique	30 592 $
15. Royaume-Uni	30 586 $
16. Allemagne	29 587 $
17. France	29 149 $
18. Canada	28 679 $
19. Australie	26 163 $
20. Italie	25 860 $

[1] En dollars.

Source : Fonds monétaire international.

LES PAYS LES PLUS PAUVRES EN 2004	
PAYS	PIB [1] par habitant
1. Burundi	91 $
2. Éthiopie	101 $
3. Congo	115 $
4. Érythrée	168 $
5. Sierra Leone	182 $
6. Myanmar	184 $
7. Guinée-Bissau	190 $
8. Gambie	191 $
9. Rwanda	195 $
10. Malawi	197 $
11. Tadjikistan	201 $
12. Niger	229 $
13. Népal	235 $
14. Ouganda	237 $
15. Mozambique	250 $
16. Tanzanie	282 $
17. Cambodge	289 $
18. Madagascar	313 $
19. Nigeria	318 $
20. Zambie	328 $

[1] En dollars.

Source : Fonds monétaire international.

LES ENTREPRISES

Une des conséquences de la mondialisation est la montée en puissance des entreprises internationales, qui ont élargi leurs activités à l'ensemble de la planète et sont ainsi devenues des mastodontes. Certaines ont aujourd'hui une production équivalente à celle d'une grande nation : le chiffre d'affaires d'Exxon Mobil, par exemple, est supérieur au PIB de la Suisse, de la Belgique ou de la Suède. Fort logiquement, les multinationales américaines dominent largement tous les classements : on en compte 751 parmi les 2 000 plus grosses et huit parmi les dix plus profitables. Les États-Unis alignent aussi cinq groupes financiers parmi les dix premiers. À noter l'apparition des firmes chinoises, qui illustrent la formidable croissance de leur pays : cinq d'entre elles figurent parmi les quinze premiers employeurs du monde. Quant aux entreprises françaises, celles qui ont su conquérir les marchés étrangers se maintiennent en assez bonne position : en termes de chiffres, la première, Total arrive au dixième rang et la deuxième, Carrefour, au quatorzième; du côté des banques et des compagnies d'assurances, BNP Paribas est quatorzième et le Crédit agricole vingt quatrième. Globalement, c'est dans le pétrole, la distribution, la finance et l'automobile que l'on trouve les plus grands empires de l'industrie et des services. Mais ceux qui se sont construits dans les nouvelles technologies (Microsoft) ou la pharmacie (Pfizer) pèsent plus lourd en Bourse, car leur potentiel de développement est jugé plus prometteur.

***Grâce à son internationalisation**, Carrefour est la quatorzième entreprise non financière mondiale par son chiffre d'affaires et la septième par ses effectifs.*

LA TAILLE DES PAYS EST PROPORTIONNELLE AU NOMBRE DE LEURS ENTREPRISES DANS LE TOP 2000 DES CHIFFRES D'AFFAIRES.

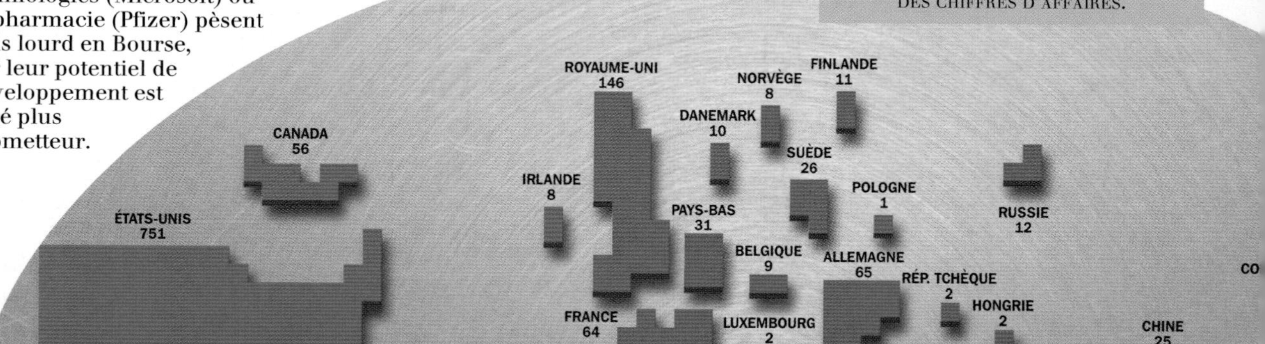

ROYAUME-UNI 146

NORVÈGE 8

FINLANDE 11

DANEMARK 10

SUÈDE 26

CANADA 56

IRLANDE 8

POLOGNE 1

RUSSIE 12

PAYS-BAS 31

ÉTATS-UNIS 751

BELGIQUE 9

ALLEMAGNE 65

RÉP. TCHÈQUE 2

CO

HONGRIE 2

CHINE 25

FRANCE 64

LUXEMBOURG 2

AUTRICHE 8

PORTUGAL 7

PAKISTAN 1

BERMUDES 20

GRÈCE 12

ILES CAÏMANS 6

TURQUIE 12

INDE 27

MEXIQUE 17

ESPAGNE 29

SUISSE 34

ITALIE 41

HONK-KONG 24

PANAMA 1

BAHAMAS 1

THAÏLANDE 9

VENEZUELA 1

LIBERIA 1

JORDANIE 1

ISRAËL 8

SINGAP 16

MALAISIE 16

BRÉSIL 15

PERU 1

INDONÉS 7

CHILI 4

AFRIQUE DU SUD 18

LES PLUS GROS EMPLOYEURS MONDIAUX EN 2003

ENTREPRISES	SALARIÉS
1. Wal-Mart stores (É.-U., distribution)	1 400 000
2. China national petroleum (Chine, pétrole)	1 100 000
3. Sinopec (Chine, pétrochimie)	917 000
4. U.S. Postal service (É.-U., service postal)	729 000
5. Agricultural Bank of China (Chine, banque)	491 000
6. Siemens (Allemagne, équipements électriques)	426 000
7. Carrefour (France, distribution)	420 000
8. McDonald's (É.-U., restauration rapide)	418 000
9. Industrial & Commercial bank of China (Chine, banque)	405 000
10. Compass group (R.-U., restauration)	400 000

Sources : Fortune, rapports annuels.

LES PREMIÈRES ENTREPRISES NON FINANCIÈRES MONDIALES EN 2003

ENTREPRISES	CA 2003
1. Wal-Mart (É.-U., distribution)	256, 33 Mds $
2. BP (Grande-Bretagne, pétrole)	232, 57 Mds $
3. Exxon Mobil (É.-U., pétrole)	222, 88 Mds $
4. General Motors (É.-U., automobile)	185, 52 Mds $
5. Ford Motor (É.-U., automobile)	164, 2 Mds $
6. DaimlerChrysler (Allemagne, automobile)	157, 13 Mds $
7. Toyota Motor (Japon, automobile)	135, 82 Mds $
8. General Electric (É.-U., conglomérat)	134, 19 Mds $
9. Royal Dutch/Shell Group (P.-B./G.-B., pétrole)	133, 5 Mds $
10. Total (France, pétrole)	131, 64 Mds $
11. Chevron Texaco (É.-U., pétrole)	112, 94 Mds $
12. Mitsubishi (Japon, conglomérat)	112, 76 Mds $
13. Mitsui & Co (Japon, conglomérat)	111, 98 Mds $
14. Carrefour Group (France, distribution)	96, 94 Mds $
15. Nippon Tel & Tel (Japon, télécoms)	92, 41 Mds $

Source : Forbes.

LES PREMIÈRES ENTREPRISES FINANCIÈRES MONDIALES EN 2003

ENTREPRISES	ACTIFS DÉTENUS
1. Citigroup (É.-U., banque)	1 264, 03 Mds $
2. Mizuho Financial (Japon, banque)	1 115, 9 Mds $
3. Fannie Mae (É.-U., banque)	1 019, 17 Mds $
4. Sumitomo Mitsui Financial (Japon, banque)	868, 42 Mds $
5. UBS (Suisse, banque)	853, 23 Mds $
6. Allianz Worldwide (Allemagne, banque)	851, 24 Mds $
7. Mitsubishi Tokyo Finl (Japon, banque)	827, 48 Mds $
8. JP Morgan Chase (É.-U., banque)	792, 7 Mds $
9. Deutsche Bank Group (Allemagne, banque)	792, 49 Mds $
10. Barclays (G.-B., banque)	791, 54 Mds $
11. HSBC Group (G.-B., banque)	757, 6 Mds $
12. ING Group (Pays-Bas, banque)	752, 49 Mds $
13. Freddie Mac (É.-U., banque)	752, 25 Mds $
14. BNP Paribas (France, banque)	745, 09 Mds $
15. Bank of America (É.-U., banque)	736, 45 Mds $

Source : Forbes.

LES PLUS GROS BÉNÉFICES MONDIAUX EN 2003

ENTREPRISES	BÉNÉFICES
1. Exxon Mobil (É.-U., pétrole)	20, 96 Mds $
2. Citigroup (É.-U., banque)	17, 85 Mds $
3. General Electric (É.-U., conglomérat)	15, 59 Mds $
4. Bank of America (É.-U., banque)	10, 81 Mds $
5. BP (G.-B., pétrole)	10, 27 Mds $
6. Freddie Mac (É.-U., banque)	10, 09 Mds $
7. Altria (É.-U., alimentation)	9, 2 Mds $
8. Wal-Mart (É.-U., distribution)	9, 05 Mds $
9. Microsoft (É.-U., informatique)	8, 88 Mds $
10. Total (France, pétrole)	8, 84 Mds $

Source : Forbes.

LES PLUS GROSSES CAPITALISATIONS BOURSIÈRES MONDIALES EN 2004 (FÉVRIER)

ENTREPRISES	VALEUR DES ACTIONS
1. General Electric (É.-U., conglomérat)	328 Mds $
2. Microsoft (É.-U., informatique)	287 Mds $
3. Pfizer (É.-U., pharmacie)	285 Mds $
4. Exxon Mobil (É.-U., pétrole)	277 Mds $
5. Citigroup (É.-U., banque)	255 Mds $
6. Wal-Mart (É.-U., distribution)	243 Mds $
7. Intel (É.-U., électronique)	196 Mds $
8. American Intl Group (É.-U., assurances)	194 Mds $
9. HSBC Group (G.-B., banque)	177 Mds $
10. Vodafone (G.-B., télécoms)	174 Mds $

11. Source : Forbes.

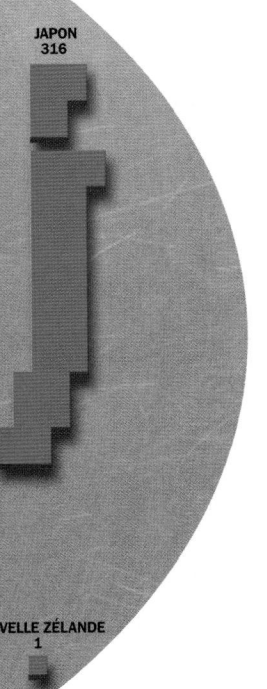

JAPON
316

NVELLE ZÉLANDE
1

L'ÉNERGIE DANS LE MONDE

L'approvisionnement énergétique est redevenu une préoccupation majeure pour tous les pays industrialisés. Le prix du pétrole, tiré vers le haut par la peur des attentats, les tensions au Moyen Orient et l'explosion de la demande asiatique (surtout chinoise) a retrouvé en 2004 son niveau du début des années 90, lors de la flambée provoquée par la première guerre en Irak. Et il pourrait bien monter encore, car les réserves, concentrées dans un très petit nombre de pays, ne sont pas inépuisables, malgré les progrès techniques de prospection et d'extraction. La Russie, qui est devenue le troisième producteur mondial après l'Arabie Saoudite et les États-Unis, et dont l'économie est très dépendante de l'or noir, profite pour le moment à plein de cette situation.

Pour préparer l'après-pétrole, plusieurs choix sont possibles. La France a résolument opté pour le nucléaire, aujourd'hui à l'origine de 77,9 % de son électricité, la proportion la plus élevée au monde. Sous la pression des écologistes, la plupart des autres pays n'ont pas voulu s'engager dans cette voie, le problème du recyclage des combustibles nucléaires n'étant toujours pas réglé. L'Allemagne a préféré concentrer ses efforts sur l'énergie éolienne et le Japon sur le solaire. Mais ce sont les deux exceptions qui confirment la règle : partout ailleurs, en attendant la mise au point de techniques plus efficaces et moins onéreuses, la part des énergies renouvelables reste marginale.

LE PRIX DU BARIL DE BRUT DEPUIS TRENTE ANS

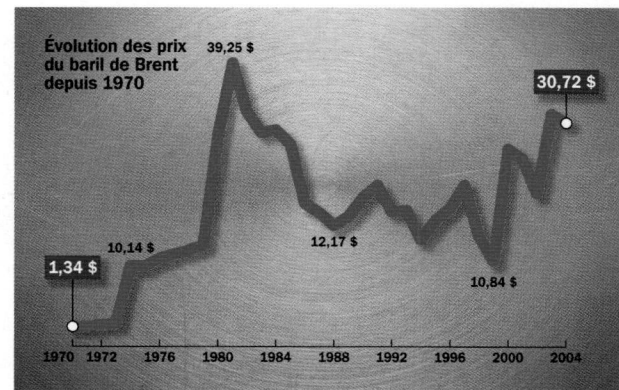

Source : BP Statistical Review.

LES PLUS GROS CONSOMMATEURS DE PÉTROLE EN 2003[1]	
PAYS	**BARILS PAR JOUR EN MILLIERS**
1. États-Unis	19 708
2. Chine*	5 362
3. Japon	5 337
4. Allemagne	2 709
5. Russie	2 469
6. Corée du Sud	2 288
7. Inde	2 090
8. Canada	1 988
9. France	1 967
10. Italie	1 943
11. Brésil	1 849
12. Mexique	1 791
13. Royaume-Uni	1 675
14. Espagne	1 520
15. Arabie Saoudite	1 363
16. Iran	1 115
17. Indonésie	1 072
18. Pays-Bas	951
19. Australie	846
20. Taïwan	817
21. Thaïlande	746
22. Singapour	699
23. Belgique et Luxembourg	679
24. Turquie	647
25. Venezuela	502

[1] Gaz liquides inclus.
*: Hong Kong inclus.

Source : BP statistical review.

LA TAILLE DES PAYS EST PROPORTIONNELLE À LEURS RÉSERVES DE PÉTROLE ESTIMÉES, FIN 2003, EN MILLIARDS DE BARILS.

Source : BP Statistical Review.

LES PLUS GROS PRODUCTEURS DE PÉTROLE EN 2003	
PAYS	**BARILS PAR JOUR EN MILLIERS**
1. Arabie Saoudite	8 680
2. États-Unis	7 698
3. Russie	7 698
4. Mexique	3 585
5. Chine	3 387
6. Iran	3 366
7. Norvège	3 330
8. Venezuela	2 942
9. Canada	2 880
10. Royaume-Uni	2 463
11. Émirats Arabes Unis	2 270
12. Irak	2 030
13. Nigeria	2 013
14. Koweït	1 871
15. Algérie	1 659
16. Brésil	1 500
17. Libye	1 376
18. Indonésie	1 278
19. Angola	905

Source : BP statistical review.

L'exploration et la production pétrolière des grands fonds marins représentent un véritable défi technologique. Comme ici, cette installation par Total, en eaux profondes (1 500 mètres), au large de l'Angola.

LES PAYS LES PLUS NUCLÉARISÉS EN 2002

PAYS	PART DU NUCLÉAIRE DANS LA PRODUCTION TOTALE D'ÉNERGIE
1. France	77,9 %
2. Belgique	57,2 %
3. Slovaquie	53,9 %
4. Suède	45,9 %
5. Ukraine	44 %
6. Hongrie	39,6 %
7. Suisse	39,5 %
8. Corée du Sud	38,7 %
9. Japon	31,4 %
10. Allemagne	29 %
11. Espagne	27,9 %
12. Finlande	25,6 %
13. Royaume-Uni	24 %
14. États-Unis	20,3 %
15. République tchèque	20,1 %
16. Russie	15 %
17. Canada	12,1 %

Source : Agence internationale de l'Énergie.

LES ÉNERGIES RENOUVELABLES

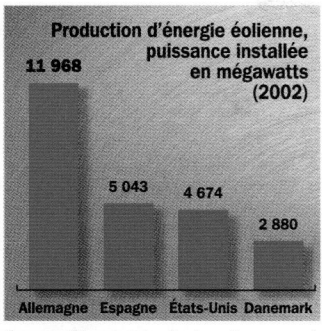

Production d'énergie éolienne, puissance installée en mégawatts (2002)

Allemagne 11 968 — Espagne 5 043 — États-Unis 4 674 — Danemark 2 880

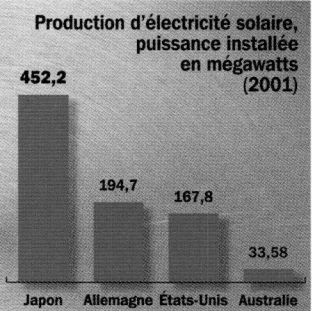

Production d'électricité solaire, puissance installée en mégawatts (2001)

Japon 452,2 — Allemagne 194,7 — États-Unis 167,8 — Australie 33,58

Source : Observatoire des énergies renouvelables.

CANADA 6,9

ÉTATS-UNIS 30,4

NORVÈGE 10,3

IRAN 89,7

RUSSIE 60

KAZAKHSTAN 9

IRAK 112,5

AZERBAÏDJAN 7

MEXIQUE 12,6

ROYAUME-UNI 4,7

ARABIE SAOUDITE 261,8

KOWEÏT 96,5

CHINE 18,4

VENEZUELA 77,8

ALGÉRIE 9,2

LIBYE 29,5

INDE 5,4

INDONÉSIE 5

QATAR 15,2

ÉQUATEUR 4,6

BRÉSIL 8,3

NIGERIA 24

ANGOLA 5,4

OMAN 5,5

ÉMIRATS ARABES UNIS 97,8

YÉMEN 4

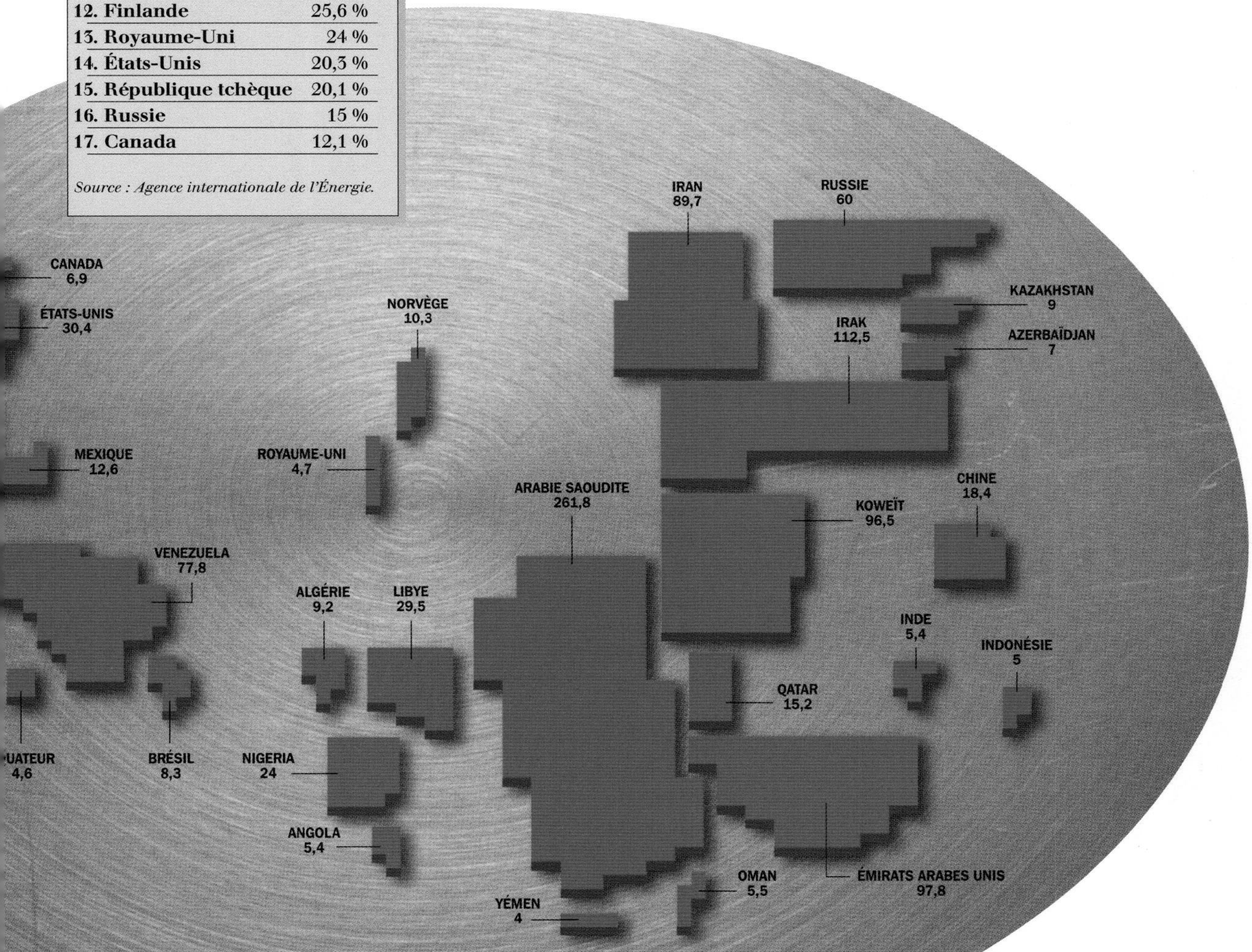

LA POLLUTION

La notion récente de développement durable, qui établit un lien entre la création de richesses et la destruction de l'environnement, s'impose aujourd'hui pour juger des effets de la croissance. La carte ci-contre montre que les plus gros émetteurs de dioxyde de carbone (CO_2), le principal gaz à effet de serre qui contribue au réchauffement climatique, sont les pays qui ont la plus forte activité industrielle. À savoir les États-Unis, le Japon, la Chine, la Russie et les membres de l'Union européenne. On y voit aussi que, par rapport à leur population, certains pays polluent beaucoup plus que d'autres : les États pétroliers, ceux de l'Amérique du Nord, sans oublier la Chine, qui ne semble guère préoccupée pour le moment par ce problème. La France, qui produit trois fois moins de CO_2 par habitant que les États-Unis, est relativement sage : elle suit les consignes du protocole de Tokyo visant à réduire les émissions de gaz à effet de serre.

Les rejets en milieu urbain de particules, de dioxyde de souffre et de dioxyde d'azote, dangereux pour la santé, sont également préoccupants. De ce point de vue, le record est détenu par les grandes villes chinoises : 10 d'entre elles figurent parmi les 20 mégalopoles les plus polluées au monde. Vu la progression en Chine de l'activité industrielle et de la circulation automobile (le nombre de voitures y double chaque année), la situation risque fort d'empirer dans les années à venir si Beijing ne prend pas des mesures pour enrayer le phénomène.

La couleur d'un pays indique le niveau de ses émissions de CO_2 en tonnes par habitant en 1999, dans l'échelle suivante :

- Moins de 1 t/hab
- De 1 à 2,9 t/hab
- De 3 à 6,9 t/hab
- De 7 à 14,9 t/hab
- Plus de 15 t/hab

Source : Banque mondiale.

ÉMISSIONS DE CO_2 PAR LES PRINCIPAUX PAYS POLLUEURS, 1980-1999 [1]

1. Thaïlande	+ 399 %
2. Malaisie	+ 342 %
3. Corée du Sud	+ 215 %
4. Inde	+ 210 %
5. Égypte	+ 173 %
6. Turquie	+ 160 %
7. Indonésie	+ 149 %
8. Chine*	+ 92 %
9. Corée du Nord	+ 67 %
10. Brésil	+ 64 %
11. Mexique	+ 50 %
12. Espagne	+ 37 %
13. Japon	+ 26 %
14. États-Unis	+ 19 %
15. Italie	+ 14 %
16. Canada	+ 4 %
17. Royaume-Uni	− 7 %
18. Pays-Bas	− 12 %
19. France	− 25 %
20. Pologne	− 31 %

[1] : Absence de données 1980, pour certains pays (notamment les anciens pays du bloc soviétique et l'Allemagne).

*: Hong Kong inclus.

Source : Banque mondiale.

POLLUTION DE L'EAU : LES PLUS GROS ÉMETTEURS DE POLLUANTS ORGANIQUES EN 2000

PAYS	EN TONNES PAR JOUR
1. Chine*	6 551
2. États-Unis	1 968
3. Inde	1 651
4. Japon	1 369
5. Indonésie	783
6. Brésil	629
7. Royaume-Uni	569
8. Italie	495
9. Pologne	388
10. Espagne	374
11. Thaïlande	355
12. Roumanie	333
13. Canada	307
14. Corée du Sud	303
15. Mexique	296
16. France	278
17. Bangladesh	273
18. Afrique du Sud	234
19. Égypte	210
20. Philippines	202
21. Malaisie	180
22. Argentine	177
23. Turquie	170
24. Hongrie	152
25. Pays-Bas	124
26. Portugal	121
27. Belgique	113
28. Bulgarie	107
29. Suède	103
30. Iran	101
31. Pakistan	100
32. Colombie	100
33. Australie	95
34. Venezuela	94
35. Maroc	89

*: Hong Kong inclus.

Source : Banque mondiale.

CANADA 438,6
ÉTATS-UNIS 5495,4
MEXIQUE 378,5
CUBA 25,4
PORTO-RICO 10,1
RÉP. DOMINICA... 23,3
JAMAÏQUE 10,2
TRINIDAD ET TOBAGO 25,1
VENEZU... 125,...
COLOMBIE 63,6
ÉQUATEUR 23,3
PÉROU 30,4
BOLIVIE 11,2
BRÉSIL 300,7
CHILI 62,5
ARGENT... 137,8

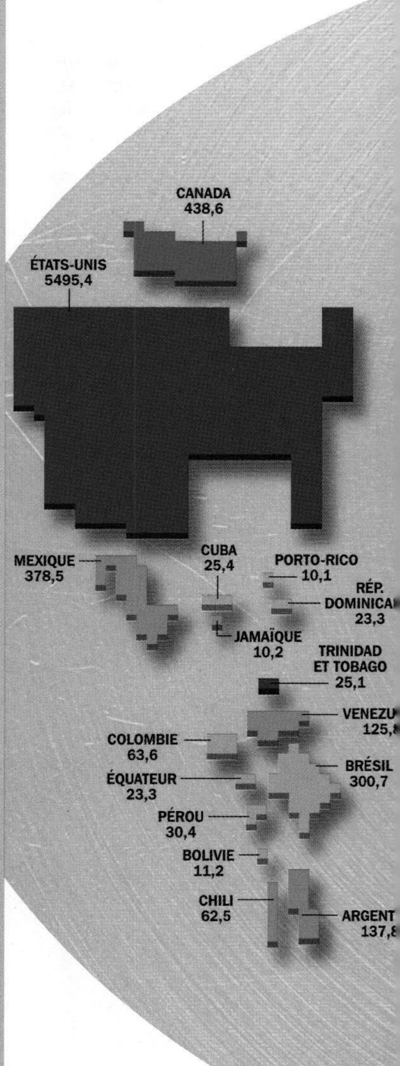

LES VILLES LES PLUS POLLUÉES AU MONDE*

VILLES	Particules[1]	SO_2[2]	NO_2[5]	VILLES	Particules[1]	SO_2[2]	NO_2[5]
1. Chongquing (Chine)	147	340	70	11. Téhéran (Iran)		71	209
2. Dehli (Inde)	187	24	41	12. Sofia (Bulgarie)	83	39	122
3. Guiyang (Chine)	8	424	53	13. Beijing (Chine)	106	90	122
4. Milan (Italie)	36	31	248	14. Zibo (Chine)	88	198	43
5. Le Caire (Égypte)		178	69	15. Lanzhou (Chine)	109	102	104
6. Guangzhu (Chine)	74	57	136	16. Kanpur (Inde)	156	15	14
7. Mexico (Mexique)	69	74	130	17. Quingdao (Chine)		190	64
8. Taiyuan (Chine)	105	211	55	18. Zhenghou (Chine)	116	63	95
9. Calcutta (Inde)	153	49	34	19. Cordoba (Argentine)		52	97
10. Tianjin (Chine)	149	82	50				

* En fonction des émissions de particules, SO_2 etNO_2 (moyenne annuelle en microgrammes/m⁵).

[1] Particules en suspension (moins de 10 microns de diamètre) **Origine** : industrielle. **Effets** : troubles respiratoires et cancers. **Norme de l'OMS** : 70 microgrammes/m³ pour une exposition moyenne de 24 heures.

[2] SO_2 - **Origine** : industrielle. **Effets** : pluies acides. **Norme de l'OMS** : 50 microcrogrammes en moyenne annuelle.

[5] NO_2 - **Origine** : gaz d'échappement. **Effets** : pluies acides. **Norme de l'OMS** : de 40 à 50 microgrammes en moyenne annuelle.

Source : Banque mondiale.

NORVÈGE 38,7
FINLANDE 58,4
RUSSIE 1437,3
COREE DU NORD 208,7
ROYAUME-UNI 539,3
SUÈDE 46,6
ESTONIE 16,2
JAPON 1155,2
DANEMARK 49,7
LITUANIE 13,2
UKRAINE 374,3
MONGOLIE 7,5
PAYS-BAS 134,6
BELGIQUE 104,4
POLOGNE 314,4
KAZAKHSTAN 112,8
ALLEMAGNE 792,2
BIÉLORUSSIE 57,6
AZERBAÏDJAN 33,6
COREE DU SUD 393,5
SUISSE 40,6
KIRGHIZISTAN 0,97
CHINE 2866,2
FRANCE 359,7
RÉPUBLIQUE TCHÈQUE 108,9
TADJIKISTAN 5,1
TURMÉNISTAN 32,4
SLOVAQUIE 38,6
AUTRICHE 61,4
ROUMANIE 81,2
PAKISTAN 98,9
ITALIE 422,7
HONGRIE 59,6
BULGARIE 42,1
INDE 1077
THAÏLANDE 199,7
PORTUGAL 60
SLOVÉNIE 14,4
GRÈCE 85,9
IRAN 301,4
VIETNAM 46,6
ESPAGNE 273,7
CROATIE 20,8
MACÉDOINE 11,4
SYRIE 53,4
ALGÉRIE 90,8
TUNISIE 17,5
LIBYE 42,8
ÉGYPTE 123,6
TURQUIE 198,5
BANGLADESH 25,4
MALAISIE 123,7
MAROC 35,8
IRAK 74,2
LIBAN 16,9
SINGAPOUR 54,3
INDONÉSIE 235,6
CÔTE D'IVOIRE 12,1
ISRAEL
KOWEÏT 48
ÉMIRATS ARABES UNIS 88
PHILIPPINES 73,2
NIGERIA 40,4
ZIMBABWÉ 17,6
JORDANIE 14,6
OMAN 19,9
ANGOLA 10,3
YEMEN 18,3
ARABIE SAOUDITE 235,4
NOUVELLE-ZÉLANDE 30,8
AUSTRALIE 344,4
AFRIQUE DU SUD 334,6

LA TAILLE DES PAYS EST PROPORTIONNELLE À LEURS ÉMISSIONS DE DIOXYDE DE CARBONE (CO_2) EN 2003, EN MILLIONS DE TONNES.

Source : Banque mondiale.

Jusque dans le Haut-Himalaya, les déchets abandonnés par les randonneurs et les alpinistes polluent la nature.

LA SÉCURITÉ DANS LE MONDE

SI LES RISQUES D'UNE NOUVELLE GUERRE MONDIALE (peut-être nucléaire) ont fortement diminué avec la fin de la guerre froide en 1989, les tensions et dissensions locales n'ont pas disparu. La paix et la sécurité sont menacées par des conflits territoriaux, et plus particulièrement des rivalités ethniques. Les différends opposent plus souvent les citoyens d'un même pays que les États entre eux. La première guerre internationale survenue après la guerre froide, suite à l'invasion du Koweït par l'Irak en 1990, a donné le ton aux opérations communes des grandes puissances pour lutter contre les injustices manifestes à travers le monde. En général, les sanctions économiques font partie du premier train de mesures. L'ONU, connue pour son processus de prise de décision laborieux, tente de jouer les artisans de la paix chaque fois que possible, sans prendre part aux interventions militaires. En revanche, les organisations régionales telles l'OTAN (sous l'égide des ÉU et du RU), la CEI (dominée par la Russie) ou la CEAO en Afrique de l'Ouest agissent directement contre les forces de l'agresseur supposé. Depuis les attentats qui ont touché les États-Unis en 2001, il ressort que le fanatisme idéologique constitue la principale menace pour la sécurité mondiale.

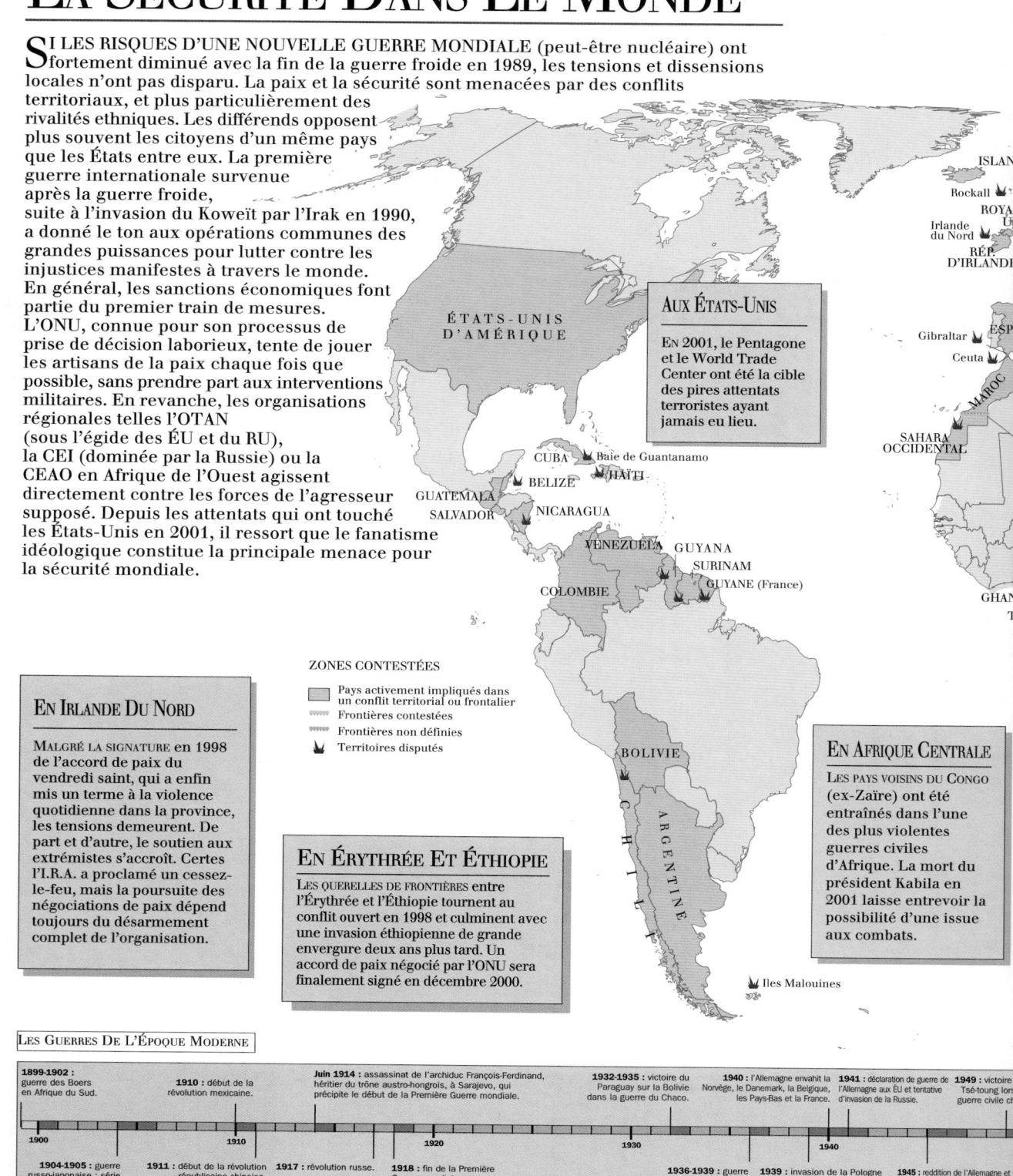

AUX ÉTATS-UNIS

EN 2001, le Pentagone et le World Trade Center ont été la cible des pires attentats terroristes ayant jamais eu lieu.

ZONES CONTESTÉES

- Pays activement impliqués dans un conflit territorial ou frontalier
- Frontières contestées
- Frontières non définies
- Territoires disputés

EN IRLANDE DU NORD

MALGRÉ LA SIGNATURE en 1998 de l'accord de paix du vendredi saint, qui a enfin mis un terme à la violence quotidienne dans la province, les tensions demeurent. De part et d'autre, le soutien aux extrémistes s'accroît. Certes l'I.R.A. a proclamé un cessez-le-feu, mais la poursuite des négociations de paix dépend toujours du désarmement complet de l'organisation.

EN ÉRYTHRÉE ET ÉTHIOPIE

LES QUERELLES DE FRONTIÈRES entre l'Érythrée et l'Éthiopie tournent au conflit ouvert en 1998 et culminent avec une invasion éthiopienne de grande envergure deux ans plus tard. Un accord de paix négocié par l'ONU sera finalement signé en décembre 2000.

EN AFRIQUE CENTRALE

LES PAYS VOISINS DU CONGO (ex-Zaïre) ont été entraînés dans l'une des plus violentes guerres civiles d'Afrique. La mort du président Kabila en 2001 laisse entrevoir la possibilité d'une issue aux combats.

LES GUERRES DE L'ÉPOQUE MODERNE

1899-1902 : guerre des Boers en Afrique du Sud.

1910 : début de la révolution mexicaine.

Juin 1914 : assassinat de l'archiduc François-Ferdinand, héritier du trône austro-hongrois, à Sarajevo, qui précipite le début de la Première Guerre mondiale.

1932-1935 : victoire du Paraguay sur la Bolivie dans la guerre du Chaco.

1940 : l'Allemagne envahit la Norvège, le Danemark, la Belgique, les Pays-Bas et la France.

1941 : déclaration de guerre de l'Allemagne aux ÉU et tentative d'invasion de la Russie.

1949 : victoire Tsé-toung lors guerre civile ch

1904-1905 : guerre russo-japonaise ; série de défaites russes.

1911 : début de la révolution républicaine chinoise.

1917 : révolution russe.

1918 : fin de la Première Guerre mondiale.

1936-1939 : guerre civile espagnole.

1939 : invasion de la Pologne par l'Allemagne ; début de la Seconde Guerre mondiale.

1945 : reddition de l'Allemagne et fi guerre en Europe ; bombardement a au Japon et fin de la guerre du Pac

Map labels: ÉTATS-UNIS D'AMÉRIQUE, CUBA, Baie de Guantanamo, HAÏTI, BELIZE, GUATEMALA, SALVADOR, NICARAGUA, VENEZUELA, GUYANA, SURINAM, GUYANE (France), COLOMBIE, BOLIVIE, CHILI, ARGENTINE, Iles Malouines, ISLAN, Rockall, ROYA U, Irlande du Nord, RÉP. D'IRLANDE, Gibraltar, ESPA, Ceuta, MAROC, SAHARA OCCIDENTAL, GHAN, T

Dans L'ancienne Yougoslavie

En 1991, l'effondrement de la nation socialiste yougoslave conduit à de violents affrontements entre les États qui lui succèdent. La Bosnie plonge dans la guerre civile jusqu'en 1995. Quatre ans plus tard, les Albanais du Kosovo seront victimes d'une « purification ethnique » menée par les Serbes jusqu'à l'intervention de l'OTAN.

En Tchétchénie

Les tentatives d'écrasement du mouvement indépendantiste menées en Tchétchénie depuis 1994 ont entraîné la Russie dans une longue guérilla sanglante. Malgré le déploiement de forces russes à travers la république, les séparatistes islamistes poursuivent leurs attaques.

En Irak

L'invasion du Koweït par l'Irak en 1990 a été repoussée par une coalition des puissances occidentales (opération Tempête du désert) en 1991. N'étant pas parvenue à renverser Saddam Hussein, l'ONU a décrété l'embargo contre l'Irak. Depuis 1998, des avions de chasse américains et britanniques opèrent des frappes sur les zones d'exclusion aérienne au Nord et au Sud du pays.

Map labels

ÈGE · FÉDÉRATION DE RUSSIE · LETT. · EST. · D. DU · SSIE · LIT. · UKRAINE · MOLD · Île du Serpent · KAZAKHSTAN · ROUM. · YOUGO. · GÉORG. · ARM. AZERB. · ALBANIE · TURQUIE · TURKMÉN. · GRÈCE · Hatay · Aksaï Chin · CHYPRE · Aksandrette · SYRIE · LIB. · Plateau du Golan · ISRAËL · IRAK · IRAN · JORDANIE · Jammu-et-Cachemire · ÉGYPTE · BAHREÏN · QATAR · E.A.U. · ARABIE SAOUDITE · INDE · PAKISTAN · CHINE · CORÉE DU NORD · CORÉE DU SUD · JAPON · Îles Kouriles · Rochers Liancourt · Matsu · Quemoy · Îles Senkaku · TAIWAN · Îles Paracel · PHILIPPINES · ÉRYTHRÉE · YÉMEN · Îles Hamish · SOUDAN · ÉTHIOPIE · SOMALIE · VIÊT-NAM · THAÏ. · CAMBODGE · Îles Spratly · MALAISIE · Sipadan et Ligitan · SINGAPOUR · INDONÉSIE · KENYA · Territoire britannique de l'océan Indien · TIMOR ORIENTAL · COMORES · MADAGASCAR · MAURICE · NAMIBIE · BOTSWANA · AFRIQUE DU SUD · Nouvelle-Calédonie

Au Sri Lanka

Depuis 1983, les membres du mouvement séparatiste des Tigres de la libération de l'Elam tamoul (L.T.T.E.) mènent une lutte armée au Nord et à l'Est de l'île. Ces affrontements ont fait plus de 60 000 victimes. Après une période de calme relatif, les combats se sont intensifiés en 2000.

Timeline

1950-1953 : guerre de Corée.

1960 : début de la guerre civile au Congo belge.

1964 : approbation de la guerre du Viêt-nam par le Congrès américain.

1968 : début des troubles en Irlande du Nord.

1975 : retrait des troupes américaines au Viêt-nam.

1979-1992 : guerre civile au Salvador.

1980-1988 : guerre Iran-Irak.

1990-1991 : invasion du Koweït par l'Irak et guerre du Golfe.

1994 : massacre des Tutsis au Rwanda.

1996 : début du conflit au Congo (ex-Zaïre).

2001 : attaque terroriste contre les É.U.

1954 : début de la guerre d'Algérie.

1965 : guerre indo-pakistanaise sur la question du Cachemire.

1975 : guerres civiles en Angola et au Mozambique suite à l'accès à l'indépendance.

1979-1990 : guerre civile au Nicaragua.

1982 : guerre des Malouines entre le RU et l'Argentine.

1992 : guerre civile en Bosnie-Herzégovine.

1999 : « purification ethnique » des Albanais du Kosovo par les Serbes. Offensive russe en Tchétchénie.

CHRONOLOGIE 2002–2003

LA PÉRIODE COMMENCE avec l'arrivée du Timor-oriental au sein de la communauté internationale, en mai 2002, et s'achève sur le départ de la Yougoslavie en février 2003. Des conflits de plus de 20 ans ont cessé en Angola et au Sri Lanka, et le calme est partiellement revenu en RDC. Certains plans de paix, comme la « feuille de route » au Moyen Orient ou des interventions en Afrique, n'ont donné que des résultats limités. En mars 2003, une coalition emmenée par les ÉU a envahi l'Irak, faisant fi de l'opinion publique ; elle a renversé le dictateur Saddam Hussein au prix de milliers de morts.

AMÉRIQUE DU NORD

❑ **1er février 2002** Le président des ÉU désigne l'Iran, l'Irak et la Corée du Nord comme « l'axe du mal ».

❑ **17 juin 2002** L'astéroïde 2002MN frôle la terre, mais n'est détecté par les astronomes des ÉU que trois jours plus tard..

❑ **21 juillet 2002** Sept mois après le désastre d'Enron, le géant des télécommunications WorldCom annonce la plus grande faillite de l'histoire des ÉU ; révélations sur ses bilans truqués.

❑ **24 octobre 2002** John Allen Muhammed et John Lee Boyd, les tireurs de Washington, sont arrêtés après 22 jours. Ils ont tué 10 personnes.

❑ **1er février 2003** Sept astronautes sont tués dans le crash de la navette spatiale Columbia.

❑ **7 avril 2003** La population carcérale des ÉU dépasse les 2 millions de personnes..

❑ **13 avril 2003** Le génome humain est décrypté avec deux ans d'avance par les chercheurs internationaux.

❑ **15 avril 2003** Après 9 ans de pouvoir, le Parti Québécois, séparatiste, doit quitter le gouvernement.

❑ **14 août 2003** La plus grande panne d'électricité de l'histoire des ÉU plonge New York dans le noir.

AMÉRIQUE LATINE

❑ **1er janvier 2002** Eduard Duhalde devient le 5e président argentin en 12 jours. Le pays souffre toujours du chaos économique..

❑ **20 février 2002** Abandon des pourparlers de paix en Colombie : le pays retombe dans la guerre civile.

❑ **14 avril 2002** Après un coup d'État de 48 heures, le président Chavez retrouve le pouvoir.

❑ **30 juin 2002** Le Brésil remporte la coupe du monde de football pour la 5e fois, un record.

❑ **1er janvier 2003** Le dirigeant de gauche « Lula » da Silva devient président du Brésil.

❑ **2 février 2003** Fin d'une grève de deux mois au Venezuela : elle n'a pas réussi à chasser Chavez.

❑ **18 mars 2003** Répression de militants prodémocratie à Cuba : 75 personnes sont arrêtées.

EUROPE

❑ **1er janvier 2002** Introduction de l'euro dans 12 pays de l'UE. Six mois plus tard, le franc, le deutsche mark, la drachme et d'autres monnaies européennes disparaissent.

❑ **12 février 2002** Début du procès de l'ex-dirigeant serbe Slobodan Milosevic, à La Haye.

❑ **21 avril 2002** Le dirigeant d'extrême droite Jean-Marie Le Pen crée un choc en arrivant deuxième au 1er tour de l'élection présidentielle française.

❑ **28 mai 2002** Un conseil Russie-OTAN est créé, pour donner plus d'influence à la Russie dans la politique de l'OTAN.

❑ **14 juillet 2002** Le président français Jacques Chirac échappe à un attentat perpétré par un militant d'extrême droite.

❑ **10 septembre 2002** La Suisse devient officiellement le 190e membre des Nations unies.

❑ **16 octobre 2002** Le gouvernement néerlandais le plus éphémère de l'histoire tombe au bout de 87 jours seulement. Il comprenait le parti du populiste xénophobe Pim Fortuyn, lui-même assassiné en mai.

❑ **26 octobre 2002** Prise d'otages dans un théâtre de Moscou. Bilan : 128 morts parmi les otages et 41 parmi leurs ravisseurs tchétchènes.

❑ **16 novembre 2002** Naufrage du pétrolier Prestige. Des milliers de tonnes de pétrole souillent les côtes de la Galice, en Espagne.

❑ **13 décembre 2002** Dix pays d'Europe de l'Est et de la Méditerranée sont officiellement invités à intégrer l'UE en mai 2004.

❑ **2 février 2003** Le dramaturge et ancien dissident Vaclav Havel quitte la présidence de la République tchèque, qu'il avait occupée pendant dix années.

❑ **4 février 2003** Disparition de l'ex-Yougoslavie, remplacée par la Serbie-Monténégro.

❑ **14 février 2003** Cinq millions de personnes manifestent dans les capitales européennes contre la guerre en Irak.

❑ **12 mars 2003** Le premier ministre serbe Zoran Djindjic est assassiné par des membres de l'ancien service secret serbe.

❑ **23 avril 2003** La « ligne verte » qui divise Chypre est ouverte pour la première fois depuis 29 ans.

❑ **7 juillet 2003** Le gouvernement du RU est officiellement reconnu innocent de toute désinformation du Parlement sur la question de la guerre en Irak.

AFRIQUE

❑ **28 janvier 2002** Plus de 1000 personnes meurent en essayant d'échapper à un incendie dans un entrepôt de munitions à Lagos, au Nigeria.

❑ **22 février 2002** Après les élections, Marc Ravalomanana se proclame président de Madagascar, ce qui déclenche pendant quatre mois une confrontation violente avec le président en exercice, Didier Ratsiraka. Ravalomanana est reconnu en juin par la communauté internationale.

❑ **4 avril 2002** La mort de Joseph Savimbi, dirigeant de l'UNITA, provoque un cessez-le-feu qui met fin à 27 ans de guerre civile en Angola.

❑ **26 septembre 2002** Plus de 1800 personnes meurent dans le naufrage du ferry Joala, au large du Sénégal.

❑ **27 décembre 2002** L'homme politique et ex-dirigeant de l'opposition Mwai Kibaki est élu président du Kenya, mettant fin à 40 ans de pouvoir du KANU.

❑ **16 mars 2003** Le général Bozizé, rebelle de longue date, fomente un coup d'État en République centrafricaine.

❑ **2 avril 2003** Signature du traité final pour la paix en RDC. Les chefs rebelles deviennent vice-présidents en juillet.

❑ **21 mai 2003** Plus de 2100 personnes meurent dans un tremblement de terre à Alger.

❑ **10 juin 2003** Découverte du crâne de « Herto » en Ethiopie. Agé de plus de 160 000 ans, il s'agit du plus vieil humain jamais découvert.

❑ **4 juillet 2003** Fin officielle de la guerre civile en Côte d'Ivoire ; elle a duré presque 10 mois.

❑ **23 juillet 2003** Le président Fradique de Menezes retourne à São Tomé et Principe, une semaine après un coup d'État militaire.

❑ **4 août 2003** Les forces nigérianes de maintien de la paix arrivent au Liberia, pour tenter d'arrêter la guerre civile.

ASIE OCCIDENTALE/ MOYEN ORIENT

❑ **14 février 2002** Le Bahrein devient une monarchie constitutionnelle.

❑ **19 mars 2002** Les forces des ÉU achèvent l'opération Anaconda en Afghanistan, qui se solde par la mort de plus de 500 talibans et membres d'al-Qaida.

❑ **10 mai 2002** Fin du siège de cinq semaines de l'Eglise de la Nativité à Bethléem : 39 activistes palestiniens s'exilent.

❑ **19 juin 2002** Les forces israéliennes commencent à construire une clôture entre Israël et la Cisjordanie.

❑ **4 novembre 2002** Le parti néo-islamiste Justice et Développement remporte les élections en Turquie.

❑ **20 mars 2003** Début de l'invasion de l'Irak par les forces d'une « Coalition » composée des ÉU, du RU et d'autres pays. Le régime de Saddam Hussein est renversé le 9 avril.

❑ **1er mai 2003** Les ÉU publient leur « feuille de route » pour la paix au Moyen Orient. Le plan, accepté par Israël comme les Palestiniens, n'est d'entrée pas respecté.

❑ **2 juin 2003** Le charia islamique est imposée dans la province de la frontière nord-ouest du Pakistan.

❑ **22 juillet 2003** Les deux fils de Saddam Hussein sont abattus après un siège de six heures.

ASIE DU NORD ET DE L'EST

❑ **11 avril 2002** Le gouvernement chinois admet qu'environ 850 000 Chinois sont séropositifs. Selon l'ONU, ce chiffre aurait déjà dépassé un million.

❑ **7 juin 2002** Les indicateurs économiques montrent que le Japon est sorti d'une récession de six mois.

❑ **17 septembre 2002** Première rencontre historique entre les dirigeants du Japon et de la Corée du Nord ; le premier ministre Koizumi se rend à Pyonyang.

❑ **31 décembre 2002** Ouverture de la première ligne commerciale de train magnétique à Shanghai.

❑ **18 février 2003** Incendie criminel dans le métro de Séoul : 133 morts.

❑ **15 mai 2003** Hu Jintao devient le président de la Chine ; il représente une nouvelle génération de dirigeants communistes.

❑ **1 juin 2003** En Chine, le barrage des Trois Gorges, très controversé, est inondé par le fleuve Yang-Tse.

❑ **26 juin 2003** Pékin est déclarée ville sans SRAS, qui avait fait 191 morts dans la seule capitale chinoise.

❑ **8 juillet 2003** Le Parlement japonais vote l'envoi de troupes à l'étranger, pour la première fois depuis la 2e Guerre Mondiale.

ASIE DU SUD

❑ **21 février 2002** Cessez-le-feu au Sri Lanka, après 19 ans de guerre civile.

❑ **28 février 2002** Le meurtre de 58 Hindous dans le Gujarat (Inde) déclenche des violences à caractère religieux dans tout l'État, faisant plus de 500 morts (musulmans pour la plupart).

❑ **14 mai 2002** Des séparatistes du Cachemire tuent 34 personnes dans un attentat. La tension est telle que l'Inde et le Pakistan envisagent une guerre nucléaire.

❑ **4 octobre 2002** Le roi Gyanendra du Népal dissout le gouvernement, malgré une forte opposition.

❑ **13 janvier 2003** Les dirigeants du mouvement d'indépendance Naga annoncent la fin de la guerre contre le gouvernement indien. Elle a duré plusieurs décennies.

❑ **30 mai 2003** La figure de proue de l'opposition birmane, Aung San Suu Kyi, est de nouveau arrêtée ; sa détention suscite de vives protestations internationales.

ASIE DU SUD-EST

❑ **20 mai 2002** Le Timor-oriental accède à l'indépendance.

❑ **22 juin 2002** Le premier ministre malais annonce son départ en 2003, après 22 ans passés au pouvoir.

❑ **12 octobre 2002** Un attentat terroriste fait plus de 200 morts à Bali, en Indonésie. La plupart des victimes sont des touristes australiens.

❑ **19 janvier 2003** Au Cambodge, des émeutes anti-thaï forcent plus de 500 d'entre eux à fuir la capitale Phnom Penh.

❑ **19 mai 2003** Le gouvernement indonésien lance une importante offensive contre des rebelles séparatistes.

❑ **25 mai 2003** Plus de 2000 personnes auraient trouvé la mort dans des opérations de répression menées par le gouvernement thaï contre le narco-trafic.

AUSTRALIE ET OCÉANIE

❑ **14 mai 2002** Selon AusAid, 40% des adultes de Papouasie-Nouvelle Guinée pourraient mourir du SIDA d'ici 2020.

❑ **2 juillet 2002** Steve Fosset atterrit en Australie après le premier tour du monde en solitaire dans une montgolfière.

❑ **29 décembre 2002** Première tempête de grêle dans l'histoire de Vanuatu.

❑ **10 mars 2003** Bernard Dowiyogo, président de Nauru depuis de nombreuses années, meurt en fonction.

❑ **25 mai 2003** L'archevêque Peter Hollingworth, gouverneur-général d'Australie, démissionne en raison d'un scandale pédophile au sein de l'église d'Australie.

❑ **26 mai 2003** Campbell Island, au sud de la Nouvelle-Zélande, est déclarée « sans rats » après la plus grande campagne d'extermination jamais menée.

❑ **18 juillet 2003** La Cour Suprême des îles Fidji déclare le gouvernement illégal, car il ne comporte aucun membre de l'opposition principale d'origine indienne.

❑ **24 juillet 2003** Une force de maintien de la paix arrive aux îles Salomon pour restaurer l'ordre, à l'invitation du gouvernement.

Voir pages 36-39 CHRONOLOGIE DE L'HISTOIRE MONDIALE

ORGANISATIONS INTERNATIONALES

L A LISTE suivante recense toutes les organisations internationales mentionnées, souvent par leur sigle ou acronyme, dans le présent ouvrage. (Les partis politiques figurent à la rubrique Politique de chaque pays.) Le développement complet du nom est suivi de la date de la création de l'organisation, d'un descriptif de ses membres et, le cas échéant, d'un résumé de ses objectifs et de sa fonction.

AASCR
Association d'Asie du Sud pour la Coopération régionale
Création 1985
Membres – Bangladesh, Bhoutan, Inde, Maldives, Népal, Pakistan, Sri Lanka
Promotion de la coopération économique, sociale et culturelle

ACP
Pays d'Afrique, des Caraïbes et du Pacifique
Création 1976
Membres – 78 pays et territoires en voie de développement
Relations économiques privilégiées avec l'UE et aides financières régies par les accords de Lomé

AEC
Association des États des Caraïbes
Création 1994
Membres – 25 pays des Caraïbes
Promotion de la coopération économique, scientifique et culturelle dans la région

AELE
Association européenne de libre-échange
Création 1960
Membres – Islande, Norvège, Liechtenstein, Suisse
Promotion de la coopération économique

AIEA
Agence internationale de l'énergie atomique
Création 1957
Membres – 132 pays
Promotion et supervision de l'utilisation pacifique de l'atome

AIGD
Autorité intergouvernementale de développement
Création 1996
Membres – Djibouti, Érythrée, Éthiopie, Kenya, Ouganda, Somalie, Soudan
Promotion de la coopération pour la sécurité alimentaire, l'infrastructure et autres problèmes de développement (remplace l'IGADD, fondée en 1986 pour promouvoir la coopération dans les affaires liées à la sécheresse)

ALADI
Association latino-américaine d'intégration
Création 1960
Membres – 12 pays d'Amérique centrale et du Sud
Promotion du commerce et de l'intégration régionale

ALEEC
Accord de libre-échange d'Europe centrale
Création 1992
Membres – Bulgarie, Hongrie, Pologne, République tchèque, Roumanie, Slovaquie, Slovénie
Promotion du commerce et de la coopération

ALENA
Accord de libre-échange nord-américain
Création 1994
Membres – Canada, États-Unis, Mexique
Zone de libre-échange

ANSEA
Association des nations du Sud-Est asiatique
Création 1967
Membres – Birmanie, Brunei, Cambodge, Indonésie, Laos, Malaisie, Philippines, Singapour, Thaïlande, Viêt-nam
Promotion de la coopération économique, sociale et culturelle

ANZUS
Pacte d'assistance mutuelle entre l'Australie, la Nouvelle-Zélande et les États-Unis
Création 1951
Membres – Australie, Nouvelle-Zélande et États-Unis
Traité de sécurité. Les relations de sécurité furent interrompues entre les ÉU et la Nouvelle-Zélande de 1984 à 1994, cette dernière refusant d'accorder des escales dans ses ports aux navires américains à propulsion nucléaire ou transportant des charges nucléaires.

ASE
Agence spatiale européenne
Création 1973
Membres – 15 pays européens
Promotion de la coopération pour la recherche spatiale à des fins pacifiques

BAD
Banque asiatique de développement
Création 1966
Membres – 43 pays et territoires d'Asie et du Pacifique, 16 autres pays
Soutien du développement régional

BADEA
Banque arabe de développement en Afrique
Création 1973
Membres – 18 pays arabes (Palestine comprise)
Agence de la Ligue des États arabes établie pour promouvoir le développement économique en Afrique

BAfD
Banque africaine de développement
Création 1964
Membres – 53 pays d'Afrique, 24 pays non-africains
Soutien du développement économique et social en Afrique

BCD
Banque caraïbe de développement
Création 1969
Membres – 17 pays/dépendances des Caraïbes, 8 pays hors région
Promotion du développement régional

BDEAC
Banque de développement des États de l'Afrique centrale
Création 1975
Membres – Allemagne, Cameroun, Congo, Guinée équatoriale, France, Gabon, Koweït, République centrafricaine, Tchad
Soutien du développement économique

BDI
Banque islamique de développement
Création 1975
Membres – 53 pays (Palestine comprise)
Promotion du développement économique selon les principes islamiques dans les communautés musulmanes (agence de l'OCI)

Benelux
Union économique Benelux
Création 1960
Membres – Belgique, Luxembourg, Pays-Bas
Développement des liens économiques entre ses membres

BERD
Banque européenne pour la reconstruction et le développement
Création 1991
Membres – 60 pays
Aide aux anciens États communistes d'Europe pour le passage à l'économie de marché

BID
Banque interaméricaine de développement
Création 1959
Membres – 28 pays américains et 18 pays hors région
Promotion du développement en Amérique latine et dans les Caraïbes par le financement de projets de développement économique et social ainsi que l'apport d'une aide technique

BIRD
Banque internationale pour la reconstruction et le développement (ou Banque mondiale)
Création 1945
Membres – 183 pays
Agence de l'ONU qui accorde des prêts pour le développement économique

BOAD
Banque ouest-africaine de développement
Création 1973
Membres – Bénin, Burkina Faso, Côte d'Ivoire, Guinée-Bissau, Mali, Niger, Sénégal, Togo
Promotion du développement économique et de l'intégration en Afrique de l'Ouest

CAE
Communauté de l'Afrique de l'Est
Création 2001
Membres – Kenya, Ouganda, Tanzanie
Promotion de la coopération économique

Caricom
Communauté et Marché commun des Caraïbes
Création 1973
Membres – 13 pays des Caraïbes et Montserrat
Resserrement des liens économiques

CBLT
Commission du bassin du lac Tchad
Création 1964
Membres – Cameroun, Niger, Nigeria, République centrafricaine, Tchad
Soutien au développement économique et à la protection de l'environnement de la région du lac Tchad

CCA
Conseil de coopération arabe
Création 1989
Membres – Égypte, Irak, Jordanie, Yémen
Promotion de la coopération économique arabe

CCAm
Conseil de coopération de l'Amazonie
Création 1978
Membres – Bolivie, Brésil, Colombie, Équateur, Guyana, Pérou, Surinam, Venezuela
Promotion du développement harmonieux du bassin amazonien

CCG
Conseil de coopération du Golfe
Création 1981
Membres – Arabie Saoudite, Bahreïn, Émirats arabes unis, Koweït, Oman, Qatar
Promotion de la coopération dans les affaires économiques, politiques et sociales

CDAA
Communauté de développement de l'Afrique australe
Création 1992
Membres – 14 pays d'Afrique australe
Promotion de l'intégration économique

CE
Conseil de l'Europe
Création 1949
Membres – 45 pays européens
Promotion de l'unité et de la qualité de vie en Europe

CEAO
Communauté économique de l'Afrique de l'Ouest
Création 1975
Membres – 15 pays d'Afrique de l'Ouest
Promotion de la coopération économique régionale

CEAP
Coopération économique des pays d'Asie-Pacifique
Création 1989
Membres – 20 pays bordant l'océan Pacifique
Promotion de la coopération économique dans la région

CEE
Communauté économique eurasienne
Création 2001
Membres – Biélorussie, Kazakhstan, Kirghizstan, Russie, Tadjikistan
Coordination du commerce régional

CEI
Communauté des États indépendants
Création 1991
Membres – Arménie, Azerbaïdjan, Biélorussie, Géorgie, Kazakhstan, Kirghizstan, Moldavie, Ouzbékistan, Russie, Tadjikistan, Turkménistan, Ukraine
Promotion des relations entre États issus de l'ancienne URSS

CEMAC
Communauté économique et monétaire en Afrique centrale
Création 1994
Membres – Cameroun, Congo, Guinée équatoriale, Gabon, République centrafricaine, Tchad
Promotion de l'intégration sous-régionale par l'union économique et monétaire (remplace l'UDEAC)

CEMB
Conseil des États de la mer Baltique
Création 1992
Membres – Allemagne, Danemark, Estonie, Finlande, Islande, Lettonie, Lituanie, Norvège, Pologne, Russie, Suède
Promotion de la coopération régionale

CEMN
Coopération économique de la mer Noire
Création 1992
Membres – Albanie, Arménie, Azerbaïdjan, Bulgarie, Géorgie, Grèce, Moldavie, Roumanie, Russie, Turquie, Ukraine
Soutien de la stabilité dans la région par la coopération économique

CEPGL
Communauté économique des pays des Grands Lacs
Création 1976
Membres – Burundi, Congo (ex-Zaïre), Rwanda
Promotion de la coopération économique régionale

CERN
Conseil européen pour la recherche nucléaire
Création 1954
Membres – 20 pays européens
Collaboration pour les recherches nucléaires à caractère purement scientifique et fondamental, s'abstenant de toute activité à fins militaires

CGG
Commission du golfe de Guinée
Création 2001
Membres – Congo, Gabon, Nigeria, Sao Tomé et Príncipe
Promotion de la coopération régionale

CIB
Commission internationale baleinière
Création 1946
Membres – 43 pays
Surveillance des pratiques de la pêche à la baleine à travers le monde ; coordination et financement de la recherche sur les baleines

CICR
Comité international de la Croix-Rouge
Création 1863
Membres – 25 ressortissants suisses forment le comité. La Croix-Rouge ou le Croissant-Rouge existent dans 175 pays
Coordination des activités humanitaires de la Croix-Rouge ou du Croissant-Rouge, apportant une aide juridique ou pratique aux victimes des guerres et des catastrophes. Fonctionne par le biais des comités des sociétés nationales de la Croix-Rouge ou du Croissant-Rouge

CILSS
Comité inter-États de lutte contre la sécheresse du Sahel
Création 1973
Membres – 9 pays africains de la région du Sahel
Promotion de la prévention de la sécheresse et de l'absence de récolte dans la région

CMCA
Conseil monétaire centraméricain
Création 1960
Membres – Costa Rica, Salvador, Guatemala, Honduras, Nicaragua
Organe dépendant du SICA ; resserrement des liens économiques entre les membres ; compte parmi ses institutions la BCIE (Banque centraméricaine d'intégration économique)

CN
Conseil nordique
Création 1952
Membres – Danemark, Finlande, Islande, Norvège, Suède
Promotion de la coopération en matière de culture et de protection de l'environnement

COI
Commission de l'océan Indien
Création 1982
Membres – Comores, France (représentant la Réunion), Madagascar, Maurice, Seychelles
Promotion de la coopération régionale

Comm
Commonwealth
Création 1931
Membres – 54 pays (adhésion des Fidji et du Pakistan actuellement suspendue)
Ses membres sont pour la plupart issus de l'Empire britannique. Développement des relations et des contacts entre membres.

CP
Communauté Pacifique (ancienne Commission du Pacifique Sud)
Création 1948
Membres – 27 pays et territoires
Forum de discussion entre les pays du Pacifique et les autorités administratives des territoires du Pacifique

CPEA
Conseil de partenariat euro-atlantique
Création 1991
Membres – 19 membres de l'OTAN plus 27 pays d'Europe de l'Est
Forum de coopération dans les domaines politique et sécuritaire (succède au CCNA, Conseil de coopération nord-atlantique)

CPLP
Communauté de pays de langue portugaise
Création 1996
Membres – Portugal, Brésil et 5 pays africains de langue portugaise : Angola, Cap-Vert, Guinée-Bissau, Mozambique, Sao Tomé et Príncipe
Promotion des liens politiques et diplomatiques entre États membres et coopération pour le développement économique, social, culturel, judiciaire et scientifique entre pays de langue portugaise

CUEA
Conseil de l'unité économique arabe
Création 1957
Membres – 12 pays arabes (Palestine comprise)
Promotion de l'intégration économique

Damasc
Déclaration de Damas
Création 1991
Membres – Arabie Saoudite, Bahreïn, Égypte, Émirats arabes unis, Koweït, Oman, Qatar, Syrie
Association formée après la guerre du Golfe visant à assurer la stabilité dans la région

INDEX

EEE
Espace économique européen
Création 1994
Membres – 15 membres de l'UE plus l'Islande, le Liechtenstein et la Norvège
Vise à intégrer les membres de l'AELE au marché unique européen

FADES
Fonds arabe pour le développement économique et social
Création 1968
Membres – 21 pays arabes (Palestine comprise)
Promotion du développement économique et social dans les États arabes

FIP
Forum des îles du Pacifique (ancien Forum du Pacifique Sud)
Création 1971
Membres – 16 pays et territoires autonomes
Développement de la coopération politique régionale

FMA
Fonds monétaire arabe
Création 1977
Membres – 22 pays arabes (Palestine comprise)
Promotion de la coopération monétaire et économique

FMI
Fonds monétaire international
Création 1945
Membres – 183 pays
Droit de vote actuellement suspendu pour le Congo (ex- Zaïre)
Promotion de la coopération monétaire internationale, de la croissance équilibrée du commerce et de la stabilité des taux de change ; prêts aux membres en difficulté en matière de balance des paiements

G3
Groupe des Trois
Création 1987
Membres – Colombie, Mexique, Venezuela
Vise à supprimer les barrières douanières

G5
Groupe des Cinq
Création inapplicable
Membres – ministres des Finances de l'Allemagne, de la France, des États-Unis, de la Grande-Bretagne et du Japon
Rencontre informelle pour établir l'ordre du jour du G7

G7
Groupe des Sept
Création 1975
Membres – 7 pays les plus industrialisés : Allemagne, Canada, France, Italie, États-Unis, Grande-Bretagne et Japon
Rencontre au sommet des 7 pays les plus industrialisés, à l'origine pour débattre de questions économiques et plus récemment aussi de problèmes politiques

G8
Groupe des Huit
Création 1994
Membres – membres du G7 (Allemagne, Canada, France, Italie, États-Unis, Grande-Bretagne, Japon) et Russie
Intégration de la Russie dans les débats du G7 sur les affaires internationales

G10
Groupe des Dix
Création 1962
Membres – 11 Membres : membres du G7 plus la Belgique, les Pays-Bas, la Suède et la Suisse
Réunion des ministres pour débattre des problèmes monétaires

G15
Groupe des Quinze
Création 1989
Membres – 19 pays en voie de développement
Réunion annuelle pour renforcer la coopération entre les pays en voie de développement

G24
Groupe des Vingt-quatre
Création inapplicable
Membres – 24 pays membres du FMI représentant les intérêts des pays en voie de développement

GEPLACEA
Groupe de pays latino-américains et des Caraïbes exportateurs de sucre
Création 1974
Membres – Colombie, Mexique, Venezuela
Forum de consultation sur la production et la vente du sucre

GR
Groupe de Rio
Création 1987
Membres – 18 pays d'Amérique latine et des Caraïbes
Forum de discussion sur les affaires latino-américaines et des Caraïbes (issu du groupe de Contadora fondé en 1948)

IEC
Initiative d'Europe centrale
Création 1989
Membres – 17 pays d'Europe de l'Est et centrale : Albanie, Autriche, Biélorussie, Bosnie-Herzégovine, Bulgarie, Croatie, Hongrie, Italie, Macédoine, Moldavie, Pologne, République tchèque, Roumanie, Slovaquie, Slovénie, Ukraine, Yougoslavie
Issu du Groupe Hexagonal ; promotion de la coopération économique et politique au sein de l'OSCE

LEA
Ligue des États arabes
Création 1945
Membres – 22 pays arabes (Palestine comprise)
Forum de promotion de la coopération arabe dans les domaines politique, social et militaire

MCAEA
Marché commun pour l'Afrique de l'Est et l'Afrique australe
Création 1993
Membres – 20 pays d'Afrique
Promotion du développement et de la coopération économique (remplace le PTA)

Mékong
Commission du Mékong
Création 1995
Membres – Cambodge, Laos, Thaïlande, Viêt-nam
Accord sur le développement du bassin du Mékong (remplace le secrétariat du Mékong créé en 1958)

Mercosur
Marché commun du Sud
Création 1991
Membres – Argentine, Brésil, Paraguay, Uruguay
Promotion de l'intégration économique, du libre-échange et d'un tarif douanier commun

MNA
Mouvement non aligné
Création 1961
Membres – 113 pays (Palestine comprise)
Promotion de la coopération politique et militaire à l'écart des blocs de l'Est et de l'Ouest

OCDE
Organisation de coopération et de développement économiques
Création 1961
Membres – 30 démocraties industrialisées
Forum pour la coordination des politiques économiques entre pays industrialisés

OCE
Organisation de coopération économique
Création 1985
Membres – Afghanistan, Azerbaïdjan, Iran, Kazakhstan, Kirghizstan, Ouzbékistan, Pakistan, Tadjikistan, Turkménistan, Turquie
Coopération dans les affaires économiques, sociales et culturelles

OCI
Organisation de la Conférence islamique
Création 1971
Membres – 57 pays (Palestine comprise)
Renforcement de la solidarité et de la coopération islamique

OCS
Organisation de coopération de Shanghai (anciennement Cinq de Shanghai)
Création 1996
Membres – Chine, Kazakhstan, Kirghizstan, Ouzbékistan, Russie, Tadjikistan
Promotion de la sécurité et de la coopération régionales

OEA
Organisation des États américains
Création 1948
Membres – 35 pays américains (l'adhésion de Cuba est toutefois suspendue depuis 1962)
Promotion de la sécurité et du développement économique et social dans les Amériques

OECO
Organisation des États des Caraïbes orientales
Création 1981
Membres – 7 pays/dépendances des Caraïbes : Antigua et Barbuda, Dominique, Grenade, Montserrat, Saint-Kitts-et-Nevis, Sainte-Lucie, Saint-Vincent-et-les-Grenadines
Promotion de la coopération politique, économique et sécuritaire

OIF
Organisation internationale de la Francophonie
Création 1970
Membres – 48 pays et les gouvernements du Québec, du Nouveau-Brunswick et la communauté française de Belgique étaient représentés au sommet de 1999 au Nouveau-Brunswick, au Canada. L'agence intergouvernementale de la Francophonie compte 49 membres.
Promotion de la coopération et des liens culturels et techniques parmi les pays et communautés francophones

72

OMC
Organisation mondiale du commerce
Création 1995
Membres – 141 pays (Hong Kong et Macao compris) et l'UE
Libéralisation du commerce par le biais d'accords multilatéraux (succède au GATT, Accord général sur les tarifs douaniers et le commerce)

OMVG
Organisation pour la mise en valeur du fleuve Gambie
Création 1978
Membres – Gambie, Guinée, Guinée-Bissau, Sénégal
Promotion du développement intégré du bassin du fleuve Gambie

ONU
Organisation des Nations unies
Création 1945
Membres – 189 pays ; membres permanents du Conseil de sécurité : Chine, France, Grande-Bretagne, États-Unis, Russie
Vise au maintien de la paix et de la sécurité internationales et à la promotion de la coopération dans les domaines économiques, sociaux, culturels et humanitaires. Parmi ses agences figurent les commissions régionales de son Conseil économique et social :

AID
(Association internationale pour le développement)
La Suisse, Taiwan et le Vatican n'en font pas partie.

CEA
(Commission économique pour l'Afrique – fondée en 1958)

CEE
(Commission économique pour l'Europe – fondée en 1947)

CEPAL
(Commission économique pour l'Amérique latine et les Caraïbes – fondée en 1948)

CESAO
(Commission économique et sociale pour l'Asie occidentale – fondée en 1973)
Les autres organisations dépendantes des Nations unies auxquelles participent la plupart des membres comprennent :

CESAP
(Commission économique et sociale pour l'Asie et le Pacifique – fondée en 1947)

CNUCED
(Conférence des Nations unies sur le commerce et le développement)

FNUAP
(Fonds des Nations unies pour la population)

HCRNU
(Haut-Commissariat aux réfugiés des Nations unies)

PNUD
(Programme des Nations unies pour le développement)

UNICEF
(Fonds des Nations unies pour l'enfance)

OPAEP
Organisation des pays arabes exportateurs de pétrole
Création 1968
Membres – 10 pays arabes : Algérie, Arabie Saoudite, Bahreïn, Égypte, Émirats arabes unis, Koweït, Libye, Qatar, Syrie
Vise à promouvoir les intérêts des pays membres et à accroître la coopération dans l'industrie pétrolière

Opanal
Organisme pour l'interdiction des armes nucléaires en Amérique et dans les Caraïbes
Création 1969
Membres – 32 pays (sauf Cuba, qui a signé mais pas ratifié le traité de Tlatelolco)
Veille au respect du traité de Tlatelolco (bannissement des armes nucléaires en Amérique du Sud et dans les Caraïbes)

OPEP
Organisation des pays exportateurs de pétrole
Création 1960
Membres – 11 producteurs de pétrole : Algérie, Arabie Saoudite, Émirats arabes unis, Indonésie, Irak, Iran, Koweït, Libye, Nigeria, Qatar, Venezuela
Vise à coordonner les politiques pétrolières afin d'assurer des prix justes et stables

OSCE
Organisation pour la sécurité et la coopération en Europe
Création 1972
Membres – 55 pays
Renforcement de la démocratie et des droits de l'homme et règlement pacifique des différends (ancienne CSCE rebaptisée en 1994)

OTAN
Organisation du traité de l'Atlantique Nord
Création 1949
Membres – 19 pays
Promotion de la défense collective de ses membres. Depuis janvier 1994, le programme de Partenariat pour la paix de l'OTAN offre un cadre souple à la coopération avec d'anciens membres du pacte de Varsovie et républiques de l'Union soviétique. Un acte fondateur signé entre la Russie et l'OTAN en mai 1997 permet d'élargir l'Alliance à l'Est. La République tchèque, la Hongrie et la Pologne ont été les trois premiers États à en bénéficier.

OUA
Organisation de l'unité africaine
Création 1963
Membres – 51 pays africains et le Sahara-Occidental
Promotion de l'unité et de la coopération en Afrique. (L'OUA est sur le point de se transformer en Union africaine)

PA
Pacte andin (Accord de Carthagène)
ou Communauté andine
Création 1969
Membres – Bolivie, Colombie, Équateur, Pérou, Venezuela
Promotion du développement par l'intégration

PC
Plan de Colombo
Création 1950
Membres – 4 pays donateurs : Australie, États-Unis, Japon, Nouvelle-Zélande et 20 pays d'Asie-Pacifique
Soutien du développement économique et social dans la zone Asie-Pacifique

PpP
Partenariat pour la paix
voir OTAN
Création inapplicable
Membres – 27 membres : pays d'Europe de l'Est et de l'ancienne Union soviétique, Suède, Finlande, Malte, Autriche et Suisse

San José
Groupe de San José
Création 1988
Membres – Costa Rica, Salvador, Guatemala, Honduras, Nicaragua, Panama
Union économique « complémentaire, volontaire et progressive »

SELA
Système économique latino-américain
Création 1975
Membres – 28 pays
Promotion du développement économique et social par la coopération régionale

SICA
Système d'intégration centraméricaine
Création 1991
Membres – 6 pays : Costa Rica, Salvador, Guatemala, Honduras, Nicaragua, Panama
Coordination de l'intégration politique, économique, sociale et de la protection de l'environnement dans la région

UDAA
Union douanière de l'Afrique australe
Création 1969
Membres – 5 pays d'Afrique australe : Afrique du Sud, Botswana, Lesotho, Namibie, Swaziland
Promotion de la coopération en matière de commerce et de tarifs douaniers entre États d'Afrique australe

UE
Union européenne
Création 1992
Membres – 15 pays européens
Vise à l'intégration des économies des États membres par la promotion de la coopération et de la coordination politique

UEMOA
Union monétaire et économique d'Afrique de l'Ouest
Création 1994
Membres – 8 pays d'Afrique de l'Ouest
Vise à la convergence des politiques monétaires et à l'union économique

UEO
Union de l'Europe occidentale
Création 1955
Membres – 10 pays
Forum pour une coopération militaire européenne

UFM
Union du fleuve Mano
Création 1973
Membres – Guinée, Liberia, Sierra Leone
Vise à créer une union douanière et économique en vue de promouvoir le développement

UMA
Union du Maghreb arabe
Création 1989
Membres – Algérie, Libye, Mauritanie, Maroc, Tunisie
Promotion de l'intégration et de la coopération économique entre États arabes d'Afrique du Nord

ZF
Zone franc
Création inapplicable
Membres – France (y compris les départements et territoires d'outre-mer), Monaco et 15 États africains
Formation d'une union monétaire fondée sur le rattachement des monnaies des pays membres au franc français (ou, depuis 1999, à l'euro)

CCG
Conseil de coopération du Golfe
Création 1981
Membres – Arabie Saoudite, Bahrein, Émirats arabes unis, Koweït, Oman, Qatar
Promotion de la coopération dans les affaires économiques, politiques et sociales

2

Les Pays du Monde

Les Pays du Monde

• Afghanistan ~ Zimbabwe

Territoires et Dépendances d'Outre-Mer

A

AFGHANISTAN

NOM OFFICIEL : État islamique d'Afghanistan **CAPITALE :** Kaboul
POPULATION : 23,3 millions **MONNAIE :** afghâni **LANGUES OFFICIELLES :** persan et pachtou

ÉTAT enclavé d'Asie centrale, l'Afghanistan partage ses frontières avec l'Iran, le Pakistan, la Chine, le Tadjikistan et le Turkménistan. Constitué surtout de régions inaccessibles, ce pays, dont l'agriculture est la principale ressource, est déchiré par des décennies de guerres. Dans les années 1980, les factions islamistes *moudjahidines* ont mis fin au régime communiste, mais leur fragile coalition n'a pas résistée aux islamistes radicaux *talibans* qui imposeront pendant 4 ans un régime islamique extrémiste. En 2001, le conflit avec les ÉU se soldera par le départ des *talibans* et la mise en place d'un gouvernement insufflant un nouvel espoir dans un pays en plein marasme économique.

La rivière Band-i-Amir, dans l'Hindu Kush. L'Afghanistan est montagneux et aride. Beaucoup d'Afghans sont des nomades éleveurs de moutons.

CLIMAT

DONNÉES MÉTÉOROLOGIQUES

■ Moyenne des températures journalières Précipitations ■

°C/°F	J F M A M J J A S O N D	cm/in
40/104		40/16
30/86		30/12
20/68		20/8
10/50		10/4
0/32		0
-10/14		
-20/-4		

L'amplitude thermique est la plus élevée au monde, avec des minima de – 50 °C et des maxima de + 53 °C. En 2000 notamment, la moitié de la population a souffert d'une grave sécheresse, problème endémique en Afghanistan.

TRANSPORTS

 **Kaboul international**   Pas de flotte

RÉSEAU DE TRANSPORT

2 793 km (1 735 miles)		Aucune	
25 km (16 miles)		1 200 km (746 miles)	

Les priorités actuelles de l'Afghanistan sont la modernisation du système de contrôle du trafic aérien et la réfection et reconstruction des routes (souvent prises en charge par les populations locales) endommagées par la guerre. Le Pakistan voisin a entrepris de reconstruire certains axes routiers stratégiques, tel que l'axe Kaboul – Peshawar, qui profiteront à son commerce avec l'Asie centrale.
Le contrôle d'axes d'approvisionnement stratégiques a été un enjeu capital dans la guérilla entre les différentes factions *moudjahidines*, ainsi que pour le contrôle du pays par les *talibans* et la résistance opérée par les forces d'opposition qui se battaient dans le Nord du pays. Cela reste aujourd'hui un enjeu économique de premier ordre.

TOURISME

 4 000 visiteurs   Pas de changement entre 1995 et 1998

PROVENANCE DES TOURISTES ÉTRANGERS

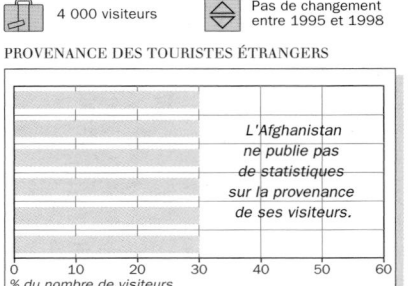

L'Afghanistan ne publie pas de statistiques sur la provenance de ses visiteurs.

0   10   20   30   40   50   60
% du nombre de visiteurs

Le tourisme reste quasiment nul en raison des nombreux conflits armés et de la situation politique précaire. L'ONU et d'autres organismes d'aide ont souvent été rappelés en raison des restrictions imposées par le pouvoir en place. Il y a peu d'hôtels ouverts à Kaboul et les déplacements à l'intérieur du pays restent dangereux. Les vols *Air Ariana*, compagnie aérienne afghane, ne se font plus au départ de Kaboul mais de Douchanbe au Tadjikistan. Le retour à une stabilité économique sera essentiel pour faire revenir les hommes d'affaires qui avaient fui le pays.

POPULATION

Persan, pachtou, dari, ouzbek, turkmène   35 hab./km²

PART DE LA POPULATION URBAINE/RURALE

20 %   **80 %**

RELIGION

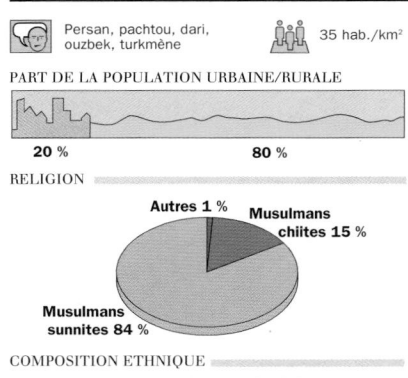

Autres 1 %   Musulmans chiites 15 %
Musulmans sunnites 84 %

COMPOSITION ETHNIQUE

Autres 3 %   Ouzbeks et Turkmènes 15 %
Pachtouns 38 %   Hazaras 19 %
Tadjiks 25 %

Les Pachtouns, groupe ethnique majoritaire, dirigent l'Afghanistan depuis très longtemps. Les principales minorités sont les Tadjiks, les Hazaras, les Ouzbeks et les Turkmènes. Ces divisions ethniques sont dans une large mesure à l'origine du conflit entre factions *moudjahidin* rivales depuis 1992. Les talibans, qui sont pour la plupart Pachtouns, ont ravi le pouvoir à une

alliance Tadjiks-Ouzbeks en 1996. Les différences entre sunnites et chiites sont très marquées depuis l'arrivée au pouvoir des talibans accusés d'encourager les discriminations à l'encontre des chiites. Quelque deux millions d'Afghans ont trouvé la mort dans le conflit de 1979-1989 qui a suivi l'invasion du pays par l'Union soviétique et la guerre civile qui a débuté en 1992. Autant ont été mutilés. Six millions ont dû fuir vers des États voisins comme le Pakistan et l'Iran et n'ont en majorité pas encore pu rentrer en Afghanistan. On estime à un million le nombre de déplacés intérieurs. Les femmes dont les droits étaient bafoués sous le régime extrémiste des *talibans* (pas d'accès aux soins médicaux, à l'éducation, emplois publics interdits) misent de grands espoirs sur le nouveau gouvernement.

PYRAMIDE DES ÂGES

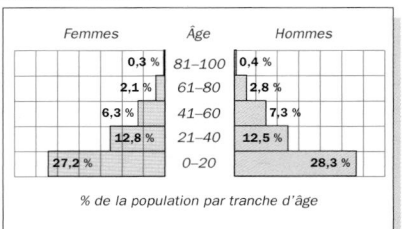

Femmes	Âge	Hommes
0,3 %	81–100	0,4 %
2,1 %	61–80	2,8 %
6,3 %	41–60	7,3 %
12,8 %	21–40	12,5 %
27,2 %	0–20	28,3 %

% de la population par tranche d'âge

POLITIQUE

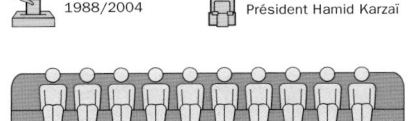

1988/2004   Président Hamid Karzaï

La *Loya Jirga* (ou Grand Concile) présidé par l'ex-roi Zahêr Chah tient lieu de pouvoir législatif depuis la chute des *talibans*.

La mise en place d'une République et d'un gouvernement stable est la priorité politique du pays.

PRINCIPAUX PROBLÈMES POLITIQUES
Les élections
L'accord de paix du 7 mars 1993 à Islamabad n'avait pas amené les élections promises. Aucune date n'est fixée quant à de prochaines élections.

Le contrôle de Kaboul
Les forces de coalition américaines ont largement contribué à la reprise du contrôle de Kaboul, lieu stratégique, aux mains des *talibans* depuis 1996.

PROFIL
Le système politique afghan s'était pratiquement effondré avant l'arrivée au pouvoir des talibans. Le pays était sous le contrôle de factions *moudjahidin* rivales depuis avril 1992, date du désistement forcé du président Najibullāh.
En mars 1993, les dirigeants moudjahidin acceptèrent le principe d'un gouvernement provisoire en attendant les élections. Janvier 1994 marqua la fin du *modus vivendi*, et le conflit éclata entre les factions rivales composant le gouvernement. Début 1995, les combats s'intensifièrent avec l'offensive des talibans qui assiégèrent Kaboul. En 1996, ils renversèrent le gouvernement Rabbānī et imposèrent un régime islamiste radical. Les pourparlers engagés sous l'égide de l'ONU entre les différentes factions furent rompus quelques mois plus tard. En 2001, l'offensive menée par les ÉU aux côtés des forces de l'Alliance du Nord amenèrent la chute des *talibans* et la mise en place de Hamid Karzaï à la tête d'un gouvernement de transition.

Hamid Karzaï, confirmé à la tête de l'État par l'assemblée traditionnelle de la Loya Jirga.

POLITIQUE EXTÉRIEURE

| OCE | PC | MNA | BIRD | OCI |

Le régime des talibans fit de l'Afghanistan un Etat islamique paria, et la première cible de la "guerre contre le terrorisme" des EU en 2001. Le nouveau gouvernement intérimaire est très dépendant des pays qui l'ont porté au pouvoir. Le Pakistan, qui avait de nombreux liens avec l'ancien régime islamiste à majorité pachtoune, a été le dernier à rompre avec celui-ci. Un pipe-line de gaz turkmène vers l'Asie du sud est en projet ; il est d'une importance économique capitale.

AFGHANISTAN
Superficie totale : 652 090 km²
(251 770 sq. miles)

ALTIMÉTRIE

3 000 m/9 843ft	
2 000 m/6 562ft	
1 000 m/3 281ft	
500 m/1 640ft	
200 m/656ft	

POPULATION

Plus de 1 000 000	▣
Plus de 100 000	◉
Plus de 50 000	○
Plus de 10 000	•
Moins de 10 000	•

0   100 km
0   100 miles

CHRONOLOGIE

En devenant le chef du peuple Abdali Pachto au milieu du XVIIIᵉ siècle, le chāh Dorrānī Ahmad pose les bases d'un État gouverné par les Pachtouns.

❏ **1838–1842** 1ᵉʳ guerre anglo-afghane.
❏ **1878** Seconde invasion britannique.
❏ **1879** En vertu du Traité de Gandamak signé avec l'émir Ya'qūb Khān, le RU annexe des régions afghanes. Ya'qūb Khān s'exile. Un nouveau traité signé avec l'émir Abdul Rahman définit la ligne Durand, une frontière contestée entre l'Afghanistan et le Pakistan.
❏ **1919** Indépendance afghane.
❏ **1933** Accession au pouvoir de Muhammed Zāhêr Chāh.
❏ **1953** Mohammad Dāoud est nommé Premier ministre.
❏ **1963** Démission de Dāoud suite au rejet de ses propositions de réformes démocratiques par le roi.
❏ **1965** Les élections ont lieu mais la monarchie conserve le pouvoir. Le parti communiste afghan (PDPA) se crée, est interdit et se divise en factions Pacham et Khalq. ➪

CHRONOLOGIE *suite*

- **1973** Coup d'État de Dãoud qui instaure la République. Rébellion *moudjahidine*. Des milliers de réfugiés fuient au Pakistan.
- **1978** Révolution Saur suite aux dissensions entre le PDPA et Dãoud. Mohammad Taraki (Khalq) prend le pouvoir. Assassinat de Dãoud.
- **1979** Tarakī est évincé. Hafizullah Amīn prend le pouvoir. Il meurt dans un coup d'État soutenu par l'URSS. Face à l'invasion de 80 000 soldats russes, la rébellion *moudjahidine*, soutenue par les ÉU, s'intensifie.
- **1980** Babrak Kãrmal, chef Parcham du PDPA, est mis à la tête du régime marxiste.
- **1986** Démission de Babrak Kãrmal, remplacé par Mohammed Najibullãh.
- **1989** L'armée soviétique se retire. Najibullãh reste au pouvoir.
- **1992** Najibullãh cède aux *moudjahidins* qui placent B. Rabbānī à la tête d'un gouvernement dont le commandant Massoud est ministre de la Défense.
- **1994** Lutte pour le pouvoir entre Rabbānī (tadjik) et Hekmatyar (pachtoun).
- **1996** Les *talibans* prennent le contrôle du pays et instaurent un régime islamiste radical sous l'autorité du mollah Omar.
- **1998** Séisme dans le Nord du pays qui fait des milliers de victimes.
- **1999** Échec des négociations entre *talibans* et l'Alliance du Nord menée par Massoud.
- **2000** Terrible sécheresse. L'ONU sanctionne les talibans qui soutiennent Oussama Ben Laden, chef d'*Al-Qaïda*.
- **2001** Mars : les *talibans* détruisent les statues de Bouddha à Bamian. Septembre : assassinat de Massoud et attentats aux ÉU. Représailles militaires des forces de coalition américaines contre les talibans et leurs alliés d'*Al-Qaïda*. Décembre : Hamid Karzaï (pachtoun) est mis à la tête d'un gouvernement transitoire.
- **2002** L'ex-roi Zahir Shah revient d'exil. Des milliers de morts dans un tremblement de terre. La Loya Jorga (assemblée) élit Kazaï chef de l'Etat.

AIDE INTERNATIONALE

 142 M $ (reçus)   Moins 8 % en 1999

L'ONU est la principale source d'aide internationale avec diverses ONG. Mais leurs relations avec les *talibans* étaient tendues et leurs conditions de travail périlleuses. En 2002, l'UNICEF a débloqué plusieurs millions de dollars pour la scolarisation.

DÉFENSE

 265 M $ Plus 4 % en 1999

FORCES ARMÉES AFGHANES

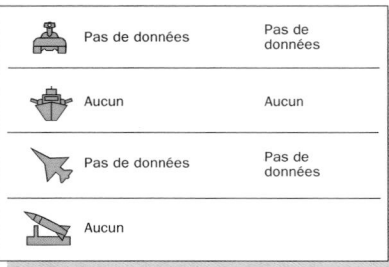

Pas de données	Pas de données
Aucun	Aucun
Pas de données	Pas de données
Aucun	

En 1991, l'accord passé entre la Russie et les ÉU qui suspend l'approvisionnement militaire aux groupes afghans marque la fin de l'engagement actif des superpuissances en Afghanistan. L'Afghanistan n'a conclu aucun accord officiel de défense, bien qu'il existe un trafic d'armes aujourd'hui en pleine expansion, qui se développe parallèlement aux activités des réseaux islamistes basés à l'étranger. Ces armes viennent principalement d'Europe de l'Est et de l'ex-Union soviétique. Les forces de la CEI s'efforcent de limiter la circulation des armes et des militants islamistes entre le Tadjikistan et l'Afghanistan.

Les Afghans possèdent encore quelques centaines des missiles Stinger que les ÉU avaient donnés aux *moudjahidin* dans les années 1980. Inquiets par l'éventualité que ces missiles soient utilisés contre des avions de ligne civils, les ÉU ont proposé de les racheter mais aucun n'a encore été rendu à ce jour.

Les *talibans*, qui contrôlaient pratiquement l'ensemble du pays jusqu'en 2001, avaient réussi à recruter une armée nationale et à former de jeunes islamistes dans des camps d'entraînement militaire.

ÉCONOMIE

 5,68 Md $ 43 nouveaux afghânis

CHIFFRES SIGNIFICATIFS

- CLASSEMENT DU PNB AU NIVEAU MONDIAL ..109ᵉ
- PNB PAR HABITANT.............................250 $
- BALANCE DES PAIEMENTS ....– 143 M $
- INFLATION ....56,7 %
- CHÔMAGE..8 %

EXPORTATIONS

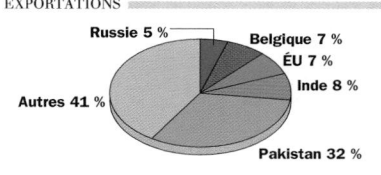

Russie 5 %
Belgique 7 %
ÉU 7 %
Inde 8 %
Autres 41 %
Pakistan 32 %

IMPORTATIONS

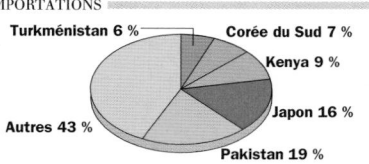

Turkménistan 6 %
Corée du Sud 7 %
Kenya 9 %
Japon 16 %
Autres 43 %
Pakistan 19 %

ATOUTS
Très peu d'atouts si ce n'est le commerce illicite de l'opium. L'agriculture reste le secteur économique le plus important.

FAIBLESSES
Economie exsangue en raison du conflit qui dure depuis 1979. Les axes de communication ont été sérieusement endommagés par les séismes de 1998.

PROFIL
Le conflit qui dure depuis 1979 a fait de l'Afghanistan l'un des pays les plus pauvres et les moins développés du monde. On estime à 4 milliards de $ la somme nécessaire à la reconstruction du pays. Suite à la tactique de la terre brûlée menée par les Soviétiques, des zones rurales ont été laissées à l'abandon et la majorité des habitants se sont réfugiés dans les villes. Beaucoup d'agriculteurs se sont remis à la production d'opium mais n'en tirent qu'un profit limité. Les talibans ont déclaré la production d'opium contraire à la foi musulmane et orienté les agriculteurs vers d'autres cultures dans le cadre d'un programme financé par l'ONU qui considère l'Afghanistan comme le premier producteur mondial d'opium.

INDICATEUR DES PERFORMANCES ÉCONOMIQUES

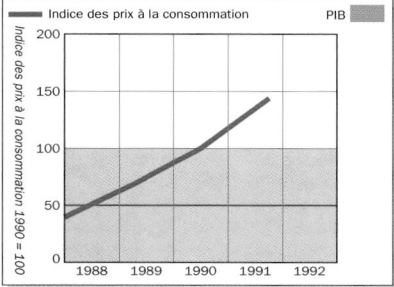

— Indice des prix à la consommation   PIB

Une partie de l'infrastructure, endommagée par des décennies de guerre civile, a été détruite par les bombardements des EU, en 2001.

RESSOURCES

 1 250 tonnes

 14,3 M d'ovins
1,5 M de bovins
2,2 M de caprins
7,2 M de volailles

Pays non producteur et qui ne possède pas de raffineries

 Gaz naturel, sel, charbon, cuivre, lapis-lazuli, baryte, talc

PRODUCTION ÉLECTRIQUE

Hydraulique 63 % (325 Md de kwh)	
Thermique 37 % (188 Md de kwh)	
Nucléaire 0 %	
Autres 0 %	

0   20   40   60   80   100
% de la production totale par type d'électricité

Le gaz naturel et le charbon sont les ressources stratégiques les plus importantes de l'Afghanistan. La priorité actuelle du gouvernement est de remettre en état le système de production électrique en partie détruit. La construction de

ENVIRONNEMENT

 0,3 % (0,2 % partiellement protégé)

 0,05 tonne par habitant

TRAITÉS ÉCOLOGIQUES

Non   Oui   Non

Non   Non   Non

En raison de la situation de pays, il n'existe pratiquement aucune priorité d'ordre écologique. La relative absence d'industries, même à Kaboul, réduit fortement le taux de pollution industrielle. Le problème le plus grave auquel reste confronté l'Afghanistan est celui des mines – plus de 10 millions posées – et l'ONU estime qu'il faudra un siècle pour éliminer ce danger.

MÉDIAS

 Données non disponibles

PRESSE ET TÉLÉCOMMUNICATIONS

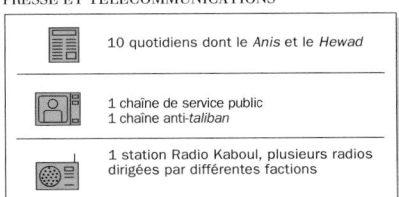

10 quotidiens dont le *Anis* et le *Hewad*

1 chaîne de service public
1 chaîne anti-*taliban*

1 station Radio Kaboul, plusieurs radios dirigées par différentes factions

Alors que les factions *moudjahidines* possèdaient leurs journaux et leur radios, hostiles aux factions rivales, les *talibans* interdisaient la télévision, l'Internet, les magnétoscopes et les antennes satellites. L'unique chaîne de télévision publique disparue en 1996 peut réémettre depuis la chute des *talibans*. La BBC qui émet en pachtoun et en dari est très appréciée. Un magazine féminin a vu le jour.

---

barrages sur le Kunar et le Laghman est à l'étude. La production de charbon est inférieure aux niveaux atteints avant-guerre et la remise en état des mines est urgente. L'industrie du gaz a besoin des technologies occidentales pour sa reconstruction.

AFGHANISTAN : UTILISATION DU SOL

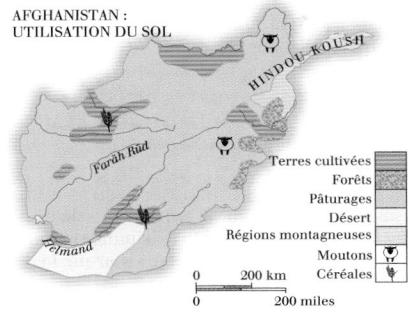

HINDOU-KOUSH
Farâh Rûd
Helmand

Terres cultivées
Forêts
Pâturages
Désert
Régions montagneuses
Moutons
Céréales

0   200 km
0   200 miles

CRIMINALITÉ

 Pas de chiffre sur la population carcérale

 Le nombre d'actes criminels reste très élevé.

TAUX DE CRIMINALITÉ

Aucune statistique relative au nombre de meurtres, vols et viols n'est disponible.

Même si le nouveau gouvernement semble afficher un certain optimisme, la pauvreté et le nombre important d'armes en circulation engendrent un climat de forte insécurité auquel viennent s'ajouter des attentats politiques orchestrés par des proches d'*Al-Qaïda*.

ÉDUCATION

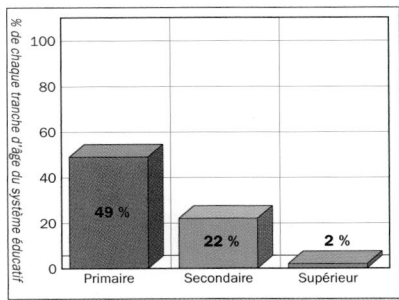 37 %   12 800 étudiants

LE SYSTÈME ÉDUCATIF

% de chaque tranche d'âge du système éducatif

100
80
60
40   **49 %**
20   **22 %**   **2 %**
0
Primaire Secondaire Supérieur

En 2002, Hamid Karzaï a procédé à la réouverture des écoles, débarrassées du strict dogme islamiste *taliban*. L'UNICEF va consacrer plusieurs millions de dollars à cette campagne de scolarisation, notamment avec l'apport de fournitures scolaires. L'université de Kaboul, fermée depuis 1992, a rouvert ses portes aux hommes et aux femmes.

SANTÉ

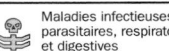 1 pour 7 000 habitants

Maladies infectieuses, parasitaires, respiratoires et digestives

Le système de santé s'est entièrement effondré et la quasi-totalité du corps médical a quitté le pays. Mi-1996, seuls quatre hôpitaux étaient en service en dehors de Kaboul. Les taux de mortalité infantile et maternelle sont parmi les plus élevés du monde, et l'espérance moyenne de vie y est très basse. Les maladies parasitaires et infectieuses sont particulièrement répandues. L'ONU a mis en place un programme de javellisation de l'eau de pluie à la suite d'un début de choléra à Kaboul. Sous les *talibans*, les femmes afghanes n'avaient pas accès aux soins médicaux et l'on dissuadait vivement l'emploi de personnel soignant féminin.

RICHESSES

CONSOMMATION ET DÉPENSES

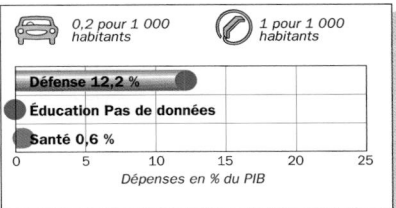

0,2 pour 1 000 habitants   1 pour 1 000 habitants

Défense 12,2 %
Éducation Pas de données
Santé 0,6 %

0   5   10   15   20   25
Dépenses en % du PIB

Les Afghans vivent pour la plupart dans un état d'extrême pauvreté. À l'heure actuelle, le pays ne possède pas les ressources nécessaires pour nourrir sa population – situation aggravée par la grave sécheresse de 2000. Le retour des deux à trois millions d'Afghans réfugiés en Iran et au Pakistan devrait rendre l'Afghanistan encore plus dépendant de l'aide internationale pour sa reconstruction. Certains chefs *moudjahidin* se sont cependant enrichis pendant la guerre civile, profitant de l'aide substantielle des pays étrangers accordée au début du conflit et, pour certains, du trafic d'opium.

CLASSEMENT MONDIAL

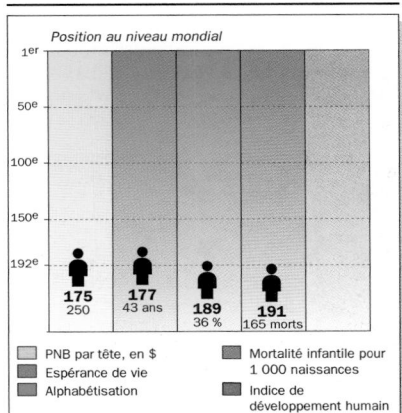

Position au niveau mondial

1er
50e
100e
150e
192e

175
250

177
43 ans

189
36 %

191
165 morts

PNB par tête, en $ Mortalité infantile pour 1 000 naissances
Espérance de vie   Indice de développement humain
Alphabétisation

A

AFRIQUE DU SUD

NOM OFFICIEL : République d'Afrique du Sud **CAPITALE** : Pretoria
POPULATION : 44,8 millions **MONNAIE** : rand **LANGUES OFFICIELLES** : 9 langues africaines, anglais, afrikaans

CONSTITUÉE pour l'essentiel d'un plateau central ou *veld* bordé au sud et à l'ouest par la chaîne du Drakensberg, l'Afrique du Sud est riche en ressources naturelles. Après avoir été dirigé pendant 80 ans par un régime blanc qui a mis en place en 1948 l'apartheid, système de ségrégation raciale, le pays a connu ses premières élections multiraciales et pluralistes en 1994. La scène politique sud-africaine avait été bouleversée dès 1990 lorsque le président Frederik de Klerk légalisa les mouvements pour la liberté des Noirs et démantela l'apartheid. Le Congrès National Africain (ANC), dirigé par Nelson Mandela et son successeur Thabo Mbeki, est aujourd'hui le premier mouvement politique du pays.

*Nelson Mandela,
victorieux des
premières élections
multiethniques.*

*Thabo Mbeki, est
président depuis
1999, où il succéda
à Nelson Mandela.*

CLIMAT

DONNÉES MÉTÉOROLOGIQUES

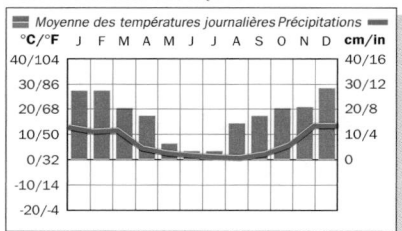

L'Afrique du Sud a un climat chaud et sec malgré l'influence tempérée des océans ; sur 65 % de son territoire, les précipitations annuelles sont inférieures à 500 mm. Le pays est régulièrement frappé par des sécheresses.

TRANSPORTS

**Jan Smuts International,
Johannesburg**
11,3 M de passagers

192 navires
383 700 tpl

RÉSEAU DE TRANSPORT

63 027 km (39 163 miles)		2 032 km (1 263 miles)	
22 686 km (14 097 miles)		Aucune	

Le développement des infrastructures portuaires et d'un chemin de fer transfrontalier, comme celui du couloir de Maputo, est une priorité. En 1999, Swissair a acheté 20 % des parts de *South African Airways*.

Vue cavalière du Cap.

TOURISME

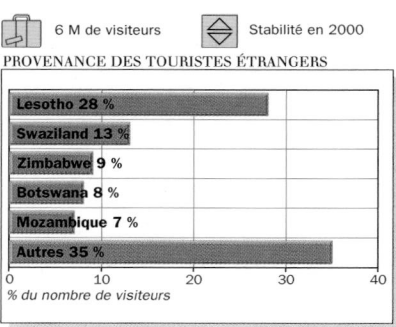

6 M de visiteurs   Stabilité en 2000

PROVENANCE DES TOURISTES ÉTRANGERS

Lesotho 28 %
Swaziland 13 %
Zimbabwe 9 %
Botswana 8 %
Mozambique 7 %
Autres 35 %

% du nombre de visiteurs

Le potentiel touristique de l'Afrique du Sud est énorme. Les touristes apprécient ses plages, ses vignobles réputés et ses réserves naturelles. La faune du parc national Kruger est l'une des plus variées au monde ; elle compte 137 espèces de mammifères et 450 espèces d'oiseaux. Le tourisme a augmenté durant les années 1990, après les années d'isolement de la période d'apartheid. L'obstacle à sa croissance tient aujourd'hui au développement de la criminalité. Des études prévoient que, d'ici 2005, ce secteur pourrait générer 450 000 emplois et 10 % de croissance du PIB (4 % en 1994).

POPULATION

Anglais, afrikaans, zoulou, xhosa, ndebele, setswana, siswati, sotho du nord, sotho du sud, tsongo, venda   33 hab./km²

PART DE LA POPULATION URBAINE/RURALE

55 %   45 %

RELIGION

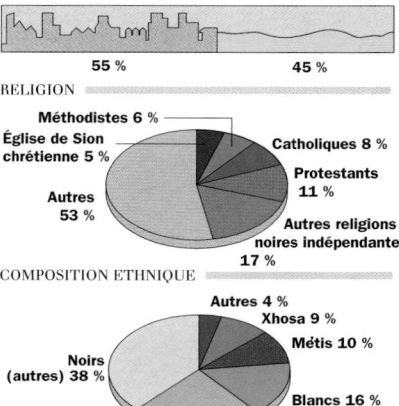

Méthodistes 6 %
Église de Sion chrétienne 5 %
Catholiques 8 %
Protestants 11 %
Autres 53 %
Autres religions noires indépendantes 17 %

COMPOSITION ETHNIQUE

Autres 4 %
Xhosa 9 %
Métis 10 %
Noirs (autres) 38 %
Blancs 16 %
Zoulous 23 %

Durant l'apartheid, la population était divisée en catégories ethniques : les Blancs (Afrikaners et anglophones), les métis, les Asiatiques (surtout indiens) et les Africains. Les Sud-Africains avaient des droits différents selon leurs origines, les Blancs étant les plus privilégiés et les

Africains les plus défavorisés. Si les Noirs occupent aujourd'hui une place de premier plan en politique, l'économie reste aux mains des Blancs anglophones. La famille a souffert des lois forçant les hommes à migrer pour chercher du travail en laissant femme et enfants dans les zones rurales. Une classe moyenne noire a vu le jour mais la majorité de la population noire reste sous-employée. Le conflit interethnique tant redouté qui devait suivre la fin de l'apartheid n'a pas eu lieu malgré l'exploitation du sentiment d'identité des Zoulous par l'Inkatha, à la recherche de pouvoir politique. Une partie du désert du Kalahari a été restituée à une tribu Khamani Lan (Bochiman) en 1999. Les femmes prennent une part de plus en plus active aux affaires publiques. La nouvelle Constitution reconnaît l'égalité des sexes.

PYRAMIDE DES ÂGES

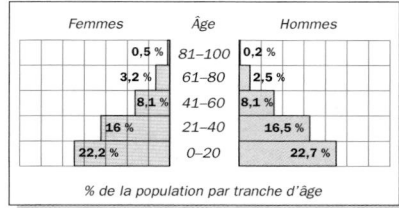

Femmes	Âge	Hommes
0,5 %	81–100	0,2 %
3,2 %	61–80	2,5 %
8,1 %	41–60	8,1 %
16 %	21–40	16,5 %
22,2 %	0–20	22,7 %

% de la population par tranche d'âge

POLITIQUE

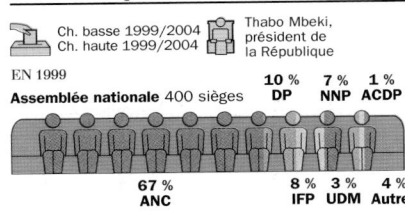

EN 1999
Assemblée nationale 400 sièges   10 % DP   7 % NNP   1 % ACDP

67 % ANC   8 % IFP   3 % UDM   4 % Autres

ANC = Congrès national africain   **DP** = Parti démocratique
IFP = Parti pour la liberté Inkatha   **NNP** = Nouveau parti national   **UDM** = Mouvement démocratique uni
ACDP = Parti africain chrétien démocrate

Conseil national des provinces 90 membres

Chaque assemblée des 9 provinces élit 10 de ses membres au Conseil national.

PRINCIPAUX PROBLÈMES POLITIQUES
Le maintien de l'unité
En avril 1994, les partisans de la violence et des divisions raciales ont été pris de court par la tenue d'élections marquant, dans un climat de paix, l'avènement du premier régime multiracial. Le nouveau gouvernement s'est attaché à satisfaire les revendications de la majorité noire sans pour autant marginaliser les minorités que compte le pays. Il a créé une Commission de la Vérité et de la réconciliation (TRC) destinée à régler les conflits découlant de l'apartheid.

Deux années d'audiences douloureuses et parfois controversées ont abouti à un rapport final rendu en 1998.

Reconstruction et développement
Le gouvernement a mis en place un programme de reconstruction et de développement (RDP) très coûteux dont les objectifs sont d'améliorer le système médical et éducatif, de construire de nouveaux logements et de créer des emplois. Sa réalisation est encore trop lente pour la majorité noire, impatiente de bénéficier des avantages du régime démocratique. Certains membres de minorités considèrent les RDP comme de la discrimination à l'envers.

PROFIL
Les élections de 1994 ont mis fin à 45 ans d'apartheid. Une nouvelle Constitution libérale a été adoptée en 1996. Les élections de 1999 ont un peu renforcé la majorité de l'ANC. Thabo Mbeki a succédé à Nelson Mandela à la présidence. Le DP a devancé dans l'opposition officielle le NNP, rongé par les conflits, et en 2000 ces deux organisations ont fusionné en une alliance démocratique (DA), remportant 25 % des voies aux élections de décembre. Cela confirme le passage à un système bipartite.

POLITIQUE EXTÉRIEURE

Après plusieurs décennies d'isolement politique et de sanctions économiques, l'Afrique du Sud a réintégré la communauté internationale. Elle joue un rôle régional primordial ; l'Union africaine a été fondée à Durban en 2002. L'ex-président Mandela est souvent intervenu pour résoudre des conflits à l'étranger, et fait encore office de médiateur régional, notamment au Burundi. Ses relations avec la Libye et Cuba, qui le soutenaient pendant l'apartheid, lui ont valu des critiques occidentales. Son successeur, Thabo Mbeki, a soutenu le processus de paix en RDC, mais a fait l'objet de critiques pour son soutien au régime de Mugabe au Zimbabwe, et pour ses opinions controversées sur le VIH/SIDA.

AFRIQUE DU SUD

Superficie totale : 1 221 040 km²
(471 443 sq. miles)

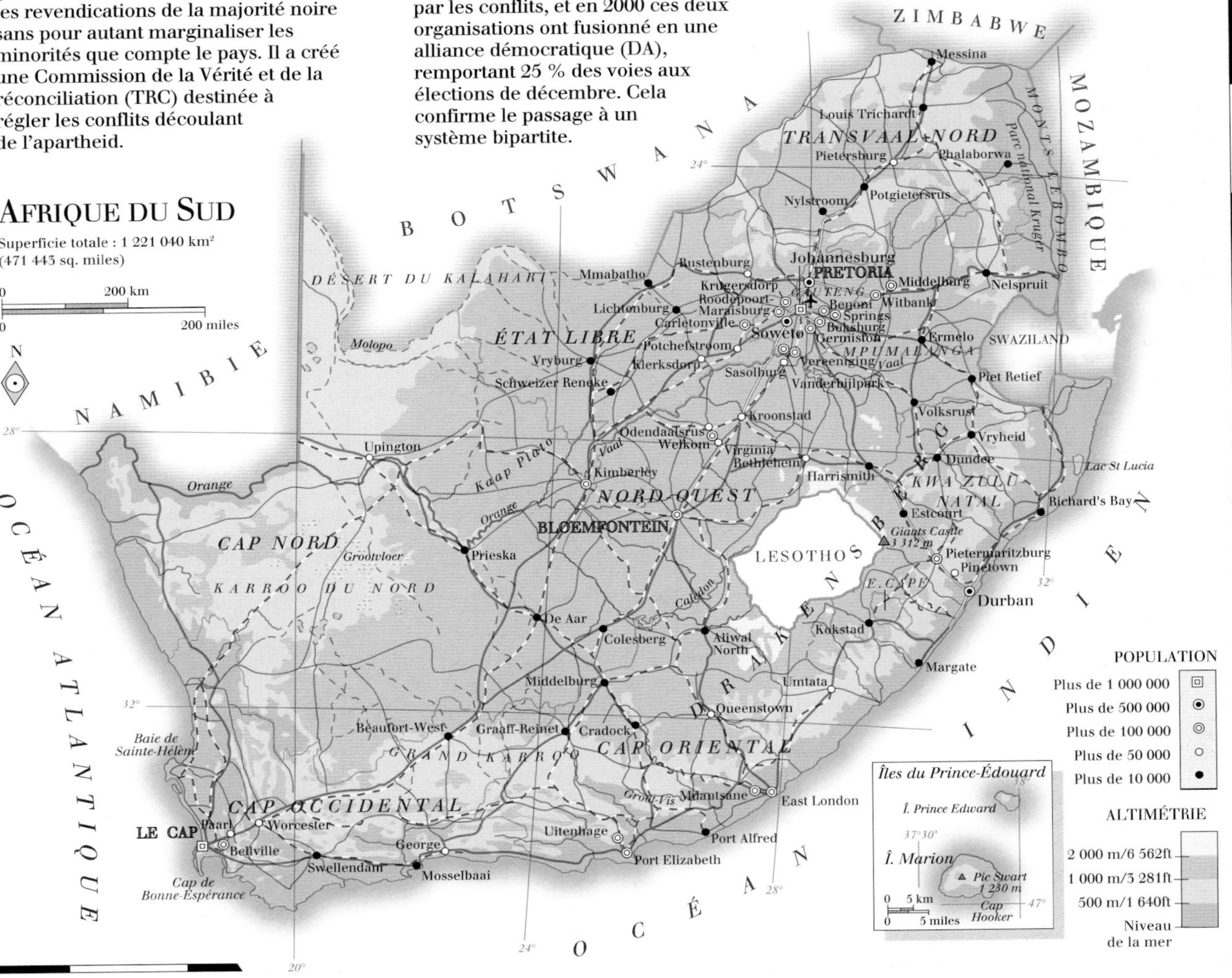

0 — 200 km
0 — 200 miles

POPULATION
Plus de 1 000 000
Plus de 500 000
Plus de 100 000
Plus de 50 000
Plus de 10 000

ALTIMÉTRIE
2 000 m/6 562ft
1 000 m/3 281ft
500 m/1 640ft
Niveau de la mer

A

AIDE INTERNATIONALE

 539 M $ (reçus)    Plus 5 % en 1999

La plupart des donateurs (Banque mondiale, FMI) ont suspendu leurs aides durant l'apartheid. L'Afrique du Sud recherche une aide pour ses programmes de reconstruction. En 1998, le RU a promis 275 millions de rands pour financer des mesures en faveur de la formation, de la police et de l'environnement.

CHRONOLOGIE

Jusqu'en 1652, l'Afrique du Sud était peuplée de communautés bantoues et bochimanes. Elle accueillit alors des Hollandais fut puis colonisée par les Britanniques au XVIIIᵉ siècle.

- ❏ **1910** Dominion de l'Union d'Afrique du Sud ; mise en place du pouvoir blanc.
- ❏ **1912** Création de l'ANC.
- ❏ **1934** Indépendance.
- ❏ **1948** Arrivée au pouvoir du NP ; introduction de l'apartheid.
- ❏ **1958–1966** Dr Hendrik Verwoerd Premier ministre.
- ❏ **1959** Naissance du Congrès panafricain (PAC).
- ❏ **1960** Massacre de Sharneville. L'ANC et le PAC sont interdits.
- ❏ **1961** Devient une république et quitte le Commonwealth.
- ❏ **1964** Nelson Mandela, l'un des membres dirigeants de l'ANC, est emprisonné.
- ❏ **1976** Émeutes de Soweto.
- ❏ **1978** Pieter Botha Premier ministre.
- ❏ **1984** Nouvelle Constitution ; Indiens et métis sont représentés.
- ❏ **1985** L'état d'urgence est décrété. Sanctions internationales.
- ❏ **1989** M. de Klerk remplace M. Botha à la présidence. Élections et hostilité des conservateurs blancs à tout changement.
- ❏ **1990** M. de Klerk légalise l'ANC et le PAC et libère M. Mandela.
- ❏ **1990–1993** Levée progressive des sanctions internationales.
- ❏ **1991** La Convention pluraliste pour une Afrique du Sud démocratique (CODESA) entame des pourparlers.
- ❏ **1992** M. de Klerk remporte le référendum blanc.
- ❏ **1993** M. Mandela et M. de Klerk prix Nobel de la paix.
- ❏ **1994** Avril, élections multiraciales. Victoire de l'ANC. Mandela président.
- ❏ **1997** Nouvelle Constitution.
- ❏ **1998** Rapport du TRC condamne les excès de l'apartheid et de l'ANC.
- ❏ **1999** Victoire électorale de l'ANC ; Mbeki succède à Mandela.
- ❏ **2000** L'opposition remporte 25% des voix aux élections locales.
- ❏ **2002** Sommet mondial sur le développement.

DÉFENSE

 1,76 Md $ Moins 8 % en 1999

FORCES ARMÉES SUD-AFRICAINES

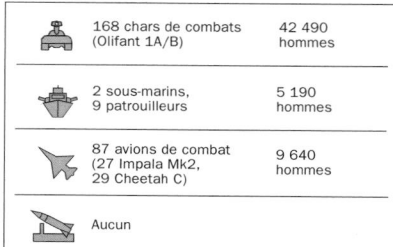

🚜	168 chars de combats (Olifant 1A/B)	42 490 hommes
🚢	2 sous-marins, 9 patrouilleurs	5 190 hommes
✈	87 avions de combat (27 Impala Mk2, 29 Cheetah C)	9 640 hommes
🛫	Aucun	

La création d'une force post-apartheid, mêlant les soldats blancs de l'ancienne armée ségrégationniste et les membres des guérillas noires, ennemis jurés auparavant, s'est révélée miraculeuse. Toutefois, la réduction drastique du budget militaire aurait fragilisé la défense des frontières. Elle a en réalité surtout porté atteinte à la marine. Le déblocage de 29 milliards de rand pour l'achat de matériel militaire, annoncé fin 1998, a mis fin à certaines critiques. En 1998, les troupes sud-africaines ont participé à l'écrasement d'émeutes au Lesotho.

ÉCONOMIE

 122 Md $ 7,51 – 10,3 rands

CHIFFRES SIGNIFICATIFS

- ❏ CLASSEMENT DU PNB AU NIVEAU MONDIAL 30ᵉ
- ❏ PNB PAR HABITANT ....2 820 $
- ❏ BALANCE DES PAIEMENTS..............– 166 M $
- ❏ INFLATION....................................5,7 %
- ❏ CHÔMAGE ....30 %

EXPORTATIONS

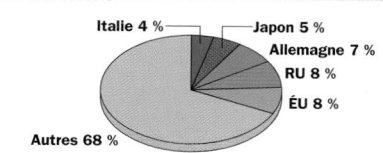

Italie 4 %
Japon 5 %
Allemagne 7 %
RU 8 %
ÉU 8 %
Autres 68 %

IMPORTATIONS

France 4 %
Japon 8 %
RU 9 %
ÉU 13 %
Allemagne 14 %
Autres 52 %

INDICATEUR DES PERFORMANCES ÉCONOMIQUES

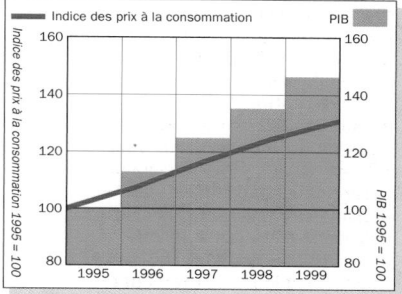

— Indice des prix à la consommation   ▮ PIB

Les sanctions internationales ont contraint le gouvernement à l'interventionnisme dans les années 1980. Cela s'est depuis atténué avec la mise en place d'un programme de privatisations. L'ANC a fait part de son intention de collaborer avec les grandes entreprises.

ATOUTS

L'Afrique du Sud est l'économie la plus développée du continent africain ; ses infrastructures sont modernes et diversifiées. Sa stabilité financière favorise l'investissement. L'industrie est en expansion. Ses ressources sont extrêmement variées ; elle dispose de ressources minérales stratégiques.

FAIBLESSES

Les incertitudes politiques découragent les investisseurs. Le taux de croissance est trop faible pour mettre fin à la misère de la population noire, dont le chômage croît à un rythme de 2,5 % par an. Migration de main-d'œuvre qualifiée. Explosion démographique. La chute du prix de l'or fragilise de nombreux secteurs.

PROFIL

Le secteur privé est très développé et diversifié ; il est contrôlé pour l'essentiel par des multinationales.

AFRIQUE DU SUD : PRINCIPALES ACTIVITÉS

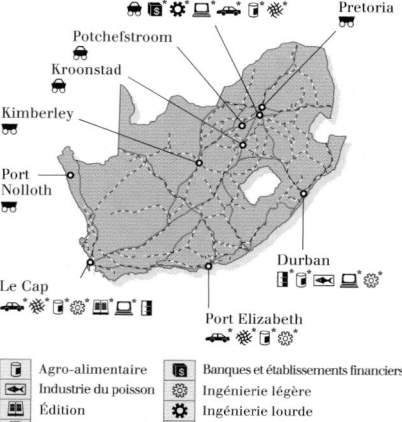

📖	Agro-alimentaire	🏦	Banques et établissements financiers
🐟	Industrie du poisson	⚙	Ingénierie légère
📰	Édition	✿	Ingénierie lourde
⛽	Raffinage de pétrole	🚗	Construction automobile
🚛	Mines d'or	💻	Industrie de pointe
🚛	Mines de diamants	✳	Textile

* Importante participation de multinationales

0   500 km
0   500 miles

RESSOURCES

 513 586 tonnes

 148 370 b/j (réserves : 54 168 000 b)

28,7 M d'ovins
13,7 M de bovins
61 M de poulets

Or, charbon, vanadium, vermiculite, diamants, chrome, manganèse

PRODUCTION ÉLECTRIQUE

Hydraulique 1 % (1,6 Md kwh)	
Thermique 93 % (180 Md kwh)	
Nucléaire 6 % (12 Md kwh)	
Autres 0 %	

0   20   40   60   80   100

% de la production totale par type d'électricité

L'Afrique du Sud est l'un des pays les plus riches du continent en ressources naturelles. Sa position dominante sur le marché mondial de l'or et des diamants a joué un rôle primordial dans la survie de son économie pendant la période de sanctions. La chute des cours de l'or en 2000 ont fait passer, pour la 1re fois, les ventes de platine devant celles de l'or. Premier producteur mondial de manganèse, de chrome, de vanadium et de vermiculite. Dépourvue de pétrole, l'Afrique du Sud a mis au point la transformation du charbon en pétrole et utilise ainsi ses immenses réserves. Environ 80 % des foyers noirs sont sans électricité et le gouvernement envisage des mesures hors du cadre du réseau national. L'agriculture variée permet l'exportation.

AFRIQUE DU SUD :
UTILISATION DU SOL

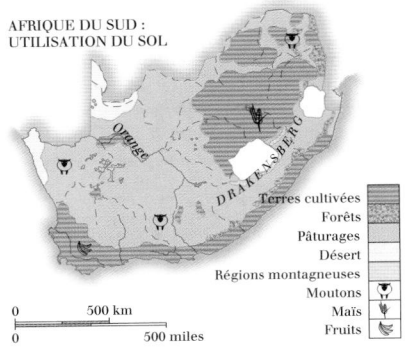

Terres cultivées
Forêts
Pâturages
Désert
Régions montagneuses
Moutons
Maïs
Fruits

 0   500 km
0   500 miles

ENVIRONNEMENT

5 % (4 % partiellement protégés)

7,9 tonnes par habitant

TRAITÉS ÉCOLOGIQUES

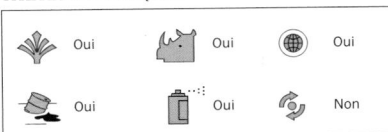

Oui   Oui   Oui

Oui   Oui   Non

Inondations et sécheresses ponctuelles. Problème de la protection de la faune. Un projet de création de la plus grande réserve naturelle du monde, en association avec le Zimbabwe et le Mozambique, a été annoncé en 2000.

MÉDIAS

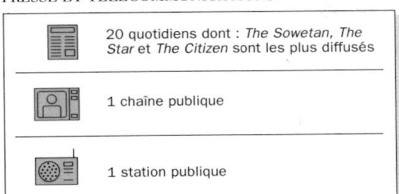 34 quotidiens pour 1 000 habitants

PRESSE ET TÉLÉCOMMUNICATIONS

20 quotidiens dont : *The Sowetan, The Star* et *The Citizen* sont les plus diffusés

1 chaîne publique

1 station publique

Une campagne en direction des médias a été lancée contre les stéréotypes raciaux, suite à un rapport de la commission des Droits de l'Homme, début 2000, sur le sujet.

CRIMINALITÉ

 160 000 détenus   Hausse rapide de la criminalité

TAUX DE CRIMINALITÉ

Meurtres	
129	*pour 100 000 habitants*
Viols	
120	*pour 100 000 habitants*
Vols	
2 929	*pour 100 000 habitants*

L'Afrique du Sud est un pays dangereux : les meurtres, les viols, les vols à main armée et les agressions sont monnaie courante. De nouvelles lois contre les armes sont entrées en vigueur en 2000. La peine de mort a été abolie en 1997.

ÉDUCATION

 85 %   617 897 étudiants

LE SYSTÈME ÉDUCATIF

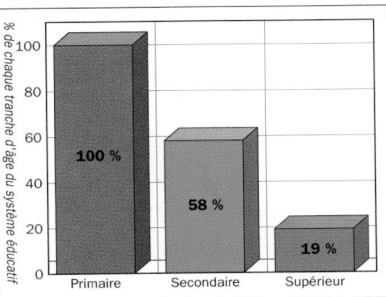

% de chaque tranche d'âge du système éducatif

100 %   58 %   19 %

Primaire   Secondaire   Supérieur

La société doit surmonter les effets des fermetures d'écoles et de leur boycott par les Noirs du temps de l'apartheid. En 1999, le nouveau ministre de l'Éducation a promis de traiter l'analphabétisme persistant, la violence et l'inégalité des revenus. Des programmes de formation sur le lieu de travail et d'enseignement technologique à l'école ont été mis en place par le gouvernement en association avec des ONG.

SANTÉ

 1 pour 1 667 habitants   Maladies cardiaques, diarrhée, cancers, accidents de la route.

Officiellement, le secteur de la santé n'est plus ségrégationniste depuis 1990, mais l'accès égal aux soins est un objectif très éloigné. Les statistiques dissimulent une discrimination en faveur des quartiers blancs, où sont installés 80 % des médecins. Le nombre de services très limités dans les zones rurales explique le taux de mortalité infantile d'un enfant sur cinq avant 5 ans (taux bien plus élevé que la moyenne sub-saharienne). La tuberculose est 60 fois plus répandue qu'aux ÉU et, en 2001, 20 % des adultes sont porteurs du virus du Sida. Le gouvernement a obtenu le droit d'acheter, pour traiter ces malades, des médicaments génériques, moins coûteux.

RICHESSES

CONSOMMATION ET DÉPENSES

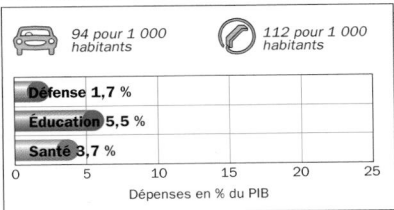

94 pour 1 000 habitants   112 pour 1 000 habitants

Défense 1,7 %	
Éducation 5,5 %	
Santé 3,7 %	

0   5   10   15   20   25

Dépenses en % du PIB

La population noire forme la couche sociale la plus défavorisée. Les écarts de richesses sont très importants. L'élite blanche jouit d'un des niveaux de vie les plus élevés au monde, comparable à celui de la Californie. Celui de la population noire est au contraire l'un des plus bas d'Afrique. La moitié des habitants noirs adultes est sans emploi. Les communautés asiatique et métis forment les couches sociales intermédiaires. Une petite classe moyenne noire se développe lentement, avec quelques entreprises florissantes en Bourse.

CLASSEMENT MONDIAL

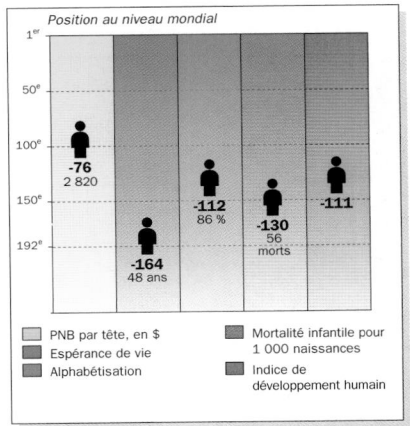

Position au niveau mondial

1er

50e

100e

150e

192e

-76
2 820

-164
48 ans

-112
86 %

-130
56 morts

-111

PNB par tête, en $
Espérance de vie
Alphabétisation

Mortalité infantile pour 1 000 naissances
Indice de développement humain

A

ALBANIE

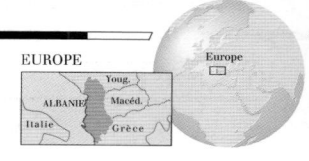

NOM OFFICIEL : République d'Albanie   CAPITALE : Tirana
POPULATION : 3,2 millions   MONNAIE : nouveau lek   LANGUE OFFICIELLE : albanais

SITUÉE à l'extrémité sud-est de la mer Adriatique, au large du talon de la botte italienne, l'Albanie est un pays montagneux qui devint un État communiste à parti unique en 1944. Ses premières élections libres eurent lieu en 1991, mais l'effondrement de son économie entraîna d'importants soulèvements en 1997, situation qui ne put être stabilisée que grâce à l'intervention des forces de l'OSCE. Pays encore aujourd'hui très pauvre, l'Albanie est cependant plus stable depuis le départ des centaines de milliers de réfugiés albanais qui étaient arrivés en 1999 du Kosovo en guerre.

CLIMAT

DONNÉES MÉTÉOROLOGIQUES

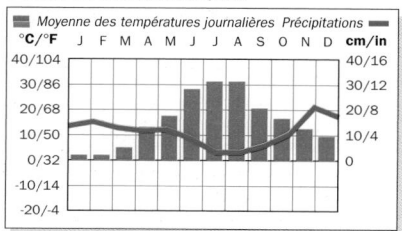

Le climat côtier est méditerranéen. Les montagnes connaissent d'importantes précipitations et chutes de neige.

TRANSPORTS

 Tiranas Ranas   25 navires 28 671 tpl

RÉSEAU DE TRANSPORT

 5 400 km (3 355 miles)   Aucune

 440 km (273 miles)   43 km (27 miles)

Le réseau de communication albanais est peu développé, le réseau ferroviaire peu étendu et les routes sont en mauvais état.

TOURISME

39 000 visiteurs   Plus 39 % en 1999

PROVENANCE DES TOURISTES ÉTRANGERS

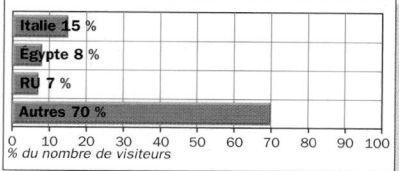

Le climat d'instabilité puis la guerre au Kosovo ont empêché la réalisation de projets d'exploitation. Les hôtels sont rares surtout en dehors de Tirana.

POPULATION

 Albanais, grec    113 hab./km²

PART DE LA POPULATION URBAINE/RURALE

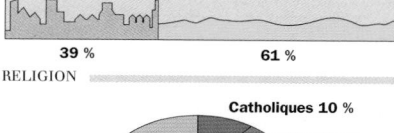

39 %   61 %

RELIGION

Catholiques 10 %
Orthodoxes 20 %
Musulmans sunnites 70 %

Les statistiques officielles reconnaissent l'existence de minorités ethniques en Albanie depuis 1989 seulement. Les Grecs, qui vivent en majorité au Sud et qui se déclarent plus proches d'Athènes que de Tirana, disent représenter 10 % de la population. La discrimination à leur encontre est considérable.

Sous le régime communiste, l'Albanie était le seul pays officiellement athée au monde. Beaucoup d'Albanais pourtant, ont conservé leurs convictions ; 70 % d'entre eux sont musulmans. Le culte religieux est aujourd'hui autorisé et les mosquées ont rouvert. L'Albanie a une société patriarcale traditionnelle. La famille étendue y est très développée. En 1999, le pays a provisoirement accueilli près d'un demi-million de réfugiés albanais fuyant la politique de « nettoyage ethnique » pratiquée au Kosovo.

La ville aux mille fenêtres. Berat a été érigée au rang de ville musée tandis qu'un peu plus bas dans la vallée se construisait une nouvelle agglomération.

POLITIQUE

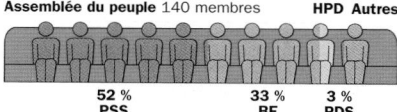 2002/2005   Alfred Moisiu président de la République

AUX DERNIÈRES ÉLECTIONS
Assemblée du peuple 140 membres

4 % HPD   8 % Autres

52 % PSS   33 % BF   3 % PDS

PSS = Parti socialiste albanais   **BF** = Union pour la victoire (conduit par le parti démocratique : **PD**)   **HPD** = Nouveau parti démocratique (parti scissionniste du PD)   **PDS** = Parti social démocrate

L'Albanie est restée plus de 40 ans sous l'autorité du chef d'État communiste Enver Hodja, qui mourut en 1985. L'influence des réformateurs se fit de plus en plus importante au fil des années qui suivirent. L'exode massif des Albanais en 1991 persuada le régime d'appeler à des élections pluripartites. La coalition de centre-droite qui en sortit vainqueur ne parvint cependant pas à instaurer un État d'économie libérale de type occidental. De nombreux Albanais furent ruinés par les plans d'épargne « en pyramide » qui s'effondrèrent en 1997, entraînant un vaste soulèvement dans le Sud et la démission du gouvernement. Il fut remplacé par une nouvelle coalition conduite par le parti socialiste (PSS), vainqueur des élections la même année. Grâce au dirigeant socialiste Ilir Meta qui s'était attribué le mérite d'avoir restauré la confiance et l'espoir, elle obtint le renouvellement de son mandat aux élections de 2001.

POLITIQUE EXTÉRIEURE

 OMC   CE   OSCE   OCI   PpP

À la fin des années 1990, le conflit au Kosovo, région yougoslave peuplée majoritairement d'Albanais, occupait le premier plan de la politique étrangère. L'Albanie est restée en dehors du conflit qui éclata en Macédoine en 2001 entre l'armée macédonienne et les séparatistes albanais macédoniens. L'Albanie espère devenir un jour membre de l'OTAN et de l'UE. En 2001, l'UE lui a proposé un « accord d'association et de stabilisation ».

AIDE INTERNATIONALE

 480 M $ (reçus)   Plus 86 % en 1999

Depuis 1991, l'aide internationale vient des pays occidentaux. L'aide alimentaire a connu une nette augmentation au moment des soulèvements de 1997 puis en 1999, lors de l'arrivée de centaines de milliers de réfugiés venus du Kosovo.

DÉFENSE

 140 M $ 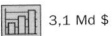 Plus 37 % en 1999

En 1991, le grade d'officier a été rétabli au sein de l'armée qui en 2000 était en pleine restructuration. Le service national d'une durée de 18 mois, est obligatoire. Pendant la crise du Kosovo, l'Albanie a ouvert son espace aérien à l'OTAN.

ÉCONOMIE

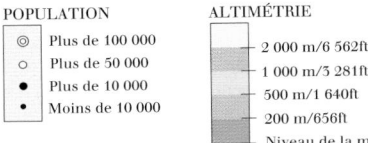 3,1 Md $ 134,05-142,75 nouveaux leks

CHIFFRES SIGNIFICATIFS

- ❏ CLASSEMENT DU PNB AU NIVEAU MONDIAL ..118ᵉ
- ❏ PNB PAR HABITANT ....1 340 $
- ❏ BALANCE DES PAIEMENTS ....– 218 M $
- ❏ INFLATION ....3,1 %
- ❏ CHÔMAGE ....16 %

ATOUTS

Réserves de pétrole et de gaz. Reprise économique notable depuis la crise de 1997. Progrès en matière de privatisation.

ALBANIE

Superficie totale : 27 400 km² (10 579 sq. miles)

POPULATION
- ◎ Plus de 100 000
- ○ Plus de 50 000
- ● Plus de 10 000
- • Moins de 10 000

ALTIMÉTRIE
- 2 000 m/6 562ft
- 1 000 m/3 281ft
- 500 m/1 640ft
- 200 m/656ft
- Niveau de la mer

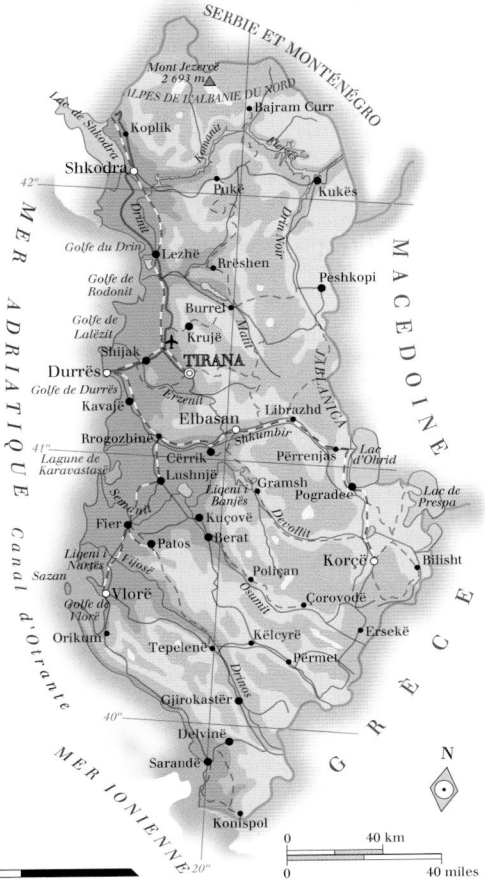

FAIBLESSES

Services publics rudimentaires. Insuffisance des réseaux de distribution d'eau, d'énergie et de transports.

EXPORTATIONS

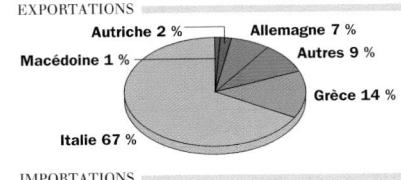

Autriche 2 %   Allemagne 7 %
Macédoine 1 %   Autres 9 %
    Grèce 14 %
Italie 67 %

IMPORTATIONS

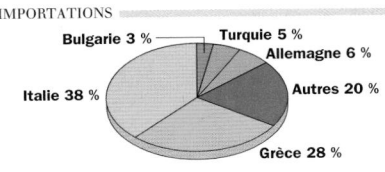

Bulgarie 3 %   Turquie 5 %
    Allemagne 6 %
Italie 38 %   Autres 20 %
    Grèce 28 %

RESSOURCES

 1 110 tonnes   7 218 b/j (réserves : 181 M de barils)

 1,94 M d'ovins 1,12 M de caprins 4 M de volailles   Chrome, pétrole, houille, gaz naturel, cuivre, nickel

L'Albanie a besoin d'investissements pour exploiter ses minerais et moderniser son système de production électrique.

ENVIRONNEMENT

 3 % (0,8 % partiellement protégé)   0,5 tonne par habitant

Le taux de pollution, dûe aux rejets de l'industrie lourde pendant l'ère communiste, est l'un des plus élevés d'Europe. Les années de pénurie ont généralisé le recyclage des matériaux.

MÉDIAS

 37 quotidiens pour 1 000 habitants

PRESSE ET TÉLÉCOMMUNICATIONS

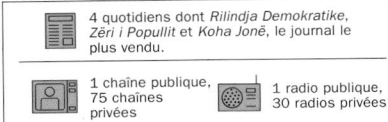

4 quotidiens dont *Rilindja Demokratike*, *Zëri i Popullit* et *Koha Jonë*, le journal le plus vendu

1 chaîne publique, 75 chaînes privées   1 radio publique, 30 radios privées

La presse est aujourd'hui plus libre mais les ventes de journaux sont en baisse. Les quotidiens appartenant à des partis politiques sont de plus en plus rares.

CRIMINALITÉ

 1 640 détenus   Moins 22 % en 1990-1998

Peu de respect des lois ; les armes sont nombreuses. Production de cannabis.

CHRONOLOGIE

L'Albanie accéda à l'indépendance en 1912.

- ❏ **1924–1939** Règne d'Ahmet Zogu, qui se proclame roi Zog en 1928.
- ❏ **1939–1943** Occupation italienne.
- ❏ **1944** État communiste sous l'autorité d'Enver Hodja jusqu'en 1985.
- ❏ **1991** Premières élections libres.
- ❏ **1997** Soulèvements suite à la crise économique.
- ❏ **1999** Arrivée de réfugiés du Kosovo.
- ❏ **2003** Seconde victoire électorale du PSS.

ÉDUCATION

 85 %   34 257 étudiants

Le système éducatif s'inspire des modèles soviétique, chinois et italien.

SANTÉ

1 pour 714 habitants   Maladies cardiaques, respiratoires et digestives, cancers

Le système médical, rudimentaire, dépend de l'aide occidentale.

RICHESSES

CONSOMMATION ET DÉPENSES

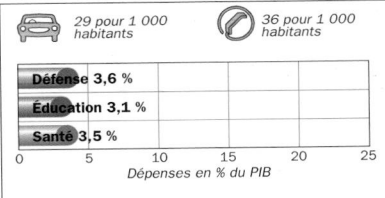

29 pour 1 000 habitants   36 pour 1 000 habitants

	0	5	10	15	20	25
Défense 3,6 %						
Éducation 3,1 %						
Santé 3,5 %						

Dépenses en % du PIB

Seul un petit nombre d'hommes d'affaires du secteur privé vit dans l'aisance. La misère frappe surtout les régions rurales du Nord et les quartiers pauvres de la banlieue de Tirana et autres grandes villes.

CLASSEMENT MONDIAL

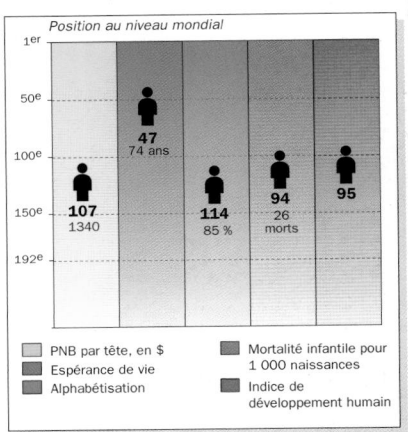

Position au niveau mondial

1er
50ᵉ
100ᵉ
150ᵉ
192ᵉ

47 — 74 ans
107 — 1340
114 — 85 %
94 — 26 morts
95

- ▢ PNB par tête, en $
- ▢ Espérance de vie
- ▢ Alphabétisation
- ▢ Mortalité infantile pour 1 000 naissances
- ▢ Indice de développement humain

A

ALGÉRIE

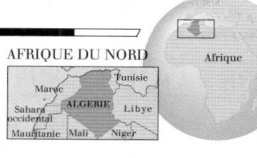

AFRIQUE DU NORD

NOM OFFICIEL : République populaire et démocratique d'Algérie   **CAPITALE :** Alger
POPULATION : 31,4 millions   **MONNAIE :** dinar algérien   **LANGUE OFFICIELLE :** arabe

DEUXIÈME pays d'Afrique en superficie, l'Algérie partage ses frontières avec le Maroc, la Mauritanie, le Mali, le Niger, la Libye et la Tunisie. L'Algérie obtint son indépendance de la France en 1962. L'armée empêcha les militants islamistes de prendre le pouvoir au lendemain de leur victoire électorale en 1991, installa un nouveau gouvernement civil et tenta, tout au long des années 1990, de lutter contre une violente campagne de terrorisme. La population d'Algérie est l'une des plus jeunes et son taux de natalité l'un des plus élevés d'Afrique du Nord.

CLIMAT

DONNÉES MÉTÉOROLOGIQUES

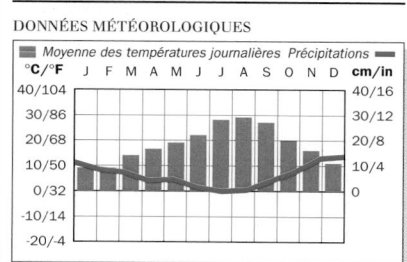

Les régions côtières bénéficient d'un climat chaud et tempéré. Une zone désertique et aride s'étend au sud de l'Atlas saharien.

TRANSPORTS

Dar-el-Beida, Alger
2,63 M de passagers

144 navires
964 186 tpl

RÉSEAU DE TRANSPORT

71 656 km (44 525 miles)	640 km (398 miles)
3 973 km (2 469 miles)	Aucune

L'Algérie compte cinq aéroports internationaux. Le train reste le moyen de transport le plus rapide.

TOURISME

859 000 visiteurs   Plus 15 % en 2000

PROVENANCE DES TOURISTES ÉTRANGERS

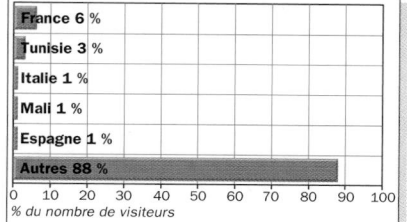

France 6 %
Tunisie 3 %
Italie 1 %
Mali 1 %
Espagne 1 %
Autres 88 %

% du nombre de visiteurs

Les safaris, très prisés par le passé, sont aujourd'hui rares. Les touristes sont la cible des groupes militants islamistes.

POPULATION

Arabe, berbère (kabyle, chaoula, tamashek), français   13 hab./km²

PART DE LA POPULATION URBAINE/RURALE

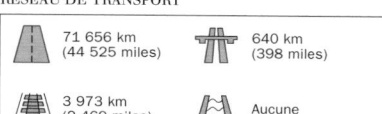

60 %   **40 %**

RELIGION

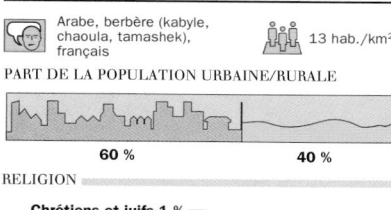

Chrétiens et juifs 1 %

Musulmans sunnites 99 %

COMPOSITION ETHNIQUE

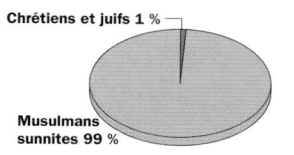

Européens 1 %   Berbères 24 %

Arabes 75 %

La population algérienne est majoritairement arabe, âgée de moins de 30 ans et urbaine ; 25 % est berbère. Plus de 85 % des Algériens parlent arabe, la langue officielle, et 99 % d'entre eux sont musulmans sunnites. Il ne reste plus qu'environ 6 000 personnes sur le million de Français installés en Algérie avant l'indépendance. La majorité des Berbères considèrent la région montagneuse de Kabylie comme leur patrie. Les émeutes qui s'y déroulèrent au printemps berbère de 1980 et à l'occasion de son anniversaire en 2001 ont été violemment réprimées. La mosquée joue un rôle très important, tant sur le plan social que médical.

PYRAMIDE DES ÂGES

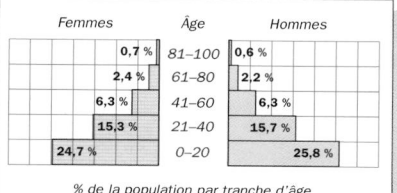

Femmes	Âge	Hommes
0,7 %	81–100	0,6 %
2,4 %	61–80	2,2 %
6,3 %	41–60	6,3 %
15,3 %	21–40	15,7 %
24,7 %	0–20	25,8 %

% de la population par tranche d'âge

POLITIQUE

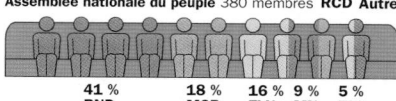

Chambre basse 1997/2002
Chambre haute 2000/2003

Abdelaziz Bouteflika, président de la République

EN 1997

Assemblée nationale du peuple 380 membres   **5 % RCD**   **6 % Autres**

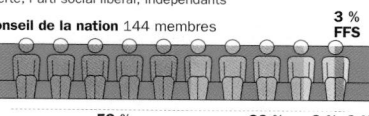

41 % RND   **18 % MSP**   **16 % FLN**   **9 % MN**   **5 % FFS**

RND = Rassemblement national démocratique   **MSP** = Mouvement de la société pour la paix   **FLN** = Front de libération nationale   **MN** = Mouvement en-Nahda   **FFS** = Front des forces socialistes   **RCD** = Rassemblement pour la culture et la démocratie   **Nom.** = nommés   **Autres** = Parti des travailleurs, Parti républicain progressiste, Union pour la démocratie et la liberté, Parti social libéral, Indépendants

Conseil de la nation 144 membres   **3 % FFS**

53 % RND   **33 % Nom.**   **9 % FLN**   **2 % MSP**

96 membres élus, 48 nommés par le président de la République

L'état d'urgence fut décrété en 1992. Des élections eurent lieu en 1997 mais la victoire d'Abdelaziz Bouteflika aux élections présidentielles de 1999 fut entachée par le retrait de tous les autres candidats.

PRINCIPAUX PROBLÈMES POLITIQUES
Le fondamentalisme islamique
L'Algérie a été profondément marquée par les terribles violences perpétrées à partir de 1992 par les militants islamistes dont l'objectif était d'instaurer une théocratie. Son plus farouche partisan, le Front islamique du salut (FIS), remporta les élections de 1991 mais l'intervention de l'armée l'empêcha de prendre le pouvoir. Ceci a entraîné une vague de violence menée par le Groupe armé islamique (GIA).

L'économie de marché
Le succès du FIS aux élections de 1991 s'explique en partie par le mécontentement des Algériens face aux réformes économiques mises en place en 1988. Après sa suspension provisoire, le programme de libéralisation a été remis en vigueur sous la pression du FMI et de la Banque mondiale.

PROFIL
Jusqu'en 1988, l'Algérie était un régime de type soviétique. Les dirigeants algériens adoptèrent une politique de privatisation à laquelle les fondamentalistes islamiques s'opposèrent farouchement. Depuis 1992, des dizaines de milliers d'Algériens ont été massacrés lors de violents attentats terroristes et de campagnes de répression antiterroristes menées par le gouvernement. L'élection en 1999 du président Bouteflika a redonné espoir aux Algériens, dont 3 000 ont pourtant été assassinés au cours de l'année 2000.

POLITIQUE EXTÉRIEURE

 LA   OFEP   MNA   UMA   OCI

La lutte contre le pouvoir colonial français dura de 1954 à 1962. Pendant les années 1960-70, l'Algérie indépendante se fit le défenseur des pays en voie de développement, avec une voix prépondérante au sein de la Ligue arabe et de l'OUA. Les relations avec l'ouest restèrent stables pendant cette période. Dans les années 1980, les diplomates considéraient l'Algérie comme une passerelle utile entre l'occident et l'Iran. En 1981, des diplomates algériens contribuèrent à la libération des Américains retenus otages à Téhéran. L'Algérie essaya aussi de jouer un rôle de médiateur dans la guerre Iran-Irak (1980-88).

L'influence de l'Algérie à l'étranger a décliné en même temps que sa stabilité politique. Le FIS fondamentaliste a soulevé des inquiétudes régionales. Les EU souhaitent vivement une alliance avec les autorités dans le cadre de la " guerre contre le terrorisme ". La France, inquiète du niveau élevé de violence en Algérie, souhaite éviter des débordements sur son territoire.
Les gouvernements européens veulent stabiliser le régime, pour éviter l'arrivée de réfugiés en France, Espagne et Italie. L'UE réclame une meilleure gouvernance, et un plus grand respect des droits de l'homme.

AIDE INTERNATIONALE

 89 M $ (reçus)   Moins 77 % en 1999

En raison de son importante production pétrolière, l'Algérie ne reçoit qu'une aide limitée. Au cours des années 1980, son économie devint dépendante des produits manufacturés d'Europe de l'Est payés en pétrole. Ce commerce s'effondra au cours des années 1990 et conduisit l'Algérie à demander des prêts à l'Ouest. Le rôle économique de plus en plus important joué par l'Occident en Algérie a, en dépit des critiques, conforté le régime dans la dureté de ses positions en matière de répression contre les islamistes. Le FMI a accordé des prêts à l'Algérie pour qu'elle s'acquitte des remboursements de sa dette à la condition qu'elle s'oriente vers une économie libérale.

ALGÉRIE

Superficie totale :
2 381 740 km²
(919 590 sq. miles)

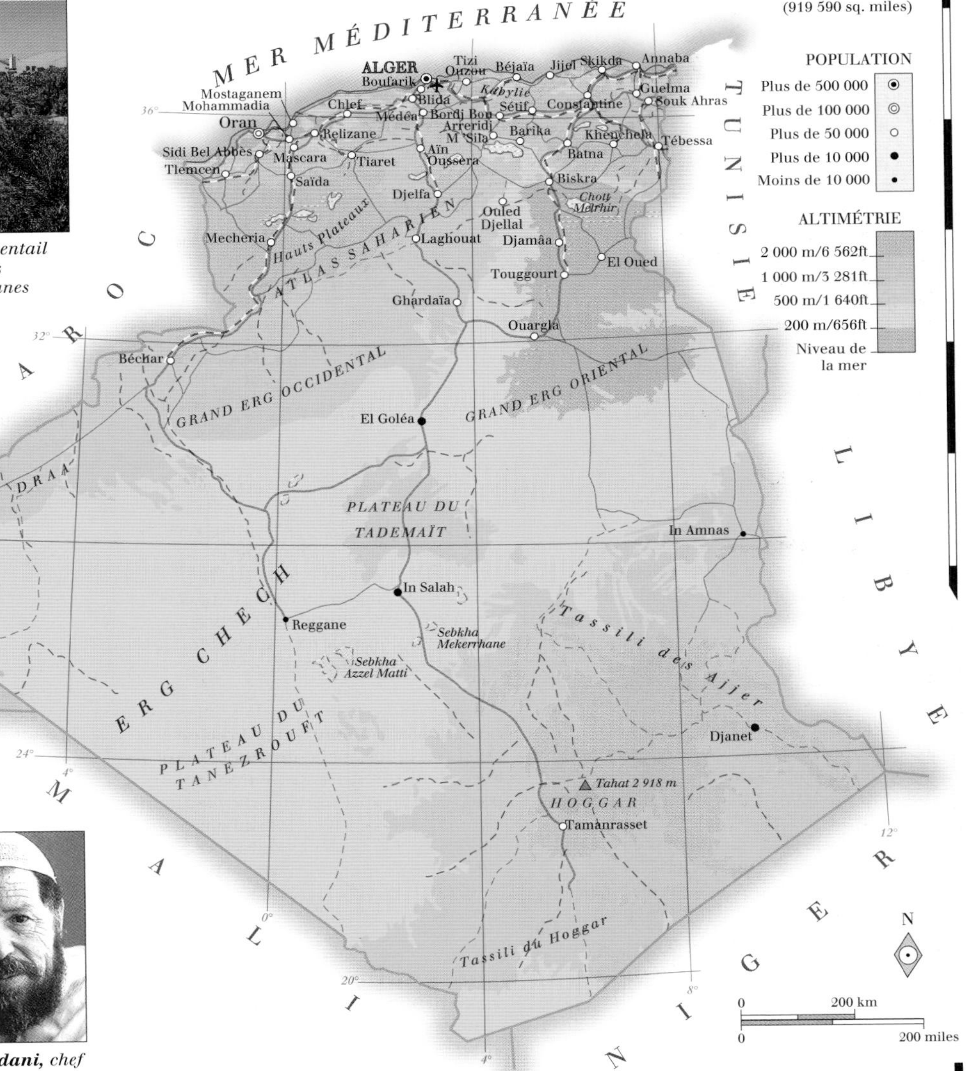

POPULATION

Plus de 500 000 ⊙
Plus de 100 000 ◎
Plus de 50 000 ○
Plus de 10 000 •
Moins de 10 000 •

ALTIMÉTRIE

2 000 m/6 562ft
1 000 m/3 281ft
500 m/1 640ft
200 m/656ft
Niveau de la mer

Ville du Sahara, *montrant le large éventail du paysage algérien, des riches jardins irrigués près des sources aux arides dunes de sable. 80 % de l'Algérie est un désert.*

Abdelaziz Bouteflika, *est président de la République depuis 1999.*

Abassi Madani, *chef du Front islamique du salut (FIS).*

A

CHRONOLOGIE

La France entreprit la conquête de l'Algérie en 1830. Les colons français occupèrent l'essentiel des meilleures terres dès 1900. En 1954, le Front de libération nationale (FLN) déclara la guerre à l'administration française.

❏ **1962** Instauration d'un cessez-le-feu suivi de l'indépendance de la République d'Algérie.
❏ **1965** La junte militaire renverse le gouvernement d'Ahmed Ben Bella.
❏ **1966** « Algérisation » du système judiciaire. Des tribunaux jugent les « crimes économiques ».
❏ **1971** Nationalisation de l'industrie pétrolière. Le président Boumédiène poursuit la réforme agraire, instaure un système de Sécurité sociale et une gestion « socialiste ».
❏ **1976** La Charte nationale institue un État socialiste.
❏ **1980** Libération de Ben Bella après 15 années de détention.
❏ **1985** Condamnation des deux chanteurs kabyles (berbères) les plus populaires à 3 ans d'emprisonnement pour s'être opposés au régime.
❏ **1987** Amorce de libéralisation économique. Accord de coopération avec l'Union soviétique.
❏ **1988** Actes de violence contre le FLN. État d'urgence. L'Algérie négocie la libération de passagers koweïtiens pris en otages.
❏ **1989** Réformes constitutionnelles qui réduisent le pouvoir du FLN. Création du Front islamique du salut (FIS). Fondation de l'UMA.
❏ **1990** Victoire du FIS aux élections municipales.
❏ **1991** Arrestation d'Abassi Madani et d'Ali Belhadj, dirigeants du FIS, qui remporte une large majorité à l'Assemblée nationale.
❏ **1992** Le président Chadli est renversé par l'armée. Le président Boudiaf est assassiné. Madani et Belhadj sont condamnés à 12 ans de réclusion.
❏ **1994** Actes de terrorisme du GIA.
❏ **1995** Élections présidentielles démocratiques remportées par Liamine Zéroual.
❏ **1996** Poursuite des massacres, notamment parmi le clergé catholique et les dirigeants du GIA.
❏ **1997** Madani est libéré mais interdit de toute activité politique.
❏ **1999** Bouteflika vainqueur d'élections boycottées par l'opposition.
❏ **2001** Nouveaux investissements gaz-pétrole, bénéfiques pour l'économie. Révolte kabyle.
❏ **2002** La langue kabyle est reconnue comme langue nationale. Victoire du FLN.
❏ **2003** Plus de 2000 morts dans un tremblement de terre. Libération de Madani et Belhadj.

DÉFENSE

 3,1 Md $ Moins 1 % en 1999

L'Armée de libération nationale (ALN), équipée d'armes russes, est la principale force politique. On redoute aujourd'hui l'éventualité d'une alliance entre militants musulmans et certaines franges de l'armée. Ce sont d'ailleurs d'anciens officiers qui dirigent le Groupe islamiste armé, faction sécessionniste du FIS, composée de rebelles extrémistes. L'armée est également soupçonnée d'avoir participé aux massacres d'un grand nombre d'islamistes.

FORCES ARMÉES ALGÉRIENNES

🛡	1 006 chars de combat (324 T-54, 55/ 332 T-62/ 350 T-72)	107 000 hommes
🚢	2 sous-marins, 3 frégates et 17 patrouilleurs	7 000 hommes
✈	214 avions de combat (Su-24, MiG-23NB, MiG-23BE, MiG-25, MiG-21MF/bis)	10 000 hommes
🚀	Aucun	

ÉCONOMIE

 51 Md $ 78,38 dinars algériens

CHIFFRES SIGNIFICATIFS

❏ CLASSEMENT DU PNB AU NIVEAU MONDIAL	47e
❏ PNB PAR HABITANT	1 650 $
❏ BALANCE DES PAIEMENTS	8,9 Md $
❏ INFLATION	3 %
❏ CHÔMAGE	30 %

INDICATEUR DES PERFORMANCES ÉCONOMIQUES

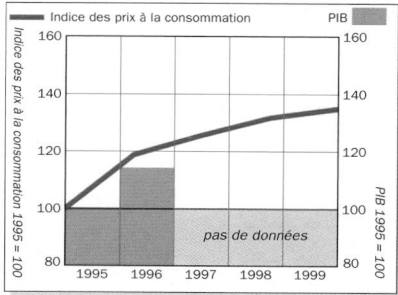

EXPORTATIONS

Pays-Bas 8 %
Espagne 11 %
Autres 32 %
France 12 %
ÉU 15 %
Italie 22 %

IMPORTATIONS

ÉU 5 %
Espagne 6 %
Allemagne 7 %
Italie 9 %
Autres 43 %
France 30 %

ATOUTS
Pétrole et gaz. Une collaboration récente avec des compagnies pétrolières occidentales devrait permettre d'augmenter la productivité. L'Algérie exporte du gaz naturel vers l'Europe et projette de construire un troisième gazoduc sous-marin en 2001-2002.

FAIBLESSES
Les troubles politiques menacent de nombreux projets et entraînent l'exode des Européens et autres travailleurs expatriés, dont le rôle est important dans l'économie algérienne. Manque de travailleurs qualifiés et taux de chômage élevé. Agriculture limitée. Pénurie de produits alimentaires de base. Marché noir en expansion.

PROFIL
Du temps du Front de libération nationale pro-soviétique, l'économie obéissait à une planification socialiste centralisée. À la suite de l'effondrement économique de l'Union soviétique, l'Algérie amorça un changement politique et s'orienta vers une économie de marché. La prise de pouvoir militaire de 1992 stoppa l'application de ces réformes qui a depuis été reprise sous la pression du FMI et de la Banque mondiale. L'ensemble des secteurs économiques les plus productifs reste sous le contrôle de l'État, bien que l'industrie pétrolière et, depuis 2001, les télécommunications encouragent les investissements privés. Un certain nombre de compagnies pétrolières occidentales signent des contrats de prospection avec Alger depuis que le gouvernement a accepté des accords plus compétitifs sur le partage de la production. Mais les investissements occidentaux risquent de rester à un niveau relativement bas tant que la situation politique sera instable.

ALGÉRIE : PRINCIPALES ACTIVITÉS

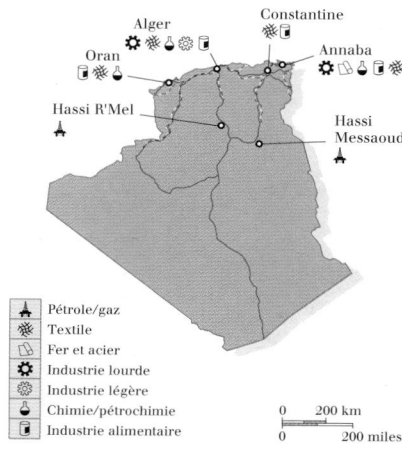

🔥 Pétrole/gaz
❋ Textile
▱ Fer et acier
✿ Industrie lourde
⊛ Industrie légère
🜊 Chimie/pétrochimie
📦 Industrie alimentaire

0   200 km
0   200 miles

RESSOURCES

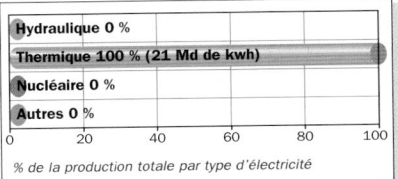

99 332 tonnes

18,2 M d'ovins
3,4 M de chèvres
1,7 M de bovins
110 M de volailles

1,6 M b/j (réserves : 9,2 Md de barils)

Pétrole, gaz naturel, fer, phosphates, plomb, zinc, argent, cuivre, or

PRODUCTION ÉLECTRIQUE

Hydraulique 0 %					
Thermique 100 % (21 Md de kwh)					
Nucléaire 0 %					
Autres 0 %					
0	20	40	60	80	100

% de la production totale par type d'électricité

La production de pétrole brut et de gaz naturel, ressources principales de l'Algérie, a commencé dans les années 1950. Les ressources minières comprennent également le minerai de fer, le zinc, l'argent, le minerai de cuivre, le plomb, l'or et les phosphates. Au cours des années 1960 et 1970, l'Algérie a mené une active politique d'industrialisation, investissant dans les matériaux de construction, les produits raffinés et l'acier. Même si l'agriculture emploie un quart des travailleurs algériens, son importance économique diminue. Les forêts nationales couvrent 2 % du territoire algérien. Elles sont principalement constituées de broussailles, mais on trouve également des chênes-lièges, des pins d'Alep, des chênes verts et des cèdres. La flottille de pêche est importante et permet la pêche industrielle de la sardine, de l'anchois, du thon et des crustacés.

ENVIRONNEMENT

3 %
(0,1 % partiellement protégé)

3,4 tonnes par habitant

TRAITÉS ÉCOLOGIQUES

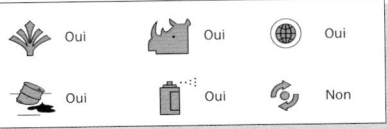

Oui   Oui   Oui

Oui   Oui   Non

Occupée au 4/5e de zones désertiques ou semi désertiques, l'Algérie compte plus de 90 % de sa population sur les 20 % de terres restants. Le désert progresse vers le Nord. La végétation, utilisée comme bois à brûler ou pour nourrir les animaux, est de plus en plus clairsemée. Elle fragilise les sols, que l'on s'efforce ensuite de préserver au moyen de technologies coûteuses. Les techniques de purification de l'eau sont insuffisamment développées ; le déversement incontrôlé d'eaux usées non traitées, ainsi que des déchets issus du raffinage pétrolier, aggravent la pollution des rivières.

MÉDIAS

38 quotidiens pour 1 000 habitants

PRESSE ET TÉLÉCOMMUNICATIONS

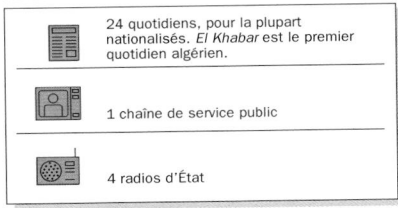

24 quotidiens, pour la plupart nationalisés. *El Khabar* est le premier quotidien algérien.

1 chaîne de service public

4 radios d'État

Les journaux, la télévision et la radio sont sous le contrôle de l'État et n'autorisent aucune critique des décisions gouvernementales. La télévision émet en arabe, français et kabyle (berbère). L'Algérie ne compte que 2 millions de téléviseurs. Les cinq principaux quotidiens tirent à 1,3 million d'exemplaires.

CRIMINALITÉ

Pas de chiffre sur la population carcérale

Criminalité en forte progression

TAUX DE CRIMINALITÉ.

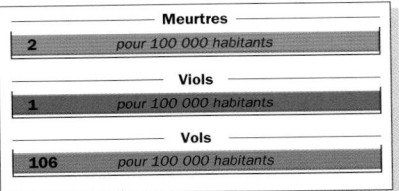

Meurtres	
2	pour 100 000 habitants

Viols	
1	pour 100 000 habitants

Vols	
106	pour 100 000 habitants

Des milliers de personnes ont été tués depuis 1992 par les islamistes radicaux. Les militants des droits de l'homme dénoncent l'existence d'escadrons de la mort pro-gouvernementaux persécutant les militants islamistes présumés.

ÉDUCATION

  68 %

 347 410 étudiants

LE SYSTÈME ÉDUCATIF

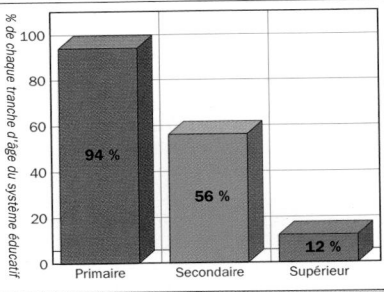

% de chaque tranche d'âge du système éducatif

Primaire 94 %
Secondaire 56 %
Supérieur 12 %

Plus des trois quarts des enfants en âge d'être scolarisés reçoivent une éducation officielle ; le taux d'alphabétisation est en progression. Depuis 1973, le programme a été arabisé et l'enseignement du français a diminué. L'usage de l'arabe dans la vie publique, et notamment dans l'enseignement, a été rendu obligatoire en 1996. Dix universités et sept écoles polytechniques assurent l'enseignement supérieur.

ALGÉRIE : UTILISATION DU SOL

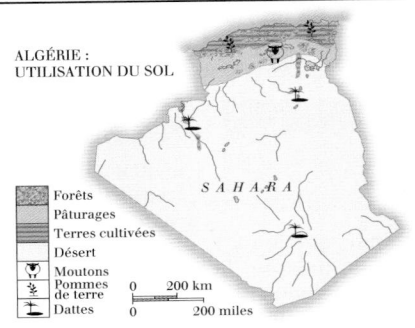

S A H A R A

Forêts
Pâturages
Terres cultivées
Désert
Moutons
Pommes de terre
Dattes

0   200 km
0   200 miles

SANTÉ

1 pour 1 000 habitants

Maladies cardiaques, respiratoires et cérébrovasculaires, malaria

Tous les Algériens bénéficient d'un système de soins médicaux gratuits. En dehors des villes, la médecine est rudimentaire. Le système médical est tellement surchargé que de nombreux Algériens se tournent vers les médecines alternatives. Le taux de mortalité infantile est bien inférieur à la moyenne d'Afrique du Nord.

RICHESSES

CONSOMMATION ET DÉPENSES

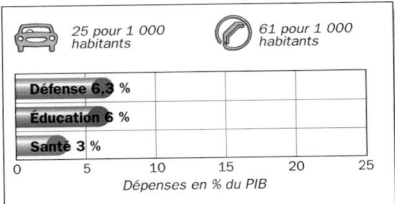

25 pour 1 000 habitants

61 pour 1 000 habitants

Défense 6,3 %				
Éducation 6 %				
Santé 3 %				
0	5	10	15	20	25

Dépenses en % du PIB

La disparité des revenus entre l'élite politique et le reste de la population est très prononcée. Le groupe social le plus riche est celui apparenté à l'armée. La forte inflation touchant les produits de première nécessité est néfaste à la majorité du peuple algérien.

CLASSEMENT MONDIAL

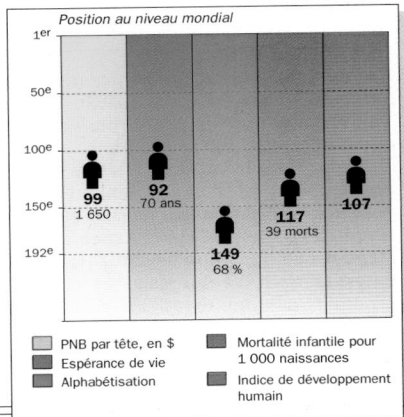

Position au niveau mondial

1er
50e
100e
150e
192e

99
1 650

92
70 ans

149
68 %

117
39 morts

107

PNB par tête, en $
Espérance de vie
Alphabétisation

Mortalité infantile pour 1 000 naissances
Indice de développement humain

A

ALLEMAGNE

NOM OFFICIEL : République fédérale d'Allemagne **CAPITALE** : Berlin
POPULATION : 82 millions **MONNAIE** : euro **LANGUE OFFICIELLE** : allemand

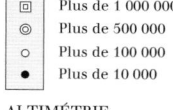

EUROPE
Europe
Pays-Bas — Danemark
Belgique — Pologne
ALLEMAGNE
Rép. tchèque
Luxembourg
France — Suisse — Autriche

  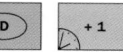 

1871 1990 3 oct. D + 1 + 49 .de

BORDÉE par la Baltique et la mer du Nord, l'Allemagne a des frontières communes avec neuf pays. Le Nord se caractérise par ses plaines et ses collines vallonnées, tandis que le relief du Sud est plus montagneux. Pays le plus peuplé d'Europe après la Russie, c'est aussi la première puissance économique européenne et le deuxième exportateur mondial. Unifiée dans les années 1870, l'Allemagne fut scindée en deux après la défaite des nazis en 1945. L'Est devint un État communiste intégré au bloc soviétique. L'effondrement du régime de la RDA en 1989 ouvrit la voie à la réunification. Les tensions créées par la différence de richesse entre l'Est et l'Ouest furent exacerbées par un taux de chômage record. Le gouvernement soutint fermement la construction de l'UE et adopta la monnaie unique, renonçant à ce symbole de la fierté allemande qu'était le deutsche Mark.

ALLEMAGNE

superficie totale : 349 520 km²
(134 910 sq. miles)

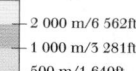

POPULATION

▣	Plus de 1 000 000
◉	Plus de 500 000
○	Plus de 100 000
•	Plus de 10 000

0   100 km
0   100 miles

ALTIMÉTRIE

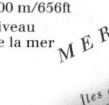

2 000 m/6 562ft
1 000 m/3 281ft
500 m/1 640ft
200 m/656ft
niveau de la mer

CLIMAT

DONNÉES MÉTÉOROLOGIQUES

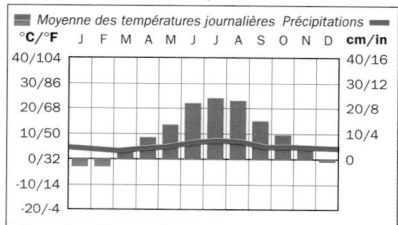

■ Moyenne des températures journalières Précipitations ■
°C/°F   J F M A M J J A S O N D   cm/in
40/104 .... 40/16
30/86 .... 30/12
20/68 .... 20/8
10/50 .... 10/4
0/32 0
-10/14
-20/-4

Les climats de l'Allemagne sont très variés. La vallée du Rhin supérieur se caractérise par un climat très doux favorable à la culture vinicole, tandis que les Alpes bavaroises, le massif de l'Harz et la Forêt-Noire sont des régions plus froides et connaissent des hivers enneigés.

TRANSPORTS

 Francfor-sur-le-Main International
45,8 M de passagers

 1 158 navires
8,1 M tpl

RÉSEAU DE TRANSPORT

	650 891 km (404 444 miles)		11 400 km (7 084 miles)
	37 559 km (23 339 miles)		7 467 km (4 640 miles)

L'Allemagne construisit les premières *Autobahnen* dès les années 1930. Aujourd'hui, le réseau autoroutier allemand est le plus complexe d'Europe. Malgré les protestations des écologistes, il n'y a généralement ni péages ni limitations de vitesse. Le réseau ferroviaire a été restructuré, étape préalable à une privatisation. La première ligne nord/sud du train à grande vitesse allemand, l'ICE, a été inaugurée en 1991, et suivie de nombreuses autres. Les transports urbains sont très efficaces.

TOURISME

 19 M de visiteurs   Plus 11 % en 2000

PROVENANCE DES TOURISTES ÉTRANGERS

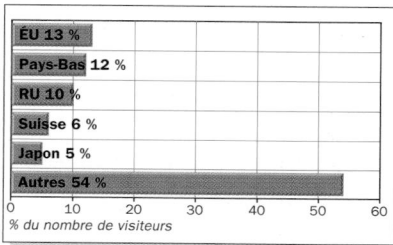

ÉU 13 %	
Pays-Bas 12 %	
RU 10 %	
Suisse 6 %	
Japon 5 %	
Autres 54 %	

0   10   20   30   40   50   60
% du nombre de visiteurs

L'Allemagne est un pays beaucoup moins touristique que la France ou l'Italie, en raison de son climat et de la situation septentrionale de ses plages. Les Alpes bavaroises, les châteaux de la vallée du Rhin et la Forêt Noire attirent cependant les visiteurs. Avant même la réunification, Berlin était un important pôle d'attraction touristique grâce à sa richesse culturelle et à la présence du mur qui séparait l'Ouest de l'Est communiste. Redevenue capitale de l'Allemagne, la ville est en pleine reconstruction.

La vallée du Stillach, dans les Alpes allgäu, en Bavière. Les forêts allemandes, généralement situées dans les régions montagneuses, sont durement affectées par les pluies acides.

POPULATION

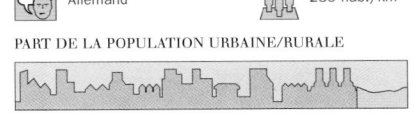

Allemand   235 hab./km²

PART DE LA POPULATION URBAINE/RURALE

87 %   13 %

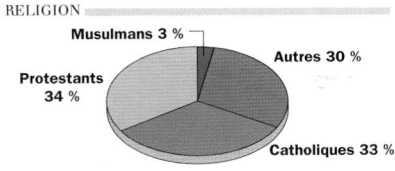

RELIGION

Musulmans 3 %
Autres 30 %
Protestants 34 %
Catholiques 33 %

COMPOSITION ETHNIQUE

Turcs 2 %
Autres européens 3 %
Autres 3 %
Allemands 92 %

La majorité de la population germanophone vit en Allemagne, même si on parle aussi allemand en Autriche, dans une grande partie de la Suisse et dans l'est de la France. Les Allemands parlent une seule et même langue, dont dérivent de nombreux dialectes, révélateurs de régionalismes très forts. Le nord de l'Allemagne est à large tendance protestante, tandis que le Sud, en particulier la Bavière, est catholique. Sur les 7,4 millions d'immigrés, on recense 2,1 millions de Turcs. Les *Gastarbeiter* (ouvriers invités), recrutés du milieu des années 1950 au milieu des années 1970, fournirent la main-d'œuvre nécessaire à la reconstruction économique. Grâce à une loi de 1999, leurs enfants peuvent obtenir plus facilement la nationalité allemande. En 1993, l'Allemagne a durci sa législation jusque-là libérale en matière de droit d'asile, suite à l'afflux de demandes issues de ressortissants de Russie et des pays de l'Est après l'effondrement du communisme. L'Allemagne a accueilli plus de réfugiés d'ex-Yougoslavie que tous les autres pays d'Europe réunis. Les partis d'extrême droite ont attisé et exploité le racisme de certains groupes de population et en particulier les jeunes chômeurs.
Pour ce qui est du rapport à la famille, le comportement des Allemands

diffère peu de celui des Américains ou des autres occidentaux. Des millions de couples vivent en concubinage, malgré la désapprobation de l'Église catholique. Le taux de natalité allemand est un des plus faibles d'Europe, et la population aurait même diminué sans l'afflux d'immigrés depuis les années 1950.
L'Allemagne a une forte tradition féministe. Les femmes ont les mêmes droits que les hommes devant la loi, et elles jouent un plus grand rôle dans la vie politique que dans la plupart des autres pays d'Europe. Les élections de 1998 ont amené 30% de femmes au Bundestag (l'Assemblée nationale). Elles sont six au gouvernement. Elles sont cependant moins nombreuses à occuper des fonctions de haut niveau dans les affaires et l'industrie. L'avortement demeure un problème de société. Les femmes de l'ex-RDA avaient le droit d'avorter sur demande. Aujourd'hui, un compromis de 1995 permet aux Allemandes d'avorter au cours des trois premiers mois de grossesse, à condition qu'elles aient reçu une assistance psychologique.

CHRONOLOGIE

L'unification allemande au XIXᵉ siècle a réuni une mosaïque d'États partageant la même langue mais pas la même histoire politique.

❏ **1815** Confédération germanique sous l'hégémonie de l'Autriche.
❏ **1834** Union douanière (le Zollverein) de 18 États, dont la Prusse.
❏ **1862** Otto von Bismarck nommé chancelier de Prusse.
❏ **1864–1870** Défaite de l'Autriche, du Danemark et de la France face à la Prusse. Les États du nord de l'Allemagne passent sous contrôle prussien.
❏ **1871** Les États du sud rejoignent l'empire allemand de Guillaume Iᵉʳ. La France cède l'Alsace et la Lorraine.
❏ **1870–1880** Industrialisation rapide.
❏ **1890** Guillaume II devient empereur. Bismarck limogé.
❏ **1914–1918** Première Guerre mondiale.
❏ **1918** L'Allemagne signe l'armistice. Fondation de la République de Weimar.
❏ **1919** Traité de Versailles : l'Allemagne perd ses colonies, et doit payer des réparations. Démilitarisation de la Rhénanie. La France récupère l'Alsace et la Lorraine.   ⇨

PYRAMIDE DES ÂGES

Femmes	Âge	Hommes
2,8 %	81–100	1,0 %
10,1 %	61–80	7,5 %
13,2 %	41–60	13,5 %
14,7 %	21–40	15,6 %
10,5 %	0–20	11,1 %

% de la population par tranche d'âge

A

CHRONOLOGIE *suite*

- ❏ **1923** La France occupe la Ruhr. Crise financière et inflation galopante.
- ❏ **1933** Victoire du parti nazi aux élections. Hitler, nommé chancelier, instaure la règle du parti unique. Réarmement.
- ❏ **1935** Lois de Nuremberg ; début de la persécution des juifs.
- ❏ **1936** Remilitarisation de la Rhénanie. Création de l'Axe, alliance avec l'Italie.
- ❏ **1938** Annexion de l'Autriche et des Sudètes.
- ❏ **1939** Invasion de la Pologne ; début de la Deuxième Guerre mondiale.
- ❏ **1940** Invasion de la France.
- ❏ **1941** Invasion de l'URSS.
- ❏ **1942–1943** Les Allemands sont repoussés par l'Armée Rouge à Stalingrad.
- ❏ **1945** Reddition de l'Allemagne, divisée en 4 zones d'occupation par les Alliés.
- ❏ **1949** Partition de l'Allemagne : régime communiste à l'Est, dirigé par Walter Ulbricht (1951-1971) puis Erich Honecker (1971-1989) ; à l'Ouest, démocratie libérale dont Konrad Adenauer (CDU) est le premier chancelier jusqu'en 1963.
- ❏ **1961** Édification du Mur de Berlin.
- ❏ **1969–1982** À l'Ouest, gouvernements SPD dirigés par Willy Brandt (1969-1974) puis Helmut Schmidt (1974-1982).
- ❏ **1973** Les deux Allemagnes entrent à l'ONU.
- ❏ **1982** À l'Ouest, gouvernement de coalition CDU-FDP dirigé par H. Kohl.
- ❏ **1989** Chute du Mur de Berlin
- ❏ **1990** Réunification de l'Allemagne. Premières élections du pays entier depuis 1933. H. Kohl (CDU) à la tête du gouvernement.
- ❏ **1998** Schröder élu (coalition Verts/SPD).
- ❏ **2001** Coalition à Berlin : SPD et ex-communistes.
- ❏ **2002** Réélection SPD/Verts.

La Messeturm *de Francfort est le complexe de bureaux le plus haut d'Europe. Francfort est le centre des services financiers de l'Allemagne et le siège d'un grand nombre de ses sociétés.*

POLITIQUE

 1998/2002   Johannes Rau, président de la République

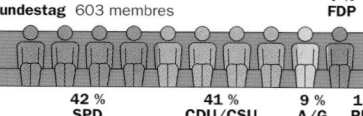

AUX DERNIÈRES ÉLECTIONS
Bundestag 603 membres   7 % FDP

42 % SPD   41 % CDU/CSU   9 % A/G   1 % PDS

SPD = Parti social-démocrate **CDU/CSU** = Union des chrétiens démocrates/parti chrétien-social
A/G = Alliance 90/Verts **FDP** = Parti démocrate libéral
PDS = Parti socialiste démocrate

Bundesrat 69 membres

Chacun des 16 états *(Länder)* est représenté par 3 à 6 membres.

L'Allemagne est une république fédérale constituée de 16 États ou *Länder*. Le gouvernement est dirigé par le chancelier, élu par le Bundestag (Chambre des députés). Le rôle du président est principalement institutionnel. La « Loi fondamentale » (*Grundgesetz*) de l'Allemagne de l'Ouest, mise en place en 1948, est devenue la Constitution de l'Allemagne réunifiée en 1990.

PRINCIPAUX PROBLÈMES POLITIQUES
L'Est et l'Ouest

Le coût réel de la réunification a quelque peu douché l'enthousiasme des Allemands, qui y étaient en grande majorité favorables après la chute du Mur en 1989. La reconstruction de l'Est, à laquelle 1000 Md de DM ont été consacrés, a en partie été financée par une hausse de l'impôt sur le revenu (la « surtaxe de solidarité »). L'Est demeure plus pauvre et ceux qui le quittent pour s'installer à l'Ouest ont parfois du mal à s'intégrer.

L'économie

Après 30 ans de croissance ininterrompue, les Allemands ont été très marqués par la récession des années 1990. Alors que le chômage touchait 4 millions de personnes, les dépenses publiques ont dû être réduites afin de satisfaire aux critères définis pour l'union monétaire européenne. La reprise de la croissance a permis au SPD, de retour au pouvoir en 1998, de s'attaquer à la réforme des retraites dans un climat apaisé.

Extrême droite et violence

Les partis d'extrême droite ont connu un regain de succès, en partie à cause de la hausse du chômage. Les travailleurs émigrés et demandeurs d'asile ont été la cible de violences. Eu égard à l'histoire de l'Allemagne, le problème du racisme y est un sujet particulièrement sensible.

PROFIL

La vie politique allemande, aujourd'hui très démocratique, possède aussi une longue tradition fédéraliste. Avant l'unification de 1871, l'Allemagne était une mosaïque de principautés, royaumes et villes-États distinctes, une diversité largement respectée par la Constitution mise en place par Bismarck. Le système fédéral ne fut aboli que pendant la période nazie, de 1933 à 1945. Il fut rétabli à l'Ouest par les Alliés en 1949. Les *Länder* de l'Est furent reconstitués après la réunification. Les *Länder* sont au cœur de la vie politique allemande. Chaque *Land* a son parlement élu et contrôle largement ses finances. Le budget des villes allemandes est plus important que celui des autres villes européennes, et le pouvoir des maires est très étendu. De l'avis général, ce système fonctionne bien.

Au plan national, l'Allemagne connaît une grande stabilité gouvernementale. Après la « grande coalition » de 1966-1969, des coalitions de centre gauche et de centre droit ont tour à tour gouverné pendant de longues périodes. En 1998, le leader modéré du SPD, Gerhard Schröder, a été élu chancelier face à Helmut Kohl, chef de la CDU. Si le gouvernement Schröder a connu une baisse de popularité rapide, le principal parti d'opposition, la CDU, s'est empêtrée dans un scandale financier en 2000. Kohl, discrédité, a été remplacé par Angela Merker, premier dirigeant de ce parti à venir de l'Est.

Helmut Kohl, *chancelier de 1982 à 1998 et ancien président de la CDU.*

Gerhard Schröder, *est chancelier à la place de Kohl depuis 1998.*

Joschka Fischer, *ministre des Affaires étrangères.*

A

POLITIQUE EXTÉRIEURE

Pendant la Guerre Froide, l'Allemagne divisée ne jouait qu'un rôle mineur dans les affaires internationales, pro-EU à l'ouest et pro-URSS à l'est. Après la réunification de 1990,

l'Allemagne élabora une politique étrangère digne du pays le plus puissant d'Europe.
En 2001, l'Allemagne dirigea la mission de maintien de la paix en Macédoine, et participa en 2001 à la " guerre contre le

terrorisme " en Afghanistan. Très critique de l'invasion américaine de l'Irak (2003), l'Allemagne soutient l'élargissement de l'UE, et dispose d'une grande influence en Europe orientale.

AIDE INTERNATIONALE

 5,52 Md $ (versés) Moins 1 % en 1999

Contrairement à ceux des ÉU, du RU et de la France, les plans d'aide de l'Allemagne ne sont pas motivés par le désir d'exercer une influence politique sur les régions pauvres du monde. Ces aides sont pour la plupart multilatérales, même si l'Allemagne effectue également des investissements directs depuis longtemps déjà. Une grande partie de ces aides est versée par des organisations émanant de l'Église, telle l'initiative protestante *Brot für die Welt*.

DÉFENSE

 31,1 Md $ Moins 8 % en 1999

Le retrait des troupes américaines et anglaises encore stationnées en Allemagne se poursuit. En 1994, la Cour Constitutionnelle a autorisé l'armée allemande, dont le rôle se limitait à la défense nationale, à prendre part à des opérations à l'étranger. L'Allemagne a participé au bombardement de la Serbie sous l'égide de l'OTAN en 1999, sa première opération militaire à l'étranger depuis 1945.

FORCES ARMÉES ALLEMANDES

	2 815 chars d'assaut (1033 Leopard 1A1/A3/ A4/A5, 1782 *Leopard 2*)	221 100 hommes
	14 sous-marins, 2 destroyers, 12 frégates, et 28 patrouilleurs	26 600 hommes
	559 avions de combat (154 F–4, 267 Tornado, 23 MIG–29, 84 Transall C–160)	73 300 hommes
	Aucun	

ÉCONOMIE

 1 940 Md $ 0,87 – 1,01 euro

CHIFFRES SIGNIFICATIFS

❏ Classement du PNB au niveau mondial	3ᵉ
❏ PNB par habitant	23 560 $
❏ Balance des paiements	3,82 Md $
❏ Inflation	2,5 %
❏ Chômage	10 %

EXPORTATIONS

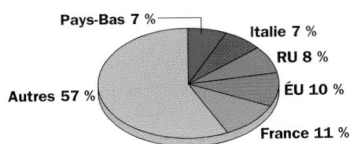

Pays-Bas 7 %, Italie 7 %, RU 8 %, ÉU 10 %, France 11 %, Autres 57 %

IMPORTATIONS

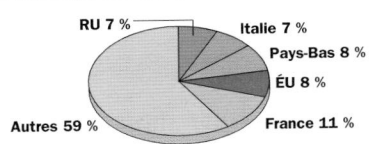

RU 7 %, Italie 7 %, Pays-Bas 8 %, ÉU 8 %, France 11 %, Autres 59 %

Atouts
Première puissance industrielle et, jusque dans les années 1990, meilleures performances économiques d'Europe. Reprise de la croissance en 2000. Faible inflation qui favorise les profits industriels. Les secteurs principaux sont la construction automobile, l'industrie lourde, l'électronique et la chimie.

Faiblesses
Le coût de la modernisation économique de l'Est a été sous-évalué. Lourdeur des charges sociales et en particulier des retraites, malgré la réforme de 2001. Concurrence des économies asiatiques.

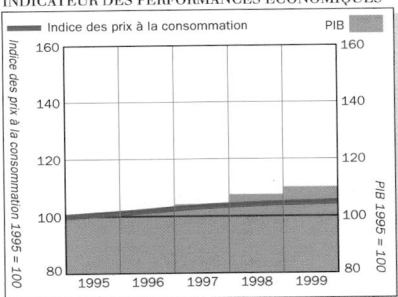

INDICATEUR DES PERFORMANCES ÉCONOMIQUES

Indice des prix à la consommation — PIB

Peu de petites entreprises ; le secteur des services est relativement peu développé.

Profil
Ruinée après la guerre, l'Allemagne est devenue la troisième puissance économique mondiale, un remarquable redressement fondé sur une économie sociale de marché, dans laquelle l'État garantit les droits des salariés et dispense des prestations sociales tandis que l'économie reste aux mains du secteur privé. Les grandes banques et entreprises sont privées, à l'exception de Volkswagen. Après la réunification, l'ex-RDA a bénéficié d'investissements massifs et les entreprises étatiques ont été vendues. Le gouvernement d'Helmut Kohl a réussi l'union monétaire européenne, et l'Allemagne a adopté l'euro en 1999. Le gouvernement SPD élu en 1998 s'est efforcé avec succès de réduire le chômage, qui atteignait 12,7% en 1997, et de soutenir la croissance, qui a dépassé les 3% en 2000 pour la première fois depuis 10 ans. La réforme fiscale doit permettre de ramener le budget à l'équilibre pour 2006. Le défi le plus important que l'Allemagne

ALLEMAGNE : PRINCIPALES ACTIVITÉS

Kiel, Hambourg, Berlin, Vallée de la Ruhr, Dresde, Francfort-sur-le-Main, Nuremberg, Munich, Stuttgart

Optique
Construction navale
Chimie
Électronique
Ingénierie
Recherche et développement
Construction automobile

0 200 km
0 200 mi

doit aujourd'hui relever est celui de la reconstruction de l'Est. L'agence de privatisation de l'État, la Treuhand a vendu toutes les entreprises autrefois publiques sous le régime communiste.

***La Potsdamer Platz**, à Berlin, a été rapidement reconstruite après la réunification pour devenir le cœur commercial de la capitale.*

A

RESSOURCES

 318,785 tonnes

 56,220 b/j
(réserves :
205 252 800 b)

 27 M de porcins
14,6 M de bovins
7,3 M de dindes
103 M de poulets

Charbon, gaz naturel,
pétrole, cuivre, sel,
potasse, étain, nickel

PRODUCTION ÉLECTRIQUE

Hydraulique 4 % (21 Md kWh)
Thermique 64 % (350 Md kWh)
Nucléaire 30 % (165 Md kWh)
Autres 2 % (10 Md kWh)

| 0 | 20 | 40 | 60 | 80 | 100 |

% de la production totale par type d'électricité

L'Allemagne dispose d'assez peu de ressources naturelles. Elle importe plus de 50% de ses besoins en énergie, surtout du pétrole et du gaz naturel. Le charbon, base de son industrialisation, ne fournit plus que 20% de sa consommation. La RFA a moins investi

ENVIRONNEMENT

 27 %

 10,4 tonnes
par habitant

TRAITÉS ÉCOLOGIQUES

	Oui		Oui		Oui
	Oui		Oui		Oui

Les Allemands figurent parmi les peuples les plus soucieux de l'environnement. Les campagnes menées par les Verts dès les années 1980 ont aussi influencé tous les grands partis. Au plan national, les Verts sont devenus une force significative au *Bundestag* et participent au gouvernement aux côtés du SPD depuis 1998. Ils sont bien représentés dans les parlements des *Länder* et les conseils municipaux. L'Allemagne a l'une des législations les plus sévères du monde en matière de contrôle de la pollution et s'est fixé des objectifs ambitieux en terme de réduction des émissions de gaz carbonique. Les Allemands recyclent la moitié de leur papier usagé, les trois quarts des pneus et du verre. Le débat sur le nucléaire a tourné à l'avantage des Verts : un programme de sortie graduelle du nucléaire a été approuvé en 2001, mais le traitement des déchets reste un problème. Dans les années 1980, une étude officielle a indiqué que 50% des arbres étaient malades ou à l'agonie, ce qui a incité l'Allemagne, avant tout autre pays, à exiger que les nouvelles voitures soient équipées de pots catalytiques. Des progrès ont été faits à l'Est pour réduire le taux de rejets sulfureux, auparavant le plus fort du monde.

que la France dans l'énergie nucléaire, et les centrales de l'ex-RDA ont été fermées. En 2000, la coalition « rouge-vert » au pouvoir a annoncé l'abandon progressif du nucléaire, qui fournit 30 % de l'électricité. L'Allemagne encourage le développement des énergies renouvelables.

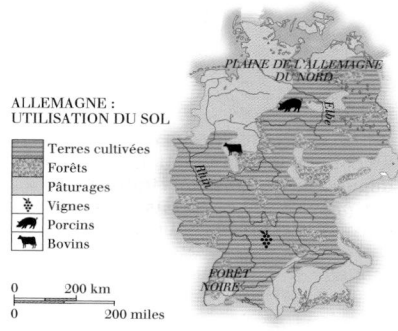

ALLEMAGNE :
UTILISATION DU SOL

Terres cultivées
Forêts
Pâturages
Vignes
Porcins
Bovins

| 0 | 200 km |
| 0 | 200 miles |

MÉDIAS

 311 quotidiens pour 1 000 habitants

PRESSE ET TÉLÉCOMMUNICATIONS

 375 quotidiens, dont la *Frankfurter allgemeine Zeitung*, la *Süddeutsche Zeitung* et *Die Welt*

 3 réseaux publics et plusieurs réseaux indépendants

 13 réseaux publics et plusieurs réseaux indépendants

La télévision allemande est surveillée par les partis politiques qui tiennent à ce que toutes les tendances soient équitablement représentées. Les deux principales chaînes publiques, ARD et ZDF, ont vu leur audience décroître au profit des chaînes par câble et satellites. Les grands groupes comme Kirch (en faillite au printemps 2002) ou Bertelsmann se sont étendus à l'étranger.

Le château de Neuschwanstein, en Bavière, est l'un des sites touristiques les plus prisés d'Allemagne. C'est Louis II, le roi excentrique, qui l'a fait construire.

ÉDUCATION

 99 %

 2,1 M d'étudiants

LE SYSTÈME ÉDUCATIF

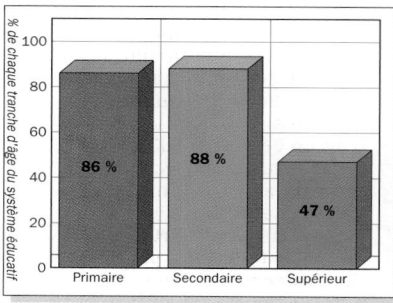

% de chaque tranche d'âge du système éducatif

100			
80	86 %	88 %	
60			47 %
40			
20			
0	Primaire	Secondaire	Supérieur

Le gouvernement consacre presque un dixième du budget fédéral à l'éducation, qui est gérée par les *Länder*. En ce domaine, ils disposent d'une grande autonomie même s'ils coordonnent leur politique scolaire. Le système éducatif allemand insiste sur le savoir académique et l'apprentissage professionnel, au détriment du sport et des activités culturelles. Les élèves désirant aller à l'Université préparent l'*Abitur* (équivalent du baccalauréat) au lycée. Le cursus universitaire, jusqu'ici de sept ans en moyenne, a été réduit dans un souci d'harmonisation avec l'étranger. Le secteur de la recherche est autant le domaine des grandes entreprises que des universités.

CRIMINALITÉ

 68 396 détenus

 Moins 3 % en
1996–1998

TAUX DE CRIMINALITÉ

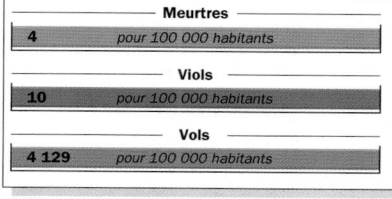

	Meurtres	
4	pour 100 000 habitants	
	Viols	
10	pour 100 000 habitants	
	Vols	
4 129	pour 100 000 habitants	

Le taux de criminalité de l'Allemagne est l'un des plus bas d'Europe. Les Allemands sont respectueux de l'ordre et disposent de forces de police efficaces. Depuis peu, l'augmentation du chômage a entraîné une recrudescence des larcins et de la violence visant notamment les immigrés.
La politique allemande, qui jouissait auparavant d'une réputation irréprochable, a été entachée d'affaires de corruption. Quiconque enfreint les lois de protection de l'environnement risque jusqu'à dix ans de prison.

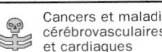

A

BERLIN, LA RÉUNIFICATION ET L'EUROPE CENTRALE

La « République de Bonn », créée en Allemagne de l'Ouest après guerre, a symboliquement pris fin en septembre 1999. Bonn peut néanmoins s'enorgueillir d'avoir accueilli pendant 50 ans la seule démocratie parlementaire allemande durable à ce jour. Si la décision de faire de Berlin la capitale de l'Allemagne réunifiée était inscrite dans le traité de réunification de 1990, dix ans furent nécessaires pour confirmer le transfert à la fois du gouvernement et du parlement – le Bundestag ne vota son déménagement qu'en 1994. Cinq ans plus tard, un mois après l'installation du chancelier Schröder à Berlin, le Bundestag y tint sa première session.

L'impressionnant dôme de verre du nouveau Reichstag à Berlin.

PROJETS POUR BERLIN
L'Assemblée s'est installée dans le bâtiment de l'ancien Reichstag, redessiné par l'architecte anglais Norman Foster. Surmonté d'un dôme de verre et éclairé la nuit de l'intérieur, il se veut le symbole du Berlin moderne, placé sous le signe de la prouesse technique et architecturale. Le transfert des institutions fédérales, le développement du commerce et du tourisme ont entraîné un boum de la construction à Berlin qui, avec 3,5 millions d'habitants, est la plus grande ville allemande. L'intense vie culturelle et artistique a aussi amélioré son image aux yeux du public et des médias internationaux. Berlin doit cependant faire face à de nombreux problèmes, dont un taux de chômage beaucoup plus élevé que dans le reste du pays, et un déclin de ses industries de base. L'exode urbain, qui voit population et entreprises quitter les centres des

grandes villes pour les régions avoisinantes, est une tendance constante en Allemagne depuis plusieurs décennies, mais le processus se produit à un rythme beaucoup plus rapide à Berlin. La ville a encore des efforts à faire pour inciter les grands groupes à y installer leur siège : parmi les principales compagnies nationales, seules 12 sont domiciliées à Berlin, contre 40 à Hambourg, Munich ou Francfort.

LE COÛT ÉLEVÉ DE LA RÉUNIFICATION
Le coût de la réunification a de loin dépassé les estimations initiales. Si des progrès ont été réalisés dans les télécommunications et le transport ferroviaire, la plupart des infrastructures à l'Est ne sont pas au niveau de celles de l'Ouest, malgré les colossales subventions versées (équivalentes à 7 % du PIB des *Länder* de l'Ouest par an pendant une décennie). Le chômage y est plus élevé, la productivité moindre et les conditions de vie moins bonnes qu'ailleurs.

LE NOUVEAU CENTRE DE GRAVITÉ DE L'ALLEMAGNE
Avec la réunification et le transfert de la capitale, le centre de gravité de l'Allemagne s'est déplacé. La chute du communisme dans l'ancien bloc soviétique a renforcé le rôle de l'Allemagne en Europe Centrale, et son influence économique y est aujourd'hui très forte. Jusqu'ici, l'Allemagne était fermement ancrée en Europe occidentale, en termes économiques par la CEE puis l'UE, et sur un plan politico-militaire avec son appartenance à l'OTAN. Le futur élargissement européen laisse cependant présager l'émergence d'un puissant axe France-Allemagne-Pologne dans l'Europe du XXIe siècle.

Manifestation de chômeurs allemands pour le droit au travail.

SANTÉ

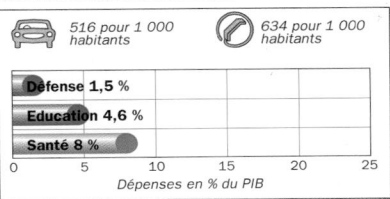

1 pour 286 habitants

Cancers et maladies cérébrovasculaires et cardiaques

La sécurité sociale allemande, fondée par Bismarck, offre l'une des meilleures couvertures du monde. L'assurance maladie est obligatoire et les cotisations que l'employeur et le salarié doivent payer sont élevées. La plupart des hôpitaux sont gérés par les *Länder* mais certains sont aujourd'hui encore la propriété des Églises particulièrement riches d'Allemagne. Les Allemands se préoccupent de plus en plus de leur santé et surveillent leur régime alimentaire. Ils sont des millions à partir en cure, chaque année, dans l'une des 200 stations thermales que compte le pays.

RICHESSES

CONSOMMATION ET DÉPENSES

516 pour 1 000 habitants

634 pour 1 000 habitants

Défense 1,5 %		
Éducation 4,6 %		
Santé 8 %		

0   5   10   15   20   25
Dépenses en % du PIB

Les classes sociales sont quasi inexistantes en Allemagne. Nombre de membres de la classe dirigeante se sont en effet compromis pendant la période nazie, tandis que des millions de familles ont perdu leurs biens pendant la guerre. Le statut social d'un individu est aujourd'hui surtout fonction des biens qu'il possède. À l'Ouest, les disparités sont moins importantes que dans le reste de l'Europe ; les ouvriers sont bien payés et les prestations sociales avantageuses. Toutefois, les salaires de la partie Est sont toujours de 10 % inférieurs à ceux de l'Ouest et le nombre de chômeurs vivant de prestations sociales est très élevé.

CLASSEMENT MONDIAL

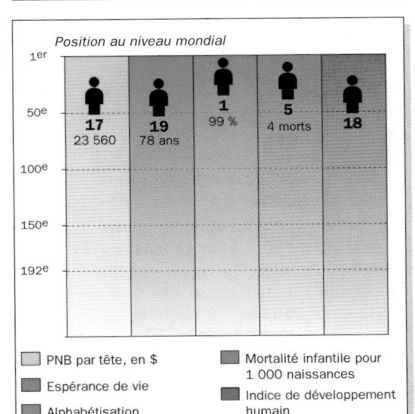

Position au niveau mondial

1er				
50e	**17** 23 560	**19** 78 ans	**1** 99 %	**5** 4 morts	**18**
100e				
150e				
192e				

■ PNB par tête, en $
■ Espérance de vie
■ Alphabétisation
■ Mortalité infantile pour 1 000 naissances
■ Indice de développement humain

ANDORRE

NOM OFFICIEL : Principauté d'Andorre **CAPITALE :** Andorre-la-Vieille
POPULATION : 68 243 **MONNAIE :** euro **LANGUE OFFICIELLE :** catalan

EUROPE

MINUSCULE principauté, Andorre est située aux confins de la France et de l'Espagne dans la partie orientale des Pyrénées. Depuis le XIIIᵉ siècle, elle est placée sous l'autorité de coprinces français et espagnols (aujourd'hui le président de la République française et l'évêque d'Urgel). En décembre 1993, la principauté a organisé les premières véritables élections de son histoire. Grâce à ses magnifiques paysages, son climat alpin, ses stations de ski et ses magasins hors-taxe, le tourisme est devenu sa principale source de revenus.

Les remarquables paysages de montagne de la principauté attirent 500 000 skieurs par an.

CLIMAT

DONNÉES MÉTÉOROLOGIQUES

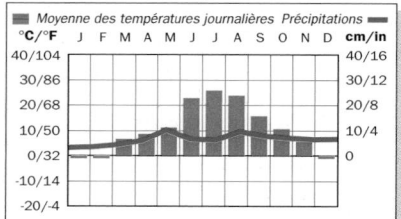

Le printemps est humide et frais tandis que l'été bénéficie d'un temps chaud et sec. Grâce aux chutes de neige de décembre et janvier, les pistes sont skiables jusqu'au mois de mars.

TRANSPORTS

 Aucun   Pas de flotte

RÉSEAU DE TRANSPORT

 198 km (123 miles)   Aucune

Aucune   Aucune

La route qui mène de France en Espagne monte jusqu'à 2 704 m et traverse l'un des plus beaux cols d'Europe. Les mois d'été, la circulation aux alentours d'Andorre-la-Vieille est souvent chargée. En 2001, le gouvernement a annoncé le projet de construction d'un réseau de chemin de fer aérien.

TOURISME

 2,35 M de visiteurs   Plus 5 % en 1999

PROVENANCE DES TOURISTES ÉTRANGERS

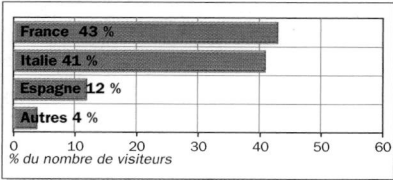

France 43 %	
Italie 41 %	
Espagne 12 %	
Autres 4 %	

% du nombre de visiteurs

La plupart des touristes viennent en Andorre pour skier ou faire des achats. L'industrie touristique traditionnelle repose sur l'excursion à la journée de visiteurs français et espagnols attirés par les nombreux magasins de produits de luxe. La principauté compte cinq stations de ski spécialisées dans le ski de fond et qui, l'été, accueillent les randonneurs de haute montagne. Elle est également un haut lieu pour tous les amateurs de fleurs sauvages et d'ornithologie. Bien que peu encouragée, la chasse au sanglier y est très prisée et celle du chamois y est autorisée avec un permis spécial.

POPULATION

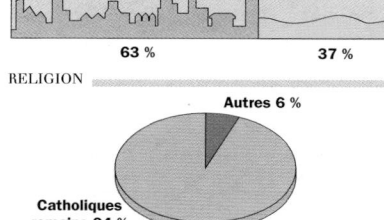 Espagnol, catalan, français, portugais   144 hab./km²

PART DE LA POPULATION URBAINE/RURALE

63 %   37 %

RELIGION

Autres 6 %
Catholiques romains 94 %

L'immigration est sévèrement contrôlée et limitée par quota aux seuls ressortissants français et espagnols qui viennent travailler en Andorre.

POLITIQUE

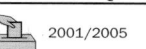 2001/2005    Jacques Chirac et Joan Marti Alanis, coprinces

AUX DERNIÈRES ÉLECTIONS

Conseil général des vallées 28 membres

54 % PLA   **21 % PSD**   **18 % PD**   **7 % UL**

PLA = Parti libéral d'Andorre **PSD** = Parti social-démocrate
PD = Parti démocratique **UL** = Unió Laurediana

14 membres sont élus sur une liste nationale et 14 autres dans 7 paroisses à raison de deux membres par paroisse.

Andorre est resté un État semi-féodal jusqu'en 1993, date à laquelle un référendum valida les mesures démocratiques qui légalisaient les partis politiques et le droit de grève, et modifiaient par ailleurs ses relations avec les coprinces. Le PLA, le parti au pouvoir conduit par Marc Forné, a été deux fois réélu.

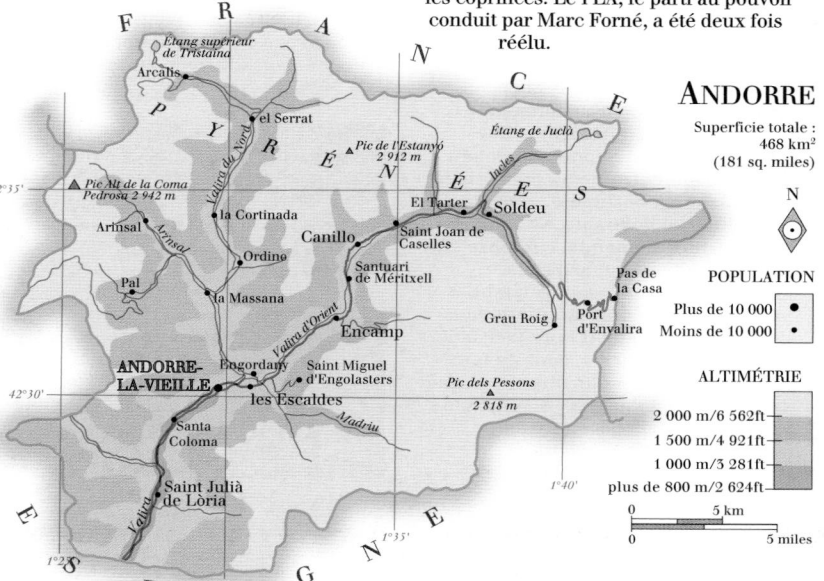

ANDORRE

Superficie totale : 468 km² (181 sq. miles)

N

POPULATION
Plus de 10 000 ●
Moins de 10 000 ·

ALTIMÉTRIE
2 000 m/6 562ft
1 500 m/4 921ft
1 000 m/3 281ft
plus de 800 m/2 624ft

0   5 km
0   5 miles

POLITIQUE EXTÉRIEURE

Depuis 1991, Andorre fait partie de l'Union douanière européenne et applique sa politique commerciale et ses tarifs douaniers. Son statut de paradis fiscal lui a valu les critiques de l'OCDE en 2000.

AIDE INTERNATIONALE

 Andorre ne reçoit ni ne verse aucune aide.   Ne s'applique pas

La principauté d'Andorre ne reçoit ni ne verse aucune aide internationale, et ne projette pas de le faire.

DÉFENSE

 Andorre n'a pas de budget de Défense.   Ne s'applique pas

L'Andorre n'a pas de budget de Défense ; la France et l'Espagne assurent sa protection. L'intervention française de 1933 fut la dernière action militaire sur le sol andorran.

ÉCONOMIE

 1 Md   0,915 euro

CHIFFRES SIGNIFICATIFS

- ❏ CLASSEMENT DU PNB AU NIVEAU MONDIAL ..150ᵉ
- ❏ PNB PAR HABITANT ....19 368 $
- ❏ BALANCE DES PAIEMENTS ...Incl. dans le total espagnol
- ❏ INFLATION ....4,3 %
- ❏ CHÔMAGE ....Faible

ATOUTS
Le tourisme est à la base de l'économie. Des lois sur le secret bancaire ont fait d'Andorre un paradis fiscal. Prospérité du commerce de détail dans les produits de luxe. Principales productions agricoles : céréales, pommes de terre et tabac.

FAIBLESSES
Le pouvoir décisionnaire en matière de politique économique appartient à la France et à l'Espagne. Andorre dépend de ses importations pour les produits alimentaires et les matières premières.

EXPORTATIONS

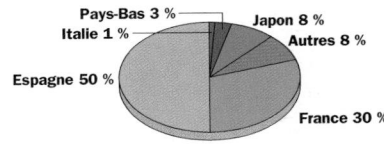

Pays-Bas 3 % — Japon 8 %
Italie 1 % — Autres 8 %
Espagne 50 %
France 30 %

IMPORTATIONS

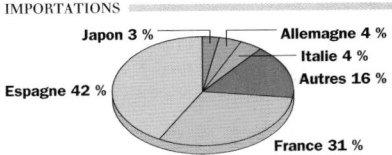

Japon 3 % — Allemagne 4 %
Italie 4 %
Autres 16 %
Espagne 42 %
France 31 %

RESSOURCES

 Aucun   Pays non producteur ; pas de raffinerie

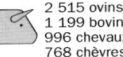 2 515 ovins
1 199 bovins
996 chevaux
768 chèvres

 Aucun

L'eau représente la principale ressource et l'énergie hydroélectrique satisfait l'essentiel des besoins du pays. Andorre importe pourtant deux fois plus d'électricité qu'elle n'en produit mais projette de développer sa production d'énergie éolienne. La forêt couvre un tiers du pays.

ENVIRONNEMENT

 Aucune   Non disponible

Les retombées du flot annuel de touristes sur l'environnement préoccupent beaucoup les autorités. La prolifération des hôtels, stations de ski et axes de communication menace la flore exceptionnelle de la principauté, ses magnifiques paysages de montagne et encourage par ailleurs la déforestation. Même si elles ne sont plus encouragées, les chasses au sanglier et au chamois des Pyrénées restent très prisées. Des mesures visant à protéger certaines espèces animales font leur apparition.

MÉDIAS

 60 quotidiens pour 1 000 habitants

PRESSE ET TÉLÉCOMMUNICATIONS

 2 quotidiens : *Diari d'Andorra* et *El Periòdic d'Andorra*

 1 chaîne privée   2 radios indépendantes

Andorre reçoit la plupart des chaînes de télévision françaises et espagnoles. Une chaîne de télévision privée espagnole diffuse une heure de programme par jour spécifiquement destinée au pays.

CRIMINALITÉ

 Pas de chiffre sur la population carcérale   Moins 18 % en 1996-1998

Les touristes sont la cible privilégiée des voleurs qui, pour la plupart, ne sont pas andorrans. Le vol de voitures de luxe destinées à être revendues en France et en Espagne est en progression. Andorre a deux cours de justice : les *Tribunaux de Cortes*.

ÉDUCATION

 99 %   1 659 étudiants

Andorre compte 30 écoles où l'enseignement se fait en catalan, en français et en espagnol, ainsi que quelques écoles religieuses et une institution privée de langue anglaise.

CHRONOLOGIE

Depuis 1278, Andorre est autonome, gouvernée par les coprinces français et espagnols.

- ❏ **1970** Droit de vote des femmes.
- ❏ **1982** La première Constitution institue la souveraineté populaire.
- ❏ **1983** Le Conseil général vote en faveur de l'impôt sur le revenu.
- ❏ **1984** Le gouvernement démissionne après avoir tenté d'instituer un impôt indirect.
- ❏ **1991** L'union douanière européenne entre en application.
- ❏ **1992** Manifestations politiques réclamant une réforme constitutionnelle. Démission du gouvernement.
- ❏ **1993** Un référendum approuve la nouvelle Constitution.
- ❏ **1994** Chute du gouvernement remplacé par un cabinet libéral de centre-droit réélu en 1997 et en 2001.

SANTÉ

 1 pour 455 habitants    Maladies cardiaques et cérébrovasculaires

Andorre compte un hôpital public et un hôpital privé.

RICHESSES

CONSOMMATION ET DÉPENSES

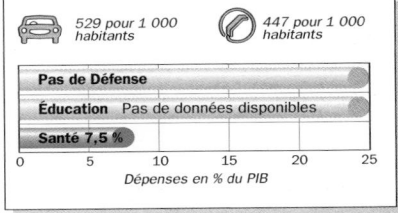

529 pour 1 000 habitants   447 pour 1 000 habitants

Pas de Défense		
Éducation	Pas de données disponibles	
Santé 7,5 %		

0   5   10   15   20   25
Dépenses en % du PIB

Les propriétaires hôteliers forment la classe sociale la plus riche ; beaucoup choisissent d'aller s'installer en Espagne.

CLASSEMENT MONDIAL

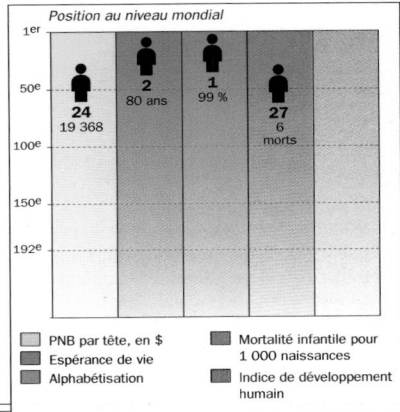

Position au niveau mondial

1er
50ᵉ
100ᵉ
150ᵉ
192ᵉ

24 — 19 368
2 — 80 ans
1 — 99 %
27 — 6 morts

- ▢ PNB par tête, en $
- ▢ Espérance de vie
- ▢ Alphabétisation
- ▢ Mortalité infantile pour 1 000 naissances
- ▢ Indice de développement humain

A

ANGOLA

NOM OFFICIEL : République d'Angola **CAPITALE** : Luanda
POPULATION : 13,9 millions **MONNAIE** : nouveau kwanza **LANGUE OFFICIELLE** : portugais

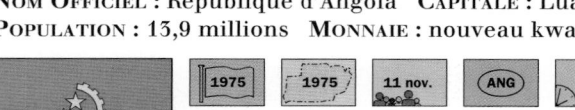
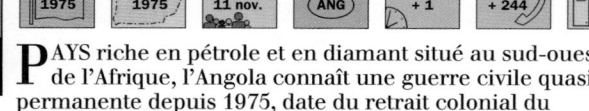

| 1975 | 1975 | 11 nov. | ANG | + 1 | + 244 | .ao |

PAYS riche en pétrole et en diamant situé au sud-ouest de l'Afrique, l'Angola connaît une guerre civile quasi permanente depuis 1975, date du retrait colonial du Portugal. L'Angola resta pendant de nombreuses années un enjeu stratégique de la guerre froide sur le sol africain, avec pour protagonistes l'Unita, soutenue par l'Occident, et le MPLA aidé par l'Union soviétique. Le protocole de Lusaka mis en place par l'ONU en 1994 n'a pas permis de résoudre le conflit.

Luanda, la capitale angolaise. Fondée en 1575 par les Portugais, elle devint par la suite un port de transit pour les esclaves à destination du Brésil.

CLIMAT

DONNÉES MÉTÉOROLOGIQUES

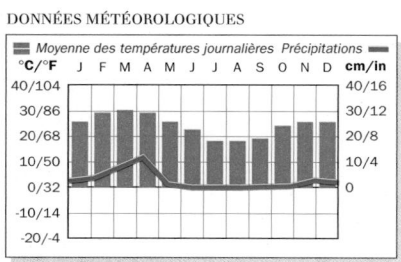

Le climat varie de tropical à tempéré.

TRANSPORTS

Luanda International 766 077 passagers	123 navires 73 907 tpl

RÉSEAU DE TRANSPORT

19 156 km (11 903 miles)	La guerre civile a détruit une grande partie du réseau.
2 952 km (1 834 miles)	1 295 km (805 miles)

La guerre a détruit les infrastructures, limitant la circulation des populations et des marchandises, et anéanti le trafic portuaire. Les forces de maintien de la paix de l'ONU ont axé leur travail sur le déminage et la réfection des routes, ponts et voies ferrées.

TOURISME

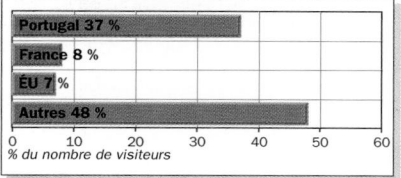

45 000 visiteurs	Moins 13 % en 1999

PROVENANCE DES TOURISTES ÉTRANGERS

Portugal 37 %	
France 8 %	
ÉU 7 %	
Autres 48 %	

% du nombre de visiteurs : 0 10 20 30 40 50 60

L'Angola est une zone de conflit armé depuis son indépendance. Jusqu'à la fin des années 90, les journalistes occidentaux ou les employés des multinationales pétrolières de Cabinda représentaient l'essentiel des visiteurs.

POPULATION

Portugais, umbundu, kimbundu, kongo	10 hab./km²

PART DE LA POPULATION URBAINE/RURALE

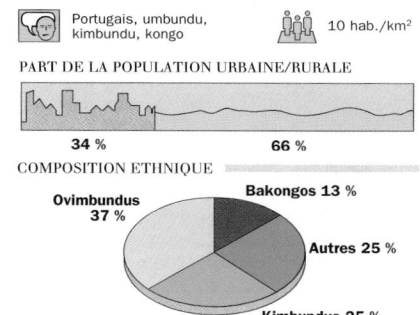

34 %   66 %

COMPOSITION ETHNIQUE

- Ovimbundus 37 %
- Bakongos 13 %
- Autres 25 %
- Kimbundus 25 %

L'Unita s'est proclamée seule représentante des Ovimbundus, communautés principalement rurales, de manière à pouvoir attaquer le MPLA à prédominance kimbundu ou métisse (Portugais-Africains) soutenu par la population urbaine. La religion connaît un renouveau depuis que le MPLA a abandonné son orientation marxiste dans les années 1980.

POLITIQUE

1992/1998 (reportées)	José Eduardo dos Santos, président de la République

AUX DERNIÈRES ÉLECTIONS
Assemblée nationale 223 membres

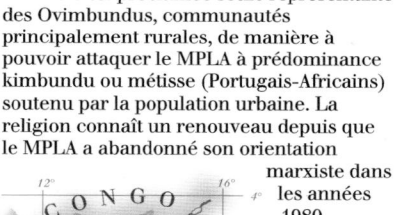

| 58 % MPLA-PT | 31 % UNITA | 2 % FNLA | 1 % Vacants |

3 % 1 % 4 %
PRS PLD Autres

MPLA-PT = Mouvement populaire de libération de l'Angola – Parti travailliste **UNITA** = Union nationale pour l'indépendance totale de l'Angola **PRS** = Parti du renouveau social **FNLA** = Front national pour la libération de l'Angola **PLD** = Parti libéral démocrate
Les sièges attribués aux résidants à l'étranger restent vacants.

En 1991, le MPLA, au pouvoir depuis 1975, abandonna le régime à parti unique et remporta les premières élections libres du pays en 1992. Suite à l'échec de Jonas Savimbi, candidat de l'Unita, la guerre civile reprit. Les deux groupes rivaux signèrent un protocole de paix à Lusaka (Zambie) en 1994, stipulant la formation d'un gouvernement d'union nationale. Les ministres de l'Unita y participèrent à partir de 1997 avant d'en être exclus en 1998 en raison de l'intensification des combats. Un nouveau gouvernement à prédominance MPLA fut constitué en 1999. Le décès de Savimbi, tué le 2 février 2002, met fin à 27 ans de guerre civile.

ANGOLA

Superficie totale :
1 246 700 km²
(481 351 sq. miles)

POPULATION	ALTIMÉTRIE
Plus de 1 000 000	2 000 m/6 562 ft
Plus de 100 000	1 000 m/3 281 ft
Plus de 50 000	500 m/1 640 ft
Plus de 10 000	200 m/656 ft
Moins de 10 000	Niveau de la mer

0 — 200 km
0 — 200 miles

POLITIQUE EXTÉRIEURE

L'Angola fut au cours des années 80 un enjeu stratégique de la guerre froide en Afrique mais depuis 1992, l'Unita a perdu le soutien de la communauté internationale. Début 2000, le contrôle du commerce international de diamants a été resserré en soutien aux sanctions commerciales prises par l'ONU contre les régions dominées par l'Unita. L'Unita est intervenue au Congo (ancien Zaïre) pour y préserver son influence après l'assassinat du président congolais Laurent-Désiré Kabila en 2001.

AIDE INTERNATIONALE

 388 M $ (reçus)   Plus 16 % en 1999

Les donateurs (UE, ÉU, Banque mondiale et Japon) ont accordé en 1995 une aide d'un milliard de $ pour la reconstruction

DÉFENSE

 1 Md $ Plus 3 % en 1999

Le projet d'intégrer les troupes de l'Unita au sein d'une armée nationale a échoué. En 1998, 30 000 rebelles de l'Unita ont tenté de prendre le contrôle de 68 régions. Même si le gouvernement annonçait en 2000 la reprise de 92 % du territoire, les combats se sont poursuivis en 2001.

ÉCONOMIE

 6,71 Md $ 43,3 – 78,25 nouveaux kwanza

CHIFFRES SIGNIFICATIFS

❏ Classement du PNB au niveau mondial	102e
❏ PNB par habitant	500 $
❏ Balance des paiements	– 355 M $
❏ Inflation	153 %
❏ Chômage	50 %

ATOUTS

Importantes recettes pétrolières. Le gouvernement espère l'augmentation du nombre d'installations offshore. Un des plus riches gisements miniers d'Afrique.

FAIBLESSES

Guerre civile. Destruction des réseaux de transports. Dix millions de mines posées à travers le pays.

EXPORTATIONS

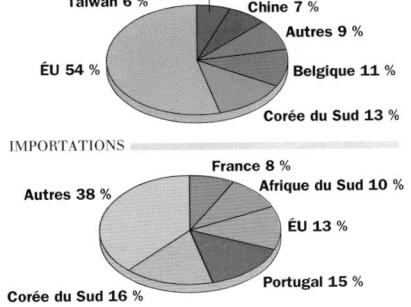

IMPORTATIONS

RESSOURCES

 72 189 tonnes

 7 35 000 b/j (réserves : 5,4 Md de barils)

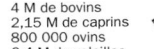 4 M de bovins 2,15 M de caprins 800 000 ovins 6,4 M de volailles

 Pétrole, diamant, fer, cuivre, plomb, zinc, or, manganèse

Découverte de gisements pétrolifères en eau profonde. Les gisements alluvionnaires de diamants se trouvent principalement dans les territoires contrôlés par l'Unita.

ENVIRONNEMENT

 7 % (1 % partiellement protégé)   0,5 tonne par habitant

Réseau de distribution des eaux endommagé par la guerre. L'Unita pratiquerait le braconnage de l'ivoire.

MÉDIAS

 11 quotidiens pour 1 000 habitants

PRESSE ET TÉLÉCOMMUNICATIONS

 2 quotidiens : *O Jornal de Angola* et *Diário da República*

 1 chaîne publique   3 radios : 1 publique et 2 indépendants

L'ONU accuse le MPLA de faire de « la propagande de guerre ».

CRIMINALITÉ

 Pas de chiffre sur la population carcérale   Moins 70 % de 1992 à 1996

Le meurtre, le vol, la corruption et le trafic sont monnaie courante en Angola. Les droits de l'homme sont bafoués autant par l'Unita que le MPLA. Certaines multinationales aident l'Unita à violer les sanctions qui lui sont imposées.

ÉDUCATION

  40 %    6 331 étudiants

Relance de l'instruction scolaire dans les villes grâce à l'action de l'Adra, une initiative soutenue par le gouvernement.

CHRONOLOGIE

En 1482, les Portugais se construisent les premiers forts érigés sur la côte.

- ❏ **1975** Indépendance. Guerre civile entre le MPLA et l'Unita.
- ❏ **1979** José Eduardo dos Santos (MPLA) accède à la présidence.
- ❏ **1991** Paix sous l'égide de l'ONU.
- ❏ **1992** La victoire du MPLA aux élections entraîne la reprise des combats par l'Unita.
- ❏ **1994** Accords de paix de Lusaka.
- ❏ **1998** Reprise de la guerre civile.
- ❏ **2000** Multiplication des attaques de l'Unita.
- ❏ **2002** Savimbi, chef de l'UNITA, est tué. Cessez-le-feu.
- ❏ **2004** Fin de 27 années de guerre civile.

SANTÉ

 1 pour 20 000 habitants   Malaria, maladies diarrhéiques et respiratoires, grave malnutrition

Le système médical a du mal à prendre en charge les milliers de blessés de guerre et à faire face à la menace épidémique. Le nombre d'amputés (victimes des mines) est le plus élevé au monde.

RICHESSES

CONSOMMATION ET DÉPENSES

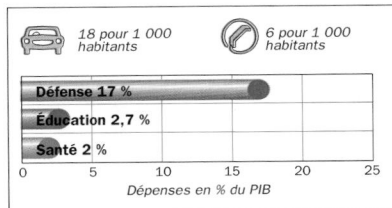

Seuls les hauts fonctionnaires ont accès aux produits de luxe des magasins privés du MPLA et aux voitures. Le reste de la population, dans sa majorité, ne fait que survivre. Le MPLA accuse ses dirigeants de se livrer à l'exploitation illégale du diamant.

CLASSEMENT MONDIAL

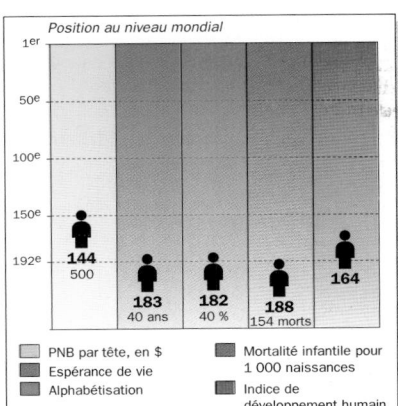

A

ANTARCTIQUE

NOM OFFICIEL : Antarctique   **CAPITALE** : Aucune
POPULATION : Aucune   **MONNAIE** : Aucune   **LANGUE OFFICIELLE** : Aucune

 1961   1961    aucun   aucun   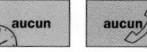 aucun   aucun   .aq

ANTARCTIQUE

CINQUIÈME continent de par sa superficie, l'Antarctique est presque entièrement recouvert de glace sur une épaisseur de 2 km. Ses territoires abritent une grande variété d'animaux sauvages. Le Traité de l'Antarctique, signé en 1959 et en vigueur depuis 1961, prévoit une administration internationale. Pour accéder au statut consultatif, les pays candidats doivent mettre en place et participer activement à un programme de recherche scientifique sur le continent. Suite à un accord signé en 1994, une réserve de baleines classée zone protégée a vu le jour au large du continent.

POPULATION

 Anglais, espagnol, français, norvégien, chinois, polonais, russe, allemand, japonais

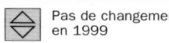 Ne s'applique pas

COMPOSITION ETHNIQUE

La population australe est instable, constituée d'Américains, d'Anglais, de Français, de Norvégiens, d'Argentins, de Chiliens, de Chinois, de Russes, de Polonais et de Japonais, qui participent en général à des programmes de recherche.

CLIMAT

DONNÉES MÉTÉOROLOGIQUES

■ *Moyenne des températures journalières* *Précipitations* ■

°C/°F	J F M A M J J A S O N D	cm/in
40/104		40/16
30/86		30/12
20/68		20/8
10/50		10/4
0/32		0
-10/14		
-20/-4		
-30/-22		
-40/-40		
-50/-58		
-60/-76		

L'Antarctique est le continent à la fois le plus exposé aux vents et le plus froid. Des vents violents sont à l'origine d'une zone de tempêtes qui encercle le continent et apporte nuages, brouillards et blizzards glaciaux. Les icebergs interdisent l'accès à plus de 90 % du littoral. Depuis quelques années, les changements climatiques sont de plus en plus fréquents et importants. La glace de l'Antarctique représente plus de 80 % des réserves mondiales d'eau douce.

TRANSPORTS

 Pistes d'atterrissage pour certaines stations

 Pas de flotte

Le moyen de transport le plus répandu pour se rendre en Antarctique est le bateau, également utilisé pour les recherches. Le trafic aérien au départ du Chili se développe et la France et le RU construisent de nouvelles pistes d'atterrissage.

TOURISME

🧳 9 400 visiteurs   ⬍ Pas de changement en 1999

Le tourisme se fait à bord de navires de croisière qui vont de la péninsule Antarctique à la mer de Ross en passant par les îles subantarctiques. Depuis 1983, les Chiliens proposèrent des vols à destination de l'île King George où l'on a construit un hôtel de 80 lits. Les pôles d'attraction sont les animaux sauvages, le ski, les visites de stations scientifiques et de huttes historiques. L'essor touristique perturbe les programmes scientifiques et il est capital de le réglementer.

L'Antarctique n'a pas de population autochtone. Seul 80 colons chiliens vivent de manière permanente sur l'île King George. Le reste de la population est constitué de scientifiques et de personnel logistique qui se partagent entre les 40 stations de recherche permanente et la centaine de bases temporaires. Les stations sont généralement trop éloignées les unes des autres pour permettre aux différentes nationalités de se rencontrer.

ANTARCTIQUE

Superficie totale : 13 900 000 km² (5 366 790 sq. miles)

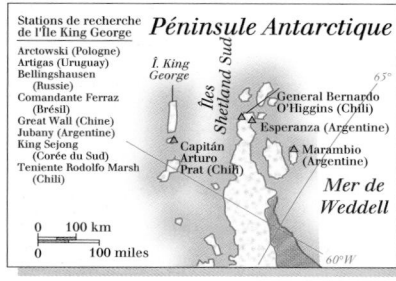

REVENDICATIONS TERRITORIALES

△ Revendication australienne
△ Revendication argentine
△ Revendication britannique
△ Revendication chilienne
△ Revendication française
△ Revendication néo-zélandaise
△ Revendication norvégienne
⬚ Zone d'intérêt brésilienne

Le canal de Neumayer, Antarctique. De nombreux États font pression pour que l'Antarctique devienne une réserve naturelle classée zone protégée.

POLITIQUE

 Ne s'applique pas Partis consultatifs du Traité de l'Antarctique

PAS DE CORPS LÉGISLATIF OU CONSULTATIF

12 nations ont signé le Traité de l'Antarctique en 1959. Des réunions consultatives ont lieu chaque année pour débattre de questions d'ordre scientifique, écologique et politique.

Le Traité de l'Atlantique compte 27 pays signataires et 17 États bénéficiant du statut d'observateur. L'Antarctique fait l'objet de revendications territoriales australiennes, françaises, néo-zélandaises et norvégiennes. La Péninsule Antarctique, quant à elle, est partagée entre l'Argentine, le Chili et le RU en trois zones de revendications territoriales qui se recouvrent partiellement. Ces revendications ne sont pas reconnues par les autres pays. L'adoption de toute une série de mesures de protection de l'environnement est au centre des débats. Elles prévoient notamment le contrôle de toutes les activités scientifiques et des poursuites judiciaires contre les pays dont les recherches seraient préjudiciables à l'environnement planétaire.

POLITIQUE EXTÉRIEURE

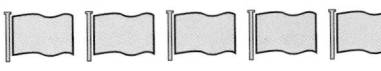

Les nations désireuses de voir l'Antarctique devenir une réserve s'opposent à celles soutenant des revendications territoriales.

AIDE INTERNATIONALE

 Recherche subventionnée par l'État dont il dépend   Soumise aux budgets gouvernementaux des pays respectifs

Les programmes scientifiques en Antarctique sont essentiellement subventionnés par des agences gouvernementales du pays d'origine.

DÉFENSE

 Pas de forces défensives   Ne s'applique pas

Le Traité de l'Antarctique stipule que l'Antarctique ne peut être utilisé qu'à des fins pacifiques.

ÉCONOMIE

 Ne s'applique pas   L'Antarctique n'a pas de monnaie

La recherche est subventionnée par l'État dont elle dépend.

RESSOURCES

 Inclus dans le total des pêches nationales   Pays non producteur qui ne possède pas de raffinerie

 Aucun   Activité minière interdite

L'essentiel des ressources de l'Antarctique vient du milieu marin. Une campagne des groupes écologiques, soutenue par la France et l'Australie, pour exiger l'interdiction de l'activité minière et faire de l'Antarctique une réserve naturelle aboutit en 1991 à un accord imposant une interdiction de 50 ans de l'extraction minière et en 1994 à l'établissement d'une réserve de baleines. On encourage l'utilisation de ressources énergétiques de substitution aux combustibles fossiles, comme l'énergie solaire ou les génératrices pour éoliennes.

ENVIRONNEMENT

 L'essentiel de l'Antarctique est protégé   Non disponible

L'Antarctique est l'un des derniers grands espaces sauvages de la planète. Il a fallu des millénaires pour que se forme la couche de glace qui atteint une épaisseur de 4 000 m par endroits. Le continent antarctique abrite certaines espèces animales uniques comme le manchot royal. La pêche à outrance du krill, de la morue et du calmar constitue l'une des principales préoccupations écologiques de l'Antarctique, tout comme la désintégration des icebergs, la diminution de la couche d'ozone et les diverses réactions en chaîne dues au réchauffement de la planète. En 1994, la IWC (Commission baleinière internationale) a accepté la proposition française visant à faire de l'Antarctique une réserve naturelle de baleines. Cette réserve, ajoutée à celle de l'océan Indien, constitue un espace protégé pouvant satisfaire les besoins alimentaires de 90 % des baleines du monde.

MÉDIAS

 Aucun quotidien n'est imprimé en Antarctique.

Certaines bases diffusent une feuille d'information destinée à la population locale. On trouve quelques stations de radio.

CRIMINALITÉ

 Il n'existe pas de prison en Antarctique   La criminalité est insignifiante

Toutes les personnes vivant en Antarctique sont soumises aux lois de leur pays respectif.

ÉDUCATION

 Ne s'applique pas   Aucun

Il existe des écoles sur les bases chilienne et argentine. L'enseignement s'aligne sur le système d'éducation du pays correspondant. Certains scientifiques voient leurs travaux récompensés par l'obtention d'un diplôme plus élevé. La recherche menée en Antarctique a conduit à des découvertes scientifiques capitales, comme celle de la diminution de la couche d'ozone.

SANTÉ

 1 médecin du travail par station   Très peu de décès recensés en Antarctique

Chaque base a son propre médecin du travail. Les problèmes liés aux conditions polaires (gelures, cécité des neiges) sont très rares. Le contrôle médical auquel est soumis le personnel avant son arrivée permet de limiter le nombre de maladies graves. Les patients atteints de maladies graves ne peuvent pas être traités sur place et doivent être évacués.

RICHESSES

Les écarts de revenus reflètent les niveaux de subventions accordées à chacune des bases. Les bases américaines sont les plus riches. Les autres voient leurs budgets varier en fonction de la politique intérieure du pays dont elles dépendent. Chaque station possède des téléviseurs et des magnétoscopes. Les réseaux téléphoniques ont une portée locale. Les stations sont équipées d'ordinateurs destinés à la recherche scientifique. Aucune voiture.

CLASSEMENT MONDIAL

L'indice de développement humain de l'ONU ne s'applique pas à l'Antarctique

A

ANTIGUA ET BARBUDA

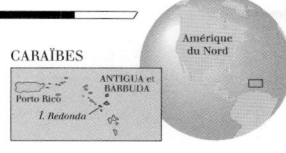

CARAÏBES

NOM OFFICIEL : Antigua et Barbuda   **CAPITALE** : Saint John's   **POPULATION** : 66 400
MONNAIE : dollar des Caraïbes orientales   **LANGUE OFFICIELLE** : anglais

1981 | 1981 | 1ᵉʳ nov. | AG | - 4,5 | + 1268 | .ag

SITUÉE entre l'océan Atlantique et la mer des Caraïbes, Antigua, une des îles sous le Vent, a tour à tour été une colonie espagnole, française et britannique. L'influence britannique y est encore très forte, comme en témoigne la passion nationale pour le cricket. Deux îles éloignées sont placées sous sa dépendance : Barbuda, à 48 km au nord-est, célèbre pour ses magnifiques plages, et Redonda, îlot rocheux inhabité gouverné par un roi, situé à 40 km au sud-ouest d'Antigua.

CLIMAT

DONNÉES MÉTÉOROLOGIQUES

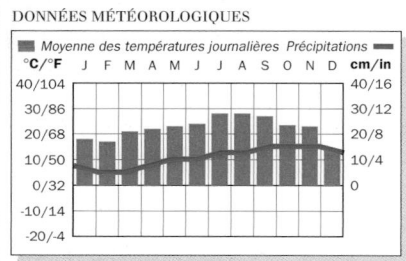

Moyenne des températures journalières Précipitations

Antigua est moins humide que les autres îles des Caraïbes. Il y fait moins chaud grâce aux alizés qui soufflent à longueur d'année.

TRANSPORTS

 VC Bird International, Saint John's
727 292 passagers

 575 navires
2,79 M tpl

RÉSEAU DE TRANSPORT

🛣	250 km (155 miles)		Aucune
🚂	77 km (48 miles)		Aucune

Deux projets récents de plusieurs millions de dollars des Caraïbes orientales ont permis d'agrandir l'aéroport international et de bitumer 140 km de routes.

TOURISME

 207 000 visiteurs   Moins 11 % en 2000

PROVENANCE DES TOURISTES ÉTRANGERS

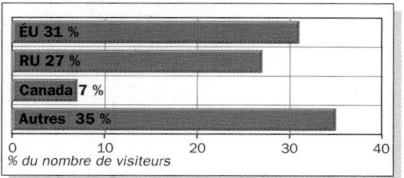

ÉU 31 %		
RU 27 %		
Canada 7 %		
Autres 35 %		

% du nombre de visiteurs

La Semaine de la voile qui a lieu chaque année attire les riches propriétaires de yachts. Nelson's Dockyard, chantier de constructions navales du XVIIIᵉ siècle à Saint John's, est un centre d'intérêt touristique privilégié.

POPULATION

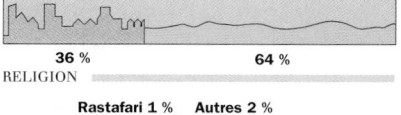 Anglais, dialecte anglais   151 hab./km²

PART DE LA POPULATION URBAINE/RURALE

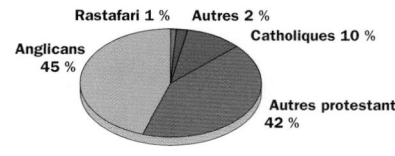

36 %   64 %

RELIGION

Rastafari 1 %   Autres 2 %   Catholiques 10 %
Anglicans 45 %   Autres protestants 42 %

La population d'Antigua descend en majorité des Africains amenés entre les XVIᵉ et XIXᵉ siècles. On recense également un certain nombre d'Européens et de Sud-Asiatiques. Les tensions interethniques sont rares. La société repose sur la famille étendue. Depuis les années 1960, la condition des femmes s'est améliorée grâce à un meilleur accès à l'éducation. Elles commencent aujourd'hui à faire carrière dans les milieux juridiques, financiers et médicaux. Le taux de chômage est bas et les différences sociales sont peu marquées.

ANTIGUA ET BARBUDA

Superficie totale : 440 km² (170 sq. miles)

POLITIQUE

 Ch. basse 1999/2004
Ch. haute 1999/2004   Sa Majesté
la reine Elisabeth II

AUX DERNIÈRES ÉLECTIONS

Chambre des représentants 17 membres

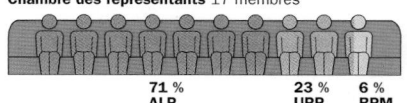

71 %   23 %   6 %
ALP   UPP   BPM

ALP = Parti travailliste d'Antigua   **UPP** = Parti progressiste uni   **BPM** = Mouvement du peuple de Barbuda

Sénat 17 membres

Les membres du sénat sont nommés. 11 membres sont désignés par le Premier ministre, 4 par le chef de l'opposition, 1 par le gouverneur général et 1 par le conseil de Barbuda.

La démocratie pluraliste d'Antigua est dominée depuis 40 ans par la famille Bird. Vere Bird père, Premier ministre et dirigeant de l'ALP, se retira de la scène politique en 1994. Ses deux fils, Vere junior et Lester se disputèrent la succession jusqu'à ce que Vere junior soit écarté des fonctions ministérielles en 1990 après avoir été accusé de participation à un trafic d'armes. En mars 1999, l'ALP, conduit par Lester Bird, a remporté les élections générales pour la sixième fois consécutive.

POLITIQUE EXTÉRIEURE

Antigua soutient la politique des ÉU dans les Caraïbes, que ce soit l'invasion de Grenade en 1983 ou les sanctions économiques contre Cuba.

AIDE INTERNATIONALE

 11 M $ (reçus)    Plus 10 % en 1999

Les principaux pays donateurs sont les ÉU, le RU, la France, le Koweït, le Japon et l'UE. En 1998, l'opposition a accusé le régime Bird de manipuler le versement de l'aide allouée aux victimes des ouragans pour remporter les élections.

DÉFENSE

 4 M $ Pas de changement en 1999

L'armée compte 160 hommes. Les rumeurs selon lesquelles le gouvernement avait secrètement importé des armes des ÉU en 1998 ont été démenties. Antigua loue deux bases militaires aux ÉU.

ÉCONOMIE

 606 M $ 2,70 dollars des Caraïbes orientales

CHIFFRES SIGNIFICATIFS

- ❑ CLASSEMENT DU PNB AU NIVEAU MONDIAL ..165ᵉ
- ❑ PNB PAR HABITANT ....8 990 $
- ❑ BALANCE DES PAIEMENTS ....– 40 M $
- ❑ INFLATION ....1,6 %
- ❑ CHÔMAGE...7 %

ATOUTS
Tourisme, développement de l'infrastructure hôtelière. Services financiers et des communications liés aux activités financières extraterritoriales.

FAIBLESSES
Économie peu diversifiée. Le blanchiment de fonds d'origine étrangère nuit à la réputation du pays.

EXPORTATIONS

Saint Kitts and Nevis 6 %
Trinité-et-Tobago 7 %
Dominique 7 %
Montserrat 8 %
Autres 61 %
La Barbade 11 %

IMPORTATIONS

Trinité-et-Tobago 6 %
ÉU 30 %
RU 11 %
Italie 25 %
Autres 28 %

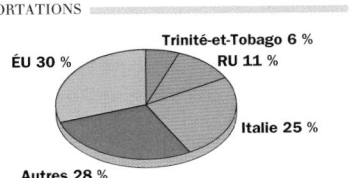

Nelson's Dockyard. *Les yachts de luxe offrent un étonnant contraste avec le port du XVIIIᵉ siècle de Saint John's.*

RESSOURCES

 500 tonnes   Pays non producteur

 15 700 bovins
12 200 ovins
90 000 volailles

Aucun

Antigua ne possède aucune ressource stratégique et dépend de ses importations pour satisfaire ses besoins énergétiques.

ENVIRONNEMENT

 9 %   5,1 tonnes par habitant

L'évacuation des vidanges des hôtels du front de mer cause de sérieux problèmes. Les eaux usées non traitées ont décimé une précieuse faune aquatique dans les mangroves d'Antigua.

MÉDIAS

 91 quotidiens pour 1 000 habitants

PRESSE ET TÉLÉCOMMUNICATIONS

1 quotidien : le *Daily Observer*

1 chaîne publique, 1 chaîne indépendante

5 radios : 1 publique et 4 indépendantes

Il est probable que l'incendie qui a détruit le matériel d'imprimerie de l'hebdomadaire *The Outlet* en 1998 ait été d'origine criminelle. L'une des radios indépendants d'Antigua est rattachée à l'opposition.

CRIMINALITÉ

 Pas de chiffre sur la population carcérale   Moins 2 % de 1992 à 1996

Les meurtres sont rares. Les viols, les vols à main armée, les cambriolages et le blanchiment de capitaux étrangers constituent l'essentiel des délits.

ÉDUCATION

95 %   631 étudiants

L'enseignement repose sur le système sélectif anglais (examen d'entrée en sixième). Les étudiants poursuivent leurs études à l'université des Indes occidentales, au RU ou aux ÉU.

CHRONOLOGIE

Antigua devint une colonie britannique en 1667. Barbuda, ancienne propriété de la famille britannique Codrington, fut annexée en 1860.

- ❑ **1951** La population adulte accède au suffrage universel.
- ❑ **1981** Indépendance. Le mouvement séparatiste barbudien s'y oppose.
- ❑ **1983** Soutient l'invasion de Grenade par les Américains.
- ❑ **1994** Lester Bird est élu Premier ministre.
- ❑ **1995** Mouvement de protestation contre la levée de nouveaux impôts.
- ❑ **1999** L'ALP remporte les élections pour la sixième fois consécutive. Lester Bird est réélu Premier ministre.

SANTÉ

 1 pour 1 316 habitants   Maladies cardiaques et respiratoires, cancers

Comparativement aux autres pays des Caraïbes, le système de santé d'Antigua est très efficace et permet l'hospitalisation rapide des malades. Un nouvel hôpital a été construit à St John's.

RICHESSES

CONSOMMATION ET DÉPENSES

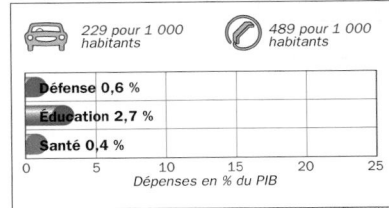

229 pour 1 000 habitants   489 pour 1 000 habitants

Défense 0,6 %
Éducation 2,7 %
Santé 0,4 %

0   5   10   15   20   25
Dépenses en % du PIB

Les Antiguais les plus riches travaillent dans l'industrie touristique, un secteur en pleine expansion ; certains d'entre eux participeraient au blanchiment d'argent. Le taux de chômage est relativement bas.

CLASSEMENT MONDIAL

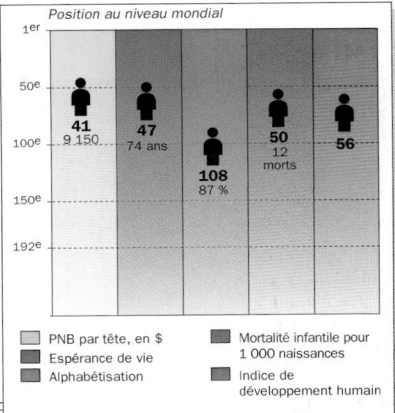

Position au niveau mondial

1ᵉʳ
50ᵉ
100ᵉ
150ᵉ
192ᵉ

41 — 9 150
47 — 74 ans
108 — 87 %
50 — 12 morts
56

◻ PNB par tête, en $
◻ Espérance de vie
◻ Alphabétisation
◻ Mortalité infantile pour 1 000 naissances
◻ Indice de développement humain

A

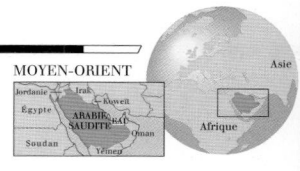
MOYEN-ORIENT
Asie
Afrique

ARABIE SAOUDITE

NOM OFFICIEL : Royaume d'Arabie Saoudite   **CAPITALE** : Riyad

POPULATION : 21,7 millions   **MONNAIE** : riyal saoudien   **LANGUE OFFICIELLE** : arabe

 1932 1932 23 sept. 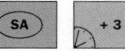 SA + 3 + 966 .sa

L'ARABIE SAOUDITE couvre l'essentiel de la péninsule arabique et s'étend sur une superficie comparable à celle de l'Europe de l'Ouest. Plus de 95 % de son territoire sont désertiques ; le désert du Rub'Al-Khali situé au Sud-Est, aussi surnommé le « quartier vide », est la région la plus aride. L'Arabie Saoudite dispose des réserves de pétrole et de gaz naturel les plus importantes du monde ainsi que de raffineries et d'entreprises pétrochimiques très développées. Le pays abrite les deux villes saintes de l'Islam, Médine et La Mecque, qui reçoivent chaque année deux millions de visiteurs venus pour le pèlerinage – le *haj*.
La famille Al-Saoud détient le pouvoir absolu en Arabie Saoudite depuis 1932.

TOURISME

3,7 M de visiteurs   Plus 3 % en 1998

PROVENANCE DES TOURISTES ÉTRANGERS

Iran 16 %	
Pakistan 10 %	
Turquie 10 %	
Égypte 10 %	
Yémen 6 %	
Autres 48 %	

0   10   20   30   40   50   60
% du nombre de visiteurs

CLIMAT

DONNÉES MÉTÉOROLOGIQUES

■ Moyenne des températures journalières   Précipitations ▬
°C/°F J F M A M J J A S O N D cm/in
60/140   60/24
50/122   50/20
40/104   40/16
30/86   30/12
20/68   20/8
10/50   10/4
0/32   0

La province de l'Asir, située au Sud, est la seule à enregistrer des précipitations régulières, ce qui a permis un développement agricole. Les cultures du plateau central doivent être irriguées à l'aide de puits artésiens. À l'intérieur des terres, les températures atteignent régulièrement 48 °C mais en hiver, elles peuvent descendre à 0 °C, surtout dans le Nord-Ouest.

TRANSPORTS

King Abd al-Aziz
international, Jiddah
10,3 M de passagers

279 navires
1,3 M tpl

RÉSEAU DE TRANSPORT

44 104 km (27 405 miles)	Autoroute transarabique
1 392 km (865 miles)	Aucune

L'avènement de l'Arabie Saoudite grâce à la richesse pétrolière a commencé à développer son réseau de transports dans les années 1970 ; les axes de communication permettent de relier les villes les plus importantes des États du Golfe, de Jordanie et d'Égypte.

L'Arabie Saoudite cherche à décourager le tourisme international. Seuls les pèlerins, les hommes d'affaires et les travailleurs étrangers sont autorisés à entrer sur son territoire. Les non-musulmans n'ont pas accès aux villes saintes. Malgré les quotas extrêmement sévères pour éviter des afflux ingérables de pèlerins, des milliers d'entre eux ont été tués et blessés, piétinés par la foule en 1990, 1997 et 2001. Le *umra*, ou petit pèlerinage, est de plus en plus pratiqué car il peut être effectué à tout moment de l'année. 2,5 milliards de dollars ont été débloqués pour développer les infrastructures de Médine et de La Mecque. La mer Rouge, et notamment la station de Jizan, située au Sud, sont très prisées des adeptes de la plongée sous-marine.

ARABIE SAOUDITE

Superficie totale : 2 114 690 km²
(816 480 sq. miles)

POPULATION
▣ Plus de 1 000 000
◉ Plus de 500 000
◎ Plus de 100 000
○ Plus de 50 000
● Plus de 10 000
• Moins de 10 000

ALTIMÉTRIE
3 000 m/9 843ft
2 000 m/6 562ft
1 000 m/3 281ft
500 m/1 640ft
Niveau de la mer

JORDANIE   IRAK
Turayf
Sakākah
Al Jawf   Rafhā'
Tabūk   GRAND NAFOUD
ÉGYPTE
Taymā'   Hā'il
Al 'Ulā
Al Wajh
Wādī al Hamd
Yanbu' al Bahr
Al Madīnah (Médine)
Rābigh
Jiddah   Makkah (La Mecque)   Aṭ Ṭā'if
Zalim
Wādī Bishah
Qal'at Bishah
MER ROUGE
Jabal Sawdā' 3 133 m
Al Birk   Khamis-Mushayṭ
Abhā
Zahrān   Najrān
Jizān
Wuday 'ah
YÉMEN

AD DAHNA
Buraydah   Az Zilfī
Unayzah   Al Majma'ah
Shaqrā'
RIYAD   Harad
As Sulayyil
Tathlīth
RUB' AL KHĀLĪ

KOWEÏT
Wādī al Bāṭin
Hafar al Bāṭin
Al Jubayl
Ras Tannūrah
Ad Dammām   Al Khubar
Az Zahran   BAHREÏN
Al Mubarraz   Al Hufūf
QATAR

Golfe Arabo-Persique

ÉMIRATS ARABES UNIS

OMAN

0   200 km
0   200 miles

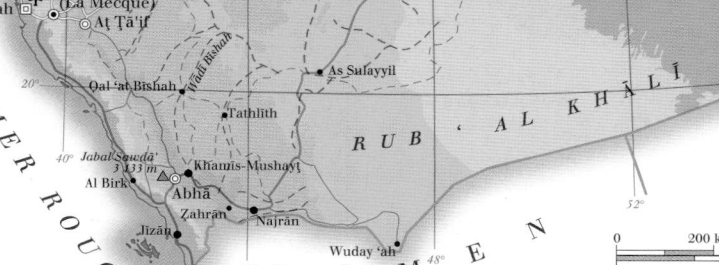

Réseau d'échangeurs moderne dans la région de La Mecque.

A

POPULATION

 Arabe   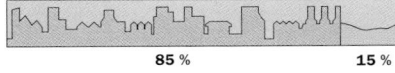 10 hab./km²

PART DE LA POPULATION URBAINE/RURALE

85 %   15 %

RELIGION

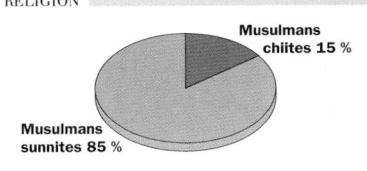

Musulmans chiites 15 %
Musulmans sunnites 85 %

COMPOSITION ETHNIQUE

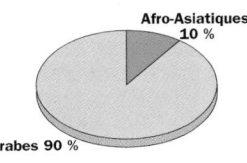

Afro-Asiatiques 10 %
Arabes 90 %

Les Saoudiens doivent leur nom à la famille Al-Saud, qui dirige le pays depuis 1932. Ils sont devenus un peuple unifié au cours de la conquête menée par le roi

POLITIQUE

 Ne s'applique pas   Le roi Fahd ibn Abd al-Aziz as-Saoud

AUX DERNIÈRES ÉLECTIONS

Assemblée consultative 120 membres

L'Arabie Saoudite est une monarchie absolue. Les 60 membres de l'Assemblée consultative *(majlis ashoura)* sont nommés par le roi.

Le roi dirige le pays, assisté d'un conseil de Ministres nommés.

PRINCIPAUX PROBLÈMES POLITIQUES
La légitimité de la famille royale
Après la guerre du Golfe de 1991, une campagne pour les droits civils s'est élevée contre l'autorité de la famille royale. Ce mouvement revendiquait une politique plus proche des valeurs islamiques et dénonçait la présence de forces américaines sur le territoire, ainsi que la menace que constituait la présence de cette culture occidentale « corrompue ». La famille Saoud a rapidement réprimé toute contestation.

La succession
La question de la succession et l'éventualité d'une lutte pour le pouvoir ont connu un regain d'actualité début 1996, lorsque le roi Fahd, malade, chargea son demi-frère le prince héritier Abdallah, de la gestion des affaires du royaume. Mais il ne fallut pas plus de quelques semaines avant que le roi Fahd reprenne l'entière responsabilité de ses fonctions ; les rivalités entre clans qui

Abd al-Aziz Al Saoud, de 1902 à 1932, pendant laquelle les Turcs ont été chassés. La plupart des Saoudiens sont musulmans sunnites et se conforment donc à l'interprétation *wahhabi* (puritaine) de l'Islam et à la *charia* (loi musulmane). Les tribus nedjadi du plateau central situé autour de Riyad, qui dominent le pays politiquement, sont d'origine bédouine. Les tribus hedjazi du Sud et de l'Ouest sont davantage cosmopolites et mercantiles mais elles sont tenues à l'écart de la scène politique. La province située à l'Est abrite une minorité chiite de plus de 300 000 habitants, dont beaucoup travaillent sur les champs pétrolifères. Les femmes sont obligées de porter le voile et n'ont pas le droit de passer le permis de conduire. Elles sont exclues de la vie publique et les seules professions qu'elles peuvent exercer sont celles d'infirmière et d'institutrice. Oussama Ben Laden remet aujourd'hui en question le pouvoir de la famille royale à partir de sa base secrète. Le pays, après l'avoir soutenu dans sa lutte contre les forces américaines, lui a en effet retiré sa nationalité saoudienne en 1991.

divisent la maison royale ne semblent pas étrangères à ce brusque revirement.

PROFIL
La famille royale dirige le pays en sélectionnant soigneusement les membres des différents secteurs gouvernementaux, et en opérant régulièrement des changements au sein de l'armée pour empêcher les officiers de mettre en place un pouvoir personnel. Tous les portefeuilles ministériels stratégiques à l'exception de ceux de l'industrie du pétrole et des affaires religieuses sont détenus par des princes. Le régime absolutiste inhibe toute forme de vie politique. Il s'appuie toujours sur des éléments féodaux : les *majilis* – ou conseils hebdomadaires – permettent aux citoyens de présenter des pétitions et de faire part de leurs doléances aux membres dirigeants de la famille royale. Il n'est pas rare que de fortes sommes d'argent liquide soient accordées lors de ces conseils. Le régime a assis sa légitimité sur son respect des valeurs islamiques traditionnelles et le soutien des *ulewas* (érudits). La vie quotidienne de la société saoudienne est fortement influencée par l'Islam. Les 5 000 hommes qui composent la *mutawa* (police religieuse) veillent au respect des cinq prières que doit effectuer la population chaque jour et pendant lesquelles les commerces doivent fermer. Les hommes de la *mutawa* sont particulièrement actifs pendant le ramadan.

POLITIQUE EXTÉRIEURE

 LEA OPEP OCI Damasc CGG

L'importance stratégique du pays est due essentiellement à l'ampleur de ses réserves de pétrole et à ses investissements internationaux. Il entretient des relations privilégiées avec les ÉU et c'est un important investisseur institutionnel dans les pays occidentaux. Après l'invasion du Koweït par l'Irak, l'Arabie Saoudite a assumé un rôle dirigeant dans la coalition contre l'Irak et a accueilli la famille royale exilée. Elle a fourni plus de troupes que les autres pays arabes ainsi que des bases militaires pour les Occidentaux, ce qui, à la longue, a suscité l'hostilité. Un attentat à la bombe, en 1996, dans le complexe d'Az Zahran a fait 19 morts parmi le personnel américain. Un rapprochement avec l'Iran a également créé des tensions avec les ÉU. L'Arabie Saoudite a largement influencé le cours de la guerre civile en Afghanistan, son soutien assurant la victoire aux talibans. En juin 2000, un pacte avec le Yémen a mis fin à des dissensions latentes au sujet des frontières. En tant que gardien de la Mecque, le pays représente un centre spirituel très important aux yeux de plus d'un milliard de musulmans dans le monde.

AIDE INTERNATIONALE

 185 M $ (versés)   Moins 36 % en 1999

L'Arabie Saoudite verse des aides importantes à d'autres pays arabes et aux pays en voie de développement, par l'intermédiaire du Fonds saoudien pour le développement. Elle milite en faveur de l'Islam par le biais de fondations caritatives en Afrique, en Asie et dans les pays de l'ex-URSS. La famille royale finance aussi la recherche scientifique et médicale. Depuis 1991, année de la libération du Koweït, l'Arabie verse des aides importantes à pays qui ont soutenu les Alliés et notamment à l'Égypte, à la Syrie, au Maroc et à la Turquie. En outre, le gouvernement a restitué des sommes importantes aux ÉU et au RU en remboursement des frais dus aux expéditions militaires ; il a également favorisé les entreprises ressortissant de puissances alliées lors de l'attribution des contrats pour la reconstruction.

Le roi Fahd ibn al-Aziz as-Saoud a accédé au trône en 1982.

Abdullah ibn Abdul Aziz, prince héritier et commandant de la Garde nationale.

A

CHRONOLOGIE

Le processus d'unification de l'Arabie Saoudite amorcé sous le règne du roi Abd al-Aziz (ibn Saoud) s'est achevé en 1932. C'est le seul pays à porter le nom de sa famille royale.

❏ **1937** Découverte de gisements de pétrole près de Riyad.
❏ **1939** Cérémonie d'inauguration de l'exploitation du pétrole à Az Zahran.
❏ **1953** Mort du roi Abd al-Aziz remplacé par son fils Sa'ud.
❏ **1964** Le roi Saoud abdique en faveur de son frère Faysal.
❏ **1967** L'armée saoudienne s'allie à la Jordanie et à l'Irak contre Israël pendant la guerre des Six-Jours.
❏ **1973** L'Arabie Saoudite impose un embargo pétrolier aux pays occidentaux qui ont soutenu Israël.
❏ **1975** Le roi Faysal est assassiné par un neveu frappé de démence, il est remplacé par son frère Khaled.
❏ **1979** Des musulmans intégristes conduits par Juhaiman Ibn Seif al-Otaibi s'emparent de la Grande mosquée de La Mecque et proclament un *Mahdi* (messie) le premier jour de l'année 1400 du calendrier islamique.
❏ **1981** Création du Conseil de coopération du Golfe dont le bureau est à Riyad.
❏ **1982** Mort du roi Khaled, remplacé par son frère Fahd qui promet de créer une assemblée consultative.
❏ **1986** Ouverture de la route du roi Fahd qui mène à Bahreïn.
❏ **1987** Détérioration des relations diplomatiques avec l'Iran, après une émeute impliquant des intégristes qui fait 402 victimes à La Mecque pendant le *haj* (pèlerinage).
❏ **1989** Signature d'un pacte de non agression entre l'Arabie Saoudite et l'Irak. L'Arabie Saoudite parvient à trouver une solution politique à la guerre civile du Liban.
❏ **1990** La famille royale koweïti se réfugie à Taef après l'invasion irakienne.
❏ **1990-1991** Les ÉU, la France et le RU associent leurs armées en Arabie Saoudite pour mettre en place l'opération Tempête du désert. L'Arabie Saoudite met fin aux exécutions publiques.
❏ **1991** Les Irakiens s'emparent d'une ville située à la frontière mais sont repoussés par les armées de l'Arabie Saoudite, des ÉU et du Qatar.
❏ **1993** Le roi Fahd nomme une Assemblée consultative.
❏ **1996** Le roi Fahd cède brièvement la gestion des affaires nationales au prince héritier Abdallah.
❏ **1997-2000** Le conseil consultatif est élargi à 120 membres.

DÉFENSE

 21,9 Md $ Plus 3 % en 1999

L'importante participation militaire de l'Arabie Saoudite à la guerre du Golfe en 1991, à hauteur de 55 Md de $, a accru son prestige en tant que puissance régionale. Le matériel militaire, très sophistiqué, est essentiellement acheté aux ÉU, au RU et à la France ; il comprend des missiles Patriotes et des systèmes de détection d'AWACS. Une grande partie des installations militaires sont commandées par des forces étrangères : 1 000 soldats américains sont postés dans le pays pour faire voler les AWACS. L'armée de l'air est le corps d'élite. Elle a joué un rôle politique, lors du coup d'État organisé par des officiers en 1969. La Garde nationale paramilitaire est constituée de fidèles du régime du roi. Elle est commandée par le prince de la couronne et non par le ministre de la Défense.

FORCES ARMÉES SAOUDIENNES

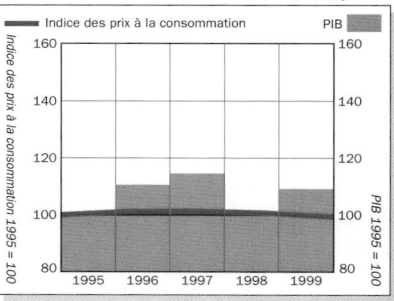

910 chars de combat (145 AMX—30, 450 M60A3)	75 000 hommes
8 frégates et 29 patrouilleurs	15 500 hommes
295 avions de combat (56 F–5E, 42 Tornado ids, 24 Tornado aDV)	20 000 hommes
Aucun	

ÉCONOMIE

 126,6 Md $ 3,75 riyals saoudiens

CHIFFRES SIGNIFICATIFS

❏ CLASSEMENT DU PNB AU NIVEAU MONDIAL	23ᵉ
❏ PNB PAR HABITANT	8 460 $
❏ BALANCE DES PAIEMENTS	14,5 Md $
❏ INFLATION	– 0,5 %
❏ CHÔMAGE	6 %

EXPORTATIONS

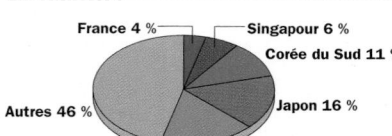

France 4 % Singapour 6 % Corée du Sud 11 % Japon 16 % ÉU 17 % Autres 46 %

IMPORTATIONS

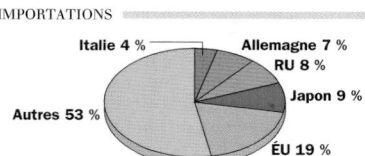

Italie 4 % Allemagne 7 % RU 8 % Japon 9 % ÉU 19 % Autres 53 %

ATOUTS
Réserves importantes de gaz et de pétrole et industrie gazière et pétrolière de rang international. La hausse des cours du pétrole en 2000 a permis de rattraper l'effondrement de 1986. Les deux millions de pèlerins qui viennent à La Mecque chaque année génèrent des recettes considérables.

FAIBLESSES
Manque de main-d'œuvre qualifiée. Le secteur de l'agroalimentaire doit être fortement subventionné. La plupart des biens de consommation et des matières premières sont importés. 20 % de chômage chez les jeunes.

PROFIL
Depuis les années 1970, le pays fait des efforts pour rendre son économie moins dépendante des exportations de pétrole et

INDICATEUR DES PERFORMANCES ÉCONOMIQUES

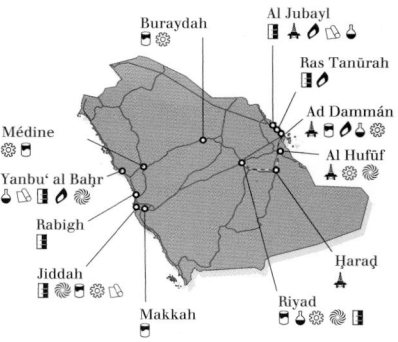

Indice des prix à la consommation — PIB

pour créer des emplois pour les jeunes Saoudiens. Vers la fin 2000, le pays est intervenu au sein de l'OPEP en faveur d'une maîtrise de la brusque montée des prix du pétrole. Depuis 2000, les étrangers ont le droit de posséder des commerces. De fortes sommes ont été investies dans la réalisation d'infrastructures aux normes américaines afin de fournir les bases d'une économie industrielle. L'économie n'en est pas moins dépendante des travailleurs étrangers.

ARABIE SAOUDITE : PRINCIPALES ACTIVITÉS

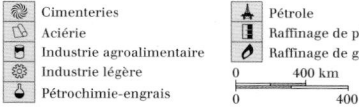

Cimenteries	Pétrole
Aciérie	Raffinage de pétrole
Industrie agroalimentaire	Raffinage de gaz
Industrie légère	0 400 km
Pétrochimie-engrais	0 400 miles

A

RESSOURCES

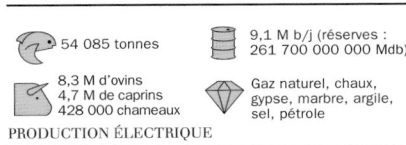

54 085 tonnes

8,3 M d'ovins
4,7 M de caprins
428 000 chameaux

9,1 M b/j (réserves :
261 700 000 000 Mdb)

Gaz naturel, chaux,
gypse, marbre, argile,
sel, pétrole

PRODUCTION ÉLECTRIQUE

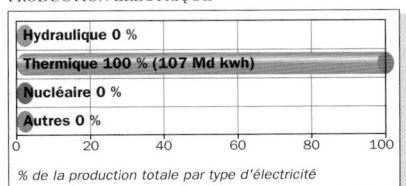

Hydraulique 0 %
Thermique 100 % (107 Md kwh)
Nucléaire 0 %
Autres 0 %

% de la production totale par type d'électricité

Le sous-sol recèle les réserves de gaz et de pétrole les plus importantes du monde. Le pays fait partie des dix premières puissances commerciales du monde.

ENVIRONNEMENT

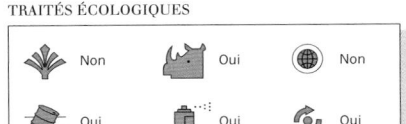

3 %

Peu de lois votées pour la protection de l'environnement

TRAITÉS ÉCOLOGIQUES

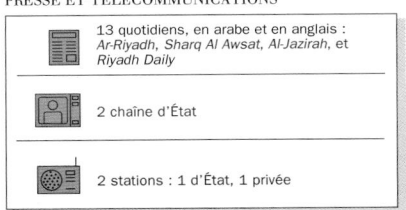

Non   Oui   Non
Oui   Oui   Oui

Certaines espèces sauvages et leur milieu sont aujourd'hui menacés tant par la pollution du Golfe et de la mer Rouge que par les armes rapides et les véhicules tout terrain utilisés par les chasseurs. Le gouvernement a pris des mesures pour cantonner le développement des usines aux zones industrielles, mais la législation pour la protection de l'environnement demeure très limitée.

MÉDIAS

59 quotidiens pour 1 000 habitants

PRESSE ET TÉLÉCOMMUNICATIONS

13 quotidiens, en arabe et en anglais : *Ar-Riyadh, Sharq Al Awsat, Al-Jazirah,* et *Riyadh Daily*

2 chaîne d'État

2 stations : 1 d'État, 1 privée

Le gouvernement a mis en place une censure absolue. En 1994, il a interdit aux ménages de posséder une antenne satellite afin d'empêcher la chaîne américaine CNN d'entrer dans les foyers arabes. Les maisons d'édition saoudiennes jouent un rôle prépondérant au sein des médias arabes. *Le Skarq Al Awsat* (le Moyen-Orient), publié en Arabie Saoudite, est considéré comme l'un des principaux quotidiens arabes. Des investisseurs saoudiens ont créé une agence de presse très influente : *United Press International.*

ARABIE SAOUDITE : UTILISATION DU SOL

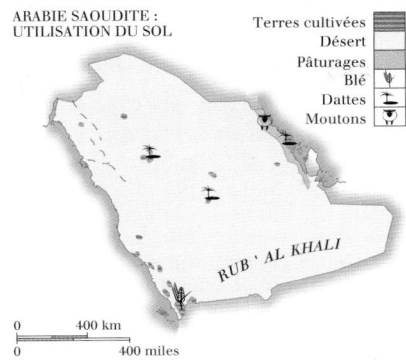

Terres cultivées
Désert
Pâturages
Blé
Dattes
Moutons

RUB ' AL KHALI

0   400 km
0   400 miles

CRIMINALITÉ

Pas de chiffre sur la population carcérale

Moins 13 % en 1996–1998

TAUX DE CRIMINALITÉ.

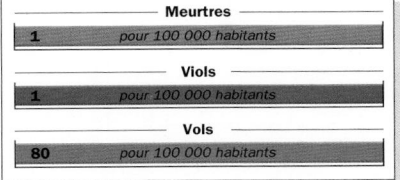

Meurtres
1   *pour 100 000 habitants*
Viols
1   *pour 100 000 habitants*
Vols
80   *pour 100 000 habitants*

Les châtiments islamiques – lapidation, amputation, décapitation – sont appliqués. Les droits de l'homme sont bafoués malgré une campagne d'Amnesty international.

ÉDUCATION

77 %   273 992 étudiants

LE SYSTÈME ÉDUCATIF

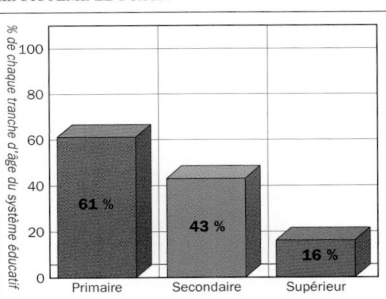

Primaire 61 %   Secondaire 43 %   Supérieur 16 %

De plus en plus de Saoudien occidentalisés revendiquent un changement social et politique. Vers 1950, le prince Faysal a convaincu les religieux de permettre aux femmes d'accéder au système éducatif. L'enseignement supérieur et les universités islamiques absorbent aujourd'hui une part importante du budget de l'État, mais les Saoudiens sont toujours nombreux à partir à l'étranger pour terminer leurs études.

SANTÉ

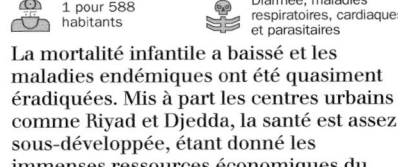

1 pour 588 habitants

Diarrhée, maladies respiratoires, cardiaques et parasitaires

La mortalité infantile a baissé et les maladies endémiques ont été quasiment éradiquées. Mis à part les centres urbains comme Riyad et Djedda, la santé est assez sous-développée, étant donné les immenses ressources économiques du pays. Il a déployé d'importants moyens financiers pour acquérir le savoir de l'Occident. Le gouvernement envoie toujours des malades à l'étranger, notamment pour une transplantation, car ce type d'intervention pose des problèmes d'éthique aux yeux des chefs religieux.

RICHESSES

CONSOMMATION ET DÉPENSES

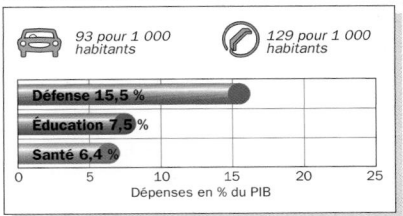

93 pour 1 000 habitants   129 pour 1 000 habitants

Défense 15,5 %
Éducation 7,5 %
Santé 6,4 %

Dépenses en % du PIB

La population est une des plus riches du monde. La famille Al-Saoud a utilisé sa fortune pour mettre en place un système social qui accompagne le citoyen du berceau à la tombe. Le nombre de téléviseurs, de téléphones et de magnétoscopes par habitant est l'un des plus élevés de la région. La distribution des richesses est soigneusement contrôlée par la famille royale au moyen du système des *majlis*.
Le pays ne possède pas de marché boursier mais les actions des grandes entreprises sont généralement échangées par le biais de circuits privés. La plupart des Saoudiens refusent de recevoir des intérêts de leurs dépôts bancaires mais les banques islamiques leur proposent généralement des plans d'investissement intégrant une participation aux bénéfices.

CLASSEMENT MONDIAL

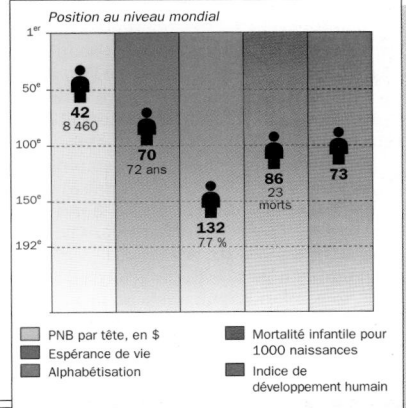

Position au niveau mondial

42 — 8 460
70 — 72 ans
132 — 77 %
86 — 23 morts
73

PNB par tête, en $
Espérance de vie
Alphabétisation
Mortalité infantile pour 1000 naissances
Indice de développement humain

A

ARGENTINE

AMÉRIQUE DU SUD

NOM OFFICIEL : République argentine   **CAPITALE :** Buenos Aires
POPULATION : 37,9 millions   **MONNAIE :** peso argentin   **LANGUE OFFICIELLE :** espagnol

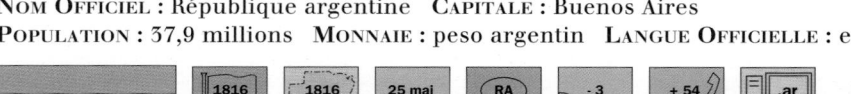

| 1816 | 1816 | 25 mai | RA | - 3 | + 54 | .ar |

L'ARGENTINE occupe l'essentiel de la moitié méridionale de l'Amérique du Sud et s'étend sur 3 460 km entre la Bolivie et le Cap Horn. À l'ouest, la cordillère des Andes qui va du nord au sud du pays, forme une frontière naturelle avec le Chili. Le versant Est descend dans la pampa fertile du centre, une région connue sous le nom de *Entre Rios*. Les principales sources de richesse sont l'agriculture, la viande de bœuf en particulier, le blé, les fruits et les ressources énergétiques. L'histoire politique se caractérise par des périodes de régime militaire. Depuis 1983 cependant, l'Argentine est de nouveau une démocratie pluraliste.

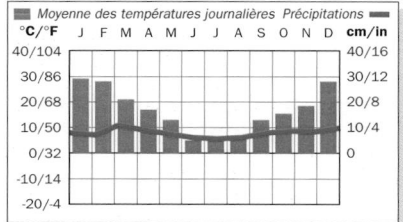
Troupeau de bétail dans le Nord-Est, près de Corrientes.

CLIMAT

DONNÉES MÉTÉOROLOGIQUES

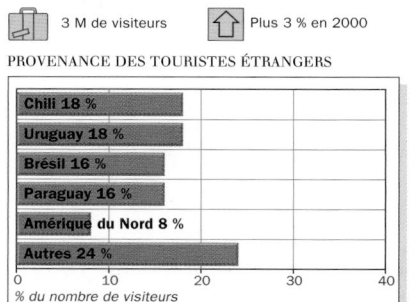
■ Moyenne des températures journalières Précipitations ■

Le Nord-Est argentin est presque tropical. La Cordillère des Andes est semi-aride au nord et enneigée au sud. Les plaines de l'ouest sont désertiques tandis que la pampa bénéficie d'un climat tempéré.

TRANSPORTS

Ezeiza International, Buenos Aires
7,3 M de passagers

501 navires
498 715 tpl

RÉSEAU DE TRANSPORT

| 63 553 km (39 490 miles) | 734 km (456 miles) |
| 33 000 km (20 506 miles) | 11 000 km (6 835 miles) |

Le transport aérien est cher et insuffisant. Privatisée en 1990, la compagnie aérienne nationale, Aerolinas Argentinas, a fait l'objet d'un plan de sauvetage en 2000 ; l'exploitation des 37 aéroports est assurée par des entreprises privées. Le réseau ferroviaire, privatisé lui aussi est l'un des plus étendus au monde. Le métro et les transports desservant Buenos Aires et sa région ont attiré des investissements importants et comptent de plus en plus d'usagers. Les 10 000 km de routes à péage, parmi les plus chères au monde, sont exploitées par des sociétés privées comme le sont les six principaux terminaux du port de Buenos Aires. En 2001, le gouvernement a mis en place un programme de 20 milliards de $ pour le développement des infrastructures nationales.

TOURISME

 3 M de visiteurs    Plus 3 % en 2000

PROVENANCE DES TOURISTES ÉTRANGERS

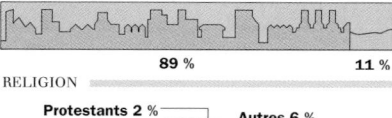

Chili 18 %
Uruguay 18 %
Brésil 16 %
Paraguay 16 %
Amérique du Nord 8 %
Autres 24 %

% du nombre de visiteurs

Longtemps sous-exploité, le tourisme fait aujourd'hui l'objet d'une vaste campagne de marketing international lancée par le gouvernement en partenariat avec le secteur privé. Les visiteurs étrangers viennent surtout des pays voisins, attirés par Buenos Aires, les stations balnéaires de la côte atlantique, les stations de ski des Andes et les vignes de la région de Mendoza. Le parc national d'Iguazú, les croisières à destination de l'Antarctique et l'observation des baleines au large de la presqu'île Valdés sont aussi des pôles d'attraction.

POPULATION

 Espagnol, italien, langues amérindiennes   14 hab./km²

PART DE LA POPULATION URBAINE/RURALE

89 %   11 %

RELIGION

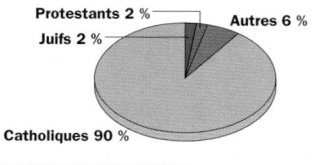
Protestants 2 %
Juifs 2 %
Autres 6 %
Catholiques 90 %

COMPOSITION ETHNIQUE

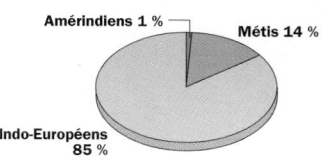
Amérindiens 1 %
Métis 14 %
Indo-Européens 85 %

PYRAMIDE DES ÂGES

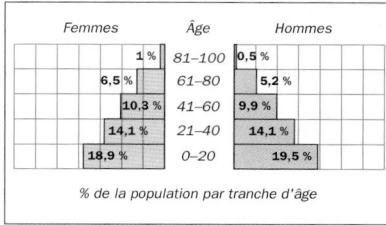

Femmes	Âge	Hommes
1 %	81–100	0,5 %
6,5 %	61–80	5,2 %
10,3 %	41–60	9,9 %
14,1 %	21–40	14,1 %
18,9 %	0–20	19,5 %

% de la population par tranche d'âge

Les Argentins d'origine européenne sont arrivés au cours des récentes vagues de migration du XXᵉ siècle ; plus d'un tiers d'entre eux sont d'origine italienne. Les Amérindiens ne sont plus aujourd'hui qu'une minorité, vivant principalement dans les régions des Andes ou dans le Gran Chaco. L'Argentine abrite des communautés libanaise, syrienne, japonaise et coréenne. Les tensions interethniques sont relativement rares. L'essentiel de la population est citadine et 40 % des Argentins résident dans la capitale, l'une des plus grandes métropoles d'Amérique latine. Le catholicisme et la famille étendue restent fortement implantés ; la famille est d'ailleurs le fondement de nombreuses entreprises florissantes. Les femmes, qui ont obtenu le droit de vote en 1947, jouissent d'un meilleur statut que dans la plupart des États d'Amérique latine. Aujourd'hui, elles investissent de plus en plus les professions libérales et occupent des postes clés dans le secteur tertiaire comme dans celui des médias. La politique reste l'exception. Dans les années 1940 et 1950, Eva Perón a beaucoup fait pour inciter les femmes à jouer un rôle actif en politique, mais le régime militaire qui suivit inversa la tendance.

POLITIQUE

 Chambre basse 1999/2003
Chambre haute 2001/2003

 Nestor Kirchner, président de la République

L'Argentine est une démocratie multipartite : le président est chef du gouvernement.

PROFIL

À partir des années 1940, les péronistes dominèrent la vie politique. Le parti, avec le soutien de la classe ouvrière et celui des intellectuels de gauche, était opposé à l'armée : des coups d'Etat eurent lieu en 1955, 1966 et 1976. Carlos Menem, président de 1989 à 1999, fit prendre aux péronistes un virage à droite. Il vainquit l'hyperinflation, mais sa politique de libéralisation économique lui valut une forte impopularité.

L'UCR, arrivée au pouvoir en 1983 grâce à un vote protestataire, regagna la présidence en 1999. Le président de la Rúa dut partir en raison de la crise économique de 2001 ; des élections anticipées eurent lieu en 2003, après quatre présidents intérimaires. Menem, sujet à de nombreuses critiques, remporta le premier tour mais se retira, sachant qu'il manquerait de soutien pour battre Nestor Kirchner, un autre péroniste, qui remporta donc l'élection par défaut.

PRINCIPAUX PROBLÈMES POLITIQUES

Durabilité du gouvernement

La victoire de Kirchner en 2003 risque de déclencher des luttes au sein du parti péroniste, ce qui mettrait en danger des réformes importantes. Sans opposition crédible, les électeurs restent très cyniques quant aux partis politiques traditionnels. Les problèmes principaux sont la corruption, la transparence

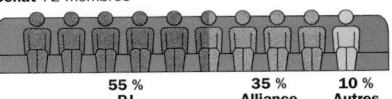

AUX DERNIÈRES ÉLECTIONS

Chambres des députés 257 membres

| 34 % Alliance | 46 % PJ | 7 % ARI | 11 % Autres | AR 2 % |

Alliance = Alliance pour le travail, la justice et l'éducation **PJ** = Parti justicialiste (péronistes) **AR** = Action pour la République **MPF** = Mouvement populaire Fueguino **ARI** = Alternative pour une république égalitaire

Sénat 72 membres

| 55 % PJ | 35 % Alliance | 10 % Autres |

gouvernementale, et la fin de la politique macroéconomique libérale des années 1990, source de division sociale.

Convalescence économique après la crise

En 2001-2002, l'effondrement de l'industrie, l'austérité fiscale et les restrictions bancaires réduisirent la population au troc. Les débuts de 2003 virent les prémisses d'une convalescence fragile. Un accord avec le FMI permit de rééchelonner les paiements de la dette. La stabilité des changes, la reprise des exportations et l'amélioration progressive du secteur bancaire sont également des signes positifs.

ARGENTINE

Superficie totale : 2 736 690 km²
(1 056 636 sq. miles)

POPULATION		ALTIMÉTRIE	
Plus de 1 000 000	▣	4 000 m/1 3124ft	
Plus de 500 000	◉	2 000 m/6 562ft	
Plus de 100 000	◎	1 000 m/3 281ft	
Plus de 50 000	○	200 m/656ft	
Plus de 10 000	●	Niveau de la mer	

N

200 km
0   200 miles

Carlos de Menem, son autoritarisme a obscurci les réformes pour libérer le marché.

Nestor Kirchner, vainqueur de Menem aux élections présidentielles de 2003.

POLITIQUE EXTÉRIEURE

 SELA   Mercosur   OEA   GR   G15

L'Argentine, pro-occidentale, a déployé ses forces armées dans plusieurs opérations des Nations unies. De bonnes relations avec des bailleurs de fonds potentiels devinrent d'autant plus nécessaires après la crise économique de 2001-2002. L'opinion publique demande aussi plus d'autonomie régionale et d'indépendance vis-à-vis du FMI et des EU, critiqués pour avoir encouragé la politique économique tenue responsable de la récession. Cependant, les relations avec les EU restent fortes, malgré des tensions liées à la pression américaine pour l'ouverture du ciel et le paiement de brevets pharmaceutiques.

Au sein du Mercosur, il existe des tensions commerciales avec le Brésil. L'Argentine souhaite le renforcement du Mercosur et l'intégration complète du Chili en son sein.

La normalisation des relations avec le RU, en 1998, a permis d'instaurer des vols directs avec les îles Falkland, dès 2001.

A

AIDE INTERNATIONALE

 91 M $ (reçus)   Plus 18 % en 1999

En 2001, 39,7 milliards de $ ont été accordés par le FMI, la Banque mondiale, la BID, l'Espagne et les banques et caisses de retraite argentines.

CHRONOLOGIE

Les Espagnols ont établi les premières colonies sur les contreforts de la cordillère des Andes en 1543.

- ❏ **1816** Les Provinces unies du Río de la Plata déclarent leur indépendance; 70 ans de guerre civile s'ensuivent.
- ❏ **1835–1852** Dictature de Juan Manuel Rosas.
- ❏ **1853** Établissement du système fédéral.
- ❏ **1857** Les Européens s'installent dans la pampa. Ils sont 6 millions en 1930.
- ❏ **1878–1883** La guerre extermine la quasi-totalité des Indiens de la pampa.
- ❏ **1916** Hipolito Yrigoyen remporte les premières élections présidentielles démocratiques.
- ❏ **1930** Coup d'État militaire.
- ❏ **1943** Nouveau coup d'État militaire. Juan Perón organise les syndicats.
- ❏ **1946** Élection de Juan Perón à la présidence avec le soutien de l'armée et de la main-d'œuvre syndiquée.
- ❏ **1952** Eva Perón, femme de Juan Perón, meurt de leucémie.
- ❏ **1955** Coup d'État militaire qui évince Perón. Inflation, grèves, chômage.
- ❏ **1973** Perón rentre de Madrid et est réélu président.
- ❏ **1974** Mort de Perón. Sa troisième femme, Isabel Perón, lui succède mais ne peut exercer le pouvoir.
- ❏ **1976** La junte militaire s'empare du pouvoir. Partis politiques interdits.
- ❏ **1981** Le général Galtieri accède à la présidence.
- ❏ **1982** Galtieri ordonne l'invasion des îles Malouines. Le RU les reprend.
- ❏ **1983** Raoul Alfonsín, candidat en faveur des droits de l'homme (UCR), devient président. Hyper-inflation.
- ❏ **1989–1992** Présidence de Carlos Menem (péroniste). L'inflation est ramenée à 18 %.
- ❏ **1998–1999** Le pays échappe à la crise financière brésilienne.
- ❏ **1999** Fernando de la Rúa (Alliance centre-gauche) devient président.
- ❏ **2001** Décembre, chute du gouvernement : crise économique.
- ❏ **2002** Eduardo Duhalde devient le 5e président en 12 jours.
- ❏ **2003** Nestor Kirchner élu président après le retrait de Menem.

DÉFENSE

 5,4 Md $ Plus 1 % en 1999

Après la période de procès et d'emprisonnement des officiers supérieurs accusés d'exactions sous la

FORCES ARMÉES ARGENTINES

	200 chars de combat (TAM)	41 400 hommes
	3 sous-marins, 6 destroyers, 7 frégates et 15 patrouilleurs	17 200 hommes
	133 avions de combat (Mirage V & III/EA, Dagger Nesher, Fightinghawk)	12 500 hommes
	Aucun	

ÉCONOMIE

 260 Md $ 2,82-3,87 pesos argentins

CHIFFRES SIGNIFICATIFS

- ❏ Classement du PNB au niveau mondial 18ᵉ
- ❏ PNB par habitant ....6 940 $
- ❏ Balance des paiements ....4,55 Md $
- ❏ Inflation .... – 1,1 %
- ❏ Chômage ....16 %

EXPORTATIONS

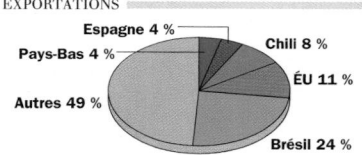

Espagne 4 %
Pays-Bas 4 %
Autres 49 %
Chili 8 %
ÉU 11 %
Brésil 24 %

IMPORTATIONS

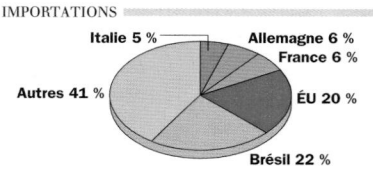

Italie 5 %
Allemagne 6 %
France 6 %
Autres 41 %
ÉU 20 %
Brésil 22 %

ATOUTS
Agriculture de base riche et variée. Agro-industries puissantes (bœuf, soja, blé, fruit et vin principalement) et richesse en ressources énergétiques. Exportateur net de pétrole.

FAIBLESSES
Vulnérabilité aux chocs extérieurs et aux récessions économiques qui touchent le Brésil (principal destinataire de ses exportations). Dette importante, publique et privée. Les banques sont peu nombreuses à accorder des prêts. Fluctuations mondiales du prix des produits de première nécessité. Chômage important et risque de troubles sociaux. Importante fraude fiscale. Les subventions et barrières douanières font obstacle aux produits agricoles en provenance des ÉU et de l'UE. L'instabilité des marchés émergents dissuadent les investisseurs.

dictature, le gouvernement s'est efforcé de mener une politique de conciliation avec la hiérarchie militaire pour clore le chapitre de la « Guerre sale » (1975-1983) durant laquelle 15 000 à 30 000 Argentins ont trouvé la mort. L'armée a fait des aveux publics en 1995. Mais le jugement rendu dans une affaire d'enlèvement et de meurtre en 2001 a déclaré inconstitutionnelle l'immunité accordée aux militaires et ouvert la voie au procès de nombreux officiers pour violation des droits de l'homme. Modernisée, l'armée participe aujourd'hui aux opérations de maintien de la paix de l'ONU et de défense dans le cadre du Mercosur. L'Argentine est signataire du Traité de non-prolifération des armes nucléaires.

INDICATEUR DES PERFORMANCES ÉCONOMIQUES

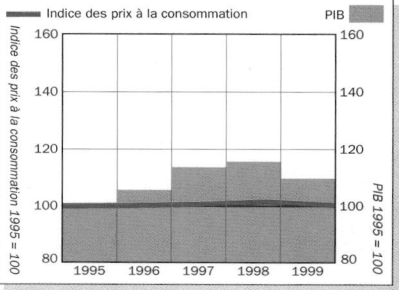

Indice des prix à la consommation   PIB

PROFIL
Le miracle économique des années 1990 s'explique par la stabilisation du peso (Loi de convertibilité de 1991 établissant la parité entre dollar et peso) et un mélange de réformes néolibérales, d'austérité et de privatisation. L'Argentine a été touché par la crise de confiance des investisseurs étrangers et le rétrécissement du marché brésilien en 1998-1999. La récession a entraîné en 2001 une crise économique que certains attribuent à la surévaluation du peso.

ARGENTINE : PRINCIPALES ACTIVITÉS

Vin	🍇
Textile	
Agro-industrie	
Métal	
Orange	
Tabac	
Assemblage automobile	🚗
Mécanique légère	
Conserverie de viande	🐄
Mécanique lourde	⚙

0   400 km
0   400 miles

* Importante participation des multinationales

RESSOURCES

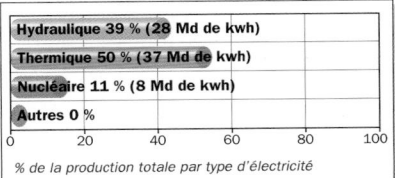

1,35 M tonnes

820 000 b/j (réserves : 3 100 000 000 Mdb)

55 M de bovins
14 M d'ovins
3,4 M de chèvres
60 M de volailles

Pétrole, gaz naturel, charbon, fer, zinc, plomb, étain, uranium, argent, cuivre, or

PRODUCTION ÉLECTRIQUE

Hydraulique 39 % (28 Md de kwh)

Thermique 50 % (37 Md de kwh)

Nucléaire 11 % (8 Md de kwh)

Autres 0 %

% de la production totale par type d'électricité

Les réserves pétrolières et gazières connues sont encore sous-exploitées et l'exploitation minière du cuivre et de l'or

ENVIRONNEMENT

2 %
(2 % partiellement protégés)

3,9 tonnes par habitant

TRAITÉS ÉCOLOGIQUES

Oui   Oui   Oui

Oui   Oui   Oui

La protection de l'environnement n'est pas une priorité gouvernementale. Les lois en la matière sont peu nombreuses et peu respectées. Les partis politiques rechignent à débloquer les budgets qui permettraient de résoudre les problèmes écologiques, et la corruption du système judiciaire ne permet pas l'application des lois existantes. Les déchets industriels, la mauvaise qualité de l'air et de l'eau dans les villes, l'insuffisance du système d'égouts, les pesticides déversés par les agro-industries, la déforestation et la chasse illégale sont les principaux problèmes écologiques de l'Argentine.

MÉDIAS

 123 quotidiens pour 1 000 habitants

PRESSE ET TÉLÉCOMMUNICATIONS

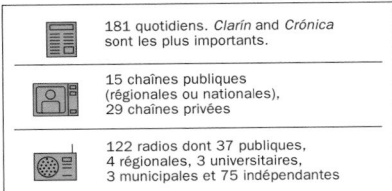

181 quotidiens. *Clarín* and *Crónica* sont les plus importants.

15 chaînes publiques (régionales ou nationales), 29 chaînes privées

122 radios dont 37 publiques, 4 régionales, 3 universitaires, 3 municipales et 75 indépendants

De nombreux journalistes ont été tués par l'armée dans les années 1970. La presse, qui n'a connu une véritable liberté qu'à partir de 1983, dénonce la corruption qui gangrène les gouvernements successifs. Les journalistes d'investigation sont encore victimes d'intimidation. L'Argentine possède 325 000 domaines Internet.

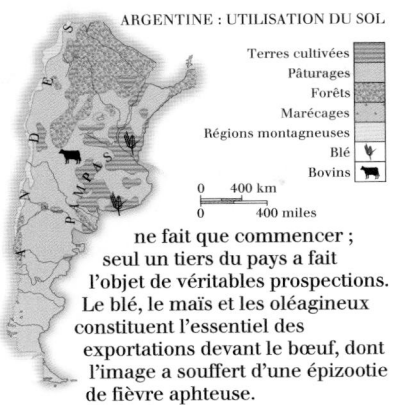

ARGENTINE : UTILISATION DU SOL

Terres cultivées
Pâturages
Forêts
Marécages
Régions montagneuses
Blé
Bovins

0   400 km
0   400 miles

ne fait que commencer ; seul un tiers du pays a fait l'objet de véritables prospections. Le blé, le maïs et les oléagineux constituent l'essentiel des exportations devant le bœuf, dont l'image a souffert d'une épizootie de fièvre aphteuse.

CRIMINALITÉ

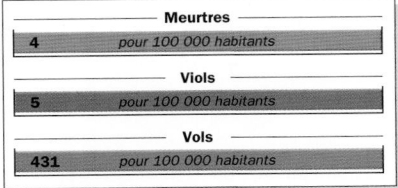

27 720 détenus

Moins 87 % en 1996–1998

TAUX DE CRIMINALITÉ

Meurtres
4   *pour 100 000 habitants*

Viols
5   *pour 100 000 habitants*

Vols
431   *pour 100 000 habitants*

À Buenos Aires, l'insécurité est telle qu'un foyer sur deux possède une arme à feu. Dans le pays, l'application des lois n'est pas très rigoureuse. Le pouvoir judiciaire et la police n'inspirent que peu de respect.

ÉDUCATION

97 %

1,07 M étudiants

LE SYSTÈME ÉDUCATIF

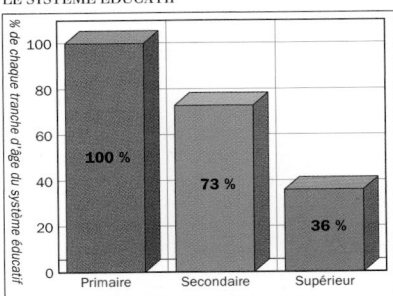

% de chaque tranche d'âge du système éducatif

100 %   Primaire
73 %   Secondaire
36 %   Supérieur

L'enseignement public est obligatoire et gratuit jusqu'à l'âge de 14 ans. Le taux d'abandon scolaire devient ensuite très élevé parmi les jeunes Argentins les plus pauvres. Au début du 3e cycle universitaire, il atteint 60 % à 70 % parmi les étudiants des classes moyennes qui fréquentent les universités publiques et gratuites (qui pour la plupart manquent de moyens). Les institutions privées reçoivent 5 % du budget d'État alloué à l'éducation.

SANTÉ

1 pour 370 habitants

Maladies cardiaques, cancers, accidents

Buenos Aires recense 33 hôpitaux mais les établissements publics ne disposent pas de fonds suffisants pour payer leur personnel correctement et assurer le traitement rapide des patients. Les programmes d'alimentation et de vaccination (à destination des mères et de leurs enfants) et les programmes de santé en zone rurale lancés par le gouvernement ne parviennent pas à résoudre les problèmes des régions les plus pauvres (malnutrition, insuffisance du système d'égouts, d'eau potable et d'assurance maladie). Une loi de 2001 vise à supprimer la tutelle des syndicats sur les régimes d'assurance sociale.

RICHESSES

CONSOMMATION ET DÉPENSES

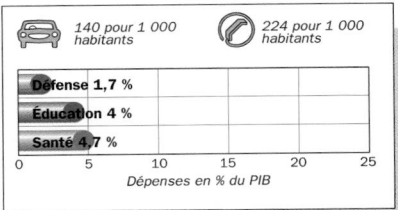

140 pour 1 000 habitants

224 pour 1 000 habitants

Défense 1,7 %
Éducation 4 %
Santé 4,7 %

Dépenses en % du PIB

Après plusieurs années de réformes néolibérales, le niveau de vie des classes moyennes a beaucoup baissé. Le sous-emploi touche 40 % de la population active ; de nombreux travailleurs vivent d'emplois temporaires subventionnés par l'État. Le chômage reste supérieur à 10 %. D'après la Banque mondiale, sur les 29 % de la population touchée par la pauvreté en 2000, 7 % vivait bien en dessous du seuil de pauvreté. D'après les chiffres officiels, les habitants les plus riches de Buenos Aires et sa région (10 % de la population) se partageaient 36 % du total des revenus de l'année 2000 tandis que les plus pauvres (30 %) devaient se contenter de 8,2 %. Depuis 2001, la recession ne cesse de s'aggraver

CLASSEMENT MONDIAL

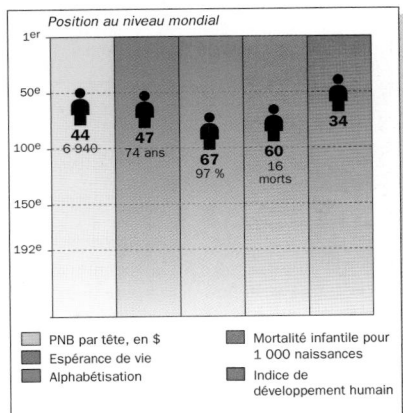

Position au niveau mondial

1er
50e
100e
150e
192e

44   6 940
47   74 ans
67   97 %
60   16 morts
34

PNB par tête, en $
Espérance de vie
Alphabétisation

Mortalité infantile pour 1 000 naissances
Indice de développement humain

ARMÉNIE

NOM OFFICIEL : République d'Arménie   **CAPITALE** : Erevan
POPULATION : 3,8 millions   **MONNAIE** : dram   **LANGUE OFFICIELLE** : arménien

   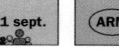

ENFERMÉE à l'intérieur des hauts plateaux du Petit Caucase, l'Arménie, la plus petite des ex-républiques d'URSS, a été la première à adopter le christianisme comme religion d'État. L'Arménie est bordée au sud, à l'est et à l'ouest d'États musulmans. Fervent signataire de la CEI, elle reste fidèle à une réforme économique radicale qui intègre la privatisation. La guerre contre l'Azerbaïdjan à propos de l'enclave du Nagornyï-Karabakh est au centre des préoccupations nationales depuis 1988.

CLIMAT

DONNÉES MÉTÉOROLOGIQUES

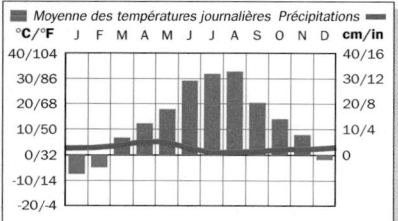

Le climat arménien est continental avec de faibles précipitations dans les plaines. L'hiver peut être très rigoureux.

TRANSPORTS

 Erevan international   Pas de flotte

RÉSEAU DE TRANSPORT

 15 998 km (9 941 miles)   7 567 km (4 702 miles)

 726 km (495 miles)   Aucune

Les routes et les lignes de chemin de fer qui mènent en Géorgie et qui relient l'Arménie au principal corridor est-ouest ont besoin d'être modernisées.

TOURISME

 30 000 visiteurs    Moins 27 % en 2000

PROVENANCE DES TOURISTES ÉTRANGERS

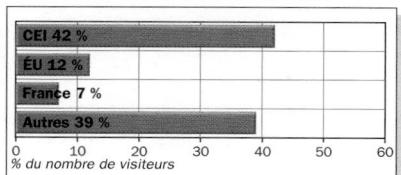

| CEI 42 % |
| ÉU 12 % |
| France 7 % |
| Autres 39 % |

0   10   20   30   40   50   60
% du nombre de visiteurs

Le 1 700e anniversaire de la chrétienté arménienne a redonné vie à une industrie touristique mise à mal par la guerre. Les membres de la diaspora arménienne constituent l'essentiel des visiteurs étrangers.

POPULATION

 Arménien, russe   117 hab./ km²

PART DE LA POPULATION URBAINE/RURALE

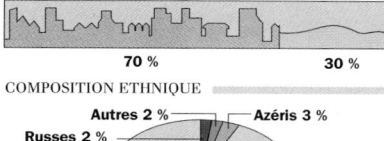

70 %   **30 %**

COMPOSITION ETHNIQUE

Autres 2 %   Azéris 3 %
Russes 2 %
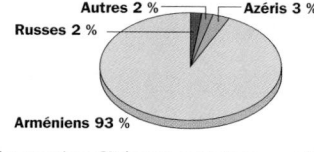
Arméniens 93 %

Les nationalités minoritaires sont bien intégrées à la population arménienne. Les Arméniens entretiennent des liens étroits avec leur grande communauté exilée, estimée à quelque neuf millions de personnes qui se répartissent entre les ÉU, la France et la Syrie.
Le conflit avec l'Azerbaïdjan a conduit 350 000 Arméniens vivant en Azerbaïdjan à rentrer en Arménie et 190 000 Azéris d'Arménie à rentrer en Azerbaïdjan.

Paysage près d'Erevan. Les grandes étendues semi-désertiques sont dues à un climat très sec. Les célèbres vignes d'Arménie poussent dans les régions abritées.

POLITIQUE

 2003/2007   Robert Kotcharian, président de la République

AUX DERNIÈRES ÉLECTIONS

Assemblée nationale 131 sièges

8 %   4 %
FRA-D   ULP

27 %   27 %   14 %   13 %   7 %
RPA   Ind.   LBS   J   UN

FRA-D = Fédération républicaine arménienne-Dashnaktsutyun
RPA = Parti républicain arménien   **ULP** = Parti travailliste uni
Ind. = Indépendants   **LBS** = État de droit   **J** = Bloc de la justice   **UN** = Unité nationale

L'Arménie est une démocratie pluraliste depuis 1991 et les premières élections législatives de la nouvelle Assemblée nationale ont eu lieu en juillet 1995. Un référendum sur une nouvelle constitution décida du choix de l'Arménie pour une république présidentielle et le président Ter-Petrosyan fut réélu pour cinq ans en 1996. Le conflit armé avec l'Azerbaïdjan à propos de l'enclave séparatiste à majorité arménienne du Nagornyï-Karabakh a pris fin avec le cessez-le-feu de 1994. Contraint de démissionner en 1998 en raison de sa politique pacifiste jugée trop conciliante par le Parlement, Ter-Petrosyan a été remplacé par Robert Kotcharian, ancien Premier ministre et gouverneur du Nagornyï-Karabakh. En 1999, le Premier ministre Vazgen Sarkissian a été abattu lors d'une fusillade au parlement. Il a été remplacé par son frère, Aram, puis en 2000 par Andranik Markarian.

ARMÉNIE

Superficie totale : 29 800 km² (11 506 sq. miles)

POPULATION
⬚ Plus de 1 000 000
◉ Plus de 100 000
○ Plus de 50 000
● Plus de 10 000
• Moins de 10 000

ALTIMÉTRIE
3 000 m/9 843ft
2 000 m/6 562ft
1 000 m/3 281ft
500 m/1 640ft

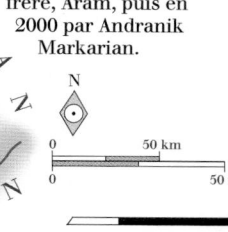

A

POLITIQUE EXTÉRIEURE

Les tensions persistantes avec l'Azerbaïdjan causent des problèmes diplomatiques. Embargo commercial turc

AIDE INTERNATIONALE

 208 M $ (reçus)   Plus 51 % en 1999

La BERD et la Banque mondiale financent des projets d'amélioration des infrastructures. Une part importante des fonds vient des membres de la diaspora.

DÉFENSE

 159 M $ Plus 5 % en 1999

Le service militaire est de 24 mois. Le cessez-le-feu signé en 1994 a été respecté, mais la question du Nagornyï-Karabakh, objet d'une activité diplomatique en 1999-2000, n'a toujours pas trouvé de solution.

ÉCONOMIE

 2,17 Md $ 558,1 drams

CHIFFRES SIGNIFICATIFS

- ❏ CLASSEMENT DU PNB AU NIVEAU MONDIAL ..136ᵉ
- ❏ PNB PAR HABITANT ....570 $
- ❏ BALANCE DES PAIEMENTS ....– 201 M $
- ❏ INFLATION ....2,9 %
- ❏ CHÔMAGE ....12 %

ATOUTS
Liens étroits avec les exilés arméniens. Gisements importants de métaux rares encore non exploités. Construction de machines-outils et industries de transformation – dont le textile et la mise en bouteilles d'eau minérale.

FAIBLESSES
Dépendante vis-à-vis des importations énergétiques, de matières premières et de produits semi-finis. Forte inflation, chômage et stagnation. Corruption.

EXPORTATIONS
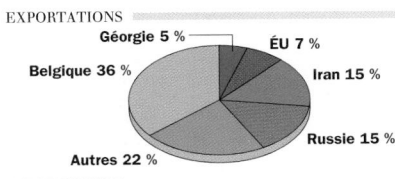
Géorgie 5 %, ÉU 7 %, Belgique 36 %, Iran 15 %, Russie 15 %, Autres 22 %

IMPORTATIONS
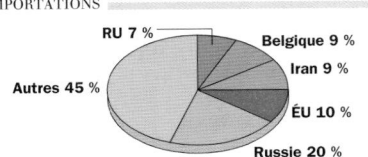
RU 7 %, Belgique 9 %, Iran 9 %, ÉU 10 %, Russie 20 %, Autres 45 %

depuis 1988. La Russie est moins pro-arménienne depuis que l'Azerbaïdjan a rejoint la CEI. Membre du Conseil de l'Europe depuis 2000, l'Arménie est critiquée parce qu'elle emprisonne les témoins de Jéhovah refusant de faire leur service militaire.

RESSOURCES

 3 050 tonnes   Production pétrolière minime

536 000 ovins, 478 700 bovins, 5,2 M de volailles Charbon, pétrole, gaz naturel, métaux rares

Les ressources énergétiques de l'Arménie sont négligeables et on estime à 200 millions de $ les pertes dues à la mauvaise gestion de l'industrie énergétique dans les années 1990. La culture maraîchère et fruitière est concentrée dans les plaines et celle des céréales sur les plateaux. La production agricole représente un tiers du PIB.

ENVIRONNEMENT

 7 %   0,8 tonne par habitant

Les groupes écologiques, soutenus par l'UE, demandent la fermeture de la centrale nucléaire de Medzamor déclarée dangereuse depuis le séisme de 1988 et pourtant été remise en service en 1995 suite à la crise énergétique.

MÉDIAS

 24 quotidiens pour 1 000 habitants

PRESSE ET TÉLÉCOMMUNICATIONS

 11 quotidiens dont *Azg*, *Yerkim* et *Ankakhutiun*

1 chaîne publique, plusieurs chaînes privées   1 radio publique, plusieurs radios indépendantes

Les nombreuses radios et chaînes de télévision assurent la liberté des médias.

CRIMINALITÉ

 Pas de chiffre sur la population carcérale   Moins 14 % en 1996-1998

La réforme du système judiciaire lancée en 1999 a remplacé la cour suprême par une cour d'appel. Les assassinats d'hommes politiques sont fréquents.

ÉDUCATION

  98 %  35 517 étudiants

Le système éducatif, qui s'alignait auparavant sur celui de l'URSS, met aujourd'hui l'accent sur l'histoire et la culture arméniennes. 12 % des Arméniens ont reçu un enseignement supérieur.

CHRONOLOGIE

L'Arménie perd son autonomie au XIVᵉ siècle. En 1639, la Turquie s'empare de sa partie occidentale et la Perse de sa partie orientale, qu'elle cède à la Russie en 1828.

- ❏ **1877–1878** Massacre d'Arméniens pendant la guerre russo-turque.
- ❏ **1915** Les Ottomans forcent 1,75 million d'Arméniens turcs à s'exiler ; la plupart meurt.
- ❏ **1920** Indépendance.
- ❏ **1922** République soviétique.
- ❏ **1988** Un séisme fait 25 000 victimes. Début du conflit avec l'Azerbaïdjan à propos du Nagornyï-Karabakh.
- ❏ **1991** Indépendance qui met fin à la domination soviétique.
- ❏ **1994** Cessez-le-feu avec l'Azerbaïdjan.
- ❏ **1995** Premières élections législatives.
- ❏ **1998** R. Kotcharian est élu président.
- ❏ **1999** Assassinat du Premier ministre.
- ❏ **2003** Réélection de Kotcharian.

SANTÉ

 1 pour 333 habitants Maladies vasculaires, cancers, accidents, actes de violence

Les hôpitaux souffrent de coupures d'électricité. Le système d'égouts défaillant conduit à une hausse du nombre de cas d'hépatite, de tuberculose et de choléra.

RICHESSES

CONSOMMATION ET DÉPENSES

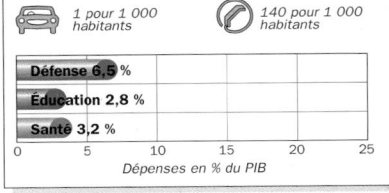
1 pour 1 000 habitants 140 pour 1 000 habitants
Défense 6,5 % Éducation 2,8 % Santé 3,2 %
Dépenses en % du PIB

Les réfugiés de la ville de Bakou en Azerbaïdjan forment le groupe le plus pauvre.

CLASSEMENT MONDIAL

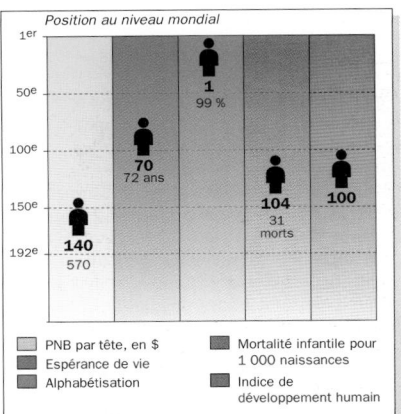
Position au niveau mondial
1, 99 %; 70, 72 ans; 104, 31 morts; 100; 140, 570
PNB par tête, en $; Espérance de vie ; Alphabétisation ; Mortalité infantile pour 1 000 naissances ; Indice de développement humain

A

AUSTRALIE

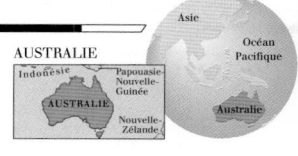

NOM OFFICIEL : Commonwealth d'Australie   **CAPITALE** : Canberra
POPULATION : 19,5 millions   **MONNAIE** : dollar australien   **LANGUE OFFICIELLE** : anglais

   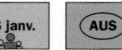

SIXIÈME pays du monde en superficie, l'Australie est une île continent située entre l'océan Indien et l'océan Pacifique. Ses six États et le Territoire-du-Nord offrent une grande variété de paysages qui vont des forêts tropicales aux déserts du « centre rouge » d'une grande aridité, en passant par des montagnes aux sommets enneigés, de vastes pâturages ondoyants et de magnifiques plages. La majorité des Australiens vivent sur le littoral et toutes les capitales fédérales, à l'exception de Canberra, la capitale nationale, sont des villes côtières. Sydney a accueilli les Jeux olympiques en 2000. Les immenses réserves qui s'étendent à l'intérieur des terres sont peuplées d'Aborigènes.

Uluru (Ayers Rock), Territoire du Nord. Le nouveau nom donné à Ayers Rock reflète l'influence de plus en plus grande des Aborigènes en Australie.

CLIMAT

DONNÉES MÉTÉOROLOGIQUES

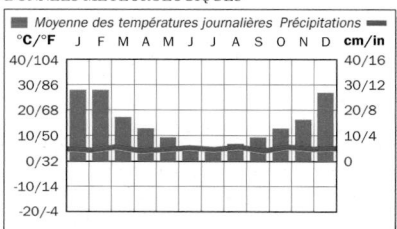

Le Centre, l'Ouest et le Sud sont des régions arides ou semi-arides. Les températures du désert intérieur peuvent atteindre 50 °C.
Le Nord connaît un climat chaud toute l'année ponctué par l'humidité de la mousson estivale. Seules les régions de l'Est et du Sud-Est, à moins de 400 km du littoral, ainsi que le Sud-Ouest, aux alentours de Perth, bénéficient d'un climat tempéré. Ce sont dans ces régions que vivent la majorité des Australiens.

TRANSPORTS

 Kingsford Smith, Sydney
21,6 M de passagers

 617 navires
2,19 M tpl

RÉSEAU DE TRANSPORT

353 331 km (219 549 miles)	13 630 km (8 469 miles)
36 026 km (22 387 miles)	8 368 km (5 200 miles)

Le transport aérien, très développé, représente un élément vital pour les régions peu habitées du Centre et de l'Ouest. Sydney souffre d'encombrements aériens, mais le projet du nouvel aéroport Sydney West reste controversé. Un TGV devrait relier Sydney et Melbourne en 2003. Le transport de marchandises se fait principalement à bord de gigantesques poids lourds, les « trains routiers ». L'une des priorités est d'améliorer l'infrastructure urbaine qui, à Sydney, a profité de l'élan que lui ont donné les Jeux olympiques de 2000.

TOURISME

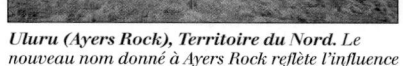 4,9 M de visiteurs   Plus 10 % en 2000

PROVENANCE DES TOURISTES ÉTRANGERS

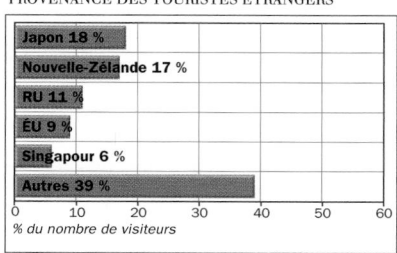

Japon 18 %
Nouvelle-Zélande 17 %
RU 11 %
ÉU 9 %
Singapour 6 %
Autres 39 %

% du nombre de visiteurs

Le tourisme est le secteur qui rapporte le plus de bénéfices à la balance des paiements australienne. Un service aérien plus rapide et moins cher ainsi que des campagnes de marketing gouvernementales parviennent aujourd'hui à attirer un nombre croissant de touristes. Après avoir fait de l'Asie la cible privilégiée de sa stratégie touristique dans les années 1990, l'industrie du tourisme australienne est devenue plus vulnérable depuis la crise financière asiatique de 1997. Les Japonais constituent l'essentiel de ses visiteurs, qui viennent par ailleurs d'Europe, d'Amérique du Nord et de Nouvelle-Zélande. Parmi les centres d'intérêt qu'offre l'Australie, figurent les animaux sauvages, les plages, le surf sur le littoral de l'océan Indien et du Pacifique, la plongée sous-marine le long de la Grande Barrière de corail et le ski dans les Alpes australiennes. Dans l'intérieur du pays, les principaux pôles d'attraction sont la culture aborigène et la ville d'Alice Springs. Les stations balnéaires de l'extrémité nord du pays bénéficient d'un climat tropical. La perle se pêche au Nord-Ouest. Les vignobles du Sud et du Sud-Est, la vie culturelle qu'offrent Melbourne et Sydney ainsi que les festivals artistiques qui ont lieu dans les différentes capitales fédérales attirent également de nombreux touristes. Avec ses célèbres monuments, son ambiance cosmopolite et ses plages, dont la légendaire Bondy Beach, Sydney est la ville australienne la plus

visitée. Après le fantastique essor du milieu des années 1980, où le nombre de visiteurs étrangers s'est accru de près de 200 % en l'espace de cinq ans, le secteur touristique a connu une régression au début des années 1990 avant de s'envoler de nouveau en 2000 (près de cinq millions de visiteurs) grâce principalement aux Jeux olympiques.

(carte)

OCÉAN INDIEN

Derby
Broome
Port Hedland
GRAND DÉS
DE SABL
Onslow
Monts Hamersley
Newman
Paraburdoo
Lac Isappoint
Lac Macleod
AUSTRALIE DÉ
Carnarvon
Baie du Requin
Île Dirk Hartog
OCCIDENTALE
Meekatharra
Lac Carnegie
Mount Magnet
Geraldton
Kalgoorlie
Moora
Merredin
Perth
Fremantle
Northam
Norseman
Rockingham
Bunbury
Collie
Wagin
Esperance
Bridgetown
Ravensthorpe
Cap Leeuwin
Manjinup
Albany

AUSTRALIE

Superficie totale : 7 617 950 km² (2 941 283 sq. miles)

POPULATION
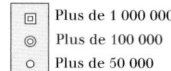
▣ Plus de 1 000 000
◉ Plus de 100 000
○ Plus de 50 000
● Plus de 10 000
· Moins de 10 000

ALTIMÉTRIE
1 000 m/3 281ft
500 m/1 640ft
200 m/656ft
Niveau de la mer
- 200 m/- 656ft

POPULATION

Anglais, grec, italien, vietnamien, langues aborigènes

2 hab./km²

PART DE LA POPULATION URBAINE/RURALE

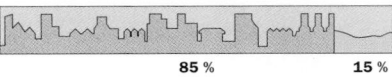

85 %   15 %

Les premiers habitants sont arrivés en Australie il y a près de 100 000 ans. Leurs descendants contemporains, les Aborigènes, représentent moins de 1 % de la population. La colonisation européenne a commencé en 1788, dominée par la présence d'immigrants britanniques et irlandais – dont des forçats – jusqu'aux ruées vers l'or des années 1850. Une autre vague d'immigrants – principalement chinois – venus pour chercher de l'or, s'installa par la suite dans les villes, en particulier à Melbourne et Sydney. Lorsque le nouveau gouvernement fédéral fut institué en 1901, l'une de ses premières décisions fut d'enrayer l'immigration chinoise. Cette mesure instaura la politique d'« Australie blanche », qui détermina la stratégie d'immigration pendant près de 70 ans. De nombreux colons britanniques arrivèrent au cours de la grande vague d'immigration qui eut lieu dans les années 1950, au lendemain de la Seconde Guerre mondiale. Suite aux initiatives du gouvernement pour « peupler ou périr », des Italiens et des Grecs s'installèrent en masse. À partir de la fin des années 1960, la politique de l'« Australie blanche » fut progressivement abandonnée. Le gouvernement Whitlam de 1972 à 1975 y mit fin officiellement. Depuis, jusqu'à 50 % d'immigrants arrivent chaque année d'Asie transformant l'Australie, enclave presque exclusivement européenne, en société multiraciale. Seuls les 250 000 Aborigènes sont tenus à l'écart d'une société pourtant caractérisée par un grand pouvoir d'assimilation. Ils sont marginalisés tant sur le plan économique que social et sont victimes d'une forte discrimination. Jusqu'au milieu des années 1960, ils se voyaient refuser le droit de vote et ne pouvaient bénéficier de toutes les prestations sociales. Les colons occupèrent les terres aborigènes sous prétexte qu'elles représentaient une *terra nullius*, une terre n'appartenant à personne. À partir des années 1970, les Aborigènes se sont progressivement organisés pour défendre leurs droits fonciers et dénoncer la violation de leurs droits civils. La loi sur les droits fonciers autochtones fut promulguée en 1993, mais sa portée est aujourd'hui toujours hautement controversée. Les campagnes de droits civils qui au départ dénonçaient surtout le racisme de la société australienne revendiquent aujourd'hui une plus grande égalité en matière de santé, de logement et d'éducation. L'espérance de vie des Aborigènes est aujourd'hui encore de 20 ans inférieure à celle du reste de la population. L'alcoolisme reste un lourd fléau social tant dans les villes qu'en milieu rural. Au cours des années 1950 et 1960, les divergences entre catholiques et protestants furent telles qu'elles conduisirent à une division au sein du Parti travailliste australien (ALP). Les mesures adoptées pour un enseignement de confession mixte et le déclin parallèle de la pratique religieuse ont depuis contribué à désamorcer ces dissensions.

RELIGION

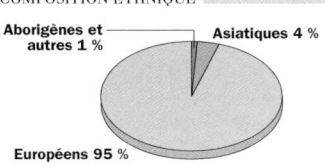

Catholiques 26 %
Autres protestants 6 %
Église unifiée (protestants) 8 %
Athées 13 %
Anglicans 24 %
Autres 23 %

COMPOSITION ETHNIQUE

Aborigènes et autres 1 %
Asiatiques 4 %
Européens 95 %

PYRAMIDE DES ÂGES

Femmes		Âge	Hommes	
	1,7 %	81–100	0,9 %	
	7 %	61–80	6,2 %	
	11,9 %	41–60	12,2 %	
	15,7 %	21–40	15,9 %	
	13,9 %	0–20	14,6 %	

% de la population par tranches d'âge

N

0   400 km
0   400 miles

115

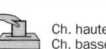

CHRONOLOGIE

Les incursions des Hollandais, Portugais, Français et surtout Britanniques au cours des XVIIᵉ et XVIIᵉ siècles marquèrent la fin d'un millénaire d'occupation aborigène. Le gouverneur Arthur Phillip éleva le drapeau britannique sur la baie de Sydney le 26 janvier 1788.

❏ **1901** Inauguration du Commonwealth d'Australie.
❏ **1915** Les forces australiennes essuient de lourdes pertes à Gallipoli.
❏ **1929** « Grande dépression » : grave crise industrielle et effondrement de l'économie.
❏ **1939** Le Premier ministre Menzies annonce que l'Australie rejoint le RU dans la guerre contre l'Allemagne.
❏ **1942** Chute de Singapour qui tombe entre les mains de l'armée japonaise. L'invasion de l'Australie semble imminente. Le gouvernement demande l'aide des ÉU.
❏ **1950** Les troupes australiennes répondent à l'appel de l'ONU et s'engagent avec les Américains dans la guerre de Corée.
❏ **1962** Le gouvernement Menzies s'engage à apporter son aide de dans la guerre du Viêt Nam.
❏ **1966** L'Australie adopte la monnaie décimale.
❏ **1972** Élection du gouvernement Whitlam. Arrêt de l'aide au Viêt Nam du Sud.
❏ **1975** Le gouvernement Whitlam est dissout par le gouverneur général Sir John Kerr. Malcolm Fraser forme un gouvernement de coalition.
❏ **1983** Bob Hawke, chef du Parti travailliste, devient Premier ministre.
❏ **1985** Prospérité économique suivie par une grave récession.
❏ **1992** Paul Keating l'emporte sur Hawke dans les élections au poste de Premier ministre et annonce sa politique d'« ouverture sur l'Asie ». Le « jugement Mabo » reconnaît les droits fonciers des Aborigènes.
❏ **1993** Contrairement à toute attente, le gouvernement Keating (ALP) est réélu. La loi sur les droits fonciers autochtones dédommage les Aborigènes dépossédés de leurs droits.
❏ **1996** Défaite du gouvernement Keating. John Howard, libéral, devient Premier ministre.
❏ **1998** Réélection très serrée de J. Howard, chef de la coalition Parti libéral/Parti national. Le parti d'extrême-droite *One Nation* enregistre un net recul.
❏ **1999** Référendum, la reine reste officiellement à la tête de l'État.
❏ **2000** Jeux olympiques à Sydney.
❏ **2001** Réélection surprise de la coalition Libéral-National.
❏ **2003** Scandale et démission du gouverneur-général.

POLITIQUE

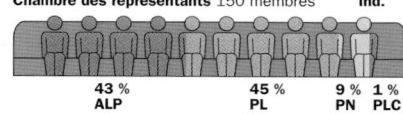

Ch. haute 2001/2004
Ch. basse 1998/2001
Sa Majesté la reine Elizabeth II

EN 1998
Chambre des représentants 150 membres — 2 % Ind.

| 43 % ALP | 45 % PL | 9 % PN | 1 % PLC |

ALP = Parti travailliste australien   **PL** = Parti libéral
PN = Parti national   **Ind.** = Indépendants
AD = Démocrates australiens   **V** = Verts

Sénat 76 sièges — 5 % Autres

| 45 % PL/PN | 37 % ALP | 10 % AD | 3 % V |

12 sièges du sénat sont attribués à chacun des États constituants, deux au Territoire du Nord et deux au Territoire-de-la-Capitale.

L'Australie est une démocratie parlementaire construite sur le modèle britannique.
Il existe six États fédéraux, ayant chacun deux assemblées représentatives à l'exception du Queensland. Le Territoire du Nord est autonome depuis 1978.

PRINCIPAUX PROBLÈMES POLITIQUES
Les dirigeants politiques
Le succès du Premier ministre Howard, en 2001, surprit les sondeurs. L'état de l'économie et l'impopularité d'Howard auraient dû garantir la victoire de l'ALP. Howard fut en partie sauvé par une campagne exploitant les deux grandes peurs de la fin 2001 : le terrorisme international et l'immigration illégale. En outre, son rival principal, Kim Beazley de l'ALP, ne parvint pas à tirer parti de la profonde opposition aux politiques conservatrices de Howard, notamment son engagement en Irak en 2003. Pourtant, l'ALP avait remporté tous les gouvernements régionaux en 2002. Des conflits internes gênent l'essor de l'ALP ; ils opposent Beazley à son successeur Simon Crean, tout aussi impopulaire. Pour sa part, Howard semble avoir oublié sa promesse de prendre sa retraite en 2003, et entend rester à la barre du parti libéral.

L'immigration
Les images d'immigrants potentiels débarquant par bateaux entiers suscitent des craintes considérables, ainsi que leurs protestations contre leurs conditions d'hébergement. Le gouvernement Howard, parlant de comportement " inacceptable ", a largement profité de ces peurs. Les allégations de ce gouvernement, selon lesquelles des immigrants auraient jeté des enfants par-dessus bord pour obtenir l'asile, se sont révélées sans fondement (2002) ; quant à la " solution Pacifique " de ce même gouvernement – consistant à héberger des demandeurs d'asile dans de petits États du Pacifique en échange d'une aide

Vignes dans le Sud de l'Australie. La culture du raisin a été l'un des succès agricoles de l'Autralie ces dernières années.

économique – elle a suscité les critiques de la communauté internationale.

Le virage à droite
Les politiques de droite ont été encouragées par les succès locaux du parti xénophobe One Nation. Même l'ALP a ostensiblement réduit son soutien à l'immigration, et s'est rallié à l'économie de marché.

PROFIL
Les Partis travailliste (ALP), libéral (LP) et national (NP) dominent la scène politique australienne depuis 1945. Les Partis libéral et national sont à droite de l'éventail politique et travaillent ensemble au sein d'une coalition. Ils représentent les intérêts des agriculteurs et ceux des grandes entreprises. Après être resté 13 ans au pouvoir, l'ALP a été battu par une coalition Parti libéral/Parti national lors des élections de 1996. Avec une majorité nettement réduite, l'ALP est cependant resté le principal opposant de la coalition en place lors des élections de 1998, mais a perdu une part importante de son électorat en 2001.

Michael Jeffrey, gouverneur-général.

John Howard, chef du LP, devint Premier ministre en 1996.

Aden Ridgeway, sénateur aborigène et vice-président des AD.

POLITIQUE EXTÉRIEURE

 CEAP 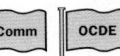 CP | Comm | OCDE FIP

L'Australie occupe une position géopolitique ambiguë. Isolée de ses racines culturelles et économiques européennes et nord-américaines, elle est considérée comme un outsider occidental par les États asiatiques, avec lesquels elle recherche des partenariats. L'Australie considère l'EU et les UE comme des rivaux sur le marché asiatique.

Les liens commerciaux avec le RU, intégré à l'UE, se sont distendus. Les années 1990 ont vu le " tournant vers l'Asie ", par le biais du commerce et de l'aide ; la crise asiatique de 1997 a ralenti la libéralisation des marchés.

L'Australie, jouant son rôle de principale puissance dans le Pacifique sud, a soutenu le développement de la CEAP dès 1989. Pour une meilleure stabilité, l'Australie a fait de la sécurité régionale une priorité. En 1999, elle s'est ainsi investie au Timor oriental, puis en 2000 dans les îles Salomon. En 2003, elle a appliqué le concept d' " intervention coopérative ", en particulier aux Salomon, où elle dirige à présent une mission de restauration et de maintien de l'ordre.

Depuis 2001, l'Australie s'inquiète du terrorisme islamiste, en particulier depuis l'attentat à Bali, en octobre 2002. L'Australie cherche donc à coopérer plus étroitement avec ses voisins, et à renforcer ses liens avec les EU. En février 2003, elle s'est montrée intéressée par le projet des EU de défense nationale par missiles ; le gouvernement a aussi envoyé (décision très impopulaire) des troupes envahir l'Irak en 2003. Cependant, les soldats australiens ne sont pas impliqués dans la reconstruction de ce pays. Le Premier ministre Howard a même soutenu l'idée de frappes préventives contre les terroristes et leurs partisans.

L'Australie a été critiquée pour son traitement des Aborigènes et des demandeurs d'asile. La " Solution Pacifique " à l'immigration, adoptée fin 2001, lui a valu une condamnation internationale.

AIDE INTERNATIONALE

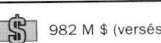 982 M $ (versés)  Plus 2 % en 1999

L'Australie ne consacre que 0,25 % de son PNB à des programmes d'aide dont bénéficie principalement la zone Pacifique. L'effort porte sur les organisations non gouvernementales et les programmes de lutte contre le Sida. Avec une aide de 335 M de $, la Papouasie-Nouvelle-Guinée en est le premier bénéficiaire : dans cet État, les compagnies australiennes mènent d'importantes opérations minières.

DÉFENSE

 7,8 Md $ Plus 1 % en 1999

Des liens stratégiques avec les ÉU restent un élément important de la politique de défense australienne. L'Australie a signé des accords de défense avec, entre autres, les Philippines, Bruneï et la Thaïlande. Dans le but d'assurer son autonomie et de promouvoir sa position de puissance régionale, l'Australie a fortement augmenté ses dépenses en matière de défense depuis 2000.

FORCES ARMÉES AUSTRALIENNES

	71 chars de combat (Leopard 1A3)	24 150 hommes
	3 sous-marins, 1 destroyer, 8 frégates et 15 patrouilleurs	12 500 hommes
	148 avions de combat (35 F–111, 71 F/A–18)	13 950 hommes
	Aucun	

ÉCONOMIE

 386 Md $ 1,49–1,78 dollar australien

CHIFFRES SIGNIFICATIFS

- ☐ CLASSEMENT DU PNB AU NIVEAU MONDIAL 15ᵉ
- ☐ PNB PAR HABITANT ....19 900 $
- ☐ BALANCE DES PAIEMENTS ... .– 9,19 Md $
- ☐ INFLATION ....4,4 %
- ☐ CHÔMAGE...7 %

EXPORTATIONS

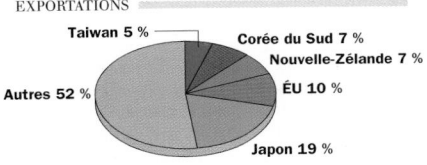

Taiwan 5 % — Corée du Sud 7 % — Nouvelle-Zélande 7 % — ÉU 10 % — Autres 52 % — Japon 19 %

IMPORTATIONS

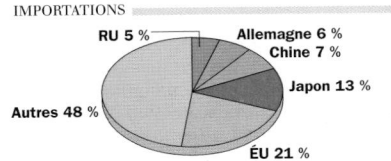

RU 5 % — Allemagne 6 % — Chine 7 % — Japon 13 % — Autres 48 % — ÉU 21 %

ATOUTS

Agriculture et industries minières performantes. Vastes gisements de minéraux. Industrie touristique très rentable et en forte croissance. L'Australie enregistre depuis longtemps de bons résultats en matière de croissance économique et d'inflation.

INDICATEUR DES PERFORMANCES ÉCONOMIQUES

Indice des prix à la consommation — PIB

[Graphique : Indice des prix à la consommation 1995 = 100 / PIB 1995 = 100, années 1995, 1996, 1997, 1998, 1999 ; axes de 80 à 160]

FAIBLESSES

Susceptible de faire les frais de la politique protectionniste de l'UE et de l'ALENA. Instabilité politique et financière de certains marchés d'exportations d'Asie du Sud-Est. Concurrence commerciale et économique de l'Asie. Pas de perspective de voir baisser un taux de chômage élevé. Déficit de la balance des paiements.

PROFIL

Au cours des années 1990, les compagnies australiennes ont concentré leurs efforts sur le marché asiatique. Elles ont cependant été durement touchées par la crise financière asiatique de 1997 qui a entraîné une grave récession dans toute la région. Le Japon reste son principal partenaire commercial. De manière a être plus compétitive en Asie, l'économie australienne a fait l'objet d'importantes restructurations. Le gouvernement de J. Howard, comme l'avait fait le gouvernement travailliste jusqu'en 1996, a peu à peu supprimé les tarifs douaniers qui faisaient de l'Australie l'un des systèmes économiques les plus protégés de l'OCDE. Ce changement a conduit à une hausse du chômage et à la fermeture de nombreuses entreprises, une situation qui n'a fait que s'aggraver suite à la récession économique mondiale de 2001.

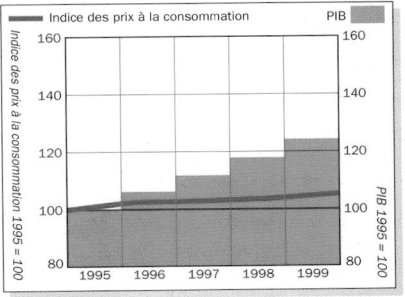

AUSTRALIE : PRINCIPALES ACTIVITÉS

- 🚗 Industrie automobile
- ⚙ Industrie lourde
- Mine de bauxite
- Mine de charbon
- Mine d'or
- Électronique
- 🖥 Informatique
- △ Métallurgie
- Brasserie
- Chimie

Nhulunbuy, Weipa, Tennant Creek, Brisbane, Sydney, Canberra, Perth, Kalgoorlie, Adelaïde, Melbourne, Hobart

0   400 km
0   400 miles   * Importante participation des multinationales

RESSOURCES

 214 227 tonnes

 815 000 b/j
(réserves :
2 900 000 000 Mdb)

117 M d'ovins
25,6 M de bovins
92 M de volailles

 Charbon, fer, bauxite,
zinc, plomb, cuivre,
nickel, opale, or,
uranium

PRODUCTION ÉLECTRIQUE

Hydraulique 9 % (17 Md de kWh)

Thermique 91 % (166 Md de kWh)

Nucléaire 0 %

Autres 0 %

0   20   40   60   80   100

% de la production totale par type d'électricité

L'industrie minière australienne est l'une des plus importantes du monde. L'Australie est un des premiers exportateurs de charbon, de minerai de fer, d'or, de bauxite et de cuivre. Les minéraux assurent 10 % du PIB australien et plus de la moitié du total des recettes d'exportation de marchandises. Depuis les premières découvertes de charbon en 1798, la production minière a augmenté chaque année et a même doublé entre 1982 et 1992. La croissance, bien que ralentie, s'est poursuivie dans les années 1990 et de nombreux sites d'exploitation ont été prévus. La part de l'exploitation minière dans l'économie globale devrait continuer d'augmenter.

Si la production minière renforce la richesse australienne, on s'inquiète de plus en plus du coût écologique de l'extraction. Les compagnies d'exploitation redoutent par ailleurs que les Aborigènes ne revendiquent la propriété de terres riches en minéraux. Le « jugement Mabo » a reconnu en 1992 les droits fonciers des Aborigènes sur les terres qu'ils occupaient avant la colonisation européenne. La loi sur les droits fonciers autochtones de 1993 est venue entériner ces droits et la « décision Wik » rendue par la Haute Cour en 1996 a permis d'étendre les revendications des Aborigènes sur des terres de baux pastoraux, avant d'être de nouveau considérablement limitées par les amendements adoptés en 1998.

AUSTRALIE :
UTILISATION DU SOL

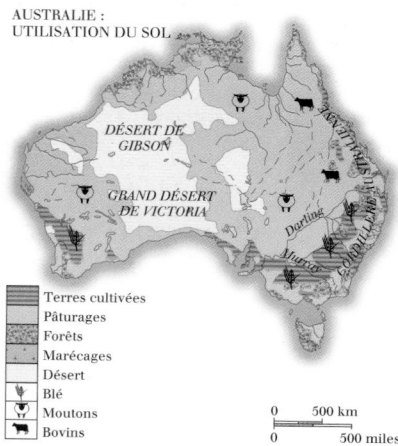

DÉSERT DE GIBSON

GRAND DÉSERT DE VICTORIA

Darling

Murray

Terres cultivées
Pâturages
Forêts
Marécages
Désert
Blé
Moutons
Bovins

0   500 km
0   500 miles

Green Island, sur le Parc marin de la Grande Barrière de corail, au nord de Queensland. Les récifs s'étendent sur 2 000 km le long de la côte.

ENVIRONNEMENT

 7 %
(2 % partiellement protégés)

 17,2 tonnes par habitant

TRAITÉS ÉCOLOGIQUES

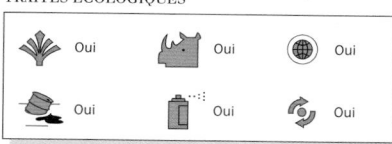

Oui   Oui   Oui

Oui   Oui   Oui

Si les Australiens comptent parmi les électorats les plus conscients du problème écologique du monde industrialisé, leur gouvernement a refusé de s'engager à réduire ses émissions de gaz à effet de serre en vue de limiter le réchauffement de la planète. Lors de la conférence sur les changements climatiques qui s'est tenue à Kyoto en 1997, l'Australie a été autorisée à augmenter ses émissions de gaz à effet de serre de 8 % jusqu'en 2010, alors que la majorité des pays industrialisés ont dû s'engager à les réduire. La Fondation australienne pour la protection de la nature (*Australian Conservation Foundation* ou ACF) et Greenpeace dominent la scène.

MÉDIAS

 296 quotidiens pour 1 000 habitants

PRESSE ET TÉLÉCOMMUNICATIONS

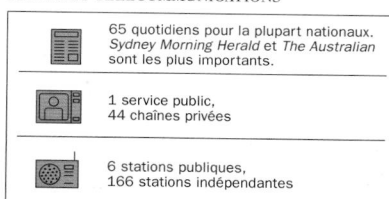

65 quotidiens pour la plupart nationaux. *Sydney Morning Herald* et *The Australian* sont les plus importants.

1 service public,
44 chaînes privées

6 stations publiques,
166 stations indépendantes

La presse australienne est toujours entre les mains de quelques grands barons, même si la loi interdit aujourd'hui qu'un seul et même groupe soit propriétaire de journaux et de chaînes de télévision dans une même ville. Le secteur public de la télédiffusion reste dominé par *l'Australian Broadcasting Corporation* (ABC) dont la couverture de l'actualité fait autant de mécontents parmi les travaillistes que les membres de la coalition.

CRIMINALITÉ

 16 860 détenus

 Plus 8 % en 1996–1998

TAUX DE CRIMINALITÉ

Meurtres	
4	pour 100 000 habitants

Viols	
199	pour 100 000 habitants

Vols	
6 206	pour 100 000 habitants

La criminalité est en progression. Chaque État possède ses forces de police et son système de justice. La Haute Cour et le tribunal qui statue aux affaires familiales relèvent de la juridiction nationale. Le nombre de décès d'Aborigènes survenus au cours de détentions préventives et les délits liés à l'usage de la drogue prennent une importance inquiétante. L'Australie joue un rôle actif dans la lutte contre la drogue dans tous les pays du Sud-Est asiatique. Les lois sur le contrôle des armes à feu ont été renforcées depuis la fusillade qui en 1996 a fait 35 victimes à Port-Arthur. En 1997, le rapport Wood a révélé l'étendue de la corruption au sein des services de police de la Nouvelle-Galles-du-Sud et entraîné d'importantes réformes.

ÉDUCATION

  99 %

 1 M d'étudiants

LE SYSTÈME ÉDUCATIF

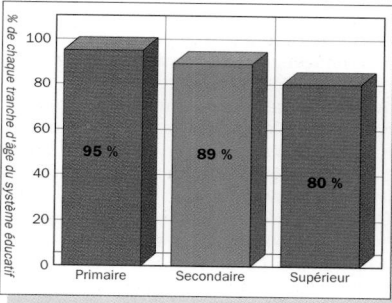

% de chaque tranche d'âge du système éducatif

100
80
60
40
20
0

95 %   89 %   80 %

Primaire   Secondaire   Supérieur

L'éducation relève de la responsabilité de l'État sauf à Canberra, où elle est subventionnée par le gouvernement fédéral. Différents départements du ministère de l'Éducation supervisent les établissements publics et définissent les programmes et niveaux scolaires de toutes les écoles. Des écoles privées existent dans tous les États. Dans les campagnes les plus isolées de l'intérieur du pays, on s'efforce depuis peu de promouvoir l'accès aux nouvelles technologies. L'école est obligatoire pour tous les enfants de 5/6 ans à 15/16 ans dans tous les États. Le *Higher School Certificate*, l'équivalent de notre baccalauréat, sanctionne la fin des études secondaires. Les universités sont subventionnées par le gouvernement fédéral.

Légende des symboles en page de garde

LES DROITS DES ABORIGÈNES

LA RELATION que les Aborigènes entretiennent avec leurs terres tribales est à la base de leur système culturel et spirituel. La campagne pour la reconnaissance de leurs droits fonciers et civils, a commencé à prendre de l'ampleur à partir des années 1960, période à laquelle ils ont enfin été pris en compte dans les recensements nationaux et obtenu le droit de vote. Véritable enjeu politique, le droit foncier des Aborigènes a aujourd'hui d'importantes implications tant sur le plan de l'identité nationale que sur l'avenir du peuple le plus défavorisé d'Australie et celui des puissantes compagnies d'exploitation minière et agricole.

HISTORIQUE
Avant l'arrivée des Européens, les peuples aborigènes vivaient sur la quasi-totalité du continent. Mais les conflits et les maladies contractées auprès des Européens décimèrent une grande partie de leur population. Sans se soucier d'un quelconque droit préexistant des peuples tribaux, les colons occupèrent des terres déclarées dès 1788 *terra nullius*, n'appartenant à personne. Les Aborigènes refusant d'abandonner leur mode de vie traditionnel furent pour la plupart parqués dans des réserves. La campagne pour les droits fonciers remporta une première victoire avec la création des conseils fonciers, qui permettaient aux populations aborigènes de détenir des titres de propriété libre et perpétuelle sur des terres administrées par fidéicommis. Mais en l'absence d'une politique foncière nationale uniforme, les États conservateurs comme le Queensland, où la population aborigène est la plus importante, ont tout fait pour limiter les droits ancestraux des Aborigènes. La situation est devenue particulièrement explosive lorsque des

Danseurs autochtones de Kuranda (nord du Queensland) exécutant une danse traditionnelle devant un rassemblement de manifestants pour les droits fonciers aborigènes.

Un aîné aborigène veille sur sa terre ancestrale, dans l'Ouest de l'Australie.

compagnies minières reçurent des concessions leur permettant d'exploiter des sites sacrés.

LES LOIS SUR LES DROITS FONCIERS AUTOCHTONES DANS LES ANNÉES 1990
La première loi sur les droits fonciers autochtones fut adoptée en 1993 par le gouvernement fédéral travailliste. Cette loi reconnaissait la situation créée par une décision de justice décisive rendue en 1992. Le « jugement Mabo » établissait l'existence des droits de propriété foncière dans le droit coutumier des Aborigènes, ce qui mettait fin à l'ancien concept de *terra nullius* et reconnaissait l'occupation aborigène précédant l'année 1788. La loi de 1995 spécifiait que le droit foncier autochtone existait sur toutes les terres de la Couronne, administrées par le gouvernement fédéral ou national, à moins qu'il ait été spécifiquement éteint. Ce droit se heurta à la résistance de puissantes compagnies minières, notamment en Australie-Occidentale. En 1996, l'affaire portée devant la Haute Cour par le peuple wik de la péninsule du cap York dans le Queensland permit de faire avancer la cause des Aborigènes. La décision spécifiait que le droit foncier autochtone pouvait coexister avec les droits des éleveurs détenteurs de baux de pâturage à long terme. Ces terres ne pouvaient désormais être utilisées à d'autres fins (exploitation minière, cultures commerciales ou développements touristiques) sans consultation préalable des Aborigènes. La réaction du gouvernement de coalition Parti libéral/Parti national fut de protéger les détenteurs de baux de pâturage. Son projet d'amendement de la loi des droits fonciers autochtones qui limitait considérablement les revendications aborigènes divisa le pays et ne fut accepté par le sénat qu'en juillet 1998. L'exploitation minière de sites tribaux sensibles continue de donner lieu à de farouches batailles juridiques.

SANTÉ

 1 pour 400 habitants

 Maladies cardiaques, cérébrovasculaires et respiratoires, cancers

Le service médical australien est l'un des plus performants au monde. L'admission des patients dans les hôpitaux est rapide. Le *Royal Flying Doctor Service* (la médecine volante) couvre l'intérieur du pays. Tandis que l'on surveille toujours de près l'hygiène et l'alimentation, les autorités médicales portent en priorité leurs efforts sur les maladies cardiaques, la prévention contre les accidents, l'entretien de la forme physique, la santé des Aborigènes et la prévention du cancer. La promotion de l'assurance maladie privée apparue au cours des années 1990 a fait craindre aux Australiens une baisse des subventions et de la qualité du secteur public.

RICHESSES

CONSOMMATION ET DÉPENSES

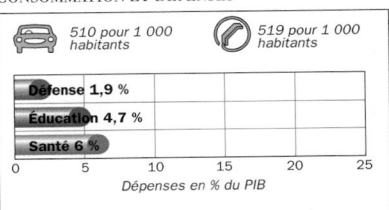

510 pour 1 000 habitants   519 pour 1 000 habitants

	0	5	10	15	20	25
Défense 1,9 %						
Éducation 4,7 %						
Santé 6 %						

Dépenses en % du PIB

La société australienne est relativement homogène sur le plan social. Un grand nombre de foyers possèdent deux voitures et ont des revenus nets relativement élevés. La douceur du climat contribue également au bien-être des Australiens dans leur ensemble. La crise de l'emploi des années 1990 a cependant accentué l'écart des revenus entre riches et déshérités, et le niveau de vie australien ne figure plus depuis quelques années au rang des premiers pays du monde. Le nombre des sans-abri, des cas d'extrême dénuement et d'enfants livrés à eux-mêmes à cause de la pauvreté a augmenté.

CLASSEMENT MONDIAL

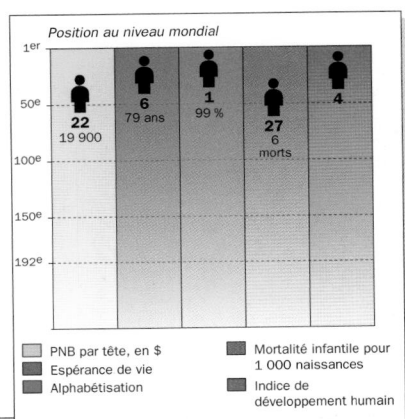

Position au niveau mondial

1er
50e — **22** 19 900 — **6** 79 ans — **1** 99 % — **27** 6 morts — **4**
100e
150e
192e

☐ PNB par tête, en $
☐ Espérance de vie
☐ Alphabétisation
◼ Mortalité infantile pour 1 000 naissances
◼ Indice de développement humain

Voir également LES TERRITOIRES ET DÉPENDANCES D'OUTRE-MER, *p. 640*

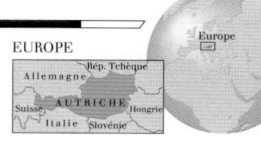

AUTRICHE

NOM OFFICIEL : République d'Autriche   **CAPITALE** : Vienne   **POPULATION** : 8,1 millions
MONNAIE : euro   **LANGUE OFFICIELLE** : allemand

SITUÉE au cœur de l'Europe, l'Autriche s'étend dans sa partie occidentale sur les massifs des Alpes et se compose de plaines fertiles dans sa moitié orientale. Constituée en 1918 après l'effondrement de l'empire des Habsbourg, la république d'Autriche fut rattachée à l'Allemagne d'Hitler en 1938. Elle regagna son indépendance en 1955, après le retrait des dernières troupes soviétiques de la Force d'occupation alliée. L'économie autrichienne repose sur des secteurs très performants dans le domaine des technologies de pointe, une industrie touristique de luxe et un secteur agricole d'une grande vitalité. Membre de l'UE depuis 1995, l'Autriche fut l'un des 12 États européens à adopter l'euro.

CLIMAT

DONNÉES MÉTÉOROLOGIQUES

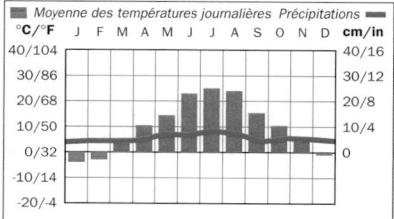
Moyenne des températures journalières ▬ Précipitations ▬

Le climat est continental. Les températures sont plus froides dans les régions alpines, qui sont plus arrosées que le reste du pays.

TRANSPORTS

 Wien–Schwechat, Vienne — 11,2 M de passagers
 22 navires — 68 000 tpl

RÉSEAU DE TRANSPORT

🛣 200 000 km (124 274 miles)		🛤 1 613 km (1 002 miles)	
🚂 5 740 km (3 567 miles)		〜 358 km (222 miles)	

La situation centrale qu'occupe l'Autriche sur le plan géographique a favorisé l'expansion d'un réseau de transports et de communications très complexe.

TOURISME

🧳 18 M de visiteurs   ↑ Plus 3 % en 2000

PROVENANCE DES TOURISTES ÉTRANGERS

Allemagne 52 %	
Italie 7 %	
ÉU 5 %	
Pays-Bas 5 %	
Suisse 5 %	
Autres 26 %	

% du nombre de visiteurs

Le complexe touristique alpin, fortement développé, représente près d'un tiers de l'ensemble des bénéfices liés au tourisme. De nombreuses stations, telles que St Anton et Kitzbühel, accueillent les touristes les plus fortunés. Au cours de la saison estivale, dont l'activité est au plus haut en juillet et août, les touristes viennent apprécier la beauté des paysages du Tyrol et celle des lacs de la région de Bad Ischl. Avec ses nombreux cafés, son parc du Prater et sa grande roue, Vienne est l'un des premiers centres touristiques du pays, suivie de près par Salzbourg, la ville natale de Mozart, célèbre de par le monde pour son festival de musique qui a lieu chaque été.

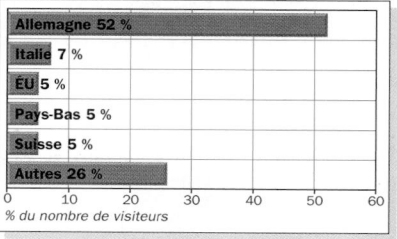

Le Tyrol est situé au cœur des Alpes autrichiennes. Région la plus montagneuse du pays, elle attire autant de touristes l'été que l'hiver.

AUTRICHE

Superficie totale : 82 730 km² (31 942 sq. miles)

ALTIMÉTRIE

- 3 000 m/9 843ft
- 2 000 m/6 562ft
- 1 000 m/3 281ft
- 500 m/1 640ft
- 200 m/656ft
- Niveau de la mer

POPULATION

- ⦿ Plus de 1 000 000
- ◉ Plus de 500 000
- ◎ Plus de 100 000
- ○ Plus de 50 000
- • Moins de 10 000

A

POPULATION

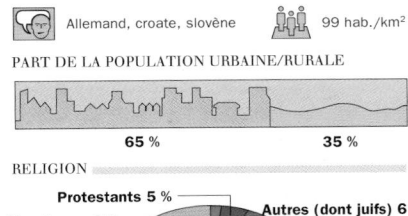
Allemand, croate, slovène　　　99 hab./km²

PART DE LA POPULATION URBAINE/RURALE

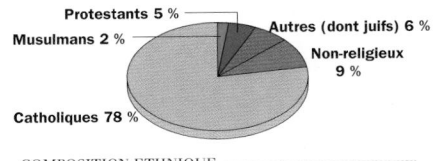
65 %　　　　　　35 %

RELIGION

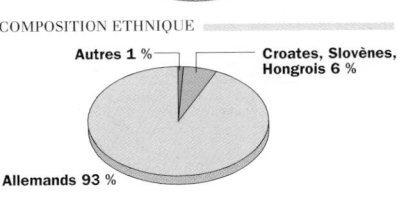
Protestants 5 %
Musulmans 2 %
Autres (dont juifs) 6 %
Non-religieux 9 %
Catholiques 78 %

COMPOSITION ETHNIQUE

Autres 1 %
Croates, Slovènes, Hongrois 6 %
Allemands 93 %

La société autrichienne est très homogène. La quasi-totalité de sa population est germanophone. Les Autrichiens aiment pourtant à se considérer différents des Allemands sur le plan ethnique. Il existe peu de minorités. Un petit nombre de Slovènes, de Croates et de Hongrois vivent au Sud et à l'Est du pays ainsi que quelques communautés tsiganes. Le flot d'immigrants venus d'Europe de l'Est et de réfugiés fuyant le conflit de l'ex-Yougoslavie est venu s'ajouter à ces quelques minorités. Ce courant d'immigration a eu pour conséquence d'accentuer de manière perceptible les tensions interethniques, et a conduit l'extrême-droite à accuser les étrangers d'occuper des emplois destinés à la population locale.
Le tissu social autrichien repose sur la famille nucléaire. Il est fréquent que les deux parents travaillent. Même si l'égalité des sexes est inscrite dans la Constitution

autrichienne, la société reste en réalité très patriarcale. Les jeunes Autrichiens ne quittent en général le foyer familial qu'à leur mariage ; ils consacrent de longues années à leurs études universitaires et ne perçoivent pas de bourses. Les Autrichiens se marient plus jeunes que dans les autres États européens. Majoritairement catholique, la société autrichienne est cependant moins conservatrice que certaines régions allemandes.

PYRAMIDE DES ÂGES

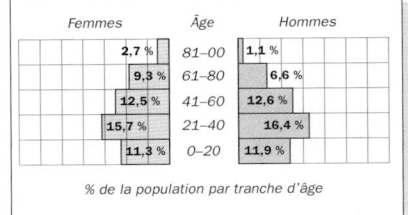

Femmes	Âge	Hommes
2,7 %	81–00	1,1 %
9,3 %	61–80	6,6 %
12,5 %	41–60	12,6 %
15,7 %	21–40	16,4 %
11,3 %	0–20	11,9 %

% de la population par tranche d'âge

POLITIQUE

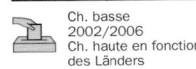
Ch. basse 2002/2006
Ch. haute en fonction des Länders
Heinz Fischer, président de la République

AUX DERNIÈRES ÉLECTIONS
Conseil national 183 membres

43 % ÖVP　　38 % SPÖ　　10 % FPÖ　　9 % V

SPÖ = Parti social-démocrate d'Autriche　**FPÖ** = Parti libéral d'Autriche　**ÖVP** = Parti populaire d'Autriche　**V** = parti vert

Conseil fédéral 64 membres

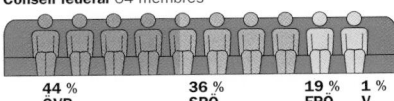
44 % ÖVP　　36 % SPÖ　　19 % FPÖ　　1 % V

L'Autriche est une démocratie pluraliste fédérale. Le chancelier (Premier ministre) détient le pouvoir exécutif. La « grande coalition » SPÖ (socialiste)/ÖVP (conservateur) au pouvoir depuis de nombreuses années a dû laisser la place en octobre 1999 à la nouvelle coalition formée de l'ÖVP et du FPÖ (extrême-droite).

PRINCIPAUX PROBLÈMES POLITIQUES
Les relations avec ses partenaires européens
Les Autrichiens sont très partagés quant aux avantages que leur apporte leur adhésion à l'UE. Si les groupes de pression des agriculteurs continuent de se méfier de la politique agricole de l'UE, le pays a dans son ensemble bénéficié de denrées alimentaires moins chères et d'un éventail plus large de produits de consommation. La peur que cette adhésion n'entraîne une perte de l'identité nationale et un afflux de main-d'œuvre bon marché des pays d'Europe de l'Est a permis au FPÖ (nationaliste) de conquérir une part importante de l'électorat autrichien.

PROFIL
Une coalition menée par le SPÖ, avec pour associé l'ÖVP, a dirigé l'Autriche des années 1950 à 1999 pratiquement sans interruption. Son influence, qu'aucune réelle alternative n'est jamais venue contrecarrer, s'étendait à tous les domaines de la vie publique. Le FPÖ réalisa une véritable percée lors des élections de 1999 en arrivant en seconde position à égalité avec l'ÖVP. Les deux partis (ÖVP/FPÖ) formèrent une nouvelle coalition gouvernementale de droite qui fit l'objet de violentes critiques de la part des autres États membres de l'UE. Les sanctions diplomatiques furent cependant levées en septembre 2000 après qu'un rapport eût établi que la présence du FPÖ au gouvernement n'avait pas entraîné d'atteintes aux droits de l'homme. Jörg Haider, dirigeant du FPÖ, a été condamné pour avoir exprimé ouvertement son admiration pour Hitler. Il reste aujourd'hui l'élément moteur du FPÖ même s'il a officiellement renoncé à la présidence du parti en mai 2000, malgré les défaites électorales locales enregistrées la même année par le FPÖ. Les neuf assemblées et gouvernements fédéraux jouissent de pouvoirs considérables.

Dr. Thomas Klestil,
candidat de l'ÖVP, devint le président de l'Autriche en 1992.

Wolfgang Schüssel,
chancelier (ÖVP) depuis 2000 à la tête de la coalition avec l'ÖVP.

POLITIQUE EXTÉRIEURE

UE　　CE　　PpP　　OCDE　　OSCE

Si l'Autriche entretient des relations importantes avec l'Allemagne, son puissant voisin et principal partenaire commercial, sa volonté actuelle est de mettre l'accent sur son indépendance et de prendre ses distances avec Bonn sur le plan diplomatique. Elle souhaite préserver le lien direct qu'elle a avec Washington, des relations renforcées par son rôle de premier fournisseur d'armes légères de l'armée américaine.
La neutralité de l'Autriche a été remise en cause depuis son adhésion à l'UE, bien que le SPÖ ait décidé de ne pas intégrer l'OTAN en 1998. L'Autriche a signé les accords de Schengen abolissant les contrôles douaniers entre les principaux pays de l'UE. Sa position géopolitique lui donne une influence considérable sur les pays d'Europe de l'Est ; ses exportations sur ces marchés ont triplé au cours des années 1990, les différents gouvernements autrichiens (jusqu'à 2000) ont par ailleurs vivement soutenu l'élargissement de l'UE aux pays d'Europe de l'Est malgré une certaine hostilité du FPÖ.

AIDE INTERNATIONALE

527 M $ (versés)　Plus 16 % en 1999

De nouveaux projets écologiques sont actuellement en cours d'étude. L'Autriche est l'un des principaux pays donateurs aux États d'Europe de l'Est. La Pologne est le premier pays bénéficiaire de l'aide officielle, suivie de près par la Bosnie-Herzégovine. L'Autriche joue un rôle clé dans la reconstruction de l'ex-Yougoslavie, l'un de ses principaux marchés d'exportation avant la guerre.

A

CHRONOLOGIE

L'Autriche fut placée sous le contrôle des Habsbourg en 1273. 1867 vit la naissance du dualisme de l'Autriche-Hongrie sous le règne des Habsbourg. La défaite du pays dans la Première Guerre mondiale mena en 1918 à l'abdication du dernier empereur Habsbourg, Charles, et à la création de la République d'Autriche.

- **1934** Le chancelier Dollfuss dissout le parlement et commence à emprisonner les sociaux-démocrates, les communistes et les membres du Parti national-socialiste (NAZI). Les nazis tentent de s'emparer du pouvoir.
- **1938** *Anschluss* – l'Autriche est rattachée de force à l'Allemagne.
- **1945** Fin de la domination allemande. L'Autriche est occupée par les forces russes, britanniques, américaines et françaises. Les élections donnent le pouvoir à la coalition ÖVP/SPÖ.
- **1950** Échec de la tentative de coup d'État du Parti communiste. Le plan Marshall aide à la reconstruction économique.
- **1955** Retrait des troupes soviétiques.
- **1971** Formation du gouvernement SPÖ sous la direction du chancelier Bruno Kreisky qui dominera la scène politique autrichienne pendant 12 ans.
- **1983** Les socialistes et le FPÖ forment un gouvernement de coalition dirigé par Fred Sinowatz.
- **1986** Le Dr Kurt Waldheim, ancien secrétaire général de l'ONU, est élu président malgré les allégations de crimes de guerre qui pèsent contre lui. Franz Vranitsky devient chancelier fédéral. Le nationaliste Jörg Haider succède à Norbert Steger à la tête du FPÖ. Retour à la « grande coalition » du SPÖ et de l'ÖVP.
- **1990** L'ÖVP perd 17 sièges au cours des élections parlementaires.
- **1992** Thomas Klestil (ÖVP) est élu président. Les élections confirment la défection d'une partie des partisans de l'ÖVP au profit du SPÖ.
- **1995** Adhésion à l'UE. Élections suite à un désaccord budgétaire au sein de la coalition.
- **1997** Démission de Vranitsky, remplacé par Viktor Klima.
- **1998** Thomas Klestil est réélu président.
- **1999** Le FPÖ de Jörg Haider remporte 40% des voix lors des élections régionales de Carinthie et arrive en seconde position à égalité avec l'ÖVP aux élections générales d'octobre. Le SPÖ reste le parti le plus important.
- **2000** L'ÖVP accepte le FPÖ dans sa coalition : crise politique, sanctions de l'UE, levées sept mois après.
- **2002** Adoption définitive de l'euro. Le FPÖ quitte la coalition. L'ÖVP remporte les élections.
- **2003** Nouvelle coalition ÖVP-FPÖ.

DÉFENSE

 1,7 Md $ Moins 7 % en 1999

En vertu du Traité d'État de 1955 qui lui accorda une totale indépendance, l'Autriche est neutre même si elle participe à des programmes de maintien de la paix dans le cadre de partenariats avec l'OTAN depuis 1995. Malgré la petite taille de ses propres forces de défense, l'industrie de l'armement autrichienne, très performante, fournit l'essentiel du matériel nécessaire au maintien de l'armée et exporte également des armes vers les ÉU et d'autres pays.

FORCES ARMÉES AUTRICHIENNES

🛡	283 chars de combat (169 M-60A3, 114 Leopard 2A4)	35 500 hommes
⚓	Aucune	
✈	52 avions de combat (23 SAAB J-350e)	6 500 hommes
🚀	Aucun	

ÉCONOMIE

 195 Md $  0,87 – 1,01 euro

CHIFFRES SIGNIFICATIFS

- CLASSEMENT DU PNB AU NIVEAU MONDIAL ....22[e]
- PNB PAR HABITANT ....23 940 $
- BALANCE DES PAIEMENTS ....– 4,1 Md $
- INFLATION ....2,7 %
- CHÔMAGE ....5 %

INDICATEUR DES PERFORMANCES ÉCONOMIQUES

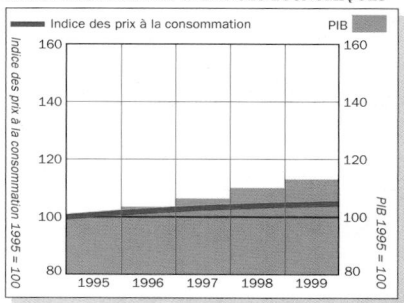

EXPORTATIONS

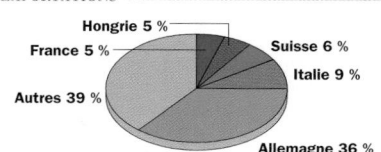

IMPORTATIONS

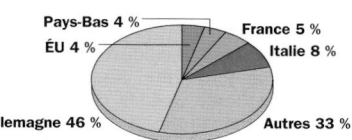

ATOUTS
Industrie de transformation très développée. Puissantes industries chimiques et pétrochimiques. Secteur électrotechnique, industries de transformation du textile et du bois. Main-d'œuvre très qualifiée. Le tourisme est une source importante de devises étrangères.

FAIBLESSES
Manque de ressources naturelles. Dépend de ses importations de matières premières. La mise en place du processus de déréglementation et d'un plus grand libéralisme économique a été plus lente que prévue.

PROFIL
Les secteurs de l'industrie et des technologies de pointe sont fortement développés et représentent plus de 25 % du PIB. Certains services, le tourisme en particulier, sont très performants et hautement lucratifs. Les recettes liées au tourisme ont cependant baissé ces dernières années. La tendance au ralentissement économique du début des années 1990 a été inversée grâce à la hausse de la demande intérieure et à l'augmentation des exportations vers l'Europe de l'Est et l'Allemagne. La baisse des prix de nombreux produits est l'un des principaux avantages que l'Autriche tire de son adhésion à l'UE en 1995. Le marché du travail a vu l'afflux d'une main-d'œuvre étrangère moins exigeante en matière de conditions de travail et de rémunération. Les investissements étrangers ont progressé parallèlement au nombre croissant de multinationales installées en Autriche. Un vaste programme de stabilisation fiscale mis en place au lendemain de son adhésion a permis à l'Autriche de participer à la phase finale de l'union monétaire et économique européenne en janvier 1999.

AUTRICHE : PRINCIPALES ACTIVITÉS

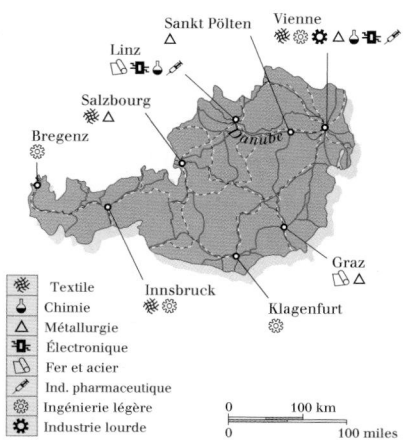

RESSOURCES

 3 486 tonnes

19 489 b/j (réserves : 78 265 440 Mdb)

3,79 M de porcins
2,15 M de bovins
13,5 M de volailles

Fer, charbon, magnésite, zinc, plomb

PRODUCTION ÉLECTRIQUE

Hydraulique 66 % (37 Md de kWh)	
Thermique 34 % (20 Md de kWh)	
Nucléaire 0 %	
Autres 0 %	

% de la production totale par type d'électricité

0   20   40   60   80   100

L'Autriche ne possède pas de gisements importants de pétrole, de charbon et de gaz, et doit importer une grande part de son énergie. La Russie reste l'un de ses principaux fournisseurs en énergie. La Russie et l'Allemagne fournissent le fer et l'acier brut qui alimentent son industrie.

ENVIRONNEMENT

28 %
(24 % partiellement protégés)

7,8 tonnes par habitants

TRAITÉS ÉCOLOGIQUES

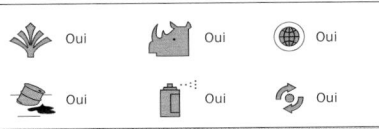
Oui   Oui   Oui
Oui   Oui   Oui

Les Autrichiens sont très sensibilisés aux problèmes d'environnement. Les ordures ménagères doivent être triées afin d'être recyclées, et les contrevenants sont passibles d'amendes élevées. Entre 1999 et 2000, l'Autriche a recyclé plus de 50 % de ses ordures ménagères et 80 % du verre collecté. La sûreté des réacteurs nucléaires des pays frontaliers (République tchèque, Slovaquie et Slovénie) inquiète beaucoup les Autrichiens.

MÉDIAS

 296 quotidiens pour 1 000 habitants

PRESSES ET TÉLÉCOMMUNICATIONS

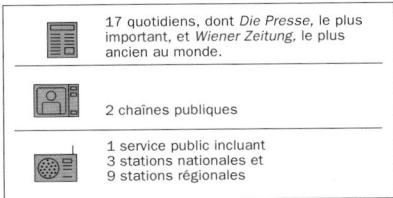
17 quotidiens, dont *Die Presse*, le plus important, et *Wiener Zeitung*, le plus ancien au monde.

2 chaînes publiques

1 service public incluant 3 stations nationales et 9 stations régionales

La télévision et la radio sont soumises au contrôle de la *Österreichischer Rundfunk* (ÖRF), présidée par un directeur général désigné par le gouvernement. L'ÖRF n'autorise la télévision câblée qu'avec prudence de peur qu'elle détourne les téléspectateurs des chaînes existantes. Les Autrichiens ont accès à des émissions de télévision par satellite en langues française, anglaise et allemande.

AUTRICHE : UTILISATION DU SOL

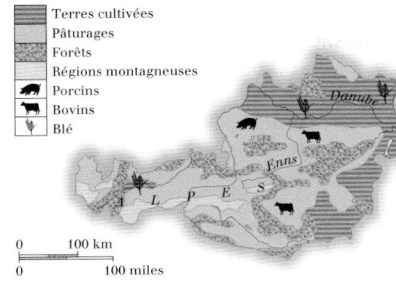

Terres cultivées
Pâturages
Forêts
Régions montagneuses
Porcins
Bovins
Blé

0   100 km
0   100 miles

CRIMINALITÉ

 7 137 détenus

Moins 2 % en 1996-1998

TAUX DE CRIMINALITÉ

Meurtres	
2	pour 100 000 habitants

Viols	
6	pour 100 000 habitants

Vols	
2 617	pour 100 000 habitants

Le taux de criminalité est inférieur à la moyenne européenne. Le nombre de cambriolages est cependant en progression. Le blanchiment de l'argent est plus fréquent depuis l'arrivée de la mafia russe à Vienne

ÉDUCATION

 99 %   240 632 étudiants

LE SYSTÈME ÉDUCATIF

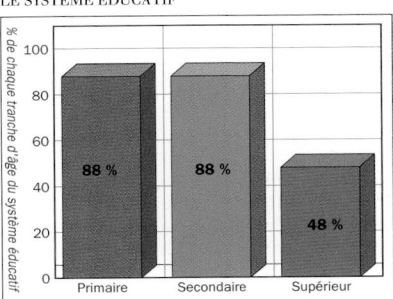

% de chaque tranche d'âge du système éducatif

Primaire 88 %   Secondaire 88 %   Supérieur 48 %

Le budget de l'Éducation représente 10 % des mêmes dépenses publiques. Les enfants sont orientés selon leurs capacités : ceux qui obtiennent le *Reifeprüfung* ou *Matura* à l'issue de leur scolarité au *Gymnasium* (11-18 ans) peuvent aller à l'université contrairement à ceux qui ont suivi les cours de la *Hauptschule* (11-15 ans). Les universités sont surchargées ; il faut six ans, voire plus, pour terminer une licence.

SANTÉ

1 pour 333 habitants

Maladies cardiaques et cérébrovasculaires, cancers

Les dépenses de santé sont relativement élevées, représentant 13 % de l'ensemble des dépenses de l'État. De nombreux malades se tournent cependant vers le secteur privé pour pouvoir être opérés plus rapidement. En nette progression, les dépenses de santé prises en charge par les malades eux-mêmes représentent aujourd'hui près d'un tiers de l'ensemble des dépenses, le pourcentage le plus élevé de tous les pays de l'UE.

RICHESSES

CONSOMMATION ET DÉPENSES

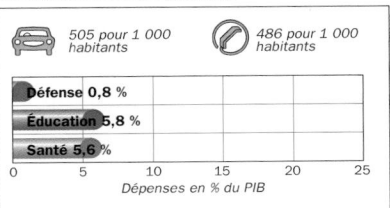
505 pour 1 000 habitants   486 pour 1 000 habitants

Défense 0,8 %	
Éducation 5,8 %	
Santé 5,6 %	

Dépenses en % du PIB
0   5   10   15   20   25

Malgré un gouvernement de centre-gauche pendant une quarantaine d'années, l'Autriche a conservé ses divisions sociales traditionnelles. Aujourd'hui encore, une fortune héritée force davantage la considération qu'une fortune construite sur le travail, et les possibilités d'ascension sociale sont moins fréquentes qu'en Allemagne. Les Autrichiens ont le plus fort taux d'épargne des pays membres de l'OCDE. Ils placent peu d'argent dans les biens mobiliers. Depuis 2000, une loi interdit l'anonymat total des dépôts sur comptes d'épargne, une pratique unique en Europe qui, d'après certains, encouragerait le blanchiment de l'argent et les délits d'initiés. Les obligations d'État offrent un taux d'intérêt peu élevé et le marché immobilier est faible. Les réfugiés du conflit de l'ex-Yougoslavie forment le groupe le plus pauvre.

CLASSEMENT MONDIAL

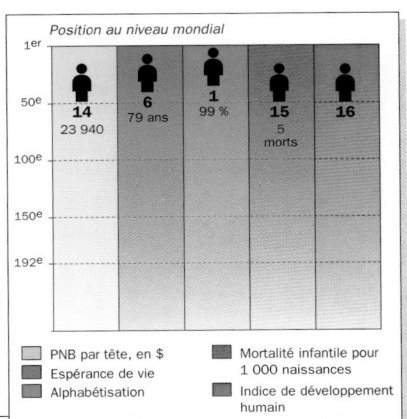

Position au niveau mondial

1er
50e
100e
150e
192e

14 — 23 940
6 — 79 ans
1 — 99 %
15 — 5 morts
16

PNB par tête, en $
Espérance de vie
Alphabétisation
Mortalité infantile pour 1 000 naissances
Indice de développement humain

A

AZERBAÏDJAN

ASIE

NOM OFFICIEL : République azerbaïdjanaise **CAPITALE :** Bakou
POPULATION : 8,1 millions **MONNAIE :** manat **LANGUE OFFICIELLE :** azeri

ITUÉE sur la côte ouest de la mer Caspienne, l'Azerbaïdjan fut la première république russe à proclamer son indépendance. Les revendications territoriales de l'Arménie sur l'enclave du Nagornyï-Karabakh ont conduit à un véritable conflit armé qui, s'il a pris fin en 1994, n'en demeure pas moins au centre des préoccupations des Azéris. L'exode de quelque 200 000 réfugiés et plus du double de déplacés intérieurs sont venus s'ajouter aux problèmes d'une économie azerbaïdjanaise déjà en difficulté. Sa richesse pétrolière lui ouvre cependant des perspectives à long terme.

Paysage typique du Petit Caucase près de Qazax à l'extrême Nord-Ouest de l'Azerbaïdjan.

CLIMAT

DONNÉES MÉTÉOROLOGIQUES

 Moyenne des températures journalières Précipitations

Si les côtes bénéficient d'un climat subtropical, la rigueur des hivers menace des milliers de réfugiés de guerre.

TRANSPORTS

 Bakou
 287 navires 650 933 tpl

RÉSEAU DE TRANSPORT

23 057 km (14 327 miles)	Aucune
2 116 km (1 315 miles)	Aucune

Les dépenses en matière de transports visent davantage l'amélioration des liens avec l'Iran et la Turquie qu'avec la Russie.

TOURISME

 602 000 visiteurs   Plus 25 % en 1999

PROVENANCE DES TOURISTES ÉTRANGERS

L'Azerbaïdjan ne publie pas de statistiques sur la provenance de ses visiteurs.

0 10 20 30 40 50 60
% du nombre de visiteurs

En raison du conflit du Nagornyï-Karabakh et des sentiments anti-occidentaux des Azéris (convaincus du soutien occidental à l'Arménie dans le conflit qui oppose les deux pays), les visiteurs étrangers sont très peu nombreux.

POPULATION

 Azeris, russe   89 hab./km²

PART DE LA POPULATION URBAINE/RURALE

57 % **43 %**

COMPOSITION ETHNIQUE

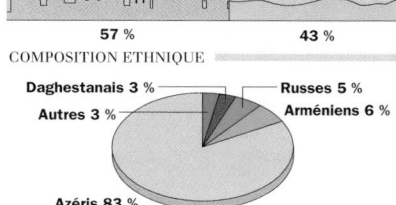

Daghestanais 3 % Russes 5 %
Autres 3 % Arméniens 6 %
Azéris 83 %

Selon le dernier recensement de 1989, les Azéris représentaient 83 % de la population. Cette proportion est encore plus élevée aujourd'hui – des milliers d'Arméniens, de Juifs et de Russes ont fui en raison de la montée du nationalisme chez les Azéris. Les femmes, autrefois importantes au sein du parti au pouvoir, ont perdu leur place dans la vie politique et voient même leur condition se détériorer. Le système d'aide sociale, autrefois très performant, a beaucoup de mal à faire face à la demande des plus démunis.

POLITIQUE

 2000/2005   Ilham Aliev, président de la République

AUX DERNIÈRES ÉLECTIONS

Assemblée nationale 125 membres

2 % 1 %
CSP Vacants

61 % NA **21 %** Ind **5 %** APF **10 %** Autres

NA = Nouvel Azerbaïdjan **Ind** = Indépendants **APF** = Front populaire d'Azerbaïdjan **CSP** = Parti de la solidarité civique **Vacants** = Sièges réservés aux membres du Nagornyï-Karabakh

La décision de l'enclave du Nagornyï-Karabakh de se rattacher à l'Arménie a conduit au conflit armé qui a opposé les deux pays jusqu'en 1994 et à l'issue duquel plus de 20 % des territoires azerbaïdjanais étaient passés sous contrôle arménien. Les négociations de paix n'ont toujours pas permis de parvenir à un accord. En 1995, le NA a remplacé les communistes et a de nouveau remporté les élections de 2000, entachées de graves irrégularités. Le NA soutient Gueïdar Aliev, élu en 1993 puis en 1998.

AZERBAÏDJAN

Superficie totale : 86 600 km² (33 436 sq. miles)

POPULATION
☐ Plus de 1 000 000
◉ Plus de 100 000
○ Plus de 50 000
● Plus de 10 000
• Moins de 10 000

ALTIMÉTRIE
4 000 m/13 124ft
3 000 m/9 843ft
2 000 m/6 562ft
1 000 m/3 281ft
500 m/1 640ft
200 m/656ft
Niveau de la mer

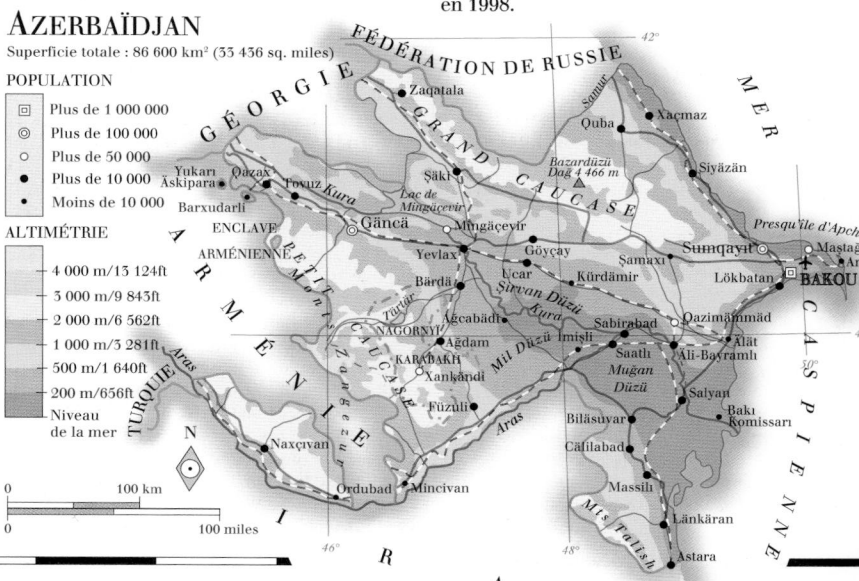

POLITIQUE EXTÉRIEURE

 CEI　 CE　 CPEA　 OCI　 OSCE

L'Occident, l'Iran et la Russie, s'intéressent aux gisements pétrolifères azéris de la mer Caspienne. Depuis l'accession à la présidence de Vladimir Poutine, les relations avec la Russie se sont améliorées. La Turquie est un allié naturel. L'Azerbaïdjan est membre du Conseil de l'Europe depuis 2001.

AIDE INTERNATIONALE

 162 M $ (reçus)　　 Plus 82 % en 1999

L'aide accordée par la Banque mondiale augmente régulièrement. Le Congrès américain, pro-arménien, interdit pratiquement toute aide humanitaire à destination de l'Azerbaïdjan depuis 1992.

DÉFENSE

 203 M $　　 Plus 3 % en 1999

Membre du programme de partenariat pour la paix de l'OTAN depuis 1994.

ÉCONOMIE

 3,7 Md $　　 4 375-4 456 manats

CHIFFRES SIGNIFICATIFS

- CLASSEMENT DU PNB AU NIVEAU MONDIAL ..111ᵉ
- PNB PAR HABITANT ....650 $
- BALANCE DES PAIEMENTS ....– 52 M $
- INFLATION ....– 8,6 %
- CHÔMAGE..1 %

ATOUTS
Réserves gazières et pétrolières qui commencent à être mises en service. Gisements de fer, cuivre, plomb et sel. Coton et soie.

FAIBLESSES
Infrastructure industrielle vétuste datant de l'ère soviétique. Corruption. Les retombées du conflit du Nagornyï-Karabakh continuent de peser sur l'État.

EXPORTATIONS

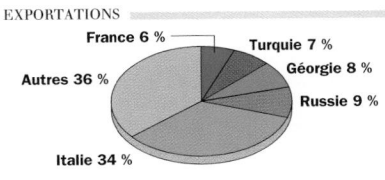

France 6 %
Turquie 7 %
Géorgie 8 %
Russie 9 %
Autres 36 %
Italie 34 %

IMPORTATIONS

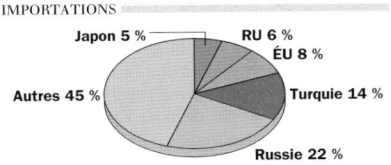

Japon 5 %
RU 6 %
ÉU 8 %
Turquie 14 %
Autres 45 %
Russie 22 %

RESSOURCES

 8 488 tonnes　　 300 000 b/j (réserves : 6,9 Md de barils)

 5,39 M d'ovins 1,95 M de bovins 13,9 M de volailles　　 Fer, bauxite, cuivre, plomb, zinc, calcaire, sel, pétrole, gaz

Peu mis en valeur sous l'ère soviétique, les gisements pétroliers azerbaïdjanais de la mer Caspienne attirent aujourd'hui les investisseurs étrangers. Le site de Guneshli recèle à lui seul plus de quatre millions de barils de réserves.

ENVIRONNEMENT

 6 %　　 4,1 tonnes par habitant

Sous le régime soviétique, la pollution pétrolière de la mer Caspienne a atteint des niveaux dramatiques et l'agriculture a abusé des pesticides. Les fleuves sont pollués par les déchets industriels provenant de Géorgie et d'Arménie. Le manque de fonds limite les initiatives.

MÉDIAS

 28 quotidiens pour 1 000 habitants

PRESSE ET TÉLÉCOMMUNICATIONS

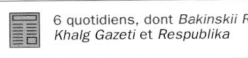

6 quotidiens, dont *Bakinskii Rabochii*, *Khalg Gazeti* et *Respublika*

1 chaîne publique et 1 chaîne privée　　1 station publique

Un décret de 1998 a mis fin à la censure, mais la liberté est limitée par le manque de papier journal, le peu de licences accordées et les intimidations.

CRIMINALITÉ

 Pas de chiffre sur la population carcérale　　 Moins 19 % en 1996-1998

Le système judiciaire a de nouveau été placé sous contrôle politique en 1993. La criminalité atteint des proportions inquiétantes dans les camps accueillant les populations déplacées par le conflit du Nagornyï-Karabakh.

ÉDUCATION

 96 %　　 115 116 étudiants

À son arrivée au pouvoir en 1995, le NA a progressivement mis fin à l'emprise communiste sur l'éducation, qui était particulièrement évidente dans l'enseignement de l'histoire.

SANTÉ

 1 pour 263 habitants　　 Maladies cardiaques, cérébrovasculaires et respiratoires, cancers

Le système médical déjà rudimentaire s'est effondré en raison du conflit et du passage à l'économie de marché.

CHRONOLOGIE

Après avoir subi l'influence consécutive des Perses, des Ottomans et des Russes, l'Azerbaïdjan, l'un des premiers pays producteurs de pétrole du monde en 1900, accéda à l'indépendance en 1918.

- **1920** Invasion de l'armée rouge. La République soviétique de Transcaucasie est proclamée.
- **1930** Collectivisation forcée de l'agriculture.
- **1936** L'Azerbaïdjan devient une république de l'union à part entière (ASSR).
- **1945** Tente en vain d'annexer la région azérie de l'Iran.
- **1985** Gorbatchev s'attaque à la corruption au sein du PCA.
- **1988** Le Nagornyï-Karabakh demande son rattachement à l'Arménie.
- **1990** Le Nagornyï-Karabakh tente de faire sécession. Arrivée des troupes soviétiques.
- **1991** Indépendance.
- **1993** G. Aliev est élu président de la République. Il sera réélu en 1998.
- **1994** Cessez-le-feu.
- **1995–1999** Élections législatives. Accession au pouvoir du NA (non communiste).

RICHESSES

CONSOMMATION ET DÉPENSES

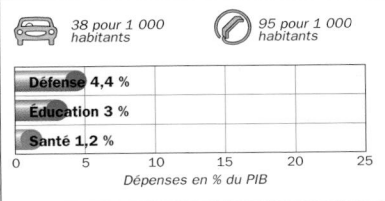

38 pour 1 000 habitants　　95 pour 1 000 habitants

Défense 4,4 %
Éducation 3 %
Santé 1,2 %

0　5　10　15　20　25
Dépenses en % du PIB

Les revenus pétroliers créent de nouvelles classes privilégiées mais ne parviennent pas jusqu'à la population dont 60 % vit dans une grande pauvreté.

CLASSEMENT MONDIAL

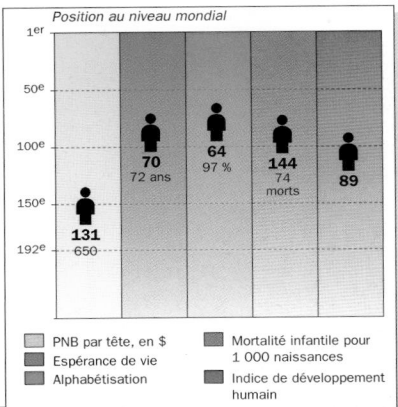

Position au niveau mondial

1ᵉʳ
50ᵉ
100ᵉ
150ᵉ
192ᵉ

70　72 ans
64　97 %
144　74 morts
89
131　650

- PNB par tête, en $
- Espérance de vie
- Alphabétisation
- Mortalité infantile pour 1 000 naissances
- Indice de développement humain

BAHAMAS

B

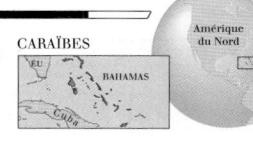

CARAÏBES

Amérique
du Nord

NOM OFFICIEL : Commonwealth des Bahamas   **CAPITALE** : Nassau
POPULATION : 312 000   **MONNAIE** : dollar des Bahamas   **LANGUE OFFICIELLE** : anglais

   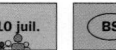

SITUÉS au large de la Floride à l'ouest de l'océan Atlantique, les Bahamas englobent un archipel de 700 îles et de 2 400 bancs de corail dont 30 sont habités. L'une des premières destinations pour les touristes qui effectuent la traversée de l'Atlantique, les Bahamas sont en outre aujourd'hui un centre financier extraterritorial très important. Elles possèdent en outre une des plus importantes flottes à immatriculation libre du monde, dont une part infime seulement appartient à des ressortissants locaux.

CLIMAT

DONNÉES MÉTÉOROLOGIQUES

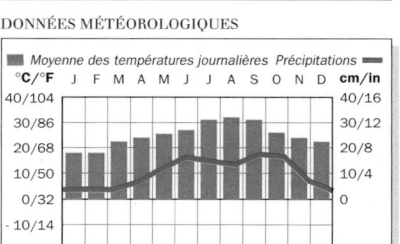

Toute la chaîne des Bahamas connaît un climat typiquement subtropical marqué chaque année par la douceur de l'hiver. Des ouragans peuvent survenir entre juillet et décembre.

TRANSPORTS

 **Freeport International**
1,23 M de passagers

 27,7 M tpl

RÉSEAU DE TRANSPORT

1 546 km (961 miles)	Aucune
Aucune	Aucune

S'il est relativement facile de se déplacer entre les îles principales, le transport entre les centaines d'îlots disséminés sur 260 000 km² reste un problème important.

TOURISME

 1,6 M de visiteurs    Plus 3 % en 1999

PROVENANCE DES TOURISTES ÉTRANGERS

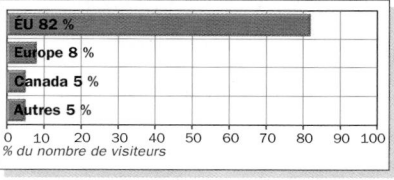

ÉU 82 %
Europe 8 %
Canada 5 %
Autres 5 %

0   10   20   30   40   50   60   70   80   90   100
% du nombre de visiteurs

Les casinos et les plages attirent un grand nombre de visiteurs, surtout américains. Les Bahamas sont l'une des destinations privilégiées des navires de croisières dans les Caraïbes. Les grands complexes hôteliers des îles principales concurrencent les pensions de famille des petites îles moins fréquentées.

POPULATION

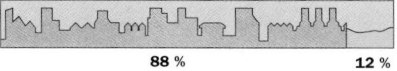

Anglais, créole anglais, créole français

31 hab./km²

PART DE LA POPULATION URBAINE/RURALE

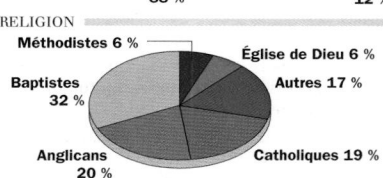

88 %   12 %

RELIGION

Méthodistes 6 %
Église de Dieu 6 %
Baptistes 32 %
Autres 17 %
Anglicans 20 %
Catholiques 19 %

Les premiers arrivants aux Bahamas furent les esclaves africains amenés au XVIᵉ siècle ; leurs descendants constituent aujourd'hui l'essentiel de la population composée par ailleurs d'une riche minorité de Blancs. Le tissu social repose sur la famille nucléaire, bien que le père soit fréquemment absent. De plus en plus de femmes font carrière dans les professions libérales.

POLITIQUE

 Ch. haute 2002/2007
Ch. basse 2002/2007

Sa Majesté
la reine Elizabeth II

AUX DERNIÈRES ÉLECTIONS

Chambre de l'assemblée 40 membres

73 %   17 %   10 %
PLP   FNM   Ind.

FNM = Mouvement national libre
PLP = Parti libéral progressiste
Ind. = Indépendants

Sénat 16 membres

Les membres du sénat sont nommés par le gouverneur général sur la recommandation du Premier ministre et du chef de l'opposition.

La défaite électorale en 1992 de Lynden Pindling, suite aux accusations impliquant de hauts responsables dans des affaires de stupéfiants, mit fin à 25 années de pouvoir du PLP. Pindling contribua à guider les Bahamas vers l'indépendance, mettant un terme à la domination politique de l'élite blanche, et fit participer pour la première fois les populations noires à la vie politique du pays. Le nouveau gouvernement, dirigé par Hubert Ingraham, s'est appliqué à renforcer la responsabilité ministérielle au sein du gouvernement et a fait passer de nouvelles lois en octobre 1995 visant à réprimer le blanchiment de l'argent. Perry Gladstone Christie a été élu Premier ministre en 2002.

BAHAMAS

Superficie totale : 10 010 km² (3 864 sq. miles)

POPULATION

◎ Plus de 100 000
● Plus de 10 000
• Moins de 10 000

ALTIMÉTRIE

200 m/656ft
Niveau de la mer

0   100 km
0   100 miles

N

POLITIQUE EXTÉRIEURE

Considérés comme un centre important du trafic de stupéfiants et un haut lieu du blanchiment d'argent, les Bahamas ont figuré pendant l'année 2000 sur la liste noire du G7. Le retour des réfugiés haïtiens et cubains vers leurs pays complique ses relations avec les États voisins.

AIDE INTERNATIONALE

 12 M $ (reçus)   Plus 300 % en 1997-1999

Les Bahamas reçoivent une aide minime de la BDI et des ÉU qui prend la forme de prêts à taux réduits.

DÉFENSE

 26 M $ Pas de changement en 1999

Le RU est le premier fournisseur et le formateur des quelques centaines de gendarmes maritimes des Bahamas.

ÉCONOMIE

 4,53 Md $ 1 dollar des Bahamas

CHIFFRES SIGNIFICATIFS

❏ CLASSEMENT DU PNB AU NIVEAU MONDIAL ..117ᵉ
❏ PNB PAR HABITANT ....14 860 $
❏ BALANCE DES PAIEMENTS ....– 402 M $
❏ INFLATION ....2 %
❏ CHÔMAGE...9 %

ATOUTS
Secteur financier très développé, le pays abrite un grand nombre de sociétés bancaires, commerciales et d'assurances internationales. Le tourisme et l'immatriculation de bateaux sont également importants. Terminal portuaire à conteneurs.

FAIBLESSES
Concurrence de plus en plus marquée des autres pays des Caraïbes dans les domaines des services financiers et du tourisme.

EXPORTATIONS

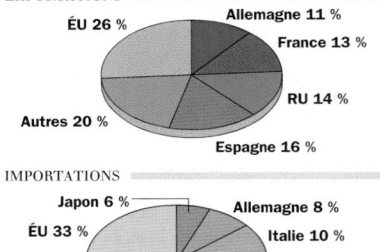

ÉU 26 %
Allemagne 11 %
France 13 %
RU 14 %
Autres 20 %
Espagne 16 %

IMPORTATIONS

Japon 6 %
ÉU 33 %
Allemagne 8 %
Italie 10 %
Corée du Sud 21 %
Autres 22 %

Archétype des paradis insulaires. *Sa beauté naturelle masque le fait que plus de 5 touristes par habitant visitent les Bahamas chaque année.*

RESSOURCES

 10 440 tonnes   Pays non producteur

 14 500 caprins
5 900 ovins
5 700 ovins
5 M de volailles
 Sel, aragonite

Les Bahamas ne possèdent aucune ressource stratégique. Une centrale électrique d'une puissance de 13,5 mégawatts a été ouverte en 1998.

ENVIRONNEMENT

 9 %   6 tonnes par habitant

Le développement excessif du complexe hôtelier est un sérieux sujet d'inquiétude. Les groupes écologiques ont également souligné les risques d'accident dus aux gigantesques entrepôts pétroliers.

MÉDIAS

 99 quotidiens pour 1 000 habitants

PRESSE ET TÉLÉCOMMUNICATIONS

 4 quotidiens : le *Nassau Guardian*, le *Tribune*, le *Bahama Journal* et le *Freeport News*

 1 chaîne publique   1 station publique et 4 stations indépendantes

La chaîne publique doit faire face à la rude concurrence des télévisions américaines qui émettent de Floride.

CRIMINALITÉ

 3 789 détenus   Hausse dans les années 1990

La peine de mort reste en vigueur. Les actes de violence criminelle (de l'homicide lié au trafic de drogue au vandalisme aggravé) sont en progression. Les armes illégales sont nombreuses.

ÉDUCATION

 96 %   5 305 étudiants

L'enseignement repose sur le même système que celui des autres États des Caraïbes. Les étudiants partent suivre leurs études à l'Université des Indes occidentales ou aux ÉU.

CHRONOLOGIE

Servant autrefois de base aux pirates anglais, les Bahamas forment leur premier parlement en 1729 pour devenir en 1783 une colonie britannique officielle.

❏ **1920–1933** La prohibition américaine fait des Bahamas un centre prospère de contrebande d'alcool.
❏ **1959–1962** Le droit de vote est accordé aux hommes puis aux femmes.
❏ **1973** Indépendance.
❏ **1983** Le gouvernement est impliqué dans un trafic de stupéfiants.
❏ **1992** Victoire du FNM aux élections.
❏ **2002** Retour du PLP au pouvoir.

SANTÉ

 1 pour 658 habitants   Causes obstétricales, maladies cardiaques, cancers, agressions, accidents

Le système de santé bahamien combine public et privé. L'accès aux soins des habitants des îles éloignées est pris en charge par le *Flying Doctor Service* (la médecine volante) et une cinquantaine de centres médico-sociaux.

RICHESSES

CONSOMMATION ET DÉPENSES

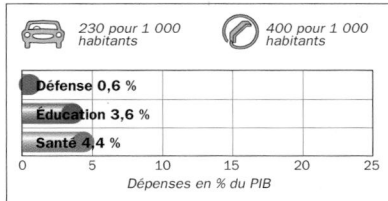

230 pour 1 000 habitants   400 pour 1 000 habitants

Défense 0,6 %
Éducation 3,6 %
Santé 4,4 %

Dépenses en % du PIB

Il existe une grande disparité de richesse entre les citadins travaillant dans le secteur financier et les pauvres pêcheurs des îles environnantes. Les réfugiés haïtiens et cubains, qui n'ont pas de statut légal, sont les plus pauvres.

CLASSEMENT MONDIAL

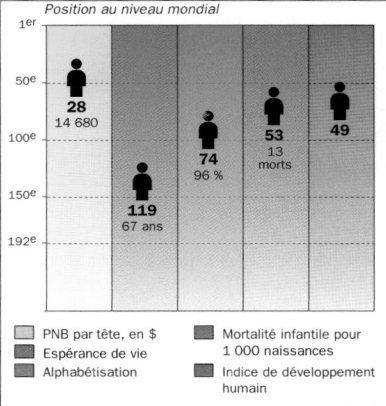

Position au niveau mondial

1er
50e — 28 — 14 680
100e — 74 — 96 % — 53 — 13 morts — 49
150e — 119 — 67 ans
192e

☐ PNB par tête, en $ ☐ Mortalité infantile pour 1 000 naissances
☐ Espérance de vie
☐ Alphabétisation   ☐ Indice de développement humain

B

BAHREÏN

NOM OFFICIEL : État de Bahreïn CAPITALE : Manama
POPULATION : 663 000 MONNAIE : dinar bahreïni LANGUE OFFICIELLE : arabe

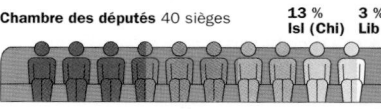

1971 · 1971 · 16 déc. · BRN · + 3 · + 973 · .bh

BAHREÏN est un archipel de 33 îles situé entre la péninsule du Qatar et l'Arabie Saoudite. Seules trois des îles sont habitées. Une chaussée, ouverte en 1986, relie l'île de Bahreïn à la province orientale de l'Arabie Saoudite. Bahreïn fut le premier émirat du golfe Persique à exporter son pétrole ; ses réserves sont aujourd'hui presque épuisées. Certains services comme les opérations bancaires extraterritoriales, les assurances et le tourisme sont d'importants secteurs porteurs d'emplois pour les Bahreïnis qualifiés.

CLIMAT

DONNÉES MÉTÉOROLOGIQUES

Les températures atteignent 40 °C de juin à septembre. De décembre à mars, il fait une chaleur agréable.

TRANSPORTS

Bahreïn international, Muharraq
3,42 M de passagers

110 navires
283 704 tpl

RÉSEAU DE TRANSPORT

2 433 km (1 512 miles) · Aucune · Aucune · Aucune

C'est l'Arabie Saoudite qui a financé la construction des 25 km de la chaussée (achevée en 1986) qui la relie à Bahreïn.

TOURISME

 2 M de visiteurs   Plus 14 % en 1999

PROVENANCE DES TOURISTES ÉTRANGERS

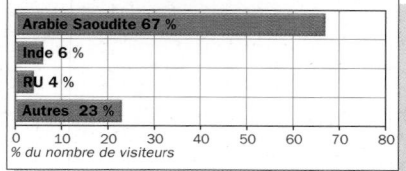

Arabie Saoudite 67 %
Inde 6 %
RU 4 %
Autres 23 %

0 10 20 30 40 50 60 70 80
% du nombre de visiteurs

Le mode de vie très libéral de Bahreïn et l'ouverture de la chaussée en 1986 ont entraîné une forte augmentation du nombre de touristes venant des États du Golfe. Bahreïn a un aéroport moderne et accueille de nombreux congrès d'affaires.

POPULATION

 Arabe 907 hab./km²

PART DE LA POPULATION URBAINE/RURALE

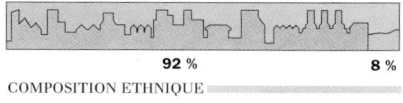

92 % 8 %

COMPOSITION ETHNIQUE

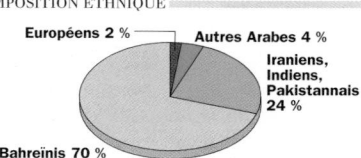

Européens 2 % Autres Arabes 4 %
Iraniens, Indiens, Pakistannais 24 %
Bahreïnis 70 %

Bahreïn est le plus petit et le plus densément peuplé des États arabes. La principale fracture est d'ordre religieux entre musulmans sunnites et chiites représentant respectivement 30 % et 70 % de la population. La classe dirigeante est sunnite et occupe les meilleurs postes de la bureaucratie et du secteur commercial et industriel. Les musulmans chiites sont souvent cantonnés dans des emplois subalternes et ont un niveau de vie plus bas. Pour faire face à l'épuisement des réserves pétrolières, la famille régnante, al-Khalifa, a diversifié l'économie du pays de manière à créer des emplois dans le secteur tertiaire.
Bahreïn est le plus libéral des États du Golfe. L'alcool est en vente libre. Les femmes ont accès à l'éducation et ne sont pas obligées de porter le voile. Depuis 2000, elles ont le droit de participer au Conseil consultatif.

La Grande Mosquée à Manama. Le plus grand édifice de Bahreïn peut contenir jusqu'à 7 000 personnes.

POLITIQUE

Ch. basse 2002/2006 Émir Cheikh Hamad ben Issa al-Khalifa

AUX DERNIÈRES ÉLECTIONS

Chambre des députés 40 sièges

13 % Isl (Chi) 3 % Lib (Chi)
35 % Isl(Sun) 27 % Ind.(Sun) 17 % Ind.(Chi) 5 % Lib (Sun)

Isl = Islamistes Lib = Libéraux Ind = Indépendants
Sun = Sunnites Chi = Chiites

La famille al-Khalifa domine la vie politique depuis 1783. Le régime est autocratique mais l'émir est conseillé depuis 1993 par un Conseil consultatif. En 2000, le Conseil a approuvé le projet de Charte nationale prévoyant la transformation du régime actuel en monarchie constitutionnelle et l'établissement d'une assemblée partiellement élue. La Charte a été approuvée par référendum en 2001. Cheikh Hamad ben Issa al-Khalifa, au pouvoir depuis 1999, défend la politique de libéralisation économique initiée par son père. L'abolition en 2001 de la Loi d'urgence a conduit à la libération des derniers détenus politiques, pour la plupart chiites, opposants au régime et soutenus par l'Iran.

POLITIQUE EXTÉRIEURE

LEA · Damasc · CCG · OCI · OPAEP

Tensions résiduelles avec l'Iran. Bonnes relations avec le RU et les EU. Bien qu'officiellement opposé à la guerre en Irak, le Barheïn a accueilli les troupes américaines en 2003.

AIDE INTERNATIONALE

4 M $ (reçus) Moins 91 % en 1999

Bahreïn bénéficie d'une aide internationale relativement limitée, mais a droit à la part du lion dans le partage du gisement pétrolier marin qu'il exploite avec l'Arabie Saoudite.

DÉFENSE

441 M $ Plus 8 % en 1999

La défense compte une force aérienne limitée en nombre mais bien équipée. Bahreïn a servi de base à l'aviation américaine au cours de la guerre du Golfe. La marine est surtout appelée à patrouiller parmi les 33 îles de l'archipel.

B

ÉCONOMIE

 7,25 Md $ 0,37 dinar bahreïni

CHIFFRES SIGNIFICATIFS

- ❑ Classement du PNB au niveau mondial ..101ᵉ
- ❑ PNB par habitant ....11 130 $
- ❑ Balance des paiements ... .113 M $
- ❑ Inflation ....1,5 %
- ❑ Chômage......................................15 %

Atouts

Pétrole. Principal secteur d'opérations bancaires extraterritoriales du monde arabe suite au conflit avec le Liban. Investissements intérieurs. Tourisme. Production d'aluminium.

Faiblesses

Réserves pétrolières en cours d'épuisement et diversification insuffisante. Haut taux de chômage. Emprunts d'État élevés.

BAHREÏN

Superficie totale :
680 km²
(263 sq. miles)

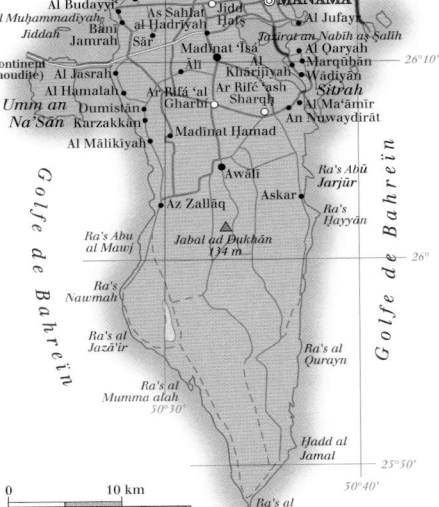

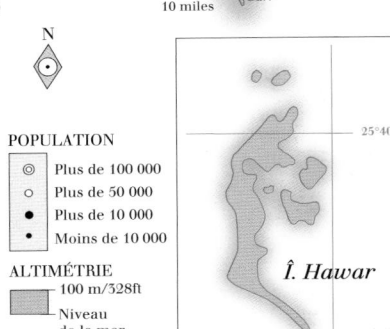

POPULATION

- ◎ Plus de 100 000
- ○ Plus de 50 000
- ● Plus de 10 000
- • Moins de 10 000

ALTIMÉTRIE

- 100 m/328ft
- Niveau de la mer

EXPORTATIONS

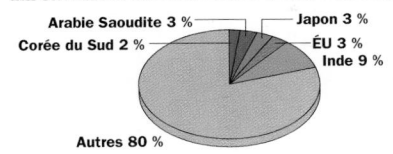

Arabie Saoudite 3 % — Japon 3 %
Corée du Sud 2 % — ÉU 3 %
Inde 9 %
Autres 80 %

IMPORTATIONS

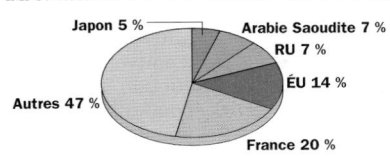

Japon 5 % — Arabie Saoudite 7 %
RU 7 %
ÉU 14 %
Autres 47 %
France 20 %

RESSOURCES

 10 050 tonnes   34 927 b/j (réserves : 69 584 000 Md b)

 17 500 ovins
16 300 caprins
465 000 volailles   Pétrole, gaz naturel

Bahreïn est très dépendant de sa production pétrolière et gazière. La production de pétrole brut a sévèrement chuté dans les années 1970. Les réserves seront certainement épuisées d'ici 2010. La production de gaz alimente les industries locales, en particulier l'usine d'aluminium ouverte en 1972.

ENVIRONNEMENT

 Aucune   24,1 tonnes par habitant

Les espèces animales marines, notamment le dugong, souffrent de la pollution pétrolière en provenance du Golfe. En 2000, Bahreïn et l'émirat d'Abou Dhabi ont signé un accord de protection de l'environnement.

MÉDIAS

 117 quotidiens pour 1 000 habitants

PRESSE ET TÉLÉCOMMUNICATIONS

 5 quotidiens : le *Akhbar al-Khalij*, le *Gulf Daily News*, le *Khaleej Times*, le *Bahrain Tribune* et le *Al-Ayam*

1 chaîne publique   1 station publique et 1 station indépendante

La politique d'information est la plus libérale des États du Golfe. Les Bahreïnis reçoivent CNN et la BBC par satellite.

CRIMINALITÉ

Pas de chiffre sur la population carcérale   Moins 62 % en 1996-1998

Le taux de criminalité est très bas et les vols sont rares. La police surveille de près les dissidents politiques présumés. Le milieu des années 1990 a été marqué par une recrudescence des attentats.

CHRONOLOGIE

Bahreïn est depuis 1783 sous l'autorité de la famille al-Khalifa.

- ❑ **1971** Indépendance.
- ❑ **1981** Membre fondateur du CCG.
- ❑ **1990–1991** Bahreïn aide l'ONU à chasser les Irakiens hors du Koweït.
- ❑ **1994–1996** Troubles chiites.
- ❑ **1999** Cheikh ben Issa al-Khalifa.
- ❑ **2001** Référendum pour la démocratie.
- ❑ **2002** Monarchie constitutionnelle. Victoire des islamistes.

ÉDUCATION

 88 %    7 676 étudiants

Le taux d'alphabétisation des femmes est supérieur à la moyenne des pays du Golfe. Le projet d'université n'a pu voir le jour.

SANTÉ

 1 pour 1 000 habitants   Maladies vasculaires, décès périnatals, blessures, empoisonnements

Les actes médicaux, dispensés par un service de santé de qualité, sont gratuits pour les ressortissants bahreïnis. Certains consultent néanmoins à l'étranger pour des soins plus poussés. Le centre médical de Muharraq a été modernisé en 2001.

RICHESSES

CONSOMMATION ET DÉPENSES

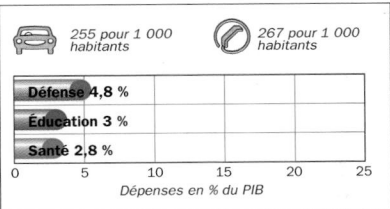

255 pour 1 000 habitants   267 pour 1 000 habitants

Défense 4,8 %
Éducation 3 %
Santé 2,8 %

Dépenses en % du PIB

Les Bahreïnis les plus riches sont ceux qui bénéficient de la protection de l'Émir. Les musulmans chiites sont les plus pauvres.

CLASSEMENT MONDIAL

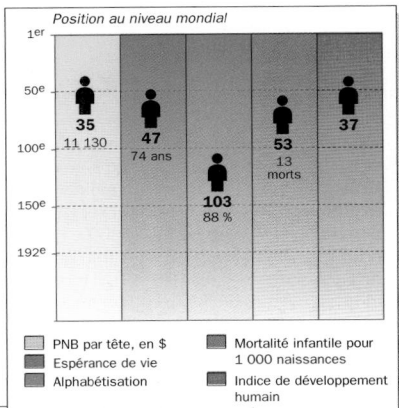

Position au niveau mondial

35 — 11 130
47 — 74 ans
103 — 88 %
53 — 13 morts
37

- ■ PNB par tête, en $
- ■ Espérance de vie
- ■ Alphabétisation
- ■ Mortalité infantile pour 1 000 naissances
- ■ Indice de développement humain

B

BANGLADESH

NOM OFFICIEL : République populaire du Bangladesh **CAPITALE** : Dacca
POPULATION : 143 millions **MONNAIE** : taka **LANGUE OFFICIELLE** : bengali

LE BANGLADESH est situé au nord du golfe du Bengale ; il partage ses frontières avec l'Inde et la Birmanie. Le pays est essentiellement formé de plaines alluviales fertiles. Le Nord, le Nord-Est ainsi que la région de Chittagong sont des zones montagneuses. Depuis son indépendance en 1971 qui mit fin à la domination pakistanaise, le Bangladesh a connu un climat politique instable entrecoupé de périodes de gouvernement d'exception. 1991 vit le retour d'une réelle démocratie. La production de jute, de textile ainsi que l'agriculture sont les principaux secteurs économiques. Périodiquement frappé par des catastrophes climatiques, le Bangladesh fut victime en 1991 d'un terrible cyclone qui fit 140 000 morts.

CLIMAT

DONNÉES MÉTÉOROLOGIQUES

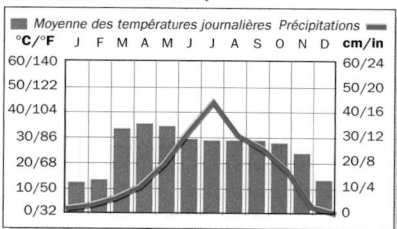

Pendant la mousson, le niveau des eaux s'élève habituellement à plus de 6 m au dessus de celui de la mer, inondant deux tiers du pays. La situation est plus grave encore lorsque les eaux du Gange, de la Jamuna et de la Meghana qui convergent vers le gigantesque delta du Bangladesh, se retrouvent gonflées par la fonte des neiges de l'Himalaya et les pluies abondantes de l'Inde. Les cyclones qui se forment périodiquement dans le golfe du Bengale peuvent avoir des effets dévastateurs sur le paysage plat des régions côtières.

TRANSPORTS

Zia international, Dacca
1,19 M de passagers

309 navires
413 800 tpl

RÉSEAU DE TRANSPORT

19 112 km (11 876 miles)	Aucune
2 705 km (1 681 miles)	8 433 km (5 240 miles)

Le bateau reste le principal moyen de transport au Bangladesh même si les infrastructures routière et ferroviaire se développent. Réouverture d'un service ferroviaire vers l'Inde à la mi-2000. Le pont Bangabandhu sur la Jamuna, qui partage le pays du nord au sud, a enfin été inauguré en 1998. On modernise également les deux ports principaux (Mungla et Chittagong) pour accueillir de gros navires.

Begum Khaleda Zia, Premier ministre en octobre 2001.

Sheikh Hasina Wajed, ex-Premier ministre de la ligue Awami.

TOURISME

 200 000 visiteurs 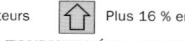 Plus 16 % en 2000

PROVENANCE DES TOURISTES ÉTRANGERS

Inde 34 %	
RU 11 %	
Pakistan 7 %	
ÉU 7 %	
Japon 5 %	
Autres 36 %	

% du nombre de visiteurs

Après la hausse du milieu des années 1990, les recettes du tourisme sont en baisse. La plupart des visiteurs sont des hommes d'affaires indiens ou des Bangladais venus de l'étranger voir leur famille. L'architecture moghole de Dacca et la ville de Sonargaon, construite sous la dynastie des Pala (VIIᵉ-Xᵉ siècle), sont des pôles d'attraction.

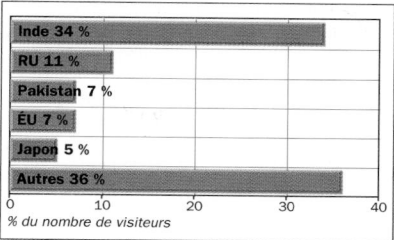

Commerçants sur la rivière Meghana. Les plaines d'inondation sont très fertiles.

POPULATION

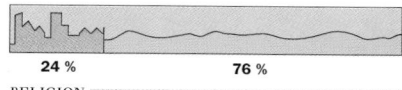

Bengali, ourdou, chakma, marma (magh), garo, khasi, santhali, tripuri, mro

965 hab./ km²

PART DE LA POPULATION URBAINE/RURALE

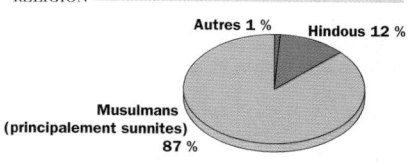

24 % 76 %

RELIGION

Autres 1 % Hindous 12 %

Musulmans (principalement sunnites) 87 %

COMPOSITION ETHNIQUE

Autres 2 %

Bengali 98 %

Le Bangladesh est l'un des pays les plus densément peuplés au monde même si les trois quarts de sa population sont ruraux. Comme en Inde, de vives tensions opposent musulmans et hindous ; en 1992, la destruction de la mosquée Ayodhya dans le Nord de l'Inde a conduit à des explosions de violence au Bangladesh. Même si plus de 50 % des Bangladais vivent sous le seuil de pauvreté, les conditions de vie se sont néanmoins améliorées ces dix dernières années. Le commerce du textile, en leur offrant une source de revenu indépendant, a été l'un des facteurs ayant permis l'émancipation de plus en plus marquée des femmes bangladaises. Elles sont aujourd'hui prises en compte dans les statistiques officielles sur l'emploi et sont les principales clientes de la banque rurale la plus prospère. Les femmes jouent un rôle de premier plan autant au sein de l'opposition que du gouvernement. Cependant en 2000, le Bangladesh a été condamné par Amnesty International pour ne pas avoir défendu suffisamment les droits des femmes, tandis qu'un rapport de l'ONU publié la même année révélait que près de 50 % des Bangladaises étaient victimes de violences domestiques.

PYRAMIDE DES ÂGES

Femmes	Âge	Hommes
0 %	81–100	0 %
2,5 %	61–80	3 %
8,2 %	41–60	9,6 %
16,1 %	21–40	15,4 %
21,9 %	0–20	23,5 %

% de la population par tranche d'âge

B

POLITIQUE

 2001/2006

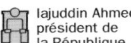 Iajuddin Ahmed, président de la République

AUX DERNIÈRES ÉLECTIONS

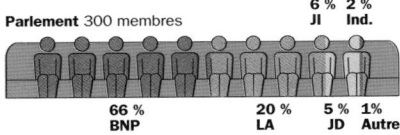

Parlement 300 membres

6 % JI   2 % Ind.

66 % BNP   20 % LA   5 % JD   1% Autres

LA = Ligue Awami   **BNP** = Parti national du Bangladesh
JD = Jatiya Dal   **JI** = Jamaat-e-islami   **Ind.** = Indépendants

En 1991, après une période de pouvoir militaire, le Bangladesh vit le retour d'une démocratie pluraliste.

PRINCIPAUX PROBLÈMES POLITIQUES
Le secteur public
Les organismes de prêts multilatéraux, dont provient l'essentiel des rentrées d'argent du pays, accentuent leur pression pour que le Bangladesh diminue les dépenses de son secteur public. Les ouvriers du secteur public demandent, quant à eux, que leurs salaires soient indexés sur le coût de la vie.

BANGLADESH

Superficie totale : 133 910 km² (51 703 sq. miles)

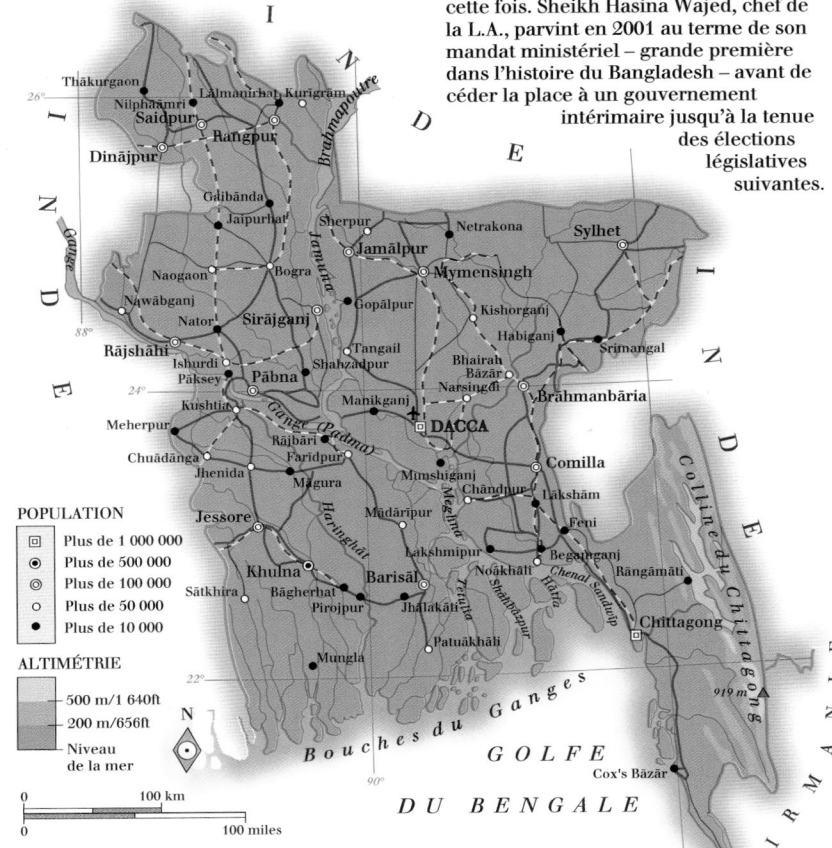

POPULATION

- ▣ Plus de 1 000 000
- ⊙ Plus de 500 000
- ◎ Plus de 100 000
- ○ Plus de 50 000
- ● Plus de 10 000

ALTIMÉTRIE

- 500 m/1 640ft
- 200 m/656ft
- Niveau de la mer

0 ___ 100 km
0 ___ 100 miles

L'autonomie du Chittagong
Les Chakmas, minorités ethniques tibéto-birmanes bouddhistes continuent de revendiquer une plus grande autonomie même si la guérilla sporadique qu'ils mènent depuis 1974 a pu être contenue. Les Chakmas redoutent les persécutions des colons musulmans bengalis malgré l'accord de paix signé en 1997 prévoyant l'autonomie du Chittagong , l'amnistie et le retour des réfugiés installés en Inde.

PROFIL
L'armée est restée au pouvoir de 1975 à 1990. Après la chute du régime autocratique du général Ershad en 1990, le Bangladesh vit le retour du multipartisme politique. L'armée reste cependant prête à intervenir en cas de troubles de l'ordre public. La première femme Premier ministre du Bangladesh, Begum Khaleda Zia, chef du PNB au pouvoir, fut élue en février 1991. Peu de temps après, le système gouvernemental présidentiel fut remplacé par un système avec Premier ministre. La ligue Awami, qui mena le Bangladesh sur la voie de l'indépendance, organisa une farouche campagne d'opposition et fit invalider les élections de février 1996, forçant le gouvernement à organiser un nouveau scrutin en juin 1996, qu'elle a remporté cette fois. Sheikh Hasina Wajed, chef de la L.A., parvint en 2001 au terme de son mandat ministériel – grande première dans l'histoire du Bangladesh – avant de céder la place à un gouvernement intérimaire jusqu'à la tenue des élections législatives suivantes.

POLITIQUE EXTÉRIEURE

 Comm   MNA   OCI   AASCR   OMC

Le Bangladesh s'efforce de maintenir de bonnes relations avec l'Occident, sa principale source d'aide de première nécessité. Ses relations avec le Pakistan s'améliorent progressivement depuis que ce dernier a consenti à rapatrier 250 000 musulmans Bihari pro-pakistanais bloqués dans les camps de réfugiés bangladais depuis 1971. Ses relations avec l'Inde s'améliorent. Le problème du barrage Farakka sur le Gange qui depuis sa construction privait les Bangladais de l'eau nécessaire à l'irrigation de leurs terres a été provisoirement résolu par un accord signé en 1996 garantissant aux deux pays le droit d'utiliser les eaux du Gange pour une période de 30 ans. La situation de plus en plus tendue entre l'Inde et le Pakistan pèse sur l'ensemble de la région.

AIDE INTERNATIONALE

 1,2 Md $ (reçus)   Moins 4 % en 1999

Les sommes versées au Bangladesh chaque année sont beaucoup plus élevées que la valeur annuelle de l'investissement étranger dans le pays. L'aide finance l'essentiel des dépenses publiques. Le Consortium de l'aide au développement du Bangladesh se réunit chaque année pour discuter de la répartition de l'aide sous les auspices de la Banque mondiale. Le Bangladesh connaît ainsi l'un des travers d'une économie dépendante de l'aide internationale : l'importante classe moyenne veut préserver un système lui offrant des contrats avantageux et un accès à des ressources extérieures.

CHRONOLOGIE

La domination britannique en Inde s'étendit au Bengale en 1765 lorsque Robert Clive, chef militaire de la compagnie de l'Inde orientale, mit en déroute le dirigeant du Bengale à Plassey en 1757.

❑ **1905** Les musulmans persuadent les Britanniques de partager l'état du Bengale pour créer un Bengale oriental à prédominance musulmane.
❑ **1906** Fondation de la Ligue musulmane à Dacca.
❑ **1912** Partition de 1905 annulée.
❑ **1947** Les Britanniques quittent l'Inde. Instauration d'un État du Pakistan oriental (l'actuel Bangladesh) et du Pakistan occidental à prédominance musulmane, séparé par 1600 km de territoires indiens, à majorité hindoue. Islamabad, au Pakistan occidental, devient la capitale de ce nouvel État partagé en deux.

⇨

B

CHRONOLOGIE *suite*

- ❏ **1949** Création de la Ligue Awami pour faire campagne pour l'autonomie à partir du Pakistan Occidental.
- ❏ **1968** Le général Yahya Khan devient chef du gouvernement d'Islamabad.
- ❏ **1970** Nette victoire électorale de la ligue Awami, conduite par le cheikh Mujibur Rahman. Yahya Khan refuse de convoquer l'assemblée. Un des cyclones les plus meurtriers de l'histoire bangladaise fait de 200 000 à 500 000 morts.
- ❏ **1971** Guerre civile suite à la déclaration d'indépendance unilatérale faite par le cheikh Mujibur et la Ligue Awami. Dix millions de Bangladais fuient vers l'Inde. Les troupes pakistanaises sont battues après 12 jours de combat contre l'Armée de libération du Bengale, la Mukhti Bahini.
- ❏ **1972** Le cheikh Mujibur devient Premier ministre. Nationalisation des principales industries dont celle du jute et du textile. Le Bangladesh parvient à la reconnaissance internationale et est admis au sein du Commonwealth. Le Pakistan se retire en signe de protestation.
- ❏ **1974** De graves inondations détruisent la récolte de riz.
- ❏ **1975** Assassinat du cheikh Mujibur. Plusieurs coups d'État militaires amènent le général Zia Rahman au pouvoir. État à parti unique.
- ❏ **1976** Interdiction des syndicats.
- ❏ **1977** Le général Zia assume la fonction présidentielle. L'Islam est adopté comme premier principe de la Constitution.
- ❏ **1981** Assassinat du général Zia.
- ❏ **1982** Le général Ershad lui succède.
- ❏ **1983** Ershad rétablit les élections démocratiques et devient président.
- ❏ **1986** Élections. La ligue Awami et le PNB ne parviennent pas à battre Ershad.
- ❏ **1987** Ershad déclare l'état d'urgence.
- ❏ **1988** L'Islam devient la religion d'État.
- ❏ **1990** Ershad démissionne suite à des manifestations.
- ❏ **1991** Victoire électorale du PNB. Begum Khaleda Zia devient Premier ministre. Ershad est emprisonné. Le rôle du président est réduit aux fonctions cérémonielles. Des inondations font 150 000 victimes.
- ❏ **1994** Taslima Nasreen, accusée de blasphèmes, s'enfuit en Suède.
- ❏ **2001** La cour suprême déclare les décrets religieux (*fatwas*) illégaux.
- ❏ **2001** La cour suprême déclare illégaux les décrets religieux (*fatwas*). Retour du BNP au pouvoir après un scrutin marqué par des violences.
- ❏ **2002** Programme de privatisations.

DÉFENSE

 667 M $ Plus 6 % en 1999

L'armée, qui a dominé la scène politique de 1975 à 1990, continue d'exercer une influence considérable malgré le retour à un gouvernement civil. Bien que le gouvernement mette l'accent sur les programmes d'aide aux populations les plus démunies, le budget de la Défense ne cesse d'augmenter. À la mi-2000, le gouvernement a annoncé la construction de 4 000 km de route sur la frontière avec l'Inde pour renforcer la sécurité.

FORCES ARMÉES BANGLADAISES

🛡	200 chars de combat (T-59/-69, T-54/-55)	120 000 hommes
🚢	4 frégates et 33 patrouilleurs	10 500 hommes
✈	83 avions de combat (18 A-5C Fantan, 16 F-6, 23 F-7M/FT-7B)	6 500 hommes
🚀	Aucun	

ÉCONOMIE

 48,6 Md $ 58,41 takas

CHIFFRES SIGNIFICATIFS

- ❏ CLASSEMENT DU PNB AU NIVEAU MONDIAL 51ᵉ
- ❏ PNB PAR HABITANT ....360 $
- ❏ BALANCE DES PAIEMENTS ....– 816 M $
- ❏ INFLATION ....1,4 %
- ❏ CHÔMAGE..3 %

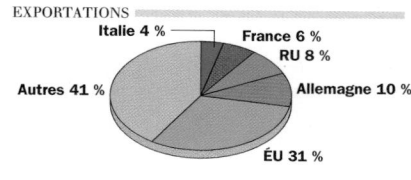

EXPORTATIONS

Italie 4 %
France 6 %
RU 8 %
Allemagne 10 %
ÉU 31 %
Autres 41 %

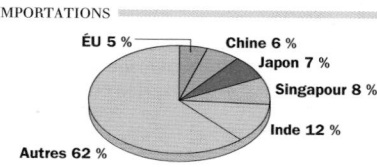

IMPORTATIONS

ÉU 5 %
Chine 6 %
Japon 7 %
Singapour 8 %
Inde 12 %
Autres 62 %

ATOUTS

La production du Bangladesh représente 80 % des exportations mondiales de fibre de jute. Les bas salaires garantissent la compétitivité et l'expansion de l'industrie textile qui assure plus des trois quarts des recettes liées à l'exportation de produits manufacturés.

FAIBLESSES

Le secteur agricole, qui emploie la majorité des Bangladais, reste à la merci d'un climat à la fois violent et imprévisible.

PROFIL

Les ministres du gouvernement aiment décrire le Bangladesh comme un NPI naissant mais son économie dépend toujours de son agriculture et de l'aide massive qu'elle reçoit des pays étrangers. L'agriculture, qui fournit le jute et le tabac, est un secteur productif ; les terres du Bangladesh sont extrêmement fertiles. Le climat peut déclencher des catastrophes et détruire la récolte de toute une année. Les salaires du secteur agricole sont parmi les plus bas au monde. Le secteur public,

INDICATEUR DES PERFORMANCES ÉCONOMIQUES

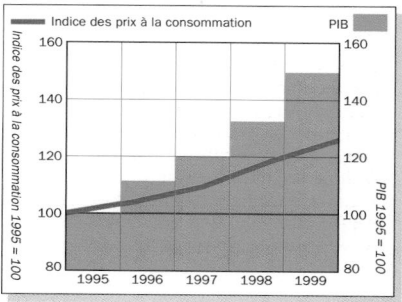

Indice des prix à la consommation   PIB

à la tête de grandes entreprises à la fois improductives et déficitaires (comme la Corporation des filatures de jute du Bangladesh), est en difficulté. La Banque mondiale, qui canalise l'essentiel de l'aide internationale vers le pays, souhaite voir la réduction des effectifs ou la fermeture des entreprises déficitaires. Le textile et la confection sont actuellement les secteurs les plus florissants. Des zones économiques (Zones d'industries d'exportation) ont attiré les investissements étrangers et favorisé l'essor d'une industrie électronique légère. Le Bangladesh reçoit de généreux quotas d'importation textiles de la part de l'UE et de l'ALENA, mais son économie est si faible qu'elle ne peut les satisfaire.

BANGLADESH : PRINCIPALES ACTIVITÉS

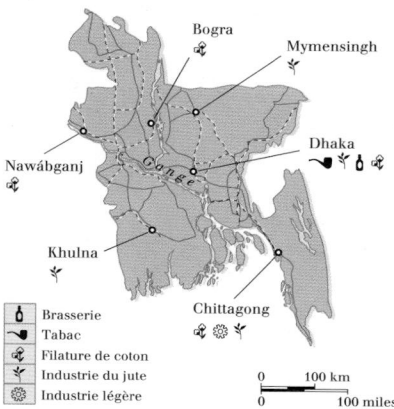

Bogra
Mymensingh
Dhaka
Nawábganj
Khulna
Chittagong

- 🍺 Brasserie
- 🌿 Tabac
- Filature de coton
- Industrie du jute
- Industrie légère

0   100 km
0   100 miles

B

RESSOURCES

 1,34 M tonnes

 Réserves : 87 800 Mdb

 33,5 M de chèvres
22,4 M de bovins
138 M de volailles

Sel, pétrole, gaz naturel, calcaire

Le Bangladesh est le premier pays producteur de jute, production qui représente 80 % des exportations mondiales de fibre de jute et environ 50 % des exportations de produits manufacturés en jute. Le Bangladesh possède les premières réserves mondiales de gaz naturel qui, au rythme d'extraction actuel, ne seront épuisées que dans 200 ans.

PRODUCTION ÉLECTRIQUE

Hydraulique 6 % (0,7 Md de kwh)
Thermique 94 % (12 Md de kwh)
Nucléaire 0 %
Autres 0 %

% de la production totale par type d'électricité

L'exploitation du gaz naturel du golfe du Bengale par la Corporation du pétrole, du gaz et des minéraux du Bangladesh (secteur public) a débuté en 1988.

BANGLADESH : UTILISATION DU SOL

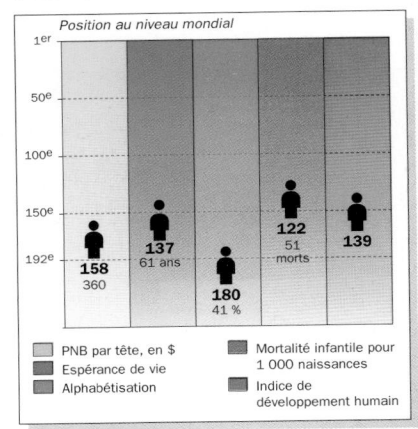

Terres cultivées
Marécages
Forêts
Riz
Jute

ENVIRONNEMENT

 1 % (0,7 % partiellement protégé)

 0,2 tonne/habitant

Le climat du Bangladesh favorise les inondations et les cyclones qui régulièrement déciment la population et détruisent les récoltes. Le Bangladesh est trop pauvre pour financer des initiatives écologiques.

TRAITÉS ÉCOLOGIQUES

 Oui   Oui   Oui
Oui   Oui   Non

SANTÉ

 1 pour 5 000 habitants   Maladies parasitaires, diarrhéiques et transmissibles

Malgré l'amélioration, depuis les années 1990, des soins de première nécessité dispensés dans les zones rurales, les problèmes de santé, que viennent aggraver la pénurie d'équipement et de personnel médical, restent inquiétants. Le programme de contrôle des naissances a contribué à réduire le taux de croissance de plus de 20 % ces quinze dernières années. 50 % de la population est alimentée en eau potable à forte teneur en arsenic.

MÉDIAS

 9 quotidiens pour 1 000 habitants

PRESSE ET TÉLÉCOMMUNICATIONS

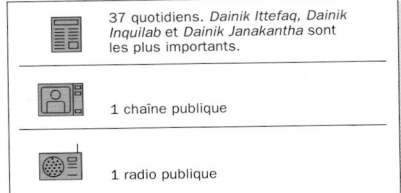

37 quotidiens. *Dainik Ittefaq, Dainik Inquilab* et *Dainik Janakantha* sont les plus importants.

1 chaîne publique

1 radio publique

La liberté de la presse, qui avait fait son apparition après la chute du général Ershad en 1990, a progressivement été réduite au fil des gouvernements civils successifs. L'élite citadine forme le lectorat privilégié des dix quotidiens en langue anglaise du Bangladesh. *Holiday* est l'hebdomadaire politique le plus en vue. Plus de 70 % des émissions télévisées sont produites par le service public, mais les chaînes étrangères par satellite sont de plus en plus facilement accessibles.

RICHESSES

CONSOMMATION ET DÉPENSES

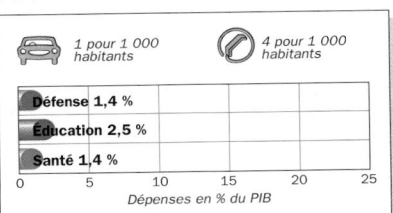

1 pour 1 000 habitants   4 pour 1 000 habitants

Défense 1,4 %
Éducation 2,5 %
Santé 1,4 %

Dépenses en % du PIB

Les salaires moyens sont très bas mais les écarts de fortune moins marqués qu'en Inde ou au Pakistan. Les fonctionnaires sont des privilégiés.

CRIMINALITÉ

 44 111 détenus

 Plus 17 % en 1996-1998

TAUX DE CRIMINALITÉ

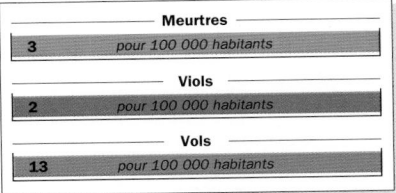

Meurtres
3   pour 100 000 habitants
Viols
2   pour 100 000 habitants
Vols
13   pour 100 000 habitants

Suite à la montée de violences politiques et religieuses, le gouvernement a instauré une loi antiterroriste impliquant une justice sommaire et des peines très lourdes (dont la peine de mort). Forte hausse des violences contre les femmes (meurtres, viols, enlèvements et agressions à l'acide). Les détenus meurent souvent en prison. Amnesty International condamne les violations des droits de l'homme perpétrées par l'armée, notamment par le régiment paramilitaire de fusiliers du Bangladesh.

ÉDUCATION

 41 %   434 309 étudiants

LE SYSTÈME ÉDUCATIF

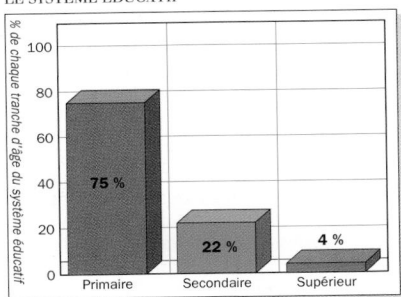

75 % Primaire   22 % Secondaire   4 % Supérieur

L'éducation est négligée même si les gouvernements successifs ont promis d'améliorer le taux d'alphabétisation en augmentant le budget. La lutte contre le travail des enfants dans les années 1990 a permis d'augmenter le taux de scolarisation. La fraude aux examens est un vrai problème. Les sept universités subissent des violences politiques.

CLASSEMENT MONDIAL

Position au niveau mondial

158 360
137 61 ans
180 41 %
122 51 morts
139

PNB par tête, en $
Espérance de vie
Alphabétisation
Mortalité infantile pour 1 000 naissances
Indice de développement humain

LES PAYS DU MONDE

B

BARBADE (LA)

NOM OFFICIEL : Barbade (La) **CAPITALE :** Bridgetown
POPULATION : 269 000 **MONNAIE :** dollar de la Barbade **LANGUE OFFICIELLE :** anglais

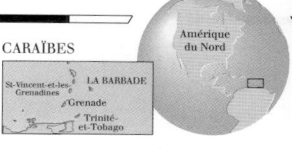

CARAÏBES

 1966   1966   30 nov.   BDS   – 4   + 1246   .bb

SITUÉE au nord-est de Trinité, la Barbade est la plus orientale des îles au Vent des Petites Antilles. Au XVIe siècle, les Portugais furent les premiers Européens à aborder les rives de la Barbade, alors peuplée d'indiens Arawak. L'île ne fut pourtant pas colonisée avant les années 1620, période où arrivèrent les colons britanniques. Surnommée « la petite Angleterre » par ses voisins, la Barbade cherche aujourd'hui à se forger une nouvelle identité nationale.

CLIMAT

DONNÉES MÉTÉOROLOGIQUES

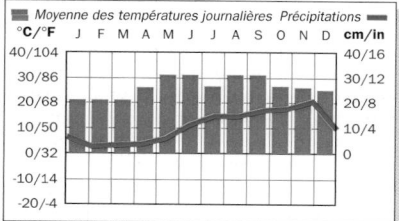

La Barbade a un climat tropical tempéré, à la fois plus sec et plus ensoleillé que celui des autres îles des Caraïbes au relief plus montagneux. Des ouragans peuvent survenir au cours de la saison des pluies.

TRANSPORTS

 **Grantley Adams international, Bridgetown** 1,21 M de passagers  69 navires 687 586 tpl

RÉSEAU DE TRANSPORT

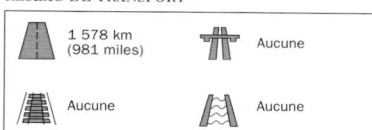
1 578 km (981 miles) | Aucune | Aucune | Aucune

Un programme de plusieurs millions de dollars a permis de rénover l'aéroport international. L'embarcadère de Bridgetown a été agrandi et l'infrastructure routière améliorée grâce à l'aide internationale. Des lignes d'autobus desservent la majeure partie de l'île.

La Chambre de l'Assemblée, Trafalgar Square, à Bridgetown la capitale. Le parlement de la Barbade, l'un des plus anciens du Commonwealth, fut construit en 1639.

TOURISME

 556 000 visiteurs Plus 8 % en 2000

PROVENANCE DES TOURISTES ÉTRANGERS

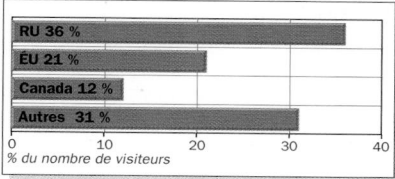

Le tourisme poursuit sa progression amorcée en 1997. Si les visiteurs sont en majorité britanniques, ils sont également nombreux à venir du reste de l'Europe et de l'Amérique du Nord.

POPULATION

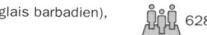 Bajan (anglais barbadien), anglais   628 hab./km²

PART DE LA POPULATION URBAINE/RURALE

50 %   50 %

RELIGION

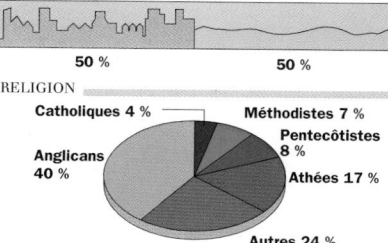
Catholiques 4 % Méthodistes 7 % Pentecôtistes 8 % Anglicans 40 % Athées 17 % Autres 24 %

La plupart des Barbadiens descendent d'Africains amenés entre le XVIe et XIXe siècles ; l'île compte également de petites communautés de Sud-Asiatiques et d'Européens, principalement des expatriés britanniques, qui viennent pour la plupart y passer leur retraite. Même s'il existe une tension latente entre la communauté blanche, qui contrôle l'essentiel du système économique, et la population noire majoritaire, elle ne dégénère que très rarement en violence. Une mobilité sociale de plus en plus marquée a permis à de nombreux Barbadiens noirs de faire carrière dans les professions libérales et la fonction publique. Le niveau de vie de la Barbade est dans l'ensemble plus élevé que celui des autres pays des Caraïbes.

POLITIQUE

 Ch. haute 2003/2008 Ch. basse 2003/2008   Sa Majesté la reine Elizabeth II

AUX DERNIÈRES ÉLECTIONS

Chambre de l'Assemblée 30 membres

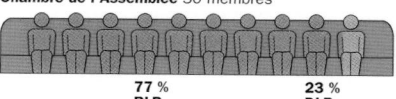
77 % BLP   23 % DLP

BLP = Parti travailliste de la Barbade
DLP = Parti travailliste démocratique

Sénat 21 membres

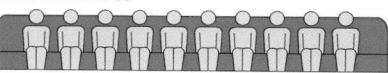

12 membres désignés par le Premier ministre, 2 par le chef de l'opposition et 7 par le gouverneur général.

La Barbade est une démocratie pluraliste. L'élite, d'origine européenne, finance les partis et influence indirectement le gouvernement. Les élections de 1994 portèrent le BLP au pouvoir. Arthur Owen, chef du BLP et Premier ministre, a fait de la croissance économique et de la compétitivité internationale ses priorités. Il s'est engagé à transformer le pays en république tout en restant membre du Commonwealth.

POLITIQUE EXTÉRIEURE

 AEC   Comm   Caricom   MNA   OEA

Le Premier ministre Arthur encourage l'intégration régionale, et défend les petits États au niveau international.

AIDE INTERNATIONALE

 16 M $ (reçus)   Plus 265 % en 1998

L'aide internationale vient des ÉU, de l'UE et du RU, et prend principalement la forme de prêts accordés à des projets de développement et d'un soutien de la balance des paiements.

DÉFENSE

 12 M $ Moins 8 % en 1999

La petite armée et la gendarmerie bénéficient du soutien financier ainsi que de programmes de formation de la part des ÉU et du RU qui fournissent également du matériel. La Barbade est le bureau central du Système de sécurité régionale institué en 1982 par les îles au Vent et Sous-le-Vent : un organisme qui fait office de force de sécurité multinationale pour ses membres.

B

ÉCONOMIE

 2,61 Md $ 1,99 dollar de la Barbade

CHIFFRES SIGNIFICATIFS

- ❏ CLASSEMENT DU PNB AU NIVEAU MONDIAL ..132ᵉ
- ❏ PNB PAR HABITANT ....9750 $
- ❏ BALANCE DES PAIEMENTS ....– 146 M $
- ❏ INFLATION ....2,6 %
- ❏ CHÔMAGE...10 %

ATOUTS
Tourisme bien développé, aidé par le climat et une grande facilité d'accès. Industries du sucre. Informatique et services financiers en pleine croissance.

FAIBLESSES
Économie de base peu diversifiée, dépendante des marchés et des prêts qui lui sont accordés ainsi que des aléas concernant le tourisme et la production sucrière. Coûts de production assez élevés.

EXPORTATIONS
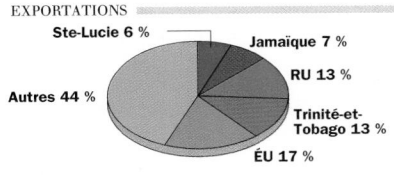

Ste-Lucie 6 %
Jamaïque 7 %
RU 13 %
Autres 44 %
Trinité-et-Tobago 13 %
ÉU 17 %

IMPORTATIONS
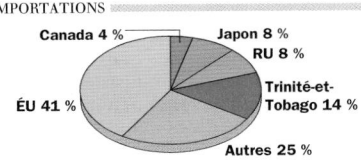

Canada 4 %
Japon 8 %
RU 8 %
ÉU 41 %
Trinité-et-Tobago 14 %
Autres 25 %

BARBADE (LA)
Superficie totale : 430 km² (166 sq. miles)

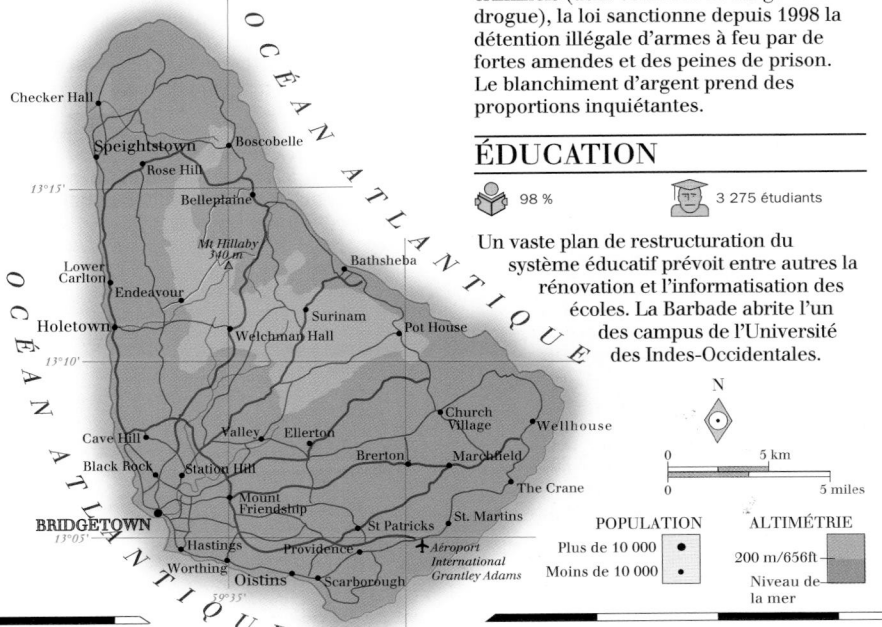

Checker Hall · Speightstown · Rose Hill · Boscobelle · Belleplaine · Mt Hillaby 340 m · Lower Carlton · Endeavour · Bathsheba · Surinam · Welchman Hall · Pot House · Holetown · Cave Hill · Valley · Ellerton · Church Village · Wellhouse · Black Rock · Station Hill · Brerton · Marchfield · Mount Friendship · The Crane · BRIDGETOWN · Hastings · Providence · St Patricks · St. Martins · Worthing · Oistins · Scarborough · Aéroport International Grantley Adams

OCÉAN ATLANTIQUE

13°15′ · 13°10′ · 13°05′ · 59°35′ · 59°30′

N

0   5 km
0   5 miles

POPULATION
Plus de 10 000 ●
Moins de 10 000 ·

ALTIMÉTRIE
200 m/656ft
Niveau de la mer

RESSOURCES

 2 764 tonnes   902 b/j (réserves : 7 246 800 Mdb)

 41 000 moutons, 33 000 porcs, 3,6 M de volailles   Pétrole, gaz naturel

La Barbade possède peu de ressources stratégiques. L'industrie pétrolière nationale satisfait un tiers des besoins énergétiques du pays.

ENVIRONNEMENT

 1 %   3,7 tonnes par habitant

Les nappes de pétrole dues aux déchets que les navires déversent au large de la Barbade polluent la chaîne de récifs et nuisent au cycle de vie des poissons volants, la principale espèce marine de la Barbade.

MÉDIAS

 199 quotidiens pour 1 000 habitants

PRESSE ET TÉLÉCOMMUNICATIONS

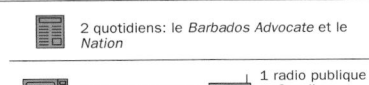

2 quotidiens: le *Barbados Advocate* et le *Nation*

1 chaîne publique

1 radio publique et 2 radios indépendantes

Les médias ne sont soumis à aucune ingérence du pouvoir politique. Les deux quotidiens appartiennent au secteur privé, les Barbadiens ont accès à un bouquet de chaînes satellitaires payantes.

CRIMINALITÉ

 260 détenus   Moins 24 % en 1991-1998

Face à l'augmentation du nombre d'actes criminels (dont ceux liés à l'usage de la drogue), la loi sanctionne depuis 1998 la détention illégale d'armes à feu par de fortes amendes et des peines de prison. Le blanchiment d'argent prend des proportions inquiétantes.

ÉDUCATION

98 %   3 275 étudiants

Un vaste plan de restructuration du système éducatif prévoit entre autres la rénovation et l'informatisation des écoles. La Barbade abrite l'un des campus de l'Université des Indes-Occidentales.

CHRONOLOGIE
Colonisée par les Britanniques en 1627, la Barbade s'est enrichie au XVIIIᵉ siècle grâce au travail des esclaves utilisés dans la production du sucre.

- ❏ **1951** Adoption du suffrage universel.
- ❏ **1961–1966** Véritable autonomie intérieure. Accession à l'indépendance et fin de la domination britannique.
- ❏ **1983** Sert de base militaire aux américains dans l'invasion de la Grenade.
- ❏ **1994–2003** Victoire du BLP à trois élections générales successives.

SANTÉ

 1 pour 800 habitants   Maladies cardiaques et cérébrovasculaires, cancers

Le système de santé repose sur des hôpitaux et cliniques publics subventionnés. Des cliniques privées et des médecins non conventionnés pratiquent une médecine plus chère. Facilité d'accès aux soins pour tous les Barbadiens.

RICHESSES

CONSOMMATION ET DÉPENSES

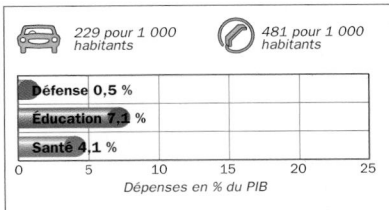

229 pour 1 000 habitants   481 pour 1 000 habitants

Défense 0,5 %
Éducation 7,1 %
Santé 4,1 %

0   5   10   15   20   25
Dépenses en % du PIB

La société est marquée par une nette disparité de revenus entre la plupart des Barbadiens et la petite communauté de notables, d'origine européenne pour la plupart, qui détient et dirige le commerce et l'industrie, et dont la principale marque de standing est le yacht. Le Premier ministre O. Arthur a déclaré en 1998 qu'il existait encore une « terrible misère » à la Barbade.

CLASSEMENT MONDIAL

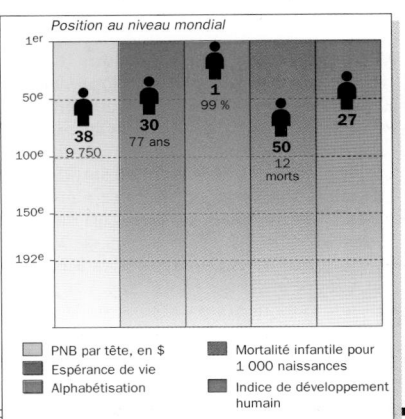

Position au niveau mondial

1ᵉʳ · 50ᵉ · 100ᵉ · 150ᵉ · 192ᵉ

38 — 9 750
30 — 77 ans
1 — 99 %
50 — 12 morts
27

▢ PNB par tête, en $
▢ Espérance de vie
▢ Alphabétisation
▢ Mortalité infantile pour 1 000 naissances
▢ Indice de développement humain

B

BELGIQUE

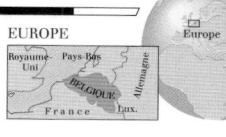

NOM OFFICIEL : Royaume de Belgique   **CAPITALE** : Bruxelles   **POPULATION** : 10,3 millions
MONNAIE : euro   **LANGUES OFFICIELLES** : néerlandais, français et allemand

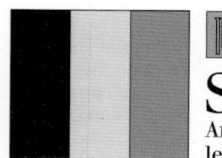  

SITUÉE entre l'Allemagne, la France et les Pays-Bas, la Belgique est bordée par la mer du Nord. Le massif Ardennais occupe la partie sud-orientale du pays, tandis que les plaines maritimes de l'Ouest sont sillonnées d'un dense réseau de canaux. La Belgique fut au cours de son histoire l'objet de nombreuses conquêtes. Des tensions opposent la majorité flamande à la minorité francophone depuis les années 1830. Cette mésentente tend aujourd'hui à s'atténuer avec l'adoption progressive d'une structure politique fédérale et grâce au consensus national recueilli au sujet des avantages que le pays retire de son adhésion à l'UE.

CLIMAT

DONNÉES MÉTÉOROLOGIQUES

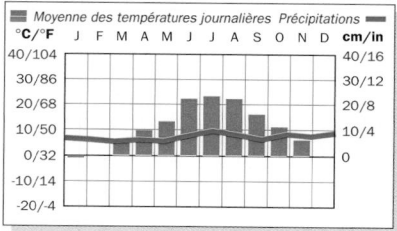

La Belgique a un climat océanique classique et subit l'influence de la dérive nord-atlantique. Elle est marquée par la douceur de ses températures, un ciel bas et des pluies abondantes. À l'Ouest, le littoral connaît une grande instabilité climatique due à des perturbations cycloniques. L'été est en général assez court.

TRANSPORTS

 Zaventem International, Bruxelles 20 M de passagers

 15 navires 340 800 tpl

RÉSEAU DE TRANSPORT

 117 701 km (73 136 miles)

 1 682 km (1 045 miles)

 3 472 km (2 158 miles)

 2 043 km (1 269 miles)

Il ne faut que 4 heures de voiture ou de train pour traverser la Belgique. Le réseau routier est très développé et tellement bien éclairé qu'il constitue, avec la Grande Muraille de Chine, l'un des éléments les plus caractéristiques de la planète sur les images satellites. Même si le réseau ferroviaire a été réduit depuis 1970, il reste l'un des plus denses du monde. Des lignes de TGV permettent de relier Bruxelles à Paris en 1 h 20, ainsi qu'à Londres, via le tunnel sous la Manche, en 2 h 40. Anvers est le second port européen. Les travaux d'extension de l'aéroport de Bruxelles doivent s'achever en 2002.

TOURISME

 6,4 M de visiteurs   Plus 3 % en 1999

PROVENANCE DES TOURISTES ÉTRANGERS

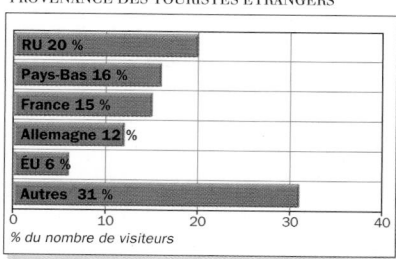

Les villes historiques et les musées d'art flamands sont les principaux centres touristiques de la Belgique. On appelle souvent Bruges, la capitale de la Flandre-Occidentale, la « Venise du Nord ». Avec son architecture de la Renaissance et son réseau de canaux, elle est devenue la destination privilégiée des Britanniques qui viennent y passer le week-end. À Bruxelles, la célèbre « Grand-Place », pavée et entourée d'édifices gothiques, baroques et de l'époque de la Renaissance, échappa aux bombardements de la Seconde Guerre mondiale, contrairement au reste de la vieille ville. La Belgique compte 15 stations balnéaires sur ses 62 km de littoral.

La région des Ardennes est célèbre pour ses forêts, sa cuisine et ses lacs. Des rivières, comme la Meuse et la Semois, parcourent la région.

POPULATION

 Flamand, français, allemand

 311 hab./km²

PART DE LA POPULATION URBAINE/RURALE

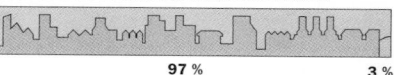

97 %   3 %

RELIGION

Musulmans 2 %   Autres 10 %

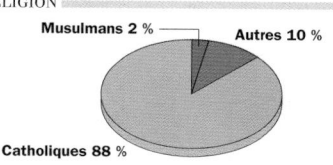

Catholiques 88 %

COMPOSITION ETHNIQUE

Italiens 2 %   Autres 6 %
Marocains 1 %   Wallons 33 %

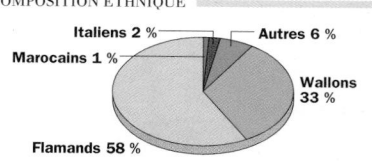

Flamands 58 %

L'histoire de la Belgique est marquée par la division entre ses communautés flamande et francophone. Les Flandres forment l'essentiel de la Belgique dite flamande, tandis que les francophones se concentrent en région wallonne et à Bruxelles. L'influence de ceux-ci, qui contrôlaient les riches industries wallonnes, dura de longues années. Cette supériorité économique fut encore renforcée par une Constitution qui leur accorda le contrôle politique du pays. Les tensions qui les opposaient aux Flamands donnèrent lieu à des éruptions de violence. Au cours des trente dernières années cependant, la situation s'est inversée : les industries de la région wallonne ont périclité, et la Flandre est aujourd'hui la région la plus riche. Afin d'enrayer ces dissensions, la Belgique amorça à partir de 1980 un changement qui la fit passer du statut d'État le plus centralisateur à celui du plus fédéral des pays européens. Les deux communautés ont aujourd'hui leur propre gouvernement qui gère chacun l'essentiel de leurs affaires respectives. Les femmes représentent 40 % de la population active et 19 % des cadres et dirigeants.

PYRAMIDE DES ÂGES

Femmes	Âge	Hommes
2,7 %	81–100	1,1 %
9,7 %	61–80	7,9 %
12,4 %	41–60	12,5 %
14,6 %	21–40	15,1 %
11,7 %	0–20	12,3 %

% de la population par tranche d'âge

B

BELGIQUE

Superficie totale : 32 820 km²
(12 672 sq. miles)

POPULATION

▣	Plus de 1 000 000
◉	Plus de 100 000
○	Plus de 50 000
•	Plus de 10 000

ALTIMÉTRIE

- 500 m/1 640ft
- 200 m/656ft
- Niveau de la mer

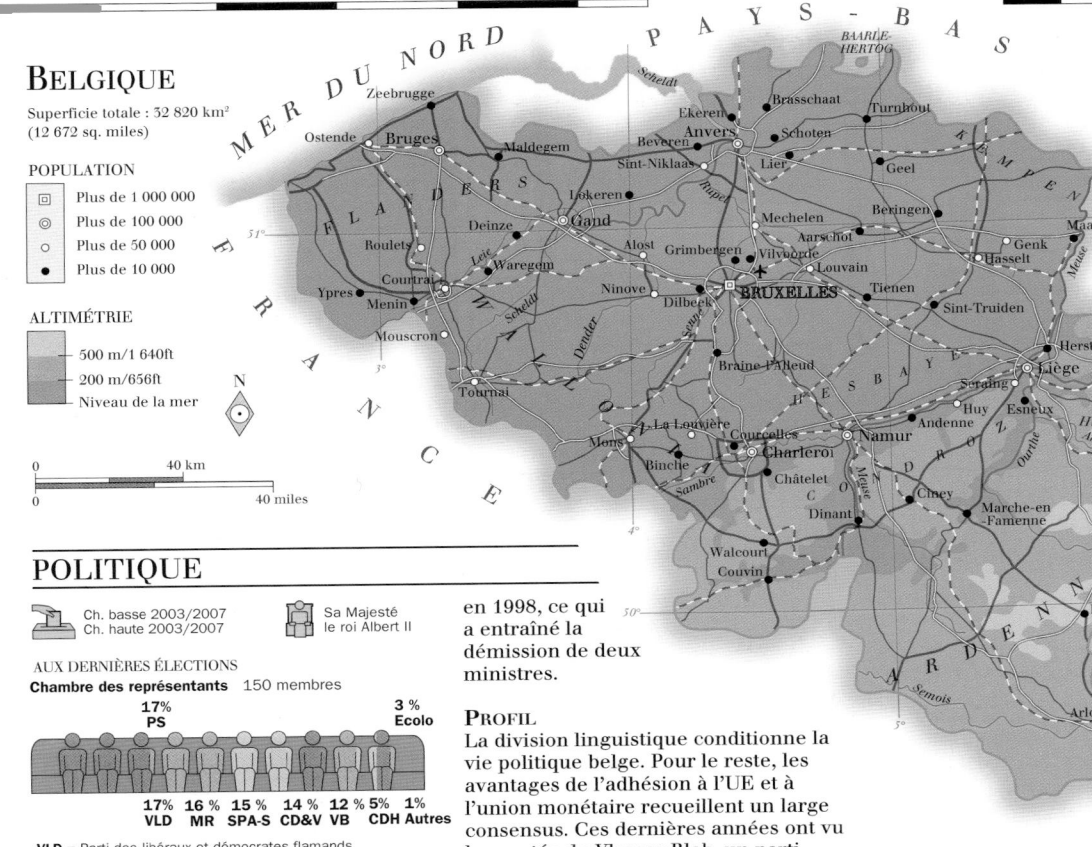

POLITIQUE

Ch. basse 2003/2007
Ch. haute 2003/2007

Sa Majesté
le roi Albert II

AUX DERNIÈRES ÉLECTIONS
Chambre des représentants   150 membres

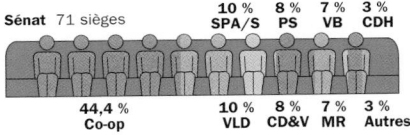

17% PS		3 % Ecolo

| 17% VLD | 16 % MR | 15 % SPA-S | 14 % CD&V | 12 % VB | 5% CDH | 1% Autres |

VLD = Parti des libéraux et démocrates flamands
PS = Parti socialiste (flamand)   **MR** = Mouvement réformiste
(wallon)   **SPA-S** = Parti socialiste (flamand)
CD&V = Chrétiens - démocrates et flamands   **VB** = Vlaams
Blok   **CDH** = Centre démocratique humaniste (wallon)
Ecolo = Verts   **Co-op** = membres cooptés

Sénat 71 sièges

	10 % SPA/S	8 % PS	7 % VB	3 % CDH

| 44,4 % Co-op | | 10 % VLD | 8 % CD&V | 7 % MR | 3 % Autres |

Le sénat a 40 membres élus et 31 membres cooptés.

Jusqu'en 1970, la Belgique était un État unitaire. La querelle linguistique amena, à partir de 1980, quatre vagues de réformes fédéralistes qui aboutirent aux accords de St-Michel en 1993.

PRINCIPAUX PROBLÈMES POLITIQUES
La querelle linguistique
Entre les deux communautés, les divisions restent encore marquées. Chacune possède un parti libéral de droite (le VLD en Flandres, le PRL pour la région wallonne), un parti socialiste (SP/PS), un parti chrétien démocrate (CVP/PSC) et un parti vert Agalev/Écolo).

Les affaires de pédophilie
L'incompétence de la police dans sa lutte contre les réseaux pédophiles a suscité la colère de la population. On l'a taxée de corruption, accusée de n'avoir pu sauver des enfants victimes du tueur pédophile Marc Dutroux. Arrêté en 1996, celui-ci a réussi à s'évader brièvement en 1998, ce qui a entraîné la démission de deux ministres.

PROFIL
La division linguistique conditionne la vie politique belge. Pour le reste, les avantages de l'adhésion à l'UE et à l'union monétaire recueillent un large consensus. Ces dernières années ont vu la montée du Vlaams Blok, un parti raciste opposé à la présence des minorités turques, marocaines et africaines. À Anvers, le VB a obtenu 28% des suffrages aux élections communales de 1994, et 33% en 2000.
Bien que majoritaire au Parlement, la coalition du centre rassemblant les partis socialistes et démocrates chrétiens des deux communautés a eu du mal à obtenir la majorité des deux tiers nécessaire à la réforme constitutionnelle introduite par les accords de St-Michel. Cette révision accorda aux trois gouvernements régionaux, les Flandres, la région wallonne et Bruxelles, des pouvoirs importants dans le cadre d'un gouvernement fédéral. Le gouvernement Dehaene a été battu aux élections de 1999. Le chef du VLD, Guy Verhofstadt, a formé une nouvelle coalition avec les libéraux, les socialistes et les écologistes.

Le roi Baudouin est mort en 1993. **Le roi Albert II** *lui a succédé.*

Guy Verhofstadt, *jeune leader du VLD/PRL et Premier ministre depuis 1999.*

POLITIQUE EXTÉRIEURE

| Benelux | CE | UE | OCDE | OTAN |

La Belgique soutient ardemment l'union économique et monétaire européenne, et se préoccupe beaucoup de sa place au sein de l'UE. Victime par le passé des guerres entre la France et l'Allemagne, elle perçoit l'UE comme la garante de la paix en Europe occidentale, ainsi que comme une base solide pour sa propre structure fédéraliste. Sans elle, d'aucuns craignent que le pays se divise en deux. La Belgique participe souvent aux opérations militaires de l'ONU. Les soldats belges sont intervenus en Bosnie et en Somalie ces dernières années, dont certains ont trouvé la mort au Rwanda en 1994.

AIDE INTERNATIONALE

 760 M $ (versés)   Moins 14 % en 1999

La Belgique consacre 0,3 % de son PNB à l'aide au développement. Elle finance surtout des programmes d'aide à l'éducation et à l'agriculture en Afrique. Les anciennes colonies belges du Burundi, du Rwanda et de la République Démocratique du Congo (ex-Zaïre) en sont les principales bénéficiaires.

B

CHRONOLOGIE

Partie intégrante du duché de Bourgogne jusqu'en 1477, l'actuelle Belgique fut peu à peu intégrée dans les possessions des Habsbourgs d'Espagne puis d'Autriche. En 1797, au traité de Campo Formio, Napoléon déclara la Belgique française.

❏ **1814–1815** Les puissances européennes décident de rattacher la Belgique aux Pays-Bas sous la souveraineté du roi Guillaume Ier d'Orange.
❏ **1830** Révolte contre les Hollandais. Déclaration d'indépendance.
❏ **1831** Les puissances européennes désignent Léopold de Saxe-Cobourg Gotha roi des Belges.
❏ **1865** Léopold II est couronné roi.
❏ **1885** Après l'accord entre les puissances européennes, le roi Léopold reçoit le bassin du Congo au titre de colonie.
❏ **1914** Invasion des armées allemandes. Les Allemands occupent la Belgique jusqu'en 1918.
❏ **1921** Formation de l'Union économique Belgo-Luxembourgeoise.
❏ **1932** Le néerlandais est reconnu comme langue officielle au même titre que le français.
❏ **1936** La Belgique déclare sa neutralité.
❏ **1940** Le roi Léopold III capitule devant Hitler. La Belgique est occupée jusqu'en 1944.
❏ **1948** Elle forme une union douanière avec le Luxembourg et les Pays-Bas (Benelux).
❏ **1950** Le roi remporte le référendum mais les rumeurs sur sa collaboration pendant la guerre persistent. Il abdique en faveur de son fils, Baudouin.
❏ **1957** Signe le Traité de Rome créant la CEE avec la France, l'Allemagne, l'Italie, les Pays-Bas et le Luxembourg.
❏ **1992** Le gouvernement chrétien-démocrate-socialiste, sous la direction de Jean-Luc Dehaene, prend la tête du gouvernement fédéral.
❏ **1993** Aboutissement des réformes transformant la Belgique en État fédéral. Les pouvoirs des gouvernements des villes et des régions sont étendus. Mort du roi Baudoin. Albert II lui succède.
❏ **1995** Scandale politique impliquant le PS francophone : démission du ministre-président de la région wallonne, du vice-premier ministre et du secrétaire général de l'ONU, Willy Claes.
❏ **1996** Le meurtre et la disparition de jeunes filles font craindre l'existence d'un réseau pédophile international. La Belgique légalise partiellement l'euthanasie.
❏ **1998** Claes reconnu coupable de corruption.
❏ **1999** Victoire des Libéraux aux élections générales ; coalition avec les Verts.
❏ **2002** Adoption de l'euro comme monnaie.
❏ **2003** Réélection du gouvernement. Recul des Verts, avancée du VB.

DÉFENSE

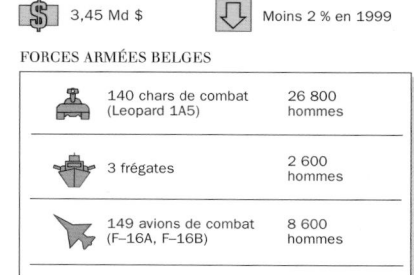

💲 3,45 Md $ ⬇ Moins 2 % en 1999

FORCES ARMÉES BELGES

🛡	140 chars de combat (Leopard 1A5)	26 800 hommes
🚢	3 frégates	2 600 hommes
✈	149 avions de combat (F–16A, F–16B)	8 600 hommes
	Aucun	

Les dépenses militaires sont inférieures aux moyennes de l'OTAN. En 1994, les armées firent l'objet de compressions budgétaires dans le cadre du programme mis en place pour réduire la dette. Le gouvernement supprima la conscription et réduisit les effectifs militaires. Le budget de la Défense fut gelé pour une période de cinq ans.
Ont augmenté par ailleurs les dépenses en faveur des unités de parachutistes et du transport aérien. L'objectif est de permettre à l'armée de remplir son rôle au sein de la nouvelle force de réaction rapide de l'OTAN et de la rendre plus efficace dans les opérations internationales de l'ONU. En 1996, les marines belge et néerlandaise ont été réunies sous un commandement opérationnel commun, basé à Le Helder.

ÉCONOMIE

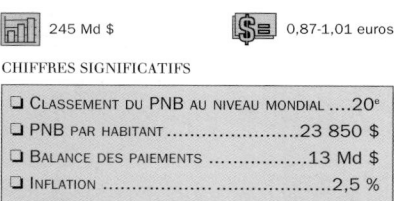

📊 245 Md $ 💲 0,87-1,01 euros

CHIFFRES SIGNIFICATIFS

❏ CLASSEMENT DU PNB AU NIVEAU MONDIAL 20e
❏ PNB PAR HABITANT ....23 850 $
❏ BALANCE DES PAIEMENTS ....13 Md $
❏ INFLATION ....2,5 %
❏ CHÔMAGE...............................7 %

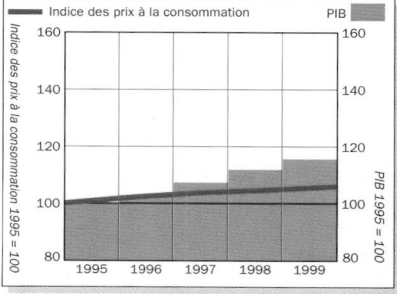

INDICATEUR DES PERFORMANCES ÉCONOMIQUES

EXPORTATIONS

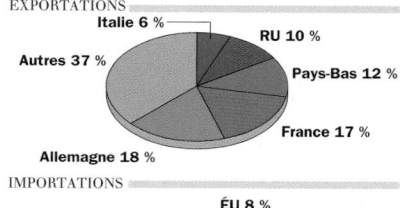

Italie 6 %
RU 10 %
Autres 37 %
Pays-Bas 12 %
France 17 %
Allemagne 18 %

IMPORTATIONS

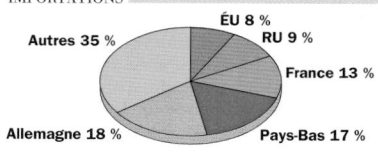

ÉU 8 %
RU 9 %
Autres 35 %
France 13 %
Allemagne 18 %
Pays-Bas 17 %

ATOUTS
L'un des producteurs de textiles et de produits métalliques les plus performants. Les Flandres occupent une bonne place dans le domaine des industries de pointe. Chimie. On estime la productivité belge supérieure de 20 % à celle de l'Allemagne. La situation géographique de la Belgique attire des multinationales américaines. Bons débouchés sur la mer, accès au Rhin.

FAIBLESSES
Une dette publique avoisinant les 110 % du PIB, bien au-delà de l'objectif des 60 % fixé par l'UE. Beaucoup de chômage (de longue durée, et touchant la main-d'œuvre peu qualifiée), et de grands écarts régionaux. Des dépenses publiques alourdies par les pensions versées aux nombreux salariés qui partent en préretraite. Une bureaucratie pléthorique.

PROFIL
La récession et la hausse du chômage au début des années 1990 ont entraîné l'adoption d'un programme de partage du travail, une réforme du système d'allocations et, en 1998, un accord salarial de deux ans par branche. Le chômage est aujourd'hui en baisse. Si la dette reste très supérieure aux objectifs définis par l'UE, les progrès réalisés par la Belgique dans ce domaine lui ont permis de se qualifier pour le passage à l'euro en 1999.

BELGIQUE : PRINCIPALES ACTIVITÉS

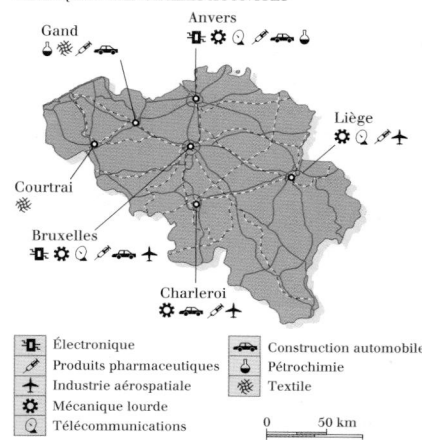

🔲 Électronique   🚗 Construction automobile
🔧 Produits pharmaceutiques   🧪 Pétrochimie
✈ Industrie aérospatiale   ❋ Textile
⚙ Mécanique lourde
🔍 Télécommunications

0   50 km
0   50 miles

RESSOURCES

 31 346 tonnes

Pays non producteur raffine 607 000 b/j

7,32 M de porcins
3,16 M de bovins
38 M de poulets

Charbon, gaz naturel, schiste argileux, marbre, grès, dolomite

PRODUCTION ÉLECTRIQUE

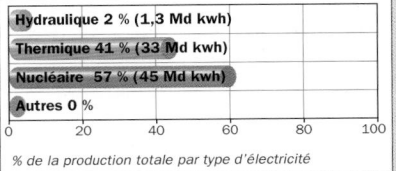

Hydraulique 2 % (1,3 Md kwh)
Thermique 41 % (33 Md kwh)
Nucléaire 57 % (45 Md kwh)
Autres 0 %

0   20   40   60   80   100

% de la production totale par type d'électricité

La Belgique a peu de ressources naturelles et dépend largement de ses exportations de marchandises et de

ENVIRONNEMENT

 3 %

10,5 tonnes par habitant

TRAITÉS ÉCOLOGIQUES

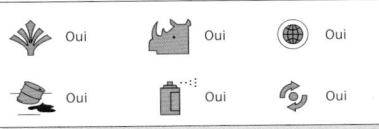

Oui   Oui   Oui

Oui   Oui   Oui

Le gouvernement régional des Flandres s'inquiète de la pollution de ses nappes phréatiques. Il dirige un projet de gestion écologique afin de satisfaire aux normes prescrites. La région wallonne a mis en place des lois très strictes afin d'empêcher la décharge sauvage des déchets, et contrôle la qualité de l'air. Les Belges sont de plus en plus sensibles aux problèmes d'environnement comme en témoigne la progression des deux Partis écologiques entrés pour la première fois au gouvernement en 1999.

MÉDIAS

 161 quotidiens pour 1 000 habitants

PRESSE ET TÉLÉCOMMUNICATIONS

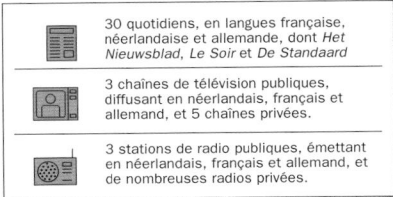

30 quotidiens, en langues française, néerlandaise et allemande, dont *Het Nieuwsblad*, *Le Soir* et *De Standaard*

3 chaînes de télévision publiques, diffusant en néerlandais, français et allemand, et 5 chaînes privées.

3 stations de radio publiques, émettant en néerlandais, français et allemand, et de nombreuses radios privées.

Les journaux sont pour la plupart régionaux et se divisent selon leur option linguistique. Le tirage est faible ; le journal le plus vendu ne tire qu'à 370 000 exemplaires. Plus de 80 % des Belges reçoivent la télévision câblée. La publicité n'a fait son entrée à la télévision qu'en 1989 sur Station VTM, une chaîne flamande qui fait une large part aux jeux et aux productions en langue anglaise.

services. Les mines de charbon de la région wallonne, autrefois très productives, sont aujourd'hui presque épuisées.

BELGIQUE : UTILISATION DU SOL

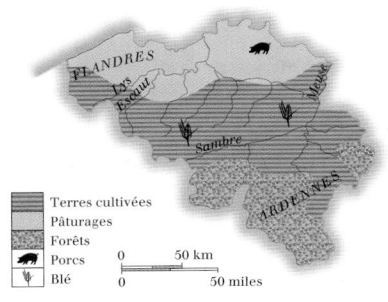

Terres cultivées
Pâturages
Forêts
Porcs
Blé

0   50 km
0   50 miles

CRIMINALITÉ

 7 410 détenus

Plus 19 % en 1996–1998

TAUX DE CRIMINALITÉ

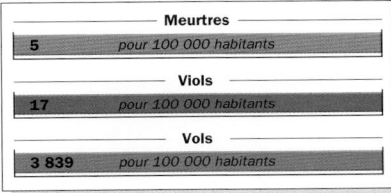

Meurtres	
5	*pour 100 000 habitants*
Viols	
17	*pour 100 000 habitants*
Vols	
3 839	*pour 100 000 habitants*

Bruxelles a un taux de criminalité parmi les plus bas de toutes les capitales mondiales. Les vols à la tire augmentent dans les zones urbaines et le vol de voiture devient préoccupant. L'usage de stupéfiants est sévèrement puni.

ÉDUCATION

 99 %

 358 214 étudiants

LE SYSTÈME ÉDUCATIF

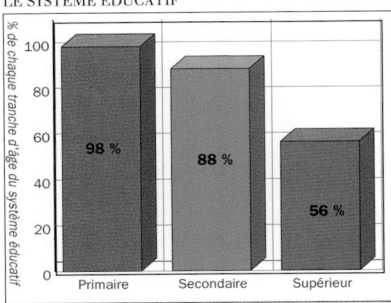

% de chaque tranche d'âge du système éducatif

100 — 98 %
80 — 88 %
60 — 56 %
40
20
0
Primaire   Secondaire   Supérieur

Les parents peuvent choisir entre l'enseignement dispensé par les deux communautés linguistiques, entre les établissements publics ou privés. La plupart des écoles dites « libres » sont des écoles catholiques. Depuis 1989, le système éducatif est administré par les gouvernements des deux communautés. Toutes les universités sont aussi divisées en fonction de la langue dans laquelle on y enseigne.

SANTÉ

 1 pour 294 habitants

 Maladies cardiaques et respiratoires, cancers, accidents

Le service de santé belge, auquel le gouvernement consacre 12 % de ses dépenses, est l'un des meilleurs du monde. La Belgique figure au premier rang mondial en matière de traitement contre la stérilité et pour les transplantations cardiaques et pulmonaires. Les Belges bénéficient d'un système de sécurité sociale qui les rembourse à hauteur de 75 %. On recensait, en 1999, 8 000 personnes infectées par le VIH.

RICHESSES

CONSOMMATION ET DÉPENSES

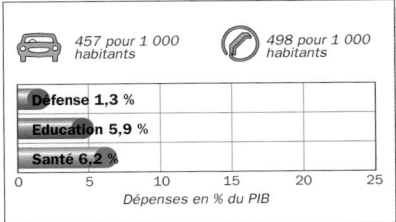

457 pour 1 000 habitants   498 pour 1 000 habitants

Défense 1,3 %
Éducation 5,9 %
Santé 6,2 %

0   5   10   15   20   25

Dépenses en % du PIB

Malgré la dette publique et le déclin des industries traditionnelles, la Belgique reste l'un des pays d'Europe les plus riches. Le PIB par habitant est inférieur à celui de l'Allemagne mais supérieur à celui de l'Italie et du RU. Cette réalité masque d'importantes disparités régionales. Les Flandres, fortes de leurs industries de pointe, ont un taux de chômage de 8 %, tandis que celui de la région wallonne atteint 17 %.
La présence de fonctionnaires européens, disposant de hauts revenus, ainsi que de salariés des multinationales a fait de Bruxelles une ville riche et chère. La récession du début des années 1990 a incité les Belges à épargner davantage, mais le niveau de l'épargne est redescendu avec le retour de la confiance et le redémarrage de la consommation.

CLASSEMENT MONDIAL

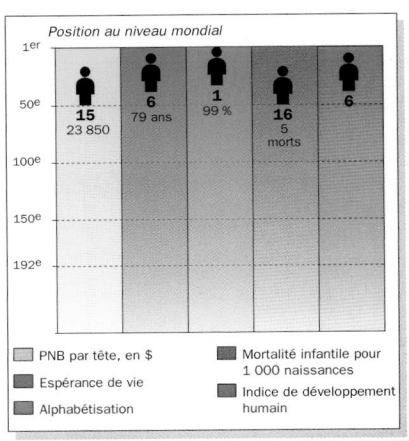

Position au niveau mondial

1er
50e
100e
150e
192e

15
23 850

6
79 ans

1
99 %

16
5 morts

6

PNB par tête, en $
Espérance de vie
Alphabétisation
Mortalité infantile pour 1 000 naissances
Indice de développement humain

B

BELIZE

AMÉRIQUE CENTRALE

NOM OFFICIEL : Belize **CAPITALE :** Belmopan
POPULATION : 236 000 **MONNAIE :** dollar de Belize **LANGUE OFFICIELLE :** anglais

   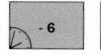

ANCIENNEMENT connu sous le nom de Honduras-Britannique, Belize fut le dernier pays d'Amérique centrale à accéder à l'indépendance en 1981. Belize est situé sur la côte orientale de la péninsule du Yucatán et séparé du Mexique par la rivière Hondo. C'est le pays le moins peuplé d'Amérique centrale ; la forêt couvre encore plus de la moitié de ses territoires. Ses plaines côtières marécageuses sont protégées des inondations par l'une des plus grandes barrières de corail du monde.

Petit marché de poisson à Belize City. Plus de 500 tonnes de langoustes des Caraïbes, principale espèce côtière, sont pêchées chaque année.

CLIMAT

DONNÉES MÉTÉOROLOGIQUES

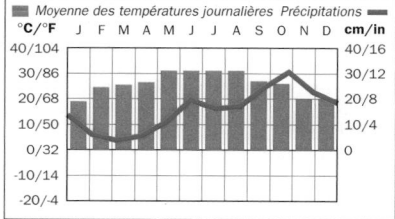

Le climat est chaud et humide toute l'année. Les régions côtières sont frappées par des cyclones.

TRANSPORTS

Philip S. W. Goldson, Belize City
272 000 passagers

1308 navires
2,4 M tpl

RÉSEAU DE TRANSPORT

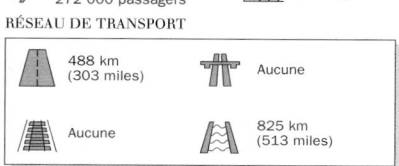

488 km (303 miles)   Aucune

Aucune   825 km (513 miles)

Un prêt de 16 M de $, octroyé en 1998 par la BID (banque inter-américaine de développement) a servi à améliorer le réseau routier. Des travaux d'extension de l'aéroport international de Belize City ont été réalisés.

TOURISME

181 000 visiteurs   Plus 2 % en 1999

PROVENANCE DES TOURISTES ÉTRANGERS

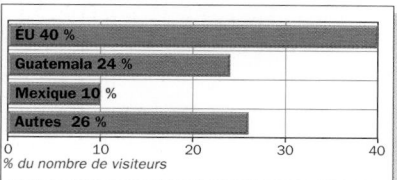

EU 40 %
Guatemala 24 %
Mexique 10 %
Autres 26 %

0   10   20   30   40
% du nombre de visiteurs

Récifs coralliens, plages et ruines mayas attirent les touristes. L'éco-tourisme est encouragé.

POPULATION

Créole anglais, espagnol, anglais, maya, garifuna (caraïbe)

9 hab./km²

PART DE LA POPULATION URBAINE/RURALE

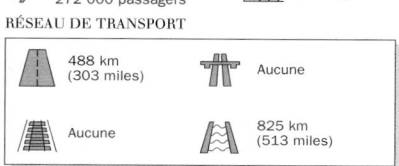

54 %   46 %

COMPOSITION ETHNIQUE

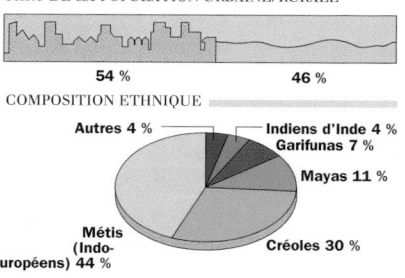

Autres 4 %
Indiens d'Inde 4 %
Garifunas 7 %
Mayas 11 %
Créoles 30 %
Métis (Indo-Européens) 44 %

80 % des Béliziens sont des descendants d'Africains, d'Amérindiens et d'Européens. On distingue les métis hispanophones des créoles et des populations caraïbes noires (garifunas). Le christianisme domine. Les Églises catholique, anglicane et méthodiste gèrent la plupart des écoles.

POLITIQUE

Ch. haute 1998/2003
Ch. basse 1998/2003

Sa Majesté la reine Elizabeth II

EN 1998
Chambre des représentants 29 sièges

90 % PUP   10 % UDP

PUP = Parti uni du peuple
UDP = Parti démocratique uni

Sénat 8 sièges

Les sénateurs sont nommés par le gouverneur général

La quête de l'indépendance domina la vie politique jusqu'aux années 1980. Le PUP de George Price parvint à l'obtenir en 1981. Le gouvernement UDP à la tête du pays de 1984 à 1989 mena une politique pro-américaine motivée par la peur du communisme adopté par certains pays voisins. Le pays connut l'alternance en 1989, 1993 et 1998 sans qu'il y ait de réelles distinctions idéologiques ou politiques entre les deux partis. La croissance et l'emploi, la « citoyenneté économique » pour les étrangers, la réforme politique et le différend territorial qui l'oppose toujours au Guatemala restent au centre des préoccupations du pays.

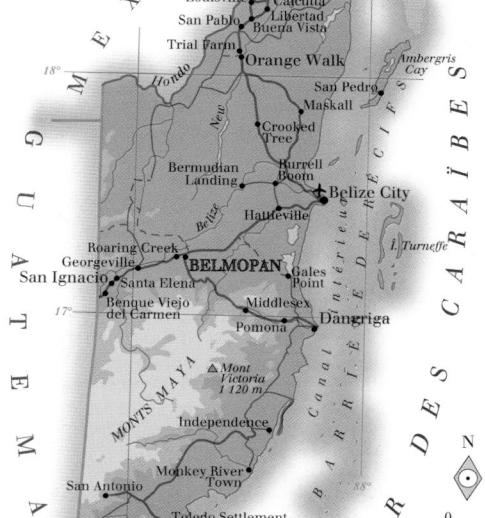

BELIZE

Superficie totale : 22 800 km² (8 803 miles)

POPULATION
● Plus de 10 000
● Moins de 10 000

ALTIMÉTRIE
1 000 m/3 281ft
500 m/1 640ft
200 m/656ft
Niveau de la mer

0   50 km
0   50 miles

POLITIQUE EXTÉRIEURE

Comm   Caricom   OEA   AEC   MNA

Le principal souci du pays est la revendication historique émise par le Guatemala sur plus de la moitié du territoire bélizien. Abandonnée en 1986, cette revendication a été réaffirmée en 2000 avec la montée des tensions frontalières.

AIDE INTERNATIONALE

 46 M $ (reçus)   Plus 207 % en 1999

En 1999, la BID, la Commonwealth Development Corporation, la BERD et la CDB (banque caribéenne de développement) ont investi dans les plantations d'agrumes. Belize est un des principaux bénéficiaires de l'aide américaine.

DÉFENSE

 17 M $ stationnaire en 1999

La petite armée locale (*Belize Defense Force*) a pris le relais des britanniques en 1994. Le RU a retiré ses garnisons, mais conserve un centre d'entraînement dans la jungle.

ÉCONOMIE

 673 M $ 1,99–1,97 dollar de Belize

CHIFFRES SIGNIFICATIFS

❏ CLASSEMENT DU PNB AU NIVEAU MONDIAL	159ᵉ
❏ PNB PAR HABITANT	2 940 $
❏ BALANCE DES PAIEMENTS	139 M $
❏ INFLATION	1,2 %
❏ CHÔMAGE	13 %

ATOUTS
Sucre, fabrication textile, agrumes, bananes, crustacés, forêt et un gros potentiel touristique. Petite dette extérieure ; accès facilité aux financements étrangers.

FAIBLESSES
Exportations tributaires du marché préférentiel ; dépendance à l'égard des importations alimentaires. Gestion fiscale défaillante à la fin des années 1990.

EXPORTATIONS

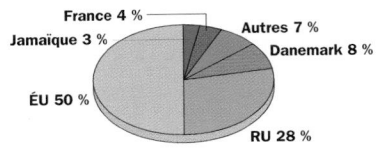

France 4 %   Autres 7 %   Danemark 8 %   Jamaïque 3 %   ÉU 50 %   RU 28 %

IMPORTATIONS

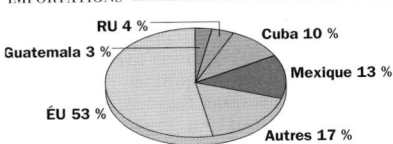

RU 4 %   Cuba 10 %   Guatemala 3 %   Mexique 13 %   ÉU 53 %   Autres 17 %

RESSOURCES

 2 620 tonnes   Pays non producteur

 59 000 bovins / 24 000 porcins / 1,4 M de poulets   Aucun

La prospection pétrolière et gazière menée dans le nord du pays n'a pour l'instant rien donné.

ENVIRONNEMENT

 5 % partiellement protégés   1,7 tonne par habitant

Le déboisement sauvage et le tourisme ont des conséquences désastreuses sur les forêts tropicales et l'habitat de certains animaux. Depuis le classement de l'acajou en 1995 au rang des espèces végétales protégées, un certificat d'origine est exigé.

MÉDIAS

 Pas de quotidien

PRESSE ET TÉLÉCOMMUNICATIONS

 Les journaux les plus vendus sont les hebdomadaires *Belize Times*, *Amandala* et *Reporter*.

 1 chaîne publique / 8 chaînes indépendantes   6 radios indépendantes

Le niveau d'ingérence de l'État dans la presse n'a jamais été comparable à celui de certains de ses voisins, mais le gouvernement reste très sensible à la moindre critique. En 1998, les deux stations de radio publiques ont été vendues à des stations locales, mais le gouvernement garde la mainmise sur les émetteurs. Deux journaux officiels sont en concurrence avec les organes de presse des partis politiques et les publications indépendants.

CRIMINALITÉ

 89 détenus   Progression du banditisme armé

Belize reste un important lieu de transit pour la cocaïne à destination des ÉU, malgré ses efforts dans la lutte anti-drogue. Les délits liés au trafic de stupéfiants sont nombreux. Autre sujet de préoccupation : les attaques à main armée perpétrées par des gangs basés au Guatemala . En juin 2000, un médiateur a été nommé pour enquêter sur les brutalités et la corruption policières.

ÉDUCATION

 93 %    9 457 étudiants

Bien que la plupart des établissements scolaires soient gérés par les différentes Églises, l'État en finance un petit nombre, surtout des écoles spécialisées. L'enseignement supérieur est assuré par le Collège universitaire de Belize.

CHRONOLOGIE

Autrefois situé au cœur du pays maya, Belize fut entre 1798 et 1981 une colonie britannique.

- ❏ **1919** La population noire, de retour de la Première Guerre mondiale, revendique davantage de droits.
- ❏ **1936** Nouvelle constitution qui prévoit un droit de suffrage limité.
- ❏ **1950** Formation du PUP. L'âge de vote des femmes passe de 30 à 21 ans.
- ❏ **1954** Droit de suffrage sans restriction de la population adulte.
- ❏ **1972** Le Guatemala menace d'envahir Belize. Envoi de troupes britanniques.
- ❏ **1981** Indépendance totale.
- ❏ **2003** Réelection du PUP.

SANTÉ

 1 pour 1 818 habitants   Maladies respiratoires, cardiaques et cérébrovasculaires

Le service public de santé compte 7 hôpitaux, plus de 30 dispensaires régionaux et de nombreuses unités médicales mobiles. Les infrastructures sanitaires et l'alimentation en eau ont été améliorées ; la plupart des foyers de Belmopan en sont équipés.

RICHESSES

CONSOMMATION ET DÉPENSES

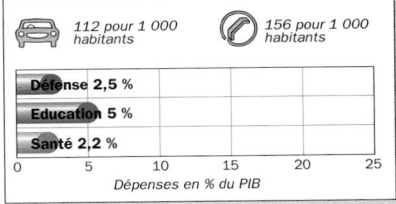

112 pour 1 000 habitants   156 pour 1 000 habitants

Défense 2,5 %   Education 5 %   Santé 2,2 %

Dépenses en % du PIB

En 1999, le Fonds de Développement européen a accordé 3,5 M $ d'aide à Belize en vue de la réduction de la pauvreté rurale. Le trafic de drogue demeure une source de revenus.

CLASSEMENT MONDIAL

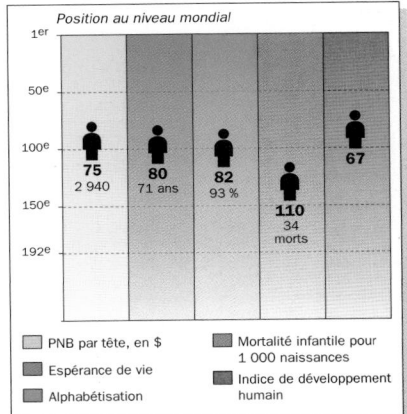

Position au niveau mondial

75 — 2 940 / 80 — 71 ans / 82 — 93 % / 110 — 34 morts / 67

PNB par tête, en $ Espérance de vie   Alphabétisation   Mortalité infantile pour 1 000 naissances   Indice de développement humain

BÉNIN

B

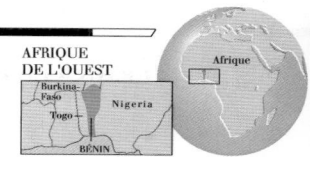
AFRIQUE DE L'OUEST

NOM OFFICIEL : République du Bénin   **CAPITALE** : Porto-Novo
POPULATION : 6,6 millions   **MONNAIE** : : franc CFA   **LANGUE OFFICIELLE** : français

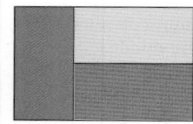 1960 1960  8 août DY + 1 + 229 .bj

PAYS D'AFRIQUE DE L'OUEST, le Bénin possède une centaine de kms de côtes baignée par le Golfe de Guinée. Anciennement connu sous le nom de royaume du Dahomey, le Bénin est devenu un protectorat français avant d'être intégré à l'Afrique-Occidentale française. Le pays obtint son indépendance en 1960. En 1990, il devint l'un des pionniers du multipartisme africain et mit fin à 17 ans de régime marxiste-léniniste à parti unique. L'économie du pays repose sur un secteur agricole très diversifié.

CLIMAT

DONNÉES MÉTÉOROLOGIQUES

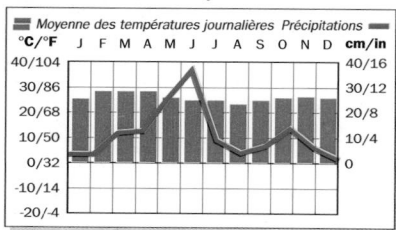
Moyenne des températures journalières   Précipitations

Le pays connaît deux saisons des pluies. La saison sèche, de décembre à février, se caractérise par un vent chaud et chargé de poussières, l'harmattan.

TRANSPORTS

 **Cotonou (Cadjehoun)** 335 643 passagers   6 navires 900 tpl

RÉSEAU DE TRANSPORT

 1 357 km (843 miles)   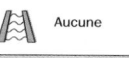 10 km (6 miles)

458 km (285 miles)   Aucune

La voie ferrée commune au Niger et au Bénin ne va pas au-delà de Parakou. La ligne Cotonou-Porto-Novo a été réouverte en 1999.

TOURISME

 152 000 visiteurs   Plus 1 % en 1998

PROVENANCE DES TOURISTES ÉTRANGERS

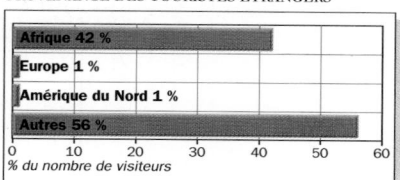

Afrique 42 %	
Europe 1 %	
Amérique du Nord 1 %	
Autres 56 %	

% du nombre de visiteurs

Le tourisme est peu développé bien que l'on prévoit d'accroître le secteur des voyages organisés. Safaris dans le Nord. Étape pour le Nigéria.

POPULATION

 Fon, Bariba, Yoruba, Adja, Houeda, Somba, Français   55 hab./km²

PART DE LA POPULATION URBAINE/RURALE

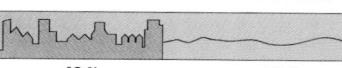
42 %   58 %

RELIGION

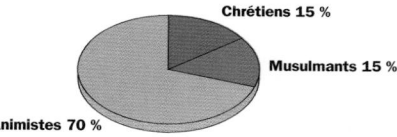
Chrétiens 15 %
Musulmants 15 %
Animistes 70 %

Le peuple Fon domine la scène politique. Il existe des tensions entre le Nord et le Sud, qui s'expliquent par le fait que le Sud est une région plus développée, et par le partage géographique du pays entre chrétiens et musulmans. Les femmes occupent une position-clé dans la vente au détail.

BÉNIN

Superficie totale : 110 620 km² (42 710 sq. miles)

POPULATION
◎ Plus de 100 000
○ Plus de 50 000
● Plus de 10 000
• Moins de 10 000

ALTIMÉTRIE
500 m/1 640ft
200 m/656ft
Niveau de la mer

0   100 km
0   100 miles

Golfe du Bénin
OCÉAN ATLANTIQUE

POLITIQUE

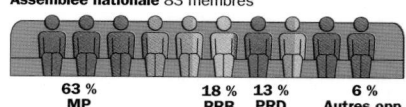 2003/2007   Mathieu Kérékou, président de la République

AUX DERNIÈRES ÉLECTIONS

Assemblée nationale 83 membres

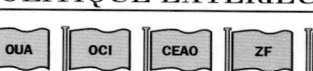

63 % **MP**   18 % **PRB**   13 % **PRD**   6 % **Autres opp.**

PRB = Parti de la renaissance du Bénin   **PRD** = Parti du renouveau démocratique   **MP** = Rassemblement présidentiel **Autres opp.** = Autres opposants

L'image de champion africain de la démocratisation que possédait le Bénin a été ternie par les soupçons de fraudes lors des élections présidentielles de 2001. Le mouvement de démocratisation avait commencé avec la Conférence nationale de 1990, durant laquelle Mathieu Kérékou accepta la tenue d'élections libres après des années de régime militaire à parti unique. Les principaux partis politiques ont une assise régionale et sont dirigés par des personnalités influentes sur le plan local. Les renversements d'alliance sont fréquents. Kérékou fut le premier chef de parti unique africain à céder le pouvoir dans le calme, après les élections de 1991, au profit de Nicéphore Soglo, ancien dirigeant de la Banque mondiale. Soglo, qui ne disposait pas d'une majorité à l'Assemblée nationale, dut inclure des membres de l'opposition dans son gouvernement. Il imposa des mesures radicales de déréglementation de l'économie. Lors du scrutin controversé de 1996, il fut battu par Kérékou. Celui-ci s'insurgea contre les accusations de trucage des élections présidentielles de 2001. Il fut facilement réélu après que Soglo se fut retiré de la compétition.

POLITIQUE EXTÉRIEURE

OUA   OCI   CEAO   ZF   UEMOA

La politique extérieure du Bénin est dominée par le Nigeria voisin, pays immense et de loin le plus puissant de la région. Les relations avec la France, sa principale source d'aide internationale, traversent aujourd'hui une phase critique.

B

AIDE INTERNATIONALE

 211 M $ (reçus)   Stationnaire en 1999

Le Bénin est tellement pauvre que sa première préoccupation politique actuelle est de préserver l'aide internationale. Celle-ci provient essentiellement de la France, principal protecteur du Bénin depuis son indépendance en 1960. Il reçoit également l'aide de la Banque mondiale et du FMI, de l'UE et des ÉU. Les fonds attribués au développement sont en partie utilisés pour rembourser la dette extérieure. Définir des projets adaptés reste un problème épineux même si l'administration béninoise, à la fois instruite et importante, rend leur réalisation plus facile que dans bien des pays d'Afrique.

DÉFENSE

 34 M $ Plus 3 % en 1999

L'armée, qui compte 4 500 hommes, s'efforce de lutter contre la contrebande aux abords des frontières avec le Nigeria. Elle fut également utilisée pour réprimer les émeutes de 1989.

ÉCONOMIE

 2,4 Md $ 571,2-664,2 francs CFA

CHIFFRES SIGNIFICATIFS

❑ CLASSEMENT DU PNB AU NIVEAU MONDIAL ..135ᵉ
❑ PNB PAR HABITANT ....380 $
❑ BALANCE DES PAIEMENTS ....– 74 M $
❑ INFLATION ....4 %
❑ CHÔMAGE ....2 %

ATOUTS
Économie basée sur l'agriculture ; bonne diversification des produits. La dévaluation du franc CFA en 1994 a rendu les exportations plus compétitives.

FAIBLESSES
Contrebande très étendue. Les pannes d'électricité causées par la sécheresse ont créé de graves problèmes économiques en 1998. Personnel administratif en sureffectif.

EXPORTATIONS

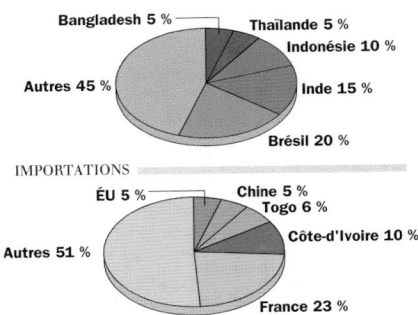

Bangladesh 5 %
Thaïlande 5 %
Indonésie 10 %
Autres 45 %
Inde 15 %
Brésil 20 %

IMPORTATIONS

ÉU 5 %
Chine 5 %
Togo 6 %
Autres 51 %
Côte-d'Ivoire 10 %
France 23 %

***Paysage plat près de Cotonou**, caractéristique de la région côtière béninoise.*

RESSOURCES

 43 771 tonnes   1243 b/j (réserves : 29 499 600 b)

 1,44 M de bovins 1,18 M de chèvres 29 M de poulets   Pétrole, calcaire, marbre, or

Depuis 1988, l'électricité, qui devait auparavant être importée du Ghana, provient essentiellement du barrage Nangbeto construit sur la rivière Mono.

ENVIRONNEMENT

 7 %   0,2 tonne par habitant

Le problème principal reste la désertification du nord du pays. Le Bénin a été utilisé par le passé comme un dépotoir de déchets toxiques.

MÉDIAS

 2 quotidiens pour 1 000 habitants

PRESSE ET TÉLÉCOMMUNICATIONS

Il y a 18 quotidiens dont *Le Matinal* et *La Nation*

1 chaîne publique 4 indépendantes 1 radio publique 18 indépendantes

Le Bénin publie 65 périodiques. La presse y jouit d'une liberté considérable, et les médias ont adopté un code de déontologie en 1999.

CRIMINALITÉ

 Pas de chiffres sur la population carcérale   Plus 219 % en 1996–1998

La criminalité a beaucoup augmenté depuis 1995, malgré le rétablissement de la peine de mort. La contrebande demeure un problème important.

ÉDUCATION

 40 %   14 055 étudiants

Le budget de l'éducation est plus élevé que celui de la défense, grâce à la communauté intellectuelle, le « Quartier latin de l'Afrique ». Les facultés de médecine et de droit de l'université d'Abomey-Calavi sont d'un très haut niveau.

CHRONOLOGIE

En 1625, les marchands d'esclaves indigènes Fons créèrent le royaume du Dahomey. Le Dahomey conquit tour à tour les royaumes de Dan, Allada et la côte aux alentours de Porto-Novo.

❑ **1857** Les Français établissent un comptoir de commerce à Grand-Popo.
❑ **1892** Protectorat français.
❑ **1904** Le Dahomey est rattaché à l'Afrique-Occidentale Française.
❑ **1960** Indépendance.
❑ **1975** Le Dahomey devient le Bénin.
❑ **1989** L'idéologie officielle du marxisme-léninisme est abandonnée.
❑ **1991** Élections multipartites.
❑ **2001** Kérékou est réélu président malgré des soupçons de fraude.

SANTÉ

 1 pour 10 000 habitants   Maladies transmissibles et diarrhéiques, malaria

Peu de centres de soins et de médecins en dehors des grandes villes. On prévoit 1 million de morts du Sida d'ici à 2030.

RICHESSES

CONSOMMATION ET DÉPENSES

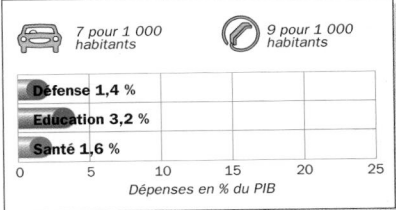

7 pour 1 000 habitants 9 pour 1 000 habitants

Défense 1,4 %
Éducation 3,2 %
Santé 1,6 %

0   5   10   15   20   25
Dépenses en % du PIB

D'importants écarts de revenus reflètent la structure hiérarchisée de la société, notamment dans le Sud. Les voitures françaises sont considérées comme des véhicules de luxe.

CLASSEMENT MONDIAL

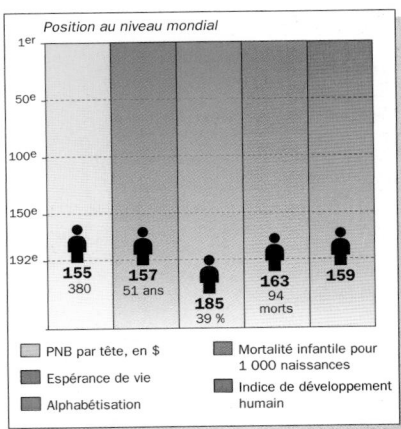

Position au niveau mondial

1ᵉʳ
50ᵉ
100ᵉ
150ᵉ
192ᵉ

155 380
157 51 ans
185 39 %
163 94 morts
159

▨ PNB par tête, en $
▨ Espérance de vie
▨ Alphabétisation
▨ Mortalité infantile pour 1 000 naissances
▨ Indice de développement humain

B

BHOUTAN

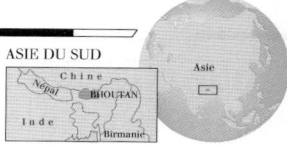

ASIE DU SUD

NOM OFFICIEL : Royaume du Bhoutan   **CAPITALE** : Thimphu
POPULATION : 2,2 millions   **MONNAIE** : ngultrum   **LANGUE OFFICIELLE** : dzong-ka

PERCHÉ sur les hauteurs de l'Himalaya entre l'Inde et la Chine, le Bhoutan est couvert à 70 % de forêts. Le pays s'élève d'une région méridionale tropicale de basse altitude à l'Himalaya, peuplé d'éleveurs de yaks semi-nomades. Pays bouddhiste, dirigé par un roi assisté d'un gouvernement, le Bhoutan a commencé à se moderniser à partir des années 1960, de manière très progressive, et demeure largement replié sur lui-même.

CLIMAT

DONNÉES MÉTÉOROLOGIQUES

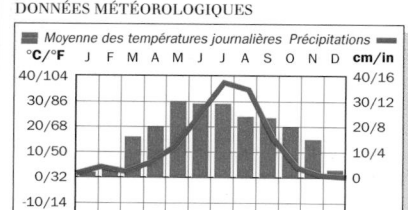

Le Sud est tropical et le Nord, région de hautes montagnes, a un climat froid et rigoureux. La mousson estivale touche l'ensemble du pays.

TRANSPORTS

Paro International
19 939 passagers

Pas de flotte

RÉSEAU DE TRANSPORT

1 994 km (1 239 miles)	Aucune
Aucune	Aucune

Les routes principales traversent l'intérieur du pays d'est en ouest. Deux autres axes descendent vers l'Inde, au Sud. Seule la compagnie aérienne nationale, Durk air, dessert le Bhoutan.

BHOUTAN

Superficie totale :
47 000 km² (18 147 sq. miles)

ALTIMÉTRIE

- 6 000 m/19 686ft
- 4 000 m/13 124ft
- 2 000 m/6 562ft
- 1 000 m/3 281ft
- 500 m/1 640ft
- 200 m/656ft
- 160 m/252ft

POPULATION

- Plus de 10 000
- Moins de 10 000

TOURISME

7 000 visiteurs

Plus 17 % en 1999

PROVENANCE DES TOURISTES ÉTRANGERS

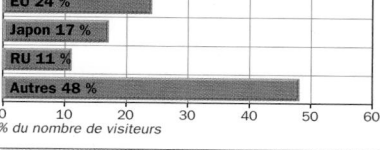

ÉU 24 %	
Japon 17 %	
RU 11 %	
Autres 48 %	

% du nombre de visiteurs

Si le tourisme est volontairement limité au Bhoutan, dans un souci de protection de la culture et de l'environnement, l'accès y est plus facile depuis la privatisation de l'industrie en 1991. La plupart des monastères sont fermés aux étrangers.

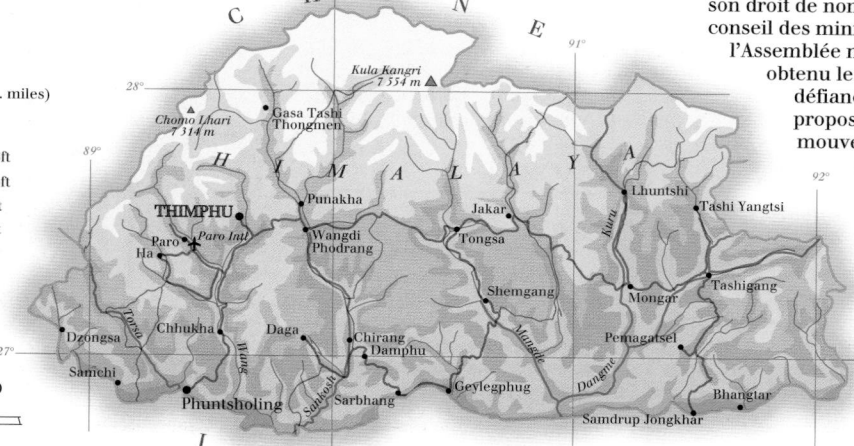

***Moins de 10 % des terres du Bhoutan sont arables**, mais leur fertilité permet toutes sortes de cultures.*

POPULATION

Dzongkha, népalais, assamais

45 hab./km²

PART DE LA POPULATION URBAINE/RURALE

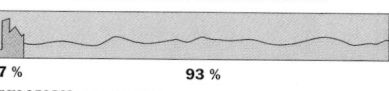

7 %   **93 %**

RELIGION

Autres 6 %
Hindous 24 %
Bouddhistes Mahayana 70 %

Les drukpas, originaires du Tibet, représentent l'essentiel de la population et sont de fervents pratiquants bouddhistes. 25 % des Bhoutanais sont des Népalais hindous installés dans le Sud du pays entre 1910 et 1950. Le dzong-ka, parlé à l'Ouest du Bhoutan et langue maternelle de seulement 16 % des Bhoutanais, devint la langue officielle en 1988 tandis que le népalais fut interdit. L'expulsion de nombreux habitants du Sud, accusés de s'être installés illégalement, a conduit à de violentes tensions interethniques.

POLITIQUE

Ne s'applique pas

Sa majesté Druk Gyalpo (le roi dragon) Jigme Singye Wangchuck

CORPS LÉGISLATIF OU CONSULTATIF

Assemblée nationale 150 membres

Pas de partis politiques légaux ; les membres de l'Assemblée sont élus sur des bases non-partisanes et ont un rôle consultatif auprès du roi, qui gouverne en monarque absolu.

La modernisation de la monarchie absolue du Bhoutan a commencé en 1961. En 1998, le roi a proposé de renoncer à son droit de nommer les membres du conseil des ministres, désormais élus par l'Assemblée nationale. Celle-ci a aussi obtenu le droit d'émettre un vote de défiance à l'encontre du roi. Ces propositions répondent à un mouvement en faveur de la démocratie menée par la minorité d'origine népalaise, opposée à un système politique dominé par les Drukpas.

B

POLITIQUE EXTÉRIEURE

 AASCR PC BIRD MNA  BAD

L'Inde est le pays avec lequel le Bhoutan a les liens les plus étroits. Ses relations avec la Chine sont cordiales et les négociations concernant leur problème frontalier progressent depuis 1984. Relations avec le Népal tendues en raison de la politique discriminatoire du Bhoutan à l'encontre de sa communauté népalaise.

AIDE INTERNATIONALE

 67 M $ (reçus)   Plus 20 % en 1999

Environ la moitié du budget annuel du Bhoutan provient de l'aide internationale, en particulier indienne.

DÉFENSE

 20 M $ Plus 6 % en 1999

L'armée bhoutanaise, placée sous le commandement du roi, est formée par des instructeurs militaires indiens. L'Inde lui assure une protection *de facto*.

ÉCONOMIE

 399 M $ 43,52–46,68 ngultrums

CHIFFRES SIGNIFICATIFS

- ❑ CLASSEMENT DU PNB AU NIVEAU MONDIAL ..170e
- ❑ PNB PAR HABITANT............................640 $
- ❑ BALANCE DES PAIEMENTS ....– 87 M $
- ❑ INFLATION ....7,5 %
- ❑ CHÔMAGE..................................Taux faible

ATOUTS
Développement récent de cultures commerciales destinées aux marchés asiatiques (cardamome, pommes, oranges). Bois de feuillus au Sud, le teck en particulier, dont l'exploitation est contrôlée. Potentiel hydroélectrique.

FAIBLESSES
Dépendant vis-à-vis de la main-d'œuvre indienne pour de nombreux emplois du secteur public. Environ 90 % de la population vit de l'agriculture. Seulement 6 % de la surface du pays est cultivé (relief très montagneux). Très peu d'industries. Peu de ressources minérales.

EXPORTATIONS

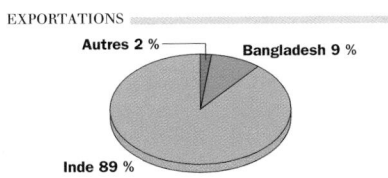

Autres 2 % — Bangladesh 9 %
Inde 89 %

IMPORTATIONS

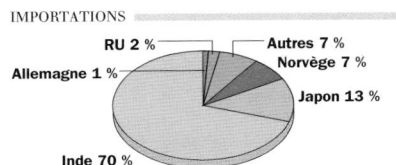

RU 2 % — Autres 7 %
Allemagne 1 % — Norvège 7 %
Japon 13 %
Inde 70 %

RESSOURCES

 330 tonnes   Pays non producteur, pas de raffineries

 435 000 bovins
74 900 porcins
310 000 poulets
 Talc, gypse, charbon, calcaire, ardoise, dolomite

La forêt bhoutanaise est pratiquement intacte. Potentiel hydroélectrique considérable (peu de barrages). L'énergie produite par le barrage de Chhukha est vendue à l'Inde et permet d'importantes rentrées de devises étrangères.

ENVIRONNEMENT

 19 % (18 % partiellement protégé)   0,6 tonne par habitant

Les forêts du Bhoutan stabilisent les versants des montagnes abruptes et satisfont la plupart des besoins en combustible. La construction de routes, commencée dans les années 1960, est la principale cause de déforestation, qui a conduit à l'érosion de la couche arable. Les Bhoutanais observent les valeurs traditionnelles bouddhistes qui prônent le respect de la nature et l'interdiction de tuer les animaux.

MÉDIAS

 Pas de quotidiens

PRESSE ET TÉLÉCOMMUNICATIONS

 Le gouvernement publie l'hebdomadaire *Kuensel* en dzong-ka, en anglais et en népalais.

 1 chaîne publique   1 radio publique

Afin de préserver les valeurs culturelles du pays, la télévision a été interdite jusqu'en 1999. Un cybercafé a ouvert à Thimphu en 2000.

CRIMINALITÉ

 Pas de chiffre sur la population carcérale   Peu de modification d'une année à l'autre

Les actes de violence criminelle sont rares et le taux de vol est très bas. En 1991, le *Driglam namzha*, ancien code de conduite, a été rétabli. Les Bhoutanais qui refusent de s'y soumettre encourent des amendes et des peines de prison.

ÉDUCATION

 47 %    2 055 étudiants

L'enseignement est gratuit. Il se fait en anglais et en dzong-ka. Une petite minorité d'enfants va à l'école secondaire. Il n'existe pas d'université.

CHRONOLOGIE

Les Drukpas, originaires du Tibet, unifièrent le Bhoutan en 1656. Le pays dut céder la Bande de Duars aux Britanniques en 1865.

- ❑ **1907** Instauration de la monarchie.
- ❑ **1949** Indépendance.
- ❑ **1953** Première Assemblée nationale.
- ❑ **1968** Le roi forme le premier gouvernement.
- ❑ **1971** Rejoint l'ONU.
- ❑ **1990** La population d'origine népalaise lance une campagne en faveur des droits des minorités.
- ❑ **1998** Le roi propose une réforme du gouvernement.
- ❑ **1999** Création de la 1re chaîne de TV.

SANTÉ

 1 pour 6 510 habitants   Maladies diarrhéiques, respiratoires, tuberculoses, malaria, mortalité infantile

Des cliniques gratuites et l'hôpital de Thimphu pourvoient aux soins de première nécessité. La vaccination des enfants progresse, et les moines acceptent maintenant d'enseigner l'hygiène. Les médecines traditionnelles bhoutanaise, tibétaine et chinoise sont très usitées.

RICHESSES

CONSOMMATION ET DÉPENSES

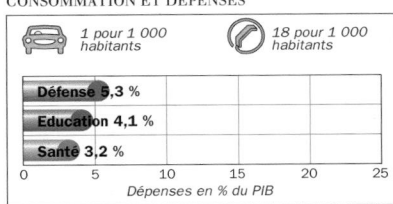

1 pour 1 000 habitants   18 pour 1 000 habitants

Défense 5,3 %
Education 4,1 %
Santé 3,2 %

0   5   10   15   20   25
Dépenses en % du PIB

La majorité des Bhoutanais est pauvre mais ne connaît pas la famine. Il existe une petite classe moyenne constituée de marchands et de fonctionnaires.

CLASSEMENT MONDIAL

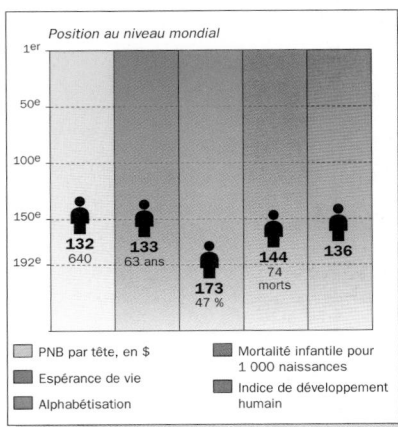

Position au niveau mondial

1er
50e
100e
150e
192e

132 — 640
133 — 63 ans
173 — 47 %
144 — 74 morts
136

PNB par tête, en $
Espérance de vie
Alphabétisation
Mortalité infantile pour 1 000 naissances
Indice de développement humain

B

BIÉLORUSSIE

NOM OFFICIEL : République de Biélorussie   **CAPITALE** : Minsk
POPULATION : 10,1 millions   **MONNAIE** : rouble biélorusse   **LANGUES OFFICIELLES** : biélorusse et russe

AUTREFOIS connue sous le nom de Russie blanche, la
Biélorussie est située entre la Lettonie et la Lituanie au
nord-ouest, la Pologne à l'ouest, l'Ukraine au sud et la Russie à l'est. Ancienne
république soviétique ravagée par la Seconde Guerre mondiale, la Biélorussie
ne possède que peu de ressources. En 1991, elle est devenue, sans grand
enthousiasme, indépendante de la Russie, avec laquelle le président
Loukachenko maintient des liens étroits. La catastrophe nucléaire de Tchernobyl
survenue en 1986 dans l'Ukraine voisine a eu de nombreuses conséquences à la
fois graves et durables sur l'environnement et la santé des Biélorusses.

TRANSPORTS

 Minsk International   Pas de flotte

RÉSEAU DE TRANSPORT

60 567 km (37 635 miles)		Aucune
5 523 km (3 432 miles)		Réseau de voies navigables très développé

La Biélorussie n'a pas d'accès direct à la
mer, mais elle est proche des ports de la
Baltique. Bon réseau ferroviaire.

TOURISME

 355 000 visiteurs   Plus 42 % en 1998

PROVENANCE DES TOURISTES ÉTRANGERS

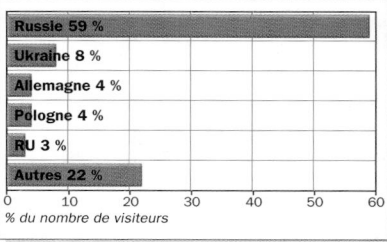

La Biélorussie accueille moins de
touristes étrangers que ses voisins
slaves et baltes. Nombre de ses
sites historiques ont été détruits
au cours de la Seconde Guerre
mondiale. Minsk fut rasée, et
son paysage est marqué par
l'architecture de la période
stalinienne. Le pays
a peu d'atouts pour
développer une
industrie touristique.

CLIMAT

DONNÉES MÉTÉOROLOGIQUES

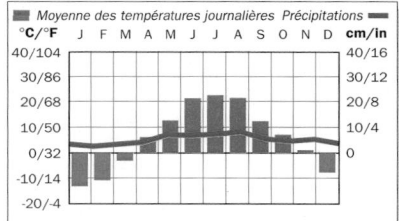

La Biélorussie du Sud est marécageuse et peu
peuplée. Elle englobe les gigantesques Marais du
Pripiat et les plaines du Dniepr.

Le climat de la Biélorussie est continental,
adouci cependant par l'influence de la
Baltique. Les températures hivernales
tombent bien en dessous
de zéro, tandis que les
températures estivales
peuvent être assez élevées.
L'été est également la saison
où les précipitations sont les
plus fortes.

BIÉLORUSSIE

Superficie totale : 207 600 km²
(80 154 sq. miles)

POPULATION

Plus de 1 000 000
Plus de 500 000
Plus de 100 000
Plus de 50 000
Plus de 10 000
Moins de 10 000

ALTIMÉTRIE

200 m/656 ft
100 m/328 ft

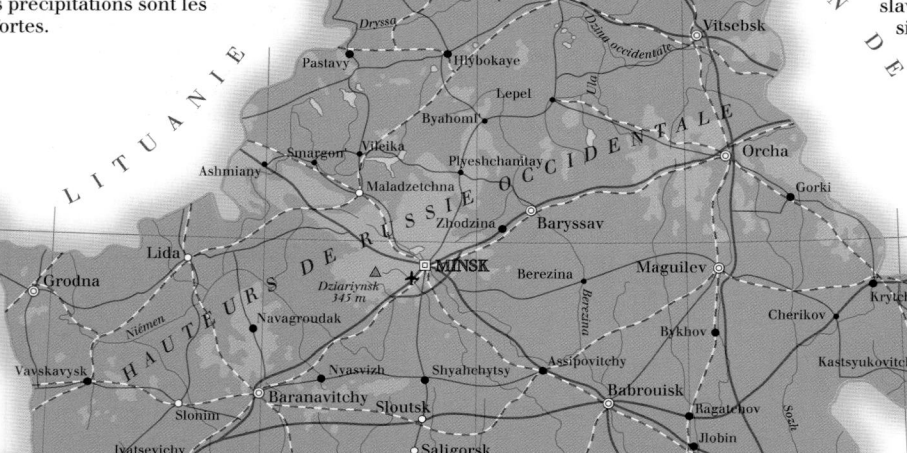

B

POPULATION

 Biélorusse, russe    49 hab./km²

PART DE LA POPULATION URBAINE/RURALE

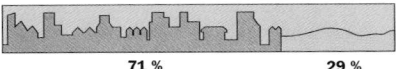

71 %   29 %

RELIGION

Catholiques 8 %

Autres (y compris musulmans, juifs et protestants) 32 %

Russes Orthodoxes 60 %

COMPOSITION ETHNIQUE

Ukrainiens 3 %   Polonais 4 %
Autres 2 %   Russes 13 %

Biélorusses 78 %

Seulement 2 % de la population n'est pas slave et les tensions interethniques sont rares. En vertu d'une loi datant de 1992, l'ensemble de la population bénéficie automatiquement du droit à la citoyenneté biélorusse. Seulement 11 % de la population, qui vit surtout en milieu rural, parle couramment le biélorusse. Le référendum de 1995 et une loi votée en 1998 reconnaissent le même statut au russe et au biélorusse.

PYRAMIDE DES ÂGES

Femmes		Âge	Hommes	
	1,7 %	81–100	0,5 %	
	10 %	61–80		5,8 %
	12,6 %	41–60	11,1 %	
15 %		21–40		14,8 %
14 %		0–20		14,5 %

% de la population par tranche d'âge

POLITIQUE

 Chambre basse 2000-2004
Chambre haute 2000-2004

 Alexandre Loukachenko, président de la République

AUX DERNIÈRES ÉLECTIONS

Chambres des Représentants 110 membres

97 %
PCB

2 % 1 %
Opp. Ind.

PCB = Parti des communistes de Biélorussie et des partisans du gouvernement **Opp.** = Partis d'opposition
Ind. = Indépendants

Conseil de la République 64 membres

Le Conseil de la République est élu au suffrage indirect

En vertu de la Constitution de 1994, amendée en 1996, la Biélorussie a un parlement bicaméral et est dirigée par un président élu au suffrage universel direct.

PRINCIPAUX PROBLÈMES POLITIQUES
Les relations avec la Russie
Un accord signé en 1994 (renforcé en 1999 et 2000) a scellé le projet d'union monétaire avec la Russie. Le président Alexandre Loukachenko cherche à établir des liens économiques et politiques toujours plus étroits avec son puissant voisin. Un traité posant les fondements d'une Communauté des Républiques souveraines (SSR) a été signé en 1997. La Biélorussie souhaiterait un parlement et davantage de programmes économiques communs avec la Russie.

L'environnement
La catastrophe nucléaire de Tchernobyl en 1986 continue d'avoir des conséquences dramatiques sur la vie biélorusse. Les opérations de nettoyage sont lentes, laborieuses et très chères, puisqu'elles

représentent 25 % des dépenses publiques. Les entreprises payent encore un « impôt Tchernobyl ».

PROFIL
La Biélorussie fut le plus lent des États de l'ex-URSS à mettre en place des réformes politiques. Elle dut attendre mars 1994 pour adopter une Constitution post-soviétique et 1995 pour élire son premier parlement dominé par le PCB et le Parti agraire. Le pluralisme politique, qui permettrait de contrecarrer les décisions autoritaires du président, est éloigné de la culture biélorusse.
L'élection d'A. Loukachenko à la présidence du pays en 1994 créa la surprise. En 1996, un référendum approuva une nouvelle Constitution qui élargissait ses pouvoirs. Le vote des députés favorables au président permit de remplacer le Conseil suprême par une nouvelle Chambre des Représentants. A. Loukachenko a aussi allongé la durée de son mandat, une décision contestée par l'opposition et l'UE. Les législatives de la fin 2000 et du début 2001 ont été invalidées suite à la répression des opposants.

Le président Alexandre Loukachenko partisan de liens étroits avec la Russie.

Vladimir Goncharik, Candidat de l'opposition aux élections présidentielles de 2001.

POLITIQUE EXTÉRIEURE

 CPEA   IEC   AIEA   CEI   OSCE

Les relations avec la Russie sont très étroites. De nombreux accords bilatéraux ont été signés depuis 1991. Ces liens ont encore été renforcés par le président pro-russe A. Loukachenko, bien que les Russes soient aujourd'hui nombreux à redouter que le coût économique de ce rapprochement ne soit pas à la mesure de l'enjeu stratégique qu'il représente.
En 1998, les ambassadeurs des pays membres de l'UE, des ÉU et du Japon en poste à Minsk ont été rappelés pour protester contre l'expulsion et la violation de leur résidence.
La répression des opposants politiques en mars 2001 a mis fin à l'allégement des sanctions prises par l'UE en 1997 pour protester contre les modifications abusives apportées à la Constitution.

AIDE INTERNATIONALE

 24 M $ (reçus)   Moins 44 % en 1997-1999

Si la Banque mondiale et le FMI ont accordé des prêts à la Biélorussie au début des années 90, le manque de réformes structurelles depuis l'accession à la présidence d'A. Loukachenko en 1994 a compromis tout versement supplémentaire. Certaines aides américaines bilatérales continuent d'être versées mais l'UE conditionne désormais son aide au respect des droits de l'homme et des engagements démocratiques du pays. Les ÉU et l'UE ont accordé des crédits supplémentaires pour aider la Biélorussie à mener à bien la conversion de son industrie de l'armement vers une production non militaire. Le pays a toujours besoin de l'aide internationale pour lutter contre la pollution due à la catastrophe de Tchernobyl en 1986.

CHRONOLOGIE

La Biélorussie fut tour à tour annexée par la Pologne, la Lituanie et la Russie avant d'être rattachée à l'URSS.

❏ **1918** Coup d'État des bolcheviks. La République socialiste russe de Biélorussie est indépendante.
❏ **1919** Invasion de la Pologne.
❏ **1920** Minsk est reprise par l'armée rouge. La partie orientale redevient la République socialiste russe de Biélorussie (BSSR).
❏ **1921** Traité de Riga - la Biélorussie occidentale est rattachée à la Pologne.
❏ **1922** La BSSR est rattachée à la Russie pour former l'URSS.
❏ **1929** Collectivisation de l'agriculture.
❏ **1939** La Biélorussie occidentale est rattachée à l'URSS quand l'Armée soviétique entre en Pologne.
❏ **1941–1944** Occupation allemande.

B

CHRONOLOGIE *suite*

- ❏ **1945** La Biélorussie fait partie des membres fondateurs de l'ONU avec l'Ukraine et l'URSS.
- ❏ **1965** KT Mazurav, chef du Parti communiste de Biélorussie (PKB) devient le premier vice-président du Conseil des ministres de l'URSS.
- ❏ **1986** Les retombées radioactives de Tchernobyl touchent 70 % du pays.
- ❏ **1988** Découverte d'un charnier de plus de 300 000 personnes exécutées par l'armée soviétique entre 1937 et 1941 près de Minsk. L'indignation générale conduit à la création du Front populaire biélorusse (BPF), de tendance nationaliste, présidé par Pazniak. Manifestations réprimées.
- ❏ **1989** Le biélorusse langue officielle.
- ❏ **1990** Le PKB empêche le BPF de participer aux élections du Soviet suprême. Les membres du BPF se joignent à d'autres groupes d'opposition pour former le Bloc démocratique biélorusse (BDB). Le BDB remporte 25 % des sièges. Le PCB cède à la pression de l'opposition et promulgue la déclaration de souveraineté de l'État de la BSSR.
- ❏ **1991** Mars, un référendum valide à 83 % la décision de préserver l'union avec l'URSS. Avril, grèves contre le PKB et sa politique économique. Août, déclaration d'indépendance. Élection de Stanislas Chouchkevitch à la présidence du Soviet suprême. Décembre : la Biélorussie, la Russie et l'Ukraine fondent la CEI.
- ❏ **1992** Le Soviet suprême annonce le retrait des armes nucléaires soviétiques du sol biélorusse d'ici 1999. Les ÉU promettent une aide.
- ❏ **1993** Ratification de START-1 et des traités de non-prolifération d'armes nucléaires par le parlement.
- ❏ **1994** La nouvelle Constitution présidentielle est approuvée. A. Loukachenko est élu président. Retour dans la zone rouble.
- ❏ **1995** Élection du premier vrai parlement post-soviétique.
- ❏ **1996** Traité concrétisant l'union avec la Russie. Un référendum valide les modifications constitutionnelles qui élargissent les pouvoirs du président.
- ❏ **1997** La Biélorussie et la Russie ratifient le traité d'union et la Charte.
- ❏ **1998** Les ambassadeurs occidentaux sont rappelés dans leurs pays.
- ❏ **1999–2001** Renforcement de l'union avec la Russie.
- ❏ **2000–2001** Élections parlementaires contestées. Répressions des opposants politiques au PCB.

DÉFENSE

 466 M $ Moins 1 % en 1999

FORCES ARMÉES BIÉLORUSSES

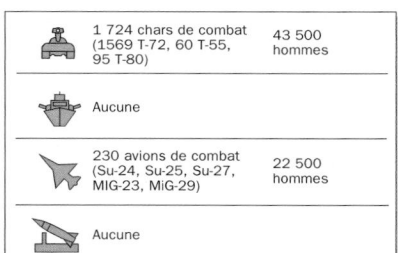

🛡	1 724 chars de combat (1569 T-72, 60 T-55, 95 T-80)	43 500 hommes
⚓	Aucune	
✈	230 avions de combat (Su-24, Su-25, Su-27, MIG-23, MiG-29)	22 500 hommes
⚔	Aucune	

Après son indépendance en 1991, la Biélorussie a brièvement adopté une politique de neutralité et s'est engagée à se débarrasser de sa puissance nucléaire héritée de l'ère soviétique. En 1993, elle avait retiré toutes ses armes nucléaires tactiques, et en 1996 toutes ses armes nucléaires stratégiques. Bien qu'elle ait signé l'accord de sécurité commune de la CEI en 1993, elle participe également au programme de partenariat pour la paix de l'OTAN depuis 1995.

A. Loukachenko n'a pas cherché à développer ses relations avec l'OTAN, préférant resserrer ses liens militaires avec Moscou. La Biélorussie participe même au soutien financier des troupes russes stationnées sur son territoire. L'union avec la Russie a été renforcée par un traité de coopération militaire en décembre 1997 et un accord de procédures communes pour l'exportation d'armements en 1999.

ÉCONOMIE

 26,3 Md $ 1 665–1 667 roubles (biélorusses)

CHIFFRES SIGNIFICATIFS

- ❏ CLASSEMENT DU PNB AU NIVEAU MONDIAL 81ᵉ
- ❏ PNB PAR HABITANT ....1 290 $
- ❏ BALANCE DES PAIEMENTS ....– 270 M $
- ❏ INFLATION ....61,1 %
- ❏ CHÔMAGE...2 %

EXPORTATIONS

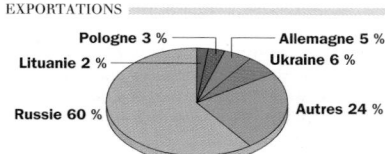

Pologne 3 % — Allemagne 5 % — Ukraine 6 % — Lituanie 2 % — Russie 60 % — Autres 24 %

IMPORTATIONS

Pologne 4 % — Ukraine 6 % — Lituanie 3 % — Allemagne 11 % — Russie 61 % — Autres 15 %

ATOUTS

Faible chômage, relative stabilité sociale. Fort potentiel sylvicole et agricole.

FAIBLESSES

Manque de réformes économiques. Soutien aux industries archaïques. Forte inflation. Peu de ressources naturelles. Dépendance énergétique par rapport à la Russie. Coût des retombées de Tchernobyl.

PROFIL

La réforme économique dans laquelle s'est engagée la Biélorussie après 1991 fut nettement plus lente que celle menée par les autres États de l'ex-URSS. Les efforts faits pour accélérer le passage à une économie de marché se sont heurtés à un parlement conservateur. En 1994, A. Loukachenko a stoppé net le processus de privatisation qu'il n'a repris avec réticence qu'en 1995 dans le cadre d'une politique de « socialisme de marché ». L'État pour favoriser la production a augmenté l'émission de monnaie. La crise monétaire de 1998 et l'inflation galopante ont accentué les effets de deux mauvaises récoltes. Les denrées alimentaires subventionnées ont été rationnées.

INDICATEUR DES PERFORMANCES ÉCONOMIQUES

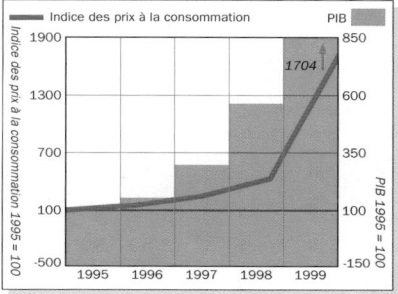

Indice des prix à la consommation — PIB
1704

BIÉLORUSSIE : PRINCIPALES ACTIVITÉS

Baryssav, Vitsebsk, Minsk, Orcha, Maguilev, Grodna, Babrouisk, Brest, Gomel, Pinsk, Mazyr, Retchytsa

Micro-électronique · Textile · Construction navale · Chimie · Mécanique lourde · Informatique · Industrie alimentaire · Scieries · Assemblage de véhicules · Fabrication manufacturière · Produits de consommation

0   100 km
0   100 miles

* Importante participation des multinationales

RESSOURCES

 4 805 tonnes

 36 531 b/j (réserves : 200 055 600 Mdb)

4,33 M de bovins
3,57 M de porcins
30 M de volailles

Gaz naturel, charbon, sel gemme

PRODUCTION ÉLECTRIQUE

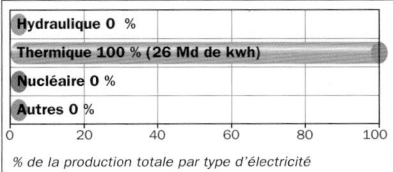

Hydraulique 0 %	
Thermique 100 % (26 Md de kwh)	
Nucléaire 0 %	
Autres 0 %	

% de la production totale par type d'électricité

Peu de ressources stratégiques et forte dépendance de la fédération de Russie pour ses approvisionnements énergétiques. Petites quantités de pétrole et de gaz naturel près de la frontière polonaise.

BIÉLORUSSIE : UTILISATION DU SOL

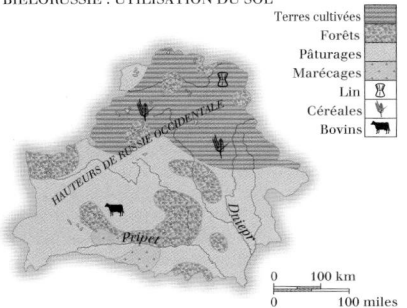

Terres cultivées
Forêts
Pâturages
Marécages
Lin
Céréales
Bovins

0   100 km
0   100 miles

ENVIRONNEMENT

 4 %

 6,1 tonnes par habitant

TRAITÉS ÉCOLOGIQUES

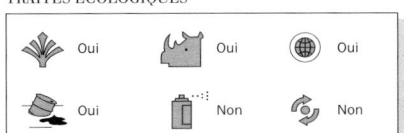

Oui	Oui	Oui
Oui	Non	Non

En 1986, une énorme fuite du réacteur nucléaire de la centrale de Tchernobyl en Ukraine envoya dans l'atmosphère un gigantesque nuage radioactif dont 70 % des retombées touchèrent la Biélorussie, Minsk y compris ; 2,3 millions de Biélorusses furent immédiatement atteints et des cas de cancer et de leucémie continuent d'apparaître aujourd'hui. Les terres arables, les forêts et l'eau furent contaminées, de même que les ruisseaux souterrains alimentant les rivières de l'Est de la Pologne. Certaines régions de la zone contaminée sont toujours cultivées. Le programme de nettoyage en cours engloutit chaque année 25 % des finances de l'État malgré l'aide massive des pays occidentaux. La forêt de Bialowieza qui s'étend de part et d'autre de la frontière polono-biélorusse et qui abrite encore des bisons d'Europe, est la plus grande réserve naturelle d'Europe.

MÉDIAS

 173 quotidiens pour 1 000 habitants

PRESSE ET TÉLÉCOMMUNICATIONS

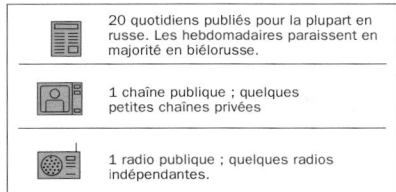

20 quotidiens publiés pour la plupart en russe. Les hebdomadaires paraissent en majorité en biélorusse.

1 chaîne publique ; quelques petites chaînes privées

1 radio publique ; quelques radios indépendantes.

La télévision est peu contrôlée mais ne critique pas le gouvernement. La liberté de la presse est quasi-inexistante. Les publications subventionnées par l'État prédominent.

CRIMINALITÉ

 52 033 détenus

 Plus 2 % en 1996-1998

TAUX DE CRIMINALITÉ

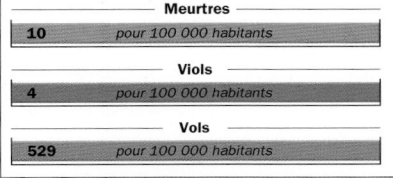

Meurtres	
10	pour 100 000 habitants
Viols	
4	pour 100 000 habitants
Vols	
529	pour 100 000 habitants

Les difficultés économiques et la dégradation de l'ordre public ont conduit à une forte hausse de la criminalité. La population carcérale excède la capacité d'accueil prévue de 40 000 détenus. Plaque tournante de la drogue à destination de l'Europe occidentale, tandis que la production locale d'opium alimente le marché intérieur.

ÉDUCATION

 99 %

 328 746 étudiants

LE SYSTÈME ÉDUCATIF

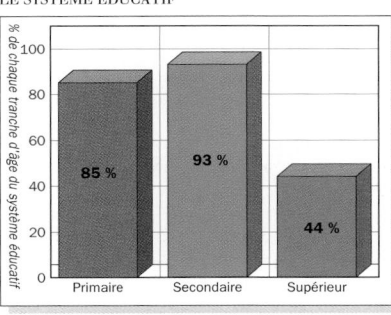

% de chaque tranche d'âge du système éducatif

Primaire 85 %
Secondaire 93 %
Supérieur 44 %

La scolarité est obligatoire pendant neuf ans. Le russe reste la langue de l'enseignement malgré un effort au début des années 1990 pour promouvoir le biélorusse, aujourd'hui utilisé par un tiers des élèves. L'éducation universitaire (en russe) est d'un assez bon niveau.

SANTÉ

 1 pour 233 habitants

 Crises cardiaques, cancers, accidents, violence

Les conséquences de la catastrophe nucléaire de Tchernobyl ont mis un service de santé de bonne qualité à rude épreuve. « L'impôt Tchernobyl » finance l'aide apportée aux victimes. Le nombre de cas de leucémie et de cancer a fortement augmenté et de nouvelles unités spécialisées ont dû être construites. De nombreux médecins biélorusses sont formés aux dernières techniques d'intervention sur la moelle osseuse en Europe et aux ÉU. À la fin 2000, la Biélorussie comptait 3 158 séropositifs, en majorité toxicomanes. 2 700 d'entre eux étaient âgés de 15 à 29 ans.

RICHESSES

CONSOMMATION ET DÉPENSES

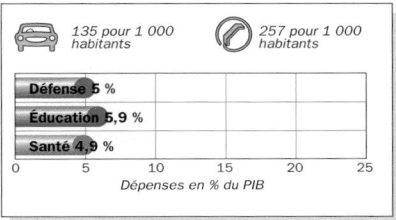

135 pour 1 000 habitants

257 pour 1 000 habitants

Défense 5 %	
Éducation 5,9 %	
Santé 4,9 %	

0   5   10   15   20   25
Dépenses en % du PIB

La détérioration de la situation économique a conduit à une baisse générale du niveau de vie. Les revenus fixes ont particulièrement souffert de l'inflation galopante. Les richesses sont aux mains d'une petite élite communiste opposée au libéralisme qui, forte de sa majorité parlementaire, resserre son emprise sur les ressources de l'État. L'esprit d'entreprise qui dynamise l'économie russe et polonaise manque en Biélorussie.
Les denrées alimentaires sont tellement subventionnées qu'elles sont entre 200 % et 300 % moins chères qu'en Russie et en Ukraine. Cela a développé la contrebande que le gouvernement cherche à enrayer depuis 1998 en rationnant la nourriture.

CLASSEMENT MONDIAL

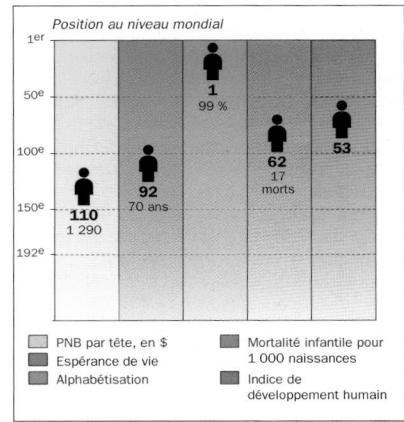

Position au niveau mondial

1er
50e
100e
150e
192e

1   99 %
62   17 morts
53
92   70 ans
110   1 290

☐ PNB par tête, en $	☐ Mortalité infantile pour 1 000 naissances
☐ Espérance de vie	☐ Indice de développement humain
☐ Alphabétisation	

B

BIRMANIE (MYANMAR)

ASIE DU SUD-EST

NOM OFFICIEL : Union de Myanmar **CAPITALE** : Rangoon (Yangon)
POPULATION : 49 millions **MONNAIE** : kyat **LANGUE OFFICIELLE** : birman (myanmar)

BORDÉE par le golfe du Bengale à l'ouest et la mer d'Andaman au sud-ouest, la Birmanie est montagneuse au nord tandis que le bassin fertile d'Irrawaddy occupe l'essentiel de son territoire. Elle accéda en 1948 à l'indépendance qui mit fin à la domination britannique et fut récemment le théâtre d'une répression politique et de conflits interethniques. L'armée empêcha l'accès au pouvoir de la Ligue nationale pour la démocratie (LND), sortie victorieuse des élections libres de 1990. La Birmanie est un pays riche en ressources naturelles et son économie repose principalement sur l'agriculture.

Transport du bois sur l'Irrawaddy près de Mandalay. La Birmanie possédait autrefois les plus grandes réserves de teck du monde.

CLIMAT

DONNÉES MÉTÉOROLOGIQUES

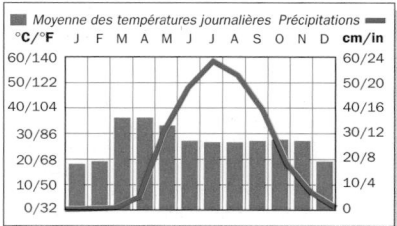

La Birmanie connaît trois saisons : la saison des pluies pendant laquelle les précipitations dans le delta de l'Irrawaddy et la péninsule de Tenasserim peuvent atteindre jusqu'à 50-60 cm ; l'été avec des températures avoisinant les 50° C et une humidité de 100 % au Nord ; et l'hiver où il fait rarement moins de 15° C sauf dans les montagnes.

TRANSPORTS

 **Mingaladon, Rangoon** 580 000 passagers 124 navires 492 306 tpl

RÉSEAU DE TRANSPORT

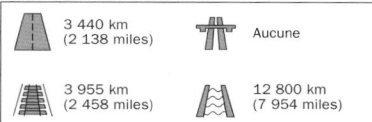

3 440 km (2 138 miles) Aucune

3 955 km (2 458 miles) 12 800 km (7 954 miles)

La plupart des programmes de construction sont liés à l'essor du commerce entre la Chine et la Birmanie, légalisé depuis 1989. Les anciens ponts et axes routiers (dont les routes de Birmanie, de Ledo ou de la Soie, autant d'axes stratégiques vers la Chine) sont en cours de réfection et de nouvelles routes sont en construction grâce au soutien financier de la Chine. Si on estime que cette nouvelle infrastructure permettra de faciliter le transport de produits stratégiques, dont l'opium, sa raison d'être sera autant commerciale que militaire. L'État ne détient plus le monopole des transports : depuis 1988, il accorde des licences d'exploitation à des compagnies d'autocars privées.

TOURISME

 208 000 visiteurs Plus 5 % en 2000

PROVENANCE DES TOURISTES ÉTRANGERS

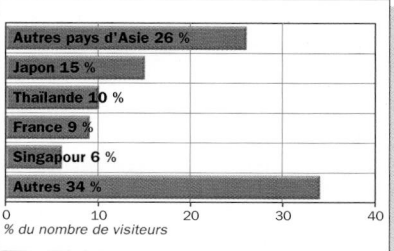

- Autres pays d'Asie 26 %
- Japon 15 %
- Thaïlande 10 %
- France 9 %
- Singapour 6 %
- Autres 34 %

% du nombre de visiteurs

La Birmanie a adopté depuis quelque temps une politique touristique plus ouverte dans le but d'attirer les devises étrangères. Des entreprises privées participent aux travaux de rénovation des vieux hôtels et à la construction d'une nouvelle infrastructure d'accueil. Les fonds viennent principalement du Japon, de Singapour et de la Corée du Sud. La Chine participe également à la construction d'un aéroport international à Mandalay. La junte militaire a été accusée d'avoir eu recours au travail forcé pour la restauration de monuments historiques avant l'opération touristique « Visitez la Birmanie » menée en 1996.

POPULATION

 Birman, karen, chan, shan, kachin, môn, palaung, wa   69 hab./km²

PART DE LA POPULATION URBAINE/RURALE

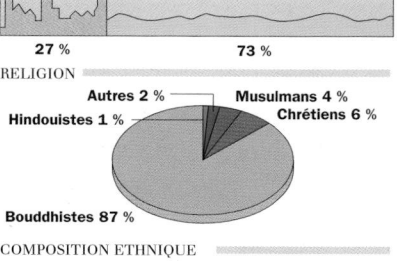

27 % 73 %

RELIGION

- Bouddhistes 87 %
- Chrétiens 6 %
- Musulmans 4 %
- Autres 2 %
- Hindouistes 1 %

COMPOSITION ETHNIQUE

- Birmans (Bamah) 68 %
- Autres 13 %
- Shans 9 %
- Karens 6 %
- Rakhines 4 %

Il existe de violentes tensions entre la communauté birmane, prédominante, et les minorités ethniques. Lorsque la Birmanie accéda à l'indépendance, les Shans, les Kachins, les Môns, les Karens et les Chins se virent refuser le droit à un État au sein d'une fédération. Ces revendications existent toujours et donnent lieu à des actions sporadiques.

En 1988, ces minorités firent cause commune pour lutter contre la dictature militaire, mais en 1996, presque toutes avaient signé des traités de paix avec la junte. Les Shans acceptèrent un cessez-le-feu en 2000, rompu quelques mois plus tard. Chaque communauté entretient une identité culturelle distincte. Revendiquant la pureté de leur race, les Birmans sont pourtant nombreux à être issus du croisement d'ethnies différentes ou d'origine chinoise. Le tissu social birman repose toujours sur la famille étendue. Les femmes ont accès à l'éducation et jouent un rôle important au sein de la société. Nombre d'entre elles sont chefs d'entreprises. Les postes à hautes responsabilités au sein de l'État restent cependant réservés aux hommes.

PYRAMIDE DES ÂGES

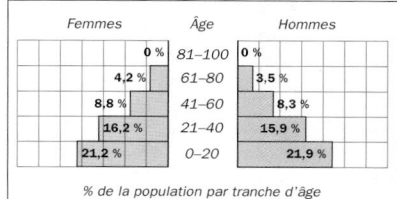

Femmes	Âge	Hommes
0 %	81–100	0 %
4,2 %	61–80	3,5 %
8,8 %	41–60	8,3 %
16,2 %	21–40	15,9 %
21,2 %	0–20	21,9 %

% de la population par tranche d'âge

B

POLITIQUE

1990/suspendues   Général Than Shwe

AUX DERNIÈRES ÉLECTIONS

Assemblée constituante   485 membres

	2 % PUN	1 % FNDM	1 % PND

81 % LND	5 % LNSD	2 % LRD	8 % Autres

LND = Ligue nationale pour la démocratie
LNSD = Ligue nationale Shan pour la démocratie
PUN = Parti de l'unité nationale
LRD = Ligue Rakhine pour la démocratie
FNDM = Front national démocratique Môn
PND = Parti national démocratique pour les droits de l'homme

Une Assemblée constituante, chargée d'élaborer une nouvelle Constitution, fut élue en 1990, mais le SLORC (Conseil d'État pour la restauration de l'ordre et la loi) l'empêcha de se réunir.

La Birmanie est sous la domination d'une dictature militaire soutenue par le SLORC depuis 1988.

PRINCIPAUX PROBLÈMES POLITIQUES

Le rétablissement de la démocratie

Le régime militaire actuel s'embarrasse peu du respect des droits de l'homme. L'opposition est interdite ; les tortures et les meurtres sont monnaie courante. Les minorités ethniques rebelles (qui comptent 30 000 membres armés) se sont ralliées aux démocrates pour combattre le régime militaire. Figure centrale de l'opposition, Mme Aung San Suu Kyi, détenue en résidence surveillée, a été libérée en 1995. La junte hésite à entrer en pourparlers avec elle.

Les réfugiés

Depuis 1988, un million de personnes ont été déplacées vers les régions frontalières, notamment les musulmans Rohingya rapatriés du Bangladesh.

PROFIL

L'armée prit le pouvoir en 1988, au plus fort des manifestations en faveur du rétablissement de la démocratie. Le SLORC fut formé peu après. La LND remporta les

Aung San Suu Kyi, est la figure de proue de l'opposition.

Le général Than Shwe, chef de la junte militaire depuis 1992.

BIRMANIE

Superficie totale : 657 540 km²
(253 876 sq. miles)

Hkakabo Razi 5 881 m

Mali Hka

CHINE

Myitkyina   25°

Katha   Bhamo

Shweli

Mawlaik

Falam   Shwebo   Lashio

Monywa   Mandalay

Sagaing   Maymyo

Myingyan   Amarapura

Pakokku   Kyaukse

Pagan   Meiktila   PLATEAU DE SHAN

Chauk

Yenangyaung   Magwe   Yamethin   Taunggyi

Minhla

Sittwe   Taungdwingyi

Î. Oyster   Pyinmana

Loikaw

LAOS

ARAKAN YOMA

GOLFE   Kyaukpyu   Thayetmyo   Allanmyo

Î. Ramree

Î. Cheduba   Prome   Toungoo   100°

DU   Sandoway   Paungde   Pyu

Myanaung   Nyaunglebin

BENGALE   Letpadan   Pyuntaza

Henzada   Tharrawaddy

OCÉAN   Thonze   Pegu   Kyaikto

Bassein   Insein   Kayan   Thaton

Myaungmya   Twante   Syriam   Martaban

Moulmeingyun   RANGOON   Moulmein

Labutta   Kyaiklat   Mudon

Bogale   Pyapon   Kyaikkami

Delta de l'Irrawaddy

Î. Preparis   Ye

PÉNINSULE DE TENASSERIM

15°

Î. Great Coco   Tavoy

Î. Little Coco

North Andaman   95°

(INDE)   MER

D'ANDAMAN   Î. Kadan

THAÏLANDE

OCÉAN INDIEN

Î. Saganthit

Î. Eetsok-Auc   Mergui

Î. Kannaw

ARCHIPEL MERGUI

Î. Lanbi   10°

Isthme de Kra

N

0   200 km

0   200 miles

POPULATION	ALTIMÉTRIE
Plus de 1 000 000	
Plus de 500 000	4 000 m/13 124ft
Plus de 100 000	2 000 m/6 562ft
Plus de 50 000	1 000 m/3 281ft
Plus de 10 000	500 m/1 640ft
Moins de 10 000	200 m/656ft
	Niveau de la mer

élections de 1990, mais le SLORC empêcha l'assemblée de siéger et interdit l'opposition démocratique. La formation du CEPD, qui remplaça le SLORC en 1997, ne changea rien. La rébellion de groupes ethniques dans les régions frontalières fut réprimée en 1996, mais des combats sporadiques existent encore.

POLITIQUE EXTÉRIEURE

La Chine est l'interlocuteur privilégié de la Birmanie. Elle soutient le régime militaire et est son principal fournisseur d'armes. L'union étroite entre les deux pays permet à la Chine d'avoir une porte ouverte sur l'océan Indien, et à la Birmanie d'asseoir l'autorité de son régime militaire qui dépend en partie du soutien chinois. Si les pays voisins craignent que cet accord déstabilise toute la région, la plupart poursuivent une politique de « relation constructive » avec le CEPD. En 1997, la Birmanie a été admise à l'ANSEA malgré sa situation préoccupante au regard du respect des droits de l'homme.

Les pays occidentaux ont sévèrement condamné les atteintes aux droits de l'homme perpétrées en Birmanie, et l'ont menacée de sanctions économiques. En pratique, l'Occident a une position plus ambiguë. Il existe des liens étroits entre la Birmanie et les multinationales occidentales (pétrole, gaz), malgré les menaces de sanctions économiques liées à la détention d'Aung San Suu Kyi en 2003.

CHRONOLOGIE

À partir du XIᵉ siècle, les nombreuses ethnies de la Birmanie furent placées sous l'autorité successive de trois dynasties tibéto-birmanes. La troisième dynastie entra en conflit avec les Britanniques installés en Inde, déclenchant les guerres anglo-birmanes de 1824, 1852 et 1885.

❑ **1886** La Birmanie devient une province des Indes britanniques.
❑ **1937** Elle obtient son autonomie par rapport à l'Inde.
❑ **1942** Invasion japonaise.
❑ **1945** La Ligue antifasciste pour la liberté du peuple LAFLP, conduite par Aung San, aide les Alliés à occuper une nouvelle fois la Birmanie.
❑ **1947** Le RU accorde l'indépendance à la Birmanie. Victoire électorale de Aung San, qui est assassiné peu après.
❑ **1948** Accession à l'indépendance sous le Premier ministre U Nu, qui instaure une politique socialiste. Révoltes des indépendantistes des minorités ethniques, dont le mouvement pour la libération des Karens. ➪

B

CHRONOLOGIE *suite*

- ❑ **1958** Scission de la LAFLP au pouvoir en deux partis. Début du mouvement pour la libération des Shans.
- ❑ **1960** Victoire électorale de la faction conduite par U Nu.
- ❑ **1961** Début de la révolte des Kachins.
- ❑ **1962** Coup d'État militaire conduit par le général Ne Win. Politique du « Nouvel Ordre » du « socialisme bouddhiste ». Nationalisations dans l'industrie.
- ❑ **1964** Ne Win fait du Parti du programme socialiste le seul parti légal.
- ❑ **1982** La population non indigène est exclue des fonctions officielles.
- ❑ **1988** Les émeutes étudiantes font des milliers de morts. Démission de Ne Win. Loi martiale. Aung San Suu Kyi, la fille d'Aung San, forme avec d'autres la LND. Coup d'État militaire mené par le général Saw Maung. Le SLORC prend le pouvoir. Des groupes de résistance représentant des minorités ethniques forment l'Alliance démocratique birmane.
- ❑ **1989** L'armée arrête les dirigeants de la LND et intensifie sa lutte contre les insurgés.
- ❑ **1990** Les élections sont autorisées. Écrasante victoire de la LND, mais le SLORC refuse de céder le pouvoir. Nouvelles arrestations de dirigeants de la LND.
- ❑ **1991** Aung San Suu Kyi reçoit le prix Nobel de la paix.
- ❑ **1992** Le général Than Shwe, à la tête du SLORC, prend le pouvoir.
- ❑ **1996** Manifestations contre l'adhésion de la Birmanie à l'ANSEA.
- ❑ **1997** Le SLORC devient le CEPD : Conseil d'État pour la paix et le Développement. Les ÉU imposent des sanctions à la Birmanie et interdisent les investissements dans ce pays.
- ❑ **2000** Début des négociations entre la junte et la LND.
- ❑ **2003** Après une année de liberté, Aung San Suu Kyi à nouveau placée en détention.

AIDE INTERNATIONALE

 73 M$ (reçus)   Plus 24 % en 1999

En 1988, les nations occidentales, la Banque mondiale et certaines institutions de l'ONU, comme l'UNDP, ont interrompu le versement de l'aide bilatérale. L'ONU a cependant continué à financer des projets de développement dans le cadre de l'OMS ou de son programme de lutte antidrogue. Le premier pays donateur est la Chine. Depuis 1997, les ÉU intensifient leurs sanctions économiques.

DÉFENSE

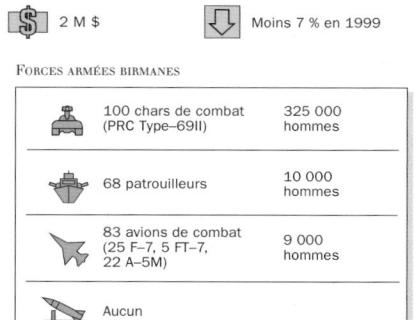

Le CEPD s'est régulièrement procuré un armement moderne et une

technologie militaire auprès de la Chine, mais aussi de la France, de l'Allemagne, de la Suède et de l'ex-Yougoslavie. Depuis 1989, la Chine a fourni à elle seule plus d'1 Md d'euros d'armes à la Birmanie. La force militaire birmane sert d'abord à mettre au pas la dissidence intérieure : l'armée a réussi à réprimer la plupart des campagnes d'insurrection menées par des groupes ethniques ou à passer des accords avec les chefs rebelles. En 1996, les troupes investirent le quartier général du célèbre « seigneur de la drogue » Shan Khun Sa, lors de ce qui fut considéré comme une « prise de contrôle négociée ».

ÉCONOMIE

 46 Md $ 6,2–6,5 kyats

CHIFFRES SIGNIFICATIFS

- ❑ CLASSEMENT DU PNB AU NIVEAU MONDIAL 52ᵉ
- ❑ PNB PAR HABITANT ....1 000 $
- ❑ BALANCE DES PAIEMENTS ... .— 218 M $
- ❑ INFLATION ....21,1 %
- ❑ CHÔMAGE...7 %

EXPORTATIONS

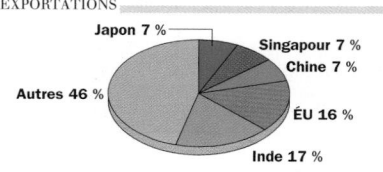

IMPORTATIONS

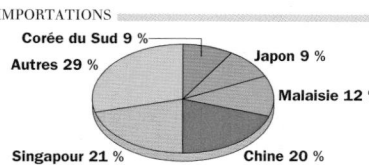

ATOUTS
Grande richesse en ressources naturelles : terres fertiles, pêche abondante, forêts importantes, pierres précieuses et gisements de gaz naturel et de pétrole en mer.

FAIBLESSES
Manque de main-d'œuvre qualifiée. Institutions et systèmes financiers rudimentaires. Marché noir généralisé. Dette extérieure colossale. Dépendance par rapport aux importations de produits manufacturés.

PROFIL
L'économie de la Birmanie, à dominante agricole, repose encore largement sur le troc. Les industries clés sont aux mains du gouvernement. Le marché noir fleurit, en réaction au contrôle des prix. Depuis 1989,

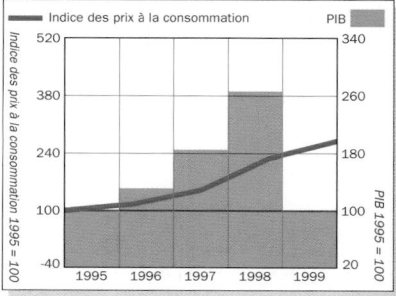

INDICATEUR DES PERFORMANCES ÉCONOMIQUES

une politique d'ouverture économique a permis l'afflux d'investissements étrangers dans le secteur pétrolier et gazier, dans le domaine de la sylviculture, du tourisme et de l'extraction minière. L'essor du commerce avec la Chine a fait de la Haute Birmanie un centre d'affaires florissant. Un programme d'éradication de la drogue a été lancé dans les États frontaliers du Nord-Est, région qui produit 60 % de l'héroïne mondiale, encourageant les paysans à abandonner le pavot au profit de cultures vivrières. L'industrie de transformation ne fait l'objet d'aucun programme de développement, et la Birmanie reste dépendante de ses importations.

BIRMANIE : PRINCIPALES ACTIVITÉS

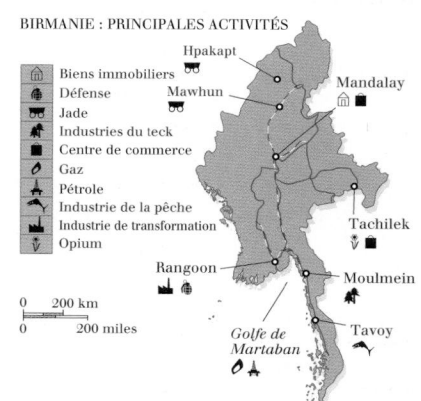

RESSOURCES

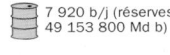

917 666 tonnes

7 920 b/j (réserves : 49 153 800 Md b)

7,3 M de canards
11 M de bovins
4 M de porcins
45 M de poulets

Pétrole, gaz naturel, étain, antimoine, zinc, cuivre, tungstène, plomb, charbon

PRODUCTION ÉLECTRIQUE

Hydraulique 40 % (1,7 Md kwh)	
Thermique 60 % (2,5 Md kwh)	
Nucléaire 0 %	
Autres 0 %	

% de la production totale par type d'électricité

La Birmanie est le premier pays exportateur de teck et un important producteur de perles, rubis et autres pierres précieuses. Les capitaux étrangers financent la prospection de gaz naturel et de pétrole dans la péninsule de Tenasserim.

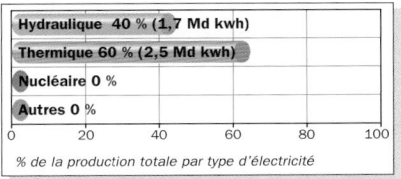

PLATEAU DE SHAN

BIRMANIE : UTILISATION DU SOL

Terres cultivées
Pâturages
Forêts
Riz
Bétail

0   200 km
0   200 miles

ENVIRONNEMENT

1 %

0,2 tonne par habitant

TRAITÉS ÉCOLOGIQUES

Oui	Oui	Oui
Non	Non	Non

La déforestation constitue un problème important. Des entreprises chinoises ont reçu des concessions sur lesquelles l'exploitation du bois n'est pas limitée.

MÉDIAS

10 quotidiens pour 1 000 habitants

PRESSE ET TÉLÉCOMMUNICATIONS

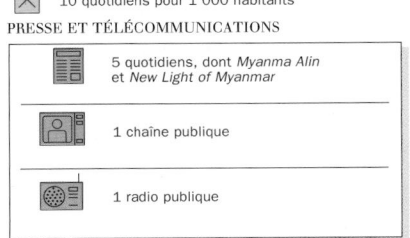

5 quotidiens, dont *Myanma Alin* et *New Light of Myanmar*

1 chaîne publique

1 radio publique

Toute différence d'opinion politique est un délit criminel. Un journal clandestin qui milite en faveur de la démocratie publie des articles antigouvernementaux.

CRIMINALITÉ

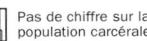 Pas de chiffre sur la population carcérale

 Plus 1 % en 1996–1998

TAUX DE CRIMINALITÉ

Meurtres	
2	*pour 100 000 habitants*

Viols	
1	*pour 100 000 habitants*

Vols	
14	*pour 100 000 habitants*

Le nombre de vols, meurtres, actes de corruption et détournements de fonds est élevé comparé aux régimes totalitaires du même genre. L'État est coupable d'activités illégales. L'ONU dénonce régulièrement les violations des droits de l'homme contre la population civile ainsi que les meurtres de Birmans innocents : enfants, femmes, moines bouddhistes, étudiants membres des minorités ethniques et dissidents politiques. Il existe en Birmanie un système judiciaire civil, mais tous les juges et hommes de loi sont en pratique désignés par la junte militaire et toutes les fonctions juridictionnelles sont exercées par le CEPD. Le chef d'accusation le plus fréquent est celui de sédition contre l'État ou contre l'armée. Parmi le grand nombre de « notifications » arbitraires du CEPD figure l'Ordre 2/88 qui interdit les rassemblements de plus de cinq personnes. Les prisonniers politiques n'ont dans l'ensemble aucun droit de représentation en justice et sont soit emprisonnés, soit utilisés comme main-d'œuvre forcée ou assignés à résidence sans procès public préalable. Amnesty International est interdit.

ÉDUCATION

85 %

385 300 étudiants

LE SYSTÈME ÉDUCATIF

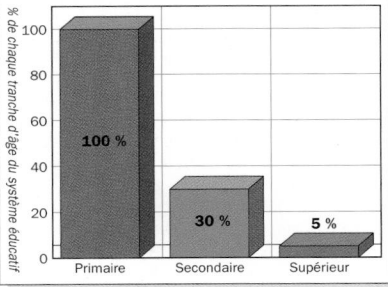

Primaire	Secondaire	Supérieur
100 %	30 %	5 %

Le système éducatif prévoit 10 années d'enseignement. On décourage l'enseignement dans les langues des différents groupes ethniques. Le manque de professeurs, dont beaucoup ont émigré ou sont emprisonnés, a désorganisé le système. La plupart des universités ont été fermées dans les années 1990 puis réouvertes en 2000. La LND a critiqué le contenu « expurgé » des cours.

SANTÉ

1 pour 3 333 habitants

Malaria, fièvres, maladies cardiaques et diarrhéiques

La lèpre, qui est assez peu répandue par rapport à d'autres maladies, est pourtant plus fréquente en Birmanie que dans le reste des pays d'Asie. La malaria connaît elle aussi un regain d'activité. L'augmentation du nombre des malades du Sida s'explique par la prostitution des frontaliers birmans en Thaïlande.

RICHESSES

CONSOMMATION ET DÉPENSES

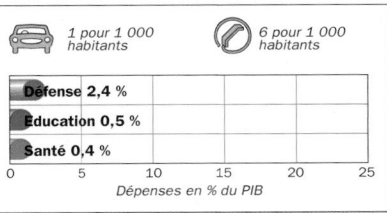

1 pour 1 000 habitants

6 pour 1 000 habitants

Défense 2,4 %	
Éducation 0,5 %	
Santé 0,4 %	

Dépenses en % du PIB

Le monopole d'État sur la production et le rationnement imposé sur la distribution des produits de consommation par le gouvernement du général Ne Win ont entraîné une aggravation de la corruption et le développement d'un marché noir à l'échelle nationale. À l'époque du général Ne Win, seuls l'élite militaire et ses partisans pouvaient vivre décemment. La situation n'a pas véritablement évolué depuis 1988. De gigantesques entreprises militaires regroupées sous un holding des Forces armées, dont le capital représente 10 % du PIB, font d'importants bénéfices partagés par quelques privilégiés. La mobilité socio-économique traditionnelle existe toujours, même si le dévouement à l'armée reste la meilleure chance d'ascension sociale. Les dissidents privés d'emploi et les tribus des régions montagneuses constituent la population la plus pauvre.

CLASSEMENT MONDIAL

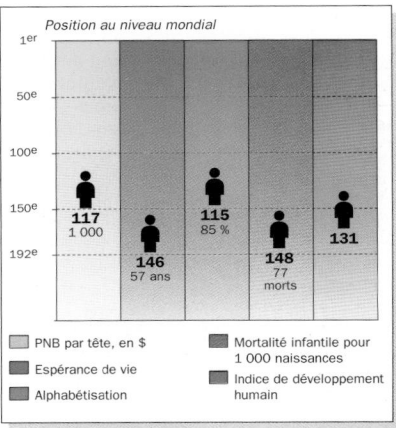

Position au niveau mondial

117   1 000
146   57 ans
115   85 %
148   77 morts
131

PNB par tête, en $
Espérance de vie
Alphabétisation
Mortalité infantile pour 1 000 naissances
Indice de développement humain

BOLIVIE

NOM OFFICIEL : République de Bolivie   **CAPITALE :** Sucre (officielle) ; La Paz (administrative)

POPULATION : 8,7 millions   **MONNAIE :** boliviano   **LANGUES OFFICIELLES :** espagnol, quechua et aymara

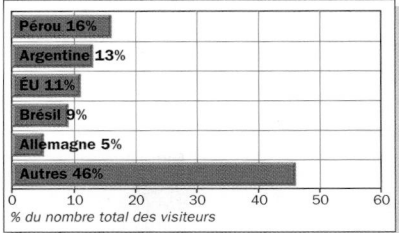

| 1825 | 1938 | 6 août | BOL | -4 | + 591 | | .bo |

ÉTAT enclavé dans les terres, la Bolivie s'étend sur les hauteurs du centre de l'Amérique du Sud. C'est l'un des pays les plus pauvres du continent. Plus de la moitié de la population vit sur l'altiplano, plateau venté situé à 3 500 m d'altitude entre les deux chaînes parallèles de la Cordillère des Andes. La Paz est la capitale la plus haute du monde. Les plaines tropicales de l'Est, peu développées, font aujourd'hui l'objet d'une colonisation rapide.

CLIMAT

DONNÉES MÉTÉOROLOGIQUES

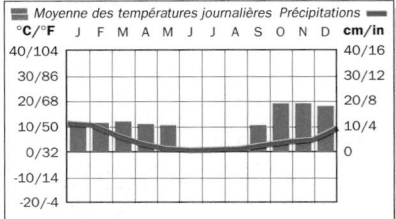

Moyenne des températures journalières Précipitations

L'altiplano des Andes connaît un climat de montagne tropical. À l'Ouest, les précipitations annuelles ne sont que de 25 cm. Les plaines orientales, au climat très chaud, reçoivent l'essentiel des pluies annuelles au cours de l'été.

TRANSPORTS

El Alto, La Paz

1 navire
15 800 tpl

RÉSEAU DE TRANSPORT

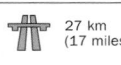

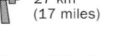

| 2 872 km (1 785 miles) | 27 km (17 miles) |
| 3 698 km (2 297 miles) | 14 000 km (8 699 miles) |

L'un des objectifs de la Bolivie est d'obtenir un meilleur accès portuaire sur la côte Pacifique. 4% seulement des routes sont pavées. Le réseau autoroutier a été privatisé en 1996. Les lignes aériennes intérieures sont assez sûres.

La récolte des pommes de terre sur l'altiplano. Le gouvernement encourage les Boliviens à migrer vers l'Est plus fertile.

Copacabana sur les rives du lac Titicaca. La ville s'étend sur un grand cap appartenant à la Bolivie, sur la rive péruvienne du lac.

TOURISME

342 000 visiteurs   Moins 21% en 1999

PROVENANCE DES TOURISTES ÉTRANGERS

- Pérou 16%
- Argentine 13%
- EU 11%
- Brésil 9%
- Allemagne 5%
- Autres 46%

% du nombre total des visiteurs

Les touristes étrangers viennent principalement pour les fêtes traditionnelles, pour la grande variété de paysages qu'offre la Bolivie et pour son architecture coloniale espagnole. Parmi les principaux centres d'intérêt touristique, notons la Montagne d'argent à Potosi et le lac Titicaca, le plus haut des lacs navigables du monde. La récente stabilité politique de la Bolivie a favorisé l'essor du tourisme, secteur dont les perspectives restent limitées en raison du caractère montagneux du pays et de son infrastructure peu développée.

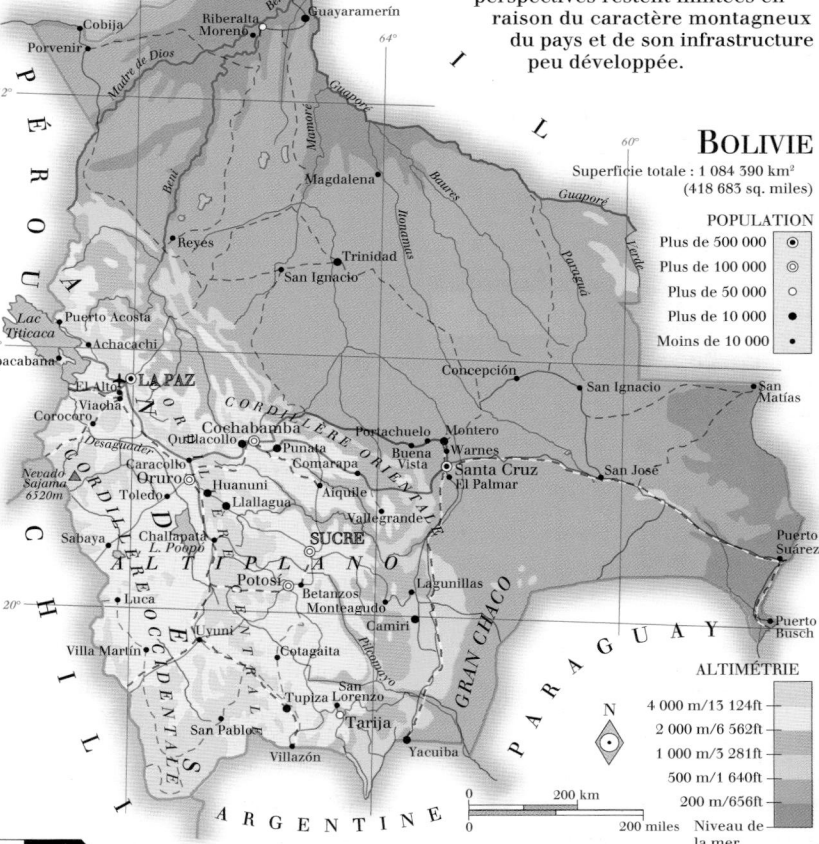

BOLIVIE

Superficie totale : 1 084 390 km²
(418 683 sq. miles)

POPULATION

Plus de 500 000 ⊙
Plus de 100 000 ◎
Plus de 50 000 ○
Plus de 10 000 ●
Moins de 10 000 ●

ALTIMÉTRIE

4 000 m/13 124ft
2 000 m/6 562ft
1 000 m/3 281ft
500 m/1 640ft
200 m/656ft
Niveau de la mer

200 km
200 miles

POPULATION

 Aymara, quechua, espagnol   8 hab./km²

PART DE LA POPULATION URBAINE/RURALE

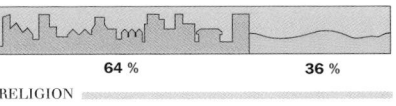

64 %   36 %

RELIGION

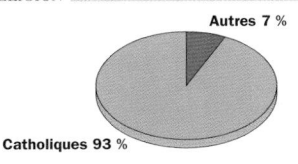

Autres 7 %

Catholiques 93 %

COMPOSITION ETHNIQUE

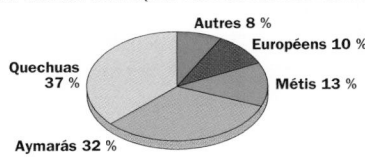

Autres 8 %
Européens 10 %
Quechuas 37 %
Métis 13 %
Aymarás 32 %

Les deux tiers de la population bolivienne sont des Amérindiens Aymarás et Quechuas qui ont toujours été marginalisés. Ces dernières années, ils ont joué un rôle plus actif en politique, en soutenant les nouveaux partis populistes. L'élite urbaine aisée, remontant à la période coloniale espagnole, conserve une grande influence. La population se compose essentiellement de paysans, de mineurs, de petits commerçants et d'artisans aux faibles revenus. Poussés par le déclin des mines d'étain et encouragés par l'État, de nombreux Boliviens de l'altiplano ont quitté les Andes pour s'installer dans les plaines de l'Est.
La famille bolivienne est très soudée. Les Amérindiens pratiquent la religion catholique à laquelle ils mêlent leurs propres culture et traditions. Les femmes sont peu reconnues socialement.

PYRAMIDE DES ÂGES

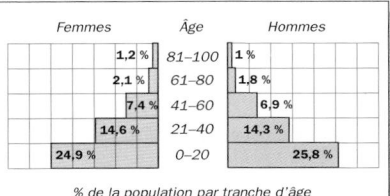

Femmes	Âge	Hommes
1,2 %	81–100	1 %
2,1 %	61–80	1,8 %
7,4 %	41–60	6,9 %
14,6 %	21–40	14,3 %
24,9 %	0–20	25,8 %

% de la population par tranche d'âge

POLITIQUE

 Ch basse 2002
Ch. haute 2002
 Carlos Mesa, président de la République

AUX DERNIÈRES ÉLECTIONS

Chambre des députés 130 membres   13 % Condepa

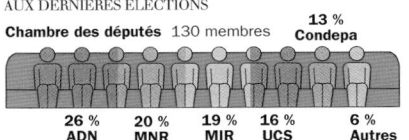

26 % ADN   20 % MNR   19 % MIR   16 % UCS   6 % Autres

ADN = Action nationaliste démocratique   **MNR** = Mouvement révolutionnaire national   **MIR** = Mouvement de la gauche révolutionnaire   **UCS** = Union de la solidarité civique
Condepa = Conscience de la patrie

Sénat 27 membres   11 % Condepa

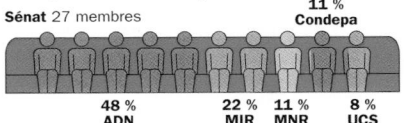

48 % ADN   22 % MIR   11 % MNR   8 % UCS

PRINCIPAUX PROBLÈMES POLITIQUES
La stabilité politique
Le gouvernement est une délicate « supercoalition » de partis, manœuvrant en vue des élections présidentielles de 2002 et ne voulant pas être associé à des mesures impopulaires.

La cocaïne
Dans le but d'obtenir davantage d'aide américaine, le gouvernement s'est lancé dans un programme d'éradication forcée des plantations de coca, auquel s'opposent les paysans pauvres, dont cette culture est le seul moyen de subsistance. Leurs représentants exigent le retrait des troupes des régions productrices de coca. Les propositions du gouvernement, visant à détruire 35000 ha d'ici à 2002, a provoqué des troubles en 2000 et 2001.

PROFIL
Entre l'indépendance en 1825 et le début des années 1980, la Bolivie a connu en moyenne plus d'un coup d'État militaire par an, ainsi qu'une révolution nationale en 1952 qui a engendré d'importantes réformes. L'armée a accepté de céder le pouvoir en 1982, mais il a fallu attendre 1985 pour qu'aient lieu des élections. De nouveaux partis populistes concurrencent aujourd'hui les partis traditionnels, mais aucun ne remet en cause le développement de l'économie de marché. Le schéma politique reste celui de partis se disputant le pouvoir au sein de coalitions instables. Le népotisme est de règle, et les barons de la drogue, dont les profits soutiennent toute l'économie, sont souvent liés à des scandales de corruption. Si la puissante fédération syndicale (COB) a longtemps été la principale force d'opposition politique, d'autres groupes, dont celui des producteurs de coca, jouent aujourd'hui ce rôle. Le MNR conservateur a perdu les élections de 1997, mais la coalition gouvernementale menée par l'ancien dictateur Hugo Banzer a poursuivi sa politique économique d'austérité. Il a tenté de réprimer les révoltes des syndicats paysans et des producteurs de coca, mais a dû faire des concessions. Atteint d'un cancer, il a abandonné le pouvoir en juillet 2001.

POLITIQUE EXTÉRIEURE

 GA   OEA   MNA   GR   AmaPac

B

La principale préoccupation de la Bolivie en matière de politique étrangère est de parvenir à négocier un accès à l'océan Pacifique avec le Chili et le Pérou. L'aide internationale que reçoit la Bolivie vient principalement des ÉU. Le versement de cette aide est liée à l'adoption par la Bolivie de mesures réelles visant à démanteler l'industrie de la cocaïne et ses réseaux de trafiquants, pourtant l'un des principaux piliers de l'économie bolivienne. Les attaques militaires contre les paysans producteurs de coca lui assurent le versement de l'aide américaine, mais la Bolivie reste au second rang mondial pour la production et la transformation de cocaïne. Elle est, comme le Chili, un membre associé du marché commun sud-américain (Mercosur). L'une des économies les plus pauvres et les plus isolées de l'Amérique du Sud, elle serait la première à bénéficier d'une zone de libre-échange dans la région andine.

Hugo Banzer Suárez, *élu président en 1997 et démissionnaire en 2001.*

Jorge Quiroga Ramirez *a terminé le mandat présidentiel de Banzer.*

CHRONOLOGIE

L'empire Inca conquit la civilisation Aymará vers la fin du XVe siècle. Une cinquantaine d'années plus tard, les Incas furent battus par les conquistadores et l'Espagne gouverna à partir de Lima ce qui devint par la suite le Haut-Pérou.

❑ **1809** Simón Bolívar inspire les premiers soulèvements révolutionnaires de l'Amérique latine à Chuquisaca (Sucre), La Paz et Cochabamba, réprimés par les Espagnols.
❑ **1824** Les Espagnols capitulent devant José de Sucre, le général de Bolivar.
❑ **1825** Indépendance.
❑ **1864–1871** Domination tyrannique de Mariano Melgarejo. La confiscation de terres ancestrales entraîne trois révoltes indiennes.
❑ **1879–1883** Guerre du Pacifique. Le Pérou aide la Bolivie contre le Chili qui a envahi la province d'Atacama, riche en nitrate. Victoire du Chili. La Bolivie est privée d'accès à la mer. ➪

B

CHRONOLOGIE *suite*

- ❏ **1880–1930** Stabilité politique et prospérité économique due à la hausse des exportations du secteur minier.
- ❏ **1920** Révolte des Indiens.
- ❏ **1923** Sanglante répression des mineurs.
- ❏ **1932–1935** Guerre du Chaco contre le Paraguay. La Bolivie perd les trois quarts du Chaco. Montée du radicalisme et du mouvement ouvrier.
- ❏ **1951** Paz Estenssoro du MNR élu président. Coup d'État militaire.
- ❏ **1952** Révolution. Paz Estenssoro et le MNR reviennent au pouvoir. La réforme agraire améliore la condition des Indiens. Réformes scolaires, suffrage universel et nationalisation des mines d'étain.
- ❏ **1964** Coup d'État militaire et prise de pouvoir par l'armée.
- ❏ **1967** Assassinat de Che Guevara alors qu'il tentait de mobiliser les ouvriers boliviens.
- ❏ **1969–1979** Succession de régimes militaires de plus en plus tyranniques. Échec du coup d'État militaire de 1979. Gouvernement civil intérimaire.
- ❏ **1980** Élections indécises. Les militaires s'emparent du pouvoir.
- ❏ **1982** Le pouvoir civil est rétabli avec l'élection du Docteur Siles Zuazo à la tête du gouvernement MIR de gauche. Inflation de 24 000 %.
- ❏ **1985** Paz Estenssoro du MNR remporte les élections. Mesures d'austérité. L'inflation annuelle est ramenée à 20 %.
- ❏ **1986** Le marché de l'étain s'effondre. 21 000 mineurs sont licenciés.
- ❏ **1989** Le MIR remporte les élections.
- ❏ **1990** 1,6 M d'hectares de forêts reconnues territoires indiens.
- ❏ **1997** L'ancien dictateur Hugo Banzer est élu président.
- ❏ **2000** Le programme de privatisation de la distribution d'eau et d'éradication de la coca provoque des soulèvements paysans.
- ❏ **2001** Démission de Banzer.

AIDE INTERNATIONALE

 569 M $ (reçus)   Moins 9 % en 1999

L'aide internationale vient principalement des ÉU, mais son versement dépend des efforts de la Bolivie pour détruire ses plantations de coca. Des ONG occidentales, des organisations caritatives et religieuses financent des projets humanitaires dans les zones rurales les plus défavorisées.

DÉFENSE

 149 M $ Moins 29 % en 1999

FORCES ARMÉES BOLIVIENNES

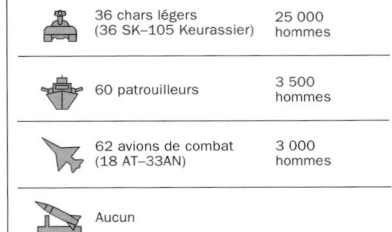

36 chars légers (36 SK–105 Keurassier)	25 000 hommes
60 patrouilleurs	3 500 hommes
62 avions de combat (18 AT–33AN)	3 000 hommes
Aucun	

L'armée n'est pas intervenue militairement dans les affaires politiques depuis presque vingt ans. Le budget de la Défense va en premier lieu à l'armée de terre qui le consacre à l'achat d'armements presque exclusivement américains. La marine bolivienne se compose essentiellement de canonnières patrouillant sur le lac Titicaca, qui longe le Pérou, et sur la rivière Pilcomayo. L'armée bolivienne s'est alliée aux forces américaines dans la lutte contre la cocaïne, même si son intégrité est sujette à caution en raison de ses liens passés avec le trafic de stupéfiants. La principale aspiration de l'armée, prétention totalement illusoire, serait de reconquérir les territoires permettant à la Bolivie d'avoir un accès à l'océan Pacifique. Le service national dure un an.

ÉCONOMIE

 8,07 Md $ 7,659 (7,17) bolivianos

CHIFFRES SIGNIFICATIFS

- ❏ CLASSEMENT DU PNB AU NIVEAU MONDIAL 95ᵉ
- ❏ PNB PAR HABITANT ....950 $
- ❏ BALANCE DES PAIEMENTS ....– 293 M $
- ❏ INFLATION ....1,6 %
- ❏ CHÔMAGE ....4 %

EXPORTATIONS

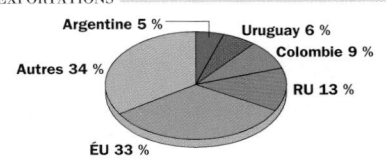

Argentine 5 % — Uruguay 6 % — Colombie 9 % — Autres 34 % — RU 13 % — ÉU 33 %

IMPORTATIONS

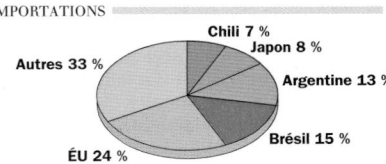

Chili 7 % — Japon 8 % — Autres 33 % — Argentine 13 % — Brésil 15 % — ÉU 24 %

ATOUTS
Richesses minérales : or, argent, zinc, plomb et étain. Récente découverte de gisements de pétrole et de gaz naturel qui attirent les investisseurs étrangers.

FAIBLESSES
Les prix des matières premières sont sensibles aux fluctuations des marchés mondiaux. Manque d'exportations de produits manufacturés à haute valeur ajoutée. Faiblesse des infrastructures.

PROFIL
L'État a longtemps utilisé les profits du secteur public minier pour contrôler l'économie. La grave récession des années 80, accompagnée d'une inflation galopante et d'un effondrement de la monnaie, a entraîné de sévères mesures d'austérité qui, avec l'adoption d'une nouvelle monnaie

INDICATEUR DES PERFORMANCES ÉCONOMIQUES

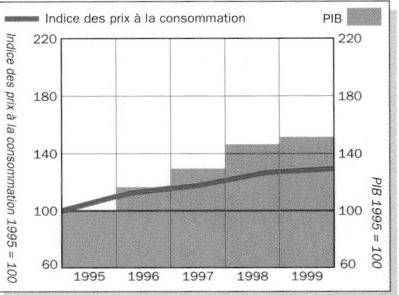

Indice des prix à la consommation — PIB

et une réforme fiscale, ont permis notamment de réduire l'inflation et les dépenses publiques, mais au prix de graves troubles sociaux. Les années 1990 ont vu le retour de la croissance et le lancement d'un programme contesté autorisant la vente de 50 % du capital des six entreprises publiques aux investisseurs et aux salariés. Les revenus tirés du trafic de stupéfiants demeurent importants pour l'économie.

BOLIVIE : PRINCIPALES ACTIVITÉS

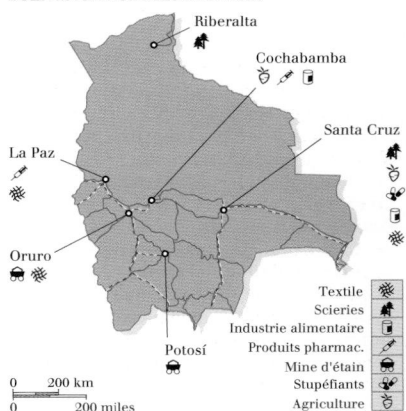

Textile — Scieries — Industrie alimentaire — Produits pharmac. — Mine d'étain — Stupéfiants — Agriculture

B

RESSOURCES

 6 425 tonnes

 29 975 b/j (réserves : 87 547 200 b)

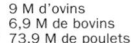 9 M d'ovins 6,9 M de bovins 73,9 M de poulets

 Étain, gaz naturel, or, pétrole, zinc, tungstène, antimoine, argent, plomb

PRODUCTION ÉLECTRIQUE 971 000 kW

Hydraulique 44 % (1,5 Md kwh)	
Thermique 56 % (1,9 Md kwh)	
Nucléaire 0 %	
Autres 0 %	

% de la production totale par type d'électricité

Premier producteur mondial d'étain. Le gouvernement encourage la prospection pétrolière des compagnies étrangères et l'augmentation des ventes de gaz naturel au Brésil et à l'Argentine.

BOLIVIE : UTILISATION DU SOL

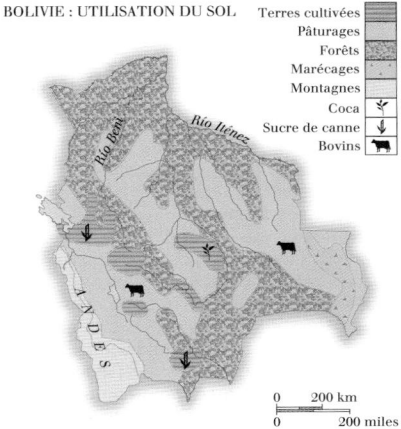

Terres cultivées / Pâturages / Forêts / Marécages / Montagnes / Coca / Sucre de canne / Bovins

0   200 km
0   200 miles

ENVIRONNEMENT

 14 % (5 % partiellement protégés)

 1,4 tonne par habitant

TRAITÉS ÉCOLOGIQUES

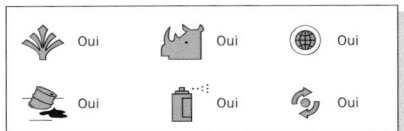

Oui / Oui / Oui / Oui / Oui / Oui

La déforestation est le principal problème écologique de la Bolivie. Le défrichement s'étend à raison de 164 000 hectares par an, l'un des déboisements les plus élevés du monde. Les terres défrichées servent à l'élevage bovin et à la culture de la coca. L'utilisation excessive de pesticides et d'engrais chimiques pour la culture de la coca constitue aussi un sérieux problème. L'industrie n'est pas réglementée et les fleuves de l'Amazonie sont gravement pollués. Les déchets chimiques des industries minières viennent encore aggraver la pollution. Le mercure, utilisé dans l'extraction de l'argent, a été trouvé en quantités inquiétantes dans certaines rivières.

MÉDIAS

 55 quotidiens pour 1 000 habitants

PRESSE ET TÉLÉCOMMUNICATIONS

18 quotidiens dont *El Diario*, et *La Razón*

9 chaînes publiques, 36 chaînes privées

1 radio publique 145 radios indépendantes

La Bolivie a des lois sévères contre la diffamation et la pratique de l'autocensure y est généralisée. Une chaîne gérée par l'université diffuse des programmes éducatifs.

CRIMINALITÉ

 Pas de chiffre sur la population carcérale

La criminalité liée au trafic de la drogue est en progression.

TAUX DE CRIMINALITÉ.

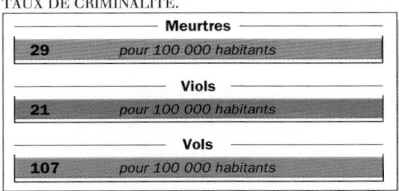

Meurtres — 29 *pour 100 000 habitants*
Viols — 21 *pour 100 000 habitants*
Vols — 107 *pour 100 000 habitants*

La violence criminelle touche principalement les villes des plaines orientales, comme Santa Cruz, où le narcotrafic est important. La police et l'armée sont réputées pour les mauvais traitements qu'elles font subir aux fermiers et mineurs boliviens.

ÉDUCATION

 86 %
 109 503 étudiants

LE SYSTÈME ÉDUCATIF

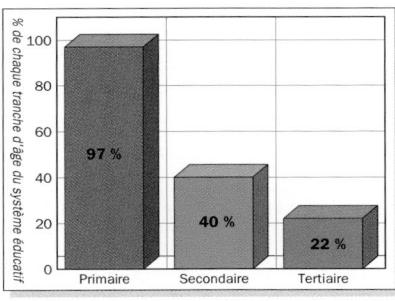

97 % Primaire / 40 % Secondaire / 22 % Tertiaire

Si la Bolivie satisfait aux objectifs du FMI (augmenter la scolarisation), le système éducatif souffre d'un manque de moyens. Bien que la population parle en majorité des langues indigènes, l'enseignement se fait en général en espagnol. Le taux d'alphabétisation de la Bolivie est l'un des plus bas du continent.

SANTÉ

 1 pour 769 habitants

 Grippe, tuberculose, autres maladies infectieuses

La Bolivie a un taux de mortalité infantile parmi les plus élevés du continent américain. Presque 40 % des enfants de moins de 3 ans souffrent de malnutrition, et la moitié des enfants de moins d'1 an ne sont pas vaccinés. Le nombre de médecin par habitants est l'un des plus bas d'Amérique Latine. Les services de santé sont hors de portée de la majorité de la population. 60% des naissances se font à la maison, sans l'aide de sage-femme. Dans les années 1990, l'UNICEF a soutenu un programme visant à réduire la mortalité des femmes en couches. D'après les chiffres officiels, 4100 personnes étaient infectées par le virus du Sida en 1999.

RICHESSES

CONSOMMATION ET DÉPENSES

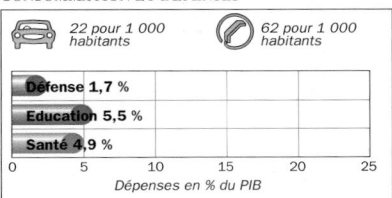

22 pour 1 000 habitants / 62 pour 1 000 habitants

Défense 1,7 % / Education 5,5 % / Santé 4,9 %

Dépenses en % du PIB

L'énorme fossé entre les riches et les pauvres a encore été creusé par les réformes économiques. S'il existe une pauvreté urbaine, les paysans indiens sont, de manière générale, les plus défavorisés. Les régions montagneuses des Andes sont misérables. Les migrants qui ont rejoint les régions plus prospères de l'Est ont vu leur sort s'améliorer, mais la répartition très inégalitaire des terres demeure un problème. 5% seulement de la population possède un compte en banque.

CLASSEMENT MONDIAL

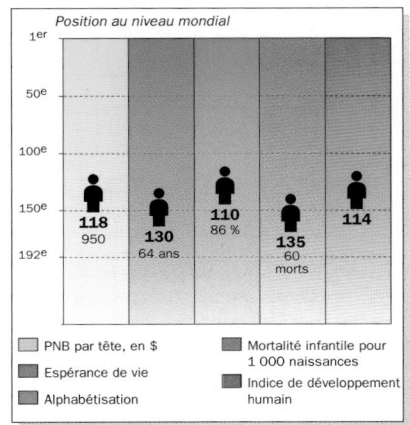

Position au niveau mondial

118 950 / 130 64 ans / 110 86 % / 135 60 morts / 114

PNB par tête, en $ / Mortalité infantile pour 1 000 naissances / Espérance de vie / Indice de développement humain / Alphabétisation

BOSNIE-HERZÉGOVINE

NOM OFFICIEL : République de Bosnie-Herzégovine   **CAPITALE** : Sarajevo
POPULATION : 4,1 millions   **MONNAIE** : marka (mark convertible)   **LANGUE OFFICIELLE** : serbo-croate

EUROPE

 1992   1992   1ᵉʳ mars   BIH   + 1   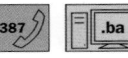 + 387   .ba

LA BOSNIE est un pays montagneux, bordé par la Croatie et la Yougoslavie. Un couloir au sud de Mostar lui procure un accès à la mer Adriatique. Entre 1945 et 1990, le régime yougoslave encouragea la coexistence entre les musulmans, les Croates et les Serbes, mais après la dissolution de la Yougoslavie, les trois groupes ethniques se disputèrent la Bosnie. Le conflit fit 250 000 morts, entraîna le déplacement de 2 millions de personnes et la destruction de villes historiques, avant la signature des accords de paix de Dayton en 1995.

CLIMAT

DONNÉES MÉTÉOROLOGIQUES

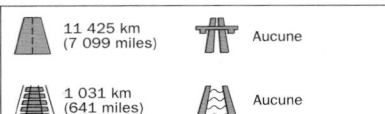

Le climat de la Bosnie est continental : étés chauds, hivers froids et rigoureux, souvent enneigés.

TRANSPORTS

Sarajevo International 304 861 passagers

Pas de flotte

RÉSEAU DE TRANSPORT

11 425 km (7 099 miles)   Aucune

1 031 km (641 miles)   Aucune

La guerre a gravement endommagé le réseau de transport, détruisant routes et voies ferrées. La plupart ont été réouvertes après des opérations de déminage et de reconstruction. Sarajevo reste le centre du réseau.

TOURISME

110 000 visiteurs   Plus 24 % en 2000

PROVENANCE DES TOURISTES ÉTRANGERS

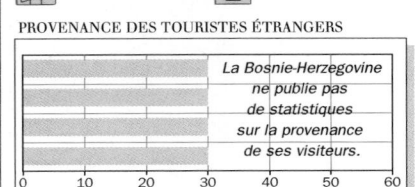

La Bosnie-Herzégovine ne publie pas de statistiques sur la provenance de ses visiteurs.

% du nombre de visiteurs

Même avant la guerre, la Bosnie avait peu d'infrastructures touristiques. Les visiteurs étrangers restent rares.

POPULATION

Serbo-croate   78 hab./km²

PART DE LA POPULATION URBAINE/RURALE

43 %   57 %

RELIGION

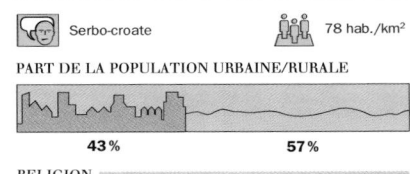

Protestants 4 %   Autres 10 %
Musulmans (surtout sunnites) 40 %
Catholiques 15 %
Serbes orthodoxes 31 %

Avant le conflit, les Bosniaques représentaient 44 % de la population, les Serbes 31 %, les Croates 17 %, le reste étant constitué d'autres populations yougoslaves. Les mariages mixtes étaient fréquents et les violences interethniques rares. À la suite de la guerre civile et du « nettoyage ethnique » 60 % de la population a été déplacée. De plus en plus de réfugiés rentrent aujourd'hui chez eux.

POLITIQUE

Ch. basse 2002/2004
Ch. haute 2002/2004

Borislav Paravac et Dragan Covic assurent une présidence collégiale de la République

AUX DERNIÈRES ÉLECTIONS

Chambre des représentants   42 membres

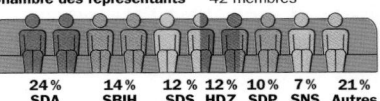

| 24 % SDA | 14 % SBIH | 12 % SDS | 12 % HDZ | 10 % SDP | 7 % SNS | 21 % Autres |

SDP = Parti social démocrate **SDA** = Parti de l'action démocratique **SDS** = Parti démocratique serbe **SBiH** = Parti pour la Bosnie-Herzégovine **HDZ** = Communauté démocratique croate

Cette chambre est composée d'élus de la Fédération de Bosnie-Herzégovine et de la République Serbe de Bosnie.

Chambre des Peuples   15 membres

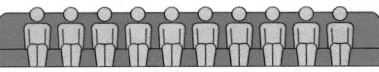

10 membres nommés par l'Assemblée de la Fédération de Bosnie-Herzégovine, 5 par celle de la République serbe de Bosnie.

La Bosnie est constituée de la Fédération de Bosnie-Herzégovine (croato-musulmane) et de la République serbe de Bosnie. Il existe donc trois structures politiques séparées : la République, avec une présidence collégiale tournante de 3 membres, un pouvoir législatif bicaméral et un gouvernement ; la Fédération croato-musulmane et la République serbe de Bosnie, avec chacune un président, une assemblée et un gouvernement. En 2001, des partis modérés se sont alliés pour former le gouvernement, ce qui a généré des tensions, et incité le HDZ (croate) à établir brièvement des institutions parallèles.

BOSNIE-HERZÉGOVINE

Superficie totale : 51 130 km² (19 741 sq. miles)

POPULATION

◎ Plus de 100 000
○ Plus de 50 000
● Plus de 10 000
• Moins de 10 000

ALTIMÉTRIE

2 000 m/6 562 ft
1 000 m/3 281 ft
500 m/1 640 ft
200 m/656 ft
Niveau de la mer

N

0   50 km
0   50 miles

B

POLITIQUE EXTÉRIEURE

 IEC BERD OSCE BIRD AIEA

Les institutions internationales prennent en charge la sécurité. La SFOR dirigée par l'OTAN compte 35 pays dont la Russie. Depuis 2003, l'UE est en charge de la police.

AIDE INTERNATIONALE

 1,06 Md $ (reçus)   Plus 18 % en 1999

L'aide à la reconstruction et au retour des réfugiés est venue principalement des ÉU et de l'UE. Elle visait surtout le développement d'une économie de marché, la création d'emplois, la construction de logements et d'infrastructures.

DÉFENSE

 366 M $ Moins 10 % en 1999

Les effectifs de la SFOR, en place depuis 1996, ont été réduits à 20 000 hommes. La fusion des forces croates et bosniaques, prévue par les accords de Dayton, a été réalisée en 1997.

ÉCONOMIE

 5,04 Md $ 1,71-2,26 markas

CHIFFRES SIGNIFICATIFS

❏ CLASSEMENT DU PNB AU NIVEAU MONDIAL ..114e
❏ PNB PAR HABITANT ....1 240 $
❏ BALANCE DES PAIEMENTS ... .– 1,38 Md $
❏ INFLATION ....5 %
❏ CHÔMAGE ....40 %

ATOUTS
Avant 1991, la Bosnie détenait 5 des plus grandes entreprises yougoslaves. Solide industrie de transformation. Croissance de 10 % en 2000.

FAIBLESSES
Entre 20 et 40 Md $ de dommages de guerre. Les plus faibles investissements étrangers de la région. Corruption.

EXPORTATIONS
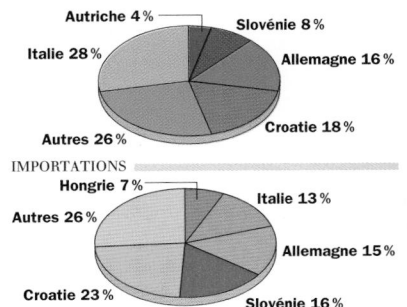

RESSOURCES

 2 550 tonnes   Pays non producteur

 350 000 bovins, 285 000 ovins 3,87 M de poulets   Charbon, lignite, fer, bauxite, ciment

Le pays dont la terre est peu fertile possède des gisements de minéraux, des forêts et un fort potentiel hydroélectrique.

ENVIRONNEMENT

 1 %   1,2 tonne par habitant

En plus des dommages de guerre, la Bosnie doit faire face à la pollution industrielle héritée du régime communiste.

MÉDIAS

 152 quotidiens pour 1 000 habitants

PRESSE ET TÉLÉCOMMUNICATIONS

 6 quotidiens. *Oslobodjenje* (Libération) a paru chaque jour pendant le conflit

 7 chaînes privées   8 stations indépendantes

La violence à l'encontre des journalistes est courante. Une partie de la presse, encore contrôlée par le gouvernement et les partis, demeure très partisane sur les questions ethniques.

CRIMINALITÉ

 Pas de chiffre sur la populatioin carcérale   Criminalité en hausse

Tous les belligérants, spécialement les Serbes, ont été accusés de crimes de guerre. Le tribunal international de La Haye a inculpé 100 suspects. Le leader serbe Radovan Karadjic et 25 autres ont échappé à l'arrestation, mais le chef militaire Momir Talic et l'ancien président de l'Assemblée Momcilo Krajisnik ont été arrêtés en 1999 et 2000.

ÉDUCATION

 93 %    40 000 étudiants

La ségrégation scolaire et les préjugés ethniques sont battus en brèche par le développement de nouveaux programmes.

La ville musulmane de Mostar. Le pont du XVIᵉ siècle et une grande partie de la vieille ville ont été détruits pendant la guerre.

CHRONOLOGIE

En 1945, la Bosnie-Herzégovine devient l'une des six républiques de la Yougoslavie.

❏ **1990** Les nationalistes battent les communistes aux élections.
❏ **1991** Le parlement proclame la souveraineté républicaine.
❏ **1992** L'UE et les ÉU reconnaissent la Bosnie. Les Serbes proclament la République serbe. Guerre civile.
❏ **1995** Frappes aériennes de l'OTAN sur les forces serbes. Accords de paix de Dayton.
❏ **1996** Application des accords de paix sous l'égide de l'OTAN. Ouverture des procès pour crimes de guerre à La Haye.
❏ **2001** Les Croates proclament brièvement l'autonomie de la région Herzégovine (au sud).
❏ **2002** Elections : succès des partis nationalistes

SANTÉ

 1 pour 2 000 habitants    Épidémie de choléra et de diphtérie, violences

La guerre a ravagé les services de santé et beaucoup de gens sont morts faute de soins élémentaires. La reconstruction inclut une réforme du système de santé.

RICHESSES

CONSOMMATION ET DÉPENSES

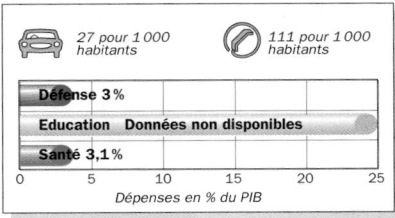

60 % de la population d'avant-guerre ayant été déplacée, les principaux enjeux sont le logement, l'emploi et la réintégration des réfugiés.

CLASSEMENT MONDIAL

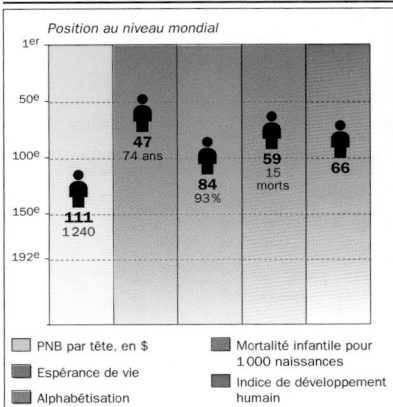

BOTSWANA

NOM OFFICIEL : République du Botswana   **CAPITALE** : Gaborone
POPULATION : 1,6 million   **MONNAIE** : pula   **LANGUE OFFICIELLE** : anglais

A RIDE et enfermé dans les terres, le plateau central du Botswana sépare les prairies orientales très peuplées du désert du Kalahari et des marais du delta de l'Okavango, situés à l'Ouest. Le Botswana est une démocratie pluraliste, mais le Parti démocratique du Botswana a remporté toutes les élections depuis l'indépendance. L'exploitation du diamant assure la prospérité économique du pays, toutefois la pluie est une ressource encore plus précieuse qui a donné son nom à la monnaie, pula, en signe de l'honneur qu'on lui porte.

CLIMAT

DONNÉES MÉTÉOROLOGIQUES

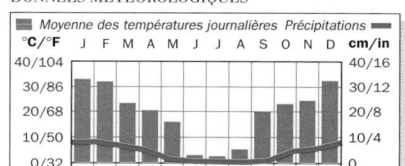

Le Botswana, au climat subtropical sec, souffre de sécheresse endémique. Les précipitations de 64 cm au Nord sont de 10 cm dans le désert du Kalahari.

TRANSPORTS

 Sir Seretse Khama International, Gaborone 168 000 passagers   🚢 Pas de flotte

RÉSEAU DE TRANSPORT

🛣 4 343 km (2 699 miles)		Aucune
🚆 888 km (552 miles)		Aucune

L'ouverture en 1998 de la trans-Kalaharienne traversant le pays d'Est en Ouest vers la Namibie a réduit la dépendance du Botswana vis-à-vis des ports d'Afrique du Sud.

TOURISME

 750 000 visiteurs   ⬆ Plus 3 % en 1998

PROVENANCE DES TOURISTES ÉTRANGERS

Afrique du Sud 52 %	
Zimbabwe 32 %	
RU et Irlande 4 %	
Autres 12 %	

0   10   20   30   40   50   60
% du nombre de visiteurs

Le tourisme porte surtout sur l'organisation de safaris, dans le delta de l'Okavango.

POPULATION

 Tswana, anglais, shona, san, khoe-khoe, ndebele   👥 3 hab./km²

PART DE LA POPULATION URBAINE/RURALE

50 %   **50 %**

COMPOSITION ETHNIQUE

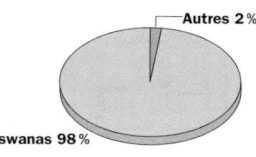

Autres 2 %

Tswanas 98 %

La stabilité du Botswana reflète son homogénéité et l'importance des formes traditionnelles d'autorité, notamment au kglotla, ou parlement de village. Les Tswanas représentent 98 % de la population, et parmi eux les Bamangwato forment la majorité. Les premiers habitants du Botswana, les San, ou Boshimans du Kalahari, ont été marginalisés. Les Blancs dominent les professions libérales.

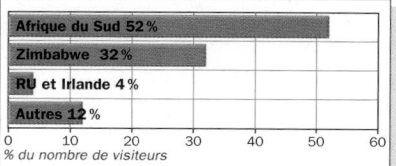

Le delta de l'Okavango. Le plus vaste delta intérieur du monde abrite une grande variété d'animaux sauvages.

POLITIQUE

 1999/2004   Festus Mogae, président de la République

AUX DERNIÈRES ÉLECTIONS

Assemblée nationale 46 membres

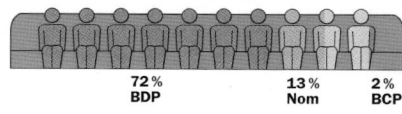

13 % BNF

72 % BDP   **13 % Nom**   **2 % BCP**

BDP = Parti démocrate du Botswana   **BNF** = Front national du Botswana   **Nom** = Membres nommés   **BCP** = Parti du Congrès du Botswana

En plus des 40 membres élus, 4 sont cooptés. Le président et le ministre de la Justice siègent d'office.

Bien que le Botswana soit une démocratie pluraliste, il a été gouverné par le BDP depuis l'indépendance. Affaibli par des scandales financiers, confronté aux problèmes économiques du pays et à l'urbanisation croissante, ce parti enregistra un net recul aux élections de 1994, au profit du BNF, tout en conservant la majorité absolue à l'Assemblée. En 1998, le président Masire a passé le pouvoir en douceur à Festus Mogae. Le BNF s'est scindé en deux, et les élections de 1999 ont confirmé la mainmise du BDP sur le pouvoir.

BOTSWANA

Superficie totale : 566 730 km² (218 814 sq. miles)

POPULATION

Plus de 500 000   ◉
Plus de 50 000   ○
Plus de 10 000   ●
Moins de 10 000   ·

ALTIMÈTRE

1 000 m/3 281 ft
500 m/1 640 ft

0   200 km
0   200 miles

B

POLITIQUE EXTÉRIEURE

 Comm   OUA   MNA   CDAA  OMC

Le Botswana a œuvré pour la stabilité économique et politique d'une Afrique du Sud post-apartheid. En 1994, il a nommé son premier ambassadeur à Pretoria depuis 1966. Il s'inquiète cependant de la domination de l'Afrique du Sud sur la CDAA. Historiquement pro-occidental, le Botswana privilégie ses bonnes relations avec les ÉU et le RU.

AIDE INTERNATIONALE

 61 M $ (reçus)   Moins 42 % en 1999

Le Botswana est devenu un bénéficiaire privilégié de l'aide internationale, venant de l'UE, du RU, des ÉU et de la Banque mondiale. La priorité est donnée aux projets écologiques tentant d'allier préservation de la faune et développement rural. L'aide sert également à financer les transports.

DÉFENSE

 259 M $ Moins 1 % en 1999

Les forces armées ont connu d'importantes réformes en 2000 : relèvement de l'âge de la retraite obligatoire et ouverture aux femmes.

ÉCONOMIE

 5,1 Md $ 4 632–5 365 pulas

CHIFFRES SIGNIFICATIFS

- ❑ CLASSEMENT DU PNB AU NIVEAU MONDIAL ..112e
- ❑ PNB PAR HABITANT ....3 100 $
- ❑ BALANCE DES PAIEMENTS … ....438 M $
- ❑ INFLATION ....6,6 %
- ❑ CHÔMAGE ....40 %

ATOUTS

Diamants: troisième producteur mondial. Forte croissance économique, d'une moyenne de 8,5 % entre 1980 et 1998. Gestion économique prudente. Réserves financières importantes afin du contrôle des charges. Cuivre, nickel, bœuf.

FAIBLESSES

Très forte dépendance par rapport à sa production de diamants. Faiblesse du secteur agricole et industriel. Population réduite et sécheresse. Coûts de transport élevés pour faire parvenir les produits jusqu'à la côte. Chômage important.

EXPORTATIONS

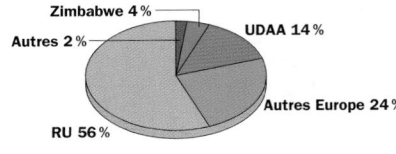
Zimbabwe 4 % · Autres 2 % · UDAA 14 % · Autres Europe 24 % · RU 56 %

IMPORTATIONS

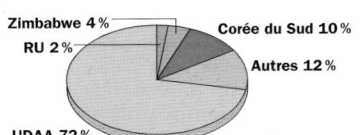
Zimbabwe 4 % · RU 2 % · Corée du Sud 10 % · Autres 12 % · UDAA 72 %

RESSOURCES

 2 000 tonnes   Pays non producteur ; pas de raffineries

 2,38 M de bovins 1,85 M de caprins 4 M de poulets   Diamants, cuivre, charbon, nickel, alcali minéral, or

Le développement du réseau électrique repose sur d'importants gisements de charbon. L'eau est la ressource la plus rare du Botswana.

ENVIRONNEMENT

 19 % (2 % partiellement protégés)   2,2 tonnes par habitant

Le Botswana tente d'aider les collectivités rurales à vivre de la protection des espèces animales sauvages. Un programme visant à diminuer l'utilisation des engrais chimiques a été lancé.

MÉDIAS

 27 quotidiens pour 1 000 habitants

PRESSE ET TÉLÉCOMMUNICATIONS

 1 quotidien *Dikgang Tsa Gompieno*, publié par le gouvernement

 1 chaîne de service publique    1 radio publique 2 privées

Les hebdomadaires compensent le parti pris gouvernemental de n'offrir qu'un quotidien aux Botswanais.

CRIMINALITÉ

Pas de chiffres sur la population carcérale   Moins 11 % en 1992–1996

La corruption généralisée et le trafic de diamants constituent l'essentiel des délits. De manière générale, les droits de l'homme sont respectés.

ÉDUCATION

77 %   8 850 étudiants

Dans le cadre du Service national, les étudiants travaillent douze mois dans des services administratifs ou des institution para-étatiques au terme de leur scolarité.

CHRONOLOGIE

À partir du XVIe siècle, les migrations des Tswanas déplacèrent les populations San. À la demande des Tswanas, le RU instaura le protectorat du Bechuanaland afin d'anticiper l'annexion sud-africaine.

- ❑ **1965** Le BDP remporte les premières élections générales. Il gagnera toutes les suivantes.
- ❑ **1966** Indépendance.
- ❑ **1980** Le vice-président Quett (plus tard Ketumile) Masire accède à la présidence.
- ❑ **1982** Grèves. Scandales de corruption. Le vice-président Mmusi démissionne.
- ❑ **1994** Le BDP recule lors des élections générales.
- ❑ **1998** Le vice-président Festus Mogae succède au président Mosire.

SANTÉ

 1 pour 5 000 habitants   Tuberculose, maladies cardiaques et pneumonie

Le développement des services de soins de première nécessité demeure une priorité. On estime qu'un adulte sur trois a contracté le virus du Sida, soit le taux d'infection le plus élevé du monde.

RICHESSES

CONSOMMATION ET DÉPENSES

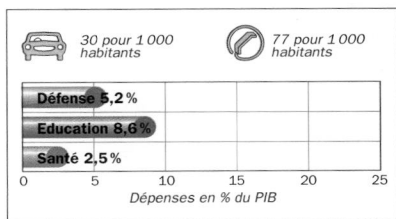
30 pour 1 000 habitants · 77 pour 1 000 habitants · Défense 5,2 % · Education 8,6 % · Santé 2,5 % · *Dépenses en % du PIB*

Le PNB par habitant est l'un des plus élevé d'Afrique mais la population reste pauvre. La croissance économique a creusé les inégalités.

CLASSEMENT MONDIAL

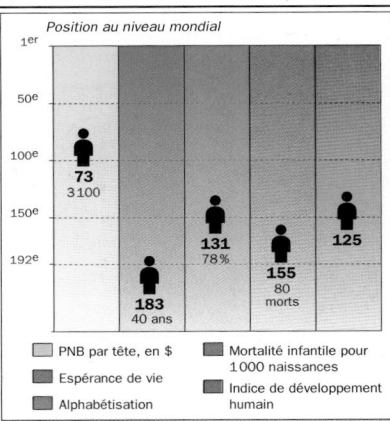
Position au niveau mondial
73 — 3 100 · 131 — 78 % · 125 · 183 — 40 ans · 155 — 80 morts
PNB par tête, en $ · Espérance de vie · Alphabétisation · Mortalité infantile pour 1000 naissances · Indice de développement humain

B

BRÉSIL

NOM OFFICIEL : République fédérative du Brésil **CAPITALE** : Brasília
POPULATION : 175 millions **MONNAIE** : réal **LANGUE OFFICIELLE** : portugais

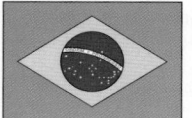

 1822   1889   7 sept.  BR   - 3   + 55 .br

PAYS le plus vaste d'Amérique du Sud, le Brésil accéda en 1822 à l'indépendance qui mit fin à la domination portugaise. Le Brésil est célèbre pour sa forêt tropicale, la plus grande du monde qui, aujourd'hui menacée, a conduit en 1992 à la tenue de la première conférence mondiale sur l'environnement à Rio de Janeiro. Couvrant un tiers de la superficie terrestre du pays, la forêt tropicale pousse en bordure du gigantesque fleuve Amazone et de ses affluents. À l'exception du bassin de Rio de la Plata au Sud, le reste au pays est constitué de plateaux. Le Nord, région montagneuse, se partage entre forêt amazonienne et désert. Le Brésil est le premier pays producteur de café du monde et possède également d'importantes réserves d'or, de diamants, de pétrole et de minerai de fer. L'élevage bovin est une industrie en expansion. Avec 18 millions d'habitants, l'agglomération de São Paulo est la quatrième au monde par la taille.

CLIMAT

DONNÉES MÉTÉOROLOGIQUES

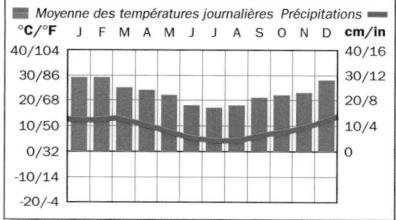

La partie brésilienne du bassin amazonien, qui occupe près de la moitié du pays, jouit d'un climat équatorial classique. Les 150 cm à 200 cm de précipitations sont répartis sur l'ensemble de l'année. Les températures sont élevées, presque sans variations saisonnières, mais n'excédent pratiquement jamais 38 °C.

Le plateau brésilien, qui occupe la quasi totalité du reste du pays, connaît des écarts de températures nettement plus marqués. Les pluies tombent principalement entre octobre et avril. La sécheresse sévit depuis quelques années dans la région du Nordeste. En revanche, des pluies torrentielles se sont abattues sur le Pernambuco et l'Alagoas en 2000, causant les pires inondations depuis vingt-cinq ans. Dans les États du Sud, l'été est chaud et l'hiver froid.

TRANSPORTS

 Guarulhos International, São Paulo 14,6 M de passagers | 504 navires 4,2 M tpl

RÉSEAU DE TRANSPORT

184 140 km (114 419 miles) | 5 000 km (3 107 miles)

20 500 km (12 739 miles) | 50 000 km (31 069 miles)

Le transport aérien est onéreux ; le réseau routier est très dense dans les villes et pauvre ailleurs. Parmi les projets transfrontaliers figurent une ligne de chemin de fer, une autoroute intercontinentale et 3 442 km de canaux.

Parati, dans l'État de Rio, était l'un des principaux ports d'exportation d'or au XVIIe siècle.

TOURISME

5,3 M de visiteurs | Plus 4 % en 2000

PROVENANCE DES TOURISTES ÉTRANGERS

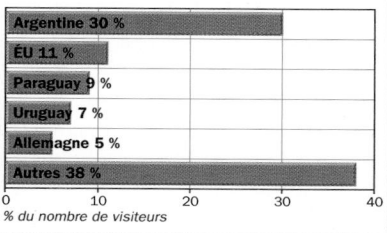

Argentine 30 %	
ÉU 11 %	
Paraguay 9 %	
Uruguay 7 %	
Allemagne 5 %	
Autres 38 %	

0   10   20   30   40
% du nombre de visiteurs

Les revenus tirés du tourisme ne représentaient que 2,5 % du PIB en 1996, loin de la moyenne mondiale de 10 %. Cependant, la situation s'améliore lentement. Le Brésil possède de sérieux atouts comme ses 2 000 km de plage sur l'Atlantique, le lit du fleuve Amazone, la région du Pantanal, à l'ouest, ou les célèbres carnavals. Mais le coût du voyage demeure élevé et le pays manque d'hôtels déstinés aux petits budgets, ce qui limite le tourisme tant domestique qu'étranger. Les charters sont presque inexistants, les taxes d'aéroport lourdes. Le transport aérien reste donc cher, en partie à cause de l'inertie du ministère de l'Aviation, contrôlé par l'armée de l'air. Le prix moyen de la nuit d'hôtel est plus élevé qu'en Europe ou aux ÉU, et la qualité du service y est en général médiocre. Les infrastructures de base sont également déficientes.

AMÉRIQUE DU SUD

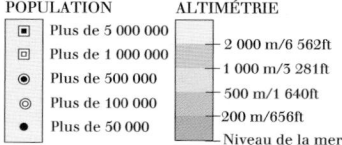

BRÉSIL

Superficie totale : 8 456 510 sq. km² (3 265 059 sq. miles)

POPULATION

- ▣ Plus de 5 000 000
- ▣ Plus de 1 000 000
- ◉ Plus de 500 000
- ◎ Plus de 100 000
- ● Plus de 50 000

ALTIMÉTRIE

- 2 000 m/6 562ft
- 1 000 m/3 281ft
- 500 m/1 640ft
- 200 m/656ft
- Niveau de la mer

B

Rio de Janeiro et le Pain de Sucre vu du Corcovado (le Bossu) qui domine la baie de Rio. Avec une population de 11 millions d'habitants, Rio est la seconde agglomération du Brésil après celle de Sào Paulo.

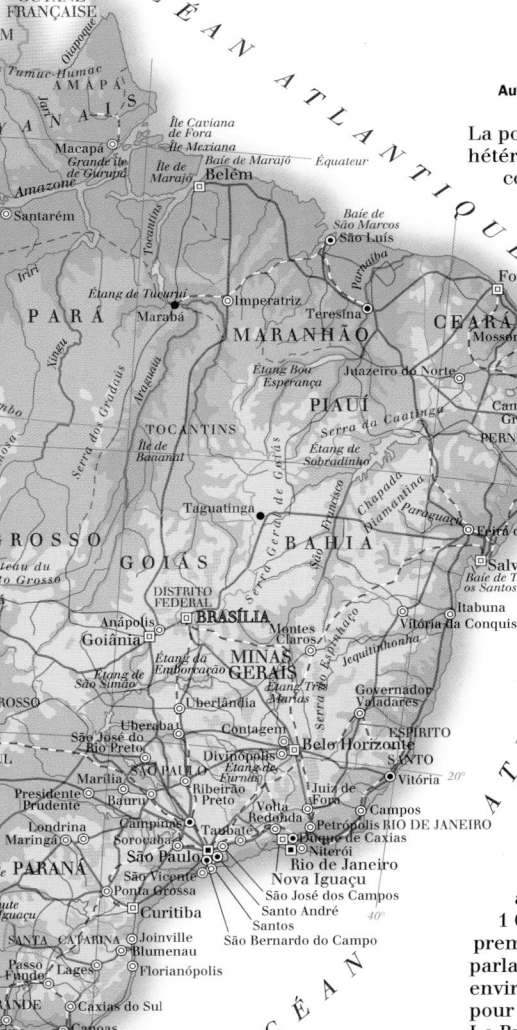

POPULATION

 Portugais, allemand, italien, espagnol, polonais, japonais, langues amérindiennes

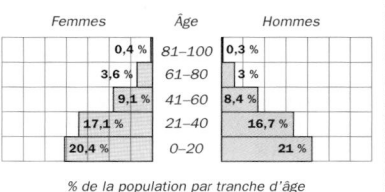 20 hab./km²

PART DE LA POPULATION URBAINE/RURALE

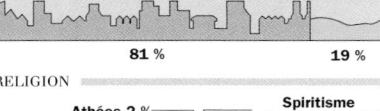

81 %   **19 %**

RELIGION

Athées 2 %
Autres 1 %
Spiritisme afro-américain 2 %
Protestants 6 %
Catholiques 89 %

COMPOSITION ETHNIQUE

Noirs 12 %
Métis 22 %
Autres 66 %

PYRAMIDE DES ÂGES

Femmes		Âge		Hommes
0,4 %		81–100	0,3 %	
3,6 %		61–80	3 %	
9,1 %		41–60	8,4 %	
17,1 %		21–40	16,7 %	
20,4 %		0–20	21 %	

% de la population par tranche d'âge

La population du Brésil est très hétérogène. Elle comprend des communautés d'Indiens indigènes ainsi que des descendants des colons portugais et les Africains amenés au XVIIᵉ siècle pour travailler dans les plantations de canne à sucre. Italiens et Japonais sont arrivés au cours de vagues d'immigration plus récentes. Les importantes discriminations sociales viennent contredire l'idée que le Brésil est une « démocratie multiraciale ». Les migrants pauvres du Nordeste sont traités comme des parias dans les grandes villes. La mortalité infantile et la pauvreté sont plus élevées chez les Noirs, qui subissent aussi des discriminations au niveau de l'emploi. Les Amérindiens sont eux aussi défavorisés : sur les 1 000 groupes présents à l'arrivée des premiers Portugais, seuls 210 subsistent, parlant 180 langues différentes, soit environ 220 000 personnes qui se battent pour conserver leurs terres.
Le Brésil est une société profondément catholique, qui reste extrêmement attachée aux valeurs familiales. Les femmes ont obtenu le droit de vote en 1934, mais sont toujours victimes de discriminations tant au niveau professionnel que politique.

CHRONOLOGIE

Le premier Portugais, Pedro Alvares Cabral, arriva au Brésil en 1500. Lorsque le Portugal prit le contrôle de la région en 1580, le Brésil était déjà une colonie prospère, avec ses plantations de canne à sucre dans le Nord-Est ; elle y faisait travailler des esclaves africains ou des Amérindiens.

❑ **1637–1654** Contrôle hollandais des zones de culture de canne à sucre.
❑ **1788** Échec de la rébellion de l'*inconfidência*, menée par Tiradentes.
❑ **1807** La France envahit le Portugal. Le roi Joâo VI s'enfuit vers le Brésil, escorté par la flotte britannique. En contrepartie, les forts brésiliens s'ouvrent au commerce étranger.
❑ **1821** Le roi repart au Portugal. Son fils Pedro devient régent du Brésil.
❑ **1822** Pedro proclame l'indépendance et devient empereur du Brésil.
❑ **1828** Le Brésil perd l'Uruguay.
❑ **1831** Révolte militaire à l'issue de la guerre avec l'Argentine (1825-1828). L'empereur abdique en faveur de son fils âgé de cinq ans, Pedro II.
❑ **1834–1845** Le Rio Grande fait sécession.
❑ **1865–1870** Le Brésil gagne la guerre de la Triple alliance avec l'Argentine et l'Uruguay contre le Paraguay.
❑ **1888** Pedro II abolit l'esclavage; les propriétaires terriens et l'armée se retournent contre lui.
❑ **1889** La première République est établie. L'empereur s'exile à Paris. Prospérité croissante due à la demande internationale de café.
❑ **1891** La Constitution fédérale est établie.
❑ **1914–1918** Le conflit mondial frappe les exportations de café.
❑ **1920** Les mouvements ouvriers et intellectuels se mobilisent pour mettre fin au pouvoir oligarchique.
❑ **1930** Effondrement des cours du café. Révolte menée par le Dr Getúlio Vargas, le « Père des pauvres », qui devient président. Important développement industriel.
❑ **1937** Le « Nouvel État », d'inspiration fasciste, formalise la position de dictateur bienveillant de Vargas.

⇨

B

CHRONOLOGIE *suite*

- ❏ **1942** Déclare la guerre à l'Allemagne.
- ❏ **1945** L'armée chasse Vargas du pouvoir.
- ❏ **1950** Vargas réélu président.
- ❏ **1954** Les ÉU s'opposent à la politique socialiste de Vargas. La droite, soutenue par l'armée, exige sa démission. Vargas se suicide.
- ❏ **1956-1960** Le président Juscelino Kubitschek, soutenu par le parti travailliste encourage les investissements étrangers dans les nouvelles industries.
- ❏ **1960-1961** Le conservateur Jânio da Silva Quadros accède à la présidence.
- ❏ **1961** Brasília, construite en trois ans, devient la nouvelle capitale. Chef du PTB, João Goulart, devient président.
- ❏ **1964** Coup d'État militaire mené par le maréchal Castelo Branco.
- ❏ **1965** Dictature de Branco. Plusieurs régimes militaires lui succèdent. La forte croissance économique connue sous le nom de miracle brésilien est entachée par la brutale répression exercée contre les militants de gauche.
- ❏ **1974** La crise pétrolière mondiale met fin à la prospérité économique. La dette extérieure du Brésil devient la plus importante du monde.
- ❏ **1979** Plusieurs partis politiques sont autorisés.
- ❏ **1985** Les élections présidentielles ramènent les civils au pouvoir avec la victoire du sénateur Tancredo Neves, candidat de la nouvelle alliance libérale, qui meurt avant d'avoir pris ses fonctions. Le droit de vote est accordé aux adultes illettrés.
- ❏ **1987** De l'or est découvert sur les terres des Yanomanis dans l'État de Roraima ; ruée de milliers de chercheurs illégaux.
- ❏ **1988** La nouvelle Constitution promet d'importantes dépenses sociales mais omet la réforme agraire. Assassinat de Chico Mendes, chef du syndicat du latex et militant écologique.
- ❏ **1989** L'inflation atteint 1 000 % par an. Fernando Collor de Mello, chef du nouveau PRN, remporte les premières véritables élections présidentielles démocratiques.
- ❏ **1992** Sommet sur l'environnement à Rio. Collor de Mello contraint de démissionner pour corruption.
- ❏ **1994–1995** Le plan Réal met fin à l'inflation galopante. Le Congrès s'oppose aux réformes constitutionnelles mais vote la privatisation de certains monopoles étatiques.
- ❏ **1998-1999** Réélection de Cardoso. Crise économique, dévaluation.
- ❏ **2001-2002** Reprise économique menacée par la crise argentine.
- ❏ **2003** Lula da Silva devient président.

POLITIQUE

 Ch. basse 2002/2006
Ch. haute 2002/2006

 Président Luiz Iñacio da Silva, président de la République

AUX DERNIÈRES ÉLECTIONS
Chambre des députés 513 membres

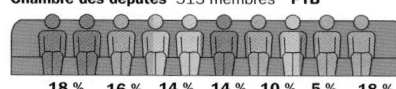

18 % PT	16 % PFL	14 % PMDB	14 % PSDB	10 % PPB	5 % PL	18 % Autres

5 % PTB

PFL = Parti du front libéral **PT** = coalition de gauche incluant le parti des travailleurs (PT), le parti travailliste démocratique (PDT) et le parti socialiste brésilien (PSB) **PSDB** = Parti social-démocrate brésilien **PMDB** = Parti du mouvement démocrate brésilien **PPB** = Parti progressiste brésilien **PTB** = Parti travailliste brésilien **Autres** = notamment le parti populaire socialiste (PPS) **PL** = Parti libéral

Sénat fédéral 81 membres

23 % PMDB	23 % PFL	18 % PT	14 % PSDB	22 % Autres

6 % PPB

Le Brésil est une république démocratique fédérale qui compte 27 parlements régionaux et un congrès national. En 1993, les Brésiliens se prononcèrent pour le maintien de l'élection du président au suffrage universel direct.

PRINCIPAUX PROBLÈMES POLITIQUES
La stabilité politique
Les conflits entre le PSDB, le PFL et le PMDB, et au sein même de ces partis qui gouvernent dans une coalition de centre-droit, menacent de s'intensifier à l'approche des élections présidentielles de 2002. Des accusations de corruption et une campagne acrimonieuse pour la direction du Congrès augurent mal d'un accord sur le nom d'un successeur au président Cardoso, qui ne peut légalement pas briguer un troisième mandat. La perspective d'une coalition historique des partis de gauche se renforce.

Une croissance durable
La chute des taux d'intérêt, l'augmentation de la production, les importantes rentrées fiscales et la réduction de la dette sont les preuves que le pays se remet vite de la crise monétaire de 1999. Mais des inquiétudes quant à l'inflation, au déficit de la balance des paiements courants et au programme de dépenses du nouveau gouvernement ont fait chuter le real en août 2002. Le FMI a accordé un prêt exceptionnel de 40 Md $ au pays afin d'éviter une crise régionale.

Un nouveau rôle diplomatique
Le Brésil s'affirme de plus en plus en politique étrangère. En 2000, le pays a accueilli une réunion des présidents sud-américains visant à promouvoir une plus grande unité géopolitique et à resserrer les liens commerciaux. Or une plus grande unité sud-américaine peut être perçue comme un défi à l'influence des ÉU dans la région.

Fernando Cardoso, président de 1995 à 2002.

Luiz Inacio " Lula " da Silva, dirigeant de gauche élu président en 2002.

Getúlio Vargas, le président socialiste (1930–1954) appelé « le père des pauvres ».

PROFIL
L'armée, au pouvoir de 1964 à 1985, réprima toute forme d'opposition et fut particulièrement brutale avec les Indiens d'Amazonie. Suite à sa mauvaise gestion économique, le Brésil hérita de dettes considérables et d'industries étatiques inefficaces.

La jeune démocratie brésilienne se caractérise par la faiblesse de son système de partis. Sans lignes idéologiques définies, ils forment des coalitions temporaires le temps de voter les lois au Congrès. La prépondérance de petits partis et la corruption n'arrangent rien. L'ancien président Collor de Mello fut contraint de démissionner en 1992 à la suite de fraudes.

Le mécontentement à l'égard du centre-droit profita à la gauche, conduite par l'influent Luís da Silva, leader du parti des travailleurs, qui talonna Collor de Mello aux élections présidentielles de 1989. Il fut cependant battu par Cardoso en 1994 puis de nouveau en 1998. Cardoso, qui fut à l'origine du plan de lutte contre l'inflation, parvint à maintenir la cohésion de sa coalition. Des ajustements fiscaux d'urgence sauvèrent le Brésil d'un retour de la crise économique jusqu'en août 2002.

Plantation de café, État de São Paulo. La culture du café, introduite au Brésil au début du XVIIIᵉ siècle, est en déclin et représente aujourd'hui moins de 4 % des recettes d'exportation.

POLITIQUE EXTÉRIEURE

En accueillant les chefs d'États sud-américains pour un sommet sur la coopération, en 2000, le Brésil a affiché sa volonté d'œuvrer en faveur de l'unité des pays de la région, avant les discussions avec les ÉU sur la création d'une zone de libre-échange. Les pourparlers commerciaux entre le Mercosur et les ÉU ont également mis en lumière le leadership du Brésil. Pragmatique dans ses relations avec les EU, Lula soutient néanmoins le président vénézuélien de gauche Chavez, et a proposé ses services de médiation en Colombie, malgré les protestations suscitées par le soutien qu'offrirait le Brésil aux guérilleros colombiens.

AIDE INTERNATIONALE

 184 M $ (reçus)   Moins 44 % en 1999

L'aide internationale vient aujourd'hui essentiellement des ÉU, de la Banque mondiale et du Japon, et sert à financer des projets concernant l'environnement, les conditions sanitaires, la construction de routes et la lutte contre la pauvreté. Outre cette aide officielle, les ONG financent des programmes écologiques et la construction de logements sociaux. Le FMI a accordé une aide record de 40 Md $ en août 2002, alors que le pays (comme l'Uruguay) sombrait dans une crise financière.

DÉFENSE

 15,98 Md $ Moins 15 % en 1999

FORCES ARMÉES BRÉSILIENNES

	178 chars de combat (87 Leopard 1, 91 M–60A3)	189 000 hommes
	5 sous-marins, 14 frégates, 4 corvettes, 50 patrouilleurs, 1 porte-avions	48 600 hommes
	268 avions de combat (53 A–26, 47 F–5E/B/F, 18 Mirage F–103E/D)	50 000 hommes
	Aucun	

Si la dictature militaire a pris fin en 1985, l'armée joue encore un rôle important, et contrôle de vastes régions dans le nord du pays. L'industrie de l'armement est très développée, mais le Brésil a signé les traités d'interdiction des essais nucléaires et de non-prolifération en 1998. À travers le Mercosur, le Brésil a intensifié sa coopération militaire avec l'Argentine, le Paraguay et l'Uruguay. Il a participé aux opérations de paix de l'ONU au Timor oriental.

ÉCONOMIE

 529 Md $ 2,86 réals

CHIFFRES SIGNIFICATIFS

- ❏ CLASSEMENT DU PNB AU NIVEAU MONDIAL 11e
- ❏ PNB PAR HABITANT ....3 070 $
- ❏ BALANCE DES PAIEMENTS ... .– 23,2 Md $
- ❏ INFLATION ....6,9 %
- ❏ CHÔMAGE....................................7 %

EXPORTATIONS

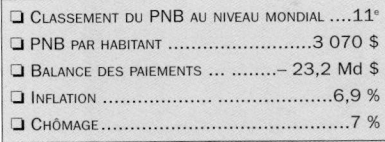

Pays-Bas 5 %   Japon 5 %   Allemagne 5 %   Autres 52 %   Argentine 11 %   ÉU 22 %

IMPORTATIONS

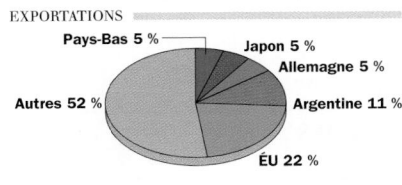

Italie 5 %   Japon 5 %   Allemagne 9 %   Argentine 12 %   Autres 45 %   ÉU 24 %

ATOUTS
Rôle économique dominant dans la région. Afflux d'investissements étrangers. Gigantesques ressources naturelles : c'est l'un des principaux producteurs de café, de soja et d'oranges ; vastes gisements d'or, d'argent et de fer. Important producteur d'acier. Industrie pétrolière en croissance. Développement favorisé par les infrastructures transfrontalières et la modernisation des télécommunications.

FAIBLESSES
Important coût de la dette intérieure. Faibles marchés de capitaux locaux. Sensibilité aux chocs extérieurs et aux fluctuations des prix des produits de base. Productivité faible. Poids de la dette. Fortes inégalités menaçant la paix sociale.

PROFIL
L'économie brésilienne est la 8e du monde. Du début du XXe siècle aux années 1970, la croissance annuelle moyenne a été de 5 %, ce qui place le Brésil en seconde position derrière le Japon. Le développement et la diversification de l'industrie lui ont assuré une place enviable en matière de production automobile, informatique et aéronautique, mais les dépenses excessives des années 1980 lui ont laissé une dette colossale. La politique d'austérité économique, exigée par les bailleurs de fonds en échange du rééchelonnement de la dette, entraîna une grave récession en 1990-92.
L'introduction du réal, en 1994, fut la 5e tentative de stabilisation monétaire

INDICATEUR DES PERFORMANCES ÉCONOMIQUES

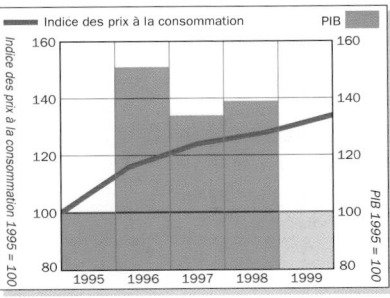

menée par le gouvernement depuis 1986. Elle contribua à la forte baisse de l'inflation. La croissance économique de l'année 1994 facilita la création du Mercosur. En 1995, le Congrès s'opposa aux réformes du régime fiscal et du système de protection sociale, mais accepta de mettre un terme au monopole de l'État dans les secteurs des télécommunications et des hydrocarbures. L'économie connut une forte croissance en 1996 et 1997, mais fut sérieusement menacée par une crise financière internationale en 1998. Le FMI octroya une aide d'urgence de 41,5 Md de $, mais les réserves de change fondirent dans une tentative pour soutenir le réal, dévalué en janvier 1999. La récession fut évitée, grâce à l'application pendant dix-huit mois d'une politique monétaire restrictive et de mesures fiscales strictes, qui restaurèrent la confiance. En 2001, la plupart des économistes prévoyaient une poursuite de la croissance. Mais l'important déficit de la balance des paiements courants et la petite tendance inflationniste ont fait fuir les investisseurs et ont affaibli la monnaie nationale.

BRÉSIL : PRINCIPALES ACTIVITÉS

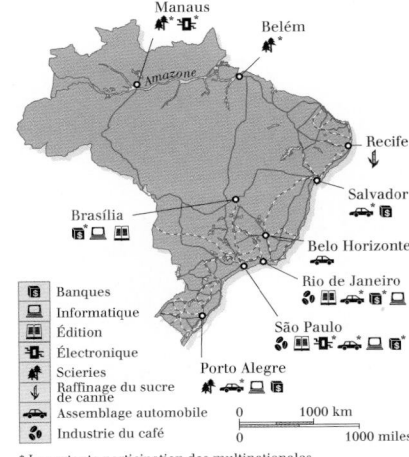

Manaus   Belém
Amazone
Recife
Salvador
Brasília
Belo Horizonte
Rio de Janeiro
São Paulo
Porto Alegre

- Banques
- Informatique
- Édition
- Électronique
- Scieries
- Raffinage du sucre de canne
- Assemblage automobile
- Industrie du café

0   1000 km
0   1000 miles

* Importante participation des multinationales

B

RESSOURCES

 820 480 tonnes

 167 M de bovins
27,3 M de porcins
18,3 M d'ovins

 1,3 M b/j (réserves : 8 100 000 000 Mdb)

Fer, manganèse, charbon, bauxite, nickel, pétrole, étain, argent, diamants, or

PRODUCTION ÉLECTRIQUE

Hydraulique 91 % (279 Md kwh)	
Thermique 8 % (26 Md kwh)	
Nucléaire 1 % (3,2 Md kwh)	
Autres 0 %	

% de la production totale par type d'électricité

Le Brésil fait venir du gaz argentin et bolivien par gazoduc, et a des projets similaires avec le Venezuela et l'Uruguay. L'énergie nucléaire a suscité des controverses et son coût se révèle élevé. L'énergie hydraulique, qui représente 90 % de la production électrique, va encore s'étendre. De l'éthanol est fabriqué à partir du sucre de manière à réduire les importations de carburant, et on encourage l'installation de firmes étrangères dans les régions de prospection et de production, afin d'augmenter les réserves de pétrole et de gaz naturel. L'exploration de la biodiversité amazonienne est passée sous contrôle gouvernemental en 2000.

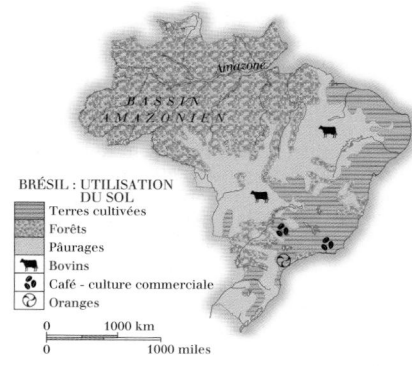

BRÉSIL : UTILISATION DU SOL
Terres cultivées
Forêts
Pâurages
Bovins
Café - culture commerciale
Oranges

0   1000 km
0   1000 miles

Végétation équatoriale près de Manaus, au centre de l'État d'Amazonas. Les eaux brunes du Rio Solimões et les eaux sombres du Rio Negro se rejoignent près de Manaus.

ENVIRONNEMENT

 4 % (1 % partiellement protégé)

 1,9 tonne par habitant

TRAITÉS ÉCOLOGIQUES

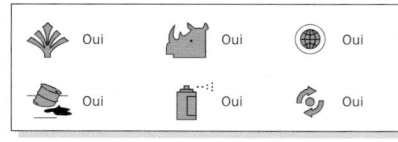 Oui   Oui   Oui   Oui   Oui   Oui

Les agences fédérales chargées de la protection de l'Amazonie, qui ne disposent ni de fonds, ni de personnel suffisants, sont accusées de corruption.
La forêt amazonienne comprend, d'après

MÉDIAS

 40 quotidiens pour 1 000 habitants

PRESSE ET TÉLÉCOMMUNICATIONS

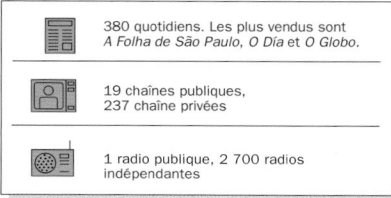
380 quotidiens. Les plus vendus sont *A Folha de São Paulo, O Día* et *O Globo.*

19 chaînes publiques, 237 chaîne privées

1 radio publique, 2 700 radios indépendants

CRIMINALITÉ

 87 053 détenus

 Plus 1 068 % entre 1996 et 1998

TAUX DE CRIMINALITÉ.

Meurtres	
21	pour 100 000 habitants

Viols	
8	pour 100 000 habitants

Vols	
296	pour 100 000 habitants

La criminalité est parmi la plus élevée au monde, surtout dans les villes. Les policiers se voient souvent accusés d'extorsion de fonds, de violence et de meurtres. Les escadrons de la mort, qu'on dit liés à la police, s'en sont pris aux enfants des rues dans la plupart des grandes villes. Les atroces conditions de détention et la surpopulation carcérale entraînent souvent des troubles violents dans les prisons. En 2000, le gouvernement a annoncé un programme en 120 points pour réduire la criminalité.
À la campagne, des ouvriers agricoles et des populations indigènes ont été tués ou blessés par les hommes de main des grands propriétaires terriens, chargés de les déloger. Après la découverte d'importants gisements d'or dans l'État de Romaira, les territoires des Indiens Yanomanis ont été envahis par des centaines de prospecteurs armés, les *garimpeiros.*

certaines estimations, 90 % de toutes les espèces animales et végétales du monde. Les besoins de l'agriculture conduisent pourtant à sa destruction à raison de 23 090 km² par an. La plus importante campagne de lutte contre le défrichement illégal a été lancée en 2000.
Les mines de bauxite à ciel ouvert polluent les rivières et représentent une menace pour l'existence des Amérindiens. En 2000, une gigantesque fuite de pétrole a ravagé la rivière Iguaçu. Dans les villes, la forte pollution industrielle et le problème des eaux usées non traitées prennent des proportions inquiétantes.

Les licences d'exploitation des chaînes de télévision et des radios sont accordées en fonction des orientations politiques. Le gigantesque groupe Globo domine le marché intérieur ; son réseau télévisé est le 5e du monde. Il subit pourtant aujourd'hui la concurrence de l'Internet et de nouveaux groupes, dont des multinationales étrangères. Un amendement à la Constitution voté par le Congrès autorise les groupes étrangers à prendre une participation de 30 % dans la télévision, la radio et la presse.

ÉDUCATION

 85 %   1,87 M d'étudiants

LE SYSTÈME ÉDUCATIF

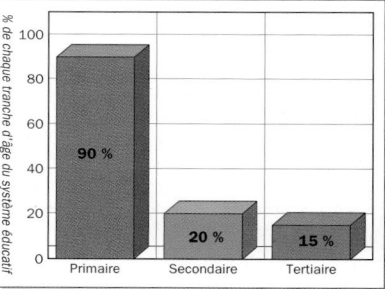

% de chaque tranche d'âge du système éducatif

Primaire 90 %   Secondaire 20 %   Tertiaire 15 %

En moyenne, la scolarité est plus courte que dans les autres pays d'Amérique latine. La part du PIB consacrée à l'éducation est la même que dans les pays d'Europe, mais les fonds sont mal utilisés : l'enseignement primaire demeure le parent pauvre d'un système dans lequel beaucoup d'enfants de familles aisés font d'excellentes études dans des université publiques et gratuites. Environ 3 millions d'enfants ne vont pas du tout à l'école, surtout ceux du Nordeste et de l'Amazonie. Pourtant, le nombre d'enfants de 7 à 14 ans scolarisés a augmenté dans la dernière décennie. En dépit d'une campagne d'alphabétisation débutée en 1971, le taux d'analphabétisme est encore de 15 % chez les adultes.

B

— EXPLOITATION ET PROTECTION DE L'AMAZONIE —

L'IMMENSE, bassin du fleuve Amazone, situé au Nord du Brésil, renferme l'une des dernières forêts tropicales humides du monde. La construction de routes, en particulier de la Transamazonienne et de la Perimetral North, l'a rendue plus accessible et donc plus vulnérable. Depuis 1970, époque où elle était quasiment intacte et couvrait près de 600 000 km², 15 % de sa surface totale ont été détruits. À en croire des chercheurs brésiliens et américains, le grand projet gouvernemental de construction de routes et de barrages, nommé « Avance Brésil », ne laisserait intacts que 28 % de la forêt. La prospection minière, plus

particulièrement aurifère, la pollution du sol et de l'eau ainsi que le défrichement au profit de l'élevage expliquent en partie cette destruction. Mais la menace la plus grave vient de l'exploitation forestière. Les bois durs tropicaux d'Amazonie constituent en effet une industrie extrêmement lucrative. Une poignée de multinationales étrangères domine le secteur de l'exportation du bois, tandis que 2 000 entreprises d'abatage et scieries sont installées dans la partie brésilienne de l'Amazonie. Si l'acajou est protégé par un moratoire sur l'exploitation de cette espèce, la coupe illégale est répandue : d'après le gouvernement, 80 % du bois extrait l'est en dehors de toute législation.

LES CONSÉQUENCES SUR L'ENVIRONNEMENT

La forêt tropicale humide a un sol pauvre et fin. Son existence dépend du recyclage des minéraux contenus dans la litière de feuilles sur le sol. Dans un environnement humide, la litière se décompose vite. En l'absence de couverture forestière, la litière

sèche rapidement et peut être balayée par la pluie. Là où de vastes zones ont été défrichées, la forêt ne peut plus se régénérer.

Les conséquences de la déforestation sont donc énormes. Les forêts agissent comme des « puits de carbone », en retenant le dioxyde de carbone produit par la combustion de carburants et contribuent ainsi à contrebalancer la formation de gaz à « effet de serre ».

La forêt amazonienne est aussi d'une prodigieuse richesse animale et végétale. En 2001, un programme de recherche gouvernemental a estimé la valeur de ces ressources – en prenant en compte les potentialités de son *pool* génétique pour l'agriculture ou la fabrication de médicaments – à 2 000 Md de $. Cette biodiversité, encore largement inexplorée par la communauté scientifique, est menacée par la destruction de la forêt tropicale.

LES PEUPLES INDIGÈNES

La colonisation progressive de la région amazonienne, qui s'est souvent faite de manière violente, a eu des conséquences dramatiques sur les populations indigènes. Décimées par des épidémies meurtrières, dépossédées de leurs terres, déplacées et confinées dans des réserves, elles ont assisté à la destruction de leur mode de vie et de leur culture. Si beaucoup ont disparu dans les cinquante dernières années, on dénombre encore presque 200 groupes distincts. La Constitution de 1988 donne aux indigènes le droit d'habiter leurs terres ancestrales, mais ne leur reconnaît aucun droit de propriété dessus. La FUNAI, agence gouvernementale chargée de la délimitation des réserves indiennes, s'est attirée de sévères critiques de la part de la communauté internationale pour son incapacité à protéger ces populations.

SANTÉ

 1 pour 769 habitants

Maladies cardiaques, accidents, cancers

Le système de santé public manque cruellement de moyens. Moins de 20 % des hôpitaux sont gérés par l'État et la médecine privée est chère. Une moyenne de 15 % seulement du budget de la santé est consacrée à la médecine infantile, à la vaccination et autres programmes de prévention. Cependant, la mortalité infantile a été réduite des deux tiers ces trente dernières années. En 1991, des groupes pharmaceutiques internationaux et les ÉU ont porté plainte pour contrefaçon contre le Brésil après que le pays eut distribué gratuitement des médicaments anti-Sida à plus de 100 000 malades.

RICHESSES

CONSOMMATION ET DÉPENSES

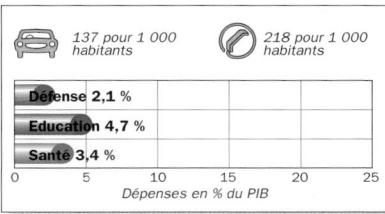

137 pour 1 000 habitants

218 pour 1 000 habitants

Défense 2,1 %		
Éducation 4,7 %		
Santé 3,4 %		

Dépenses en % du PIB

Les écarts de revenus sont parmi les plus forts du monde. D'après les chiffres de la banque inter-américaine de développement (BID), en 1999, les 10 % les plus riches disposaient de 50 % du revenu national, tandis que les 50 % les plus pauvres n'en touchaient que 10 %. Les gouvernements successifs n'ont pas su résoudre le problème des sans-abri et des enfants des rues dans les grandes villes. À la campagne, 1 à 5 millions de familles n'ont pas de terre, quand 10 % des propriétaires terriens se partagent 80 % de la terre cultivée. En juillet 2000, le gouvernement a annoncé un vaste programme de distribution de terres en faveur des ouvriers agricoles.

CLASSEMENT MONDIAL

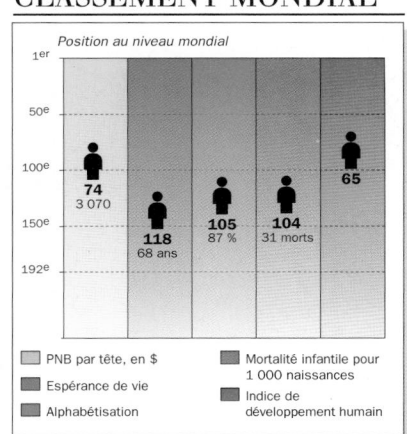

Position au niveau mondial

PNB par tête, en $
Espérance de vie
Alphabétisation
Mortalité infantile pour 1 000 naissances
Indice de développement humain

B

BRUNEI

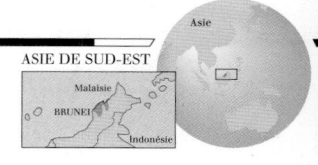

NOM OFFICIEL : Negara Brunei Darussalam   **CAPITALE** : Bandar Seri Begawan
POPULATION : 341 000   **MONNAIE** : dollar de Brunei   **LANGUE OFFICIELLE** : malais

SITUÉ au nord-ouest de Bornéo, le sultanat de Brunei est partagé en deux par une bande de terre appartenant à l'État de Sarawak en Malaisie orientale. Brunei est gouverné par un sultan depuis 1984, date à laquelle le pays accéda à l'indépendance qui mit fin au protectorat britannique. L'islamisation du pays est de plus en plus marquée. Les réserves pétrolières et gazières lui ont permis d'accéder à l'un des niveaux de vie les plus élevés du monde.

CLIMAT

DONNÉES MÉTÉOROLOGIQUES

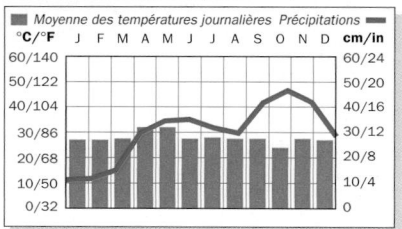

■ Moyenne des températures journalières Précipitations ▬

Brunei se caractérise par un climat extrêmement humide marqué par une saison des pluies d'une durée de six mois.

TRANSPORTS

Brunei International, Bandar Seri Begawan · 97 navires 361 900 tpl

RÉSEAU DE TRANSPORT

399 km (248 miles)		Aucune	
19 km (12 miles)		209 km (130 miles)	

Le taux très élevé de voiture par habitant s'explique par les prêts sans intérêt accordés aux fonctionnaires et l'insuffisance des transports publics.

TOURISME

964 000 visiteurs · Plus 13 % en 1998

PROVENANCE DES TOURISTES ÉTRANGERS

Malaisie 80 %	
Indonésie 3 %	
RU 3 %	
Autres 14 %	

0 10 20 30 40 50 60 70 80
% du nombre de visiteurs

Bien que le gouvernement s'efforce de protéger les Brunéiens de l'influence occidentale, il s'attache par ailleurs à développer un tourisme de qualité dans le cadre de son programme de diversification. Il est à l'heure actuelle question que Brunei, porte de Bornéo, ouvre sa forêt tropicale à l'éco-tourisme. Le musée des insignes royaux (*Museum of Royal Regalia*) a supplanté depuis peu la renommée du musée Churchill.

POPULATION

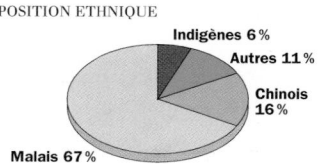

Malais, anglais, chinois · 62 hab./km²

PART DE LA POPULATION URBAINE/RURALE

72 %   28 %

COMPOSITION ETHNIQUE

Indigènes 6 %
Autres 11 %
Chinois 16 %
Malais 67 %

Les Malais bénéficient de mesures anti-discriminatoires. Les Chinois sont souvent apatrides ou en possession d'un passeport britannique. Il est socialement préférable d'appartenir à la communauté indigène des Murut ou à celle des Dusun. Si le port du voile n'est pas obligatoire pour les femmes, elles doivent cependant se couvrir la tête d'un foulard. Nombre d'entre elles occupent des postes à responsabilités dans la fonction publique.

POLITIQUE

 Pas d'élections pluralistes
 Sa majesté Sultan Haji Sir Hassanal Bolkiah Mu'izzadin Waddaulah

CORPS LÉGISLATIF OU CONSULTATIF

Brunei est une monarchie absolue. Le sultan nomme les membres des corps consultatifs : conseil religieux, conseil privé, conseil du cabinet ministériel et conseil de la succession. Les partis politiques sont interdits depuis 1988.

Après la rébellion de 1962, l'état d'urgence a été mis en place et le sultan gouverne le pays par décret. Depuis l'interdiction des partis en 1988, les Brunéiens ont perdu tout espoir de voir s'instaurer la démocratie. En 1990, les valeurs islamiques furent érigées en idéologie d'État en même temps que fut instituée la « Monarchie musulmane malaise ». Le pouvoir est très lié à la famille royale. L'un des frères du sultan détient le portefeuille de ministre des Affaires étrangères: le sultan s'occupe de la Défense et des Finances.

POLITIQUE EXTÉRIEURE

 CEAP ANSEA Comm OCI OMC

Brunei revendique une partie des îles Spratly. Le gouvernement s'inquiète des opposants au régime exilés en Malaisie. L'État entretient de bonnes relations avec la Grande-Bretagne.

MER DE CHINE MÉRIDIONALE

Perkemahan Berakas
Pekan Muara
Pulau Muara Besar
BAIE DE BRUNEI
Kampong Jerudong
Kampong Paring
Kampong Parit
BANDAR SERI BEGAWAN
Kampong Burut
Kampong Labu
Tutong
MALAISIE (SARAWAK)
Kampong Kuala Abang
Kampong Lumut
MALAISIE
Bangar
Pekan Seria
Kampong Benutan
Kuala Belait
Badas
Kampong Batang Duri
Kampong Bukit Sawat
Kampong Kuala Balai
Kampong Tanajor
Kampong Labi
Bukit Pagon 1 618 m
Kampong Teraja
Kampong Sukang

MALAISIE (SARAWAK)

N

0   20 km
0   20 miles

114°30'
114°30'

BRUNEI

Superficie totale : 5 270 km² (2 035 sq. miles)

POPULATION
○ Plus de 50 000
● Plus de 10 000
· Moins de 10 000

ALTIMÉTRIE
1 500 m/4 921ft
1 000 m/3 281ft
500 m/1 640ft
200 m/656ft
Niveau de la mer

B

La superbe mosquée d'Omar Ali Saifuddin est entourée d'un lagon artificiel.

AIDE INTERNATIONALE

 Subventions accordées par le sultan en fonction des besoins

 Augmentation ou diminution selon la décision du sultan

L'aide accordée n'est pas planifiée. Des dons ont été versés aux membres de la Contra au Nicaragua, aux Musulmans bosniaques et aux sans-abri de New York.

DÉFENSE

 402 M $

 Plus 4 % en 1999

Le sultan est à la tête d'une armée de 5 000 hommes et possède également une section de 2 000 gardes du corps formés au RU, les Gurkhas. Le RU et Singapour sont de proches alliés militaires du Brunei.

ÉCONOMIE

 8,5 Md $

 1 666–1 734 dollars de Brunei

CHIFFRES SIGNIFICATIFS

- ❑ CLASSEMENT DU PNB AU NIVEAU MONDIAL 97ᵉ
- ❑ PNB PAR HABITANT ....24 100 $
- ❑ BALANCE DES PAIEMENTS ....2,09 Md $
- ❑ INFLATION ....1 %
- ❑ CHÔMAGE...5 %

ATOUTS
25 ans de réserves pétrolières et 40 ans de réserves gazières. Les profits que le Brunei retire de ses investissements à l'étranger sont supérieurs à ses bénéfices pétroliers et gaziers.

FAIBLESSES
L'économie repose sur un seul produit. L'échec des programmes de diversification pourrait conduire à des problèmes économiques.

EXPORTATIONS
IMPORTATIONS
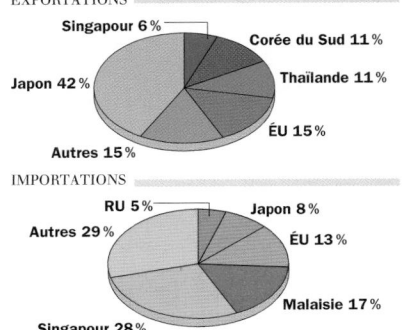

RESSOURCES

 4 677 tonnes

 195 000 b/j (réserves : 1 400 000 000 b)

 40 000 canards 6 000 buffles 5,5 M de poulets

 Pétrole, gaz naturel

Le pétrole et le gaz sont les principales ressources. La politique énergétique se concentre à l'heure actuelle sur la régulation de la production afin d'économiser les réserves. Presque toutes les denrées alimentaires sont importées.

ENVIRONNEMENT

 14 % (5 % partiellement protégés)

 17,7 tonnes par habitats

Le Plan stratégique forestier a été mis en place pour protéger les forêts (qui couvrent 80 % de sa superficie). Cependant, les mangroves, les plus grandes de Bornéo, restent sans protection.

MÉDIAS

 63 quotidiens pour 1 000 habitants

PRESSE ET TÉLÉCOMMUNICATIONS

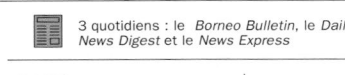
3 quotidiens : le *Borneo Bulletin*, le *Daily News Digest* et le *News Express*

1 chaîne publique   1 radio publique

L'État contrôle réellement tous les médias. La télévision du Brunei consacre beaucoup de place aux programmes religieux.

CRIMINALITÉ

 312 détenus

 Moins 30 % en 1996–1998

Le taux de criminalité est bas. Les vols mineurs et les délits associés à l'usage ou au trafic d'alcool et de drogue (tous les deux interdits) constituent l'essentiel des infractions. L'état d'urgence donne au gouvernement le droit d'emprisonner quiconque aurait enfreint la loi pour une période de deux ans renouvelable indéfiniment.

ÉDUCATION

 92 %   1 878 étudiants

L'éducation est gratuite pour tous les Brunéiens, à l'exception des Chinois apatrides. L'université de Brunei Darussalam a été ouverte en 1985.

SANTÉ

 1 pour 988 habitants

 Maladies cardiaques, cancers

Le système de santé est gratuit. Les Brunéiens se font opérer à Singapour lorsqu'il s'agit d'interventions chirurgicales importantes.

CHRONOLOGIE

Sous domination britannique depuis 1841, le Brunei devint officiellement un protectorat britannique en 1888.

- ❑ **1929** Début de l'extraction pétrolière.
- ❑ **1959** La première constitution institue l'islam au titre de religion d'État. Autonomie intérieure
- ❑ **1962** La rébellion en faveur de la démocratie est réprimée. Proclamation de l'état d'urgence: Brunei est gouverné par décret du sultan.
- ❑ **1984** Indépendance. Brunei devient membre de l'ANSEA.
- ❑ **1990** Introduction de l'idéologie de la « Monarchie musulmane malaise ».
- ❑ **1991** L'importation d'alcool est interdite.
- ❑ **1992** Devient membre du Mouvement des non-alignés.

RICHESSES

CONSOMMATION ET DÉPENSES

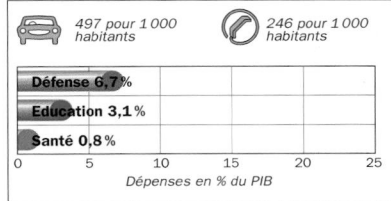
497 pour 1 000 habitants   246 pour 1 000 habitants

Défense 6,7 %
Éducation 3,1 %
Santé 0,8 %

0   5   10   15   20   25
Dépenses en % du PIB

Les Brunéiens les plus fortunés vivent dans l'entourage du sultan. Le haut niveau de vie général et les opportunités d'ascension sociale offertes aux Malais permettent de contenir tout mécontentement. Les Brunéiens sont de grands consommateurs de matériel hi-fi de haute technologie et d'équipement vidéo. En 2001, à la suite de mauvaises affaires, le prince Jefri, frère du sultan, a dû vendre ses biens aux enchères pour éponger une dette de 3 M $.

CLASSEMENT MONDIAL

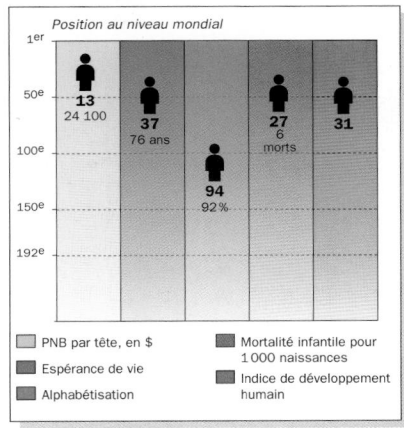
Position au niveau mondial

1er
50e
100e
150e
192e

13 24 100
37 76 ans
94 92 %
27 6 morts
31

- ▢ PNB par tête, en $
- ◼ Espérance de vie
- ◼ Alphabétisation
- ◼ Mortalité infantile pour 1 000 naissances
- ◼ Indice de développement humain

B

BULGARIE

NOM OFFICIEL : République de Bulgarie **CAPITALE** : Sofia
POPULATION : 7,8 millions **MONNAIE** : lev **LANGUE OFFICIELLE** : bulgare

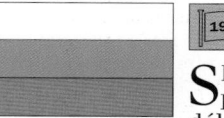 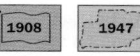

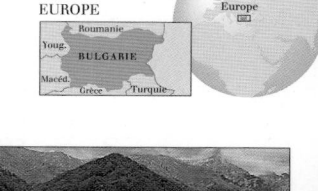

SITUÉE au Sud-Est de l'Europe, la Bulgarie est un pays essentiellement montagneux. Le Danube délimite la frontière au Nord du pays, tandis que la façade littorale de la mer Noire à l'Est abrite des stations balnéaires. La région de Sofia à l'Ouest, Plovdiv au Sud-Est et la plaine du Danube constituent les régions les plus peuplées. La Bulgarie resta sous la domination turque de 1396 à 1878. Elle accéda à la souveraineté en 1908 et fut gouvernée par un régime communiste de 1947 à 1989, présidé par Todor Zivkov au cours des 35 dernières années. L'instabilité politique, caractérisant la transition vers la démocratie, marqua les années 1990.

Monastère de Rila sur les Monts Rila, célèbre pour ses 1 200 fresques de la Renaissance bulgare, datant du milieu du XIXᵉ siècle.

CLIMAT

DONNÉES MÉTÉOROLOGIQUES

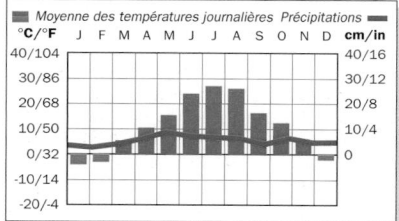

La vallée du centre et les plaines ont des étés chauds, des hivers rigoureux et enneigés, avec des périodes de froid ou de chaleur intenses, dues aux vents qui soufflent de Russie. La saison estivale, plus chaude sur la côte de la mer Noire, a encouragé l'essor des stations touristiques. Les sommets de haute montagne peuvent rester enneigés jusqu'au mois de juin.

TRANSPORTS

Sofia International
1,24 M de passagers

181 navires
1,1 M tpl

RÉSEAU DE TRANSPORT

33 818 km
(21 013 miles)

319 km
(198 miles)

4 290 km
(2 666 miles)

470 km
(292 miles)

Au croisement entre l'Europe et l'Asie, les réseaux autoroutier et ferroviaire bulgares n'ont jamais fait l'objet d'investissements suffisants, ni sous le gouvernement Zivkov (qui choisit délibérément de ne pas développer les communications nord-sud), ni pendant la période d'instabilité économique caractérisant les années 1990. Aujourd'hui, le financement existe pour moderniser les axes clés. La traversée du Danube se fait par bacs. En 2000, un accord a été signé avec la Roumanie en vue de la construction d'un deuxième pont sur le fleuve.

TOURISME

2,8 M de visiteurs

Plus 13 % en 2000

PROVENANCE DES TOURISTES ÉTRANGERS

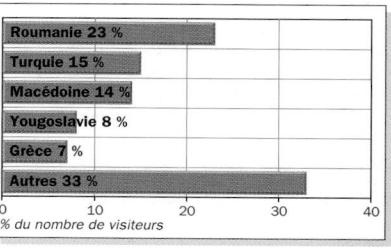

Roumanie 23 %	
Turquie 15 %	
Macédoine 14 %	
Yougoslavie 8 %	
Grèce 7 %	
Autres 33 %	

0   10   20   30   40
% du nombre de visiteurs

Sous le régime communiste, l'industrie touristique bulgare s'adressait surtout au vaste marché des pays de l'Est, qui ne représentait pas moins des deux tiers des visiteurs. Le tourisme connut en 1993 un essor sans précédent avec l'arrivée massive des Occidentaux, séduit par les bas prix des formules proposées dans les stations balnéaires de la mer Noire. La Bulgarie privatise actuellement son secteur touristique espérant attirer une clientèle plus fortunée en mettant davantage l'accent sur son patrimoine national.

BULGARIE

Superficie totale : 110 550 sq. km²
(42 683 sq. miles)

POPULATION

Plus de 1 000 000
Plus de 100 000
Plus de 50 000
Plus de 10 000

ALTIMÉTRIE

2 000 m/6 562ft
1 000 m/3 281ft
500 m/1 640ft
200 m/656ft
Niveau de la mer

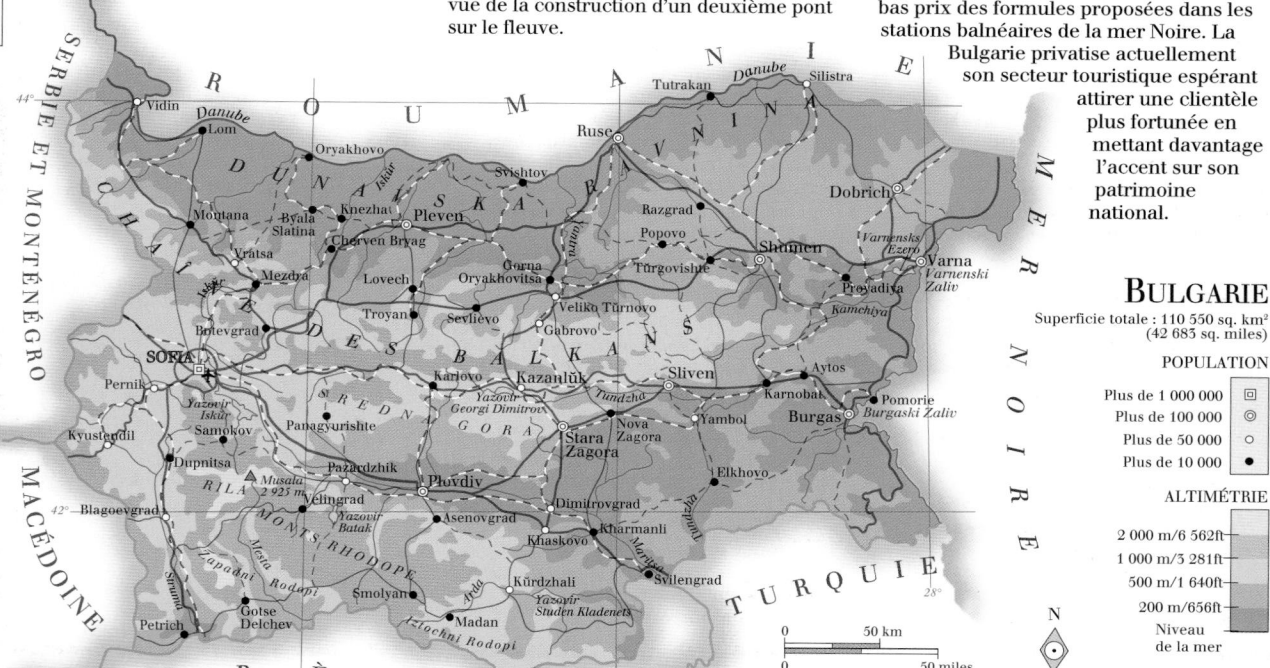

B

POPULATION

  Bulgare, turc, macédonien, roumain, arménien, russe

74 hab./km²

PART DE LA POPULATION URBAINE/RURALE

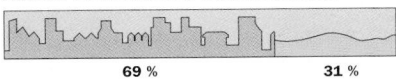

69 %   31 %

RELIGION

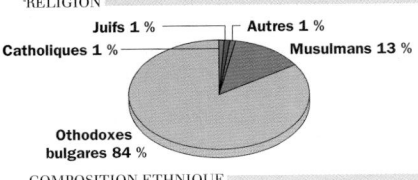

Juifs 1 %   Autres 1 %
Catholiques 1 %   Musulmans 13 %

Othodoxes
bulgares 84 %

COMPOSITION ETHNIQUE

Tsiganes 3 %   Macédoniens 3 %
                              Turcs 9 %

Bulgares 85 %

L'État s'est efforcé d'assimiler les communautés ethniques minoritaires, supprimant du même coup les identités culturelles. Au cours des années 1980, les musulmans bulgares, ou Pomaks, furent contraints d'abandonner leurs noms musulmans au profit de noms à consonance bulgare. La liberté linguistique et religieuse instaurée à partir de 1989 ne put empêcher l'exode massif de la communauté turque. Les Turcs ont toujours fortement contribué au développement du secteur agricole bulgare. Les récents programmes de privatisation ont privé de terre une grande part de cette communauté, entraînant de nouvelles vagues d'émigration. Le MRF, parti turc minoritaire, a un poids non négligeable à l'Assemblé. La minorité tsigane ne bénéficie d'aucune protection et est toujours victime d'une forte discrimination à tous les niveaux. L'égalité des droits entre hommes et femmes reste très théorique, surtout pour les femmes turques.

PYRAMIDE DES ÂGES

Femmes		Âge	Hommes	
	1,4 %	81–100	0,9 %	
	10,5 %	61–80	8,6 %	
	13,5 %	41–60	12,9 %	
	13,7 %	21–40	14 %	
	11,9 %	0–20	12,6 %	

% de la population par tranche d'âge

POLITIQUE

 2001/2005

 Georgi Parvanov, président de la République

AUX DERNIÈRES ÉLECTIONS
Assemblée nationale 240 membres

50 %   21 %   20 %   9 %
NM   UDF   BSP   MRF

NM = Mouvement national Siméon II
UDF = Union des forces démocratiques
BSP = Parti socialiste
MRF = Mouvement pour les droits et les libertés

Après la chute du régime communiste de Zivkov en 1989 et la conversion de la Bulgarie à la démocratie, le pays connut une succession de gouvernements faibles. L'UDF, une large coalition anticommuniste, perdit le pouvoir en 1992, et en 1994, les anciens communistes du BSP obtinrent la majorité absolue à l'Assemblée. Le gouvernement PSB freina alors les réformes politiques et économiques. Le résultat de cela fut que la Bulgarie a connu le plus lent programme de privatisations de l'Europe de l'Est. En 1997, un nouveau gouvernement UDF entreprit des réformes, soutenues par le FMI, en vue du passage à une économie de marché. Le succès de ces mesures, et la réorientation politique visant à remplir les critères d'adhésion à l'UE et à l'OTAN, permettaient à l'UDF d'aborder sereinement les élections de juin 2001, malgré la popularité croissante d'un parti monarchiste créé par l'ex-roi Siméon II, de retour après cinquante ans d'exil. De fait, celui-ci remporta la majorité à l'Assemblée, tandis que l'UDF se contentait de moins d'un quart des sièges. L'ex-roi forma un gouvernement de coalition avec le MRF (représentant la minorité turque), et fut investi en juillet. Siméon Saxe-Cobourg-Gotha prêta serment à la République (bien qu'il n'ait jamais revendiqué le retour à la monarchie), promettant une « renaissance spirituelle et économique », un gouvernement « propre », des baisses d'impôts, de nouvelles privatisations, et faisant de l'intégration à l'UE et à l'OTAN sa priorité.

L'ex-roi Siméon II. De retour d'exil, il devient Premier ministre en 2001.

Georgi Parvanov, du BSP, élu président en 2001 contre toute attente.

POLITIQUE EXTÉRIEURE

   CEMN CE CPEA ALEEC OSCE

La Bulgarie fait partie des six pays de la « deuxième vague » de candidats à l'adhésion à l'UE. Elle espère rejoindre l'OTAN en 2002. La Bulgarie a adhéré aux sanctions imposées par l'ONU à l'ex-Yougoslavie, malgré le manque à gagner commercial. Si ses liens avec la Russie sont moins étroits qu'avant, la Bulgarie prend soin de les préserver en raison de sa forte dépendance à l'égard du pétrole et du gaz naturel russes. Ses relations avec la Turquie se sont beaucoup améliorées depuis la chute du communisme.

AIDE INTERNATIONALE

 265 M $ (reçus)

 Plus 29 % en 1997–1999

Les prêts accordés par le FMI, la Banque mondiale et la BERD financent surtout des projets d'infrastructures. L'importante aide européenne, dans la perspective d'une éventuelle adhésion à l'UE, est estimée à 2 % du PIB. L'aide humanitaire concerne essentiellement les soins médicaux et la création d'instituts pour enfants.

CHRONOLOGIE

La Bulgarie resta sous la domination de l'empire ottoman pendant 500 ans avant d'accéder à la souveraineté en 1908. Sous le roi Ferdinand, elle s'allia à l'Allemagne au cours de la Première Guerre mondiale et dut céder, à l'issue du conflit, des territoires stratégiques à la Grèce et à la Serbie. Sous Boris III, elle s'allia de nouveau à l'Allemagne au cours de la Seconde Guerre mondiale.

❏ **1943** Mort du roi Boris III. L'enfant-roi Siméon II accède au trône.
❏ **1944** Sofia est bombardée par les Alliés. Un coup d'État sans effusion de sang amène au pouvoir la coalition antifasciste du Front de la patrie (FF), formée, entre autres, du Parti agraire et du Parti communiste bulgare (BCP).
❏ **1946** Un référendum abolit la monarchie. Proclamation de la république. Le BCP devient majoritaire à l'issue des élections.
❏ **1947** Le Premier ministre Georgi Dimitrov discrédite le chef du parti agraire Nicola Petkov. Arrestation et condamnation à mort de Petkov. Le gouvernement de Dimitrov est reconnu par la communauté internationale. La Bulgarie adopte une Constitution de type soviétique et devient un État à parti unique. Elle est rebaptisée la République populaire de Bulgarie. Début de la nationalisation de l'économie. ➫

CHRONOLOGIE *suite*

- ❏ **1949** Mort de Dimitrov, auquel succède Vasil Kolarov.
- ❏ **1950** Mort de Kolarov, remplacé par Vulko Chervenkov. Il met en place l'épuration du BCP et la collectivisation.
- ❏ **1953** Mort de Staline et déclin du pouvoir de Chervenkov.
- ❏ **1954** Chervenkov cède le pouvoir à Todor Zivkov. Celui-ci entreprend de faire de la Bulgarie une partie intégrante du système soviétique.
- ❏ **1955–1960** Zivkov réhabilite les victimes des purges de Chervenkov.
- ❏ **1968** L'armée bulgare aide l'URSS à envahir la Tchécoslovaquie.
- ❏ **1971** Nouvelle Constitution. Zivkov devient président du conseil d'État et démissionne de son poste de Premier ministre.
- ❏ **1978** Purges au sein du BCP : exclusion de 30 000 membres.
- ❏ **1984** Les membres de la minorité turque sont contraints d'adopter des noms slaves.
- ❏ **1989** Exode de 300 000 Turcs bulgares. Novembre, Zivkov est évincé de la présidence du BCP et démis de ses fonctions de chef d'État. Petur Mladenov lui succède. Novembre, gigantesques manifestations à Sofia en faveur de la réforme démocratique. Décembre, création de l'Union des forces démocratiques (UDF).
- ❏ **1990** L'économie s'effondre. L'Assemblée nationale vote le retrait des droits constitutionnels du BCP. Arrestation de Zivkov. Le BCP devient le Parti socialiste bulgare (BSP). Août, Zelju Zelev, chef de l'UDF, accède à la présidence. Le BSP participe au gouvernement. Le pays devient la République de Bulgarie.
- ❏ **1991** Février, le contrôle des prix est aboli ; forte inflation. Juillet, une nouvelle Constitution est adoptée. Octobre, l'UDF gagne les élections.
- ❏ **1992** Le mécontentement social et politique se généralise. Octobre, l'UDF perd le vote de confiance et démissionne. Décembre, le Mouvement pour les droits et les libertés (MRF) forme le gouvernement. Condamnation de Zivkov pour corruption et violations des droits de l'homme.
- ❏ **1993** Début d'un programme ambitieux de privatisation.
- ❏ **1994** Le PSB remporte les élections.
- ❏ **1996** Crise financière. Le candidat de l'opposition, l'UDF Petar Stoyanov, remporte les présidentielles.
- ❏ **1997** L'UDF gagne les législatives. Ivan Kostov devient Premier ministre.
- ❏ **2001** Embellie économique. Élections gagnées par le nouveau parti de l'ex-roi Siméon II qui devient Premier ministre.

DÉFENSE

 392 M $ Moins 3 % en 1999

FORCES ARMÉES BULGARES

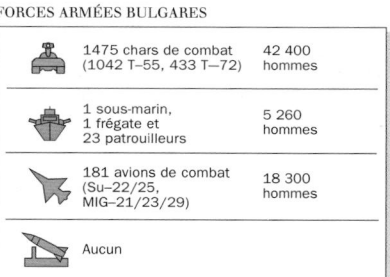

	1475 chars de combat (1042 T–55, 433 T–72)	42 400 hommes
	1 sous-marin, 1 frégate et 23 patrouilleurs	5 260 hommes
	181 avions de combat (Su–22/25, MIG–21/23/29)	18 300 hommes
	Aucun	

Les dépenses consacrées à la défense ont chuté, passant de 14 % du PIB en 1985 à 3,3 % en 1999. La volonté affichée de rejoindre l'OTAN en 2002 a amené la Bulgarie à repenser ses orientations militaires.

Le « Plan 2004 », adopté en 1999, a donné un coup d'accélérateur aux mesures de restructuration des forces armées. Il vise à réduire les effectifs à 45 000 hommes d'ici à 2004, et à privilégier les capacités de réaction rapide. Cette force plus compacte, mais également plus maniable, devrait s'avérer moins onéreuses à gérer sur le long terme.

En 1999, la crise du Kosovo a incité la Bulgarie à mettre son espace aérien à la disposition de l'OTAN.

ÉCONOMIE

 13,2Md $ 1,69-1,97 lei

CHIFFRES SIGNIFICATIFS

- ❏ CLASSEMENT DU PNB AU NIVEAU MONDIAL 79ᵉ
- ❏ PNB PAR HABITANT ....1 650 $
- ❏ BALANCE DES PAIEMENTS ....– 889 M $
- ❏ INFLATION ....7,4 %
- ❏ CHÔMAGE ....18 %

EXPORTATIONS

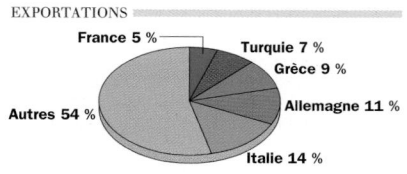

France 5 % — Turquie 7 % — Grèce 9 % — Allemagne 11 % — Italie 14 % — Autres 54 %

IMPORTATIONS

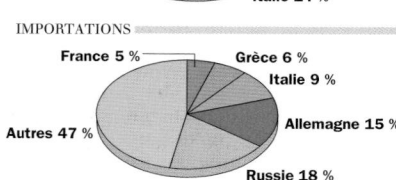

France 5 % — Grèce 6 % — Italie 9 % — Allemagne 15 % — Russie 18 % — Autres 47 %

ATOUTS
Charbon et gaz naturel. Production agricole performante notamment dans le domaine de la culture du tabac et de celle de la vigne qui alimente une industrie vinicole bien développée. Forte compétence en génie logiciel.

FAIBLESSES
Équipements et infrastructures vétustes ; secteur industriel très endetté. Lenteur des privatisations et des réformes structurelles depuis 1998.

PROFIL
Les privatisations, dont dépend la restructuration de l'économie, ont été repoussées pour des raisons politiques et techniques jusqu'à la fin des années 1990. La crise financière de 1996 a entraîné l'effondrement de la lev. Les investissements étrangers restent bas, malgré les lois de 1992 autorisant les compagnies étrangères à détenir 100 % du capital des entreprises bulgares. Les échanges avec l'ex-Union soviétique ont fortement baissé, au profit de l'UE. Grâce à une série de réformes libérales encouragées par le FMI et adossées à des prêts étrangers, le gouvernement UDF, revenu au pouvoir en 1997, a réussi à juguler l'inflation. Après une rechute en 1999, attribuée aux conséquences de la crise du Kosovo, le retour de la croissance (+ 5 % en 2000), confirmait le redressement économique de la Bulgarie.

INDICATEUR DES PERFORMANCES ÉCONOMIQUES

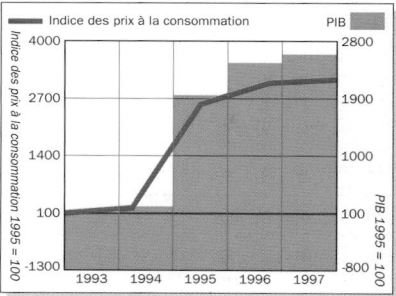

BULGARIE : PRINCIPALES ACIVITÉS

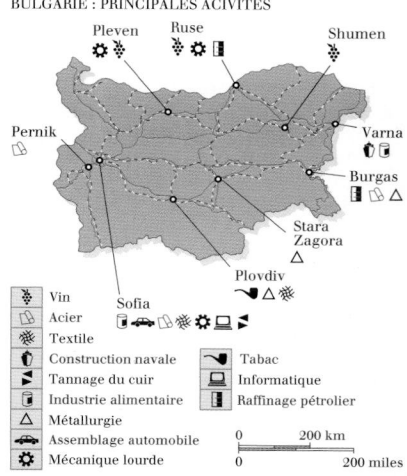

RESSOURCES

 16 674 tonnes

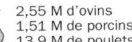 2,55 M d'ovins
1,51 M de porcins
13,9 M de poulets

 561 b/j (réserves : 14 552 160 Mdb)

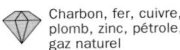 Charbon, fer, cuivre, plomb, zinc, pétrole, gaz naturel

PRODUCTION ÉLECTRIQUE

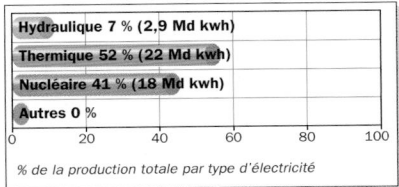

Hydraulique 7 % (2,9 Md kwh)				
Thermique 52 % (22 Md kwh)				
Nucléaire 41 % (18 Md kwh)				
Autres 0 %				
0	20	40	60	80	100

% de la production totale par type d'électricité

Si elle possède de modestes réserves pétrolières et des réserves de gaz naturel et de charbon un peu plus importantes, la Bulgarie importe pourtant 70 % de ses besoins énergétiques, principalement de la CEI. La Bulgarie dépend en partie de sa production d'origine nucléaire. L'UE lui fournit de l'aide pour moderniser deux réacteurs de la centrale de Kozloduy, en échange de la promesse d'en fermer plusieurs autres qui ne répondent pas aux normes de sécurité. Malgré la controverse, le gouvernement projette d'étendre le barrage Chaira, qui produit de l'énergie hydraulique depuis 1993. La Bulgarie possède les plus grandes mines de manganèse de l'hémisphère Nord.

BULGARIE : UTILISATION DU SOL

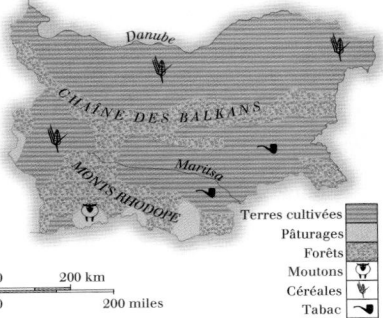

Terres cultivées
Pâturages
Forêts
Moutons
Céréales
Tabac

0   200 km
0   200 miles

ENVIRONNEMENT

 4 %

 6,1 tonnes par habitant

TRAITÉS ÉCOLOGIQUES

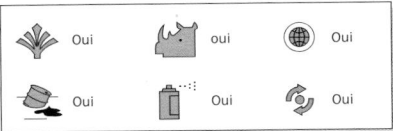

Oui   oui   Oui
Oui   Oui   Oui

Le parti écologiste Ecoglasnost, créé en 1989, contribua à sensibiliser les Bulgares aux graves problèmes de pollution du pays ; il révéla l'emplacement de décharges nucléaires et poursuivit certains pollueurs en justice. Malgré les risques liés à la sécurité, la centrale nucléaire de Kozloduy a été réouverte en 1995, mais les pressions s'accentuent pour obtenir la fermeture de ses réacteurs les plus anciens.
La pollution de l'air a diminué, mais demeure un problème. Les bombardements de l'OTAN des raffineries de pétrole et des usines chimiques serbes sur le Danube en 1999 ont entraîné une pollution en aval du fleuve.

MÉDIAS

 254 quotidiens pour 1 000 habitants

PRESSE ET TÉLÉCOMMUNICATIONS

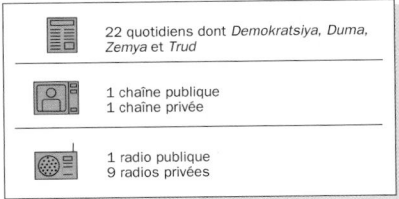

22 quotidiens dont *Demokratsiya, Duma, Zemya* et *Trud*

1 chaîne publique
1 chaîne privée

1 radio publique
9 radios privées

Même si le secteur a été libéralisé en 1989, la liberté de la presse demeure relative et, en vertu des nouvelles lois de 1998 sur les médias électroniques, l'État garde un monopole sur l'information. Un groupe domine le marché de la presse écrite, et la plupart des autres journaux appartiennent à des partis. Les fournisseurs d'accès à Internet sont contrôlés.

CRIMINALITÉ

 9 684 détenus

 Moins 15 % en 1996 – 1998

TAUX DE CRIMINALITÉ.

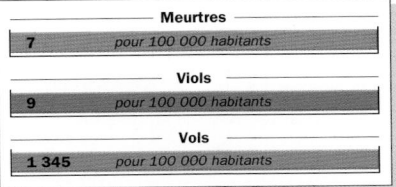

Meurtres	
7	*pour 100 000 habitants*

Viols	
9	*pour 100 000 habitants*

Vols	
1 345	*pour 100 000 habitants*

Dans les années 1990, la Bulgarie est devenue une plaque tournante du trafic de stupéfiants à destination de l'Europe occidentale.
D'anciens agents de sécurité, cadres du parti et ex-athlètes célèbres se sont reconvertis dans le racket et autres activités délictueuses. Les violations des droits de minorités est un problème politique sensible.

ÉDUCATION

 98 %

 262 757 étudiants

LE SYSTÈME ÉDUCATIF

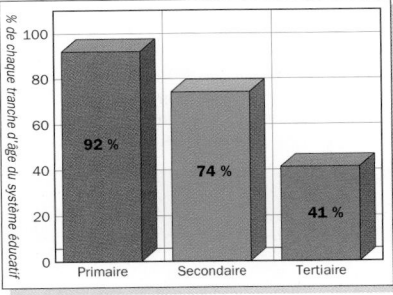

% de chaque tranche d'âge du système éducatif

100
80
60
40
20
0

92 %   Primaire
74 %   Secondaire
41 %   Tertiaire

La scolarité est gratuite et obligatoire de 7 à 16 ans. Autrefois proche du modèle soviétique, l'éducation nationale s'inspire plus aujourd'hui du modèle européen. Les dépenses publiques consacrées à l'éducation ont chuté jusqu'en 1999. Le niveau est plus faible dans les régions rurales et dans la communauté turque.

SANTÉ

 1 pour 286 habitants

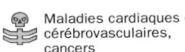 Maladies cardiaques et cérébrovasculaires, cancers

L'infrastructure hospitalière a suivi l'évolution démographique, mais la crise économique de 1997 a failli causer la ruine du système de santé. Une nouvelle politique de santé a été définie en 1999, mettant l'accent sur les soins de première nécessité.

RICHESSES

CONSOMMATION ET DÉPENSES

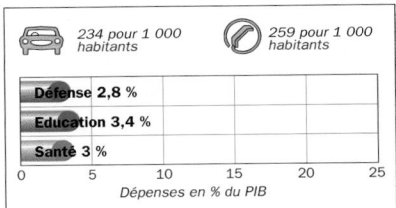

234 pour 1 000 habitants   259 pour 1 000 habitants

Défense 2,8 %					
Education 3,4 %					
Santé 3 %					
0	5	10	15	20	25

Dépenses en % du PIB

La maîtrise de l'hyper-inflation des années 1995-1997 a permis de sortir de la crise et de réduire la pauvreté. Les Turcs et les Tsiganes demeurent les plus mal lotis.

CLASSEMENT MONDIAL

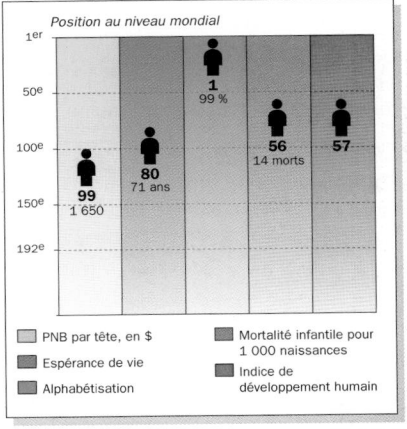

Position au niveau mondial

1er
50e
100e
150e
192e

1 — 99 %
56 — 14 morts
57
80 — 71 ans
99 — 1 650

PNB par tête, en $
Espérance de vie
Alphabétisation
Mortalité infantile pour 1 000 naissances
Indice de développement humain

B

BURKINA FASO

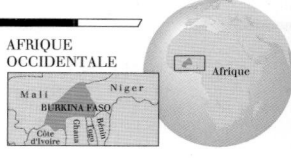

AFRIQUE
OCCIDENTALE

NOM OFFICIEL : République démocratique et populaire du Burkina Faso   **CAPITALE** : Ouagadougou
POPULATION : 12,2 millions   **MONNAIE** : franc CFA   **LANGUE OFFICIELLE** : français

 1960
 1960
11 déc.
BF
0
+ 226
.bf

ENCLAVÉ, dans les terres de l'Afrique occidentale, le Burkina Faso (anciennement la Haute-Volta) accéda en 1960 à l'indépendance, qui mit fin à la domination française. L'essentiel des territoires du Burkina Faso s'étendent en bordure méridionale du Sahara, dans la partie centrale du Sahel. Gouverné par une succession de dictateurs militaires depuis son indépendance, le Burkina Faso est devenu en 1991 un État pluraliste. Le président Blaise Compaoré détient encore une grande part du pouvoir politique. L'économie repose essentiellement sur l'agriculture.

CLIMAT

DONNÉES MÉTÉOROLOGIQUES

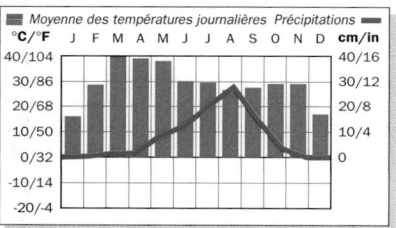

Le climat tropical est marqué par une longue saison sèche et une saison humide avec des précipitations irrégulières de juin à octobre.

TRANSPORTS

Ouagadougou
International
186 673 passagers

Pas de flotte

RÉSEAU DE TRANSPORT

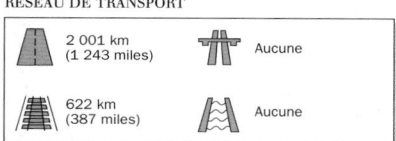

2 001 km (1 243 miles)   Aucune

622 km (387 miles)   Aucune

Le principal accès commercial à la mer se fait par voie de chemin de fer jusqu'au port d'Abidjan en Côte d'Ivoire. Le réseau routier qui traverse le Bénin, le Togo et le Ghana offre un autre moyen d'accès au littoral.

TOURISME

218 000 visiteurs   Plus 36 % en 1999

PROVENANCE DES TOURISTES ÉTRANGERS

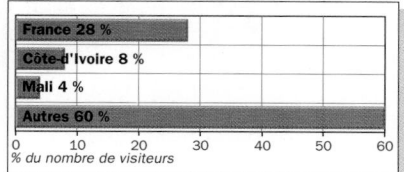

France 28 %
Côte-d'Ivoire 8 %
Mali 4 %
Autres 60 %

0   10   20   30   40   50   60
% du nombre de visiteurs

Des safaris sont organisés et les villes offrent un mélange d'architecture africaine et coloniale. La chasse au gros gibier est permise à certains endroits.

POPULATION

Mossi, fulani, français, touareg, dioula, songhai

43 hab./km²

PART DE LA POPULATION URBAINE/RURALE

18 %   82 %

RELIGION

Autres chrétiens 1 %   Chrétiens (principalement catholiques) 9 %

Musulmans 35 %

Croyances locales 55 %

Il n'existe pas de groupe ethnique dominant, bien que le peuple Mossi, qui vit principalement sur les terres de son ancien empire dans la région de Ouagadougou, ait toujours eu un rôle important au sein du gouvernement. Le premier président du Burkina Faso, Maurice Yameogo, et l'actuel président, Blaise Compaoré, sont l'un et l'autre mossis. La population de l'ouest du pays est beaucoup plus variée sur le plan ethnique.

Le tissu social repose sur la famille étendue. L'extrême pauvreté du Burkina Faso a conduit à un sens aigu de l'égalitarisme au sein de la société. Même si les affaires publiques restent un privilège masculin, les femmes exercent un réel pouvoir et jouent un rôle prépondérant au sein de la société, notamment dans le cadre traditionnel de la famille étendue. On leur refuse pourtant encore l'accès à l'éducation et aux postes à responsabilités.

Chameau de labour. La pauvreté des sols du Burkina Faso et les fréquentes sécheresses poussent les jeunes Burkinabés à émigrer pendant la saison sèche.

POLITIQUE

Ch. basse 2002/2007
Ch. haute variable

Blaise Compaoré, président de la République

AUX DERNIÈRES ÉLECTIONS

Assemblée nationale 111 membres

4 % PAREN

51 % CDP   15 % ADF-RDA   9 % PDP   21 % Autres

CDP = Congrès pour la démocratie et le progrès
PDP = Parti pour la démocratie et le progrès
RDA = Rassemblement démocrate africain
ADF = Alliance pour la démocratie et la Fédération
PAREN = Parti pour le renouveau national

Chambre des représentants 178 membres

Même si le Burkina Faso est nominalement une démocratie pluraliste, le pays est toujours dominé par l'ancien dictateur militaire, Blaise Campaoré. Celui-ci accéda au pouvoir après l'assassinat en 1987 de son supérieur, le capitaine Thomas Sankara. Plusieurs autres compagnons d'armes de Campaoré ont depuis été assassinés. L'emprise politique de Campaoré s'avère aujourd'hui solidement ancrée. Il a été réélu président en 1998 avec 90 % des suffrages. La plupart des chefs de l'opposition sont toujours en exil et l'action des opposants qui vivent au Burkina Faso est totalement clandestine.

Le CDP et le gouvernement ont cependant subi des critiques en 1998 et 1999 après l'assassinat d'un célèbre journaliste, Norbert Zongo, impliquant des personnages haut placés.

POLITIQUE EXTÉRIEURE

OUA   CEAO   ZF   OCI   CILSS

Enclavé, le Burkina doit entretenir de bonnes relations avec ses voisins du sud. Le commerce illégal de diamants en provenance de la Sierra Leone en guerre a continué en 2000-2003, malgré la menace de sanctions des EU.

AIDE INTERNATIONALE

398 M $ (reçus)   Stationnaire en 1999

L'aide extérieure, qui vient principalement de France et de l'UE, joue un rôle important dans l'économie. Les très nombreuses ONG sont à l'origine de problèmes organisationnels ; il est difficile de trouver des projets pour tous les pays donateurs.

B

BURKINA FASO

Superficie totale: 273 800 km²
(105 714 sq. miles)

POPULATION

 Plus de 100 000
○ Plus de 50 000
● Plus de 10 000
• Moins de 10 000

ALTIMÉTRIE

500 m/1 640 ft
200 m/656 ft
Niveau
de la mer

N
0 ——— 100 km
0 ——— 100 miles

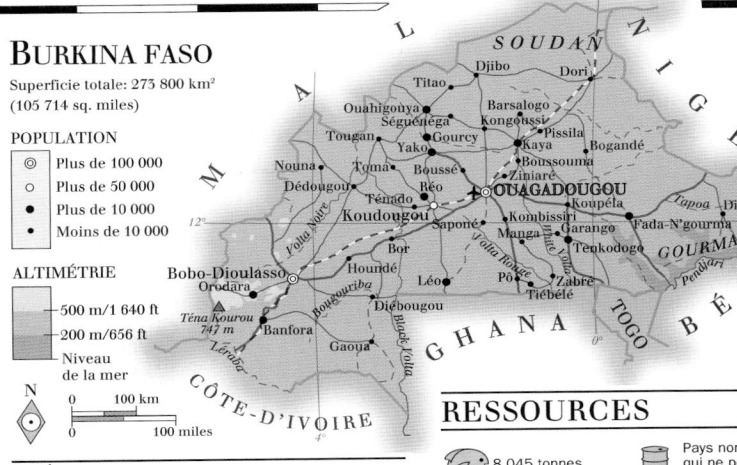

CHRONOLOGIE

Sous la domination des rois mossis à partir du XVIᵉ siècle, le Burkina Faso devint un avant-poste de l'empire français à la fin du XIXᵉ siècle. À l'indépendance en 1960, le pays adopta le nom de Haute-Volta.

❏ **1980** Le dictateur militaire Lamizana est écarté du pouvoir ; le colonel Saye Zerbo à la présidence.
❏ **1982** Le capitaine Thomas Sankara s'empare du pouvoir. Le Conseil du salut du peuple (CSP) entame un programme de réformes radicales.
❏ **1984** Rebaptisé le Burkina Faso.
❏ **1987** Assassinat de Sankara, Blaise Campaoré s'empare du pouvoir.
❏ **1991** Nouvelle Constitution. Élection de B. Campaoré à la présidence.
❏ **1999** Grève générale.
❏ **2001-2003** Une épidémie de méningite fait des milliers de morts.
❏ **2002** Victoire du CDP à une faible majorité.

DÉFENSE

 75 M $ Moins 7 % en 1999

Le rôle principal de l'armée, qui compte 5 600 hommes, est de préserver la sécurité intérieure. Le Burkina Faso dépend de la France pour son équipement militaire et la formation de ses hommes.

ÉCONOMIE

2,53 Md $ 571–664 francs CFA

CHIFFRES SIGNIFICATIFS

❏ CLASSEMENT DU PNB AU NIVEAU MONDIAL ..133ᵉ
❏ PNB PAR HABITANT ....220 $
❏ BALANCE DES PAIEMENTS ....–338 M $
❏ INFLATION ....4,9 %
❏ CHÔMAGE...1 %

ATOUTS

Contributions versées par les Burkinabés travaillant dans les plantations du Ghana et de la Côte d'Ivoire. Meilleure gestion économique. Dette extérieure peu importante. Capacité à attirer l'aide internationale. Culture du coton.

FAIBLESSES

Pas d'accès à la mer. Peu de ressources naturelles économiquement rentables. Récoltes irrégulières. Sécheresse. Baisse de la contributions des Burkinabés émigrés depuis 1998.

EXPORTATIONS

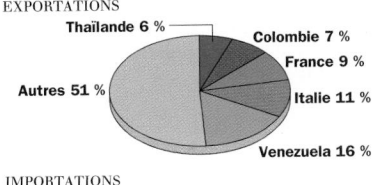
Thaïlande 6 %
Colombie 7 %
France 9 %
Italie 11 %
Venezuela 16 %
Autres 51 %

IMPORTATIONS

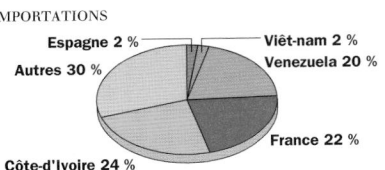
Espagne 2 %
Viêt-nam 2 %
Venezuela 20 %
Autres 30 %
France 22 %
Côte-d'Ivoire 24 %

RESSOURCES

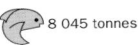 8 045 tonnes   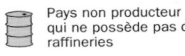 Pays non producteur qui ne possède pas de raffineries

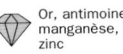 7, 95 M de caprins 6,35 M d'ovins 21 M de poulets   Or, antimoine, marbre, manganèse, argent, zinc

Le Burkina Faso dispose d'une grande richesse minérale, dont de vastes gisements de manganèse et d'argent. La chute des cours mondiaux a entraîné la fermeture de la plus grande mine d'or en 1999. Trois barrages ont été construits pour produire de l'hydroélectricité.

ENVIRONNEMENT

 11 % (8 % partiellement protégés)   0,1 tonne par habitant

La désertification constitue le principal problème écologique du pays. Le nombre d'arbres abattus pour être utilisés comme source d'énergie augmente.

MÉDIAS

 1 quotidien pour 1000 habitants

PRESSE ET TÉLÉCOMMUNICATIONS

 6 quotidiens dont *Sidwaya*, *Le Pays*, *Le Journal de Soir*, et *L'Observateur Paalga*

1 chaîne publique   1 radio publique 30 indépendantes

Il existe un certain nombre de petits journaux indépendants subventionnés par les partis de l'opposition. Un code de déontologie a été adopté en 1999.

CRIMINALITÉ

 Pas de chiffres sur la population carcérale   Moins 19 % en 1996–1998

Le taux de criminalité reste bas malgré l'urbanisation de la société et la recrudescence des violences politiques.

ÉDUCATION

 24 %   8 911 étudiants

Le système éducatif s'inspire du modèle français. Il donne depuis quelques temps plus d'importance aux disciplines pratiques.

SANTÉ

 1 pour 20 000 habitants   Malaria, maladies diarrhéiques et respiratoires

Les dépenses de santé vont d'abord à la médecine de première nécessité et à la vaccination. En 1999, le Sida avait déjà fait 430 000 victimes.

RICHESSES

CONSOMMATION ET DÉPENSES

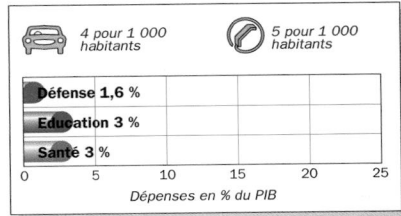
4 pour 1 000 habitants   5 pour 1 000 habitants
Défense 1,6 %
Éducation 3 %
Santé 3 %
Dépenses en % du PIB

Au Burkina Faso l'extrême pauvreté est quasiment générale.

CLASSEMENT MONDIAL

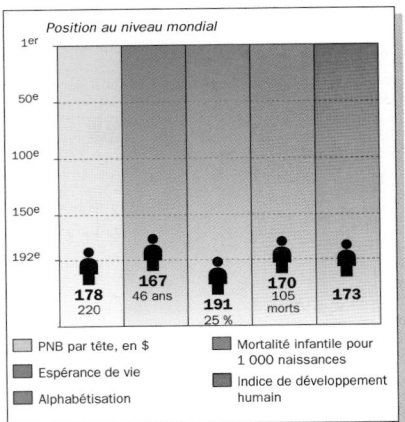
Position au niveau mondial
1er
50e
100e
150e
192e
178 — 220
167 — 46 ans
191 — 25 %
170 — 105 morts
173

☐ PNB par tête, en $ ☐ Mortalité infantile pour 1 000 naissances
☐ Espérance de vie   ☐ Indice de développement humain
☐ Alphabétisation

B

BURUNDI

NOM OFFICIEL : République du Burundi   CAPITALE : Bujumbura
POPULATION : 6,7 millions   MONNAIE : franc du Burundi   LANGUES OFFICIELLES : kirundi et français

   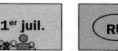

ÉTAT intérieur de l'Afrique orientale, le Burundi est situé juste au sud de l'équateur sur la crête Zaïre-Nil. La vie politique du Burundi est dominée par les tensions interethniques, qui opposent la majorité hutu à la suprématie de la minorité tutsi. Cet antagonisme donna lieu à des flambées de violence et à des massacres à la suite du coup d'État d'octobre 1993 organisé par l'armée, dominée par les Tutsis, au cours duquel le premier président hutu de l'histoire du Burundi fut assassiné.

Élevage porcin et viviers. La majorité des Burundais dépendent d'une agriculture de subsistance.

CLIMAT

DONNÉES MÉTÉOROLOGIQUES

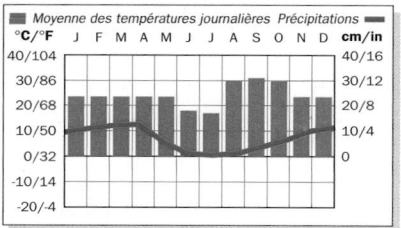

Le climat tempéré du Burundi est marqué par un fort taux d'humidité, un ciel souvent couvert et des pluies fréquentes et intenses.

TRANSPORTS

 Bujumbura International
57 934 passagers   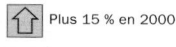 Pas de flotte

RÉSEAU DE TRANSPORT

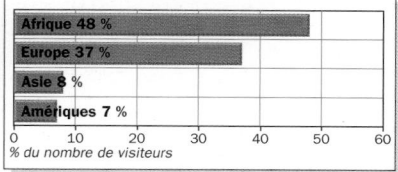

1 028 km (639 miles)		Aucune
Aucune		Lac Tanganyika

Le réseau routier très dense du Burundi a été rénové. La construction d'une voie ferrée reliant le Burundi au Rwanda, à l'Ouganda et à la Tanzanie est actuellement à l'étude.

TOURISME

30 000 visiteurs   Plus 15 % en 2000

PROVENANCE DES TOURISTES ÉTRANGERS

Afrique 48 %	
Europe 37 %	
Asie 8 %	
Amériques 7 %	

% du nombre de visiteurs

Le manque d'infrastructure de base et les violents conflits interethniques gênent le développement du tourisme, dans ce pays qui n'offre ni l'attrait des parcs à gros gibier, ni les paysages spectaculaires des pays voisins.

POPULATION

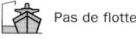 Kirundi, français, swahili   261 hab./km²

PART DE LA POPULATION URBAINE/RURALE

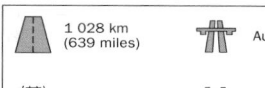

9 %   91 %

COMPOSITION ETHNIQUE

Twas 1 %   Tutsis 14 %

Hutus 85 %

L'histoire du Burundi est marquée par le violent conflit interethnique opposant la majorité hutu aux Tutsis, qui dominèrent longtemps la politique et contrôlent toujours l'armée. Ce clivage a donné lieu à de fréquents massacres au cours des vingt dernières années. Depuis octobre 1993, des centaines de milliers de Burundais, principalement hutus, ont trouvé la mort au cours de ces combats fratricides. Les pygmées Twas sont restés à l'écart de ces luttes. La plupart des Burundais vivent en autarcie du travail de la terre et sont catholiques.

POLITIQUE

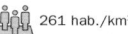 1998/incertaines   Domitien Ndayizeye, président de la République

AUX DERNIÈRES ÉLECTIONS

Assemblée nationale de transition 117 membres

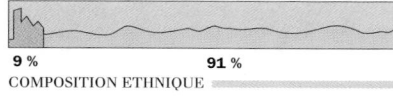

56 % Frodebu	14 % UPRONA	30 % Autres

Frodebu = Front pour la démocratie du Burundi
UPRONA = Union pour le progrès national

L'Assemblée nationale de transition, formée en 1998, est composée de membres de l'ancienne assemblée, de représentants d'autres partis et de membres de la société civile.

À partir de 1966, les Tutsis dominèrent le seul parti légal du Burundi, l'UPRONA, ainsi que la fonction publique, la justice et l'armée. Le président tutsi Buyoya s'engagea dans une politique de réconciliation entre les deux groupes. En 1993, un coup d'État sanglant mit un terme à l'initiative : le premier président hutu et chef du Frodebu, Melchior Ndadaye, fut assassiné quatre mois après son élection ; des centaines de milliers de Hutus furent massacrés par l'armée ou s'enfuirent vers les pays voisins. En 1994, le pays s'enfonça dans une guerre civile opposant l'armée, aux mains des Tutsis, aux milices hutus. Buyoya reprit le pouvoir par la force en 1996. Après des négociations infructueuses en 2000 et une nouvelle flambée de violence, un accord de paix fut élaboré en juillet 2001.

BURUNDI

Superficie totale : 25 650 km²
(9 903 sq. miles)

ALTIMÉTRIE

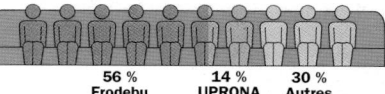

2 000 m/6 562ft
1 000 m/3 281ft
500 m/1 640ft

POPULATION

⊙ Plus de 100 000
○ Plus de 50 000
● Plus de 10 000
• Moins de 10 000

POLITIQUE EXTÉRIEURE

ACP   CEPGL   MCAEA   OIF   OUA

Depuis 1995, le Burundi rejette les offres d'intervention de l'ONU et de l'OUA, visant à éviter de nouveaux massacres.

AIDE INTERNATIONALE

 74 M $ (reçus)   Moins 4 % en 1999

L'exode de centaines de milliers de personnes depuis 1993 a désorganisé l'agriculture. Une grande partie de la population est encore dépendante de l'aide alimentaire de l'ONU.

DÉFENSE

 69 M $ Moins 16 % en 1999

L'armée de 40 000 hommes est dirigée par les Tutsis. Le projet d'ouvrir la carrière d'officier aux Hutus a été une des causes du coup d'État de 1993. L'armée s'empara de nouveau du pouvoir en 1996 ; une situation de guerre civile larvée s'installa entre elle et les milices rebelles hutus.

ÉCONOMIE

 823 M $ 631,2–780,4 francs du Burundi

CHIFFRES SIGNIFICATIFS

- ❑ CLASSEMENT DU PNB AU NIVEAU MONDIAL ..161e
- ❑ PNB PAR HABITANT ....100 $
- ❑ BALANCE DES PAIEMENTS ....– 24 M $
- ❑ INFLATION ....9,2 %
- ❑ CHÔMAGE ....Sous emploi généralisé

ATOUTS
Petites quantités d'or et de tungstène. Gigantesques réserves de nickel et de pétrole dans le lac Tanganyika, encore inexploitées.

FAIBLESSES
Lourdes sanctions économiques imposées par les pays voisins depuis 1996. Économie fondée sur l'agriculture menacée par le taux de natalité élevé. Pas de perspectives de stabilité politique.

EXPORTATIONS

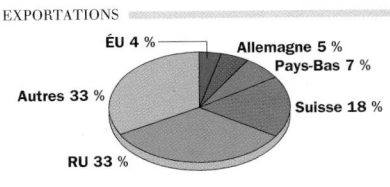

ÉU 4 %   Allemagne 5 %   Pays-Bas 7 %   Autres 33 %   Suisse 18 %   RU 33 %

IMPORTATIONS

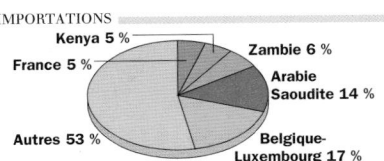

Kenya 5 %   France 5 %   Zambie 6 %   Arabie Saoudite 14 %   Autres 53 %   Belgique-Luxembourg 17 %

RESSOURCES

 20 306 tonnes   Pays non producteur qui ne possède pas de raffineries

550 000 caprins 320 000 bovins 4 M de poulets   Or, tungstène, nickel, vanadium, uranium

Le Burundi possède environ 5 % des réserves mondiales de nickel. Toutefois, son extraction ne serait pas rentable. Il existe des gisements d'or et de vanadium. Des études menées au cours des années 80 ont mis en évidence la présence de pétrole sous le lac Tanganyika mais l'exploitation n'a pas encore commencé. Le Burundi importe de l'essence d'Iran et de l'électricité du Congo (ex-Zaïre). Dès que les usines d'EHE de Mugera et de Rwegura seront opérationnelles, elles satisferont la plupart des besoins en électricité du pays.

ENVIRONNEMENT

 6 %   0,03 tonne par habitant

La forêt (2 % du Burundi) est menacée par l'un des taux de natalité les plus élevés d'Afrique. Le Burundi souffre des maux associés à la déforestation, en particulier l'érosion du sol. La surexploitation agricole explique l'épuisement rapide de certaines terres. Le Burundi a mis en place plusieurs entreprises de reboisement et l'UNESCO dirige des programmes de sensibilisation à la protection de l'environnement.

MÉDIAS

 3 quotidiens pour 1 000 habitants

PRESSE ET TÉLÉCOMMUNICATIONS

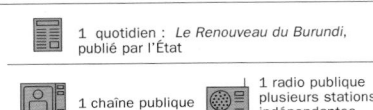

1 quotidien : *Le Renouveau du Burundi*, publié par l'État

1 chaîne publique   1 radio publique plusieurs stations indépendantes

Des stations de radio pro-hutu et anti-tutsi ont commencé à émettre depuis 1994. Une station de radio privée, financée par l'UE, diffuse des émissions prônant la paix depuis 1996.

CRIMINALITÉ

 Pas de chiffres sur la population carcérale   Plus 78 % en 1990–1998

L'histoire du Burundi en matière de violation des droits de l'homme est chargée. L'armée s'est livrée à de véritables massacres sur la population hutu. Les plus sanglants furent ceux de 1972, 1988, 1993 et 1994.

ÉDUCATION

 48 %    4 256 étudiants

L'enseignement primaire est obligatoire pour tous les enfants à partir de sept ans ; l'enseignement secondaire est facultatif. On compte un instituteur pour 70 élèves. L'unique université est située dans la capitale.

CHRONOLOGIE

À partir du XVIe siècle, la minorité tutsi du Burundi régna sur la majorité hutu. Rattaché au Rwanda, le Burundi fut placé sous la domination allemande en 1884, puis belge à partir de 1919.

- ❑ **1946** Administration sous tutelle de l'ONU.
- ❑ **1959** Sécession par rapport au Rwanda.
- ❑ **1962** Indépendance.
- ❑ **1966** Coup d'État militaire.
- ❑ **1972** Massacre de 150 000 Hutus.
- ❑ **1993** Ndadaye remporte les premières élections libres ; il est assassiné 4 mois plus tard.
- ❑ **1996** Buyoya reprend le pouvoir.
- ❑ **2000** Nouvelle flambée de violence.
- ❑ **2001** Accord entre Tutsis et Hutus sur un partage du pouvoir.

SANTÉ

 1 pour 10 000 habitants   Infections transmissibles, maladies parasitaires

2,1 millions de Burundais n'ont pas accès aux services de santé. Les Burundaises ont en moyenne sept enfants. En 1999, 11 % de la population étaient infectés par le VIH.

RICHESSES

CONSOMMATION ET DÉPENSES

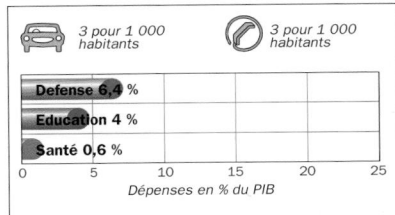

3 pour 1 000 habitants   3 pour 1 000 habitants

Defense 6,4 %   Education 4 %   Santé 0,6 %

Dépenses en % du PIB

L'élite politique et les milieux d'affaires se partagent les richesses du pays. La plupart des Burundais ont juste de quoi survivre.

CLASSEMENT MONDIAL

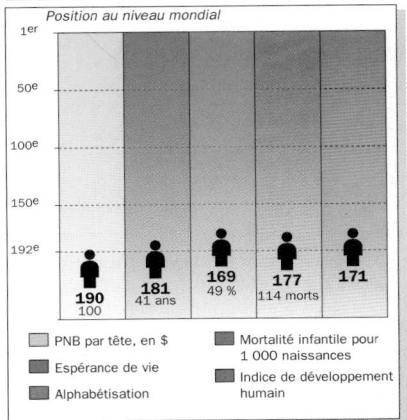

Position au niveau mondial

190   181   169   177   171
100   41 ans   49 %   114 morts

PNB par tête, en $ Mortalité infantile pour 1 000 naissances
Espérance de vie   Indice de développement humain
Alphabétisation

CAMBODGE

 Asie

ASIE DU SUD-EST
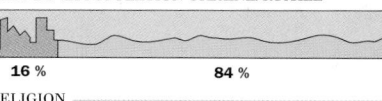

NOM OFFICIEL : Royaume du Cambodge **CAPITALE** : Phnom Penh
POPULATION : 13,8 millions **MONNAIE** : riel **LANGUE OFFICIELLE** : khmer

C

 1953
 1953
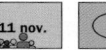 11 nov.
 K
 + 7
 + 855
.kh

É TAT d'Asie du Sud-Est situé dans la péninsule indochinoise, le Cambodge est bordé par le golfe de Thaïlande et partage ses frontières avec la Thaïlande, le Laos et le Viêt-nam. Le *Tonle Sap*, ou Grand lac, qui se jette dans le Mékong, constitue sa principale particularité topographique. La forêt couvre les trois quarts du pays, tandis que des mangroves bordent sa façade littorale. Le riz est la principale culture. Le Cambodge tente aujourd'hui de renaître après vingt années de guerre civile et l'invasion du Viêt-nam. L'opération de maintien de la paix de l'ONU, la plus importante jamais mise en place, permit les élections libres de 1993.

CLIMAT

DONNÉES MÉTÉOROLOGIQUES

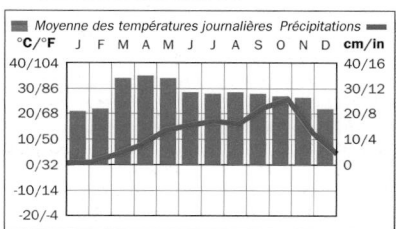

Dans les régions de basse altitude, les précipitations sont modérées et les écarts annuels de température presque nuls. Les coteaux qui font face au golfe de Thaïlande sont les régions les plus arrosées. La saison sèche, de décembre à avril, se caractérise par des températures très élevées et par une moyenne de huit heures d'ensoleillement par jour. La saison des pluies plonge le Cambodge dans une chaleur étouffante avec un fort taux d'humidité. En 2000, Phnom Penh a été inondée à la suite des crues du Mékong. De mai à septembre, les vents de la mousson sont de secteur sud-est, tandis que d'octobre à avril, le Cambodge est balayé par des vents qui viennent du Nord ou du Nord-Est.

TRANSPORTS

 Pochentong, Phnom Penh
738 258 passagers

 195 navires
616 400 tpl

RÉSEAU DE TRANSPORT

 4 165 km (2 588 miles)

 Aucune

 650 km (404 miles)

 3 700 km (2 299 miles)

La guerre civile a eu pratiquement raison du réseau routier et ferroviaire du Cambodge. L'aide internationale sert aujourd'hui à la restauration des axes stratégiques. La bicyclette et le pousse-pousse sont les principales formes de transport urbain.

L'Angkor Vat s'élève sur les ruines de l'ancienne ville d'Angkor, autrefois la capitale de l'empire khmer. Ce temple est aujourd'hui l'un des principaux attraits touristiques du Cambodge.

TOURISME

 265 000 visiteurs

 Plus 1 % en 2000

PROVENANCE DES TOURISTES ÉTRANGERS

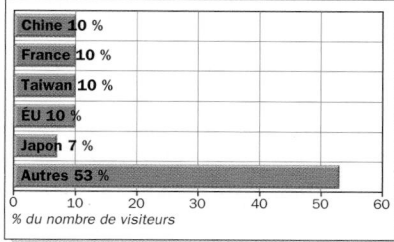

Le Cambodge, centre de l'empire khmer entre 800 et 1400, possède les temples les plus impressionnants de toute l'Asie du Sud-Est, dont l'extraordinaire Angkor Vat. Sous contrôle des Khmers rouges jusqu'en 1998, il peut de nouveau être visité aujourd'hui. Au milieu des années 1990, les enlèvements et les meurtres de touristes par les Khmers rouges avaient rayé le Cambodge des destinations touristiques. Une fois la situation politique complètement stabilisée, le pays devrait voir s'ouvrir d'importantes perspectives touristiques.

POPULATION

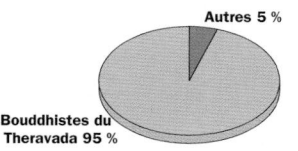 Khmer, français, chinois, vietnamien, cham

63 hab./km²

PART DE LA POPULATION URBAINE/RURALE

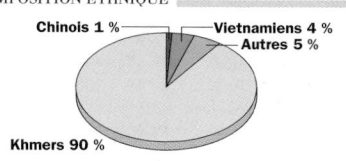

16 %   84 %

RELIGION

Autres 5 %

Bouddhistes du Theravada 95 %

COMPOSITION ETHNIQUE

Chinois 1 % Vietnamiens 4 %
Autres 5 %

Khmers 90 %

Entre 1975 et 1979, sous le régime khmer rouge de Pol Pot, la société cambodgienne subit l'un des programmes de transformation les plus terrifiants du XXᵉ siècle. La guerre, la famine, l'esclavage auquel fut réduite la population et les exécutions firent plus de 2 millions de victimes, soit un habitant sur huit. 500 000 Cambodgiens partirent se réfugier en Thaïlande. Les réformes imposées par le régime de Pol Pot conduisirent à l'abandon des « valeurs bourgeoises » que constituaient l'argent, la propriété ou la hiérarchie. Seuls les paysans, les soldats de la révolution et certains ouvriers de l'industrie étaient valorisés. On arracha à leur famille des filles et des garçons de 13/14 ans pour les endoctriner. On cautionnait toute forme d'atrocité au nom de la révolution.
L'invasion vietnamienne en 1979 mit fin au régime de Pol Pot. Les membres des professions libérales ayant survécu à la dictature émigrèrent en masse. Les conséquences de la révolution et de la guerre civile se font encore sentir aujourd'hui et se traduisent par un nombre élevé de veuves et d'orphelins.

PYRAMIDE DES ÂGES

Femmes	Âge	Hommes
Données	81–100	*Données*
non	61–80	*non*
disponibles	41–60	*disponibles*
	21–40	
	0–20	

% de population par tranche d'âge

POLITIQUE

 Ch. basse 2003/2008
Ch. haute 1999/2004

 Roi Norodom Sihanouk

AUX DERNIÈRES ÉLECTIONS

Assemblée nationale 123 membres

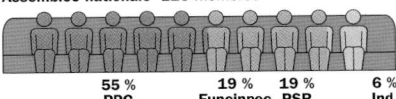

| 55 % PPC | 19 % Funcinpec | 19 % PSR | 6 % Ind. |

PPC = Parti du peuple cambodgien
Funcinpec = Front d'union nationale pour un Cambodge indépendant, neutre, pacifique et coopératif
PSR = Parti Sam Rainsy

Sénat 61 membres

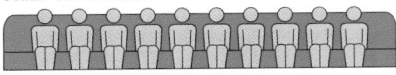

La composition du sénat, créé en 1999, est fonction des résultats des élections législatives de 1998.

Le Cambodge est une monarchie constitutionnelle.

PRINCIPAUX PROBLÈMES POLITIQUES
Les rivalités entre le PPC et les monarchistes

Les luttes de pouvoir entre le Funcinpec et le PPC ont atteint leur paroxysme lors du coup d'État mené par Hun Sen, le chef du PPC, en 1997. Après des élections aux résultats indécis en 1998, les deux partis ont reformé une coalition.

En finir avec les Khmers rouges

Les Khmers rouges ont repris la lutte armée en 1993. Affaiblis par des désertions massives et la mort de Pol Pot, ils ont capitulé en 1998. En 2001, le parlement a approuvé le projet de création d'un tribunal afin de juger les leaders survivants pour crimes contre l'humanité.

PROFIL

En 1975, le gouvernement installé par les États-Unis fut renversé par les Khmers rouges maoïstes. Puis l'invasion vietnamienne mit fin au régime meurtrier de Pol Pot en 1979. Les Khmers rouges s'allièrent à la coalition formée en exil par les partisans du prince Sihanouk et le Front de libération des peuples khmers (FLPK) contre les Vietnamiens. Le retrait des forces vietnamiennes en 1989 ouvrit la voie à des élections supervisées par l'ONU, en 1993. Après la victoire des royalistes du Funcinpec, le roi Sihanouk forma un gouvernement de réconciliation nationale sans les Khmers rouges, qui reprirent la résistance armée jusqu'à leur reddition en 1998. Les dissensions au sein du gouvernement de coalition s'aggravèrent jusqu'en 1997, année où Hun Sen, du parti communiste (PPC), évinça le co-Premier ministre, le prince Ranariddh. Un an plus tard, n'obtenant pas de majorité nette aux élections, le PPC fut obligé de former une nouvelle coalition avec le Funcinpec. Contre toute attente, ce compromis s'est jusqu'ici révélé durable.

Le Premier Ministre Hun Sen qui évinça son co-Premier ministre en 1997, le prince Ranariddh.

Le roi Norodom Sihanouk, figure centrale de la société et de la politique cambodgiennes

POLITIQUE EXTÉRIEURE

 ANSEA   AIEA   OIF   MNA   Mékong

Pendant la guerre civile qui suivit l'invasion vietnamienne en 1979, le gouvernement de Phnom Penh subit le même ostracisme que le Viêt-nam de la part de la collectivité internationale. Peu de pays, hormis ceux du bloc soviétique, le reconnurent. Son siège à l'ONU fut alloué à la coalition d'opposants en exil, bien qu'elle comprît les Khmers rouges, coupables d'atrocités sur le peuple cambodgien. Même si la Constitution de 1993 entendait faire du Cambodge non-aligné un « îlot de paix », il lui fut difficile de mener une politique étrangère neutre tant que la Chine continua à réclamer la réhabilitation politique des Khmers rouges. Les tensions avec le Viêt-nam perdurèrent également. La situation s'est cependant améliorée depuis la fin des années 1990. Son adhésion à l'ANSEA, qui dépendait de l'instauration de la démocratie, a été confirmée en avril 1999.

AIDE INTERNATIONALE

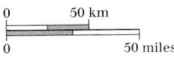 279 M $ (reçus)   Moins 17 % en 1999

L'aide internationale est indispensable à l'économie cambodgienne. La corruption et l'instabilité politique ont incité certains pays à suspendre leur aide à la fin des années 1990, mais les ONG ont continué de travailler au Cambodge et les Occidentaux ont pris de nouveaux engagements en 2000.

| 0 | 50 km |
| 0 | 50 miles |

CAMBODGE

Superficie totale : 176 520 km² (68 154 sq. miles)

POPULATION
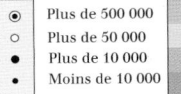
- ⊙ Plus de 500 000
- ○ Plus de 50 000
- ● Plus de 10 000
- • Moins de 10 000

ALTIMÉTRIE
- 1 000 m/3 281ft
- 500 m/1 640ft
- 200 m/656ft
- Niveau de la mer

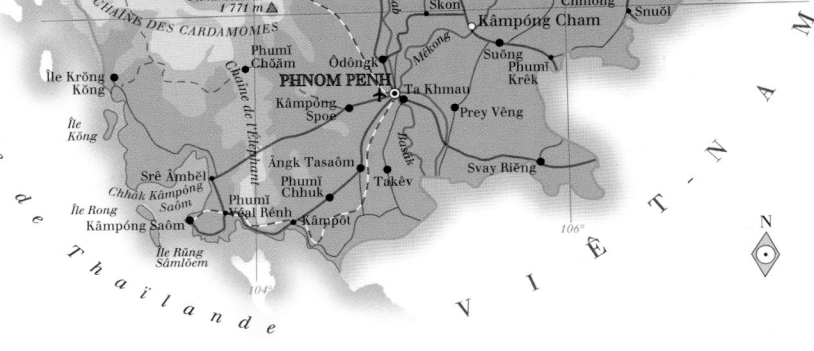

C

CHRONOLOGIE

Ancien protectorat français, le Cambodge obtint son indépendance en 1953 en tant que monarchie constitutionnelle dirigée par le roi Norodom Sihanouk.

❑ **1955** Sihanouk abdique pour se consacrer aux affaires politiques.
❑ **1970** Sihanouk est destitué par le coup d'État organisé par le Premier ministre Lon Nol. En exil, Sihanouk forme le Gouvernement royal de l'union nationale du Cambodge (GRUNC), soutenu par des Khmers rouges. Lon Nol proclame la République khmère.
❑ **1975** Les forces du GRUNC s'emparent de Phnom Penh. Le prince Sihanouk devient le chef de l'État ; les Khmers rouges prennent le pouvoir.
❑ **1976** Le nom officiel du pays devient le Kampuchéa démocratique. Élections. Démission de Sihanouk ; le GRUNC est dissout. Khieu Samphan devient chef de l'État. Pol Pot est Premier ministre.
❑ **1978** Invasion par le Viêt-nam, soutenue par les communistes cambodgiens opposés à Pol Pot.
❑ **1979** Les Vietnamiens s'emparent de Phnom Penh. Les Khmers rouges sont chassés par le Parti révolutionnaire du peuple kampuchéan (PRPK) conduit par Pen Sovan. Début de la guérilla khmère rouge. Pol Pot est tenu pour responsable de la mort de deux millions de Cambodgiens et condamné à mort par contumace.
❑ **1982** Formation du gouvernement en exil (Khmers rouges et Front de libération du peuple khmer) présidé par Sihanouk et reconnu par l'ONU.
❑ **1989** Retrait des troupes vietnamiennes.
❑ **1990** Le Conseil de sécurité de l'ONU approuve le projet de cessez-le-feu et celui des élections.
❑ **1991** Signature des accords de Paris. Sihanouk devient chef de l'État.
❑ **1993** Élections sous la surveillance de l'ONU. Victoire des royalistes du Funcinpec. Sihanouk devient roi.
❑ **1994** Les Khmers rouges refusent de participer au processus de paix.
❑ **1997** Éviction du co-Premier ministre, le prince Ranariddh, par son homologue, Hun Sen.
❑ **1998** Mort de Pol Pot ; reddition des Khmers rouges. Élections législatives. Hun Sen forme un gouvernement de coalition incluant le Funcinpec.
❑ **1999** Adhésion à l'ANSEA.
❑ **2001** Loi votée pour juger les Khmers rouges.
❑ **2003** Elections relativement calmes. Victoire du PPC.

DÉFENSE

 176 M $ Plus 14 % en 1999

FORCES ARMÉES CAMBODGIENNES

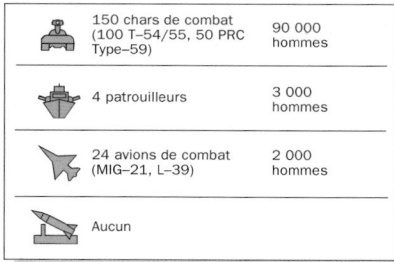

150 chars de combat (100 T–54/55, 50 PRC Type–59)	90 000 hommes
4 patrouilleurs	3 000 hommes
24 avions de combat (MIG–21, L–39)	2 000 hommes
Aucun	

La priorité du gouvernement de coalition fut d'abord d'unifier les structures de commandement des forces armées en présence, un projet rendu possible par la reddition des Khmers rouges en 1998. Un processus de démobilisation de 30 000 hommes sur trois ans a commencé en 2000. Sous la dénomination des Forces Armées du Royaume du Cambodge coexistent en fait trois armées : l'Armée du Peuple Cambodgien du PPC, l'Armée Nationale Sihanoukiste du Funcinpec, et l'Armée de Libération Nationale du Peuple Khmer. Entre elles, les rivalités demeurent, et les deux premières étaient encore en conflit ouvert en 1997-1998.

ÉCONOMIE

 3,34 Md $ 3 835 riels

CHIFFRES SIGNIFICATIFS

❑ CLASSEMENT DU PNB AU NIVEAU MONDIAL ..127e
❑ PNB PAR HABITANT ....270 $
❑ BALANCE DES PAIEMENTS ....– 105 M $
❑ INFLATION ....-0,6 %
❑ CHÔMAGE...3 %

EXPORTATIONS

Allemagne 2 % — RU 4 %
Singapour 14 %
Autres 32 %
ÉU 18 %
Viêt-nam 30 %

IMPORTATIONS

Viêt-nam 7 % — Singapour 8 %
Taiwan 12 %
Autres 42 %
Hong Kong 15 %
Thaïlande 16 %

INDICATEUR DES PERFORMANCES ÉCONOMIQUES

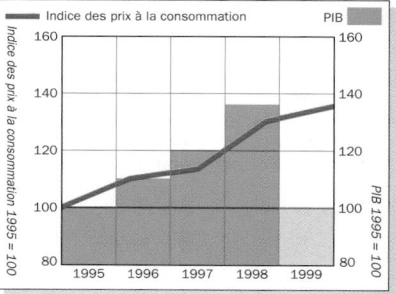

PROFIL
L'économie cambodgienne a été presque entièrement anéantie par les années de régime Pol Pot. Les Vietnamiens se sont efforcés de reconstruire le pays par le biais d'une planification centralisée avant d'encourager l'initiative privée. L'investissement, qui dépend beaucoup de l'aide extérieure, a en outre été affecté par la crise financière asiatique et les troubles internes à partir de 1997.

ATOUTS
Le pays compte très peu d'atouts à l'heure actuelle, des années de conflit ayant ruiné l'ensemble de l'économie, mais se caractérise par un énorme potentiel pour l'avenir. L'autosuffisance en riz est atteinte depuis 1999. Gisements de pierres précieuses, saphirs en particulier. Possible richesse pétrolière offshore. Industrie textile tournée vers l'exportation. Mentalité relativement entreprenante.

FAIBLESSES
La faiblesse des ressources fiscales rend difficile l'application des réformes économiques. Le pays continue à dépendre de l'aide internationale, dont l'efficacité est malheureusement entravée par la corruption du gouvernement. Conflits portant sur les droits de propriété de la terre.

CAMBODGE : PRINCIPALES ACTIVITÉS

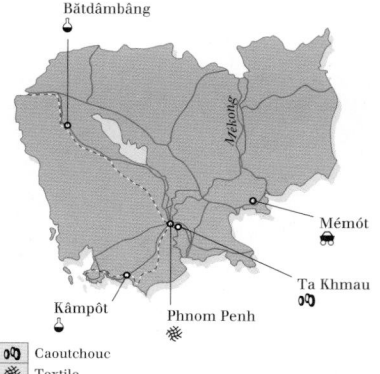

Caoutchouc	
Textile	
Engrais	0 200 km
Extraction d'or	0 200 miles

C

RESSOURCES

 114 600 tonnes   Pays non producteur

 4,6 M de canards
3 M de bovins
2,6 M de porcins
13,2 M de poulets   Pierres précieuses, sel, phosphates

Les ressources du Cambodge sont peu exploitées, hormis les forêts tropicales, riches en teck et en bois de rose. Une grande partie est abattue illégalement.

PRODUCTION ÉLECTRIQUE

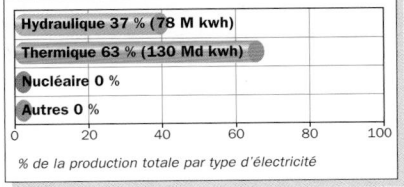

Hydraulique 37 % (78 M kwh)
Thermique 63 % (130 Md kwh)
Nucléaire 0 %
Autres 0 %

% de la production totale par type d'électricité

CAMBODGE : UTILISATION DU SOL

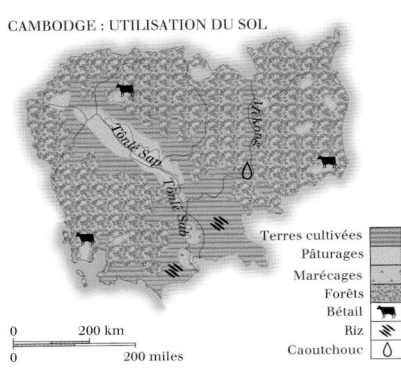

Terres cultivées
Pâturages
Marécages
Forêts
Bétail
Riz
Caoutchouc

0   200 km
0   200 miles

ENVIRONNEMENT

 16 %   0,05 tonne par habitant

TRAITÉS ÉCOLOGIQUES

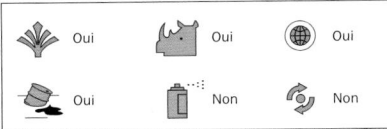

Oui   Oui   Oui
Oui   Non   Non

La déforestation est l'un des principaux problèmes écologiques. Le bois, atout précieux de l'économie du Cambodge, a été vendu en immenses quantités par toutes les factions cambodgiennes pour financer les dépenses de guerre. Le moratoire sur l'abattage du bois déclaré fin 1992 fut peu respecté. Malgré la pression internationale et les efforts entrepris depuis 2000, il est impossible de contrôler l'abattage dans de nombreuses régions. Les bois durs tropicaux abattus illégalement sont écoulés notamment par la Thaïlande. Les énormes retombées sur l'environnement – érosion de la couche arable et risques d'inondation de plus en plus grands – constitueront un obstacle à la reconstruction du Cambodge.

MÉDIAS

 2 quotidiens pour 1 000 habitants

Phnom Penh dispose de plusieurs chaînes de télévision indépendantes en plus du réseau national qui émet 10 heures par jour. Le gouvernement a eu recours à la loi sur la presse de 1995 pour poursuivre de nombreux journaux en diffamation.

CRIMINALITÉ

 2 490 détenus   Le taux de criminalité se rapportant à la population civile est aujourd'hui relativement stable.

TAUX DE CRIMINALITÉ

Le Cambodge ne publie pas de statistiques portant sur la criminalité.

D'après certains, le Cambodge serait en train de devenir une nouvelle plaque tournante asiatique de la drogue. Le trafic de stupéfiants, le blanchiment d'argent, les opérations bancaires illégales et les meurtres commis en gangs seraient de plus en plus répandus. La corruption dans le monde des affaires est un sujet de préoccupation. Après le coup de force de Hun Sen en 1997, Phnom Penh connut une recrudescence de crimes violents en raison du nombre élevé d'armes détenues illégalement. Jusqu'à la reddition des Khmers rouges en 1998, certaines régions sous leur contrôle, en particulier à l'Ouest autour de Pailin et Battambang, étaient particulièrement dangereuses.

ÉDUCATION

 37 %   8 901 étudiants

LE SYSTÈME ÉDUCATIF

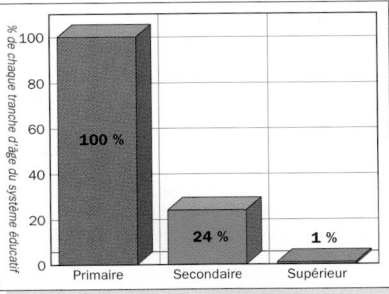

% de chaque tranche d'âge du système éducatif

100 % Primaire   24 % Secondaire   1 % Supérieur

L'objectif officiel est d'instaurer une scolarité d'une durée de 9 ans. Aujourd'hui, l'école primaire est obligatoire de 6 à 12 ans. Seuls 5 000 des 20 000 enseignants cambodgiens ont survécu au régime de Pol Pot. Le gouvernement mis en place par les Vietnamiens a formé 40 000 enseignants.

PRESSE ET TÉLÉCOMMUNICATIONS

 2 quotidiens ; seuls 10 journaux et magazines paraissent régulièrement.

 1 chaîne publique
5 chaînes indépendantes

 2 radios publiques
7 radios indépendantes

SANTÉ

 1 pour 10 000 personnes   Maladies vasculaires et infectieuses, cancers

Le système de santé cambodgien a été détruit par le régime des Khmers rouges. Seuls 50 médecins ont survécu à cette période. Les conditions se sont améliorées depuis, mais le Sida fait des ravages. La mortalité infantile demeure élevée ; la malaria et le choléra sont endémiques. En 2000, l'Unicef a participé au lancement d'une campagne de vaccination contre le tétanos, l'une des principales causes de mortalité néonatale.

RICHESSES

CONSOMMATION ET DÉPENSES

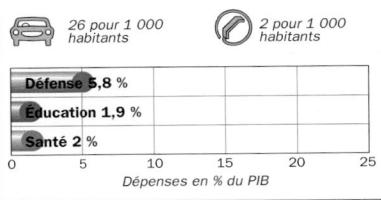

26 pour 1 000 habitants   2 pour 1 000 habitants

Défense 5,8 %
Éducation 1,9 %
Santé 2 %

Dépenses en % du PIB

Les nouvelles industries, comme le textile et l'habillement, dans lesquelles des ouvrières peuvent gagner 40 $ par mois, accélèrent l'exode rural, même si le risque de chômage et de pauvreté existe aussi en ville. Dans les zones rurales, la misère est encore plus grande, exacerbée par le manque de terres.

CLASSEMENT MONDIAL

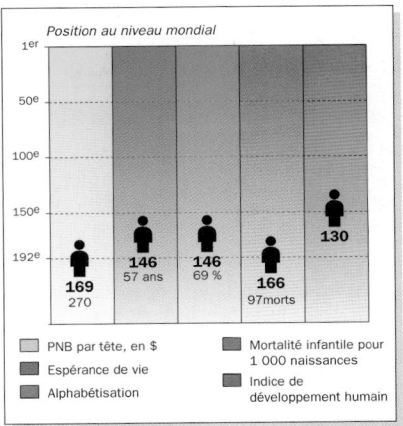

Position au niveau mondial

169 270   146 57 ans   146 69 %   166 97 morts   130

PNB par tête, en $ Mortalité infantile pour 1 000 naissances
Espérance de vie
Alphabétisation   Indice de développement humain

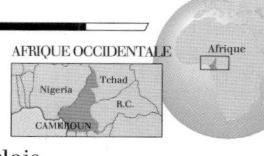

AFRIQUE OCCIDENTALE

CAMEROUN

NOM OFFICIEL : République du Cameroun **CAPITALE** : Yaoundé
POPULATION : 15,5 millions **MONNAIE** : franc CFA **LANGUES OFFICIELLES** : français et anglais

C

PAYS situé sur la côte ouest de l'Afrique centrale, le Cameroun est couvert de forêts sur plus de la moitié de sa superficie : forêt équatoriale au Sud, forêt d'arbres à feuilles persistantes et savane boisée au nord de la Sanaga. La plupart des villes sont situées au Sud bien que le pays compte également quelques régions fortement peuplées aux environs du mont Cameroun, un volcan en sommeil. Le Cameroun a eu pendant 30 ans un régime à parti unique. C'est le parti autrefois au pouvoir qui remporta les élections démocratiques de 1992.

Paysage de savane près du pic Mindi à *l'extrémité nord du Cameroun. Plus bas, les terres descendent doucement vers le lac Tchad.*

CLIMAT

DONNÉES MÉTÉOROLOGIQUES

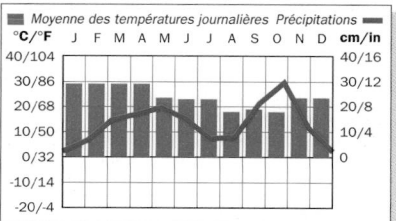

Le climat passe d'un régime équatorial au Sud avec 500 cm de pluie par an à la sécheresse endémique du Sahel au Nord.

TRANSPORTS

 Douala International 434 744 passagers   58 navires 12 900 tpl

RÉSEAU DE TRANSPORT

 4 288 km (2 664 miles)   Transafricaine

 1 016 km (631 miles)   2 090 km (1 299 miles)

Les principaux projets actuels sont la Transafricaine et le nouveau tracé de la voie ferrée entre Douala et Nkongsamba.

TOURISME

 135 000 visiteurs   Plus 32 % en 1998

PROVENANCE DES TOURISTES ÉTRANGERS

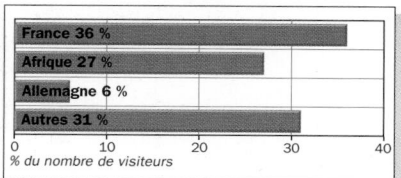

Un ministère du Tourisme a été créé en 1989. Des voyages organisés permettent de visiter les parcs animaliers au Nord du pays. Quelques hôtels sont installés le long des plages près de Kribi. Un aéroport est en construction près de Yaoundé.

POPULATION

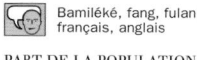 Bamiléké, fang, fulani, français, anglais  32 hab./km²

PART DE LA POPULATION URBAINE/RURALE

48 %   52 %

RELIGION

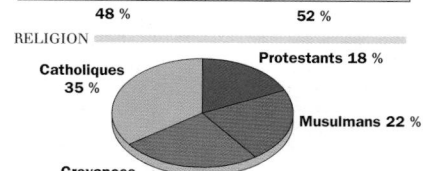

Catholiques 35 % Protestants 18 % Musulmans 22 % Croyances locales 25 %

La population camerounaise présente une grande diversité ethnique — on recense quelque 230 ethnies dont aucune ne joue un rôle prédominant par rapport aux autres. La plus importante, les Bamilékés, n'a jamais eu accès au pouvoir politique. Lorsque le président Ahidjo, un Fulani, quitta ses fonctions, il fut remplacé par Paul Biya, issu du peuple des Boulous-Betis. L'hostilité qui règne entre le Nord et le Sud dans de nombreux États d'Afrique occidentale n'épargne pas le Cameroun. Il existe des tensions entre les communautés francophones et anglophones ; certains groupes anglophones réclament l'indépendance.

POLITIQUE

2002/2007 Paul Biya, président de la République

EN 1997

Assemblée nationale 180 membres

2 % UDC

74 % RDPC   12 % SDF   12 % Autres

RDPC = Rassemblement démocratique du peuple camerounais SDF = Front social démocrate UNDP = Union nationale pour la démocratie et le progrès UDC = Union démocratique du Cameroun

Le RDPC du président Biya remporta une courte majorité aux élections législatives pluralistes de 1992, qui furent boycottées par le SDF, principal parti d'opposition. John Fru Ndi, le candidat du SDF aux élections présidentielles qui eurent lieu la même année, contesta la victoire de Biya. Le RDPC et Biya furent de nouveau accusés de fraude par l'opposition après leur victoire aux législatives, puis à la présidentielle de 1997.

CAMEROUN

Superficie totale : 465 400 km² (179 691 sq. miles)

POPULATION

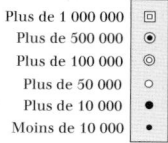
Plus de 1 000 000
Plus de 500 000
Plus de 100 000
Plus de 50 000
Plus de 10 000
Moins de 10 000

ALTIMÉTRIE

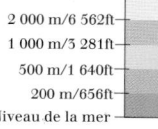
2 000 m/6 562ft
1 000 m/3 281ft
500 m/1 640ft
200 m/656ft
Niveau de la mer

C

POLITIQUE EXTÉRIEURE

 BDEAC Comm OCI ZF CBLT

Les relations les plus importantes restent celles avec la France, mais le Cameroun essaye de diversifier ses partenaires.

Poursuite de la controverse avec le Nigéria sur la péninsule pétrolifère de Bakassi (émeutes de 1996 et 1998), malgré une décision internationale en faveur du Cameroun (2002).

AIDE INTERNATIONALE

 434 M $ (reçus)　　 Plus 2 % en 1999

La France, qui s'est chargée de régler par deux fois le montant des dettes du Cameroun auprès du FMI, est le premier pays donateur du Cameroun. Malgré les mauvaises performances économiques de ce dernier, les relations avec le FMI s'améliorent. Mais faute de moyens, de nombreux projets de développement ont dû être abandonnés.

DÉFENSE

 154 M $　　 Plus 3 % en 1999

L'armée (11 500 hommes) a été l'un des principaux soutiens du régime depuis l'indépendance et a joué un rôle de maintien de l'ordre face aux manifestations pro-démocratiques. La France fournit l'essentiel du matériel militaire. Le Cameroun dispose en outre de 9 000 gendarmes.

ÉCONOMIE

 8,74 Md $　　 571-664 francs CFA

CHIFFRES SIGNIFICATIFS

- ❏ Classement du PNB au niveau mondial 91ᵉ
- ❏ PNB par habitant ....580 $
- ❏ Balance des paiements ....– 147 M $
- ❏ Inflation ....4,5 %
- ❏ Chômage...30 %

ATOUTS
Des compagnies françaises et américaines exploitent les réserves de pétrole. Agriculture très diversifiée (bois, cacao, bananes, café). Autosuffisance alimentaire. Secteur privé en bonne santé. Électricité à 95 % d'origine hydraulique.

FAIBLESSES
Le carburant de contrebande en provenance du Nigeria constitue un sérieux manque à gagner pour les entreprises de raffinage. Fonction publique très importante. Corruption.

EXPORTATIONS
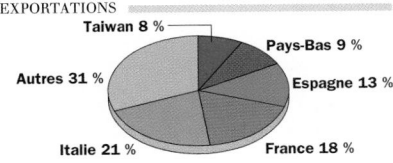
Taiwan 8 % / Pays-Bas 9 % / Espagne 13 % / France 18 % / Italie 21 % / Autres 31 %

IMPORTATIONS
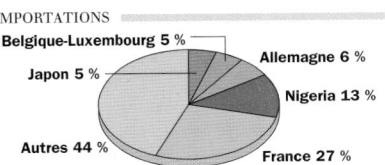
Belgique-Luxembourg 5 % / Allemagne 6 % / Japon 5 % / Nigeria 13 % / France 27 % / Autres 44 %

RESSOURCES

 89 055 tonnes　　 90 000 b/j (réserves : 400 000 000 Mbd)

 5,9 M de bovins
3,9 M d'ovins
30 M de poulets

 Pétrole, étain, charbon, gaz naturel, bauxite, fer, uranium, or

On peut espérer que les récentes découvertes de pétrole viendront contrebalancer la baisse de rendement des sites actuels. Malgré ses vastes gisements de bauxite, le Cameroun en importe de grandes quantités.

ENVIRONNEMENT

 5 % (2 % partiellement protégés)　　 0,2 tonne par habitant

La Déclaration de Yaoundé de 1999 devrait aider à protéger les vastes forêts du Cameroun, menacées par l'exploitation commerciale du bois.

MÉDIAS

 7 quotidiens pour 1 000 habitants

PRESSE ET TÉLÉCOMMUNICATIONS

 3 quotidiens, *La Tribune du Cameroun*, *Politiks Matinal*, et *Le Quotidien*

 1 chaîne publique　　1 radio publique

Les cas de censure et de violence contre les journalistes sont fréquents. Les médias en langue anglaise ont souvent une plus grande liberté de ton.

CRIMINALITÉ

 Pas de chiffre sur la population carcérale　　 Plus 238 % en 1996–1998

Douala et Yaoundé connaissent une forte recrudescence des vols à main armée et des cambriolages.

ÉDUCATION

 76 %　　🎓 33 177 étudiants

La majorité francophone n'a pas réussi à subvertir le système scolaire bilingue. Le Cameroun a un taux d'alphabétisation élevé par rapport au reste de l'Afrique.

CHRONOLOGIE

Vaste empire commercial de l'Ouest africain, le Cameroun fut partagé entre la France et le RU en 1919, après 30 ans de domination allemande.

- ❏ **1955** Révoltes ; la répression française fait 10 000 victimes.
- ❏ **1960** Indépendance du Cameroun français.
- ❏ **1961** La partie sud du Cameroun anglais rejoint le Cameroun.
- ❏ **1982** Paul Biya président.
- ❏ **1983–1984** Tentatives de coup d'État. Violente répression.
- ❏ **1990** Adoption du multipartisme.
- ❏ **1997** Victoire contestée du président sortant et du RDCP aux élections.
- ❏ **2000** Projets pétroliers de la Banque mondiale, malgré les risques écologiques.
- ❏ **2001** Plus de 80% des forêts exploitées.
- ❏ **2002** Le RDPC accroît sa majorité.

SANTÉ

 1 pour 10 000 habitants　　 Malaria, maladies diarrhéiques et respiratoires

Les coupes budgétaires dans les dépenses de santé obligent de nombreux Camerounais à recourir au secteur privé ou à la médecine traditionnelle.

RICHESSES

CONSOMMATION ET DÉPENSES

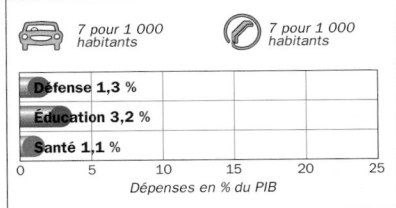

Le pays s'est appauvri depuis la fin du boom pétrolier. Les écarts de richesse sont importants. Il existe encore une petite classe sociale très aisée.

CLASSEMENT MONDIAL

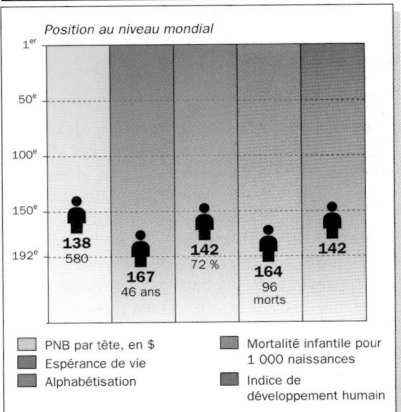

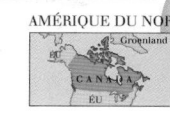

AMÉRIQUE DU NORD

CANADA

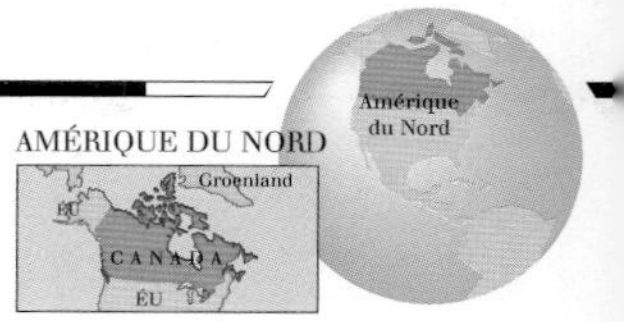

NOM OFFICIEL : Canada   **CAPITALE** : Ottawa   **POPULATION:** 31,3 MILLIONS
MONNAIE : dollar canadien   **LANGUES OFFICIELLES** : anglais, français

C

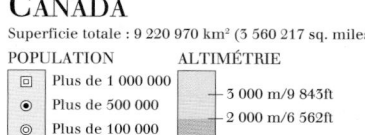

| 1867 | 1949 | 1er juil. | CDN | -3,5 à -8 | +1 | .ca |

DEUXIÈME PAYS DU MONDE par sa superficie, le Canada s'étend du Cap Colombia, sur l'île d'Ellesmere au nord, jusqu'au lac Érié au sud, et de Terre-Neuve jusqu'au Pacifique en couvrant cinq fuseaux horaires. Les basses terres qui entourent la baie d'Hudson forment près de 80 % de son territoire. À l'ouest du bouclier canadien, les vastes plaines de la Saskatchewan et du Manitoba s'étirent jusqu'aux Rocheuses. Les principaux fleuves du Canada (le Saint-Laurent, le Yukon, le Mackenzie et le Fraser) comptent parmi les 40 plus grands du monde. La région des Grands Lacs et celle du Saint-Laurent sont les plus peuplées. En 1999, un territoire Inuit a été créé, le Nunavut, sur la partie orientale des anciens Territoires du Nord-Ouest. Les relations du Québec francophone avec le reste du pays continuent de poser des problèmes constitutionnels.

CANADA

Superficie totale : 9 220 970 km² (3 560 217 sq. miles)

POPULATION

▣	Plus de 1 000 000
◉	Plus de 500 000
◎	Plus de 100 000
○	Plus de 50 000
●	Plus de 10 000
·	Moins de 10 000

ALTIMÉTRIE

3 000 m/9 843ft
2 000 m/6 562ft
1 000 m/3 281ft
500 m/1 640ft
200 m/656ft
Niveau de la mer

CLIMAT

DONNÉES MÉTÉOROLOGIQUES

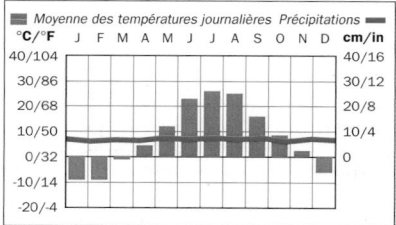

Le climat du Canada est rude. Les régions côtières bénéficient d'hivers plus cléments et plus courts que le centre du pays, très enneigé et dont les températures descendent bien en dessous de zéro. La façade littorale du Pacifique près de la région de Vancouver connaît les hivers les plus doux de tout le pays et des températures rarement négatives.

TRANSPORTS

Lester B. Pearson International, Toronto
25,9 M de passagers

875 navires
2,73 M de tpl

RÉSEAU DE TRANSPORT

318 371 km (197 826 miles)	16 600 km (10 135 miles)
12 754 km (7 925 miles)	3 000 km (1 864 miles)

Dans un pays comme le Canada, un bon réseau de transport est essentiel à l'économie. La Transcanadienne et les voies ferrées est-ouest et nord-sud sont les principaux axes de communication terrestre. Le système de transport Grands Lacs-Saint Laurent, très abordable, a permis au Québec et à l'Ontario de dominer l'économie pendant presque tout le XXe siècle. Crise de l'industrie aérienne après le 11 septembre 2001.

OCÉAN ARCTIQUE

ÎLES DE LA REINE ÉLIZABE

Î. Ellesm

Gr

Î. Axel Heiberg

Î. Ellef Ringnes

Î. Prince Patrick

Isachsen

Î. SVERDRUP

Î. Amund Ringnes

Mould Bay

ÎLES PARRY

Î. Melville

Î. Bathurst

Î. L

Grise

Détroit de Meville

Î. Cornwallis

Resolute

Mer de Beaufort

Î. Banks

Île du Prince de Galles

Î. Somerse

Pen

Sachs Harbour

Golfe d'Amundsen

Î. Victoria

Péninsule Wollaston

Chenal M'Clintock

Boothia Péninsule

Inuvik

Cambridge Bay

Î. King William

Spen

Gjoa Haven

É.-U. (ALASKA)

Yukon

MONTS MACKENZIE

Dawson

Klondike

Lac du Grand Ours

Kugluktuk

Golf de la reine Maud

Mont Logan 5 959 m

YUKON

TERRITOIRES DU NORD-OUEST

NUNAVU

Whitehorse

Mackenzie

Rankin Inle

Watson Lake

MONTS CASSIAR

Yellowknife

Lac de l'Esclave

Hay River

Fort Smith

Dubawnt

140°

COLOMBIE-BRITANIQUE

CHAÎNE CÔTIÈRE

CHAÎNE ROCHEUSE

Peace

Lac Athabasca

Churchill

Fort St. John

Athabasca

Fort McMurray

York Factory

Nelson

Prince Rupert

Îles de la Reine Charlotte

Grande Prairie

ALBERTA

Thompson

SASKATCHEWAN

Détroit de la Reine Charlotte

Océan Falls

Prince George

St. Albert

Fort Saskatchewan

Edmonton

Flin Flon

MANITOB

Saskatchewan

130°

Campbell River

Fraser

Leduc

Wetaskiwin

Camrose

Lloydminster

Prince Albert

Lac Winnipegosis

Lac Winnipeg

Î. Vancouver

Kamloops

Red Deer

Airdrie

North Battleford

Saskatoon

Vancouver

Vernon

Calgary

S. Saskatchewan

Nanaimo

Kelowna

Yorkton

Victoria

Penticton

Medicine Hat

Regina

Portage la Prairie

Chilliwack

Cranbrook

Lethbridge

Swift Current

Moose Jaw

Brandon

Winnipeg

N

120°

Weyburn

Estevan

Lac des bois

110°

100°

ÉTATS-UNIS D'AMÉRIQU

0   400 km

0   400 miles

C

TOURISME

 20 M de visiteurs　　 Plus 2 % en 2002

PROVENANCE DES TOURISTES ÉTRANGERS

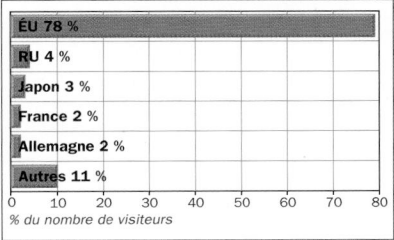

ÉU 78 %	
RU 4 %	
Japon 3 %	
France 2 %	
Allemagne 2 %	
Autres 11 %	

% du nombre de visiteurs

Des efforts sont faits pour attirer les visiteurs européens par des campagnes vantant la beauté préservée de la nature canadienne. Étrangement, la réplique de la « maison aux pignons verts » d'Anne, l'héroïne de L. M. Montgomery, sur l'île du Prince-Édouard, attire beaucoup de touristes venus du Japon, où ce roman est très connu.

POPULATION

 Anglais, français, chinois, italien, allemand, ukrainien, portugais, inuktitut, cri　　　3 hab./km²

PART DE LA POPULATION URBAINE/RURALE

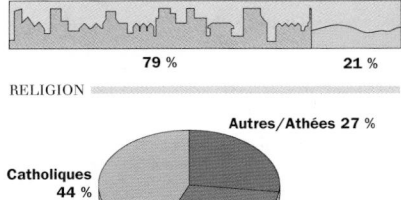

79 %　　　　　　　21 %

RELIGION

Autres/Athées 27 %

Catholiques 44 %

Protestants 29 %

COMPOSITION ETHNIQUE

La plupart des Canadiens descendent d'immigrés européens. Le recensement de 2001, qui tenait compte des réponses pluriethniques, dénombra 6,7 millions de « Canadiens seulement » et 5 millions de Canadiens « en partie ». Parmi les autres réponses : 14,3 millions de GB/Irlande, 4,7 millions de Français, 8,7 millions d'autres Européens, 3 millions d'Asiatiques, et 1,1 millions d'Amérindiens, métis ou Inuits. Depuis 40 ans, les relations entre les Québécois francophones et la majorité anglophone canadienne constituent le principal problème « ethnique » du Canada. Le refus des autres provinces à accéder au désir des Québécois d'êtres reconnus comme une « société distincte » et de se voir donner les moyens de protéger leur langue et leur culture de l'influence anglo-saxonne explique le succès des partis indépendantistes. Depuis la loi toujours controversée de 1977, le français est cependant la langue officielle de la province.

Ranch pour touristes en Colombie-Britannique *Les visiteurs sont séduits par le large éventail des activités de plein air que propose le Canada*

PYRAMIDE DES ÂGES

Femmes	Âge	Hommes
1,8 %	81–100	1 %
7,2 %	61–80	6,2 %
12,6 %	41–60	12,6 %
15,8 %	21–40	16,1 %
13 %	0–20	13,7 %

% de la population par tranche d'âge

La composition ethnique du Canada s'est diversifiée ces vingt-cinq dernières années, en raison d'une politique d'immigration plus accueillante (en particulier à l'égard d'immigrés aisés ou disposant de compétences professionnelles). Un grand nombre d'Asiatiques se sont installés au Canada. Le gouvernement encourage chaque groupe à préserver son identité et le pays se définit aujourd'hui comme une « mosaïque de communautés ». Le Canada compte 800 000 descendants d'Amérindiens, appelés les Premières Nations. On trouve également 213 000 métis (franco-amérindiens) et 50 000 Inuits dans le nord. Ces derniers, qui revendiquaient depuis longtemps la propriété de certaines terres, ont eu gain de cause. Le Nunavut a acquis le statut de territoire en 1999, devenant la première région du Canada moderne gouvernée par des autochtones. En 1997, une décision de la Cour suprême concernant le droit territorial a établi le principe du « titre aborigène », ouvrant la voie à la restitution de leurs terres ancestrales aux nations amérindiennes. En 1998, le gouvernement fit officiellement acte de repentance pour les mauvais traitements qui leur avaient été infligés dans le passé. Le Canada a une longue tradition de protection sociale. Les indemnités de chômage et les prestations de santé, soutenues par une forte fiscalité, restent élevées malgré de récentes coupes claires dans les budgets. Le gouvernement a cherché à réduire les inégalités, notamment celle concernant les salaires des hommes et des femmes. Les femmes sont bien représentées dans le milieu des affaires et dans les institutions.

Carte (étiquettes)

80°

Baie
de Baffin

Lancaster

Détroit de Davis

70°

rre de Baffin

Péninsule de Cumberland

Péninsule de Foxe

Hall Peninsula

Iqaluit

Meta Incognita Peninsula

60°

athampton

Coral Harbour

Ivujivik

Péninsule d'Ungava

Baie d'Ungava

MER DU LABRADOR

a i e

u d s o n

Îles Belcher

QUÉBEC

Schefferville

Rés. Smallwood

Happy Valley-Goose Bay

Labrador

50°

Labrador City

St John's

Corner Brook

Terre-Neuve

Winisk

Baie

La Grande Rivière

Sept-Îles

James

Golfe du St-Laurent

Détroit de Cabot

ST-PIERRE ET MIQUELON (France)

R I O

Moosonee

St-Laurent

Péninsule de Gaspé

Île du Prince Édouard

Sydney

Île du Cap-Breton

Chicoutimi

NOUVEAU BRUNSWICK

Charlottetown

Jonquière

Moncton

Dartmouth

Timmins

Québec

Fredericton

Halifax

Trois-Rivières

Saint John

NOUVELLE-ÉCOSSE

60°

er Bay Wawa

Supérieur

Ottawa

Laval

Sherbrooke

Yarmouth

Sault Sainte Marie

Sudbury

Hull

Montréal

Verdun

North Bay

OTTAWA

OCÉAN ATLANTIQUE

L. Michigan

L. Huron

Peterborough

Oshawa

Kingston

Toronto

L. Ontario

Kitchener

Hamilton

Chutes du Niagara

70°

Windsor

St Catherines

London

L. Érié

80°

C

CHRONOLOGIE

Peuplé pendant des siècles par les Inuits et les Amérindiens, le Canada fut progressivement colonisé par les Français, après l'expédition de Jean Cabot en 1497 et celle de Jacques Cartier en 1534.

❏ **1754** La guerre fait rage entre, d'un coté, les Français et les Indiens et, de l'autre, les Britanniques. La France est contrainte de céder la Nouvelle-France à la Grande-Bretagne.

❏ **1774** L'Acte de Québec reconnaît le catholicisme ainsi que la langue, la culture et les traditions françaises.

❏ **1775–1783** Guerre d'Indépendance américaine. Le Canada devient le refuge des loyalistes fidèles à la Couronne britannique.

❏ **1867** L'Acte de l'Amérique du Nord britannique donne naissance à la Confédération canadienne.

❏ **1914–1918, 1939-1945,** L'armée canadienne participe aux deux Guerres mondiales.

❏ **1931** Autonomie du Canada au sein du Commonwealth.

❏ **1968** Le Parti libéral mené par Pierre Elliott Trudeau accède au pouvoir. Création du Parti québécois (PQ) qui demande l'indépendance totale par rapport au gouvernement fédéral.

❏ **Années 70** Mouvement indépendantiste du Québec, accompagné d'attentats.

❏ **1976** Le PQ remporte les élections du Québec.

❏ **1977** Le français devient la langue officielle du Québec.

❏ **1980** L'indépendance du Québec est rejetée par référendum. Trudeau de nouveau Premier ministre.

❏ **1982** Le RU transfère au Canada l'ensemble des pouvoirs politiques.

❏ **1984** Démission de Trudeau. Victoire électorale des Conservateurs (PC). Mulroney Premier ministre jusqu'en 1993.

❏ **1987** Accord du lac Meech.

❏ **1989** Accord de libre-échange entre Canada, Mexique, ÉU (ALENA).

❏ **1992** Rejet de l'accord de Charlottetown sur les relations fédérales-provinciales. Finalisation de l'ALENA.

❏ **1993** Déroute du PC aux élections, essor des partis régionaux. Jean Chrétien devient Premier Ministre.

❏ **1994** Le PQ au pouvoir au Québec.

❏ **1995** Le « Non » l'emporte de justesse dans un référendum sur la souveraineté au Québec. Controverse sur la pêche avec l'UE.

❏ **1997** Le régionalisme domine les élections fédérales ; les libéraux restent au pouvoir grâce à l'Ontario.

❏ **2000** Élections anticipées : les Libéraux restent au pouvoir.

❏ **2003** Après 9 ans au pouvoir, le PQ est battu par les Libéraux au Québec.

POLITIQUE

 2000/2005

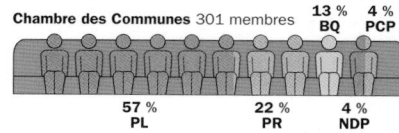 Sa majesté la reine Elizabeth II

AUX DERNIÈRES ÉLECTIONS

Chambre des Communes 301 membres

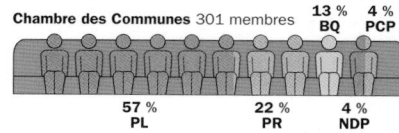

| 13 % BQ | 4 % PCP |
| 57 % PL | 22 % PR | 4 % NDP |

PL = Parti libéral **CA** = Alliance réformiste conservatrice canadienne **BQ** = Bloc Québécois **NDP** = Nouveau parti démocrate **PC** = Parti progressiste conservateur **Ind** = Indépendants

Sénat 105 membres

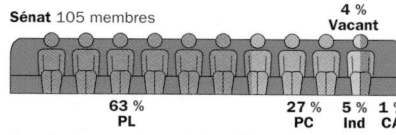

| 4 % Vacant |
| 63 % PL | 27 % PC | 5 % Ind | 1 % CA |

Les sénateurs sont nommés jusqu'à ce qu'ils atteignent l'âge de 75 ans par le gouverneur général, sous la recommandation du Premier ministre fédéral.

Le Canada est une démocratie fédérale multipartite.

PROFIL

De grands changements se sont produits avec l'éclipse du puissant PC, les trois victoires du PL de Jean Chrétien (1993, 1997 et 2000) et un réalignement à droite dans les provinces de l'Ouest, en raison de l'émergence d'un parti populiste. Cependant, la tendance régionaliste actuelle n'a laissé au PL que quelques sièges en-dehors de ses bastions de l'Est. Le Bloc Québécois (BQ), épousant la cause séparatiste au niveau fédéral, fut le 2e parti au parlement fédéral de 1994 à 97. Depuis 1997, le Parti réformiste et les conservateurs constituent l'opposition officielle. Chrétien s'étant engagé à laisser la place à une nouvelle génération du PL en 2004, l'ancien ministre des Finances Paul Martin lui a succédé comme Premier ministre.

PRINCIPAUX PROBLÈMES POLITIQUES
L'unité de l'Etat

L'opposition au gouvernement fédéral n'est pas limitée au Québec : les élections fédérales de 1997 et 2000 ont confirmé le désir d'une plus grande autonomie dans les provinces de l'Ouest, mais le Québec est, depuis sa fondation, un bastion du séparatisme. Il n'a pas participé à la conférence de 1997 à Calgary, qui a défini une unité canadienne pour les autres provinces, et reconnu le « caractère unique » du Québec. Une série de propositions avaient été formulées auparavant ; elles visaient à reconnaître le Québec comme une société distincte et à renforcer les pouvoirs de toutes les provinces, mais n'avaient jamais été ratifiées ni votées. L'ambition du PQ d'organiser un nouveau référendum sur la souveraineté, après ses échecs en

Les chutes du Niagara sont situées à la frontière américano-canadienne. Les chutes dites « en fer à cheval », qui sont situées sur la partie canadienne, s'étendent sur 790 m et atteignent une hauteur de 49 m.

1980 et 1995, a été contrecarrée par sa défaite face au PL (2003). Les électeurs accordèrent la priorité aux problèmes quotidiens, et la popularité du PQ en souffrit. A l'avenir, tout vote sur la souveraineté nécessitera l'approbation fédérale et l'accord d'au moins 7 provinces sur 10 ; en 2000, une loi a permis d'établir des critères stricts pour la validation d'un référendum sécessionniste.

L'intégration nord-américaine

L'ALENA, qui fit l'objet de vifs débats et d'âpres négociations au début des années 1990, a profité au commerce, en particulier en Ontario. Cependant, le Canada a des problèmes de compétitivité face au Mexique pour attirer les investisseurs étrangers. Le Mexique a des normes sociales et environnementales beaucoup moins élevées. La plupart des Canadiens sont opposés à une union monétaire ou même à une intégration plus forte avec les ÉU.

Jean Charest,
Premier ministre du
Québec depuis 2003

Stephen Harper,
nouveau leader du
Parti progressiste
conservateur

Jean Chrétien a
occupé le poste de
Premier ministre
de 1993 à 2003.

POLITIQUE EXTÉRIEURE

Les États-Unis sont le premier partenaire du Canada. Leurs relations, bonnes dans l'ensemble, ne sont pas exemptes de tensions. Le Canada a protesté contre les droits imposés par les ÉU sur le bois. Plus fondamentalement, les Canadiens sont conscients de l'invasion culturelle des ÉU et des problèmes sociaux qu'elle entraîne. Le Canada s'oppose aux sanctions des ÉU contre Cuba et s'inquiète de leur politique environnementale (transport du pétrole d'Alaska, refus américain du protocole de Kyoto, signé par le Canada en 2002). Le Canada a soutenu la « guerre contre le terrorisme », mais pas l'invasion de l'Irak.

Luttant pour l'allégement de la dette des pays les plus pauvres, le Canada mène aussi la campagne mondiale contre les mines anti-personnel.

AIDE INTERNATIONALE

 1,53 M $ (versé)   Moins 12% en 2001

L'aide canadienne, diminuée dans les années 1990, s'est accrue de nouveau à la fin de la décennie. Les ONG soutenues par l'Agence canadienne pour le développement international se concentrent sur les problèmes globaux, et la plupart des Canadiens sont en faveur de l'aide.

Il s'agit désormais de transmettre des compétences, plutôt que de financer de vastes programmes. L'ACDI s'intéresse aux approches thématiques, comme la santé, la nutrition, l'instruction élémentaire, la lutte contre le SIDA ou la protection de l'enfance. Depuis une dizaine d'années, le Canada donne moins à l'Afrique et davantage aux ex-pays communistes, notamment en Europe de l'Est.

DÉFENSE

 7,5 Md $ Moins 7 % en 1999

FORCES ARMÉES CANADIENNES

	114 chars de combat (Leopard C–1/C–2)	19 300 hommes
	2 sous-marins, 4 destroyers, 12 frégates et 14 patrouilleurs	9 000 hommes
	140 avions de combat (122 CF–18)	13 500 hommes
	Aucun	

Le Canada coopère avec les ÉU en ce qui concerne la défense de l'Amérique du Nord. À la fin de la guerre froide, le budget de la défense a été réduit, et le Canada a retiré ses forces stationnées en Europe. Le pays s'oriente aujourd'hui vers la création d'une force de réaction rapide. Des troupes canadiennes ont participé aux opérations de maintien de la paix sous l'égide de l'ONU au Kosovo, au Timor-Oriental et en Sierra Leone, pour les plus récentes. Leur intervention en Somalie, qui a pris fin en 1993, a été entaché par un scandale (actes de racisme et de torture, meurtres) qui a profondément ébranlé le pays.

ÉCONOMIE

 682 Md $ 1,359 dollar canadien (1,521)

CHIFFRES SIGNIFICATIFS

❏ Classement du PNB au niveau mondial	......8ᵉ
❏ PNB par habitant	.......................21 930 $
❏ Balance des paiements	..............19,5 Md $
❏ Inflation	..................................2,5 %
❏ Chômage	....7 %

EXPORTATIONS

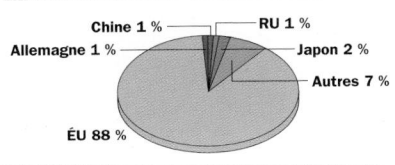

Chine 1 %   RU 1 %
Allemagne 1 %   Japon 2 %
Autres 7 %
ÉU 88 %

IMPORTATIONS

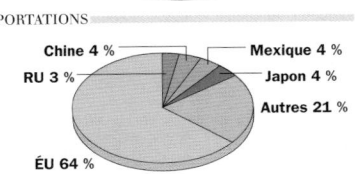

Chine 4 %   Mexique 4 %
RU 3 %   Japon 4 %
Autres 21 %
ÉU 64 %

ATOUTS
Large éventail et abondance de ressources naturelles. Exportations, matières premières pour l'industrie, énergie bon marché ; importantes réserves de gaz et pétrole. Agriculture et sylviculture (2 % du PIB), mines (4 %). Industrie performante (16 % du PIB) : produits du bois, matériel de transport, chimie. Fort excédent budgétaire depuis 1997. Accès aux marchés des ÉU et du Mexique (ALENA). Faible inflation.

FAIBLESSES
Réglementation plus stricte et fiscalité plus élevée que d'autres pays (ALENA, mondialisation). Vulnérabilité aux fluctuations des prix pour les matières premières. Fuite des cerveaux vers le Sud.

INDICATEUR DES PERFORMANCES ÉCONOMIQUES

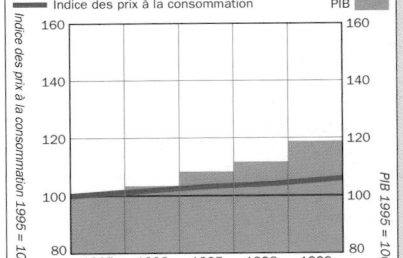

Indice des prix à la consommation   PIB

PROFIL
Le Canada possède l'un des niveaux de vie les plus élevés au monde. Au milieu des années 1980, ses exportations de produits manufacturés ont cependant souffert d'une concurrence accrue, tandis que celles de ses matières premières étaient soumises aux fluctuations des prix mondiaux. La croissance réelle, de 3,5 % par an en moyenne jusqu'en 1988, s'est ensuite mise à stagner ; le déficit budgétaire s'est creusé, entraînant des coupes dans les dépenses allouées aux programmes sociaux ainsi que dans le budget de l'armée. Avec l'ALENA, des efforts de compétitivité se sont imposés. La productivité s'est améliorée, notamment dans le domaine high-tech. Le chômage, de 10 % au milieu des années 90, est descendu à 7 % en 2001. Les liens étroit avec les ÉU ont valu au pays de subir le ralentissement de 2001.

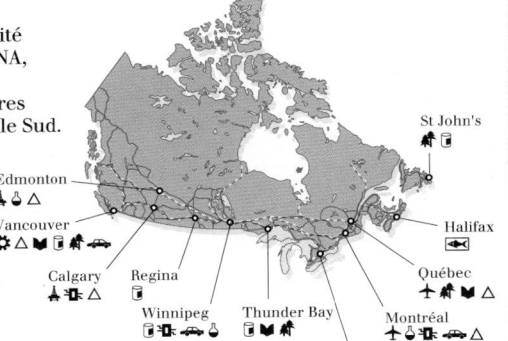

St John's
Edmonton
Vancouver
Halifax
Calgary   Regina   Québec
Winnipeg   Thunder Bay   Montréal
Toronto

CANADA : PRINCIPALES ACTIVITÉS

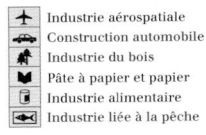

	Industrie aérospatiale		Électronique
	Construction automobile		Mécanique
	Industrie du bois		Chimie
	Pâte à papier et papier		Métallurgie
	Industrie alimentaire		Pétrole et gaz naturel
	Industrie liée à la pêche		

0   500 km
0   500 miles

C

RESSOURCES

 1,12 M de tonnes

 2,88 M b/j (réserves : 6 900 000 000 b)

 13,7 M de bovins
14,4 M de porcins
5,9 M de dindes
160 M de poulets

 Charbon, pétrole, gaz naturel, or, zinc, uranium, nickel, potasse, amiante, gypse

PRODUCTION ÉLECTRIQUE

| Hydraulique 60 % (346 Md kwh) |
| Thermique 27 % (159 Md kwh) |
| Nucléaire 13 % (73 Md kwh) |
| Autres 0 % |

0   20   40   60   80   100

% de la production totale par type d'électricité

Le Canada est extrêmement riche en ressources naturelles. Premier pays exportateur de produits forestiers, il figure également parmi les plus grands exportateurs de poissons, de fourrure et de blé. Les minéraux ont joué un rôle essentiel dans l'urbanisation et l'industrialisation du Canada. L'Alberta, la Colombie-Britannique, le Québec et la Saskatchewan sont les principales régions minières devant l'Ontario, les Territoires du Nord-Ouest (TNO) et le Yukon. Premier pays producteur de zinc et d'uranium, le Canada arrive au second rang mondial pour sa production de nickel, d'amiante, de potasse et de gypse. Le pétrole et le gaz naturel sont exploités en Alberta, au large de la côte atlantique et dans les TNO. On suppose l'existence de gisements dans le Grand Nord. La plupart des exportations partent vers les ÉU. Le Canada est l'un des premiers pays producteurs d'hydroélectricité.

CANADA : UTILISATION DU SOL

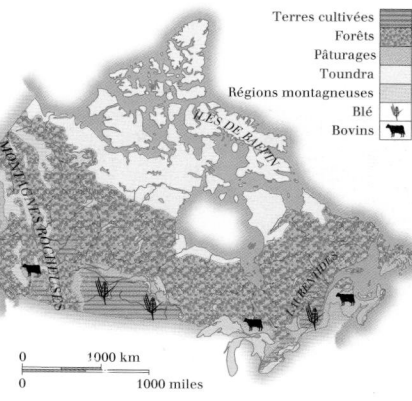

Terres cultivées
Forêts
Pâturages
Toundra
Régions montagneuses
Blé
Bovins

0   1000 km
0   1000 miles

ENVIRONNEMENT

 12 % (5 % partiellement protégés)

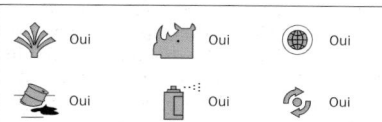 18,6 tonnes par habitant

TRAITÉS ÉCOLOGIQUES

| Oui | Oui | Oui |
| Oui | Oui | Oui |

Deuxième pays du monde par sa superficie mais peuplé de seulement 31 millions d'habitants, le Canada est réputé pour ses vastes étendues sauvages épargnées par la pollution industrielle ou les dégâts de l'agriculture intensive. L'un des principaux enjeux écologiques est de mettre fin à l'exploitation des forêts dans le nord de l'Ontario et sur la Côte Ouest. Des succès notables ont été obtenus à la fin des années 1990, lorsque les compagnies d'exploitation du bois se sont vu imposer des pratiques plus respectueuses de l'environnement. Un accord important en 2001 prévoit la protection de la forêt humide tempérée de la Côte Ouest. La réglementation en matière de pollution est beaucoup plus stricte au Canada qu'aux ÉU. L'Ontario, la province la plus polluée, a imposé des normes plus sévères aux raffineries de pétrole et aux centrales électriques. Le taux d'émission de gaz carbonique par habitant est parmi les plus élevés au monde. Le Canada s'est fixé pour objectif de le réduire de 6 % d'ici 2010. La production de déchets toxiques est également supérieure à la moyenne européenne.

MÉDIAS

 159 quotidiens pour 1 000 habitants

PRESSE ET TÉLÉCOMMUNICATIONS

	101 quotidiens, plus de 80 publications paraissent en 20 langues pour les immigrés
	1 réseau publique, nombreuses chaînes privées
	1 réseau publique, nombreuses stations indépendantes

La *Canadian Broadcasting Corporation* (CBC) exploite deux chaînes de télévision nationales, en anglais et en français. Le réseau câblé local propose des chaînes multilingues ou à destination des différents groupes ethniques. *Le Journal de Montréal* est le premier quotidien en langue française, le *Globe and Mail*, le titre de référence en anglais.

Paysage de toundra en automne dans le Nord canadien. Les arbres comme l'épinette noire sont soumis aux pluies acides provenant des régions industrielles du Nord des ÉU.

CRIMINALITÉ

 31 624 détenus

 Plus 6 % en 2000-2001

TAUX DE CRIMINALITÉ

Meurtres	
4	pour 100 000 habitants
Viols	
Le Canada ne publie pas de statistiques sur les viols	
Vols	
2 758	pour 100 000 habitants

Le taux de criminalité du Canada est très inférieur à celui des ÉU. Les Canadiens l'attribuent à un contrôle des armes plus strict, encore renforcé dans les années 1990. La police de Terre-Neuve n'a commencé à porter des armes qu'en 1998 ; elle a été la dernière d'Amérique du Nord à le faire. Des efforts sérieux visent à éviter les ghettos dans les centres-villes. Pour traiter le problème des drogues, des tribunaux spéciaux et innovants allient justice pénale et réhabilitation sociale, à Toronto et Vancouver.

ÉDUCATION

 99 %

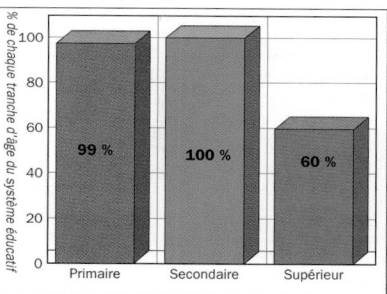 1,22 M d'étudiants

LE SYSTÈME ÉDUCATIF

% de chaque tranche d'âge du système éducatif

Primaire	Secondaire	Supérieur
99 %	100 %	60 %

L'éducation, toujours prioritaire, incombe aux provinces, et non au gouvernement fédéral. La période de scolarité obligatoire, variable, est de 9 ans minimum. Sauf au Québec francophone, l'enseignement se fait en anglais. Dans d'autres provinces, les francophones ont droit à des cours en français. L'enseignement multiculturel maintient l'identité des groupes d'immigrants. Le Canada possède 75 universités et plus de 200 autres institutions d'enseignement supérieur. Presque tous les diplômés du secondaire suivent une formation supérieure, ce qui place le Canada à l'un des premiers rangs des pays industrialisés.

C

LE QUÉBEC : UN CARACTÈRE UNIQUE

Le Québec est la plus vaste province du Canada. Il comptait 7,3 millions d'habitants au recensement de 1994, parmi lesquels 5 des 6,1 millions de Canadiens francophones, en grande majorité catholiques. La capitale de la province est Québec. Montréal, son principal pôle commercial, a été supplanté par Toronto, la capitale de l'Ontario anglophone voisin.
Le Québec possède d'importantes ressources hydroélectriques et de vastes étendues de forêt. Parmi ses principales industries figurent l'industrie du bois, du papier et de la pâte à papier, l'extraction minière, en particulier le minerai de fer.
La réglementation en matière de protection de l'environnement y est relativement moins stricte que dans le reste du pays, ce qui génère des conflits avec les opposants à la déforestation et aux projets de grands barrages sur les territoires où vivent les Premières Nations.

Conquis par les Anglais au XVIIIe siècle, les Québécois conservèrent le code civil français reconnu par l'Acte de Québec de 1774. Cependant, ce ne fut que petit à petit qu'ils retrouvèrent leurs droits de minorité linguistique, supprimés après l'échec de la révolte des années 1830. La « révolution tranquille » qui débuta dans les années 1960 engendra d'importants changements dans l'équilibre social, économique et politique du Québec. Les disparités de salaire entre francophones et anglophones ont disparu, d'autant que les anglophones les plus diplômés ont tendance à quitter la province. La création d'entreprises francophones s'est développée dans le cadre du projet « Québec Inc ». Les anglophones ont perdu leur place dominante dans le gouvernement et l'administration.

Le militantisme francophone a également trouvé des relais dans le champ politique, en réaction notamment à la répression sévère qui frappa le Front de Libération du Québec au début des années 1970. Contre toute attente, le Parti Québécois obtint le contrôle de l'assemblée provinciale en 1976, et une charte sur la langue française fut adoptée presque immédiatement. Le français devint non seulement la langue officielle, mais devint aussi obligatoire dans l'administration et sur les panneaux publics. Malgré les protestations des non-francophones et un jugement négatif de la Cour suprême, le gouvernement provincial parvint à maintenir ces règles en vigueur sur une base « temporaire ».

Le PQ voulait la souveraineté du Québec. Après son échec au référendum de 1980, l'idée ressurgit dans les années 1990. Le PQ, promettant un nouveau référendum (et soutenu par son homologue fédéral, le BQ), revint au pouvoir en 1994. L'année suivante, 60 % de la majorité francophone au Québec se prononça pour la souveraineté en partenariat avec le Canada. Cette proposition fut repoussée à une infime majorité, grâce au vote non-francophone. Le PQ aurait souhaité un troisième référendum, mais les conditions favorables à une victoire sont incertaines, le séparatisme semblant perdre du terrain. Les francophones restent attachés à leur langue et leur culture, mais le déclin politique du PQ, et sa relégation dans l'opposition en 1993, indiquent que la souveraineté ne sera pas probablement pas une question aussi brûlante au XXIe siècle qu'au cours des décennies passées.

SANTÉ

1 pour 538 habitants

Maladies cardiaques et respiratoires, cancer, accidents

Le système de santé est financé par un régime d'assurance publique.
Le vieillissement de la population et la sophistication croissante des traitements ont provoqué une hausse des coûts. La santé fut le principal sujet de la campagne de 2000. L'attachement au système public a conduit les Libéraux au pouvoir à revenir aux niveaux de dépense antérieurs aux coupes budgétaires. Le débat fait rage sur une éventuelle privatisation.

RICHESSES

CONSOMMATION ET DÉPENSES

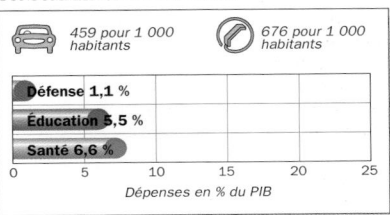

459 pour 1 000 habitants

676 pour 1 000 habitants

Défense 1,1 %		
Éducation 5,5 %		
Santé 6,6 %		

0   5   10   15   20   25
Dépenses en % du PIB

La plupart des Canadiens ont un niveau de vie élevé, malgré la récession du début des années 90, où le chômage avait dépassé 10 %.
L'ONU classe le Canada comme l'un des pays où l'on vit le mieux. Tout au long des années 90, le Canada se trouvait au premier rang sur l'indice de développement humain (revenu, niveau d'instruction, espérance de vie), mais il est descendu à la 8e position.
Il existe cependant certains groupes défavorisés, notamment les indigènes. Les taux de chômage, de mortalité et de mal-logement sont bien plus élevés chez les Amérindiens et Inuits que chez les autres Canadiens ; le taux de suicide des Inuits est trois fois plus élevé.
Les Amérindiens des réserves sont les plus pauvres.

CLASSEMENT MONDIAL

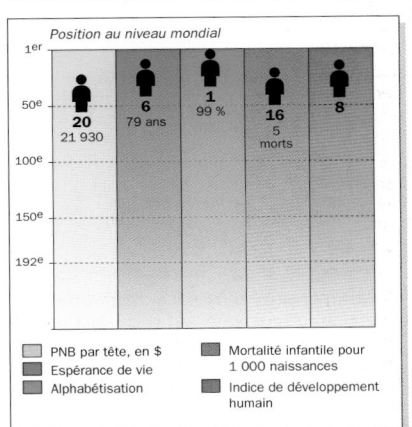

Position au niveau mondial

20 21 930	**6** 79 ans	**1** 99 %	**16** 5 morts	**8**

1er — 50e — 100e — 150e — 192e

☐ PNB par tête, en $
☐ Espérance de vie
☐ Alphabétisation
☐ Mortalité infantile pour 1 000 naissances
☐ Indice de développement humain

CAP-VERT

NOM OFFICIEL : République du Cap-Vert   **CAPITALE** : Praia
POPULATION : 446 000   **MONNAIE** : escudo du Cap-Vert   **LANGUE OFFICIELLE** : portugais

  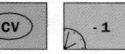   

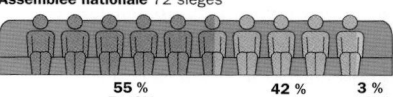

AFRIQUE OCCIDENTALE

L'ARCHIPEL du Cap-Vert, au large de la côte ouest de l'Afrique, obtint son indépendance en 1975 mettant fin à la domination coloniale du Portugal. Après une période de régime socialiste à parti unique, le Cap-Vert organisa ses premières élections libres en 1991. Les îles de l'archipel sont pour la plupart montagneuses et volcaniques ; la sécheresse endémique constitue un obstacle au potentiel agricole des îles de basse altitude comme Sal, Boa Vista et Maio. La moitié des Capverdiens vivent sur l'île de Santiago.

CLIMAT

DONNÉES MÉTÉOROLOGIQUES

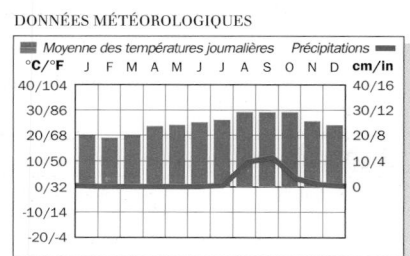

Le climat du Cap-Vert est très sec et la sécheresse s'étend parfois sur plusieurs années consécutives.

TRANSPORT

Amílcar Cabral, île Sal
492 804 passagers

37 navires
19 900 tpl

RÉSEAU DE TRANSPORT

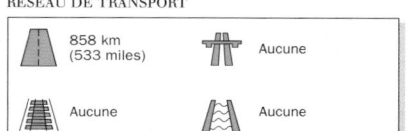

858 km
(533 miles)

Aucune

Aucune

Aucune

La situation stratégique du Cap-Vert en matière de transport international maritime et aérien commence à être exploitée.

TOURISME

 74 000 visiteurs    Plus 68 % en 2000

PROVENANCE DES TOURISTES ÉTRANGERS

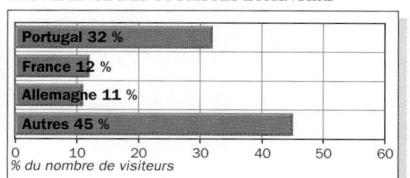

Portugal 32 %	
France 12 %	
Allemagne 11 %	
Autres 45 %	

0 10 20 30 40 50 60
% du nombre de visiteurs

Le gouvernement n'a jamais donné la priorité au tourisme qui reste de fait peu développé. Les îles de São Tiago, Santo Antão, Fogo et Brava, aux nombreuses plages et paysages de montagne, ont pourtant un fort potentiel touristique.

POPULATION

 Créole portugais, portugais

106 hab./km²

PART DE LA POPULATION URBAINE/RURALE

60 %   40 %

COMPOSITION ETHNIQUE

Autres 10 %
Africains 30 %
Créoles (*mestizo*) 60 %

Les *mestizos*, issus du croisement de la population portugaise et africaine, forment l'essentiel de la population ; le reste des Capverdiens est principalement africain, descendant d'esclaves ou d'émigrants venus du continent. Même s'il existe une certaine hostilité entre habitants des îles, le métissage culturel a permis à la société d'échapper aux tensions interethniques. La famille étendue, ancrée dans la culture africaine, et l'église catholique ont contribué à garantir la vitalité de la vie familiale. Les femmes sont plus nombreuses que les hommes. Beaucoup d'entre elles assument le rôle de chef de famille monoparentale.

POLITIQUE

2001/2006

Pedro Pires, président de la République

AUX DERNIÈRES ÉLECTIONS
Assemblée nationale 72 sièges

55 %
PAICV

42 %
MPD

3 %
ADM

PAICV = Parti africain pour l'indépendance du Cap-Vert
MPD = Mouvement pour la démocratie
ADM = Parti de la convergence démocratique

Le passage de la société capverdienne au multipartisme se fit sans heurts au cours des élections de 1991 qui portèrent au pouvoir le MDP. Le PAICV, qui avait gouverné le pays comme parti unique au cours des dix années précédentes, avait mis en place une politique libérale autorisant l'expression des désaccords politiques. La large diaspora capverdienne contribua à ce que la transition se fasse sans à-coups. En janvier 2001, le PAICV remporta les élections législatives à la majorité absolue et confirma un mois plus tard son retour au pouvoir lors des présidentielles. Pedro Pires fut élu avec seulement 17 voix d'avance sur son rival. Le gouvernement actuel se heurte à l'éternelle question de la survie économique du pays, particulièrement menacée lors des périodes de sécheresse.

POLITIQUE EXTÉRIEURE

CPLP	CEAO	OIF	MNA	OUA

Le Cap-Vert s'efforce aujourd'hui de diversifier ses contacts extérieurs de manière à garantir l'aide internationale tout en préservant de bonnes relations avec l'ancien pouvoir colonial, le Portugal, dont le soutien financier n'est pourtant pas le plus important. Sur le plan régional, le Cap-Vert cherche à régulariser ses relations avec la Guinée-Bissau après s'être retiré d'un projet d'union en 1980, et à développer des contacts avec d'autres nations du continent.

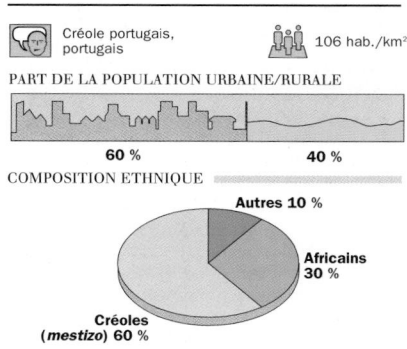

Chã da Igreja
Vila Maria Pia
Ribeira Grande
Janela
Santo Antão
Tarrafal
Mindelo
São Pedro
Calhau
São Vicente
Santa Luzia
Île Branco
Île Raso
Barril
Ribeira Funda
Castilhiano
Preguiça
São Nicolau
Sal
Palmeira
Pedra Lume
Santa Maria
Derrubado
Sal Rei
Gata
Boa Vista
João Barrosa
Curral Velho

OCÉAN ATLANTIQUE

Îles du Vent

0   50 km
0   50 miles

N

Îles Sous-le-Vent
Tarrafal
Santiago
Maior
Santo Antonio
Maio
Île do Rombo
Fogo
Fajãzinha
Furna
Fajã
Volcan Pico 2 829 m
São Filipe
Cova Figueira
Cidade Velha
Santiago (São Tiago)
PRAIA
Brava

CAP-VERT

Superficie totale : 4 030 km² (1 556 sq. miles)

ALTIMÉTRIE

2 000 m/6 562 ft
1 000 m/3 281 ft
500 m/1 640 ft
200 m/656 ft
Niveau de la mer

POPULATION
Plus de 50 000
Plus de 10 000
Moins de 10 000

C

AIDE INTERNATIONALE

 136 M $ (reçus)　　 Plus 5 % en 1999

L'aide vient principalement de l'UE, qui finance des programmes et a apporté une aide alimentaire au lendemain des récentes sécheresses. Au rang des donateurs figurent également la Banque mondiale, les Pays-Bas, la Suède, l'Allemagne, la France et l'Italie. Pratiquement tous les programmes de développement sont financés grâce à l'aide internationale.

DÉFENSE

 7 M $　　 Plus 75 % en 1999

Après l'indépendance, le Cap-Vert se dota de forces armées constituées de 1 000 hommes, d'une marine de garde-côtes et d'une petite armée de l'air. Ces forces n'ont jamais été amenées à jouer un rôle politique ; leurs principales fonctions sont de combattre la contrebande et de faire respecter la limite des eaux territoriales.

ÉCONOMIE

 569 M $　　 109,7-118,2 escudos du Cap-Vert

CHIFFRES SIGNIFICATIFS

❏ CLASSEMENT DU PNB AU NIVEAU MONDIAL 16ᵉ
❏ PNB PAR HABITANT ....1 340 $
❏ BALANCE DES PAIEMENTS ....– 67 M $
❏ INFLATION ....3,7 %
❏ CHÔMAGE.......................................24 %

ATOUTS
Situation géographique stratégique, tout près de la ligne de partage des eaux, où l'Afrique est voisine de l'Amérique latine. Le pays en tire des avantages militaires et économiques, en servant de base d'entretien des navires et d'escale pour le transport aérien.

FAIBLESSES
Menace permanente de sécheresse et problème d'approvisionnement en eau malgré l'existence d'usines de dessalage. Manque de terres arables et dépendance vis-à-vis de l'aide alimentaire.

EXPORTATIONS

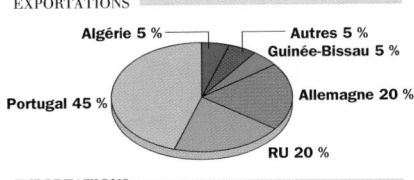
Algérie 5 %　Autres 5 %
Guinée-Bissau 5 %
Portugal 45 %　Allemagne 20 %
RU 20 %

IMPORTATIONS

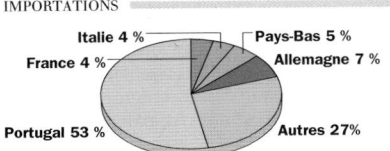
Italie 4 %　Pays-Bas 5 %
France 4 %　Allemagne 7 %
Portugal 53 %　Autres 27 %

Architecture de style colonial portugais sur Fogo, l'une des plus grandes îles. Le volcan situé au centre de l'île constitue le point culminant du Cap-Vert.

RESSOURCES

 10 039 tonnes　　 Pays non producteur

 636 000 porcins
112 000 caprins
417 000 volailles　　 Sel, pouzzolane

Le Cap-Vert ne possède aucune ressource stratégique connue. Sans pétrole, ni gaz ni possibilité de production d'énergie hydroélectrique, le pays dépend de ses importations de pétrole pour satisfaire ses besoins énergétiques. Des projets étudient les possibilités de production d'énergie éolienne, marémotrice ou de gaz organique.

ENVIRONNEMENT

 Aucune　　 0,3 tonne par habitant

La sécheresse récente a réduit la production alimentaire et le cheptel de l'archipel. Le Cap-Vert est un membre très actif du CILSS, un organisme de lutte contre la sécheresse dans la région du Sahel. La question environnementale a conduit à des programmes de reforestation, de conservation des sols et à la recherche de solutions concernant les ressources en eau.

MÉDIAS

 Il n'existe aucun quotidien.

PRESSE ET TÉLÉCOMMUNICATIONS

 Pas de quotidien d'informations.
Les publications indépendantes souffrent de manques de moyens financiers.

 1 chaîne publique　 1 radio publique

Le gouvernement publie trois magazines hebdomadaires, mais il n'existe pas de quotidien. La liberté de la presse est garantie par la loi. Les programmes de télévision et de radio sont diffusés en portugais et en créole, en partenariat avec les services portugais de la RTPI.

CRIMINALITÉ

 Pas de chiffre sur la population carcérale　　Peu de changement d'année en année

Malgré l'étendue de la contrebande, la criminalité reste relativement basse, même dans les centres urbains.

CHRONOLOGIE

À partir de 1462 et jusqu'à 1975, le Cap-Vert fut une colonie portugaise, dirigée conjointement avec la Guinée-Bissau.

❏ **1961** Lutte pour la libération du Cap-Vert et de la Guinée-Bissau.
❏ **1974–1975** Indépendance de la Guinée-Bissau puis du Cap-Vert.
❏ **1981** La nouvelle Constitution officialise la rupture définitive entre le Cap-Vert et la Guinée-Bissau.
❏ **1991** Le MDP gagne les premières élections libres.
❏ **2001** Retour au pouvoir du PAICV à la faveur des législatives.

ÉDUCATION

 74 %　　 Pas de chiffre

Avec l'indépendance, l'éducation devint une priorité nationale.

SANTÉ

 1 pour 3 448 habitants　　Maladies cardiaques, tuberculose, typhoïde et accidents

Le système de santé s'est amélioré depuis l'époque coloniale.

RICHESSES

CONSOMMATION ET DÉPENSES

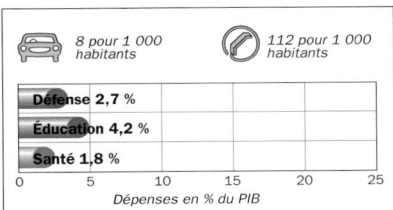
8 pour 1 000 habitants　　112 pour 1 000 habitants

Défense 2,7 %
Éducation 4,2 %
Santé 1,8 %

0　5　10　15　20　25
Dépenses en % du PIB

90 % des Capverdiens sont employés dans le secteur primaire ; les d'hommes d'affaires de Praia sont assez riches.

CLASSEMENT MONDIAL

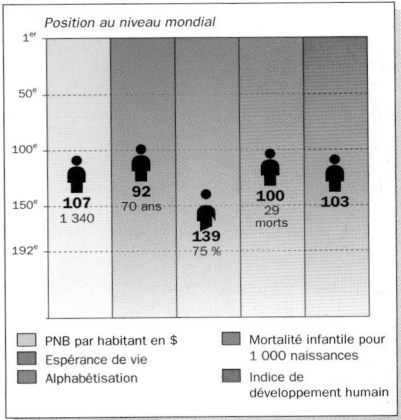
Position au niveau mondial
1ᵉʳ
50ᵉ
100ᵉ
150ᵉ
192ᵉ

107　1 340
92　70 ans
139　75 %
100　29 morts
103

▢ PNB par habitant en $　　▢ Mortalité infantile pour 1 000 naissances
▢ Espérance de vie
▢ Alphabétisation　　▢ Indice de développement humain

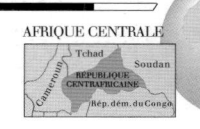
AFRIQUE CENTRALE

CENTRAFRICAINE (RÉP.)

NOM OFFICIEL : République centrafricaine   **CAPITALE :** Bangui
POPULATION : 3,8 millions   **MONNAIE :** franc CFA   **LANGUE OFFICIELLE :** français

C

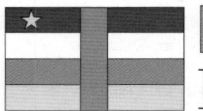
1960
1960
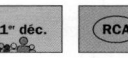1ᵉʳ déc.
RCA
+ 1
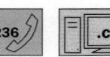+ 236
.cf

Pays enclavé à l'extrémité orientale du Sahel, la République centrafricaine (RCA) repose sur un plateau de basse altitude. Elle s'étend au nord d'un des plus grands fleuves d'Afrique, l'Oubangui, qui forme sa frontière avec la République démocratique du Congo (ancien Zaïre). Le gouvernement excentrique de l'« Empereur » Bokassa, qui régna de 1965 à 1979, fut suivi d'une dictature militaire. La démocratie a été rétablie en 1993.

CLIMAT

DONNÉES MÉTÉOROLOGIQUES

Moyenne des températures journalières   Précipitations

Le Sud bénéficie d'un climat équatorial, le Nord d'un climat de savane, tandis que l'extrême Nord fait partie du Sahel.

TRANSPORTS

Mpoko, Bangui
56 804 passagers
 Pas de flotte

RÉSEAU DE TRANSPORT

429 km
(267 miles)

Aucune

Transafricaine

800 km
(497 miles)

Le réseau de communication est peu développé et dépend de l'axe fluvial qui va à Brazzaville au Congo, puis à Pointe-Noire et aux ports du Congo par transport ferroviaire.

TOURISME

 10 000 visiteurs
 Plus 43 % en 1999

PROVENANCE DES TOURISTES ÉTRANGERS

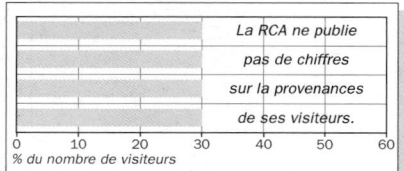

La RCA ne publie pas de chiffres sur la provenance de ses visiteurs.

% du nombre de visiteurs

Le développement touristique reste limité mais on assiste à une légère augmentation depuis 1979. La nouvelle piste d'envol prévue à Bangui permettra d'accueillir les charters, français pour la plupart.

POPULATION

 Sango, banda, gbaya, français
6 hab./km²

PART DE LA POPULATION URBAINE/RURALE

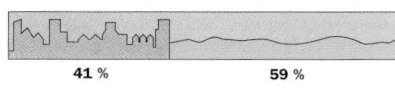

41 %   59 %

COMPOSITION ETHNIQUE

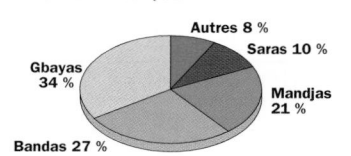

Autres 8 %
Saras 10 %
Mandjas 21 %
Bandas 27 %
Gbayas 34 %

Même si les Gbayas et les Bandas sont les peuples les plus importants, la langue véhiculaire est le sango. Elle est surtout parlée par les minorités vivant le long des rivières au sud du pays, d'où étaient issus la plupart des dirigeants politiques depuis l'indépendance jusqu'en 1993. Le ressentiment qui existe à l'encontre des populations vivant le long des rivières donne lieu à des explosions de violence, comme ce fut le cas après le coup d'État de 2001. Les femmes, comme dans les autres pays d'Afrique non musulmans, jouissent d'un pouvoir considérable. Elizabeth Domitien fut Premier ministre de 1975 à 1976, et Ruth Rolland candidate aux élections présidentielles de 1993.

POLITIQUE EXTÉRIEURE

BDEAC   CEMAC   ZF   CBLT   OUA

Le coup d'État du général Bozizé a modifié les relations régionales. Le Tchad l'a soutenu, mais la Libye et des factions de la RDC voisine se sont alliées militairement à Patassé. Bozizé souhaite à présent normaliser les relations, en particulier avec d'autres pays de la CEMAC et la RDC. L'UA hésite à reconnaître son régime.

AIDE INTERNATIONALE

 117 M $ (reçus)
 Moins 3 % en 1999

Pratiquement tous les programmes de développement sont financés par l'aide extérieure. Elle provient aux deux tiers de la France, l'ancien pouvoir colonial. L'UE, en particulier la Belgique, l'Italie, et l'Allemagne, mais aussi le Japon et depuis 1989 les ÉU et Israël, constituent les principaux donateurs. Le FMI et la Banque mondiale interviennent aussi.

DÉFENSE

 45 M $
 Moins 10 % en 1999

Grosse dépense pour le budget, l'armée est forte de 3 000 hommes et très bien équipée, principalement grâce au matériel et au soutien français. Le service actif est sélectif et les officiers français occupent les postes stratégiques. En 1996, 1 400 soldats français stationnés sur place, ont porté main forte au gouvernement pour réprimer les mutineries. Les forces françaises se sont retirées en 1997, relayées par celles de l'UNMICAR qui ont quitté le pays en 2000.

POLITIQUE

 1998/inconnu
 François Bozizé, président de la République

AUX DERNIÈRES ÉLECTIONS

Assemblée nationale 109 sièges

6 % 6 % 3 % 4 %
Ind FPP PUN Autres

43 %   18 %   7 %   6 % 5 % 2 %
MLPC   RDC   MDD   PSD ADP PLD

MLPC = Mouvement pour la libération du peuple centrafricain
RDC = Rassemblement démocrate centrafricain
MDD = Mouvement pour la démocratie et le développement
Ind = Indépendants   **PSD** = Parti social démocrate
FPP = Front patriotique pour le progrès   **ADP** = Alliance pour la démocratie et le progrès   **PUN** = Parti national unitaire
PLD = Parti libéral démocrate

Les élections démocratiques de 1993 portèrent Ange-Félix Patassé au pouvoir en mettant fin aux quatre années de régime de parti unique du Général Kolingba. D'abord Premier ministre de Bokassa dans les années 70, Patassé est incarcéré pour ses divergences politiques et s'exile à Paris. Les mutineries de 1996 précipitent la formation d'un gouvernement d'unité nationale. En 1997, une force multinationale de maintien de la paix commandée par la France est dépêchée sur place. Elle sera remplacée par un régiment de l'ONU (UNMICAR) en avril 1998. Après les élections de 1998, le parti du président Patassé, le MLPC, reste majoritaire au sein de la nouvelle assemblée. Une tentative de coup d'État, fomenté par Kolingba, provoqua un combat violent à Bangui en 2001.

C

RÉPUBLIQUE CENTRAFRICAINE

POPULATION　　Superficie totale : 622 980 km² (240 530 sq. miles)

- ◉ Plus de 500 000
- ○ Plus de 50 000
- • Plus de 10 000
- ▪ Moins de 10 000

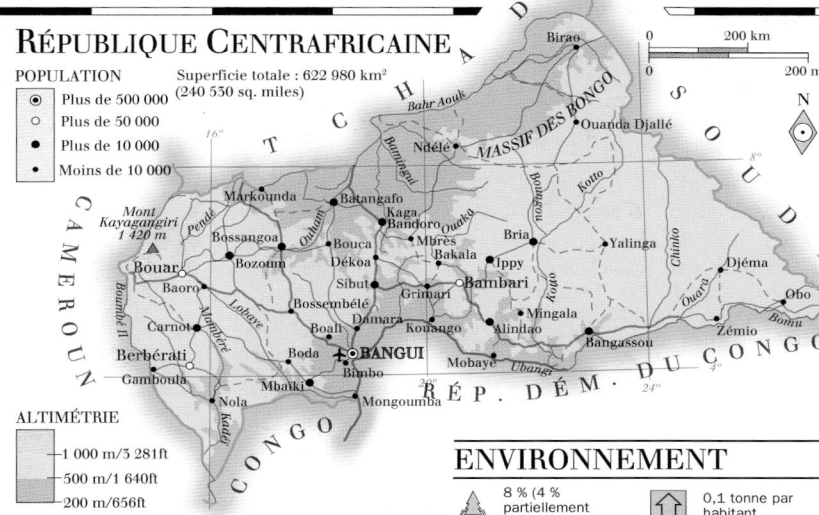

ALTIMÉTRIE
- 1 000 m/3 281ft
- 500 m/1 640ft
- 200 m/656ft

ÉCONOMIE

 999 M $　　　 571-664 francs CFA

CHIFFRES SIGNIFICATIFS

- ❏ CLASSEMENT DU PNB AU NIVEAU MONDIAL ..154e
- ❏ PNB PAR HABITANT ....260 $
- ❏ BALANCE DES PAIEMENTS ... .16 M $
- ❏ INFLATION ....3,6 %
- ❏ CHÔMAGE ....6 %

ATOUTS
Autosuffisance alimentaire. Diversité des exportations (fer, coton, bois, diamant, café). Zone de transit. Transafricaine et voies fluviales.

FAIBLESSES
Privée d'accès à la mer. Pauvreté des infrastructures. Manque de personnel diplômé pour gérer l'économie.

EXPORTATIONS

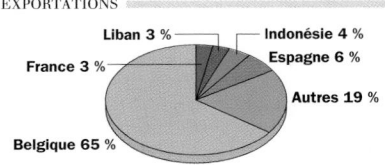

Liban 3 %　Indonésie 4 %
France 3 %　Espagne 6 %
　　　Autres 19 %
Belgique 65 %

IMPORTATIONS

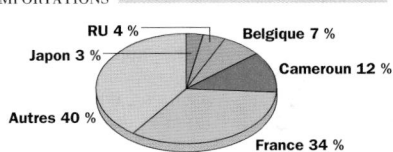

RU 4 %　Belgique 7 %
Japon 3 %　Cameroun 12 %
Autres 40 %
France 34 %

RESSOURCES

 12 860 t

2,95 M de bovins
650 000 porcins
2,6 M de caprins
4,1 M de volailles

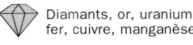
Pays non producteur, qui ne possède pas de raffinage

Diamants, or, uranium, fer, cuivre, manganèse

Le coton et le diamant constituent les exportations majeures du pays au potentiel minier important.

ENVIRONNEMENT

 8 % (4 % partiellement protégés)　　 0,1 tonne par habitant

Un effort a été fait pour protéger la forêt. La chasse à l'éléphant n'a été interdite qu'en 1985 ; le nombre d'éléphants est passé de 80 000 au milieu des années 1970 à un peu plus de 13 000.

MÉDIAS

 2 quotidiens pour 1 000 habitants

PRESSE ET TÉLÉCOMMUNICATIONS

 3 quotidiens : *E Le Songo, Le Citoyen* et *Le Novateur*

 1 chaîne publique　 1 station publique

Les trois quotidiens ainsi que les trois magazines hebdomadaires sont peu diffusés et n'ont qu'un rayonnement limité. Une petite presse d'opposition s'est développée avec le multipartisme mais manque de moyens financiers et humains.

CRIMINALITÉ

 Pas de chiffre sur la population carcérale　 Délinquance en augmentation

Les violations des droits de l'homme ont baissé de manière spectaculaire depuis la répression sanglante du régime de Bokassa. Le niveau de criminalité est bas, mais la recrudescence des vols en milieu urbain est considérée comme le principal problème de la RCA. Une conséquence de l'instabilité politique qui règne depuis 1996.

Paniers de coton*, village Meme. Le coton est la principale culture d'exportation de la RCA.*

CHRONOLOGIE

Colonie française à partir de 1905, l'Oubangui-Chari devint la République centrafricaine en 1958.

- ❏ **1960** Indépendance sous David Dacko qui instaure un régime de parti unique.
- ❏ **1965** Coup d'État de J.-B. Bokassa.
- ❏ **1977** Bokassa sacré « Empereur ».
- ❏ **1979** Retour de Dacko à la présidence.
- ❏ **1981** Le général Kolingba évince Dacko.
- ❏ **1996** Rébellion militaire.
- ❏ **2001-2003** Mutineries.
- ❏ **2003** Coup d'Etat du général Bozizé.

ÉDUCATION

 47 %　　 3 684 étudiants

Même si l'école, qui s'inspire du modèle français, est obligatoire, seuls 68 % des enfants de 6 à 14 ans sont scolarisés.

SANTÉ

 1 pour 10 000 habitants　　Maladies parasitaires et transmissibles, malnutrition

La négligence coloniale et la mauvaise gestion post-coloniale expliquent l'indigence du système de santé de la RCA.

RICHESSES

CONSOMMATION ET DÉPENSES

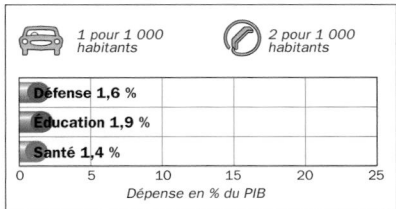

1 pour 1 000 habitants　　2 pour 1 000 habitants

Défense 1,6 %		
Éducation 1,9 %		
Santé 1,4 %		

0　5　10　15　20　25
Dépense en % du PIB

Une élite issue de la classe politique ou bien militaire s'est créée après la décolonisation.

CLASSEMENT MONDIAL

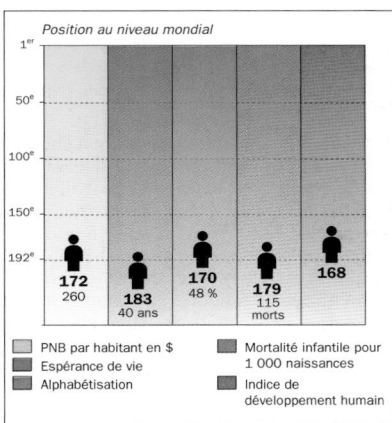

Position au niveau mondial

1er
50e
100e
150e
192e

172 — 260
183 — 40 ans
170 — 48 %
179 — 115 morts
168

- PNB par habitant en $
- Espérance de vie
- Alphabétisation
- Mortalité infantile pour 1 000 naissances
- Indice de développement humain

CHILI

C

NOM OFFICIEL : République du Chili   **CAPITALE** : Santiago
POPULATION : 15,6 millions   **MONNAIE** : peso chilien   **LANGUE OFFICIELLE** : espagnol

Le Chili forme un long ruban de 4 350 km le long de la côte Pacifique de l'Amérique du Sud. Les plaines centrales, la pampa, séparent la cordillère des Andes du littoral ; la population se concentre sur les terres fertiles de la région de Santiago au centre du pays. La topographie des Andes du Sud est marquée par la présence de glaciers, de fjords, de lacs et de profonds bras de mer. L'année 1989 vit le retour du pouvoir civil, suite au rejet populaire de la dictature du général Pinochet. La chute des cours du cuivre et la baisse des exportations ont ralenti la croissance amorcée dans les années 1990.

Le général Pinochet, dictateur destitué par référendum en 1989.

Ricardo Lagos a été élu à une très faible majorité en 2000.

CLIMAT

DONNÉES MÉTÉOROLOGIQUES

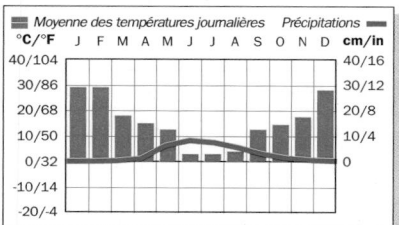

Le climat du Chili est extrêmement varié. Le Nord, où l'on trouve le désert le plus aride de la planète, l'Atacama, est souvent nuageux et frais pour sa latitude. Les régions du centre bénéficient d'un climat presque méditerranéen, marqué par des hivers très changeants et des étés chauds et secs. Les hauts sommets de la cordillère des Andes ont un climat typiquement alpin ; on y trouve des glaciers et des neiges éternelles. Le Sud est la région la plus humide.

TRANSPORTS

 Comodoro Arturo Merino Benítez, Santiago 5,91 M de passagers

 472 navires 753 900 tpl

RÉSEAU DE TRANSPORT

 11 012 km (6 843 miles)

Panaméricaine 3 455 km (2 146 miles)

2 084 km (1 295 miles)

 725 km (450 miles)

Le réseau ferré national a été considérablement amélioré grâce à l'apport de capitaux privés. Les liaisons de banlieue ont été renforcées, les lignes réhabilitées et le matériel roulant rénové, permettant une plus grande facilité d'accès entre Santiago et Remuco. La Panaméricaine, unique axe de liaison le long de la frontière du Pérou jusqu'à Puerto Montt, est également en cours de rénovation, tronçon par tronçon. Pour la première fois en Amérique latine, un accord de libre circulation aérienne a été signé en 1999 entre les États-Unis et le Chili.

TOURISME

 1,6 M de visiteurs   Moins 8 % en 1999

PROVENANCE DES TOURISTES ÉTRANGERS

Argentine 46 %	
Pérou 10 %	
Bolivie 9 %	
ÉU 7 %	
Brésil 5 %	
Autres 23 %	

% du nombre de visiteurs

Les années Pinochet furent marquées par une chute spectaculaire du nombre de touristes en provenance des ÉU et d'Europe. On assiste depuis 1989 au retour des visiteurs étrangers, même si 60 % d'entre eux viennent d'Argentine ou du Pérou. Le secteur a investi 2,17 milliards de dollars au cours du premier semestre 2000, une augmentation de 3,8 % par rapport à l'année précédente. Le Chili tire davantage profit de ses extraordinaires paysages andins, de sa façade littorale très étendue et d'un certain nombre de sites exceptionnels, comme les mines de cuivre de Chuquicamata, les plus grandes au monde, la région vinicole de la Vallée Elqui, et les extraordinaires glaciers et fjords de la partie méridionale du pays. L'île de Pâques dans le Pacifique oriental constitue un autre attrait touristique important.

Pics des monts Paine. Les fjords, les glaciers et les nombreuses îles sont caractéristiques du Sud du pays, humide, sauvage et orageux.

POPULATION

 Espagnol, langues amérindiennes

 20 hab./km²

PART DE LA POPULATION URBAINE/RURALE

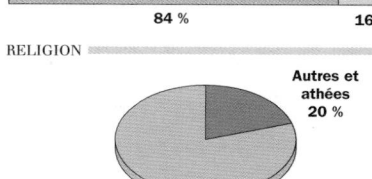

84 %   16 %

RELIGION

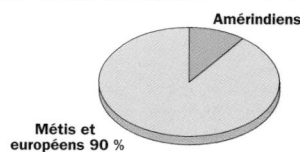

Autres et athées 20 %

Catholiques 80 %

COMPOSITION ETHNIQUE

Amérindiens 10 %

Métis et européens 90 %

Un tiers des Chiliens vivent à Santiago où l'afflux massif de population a favorisé l'émergence d'immenses bidonvilles. Le pays connaît très peu d'immigration. Les Chiliens sont en majorité métis de descendance européenne et indienne. Une Commission pour la Vérité Historique chargée de la question indienne a été créée en 2000. On estime à 800 000 le nombre d'Indiens Mapuche vivant essentiellement dans la région de Temuco au sud du pays à 20 000 les Aymara qui occupent le nord des Andes chiliennes ainsi qu'à 2 000 Rapa Nui vivant sur l'Île de Pâques.

PYRAMIDE DES ÂGES

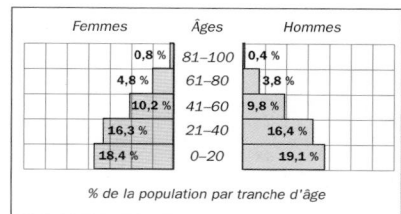

Femmes	Âges	Hommes
0,8 %	81–100	0,4 %
4,8 %	61–80	3,8 %
10,2 %	41–60	9,8 %
16,3 %	21–40	16,4 %
18,4 %	0–20	19,1 %

% de la population par tranche d'âge

Îles Juan Fernández

Î. Alejandro Selkirk   San Juan Bautista   *Î. Robinson Crusoe*

0   100 km
0   100 miles

Île de Pâques

Terevaka

Hanga Roa

0   10 km
0   10 miles

CHILI

Superficie totale :
748 800 km²
(289 112 sq. miles)

POPULATION

⊡ Plus de 1 000 000
◎ Plus de 100 000
○ Plus de 50 000
● Plus de 10 000
• Moins de 10 000

ALTIMÉTRIE

4 000 m/13 124ft
2 000 m/6 562ft
1 000 m/3 281ft
200 m/656ft
Niveau
de la mer

N

0   300 km
0   300 miles

POLITIQUE

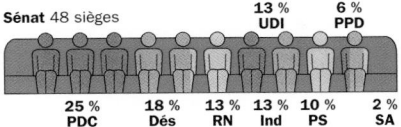

Ch. basse
2001/2005
Ch. haute
2001/2005

Ricardo Lagos Escobar,
président de la
République

EN 1997

Chambre des députés 118 sièges

	52 % PDC	47 % APC	1 % Ind

PDC = Parti des démocrates-chrétiens   **APC** = Alliance pour le Chili   **RN** = Renouveau national   **UDI** = Union démocratique indépendante   **PPD** = Parti pour la démocratie   **PS** = Parti socialiste du Chili   **Ind** = Indépendants   **PR** = Parti radical   **UCP** = Union du centre progressif   **PoS** = Parti du Sud   **Dés** = Désigné   **SA** = Sénateur à vie   **Dés.** = Désignés

Sénat 48 sièges

25 % PDC	18 % Dés	13 % RN	13 % Ind	10 % PS	13 % UDI	6 % PPD	2 % SA

38 membres sont élus et 9 désignés.

Après 16 ans de dictature militaire sous le général Pinochet, le Chili est revenu à une démocratie pluraliste en 1989.

PRINCIPAUX ENJEUX POLITIQUES

Le cas Pinochet et la démocratie

Le président Lagos a pour tâche de réduire le pouvoir de la junte militaire par la mise en place d'une réforme constitutionnelle radicale. Pinochet est rentré au Chili en mars 2000 après que le gouvernement britannique a décrété son incapacité mentale, rendant impossible son extradition vers l'Espagne où il devait être jugé pour atteintes aux droits de l'homme. Son retour au pays a été plébiscité par l'extrême droite, mais a déclenché des mouvements de protestation exigeant qu'il soit traduit devant la justice. Même si son immunité a été levée, toutes les charges pesant contre lui ont été suspendues en 2001. Une décision qui n'a pas étonné la grande majorité des Chiliens, peu confiants dans la justice à deux vitesses de leur pays.

Droits de l'homme et procès

Quelques juges, mais surtout le Sénat majoritairement conservateur, ont tout fait pour entraver la justice alors qu'elle tentait de statuer sur les crimes commis sous la dictature militaire. Une campagne est toujours en cours pour exiger que des enquêtes soient menées sur les centaines de dossiers en instance. En 2000, une amnistie a été garantie aux officiers qui fourniraient volontairement des informations concernant les « disparus ». Pourtant, l'armée s'oppose toujours à toute ouverture d'une instruction.

PROFIL

La politique chilienne est toujours fortement imprégnée de l'influence de la dictature militaire imposée au pays durant 16 ans. C'est en 1973 que Pinochet renversa le gouvernement marxiste démocratiquement élu du président Salvator Allende (un coup d'État mené dans l'ombre par la CIA). Les États-Unis s'inquiétaient en effet des nationalisations massives décidées par

Allende concernant les mines de cuivre dans lesquelles les Américains avaient de gros intérêts financiers.

Des milliers de Chiliens furent assassinés par la junte ou portés « disparus » et plus de 80 000 personnes furent incarcérées pour des motifs politiques. La politique nationaliste de Pinochet s'inspirait largement du modèle franquiste de « l'État nation ». Sa politique économique fut l'une des premières applications du libéralisme monétaire de l'École de Chicago. Les classes moyennes et les chefs d'entreprise s'enrichirent, tandis que l'opposition, brutalement décimée par la police secrète, la Dina, se reforma au sein de l'Église et des populations urbaines pauvres. En 1988, Pinochet organisa un plébiscite. Le vote massif de la population pour la démocratie et contre le régime le força à se retirer, mais il resta à la tête de l'armée. Patricio Aylwin remporta les présidentielles de 1989, menant une coalition de centre gauche dominée par le PDC et le PS, la *Concertacion*. Sous la présidence de Aylwin, le Chili parvint à se stabiliser politiquement grâce à un consensus ralliant les différents partis sur la politique économique à adopter. La croissance économique se poursuivit, Aylwin concéda quelques mesures sociales qui lui valurent le soutien des syndicats. Eduardo Frei (PS) fut élu président en 1993 et poursuivit la politique économique et sociale de son prédécesseur.

En 1998, Pinochet se retira du commandement des armées. Son entrée au Congrès comme sénateur nommé à vie relança la polémique et provoqua une rupture nette gauche/droite au sein de la *Concertacion*. Un climat de discorde qui ne fit qu'empirer quand Pinochet fut arrêté et détenu en Europe dans l'attente d'un éventuel procès pour crimes contre l'humanité. C'est Ricardo Lagos, représentant du PS, qui se retrouva favori des élections de 1999, alors que PS et PDC se voulaient l'un comme l'autre les garants de la paix et de la démocratie. Les partis d'opposition de droite commencèrent alors à prendre leurs distances avec le passé et avec Pinochet pour ratisser un plus large éventail d'électeurs. Lagos fut élu de justesse en 2000, alors que pour la première fois, la *Concertacion* devait faire face à une opposition parfaitement organisée.

CHRONOLOGIE

En 1535, les Espagnols furent les premiers à combattre les Araucans, peuple amérindien qui leur opposa une farouche résistance, pour conquérir le Chili. Santiago fut fondée en 1541. Le Chili obtint son indépendance de l'Espagne en 1818.

❏ **1879–1883** Guerre du Pacifique. Conquête de régions riches en nitrate.

↘

C

CHRONOLOGIE *suite*

- ❑ **1891–1924** Fin de la république parlementaire.
- ❑ **1936–1946** Les partis communiste, radical et socialiste forment la puissante coalition du Front populaire.
- ❑ **1943** Le Chili soutient les ÉU au cours de la Seconde Guerre mondiale.
- ❑ **1946–1964** Les présidents de droite se succèdent et adhèrent à la politique américaine de McCarthy.
- ❑ **1970** Élection de Salvador Allende.
- ❑ **1973** Mort d'Allende au cours du coup d'État militaire. Dictature sanglante du général Pinochet.
- ❑ **1988** Les Chiliens votent pour la fin de la présidence de Pinochet.
- ❑ **1989** Retour à la démocratie sans heurts. Pinochet se retire en faveur d'Aylwin, victorieux des élections.
- ❑ **1998** Pinochet est détenu en Grande-Bretagne, dans l'attente d'être extradé en Espagne où il doit être jugé pour crimes contre l'humanité.
- ❑ **2000** Ricardo Lagos (PS) est élu président. Pinochet, considéré dans l'incapacité d'être jugé rentre au Chili. Toutes les charges retenues contre lui sont suspendues en 2001.

POLITIQUE EXTÉRIEURE

CEAP	G15	MNA	OEA	GR

Les ÉU sont le premier partenaire du Chili. Ils soutiennent sa production de cuivre en lui fournissant les matériaux nécessaires. Leurs relations n'ont pas toujours été simples. Sous Allende, les ÉU œuvrèrent contre le gouvernement, craignant que la montée du socialisme ne mette en danger ses investissements. Le triste passé du général Pinochet en matière de violation des droits de l'homme finit par mettre les ÉU dans une position délicate. Le Chili protesta contre ce que le gouvernement considérait comme une ingérence dans sa souveraineté nationale quand Pinochet se retrouva détenu dans l'attente d'une extradition vers l'Espagne où devait se dérouler son procès pour crime contre l'humanité. Les relations avec le RU et l'Espagne s'améliorèrent à partir de 2000, après le retour de Pinochet. Le Chili est membre de l'union douanière Mercosur, mais conserve le droit de conclure ses propres accords économiques bilatéraux, dont les plus récents sont ceux passés avec les ÉU, l'Union européenne et la Corée du Sud. Des différends frontaliers l'opposent toujours à la Bolivie et au Pérou.

AIDE INTERNATIONNALE

 69 M $ (reçus)   Moins 34 % en 1999

L'aide prend essentiellement la forme d'un rééchelonnement de la dette accordé par la Banque mondiale, à l'initiative des ÉU.

DÉFENSE

 2,7 Md $ Moins 12 % en 1999

FORCES ARMÉES CHILIENNES

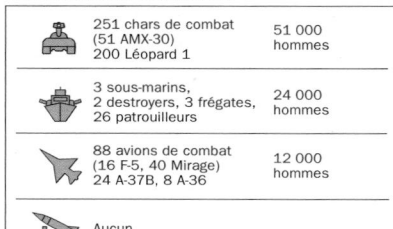

🚙	251 chars de combat (51 AMX-30) 200 Léopard 1	51 000 hommes
🚢	3 sous-marins, 2 destroyers, 3 frégates, 26 patrouilleurs	24 000 hommes
✈	88 avions de combat (16 F-5, 40 Mirage) 24 A-37B, 8 A-36	12 000 hommes
🚀	Aucun	

Le ministère de la Défense n'a aucun contrôle des forces armées. Celles-ci sont financées en grande partie par les exportations de cuivre du géant national, la société Codelco. Néanmoins, ces dernières années, les coupes budgétaires et le non-renouvellement d'un équipement obsolète attestent de la volonté de considérer les années de dictature militaire comme révolues. La position de l'armée reste ambiguë quant aux droits de l'homme. Massivement, des voix se sont levées pour empêcher tout jugement de Pinochet, mais quelques officiers parmi les plus gradés ont déclaré que les coupables d'exactions ayant eu lieu après la loi d'amnistie de 1978 devraient passer devant les tribunaux. Le service militaire est obligatoire pour tous les jeunes gens de 19 ans. Il dure de 12 à 22 mois.

ÉCONOMIE

 70,6 Md $ 688-700,8 pesos chiliens

CHIFFRES SIGNIFICATIFS

- ❑ CLASSEMENT DU PNB AU NIVEAU MONDIAL 43ᵉ
- ❑ PNB PAR HABITANT ....4 590 $
- ❑ BALANCE DES PAIEMENTS ... .– 1,24 Md $
- ❑ INFLATION ....3,6 %
- ❑ CHÔMAGE...................................9 %

EXPORTATIONS

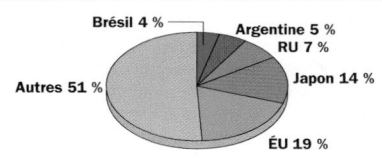

Brésil 4 %   Argentine 5 %   RU 7 %   Japon 14 %   ÉU 19 %   Autres 51 %

IMPORTATIONS

Chine 5 %   Japon 5 %   Brésil 7 %   Argentine 14 %   ÉU 23 %   Autres 46 %

ATOUTS
Premier pays producteur de cuivre, le Chili exporte également ses fruits. L'afflux des investissements a permis une croissance économique rapide. Des industries non traditionnelles se développent, comme celles liées à la production de vin et à la pêche.

FAIBLESSES
Le Chili est dépendant des ÉU, son principal partenaire commercial. Il reste peu présent sur le marché asiatique. Les revenus de l'exploitation du cuivre, qui représentent 40 % des exportations, sont fortement tributaires des cours mondiaux.

PROFIL
Sous Allende, la politique socialiste donna naissance à de gigantesques sociétés commerciales publiques. La dictature de Pinochet institua une politique monétariste radicale. La réduction draconienne du

INDICATEUR DES PERFORMANCES ÉCONOMIQUES

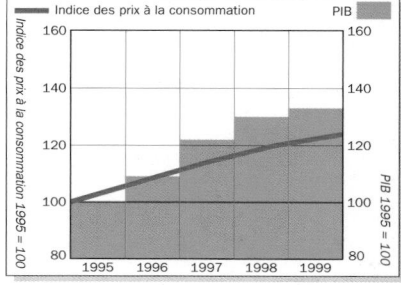

Indice des prix à la consommation — PIB

secteur public et la liquidation des entreprises nationalisées à des prix inférieurs aux valeurs du marché permirent aux investisseurs et aux spéculateurs de faire des profits considérables. L'application de mesures économiques très strictes a permis de faire baisser l'inflation. Les gouvernements Aylwin et Frei ont poursuivi une politique néolibérale, comprenant la privatisation du système des retraites. Une trentaine de sociétés, sont pourtant restées dans le secteur public. De nouvelles privatisations ont été mises en œuvre pour améliorer les infrastructures. Les baisses récentes du cours du cuivre ont souligné la nécessité d'une diversification de l'économie.

CHILI : PRINCIPALES ACTIVITÉS

- Pétrole
- Raffinage de pétrole
- Mine de cuivre
- Industrie de transformation
- Industrie pharmaceutique
- Mécanique lourde
- Industrie liée à la pêche
- Agro-industrie

Iquique
Chuquicar
Vina del Mar
Santiago
Teniente
Talcahuano
Concepción
Punta Arenas
Détroit d Magellar

0   300 km
0   300 miles

RESSOURCES

 6,08 M de tonnes

4,14 M d'ovins
4,07 M de bovins
2,47 M de porcins
70 M de volailles

 5 414 b/j
(réserves :
106 725 600 Mdb)

Cuivre, or, argent, fer, molybdène, iode

PRODUCTION ÉLECTRIQUE

% de la production totale par type d'électricité					
Hydraulique 57 % (19 Md kwh)					
Thermique 43 % (14 Md kwh)					
Nucléaire 0 %					
Autre 0 %					
0	20	40	60	80	100

Le Chili est le premier producteur mondial de cuivre. C'est de cette activité qu'il tire ses principaux revenus en matière d'exportation. Il bénéficie également d'importantes réserves de lithium, de molybdène et d'or, sans oublier le gaz naturel, le pétrole et le charbon. Le pays possède un fort potentiel hydroélectrique. En outre, il est leader mondial de produits à base de poisson et son industrie vinicole est en pleine expansion.

CHILI : UTILISATION DU SOL

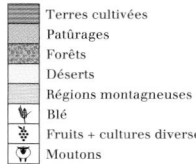

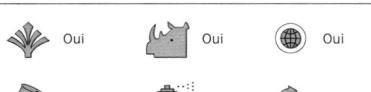

Terres cultivées
Pâturages
Forêts
Déserts
Régions montagneuses
Blé
Fruits + cultures diverses
Moutons

0 — 300 km
0 — 300 miles

ENVIRONNEMENT

19 %
(7 % partiellement protégés)

4,1 tonnes par habitant

TRAITÉS ÉCOLOGIQUES

Oui	Oui	Oui			
Oui	Oui	Oui			

Les préoccupations écologiques ne sont pas la priorité du gouvernement. Les brouillards denses mêlés de fumée planent notamment au-dessus de Santiago, dus en partie aux émissions de gasoil des 14 500 bus de la ville. Le principal souci reste cependant l'exploitation des forêts par des compagnies étrangères. La très forte expansion de l'industrie du saumon enclôt les lacs marins et chasse les dauphins de leur habitat naturel. La pêche intensive de l'espadon entraîne des heurts avec l'Union européenne.

MÉDIAS

 98 quotidiens pour 1 000 habitants

PRESSE ET TÉLÉCOMMUNICATIONS

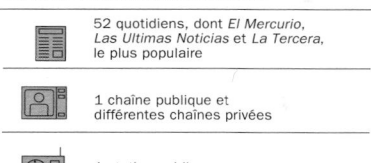

52 quotidiens, dont *El Mercurio*, *Las Ultimas Noticias* et *La Tercera*, le plus populaire

1 chaîne publique et différentes chaînes privées

1 station publique, 1 046 stations indépendantes

Après bien des reports, la loi rétablissant la liberté de la presse a finalement été promulguée en 2001. Les juridictions militaires n'ont désormais plus le pouvoir de poursuivre les journalistes.

CRIMINALITÉ

 21 514 détenus

 Plus 3 % en 1996/1999

TAUX DE CRIMINALITÉ.

Meurtres	
4	pour 100 000 habitants

Viols	
11	pour 100 000 habitants

Vols	
555	pour 100 000 habitants

Malgré la découverte dans les années 1990 de plusieurs charniers des victimes de la Dina (police secrète), les exactions commises sous Pinochet n'ont toujours pas été jugées. Les chefs Mapuche figurent parmi les nombreux disparus. Très nombreux abus sexuels envers les enfants, même si la situation s'améliore.

ÉDUCATION

 96 %

 325 614 étudiants

LE SYSTÈME ÉDUCATIF

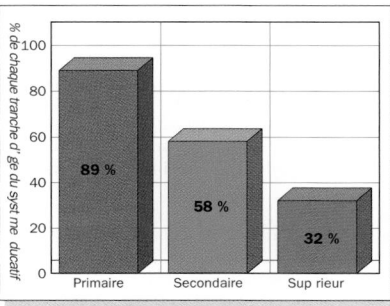

La croissance économique a permis d'augmenter considérablement le budget consacré à l'éducation. L'école primaire est en principe gratuite et obligatoire. Son cycle est de huit ans. Le programme scolaire intègre une éducation aux droits de l'homme. De nombreuses universités privées proposent désormais des formations professionnelles.

SANTÉ

 1 pour 909 habitants

 Maladies cardiaques, cancers, crimes

Ces dernières années, une croissance soutenu a permis d'augmenter les dépenses publiques. Le système couvre 80 % de la population, mais se concentre principalement dans les zones urbaines. Les riches font appel au secteur privé. La mortalité infantile a diminué d'un tiers depuis les années 1980.

RICHESSES

CONSOMMATION ET DÉPENSES

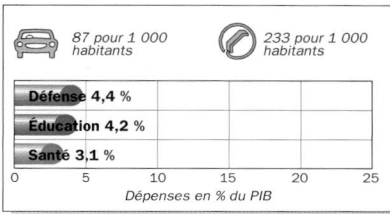

87 pour 1 000 habitants

233 pour 1 000 habitants

Dépenses en % du PIB					
Défense 4,4 %					
Éducation 4,2 %					
Santé 3,1 %					
0	5	10	15	20	25

L'importante classe moyenne s'est bien sortie de la période Pinochet et du libéralisme monétaire. Les plus fortunés tirèrent d'énormes profits de la liquidation des entreprises publiques vendues entre 40 % et 50 % de leur valeur réelle. Cinq ans après l'arrivée de Pinochet au pouvoir, la concentration des richesses était telle que neuf conglomérats contrôlaient les 250 entreprises les plus importantes du Chili, 82 % des opérations bancaires et 64 % des crédits commerciaux. Grâce à des taux d'intérêt intérieurs artificiellement élevés, ceux ayant accès aux milieux financiers internationaux firent un bénéfice estimé à 800 millions de $ de 1977 à 1980, en empruntant à l'étranger pour prêter sur les marchés intérieurs. Ces milieux ont conservé leur position privilégiée. De son côté, la population pauvre a perdu 15 % de son pouvoir d'achat depuis 1970. 4 millions de personnes vivraient à peine au-dessus du seuil de pauvreté et un million en-dessous.

CLASSEMENT MONDIAL

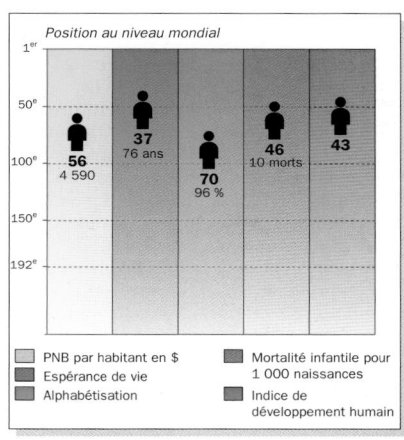

Position au niveau mondial

PNB par habitant en $
Espérance de vie
Alphabétisation

Mortalité infantile pour 1 000 naissances
Indice de développement humain

C

CHINE

NOM OFFICIEL : République populaire de Chine **CAPITALE** : Beijing (Pékin)
POPULATION : 1,29 milliard **MONNAIE** : renminbi (yuan) **LANGUE OFFICIELLE** : mandarin

| 1949 | 1999 | 1 oct. | VRC | + 8 | + 86 | .cn |

Recouvrant une grande partie de l'Asie orientale, la Chine partage ses frontières avec 14 pays ; à l'est, le littoral Pacifique s'étend sur des milliers de kilomètres. La Chine est constituée aux deux tiers de régions de haute altitude. Les montagnes du Sud-Ouest encerclent le plateau tibétain. Les deux tiers de la population se concentrent dans les plaines du Sud-Est. La Chine fut dominée par Mao Zedong de la proclamation de la République populaire communiste en 1949, jusqu'à sa mort en 1976. Sous Mao, elle devint une puissance industrielle et nucléaire, mais subit également la catastrophe du Grand Bond en avant des années 1950 et de la Révolution culturelle des années 1960. Aujourd'hui, la Chine s'oriente rapidement vers une économie de marché, mais la démocratie n'est toujours pas d'actualité. Le pouvoir n'a pas changé de mains, et la politique du parti unique reste dans la droite ligne des dirigeants d'hier, comme Deng Xiaoping, mort en 1997.

La Li, à Guangxi, la plus belle région de Chine. Ses magnifiques paysages de montagne ont favorisé le développement touristique.

CLIMAT

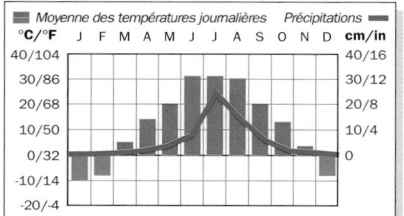

DONNÉES MÉTÉOROLOGIQUES

Moyenne des températures journalières Précipitations

La Chine se divise en deux grandes régions climatiques. Le Nord et l'Ouest sont, quant à eux, semi-arides ou arides avec des écarts de températures très importants. Le Sud et le Sud-Est sont plus chauds et plus humides, avec des pluies réparties sur toute l'année. Les températures hivernales sont plus douces sur la côte Sud-Est subtropicale. Les températures estivales, plus homogènes, dépassent 21 °C sur l'ensemble du territoire. Sur la côte Sud-Est, il fait 30 °C en moyenne en juillet. Au Nord et à l'Ouest, la douceur de l'été contraste avec la rigueur de l'hiver. Dans le Nord de la Mandchourie, les rivières sont gelées cinq mois d'affilée et il peut faire – 25 °C. Dans les régions désertiques de la province de Xinjiang, les températures varient de 11 °C en hiver à 33 °C en été. L'été et l'automne sont les saisons les plus humides à cause du vent soufflant du Pacifique pendant la mousson. Le Sud et l'Est connaissent des hivers humides, alors que partout ailleurs, durant la mousson hivernale, souffle un air froid et sec en provenance de Sibérie. Les inondations sont parfois catastrophiques comme en 1998 et en 2002. Les sécheresses peuvent être encore pires : celle qui a sévi de 1959 à 1962 a fait des millions de morts en provoquant une terrible famine.

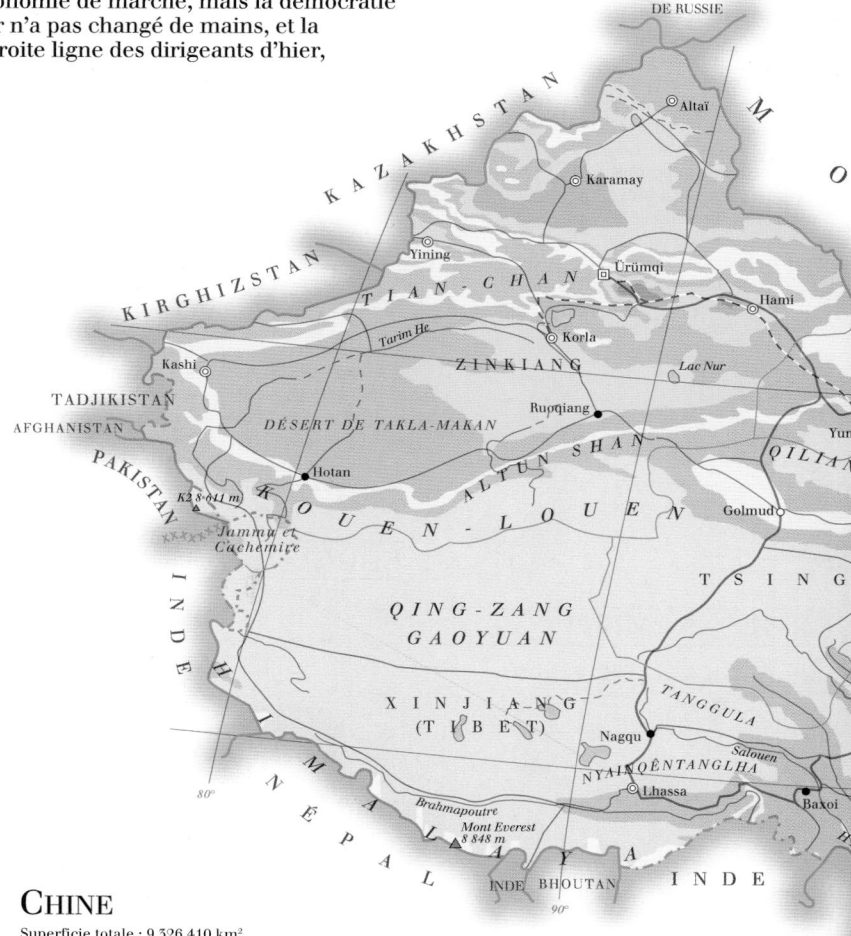

CHINE

Superficie totale : 9 326 410 km²
(3 600 927 sq. miles)

ALTIMÉTRIE

POPULATION
- ▣ Plus de 5 000 000
- ▢ Plus de 1 000 000
- ◉ Plus de 500 000
- ◎ Plus de 100 000
- ○ Plus de 50 000
- ● Plus de 10 000
- ⊓⊔⊓⊔ Grande Muraille de Chine

- 6 000 m/19 686 ft
- 4 000 m/13 124 ft
- 3 000 m/9 843 ft
- 2 000 m/6 562 ft
- 1 000 m/3 281 ft
- 500 m/1 640 ft
- 200 m/656 ft
- Niveau de la mer

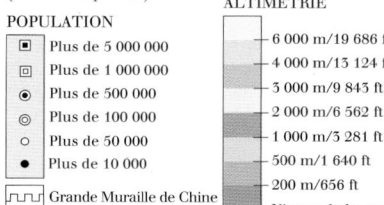

TOURISME

 31,2 M de visiteurs   Plus 16 % en 2000

PROVENANCE DES TOURISTES ÉTRANGERS

	% du nombre de visiteurs
Japon 22 %	
Russie 10 %	
ÉU 10 %	
Corée du Sud 9 %	
Singapour 4 %	
Autres 45 %	

L'assouplissement des restrictions depuis les années 1980 a conduit à une augmentation de toutes les formes de tourisme, des tour-opérateurs de luxe aux randonnées en passant par la formule « routard ». Aujourd'hui, pratiquement toute la Chine est accessible aux visiteurs, même le Tibet s'ouvre timidement. Mais l'accès à certaines provinces comme celle de Xinjiang et en général à l'Ouest du pays reste très aléatoire. La Grande Muraille, la Cité interdite à Pékin et les armées en terre cuite de Xian figurent parmi les premiers centres d'intérêt touristiques de la Chine. Ces dernières années, de plus en plus de Chinois ont quitté leur pays pour se rendre à l'étranger.

TRANSPORTS

 Chek Lap Kok, Hong-Kong
18,2 M passagers

 3 214 navires
16,5 M tpl

RÉSEAU DE TRANSPORT

271 300 km (168 578 miles)	24 474 km (15 207 miles)
67 394 km (41 879 miles)	110 263 km (68 514 miles)

Les réseaux routier et ferroviaire ont été étendus depuis 1949 de manière à assurer une infrastructure de niveau national. Le système de transport a été modernisé et agrandi afin de soutenir la croissance économique du pays. Le neuvième plan quinquennal (1996-2000), a permis la mise en service de 8 100 km (5 000 miles) de voies ferrées. Pékin et Shanghaï doivent prochainement se doter d'une ligne à grande vitesse. En 2001, il a été décidé de rallier la capitale tibétaine, Lhassa, au reste du réseau ferré en étendant la ligne de Golmud dans la province de Qinghai. Cette ligne sera la plus haute voie ferrée du monde. Shanghaï maîtrisait un tiers du transport par conteneurs avant le retour de Hong Kong sous administration chinoise en 1997 (Hong Kong est le port le plus important du monde pour l'entreposage des conteneurs). Le réseau de voies navigables a été rénové et représente un tiers du transport de marchandises à l'intérieur du pays. Le Chang Jiang permet la navigation de navires de plus de 1 000 tonnes sur plus de 1 000 km (620 miles). Une capacité qui devrait encore augmenter grâce au projet de barrage des Trois Gorges. De nombreuses petites compagnies d'aviation ont vu le jour depuis la fin du monopole d'État en 1988. Parallèlement à l'augmentation des richesses du pays, le transport aérien est en pleine expansion à l'instar du nombre de voitures particulières. La bicyclette reste cependant le moyen de transport privilégié de la grande majorité des Chinois.

La vallée de la Li. *L'irrigation permet de nourrir 20 % de la population planétaire en exploitant 7 % des terres arables du monde.*

C

C

POPULATION

 Mandarin, wu, cantonais, hsiang, min, hakka, kan

 137 hab./km²

PART DE LA POPULATION URBAINE/RURALE

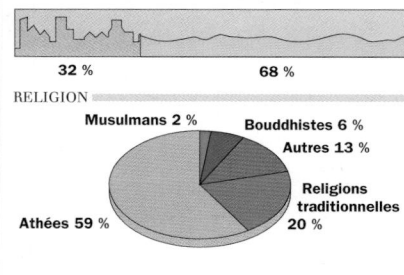

32 %   **68 %**

RELIGION

Musulmans 2 %

Bouddhistes 6 %

Autres 13 %

Religions traditionnelles 20 %

Athées 59 %

COMPOSITION ETHNIQUE

Zhaung 1 %   Hui 1 %

Autres 5 %

Han 93 %

Les Han représentent 93 % de la population. Les 7 % restants appartiennent aux 55 nationalités minoritaires. Celles-ci jouissent d'un pouvoir politique disproportionné, car nombre d'entre elles, comme les Mongols, les Tibétains et les Ouigours musulmans, vivent dans des régions frontalières stratégiques. L'envoi de Han pour repeupler les régions reculées a entraîné des soulèvements dans le Xinjiang et au Tibet qui furent violemment réprimés. Les Han sont majoritaires dans les provinces de Mongolie intérieure. Les Tibétains revendiquent le droit à l'autonomie et reçoivent le soutien de la communauté internationale. La politique de l'enfant unique a été adoptée en 1979. La plupart des Han y sont toujours soumis même si la réglementation est largement contournée. Les nombreux infanticides de petites filles ont entraîné un déséquilibre démographique et la loi a été assouplie pour les minorités après que certaines aient failli disparaître. Le changement économique pèse très lourd sur la vie familiale et détruit les contrôles sociaux imposés depuis l'époque de Mao. Le chômage et le divorce sont en augmentation ; le matérialisme a remplacé le puritanisme d'autrefois. Le mouvement spirituel Falun Gong, considéré comme portant préjudice au PCC (Parti communiste chinois), a été interdit en 1999.

PYRAMIDE DES ÂGES

Femmes		Âge	Hommes	
	0,6 %	81–100	0,3 %	
	5 %	61–80		4,7 %
	10,6 %	41–60	10,9 %	
17,4 %		21–40		17,5 %
15,7 %		0–20		17,3 %

% de la population par tranche d'âge

POLITIQUE

 2003/2008

Hu Jintao, président de la République

AUX DERNIÈRES ÉLECTIONS

Congrès national du peuple 2 979 membres

Le parti communiste chinois (PCC) est le seul parti autorisé.

La Chine est un État à parti unique dominé par le Parti communiste (PCC), le plus grand parti du monde. Le Congrès national du peuple, élu indirectement tous les cinq ans, est en théorie l'organe suprême du pouvoir d'État. Il nomme le président et le Conseil exécutif d'État, dirigé par le Premier ministre. Le Bureau politique du PCC, qui compte 22 membres, et tout particulièrement les 7 membres du comité central, sont les véritables détenteurs du pouvoir.

PRINCIPAUX ENJEUX POLITIQUES
La réforme économique et l'autorité du PCC

Depuis la mort de Mao Zedong en 1976, la Chine s'est lancée dans un processus de réformes économiques tout en préservant la prédominance du parti et en évitant une réforme politique. Les réformistes, conduits jadis par Deng Xiaoping, décédé en février 1997, sont convaincus que seule une transition rapide vers une « économie de marché socialiste » est en mesure de sauver le PCC. Deng Xiaoping et ses successeurs considèrent la Corée du Sud et Taïwan comme des modèles de réussite économique ne s'étant pas soumis à une réforme politique. Au congrès du parti en 1997, les réformateurs, conduits par Jiang Zemin, aujourd'hui à la fois chef de l'État et secrétaire général du parti, ont saisi leur chance d'aligner la politique formelle du parti sur leur propre désir de privatiser de larges secteurs de l'industrie gérée par l'État. La réforme économique représente une menace pour l'autorité du PCC. Les 22 provinces, et plus particulièrement celles du Sud-Est, se conduisent de manière de plus en plus autonome par rapport à Pékin. Au niveau de la population, l'autorité du parti est remise en cause par la classe rurale, mécontentée par des inégalités sociales croissantes.

Nanjing Donglu (route de Nankin), est l'une des principales rues commerçantes de Shanghaï.

Conservateurs contre réformateurs

Si les conservateurs reconnaissent la nécessité d'un changement économique, ils le veulent progressifs et planifié par le parti. Les manifestations en faveur de la démocratie de 1989 (Tianam men) permirent aux conservateurs de prendre l'avantage. Deng Xiaoping parvint à restaurer l'équilibre et son grand âge donna l'avantage à son héritier présumé, le président Jiang Zemin. De son côté, Zemin continuait d'affirmer son pouvoir et sa stature internationale, tandis que le Premier ministre Zhu Rongji se faisait le chantre de la réforme économique et des campagnes anticorruption. Mais Li Peng, président du parlement depuis 1998, continue de bénéficier de l'appui des conservateurs à la tête de l'État et du parti.

PROFIL

Le monde politique a été dominé jusqu'en 1997 par le dernier des « Immortels » qui participa avec Mao Zedong à la Longue Marche de 1934-1935. Deng Xiaoping, l'artisan des réformes économiques de la Chine a travaillé dans l'ombre, nouant les alliances qui lui ont permis de promouvoir ses idées réformistes et de pousser ses successeurs sur le devant de la scène politique. Jiang Zemin, l'héritier désigné, a encore renforcé sa position depuis la mort de Deng Xiaoping en devenant président et secrétaire général du PCC. Les changements profonds qui vont permettre de passer d'un système basé sur l'économie d'État à la propriété privée représente un défi.

Deng Xiaoping, ancien dirigeant suprême de la Chine, mort en février 1997.

Jiang Zemin, président jusqu'en 2003, conserve une grande influence.

Wen Jiabao, nommé en 2003 Premier ministre.

Le président Hu Jintao représente une "quatrième génération" de dirigeants.

C

POLITIQUE EXTÉRIEURE

L'effort de modernisation économique et la stabilité dans les régions sont les préoccupations principales en matière de politique extérieure. L'investissement, la technologie et les échanges commerciaux pèsent désormais plus lourd que l'idéologie. Malgré la question non résolue des droits de l'homme, les relations avec l'Occident ont été rétablies depuis le massacre de la place Tianan men.

Le président Clinton s'est rendu officiellement en Chine en 1998. Tout comme la Russie, la Chine s'est opposée à l'intervention des forces de l'OTAN lors du conflit yougoslave en 1999. Le pays a développé des liens commerciaux et militaires avec la Russie. Les relations avec le Viêt-nam se sont normalisées. La Chine a développé des relations diplomatiques et économiques avec la Corée du Sud, tout en évitant tout contact avec la Corée du Nord. Taïwan reste un sujet sensible. Pékin s'oppose en

effet fermement à tout ce qui pourrait favoriser une division de la Chine. Régulièrement, des démonstrations de force empêchent toute initiative de coopération. La menace militaire a de nouveau été agitée pendant les élections présidentielles taïwanaises de mars 2000. Cependant, les liens se resserrent depuis 2000, avec un hausse du commerce indirect et du tourisme. Amélioration des relations avec l'Inde, notamment dans un but commercial (itinéraires transfrontaliers).

AIDE INTERNATIONALE

 2,32 Md $ (reçus)   Moins 1 % en 1999

Depuis la fin des années 1970, la Chine, qui figure au rang des pays bénéficiaires, ne verse pratiquement plus aucune aide à l'extérieur. Le Japon est le principal pays donateur, mais la plupart des pays industrialisés participent à son soutien financier, désireux d'investir dans un pays dont le potentiel commercial est si important. Une partie de cette aide sert à financer les importations de produits issus des technologies de pointe. L'aide occidentale fut momentanément suspendue en représailles au massacre de la place Tianan men en 1989.

DÉFENSE

 39,9 Md $ Plus 4 % en 1999

FORCES ARMÉES CHINOISES

 7 060 chars de combat (5 500 T-59, T-69, T-79, T-88, T-98) | 1,7 M d'hommes

 65 sous-marins, 40 frégates, 20 destroyers et 368 patrouilleurs | 220 000 hommes

 + de 3 000 avions de combat (300 Q-5, 1500 J-6, 700 J-7, 250 J-8, 40 Su-30) | 420 000 hommes

 ICBM (20 DF-5), IRBM (20 DF-4, 38 DF-3A, 8 DF-21), SLBM (12 CSS-N-3), SRBM (20 DF-15, 40 DF-11), 1 SSBN

Les forces armées chinoises se regroupent au sein de l'Armée populaire de libération (APL). Elle comptait environ trois millions de soldats en 1996. L'APL entretient des liens étroits avec le PCC. De 1967, année où elle rétablit l'ordre après le chaos de la Révolution culturelle, à 1989 où elle tira sur des civils place Tianan men, l'APL a servi à assurer la prédominance du parti. L'APL participe au processus de modernisation en réduisant ses effectifs et son engagement dans le domaine économique. La Chine possède une industrie d'armement considérable, qui fabrique des armes nucléaires, et est un pays exportateur important.

ÉCONOMIE

 1131 Md $ 8,27 yuans

CHIFFRES SIGNIFICATIFS

❑ CLASSEMENT DU PNB AU NIVEAU MONDIAL 6ᵉ
❑ PNB PAR HABITANT ....890 $
❑ BALANCE DES PAIEMENTS ... .17,4 Md $
❑ INFLATION ....0,3 %
❑ CHÔMAGE (OFFICIELLEMENT) ....3 %

ATOUTS
Marché intérieur très important. Autosuffisance alimentaire. Bas salaires. Réserves minérales. Secteur industriel diversifié. Croissance soutenue. Forte hausse des exportations. Centre financier international de Hong Kong.

INDICATEUR DES PERFORMANCES ÉCONOMIQUES

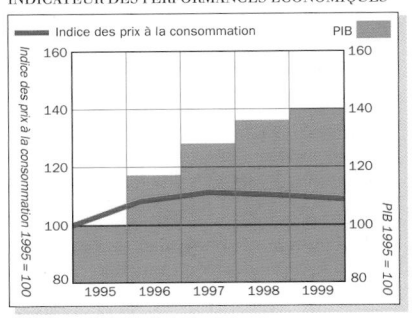

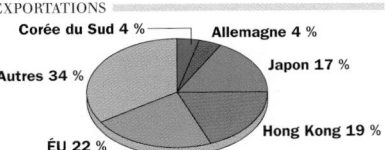

FAIBLESSES
Démographie et chômage. Réseau de transport peu développé. Retard des réformes du secteur public.

CHINE : PRINCIPALES ACTIVITÉS

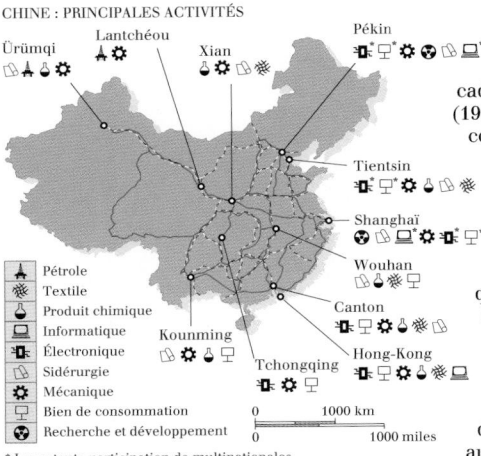

* Importante participation de multinationales

PROFIL
Le passage d'une économie dirigée à une économie de marché s'est effectué à pas de géant depuis les années 1980, notamment au sud du pays, région où la libéralisation est la plus avancée. La croissance a dû cependant être réfreinée plusieurs fois pour contrôler l'inflation. Dans le cadre du neuvième plan quinquennal (1996-2000), le gouvernement a conservé un contrôle très strict de l'économie et a privilégié une croissance intensive. Le refus de dévaluer le yuan a permis d'éviter la perte d'investissements étrangers durant la crise de confiance qu'ont connu les marchés émergents entre 1997 et 1999. En 2000, un accord commercial a été conclu avec l'UE, tandis que les ÉU ont rétabli des relations commerciales avec la Chine, désireuse d'entrer dans l'OMC. Le pays a connu une augmentation des importations sans précédent durant l'année 2000.

C

LES MINORITÉS

LES RÉGIONS AUTONOMES

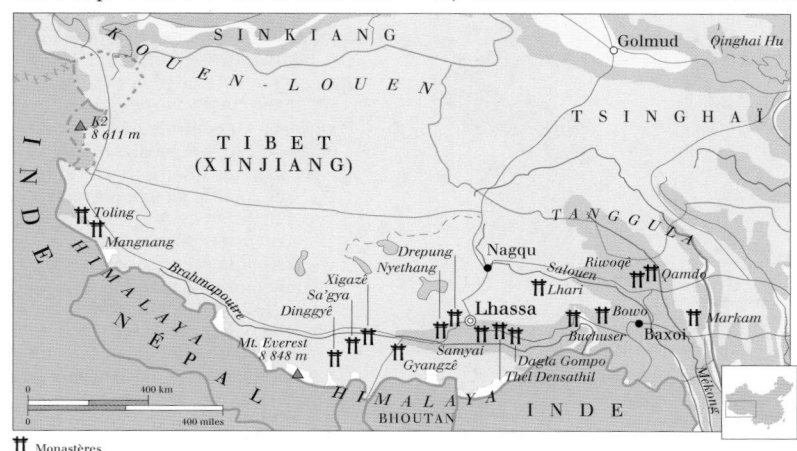

LA CONSTITUTION CHINOISE stipule que « l'autonomie régionale est possible dans les régions où les populations minoritaires vivent en communautés regroupées ». Les Manchu, les Miao, les Yi et beaucoup d'autres parmi les 55 minorités ethniques officiellement reconnues ne répondent pas aux critères. Néanmoins, cinq provinces sont des régions autonomes, ou *zizhiqu*. Les deux *zizhiqu* les plus occidentales sont le Tibet à faible densité de population et la région de Xinjiang où vivent les Uyghur. Ces deux provinces connaissent des conflits frontaliers et toute opposition au gouvernement chinois y fait l'objet de répressions.

TIBET

L'immense région montagneuse du Tibet a la densité de population la plus faible de Chine : 2 habitants au km² pour un territoire qui s'étend sur 1 220 000 km² et dont la capitale est Lhassa. Les Tibétains représentent officiellement 95 % de la population qui comptait 2, 2 millions d'habitants lors du recensement de 1990, et presque 3 millions en 1993. Les Han, dont l'immigration a provoqué un rejet massif de la part de la population locale constitueraient 4 % de la population tibétaine. Région intégrée à l'Empire Mandchou du XVIIIe siècle à 1911, le Tibet conserva pourtant une certaine autonomie

politique, sous l'autorité du dalaï-lama, chef spirituel du bouddhisme tibétain. En 1950, la Chine envahit le Tibet et en 1959 elle réprima violemment les soulèvements indépendantistes. Le dalaï-lama s'enfuit en Inde et installa son gouvernement en exil parmi les nombreux réfugiés qui l'accompagnaient. Ce n'est que tout récemment qu'il accepta de discuter les termes d'un accord qui permettrait aux Tibétains de conserver leur gouvernement autonome et leur liberté culturelle. Le Tibet devint une région de Chine en 1965 et fut rebaptisée Xinjiang. Les opposants à l'autorité chinoise furent emprisonnés ou exécutés et de nombreux monastères bouddhistes détruits. Les affrontements entre nationalistes et membres de l'armée chinoise en 1987 entraînèrent un renforcement des mesures répressives. Dans un souci d'appaisement, le gouvernement chinois accepta en 1988 que le tibétain soit reconnu comme langue « officielle » dans la province. En 1995, la tension monta d'un cran quand les autorités chinoises décidèrent d'arrêter le jeune garçon que les Bouddhistes avaient reconnu comme la réincarnation du Panchen lama. Les Chinois désignèrent leur propre candidat à cette fonction. Une provocation que les Tibétains considérèrent comme une interférence inacceptable dans leur vie religieuse. La situation s'aggrava en juin 1999 lorsque la Chine annonça qu'elle se mettait en quête du successeur du dalaï-lama.

SINKIANG

Essentiellement désertique, bordé par le Kirghizstan et le Kazakhstan, la province de Sinkiang s'étend sur 1 647 000 km², soit presque 18 % de la surface totale de la Chine. Les Han sont tout juste majoritaires au sein de la population de 15, 4 millions d'habitants. Les habitants

Chapelle *bouddhiste au Tibet, datant du XVe siècle.*

d'origine, les Uyghur, musulmans pour la plupart, sont 7,2 millions. Toute opposition a été réprimée et la libre circulation n'est pas possible dans toute la région. La capitale régionale, Ürümqi est une ville industrielle, vivant surtout de la métallurgie, du pétrole et de la chimie.

MONGOLIE INTÉRIEURE

La Mongolie intérieure, ou Nei Mongol Zizhiqu, couvre presque toute la région qui s'étend du Nord de la Chine le long de la frontière avec la Mongolie. Les Han y sont majoritaires sur une population totale de 21,1 millions d'habitants dont 4,8 millions appartiennent à la minorité mongole.

NINGSIA

C'est la plus petite des provinces autonomes. Elle occupe une surface de seulement 170 km² au sud de la Mongolie intérieure. La capitale est Yintchouan. La population comptait 4,7 millions d'âmes au recensement de 1990. Les Hui, qui sont environ 8,6 millions, vivent pour la plupart en dehors du Ningsia, leur province d'origine.

KOUANGSI

Cette province autonome, contrairement aux autres, est toute proche du coeur économique de la Chine. Situé au sud, entre la province de Guangdong et la frontière avec le Viêt-nam, c'est un petit territoire de 220 km². C'est par contre la province la plus importante en termes de population, avec une densité de 192 h./km², 42,5 millions de personnes au total (recensement de 1990). Sa capitale est Nanning. Le peuple Zhang, bien que constituant la plus importante des minorités ethniques, ne se compose que de 15,5 millions de personnes et est minoritaire dans sa propre région d'origine.

ZONES ÉCONOMIQUES SPÉCIALES, VILLES OUVERTES ET RÉGIONS ADMINISTRATIVES SPÉCIALES

Les réformes économiques introduites par Deng Xiaoping en 1978 permirent à la Chine de s'ouvrir aux échanges commerciaux avec l'étranger. Lancées à partir d'un petit nombre de régions soumises à un régime fiscal particulier, les réformes s'appliquèrent par la suite des villes côtières à l'intérieur des terres et dynamisèrent grandement le développement urbain.

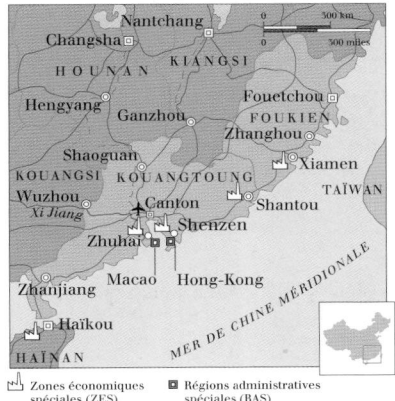

Zones économiques spéciales (ZES)

Régions administratives spéciales (RAS)

ZONES ÉCONOMIQUES SPÉCIALES OU ZONES FRANCHES

La première étape consista à créer cinq zones spéciales (ZES) sur la côte Sud. Le concept fut lancé à Shezhen en 1980, une ville voisine de Kowloon (Hong-Kong). Suivirent Zhuhai dans la province de Kouangtoung près de Macao, Shantou à l'est, Xiamen dans la province de Foukien face à Taïwan et l'île d'Haïnan. Le choix des villes se fit en fonction du potentiel d'attraction qu'elles représentaient pour les 30 millions de Chinois vivant à l'étranger, en particulier à Hong-Kong et à Taïwan et dont les régions d'origine étaient justement le Kouangtoung et Foukien.

INVESTISSEMENTS ÉTRANGERS

Les investissements étrangers directs ont atteint plus de 45 milliards en 1998, plus que dans n'importe quel pays au monde, les ÉU exceptés. À partir de cette date, l'afflux de capitaux a commencé à ralentir pour la première fois en dix ans. La plupart des investissements profitent à la « zone côtière franche », composée de 14 villes, réparties de Dalian au Nord du Zhanjiang à Beihai au Sud.

L'un des grands succès de développement local est le port de Shanghaï, où la Bourse rouvrit ses portes en 1990. La nouvelle zone de la ville de Pudong sur le fleuve Huangpu offre des conditions encore meilleures que celles proposées dans les ZES. Entre autres, le droit de vendre marchandises et services financiers.

Pudong a attiré la plupart des grandes entreprises étrangères désirant poser des jalons sur ce marché incroyablement prometteur. On peut citer General Motors, NEC, Sharp, Hitachi, Siemens, Unilever, BASF et Pilkington. Pudong est la « tête du dragon », le fer de lance d'un ensemble de villes franches qui s'étend le long de la vallée du fleuve Chang Jiang où les investissements étrangers sont encouragés depuis 1990. Depuis 1992, la Chine a ouvert de nouvelles villes franches dans les zones frontalières de la Russie, de la Mongolie, du Kazakhstan, de la Birmanie et du Viêt-nam pour développer les infrastructures et promouvoir le commerce et la croissance des industries d'export.

LA CROISSANCE INDUSTRIELLE DE LA PROVINCE DE KOUANGTOUNG

Au cœur de la province de Kouangtoung, Canton et Shenzhen constituent un pôle en passe de devenir la région industrielle la plus importante d'Asie. 1/10e des 500 plus grosses multinationales ont investi dans le Projet de développement économique et technique du district de Kouangtoung (GET). Shenzhen a été la première ville de Chine à vendre des appartements d'État en toute propriété. La ville a été totalement restructurée pour devenir le modèle de la cité du futur, tant sur le plan scientifique que technologique. La ville comporte des parcs, des zones piétonnes, des équipements sociaux et une infrastructure de communications sophistiquée, bien que les offres fiscales très avantageuses consenties à l'origine aux investisseurs aient été abrogées.

LES RÉGIONS ADMINISTRATIVES SPÉCIALES (RAS) DE HONG KONG ET MACAO

Le succès de Shenzhen contraste avec la situation de Hong-Kong. La ville a été gravement touchée par la récession après son retour dans le giron de l'administration chinoise en 1997. Une croissance particulièrement importante a néanmoins été enregistrée en 2000. Du temps de la colonisation britannique, Hong Kong s'est développée autour de son

industrie textile et de ses activités dans le secteur de l'électronique. Mais la ville est surtout devenu un pôle d'échanges commerciaux et de services financiers. Un rôle préservé grâce à son statut de région administrative spéciale (RAS). Hong Kong occupe un territoire de 1 095 km² pour une population estimée à 6,69 millions. Le principe de la Loi fondamentale lui garantit un niveau élevé d'autonomie pour une période de 50 ans selon la formule « un pays, deux systèmes ». Le PIB par habitant en 1998 tournait autour de 22 200 dollars, même après une croissance négative de 5 %. Son chef de l'exécutif, le Chinois Tung Chee-hwa, s'est rendu impopulaire, se brouillant même avec les membres de sa propre administration – plusieurs d'entre eux ont d'ailleurs démissionné en 2000 et 2001 – et avec le Conseil législatif de la région. À l'occasion des élections de septembre 2000, le nombre de membres directement élus au Conseil fut légèrement augmenté, passant à 24 sur 60 au total. La moitié des sièges fut remportée par le Parti démocrate, un parti d'opposition. Le peu de réaction de la population ne permit pas de changement radical. Le dollar de Hong Kong, libre de change, est resté la monnaie officielle de la RAS.

Autre RAS, Macao n'est plus une colonie portugaise depuis le 20 décembre 1999. Elle bénéficie également d'un statut de port franc, frappe sa propre monnaie, le pataca, et on y parle deux langues officielles, le portugais et le chinois. Macao a sa propre Assemblée législative et la formule « un pays, deux systèmes » s'y applique également. Le petit territoire de 21,45 km² est destiné à s'étendre de 20 % à la réalisation du projet du lac Nam Van. Le recensement de 1996 y a compté 414 128 habitants, dont plus de 100 000 Portugais. Le PIB est de 7 330 dollars par habitant, mais l'économie, essentiellement basée sur le tourisme et les jeux, a récemment connu une récession.

Hong Kong *revint aux Chinois, après un contrôle britannique de 157 ans, le 30 juin 1997.*

C

CHRONOLOGIE

La civilisation chinoise est la plus ancienne au monde.

❏ **1859–1860** Guerres de l'opium contre la Grande-Bretagne. La Chine vaincue doit ouvrir ses ports aux étrangers.
❏ **1895** La Chine perd la guerre qui l'oppose au Japon à propos de la péninsule coréenne.
❏ **1900** Répression de la guerre des Boxers qui tentent de chasser les étrangers de Chine.
❏ **1911** L'Empire mandchou est renversé par les nationalistes conduits par Sun Yat-sen. Proclamation de la République de Chine.
❏ **1912** Sun Yat-sen fonde le Parti populaire national (le Guomindang).
❏ **1916** Scission de la ligue des nationalistes. Sun Yat-sen établit son gouvernement au Kouangtoung. Le reste de la Chine demeure sous la domination de seigneurs de guerre rivaux.
❏ **1921** Création du Parti communiste chinois (PCC) à Shanghaï.
❏ **1923** Le PCC se joint au Guomindang, soutenu par l'URSS, pour combattre les seigneurs de guerre.
❏ **1925** Tchang Kaï-chek devient le chef du Guomindang à la mort de Sun Yat-sen.
❏ **1927** Tchang se tourne contre le PCC.
❏ **1930–1934** Mao Zedong formule la stratégie de la révolution conduite par les paysans.
❏ **1931** Le Japon envahit la Mandchourie.
❏ **1934** Tchang Kaï-chek chasse le PCC de ses bases au Sud du pays. Entame la Longue Marche (12 000 km).
❏ **1935** La Longue Marche s'achève à Yanan, province du Shannxi. Mao devient le chef du PCC.
❏ **1937–1945** Guerre sino-japonaise ; l'Armée rouge du PCC combat au Nord tandis que le Guomindang se bat au Sud. Défaite du Japon.
❏ **1945–1949** Guerre entre l'Armée rouge et le Guomindang, qui soutenu par les ÉU se réfugie à Taiwan.
❏ **1949** 1ᵉʳ octobre, Mao proclame la République populaire de Chine.
❏ **1950** Invasion du Tibet. Traité d'assistance mutuelle avec l'URSS.
❏ **1950–1958** Réforme agraire ; mise en place des communes populaires. Échec du premier plan quinquennal (1953-58).
❏ **1958** Échec du « Grand Bond en avant » destiné à relancer la production. Mao démissionne de la présidence du PCC, Lui Saoqi lui succède.
❏ **1960** Rupture avec l'URSS.
❏ **1961–1965** Lui Saoqi et Deng Xiaoping mènent une politique économique plus pragmatique. ▷

RESSOURCES

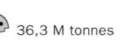 36,3 M tonnes

 612 M de canards
438 M de porcins
203 M d'oies
3,63 Md de poulets

 3,2 M b/j (réserves : 24 000 000 000 b)

 Charbon, pétrole, gaz naturel, sel, fer, molybdène, titane, tungstène.

PRODUCTION ÉLECTRIQUE

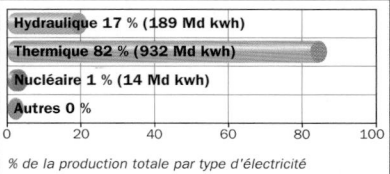

Hydraulique 17 % (189 Md kwh)	
Thermique 82 % (932 Md kwh)	
Nucléaire 1 % (14 Md kwh)	
Autres 0 %	

% de la production totale par type d'électricité

La Chine est le leader mondial en matière de molybdène, titanium et tungstène. Le pays possède les plus grands gisements exploitables au monde d'une douzaine de minéraux. C'est le plus gros producteur de charbon, avec des réserves de près de 800 Md de tonnes, situées en particulier dans les bassins de Shannxi et de Sichouan. On extrait par an plus d'1,3 milliard de tonnes, essentiellement utilisées pour la production d'énergie. Une surproduction par rapport à la demande entraîne de nombreuses fermetures de sites miniers. L'énergie nucléaire en 1998, produisait un peu plus de 2 000 MW à partir de trois réacteurs et une extension d'une capacité maximum de 50 000 MW est prévue pour 2020. La plus grande centrale d'énergie

hydroélectrique, connue sous le nom de projet des « Trois Gorges », est actuellement en cours de construction à Santouping sur le Chang Jiang. Le chantier devrait se terminer en 2009, mais le projet est controversé. La production de pétrole brut se relève doucement depuis qu'elle a atteint 160 000 millions de tonnes en 1997. Les champs de pétrole s'épuisent et les espoirs convergent aujourd'hui vers le bassin du Tarim, à l'extrémité occidentale de la Chine.

CHINE : UTILISATION DU SOL

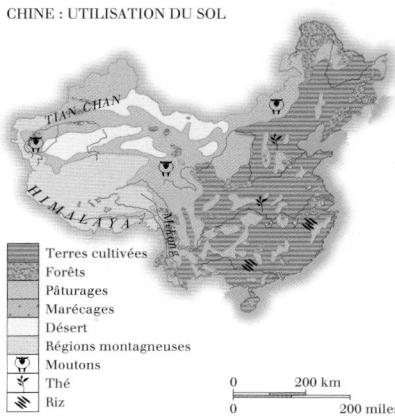

- Terres cultivées
- Forêts
- Pâturages
- Marécages
- Désert
- Régions montagneuses
- Moutons
- Thé
- Riz

0   200 km
0   200 miles

ENVIRONNEMENT

 6 %

 2,9 tonnes par habitant

TRAITÉS ÉCOLOGIQUES

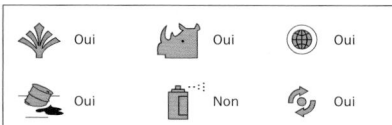

	Oui		Oui	Oui
	Oui		Non	Oui

Les conditions climatiques et géologiques de la Chine font que les catastrophes naturelles sont relativement fréquentes. La politique économique des années 1950 transforma la sécheresse de 1959-1961 en véritable famine tandis que la médiocre qualité des constructions participa à la catastrophe du tremblement de terre de 1976 qui entraîna la mort de plus de 500 000 personnes. La pollution industrielle et la détérioration de l'environnement, déjà importantes, prennent des proportions alarmantes. En 1992, des Chinois se mobilisèrent, sans parvenir à se faire entendre, pour s'opposer aux travaux de construction de la centrale hydroélectrique des Trois gorges, la polémique redémarra à la fin des années 1990. Le gouvernement est moins suspicieux à l'égard des demandes occidentales d'effectuer des contrôles, et progresse dans la recherche de solutions aux problèmes de la qualité de l'air dans les villes polluées et de celle de l'eau.

MÉDIAS

 42 quotidiens pour 1 000 habitants

PRESSE ET TÉLÉCOMMUNICATIONS

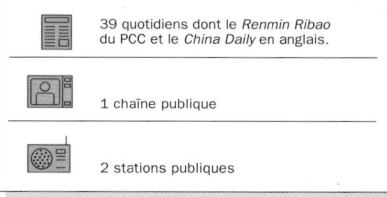

39 quotidiens dont le *Renmin Ribao* du PCC et le *China Daily* en anglais.

1 chaîne publique

2 stations publiques

L'ouverture de la Chine à une économie de marché a facilité l'accès aux sources d'informations non officielles. Parallèlement à la hausse du niveau de vie, le nombre de téléviseurs est en augmentation. Les possesseurs d'antennes satellite peuvent choisir leurs programmes. L'Internet rend tout contrôle centralisé bien difficile. Depuis avril 2000, de nouvelles lois stipulent que tout site devra faire l'objet d'une demande officielle et le rend personnellement responsable de toute information tenue secrète et diffusée sans autorisation. La presse écrite est tenue en laisse. L'influence idéologique de journaux à grands tirages comme celui du parti, *Renmin Riao* (*Le Quotidien du Peuple*) et celui du syndicat, le *Quotidien du Travailleur*, s'est amoindrie mais les journaux indésirables se voient retirer leur licence lors d'opérations de « nettoyage ».

CHRONOLOGIE *suite*

❏ **1966** Mao orchestre la Révolution culturelle pour reconquérir le pouvoir suprême. La jeune Garde Rouge s'attaque à l'autorité. Création du Comité révolutionnaire. Mao gouverne avec l'appui de la Commission militaire conduite par Lin Biao et le Conseil d'État du Premier ministre Zhou Enlai.

❏ **1967** Intervention de l'armée pour rétablir l'ordre dans le pays. Lui Saoqi et Deng Xiaoping sont exclus du parti.

❏ **1969** Mao accède de nouveau à la présidence du parti.

❏ **1972** Visite du président américain Nixon. Zhou Enlai met en place une politique extérieure plus ouverte.

❏ **1973** Élections au Bureau politique de Jiang Qing, Chang Chynquin et des autres membres de la « Bande des Quatre ». Réhabilitation de Deng Xiaoping.

❏ **1976** Janvier, mort de Zhou Enlai. Deng Xiaoping est de nouveau écarté par Mao. Septembre, mort de Mao. Octobre, arrestation de la Bande des Quatre.

❏ **1977** Deng Xiaoping retrouve ses fonctions au sein du parti.

❏ **1978** Lancement de la réforme et de la modernisation économique qui dureront dix ans. Politique de la Porte ouverte aux investissements étrangers ; les paysans sont autorisés à tirer profit de l'exploitation des terres.

❏ **1980** Deng Xiaoping s'impose comme le dirigeant suprême de la Chine.

❏ **1984** Annonce des réformes industrielles.

❏ **1989** Manifestations pour la démocratie place Tianan men. La répression de l'armée fait de 1 000 à 5 000 morts. Loi martiale à Pékin.

❏ **1992–1995** Les procès des militants en faveur de la démocratie se poursuivent. Accélération des plans pour l'économie de marché socialiste.

❏ **1993** Jiang Zemin est président.

❏ **1997** Deng Xiaoping meurt. En juillet, Hong Kong est rendue à la Chine. Septembre, le congrès quinquennal du parti confirme Jiang dans son autorité et sa politique de réformes.

❏ **1999** La Chine met au point sa première bombe à neutrons. Le Portugal remet Macao à la Chine. Condamnation de la secte Falum Gong.

❏ **2000** Les EU normalisent leurs relations

❏ **2001** Grave incident diplomatique (avion des EU abattu). Répression de la corruption : recrudescence des exécutions. Décembre, la Chine intègre l'OMC.

❏ **2002** Répression du séparatisme ouïghour.

❏ **2003** Hu Jintao président. Epidémie de SRAS.

CRIMINALITÉ

 1,24 M de détenus   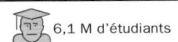 Moins 33 % entre 1990 à 1996

TAUX DE CRIMINALITÉ.

Meutres	
2	*pour 100 000 habitants*

Viols	
4	*pour 100 000 habitants*

Vols	
87	*pour 100 000 habitants*

Le système judiciaire chinois est un mélange de droit coutumier et de lois. La réforme économique et la destruction des anciens contrôles sociaux sont allées de pair avec une recrudescence de la corruption et des crimes de sang. La peine de mort est fréquemment appliquée. Beaucoup d'officiels ont été exécutés lors du plus grand procès qui se soit jamais tenu sur la corruption en 2000. Il y eut une brusque chute du nombre de passages de clandestins quasi-esclaves après le démantèlement de plusieurs gangs de contrebandiers qui introduisaient des Chinois en Europe. La Chine ne respecte pas les droits de l'homme, un constat réaffirmé en 1989 lors du massacre de la place Tianan men. Beaucoup de prisonniers ont été libérés depuis ce coup porté à la dissidence, mais pas tous.

ÉDUCATION

 84 %   6,1 M d'étudiants

LE SYSTÈME ÉDUCATIF

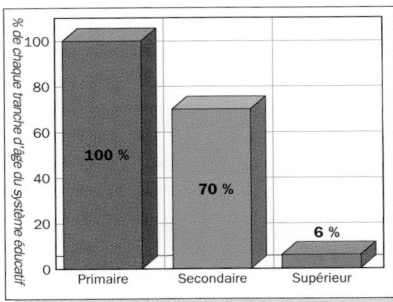

Malgré le développement de l'enseignement depuis 1949, l'analphabétisme et l'illettrisme sont encore relativement répandus. C'est pourquoi le gouvernement s'est fixé comme objectif neuf ans d'éducation pour tous. Si la fréquentation scolaire a chuté au cours des années 1980, période où furent introduits les frais de scolarité à tous les niveaux, la plupart des enfants en âge scolaire fréquente l'école primaire ou le collège selon leur âge et leur niveau. La sélection s'opère sur les connaissances et non plus sur des critères politiques. En mai 2001, les écoles privées sont légalisées.

SANTÉ

 1 pour 500 habitants   Maladies cardio-vasculaires et diarrhéiques, cancers, tuberculose

Les changements économiques pourraient compromettre le système de santé qui combine médecines traditionnelle et occidentale et profite aux villages les plus reculés. Le système d'emploi universel s'accompagnait d'une protection de santé gratuite qui donnait aux Chinois la même espérance de vie que les Occidentaux. L'adoption d'une économie de marché a imposé un système à deux vitesses : de grosses disparités existent entre villes et campagnes, l'accès aux soins est de plus en plus cher.

RICHESSES

CONSOMMATION ET DÉPENSES

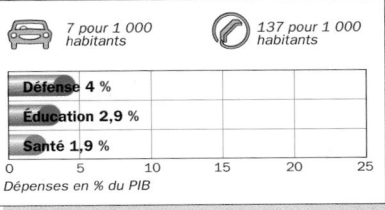

7 pour 1 000 habitants   137 pour 1 000 habitants

Défense 4 %	
Éducation 2,9 %	
Santé 1,9 %	

Dépenses en % du PIB

La majorité des Chinois travaillent encore dans l'agriculture. S'ils ont dans un premier temps bénéficié de la réforme, leur niveau de vie est aujourd'hui menacé par des coûts de production élevés. La réforme économique a entraîné de grandes disparités sociales. La nouvelle classe d'hommes d'affaires, encore limitée, et les employés des entreprises aux capitaux étrangers sont ceux qui ont le plus bénéficié de la réforme. Ils vivent en majorité à l'Est, et dans le Sud-Est. Les principaux exclus de la croissance sont les 150 millions d'ouvriers agricoles « excédentaires », dont beaucoup sont partis en ville pour trouver un emploi.

CLASSEMENT MONDIAL

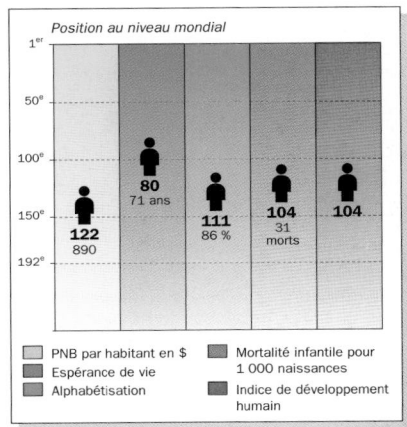

Position au niveau mondial

1ᵉʳ, 50ᵉ, 100ᵉ, 150ᵉ, 192ᵉ

122 890   **80** 71 ans   **111** 86 %   **104** 31 morts   **104**

- PNB par habitant en $
- Espérance de vie
- Alphabétisation
- Mortalité infantile pour 1 000 naissances
- Indice de développement humain

CHYPRE

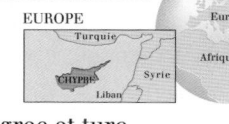

NOM OFFICIEL : République de Chypre **CAPITALE :** Nicosie
POPULATION : 797 000 **MONNAIE :** livre chypriote (livre turque) **LANGUES OFFICIELLES :** grec et turc

   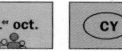   

L'île de Chypre, qui à partir d'un plateau central s'élève jusqu'au mont Olympe, est située au sud de la Turquie en Méditerranée orientale. L'invasion des troupes turques entraîna la partition de Chypre en 1974. Le Sud de l'île constitue la République de Chypre (Chypre) helléno-chypriote, tandis que le Nord forme la République turque du Nord de Chypre (RTNC), reconnue seulement par la Turquie.

CLIMAT

DONNÉES MÉTÉOROLOGIQUES

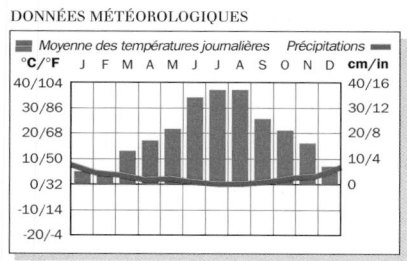

Le climat est de type méditerranéen : les étés sont secs et chauds et les hivers doux malgré des chutes de neige en montagne.

TRANSPORTS

 Larnaca
4,36 M de passagers

 1 602 navires
23,3 M tpl

RÉSEAU DE TRANSPORT

 6 249 km
(3 883 miles)

 178 km
(111 miles)

 Aucune

 Aucune

La communication entre les deux zones est difficile. L'aéroport d'Ércan est jugé illégal par la République chypriote.

TOURISME

 2,7 M de visiteurs

 Plus 10 % en 2000

PROVENANCE DES TOURISTES ÉTRANGERS

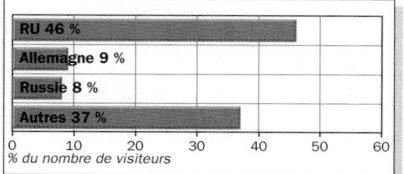
- RU 46 %
- Allemagne 9 %
- Russie 8 %
- Autres 37 %

% du nombre de visiteurs

Au cours des années 1980, on assista au Sud de l'île à un véritable essor du tourisme, plus récemment ce développement s'étendit au Nord. Un plan décennal doit permettre de doubler le nombre de visiteurs d'ici 2010.

POPULATION

 Grec, turc

 85 hab./km²

PART DE LA POPULATION URBAINE/RURALE

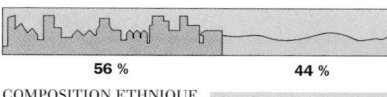

56 %   44 %

COMPOSITION ETHNIQUE

Autres 5 %
Turcs 18 %
Grecs 77 %

La majorité grecque chypriote, qui représente 77 % de la population, est chrétienne. La minorité turque (18 %) est musulmane. Une partie descend des Turcs qui s'installèrent sur l'île à partir du XVIᵉ siècle, époque de la domination de l'Empire ottoman. Suite à la partition en 1974, les Chypriotes turques se trouvèrent isolés au Nord de l'île ; ils ne furent par la suite reconnus officiellement que par la Turquie qui envoya des milliers de Turcs du continent pour repeupler l'île. De graves crises secouèrent les deux communautés : en 1974, 200 000 Chypriotes grecs durent fuir vers le Sud tandis que 65 000 Chypriotes turcs se réfugiaient au Nord. Les salaires sont en moyenne trois fois plus élevés au Sud, où l'on fait venir d'Europe de l'Est une main-d'œuvre contractuelle pour pourvoir en personnel l'industrie hôtelière. Au Nord, le chômage est en hausse.

Le théâtre du IIᵉ siècle de la ville en ruine de Curium qui était, 1 100 ans avant notre ère, une colonie mycénienne prospère.

POLITIQUE

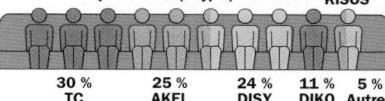
2001-2006 (Chypre)
1998/2003 (RTNC)

Président Tassos Papadopoulos (Chypre), Président Rauf Denktash (RTNC)

AUX DERNIÈRES ÉLECTIONS

Chambre des représentants (Chypre) 80 membres

30 % TC   25 % AKEL   24 % DISY   11 % DIKO   5 % Autres   5 % KISOS

TC = Réservé aux Turcs chypriotes **AKEL** = Parti progressiste des travailleurs **DISY** = Rassemblement démocratique **DIKO** = Parti démocratique **KISOS** = Mouvement des socio-démocrates
Les 24 sièges réservés aux Turcs chypriotes ne sont pas occupés depuis décembre 1963.

Assemblée législative (RTNC) 50 membres

48 % UBP   26 % DP   14 % TKP   12 % CTP

UBP = Parti de l'unité nationale **DP** = Parti démocrate **TKP** = Parti de libération communale **CTP** = Parti républicain turc

La proposition, soutenue par l'ONU, de créer une fédération des deux zones chypriotes, reçoit l'appui des deux gouvernements grec et turc. Selon cet accord, chaque communauté posséderait ses propres territoires mais partagerait un certain nombre de fonctions et de ministères gouvernementaux. Le président de la RTNC, Rauf Denktash, qui garde en mémoire la répression des Turcs par les Chypriotes grecs avant 1974, n'est pas disposé à accepter un plan qui ne garantirait pas l'entière souveraineté et l'égalité politique des Turcs. Les Chypriotes grecs redoutent, quant à eux, que le plan n'entraîne le contrôle de leurs affaires par la minorité turque.

POLITIQUE EXTÉRIEURE

 CE   Comm   BIRD   MNA    CSCE

Plus de 1000 soldats de l'ONU se trouvent sur la " Ligne verte ". Seule la Turquie reconnaît la RTNC. L'ouverture de la frontière a facilité les échanges, mais le conflit ne sera probablement pas résolu en 2004 : Chypre rejoint l'UE, la RTNC en étant exclue.

AIDE INTERNATIONALE

 50 M $ (reçus) (Chypre)

 Plus 2 % en 1997-1999 (Chypre)

Chypre reçoit l'aide d'organismes internationaux, celles de l'UE et de pays tels que le RU. La RTNC dépend de l'aide turque qui s'élève à plus de 60 millions de $ par an.

CHYPRE

Superficie totale :
9 251 km²
(3 572 sq. miles)

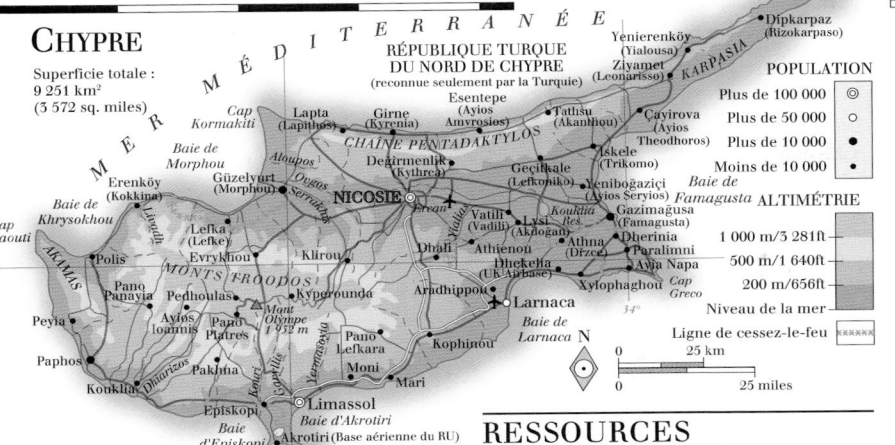

RÉPUBLIQUE TURQUE
DU NORD DE CHYPRE
(reconnue seulement par la Turquie)

POPULATION
Plus de 100 000 ⊚
Plus de 50 000 ○
Plus de 10 000 ●
Moins de 10 000 •

ALTIMÉTRIE
1 000 m/3 281ft
500 m/1 640ft
200 m/656ft
Niveau de la mer
Ligne de cessez-le-feu ┉┉┉

0 —— 25 km
0 —— 25 miles

DÉFENSE

 530 M $ Plus 4 % en 1999 (Chypre)

En plus des forces de l'ONU et des deux bases militaires britanniques, 36 000 soldats turcs stationnent dans la partie nord du pays et 1 250 soldats grecs sont postés le long de la zone tampon qui partage l'île.

ÉCONOMIE

 9,37 Md $ 0,5-0,58 livre chypriote

CHIFFRES SIGNIFICATIFS

❏ CLASSEMENT DU PNB AU NIVEAU MONDIAL 89ᵉ	
❏ PNB PAR HABITANT ....12 320 $	
❏ BALANCE DES PAIEMENTS ....– 456 M $	
❏ INFLATION ....2 %	
❏ CHÔMAGE..4 %	

ATOUTS
L'industrie du tourisme est en plein essor et fournit 20 % du PIB. Industries de transformations et prestations de services se développent et se tournent vers les pays du Moyen-Orient.

FAIBLESSES
De gros efforts doivent être faits pour contrôler de plus près les capitaux offshore et l'évasion fiscale. Libéralisation économique limitée. La RTNC manque cruellement d'investissements étrangers.

EXPORTATIONS

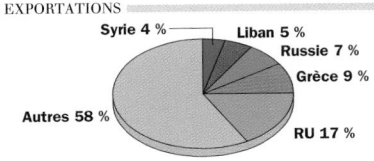

Syrie 4 %
Liban 5 %
Russie 7 %
Grèce 9 %
Autres 58 %
RU 17 %

IMPORTATIONS

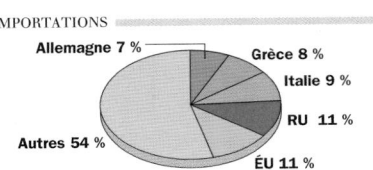

Allemagne 7 %
Grèce 8 %
Italie 9 %
RU 11 %
Autres 54 %
ÉU 11 %

RESSOURCES

 3 358 tonnes   Pays non producteur

 322 000 caprins
455 000 porcins
3,8 M de volailles   Amiante, gypse, fer, bentonite, cuivre

Chypre a continué d'approvisionner la RTNC en électricité sans être rétribuée. Quelques investisseurs s'intéressent au potentiel des gisements pétroliers offshore et des réserves de gaz dans le Sud du pays. L'eau reste rare et chère.

ENVIRONNEMENT

 0,2 % partiellement protégé   8 tonnes par habitant

L'une des principales revendication des écologistes est la protection de 155 km² de terres sur la péninsule d'Akamas menacées par un projet de développement touristique. Akamas abrite une variété exceptionnelle d'espèces végétales et d'oiseaux ainsi qu'une baie où viennent se reproduire des tortues marines.

MÉDIAS

 111 quotidiens pour 1 000 habitants

PRESSE ET TÉLÉCOMMUNICATIONS

 9 quotidiens dont le plus important *Fileleftheros*, ou encore *Haravgi*, *Simerini* et *Alithia*

 1 chaîne publique, 5 chaînes privées   1 station publique, 4 stations indépendantes

La presse chypriote est très vivante et fortement politisée.

CRIMINALITÉ

 202 détenus   Plus 6 % en 1992-1996

La délinquance est faible. Le comportement indiscipliné et parfois violent des forces armées d'occupation ont pu conduire les Chypriotes à contester leur présence. En 2001, l'arrestation d'un homme politique chypriote lors d'une manifestation contre une base militaire britannique a provoqué des émeutes.

CHRONOLOGIE

Chypre fut tour à tour placée sous la domination de l'Égypte, de la Grèce, des Byzantins, des Ottomans et du RU.

❏ **1960** Indépendance.
❏ **1974** Makarios renversé par la junte militaire grecque. Invasion de la Turquie. Partition.
❏ **1983** Auto-proclamation de la RTNC.
❏ **1998** Négociations pour entrer à l'UE.
❏ **2003** Ouverture de la « Ligne verte ».
❏ **2004** Rejet par les Chypriotes grecs du plan de paix de l'ONU. Entrée dans l'UE.

ÉDUCATION

 97 %    9 982 étudiants

La scolarité est gratuite et obligatoire jusqu'à l'âge de 15 ans.

SANTÉ

 1 pour 392 habitants   Maladies cardiaques, accidents, cancers

La médecine est plus avancée au Sud de l'île ; l'hôpital de Lefkosie pratique des actes chirurgicaux complexes.

RICHESSES

CONSOMMATION ET DÉPENSES

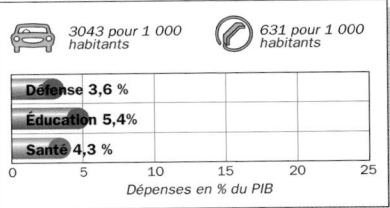

3043 pour 1 000 habitants   631 pour 1 000 habitants

Défense 3,6 %
Éducation 5,4%
Santé 4,3 %

0   5   10   15   20   25
Dépenses en % du PIB

Au Sud, le revenu par habitant est plus élevé qu'en Grèce et au Portugal.

CLASSEMENT MONDIAL

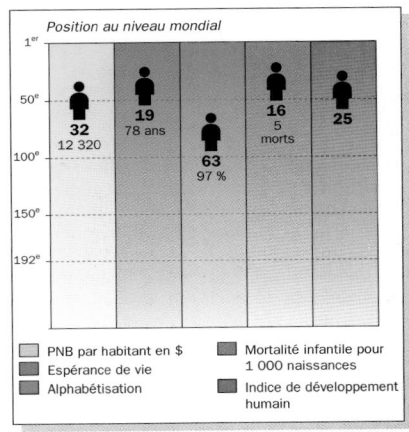

Position au niveau mondial

1ᵉʳ
50ᵉ
100ᵉ
150ᵉ
192ᵉ

32
12 320

19
78 ans

63
97 %

16
5 morts

25

☐ PNB par habitant en $ ☐ Mortalité infantile pour 1 000 naissances
☐ Espérance de vie
☐ Alphabétisation   ☐ Indice de développement humain

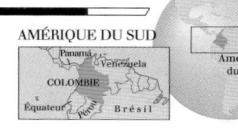
AMÉRIQUE DU SUD

COLOMBIE

NOM OFFICIEL : République de Colombie   **CAPITALE** : Bogotá
POPULATION : 43,5 millions   **MONNAIE** : peso colombien   **LANGUE OFFICIELLE** : espagnol

C

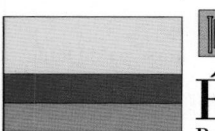
 1819   1903   20 juil.   CO   - 5   + 57   .co

ÉTAT du Nord-Ouest de l'Amérique du Sud, la Colombie est à la fois bordée par la mer des Caraïbes et l'océan Pacifique. L'Est du pays, peu peuplé, est couvert d'une forêt dense ; il est coupé des plaines occidentales par la cordillère des Andes. Les Andes se divisent en trois branches *(cordilleras)*. La vallée de la Magdalena, région densément peuplée, sépare la cordillère orientale des deux branches occidentales. Les terres de basse altitude, très humides, chaudes et fertiles, supportent deux récoltes annuelles ; la plupart des cultures peuvent être ensemencées à n'importe quel moment de l'année. Démocratie pluraliste depuis 1957, la Colombie est réputée pour son café, ses émeraudes, son or, mais également pour son trafic de drogue.

CLIMAT

DONNÉES MÉTÉOROLOGIQUES

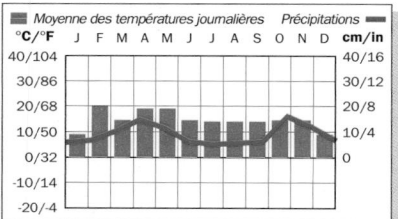

La Colombie est dans l'ensemble humide et les régions côtières du Pacifique reçoivent jusqu'à 500 cm de pluie par an. La façade caraïbe est un peu moins humide. Les Andes se divisent en trois régions climatiques : la *tierra caliente* (plaines tropicales), la *tierra templada* (région tempérée de moyenne altitude) et la *tierra fria* (région froide et élevée) au climat printanier comme à Bogota. L'Est équatorial a deux saisons des pluies par an.

TRANSPORTS

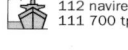
Eldorado, Bogotá
4,66 M de passagers

112 navires
111 700 tpl

RÉSEAU DE TRANSPORT

13 868 km
(7 940 miles)

Autoroute des Caraïbes

2 113 km

18 140 km
(8 886 miles)

Au Nord, les routes sont en bon état, tandis qu'au Sud et à l'Est, elles sont abîmées par les fréquentes précipitations. La guerre civile entraîne la fermeture fréquente des accès routiers, bloqués alternativement par la guérilla et les forces armées. L'essentiel du réseau ferré est également hors service.
Le transport fluvial joue un rôle important ; la Magdalena, l'Orénoque, l'Atrato et l'Amazdana sont navigables sur de longues distances. Le raccordement à la Panaméricaine est envisagé.

TOURISME

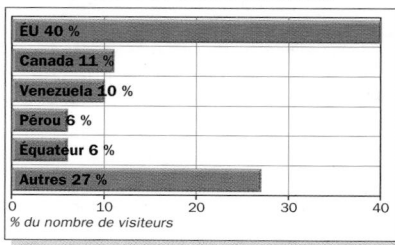
530 000 visiteurs

Moins 3 % en 2000

PROVENANCE DES TOURISTES ÉTRANGERS

ÉU 40 %	
Canada 11 %	
Venezuela 10 %	
Pérou 6 %	
Équateur 6 %	
Autres 27 %	

% du nombre de visiteurs

Le tourisme colombien se limite à la région côtière de la mer des Caraïbes, célèbre pour ses plages. Cartagena, Barranquilla et Santa Marta sont les principales stations balnéaires. Cartagena est depuis peu un centre de conférence sud-américain de premier plan.
Le développement limité du tourisme colombien s'explique par l'instabilité politique du pays et l'importance de la criminalité liée au trafic de drogue. La médiatisation des activités des cartels de Medellín et de Cali, ainsi que les affaires de kidnapping à Bogotá ont une influence désastreuse sur le tourisme.
De nombreuses régions de Colombie, de l'Amazonie à l'est des Andes en particulier, restent inaccessibles faute d'équipement. La côte atlantique est à peine exploitée.

Les pics Simón Bolívar et Cristóbal Colón,
d'une hauteur de plus de 5 800 m, culminent
au cœur des Andes colombiennes.

POPULATION

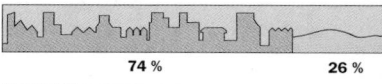
Espagnol, langues amérindiennes, créole anglais

41 hab./km²

PART DE LA POPULATION URBAINE/RURALE

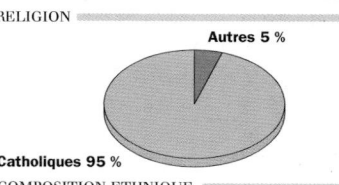

74 %   26 %

RELIGION

Autres 5 %

Catholiques 95 %

COMPOSITION ETHNIQUE

Noirs-Amérindiens 3 %   Noirs d'Afrique 4 %
Autres 1 %   Afro-Européens 14 %
Mestizos (Indiens d'origine européenne) 58 %
Blancs 20 %

La majorité des Colombiens est métis. On estime à 450 000 le nombre d'Amérindiens, principalement au Sud-Ouest et en Amazonie même si des communautés se sont dispersées dans le pays. La population noire, peu nombreuse, vit le long des côtes, particulièrement dans le Chocó, la région la plus pauvre. Les Noirs sont très peu représentés au niveau politique. Les populations amérindiennes commencent, elles, à se faire entendre. Depuis 1991, à la suite de réformes constitutionnelles, elles ont droit à deux sièges au sein du sénat, et les groupes de pression amérindiens sont actifs malgré le harcèlement des propriétaires terriens et des narcotrafiquants. Il est rare que des enquêtes menées sur des responsables présumés de violations des droits de l'homme à l'encontre d'Amérindiens aboutissent.
La condition des femmes est meilleure en Colombie que dans le reste de l'Amérique latine. Elles sont nombreuses à faire carrière dans les professions libérales mais peu jouent un rôle politique. La société colombienne, à prédominance catholique repose sur la famille étendue. L'identité régionale est très forte.

PYRAMIDE DES ÂGES

Femmes	Âge	Hommes
0,4 %	81–100	0,3 %
3,1 %	61–80	2,6 %
8,1 %	41–60	7,5 %
17,3 %	21–40	16,9 %
21,6 %	0–20	22,2 %

% de la population par tranche d'âge

POLITIQUE

 Chambre haute 2002/2006
Chambre basse 2002/2006

 Alvaro Uribe, président de la République

La Colombie est une démocratie présidentielle dotée d'un congrès bicaméral.

PRINCIPAUX ENJEUX POLITIQUES

Le processus de paix

Le FARC, Front révolutionnaire armé de Colombie, et le ELN, Armée de libération nationale, sont les deux principaux groupes de la guérilla. Le gouvernement affirme vouloir négocier la paix, mais continue de les combattre activement. Le FARC semble cependant susceptible de prendre part au processus politique. Les organisations paramilitaires d'extrême droite et l'armée penchent pour une solution militaire. En attendant, des régions entières du pays sont totalement incontrôlables.

Les relations avec les ÉU

De 1991 à 1999, les champs de coca seraient passées de 78 000 à 112 000 hectares. Une offre américaine de 1,3 Md $ d'assistance militaire a été acceptée en 2000, afin de soutenir le gouvernement dans son programme anti drogue. Le « Plan Colombie » consiste

AUX DERNIÈRES ÉLECTIONS
Chambre des représentants 166 membres

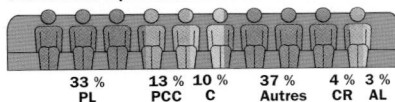

33 %	13 %	10 %	37 %	4 %	3 %
PL	PCC	C	Autres	CR	AL

PCC = Parti conservateur colombien **C** = Coalition
CR = Changement radical **AL** = Ouverture libérale
MN = Mouvement national

Sénat 102 sièges

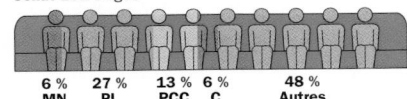

6 %	27 %	13 %	6 %	48 %
MN	PL	PCC	C	Autres

Deux représentants des communautés amérindiennes sont nommés au Sénat.

essentiellement en une intensification des interventions militaires contre les narcotrafiquants. Il prévoit de répandre des défoliants sur 60 000 hectares de cultures illicites.

PROFIL

Les conservateurs (PSC) et les libéraux (PL), sans grande différence idéologique, se partagent le pouvoir depuis 40 ans. La corruption, la violence liée à la drogue, la guérilla ont entamé la confiance du peuple dans le gouvernement et ont fait fuir les investisseurs étrangers. Le président Pastrana, dès 2000, a tenté de réformer le Congrès, mais s'est heurté à l'opposition de l'Assemblée.

Alvaro Uribe, président de droite élu en 2002.

Andres Pastrana, qui a lancé le controversé "Plan Colombie".

POLITIQUE EXTÉRIEURE

 AEC   PA   CCAm   OEA   GR

Les relations avec les EU dépendent des mesures prises pour lutter contre le narcotrafic. Une aide militaire d'1,3 Md$ a été votée en 2000, dans le but affiché d'aider le "Plan Colombie" anti drogue. La distinction reste floue entre ce programme et la lutte contre la guérilla. En 2002, l'invasion par l'armée d'une zone refuge démilitarisée aurait reçu l'aide de conseillers militaires des EU. Ces zones avaient été accordées aux FARC dans le cadre de pourparlers de paix. L'administration américaine refusa d'assumer cette opération, en affirmant agir dans la légalité et sous mandat du Congrès. Les voisins de la Colombie craignent des "débordements" de violence et de réfugiés.

AIDE INTERNATIONALE

 301 M $ (reçus)   Plus 80 % en 1999

Des voix s'élèvent pour affirmer que l'aide américaine consacrée à la lutte contre les narcotrafiquants, soit 75 % de l'aide globale en provenance des ÉU, est également utilisée pour éliminer l'opposition des guérillas de gauche. Un fond d'aide de l'IDB a été débloqué pour le processus de paix.

COLOMBIE

Superficie totale : 1 038 700 km² (401 042 sq. miles)

ALTIMÉTRIE

3 000 m/9 843ft
2 000 m/6 562ft
1 000 m/3 281ft
500 m/1 640ft
Niveau de la mer

POPULATION

☐ Plus de 1 000 000
◉ Plus de 500 000
◎ Plus de 100 000
○ Plus de 50 000
● Plus de 10 000
• Moins de 10 000

0   200 km
0   200 miles

CHRONOLOGIE

En 1525, l'Espagne commence la conquête de la Colombie qui devint sa principale source d'or.

❑ **1819** Défaite des Espagnols devant Simon Bolívar à Buyaca, création de la Grande-Colombie englobant aussi le Venezuela l'Équateur et Panamá.

❑ **1830** L'Équateur et le Venezuela se séparent de la Colombie au terme de révoltes et de guerres civiles.

❑ **1849** Formation du parti conservateur (de tendance centralisée) et du parti libéral fédéraliste).

❑ **1861–1886** Période de monopole politique des libéraux.

❑ **1886–1930** Période de gouvernements conservateurs.

C

CHRONOLOGIE *suite*

- ❏ **1899–1903** La révolte libérale dite « Guerre des 1 000 jours » échoue, faisant 120 000 morts.
- ❏ **1903** Le Panamá se sépare de la Colombie qui ne reconnaîtra sa souveraineté qu'en 1921.
- ❏ **1930** Le président libéral Olaya Herrera est élu par une coalition.
- ❏ **1946** Accession au pouvoir des conservateurs.
- ❏ **1948** Assassinat du maire de Bogotá et émeutes sanglantes (*El Bogotazo*), qui tournent à la guerre civile, *La Violencia*, jusqu'en 1957, 300 000 victimes.
- ❏ **1953–1957** Dictature militaire de Rojas Pinilla.
- ❏ **1958** Les conservateurs et les libéraux alternent à la présidence dans le cadre d'un Front national jusqu'en 1974. Les autres partis sont interdits.
- ❏ **1965** Création de l'Armée de libération nationale et de l'Armée de libération populaire maoïste, groupes de guérilleros de gauche.
- ❏ **1966** Création du FARC, groupe de guérilleros pro-soviétique.
- ❏ **1968** La réforme constitutionnelle autorise les nouveaux partis politiques. Multiplication des groupes de guérilleros.
- ❏ **1984** Assassinat du ministre de la Justice.
- ❏ **1985** Les guérilleros du M-19 s'emparent du ministère de la Justice (90 morts). Création du parti de l'union patriotique (UP).
- ❏ **1986** Victoire du libéral Virgilio Barco Vargas aux élections présidentielles. Violences des groupes d'extrême-gauche et des escadrons de la mort commandités par les cartels de la drogue.
- ❏ **1989** Le M-19 est amnistié et devient un parti légal.
- ❏ **1990** Assassinat du candidat libéral et de celui de l'UP au cours des élections présidentielles. Victoire du libéral César Gaviria, élu pour son programme de lutte anti-drogue.
- ❏ **1991** La nouvelle Constitution légalise le divorce et interdit l'extradition des ressortissants colombiens. Garantie des droits démocratiques des peuples amérindiens.
- ❏ **1992–1993** Arrestation de Pablo Escobar, chef du cartel de Medellín, qui s'évade.
- ❏ **1995–1996** La président E. Samper est accusé d'avoir financé sa campagne grâce à des fonds du Cartel de Cali.
- ❏ **1999** Tremblement de terre. Des milliers de victimes.
- ❏ **2001** Destruction de cultures vivrières et de coca, avec l'aide des EU.
- ❏ **2002** Abandon des pourparlers de paix, nouvelle offensive militaire. Alvaro Uribe élu président.

DÉFENSE

 2,16 Md $

 Moins 16 % en 1999

FORCES ARMÉES COLOMBIENNES

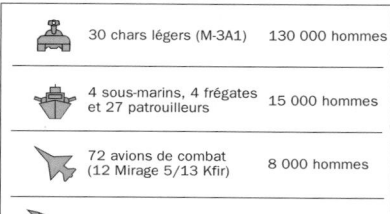

🚙	30 chars légers (M-3A1)	130 000 hommes
🚢	4 sous-marins, 4 frégates et 27 patrouilleurs	15 000 hommes
✈	72 avions de combat (12 Mirage 5/13 Kfir)	8 000 hommes
🚀	Aucun	

L'armée colombienne est puissante, mais intervient rarement dans les affaires politiques. Les associations de lutte pour les droits de l'homme accusent les forces armées et les groupes paramilitaires de pratiquer tortures et meurtres dans leur lutte contre la guérilla et le trafic de drogue. Le gouvernement a réorganisé l'état-major en 1998 afin de favoriser le processus de paix, mais l'armée reste peu fiable, particulièrement dans les zones dites démilitarisées contrôlées par le FARC. L'armée a largement exploité les tensions politiques pour augmenter ses forces sous la présidence de Pastrana et ses effectifs gonflent.

La Colombie est membre des Forces de défenses d'Amérique Latine. Les ÉU, dans le cadre du « Plan Colombie », équipent le pays en armes et entraînent ses troupes.

ÉCONOMIE

 81,6 Md $

2 399-2 817 pesos colombiens

CHIFFRES SIGNIFICATIFS

- ❏ CLASSEMENT DU PNB AU NIVEAU MONDIAL 40ᵉ
- ❏ PNB PAR HABITANT ....1 890 $
- ❏ BALANCE DES PAIEMENTS … ....– 1,78 Md $
- ❏ INFLATION ....8,7 %
- ❏ CHÔMAGE ....20 %

EXPORTATIONS

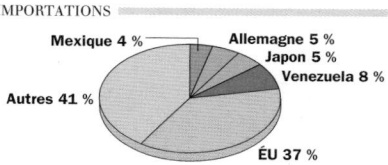

Équateur 3 %
Pérou 3 %
ÉU 50 %
Allemagne 4 %
Venezuela 8 %
Autres 32 %

IMPORTATIONS

Mexique 4 %
Autres 41 %
Allemagne 5 %
Japon 5 %
Venezuela 8 %
ÉU 37 %

ATOUTS

D'importants gisements pétroliers et houillers ainsi qu'une structure de production hydroélectrique fortement développée assurent à la Colombie une quasi autosuffisance énergétique. Secteur d'exportation diversifié et performant notamment café et charbon. Produits manufacturés de l'industrie légère. Producteur mondial de cocaïne.

FAIBLESSES

La violence liée au narcotrafic et la corruption découragent les investisseurs étrangers. L'industrie ne peut être compétitive sous un régime protectionniste. Fort taux de chômage. Café et pétrole sont soumis aux fluctuations du marché mondial.

PROFIL

L'intervention de l'État a toujours été très limitée et le secteur d'exportation privé est performant. Un programme de privatisation réduit encore davantage l'engagement public.

Les disparités régionales restent fortes. Les richesses sont principalement concentrées dans les régions de Bogotá, de Medellín et de Cali. Les zones rurales sont peu développées. Les vicissitudes dues à l'activité des narco-trafiquants constituent le principal obstacle à la croissance, qui serait sans doute considérable s'il lui était possible d'avoir accès aux capitaux étrangers et à une relative stabilité.

INDICATEUR DES PERFORMANCES ÉCONOMIQUES

Indice des prix à la consommation   PIB

Indice des prix à la consommation 1995 = 100
PIB 1995 = 100

1995 1996 1997 1998 1999

COLOMBIE : PRINCIPALES ACTIVITÉS

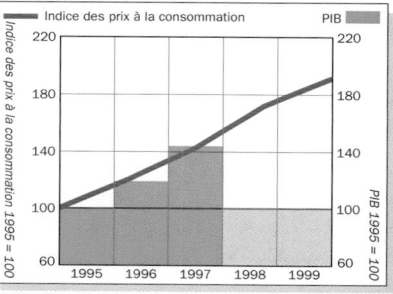

Pâte à papier et papier
Stupéfiants
Acier
Produits chimiques
Assembla. automobile
Indust. alimentaire
Textile
Pétrole

Barranquilla
Medellín
Cali
Bogotá
Ibagué
Orito

0   200 km
0   200 miles

* Importante participation de multinationales

RESSOURCES

 199 227 tonnes

 710 000 b/j (réserves : 2,6 Md de barils)

26 M de bovins
2,8 M de porcins
100 M de volailles

Pétrole, gaz naturel, charbon, argent, émeraudes, or, platine

PRODUCTION ÉLECTRIQUE

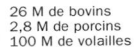

Hydraulique 68 % (32 Md kwh)	
Thermique 32 % (15 Md kwh)	
Nucléaire 0 %	
Autres 0 %	

% de la production totale par type d'électricité

La Colombie possède d'importants gisements pétrolifères, mais doit investir pour maintenir une production rentable. Les réserves de charbon et de gaz sont loin d'être négligeables.

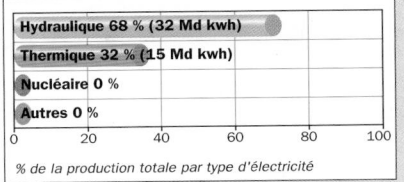

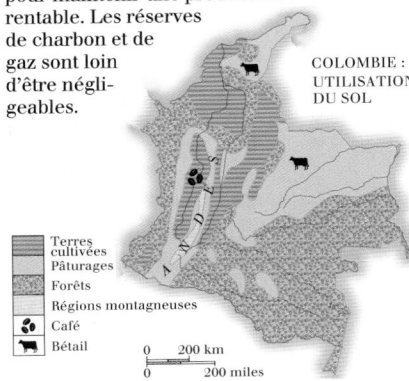

COLOMBIE : UTILISATION DU SOL

Terres cultivées
Pâturages
Forêts
Régions montagneuses
Café
Bétail

0   200 km
0   200 miles

ENVIRONNEMENT

 9 %

1,8 tonne par habitant

TRAITÉS ÉCOLOGIQUES

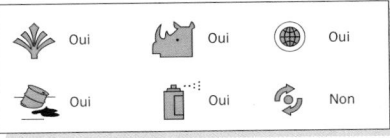

Oui   Oui   Oui
Oui   Oui   Non

L'élevage bovin, les coupes de bois et la culture de la coca ont dégradé les sols et les conditions naturelles.

MÉDIAS

 46 quotidiens pour 1 000 habitants

PRESSE ET TÉLÉCOMMUNICATIONS

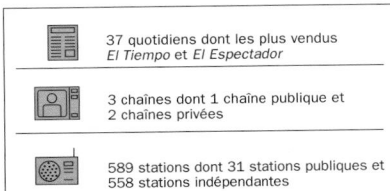

37 quotidiens dont les plus vendus *El Tiempo* et *El Espectador*

3 chaînes dont 1 chaîne publique et 2 chaînes privées

589 stations dont 31 stations publiques et 558 stations indépendantes

La presse indépendante est peu puissante. Des journalistes ont été assassinés par les groupes armés.

CRIMINALITÉ

 28 968 détenus

Plus 35 % en 1996-1998

TAUX DE CRIMINALITÉ

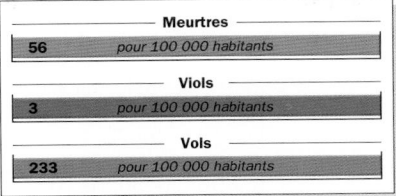

Meurtres	
56	*pour 100 000 habitants*
Viols	
3	*pour 100 000 habitants*
Vols	
233	*pour 100 000 habitants*

La Colombie est l'un des pays les plus violents au monde. Amnesty International considère que les groupes paramilitaires de droite sont responsables de 61 % des violations des droits de l'homme. 23 % des actes de violence sont également en rapport avec les groupes armés agissant en coopération avec la police. Les groupes armés ont assassiné 20 élus locaux et kidnappé 200 personnalités politiques durant les élections de 2000. Les ONG

ÉDUCATION

 92 %

644 188 étudiants

LE SYSTÈME ÉDUCATIF

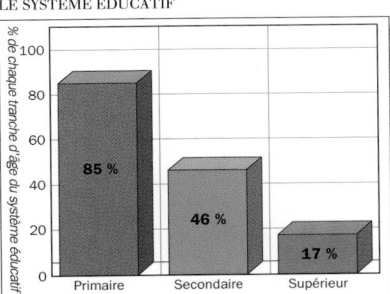

% de chaque tranche d'âge du système éducatif

Primaire 85 % · Secondaire 46 % · Supérieur 17 %

L'école est gratuite est obligatoire. Le système éducatif s'inspire des modèles américain et français, avec l'équivalent du baccalauréat sanctionnant la fin des études secondaires. Les zones rurales sont défavorisées et l'absentéisme est fréquent.
L'enseignement est souvent de bonne qualité mais le budget alloué à l'Éducation a diminué. Les classes aisées vont étudier aux ÉU.

SANTÉ

 1 pour 909 habitants

 Maladies cardiaques, cancers, violences et accidents

Les dépenses budgétaires ont diminué et seulement 16 % des Colombiens ont une protection sociale, un faible taux en Amérique latine. L'équipement sanitaire est faible dans les zones rurales, meilleur dans les villes. Une campagne efficace de vaccination contre la polio a été menée.

estiment qu'un million et demi de personnes ont été déplacées ces 12 dernières années. L'homicide reste la seconde cause de décès au niveau national après le cancer. La violence est généralement en rapport avec la drogue. Barracabermeja, Bogotá, Cali et Medellín sont des villes extrêmement dangereuses. Derrière ces violences sont impliqués l'armée, la police, les groupes paramilitaires ou les guérilleros. La fréquence des vols à main armée et des enlèvements a rendu les citoyens les plus fortunés très sensibles aux problèmes de sécurité. On assiste à un phénomène relativement nouveau : le « nettoyage social », qui consiste à faire assassiner les enfants des rues et les sans-abri par des groupes armés. À Bogotá, certains de ces groupes sont financés par des entreprises.

DÉPENSES

CONSOMMATION ET DÉPENSES

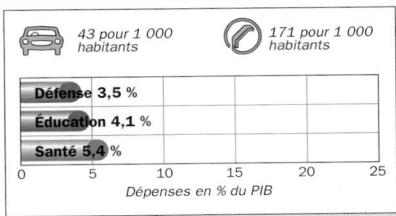

43 pour 1 000 habitants

171 pour 1 000 habitants

Défense 3,5 %	
Éducation 4,1 %	
Santé 5,4 %	

Dépenses en % du PIB

La Colombie offre relativement peu de possibilités d'ascension sociale : les vieilles familles d'origine espagnole détiennent l'essentiel des richesses et dominent la scène politique ainsi que les milieux commerciaux et industriels. Le narcotrafic a créé de nouveaux riches et finance l'importation de biens de consommation, souvent de luxe. La plupart des ruraux pauvres ne possèdent pas de terre. Les habitants des bidonvilles forment évidemment la classe la plus défavorisée.

CLASSEMENT MONDIAL

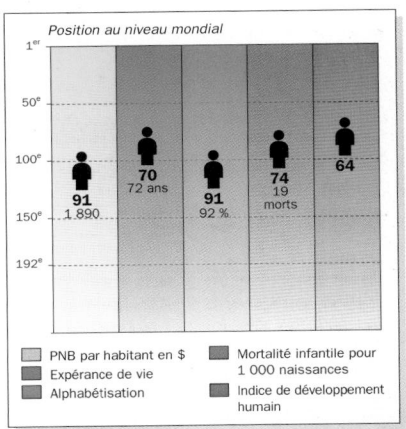

Position au niveau mondial

91 1 890 · 70 72 ans · 91 92 % · 74 19 morts · 64

PNB par habitant en $
Espérance de vie
Alphabétisation
Mortalité infantile pour 1 000 naissances
Indice de développement humain

COMORES (LES)

NOM OFFICIEL : RÉPUBLIQUE FÉDÉRALE ISLAMIQUE DES COMORES CAPITALE : MORONI
POPULATION : 749 000 MONNAIE : FRANC COMORIEN LANGUES OFFICIELLES : ARABE ET FRANÇAIS

   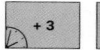

L'ARCHIPEL de la république des Comores, constitué de trois îles principales et d'îlots, est situé entre le Mozambique et Madagascar au large de la côte est de l'Afrique. Les Comoriens vivent essentiellement d'une agriculture de subsistance. Les Comores, à l'exception de l'île de Mayotte, obtinrent leur indépendance de la France en 1975. Depuis cette date, le pays souffre d'une instabilité qui a beaucoup perturbé la vie politique, et fut le théâtre de nombreux coups d'État. Beaucoup d'îlots ont tenté d'obtenir leur indépendance.

CLIMAT

DONNÉES MÉTÉOROLOGIQUES

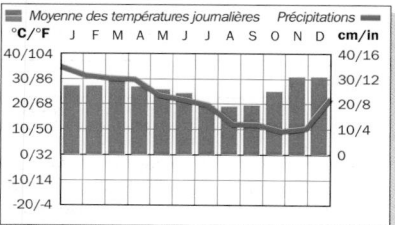

Les îles sont tropicales ; le climat est humide et chaud sur les côtes et plus frais en altitude, notamment au mont Kartala.

TRANSPORTS

 Moroni–Hahaya, Grande-Comore
130 401 passagers

 3 navires
2 959 tpl

RÉSEAU DE TRANSPORT

673 km
(410 miles)

Aucune

Aucune

Aucune

Le développement du port de Moroni et la modernisation de l'aéroport international sont en projet.

TOURISME

24 000 visiteurs

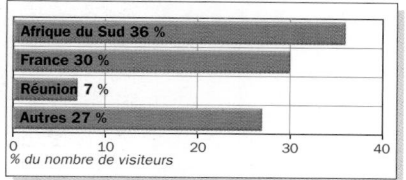 Moins 11 % en 1999

PROVENANCE DES TOURISTES ÉTRANGERS

Afrique du Sud 36 %			
France 30 %			
Réunion 7 %			
Autres 27 %			

0   10   20   30   40
% du nombre de visiteurs

En 1988, la société sud-africaine *Sun International* s'est jointe à un vaste projet prévoyant la construction de quatre hôtels destinés à accueillir 12 000 visiteurs par an. L'instabilité politique a ruiné tous les efforts en matière de tourisme.

POPULATION

 Arabe, comorien, français

 311 hab./km²

PART DE LA POPULATION URBAINE/RURALE

33 %   67 %

RELIGION

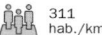

Autres 1 %   Catholiques 1 %

Musulmans 98 %

Polynésiens, Africains, Indonésiens, Persans et Arabes se sont tour à tour installés aux Comores, avant l'arrivée des émigrants portugais, hollandais, français et indiens. Certaines communautés ont conservé leur caractère distinctif, comme les habitants de Mwali (Mohéli) à prédominance africaine. Les tensions interethniques sont rares, grâce notamment à la force unificatrice de l'Islam. Mais le régionalisme (surtout à Anjouan) est un facteur de division.

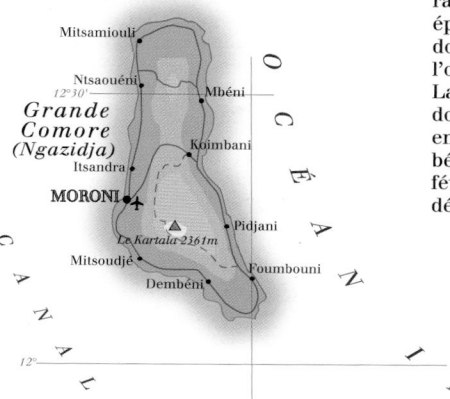

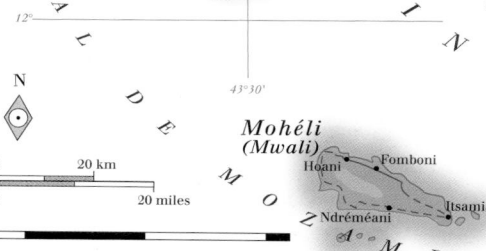

POLITIQUE

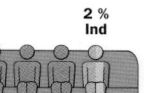 2004

Assoumani Azzali, président de la République

EN 1996

Assemblée fédérale 43 membres

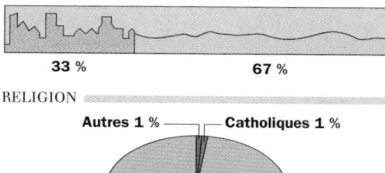

91 % RND   5 % FNJ   2 % VA   2 % Ind

RND = Rassemblement national pour le developpement
FNJ = Front national pour la justice   **Ind** = Indépendants
VA= votes annulés

Le sénat a été aboli par la Constitution de 1996.

Les coups d'État à répétition ont découragé toute tentative d'instaurer une démocratie dans le pays. L'île d'Anjouan est au centre de la tourmente depuis sa déclaration unilatérale d'indépendance en août 1997. Sur le terrain, des milices s'opposent, les unes prônant la cohabitation avec la Grande Comore, les autres favorables à un nouveau rattachement à la France. De nouveaux épisodes de violence en avril 1999, ont donné au Colonel Assoumani Azzali l'occasion de s'autoproclamer président. La déclaration de Fomboni, fin 2000, a donné naissance à la notion de « nouvelle entité comorienne », chacune des îles bénéficiant d'un statut autonome. En février 2001, un calendrier de retour à la démocratie a été ratifié.

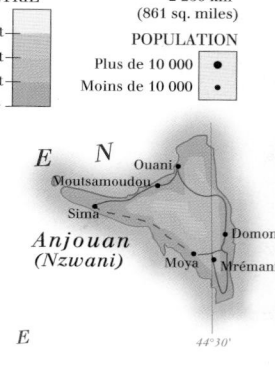

COMORES

Superficie totale :
2 230 km²
(861 sq. miles)

POPULATION
Plus de 10 000 •
Moins de 10 000 •

ALTIMÉTRIE
2 000 m/6 562ft
1 000 m/3 281ft
500 m/1 640ft
Niveau de la mer

Moroni, la capitale, sur l'île de Ngazidja (Grande Comore). *Les îles comoriennes sont très fertiles et souvent encerclées de barrières de corail.*

C

C

POLITIQUE EXTÉRIEURE

 OUA COI LEA ZF Comesa

La France reste le 1er bailleur de fonds, mais les liens économiques avec l'Afrique du Sud sont forts. Une équipe de l'OUA dut fuir Anjouan en 1999, en raison des troubles. Un armée de mercenaires européens tenta de s'emparer de Mohéli en décembre 2001. Les Comores revendiquent toujours la souveraineté sur Mayotte.

AIDE INTERNATIONALE

 21 M $ (reçus)   Moins 40 % en 1999

L'aide internationale, en provenance de France, des ÉU, de la Banque mondiale et du FMI, représente 40 % du PIB. De culture islamique, les Comores perçoivent également des aides des pays arabes et de l'OPEP. En 1998, les grands donateurs ont accusé le gouvernement d'avoir distribué 70 % des fonds aux politiques.

DÉFENSE

 3 M $ (estimation)   Peu de changement d'année en année

La petite garde présidentielle est financée par la France et l'Afrique du Sud, seule force de sécurité du pays. Après les troubles d'Anjouan, aide de l'île Maurice.

ÉCONOMIE

 219 M $ 454-495 francs comoriens

CHIFFRES SIGNIFICATIFS

- ❏ CLASSEMENT DU PNB AU NIVEAU MONDIAL ..182e
- ❏ PNB PAR HABITANT ....380 $
- ❏ BALANCE DES PAIEMENTS ....– 1 M $
- ❏ INFLATION ....3,5 %
- ❏ CHÔMAGE ....20 %

ATOUTS
Les principales cultures sont la vanille, l'ylang-ylang et les clous de girofle.

FAIBLESSES
Agriculture de subsistance, les Comores doivent importer 50 % de leurs besoins alimentaires. Insuffisance des infrastructures de base, notamment dans le domaine de l'électricité et des transports. Mauvaise gestion financière. L'instabilité politique est un frein au développement du tourisme.

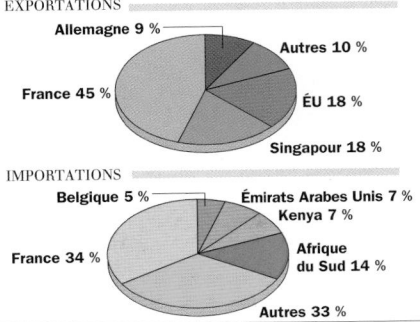

EXPORTATIONS
Allemagne 9 %
Autres 10 %
France 45 %
ÉU 18 %
Singapour 18 %

IMPORTATIONS
Belgique 5 %
Émirats Arabes Unis 7 %
Kenya 7 %
France 34 %
Afrique du Sud 14 %
Autres 33 %

RESSOURCES

 12 500 tonnes   Pays non producteur

 140 000 caprins
52 000 bovins
490 000 volailles   Aucun

Les Comores possèdent peu de ressources stratégiques. Une station d'EHE est en construction à Anjouan, mais le pays doit importer ses combustibles. La pêche reste à exploiter.

ENVIRONNEMENT

 Aucune   0,1 tonne par habitant

La protection de l'environnement n'est pas une priorité ; les catastrophes naturelles, comme l'éruption volcanique de 1977 qui jeta 20 000 personnes à la rue sont des considérations bien plus urgentes. Le gouvernement qui souhaite promouvoir le tourisme, reconnaît pourtant l'intérêt commercial à long terme d'une réglementation sur l'environnement.

MÉDIAS

 Aucun quotidien

PRESSE ET TÉLÉCOMMUNICATIONS

 Deux publications hebdomadaires : *Al Watwany*, appartenant à l'État et la revue indépendante *la Gazette des Comores*.

Aucune chaîne de télévision   1 station publique et quelques radios indépendantes

Le gouvernement français a annoncé son intention de financer une chaîne de télévision. La radio subit un contrôle sévère. Pas de quotidien national.

CRIMINALITÉ

 Pas de chiffre sur la population carcérale   Criminalité en hausse

Après les affrontements en 1998, couvre-feu et barrages sont mis en place par la police. L'île d'Anjouan est le théâtre de rixes entre milices rivales.

ÉDUCATION

 60 %   348 étudiants

Le système éducatif s'arrête au niveau secondaire. Les établissements scolaires n'apportent qu'une formation de base, une initiation à l'hygiène, aux techniques agricoles. Ratio élèves/enseignants élevé.

CHRONOLOGIE

Les Comores étaient des sultanats transmis de manière matrilinéaire, peu de temps encore avant de devenir protectorat français en 1886.

- ❏ **1961** Autonomie interne.
- ❏ **1975** Indépendance.
- ❏ **1978** Des mercenaires ramènent Ahmed Abdallah au pouvoir.
- ❏ **1989** Assassinat de A. Abdallah.
- ❏ **1992** Premières élections libres.
- ❏ **1996** Mohammed Taki Abdoulkarim, président.
- ❏ **1997** Les séparatistes d'Anjouan repoussent les forces gouvernementales.
- ❏ **1999** Col. Azzali prend le pouvoir.
- ❏ **2000** Déclaration de Fomboni.
- ❏ **2002** Nouvelle constitution. Azzali au pouvoir.

SANTÉ

 1 pour 10 000 habitants    Malaria, maladies infectieuses, invasions bactériennes

Le système de santé est rudimentaire ; des prêts ont été utilisés pour construire deux maternités et rénover 30 centres de soins.

DÉFENSES

CONSOMMATION ET DÉPENSES

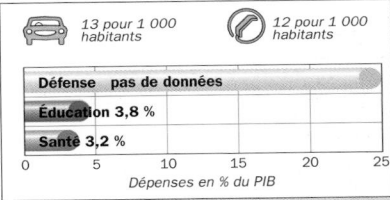

13 pour 1 000 habitants   12 pour 1 000 habitants

Défense   pas de données
Éducation 3,8 %
Santé 3,2 %
0   5   10   15   20   25
Dépenses en % du PIB

L'élite sociale, la classe politique et les hommes d'affaires, se partagent l'essentiel des richesses du pays. Le mariage compte pour beaucoup dans le statut social des jeunes hommes. En 1998 les fonctionnaires, qui n'étaient plus payés, se sont mis en grève.

CLASSEMENT MONDIAL

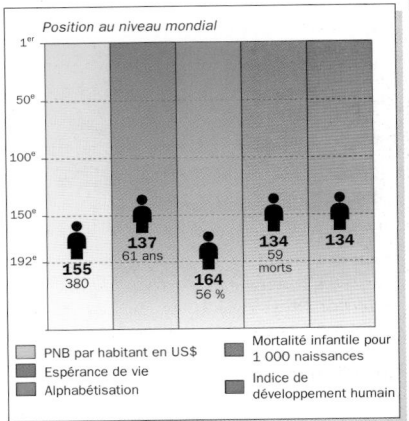

Position au niveau mondial
1er
50e
100e
150e
192e

155 — 380
137 — 61 ans
164 — 56 %
134 — 59 morts
134

PNB par habitant en US$
Espérance de vie
Alphabétisation
Mortalité infantile pour 1 000 naissances
Indice de développement humain

CONGO

NOM OFFICIEL : République du Congo **CAPITALE :** Brazzaville
POPULATION : 2,9 millions **MONNAIE :** franc CFA **LANGUE OFFICIELLE :** français

   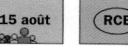

TRAVERSÉ par l'équateur, le Congo, colonie française, obtint son indépendance en 1960. Un gouvernement marxiste-léniniste s'installa au pouvoir, établissant un régime de parti unique qui découragea la plupart des investisseurs étrangers. 1991 vit l'avènement de la démocratie et du multipartisme. Mais le pays a vécu dans la violence, ces dix dernières années.

CLIMAT

DONNÉES MÉTÉOROLOGIQUES

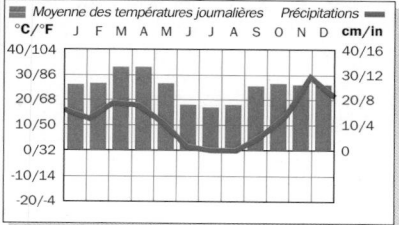

Le Congo vit au rythme de deux saisons des pluies et de deux saisons sèches par an. Les précipitations sont plus fortes sur le littoral au sud de l'équateur.

TRANSPORTS

 Brazzaville International
259 840 passagers

20 navires
3 800 tpl

RÉSEAU DE TRANSPORT

1 242 km (770 miles)	Aucune
895 km (498 miles)	4 385 km (2 725 miles)

Pointe-Noire est le port principal du pays, utilisé par la République centrafricaine, le Tchad et le Cameroun. La voie ferrée Congo-Océan (Pointe-Noire-Brazzaville), a été réouverte en 2000. En projet, un second aéroport plus grand que celui de Brazzaville est prévu, près d'Ewo.

TOURISME

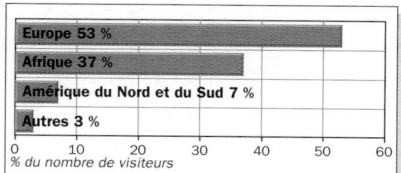

26 000 visiteurs   Plus 420 % en 2000

PROVENANCE DES TOURISTES ÉTRANGERS

Europe 53 %	
Afrique 37 %	
Amérique du Nord et du Sud 7 %	
Autres 3 %	

% du nombre de visiteurs

Le régime marxiste n'a pas encouragé le tourisme. Les visiteurs (pour safaris ou affaires) sont rares, mais en hausse.

Les chutes de Loufoulakari, près de Brazzaville. Les marais et les mangroves bordent de nombreuses rivières du nord du Congo.

POPULATION

 Kongo, téké, lingala, français    8 hab./km²

PART DE LA POPULATION URBAINE/RURALE

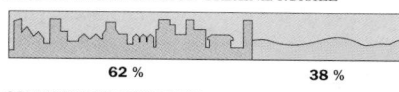

62 %   38 %

COMPOSITION ETHNIQUE

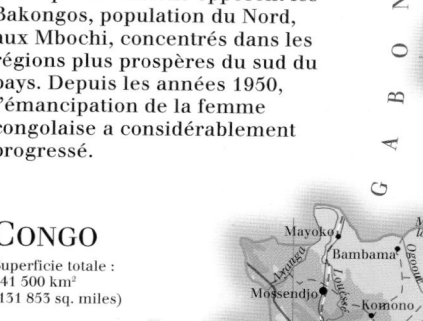

Autres 3 %   Mbochis 12 %
Tékés 17 %
Bakongos 48 %
Sanghas 20 %

Les Congolais, plus que n'importe quels Africains, ont un sens aigu de la tribu. Les principales tensions opposent les Bakongos, population du Nord, aux Mbochi, concentrés dans les régions plus prospères du sud du pays. Depuis les années 1950, l'émancipation de la femme congolaise a considérablement progressé.

CONGO

Superficie totale :
341 500 km²
(131 853 sq. miles)

POLITIQUE

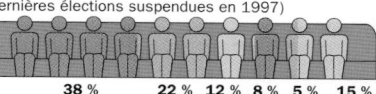

Ch. haute 1993/2000
Ch. basse 1993/2000

Denis Sassou-Nguesso, président de la République

Assemblée nationale 125 membres
(Dernières élections suspendues en 1997)

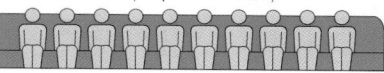

38 %	22 %	12 %	8 %	5 %	15 %
UPADS	MCDDI	PTC	RDPS	RDD	Autres

UPADS = Union panafricaine pour la démocratie sociale
MCDDI = Mouvement congolais pour la démocratie et le développement intégral **PTC** = Parti travailliste congolais
RDPS = Rassemblement pour le progrès démocratique et social **RDD** = Rassemblement pour la démocratie et le développement

Sénat 60 membres (suspendu en 1997)

L'élection des sénateurs se fait au scrutin indirect. Le Sénat est renouvelé par tiers tous les deux ans. Il est majoritairement UPADS.

Affrontements politiques depuis 1993 et combats entre milices rivales.
Des milliers de personnes ont été tuées dans les émeutes de 1997. Sassou-Nguesso le dictateur sortant reprit le pouvoir en octobre de la même année. La signature d'un cessez-le-feu en décembre 1999, a permis un certain retour au calme.

POPULATION
Plus de 500 000
Plus de 50 000
Plus de 100 000
Plus de 10 000
Moins de 10 000

ALTIMÉTRIE
500 m/1 640ft
200 m/656ft
Niveau de la mer

POLITIQUE EXTÉRIEURE

 BDEAC CEMAC MNA ZF OUA

Le principal objectif du Congo est l'équilibre de ses relations avec la France et les ÉU, qui souhaitent contrôler l'industrie pétrolière. Les liens avec les pays de l'ancien bloc de l'Est restent très étroits. Ces dernières années ont été marquées par des conflits armés avec les pays frontaliers : la RDC (ancien Zaïre) et l'Angola.

AIDE INTERNATIONALE

 140 M $ (reçus)   Plus 115 % en 1999

L'aide, qui avant 1990 venait surtout d'URSS, de Cuba et de Chine, est aujourd'hui essentiellement française. La forte dette contractée dans les années 1970 maintient le Congo dans la dépendance malgré le pétrole. Un « programme post-conflit » a été signé avec le FMI en 2000.

DÉFENSE

 73 M $ Moins 12 % en 1999

L'armée, forte de 8 000 hommes, avait intégré les différentes milices. Mais en 1997, de nouveaux conflits entre factions entraînèrent une nouvelle rupture.

ÉCONOMIE

 1,6 Md $ 654,42-698,61 francs CFA

CHIFFRES SIGNIFICATIFS

- ❑ CLASSEMENT DU PNB AU NIVEAU MONDIAL ..144e
- ❑ PNB PAR HABITANT ....550 $
- ❑ BALANCE DES PAIEMENTS ....– 252 M $
- ❑ INFLATION ....– 16,9 %
- ❑ CHÔMAGE.....................Sous-emploi généralisé

ATOUTS
Forte croissance de la production pétrolière (90 % des exportations). Ressources importantes de l'industrie du bois. Main-d'œuvre qualifiée dans la capitale et à Pointe-Noire.

FAIBLESSES
Une dette de 4 Md de $ à la fin des années 1980. Forte population de réfugiés du fait de la guerre dans la Rép. Dém. du Congo voisine. Bureaucratie pesante. Extrême dépendance par rapport à sa production pétrolière. Instabilité politique.

EXPORTATIONS
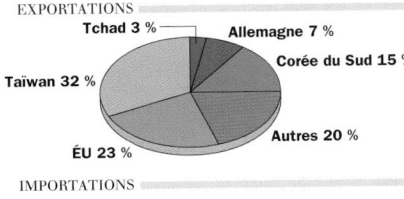
Tchad 3 % | Allemagne 7 % | Corée du Sud 15 % | Taïwan 32 % | ÉU 23 % | Autres 20 %

IMPORTATIONS
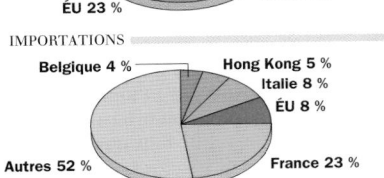
Belgique 4 % | Hong Kong 5 % | Italie 8 % | ÉU 8 % | Autres 52 % | France 23 %

RESSOURCES

 38 181 tonnes   275 000 b/j (réserves : 1 500 000 000 b)

285 000 caprins 116 000 ovins 1,9 M de volailles   Pétrole, gaz naturel, zinc, cuivre, potasse, diamants, or

Le pétrole constitue la première richesse du pays. L'exploitation des réserves de gaz naturel n'a pas encore commencé. On trouve des gisements de diamants et de potasse. L'exploitation des réserves de bauxite et de minerai de fer n'est pas rentable et la production de phosphates a été abandonnée en 1977. L'aide chinoise a permis de construire deux barrages hydroélectriques sur la Bouenza et le Djoué. Un troisième est en construction à Imboulou sur le Léfini.

ENVIRONNEMENT

 5 %   0,1 tonne par habitant

La Déclaration de Yaoundé devrait permettre le contrôle de l'exploitation de bois tropicaux. L'Occident s'est par le passé servi du Congo comme d'un vaste dépotoir.

MÉDIAS

 8 quotidiens pour 1 000 habitants

PRESSE ET TÉLÉCOMMUNICATIONS

 64 quotidiens, dont *Mweti* et *Aujourd'hui*

 1 chaîne publique   4 stations publiques

Deux quotidiens, deux hebdomadaires, la télévision et la radio sont sous le contrôle de l'État. *Radio Brazzaville* fut au cours de la Seconde Guerre mondiale vitale pour les forces de de Gaulle.

CRIMINALITÉ

 Pas de chiffres sur la population carcérale   La criminalité est en hausse

Les principaux problèmes sont les vols à main armée, la contrebande et le désarmement des miliciens.

ÉDUCATION

 81 %    13 806 étudiants

Ouvertes à l'origine par les missions catholiques françaises, les écoles sont encore soumises au contrôle de Paris.

CHRONOLOGIE

Royaumes de Téké et de Loango rattachés pour former le Moyen Congo (territoire de l'Afrique-Équatoriale française) entre 1880 et 1883.

- ❑ **1960** Indépendance.
- ❑ **1964** Le Mouvement national révolutionnaire (MNR), marxiste-léniniste, devient le seul parti légal.
- ❑ **1977** Assassinat du président N'Gouabi. Présidence du général Yhombi Opango.
- ❑ **1979** Présidence du colonel Denis Sassou-Nguésso.
- ❑ **1992** Présidence de Pascal Lissouba (UPADS).
- ❑ **1993** L'UPADS remporte les élections.
- ❑ **1997** Sassou-Nguesso renverse Lissouba.
- ❑ **1999** Signature d'un cessez-le-feu.
- ❑ **2001** Projet de Constitution approuvé par le parlement sous réserve d'un référendum populaire.

SANTÉ

 1 pour 3 333 habitants   Maladies diarrhéiques, parasitaires et respiratoires, malaria

Le système sanitaire, mis en place par les médecins français au début du siècle, a été réduit à néant par la guerre civile.

RICHESSES

CONSOMMATION ET DÉPENSES

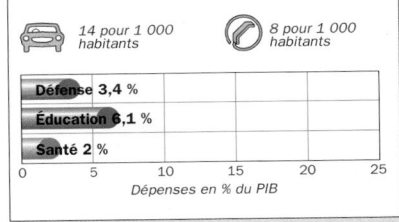
14 pour 1 000 habitants | 8 pour 1 000 habitants | Défense 3,4 % | Éducation 6,1 % | Santé 2 % | Dépenses en % du PIB

L'exploitation pétrolière a donné naissance à une classe moyenne active et confiante. Les produits français sont des signes extérieurs de richesse.

CLASSEMENT MONDIAL

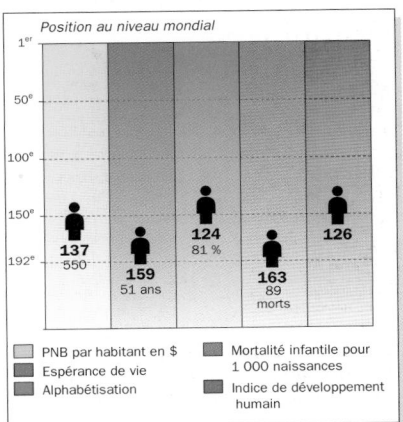
Position au niveau mondial. 137 (550), 159 (51 ans), 124 (81 %), 163 (89 morts), 126. PNB par habitant en $; Espérance de vie ; Alphabétisation ; Mortalité infantile pour 1 000 naissances ; Indice de développement humain

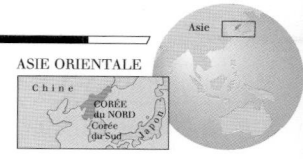
Asie

CORÉE DU NORD

ASIE ORIENTALE

NOM OFFICIEL : République populaire démocratique de Corée   CAPITALE : Pyongyang
POPULATION : 22,6 millions   MONNAIE : won   LANGUE OFFICIELLE : coréen

C

1948   1953   9 sept.   DRK   + 9   + 850   .kp

LA CORÉE DU NORD comprend la moitié Nord de la péninsule coréenne et est séparée de la Corée du Sud, pays sous domination américaine, à hauteur du 38ᵉ parallèle. L'essentiel du relief du pays est montagneux ; les plaines de Chaeryong et de Pyongyang, situées au Sud-Ouest, sont les régions les plus fertiles. La Corée du Nord est devenue une république communiste indépendante en 1948 et elle est aujourd'hui encore isolée du monde extérieur. Son économie, qui n'a pas reçu les capitaux qui lui auraient permis de se développer, est aujourd'hui confrontée à de graves problèmes.

CLIMAT

DONNÉES MÉTÉOROLOGIQUES

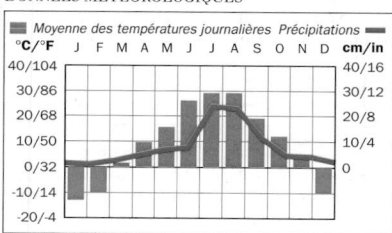

Moyenne des températures journalières   Précipitations

Le climat de la Corée du Nord est continental. Les hivers du Nord sont très rudes.

TRANSPORTS

 Sunan, Pyongyang

 182 navires
631 000 tpl

RÉSEAU DE TRANSPORT

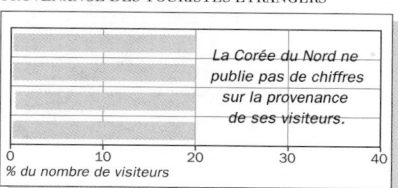

1 997 km (1 241 miles)		524 km (326 miles)
5 214 km (3 240 miles)		2 253 km (1 400 miles)

Les voies ferrées datant de l'occupation japonaise sont encore très utilisées. Les autoroutes ne s'ouvrent qu'aux automobilistes autorisés. Des liaisons avec la Corée du Sud sont à l'étude.

TOURISME

130 000 visiteurs

Plus 2 % en 1995–1998

PROVENANCE DES TOURISTES ÉTRANGERS

La Corée du Nord ne publie pas de chiffres sur la provenance de ses visiteurs.

% du nombre de visiteurs

Le besoin de devises fortes a conduit à une tentative de développement du tourisme. Des compagnies sud-coréennes se sont implantées.

POPULATION

Coréen, chinois

199 hab./km²

PART DE LA POPULATION URBAINE/RURALE

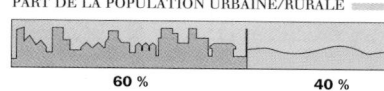

60 %   40 %

COMPOSITION ETHNIQUE

Coréens 100 %

Champ de riz paddy. Les étés humides et très chauds sont favorables à la culture du riz. La plupart des exploitations agricoles sont organisées en coopératives.

La péninsule coréenne est habitée par un groupe ethnique homogène depuis 2 000 ans au moins. Il existe une petite minorité chinoise.
Les religions sont strictement contrôlées, qu'il s'agisse de bouddhisme, du christianisme ou du chondogyo, un syncrétisme coréen de confucianisme, du bouddhisme et du christianisme.
Les Nord Coréens mènent des vies fortement encadrées. Le divorce n'existe pas ; les relations sexuelles hors mariage sont très mal vues. Les femmes (qui représentent plus de 50 % de la main-d'œuvre) doivent aussi s'occuper du foyer, travaillant souvent de 4 heures du matin à 19 heures. Les enfants sont très tôt pris en charge par un système développé de crèches d'État.
Le mode de vie privilégié des 200 000 cadres dirigeants serait une source de tensions dans la population.

POLITIQUE

2003/2008

Kim Il Sung, président éternel

AUX DERNIÈRES ÉLECTIONS
Assemblée populaire suprême 687 membres

100 % DFRF

DFRF = Front démocratique pour la réunification de la patrie, seul parti autorisé pour les élections de 1998 ; dirigé par le **KWP** (parti des travailleurs coréens).

Le KWP est le seul autorisé par la loi et son influence est omniprésente dans la vie du pays. Il est impératif d'adhérer au parti pour obtenir de l'avancement. Kim Il Sung, le dirigeant politique dont la longévité aura été la plus importante du monde, est décédé en 1994. Il a été le président du parti pendant près de 50 ans. Le pays s'intéresse aujourd'hui à la façon dont son fils Kim Jong Il s'accommodera du pouvoir. Il n'a pas l'autorité de son père et doit encore faire ses preuves ; en 1998 Kim Il Sung, mort depuis 4 ans, a été proclamé « Président Éternel ».

POLITIQUE EXTÉRIEURE

MNA

Depuis l'effondrement de l'URSS, la Chine est devenue le principal allié. Les relations Nord-Sud sont d'une importance cruciale (le Nord est théoriquement en guerre avec le Sud). Les avancées de 2000 sont ralenties par une méfiance mutuelle. Le programme nucléaire de la Corée du Nord suscite aussi l'hostilité américaine. En 2002, les EU ont inclu le pays dans « l'axe du Mal », et renforcé leur pression.

AIDE INTERNATIONALE

201 M $ (reçus)

Plus 84 % en 1999

Vers 1995, les sécheresses et inondations ont endommagé les récoltes de riz et conduit à des famines qui ne pourront être évitées que par une aide internationale de grande ampleur.

DÉFENSE

2,1 Md $

Plus 1 % en 1999

La Corée du Nord est soupçonnée d'avoir fabriqué des armes atomiques avant de mettre fin à son programme nucléaire en 1994. Elle fabrique et exporte des missiles.

CORÉE du NORD

Superficie totale : 120 410 km² (46 490 sq. miles)

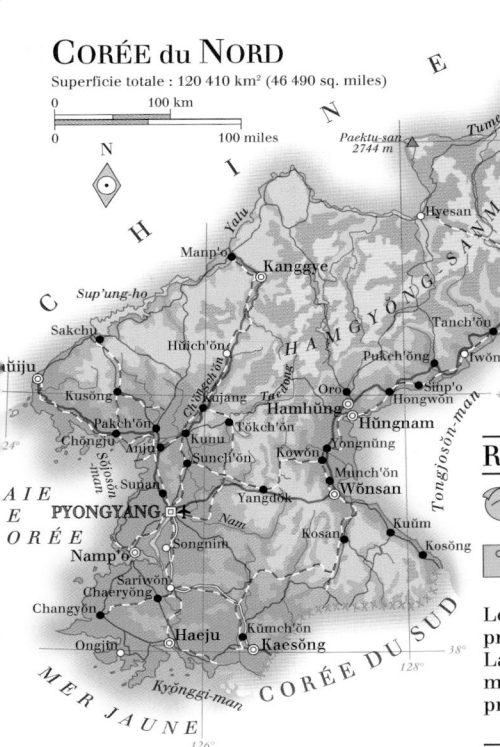

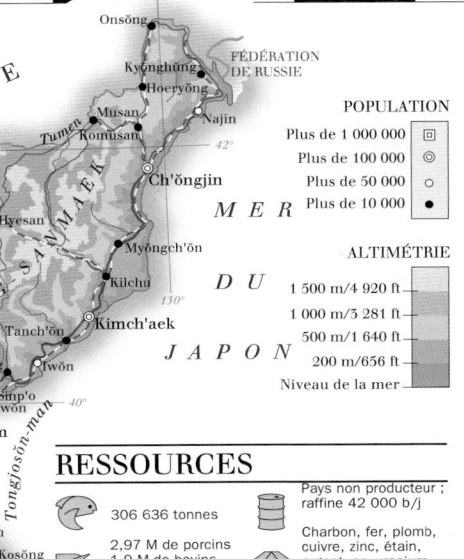

POPULATION

Plus de 1 000 000
Plus de 100 000
Plus de 50 000
Plus de 10 000

ALTIMÉTRIE

1 500 m/4 920 ft
1 000 m/3 281 ft
500 m/1 640 ft
200 m/656 ft
Niveau de la mer

RESSOURCES

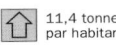

306 636 tonnes

Pays non producteur ; raffine 42 000 b/j

2,97 M de porcins
1,9 M de bovins
1,62 M d'ovins
10,4 M de volailles

Charbon, fer, plomb, cuivre, zinc, étain, argent, or, uranium

Le manque d'électricité demeure un problème extrêmement préoccupant. La Corée du Nord est bien dotée en métaux ; elle est le neuvième producteur d'argent du monde.

ENVIRONNEMENT

3 % (0,1 % partiellemnt protégé)

11,4 tonnes par habitant

L'utilisation d'engrais et l'absence de mesures contre la pollution de l'industrie lourde sont les principaux problèmes écologiques.

MÉDIAS

199 quotidiens pour 1 000 habitants

PRESSE ET TÉLÉCOMMUNICATIONS

5 quotidiens, dont l'organe du parti *Rodong Sinmun* et *Minju Choson*

 1 chaîne d'État

 1 station d'État

La télévision diffuse des émissions musicales à la gloire de Kim Il Sung et de son fils, ainsi que des diatribes anti-américaines.

CRIMINALITÉ

Pas de chiffres sur la population carcérale

Le taux de violence sur la voie publique est peu élevé

Le code pénal vise à protéger l'État contre toute « subversion » et non les droits de l'individu. La Corée du Nord respecte peu les droits de l'homme et elle possède un *goulag* de plus de 100 000 « subversifs » où sont envoyés les accusés et toute leur famille et dans lequel la torture est une pratique courante.

ÉCONOMIE

18,2 Md $

2,2 wons nord-coréens

CHIFFRES SIGNIFICATIFS

- ❏ CLASSEMENT DU PNB AU NIVEAU MONDIAL 68e
- ❏ PNB PAR HABITANT ....760 $
- ❏ BALANCE DES PAIEMENTS ....*Économie fermée*
- ❏ INFLATION ....*ne publie pas*
- ❏ CHÔMAGE..............................*pas de chiffres*

ATOUTS
Hormis ses ressources minérales, le pays dispose de très peu d'atouts.

FAIBLESSES
Baisse régulière du PNB depuis 1990. Pénurie catastrophique de capitaux et apports technologiques étrangers.

EXPORTATIONS

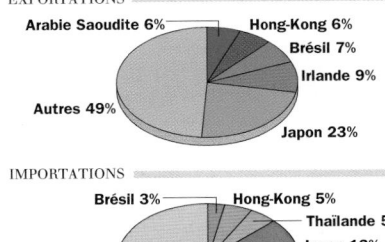

Arabie Saoudite 6%
Hong-Kong 6%
Brésil 7%
Irlande 9%
Autres 49%
Japon 23%

IMPORTATIONS

Brésil 3%
Hong-Kong 5%
Thaïlande 5%
Japon 13%
Autres 45%
Chine 29%

CHRONOLOGIE

Annexée par le Japon en 1910, la péninsule a été partagée le long du 38e parallèle en 1945. La Corée du Nord est devenue indépendante en 1948.

- ❏ **1950–1953** Guerre de Corée.
- ❏ **1994** Mort de Kim Il Sung, déclaré « Président Éternel » 4 ans plus tard.
- ❏ **1998** Kim Jong-Il est élu numéro un du régime.
- ❏ **2000** Sommet Nord-Sud.

ÉDUCATION

 95 %

 390 000 étudiants

Dès l'âge de 14 ans, l'anglais est obligatoire comme deuxième langue. Il existe une seule université à Pyongyang.

SANTÉ

 1 pour 370 habitants

Maladies cardiaques, cancers, maladies digestives

Les soins sont gratuits. L'espérance de vie autrefois correcte est menacée par la malnutrition voire la famine.

RICHESSES

CONSOMMATION ET DÉPENSES

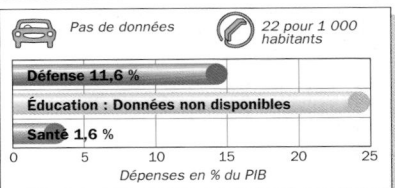

Pas de données
22 pour 1 000 habitants

Défense 11,6 %
Éducation : Données non disponibles
Santé 1,6 %

Dépenses en % du PIB

Seule une minorité constituée de membres du KWP vit dans l'aisance. Il est interdit de posséder un téléphone, une voiture privée ou souvent même une bicyclette.

CLASSEMENT MONDIAL

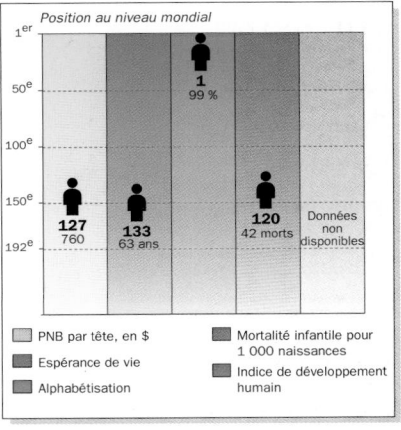

Position au niveau mondial

1
99 %

127
760

133
63 ans

120
42 morts

Données non disponibles

- PNB par tête, en $
- Espérance de vie
- Alphabétisation
- Mortalité infantile pour 1 000 naissances
- Indice de développement humain

C

CORÉE DU SUD

NOM OFFICIEL : République de Corée **CAPITALE :** Séoul
POPULATION : 47,4 millions **MONNAIE :** won **LANGUE OFFICIELLE :** coréen

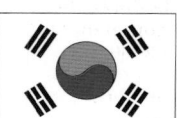

 1948 1953 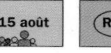 15 août 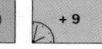 ROK + 9 + 82 .kr

ASIE ORIENTALE

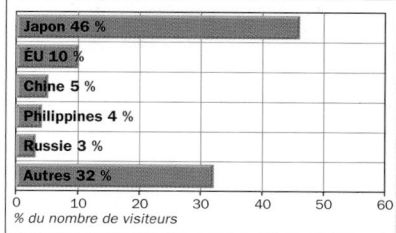

LA CORÉE DU SUD occupe la moitié Sud de la péninsule coréenne en Asie orientale. Son territoire est occupé à 80 % par des montagnes et est couvert aux deux tiers par des forêts. Le pays compte trois millions d'agriculteurs, dont 85 % cultivent du riz qui est ainsi la première culture nationale. Au lendemain de la Seconde Guerre mondiale, la Corée du Sud a fait sécession, encouragée par les ÉU, pour former une république distincte de la Corée du Nord communiste. En 1991, les deux pays ont entamé des négociations sur une éventuelle réunification. Toutefois, la Corée du Sud soupçonne toujours la Corée du Nord de vouloir l'envahir.

CLIMAT

DONNÉES MÉTÉOROLOGIQUES

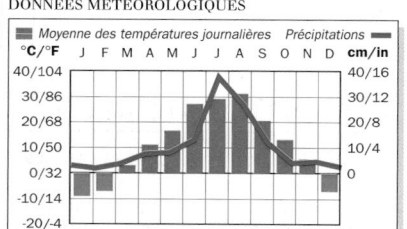

Le climat de la Corée du Sud est caractérisé par quatre saisons bien distinctes. Les hivers sont secs et rigoureux tandis que les étés sont chauds et humides.

TRANSPORTS

 **Kimpo International, Séoul** 33,37 M de passagers

 2 381 navires 5,7 M tpl

RÉSEAU DE TRANSPORT

| 64 808 km (40 270 miles) | 1 996 km (1 240 miles) |
| 3 098 km (1 925 miles) | 1 609 km (1 000 miles) |

Le pays possède un service de transports en commun efficace. Des autoroutes à péage relient la plupart des centres urbains. Les lignes aériennes permettent de franchir aisément les zones montagneuses. Les bus, trains, bateaux et avions sont intégrés à un seul et même organigramme, et sont réputés pour leur ponctualité.
Une liaison de type TGV est prévue entre Séoul et Pusan. L'effondrement d'un pont routier en 1994 a conduit à la mise en cause de la qualité de certains ouvrages.
Avec l'amélioration des relations Nord-Sud, des projets ont été lancés pour construire des routes, voies ferrées ou liaisons aériennes (les premières depuis 1953), sans aboutir pour l'instant. Le système de transports en commun est le plus performant au monde.

TOURISME

5,3 M de visiteurs | Plus 14 % en 2000

PROVENANCE DES TOURISTES ÉTRANGERS

| Japon 46 % |
| ÉU 10 % |
| Chine 5 % |
| Philippines 4 % |
| Russie 3 % |
| Autres 32 % |

% du nombre de visiteurs

L'activité touristique de la Corée du Sud a été multipliée par dix depuis 1969. La plupart des visiteurs sont japonais. Cheju-do est la destination que choisissent un grand nombre de jeunes mariés pour leur lune de miel. La plupart des visiteurs en provenance des ÉU sont dorénavant des Coréens-Américains de Los Angeles. Malgré la publicité générée par les Jeux Olympiques de Séoul de 1988 et la Coupe du monde de football en 2002, ainsi que la décision du pays de déclarer l'année 1994 « Année de visite de la Corée », la Corée du Sud ne fait toujours pas partie des destinations touristiques préférées des occidentaux.

CORÉE DU SUD

Superficie totale : 98 730 km² (38 120 sq. miles)

POPULATION

| Plus de 5 000 000 |
| Plus de 1 000 000 |
| Plus de 500 000 |
| Plus de 100 000 |
| Plus de 50 000 |
| Plus de 10 000 |
| Moins de 10 000 |

ALTIMÉTRIE

1 000 m/3 281ft
500 m/1 640ft
200 m/656ft
Niveau de la mer

N

0 — 50 km
0 — 50 miles

POPULATION

 Coréen, chinois   474 hab./km²

PART DE LA POPULATION URBAINE/RURALE

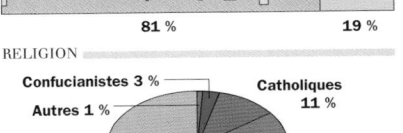

81 %   19 %

RELIGION

Confucianistes 3 %
Autres 1 %
Catholiques 11 %
Bouddhistes mahayana 47 %
Protestants 38 %

COMPOSITION ETHNIQUE

Coréens 100 %

La Corée du Sud est, à l'instar de la Corée du Nord, l'un des rares pays à n'avoir été peuplé que par une ethnie. Conséquence de la croissance économique, le nombre des immigrants clandestins s'est accru. Ces immigrants viennent pour la plupart des pays pauvres d'Asie. La famille est une composante essentielle du système social coréen. La plupart des Coréens connaissent le nom de leurs ancêtres sur plusieurs millénaires, élément particulièrement important puisque les habitants qui portent une même série de noms ne peuvent se marier entre eux. Le manque de logements a provoqué un rétrécissement de la famille nucléaire, les appartements des villes n'offrant pas suffisamment de place pour héberger les trois générations que compte un foyer traditionnel. Le rôle de la femme est toujours fortement empreint de tradition et les femmes mariées qui exercent une profession sont toujours mal considérées.

PYRAMIDE DES ÂGES

Femmes	Âge	Hommes
0,6 %	81–100	0,2 %
5 %	61–80	3,5 %
10,6 %	41–60	10,8 %
18,5 %	21–40	19,2 %
15,1 %	0–20	16,5 %

% de la population par tranche d'âge

POLITIQUE

 2000/2004   Roh Moo Hyun, président de la République

EN 2000

Assemblée nationale 273 membres

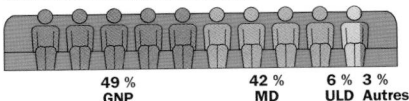

49 % GNP   42 % MD   6 % ULD   3 % Autres

GNP = Grand parti national   **MD** = Parti démocratique du millénaire   **ULD** = Union libérale démocrate

Officiellement, la Corée du Sud est une démocratie depuis sa création. Dans la pratique, elle a été dirigée par des dictateurs militaires jusqu'en 1987.

PRINCIPAUX PROBLÈMES POLITIQUES
L'économie
Auparavant l'une des plus performantes du monde, elle a été gravement touchée par la crise financière de 1997. Des mesures drastiques d'austérité financière n'ont pas évité les grandes faillites de 2000.

Relations avec la Corée du Nord
L'enthousiasme pour une éventuelle réunification s'est vite refroidi devant le coût de l'aide à apporter au Nord, pour une économie déjà affaiblie.

PROFIL
Le changement de 1987 marqua la vie politique d'une part avec l'instauration d'un suffrage présidentiel direct et, d'autre part, avec un parlement renforcé et une presse libre.
En 1993, Kim Young Sam, le premier dirigeant civil depuis 30 ans, lança une campagne anticorruption fort appréciée. Son parti fut réélu en 1996 mais la crise économique de 1997 et un scandale lié à l'acier le forcèrent à démissionner.
L'opposant de longue date Kim Dae Jung fut alors élu président. Ses partisans gagnèrent encore du terrain lors des législatives de 2000.
Mais l'instabilité politique persiste, avec trois premiers ministres qui se sont succédé en une seule année.

Le président Kim Dae Jung. Opposant de longue date, il a reçu le prix Nobel de la Paix.

Le président Roh Moo Hyun, célèbre avocat défenseur des droits de l'homme dans les années 1980.

POLITIQUE EXTÉRIEURE

 APEC   PC   AIEA   OCDE   OMC

Depuis la partition de la Corée, les relations avec le Nord dominent la politique étrangère. En 2000, un sommet historique s'est tenu à Pyongyang, marquant une brève coopération économique et diplomatique.
La réunification reste le but ultime des deux Corées, mais des doutes subsistent sur son coût social et économique. Un fort détachement américain est toujours à la frontière, la plus gardée du monde. Les relations avec la Chine se sont améliorées. Le Japon est un important partenaire commercial, malgré le ressentiment lié aux annexions japonaises de 1910-1945.

AIDE INTERNATIONALE

 50 M $ (versés)   Moins 69 % en 1998

La Corée du Sud recevait autrefois des aides très importantes des ÉU, auxquelles se sont ajoutées les réparations de guerre du Japon à partir de 1965. Elle fait depuis peu partie des pays donateurs.
La crise de 1997-1998 l'a forcée à demander une aide financière internationale.

CHRONOLOGIE

La dynastie Yi fondée à Séoul en 1392 dirigea la Corée jusqu'en 1910. En 1644, la Corée fut asservie par la Chine.

❑ **1904–1905** Guerre russo-japonaise. Le Japon conquiert la Corée.
❑ **1910** Le Japon annexe la Corée.
❑ **1919** Manifestations indépendantistes violemment réprimées.
❑ **1945** Arrivée de l'armée américaine et de l'armée soviétique. La Corée est divisée à hauteur du 38ᵉ parallèle.
❑ **1948** Création de la république de Corée du Sud. Le Dr. Rhee Syngman à la tête d'un régime de plus en plus autoritaire, devient président.
❑ **1950** Hostilités entre le Nord et le Sud. Le Nord envahit le Sud ce qui déclenche la guerre de Corée. La Corée du Sud reçoit le soutien des ÉU. La Chine soutient la Corée du Nord. En 1951, l'armée chinoise assiège Séoul, elle est repoussée à la hauteur du 38ᵉ parallèle.

C

- ❑ **1953** Armistice, La nouvelle frontière suit la ligne de cessez-le-feu, à proximité du 38ᵉ parallèle N.
- ❑ **1960** Révolte populaire qui provoque la démission de M. Rhee.
- ❑ **1961** Junte dirigée par Park Chung Hee.
- ❑ **1963** Pressions populaires pour la mise en place d'un gouvernement civil. M. Park est reconduit dans ses fonctions de président. Développement économique très rapide durant les années 1960 et 1970.
- ❑ **1965** Le pays rétablit ses relations avec le Japon.
- ❑ **1966** Envoi de 45 000 soldats pour soutenir le Sud-Viêt Nam.
- ❑ **1972** Loi martiale qui réprime les mouvements d'opposition.
- ❑ **1979** M. Park est assassiné. Coup d'État organisé par le général Chun Doo Huau, qui dirige les services secrets. Kim Young-Sam, chef du parti d'opposition est expulsé du parlement.
- ❑ **1980** M. Chun devient président. Kim Dae-Jong et d'autres chefs de l'opposition sont arrêtés.
- ❑ **1986** Premières exportations de voitures.
- ❑ **1987** Apparition de mouvements pro-démocratie. Roh Tae Woo, choisi par son prédécesseur Chun, est élu président.
- ❑ **1988** Sixième République, mise en œuvre d'une démocratie multipartite.
- ❑ **1991** La Corée du Sud entre à l'ONU.
- ❑ **1992** Établissement de liens diplomatiques avec la Chine. Kim Young Sam est élu président.
- ❑ **1996** Chun condamné à mort et Roh à 22 ans de prison pour avoir renversé le gouvernement civil ; sentences cassées par la suite.
- ❑ **1997** Scandale de l'acier : démission du gouvernement. Crise économique.
- ❑ **1998** Kim Dae Jung président.
- ❑ **2000** Sommet de Pyongyang.
- ❑ **2002** Roh Moo Hyun, du MD, élu président.
- ❑ **2004** Destitué, Roh Moo reste au pouvoir grâce à la victoire de son parti aux législatives.

Séoul éclairée la nuit. *La capitale abrite 10,5 millions d'habitants – un quart de la population coréenne. Séoul signifie « capitale ».*

DÉFENSE

 12,09 Md $ Plus 16 % en 1999

FORCES ARMÉES SUD-CORÉENNES

	2330 chars de combat (Type 88, M–47, M–48, T–80U)	560 000 hommes
	19 sous-marins, 6 destroyers, 9 frégates, 24 corvettes, 84 patrouilleurs	60 000 hommes
	555 avions de combat (160 F–16C/D, 195 F–5E/F, 130 F–4D/E)	63 000 hommes
	Aucun	

Les inquiétudes portent bien évidemment sur la Corée du Nord.

La Corée du Sud possède moins d'hommes, de chars, de forces d'artillerie et d'avions que le Nord, mais sa supériorité technologique ainsi que la présence de 35 000 soldats américains rétabliraient l'équilibre. La fabrication de missiles capables de toucher des cibles au Nord a été autorisée. Pourtant, les simulations informatiques américaines mettent en cause la capacité du Sud à endiguer une invasion : Séoul n'est qu'à 55 km de la zone démilitarisée.
À partir des années 1994-1995, le rôle de l'armée dans la vie politique a eu tendance à fortement diminuer, notamment grâce à une vigoureuse campagne anti-corruption.

ÉCONOMIE

 448 Md $ 1195 won sud-coréens

CHIFFRES SIGNIFICATIFS

- ❑ CLASSEMENT DU PNB AU NIVEAU MONDIAL 13ᵉ
- ❑ PNB PAR HABITANT ....9 460 $
- ❑ BALANCE DES PAIEMENTS ....8,62 Md $
- ❑ INFLATION ....4,3 %
- ❑ CHÔMAGE ....4 %

EXPORTATIONS

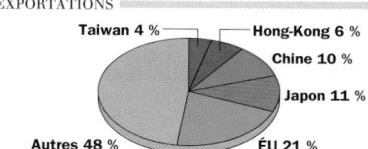

Taiwan 4 % — Hong-Kong 6 % — Chine 10 % — Japon 11 % — Autres 48 % — ÉU 21 %

IMPORTATIONS

Australie 4 % — Arabie Saoudite 5 % — Chine 7 % — Autres 43 % — Japon 20 % — ÉU 21 %

INDICATEUR DES PERFORMANCES ÉCONOMIQUES

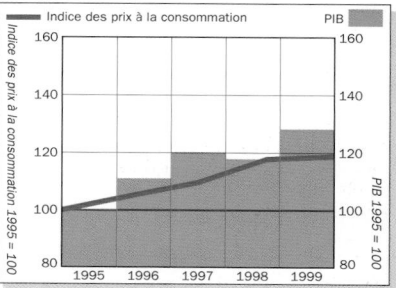

navale. Les prêts de l'État et une main-d'œuvre qualifiée ont donné un avantage compétitif à la Corée. Le gouvernement a ensuite encouragé l'investissement étranger et les entreprises moins importantes. Après son entrée à l'OCDE en 1996, la Corée a connu une crise financière. Le gouvernement a demandé des crédits très importants au FMI.

ATOUTS
Possède les meilleurs chantiers navals (45% du marché mondial). Yen élevé : exportations compétitives par rapport au Japon. Forte demande chinoise de produits coréens (voitures).

FAIBLESSES
Manque d'ouverture du secteur financier. Endettement élevé, vulnérabilité aux mouvements de capitaux internationaux. Secteur public à la traîne. Forte compétition du Japon.

PROFIL
Le miracle économique coréen a commencé avec une planification centralisée. Les conglomérats (*chaebol*) ont atteint des taux de croissance impressionnants dans des secteurs stratégiques comme l'automobile, les semi-conducteurs ou la construction

CORÉE DU SUD : PRINCIPALES ACTIVITÉS

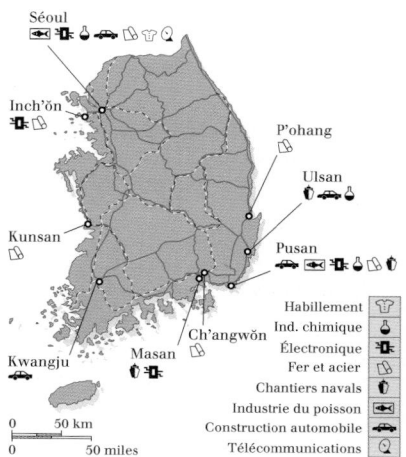

Habillement
Ind. chimique
Électronique
Fer et acier
Chantiers navals
Industrie du poisson
Construction automobile
Télécommunications

RESSOURCES

 2,6 M de tonnes

Pays non producteur, raffine 1,15 M de b/j

 7,86 M de porcins
100 M de volailles

Charbon, fer, plomb, zinc, tungstène, or, graphite, fluorite.

PRODUCTION ÉLECTRIQUE

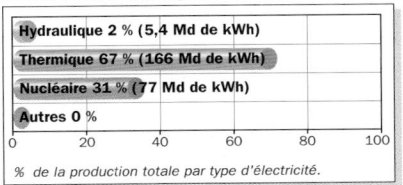

Hydraulique 2 % (5,4 Md de kWh)
Thermique 67 % (166 Md de kWh)
Nucléaire 31 % (77 Md de kWh)
Autres 0 %

| 0 | 20 | 40 | 60 | 80 | 100 |

% de la production totale par type d'électricité.

ENVIRONNEMENT

7 %

9,9 tonnes par habitant

TRAITÉS ÉCOLOGIQUES

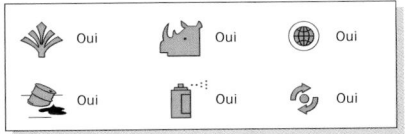

| Oui | Oui | Oui |
| Oui | Oui | Oui |

Les mouvements écologistes d'Asie du Sud-Est ont fait part de leur inquiétude face au développement du secteur nucléaire. La rapidité de l'industrialisation et de la modernisation du pays sont à l'origine de nombreux problèmes écologiques. L'air des zones urbaines est fortement pollué et en septembre 1998, le pays a signé le protocole de Kyoto visant à diminuer les émissions de CO_2. Un grand nombre de rivières est pollué par les engrais et les produits chimiques.

MÉDIAS

 394 quotidiens pour 1 000 habitants

PRESSE ET TÉLÉCOMMUNICATIONS

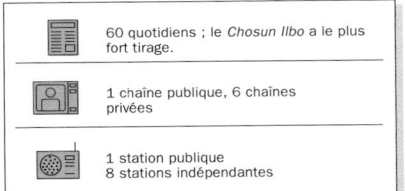

60 quotidiens ; le *Chosun Ilbo* a le plus fort tirage.

1 chaîne publique, 6 chaînes privées

1 station publique
8 stations indépendantes

Depuis l'instauration du régime démocratique pluraliste, la liberté des médias est quasiment totale. Toutefois, les critiques contre l'armée sont toujours mal vues et les journalistes évitent généralement d'aborder des sujets tels que l'utilité de l'armée au sein de la société. Les médias doivent également faire preuve de prudence lorsqu'ils évoquent la Corée du Nord. Certains journalistes qui, par le passé, avaient tenu des propos favorables à l'égard du régime communiste ont fait l'objet de harcèlement et de procédures d'intimidation.

La Corée du Sud a recours à l'énergie nucléaire pour produire de l'électricité. L'accord passé entre la Corée du Nord et les ÉU en 1994, prévoit la construction de deux réacteurs sud-coréens sur le sol nord-coréen, qui, en cas de réunification, seraient rattachés au réseau électrique national. La Corée du Sud doit importer la totalité du pétrole qu'elle consomme. Le secteur agricole demeure fortement protégé. Le projet d'ouverture du marché du riz à la concurrence internationale proposé par le gouvernement en 1994 a provoqué une vague de manifestations à Séoul.

CRIMINALITÉ

 61 019 détenus

Plus 12 % en 1996–1998

TAUX DE CRIMINALITÉ

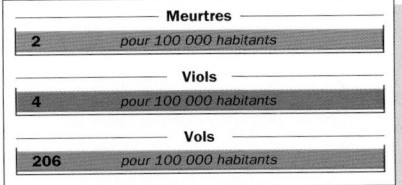

Meurtres
2 pour 100 000 habitants

Viols
4 pour 100 000 habitants

Vols
206 pour 100 000 habitants

La corruption est depuis peu assimilée à un crime. Le niveau général de la criminalité est relativement bas et les actes violents sont rares. Depuis 1987, les services de police ont réduit leur activité mais les activistes d'extrême-gauche sont toujours harcelés. La police a recours à des moyens tels que les gaz lacrymogènes pour réprimer les grèves ouvrières et les manifestations d'étudiants.

ÉDUCATION

 98 %

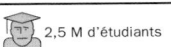 2,5 M d'étudiants

LE SYSTÈME ÉDUCATIF

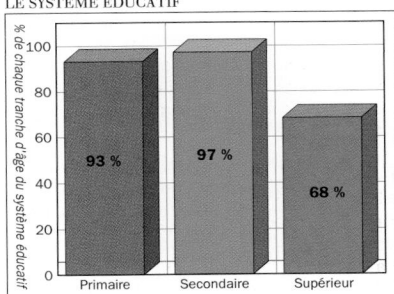

% de chaque tranche d'âge du système éducatif

| Primaire | Secondaire | Supérieur |
| 93 % | 97 % | 68 % |

La Corée a investi dans l'éducation dès les années 1950 ; sa main-d'œuvre qualifiée a contribué grandement à son essor économique. L'enseignement secondaire commence à 12 ans et comporte deux cycles de 3 ans dont un obligatoire. Le pourcentage d'étudiants est l'un des plus élevés du monde.

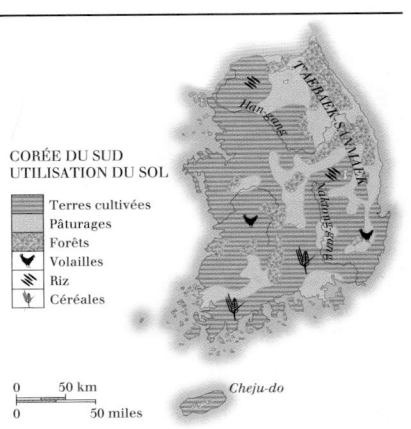

CORÉE DU SUD
UTILISATION DU SOL

Terres cultivées
Pâturages
Forêts
Volailles
Riz
Céréales

| 0 | 50 km |
| 0 | 50 miles |

Cheju-do

SANTÉ

 1 pour 769 habitants

 Cancers, maladies cardiaques et cérébrovasculaires

Le secteur de la santé offre aujourd'hui des traitements extrêmement élaborés. Les indicateurs de santé tels que le taux de mortalité infantile et l'espérance de vie ont également progressé.

RICHESSES

CONSOMMATION ET DÉPENSES

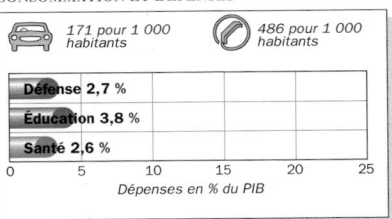

171 pour 1 000 habitants

486 pour 1 000 habitants

Défense 2,7 %
Éducation 3,8 %
Santé 2,6 %

| 0 | 5 | 10 | 15 | 20 | 25 |

Dépenses en % du PIB

La plupart des Coréens ont profité de la croissance économique, malgré une baisse de revenu après 1997. La région de Cholla reste la plus défavorisée.

CLASSEMENT MONDIAL

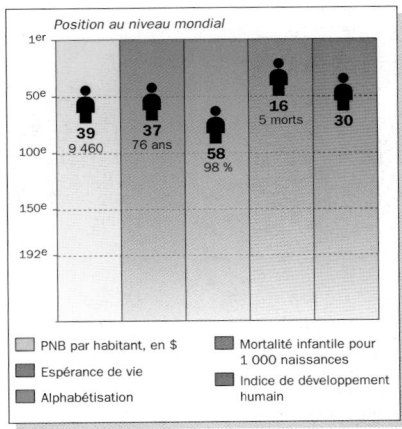

Position au niveau mondial

1er
50e
100e
150e
192e

| 39 | 37 | 58 | 16 | 30 |
| 9 460 | 76 ans | 98 % | 5 morts | |

PNB par habitant, en $
Espérance de vie
Alphabétisation
Mortalité infantile pour 1 000 naissances
Indice de développement humain

COSTA RICA

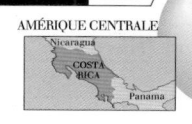

NOM OFFICIEL : République de Costa Rica   **CAPITALE :** San José
POPULATION : 4,2 millions   **MONNAIE :** colón costaricain   **LANGUE OFFICIELLE :** espagnol

ÉTAT d'Amérique centrale situé entre le Nicaragua et Panamá, le Costa Rica est resté colonie espagnole jusqu'en 1821 et n'a aquis son indépendance qu'en 1838. Entre 1948 et la fin des années 80, il fut l'État-providence le plus développé d'Amérique centrale. Le Costa Rica est une démocratie pluraliste dominée par un système bipartite. Le café et la banane constituent ses principales exportations. Son armée fut supprimée en 1948. En 1949, la Constitution confirmait l'interdiction de forces armées nationales.

CLIMAT

DONNÉES MÉTÉOROLOGIQUES

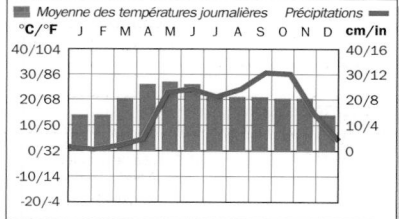

Les pluies sont abondantes sur le littoral atlantique. Les régions montagneuses du centre bénéficient d'un climat tempéré.

TRANSPORTS

 **Juan Santamaría, San José** 988 000 passagers

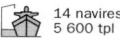 14 navires 5 600 tpl

RÉSEAU DE TRANSPORT

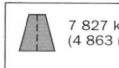
7 827 km (4 863 miles)

Panaméricaine 663 km (412 miles)

471 km (293 miles)

730 km (454 miles)

Un tronçon de 42 km d'autoroute menant à l'aéroport international, ainsi que l'aéroport ont été modernisés.

TOURISME

 1,1 M de visiteurs   Plus 7 % en 2000

PROVENANCE DES TOURISTES ÉTRANGERS

ÉU 37 %	
Nicaragua 18 %	
Panama 5 %	
Autres 40 %	

% du nombre de visiteurs   0 10 20 30 40

Grâce à des investissements locaux et étrangers, le tourisme se développe, rapportant en 1999 1 milliard de dollars. Un nouveau complexe hôtelier de 154 chambres à San José, et un autre sur la côte Pacifique, attirent des visiteurs aisés.

POPULATION

 Espagnol, anglais, créole, bribri, cabecar   78 hab./km²

PART DE LA POPULATION URBAINE/RURALE

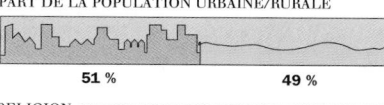

51 %   49 %

RELIGION

Autres (protestants compris) **24 %**

Catholiques 76 %

Une majorité est métisse d'origine espagnole. Un tiers des habitants de la région de Puerto Limón est noir et anglophone. On ne compte que 5 000 Amérindiens.

POLITIQUE

2002/2006   Abel Pacheco, président de la République

EN 1998

Assemblée législative 57 membres

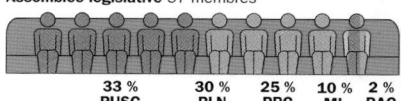

33 % PUSC	30 % PLN	25 % PRC	10 % ML	2 % PAC

PUSC = Parti de l'unité sociale-chrétienne   **PLN** = Parti de libération nationale   **ML** = Mouvement de la liberté   **DFP** = Parti des forces démocratiques   **PRC** = Parti du renouveau costa ricain   **PAC** = Parti d'action citoyenne

L'échiquier politique a longtemps été dominé par le PUSC et le PLN, deux partis fortement liés aux grandes familles productrices de bananes et de café. Les ÉU ont toujours beaucoup influencé la politique du pays. Le PLN était au pouvoir de 1982 à 1990, et le président Raphael Calderón menait une politique d'austérité. En 1994, José Maria Figueres du PLN a été élu à la présidence après avoir promis des réformes. Mais sous la pension de certaines organisations financières internationales, il est parvenu à un consensus avec le PUSC et a mis en place un programme d'une grande austérité qui l'a rendu très impopulaire.
Les élections de 1998 rendirent le pouvoir au PUSC. Le président Miguel Angel Rodriguez a lancé, dès 1999, un plan sur trois ans afin de réduire l'inflation, la pauvreté et le chômage et d'encourager les capitaux étrangers dans les entreprises.

POLITIQUE EXTÉRIEURE

AEC	Geplacea	OEA	MNA	San José

Les priorités nationales sont de conserver des liens économiques étroits avec les ÉU, tout en maintenant une protection des cours du café et de la banane. Des accords commerciaux ont été signés avec le Chili et envisagés avec le Canada. Règlement des tensions avec le Nicaragua en 2000. Problème de l'immigration.

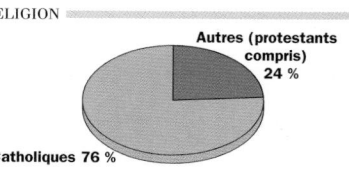

Plantation d'ananas, traversée par la Panaméricaine qui parcourt le pays sur 663 km.

COSTA RICA

Superficie totale : 51 060 km² (19 714 sq. miles)

POPULATION
Plus de 100 000
Plus de 50 000
Plus de 10 000
Moins de 10 000

ALTIMÉTRIE
3 000 m/9 843ft
2 000 m/6 562ft
1 000 m/3 281ft
500 m/1 640ft
200 m/656ft
Niveau de la mer

AIDE INTERNATIONALE

 25 M $ (reçus)　　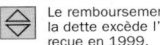 Le remboursement de la dette excède l'aide reçue en 1999.

Durant les années 1980, les États-Unis ont généreusement aidé le Costa Rica, pour prévenir toute contagion insurrectionnelle en provenance des pays voisins : Salvador, Guatemala et Nicaragua. La paix a conduit les ÉU à réduire fortement leur aide, compte tenu du revenu relativement élevé par habitant. Aides de la Banque mondiale.

DÉFENSE

 69 M $　　 Moins 2 % en 1999

À l'issue de la guerre civile de 1948, dernière phase de violence du Costa Rica, le pays apparut comme un État moderne, neutre et démilitarisé. La Garde nationale (4 400 hommes) se complète de forces de polices militairement organisées et entraînées. Les dépenses de sécurité ont longtemps été les plus basses de la région. L'absence d'un état-major commun diminue l'influence des forces de sécurité, mais aussi leur asujettissement au pouvoir. Des groupes paramilitaires d'extrême droite existent.

ÉCONOMIE

 15,7 Md $　　 359-398 colóns

CHIFFRES SIGNIFICATIFS

- ❏ CLASSEMENT DU PNB AU NIVEAU MONDIAL 74ᵉ
- ❏ PNB PAR HABITANT ....4 060 $
- ❏ BALANCE DES PAIEMENTS ....– 702 M $
- ❏ INFLATION ....11,2 %
- ❏ CHÔMAGE...5 %

ATOUTS
Les exportations principales sont le café, la viande de bœuf et la banane. Le développement du tourisme dynamise le secteur du bâtiment. Les investissements étrangers sont forts. Les dispositions de l'OMC sont favorables à l'accès de la banane au marché européen.

FAIBLESSES
Les principales exportations sont

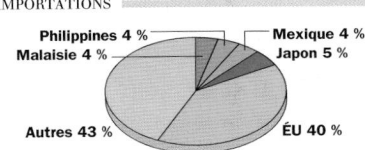

EXPORTATIONS

Allemagne 3 % — Pays Bas 5 %
Belgique 3 % — RU 7 %
ÉU 52 % — Autres 30 %

IMPORTATIONS

Philippines 4 % — Mexique 4 %
Malaisie 4 % — Japon 5 %
Autres 43 % — ÉU 40 %

exposées à la baisse des cours. Forte inflation endémique. Dépendance par rapport aux importations pétrolières. Dette domestique importante. Manque d'infrastructures. Le monopole d'État a découragé les investissements dans les domaines de l'énergie, des télécommunications et de l'assurance. Gestion peu efficace.

RESSOURCES

 33 613 tonnes　　 Pays non producteur

 1,69 M de bovins / 290 000 porcins / 17 M de volailles　　 Bauxite, or, argent, manganèse, mercure

Vastes gisements de bauxite à Boruca – la fonte d'aluminium est une activité importante du pays. On exploite de petites réserves d'or, d'argent, de manganèse et de mercure. Le pays vise l'autosuffisance énergétique en développant l'hydroélectricité. Les forêts couvrent 34 % du pays.

ENVIRONNEMENT

 14 % (3 % partiellement protégés)　　 1,6 tonne par habitant

Malgré une bonne règlementation environnementale, la croissance non contrôlée de l'économie a contribué à une déforestation massive. Les pâturages couvrent 45 % du territoire et l'abus de pesticides a pollué les rivières et menace de nombreuses espèces. Le développement urbain s'est fait aux dépens de la vallée fertile du centre.

MÉDIAS

 88 quotidiens pour 1 000 habitants

PRESSE ET TÉLÉCOMMUNICATIONS

 8 quotidiens dont : *La Nación, La República, Le Prensa* et *Diario Extra*

 8 chaînes dont 1 chaîne publique, 7 chaînes privées　　Stations publiques et indépendantes

Les médias sont libres mais largement dominés par les conservateurs. Le métier de journaliste est soumis à autorisation.

CRIMINALITÉ

🔒 3 927 Prisonniers　　⬆ Plus 71 % 1989-1994

Le Costa Rica est le pays le moins violent d'Amérique centrale malgré quelques enlèvements de touristes. Les cartels de la drogue utilisent le pays pour passer la cocaïne aux ÉU. Hostilité policière envers les réfugiés.

CHRONOLOGIE

Le Costa Rica, sous domination espagnole depuis le XVIᵉ siècle, obtint son indépendance en 1858.

- ❏ **1948** Des élections contestées plongent le pays dans la guerre civile, le Parti social-démocrate (devenu PLN) y met fin en formant un gouvernement provisoire, présidé par José Ferrer. Abolition de l'armée.
- ❏ **1949** Nouvelle constitution.
- ❏ **1987** Inauguration du Plan de paix de l'Amérique centrale.
- ❏ **1998** Retour au pouvoir du PUSC.

ÉDUCATION

 96 %　　 78 819 étudiants

Le Costa Rica a le taux d'alphabétisation le plus élevé de l'isthme et abrite l'université d'Amérique centrale.

SANTÉ

👤 1 pour 1 111 habitants　　Maladies cardiaques, accidents, cancers, décès périnatals

Le système public de santé est l'un des mieux développés d'Amérique latine. En 1999, le secteur de la santé représentait 29,3 % des dépenses publiques.

RICHESSES

CONSOMMATION ET DÉPENSES

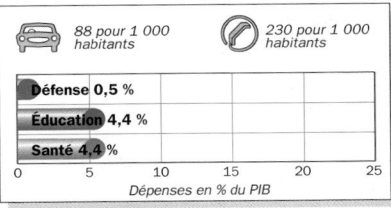

🚗 88 pour 1 000 habitants　　📞 230 pour 1 000 habitants

Défense 0,5 %
Éducation 4,4 %
Santé 4,4 %
0　5　10　15　20　25
Dépenses en % du PIB

Les familles propriétaires des plantations forment l'élite sociale. Des chiffres officiels montrent qu' 1/5ᵉ de la population vit sous le seuil de pauvreté.

CLASSEMENT MONDIAL

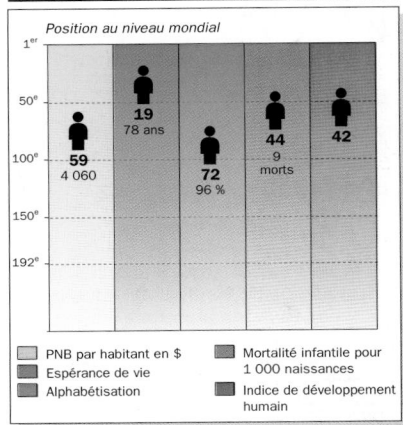

Position au niveau mondial
1ᵉʳ
50ᵉ
100ᵉ
150ᵉ
192ᵉ

19 / 78 ans
59 / 4 060
72 / 96 %
44 / 9 morts
42

- ☐ PNB par habitant en $
- ■ Espérance de vie
- ☐ Alphabétisation
- ■ Mortalité infantile pour 1 000 naissances
- ■ Indice de développement humain

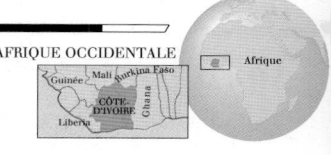

AFRIQUE OCCIDENTALE

CÔTE-D'IVOIRE

NOM OFFICIEL : République de Côte-d'Ivoire   CAPITALE : Yamoussoukro
POPULATION : 16,7 millions   MONNAIE : franc CFA   LANGUE OFFICIELLE : français

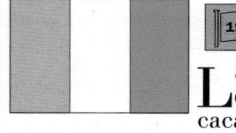   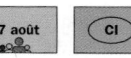   

L a Côte d'Ivoire, l'un des plus vastes États côtiers d'Afrique occidentale, est le premier producteur de cacao mondial. Sa réputation d'îlot de stabilité est due en grande partie à son ancien président pro-occidental Houmphouët-Boigny (qui gouverna de 1960 à 1993). Cette image fut détruite en 1999 par un coup d'État militaire suivi d'un soulèvement populaire en 2000, et d'une véritable guerre civile en 2002-2003.

CLIMAT

DONNÉES MÉTÉOROLOGIQUES

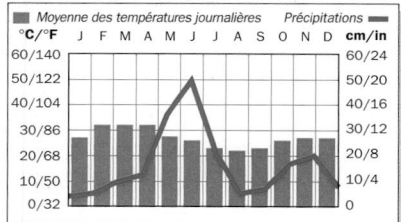

Le Sud vit au rythme de deux saisons sèches et deux saisons des pluies par an ; le Nord est soumis à un climat humide toute l'année.

TRANSPORTS

 Abidjan-Port Bouët
819 938 passagers

 32 navires
8600 tpl

RÉSEAU DE TRANSPORT

 4 889 km
(3 038 miles)

Aucune

 639 km
(937 miles)

 980 km
(609 miles)

Le réseau routier, relativement bien entretenu, converge vers Abidjan, premier port de l'Afrique occidentale francophone.

TOURISME

301 000 visiteurs   Plus 10 % en 1998

PROVENANCE DES TOURISTES ÉTRANGERS

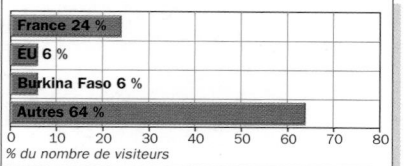

Les projets ambitieux de « Côte d'Azur » africaine à l'est d'Abidjan ou l'ouverture d'un hôtel Club Méditerranée ont été remis en cause par l'instabilité actuelle. La basilique géante de Yamassoukro reste une attraction touristique.

POPULATION

 Akran, français, krou, voltaïc    53 hab./km²

PART DE LA POPULATION URBAINE/RURALE

44 %   56 %

RELIGION

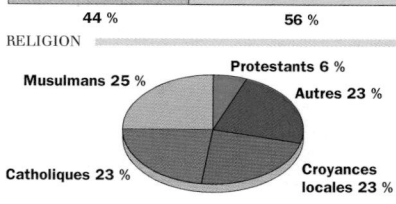

Protestants 6 %
Autres 23 %
Musulmans 25 %
Croyances locales 23 %
Catholiques 23 %

La Côte d'Ivoire compte plus de 60 tribus. Les plus importantes possèdent une identité culturelle propre, comme les Baoulés au centre du pays, les Agris à l'est, les Sénoufos au nord, les Dioulas au nord-ouest et à l'ouest, les Bétés au centre-ouest, et les Dan-Yacouba à l'ouest.
Les travailleurs migrants d'autres pays ouest-africains forment jusqu'à 40 % de la population. Leur présence a provoqué des tensions ces dernières années, débouchant sur un populisme identitaire et xénophobe.

POLITIQUE

2000/2005   Laurent Gbagbo, président de la République

AUX DERNIÈRES ÉLECTIONS
Assemblée nationale 225 membres

10 % 2 % 1 %
Ind RDR Vac

43 % FPI   41 % PDCI   2 %1 % PIT Autres

FPI = Front populaire ivoirien   **PDCI** = Parti démocratique de Côte-d'Ivoire   **Ind** = Indépendants   **PIT** = Parti ivoirien travailleurs   **RDR** = Rassemblement des républicains   **Vac** = Vacants

Depuis la mort du président Houmphouët-Boigny en 1993, la vie politique s'est polarisée. La tentative de son successeur, Henri Konan Bédié, d'exclure des élections de 1999 Alassane Ouattara, musulman du nord et leader du RDR, provoqua un coup d'État du général Gueï. La tentative frauduleuse de Gueï de se déclarer vainqueur déclencha un soulèvement qui porta au pouvoir le véritable gagnant du scrutin, Laurent Gbagbo du FPI socialiste. Des affrontements politiques s'ensuivirent, Ouattara prenant la tête de l'opposition. En septembre 2002, une révolte de soldats dégénéra rapidement en guerre civile, coûtant la vie au général Gueï. Le conflit, alimenté par les tensions ethniques, opposait le nord et le sud. Dans le cadre d'une initiative de paix, un gouvernement de partage du pouvoir fut formé en 2003.

CÔTE D'IVOIRE

Superficie totale : 318 000 km²
(122 780 sq. miles)

0   100 km
0   100 miles

POPULATION
□ Plus de 1 000 000
◎ Plus de 100 000
○ Plus de 50 000
● Plus de 10 000
• Moins de 10 000

ALTIMÉTRIE
1 000 m/3 281ft
500 m/1 640ft
200 m/656ft
Niveau de la mer

POLITIQUE EXTÉRIEURE

Les relations avec les bailleurs de fonds sont essentielles pour le retour à la stabilité. La violence régionale a suscité des tensions en Côte d'Ivoire, permettant aux armes et troupes de franchir des frontières poreuses. La CEAO et la France ont servi de médiateurs. La Côte d'Ivoire influence les organisations de producteurs de café et cacao.

AIDE INTERNATIONALE

 187 M $ (reçus)　　 Moins 47 % en 2001

La France est le principal pays donateur. Les prêts de réajustement structurel accordés par la Banque mondiale ont permis d'alléger le lourd tribut d'une dette contractée au nom d'espoirs pétroliers surévalués.

DÉFENSE

 80 M $　　 Moins 2 % en 2001

La France entraîne les officiers ivoiriens, et reste le principal fournisseur de matériel, même si au début du conflit de 2002-2003, le gouvernement en achetait à l'Angola.

ÉCONOMIE

 10,3 Md $　　 571,2 francs CFA (664,2)

CHIFFRES SIGNIFICATIFS

❏ CLASSEMENT DU PNB AU NIVEAU MONDIAL 85ᵉ
❏ PNB PAR HABITANT ....630 $
❏ BALANCE DES PAIEMENTS ....– 58 M $
❏ INFLATION ....4,3 %
❏ CHÔMAGE ....13 %

ATOUTS
Secteur agricole développé, grand producteur de café et cacao. Assez bonne infrastructure. Industries du gaz et du pétrole en expansion. Rééchelonnement de la dette.

FAIBLESSES
Instabilité. Manque d'investissement dans l'éducation. Grande dépendance envers les cours du café et cacao. Esclavagisme dans les plantations.

EXPORTATIONS

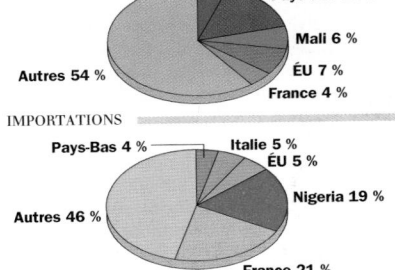

Ghana 5 %
Pays-Bas 14 %
Mali 6 %
ÉU 7 %
France 4 %
Autres 54 %

IMPORTATIONS

Pays-Bas 4 %
Italie 5 %
ÉU 5 %
Nigeria 19 %
France 21 %
Autres 46 %

RESSOURCES

 81 519 tonnes　　 29 754 b/j (réserves : 98 Mb)

 1,52 M d'ovins 1,48 M de bovins 32,6 M de poulets　　Pétrole, diamants, cobalt, or, fer, manganèse, nickel

Importantes réserves de gaz et de pétrole offshore, mais importation de l'essentiel du combustible. Grave déforestation.

ENVIRONNEMENT

 6 % (0,3 % partiellement protégé)　　 0,8 tonne par habitant

Le déforestation reste un problème, malgré l'interdiction des exportations de bois brut en 1995.

MÉDIAS

 16 quotidiens pour 1 000 habitants

PRESSE ET TÉLÉCOMMUNICATIONS

 16 quotidiens, dont *Fraternité Matin* et *Ivoir' Soir*, tous deux publiés par le gouvernement

 1 chaîne publique, 1 chaîne privée　　 1 station publique, 7 stations indépendantes

La censure stricte s'est libéralisée depuis les années 1990 ; mais le harcèlement officiel des médias reste récurrent.

ÉDUCATION

 50 %　　 96 681 étudiants

Faible réussite au baccalauréat. Protestations d'étudiants contre les coupes budgétaires. Gratuité de l'école primaire depuis 2001.

CRIMINALITÉ

 10 355 détenus　　 Importante hausse en 1997-2002

Immigrants accusés de la délinquance à Abidjan. Violations des droits de l'homme.

La basilique de Yamoussoukro, *construite sur le modèle de Saint-Pierre de Rome dans la nouvelle capitale, ville natale de l'ancien président Houphouët-Boigny.*

CHRONOLOGIE

L'un des grands empires commerciaux d'Afrique occidentale, la Côte-d'Ivoire devint une colonie française en 1893.

❏ **1903–1935** Essor des plantations.
❏ **1960** Félix Houphouët-Boigny proclame l'indépendance.
❏ **1970** Début de la production pétrolière.
❏ **1990** Premières élections contestées, remportées par F. Houphouët-Boigny et le PDCI.
❏ **1993** Mort de F. Houphouët-Boigny.
❏ **1998** Pouvoir du président accru ; Ouattara empêché de se présenter aux élections.
❏ **1999** Coup d'Etat militaire du général Gueï.
❏ **2000** Chute de Gueï ; Gbagbo élu président.
❏ **2002-2003** Meurtre de Gueï ; apparition d'une forte rébellion armée.

C

SANTÉ

 1 pour 10 000 habitants　　 Malaria, maladies transmissibles, décès néonatals

Taux élevé de VIH/SIDA, environ 10 % des adultes. En 2001, les laboratoires pharmaceutiques ont accepté de diminuer de 80-90 % le prix des traitements.

RICHESSES

CONSOMMATION ET DÉPENSES

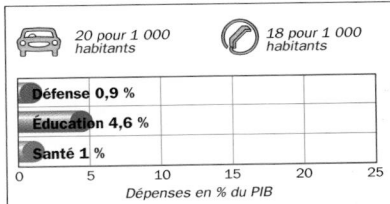

20 pour 1 000 habitants　　18 pour 1 000 habitants

Défense 0,9 %
Éducation 4,6 %
Santé 1 %

0　5　10　15　20　25
Dépenses en % du PIB

La bourgeoisie s'est enrichie pendant les années de prospérité. Le niveau de vie des citadins est supérieur à celui de nombreux pays d'Afrique.

CLASSEMENT MONDIAL

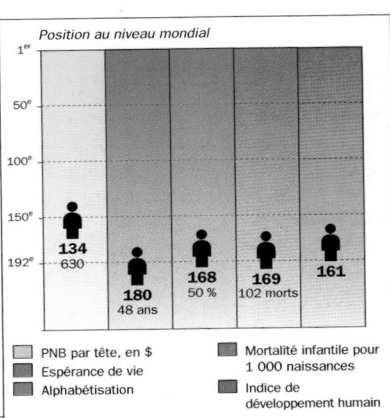

Position au niveau mondial

1ᵉʳ
50ᵉ
100ᵉ
150ᵉ
192ᵉ

134
630

180
48 ans

168
50 %

169
102 morts

161

■ PNB par tête, en $
■ Espérance de vie
■ Alphabétisation
■ Mortalité infantile pour 1 000 naissances
■ Indice de développement humain

CROATIE

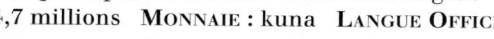

NOM OFFICIEL : République de Croatie   **CAPITALE** : Zagreb
POPULATION : 4,7 millions   **MONNAIE** : kuna   **LANGUE OFFICIELLE** : croate

C

Située au sud de la Slovénie et à l'ouest de la Yougoslavie, la Croatie comprend les régions historiques de l'Istrie, de la Dalmatie et de la Slavonie. La façade adriatique de la Croatie est d'une importance vitale pour le tourisme et la navigation maritime. Depuis la dissolution de la République fédérale de Yougoslavie, la Croatie, qui tentait de défendre ses propres territoires, a été impliquée dans la guerre de Bosnie. Les offensives de 1995 chassèrent les Serbes de plusieurs enclaves régionales. La Slavonie orientale, d'abord sous contrôle de l'ONU, est revenue à la Croatie en 1998.

CLIMAT

DONNÉES MÉTÉOROLOGIQUES

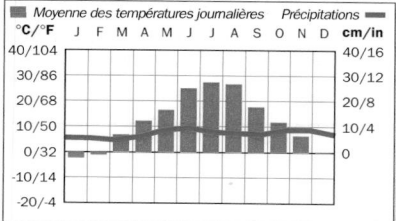

Au Nord de la Croatie, climat continental et tempéré. La façade adriatique jouit d'un climat méditerranéen.

TRANSPORTS

 Pleso International, Zagreb 1,08 M de passagers    260 navires 896 400 tpl

RÉSEAU DE TRANSPORT

 23 497 km (14 600 miles)   330 km (205 miles)

 2 726 km (1 694 miles)   785 km (488 miles)

La route statégique de Zagreb, ainsi que le réseau ferré ont souffert des offensives des années 90 et des sanctions infligées à la Yougoslavie. En 1998, l'accord de paix signé avec la Bosnie a permis à celle-ci l'usage du port de Ploce sur l'Adriatique.

TOURISME

 5,8 M de visiteurs   Plus 53 % en 2000

PROVENANCE DES TOURISTES ÉTRANGERS

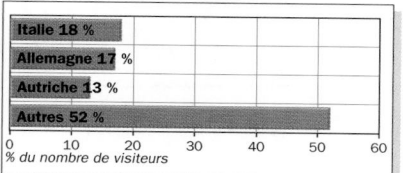

Après une récession sur le plan régional, due au conflit kosovar en 1999, le tourisme a repris et continue de se développer.

POPULATION

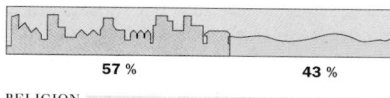 Croate   80 hab./km²

PART DE LA POPULATION URBAINE/RURALE

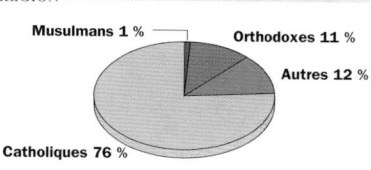
57 %   **43 %**

RELIGION

Musulmans 1 %   Orthodoxes 11 %

Autres 12 %

Catholiques 76 %

Dans l'ex-Yougoslavie, les Croates et les Serbes représentaient respectivement 80 % et 12 % de la population. En 1991, les Serbes, hostiles au nationalisme croate, ont proclamé la République de la Serbie Krajina dans les régions où ils étaient majoritaires. Lors des offensives de 1995, les forces croates ont repris la plupart des territoires occupés par les Serbes, d'où leur exode massif. La Slavonie orientale, sous contrôle des rebelles serbes, a été soumise à l'autorité des NU jusqu'à sa réintégration à la Croatie en janvier 1998. La plupart des 250 000 réfugiés bosniaques sont restés.

POLITIQUE

 2000/2004   Stipe Mesic, président de la République

EN 2000

Chambre des députés 151 membres   3 % HSP–HKDU

47 % SDP–HSLS   30 % HDZ   17 % All   3 % ME

SDP–HSLS = Parti social-démocrate – Parti social-libéral de Croatie **HDZ** = Union démocrate croate **All** = Alliance (HSS : Parti paysan croate ; IDS : Assemblée démocrate d'Istrie : HNS : Parti du peuple croate ; LS : Parti libéral ; ASH : Action sociale-démocrate croate) **HSP–HKDU** = Parti croate pour la justice – Union démocrate-chrétienne de Croatie **ME** = Minorités ethniques

Six sièges sont réservés aux représentants croates vivant à l'étranger (tous sont occupés par des membres de l'HDZ). Cinq sièges sont prévus pour les minorités ethniques (dont un est occupé par le HSS).

La Croatie est devenue indépendante de la Yougoslavie en 1991, sous le contrôle du

Dubrovnik, en Dalmatie. *Cette ville historique de la côte adriatique fut bombardée et assiégée par l'armée fédérale yougoslave en 1991.*

POLITIQUE EXTÉRIEURE

La fin de l'ère Tudjman a permis le rapprochement avec la communauté internationale et les pays voisins. En 2002, la Croatie a réglé un différend territorial avec le Monténégro. La Croatie est candidate à l'UE, mais essuie des critiques pour son retard à extrader des criminels de guerre présumés.

AIDE INTERNATIONALE

 48 M $ (reçus)   Plus 23 % en 1999

Depuis 1991, l'UE a dépensé plus d'un milliard de dollars pour la reconstruction.

DÉFENSE

 776 M $ 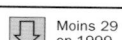 Moins 29 % en 1999

D'après l'accord de paix de 1995, 10 000 soldats de l'HOS (Association de défense croate), distincte de l'armée régulière croate, sont stationnés en Bosnie.

HDZ, parti de droite mené par Franjo Tudjman. Après son soutien ambiguë aux accords de paix bosniaques de 1995, et à cause de son nationalisme, la Croatie a souffert d'un isolement grandissant. À la dérive depuis la mort de son leader Tudjman en 1999, le HDZ a plongé dans les scandales. Corruption et espionnage ont entraîné son éviction du pouvoir lors des élections de janvier 2000 qui ont vu la victoire des partis de gauche. La chute du HDZ s'est confirmé le mois suivant quand Stipe Mesic, président fédéral yougoslave a remporté les élections présidentielles dès le premier tour. Les priorités du nouveau gouvernement sont de rétablir le statut international de la Croatie et de réduire les pouvoirs autoritaires du président.

ÉCONOMIE

 19,9 Md $　　 6,5-7,4 kunas

CHIFFRES SIGNIFICATIFS

- ❏ CLASSEMENT DU PNB AU NIVEAU MONDIAL 63ᵉ
- ❏ PNB PAR HABITANT ....4 550 $
- ❏ BALANCE DES PAIEMENTS ....– 642 M $
- ❏ INFLATION ....4,8 %
- ❏ CHÔMAGE ....20 %

ATOUTS
La croissance reste modérée mais l'économie commence à se relever après la récession des années 1998-1999. Le FMI finance un programme visant à réduire les dépenses de l'État.

FAIBLESSES
Les dommages de guerre ont été estimés à 50 milliards de dollars. Jusqu'en 2001, les privatisations ont peu progressé. Le chômage persiste et reste élevé.

EXPORTATIONS

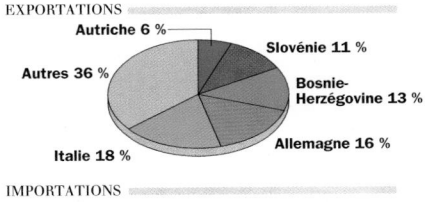

Autriche 6 %
Slovénie 11 %
Autres 36 %
Bosnie-Herzégovine 13 %
Italie 18 %
Allemagne 16 %

IMPORTATIONS

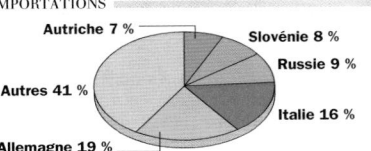

Autriche 7 %
Slovénie 8 %
Russie 9 %
Autres 41 %
Italie 16 %
Allemagne 19 %

RESSOURCES

 19 885 tonnes　　 29 995 b/j (réserves : 43 802 880 b/j)

 1,36 M de porcins
630 000 dindes
10,9 M de poulets

 Charbon, bauxite, fer, pétrole, kaolin, gaz naturel

La production énergétique de la Croatie est à 40 % d'origine thermique et à 60 % hydraulique. Peu de ressources minières, des réserves de pétrole et de gaz. La pêche reste l'une des principales ressources grâce aux eaux poissonneuses de l'Adriatique.

ENVIRONNEMENT

 7 %　　 4,4 tonnes par habitant

La Croatie fut la première des républiques de Yougoslavie à créer des réserves naturelles pour protéger ses marécages.

MÉDIAS

 115 quotidiens pour 1 000 habitants

PRESSES ET TÉLÉCOMMUNICATIONS

16 quotidiens de tirage régional, dont *Vercenji List* à Zagreb et *Slobodna Dalmecija* à Split

1 chaîne publique

4 stations : 1 station publique 3 stations privées

Les trois chaînes de télévision sont publiques. La liberté de la presse a été restreinte sous le président Tudjman.

CRIMINALITÉ

 2 572 Prisonniers　　 Baisse de 4 % en 1992-1998

Le gouvernement actuel a arrêté des miliciens de l'ex HOS coupables « d'épurations ethniques » en Bosnie.

CHRONOLOGIE
De 1946 à 1991, la Croatie était une république de la fédération yougoslave.

- ❏ **1991** Indépendance croate.
- ❏ **1992** Tudjman président. Engagement dans la guerre civile bosniaque.
- ❏ **1995** La Krajina et la Slavonie occidentale sont reprises
- ❏ **1997** Tudjman réélu.
- ❏ **1998** Slavonie orientale récupérée.
- ❏ **1999** Mort de Tudjman.
- ❏ **2000** Le centre gauche au pouvoir.

C

ÉDUCATION

 98 %　　 85 752 étudiants

Le système éducatif de la Croatie est très développé. Le pays compte 4 universités situées à Zagreb, Rijeka, Osijek et Split.

SANTÉ

 1 pour 500 habitants　　 Maladies cérébrovasculaires et cardiaques, cancers

La plupart des Croates sont couverts par un régime d'assurance maladie. La prise en charge des réfugiés et des blessés de guerre grève le maigre budget alloué aux dépenses de santé.

RICHESSES

CONSOMMATION ET DÉPENSES

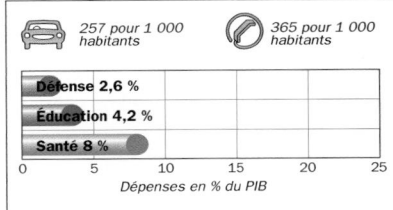

257 pour 1 000 habitants　　365 pour 1 000 habitants

Défense 2,6 %
Éducation 4,2 %
Santé 8 %

Dépenses en % du PIB

Les salaires ont été réévalués au milieu des années 1990 et à nouveau en 1999, stimulant la consommation. Mais la politique de restrictions qui a suivi a découragé les consommateurs.

CLASSEMENT MONDIAL

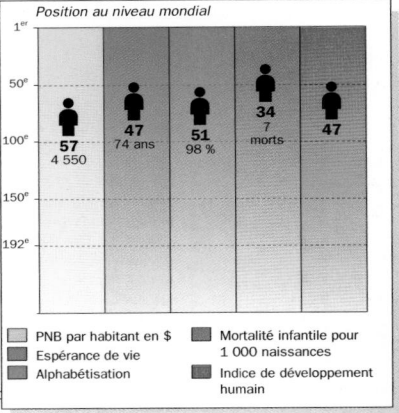

Position au niveau mondial

57 — 4 550
47 — 74 ans
51 — 98 %
34 — 7 morts
47

PNB par habitant en $
Espérance de vie
Alphabétisation
Mortalité infantile pour 1 000 naissances
Indice de développement humain

CROATIE
Superficie totale : 56 558 km² (21 829 sq. miles)

ALTIMÉTRIE
1 000 m/3 281ft
500 m/1 640ft
200 m/656ft
Niveau de la mer

POPULATION
Plus de 500 000
Plus de 100 000
Plus de 50 000
Plus de 10 000
Moins de 10 000

CUBA

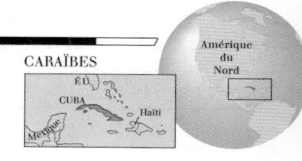

NOM OFFICIEL : République de Cuba   CAPITALE : La Havane

POPULATION : 11,3 millions   MONNAIE : peso cubain   LANGUE OFFICIELLE : espagnol

C

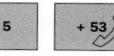

Î LE la plus importante des Grandes Antilles, Cuba est formée de plaines cultivées sur leur plus grande superficie, encadrées par trois régions montagneuses. Les plaines fertiles permettent la culture de la canne à sucre, du riz et du café. Le sucre, première exportation du pays, souffre d'un manque d'investissement, d'un faible taux de rendement et de l'instabilité des cours mondiaux. Ancienne colonie espagnole, Cuba est le seul État communiste des Antilles. Depuis la chute du communisme en Union soviétique, Cuba n'est plus perçu par les ÉU comme une menace aussi inquiétante qu'en 1962, année où les deux superpuissances faillirent entrer en guerre à propos des missiles nucléaires soviétiques stationnés sur l'île. Bien que vieillissant, Fidel Castro détient encore un pouvoir quasi absolu.

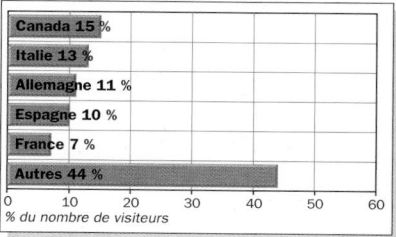

Valle de Viñales, province de Pinar del Río.
La campagne vallonnée de Cuba est idéale pour la canne à sucre, produit d'exportation.

CLIMAT

DONNÉES MÉTÉOROLOGIQUES

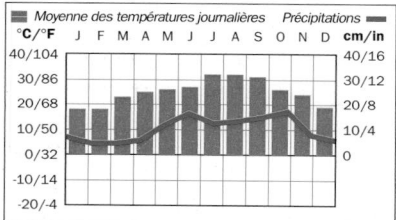

Le climat de l'île est subtropical et caractérisé par des températures élevées toute l'année. Les montagnes reçoivent les précipitations les plus abondantes (jusqu'à 250 cm par an). Le Nord est plus arrosé que le Sud. La région de Guantánamo ne reçoit que 20 cm de précipitations par an. L'hiver, l'Ouest est parfois balayé par des vents froids venant des ÉU.

TRANSPORTS

 **José Martí, La Havane**
2,43 M de passagers

 105 navires
158 000 tpl

RÉSEAU DE TRANSPORT

29 820 km
(18 529 miles)

638 km
(396 miles)

14 331 km
(8 905 miles)

240 km
(149 miles)

Les transports publics sont très bon marché mais de plus en plus irréguliers et peu fiables, en raison des pénuries de carburant. Le moyen de transport privilégié reste la bicyclette noire traditionnelle importée de Chine. Le nombre de Chevrolets et d'Oldsmobiles des années 1950 encore en circulation à La Havane participe au charme de la ville. Cette pénurie automobile, due aux sanctions commerciales, a le mérite de donner du travail à nombre de petits garagistes.

TOURISME

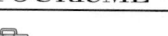 1,7 M de visiteurs   Plus 9 % en 2000

PROVENANCE DES TOURISTES ÉTRANGERS

	% du nombre de visiteurs
Canada 15 %	
Italie 13 %	
Allemagne 11 %	
Espagne 10 %	
France 7 %	
Autres 44 %	

Après que les ÉU ont assoupli leur réglementation sur le tourisme en 1997, le pays a pu développer ce secteur. Cuba est l'une des destinations les plus populaires des Caraïbes. Le tourisme a supplanté la canne à sucre et est devenu l'un des principaux moteurs de l'économie, fortement pourvoyeur de devises. Le nombre de visiteurs devrait dépasser les cinq millions d'ici 2010. Le gouvernement souhaite un tourisme familial et lutte contre la prostitution.

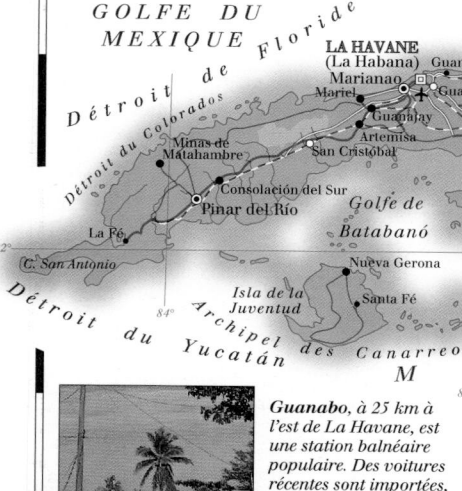

Guanabo, à 25 km à l'est de La Havane, est une station balnéaire populaire. Des voitures récentes sont importées, ainsi que des ordinateurs, contre du sucre ou dans le cadre d'accords, notamment avec le Japon.

CUBA
Superficie totale : 110 860 km²
(42 803 sq. miles)

POPULATION
- ▣ Plus de 1 000 000
- ◉ Plus de 500 000
- ◎ Plus de 100 000
- ○ Plus de 50 000
- ● Plus de 10 000
- · Moins de 10 000

ALTIMÉTRIE
- 1 000 m/3 281ft
- 500 m/1 640ft
- 200 m/656ft
- Niveau de la mer

POPULATION

 Espagnol

 101 hab./km²

PART DE LA POPULATION URBAINE/RURALE

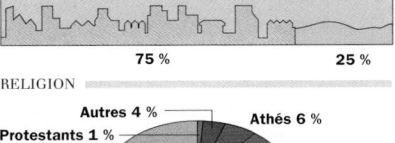

75 %   **25 %**

RELIGION

Autres 4 %
Protestants 1 %
Athés 6 %
Non-pratiquants 49 %
Catholiques 40 %

COMPOSITION ETHNIQUE

Noirs 12 %
Afro–Européens 22 %
Blancs 66 %

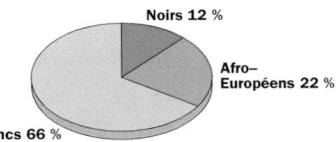

Il n'existe à Cuba pratiquement aucune tension interethnique. 70 % des Cubains sont d'origine espagnole, descendants des colons, mais également des exilés qui fuirent l'Espagne franquiste. La population noire descend des esclaves et des émigrants venus des pays voisins, en particulier de Jamaïque.

Le niveau de vie cubain a baissé de manière spectaculaire depuis l'effondrement du bloc communiste, qui était auparavant son principal partenaire commercial. À partir de 1991, le rationnement s'est même étendu aux denrées alimentaires les plus élémentaires. Une bonne moitié de la population a accès aux dollars alors que l'autre partie doit survivre avec des pesos.
Depuis le début des années 1990, le nombre de ceux qui veulent quitter le pays, et ce par tous les moyens, s'est considérablement accru, ce qui débouche parfois sur des drames. De plus en plus de femmes jouent un rôle dans la politique et dans l'armée. Les crèches sont très répandues.

PYRAMIDE DES ÂGES

Femmes	Âge	Hommes
0,5 %	81–100	0,4 %
5,9 %	61–80	5,7 %
11,1 %	41–60	10,9 %
18,0 %	21–40	18,2 %
14,2 %	0–20	15 %

% de la population par tranche d'âge

POLITIQUE

 2003/2008

 Fidel Castro Ruz, président de la République

AUX DERNIÈRES ÉLECTIONS

Assemblée nationale populaire 609 membres

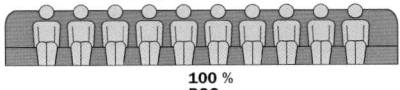

100 %
PCC

PCC = Parti communiste cubain

Fidel Castro dirige Cuba depuis 1959 et fut le fondateur du régime communiste de parti unique institutionnalisé par la constitution de 1976.

PRINCIPAUX ENJEUX POLITIQUES
La succession
Bien que vieillissant, Fidel Castro s'accroche désespérément au pouvoir et sa succession représente un enjeu de taille. Certains observateurs pensent qu'un pouvoir rajeuni, collectif et ouvert aux réformes permettrait de normaliser les relations diplomatiques avec les ÉU. Une solution qui pousserait Cuba à aller vers une démocratie à l'occidentale. D'autres spécialistes agitent le spectre de la vacance de pouvoir au départ de Castro. Une situation qui pourrait exacerber les divisions internes entre réformateurs et communistes radicaux et entraîner de graves désordres sociaux.

La démocratie
Le procès de quatre dissidents modérés en 1999 marque le retour de la répression face à toute opposition interne. Ce procès a remis en question les relations diplomatiques et a réduit à néant tout espoir d'ouverture économique. Un argument de plus pour justifier l'embargo commercial des ÉU.

PROFIL
La révolution populaire de 1959 conduite par Castro, a renversé le régime corrompu de Batista. Elle a lancé un programme ambitieux de réformes économiques, politiques et sociales. Dans les années 1990, la révolution a été mise en péril à la fois par la chute de l'Union Soviétique et par le renforcement des sanctions américaines. Ceux qui soutiennent Cuba considèrent ce pays comme le triomphe du socialisme dans l'adversité. D'autres n'y voient qu'une dictature intolérante.

Raúl Castro, *frère de Fidel et ministre de la Défense.*

Fidel Castro, *dirigeant cubain depuis 1959. Les ÉU lui sont hostiles.*

C

POLITIQUE EXTÉRIEURE

 OEA   MNA   AEC SELA   ALADI

Depuis 1962, où Cuba accepta d'entreposer des missiles soviétiques dirigés sur des villes américaines, Cuba est perçue comme une menace par les ÉU. La fin de l'aide soviétique en 1991, suite à l'effondrement de l'URSS, détériora davantage encore les conditions économiques du pays. Malgré les votes répétés de l'ONU pour condamner les sanctions, le blocus américain ne fait qu'accentuer l'isolement du pays. L'embargo s'est pourtant quelque peu assoupli depuis 1999 pour les médicaments essentiels et les produits alimentaires. De nouvelles liaisons aériennes ont été mises en place et les échanges postaux ont repris. Largement médiatisée, l'histoire du petit Elian Gonzalez a auguré d'une entente possible entre les deux parties. L'enfant, victime d'un naufrage alors qu'il rejoignait les ÉU en juin 2000, a finalement été remis à son père cubain par les autorités américaines. L'élection en 2001 de George W. Bush ne joue pas en faveur d'un assouplissement.
En 2001 les États-Unis accordent une aide d'urgence, mais en 2002, ils incluent Cuba dans « l'axe du mal ». Les relations avec les EU et l'UE se sont dégradées en 2003, à cause du traitement infligé aux dissidents.

AIDE INTERNATIONALE

 58 M $ (reçus)

 Moins 28 % en 1999

L'Espagne, la France et l'UNICEF accordent une aide à Cuba. En 1998, le pays a conclu un accord avec le Japon afin d'étaler sa dette sur 20 ans. En 2001, un accord avec la Chine devrait débloquer un prêt de 400 M de dollars.

CHRONOLOGIE

Peuplé à l'origine par les Arawaks, Cuba devint espagnole en 1492 quand Christophe Colomb en prit possession au nom du Roi d'Espagne.

❑ **1868** Fin du commerce des esclaves.
❑ **1868–1878** Guerre d'indépendance.
❑ **1895** Seconde guerre d'indépendance. Morts par milliers dans les camps de concentration espagnols.
❑ **1898** Les ÉU déclarent la guerre à l'Espagne en soutien aux cubains.
❑ **1899** Occupation par les ÉU et gouvernement militaire intérimaire.
❑ **1901** Les ÉU obtiennent un droit d'intervention dans les affaires de Cuba et des bases militaires.
❑ **1902** Tomas Estrada Palma s'empare du pouvoir et devient le premier président de la République cubaine. Les ÉU quittent Cuba mais interviennent en 1906-1909, 1919-1924. ⇨

CHRONOLOGIE *suite*

- ❏ **1909** Présidence libérale de José Miguel Goméz. Prospérité ; investissements nord-américains principalement dans le sucre et le jeu.
- ❏ **1925–1933** Dictature du président Gerardo Machado.
- ❏ **1933** Des années de guérilla aboutissent à la révolution. Le sergent Fulgencio Batista s'empare du pouvoir et instaure une dictature militaire.
- ❏ **1955** Fidel Castro s'exile après deux ans de prison pour subversion.
- ❏ **1956–1958** Retour de F. Castro qui mène un groupe de guérilleros.
- ❏ **1959** F. Batista s'enfuit. F. Castro s'empare du pouvoir, secondé par son frère Raúl et Che Guevara. Le modèle soviétique est adopté.
- ❏ **1961** Les ÉU rompent leurs relations avec Cuba. Des contre-révolutionnaires soutenus par les ÉU tentent, sans y parvenir, d'envahir Cuba à partir de la Baie des Cochons. Cuba se déclare marxiste-léniniste.
- ❏ **1962** Blocus économique et politique des ÉU. Crise des missiles : les Soviétiques déploient leurs armes nucléaires à partir de Cuba. Khrouchtchev évite la guerre en ordonnant le rapatriement des armes.
- ❏ **1965** Che Guevara démissionne pour organiser la guerre révolutionnaire en Amérique latine. Parti unique.
- ❏ **1972** Cuba membre du COMECON.
- ❏ **1976** Nouvelle constitution socialiste. Troupes cubaines stationnées en Angola jusqu'en 1991.
- ❏ **1977** Envoi de troupes en Éthiopie.
- ❏ **1980** 125 000 Cubains fuient vers les ÉU. Parmi eux, des « indésirables » : criminels ou déficients mentaux.
- ❏ **1982** Les ÉU renforcent les sanctions : vols et tourisme interdits à Cuba.
- ❏ **1983** Invasion nord-américaine de Grenade. Affrontements de soldats cubains avec l'armée américaine.
- ❏ **1984** Un accord avec les ÉU, qui prévoit de réglementer l'émigration cubaine et le rapatriement des « indésirables » fait long feu.
- ❏ **1988** Veto de l'ONU pour empêcher les ÉU d'accuser Cuba de violations des droits de l'homme. Relations diplomatiques rétablies avec la CE.
- ❏ **1989** Hauts responsables de l'armée exécutés pour trafics.
- ❏ **1991** Fin de l'accord commercial avec l'URSS. Rationnement.
- ❏ **1992–1993** Les ÉU renforcent le blocus. Départ des troupes russes.
- ❏ **1996** Le *Helms-Burton Act* renforce les sanctions envers Cuba.
- ❏ **1998** Visite du pape Jean-Paul II.
- ❏ **1999** Procès de dissidents modérés.
- ❏ **2001** Ouragan Michelle.
- ❏ **2002** Guantanamo utilisé comme prison par les EU.
- ❏ **2003** Répression des dissidents.

DÉFENSE

750 M $ Moins 2 % en 1999

FORCES ARMÉES CUBAINES

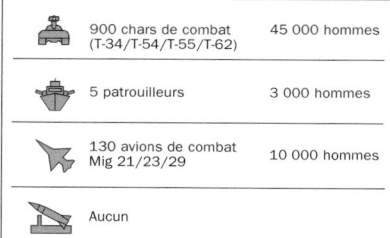

900 chars de combat (T-34/T-54/T-55/T-62)	45 000 hommes
5 patrouilleurs	3 000 hommes
130 avions de combat Mig 21/23/29	10 000 hommes
Aucun	

L'armée cubaine, très efficace et fortement représentée au Conseil des Ministres et au Politburo, fut de 1959 aux années 80, l'une des réussites de la révolution. Sous le commandement du frère de F. Castro, Raúl, elle parvint à repousser l'invasion de la baie des Cochons soutenue par les ÉU en 1961 et au cours des années 1970, à empêcher que l'Afrique du Sud ne prenne le contrôle de l'Angola, puis que la Somalie n'occupe la région d'Ogaden en Éthiopie. Son prestige a souffert de l'effondrement du bloc communiste. La Russie est toujours le principal pays fournisseur d'armes. Le sentiment d'être une nation assiégée et l'embargo américain sont des raisons suffisantes pour maintenir une armée constamment prête à combattre une menace intérieure ou extérieure.

ÉCONOMIE

18 Md $ 21 pesos cubains

CHIFFRES SIGNIFICATIFS

- ❏ CLASSEMENT DU PNB AU NIVEAU MONDIAL 69ᵉ
- ❏ PNB PAR HABITANT ....1 600 $
- ❏ BALANCE DES PAIEMENTS … ....Déficitaire
- ❏ INFLATION ....0,5 %
- ❏ CHÔMAGE ....6 %

EXPORTATIONS

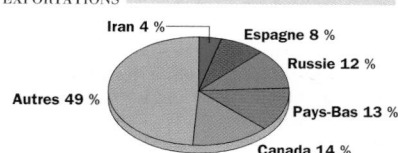

- Iran 4 %
- Espagne 8 %
- Russie 12 %
- Pays-Bas 13 %
- Canada 14 %
- Autres 49 %

IMPORTATIONS

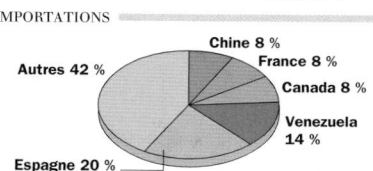

- Chine 8 %
- France 8 %
- Canada 8 %
- Venezuela 14 %
- Espagne 20 %
- Autres 42 %

ATOUTS

Le tourisme florissant (160 000 emplois indépendants et petites entreprises privées créés) attire d'importants investisseurs étrangers. Le pays est l'un des principaux exportateurs de sucre et de nickel. Producteur de cigares de luxe. Le secteur bancaire (*joint-ventures*) s'affermit.

FAIBLESSES

L'embargo commercial des ÉU prive Cuba de l'avantage du marché et des investissements américains. Manque cruel de devises. Le sucre et le nickel restent des productions soumises aux aléas du marché international. Les termes des accords commerciaux et les faiblesses du cadre légal découragent les investisseurs. Les infrastructures manquent. Le pays connaît des rationnements de pétrole, de fertilisants, manque de pièces détachées et d'autres produits essentiels.

INDICATEUR DES PERFORMANCES ÉCONOMIQUES

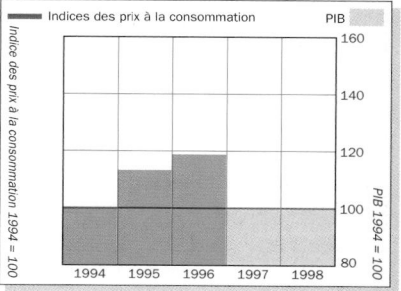

Indices des prix à la consommation   PIB

PROFIL

Depuis 1959, l'économie nationalisée a hésité entre donner la priorité à l'industrie du sucre et mener des tentatives d'industrialisation. Après une brève expérience de libéralisation économique, le régime castriste est revenu dès 1986 à un total contrôle de l'État. La chute de l'URSS a entraîné la perte de quelques 5 milliards de dollars d'aide par an et a provoqué une dépression brutale au début des années 1990. Quelques timides réformes à caractère capitaliste ont été mises en oeuvre au milieu des années 1990. Le dollar américain n'est plus interdit. Le tourisme, essentiellement basé sur le dollar, est devenu un moteur économique. L'« économie parallèle » est largement répandue.

CUBA : PRINCIPALES ACTIVITÉS

- La Havane
- Matahambre
- Cardenas Bay
- Ciego de Ávila
- Cienfuegos
- Pinar del Rio
- Isla de la Juventud
- Santiago de Cuba

- ⬛ Raffinage pétrolier
- Industrie de transformation
- Canne à sucre
- Produits pharmaceutiques
- Extraction du nickel
- Agrumes
- Cigares
- Pétrole

0   100 km
0   100 miles

RESSOURCES

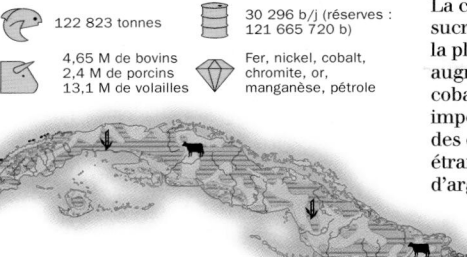

122 823 tonnes

30 296 b/j (réserves : 121 665 720 b)

4,65 M de bovins
2,4 M de porcins
13,1 M de volailles

Fer, nickel, cobalt, chromite, or, manganèse, pétrole

Terres cultivées
Pâturages
Forêts
Marécages
Canne à sucre
Cultures maraîchères
Bovins

CUBA : UTILISATION DU SOL
0　100 km
0　100 miles

La chute de l'URSS a affecté la production sucrière. Le secteur a connu sa production la plus basse depuis 50 ans. Cuba cherche à augmenter sa production de nickel et de cobalt, ses exportations les plus importantes, une opération soutenue par des entreprises privées. Quelques sociétés étrangères financent la recherche d'or, d'argent et autres métaux et exploitent des concessions de pétrole lourd et de gaz. Le projet de réacteur nucléaire de type soviétique, à Juragua, a finalement été abandonné en décembre 2000.

PRODUCTION ÉLECTRIQUE

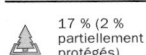

Hydraulique 1 % (0,1 Md kwh)	
Thermique 99 % (14 Md kwh)	
Nucléaire 0 %	
Autres 0 %	

0　20　40　60　80　100

% de la production totale par type d'électricité

ENVIRONNEMENT

17 % (2 % partiellement protégés)

2,3 tonnes par habitant

TRAITÉS ÉCOLOGIQUES

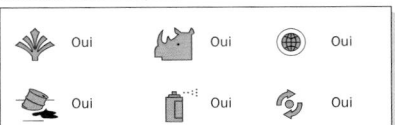

Oui　Oui　Oui

Oui　Oui　Oui

La couverture forestière, grâce à une politique de reboisement, est passée de 14 à plus de 20 % depuis la révolution de 1959. L'irrigation trop intensive et la construction inachevée du réacteur nucléaire de Juraguá sont des problèmes préoccupants.

MÉDIAS

 118 quotidiens pour 1 000 habitants

PRESSES ET TÉLÉCOMMUNICATIONS

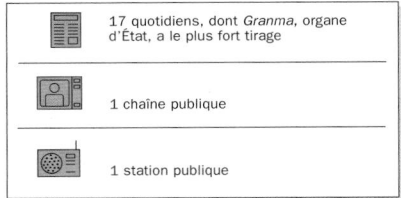

17 quotidiens, dont *Granma*, organe d'État, a le plus fort tirage

1 chaîne publique

1 station publique

Une loi pénalise les journalistes indépendants qui réalisent des reportages d'investigation jugés pro-américains.

CRIMINALITÉ

Pas de chiffres sur la population carcérale

Criminalité en hausse

TAUX DE CRIMINALITÉ

Cuba ne publie pas de statistiques officielles sur les meurtres, viols et vols.

Les crimes sont officiellement déclarés « menace à l'ordre national ». En 1999, le code pénal a été modifié afin d'étendre la peine de mort à certains délits liés au trafic de drogue, aux attaques à main armée, aux violences envers les officiers de police et au détournement de mineurs. Mesures sévères contre prostituées et petits trafiquants à l'affût des touristes. Les tensions dues à une accentuation des inégalités sociales ont entraîné une montée de la délinquance : vols dans les usines d'État.

ÉDUCATION

 97 %　　 111 587 étudiants

LE SYSTÈME ÉDUCATIF

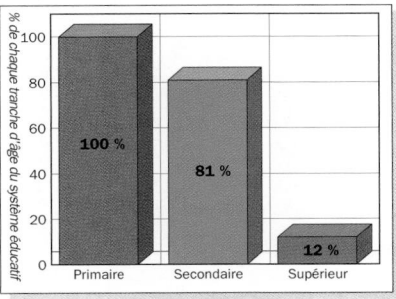

% de chaque tranche d'âge du système éducatif

Primaire 100 %　Secondaire 81 %　Supérieur 12 %

Fidèle aux principes du marxisme-léninisme, le système éducatif gratuit à tous les degrés associe enseignement théorique et pratique. La priorité donnée à l'éducation sert aujourd'hui d'argument pour attirer les investissements étrangers en particulier dans la biotechnologie. Le budget de l'Éducation atteint environ 11,5 % des dépenses globales de l'État.

SANTÉ

 1 pour 189 habitants

 Maladies cardiaques, cérébro-vasculaires, cancers, troubles d'ordre nutritionnel

Les dépenses de santé comptaient pour 10 % du budget de l'État à la fin des années 1990. L'espérance de vie à Cuba est parmi les plus fortes de toute l'Amérique latine grâce à un service de santé publique très performant. Le blocus nord-américain a entraîné des pénuries d'équipement hospitalier et de matières premières nécessaires à la fabrication des médicaments, qui sont en général produits par l'industrie pharmaceutique locale. Les étrangers sont nombreux à profiter des techniques avancées du pays en chirurgie.

RICHESSES

CONSOMMATION ET DÉPENSES

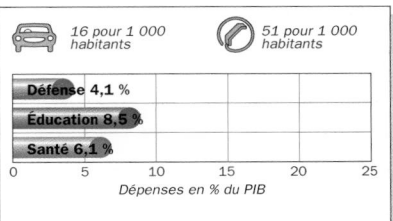

16 pour 1 000 habitants

51 pour 1 000 habitants

Défense 4,1 %
Éducation 8,5 %
Santé 6,1 %

0　5　10　15　20　25

Dépenses en % du PIB

Sous F. Batista, Cuba était une société marquée par de profondes inégalités sociales et Cuba était devenue une base de loisirs pour les riches. La révolution de 1959 parvint à réduire ces disparités par une nationalisation systématique de toutes les entreprises – de la compagnie pétrolière à l'échoppe de barbier – et en instituant un salaire minimum mais également maximum. Au cours d'une brève période (1985-1986), on autorisa les différences de salaires de manière à motiver les ouvriers les plus zélés. La libéralisation économique des années 1990 a créé une rupture profonde entre les quelques 50 % de la population ayant accès aux dollars américains, et l'autre moitié qui doit survivre avec de maigres salaires payés en pesos.

CLASSEMENT MONDIAL

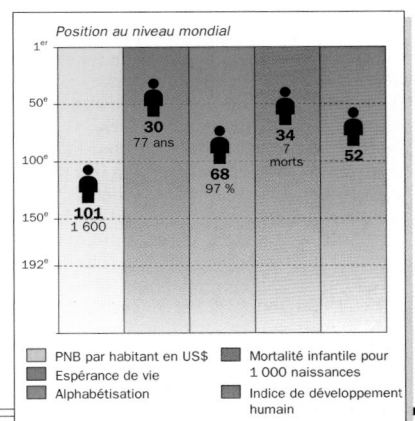

Position au niveau mondial

1er
50e
100e
150e
192e

30　77 ans
68　97 %
34　7 morts
52
101　1 600

PNB par habitant en US$
Espérance de vie
Alphabétisation
Mortalité infantile pour 1 000 naissances
Indice de développement humain

C

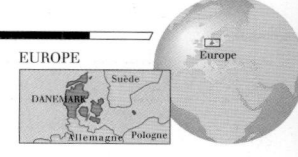

DANEMARK

NOM OFFICIEL : Royaume du Danemark   **CAPITALE** : Copenhague
POPULATION : 5,3 millions   **MONNAIE** : couronne danoise   **LANGUE OFFICIELLE** : danois

D

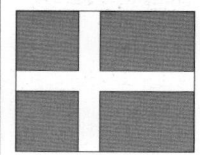

      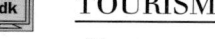

| 950 | 1944 | 16 avril | DK | + 1 | + 45 | .dk |

ÉTAT le plus méridional de Scandinavie, le Danemark est formé de la péninsule du Jutland, de l'île de Sjælland, de Fionie, de Lolland, de Falster et d'un archipel de 400 petites îles. Son relief est l'un des plus plats du monde. Il comprend également les territoires autonomes du Groenland et des îles Féroé situés dans l'Atlantique Nord. Le royaume danois est un État politiquement stable malgré une prépondérance de gouvernements minoritaires depuis 1945. Le Danemark est un pays de tradition libérale et fut l'un des premiers États du monde à mettre en place un système de protection sociale au cours des années 1930.

CLIMAT

DONNÉES MÉTÉOROLOGIQUES

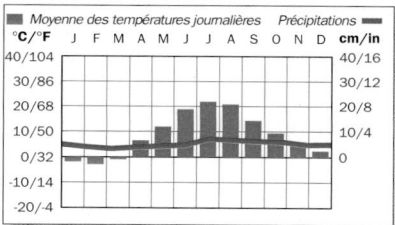

Moyenne des températures journalières   Précipitations

Le climat humide et tempéré du pays est l'une des clés de sa prospérité agricole. Les îles Féroé sont ventées, brumeuses et fraîches. Du Nord au Sud, le Groenland a un climat arctique à subarctique.

TRANSPORTS

Kastrup, Copenhague
17,4 M de passagers

1 057 navires
5,9 M tpl

RÉSEAU DE TRANSPORT

| 71 437 km (44 389 miles) | | 843 km (524 miles) |
| 2 324 km (1 444 miles) | | 417 km (259 miles) |

Le Danemark entretient un vaste réseau de communications (bus, train, ferries). Les entreprises publiques dominent, bien que des projets de privatisation d'une partie du réseau de chemins de fer et de ferries soient à l'ordre du jour. Les subventions publiques allouées aux transports sont importantes. Des entreprises privées soutenues par l'État assurent le service de transport des îles Féroé et du Groenland. Les projets d'aménagement se concentrent sur la construction de ponts et de tunnels, comme le projet Storebælt qui reliera les îles Fionie et Sjælland. Depuis juillet 2000, 16 km de tunnel et de pont assurent une liaison rail-route, entre Copenhague et Malmö en Suède. Le nouveau métro de Copenhague est presque terminé.

L'île de Fionie, comme le reste du Danemark, a un relief très plat et échappe aux inondations maritimes grâce aux protections côtières.

TOURISME

2,1 M de visiteurs   Plus 3 % en 2000

PROVENANCE DES TOURISTES ÉTRANGERS

| Suède 33 % |
| Norvège 14 % |
| Allemagne 10 % |
| RU 6 % |
| ÉU 6 % |
| Autres 31 % |

% du nombre de visiteurs

Le Danemark est une destination privilégiée des touristes scandinaves avec : Copenhague – célèbre pour son parc d'attractions, le Tivoli, et son architecture du XVIIIe siècle – Legoland, la campagne danoise, les stations balnéaires, la vie sauvage du Groenland.

DANEMARK

Superficie totale : 43 070 km²
(16 629 sq. miles)

POPULATION

Plus de 1 000 000
Plus de 100 000
Plus de 10 000
Moins de 10 000

ALTIMÉTRIE

175 m/574ft
Niveau de la mer
Ligne de ferries - - - -

D

POPULATION

 Danois   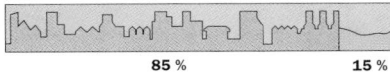 125 hab./km²

PART DE LA POPULATION URBAINE/RURALE

85 %   15 %

RELIGION

Catholiques 1 %   Autres 10 %

Luthériens 89 %

COMPOSITION ETHNIQUE

Féroïens et Inuits 1 %   Autres (dont les Scandinaves et les Turcs) 3 %

Danois 96 %

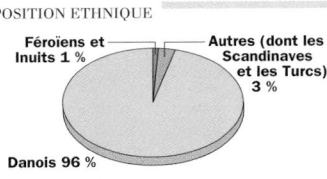

La société danoise est homogène. Sur une population de 5,3 millions d'habitants, le Danemark ne recense que 250 000 étrangers provenant des autres pays scandinaves ou des États de l'UE. Les Inuits, la population locale du Groenland, et la communauté turque constituent les deux autres principaux groupes ethniques. La hausse du chômage a entraîné quelques tensions interethniques mais peu d'agressions raciales.

Le Danemark connaît depuis une vingtaine d'années de profondes mutations sociales. Le rôle des femmes a beaucoup évolué. Grâce au système de protection sociale et à celui de l'Éducation nationale, les 3/4 des femmes occupent aujourd'hui un emploi. C'est le pays qui offre le plus grand nombre de crèches publiques par habitant en Europe. Près de 50 % des enfants âgés de moins de deux ans et les 2/3 de ceux âgés entre trois et six ans sont inscrits à la crèche. Moins de la moitié des Danois vit au sein d'une famille nucléaire (taux de divorce élevé). Près de 40 % des enfants sont élevés par des couples vivant en union libre ou des parents uniques. Les concubins ont aujourd'hui les mêmes droits que les couples mariés. C'est le premier pays à avoir autorisé un contrat d'union sociale des couples homosexuels, garantissant les mêmes droits qu'aux autres couples.

PYRAMIDE DES ÂGES

Femmes	Âge	Hommes
2,6 %	81–100	1,3 %
8,6 %	61–80	7,2 %
13,4 %	41–60	13,7 %
14,5 %	21–40	15,2 %
11,5 %	0–20	12 %

% de la population par tranche d'âge

POLITIQUE

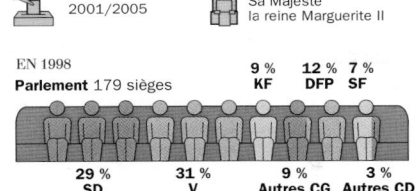 2001/2005   Sa Majesté la reine Marguerite II

EN 1998
Parlement 179 sièges

9 % KF   12 % DFP   7 % SF

29 % SD   31 % V   9 % Autres CG   3 % Autres CD

SD = Parti social-démocrate   **V** = Parti libéral populaire
KF = Parti conservateur populaire   **DFP** = Parti populaire danois   **SF** = Parti socialiste populaire   **Autres CD** = autres centre droit   **Autres CG** = autres centre gauche

Le Danemark est une monarchie constitutionnelle et une démocratie pluraliste. Le Groenland et les îles Féroé ont quatre représentants au Parlement et sont autonomes.

PRINCIPAUX ENJEUX POLITIQUES
Relations avec l'UE

Aux cours des dernières années, les partis du centre gauche danois ont montré de la méfiance face aux mesures prises par l'UE pour tenter de rapprocher les membres de l'Union. Le traité de Maastricht fut approuvé par le gouvernement mais rejeté par référendum. Les Danois s'élevèrent contre l'union monétaire, contre la force de défense commune et le droit de vote des ressortissants européens vivant sur le sol danois. Au cours d'une rencontre au sommet des membres de l'UE, le Danemark fut dispensé de clauses concernant l'union monétaire, la politique de défense commune et la citoyenneté européenne. Au cours du nouveau référendum de 1993, les Danois se prononcèrent en faveur du traité. Le traité d'Amsterdam, a également été approuvé en 1998. Mais en 2000, les Danois appelés à se prononcer en faveur de l'euro (auquel le Danemark s'était déjà opposé en 1999), répondirent par un non massif et inattendu.

Immigration

Le Premier ministre Poul Schlüter fut en 1993 contraint de démissionner suite à l'affaire du « Tamoulgate ». Une enquête

POLITIQUE EXTÉRIEURE

 CE   UE   OTAN   OCDE   CSCE

Le Danemark privilégie ses relations avec les autres États européens et s'intéresse plus particulièrement à la question de la politique de défense commune européenne et à l'union monétaire. Le gouvernement donne aujourd'hui la priorité à un rapprochement économique avec la Norvège, la Suède et la Finlande. On encourage les liens avec les anciens États du bloc de l'Est, notamment avec ceux qui bordent la Baltique, espérant entre autres pouvoir convaincre leur gouvernement de prendre des mesures pour limiter la pollution.
Au niveau international, le Danemark mène une politique très active auprès des pays en voie de développement.

***Anders Fogh Rasmussen** dirige une coalition minoritaire de centre-droit.*

***La reine Marguerite II** règne depuis 1972.*

judiciaire déclara qu'il avait à tort refusé d'admettre devant le parlement que les responsables de l'immigration faisaient obstacle à l'entrée des familles des travailleurs tamouls résidents au Danemark. L'intégration des immigrés et réfugiés (4 % de la population) dans la société danoise reste un sujet controversé. Au cours des élections de 1998, le Parti du peuple danois, nouveau parti d'extrême droite opposé à l'immigration a remporté 13 sièges.

PROFIL

Si le système électoral très complexe du Danemark garantit que le parlement reflète au plus près le souhait des électeurs, il favorise également les gouvernements minoritaires. Les gouvernements sociaux-démocrates prédominèrent jusqu'en 1982, année qui marqua le retour des conservateurs libéraux pour 10 ans. Les sociaux-démocrates, à la tête de la coalition de centre gauche, revinrent au pouvoir en 1993. Bien que la coalition ait perdu du terrain aux élections de 1994, elle forme toujours un gouvernement minoritaire mené par le Premier ministre Poul Nyrup Rasmussen, réélu de justesse aux législatives de 1998. Les divergences politiques des deux tendances sont minimes.

CHRONOLOGIE

La monarchie danoise, fondée au Xe siècle, est la plus ancienne d'Europe. Le royaume du Danemark domina les États de la Baltique jusqu'au XVIIe siècle, rôle qu'il dut par la suite céder à la Suède.

❏ **1815** Norvège cédée à la Suède.
❏ **1849** 1er Constitution démocratique.
❏ **1864** Après la défaite contre la Prusse, le Danemark doit céder les territoires de Schleswig et Holstein.
❏ **1914–1918** Neutralité du Danemark.
❏ **1915** Suffrage universel. Montée du SD.
❏ **1920** Le Schleswig du Nord approuve son rattachement au Danemark.
❏ **1929** 1re gouvernement majoritaire SD conduit par Thorvald Stauning. ⮕

D

- ❑ **Années 1930** Mise en application d'une législation sociale avancée et d'autres réformes libérales sous le SD.
- ❑ **1939** Le Danemark réaffirme sa neutralité.
- ❑ **1940** Occupation nazie. Gouvernement de coalition nationale.
- ❑ **1943** Les succès de la résistance danoise entraînent les nazis à prendre le contrôle du Danemark.
- ❑ **1944** L'Islande proclame son indépendance.
- ❑ **1945** Le Danemark reconnaît l'indépendance islandaise. Après la défaite de l'Allemagne nazie, le SD dirige la coalition des gouvernements de l'après-guerre.
- ❑ **1948** Autonomie des îles Féroé.
- ❑ **1952** Membre fondateur du Conseil nordique.
- ❑ **1953** Réforme constitutionnelle ; création d'un parlement à chambre unique élu à la proportionnelle.
- ❑ **1959** Adhésion du Danemark à l'AELE.
- ❑ **1973** Adhésion à la CE.
- ❑ **1979** Le Groenland est autonome.
- ❑ **1975–1982** Anker Jorgensen, social-démocrate, mène une succession de coalitions ; élections en 1977 ; 1979 et 1981. Des divergences sur la politique économique entraînent l'effondrement de la dernière coalition.
- ❑ **1982** Poul Schlüter, premier conservateur à occuper les fonctions de Premier ministre depuis 1894.
- ❑ **1992** Rejet par référendum du traité de Maastricht.
- ❑ **1993** Démission de P. Schlüter (scandale du Tamoulgate). Gouvernement de centre gauche conduit par Poul Nyrup Rasmussen. Les électeurs danois se prononcent en faveur d'un traité de Maastricht révisé.
- ❑ **1994–1998** Coalition minoritaire SD de Rasmussen.
- ❑ **2000** Référendum : rejet de l'euro.
- ❑ **2001** Retour des libéraux. Rasmusen nommé Premier ministre.

AIDE INTERNATIONALE

 1,7 Md $ (versé)   Plus 2 % en 1999

Proportionnellement à son PIB, le Danemark est l'un des premiers pays donateurs du monde, consacrant à l'aide internationale une moyenne de 1 % de son revenu national. Il participe à des programmes de développement autant économiques que sociaux, ainsi qu'à la mise en œuvre de réformes politiques. Le Danemark intervient en Asie, en Amérique latine et surtout en Afrique, principalement en Tanzanie. Le pays a également beaucoup contribué au soutien des pays d'Afrique du Sud membres du SACD.

DÉFENSE

 2,68 Md $ Moins 8 % en 1998

Le Danemark est resté neutre jusqu'en 1945. À l'exception de son engagement au sein de l'OTAN, la défense nationale n'est pas une priorité gouvernementale (2 % du PIB). Les troupes danoises ont participé aux opérations de maintien de la paix en ex-Yougoslavie. 25 % des forces armées sont composés d'appelés ; parmi les réservistes, une *Home Guard* (section de volontaires de l'armée britannique restée sur le territoire pour le défendre en cas d'invasion).

FORCES ARMÉES DANOISES

🛡	248 chars de combat (230 Leopard 1A5/ 18 Leopard 2)	12 850 hommes
🚢	3 frégates, 3 sous-marins et 27 patrouilleurs	4 060 hommes
✈	69 avions de combat (F-16A,-B)	4 900 hommes
	Aucun	

ÉCONOMIE

 164 Md $ 6,4-7,5 couronnes danoises

CHIFFRES SIGNIFICATIFS

- ❑ CLASSEMENT DU PNB AU NIVEAU MONDIAL 25ᵉ
- ❑ PNB PAR HABITANT ....30 600 $
- ❑ BALANCE DES PAIEMENTS ....4,14 Md $
- ❑ INFLATION ....2,4 %
- ❑ CHÔMAGE ....4 %

INDICATEUR DES PERFORMANCES ÉCONOMIQUES

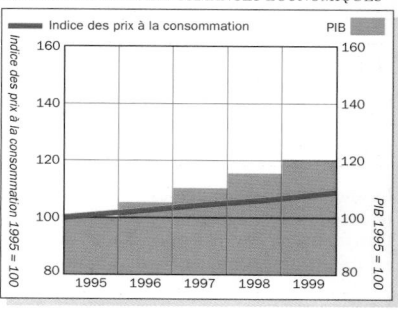

Indice des prix à la consommation — PIB

EXPORTATIONS

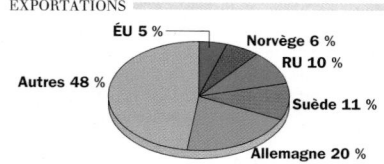

ÉU 5 % — Norvège 6 % — RU 10 % — Suède 11 % — Allemagne 20 % — Autres 48 %

IMPORTATIONS

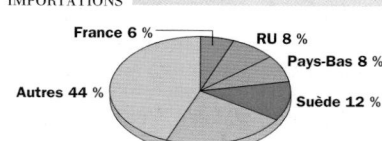

France 6 % — RU 8 % — Pays-Bas 8 % — Suède 12 % — Allemagne 22 % — Autres 44 %

ATOUTS
Faible inflation. PIB en hausse constante (3 % par an) depuis les années 1990. Technologies de pointe performantes et industries de transformation très rentables. Importantes réserves pétrolières et gazières. Main-d'œuvre qualifiée. Le chômage a baissé de moitié depuis 1994.

FAIBLESSES
Accroissement du déficit budgétaire et lourdes charges fiscales. Baisse de la compétitivité. La monnaie forte nuit aux exportations. Gouvernements fréquemment minoritaires.

PROFIL
La bonne santé de l'économie danoise repose sur un bon équilibre entre un important secteur public et le secteur privé. Au cours des années 1980, l'arrivée au pouvoir d'un gouvernement conservateur minoritaire, entraîna un certain nombre de changements politiques importants. Le gouvernement imposa un taux de change stable et des contrôles budgétaires plus stricts visant à réduire l'inflation et le déficit de la balance des paiements. Pourtant, dès 1991, le Danemark n'échappa pas à la récession qui frappa l'Europe et enregistra une croissance beaucoup plus faible. L'arrivée au pouvoir de la coalition de centre gauche en 1993, marqua un tournant économique pour le pays. Le gouvernement parvint à relancer la consommation et à faire redémarrer les exportations et les investissements privés. Les Danois ont refusé l'entrée dans l'Union monétaire européenne. Le pays répond néanmoins aux critères de convergence imposés par l'UE. La couronne est indexée sur l'euro et la politique économique suit celle des autres États membres.

DANEMARK : PRINCIPALES ACTIVITÉS

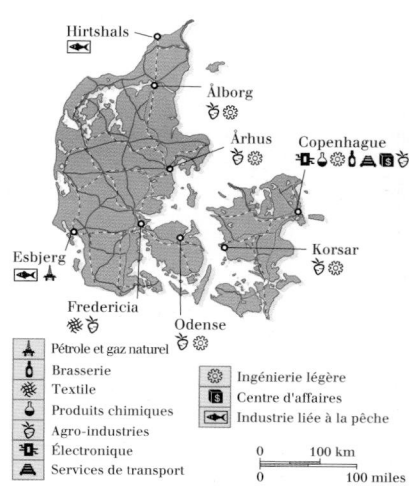

Hirtshals — Ålborg — Århus — Copenhague — Esbjerg — Korsar — Fredericia — Odense

- ⛟ Pétrole et gaz naturel
- 🍺 Brasserie
- Textile
- Produits chimiques
- Agro-industries
- Électronique
- Services de transport
- Ingénierie légère
- Centre d'affaires
- Industrie liée à la pêche

0 —— 100 km
0 —— 100 miles

RESSOURCES

 1,87 M de tonnes

 370 000 b/j (réserves : 1 100 000 000 b)

 11,6 M de porcins
1,85 M de bovins
20 M de volailles

Gaz naturel, pétrole

PRODUCTION ÉLECTRIQUE

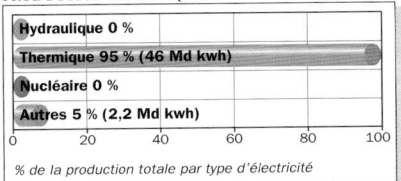

Hydraulique 0 %	
Thermique 95 % (46 Md kwh)	
Nucléaire 0 %	
Autres 5 % (2,2 Md kwh)	

% de la production totale par type d'électricité

Malgré le développement de l'exploitation du pétrole de la mer du Nord et la production gazière, le Danemark est

ENVIRONNEMENT

 32 %

 10,9 tonnes par habitant

TRAITÉS ÉCOLOGIQUES

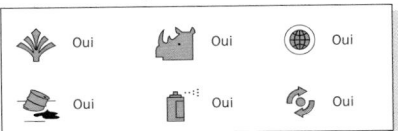

Oui — Oui — Oui
Oui — Oui — Oui

La législation danoise, qui prévoit une série de lois visant à réduire la pollution de l'eau et l'émission de CFC, est l'une des plus strictes d'Europe. La crainte de voir ces lois modifiées fut un facteur déterminant dans l'attitude ambivalente des Danois vis-à-vis de l'UE. En 1993, le Danemark parvint à convaincre l'UE d'établir le siège de l'Agence pour l'environnement à Copenhague. Le pays espère imposer ses propres standards au reste de l'Europe ; en 2000, il atteint son objectif : assurer le recyclage de 54 % de sa production totale de déchets chaque année.

MÉDIAS

 311 quotidiens pour 1 000 habitants

PRESSE ET TÉLÉCOMMUNICATIONS

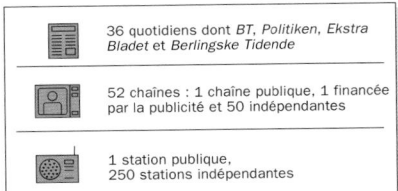

36 quotidiens dont *BT*, *Politiken*, *Ekstra Bladet* et *Berlingske Tidende*

52 chaînes : 1 chaîne publique, 1 financée par la publicité et 50 indépendantes

1 station publique, 250 stations indépendantes

Les médias sont par tradition politiquement indépendants et très attachés à l'objectivité. Les journalistes n'expriment une orientation politique que dans le cadre d'éditoriaux. Il n'y a pas de presse à scandale comme ailleurs. Les lois concernant le respect de la vie privée sont très strictes.

---

encore un gros importateur d'énergie. Le secteur agricole est très performant. Le Danemark est le leader mondial des exportations de porc.

DANEMARK : UTILISATION DU SOL

Terres cultivées
Forêts
Pâturages
Porcins
Céréales

0   100 km
0   100 miles

CRIMINALITÉ

 3 421 détenus

 Moins 6 % en 1996-1998

TAUX DE CRIMINALITÉ.

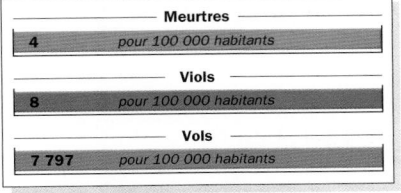

Meurtres
4   pour 100 000 habitants

Viols
8   pour 100 000 habitants

Vols
7 797   pour 100 000 habitants

La principale crainte est de voir apparaître le crime organisé d'inspiration mafieuse présent en Europe de l'Est. Le pays est également confronté au piratage informatique, au trafic de drogue et aux gangs de motards.

ÉDUCATION

 99 %

 174 975 étudiants

LE SYSTÈME ÉDUCATIF

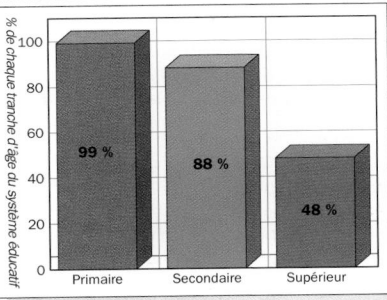

% de chaque tranche d'âge du système éducatif

Primaire 99 %   Secondaire 88 %   Supérieur 48 %

Les niveaux scolaire et universitaire sont élevés, reflétant les besoins du Danemark en main-d'œuvre qualifiée. La scolarité débute à sept ans et est obligatoire pendant neuf ans. Les enfants reçoivent une éducation préscolaire et plus de 90 % des élèves, après 16 ans, soit s'engagent dans des études classiques longues, soit entrent en apprentissage.

SANTÉ

 1 pour 345 habitants

 Maladies cardiaques, cancers, accidents

Le système de santé nationale, qui continue de garantir la gratuité des soins pour pratiquement tous les types de traitement, explique à lui seul la fiscalité élevée du Danemark. En 2000, presque un quart des dépenses était consacré à la protection sociale. Toute tentative visant à réduire ces dépenses rencontrerait une vive opposition. D'après les sondages, la grande majorité des Danois préfèrent leur service de santé à un système privé d'assurance maladie. Au début des années 1980, le Danemark a connu le taux de séropositivité au Sida le plus élevé d'Europe. Mais l'épidémie semble enrayée, en particulier grâce à la totale gratuité des traitements.

RICHESSES

CONSOMMATION ET DÉPENSES

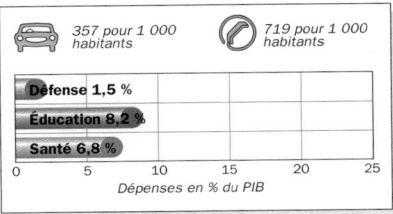

357 pour 1 000 habitants   719 pour 1 000 habitants

Défense 1,5 %
Éducation 8,2 %
Santé 6,8 %

0   5   10   15   20   25
Dépenses en % du PIB

Les Danois ont un niveau de vie élevé. Les écarts de revenus sont moins marqués que dans la plupart des pays occidentaux et les possibilités d'ascension sociale fortes. Depuis la gratuité de l'enseignement supérieur, l'accès aux professions libérales dépend davantage des compétences de l'étudiant que d'un milieu familial privilégié. La société est l'une des plus égalitaires au monde. Grâce à son système de protection sociale, la population est à l'abri des privations d'ordre social. Le gouvernement Rasmussen a multiplié les places en crèches et rallongé le congé parental. Les réfugiés et les immigrés installés depuis peu au Danemark forment les groupes les plus défavorisés.

CLASSEMENT MONDIAL

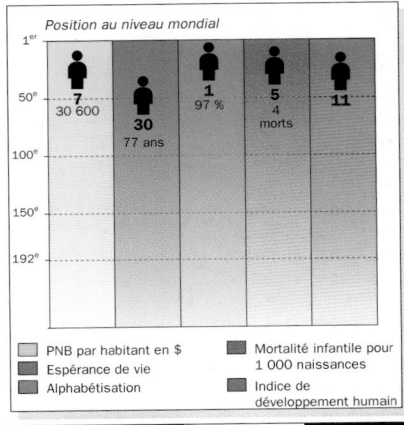

Position au niveau mondial

1er
50e
100e
150e
192e

7   30 600
30   77 ans
1   97 %
5   4 morts
11

PNB par habitant en $
Espérance de vie
Alphabétisation

Mortalité infantile pour 1 000 naissances
Indice de développement humain

Voir aussi LES TERRITOIRES ET DÉPENDANCES D'OUTRE-MER *p. 640*

DJIBOUTI

NOM OFFICIEL : République de Djibouti **CAPITALE** : Djibouti
POPULATION : 652 000 **MONNAIE** : franc djiboutien **LANGUES OFFICIELLES** : arabe et français

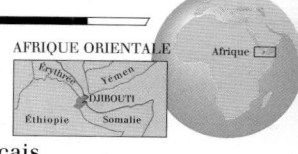
AFRIQUE ORIENTALE

TERRITOIRE désertique d'Afrique orientale, Djibouti s'étend le long du détroit qui relie la mer Rouge à l'océan Indien. Connu à partir de 1967 sous le nom de Territoire français des Afars et des Issas, Djibouti accéda à l'indépendance en 1977. Son économie repose sur l'activité portuaire de sa capitale, Djibouti, le chemin de fer qui la relie à Addis-Abeba et l'aide française. Les tensions traditionnelles opposant les deux principales communautés ethniques – les Issas installés au Sud et les Afars au Nord – dégénérèrent en guérilla à partir de 1991.

CLIMAT

DONNÉES MÉTÉOROLOGIQUES

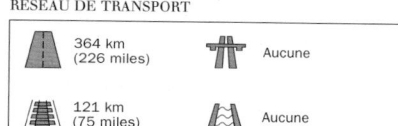

Précipitations extrêmement faibles. Chaleur dure à supporter entre juin et août.

TRANSPORTS

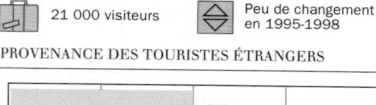
Ambouli International, Djibouti — 12 navires 2 300 tpl

RÉSEAU DE TRANSPORT

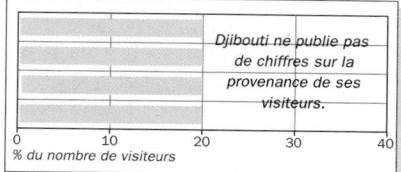
364 km (226 miles) — Aucune
121 km (75 miles) — Aucune

La principale source de revenus de Djibouti est son port, construit par les Français au XIXᵉ siècle. Le chemin de fer qui relie le port à Addis-Abéba constitue un accès à la mer vital pour l'Éthiopie.

TOURISME

21 000 visiteurs — Peu de changement en 1995-1998

PROVENANCE DES TOURISTES ÉTRANGERS

Djibouti ne publie pas de chiffres sur la provenance de ses visiteurs.

0 10 20 30 40
% du nombre de visiteurs

La plupart des touristes ne font que transiter par Djibouti pour aller en Éthiopie ou rendre visite à des membres de leur famille, employés sur le port.

Village nomade de Djiboutiens, près de Balho situé non loin de la frontière éthiopienne.

POPULATION

 Somali, afar, français, arabe — 28 hab./km²

PART DE LA POPULATION URBAINE/RURALE

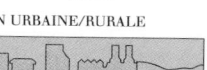
83 %   17 %

COMPOSITION ETHNIQUE

Autres 5 %
Afars 35 %
Issas 60 %

Les Afars et les Issas, les deux principales tribus du pays, se livrent une guérilla fratricide depuis 1991. La population rurale est en grande majorité nomade.

POPULATION
◎ Plus de 100 000
• Moins de 10 000

ALTIMÉTRIE
1 000 m/3 281ft
500 m/1 640ft
200 m/656ft
Niveau de la mer
- 200 m/- 656ft

POLITIQUE

2003/2008 — Ismaël Omar Guelleh, président de la République

AUX DERNIÈRES ÉLECTIONS
Assemblée nationale 65 sièges

100 % UMP

UMP = Union pour la majorité présidentielle.

Depuis l'indépendance en 1977 et jusqu'à son retrait en 1999, la scène politique a été dominée par le président Hassan Gouled Aptidon, de l'ethnie Issa, largement soutenu par la France. Les craintes des Afars de voir s'étendre la domination issa aboutirent à un conflit armé en 1991. Les Afars du FRUD contrôlèrent le territoire. Les Français intervinrent militairement pour maintenir le président Aptidon en place, mais exigèrent l'organisation d'élections en 1992. Elles portèrent le RPP au pouvoir. Le FRUD devint un parti légal après l'accord de paix signé en 1996. C'est l'alliance RPP-FRUD qui remporta les élections de 1997. Ismaël Omar Guelleh, poche d'Aptidon, est devenu président en 1999.

DJIBOUTI

Superficie totale : 25 180 km² (8950 sq. miles)

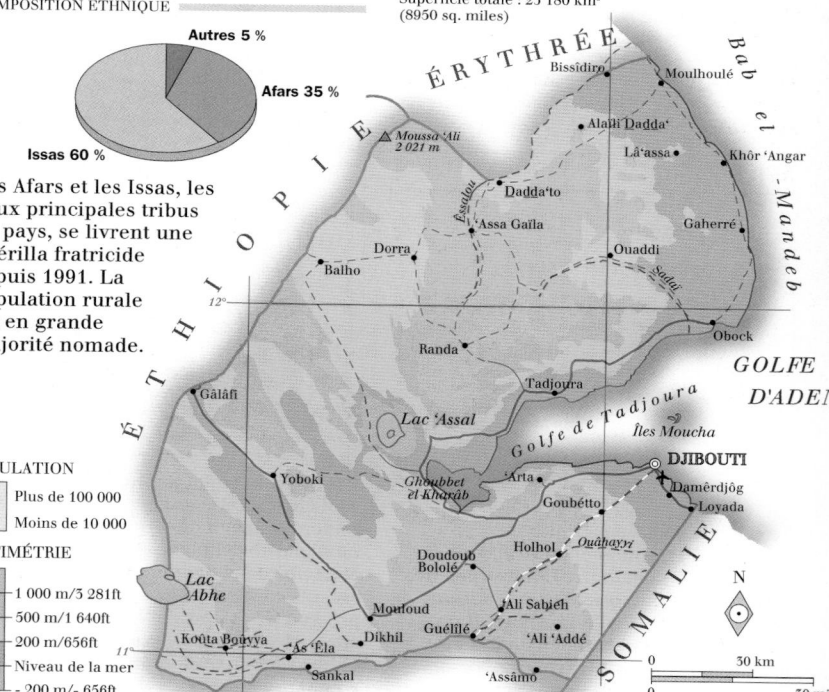

POLITIQUE EXTÉRIEURE

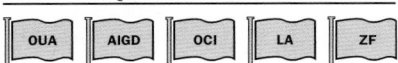

La France qui assure toujours une forte présence militaire, fait pression pour démocratiser le pays. Djibouti, l'Éthiopie et l'Érythrée espèrent contenir les velléités d'indépendance des Afars. En 2000, la Conférence de réconciliation nationale de la Somalie s'est tenue dans la ville d'Arta, au sud du pays.

AIDE INTERNATIONALE

 75 M $ Moins 7 % en 1999

La France finance un tiers des dépenses gouvernementales. Aides également de l'Arabie Saoudite et du Koweït.

DÉFENSE

 22 M $ Aucun changement en 1999

Les effectifs de l'armée, secret d'État, sont estimés à 9 600 hommes. Les guérilleros du FRUD y ont été intégrés. Garnison française de 3 200 hommes.

ÉCONOMIE

 572 M $ 164-175 francs djiboutiens

CHIFFRES SIGNIFICATIFS

- ❏ CLASSEMENT DU PNB AU NIVEAU MONDIAL ..167ᵉ
- ❏ PNB PAR HABITANT ....890 $
- ❏ BALANCE DES PAIEMENTS ....– 14 M $
- ❏ INFLATION ....2 %
- ❏ CHÔMAGE ....50 %

ATOUTS
Port franc situé à l'entrée de la mer Rouge ; source importante de revenus : en 1991 avec la Guerre de Golfe, à partir de 1992 grâce aux interventions des ÉU et de l'ONU en Somalie. Expansion des ports de Djibouti et de Tadjoura.

FAIBLESSES
Dépendance par rapport à l'aide française. La guerre civile a retardé les investissements saoudiens. Concurrence des ports de la mer Rouge.

EXPORTATIONS

IMPORTATIONS

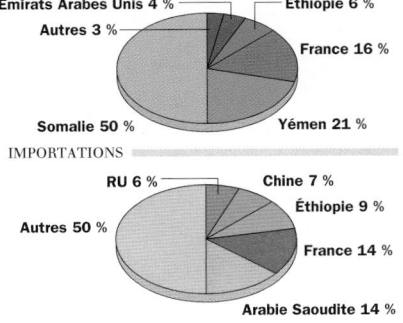

RESSOURCES

 340 tonnes   Pays non producteur

513 000 caprins
465 000 ovins
269 000 bovins

Gypse, mica, améthyste, soufre, gaz naturel

Les quelques richesses du sous-sol restent peu exploitées. On développe actuellement l'énergie géothermique et du gaz naturel a été découvert. La guerre a retardé la mise en place d'un aqueduc souterrain destiné à l'agriculture.

ENVIRONNEMENT

 0,4 %   0,6 tonne par habitant

En raison de la concentration des industries près du port de Djibouti, les zones désertiques de l'intérieur sont relativement épargnées par la pollution. L'écologie ne fait pas partie des priorités.

MÉDIAS

 Pas de quotidien

PRESSE ET TÉLÉCOMMUNICATIONS

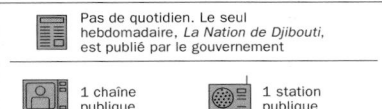
Pas de quotidien. Le seul hebdomadaire, *La Nation de Djibouti*, est publié par le gouvernement

1 chaîne publique   1 station publique

Djibouti est l'un des pays membres de l'Organisation des communications par satellite arabe. Contrôle des médias par l'État ; un journal d'opposition.

CRIMINALITÉ

 Pas de chiffre sur la population carcérale   Plus 74 % en 1996-1998

Le gouvernement a accusé le FRUD d'atrocités, mais a lui-même été dénoncé par Amnesty International. Trafic de drogue, contrebande et prostitution sont courants mais la violence est rare.

ÉDUCATION

 65 %   161 étudiants

Les cours sont principalement en français bien que l'on mette de plus en plus l'accent sur l'enseignement de l'Islam, surtout depuis que l'Arabie Saoudite subventionne le système éducatif. Pas d'enseignement supérieur.

SANTÉ

 1 pour 5000 habitants   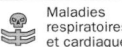 Maladies respiratoires et cardiaques

Le Sida prend des proportions alarmantes dans le port de Djibouti : en 1999, l'ONU estimait à 37 000 les séropositifs et malades du Sida. Les classes aisées se font soigner dans les petits hôpitaux aidés par la France.

CHRONOLOGIE

Pour contrer l'influence britannique à Aden (Yémen), la France construisit une usine de charbonnage à Djibouti après 1880.

- ❏ **1917** Liaison ferrée entre Addis-Abéba et le port de Djibouti.
- ❏ **1977** Indépendance.
- ❏ **1981–1992** Régime de parti unique.
- ❏ **1989** Conflit entre Afars et Issas.
- ❏ **1991** Insurrection du FRUD.
- ❏ **1994** Accord de paix avec le FRUD.
- ❏ **1999** Ismael Omar Guelleh élu président.
- ❏ **2000** Un coup d'État mené par l'état-major de la police échoue.

D

RICHESSES

CONSOMMATION ET DÉPENSES

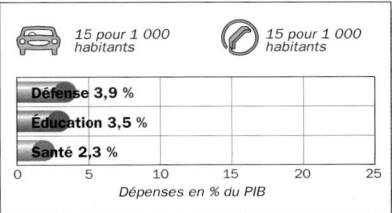

15 pour 1 000 habitants   15 pour 1 000 habitants

Dépenses en % du PIB

Défense 3,9 %
Éducation 3,5 %
Santé 2,3 %

Comme très souvent en Afrique, les richesses du pays sont uniquement partagées entre les membres de la classe dirigeante. Les employés du port de Djibouti en prélèvent une part de manière illégale, pourtant la main-d'œuvre portuaire a tendance à s'expatrier. La guerre n'a eu que peu d'impact sur l'activité d'un port totalement isolé du reste du pays. Les nomades de l'intérieur sont les populations les plus déshéritées. Le commerce du *qat*, drogue douce cultivée en Éthiopie et exportée à partir de Djibouti, est une source de revenus très importante, même pour l'État. À Djibouti, mâcher le *qat* est une tradition.

CLASSEMENT MONDIAL

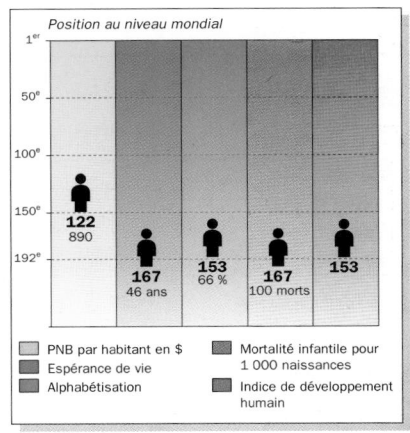

Position au niveau mondial

122 — 890
167 — 46 ans
153 — 66 %
167 — 100 morts
153

PNB par habitant en $ Mortalité infantile pour 1 000 naissances
Espérance de vie
Alphabétisation   Indice de développement humain

D

DOMINICAINE (RÉPUBLIQUE)

CARAÏBES
Amérique du Nord

NOM OFFICIEL : République dominicaine   **CAPITALE :** Saint-Domingue (de Guzmán)
POPULATION : 8,6 millions   **MONNAIE :** peso de la République dominicaine   **LANGUE OFFICIELLE :** espagnol

| 1865 | 1865 | 27 fév. | DOM | - 4 | + 1809 | .do |

PREMIERE destination touristique des Caraïbes, la République dominicaine est située à 970 km au sud-est de la Floride. Ancienne colonie espagnole, elle occupe la partie orientale de l'île d'Hispaniola où culmine le Pico Duarte à 3 175 m, et où se trouve également le point le plus bas des Antilles, le lac Enriquillo, à 44 m au-dessous du niveau de la mer. Hispanophone, elle cherche à renforcer ses liens avec les Caraïbes anglophones.

Le Sud de l'île vu du Pico Duarte le long des rives fertiles du Rio Yaque del Norte.

CLIMAT

DONNÉES MÉTÉOROLOGIQUES

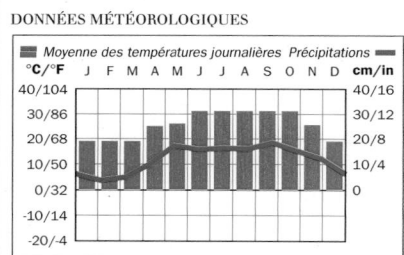

Les alizés qui soufflent à longueur d'année adoucissent les températures tropicales de l'île. La période de juin à novembre est la saison des cyclones.

TRANSPORTS

✈ **Aéroport International de las Américas, Saint-Dommingue**
2,72 M de passagers

🚢 20 navires
9 000 tpl

RÉSEAU DE TRANSPORT

| 🛣 6 224 km (3 867 miles) | Aucune |
| 🚂 1 600 km (994 miles) | Aucune |

Le réseau est pauvre ; le chemin de fer sert surtout à l'acheminement de la canne à sucre et du fer. En 1999, un consortium international a obtenu une concession de 30 ans pour exploiter 4 aéroports.

TOURISME

🧳 3 M de visiteurs   ⬆ Plus 12 % en 2000

PROVENANCE DES TOURISTES ÉTRANGERS

| ÉU 19 % |
| Allemagne 16 % |
| Canada 7 % |
| Autres 58 % |

La qualité des plages et les grandes capacités hôtelières attirent de nombreux touristes, principalement européens et nord-américains.

POPULATION

👤 Espagnol, créole français   👥 176 hab./km²

PART DE LA POPULATION URBAINE/RURALE

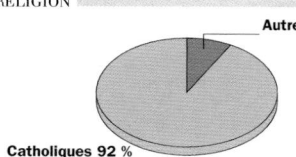

64 %   **36 %**

RELIGION

Autres 8 %
Catholiques 92 %

La population blanche, issue en grande majorité des colons espagnols, détient encore la plupart des terres. La majorité métisse – environ 73 % – contrôle l'activité commerciale et forme l'essentiel des professions libérales. Les Noirs, d'origine africaine, travaillent en général sur de petites exploitations agricoles et sont souvent victimes d'un racisme latent, en particulier dans leurs contacts avec les négociants. Les femmes de la communauté noire vivent du travail de la terre ; celles des communautés blanche et métisse commencent à faire carrière dans les professions libérales.

RÉPUBLIQUE DOMINICAINE

Superficie totale : 48 380 km² (18 679 sq. miles)

POLITIQUE

🗳 Ch. haute 2002/2006
Ch. basse 2002/2006

👤 Hipolito Mejia, président de la République

AUX DERNIÈRES ÉLECTIONS

Chambre des députés 150 membres

49 %   **27 %**   **24 %**
PRD   **PLD**   **PRSC**

PRD = Parti révolutionnaire dominicain   **PLD** = Parti de libération dominicaine   **PRSC** = Partie réformiste social-chrétien

Sénat 32 membres

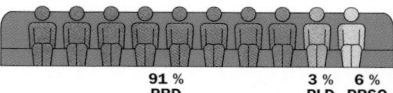

91 %   **3 %**   **6 %**
PRD   **PLD**   **PRSC**

Joaquín Balaguer, du PRSC, figure politique dominante depuis les années 60, représentant de l'élite blanche et de l'armée, fut accusé de fraude après sa victoire aux élections de 1994. Il dut accepter un nouveau scrutin en 1996, remporté par Leonel Fernández, du PLD plus modéré. Le PRSC et le PLD s'unirent ensuite contre le PRD de centre gauche, qui devint majoritaire aux deux assemblées en 1998. Hipolito Mejia (PRD) fut élu président en 2000.

D

POLITIQUE EXTÉRIEURE

Geplacea   BIRD   SELA   AEC   OEA

La République dominicaine a des liens étroits avec Haïti, avec qui elle partage l'île d'Hispaniola. Elle privilégie une « alliance stratégique » à la fois avec les Caraïbes et l'Amérique centrale.

AIDE INTERNATIONALE

 195 M $ (reçus)   Plus 63 % en 1999

En 1998, le pays a reçu 235 M de $ d'aide multilatérale ou bilatérale, après avoir été dévasté par un cyclone.

DÉFENSE

 114 M $ Moins 1 % en 1999

Les militaires ne contrôlent plus le ministère de la Défense. L'armée, dont l'équipement vient surtout des ÉU lutte contre l'immigration clandestine haïtienne.

ÉCONOMIE

 19 Md $ 17,2–30,6 pesos dominicains

CHIFFRES SIGNIFICATIFS

- ❏ CLASSEMENT DU PNB AU NIVEAU MONDIAL 67ᵉ
- ❏ PNB PAR HABITANT ....2 230 $
- ❏ BALANCE DES PAIEMENTS ... .– 839 M $
- ❏ INFLATION ....8,9 %
- ❏ CHÔMAGE ....14 %

ATOUTS
Croissance du tourisme. L'extraction minière et la production de sucre sont les principaux secteurs économiques. Exportation de cigares. Importante économie souterraine reposant sur le trafic de drogue.

FAIBLESSES
Principaux secteurs très touchés par la faiblesse des cours internationaux et la sévérité des quotas d'importation nord-américains. Faible capacité d'emprunt. Manque de diversification.

EXPORTATIONS

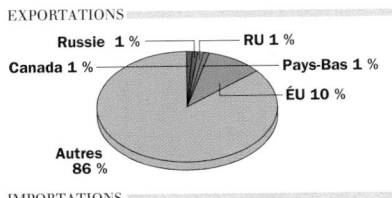

Russie 1 % — RU 1 %
Canada 1 % — Pays-Bas 1 %
ÉU 10 %
Autres 86 %

IMPORTATIONS

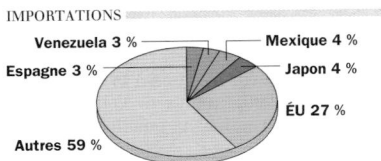

Venezuela 3 % — Mexique 4 %
Espagne 3 % — Japon 4 %
ÉU 27 %
Autres 59 %

RESSOURCES

 15 276 tonnes   Pays non producteur

 1,9 M de bovins 900 000 porcins 46 M de poulets   Ferronickel, or, argent, bauxite, cuivre

L'électricité est produite par des centrales hydroélectriques, mais en quantité insuffisante et les coupures de courant sont fréquentes. La République dominicaine importe la plupart de son énergie. La prospection pétrolière n'a donné aucun résultat. Aux termes de l'accord de San José, le Mexique et le Venezuela lui fournissent du pétrole à un prix préférentiel.

ENVIRONNEMENT

 25 % (10 % partiellement protégés)   1,7 tonne par habitant

Certaines pratiques agricoles ainsi que l'utilisation du bois comme combustible par les collectivités rurales menacent les forêts. La déforestation a en outre accéléré l'érosion des sols.

MÉDIAS

 52 quotidiens pour 1 000 habitants

PRESSE ET TÉLÉCOMMUNICATIONS

 12 quotidiens dont *Listín Diario, Ultima Hora, El Nacional* et *El Caribe*

 1 chaîne publique, 6 chaînes privées   1 station publique 130 stations indépendantes

Les Dominicains captent facilement les émissions de télévision mexicaines et nord-américaines.

CRIMINALITÉ

 Pas de chiffres sur la population carcérale   Baisse des vols en 1996–1998

La République dominicaine est devenue un lieu de passage de la drogue sur la route menant aux ÉU. Le niveau élevé des crimes violents est lié au trafic de stupéfiants et d'armes.

ÉDUCATION

 84 %   176 995 étudiants

Les écoles publiques manquent de moyens. L'université de Saint-Domingue a subi une crise financière en 1999. Les familles les plus riches envoient leurs enfants faire des études aux ÉU ou en Espagne.

SANTÉ

 1 pour 455 habitants   Maladies infectieuses et parasitaires

Les Dominicains aisés vont se faire soigner à Cuba ou aux ÉU. Les autres se contentent d'un service public insuffisant et rudimentaire.

CHRONOLOGIE

En 1697, l'île d'Hispaniola est partagée entre le France et l'Espagne. Cette dernière reçoit la partie orientale.

- ❏ **1865** Indépendance.
- ❏ **1930–1961** Dictature du Gᵃˡ Molina.
- ❏ **1965** Guerre civile. Intervention des ÉU.
- ❏ **1966** Premier des sept mandats présidentiels de Joaquín Balaguer.
- ❏ **1996** Le candidat du PRD (centre gauche) lui succède.
- ❏ **1998** Cyclone dévastateur.
- ❏ **2000** Hipolito Mejia (PRD) est élu président.

RICHESSES

CONSOMMATION ET DÉPENSES

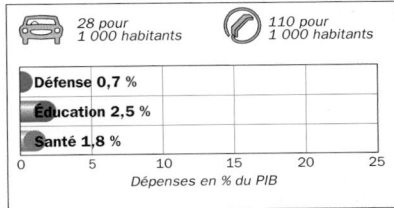

28 pour 1 000 habitants   110 pour 1 000 habitants

Défense 0,7 %
Éducation 2,5 %
Santé 1,8 %

Dépenses en % du PIB

Les inégalités sociales sont fortement marquées. Plusieurs gouvernements se sont engagés à réduire ces disparités sans parvenir à un résultat notable. La population métisse, qui bénéficie depuis une vingtaine d'années de la plus forte mobilité sociale ascendante du pays, domine aujourd'hui les professions libérales. Les Dominicains noirs restent au bas de l'échelle sociale et forment la majorité des petits exploitants agricoles. Les vieilles familles espagnoles restent les plus fortunées, détenant aujourd'hui encore les propriétés ayant le plus de valeur ; les jeunes membres de ces familles passent le week-end à Puerto Plata, ou encore à Miami pour y faire des achats.

CLASSEMENT MONDIAL

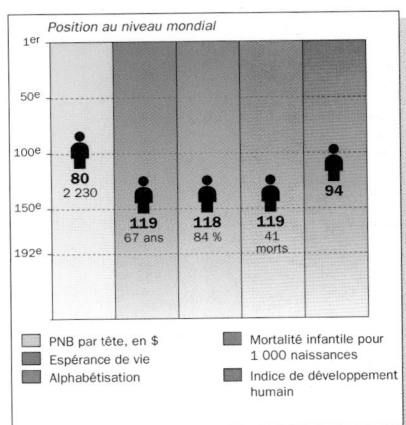

Position au niveau mondial

80   2 230
119   67 ans
118   84 %
119   41 morts
94

PNB par tête, en $ Mortalité infantile pour 1 000 naissances
Espérance de vie   Indice de développement humain
Alphabétisation

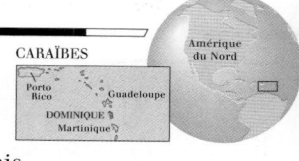

CARAÏBES

Amérique du Nord

Porto Rico · Guadeloupe

DOMINIQUE

Martinique

D

DOMINIQUE

NOM OFFICIEL : Commonwealth de Dominique   CAPITALE : Roseau

POPULATION : 70 158   MONNAIE : dollar des Caraïbes de l'Est   LANGUE OFFICIELLE : anglais

 1978
 1978
 3 nov.
 DOM
 - 4
 + 1 767
 .dm

CÉLÈBRE pour avoir résisté à la colonisation européenne jusqu'au XVIIIe siècle, la Dominique est un État insulaire des Caraïbes, qui fut placé dans un premier temps sous l'autorité française, puis britannique à partir de 1759. Connue sous le nom d'« Île nature » pour sa faune exceptionnelle et sa végétation luxuriante, protégées par des parcs nationaux couvrant une large superficie, la Dominique est l'île la plus montagneuse des Petites Antilles. Située entre la Guadeloupe et la Martinique, elle fait partie des îles au Vent, et doit à son origine volcanique la fertilité de ses terres et l'un des plus grands étangs sulfureux du monde.

CLIMAT

DONNÉES MÉTÉOROLOGIQUES

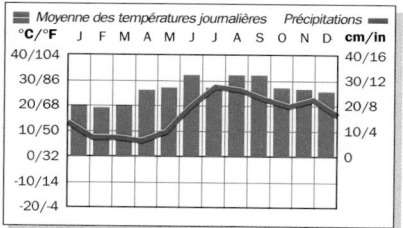

■ Moyenne des températures journalières   ■ Précipitations
°C/°F   J F M A M J J A S O N D   cm/in

Située dans la partie orientale de la mer des Caraïbes, la Dominique bénéficie d'un climat adouci par les alizés qui soufflent à longueur d'année. L'été correspond à la saison des pluies et des dépressions tropicales et des ouragans peuvent survenir entre juin et novembre. Tout au long de l'année, des averses orageuses de courte durée viennent rafraîchir l'île en fin de journée.

TRANSPORTS

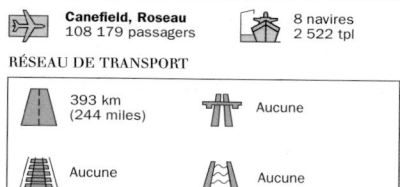

Canefield, Roseau
108 179 passagers

8 navires
2 522 tpl

RÉSEAU DE TRANSPORT

393 km (244 miles)   Aucune

Aucune   Aucune

Les deux aéroports n'accueillent que les petits avions. Les routes sont bien entretenues.

TOURISME

74 000 visiteurs   Plus 12 % en 1999

PROVENANCE DES TOURISTES ÉTRANGERS

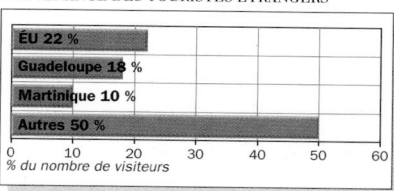

ÉU 22 %
Guadeloupe 18 %
Martinique 10 %
Autres 50 %

0   10   20   30   40   50   60
% du nombre de visiteurs

Les visiteurs viennent nombreux apprécier la beauté des parcs nationaux, connus pour de rares espèces ornithologiques, des sources chaudes et des étangs sulfureux. Mais, sans aéroport capable d'accueillir de gros avions de ligne, l'île est moins accessible au tourisme de masse que ses voisines antillaises. Il faut passer par la Barbade ou Antigua.

POPULATION

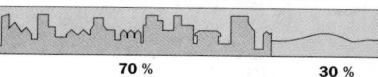
Créole français, anglais   97 hab./km²

PART DE LA POPULATION URBAINE/RURALE

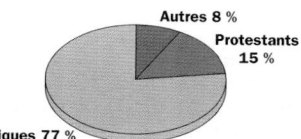

70 %   30 %

RELIGION

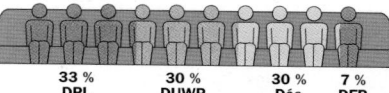

Autres 8 %
Protestants 15 %
Catholiques 77 %

Les Dominicais descendent en grande majorité des esclaves africains amenés pour travailler sur les plantations de bananes. Les descendants des Indiens Caraïbes vivent au Nord-Est.

POLITIQUE

 2000/2005   Nicolas Liverpool, président de la République

AUX DERNIÈRES ÉLECTIONS
Chambre de l'assemblée 30 sièges

33 %   30 %   30 %   7 %
DPL   DUWP   Dés   DFP

DPL = Parti travailliste de la Dominique   DUWP = Parti unifié des travailleurs de la Dominique   Dés = désignés
DFP = Parti dominicain pour la liberté

9 sénateurs sont nommés à la chambre de l'assemblée par le chef de l'État.

Les hommes politiques viennent en majorité des professions libérales, médecins et magistrats. Quelques grands exploitants agricoles, finançant les partis politiques, se présentent aux élections. Le DUWP, parti de centre gauche, a remporté les élections de 1995 de justesse, après 15 années de gouvernement de droite sous la férule du DFP. La gauche a renforcé son influence en 2000 et permis la victoire du DLP, portant son leader, Rosie Douglas à la tête du gouvernement. Après son brusque décès, Pierre Charles le remplaça au poste de Premier ministre. Le principal enjeu pour le gouvernement actuel est de surmonter la crise entraînée par l'arrêt des conditions privilégiées d'exportations de bananes.

POLITIQUE EXTÉRIEURE

 OEA   Comm   Caricom   AEC   OECO

La Dominique est très liée à la France et aux ÉU. En 1999, un vote de l'OMC, initié par les ÉU, a fragilisé sa position sur le marché de la banane.

Carte

61°30'
Canal de la Guadeloupe
Peinville
Clifton
Guillet   Vieille Case   16°20'
Thibaud
Belmanier   Bense Calibishie
Dos D'Ane   Larieu
Portsmouth   Glanvillia
Baie du Prince Rupert
Wesley
RÉSERVE DE LA FORÊT DU NORD
Dublanc   ▲ Morne Diablotins   1 447 m
15°30'
Melville Hall
Marigot
Bataka
Colihaut
Salibia
Morne Raquette   Coulibistri   Gaulette
Salisbury   Layou
Castle Bruce
St Joseph
Good Hope
Mahaut   Saint Sauveur
Petite Soufrière
Morne Trois Pitons   Rosalie
Massacre   Morne Aux Frégates
15°20'
Canefield Airport   Roger   Laudat   La Plaine
Trafalgar
ROSEAU   Boetica
Charlotte Ville
Giraudel
Loubiere   Bellevue   Délices
Chopin   Pichelin
Pointe Michel   Petite Savane
Soufriere   Fond St. Jean
Tête   Berekua
Morne
Scotts Head Village
15°10'   Canal de la Martinique

OCÉAN ATLANTIQUE
MER DES CARAÏBES
N

DOMINIQUE

Superficie totale : 750 km²
(290 sq. miles)

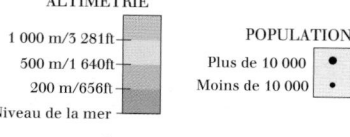

ALTIMÉTRIE
1 000 m/3 281ft
500 m/1 640ft
200 m/656ft
Niveau de la mer

POPULATION
Plus de 10 000   ●
Moins de 10 000   ·

0   10 km
0   10 miles

Bateaux de pêche côtiers, *qui alimentent le marché intérieur, sur une plage dominicaise.*

AIDE INTERNATIONALE

 10 M $ (reçus)   Moins 47 % en 1999

Le Fonds de développement européen a voté une aide en 1998 afin d'aider le pays à développer ses projets touristiques. Le Japon et Taiwan ont subventionné l'éducation et la lutte contre les incendies.

DÉFENSE

 Les forces armées dominicaines furent dissoutes en 1981.   Ne s'applique pas

La Dominique, sans force armée, participe cependant au Système de sécurité régionale initié par les ÉU.

ÉCONOMIE

 238 M $  2,70 dollars des Caraïbes de l'Est

CHIFFRES SIGNIFICATIFS

❏ CLASSEMENT DU PNB AU NIVEAU MONDIAL	181e
❏ PNB PAR HABITANT	3 200 $
❏ BALANCE DES PAIEMENTS	– 69 M $
❏ INFLATION	1 %
❏ CHÔMAGE	20 %

ATOUTS
Exportations de bananes, bien que le secteur soit moins porteur. Les affaires offshore se développent, ainsi qu'un système d'« économie citoyenne ». Croissance du secteur de service.

FAIBLESSES
Dépendance envers les ÉU et l'UE pour ses exportations de bananes menacée par la réglementation de l'OMC. Secteur public peu productif. Peu d'infrastructures.

EXPORTATIONS

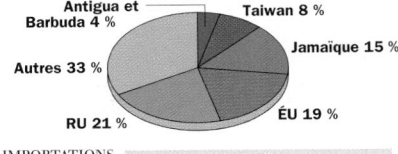

Antigua et Barbuda 4 %
Taiwan 8 %
Jamaïque 15 %
Autres 33 %
ÉU 19 %
RU 21 %

IMPORTATIONS

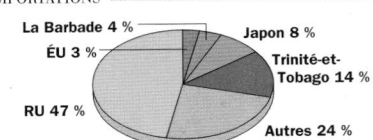

La Barbade 4 %
Japon 8 %
ÉU 3 %
Trinité-et-Tobago 14 %
RU 47 %
Autres 24 %

RESSOURCES

 855 tonnes   Pays non producteur

 13 400 bovins
9 700 caprins
7 600 ovins
190 000 volailles   Aucun

La Dominique ne dispose d'aucune ressource naturelle. L'essentiel de la production d'énergie est assuré par la centrale hydroélectrique de Morne Trois Pitons, située au cœur du parc national.

ENVIRONNEMENT

 9 %   1,1 tonne par habitant

Le développement du secteur agricole et l'exploitation du bois constituent une menace pour la forêt équatoriale dominicaine. Le gouvernement prévoit d'étendre encore les terres arables. Le développement du tourisme et la construction prévue de nouveaux générateurs hydroélectriques pourraient mettre la forêt en danger. Deux espèces de perroquets – l'*Amazonia imperialis a sisserou* et le perroquet à cou rouge – sont en voie d'extinction malgré des mesures de protection. Les tortues « becs de faucon » vivant au large sur les massifs coraliens de l'île sont toujours chassées.

MÉDIAS

 Pas de quotidien

PRESSE ET TÉLÉCOMMUNICATIONS

 Pas de quotidien. Le *New Chronicle*, parution hebdomadaire de tendance centre gauche, est le journal à plus fort tirage.

 Pas de chaîne de télévision   4 stations
1 station publique
3 indépendantes

Télévision câblée pour un tiers de l'île, accès au réseau américain. Les Dominicains peuvent également recevoir des émissions en provenance d'autres États des Caraïbes. Il existe quatre magazines.

CRIMINALITÉ

 Pas de chiffre sur la population carcérale   Moins 7 % en 1996-1998

Le taux de criminalité est inférieur à celui des pays voisins. Les délits les plus fréquents sont les cambriolages et les vols à main armée ; les meurtres sont rares. La justice repose sur le droit coutumier britannique et est administrée par la Cour suprême des Caraïbes de l'Est, à Sainte-Lucie.

ÉDUCATION

 94 %    484 étudiants

Le système éducatif s'inspire du modèle britannique avec un examen d'entrée au lycée. Les étudiants partent aux ÉU, au RU ou à l'université des Antilles.

CHRONOLOGIE

Colonisée dans un premier temps par les Français, la Dominique passa sous le contrôle britannique en 1759.

- ❏ **1975** Fondation du parc national du Morne Trois Pitons.
- ❏ **1978** Indépendance. Patrick John devient Premier ministre.
- ❏ **1980** Élections d'Eugenia Charles, première femme Premier ministre de la Dominique.
- ❏ **1981** Échec des deux tentatives de coups d'État instigués par Patrick John.
- ❏ **1995** L'opposition (DUWP) remporte les élections législatives. Eugenia Charles se retire après 27 ans de vie politique.
- ❏ **2000** Le DLP remporte les élections.

SANTÉ

 1 pour 2 174 habitants   Maladies cardiaques et respiratoires, cancers

Il existe de nombreux dispensaires mais l'insuffisance des voies de communication constitue un obstacle à l'hospitalisation d'urgence des habitants de l'arrière-pays.

RICHESSES

CONSOMMATION ET DÉPENSES

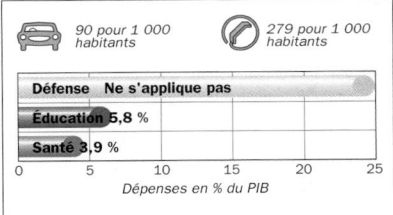

90 pour 1 000 habitants   279 pour 1 000 habitants

Défense	Ne s'applique pas	
Éducation 5,8 %		
Santé 3,9 %		

0   5   10   15   20   25
Dépenses en % du PIB

Les inégalités sont moins marquées que sur les grandes îles des Caraïbes. Néanmoins, le gouvernement a fait de l'éradication de la pauvreté un enjeu de sa politique et prévoit l'augmentation des prestations sociales et une aide aux retraités.

CLASSEMENT MONDIAL

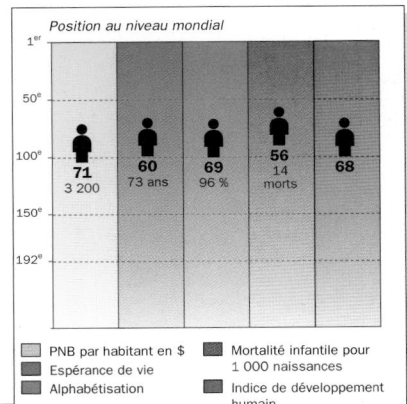

Position au niveau mondial

1er
50e
100e
150e
192e

71 — 3 200
60 — 73 ans
69 — 96 %
56 — 14 morts
68

PNB par habitant en $
Espérance de vie
Alphabétisation
Mortalité infantile pour 1 000 naissances
Indice de développement humain

D

E

ÉGYPTE

NOM OFFICIEL : République arabe d'Égypte **CAPITALE :** Le Caire
POPULATION : 70,3 millions **MONNAIE :** livre égyptienne **LANGUE OFFICIELLE :** arabe

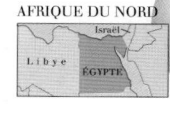

 1936   1982  23 juillet   ET   + 2   + 20   .eg

PAYS occupant l'extrême Nord-Est du continent africain, l'Égypte est partagée en deux par la vallée très fertile du Nil qui sépare le désert occidental aride du désert oriental semi-aride. Le traité de paix signé avec Israël en 1979 lui permit de retrouver un climat de sécurité, de regagner ses territoires du Sinaï et de bénéficier de l'aide des ÉU. Le régime actuel, soutenu par une armée pro-occidentale, est confronté à l'influence croissante du mouvement des fondamentalistes islamiques.

Temple de la reine Hatchepsout de la XVIIIe dynastie, construit vers 1480 av. J.-C. Ce temple est situé à Deir el-Bahari sur la rive gauche du Nil, face à Thèbes, alors capitale de l'Égypte.

CLIMAT

DONNÉES MÉTÉOROLOGIQUES

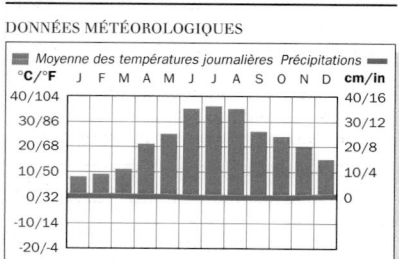

Le climat égyptien se caractérise par des étés très chauds, notamment dans le Sud, et des hivers nettement plus frais. La façade méditerranéenne est la seule région à bénéficier de réelles précipitations au cours de l'hiver.

TRANSPORTS

Le Caire international
8,3 M de passagers

379 navires
1 368 tpl

RÉSEAU DE TRANSPORT

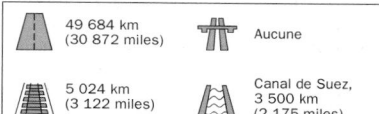
49 684 km
(30 872 miles)

Aucune

5 024 km
(3 122 miles)

Canal de Suez,
3 500 km
(2 175 miles)

Les villes sont reliées par un réseau routier bien développé, mais le chemin de fer reste le principal moyen de transport. Le canal de Suez est une importante voie de navigation internationale. Le métro du Caire fut inauguré en 1987.

TOURISME

 5,1 M de visiteurs  Plus 14 % en 2000

PROVENANCE DES TOURISTES ÉTRANGERS

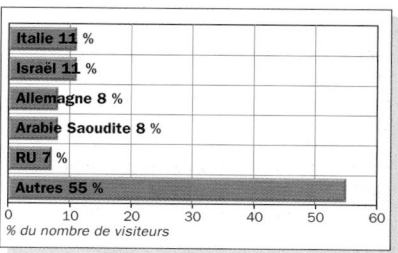

Italie	11 %
Israël	11 %
Allemagne	8 %
Arabie Saoudite	8 %
RU	7 %
Autres	55 %

% du nombre de visiteurs

Grâce au nombre et à la beauté de ses monuments historiques construits par ses anciennes civilisations, l'Égypte est devenue dès les années 1880 une destination touristique de première importance. Le pays offre des croisières sur le Nil et quelques-uns des sites les plus fabuleux pour les amateurs de plongée sous-marine.
À partir des années 1990 cependant, cette activité connut une grave récession due aux attentats perpétrés par les fondamentalistes islamiques contre les touristes étrangers (58 furent tués à Louksor en 1997). Le nombre de visiteurs a fortement décliné et les rentrées de devises étrangères ont fortement chuté. Le secteur travaillant à l'organisation des congrès professionnels a été particulièrement touché.

ÉGYPTE

Surface totale : 995 450 km²
(384 343 sq. miles)

POPULATION

Plus de 5 000 000	▣
Plus de 1 000 000	▢
Plus de 500 000	◉
Plus de 100 000	◎
Plus de 50 000	○
Plus de 10 000	●
Moins de 10 000	·

ALTIMÉTRIE

2 000 m/6 562ft
1 000 m/3 281ft
500 m/1 640ft
200 m/656ft
Niveau de la mer
- 200 m/- 656ft

0   200 km

0   200 miles

E

POPULATION

 Arabe, français, anglais, berbère

 63 hab./km²

PART DE LA POPULATION URBAINE/RURALE

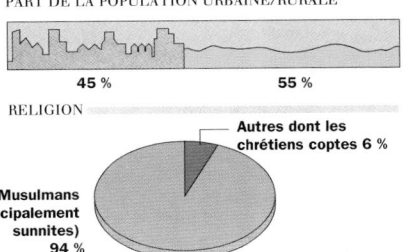

45 %   **55 %**

RELIGION

Autres dont les chrétiens coptes **6 %**

Musulmans (principalement sunnites) **94 %**

COMPOSITION ETHNIQUE

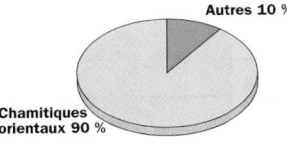

Autres **10 %**

Chamitiques orientaux **90 %**

L'Égypte a derrière elle une longue tradition de tolérance ethnique et religieuse, mais la montée de l'intégrisme islamique a généré des conflits entre musulmans et coptes. La grande majorité des Égyptiens est arabophone. On recense quelques communautés berbérophones dans les oasis du désert occidental. Il existe également de petites communautés grecque et arménienne dans les grandes villes. L'Islam est la première religion du pays, devant le christianisme copte. Bien que la grande majorité des Juifs soit partie s'installer en Israël à sa création en 1948, Le Caire abrite encore une petite communauté juive.

Le Caire est la deuxième ville la plus peuplée d'Afrique ; le taux de natalité élevé du pays soulève d'importantes questions d'ordre social. Le gouvernement a créé en 1985 le Conseil de la population nationale, afin de promouvoir de contrôle des naissances. Le taux de natalité a depuis baissé de 10 %, mais la population connaît encore une telle croissance qu'elle devrait doubler d'ici une trentaine d'années. L'influence croissante des islamistes, opposés à toute forme de contraception, accélère le processus.

Les Égyptiennes font traditionnellement partie des femmes les plus émancipées des pays arabes ; une loi votée en 2000 leur donne le droit de demander le divorce. Ces acquis sont aujourd'hui remis en cause par la montée de l'intégrisme.

PYRAMIDE DES ÂGES

Femmes	Âge	Hommes
0,5 %	81–100	0,4 %
2,6 %	61–80	2,3 %
7,7 %	41–60	7,8 %
14,3 %	21–40	15,1 %
24 %	0–20	25,3 %

% de la population par tranche d'âge

POLITIQUE

 2000/2005

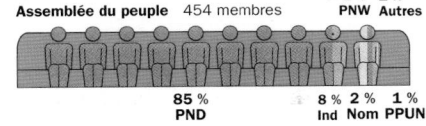 Mohammed Hosni Moubarak, président de la République

AUX DERNIÈRES ÉLECTIONS

Assemblée du peuple 454 membres

2 % PNW   **1 %** Autres

85 % PND   **8 %** Ind   **2 %** Nom   **1 %** PPUN

PND = Parti national démocratique   **Ind** = Indépendants
Nom = Nommés   **PNW** = Parti néo-Wafd   **PPUN** = Parti progressiste unioniste

Le régime égyptien est en théorie pluraliste. Le parti en place, le PND, soutenu par l'armée, est en pratique à la tête d'un régime à parti unique.

PRINCIPAUX PROBLÈMES POLITIQUES
Le fondamentalisme islamique

Le gouvernement du PND s'est engagé dans une lutte contre les mouvements islamistes intégristes, qui souhaitent instaurer une théocratie musulmane d'inspiration iranienne. Les extrémistes ont déjà commis un nombre inquiétant d'exactions et s'en sont pris aux touristes étrangers et aux policiers. Le message des fondamentalistes, qui promet une amélioration générale des conditions de vie, éveille une profonde résonance tant dans les milieux populaires des villes que dans ceux des campagnes. Les mosquées offrent en parallèle à ceux que propose l'État des services éducatifs et médicaux. Tout en autorisant les institutions religieuses à poursuivre leurs programmes sociaux, le PND a imposé des mesures draconiennes pour mettre fin à la menace terroriste et interdit le seul parti islamiste légal, le Parti travailliste, en 2000.

L'état d'urgence

En 1994, le PND a renforcé l'état d'urgence institué en 1981, année où fut assassiné le président Sadate par des terroristes islamistes. Il a invoqué la loi d'urgence pour justifier l'interdiction des partis religieux, et notamment des Frères musulmans. Lors des élections législatives de 1995, les partis de l'opposition ont accusé le PND de s'être servi des lois en vigueur pour assurer sa victoire électorale. Les organisations des droits de l'homme dénoncent le recours à ces méthodes pour

Hosni Moubarak, *président de la République depuis 1981.*

Gemal Abdel Nasser, *président de la République de 1954 à 1970.*

réduire au silence les opposants politiques du PND.

PROFIL

L'Égypte connaît une grande stabilité politique depuis la Seconde Guerre mondiale, et n'a eu que trois présidents depuis 1954 : Nasser, Anouar el-Sadate puis, après l'assassinat de ce dernier en 1981, Hosni Moubarak. Le PND tient fermement les rênes du pouvoir, grâce à ses liens étroits avec l'armée et à l'instauration de l'état d'urgence. Aux élections de 2000, l'opposition islamique a progressé, mais de nombreux candidats indépendants ont rejoint le PND une fois élus. Si Nasser engagea l'Égypte sur la voie du socialisme arabe, Sadate et Moubarak amorcèrent la libéralisation de l'économie et encouragèrent l'entreprise privée. La politique resta à l'écart de toute libéralisation, ce qui explique en partie la montée du fondamentalisme islamique.

POLITIQUE EXTÉRIEURE

 LEA   Damasc   OPAEP   OUA   OCI

Depuis les accords de paix signés en 1979 avec Israël, l'Égypte entretient des relations plus étroites avec les ÉU. Son soutien politique et militaire à l'intervention nord-américaine provoquée par l'invasion du Koweït par l'Irak en 1990, fut déterminant dans le succès de l'opération Tempête du désert de 1991. L'Égypte reçut pour sa participation une importante rétribution financière de la part de l'Arabie Saoudite. Ses relations avec l'Iran sont tendues. L'Iran soutient activement les groupes islamistes qui s'efforcent de déstabiliser le gouvernement égyptien, et qualifie l'Égypte d'État corrompu à la solde des ÉU. L'Égypte redoute que le boycott international et les zones d'interdiction de survol aérien imposée à l'Irak ne permettent à l'Iran d'étendre son influence dans la région du Moyen-Orient. Le président Moubarak prône maintenant une solution diplomatique et s'est opposé aux récentes frappes aériennes américaines contre l'Irak. Le service diplomatique égyptien est le plus important des pays arabes et les Égyptiens sont nombreux à travailler dans les organismes internationaux, tel l'ancien secrétaire général de l'ONU, Boutros Boutros Ghali. Le Caire abrite le siège de la Ligue des États arabes.

AIDE INTERNATIONALE

 1,58 Md $ Moins 19 % en 1999

Depuis la fin des années 1970, l'Égypte reçoit une importante aide militaire américaine, devançant même Israël en tête de la liste des bénéficiaires. Jusqu'à la fin des années 1990, elle était aussi la principale bénéficiaire de l'aide des pays de l'OCDE.

E

CHRONOLOGIE

Le protectorat britannique proclamé en 1914 sur l'Égypte mit fin à l'occupation ottomane. Le pays obtint son indépendance en 1936.

❑ **1953** Dissolution des partis politiques, abolition de la monarchie. République présidée par le général Mohamed Neguib.
❑ **1954** Gamal Abdel Nasser dépose Neguib et lui succède à la présidence.
❑ **1956** Crise de Suez. Nasser ordonne la nationalisation de la Compagnie du canal de Suez. Invasion des forces israéliennes, britanniques et françaises, évacuées peu de temps après, suite aux pressions exercées par l'ONU et les ÉU.
❑ **1957** Réouverture du canal de Suez suite à l'intervention de la flotte placée sous l'égide de l'ONU.
❑ **1958** Union de la Syrie et de l'Égypte dans la République arabe unie.
❑ **1961** La Syrie se retire de la République arabe unie.
❑ **1967** Perte du Sinaï suite à la guerre des Six-Jours contre Israël.
❑ **1970** Nasser meurt ; Anouar el-Sadate lui succède.
❑ **1971** Adopte le nom de République arabe d'Égypte. L'Islam devient la religion d'État.
❑ **1972** Expulsion des conseillers militaires soviétiques.
❑ **1974–1975** Les ÉU négocient le retrait partiel des Israéliens du Sinaï.
❑ **1977** Visite du président Sadate à Jérusalem ; rencontre sans précédent avec le Premier ministre israélien.
❑ **1978** Signature des accords de Camp David entre l'Égypte et Israël, grâce à la médiation du président J. Carter.
❑ **1979** Signature du traité de paix israélo-égyptien. L'Égypte est frappée d'ostracisme par des pays arabes.
❑ **1981** Assassinat d'A. el-Sadate par des islamistes extrémistes. Hosni Moubarak lui succède.
❑ **1982** Retrait des dernières troupes israéliennes du Sinaï.
❑ **1986** Rencontre entre le président Moubarak et le Premier ministre israélien Shimon Peres.
❑ **1989** L'Égypte et la Syrie renouent des relations diplomatiques.
❑ **1990–1991** L'Égypte participe aux opérations de l'ONU pour la libération du Koweït.
❑ **1991** La déclaration de Damas prévoit un pacte de défense entre l'Égypte, la Syrie et les États formant la coalition du Golfe contre l'Irak.
❑ **1994–1998** Les islamistes extrémistes lancent une campagne de terrorisme qui fait de nombreux morts parmi les civils et les touristes. Le gouvernement prend des mesures de répression.
❑ **2002** Les islamistes deviennent la principale force d'opposition.

DÉFENSE

 2,9 Md $ Plus 3 % en 1999

FORCES ARMÉES ÉGYPTIENNES

	3 960 chars de combat (T–54/55, T–62, M–60, M1A1 Abrams, Ramses II)	320 000 hommes
	4 sous-marins, 1 destroyer, 10 frégates et 40 patrouilleurs	18 500 Hommes
	580 avions de combat (Alpha Jet, PRC J-6, F-4E, Mirage 5E2)	30 000 hommes
	Aucun	

Les forces armées égyptiennes, les plus importantes du monde arabe, sont exercées aux combats en raison des guerres successives menées contre Israël et de leur participation à l'opération Tempête du désert pour la libération du Koweït en 1991. L'armée de réserve compte plus de 500 000 hommes. Après les accords de Camp David en 1978, l'Égypte cessa de s'approvisionner en armement auprès de l'URSS au profit des pays occidentaux. La coopération américano-égyptienne lui permit d'obtenir un équipement militaire plus sophistiqué et une meilleure formation de ses hommes. L'Égypte dispose d'une petite industrie de l'armement et vend des armes légères, une version de fusil d'assaut AK-47 en particulier, aux pays en voie de développement.

ÉCONOMIE

 86,5 Md $  3,421 – 3,890 livres égyptiennes

CHIFFRES SIGNIFICATIFS

❑ CLASSEMENT DU PNB AU NIVEAU MONDIAL 37e
❑ PNB PAR HABITANT ....1 530 $
❑ BALANCE DES PAIEMENTS ....– 33 Md $
❑ INFLATION ....2,3 %
❑ CHÔMAGE ....12 %

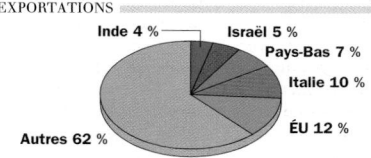
EXPORTATIONS
Inde 4 %, Israël 5 %, Pays-Bas 7 %, Italie 10 %, ÉU 12 %, Autres 62 %

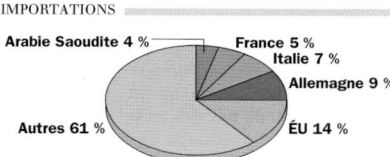
IMPORTATIONS
Arabie Saoudite 4 %, France 5 %, Italie 7 %, Allemagne 9 %, ÉU 14 %, Autres 61 %

ATOUTS
Revenus pétroliers et gaziers. Industrie du tourisme. Versements des Égyptiens installés à l'étranger. Péage du canal de Suez. Production agricole, en particulier celle du coton. Industrie légère et industrie de transformation.

FAIBLESSES
Baisse des sommes envoyées par les Égyptiens installés à l'étranger en raison de la récession des États du Golfe. Dépendance à l'égard des technologies importées. Taux de natalité élevé.

PROFIL
Sous la présidence de Nasser, l'Égypte mena une politique économique inspirée du modèle soviétique. La politique d'ouverture du président Sadate permit les premières créations d'entreprise en participation avec des associés étrangers.

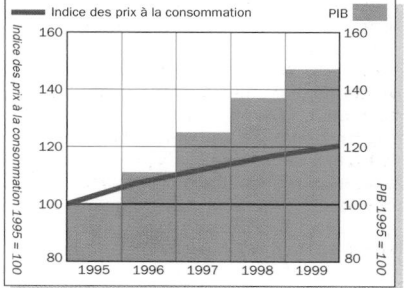
INDICATEUR DES PERFORMANCES ÉCONOMIQUES

Ces mesures de libéralisation profitèrent cependant surtout aux classes aisées. Depuis la présidence de Moubarak, les réformes économiques sont plus rapides et la politique prend davantage en compte le chômage et la pauvreté. Les premiers objectifs du gouvernement sont de réduire la dépendance du pays vis-à-vis des importations en encourageant le développement de l'industrie, de soutenir la croissance économique et de réduire les inégalités.

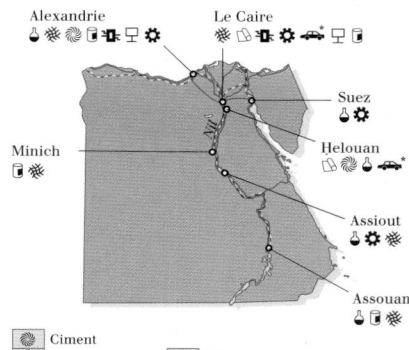
ÉGYPTE : PRINCIPALES ACTIVITÉS

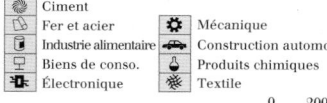

* Importante participation de multinationales

RESSOURCES

 418 694 tonnes

 795 000 b/j (réserves : 2 900 000 000 Mdb)

 9,2 M de canards
9,1 M d'oies
88 M de poulets

Gaz naturel, pétrole, phosphates, manganèse, uranium

PRODUCTION ÉLECTRIQUE

Hydraulique 21 % (12 Md kWh)		
Thermique 79 % (43 Md kWh)		
Nucléaire 0 %		
Autres 0 %		

% de la production totale par type d'électricité

Le pétrole et le gaz sont les ressources naturelles les plus précieuses de l'Égypte. Les multinationales pétrolières mènent de nouveaux programmes de prospection, mais l'exploitation pétrolière égyptienne n'est pas aussi rentable que celle de certains pays concurrents, comme l'Algérie et le Yémen. 55 % de la production pétrolière sont destinés à la consommation intérieure. L'électricité est principalement d'origine hydraulique ou dérivée du charbon. Le gigantesque barrage d'Assouan fournit l'essentiel de l'hydroélectricité. Construit entre 1960 et 1970, il dispose d'une capacité de production de 10 millions de kWh. Sa construction fut rentabilisée dès 1974.

ÉGYPTE : UTILISATION DU SOL

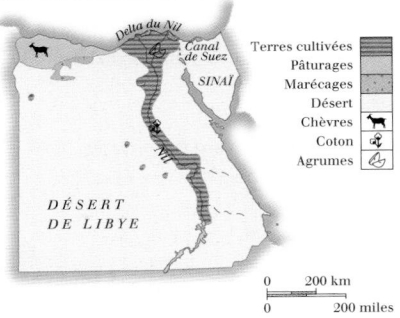

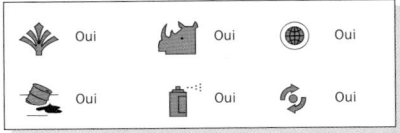

ENVIRONNEMENT

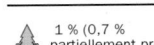 1 % (0,7 % partiellement protégé)

 2 tonnes par habitant

TRAITÉS ÉCOLOGIQUES

Oui	Oui	Oui
Oui	Oui	Oui

Il y a un manque d'eau chronique. L'eau du Nil, seule source inépuisable, est de plus en plus saline à cause du barrage d'Assouan. Dans les villes, la pollution industrielle prend des proportions inquiétantes et les contrôles écologiques sont rares. Au Caire, l'achèvement d'un système d'égouts a permis l'amélioration des conditions sanitaires.

MÉDIAS

 38 quotidiens pour 1 000 habitants

Sous la pression des islamistes, la télévision consacre davantage de temps à la retransmission de sermons religieux. L'Égypte, premier pays arabe à disposer d'un satellite, Nilesat 101, est aujourd'hui le centre d'une florissante industrie de télévision retransmise par satellite.

CRIMINALITÉ

 Pas de chiffre sur la population carcérale

 Criminalité en hausse

TAUX DE CRIMINALITÉ

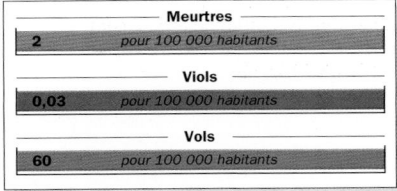

Meurtres	
2	pour 100 000 habitants
Viols	
0,03	pour 100 000 habitants
Vols	
60	pour 100 000 habitants

Les attentats terroristes – dont l'assassinat de touristes par des intégristes islamistes – ont beaucoup nui à l'image de l'Égypte, jusqu'alors réputée pour son faible taux de criminalité. La violence intercommunautaire, en particulier entre musulmans et chrétiens, est devenue plus fréquente. La police, à laquelle l'état d'urgence accorde un pouvoir considérable, est très critiquée par les associations de défense des droits de l'homme pour l'usage qu'elle fait de la torture et du meurtre sur les prisonniers politiques.

ÉDUCATION

 55 %

 850 051 étudiants

LE SYSTÈME ÉDUCATIF

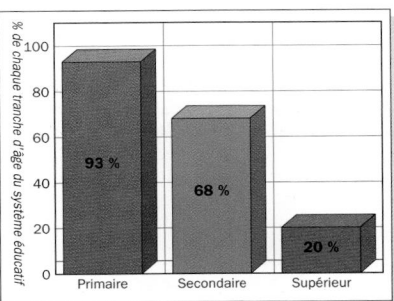

% de chaque tranche d'âge du système éducatif

Primaire 93 % — Secondaire 68 % — Supérieur 20 %

La plupart des Égyptiens fréquentent l'école primaire jusqu'à 11 ans, mais peu d'entre eux terminent leurs études secondaires. Une minorité de femmes est alphabétisée. En 2000, le gouvernement a lancé un programme visant à améliorer la scolarisation féminine. La qualité des universités égyptiennes est reconnue dans tout le monde arabe.

PRESSE ET TÉLÉCOMMUNICATIONS

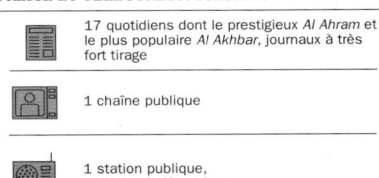

17 quotidiens dont le prestigieux *Al Ahram* et le plus populaire *Al Akhbar*, journaux à très fort tirage

1 chaîne publique

1 station publique, 1 station indépendante

E

SANTÉ

 1 pour 625 habitants

 Maladies digestives, respiratoires et cardiaques, décès périnatals

Le système de santé est rudimentaire : l'Égypte ne dispose que d'un lit d'hôpital pour 500 personnes. Le nombre de médecin par habitant est l'un des plus bas du monde arabe. Les centres médicaux mis en place par les mosquées remplacent peu à peu l'infrastructure sanitaire publique. Si l'excision a été interdite dans les hôpitaux publics en 1996, cette initiative a fait l'objet de contestations devant les tribunaux.

RICHESSES

CONSOMMATION ET DÉPENSES

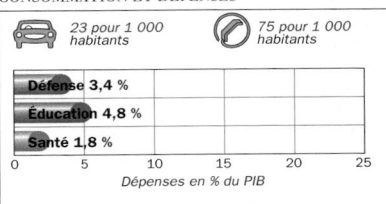

23 pour 1 000 habitants   75 pour 1 000 habitants

Défense 3,4 %			
Éducation 4,8 %			
Santé 1,8 %			

Dépenses en % du PIB

Les inégalités sociales sont fortement marquées. La communauté copte, en majorité citadine, a le plus haut niveau de vie. La plupart des Égyptiens vivent d'une agriculture de subsistance. La vie dans les campagnes est de plus en plus difficile, surtout depuis le retour d'un nombre important d'expatriés travaillant dans les États du Golfe, privés d'emploi au lendemain de la guerre.

CLASSEMENT MONDIAL

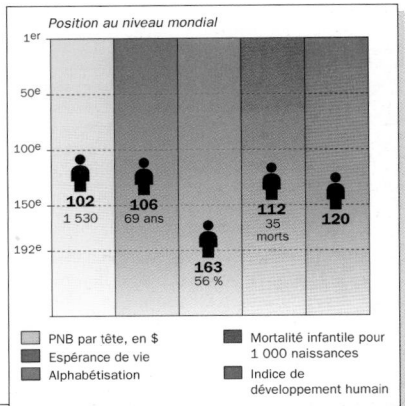

Position au niveau mondial

102 (1 530) — 106 (69 ans) — 163 (56 %) — 112 (35 morts) — 120

- PNB par tête, en $
- Espérance de vie
- Alphabétisation
- Mortalité infantile pour 1 000 naissances
- Indice de développement humain

ÉMIRATS ARABES UNIS

NOM OFFICIEL : Fédération des Émirats arabes unis   **CAPITALE** : Abou Dhabi
POPULATION : 2,7 millions   **MONNAIE** : dirham   **LANGUE OFFICIELLE** : arabe

MOYEN-ORIENT
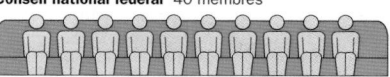

E

SEULE VÉRITABLE FÉDÉRATION du monde arabe, les Émirat arabes unis (ÉAU) partagent leurs frontières avec Oman, l'Arabie Saoudite et le Qatar, et se disputent une frontière maritime avec l'Iran. Le pays est un désert semi-aride avec quelques oasis. Dans les villes, alimentées en eau par un système d'irrigation performant, pousse une végétation luxuriante. La prospérité économique des ÉAU reposait autrefois sur le commerce des perles, mais le pays est maintenant grand exportateur de pétrole et de gaz, et dispose d'un secteur tertiaire en expansion.

CLIMAT

DONNÉES MÉTÉOROLOGIQUES

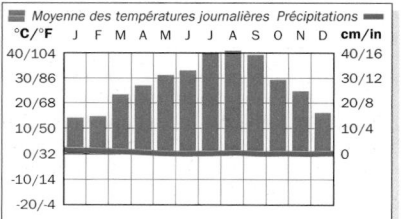

Moyenne des températures journalières   Précipitations

Les précipitations sont rares, mais les étés sont humides. Le shamal, vent chargé de poussière, souffle en hiver et au printemps.

TRANSPORTS

 Doubaï International
10,75 M de passagers

 332 navires
933 000 tpl

RÉSEAU DE TRANSPORT

 1 088 km
(676 miles)

 Aucune

 Aucune

Aucune

Les routes sont bonnes. Cinq des sept émirats ont des aéroports internationaux : celui de Dubaï a la plus grande activité.

TOURISME

 2,5 M de visiteurs

 Plus 14 % en 1999

PROVENANCE DES TOURISTES ÉTRANGERS

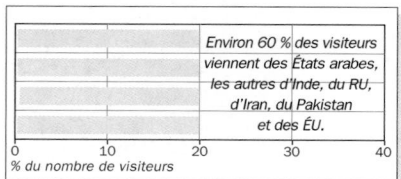

Environ 60 % des visiteurs viennent des États arabes, les autres d'Inde, du RU, d'Iran, du Pakistan et des ÉU.

% du nombre de visiteurs

À partir du milieu des années 1980, et à la suite de Doubaï, les ÉAU se sont lancés dans une politique touristique. Au programme : patrimoine culturel, sports aquatiques, safaris dans le désert, shopping en *duty-free* et bien sûr soleil.

POPULATION

 Arabe, perse, langues indiennes et pakistanaises, anglais

 29 hab./km²

PART DE LA POPULATION URBAINE/RURALE

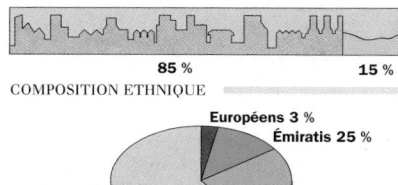

85 %   **15 %**

COMPOSITION ETHNIQUE

Européens 3 %
Émiratis 25 %
Indiens 60 %
Autres Arabes 12 %

Les citoyens des ÉAU sont en majorité citadins ; Abou Dhabi et Dubaï sont les plus grandes villes. Les expatriés, arrivés en masse lors du boom pétrolier des années 1970, sont 5 fois plus nombreux que les Émiratis.
Ceux-ci descendent pour la plupart des Bédouins ; ils sont musulmans sunnites conservateurs. On trouve néanmoins une communauté chiite à Dubaï qui entretient des relations avec l'Iran. Les Occidentaux de la communauté étrangère peuvent vivre comme bon leur semble, mais l'intégrisme islamiste se répand chez les jeunes.
La pauvreté est rare dans les ÉAU. Le secteur public emploie la plus grande partie de la population. En théorie les femmes sont égales en droits.

POLITIQUE

Ne s'applique pas

Zayed ben Sultan an-Nahyan, président de la Fédération

AUX DERNIÈRES ÉLECTIONS
Conseil national fédéral 40 membres

Il n'y a pas de partis politiques. La méthode de nomination des membres du Conseil national fédéral est fixée individuellement par chacun des sept États membres de la Fédération.

Les 40 membres sont désignés par les émirats. Il n'y a pas de partis politiques. Les sept émirats des ÉAU — Abou Dhabi, Doubaï, Sharjah, Ras al-Kaïmah, Ajman, Umm al-Qaïwain et Fujaïrah — sont dominés par leurs familles régnantes. Les personnalités principales sont le monarque d'Abou Dhabi, le cheikh Zayed, président des ÉAU, et les frères Maktoum qui contrôlent Dubaï. L'aîné, Shaikh Maktoum al-Maktoum, est gouverneur de Dubaï, vice-président et Premier ministre des ÉAU.
En réaction à des critiques sur le manque de démocratie, le président Zayed a réactivé le Conseil national fédéral. La montée de l'intégrisme islamiste cause aussi des inquiétudes. Les libertés accordées aux Occidentaux ont provoqué des mouvements de colère mais ne seront probablement pas remises en cause pour des raisons économiques.

ÉMIRATS ARABES UNIS

Superficie totale : 83 600 km² (32 278 sq. miles)

POPULATION

◎ Plus de 100 000
• Moins de 10 000

ALTIMÉTRIE

1 000 m/3 281ft
500 m/1 640ft
Niveau de la mer

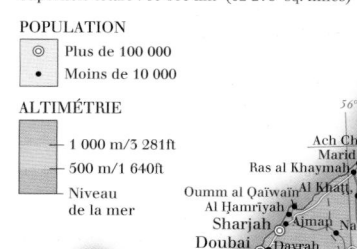

POLITIQUE EXTÉRIEURE

LEA — OCI — CCG — OPAEP — OPEP

Les ÉAU jouent un rôle reconnu de modérateur dans le monde arabe. Le pays entretient des relations étroites avec

AIDE INTERNATIONALE

 92 M $ (versés)   Plus 46 % en 1999

Autrefois très généreux, les ÉAU ont réduit leurs dons en raison du bas niveau des cours du pétrole.

DÉFENSE

 3,19 Md   Plus 4 % en 1999

L'entraînement des forces armées est limité. Pendant la guerre du Golfe en 1991, les bases aériennes des ÉAU ont été utilisées par les armées occidentales. Des accords de coopération ont été signés en 1994 avec les ÉU et en 1995 avec la France.

ÉCONOMIE

 48,7 Md $ 3,6729-3,6730 dirhams ÉAU

CHIFFRES SIGNIFICATIFS

- ❏ CLASSEMENT DU PNB AU NIVEAU MONDIAL 49e
- ❏ PNB PAR HABITANT ....18 060 $
- ❏ BALANCE DES PAIEMENTS... ....24,6 Md $
- ❏ INFLATION......................................4,5 %
- ❏ CHÔMAGE ....Aucun

ATOUTS
Les réserves de gaz et de pétrole sont les quatrièmes de l'OPEP. Le secteur tertiaire a été développé pour prendre le relais économique du pétrole, dont les cours se sont envolés en 2000. Depuis 2000, le commerce sur Internet s'effectue sur une base d'exonération fiscale.

FAIBLESSES
Manque de main-d'œuvre qualifiée. La plupart des matériaux et des denrées alimentaires sont importés. Les ressources en eau se raréfient.

EXPORTATIONS
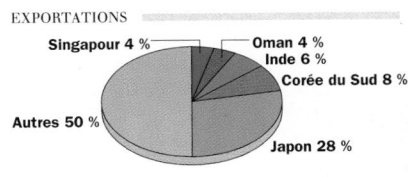
Singapour 4 % — Oman 4 % — Inde 6 % — Corée du Sud 8 % — Autres 50 % — Japon 28 %

IMPORTATIONS
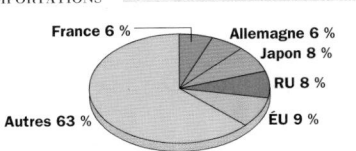
France 6 % — Allemagne 6 % — Japon 8 % — RU 8 % — ÉU 9 % — Autres 63 %

presque tous les États de l'OCDE, particulièrement avec le RU et les ÉU. En 1992, un conflit éclata avec la prise de contrôle de trois îles du détroit d'Ormuz par l'armée iranienne. Des tentatives de règlement diplomatique sont en cours.

RESSOURCES

 114 358 tonnes   2,5 M b/j (réserves : 97,8 Md de barils)
 1,05 M de bovins 440 000 ovins 195 000 chameaux   Pétrole, gaz naturel

Les ÉAU sont parmi les premiers exportateurs de pétrole brut et de gaz naturel du monde. Le pétrole est le principal secteur économique. Mina'Djabal'Ali à Doubaï, le plus grand port artificiel du monde, attire des entreprises de plus de 50 pays. L'île de Saadiyat, au large d'Abou Dhabi, doit devenir un paradis fiscal.

ENVIRONNEMENT

 Données non disponibles   32 tonnes par habitant

Malgré l'aridité, on trouve une riche variété de plantes et d'animaux. Cheik Zayed s'occupe de promouvoir les parcs naturels.

MÉDIAS

 170 quotidiens pour 1 000 habitants

PRESSE ET TÉLÉCOMMUNICATIONS

 7 quotidiens. Le premier quotidien arabe est *Al-Ittihad* ; *Emirates News* est son concurrent en langue anglaise.
 4 chaînes de télé publiques   7 stations de radio publiques

La télévision par satellite n'est pas censurée. La cité médiatique de Doubaï promeut la liberté de la presse.

CRIMINALITÉ

 Pas de chiffre sur la population carcérale   Moins 76 % en 1996-98

La criminalité urbaine et les agressions sont rares. Doubaï est réputée comme plaque tournante pour le trafic de drogue.

Village dans une oasis, dans l'arrière-pays de Fujaïrah, maintenant accessible grâce au bon réseau routier récemment développé.

CHRONOLOGIE

Les ÉAU subirent des influences portugaises et ottomanes, mais la tutelle britannique s'est prolongée jusqu'au XIXe siècle.

- ❏ **1971** Le RU renonce à son protectorat et la fédération des ÉAU est formée.
- ❏ **1991** Les ÉAU mettent leurs bases à la disposition des forces occidentales après l'invasion du Koweit.

ÉDUCATION

 76 %   16 213 étudiants

Les Émiratis bénéficient d'un système scolaire gratuit. L'université Zayed a été ouverte dans trois émirats en 1998.

SANTÉ

 1 pour 556 habitants   Maladies circulatoires et respiratoires, cancers

Un système de santé de très haute qualité subvient aux besoins de tous les citoyens des ÉAU, avec des hôpitaux qui peuvent assurer la plupart des opérations.

RICHESSES

CONSOMMATION ET DÉPENSES

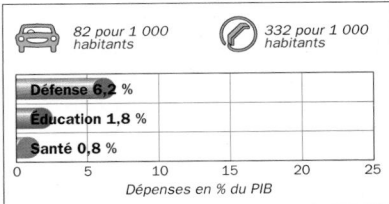
82 pour 1 000 habitants   332 pour 1 000 habitants
Défense 6,2 % — Éducation 1,8 % — Santé 0,8 %
Dépenses en % du PIB

La pauvreté est rare. Le PNB par habitant est un des plus élevés du monde. Pas d'impôt sur le revenu ; les bénéfices du pétrole financent les services publics. Politique d'encouragement aux entreprises.

CLASSEMENT MONDIAL

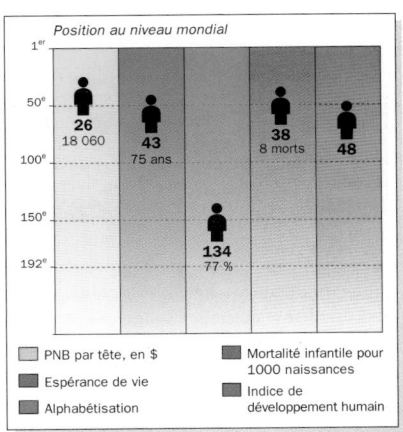
Position au niveau mondial
26 — 18 060 ; 43 — 75 ans ; 38 — 8 morts ; 48 ; 134 — 77 %
PNB par tête, en $ — Mortalité infantile pour 1000 naissances — Espérance de vie — Indice de développement humain — Alphabétisation

E

ÉQUATEUR

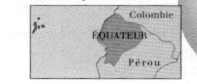

NOM OFFICIEL : République de l'Équateur   **CAPITALE** : Quito
POPULATION : 13,1 MILLIONS   **MONNAIE** : dollar américain   **LANGUE OFFICIELLE** : espagnol

    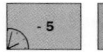   

AUTREFOIS partie intégrante de l'Empire inca, l'Équateur s'étend sur la côte occidentale de l'Amérique du Sud. Il fut placé sous la tutelle espagnole à partir de 1533, année où fut exécuté le dernier des empereurs incas, jusqu'à l'indépendance du pays en 1830. Les Équatoriens vivent en majorité dans les régions côtières de basse altitude et dans les Andes. Les Indiens d'Amazonie luttent pour que soit reconnu leur droit de propriété sur certains territoires. La forte dépréciation du sucre a obligé le gouvernement à adopter le dollar comme monnaie en 2000.

POLITIQUE

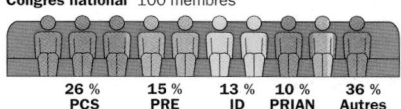
2002/2006

Lucio Gutierrez, président de la République

AUX DERNIÈRES ÉLECTIONS
Congrès national 100 membres

26 % PCS	15 % PRE	13 % ID	10 % PRIAN	36 % Autres

PSC = Parti social chrétien   **PRE** = Parti roldosiste équatorien   **ID** = Parti de la Gauche démocratique
PRIAN = Parti institutionnel du renouveau pour l'action démocratique

CLIMAT

DONNÉES MÉTÉOROLOGIQUES

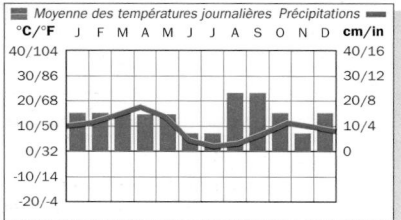

Le climat est équatorial dans les forêts amazoniennes, sec et chaud dans les régions méridionales.

TRANSPORTS

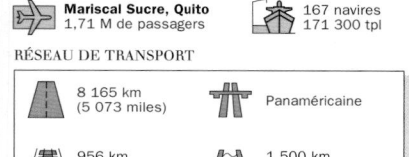

Mariscal Sucre, Quito
1,71 M de passagers

167 navires
171 300 tpl

RÉSEAU DE TRANSPORT

8 165 km
(5 073 miles)

Panaméricaine

956 km
(594 miles)

1 500 km
(932 miles)

Les réseaux routier et ferroviaire manquent de moyens. Les routes furent bloquées en 2000-2001 pendant les troubles politiques.

TOURISME

615 000 visiteurs

Plus 21 % en 2000

PROVENANCE DES TOURISTES ÉTRANGERS

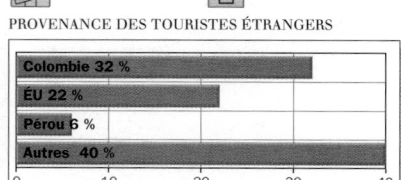

Colombie 32 %
EU 22 %
Pérou 6 %
Autres 40 %

% du nombre de visiteurs

Tourisme très développé. Les édifices de l'époque coloniale espagnole, dont 86 églises, sont en restauration à Quito, ancienne capitale de l'Empire inca. Sur les îles Galapagos, le quota de visiteurs est de 40 000 par an.

POPULATION

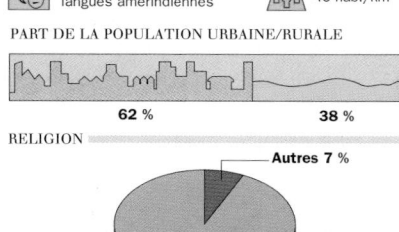
Espagnol, quechua, autres langues amérindiennes

46 hab./km²

PART DE LA POPULATION URBAINE/RURALE

62 %   38 %

RELIGION

Autres 7 %

Catholiques 93 %

Plus de la moitié de la population est d'origine hispano-indienne *(mestizo)*. Les Amérindiens, qui représentent 25 % de la population, font aujourd'hui pression pour que l'Équateur se définisse comme un État multinational regroupant diverses communautés d'Indiens, reconnues en tant que nationalités distinctes. Le mouvement indien, uni et puissant, est à la pointe de la lutte sociale.

Après l'instabilité politique de la fin des années 1990, une large alliance a été formée en 1999. Les mesures d'austérité prises ont suscité d'importantes révoltes. Après intervention de l'armée, le vice-premier Ministre Gustavo Noboa a été porté à la présidence en 2000. L'adoption du dollar et une nouvelle politique d'austérité ont de nouveau engendré des troubles populaires, auxquels Noboa a répliqué, notamment par l'adoption de l'état d'urgence.

POLITIQUE EXTÉRIEURE

OEA	GR	CCAm	MNA	PA

Graves problèmes de sécurité à la frontière avec la Colombie. Le prix du pétrole et l'accès aux marchés des EU et de l'UE pour la banane restent une importante préoccupation.

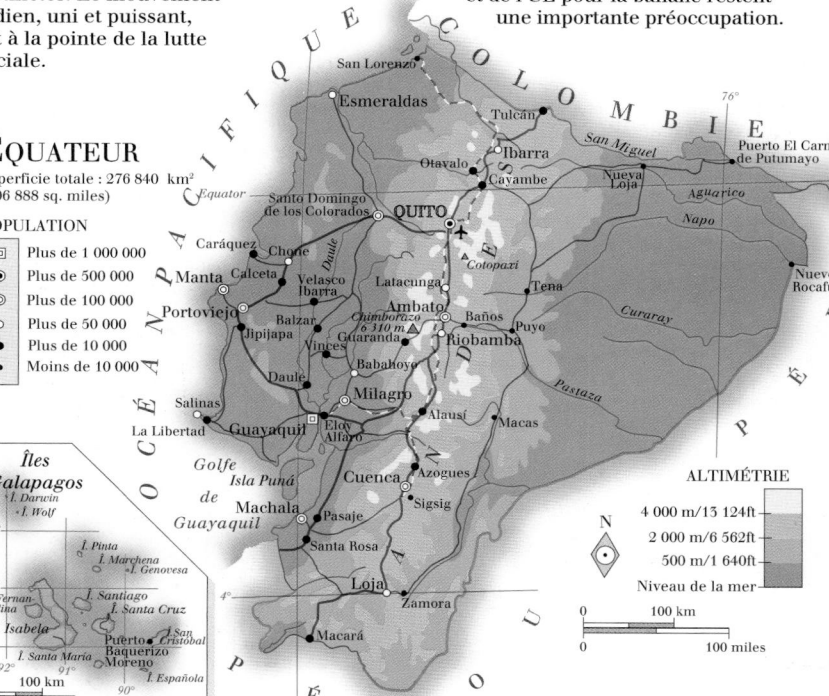

ÉQUATEUR

Superficie totale : 276 840 km²
(106 888 sq. miles)

POPULATION
Plus de 1 000 000
Plus de 500 000
Plus de 100 000
Plus de 50 000
Plus de 10 000
Moins de 10 000

ALTIMÉTRIE
4 000 m/13 124ft
2 000 m/6 562ft
500 m/1 640ft
Niveau de la mer

Quito est la plus haute capitale du monde après La Paz en Bolivie. La ville s'étend au centre d'une vallée andine dominée par une trentaine de volcans.

AIDE INTERNATIONALE

 146 M $ (reçus)　　 Moins 17 % en 1999

L'aide des ÉU, de l'UE et de la Banque mondiale permet d'alléger le coût de la dette extérieure. Les Galapagos reçoivent d'importantes subventions de l'UNESCO.

DÉFENSE

 339 M $　　 Moins 38 % en 1999

Du milieu des années 1970 jusqu'en 2000, l'armée est restée à l'écart de la politique. La moitié des revenus pétroliers nationaux est allouée à son financement ce qui crée des tensions.

ÉCONOMIE

 14 Md $　　 dollar américain

CHIFFRES SIGNIFICATIFS

❏ CLASSEMENT DU PNB AU NIVEAU MONDIAL	....77ᵉ
❏ PNB PAR HABITANT	1 080 $
❏ BALANCE DES PAIEMENTS	– 800 M $
❏ INFLATION	37,7 %
❏ CHÔMAGE	13 %

ATOUTS
Importateur net de pétrole. Premier producteur mondial de bananes. Industrie de la pêche.

FAIBLESSES
Faiblesse des infrastructures et de la productivité agricole. Crise énergétique. Forte inflation. Instabilité financière.

EXPORTATIONS

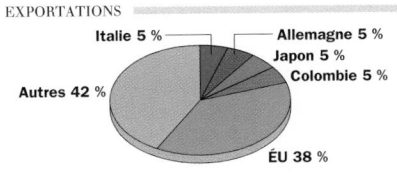

Italie 5 %　Allemagne 5 %　Japon 5 %　Colombie 5 %　Autres 42 %　ÉU 38 %

IMPORTATIONS

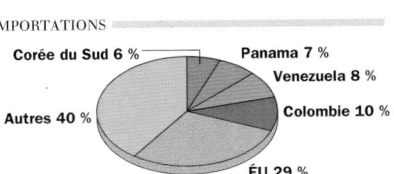

Corée du Sud 6 %　Panama 7 %　Venezuela 8 %　Autres 40 %　Colombie 10 %　ÉU 29 %

RESSOURCES

 688 297 tonnes　　 405 000 b/j (réserves : 2 100 000 000 barils)

 5,11 M de bovins 2,87 M de porcins 2,13 M d'ovins 130 M de poulets　　 Pétrole, gaz naturel, or, argent, cuivre, zinc

La prospection pétrolière et la hausse de la production sont les deux principaux objectifs du gouvernement. L'Équateur s'est retiré de l'OPEP en 1992.

ENVIRONNEMENT

 43 %　　 1,8 tonne par habitant

Le forage pétrolier qui se poursuit dans la forêt amazonienne menace les tribus indigènes. Le tourisme perturbe le fragile équilibre des écosystèmes des Galapagos. Le naufrage du pétrolier *Jessica* au large des côtes, en 2001, a fait prendre conscience des dangers du transport maritime de pétrole dans des zones écologiquement sensibles.

MÉDIAS

 70 quotidiens pour 1 000 habitants

PRESSE ET TÉLÉCOMMUNICATIONS

 29 quotidiens dont *El Universo* et *El Comercio*

 67 chaînes privées　 1 station publique, 320 stations indépendantes

La presse équatorienne est largement indépendante et très décentralisée. La plupart des journaux sont implantés dans la région de Quito ou de Guayaquil. Le pays compte dix radios culturelles et dix radios religieuses.

CRIMINALITÉ

 Pas de chiffre sur la population carcérale　 Plus 14 % en 1996–1998

Des groupes paramilitaires d'extrême droite, qu'on dit financés par la Colombie, ont été accusés des meurtres d'un leader syndicaliste en 1998 et d'un député de gauche en 1999. Il existe aussi une guérilla urbaine de gauche. Le commerce illégal d'armes prospère et un grand nombre de citoyens font des demandes de permis de port d'armes.

ÉDUCATION

 91 %　　 206 541 étudiants

Un quart des Équatoriens reçoit un enseignement supérieur dans l'une des 16 universités du pays. Des programmes d'alphabétisation s'efforcent de lutter contre l'illettrisme de la population rurale adulte. Les écoles secondaires manquent de moyens.

CHRONOLOGIE

De 1830, année de l'indépendance, à 1978, alternance de gouvernements militaires et républicains.

❏ **1941–1942** Conflit armé : l'Équateur cède la province d'El Oro au Pérou.
❏ **1948–1960** Prospérité basée sur la culture de la banane.
❏ **1972** La production pétrolière débute.
❏ **1979** Retour à la démocratie.
❏ **1992** Les Amérindiens obtiennent un droit de propriété sur des terres amazoniennes.
❏ **1998–1999** Crise économique.
❏ **2000** L'armée s'allie aux contestataires amérindiens. Gustavo Noboa remplace Mahuad.
❏ **2002** Gutierrez, responsable du coup d'État de 2000, élu président.

SANTÉ

 1 pour 588 habitants　 Malnutrition, maladies intestinales infectieuses, pneumonie, accidents

Le système de santé, victime d'importantes coupes budgétaires, manque cruellement de moyens. Si des infrastructures médicales existent dans les quartiers pauvres des villes, les régions rurales sont sous-équipées.

RICHESSES

CONSOMMATIONS ET DÉPENSES

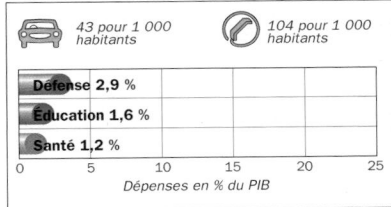

43 pour 1 000 habitants　104 pour 1 000 habitants

Défense 2,9 %　Éducation 1,6 %　Santé 1,2 %

Dépenses en % du PIB

Si la pauvreté touche environ 60 % de la population, les écarts entre les riches et les pauvres sont moins importants que dans les autres pays d'Amérique du Sud.

CLASSEMENT MONDIAL

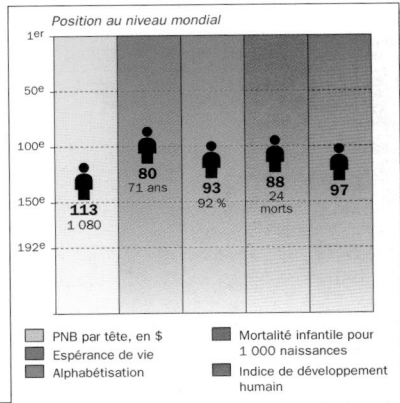

Position au niveau mondial

113　1 080
80　71 ans
93　92 %
88　24 morts
97

PNB par tête, en $
Espérance de vie
Alphabétisation
Mortalité infantile pour 1 000 naissances
Indice de développement humain

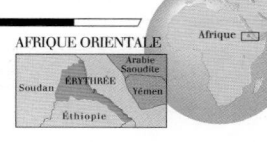

ÉRYTHRÉE

NOM OFFICIEL : République d'Érythrée   **CAPITALE** : Asmara
POPULATION : 4 millions   **MONNAIE** : nakfa   **LANGUES OFFICIELLES** : tigrinya, arabe

O CCUPÉE PAR des montagnes très escarpées, la brousse et le désert Danakil, l'Érythrée borde la Mer Rouge. Ancienne colonie italienne, annexée par l'Éthiopie, elle conquit son indépendance en 1993 au terme d'une longue guerre. Comme sa voisine, elle souffre d'une sécheresse endémique, et sa population est constamment menacée par la famine. La guerre avec l'Éthiopie, de 1998 à 2000, a fait de nombreuses victimes, jusqu'à la signature d'un accord de paix en décembre 2000.

CLIMAT

DONNÉES MÉTÉOROLOGIQUES

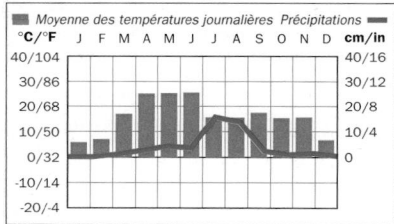

■ *Moyenne des températures journalières* *Précipitations* ■

Les récoltes dépendent des pluies estivales. Les températures peuvent dépasser les 50° C dans le désert.

TRANSPORTS

 Yohannes IV, Asmara 93 007 passagers   7 navires 7 335 tpl

RÉSEAU DE TRANSPORT

874 km (543 miles)		Aucune
117 km (73 miles)		Aucune

Toutes les infrastructures ont besoin d'investissements massifs. Les ports pourraient devenir des points de transit stratégiques vers l'Éthiopie.

TOURISME

 70 000 visiteurs   Plus 23 % en 2000

PROVENANCE DES TOURISTES ÉTRANGERS

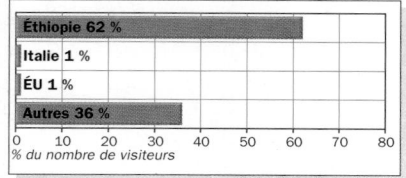

| Éthiopie 62 % |
| Italie 1 % |
| ÉU 1 % |
| Autres 36 % |

0   10   20   30   40   50   60   70   80
% du nombre de visiteurs

Le tourisme est très peu développé, mais l'Érythrée possède un potentiel considérable, notamment les côtes de la Mer Rouge et leur richesse sous-marine, ou la dépression des Danakil.

POPULATION

 Tigrinya, tigré, afar, arabe, bilien, kunama, nara, saho, hadareb, anglais   33 hab./km²

PART DE LA POPULATION URBAINE/RURALE

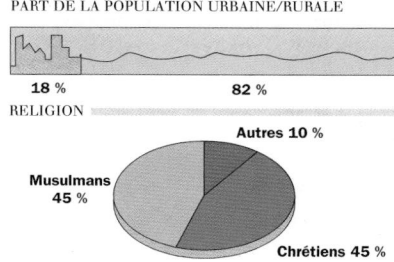

18 %   82 %

RELIGION

Autres 10 %
Musulmans 45 %
Chrétiens 45 %

Les chrétiens orthodoxes de langue tigrinya forment la plus importante des 9 ethnies de l'Érythrée. Les 30 années de guerre contre l'Éthiopie ont exacerbé le sentiment national. Les femmes y ont joué un rôle déterminant : 30 000 ont combattu aux côtés des hommes. Les nomades du désert du Danakil restent farouchement indépendants. Plus de 80 % de la population vit de l'agriculture de subsistance.

ÉRYTHRÉE

Superficie totale : 117 680 km² (45 405 sq. miles)

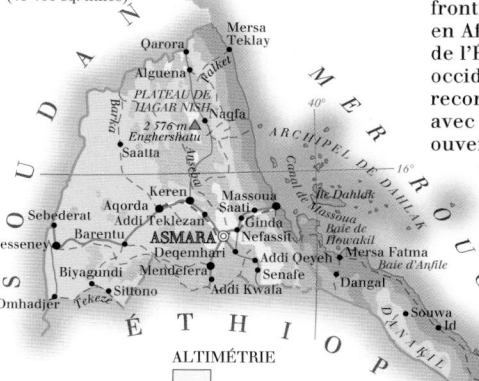

ALTIMÉTRIE

2 000 m/6 562 ft
1 000 m/3 281 ft
500 m/1 640 ft
200 m/656 ft
Niveau de la mer
- 200 m/- 656 ft

POPULATION

◎ Plus de 100 000
○ Plus de 50 000
● Plus de 10 000
• Moins de 10 000

0   100 km
0   100 miles

POLITIQUE

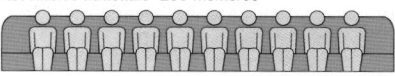

Les élections n'ont pas encore eu lieu   Issaias Afewerki, président de la République

AUX DERNIÈRES ÉLECTIONS

Assemblée nationale 150 membres

L'Assemblée nationale est constituée de 75 membres du comité central du FPDJ et de 75 membres élus directement, dont 11 sièges réservés aux femmes. Les élections auraient dû se tenir en 1997, d'après la nouvelle Constitution, mais elles n'ont pas encore eu lieu.

Ancienne colonie italienne, l'Érythrée fut placée sous administration britannique en 1941. En 1952, sous l'égide de l'ONU, elle devint un État fédéral incorporé à l'Éthiopie, qui l'annexa purement et simplement en 1961. Au terme d'une longue lutte pour l'indépendance, le Front de Libération du Peuple Érythréen finit par chasser les troupes éthiopiennes en 1991. L'indépendance fut plébiscitée lors du référendum de 1993. En attendant la tenue d'élections pluralistes, le pays est gouverné par les chefs militaires du FLPE, rebaptisé Front Populaire pour la Démocratie et la Justice (FPDJ). La Constitution adoptée en 1997 interdit les partis politiques fondés sur des bases ethniques ou religieuses. Le chrétien Issaias Afewerki a pris soin d'inclure des musulmans dans son gouvernement de transition.

POLITIQUE EXTÉRIEURE

MCAEA	BIRD	AIGD	MNA	OUA

La sécession de l'Érythrée marqua la première redéfinition importante des frontières établies par les colonisateurs en Afrique. La principale préoccupation de l'Érythrée est d'attirer l'aide occidentale et arabe, indispensable à sa reconstruction. Un conflit frontalier avec l'Éthiopie dégénéra en conflit ouvert en 1998. D'après l'accord de paix de 2000, un nouveau tracé doit être établi. En février 2001 l'Éthiopie a achevé le retrait de ses troupes. L'Érythrée a réglé ses différends territoriaux avec le Soudan et le Yémen.

AIDE INTERNATIONALE

 148 M $ (reçus)   Moins 11 % en 1999

L'économie de l'Érythrée dépend largement de l'aide étrangère, et 75% de la population vit de l'aide alimentaire. Les Occidentaux se sont montrés moins généreux en ce qui concerne l'aide à la reconstruction, dont le coût est estimé à 2 Md de $. Une aide d'urgence de l'ONU a été nécessaire en 2000 pour secourir plus d'un million de personnes déplacées à la suite de l'invasion éthiopienne.

DÉFENSE

 309 M $ Plus 4 % en 1999

Les dépenses consacrées à la défense sont massives. Aux 54 000 soldats de l'armée s'ajoutent un grand nombre de conscrits. Les militaires, employés à la reconstruction économique du pays, ont été remobilisés lors de la dernière guerre avec l'Éthiopie. Les belligérants ont été frappés d'un embargo international sur les ventes d'armes.

ÉCONOMIE

 679 M $ 13,552 nakfas

CHIFFRES SIGNIFICATIFS

- ❏ CLASSEMENT DU PNB AU NIVEAU MONDIAL ..162ᵉ
- ❏ PNB PAR HABITANT ....160 $
- ❏ BALANCE DES PAIEMENTS ....– 206 M $
- ❏ INFLATION ....15 %
- ❏ CHÔMAGE...............Sous-emploi généralisé

ATOUTS
Position stratégique sur la mer Rouge, pour le tourisme et les transports. Potentiel minier et pétrolier. Volonté de diminuer l'aide alimentaire.

FAIBLESSES
Infrastructures et équipements détruits par les années de guerre. Dépendance vis-à-vis de l'aide internationale. Population réduite à la survie. Sécheresse endémique et risque de famine. Retour de 750 000 réfugiés.

EXPORTATIONS
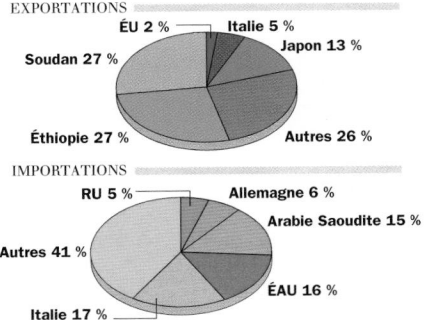
- ÉU 2 %
- Italie 5 %
- Japon 13 %
- Autres 26 %
- Éthiopie 27 %
- Soudan 27 %

IMPORTATIONS
- RU 5 %
- Allemagne 6 %
- Arabie Saoudite 15 %
- ÉAU 16 %
- Italie 17 %
- Autres 41 %

RESSOURCES

 978 tonnes

Pays non producteur ; raffinerie pétrolière à Assab

- 1,6 M de caprins
- 1,4 M de bovins
- 1,5 M d'ovins
- 4,5 M de poulets

 Cuivre, potasse, or, fer, argent, zinc, pétrole, silice, granit, marbre

L'Érythrée dispose de réserves considérables de cuivre et, dans une moindre mesure, d'argent, de zinc et d'or. Des gisements de silice d'excellente qualité, de granit et de marbre restent encore inexploités. On soupçonne l'existence de gisements pétroliers en mer et sur le continent.

ENVIRONNEMENT

 5 %   0,03 tonne par habitant

La déforestation et l'érosion du sol sont les principaux problèmes écologiques. Depuis 1991, quelque 22 millions de jeunes plants ont été mis en terre. Les zones prioritaires en matière de protection de l'environnement sont les côtes de la mer Rouge.

MÉDIAS

 Pas de quotidien

PRESSE ET TÉLÉCOMMUNICATIONS

 *Le New Eritrea*, journal du FPDJ paraît tous les 3 jours en tigrinya, anglais et arabe.

 1 chaîne publique   1 station publique

Les médias sont dans l'ensemble soumis au contrôle du FPDJ qui dirige la télévision et la radio. Rien n'est fait pour encourager la création de journaux indépendants.

CRIMINALITÉ

 Pas de chiffre sur la population carcérale   Le taux de criminalité reste faible

Il n'existe pas de véritable problème de criminalité depuis l'indépendance. Le pouvoir judiciaire et les forces de police obéissent au FPDJ.

ÉDUCATION

 56 %   3 096 étudiants

Très peu d'écoles sont restées ouvertes pendant la guerre. De manière à désamorcer les tensions interethniques, l'enseignement des enfants âgés de plus de 11 ans se fait en anglais.

SANTÉ

 1 pour 20 000 habitants    Malaria, risques de famine

Le risque de famine qui pèse sur la population occulte tous les autres problèmes sanitaires. Le système de santé est rudimentaire.

Sources d'irrigation vitales aux cultures érythréennes, les oueds distribuent les pluies des montagnes éthiopiennes.

E

CHRONOLOGIE

En 1941, l'armée britannique remplaça l'autorité coloniale italienne.

- ❏ **1952** L'Érythée est absorbée par l'Éthiopie.
- ❏ **1961** Lutte armée du FPLE.
- ❏ **1987** Les combats s'intensifient.
- ❏ **1993** Indépendance.
- ❏ **1998** Guerre de frontière avec l'Éthiopie.
- ❏ **2000** Traité de paix signé avec l'OUA.
- ❏ **2001** Fin du retrait des troupes érythréennes.
- ❏ **2002** Début de la délimitation de la frontière.

RICHESSES

CONSOMMATION ET DÉPENSES

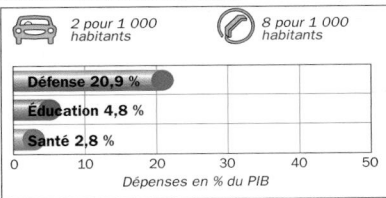
- 2 pour 1 000 habitants
- 8 pour 1 000 habitants
- Défense 20,9 %
- Éducation 4,8 %
- Santé 2,8 %

Dépenses en % du PIB

Plus de 80 % de la population vit de l'agriculture de subsistance. Parmi les 150 000 Érythréens réfugiés, certains sont parvenus à constituer une petite épargne.

CLASSEMENT MONDIAL

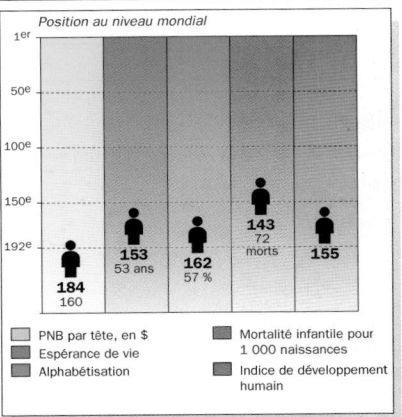
Position au niveau mondial

- 184 — 160
- 153 — 53 ans
- 162 — 57 %
- 143 — 72 morts
- 155

- ▢ PNB par tête, en $
- ▢ Espérance de vie
- ▢ Alphabétisation
- ▢ Mortalité infantile pour 1 000 naissances
- ▢ Indice de développement humain

ESPAGNE

NOM OFFICIEL : Royaume d'Espagne   **CAPITALE** : Madrid
POPULATION : 39,9 millions   **MONNAIE** : euro   **LANGUES OFFICIELLES** : espagnol, galicien, basque catalan

E

SITUÉE dans le Sud-Ouest de l'Europe, l'Espagne est caractérisée au nord par un climat océanique humide en raison de la proximité de l'Atlantique, et à l'est par un climat méditerranéen sec. Son relief est dominé par un plateau central drainé par le Douro, le Tage et le Guadiana, et par de nombreuses chaînes de montagnes. La mort du général Franco, en 1975, a marqué le début d'une phase de démocratisation rapide sous le règne du roi Juan Carlos I. Les régions ont gagné en pouvoir depuis 1986, date de l'adhésion du pays à la CEE. Depuis 1996, c'est le Parti Populaire de centre-droit qui gouverne.

Alcaudete, région de Juan, en Andalousie. *Le château en ruines est d'origine arabe.*

CLIMAT

DONNÉES MÉTÉOROLOGIQUES

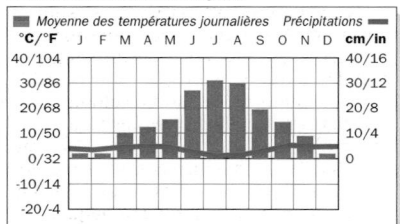

Le plateau central est soumis à des conditions climatiques éprouvantes. Les régions côtières bénéficient d'un climat plus doux et plus humide au nord qu'au sud.

TRANSPORTS

 Barajas, Madrid 28 M de passagers   1 570 navires 1,8 M de tpl

RÉSEAU DE TRANSPORT

343 389 km (213 372 miles)		9 063 km (5 631 miles)	
13 878 km (8 624 miles)		1 045 km (649 miles)	

L'année 1992 a marqué la mise en service de l'AVE, train à grande vitesse qui relie Madrid à Séville. Des réseaux express sont en construction en Galice.

TOURISME

 48,2 M de visiteurs    Plus 3 % en 2000

PROVENANCE DES TOURISTES ÉTRANGERS

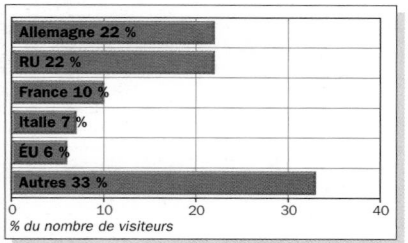

Allemagne 22 %
RU 22 %
France 10 %
Italie 7 %
ÉU 6 %
Autres 33 %

0   10   20   30   40
% du nombre de visiteurs

POPULATION

 Espagnol, catalan, galicien, basque    79 hab./km²

PART DE LA POPULATION URBAINE/RURALE

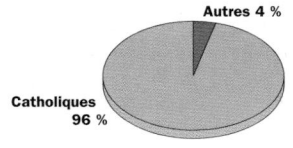

77 %   **23 %**

RELIGION

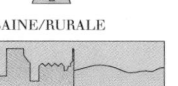

Autres 4 %
Catholiques 96 %

COMPOSITION ETHNIQUE

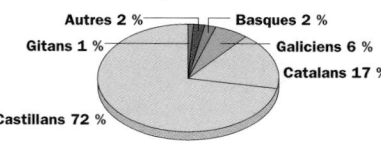

Autres 2 %   **Basques 2 %**
Gitans 1 %   **Galiciens 6 %**
   Catalans 17 %
Castillans 72 %

Les régionalismes ethniques autrefois réprimés sous Franco tendent à se renforcer. La Catalogne en est l'illustration avec Barcelone, sa remuante capitale. Au pays basque, les séparatistes de l'ETA qui combattent pour l'indépendance en perpétrant des actes terroristes ne sont qu'une minorité. Le taux de natalité est aujourd'hui l'un des plus faibles d'Europe, exactement la

Les revenus du tourisme en 2000 ont atteint 31 Md de dollars, l'Allemagne et le Royaume-Uni représentent près de la moitié des arrivées. Longtemps dominante dans le secteur des voyages organisés, l'Espagne a récemment adopté une stratégie marketing destinée à promouvoir le tourisme culturel. Plusieurs régions prélèvent des taxes écologiques sur les séjours touristiques depuis 2001. L'industrie des séjours à prix réduits a bénéficié de l'instabilité politique des pays potentiellement concurrents de la zone méditerranéenne.

PYRAMIDE DES ÂGES

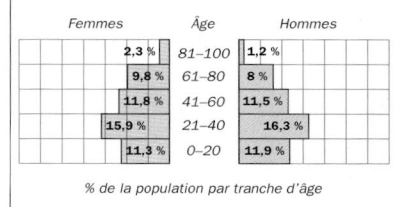

Femmes	Âge	Hommes
2,3 %	81–100	1,2 %
9,8 %	61–80	8 %
11,8 %	41–60	11,5 %
15,9 %	21–40	16,3 %
11,3 %	0–20	11,9 %

% de la population par tranche d'âge

moitié de ce qu'il était en 1975. L'influence de l'Église catholique s'est amenuisée et les mœurs se sont assouplies. La famille demeure cependant une composante essentielle de la société; les hommes demeurent souvent chez leurs parents jusqu'à l'approche de la trentaine. La croissance économique amorcée durant les années 1970 a provoqué une modification du paysage social. Des mouvements migratoires issus des régions rurales pauvres vers les côtes se sont effectués parallèlement à l'arrivée d'immigrants venus d'Amérique latine et surtout d'Afrique du Nord. La récession économique qui dure depuis le début des années 1990 a suscité des mouvements racistes. Les femmes tendent à s'émanciper et leur rôle politique s'est accru.

E

POLITIQUE

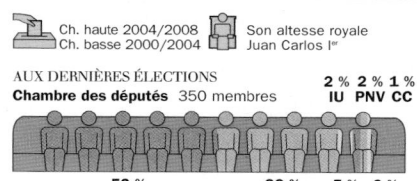

Ch. haute 2004/2008
Ch. basse 2000/2004

Son altesse royale
Juan Carlos I⁰

AUX DERNIÈRES ÉLECTIONS
Chambre des députés 350 membres

2 % 2 % 1 %
IU PNV CC

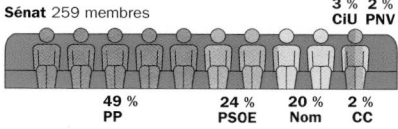

52 %
PP

36 %
PSOE

5 % 2 %
CiU Autres

PP = Parti populaire **PSOE** = Parti socialiste des ouvriers espagnols **CiU** = Convergence et union **IU** = Gauche unifiée **PNV** = Parti basque nationaliste **CC** = Coalition des îles Canaries **Nom** = Nommés

Sénat 259 membres

3 % 2 %
CiU PNV

49 %
PP

24 %
PSOE

20 %
Nom

2 %
CC

208 membres sont directement élus au sénat et 51 sont nommés par des communautés autonomes.

Depuis 1978, l'Espagne est une monarchie parlementaire pluraliste semi-fédérale. Chaque région dispose d'une assemblée législative.

PRINCIPAUX PROBLÈMES POLITIQUES
Un régionalisme croissant
Les 17 régions autonomes d'Espagne rivalisent pour obtenir davantage de fonds et d'autonomie de Madrid. En 1996, le gouvernement du PP approuva un nouveau modèle de financement qui leur donnait de nouveaux pouvoirs de prélèvement fiscal. Le mouvement séparatiste basque ETA a engagé une lutte armée prolongée. De nouveaux attentats survenus à l'issue de trêves en décembre 1999 ont suscité des manifestations géantes destinées à arrêter la violence.

Un gouvernement propre
Le gouvernement PP a moins souffert des scandales de corruption répétés qui avaient entaché les dernières années de son prédécesseur du PSOE, Felipe Gonzalez. Les accusations de « guerre sale » menée contre l'ETA conduisirent par la suite à une condamnation à dix ans de prison prononcée contre l'ancien ministre de l'Intérieur.

PROFIL
La longue période de pouvoir du PSOE brouilla les frontières entre le parti et l'État. Les *Cortes* (parlement) ne parvinrent pas à contrôler le pouvoir exécutif et les conflits politiques eurent souvent des prolongements judiciaires. Le gouvernement du PP conduit par José Maria Aznar à partir de 1996 a bénéficié d'un crédit de confiance. Son relatif succès pour remettre à flot l'économie lui a permis d'obtenir un second mandat en 2000 malgré un accord électoral conclu entre le PSOE et la gauche unifiée.

Le roi Juan Carlos devenu le chef de l'État à la mort du général Franco, en 1975.

José Aznar, Premier ministre (PP) de 1996 à 2004.

POLITIQUE EXTÉRIEURE

OMC   OTAN   OCDE   OSCE   UEO

Les relations avec le Maroc, tendues à cause de l'immigration illégale, se sont encore détériorées pour des questions de souveraineté (îlots, enclaves de Ceuta et Melilla). Il existe un désaccord avec le RU sur le statut de Gibraltar. La colonie s'oppose au changement, malgré la volonté de négociation des deux pays. En 2003, l'alliance du gouvernement avec le RU et les EU pour la guerre en Irak alla à contre-courant de l'opinion publique. L'Espagne encourage par ailleurs un Commonwealth hispanique. Le pays a participé pour la première fois à une mission de maintien de la paix dans les Balkans.

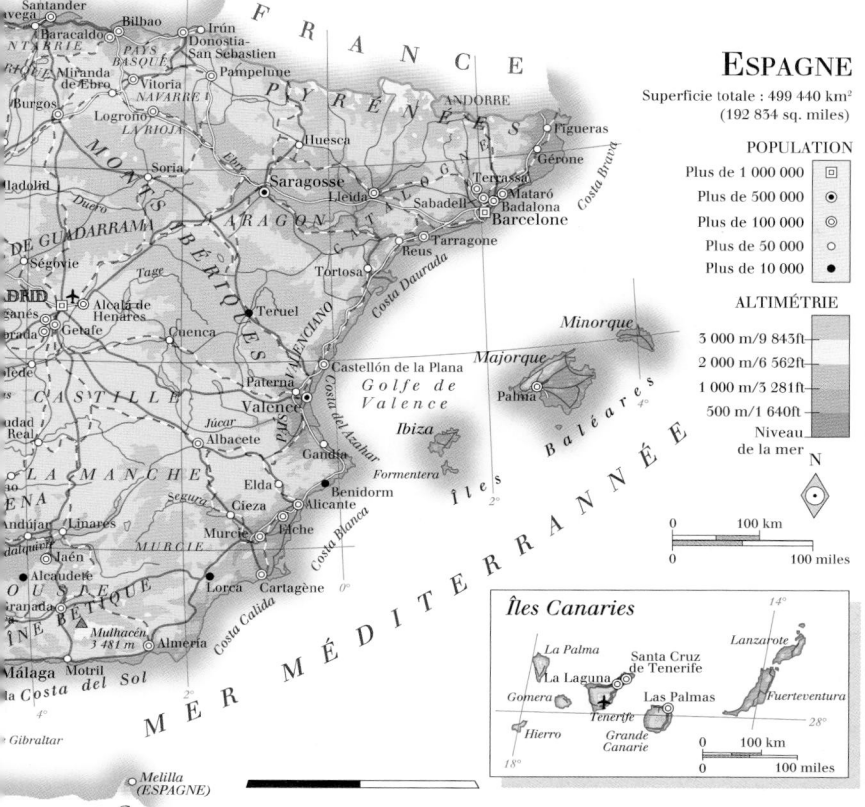

ESPAGNE

Superficie totale : 499 440 km²
(192 834 sq. miles)

POPULATION

Plus de 1 000 000 ▣
Plus de 500 000 ◉
Plus de 100 000 ◉
Plus de 50 000 ○
Plus de 10 000 ●

ALTIMÉTRIE

3 000 m/9 843ft
2 000 m/6 562ft
1 000 m/3 281ft
500 m/1 640ft
Niveau de la mer

N

0   100 km
0   100 miles

Îles Canaries

La Palma
Santa Cruz de Tenerife
Lanzarote
Gomera   Las Palmas   Fuerteventura
La Laguna
Tenerife   Grande Canarie
Hierro

0   100 km
0   100 miles

CHRONOLOGIE

Unifiée sous Ferdinand et Isabelle en 1492, l'Espagne connut son « Siècle d'or » avant de subir une période de déclin. Au milieu du XIXᵉ siècle, l'Espagne est en retard sur les autres pays européens.

❏ **1874** Rétablissement de la monarchie constitutionnelle sous le règne d'Alfonso XII.
❏ **1879** Création du Parti socialiste ouvrier espagnol (PSOE).
❏ **1881** Légalisation des syndicats.
❏ **1898** Défaite de l'Espagne contre les ÉU ; l'Espagne perd Cuba, Porto Rico et les Philippines.
❏ **1914–1918** L'Espagne reste neutre.
❏ **1921** L'armée espagnole est repoussée par les Berbères au Maroc espagnol.
❏ **1923** Dictature militaire.
❏ **1930** Le général Primo de Rivera est limogé par le roi Alfonso XIII.
❏ **1931** Proclamation de la deuxième république, Alfonso XIII fuit l'Espagne.
❏ **1936** Élections remportées par le Front populaire. Soulèvement contre la République organisé par des militaires. ➡

E

CHRONOLOGIE *suite*

- **1939** Franco sort vainqueur de la guerre civile, qui fait 300 000 victimes.
- **1940** Franco rencontre Hitler mais n'entre pas en guerre.
- **1946** L'ONU condamne le régime de Franco.
- **1948** L'Espagne est exclue du plan Marshall.
- **1950** L'ONU lève son veto.
- **1955** L'Espagne membre de l'ONU.
- **1959** Plan de stabilisation économique.
- **1969** Franco désigne Juan Carlos, petit-fils d'Alfonso XIII, pour lui succéder.
- **1970** L'Espagne signe un accord commercial préférentiel avec la CEE.
- **1973** Le Premier ministre Carrero Blanco est assassiné par des séparatistes basques. Il est remplacé par Arias Navarro.
- **1975** Mort du général Franco. Juan Carlos Ier roi d'Espagne.
- **1976** Le roi nomme Adolfo Suarez Premier ministre.
- **1977** Premières élections démocratiques depuis 1936, remportées par l'Union démocratique du centre de M. Suárez.
- **1978** Nouvelle Constitution qui proclame l'Espagne monarchie parlementaire.
- **1981** Leopoldo Calvo Sotelo remplace M. Suárez. L'Espagne devient membre de l'OTAN.
- **1982** Victoire écrasante du PSOE, dirigé par Felipe González.
- **1986** Janvier, l'Espagne devient membre de la CEE. Mars, M. González remporte le référendum sur le maintien de l'Espagne au sein de l'OTAN.
- **1992** Jeux olympiques de Barcelone et Exposition universelle de Séville.
- **1996** Le PSOE perd les élections. J.-M. Aznar devient Premier ministre.
- **1998** Un ex-ministre du PSOE et deux autres personnes sont condamnés pour leur implication dans des enlèvements au Pays Basque.
- **2000** Aznar et le PP gagnent les élections.
- **2002** Adoption de l'euro. Marée noire en Galice.
- **2004** Attentats meurtiers à Madrid. 200 morts.

AIDE INTERNATIONALE

 1,36 Md $ (versés)   Moins 1 % en 1999

L'Espagne a fait des efforts pour augmenter ses subventions (0,23 % de son PNB en 1999) après avoir été critiquée poue la piètre qualité de son aide, subordonnée à l'achat de biens et services.

DÉFENSE

 7,26 Md $ Moins 3 % en 1999

L'importante industrie de défense, essentiellement étatisée, non rentable, est subventionnée pour des raisons stratégiques. L'incorporation totale dans le commandement intégré de l'OTAN a été approuvée en 1997. Les dépenses militaires ont diminué et se situent à présent bien au-dessous de la moyenne des pays de l'OTAN. Le service national a été aboli, les derniers appelés terminant leurs obligations militaires courant 2002.

FORCES ARMÉES ESPAGNOLES

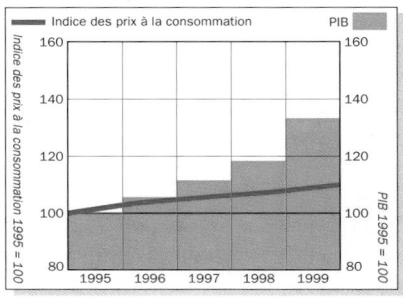

	665 chars de combat (AMX–30, M–48A5E, M–60, Leopard 2 A4)	100 000 hommes
	8 sous-marins, 1 porte-avions, 15 frégates, 33 patrouilleurs	36 950 hommes
	211 avions de combat (F–5B, EF/A–18 A/B, RF–4C, Mirage F–1CF/BE/EE)	29 100 hommes
	Aucun	

ÉCONOMIE

 588 Md   0,87-1,01 euro

CHIFFRES SIGNIFICATIFS

- CLASSEMENT DU PNB AU NIVEAU MONDIAL 9e
- PNB PAR HABITANT ....14 300 $
- BALANCE DES PAIEMENTS............– 15,1 Md $
- INFLATION.......................................3,6 %
- CHÔMAGE ....11 %

INDICATEUR DES PERFORMANCES ÉCONOMIQUES

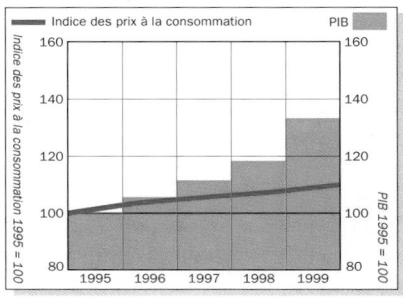

EXPORTATIONS

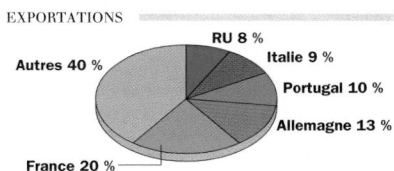

- Autres 40 %
- RU 8 %
- Italie 9 %
- Portugal 10 %
- Allemagne 13 %
- France 20 %

IMPORTATIONS

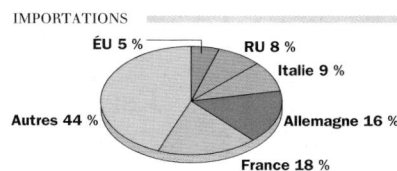

- ÉU 5 %
- Autres 44 %
- RU 8 %
- Italie 9 %
- Allemagne 16 %
- France 18 %

ATOUTS

L'Espagne possède une économie dont la croissance est l'une des plus fortes parmi les pays de l'OCDE. Main-d'œuvre très qualifiée associée à un coût du travail relativement bas. Les privatisations ont introduit une plus grande concurrence dans le domaine du gaz, du raffinage pétrolier, de l'électricité et des télécommunications.

FAIBLESSES

Pénétration étrangère élevée et absence de multinationales espagnoles. Faibles investissements en matière de recherche et développement, concentration dans les industries déclinantes et faible productivité, en particulier dans l'agriculture. Fort chômage persistant, même si le taux officiel est passé sous les 9 % en 2000 pour la première fois depuis 20 ans.

PROFIL

Le rattrapage des principales économies européennes devint un objectif réaliste dès la fin des années 1980 lorsque

l'Espagne enregistre la plus importante croissance d'investissements de l'OCDE. Le revenu par habitant se situait à près de 80 % de la moyenne de l'UE. Après la récession de 1992, la conjoncture s'est inversée au milieu de la décennie – accompagnée de trois dévaluations de la peseta de 18 % au total – et une forte croissance s'est maintenue depuis. L'Espagne a satisfait aux critères de convergence nécessaire à l'union économique et monétaire et a fait partie des 11 pays à introduire l'euro en janvier 1999. Cela a encouragé une croissance soutenue et une forte demande intérieure.

ESPAGNE : PRINCIPALES ACTIVITÉS

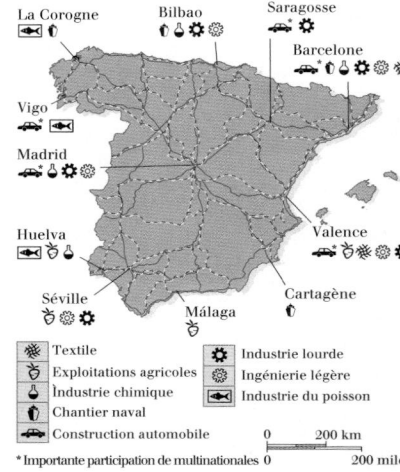

RESSOURCES

 1,34 M de tonnes

 7439 b/j (réserves : 5 431 440 barils)

23,7 M d'ovins
23,7 M de porcins
128 M de volailles

Charbon, pétrole, fer, uranium, mercure, fluorine, gypse

PRODUCTION ÉLECTRIQUE

Hydraulique 19 % (36 Md kwh)	
Thermique 52 % (98 Md kwh)	
Nucléaire 29 % (55 Md kwh)	
Autres 0 %	

% de la production totale par type d'électricité

L'Espagne souffre depuis toujours d'un manque de ressources naturelles. Le charbon, exploité surtout pour maintenir une activité industrielle dans les Asturies, est un secteur en déclin mais toujours subventionné. La flotte de pêche est l'une des plus importantes au monde mais les quotas imposés par l'UE ont diminué la production dans les années 1990.

ESPAGNE : UTILISATION DU SOL

Forêts
Pâturages
Terres cultivées
Marécages
Régions de haute montagne
Moutons
Olives
Citrons
Vignes

ENVIRONNEMENT

 8 % partiellement protégés

 6,6 tonnes par habitant

TRAITÉS ÉCOLOGIQUES

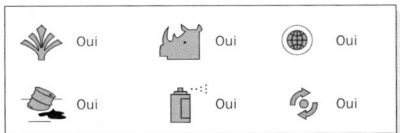

Oui   Oui   Oui
Oui   Oui   Oui

La protection de l'environnement occupait jusqu'à peu une place mineure dans la politique intérieure de l'Espagne, mais la population y est de plus en plus sensible. L'énergie renouvelable, bien que faiblement développée, est de plus en plus visible avec notamment la création de parcs d'éoliennes. Un programme de reboisement a été mis en place pour freiner l'érosion des sols mais ses effets ont été atténués par la multiplication des actes de pyromanie. L'Espagne compte davantage de parcs nationaux que le reste de l'UE. Un grand barrage doit voir le jour mais sa création risque de menacer l'existence des derniers ours bruns d'Espagne.

MÉDIAS

 99 quotidiens pour 1 000 habitants

PRESSE ET TÉLÉCOMMUNICATIONS

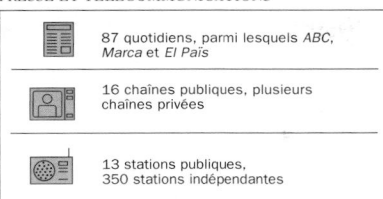

87 quotidiens, parmi lesquels *ABC*, *Marca* et *El País*

16 chaînes publiques, plusieurs chaînes privées

13 stations publiques, 350 stations indépendantes

L'Espagne compte un grand nombre de quotidiens mais leur lectorat est l'un des plus limités d'Europe. Les programmes de radio sont généralement de qualité.

CRIMINALITÉ

 40 157 détenus

 Moins 2 % en 1996–1998

TAUX DE CRIMINALITÉ.

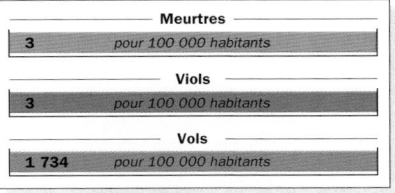

Meurtres	
3	pour 100 000 habitants

Viols	
3	pour 100 000 habitants

Vols	
1 734	pour 100 000 habitants

L'Espagne est l'une des plateformes du trafic mondial de stupéfiants et le nombre d'infractions liées à la drogue est en augmentation. L'immigration illégale a explosé en 2000, les autorités s'avérant dans l'incapacité à endiguer le flot d'immigrants.

ÉDUCATION

 98 %

 1,7 M d'étudiants

LE SYSTÈME ÉDUCATIF

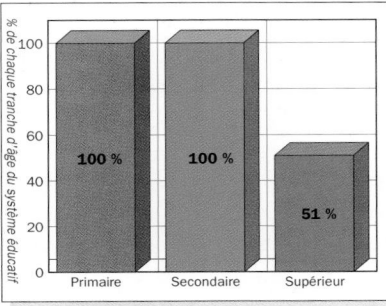

% de chaque tranche d'âge du système éducatif

Primaire 100 %   Secondaire 100 %   Supérieur 51 %

La scolarité obligatoire est passée peu à peu de 14 à 16 ans depuis 1990. Les dernières réformes de l'éducation secondaire, annoncées en 2000, offrent des matières en plus, des améliorations en mathématiques, philosophie et en langues, ainsi qu'une plus grande part des technologies de l'information. Les régions autonomes règlent par décret l'enseignement des langues régionales comme le basque ou le catalan.

SANTÉ

 1 pour 238 habitants

 Maladies cardiaques et circulatoires, cancers, accidents

Le système de santé est de grande qualité et accessible à tous. Il y a beaucoup plus de cliniques privées que d'hôpitaux publics, bien que ces derniers soient considérés comme largement supérieurs. En dépit d'une très forte consommation de tabac et d'alcool, l'état de santé de la population espagnole est bon, peut-être en raison de son régime alimentaire méditerranéen. Le Sida s'est répandu de manière alarmante au point d'atteindre le taux le plus élevé d'Europe et même de dépasser celui des États-Unis.

RICHESSES

CONSOMMATION ET DÉPENSES

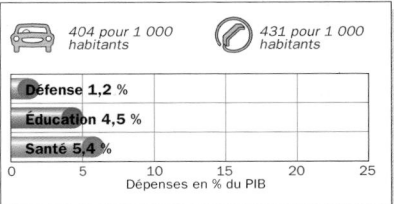

404 pour 1 000 habitants   431 pour 1 000 habitants

Défense 1,2 %	
Éducation 4,5 %	
Santé 5,4 %	

Dépenses en % du PIB

À la fin des années 1980, l'Espagne s'est ouverte à la concurrence. La croissance économique très rapide a permis aux professions libérales et à la classe dirigeante de s'enrichir. Cette dernière est ainsi aujourd'hui la mieux rémunérée d'Europe en termes réels malgré la sévérité du régime fiscal. Les signes extérieurs de richesse se sont multipliés. L'Espagne est ainsi devenue un important marché de voitures et de bateaux de luxe et le fait de posséder un garde du corps personnel est devenu un critère de rang social élevé.
Toutefois, cette tendance s'est inversée avec la récession amorcée au début des années 1990 et le taux de chômage de l'Espagne est désormais l'un des plus élevés d'Europe.

CLASSEMENT MONDIAL

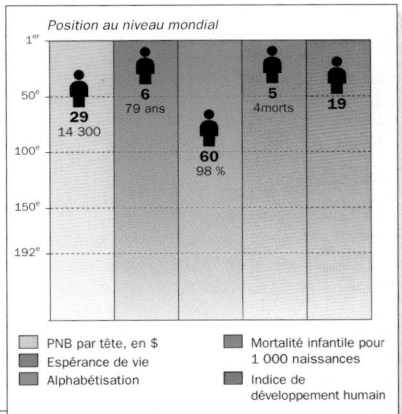

Position au niveau mondial

29 — 14 300
6 — 79 ans
60 — 98 %
5 — 4 morts
19

PNB par tête, en $
Espérance de vie
Alphabétisation

Mortalité infantile pour 1 000 naissances
Indice de développement humain

E

ESTONIE

NOM OFFICIEL : République d'Estonie **CAPITALE** : Tallin
POPULATION : 1,4 MILLION **MONNAIE** : couronne **LANGUE OFFICIELLE** : estonien

E

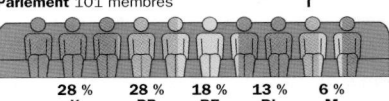

     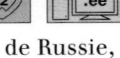

NTOURÉE par la Lettonie et la fédération de Russie, l'Estonie est l'État balte le plus ouvert à l'influence occidentale. Son relief est plat, ses sols marécageux et boisés; l'Estonie possède plus de 1 500 îles. En 1991, elle regagna son indépendance pour devenir une démocratie pluraliste. Contrairement aux habitants des autres États baltes – la Lettonie et la Lituanie – les Estoniens sont finno-ougriens et leur langue s'apparente au finnois.

POLITIQUE

2003/2007   Arnold Ruutel, président de la République

AUX DERNIÈRES ÉLECTIONS
Parlement 101 membres   7 % I

28 % K   28 % RP   18 % RE   13 % RL   6 % M

K = Parti du centre   M = modérés   I = Union *Pro Patria*
RP = Union pour la République   RE = Parti réformiste
RL = Union du peuple estonien

Depuis la chute du communisme, des gouvernements de coalition se sont succédé. Le Parti du Centre est arrivé en tête aux élections de 1999, prônant une réforme fiscale afin de réduire les inégalités de richesse. C'est pourtant Mart Laar, chef du gouvernement de 1992 à 1995, qui est redevenu premier Ministre, à la tête d'une coalition de centre-droit regroupant le PPU, le Parti de la Réforme et les modérés. Il poursuit une politique réformiste visant à orienter le pays vers l'économie de marché. Il a poursuivi une politique réformiste visant à orienter le pays vers l'économie de marché bien qu'il ne disposait que d'une courte majorité parlementaire. Sim Kallas (centre-droit) occupe la fonction de Premier ministre.

CLIMAT

DONNÉES MÉTÉOROLOGIQUES

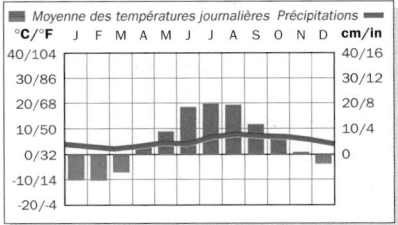

L'Estonie connaît des étés doux et des hivers froids, durant lesquels la mer Baltique est prise par les glaces.

TRANSPORTS

Tallin Ulemiste
551 989 passagers

239 navires
522 000 tpl

RÉSEAU DE TRANSPORT

10 935 km (6 795 miles)	75 km (47 miles)
968 km (602 miles)	320 km (199 miles)

Le réseau ferroviaire s'est amélioré et les lignes de cars sont fiables. Des ferries relient Tallin à la Finlande, la Suède et l'Allemagne.

TOURISME

1,1 M de visiteurs   Plus 16 % en 2000

PROVENANCE DES TOURISTES ÉTRANGERS

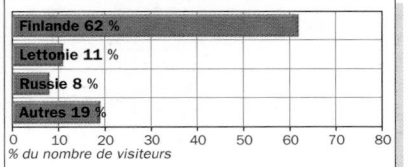

Finlande 62 %
Lettonie 11 %
Russie 8 %
Autres 19 %

0 10 20 30 40 50 60 70 80
% du nombre de visiteurs

L'Estonie est une destination très prisée des Finlandais. Le tourisme est axé sur les sports nautiques et les sports d'hiver. Le pays possède un riche patrimoine architectural, dont le centre médiéval de Tallin.

POPULATION

 Estonien, russe   31 hab./km²

PART DE LA POPULATION URBAINE/RURALE

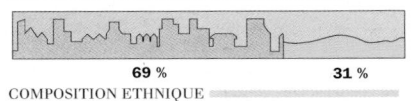

69 %   31 %

COMPOSITION ETHNIQUE

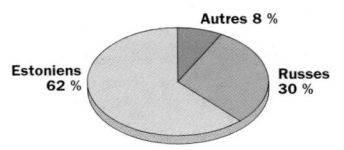

Autres 8 %
Estoniens 62 %
Russes 30 %

Après des décennies de domination soviétique, les relations sont difficiles entre les Estoniens et la minorité russe. De nouvelles lois sur la citoyenneté, en 1992 et 1995, ont exclu de nombreux Russes qui ne maîtrisaient pas suffisamment la langue ou n'étaient pas résidants depuis assez longtemps. Sous la pression internationale réclamant la fin des discriminations à l'égard des russophones, une nouvelle loi fut votée en 2000. Les Estoniens sont en majorité protestants, les familles petites et les divorces nombreux.

ESTONIE

Superficie totale
45 125 km²
(17 423 sq. miles)

ALTIMÉTRIE

200 m/565ft
Niveau de la mer

POPULATION
⊙ Plus de 500 000
◎ Plus de 100 000
○ Plus de 50 000
● Plus de 10 000
• Moins de 10 000

POLITIQUE EXTÉRIEURE

Les négociations en vue de l'adhésion de l'Estonie à l'UE ont commencé en 1998. Les liens avec les autres pays baltes et les pays scandinaves se sont aussi renforcés en 2004, l'Estonie devrait devenir membre à part entière de ces deux organisations. La priorité de l'Estonie est son intégration à l'UE et à l'OTAN. L'Estonie a accepté sa frontière avec la Russie.

AIDE INTERNATIONALE

 83 M $ (reçus)   Plus 28 % en 1997–1999

Bien que toujours bénéficiaire de l'aide internationale, l'Estonie fournit aussi de l'aide depuis 1997, en particulier technique.

DÉFENSE

 71 M $ Plus 16 % en 1999

Depuis 2000, la durée du service militaire a été réduite de 12 à 8 mois. Si les ÉU y étaient auparavant opposés, ils soutiennent aujourd'hui l'entrée des pays baltes dans l'OTAN.

ÉCONOMIE

 5,27 Md $ 13,6-15,8 couronnes estoniennes

CHIFFRES SIGNIFICATIFS

❏ CLASSEMENT DU PNB AU NIVEAU MONDIAL	110ᵉ
❏ PNB PAR HABITANT	3 870 $
❏ BALANCE DES PAIEMENTS	– 339 M $
❏ INFLATION	5,7 %
❏ CHÔMAGE	13 %

ATOUTS
Réserves d'huile de schiste et de phosphorite. Industrie légère. Stabilité de la devise nationale. Moindre dépendance vis-à-vis de la Russie. Liens plus étroits avec la Finlande et l'Allemagne.

FAIBLESSES
Vétusté des infrastructures industrielles. Insuffisance des matières premières. Dépendance vis-à-vis des importations d'énergie.

EXPORTATIONS

Allemagne 7 %
Lettonie 9 %
Russie 9 %
Autres 37 %
Finlande 19 %
Suède 19 %

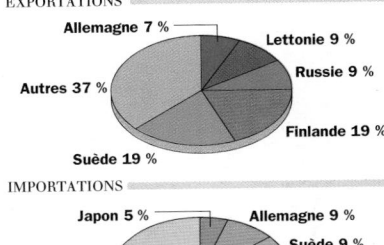

IMPORTATIONS

Japon 5 %
Allemagne 9 %
Suède 9 %
Autres 40 %
Russie 14 %
Finlande 23 %

RESSOURCES

 123 873 tonnes

L'Estonie ne publie pas de chiffre sur sa production pétrolière.

285 600 bovins
281 200 porcins
2,46 M de poulets

Huile de schiste, phosphorite, charbon, tourbe

L'huile de schiste est la principale ressource énergétique du pays. L'extraction de la phosphorite a été arrêtée. Fabrication de pâte à papier.

ENVIRONNEMENT

12 %   13,1 tonnes par habitant

La combustion d'huile de schiste dans les centrales est la principale pollution industrielle. Le traitement des eaux usées a été amélioré.

MÉDIAS

 174 quotidiens pour 1 000 habitants

PRESSE ET TÉLÉCOMMUNICATIONS

17 quotidiens dont : *Eesti Ekspress, Eesti Pãevaleht* et *Postimees*

1 chaîne publique, 4 chaînes indépendantes

1 station publique, 7 stations indépendantes

Les médias sont en grande majorité pro-gouvernementaux. Les émissions en langue russe sont en déclin. Les Estoniens ont accès à la télévision finlandaise retransmise par satellite.

CRIMINALITÉ

 4 034 détenus    Plus 31 % en 1996–1998

Les principaux problèmes en matière de criminalité sont le vol et le trafic de drogue. Le taux de criminalité reste faible.

ÉDUCATION

99 %   43 468 étudiants

Le système éducatif est soumis à l'influence occidentale. L'Estonie compte 34 établissements d'enseignement supérieur.

SANTÉ

1 pour 323 habitants

Maladies cardiaques, cancers, accidents, violence

Le système de santé offre une meilleure qualité de soins que celui des anciennes républiques soviétiques.

Le couvent russe orthodoxe de Pühtitsa à Kuremäe dans le Nord marécageux de l'Estonie. La population est en majorité luthérienne.

E

CHRONOLOGIE

Après avoir été soumise à l'autorité suédoise puis russe, l'Estonie connut une période d'indépendance de 1921 à 1940, année de l'annexion à l'URSS.

- ❏ **1990** Déclaration d'indépendance.
- ❏ **1991** La Russie reconnaît l'indépendance estonienne.
- ❏ **1992** Élections libres.
- ❏ **1999** Le parti K (gauche) remporte les élections Coalition centre droit.
- ❏ **2001** L'ex-communiste Ruutel élu président
- ❏ **2003** Elections K et RP au coude à coude.
- ❏ **2004** Entrée dans l'UE.

RICHESSES

CONSOMMATION ET DÉPENSES

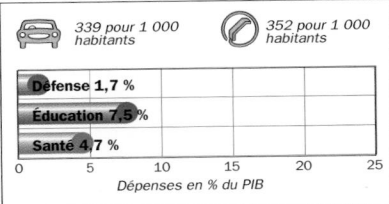

339 pour 1 000 habitants   352 pour 1 000 habitants

	0	5	10	15	20	25
Défense 1,7 %						
Éducation 7,5 %						
Santé 4,7 %						

Dépenses en % du PIB

L'économie de marché a créé des richesses, surtout pour quelques privilégiés. Les salaires sont meilleurs que dans les autres pays baltes.

CLASSEMENT MONDIAL

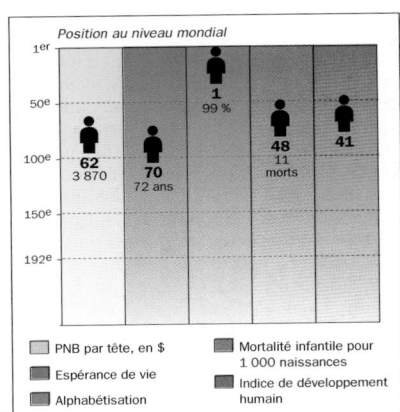

Position au niveau mondial

1er
50e
100e
150e
192e

62 — 3 870
70 — 72 ans
1 — 99 %
48 — 11 morts
41

❏ PNB par tête, en $
❏ Espérance de vie
❏ Alphabétisation
❏ Mortalité infantile pour 1 000 naissances
❏ Indice de développement humain

ÉTATS-UNIS

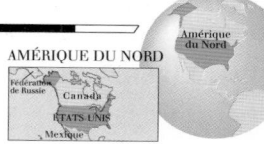

NOM OFFICIEL : États-Unis d'Amérique   **CAPITALE** : Washington D.C.
POPULATION : 289 millions   **MONNAIE** : dollar américain   **LANGUE OFFICIELLE** : anglais

TROISIÈME PAYS du monde par leur superficie, les États-Unis ne sont ni surpeuplés (comme la Chine) ni soumis à des climats extrêmes (Russie, Canada). 48 des 50 États se trouvent sur le continent, entre le Mexique et le Canada. Les deux autres (l'Alaska et Hawaii) sont devenus des États en 1959. Les États-Unis ne se sont pas construits sur une identité ethnique mais sur un concept de nation hérité des pères fondateurs du XVIIIᵉ siècle. Ces valeurs de liberté conservent une grande résonance politique et économique. Depuis l'effondrement de l'Union soviétique, les ÉU restent la seule superpuissance mondiale, ce qui leur attire parfois de solides inimitiés.

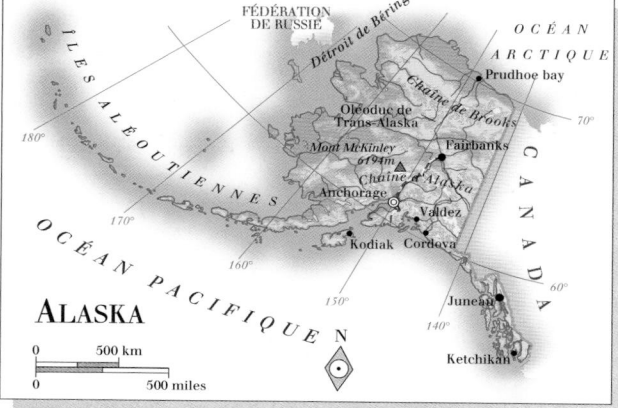

ALASKA

CLIMAT

DONNÉES MÉTÉOROLOGIQUES

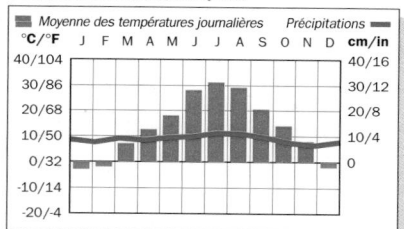

des tornades, des cyclones, des inondations, de violents orages et des sécheresses qui augmentent avec le changement climatique global de la planète.

Les ÉU recouvrent un continent d'est en ouest et, avec l'Alaska et Hawaï, avancent loin dans l'océan Pacifique ; les conditions climatiques y sont donc très variées. Les températures annuelles moyennes passent de 29 °C en Floride à – 13 °C en Alaska. Les étés dans le sud du pays sont humides, mais secs dans le Sud-Ouest. Les hivers sont particulièrement rigoureux dans les montagnes et les plaines de l'Ouest ainsi que dans le Midwest où les grands lacs gèlent. La côte atlantique, au Nord-Est, connaît de fortes chutes de neige de novembre à avril. De façon générale, le climat des ÉU est rude, souvent touché par

L'immeuble de style Chippendale à New York, d'architecture post-moderne, par l'architecte américain Philip Johnson.

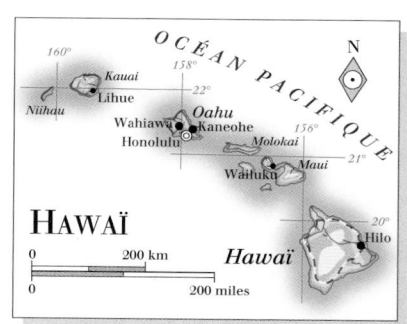

HAWAÏ

TRANSPORTS

 Atlanta, Géorgie
76,9 M de passagers

 443 navires
15 M de tpl

RÉSEAU DE TRANSPORTS

 5,73 M km
(3,56 M miles)

 74 782 km
(46 467 miles)

 230 674 km
(143 334 miles)

 41 009 km
(25 482 miles)

Le système fluvial Mississippi-Missouri a offert aux ÉU son premier réseau de transport. Les communications aériennes intérieures sont les moins chères au monde et les mieux développées ; le système d'autoroutes est bon. Le réseau ferroviaire, plutôt négligé pendant des années, sert essentiellement au transport du fret ; il est en train d'attirer de nouveaux passagers grâce aux trains à grande vitesse. Les américains ont « épousé » le mode de locomotion automobile (production de masse lancée par Henry Ford en 1919 et pétrole bon marché). On compte 210 millions d'automobiles (9 M en 1919) . Les Américains accomplissent à eux seuls plus de la moitié des déplacements automobiles du monde. Les problèmes de congestion des villes, de pollution et les coûts liés à la destruction de l'environnement par l'augmentation de la production de pétrole contraindront peut-être les Américains à revoir le rôle de la voiture dans la société.

E

Les centres commerciaux, typiques des banlieues résidentielles, perdent du terrain au profit du cyber-commerce.

ÉTATS-UNIS

Superficie totale : 9 166 600 km²
(3 539 224 sq. miles)

POPULATION

Plus de 5 000 000	▣
Plus de 1 000 000	▣
Plus de 500 000	◉
Plus de 100 000	◎
Plus de 50 000	○
Plus de 10 000	●
Moins de 10 000	•

ALTIMÉTRIE

3 000 m/9 843ft
2 000 m/6 562ft
1 000 m/3 281ft
500 m/1 640ft
200 m/656ft
Niveau de la mer

E

TOURISME

41,9 M de visiteurs   Moins 7 % en 2002

PROVENANCE DES TOURISTES ÉTRANGERS

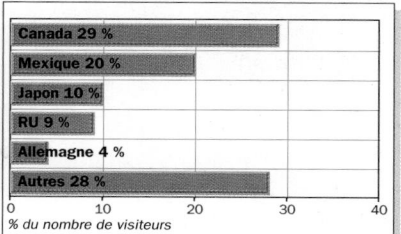

Canada 29 %
Mexique 20 %
Japon 10 %
RU 9 %
Allemagne 4 %
Autres 28 %

% du nombre de visiteurs

Le tourisme est un secteur important, avec une demande en hausse constante pour un public à la fois étranger et américain, qui a rapporté en 2000 plus de 85 Md de dollars de recettes. Le nombre de visiteurs étrangers a été favorisé notamment par la déréglementation des prix du trafic aérien. Le tourisme est un important pourvoyeur d'emplois, en particulier dans les régions en déclin industriel comme le Nord-Est. Tous les États ont leurs attractions touristiques et tous cherchent à attirer les touristes. Le tourisme intérieur a augmenté tout aussi rapidement avec la hausse du revenu net des Américains. Les destinations les plus fréquentes sont *Disney World* en Floride avec plus de 20 millions de visiteurs par an, les chutes du Niagara, Las Vegas, New York, San Francisco, Los Angeles et Hollywood, le Grand Canyon, la Nouvelle-Orléans, Atlantic City et Washington D.C. La rapide expansion touristique n'est pas sans apporter quelques problèmes. Les 367 parcs et sites gérés par le Service des parcs nationaux (NPS) ont été victimes de leur succès : le nombre des visiteurs a plus que doublé depuis 1970, pour atteindre un chiffre record de 275 millions en 1992. Afin de répondre à cette affluence dans les régions les plus recherchées, la surface des parcs nationaux a été doublée depuis 1976 et atteint aujourd'hui 327 807 km². Cette mesure ne suffit pourtant pas à éviter les files ininterrompues de voitures dans la réserve naturelle de Yellowstone, et il y a même une liste d'attente de 7 ans pour descendre le Grand Canyon en raft.

POPULATION

Anglais, espagnol, italien, français, allemand, polonais, chinois, grec, indien, tagalog, coréen, japonais   31 hab./km²

PART DE LA POPULATION URBAINE/RURALE

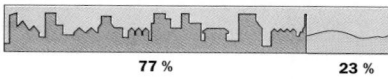

77 %   23 %

RELIGION

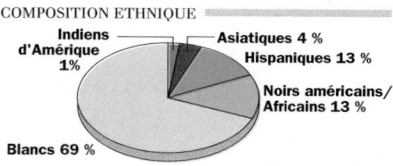

Juifs 2 %
Musulmans 2 %
Autres et athées 12 %
Catholiques 25 %
Protestants 61 %

COMPOSITION ETHNIQUE

Indiens d'Amérique 1 %
Asiatiques 4 %
Hispaniques 13 %
Noirs américains/Africains 13 %
Blancs 69 %

Après 400 ans, la domination démographique, économique et culturelle des blancs reste fermement établie. Cependant, la composition ethnique évolue rapidement. La hausse de l'immigration dans les années 1990 s'est marquée par l'arrivée de Latino-américains et d'Asiatiques. La communauté hispanique connaît une forte croissance démographique ; elle forme la minorité la plus importante. En 2050, selon des estimations, la population sera hispanique à 25 %, noire à 14 % et asiatique/pacifique à 9 %. Plus des 2/3 des Hispaniques viennent du Mexique. Chaque année, des milliers de Mexicains franchissent la frontière au péril de leur vie. La communauté hispanique lutte toujours pour s'imposer politiquement et économiquement face à une population noire mieux établie et sensibilisée. Au sein de la communauté noire, dont les ancêtres furent victimes du sinistre commerce d'esclaves, une classe de dirigeants économiques est apparue ; mais seuls deux Noirs (dont Oprah Winfrey) figurent sur la liste des 400 Américains les plus riches. Les premiers habitants du pays, les Amérindiens, furent expropriés au XIXe siècle et constituent 1 % de la population. Certaines réserves figurent parmi les zones les plus pauvres des États-Unis. La constitution garantit la séparation de l'Église et de l'État, mais les valeurs chrétiennes sont dominantes. Les églises évangéliques, en particulier dans le sud, luttent avec acharnement contre l'avortement, l'enseignement de l'évolution darwinienne, et l'acceptation de l'homosexualité.

PYRAMIDE DES ÂGES

Femmes	Âge	Hommes
2,1 %	81–100	1,1 %
7,4 %	61–80	6 %
12,7 %	41–60	12,2 %
14,8 %	21–40	15 %
14 %	0–20	14,8 %

% de la population par tranche d'âge

POLITIQUE

Ch. haute 2002/2004
Ch. basse 2002/2004

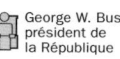

George W. Bush, président de la République

AUX DERNIÈRES ÉLECTIONS

Chambre des représentants 435 membres

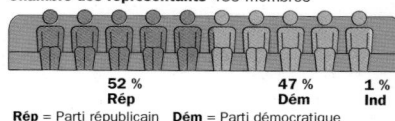

52 % Rép   47 % Dém   1 % Ind

Rép = Parti républicain   Dém = Parti démocratique
Ind = Indépendants

Sénat 100 membres

51 % Rép   48 % Dém   1 % Ind

Les ÉU sont une démocratie fédérale. De nombreux secteurs dépendent donc de chaque État, qui élit au Congrès deux sénateurs et un nombre variable de représentants (selon sa population).

PROFIL

La politique américaine est dominée par deux grands partis. Les Républicains (droite) et les Démocrates (centre-droit), guère différents entre eux, échangent régulièrement les postes de pouvoir. L'élection présidentielle se joue en grande partie sur les personnalités des candidats, la télévision gardant un rôle important. Les campagnes électorales sont longues et coûteuses. Malgré ses liens avec le monde des affaires, ses idées controversées (notamment sur l'énergie) et une opinion publique divisée lors de son élection en 2000, le républicain George W. Bush a obtenu un soutien populaire massif en septembre 2001, porté par une vague de patriotisme faisant suite aux attentats du 11 septembre contre le World Trade Center. Ses prédécesseurs, démocrates ou républicains, avaient éprouvé des difficultés à faire voter leurs lois par un Congrès hostile, mais les Républicains gagnèrent une forte majorité dans les deux chambres en 2002, donnant plus de liberté à Bush pour mener sa politique.

George Walker Bush *a pris ses fonctions en 2001 à l'issue d'une élection controversée.*

Général Colin Powell *premier Afro-Américain à devenir secrétaire d'État à la Défense.*

POLITIQUE *suite*

PRINCIPAUX PROBLÈMES POLITIQUES
Les limites du gouvernement

La défense des libertés constitutionnelles, de la libre expression au port d'armes, paraît parfois exagérée du point de vue d'autres sociétés. Traditionnellement, les États résistent aux autorités fédérales, en luttant pour conserver leurs prérogatives. Dans certains domaines comme la santé et l'éducation, les conservateurs qualifient d'ingérence ce que d'autres considèrent comme un souci normal du bien-être social. Le « grand État » est aussi vilipendé dans plusieurs secteurs économiques, où les opposants au contrôle environnemental le considèrent comme un obstacle à la libre entreprise et à la création de richesses.

Le prestige de la présidence

Quand George W. Bush entra en fonction en janvier 2001, il dut relever plusieurs défis. Le premier était la légitimité de sa victoire : son concurrent démocrate Al Gore avait obtenu davantage de voix à l'échelle nationale, et le scrutin s'était déroulé en Floride de manière controversée. Bush était critiqué pour ses limites intellectuelles, ses gaffes et sa méconnaissance des dossiers. Les événements du 11 septembre lui permirent de redorer l'image présidentielle. Il grandit dans l'estime publique au cours de sa première année d'exercice ; son message simple et patriotique lui rallia une nation bouleversée par les attentats. Cette situation lui valut un succès électoral en 2002, lorsque, pour la première fois en 50 ans, le parti du président au pouvoir gagna les élections à la mi-mandat. Malgré ces succès, Bush subit des critiques sévères et nombreuses, notamment sur l'économie. En 2002, le budget connut son premier déficit en cinq ans, et atteignit même le chiffre record de 300 milliards de dollars en 2003.

L'énergie et l'environnement

Bush suivit une politique controversée en 2001, sur fond de crise de l'énergie en Californie. Des environnementalistes s'opposèrent à son projet de prospection pétrolière en Alaska. Le Sénat lui retira d'ailleurs des financements sur le budget 2004. L'expansion du nucléaire est à l'ordre du jour, et les ÉU ont, seuls, décidé de refuser l'accord de Kyoto sur la baisse des émissions de CO_2. Bush dégagea aussi 1,2 milliards de $ pour la recherche sur les piles à hydrogène.

Criminalité, race et pauvreté

Des efforts ont été faits pour réhabiliter des zones urbaines, en suivant de nouveaux programmes destinés à redonner l'initiative aux pauvres (projets d'autogestion de logements publics par exemple). La communauté noire souffre du taux de criminalité et du nombre de victimes les plus élevés. Dans des villes comme New York, des politiques dures de lutte contre la criminalité ont été accusées d'injustice envers les minorités ethniques. Une classe urbaine défavorisée risque de perdurer.

The Mittens, Monument Valley, dans l'Arizona
Ces formations rocheuses impressionnantes sont dues à l'érosion du grès rouge. La vallée fait partie du Navajo National Monument.

Hillary Clinton,
sénateur de New York et femme de l'ancien président Bill Clinton.

Alan Greenspan,
président de la Réserve fédérale depuis 1987.

POLITIQUE EXTÉRIEURE

 G8 OTAN ALENA OEA OCDE

Isolés par deux océans, les ÉU ont pu, au cours de l'essentiel de leur histoire, choisir leur degré d'implication internationale. Engagés à contrecœur dans les deux conflits mondiaux, les ÉU sont, après 1945, passés d'une politique isolationniste à une politique interventionniste. Ils siégèrent au Conseil de sécurité des Nations unies, installé à New York, et contribuèrent à la fondation de l'OTAN, bien que pour eux la guerre froide – avec les guerres de Corée et du Viêt-nam – menaça beaucoup plus directement et coûteusement leurs intérêts immédiats. Les victimes et le traumatisme de la défaite de la guerre du Viêt-nam dans les années 1970 les ont incités à se tenir à l'écart de tout engagement militaire dans le monde pendant plus d'une décennie au profit d'efforts diplomatiques – en particulier en Chine et au Moyen-Orient – et en soutenant les opposants aux régimes de gauche dans les pays du tiers monde, notamment au Nicaragua, à Cuba et en Angola.

En 1989, l'effondrement du bloc soviétique força les ÉU à redéfinir leur politique étrangère, en tant que seule superpuissance subsistante. Ils restèrent prudents jusqu'en 2001. Ils avaient mené la Guerre du Golfe en 1991, mais le fiasco en Somalie et la confusion en Bosnie-Herzégovine et en Haïti témoignèrent des hésitations du gendarme du monde. Les attentats du 11 septembre 2001 permirent à l'équipe Bush de reprendre la main sur le plan international, en s'inspirant en partie de la doctrine conservatrice du « nouveau siècle américain », qui consiste à utiliser la puissance sans rivale des États-Unis pour influer sur l'état du monde à leur bénéfice.

Cette nouvelle approche conduisit à la « guerre au terrorisme », visant à bâtir un consensus international autour de la lutte contre des ennemis non étatiques.

Le « succès » de la guerre en Afghanistan, à la fin 2001, inquiéta les musulmans qui se sentaient injustement visés. Bush déclara en 2002 que l'Iran, l'Irak et la Corée du Nord appartenaient à « l'axe du mal » soutenant les terroristes, ce qui attisa les tensions.

Les menaces contre l'Irak aboutirent à son invasion en 2003. La France et l'Allemagne contestèrent cette guerre, ce qui leur valut l'appellation de « vieille Europe » par le ministre de la défense Donald Rumsfeld. Même la Russie, accueillie au sein de l'OTAN en 2002, exprima sa désapprobation. Pour beaucoup, il s'agissait d'un règlement de comptes et d'une mainmise sur le pétrole irakien. Les ÉU déclarèrent que leurs relations avec l'ONU et l'Europe ne les empêcheraient pas de mener leur politique étrangère.

En conséquence, l'opinion mondiale tend à rejeter les ÉU, ce qui pourrait contribuer à grossir les rangs des groupes terroristes anti-ÉU. Cette opposition idéologique est soutenue par un fort mouvement dans le monde développé identifiant l'hégémonie militaire, économique et culturelle des EU aux maux de la mondialisation.

L'IMPACT DES TECHNOLOGIES DE L'INFORMATION

Les conséquences du 11 septembre et de la « guerre contre le terrorisme » À 08h48 (heure locale), le 11 septembre 2001, un avion détourné d'American Airlines s'écrasa dans la tour nord du World Trade Center à New York. À 10h29, trois autres avions s'étaient écrasés, l'un dans la tour sud, le deuxième sur le Pentagone et le troisième dans la campagne de Pennsylvanie, après que les passagers eurent maîtrisé les pirates de l'air. Environ 3000 personnes trouvèrent la mort. L'organisation islamiste extrémiste d'al-Qaida, dirigée par Oussama ben Laden, fut immédiatement dénoncée. Les attentats, diffusés en direct partout dans le monde, provoquèrent une grande émotion sur toute la planète.

LA « GUERRE CONTRE LE TERRORISME »

Considérés comme un second Pearl Harbor, les attentats du 11 septembre incitèrent l'administration américaine à riposter en déclarant la « guerre au terrorisme ». La première offensive, une attaque massive visant le régime des talibans qui abritaient ben Laden, fut lancée en octobre 2001. Cette « guerre » fut sévèrement critiquée par le monde musulman, qui avait l'impression d'être injustement visé. Les combattants faits prisonniers en luttant contre les ÉU et leurs alliés furent transportés sur la base de Guantanamo Bay, à Cuba. Détenus au Camp Delta (ancien Camp X-Ray), ils attendent leur procès. En les considérant comme des « combattants illégaux », les EU évitèrent de leur appliquer la IIIᵉ Convention de Genève sur le traitement des prisonniers de guerre. Les ÉU se tournèrent ensuite vers l'Irak, tout en fournissant une aide militaire aux pays en lutte contre leurs propres terroristes (en général islamistes). S'appuyant sur des liens mal définis entre al-Qaida et le régime baasiste de Saddam Hussein, ainsi que sur les craintes suscitées par d'éventuelles armes de destruction massive en Irak, les ÉU menèrent une coalition militaire. Celle-ci envahit l'Irak en mars

Les réactions à la destruction du World Trade Center sont allées du patriotisme agressif à un fervent désir de paix.

« L'hommage de lumière », sur le site du WT Center. L'architecte Daniel Libeskind a été choisi pour créer des immeubles intégrant à la fois des lieux de commerce et de commémoration.

2003, renversant le régime au début avril. Cette invasion fut durement critiquée dans le monde ; en outre, les lenteurs et les violences marquant la reconstruction de l'Irak, dans un contexte d'hostilité locale évident, ont accru la contestation des choix américains. Les critiques portent aussi sur certaines « preuves » douteuses utilisées pour justifier l'invasion de l'Irak. Le gouvernement répond qu'une action fondée sur des « renseignements douteux » aurait permis d'éviter les attentats du 11 septembre.

LA SÉCURITÉ INTÉRIEURE

Sur le territoire américain, le 11 septembre eut pour effet de mettre le pays tout entier en état d'alerte quasi-permanent, avec de fréquentes mises en garde contre des attentats imminents. Immédiatement après le 11 septembre, l'administration Bush annonça la mise en place d'un nouveau département de haut niveau chargé de la sécurité intérieure. Ce service fut créé le 25 novembre 2002, avec Tom Ridge à sa tête. Il rassemble 22 agences auparavant distinctes, dont les garde-côtes et les patrouilles frontalières, pour mieux coordonner leur réaction à d'éventuels futurs attentats. Ce groupe reçoit l'aide d'une CIA « réformée » et réorientée vers le terrorisme international. La CIA avait subi des critiques pour ne pas avoir prévu l'attentat de 2001. La sécurité s'est bien sûr renforcée dans les aéroports, mais les organisations de défense des droits de l'homme s'inquiètent surtout du traitement subi par les visiteurs en provenance des pays musulmans. Les voyageurs de sexe masculin arrivant d'Iran, d'Irak, de Libye, du Pakistan, d'Arabie Saoudite, du Soudan, de Syrie ou du Yémen sont désormais enregistrés, photographiés, et leurs empreintes digitales sont relevées. La répression a également touché des immigrants d'Afrique du Nord et du Moyen Orient ; des centaines d'entre eux ont été placés

en détention après avoir obéi aux nouvelles lois antiterroristes exigeant leur enregistrement.

Sur le plan culturel, le patriotisme public a connu un regain, accompagné d'actes de protestation ou de défis : des célébrités ont été attaquées pour avoir exprimé leur désapprobation du gouvernement. Les campagnes de certaines stars contre la « guerre » ont été limitées ou minimisées par des mises en garde faisant l'éloge du patriotisme tout en prônant le respect des droits de l'homme.

COMMENT GAGNER LA GUERRE

Peu après le début de la guerre, les observateurs firent remarquer que rien ou presque n'avait été fait quant aux motivations de ben Laden. Ce dernier affirmait viser l'hégémonie culturelle des États-Unis, et en particulier son soutien historique à Israël dans son conflit avec les Palestiniens. La « feuille de route » américaine, rendue publique en 2003 pour promouvoir la paix au Moyen Orient, tentait de répondre aux problèmes des Palestiniens, mais elle fut appliquée avec retard, et n'empêcha pas les violences en Israël et dans les Territoires occupés. Le sentiment anti-américain est en plein essor dans les sociétés musulmanes défavorisées de la région. L'invasion unilatérale d'États souverains et les attaques contre les dirigeants arabes exacerberont sans doute l'hostilité vis-à-vis des États-Unis, selon certains. Cette hypothèse est renforcée par le nombre de morts de la Coalition en Irak, face à la « résistance » ou à des combattants isolés. Peu de gens partagent désormais la confiance de l'administration américaine, qui semblait penser que la « guerre contre le terrorisme » connaîtrait une fin rapide, voire décisive.

Des terroristes et des talibans présumés, capturés lors de la guerre en Afghanistan et détenus dans de dures conditions sur la base américaine de Guantanamo.

AIDE INTERNATIONALE

 11,4 Md $ (versés) Plus 15 % en 2001

Seulement 0,1% du PNB va à l'aide internationale. La Russie, l'Égypte et Israël en sont les grands bénéficiaires. Les ÉU poursuivent des buts stratégiques avec des engagements de haut niveau : campagnes de 15 milliards de $ contre le SIDA, ou de 5 milliards de $ contre la pauvreté.

DÉFENSE

 322 Md $ Plus 6 % en 2001

FORCES ARMÉES AMÉRICAINES

	7 620 chars de combat (Abrams M-1)	485 500 hommes
	72 sous-marins, 12 porte-avions, 27 croiseurs, 55 destroyers, 35 frégates et 21 patrouilleurs	385 400 hommes
	3 136 avions de combat (B-52H, B-1B, F-4, F-5, F-16, F-11, F-17, OA, 10A)	369 700 hommes
	432 SLBM dans 18 SSBN, 550 ICBM	

Même avant les attentats du 11 septembre, la politique de défense était passée d'une stratégie de dissuasion nucléaire à des systèmes de missiles « intelligents » et à une « puissance de projection à longue portée », avec des capacités d'intervention rapide par avions de guerre. Malgré les échecs du début, les premiers missiles « intercepteurs » du système de « bouclier » de la défense nationale doivent être installés en 2004. L'énorme complexe militaro-industriel américain date de la fin de la Seconde guerre mondiale. Dans les années 1990, la fin de la Guerre Froide et les coupes budgétaires lui avaient porté préjudice, en le réduisant à son financement le plus bas depuis 1945. Les essais nucléaires ont été supplantés par des tests « virtuels », grâce au puissant ordinateur ASCI White. Cependant, l'administration Bush augmente régulièrement le budget de la défense, qui a atteint 350 milliards de $ pour 2002/2003, en hausse de 11 %, soit davantage que l'ensemble des neuf États dépensant le plus pour leur défense, après les ÉU. Le gouvernement souhaite aussi développer des petites armes nucléaires « de précision ». Craignant que leurs militaires ne soient poursuivis, les ÉU s'opposent à la création de la Cour pénale internationale. Cette position remet en cause leur mission de maintien de la paix, et les a conduits à arrêter leur aide militaire aux pays n'ayant pas accepté de protéger les soldats américains en cas de procès.

ÉCONOMIE

 9 781 Md $ Ne s'applique pas

CHIFFRES SIGNIFICATIFS

- ❑ CLASSEMENT DU PNB AU NIVEAU MONDIAL......1ᵉʳ
- ❑ PNB PAR HABITANT ....34 280 $
- ❑ BALANCE DES PAIEMENTS.............– 417 Md $
- ❑ INFLATION..2,8 %
- ❑ CHÔMAGE...6 %

EXPORTATIONS

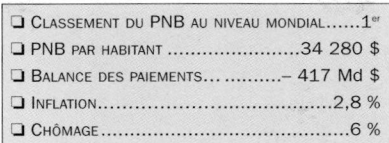

Allemagne 4 % — RU 6 % — Japon 8 % — Mexique 14 % — Canada 22 % — Autres 46 %

IMPORTATIONS

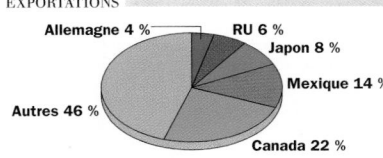

Allemagne 5 % — Chine 9 % — Mexique 11 % — Japon 11 % — Canada 19 % — Autres 45 %

ATOUTS

Plus grande économie du monde. Ressources naturelles : énergie, nourriture, matières premières. Haute technologie ; recherche et développement. Leader mondial des logiciels. Transnationales. Secteur des services développé. Industrie compétitive. Enseignement supérieur de 3ᵉ cycle de haut niveau (high-tech notamment). Domination mondiale de la culture américaine. Politique douanière ; subventions à l'agriculture.

INDICATEUR DES PERFORMANCES ÉCONOMIQUES

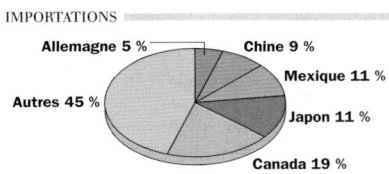

— Indice des prix à la consommation / PIB (1995–1999)

FAIBLESSES

Baisse considérable des emplois industriels, au profit des pays à main-d'œuvre bon marché. Compétition européenne et asiatique dans les industries de pointe. Marchés volatils en raison de la spéculation. Faible réglementation économique, peu de souci de l'avenir. Hausse des importations malgré la faiblesse du dollar : concurrence de l'euro. Déficit budgétaire colossal.

PROFIL

2001 : Fin d'un boom économique d'une durée record (neuf ans). Cette crise a durement touché les grandes entreprises. Effondrement de WorldCom en 2002 : la plus grande faillite jamais déclarée ; pertes historiques d'AOL Time Warner cette même années, avec 98,7 milliards de $. Crise de confiance. Reprise du chômage (6,4 % en juin 2003).
Efforts pour encourager la consommation : projet de Bush d'une baisse de 2000 milliards de $ d'impôts, fortement tempéré par le Congrès. Baisse systématique des taux d'intérêt, jusqu'au chiffre record de 1 %. Hausse des dépenses gouvernementales, en particulier pour la défense : la guerre en Irak a coûté 48 milliards de $ en 2003. Déficit record de la balance des paiements et du budget.

ÉTATS-UNIS : PRINCIPALES ACTIVITÉS

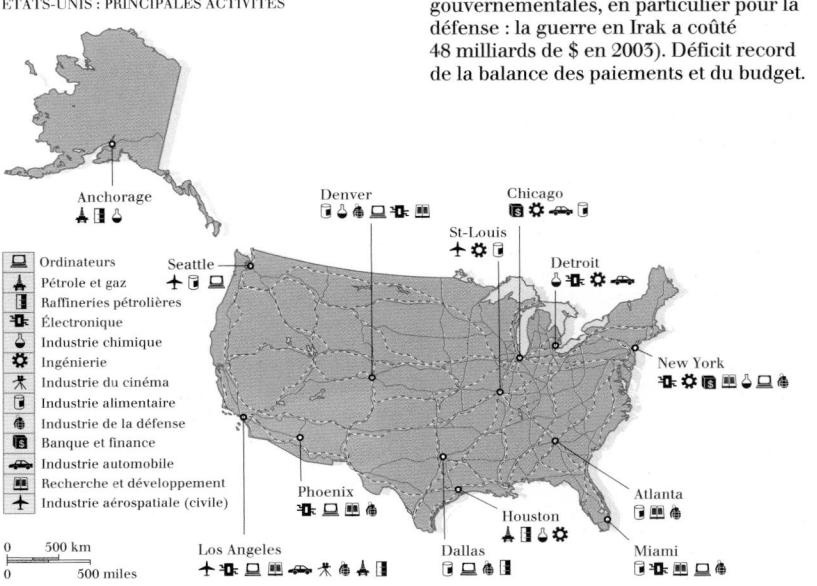

Ordinateurs — Pétrole et gaz — Raffineries pétrolières — Électronique — Industrie chimique — Ingénierie — Industrie du cinéma — Industrie alimentaire — Industrie de la défense — Banque et finance — Industrie automobile — Recherche et développement — Industrie aérospatiale (civile)

0 500 km
0 500 miles

E

CHRONOLOGIE

Les 13 premières colonies britanniques sur la côte Est s'allièrent pour faire la guerre de 1775 à 1781, dans le but d'obtenir l'indépendance, finalement reconnue par la Grande-Bretagne en 1783. La déclaration d'indépendance de 1776 précéda la rédaction de la première constitution au monde. La conquête de l'Ouest commença et dura un siècle. Suite à la victoire des États du Nord lors de la guerre civile de 1861-1865, l'esclavage fut aboli dans tout le pays. Les conflits avec les Indiens se soldèrent par la confiscation de leurs terres.

❑ **1917** Entrée dans la 1ʳᵉ Guerre mondiale.
❑ **1929** Krach de la bourse de New York ; crise économique.
❑ **1941** Attaque japonaise sur Pearl Harbor. Entrée dans la Deuxième Guerre mondiale.
❑ **1950–1953** Guerre de Corée.
❑ **1954** Injonction de la Cour suprême contre la ségrégation raciale dans les écoles, déclarée anticonstitutionnelle. Campagne de désobéissance civile des Noirs pour obtenir leurs droits constitutionnels.
❑ **1959** L'Alaska et Hawaï deviennent les 49ᵉ et le 50ᵉ États de l'union.
❑ **1961** John F. Kennedy est élu. Échec de l'invasion de Cuba.
❑ **1962** Découverte de bases de missiles soviétiques à Cuba ; conflit nucléaire avec l'URSS évité de peu.
❑ **1963** Assassinat de Kennedy. Lyndon Baines Johnson à la présidence.
❑ **1964** Accélération de l'engagement des ÉU au Viêt-nam. La *Civil Rights Act* octroie l'égalité constitutionnelle aux Noirs américains.
❑ **1968** Assassinat de Martin Luther King.
❑ **1969** Richard Nixon (républicain) est élu. Opposition publique croissante à la guerre du Viêt-nam.
❑ **1972** Réélection de R. Nixon. Visite historique du président en Chine.
❑ **1973** Retrait des troupes américaines (58 000 morts) du Viêt-nam.
❑ **1974** Démission de R. Nixon suite au scandale du *Watergate*. G. Ford lui succède.
❑ **1976** Jimmy Carter (démocrate) élu.
❑ **1978** Signature des accords de Camp David entre l'Égypte et Israël.
❑ **1979** Prise d'otages américaines à l'ambassade de Téhéran (Iran).
❑ **1980** Ronald Reagan (républicain) est élu. Il adopte une politique étrangère très anticommuniste.
❑ **1983** Invasion militaire de la Grenade.
❑ **1985** Attaques aériennes de riposte contre des villes libyennes. Détente des relations avec l'URSS. Tenue du premier des trois sommets Reagan et Gorbatchev. ⇨

RESSOURCES

 5,17 M tonnes
 96,7 M de bovins
88 M de dindes
59,1 M de porcs
1,94 Md de poulets
 7,7 M b/j (réserves : 30,4 Md de barils)
 Phosphate, gypse, pétrole, soufre, charbon, plomb, zinc, cuivre, or

PRODUCTION ÉLECTRIQUE

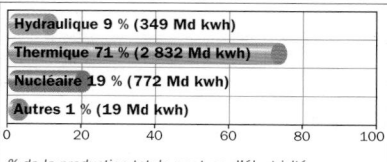

| Hydraulique 9 % (349 Md kwh) |
| Thermique 71 % (2 832 Md kwh) |
| Nucléaire 19 % (772 Md kwh) |
| Autres 1 % (19 Md kwh) |

0   20   40   60   80   100

% de la production totale par type d'électricité

Les ÉU disposent d'abondantes ressources naturelles. Le programme énergétique 2001 prévoit d'augmenter la recherche et la production pétrolières pour réduire les importations. On trouve d'immenses gisements de charbon dans les États de l'Ouest, et d'importantes réserves de minerais dans les plateaux et les bassins intérieurs des montagnes. Le respect de l'environnement a empêché le développement de nouveaux sites de production nucléaire depuis l'accident de la centrale de *Three Mile Island* en 1979, mais on songe à développer le nucléaire à nouveau. Les écologistes ont contraint les industriels du bois à se retirer du nord de la côte pacifique. Cette industrie s'est déplacée vers le Sud avec pour conséquence la déforestation des pinèdes. Les ÉU ont exploité l'énergie hydroélectrique, mais aujourd'hui les importations canadiennes sont courantes. Par comparaison avec l'Europe occidentale, les terres américaines ne sont pas cultivées de manière intensive comme dans les exploitations agricoles géantes du Midwest et de l'Ouest où se pratique l'élevage extensif.

ÉTATS-UNIS : UTILISATION DU SOL

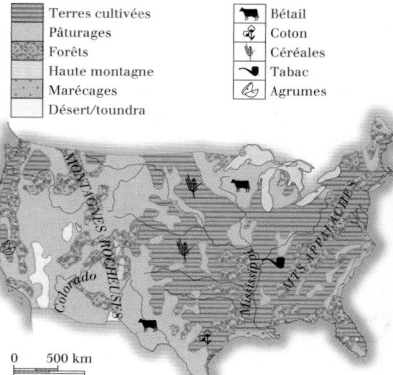

Terres cultivées
Pâturages
Forêts
Haute montagne
Marécages
Désert/toundra
Bétail
Coton
Céréales
Tabac
Agrumes

0   500 km
0   500 miles

ENVIRONNEMENT

 26 % (14 % partiellement protégés)
 20,5 tonnes par habitant

TRAITÉS ÉCOLOGIQUES

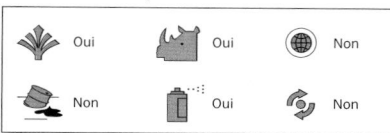

| | Oui | | Oui | | Non |
| Non | | Oui | | Non | |

Bien que l'enseignement de l'écologie soit très répandu dans les écoles, les ÉU sont loin derrière d'autres pays occidentaux sur les questions d'environnement. Les ÉU, qui s'étaient engagés à réduire leurs émissions de CO_2 à Kyoto en 1997, y ont renoncé avec la nouvelle administration républicaine en 2001. La controverse fait rage dans les régions montagneuses de l'Ouest entre ceux qui veulent laisser à la montagne sa beauté et ceux qui prônent « une utilisation réfléchie » qui tend souvent à laisser le champ libre aux fermiers et aux mineurs. Il en va de même pour l'exploitation des réserves de pétrole en Alaska. Les ÉU sont par ailleurs la patrie des OGM (en 2001, plus de 60 % de la production de graines de soja). Les boycotts organisés par les consommateurs européens notamment ont toutefois effrayé de nombreux agriculteurs américains.

MÉDIAS

 201 quotidiens pour 1 000 habitants

PRESSE ET TÉLÉCOMMUNICATIONS

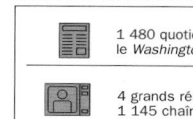

	1 480 quotidiens dont le *New York Times*, le *Washington Post* et le *Wall Street Journal*
	4 grands réseaux de chaînes privées, 1 145 chaînes commerciales
	7 grands réseaux de stations privées, 12 932 stations

Le phénomène des mass médias est né aux ÉU où Internet est l'une des révolutions les plus récentes en matière de communication. Aucune autre nation sur terre n'a aussi naturellement adopté la télévision à chaînes multiples : on reçoit souvent 50 chaînes ou plus chez soi. En contrepartie, les journaux sont en difficulté. Avec quelques exceptions, les périodiques sont locaux. Leur prix d'achat est faible et ils tirent la majeure partie de leurs revenus de la publicité. Ce secteur est surtout menacé par la télévision par câble et le multimédia. Les entreprises qui se sont lancées dans ce domaine en proposant des informations, des actualités et autres services en ligne ont été durement touchées en 2000 par l'effondrement de leurs valeurs boursières.

CHRONOLOGIE *suite*

- ❏ **1986** Révélation de l'affaire de l'*Irangate*.
- ❏ **1987** Traité des Forces Nucléaires Intermédiaires signé entre les ÉU et l'URSS.
- ❏ **1988** George Bush remporte les élections.
- ❏ **1989** Renversement du gouvernement au Panama et arrestation du général Noriega pour trafic de drogue.
- ❏ **1991** Lancement de l'opération « Tempête du désert » contre l'Irak. Les ÉU et l'URSS signent le traité START de réduction des armes stratégiques.
- ❏ **1992** Émeute de jeunes Noirs à Los Angeles et dans d'autres villes. Le démocrate Bill Clinton l'emporte sur George Bush aux élections. Accords de réduction des armements stratégiques lors du sommet Bush-Eltsine.
- ❏ **1994** Enquête sur le scandale Whitewater concernant les agissements financiers de Clinton dans l'Arkansas. Il est en outre accusé de harcèlement sexuel. Majorité républicaine au Congrès et au Sénat après les élections.
- ❏ **1995** Attentat de Timothy McVeigh en Oklahoma : plus de 160 morts.
- ❏ **1996** Clinton est réélu.
- ❏ **1997** Madeleine Albright devient la première femme à diriger le Département d'État.
- ❏ **1998** Scandale Clinton, procédure de destitution. Attentats contre les ambassades des EU (Kenya, Tanzanie). Frappes aériennes contre le Soudan et l'Afghanistan.
- ❏ **1999** Acquittement de Clinton. Massacre au lycée de Columbine. Conflit du Kosovo, bombardement de la Yougoslavie.
- ❏ **2000** George W. Bush bat le démocrate Al Gore à l'élection présidentielle, avec la plus faible majorité de l'histoire des EU.
- ❏ **2001** Attentats terroristes du 11 septembre. « Guerre contre le terrorisme ». Octobre, campagne militaire en Afghanistan. Décembre, scandale d'Enron.
- ❏ **2002** Faillite de WorldCom, la plus importante de l'histoire.
- ❏ **2003** Guerre en Irak, malgré le manque de soutien de l'ONU.

Bisons dans le parc national de Yellowstone.
L'écosystème du parc est soumis à rude épreuve en raison du nombre excessif de visiteurs.

CRIMINALITÉ

 2,02 millions de détenus   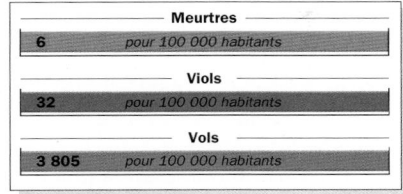 Moins 18 % en 1997-2001

TAUX DE CRIMINALITÉ

Meurtres	
6	pour 100 000 habitants

Viols	
32	pour 100 000 habitants

Vols	
3 805	pour 100 000 habitants

La criminalité se situe à un niveau beaucoup plus élevé que dans les autres pays développés, mais elle a diminué : 6 morts pour 100 000 habitants en 2000 (niveau le plus bas depuis plus de 30 ans). Les nombreux meurtres commis par des personnes ouvrant le feu sur des groupes humains sont devenus préoccupants. La réglementation de la possession d'armes à feu se heurte à un puissant lobby qui fait valoir la défense des libertés. Le taux d'incarcération pour crimes liés à la drogue est bien plus élevé aux ÉU que dans les pays occidentaux, et les conditions de détention plus mauvaises. Le Texas est l'État qui prononce le plus grand nombre de peines capitales. Il y a deux millions de détenus aux EU, soit le quart du total mondial.

ÉDUCATION

 99 %    13,6 M d'étudiants

LE SYSTÈME ÉDUCATIF

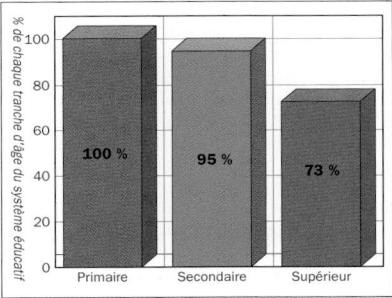

L'enseignement est la responsabilité de chaque État. Des rapports récents mettent en lumière le faible niveau scolaire dans le système secondaire américain, évoquant l'indiscipline, la pauvreté des moyens d'entretien des structures et le manque de ressources, ce qui éloignerait les élèves du système d'enseignement public. L'école privée se développe rapidement, et si le nombre des élèves dans ce secteur n'a pas augmenté au cours de la dernière génération, c'est pour une raison simple : les écoles catholiques ont laissé la place à des écoles non-confessionnelles payantes. 80 % des lycéens poursuivent à présent leurs études dans l'enseignement supérieur. Certaines universités américaines sont parmi les meilleures au monde.

SANTÉ

 1 pour 362 habitants   Maladies cardiaques et cérébro vasculaires, cancers

La recherche élabore des traitements de pointe, qui ne sont disponibles qu'aux assurés (en général grâce à leur employeur). Le Texas Medical Center dispose par exemple d'un budget équivalent à celui d'un petit pays. Les coûts ont explosé, et les installations dépendant de l'aide publique manquent douloureusement de moyens. Dans certains endroits, la mortalité infantile est comparable à celle d'un pays pauvre. 30 % de la population est médicalement obèse, et un adulte sur deux souffre d'un excès de poids. Le tabac, attaqué dans de nombreuses campagnes de santé, est souvent interdit dans les lieux publics. Beaucoup de Républicains veulent remettre en cause le droit à l'avortement.

RICHESSES

CONSOMMATION ET DÉPENSES

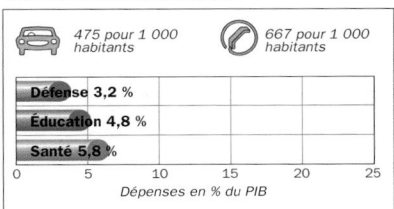

Entre 1945 et 1973, toutes les catégories de la population se sont enrichies. Seul le niveau de vie des Américains ayant obtenu leur diplôme de fin d'études secondaires continue de s'accroître, d'où une fracture sociale malgré l'essor économique des années 1990. Les 20 % de la population la plus riche avaient un revenu moyen par foyer de 137 500 $ en 2000, alors que les 20 % les plus pauvres disposaient de seulement 13 000 $ (niveau de revenu inférieur à ce qu'il était en 1980).

CLASSEMENT MONDIAL

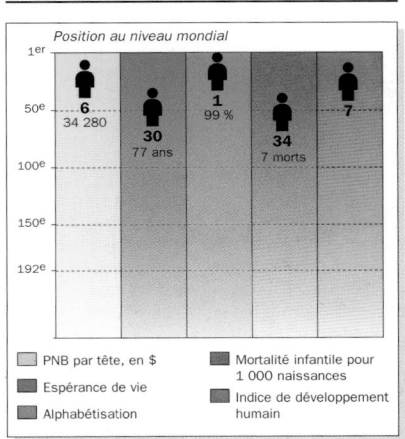

ÉTHIOPIE

NOM OFFICIEL : République d'Éthiopie   **CAPITALE :** Addis-Abeba
POPULATION : 66 MILLIONS   **MONNAIE :** birr   **LANGUE OFFICIELLE :** amharique

Sᴵᴛᴜᴇ au Nord-Est de l'Afrique, l'ancien empire d'Éthiopie fut le berceau d'une vieille civilisation qui adopta le christianisme orthodoxe au IVᵉ siècle. La sécession de l'Érythrée, en 1993, priva l'Éthiopie d'accès à la mer Rouge. À l'exception des plaines désertiques du Nord-Est et du Sud-Est, c'est un pays montagneux, régulièrement touché par la sécheresse et la famine. Une longue guerre civile prit fin en 1991 avec la chute de la dictature militaire de type stalinien au pouvoir depuis 1974. L'Éthiopie est à présent une démocratie pluraliste, dont les régions jouissent d'une certaine autonomie, et qui a adopté une économie de marché. La guerre avec l'Érythrée, en 1998-2000, a fait de nombreuses victimes dans les deux camps, avant la signature d'un traité de paix en 2000 et l'arrivée de médiateurs chargés d'établir les nouvelles frontières.

POPULATION

Amharique, tigrina, galla, sidamo, somali, anglais, arabe.

56 hab./km²

PART DE LA POPULATION URBAINE/RURALE

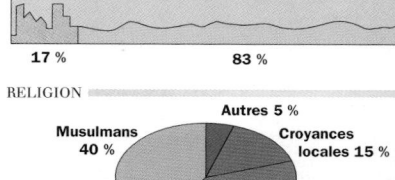

17 %   83 %

RELIGION

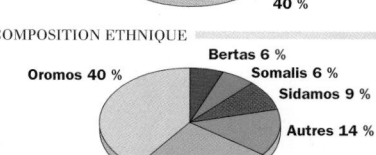

Autres 5 %
Musulmans 40 %
Croyances locales 15 %
Orthodoxes 40 %

COMPOSITION ETHNIQUE

Oromos 40 %
Bertas 6 %
Somalis 6 %
Sidamos 9 %
Autres 14 %
Amharas 25 %

L'Éthiopie dénombre 76 ethnies et 286 langues. Les Oromos forment le groupe le plus important, devant les Amharas et les Tigréens.
La guerre civile éclata en raison des tensions opposant les différents groupes ethniques, qui s'unirent par la suite pour combattre le régime centraliste d'Haïlé Mariam Mengistu. Malgré la nouvelle structure fédérale du pays, les tensions ethniques demeurent à l'état latent et on signale quelques litiges territoriaux dans plusieurs régions. En 1992, les Oromos se retirèrent du gouvernement à prédominance tigréenne. Le gouvernement est également contesté par l'Église orthodoxe ainsi que par les Amharas mécontents d'avoir été évincés du pouvoir qu'ils avaient détenu pendant un siècle. Les revendications des Somalis, dans le Sud-Est, sont une autre source de tension. La petite communauté juive a massivement émigré en Israël en 1991. Les femmes, qui jouèrent un rôle déterminant pendant la guerre, prennent une part de plus en plus active dans les organisations rurales.

CLIMAT

DONNÉES MÉTÉOROLOGIQUES

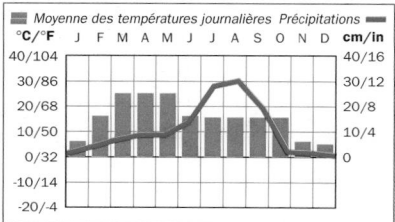

Le climat éthiopien est dans l'ensemble tempéré, à l'exception du désert Danakil et de l'Ogaden, régions de faible altitude aux températures élevées toute l'année. Les régions de haute altitude sont tempérées avec des gelées nocturnes. À l'Ouest, la saison des pluies apporte autant de précipitations que les deux saisons des pluies de l'Est du pays. Ces périodes de temps nuageux sont marquées par des orages presque quotidiens.

TRANSPORTS

 Bole International, Addis-Abeba 940 400 passagers

 12 navires 82 503 tpl

RÉSEAU DE TRANSPORT

 4 275 km (2 656 miles)

Transafricaine orientale

 681 km (423 miles)

Aucune

L'unique voie ferrée, qui relie Addis-Abéba à Djibouti, a pris une importance stratégique pendant la guerre avec l'Érythrée. Des axes routiers mènent aux ports d'Assab et de Massawa, sur la mer Rouge, à présent intégrés à l'Érythrée indépendante. À l'intérieur des terres, mulets et ânes sont couramment utilisés. Ethiopian Airlines dessert bien l'Afrique ainsi que les villes américaines et européennes.

TOURISME

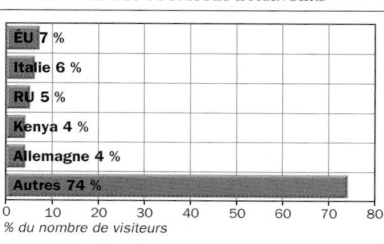

125 000 visiteurs   Plus 36 % en 2000

PROVENANCE DES TOURISTES ÉTRANGERS

ÉU	7 %
Italie	6 %
RU	5 %
Kenya	4 %
Allemagne	4 %
Autres	74 %

0 10 20 30 40 50 60 70 80
% du nombre de visiteurs

Le tourisme reste très limité, même si l'on enregistre une légère augmentation du nombre de visiteurs depuis 1991. De nouveaux hôtels sont en cours de construction. L'Éthiopie possède des sites exceptionnels comme les lacs de la Vallée du Rift, le lac Tana, la gorge du Nil Bleu, et un patrimoine architectural avec les forts de Gonder. D'anciennes églises ou villes comme Aksoum, capitale du premier royaume éthiopien, sont aujourd'hui accessibles. Des safaris permettent de visiter les cinq parcs nationaux.

Lalileba, à 120 km au nord-ouest de Dessié au centre des régions montagneuses de l'Éthiopie. Important centre de pèlerinage, la ville est célèbre pour ses dix églises chrétiennes du XIIᵉ siècle.

PYRAMIDE DES ÂGES

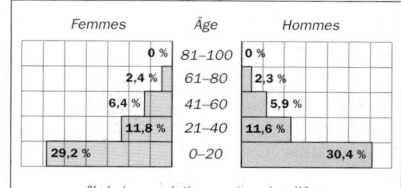

Femmes	Âge	Hommes
0 %	81–100	0 %
2,4 %	61–80	2,3 %
6,4 %	41–60	5,9 %
11,8 %	21–40	11,6 %
29,2 %	0–20	30,4 %

% de la population par tranche d'âge

ÉTHIOPIE

Superficie :
1 110 000 sq. km²
(428 571 sq. miles)

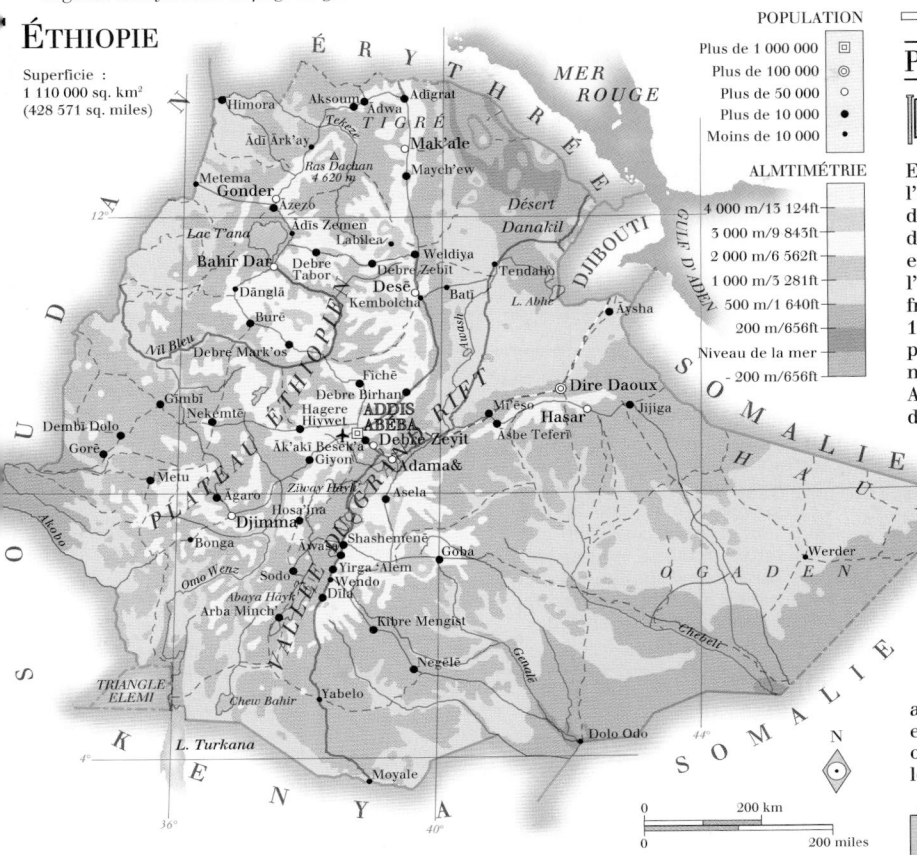

POPULATION

Plus de 1 000 000
Plus de 100 000
Plus de 50 000
Plus de 10 000
Moins de 10 000

ALTIMÉTRIE

4 000 m/13 124ft
3 000 m/9 843ft
2 000 m/6 562ft
1 000 m/3 281ft
500 m/1 640ft
200 m/656ft
Niveau de la mer
– 200 m/656ft

E

POLITIQUE EXTÉRIEURE

OUA | AIGD | MCAEA | G24 | MNA

Enclavée depuis la sécession de l'Érythrée, l'Éthiopie a absolument besoin d'un accès aux ports de Massawa et d'Assab sur la mer Rouge. Elle a entretenu des bonnes relations avec l'Érythrée jusqu'à ce qu'un conflit frontalier dégénère en guerre ouverte en 1998. L'accord de paix signé deux ans plus tard a permis l'établissement d'une nouvelle frontière.
Addis-Abeba accueille le siège de l'OUA et de la Commission Économique de l'ONU pour l'Afrique. L'Éthiopie joue ainsi un rôle actif dans la diplomatie de la région. Elle est intervenue plusieurs fois pour trouver une solution au conflit somalien. Les tensions avec les factions somaliennes en 1998 et 1999 ont même entraîné une intervention armée de l'Éthiopie. L'Éthiopie a renforcé ses liens avec les autres pays africains, de même qu'avec les ÉU, l'UE et Israël. Aujourd'hui, la politique officielle est de ne pas intervenir dans les affaires politiques de ses voisins.

POLITIQUE

Ch. haute 2000/2005
Ch. basse 2000/2005

Girma Wolde-Giorgis, président de la République

AUX DERNIÈRES ÉLECTIONS
Conseil des représentants du peuple 550 membres

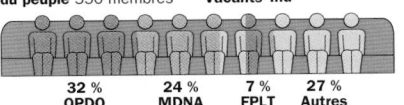

8 % Vacants | 2 % Ind

32 % OPDO | 24 % MDNA | 7 % FPLT | 27 % Autres

OPDO = Organisation populaire démocratique oromo
MDNA = Mouvement démocratique national amhara
FPLT = Front populaire de libération du Tigré
Ind = Indépendants

Le Front démocratique révolutionnaire du peuple éthiopien (FDRPE) comprend tous les principaux partis et contrôle plus de 90 % des sièges de la chambre basse.

Conseil fédéral 108 membres

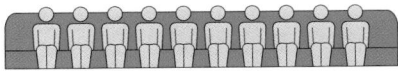

Les membres du Conseil fédéral sont élus au suffrage indirect sur des bases non-partisanes.

La période de transition qui a suivi en 1991 la chute du régime de Mengistu a pris fin avec les élections démocratiques de 1995.

PRINCIPAUX PROBLÈMES POLITIQUES
La représentation des groupes ethniques
La Constitution de 1994 a fait de l'Éthiopie une fédération démocratique de neuf régions autonomes. Chacune peut quitter la fédération comme l'a fait l'Érythrée en 1993. Le gouvernement pense ainsi éviter les conflits sécessionnistes. Le gouvernement, formé d'une large coalition, est dominé par les Tigréens.

PROFIL
Le gouvernement actuel, réélu en 2000, est le successeur du Front démocratique révolutionnaire du peuple éthiopien (FDRPE), le groupe de libération le plus puissant à avoir combattu le régime marxiste de Mengistu et celui qui permit aux opposants de remporter la guerre civile. Meles Zenawi, leader du Front populaire de libération du Tigré, le parti le plus important au sein du FDRPE, occupe aujourd'hui les fonctions de Premier ministre. Les Omoros et les Amharas s'opposent à la prédominance tigréenne, surtout depuis janvier 1994. Les régions sont en général administrées par des représentants élus des mouvements de libération locaux.

Meles Zenawi occupe les fonctions de Premier ministre et de leader du FDRPE

Hailé Mariam Mengistu, qui dirigea l'Éthiopie entre 1977 et 1991

CHRONOLOGIE

Après avoir repoussé l'invasion musulmane en 1523, l'empire éthiopien demeura isolé. Les incursions égyptienne et soudanaise des années 1850 provoquèrent un réveil du pouvoir politique avec l'empereur Teodros. Au cours du règne de son successeur Ménélik II, l'Éthiopie étendit ses frontières au sud et à l'est, doublant la superficie de l'Empire

❑ **1896** Défaite de l'invasion italienne du Tigré. Les Européens reconnaissent l'indépendance de l'Éthiopie.
❑ **1913** Mort de Ménélik II.
❑ **1916** Son fils, Lidj Yassou, est détrôné pour s'être converti à l'Islam. La fille de Ménélik, Zaoditou, devient impératrice et désigne comme régent Ras Tafari.
❑ **1923** Devient membre de la Société des nations.
❑ **1930** Mort de Zaoditou. Ras Tafari devient l'empereur Hailé Sélassié.
❑ **1936** Les Italiens occupent l'Éthiopie.
❑ **1941** Les Alliés chassent les Italiens et restaurent l'autorité d'Hailé Sélassié qui met en place une Constitution, un parlement et un cabinet ministériel, tout en conservant un pouvoir personnel et en préservant le système féodal.
❑ **1952** L'Érythrée est fédérée à l'Éthiopie.

E

CHRONOLOGIE *suite*

- ❏ **1962** Création d'un État unitaire : l'Érythrée est entièrement intégrée à l'Éthiopie.
- ❏ **1972–1974** La famine fait 200 000 victimes.
- ❏ **1974** Grèves et mutineries de l'armée face au régime autocratique d'Hailé Sélassié ; déclin économique du pays.
- ❏ **1975** L'Éthiopie devient un État socialiste. Nationalisations et réformes du système de santé.
- ❏ **1977** Le colonel Hailé Mariam Mengistu s'empare du pouvoir. L'invasion somalienne de l'Ogaden est repoussée grâce à l'aide des troupes cubaines et soviétiques.
- ❏ **1978–1979** Assassinat ou emprisonnement de milliers d'opposants politiques.
- ❏ **1984** Création du Parti des travailleurs éthiopiens (PTE) d'après le modèle soviétique. Concert pour l'Éthiopie pour réunir des fonds et venir en aide aux Éthiopiens victimes de la famine qui fera un million de morts.
- ❏ **1986** Les rebelles érythréens contrôlent la côte Nord-Est du pays.
- ❏ **1987** Grave sécheresse ; menace de famine.
- ❏ **1988** Nouvelles offensives des Fronts populaires de libération érythréen et tigréen (FPLE et FPLT). L'Éthiopie renoue ses relations diplomatiques avec la Somalie.
- ❏ **1989** Échec du coup d'État militaire. Le FPLT contrôle presque l'intégralité du Tigré. Union du FPLT et du mouvement révolutionnaire du peuple éthiopien qui forment le FDRPE.
- ❏ **1990** Succès militaires des opposants de Mengistu. Premiers pas vers l'économie de marché. Le gouvernement et les forces rebelles font obstacle à la distribution de l'aide alimentaire destinée aux victimes de la sécheresse.
- ❏ **1991** Fuite de Mengistu devant l'avance du FDRPE et du FPLE. Le FDRPE prend Addis-Abeba et établit un gouvernement provisoire. Les combats se poursuivent cependant entre les troupes du FDRPE, à prédominance tigréenne, et divers groupes d'opposition.
- ❏ **1993** L'Éthiopie reconnaît l'indépendance de l'Érythrée.
- ❏ **1995** Élections démocratiques. Victorieux, le FDRPE forme le premier gouvernement démocratique. L'Éthiopie devient une fédération de 9 régions autonomes.
- ❏ **1998–2000** Incidents frontaliers qui dégénèrent en conflit armé avec l'Érythrée.
- ❏ **2000** Signature d'un traité de paix sous l'égide de l'OUA.
- ❏ **2001** Retrait des troupes éthiopiennes d'Érythrée.

AIDE INTERNATIONALE

 633 M $ (reçus)   Moins 2 % en 1999

L'aide vient principalement du Programme alimentaire mondial et de l'UE. Les ÉU sont devenus le premier pays donateur bilatéral, remplaçant l'Italie et l'Union soviétique. Le montant de l'aide par habitant est faible par rapport aux autres pays de la région.

L'assistance au développement à long terme et l'aide apportée à la balance des paiements devraient selon toutes probabilités continuer à progresser. L'aide joue aujourd'hui un rôle de plus en plus important dans l'économie du pays. Les crédits alloués au développement des infrastructures remplacent peu à peu l'aide alimentaire.

DÉFENSE

 444 M $ Plus 15 % en 1999

L'Éthiopie est l'un des pays les plus militarisés d'Afrique. Aux effectifs militaires nombreux s'ajoutent les conscrits en temps de crise. Le conflit avec l'Érythrée a fait de nombreuses victimes ; un embargo international de 12 mois sur les armes a été imposé à la suite de l'avancée éthiopienne en 2000. Le gouvernement tente de contrôler les nombreuses milices locales des différents groupes ethniques.

FORCES ARMÉES ÉTHIOPIENNES

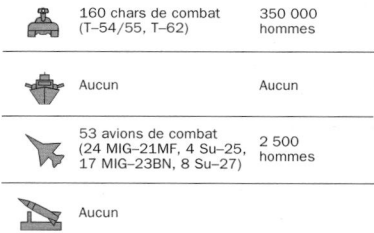

160 chars de combat (T–54/55, T–62)	350 000 hommes
Aucun	Aucun
53 avions de combat (24 MIG–21MF, 4 Su–25, 17 MIG–23BN, 8 Su–27)	2 500 hommes
Aucun	

ÉCONOMIE

 6,5 Md $ 7,999 – 8,225 birrs

CHIFFRES SIGNIFICATIFS

- ❏ CLASSEMENT DU PNB AU NIVEAU MONDIAL ..103ᵉ
- ❏ PNB PAR HABITANT ....100 $
- ❏ BALANCE DES PAIEMENTS ....– 272 M $
- ❏ INFLATION ....11,2 %
- ❏ CHÔMAGE...63 %

INDICATEUR DES PERFORMANCES ÉCONOMIQUES

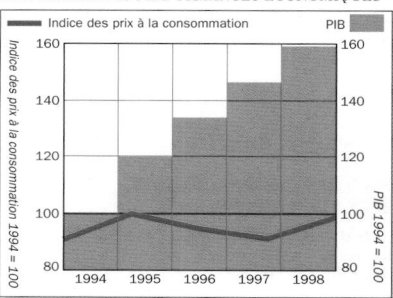

EXPORTATIONS

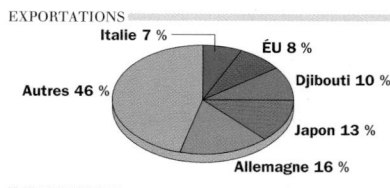

Italie 7 %
ÉU 8 %
Djibouti 10 %
Japon 13 %
Allemagne 16 %
Autres 46 %

IMPORTATIONS

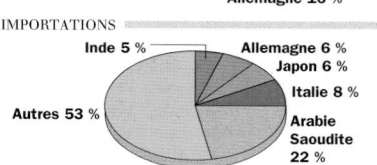

Inde 5 %
Allemagne 6 %
Japon 6 %
Italie 8 %
Arabie Saoudite 22 %
Autres 53 %

ATOUTS

Augmentation de l'aide économique. Fin du contrôle total de l'État. Production de café.

FAIBLESSES

Très forte dépendance par rapport à l'agriculture. Sécheresse endémique. Infrastructures détruites par la guerre. Déplacement massif de la population en raison des conflits et des sécheresses. Secteur industriel peu développé. Manque de main-d'œuvre qualifiée. L'économie dirigée imposée par Mengistu pèse sur le système économique.

PROFIL

Depuis la fin de la guerre, l'Éthiopie se convertit progressivement à l'économie de marché. 1993 marqua la fin du déclin économique et vit une hausse de la production agricole et industrielle. Mais ces progrès furent minés par la guerre avec l'Érythrée en 1998-2000 et la grave sécheresse de l'année 2000.

ÉTHIOPIE : PRINCIPALES ACTIVITÉS

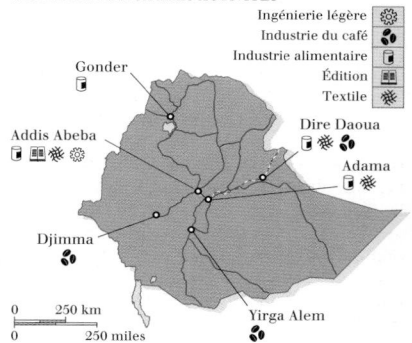

Ingénierie légère
Industrie du café
Industrie alimentaire
Édition
Textile

Gonder
Addis Abeba
Dire Daoua
Adama
Djimma
Yirga Alem

0   250 km
0   250 miles

RESSOURCES

 10 414 tonnes

 Réserves de pétrole non exploitées

 35,1 M de bovins
22,1 M d'ovins
17 M de caprins
55,6 M de poulets

Pétrole, or, platine, cuivre, potasse, fer, gaz naturel

PRODUCTION ÉLECTRIQUE

Hydraulique 94 % (1,6 Md kwh)	
Thermique 6 % (0,1 Md kwh)	
Nucléaire 0 %	
Autres 0 %	

0   20   40   60   80   100

% de la production totale par type d'électricité

Le manque de main-d'œuvre et de moyens financiers n'a pas permis d'établir un relevé précis des richesses du sous-sol. La part du PIB réalisée par l'activité minière est inférieure à 1 %. L'Éthiopie a un fort potentiel hydroélectrique, qui à terme pourrait permettre de remplacer les besoins intérieurs en bois de chauffage et de ralentir l'importance déforestation et l'érosion des sols. La prospection pétrolière et gazière a permis de révéler l'existence de gisements dans l'Ogaden, qui restent pour le moment inexploités. Depuis l'indépendance de l'Érythrée, l'Éthiopie a perdu d'autres réserves importantes de pétrole.

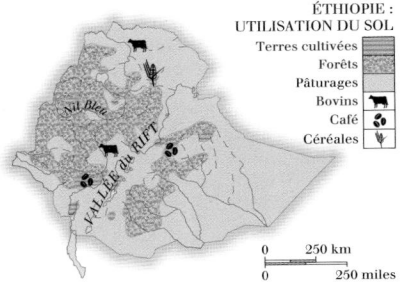

ÉTHIOPIE :
UTILISATION DU SOL

Terres cultivées
Forêts
Pâturages
Bovins
Café
Céréales

0   250 km
0   250 miles

ENVIRONNEMENT

 6 %

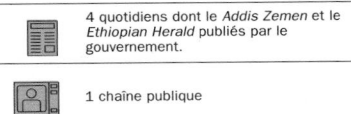 0,1 tonne par habitant

TRAITÉS ÉCOLOGIQUES

🌿 Non	🦏 Oui	🌐 Oui			
🛢 Oui	🔋 Non	♻ Non			

La déforestation due aux besoins en bois de chauffage entraîne une rapide érosion des sols. Couvrant 40 % des terres en 1900, les forêts ne représentent plus que 2 % du territoire. La pénurie de bois entraîne une plus grande utilisation du fumier comme combustible, alors que sa valeur de fertilisant permettrait d'accroître la production de céréales. Afin d'empêcher les glissements de terrain et l'écoulement de l'eau, on prévoit d'aménager les coteaux en terrasses — en 1992, 36 000 kilomètres de terrasses ont ainsi été construites au Tigré.

MÉDIAS

 2 quotidiens pour 1 000 habitants

Le gouvernement éprouve une certaine inquiétude face à la presse indépendante de plus en plus critique, née après le régime de Mengistu. Certaines publications ont été interdites suite à des actions en justice. Les principaux journaux et la télévision sont sous le contrôle de l'État.

PRESSE ET TÉLÉCOMMUNICATIONS

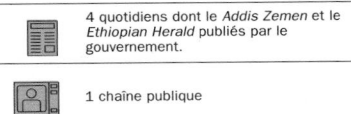

4 quotidiens dont le *Addis Zemen* et le *Ethiopian Herald* publiés par le gouvernement.

1 chaîne publique

1 station publique et 3 stations indépendantes

CRIMINALITÉ

 13 585 détenus

↑ Plus 9 % en 1996–1998

TAUX DE CRIMINALITÉ

Meurtres	
13	*pour 100 000 habitants*

Viols	
1	*pour 100 000 habitants*

Vols	
70	*pour 100 000 habitants*

Le Conseil des droits de l'homme éthiopien a dénoncé des violations des droits de l'homme sous le gouvernement provisoire, dont des cas de détentions illégales, des disparitions ainsi que des exécutions sommaires. On s'inquiète également de l'indiscipline qui règne dans les rangs des forces du FDRPE, la force de police de fait dans de nombreuses régions. Dans les zones rurales, la justice traditionnelle exercée par les clans doit être remplacée par celle de l'État.

ÉDUCATION

 38 %

🎓 42 226 étudiants

LE SYSTÈME ÉDUCATIF

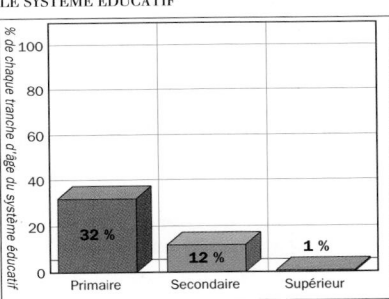

% de chaque tranche d'âge du système éducatif

Primaire 32 %   Secondaire 12 %   Supérieur 1 %

L'enseignement secondaire se fait en anglais et en amharique.
Le système éducatif a beaucoup souffert de la guerre civile. L'université d'Addis-Abéba, centre d'activités politiques, en général anti-FDRPE, est régulièrement fermée et ses professeurs les plus en vue renvoyés.

SANTÉ

 1 pour 20 000 habitants

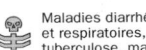 Maladies diarrhéiques et respiratoires, tuberculose, malaria

La construction d'hôpitaux et l'acheminement des ressources dans les zones rurales sont lents, les consultations externes et les rendez-vous chez les spécialistes supposent de longues listes d'attente. Les maladies dermatologiques et ophtalmologiques sont fréquentes ; l'infection par le VIH se propage. Le recours aux remèdes traditionnels est très répandu.

RICHESSES

CONSOMMATION ET DÉPENSES

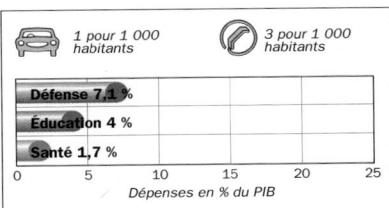

🚗 1 pour 1 000 habitants

🚙 3 pour 1 000 habitants

Défense 7,1 %	
Éducation 4 %	
Santé 1,7 %	

0   5   10   15   20   25

Dépenses en % du PIB

La pauvreté est généralisée en Éthiopie, et la plupart des familles aisées ont récemment quitté le pays. La culture éthiopienne accorde davantage d'importance au maintien des structures sociales qu'à la réussite individuelle. La majorité des Éthiopiens vit d'une agriculture traditionnelle de subsistance.

CLASSEMENT MONDIAL

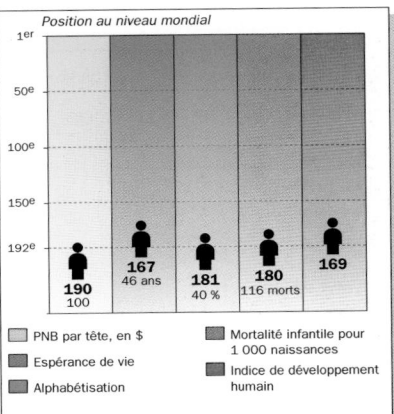

Position au niveau mondial

1er
50e
100e
150e
192e

190 — 100
167 — 46 ans
181 — 40 %
180 — 116 morts
169

☐ PNB par tête, en $
☐ Espérance de vie
☐ Alphabétisation
▦ Mortalité infantile pour 1 000 naissances
▦ Indice de développement humain

E

FIDJI (ÎLES)

NOM OFFICIEL : République des Fidji   CAPITALE : Suva
POPULATION : 832 000   MONNAIE : dollar fidjien   LANGUE OFFICIELLE : anglais

ARCHIPEL volcanique du Pacifique Sud, les îles Fidji sont formées de deux îles principales et de 880 îles plus petites. Entre 1874 et 1970, les îles Fidji furent une colonie britannique. Les Anglais firent venir des Indiens pour travailler sur les îles, dont les descendants, les Indo-Fidjiens, furent dès 1946 plus nombreux que la population mélanésienne. Une série de coups d'État menés par les nationalistes mélanésiens entraîna un exode massif des Indo-Fidjiens, ce qui eut de graves conséquences économiques.

CLIMAT

DONNÉES MÉTÉOROLOGIQUES

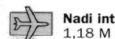

La façade orientale des îles principales est très humide et les précipitations annuelles y sont deux fois plus abondantes qu'à l'Ouest. Les îles Fidji se trouvent dans une zone cyclonique.

TRANSPORTS

Nadi international
1,18 M de passagers

53 navires
29 300 tpl

RÉSEAU DE TRANSPORT

1 695 km (1 053 miles)		Aucune
595 km (370 miles)		203 km (126 miles)

Situées sur le tracé des routes aériennes qui relient l'Australie à la côte Ouest américaine, les îles Fidji sont très bien desservies par les vols internationaux.

TOURISME

294 000 visiteurs   Moins 28 % en 2000

PROVENANCE DES TOURISTES ÉTRANGERS

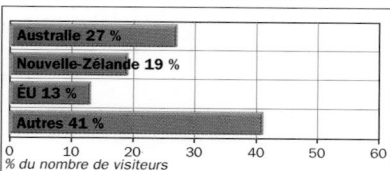

Australie 27 %
Nouvelle-Zélande 19 %
EU 13 %
Autres 41 %

% du nombre de visiteurs

L'instabilité politique a mis un frein au tourisme, l'activité la plus lucrative. Perte de 7 500 emplois en 2000.

POPULATION

 Fidjien, anglais, hindi, ourdou, tamoul, telugu   45 hab./km²

PART DE LA POPULATION URBAINE/RURALE

49 %   51 %

RELIGION

Musulmans 8 %
Autres 8 %
Catholiques 9 %
Hindous 38 %
Méthodistes 37 %

L'équilibre précaire entre les Fidjiens d'origine mélanésienne et les Indo-Fidjiens a été rompu après l'exode massif de ces derniers en 1987-1989 et 2000-2001. La situation de non-droit qui prévalut en 2000 exacerba les tensions ethniques. L'importante population polynésienne de l'île de Rotuma réclame depuis longtemps l'autonomie. Les femmes revendiquent elles aussi davantage de droits.

POLITIQUE

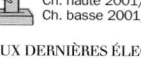 Ch. haute 2001/2006   Ch. basse 2001/2003   Ratu Josefa Iloilo, président de la République

AUX DERNIÈRES ÉLECTIONS

Chambre des Représentants 71 membres   3 % NLUP   4 % Autres

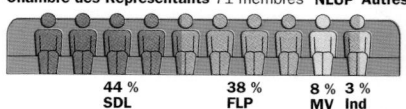

44 % SDL   38 % FLP   8 % MV   3 % Ind

SDL = Parti populaire Fidjien   FLP = Parti travailliste fidjien
MV = = Alliance conservatrice (Matanitu Vanua)
NLUP = Nouveau parti travailliste unitaire
Ind = Indépendants

Sénat 32 membres

Les membres du sénat sont nommés par le président.

La question de la représentation de la minorité indienne domine la vie politique fidjienne depuis les années 1980 et la défense des droits de propriété foncière des Mélanésiens fut la raison invoquée pour justifier le coup d'État de 1987. Après celui de 2000, le traditionnel Grand conseil des chefs s'imposa comme une force incontournable. Il empêcha le gouvernement FLP, dominé par les Indiens et élu en 1999, de revenir au pouvoir, et s'assura que la Constitution multiethnique de 1997 soit enterrée.

FIDJI

Superficie totale : 18 270 km² (7 054 sq. miles)

POPULATION
○ Plus de 50 000
● Plus de 10 000
• Moins de 10 000

ALTIMÉTRIE
1 000 m/3 281ft
500 m/1 640ft
Niveau de la mer

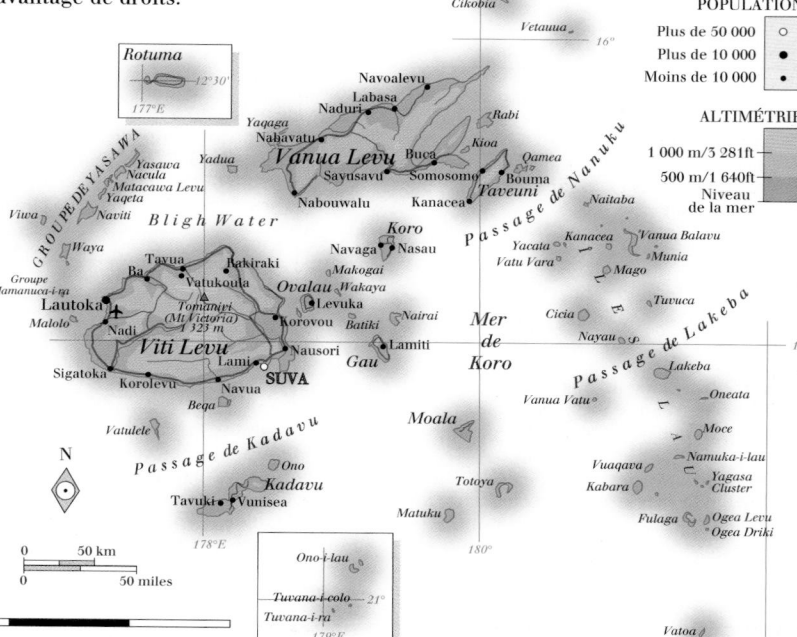

POLITIQUE EXTÉRIEURE

La réputation internationale des îles Fidji a été ternie par la politique discriminatoire menée contre les Indo-Fidjiens et par les récents coups d'État. Le pays fut de nouveau suspendu du Commonwealth en 2000.

AIDE INTERNATIONALE

 34 M $ (reçus)   Moins 6 % en 1999

L'aide internationale, traditionnellement très généreuse, a été réduite à la suite du coup d'État de 2000.

DÉFENSE

 35 M $ Plus 3 % en 1999

Environ 20 % des effectifs de l'armée, en majorité mélanésiens, sont affectés aux forces de l'ONU et ont participé aux opérations menées au Liban et en Égypte.

ÉCONOMIE

 1,76 Md $ 1,8-2,1 dollars fidjiens

CHIFFRES SIGNIFICATIFS

❏ CLASSEMENT DU PNB AU NIVEAU MONDIAL	..141ᵉ
❏ PNB PAR HABITANT	2 150 $
❏ BALANCE DES PAIEMENTS	13 M $
❏ INFLATION	4,3 %
❏ CHÔMAGE	5 %

ATOUTS
Économie assez diversifiée, avec de solides infrastructures touristiques. Bien situé sur les routes aériennes du Pacifique. De nombreuses organisations internationales ou régionales sont installées à Suva.

FAIBLESSES
Grave récession économique à la suite du coup d'État de 2000. De nombreux Indo-Fidjiens, membres de professions libérales, ont quitté le pays. La plupart des exportations (sucre, coprah, or) sont sujettes aux fluctuations des prix mondiaux.

EXPORTATIONS

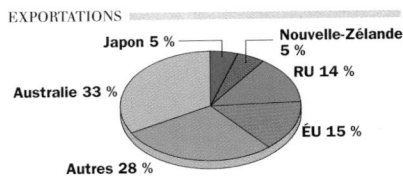

Japon 5 %
Nouvelle-Zélande 5 %
RU 14 %
Australie 33 %
ÉU 15 %
Autres 28 %

IMPORTATIONS

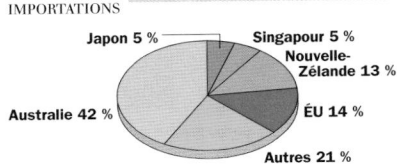

Japon 5 %
Singapour 5 %
Nouvelle-Zélande 13 %
Australie 42 %
ÉU 14 %
Autres 21 %

Champ de canne à sucre dans la partie occidentale de Viti Levu, entre Nadi et Lautoka. Le sucre réalise environ un tiers des exportations des îles Fidji.

RESSOURCES

 36 374 tonnes   Pays non producteur

 344 636 bovins / 235 000 caprins / 3,9 M de poulets   Or, Argent

La variété des sols permet une culture diversifiée. La centrale hydroélectrique de Monasavu fournit 95 % des besoins.

ENVIRONNEMENT

 0,3 %   1 tonne par habitant

Le gouvernement est conscient des problèmes d'environnement ; les îles sont situées sous le vent des zones d'essais nucléaires françaises. Le tourisme détériore les récifs de corail.

MÉDIAS

 51 quotidiens pour 1 000 habitants

PRESSE ET TÉLÉCOMMUNICATIONS

 2 quotidiens en langue anglaise : le *Fiji Times* et le *Daily Post. Nai Lalakai* et *Shanti Dut* respectivement fidjien et indien.

 1 chaîne publique   1 station publique, 3 indépendantes

Le gouvernement défend la liberté de la presse, et les affaires de corruption sont traitées par les médias. Cependant, la police a déjà empêché la diffusion de programmes politiquement sensibles.

CRIMINALITÉ

 961 détenus   Plus 17 % en 1992-1998

Vols et violences liées à l'abus d'alcool sont les délits les plus fréquents.

ÉDUCATION

 93 %    7 908 étudiants

Le système éducatif actuel, qui s'inspirait à l'origine du modèle britannique, est la plupart du temps dirigé par des comités locaux et de plus en plus soumis à la ségrégation raciale. La fréquentation scolaire est élevée.

CHRONOLOGIE

De 1879 à 1916, le RU fait venir des ouvriers indiens pour travailler dans les champs de canne à sucre.

- ❏ **1970** Indépendance.
- ❏ **1987** La coalition indo-fidjienne remporte les élections. Le coup d'État de Sitiveni Rabuka assure la prééminence des Mélanésiens. Le pays est exclu du Commonwealth.
- ❏ **1989** Émigration des Indo-Fidjiens.
- ❏ **1990** Constitution discriminatoire à l'égard des Indo-Fidjiens.
- ❏ **1999** Victoire électorale du FLP. Premier Premier ministre indo-fidjien.
- ❏ **2000** Coup d'État civil ; nouveau gouvernement mélanésien.
- ❏ **2001** Victoire des nationalistes aux élections.

F

SANTÉ

 1 pour 1 905 habitants   Maladies cérébrovasculaires et cardiaques, cancers

Les soins médicaux sont offerts à tous et presque gratuits. Il n'existe pratiquement plus de maladies tropicales, mais le Sida affecte 0,07 % de la population adulte.

RICHESSES

CONSOMMATION ET DÉPENSES

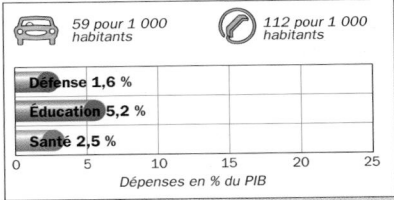

59 pour 1 000 habitants
112 pour 1 000 habitants

Défense 1,6 %
Éducation 5,2 %
Santé 2,5 %

0   5   10   15   20   25
Dépenses en % du PIB

Il est très rare que les habitants des îles fassent étalage de leurs richesses ; la fortune des Fidjiens est héréditaire ou construite sur des avoirs fonciers. Les professions libérales sont encore dominées par les Indo-Fidjiens.

CLASSEMENT MONDIAL

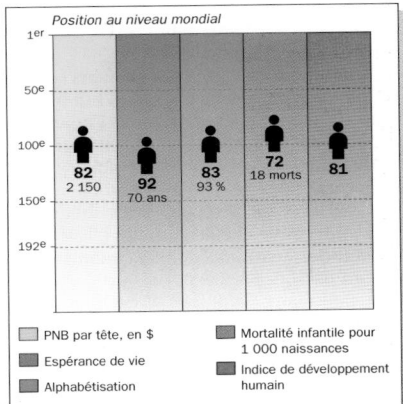

Position au niveau mondial
1er
50e
100e
82 — 2 150
92 — 70 ans
83 — 93 %
72 — 18 morts
81
150e
192e

☐ PNB par tête, en $ ☐ Mortalité infantile pour 1 000 naissances
☐ Espérance de vie   ☐ Indice de développement humain
☐ Alphabétisation

FINLANDE

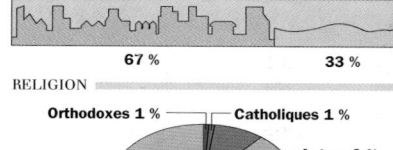

NOM OFFICIEL : République de Finlande **CAPITALE** : Helsinki **POPULATION** : 5,2 millions
MONNAIE : euro **LANGUES OFFICIELLES** : finnois et suédois

F

BORDÉE au Nord et à l'Ouest par la Norvège et la Suède et à l'Est par la Russie, la Finlande est un pays de faible altitude, couvert de forêts et qui compte plus de 180 000 lacs. La vie politique est très consensuelle et, malgré une succession de gouvernements de coalition, la Finlande est un pays stable. Placée sous domination russe jusqu'en 1917, elle dut accepter une collaboration étroite avec l'Union soviétique afin de préserver son indépendance. Elle devint membre de l'UE en 1995 et fit partie des onze pays européens à avoir adopté l'euro en 1999.

CLIMAT

DONNÉES MÉTÉOROLOGIQUES

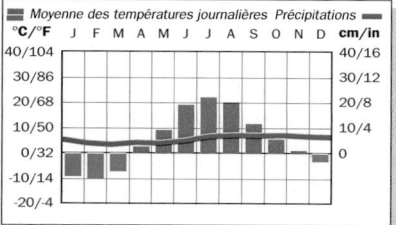

Au nord du cercle polaire, les températures sont proches de – 30 °C au cours des six mois d'hiver et atteignent jusqu'à 27 °C pendant les soixante-treize jours d'ensoleillement estival. Au Sud, l'été est doux et l'hiver rigoureux.

TRANSPORTS

 Helsinki-Vantaa, 8,6 M de passagers  284 navires 1,6 M tpl

RÉSEAU DE TRANSPORT

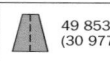 49 853 km (30 977 miles)   473 km (294 miles)

5 836 km (3 626 miles)   6 715 km (4 172 miles)

Le système de transport finlandais est bien intégré à celui de ses voisins. Le réseau ferroviaire est relié à ceux de la Suède et de la Russie. Les vols internationaux vers les pays voisins sont fréquents. On améliore aujourd'hui les liaisons avec les pays baltes. La Finlande est bien desservie par les vols intérieurs, notamment au nord du cercle polaire. Grâce à ses fleuves et ses quelques 187 888 lacs, elle dispose du réseau de voies navigables le plus étendu d'Europe. 70 millions de tonnes de marchandises par an passent par les ports internationaux finlandais. C'est de Kotka que part l'essentiel des exportations. Les importations passent quant à elles par l'un des cinq ports spécialisés d'Helsinki.

TOURISME

2,7 M de visiteurs   Plus 10 % en 2000

PROVENANCE DES TOURISTES ÉTRANGERS

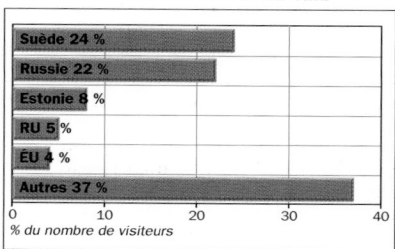

Les lacs du Sud et les forêts qui s'étendent au nord du cercle polaire sont les principaux centres d'intérêt touristiques de la Finlande. Helsinki est un centre culturel important et organise chaque année un festival artistique. Son opéra jouit d'une renommée internationale. La plupart des touristes goûtent aux plaisirs du sauna, inventé en Finlande, et à la vodka finlandaise, considérée comme l'une des meilleures au monde. Les visiteurs viennent principalement des autres pays nordiques. On enregistre depuis 1990 un afflux de visiteurs en provenance des pays baltes et de Russie. Le nombre de touristes britanniques augmente également.

Le mont Saana près du lac Kilpisjärvi, et de la « Route des quatre vents », point de rencontre des frontières suédoise, norvégienne et finlandaise.

POPULATION

Finnois, suédois, lapon   17 hab./km²

PART DE LA POPULATION URBAINE/RURALE

67 %   33 %

RELIGION

Orthodoxes 1 %   Catholiques 1 %
Autres 9 %
Luthériens 89 %

COMPOSITION ETHNIQUE

Autres (dont les Lapons) 7 %
Finlandais 93 %

Les Finlandais sont en grande majorité d'origine scandinave et balte. Le finnois fait partie des langues finno-ougriennes, langue héritée des premiers envahisseurs venus d'Asie. La petite communauté de Samis, habitants du cercle arctique, parle le lapon, une autre langue du groupe finno-ougrien. Environ 6 % de la population parle suédois et vit dans les régions du Sud-Ouest et sur les îles Åland.
Plus de la moitié de la population est concentrée dans les cinq comtés formant le tiers sud du pays dans la région d'Helsinki. Le sens de la famille est généralement très développé bien que le taux de divortialité soit élevé. Le sauna fait partie intégrante de la vie quotidienne ; on recense pas moins de 1,5 millions de saunas pour 5 millions d'habitants.
Les Finlandaises participent depuis longtemps à la vie économique et politique du pays. Elles furent les premières en Europe à obtenir le droit de vote, en 1906, et également les premières femmes du monde à pouvoir se présenter au parlement. Près de 50 % des femmes travaillent hors de chez elles. Le chef de l'État est une femme, et il y a un tiers de femmes au gouvernement.

PYRAMIDE DES ÂGES

Femmes	Âge	Hommes
2,3 %	81–100	0,9 %
9,2 %	61–80	6,7 %
13,9 %	41–60	14,2 %
13,5 %	21–40	14 %
12,4 %	0–20	12,9 %

% de la population par tranche d'âge

POLITIQUE

 2003/2007

Tarja Halonen, présidente de la République

La Constitution finlandaise accorde un rôle important au président de la République dans le cadre d'un gouvernement parlementaire. Les territoires extérieurs des îles d'Åland jouissent d'une autonomie interne.

PRINCIPAUX PROBLÈMES POLITIQUES
L'adhésion à l'UE

L'adhésion à l'UE, en 1995, était soutenue par la grande majorité de la population, hormis la petite mais influente communauté des agriculteurs. D'autres redoutaient une baisse des dépenses publiques, et en particulier des prestations sociales, afin de répondre à la

AUX DERNIÈRES ÉLECTIONS
Parlement 200 membres

7 % **Verts**   5 % **Autres**

27 % **SDP**   28 % **KESK**   20 % **KOK**   9 % **VL**   4 % **SFP**

SDP = Parti social-démocrate finlandais   **KESK** = Parti centriste finlandais   **KOK** = Parti de coalition nationale   **VL** = Alliance de gauche   **SFP** = Parti de peuple suédois

La présidente Tarja Halonen (à g.) et l'ex-Premier ministre Anneli Jäätteenmäki.
En 2003, la Finlande fut le seul pays européen dirigé par deux femmes.

libéralisation réclamée par l'UE. Dans les faits, après une courte période d'austérité, l'adhésion à l'UE s'est accompagnée d'une plus grande prospérité. Contrairement à la Suède, sa voisine, la Finlande a décidé d'adopter l'euro en 1999.

Le chômage

La victoire du candidat social-démocrate, Martti Ahtisaari, à l'élection présidentielle de 1994 fut perçue comme le résultat d'un vote-sanction contre la coalition conservatrice, dont la gestion de la crise économique entraîna un taux de chômage record et une réduction des dépenses sociales.
Les élections de 1995 ramenèrent au pouvoir une coalition conduite par le SDP qui poursuivit la politique d'austérité menée par le gouvernement précédent. Le chômage a baissé depuis.

PROFIL

La représentation proportionnelle a engendré une succession de gouvernements de coalition, menés le plus souvent par le SDP ou le KESK.
L'importance accordée au consensus a permis d'instaurer une réelle stabilité mais a également entraîné une certaine lenteur du processus décisionnel. La coalition « arc-en-ciel » actuelle comprend cinq partis.

FINLANDE

Superficie totale :
304 610 km²
(117 610 sq. miles)

POPULATION
◎ Plus de 100 000
○ Plus de 50 000
• Moins de 10 000

ALTIMÉTRIE
500 m/1 640 ft
200 m/656 ft
Niveau de la mer

POLITIQUE EXTÉRIEURE

 UE   OSCE   OCDE   CE   PpP

Après s'être efforcée de maintenir l'équilibre de ses relations avec l'Union soviétique et l'Occident au cours de la guerre froide, la Finlande a finalement décidé qu'il était de son intérêt de privilégier ses relations avec l'Europe de l'Ouest. Outre son adhésion à l'UE, la Finlande a actuellement un statut d'observateur à l'UEO. Le gouvernement ne tient nullement par ailleurs à s'aliéner la Russie et s'efforce de préserver ses relations privilégiées avec Moscou.

AIDE INTERNATIONALE

 416 M $ (versés)   Plus 5 % en 1999

En 1995-1998, l'aide internationale représentait 0,3 % du PNB finlandais (loin de l'objectif des 7 % fixé par l'ONU). Les principaux bénéficiaires sont la Chine, la Bosnie-Herzégovine et l'Afrique du Sud.

CHRONOLOGIE

L'histoire de la Finlande a toujours été étroitement liée aux intérêts opposés de la Suède et de la Russie.

- ❏ **1323** La Finlande est rattachée au royaume de Suède.
- ❏ **1809** La Suède cède la Finlande à la Russie. La Finlande devient un Grand duché bénéficiant d'une autonomie considérable.
- ❏ **1812** Helsinki devient la capitale.
- ❏ **1863** Le finnois devient, avec le suédois, l'une des deux langues officielles.
- ❏ **1865** Le Grand duché acquiert son propre système monétaire.
- ❏ **1879** La loi sur la conscription permet de jeter les bases d'une armée finlandaise.
- ❏ **1899** Le tsar Nicolas II lance la politique de russification. Création du Parti travailliste.
- ❏ **1900** Les Russes imposent progressivement l'usage du russe comme langue officielle.

F

F

CHRONOLOGIE *suite*

- ❏ **1901** L'armée finlandaise est démantelée. Les Finlandais sont contraints d'intégrer les unités russes.
- ❏ **1903** Le Parti travailliste devient le parti social-démocrate (SDP).
- ❏ **1906** Suffrage universel.
- ❏ **1910** Toutes les mesures législatives importantes sont placées sous la responsabilité de la Douma russe.
- ❏ **1917** La révolution russe permet à la Finlande de proclamer son indépendance.
- ❏ **1918** Guerre civile entre les bolcheviks et le gouvernement conservateur.
- ❏ **1919** La Finlande devient une république. Élections présidentielles remportées par Kaarlo Stålhberg.
- ❏ **1920** L'Union soviétique reconnaît les frontières de la Finlande.
- ❏ **1921** Convention de Londres. Les îles d'Åland sont rattachées à la Finlande.
- ❏ **1939** Novembre, invasion soviétique. Farouche résistance des Finlandais au cours de la Guerre d'hiver.
- ❏ **1940** Traité de Moscou. La Finlande cède un dixième de son territoire.
- ❏ **1941** Les troupes finlandaises viennent grossir les rangs de l'armée allemande et envahissent l'URSS.
- ❏ **1944** Juin, invasion de l'Armée rouge. Septembre : signature de l'armistice.
- ❏ **1948** Signature d'un traité d'amitié avec l'URSS. Accepte de contrer des offensives de l'Allemagne ou de l'un de ses alliés, passant par la Finlande, contre l'URSS.
- ❏ **1952** Fin du remboursement des dommages de guerre dont le montant s'élevait à 570 millions de $.
- ❏ **1956** Uhro Kekkonen, leader du parti agraire, accède à la présidence.
- ❏ **1956–1991** Succession de gouvernements de coalition conduits par le SDP et le parti agrarien qui devient le parti centriste (KESK) en 1965.
- ❏ **1989** L'URSS reconnaît pour la première fois la neutralité de la Finlande.
- ❏ **1991** Élection d'un gouvernement non-socialiste. Mesures d'austérité économique.
- ❏ **1992** Janvier, signature d'un accord engageant la Finlande et l'URSS sur une période de dix ans qui, pour la première fois depuis la Seconde Guerre mondiale, n'implique aucun accord militaire.
- ❏ **1994** Élection présidentielle du social-démocrate Martti Ahtisaari.
- ❏ **1995** Devient membre de l'UE. Victoire de la coalition menée par le SDP de Paavo Lipponen aux législatives
- ❏ **2000** Première femme président.
- ❏ **2002** Adoption de l'euro.
- ❏ **2003** Le KESK remporte les élections.

DÉFENSE

 1,7 Md $ Moins 12 % en 1999

La Finlande est un pays neutre. Son armée est en majorité constituée de conscrits, mais le pays compte également 500 000 réservistes et 3 400 gardes-frontières. L'instabilité politique de la Russie a renforcé ses inquiétudes quant à la sécurité de ses frontières. La Finlande participe au programme de partenariat pour la paix de l'OTAN et dispose d'un statut d'observateur au sein de l'UEO.

FORCES ARMÉES FINLANDAISES

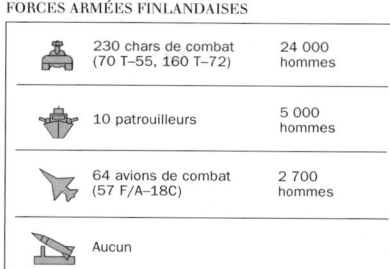

🛡	230 chars de combat (70 T–55, 160 T–72)	24 000 hommes
🚢	10 patrouilleurs	5 000 hommes
✈	64 avions de combat (57 F/A–18C)	2 700 hommes
🚀	Aucun	

ÉCONOMIE

 123 Md $ 0,87-1,01 euro

CHIFFRES SIGNIFICATIFS

- ❏ CLASSEMENT DU PNB AU NIVEAU MONDIAL 29ᵉ
- ❏ PNB PAR HABITANT ....23 780 $
- ❏ BALANCE DES PAIEMENTS ....8,36 Md $
- ❏ INFLATION ....2,6 %
- ❏ CHÔMAGE..9 %

INDICATEUR DES PERFORMANCES ÉCONOMIQUES

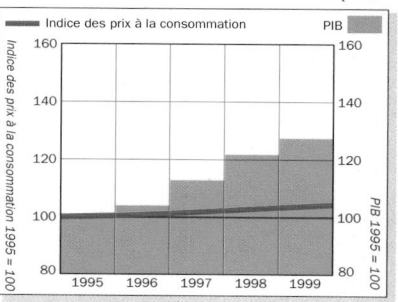

Indice des prix à la consommation — PIB

EXPORTATIONS

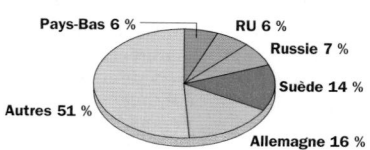

France 5 %
ÉU 8 %
RU 9 %
Suède 10 %
Allemagne 13 %
Autres 55 %

IMPORTATIONS

Pays-Bas 6 %
RU 6 %
Russie 7 %
Suède 14 %
Allemagne 16 %
Autres 51 %

ATOUTS

Industrie à vocation exportatrice. Important secteur des technologies de pointe. Leader mondial dans le bois et la pâte à papier. Redressement rapide des exportations après la récession de 1991. Faible inflation. Meilleure politique d'encouragement aux investissements étrangers. Porte ouverte sur les économies russe et balte.

FAIBLESSES

Grave récession en 1991-1993 avec une baisse du PIB réel de 15 %. Depuis, la reprise rapide de la croissance fait craindre une surchauffe économique. Montant élevé de la dette extérieure et de celle du secteur public. Taux de chômage très élevé. Marché intérieur peu étendu et situation périphérique en Europe.

PROFIL

La Finlande est un pays prospère, à économie de marché. Au début des années 1990, elle connut la plus grave récession de ces 60 dernières années

à la suite de l'effondrement de l'Union soviétique ; la Russie, qui absorbait auparavant un quart des exportations, ne comptait plus que pour 4 % en 1999. La croissance rapide du chômage et les nombreuses faillites entraînèrent une hausse des dépenses publiques. Des mesures d'austérité, dont la réduction des avantages sociaux, une hausse des impôts et un gel des salaires, permirent au pays d'améliorer sa compétitivité. Bien que le chômage ait beaucoup baissé, il reste important, et le pays est aujourd'hui confronté à un risque de surchauffe économique. La Finlande fait partie des 11 pays à avoir adopté l'euro en 1999.

FINLANDE : PRINCIPALES ACTIVITÉS

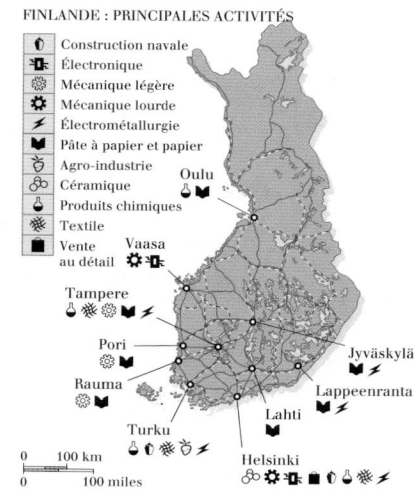

- Construction navale
- Électronique
- Mécanique légère
- Mécanique lourde
- Électrométallurgie
- Pâte à papier et papier
- Agro-industrie
- Céramique
- Produits chimiques
- Textile
- Vente au détail

Oulu
Vaasa
Tampere
Pori
Rauma
Turku
Jyväskylä
Lappeenranta
Lahti
Helsinki

0   100 km
0   100 miles

RESSOURCES

 196 513 tonnes

 Pays non producteur ; raffine 200 000 b/j

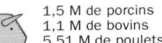 1,5 M de porcins
1,1 M de bovins
5,51 M de poulets

 Or, cuivre, zinc, fer, plomb, argent

PRODUCTION ÉLECTRIQUE

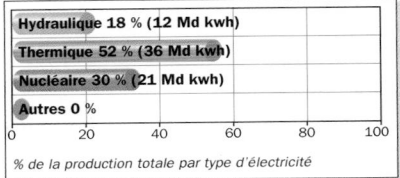

Hydraulique 18 % (12 Md kwh)	
Thermique 52 % (36 Md kwh)	
Nucléaire 30 % (21 Md kwh)	
Autres 0 %	

% de la production totale par type d'électricité

Le bois est la première ressource naturelle de la Finlande. Les forêts exploitées couvrent 65 % du territoire et les produits en bois représentent 30 % des exportations. Dépourvue de pétrole, la Finlande dispose de ressources hydroélectriques considérables. L'énergie d'origine thermique et nucléaire permet de satisfaire les besoins de l'industrie. Le coût des importations pétrolières augmente depuis 1990, année où l'URSS fut dissoute, mettant fin à un accord de 42 ans selon lequel la Finlande fournissait à l'URSS des produits manufacturés en échange de pétrole.

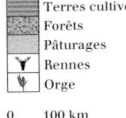

FINLANDE :
UTILISATION DES SOLS

	Terres cultivées
	Forêts
	Pâturages
Y	Rennes
	Orge

0 — 100 km
0 — 100 miles

ENVIRONNEMENT

🌲 6 %

🏠 11 tonnes par habitant

TRAITÉS ÉCOLOGIQUES

	Oui		Oui		Oui
	Oui		Oui		Oui

Les industries sont soumises à une réglementation très stricte en matière de respect de l'environnement. L'opinion publique, sensibilisée à la question du nucléaire, s'est élevée contre la construction d'une cinquième centrale. Le gouvernement subventionne des programmes d'assistance à la Russie en matière de sécurité nucléaire. Les Finlandais s'inquiètent de la hausse du niveau de pollution de la mer Baltique.

MÉDIAS

 455 quotidiens pour 1 000 habitants

PRESSE ET TÉLÉCOMMUNICATIONS

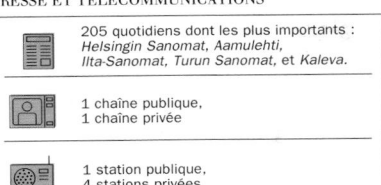

205 quotidiens dont les plus importants : *Helsingin Sanomat, Aamulehti, Ilta-Sanomat, Turun Sanomat,* et *Kaleva.*

1 chaîne publique,
1 chaîne privée

1 station publique,
4 stations privées

Neuf adultes finlandais sur dix achètent un quotidien. Les journaux régionaux sont les plus nombreux ; *Helsingin Sanomat* est le seul quotidien national. Malgré l'absence de censure médiatique, les attaques de la presse contre le gouvernement restent modérées.

CRIMINALITÉ

 3 018 détenus

 Moins 1 % en 1996–1998

TAUX DE CRIMINALITÉ.

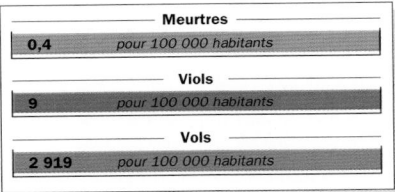

Meurtres	
0,4	*pour 100 000 habitants*
Viols	
9	*pour 100 000 habitants*
Vols	
2 919	*pour 100 000 habitants*

La recrudescence de la criminalité dans les années 1990 s'expliquait en partie par la hausse du taux de chômage. Le gouvernement s'inquiète des liens établis avec la mafia russe.

ÉDUCATION

 99 %

 226 458 étudiants

LE SYSTÈME ÉDUCATIF

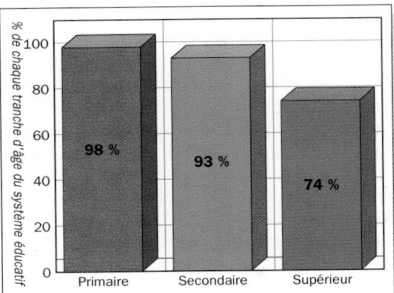

% de chaque tranche d'âge du système éducatif

Primaire 98 % — Secondaire 93 % — Supérieur 74 %

L'école est obligatoire entre 7 et 16 ans. Tout le pays a adopté un nouveau système scolaire en 1977-1978. Pratiquement tous les enfants reçoivent un enseignement préscolaire et poursuivent pendant trois ans leurs études dans le secondaire. En raison de la difficulté des examens, seuls 35 % des candidats parviennent à entrer dans l'une des 20 universités du pays.

SANTÉ

 1 pour 333 habitants

☠ Maladies cérébrovasculaires et cardiaques, cancers

Les dépenses allouées à la santé représentent 14 % du budget de l'État. Le droit garantit à tous les citoyens l'accès à un centre médico-social local, employant jusqu'à quatre médecins, des infirmières et une sage-femme. L'assurance maladie couvre la plupart des soins qui ne nécessitent pas d'hospitalisation ; les frais d'hospitalisation sont raisonnables.

F

RICHESSES

CONSOMMATION ET DÉPENSES

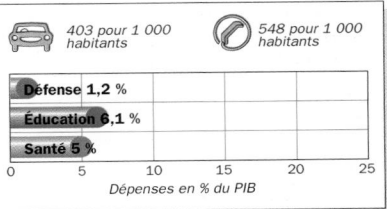

🚗 403 pour 1 000 habitants

📞 548 pour 1 000 habitants

Défense 1,2 %	
Éducation 6,1 %	
Santé 5 %	

Dépenses en % du PIB

Les écarts de revenus sont plus marqués que dans les autres pays scandinaves. La croissance économique et la pénurie de main-d'œuvre des années 1980 contribuèrent à une forte hausse du niveau de vie. La consommation par habitant atteignit le niveau suédois et un nombre croissant de familles put prendre des vacances deux fois par an. Les prestations sociales furent plus importantes. Depuis le début de la récession en 1990, ces acquis ont été remis en cause.
Les compressions budgétaires ont entraîné une baisse des indemnités de chômage. Les actifs ont dû quant à eux se contenter d'augmentations de salaires minimes et payer des impôts plus élevés. Le revenu réel net moyen a beaucoup baissé. La situation a cependant commencé à s'améliorer avec la reprise d'une forte croissance. Les immigrants estoniens forment la classe sociale la plus défavorisée.

CLASSEMENT MONDIAL

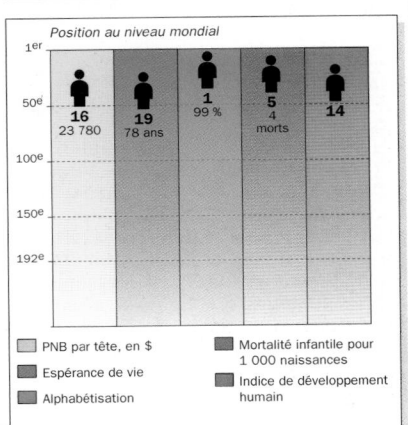

Position au niveau mondial

16	19	1	5	14
23 780	78 ans	99 %	4 morts	

PNB par tête, en $ — Mortalité infantile pour 1 000 naissances
Espérance de vie — Indice de développement humain
Alphabétisation

FRANCE

NOM OFFICIEL : République française   **CAPITALE** : Paris
POPULATION : 59,7 millions   **MONNAIE** : euro   **LANGUE OFFICIELLE** : français

 486   1919    14 juil.   F   + 1   + 33   .fr

PAYS d'Europe occidentale, la France, qui s'étend de la Manche à la Méditerranée, fut la première république moderne d'Europe, et son empire colonial le plus étendu du monde après celui du RU. Elle est aujourd'hui l'une des premières puissances industrielles mondiales et figure au quatrième rang des pays exportateurs. Si l'industrie est le secteur économique moteur de la France, le groupe de pression des agriculteurs reste très puissant. L'attention de la France est aujourd'hui fixée sur l'Europe. Elle fut avec l'Allemagne l'un des membres fondateurs de la Communauté économique européenne et a pris part à chaque étape du processus de construction de l'Union Européenne. Paris est généralement considérée comme l'un des plus belles villes au monde. C'est là que vécurent quelques-uns des artistes, écrivains et cinéastes les plus influents du XXᵉ siècle.

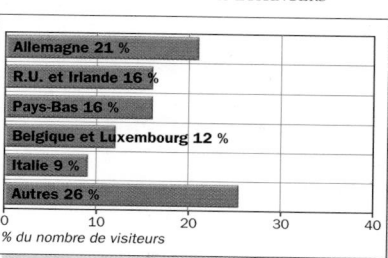

Le Plessie-Bourré, dans la vallée de la Loire, région célèbre pour se nombreux châteaux qui attirent chaque année des milliers de touristes.

CLIMAT

DONNÉES MÉTÉOROLOGIQUES

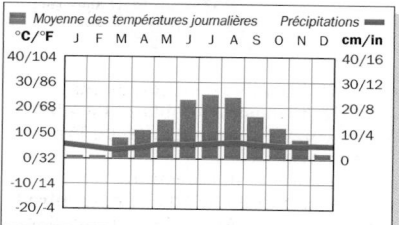

Le climat diffère beaucoup d'une région à l'autre. Le Nord-Ouest, plus particulièrement la Bretagne, est une région humide caractérisée par la douceur de ses températures. À l'Est, les étés sont chauds et les hivers rigoureux. Le Sud connaît quant à lui des étés très secs et chauds.

TRANSPORTS

 Charles de Gaulle, Paris
48,3 M de passagers

 699 navires
1,41 M tpl

RÉSEAU DE TRANSPORT

829 900 km (554 821 miles)	9 632 km (5 985 miles)
29 343 km (18 233 miles)	14 932 km (9 278 miles)

La France a fait figure de pionnière dans la technologie des trains à grande vitesse, avec l'inauguration du TGV Paris-Lyon en 1983. Depuis, d'autres TGV relient aussi la Belgique, l'Italie, l'Espagne, le tunnel sous la Manche et la Méditerranée ; un Paris-Strasbourg est prévu pour 2007. Le trafic aérien doit atteindre 140 millions de passagers en 2020, mais le troisième aéroport (prévu à 130 km au nord de Paris) suscite de vifs débats politiques.

TOURISME

76,7 M de visiteurs   Plus 2 % en 2002

PROVENANCE DES TOURISTES ÉTRANGERS

Allemagne 21 %	
R.U. et Irlande 16 %	
Pays-Bas 16 %	
Belgique et Luxembourg 12 %	
Italie 9 %	
Autres 26 %	

% du nombre de visiteurs

La France est l'une des principales destinations touristiques de la planète, la première pour nombre de ses voisins, parmi lesquels les Allemands, les Britanniques, les Italiens et les Hollandais. La majorité des Français passent leurs vacances en France, même s'ils sont nombreux à séjourner en Espagne et en Italie. Paris est la ville la plus visitée d'Europe. Les principaux pôles d'attraction sont la Tour Eiffel, Notre-Dame, Eurodisney, le Centre Pompidou et le Louvre, musée le plus fréquenté du monde. La viticulture, les sites touristiques et archéologiques ou la qualité des plages attirent les touristes vers d'autres régions du pays. Des stations de ski ont été développées dans les Alpes et les Pyrénées, tandis que la plaisance est très pratiquée sur les côtes. Le tourisme dans sa version moderne fut pratiquement inventé sur la côte d'Azur, où dès la fin du XIXᵉ siècle, les têtes couronnées et les grands de ce monde se pressaient dans les stations à la mode comme Nice. Cannes accueille le premier festival international de cinéma, et est également un important centre de congrès pour les entreprises.

FRANCE

Superficie totale :
550 100 km²
(212 394 sq. miles)

POPULATION

Plus de 1 000 000
Plus de 100 000
Plus de 50 000
Plus de 10 000

ALTIMÉTRIE

3 000 m/9 843 ft
2 000 m/6 562 ft
1 000 m/3 281 ft
500 m/1 640 ft
200 m/656 ft
Niveau de la mer

0   100 km
0   100 miles

POPULATION

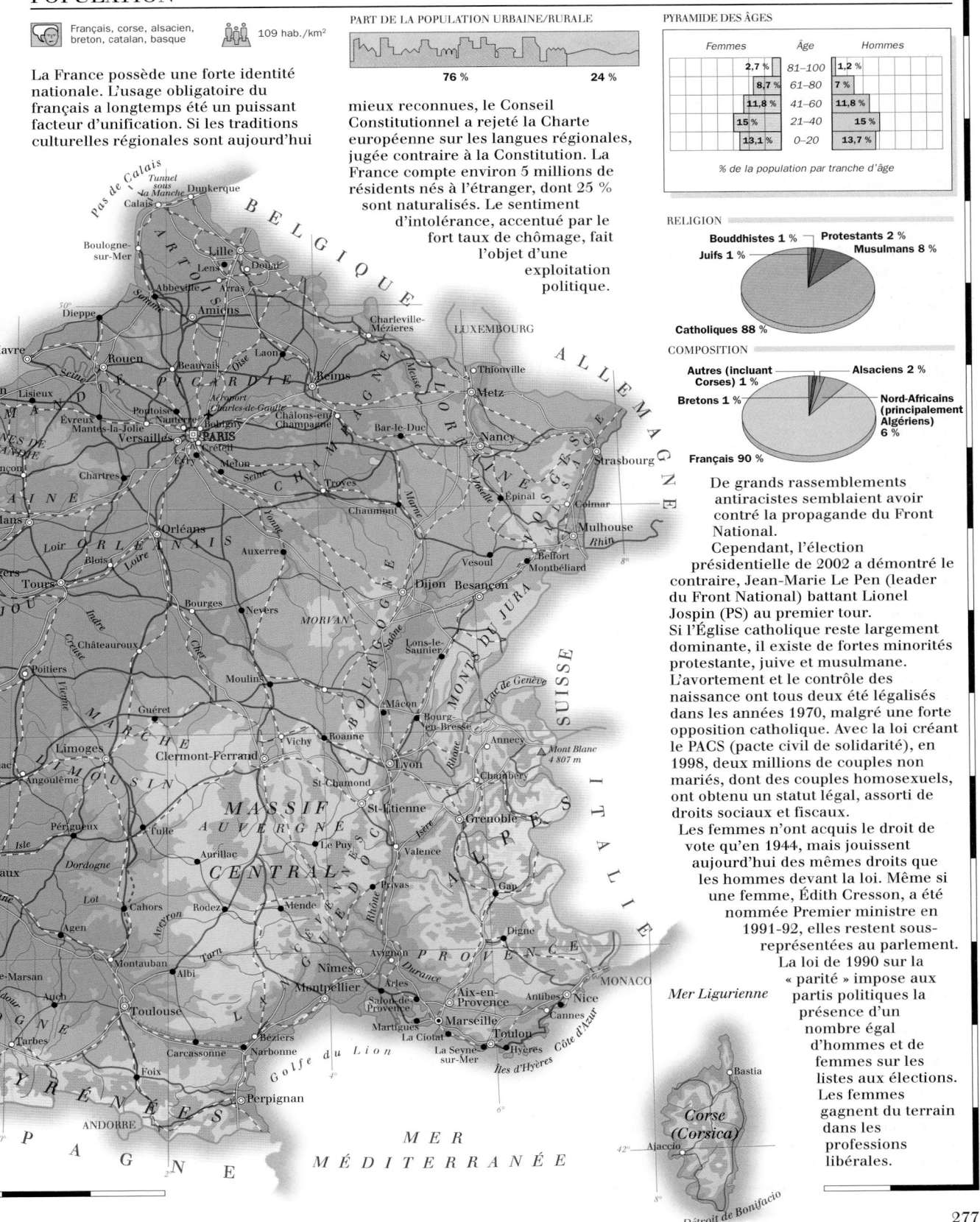

Français, corse, alsacien, breton, catalan, basque

109 hab./km²

La France possède une forte identité nationale. L'usage obligatoire du français a longtemps été un puissant facteur d'unification. Si les traditions culturelles régionales sont aujourd'hui mieux reconnues, le Conseil Constitutionnel a rejeté la Charte européenne sur les langues régionales, jugée contraire à la Constitution. La France compte environ 5 millions de résidents nés à l'étranger, dont 25 % sont naturalisés. Le sentiment d'intolérance, accentué par le fort taux de chômage, fait l'objet d'une exploitation politique.

PART DE LA POPULATION URBAINE/RURALE

76 %   24 %

PYRAMIDE DES ÂGES

Femmes	Âge	Hommes
2,7 %	81–100	1,2 %
8,7 %	61–80	7 %
11,8 %	41–60	11,8 %
15 %	21–40	15 %
13,1 %	0–20	13,7 %

% de la population par tranche d'âge

RELIGION

Bouddhistes 1 %   Protestants 2 %
Juifs 1 %   Musulmans 8 %

Catholiques 88 %

COMPOSITION

Autres (incluant Corses) 1 %   Alsaciens 2 %
Bretons 1 %   Nord-Africains (principalement Algériens) 6 %

Français 90 %

De grands rassemblements antiracistes semblaient avoir contré la propagande du Front National.

Cependant, l'élection présidentielle de 2002 a démontré le contraire, Jean-Marie Le Pen (leader du Front National) battant Lionel Jospin (PS) au premier tour. Si l'Église catholique reste largement dominante, il existe de fortes minorités protestante, juive et musulmane. L'avortement et le contrôle des naissance ont tous deux été légalisés dans les années 1970, malgré une forte opposition catholique. Avec la loi créant le PACS (pacte civil de solidarité), en 1998, deux millions de couples non mariés, dont des couples homosexuels, ont obtenu un statut légal, assorti de droits sociaux et fiscaux.

Les femmes n'ont acquis le droit de vote qu'en 1944, mais jouissent aujourd'hui des mêmes droits que les hommes devant la loi. Même si une femme, Édith Cresson, a été nommée Premier ministre en 1991-92, elles restent sous-représentées au parlement. La loi de 1990 sur la « parité » impose aux partis politiques la présence d'un nombre égal d'hommes et de femmes sur les listes aux élections. Les femmes gagnent du terrain dans les professions libérales.

F

F

CHRONOLOGIE

La révolution de 1789 renversa une monarchie vieille de plus de 1 300 ans et instaure un système républician.

❑ **1914–1918** 1,4 million de morts au cours de la Première Guerre mondiale.
❑ **1918–1939** Récession économique et instabilité politique ; 44 gouvernements se succèdent.
❑ **1940** Capitulation face à l'Allemagne. Gouvernement collaborationniste de Vichy présidé par le maréchal Pétain. À Londres, le général de Gaulle crée le gouvernement de la « France libre ».
❑ **1944** Libération de la France.
❑ **1946–1958** IVᵉ République. Instabilité politique. Nationalisations. La France joue un rôle décisif dans la création de la CEE.
❑ **1958** Début de la Ve République. Le général de Gaulle devient président.
❑ **1960** La plupart des colonies françaises obtiennent leur indépendance.
❑ **1962** Indépendance de l'Algérie à l'issue de la guerre.
❑ **1966** La France se retire du commandement de l'OTAN.
❑ **1968** Grève générale et émeutes. Dissolution de l'Assemblée nationale : victoire gaulliste aux élections.a
❑ **1969** Le général de Gaulle démissionne : Georges Pompidou lui succède.
❑ **1974** Valéry Giscard d'Estaing élu président. Coalition de centre droit.
❑ **1981** Victoire du PS aux élections. François Mitterrand président.
❑ **1983–1986** Virage en politique économique.
❑ **1986** Cohabitation entre le président sociale et le gouvernement de droite de Jacques Chirac. Privatisations.
❑ **1988** Réélection de F. Mitterrand. Retour de la coalition du PS.
❑ **1991** Édith Cresson, première femme française Premier ministre.
❑ **1993** La coalition de centre droit remporte les élections législatives. Nouvelle cohabitation.
❑ **1995** Élection de J. Chirac à la présidence de la République.
❑ **1995–1996** Essais nucléaires dans le Pacifique.
❑ **1998–1999** Privatisations.
❑ **1999** Adoption de l'euro.
❑ **2000** Loi sur les 35 heures
❑ **2002** Adoption de l'euro. Victoire de la droite aux présidentielles et législatives.
❑ **2003** Grèves contre la réforme des retraites. La canicule fait 15 000 morts.

POLITIQUE

 Ch. basse 2002/2007
Ch. haute 2001/2004

 Jacques Chirac, président de la République

AUX DERNIÈRES ÉLECTIONS

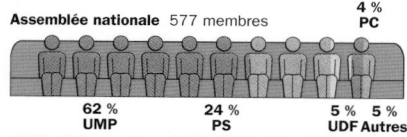

Assemblée nationale 577 membres

4 % PC

62 % UMP   24 % PS   5 % UDF   5 % Autres

UMP = Union pour la majorité présidentielle (**RPR** + **DL** + **Parti radical** + **CNI**) **PS** = Parti socialiste **UDF** = Union pour la démocratie française **PC** = Parti communiste
RDSE = Rassemblement démocratique et social européen
RPR = Rassemblement pour la République **UC** = Union centriste **Rép.** = Républicains et Indépendants
Ind. = Indépendants **V** = Verts

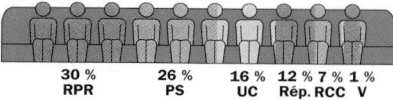

Sénat 321 membres

6 % RDSE   2 % Ind.

30 % RPR   26 % PS   16 % UC   12 % Rép.   7 % RCC   1 % V

La France est une démocratie multipartite. La constitution de la Vᵉ République donne au président un fort pouvoir exécutif, mais il gouverne en tandem avec un gouvernement choisi par l'Assemblée Nationale. Depuis 2000, le président et le parlement sont élus en même temps, et depuis 2002, le mandat présidentiel est restreint à cinq ans. Le président s'occupe habituellement des questions de défense et politique extérieure, le gouvernement traitant la politique intérieure et économique.

PROFIL

Sauf François Mitterrand du PS (1981-1995), tous les présidents de la Vᵉ République ont été de droite. De 1986 à 2002, cependant, Mitterrand et son successeur Chirac ont passé une partie de leur mandat avec un gouvernement et un parlement d'opposition. Chirac, gaulliste conservateur, a dû nommer Jospin (PS) premier ministre en 1997-2002, à la tête d'une coalition de gauche. En mai 2002, Chirac a été réélu président, juste avant la victoire écrasante de son parti l'UMP, ce qui a marqué un rejet de la « cohabitation ».
La gauche de la gauche est en déclin depuis 1945, année où le PCF obtenait 25 % des voix. Les Verts ont subi un revers en 2002, avec seulement trois députés élus. Le Front National, parti raciste, n'a remporté aucun siège, mais a créé la surprise au premier tour de l'élection présidentielle, où son chef Jean-Marie Le Pen est arrivé second. Les partis « démocratiques » se sont unis pour soutenir Chirac, mais les 18 % de Le Pen restent un record.

PRINCIPAUX PROBLÈMES POLITIQUES
Les réformes économiques libérales
Elue en 2002, la droite a promis une baisse immédiate des impôts, et des mesures favorisant les milieux d'affaires. En 2003, une réforme visant à baisser le coût des retraites en les diminuant de deux ans, a été adoptée malgré des grèves et manifestations.

Le racisme et l'exclusion
L'extrême droite a exploité la peur liée à la délinquance et au chômage. Les lois sur l'immigration ont été durcies. La pauvreté et l'exclusion des chômeurs et sans-abris, bien que considérées comme un grave problème, n'ont pas été traitées efficacement par la coalition de gauche en 1997-2002. En 2002, le nouveau gouvernement s'est engagé sur une ligne dure de retour à l'ordre.

L'intégration européenne et la mondialisation
Un courant anti-européen a pris son essor dans les années 1990, alimenté par les craintes de perte de souveraineté. Les opposants à la mondialisation estiment que la culture et l'emploi en France sont menacés. L'entrée de la France dans la zone euro a représenté pour beaucoup un abandon symbolique de l'identité nationale. Le FN est le plus violemment opposé à l'intégration européenne, mais la droite classique défend aussi fermement les intérêts français, dans le domaine agricole et à l'étranger.

Jacques Chirac, président de la République depuis 1995.

Jean-Marie Le Pen, chef de l'extrême-droite (FN) et candidat à la présidentielle de 2002.

Jean-Pierre Raffarin, nommé premier ministre par Chirac en 2002.

POLITIQUE EXTÉRIEURE

 UE G8 OTAN OCDE OSCE

Il existe deux tendances depuis la Seconde guerre mondiale : conserver une certaine indépendance, et renforcer les intérêts français dans une Europe unie. La France essaye aussi de maintenir son influence dans son ancien empire colonial, notamment en Afrique francophone.

L'alliance franco-allemande forme le cœur d'une UE en expansion, avec des projets d'harmonisation juridique entre les deux pays. Les relations avec le RU restent plus difficiles, avec la question des importations agricoles et du passage d'immigrants par la Manche. La France s'inquiète depuis longtemps de la domination des EU. Elle a quitté le commandement de l'OTAN en 1966 et maintenu une dissuasion nucléaire indépendante pendant la Guerre Froide (avec des essais nucléaires dans le Pacifique en 1995-96, malgré les protestations internationales). Attaquée par les EU pour son opposition à la guerre en Irak (2003), la France a menacé d'utiliser son veto au Conseil de Sécurité de l'ONU. La France et l'Allemagne ont été traitées de « vieille Europe », alors que certains futurs membres de l'UE soutenaient davantage les Etats-Unis.

AIDE INTERNATIONALE

 4,2 Md $ (versés)   Plus 2 % en 2001

La France est l'un des premiers pays donateurs du monde. Ses motivations ne sont pas seulement commerciales ; elle souhaite préserver l'influence de la langue française en Afrique occidentale, principal bénéficiaire de l'aide française. Médecins sans Frontières reflète la tradition de la France dans le domaine des ONG à vocation humanitaire.

DÉFENSE

32,9 Md $ Moins 3 % en 2001

FORCES ARMÉES FRANÇAISES

🛡	786 chars de combat (471 AMX-30B2, 315 Leclerc)	137 000 hommes
🚢	1 porte-avions, 10 sous-marins, 1 croiseur, 3 destroyers, 30 frégates, 35 patrouilles	45 600 hommes
✈	449 avions de combat (339 Mirage F-1B/1C/1CR/ 2000B/C/5F/N/D)	64 000 hommes
🚀	64 SLBM dans 4 SSBN	

La France fut l'un des pays fondateurs de l'OTAN, mais quitta sa structure de commandement militaire dès 1966 en réaction à la domination américaine sur l'alliance. Elle a conservé une force de dissuasion nucléaire pendant la guerre froide, et s'est rapprochée de l'OTAN dans les années 1990. Elle participe avec l'Allemagne à des unités militaires. L'influence de l'armée, autrefois puissante, est aujourd'hui très réduite. Le service militaire obligatoire est désormais aboli. L'industrie française de l'armement, largement tournée vers l'exportation, compte parmi les plus importantes du monde. La France produit des chars d'assaut, des avions de chasse et des missiles.

ÉCONOMIE

 1 381 Md $  0,871 euro (1,013)

CHIFFRES SIGNIFICATIFS

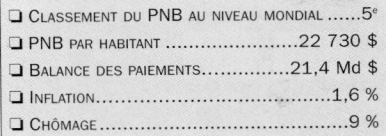

- ❏ CLASSEMENT DU PNB AU NIVEAU MONDIAL 5ᵉ
- ❏ PNB PAR HABITANT ....22 730 $
- ❏ BALANCE DES PAIEMENTS..............21,4 Md $
- ❏ INFLATION.......................................1,6 %
- ❏ CHÔMAGE ....9 %

EXPORTATIONS

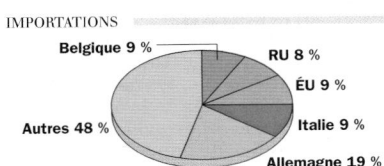

ÉU 9 %
Espagne 9 %
Italie 8 %
Autres 49 %
RU 10 %
Allemagne 15 %

IMPORTATIONS

Belgique 9 %
RU 8 %
ÉU 9 %
Italie 9 %
Autres 48 %
Allemagne 19 %

ATOUTS

Ingénierie (TGV, nucléaire). Spécialisations : voitures (PSA, Renault...) et télécommunications. Exportations importantes : défense, produits pharmaceutiques, chimie. Attire les investisseurs. Forte tradition technique : contrairement aux ÉU et au RU, les diplômés de haut niveau se dirigent vers l'ingénierie. Luxe, cosmétiques, parfums, œnologie. Agriculture globalement modernisée (1ᵉʳ producteur européen). Services.

FAIBLESSES

Pertes dans les industries traditionnelles (métallurgie, sidérurgie, textile). Difficultés d'adaptation pour certaines grandes entreprises (déficit de France Telecom).

INDICATEUR DES PERFORMANCES ÉCONOMIQUES

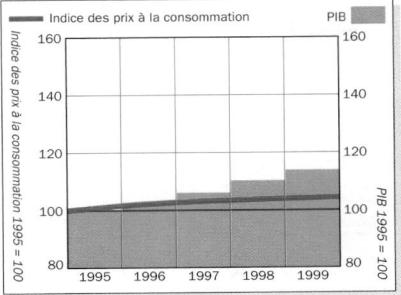

PROFIL

La France, au départ protectionniste et lentement industrialisée, s'est modernisée dans les années 1950. L'intégration européenne (charbon et acier dans les années 50) l'a placée au cœur de l'UE. Elle a adopté l'euro en 2002, comme 12 autres pays. La France a une longue tradition d'intervention étatique. La nationalisation d'industries importantes, commencée à la fin des années 1930, a connu un essor en 1981-83, mais depuis, les gouvernements de droite comme de gauche ont fortement privatisé l'économie. Les régions prennent une importance économique croissante. La France est le plus grand producteur agricole européen, avec un lobby paysan puissant. Des syndicats actifs ont contribué à la mise en œuvre des 35 heures hebdomadaires en 2000, mais ont perdu une bataille contre la réforme des retraites en 2003.

FRANCE : PRINCIPALES ACTIVITÉS

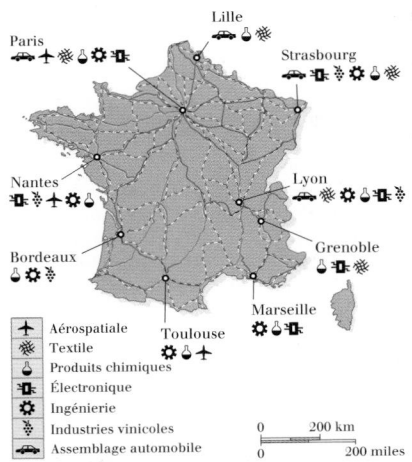

F

F

RESSOURCES

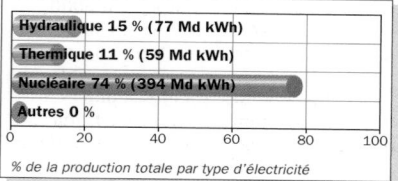

864 673 tonnes

20,3 M de bovins
25 M de canards
42 M de dindes
240 M de poulets

30 857 b/j (réserves : 135 Mb)

Charbon, pétrole, gaz naturel, fer, zinc

PRODUCTION ÉLECTRIQUE

Hydraulique 15 % (77 Md kWh)	
Thermique 11 % (59 Md kWh)	
Nucléaire 74 % (394 Md kWh)	
Autres 0 %	

0   20   40   60   80   100

% de la production totale par type d'électricité

La France est le premier pays consommateur d'énergie nucléaire. Cette politique reflète son désir d'accéder à l'autonomie nationale sur le plan énergétique. Le charbon, autrefois très abondant dans le Nord et en Lorraine, est aujourd'hui presque épuisé, tout comme les gisements de gaz du Sud-Ouest.

FRANCE : UTILISATION DU SOL

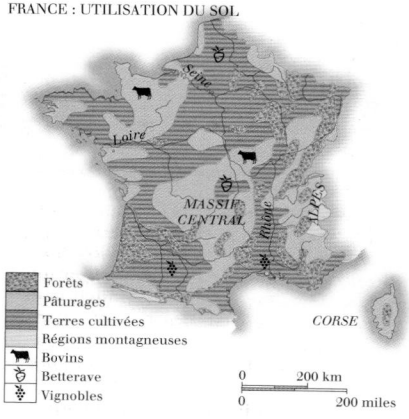

- ▨ Forêts
- Pâturages
- Terres cultivées
- Régions montagneuses
- 🐄 Bovins
- Betterave
- Vignobles

CORSE

0   200 km
0   200 miles

ENVIRONNEMENT

13 % (9 % partiellement protégées)

6,8 tonnes par habitant

TRAITÉS ÉCOLOGIQUES

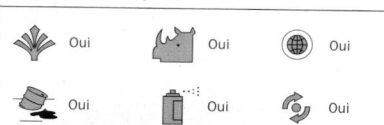

Oui	Oui	Oui
Oui	Oui	Oui

Les Français sont de plus en plus sensibles aux problèmes écologiques. Cependant, les écologistes ne pèsent pas lourd au regard de l'importance de l'énergie nucléaire. Le transport de pétrole par voie maritime fait planer une menace de pollution sur les côtes atlantiques illustrée par le catastrophique naufrage de l'*Erika* en décembre 1999. De violentes tempêtes ont dévasté les forêts en l'an 2000, attirant l'attention sur les dangers liés au réchauffement de la planète.

L'IMPACT DES TRANSPORTS MODERNES

Si les régions françaises conservent leurs spécificités, les réseaux de transports et de télécommunications du pays, dont Paris est le cœur, ont placé les grandes villes de province à portée de la capitale. Ils permettent aussi à la France de jouer un rôle central dans le secteur européen des affaires.

LE RÉSEAU AUTOROUTIER

Les autoroutes à péage, sur lesquelles la vitesse est limitée à 130 km/h, atteignent aujourd'hui presque tous les points de la carte, à l'exception du Cotentin et de la Bretagne, au Nord-Ouest du pays. Elles ont permis de désengorger les anciennes routes nationales mais ont aussi encouragé la croissance du trafic transeuropéen de poids lourds, de et vers l'Espagne, l'Italie, la Suisse, l'Allemagne, les pays du Benelux et les ports de la Manche. De nombreuses controverses ont éclaté à propos de l'impact sur l'environnement de plusieurs projets de voies transversales, notamment la E11 prévue pour relier Clermont-Ferrand au réseau méditerranéen.

PRÉÉMINENCE EN MATIÈRE DE TRAINS À GRANDE VITESSE

L'utilisation d'une technologie de pointe, une planification ambitieuse et centralisée et un investissement adossé à l'État sont les fondements du système de TGV. Avec une vitesse de croisière de plus de 300 km/h, il est sans rival au monde hormis le TGV japonais. Il concurrence aussi directement le transport aérien sur certaines lignes intérieures, en offrant à la fois plus de confort et des temps de trajet porte-à-porte réduits. Depuis les années 1990, des trains à deux étages sont mis en service pour répondre à la demande croissante ; les ingénieurs Alstom ont dévoilé une nouvelle génération de TGV dans les années 1998-1999.
La construction de la première ligne TGV a commencé en 1975, et le tronçon Paris-Lyon a été ouvert en

1983. Depuis, la ligne a été prolongée vers le Sud, jusqu'à l'inauguration en grande pompe, en 2001, de la ligne directe reliant Paris à Marseille. À la fin des années 1980, une ligne était également en service vers l'Ouest, via Le Mans. La ligne Paris-Lille a été mise en service en 1995, puis prolongée vers Bruxelles, Calais et le tunnel sous la Manche.

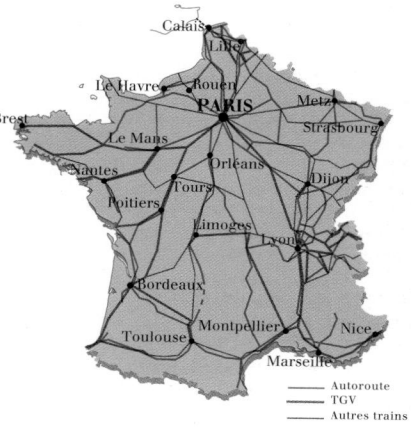

- —— Autoroute
- —— TGV
- —— Autres trains

L'EXTENSION DU RÉSEAU FERRÉ

Les lignes TGV, qui utilisent surtout d'anciens rails modernisés mais aussi des voies propres, constituent un secteur très profitable des chemins de fer français. Mesurant les bénéfices économiques qu'elles pouvaient en tirer, de nombreuses villes ont fait pression pour être desservies par le TGV. Pourtant, le projet de ligne Paris-Strasbourg se heurte à des oppositions et l'estimation du coût de construction ne cesse d'être revue à la hausse. Pour être rentable, cette ligne, dont l'achèvement est prévue pour 2006, devra initier d'importants changements dans les habitudes des voyageurs. L'implication du gouvernement français dans ce projet relève pour une bonne part de la stratégie politique, le but étant de renforcer le rôle de Strasbourg « au cœur de l'intégration européenne ». D'autres liaisons internationales sont prévues : pour relier Lyon à Turin, Marseille et Montpellier à Barcelone et, via Strasbourg, à Stuttgart et Francfort et donc au réseau de trains à grande vitesse allemand ICE.

Immeubles de bureaux modernes à Montpellier, une ville dont l'image dynamique doit beaucoup à son système de transport et à ses investissements dans les nouvelles technologies.

F

MÉDIAS

 201 quotidiens pour 1 000 habitants

PRESSE ET TÉLÉCOMMUNICATIONS

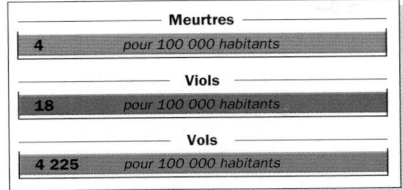

117 quotidiens dont *Le Parisien*, *Le Monde*, *Libération*, et *Le Figaro* ainsi que *Ouest-France*, journal au plus fort tirage.

5 réseaux publics, 5 réseaux privés

3 réseaux publics, 4 réseaux privés

Les médias échappent au contrôle direct de l'État depuis les années 1980. Deux des principales chaînes de télévision sont encore publiques, mais TF1 a été privatisée en 1987. Canal Plus tire ses ressources à la fois d'un système d'abonnement et de la publicité. Une chaîne en langue bretonne a été créée en 2000, TV Breizh. Avec le câble et le satellite, le nombre de chaînes commerciales s'est multiplié. Le Minitel, qui fut en son temps un système innovant, est aujourd'hui marginalisé par l'Internet. Les journaux nationaux ont subi une baisse de leur diffusion, tout comme la presse régionale, qui souffre de la concurrence croissante des médias électroniques.

CRIMINALITÉ

 59 155 prisonniers   Plus 14 % en 2000-2002

TAUX DE CRIMINALITÉ

Meurtres	
4	pour 100 000 habitants

Viols	
18	pour 100 000 habitants

Vols	
4 225	pour 100 000 habitants

Le Code Napoléon de 1804 forme encore la base du droit français. Le système judiciaire se fonde sur l'action du juge d'instruction, qui dispose de pouvoirs d'enquête considérables. La presse peut parler librement des procès non encore jugés. La corruption politique se trouve sous les feux de la rampe. Devant l'inquiétude suscitée par la délinquance, des lois dures, visant notamment les mendiants, les prostituées et les squatters, ont été votées en 2002. Elles seraient à l'origine de la hausse soudaine de la population carcérale.

SANTÉ

1 pour 330 habitants   Maladies hépatiques, cardiaques et cérébrovasculaires, cancers

Les Français sont les plus gros consommateurs de médicaments par habitant au monde. Nombre d'entre eux obtiennent aussi des ordonnances pour des cures thermales. En 2000, l'OMS a classé le système de santé français comme le meilleur du monde. Les patients sont remboursés de la majorité de leurs dépenses par l'assurance santé. Malgré certains progrès et prises de conscience, l'abus d'alcool et de tabac reste une constante culturelle. La cirrhose du foie est une cause de mortalité relativement répandue. En 2003, une importante campagne anti-tabac a été lancée.

RICHESSES

CONSOMMATION ET DÉPENSES

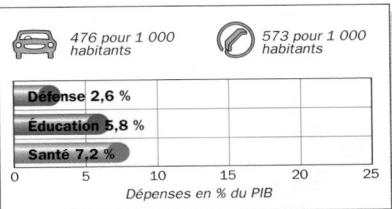

476 pour 1 000 habitants   573 pour 1 000 habitants

Défense 2,6 %		
Éducation 5,8 %		
Santé 7,2 %		

Dépenses en % du PIB

Les écarts de richesse en France sont plus grands que dans la plupart des pays de l'OCDE. Dans les années 1980, les socialistes ont contribué à combler un peu ces écarts grâce à l'introduction du SMIC. Les impôts indirects sont lourds – conséquence d'une longue tradition d'évasion fiscale. Les baisses d'impôts annoncées en 2000, puis en 2002, visaient à réduire le déséquilibre en matière d'impôts sur le revenu entre riches et pauvres. Les Français sont à la traîne de leurs voisins pour l'utilisation de l'Internet ; moins d'un cinquième de la population l'a utilisé en 2001.

ÉDUCATION

 99 %    12,1 M d'étudiants

LE SYSTÈME ÉDUCATIF

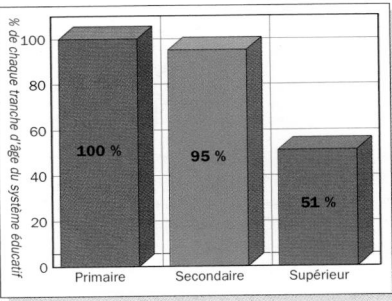

% de chaque tranche d'âge du système éducatif

100 % Primaire
95 % Secondaire
51 % Supérieur

L'enseignement français reste très centralisé, une situation qui engendre peu à peu des aspirations à plus de flexibilité. Le ministère de l'Éducation nationale est responsable des programmes scolaires, des examens et de la nomination des enseignants. Les écoles catholiques, qui accueillent 17 % de la population scolaire, reçoivent d'importantes subventions de l'État et doivent suivre les programmes scolaires nationaux. Le principal objectif du système scolaire français est l'acquisition d'une connaissance générale étendue. Le niveau des élèves est élevé, malgré les fréquentes grèves des enseignants. La France compte plus de 17 universités – 13 à Paris – et autres instituts d'enseignements supérieurs, pour 2,1 millions d'étudiants. Elles sont ouvertes à tous les titulaires du baccalauréat. Les étudiants s'inscrivent en général dans l'université la plus proche de chez eux. Les universités n'ont pas reçu les fonds et le personnel nécessaires pour gérer l'explosion de la population étudiante survenue ces dernières années. Les 150 grandes écoles, qui ne relèvent pas du système universitaire, ne comptent chacune que quelques centaines d'étudiants triés sur le volet. Instituts d'enseignement supérieur les plus influents, elles permettent d'accéder aux plus hauts postes de l'administration et des professions libérales.

Massif Central, Auvergne. *. Les plateaux granitiques isolés et les volcans éteints du Massif Central sont les plus anciennes formations rocheuses de France.*

CLASSEMENT MONDIAL

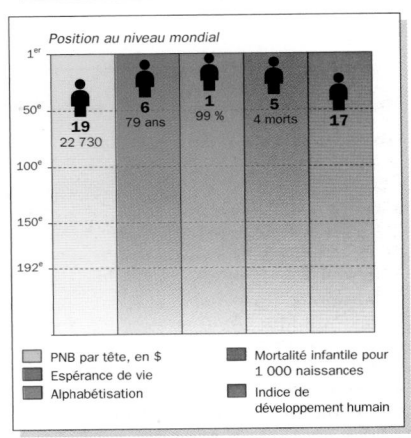

Position au niveau mondial

1er

50e — 19 / 22 730 | 6 / 79 ans | 1 / 99 % | 5 / 4 morts | 17

100e

150e

192e

PNB par tête, en $	Mortalité infantile pour 1 000 naissances
Espérance de vie	
Alphabétisation	Indice de développement humain

GABON

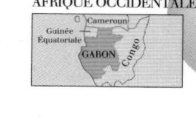

NOM OFFICIEL : République gabonaise **CAPITALE** : Libreville
POPULATION : 1,3 million **MONNAIE** : franc CFA **LANGUE OFFICIELLE** : français

PAYS équatorial situé sur la côte occidentale de l'Afrique, le Gabon est un État dont l'économie repose principalement sur l'activité pétrolière. Seule une petite partie du pays est cultivée et plus des deux tiers du territoire sont couverts par l'une des plus belles forêts de la planète. Le Gabon obtint son indépendance de la France en 1960. Soumis à un régime à parti unique depuis 1968, il vit le retour à une démocratie pluraliste en 1990. C'est un pays faiblement peuplé dont le gouvernement s'efforce d'encourager la croissance démographique.

CLIMAT

DONNÉES MÉTÉOROLOGIQUES

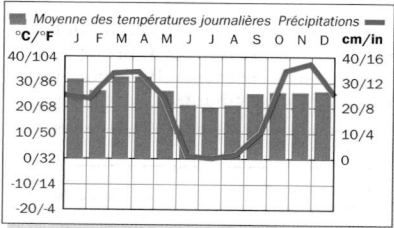

Moyenne des températures journalières Précipitations

Le Gabon connaît un climat équatorial humide. Les températures des régions côtières sont moins élevées en raison du passage du courant de Benguela.

TRANSPORTS

Léon M'Ba, Libreville
807 159 passagers

5 navires
26 532 tpl

RÉSEAU DE TRANSPORT

629 km (391 miles)		30 km (19 miles)	
814 km (506 miles)		1 600 km (994 miles)	

Le chemin de fer (le Transgabonais) reliant le port d'Owendo près de Libreville à Masuku, inauguré en 1986, est le principal axe de transport du pays. Le transport aérien est bien développé.

TOURISME

 175 000 visiteurs Moins 10 % en 1999

PROVENANCE DES TOURISTES ÉTRANGERS

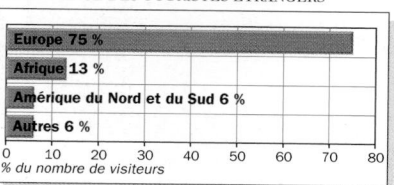

Europe 75 %	
Afrique 13 %	
Amérique du Nord et du Sud 6 %	
Autres 6 %	

0 10 20 30 40 50 60 70 80
% du nombre de visiteurs

Malgré les nombreux hôtels de Libreville, le Gabon n'est pas un pays très touristique, faute de plages suffisamment belles.

POPULATION

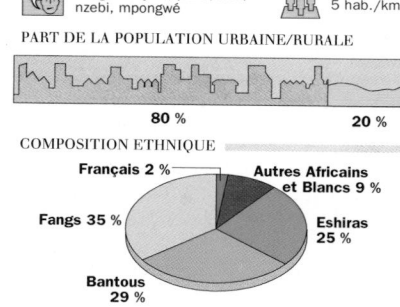

Fang, français, punu, sira, nzebi, mpongwé

5 hab./km²

PART DE LA POPULATION URBAINE/RURALE

80 %   20 %

COMPOSITION ETHNIQUE

Français 2 %
Autres Africains et Blancs 9 %
Fangs 35 %
Eshiras 25 %
Bantous 29 %

Si les Fangs, qui vivent au Nord du pays, constituent la première ethnie du Gabon, ils ne sont pas encore parvenus à prendre le contrôle du gouvernement. Le président Omar Bongo, issu de la minorité Batéké du Sud-Ouest, a su unir avec beaucoup d'habileté les intérêts communs aux autres groupes ethniques pour tenir les Fangs à l'écart du pouvoir. Les Myénés, installés dans la région de Port-Gentil, se considèrent, de par leurs contacts de longue date avec l'ancien pouvoir colonial, comme les aristocrates de la société gabonaise. Les richesses pétrolières ont donné naissance à une classe bourgeoise.

POLITIQUE

Ch. basse 2001/2006
Ch. haute 2003/2009

Omar Bongo, président de la République

AUX DERNIÈRES ÉLECTIONS
Assemblée nationale 120 membres

5 % **RNB** 3 % **Autres**

71 % **PDG** 2 % **PGP** 19 % **Vacant**

PDG = Parti démocratique gabonais
PGP = Parti gabonais du progrès
RNB = Rassemblement national des bûcherons

Sénat 91 membres

Les membres du Sénat sont élus au suffrage indirect par les conseils régionaux.

Le Gabon connaît un régime pluraliste depuis 1990. Cette année-là, les élections virent la victoire de l'ancien parti unique, le PDG d'Omar Bongo. Au pouvoir depuis 1967, celui-ci remporta les présidentielles de 1993, bien que la régularité du scrutin ait été sujette à caution. Les législatives de 1996 redonnèrent la majorité au PDG, et Bongo fut réélu en 1998 pour un septennat. J.-F. Ntoutoume fut nommé Premier ministre à la place de P. Obame-Nguema en 1999.

POLITIQUE EXTÉRIEURE

OUA ACP OCI G24 ZF

Si le Gabon maintient des liens étroits avec la France, les compagnies américaines s'introduisent dans l'économie gabonaise fondée sur l'activité pétrolière. Le Gabon reste un État influent au sein de l'Afrique francophone ; ses relations avec l'OPEP sont également étroites.

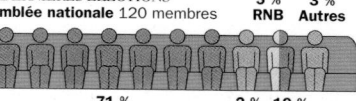

CAMEROUN

GUINÉE ÉQUATORIALE

OCÉAN ATLANTIQUE

CONGO

Bitam Minvoul
Oyem
Médouneu Mitzic Mékambo
Cocobeach
Makokou
LIBREVILLE Ntoum Ovan
Foulenzem Kango
Booué Équateur
Ndjolé
Cap Lopez
Lambaréné MASSIF DU CHAILLU Okondja Aboumi
Port-Gentil Ogooué Lastoursville Onga
Fougamou Iboundji Lékila Akiéni
Omboué Koulamoutou Mounana Ngouoni Bongoville
Mandji Mimongo Moanda Lékoni
Mouila Mbigou ▲ Mont Milondo 1 020 m Pana Massoukou
Guietsou Lébamba Bakoumba Boumango
Setté Cama Moabi Ndendé Malinga
Gamba Nyanga Mabanda
Tchibanga
Mayumba Moulèngui Binza
Ndindi

GABON
Superficie totale : 257 670 km² (99 486 sq. miles)

POPULATION
⊚ Plus de 100 000
● Plus de 10 000
• Moins de 10 000

ALTIMÉTRIE
500 m/1 640ft
200 m/656ft
Niveau de la mer

0 100 km
0 100 miles

AIDE INTERNATIONALE

 48 M $ (reçus)   Plus 7 % en 1999

La France, dont l'aide représente les deux tiers du total des sommes versées, est le premier pays donateur du Gabon. Pour un pays à revenus moyens doté d'un des PNB par habitant les plus hauts des pays en voie de développement, le Gabon bénéficie d'une aide considérable. Son endettement est dû aux emprunts contractés au cours des années 1970. L'aide sert surtout au remboursement des intérêts.

DÉFENSE

 135 M $ Pas de changement en 1999

Le passé militaire du président Bongo se reflète dans l'important budget de la défense et l'armement de prestige du Gabon, qui inclut entre autres des Mirage français. La France se porte garante de la sécurité du Gabon et entretient une garnison de 680 hommes à Libreville. Une campagne a été lancée en 2001 visant à recruter 1 500 jeunes d'ici à 2006.

ÉCONOMIE

 3,99 Md $ 571-642 francs CFA

CHIFFRES SIGNIFICATIFS

- ❏ CLASSEMENT DU PNB AU NIVEAU MONDIAL ..121ᵉ
- ❏ PNB PAR HABITANT ....3 160 $
- ❏ BALANCE DES PAIEMENTS ... .435 M $
- ❏ INFLATION ....1,5 %
- ❏ CHÔMAGE ....21 %

ATOUTS
Le Gabon bénéficie d'un PNB par habitant élevé qui s'explique par ses revenus pétroliers et un nombre d'habitants peu important. On commence tout juste à exploiter d'autres ressources naturelles importantes, dont l'un des meilleurs bois de feuillu tropical au monde.

FAIBLESSES
Endettement. Dépendance vis-à-vis de l'assistance technique de la France.

EXPORTATIONS
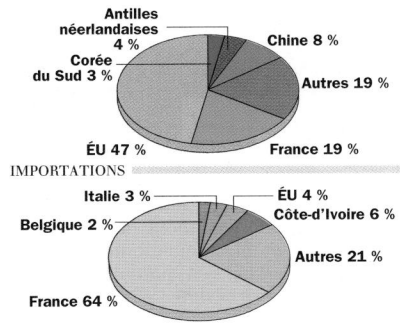

Antilles néerlandaises 4 %
Corée du Sud 3 %
Chine 8 %
Autres 19 %
ÉU 47 %
France 19 %

IMPORTATIONS

Italie 3 %
Belgique 2 %
France 64 %
ÉU 4 %
Côte-d'Ivoire 6 %
Autres 21 %

RESSOURCES

 44 772 tonnes   325 000 b/j (réserves : 2 500 000 000 Md b)

 213 000 porcins 198 000 ovins 3,2 M de poulets   Pétrole, manganèse, uranium, or, fer, gaz naturel

Les recettes d'exportation viennent du pétrole. Importants gisements d'uranium et plus d'un siècle de réserves de manganèse. Les gisements de fer inexploités de Bélinga sont les plus importants du monde.

ENVIRONNEMENT

 3 %   3 tonnes par habitant

La ligne ferroviaire du Transgabonais, qui traverse l'une des plus belles forêts denses du monde, a ouvert la voie à l'exploitation aveugle de bois rares comme l'okoumé. Le Gabon a abandonné ses projets de construction de centrales nucléaires après la catastrophe de Tchernobyl en 1986.

MÉDIAS

 30 quotidiens pour 1 000 habitants

PRESSE ET TÉLÉCOMMUNICATIONS

 2 quotidiens : *L'Union* et *Gabon-Matin*

 1 chaîne publique 2 chaînes indépendantes   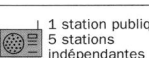 1 station publique 5 stations indépendantes

Les médias sont largement contrôlés par le gouvernement. S'ils se sont beaucoup diversifiés dans les années 1990, leur indépendance a été remise en cause en 1998. La liberté d'expression est aujourd'hui menacée.

CRIMINALITÉ

 Pas de chiffre sur la population carcérale   Forte hausse entre 1992 et 1996

Le taux de criminalité urbaine est en hausse (le Gabon est l'un des pays les plus urbanisés d'Afrique). La situation au regard des droits de l'homme s'est améliorée ces dernières années.

L'hôpital Albert Schweitzer, à Lambaréné. A. Schweitzer remporta un prix Nobel pour les travaux qu'il mena en Afrique.

CHRONOLOGIE

Rattaché au Congo français en 1886, le Gabon a été l'une des colonies de l'Afrique Équatoriale française.

- ❏ **1960** Indépendance sous la présidence de Léon M'Ba.
- ❏ **1964** Coup d'État militaire. Intervention française pour rétablir L. M'Ba au pouvoir.
- ❏ **1967** Omar Bongo président.
- ❏ **1968** Régime à parti unique.
- ❏ **1990** Démocratie multipartite.
- ❏ **1998** Bongo réélu président.
- ❏ **2001** Elections. Le PDG majoritaire.

ÉDUCATION

 71 %   4 655 étudiants

L'enseignement s'inspire du modèle français. L'université de Libreville, fondée dans les années 1970, compte plus de 4 000 étudiants.

SANTÉ

 1 pour 5 000 habitants   Maladies cardiaques et diarrhéiques, pneumonies, accidents

Les recettes pétrolières ont permis au Gabon d'investir dans son système de santé, l'un des meilleurs d'Afrique.

RICHESSES

CONSOMMATION ET DÉPENSES

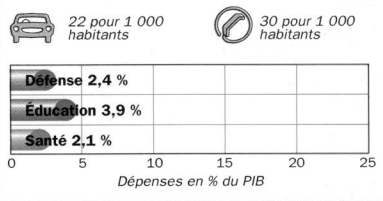

22 pour 1 000 habitants   30 pour 1 000 habitants

Défense 2,4 %
Éducation 3,9 %
Santé 2,1 %

Dépenses en % du PIB

Les profits tirés du pétrole ont donné naissance à une riche bourgeoisie. Les travailleurs immigrés occupent les postes subalternes.

CLASSEMENT MONDIAL

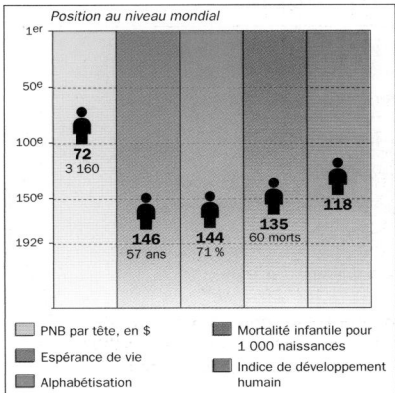

Position au niveau mondial

1ᵉʳ
50ᵉ
100ᵉ
150ᵉ
192ᵉ

72 — 3 160
146 — 57 ans
144 — 71 %
135 — 60 morts
118

- ☐ PNB par tête, en $
- ☐ Espérance de vie
- ☐ Alphabétisation
- ☐ Mortalité infantile pour 1 000 naissances
- ☐ Indice de développement humain

GAMBIE

NOM OFFICIEL : République de Gambie   CAPITALE : Banjul
POPULATION : 1,4 million   MONNAIE : dalasi   LANGUE OFFICIELLE : anglais

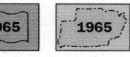 1965  1965 18 fév. WAG 0   + 220 ☎   .gm

PAYS d'Afrique occidentale formant une étroite bande de terre, la Gambie était renommée pour sa grande stabilité politique avant que son gouvernement ne soit renversé par un coup d'État en 1994. L'agriculture représente 65 % de son PIB. L'exode rural est cependant de plus en plus marqué, les villes offrant un revenu moyen quatre fois plus élevé que celui des campagnes. La situation de la Gambie enclavée à l'intérieur des territoires sénégalais semble devoir durer, suite à l'échec du projet de confédération de Sénégambie des années 1980.

CLIMAT

DONNÉES MÉTÉOROLOGIQUES

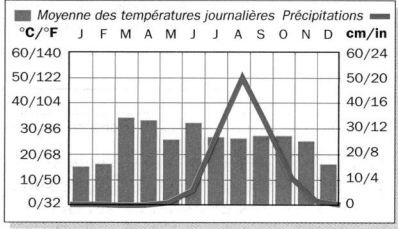

Climat subtropical avec une saison sèche, balayée par intermittence par un vent chaud, l'harmattan.

TRANSPORTS

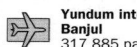 Yundum international, Banjul
317 885 passagers

 8 navires
1 884 tpl

RÉSEAU DE TRANSPORT

 956 km
(594 miles)

 Aucune

 Aucune

 400 km
(249 miles)

La navigation sur la Gambie est plus importante que la circulation routière. La NASA rénova l'aéroport de Yundum en 1989 pour permettre l'atterrissage forcé des navettes spatiales américaines.

TOURISME

 91 000 visiteurs   ⬆ Plus 14 % en 1998

PROVENANCE DES TOURISTES ÉTRANGERS

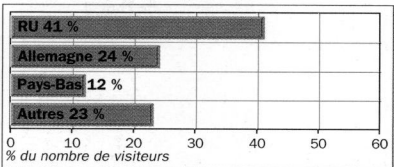

RU 41 %
Allemagne 24 %
Pays-Bas 12 %
Autres 23 %

0   10   20   30   40   50   60
% du nombre de visiteurs

L'industrie touristique très prospère de la Gambie offre soleil, plages et vie balnéaire. Les touristes viennent en majorité d'Europe du Nord pour échapper aux rigueurs de l'hiver.

POPULATION

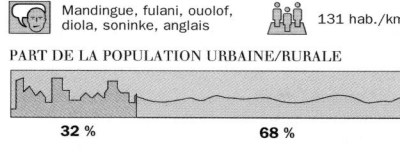 Mandingue, fulani, ouolof, diola, soninke, anglais   👥 131 hab./km²

PART DE LA POPULATION URBAINE/RURALE

32 %   68 %

COMPOSITION ETHNIQUE

Autres 5 %   Serahuli 9 %
Mandingues 42 %   Jola 10 %
Ouolof 16 %
Fulanis 18 %

Le gouvernement du président Daouda Jawara (1962-1994) s'efforça d'apaiser le ressentiment des minorités face à la prééminence des Mandingues, en répartissant les fonctions politiques de manière équitable selon l'appartenance ethnique. Le lieutenant-colonel Yahya Jammeh, qui mena le coup d'État de 1994, est musulman et appartient à la minorité Jola, nombreuse de l'autre côté de la frontière sénégalaise. Si 85 % de la population est d'obédience islamique, il n'existe pas de religion officielle en Gambie. Le pays assiste chaque année à l'afflux de travailleurs saisonniers venus du Sénégal, de Guinée ou du Mali pour la culture de l'arachide. La Gambie reste un pays très pauvre, où l'agriculture emploie 80 % de la main-d'œuvre. Les femmes jouent un rôle actif dans le commerce.

Village de pêcheurs. Le problème de la pêche à outrance, prtiquée au large de la Gambie par des pêcheurs venus de rivages plus lointains, devient préoccupant.

POLITIQUE

 2002/2007   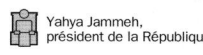 Yahya Jammeh, président de la République

AUX DERNIÈRES ÉLECTIONS
Assemblée nationale   53 membres   4 % PDOIS

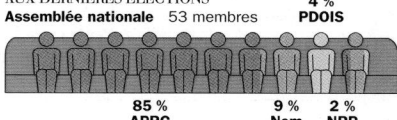

85 % APRC   9 % Nom   2 % NRP

APRC = Alliance pour la construction et la réorientation patriotique   Nom. = Nommés   NRP = Parti de la réconciliation nationale   PDOIS = Organisation démocratique du peuple pour l'indépendance et le socialisme

Entre 1962 et 1994, la Gambie fut l'un des seuls pays d'Afrique à posséder un régime démocratique, même si le PPP (Parti progressiste populaire) domina le gouvernement pendant toute cette période. Après le coup d'État de 1994, le PPP fut interdit ainsi que les trois partis d'opposition, mais l'interdiction fut levée en 2001 avant les élections. Après avoir été renversé, le président Daouda Jawara s'exila au RU. Les responsables du coup d'État militaire, alléguant avoir voulu mettre fin à la corruption, s'engagèrent à défendre la démocratie. Plusieurs portefeuilles ministériels dans le nouveau gouvernement furent confiés à des fonctionnaires de l'ancienne administration. Le lieutenant-colonel Yahya Jammeh fut élu président à la suite d'élections controversées en 1996, et son parti, l'APRC, remporta les législatives l'année suivante. En janvier 2000, le gouvernement a déclaré avoir déjoué un coup d'État militaire.

POLITIQUE EXTÉRIEURE

 CILSS   Comm   CEAO   OUA   OCI

Les critiques suscitées par le coup d'Etat de 1994 se sont récemment adoucies, mais après la réélection de Jammeh en 2001, la répression des opposants a réveillé certaines craintes. Les relations avec le Sénégal sont tendues, en raison de la rébellion de Jola, en Casamance.

AIDE INTERNATIONALE

 33 M $ (reçus)   Moins 13 % en 1999

L'aide occidentale, suspendue après le putsch, a repris. Les principaux donateurs sont la Banque mondiale, le FMI, la BafD, le RU, les ÉU, le Japon, la Libye, l'Égypte, les États du Golfe, Cuba et Taiwan.

G

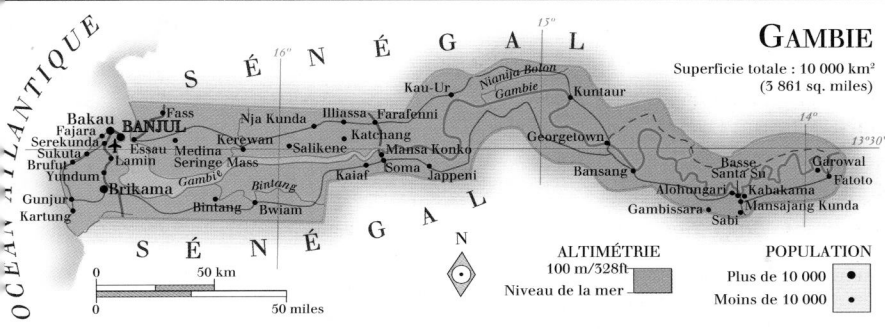

GAMBIE

Superficie totale : 10 000 km²
(3 861 sq. miles)

DÉFENSE

 16 M $ Plus 7 % en 1999

Les dépenses allouées à l'Armée nationale gambienne, qui compte deux bataillons d'infanterie, représentent la moitié du budget de la défense ; le reste va à la gendarmerie dont les effectifs s'élèvent à 600 hommes. La Gambie achète ses armes au RU et de plus en plus au Nigeria.

ÉCONOMIE

 426 M $ 18,8-26 dalasis

CHIFFRES SIGNIFICATIFS

- CLASSEMENT DU PNB AU NIVEAU MONDIAL ..172ᵉ
- PNB PAR HABITANT ....320 $
- BALANCE DES PAIEMENTS ....– 53 M $
- INFLATION ....4 %
- CHÔMAGE ....sous-emploi généralisé

ATOUTS
La faiblesse des tarifs douaniers fait de la Gambie un centre du commerce régional. Profondeur des eaux du port de Banjul. Bonne gestion de l'économie, perçue d'un œil favorable par les pays donateurs.

FAIBLESSES
La petite taille du pays et de son marché constituent un obstacle aux investissements. Contrebande, qui prive le gouvernement de rentrées d'argent. Manque de ressources et de diversification de l'agriculture.

EXPORTATIONS
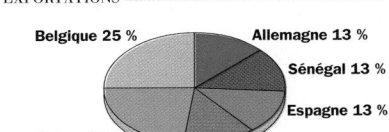

IMPORTATIONS
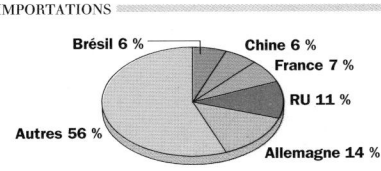

RESSOURCES

 32 258 tonnes   Pays non producteur

360 000 bovins
265 000 caprins
680 000 poulets

Ilménite, zirconium, rutile, kaolin, étain

La Gambie est l'un des rares fleuves africains à offrir une bonne navigabilité mais, séparée de son arrière-pays par la frontière Gambie-Sénégal, elle reste peu utilisée. Un seul barrage assure l'irrigation du pays, qui s'est opposé aux projets de barrages hydroélectriques. On suppose l'existence de gisements pétroliers offshore.

ENVIRONNEMENT

 2 %   0,2 tonne par habitant

Les retombées du tourisme sur l'environnement et la pêche à outrance sont les principaux problèmes.

MÉDIAS

 2 quotidiens pour 1 000 habitants

PRESSE ET TÉLÉCOMMUNICATIONS

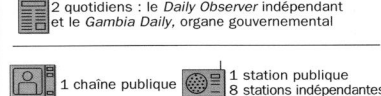

Journalistes et patrons de presse subissent des tracasseries depuis le putsch de 1994, et une populaire station de radio privée a été fermée.

CRIMINALITÉ

 Pas de chiffre sur la population carcérale   Taux de criminalité assez faible mais en hausse

Le taux de criminalité est assez bas dans une société qui reste paisible, par rapport à certains États de la région.

ÉDUCATION

 37 %   1 591 étudiants

L'objectif est d'atteindre un taux de scolarisation de 75 % au primaire et de 20 % dans le secondaire mais aussi d'améliorer la qualité de l'enseignement.

CHRONOLOGIE

L'influence des commerçants mandingues dura jusqu'au XVIIIᵉ siècle. Aux XVIIIᵉ et XIXᵉ siècles, des rivalités coloniales opposèrent la Grande-Bretagne à la France.

- **1888** Colonie britannique.
- **1959** Douada Jawara fonde le PPP.
- **1965** Indépendance.
- **1970** République présidée par D. Jawara.
- **1982–1989** Confédération avec le Sénégal.
- **1994** D. Jawara. renversé
- **1996** Yahya Jammeh élu président de la République.
- **2001** Vaste programme de lutte contre la pauvreté.
- **2002** Victoire écrasante du parti de Jammeh aux législatives.

G

SANTÉ

 1 pour 20 000 habitants Malaria, tuberculose, maladies parasitaires

La majorité des Gambiens a accès aux médicaments de base, qui ne sont cependant plus gratuits. Le service de santé public reste limité, malgré l'arrivée de médecins cubains.

RICHESSES

CONSOMMATION ET DÉPENSES

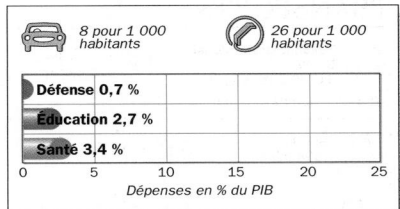

La fonction publique et les professions libérales permettent à une minorité de vivre confortablement. Les jeunes chômeurs de Banjul sont les plus défavorisés.

CLASSEMENT MONDIAL

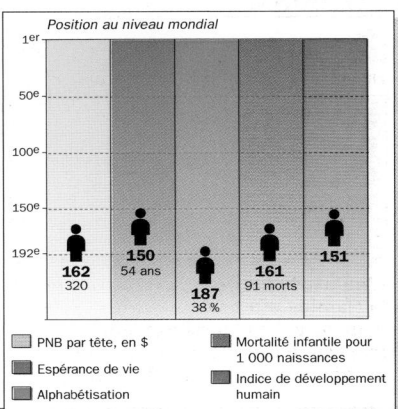

GÉORGIE

NOM OFFICIEL: République de Géorgie   **CAPITALE :** Tbilissi
POPULATION : 4,6 millions   **MONNAIE :** lari   **LANGUE OFFICIELLE :** géorgien

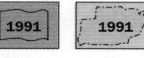 

SITUÉE sur la côte orientale de la mer Noire, la Géorgie est un pays en grande partie montagneux. Sa côte s'étend de la région d'Abkhazie au nord à celle de l'Adjarie au sud. L'une des premières républiques à revendiquer son indépendance par rapport à Moscou, la Géorgie a jusqu'à récemment été rongée par la guerre civile et par les conflits interethniques en Abkhazie et en Ossétie du Sud. Pays natal de Staline, la Géorgie est un État principalement agricole, renommé pour la qualité de ses vins.

CLIMAT

DONNÉES MÉTÉOROLOGIQUES

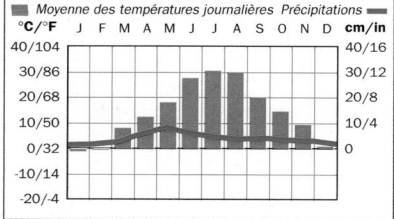

Le climat géorgien est continental à l'intérieur du pays et subtropical dans les régions côtières, où l'on cultive la vigne, les agrumes et le thé.

Tbilissi, capitale de la Géorgie depuis le Iᵉ siècle. Ses constructions, bâties sur des terrasses escarpées, s'élèvent sur chacune des rives de la Koura.

TRANSPORTS

 Novo Alexeïevka, Tbilissi
316 226 passagers

 95 navires
117 800 tpl

RÉSEAU DE TRANSPORT

 19 354 km
(12 026 miles)   Aucune

1 545 km
(960 miles)   Aucune

La guerre civile a détruit les réseaux. Une voie ferrée et un oléoduc reliant Bakou aux ports de Poti et Supsa sur la mer Noire ont été ouverts en 1999.

TOURISME

 384 000 visiteurs   Plus 21 % en 2000

PROVENANCE DES TOURISTES ÉTRANGERS

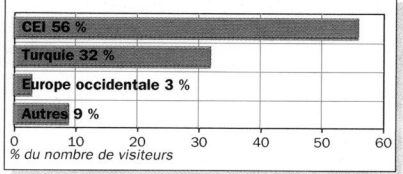

CEI 56 %		
Turquie 32 %		
Europe occidentale 3 %		
Autres 9 %		

0   10   20   30   40   50   60
% du nombre de visiteurs

L'instabilité politique a découragé le tourisme, qui reprend aujourd'hui. La majorité des touristes viennent des pays de l'ex-URSS.

POPULATION

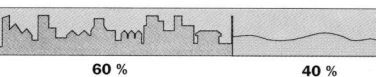

 Géorgien, russe   72 hab./km²

PART DE LA POPULATION URBAINE/RURALE

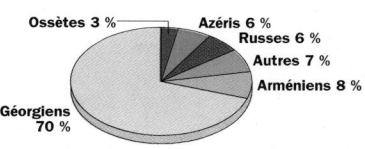

60 %   **40 %**

COMPOSITION ETHNIQUE

Ossètes 3 %   Azéris 6 %
Russes 6 %
Autres 7 %
Arméniens 8 %
Géorgiens 70 %

La Géorgie est une société paternaliste, où le sens de la famille et les traditions culturelles sont très enracinés. Composée de Géorgiens à 70 %, elle possède des minorités arménienne, russe, azérie, ossète, grecque et abkhaze. Plus de 300 000 personnes ont été déplacées pendant la guerre civile.

POLITIQUE

 1999/2003    Mikhaïl Saakachvili, président de la République

AUX DERNIÈRES ÉLECTIONS
Parlement 235 membres

56 %   **24 %**   **7 % 5 % 8 %**
UGC   UTGR   ISG DA Autres

UGC = Union des citoyens de Géorgie   **UTGR** = Union de tous les Géorgiens pour la renaissance   **ISG** = L'Industrie sauvera la Géorgie   **DA** = Députés abkhazes

10 sièges abkhazes n'ont pas été pourvus.

La situation politique de la Géorgie demeure instable. Édouard Chevardnadzé, réélu à la présidence en 2000, a été la cible de plusieurs tentatives d'assassinat. Il est arrivé au pouvoir en 1992, au milieu de la guerre civile opposant le gouvernement aux « Zviadistes », partisans de l'ancien président Zviad Gamsakhourdia. À la même période, l'Abkhazie s'embrasait : les Abkhazes tentèrent de faire sécession et chassèrent la communauté géorgienne. Des combats sporadiques se poursuivent encore. Le processus de paix engagé sous l'égide de l'ONU en 2000 a rapidement buté sur la question du statut futur de l'Abkhazie.

GÉORGIE

Superficie totale :
69 700 km²
(26 911 sq. miles)

POPULATION

▣ Plus de 1 000 000
◉ Plus de 100 000
○ Plus de 50 000
• Plus de 10 000
· Moins de 10 000

ALTIMÉTRIE

3 000 m/9 843ft
2 000 m/6 562ft
1 000 m/3 281ft
500 m/1 640ft
200 m/656ft
Niveau de la mer

0   50 km
0   50 miles

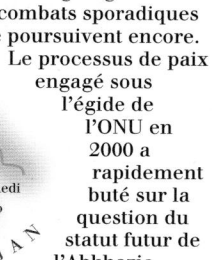

POLITIQUE EXTÉRIEURE

 CEI OSCE CE CEMN PpP

La situation en Abkhazie, l'instabilité dans le Caucase et les oléoducs sont des sujets de friction avec la Russie.

AIDE INTERNATIONALE

 239 M $ (reçus)   Plus 44 % en 1999

L'aide finance des projets d'infrastructure et soutient des réformes institutionnelles et financières.

DÉFENSE

 111 M $ Moins 1 % en 1999

La Russie, dont l'intervention a permis de mettre un terme au conflit zviadiste en 1993, a 4 bases militaires en Géorgie, dont une en Abkhazie. Le retrait des troupes russes, soit 9 000 hommes, a débuté en 2000. L'Abkhazie reste la principale préoccupation de l'armée.

ÉCONOMIE

 3,4 Md $ 1,96 lari

CHIFFRES SIGNIFICATIFS

- ❏ CLASSEMENT DU PNB AU NIVEAU MONDIAL ..130ᵉ
- ❏ PNB PAR HABITANT ....590 $
- ❏ BALANCE DES PAIEMENTS ....– 162 M $
- ❏ INFLATION ....4,6 %
- ❏ CHÔMAGE ....15 %

ATOUTS
Éventuel passage par les territoires géorgiens d'oléoducs faisant transiter le pétrole azéri vers l'Occident. Maîtrise de l'hyperinflation des années 1990.

FAIBLESSES
Dommages de guerre et rupture des liens avec les autres républiques de l'ex-URSS. Marché noir et puissante mafia. Sécheresse et crise monétaire en 1998. Important déficit budgétaire. Balance commerciale déficitaire.

EXPORTATIONS

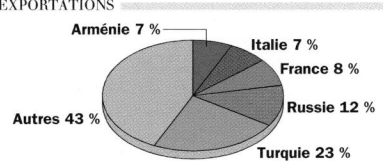

Arménie 7 %
Italie 7 %
France 8 %
Russie 12 %
Turquie 23 %
Autres 43 %

IMPORTATIONS

Roumanie 6 %
Russie 7 %
Azerbaïdjan 8 %
ÉU 8 %
Turquie 14 %
Autres 57 %

RESSOURCES

 6 933 tonnes   2 687 b/j (réserves : 36 292 560 Md b)

 1,12 M de bovins
553 300 ovins
8,47 M de poulets   Manganèse, charbon, pétrole, gaz naturel, zinc, cobalt, vanadium

Les réserves pétrolières connues sont encore peu exploitées. La Géorgie dépend de la Russie pour son approvisionnement en énergie malgré l'ouverture d'une nouvelle raffinerie américano-géorgienne en 1998. La Géorgie reste un pays agricole, dont les principales industries sont l'agroalimentaire et la production vinicole.

ENVIRONNEMENT

 3 %   0,8 tonne par habitant

La radioactivité de certains équipements abandonnés par les troupes russes est un problème écologique préoccupant, tout comme la pollution de la mer Noire.

MÉDIAS

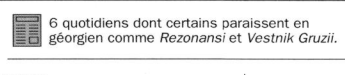 Données non disponibles

PRESSE ET TÉLÉCOMMUNICATIONS

 6 quotidiens dont certains paraissent en géorgien comme *Rezonansi* et *Vestnik Gruzii*.

1 chaîne publique
1 chaîne indépendante   1 station publique

Les organes de presse gouvernementaux reçoivent des subventions. La chaîne de télévision indépendante, *Rustavi-2*, a pu réouvrir sous certaines conditions restrictives en 1998.

CRIMINALITÉ

 7 750 détenus   Plus 7 % en 1996–1998

On assiste depuis l'indépendance en 1991 au développement du grand banditisme de type mafieux. Le système judiciaire est aujourd'hui favorable à É. Chevardnadzé et à ses partisans.

ÉDUCATION

 99 %   163 345 étudiants

Depuis l'indépendance, on privilégie l'enseignement de la langue et de l'histoire géorgiennes. Le système éducatif manque de moyens. L'université de Tbilissi était auparavant réputée.

SANTÉ

 1 pour 263 habitants   Maladies circulatoires et respiratoires, cancers, accidents

Depuis l'indépendance, les dissensions internes et le manque de fonds ont empêché les investissements en matière de santé.

CHRONOLOGIE

Protectorat russe à partir de 1763, la Géorgie fut rattachée à l'empire de Russie en 1801. Dirigée par un gouvernement socialiste menchevik, elle proclama son indépendance en 1918.

- ❏ **1920** Reconnue comme État indépendant par l'Union soviétique.
- ❏ **1921** Invasion par l'Armée rouge soviétique. Rattachement à l'URSS.
- ❏ **1922-1936** Intégrée à la République Socialiste Fédérative du Soviet Transcaucasien (RSFST).
- ❏ **1989** Répression des émeutes indépendantistes à Tbilissi par l'armée soviétique.
- ❏ **1990** Déclaration de souveraineté.
- ❏ **1991** Indépendance. Zviad Gamsakhurdia est élu président.
- ❏ **1992** Gamsakhurdia s'enfuit. É. Chevardnadzé est élu président du Soviet Suprême et du Conseil d'État.
- ❏ **1992–1993** Conflit en Abkhazie.
- ❏ **1995** Chevardnadzé est réélu et échappe à une tentative d'assassinat.
- ❏ **1999** Ouverture d'un oléoduc reliant la mer Noire à la mer Caspienne.
- ❏ **2003** Chevardnazé est victime de la Révolution de velours.

RICHESSES

CONSOMMATION ET DÉPENSES

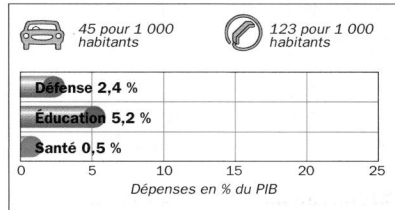

45 pour 1 000 habitants   123 pour 1 000 habitants

Défense 2,4 %
Éducation 5,2 %
Santé 0,5 %

Dépenses en % du PIB

80 % de la population au moins vit dans la pauvreté. Il existe pourtant une petite classe privilégiée qui dépense sans compter.

CLASSEMENT MONDIAL

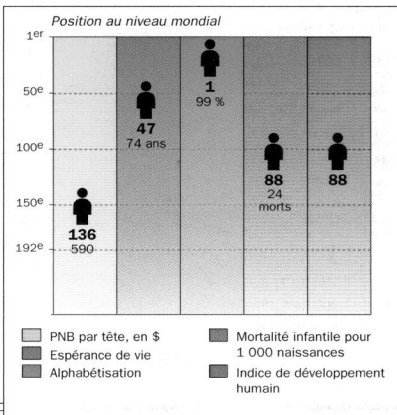

Position au niveau mondial

136 — 590
47 — 74 ans
1 — 99 %
88 — 24 morts
88

- ☐ PNB par tête, en $
- ☐ Espérance de vie
- ☐ Alphabétisation
- ☐ Mortalité infantile pour 1 000 naissances
- ☐ Indice de développement humain

G

287

GHANA

NOM OFFICIEL : République du Ghana   **CAPITALE** : Accra
POPULATION : 20,2 millions   **MONNAIE** : cedi   **LANGUE OFFICIELLE** : anglais

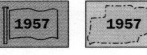 

CŒUR de l'ancien royaume des Achantis, le Ghana actuel est né de l'union de l'ancienne colonie britannique de la Côte-de-l'Or et des territoires du Togo placés sous tutelle de l'ONU et administrés par les Britanniques. Il fut la première colonie britannique à obtenir son indépendance en 1957. Après une succession de régimes militaires, le pays adopta le multipartisme en 1992 et connut une alternance démocratique en 2000 avec la victoire électorale du principal parti d'opposition.

CLIMAT

DONNÉES MÉTÉOROLOGIQUES

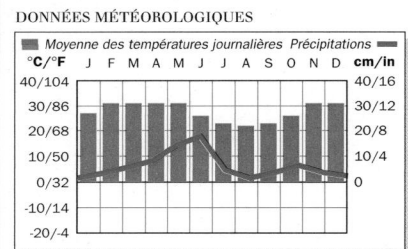

Le Sud du Ghana vit au rythme de deux saisons des pluies par an (avril-juillet et septembre-novembre). Le Nord, plus sec, n'en connaît qu'une.

TRANSPORTS

 Kotoka International, Accra 673 661 passagers

205 navires 115 500 tpl

RÉSEAU DE TRANSPORT

 11 653 km (7 241 miles)

30 km (19 miles)

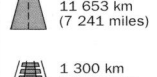 1 300 km (808 miles)

168 km (104 miles)

1983 vit le début des travaux de réfection du réseau routier, que l'on avait laissé se dégrader dans les années 1960 et 1970 ; l'état du réseau s'améliore donc.

TOURISME

 373 000 visiteurs

Plus 7 % en 1999

PROVENANCE DES TOURISTES ÉTRANGERS

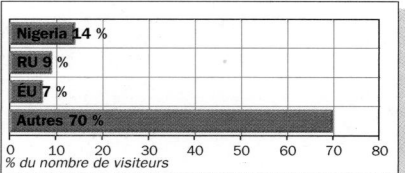

Nigeria 14 %								
RU 9 %								
EU 7 %								
Autres 70 %								

0   10   20   30   40   50   60   70   80
% du nombre de visiteurs

Le Ghana n'est pas encore un pays très touristique. Il est apprécié pour la beauté de ses plages et l'intérêt de ses anciens forts construits le long de la côte.

POPULATION

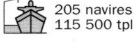 Anglais, twi, fanti, éwé, ga, adangbe, gurma, dagbandi

88 hab./km²

PART DE LA POPULATION URBAINE/RURALE

38 %   62 %

RELIGION

Autres 8 %
Musulmans 11 %
Chrétiens 43 %
Croyances locales 38 %

Le Ghana est une mosaïque culturelle et linguistique. Le groupe ethnique le plus important est celui des Akans, qui englobe les Achantis et les Fantis. Les Dagbandis se concentrent au Nord du pays, les Gaadangbes dans la région d'Accra et les Éwés au Sud-Est. Peu de tensions interethniques.

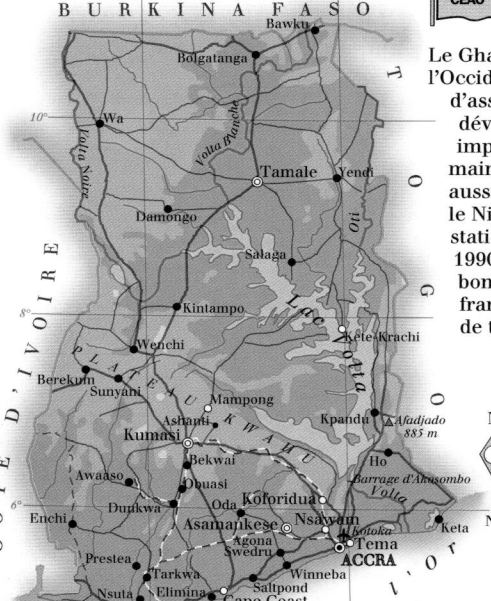

POLITIQUE

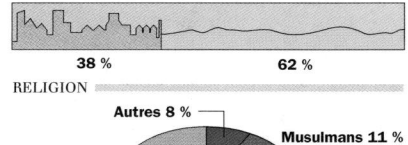 2000/2004

John Kufuor, président de la République

AUX DERNIÈRES ÉLECTIONS

Parlement 200 membres

1 % PCP

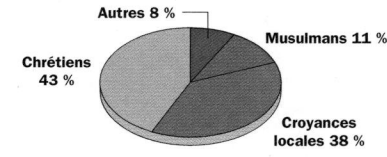

50 % NPP   46 % NDC   2 % 1 % Ind PNC

NPP = Nouveau parti patriotique   **NDC** = Congrès national démocratique   **Ind** = Indépendants   **PNC** = Convention nationale du peuple   **PCP** = Parti de la Convention nationale du peuple

Le retour du Ghana au multipartisme en 1992 légitima le gouvernement militaire de Jerry Rawlings. Capitaine d'aviation, de descendance éwé et écossaise, Rawlings est l'un des grands survivants de la politique africaine. Il organisa les coups d'État de 1979 et 1981 et dirigea le gouvernement militaire du Conseil Provisoire de la Défense Nationale de 1981 à 1992. Candidat du NDC aux élections présidentielles de 1992, il remporta 58 % des suffrages. Les partis d'opposition boycottèrent les élections législatives suivantes, remportées facilement par le NDC. En 1996, Rawlings fut élu pour un dernier mandat présidentiel. En décembre 2000, le NPP gagna une victoire historique sur le NDC aux législatives, et son candidat, John Kufuor, remporta les présidentielles.

POLITIQUE EXTÉRIEURE

 CEAO   OUA   Comm   G24   AIEA

Le Ghana privilégie ses relations avec l'Occident, principal fournisseur d'assistance militaire et d'aide au développement. Il a joué un rôle important dans les opérations de maintien de la paix de l'ONU. Il a aussi largement contribué, comme le Nigeria, aux forces de la CEAO stationnées au Liberia en guerre de 1990 à 1997. Le Ghana entretient de bonnes relations avec les pays voisins francophones, malgré des périodes de tension avec le Togo.

GHANA

Superficie totale :
230 020 km² (88 810 sq. miles)

ALTIMÉTRIE
500 m/1 640ft
200 m/656ft
Niveau de la mer

POPULATION
Plus de 500 000
Plus de 100 000
Plus de 50 000
Plus de 10 000
Moins de 10 000

0   100 km
0   100 miles

G

AIDE INTERNATIONALE

 607 M $ (reçus)   Moins 13 % en 1999

Le vaste plan de relance économique inauguré en 1983, et soutenu par la Banque mondiale et le FMI, a été un succès. Entre 1984 et 1989, le Ghana a reçu 3,5 Md de $, figurant ainsi au troisième rang des pays bénéficiaires de l'aide de la Banque mondiale derrière la Chine et l'Inde.

DÉFENSE

 121 M $ Moins 12 % en 1999

L'armée s'empara du pouvoir à la suite de coups d'État en 1966, 1972, 1979 et 1981 ; d'autres putschs échouèrent. À l'étranger, l'armée, forte de 5 000 hommes, a participé à des opérations de l'ONU et de la CEAO. Le Ghana a une petite marine de 4 patrouilleurs, et dispose de 19 avions de combat.

ÉCONOMIE

 7,45 Md $ 3 500–7 275 cedis

CHIFFRES SIGNIFICATIFS

- ❏ CLASSEMENT DU PNB AU NIVEAU MONDIAL ..108ᵉ
- ❏ PNB PAR HABITANT ....290 $
- ❏ BALANCE DES PAIEMENTS ....– 251 M $
- ❏ INFLATION ....32,9 %
- ❏ CHÔMAGE ....20 %

ATOUTS
Croissance du PNB de 5 % par an depuis le programme de relance de 1983. Deuxième producteur d'or d'Afrique. Depuis 1996, Ashanti Goldfields Co Ltd est implantée dans 12 pays africains. La production de cacao représente 15 % de la production mondiale.

FAIBLESSES
Déficit budgétaire important et lourd service de la dette. Le cedi, dévalué en 1983, a encore eu tendance à baisser depuis. Investissements étrangers limités à l'extraction de l'or. Important taux d'inflation.

EXPORTATIONS
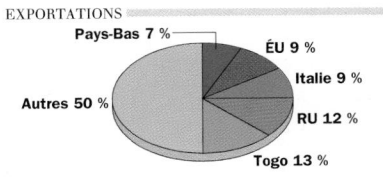
Pays-Bas 7 % ÉU 9 % Italie 9 % Autres 50 % RU 12 % Togo 13 %

IMPORTATIONS
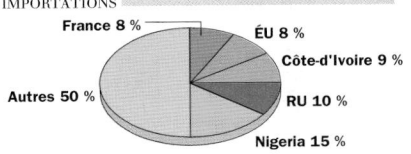
France 8 % ÉU 8 % Côte-d'Ivoire 9 % Autres 50 % RU 10 % Nigeria 15 %

Port de Dixcove, *non loin du cap des Trois Pointes. Le mode de vie traditionnel des Ghanéens repose sur une économie de subsistance*

RESSOURCES

 446 883 tonnes   Réserves : 500 000 Mdb

 2,8 M de caprins 2,57 M d'ovins 1,29 M de bovins 18 M de poulets   Or, diamants, bauxite, manganèse

La production d'or a beaucoup augmenté depuis le milieu des années 80 ; en 1993, l'or a supplanté le cacao comme premier produit d'exportation. L'hydroélectricité excédentaire produite par le barrage d'Akosombo sur la Volta est exportée vers le Togo et le Bénin.

ENVIRONNEMENT

 5 %   0,3 tonne par habitant

L'exploitation forestière et le défrichement agricole ont détruit 70 % des forêts. Un programme soutenu par la Banque mondiale s'attaque aux problèmes causés par l'extraction minière.

MÉDIAS

 14 quotidiens pour 1 000 habitants

PRESSE ET TÉLÉCOMMUNICATIONS

 2 quotidiens : le *Ghanaian Times* et le *Daily Graphic*

 1 chaîne publique  1 station publique

La presse appartient de plus en plus au secteur privé. La radio et la télévision traitent en général l'information en fonction des directives gouvernementales.

CRIMINALITÉ

 Pas de chiffre sur la population carcérale   Plus 8 % en 1990–1996

Le système judiciaire a peu d'indépendance et le gouvernement a souvent recours à des « tribunaux populaires » improvisés. La corruption est moins grave qu'elle ne l'était.

ÉDUCATION

 72 %   9 609 étudiants

Surpeuplement du système scolaire. Le Ghana compte quatre universités et quelques internats de bon niveau.

CHRONOLOGIE

En 1874, Kumasi, la capitale du royaume Ashanti, fut mise à sac par les forces britanniques qui fondèrent la colonie de la Côte-de-l'Or.

- ❏ **1957** Indépendance menée par Kwame Nkrumah.
- ❏ **1964** Régime de parti unique.
- ❏ **1966** Coup d'État militaire.
- ❏ **1972–1979** Régime militaire du général Acheampong, exécuté.
- ❏ **1979 et 1981** Putschs du capitaine Jerry Rawlings.
- ❏ **1992, 1996** Rawlings et le NDC remportent les élections pluralistes.
- ❏ **2000** Victoire de l'opposition NPP aux législatives. John Kufuor est élu président.

G

SANTÉ

 1 pour 16 700 habitants Malaria, maladies diarrhéiques, tuberculose

La santé des Ghanéens a davantage bénéficié des progrès faits en matière d'hygiène publique que des améliorations du système de santé.

RICHESSES

CONSOMMATION ET DÉPENSES

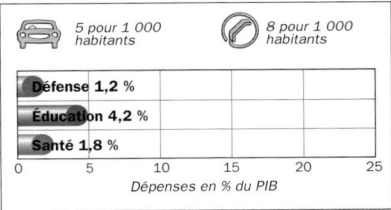
5 pour 1 000 habitants 8 pour 1 000 habitants
Défense 1,2 % Éducation 4,2 % Santé 1,8 %
0   5   10   15   20   25
Dépenses en % du PIB

Si la situation est aujourd'hui moins dramatique, beaucoup de Ghanéens ont émigré dans le passé. La principale fracture sociale oppose le Nord toujours plus pauvre au Sud, région plus riche et plus urbanisée

CLASSEMENT MONDIAL

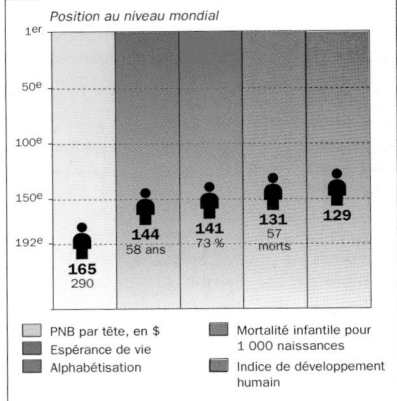
Position au niveau mondial
1er 50ᵉ 100ᵉ 150ᵉ 192ᵉ
165 — 290
144 — 58 ans
141 — 73 %
131 — 57 morts
129

❏ PNB par tête, en $ ❏ Mortalité infantile pour 1 000 naissances
❏ Espérance de vie
❏ Alphabétisation ❏ Indice de développement humain

GRÈCE

NOM OFFICIEL : République hellénique   **CAPITALE** : Athènes
POPULATION : 10,6 millions   **MONNAIE** : euro   **LANGUE OFFICIELLE** : grec

EUROPE   Europe

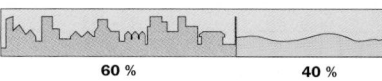

LA GRÈCE est l'État le plus méridional des pays balkaniques. Bordée par la mer Égée, la mer Ionienne et la mer de Crète, elle compte plus de 2 000 îles. C'est un pays montagneux, dont un tiers seulement est cultivé. Riche en minéraux, elle possède notamment du chrome. La Grèce a une forte tradition maritime, et les plus puissants armateurs du monde sont grecs. Ses relations avec la Turquie, longtemps marquées par des conflits territoriaux, se sont améliorées. Au nord, cependant, les soulèvements en Albanie et la guerre en ex-Yougoslavie ont été des facteurs d'instabilité.

G

CLIMAT

DONNÉES MÉTÉOROLOGIQUES

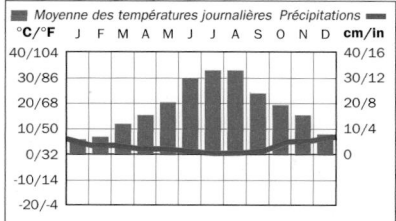

Le climat grec varie en fonction des régions. Le Nord-Ouest est marqué par un climat de montagne, tandis que certaines régions de Crète connaissent un climat presque subtropical. Dans les régions littorales, le climat est méditerranéen. La gestion de l'eau est devenue un problème préoccupant.

TRANSPORTS

 Athinai, Athènes
6,3 M de passagers

 1 545 navires
25,2 M tpl

RÉSEAU DE TRANSPORT

 107 406 km
(66 739 miles)

470 km
(292 miles)

 2 299 km
(1 429 miles)

80 km
(50 miles)

Le moyen de transport le moins cher pour relier les îles au continent est le bateau ou l'aéroglisseur. Le naufrage d'un ferry en 2000 a incité le gouvernement à durcir la réglementation. La Grèce possède 444 ports, dont 123 assez grands pour accueillir les paquebots ou les navires de la marine marchande. Le Pirée est le port principal. Un nouvel aéroport a ouvert en 2001 à Spata, à 30 km d'Athènes. Le réseau routier est de bonne qualité, quoique saturé. Des aides de l'UE sont consacrées à la construction de deux voies expresses et à la réfection du métro d'Athènes.

TOURISME

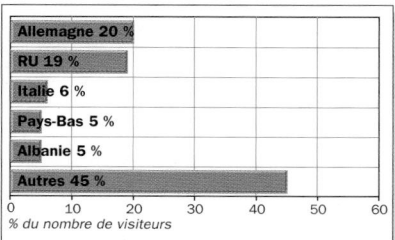
12,5 M de visiteurs   Plus 3 % en 2000

PROVENANCE DES TOURISTES ÉTRANGERS

Allemagne 20 %	
RU 19 %	
Italie 6 %	
Pays-Bas 5 %	
Albanie 5 %	
Autres 45 %	

% du nombre de visiteurs

Le tourisme est l'un des piliers de l'économie grecque et une source majeure de devises étrangères. Jusqu'à récemment, l'État subventionnait le développement hôtelier, et des établissements bas de gamme étaient construits, en particulier en Crète et sur l'île de Rhodes. Le nombre de visiteurs a chuté dans les années 1990 en raison de la concurrence de destinations moins chères. On encourage aujourd'hui l'industrie touristique à améliorer ses normes de qualité, à développer un tourisme à l'année et pas seulement estival et à attirer les colloques professionnels. Les Jeux olympiques de 2004, qui auront lieu à Athènes, permettront de moderniser les infrastructures touristiques de la ville.

Théâtre de Dodone. *Les sites anciens, comme cet amphithéâtre situé au Nord-Ouest du pays, ont contribué à faire du tourisme l'une des premières activités de la Grèce.*

POPULATION

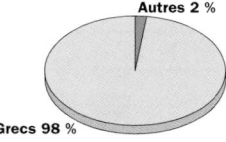 Grec, turc, macédonien, albanais

80 hab./km²

PART DE LA POPULATION URBAINE/RURALE

60 %   **40 %**

RELIGION

Musulmans 1 %   Autres 1 %

Orthodoxes 98 %

COMPOSITION ETHNIQUE

Autres 2 %

Grecs 98 %

La Grèce fut des siècles durant un pays de tradition agraire et maritime. L'occupation allemande au cours de la Seconde Guerre mondiale et la guerre civile qui s'ensuivit détruisirent l'essentiel des structures de la vie rurale et entraînèrent, entre les années 1950 et 1980, une urbanisation rapide. Au cours des années 1950 et 1960, les Grecs émigrèrent en masse vers l'Europe du Nord, l'Australie, les ÉU, le Canada et l'Afrique du Sud. Beaucoup rentrèrent au pays dans les années 1980, pesant lourdement sur le marché du travail. Les socialistes du PASOK au pouvoir entre 1981 et 1989 investirent d'importantes sommes d'argent, provenant principalement de l'UE, dans le développement des infrastructures et la vie économique des régions, espérant ainsi mettre fin à l'exode rural. S'ils atteignirent pleinement leurs objectifs, il n'en reste pas moins que plus de la moitié de la population se partage entre Athènes, la capitale, et Thessalonique, la principale ville du Nord. De nombreux immigrants, surtout albanais, sont arrivés récemment dans le pays.

PYRAMIDE DES ÂGES

Femmes	Âge	Hommes
2,0 %	81–100	1,4 %
9,8 %	61–80	8,4 %
12,5 %	41–60	12,2 %
14,7 %	21–40	14,9 %
11,7 %	0–20	12,4 %

% de la population par tranche d'âge

POLITIQUE

 2000/2004   Konstantinos Stephanopoulos, président de la République

AUX DERNIÈRES ÉLECTIONS
Parlement 300 membres

| 53 % PASOK | 41 % ND | 4 % KKE | 2 % Sybn |

PASOK = Mouvement socialiste panhellénique **ND** = Parti de la nouvelle démocratie **KKE** = Parti communiste grec **Sybn** = Coalition de gauche

La Grèce est une démocratie pluraliste. Elle fut dirigée par un gouvernement militaire entre 1967 et 1974.

PRINCIPAUX PROBLÈMES POLITIQUES
L'Union européenne
La Grèce a réussi à se qualifier pour le passage à la monnaie unique en 2001, au prix d'une politique d'austérité qui généra de sérieux mécontentements. Pays le plus pauvre de l'UE, elle craint de perdre une partie des aides qui lui sont allouées dans le cas d'un élargissement à d'autres membres, comme la Turquie.

Les relations avec la Macédoine
En 1995, la Grèce finit par reconnaître la souveraineté de l'ancienne république yougoslave de Macédoine. En 2001, la crise macédonienne à propos du séparatisme albanais augmenta les inquiétudes de la Grèce quant à la sécurité dans la région.

Les réfugiés albanais
Des milliers d'Albanais d'ascendance grecque sont entrés illégalement en Grèce depuis 1990, fournissant une main-d'œuvre bon marché pour l'économie souterraine grecque déjà florissante. 375 000 Albanais ont profité des mesures de régularisation prises en 1998.

PROFIL
Le PASOK, au pouvoir depuis 1993, a mené une politique économique assez semblable à celle du gouvernement conservateur auquel il a succédé. Dirigé par Kostas Simitis depuis la mort de son fondateur,

Costas Simitis, *du PASOK, Premier ministre de 1996 à 2004*

Le président **Konstantinos Stephanopoulos,** *élu avec des soutiens de gauche et de droite.*

Andreas Papandreou, en 1996, le PASOK a remporté de justesse les élections législatives de 2000.

POLITIQUE EXTÉRIEURE

 UE   OTAN   OCDE   CSCE   CE

Bien qu'appartenant au bloc occidental, la Grèce, pays orthodoxe, a des sympathies pour les Serbes et les Russes. Les relations avec la Turquie s'améliorent, malgré la question chypriote. Les tensions persistent avec l'État de Macédoine (qui est aussi le nom d'une région grecque). Priorité est donnée au rôle de la Grèce dans une UE en expansion. La Grèce présida l'UE pour la première fois en 2003, période marquée par des divergences sur l'Irak.

AIDE INTERNATIONALE

 $ 194 M$ (versés)   ⬆ Plus 8 % en 1999

La Grèce verse moins que les autres pays d'Europe en matière d'aide au développement. En revanche, les entreprises grecques ont beaucoup investi dans les pays du sud des Balkans. Entre 1994 et 1999, la Grèce a elle-même reçu environ 3,5 Md de dollars de l'UE au titre de l'aide au développement régional. Une partie de cette somme a servi à enrayer le déclin du Nord-Est du pays, une des régions les moins développées de l'UE. Après le terrible tremblement de terre qui a touché la Turquie en 1999, la Grèce a versé une aide d'urgence.

GRÈCE

Superficie totale : 130 850 km²
(50 521 sq. miles)

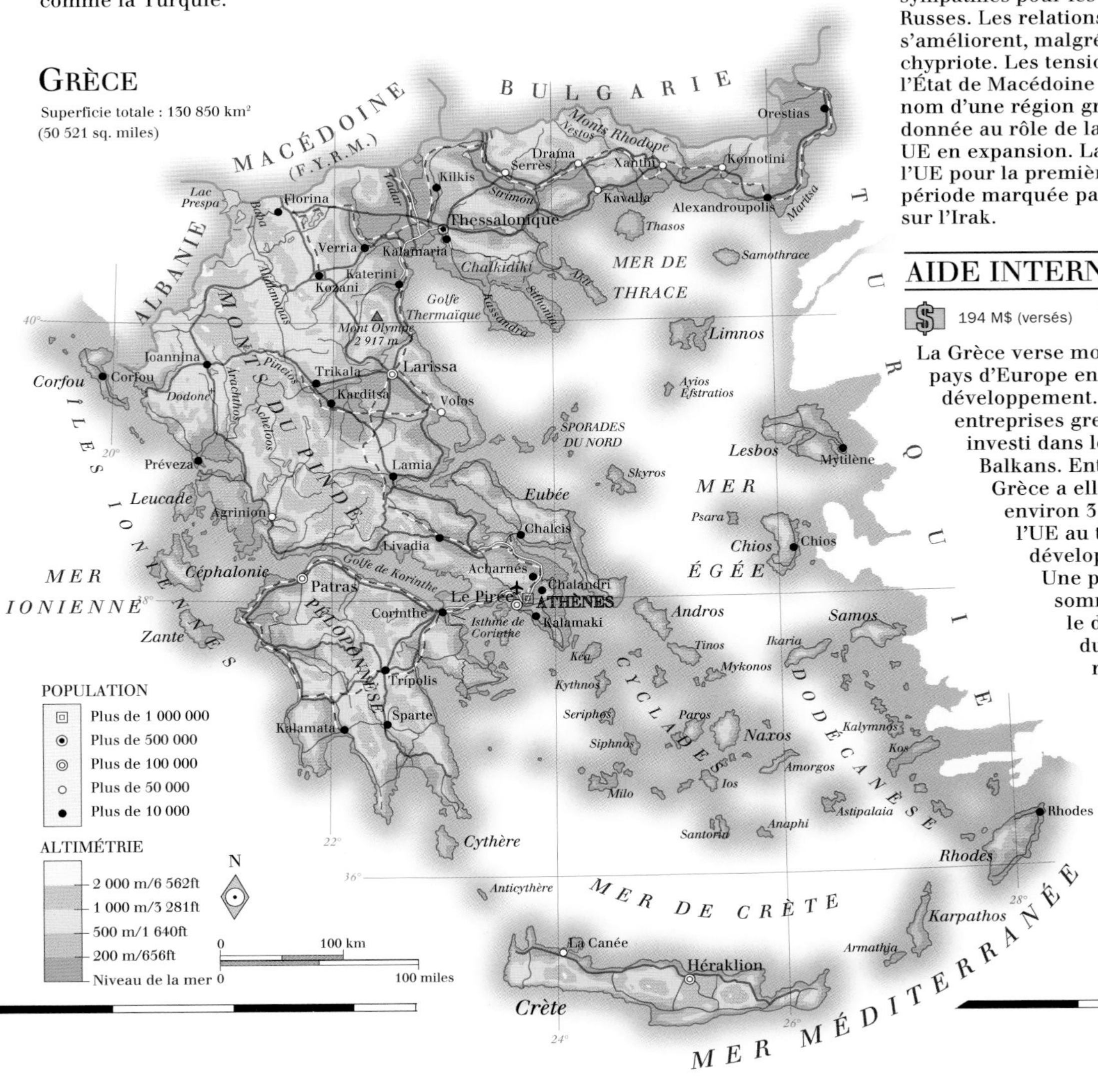

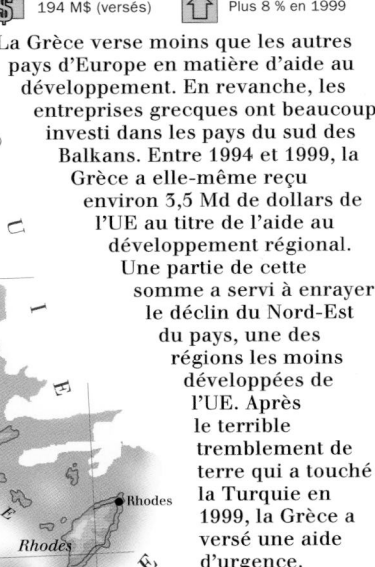

POPULATION
- ▣ Plus de 1 000 000
- ◉ Plus de 500 000
- ◎ Plus de 100 000
- ○ Plus de 50 000
- • Plus de 10 000

ALTIMÉTRIE
- 2 000 m/6 562ft
- 1 000 m/3 281ft
- 500 m/1 640ft
- 200 m/656ft
- Niveau de la mer

0   100 km
0   100 miles

G

CHRONOLOGIE

La Grèce fut occupée par l'Allemagne nazie entre 1941 et 1944. Au lendemain de sa libération, elle fut pendant cinq ans le théâtre d'une guerre civile opposant communistes et royalistes. Après la défaite des communistes, Paul Iᵉʳ devint le nouveau monarque constitutionnel.

❏ **1964** Mort de Paul Iᵉʳ. Son fils, le roi Constantin, lui succède.
❏ **1967** Coup d'État militaire. Le roi s'exile. Le général Papadopoulos devient Premier ministre.
❏ **1973** Le général Papadopoulos proclame la République et devient président ; coup d'État militaire. Le général Ghizikis devient président de la République.
❏ **1974** La Grèce quitte l'OTAN. Chute du « régime des colonels ». C. Caramanlis devient Premier ministre du Gouvernement de salut national. Son parti, la ND, remporte les élections générales de novembre.
❏ **1977** Réélection de la ND.
❏ **1980** C. Caramanlis accède à la présidence. La Grèce redevient membre de l'OTAN.
❏ **1981** Le PASOK remporte les élections. Andréas Papandreou devient Premier ministre. La Grèce devient membre de la CEE.
❏ **1985** Démission de C. Caramanlis. Christos Sartzetakis devient président. La Grèce et l'Albanie rouvrent leurs frontières communes, fermées depuis 1940.
❏ **1985–1989** Troubles civils à la suite de mesures d'austérité économique.
❏ **1988** Le gouvernement est impliqué dans un scandale financier.
❏ Accord de défense avec les ÉU. Deux scrutins sans majorité claire : formation d'une coalition regroupant tous les partis.
❏ **1990** Le gouvernement de coalition s'effondre. La ND remporte les élections. C. Caramanlis président.
❏ **1990–1992** Grèves contre les réformes économiques.
❏ **1992** La Grèce parvient à convaincre la CEE de différer la reconnaissance de la république de Macédoine (ARYM).
❏ **1993** Le PASOK remporte les élections ; A. Papandréou devient Premier ministre.
❏ **1995** K. Stephanopoulos devient président de la République. Reconnaissance de la souveraineté de la Macédoine.
❏ **1996** K. Simitis Premier ministre.
❏ **1997–1998** Vagues de protestation contre les mesures d'austérité.
❏ **2000** Victoire du PASOK de Simitis aux législatives.
❏ **2001** Adoption de l'euro.

DÉFENSE

 5,21 Md $  Moins 13 % en 1999

La part du PIB allouée au budget de la défense est plus élevée que dans les autres pays de l'OTAN. La Turquie est toujours perçue comme la principale menace, même si les tensions entre les deux pays se sont apaisées ces dernières années. Une loi votée en 1998 a établi la conscription pour les femmes (pour quatre jours par an afin de surveiller les frontières.)

FORCES ARMÉES GRECQUES

1 735 chars de combat (714 M–48, 669 M–60, 352 Leopard)	110 000 hommes
8 sous-marins, 4 destroyers, 12 frégates et 42 patrouilleurs	19 000 hommes
458 avions de combat (A–7, F–5, F–4E, F–16, Mirage F–1, Mirage 2000)	30 170 hommes
Aucun	

ÉCONOMIE

 121 Md $ 0,87-1,01 euro

CHIFFRES SIGNIFICATIFS

❏ CLASSEMENT DU PNB AU NIVEAU MONDIAL 31ᵉ
❏ PNB PAR HABITANT ....11 430 $
❏ BALANCE DES PAIEMENTS ....– 9,4 Md $
❏ INFLATION ....3,4 %
❏ CHÔMAGE ....10 %

INDICATEUR DES PERFORMANCES ÉCONOMIQUES

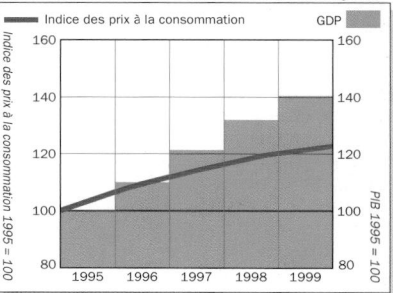

EXPORTATIONS

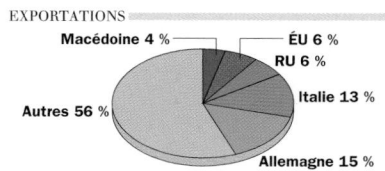

Macédoine 4 % ÉU 6 % RU 6 % Italie 13 % Allemagne 15 % Autres 56 %

IMPORTATIONS

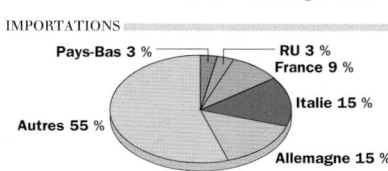

Pays-Bas 3 % RU 3 % France 9 % Italie 15 % Allemagne 15 % Autres 55 %

ATOUTS
L'une des principales destinations touristiques d'Europe. Compétitivité des exportations agricoles. Les armateurs grecs possèdent la plus grande flotte marchande du monde.

FAIBLESSES
Forte dette publique. Les taux d'intérêt élevés et l'organisation bureaucratique du système bancaire ont longtemps freiné l'initiative privée. Large secteur public souvent mal géré et importante économie souterraine.

PROFIL
Plus lente à se remettre de la Seconde Guerre mondiale que les autres pays européens, la Grèce ne bénéficia d'investissements importants que dans les années 60. La dictature des colonels parvint à maîtriser l'inflation en imposant un gel des salaires. Lorsque les civils revinrent au pouvoir en 1974, les accords salariaux successifs et les chocs pétroliers de 1973 et 1979 entraînèrent une reprise dramatique de l'inflation. Les plus grandes compagnies grecques enregistrèrent de lourdes pertes jusqu'au programme d'austérité imposé par les socialistes en 1986-87. Sur les 12 pays désireux d'adopter l'euro en 1999, la Grèce fut le seul à ne pas satisfaire aux critères de convergence économique. Le pays redoubla d'efforts, réussissant à équilibrer le budget et à contrôler l'inflation. En janvier 2001, la Grèce devint le douzième membre de la zone euro.

GRÈCE : PRINCIPALES ACTIVITÉS

Thessalonique
Kavala
Larissa
Volos
Patras
Athènes
Héraklion

Ciment
Textile
Produits chimiques
Électronique
Boissons
Fer et acier
Construction navale
Papier et pâte à papier
Industrie agroalimentaire (fruits)
Produits pharmaceutiques
Industrie du tabac

0   200 km
0   200 miles

RESSOURCES

 214 228 tonnes

 8 742 b/j (réserves : 12 766 080 Mbd)

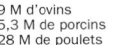 9 M d'ovins
5,3 M de porcins
28 M de poulets

 Charbon, fer, bauxite, pétrole, gaz naturel, marbre, nickel, magnésite, chrome

PRODUCTION ÉLECTRIQUE

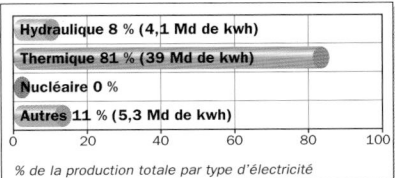

Hydraulique 8 % (4,1 Md de kwh)
Thermique 81 % (39 Md de kwh)
Nucléaire 0 %
Autres 11 % (5,3 Md de kwh)

% de la production totale par type d'électricité

La Grèce possède des gisements de pétrole et de gaz naturel. La mer Égée recèle des réserves dont la propriété est aujourd'hui contestée par la Turquie. Le charbon, le fer et autres minéraux représentent à peine 2 % du PIB. La Grèce est l'un des grands pays producteurs de marbre.

ENVIRONNEMENT

 2 % (0,2 % partiellement protégé)

 8,3 tonnes par habitant

TRAITÉS ÉCOLOGIQUES

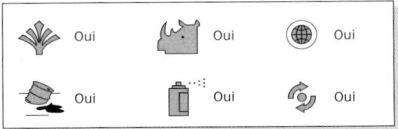

Oui   Oui   Oui
Oui   Oui   Oui

Les grandes entreprises de pêche locales ont créé une organisation de lutte contre la pollution, Helmepa, dont l'action connaît un succès retentissant. À Athènes, la grave pollution atmosphérique, le *nefos*, irrite les yeux et la gorge. Ses effets sont également préjudiciables aux édifices anciens. L'érosion dont souffre le Parthénon a été plus grave depuis 20 ans qu'au cours des deux précédents millénaires.

MÉDIAS

 153 quotidiens pour 1 000 habitants

PRESSE ET TÉLÉCOMMUNICATIONS

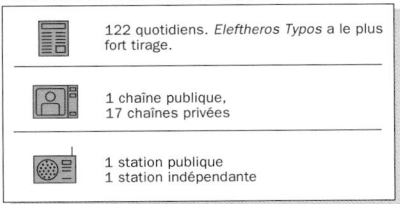

122 quotidiens. *Eleftheros Typos* a le plus fort tirage.

1 chaîne publique, 17 chaînes privées

1 station publique 1 station indépendante

Le monopole d'État sur la radio et la télévision a pris fin en 1990. Depuis, les réseaux privés se sont rapidement développés. Les nouvelles stations et chaînes commerciales ont notamment contribué à changer la politique et l'image des hommes politiques auprès du public.

GRÈCE : UTILISATION DU SOL

Terres cultivées
Forêts
Pâturages
Régions montagneuses
Moutons
Fruits

0   100 km
0   100 miles

CRIMINALITÉ

 5 897 détenus

 Plus 10 % en 1996–1998

TAUX DE CRIMINALITÉ

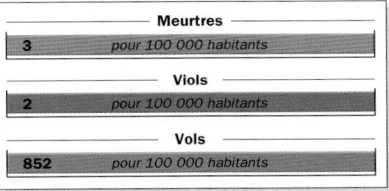

Meurtres
3   *pour 100 000 habitants*
Viols
2   *pour 100 000 habitants*
Vols
852   *pour 100 000 habitants*

On assiste à une recrudescence des crimes avec violence. Le groupe terroriste Novembre 17 a assassiné plus de vingt personnes. La police n'est pas à l'abri de la corruption.

ÉDUCATION

 97 %

 363 150 étudiants

LE SYSTÈME ÉDUCATIF

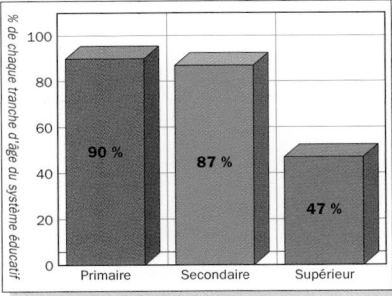

% de chaque tranche d'âge du système éducatif

Primaire 90 %   Secondaire 87 %   Supérieur 47 %

L'enseignement est gratuit et obligatoire pendant neuf ans. Les enseignants sont mal rétribués et leur niveau de qualification reste bas. Les places à l'université sont limitées et beaucoup d'étudiants partent à l'étranger. Les filières professionnelles, financées par l'UE, sont plus nombreuses depuis les années 1990.

SANTÉ

 1 pour 250 habitants

 Maladies cardiaques et cérébrovasculaires, cancers

On doit aux socialistes du PASOK la naissance d'un système de santé national et d'une industrie pharmaceutique. La Grèce est en troisième position européenne pour le nombre de médecins par habitant. Cependant, le personnel soignant, hors médecins, est insuffisant, même dans les hôpitaux publics. Au début des années 1990, la Nouvelle Démocratie (ND) s'est efforcée d'améliorer la qualité de la médecine privée. Pour les interventions complexes, beaucoup de Grecs vont se faire soigner à l'étranger.

G

RICHESSES

CONSOMMATION ET DÉPENSES

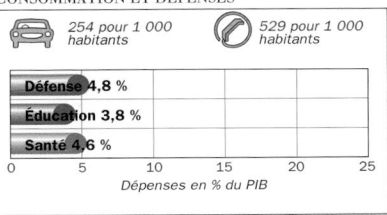

254 pour 1 000 habitants   529 pour 1 000 habitants

Défense 4,8 %
Éducation 3,8 %
Santé 4,6 %

Dépenses en % du PIB

Pays essentiellement agricole et assez isolé, la Grèce connut, au cours des années 1950, une urbanisation rapide qui permit à nombre d'agriculteurs reconvertis de faire fortune. Beaucoup saisirent leur chance dans le transport maritime. L'instauration de la république en 1973 fut à l'image des bouleversements sociaux survenus depuis la guerre. On se mit à accorder davantage de valeur à la réussite sociale qu'à la naissance aristocratique ou au prestige. La Grèce est aujourd'hui marquée par une forte mobilité sociale et un niveau de vie qui n'a cessé d'augmenter depuis les années 1950, et cela pour toutes les couches de la population.

CLASSEMENT MONDIAL

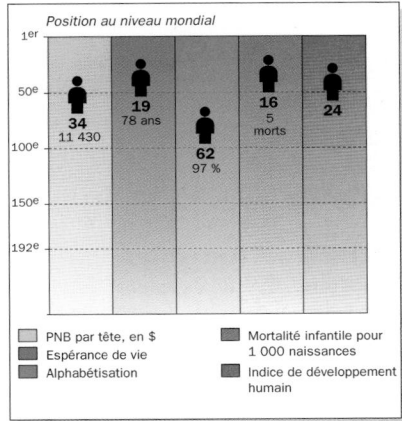

Position au niveau mondial

34 — 11 430
19 — 78 ans
62 — 97 %
16 — 5 morts
24

PNB par tête, en $
Espérance de vie
Alphabétisation
Mortalité infantile pour 1 000 naissances
Indice de développement humain

GRENADE

CARAÏBES

Amérique
du Nord

NOM OFFICIEL : Grenade **CAPITALE** : Saint George's
POPULATION : 89 211 **MONNAIE** : dollar des Caraïbes de l'Est **LANGUE OFFICIELLE** : anglais

   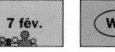 

| 1974 | 1974 | 7 fév. | WG | -4 | +1473 | .gd |

ÉTAT le plus méridional des Îles du Vent, la Grenade comprend également les îles Grenadines, dont Carriacou. Elle fut en 1983 au centre de l'actualité internationale lorsque les ÉU, soutenus par plusieurs États voisins, envahirent l'île pour mettre fin aux liens de plus en plus étroits qu'elle entretenait avec Cuba. Second producteur mondial de noix de muscade, la Grenade est l'un des sept membres de l'OECS.

CLIMAT

DONNÉES MÉTÉOROLOGIQUES

Les précipitations annuelles varient de 150 cm à 300 cm en montagne. Des ouragans peuvent survenir pendant la saison des pluies.

TRANSPORTS

Pointe Salines, Saint George's
434 966 passagers

5 navires
887 tpl

RÉSEAU DE TRANSPORT

| 638 km (396 miles) | | Aucune |
| Aucune | | Aucune |

Réseau routier en mauvais état.
Aéroport en cours d'agrandissement.
Nouveau port à l'étude.

TOURISME

129 000 visiteurs   Plus 3 % en 2000

PROVENANCE DES TOURISTES ÉTRANGERS

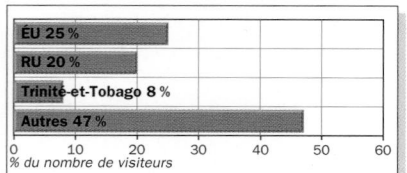

| ÉU 25 % |
| RU 20 % |
| Trinité-et-Tobago 8 % |
| Autres 47 % |

% du nombre de visiteurs

Avec l'ouverture de l'aéroport international en 1984, le tourisme s'est développé malgré la diminution des croisières et la faillite de la compagnie maritime *Crown Dynasty* en 1999.

POPULATION

Anglais, créole anglais   293 hab./km²

PART DE LA POPULATION URBAINE/RURALE

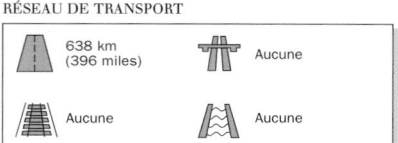

37 %   **63 %**

RELIGION

Autres 15 %
Anglicans 17 %
Catholiques 68 %

Les Grenadins descendent en majorité des esclaves africains, amenés entre les XVIᵉ et XIXᵉ siècles pour travailler sur les plantations de canne à sucre. Les mariages mixtes entre cette communauté et celles, plus réduites, des Européens et des Amérindiens ont quasiment désamorcé toute forme de tension raciale. Comme dans le reste des Antilles, le tissu social repose sur la famille étendue où le père est souvent absent.

GRENADE

Superficie totale : 340 km² (131 sq. miles)

POPULATION

• Plus de 10 000
· Moins de 10 000

ALTIMÉTRIE

500 m/1640ft
200 m/656ft
Niveau de la mer

POLITIQUE

1999/2004   Sa Majesté la reine Elizabeth II

AUX DERNIÈRES ÉLECTIONS

Chambres des Représentants 15 membres

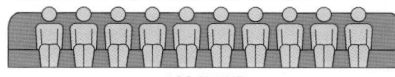

100 % NNP

NNP = Nouveau parti national

Sénat 13 membres

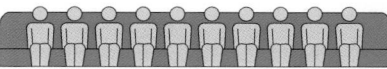

Dix membres sont choisis par le Premier ministre et trois par le chef de l'opposition.

Il aura fallu 25 ans pour que la Grenade finisse par s'intégrer dans la vie politique de la région Caraïbe. Son ancien Premier ministre, Sir Eric Gairy était aussi connu pour ses excentricités – il demande une enquête de l'ONU sur la présence d'OVNI sur son île – que pour ses manoeuvres d'intimidation auprès des opposants à qui il envoyait des hommes de main. Il est renversé en 1979 par un groupe armé dirigé par Maurice Bishop, socialiste charismatique exécuté à son tour par ses anciens alliés en 1983. Ce dernier coup d'état servit de prétexte à l'invasion américaine dont la réelle motivation était de mettre fin à l'influence cubaine sur l'île. Le nouveau gouvernement élu en 1984 bénéficie largement des subventions américaines destinées à la reconstruction du pays. Le centre-droit domine ensuite. Le NNP dirigé par Keith Mitchell gagne les élections en 1995 et conforte sa position lors des élections anticipées de 1999 en remportant les 15 sièges, face à une opposition divisée. Il a promis une croissance « explosive » et un chômage réduit.

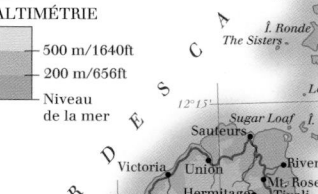

POLITIQUE EXTÉRIEURE

 AEC Caricom Comm OEA OSCE

Les priorités sont le maintien des relations avec les autres Îles du Vent, l'encouragement du tourisme, et les liens avec l'UE. Depuis 1983, la Grenade soutient la politique américaine, mais a renoué avec Cuba en 2002.

AIDE INTERNATIONALE

 10 M $ (reçus)   Plus 67 % en 1999

L'aide internationale vient principalement du RU, de l'UE et des ÉU. Avant l'invasion américaine de 1983, la Grenade bénéficiait de l'aide cubaine qui contribua à la construction de l'aéroport.

DÉFENSE

 Très petit budget   Dépenses en baisse

L'Armée révolutionnaire du peuple, mise sur pied par Maurice Bishop lors de son coup d'État en 1979, fut remplacée en 1983 par une unité de défense paramilitaire formée par les ÉU et le RU.

ÉCONOMIE

 363 M $ 2,67 dollars des Caraïbes de l'Est

CHIFFRES SIGNIFICATIFS

- ❑ CLASSEMENT DU PNB AU NIVEAU MONDIAL ..174e
- ❑ PNB PAR HABITANT ....3 610 $
- ❑ BALANCE DES PAIEMENTS ....– 79 M $
- ❑ INFLATION ....2,8 %
- ❑ CHÔMAGE ....15 %

ATOUTS
Second producteur mondial de noix de muscade. Autres secteurs clés : le tourisme, la culture de la banane, le bâtiment, les services financiers.

FAIBLESSES
Manque de diversification. Peu d'équipements. Contournement des taxes douanières et contrebande.

EXPORTATIONS
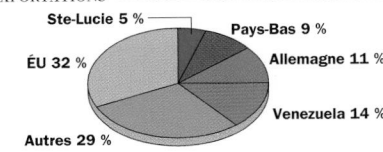
Ste-Lucie 5 % — Pays-Bas 9 % — ÉU 32 % — Allemagne 11 % — Venezuela 14 % — Autres 29 %

IMPORTATIONS
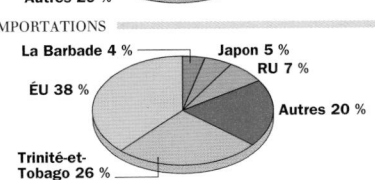
La Barbade 4 % — Japon 5 % — RU 7 % — ÉU 38 % — Autres 20 % — Trinité-et-Tobago 26 %

RESSOURCES

 1 408 tonnes   Pays non producteur

 13 000 ovins
7 000 caprins
220 000 volailles   Aucune

La Grenade ne dispose d'aucune ressource stratégique et doit importer l'essentiel de son énergie. Son atout économique est l'industrie de la noix de muscade qui représente près d'un quart de la production mondiale.

ENVIRONNEMENT

 Aucune   1,9 tonne par habitant

Le tourisme met en danger des sites naturels importants, dont ce qui reste de forêt tropicale. Les projets immobiliers ont détruit les plages, la protection du littoral sera donc coûteuse. Les compagnies maritimes s'opposent au projet de taxe environnementale sur les visiteurs.

MÉDIAS

 Aucun quotidien

PRESSE ET TÉLÉCOMMUNICATIONS

 Pas de quotidien. *Le Grenadian Voice* et *le Grenadian Guardian* sont des parutions hebdomadaires.

 1 chaîne semi-publique   3 stations 1 station semi-publique 2 stations privées

En 1999, le gouvernement a vendu 60 % de ses parts dans ce qui était alors la *Grenada Broadcasting Corporation* (GBC). La presse privée est indépendante.

CRIMINALITÉ

 Pas de chiffres sur la population carcérale   Plus 345 % en 1989-1996

Dans les années 1990, l'augmentation du chômage et de la pauvreté a entraîné une hausse du taux de criminalité. Le narcotrafic pose de gros problèmes. Cependant, le niveau de la violence reste assez bas.

ÉDUCATION

 96 %   535 étudiants

Le système éducatif s'inspire de l'ancien modèle britannique. Les jeunes Grenadins poursuivent leurs études à l'Université des Indes-occidentales ou aux ÉU.

SANTÉ

 1 pour 2 000 habitants   Maladies cardiaques, cancers, troubles nutritionnels

Après 1979, les médecins cubains établirent un système de santé de base, avec des dispensaires dans chaque région. Les hôpitaux publics offrent des soins comparables au reste des Caraïbes. En 1999, Cuba entama l'agrandissement du centre hospitalier comme promis.

Le port de Saint George's. Les complexes hôteliers les plus récents ont été construits en bordure des plages situées au sud de la capitale.

G

CHRONOLOGIE

Colonie française en 1650, rattachée à l'Empire britannique en 1762.

- ❑ **1951** Suffrage universel.
- ❑ **1967–1974** Indépendance.
- ❑ **1979** Coup d'État. Maurice Bishop 1er ministre. Les liens avec Cuba.
- ❑ **1983** Gouvernement pro-américain au lendemain de l'invasion par les ÉU.
- ❑ **1999** Réélection du NNP.
- ❑ **2001-2002** La Grenade figure sur la liste noire du blanchiment d'argent.
- ❑ **2002** Reprise des relations diplomatiques avec Cuba.

RICHESSES

CONSOMMATION ET DÉPENSES

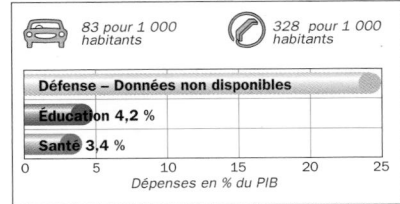

83 pour 1 000 habitants   328 pour 1 000 habitants

Défense – Données non disponibles	
Éducation 4,2 %	
Santé 3,4 %	

0   5   10   15   20   25
Dépenses en % du PIB

Les inégalités sociales sont moins marquées à Grenade que dans la plupart des États des Caraïbes.

CLASSEMENT MONDIAL

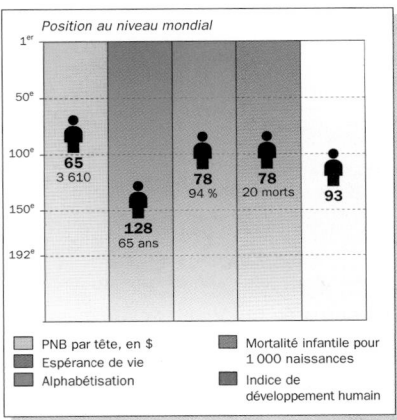

Position au niveau mondial

1er
50e
100e
150e
192e

65 — 3 610
128 — 65 ans
78 — 94 %
78 — 20 morts
93

- ▪ PNB par tête, en $
- ▪ Espérance de vie
- ▪ Alphabétisation
- ▪ Mortalité infantile pour 1 000 naissances
- ▪ Indice de développement humain

GUATEMALA

NOM OFFICIEL : République du Guatemala   CAPITALE : Ciudad de Guatemala
POPULATION : 12 millions   MONNAIE : quetzal   LANGUE OFFICIELLE : espagnol

AMÉRIQUE CENTRALE

 1838   1838   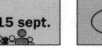 15 sept.   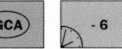 GCA   - 6   + 502   .gt

PAYS le plus grand et le plus peuplé de l'isthme centraméricain, le Guatemala fut le berceau de l'ancienne civilisation Maya. Les régions montagneuses séparent les plaines côtières aux sols fertiles, bordées par le Pacifique, et la mer des Caraïbes. État indépendant depuis 1838, le Guatemala fut soumis à partir de 1954 à un régime militaire. 1986 marqua le retour des civils au pouvoir, mais 90 % de sa population vit toujours sous le seuil de pauvreté.

G

CLIMAT

DONNÉES MÉTÉOROLOGIQUES

| Moyenne des températures journalières | Précipitations |

Le climat varie en fonction de l'altitude. Pendant la journée, les températures avoisinent les 28 °C dans les régions côtières, et 20 °C sur les hautes terres du centre.

TRANSPORTS

 La Aurora, Ciudad Guatemala
939 000 passagers
 5 navires 800 tpl

RÉSEAU DE TRANSPORT

| 3 616 km (2 247 miles) | 140 km (87 miles) |
| 1 994 km (1 239 miles) | 260 km (162 miles) |

Bon réseau routier interurbain. Deux aéroports et le réseau ferroviaire facilitent les investissements étrangers.

TOURISME

826 000 visiteurs   Pas de changement en 2000

PROVENANCE DES TOURISTES ÉTRANGERS

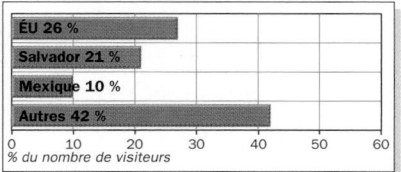

| ÉU 26 % |
| Salvador 21 % |
| Mexique 10 % |
| Autres 42 % |

% du nombre de visiteurs

Le tourisme reprend très vite mais, après le régime militaire des années 1980, la criminalité qui s'ensuit dissuade les visiteurs. Les ruines mayas restent l'attrait majeur.

POPULATION

 Quiché, mam, carchique, garifuna, espagnol   105 hab./km²

PART DE LA POPULATION URBAINE/RURALE

40 %   60 %

COMPOSITION ETHNIQUE

Autres 10 %
Amérindiens 60 %
Métis 30 %

50 % des Guatémaltèques environ sont amérindiens. Leur culture et leur langue les distinguent des *ladinos* d'origine européenne qui englobent une minorité blanche privilégiée, de nombreux métis et une communauté amérindienne qui a abandonné le port de l'habit traditionnel et l'usage de sa langue pour échapper à l'oppression et à la marginalisation. Quelques familles de *ladinos* se partagent le pouvoir politique. Les Amérindiens vivent dans les montagnes, d'une agriculture de subsistance. Au plébiscite de 1999, les *ladinos* rejettent le projet de réformes donnant aux indiens le droit d'être jugés dans leur langue.

GUATEMALA

Superficie totale : 108 430 km² (41 865 sq. miles)

POPULATION

☐ Plus de 1 000 000
◉ Plus de 100 000
○ Plus de 50 000
● Plus de 10 000

ALTIMÉTRIE

3000 m/9843ft
2000 m/6562ft
1000 m/3281ft
500 m/1640ft
200 m/656ft
Niveau de la mer

POLITIQUE

 1999/2003   Oscar Berger, président de la République

AUX DERNIÈRES ÉLECTIONS

Congrès de la République 113 membres

| 56 % FRG | 32 % PAN | 9 % NNA | 3 % Autres |

FRG = Front Républicain Guatémaltèque **PAN** = Parti du progrès **NNA** = Nouvelle Alliance Nationale

En 1954, l'armée, soutenue par les ÉU, renversa un gouvernement démocratique pour instaurer un régime de terreur, basé sur une violente répression de toute forme d'opposition qui allait durer 32 ans. En fait, la guerre civile continue jusqu'à l'accord, signé en 1996 entre le président Arzú du PAN et les combattants de l'Unité Nationale Révolutionnaire du Guatemala (URNG). En 36 ans de guerre il y eut 200 000 morts, en majorité d'innocents civils. Alfonso Portillo, avec son programme de retour à l'ordre public gagne les présidentielles de 1999 au profit de la droite, et bat le candidat du PAN. Efraín Ríos Montt, dirigeant militaire du pays de 1982 à 1986, est élu président du Congrès en 2001 malgré l'enquête pour génocide qu'un tribunal espagnol a lancée contre lui. Tensions constantes entre le pouvoir exécutif et le législatif.

POLITIQUE EXTÉRIEURE

 AEC   Geplacea MNA OEA San José

Relations privilégiées avec les ÉU. La mission de l'ONU chargée de veiller aux accords de paix de 1996 est encore en place. Une revendication territoriale sur la moitié du Belize renaît en 2000.

AIDE INTERNATIONALE

 293 M $ (reçus)   Plus 26 % en 2000

En 1998, le gouvernement accepte de rendre 926 M $ sur les 1,9 Md $ donnés par la communauté internationale pour reconstruire le pays. Cyclone Mitch : aides de 8,4 millions de quetzals.

DÉFENSE

 149 M $ Moins 6 % en 1999

En 1999, un rapport déclare l'armée et ses alliés coupables de 93 % des violations de droits de l'homme pendant la guerre civile. L'armée continue ses exactions et reste une force sociopolitique.

ÉCONOMIE

 18,6 Md $ 7,6616-7,815 quetzals

CHIFFRES SIGNIFICATIFS

☐ CLASSEMENT DU PNB AU NIVEAU MONDIAL 64e
☐ PNB PAR HABITANT.........................1 680 $
☐ BALANCE DES PAIEMENTS ... .– 1,24 Md $
☐ INFLATION ....7,6 %
☐ CHÔMAGE..8 %

ATOUTS
Principales exportations : café, sucre, viande, banane, cardamome. La privatisation relance les investissements.

FAIBLESSES
Exportations vulnérables. Système financier instable. Inégalités dans la répartition des terres et des richesses limitant le marché intérieur. Évasion fiscale.

EXPORTATIONS

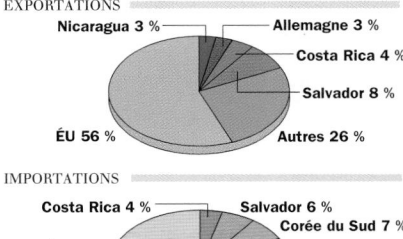

Nicaragua 3 %
Allemagne 3 %
Costa Rica 4 %
Salvador 8 %
Autres 26 %
ÉU 56 %

IMPORTATIONS

Costa Rica 4 %
Salvador 6 %
Corée du Sud 7 %
Mexique 11 %
Autres 35 %
ÉU 37 %

Acropole Nord, Tikal, Petén. L'une des villes maya les plus importantes du Guatemala, Tikal fut abandonnée en l'an 900.

RESSOURCES

 11 033 tonnes   19 549 b/j (réserves : 1,999 836 Mdb)

2,3 M de bovins
825 000 porcins
24 M de volailles

Pétrole, antimoine, plomb, tungstène, nickel, cuivre

L'agriculture représente 25 % du PIB et environ 70 % des recettes d'exportation. Premier exportateur mondial de cardamome. La guerre civile entrave l'exploitation du pétrole et du potentiel hydroélectrique.

ENVIRONNEMENT

 17 % (0,5 % partiellement protégé)   0,8 tonne par habitant

L'écosystème du pays est menacé. Depuis 1954, la culture intensive a réduit la forêt de 35 %. L'abus de pesticides, la plupart interdits aux ÉU, menace la santé. Pollution et déchets posent problèmes, surtout dans la capitale.

MÉDIAS

 33 quotidiens pour 1 000 habitants

PRESSE ET TÉLÉCOMMUNICATIONS

 7 quotidiens dont *Prensa Libre, Siglo Veintiuno, El Gráfico* et le journal de l'État, *Diario de Centroamérica.*

 5 chaînes :
1 chaîne publique,
4 chaînes privées

 85 stations :
5 stations publiques,
80 stations privées

Les médias sont aux mains de grands groupes mais les journaux peuvent s'exprimer. La radio est moins contrôlée, que ce soit par l'armée, le gouvernement ou le privé.

CRIMINALITÉ

 Pas de chiffre sur la population carcérale    Hausse de la criminalité

Taux de violence élevé. La police, purgée en 2000, était corrompue par le narcotrafic.

ÉDUCATION

  69 %   80 228 étudiants

L'éducation est réservée à une minorité privilégiée. Un taux d'alphabétisation de 69 % place le Guatemala au dernier rang de l'Amérique latine.

G

SANTÉ

 1 pour 1 111 habitants   Gastro-entérites, tuberculose, cardiopathies, traumatismes

La santé budget prioritaire, grâce aux pressions internationales. Les infections dues à la pauvreté restent les principales causes de mortalité.

RICHESSES

CONSOMMATION ET DÉPENSES

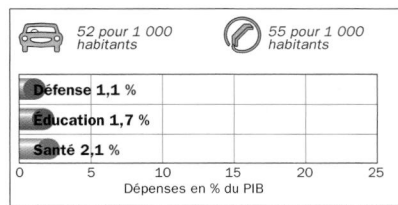

52 pour 1 000 habitants   55 pour 1 000 habitants

Défense 1,1 %
Éducation 1,7 %
Santé 2,1 %

0   5   10   15   20   25
Dépenses en % du PIB

Augmentation de la pauvreté depuis 1980. 90 % de la population vit sous le seuil de pauvreté. Les 10 % restant détiennent environ 46 % des richesses.

CLASSEMENT MONDIAL

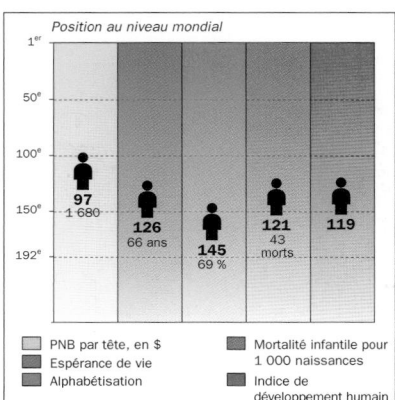

Position au niveau mondial
1er
50e
100e
150e
192e

97
1 680

126
66 ans

145
69 %

121
43 morts

119

☐ PNB par tête, en $
☐ Espérance de vie
☐ Alphabétisation
☐ Mortalité infantile pour 1 000 naissances
☐ Indice de développement humain

GUINÉE

NOM OFFICIEL : République de Guinée   CAPITALE : Conakry
POPULATION : 8,4 millions   MONNAIE : franc guinéen   LANGUE OFFICIELLE : français

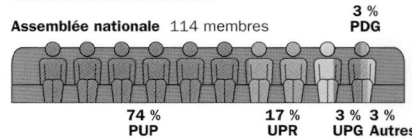

PAYS d'Afrique occidentale, la Guinée est couverte d'une forêt dense ou d'une végétation de savane; son relief s'élève au Centre avant de s'abaisser en direction des régions semi-désertiques du Nord. Le régime militaire, établi en 1984, a pris fin avec la tenue d'élections législatives en 1995 ; cependant, leurs résultats sont contestés.

G

CLIMAT

DONNÉES MÉTÉOROLOGIQUES

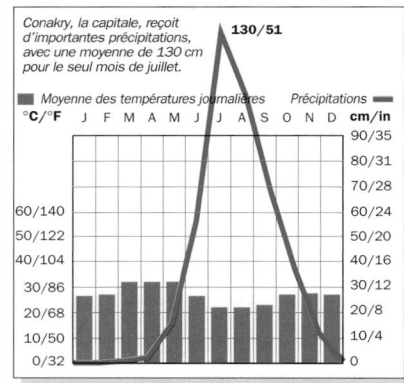

Conakry, la capitale, reçoit d'importantes précipitations, avec une moyenne de 130 cm pour le seul mois de juillet. 130/51

Le climat guinéen est semblable à celui de la Sierra-Leone. La saison des pluies est impressionnante à Conakry.

TRANSPORTS

Conakry–Gbessia 316 866 passagers

30 navires 11 200 tpl

RÉSEAU DE TRANSPORT

5 033 km (3 127 miles)   Aucune
1 045 km (649 miles)   1 295 km (805 miles)

Les principales routes et voies ferrées sont reconstruites grâce à la Banque mondiale et à la France. Le réseau ferroviaire sert essentiellement à l'industrie de la bauxite.

Petite mosquée à Conakry. *Les musulmans, chrétiens et animistes représentent respectivement 85 % , 8 % et 7 % de la population.*

TOURISME

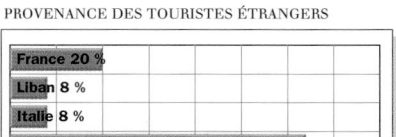

33 000 visiteurs   Plus 22 % en 2000

PROVENANCE DES TOURISTES ÉTRANGERS

France 20 %
Liban 8 %
Italie 8 %
Autres 64 %
% du nombre de visiteurs

L'insuffisance des infrastructures empêche la Guinée de tirer profit de son potentiel touristique (plages, paysages).

POPULATION

Fudani, malinké, soussou, français   30 hab./km²

PART DE LA POPULATION URBAINE/RURALE

32 %   68 %

COMPOSITION ETHNIQUE

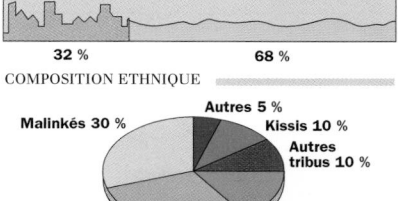

Malinkés 30 %   Autres 5 %   Kissis 10 %   Autres tribus 10 %   Soussous 15 %   Peuls (Fulanis) 30 %

Depuis la mort du dictateur marxiste Sékou Touré en 1984, les rivalités ethniques ont repris. Les Fulanis des montagnes du Fouta-Djalon et les Malinkés, qui ont perdu le pouvoir qu'ils détenaient sous la dictature, sont à présent supplantés par les communautés des régions côtières comme les Soussous, qui tirent parti des rivalités opposant leurs adversaires.
Le système de la famille étendue a survécu au climat de suspicion créé par les délateurs stipendiés de l'époque Sékou Touré. La montée de l'Islam depuis 1984 a retiré aux femmes l'influence qu'elles avaient gagné sous le régime communiste.
Fuyant les conflits par centaines de milliers, des réfugiés en provenance des pays voisins sont maintenant pris au piège dans la zone frontalière au sud du pays.

POLITIQUE

2002/2007 (repoussées *sine die*)   Lansana Conté, président de la République

AUX DERNIÈRES ÉLECTIONS

Assemblée nationale 114 membres   3 % PDG
74 % PUP   17 % UPR   3 % UPG   3 % Autres

PUP = Parti de l'unité et du progrès   **PDG** = Parti démocratique de Guinée   **UPG** = Union guinéenne pour le progrès   **UPR** = Union pour le progrès et le renouveau

Le dictateur Sékou Touré, à la tête d'un régime marxiste depuis 1958, meurt en 1984. L'armée forme un Comité de transition et s'engage à organiser des élections libres. La démocratisation est approuvée à l'unanimité par le référendum de 1990. Des élections ont enfin lieu en 1993. Le colonel Lansana Conté, alors en exercice, l'emporte par 52 % des voix contre 20 % à son rival, le Malinké Alpha Condé rentré d'exil en 1992. L'annonce des résultats, accusés de falsification par l'opposition, donne lieu à une explosion de violence. La victoire contestée du parti de Conté, le PUP, aux élections législatives de 1995, est suivie en décembre 1998 par une nouvelle victoire de Conté à la présidentielle.
En 2000, les violences dégénèrent en guerre civile, avec l'infiltration de rebelles basés en Sierra Leone et au Liberia.

POLITIQUE EXTÉRIEURE

CEAO   OIF   OUA   OCI   OMVG

La Guinée est très impliquée dans les crises régionales des pays voisins (Libéria, Sierra Leone, Côte d'Ivoire). Malgré une réconciliation symbolique en 2002, des tensions persistent aux frontières, peu respectées.

AIDE INTERNATIONALE

 238 M $ (reçus)    Moins 34 % en 1999

La Banque mondiale finança en 1969 le complexe d'exploitation de la bauxite de Boké, l'un de ses projets les plus ambitieux de l'époque. Depuis 1986, l'aide occidentale s'accroît et finance tous les projets de développement à plus de 85 %. Le programme de réforme structurelle mis en place par la Banque mondiale et le FMI pour 1997-2000 prévoit une croissance de 5% par an.

GUINÉE

Superficie totale :
245 860 km²
(94 926 sq. miles)

POPULATION

- ⊙ Plus de 500 000
- ○ Plus de 50 000
- ● Plus de 10 000
- • Moins de 10 000

ALTIMÉTRIE

- 1 000 m/3 281ft
- 500 m/1 640ft
- 200 m/656ft
- Niveau de la mer

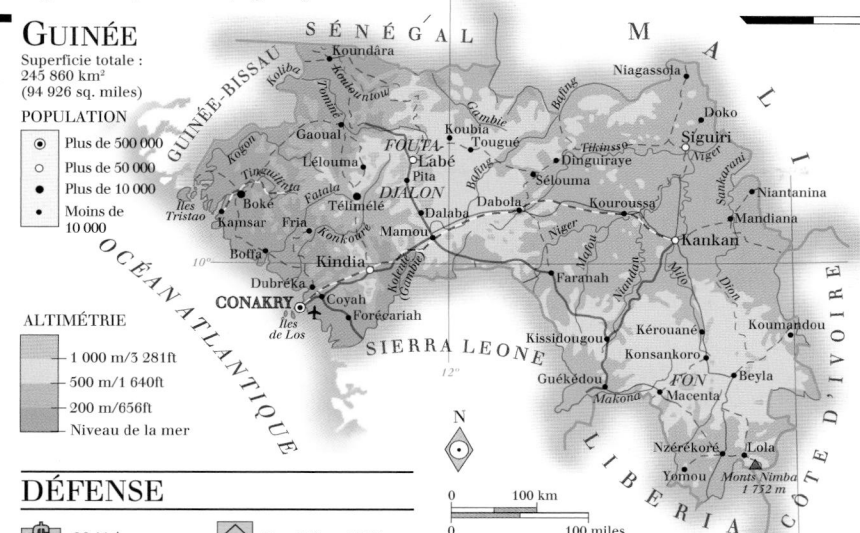

DÉFENSE

 60 M $ Plus 2 % en 1999

La défense guinéenne repose sur l'armée, en partie fusionnée avec la milice après 1984, la gendarmerie, des forces navales et aériennes très réduites. La France et les ÉU fournissent l'armement.

ÉCONOMIE

 3,14 Md $ 1990francs guinéens

CHIFFRES SIGNIFICATIFS

- ❏ CLASSEMENT DU PNB AU NIVEAU MONDIAL ..129ᵉ
- ❏ PNB PAR HABITANT ....410 $
- ❏ BALANCE DES PAIEMENTS ....– 60 M $
- ❏ INFLATION ....5,1 %
- ❏ CHÔMAGE ....Sous-emploi généralisé

ATOUTS
Richesses naturelles, important gisement de minerai de fer au mont Nimba. La fertilité des sols et le climat favorisent le rendement des cultures commerciales. Inflation relativement faible.

FAIBLESSES
Mauvaise gestion héritée du régime Sékou Touré. Infrastructures insuffisantes. Les projets avec le Liberia, gelés par la guerre civile de 1990-1997 et l'afflux de réfugiés grèvent encore les ressources.

EXPORTATIONS
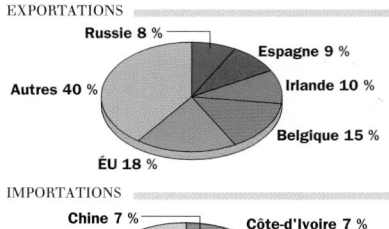
Russie 8 % — Espagne 9 % — Irlande 10 % — Belgique 15 % — ÉU 18 % — Autres 40 %

IMPORTATIONS
Chine 7 % — Côte-d'Ivoire 7 % — ÉU 8 % — Belgique 9 % — France 23 % — Autres 46 %

RESSOURCES

 102 589 tonnes   Pays non producteur

 2,37 M de bovins / 846 000 caprins / 8,9 M de volailles   Bauxite, diamants, or, fer

La bauxite réalise plus de 90 % des recettes d'exportation. Détenant 30 % des réserves planétaires connues, la Guinée est le second producteur mondial après l'Australie. La production d'or s'accroît régulièrement depuis 1995.

ENVIRONNEMENT

 1 %   0,2 tonne par habitant

La déforestation sauvage, surtout dans les zones de forêts tropicales, est le problème le plus difficile à maîtriser.

MÉDIAS

 2 quotidiens pour 1 000 habitants

PRESSE ET TÉLÉCOMMUNICATIONS

1 quotidien : *Fonike*
1 chaîne publique   1 station publique

Le service public contrôle un réseau réduit de télédiffusion. Le principal organe de presse est un hebdomadaire, *Horoya*. La pression de la censure se relâche légèrement.

CRIMINALITÉ

 Pas de chiffre sur la population carcérale   Plus 20 % en 1992

La peine de mort est rétablie en 2001 pour tenter d'enrayer la spirale de la criminalité. La contrebande du diamant est à la base de l'anarchie qui règne dans le Sud du pays.

CHRONOLOGIE

La Guinée colonie française en 1890, malgré la violente résistance des Fulanis du Fouta-Djalon.

- ❏ **1958** Indépendance sous la présidence de Sékou Touré.
- ❏ **1984** Mort de Sékou Touré. Coup d'État militaire.
- ❏ **1993–1995** Élections contestées.
- ❏ **1998** Conté est réélu à la présidence.
- ❏ **2000** Attaques transfrontalières de rebelles.
- ❏ **2002** Elections, victoire du PUP.

ÉDUCATION

 41 %    8 151 étudiants

Après la politique de décolonisation de Sékou Touré, le français redevint en 1984 la principale langue de l'enseignement.

SANTÉ

 1 pour 5 000 habitants   Malaria, maladies digestives et respiratoires, tuberculose

Les dépenses de santé sont très limitées, ce que traduit un fort taux de mortalité infantile et une faible espérance de vie. Un système de santé privé est officialisé en 1984.

RICHESSES

CONSOMMATION ET DÉPENSES

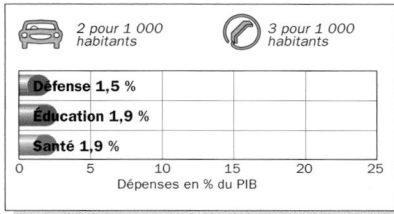
2 pour 1 000 habitants   3 pour 1 000 habitants

Défense 1,5 %
Éducation 1,9 %
Santé 1,9 %

Dépenses en % du PIB

L'entreprise privée a permis l'émergence d'une classe d'hommes d'affaires mais la pauvreté reste endémique et le PNB par habitant est inférieur à 500 $.

CLASSEMENT MONDIAL

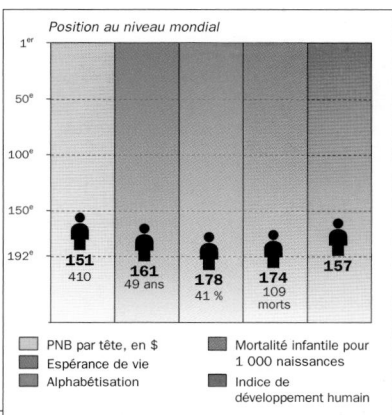
Position au niveau mondial

151 — 410
161 — 49 ans
178 — 41 %
174 — 109 morts
157

- PNB par tête, en $
- Espérance de vie
- Alphabétisation
- Mortalité infantile pour 1 000 naissances
- Indice de développement humain

G

GUINÉE-BISSAU

NOM OFFICIEL : République de Guinée-Bissau   CAPITALE : Bissau
POPULATION : 1,3 million   MONNAIE : peso guinéen   LANGUE OFFICIELLE : portugais

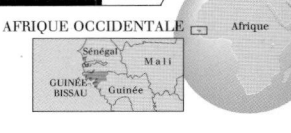

AFRIQUE OCCIDENTALE

LA GUINÉE-BISSAU s'étend sur la côte occidentale de l'Afrique et partage ses frontières avec le Sénégal, au nord, et la Guinée, au sud et à l'est. Dans l'ensemble, la Guinée-Bissau est un pays de faible altitude. Le parti au pouvoir, le PAIGC, engagea des réformes pour en faire en 1990 une démocratie pluraliste ; les élections de 1994 en furent l'un des premiers résultats tangibles. Des élections législatives et présidentielles ont eu lieu depuis le coup d'État militaire de 1999.

CLIMAT

DONNÉES MÉTÉOROLOGIQUES

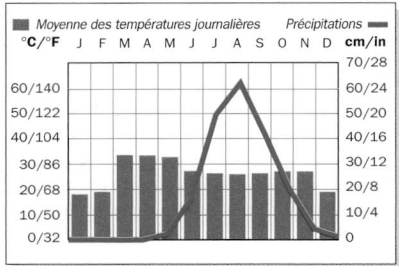

Le climat est tropical. Le Nord, plus sec, est soumis à l'influence du Sahel et le Sud à celle de l'Atlantique. Périodes de sécheresse.

TRANSPORTS

 Bissalanka international, Bissau

 23 navires 6 079 tpl

RÉSEAU DE TRANSPORT

453 km (281 miles)	Aucune
Aucune	Importance des voies d'eau pour le commerce côtier

Dans ce pays d'îles et d'estuaires, les voies navigables ont autant d'importance que les routes. Les deux systèmes sont en cours d'amélioration.

TOURISME

 Peu de visiteurs

 Pas de véritable changement d'une année sur l'autre

PROVENANCE DES TOURISTES ÉTRANGERS

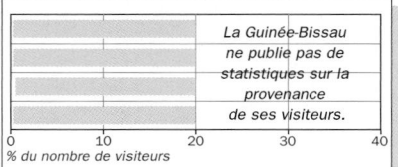

La Guinée-Bissau ne publie pas de statistiques sur la provenance de ses visiteurs.

% du nombre de visiteurs

L'insuffisance des infrastructures touristiques est criante.

POPULATION

 Portugais, créole, malinké, balante, peul

 43 hab./km²

PART DE LA POPULATION URBAINE/RURALE

23 %   **77 %**

RELIGION

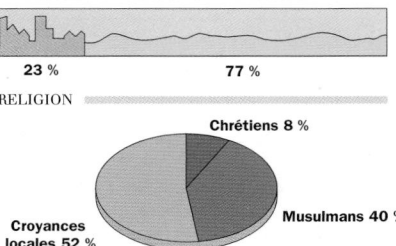

Chrétiens 8 %
Musulmans 40 %
Croyances locales 52 %

98 % des Bissau guinéens viennent de groupes ethniques indigènes. Le plus important est celui des Balantes du Sud, qui forment près d'un tiers de la population. Les métis, ou *mestizos*, et les Européens ne représentent quant à eux que 2 % de la population. Pourtant peu nombreux, les *mestizos*, originaires pour la plupart du Cap-Vert – autre colonie portugaise d'Afrique occidentale – dominent encore l'administration et les hauts rangs du PAIGC. L'amertume des autres ethnies face à cette situation, et notamment celle des Balantes, peuple qui fournit le plus gros des troupes du PAIGC au cours de la guerre d'indépendance, fut l'une des causes du coup d'État de 1980. L'essentiel de la population vit et travaille sur de petites exploitations agricoles familiales.

POLITIQUE

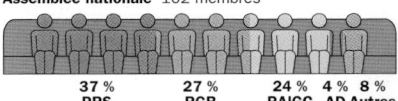

1999/2003

Henrique Rosa, président de la République

EN 1999
Assemblée nationale 102 membres

37 % PRS	27 % RGB	24 % PAIGC	4 % AD	8 % Autres

PRS = Parti pour la rénovation sociale **RGB** = Résistance de la Guinée-Bissau **PAIGC** = Parti africain pour l'indépendance de la Guinée-Bissau et du Cap-Vert **AD** = Alliance pour la démocratie

En contestant la victoire du PAIGC, alors au pouvoir, aux élections multipartites de 1994, les groupes d'opposition ont mis fin à vingt ans de parti unique. La période d'instabilité qui en résulte conduit à un soulèvement militaire en 1998, suivi de huit mois de combats mettant aux prises les loyalistes du président Joao Bernardo Vieira et le général en chef de l'armée, Ansumane Mané ; durant cette période, près de la moitié de la population a été déplacée. La paix rétablie, grâce à l'intervention des forces de la CEAO, un gouvernement d'unité nationale est constitué, pour être renversé par l'armée de Mane en mai 1999. En novembre, les élections donnent la victoire au PRS dont le candidat, Kumba Yala, est élu président en janvier 2000. En 2003, l'armée renverse Yola et nomme Henrique Rosa.

POLITIQUE EXTÉRIEURE

CEAO	CPLP	OIF	OUA	OCI

Les relations avec les pays voisins sont très tendues, en raison des activités frontalières de milices rebelles. La communauté internationale s'inquiète de plus en plus du manque de démocratie et de la répression.

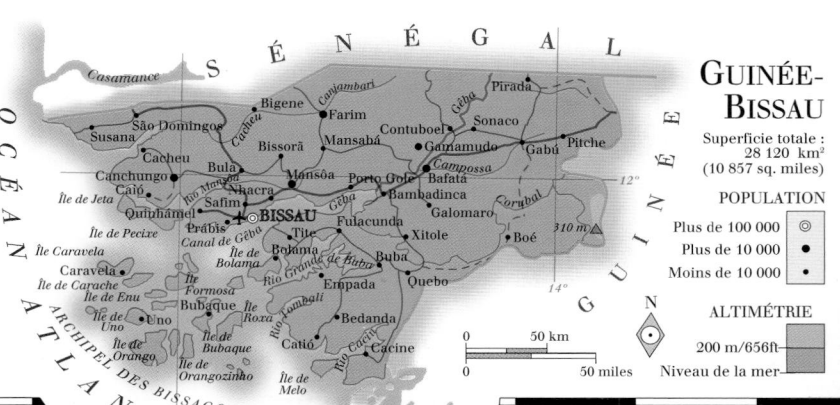

GUINÉE-BISSAU

Superficie totale :
28 120 km²
(10 857 sq. miles)

POPULATION
Plus de 100 000 ⊚
Plus de 10 000 ●
Moins de 10 000 ·

ALTIMÉTRIE
200 m/656ft
Niveau de la mer

G

AIDE INTERNATIONALE

 52 M $ (reçus)   Moins 46 % en 1999

Le Portugal est le premier pays donateur. Le soutien apporté à la balance des paiements est vital à l'économie du pays. Les recettes d'exportation sont inférieures à 20 M $ alors que le coût des importations et du remboursement de la dette dépasse les 100 M $. L'endettement du pays auprès de la Banque mondiale entraîne le gel des dons en 1991, mais le gouvernement poursuit les réformes entamées. En 2001, la Banque mondiale et le FMI consentent un allégement global de la dette à hauteur de 790 M $. L'aide internationale se porte principalement sur l'éducation, les infrastructures et la santé.

DÉFENSE

 6 M $ Plus 20 % en 1999

L'armée compte près de 9 000 hommes. Coups d'État militaires de 1980 et 1999 et rébellions de 1998 et 2000 perpétuent une tradition d'ingérence militaire dans la vie politique du pays. Les forces de la CEAO interviennent à plusieurs reprises pour rétablir l'ordre.

ÉCONOMIE

 199 M $ 571-664 francs CFA

CHIFFRES SIGNIFICATIFS

- ❏ CLASSEMENT DU PNB AU NIVEAU MONDIAL ..184ᵉ
- ❏ PNB PAR HABITANT ....160 $
- ❏ BALANCE DES PAIEMENTS ....– 27 M $
- ❏ INFLATION ....3,3 %
- ❏ CHÔMAGE ....très répandu

ATOUTS
Très peu actuellement, mais fort potentiel de la pêche et du bois. Potentiel pétrolier au large du pays.

FAIBLESSES
Insuffisance des récoltes de riz, culture vivrière. Peu d'exportations (noix de cajou, arachide). Industrie peu développée. Milieux d'affaires peu entreprenants. Fort taux d'analphabétisme. Mauvaise gestion.

EXPORTATIONS
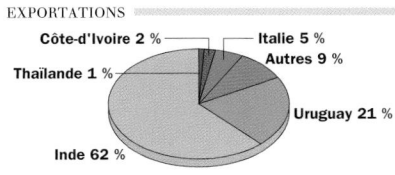
Côte-d'Ivoire 2 % — Italie 5 % — Autres 9 % — Thaïlande 1 % — Uruguay 21 % — Inde 62 %

IMPORTATIONS
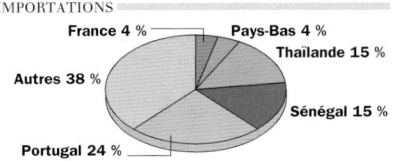
France 4 % — Pays-Bas 4 % — Thaïlande 15 % — Autres 38 % — Sénégal 15 % — Portugal 24 %

***Bafatá, ville principale** du centre de la Guinée-Bissau. Située sur le Gêba, Bafatá est un important port intérieur.*

RESSOURCES

 7 250 tonnes   Pays non producteur

 520 000 bovins / 340 000 porcins / 850 000 volailles   Bauxite, phosphate

Principales ressources du pays, le poisson et le bois sont exploités à 10 % de leur potentiel annuel, estimé respectivement à 250 000 et 100 000 tonnes. Des ressources hydroélectriques considérables attendent aussi d'être utilisées.

ENVIRONNEMENT

 Aucune   0,2 tonne par habitant

La sécheresse et les criquets migrateurs sont les principaux risques naturels du pays. Peu de problèmes d'environnement (pays peu peuplé et peu industrialisé).

MÉDIAS

 5 quotidiens pour 1 000 habitants

PRESSE ET TÉLÉCOMMUNICATIONS

1 quotidien, *Nô Printcha*, publié par le gouvernement

1 chaîne publique   3 stations : 1 station publique 2 privées

À l'exception d'un journal, *Baguerra,* et d'un magazine, *Expresso-Bissau,* tous les organes de presse appartiennent à l'État. Le Portugal aide à financer la télévision, lancée en 1989.

CRIMINALITÉ

 Pas de chiffre sur la population carcérale   Plus 66 % en 1992

La peine de mort fut abolie en 1993. Des réformes sont en cours pour que la justice soit plus indépendante. Le gouvernement a été condamné pour son non-respect des droits de l'homme.

ÉDUCATION

 39 %    404 étudiants

Environ 65 % des enfants suivent les cours dispensés par un système éducatif qui reste rudimentaire. Pas d'université.

CHRONOLOGIE

Découverte par les Portugais au XVᵉ siècle, la Guinée portugaise devient une colonie en 1879. La guerre d'indépendance a commencé dans les années 1960.

- ❏ **1974** Indépendance. Le PAICG prend le pouvoir.
- ❏ **1980** Coup d'État militaire.
- ❏ **1994** Élections multipartites.
- ❏ **1998** Soulèvement dirigé par le général Mane. Intervention de la CEAO.
- ❏ **1999** Gouvernement de transition. L'armée prend le pouvoir en mai. Le PRS bat le PAIGC aux élections de novembre.
- ❏ **2000** Kumba Yala élu président. Décès de Mane lors d'un coup d'État avorté.

SANTÉ

 1 pour 5 000 habitants   Maladies transmissibles, parasitoses, diarrhées et malaria

Le bilan de santé de la Guinée-Bissau est l'un des plus déplorables de la planète. Espérance de vie de 45 ans, mortalité infantile de 127 décès/1 000 naissances.

RICHESSES

CONSOMMATION ET DÉPENSES

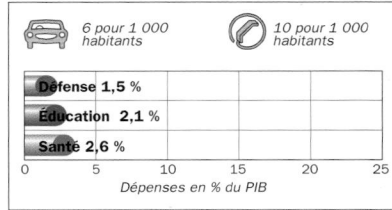
6 pour 1 000 habitants   10 pour 1 000 habitants

Défense 1,5 %
Éducation 2,1 %
Santé 2,6 %
0   5   10   15   20   25
Dépenses en % du PIB

Plus de 70 % des Bissau guinéens ont à peine de quoi subvenir à leurs besoins les plus élémentaires. Les *mestizos* forment l'essentiel d'une classe privilégiée réduite.

CLASSEMENT MONDIAL

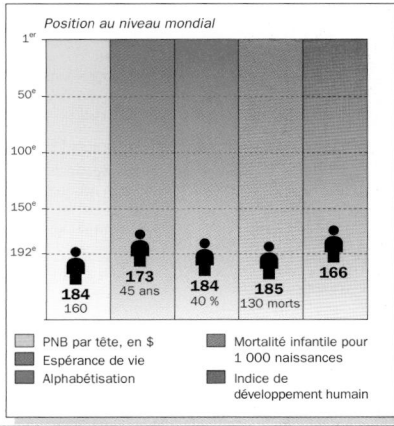
Position au niveau mondial
1ᵉʳ / 50ᵉ / 100ᵉ / 150ᵉ / 192ᵉ
184 (160) — 173 (45 ans) — 184 (40 %) — 185 (130 morts) — 166
PNB par tête, en $ Mortalité infantile pour 1 000 naissances
Espérance de vie   Indice de développement humain
Alphabétisation

GUINÉE ÉQUATORIALE

NOM OFFICIEL : République de Guinée équatoriale **CAPITALE :** Malabo
POPULATION : 438 000 **MONNAIE :** franc CFA **LANGUE OFFICIELLE :** espagnol

  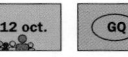

LA GUINÉE équatoriale située juste au-dessus de l'équateur sur la côte occidentale de l'Afrique, comprend cinq îles et une partie continentale, le Mbini, appelé autrefois le Río Muni. Le littoral du Mbini est bordé de mangroves. La république obtint son indépendance en 1968 après 190 ans de domination espagnole. Le multipartisme fut autorisé à partir de 1991 mais la régularité des élections qui ont eu lieu depuis est sujette à caution.

CLIMAT

DONNÉES MÉTÉOROLOGIQUES

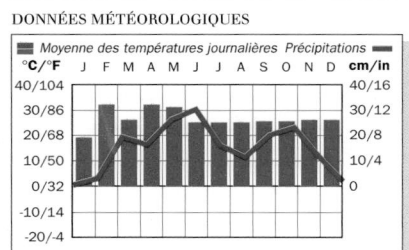

L'île de Bioko est extrêmement humide et enregistre des précipitations annuelles de 200 cm ; la partie continentale est légèrement plus sèche et moins chaude.

TRANSPORTS

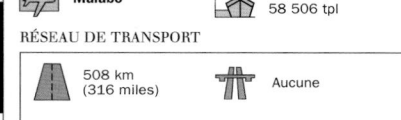

Malabo   87 navires 58 506 tpl

RÉSEAU DE TRANSPORT

508 km (316 miles)		Aucune	
Aucune		Aucune	

À l'exception des vols d'Iberia qui desservent Malabo, les liaisons aériennes se font par l'intermédiaire des pays voisins. Au cours des années 1980, la Chine finança la construction de la route Ncue–Mongomo.

TOURISME

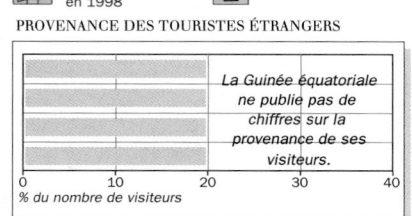

Revenus tirés du tourisme : 2 M $ en 1998   Lente augmentation

PROVENANCE DES TOURISTES ÉTRANGERS

La Guinée équatoriale ne publie pas de chiffres sur la provenance de ses visiteurs.

% du nombre de visiteurs

Malgré la beauté des paysages de l'île de Bioko et des plages de la côte, le pays attire surtout des touristes indépendants en mal d'aventure.

POPULATION

Espagnol, fang, bub   16 hab./ km²

PART DE LA POPULATION URBAINE/RURALE

47 %   **53 %**

RELIGION

Autres 10 %

Catholiques 90 %

Les Fangs sont la principale ethnie du Mbini. Bioko est peuplé d'une majorité de Bubis et, dans une moindre mesure, de métis connus sous le nom de Fernandinos. La dictature de Macías Nguema renforça l'autorité des Fangs, et plus particulièrement celle du clan Mongono, d'où sont issus Macías Nguema et son successeur, Obiang Nguema Mbasogo. Le tissu social repose sur la famille étendue.

GUINÉE ÉQUATORIALE

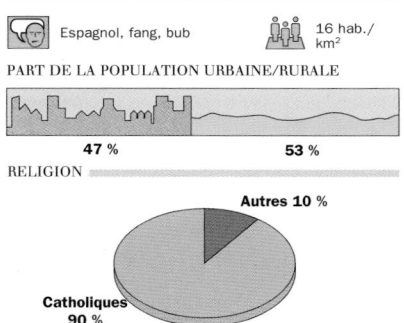

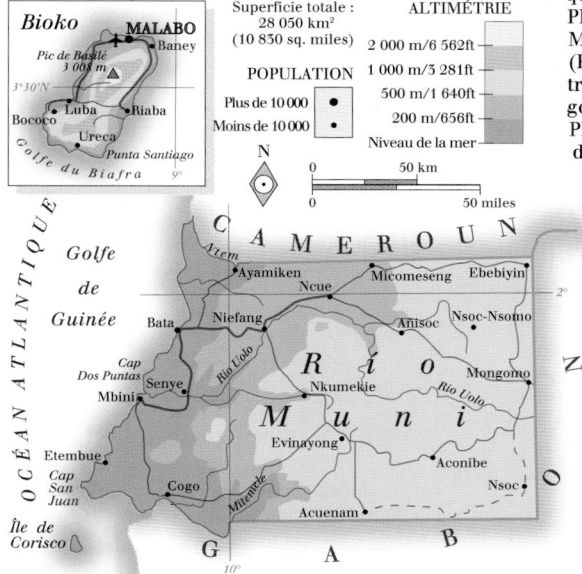

Superficie totale : 28 050 km² (10 830 sq. miles)

POPULATION
Plus de 10 000 ●
Moins de 10 000 ●

ALTIMÉTRIE
2 000 m/6 562ft
1 000 m/3 281ft
500 m/1 640ft
200 m/656ft
Niveau de la mer

0   50 km
0   50 miles

POLITIQUE

1999/2004   Teodoro Obiang Nguema Mbasogo, président de la République

AUX DERNIÈRES ÉLECTIONS
Chambre des représentants du peuple 80 membres

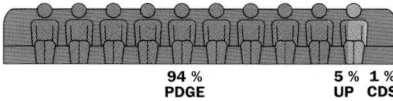

94 %   **5 % 1 %**
PDGE   **UP CDS**

PDGE = Parti démocrate de la Guinée équatoriale
UP = Union populaire **CDS** = Convergence pour la sociale-démocratie

Malgré son statut officiel d'État pluraliste depuis 1991, la Guinée équatoriale ne semble pas encore offrir suffisamment de garantie en matière de liberté d'expression : des hommes politiques en exil n'ont pas encore jugé bon de rentrer au pays. Des chefs de l'opposition sont souvent arrêtés. Le parti en place, le PDGE, fut fondé en 1987 par Teodoro Obiang Nguema Mbasogo, neveu du dictateur Francisco Macías Nguema, qu'il renversa en 1979. Le PDGE remplaça le parti de Macías Nguema, le PUNT (Parti national des travailleurs). Le gouvernement attribue au PDGE 3 % de l'intégralité des salaires versés. La voie du multipartisme, amorcée en 1988 au lendemain des élections, les premières en vingt ans, fut chaotique. L'opposition boycotta les législatives de 1993, et Obiang Nguema Mbasogo fut le seul candidat en 1996. En 1999, la victoire du PDGE fut dénoncée à nouveau comme frauduleuse par l'opposition.

Bioko. Malgré la fertilité des terres, la production de cacao a chuté de 90 % au cours de la dictature de Macías Nguema.

G

G

POLITIQUE EXTÉRIEURE

BDEAC OUA ACP ZF MNA

Après une période d'isolement sous la dictature de Macías Nguema, la Guinée équatoriale cherche à renouer ses liens avec l'étranger, en particulier avec l'Espagne, refuge traditionnel des dissidents politiques équatoguinéens. La communauté internationale se méfie pourtant du régime de Teodoro Obiang. La Guinée équatoriale fait partie de la zone franc depuis 1988, une adhésion qui n'a pas apporté les bénéfices escomptés.

AIDE INTERNATIONALE

 20 M $ (reçus)   Moins 20 % en 1999

L'aide internationale est essentielle aux projets du pays, dont l'élaboration et la réalisation s'avèrent difficiles en raison du manque de main-d'œuvre qualifiée et de la corruption ambiante. La France, l'Italie, l'Espagne, la Banque mondiale et des pays arabes figurent au rang des principaux donateurs. L'opposition du gouvernement au processus de démocratisation compromet l'aide internationale (arrêt d'un programme du FMI en 1997).

DÉFENSE

 10 M $ Plus 43 % en 1999

Les forces militaires et paramilitaires s'attachent à maintenir la sécurité intérieure. Depuis le début des années 1980, le Maroc met à la disposition d'Obiang Nguema Mbasogo une garde présidentielle. Il est de l'intérêt du Nigeria, du Cameroun et du Gabon de préserver l'autonomie des territoires de Malabo et du Mbini.

ÉCONOMIE

 516 M $ 654,42–698,69 francs CFA

CHIFFRES SIGNIFICATIFS

❑ CLASSEMENT DU PNB AU NIVEAU MONDIAL ..175ᵉ
❑ PNB PAR HABITANT ....700 $
❑ BALANCE DES PAIEMENTS ....– 344 M $
❑ INFLATION ....6 %
❑ CHÔMAGE ....30 %

ATOUTS
Terres fertiles. Importantes réserves de bois tropical. Cacao et café. Eaux territoriales et zones de pêche très étendues. Réserves de pétrole et de gaz naturel pas encore exploitées à plein rendement.

FAIBLESSES
Le pays a du mal à se relever de la récession économique qui l'affecta

RESSOURCES

 6 090 tonnes   115 000 b/j (réserves : 3 600 Mdb)

 36 000 ovins 30 000 canards 245 000 poulets   Pétrole, gaz naturel, or

Au rythme de production actuel, on estime que la Guinée équatoriale possède dix ans de réserves de pétrole et de gaz naturel. La centrale hydroélectrique de Bata a une capacité de 3,2 MW.

ENVIRONNEMENT

 Aucune   1,5 tonne par habitant

Le gouvernement n'a pas su prendre de mesures suffisamment rigoureuses pour empêcher l'exploitation du bois qui détruit la forêt tropicale.

MÉDIAS

 5 quotidiens pour 1 000 habitants

PRESSE ET TÉLÉCOMMUNICATIONS

 Pas de presse quotidienne régulière. L'ancien quotidien *Poto Poto* paraît aujourd'hui de façon intermittente.

 1 chaîne publique   1 station publique 2 stations privées

Malgré l'adoption du multipartisme, la presse reste sévèrement contrôlée par le pouvoir.

CRIMINALITÉ

 Pas de chiffre sur la population carcérale   Pas de changement notable d'une année sur l'autre

Le taux de criminalité est faible mais les crimes et délits sont rarement signalés aux autorités. Les cas de violation des droits de l'homme sont encore assez fréquents.

EXPORTATIONS

Corée du Sud 5 %
Japon 7 %
ÉU 7 %
Autres 11 %
Espagne 46 %
Chine 24 %

IMPORTATIONS

Cameroun 3 %
Italie 6 %
Espagne 8 %
Autres 11 %
ÉU 60 %
France 12 %

au cours de la dictature. La mauvaise gestion et les attaques contre l'intelligentsia ont limité la croissance. Les richesses naturelles sont insuffisamment exploitées.

CHRONOLOGIE

La Guinée équatoriale fut un parent pauvre du système colonial espagnol jusqu'en 1939, où débuta le développement du pays.

❑ **1968** Indépendance. Début du régime de terreur imposé par Macías Nguema.
❑ **1979** Coup d'État qui porte au pouvoir le neveu du dictateur.
❑ **1991** Constitution pluraliste.
❑ **2001** Démission du gouvernement, accusé de corruption et de mauvaise gestion.
❑ **2002** Réelection de Obiang Nguema.

ÉDUCATION

 83 %   578 étudiants

Le taux de scolarisation est tombé de 90 % à 55 % pendant la dictature. Bien que déclaré priorité nationale, l'enseignement manque toujours de moyens.

SANTÉ

 1 pour 4 000 habitants   Maladies diarrhéiques et respiratoires, malaria

L'espérance de vie a progressé de 37 ans en 1960 à 51 ans en 1999.

RICHESSES

CONSOMMATION ET DÉPENSES

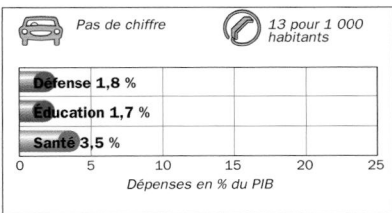

Les richesses du pays se partagent entre les membres du clan dirigeant. Il existe encore une ploutocratie héritée de l'époque coloniale.

CLASSEMENT MONDIAL

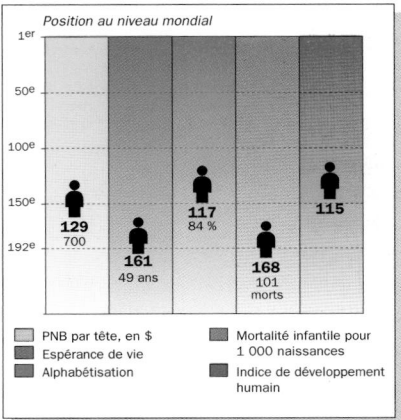

303

GUYANA

NOM OFFICIEL : République coopérative de Guyana **CAPITALE** : Georgetown
POPULATION : 765 000 **MONNAIE** : dollar de Guyana **LANGUE OFFICIELLE** : anglais

AMÉRIQUE DU SUD

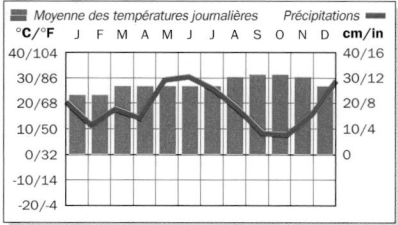

LE GUYANA s'étend sur la côte nord-est de l'Amérique du Sud et partage ses frontières avec le Venezuela, le Brésil et le Surinam. Une forêt tropicale très dense couvre encore les trois quarts de son territoire, mais son exploitation intense constitue une menace pour sa pérennité. Le pays obtint son indépendance des Britanniques en 1966. L'économie du Guyana repose sur l'exportation de cinq produits clés : la bauxite, l'or, le riz, le sucre et le bois. Les Guyanais vivent en majorité sur l'étroite plaine côtière en partie conquise sur l'océan Atlantique.

CLIMAT

DONNÉES MÉTÉOROLOGIQUES

Les plaines sont très humides avec de faibles écarts de températures. Les hautes terres sont un peu plus fraîches, en particulier la nuit.

TRANSPORTS

 Timehri International
Georgetown
270 500 passagers

 62 navires
16 260 tpl

RÉSEAU DE TRANSPORT

590 km
(367 miles)

Aucune

46 km
(29 miles)

5 900 km
(3 666 miles)

La majorité des routes desservent la côte. Avion ou bateau sont préférables pour visiter l'intérieur du pays.

TOURISME

75 000 visiteurs

Plus 10 % en 1999

PROVENANCE DES TOURISTES ÉTRANGERS

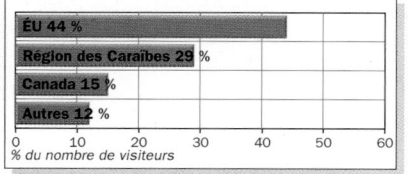

ÉU 44 %

Région des Caraïbes 29 %

Canada 15 %

Autres 12 %

0 10 20 30 40 50 60
% du nombre de visiteurs

Le gouvernement encourage le développement de l'éco-tourisme. Le mot Guyana signifie « terre des nombreuses rivières » ; les chutes du Kaieteur sont impressionnantes.

Maisons des quartiers populaires de Georgetown, où la plupart des constructions sont en bois. Sa cathédrale est l'un des édifices en bois les plus hauts du monde.

POPULATION

Créole anglais, hindi, tamoul, langues amérindiennes, anglais

4 hab./km²

PART DE LA POPULATION URBAINE/RURALE

38 %   **62 %**

COMPOSITION ETHNIQUE

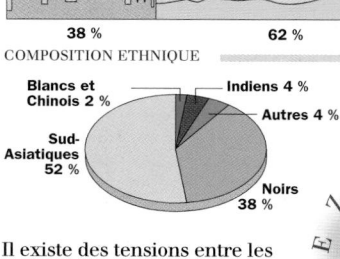

Blancs et Chinois 2 %
Indiens 4 %
Autres 4 %
Sud-Asiatiques 52 %
Noirs 38 %

Il existe des tensions entre les Afro-Guyanais, descendants des esclaves africains amenés entre le XVIIe et le XIXe siècle, et les Indo-Guyanais, issus de la communauté d'ouvriers sud-asiatiques amenés d'Asie au XIXe siècle. Elles se manifestent dans l'hostilité latente entre PNC (opposition), représentant les Afro-Guyanais, et PPP (au pouvoir), représentant traditionnel des Indo-Guyanais.

GUYANA

Superficie totale : 196 850 km² (76 004 sq. miles)

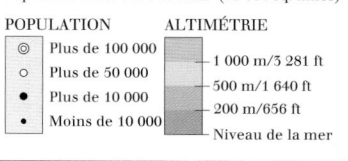

POPULATION
◎ Plus de 100 000
○ Plus de 50 000
● Plus de 10 000
· Moins de 10 000

ALTIMÉTRIE
1 000 m/3 281 ft
500 m/1 640 ft
200 m/656 ft
Niveau de la mer

POLITIQUE

 2001/2006

Bharrat Jagdeo, président de la République

AUX DERNIÈRES ÉLECTIONS
Assemblée nationale 65 membres

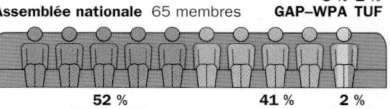

3 % 2 %
GAP–WPA TUF

52 %
PPP–CIVIC

41 %
PNC

2 %
ROAR

PPP–CIVIC = Parti progressiste populaire-CIVIC
PNC = Congrès national du peuple
GAP–WPA = Action pour le Guyana-Alliance des travailleurs
ROAR = Essor, organisation et reconstruction
TUF = Les forces unies

La victoire du PPP aux élections de 1992, considérées comme le premier scrutin loyal depuis l'indépendance, a mis fin à la prédominance du PNC des Afro-Guyanais. En 1997, à la mort de Cheddi Jagan, chef historique du PPP, ancien marxiste avant sa conversion à l'économie de marché, le PNC a violemment réagi au fait que sa femme Janet prenne sa succession. Après un retour au calme sous les auspices du Caricom, les violences ont repris en 2001 lorsque la Cour suprême a annulé le scrutin de 1997, puis à nouveau après les élections de 2001.

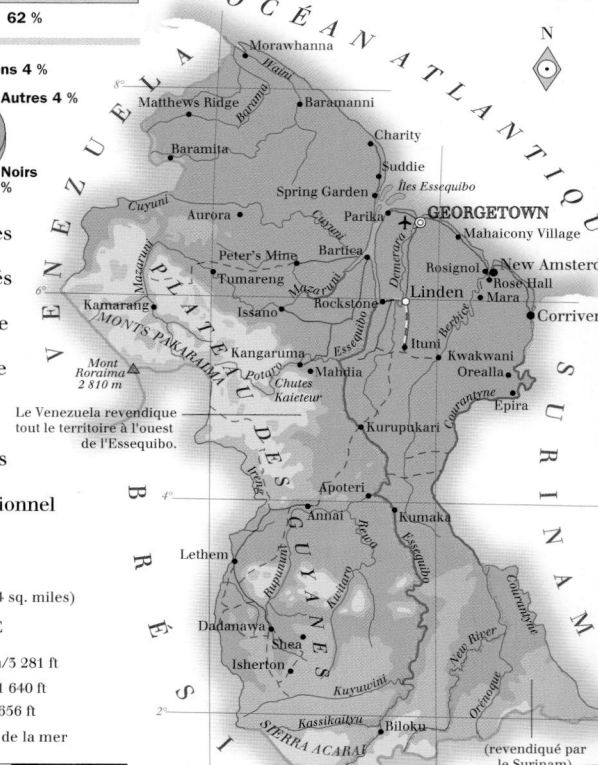

0   100 km
0   100 miles

OCÉAN ATLANTIQUE

Le Venezuela revendique tout le territoire à l'ouest de l'Essequibo.

(revendiqué par le Surinam)

G

POLITIQUE EXTÉRIEURE

Le rééchelonnement de la dette auprès des créanciers européens, le différend frontalier qui l'oppose au Venezuela et une meilleure intégration au sein des États des Caraïbes sont les préoccupations du pays.

AIDE INTERNATIONALE

 27 M $ (reçus)   Moins 71 % en 1999

L'aide internationale vient essentiellement des ÉU, de l'UE et du R.-U. sous forme d'assistance au développement, pour l'amélioration du système de santé et la protection de la forêt.

DÉFENSE

 7 M $ Moins 13 % en 1999

Les forces de sécurité, dont une petite armée de terre, sont entraînées et soutenues financièrement par les ÉU et le RU.

ÉCONOMIE

 641 M $ 179 dollars de Guyana

CHIFFRES SIGNIFICATIFS

- ❑ CLASSEMENT DU PNB AU NIVEAU MONDIAL ..163e
- ❑ PNB PAR HABITANT ....840 $
- ❑ BALANCE DES PAIEMENTS ....– 117 M $
- ❑ INFLATION ....2,6 %
- ❑ CHÔMAGE ....12 %

ATOUTS
Production d'or, de riz, de sucre, de diamants, de bauxite et de bois. Grand potentiel touristique.

FAIBLESSES
Fort endettement extérieur. Instabilité politique peu propice aux investissements. Économie exposée aux fluctuations des cours du change et des matières premières. Faible industrialisation.

EXPORTATIONS
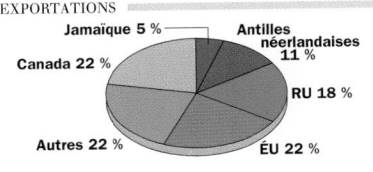

IMPORTATIONS
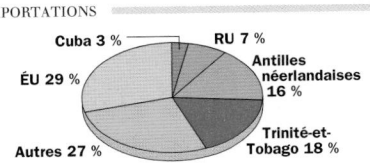

RESSOURCES

 57 049 tonnes   Pays non producteur

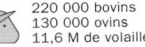 220 000 bovins / 130 000 ovins / 11,6 M de volailles   Bauxite, or, diamants, pétrole, manganèse, uranium

Or, bauxite, diamants et bois sont les principales ressources. Malgré les prospections menées en mer comme sur terre, les importations de pétrole sont nécessaires à la production d'électricité. Des centrales hydrauliques supplémentaires sont en construction.

ENVIRONNEMENT

  0,05 %   1,2 tonne par habitant

La vétusté du système de défense côtier remontant au XVIIIe siècle met en péril les constructions situées au-dessous du niveau de la mer. La forêt est menacée par une exploitation intensive et la pollution des rivières résultant des exploitations minières devient problématique.

MÉDIAS

 50 quotidiens pour 1 000 habitants

PRESSE ET TÉLÉCOMMUNICATIONS

 2 quotidiens, dont le *Guyana Chronicle* publié par le gouvernement

 3 chaînes : 1 chaîne publique 2 chaînes privées   1 station publique

Le PPP et le PNC publient tous deux des périodiques. L'État contrôle une chaîne de télévision, l'unique station de radio et publie un quotidien.

CRIMINALITÉ

 1 396 détenus   Moins 12 % en 1996-1998

La police est très critiquée pour sa corruption et son inefficacité face à la montée de la criminalité urbaine. De violents affrontements ont opposé les partisans du PNC et du PPP-CIVIC en 1998, 1999 et 2001.

ÉDUCATION

 98 %   8 965 étudiants

Le système éducatif s'inspire du modèle britannique. L'entrée au lycée se fait sur examen. Malgré l'existence d'une université publique, beaucoup de Guyanais partent étudier aux ÉU et au RU.

SANTÉ

 1 pour 303 habitants   Maladies cardiaques, accidents, actes de violence, cancers

La majorité des Guyanais ont accès à un système de santé presque exclusivement public. Les patients sont bien orientés vers les spécialistes.

CHRONOLOGIE

Au cours des XVIIe et XVIIIe siècles, les Hollandais fondèrent trois colonies dans la région : Essequibo, Demerara et Berbice. En 1814, ces possessions furent placées sous le contrôle des Britanniques puis intégrées à la Guyane-Britannique.

- ❑ **1953** Premières élections au suffrage universel remportées par le PPP de Cheddi Jagan ; les Britanniques suspendent par la suite le parlement.
- ❑ **1964** Le PNC devient la première force du gouvernement de coalition.
- ❑ **1966** Indépendance.
- ❑ **1973** Le PPP boycotte le parlement, accusant le PNC de fraude électorale.
- ❑ **1992** Le PPP remporte des élections régulières. Cheddi Jagan président.
- ❑ **1997–1998** Décès du président Jagan. L'élection de sa veuve Janet est contestée par le PNC.
- ❑ **1999** Le Caricom négocie l'accord de paix. Janet Jagan démissionne.
- ❑ **2001** Flambée de violence politique.

G

RICHESSES

CONSOMMATION ET DÉPENSES

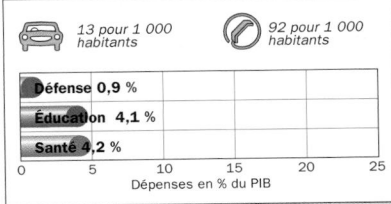

Si les inégalités sociales sont peu marquées, le Guyana compte cependant quelques riches familles citadines dont la fortune vient du commerce et de l'agriculture. Les Amérindiens qui vivent d'une agriculture de subsistance forment les classes les plus déshéritées.

CLASSEMENT MONDIAL

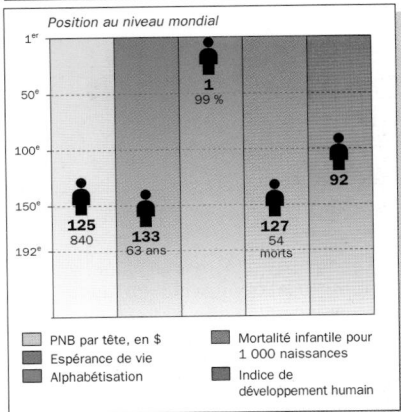

HAÏTI

NOM OFFICIEL : République d'Haïti   CAPITALE : Port-au-Prince
POPULATION : 8,4 millions   MONNAIE : gourde   LANGUES OFFICIELLES : français et créole français

   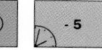 

ÉTAT des Grandes Antilles, Haïti occupe le tiers occidental de l'île d'Hispaniola. Ancienne colonie espagnole, Haïti fut le premier pays des Caraïbes à accéder à l'indépendance en 1804, date qui marque le début d'une histoire très troublée sur le plan politique. L'exil du dictateur Jean-Claude Duvalier en 1986 ne permit pas d'instaurer un régime démocratique. Des élections ont eu lieu en 1990, mais dès 1991, l'armée était de retour au pouvoir ; elle y restera jusqu'en 1994, date à laquelle les ÉU intervinrent militairement.

CLIMAT

DONNÉES MÉTÉOROLOGIQUES

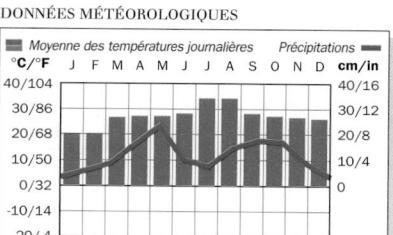

Haïti est un État légèrement moins humide que le reste des Antilles.

TRANSPORTS

Port-au-Prince
545 000 passagers

5 navires
1 300 tpl

RÉSEAU DE TRANSPORT

1 011 km (628 miles)		Aucune
Aucune		100 km (62 miles)

Le réseau routier haïtien est peu développé. L'accès à la péninsule méridionale se fait principalement par ferry.

TOURISME

 143 000 visiteurs   Moins 3 % en 1999

RÉSEAU DE TRANSPORT

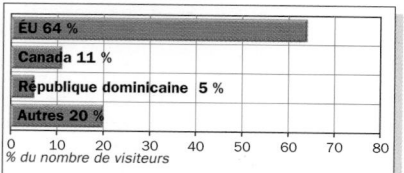

De par sa situation géographique, son histoire et sa culture, Haïti fut une destination privilégiée du tourisme des années 1960 et 1970. L'instabilité politique et la montée de violence qui caractérisa les années 1980 mirent cependant pratiquement fin à l'activité touristique.

POPULATION

 Créole français, français   298 hab./km²

PART DE LA POPULATION URBAINE/RURALE

35 %   **65 %**

RELIGION

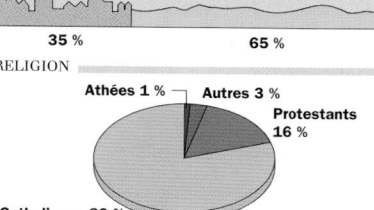

Athées 1 %   Autres 3 %
Protestants 16 %
Catholiques 80 %

Si la majorité des Haïtiens est de descendance africaine, une minorité est d'origine européenne et en particulier française. La plupart des Haïtiens vivent dans une extrême indigence : Haïti est le pays le plus pauvre du continent américain et on trouve à Port-au-Prince les quartiers les plus misérables des Caraïbes. La société haïtienne est marquée par de vives tensions. La répression politique et la gravité de la situation économique des dernières années ont conduit de nombreux Haïtiens à émigrer illégalement vers les ÉU ou la République dominicaine.

HAÏTI

Superficie totale : 27 560 km²
(10 641 sq. miles)

POPULATION
- ☐ Plus de 1 000 000
- ◎ Plus de 500 000
- ● Plus de 10 000
- · Moins de 10 000

ALTIMÉTRIE
- 1 000 m/3 281ft
- 500 m/1 640ft
- 200 m/656ft
- Niveau de la mer

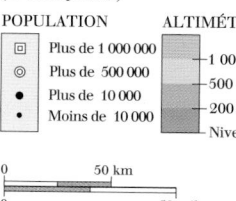

POLITIQUE

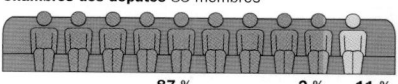
Ch. basse 2000/2002
Ch. haute 2000/2002
Boniface Alexandre, président de la République par interim

AUX DERNIÈRES ÉLECTIONS
Chambres des députés 83 membres

87 % Coalition Lavalas   **2 %** Vacants   **11 %** Autres

Sénat 27 membres

96 % Coalition Lavalas   **4 %** Autres

L'élite fortunée, appuyée par l'armée, a soutenu la dictature des Duvalier père et fils, finançant les divers coups d'État qui suivirent l'éviction de « Bébé Doc » en 1986. L'ONU impose des sanctions en 1991. En 1994, l'armée américaine aide à rétablir le président élu, Jean-Bertrand Aristide. Son parti de gauche, Lavalas, remporte les législatives de 1995 et René Préval s'installe à la présidence en 1996, avec le soutien du parti. En 1997, l'hostilité face aux mesures d'austérité exigées par les ÉU pousse le Premier ministre au départ et gâte les relations du Parlement avec la présidence. En mai 2000, de nouvelles élections vivement contestées donnent une victoire décisive à la coalition Lavalas. En novembre, des élections présidentielles, également discutées, sont remportées par Aristide, bien que opposition n'admette pas sa victoire.

POLITIQUE EXTÉRIEURE

AEC | ACP | Geplacea | OEA | OMC

Après des années de sanctions économiques, Haïti renoue avec l'extérieur. L'immigration clandestine vers les ÉU et les relations avec la République dominicaine posent problème.

AIDE INTERNATIONALE

 263 M $ Moins 35 % en 1999

Après l'ouragan de 1998, le FMI consent un prêt d'urgence de 21 M $. La BID approuve des prêts liés à des projets hydrauliques et sanitaires. Taiwan a accordé une aide de 60,4 M $.

DÉFENSE

 50 M $ Plus 2 % en 1999

Avec le retour à la démocratie en 1994, les forces armées et la police ont été démantelées et remplacées par une force de sécurité publique provisoire. Aujourd'hui, les ÉU financent et entraînent la nouvelle force de police (5 300 hommes).

ÉCONOMIE

 3,6 M $ 17,46-21,00 gourdes

CHIFFRES SIGNIFICATIFS

- ❏ Classement du PNB au niveau mondial ..122ᵉ
- ❏ PNB par habitant ....480 $
- ❏ Balance des paiements ....− 177 M $
- ❏ Inflation ....14,2 %
- ❏ Chômage...70 %

Atouts
Exportation de café. Fonds envoyés par la diaspora. Assemblage de produits pour les ÉU. Narcotrafic vers les ÉU.

Faiblesses
Évasion fiscale à grande échelle. Instabilité politique néfaste aux investissements et aux promesses d'assistance de l'étranger.

EXPORTATIONS

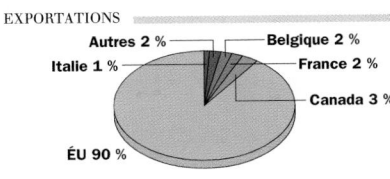

Autres 2 % — Belgique 2 %
Italie 1 % — France 2 %
— Canada 3 %
ÉU 90 %

IMPORTATIONS

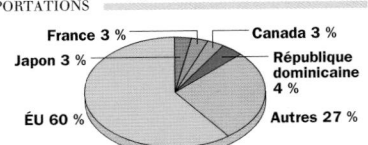

France 3 % — Canada 3 %
Japon 3 % — République dominicaine 4 %
ÉU 60 % — Autres 27 %

Haïti, pays le plus pauvre du continent américain. Dans les villages de l'arrière-pays, les maisons sont souvent en terre et n'ont pas de fenêtres.

RESSOURCES

 5 630 tonnes   Pays non producteur

 1,62 M de caprins
1,3 M de bovins
5 M de volailles
800 000 porcins

 Marbre, calcaire, argile, argent, or, asphalte naturel

Aucune ressource stratégique. Suite aux sanctions, le pays dut trouver des sources non officielles d'approvisionnement en pétrole, surtout en Europe.

ENVIRONNEMENT

 1 %   0,2 tonne par habitant

La forêt est maintenant réduite à 1,5 % du territoire et un tiers des sols est soumis à de graves érosions. Il a fallu 10 ans pour commencer à enlever 4 000 tonnes de déchets toxiques près des Gonaïves.

MÉDIAS

 3 quotidiens pour 1 000 habitants

PRESSE ET TÉLÉCOMMUNICATIONS

 2 quotidiens :
Le Nouvelliste et *Le Matin*

 4 chaînes :
1 chaîne publique
3 chaînes privées
18 stations :
1 station publique
17 stations privées

L'armée avait recours à des manœuvres d'intimidation pour tenir les médias sous son contrôle ; le mouvement vers la démocratie permet une certaine libéralisation de la presse.

CRIMINALITÉ

 Pas de chiffre sur la population carcérale   La criminalité est en hausse

Assassinats, torture et brutalités n'ont pas pris fin avec la dictature militaire. Manque de formation de la police, lenteur et corruption de la justice et narcotrafic très organisé ne permettent pas d'endiguer la criminalité.

ÉDUCATION

 50 %    6 288 étudiants

L'éducation calquée sur le modèle français se détériore. Les familles riches envoient leurs enfants étudier à l'étranger.

CHRONOLOGIE

En 1697, l'Espagne céda la partie occidentale de l'Hispaniola à la France. La guerre de libération menée en 1791 par Toussaint l'Ouverture, ancien esclave, conduisit à l'indépendance en 1804.

- ❏ **1915–1954** Occupation américaine.
- ❏ **1957–1971** Dictature brutale de François Duvalier, dit « Papa Doc ».
- ❏ **1971–1986** Son fils Jean-Claude, « Bébé Doc », lui succède puis s'exile.
- ❏ **1986–1988** L'armée est au pouvoir.
- ❏ **1990** Élection de Jean-Bertrand Aristide, contraint de s'exiler en 1991.
- ❏ **1994–1995** Intervention des ÉU. Rétablissement d'Aristide ; élections.
- ❏ **1997–1999** Impasse politique.
- ❏ **2004** Aristide est chassé du pouvoir.

H

SANTÉ

 1 pour 5 000 habitants   Malaria, autres maladies parasitaires, tuberculose

La plupart des Haïtiens n'ont pas les moyens de se faire soigner. Ils font souvent appel aux prêtres vaudous.

RICHESSES

CONSOMMATION ET DÉPENSES

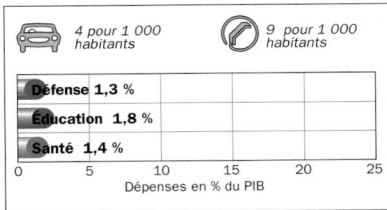

4 pour 1 000 habitants   9 pour 1 000 habitants

Défense 1,3 %
Éducation 1,8 %
Santé 1,4 %

Dépenses en % du PIB

Les inégalités sociales sont extrêmement marquées. Selon l'ONU, près de 80 % des Haïtiens ne peuvent subvenir à leurs besoins journaliers.

CLASSEMENT MONDIAL

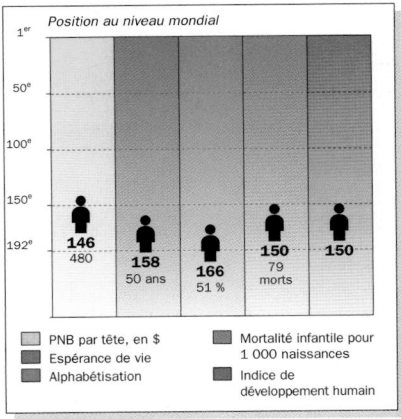

Position au niveau mondial

1ᵉʳ
50ᵉ
100ᵉ
150ᵉ
192ᵉ

146 — 480
158 — 50 ans
166 — 51 %
150 — 79 morts
150

PNB par tête, en $
Espérance de vie
Alphabétisation
Mortalité infantile pour 1 000 naissances
Indice de développement humain

HONDURAS

NOM OFFICIEL : République du Honduras   **CAPITALE** : Tegucigalpa
POPULATION : 6,7 millions   **MONNAIE** : lempira   **LANGUE OFFICIELLE** : espagnol

AMÉRIQUE CENTRALE   Amérique du Nord

LE HONDURAS occupe toute la largeur de l'isthme centraméricain. La mer des Caraïbes en borde la côte la plus longue dont une partie, les Mosquitos, est à peu près inhabitée ; le reste du pays est montagneux. Après une succession de gouvernements militaires, les civils sont revenus au pouvoir en 1984. Le cyclone Mitch a ravagé le pays en 1998, causant près de 5 600 morts et des dégâts estimés à 3 milliards de dollars.

CLIMAT

DONNÉES MÉTÉOROLOGIQUES

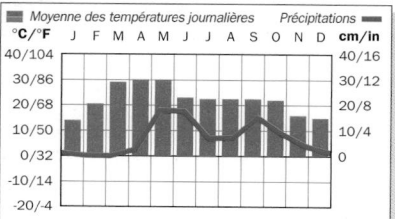

Les régions situées en bordure de la mer des Caraïbes sont chaudes. Les zones montagneuses de l'intérieur sont plus fraîches.

TRANSPORTS

 **Toncontin, Tegucigalpa**
404 000 passagers

 1 465 navires
1,1 M tpl

RÉSEAU DE TRANSPORT

 3 126 km
(1 942 miles)

Aucune

996 km
(619 miles)

465 km
(289 miles)

En 1998, le cyclone Mitch a détruit routes et ponts à travers tout le pays. Il faudra des années pour reconstruire.

TOURISME

 408 000 visiteurs

Plus 10 % en 2000

PROVENANCE DES TOURISTES ÉTRANGERS

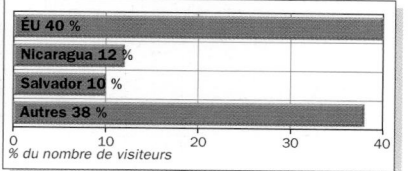

ÉU 40 %				
Nicaragua 12 %				
Salvador 10 %				
Autres 38 %				

0   10   20   30   40
% du nombre de visiteurs

Les plages de la côte caraïbe et les îles de la Baie sont très appréciées, ainsi que les ruines mayas de Copán. L'exploration de l'arrière-pays des Mosquitos et le rafting attirent les plus aventureux.

POPULATION

 Espagnol, langue caribéenne, créole anglais

58 hab./km²

PART DE LA POPULATION URBAINE/RURALE

46 %   54 %

COMPOSITION ETHNIQUE

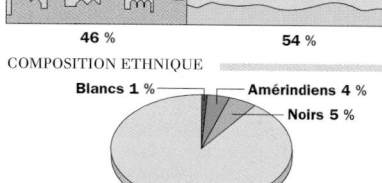

Blancs 1 %   Amérindiens 4 %
Noirs 5 %
Métis 90 %

Comme dans le reste de l'Amérique centrale, les ethnies amérindiennes non métissées sont rares. En 1999, les Indiens Miskitos, estimés à 45 000, et une communauté noire anglophone de la côte caraïbe ont uni leurs forces pour s'opposer à un amendement de la Constitution autorisant les étrangers à acheter des terres de la zone côtière, qui leur sont dévolues par coutume. La pauvreté est à l'origine des tensions sociales : les Blancs détiennent toujours l'avantage. Pauvreté des campagnes et prépondérance du catholicisme (97 % de la population).

POLITIQUE

2001/2005

Ricardo Maduro, président de la République

AUX DERNIÈRES ÉLECTIONS
Assemblée nationale 128 membres

2 %
PDCH

43 %
PLH

48 %   3 %   4 %
PNH PINU–SD PDU

PLH = Parti libéral du Honduras   **PNH** = Parti national du Honduras   **PINU–SD** = Parti de l'innovation et de l'unité   **PDCH** = Parti démocrate chrétien du Honduras   **PDU** = Parti d'unification démocratique

L'armée, l'ambassade américaine et la *United Fruit Company*, le plus grand producteur de bananes du Honduras, exercent aujourd'hui une influence considérable sur la vie politique du pays. L'armée a conservé le pouvoir de manière intermittente de 1956 à 1984, date à laquelle, cédant aux pressions des ÉU, elle a autorisé le retour des civils au pouvoir. Toutefois, durant les années 1980, les ÉU font du Honduras une base militaire avancée en Amérique centrale pour faire face à la menace communiste du Nicaragua et du Salvador. La fin des hostilités dans ces deux pays a entraîné une diminution de l'aide américaine au Honduras.
Le PNH et le PLH, sans grandes divergences idéologiques, se succèdent au pouvoir. Le pouvoir du chef de l'État, dont le mandat n'est que de quatre ans, tend à être limité. Le gouvernement PLH de Carlos Reina a mis en place en 1994 des mesures d'austérité qui se sont révélées impopulaires, mais il a aussi commencé à limiter l'autonomie de l'armée en abolissant la conscription. Son successeur PLH, Carlos Flores, élu en 1997, a poursuivi ce processus de « démilitarisation » en nommant un civil au ministère de la Défense en 1999.

HONDURAS
Superficie totale : 111 890 km²
(43 201 sq. miles)

ALTIMÉTRIE
2 000 m/6 562 ft
1 000 m/3 281 ft
500 m/1 640 ft
200 m/656 ft
Niveau de la mer

POPULATION
Plus de 500 000 ⊙
Plus de 100 000 ◎
Plus de 50 000 ○
Plus de 10 000 •
Moins de 10 000 •

POLITIQUE EXTÉRIEURE

AEC   Geplacea   MNA   OEA   San José

Les relations avec les EU sont cruciales. En 2001, accord de libre échange avec le Salvador, le Guatemala et le Mexique. Controverses frontalières avec le Salvador et le Nicaragua.

AIDE INTERNATIONALE

 817 M $ (reçus)   Plus 155 % en 1999

Des conditions préférentielles et une remise de dette ont été accordées par le FMI, la Banque mondiale et les pays occidentaux suite au cyclone de 1998.

DÉFENSE

 95 M $ Moins 4 % en 1999

L'armée a exercé impunément un pouvoir de fait jusqu'en 1984.

ÉCONOMIE

 5,93 Md $ 16,4-17,3 lempiras

CHIFFRES SIGNIFICATIFS

- ❑ CLASSEMENT DU PNB AU NIVEAU MONDIAL ..105e
- ❑ PNB PAR HABITANT ....900 $
- ❑ BALANCE DES PAIEMENTS ....− 325 M $
- ❑ INFLATION ....9,7 %
- ❑ CHÔMAGE...28 %

ATOUTS
Café, fleurs, fruits. Économie stimulée par la reconstruction après le cyclone. Gisements minéraux. Bois exotiques.

FAIBLESSES
Poids de la dette extérieure. Fluctuation des cours du café. Secteur bananier encore sinistré après le cyclone Mitch. Lenteur des privatisations. Corruption. Réforme agraire inachevée. Chômage élevé. Industrialisation insuffisante. Production d'électricité reposant trop sur l'énergie hydraulique.

EXPORTATIONS

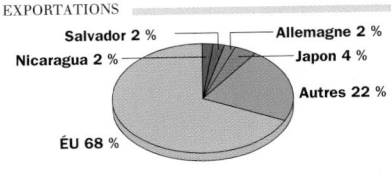

Salvador 2 % — Allemagne 2 %
Nicaragua 2 % — Japon 4 %
— Autres 22 %
ÉU 68 %

IMPORTATIONS

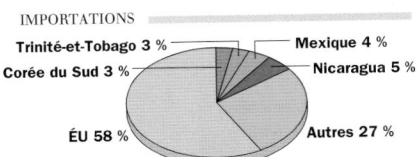

Trinité-et-Tobago 3 % — Mexique 4 %
Corée du Sud 3 % — Nicaragua 5 %
ÉU 58 % — Autres 27 %

Champs de tabac. Le tabac représente 1% des recettes à l'exportation.

RESSOURCES

 23 585 tonnes   Pays non producteur

1,95 M de bovins
800 000 porcins
18 M de poulets   Plomb, zinc, argent, or, cuivre, fer, charbon, étain

Bananeraies dévastées par le cyclone Mitch. Gisements de pétrole et minéraux en cours d'exploration. Approvisionnement en courant hydroélectrique aléatoire.

ENVIRONNEMENT

 10 %   0,8 tonne par habitant

Crise écologique résultant de l'absence de réglementation en matière de culture et d'élevage et de l'abus des pesticides.

MÉDIAS

 55 quotidiens pour 1 000 habitants

PRESSE ET TÉLÉCOMMUNICATIONS

 9 quotidiens, dont *La Prensa*, *El Heraldo* et *La Tribuna*

 6 chaînes privées   1 station publique 4 stations privées

L'autocensure, la soumission aux ÉU pour les informations, la corruption et l'intimidation gênent les médias.

CRIMINALITÉ

 Pas de chiffre sur la population carcérale   Violence en hausse

La criminalité est surtout liée à la drogue. Des gangs de jeunes sont à l'origine de la montée de la violence à Tegucigalpa.

ÉDUCATION

 75 %   54 106 étudiants

L'enseignement public s'inspire du modèle américain. Le taux d'échec scolaire des élèves du secondaire est élevé.

SANTÉ

 1 pour 1 250 habitants   Maladies circulatoires, infectieuses et parasitaires, malaria

66 % de la population a facilement accès aux services de santé dont la privatisation a été entamée en 2000.

CHRONOLOGIE

Possession espagnole jusqu'en 1821, le Honduras fit partie, à partir de 1823, des Provinces-Unies d'Amérique centrale.

- ❑ **1838** Devient un État souverain.
- ❑ **Années 1890** Les ÉU introduisent les grandes plantations bananières.
- ❑ **1932–1949** Dictature du général Tiburcio Carías Andino, du PNH.
- ❑ **1954–1957** Le président élu Villeda Morales, PLH, est destitué puis réélu.
- ❑ **1963** Coup d'État militaire.
- ❑ **1969** Guerre du Football (13 jours) avec le Salvador après la Coupe du Monde.
- ❑ **1980–1983** Pouvoir militaire malgré la victoire du PLH aux élections. Arrestations de syndicalistes. Exactions des « escadrons de la mort ».
- ❑ **1984** Retour à la démocratie.
- ❑ **1988** 12 000 rebelles Contra chassés du Nicaragua envahissent le pays.
- ❑ **1995** L'armée brave les accusations de violation des droits de l'homme.
- ❑ **1998** Cyclone Mitch.
- ❑ **2001** Ricardo Maduro du PN-Droite est élu président.

H

RICHESSES

CONSOMMATION ET DÉPENSES

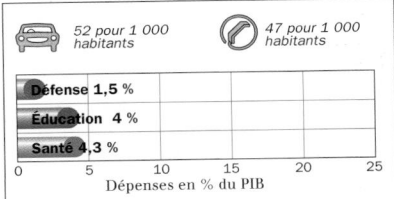

52 pour 1 000 habitants   47 pour 1 000 habitants

Défense 1,5 %
Éducation 4 %
Santé 4,3 %

0   5   10   15   20   25
Dépenses en % du PIB

La société hondurienne se caractérise par de grandes inégalités : 4 % de la population possèdent 60 % des terres. Les organismes humanitaires estiment que la population vit à 85 % en dessous du seuil de pauvreté, contre 80 % avant le passage de Mitch.

CLASSEMENT MONDIAL

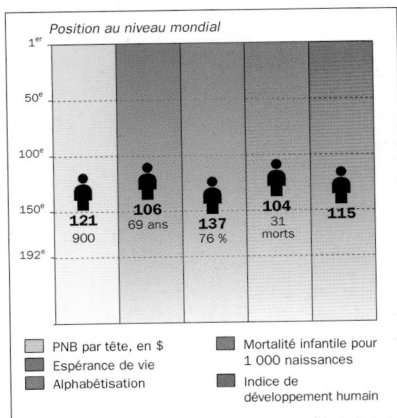

Position au niveau mondial
1er
50e
100e
150e
192e

121 — 900
106 — 69 ans
137 — 76 %
104 — 31 morts
115

- ◻ PNB par tête, en $
- ◻ Espérance de vie
- ◻ Alphabétisation
- ◻ Mortalité infantile pour 1 000 naissances
- ◻ Indice de développement humain

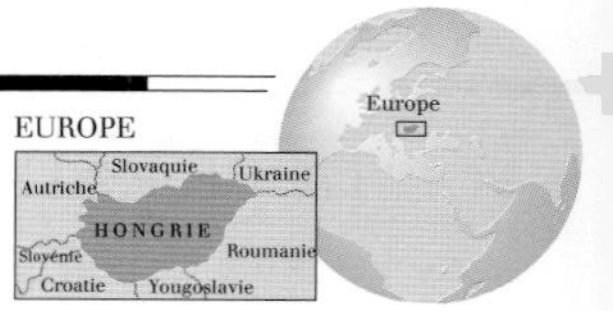

HONGRIE

NOM OFFICIEL : République de Hongrie   **CAPITALE :** Budapest
POPULATION : 10,2 millions   **MONNAIE :** forint   **LANGUE OFFICIELLE :** magyar

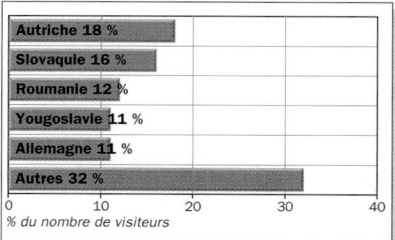

EUROPE

ENCLAVÉE au cœur de l'Europe centrale, la Hongrie partage ses frontières avec sept États. Elle fut au cours de son histoire un important creuset culturel, et durant la période socialiste, un pays plus prospère et plus ouvert à l'Occident que les autres États du bloc de l'Est. Des réformes économiques et politiques l'ont rapprochée de l'UE qu'elle espère intégrer lors d'un prochain élargissement aux pays de l'Est. La Hongrie est devenue membre de l'OTAN. Sur le plan de la politique extérieure, elle s'intéresse de très près au sort des minorités magyares installées dans les pays voisins.

TOURISME

 15,6 M de visiteurs   Plus 8 % en 2000

PROVENANCE DES TOURISTES ÉTRANGERS

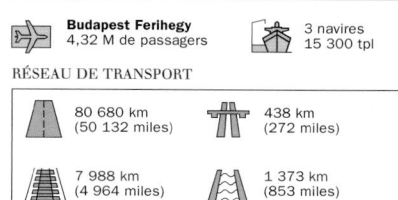

Autriche 18 %
Slovaquie 16 %
Roumanie 12 %
Yougoslavie 11 %
Allemagne 11 %
Autres 32 %

% du nombre de visiteurs

CLIMAT

DONNÉES MÉTÉOROLOGIQUES

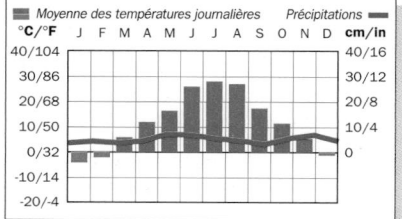

Moyenne des températures journalières   Précipitations

Le climat hongrois est continental ; ses printemps sont humides, ses étés tardifs et frais, et ses hivers froids et nuageux. L'ensemble du territoire est soumis à des conditions climatiques relativement homogènes. Le temps peut cependant varier d'une année sur l'autre, notamment en hiver et en été. Le passage d'une saison à l'autre est en général assez brusque.

TRANSPORTS

✈ **Budapest Ferihegy** 4,32 M de passagers

🚢 3 navires 15 300 tpl

RÉSEAU DE TRANSPORT

🛣 80 680 km (50 132 miles)	🛤 438 km (272 miles)
🚆 7 988 km (4 964 miles)	〰 1 373 km (853 miles)

Le transport des marchandises se fait principalement par la voie ferrée reliant Budapest à la frontière autrichienne. Une liaison ferrée directe avec la Slovénie a été ouverte en 2001. L'autoroute Budapest-Vienne est le premier de quatre projets soutenus par l'UE à être achevé.

C'est le lac Balaton, destination d'été de longue date, qui attirait les visiteurs des pays de l'Est à l'époque communiste. La Hongrie a massivement investi depuis dans des infrastructures touristiques. Les agences de voyages et les hôtels se sont multipliés. Allemands et Autrichiens constituent la plus grosse part de cette nouvelle clientèle. À Budapest, les bains qui datent pour certains de l'époque ottomane comptent parmi les principales attractions. La capitale propose également des structures d'accueil pour les congrès internationaux.

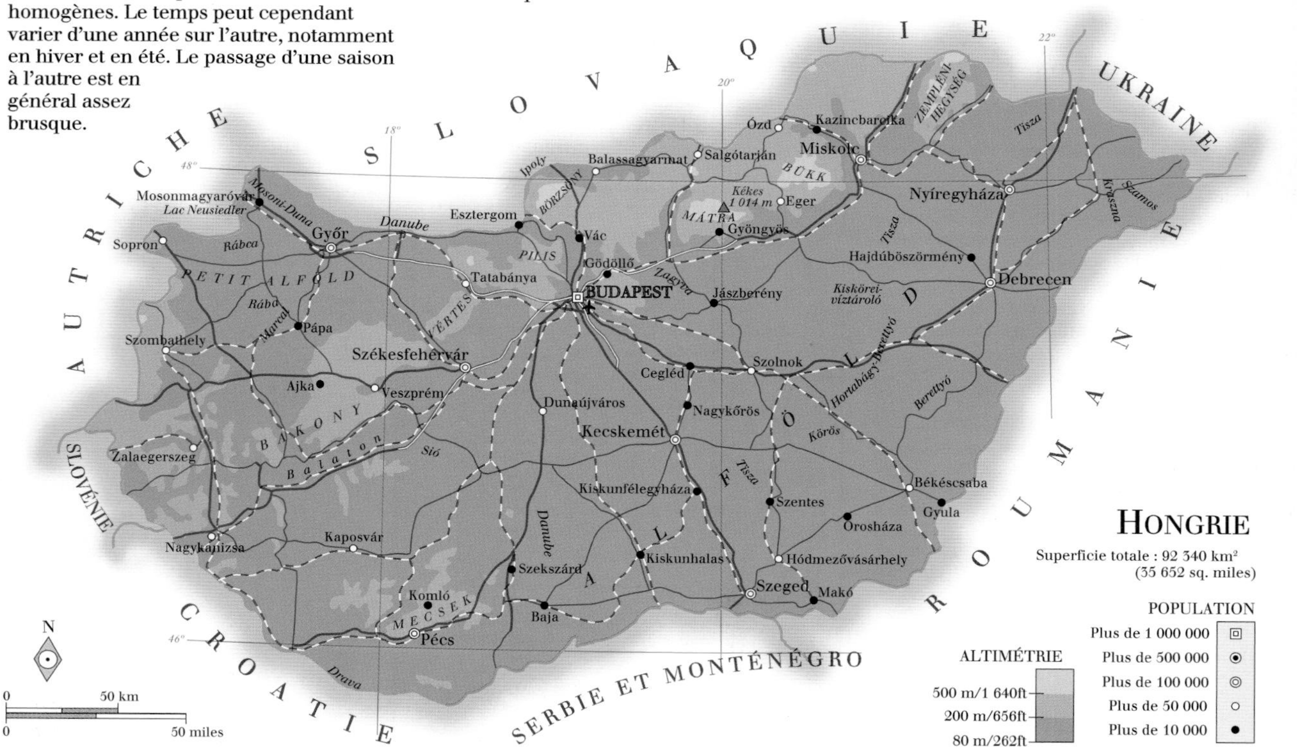

HONGRIE

Superficie totale : 92 340 km²
(35 652 sq. miles)

POPULATION

Plus de 1 000 000	▣
Plus de 500 000	◉
Plus de 100 000	◎
Plus de 50 000	○
Plus de 10 000	●

ALTIMÉTRIE

500 m/1 640ft
200 m/656ft
80 m/262ft

N

0   50 km
0   50 miles

POPULATION

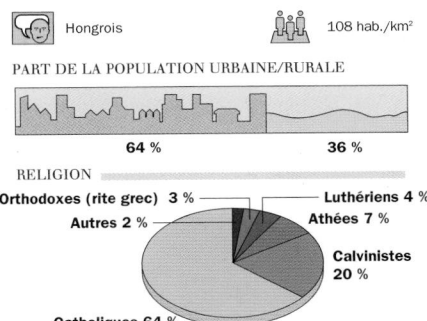

Hongrois   108 hab./km²

PART DE LA POPULATION URBAINE/RURALE

64 %   36 %

RELIGION

Orthodoxes (rite grec) 3 % — Luthériens 4 %
Autres 2 % — Athées 7 %
Calvinistes 20 %
Catholiques 64 %

COMPOSITION ETHNIQUE

Tziganes 1 % — Allemands 2 %
Slovaques 1 % — Autres 6 %
Magyars 90 %

La Hongrie est un pays à la population homogène, avec cependant des minorités allemande, slovaque, tzigane, serbe, croate, roumaine, et juive. Les tensions interethniques sont très faibles dans le pays même, mais le gouvernement s'intéresse de très près au sort réservé aux minorités magyares en Transylvanie roumaine, en Vojvodine serbe et en Slovaquie. Une loi de 2001 leur accorde un statut particulier en Hongrie et notamment le droit d'y travailler trois mois par an. Les 100 000 membres de la communauté juive du pays, la plus importante de cette région, ne représentent qu'une fraction de ce qu'était leur communauté avant la Shoah. Ils sont l'objet de poussées occasionnelles d'antisémitisme. Les préjugés anti-tziganes, largement répandus, ont été à l'origine de flambées de violence discriminatoires en 2000. L'économie de marché a donné naissance à une classe sociale aisée, mais pour les travailleurs non qualifiés et les chômeurs, la vie est plus difficile qu'au temps du communisme. La Hongrie a le taux de suicide le plus élevé du monde.

PYRAMIDE DES ÂGES

Femmes		Âge	Hommes	
	1,9 %	81–100	0,8 %	
	9,9 %	61–80	6,8 %	
14,1 %		41–60	13 %	
13,6 %		21–40	14 %	
12,5 %		0–20	13,4 %	

% de la population par tranche d'âge

POLITIQUE

2002/2006   Ferenc Mádl, président de la République

AUX DERNIÈRES ÉLECTIONS

Assemblée nationale 386 membres

49 %   46 %   5 %
Fidesz–MPP   MSzP   SzDSz

Fidesz–MPP = Alliance des jeunes démocrates-Parti civique hongrois
MSzP = Parti socialiste hongrois **SzDSz** = Alliance des démocrates libres

La Hongrie est une démocratie pluraliste depuis 1990.

PRINCIPAUX PROBLÈMES POLITIQUES
État providence ou économie de marché ?
Les réformes destinées à faciliter la transition de la Hongrie vers une économie de marché ont permis une forte reprise dans la région de Budapest et dans l'Ouest du pays. Cependant, l'élargissement du fossé qui sépare une main-d'œuvre jeune et spécialisée des fonctionnaires de l'éducation, de la santé et des autres secteurs d'État provoque grèves et manifestations, car les fruits de la nouvelle prospérité ne sont pas également partagés.

PROFIL
Depuis la chute du communisme, la Hongrie est dirigée par des gouvernements de coalition relativement stables. Tous les quatre ans se sont succédé d'abord les nationalistes démocrates chrétiens du MDF, puis les communistes, remplacés en 1998 par un gouvernement libéral de centre-droit. À la tête du MDF, József Antall, Premier ministre en 1990, a été une personnalité marquante de la démocratie hongroise, jusqu'à sa mort en 1993. Cependant, la désintégration des partis et l'absence d'amélioration économique ont renforcé l'apathie et la désillusion des électeurs hongrois. Après les élections législatives de 1994 ramenant les communistes au pouvoir, le MSzP victorieux, conduit par Gyula Horn, a toutefois préféré s'entourer d'une coalition pour assurer le succès des projets de réformes économiques et sociales au parlement. L'actuelle coalition de centre-droit, menée par Viktor Orbán après la défaite de Horn aux élections de 1998, conduit la Hongrie dans ses derniers pas vers l'économie de marché et son intégration dans l'UE.

Ferenc Mádl, surnommé «Monsieur le Professeur», élu à la présidence en 2000.

Peter Medgyessy, chef du MSzP (centre gauche) et Premier ministre depuis 2002.

Le parlement hongrois à Budapest, vu du quartier du château dans la vieille ville de l'autre côté du Danube.

POLITIQUE EXTÉRIEURE

CE   ALEEC   OTAN   OCDE   OSCE

La Hongrie a accepté le programme de «partenariat pour la paix» de l'OTAN en 1994, avant d'en devenir membre en 1999, aux côtés de la Pologne et de la République tchèque, après approbation des Hongrois par 85 % des voix au référendum de 1997. L'entrée dans l'UE a demandé plus de temps. État associé depuis début 1994, la Hongrie fait partie des six postulants qui entamèrent des négociations officielles en 1998. Malgré la signature d'un traité de coopération et d'amitié, les relations avec la Russie sont assombries par la position de la Hongrie qui courtise ouvertement l'Occident. Ses rapports difficiles avec la Slovaquie et la Roumanie ont été améliorés par la signature de traités d'amitié dans les années 1990.

CHRONOLOGIE
Occupée par les Magyars au VIIIᵉ siècle, la Hongrie passa sous domination autrichienne jusqu'en 1867, date de création de l'Autriche-Hongrie.

- ❑ **1918** Création de la République hongroise et fin de l'Autriche-Hongrie.
- ❑ **1919** Béla Kún à la tête d'un gouvernement communiste de courte durée. Intervention militaire de la Roumanie qui installe l'amiral Horthy.
- ❑ **1938–1941** La Hongrie obtient des territoires tchécoslovaques, yougoslaves et roumains en échange de son soutien à l'Allemagne nazie.
- ❑ **1941** La Hongrie est entraînée dans la Seconde Guerre mondiale aux côtés des puissances de l'Axe quand Hitler attaque l'Union soviétique.
- ❑ **1944** L'Allemagne nazie devance la progression soviétique en envahissant la Hongrie. Déportation de Juifs et de Tziganes vers les camps de la mort. L'Armée rouge entre en Hongrie en octobre. Horthy doit démissionner.
- ❑ **1945** Libération par l'Armée rouge. Gouvernement provisoire formé par les Soviétiques. Imre Nagy commence la réforme agraire.

H

H

CHRONOLOGIE *suite*

- ❏ **1947** Les communistes remportent les secondes élections de l'après-guerre.
- ❏ **1948** Fusion des sociaux-démocrates et des communistes qui donnera le Parti socialiste des travailleurs hongrois (PSTH) en 1956.
- ❏ **1949** Nouvelle Constitution qui institue la République populaire hongroise.
- ❏ **1950–1951** Collectivisation de l'agriculture et industrialisation imposées sous la dictature du secrétaire général Mátyás Rákosi.
- ❏ **1953** Imre Nagy devient Premier ministre et atténue la terreur politique.
- ❏ **1955** Imre Nagy est destitué par Rákosi.
- ❏ **1956** Rákosi est révoqué. Les manifestations étudiantes exigeant le retrait des troupes soviétiques et le retour de Nagy se transforment en insurrection populaire. I. Nagy devient Premier ministre, J. Kádár secrétaire général. Nagy annonce le retrait de la Hongrie du pacte de Varsovie. Les troupes soviétiques écrasent l'agitation politique (25 000 morts). János Kádár devient Premier ministre.
- ❏ **1958** Imre Nagy est exécuté.
- ❏ **1968** Kádár introduit le Mécanisme de la nouvelle économie, destiné à rapprocher le socialisme de l'économie de marché.
- ❏ **1986** La police réprime la commémoration du soulèvement de 1956. L'opposition démocrate exige la démission de J. Kádár.
- ❏ **1987** Les réformateurs du parti créent le Forum démocratique hongrois (MDF).
- ❏ **1988** Éviction de Kádár.
- ❏ **1989** Le parlement autorise les partis politiques indépendants. Réhabilitation et funérailles nationales d'Imre Nagy. Négociations entre le PSTH et les partis d'opposition.
- ❏ **1990** Élections libres. Victoire décisive du MDF. Gouvernement de J. Antall. Vif débat sur le rythme des réformes économiques. Arpad Göncz devient président de la République.
- ❏ **1991** Dissolution du pacte de Varsovie. Départ des troupes soviétiques.
- ❏ **1994** La Hongrie accepte le programme de « partenariat pour la paix » de l'OTAN. Le MSzP remporte les élections législatives. Le plan d'austérité suscite des protestations.
- ❏ **1998** Début des négociations d'entrée dans l'UE. Viktor Orbán (Fidesz-MPP) remporte les élections et forme une coalition de centre-droit.
- ❏ **1999** Entre dans l'OTAN.
- ❏ **2000** Ferenc Mádl président.
- ❏ **2002** Victoire de l'alliance socialiste et démocrate. Medgyessy premier ministre. Entrée dans l'UE en 2004.
- ❏ **2004** Entrée dans l'UE.

AIDE INTERNATIONALE

 240 M $ (reçus)   Plus 63 % en 1997-1999

La Hongrie a été fortement aidée par les pays occidentaux de 1990 à 1996, mais depuis 1990 les investissements viennent des opérations commerciales. L'aide de l'UE et de la Banque mondiale s'est tournée vers les groupes sociaux défavorisés, les problèmes écologiques et la consolidation des institutions de marché.

DÉFENSE

 745 M $ Plus 11 % en 1999

Les effectifs de l'armée ont été réduits de moitié, l'armement et la hiérarchie ont été revus de manière à répondre aux critères de l'OTAN, notamment une plus grande souplesse et une capacité de réponse rapide. Au lendemain de son adhésion à l'OTAN en 1999, la Hongrie autorise le survol de son territoire pour le bombardement de la Yougoslavie. À compter de 2002 le service militaire est réduit à six mois.

FORCES ARMÉES HONGROISES

806 chars de combat (568 T-55, 238 T-72)	23 500 hommes
Aucun	Aucun
68 avions de combat (22 MIG-21 bis/MF/UM, 27 MIG-29)	11 500 hommes
Aucun	

ÉCONOMIE

 49,2 Md $ 231-247 forints

CHIFFRES SIGNIFICATIFS

- ❏ CLASSEMENT DU PNB AU NIVEAU MONDIAL ..510[e]
- ❏ PNB PAR HABITANT ....4 830 $
- ❏ BALANCE DES PAIEMENTS ... .– 1,1 Md $
- ❏ INFLATION ....9,1 %
- ❏ CHÔMAGE...6 %

EXPORTATIONS

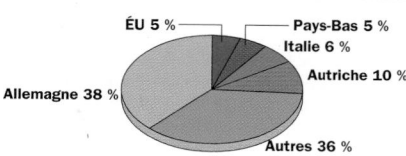

ÉU 5 % — Pays-Bas 5 % — Italie 6 % — Autriche 10 % — Allemagne 38 % — Autres 36 %

IMPORTATIONS

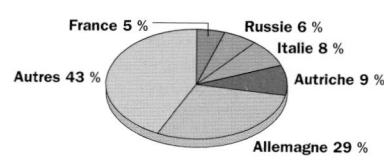

France 5 % — Russie 6 % — Italie 8 % — Autriche 9 % — Autres 43 % — Allemagne 29 %

ATOUTS

Ouverture aux investissements directs de l'étranger depuis 1998. Régime fiscal avantageux. Administration simplifiée. Expansion des exportations maintenue après 2000. Forte production industrielle grâce à des usines dernier cri. Levée des restrictions sur le change durant l'été 2001. Inflation en baisse.

FAIBLESSES

Rendement énergétique médiocre. Développement cantonné aux régions de l'Ouest, plus développé que l'Est rural. Disparité importante des revenus. Blanchiment d'argent. La Hongrie figure par conséquent sur la liste noire de l'OCDE. Faiblesse du système bancaire.

INDICATEUR DE PERFORMANCES ÉCONOMIQUES

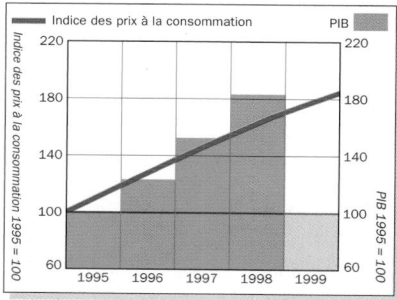

Indice des prix à la consommation | PIB

PROFIL

À l'effondrement du COMECON (bloc économique communiste), le commerce a été réorienté vers l'Europe de l'Ouest. Les exportations ont progressé rapidement et la compétitivité s'est améliorée. Mais il a fallu dix ans pour retrouver les niveaux de 1989. Les privatisations ont réduit la part de l'État dans l'économie de 85 à 15 %.

HONGRIE : PRINCIPALES ACTIVITÉS

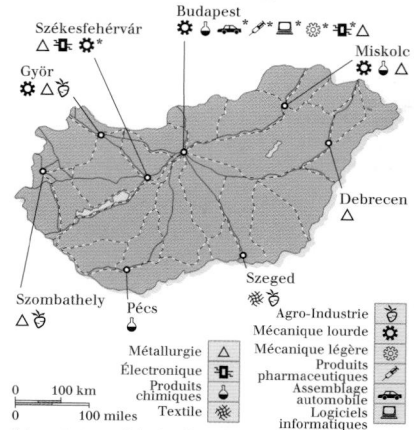

Métallurgie — Électronique — Produits chimiques — Textile — Agro-Industrie — Mécanique lourde — Mécanique légère — Produits pharmaceutiques — Assemblage automobile — Logiciels informatiques

* Importante participation de multinationales

RESSOURCES

 21 916 tonnes

 27 268 b/j (réserves : 29 865 600 Md b)

 5,3 M de porcins
23 M de canards
26 M de poulets

 Bauxite, charbon, pétrole, gaz naturel, lignite

PRODUCTION ÉLECTRIQUE

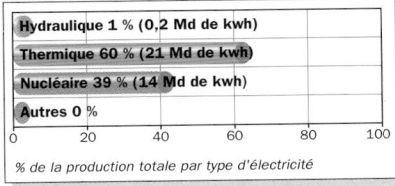

Hydraulique 1 % (0,2 Md de kwh)
Thermique 60 % (21 Md de kwh)
Nucléaire 39 % (14 Md de kwh)
Autres 0 %

% de la production totale par type d'électricité

La Hongrie dispose de réserves de bauxite, charbon, lignite et gaz naturel. L'électricité, d'origine nucléaire à 40 %,

ENVIRONNEMENT

 7 % (5 % partiellement protégés)

 5,9 tonnes par habitant

TRAITÉS ÉCOLOGIQUES

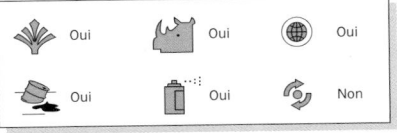

Oui   Oui   Oui
Oui   Oui   Non

La forte pollution qui règne dans les zones industrielles est aggravée par la haute teneur en soufre des combustibles fossiles. De nouvelles normes doivent entrer en vigueur en 2003. La « pastille verte » a été instituée de façon à encourager le recours aux échappements catalytiques et à réduire le nombre de véhicules polluants. La pollution industrielle dans le bassin du Sajo, de la Tisza et du Danube, provenant parfois des pays voisins en amont, est une source de préoccupation.

MÉDIAS

 186 quotidiens pour 1 000 habitants

PRESSE ET TÉLÉCOMMUNICATIONS

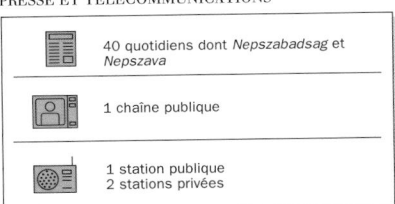

40 quotidiens dont *Nepszabadsag* et *Nepszava*

1 chaîne publique

1 station publique
2 stations privées

Quotidiens et magazines revendiquent leur indépendance et sont très critiques envers le gouvernement. Bien que la Cour constitutionnelle ait déclaré illégale l'ingérence de l'État dans les médias en 1994, les accusations persistent. Une loi de 1996 stipule que le gouvernement et l'opposition doivent être représentés à égalité dans les organismes de surveillance de la radio et de la télévision d'État, mais le gouvernement est accusé de la contourner.

HONGRIE : UTILISATION DU SOL

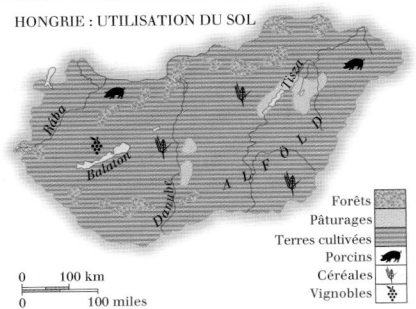

Forêts
Pâturages
Terres cultivées
Porcins
Céréales
Vignobles

0   100 km
0   100 miles

provient de la centrale de Paks. Des terres fertiles produisent céréales, betteraves et pommes de terre. La Hongrie est aussi un important pays producteur de vin.

CRIMINALITÉ

 12 455 détenus

 Plus 30 % en 1996–1998

TAUX DE CRIMINALITÉ

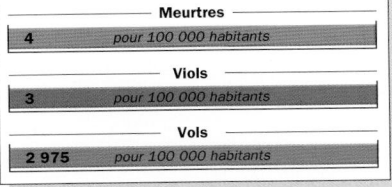

Meurtres
4   pour 100 000 habitants

Viols
3   pour 100 000 habitants

Vols
2 975   pour 100 000 habitants

Les assassinats de personnes âgées pour vol progressent de façon alarmante depuis la fin des années 1990. Le crime organisé, le blanchiment d'argent et le trafic d'émigrés sont en hausse.

ÉDUCATION

 99 %

 194 607 étudiants

LE SYSTÈME ÉDUCATIF

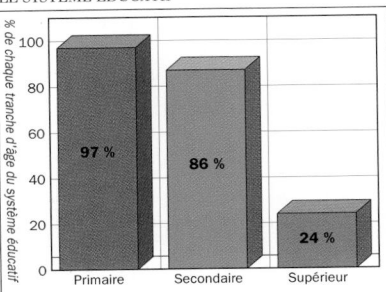

% de chaque tranche d'âge du système éducatif

97 %   86 %   24 %

Primaire   Secondaire   Supérieur

La scolarité est gratuite et obligatoire pour les enfants de 6 à 16 ans. Dans le Sud du pays, on crée des écoles bilingues pour favoriser la pratique des langues parlées par les minorités. Le système éducatif a été refondu en 1990-2000. Le pays est désormais doté de 30 universités et collèges d'État ; 26 autres relèvent d'institutions religieuses, enfin, six collèges sont à la charge de diverses fondations.

SANTÉ

 1 pour 286 habitants

 Maladies cardiaques et cérébrovasculaires, cancers, accidents

Si les Hongrois bénéficient de la gratuité des soins, ils doivent toutefois assumer une partie du coût des médicaments, mais l'assurance maladie du secteur public reste relativement généreuse. Les dépenses publiques de santé ont baissé dernièrement en termes réels : à 600 $ par habitant, elles ne représentent qu'un tiers du chiffre moyen fixé par l'OCDE. Le système de santé de la Hongrie est l'un des moins développés de l'OCDE. Le nombre de médecins par habitant est élevé, mais il y a pénurie d'infirmières. Les services de médecine générale sont en cours de privatisation rapide au terme d'une loi votée en 2000.

RICHESSES

CONSOMMATION ET DÉPENSES

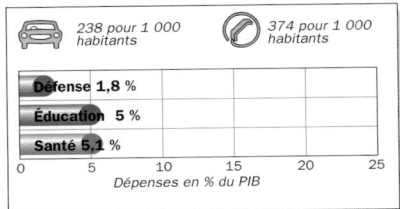

238 pour 1 000 habitants   374 pour 1 000 habitants

Défense 1,8 %
Éducation 5 %
Santé 5,1 %

Dépenses en % du PIB

Les Hongrois bénéficient d'un niveau de vie plus élevé que dans les autres pays anciennement communistes, à l'exception de la Slovénie, et les produits de luxe sont en demande croissante. Les téléphones mobiles et l'accès à Internet sont relativement répandus. Les salaires, qui avaient perdu 15 % en termes réels dans les années 1990, ont rattrapé leur retard en 2000. À salaire égal, les Hongrois doivent cependant encore travailler plus longtemps que dans les autres pays de l'Europe de l'Ouest. Les salaires du secteur public ne suivent pas le coût de la vie et la disparité s'accroît entre secteurs public et privé. La crise du logement frappe particulièrement la minorité tzigane.

CLASSEMENT MONDIAL

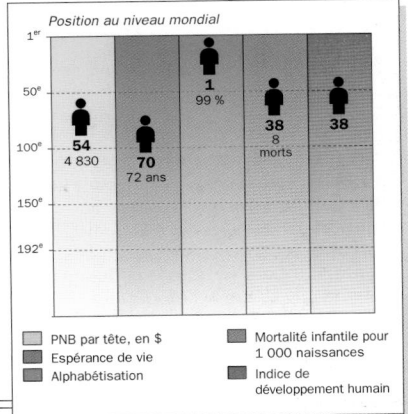

Position au niveau mondial

1er
50e
100e
150e
192e

54 — 4 830
70 — 72 ans
1 — 99 %
38 — 8 morts
38

PNB par tête, en $
Espérance de vie
Alphabétisation
Mortalité infantile pour 1 000 naissances
Indice de développement humain

INDE

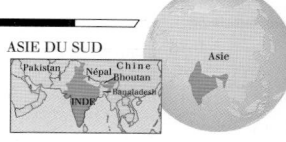

NOM OFFICIEL : République d'Inde **CAPITALE :** Delhi
POPULATION : 1,04 milliard **MONNAIE :** roupie **LANGUES OFFICIELLES :** hindi et anglais

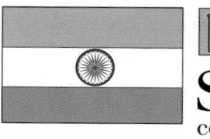

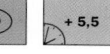

SÉPARÉE du reste de l'Asie par la chaîne Shimalayenne, l'Inde constitue un sous-continent. Outre l'Himalaya, le pays comporte deux régions importantes : la plaine indo-gangétique, qui s'étend du pied de l'Himalaya aux monts Vindhya, et le plateau situé au Centre-Sud. L'Inde est la plus grande démocratie du monde et le pays le plus peuplé après la Chine. Son taux de natalité est en baisse depuis peu, mais même s'il maintient son niveau actuel, la population de l'Inde rattrapera probablement celle de la Chine d'ici à 2030. Après des années de protectionnisme, l'Inde commence à ouvrir son économie au monde extérieur et l'on espère que l'économie de marché l'aidera à résoudre l'un de ses principaux problèmes : la pauvreté.

CLIMAT

DONNÉES MÉTÉOROLOGIQUES

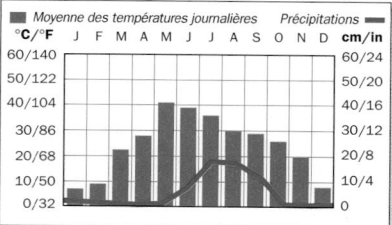

Pendant la saison chaude, les températures du Nord du pays peuvent atteindre 40 °C. La mousson commence en juin pour s'arrêter au mois de septembre ou d'octobre. Pendant la saison hivernale, les températures sont de l'ordre de 5 °C à 15 °C et le climat est généralement sec. Le Sud est caractérisé par un climat moins contrasté. Madras enregistre toujours des températures très élevées et la température moyenne est de 24 °C en janvier contre 32 °C en juin.

TRANSPORTS

 **Bombay International**
11,3 M de passagers

 947 navires
6,8 M tpl

RÉSEAU DE TRANSPORT

 1,52 M km
(942 666 miles)

 33 500 km
(20 816 miles)

 62 810 km
(39 030 miles)

 16 180 km
(10 054 miles)

Le réseau ferroviaire public dessert les villes importantes. Il sert à 40 % au transport de passagers et à 60% au fret. Des contrôles sévères sont appliqués depuis 2001 pour réduire la pollution des moteurs diesel. Les scooters et les triporteurs sont très répandus dans les centres urbains et les habitants de Calcutta utilisent encore des pousse-pousse.

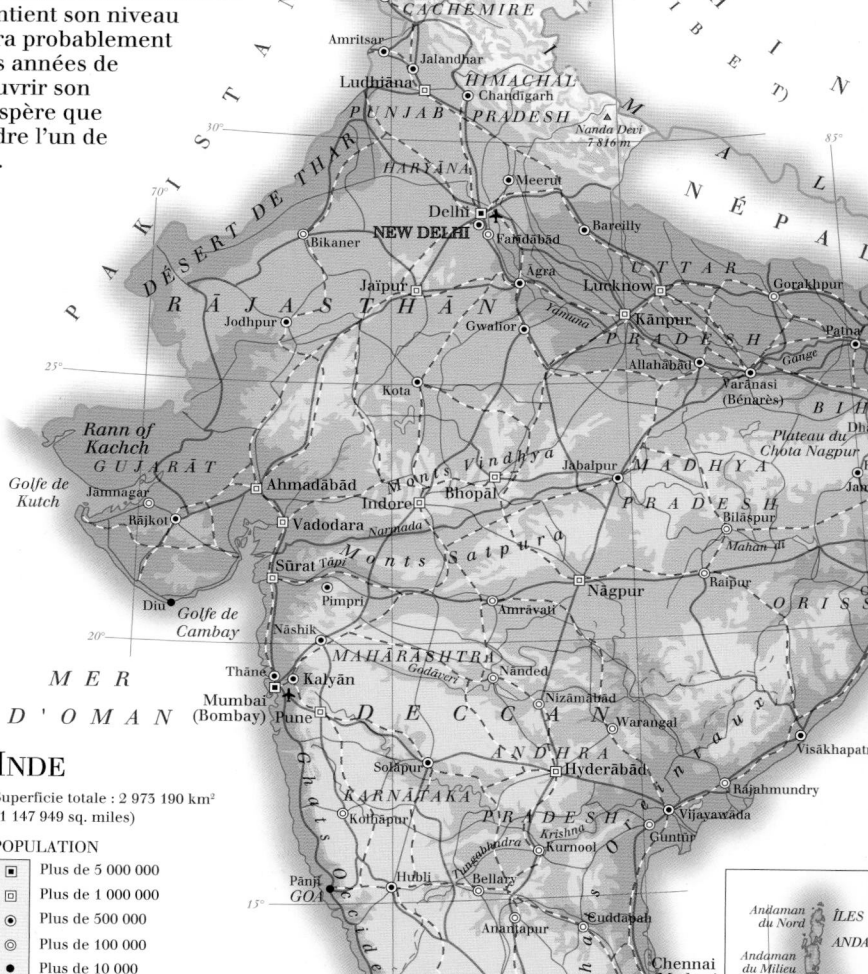

INDE

Superficie totale : 2 973 190 km²
(1 147 949 sq. miles)

POPULATION

- Plus de 5 000 000
- Plus de 1 000 000
- Plus de 500 000
- Plus de 100 000
- Plus de 10 000

ALTIMÉTRIE

- 5 000 m/16 405ft
- 4 000 m/13 124ft
- 3 000 m/9 843ft
- 2 000 m/6 562ft
- 1 000 m/3 281ft
- 500 m/1 640ft
- 200 m/656ft
- Niveau de la mer

0   200 km
0   200 miles

Festival religieux. Les festivals de ce type sont fréquents et représentent un aspect important de la culture hindoue.

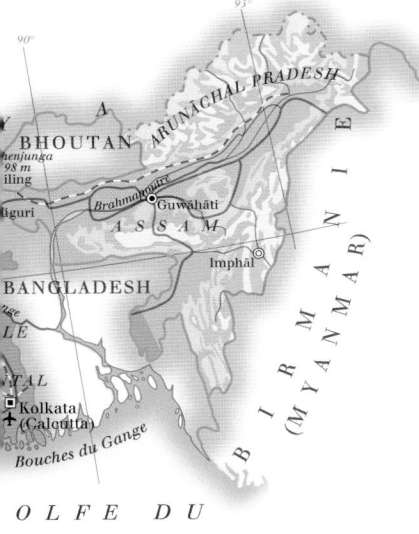

TOURISME

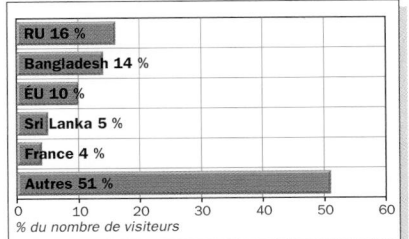

Le tourisme, sixième source de devises de l'Inde, ne représente qu'une part infime du marché touristique mondial. Aussi, avec la construction d'hôtels de luxe, le pays développe un tourisme axé sur l'aventure et la découverte de la nature. L'ouverture de la première ligne de cars entre l'Inde et le Pakistan, début 1999, devrait aider à l'augmentation des revenus du tourisme.

POPULATION

 Hindi, anglais, ourdou, bengali, marathe, telugu, tamoul, bihari, gujarati, kanara

 341 hab./km²

PART DE LA POPULATION URBAINE/RURALE

28 %   **72 %**

RELIGION

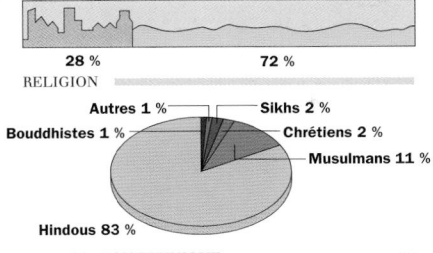

Autres 1 %   Sikhs 2 %
Bouddhistes 1 %   Chrétiens 2 %
Musulmans 11 %
Hindous 83 %

COMPOSITION ETHNIQUE

Mongols et autres 3 %   Dravidiens 25 %
Indo-Aryens 72 %

L'Inde, deuxième pays le plus peuplé après la Chine, a dépassé le milliard d'habitants en 2000. Malgré l'importance des mesures mises en place, le contrôle des naissances ne remporte qu'un succès marginal. Des campagnes nationales de sensibilisation sont aujourd'hui organisées pour promouvoir le principe d'une famille plus réduite. Les planificateurs indiens estiment que la démographie galopante constitue une entrave majeure au développement du pays. Les traditions culturelles et religieuses incitent les familles à se constituer une descendance nombreuse pour assurer leurs vieux jours. Les régions rizicoles de la plaine gangétique sont très densément peuplées. L'Uttar Pradesh, au nord, est l'État le plus peuplé, suivi du Bihar voisin et du Maharashtra, qui est aussi le plus urbanisé : plus de la moitié de ses habitants sont des citadins. Dans le reste du pays, l'essentiel de la population vit en zone rurale, même si la pauvreté continue à attirer quantité d'habitants dans les villes déjà surpeuplées. L'immense majorité de la population est constituée par les hindous. Par sa naissance, chaque hindou appartient à l'une des milliers de castes et de sous-castes que compte la société indienne. Sa caste déterminera la personne avec qui il se mariera, ainsi que le rang et la place qu'il occupera dans la société. Toutes les tentatives de réforme de ce système se sont heurtées à une violente opposition.

PYRAMIDE DES ÂGES

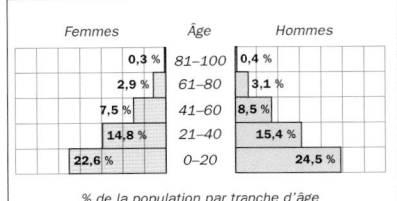

Femmes	Âge	Hommes
0,3 %	81–100	0,4 %
2,9 %	61–80	3,1 %
7,5 %	41–60	8,5 %
14,8 %	21–40	15,4 %
22,6 %	0–20	24,5 %

% de la population par tranche d'âge

CHRONOLOGIE

Les premières traces de civilisation dans la vallée de l'Indus remontent au troisième millénaire av. J.-C. Au IIIe siècle av. J.-C., le royaume maurya dirigé par l'empereur Ashoka s'étend sur la plus grande partie de l'Inde actuelle. Après la bataille de Plassey, en 1757, le gouvernement britannique renforce son influence grâce à la Compagnie des Indes.

- ❑ **1885** Création du Congrès national indien.
- ❑ **1919** Loi pour un « gouvernement responsable ».
- ❑ **1920–1922** Première campagne de désobéissance civile du Mahatma Gandhi.
- ❑ **1935** Autonomie des provinces.
- ❑ **1936** Premières élections sous la nouvelle Constitution.
- ❑ **1942–1943** Mouvement *quit India* (quittez l'Inde).
- ❑ **1947** Indépendance en août, et partition entre l'Inde et le Pakistan. Jawarhalal Nehru Premier ministre
- ❑ **1948** Assassinat du Mahatma Gandhi. Guerre Cachemire-Pakistan. L'Inde devient une république.
- ❑ **1951–1952** Le parti du Congrès gagne les premières élections générales.
- ❑ **1957** Le parti du Congrès est réélu. Premier gouvernement communiste élu dans le Kerala.
- ❑ **1960** Bombay est divisé en deux États : le Gujarat et le Maharashtra.
- ❑ **1962** Le parti du Congrès est réélu. Guerre frontalière contre la Chine.
- ❑ **1964** Mort de Nehru. Lal Bahadur Shastri devient Premier ministre.
- ❑ **1965** Seconde guerre Cachemire-Pakistan.
- ❑ **1966** Mort de Shastri. Indira Gandhi (fille de Nehru) Premier ministre.
- ❑ **1969** Scission du parti du Congrès en deux factions, dont la plus importante est dirigée par Indira Gandhi.
- ❑ **1971** Victoire du Congrès de Indira Gandhi. Troisième guerre contre le Pakistan lors de la création du Bangladesh.
- ❑ **1972** Accord de paix avec le Pakistan.
- ❑ **1974** Premier essai nucléaire souterrain.
- ❑ **1975–1977** L'état d'urgence est décrété.
- ❑ **1977** Élections législatives. Le Congrès est battu par le Parti populaire (JD).
- ❑ **1978** Création d'un nouveau mouvement politique, le C(I), Congrès Indira.
- ❑ **1980** Victoire du C(I) d'Indira Gandhi aux élections législatives.
- ❑ **1984** L'armée indienne prend d'assaut le Temple doré d'Amritsar. Indira Gandhi est assassinée par des éléments sikhs de sa garde. Son fils Rajiv devient Premier ministre. ⇨

I

I

CHRONOLOGIE *suite*

L'explosion de l'usine américaine UCC à Bhopal fait 2 000 morts.

❑ **1985** Accord de paix avec les séparatistes de l'Assam et du Penjab.

❑ **1987** Une force indienne de maintien de la paix est déployée au Sri Lanka pour lutter contre les terroristes tamouls.

❑ **1989** Élections générales ; le Front national forme un gouvernement de minorité avec l'appui du BJP. Le C(I) est compromis dans l'affaire Bofors.

❑ **1990** Retrait de la force de maintien de la paix stationnée au Sri Lanka. Lal Advani, dirigeant du BJP, est arrêté.

❑ **1991** Le C(I) se retire du gouvernement de coalition. Rajiv Gandhi est assassiné pendant la campagne électorale. Narasimha Rao devient Premier ministre d'un gouvernement de minorité C(I) qui libéralise l'économie.

❑ **1992** Démolition de la mosquée Babri Masjid à Ayodhya par des extrémistes hindous. La vague de violence qui s'ensuit fait 1 200 victimes.

❑ **1993** Reprise des émeutes entre hindous et musulmans à Bombay. Accord de frontières avec la Chine.

❑ **1994** La roupie devient convertible. Défaite du C(I) aux élections régionales. La corruption du parti au pouvoir est dénoncée.

❑ **1995** Assassinat du chef du gouvernement du Penjab par des extrémistes sikhs.

❑ **1996** La corruption déclenche une crise de confiance fatale au C(I) comme au BJP (parti nationaliste hindou) Un gouvernement de coalition de gauche, le Front Uni, s'installe au pouvoir.

❑ **1997** Les gouvernements tombent successivement faute d'appui du C(I).

❑ **1998** Élections générales ; le BJP mené par Atal Bihari Vajpayee forme un gouvernement de coalition. La veuve de Rajiv Gandhi, Sonia, devient présidente du C(I). L'Inde fait exploser une bombe nucléaire.

❑ **1999** Le Premier ministre Vajpayee inaugure au Pakistan la première liaison par bus avec l'Inde. Essais nucléaires de ces deux pays qui, par ailleurs, s'affrontent au Cachemire. Le BJP revient au pouvoir sur vote d'une motion de censure.

❑ **2001** Tremblement de terre. 25 000 morts au Gujarat. Scandale de corruption (gouvernement BJP).

❑ **2001-2002** Attentats au Cachemire : crise avec le Pakistan.

❑ **2002** Plus de 2000 personnes tuées au Gujarat dans les affrontements intercommunautaires.

❑ **2003** Canicule. Plus de 1400 morts.

POLITIQUE

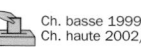 Ch. basse 1999/2003
Ch. haute 2002/2004

 Avul Pakir Jainulabdeen Abdul Kalam, président de la République

AUX DERNIÈRES ÉLECTIONS

Chambre du peuple 545 membres

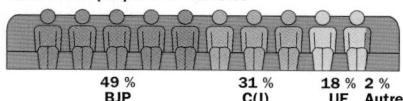

| 49 % BJP | 31 % C(I) | 18 % UF | 2 % Autres |

BJP = Parti populaire indien
C(I) = alliance du Congrès (I)
UF = alliance Front Uni incluant le PCI marxiste, **CPI (M)**
Nom = Nommés
Autres = RJD, Indépendants et 2 sièges pour les Anglo-Indiens.

Conseil des États 245 membres

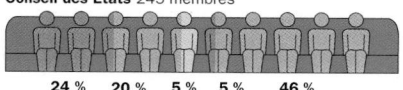

| 24 % C(I) | 20 % BJP | 5 % CPI(M) | 5 % Nom | 46 % Autres |

233 membres sont élus par les assemblées législatives des États et 12 «personnalités» sont nommées par le chef de l'État.

L'Inde est une démocratie pluraliste. La chambre basse est élue au suffrage universel, tandis que la chambre haute est élue par les assemblées des États. Le pays compte 28 États. Des 7 territoires de l'Union, seuls Delhi et Pondichéry possèdent chacun leur propre assemblée.

PRINCIPAUX PROBLÈMES POLITIQUES
La corruption politique
La scène politique indienne est dominée par les scandales politiques. En 1989, Rajiv Gandhi, Premier ministre C(I), a été accusé d'avoir touché des pots-de-vin d'un fabricant d'armes suédois. Le C(I) a aussi été compromis dans un scandale financier en 1992. Plusieurs ministres du C(I) et le chef du parti d'opposition BJP ont dû démissionner en 1996 pour les mêmes raisons. En 2001, une nouvelle affaire de pots-de-vin a contraint le ministre de la Défense à quitter le gouvernement BJP.

Le militantisme hindou
Le BJP, parti nationaliste de droite, constitue désormais une alternative crédible au C(I). Il a consolidé sa première grande victoire aux élections de 1989 grâce à son alliance deux ans plus tard avec le Shiv Sena, un mouvement ultra-nationaliste. En dépit d'accusations de corruption, le BJP a remporté la plupart des sièges aux législatives de 1996. Bien qu'il ait alors échoué à constituer un gouvernement viable, sa vigueur, manifestée aux élections de 1998 et 1999, lui a permis de diriger un gouvernement de coalition.

L'économie de marché
Les Indiens se sont vigoureusement opposés à l'ouverture de leur économie. Les adversaires du système libéral affirment qu'il nuira à la production locale et que l'ouverture aux investissements étrangers portera atteinte au système économique du pays. Afin de modérer les répercussions des mesures de libéralisation, les gouvernements de la seconde moitié des années 1990 ont inscrit à leurs budgets une augmentation des dépenses consacrées au développement du secteur agricole. La coalition menée par le BJP, tout en restant ouverte aux intérêts de son électorat urbain, est plutôt opposée à l'intervention d'entreprises étrangères.

PROFIL
Narasimha Rao, Premier ministre de l'Inde de 1991 à 1996, a été seulement le deuxième dirigeant de ce parti indien sans lien de parenté avec la dynastie Nehru. Son exercice a été marqué par une réforme audacieuse vers une économie de marché, en rupture avec la politique traditionnelle de centre-gauche du Congrès(I). Ce dernier, fondé en 1978, succéda au parti historique qui conduisit l'Inde à l'indépendance en 1947. C'est encore le seul parti à présenter une structure décentralisée.
Cependant, son image a souffert des accusations de corruption portées contre lui lorsque N. Rao était au pouvoir, ce qui l'a conduit à un fiasco électoral en 1996 puis en 1998. L'espoir d'un retour du C(I) sur le devant de la scène repose désormais sur Sonia Gandhi ; en effet, la veuve du Premier ministre Rajiv Gandhi assassiné en assure la présidence depuis avril 1998, et elle a restauré l'influence de la famille Nehru sur le parti.
Les partis régionaux et le BJP, parti nationaliste hindou, constituent les principaux adversaires du C(I). En 1996, les partis régionaux ont formé le noyau dur d'une coalition, C(I)-centre gauche-Front Uni, qui a gouverné jusqu'en 1997. Le scrutin de 1998 a conféré au BJP un poids suffisant pour conduire un gouvernement de coalition dirigé par A. B. Vajpayee, son président. Cette coalition a été reconduite au pouvoir en octobre 1999 à une écrasante majorité.

A. B. Vajpayee, président du BJP et Premier ministre depuis 1998.

APJ Abdul Kalam, scientifique spécialiste du nucléaire et musulman, élu président en 2002.

Sonia Gandhi, veuve du Premier ministre Rajiv Gandhi, a ravivé les chances du parti d'opposition, le C(I).

POLITIQUE EXTÉRIEURE

| Comm | G15 | G24 | MNA | AASCR |

La principale préoccupation reste le conflit du Cachemire, qui a déclenché deux guerres avec le Pakistan en 1948 et 1965, et a accéléré la course aux armements nucléaires. En 1998, l'Inde a procédé à des essais nucléaires, imitée par le Pakistan, et s'est attiré la condamnation internationale et des sanctions des EU pour non-respect du Traité d'interdiction. Les sanctions ont été levées en 2001 grâce au soutien de l'Inde à la "guerre contre le terrorisme " ; les EU encouragent l'Inde à négocier avec le Pakistan. Les escarmouches continuent à la frontière. En 2002, les deux pays faillirent se déclarer la guerre. L'Inde accuse à présent le Pakistan de lui livrer une "guerre par terrorisme interposé".

AIDE INTERNATIONALE

 1,48 Md $ (reçus)   Moins 7 % en 1999

L'Inde reçoit des aides mais n'en est pas dépendante. Ses essais nucléaires en 1998 ont provoqué des sanctions de la part de certains pays, dont les ÉU, qui ont suspendu leur aide. La Banque mondiale s'est retirée du projet de barrage à Narmada. L'aide humanitaire s'est mobilisée après le séisme au Gujarat en 2001.

DÉFENSE

 14,99 Md $ Plus 10 % en 1999

FORCES ARMÉES INDIENNES

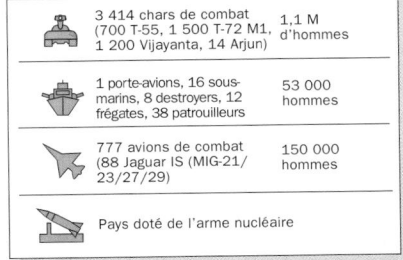

3 414 chars de combat (700 T-55, 1 500 T-72 M1, 1 200 Vijayanta, 14 Arjun)	1,1 M d'hommes
1 porte-avions, 16 sous-marins, 8 destroyers, 12 frégates, 38 patrouilleurs	53 000 hommes
777 avions de combat (88 Jaguar IS (MIG-21/ 23/27/29)	150 000 hommes
Pays doté de l'arme nucléaire	

L'Inde juge l'armement nucléaire essentiel à sa défense. Classée quatrième puissance armée, l'Inde fabrique ses propres chars Arjun et le missile à moyenne portée Agni II, testé en 2001, capable de porter une tête nucléaire sur l'ensemble du territoire pakistanais. Cette même année, essais en vol d'un projet d'avion de combat. Le pays doit encore remplacer son armement étranger devenu obsolète. Mais un marché concernant la défense aérienne a été conclu avec la Russie pour 10 milliards de $.

ÉCONOMIE

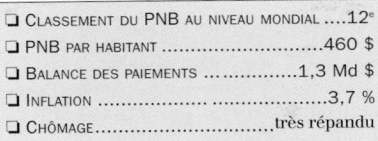 477 Md $ 46-48 roupies indiennes

CHIFFRES SIGNIFICATIFS

- CLASSEMENT DU PNB AU NIVEAU MONDIAL 12ᵉ
- PNB PAR HABITANT ....460 $
- BALANCE DES PAIEMENTS ....1,3 Md $
- INFLATION ....3,7 %
- CHÔMAGE............................très répandu

EXPORTATIONS

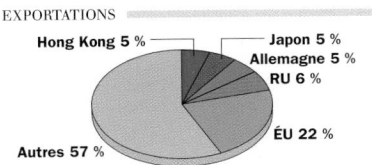

Hong Kong 5 % · Japon 5 % · Allemagne 5 % · RU 6 % · ÉU 22 % · Autres 57 %

IMPORTATIONS

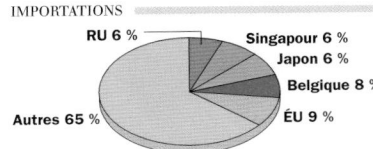

RU 6 % · Singapour 6 % · Japon 6 % · Belgique 8 % · ÉU 9 % · Autres 65 %

ATOUTS
Gigantesque marché intérieur supérieur à 1 milliard de consommateurs. Main-d'œuvre à faible coût. Compétences dans le domaine des technologies de pointe, en particulier les logiciels. Dynamisme des secteurs du textile et de l'habillement. La compétitivité de l'Inde sur le marché mondial se traduit par une envolée des exportations. La concurrence pousse les entreprises à s'aligner sur les normes internationales. En dépit de vives objections des partis d'opposition, l'Inde a ratifié les accords de commerce du GATT en 1995.
Depuis que l'économie s'est ouverte à la concurrence étrangère après 1991, les investissements directs ont augmenté considérablement, notamment dans le secteur de l'énergie électrique. Les grandes multinationales comme Coca-Cola ou IBM sont en expansion, malgré les protestations de certaines sections du BJP actuellement au pouvoir, hostiles à la présence croissante d'entreprises étrangères.

FAIBLESSES
L'importance du déficit budgétaire freine l'économie. Il est difficile pour les gouvernements de renoncer au vieux système des aides à l'économie. Le cours de la roupie a chuté, l'inflation s'est aggravée en raison de la hausse du prix des denrées alimentaires. Un réseau de communications déficient et de fréquentes coupures de courant ralentissent la croissance.

PROFIL
L'économie indienne est actuellement aux prises avec des changements radicaux. D'un système d'économie mixte, fortement protectionniste, qui est parvenu à en faire

INDICATEUR DES PERFORMANCES ÉCONOMIQUES

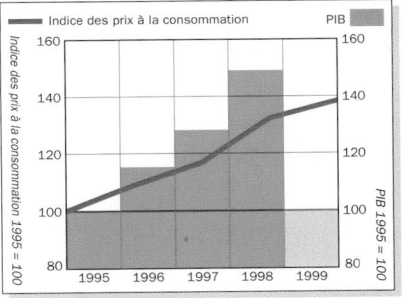

un pays industrialisé moderne, l'Inde est en grande partie passée à l'économie de marché et elle a fait son entrée sur le marché mondial. Le pays a mis en place un vaste programme de réformes, (abaissement des barrières douanières et incitation aux investissements extérieurs), qui a été maintenu après 1996 malgré les reproches faits aux gouvernements de tendance Front Uni et BJP de manquer d'enthousiasme dans leur application. Pendant ce temps, des millions d'Indiens sont en proie aux difficultés d'une agriculture de subsistance dans les zones d'économie rurale.

INDE : PRINCIPALES ACTIVITÉS

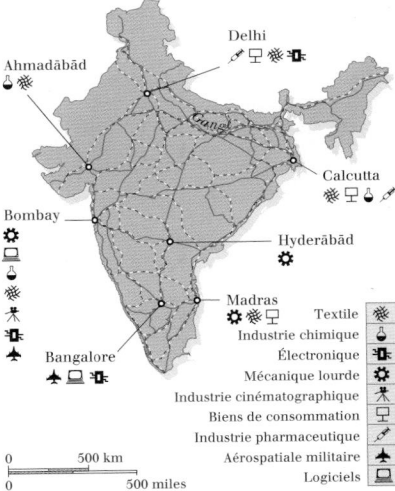

Textile · Industrie chimique · Électronique · Mécanique lourde · Industrie cinématographique · Biens de consommation · Industrie pharmaceutique · Aérospatiale militaire · Logiciels

Monastère à flanc de coteau, au Ladakh, dans le Cachemire, au Nord de l'Inde.

I

RESSOURCES

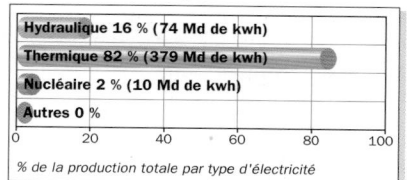

5,38 M de tonnes

785 000 b/j (réserves : 4 700 000 000 Md b)

219 M de bovins
123 M de caprins
402 M de poulets

Fer, diamants, charbon, chaux, zinc, plomb

PRODUCTION ÉLECTRIQUE

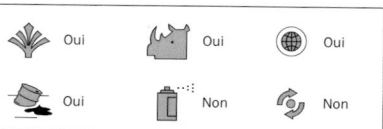

Hydraulique 16 % (74 Md de kwh)

Thermique 82 % (379 Md de kwh)

Nucléaire 2 % (10 Md de kwh)

Autres 0 %

0   20   40   60   80   100

% de la production totale par type d'électricité

ENVIRONNEMENT

5 % (3 % partiellement protégés)

1,1 tonne par habitant

TRAITÉS ÉCOLOGIQUES

Oui   Oui   Oui

Oui   Non   Non

La déforestation est l'un des plus graves problèmes écologiques de l'Inde. L'industrialisation et les besoins en terres cultivables ont provoqué la destruction de près de 90 % des forêts originelles, entraînant l'érosion des sols, l'envasement des barrages et les glissements de terrain. On attribue à la déforestation les graves inondations dans l'est du pays en 2000 et 2002. D'autre part, la gestion des ressources en eau est devenue une priorité après la sécheresse qui a sévi dans le nord-ouest cette même année.

MÉDIAS

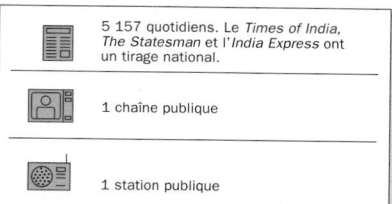

26 quotidiens pour 1 000 habitants

PRESSE ET TÉLÉCOMMUNICATIONS

5 157 quotidiens. Le *Times of India*, *The Statesman* et l'*India Express* ont un tirage national.

1 chaîne publique

1 station publique

La télévision par satellite est en pleine expansion. Elle permet de capter les programmes internationaux de la BBC ainsi que ceux de CNN, de la chaîne en hindi Zee, de MTV et d'une chaîne publique. Sept millions de foyers sont dotés d'une antenne parabolique. Ce succès s'est opéré au détriment de la télévision publique hertzienne, inquiétant les tenants des valeurs traditionnelles.
De nouveaux journaux ont vu le jour, parmi lesquels l'*Asian Age*, qui est publié simultanément à Londres.

Le fer et les diamants taillés représentent l'essentiel des exportations de minéraux de l'Inde. Le pays possède également d'importants gisements de charbon. L'industrie de l'acier a été privatisée. Les taxes à l'import ont diminué mais les aciéries continuent à résister à la concurrence extérieure, leurs exportations ayant même augmenté. Cependant, la production demande deux fois plus d'énergie que dans certains pays et n'est pas concurrentielle.

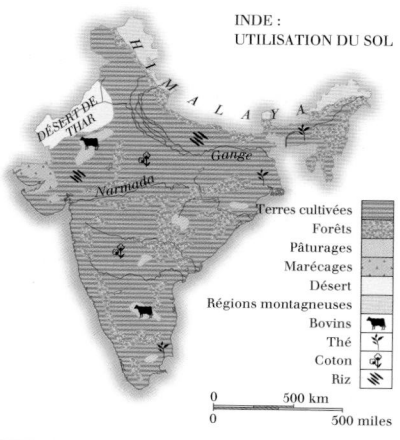

INDE : UTILISATION DU SOL

  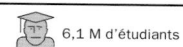

Terres cultivées
Forêts
Pâturages
Marécages
Désert
Régions montagneuses
Bovins
Thé
Coton
Riz

0   500 km
0   500 miles

CRIMINALITÉ

216 402 détenus

Plus 1 % en 1991-1994

TAUX DE CRIMINALITÉ

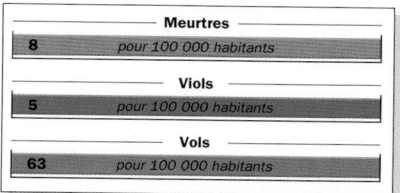

Meurtres
8   pour 100 000 habitants

Viols
5   pour 100 000 habitants

Vols
63   pour 100 000 habitants

Le nombre de crimes violents est en hausse, surtout dans les grandes villes. Les vols se multiplient très rapidement, à mesure que les dépenses de consommation augmentent. De nombreux gangs sévissent dans les grandes villes telles que Bombay (contrebande, prostitution, drogue, rackets, dépossession forcée des pauvres de leurs terres). Les gangs de Bombay font partie d'un réseau très bien organisé les reliant à Doubaï et au Moyen-Orient ; il semble également qu'ils aient des relations avec le monde politique et la police.
De vastes régions du centre de l'Inde, notamment celle de Gwalior, abritent toujours des *dacoits*. Ces hors-la-loi, organisés à la manière des gangs du XIXe siècle, terrorisent les communautés rurales et vivent des agressions qu'ils commettent sur les autoroutes.

Actuellement, l'Inde ne peut satisfaire les besoins de sa population en électricité. Pétrole et charbon, nécessaires à la production électrique, doivent être importés. Dans les années 1990, il a été question d'installer dans le Maharashtra une nouvelle centrale électrique en partenariat avec la société américaine Enron, mais le projet s'est enlisé dans les controverses, avant d'être suspendu par le gouvernement BJP de l'État, face aux nationalistes opposés aux investissements étrangers.

ÉDUCATION

57 %

6,1 M d'étudiants

LE SYSTÈME ÉDUCATIF

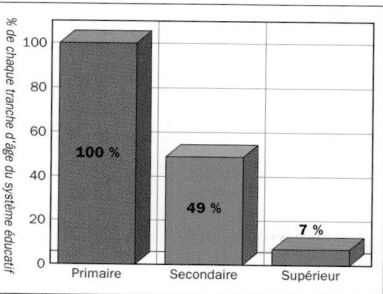

% de chaque tranche d'âge du système éducatif

100 %   Primaire
49 %   Secondaire
7 %   Supérieur

Chaque village du sous-continent indien dispose aujourd'hui d'une école primaire. Toutefois, nombre d'enfants sont obligés de sécher les cours pour travailler et venir en aide à leur famille. Plus de 50 millions d'Indiens effectuent néanmoins des études secondaires ; le pays compte près de 200 universités qui forment quelque 10 millions de diplômés. 10 % des hindous qui effectuent des études supérieures sont des femmes, ce qui est une bonne proportion pour un pays pauvre. Malgré un taux d'analphabétisme élevé qui entrave sérieusement son développement, l'Inde dispose d'un des plus grands nombres de scientifiques au monde.

Culture du maïs *dans des champs en terrasses, dans le centre de l'Inde. L'Inde cultive du riz, mais aussi d'autres céréales : le sorgho, le maïs, le millet et l'orge.*

I

LE MOUVEMENT SANGH
POUR UNE IDENTITÉ NATIONALE HINDOUE

AVANT MÊME l'indépendance, l'Hindutva, notion d'identité nationale spécifiquement hindoue, existait déjà. Néanmoins, durant les quarante ans de pouvoir ininterrompu du parti du Congrès, laïc, ses partisans ne formaient qu'une branche mineure de l'opposition. À la fin des années 1980, avec l'avènement du BJP, la polémique sur l'Hindutva a été portée sur la scène nationale. Lorsque son parti a pris la tête de la coalition formée après le scrutin de mars 1998, le Premier ministre A. B. Vajpayee n'a pas fait montre de son idéologie, mais désormais le mouvement attend du BJP qu'il réalise ses desseins pro-hindous. La « brigade safran » attache une importance toute particulière au remplacement de la mosquée par un temple hindou à Ayodhya, Uttar Pradesh, où serait né le dieu hindou Rama. En 1990, L. K. Advani, alors à la tête du BJP, en avait fait le but de son « pèlerinage » à travers le pays. En 1992, des activistes hindous détruisirent la mosquée, déclenchant de vastes émeutes entre communautés, qui firent des victimes par centaines.

LE MOUVEMENT SANGH

L'idéologie du BJP prend ses racines dans le mouvement Sangh émanant du Rashtriya Swayamsevak Sangh (RSS). Ce mouvement a été créé à Nagpur en 1925 pour recruter des volontaires, swayemsevaks, destinés à créer une nation hindoue. Interdit en 1948 pour association avec l'assassin du Mahatma Gandhi, le RSS reste mal défini. Il est implanté dans les milieux éducatifs et syndicaux ainsi que dans le VHP (Conseil mondial hindou). Malgré une influence Sangh encore vive au sein du BJP, le gouvernement, d'obédience BJP mais poussé par les partis non religieux à réaffirmer l'interdiction du service public aux membres du RSS. Le BJP a aussi tenté de prendre ses distances avec le discours du leader Sangh, K. S. Sudarshan, qui a fait campagne en 2000 pour la suppression des « églises étrangères » au profit d'une église nationale hindoue.

Les efforts du Premier ministre Vajpayee comme chef d'État, illustrés par sa visite au Pakistan en 1999, soutiennent les pressions nationalistes du RSS.

L'EXPANSION NATIONALE

L'attirance pour l'Hindutva est plus vivement ressentie dans la région hindiphone, qui traverse le sous-continent, du Maharashtra et du Gujarat à l'Ouest, en passant par l'Uttar Pradesh et le Madhya Pradesh au centre, puis au Bihar et à l'Orissa à l'Est. Tout en cherchant à répondre aux aspirations de tous les hindous, le mouvement prend ses racines dans la culture brahmane et, dans certains États, il doit se mesurer à des partis qui combattent l'oppression frappant les castes les plus basses (dalits). Dans l'État du Maharashtra, le RSS inspire un concurrent local, plus radical et chauvin, le parti hindou Shiv Sena. À sa tête, Bal Thackeray, admirateur notoire d'Adolf Hitler, est un élément prépondérant de la politique locale. Il a notamment conduit la campagne qui a obtenu, en 1995, que la ville de Bombay prenne le nom de Mumbai.

Du fait de l'expansion des partis régionaux dans l'ensemble de l'Inde, les gouvernements de coalition deviennent une caractéristique du paysage politique. Dans la pratique, c'est une contrainte qui s'impose aux idéologues les plus militants du BJP à l'échelon national. Le parti est dépendant d'un si grand nombre d'alliés pour former un gouvernement qu'il a dû commencer, sous la présidence de M. Vajpayee, par mettre un bémol aux questions polémiques comme la construction du temple d'Ayodhya. En 2000 cependant, le Premier ministre a soulevé une tempête politique en déclarant que le mouvement en faveur du temple était représentatif d'un sentiment national et qu'il en tiendrait compte au cours de son mandat.

Jeunes militants hindous en pèlerinage à Ayodhya (Uttar Pradesh, Nord de l'Inde).

SANTÉ

1 pour 2 500 habitants

Maladies respiratoires et nutritionnelles, diarrhées, malaria

La malnutrition est extrêmement courante et se répercute sur la mortalité infantile. La pollution due à l'utilisation du charbon comme combustible domestique tue un demi-million d'enfants chaque année. La propagation du Sida s'accélère. La gestion des programmes sanitaires est à la charge des États, mais certains projets sont lancés à l'échelle nationale comme l'éradication de la poliomyélite. Le gouvernement a annoncé en 2000 la prise en charge de la couverture médicale des plus pauvres.

RICHESSES

CONSOMMATION ET DÉPENSES

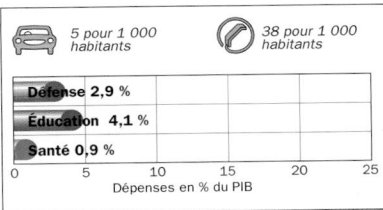

5 pour 1 000 habitants

38 pour 1 000 habitants

Défense 2,9 %	
Éducation 4,1 %	
Santé 0,9 %	

Dépenses en % du PIB

Selon le gouvernement, 240 millions d'habitants (30 % de la population), établis pour la plupart dans des zones rurales, vivaient en dessous du seuil de pauvreté à la fin des années 1980. Les dernières études réalisées n'ont pas permis de déterminer si la tendance était à la hausse ou à la baisse. L'extrême richesse côtoie l'extrême pauvreté, surtout depuis l'ouverture de l'économie. La classe moyenne, qui compte quelque 150 à 200 millions d'habitants, mène un train de vie extrêmement confortable. Les bidonvilles de Bombay ou de Calcutta accueillent fréquemment cinq à neuf habitants par pièce ; les sanitaires y sont rares. Bombay compte à elle seule plus de 100 000 sans-abri.

CLASSEMENT MONDIAL

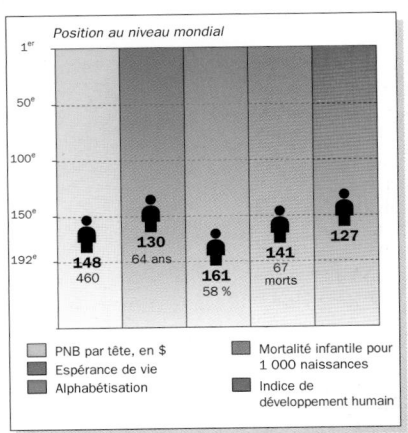

Position au niveau mondial

PNB par tête, en $	Mortalité infantile pour 1 000 naissances
Espérance de vie	
Alphabétisation	Indice de développement humain

INDONÉSIE

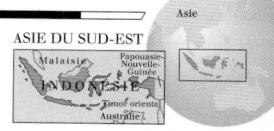

NOM OFFICIEL : République d'Indonésie   CAPITALE : Djakarta
POPULATION : 218 millions   MONNAIE : roupie   LANGUE OFFICIELLE : indonésien

 1949   1976   17 août   RI   + 7 à + 9   + 62   .id

PLUS GRAND ARCHIPEL DU MONDE, l'Indonésie, formée d'une multitude d'îles, s'étend sur 5 000 km à l'est de l'océan Pacifique, de la péninsule malaise à la Nouvelle-Guinée. Les îles principales – Sumatra, Java, Kalimantan, Irian Jaya et Sulawesi (Célèbes) – sont montagneuses, volcaniques et couvertes de forêts denses. Anciennes Indes néerlandaises, l'Indonésie obtint son indépendance en 1949. Malgré une «démilitarisation» partielle après la chute du régime du Président Suharto en 1998, la vie politique est dominée par l'armée, qui s'oppose avec force aux demandes de plus grande autonomie des îles périphériques. Les milices indonésiennes ont ravagé le Timor oriental jusqu'à son indépendance décidée par scrutin en 1999 et effective en 2002.

Rizières en terrasses à Bali, l'une des 13 677 îles et la première destination touristique de l'Indonésie. Le riz est la principale culture vivrière du pays.

CLIMAT

DONNÉES MÉTÉOROLOGIQUES

L'Indonésie est soumise à un climat tropical de mousson. Les régions élevées sont plus fraîches. Les pluies, souvent orageuses, s'étalent sur toute l'année, sauf durant la saison assez sèche qui s'étend de juin à septembre. La saison la plus humide va de décembre à mars sauf pour les Moluques.

TRANSPORTS

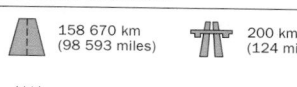 Sukarno-Hatta, Djakarta
14,8 M de passagers

2 528 navires
3,61 M tpl

RÉSEAU DE TRANSPORT

158 670 km (98 593 miles)

200 km (124 miles)

6 485 km (4 030 miles)

21 579 km (13 409 miles)

Avec 13 677 îles disséminées sur près de 5 000 km et trois fuseaux horaires, les communications sont l'une des priorités. L'Indonésie s'est tournée très tôt vers la communication par satellite pour son système téléphonique et elle modernise routes et ports. Cependant, les équipements varient beaucoup selon les provinces. À Java et Sumatra, où les voies ferrées existent, les routes sont excellentes. En revanche, les axes routiers de Kalimantan et d'Irian Jaya sont médiocres, et la plupart des déplacements se font par voie aérienne ou fluviale.

TOURISME

 5,03 M de visiteurs   Moins 2% en 2002

PROVENANCE DES TOURISTES ÉTRANGERS

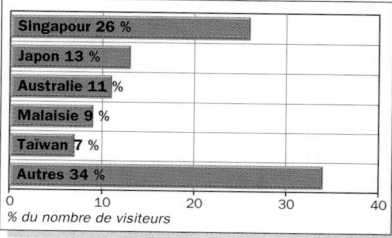

Singapour 26 %
Japon 13 %
Australie 11 %
Malaisie 9 %
Taiwan 7 %
Autres 34 %

% du nombre de visiteurs

Le tourisme a pris une grande importance depuis les années 1980. Le nombre de touristes dépasse désormais les cinq millions, même si les troubles politiques et la présence de groupes armés islamistes découragent de nombreux visiteurs. Cette expansion s'appuie sur d'importants investissement hôteliers, et l'ouverture de Bali à d'autres compagnies aériennes que Garuda Indonesia, la compagnie nationale. Le tourisme a rapidement repris à Bali, après l'attentat de 2002.

INDONÉSIE

Superficie totale : 1 796 700 km²
(695 700 sq. miles)

ALTIMÉTRIE

4 000 m/13 124ft
3 000 m/9 843ft
2 000 m/6 562ft
1 000 m/3 281ft
500 m/1 640ft
Niveau de la mer

POPULATION
Plus de 5 000 000
Plus de 1 000 000
Plus de 500 000
Plus de 100 000
Plus de 50 000

500 km
500 miles

I

POPULATION

 Indonésien, javanais
madurais, sundanas
bahasa, néerlandais

 118 hab./km²

PART DE LA POPULATION URBAINE/RURALE

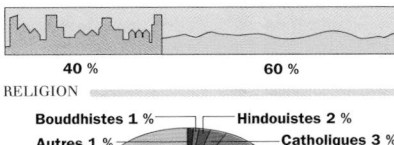

40 %   **60 %**

RELIGION

Bouddhistes 1 %   Hindouistes 2 %
Autres 1 %   Catholiques 3 %
Protestants 6 %
Musulmans sunnites 87 %

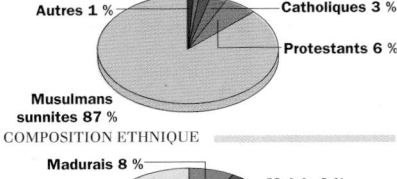

COMPOSITION ETHNIQUE

Maduris 8 %
Malais 8 %
Javanais 45 %
Sundanais 14 %
Autres 25 %

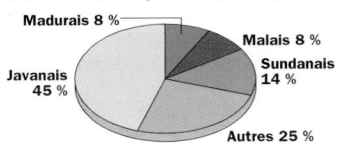

La répartition entre Mélanésiens et Malais recouvre une population très diverse, qui parle plus de 250 langues et dialectes en plus de la langue nationale, l'indonésien. Les tentatives de l'élite politique javanaise pour éradiquer les cultures locales ont été repoussées avec vigueur, notamment par les Timorais orientaux, les Aceh du nord de Sumatra, et les Papous d'Irian Jaya. Le climat se détériore entre les ethnies et les religions. En 1998, chrétiens et musulmans se sont violemment heurtés sur l'île d'Ambon. De 1999 à 2001, d'autres conflits ont opposé les Dayaks aux immigrants madurais à Kalimatan, les chrétiens et les musulmans dans les Moluques. Depuis 2000, Aceh applique la *charia* (loi islamique). La discrimination envers l'ethnie chinoise se traduit par les agressions perpétrées contre leurs commerces, comme à Djakarta en 1998. Les femmes ont les mêmes droits juridiques que les hommes et sont largement engagées dans la vie publique du pays.

PYRAMIDE DES ÂGES

Femmes	Âge	Hommes
0,6 %	81–100	0,5 %
3,1 %	61–80	2,7 %
8,2 %	41–60	8,6 %
16,6 %	21–40	15,5 %
21,7 %	0–20	22,5 %

% de la population par tranche d'âge

POLITIQUE EXTÉRIEURE

 CEAP   ANSEA   G15   OCI   OPEP

L'Indonésie, largement pro-occidentale, subit néanmoins des pressions pour améliorer les droits de l'homme. Elle s'est opposée à l'invasion de l'Irak. L'ampleur des massacres au Timor oriental, en 1999, a nui à son image internationale. L'insécurité dans certaines provinces périphérique pose des problèmes régionaux.
Les rapports avec la Chine restent difficiles, malgré la reprise des relations diplomatiques en 1990. L'Indonésie et l'Australie coopèrent pour la sécurité depuis 1995, mais l'immigration illégale par l'Indonésie et le terrorisme islamiste créent des tensions.

AIDE INTERNATIONALE

 1,5 Md $ (reçus)   Moins 13% en 2001

Le Japon est le principal donateur bilatéral. L'aide multilatérale provient surtout de la Banque mondiale, qui a réclamé des réformes urgentes à la fin 2001, avant de prêter davantage d'argent. L'aide se «perd» fréquemment.

I

POLITIQUE

 1999/2004

 Megawati Sukarnoputri, présidente de la République

AUX DERNIÈRES ÉLECTIONS
Chambre des représentants 500 membres

| | | | | | 7 % U | 9 % Autres |

31 % PDI–P   **24 %** Gol   **12 %** PPP   **10 %** PKB   **7 %** PAN

PDI–P = Parti démocratique indonésien - Combat
Gol = Golkar   **PPP** = Parti Union pour le développement
PKB = Parti éveil national   **U** = Armée (sièges désignés)
PAN = Parti mandat national   **Autres** = regroupe le Parti de l'Étoile Montante (PBB), le Parti de la Justice (PK) et le Parti Unité et Justice (PKP).

L'Indonésie est une démocratie multipartite.

Profil

Sous le Général Suharto, au pouvoir à partir de 1966, l'armée et le Gokar jouaient un rôle prédominant. Suharto fut acculé à la démission en 1998, face aux protestations contre la corruption, l'incompétence économique et l'absence de démocratie. Après sa chute, le PDI-P à majorité musulmane, conduit par Megawati Sukarnoputri, fille du premier président, remporta les élections, mais Abdurrahman Wahid du PKB fut élu président, Megawati devenant vice-présidente. L'opposition croissante à Wahid finit par le faire chuter en 2001, et Megawati prit sa place. Elle s'est engagée à mener des réformes économiques, mais devra affronter une forte opposition lors de la première élection présidentielle directe, qui doit se tenir en octobre 2004.

Principaux problèmes politiques
L'armée

L'implication de l'armée dans la vie politique reste un problème sérieux. Au début 2000, l'influent général Wiranto quitta le gouvernement, mais l'armée refusa d'abandonner ses 38 sièges au parlement avant au moins 2009.
Les mouvements séparatistes

Le séparatisme et la violence religieuse menacent l'unité nationale. Malgré l'obtention d'une plus grande autonomie en 2001, la situation reste tendue en Aceh et Irian Jaya. Dans cette dernière province, les plans de division administrative suscitent la colère, tandis qu'en Aceh, le gouvernement a lancé une offensive importante contre les séparatistes, en 2003.

Dr. Sukarno, père de l'indépendance de l'Indonésie.

La présidente Megawati Sukarnoputri fille de Sukarno.

CHRONOLOGIE

Hindous, bouddhistes et musulmans ont précédé les rivalités européennes pour le contrôle des épices, que les Hollandais gagnent au XVIIᵉ siècle, quand la colonisation de Java commence. En 1910, les Indes néerlandaises recouvrent l'Indonésie dans sa configuration actuelle.

❑ **1920** Formation du Parti communiste indonésien (PKI).
❑ **1927** Sukarno fonde le Parti nationaliste indonésien.
❑ **Années 1930** Répression hollandaise.
❑ **1942–1945** Occupation japonaise. Sukarno coopère avec les Japonais tout en travaillant à l'indépendance.
❑ **1945** Déclaration de l'indépendance.
❑ **1945–1949** Guérilla nationaliste.
❑ **1950** L'union dissoute, Sukarno préside avec un autoritarisme croissant. Dans les années 1950, Maluku proclame son indépendance, mais échoue après avoir mené une guerre séparatiste.

I

❏ **1949** Indépendance reconnue sous la présidence du général Sukarno.
❏ **1957–1959** Sukarno met en place une « démocratie dirigée », autoritaire.
❏ **1959** Sukarno renforce ses pouvoirs présidentiels, menant une politique d'inspiration nationaliste et pro chinoise.
❏ **1962** Les Pays-Bas rendent l'Irian Jaya.
❏ **1965** Rupture de l'alliance entre l'armée et le PKI communiste. Sukarno écrase un putsch et interdit le PKI ; un million de morts.
❏ **1966** Sukarno remet le pouvoir au général Suharto.
❏ **1968** Suharto accède à la présidence. Il succède pleinement à Sukarno, qui est placé en résidence surveillée jusqu'à sa mort.
❏ **1971** Premières élections depuis 16 ans. Les partis d'opposition deviennent des partenaires du gouvernement, sans y participer.
❏ **1975** Invasion du Timor oriental qui devient la 27ᵉ province d'Indonésie.
❏ **1984** La répression militaire à Djakarta déclenche la contestation islamique.
❏ **1985** Le Fretilin (Front révolutionnaire pour l'indépendance du Timor oriental) proclame l'indépendance du Timor oriental.
❏ **1989** Manifestations à Java et Sumbawa.
❏ **1991** Au Timor oriental, l'armée massacre les manifestants en faveur de l'indépendance.
❏ **1993** Suharto remporte son sixième mandat.
❏ **1996** Manifestations contre le gouvernement à Djakarta.
❏ **1997** Récession économique. Pollution atmosphérique due aux feux de forêt.
❏ **1998** A la suite de la grave crise monétaire de 1997, Suharto démissionne.
❏ **1998** Départ de Suharto. Instabilité.
❏ **1999** Victoire électorale de l'opposition menée par Megawati Sukarnoputri. Un référendum au Timor oriental sur l'indépendance est violemment réprimé. L'ONU nomme un gouvernement de transition. Wahid est président, Megawati vice-présidente.
❏ **2000** Aceh est la première province à introduire la charia. Nouvelles violences à Maluku
❏ **2001** Départ de Wahid, remplacé par Megawati. Indépendance du Timor oriental.
❏ **2002** Janvier, autonomie d'Irian Jaya ; mai, indépendance du Timor oriental ; octobre, attentat meurtrier à Bali (200 morts, principalement des touristes occidentaux).
❏ **2003** Forte offensive contre les séparatistes d'Aceh.

DÉFENSE

 860 M $ Plus 40 % en 2001

FORCES ARMÉES INDONÉSIENNES

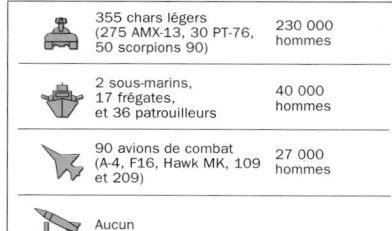

	355 chars légers (275 AMX-13, 30 PT-76, 50 scorpions 90)	230 000 hommes
	2 sous-marins, 17 frégates, et 36 patrouilleurs	40 000 hommes
	90 avions de combat (A-4, F16, Hawk MK, 109 et 209)	27 000 hommes
	Aucun	

Le budget de la Défense est peu important pour la région, malgré la forte présence de l'armée.

La Constitution officialise son rôle politique et l'armée reste un élément clé de l'Indonésie. Sa présence, à défaut de son influence, au sein des partis politiques, de l'administration et des entreprises d'État a diminué du fait de la récente « démilitarisation ». Le gouvernement est pressé par le FMI de contrôler les « fonds hors budget », souvent affectés au complément des budgets officiels de la défense. Les ventes d'armes par les Occidentaux sont de plus en plus liées à l'attitude de l'Indonésie en matière de droits de l'homme. La sécurité intérieure et l'éventuelle menace chinoise constituent les principales préoccupations du pays. Le service militaire dure deux ans, après sélection des appelés.

ÉCONOMIE

 145 Md $ 8250-8713 roupies

CHIFFRES SIGNIFICATIFS

❏ CLASSEMENT DU PNB AU NIVEAU MONDIAL	28ᵉ
❏ PNB PAR HABITANT	690 $
❏ BALANCE DES PAIEMENTS	6,9 Md $
❏ INFLATION	11,5 %
❏ CHÔMAGE	5 %

INDICATEUR DES PERFORMANCES ÉCONOMIQUES

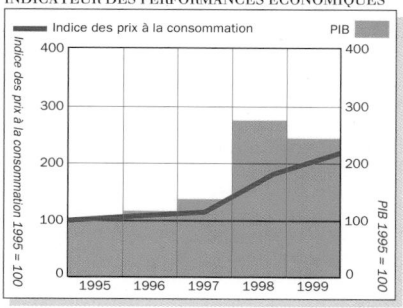

ATOUTS
Diversité des ressources, en particulier pétrolières. Signes de forte reprise. Rééchelonnement de la dette. Amélioration du crédit international.

FAIBLESSES
Bureaucratie. Corruption. Grandes inégalités de richesses. Insécurité régionale. Chômage élevé. Piraterie.

EXPORTATIONS

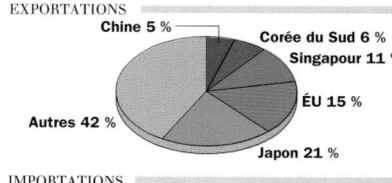

Chine 5 %
Corée du Sud 6 %
Singapour 11 %
ÉU 15 %
Japon 21 %
Autres 42 %

IMPORTATIONS

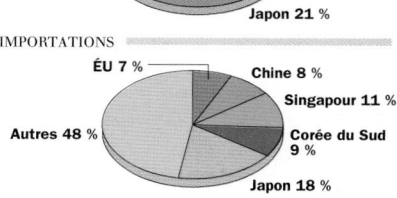

ÉU 7 %
Chine 8 %
Singapour 11 %
Corée du Sud 9 %
Japon 18 %
Autres 48 %

PROFIL
L'Indonésie a connu une croissance rapide, en grande partie due au pétrole, jusqu'à la crise asiatique de 1997-98. Les entreprises étatiques, protégées de la concurrence étrangère, ont joué un grand rôle dans l'expansion. Les exportations se sont diversifiées, mais le dette engloutissait le tiers du revenu des exportations. Les réformes ont été retardées par l'opposition parlementaire et les divergences entre les " technologues " adeptes de l'industrialisation et les partisans de la dérégulation. La corruption reste endémique, causant la chute du président Wahid en 2001. Les relations s'améliorent cependant avec le FMI et les autres donateurs, depuis 2002.

INDONÉSIE : PRINCIPALES ACTIVITÉS

🎴	Caoutchouc
⚙	Mécanique lourde
◊	Gaz
🜹	Produits chimiques
🌲	Industrie du bois
∎	Pétrole
🛢	Raffinage de pétrole
🔌	Électronique
🚗	Assemblage automobile
✈	Industrie aérospatiale

0   500 km
0   500 miles

* Importante participation de multinationales

RESSOURCES

 4,93 M de tonnes

 1,28 M b/j (réserves : 5 M barils)

30 M de canards
12,4 M de caprins
870 M de poulets

pétrole, gaz naturel, charbon, bauxite, nickel, cuivre, or, étain

PRODUCTION ÉLECTRIQUE

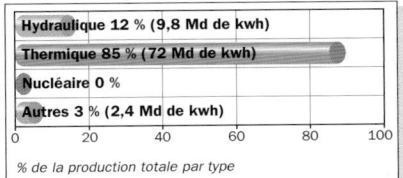

Hydraulique 12 % (9,8 Md de kwh)

Thermique 85 % (72 Md de kwh)

Nucléaire 0 %

Autres 3 % (2,4 Md de kwh)

0   20   40   60   80   100

% de la production totale par type

INDONÉSIE : UTILISATION DU SOL

Terres cultivées
Forêts
Pâturages
Marécages
Riz
Noix de muscade
Bovins

0   500 km
0   500 miles

Le sous-sol est riche en ressources énergétiques. Les recettes d'exportation viennent principalement du pétrole et du gaz naturel, dont l'Indonésie est le premier exportateur mondial. La production pétrolière est cependant en baisse. Cette évolution associée à la hausse des besoins énergétiques intérieurs pourrait faire de l'Indonésie un importateur de pétrole au cours des dix prochaines années. Le gouvernement encourage pour cette raison la prospection dans des régions plus lointaines. Les principales autres ressources naturelles sont le charbon, la bauxite et le nickel, ainsi que les produits agricoles comme le caoutchouc et l'huile de palme. Avec 75 % de zones forestières, la production de bois est également considérable.

ÉDUCATION

 87 %

 2,3 M d'étudiants

LE SYSTÈME ÉDUCATIF

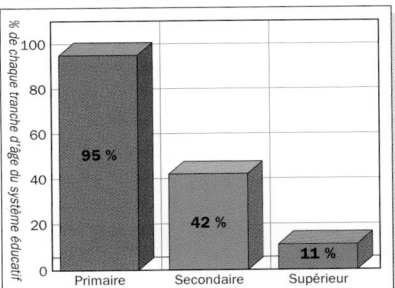

% de chaque tranche d'âge du système éducatif

95 % Primaire
42 % Secondaire
11 % Supérieur

L'enseignement primaire est obligatoire, souvent dispensé par des écoles islamiques. En zone rurale, l'enseignement secondaire reste limité. Les étudiants sont majoritairement isus d'une riche élite.

CRIMINALITÉ

 62 886 détenus

 Plus 17% en 1999

TAUX DE CRIMINALITÉ.

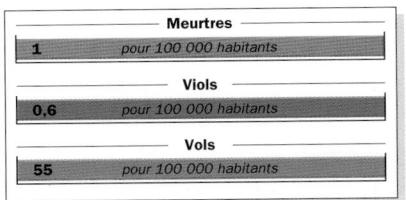

Meurtres
1   pour 100 000 habitants

Viols
0,6   pour 100 000 habitants

Vols
55   pour 100 000 habitants

Répression brutale des sécessionnistes. Violences ethniques dans les provinces. Piraterie.

ENVIRONNEMENT

 20% (10% partiellement protégés)

 1,1 tonne par habitant

TRAITÉS ÉCOLOGIQUES

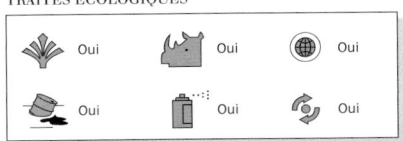

Oui   Oui   Oui

Oui   Oui   Oui

Les lois sur l'environnement sont peu appliquées. La forêt équatoriale est menacée par l'exploitation excessive et des espèces rares (comme les orangs-outangs) sont menacées de disparition. Danger provoqué par les fumées des feux de forêts. En 2003, la Banque mondiale a mis en garde contre de sérieux risques sanitaires liés à la pollution, tout particulièrement dans les zones urbaines.

SANTÉ

 1 pour 6 250 habitants

 Maladies des voies respiratoires inférieures et maladies diarrhéiques

Un vaste réseau de dispensaires, implanté jusque dans les villages, améliore l'accès aux soins. De ce fait, les indicateurs de santé sont en nette amélioration. Le taux de mortalité est passé de 2 % en 1965 à 0,7 % en 2000. La mortalité infantile a été abaissée de moitié. Mais la sous-nutrition et les problèmes de santé liés à la pollution, qui touchent 30 % des enfants selon les estimations de 2003, demeurent. La Banque mondiale a mis en garde contre les effets sanitaires de la pollution. Le nombre de personnes vivant avec le Sida augmente, particulièrement dans les prisons (contagion des drogués par seringues infectées).

MÉDIAS

 23 quotidiens pour 1 000 habitants

PRESSE ET TÉLÉCOMMUNICATIONS

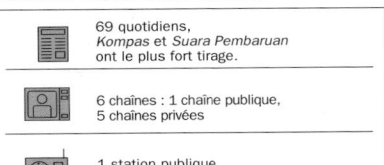

69 quotidiens, *Kompas* et *Suara Pembaruan* ont le plus fort tirage.

6 chaînes : 1 chaîne publique, 5 chaînes privées

1 station publique, 1 station privée

Bien que la censure soit interdite par la loi de 1999, les journalistes peuvent être poursuivis pour violation des « normes religieuses et morales ». Presse, radio et télévision privées prospèrent depuis 1998.

RICHESSES

CONSOMMATION ET DÉPENSES

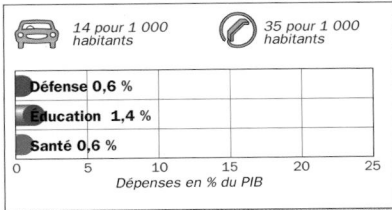

14 pour 1 000 habitants   35 pour 1 000 habitants

Défense 0,6 %

Éducation 1,4 %

Santé 0,6 %

0   5   10   15   20   25

Dépenses en % du PIB

Si beaucoup d'Indonésiens vivent dans une relative pauvreté, les habitants des îles périphériques souffrent de la pauvreté. De fortes disparités sociales existent entre les classes moyennes résidant à Java et les populations vivant d'agriculture de subsistance ou de cueillette à Bornéo ou en Nouvelle-Guinée. Cette situation reflète la concentration des richesses (entre les mains de quelques hommes politiques et hommes d'affaires) et des investissements principalement destinés aux îles principales, dont Java. Depuis 1998, il a été entrepris de lutter contre la corruption et les détournements du clan Suharto et de ses successeurs.

CLASSEMENT MONDIAL

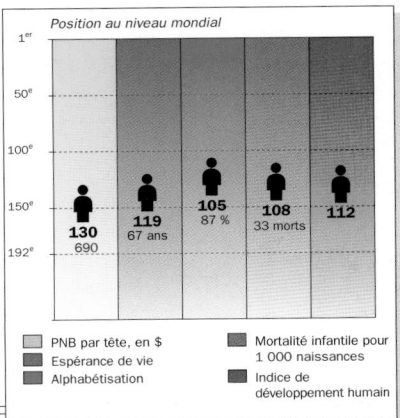

Position au niveau mondial

1er
50e
100e
150e
192e

130   119   105   108   112
690   67 ans   87 %   33 morts

PNB par tête, en $
Espérance de vie
Alphabétisation

Mortalité infantile pour 1 000 naissances
Indice de développement humain

I

IRAK

NOM OFFICIEL : République d'Irak   CAPITALE : Bagdad
POPULATION : 24,2 millions   MONNAIE : dinar irakien   LANGUE OFFICIELLE : arabe

RICHE en pétrole, l'Irak est parcouru par le Tigre et l'Euphrate. Entre ces fleuves, la Mésopotamie fut le berceau de l'écriture, des mathématiques, et vit l'invention de la roue. Les vallées fluviales sont fertiles ; mais l'essentiel du pays est constitué de déserts ou de montagnes inhospitalières. L'État actuel inclut les Kurdes au nord, les Sunnites au centre, et les Chiites (majoritaires) au sud. Saddam Hussein s'empara du pouvoir en 1979 et s'y maintint par la peur jusqu'à son éviction en 2003, lors de l'invasion rapide menée par les ÉU.

La mosquée dorée de Samarra, sur le Tigre. *Parmi les vestiges les plus prestigieux de l'Antiquité figure aussi la Grande mosquée, construite en 847.*

CLIMAT

DONNÉES MÉTÉOROLOGIQUES

Moyenne des températures journalières   Précipitations
°C/°F   J F M A M J J A S O N D   cm/in
60/140   60/24
50/122   50/20
40/104   40/16
30/86   30/12
20/68   20/8
10/50   10/4
0/32   0

Le climat de l'Irak est sec, avec de rares pluies irrégulières, sauf dans le nord-est. L'amplitude thermique est très forte. Au sud, climat désertique avec des étés chauds et secs et des hivers doux. Au nord, étés secs et températures parfois extrêmement basses en montagne et neiges fréquentes.

TRANSPORTS

 Saddam International, Bagdad

 91 navires 240 600 tpl

RÉSEAU DE TRANSPORT

 38 400 km (23 861 miles)   1 264 km (785 miles)

 2 603 km (1 617 miles)   1 015 km (631 miles)

Les voies de communication avec les pays voisins ont été peu à peu réouvertes à l'exception de celles qui mènent au Koweït.

IRAK

Superficie totale : 437 370 km²
(168 869 sq. miles)

POPULATION

▣ Plus de 1 000 000
◉ Plus de 500 000
◎ Plus de 100 000
○ Plus de 50 000
• Plus de 10 000

TOURISME

 127 000 visiteurs   Plus 63 % en 2001

PROVENANCE DES TOURISTES ÉTRANGERS

Jordanie 37 %		
Pakistan 15 %		
Arabie Saoudite 12 %		
Liban 8 %		
Yémen 4 %		
Autres 24 %		

0   10   20   30   40
% du nombre de visiteurs

L'isolement international et la guerre ont empêché l'Irak de tirer parti de son potentiel touristique, même si les sanctuaires chiites attirent des milliers de pèlerins chaque année. Les touristes visitaient les ruines archéologiques de Babylone. Les marais du sud, abritant autrefois une faune importante, ont été en grande partie asséchés pour chasser les Arabes chiites qui y vivaient.

ALTIMÉTRIE

3 000 m/9 843ft
2 000 m/6 562ft
1 000 m/3 281ft
500 m/1 640ft
200 m/656ft
Niveau de la mer

N

0   100 km
0   100 miles

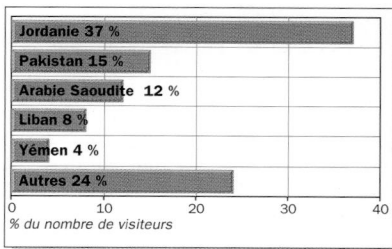

[Carte de l'Irak avec : Zākhō, Dahūk, Tall 'Afar, Al Mawşil, Erbīl, Koī Sanjaq, As Sulaymānīyah, Kīrkūk, Tuz Khurmātū, Halabja, Khānaqīn, Samarrā', Al Khālis, Al Muqdādiyah, Mandalī, Ba'qūbah, ar-Ramādi, Al Fallūjah, Habbamyath, Lac Habbamyah, Al Mahmūdīyah, Al Musssayyib, BAGDAD, Karbalā', Al Hindīyah, 'Alī al Gharbī, Al Kūt, Lac Sannīya, al Hillah, Lac Razāza, 'Afak, Al Kūfah, Najaf, Ad Dīwānīyah, Al-Amārah, Ash Shāmīyah, Ash Shaţrah, As Samāwah, Au Nāşirīyah, Sūq ash Shuyūkh, Lac d'Hammar, Bassorah, Az Zubayr, Abū al Khaşīb, KOWEÏT, Golfe Persique, Chaţt al-'Arab, Tigre, Euphrate, Kūh-e Hājī Ebrāhīm 3 600 m, Bassin tartar, Wādī al Ubayyid, Shŭ'b Hişb, Hauran, Grand Zab, Petit Zab, Jabal Hamrīn, Nahr Diyālā, DÉSERT DE SYRIE, ARABIE SAOUDITE, JORDANIE, SYRIE, MÉSOPOTAMIE, DJÉZIREH, AL HADJARAD, TURQUIE, IRAN]

POPULATION

 Arabe, kurde, arménien, assyrien

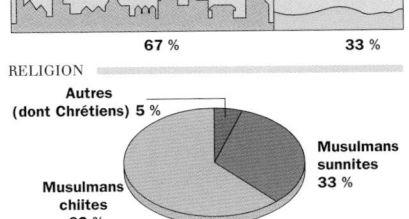 55 hab./km²

PART DE LA POPULATION URBAINE/RURALE

67 % 33 %

RELIGION

Autres (dont Chrétiens) 5 %

Musulmans sunnites 33 %

Musulmans chiites 62 %

COMPOSITION ETHNIQUE

Turcs 2 % Perses 3 %

Kurdes 16 %

Arabes 79 %

L'Irak, formé sur les restes de l'empire ottoman, contient trois groupes ethno-religieux et d'autres minorités, comme les Turkmènes et les Perses. Il existe plusieurs sectes chrétiennes, mais presque tous les Juifs ont émigré en Israël.

Les musulmans arabes sont divisés en chiites et sunnites. Les tensions religieuses ont été réprimées, mais l'ancien pouvoir de la minorité sunnite a suscité du ressentiment. Le territoire et la culture des Arabes chiites des marais ont été en grande partie détruits après leur tentative de soulèvement en 1991. La communauté kurde, au nord, jouit d'une auto-détermination de fait sous la protection des zones d'exclusion aérienne (depuis 1991) ; elle souffre de conflits internes. L'aspiration à un territoire kurde séparé a été réprimée politiquement, pour donner une meilleur viabilité à l'Irak d'après-guerre.

PYRAMIDE DES ÂGES

Femmes	Âge	Hommes
0,3 %	81–100	0,3 %
2,3 %	61–80	2,2 %
5,4 %	41–60	5,7 %
13,4 %	21–40	14,4 %
27,2 %	0–20	28,8 %

% de la population par tranche d'âge

POLITIQUE EXTÉRIEURE

 LA   MNA   OPAEP   OCI   OPEP

L'importance stratégique de l'Irak est à la mesure de ses immenses réserves de pétrole.

Au cours de la guerre Iran-Irak (1980-88), Saddam Hussein était armé par l'occident, contre le fondamentalisme islamique. Cependant, son invasion du Koweït en 1990 lui valut la réprobation internationale. Une coalition menée par les ÉU le repoussa en 1991. Pour raisons humanitaires, la France et la Russie demandèrent l'assouplissement des sanctions de l'ONU, tandis que les ÉU accentuaient leur pression sur Saddam après 2001, en le considérant comme membre de l'« axe du mal » soutenant les terroristes, et capable de fabriquer des armes de destruction massive. La France, l'Allemagne et la Russie s'opposèrent à la guerre lancée par les ÉU en 2003, sans l'accord de l'ONU. Le nouveau régime aura des liens étroits avec les ÉU. L'Iran et la Syrie sont peu soucieux d'avoir comme voisin un pays-client des États-Unis, et la Turquie craint une résurgence du nationalisme kurde.

I

POLITIQUE

 2000/Transition   Vacant

AUX DERNIÈRES ÉLECTIONS
Assemblée nationale 250 membres (suspendus)

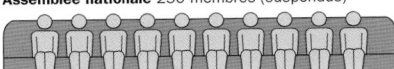

L'Assemblée nationale est composée de ba'th et de leurs alliés. Les trente sièges représentant la région kurde n'ont pas été pourvus.

Saddam Hussein domina la vie politique après avoir renversé son prédécesseur en 1979. Il se maintint au pouvoir par la dictature, jusqu'à sa chute en 2003, provoquée par une invasion conduite par les ÉU.

PROFIL
Le gouvernement de Saddam Hussein fut marqué par la guerre et ses conséquences : il lança une guerre de dix ans contre son voisin l'Iran, et envahit le Koweït en 1990. Une coalition menée par les ÉU le força à s'en retirer en 1991, et de dures sanctions internationales furent imposées à l'Irak. Saddam Hussein réprima sauvagement son opposition, et resta au pouvoir ; il réussit à s'attirer le soutien de voisins arabes autrefois hostiles contre les sanctions de l'ONU. En mars 2003, alors que les inspecteurs de l'ONU ne trouvaient toujours aucune trace d'éventuelles armes de destruction massive, une coalition menée par les ÉU envahit l'Irak et chassa Saddam Hussein

en trois semaines. La chute du régime et la vacance du pouvoir soulèvent de graves inquiétudes quant à la sécurité et la stabilité de l'Irak de l'après-guerre.

PRINCIPAUX PROBLÈMES POLITIQUES
La reconstruction de l'après-guerre
Les sanctions de l'ONU ont fait chuter le niveau de vie dans les années 1990, ce qui a contribué à l'effondrement rapide d'un gouvernement craint pour sa férocité. De nombreux Irakiens ont bien accueilli les vainqueurs de Saddam Hussein, mais peu d'entre eux se réjouissent à la perspective d'un régime contrôlé par les ÉU ; selon des estimations, le conflit de 2003 aurait coûté la vie à 10 000 civils. Les futurs dirigeants seront probablement des membres de l'opposition en exil soutenue par les ÉU. La crainte de voir des entreprises américaines profiter de la reconstruction a suscité des accusations d'impérialisme économique. La résolution 1843 de l'ONU a confirmé la Coalition comme « autorité » gouvernante, jusqu'à la création d'une nouvelle administration irakienne, avec l'aide de l'ONU.

TENSIONS ETHNIQUES ET RELIGIEUSES
Le régime de Saddam Hussein, laïque, recrutait ses membres dans toutes les couches de la société irakienne, mais l'essentiel du pouvoir était concentré entre les mains de la tribu sunnite du dirigeant, les Tikriti.

L'ayatollah Ali Sistani, chiite, qui dirigea l'opposition à l'occupation américaine.

Saddam Hussein, dictateur au pouvoir de 1979 à 2003.

L'opposition intérieure était formée des Kurdes au nord et des Chiites au sud ; elle était férocement réprimée. Des gaz furent utilisés contre les Kurdes à la fin des années 80, et l'écosystème des marais du sud fut délibérément détruit au début des années 90. Il est à craindre que l'invasion de 2003 aggrave les tensions ethniques.

AIDE INTERNATIONALE

 122 M $ (reçus)   Plus 21 % en 2001

Sous le régime des sanctions, l'Irak n'avait droit qu'à une aide humanitaire, selon le programme « pétrole contre nourriture », malgré de probables échanges clandestins avec les pays voisins. Les ÉU et leurs alliés se sont engagés à reconstruire l'Irak.

CHRONOLOGIE

L'Irak accède à l'indépendance en 1932. En 1958, la mort du roi Faysal lors d'un coup d'État militaire dirigé par le général Kassem, initialement soutenu par le parti irakien ba'th, marque la fin de la dynastie hachémite.

- ❏ **1961** Début de la rébellion kurde dans le nord de l'Irak. L'Irak revendique la souveraineté sur le Koweït, qui accède à l'indépendance peu après.
- ❏ **1963** Renversement du général Kassem. Le colonel Muhammad Aref prend le pouvoir. La souveraineté du Koweït est reconnue.
- ❏ **1964** L'ayatollah Khomeyni, futur dirigeant de l'Iran, se réfugie en Irak.
- ❏ **1968** Arrivée au pouvoir d'un régime ba'th dirigé par Ahmad Hassan Al-Bakr.
- ❏ **1970** Le Conseil de commandement révolutionnaire reconnaît l'autonomie du peuple kurde.
- ❏ **1972** Nationalisation de l'*Iraq Peroleum Company*, qui appartenait à des investisseurs occidentaux.
- ❏ **1978** L'Irak et la Syrie signent une union économique et politique.
- ❏ **1979** Saddam Hussein succède au président Al-Bakr.
- ❏ **1980** L'Irak déclare la guerre à l'Iran.
- ❏ **1982** Le dignitaire chiite Mohammed Baquir Al-Hakim, exilé à Téhéran, fonde le Conseil suprême de la révolution islamique en Irak.
- ❏ **1988** Cessez-le-feu Irak-Iran. L'Irak bombarde le village kurde de Halabja avec un gaz mortel.
- ❏ **1990** Le journaliste britannique Farzad Bazoft est pendu pour espionnage. L'Irak et l'Iran rétablissent des relations diplomatiques. L'Irak envahit et annexe le Koweït. L'ONU lui impose des sanctions commerciales.
- ❏ **1991** Guerre du Golfe. La coalition militaire dirigée par les ÉU bat l'Irak et libère le Koweït. L'Irak réprime la rébellion chiite dans le sud.
- ❏ **1992** Les puissances occidentales déclarent zone d'exclusion l'espace aérien du Sud de l'Irak.
- ❏ **1993** Raids aériens des forces occidentales sur l'armée qui essaie de récupérer du matériel militaire.
- ❏ **1994** Débuts de la guerre civile kurde. L'Irak reconnaît le Koweït.
- ❏ **1995** Le Gal Kamil, Premier ministre, s'enfuit en Jordanie. Il est assassiné à son retour, en janvier 1996.
- ❏ **1996** L'ONU limite les ventes de pétrole irakien à l'achat de matériel humanitaire.
- ❏ **1998-1999** Refus de l'Irak de recevoir les inspecteurs de l'ONU. Frappes punitives du RU et des ÉU.
- ❏ **2002** Retour des inspecteurs de l'ONU.
- ❏ **2003** Renversement de Saddam Hussein par les forces de la coalition.

DÉFENSE

 1,37 Md de $ Moins 2 % en 2001

FORCES ARMÉES IRAKIENNES

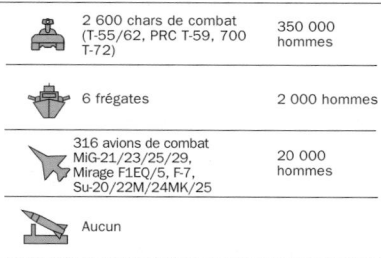

2 600 chars de combat (T-55/62, PRC T-59, 700 T-72)	350 000 hommes	
6 frégates	2 000 hommes	
316 avions de combat MiG-21/23/25/29, Mirage F1EQ/5, F-7, Su-20/22M/24MK/25	20 000 hommes	
Aucun		

Le régime de Saddam Hussein était étroitement lié à son armée. La Garde Républicaine, troupe d'élite, disposait du meilleur équipement, mais l'armée de conscription, mal entraînée, était sous-motivée. Face à la supériorité de la Coalition, l'armée irakienne s'effondra rapidement, laissant des milices de francs-tireurs opposer une résistance de faible intensité.

Après 1991, les armes de destruction massive de l'Irak, souvent fournies au départ par l'occident, devaient être détruites. Les refus opposés par le régime aux inspecteurs de l'ONU provoquèrent l'invasion de 2003.

La création d'une nouvelle armée a été confiée à la transnationale américaine Vinnel.

ÉCONOMIE

 14,8 Md $ 0,311 dinar irakien

CHIFFRES SIGNIFICATIFS

- ❏ CLASSEMENT DU PNB AU NIVEAU MONDIAL ....76^e
- ❏ PNB PAR HABITANT ....625 $
- ❏ BALANCE DES PAIEMENTS ....Non disponible
- ❏ INFLATION ....60 %
- ❏ CHÔMAGE.............................Non disponible

EXPORTATIONS

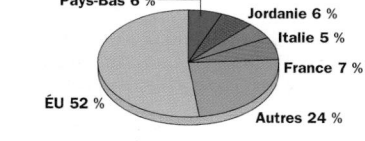

Pays-Bas 6 %
Jordanie 6 %
Italie 5 %
France 7 %
ÉU 52 %
Autres 24 %

IMPORTATIONS

Viet Nam 7 %
Italie 8 %
Chine 9 %
Australie 10 %
Autres 52 %
France 14 %

ATOUTS
Deuxième plus grande réserve de pétrole brut de l'OPEP. Importantes réserves de gaz. Aide promise par les ÉU. Main-d'œuvre abondante.

FAIBLESSES
Infrastructures et agriculture ravagées par la guerre. Conséquences des sanctions.

PROFIL
Avant 1990, l'Irak était le troisième fournisseur de pétrole au monde. Les sanctions limitèrent la production de pétrole à la seule consommation intérieure. Des exportations contrôlées reprirent en 1996, et en 2000 l'Irak put acheter du matériel pour son industrie pétrolière.
L'absence d'aide occidentale étouffa l'économie irakienne après 1991.

INDICATEUR DES PERFORMANCES ÉCONOMIQUES

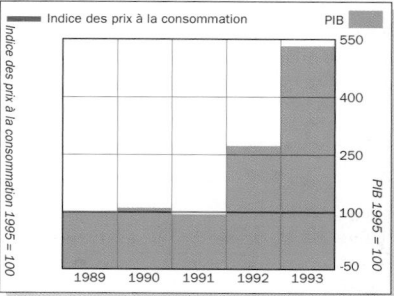

Indice des prix à la consommation   PIB

Indice des prix à la consommation 1995 = 100

550
400
250
100
-50

PIB 1995 = 100

1989   1990   1991   1992   1993

L'agriculture, autrefois prospère, fut ruinée. L'industrie resta au point mort. La répression (jusqu'à la peine de mort) ne parvint pas à endiguer le marché noir, ou la chute du dinar. Les efforts de 2002 pour renouer des liens informels et obtenir la révision des sanctions de l'ONU furent réduits à néant par la guerre en 2003. L'espoir repose sur la reconstruction et la vente du pétrole. Un nouveau dinar doit entrer en circulation dès octobre 2003.

IRAK : PRINCIPALES ACTIVITÉS

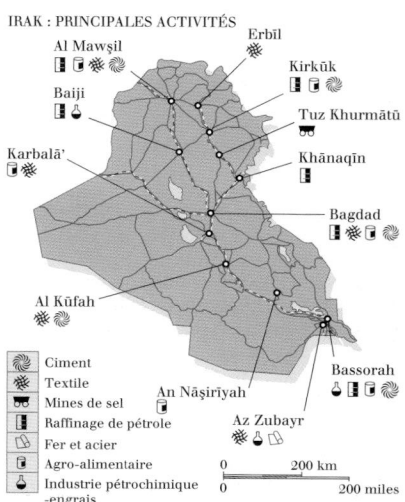

Al Mawşil
Erbīl
Kirkūk
Baiji
Tuz Khurmātū
Karbalā'
Khānaqīn
Bagdad
Al Kūfah
Bassorah
An Nāşirīyah
Az Zubayr

Ciment
Textile
Mines de sel
Raffinage de pétrole
Fer et acier
Agro-alimentaire
Industrie pétrochimique -engrais

0   200 km
0   200 miles

I

RESSOURCES

 22 511 tonnes

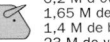
6,2 M d'ovins
1,65 M de caprins
1,4 M de bovins
23 M de volaille

2,03 M de b/j
(réserves : 113 Mdb)

Pétrole, gaz naturel,
soufre

PRODUCTION ÉLECTRIQUE

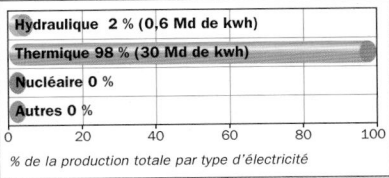

Hydraulique 2 % (0,6 Md de kwh)

Thermique 98 % (30 Md de kwh)

Nucléaire 0 %

Autres 0 %

% de la production totale par type d'électricité

L'Irak dispose de réserves gigantesques de pétrole et de gaz naturel. Ce secteur est contrôlé par l'*Iraqi National Oil Company*.

ENVIRONNEMENT

 Aucune

 3,3 tonnes par habitant

TRAITÉS ÉCOLOGIQUES

Non   Non   Non

Non   Non   Non

Les guerres contre l'Iran, puis contre la coalition de l'ONU pendant l'occupation du Koweït, ont provoqué des dégâts écologiques considérables. Le territoire qui borde la frontière koweïtienne est encore jonché de mines susceptibles de tuer les exploitants agricoles, le bétail et la faune. Le Nord a été contaminé par les armes chimiques utilisées par le régime contre les Kurdes. Au sud, le programme d'assèchement des marais, motivé en grande partie par des facteurs politiques, est en train d'anéantir tout un écosystème.

MÉDIAS

 19 quotidiens pour 1 000 habitants

PRESSE ET TÉLÉCOMMUNICATIONS

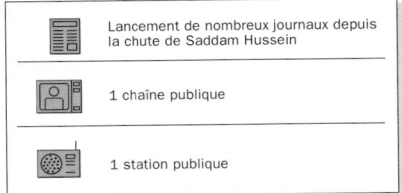

Lancement de nombreux journaux depuis la chute de Saddam Hussein

1 chaîne publique

1 station publique

Les médias étaient strictement contrôlés sous Saddam Hussein ; son fils Ouddaï s'occupait de deux grands journaux. La guerre de 2003 fut couverte de manière très détaillée, avec des journalistes « incorporés » aux troupes d'invasion. Après la guerre, de nombreux journaux firent leur apparition, pour la plupart contrôlés par des groupes sociaux ou politiques émergents.

Les réserves totales de gaz naturel, la plupart associées à celles de pétrole, sont de 3,11 trillions de m³ auxquels s'ajoutent une estimation de 4,25 trillions de m³ supplémentaires.
L'essentiel de l'énergie irakienne est d'origine pétrolière avec un petit apport en énergie hydroélectrique. Les mines de phosphate, soufre, gypse et sel sont également exploitées.
Avant l'invasion du Koweït, l'Irak fournissait 80 % des dattes consommées dans le monde. Depuis, la production a considérablement diminué et les biens alimentaires ne sont plus destinés qu'au marché national. L'Irak est aujourd'hui en mesure de satisfaire l'essentiel de ses besoins en blé, riz et sucre.

CRIMINALITÉ

 Pas de chiffre sur la population carcérale

 En augmentation

TAUX DE CRIMINALITÉ.

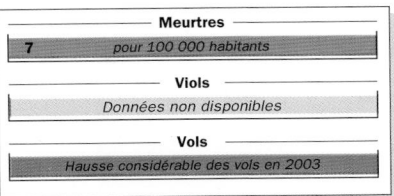

Meurtres
7   pour 100 000 habitants

Viols
Données non disponibles

Vols
Hausse considérable des vols en 2003

L'effondrement économique a provoqué une hausse brutale de la délinquance, malgré une répression cruelle. Pendant la guerre, de nombreux bâtiments publics ont été pillés. Des charniers ont été découverts en 2003.

ÉDUCATION

 40 %

 288 670 étudiants

LE SYSTÈME ÉDUCATIF

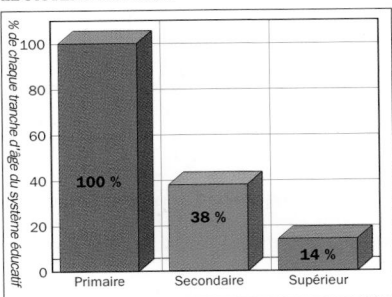

% de chaque tranche d'âge du système éducatif

100 % Primaire
38 % Secondaire
14 % Supérieur

Saddam Hussein contrôlait le système éducatif. Les chercheurs travaillaient sur des programmes militaires en étroite collaboration avec le gouvernement. La Bibliothèque de Bagdad n'est plus qu'un tas de cendres, et les musées ont été pillés en 2003. La reconstruction d'un système éducatif ne semble pas être une priorité immédiate.

IRAK : UTILISATION DU SOL

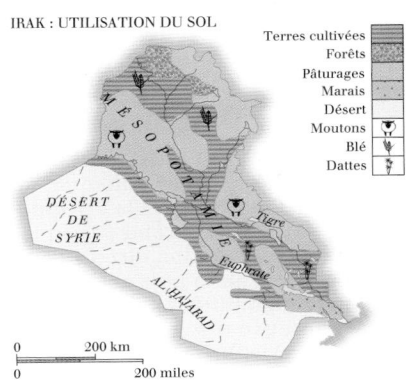

Terres cultivées
Forêts
Pâturages
Marais
Désert
Moutons
Blé
Dattes

MÉSOPOTAMIE
DÉSERT DE SYRIE
AL HAÂARAD
Tigre
Euphrate

0   200 km
0   200 miles

SANTÉ

1 pour 1 667 habitants

Pneumonies, grippes, cancers, maladies cardiaques

Hausse de la mortalité chez les enfants et le 3e âge avant 2003, en raison des pénuries sanitaires liées aux sanctions de l'ONU. Pillage des hôpitaux au lendemain du conflit. Depuis 1991, recrudescence des malformations de nouveaux-nés, attribuées à l'utilisation d'uranium appauvri par la Coalition.

RICHESSES

CONSOMMATION ET DÉPENSES

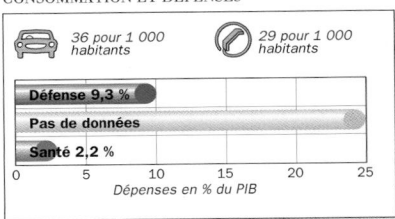

36 pour 1 000 habitants   29 pour 1 000 habitants

Défense 9,3 %
Pas de données
Santé 2,2 %

Dépenses en % du PIB

Les plus vulnérables ont le plus souffert de la décennie de sanctions. Les dirigeants du parti Ba'th vivaient dans un luxe ostentatoire.

CLASSEMENT MONDIAL

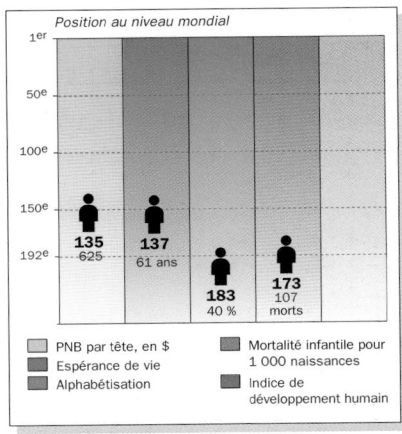

Position au niveau mondial

1er
50e
100e
150e
192e

135
625

137
61 ans

183
40 %

173
107 morts

PNB par tête, en $
Espérance de vie
Alphabétisation

Mortalité infantile pour 1 000 naissances
Indice de développement humain

I

IRAN

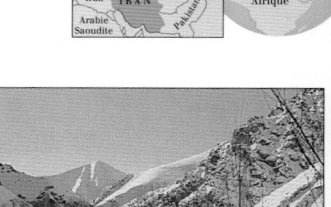

MOYEN-ORIENT

NOM OFFICIEL : République islamique d'Iran   **CAPITALE** : Téhéran
POPULATION : 72,4 millions   **MONNAIE** : rial   **LANGUE OFFICIELLE** : farsi (persan)

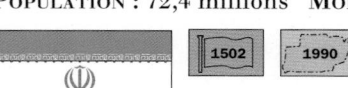 1502    1990   11 février   IR   + 3,5   + 98   .ir

L'IRAN est entouré de pays instables : les anciennes républiques soviétiques au nord, l'Afghanistan et le Pakistan à l'est, l'Irak et la Turquie à l'ouest. La façade méridionale s'ouvre sur le golfe arabo-persique et le golfe d'Oman. Depuis 1979, année où la révolution dirigée par l'ayatollah Khomeiny renversa le chah, l'Iran est devenu la plus grande théocratie du monde et le fer de lance de l'Islam chiite militant. Son soutien actif aux mouvements islamistes a mis à rude épreuve ses relations avec l'Asie centrale, le Moyen-Orient et les nations du Maghreb, ainsi qu'avec les ÉU et l'Europe.

Le massif de l'Elbourz. Le versant qui domine la mer Caspienne est humide et couvert de forêts tandis que le versant méridional est sec.

CLIMAT

DONNÉES MÉTÉOROLOGIQUES

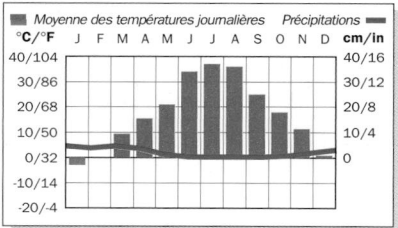

La zone située en bordure de la mer Caspienne est la plus tempérée. La majeure partie du pays est soumise à un climat désertique.

TRANSPORTS

 Mehrabad International, Téhéran
1,16 M de passagers

 382 navires
3,3 M tpl

RÉSEAU DE TRANSPORTS

49 440 km (30 721 miles)	470 km (292 miles)
6 398 km (3 976 miles)	904 km (562 miles)

Le réseau routier dessert surtout les principales villes. Les marchandises circulent principalement par voie ferrée. Un ferry relie la côte sud aux ÉAU.

TOURISME

 1,7 M de visiteurs   Plus 29 % en 2000

PROVENANCE DES TOURISTES ÉTRANGERS

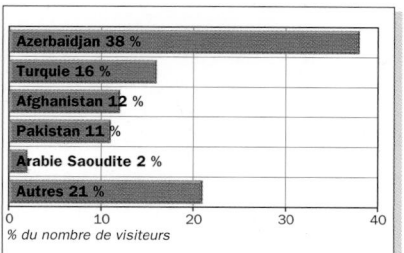

Azerbaïdjan 38 %
Turquie 16 %
Afghanistan 12 %
Pakistan 11 %
Arabie Saoudite 2 %
Autres 21 %

% du nombre de visiteurs

Le remarquable patrimoine historique de l'Iran, ses mosquées et ses bazars attiraient autrefois un grand nombre de visiteurs.
La révolution islamique de 1979 et la mauvaise image du régime dissuadent désormais les touristes, surtout les Occidentaux. Les années 1990 voient le retour des hommes d'affaires étrangers, favorisé par la prise de quelques mesures (simplification des formalités à l'aéroport, modernisation du parc hôtelier). Fin 1998, malgré l'opposition des conservateurs, le régime du président Khatami accueille une délégation de touristes américains.

POPULATION

 Farsi (persan), azéri, gilaki, mazanderani, kurde, baloutche, arabe, turkmène   41 hab./km²

PART DE LA POPULATION URBAINE/RURALE

61 %   39 %

RELIGION

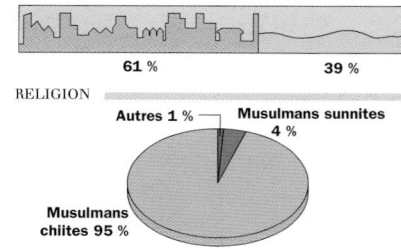

Autres 1 %   Musulmans sunnites 4 %
Musulmans chiites 95 %

COMPOSITION ETHNIQUE

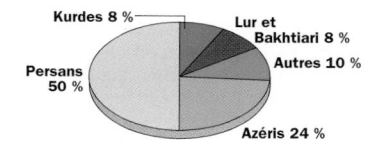

Kurdes 8 %   Lur et Bakhtiari 8 %
Persans 50 %   Autres 10 %
Azéris 24 %

L'Iran compte plusieurs groupes ethniques. Les habitants du nord et du centre – soit la moitié des Iraniens – parlent le farsi (le persan), tandis que 23 % de la population parlent une langue du même groupe, dont le kurde à l'ouest et le baloutche dans le sud-est du pays. Un quart des Iraniens parle des langues du groupe turc, principalement les Azéris au nord-ouest et les Turkmènes au nord-est.

Il existe également des minorités ethniques comme les Tcherkesses et les Géorgiens dans les provinces du nord. Jusqu'au XVIᵉ siècle, les Iraniens suivirent dans leur ensemble l'interprétation sunnite de l'Islam ; le courant musulman chiite est depuis prédominant dans la population. Les minorités religieuses qui ne représentent que 1 % de la population comprennent les ba'haï, victimes d'une forte discrimination, les zoroastriens, les chrétiens et les juifs.
Fidèle à ses idéaux religieux, le régime est très libéral envers les réfugiés musulmans. Le pays compte ainsi près de trois millions de réfugiés afghans disséminés dans 24 provinces. Dans la province de Khorasan à l'est, les réfugiés représentent 23 % de la population alors que près de la frontière turque, ce chiffre atteint 50 %. Beaucoup sont jeunes et représentent une forte concurrence sur le marché de l'emploi, ce qui crée des tensions avec les Iraniens.
L'un des premiers objectifs de la révolution islamique de 1979 fut de combattre la politique d'émancipation des femmes mise en place sous le régime du chah. La révolution réduisit le rôle public des femmes et imposa un code vestimentaire très strict, les obligeant à porter la *hijab*, la robe longue, et le *tchador*, le voile qui cache les cheveux et le cou.
Dans le cadre d'une certaine libéralisation, une proposition de réforme autoriserait la femme à demander le divorce.

PYRAMIDE DES ÂGES

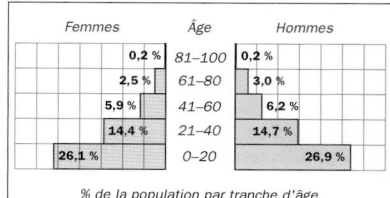

Femmes	Âge	Hommes
0,2 %	81–100	0,2 %
2,5 %	61–80	3,0 %
5,9 %	41–60	6,2 %
14,4 %	21–40	14,7 %
26,1 %	0–20	26,9 %

% de la population par tranche d'âge

I

POLITIQUE

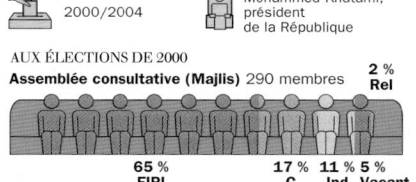

2000/2004

Mohammed Khatami, président de la République

AUX ÉLECTIONS DE 2000

Assemblée consultative (Majlis) 290 membres

65 % FIPI	**17 %** C	**11 %** Ind **5 %** Vacant

2 % Rel

FIPI = Front Iranien de Participation Islamique (réformistes)
C = Coalition des Adeptes de l'Imam (conservateurs)
Ind = Indépendants   **Rel** = Minorités religieuses

L'Iran est une théocratie. Des tensions existent entre les mollahs conservateurs et le gouvernement réformiste.

PRINCIPAUX PROBLÈMES POLITIQUES
La religion contre le pouvoir séculaire

Le partage précis du pouvoir entre les mollahs et l'État laïc est mal défini, ce qui entraîne des luttes d'influence. En 1996, les conservateurs perdent la majorité au parlement et sont remplacés par les réformistes qui, en 2000, arrivent en tête aux élections parlementaires. En 2001,

L'ayatollah Khamenei *devint le chef spirituel du pays à la mort de l'ayatollah Khomeyni.*

Mohammed Khatami *a été élu président de la République en 1997.*

Mohammed Khatami, le président réformiste, est réélu triomphalement avec 77 % des voix. Khatami a décidé de mener le pays vers un système économique moderne mais il se heurte à la forte opposition des mollahs, plus préoccupés par une stricte adhésion aux principes religieux que par le confort matériel du peuple. Les manifestations d'étudiants favorables aux réformes sont violemment réprimées par les traditionalistes. Malgré les élections de 2000, cette tendance reste forte, avec le puissant Conseil des gardiens de la révolution.

PROFIL

La colère des Iraniens les plus défavorisés face à la corruption, la répression et les inégalités sociales sous le régime du chah fut à l'origine de la révolution religieuse qui renversa la monarchie. Le gouvernement repose sur le principe de l'ayatollah Khomeyni selon lequel le clergé doit mettre en place un système social équitable. En théorie, le pouvoir religieux peut donc prévaloir sur le législatif, l'exécutif et le judiciaire. Les mollahs radicaux ont combattu la politique modérée du président Rafsandjani au nom de la « révolution permanente », s'opposant au président Khatami et répondant aux manifestations étudiantes de 1999 et 2000 par la répression. Leur influence est sapée par leur incapacité à rétablir l'économie du pays, mais ils continuent à s'opposer fermement aux réformes.

I

POLITIQUE EXTÉRIEURE

OCE | G24 | MNA | OCI | OPEP

Après la révolution de Khomeyni, l'Iran devient le représentant du militantisme chiite international. L'Iran est accusé de soutenir les actions terroristes des extrêmistes musulmans et d'encourager l'agitation au Moyen-Orient et en Asie centrale. En 1995, les États-Unis imposent des sanctions contre l'Iran. Le président Khatami essaie de donner une image moins controversée du pays. Les relations avec l'Arabie Saoudite, compromises en 1970 lorsque l'Iran s'empare des îles d'Abou Mousa et des îles Tumb, sont normalisées par la signature d'un accord en 2001. Les relations avec l'Occident s'améliorent, Khatami visite l'Italie en 1999 et devient le premier dirigeant iranien à être reçu officiellement par un gouvernement occidental depuis le départ du chah. Le principal sujet d'inquiétude reste l'Irak qui sert de base opérationnelle pour les attaques *moudjahidin* contre l'Iran.

IRAN

Superficie totale : 1 636 000 km²
(631 660 sq. miles)

POPULATION

- ⊡ Plus de 1 000 000
- ◉ Plus de 500 000
- ◎ Plus de 100 000
- ○ Plus de 50 000

ALTIMÉTRIE

- 5 000 m/9 843ft
- 2 000 m/6 562ft
- 1 000 m/3 281ft
- 500 m/1 640ft
- 200 m/656ft
- Niveau de la mer

I

CHRONOLOGIE

L'Iran (la Perse) fut une monarchie absolue dirigée par les chahs jusqu'en 1906, année où fut promulguée la première Constitution du pays. Les Pahlavi s'emparèrent du pouvoir en 1925 et rebaptisèrent la Perse l'Iran en 1935.

❑ **1957** Constitution du SAVAK, la police secrète du chah, pour contrôler l'opposition.
❑ **1964** Exil de l'ayatollah Khomeyni pour avoir critiqué l'État laïc.
❑ **1971** Le chah commémore le 2 500ᵉ anniversaire de la monarchie perse.
❑ **1975** Accord Iran-Irak sur le fleuve Chatt al-arab.
❑ **1977** Mort du fils de Khomeyni. Manifestations contre le chah pendant le deuil.
❑ **1978** Émeutes et grèves. Expulsé d'Irak, Khomeyni s'exile à Paris.
❑ **1979** Le chah part en exil, Khomeyni rentre de son exil en France et proclame la République islamique. Prise d'otages à l'ambassade des ÉU de Téhéran.
❑ **1980** Mort du chah en exil. Début de la guerre Iran-Irak.
❑ **1981** Libération des otages américains. Khamenei est élu président.
❑ **1985** Réélection d'Ali Khamenei.
❑ **1987** Émeutes à La Mecque : environ 275 pèlerins iraniens trouvent la mort.
❑ **1988** L'USS *Vincennes* abat un avion de ligne iranien : 290 morts. Fin de la guerre Iran-Irak.
❑ **1989** Khomeyni lance une *fatwa* condamnant à mort Salman Rushdie pour écrits blasphématoires. Juin, mort de Khomeyni. Le président Ali Khamenei nommé Guide suprême de la République, Hashemi Rafsandjani est élu à la présidence.
❑ **1990** Tremblement de terre dans le nord du pays : 45 000 morts.
❑ **1992** Élection des *Majlis*.
❑ **1993** Rafsandjani est réélu président.
❑ **1995** Embargo commercial des ÉU.
❑ **1996** Élection des *Majlis*. La Société du clergé combattant perd des sièges au profit des Serviteurs de la construction de l'Iran, plus libéraux.
❑ **1997** Tremblement de terre au sud de Meched : 1 500 morts. Khatami élu président.
❑ **1998** Le gouvernement Khatami se dissocie de la *fatwa* contre Salman Rushdie.
❑ **1999** Premières élections régionales depuis 1979. Khatami visite l'Italie et devient le premier dirigeant iranien accueilli en Occident depuis 1979.
❑ **2000** Victoire éclatante des Réformistes. Représailles contre les journaux de cette mouvance.
❑ **2001** Khatami réélu avec 77 % des voix.

AIDE INTERNATIONALE

 161 M $ (reçus)   Moins 2 % en 1999

Pays exportateur de pétrole, l'Iran ne peut prétendre à une aide importante et les traditionalistes s'opposent à un soutien occidental. L'ONU accorde son aide pour les millions de réfugiés afghans et irakiens, mais les liens de l'Iran avec le terrorisme islamiste entraînent la réduction des contributions. En 1994 la Banque mondiale suspend ses prêts, en 1995, embargo américain. Depuis, des compagnies pétrolières européennes annoncent de nouveaux accords.

DÉFENSE

 5,71 Md $ Moins 3 % en 1999

Avec plus de 500 000 hommes sous les drapeaux, dont un tiers est constitué par le corps des *Pasdaran* (la garde révolutionnaire), l'Iran est une réelle menace militaire pour ses voisins. Des essais de missiles balistiques à moyenne portée ravivent leur inquiétude en 1998. Avant la révolution de 1979, l'Iran faisait partie d'une alliance pro-occidentale. Affaibli par huit ans de guerre avec l'Irak, le pays a signé un nouvel accord pour l'achat d'armes à la Russie, en 2000.

FORCES ARMÉES IRANIENNES

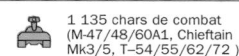
1 135 chars de combat (M-47/48/60A1, Chieftain Mk3/5, T–54/55/62/72) — 325 000 personnes

3 frégates, 5 sous-marins et 63 patrouilleurs — 18 000 hommes

291 avions de combat (F-4D, E/F-5E/F, F-14/MIG 29) — 45 000 hommes

Aucun

ÉCONOMIE

 113,7 Md $  1 725,5-1 747,5 rials

CHIFFRES SIGNIFICATIFS

❑ CLASSEMENT DU PNB AU NIVEAU MONDIAL 35ᵉ
❑ PNB PAR HABITANT ....1 680 $
❑ BALANCE DES PAIEMENTS ... .– 4,75 Md $
❑ INFLATION ....11,3 %
❑ CHÔMAGE ....25 %

EXPORTATIONS
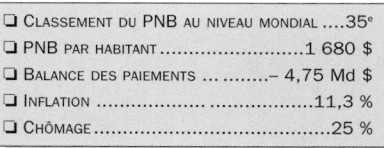
Singapour 4 % — France 5 % — Italie 9 % — Corée du Sud 9 % — Japon 19 % — Autres 54 %

IMPORTATIONS
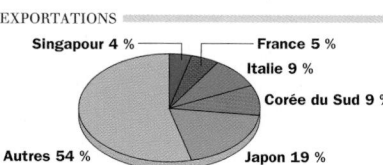
Chine 6 % — France 6 % — Corée du Sud 7 % — Italie 7 % — Allemagne 11 % — Autres 63 %

INDICATEUR DES PERFORMANCES ÉCONOMIQUES

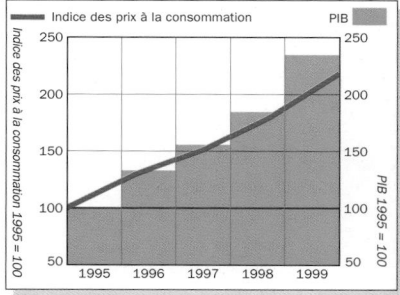

PROFIL
Peu d'industries autres que pétrolières, sanctions des ÉU et fluctuation du marché pétrolier rendent les recettes extérieures instables. En 2000, l'augmentation des prix fait espérer la possibilité d'investissements diversifiés.

ATOUTS
Second pays producteur de pétrole de l'OPEP, l'Iran fait flamber le prix du baril en 2000. Fort potentiel en industries connexes et augmentation de la production des biens traditionnels d'exportation : tapis, pistaches et caviar.

FAIBLESSES
Le régime théocratique restreint les contacts avec l'Occident, empêchant l'acquisition de technologies essentielles au développement économique. Chômage, inflation et dette extérieure élevés.

IRAN : PRINCIPALES ACTIVITÉS

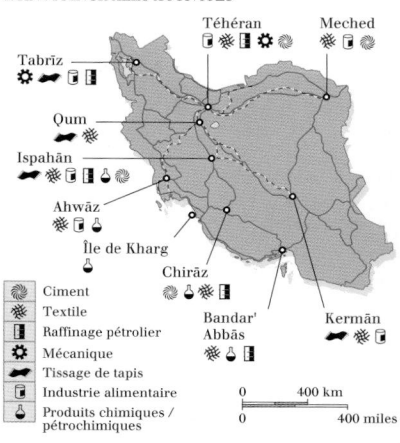

RESSOURCES

 380 200 tonnes

 55 M d'ovins
26 M de caprins
8,1 M de bovins
230 M de volailles

3,8 M b/j (réserves : 89,7 Mdb)

Fer, cuivre, plomb, pétrole, zinc, chromite, charbon, manganèse, gypse

PRODUCTION ÉLECTRIQUE

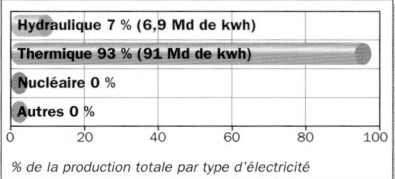

Hydraulique 7 % (6,9 Md de kwh)
Thermique 93 % (91 Md de kwh)
Nucléaire 0 %
Autres 0 %

% de la production totale par type d'électricité

L'Iran dispose de réserves pétrolières considérables et de gisements de métaux, de charbon et de sel qui restent relativement peu exploités. Le secteur agricole constitue une part importante de l'économie iranienne. Les cultures principales sont le blé, l'orge, la bettrave à sucre, le riz, le tabac et les pistaches. L'Iran exportait de l'opium avant que sa culture et son usage ne soient interdits. L'industrie de la vodka a également disparu. L'Iran produit suffisamment de laine pour approvisionner l'industrie du tapis. Le pays doit importer d'importantes quantités de viande. Les pêcheries de la mer Caspienne sont contrôlées par l'État qui exporte la production de caviar.

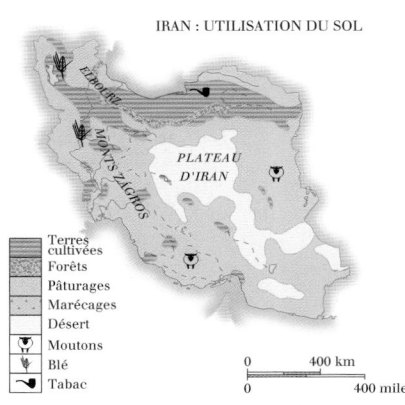
IRAN : UTILISATION DU SOL

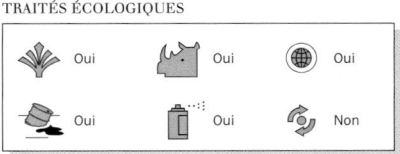

Terres cultivées
Forêts
Pâturages
Marécages
Désert
Moutons
Blé
Tabac

0   400 km
0   400 miles

ENVIRONNEMENT

5 % (3 % partiellement protégés)

4,9 tonnes par habitant

TRAITÉS ÉCOLOGIQUES

Oui   Oui   Oui
Oui   Oui   Non

La guerre qui fit rage dans le sud de l'Iran et détruisit notamment Bandar Khomeyni, le terminal maritime de l'île de Kharg et la raffinerie d'Abadan, a eu de graves répercussions sur l'environnement. L'écologie ne fait pas partie des préoccupations des dirigeants.

MÉDIAS

 26 quotidiens pour 1 000 habitants

PRESSE ET TÉLÉCOMMUNICATIONS

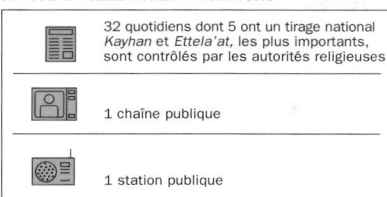

32 quotidiens dont 5 ont un tirage national *Kayhan* et *Ettela'at*, les plus importants, sont contrôlés par les autorités religieuses.

1 chaîne publique

1 station publique

Radio et télévision sous contrôle de l'État, paraboles interdites. 2000 marque un durcissement. Les conservateurs ferment des journaux réformistes et incarcèrent leur rédacteur en chef.

CRIMINALITÉ

 Pas de chiffre sur la population carcérale

 Peu de changement d'année en année

TAUX DE CRIMINALITÉ.

L'Iran ne publie pas de statistiques sur la criminalité. On sait cependant que le taux de criminalité est relativement bas.

Les Gardiens de la révolution font respecter l'ordre public. Plus de 100 délits sont passibles de la peine de mort. Hommes et femmes sont fréquemment exécutés pour « crimes politiques ». Les gouvernements occidentaux accusent l'Iran de soutenir le terrorisme islamiste international. En 2000, l'Iran reconnaît que la toxicomanie, la prostitution et la maltraitance des femmes sont courants.

ÉDUCATION

 77 %

 579 070 étudiants

LE SYSTÈME ÉDUCATIF

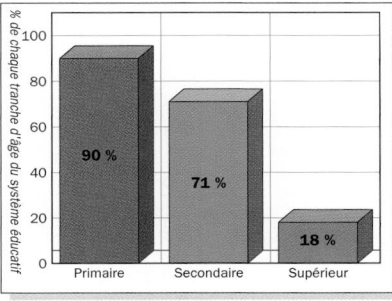

Primaire 90 %   Secondaire 71 %   Supérieur 18 %

% de chaque tranche d'âge du système éducatif

Plus de la moitié de la population sait lire et écrire. L'enseignement est gratuit dans les établissements primaires et les universités. Une faible participation est demandée pour le secondaire. La plupart des écoles ne sont pas mixtes. Les étudiants soutiennent activement le programme réformiste du président Khatami.

SANTÉ

 1 pour 1 250 habitants

 Maladies cardiaques et respiratoires, blessures, décès néo-natals

Si les villes bénéficient d'un système de santé adapté aux besoins de la population, les zones rurales sont négligées. Sous Khomeyni, procréer était un devoir politique et religieux. La démographie galopante pèse lourdement sur le système de santé, rendant obligatoire une politique de contrôle des naissances : campagnes de stérilisation et contraception. Face à l'augmentation de la toxicomanie, le gouvernement met en place des programmes de désintoxication et de prévention.

RICHESSES

CONSOMMATION ET DÉPENSES

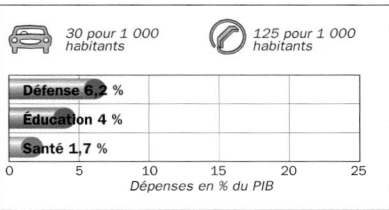

30 pour 1 000 habitants   125 pour 1 000 habitants

Défense 6,2 %
Éducation 4 %
Santé 1,7 %

Dépenses en % du PIB

Depuis la révolution de 1979, le niveau de vie a énormément baissé. Le manque de devises a paralysé l'importation de biens de consommation. Le rationnement, imposé pendant la guerre contre l'Irak est encore partiellement en vigueur et la contrebande de produits en provenance des États du Golfe est monnaie courante. Avec un taux de chômage élevé, peu d'Iraniens ont accès aux technologies modernes telles que le téléphone. Les chiffres officiels sur le revenu par habitant ne rendent pas compte des réalités : les déshérités ne bénéficient pas des revenus pétroliers. On assiste aujourd'hui à l'émergence de l'entreprise privée depuis l'ouverture en 1994 des premières sociétés privées de crédit immobilier.

CLASSEMENT MONDIAL

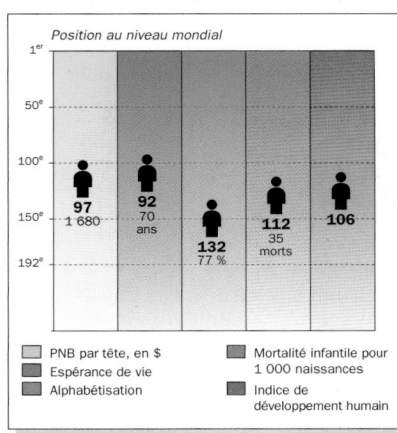

Position au niveau mondial

97 / 1 680
92 / 70 ans
132 / 77 %
112 / 35 morts
106

PNB par tête, en $
Espérance de vie
Alphabétisation
Mortalité infantile pour 1 000 naissances
Indice de développement humain

IRLANDE

NOM OFFICIEL : République d'Irlande **CAPITALE** : Dublin **POPULATION** : 3,9 millions
MONNAIE : euro **LANGUE OFFICIELLE** : irlandais

EUROPE

   1922   1922   17 mars  IRL   0   +353   .ie

PAYS insulaire de l'océan Atlantique situé au large de la côte occidentale de la Grande-Bretagne, la République d'Irlande occupe environ 85 % de l'île d'Irlande. La plaine centrale, bordée de petits massifs montagneux près des côtes, offre un paysage de lacs, de collines et de tourbières. Des siècles de lutte contre le colonialisme anglais entraînèrent la création de l'État libre d'Irlande en 1922 et sa souveraineté à part entière en 1937. « La paix du vendredi saint », accord du 13 avril 1998 auquel l'Irlande a pris part, porte en lui tous les espoirs de paix avec l'Irlande du Nord

POLITIQUE

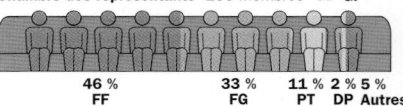

Ch. basse 2002/2007
Ch. haute 2002/2007

Mary McAleese, présidente de la République

EN 1997

Chambre des représentants 166 membres

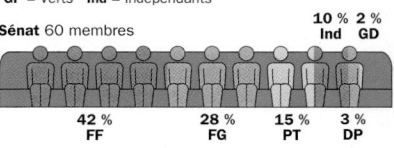

| | | | **2 %** | **1 %** |
| | | | **GD** | **GP** |

| **46 %** | **33 %** | **11 %** | **2 %** | **5 %** |
| **FF** | **FG** | **PT** | **DP** | **Autres** |

FF = Fianna Fáil **FG** = Fine Gael **PT** = Parti travailliste
GD = Gauche Démocrate **DP** = Démocrates progressistes
GP = Verts **Ind** = Indépendants

Sénat 60 membres

| | | **10 %** | **2 %** |
| | | **Ind** | **GD** |

| **42 %** | **28 %** | **15 %** | **3 %** |
| **FF** | **FG** | **PT** | **DP** |

En 1973, une coalition FG-PT accéda au pouvoir et mit fin au rôle traditionnel du FF au pouvoir depuis 1932. Les gouvernements du FF et de la coalition FG-PT qui se succédèrent furent éphémères, et le FF eut besoin à partir de 1989 du soutien des Démocrates progressistes pour gouverner. En 1994, le gouvernement FG-PT fut remplacé par un gouvernement de coalition regroupant le FG, le PT et la GD, conduit par le chef du FG, John Bruton. Aux élections anticipées de 1997, le FF revint au pouvoir, Bertie Ahern fut élu *taoiseach* (Premier ministre).

CLIMAT

DONNÉES MÉTÉOROLOGIQUES

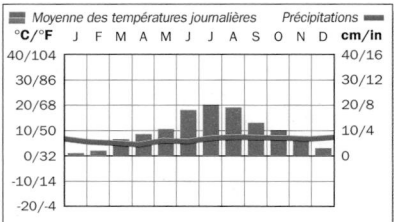

Tempéré par le *Gulf Stream*, le climat irlandais est doux, peu contrasté et humide. Température moyenne : 12° C.

TRANSPORTS

 **Dublin International** 12,8 M de passagers

 150 navires 183 809 tpl

RÉSEAU DE TRANSPORT

 87 043 km (54 086 miles)

 115 km (71 miles)

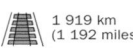 1 919 km (1 192 miles)

 710 km (441 miles)

Grâce aux fonds de l'UE, le réseau routier s'améliore. Mais Dublin est toujours aussi embouteillé.

TOURISME

 6,7 M de visiteurs Plus 5 % en 2000

PROVENANCE DES TOURISTES ÉTRANGERS

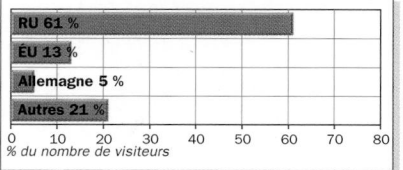

| | 0 | 10 | 20 | 30 | 40 | 50 | 60 | 70 | 80 |
% du nombre de visiteurs

RU 61 %
ÉU 13 %
Allemagne 5 %
Autres 21 %

Le nombre de visiteurs annuel dépasse maintenant les 6 millions. Ceux-ci sont attirés par Dublin, si dynamique, le côté « écologique » et préservé de l'île, ses paysages et son mode de vie décontracté.

POPULATION

Anglais, gaélique d'Irlande 54 hab./km²

PART DE LA POPULATION URBAINE/RURALE

59 % **41 %**

RELIGION

Juifs 1 % Anglicans 3 %
Autres et athées 8 %
Catholiques 88 %

95 % DE LA POPULATION EST D'ORIGINE IRLANDAISE. L'ÉGLISE CATHOLIQUE A PERDU DE SON INFLUENCE. L'IRLANDE EST DÉSORMAIS UN PAYS D'IMMIGRATION, À L'INVERSE DES 150 DERNIÈRES ANNÉES.

RÉPUBLIQUE D'IRLANDE

Superficie totale : 68 890 km² (26 598 sq. miles)

POPULATION

Plus de 500 000 ◉
Plus de 100 000 ◎
Plus de 50 000 ○
Plus de 10 000 •
Moins de 10 000 ·

ALTIMÉTRIE

1 000 m/3 281 ft
500 m/1 640 ft
200 m/656 ft
N Niveau de la mer

0 50 km
0 50 miles

OCÉAN ATLANTIQUE

Malin Head
Carndonagh
Îles Tory
Crossroads
Lough Foyle
Île Aran
Letterkenny
Glenties
Lifford
Donegal
IRLANDE DU NORD
Baie de Donegal
Bundoran
Belmullet
Sligo
Manorhamilton
Monaghan
Lac Conn
Ballina
Carrick on Shannon
Cavan
Dundalk
Baie de Dundalk
Îles Achill
Castlebar
Ardee
Drogheda
Westport
CONNAUGHT
Longford
Ceanannus Mór
Lac Mask
Roscommon
Mullingar
Boyne
Kilcock
Swords
Clifden
Lac Corrib
Tuam
Athlone
Lac Ree
Leixlip
Lucan
DUBLIN
Oughterard
Dún Laoghaire
Galway
Oranmore
Loughrea
Tullamore
Naas
Baie de Galway
LEINSTER
Bray
Îles Aran
Lac Derg
Port Laoise
Wicklow Mountains
Wicklow
MER D'IRLANDE
Ennis
Roscrea
Carlow
Arklow
Shannon Airport
Nenagh
Kilkenny
Kilkee
Slaney
Loop Head
Shannon
Limerick
Barrow
New Ross
Enniscorthy
Rathkeale
Tipperary
Nore
MUNSTER
Clonmel
Suir
Wexford
Tralee
Mallow
Blackwater
Waterford
Canal St. George
Baie de Dingle
Killarney
Dungarvan
Carrauntoohill 1041 m
Lee
Youghal
Macgillicuddy's Reeks
Macroom
Kenmare
Cork
Bantry
Baie de Bantry

MER CELTIQUE

POLITIQUE EXTÉRIEURE

 CE ASE UE OCDE OSCE

L'Irlande, le RU et les ÉU sont impliqués dans le processus de paix en Irlande du Nord. En 2001, le traité de Nice (UE) a été rejeté par référendum.

AIDE INTERNATIONALE

 245 M $ (versés)   Plus 23 % en 1999

L'aide irlandaise va en premier lieu à l'Afrique. L'Irlande est l'un des principaux bénéficiaires de l'aide de l'UE.

DÉFENSE

 745 M $ Plus 1 % en 1999

Avec un statut d'observateur à l'UEO, l'Irlande tient à sa position de neutralité malgré la politique de défense européenne commune.

ÉCONOMIE

 80,6 Md de $ 1,095 euro

CHIFFRES SIGNIFICATIFS

❏ CLASSEMENT DU PNB AU NIVEAU MONDIAL	39e
❏ PNB PAR HABITANT	22 850 $
❏ BALANCE DES PAIEMENTS	-1,04 M $
❏ INFLATION	4,9 %
❏ CHÔMAGE	4 %

ATOUTS
Le « Tigre celtique » enregistre l'une des plus forte croissance européennes : le PIB augmente de 9 % par an depuis 1995. Excédent commercial, faible inflation. Agriculture et industrie alimentaire performantes, technologies de pointe en hausse. Main-d'œuvre très qualifiée.

FAIBLESSES
Nombreux secteurs clés appartiennent à des multinationales étrangères. Danger de surchauffe pour l'économie. Crise du logement. La croissance rapide met les infrastructures à rude épreuve.

EXPORTATIONS
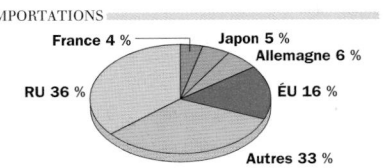
Pays-Bas 6 % — France 8 % — Allemagne 12 % — ÉU 15 % — RU 22 % — Autres 37 %

IMPORTATIONS
France 4 % — Japon 5 % — Allemagne 6 % — ÉU 16 % — RU 36 % — Autres 33 %

RESSOURCES

 329 496 tonnes

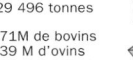 Pays non producteur : raffine 56 000 b/j

6,71M de bovins
5,39 M d'ovins
1,76 M de porcins
11,5 M de volailles

 Plomb, zinc, gaz naturel, argent, charbon

Du pétrole a été découvert au large de la côte méridionale. Les quantités seraient suffisantes pour une exploitation rentable.

ENVIRONNEMENT

 1 %   10,2 tonnes par habitant

La surexploitation des tourbières et l'extension récente des plantations de conifères, sont les principaux problèmes écologiques. La couverture forestière devrait augmenter dans les prochaines années, surtout en conifères. Les lois de 1994 renforcent la lutte contre la pollution. Petite industrie d'énergie éolienne.

MÉDIAS

 149 quotidiens pour 1 000 habitants

PRESSE ET TÉLÉCOMMUNICATIONS

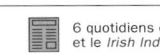
6 quotidiens dont le *Irish Time* et le *Irish Independant*

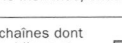
2 chaînes dont 1 publique et 1 privée

3 stations dont 1 publique et 2 privées

La censure de la couverture médiatique du Sinn Féin fut levée en 1994. Les Irlandais reçoivent sur tout le territoire la presse écrite et audiovisuelle britannique.

CRIMINALITÉ

 2 032 détenus   Moins 20 % en 1996-1998

L'Irlande rurale détient le taux de criminalité le plus bas de l'UE. Drogues et hausse de la criminalité à Dublin et Cork.

ÉDUCATION

 99 %   134 566 étudiants

Nombreuses écoles catholiques. Hausse des dépenses pour l'instruction. Main-d'œuvre très qualifiée.

Baie de Clew dans le comté de Mayo, *sur la côte occidentale de l'Irlande, vue de Croagh Patrick qui surplombe la baie.*

CHRONOLOGIE

La colonisation anglaise commencée en 1167, fut renforcée à partir de 1558 par des lois discriminatoires contre les catholiques et l'arrivée de colons protestants écossais dans le nord de l'île.

❏ **1845–1855** Famine : un million de victimes, 1,5 million d'émigrants.
❏ **1919–1921** Indépendance proclamée par Sinn Fein. Guerre anglo-irlandaise.
❏ **1922** Création de l'État libre d'Irlande.
❏ **1973** La coalition FG-PT est élue mettant fin à 41 ans de pouvoir FF.
❏ **1990** Mary Robinson première femme présidente de la République d'Irlande.
❏ **1995** Référendum en faveur du divorce.
❏ **1998** Accords de paix du vendredi saint pour l'Irlande du Nord.
❏ **2001** Rejet du traité de Nice.

I

SANTÉ

 1 pour 455 habitants   Maladies cardiaques, cancers, accidents

La gratuité des soins est fonction des revenus ; 1/3 des Irlandais en bénéficient. Les autres doivent payer consultations et médicaments. Une petite participation est demandée pour les frais d'hospitalisation.

RICHESSES

CONSOMMATION ET DÉPENSES

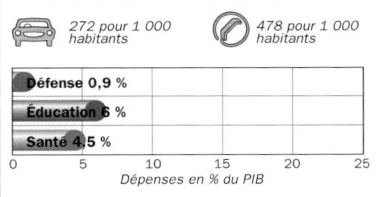
272 pour 1 000 habitants   478 pour 1 000 habitants

Défense 0,9 %
Éducation 6 %
Santé 4,5 %

Dépenses en % du PIB

Le niveau de vie de la population active croît. Aide sociale aux chômeurs peu élevée selon les critères OCDE.

CLASSEMENT MONDIAL

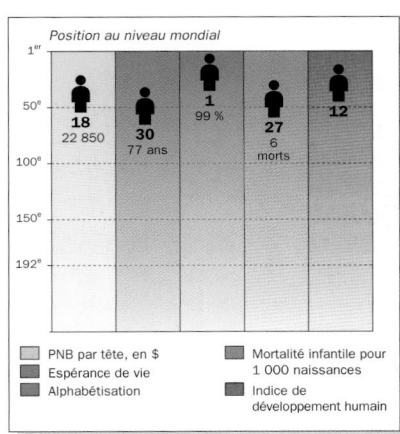

Position au niveau mondial

18 — 22 850
30 — 77 ans
1 — 99 %
27 — 6 morts
12

PNB par tête, en $
Espérance de vie
Alphabétisation
Mortalité infantile pour 1 000 naissances
Indice de développement humain

ISLANDE

NOM OFFICIEL : République d'Islande **CAPITALE** : Reykjavik
POPULATION : 283 000 **MONNAIE** : couronne islandaise **LANGUE OFFICIELLE** : islandais

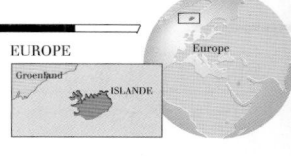

PAYS le plus occidental d'Europe, l'Islande bénéficie d'une situation stratégique dans l'Atlantique Nord, juste au sud du cercle polaire arctique. Située sur une partie émergée de la dorsale médio-atlantique, l'Islande compte 200 volcans, de nombreux geysers et solfatares. Ancienne possession danoise, elle devint un État indépendant à part entière en 1944. La population est concentrée sur le littoral, où les températures permettent aux ports d'échapper aux glaces.

CLIMAT

DONNÉES MÉTÉOROLOGIQUES

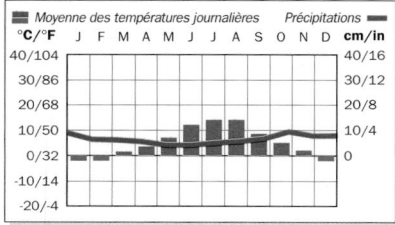

Le *Gulf Stream* adoucit les hivers islandais. Les étés sont frais avec de belles journées ensoleillées.

TRANSPORTS

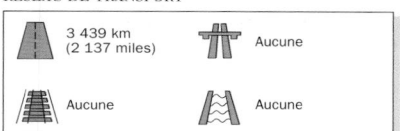

Keflavík International, Reykjavík
1,32 M de passagers

979 navires
216 391 tpl

RÉSEAU DE TRANSPORT

 3 439 km (2 137 miles)

Aucune

 Aucune

Aucune

Les Islandais se déplacent en voiture et en avion. Une grande route fait le tour de l'île. Le transport des marchandises se fait principalement par la mer.

TOURISME

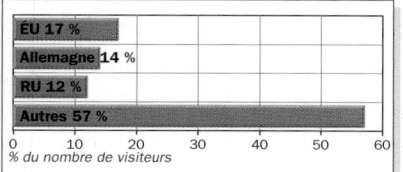

303 000 visiteurs

Plus 15 % en 2000

PROVENANCE DES TOURISTES ÉTRANGERS

ÉU 17 %					
Allemagne 14 %					
RU 12 %					
Autres 57 %					

0   10   20   30   40   50   60
% du nombre de visiteurs

L'Islande s'emploie à faire valoir la beauté de ses paysages, ses glaciers, ses vallées verdoyantes, ses fjords et ses sources d'eau chaude pour s'imposer comme une destination privilégiée de l'éco-tourisme.

POPULATION

 Islandais

3 hab./km²

PART DE LA POPULATION URBAINE/RURALE

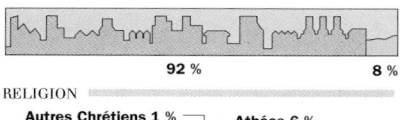

92 %   8 %

RELIGION

Autres Chrétiens 1 %   Athées 6 %

Luthériens 93 %

D'origine norvégienne et celte, les Islandais forment une société homogène. Ils sont presque tous luthériens. Plus de la moitié de la population vit à Reykjavik ou aux alentours. Le niveau de vie est élevé sans grandes tensions sociales.

POLITIQUE

2003/2007

Olafur Ragnar Grimsson, président de la République

AUX DERNIÈRES ÉLECTIONS
Parlement (Althing) 63 membres

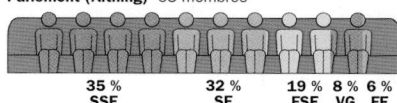

35 %   32 %   19 %   8 %   6 %
SSF   SF   FSF   VG   FF

SSF = Parti pour l'indépendance   **SF** = Alliance
FSF = Parti du progrès   **VG** = Gauche-Verts   **FF** = Libéral

Depuis son indépendance, l'Islande est dirigée par des coalitions. Toutefois, dans les années 1980, le traditionnel système quadripartite a commencé à se fracturer. À l'issue du scrutin de 1991, une nouvelle coalition Indépendants / Sociaux Démocrates a mis en place des réformes destinées à relancer l'économie de marché. La polémique autour de la candidature de l'Islande à l'UE a été désamorcée par le succès des négociations de 1992 lui donnant accès à ce vaste marché par intégration à l'EEE. Aux élections de 1995, cette coalition a été remplacée par un gouvernement de centre-droit dirigé par David Oddsson, indépendant. Il est parvenu à consolider la reprise initiée en 1994, affermissant ainsi sa position aux législatives de 1999.

ISLANDE

Superficie totale : 100 250 km²
(38 707 sq. miles)

POPULATION
○ Plus de 50 000
● Plus de 10 000
• Moins de 10 000

ALTIMÉTRIE
1 000 m/3 281ft
500 m/1 640ft
200 m/656ft
Niveau de la mer
Calotte glaciaire

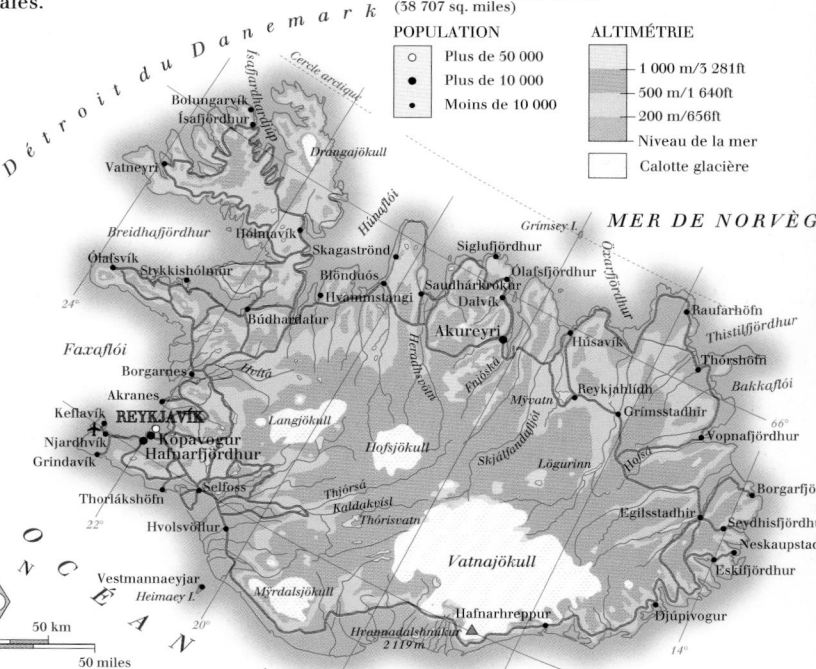

POLITIQUE EXTÉRIEURE

Bien que membre de l'OTAN et de l'AELE, l'Islande maintient ses distances vis-à-vis de l'UE et des ÉU. Ses litiges sont essentiellement liés aux droits de pêche ; elle a ainsi quitté la Commission Baleinière Internationale de 1992 à 2000 lors d'un embargo sur ce type de pêche. L'Islande entretient des relations étroites avec les autres États nordiques.

AIDE INTERNATIONALE

 6 M $ (versés)   Moins 14 % en 1994

Les sommes versées dans le cadre de l'aide internationale sont modestes et inférieures à celles des autres pays scandinaves.

DÉFENSE

 Seule force armée : la gendarmerie maritime   Ne s'applique pas

L'Islande n'a pas d'armée mais elle est membre de l'OTAN et associée de l'UEO. Keflavik abrite une base américaine.

ÉCONOMIE

 8,15 Md $ 76-86 couronnes islandaises

CHIFFRES SIGNIFICATIFS

- CLASSEMENT DU PNB AU NIVEAU MONDIAL 94e
- PNB PAR HABITANT ....28 910 $
- BALANCE DES PAIEMENTS ....– 848 M $
- INFLATION ....6,4 %
- CHÔMAGE..2 %

ATOUTS
Pêche industrielle de haut niveau dans des zones réservées très riches. Économie en forte reprise depuis la fin des années 1990, peu d'inflation et de chômage. Faible coût de l'énergie géothermique.

FAIBLESSES
La pêche réalise plus de 70 % des recettes d'exportation. Rigidité du marché due à la prépondérance des banques nationalisées.

EXPORTATIONS
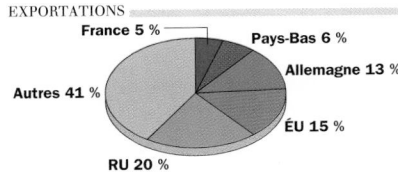

IMPORTATIONS
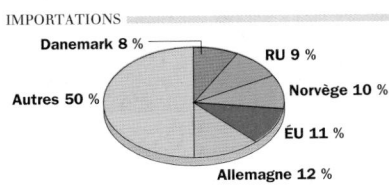

Tours de lave, *près du lac Mÿvatn au nord de l'île. Le centre de l'île est occupé par un désert de lave refroidie et des glaciers.*

RESSOURCES

 2,21 M tonnes   Pays non producteur

 490 538 ovins
77 330 chevaux
191 000 volailles   Diatomite

Aucune ressource minérale. Les ressources géothermiques et hydroélectriques satisfont les besoins intérieurs. Mesures prises pour reconstituer les réserves de poissons.

ENVIRONNEMENT

 9 % (7 % partiellement protégés)   7,9 tonnes par habitant

Il n'y a aucune centrale nucléaire ou thermique en Islande. La pollution est minime. Voyant les bancs de morue décimés par le rorqual de Minke, l'Islande a repris la chasse à la baleine en 1992. L'éruption d'un volcan situé sous le glacier de Vatna a provoqué de graves inondations, faisant d'énormes dégâts en 1996.

MÉDIAS

 535 quotidiens pour 1 000 habitants

PRESSE ET TÉLÉCOMMUNICATIONS

 4 quotidiens, dont le *Dagbladid-Visir*. Le *Morgunblaid* est le plus lu.

 12 chaînes dont 1 publique et 11 privées   17 stations dont 1 publique et 16 privées

Le tirage de la presse islandaise par rapport au nombre d'habitants est l'un des plus élevés au monde.

CRIMINALITÉ

 113 détenus   Relative stabilité du taux de criminalité

Le taux de criminalité est relativement bas. Le taux de meurtres liés à l'abus d'alcool est plus élevé que la moyenne européenne.

ÉDUCATION

99 %   7 908 étudiants

Les Islandais achètent le plus de livres par habitant au monde. L'enseignement est public. 40 % des lycéens poursuivent leurs études universitaires à Reykjavik, à Akureyri, ou aux ÉU.

CHRONOLOGIE

Occupée au IXe siècle par les Vikings, l'Islande est sous tutelle danoise de 1380 à 1944. État autonome en 1918.

- **1940–1945** Occupation par le RU puis par les ÉU.
- **1944** République indépendante.
- **1949** Membre fondateur de l'OTAN.
- **1951** Construction de la base américaine de Keflavik malgré une forte opposition.
- **1972–1976** Limites de pêche à 50 milles « Guerres de la morue » avec le RU.
- **1975** Zones de pêche à 200 milles.
- **1980** Vigdis Finnbogadóttir, première femme au monde élue chef d'État.
- **1985** L'Islande renonce au nucléaire.
- **1995–1999** Gouvernement de coalition de centre-droit dirigé par David Oddsson, réélu en 1999 et 2003.

I

SANTÉ

 1 pour 307 habitants   Maladies cardiaques et cérébrovasculaires, cancers

Tous les Islandais ont accès à un système de santé public gratuit. L'Islande a le taux de mortalité infantile le plus bas au monde et l'une des espérances de vie les plus élevées.

RICHESSES

CONSOMMATION ET DÉPENSES

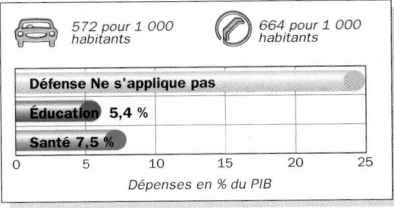

Les richesses sont relativement bien réparties et la mobilité sociale est grande. Le chauffage domestique, issu de l'énergie géothermique, est pratiquement gratuit.

CLASSEMENT MONDIAL

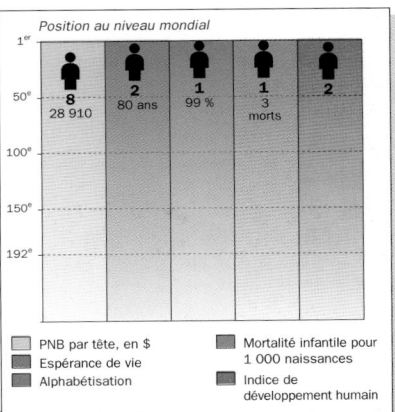

ISRAËL

NOM OFFICIEL : État d'Israël **CAPITALE :** Jérusalem
POPULATION : 6,6 millions **MONNAIE :** shekel **LANGUES OFFICIELLES :** hébreu et arabe

MOYEN-ORIENT

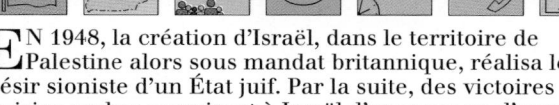

1948 1994 12 mai IL + 2 + 972 .il

EN 1948, la création d'Israël, dans le territoire de Palestine alors sous mandat britannique, réalisa le désir sioniste d'un État juif. Par la suite, des victoires militaires sur des voisins arabes permirent à Israël d'annexer ou d'occuper des territoires supplémentaires, dont certains retournèrent à l'Égypte selon l'accord de Camp David (1978). Les espoirs suscités dans les années 1990 par un accord de paix entre Israéliens et Palestiniens ont été anéantis par la reprise de la violence.

CLIMAT

DONNÉES MÉTÉOROLOGIQUES

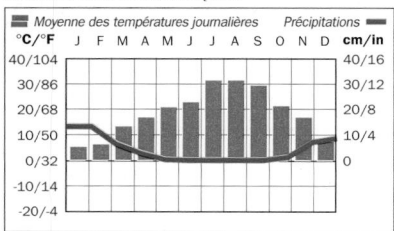

■ Moyenne des températures journalières Précipitations ■

Israël connaît des étés chauds et secs. La saison humide dure de novembre à mars, période durant laquelle le climat est doux.

TRANSPORTS

 Ben-Gourion International, Tel Aviv–Jaffa 7,31 M de passagers

 48 navires 611 400 tpl

RÉSEAU DE TRANSPORT

15 965 km (9 920 miles)	56 km (35 miles)
669 km (416 miles)	Aucune

Le pays compte trois ports commerciaux. Extension de l'aéroport international Ben Gourion et du réseau routier.

TOURISME

 862 300 de visiteurs   Moins 28% en 2002

PROVENANCE DES TOURISTES ÉTRANGERS

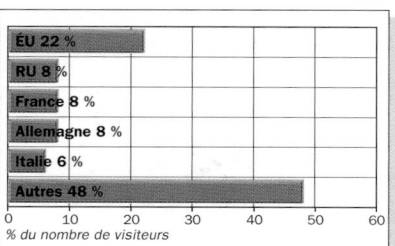

EU 22 %
RU 8 %
France 8 %
Allemagne 8 %
Italie 6 %
Autres 48 %

% du nombre de visiteurs

Le conflit israélo-palestinien a bien évidemment de graves répercussions sur le tourisme.

POPULATION

 Hébreu, arabe, yiddish, allemand, russe, polonais, roumain, persan

 325 hab./km²

PART DE LA POPULATION URBAINE/RURALE

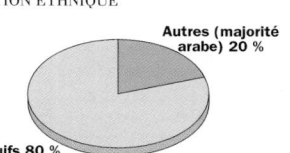

92 %   8 %

RELIGION

Chrétiens 2 %   Druzes et autres 2 %
Musulmans (majorité sunnite) 16 %
Juifs 80 %

COMPOSITION ETHNIQUE

Autres (majorité arabe) 20 %
Juifs 80 %

Un grand nombre d'immigrants juifs se sont établis en Palestine avant la création d'Israël, en 1948. Après la Seconde Guerre mondiale, le pays connaît une grande vague d'immigration. Les juifs séfarades originaires du Moyen-Orient sont aujourd'hui majoritaires mais les ashkénazes, qui viennent pour la plupart d'Europe centrale, dominent toujours la vie politique, économique et sociale du pays. Certains des non juifs s'impliquent dans le processus de démocratisation, beaucoup restent en marge de la société israélienne. Juifs orthodoxes et laïcs s'opposent sur l'observance de la religion et sur la recherche d'un accord de paix avec les Palestiniens.

PYRAMIDE DES ÂGES

Femmes	Âge	Hommes
1,3 %	81–100	0,9 %
5,9 %	61–80	4,7 %
9,9 %	41–60	9,4 %
14,5 %	21–40	14,7 %
18,8 %	0–20	19,9 %

% de la population par tranche d'âge

POLITIQUE

 2003/2007

 Moshe Katzav, président de la République

AUX DERNIÈRES ÉLECTIONS

Parlement 120 membres

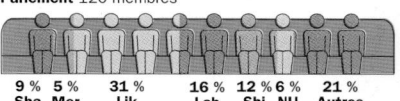

9 % Sha	5 % Mer	31 % Lik	16 % Lab	12 % Shi	6 % NU	21 % Autres

Trav = Travailliste **Li** = Likoud **Sh** = Shas
Mer = Meretz **Shi** = Shinui
NU = Union nationale
L'alliance IH regroupe Travaillistes, Gesher et Meymad

Israël est une démocratie pluraliste.

PROFIL

Les gouvernements récents ont connu une alternance Likoud (droite) - Travaillistes (centre-gauche). Comme ni l'un ni l'autre n'obtient la majorité, les coalitions doivent intégrer des petits partis religieux. Le Likoud, dirigé par le premier ministre Sharon depuis 2001, a doublé ses sièges à la Knesset en 2003, après la chute du précédent « gouvernement d'unité nationale ». Les travaillistes ont refusé de se joindre au Likoud.

PRINCIPAUX PROBLÈMES POLITIQUES
La paix avec les Palestiniens
La question demeure : la sécurité israélienne doit-elle dépendre de l'armée, ou d'un accord avec les Palestiniens et les pays voisins ? Des partis religieux, petits mais influents, soutiennent les colonies dans les territoires occupés ; celles-ci constituent l'obstacle principal à un accord de paix. Sharon est arrivé au pouvoir avec une ligne dure, exigeant un changement de la direction palestinienne et un arrêt de la violence avant même le début des pourparlers. La reprise de l'Intifada, avec les attentats visant souvent des civils, a renforcé le scepticisme quant à la paix à venir ; les négociations ont cependant repris en 2003 dans le cadre de la « feuille de route » américaine.

***Ariel Sharon** a été élu Premier ministre en 2001.*

***Yasser Arafat,** chef de plus en plus contesté de l'OLP.*

I

POLITIQUE EXTÉRIEURE

BERD   **AIEA**   **BIRD**   **OMC**

Israël, qui s'est retiré du Sud Liban en 2000, est « officiellement » toujours en guerre contre les États arabes, à l'exception de l'Égypte et de la Jordanie. Il maintient d'étroites relations avec les ÉU. Sa répression sévère de l'agitation palestinienne est largement condamnée.

AIDE INTERNATIONALE

 172 M $ (reçus)   Moins 78 % en 2001

Israël reçoit une assistance militaire et des aides économiques très importantes des ÉU ainsi que des dons d'ONG juives.

ISRAËL

Superficie totale : 20 330 km² (7849 sq. miles)

POPULATION

◎ Plus de 100 000
○ Plus de 50 000
● Plus de 10 000

ALTIMÉTRIE

1 000 m/3 281ft
500 m/1 640ft
200 m/656ft
Niveau de la mer
-200 m/-656ft

DÉFENSE

 10,4 Md $ Plus 9% en 2001

Israël est le seul pays du Moyen-Orient à disposer de l'arme nucléaire. Son armée de métier est réduite mais le pays peut mobiliser 600 000 réservistes. L'armée israélienne est équipée de matériel américain de pointe et sa puissance offensive est largement supérieure à celle de ses voisins arabes. Pour lutter contre l'intifada palestinienne, l'armée a recours à des frappes punitives, ou encore des assassinats ciblés.

FORCES ARMÉES ISRAÉLIENNES

3750 chars de combat (Centurion, Merkava I-II-III, M-60A1/3, Magach 7)	120 000 hommes
3 sous-marins, 48 patrouilleurs	6 500 hommes
704 avions de combat (50 F2–4E–2000, 85 F–15, 237 F–16)	35 000 hommes
La capacité nucléaire d'Israël est estimée à 100 ogives, portées par les missiles Jericho 1 et Jericho 2.	

ÉCONOMIE

 107 Md $ 4,324 shequalim

ATOUTS

Infrastructure moderne. Population instruite. Fort potentiel agricole, industriel et high-tech. Secteur bancaire. Commerce avec l'UE.

FAIBLESSES

Violence. Budget militaire élevé. Fortes subventions à l'installation des immigrants. Faible commerce avec les voisins arabes. Effondrement du tourisme. Corruption. Chômage en hausse.

PROFIL

Le gouvernement tente de diminuer les dépenses publiques. L'État contrôle l'essentiel du foncier et plus de 20% des industries et services. Privatisation des entreprises publiques. L'agriculture, rentable et spécialisée, est éclipsée par le secteur high-tech. Tentatives pour encourager les services. L'économie a connu une expansion dans les années 1990, bénéficiant de l'immigration de Juifs souvent très qualifiés, issus de l'ex-URSS. Malgré la hausse du chômage, les nouveaux venus ont contribué à la croissance exportatrice de l'économie israélienne. Des zones de pauvreté subsistent dans certaines agglomérations.

CHIFFRES SIGNIFICATIFS

❏ CLASSEMENT DU PNB AU NIVEAU MONDIAL 36e
❏ PNB PAR HABITANT ....16 750 $
❏ BALANCE DES PAIEMENTS ... .– 1,85 Md $
❏ INFLATION ....1,1 %
❏ CHÔMAGE..9 %

EXPORTATIONS

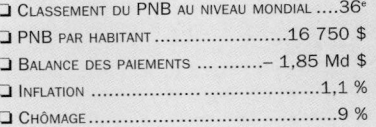

Allemagne 4 % — Belgique 5 %
Hong Kong 4 % — RU 4 %
Autres 45 %
ÉU 38 %

IMPORTATIONS

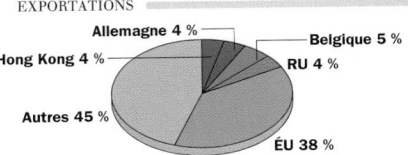

Suisse 5 % — Allemagne 8 %
RU 7 %
Autres 52 % — Belgique 8 %
ÉU 20 %

Le soulèvement palestinien, dès 2000, a provoqué une récession en frappant le commerce, le tourisme et les investissements. La riposte militaire, coûteuse, a infligé des dégâts estimés à plus de 300 millions de $ en Cisjordanie et dans la bande de Gaza.

ISRAËL : PRINCIPALES ACTIVITÉS

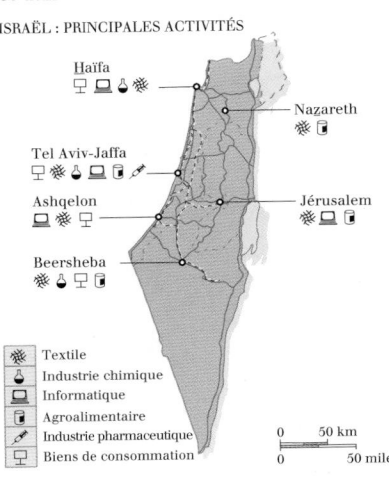

Haïfa
Nazareth
Tel Aviv-Jaffa
Ashqelon
Jérusalem
Beersheba

※ Textile
Industrie chimique
Informatique
Agroalimentaire
Industrie pharmaceutique
Biens de consommation

INDICATEUR DES PERFORMANCES ÉCONOMIQUES

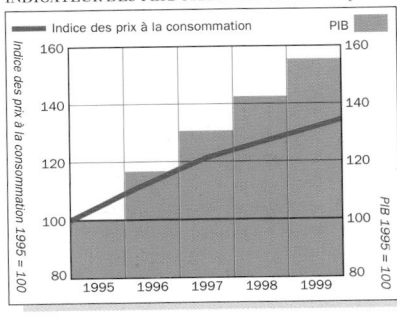

Indice des prix à la consommation   PIB

ISRAËL ET LES PALESTINIENS

L E CONFLIT entre Israël et les Palestiniens – population arabe du territoire de Palestine, placé sous mandat britannique avant 1948 – joue un rôle crucial dans la politique du Moyen-Orient. En 1948, près d'un million de Palestiniens sont réduits à l'état de réfugiés, 300 000 autres quittent en 1967 les territoires occupés par Israël. L'Organisation de Libération de la Palestine (OLP), dirigée par Yasser Arafat, prétendait être la « seule représentation légitime » des Palestiniens. Ceux-ci n'ont obtenu une autonomie limitée qu'après les accords de 1993, en Cisjordanie et dans la bande de Gaza — où vivent plus de deux millions de Palestiniens et 300 000 colons israéliens. Le calendrier accepté en 1999 prévoyait l'autonomie totale un an plus tard, ainsi que la résolution des questions de « statut permanent ». Les Palestiniens espéraient obtenir un État à part entière. Fin 2000, le conflit s'enlise et réduit à néant les espoirs de paix.

HISTOIRE

En 1947, les Nations Unies approuvent un plan de partage de la Palestine, instaurant des États juif et arabe distincts. Mais les Arabes refusent.

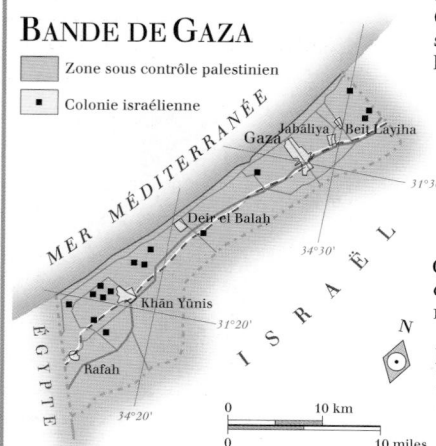

Camp de réfugiés palestiniens à Gaza.

BANDE DE GAZA

Zone sous contrôle palestinien

■ Colonie israélienne

MER MÉDITERRANÉE

Jabâliya · Beit Lâyiha

Gaza

31°30'

Deir el Balah

34°30'

ÉGYPTE

ISRAËL

Khân Yûnis

31°20'

Rafah

34°20'

N

0   10 km
0   10 miles

En mai, à la fin du mandat britannique, les États arabes envahissent la Palestine, mais les forces israéliennes les repoussent bien au-delà des limites définies par l'ONU. Lors de l'armistice de 1949, seules Jérusalem-Est, la Cisjordanie (5 900 km²) et la bande de Gaza (1 000 km²) administrée par l'Égypte ne tombent pas aux mains des Israéliens. La Jordanie revendique alors Jérusalem-Est et la Cisjordanie, auxquelles elle a officiellement renoncé en 1988.

Lors de la Guerre des Six Jours en 1967, Israël s'empare de Jérusalem-Est, de la Cisjordanie et de Gaza. Les colons juifs commencent à s'y installer car, selon eux, ces territoires occupés font partie de la Terre biblique d'Israël. L'accord de Camp David en 1978 prévoyait l'autonomie palestinienne qui ne s'est en fait jamais réalisée, suite à une impasse diplomatique. L'OLP n'a reconnu qu'en 1988 à Israël le droit d'exister tandis qu'Israël refusait de « négocier avec des terroristes ».

L'AUTONOMIE PALESTINIENNE

Abandonnant la lutte armée, l'OLP conclut en 1993 un accord historique avec Israël, « Les Territoires contre la Paix », baptisé « accords d'Oslo ». Les deux partis se reconnaissent ainsi officiellement. Arafat et le Premier ministre israélien Rabin signent une déclaration de principes à Washington. Un échéancier sur cinq ans destiné à négocier un « statut permanent » doit régler l'avenir des colonies juives et la revendication palestinienne d'avoir Jérusalem-Est pour capitale. Les Palestiniens se dotent en 1994 d'un gouvernement autonome intérimaire à Gaza et Jéricho, puis dans toute la Cisjordanie. Cela signifie que la police palestinienne se charge de la sécurité, remplaçant ainsi l'armée israélienne qui s'efforce depuis 1987 de mettre fin à l'insurrection lancée par le mouvement islamique radical Hamas. L'Autorité Nationale Palestinienne (ANP), établie sur le territoire palestiniens, est basée sur Gaza. Arafat, son président, y fait un retour triomphal en juillet 1994. En janvier 1996, il est élu président du Conseil législatif palestinien, qui comporte 88 membres élus le même mois.

LE DÉRAILLEMENT DU PROCESSUS DE PAIX

Le gouvernement travailliste élu en 2000, élabora un plan de paix avec l'ANP. En septembre-octobre, des incidents

---

CISJORDANIE

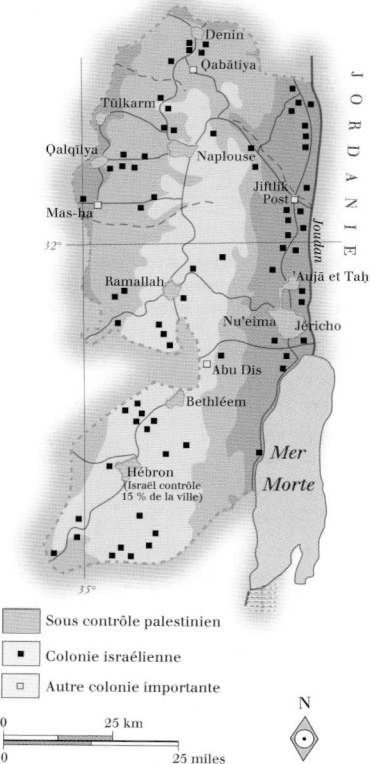

Denin
Qabâtiya
Tûlkarm
Qalqîlya
Naplouse
Jiftlik Post
Mas-ha
32°
Ramallah
'Aujâ et Tahtâ
Nu'eima
Jéricho
Abu Dis
Bethléem
Mer Morte
Hébron
(Israël contrôle 15 % de la ville)
35°

▨ Sous contrôle palestinien

■ Colonie israélienne

□ Autre colonie importante

N

0   25 km
0   25 miles

JORDANIE
Jourdan

---

provoquèrent une nouvelle Intifada. Dans un climat de violence, Ariel Sharon fut élu premier ministre en 2001. Il critiqua Arafat pour son manque de contrôle sur les terroristes, tout en ripostant violemment aux attentats. Vers la mi-2002, son idée de changer les dirigeants de l'ANP obtint le soutien des ÉU, et le nouveau premier ministre palestinien (2003) court-circuita suffisamment Arafat pour reprendre la « feuille de route » américaine.

Bethléem, en Cisjordanie.

I

RESSOURCES

 25 916 tonnes

 80 b/j (réserves : 7,3 Mb)

 5 M de dindes
1,4 M d'oies
30 M de poulets

 Gaz naturel, potasse, brome, magnésium, sel, cuivre, or, pétrole

PRODUCTION ÉLECTRIQUE

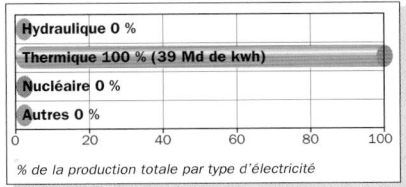

Hydraulique 0 %
Thermique 100 % (39 Md de kwh)
Nucléaire 0 %
Autres 0 %

% de la production totale par type d'électricité

La ressource la plus précieuse d'Israël est l'eau. Le fleuve Jourdain est partagé avec la Jordanie, et Israël achète de l'eau en Turquie.
Les minéraux les plus précieux sont les sels de potasse, le brome (Israël en est le plus grand exportateur mondial), et autres sels dans les mines proches de la Mer Morte. Découverte de gisement de cuivre et d'or en 1988. Nombreux vignobles et agrumes sur la côte. D'anciennes zones désertiques, à présent irriguées, servent à des productions spécialisées.

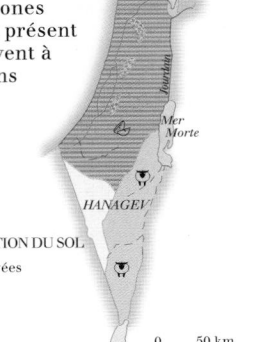

ISRAËL : UTILISATION DU SOL

- Terres cultivées
- Forêts
- Pâturages
- Désert
- Moutons
- Citrons

0   50 km
0   50 miles

ENVIRONNEMENT

 16 %

 10,3 tonnes par habitant

Le gouvernement se préoccupe surtout du recyclage et du nettoyage des villes et cours d'eau. De l'eau de la Mer Rouge devrait être envoyée dans la Mer Morte par des canalisations.

TRAITÉS ÉCOLOGIQUES

Oui   Oui   Oui
Oui   Oui   Oui

MÉDIAS

 290 quotidiens pour 1 000 habitants

PRESSE ET TÉLÉCOMMUNICATIONS

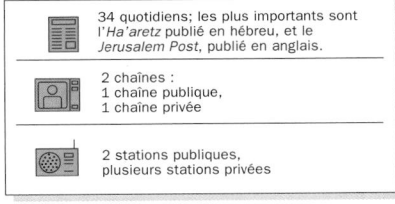

34 quotidiens; les plus importants sont l'*Ha'aretz* publié en hébreu, et le *Jerusalem Post*, publié en anglais.

2 chaînes :
1 chaîne publique,
1 chaîne privée

2 stations publiques,
plusieurs stations privées

La presse, plutôt à gauche, est favorable au processus de paix. Nombre croissant de radios privées, souvent de droite.

CRIMINALITÉ

 9 421 détenus

 Hausse de la violence en 2001-2003

TAUX DE CRIMINALITÉ

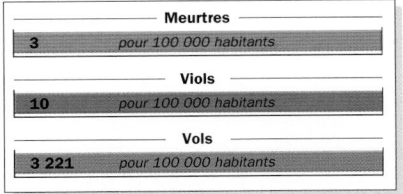

Meurtres
3   *pour 100 000 habitants*

Viols
10   *pour 100 000 habitants*

Vols
3 221   *pour 100 000 habitants*

La violence est principalement liée au conflit israélo-palestinien. Augmentation des vols de voiture.

ÉDUCATION

 95 %   270 979 étudiants

LE SYSTÈME ÉDUCATIF

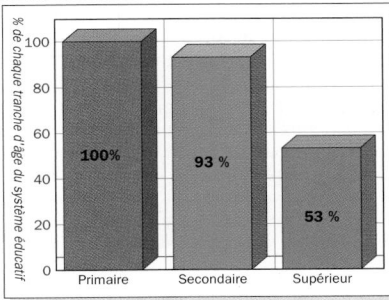

% de chaque tranche d'âge du système éducatif

100% Primaire
93 % Secondaire
53 % Supérieur

Le très bon niveau d'éducation de la population a favorisé la croissance économique d'Israël. L'école publique comporte des sections religieuses (juives), laïques et arabes. Les juifs ultra-orthodoxes et les séfarades gèrent de plus en plus souvent leurs propres établissements privés.

SANTÉ

 1 pour 265 habitants

 Maladies cardiaques et cérébrovasculaires, cancers

La proportion de médecins par rapport à la population totale d'Israël est l'une des plus élevées au monde. Toutes les communautés ont accès aux soins de première nécessité. De nombreux traitements novateurs sont mis au point.

CHRONOLOGIE

En 1948, la création en Palestine de l'État d'Israël réalise le rêve sioniste d'une terre juive.

- **1967** Guerre des Six Jours. Israël s'empare de la Cisjordanie, de la bande de Gaza, du Sinaï, du Golan.
- **1973** Égypte et Syrie attaquent Israël.
- **1978** Accord de Camp David avec l'Égypte.
- **1978** Le Sinaï est rendu à l'Égypte.
- **1982** Israël envahit le Liban.
- **1987** Début de l'*Intifada*.
- **1993** Accords d'Oslo.
- **1994** Autonomie palestinienne à Gaza et à Jéricho.
- **1995** Assassinat du Premier ministre Y. Rabin, remplacé par Peres.
- **1996** Élections palestiniennes
- **1999** Gouvernement travailliste (Ehud Barak). Nouveau processus de paix.
- **2000** Retrait israélien du Liban. Relance de l'intifada.
- **2001** Ariel Sharon (Likoud) premier ministre. Gouvernement d'union.
- **2002** La violence s'intensifie. Fin du gouvernement d'union.
- **2003** Victoire du Likoud aux élections. Publication de la « feuille de route » américaine pour la paix.

I

RICHESSES

CONSOMMATION ET DÉPENSES

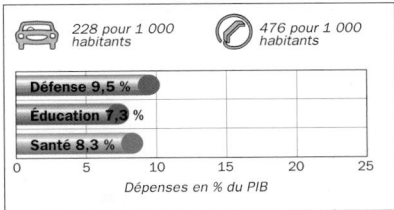

228 pour 1 000 habitants   476 pour 1 000 habitants

Défense 9,5 %
Éducation 7,3 %
Santé 8,3 %

Dépenses en % du PIB

Les revenus et les impôts sont élevés. En théorie, les habitants des *kibboutz* refusent toute richesse matérielle.

CLASSEMENT MONDIAL

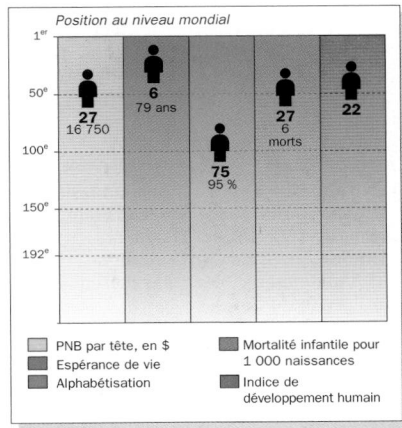

Position au niveau mondial

1er
50e
100e
150e
192e

27   16 750
6   79 ans
75   95 %
27   6 morts
22

- PNB par tête, en $
- Espérance de vie
- Alphabétisation
- Mortalité infantile pour 1 000 naissances
- Indice de développement humain

ITALIE

NOM OFFICIEL : République italienne   **CAPITALE** : Rome
POPULATION : 57,4 millions   **MONNAIE** : euro   **LANGUE OFFICIELLE** : italien

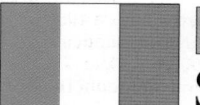

SITUÉE dans la partie sud de l'Europe, l'Italie est constituée de la célèbre péninsule en forme de botte, longue de 800 kilomètres, et de plusieurs îles, dont la Sicile et la Sardaigne. Les Alpes forment une frontière naturelle au Nord. Le Sud du pays est exposé à une activité sismique et volcanique, avec le mont Etna et le Vésuve. Unifiée sous l'Empire romain, l'Italie fut morcelée entre États rivaux jusqu'en 1870. Né en 1922, le régime fasciste de Mussolini prit fin avec la défaite de l'Italie lors de la seconde Guerre mondiale. De 1945 à 1992, la scène politique est dominée par les démocrates-chrétiens. Les enquêtes menées dans les années 1990 pour déterminer l'étendue de la corruption provoquent leur défaite aux élections de 1994. Depuis, de nouvelles formations émergent, le pouvoir alternant entre une coalition de droite et un large centre gauche.

CLIMAT

DONNÉES MÉTÉOROLOGIQUES

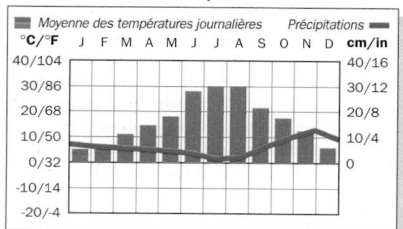

Le Sud de l'Italie est soumis à un climat méditerranéen ; le Nord est plus tempéré. Les étés sont chauds et secs, surtout dans le Sud. La température peut dépasser 30 °C en Sardaigne et en Sicile. Les hivers sont généralement doux au Sud et plus frais et plus humides au Nord. Les régions montagneuses sont fortement enneigées. La côte adriatique est soumise à des vents froids tel la *Bora*.

TRANSPORTS

 Léonard de Vinci (Fiumicino), Rome 24 M de passagers

 1 329 navires 6,8 M de tpl

RÉSEAU DE TRANSPORT

 654 676 km (406 796 miles)

 6 957 km (4 323 miles)

 16 108 km (10 010 miles)

2 400 km (1 491 miles)

Les routes italiennes sont encombrées de camions de marchandises transitant vers la Suisse et l'Autriche. Le réseau d'autoroutes (*autostrade*) manque d'échangeurs. Embouteillages fréquents sur l'axe Nord-Sud.
La construction du train à grande vitesse (TAV) reliant Turin à Naples a pris du retard et son budget est déjà dépassé. La première section (Rome-Naples) n'est toujours pas ouverte en 2001.

TOURISME

 41,2 M de visiteurs   Plus 13 % en 2000

PROVENANCE DES TOURISTES ÉTRANGERS

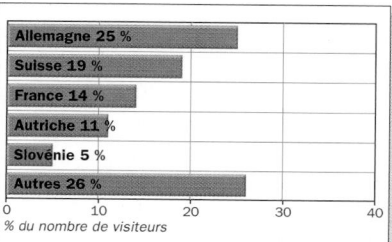

L'Italie est une destination touristique depuis le XVIᵉ siècle et est probablement à l'origine même du concept du tourisme. Les papes de Rome avaient délibérément fait de leur capitale la plus belle ville du monde pour attirer les voyageurs. Au XVIIIᵉ siècle, l'Italie était le passage obligé de tout voyage important. Aujourd'hui, les sites culturels restés intacts depuis la Renaissance continuent de faire de l'Italie l'une des principales destinations touristiques du monde. Ce secteur représente 3 % du PIB italien et emploie 1 million de personnes, soit 5 % de la population active.
La plupart des visiteurs voyagent dans la moitié nord du pays, se rendant à Venise, Florence, Rome ou dans la région des lacs. Les stations balnéaires telles que Rimini attirent les jeunes et les pentes enneigées les skieurs. Dans le Sud, les ruines romaines de Pompéi ont un attrait tout particulier.
Certains habitants redoutent que l'activité touristique ait des répercussions néfastes sur l'environnement. En été, l'affluence des touristes à Venise est telle que les autorités ont mis en place un circuit piétonnier à sens unique, et que les visiteurs qui ne viennent que pour la journée sont souvent refoulés.

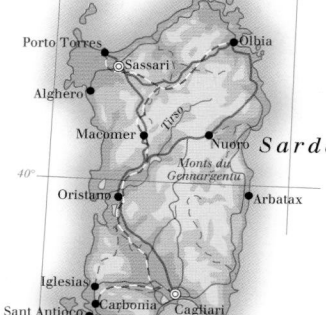

Paysage toscan. C'est dans cette région, qui abrite un grand nombre de résidences secondaires de touristes européens, qu'est produit le chianti.

ITALIE

Superficie totale : 294 060 km²
(113 536 sq. miles)

POPULATION

Plus de 1 000 000   ⊡
Plus de 500 000   ◉
Plus de 100 000   ⦾
Plus de 50 000   ○
Plus de 10 000   ●

ALTIMÉTRIE

5 000 m/9 843 ft
2 000 m/6 562 ft
1 000 m/3 281 ft
500 m/1 640 ft
200 m/656 ft
Niveau de la mer

POPULATION

Italien, allemand, français, rhéto-roman, sarde,   195 hab./km²

PART DE LA POPULATION URBAINE/RURALE

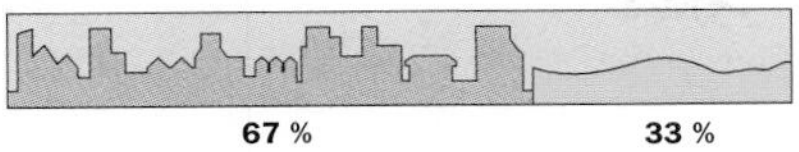

67 %   33 %

RELIGION

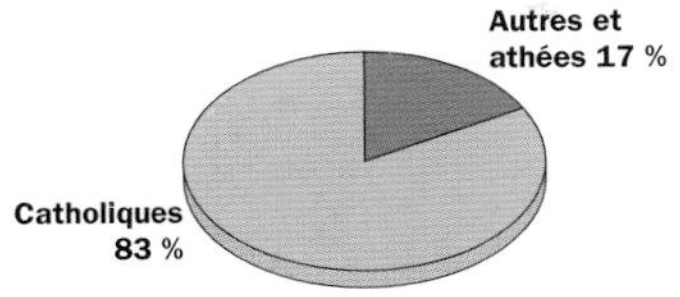

Autres et athées 17 %

Catholiques 83 %

COMPOSITION ETHNIQUE

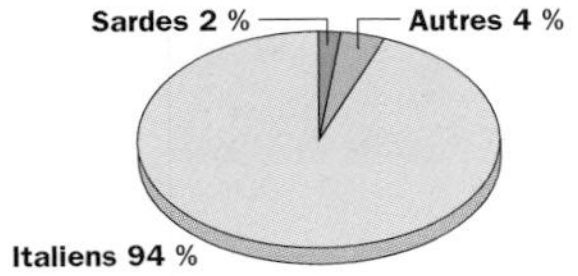

Sardes 2 %   Autres 4 %

Italiens 94 %

La société italienne est remarquablement homogène. La plupart des Italiens sont catholiques et le pays compte moins de minorités ethniques que ses voisins de l'UE. L'essentiel de la population immigrée est arrivée récemment ; elle vient principalement d'Éthiopie, des Philippines et d'Égypte. Durant les années 1980 et 1990, l'afflux d'immigrés clandestins en provenance de Turquie, d'Albanie et d'Afrique du Nord a entraîné la progression des mouvements d'extrême-droite et le renforcement des contrôles.

L'immigration a fait partie des thèmes de campagne des élections de 1993 et est à l'origine de la progression de la Ligue du Nord, mouvement fédéraliste. Des mesures énergiques ont été introduites en 1995 en vue de limiter l'immigration clandestine. Durant les années 1950 et 1960, la conjoncture économique particulièrement difficile a conduit un grand nombre d'Italiens à émigrer. Ils sont aujourd'hui cinq millions à vivre à l'étranger. La moitié de ceux-ci vivent en Europe. L'autre moitié a émigré principalement aux ÉU, en Amérique du Sud et en Australie. La plupart des émigrants, aujourd'hui comme alors, proviennent du Sud, du Mezzogiorno défavorisé. Les Italiens du Nord continuent à avoir des préjugés à l'encontre de ceux du Sud.

C'est le sport, et surtout le football, qui fait l'unité nationale. Les Italiens considèrent généralement leurs institutions étatiques comme corrompues, inefficaces, et sont plus attachés à leur région, à leur communauté et à leur famille. La famille élargie reste la base de l'entraide sociale et du tissu économique. La plupart des Italiens vivent dans leur famille jusqu'au mariage. Le taux de nuptialité est l'un des plus élevés d'Europe tandis que le nombre de divorces fait partie des plus faibles. L'Italie, profondément catholique, n'en a pas moins le taux de natalité le plus bas et l'un des taux d'avortements les plus élevés de l'UE. Le souci d'élégance des Italiens révèle l'importance de la traditionnelle *bella figura* - faire bon effet - dans les mœurs du pays, autant que le niveau de vie élevé pour la majorité d'entre eux.

PYRAMIDE DES ÂGES

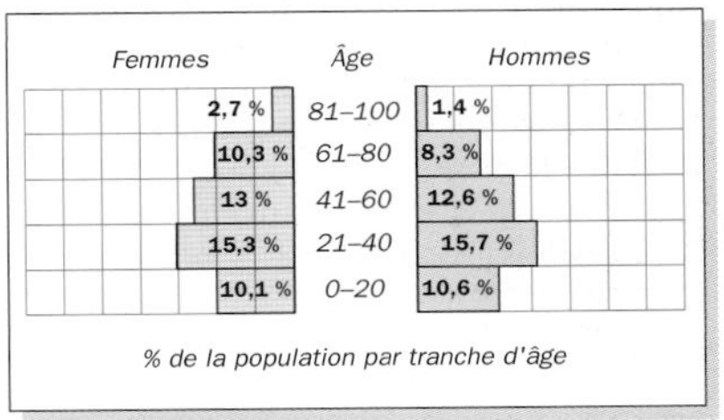

Femmes	Âge	Hommes
2,7 %	81–100	1,4 %
10,3 %	61–80	8,3 %
13 %	41–60	12,6 %
15,3 %	21–40	15,7 %
10,1 %	0–20	10,6 %

% de la population par tranche d'âge

CHRONOLOGIE

L'Italie a tout d'abord été constituée d'une multitude de villes-États, de duchés et de royaumes. Elle s'est ensuite unifiée en 1870.

❑ **1922** Le roi Victor Emmanuel III demande à Mussolini de constituer le gouvernement.
❑ **1928** Régime fasciste, parti unique.
❑ **1929** Accords du Latran avec le Vatican sur la souveraineté du Saint-Siège.
❑ **1936–1937** Constitution de l'Axe avec l'Allemagne nazie. Conquête de l'Éthiopie.

I

0   100 km
0   100 miles

N

I

CHRONOLOGIE *suite*

- ❏ **1939** Annexion de l'Albanie.
- ❏ **1940** L'Italie entre en guerre aux côtés de l'Allemagne.
- ❏ **1943** Invasion par les Alliés. Mussolini est emprisonné par le roi Victor Emmanuel III. Signature d'un armistice avec les Alliés.
- ❏ **1945** Libéré, Mussolini part dans le Nord où il est exécuté.
- ❏ **1946** L'Italie devient République par référendum.
- ❏ **1947** L'Italie signe un traité de paix par lequel elle cède une partie de ses régions frontalières à la France et à la Yougoslavie, le Dodécanèse à la Grèce, et renonce à ses colonies.
- ❏ **1948** Élections : coalition de démocrates-chrétiens menés par Basperi.
- ❏ **1949** Membre fondateur de l'OTAN.
- ❏ **1950** Établissement de bases militaires américaines sur le territoire italien.
- ❏ **1951** Adhésion à la CECA.
- ❏ **1957** Membre fondateur de la CEE. La CEE et le plan Marshall contribuent à la reprise économique.
- ❏ **1964** Gouvernement de coalition (DC et PSI) dirigé par Aldo Moro.
- ❏ **1969** Création des Brigades rouges, groupe terroriste d'extrême-gauche.
- ❏ **1972** L'extrême-droite atteint son apogée depuis la fin de la guerre. Multiplication des attentats par des extrémistes de droite et de gauche.
- ❏ **1976** Le PCI mobilise 34 % des électeurs et atteint ainsi son apogée.
- ❏ **1978** Enlèvement et meurtre d'Aldo Moro par les Brigades rouges.
- ❏ **1980** Un groupe d'extrême-droite pose une bombe dans la gare de Bologne. L'attentat fait 84 morts et 200 blessés.
- ❏ **1983–1987** Coalition de centre gauche sous la direction de Bettino Craxi.
- ❏ **1990** La LN attaque la politique d'immigration et les aides au Sud.
- ❏ **1992** Scandale à propos du versement de pots-de-vin en échange de contrats publics à Milan. Des membres du gouvernement sont accusés.
- ❏ **1994** Élections législatives. Chute de la DC. Berlusconi forme un gouvernement de coalition avec Forza Italia et des partis de droite.
- ❏ **1995–1996** Un gouvernement de technocrates s'attaque aux problèmes du budget, des retraites, des médias et des régions.
- ❏ **1996** L'Olivier remporte les législatives. Premier ministre Romano Prodi.
- ❏ **1998** L'Italie remplit les conditions pour adopter l'euro. Le gouvernement Prodi tombe. Massimo D'Alema le remplace.
- ❏ **1999** Carlo Ciampi est élu président.
- ❏ **2001** Berlusconi remporte les élections. L'alliance nationale post-fasciste entre au gouvernement.
- ❏ **2002** Adoption définitive de l'euro.

POLITIQUE

 Ch. basse 2001/2006
Ch. haute 2001/2006

 Carlo Azeglio Ciampi, président de la République

AUX DERNIÈRES ÉLECTIONS

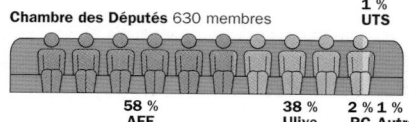

Chambre des Députés 630 membres

1 % UTS

58 % AF | 38 % Ulivo | 2 % 1 % RC Autres

AF = Alliance pour la liberté (composée de Forza Italia, de l'Alliance nationale **AN** et de la Ligue du Nord **LN**)
Ulivo = Alliance de l'Olivier (composée des démocrates de gauche **DS**, anciennement parti communiste **PCI** devenu par la suite **PDS**, et du parti des communistes italiens **PDCI**)
RC = Refonte communiste **UTS** = Ulivo du Tyrol du Sud
Nom = Nommés

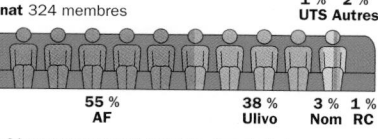

Sénat 324 membres

1 % 2 % UTS Autres

55 % AF | 38 % Ulivo | 3 % Nom | 1 % RC

Le Sénat comprend 315 membres élus et plusieurs sénateurs à vie.

L'Italie est une démocratie pluraliste.

PRINCIPAUX PROBLÈMES POLITIQUES
La corruption

L'opération *Mani pulite* (mains propres), menée au cours des années 1990 à la suite de scandales financiers à Milan, a mis en évidence un système de corruption liant les partis politiques aux entreprises. Cette opération renversa l'ordre politique établi et fit tomber de nombreuses personnalités. Silvio Berlusconi, figure émergeante du nouveau paysage politique fut poursuivi pour avoir versé des pots-de-vin. Bien qu'il fût acquitté de plusieurs chefs d'accusation en 2000, son retour au pouvoir en 2001 laisse la question de la corruption en suspens.

La réforme institutionnelle

D'importantes réformes électorales visant à éliminer la représentation

Romano Prodi,
ex-Premier ministre de 1996 à 1999.

Umberto Bossi,
dirigeant de la Ligue du Nord, parti séparatiste.

Silvio Berlusconi,
Premier ministre de droite réélu en 2001.

L'église de Santa Maria della Salute,
à l'entrée de Venise. La cité-État est restée indépendante jusqu'à l'invasion de l'Italie par Napoléon.

proportionnelle furent approuvées avant les élections de 1994. L'alliance de centre gauche élue en 1996 n'obtint pas l'adhésion de l'opposition, nécessaire pour opérer les réformes constitutionnelles. Le référendum de 1999 proposait de renforcer le système majoritaire et d'abolir les 25 % de membres élus à la proportionnelle. Peu de votes s'y opposèrent mais la proposition ne vit pas le jour à cause du taux d'abstention trop élevé. La même chose se produisit en mai 2000.

PROFIL

Forza Italia, le parti de Berlusconi, s'allie aux néo-fascistes AN et aux séparatistes de la Ligue du Nord, et gagne les élections de 1994 mais s'effondre peu après. Un gouvernement technocratique dirigé par Lamberto Dini prend le relais jusqu'en 1996, où de nouvelles élections saluèrent la victoire historique de l'Olivier, coalition de centre gauche dirigée par Romano Prodi.
L'admission de l'Italie dans le système de la monnaie unique couronna la réussite du gouvernement Prodi, au terme de deux années de pouvoir.
En 1996, le leader séparatiste de la Ligue du Nord n'obtint pas l'adhésion escomptée à sa déclaration d'indépendance d'un État du Nord, baptisé *La Padania*. Le gouvernement Prodi, après avoir réussi à surmonter la crise de fin 1997, tombe finalement en octobre 1998, à cause de la remise en question par les communistes de la loi de finance. Massimo D'Alema, membre du DS, a conservé le pouvoir jusqu'en avril 2000 puis ce fut le tour de Giuliano Amato à la tête d'une coalition similaire de prendre sa place jusqu'aux élections de mai 2001. Conscient de l'ampleur du défi lancé par Berlusconi et la droite, Amato accepte de laisser le très populaire maire de Rome, Francesco Rutelli, mener la campagne électorale du centre gauche. La victoire de la droite qui s'ensuit est essentiellement une victoire de Berlusconi bien que le gouvernement qu'il formât en juin 2001 ait inclu la Ligue du Nord, du xénophobe Umberto Bossi, et l'Alliance nationale post-fasciste, dirigée par Gianfranco Fini.

POLITIQUE EXTÉRIEURE

L'Italie fut l'un des pays fondateurs de l'UE, mais le retour de la droite au pouvoir en 2001 encouragea les opposants à la poursuite de l'intégration. Des remarques déplacées de Berlusconi, en 2003, lui valurent une brouille avec l'Allemagne – au début de la présidence italienne de l'UE. Malgré sa position pro-occidentale, l'Italie contribue souvent à la médiation en Europe de l'est et au Moyen Orient. L'Albanie et l'ex-Yougoslavie posent des problèmes importants. L'OTAN a utilisé les bases italiennes pour bombarder la Yougoslavie en 1999, et l'Italie a soutenu la « guerre contre le terrorisme » et l'invasion de l'Irak en 2003.

AIDE INTERNATIONALE

 1,81 Md $ (versé)   Moins 21 % en 1999

Les aides à l'Ex-Yougoslavie et à l'Albanie ont pour but d'éviter un afflux massif d'immigrants économiques. L'armée a organisé des missions humanitaires lors des conflits successifs. L'exode massif des Kosovars en 1998-1999 a remis le problème à l'ordre du jour.

DÉFENSE

 22 Md de $ Moins 8 % en 1999

FORCES ARMÉES ITALIENNES

	699 chars de combat (Léopard 1A1, 1A5, Centaure *B-1, Aries*)	153 000 hommes
	7 sous-marins, 1 transporteur, 1 croiseur, 4 destroyers, 24 frégates, 9 patrouilleurs	38 000 hommes
	336 avions de combat (116 Tornado, 91 F104, 104 AMX)	59 600 hommes
	Aucun	

Depuis la fin de la guerre froide, les conflits en Ex-Yougoslavie ont modifié les priorités de l'Italie en matière de défense. Un projet de loi de 1999 prévoit la suppression progressive du service militaire jusqu'en 2005 et l'admission des femmes dans l'armée. Il a été approuvé par le Parlement en 2000. La loi prévoit que la défense sera assurée par une armée de volontaires qui devrait permettre des interventions rapides de l'OTAN dans l'hémisphère Sud, la marine jouant le rôle de garde-côtes en Méditerranée, au détriment de la navigation hauturière. Le budget de la Défense reste modeste malgré les pressions pour une modernisation de l'armement.

ÉCONOMIE

 1 124 Md $ 0,87-1,01 euro

CHIFFRES SIGNIFICATIFS

- ❏ CLASSEMENT DU PNB AU NIVEAU MONDIAL 7e
- ❏ PNB PAR HABITANT ....19 390 $
- ❏ BALANCE DES PAIEMENTS ... .– 163 Md $
- ❏ INFLATION ....2,8 %
- ❏ CHÔMAGE ....10 %

EXPORTATIONS

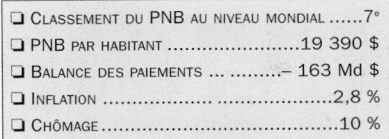

Espagne 6 %   RU 7 %   ÉU 10 %   France 12 %   Allemagne 17 %   Autres 48 %

IMPORTATIONS

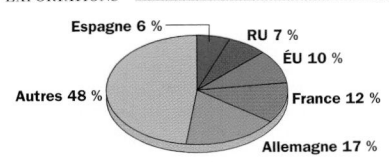

ÉU 5 %   Pays-Bas 6 %   RU 6 %   France 13 %   Allemagne 19 %   Autres 51 %

ATOUTS
PME très innovantes et réactives, entreprises créatives, telles que Fiat (construction automobile), Montedison (plastique), Olivetti (communications). Leader mondial pour le design et l'électro-ménager, l'Italie possède la première industrie textile et de grandes maisons de couture. Les secteurs du tourisme et de l'agriculture sont très développés.

FAIBLESSES
Déficit public et endettement de l'État élevés, croissance lente. Secteur public inefficace, en voie de privatisation. Répartition des richesses déséquilibrée : le Nord, beaucoup plus riche que le Sud qui connaît un taux de chômage trois fois plus élevé. La perception de l'impôt donne de maigres résultats malgré une certaine amélioration en 1999-2001. Entreprises de petite taille face à la concurrence étrangère. L'Italie dépend de l'extérieur pour son approvisionnement en énergie.

PROFIL
Depuis la Seconde Guerre mondiale, l'Italie est passée du stade de pays essentiellement agricole à celui de cinquième puissance industrielle du monde. L'économie est caractérisée par un secteur public très développé, une multitude d'entreprises familiales, des mesures protectionnistes et des différences régionales très marquées. Comparée aux autres pays du G7, elle compte peu de multinationales.
L'Institut pour la reconstruction industrielle (IRI), holding d'État fondé sous le fascisme, a privatisé peu à peu différents secteurs – électronique, sidérurgie, télécommunications, ingénierie, construction navale, transports et

INDICATEUR DES PERFORMANCES ÉCONOMIQUES

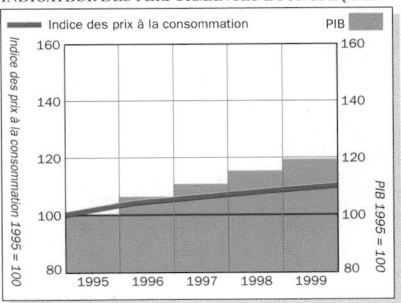

aérospatial – jusqu'à sa disparition en 2000. Le groupe national des hydrocarbures (ENI) qui compte parmi les principaux acteurs mondiaux de l'énergie et de la chimie a été privatisé, tout comme Telecom Italia et la compagnie d'électricité ENEL. Les autorités régionales ou municipales possèdent des services publics, des banques, etc. Le secteur privé repose sur les entreprises familiales, parmi lesquelles Fiat (automobile , moteurs d'avions, télécommunications et bio-ingénierie). Ces conglomérats, qui favorisent la compétition locale, sont devenus une réussite nationale mais le Mezzogiorno ne bénéficie pas de cette prospérité. Les mesures prises par l'État pour attirer les investissements ont été couronnées de succès dans les régions du Sud proches de Rome. Dans les autres, les organisations criminelles ont détourné les crédits d'État et découragé les investisseurs. La colère des électeurs face à la mauvaise utilisation des fonds publics a joué un rôle déterminant dans la progression de la Ligue du Nord. Un tiers du revenu fiscal est généré à Milan, la capitale industrielle.

ITALIE : PRINCIPALES ACTIVITÉS

Milan   Turin   Venise   Bologne   Florence   Gênes   Rome   Naples   Palerme

- 🔅 Textile
- Industrie chimique
- Habillement
- Électronique
- Industrie pharmaceutique
- Ingénierie légère
- Industrie de l'armement
- Construction automobile
- ✈ Industries aérospatiales

0   200 km
0   200 miles

Vestiges d'un théâtre grec à Taormine au Nord-Est de la Sicile. Reconstruit par les Romains au cours du IIe siècle, ce théâtre accueille chaque année un festival artistique.

RESSOURCES

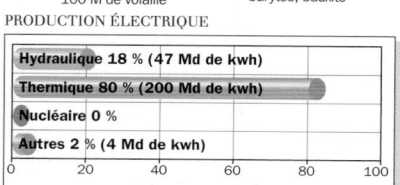

562 196 tonnes

90 000 b/j (réserves : 600 000 000 M b)

23 M de dindes
11 M d'ovins
8,4 M de porcins
100 M de volaille

Charbon, pétrole, lignite, pyrites, fluorine, barytes, bauxite

PRODUCTION ÉLECTRIQUE

Hydraulique 18 % (47 Md de kwh)	
Thermique 80 % (200 Md de kwh)	
Nucléaire 0 %	
Autres 2 % (4 Md de kwh)	

0   20   40   60   80   100

% de la production totale par type d'électricité

L'Italie a peu de ressources naturelles. Elle ne produit que 1 % du pétrole qu'elle consomme et est par conséquent sensible aux fluctuations des cours mondiaux et à l'instabilité politique de l'Afrique du Nord. Elle est aujourd'hui moins exposée qu'en 1973, puisque le pétrole ne représente plus que 56 % de ses besoins contre 71 % à l'époque. La population a renoncé à l'énergie nucléaire par voie de référendum en 1987 et le pays a abandonné tous les projets dans ce domaine.
Les ressources minérales limitées représentent une part insignifiante de son PIB.

ITALIE : UTILISATION DU SOL

Terres cultivées
Forêts
Pâturages
Régions montagneuses
Vignes
Citrons
Bovins

SARDAIGNE

SICILE

0   200 km

0   200 miles

ENVIRONNEMENT

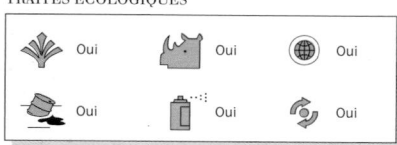

7 %

7,4 tonnes par habitant

TRAITÉS ÉCOLOGIQUES

	Oui		Oui		Oui
	Oui		Oui		Oui

La législation italienne est complexe et le gouvernement éprouve plus de difficultés que d'autres pays de l'UE à mettre en place ces directives. La protection des espèces remporte des succès, comme la réapparition du lynx et de l'ours brun – en voie de disparition – ainsi qu'un nombre croissant de loups dans les Apennins. La chasse aux oiseaux migrateurs, suscite les critiques des écologistes internationaux. Certains filets de pêche à la traîne ne répondent pas aux normes CEE. Dans les années 1990, le gouvernement de droite, revenu au pouvoir en 2001, est peu enclin à lever un impôt sur l'énergie ou à promulguer des lois sur le recyclage qui pourraient diminuer la compétitivité des entreprises. Les Verts de l'alliance de l'Olivier, au pouvoir de 1996 à 2001, ont alors exigé que l'environnement soit davantage respecté. La pollution de villes telles que Naples et Rome est inquiétante. La circulation est souvent interdite pendant plusieurs heures, les jours sans vent. La pollution, les pluies acides ont contaminé les forêts et 10 % des arbres sont malades.

MÉDIAS

 104 quotidiens pour 1 000 habitants

PRESSE ET TÉLÉCOMMUNICATIONS

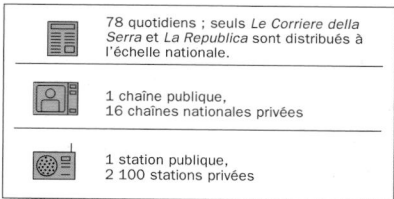

78 quotidiens ; seuls *Le Corriere della Serra* et *La Republica* sont distribués à l'échelle nationale.

1 chaîne publique, 16 chaînes nationales privées

1 station publique, 2 100 stations privées

Le paysage médiatique est dominé par quelques conglomérats, notamment le groupe Fininvest, qui appartient au Premier ministre Silvio Berlusconi, ainsi que le groupe Ferruzzi dirigé par Carlo de Benedetti. Les médias sont depuis longtemps politisés. Cela était particulièrement le cas des chaînes de télévision de la RAI : des enquêtes ont mis en évidence les pratiques de corruption, après 1992. Ces chaînes étaient alors affiliées aux principaux partis à l'instar du reste du secteur public : la RAI 1 représentait les démocrates-chrétiens, la RAI 2 les socialistes et la RAI 3 l'ex-parti communiste. Tous les médias reflètent la passion des Italiens pour le sport, notamment le football.

CRIMINALITÉ

47 323 détenus

Moins 1 % en 1996-1998

TAUX DE CRIMINALITÉ.

Meurtres	
4	pour 100 000 habitants

Viols	
3	pour 100 000 habitants

Vols	
2 568	pour 100 000 habitants

Plus de 25 % de détenus sont étrangers. La campagne anti-corruption et l'assainissement de la bureaucratie ont affaibli le crime organisé. La mafia sicilienne, *Cosa Nostra*, a été très touchée par les arrestations et les procès au cours desquels d'anciens membres ont fait des dépositions capitales. *Cosa Nostra* et ses homologues à Naples et en Calabre – la *Camorra* et *'Ndrangheta* – contrôlent encore les ventes en gros de produits agricoles, une grande partie du narcotrafic, rançonnent les entreprises en échange de leur protection et ont la mainmise sur les marchés de travaux publics.

ÉDUCATION

  98 %

 1,9 M d'étudiants

LE SYSTÈME ÉDUCATIF

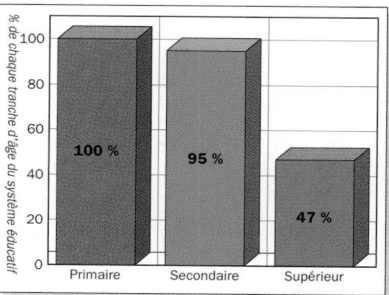

% de chaque tranche d'âge du système éducatif

100 %   95 %   47 %

Primaire   Secondaire   Supérieur

L'essentiel du système éducatif italien est public, à l'exception de quelques écoles religieuses et institutions privées réservées à l'élite. L'Italie est l'un des pays où le nombre de professeurs par élève est le plus élevé. En 1993, elle s'est alignée sur le reste de l'Europe en rendant l'école obligatoire jusqu'à 16 ans. Le pourcentage d'abandon des études reste préoccupant (environ 50 % en Sicile), et il existe des universités surchargées dont l'accès pourrait être limité.
Un système de crédit éducatif est destiné à compenser le retard pris en matière de technologies de l'information.
L'Italie ne consacre que 1,4 % de son PNB à la recherche alors que la moyenne européenne est de l'ordre de 2,5 %.

I

RÉGIONALISME ET SÉPARATISME DU NORD

L A DIFFÉRENCE ÉCONOMIQUE entre le Nord, dynamique et prospère, et le Sud déshérité, ou Mezzogiorno, est une source de tensions continuelles. Cela explique pourquoi un pays aussi homogène que l'Italie en termes d'ethnie, de langue et de religion a besoin d'une telle décentralisation régionale. Vers le milieu des années 1990, un parti politique partisan d'une scission du pays remporta un succès considérable. La Ligue du Nord (LN) créée en 1991 sur le modèle de l'ex-Ligue lombarde, remportait 10 % des voix aux élections de 1996. Bien qu'elle ait perdu du terrain en 2001, beaucoup d'Italiens du Nord éprouvent toujours de l'amertume à l'idée que leurs impôts servent à subventionner le Sud.

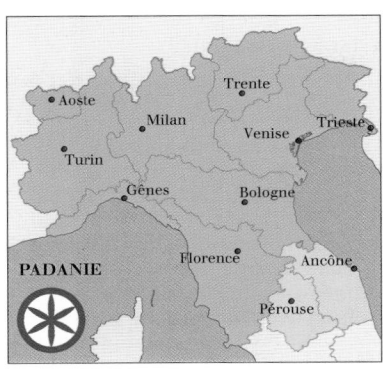

Logements insalubres en Calabre, région rurale située dans le Sud du pays.

RÉGIONS ÉCONOMIQUEMENT DYNAMIQUES

Le PIB par tête est trois fois plus élevé dans les villes du Nord les plus riches, comme Bologne en Émilie Romagne ou Milan en Lombardie, que dans celles du Sud comme Reggio de Calabre. Après la crise de 1996, le Nord renoua plus rapidement avec la croissance en créant plus vite de nouveaux emplois. La Lombardie et le Piémont se taillent la part du lion des investissements nationaux. Turin, capitale du Piémont et patrie de Fiat, redore son image industrielle en construisant des communications ferroviaires à grande vitesse et en accueillant les J.O. d'hiver en 2006. Certaines régions du Sud tentent d'attirer les investisseurs en faisant valoir que la main-d'œuvre y est moins chère après avoir obtenu l'accord des syndicats pour des « pactes territoriaux ». Cependant, le problème principal reste le manque d'infrastructures. Un pont reliant la Sicile au continent n'est qu'un rêve lointain.

PADANIE

La ligue du Nord inventa dans les années 1990, le concept d'une « République de Padanie » qui serait scindée du reste de l'Italie (soit Rome,

avec sa région du Latium et le Sud). Le chef de la Ligue, Umberto Bossi, déclara l'indépendance de la Padanie au cours d'une cérémonie qui eut lieu en septembre 1996, après un pèlerinage le long du Pô, artère symbolique de la Padanie, qui coule du Piémont jusqu'à l'Adriatique où il se déverse en dessous de Venise.

Bossi annonça que l'indépendance serait effective un an plus tard, probablement pour se donner le temps de négocier avec le gouvernement. Pendant ce temps, la LN constitua un soi-disant gouvernement et un parlement, avec une garde nationale et un drapeau. Mantoue en serait la capitale, mais la définition exacte du territoire manquait de précision. En principe, il devait comprendre les neuf régions du Nord et s'étendre jusqu'à Florence en incluant la Toscane. La LN lui ajoutait parfois l'Ombrie et les Marches.

Le gouvernement refusa de prendre la Padanie au sérieux et l'écarta comme si elle n'était qu'une stratégie publicitaire. Les dirigeants de la Ligue renoncèrent à pousser plus loin leur projet suite à de mauvais résultats aux élections où ils perdirent les villes de Mantoue et de Milan. Ce projet était en partie mû par le désir d'intégrer les entreprises du Nord au sein de la communauté européenne sans qu'elles soient handicapées par le Sud. Cette raison d'être disparut lorsque l'Italie fut admise dans le système monétaire européen.

Centre commercial à Milan, capitale italienne de la mode et du commerce.

SANTÉ

 1 pour 169 habitants　　 Maladies cardiaques et cérébrovasculaires, cancers, accidents

Le système de sécurité sociale italien a été classé au 2ᵉ rang mondial par l'OMS en 2002. La qualité des soins présente des disparités importantes car ils sont gérés par les régions. Le système de santé public mis en place dans les années 1970, était gratuit mais depuis 1988 les malades participent aux frais pour les soins dentaires et certains médicaments. Les patients doivent également régler des frais journaliers en cas d'hospitalisation et acquitter une contribution sociale annuelle dont sont exemptés les malades du Sida.

RICHESSES

CONSOMMATION ET DÉPENSES

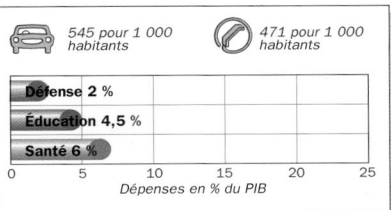

545 pour 1 000 habitants　　471 pour 1 000 habitants

Défense 2 %
Éducation 4,5 %
Santé 6 %

Dépenses en % du PIB

Conséquence de la croissance économique et de la structure de leur société, les Italiens, plus particulièrement ceux du Nord, bénéficient de l'un des PNB par habitant les plus élevés au monde. Beaucoup d'Italiens exercent plus d'une profession et la famille étendue, qui concerne encore la plupart des habitants, dispose souvent de plusieurs revenus. La population italienne emprunte peu et épargne beaucoup ; elle a souvent recours à l'évasion fiscale. Dans le Sud, bien que les mesures prises aient attiré les investisseurs dans la région de Bari, beaucoup de gens vivent encore dans la misère en Calabre ou autour de Naples. Le niveau des investissements reste très bas alors que le taux de chômage y est élevé ; même le tourisme y est relativement peu développé.

CLASSEMENT MONDIAL

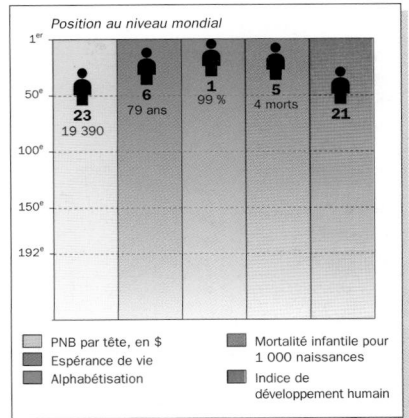

Position au niveau mondial

23	6	1	5	21
19 390	79 ans	99 %	4 morts	

PNB par tête, en $
Espérance de vie
Alphabétisation
Mortalité infantile pour 1 000 naissances
Indice de développement humain

I

JAMAÏQUE

NOM OFFICIEL : Jamaïque   **CAPITALE :** Kingston   **POPULATION :** 2,6 millions
MONNAIE : dollar jamaïcain   **LANGUE OFFICIELLE :** anglais

CARAÏBES

   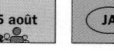   

COLONISÉE d'abord par les Espagnols puis par les Britanniques à partir de 1655, la Jamaïque est un État des Grandes Antilles situé au sud de Cuba. Elle fut la première des nations insulaires des Caraïbes à accéder à l'indépendance au lendemain de la Deuxième Guerre mondiale, et reste un État politiquement très influent dans la région. La Jamaïque jouit également d'une grande influence sur la scène musicale internationale avec le reggae et le ragga, musiques inspirées par la dure réalité des quartiers pauvres de Kingston.

CLIMAT

DONNÉES MÉTÉOROLOGIQUES

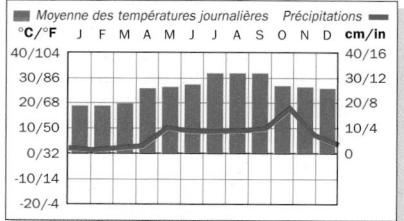

Tropical au niveau de la mer, il devient tempéré en zone montagneuse. La pluviométrie dépend des saisons et des régions.

TRANSPORTS

 Donald Sangster International, Montego Bay 2,71 M de passagers   9 navires 3 600 tonneaux

RÉSEAU DE TRANSPORT

 13 100 km (8 140 miles)   Aucune

339 km (211 miles)   Aucune

Le port de Kingston a été agrandi, tout comme l'aéroport. L'île est entourée de routes importantes ; le transport public est assuré par des cars et des bus privés.

TOURISME

 1,3 M visiteurs   Plus 6 % en 2000

PROVENANCE DES TOURISTES ÉTRANGERS

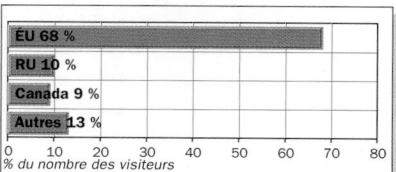

| EU 68 % |
| RU 10 % |
| Canada 9 % |
| Autres 13 % |

Il constitue la principale source de devises étrangères. Suite aux récents troubles sociaux, la plupart des touristes ne sortent pas des pôles balnéaires.

POPULATION

 Créole anglais, anglais   240 hab. km²

PART DE LA POPULATION URBAINE/RURALE

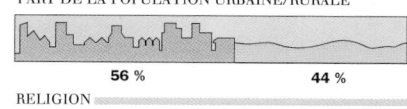

56 %   44 %

RELIGION

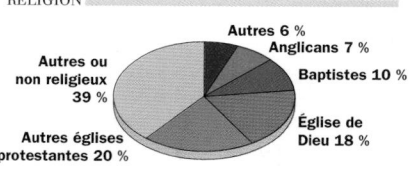

Autres 6 %
Anglicans 7 %
Baptistes 10 %
Église de Dieu 18 %
Autres églises protestantes 20 %
Autres ou non religieux 39 %

La Jamaïque est une société très métissée. Si la plupart des Jamaïcains descendent des esclaves africains amenés sur l'île entre les XVIe et XIXe siècles, il existe aussi quelques minorités d'Européens, d'Indiens, d'Arabes et de Chinois. C'est également le pays des Rastafari, adorateurs de l'ancien empereur d'Éthiopie. La répartition très inégale des richesses est à l'origine de la plupart des conflits sociaux. Le mouvement pour les droits des femmes antillaises vit le jour en Jamaïque, et beaucoup de femmes occupent aujourd'hui des postes à responsabilités dans la vie politique et économique. Si la vie s'articule autour de la famille, les pères sont cependant souvent absents. La vie dans les ghettos de Kingston, qui ont leur propre langue, est souvent violente et régie par la loi des armes.

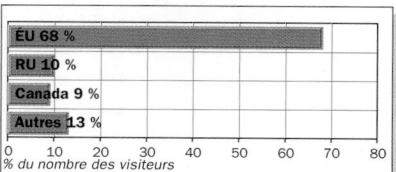

Mine de bauxite et son terminal, baie de Runaway. La bauxite – qui sert à la production de l'aluminium – est la première source de devises de la Jamaïque.

POLITIQUE

 Ch. basse 2002/2007 Ch. haute 2002/2007   Sa Majesté la reine Elizabeth II

AUX DERNIÈRES ÉLECTIONS

Chambre des représentants 60 membres

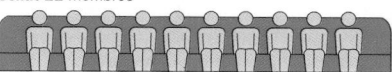

57 % PNP   43 % JLP

PNP = Parti national du peuple
JLP = Parti travailliste jamaïcain

Sénat 21 membres

13 membres sont désignés par le Premier ministre et 8 par le chef de l'opposition.

La vie politique du pays a connu un tournant à la fin des années 1980, lorsque le PNP (proche du communisme) et le JLP (conservateur) ont tous deux évolué vers un libéralisme modéré. Les élections de décembre 1997 puis de 1998 ont confirmé la suprématie du PNP (au pouvoir pour son troisième mandat consécutif).
Le tentatives du gouvernement pour s'attaquer à la récession et au déficit budgétaire ont provoqué de graves troubles sociaux en 1998 et 1999 qui ont causé plusieurs morts. Le JLP, auparavant divisé, s'est alors opposé aux hausses d'impôts sur les carburants.

POLITIQUE EXTÉRIEURE

 AEC   Caricom   Geplacea   Comm   OEA

Coopération avec les ÉU contre le trafic de drogue ; relations ébauchées avec les pays du Caricom et du Commonwealth.

AIDE INTERNATIONALE

 18 Md $ (reçus)   Moins 74 % en 1998

L'aide vient principalement des ÉU, de l'UE et du RU. Elle prend entre autres la forme de prêts et de soutien financier.

DÉFENSE

 51 M $ Plus 13 % en 1999

L'armée jamaïcaine achète ses armes aux ÉU mais est formée par le RU. Elle lutte contre les narcotrafiquants et aide la police à restaurer l'ordre, comme en 1999.

J

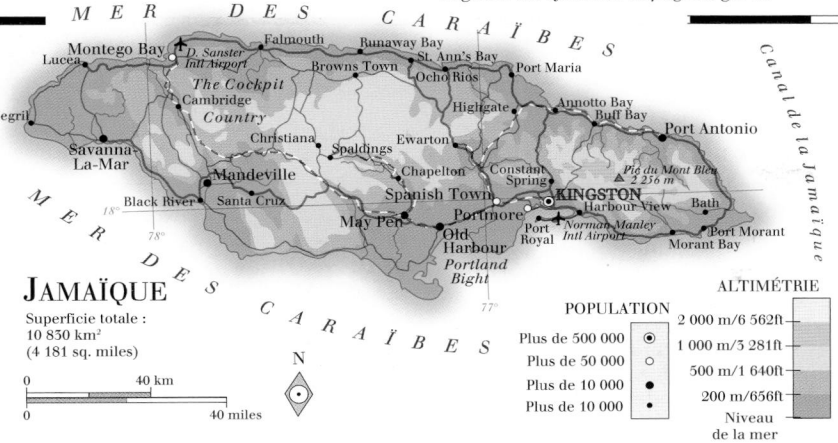

JAMAÏQUE

Superficie totale :
10 850 km²
(4 181 sq. miles)

 40 km

 40 miles

N

POPULATION

Plus de 500 000	⊙
Plus de 50 000	○
Plus de 10 000	•
Plus de 10 000	•

ALTIMÉTRIE

2 000 m/6 562ft
1 000 m/3 281ft
500 m/1 640ft
200 m/656ft
Niveau
de la mer

ÉCONOMIE

 7,26 Md $

 48-58 dollars jamaïquains

CHIFFRES SIGNIFICATIFS

- ❏ CLASSEMENT DU PNB AU NIVEAU MONDIAL ..100ᵉ
- ❏ PNB PAR HABITANT ....2 800 $
- ❏ BALANCE DES PAIEMENTS ....– 788 M $
- ❏ INFLATION ....7 %
- ❏ CHÔMAGE ....16 %

ATOUTS

Economie assez diversifiée. Extraction et raffinage de la bauxite destinée à la production d'aluminium. Tourisme. Agriculture : sucre, banane, rhum, café. Expansion de l'industrie manufacturière légère.

FAIBLESSE

Banques et assurances. Financement de la production sucrière. Stagnation de la croissance. Dette élevée.

EXPORTATIONS

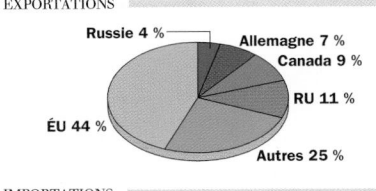

Russie 4 %
Allemagne 7 %
Canada 9 %
RU 11 %
ÉU 44 %
Autres 25 %

IMPORTATIONS

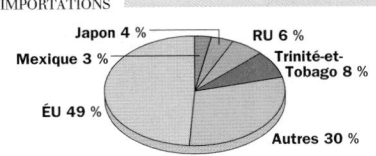

Japon 4 %
RU 6 %
Mexique 3 %
Trinité-et-Tobago 8 %
ÉU 49 %
Autres 30 %

RESSOURCES

 11 458 tonnes

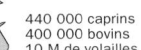 440 000 caprins
400 000 bovins
10 M de volailles

pays non producteur ; raffine 32 000 b/j

 Bauxite, marbre, gypse, silice, argile

La Jamaïque est le troisième pays producteur de bauxite, et exporte de grosses quantités de sucre et de bananes.

ENVIRONNEMENT

 Aucune

 4,3 tonnes par habitant

La poussière acide issue du traitement de la bauxite pose problème, comme la pollution à Kingston. Les forêts tropicales sont menacées.

MÉDIAS

 63 quotidiens pour 1 000 habitants

PRESSE ET TÉLÉCOMMUNICATIONS

 4 quotidiens : le *Daily Gleaner*, le *Daily Star*, le *Jamaica Observer*, le *Jamaica Herald*

 3 chaînes indépendantes

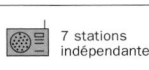 7 stations indépendantes

Le gouvernement relâche actuellement son emprise sur la télévision. La presse jamaïcaine est l'une des plus influentes des Antilles.

CRIMINALITÉ

 4 350 détenus

 Moins 18 % en 1996–1998

La criminalité armée est l'un des principaux problèmes de la Jamaïque. Les vols à main armée sont à l'origine de nombreux meurtres. Le commerce mondial du crack reste encore sous le contrôle de la Jamaïque. Les chefs de gangs règnent en maître sur d'importants quartiers de Kingston. La police armée est souvent accusée de perpétrer des exécutions sommaires de suspects. La création prochaine d'une nouvelle Cour de Justice Caribéenne augmente la probabilité de nouvelles exécutions capitales. Les dernières pendaisons datent de 1988.

ÉDUCATION

 87 %

 15 891 étudiants

L'enseignement s'inspire de l'ancien système britannique. La Jamaïque abrite le plus important des trois campus de l'Université des Caraïbes.

SANTÉ

 1 pour 769 habitants

 Maladies cérébrovasculaires et cardiaques, cancers, diabète

Le système de santé public, autrefois performant, souffre aujourd'hui d'un sérieux manque de subventions. Les médecins et infirmiers sont moins nombreux qu'au cours des années 1980 et les hôpitaux manquent de médicaments et de matériel médical.

RICHESSES

CONSOMMATION ET DÉPENSES

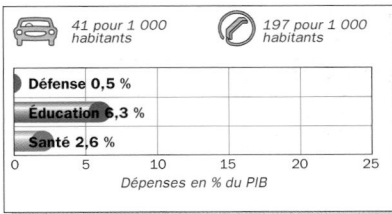

41 pour 1 000 habitants
197 pour 1 000 habitants

Défense 0,5 %
Éducation 6,3 %
Santé 2,6 %

Dépenses en % du PIB

La société jamaïcaine est marquée par de profondes inégalités sociales bien que l'éducation permette aujourd'hui à un nombre croissant de Jamaïcains noirs d'accéder à des emplois de bureaux mieux rétribués. Les classes les plus pauvres vivent dans les ghettos de Kingston.

CLASSEMENT MONDIAL

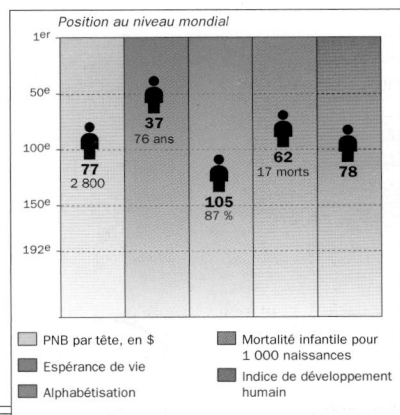

Position au niveau mondial

77 — 2 800
37 — 76 ans
105 — 87 %
62 — 17 morts
78

- ■ PNB par tête, en $
- ■ Espérance de vie
- ■ Alphabétisation
- ■ Mortalité infantile pour 1 000 naissances
- ■ Indice de développement humain

J

JAPON

NOM OFFICIEL : Japon **CAPITALE** : Tokyo
POPULATION : 128 millions **MONNAIE** : yen **LANGUE OFFICIELLE** : japonais

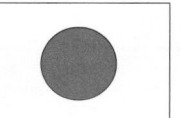

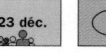

MONARCHIE constitutionnelle, dotée d'un empereur au rôle symbolique, le Japon se situe au large de la côte Est du continent asiatique, dans le Pacifique Nord. Il est constitué de quatre îles principales et de plus de 3 000 îles moins importantes ; il dispute la souveraineté sur la chaîne des Kouriles à la Fédération de Russie. Le territoire est principalement montagneux, avec des plaines côtières fertiles, et il est recouvert aux deux tiers de forêts. La côte Pacifique est exposée aux *tsunamis* – des raz-de-marée déclenchés par des séismes sous-marins. La plupart des villes se trouvent près des côtes. L'ensemble formé par Tokyo, Kawasaki et Yokohama constitue la région la plus densément peuplée et industrialisée, Hokkaido étant l'île la moins urbanisée. La puissance économique japonaise, avec son excédent commercial annuel dépassant les 100 milliards de dollars et ses énormes investissements à l'étranger, est fragilisée depuis le début des années 1990 par une série de crises financières et une récession qui dure depuis 1997.

Champ traditionnel de riz paddy sur l'île d'Hokkaïdo. Le secteur rizicole est l'un des plus protégés de l'économie japonaise.

JAPON

Superficie totale : 376 520 km²
(145 374 sq. miles)

POPULATION

- ▣ Plus de 5 000 000
- ▢ Plus de 1 000 000
- ◉ Plus de 500 000
- ◎ Plus de 100 000
- ○ Plus de 50 000
- ● Plus de 10 000

ALTIMÉTRIE

- 1 500 m/4 921ft
- 1 000 m/3 281ft
- 500 m/1 640ft
- Niveau de la mer

CLIMAT

DONNÉES MÉTÉOROLOGIQUES

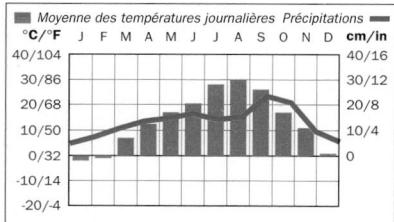
■ *Moyenne des températures journalières* *Précipitations* ■
°C/°F J F M A M J J A S O N D cm/in
40/104 / 40/16
30/86 / 30/12
20/68 / 20/8
10/50 / 10/4
0/32 / 0
-10/14
-20/4

La mer du Japon tempère le climat et les hivers sont moins rigoureux que sur le continent asiatique. Le Japon enregistre aussi des précipitations plus abondantes. Le printemps est la saison la plus agréable ; il est caractérisé par des journées chaudes, ensoleillées et des températures et des précipitations moins élevées qu'en été.

TRANSPORTS

Haneda, Tokyo
61,1 M
de passagers

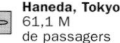
7 924 navires
16,7 M de tpl

RÉSEAU DE TRANSPORT

863 003 km
(536 244 miles)

6 617 km
(4 112 miles)

20 160 km
(12 527 miles)

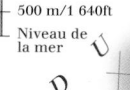
1 770 km
(1 100 miles)

Le train est le principal moyen de transport au Japon. Son train à grande vitesse, le *Shinkansen*, est l'un des plus rapides et des plus ponctuels du monde. La ligne aérienne qui relie Tokyo à Chitose est la plus utilisée de la planète.

POPULATION

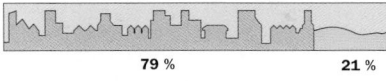 Japonais, coréen, chinois   339 hab./km²

PART DE LA POPULATION URBAINE/RURALE

79 %   21 %

RELIGION

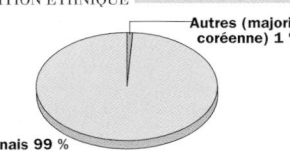

Autres (chrétiens inclus) 8 %

Bouddhistes 16 %

Shinto et bouddhistes 76 %

COMPOSITION ETHNIQUE

Autres (majorité coréenne) 1 %

Japonais 99 %

Sur le plan ethnique la société japonaise est l'une des plus homogènes du monde. Le sens de l'ordre de la population japonaise est tel que les habitants travaillent généralement toute leur vie pour la même entreprise. Beaucoup de Japonais citent d'ailleurs généralement le nom de leur entreprise et non celui de leur profession pour se présenter.

Le rôle de la femme reste très traditionnel ; elle a en principe la charge du foyer et l'éducation des enfants. Elle travaille généralement jusqu'à 26 ans, âge auquel elle se marie et ne travaille plus qu'à mi-temps. Certaines femmes japonaises, toutefois, commencent aujourd'hui à travailler indépendamment et à envisager une carrière professionnelle. La première femme responsable d'un parti politique – Takako Doi – a été nommée en 1991. Les conventions sociales restent très importantes dans la société japonaise. Le respect pour les aînés et les supérieurs hiérarchiques est ancré dans les mentalités. La rébellion adolescente est un phénomène peu connu, même si les jeunes constituent un important marché. Nombre d'entre eux restent fidèles au mode de vie de leurs parents, mais, à cause de la crise des années 1990, certaines données acquises se voient remises en cause, comme l'emploi à vie dans la même entreprise, ou le sacrifice des soirées et des week-ends au profit des clients.

PYRAMIDE DES ÂGES

Femmes	Âge	Hommes
2,2 %	81–100	1,1 %
9,8 %	61–80	8,1 %
14,5 %	41–60	14,3 %
13,7 %	21–40	14,1 %
10,8 %	0–20	11,4 %

% de la population par tranche d'âge

TOURISME

 5,24 M de visiteurs   Plus 10 % en 2002

PROVENANCE DES TOURISTES ÉTRANGERS

Taiwan 21 %	
Corée du Sud 21 %	
ÉU 16 %	
Hong-Kong 6 %	
Chine 7 %	
Autres 29 %	

0   10   20   30   40
% du nombre de visiteurs

Malgré la baisse du yen, le Japon reste une destination onéreuse. La plupart des touristes viennent de Taiwan, de Corée du Sud, des ÉU et, de plus en plus, de la Chine. Parmi les principaux pôles d'attraction, outre la capitale impériale Kyoto ainsi que les temples et jardins de Nara, citons les centres urbains high-tech de Tokyo et Osaka, tandis que les amateurs de vie champêtre traditionnelle pourront se rendre à Tohoku, dans le nord du Honshu. Loin de l'agitation des villes, la nature intacte d'Hokkaido attire principalement les randonneurs japonais.

High Street, à Tokyo. Les villes japonaises disposent de services de police très efficaces et sont parmis les plus sûres du monde.

CHRONOLOGIE

Le Japon est resté à l'écart du reste du monde jusqu'en 1853, lorsqu'une escadre navale américaine obligea le dernier des *shoguns* tokugawa à accorder des concessions commerciales.

❑ **1868** Restauration Meiji : le régime tokugawa est renversé ; retour de l'empereur.

❑ **1872** Modernisation à l'occidentale. La forte tradition militaire japonaise s'étatise.

❑ **1889** Adoption de la Constitution, d'après celle de Bismarck.

❑ **1894–1895** Guerre contre la Chine ; victoire du Japon.

❑ **1904–1905** : Guerre contre la Russie ; victoire du Japon ; annexion de Formose (Taiwan) et de la Corée.

❑ **1914** Participation à la Première G.M., au côté des alliés. Interventions maritimes limitées.

❑ **1919** Conférence de paix de Versailles : obtention de quelques territoires dans le Pacifique.

❑ **1923** Séisme à Yokohama. 140 000 victimes.

❑ **1927** Début d'un nationalisme exacerbé ; notion de « sphère de coprospérité » sous domination japonaise en Asie du sud-est, , interprétée par les ÉU comme une menace à leurs propres intérêts dans le Pacifique.

❑ **1931** Invasion de la Manchourie chinoise, rebaptisée Manchukuo.

❑ **1937** Début de l'invasion de la Chine.

❑ **1938** Tous les partis sont regroupés sous un seul et même drapeau : pouvoir militaire.

❑ **1939** Guerre frontalière non déclarée avec la Russie ; défaite du Japon.

❑ **1940** La France est battue par l'Allemagne ; le Japon occupe l'Indochine française.

❑ **1941** Embargo commercial américain sur le Japon, ce qui menace sa machine de guerre. En décembre, riposte japonaise : attaque de Pearl Harbor, invasion des possessions américaines, britanniques et hollandaises dans le Pacifique.

❑ **1942** Bataille navale décisive de Midway : défaite japonaise.

❑ **1945** : Les ÉU lancent la bombe atomique sur Hiroshima et Nagasaki. L'URSS déclare la guerre au Japon. L'empereur Hiro-Hito abandonne son statut de droit divin. Le Japon capitule et est placé sous gouvernement militaire, dirigé par le Gal MacArthur.

❑ **1947** Nouvelle Constitution, calquée sur celle des ÉU ; l'empereur garde un rôle symbolique.

❑ **1950** Guerre de Corée ; les commandes militaires des ÉU donnent un coup de fouet à l'économie. ⇨

J

CHRONOLOGIE *suite*

- ❏ **1952** Traité de San Francisco. Le Japon retrouve son indépendance. La production industrielle dépasse son niveau de 1936.
- ❏ **1955** Les partis conservateurs s'unissent pour former le LDP, qui gouvernera pendant les 38 années à venir.
- ❏ **1964** JO de Tokyo. Inauguration du Shinkansen (TGV japonais). Admission à l'OCDE.
- ❏ **1973** Choc pétrolier. Arrêt de la croissance. Le gouvernement décide de donner la priorité aux industries de pointe.
- ❏ **1976** Le LDP est mis en cause dans le scandale Lockheed (corruption). Il perd la majorité absolue.
- ❏ **1979** Deuxième choc pétrolier. La croissance reste à 6%/an.
- ❏ **1980** Le LDP retrouve sa domination électorale.
- ❏ **1982** Première usine Honda aux ÉU.
- ❏ **1988** Le Japon devient le premier pays donateur et le plus gros investisseur à l'étranger.
- ❏ **1989** Mort de Hiro-Hito. Démission du Premier ministre Noburo Takeshita suite au scandale Recruit Cosmos ; il est remplacé par Sosuke Uno, forcé à son tour de démissionner (affaire de mœurs). Krach boursier à Tokyo.
- ❏ **1991–1992** Le LDP est déchiré par des querelles intestines, de nouveaux scandales financiers et la réforme électorale.
- ❏ **1993** Des réformistes quittent le LDP et forment de nouveaux partis. Le LDP perd le pouvoir. Morihiro Hosokawa entre au gouvernement avec une coalition de 7 partis.
- ❏ **1994** Démission d'Hosokawa. Effondrement de la coalition. Unification des partis d'opposition au sein du Shinshito. Lancement d'ambitieuses réformes destinées à mettre fin à la « politique de l'argent ».
- ❏ **1995** Séisme à Kobé. Plus de 5 000 victimes.
- ❏ **1996** Gouvernement minoritaire du LDP. Le courtier en cuivre Yasuo Yamanaka est condamné à huit ans de prison pour avoir fait perdre 2,6 milliards de dollars à la Sumimoto Corporation.
- ❏ **1997** Grave récession économique.
- ❏ **1998** Crise sur fond de réforme du système bancaire et financier.
- ❏ **2000** Le Premier ministre Keizo Obuchi, dans le coma, est remplacé par Yoshiro Mori. Le LDP perd la majorité aux élections.
- ❏ **2001** Le LDP (droite) fait appel au populiste Junichiro Koizumi.
- ❏ **2002** Le Japon accueille la Coupe du Monde de football (avec la Corée).

POLITIQUE

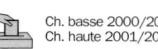

Ch. basse 2000/2004
Ch. haute 2001/2004

Tsegu no Miya
Akihito, empereur

AUX DERNIÈRES ÉLECTIONS

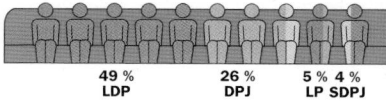

Chambre des représentants 480 membres

6 % NK 4 % JCP 6 % Autres

49 % LDP   26 % DPJ   5 % LP 4 % SDPJ

LDP = Parti libéral démocrate **DPJ** = Parti démocratique du Japon **NK** = Nouveau Komeito **LP** = Parti libéral **JCP** = Parti communiste japonais **SDPJ** = Parti social-démocrate japonais.

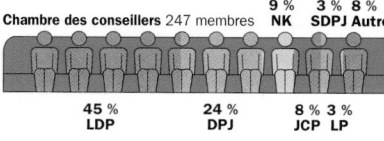

Chambre des conseillers 247 membres

9 % NK 3 % SDPJ 8 % Autres

45 % LDP   24 % DPJ   8 % JCP 3 % LP

Le Japon est une démocratie pluraliste, où l'empereur ne joue qu'un rôle symbolique.

PROFIL

Le LDP (droite) domine la vie politique depuis 1955. Pendant 21 ans, sa majorité parlementaire resta assurée, mais à partir de 1976, il se vit dans l'obligation de former des coalitions parlementaires parfois fragiles. En 1993, il perdit le pouvoir, mais le retrouva l'année suivante, pour y rester jusqu'à aujourd'hui. Le gouvernement à sept partis qui dirigea le Japon de 1993 à 1994 se révéla instable, et la coalition Shinshinto qui prit sa relève ne parvint pas à défaire le LDP malgré la sévérité de la crise économique à la fin des années 1990.
Le LDP est moins menacé par son opposition que par ses conflits internes, orchestrés par ses diverses factions. Le premier ministre Yoshiro Mori mena une campagne terne pour les élections générales de 2000, ce qui valut au LDP

Junichiro Koizumi,
Premier ministre populiste, dirige les réformes économiques.

Yoshiro Mori,
l'impopulaire Premier ministre (2000-2001).

L'empereur Akihito.
Il accéda au trône à la mort de son père Hirohito.

Champ de riz traditionnel à Hokkaido.
La culture du riz est l'un des secteurs les plus protégés de l'économie japonaise.

un moins bon résultat ; il resta néanmoins le parti le plus important. Impopulaire, Mori fut finalement remplacé comme chef du LDP et du gouvernement par un nouveau venu charismatique, Junichiro Koizumi. Pour lutter contre la stagnation économique, Koizumi s'engagea dans des réformes radicales, tirant parti au maximum de son immense popularité. Malgré ses promesses, il n'a pourtant guère apporté de changements importants, notamment dans le domaine politique. L'inertie du système politique, avec ses factions et le fort conservatisme de la base du LDP, l'a obligé à réduire ses ambitions pour adopter un style plus apaisant et consensuel. Sa popularité en a souffert ; il a subi des critiques particulièrement sévères lors de l'éviction de Makiko Tanaka, ministre des affaires étrangères aussi appréciée que controversée.

PRINCIPAUX PROBLÈMES POLITIQUES
Les réformes économiques
Les efforts de restructuration des dépenses publiques ont rencontré de fortes résistances. Les changements provoqués par Koizumi en 2001-2002 n'ont guère sorti l'économie japonaise de sa stagnation. Après s'être engagé à ce qu'il n'y ait « aucune crise économique » dans le pays, Koizumi a admis au début 2003 que ses réformes avaient « déraillé » et qu'elles prendraient plus de temps que prévu.
Force du LDP, faiblesse de l'opposition
Le clientélisme a permis au LDP de nouer des liens étroits avec les grandes entreprises et la bureaucratie, ce qui le rend quasiment invulnérable. Sa défaite électorale de 1993 entraîna des réformes électorales visant à s'attaquer à la « politique de l'argent » ; l'éphémère coalition d'opposition voulait évoluer vers un système bipartite, mais des manœuvres adroites permirent au LDP de revenir au pouvoir sans attendre.

POLITIQUE EXTÉRIEURE

Après des décennies de discrétion sur le plan international, le Japon s'efforce de retrouver une certaine importance, notamment pour obtenir un siège permanent au Conseil de sécurité de l'ONU. En 1993, des forces japonaises se sont jointes aux ÉU pour une opération de maintien de la paix au Cambodge ; en 2001, le pays s'est rangé aux côtés des ÉU dans la « guerre contre le terrorisme ». Le Japon a aussi haussé le ton avec la Corée du Nord, mais ses relations avec l'Occident souffrent de la poursuite des pêches « scientifiques » à la baleine. En Asie, le pays porte toujours l'héritage de ses agressions en temps de guerre, exacerbé par le révisionnisme de certains manuels scolaires japonais.

AIDE INTERNATIONALE

 9,85 Md (versés)   Moins 27% en 2001

Le Japon est le 1er pays donateur du monde ; l'essentiel de ces fonds vont à l'Asie et au Pacifique, en particulier la Chine. Les îles polynésiennes sont très dépendantes de l'aide japonaise pour leur pêche. En 2001, le Japon a reconnu avoir « acheté » des soutiens pour sa pêche à la baleine.

DÉFENSE

 39,5 Md $ Plus 13 % en 2001

FORCES ARMÉES JAPONAISES

	1 040 chars de combat (820 Type-74, 220 Type-90)	148 200 hommes
	16 sous-marins, 13 frégates, 42 destroyers, 3 patrouilleurs	44 400 hommes
	280 avions de combat (F-1, F-2, F-4EJ, F-15J)	45 600 hommes
	Aucun	

L'article 9 de la Constitution rejette le recours à la guerre comme solution à un conflit international. Les interventions militaires font l'objet de débats passionnés, même celles pour l'ONU. Les forces d'autodéfense s'accroissent cependant, par crainte de la Corée du Nord et du terrorisme. Depuis 1999, les navires nord-coréens intrus sont repoussés par la force. En 2001, une loi a permis une aide militaire non combattante pour la « guerre au terrorisme », et deux ans après, le parlement a discuté, pour la première fois depuis 1945, de la riposte à une éventuelle attaque.

ÉCONOMIE

 4 523 Md $ 120,08 yens

INDICATEUR DES PERFORMANCES ÉCONOMIQUES

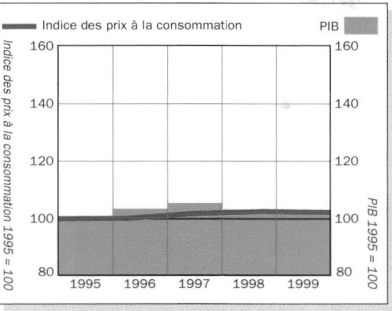

ATOUTS
Leader dans la production high-tech et automobile. Recherche à long terme. Réutilisation d'idées importées. Industrialisation en occident. Économie intérieure très protégée. Faiblesse du yen encourageant les exportations.

FAIBLESSES
Récession récente. Dépendance des importations pétrolières. Système financier opaque et endetté. Production industrielle en baisse, faillites importantes, chômage record. Problèmes de relations internationales liés à l'excédent commercial.

PROFIL
L'économie japonaise, auparavant l'une des plus performantes du monde, s'affaiblit de plus en plus depuis une décennie.
Le crash de la Bourse de Tokyo, en 1990, marqua la fin d'une période de croissance remarquable. À force de dépenses, le gouvernement réussit à éviter la catastrophe, retardant l'impact de la crise. Pour la 2e fois en cinq ans, le Japon connut une courte récession en 2001.
Pour apaiser le mécontentement occidental dû à son excédent commercial, le gouvernement encouragea la demande intérieure, pour rendre l'économie moins dépendante des exportations, en stimulant l'économie domestique. Cependant, le surplus dépasse les 100 Md de $ par an. Le commerce bilatéral fut encouragé, et le Japon signa son premier accord de libre échange avec Singapour en avril 2002.
Cependant, la situation intérieure demeure critique. Le secteur financier doit absolument être réformé. Les faillites retentissantes de 1997 se répétèrent en 2001, avec des pertes record dans la high-tech. Koizumi avait promis des

CHIFFRES SIGNIFICATIFS

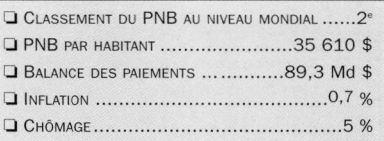
- CLASSEMENT DU PNB AU NIVEAU MONDIAL 2e
- PNB PAR HABITANT ....35 610 $
- BALANCE DES PAIEMENTS ....89,3 Md $
- INFLATION ....0,7 %
- CHÔMAGE...5 %

EXPORTATIONS
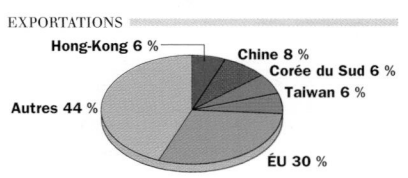
Hong-Kong 6 % Chine 8 % Corée du Sud 6 % Taiwan 6 % Autres 44 % ÉU 30 %

IMPORTATIONS
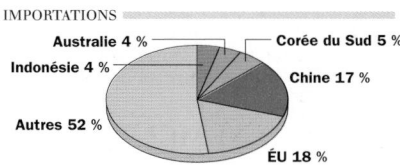
Australie 4 % Corée du Sud 5 % Indonésie 4 % Chine 17 % Autres 52 % ÉU 18 %

changements radicaux, rejetant les hausses des dépenses publiques au profit de réformes structurelles. Les prêts bancaires douteux ont été apurés, et certains systèmes privilégiés supprimés. Malgré ces mesures, les puissances économiques traditionnelles ont freiné ces réformes, et l'économie reste à la traîne dans son ensemble. En 2002, une intervention gouvernementale de 24 Md de $ a été critiquée comme étant d'une insuffisance ridicule face à la persistance des problèmes.

JAPON : PRINCIPALES ACTIVITÉS

Recherche et développement Brasserie
Construction automobile Textile
Ingénierie lourde Informatique
Bien de consommation Finance
Chantier naval
Fer et acier
Électronique
Industrie chimique

J

RESSOURCES

 5,75 M de tonnes

7 579 b/j (réserves : 53 000 000 b)

9,61 M de porcins
4,56 M de bovins
283 M de volailles

 Chaux, soufre, charbon

PRODUCTION ÉLECTRIQUE

Hydraulique 9 % (96 Md kWh)				
Thermique 61 % (650 Md kWh)				
Nucléaire 30 % (317 Md kWh)				
Autres 0 %				
0	20	40	60	80	100

% de la production totale par type d'électricité

Le Japon dispose de peu de ressources naturelles exploitables commercialement. En raison des coûts de production du charbon trop élevés, il en est devenu le premier importateur au monde. Pour réduire sa dépendance

ENVIRONNEMENT

7% (3% partiellement protégés)

9,7 tonnes par habitant

TRAITÉS ÉCOLOGIQUES

Oui   Oui   Oui

Oui   Oui   Oui

Le Japon soutien l'idée d'une aide au « développement durable » du Tiers-monde. Le respect de la nature fait partie intégrante de la culture japonaise. Cependant, lors de la conférence de Kyoto en 1997, il a essuyé des critiques concernant la surexploitation industrielle de la baleine en particulier et la consommation de bois précieux tropicaux. De même, le Japon est favorable à la pêche au petit vorqual. Le traditionnel respect pour la nature a engendré un vigoureux mouvement écologiste qui a réagi à des catastrophes comme l'accident nucléaire de Tokaimura en 1999 ou le naufrage d'un pétrolier russe sur la côte ouest du Japon au début de 1997.

Le parc national de Datsetsusa sur l'île *d'Hokkaïdo, la moins peuplée des îles principales*

énergétique, le Japon a développé l'énergie nucléaire (quatrième producteur mondial). Pourtant, suite à un grave accident survenu à la centrale de Tokaimura en 1999, la sécurité nucléaire est devenue une priorité ; les écologistes sont également opposés au développement de ce secteur.

HOKKAIDÔ

HONSHÛ

CHÛGOKU-SANCHI

SHIKOKU

KYÛSHÛ

 JAPON : UTILISATION DU SOL

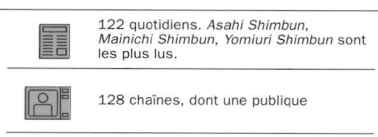

Terres cultivées
Forêts
Paturages
Moutons
Fruits
Riz

0   300 km
0   300 miles

MÉDIAS

574 quotidiens pour 1 000 habitants.

PRESSE ET TÉLÉCOMMUNICATIONS

	122 quotidiens. *Asahi Shimbun, Mainichi Shimbun, Yomiuri Shimbun* sont les plus lus.
	128 chaînes, dont une publique
	100 stations, dont une publique

Les Japonais sont parmi les plus gros lecteurs de journaux, dont les ventes quotidiennes dépassent les 70 millions d'exemplaires. Les grands journaux ont différentes éditions pour chaque ville importante. La plupart des quotidiens sont la propriétés d'empires médiatiques contrôlant aussi des chaînes de télévision hertziennes ou câblées. Les hebdomadaires ressemblent plus à des tabloïds. Plus de 36 milliards de magazines et 1 milliard et demi de livres sont vendus chaque année. Le marché des magazines de loisirs, qui incitent les Japonais à prendre davantage de congés, est en plein essor.
La technologie japonaise donne le *la* en matière d'ordinateurs et de stéréo. Paradoxalement, l'Internet n'a pas connu un succès foudroyant au Japon, mais en 2001, le pays était le 3e au monde pour le nombre de foyers connectés. Cette même année, le Japon lança le premier téléphone portable « troisième génération ».

ÉDUCATION

 99 %

 3,97 M d'étudiants

LE SYSTÈME ÉDUCATIF

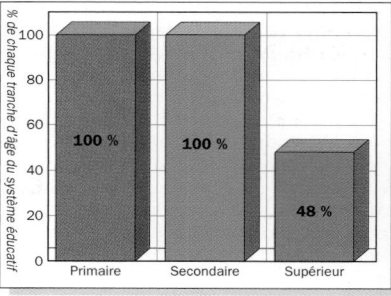

% de chaque tranche d'âge du système éducatif

100 % Primaire
100 % Secondaire
48 % Supérieur

La société japonaise établit un cloisonnement social entre, d'une part les diplômés de l'université, qui se voient attribuer les postes administratifs les plus convoités qu'ils occuperont à vie, et d'autre part les non-diplômés, qui n'ont pas accès aux postes à responsabilités. La concurrence est féroce lors de l'attribution des places à l'université mais elle démarre en fait dès qu'il s'agit de choisir une école maternelle, obligatoire à partir de quatre ans. Les universités de Tokyo, Kyoto, Waseda et Keio sont les plus prestigieuses. Grâce à son système éducatif, l'économie japonaise dispose d'une main-d'œuvre parfaitement formée et très homogène. On a critiqué ce système qui ne se prêterait pas assez aux valeurs libérales de l'entreprise.

CRIMINALITÉ

61 242 détenus

Plus 25% en 2000-2001

TAUX DE CRIMINALITÉ

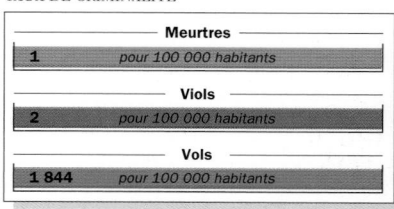

Meurtres	
1	pour 100 000 habitants

Viols	
2	pour 100 000 habitants

Vols	
1 844	pour 100 000 habitants

Le taux de délinquance au Japon est l'un des plus bas du monde occidental, malgré une augmentation des délits mineurs inconnue depuis 50 ans. Les villes sont sûres et les postes de police nombreux. On note cependant un essor de la délinquance chez les jeunes, ainsi que de la toxicomanie.
Le principal problème reste la fraude et les *kumi* (mafias). Les autorités hésitent à les attaquer directement, préférant limiter leurs activités. Les *kumi* auraient des liens avec les partis d'extrême droite.

J

LA COUPE DU MONDE 2002 :
UNE PARTIE EN DEUX MI-TEMPS

En 2002, le Japon accueillit la Coupe du Monde en partenariat avec la Corée du Sud. Il s'agissait de redynamiser l'économie et d'améliorer des relations difficiles avec la Corée. Cette Coupe du Monde, la première en Asie, était aussi la première à se dérouler dans deux pays. Elle devait aussi accroître la popularité du football au Japon : la Ligue de Football japonaise n'existe que depuis 1993.

HORS JEU

Le principe consistait à partager les dépenses et les retombées économiques. Cependant, la Coupe du Monde 2002 fut de loin le tournoi le plus coûteux jamais organisé, et les bénéfices tant attendus ne se trouvèrent pas au rendez-vous. D'après le règlement de la FIFA, au moins huit stades devaient être fournis pour chaque tournoi. Le Japon et la Corée du Sud dépassèrent largement ce minimum, en construisant huit nouveaux stades, en en rafraîchissant deux autres, et en rénovant leurs infrastructures. Le Japon à lui seul dépensa environ 4,5 Md de $. Les autorités avaient prévu des bénéfices approchant les 30 Md de $ en billetterie, publicité, et tourisme de supporters. Certes, les sociétés qui vendaient les droits de télévision virent leurs ventes s'accroître de 38 %, les importations de bière étrangère triplèrent, mais les bénéfices réels restèrent très en-deçà des prévisions. En raison d'erreurs assez gênantes de billetterie, les stades furent loin de se remplir. Les annonceurs refusèrent de s'engager pour des retransmissions tardives ou matinales (liées au décalage horaire

Le dôme Sapporo comporte un terrain « escamotable ».

avec l'occident), et les « touristes supporters » furent bien moins nombreux que les 800 000 prévus (chiffre grossièrement exagéré). Les visiteurs dépensèrent peu et partirent rapidement. Quant aux stades japonais neufs, peu d'entre eux ont depuis lors accueilli des matchs de football professionnel, et ils doivent désormais supporter des millions de dollars d'entretien. Le stade de Saitama accueille des mariages, et celui de Yokohama propose de prendre le nom du donateur le plus généreux...

UNE RÉCONCILIATION RATÉE

La Coupe du Monde devait aussi réchauffer les relations entre ses deux co-organisateurs. Cependant, pendant l'année précédant le tournoi, la pression médiatique accrut les tensions. L'administration populiste de Koizumi déclencha les foudres coréennes en rendant visite au sanctuaire de Yakasuni, qui rend notamment hommage à des criminels de guerre japonais ; il en alla de même pour l'approbation donnée à des manuels scolaires « révisionnistes » (édulcorant les crimes de guerre de l'armée impériale en Asie orientale pendant la Seconde guerre mondiale). Les fans coréens profitèrent de l'occasion pour demander le changement de l'orthographe anglaise de « Korea » en « Corea » : ils affirmaient que le « K » était le résultat d'une conspiration de leurs occupants impériaux après 1910, pour que le Japon occupe un meilleure position dans l'alphabet. Malgré ces problèmes économiques et diplomatiques, la Coupe du Monde connut un succès mondial. Des outsiders, dont le Japon et la Corée du Sud, mirent en difficulté les favoris européens et sud-américains. La finale, cependant, vit la victoire de l'équipe la plus célèbre du monde, celle du Brésil, qui remporta le titre pour la 5e fois, un record.

Un fan coréen à la Coupe du Monde 2002.

SANTÉ

 1 pour 508 habitants   Maladies cardiaques, cancer, accidents

Le système de santé du Japon est l'un des plus performants du monde ; ainsi l'espérance de vie et le taux de mortalité infantile sont-ils parmi les plus bas des pays industrialisés.
La plupart des Japonais cotisent à une caisse d'assurance nationale et les primes sont calculées au prorata de leurs revenus.
Les habitants les plus pauvres ont accès aux soins gratuitement. Le vieillissement rapide de la population risque à l'avenir de poser un problème de financement.

RICHESSES

CONSOMMATION ET DÉPENSES

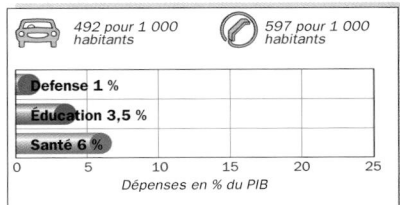

En termes de biens de consommations, les Japonais sont riches ; le nombre de voitures n'est limité qu'à cause de l'espace de parking restreint. Le taux d'épargne est élevé, ce qui permet de mieux supporter la récession.
Les plus riches se sont beaucoup « appauvris », passant d'une moyenne de 7 Md $ à 3,7. En raison du coût de la vie à Tokyo, la plupart de ceux qui y travaillent vivent en banlieue. Les jeunes filles et femmes encore chez leurs parents disposent en particulier d'un revenu plus élevé.

CLASSEMENT MONDIAL

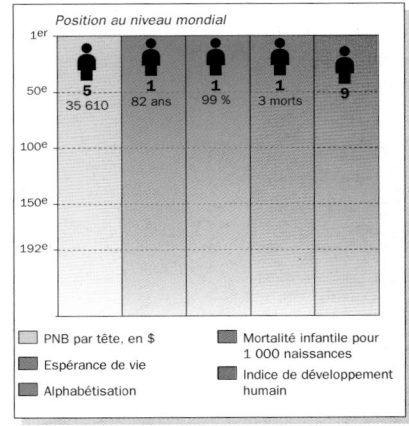

J

JORDANIE

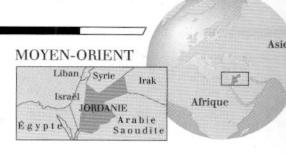

MOYEN-ORIENT

NOM OFFICIEL : Royaume hachémite de Jordanie   **CAPITALE** : Amman
POPULATION : 5,2 millions   **MONNAIE** : dinar jordanien   **LANGUE OFFICIELLE** : arabe

1946   1967   25 mai   HKJ   + 2   + 962   .jo

BORDÉE par l'Irak, la Syrie, Israël et l'Arabie Saoudite, la Jordanie ne dispose que de 26 kilomètres de côte le long du golfe d'Aqaba. La Jordanie est le propriétaire légal de la Cisjordanie et de la partie Est de Jérusalem, mais ces territoires sont occupés par Israël depuis 1967. En 1988, elle a renoncé à la Cisjordanie au profit de l'OLP. La production de phosphates et le secteur touristique qui gravite autour des sites historiques importants tel que Petra sont les principaux moteurs de l'économie jordanienne.

CLIMAT

DONNÉES MÉTÉOROLOGIQUES

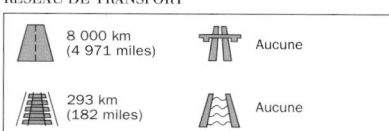

■ *Moyenne des températures journalières*   *Précipitations* ■

Les étés sont chauds et secs et les hivers doux et humides. Les régions situées sous le niveau de la mer sont très chaudes en été.

TRANSPORTS

Queen Alia International, Amman
2,23 M de passagers

10 navires
42 100 tpl

RÉSEAU DE TRANSPORT

8 000 km (4 971 miles)   Aucune

293 km (182 miles)   Aucune

Le réseau routier dessert les villes principales. Une ligne ferroviaire relie le port d'Aqaba à Damas, capitale de la Syrie.

TOURISME

1,4 M de visiteurs   Plus 5 % en 2000

PROVENANCE DES TOURISTES ÉTRANGERS

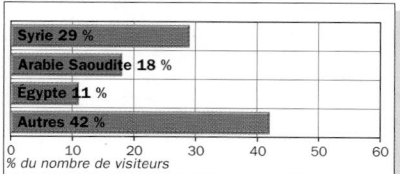

Syrie 29 %		
Arabie Saoudite 18 %		
Égypte 11 %		
Autres 42 %		

% du nombre de visiteurs

Les touristes apprécient particulièrement les plages d'Aqaba. La ville antique de Petra attire au contraire des touristes passionnés par les vestiges romains. Amman est en train de devenir l'un des principaux centres culturels et artistiques du monde arabe.

POPULATION

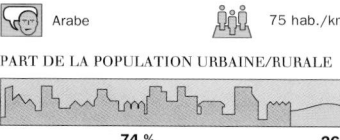

Arabe   75 hab./km²

PART DE LA POPULATION URBAINE/RURALE

74 %   26 %

COMPOSITION ETHNIQUE

Circassiens 1 %   Arméniens 1 %

Arabes 98 %

La population jordanienne est constituée en grande partie de musulmans de souche bédouine. La monarchie s'appuie principalement sur les tribus rurales. La population jordanienne est marquée par un sentiment très fort d'appartenance nationale.

POLITIQUE

Ch. basse 2003/2007
Ch. haute 2001/2005

Sa Majesté
le roi Abdallah II

AUX DERNIÈRES ÉLECTIONS

Chambre des Représentants 110 membres

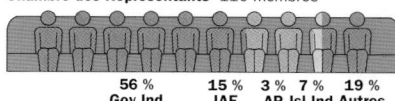

56 %	15 %	3 %	7 %	19 %
Gov Ind	IAF	AP	Isl Ind	Autres

Gov Ind = Indépendants pro-gouvernement   **IAF** = Front d'action islamique   **Isl Ind** = Islamistes indépendants
AP = Autres partis

Sénat 40 membres

Les membres du Sénat sont nommés par le roi.

Le roi Abdallah II a accédé au trône en février 1999 à la mort de son père, le roi Hussein. Bien que manquant d'expérience, il a le soutien de l'armée et des chefs tribaux. Les élections multipartites de 1993 ont profité aux partis pro-gouvernementaux, malgré une forte opposition islamiste. La nomination du Premier ministre Ali Abu al-Ragheb a marqué une modernisation, en particulier dans le domaine économique.

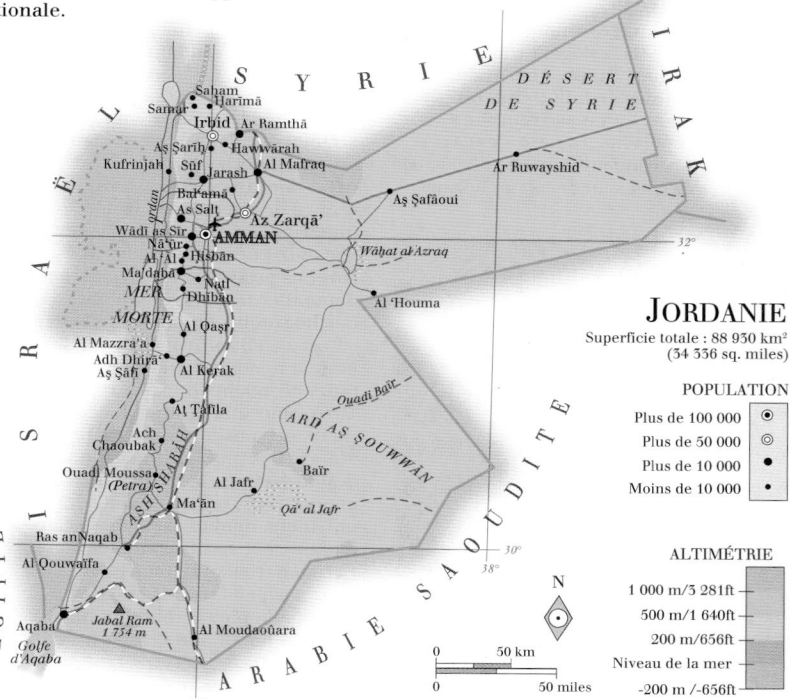

JORDANIE
Superficie totale : 88 930 km²
(34 336 sq. miles)

POPULATION
Plus de 100 000
Plus de 50 000
Plus de 10 000
Moins de 10 000

ALTIMÉTRIE
1 000 m/3 281ft
500 m/1 640ft
200 m/656ft
Niveau de la mer
-200 m /-656ft

POLITIQUE EXTÉRIEURE

 LA   MNA   FMA   OMC   OCI

Depuis la mort du roi Hussein, le rôle clé de la Jordanie au Moyen-Orient est remis en question. L'attitude envers l'État virtuel palestinien reste hésitante, car les relations avec Israël sont moins tendues que celles des autres pays arabes. En 2000, les ÉU ont signé un traité de libre-échange avec la Jordanie, valable 10 ans.

La Jordanie n'a pas participé la coalition anti-Irak en 1991. Elle avait demandé la réhabilitation de l'Irak et ne s'est pas associée à l'invasion de 2003.

AIDE INTERNATIONALE

 430 M $ (reçus)   Plus 5 % en 1999

Les États du Golfe ont recommencé à aider la Jordanie lorsque le roi Hussein a pris ses distances avec l'Irak, en 1995.

DÉFENSE

 588 M $ Plus 5 % en 1999

Les forces jordaniennes ne sont pas intervenues pendant la guerre du Golfe de 1991. L'armée est restée fidèle à la monarchie ; elle est réputée pour son professionnalisme. Le secteur de la défense est tributaire des aides occidentales pour ses approvisionnements en matériel et en armes de pointe.

ÉCONOMIE

 8,79 Md $ 0,70 dinar jordanien

CHIFFRES SIGNIFICATIFS

- ❑ CLASSEMENT DU PNB AU NIVEAU MONDIAL 90ᵉ
- ❑ PNB PAR HABITANT ....1 750 $
- ❑ BALANCE DES PAIEMENTS ....– 4 M $
- ❑ INFLATION ....1,8 %
- ❑ CHÔMAGE.......................................15 %

ATOUTS
Importantes exportations de phosphates. Main-d'œuvre qualifiée. Reprise du tourisme depuis la fin de la Guerre du Golfe. Le port d'Aqaba bénéficie d'un statut économique spécial.

FAIBLESSES
Importations d'énergie qui rendent le pays dépendant. Faible ratio export/import. Chômage aggravé par l'afflux des réfugiés du Koweit. Manque de terres arables.

EXPORTATIONS
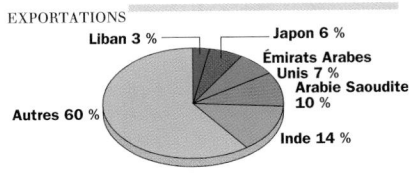
Liban 3 % Japon 6 % Émirats Arabes Unis 7 % Arabie Saoudite 10 % Inde 14 % Autres 60 %

IMPORTATIONS
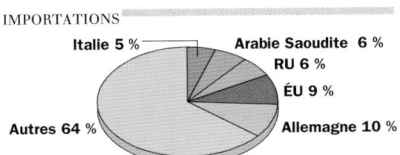
Italie 5 % Arabie Saoudite 6 % RU 6 % ÉU 9 % Allemagne 10 % Autres 64 %

RESSOURCES

 552 tonnes   Faible production (réserves : 4 millions de barils)

 1,6 million d'ovins 630 000 caprins 25 M de volailles   Pétrole, phosphate, potasse

Des gisements de pétrole ont été découverts. Les phosphates, le bétail et les cultures (tomates, blés et olives) constituent les principales ressources du pays.

ENVIRONNEMENT

 3 %   🏠 3,5 tonnes par habitant

La protection de l'environnement fait partie des priorités du gouvernement. Des mesures ont été prises pour protéger les espèces en voie de disparition et réintroduire la faune sauvage disparue dans les années 1950.

MÉDIAS

📰 42 quotidiens pour 1 000 habitants

PRESSE ET TÉLÉCOMMUNICATIONS

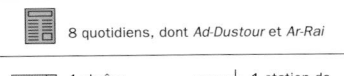
8 quotidiens, dont *Ad-Dustour* et *Ar-Rai*
1 chaîne contrôlée par l'État   1 station de radio contrôlée par l'État

Une loi restreignant la liberté de la presse et autres publications a été votée en 1998.

CRIMINALITÉ

 Pas de chiffre sur la population carcérale   Plus 344 % en 1996–1998

La population jordanienne est pacifique. Le niveau de la criminalité est bas mais les vols tendent à se multiplier dans les zones urbaines.

ÉDUCATION

 90 %   112 959 étudiants

Le système éducatif s'adresse aux hommes et aux femmes. Les professeurs jordaniens enseignent dans l'ensemble du Moyen-Orient.

SANTÉ

 1 pour 588 habitants   Maladies cardiaques, digestives et respiratoires, accidents, cancers

Le système de santé est subventionné par le gouvernement. Les hôpitaux sont répartis sur l'ensemble du territoire.

CHRONOLOGIE

La Jordanie, auparavant appelée Transjordanie et sous mandat du RU, est indépendante en 1946.

- ❑ **1953** Hussein est intronisé roi.
- ❑ **1967** Israël s'empare de la Cisjordanie.
- ❑ **1970** Forte répression de l'OLP en Jordanie.
- ❑ **1988** La Jordanie cède aux revendications territoriales de l'OLP sur la Cisjordanie.
- ❑ **1994** Traité de paix avec Israël.
- ❑ **1999** Mort du roi Hussein ; son fils Abdallah lui succède.

L'autoroute du Roi, vue du château des croisés, ou Al karak. Cette forteresse stratégique a été construite par les croisés au XIIᵉ siècle.

RICHESSES

CONSOMMATION ET DÉPENSES

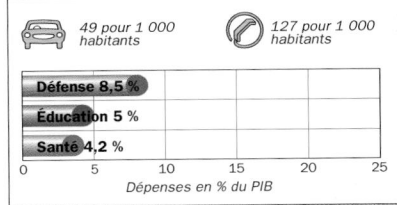
🚗 49 pour 1 000 habitants   📺 127 pour 1 000 habitants

Défense 8,5 %
Éducation 5 %
Santé 4,2 %
0   5   10   15   20   25
Dépenses en % du PIB

La pauvreté est assez rare ; néanmoins les camps de réfugiés n'ont pas disparu et le taux de chômage de 25 % a affecté de nombreux foyers depuis la fin des années 1990.

CLASSEMENT MONDIAL

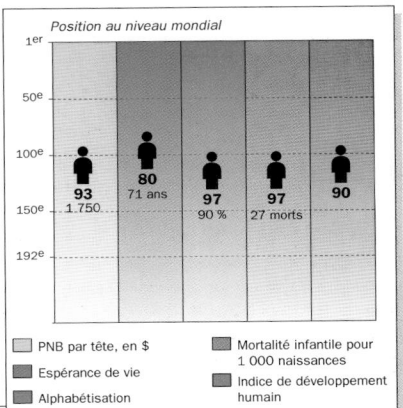
Position au niveau mondial
1ᵉʳ
50ᵉ
100ᵉ
150ᵉ
192ᵉ
93 / 1.750   80 / 71 ans   97 / 90 %   97 / 27 morts   90

◻ PNB par tête, en $ ◻ Mortalité infantile pour 1 000 naissances
◻ Espérance de vie   ◻ Indice de développement humain
◻ Alphabétisation

J

KAZAKHSTAN

ASIE
Fédération de Russie
KAZAKHSTAN
Chine
Ouzbékistan
Kirghizstan
Asie

NOM OFFICIEL : République du Kazakhstan   CAPITALE : Astana
POPULATION : 16 millions   MONNAIE : tengue   LANGUE OFFICIELLE : kazakh

BORDÉE au nord par la Russie et à l'Est par la Chine, le Kazakhstan est la plus étendue des anciennes républiques soviétiques, après la Russie : il s'étend sur 2 000 kilomètres d'Est en Ouest, de la mer Caspienne aux monts Altaï et sur 1 300 kilomètres du Nord au Sud. Le Kazakhstan a été la dernière république soviétique à déclarer son indépendance, en 1991. En 1999, les élections ont reconduit Nursultan Nazarbayev, ancien communiste, et ses partisans dans leurs fonctions. Le Kazakhstan est richement doté en ressources minérales et présente un potentiel économique important. Un grand nombre d'entreprises occidentales cherchent aujourd'hui à exploiter ses gisements.

Les monts Altaï, dans l'est du Kazakhstan, sont soumis à des conditions climatiques continentales très rigoureuses en hiver qui en font une région inhospitalière.

CLIMAT

DONNÉES MÉTÉOROLOGIQUES

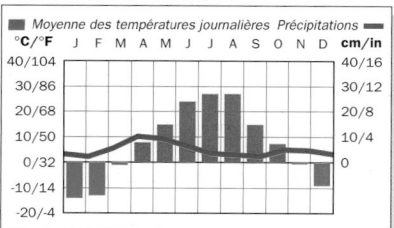

Le Kazakhstan est placé sous l'influence d'un climat continental marqué par des différences de températures importantes entre l'été et l'hiver. La moyenne des températures du mois de janvier varie de – 18 °C dans la région des steppes du Nord à – 3 °C dans les régions désertiques du Sud, distantes de 1 300 kilomètres. En juillet, elles varient respectivement de 19 °C à 30 °C.

KAZAKHSTAN

Superficie totale : 2 717 300 km²
(1 049 150 sq. miles)

TRANSPORTS

 Astana International

18 navires
9 253 tonneaux

RÉSEAU DE TRANSPORT

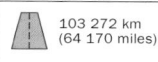 103 272 km
(64 170 miles)

 Aucune

13 601 km
(8 452 miles)

 3 900 km
(2 423 miles)

Le réseau est surtout développé au nord et à l'est, les régions économiques les plus importantes. La plupart des routes sont en mauvais état. Le réseau de chemin de fer est relié à la Russie et les vols internationaux passent en général par Moscou. En 1998 on a annoncé des privatisations et des restructurations dans le secteur ferroviaire.

TOURISME

 Principalement des visiteurs en voyage d'affaires

En hausse progressive

PROVENANCE DES TOURISTES ÉTRANGERS

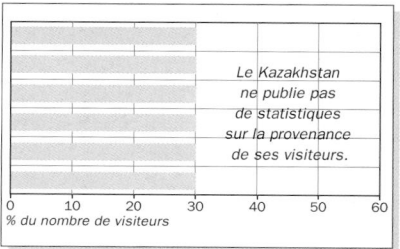

Le Kazakhstan ne publie pas de statistiques sur la provenance de ses visiteurs.

% du nombre de visiteurs

Le nombre des visiteurs augmente mais la plupart vient au Kazakhstan pour des raisons professionnelles ; le pays a en effet tissé un réseau de liens avec des entreprises étrangères, en particulier à Almaty. C'est le pays d'Asie centrale qui entretient les relations les plus étroites avec l'Occident. Almaty compte aujourd'hui une communauté importante d'hommes d'affaires étrangers.

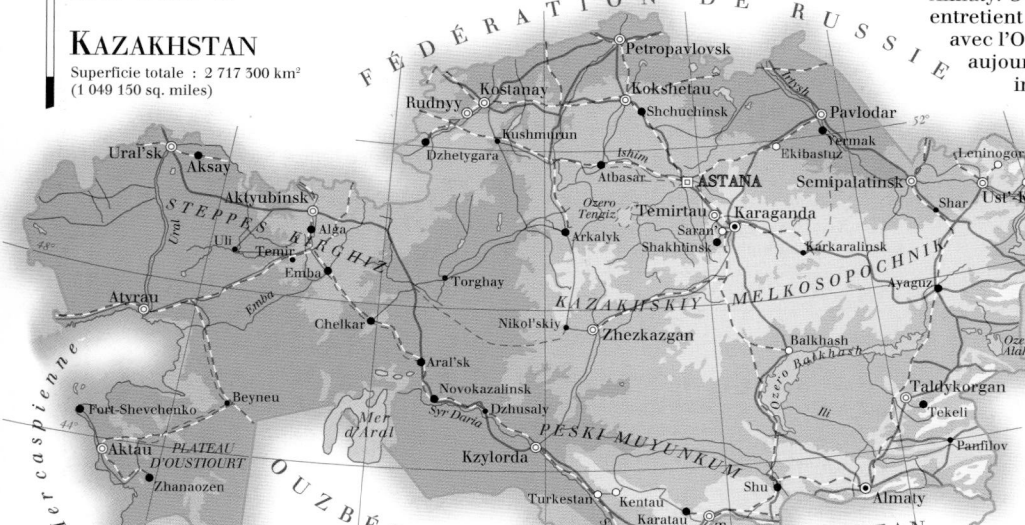

POPULATION

Plus de 500 000
Plus de 100 000
Plus de 50 000
Plus de 10 000
Moins de 10 000

ALTIMÉTRIE

5 000 m/9 843 ft
2 000 m/6 562 ft
1 000 m/3 281 ft
500 m/1 640 ft
200 m/656 ft
Niveau de la mer
-200 m/-656 ft

POPULATION

 Kazakh, russe, allemand, ouïgour, coréen   6 hab./km²

PART DE LA POPULATION URBAINE/RURALE

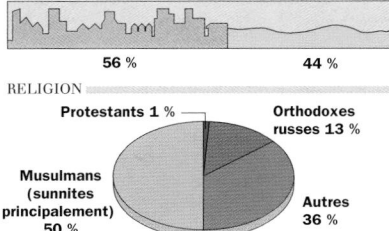

56 %   **44 %**

RELIGION

Protestants 1 %

Orthodoxes russes 13 %

Musulmans (sunnites principalement) 50 %

Autres 36 %

COMPOSITION ETHNIQUE

Allemands 2 % — Ukrainiens 4 %

Tatars 2 % — Autres 9 %

Kazakhs 53 %

Russes 30 %

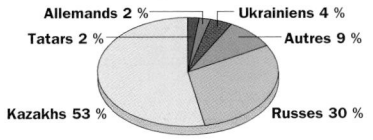

Cette diversité ethnique vient des déplacements forcés, à la période soviétique, d'Allemands, de Tatars et de Russes. En 1959, les Russes d'origine étaient plus nombreux que les Kazakhs. L'équilibre a été rétabli par l'immigration de Kazakhs venus des

PYRAMIDE DES ÂGES

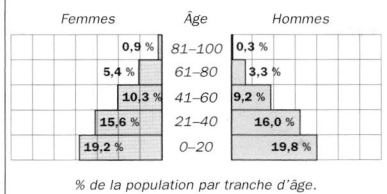

Femmes	Âge	Hommes
0,9 %	81–100	0,3 %
5,4 %	61–80	3,3 %
10,3 %	41–60	9,2 %
15,6 %	21–40	16,0 %
19,2 %	0–20	19,8 %

% de la population par tranche d'âge.

républiques voisines et le départ d'1,5 million de Russes dans les années 1990. De plus, la majorité des Allemands est repartie en Allemagne. En 1995, les Russes d'origine ont critiqué la nouvelle constitution, qui les empêche d'avoir la double nationalité et refuse de reconnaître le russe comme langue officielle. Afin de mieux contrôler cette communauté, le gouvernement a changé de capitale au profit d'Astana dans le nord, région où réside la majorité des Russes d'origine.

Il n'y a guère plus de Kazakhs nomades. La loyauté envers l'Islam et le clan reste forte.

POLITIQUE

 Ch. basse 1999/2004 Ch. haute 2002/2005   Nursultan Nazarbayev, président de la République

AUX DERNIÈRES ÉLECTIONS

Majlis 77 membres   4 % AP   47 % Autres

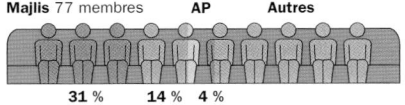

31 % OTAN   **14 % CPK**   **4 % CP**

OTAN = Parti républicain de la Patrie du Kazakhstan
CPK = Parti civique du Kazakhstan   **AP** = Parti agraire
CP = Parti communiste du Kazakhstan

Sénat 39 membres

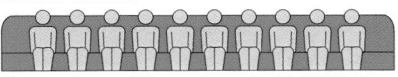

Deux membres sont élus par chacun des 16 districts, et 7 membres sont nommés par le président.

Le pouvoir législatif est confié aux deux chambres parlementaires.
Le pouvoir exécutif est exercé par le président, qui doit impérativement parler kazakh couramment.

PRINCIPAUX PROBLÈMES POLITIQUES
Les pouvoirs présidentiels
Les pouvoirs de plus en plus étendus du président Nazarbayev font l'objet de critiques. La Constitution de 1995 a renforcé les pouvoirs du président en lui accordant un droit de veto sur les décisions prises par le Conseil constitutionnel. En 1995, le président a réussi à prolonger son mandat jusqu'en 2000 en organisant un référendum. Néanmoins, le parlement l'a forcé en 1998 à prévoir des élections pour l'année

suivante. Bien que réélu, Nazarbayev a été soupçonné de fraude électorale.

PROFIL
Bien que le gouvernement soit d'inspiration démocratique, le président de la République domine la scène politique et l'influence des clans kazakhs demeure importante. Depuis son arrivée au pouvoir, en 1989, M. Nazarbayev s'emploie à mettre en place une réforme économique. Sa crédibilité politique a cependant été gravement compromise par les accusations de fraude électorale qui entraînèrent l'annulation des élections parlementaires de mars 1994. Malgré l'organisation d'un nouveau scrutin en 1995, N. Nazarbayev fait l'objet de critiques de plus en plus sévères sur sa volonté d'élargir l'étendue des pouvoirs présidentiels. En juin 2000, l'assemblée lui accorda des pouvoirs spéciaux de conseiller présidentiel, après la fin de son mandat en 2006.

Le Président Nursultan Nazarbayev, qui a permis au Kazakhstan d'accéder à l'indépendance.

POLITIQUE EXTÉRIEURE

 CEI   OCS   CPEA   OCI   OSCE

Les relations avec la Russie sont bonnes mais parfois tendues, en raison de la minorité russe au Kazakhstan. Cependant, l'intérêt porté à une meilleure intégration dans l'ex-URSS a beaucoup diminué.
Situé entre l'Europe et l'Asie, le pays a des liens étroits avec de nombreux partenaires ; ses ressources ont attiré des investisseurs de l'UE, des EU et d'Asie. Les relations avec la Chine se sont améliorées, avec des accords frontaliers et l'entrée dans l'OCS. Cependant, le Kazakhstan est en compétition avec l'Ouzbékistan pour le rôle de puissance régionale en Asie centrale. Les frontières sud n'ont été officiellement définies qu'en 2003 ; les frontières avec la Russie restent sujettes à controverse.

AIDE INTERNATIONALE

 161 M $ (reçus)   Moins 22 % en 1999

Le Kazakhstan est membre du FMI, de la Banque Mondiale et de la BERD. Les aides uni- ou multilatérales qu'il reçoit soutiennent les réformes économiques et l'amélioration des services de santé, de transports et de communications.

CHRONOLOGIE

Après avoir fait partie de l'Empire mongol, le Kazakhstan est absorbé par l'Empire russe au XIXᵉ siècle ; les premiers immigrants russes commencent alors à s'établir sur les terres utilisées par les Kazakhs nomades, la proportion de Russes s'accroît après la révolution de 1907 et le Kazakhstan connaît ensuite un développement industriel et agricole rapide.

❏ **1916** Répression violente d'une rébellion contre le régime russe.
❏ **1917** La Révolution russe provoque une guerre civile entre les Bolcheviks, les anti-Bolcheviks et les nationalistes kazakhs au Kazakhstan.
❏ **1918** Les Kazakhs nationalistes fondent la république autonome du Kazakhstan.
❏ **1920** Les Bolcheviks prennent le pouvoir. Création de la République soviétique socialiste autonome kirghize (RSSA) au sein de la République socialiste fédérative soviétique russe.
❏ **1925** La RSSA kirghize est rebaptisée RSSA kazakh.
❏ **1936** Le Kazakhstan devient une république à part entière de l'URSS RSS kazakh. ➪

K

K

CHRONOLOGIE *suite*

- ❑ **1930–1940** Le programme de collectivisation de Staline conduit un grand nombre de Russes à émigrer au Kazakhstan et provoque la mort d'environ un million de Kazakhs.
- ❑ **1941–1945** Déportations massives d'Allemands, de Juifs et de Tatars de Crimée au Kazakhstan.
- ❑ **1954–1960** Le Kazakhstan est le pays qui respecte le plus scrupuleusement le plan de labourage des « terres vierges » destiné à développer la production céréalière. L'afflux d'immigrants russes est à son paroxysme.
- ❑ **1986** Émeutes à Almaty après la nomination de Germadi Kolbin, de souche russe, à la tête du Parti communiste du Kazakhstan pour remplacer Dinmukhamed Kuyev, de souche kazakh.
- ❑ **1989** Juin, M. Kolbin est remplacé par M. Nazarbayev, président du Conseil des ministres de souche kazakh. Réforme du système politique et administratif.
- ❑ **1990** Mars, élection des membres du Soviet suprême. Le CPK remporte une victoire écrasante. Avril, M. Nazarbayev devient le premier président du Kazakhstan qui, en octobre, proclame sa souveraineté.
- ❑ **1991** Mars, référendum sur le devenir de l'URSS dans neuf républiques. Le Kazakhstan se prononce en faveur du maintien d'une URSS sous forme d'États souverains et l'URSS transmet au gouvernement kazakh le pouvoir de contrôler les entreprises du pays. Août, le gouvernement ordonne au CPK de cesser toutes ses activités officielles après une tentative de coup d'État à Moscou. Le CPK se restructure et devient le Parti socialiste du Kazakhstan (SPK). Décembre, proclamation de la république du Kazakhstan. Le pays devient membre de la CEI.
- ❑ **1992** Manifestations dénonçant la domination persistante des communistes réformés au sein du Soviet suprême. Les principaux mouvements nationalistes fondent le Parti républicain, Azat.
- ❑ **1993** Janvier, nouvelle constitution qui garantit l'égalité en droits des différentes communautés. Décembre, création d'une monnaie kazakh, le tengue.
- ❑ **1994** Annulation des élections parlementaires pour vices de procédure.
- ❑ **1995** Les pouvoirs et le mandat du président sont étendus.
- ❑ **1998** Amendements constitutionnels ; élections anticipées.
- ❑ **1999** Nazarbayev réélu pour sept ans.
- ❑ **2003** Autorisation de la vente des biens agricoles.

DÉFENSE

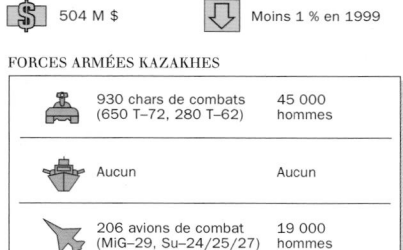

504 M $ — Moins 1 % en 1999

FORCES ARMÉES KAZAKHES

🚗	930 chars de combats (650 T–72, 280 T–62)	45 000 hommes
⚓	Aucun	Aucun
✈	206 avions de combat (MiG–29, Su–24/25/27)	19 000 hommes
⚓	Aucun	

Le Kazakhstan est la plus importante des cinq républiques d'Asie centrale et ce pays est perçu comme le garant de la paix dans cette partie du globe. Le gouvernement kazakh a signé l'accord de désarmement nucléaire Start I mais ne l'a pas encore appliqué faute de moyens financiers. En 1993, les ÉU ont accepté d'accorder une aide de 84 millions de dollars au Kazakhstan pour détruire son armement nucléaire. En mai 1995, le Kazakhstan a annoncé l'évacuation des ogives russes et la destruction de toutes ses armes nucléaires. Il a par ailleurs renforcé ses relations militaires avec la Russie lors d'un accord signé en 1995 prévoyant l'unification des forces armées kazakhes et russes dans un délai d'une année.

ÉCONOMIE

 20,1 Md $ —  145-157 tenge

CHIFFRES SIGNIFICATIFS

- ❑ CLASSEMENT DU PNB AU NIVEAU MONDIAL 61ᵉ
- ❑ PNB PAR HABITANT ....1 350 $
- ❑ BALANCE DES PAIEMENTS ....– 1,75 M $
- ❑ INFLATION ....8,4 %
- ❑ CHÔMAGE...4 %

EXPORTATIONS

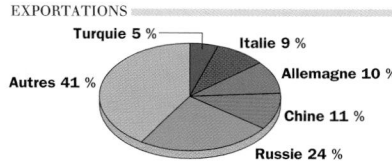

Turquie 5 % — Italie 9 % — Allemagne 10 % — Chine 11 % — Russie 24 % — Autres 41 %

IMPORTATIONS

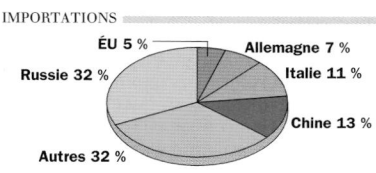

ÉU 5 % — Allemagne 7 % — Russie 32 % — Italie 11 % — Chine 13 % — Autres 32 %

ATOUTS
Ressources minérales (gaz et pétrole), bismuth et cadmium, utilisés en électronique. *Joint ventures* avec des sociétés occidentales. Important programme de privatisation en place depuis 1994.

FAIBLESSES
Effondrement du système industriel et commercial soviétique. Nécessité d'importer des biens de consommation. Instabilité économique et hausse des prix dues à l'introduction hâtive du tengue en 1993. Usines obsolètes.

PROFIL
Le Kazakhstan s'est plus vite orienté vers une économie de marché que d'autres ex-républiques soviétiques. Les prix et le commerce ont été libérés, la fiscalité a évolué, mais la croissance reste problématique, depuis l'effondrement du bloc économique soviétique.

L'investissement étranger se traduit surtout dans le secteur énergétique. Des équipements et une distribution obsolètes obligent le pays à importer son énergie, même s'il exporte des combustibles fossiles.

En 2000, une hausse des prix du pétrole a permis de lancer la première partie (sur 5 ans) du plan « Kazakhstan 2030 », qui accorde des concessions, mais sans plein accès à la propriété.

INDICATEUR DES PERFORMANCES ÉCONOMIQUES

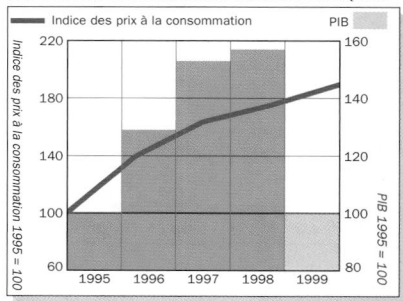

KAZAKHSTAN : PRINCIPALES ACTIVITÉS

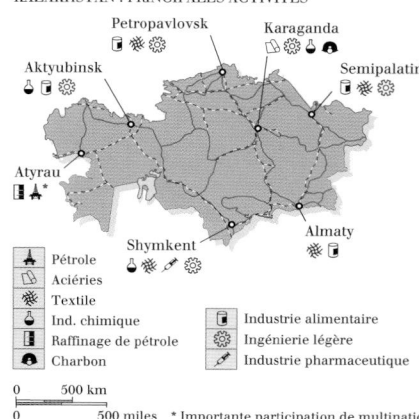

Petropavlovsk — Karaganda — Aktyubinsk — Semipalatinsk — Atyrau — Shymkent — Almaty

🔥 Pétrole — 🏭 Aciéries — ✳ Textile — ⚗ Ind. chimique — 🛢 Raffinage de pétrole — ⬤ Charbon — 🔲 Industrie alimentaire — ✺ Ingénierie légère — ✒ Industrie pharmaceutique

0 — 500 km
0 — 500 miles — * Importante participation de multinationa[les]

RESSOURCES

 41 367 tonnes

 745 000 b/j
(réserves : 8 Mdb)

 9,78 M d'ovins
4 M de bovins
1,03 M de porcins
17,9 M de volailles

 Pétrole, gaz, manganèse, or, argent, charbon, fer, tungstène, chromite, bismuth, cadmium

PRODUCTION ÉLECTRIQUE

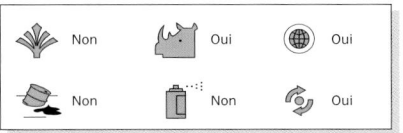

Hydraulique 12 % (6 md de kwh)	
Thermique 88 % (46 md de kwh)	
Nucléaire 0 %	
Autres 0 %	

% de la production totale par type d'électricité

L'exploitation minière est l'industrie la plus importante. La compagnie américaine Chevron exploite

ENVIRONNEMENT

 3 %   8 tonnes par habitant

TRAITÉS ÉCOLOGIQUES

🌿	Non	🦏	Oui	🌐	Oui
	Non	🔋	Non	♻	Oui

Le pays est aujourd'hui préoccupé par les répercussions du développement intensif des secteurs industriel et agricole (érosion des terres arables) sur l'environnement. À l'Est, les villes sont polluées. La mer d'Aral est aujourd'hui polluée et le volume de ses eaux a diminué de 50 % depuis que le cours de certaines rivières a été dévié pour irriguer des exploitations agricoles. En 1991, des groupes de pression sont parvenus à faire cesser les essais nucléaires. Le groupe de pression écologiste cherche aujourd'hui à développer les mesures pour lutter contre la pollution.

MÉDIAS

 30 quotidiens pour 1 000 habitants

PRESSE ET TÉLÉCOMMUNICATIONS

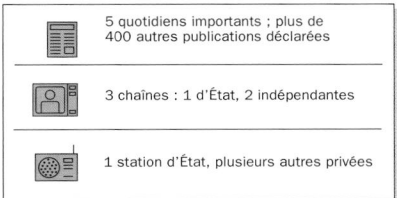

📰	5 quotidiens importants ; plus de 400 autres publications déclarées
📺	3 chaînes : 1 d'État, 2 indépendantes
📻	1 station d'État, plusieurs autres privées

Les médias d'État sont en compétition avec les publications, chaînes et stations privées, souvent contrôlées par la famille de M. Nazarbayev. Tous les reportages sur les minorités ethniques sont censurés. Seule une petite moitié des publications est en kazakh.

---

l'immense champ pétrolier de Tengiz depuis 1993. D'autres joint ventures existent en mer Caspienne, avec la Russie (1995), les ÉU et le Japon (1998). On trouve aussi de grosses réserves d'or et de minerai de fer.

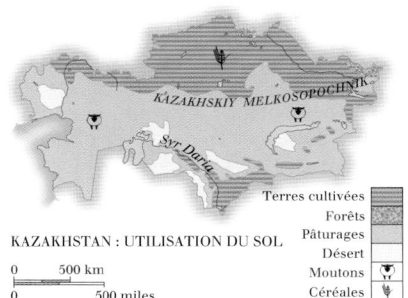

KAZAKHSTAN : UTILISATION DU SOL

0   500 km
0   500 miles

Terres cultivées	
Forêts	
Pâturages	
Désert	
Moutons	
Céréales	

CRIMINALITÉ

 Pas de chiffre de la population carcérale   ⬆ Hausse du niveau de la criminalité

TAUX DE CRIMINALITÉ.

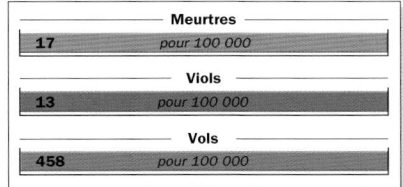

Meurtres	
17	pour 100 000
Viols	
13	pour 100 000
Vols	
458	pour 100 000

L'accroissement du trafic de stupéfiants et de la corruption est inquiétant. Le moratoire sur la peine de mort a été signé en 1998.

ÉDUCATION

 99 %    419 460 étudiants

LE SYSTÈME ÉDUCATIF

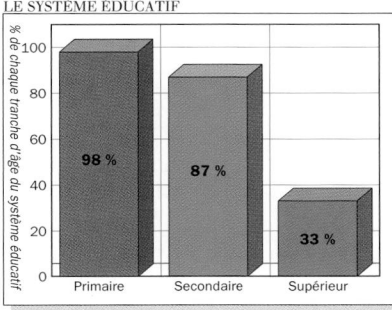

% de chaque tranche d'âge du système éducatif

Primaire : 98 %
Secondaire : 87 %
Supérieur : 33 %

Le système éducatif du Kazakhstan repose sur le modèle soviétique. La plupart des enseignements sont d'ailleurs dispensés en russe, bien que le pays ait fait du kazakh sa langue nationale. Mais il y a pénurie de livres scolaires en kazakh et de professeurs parlant cette langue. Le pays compte de nombreuses facultés (de médecine en particulier).

SANTÉ

 1 pour 286 habitants   Maladies cardiaques, accidents respiratoires, cancers

Les infrastructures médicales du pays sont limitées et n'offrent qu'une couverture géographique hétérogène. Le taux de mortalité infantile du Kazakhstan est l'un des plus élevés d'Asie Centrale. Le pays est très étendu ; il aura donc besoin de moyens financiers importants pour améliorer son système de santé et il cherche actuellement à attirer des investisseurs étrangers.
Mais pour l'instant, c'est l'inverse qui se passe puisque beaucoup de médecins ont émigré en Russie.

RICHESSES

CONSOMMATION ET DÉPENSES

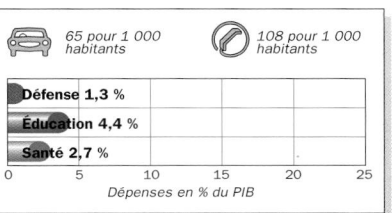

🚗 65 pour 1 000 habitants   ☎ 108 pour 1 000 habitants

Défense 1,3 %	
Éducation 4,4 %	
Santé 2,7 %	

Dépenses en % du PIB

Les Kazakhs sont habitués à une vie difficile, mais la situation a empiré depuis 1989. Les réformes libérales ont aggravé le chômage et fait monter les prix des produits de base, notamment alimentaires.
La population rurale, la plus pauvre du pays, a été durement touchée. Il existe un petit groupe de riches, anciens responsables communistes ou membres du clan présidentiel qui ont profité de la privatisation.
En 1995, le gouvernement a interdit toute transaction en monnaie étrangère.

CLASSEMENT MONDIAL

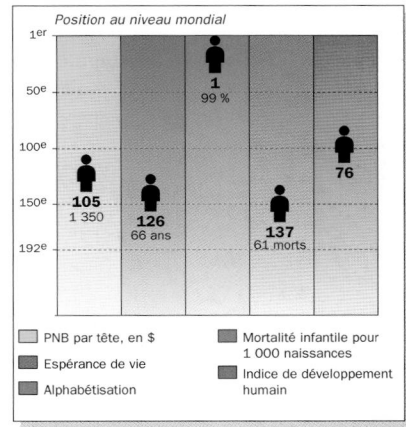

Position au niveau mondial

1er
50e
100e
150e
192e

1 — 99 %
76
105 — 1 350
126 — 66 ans
137 — 61 morts

☐ PNB par tête, en $	☐ Mortalité infantile pour 1 000 naissances
☐ Espérance de vie	☐ Indice de développement humain
☐ Alphabétisation	

KENYA

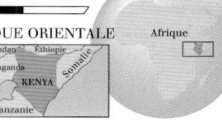

AFRIQUE ORIENTALE — Afrique

NOM OFFICIEL : République du Kenya   **CAPITALE :** Nairobi
POPULATION : 31,9 millions   **MONNAIE :** shilling kenyan   **LANGUES OFFICIELLES :** swahili et anglais

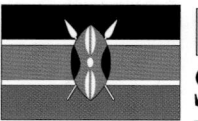
 1963
 1963
 12 déc.
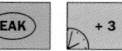 EAK
 + 3
 + 254
 .ke

SITUÉ à cheval sur l'équateur, sur la côte Est du continent africain, le Kenya est occupé par un désert au Nord et par une plaine fertile à l'Est. Son plateau central est divisé par la vallée du Rift. Le Kenya a obtenu son indépendance de la Grande-Bretagne en 1963 et il a été dominé politiquement par Jomo Kenyatta jusqu'en 1978, qui a alors été remplacé par Daniel Arap Moi, réélu facilement lors des premières élections pluralistes de 1992. Sa politique lui a valu des accusations de favoritisme et d'incitation à la haine ethnique. L'économie du pays repose sur l'agriculture, et notamment la production de café et de thé, ainsi que sur le tourisme. Sa croissance démographique très rapide entrave son essor économique.

Le palais des congrès de Kenyatta, à Nairobi. Le paysage urbain moderne du centre contraste radicalement avec les bidonvilles qui bordent la capitale.

CLIMAT

DONNÉES MÉTÉOROLOGIQUES

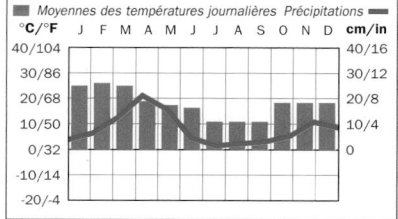

■ Moyennes des températures journalières Précipitations ▬
°C/°F   J F M A M J J A S O N D   cm/in
40/104 .... 40/16
30/86 .... 30/12
20/68 .... 20/8
10/50 .... 10/4
0/32 0
-10/14
-20/-4

Chaud et humide pour les côtes et la vallée du Grand Rift ; tempéré pour le plateau intérieur ; très chaud et sec pour le désert du N-E. Précipitations d'avril à mai et d'octobre à novembre.

TRANSPORTS

 Jomo Kenyatta, Nairobi 2,67 M de passagers

39 navires 20 900 tpl

RÉSEAU DE TRANSPORT

 8 868 km (5 510 miles)

 2 634 km (1 637 miles)

Aucune

Lac Victoria

Le réseau ferroviaire du Kenya, ses ports et ses aéroports sont actuellement en cours de réfection. Un plan routier sur 5 ans a commencé en 2000.

La vallée du Rift, *Cette faille gigantesque dans la croûte continentale s'allonge de la Jordanie au Zambèze en traversant l'Afrique.*

TOURISME

🧳 943 000 visiteurs   ⬆ Plus 10 % en 1999

Le secteur touristique, qui repose sur les plages et le safari, est vital pour l'économie. Bien que des formules forfaitaires aient été proposées au cours des années 1980, le nombre annuel de visiteurs était en baisse, conséquence de la récession mondiale mais aussi des meurtres de touristes dont les médias du monde entier se sont fait l'écho, ainsi que l'attentat de 1998 contre l'ambassade des ÉU.

PROVENANCE DES TOURISTES ÉTRANGERS

Allemagne 15 %	
RU 15 %	
Tanzanie 12 %	
Ouganda 7 %	
ÉU 7 %	
Autres 44 %	

0   10   20   30   40   50   60
% du nombre de visiteurs

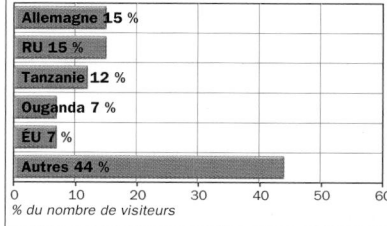
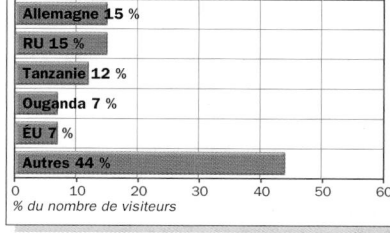

KENYA

Superficie totale :
566 970 km²
(218 907 sq. miles)

POPULATION

⊡ Plus de 1 000 000
⊙ Plus de 500 000
◎ Plus de 100 000
○ Plus de 50 000
● Plus de 10 000
• Moins de 10 000

ALTIMÉTRIE

3 000 m/9 843ft
2 000 m/6 562ft
1 000 m/3 281ft
500 m/1 640ft
200 m/656ft
Niveau de la mer

N

0   100 km
0   100 miles

K

POPULATION

 Swahili, anglais, kikuyu, luo, kamba   53 hab./km²

PART DE LA POPULATION URBAINE/RURALE

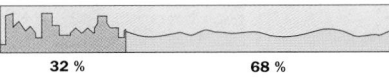

32 %   **68 %**

RELIGION

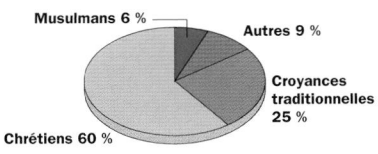

Musulmans 6 %
Autres 9 %
Croyances traditionnelles 25 %
Chrétiens 60 %

COMPOSITION ETHNIQUE

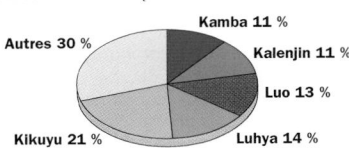

Kamba 11 %
Kalenjin 11 %
Luo 13 %
Luhya 14 %
Kikuyu 21 %
Autres 30 %

La diversité ethnique du pays (qui est composé de 70 groupes différents) est une conséquence des mouvements migratoires successifs. Asiatiques, Européens et Arabes forment 1 % de la population. La population rurale, qui est majoritaire, est toujours organisée en clans et la famille étendue est une composante prépondérante de la société kenyane. La pauvreté, la sécheresse et la démographie galopante ont entraîné une pression foncière, cause de conflits interethniques. Ceux-ci ont surtout lieu à l'ouest, où les Kikuyu, autrefois dominants, sont attaqués par des Kalenjins, Masai et Pokor. Ils auraient été chassés par centaines de milliers.

PYRAMIDE DES ÂGES

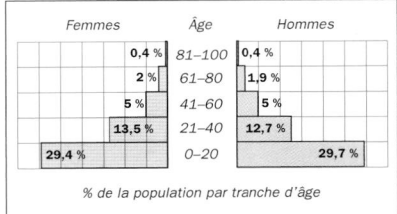

Femmes	Âge	Hommes
0,4 %	81–100	0,4 %
2 %	61–80	1,9 %
5 %	41–60	5 %
13,5 %	21–40	12,7 %
29,4 %	0–20	29,7 %

% de la population par tranche d'âge

POLITIQUE EXTÉRIEURE

 Comm COMESA IGADD OUA   CAE

La priorité est donnée aux relations avec les États voisins mais aussi avec les bailleurs de fonds occidentaux. L'ambassade des ÉU a fermé temporairement après l'attentat de 1998. En 1991, les problèmes de droits de l'homme ont été en partie responsables d'une suspension de l'aide internationale.

Celle-ci a néanmoins été reconduite en 1993. Au printemps 2001, le Soudan et le Kenya ont essayé de régler leurs conflits frontaliers. L'ambassade kenyane a réouvert à Kigali (Ruanda).
Mais la situation au Burundi, en République Démocratique du Congo, au Soudan, en Somalie ou encore en Éthiopie reste difficile et préoccupe le Kenya tout autant que les tensions au Soudan, en Somalie et Éthiopie.

POLITIQUE

 1997/2002   Mwai Kibaki, président de la République

EN 1997
Assemblée nationale 224 membres

51 % KANU   **18 % DP**   **10 % NDP**   **7 % SDP**   **4 % Autres**   **8 % FORD–K**   **2 % Saf**

KANU = Union nationale africaine du Kenya **DP** = Parti démocratique **NDP** = Parti national du développement **FORD–K** = Forum pour la restauration de la démocratie-Kenya **SDP** = Parti social-démocrate **Saf** = Safina Autres : parmi lesquels Ford-Peuple, Congrès social du Kenya, Shirikisho, Ford-Asili.

L'Assemblée nationale comprend 210 membres élus et 12 nommés par le président.

Le Kenya, dirigé depuis 1978 par le président Moi, est devenu une démocratie multipartite en 1992.

PRINCIPAUX PROBLÈMES POLITIQUES
Violences interethniques
Le caractère ethnique des partis kenyans et la pauvreté aggravent les conflits. Le président, d'ethnie kalenjin, transforme son parti KANU en regroupement d'ethnies minoritaires opposées aux Kikuyu autrefois dominants. Ceux-ci, principales victimes des violences, soutiennent en général l'opposition.

PROFIL
Après 1982, les mesures prises par le président Moi pour conserver le pouvoir se sont heurtées à une forte contestation, sur le thème du multipartisme et du respect des droits de l'homme. Forcé de tenir des élections en 1992, le président s'est assuré la victoire en raccourcissant la période de campagne électorale. Sa réélection en décembre 1997 a été entachée de nombreuses accusations d'irrégularités.
Vivement contesté, Moi, après 24 ans à la tête de l'État, a imposé Uhuru Kenyatta comme candidat du Kanu à l'élection du 27 décembre 2002. Son adversaire Mwai Kibaki a remporté le scrutin avec environ 70 % des suffrages.

Le président Daniel arap Moi, a dirigé le pays de 1978 à 2002.

Mwai Kibaki, dirigeant de l'opposition.

AIDE INTERNATIONALE

 308 M $ (reçus)   Moins 35 % en 1999

Parmi les pays donateurs figurent le RU, le Japon, les EU, la Banque mondiale et le FMI. La population a peu profité de cette manne, qui a servi à des projets dépendants des pays donateurs (construction notamment), ou qui a été détournée (mauvaise utilisation, corruption). En 1996, les bailleurs de fonds occidentaux ont conditionné leur aide à l'amélioration des droits humains, et en 2001, le FMI et la Banque mondiale ont suspendu leur aide, en attendant des réformes anti-corruption.

K

CHRONOLOGIE

En 1895, la Grande-Bretagne proclame la région côtière Protectorat est-africain britannique pour se ménager un accès à l'Ouganda, pays entouré de terres.

❏ **1900–1918** Des immigrants blancs s'établissent à l'intérieur des terres.
❏ **1920** L'intérieur des terres devient une colonie britannique
❏ **1930** Jomo Kenyatta part au RU ou il restera pendant 14 ans.
❏ **1944** Création de l'Union africaine kenyane (KAU) ; Kenyatta rentre au Kenya pour la diriger.
❏ **1952–1956** Révolte des Mau-Mau dirigée par des Kikouyous. L'état d'urgence est décrété. 13 000 personnes sont tuées.
❏ **1953** Le KAU est interdit et M. Kenyatta est emprisonné.
❏ **1960** Levée de l'état d'urgence. T. Mboya et O. Odinga créent le KANU.
❏ **1961** M. Kenyatta est libéré et devient le président du KANU.
❏ **1963** Le KANU remporte les élections. M. Kenyatta devient Premier ministre. Le pays déclare son indépendance absolue.
❏ **1964** Création de la République du Kenya, dont M. Kenyatta est le président et Odinga le vice président. ⇨

K

CHRONOLOGIE *suite*

- ❏ **1969** Le général Mboya, membre du KANU, est assassiné. Apparition de troubles. Le KPU est interdit et Odinga est arrêté.
- ❏ **1978** Mort de Kenyatta. Moi, son vice-président, lui succède.
- ❏ **1982** Le Kenya se déclare État à parti unique. Mouvements d'opposition contre Moi. Tentative de coup d'État organisée par l'armée de l'air. Odinga est arrêté.
- ❏ **1986** Le mode de scrutin secret est remplacé par un système qui impose aux électeurs d'attendre en file indienne et de voter à la vue des autres au premier tour. D'autres mesures visant à accroître les pouvoirs de Moi provoquent de nouveaux mouvements d'opposition.
- ❏ **1988** Moi est réélu.
- ❏ **1990** Odinga et d'autres hommes politiques fondent le FORD, qui est interdit par le gouvernement.
- ❏ **1991** Arrestation des dirigeants du FORD et tentative de répression de manifestations revendiquant davantage de démocratie. Les pays donateurs suspendent leurs aides. Moi accepte de mettre en place un système pluraliste. Aggravation des conflits ethniques.
- ❏ **1992** Le FORD se scinde en deux factions. Le manque d'unité de l'opposition permet à Moi de remporter les élections.
- ❏ **1994** Mort de Odinga.
- ❏ **1997** Réélection contestée de Moi.
- ❏ **1998** Attentat à l'ambassade des ÉU.
- ❏ **1999** Moi nomme Leakey pour lutter contre la corruption.
- ❏ **2000** Sécheresse.
- ❏ **2002** Mwai Kibaki élu président.

DÉFENSE

 327 M $

 Plus 2 % en 1999

FORCES ARMÉES KENYANES

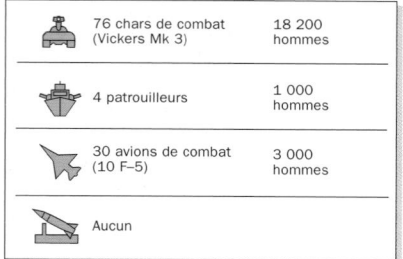

🛡️	76 chars de combat (Vickers Mk 3)	18 200 hommes
🚢	4 patrouilleurs	1 000 hommes
✈️	30 avions de combat (10 F–5)	3 000 hommes
🚀	Aucun	

Les troubles provoqués par la guerre civile de Somalie au niveau de la frontière constituent le principal danger. Le RU et les ÉU fournissent une aide technique.

ÉCONOMIE

 10,7 Md $ 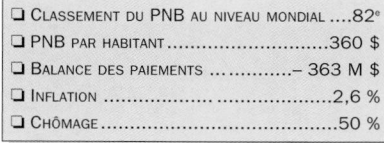 72,80–78,05 shillings kenyans

CHIFFRES SIGNIFICATIFS

❏ CLASSEMENT DU PNB AU NIVEAU MONDIAL ....82^e
❏ PNB PAR HABITANT ....360 $
❏ BALANCE DES PAIEMENTS ....– 363 M $
❏ INFLATION ....2,6 %
❏ CHÔMAGE ....50 %

EXPORTATIONS

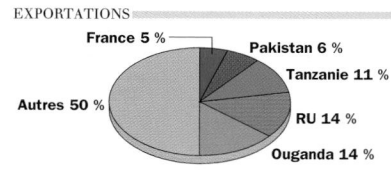

France 5 % — Pakistan 6 % — Tanzanie 11 % — RU 14 % — Ouganda 14 % — Autres 50 %

IMPORTATIONS

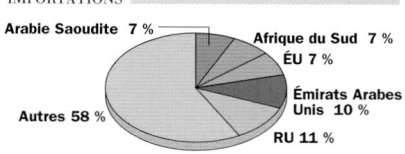

Arabie Saoudite 7 % — Afrique du Sud 7 % — ÉU 7 % — Émirats Arabes Unis 10 % — RU 11 % — Autres 58 %

ATOUTS

Le secteur touristique est très développé. Il assure l'essentiel des recettes en devises du pays. Le Kenya dispose d'une base agricole solide, qui produit notamment des cultures d'exportation telles que le café ou le thé. Le secteur industriel kenyan est le plus important et le plus diversifié des pays d'Afrique orientale.

FAIBLESSES

Prix du café et du thé fluctuants. Corruption. Forte hausse démographique. Manque de terres cultivables. Problème d'image pour l'industrie touristique.

PROFIL

Le Kenya est présenté au reste de l'Afrique comme un exemple des bienfaits de l'économie de marché. L'interventionnisme étatique est limité et a même diminué avec les privatisations organisées récemment. Les mesures destinées à attirer les investisseurs étrangers ont été couronnées d'un certain succès. Le tourisme s'est développé au cours de ces 20 dernières années et est devenu le premier secteur économique pour les recettes en devises. Le secteur industriel représente 21 % du PIB. Il n'emploie toutefois officiellement que 200 000 personnes et devra donc se développer pour créer de nouveaux emplois dans les zones urbanisées. Durant les années 1980, le Kenya a enregistré un taux de croissance de 4 % par an, chiffre satisfaisant par rapport au reste de l'Afrique mais insuffisant pour compenser l'un des taux de croissance démographique les plus élevés du monde. Le PIB par tête n'a pas enregistré de croissance et trop peu d'emplois ont été créés pour que le taux de chômage en soit

INDICATEUR DES PERFORMANCES ÉCONOMIQUES

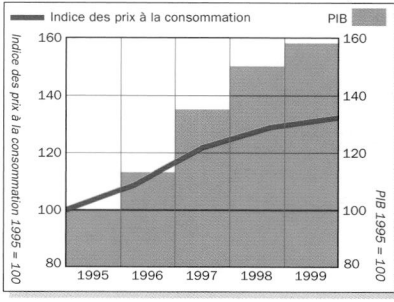

affecté sensiblement, étant donnés l'exode rural et l'arrivée sur le marché du travail de milliers de jeunes diplômés chaque année. La plupart des habitants exploitent des parcelles de terres de plus en plus réduites ou n'ont pas d'employeur officiel et leurs conditions de vie se sont détériorées. Le pays est également confronté à une forte inflation et à un lourd endettement (7,5 milliards de dollars) et sa dépendance vis-à-vis des pays donateurs pour combler le déficit de sa balance des paiements a culminé au début des années 1990. L'augmentation des troubles politiques et des actes de violence liés à la pauvreté a eu des répercussions sur le tourisme, dont les recettes ont diminué de 15 % au début des années 1990. Conséquence, entre autres facteurs, des pressions exercées par les donateurs (gel des aides destinées à financer le déficit de la balance des paiements de 1993 à 1995), le gouvernement kenyan a pris des mesures pour libéraliser l'économie. Toutefois, il est peu probable que le pays renoue avec la croissance tant qu'il n'aura pas résolu deux problèmes particulièrement importants : la corruption officielle, qui absorbe des ressources vitales pour le pays et notamment les aides internationales, et la croissance démographique particulièrement forte.

KENYA : PRINCIPALES ACTIVITÉS

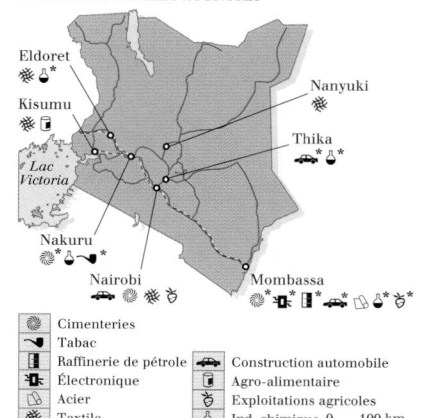

Eldoret, Nanyuki, Kisumu, Thika, Lac Victoria, Nakuru, Nairobi, Mombassa

Cimenteries — Tabac — Raffinerie de pétrole — Construction automobile — Électronique — Agro-alimentaire — Acier — Exploitations agricoles — Textile — Ind. chimique
* Importante participation multinationales
0   100 km
0   100 miles

RESSOURCES

 161 183 tonnes

Pays non producteur : raffine 90,000 b/d

13,8 M de bovins
5,9 M d'ovins
7,7 M de caprins
31 M de volailles

 Soude, fluorine, chaux, rubis, or, vermiculite

PRODUCTION ÉLECTRIQUE

Hydraulique 80 % (3,4 Md kwh)	
Thermique 11 % (0,5 Md kwh)	
Nucléaire 0 %	
Autres 9 % (0,4 Md kwh)	

0   20   40   60   80   100

% de la production totale par type d'électricité

L'économie repose sur l'agriculture, qui est toujours le secteur dominant. La topographie extrêmement variée du Kenya lui permet de cultiver un grand nombre d'espèces tropicales, subtropicales et tempérées. Le café et le thé sont les principales cultures d'exportation mais leurs cours sur les marchés mondiaux ont diminué. Les mesures gouvernementales pour diversifier l'économie ont permis de développer un secteur horticole prospère et exportateur.

Le Kenya a peu de ressources naturelles malgré la découverte de pétrole dans la région de Turkana. Malgré la sécheresse, le pays cherche à développer l'énergie hydroélectrique et géothermique pour réduire ses importations d'énergie, qui représentent 70 % de sa consommation.

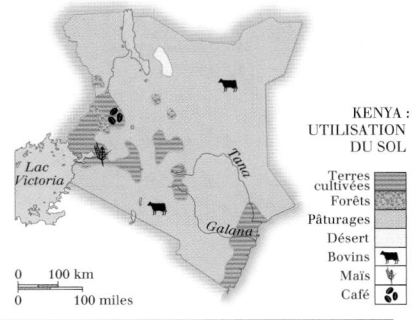

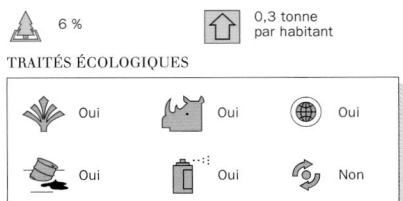

KENYA :
UTILISATION
DU SOL

Terres cultivées
Forêts
Pâturages
Désert
Bovins
Maïs
Café

0   100 km
0   100 miles

ENVIRONNEMENT

6 %

0,3 tonne par habitant

TRAITÉS ÉCOLOGIQUES

Oui		Oui		Oui	
Oui		Oui		Non	

Le gouvernement a admis la nécessité de prendre en considération la protection de la faune dans le développement du tourisme et des mesures ont été prises récemment pour protéger les éléphants. Toutefois, les initiatives pour créer des réserves naturelles se heurtent au besoin de terres cultivables.

MÉDIAS

 9 quotidiens pour 1 000 habitants

PRESSE ET TÉLÉCOMMUNICATIONS

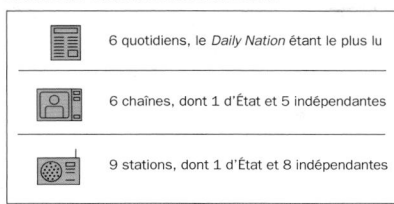

6 quotidiens, le *Daily Nation* étant le plus lu

6 chaînes, dont 1 d'État et 5 indépendantes

9 stations, dont 1 d'État et 8 indépendantes

Le gouvernement s'oppose à toute critique, exprimée au travers de pièces de théâtre, de romans ou par l'intermédiaire des médias. Le romancier Ngugi wa Thiongo a été exilé pour avoir critiqué le KANU.

CRIMINALITÉ

 Pas de chiffre sur la population carcérale

 Plus 15 % en 1992

TAUX DE CRIMINALITÉ

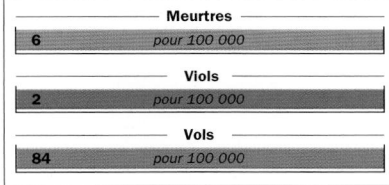

Meurtres	
6	pour 100 000

Viols	
2	pour 100 000

Vols	
84	pour 100 000

La criminalité déjà importante à Nairobi tend à s'étendre à l'ensemble du pays en partie dans le Nord-Est, conséquence de l'aggravation de la pauvreté et des conflits ethniques. La progression du nombre des crimes violents s'est accompagnée d'une hausse des ventes d'armes à feu.

ÉDUCATION

 82 %

 35 421 étudiants

LE SYSTÈME ÉDUCATIF

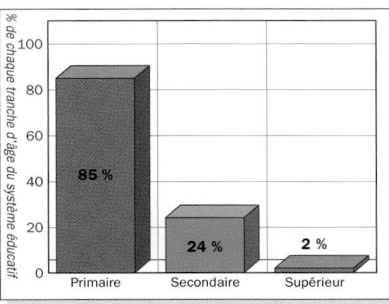

% de chaque tranche d'âge du système éducatif

Primaire 85 %
Secondaire 24 %
Supérieur 2 %

Système éducatif inspiré du RU. L'école primaire, de 6 à 14 ans, est gratuite et obligatoire, 85 % des enfants la fréquentent. L'enseignement secondaire n'attire que 24 % d'une tranche d'âge. Il existe cinq universités publiques, et le pays essaye de développer un enseignement supérieur à finalité professionnelle.

SANTÉ

 1 pour 10 000 habitants

 Maladies respiratoires, diarrhée, malaria

Le système de santé comprend des structures publiques et privées (ces dernières sont principalement administrées par des œuvres ou des missions). Suite à la récession, la majorité rurale des habitants s'est vu restreindre encore l'accès aux soins. Les maladies liées à la pauvreté touchent de plus en plus de gens, notamment les femmes et enfants. D'après une estimation de l'ONU, 13,95 % de la population adulte était séropositive à la fin 1999. On compte 10 docteurs et 23 infirmiers pour 100 000 habitants.

RICHESSES

CONSOMMATION ET DÉPENSES

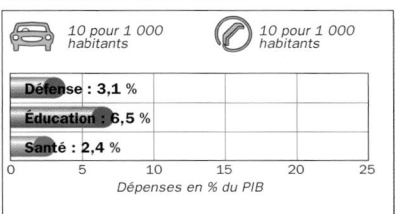

10 pour 1 000 habitants

10 pour 1 000 habitants

Défense : 3,1 %	
Éducation : 6,5 %	
Santé : 2,4 %	

0   5   10   15   20   25

Dépenses en % du PIB

Les écarts de richesse sont importants et en augmentation, à cause de la pression foncière et de l'exode rural ; mais en ville, les emplois sont peu nombreux et dépendent de l'économie informelle. Plus de la moitié des citadins vivent dans des bidonvilles. Le contraste est grand avec l'élite du pays : hauts fonctionnaires, grands propriétaires blancs kenyans ou hommes d'affaires asiatiques. Les riches Kenyans envoient souvent leurs enfants suivre des études supérieures à l'étranger. De même, ce sont des consommateurs de produits de luxe occidentaux (voitures, vêtements, etc.).

CLASSEMENT MONDIAL

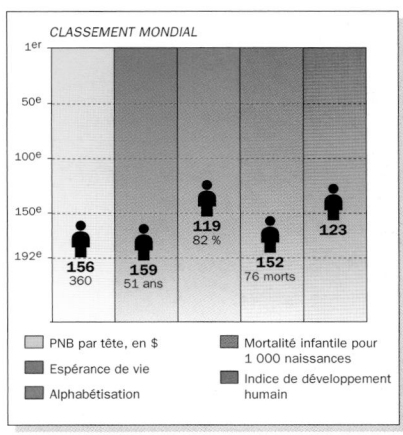

CLASSEMENT MONDIAL

1er
50e
100e
150e
192e

156 — 360
159 — 51 ans
119 — 82 %
152 — 76 morts
123

PNB par tête, en $
Espérance de vie
Alphabétisation

Mortalité infantile pour 1 000 naissances
Indice de développement humain

K

KIRGHIZSTAN

NOM OFFICIEL : République du Kirghizstan **CAPITALE** : Bichkek
POPULATION : 5 millions **MONNAIE** : som **LANGUES OFFICIELLES** : kirghiz, russe

LE KIRGHIZSTAN est un petit pays d'Asie centrale très montagneux. C'est la moins urbanisée des anciennes républiques soviétiques (la population rurale croît plus rapidement que celle des villes), et l'une des dernières à avoir développé son propre nationalisme culturel. Son gouvernement modéré ne semble pas encore avoir décidé s'il devait céder aux pressions nationalistes kirghizes ou au contraire protéger la minorité russe qui semble être en mesure de faire fonctionner une économie de marché.

CLIMAT

DONNÉES MÉTÉOROLOGIQUES

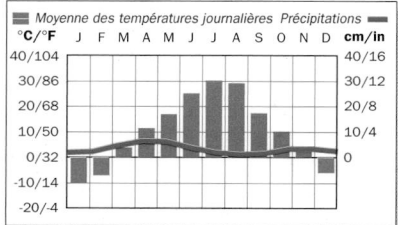

En altitude, neiges éternelles et déserts froids (chauds en plaine). Quelques précipitations dans les vallées et sur les versants.

TRANSPORTS

 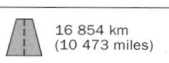 **Bichkek International**   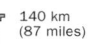 Pas de flotte

RÉSEAU DE TRANSPORT

16 854 km (10 473 miles)		140 km (87 miles)	
417 km (259 miles)		600 km (373 miles)	

Le Kirghizstan ne dispose pas des moyens financiers nécessaires pour améliorer ses routes de montagne.

TOURISME

 69 000 visiteurs   Plus 17 % en 1999

PROVENANCE DES TOURISTES ÉTRANGERS

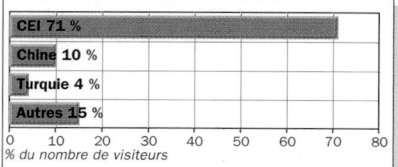

Le tourisme est peu développé. La plupart des visiteurs étrangers sont en voyage d'affaires ou travaillent sur des projets d'aides multilatérales. Le tourisme se concentre sur la Route de la Soie.

POPULATION

 Kirghiz, russe   24 hab./km²

PART DE LA POPULATION URBAINE/RURALE

 34 %   66 %

COMPOSITION ETHNIQUE

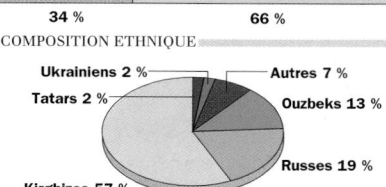

Ukrainiens 2 %
Tatars 2 %
Autres 7 %
Ouzbeks 13 %
Russes 19 %
Kirghizes 57 %

Le Kirghizstan souffre d'un nationalisme dont la virulence est comparable à celui des autres anciennes républiques soviétiques. Les clivages sociaux sont importants entre les Kirghizes et les autres minorités, et plus particulièrement les Ouzbeks. Le régime de faveur dont bénéficient les Kirghizes au sein du système politique, dont les lois ne reconnaissent pas l'égalité en droits des autres minorités, ne fait qu'aggraver ces tensions. Le climat politique semble évoluer vers une montée de l'islamisme qui lie plus étroitement encore les questions de race et de religion et accroît les pressions exercées sur les « étrangers », notamment les Russes, pour les contraindre à quitter le pays.
Ce n'est qu'en 1989 que les Kirghizes sont devenus l'ethnie majoritaire, grâce à un taux de natalité plus élevé. Le gouvernement s'efforce maintenant de freiner l'émigration russe, en adoptant le russe comme deuxième langue officielle.

Paysage de Loess dans la vallée du Naryn.
Les montagnes sont couvertes de neige, mais les vallées sont verdoyantes.

POLITIQUE

 Ch. basse 2000/2005
Ch. haute 2000/2005   Askar Akayev, président de la République

AUX DERNIÈRES ÉLECTIONS

Assemblée législative 60 membres

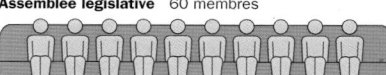

15 représentants élus au niveau national, 45 par circonscription. Le Parti communiste est le premier parti, l'Union des forces démocratiques le deuxième.

Assemblée des Représentants du Peuple 45 membres

Ces personnalités représentent les différentes communautés ethniques et régionales du pays.

En 1991, le Kirghizstan fut la première ex-république soviétique à interdire le Parti communiste, qui réapparut cependant en 1992 sous un autre nom. Après les conflits de 1990, les relations avec la minorité ouzbek se sont améliorées.
Le président Akayev, déjà au pouvoir à l'époque soviétique, est accusé de développer un culte de la personnalité. Il a pourtant été réélu en 1995 et 2000. Des accusations de fraude électorale au cours des élections législatives et présidentielles de 2000 ont détruit la crédibilité du régime. L'opposant Félix Kulov a même été emprisonné quelques semaines avant le scrutin.
La politique de libéralisation économique d'Akayev ne donne que peu de résultats. L'inflation chronique en est une preuve.

POLITIQUE EXTÉRIEURE

 CEI   OCS   OCI   OSCE CPEA

Le pays tente de réduire sa dépendance économique et politique vis-à-vis de la Russie. La Turquie a resserré ses liens avec le Kirghizstan, pour lutter contre le fondamentalisme iranien. Les relations sont tendues avec l'Ouzbékistan, qui est accusé de soutenir les forces d'opposition au gouvernement kirghiz, même si les deux pays ont aidé le Tadjikistan à lutter contre les islamistes en 2000.

AIDE INTERNATIONALE

 267 M $ (reçus)   Plus 24 % en 1999

Les ÉU et le Japon sont les principaux pays donateurs. La Banque mondiale fournit également une aide financière destinée à restructurer l'économie du pays dans son ensemble.

K

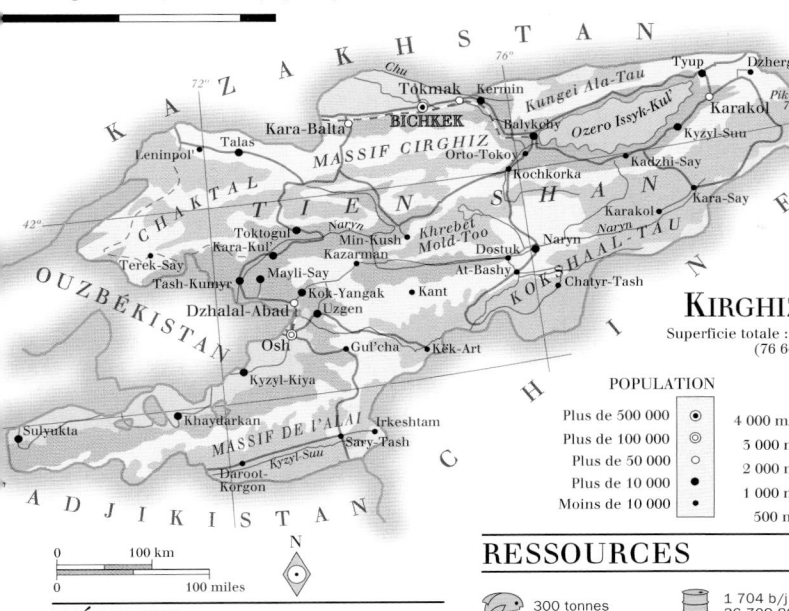

KIRGHIZSTAN

Superficie totale : 198 500 km²
(76 640 sq. miles)

POPULATION

Plus de 500 000
Plus de 100 000
Plus de 50 000
Plus de 10 000
Moins de 10 000

ALTIMÉTRIE

4 000 m/13 124ft
3 000 m/9 843ft
2 000 m/6 562ft
1 000 m/3 281ft
500 m/1 640ft

CHRONOLOGIE

Les premiers sentiments d'appartenance à une ethnie commune
remontent à la fin du XVIIIᵉ siècle.

❏ **1860** L'empire russe envahit le
territoire kirghiz.
❏ **1924** Incorporation dans l'URSS.
❏ **1991** Indépendance.
❏ **1995** Nouvelle constitution.
❏ **2000** Réélection d'Askar Akayev.
❏ **2002** Démission du gouvernement :
émeutes réprimées dans le sang.

DÉFENSE

 51 M $ Moins 23 % en 1999

La petite armée kirgihze n'exerce
aucune influence politique. En 1992,
un traité de défense a été signé avec
5 autres pays de la CEI.

ÉCONOMIE

 1,38 Md $  41-46 soms

CHIFFRES SIGNIFICATIFS

❏ CLASSEMENT DU PNB AU NIVEAU MONDIAL ..148ᵉ
❏ PNB PAR HABITANT ....280 $
❏ BALANCE DES PAIEMENTS ....– 20 M $
❏ INFLATION ....6,9 %
❏ CHÔMAGE..6 %

ATOUTS
Autosuffisance agricole. Or et mercure.
Potentiel énergétique hydroélectrique
important. Accès à la propriété foncière
privée.

FAIBLESSES
L'économie à dominante agricole, reste
dans un cadre collectiviste. Déclin
économique depuis la fin de l'URSS.

EXPORTATIONS
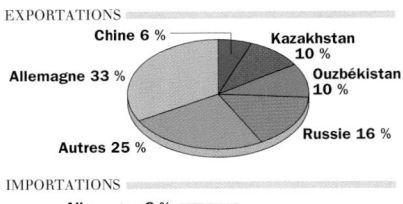
Chine 6 %
Kazakhstan 10 %
Ouzbékistan 10 %
Russie 16 %
Autres 25 %
Allemagne 33 %

IMPORTATIONS
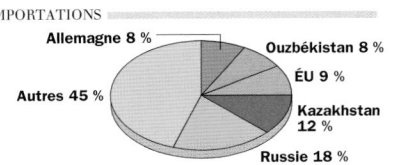
Allemagne 8 %
Ouzbékistan 8 %
ÉU 9 %
Kazakhstan 12 %
Russie 18 %
Autres 45 %

RESSOURCES

 300 tonnes   1 704 b/j (réserves : 36 709 800 b)

 4,44 M d'ovins 955 000 bovins 2,3 M de volailles   Charbon, antimoine, gaz, pétrole, étain, mercure, fer, uranium, zinc, or

Les réserves de charbon, de gaz et de
pétrole exploitables commercialement sont
faibles mais le pays dispose d'un potentiel
hydroélectrique. La politique énergétique
du pays, qui repose sur les aides et le savoir-
faire technologique occidentaux, vise
d'abord à développer ses ressources
énergétiques, à limiter sa dépendance
envers la Russie et arriver à l'autosuffisance.

ENVIRONNEMENT

 4 %   1,4 tonne par habitant

La salinisation du sol est le principal
problème écologique. Le Kirghizstan
prend peu de mesures contre la
pollution industrielle.

MÉDIAS

 15 quotidiens pour 1 000 habitants

PRESSE ET TÉLÉCOMMUNICATIONS

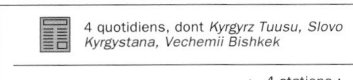
4 quotidiens, dont *Kyrgyz Tuusu, Slovo Kyrgystana, Vechernii Bishkek*

1 chaîne d'État

4 stations : 1 d'État, 3 indépendantes

La plupart des programmes sont émis
de Russie. La presse kirghize est la plus
libérale d'Asie centrale.

CRIMINALITÉ

 13 786 détenus   Hausse de la criminalité

Les poussées de violences sont souvent
provoquées par des tensions ethniques.
Narcotrafic florissant. Moratoire sur la
peine de mort.

ÉDUCATION

 97 %   49 744 étudiants

Le pays s'emploie à remplacer le russe
par le kirghiz dans les écoles. Il est
probable que le russe subsistera dans le
secteur tertiaire car le kirghiz manque
de termes techniques et scientifiques.

SANTÉ

 1 pour 323 habitants   Maladies respiratoires, cardiaques, cancers et tuberculose

Le système de santé du Kirghizstan était
le moins avancé des pays de l'URSS. Le
taux de mortalité infantile est élevé.

RICHESSES

CONSOMMATION ET DÉPENSES

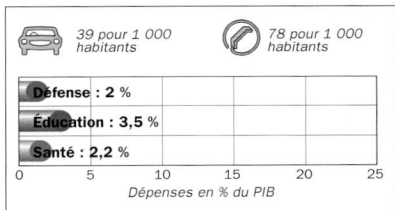
39 pour 1 000 habitants
78 pour 1 000 habitants
Défense : 2 %
Éducation : 3,5 %
Santé : 2,2 %
Dépenses en % du PIB

En 2000, 90 % de la population vivait
dans la pauvreté. Les ex-membres de
la *nomenklatura* sont les principaux
bénéficiaires des privatisations.

CLASSEMENT MONDIAL

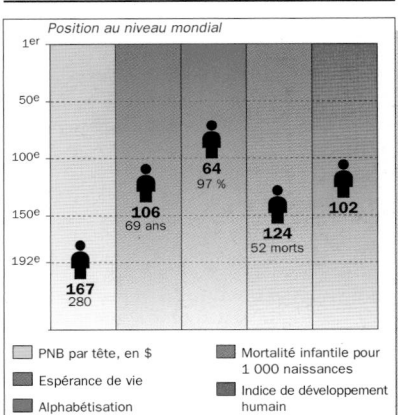
Position au niveau mondial
167 — 280
106 — 69 ans
64 — 97 %
124 — 52 morts
102

PNB par tête, en $
Espérance de vie
Alphabétisation
Mortalité infantile pour 1 000 naissances
Indice de développement humain

K

KIRIBATI

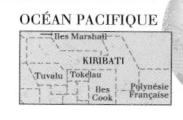
OCÉAN PACIFIQUE

Océan Pacifique

NOM OFFICIEL : République de Kiribati **CAPITALE** : Bairiki (atoll de Tarawa)
POPULATION : 96 335 **MONNAIE** : dollar australien **LANGUE OFFICIELLE** : anglais

LE KIRIBATI faisait autrefois partie de la colonie britannique de Gilbert et Ellice. Les îles Gilbert sont devenues indépendantes en 1979 et ont donné naissance au Kiribati (dont le nom se prononce Kiribas). Les gisements de phosphates de l'île Banaba constituaient le seul intérêt économique pour les colons britanniques mais ces gisements sont épuisés depuis les années 1980. En 1981, le Kiribati a obtenu des dommages de la Grande-Bretagne en compensation de ces années d'exploitation minières.

L'île Banréaba, dans l'atoll de Tarawa.
Aucun atoll ne dépasse 8 mètres de haut,
à l'exception de Banaba.

CLIMAT

DONNÉES MÉTÉOROLOGIQUES

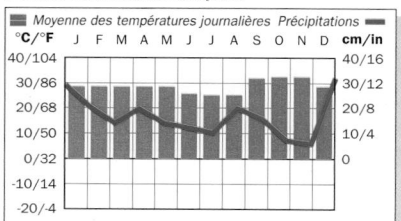
■ *Moyenne des températures journalières* *Précipitations* ■

Certains atolls restent des mois sans recevoir de pluie. En mars 1999, la sécheresse a conduit à la proclamation d'un état d'urgence.

TRANSPORTS

Bonriki International, Tarawa
51 000 passagers

4 200 tpl

RÉSEAU DE TRANSPORT

483 km (300 miles)		Aucune
Aucune		5 km (3 miles)

Liaisons aériennes réduites avec les îles Fidji. Les trajets entre les îles se font surtout par canoës.

TOURISME

1 000 visiteurs

Pas de changement en 2000

PROVENANCE DES TOURISTES ÉTRANGERS

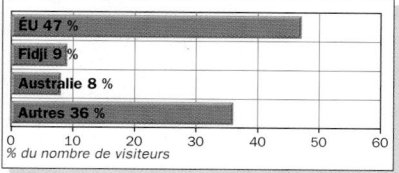
ÉU 47 %
Fidji 9 %
Australie 8 %
Autres 36 %
% du nombre de visiteurs

Le développement touristique repose sur Kiritimati ; une compagnie aérienne assure une liaison hebdomadaire à destination d'Honolulu.

POPULATION

Anglais, dialecte micronésien

130 hab./km²

PART DE LA POPULATION URBAINE/RURALE

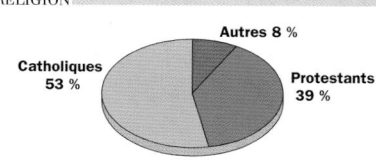
37 %   63 %

RELIGION

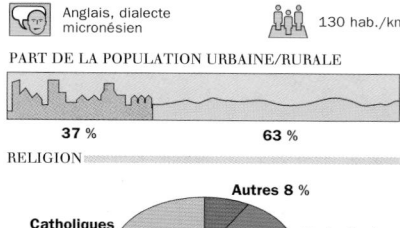
Autres 8 %
Catholiques 53 %
Protestants 39 %

Les habitants se désignent comme « Gilbertiens » en souvenir du nom des îles Gilbert qui deviendront le Kiribati en accédant à leur indépendance. Les Gilbertiens sont presque tous d'origine micronésienne, malgré les efforts des habitants de Banaba pour se distinguer d'eux racialement.
Les tensions sont fortes, suite à l'exploitation des phosphates de Banaba. La plupart des habitants sont pauvres. Beaucoup émigrent à Nauru ou partent comme marins.
Les femmes ont un rôle très important, en particulier dans les îles éloignées, où elles s'occupent de la plupart des exploitations agricoles.

POLITIQUE

1998/2002

Anote Tong, président de la République

AUX DERNIÈRES ÉLECTIONS
Chambre de l'Assemblée 42 membres

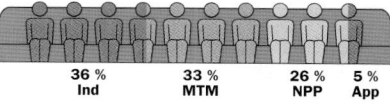

36 % Ind	33 % MTM	26 % NPP	5 % App

Ind = Indépendants **MTM** = Maneaban Te Mauri
NPP = Parti national du progrès **App** = Nommés

La chambre de l'Assemblée compte 1 membre nommé et 1 membre *ex officio*.

Le système de partis politiques repose sur le modèle britannique mais le pouvoir effectif est toujours exercé par les chefs traditionnels. Le pays est très préoccupé par sa situation économique ; il est en effet assujetti aux fluctuations de la demande de noix de coco sur le marché international. Les phénomènes migratoires s'expliquent principalement par le niveau de vie extrêmement faible des îles éloignées et par leurs perspectives d'emploi limitées.Il a été question de limiter l'accès à Tarawa, qui attire des immigrants pauvres venus des îles éloignées. Un programme visant à réinstaller des communautés hors de Tarawa a été lancé en 1998.

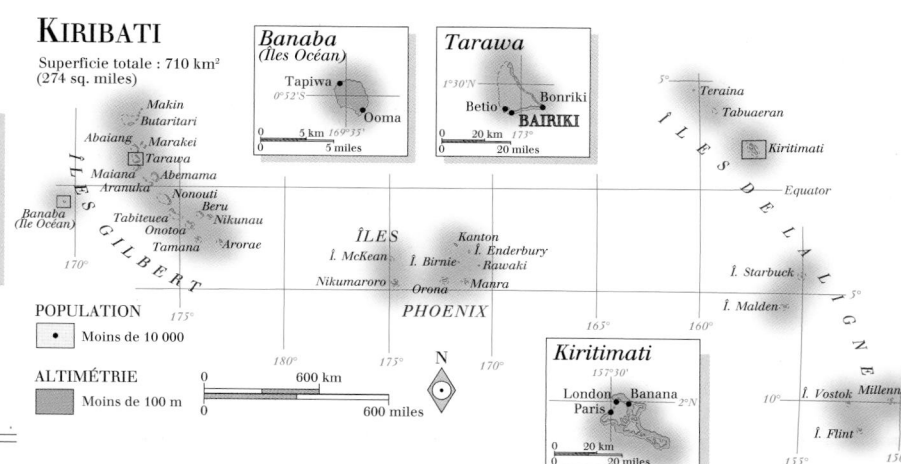

KIRIBATI
Superficie totale : 710 km²
(274 sq. miles)

POPULATION
• Moins de 10 000

ALTIMÉTRIE
Moins de 100 m

K

POLITIQUE EXTÉRIEURE

Grâce au Forum du Pacifique Sud, le Kiribati peut faire entendre sa voix dans la région. En 1986, il a signé un accord unissant les ÉU et des États insulaires du Pacifique qui autorise les ÉU à exploiter la zone de pêche du Pacifique moyennant le versement de 60 millions de dollars. Le Kiribati a tiré profit du climat d'hostilité qui régnait entre les ÉU et l'URSS. Cette dernière acceptait en effet d'autant plus volontiers de payer les 1,5 million de dollars que lui demandait le Kiribati pour pêcher dans ses eaux territoriales que cela lui permettait d'espionner les sites d'essais nucléaires américains des îles Marshall.

AIDE INTERNATIONALE

 21 M $ reçus   Plus 24 % en 1999

Les aides dont bénéficie le Kiribati servent principalement à développer ses infrastructures. La N. Zélande a donné 1,7 million de $ en 2000.

DÉFENSE

 Pas de budget pour la défense nationale   Ne s'applique pas

L'Australie et la Nouvelle-Zélande assurent de facto la protection du Kiribati et des sous-marins patrouillent régulièrement dans ses eaux.

ÉCONOMIE

 81 M $ 1,5282–1,7997 dollar australien

CHIFFRES SIGNIFICATIFS

❏ CLASSEMENT DU PNB AU NIVEAU MONDIAL ..188ᵉ	
❏ PNB PAR HABITANT ....910 $	
❏ BALANCE DES PAIEMENTS ... .1M $	
❏ INFLATION ....2 %	
❏ CHÔMAGE...2 %	

ATOUTS
Économie de subsistance : peu de besoins alimentaires. Exportations de noix de coco (CEE). Secteur de pêche limité. Amélioration du port de Betio.

FAIBLESSES
Manque de ressources naturelles (épuisement des phosphates). Isolation, distance entre les îles. Forte dépendance à l'aide internationale. Potentiel économique quasi-nul.

EXPORTATIONS

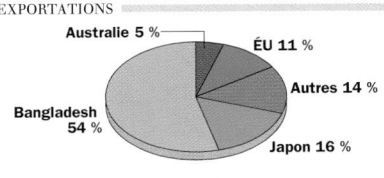

Australie 5 %
ÉU 11 %
Autres 14 %
Bangladesh 54 %
Japon 16 %

IMPORTATIONS

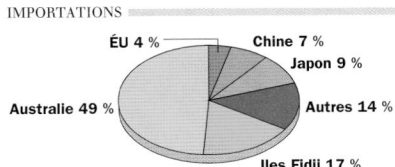

ÉU 4 %
Chine 7 %
Japon 9 %
Australie 49 %
Autres 14 %
Iles Fidji 17 %

RESSOURCES

 23 052 tonnes   Pays non producteur

 12 000 porcins 365 000 volailles   Aucun

Les gisements de phosphates sont épuisés. Le Kiribati doit importer l'intégralité de l'énergie qu'il consomme. Il cherche à développer le secteur de l'agriculture sous-marine.

ENVIRONNEMENT

 39 % (zones marines et semi-protégées incluses)   0,3 tonne par habitant

Les récifs coralliens qui protègent Tarawa et qui fixent un grand nombre de bancs de poissons à l'intérieur du lagon sont en effet menacés par les effluents non traités. Un grand nombre d'entreprises multinationales, notamment américaines, ont proposé des projets d'enfouissement de déchets industriels dans les lagons.

MÉDIAS

 Pas de quotidiens

PRESSE ET TÉLÉCOMMUNICATIONS

 Pas de quotidiens. Trois hebdomadaires : *Butim'aea Manin te Euangkerio, Kiribati Newstar, Te Uekera.*

1 chaîne indépendante   1 station indépendante

Le *Newstar*, indépendant, fait concurrence au *Te Uekera* (journal officiel) et à l'organe de l'Église protestante.

CRIMINALITÉ

 91 détenus   Criminalité très faible

Le niveau de la criminalité est très bas ; le pays ne déplore guère que des bagarres provoquées par des excès d'alcool. Son système judiciaire repose sur le modèle britannique.

ÉDUCATION

 98 %   Données non disponibles

Le système éducatif s'inspire du modèle britannique. Les étudiants les plus brillants partent étudier à l'université des îles Fidji.

CHRONOLOGIE

En 1892 les Britanniques colonisent les îles de Gilbert et Ellice.

- ❏ **1957** Premiers essais nucléaires britanniques près de Kiritimati.
- ❏ **1979** Création de deux États indépendants : le Kiribati (les îles Gilbert) et Tuvalu (les îles Ellice).
- ❏ **1981** Les Britanniques acceptent de payer des dommages pour compenser l'exploitation minière.
- ❏ **1986** Accord sur la pêche avec les ÉU.
- ❏ **1994** Élections. Échec du parti au pouvoir depuis l'indépendance.
- ❏ **1998** Réélection de Teburoro Tito.
- ❏ **2003** A. Tong élu président.

SANTÉ

 1 pour 7 600 habitants   Maladies cardiaques, diabète

Le régime alimentaire local permet à la plupart des Gilbertiens d'être en bonne santé. Les habitants de Tarawa commencent à consommer des conserves alimentaires du fait du manque de terres cultivables.

RICHESSES

CONSOMMATION ET DÉPENSES

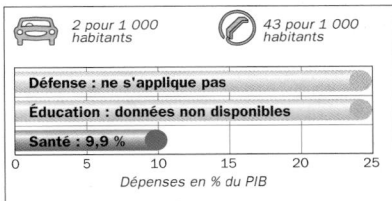

2 pour 1 000 habitants   43 pour 1 000 habitants

Défense : ne s'applique pas
Éducation : données non disponibles
Santé : 9,9 %

Dépenses en % du PIB

Le niveau de vie du Kiribati est modeste. Les fonctionnaires de Bairiki, la capitale, constituent la couche sociale la plus favorisée. L'atoll de Tarawa doit importer de la nourriture. La plupart des Gilbertiens vivent de l'agriculture de subsistance.

CLASSEMENT MONDIAL

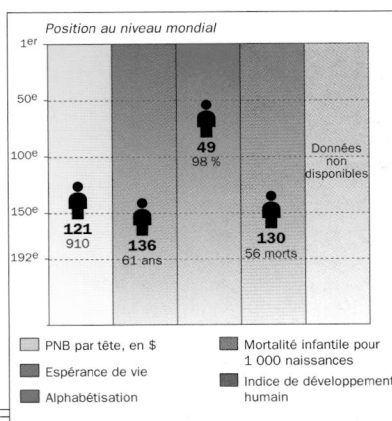

Position au niveau mondial

121 — 910
136 — 61 ans
49 — 98 %
130 — 56 morts
Données non disponibles

PNB par tête, en $
Espérance de vie
Alphabétisation
Mortalité infantile pour 1 000 naissances
Indice de développement humain

K

KOWEÏT

MOYEN-ORIENT

NOM OFFICIEL : État du Koweït   CAPITALE : Koweït City
POPULATION : 2 millions   MONNAIE : dinar koweïtien   LANGUE OFFICIELLE : arabe

SITUÉ à l'extrême nord-ouest du golfe Persique, le Koweït semble minuscule à côté de ses voisins : l'Iran, l'Irak et l'Arabie saoudite. Son territoire uniformément plat recèle d'immenses gisements pétroliers et gaziers qui en firent le pays producteur de pétrole le plus riche du monde. En 1990, l'Irak déclara le Koweït 19ᵉ province irakienne et l'envahit. Une coalition internationale conduite par les ÉU sous l'égide de l'ONU chassa les forces irakiennes du Koweït en 1991. Le Koweït a depuis construit un mur le long de sa frontière avec l'Irak.

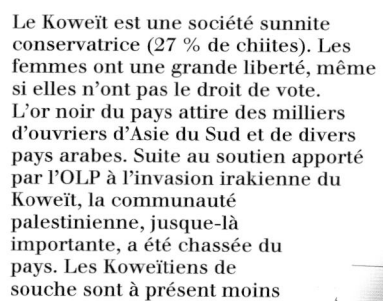

Les tours Saffar dans le centre des affaires de Koweït city. Le coût de la reconstruction économique koweïtienne s'élève à 25 milliards de $.

CLIMAT

DONNÉES MÉTÉOROLOGIQUES

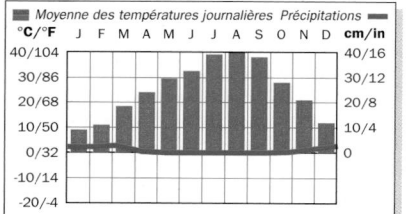

Si les températures estivales sont parfois supérieures à 40 °C, l'hiver peut être relativement froid avec des gelées nocturnes.

TRANSPORTS

Koweït International, Koweït
3,8 M de passagers

202 navires
2,5 M tpl

RÉSEAU DE TRANSPORT

3 590 km
(2 231 miles)

280 km
(174 miles)

Aucune

Aucune

La capitale est reliée à sa périphérie par un réseau d'autoroutes ; bonnes routes entre le Koweït et l'Arabie Saoudite.

TOURISME

77 000 visiteurs

Plus 12% en 1995–1998

PROVENANCE DES TOURISTES ÉTRANGERS

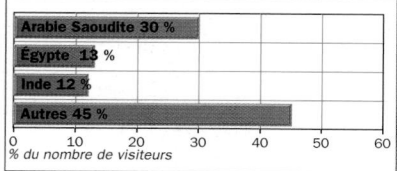

Arable Saoudite 30 %						
Égypte 13 %						
Inde 12 %						
Autres 45 %						

0 10 20 30 40 50 60
% du nombre de visiteurs

La plupart des Occidentaux qui se rendent au Koweït le font pour rendre visite aux membres de leur famille travaillant dans l'industrie pétrolière. Le nombre de visiteurs venant des pays arabes voisins reste faible depuis la fin de la guerre du Golfe.

POPULATION

  Arabe, anglais

  112 hab./km²

PART DE LA POPULATION URBAINE/RURALE

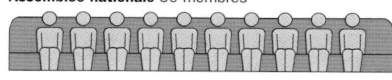

97 %   3 %

COMPOSITION ETHNIQUE

Iraniens 4 %
Autres 7 %
Sud-Asiatiques 9 %
Koweïtiens 45 %
Autres Arabes 35 %

Le Koweït est une société sunnite conservatrice (27 % de chiites). Les femmes ont une grande liberté, même si elles n'ont pas le droit de vote. L'or noir du pays attire des milliers d'ouvriers d'Asie du Sud et de divers pays arabes. Suite au soutien apporté par l'OLP à l'invasion irakienne du Koweït, la communauté palestinienne, jusque-là importante, a été chassée du pays. Les Koweïtiens de souche sont à présent moins nombreux que les immigrés.

POLITIQUE

2003/2007

Son altesse l'émir Cheikh Jaber al-Ahmed al-Sabah

AUX DERNIÈRES ÉLECTIONS

Assemblée nationale 50 membres

100 % Indépendants

Seuls peuvent voter les civils de sexe masculin, âgés de plus de 21 ans et dont les familles se trouvaient au Koweït avant 1921. Les indépendants ont contesté les élections du 3/07/1999. Les 50 sièges ont été partagés à égalité entre islamistes, libéraux et partisans du gouvernement.

En 1992, l'émir a rétabli l'Assemblée nationale. Un gouvernement « d'unité nationale » a ensuite dirigé le pays jusqu'aux élections de 1999 qui ont renforcé les opposants libéraux et islamistes de l'émir. Le Conseil des ministres, contesté par l'Assemblée, a démissionné en 2001. La famille dirigeante al-Sabah conserve le pouvoir au sein du nouveau cabinet.

KOWEÏT

Superficie totale:
17 820 km²
(6 880 sq. miles)

POPULATION

◎ Plus de 100 000
○ Plus de 50 000
● Plus de 10 000
∙ Moins de 10 000

ALTIMÉTRIE

200 m/656ft
Niveau de la mer

0   25 km
0   25 miles

N

K

POLITIQUE EXTÉRIEURE

Le Koweït, producteur de pétrole, entretient des liens étroits avec l'Occident, qu'il a encore resserrés après la Guerre du Golfe. En mars 2003, la coalition dirigée par les EU se servit du Koweït comme base arrière pour envahir l'Irak.

AIDE INTERNATIONALE

 147 M $ (versés)　　 Moins 47 % en 1999

Le Fonds koweïtien pour le développement économique arabe continua à verser son aide au cours du conflit contre l'Irak.

DÉFENSE

 3,28 Md $　　 Moins 11 % en 1999

L'armée koweïtienne n'offrit qu'une faible résistance face aux forces irakiennes en août 1990. Depuis sa libération, le Koweït a signé des accords d'assistance militaire avec les ÉU, le RU, la France et la Russie. Il se réarme rapidement en s'approvisionnant auprès des principaux fournisseurs occidentaux.

ÉCONOMIE

 37,4 Md $　　 0,30 dinar koweïtien

CHIFFRES SIGNIFICATIFS

❏ CLASSEMENT DU PNB AU NIVEAU MONDIAL 54ᵉ
❏ PNB PAR HABITANT ....18 270 $
❏ BALANCE DES PAIEMENTS ....8,57 Md $
❏ INFLATION ....1,7 %
❏ CHÔMAGE ....2 %

ATOUTS
La production pétrolière et gazière a retrouvé son niveau d'avant-guerre. Importants investissements étrangers.

FAIBLESSES
Conséquences de l'invasion irakienne. Timidité des investisseurs due à la vulnérabilité stratégique du pays. Nécessité d'importer de la main-d'œuvre qualifiée, de la nourriture et des matières premières. Privatisations retardées.

EXPORTATIONS

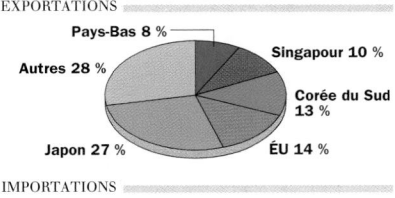

Pays-Bas 8 %
Singapour 10 %
Autres 28 %
Corée du Sud 13 %
Japon 27 %
ÉU 14 %

IMPORTATIONS

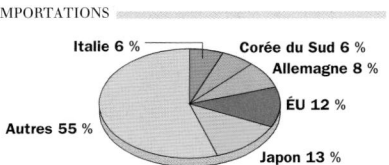

Italie 6 %
Corée du Sud 6 %
Allemagne 8 %
ÉU 12 %
Autres 55 %
Japon 13 %

RESSOURCES

 7 980 tonnes

 2,2 millions b/j (réserves : 96 500 000 000 b)

450 000 ovins
155 000 caprins
33 M de volailles

Pétrole, gaz naturel, sel

Le pétrole fournit au Koweït 80 % de ses recettes à l'exportation. Le système d'exploitation a été rapidement réparé après la guerre. Le Koweït possède aussi d'importantes réserves de gaz naturel. Il produit du poisson, des dattes, de l'ammoniac et d'autres produits chimiques.

ENVIRONNEMENT

 2 %　　 28,2 tonnes par habitant

L'invasion irakienne et la guerre du Golfe conduisirent à une catastrophe écologique. Même si elle n'atteignit jamais le degré de gravité redouté par certains observateurs, la vie marine fut en partie détruite et des milliers d'hectares de terres cultivées disparurent. Des millions de mines terrestres dorment encore le long de la frontière avec l'Irak. L'eau est rare.

MÉDIAS

 377 quotidiens pour 1 000 personnes

PRESSES ET TÉLÉCOMMUNICATIONS

 7 quotidiens, dont *Al-Qabas* et As-*Seyassah*

 1 chaîne d'État　　 1 station d'État

La radio et la télévision sont contrôlées par l'État, mais l'accès aux chaînes satellites est libre. La presse est théoriquement libre.

CRIMINALITÉ

 36 détenus　　 Plus 8 % en 1996–1998

Des actes isolés de terrorisme liés à la guerre surviennent encore. Des cas de violation des droits de l'homme ont été signalés.

ÉDUCATION

 83 %　　 29 509 étudiants

L'enseignement est gratuit de la maternelle à l'université. Depuis la libération, les programmes scolaires mettent davantage l'accent sur l'enseignement technologique.

CHRONOLOGIE

Le Koweït pays indépendant en 1710 mais sous la domination britannique jusqu'en 1961.

❏ **1961** Indépendance. Revendications irakiennes contre la souveraineté du Koweït.
❏ **1976** L'émir dissout l'Assemblée nationale.
❏ **1990** Invasion irakienne.
❏ **1991** L'opération Tempête du désert permet la libération du Koweït.
❏ **1992 et 1996** Élections de l'Assemblée nationale.
❏ **1999-2003** Les opposants islamistes remportent la majorité des sièges.

SANTÉ

 1 pour 526 habitants

 Accidents, maladies cardiaques, cancers, décès périnatals

Le Koweït a remis en état son service de santé. Les ressortissants koweïtiens bénéficient de la gratuité des soins.

RICHESSES

CONSOMMATION ET DÉPENSES

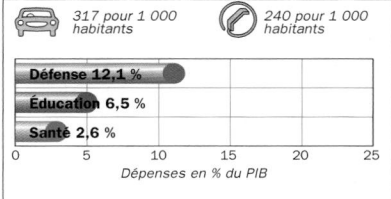

317 pour 1 000 habitants
240 pour 1 000 habitants

Défense 12,1 %
Éducation 6,5 %
Santé 2,6 %

0　5　10　15　20　25
Dépenses en % du PIB

Les salaires sont élevés et le gouvernement intervient souvent pour sauver de la ruine des Koweïtiens victimes des aléas de la Bourse ou autres revers de fortune. Les jeunes non diplômés n'ont aucun mal à trouver un emploi. Les transferts de capitaux vers l'étranger ne rencontrent aucune difficulté et il n'existe pas de contrôle des changes.

CLASSEMENT MONDIAL

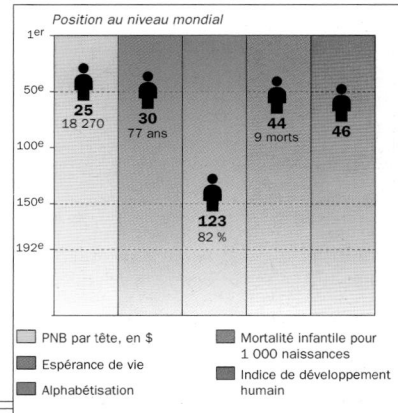

Position au niveau mondial

1er
50e
100e
150e
192e

25 — 18 270
30 — 77 ans
44 — 9 morts
46
123 — 82 %

PNB par tête, en $
Espérance de vie
Alphabétisation
Mortalité infantile pour 1 000 naissances
Indice de développement humain

K

LAOS

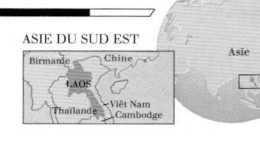

ASIE DU SUD EST

NOM OFFICIEL : République démocratique populaire lao   **CAPITALE** : Vientiane
POPULATION : 5,5 millions   **MONNAIE** : nouveau kip   **LANGUE OFFICIELLE** : lao

   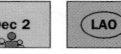

L E MEKONG, principale voie de communication du Laos, arrose des vallées fertiles. Ancienne colonie française, le Laos acquit son indépendance en 1953. Deux décennies de guerre civile s'ensuivirent, et le pays subit d'importants bombardements pendant la guerre du Vietnam. Le PPRL communiste est au pouvoir depuis 1975. Des réformes de libéralisation économique furent introduites en 1986. Dans les années 1990 un transfert de pouvoir eut lieu au sein du PPRL, au bénéfice d'une génération plus jeune.

POLITIQUE

 2002/2007    Khamtay Siphandone, président de la République

AUX DERNIERES ELECTIONS

Assemblée nationale 109 sièges

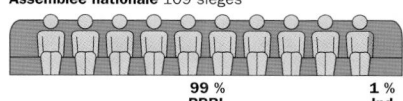

99 % PPRL	1 % Ind

PPRL = Parti populaire révolutionnaire lao (le seul autorisé)
Ind = Indépendant
Tous les candidats se sont présentés l'accord du PPRL.

Malgré l'arrivée au pouvoir d'une nouvelle nomenklatura dans les années 1990, l'armée, le PPRL et l'exécutif conservent des liens étroits. Le général Khamtay Siphandone, chef du parti, devint président en février 1998. Malgré quelques réformes politiques limitées, le PPRL, inspiré du PC vietnamien, continue de dominer l'ensemble de la vie politique. La corruption endémique, parfois à haut niveau, devient un problème pour les investisseurs étrangers auxquels le Laos s'ouvre. Les réformes économiques n'ont pas entraîné d'ouverture politique. Des tensions persistent entre le gouvernement et les zones rurales, qui résistent aux tentatives de modifier l'agriculture traditionnelle.

CLIMAT

DONNEES METEOROLOGIQUES

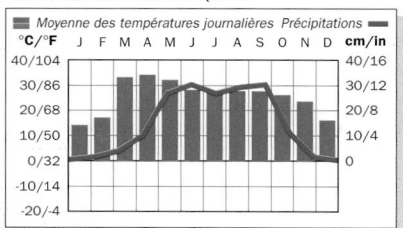

De mai à septembre, le Laos enregistre des précipitations très abondantes.

TRANSPORTS

 Wattay, Vientiane 165 000 passagers   1 navire 2 400 tpl

RESEAU DE TRANSPORT

 9 674 km (6 011 miles)   Aucune

Aucune   4 587 km (2 850 miles)

Un axe routier Thaïlande-Vietnam devrait passer par Savannakhét. Le fret voyage surtout par bateau, les routes sont mauvaises et rares.

TOURISME

169 000 visiteurs   Moins 44% en 2001

MAIN TOURIST ARRIVALS

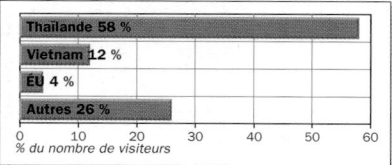

Thaïlande 58 %	
Vietnam 12 %	
EU 4 %	
Autres 26 %	

% du nombre de visiteurs

Le tourisme autorisé par le gouvernement depuis 1989, s'est fortement développé, au profit de circuits destinés à de petits groupes. Mais les hôtels sont rares et visiter les régions en dehors de Vientiane reste difficile.

POPULATION

 Lao, mon-khmer, yao, chinois, français, vietnamien   24 hab./km²

PART DE LA POPULATION URBAINE/RURALE

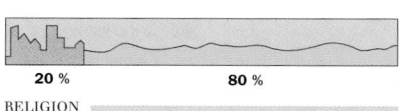

20 %   **80 %**

RELIGION

Autres (dont les animistes) 15 %

Bouddhistes 85 %

Le Laos compte plus de 60 groupes ethniques et cette diversité a ralenti l'intégration nationale. La société est divisée géographiquement, selon l'altitude. Les Laotiens des plaines (*Lao Loum*) constituent 60% de la population et ceux des collines (*Lao Theung*), 30%. Une petite minorité vivant sur les hauteurs (*Lao Soung*) comprend les Hmong, les Yao et les Mon, qui résistent aux tentatives gouvernementales d'introduire des substituts à des cultures traditionnelles, comme l'opium.
Les deux tiers des Laotiens parlent le lao, et d'autres dialectes. Le bouddhisme est la religion principale, mais le pays compte des chrétiens et des animistes.

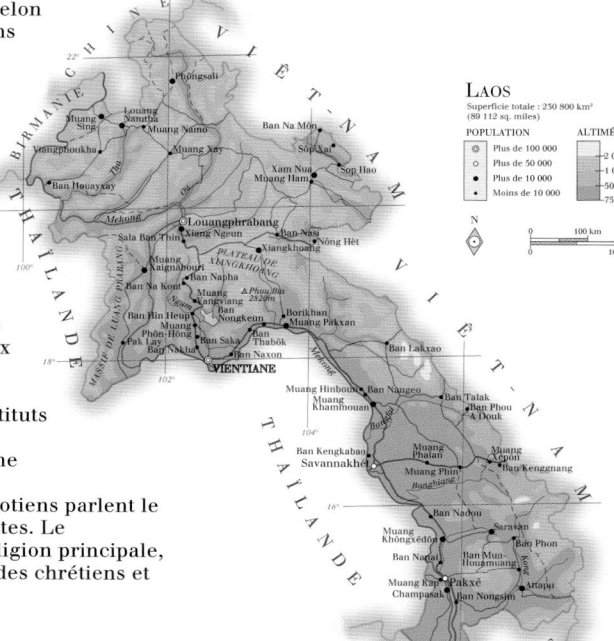

LAOS
Superficie totale : 250 800 km²
(89 112 sq. miles)

POPULATION
⊕ Plus de 100 000
○ Plus de 50 000
● Plus de 10 000
· Moins de 10 000

ALTIMÉTRIE
2 000 m/6 562ft
1 000 m/3 281ft
500 m/1 640ft
75 m/246ft

L

POLITIQUE EXTERIEURE

ASEAN   CP   OIF   Mekong River   NAM

Le Vietnam fut l'allié le plus proche de 1975 à la fin des années 80, quand le PPRL commença à améliorer ses relations avec la Thaïlande et l'occident.

AIDE INTERNATIONALE

 293 M $ (reçus)   Moins 14% en 2001

Le Laos reçoit l'une des aides par habitant les plus élevées d'Asie du sud-est, principalement du Japon.

DEFENSE

 19 M $ Moins 5% en 2001

Selon des estimations occidentales, les forces armées s'élèveraient à plus de 30 000 hommes, auxquels il faut ajouter la milice paramilitaire. Le service militaire est obligatoire pour tous les Laotiens de sexe masculin et dure 18 mois.

ECONOMIE

 1,63 Md $ 7 500 nouveaux kips

SCORE CARD

- ❏ CLASSEMENT DU PNB AU NIVEAU MONDIAL ..143ᵉ
- ❏ PNB PAR HABITANT ....300 $
- ❏ BALANCE DES PAIEMENTS ....– 82 M $
- ❏ INFLATION ....7,8 %
- ❏ CHÔMAGE ....6 %

EXPORTATIONS

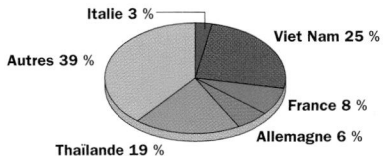

Italie 3 %   Viet Nam 25 %   Autres 39 %   France 8 %   Allemagne 6 %   Thaïlande 19 %

IMPORTATIONS

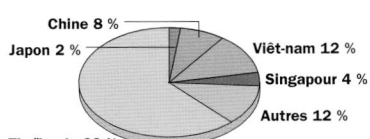

Chine 8 %   Japon 2 %   Viêt-nam 12 %   Singapour 4 %   Autres 12 %   Thaïlande 62 %

ATOUTS
Investissements étrangers en hausse. Potentiel textile, touristique, bancaire, aérien, minier. Bois, minéraux ; réserves éventuelles de pétrole et de gaz.

FAIBLESSES
Économie très peu développée. Manque de savoir-faire technique. Aide mal distribuée. Déséquilibre des investissements étrangers (poids de la Thaïlande).

Ce changement était lié au besoin d'aide internationale (après son admission en 1992). En 1997, le Laos scella cette réconciliation avec ses anciens adversaires en devenant membre à part entière de l'ANSEA.

RESSOURCES

 71 316 tonnes   Pays non producteur

 1,9 M de canards / 1,43 M de porcins / 1,15 M de buffles / 15 M de volailles   Etain, gypse, fer, charbon, cuivre, potasse, plomb, chaux, antimoine

Les ressources agricoles principales sont le bois et le café. Le Laos a accordé des concessions à des pays étrangers (or, pierres précieuses).

ENVIRONNEMENT

 13% (12% partiellement protégés)   0,08 tonne par habitant

La guerre du Vietnam a endommagé l'écosystème. Destruction forestière par la culture sur brûlis et l'exploitation illégale.

MEDIAS

 4 quotidiens pour 1 000 habitants.

PRESSE ET TELECOMMUNICATIONS

 1 quotidien gouvernemental, le *Vientiane Mai*

 2 chaînes, l'une étatique à 100%, l'autre à 30%   1 radio d'Etat

Le PPRL possède et contrôle les journaux (l'un est publié par l'armée). Les révélations sur la corruption des cadres ne sont pas rares, mais la critique du parti et de ses dirigeants reste tabou.

CRIMINALITE

 Pas de chiffre sur la population carcérale   En hausse, en particulier la corruption

Le Laos est le 3ᵉ producteur mondial d'opium. Les ÉU ont fourni des financements pour remplacer le pavot dans les provinces du nord-est.

Exploitation agricole dans le Nord-Est du Laos. Les trois quarts des Laotiens vivent de l'agriculture de subsistance.

CHRONOLOGIE

En 1899, les trois petits royaumes lao furent réunis par les Français.

- ❏ **1953** Indépendance
- ❏ **1965** Lutte armée, parallèlement à la guerre du Vietnam.
- ❏ **1975** Le PPRL s'empare du pouvoir.
- ❏ **1986** Réformes pour une économie de marché.
- ❏ **1997** Accession à l'ANSEA.
- ❏ **1999** Forte demande de liberté politique.
- ❏ **2001** Démission du premier ministre pour incompétence économique.

EDUCATION

 66 %   16 621 étudiants

Amélioration de l'enseignement pour adultes. Depuis 1990, les écoles privées sont autorisées.

SANTE

 1 pour 1 639 habitants   Diarrhées, maladies respiratoires et parasitaires, malaria et grippe

Extension du système de santé public depuis 1975. Recrudescence de la malaria et de la fièvre hémorragique.

RICHESSES

CONSOMMATION ET DEPENSES

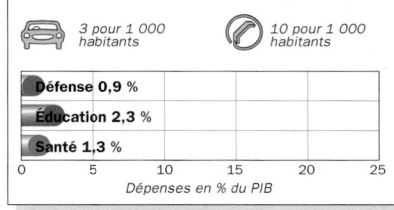

3 pour 1 000 habitants   10 pour 1 000 habitants

Défense 0,9 % / Éducation 2,3 % / Santé 1,3 %

Dépenses en % du PIB

Un groupe d'entrepreneurs profite de l'ouverture progressive de l'économie, mais la majorité des Laotiens réussissent juste à survivre dans les régions situées en altitude.

CLASSEMENT MONDIAL

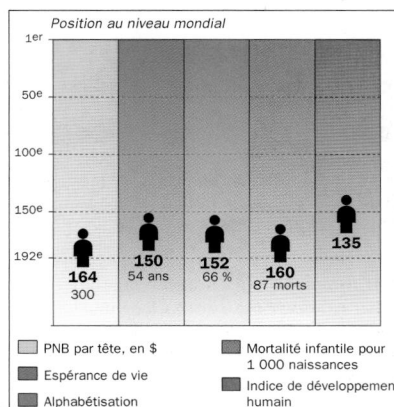

Position au niveau mondial

164 (300) / 150 (54 ans) / 152 (66 %) / 160 (87 morts) / 135

- PNB par tête, en $
- Espérance de vie
- Alphabétisation
- Mortalité infantile pour 1 000 naissances
- Indice de développement humain

L

LESOTHO

NOM OFFICIEL : Royaume du Lesotho   CAPITALE : Maseru
POPULATION : 2,1 millions   MONNAIE : loti   LANGUES OFFICIELLES : anglais et sesotho

 1966 1966 4 oct.  LS + 2 + 266 .ls

PAYS DE MONTAGNE entouré de tous côtés par des terres, le Lesotho constitue une enclave dans l'Afrique du Sud. Il dépend économiquement de ses voisins plus vastes qui disposent d'axes de communication routiers permettant d'accéder au monde extérieur. L'achèvement du plan d'aménagement hydraulique des hauts plateaux devrait lui permettre d'accroître les recettes qu'il tire de l'exportation d'énergie. Les élections démocratiques qui ont eu lieu en 1993 ont marqué la fin du régime militaire malgré les troubles de 1998.

CLIMAT

DONNÉES MÉTÉOROLOGIQUES

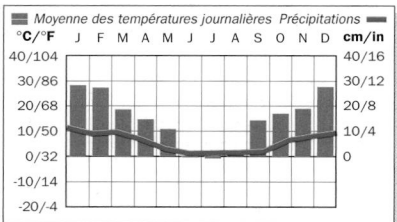

Les périodes de sécheresse sont souvent suivies d'orages et de pluies diluviennes. Les montagnes sont fréquemment enneigées en hiver.

TRANSPORTS

 Moshoeshoe International, Maseru 43 000 passagers   Pas de flotte

RÉSEAU DE TRANSPORT

 887 km (551 miles)   Aucune

3 km (2 miles)   Aucune

Le Lesotho est tributaire des voies de communication routières et ferroviaires de l'Afrique du Sud. De nouvelles routes ont été construites vers les hauts plateaux.

TOURISME

 186 000 visiteurs   Plus 24 % en 1999

PROVENANCE DES TOURISTES ÉTRANGERS

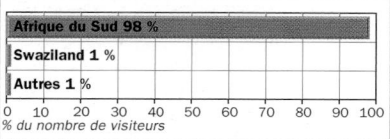

Afrique du Sud 98 %		
Swaziland 1 %		
Autres 1 %		

0   10   20   30   40   50   60   70   80   90   100
% du nombre de visiteurs

Les touristes, qui viennent surtout d'Afrique du Sud, sont attirés par les paysages grandioses et les sports aquatiques. Mais les violences de 1998 ont dissuadé bien des visiteurs.

POPULATION

 Anglais, sotho, zoulou   72 hab./km²

PART DE LA POPULATION URBAINE/RURALE

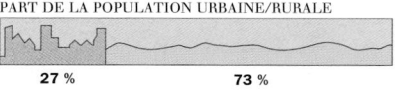

27 %   **73 %**

COMPOSITION ETHNIQUE

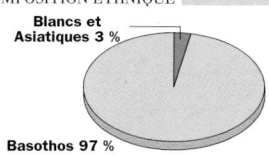

Blancs et Asiatiques 3 %

Basothos 97 %

La population est constituée en grande partie de Basothos ; mais elle compte également un petit nombre de ressortissants d'Asie du Sud et de Taiwan. Cette homogénéité ethnique et le profond sentiment d'identité nationale ont permis de limiter les clivages ethniques. Toutefois, les commerçants immigrés originaires d'Asie du Sud et de Chine ont été pris pour cibles lors des émeutes de 1991. Conséquence des mouvements de main-d'œuvre masculine vers les mines d'Afrique du Sud, les femmes dirigent 72 % des foyers ; elles sont également en charge de l'agriculture, considérée au Lesotho comme « le travail de la femme ».

LESOTHO

Superficie totale : 30 350 km² (11 718 sq. miles)

POPULATION
Plus de 100 000 ◎
Moins de 10 000 •

ALTIMÉTRIE
3 000 m/9 843 ft
2 000 m/6 562 ft
1 000 m/3 281 ft

POLITIQUE

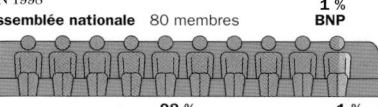

Ch. basse 1998/2002
Ch. haute 1998/2003   Sa Majesté Letsie III

EN 1998
Assemblée nationale   80 membres   **1 % BNP**

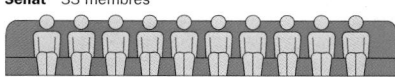

98 % LCD   **1 % siège vacant**

LCD = Parti du congrès pour la démocratie au Lesotho
BNP = Parti national basotho

Sénat   33 membres

22 membres sont des chefs importants et 11 sont choisis par le roi.

Depuis le coup d'État sans violence de 1986, l'armée joue un rôle essentiel dans la vie politique. Malgré la fin du pouvoir militaire et l'élection triomphale du BCP (Parti du congrès Basotho) en 1993, l'armée conserve son influence. Des soldats mutinés ont tué le vice-Premier ministre en 1994. Le roi Moshoeshoe II a repris son trône ; son fils Letsie III lui a succédé en 1996. Le LCD a remporté les élections de 1998 mais a été accusé de fraude électorale massive. Après une tentative de coup d'État en septembre, l'armée sud-africaine est intervenue pour restaurer la démocratie. Un accord a été signé entre le roi et les 12 partis du Lesotho ; mais les élections de 2000 ont été repoussées à 2002.

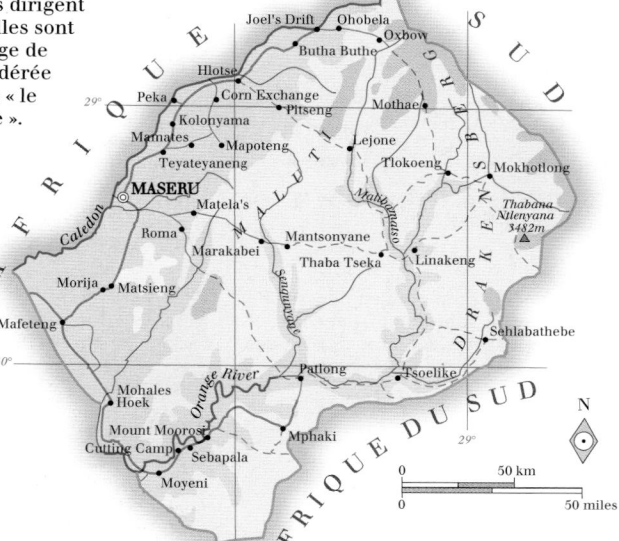

POLITIQUE EXTÉRIEURE

La politique extérieure du Lesotho est fortement influencée par l'état de ses relations avec l'Afrique du Sud. Le Lesotho bénéficie de prix détaxés pour les marchandises qu'il importe de l'UE et d'accords préférentiels sur les marchés scandinaves et américains.

AIDE INTERNATIONALE

 31 M $ (reçus)   Moins 53 % en 1999

L'aide va surtout au développement agricole et constitue 26 % du PNB ; l'Union douanière sud-africaine (SACU) y contribue pour moitié, au côté de la Banque Mondiale, de l'UE et du RU.

DÉFENSE

 34 M $ Moins 19 % en 1999

L'armée, qui compte 2 000 hommes, a fait appel à l'Afrique du Sud pour mettre fin aux violences de 1998.

ÉCONOMIE

 1,2 Md $ 6,158–7,570 lotis

CHIFFRES SIGNIFICATIFS

- ❏ CLASSEMENT DU PNB AU NIVEAU MONDIAL ..152ᵉ
- ❏ PNB PAR HABITANT ....550 $
- ❏ BALANCE DES PAIEMENTS ....– 1 280 M $
- ❏ INFLATION ....7,3 %
- ❏ CHÔMAGE ....50 %

ATOUTS
Potentiel de main-d'œuvre qualifiée. Grande expension du textile et autres secteurs manufacturiers. Membre de l'UDAA. Potentiel hydraulique.

FAIBLESSES
Pays dépendant de l'Afrique du Sud. Agriculture faible. Émigration (mines sud-africaines). Désorganisation du commerce de détail (violences de 1998).

EXPORTATIONS

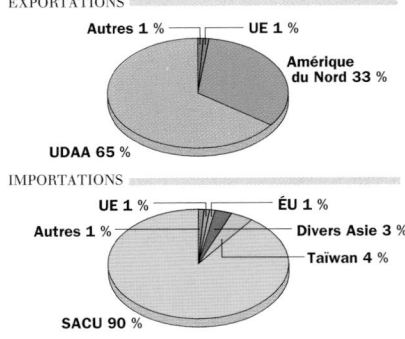

Autres 1 %   UE 1 %
Amérique du Nord 33 %
UDAA 65 %

IMPORTATIONS
UE 1 %   ÉU 1 %
Autres 1 %   Divers Asie 3 %
Taïwan 4 %
SACU 90 %

Paysage de la région de Mohales Hoek
la moins élevée du Lesotho, située à 1 300 m au-dessus du niveau de la mer.

RESSOURCES

 44 tonnes   Pays non producteur

 750 000 ovins
580 000 caprins
1,8 million de volailles   Diamants

Le plan d'aménagement hydraulique des hauts plateaux doit permettre au Lesotho de satisfaire tous ses besoins d'énergie ; il délivrera 63,3 m³ d'eau par seconde à l'Afrique du Sud. Le Nord-Est compte des mines de diamants.

ENVIRONNEMENT

 1 %   Données non disponibles

Le sol subit une érosion très forte du fait du climat et des troupeaux qui paissent au Lesotho. Le plan d'aménagement hydraulique crée aussi des inquiétudes. Toutefois, des mesures ont été prises pour ne pas nuire à la faune.

MÉDIAS

 8 quotidiens pour 1 000 personnes

PRESSE ET TÉLÉCOMMUNICATIONS

 2 quotidiens et *Leselinyana la Lesotho*, un périodique religieux assez lu.

 1 chaîne publique   1 station publique

Le pouvoir a instrumentalisé les médias en 1998. Le *Mirror* est le seul journal indépendant.

CRIMINALITÉ

 Pas de chiffre sur la population carcérale   Forte hausse en 1998

La criminalité, auparavant plus faible qu'en Afrique du Sud, a augmenté après la crise politique de 1998.

ÉDUCATION

 83 %   4 614 étudiants

Le taux d'alphabétisation et de scolarisation du Lesotho est l'un des plus élevés d'Afrique.

CHRONOLOGIE

Le Lesotho devint colonie britannique en 1884, sous le nom de Basutoland.

- ❏ **1966** Royaume indépendant.
- ❏ **1986** Coup d'État militaire.
- ❏ **1990** Moshoeshoe II part en exil ; son fils Letsie III le remplace.
- ❏ **1993** Élections libres.
- ❏ **1994** Retour de Moshoeshoe II.
- ❏ **1996** Letsie III lui succède sur le trône.
- ❏ **1998** Le nouveau LCD remporte les élections. Intervention de l'Afrique du Sud qui réconcilie le roi et les partis.
- ❏ **2000** Les élections sont reportées.
- ❏ **2002** Pakalitha Mosisili devient Premier ministre.

SANTÉ

 1 pour 10 000 habitants   Tuberculoses, maladies parasitaires et troubles nutritionnels

Les organismes privés et les ONG assurent la moitié des soins. Un système d'assistance médicale aérienne dessert les hauts plateaux. La tuberculose est la principale maladie endémique. Depuis le conflit de 1998, environ 35 000 enfants ont besoin d'aide alimentaire d'urgence.

L

RICHESSES

CONSOMMATION ET DÉPENSES

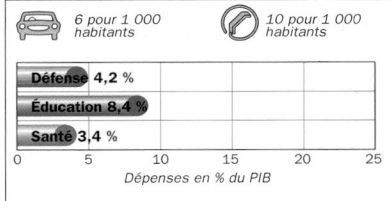

6 pour 1 000 habitants   10 pour 1 000 habitants

Défense 4,2 %
Éducation 8,4 %
Santé 3,4 %

0   5   10   15   20   25
Dépenses en % du PIB

La mobilité sociale est limitée. L'élite contrôle l'accès au pouvoir et aux richesses. Plus de 90 % des habitants vivent dans la pauvreté ; beaucoup d'habitants émigrent.

CLASSEMENT MONDIAL

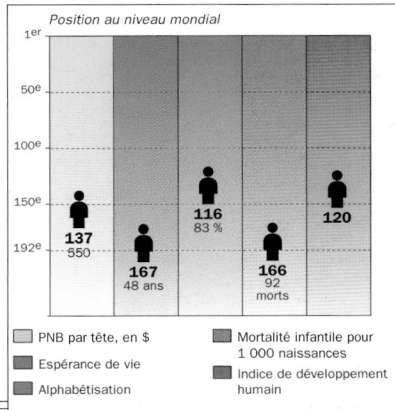

Position au niveau mondial

1ᵉʳ
50ᵉ
100ᵉ
150ᵉ
192ᵉ

137 — 550
167 — 48 ans
116 — 83 %
166 — 92 morts
120

◻ PNB par tête, en $ ◼ Mortalité infantile pour 1 000 naissances
◼ Espérance de vie   ◼ Indice de développement humain
◻ Alphabétisation

LETTONIE

NOM OFFICIEL : République de Lettonie   **CAPITALE** : Riga
POPULATION : 2,4 millions   **MONNAIE** : lats   **LANGUE OFFICIELLE** : letton

BORDÉE au nord par l'Estonie et au Sud par la Lituanie, la Lettonie est située sur la côte Est de la Baltique. Elle partage également sa frontière située à l'Est avec la Fédération de Russie et la Biélorussie. L'ensemble du pays constitue une plaine de basse altitude qui ne dépasse pas 300 m. Moscou a reconnu l'indépendance de la Lettonie en 1991. Les activités liées à la défense nationale et à l'agriculture constituent des secteurs économiques très importants. 52 % de la population seulement font partie de l'ethnie lettone.

CLIMAT

DONNÉES MÉTÉOROLOGIQUES

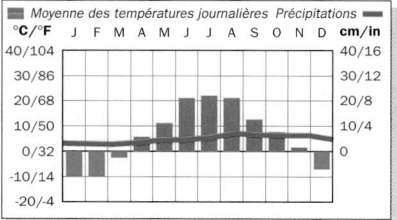

La situation géographique côtière de la Lettonie confère au pays un climat tempéré caractérisé par des hivers froids et des étés frais.

TRANSPORTS

 Riga International
563 108 passagers   186 navires
118 000 tpl

RÉSEAU DE TRANSPORT

22 843 km (14 194 miles)		Aucune
2 413 km (1 499 miles)		300 km (186 miles)

Riga est l'un des ports les plus importants de la Baltique. L'autoroute Via Baltica traverse la Lettonie du nord au sud. Une liaison similaire est-ouest semble un projet prioritaire.

LETTONIE

Supperficie totale : 64 589 km² (24 938 sq. miles)

POPULATION

⊙ Plus de 500 000
◎ Plus de 100 000
○ Plus de 50 000
● Plus de 10 000
• Moins de 10 000

ALTIMÉTRIE

200 m/656ft
Niveau de la mer

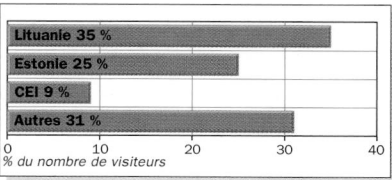

La cathédrale orthodoxe russe de Riga, qui faisait office de planétarium sous le régime soviétique. Son intérieur est actuellement en travaux.

TOURISME

 490 000 visiteurs    Moins 14 % en 1999

PROVENANCE DES TOURISTES ÉTRANGERS

Lituanie 35 %	
Estonie 25 %	
CEI 9 %	
Autres 31 %	

% du nombre de visiteurs

Riga, principal site touristique, compte un grand nombre d'hôtels et de restaurants. Son centre médiéval est en restauration.

POPULATION

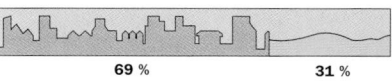
Letton, russe   37 hab./km²

PART DE LA POPULATION URBAINE/RURALE

69 %   31 %

COMPOSITION ETHNIQUE

Polonais 2 %   Ukrainiens 3 %
Autres 2 %   Biélorusses 4 %
Lettons 57 %   Russes 32 %

Les Lettons, minoritaires à Riga, ne constituent qu'un peu plus de la moitié de la population.
Les procédures de naturalisation ont été simplifiées en 1998 pour apaiser les tensions avec l'importante minorité russe, mais une loi adoptant le letton comme seule langue officielle a suscité des controverses.
Le taux de divorce est élevé. Les femmes ont le même statut que dans les pays d'Europe de l'Ouest.

POLITIQUE

 2002/2006   Vaira Vike-Freiberga, présidente de la République

AUX DERNIÈRES ÉLECTIONS

Parlement 100 membres

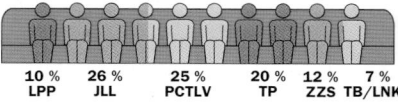

10 %	26 %	25 %	20 %	12 %	7 %
LPP	JLL	PCTLV	TP	ZZS	TB/LNK

TP = Parti du peuple   **TB/LNNK** = Liberté et patrie
LPP = Premier parti letton   **JL** = Nouvelle ère
PCTLV = Pour les droits de l'homme dans une Lettonie unie
ZZS = Union des verts et des paysans

Les élections générales de 1998 ont vu la victoire du centre-droit, favorable à l'économie de marché et à l'intégration dans l'UE. L'ex-Premier ministre Andris Skele a formé le TP ; en 1995-1997, il avait préparé le développement économique du pays. Skele a repris le pouvoir en 1999 sur des thèmes populistes, mais en mai 2000, Andris Berzins, le médiatique maire de Riga, a provoqué la chute de sa coalition et a été nommé Premier ministre.

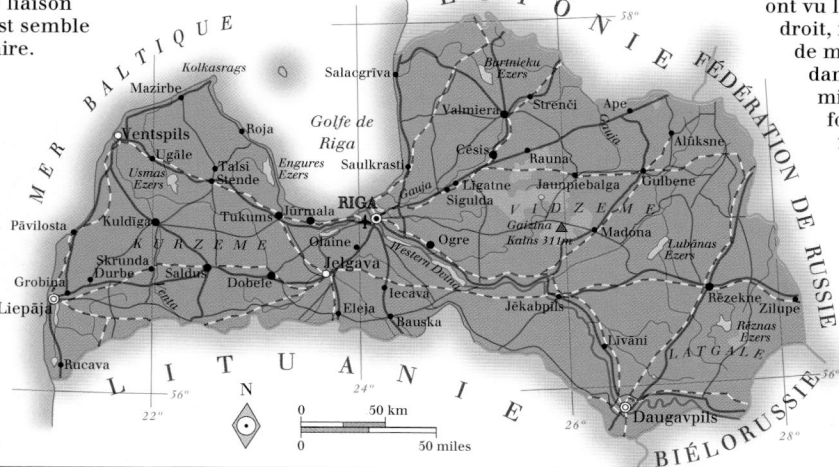

L

POLITIQUE EXTÉRIEURE

La Lettonie est l'un des dix candidats à l'UE en 2004. Elle a aussi reçu le soutien des EU pour son entrée dans

AIDE INTERNATIONALE

 96 M $ reçus   Plus 19 % en 1997–1999

Les aides que la Lettonie reçoit proviennent principalement de la Banque mondiale, du FMI et de l'UE. Elles visent pour la plupart à améliorer les infrastructures du pays.

DÉFENSE

 58 M $ Plus 45 % en 1999

Avec la perspective de rejoindre l'OTAN, le développement de l'armée est une priorité. Le pays participe au Partenariat pour la Paix de l'OTAN. En février 2000, l'armée russe a démantelé ses dernières installations militaires en Lettonie.

ÉCONOMIE

 7,63 Md $ 0,56-0,60 lats

CHIFFRES SIGNIFICATIFS

❏ CLASSEMENT DU PNB AU NIVEAU MONDIAL 98ᵉ
❏ PNB PAR HABITANT ....3 230 $
❏ BALANCE DES PAIEMENTS ....– 758 M $
❏ INFLATION ....2,5 %
❏ CHÔMAGE ....8 %

ATOUTS
Amélioration de la production industrielle. Services comptant pour plus de 50 % du PIB. Inflation maîtrisée. Hausse des investissements étrangers.

FAIBLESSES
Dépendance vis-à-vis des importations de pétrole et de gaz naturel. Manque de matières premières. Agriculture obsolète.

EXPORTATIONS

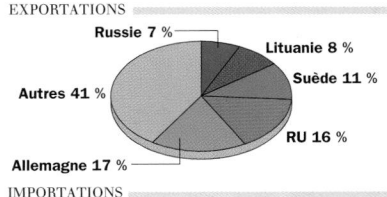

Russie 7 %
Lituanie 8 %
Suède 11 %
RU 16 %
Autres 41 %
Allemagne 17 %

IMPORTATIONS

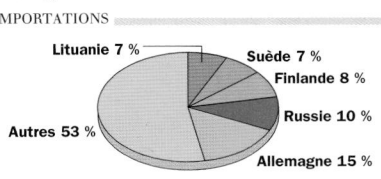

Lituanie 7 %
Suède 7 %
Finlande 8 %
Russie 10 %
Allemagne 15 %
Autres 53 %

l'OTAN. La discrimination contre les russophones (loi de 2000 faisant du letton la seule langue officielle) a détérioré les relations avec la Russie.

RESSOURCES

 106 027 tonnes   Pays non producteur

 437 000 dindons
404 900 porcins
2,8 M de volailles   Ambre, dolomite, gravier, gypse, chaux, tourbe, sable

Les ressources naturelles sont très limitées ; le pays est dépendant des importations en énergie (Russie principalement). On brûle encore la tourbe. L'électricité est hydraulique, ou importée de Lituanie et d'Estonie. Un port en eau profonde, terminal pétrolier, est envisagé.

ENVIRONNEMENT

 13 %   3,3 tonnes par habitant

L'extraction de la tourbe a des répercussions néfastes sur l'environnement. La pollution de la mer Baltique et de l'air et la qualité de l'eau sont également sources d'inquiétude. Les problèmes écologiques ont joué un rôle capital dans la marche vers l'indépendance du pays et restent importants.

MÉDIAS

 247 quotidiens pour 1 000 habitants.

PRESSE ET TÉLÉCOMMUNICATIONS

23 quotidiens, dont *Diena* et *Neatkariga Rita Avize*

2 chaînes, dont 1 publique   16 stations, dont 1 publique

La presse jouit aujourd'hui d'une certaine liberté vis-à-vis de l'État. Les médias utilisaient auparavant principalement la langue russe. Depuis 1991, l'État, soucieux de développer l'usage de la langue officielle, soutient activement les publications en letton.

CRIMINALITÉ

 9 608 prisonniers    Moins 2 % en 1996–1998

Le taux de criminalité est plus bas que dans les autres ex-républiques soviétiques. Le crime organisé devient un phénomène préoccupant.

ÉDUCATION

 99 %    56 187 étudiants

Des écoles se sont ouvertes pour les minorités ethniques. On compte plus de 50 000 étudiants.

SANTÉ

 1 pour 294 habitants   Maladies respiratoires, cérébrovasculaires et cardiaques, cancers

Le système de santé public souffre de pénuries d'équipements et de médicaments. Malgré des améliorations, il manque de moyens.

RICHESSES

CONSOMMATION ET DÉPENSES

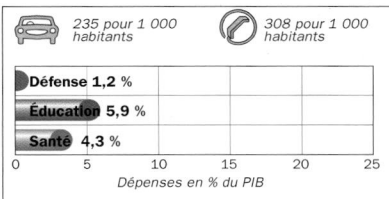

235 pour 1 000 habitants   308 pour 1 000 habitants

Défense 1,2 %
Éducation 5,9 %
Santé 4,3 %

Dépenses en % du PIB

La vieille classe bureaucratique constitue la couche sociale la plus fortunée. Les agriculteurs sont parmi les plus pauvres.

CLASSEMENT MONDIAL

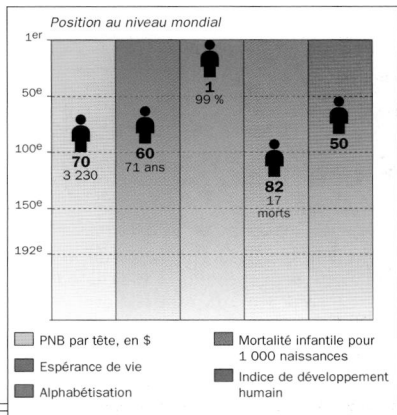

Position au niveau mondial

1ᵉʳ
50ᵉ
100ᵉ
150ᵉ
192ᵉ

1 — 99 %
70 — 3 230
60 — 71 ans
82 — 17 morts
50

PNB par tête, en $ Mortalité infantile pour 1 000 naissances
Espérance de vie   Indice de développement humain
Alphabétisation

L

LIBAN

NOM OFFICIEL : République libanaise   **CAPITALE** : Beyrouth
POPULATION : 3,6 millions   **MONNAIE** : livre libanaise   **LANGUE OFFICIELLE** : arabe

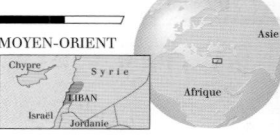
MOYEN-ORIENT

LE LIBAN fait figure de petit pays par rapport à ses deux puissants voisins : la Syrie et Israël. La zone côtière du pays est très fertile ; l'arrière-pays est montagneux. Bien qu'ils soient minoritaires, les chrétiens maronites ont toujours dirigé le pays. 1975 marque le début d'une guerre civile entre les factions chrétienne et musulmane qui menace l'existence de l'État. Toutefois, l'Arabie Saoudite réussit à négocier un armistice en 1989. Le pays, plus stable, a commencé sa reconstruction.

CLIMAT

DONNÉES MÉTÉOROLOGIQUES

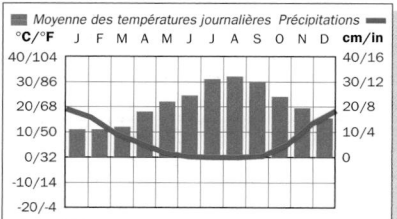

Moyenne des températures journalières   Précipitations

Hivers doux et étés chauds avec un taux d'humidité élevé sur la côte ; chutes de neiges en altitude pendant l'hiver.

TRANSPORTS

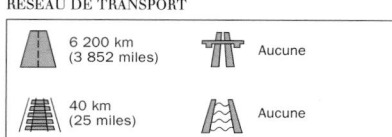

Beyrouth International, Khaldeh
2,22 M de passagers

106 navires
263 500 tpl

RÉSEAU DE TRANSPORT

6 200 km
(3 852 miles)

Aucune

40 km
(25 miles)

Aucune

Les plans de réaménagement de Beyrouth pourraient rendre à la ville son statut d'important entrepôt du Moyen-Orient.

TOURISME

 742 000 visiteurs   Plus 10 % en 2000

PROVENANCE DES TOURISTES ÉTRANGERS

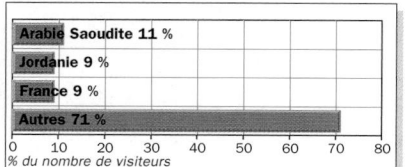

Arabie Saoudite 11 %
Jordanie 9 %
France 9 %
Autres 71 %

% du nombre de visiteurs

Depuis la fin de la guerre civile, le tourisme reprend. Beyrouth reste la première destination touristique. En 1998, les ÉU ont levé les restrictions imposées à ses ressortissants désireux de se rendre au Liban.

POPULATION

 Arabe, français, arménien, assyrien

323 hab./km²

PART DE LA POPULATION URBAINE/RURALE

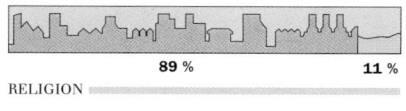

89 %   11 %

RELIGION

Chrétiens 30 %

Musulmans 70 %

La population libanaise est morcelée en sous-groupes de sectes chrétiennes et musulmanes, mais elle est unie par un sentiment d'identité nationale très fort. Beaucoup de Palestiniens sont venus se réfugier au Liban depuis 1948. Le fondamentalisme islamique exerce une forte influence sur la classe pauvre de musulmans chiites.

POLITIQUE

 2000/2004

 Emile Lahoud, président de la République

AUX DERNIÈRES ÉLECTIONS

Assemblée nationale
128 membres

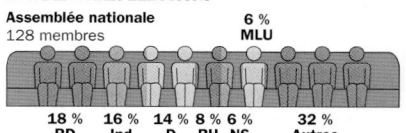

6 %
MLU

| 18 % RD | 16 % Ind | 14 % D | 8 % BH | 6 % NS | 32 % Autres |

RD = Résistance et développement   **Ind** = Indépendants
D = Dignité   **BH** = Liste Baalbek-Hermel
NS = Liste du Combat National   **MLU** = Union du Mt Liban

La paix de Taif, signée en 1989 sous les auspices des gouvernements arabes, a permis un rétablissement de l'équilibre des pouvoirs entre musulmans et chrétiens. Rafiq Al-Hariri, élu en 1992, a maintenu une relative stabilité. Le général Emile Lahoud a été élu en 1998 ; après le bref intermède de Salim al-Hoss comme Premier ministre, Hariri lui a succédé en 2000. La Syrie garde une influence prépondérante au Liban, surtout depuis le retrait des troupes israéliennes en 2000. La guerre civile libanaise, débutée en 1975, avait été provoquée, entre autres facteurs, par la rupture du consensus musulmano-chrétien sur la Constitution qui avantageait les chrétiens.

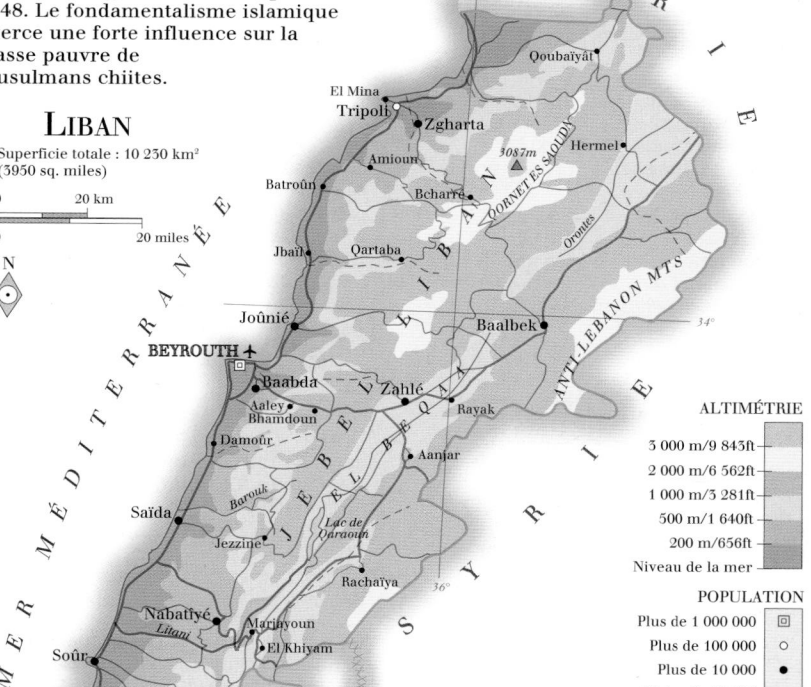

LIBAN

Superficie totale : 10 230 km²
(3950 sq. miles)

0   20 km
0   20 miles

ALTIMÉTRIE

3 000 m/9 843ft
2 000 m/6 562ft
1 000 m/3 281ft
500 m/1 640ft
200 m/656ft
Niveau de la mer

POPULATION

Plus de 1 000 000
Plus de 100 000
Plus de 10 000
Moins de 10 000

POLITIQUE EXTÉRIEURE

 LA G24 OIF MNA OCI

L'accord de Taif a donné une énorme influence à la Syrie. Les tensions avec Israël persistent. Jusqu'au retrait des troupes israéliennes, de fréquents combats entre celles-ci et le *Hezbollah* ensanglantaient le sud du pays. Des soldats de l'ONU patrouillent à présent le long de la frontière ; l'hostilité anti-israélienne reste très répandue.

AIDE INTERNATIONALE

 194 M $ (reçus)   Moins 18 % en 1999

Il faudra des milliards de dollars pour reconstruire le Liban. La Banque mondiale travaille de préférence avec des ONG.

DÉFENSE

 563 M $ Moins 4 % en 1999

L'armée compte plus de 60 000 hommes. Le *Hezbollah* a rapidement repris le contrôle du Sud-Liban après le retrait israélien. L'armée syrienne s'est retirée de Beyrouth en 2001.

ÉCONOMIE

 15,8 Md $ 1 507 livres libanaises

CHIFFRES SIGNIFICATIFS

- ❏ CLASSEMENT DU PNB AU NIVEAU MONDIAL 70ᵉ
- ❏ PNB PAR HABITANT ....4 010 $
- ❏ BALANCE DES PAIEMENTS ....– 3,98 Md $
- ❏ INFLATION ....0,5 %
- ❏ CHÔMAGE ....18 %

ATOUTS
Retour au rôle de banquier et prestataire de services régional. Potentiel de production fruitière et vinicole. Inflation maîtrisée grâce à une politique fiscale stricte.

FAIBLESSES
Dépendance énergétique (pétrole et gaz). Agriculture à 40 % du niveau d'avant-guerre. Dette publique élevée.

EXPORTATIONS

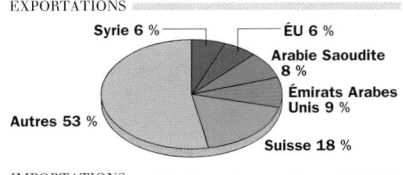

Syrie 6 % ÉU 6 % Arabie Saoudite 8 % Émirats Arabes Unis 9 % Autres 53 % Suisse 18 %

IMPORTATIONS

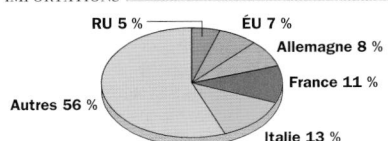

RU 5 % ÉU 7 % Allemagne 8 % France 11 % Autres 56 % Italie 13 %

RESSOURCES

 3 955 tonnes   Pays non producteur, raffine 37 500 b/j

445 000 caprins 380 000 ovins 32 M de volailles   Lignite, fer

Le secteur agricole produit du vin, du coton, des fruits et des légumes. Le pays importe du pétrole pour ses centrales thermiques.

ENVIRONNEMENT

 Aucune   4,3 tonnes par habitant

Les priorités pour le gouvernement sont de reconstruire les infrastructures de base à Beyrouth et de procéder au déminage du pays.

MÉDIAS

 141 quotidiens pour 1 000 habitants

PRESSE ET TÉLÉCOMMUNICATIONS

 41 quotidiens, dont *Al-Anwar*, *An-Nahar* et son équivalent en français, *l'Orient-le Jour*

 5 chaînes, dont 1 d'État   1 station d'État

A la fin des années 1990, le gouvernement a interdit toutes les émissions politiques sur les chaînes satellites privées.

CRIMINALITÉ

 Pas de chiffre sur la population carcérale   Plus 202 % en 1996–1998

Les prises d'otages et le non-respect de la loi ont fait de Beyrouth une ville dangereuse pour les touristes pendant la guerre civile.
Les actes de violence motivés par des revendications politiques sont en baisse même s'il demeure des risques d'attentats dans les villes.
Peu de criminalité dans les campagnes. La reconstruction de Beyrouth, entamée à la fin de la guerre, voit fleurir des hôtels de luxe. On doit à la volonté du gouvernement de donner à Beyrouth l'image d'une ville sûre afin d'en faire une cité touristique.

La Corniche de Beyrouth, œuvre des architectes américains dans le cadre d'un projet de reconstruction financé par des capitaux privés.

CHRONOLOGIE

Le Liban devient indépendant en 1941, après avoir été sous mandat français pendant 20 ans.

- ❏ **1975** Début de la guerre civile.
- ❏ **1982** Invasion israélienne.
- ❏ **1989** L'accord de Taif met fin au conflit.
- ❏ **1992** Premières élections depuis 20 ans. Rafiq Al-Hariri élu 1ᵉʳ ministre.
- ❏ **1996** Une attaque israélienne tue plus de 100 civils sur une base de l'ONU, à Qana.
- ❏ **1998** Emile Lahoud élu président.
- ❏ **2000** Retrait des Israéliens. Hariri réélu triomphalement.

ÉDUCATION

 86 %   81 588 étudiants

Le Liban a le taux d'alphabétisation le plus élevé du monde arabe. Le secteur de l'éducation a été perturbé par la guerre.

SANTÉ

 1 pour 435 habitants   Maladies cardiaques, infectieuses et parasitaires

Le système de soins de première nécessité est efficace. Le personnel hospitalier est aussi nombreux qu'avant la guerre.

RICHESSES

CONSOMMATION ET DÉPENSES

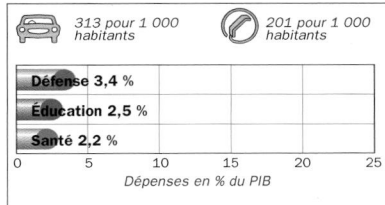

313 pour 1 000 habitants   201 pour 1 000 habitants

Défense 3,4 %
Éducation 2,5 %
Santé 2,2 %

Dépenses en % du PIB

Le revenu moyen par habitant dissimule un écart très important entre la classe pauvre et l'élite très riche.

CLASSEMENT MONDIAL

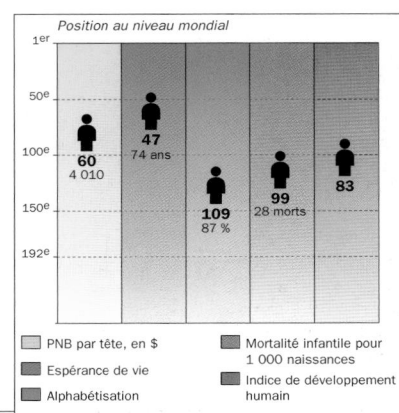

Position au niveau mondial

60 — 4 010
47 — 74 ans
109 — 87 %
99 — 28 morts
83

- PNB par tête, en $
- Espérance de vie
- Alphabétisation
- Mortalité infantile pour 1 000 naissances
- Indice de développement humain

L

LIBERIA

NOM OFFICIEL : République du Liberia   CAPITALE : Monrovia
POPULATION : 3,3 millions   MONNAIE : dollar libérien   LANGUE OFFICIELLE : anglais

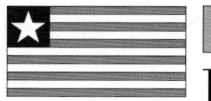

F ONDÉ EN 1847 par des esclaves affranchis venus des États-Unis, le Liberia s'efforce actuellement de panser les plaies de la guerre civile de 1990-1996. Situé en Afrique de l'Ouest, au bord de l'Atlantique, il comporte une zone côtière, avec de nombreux lagons et mangroves. L'agriculture très réduite (on ne compte pas plus de 1 % de terres arables) se pratique sur le plateau intérieur. Le Libéria possède la première flotte marchande de pavillon de complaisance au monde.

CLIMAT

DONNÉES MÉTÉOROLOGIQUES

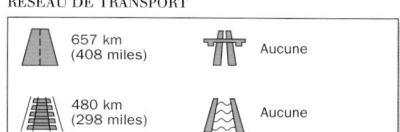

Moyenne des températures journalières   Précipitations

Si l'on excepte le Sud-Est, le pays ne connaît qu'une saison humide qui s'étend de mai à octobre. Les températures, toujours élevées, augmentent encore à l'intérieur des terres pendant la période sèche qui dure d'octobre à mars et durant laquelle souffle un vent chargé de poussières : l'harmattan.

TRANSPORTS

Roberts Field International, Monrovia

1 717 navires 60 M de tpl

RÉSEAU DE TRANSPORT

657 km (408 miles)   Aucune

480 km (298 miles)   Aucune

La plupart des routes du Liberia ne sont pas goudronnées. Les 490 km de voies ferrées ont été construits pour transporter le minerai de fer. L'aéroport a été construit par les ÉU en 1939-1945.

TOURISME

Aucun touriste à cause de la guerre   Ne s'applique pas

PROVENANCE DES TOURISTES ÉTRANGERS

Le Liberia ne publie pas de statistiques sur la provenance de ses visiteurs.

% du nombre de visiteurs

Le Liberia est une zone en guerre en proie à l'anarchie. Les touristes étaient déjà peu nombreux avant la guerre et il ne subsiste plus aucune activité touristique à ce jour.

POPULATION

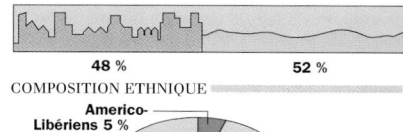

Kpellé, vaï, bassa, krou, grébo, kissi, gola, loma, anglais

33 hab./km²

PART DE LA POPULATION URBAINE/RURALE

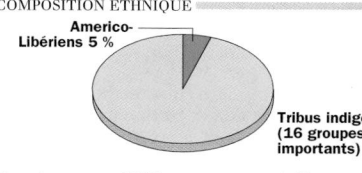

48 %   52 %

COMPOSITION ETHNIQUE

Americo-Libériens 5 %

Tribus indigènes (16 groupes importants) 95 %

Il existe une différence essentielle entre les Américo-Libériens, descendants du peuple libéré de l'esclavage (et appelés « personnes civilisées ») et les « tribus » indigènes majoritaires. Ces tribus ont longtemps été méprisées par les Américo-Libériens, mais les mariages interclasses et leur intégration politique en 1944 ont atténué cette attitude. Les clivages intertribaux que le pays connaît aujourd'hui sont plus préoccupants. La guerre civile a éclaté en 1990.

POLITIQUE

Ch. basse 1997/2003
Ch. haute 1997/2006

Gyude Bryant, président de la République

AUX DERNIÈRES ÉLECTIONS

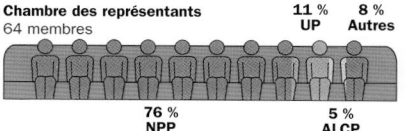

Chambre des représentants
64 membres

11 % UP   8 % Autres

76 % NPP   5 % ALCP

NPP = Parti patriotique national   UP = Parti de l'unité
ALCP = Parti de la coalition panlibérienne

Sénat 26 membres

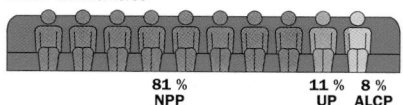

81 % NPP   11 % UP   8 % ALCP

À partir de 1990, le pays a sombré dans le chaos d'un conflit armé aussi complexe que sanglant. Un accord de paix signé en 1996 a permis d'organiser des élections en 1997, d'où sont sortis vainqueurs Charles Taylor et son NPP, ancien Front patriotique national du Liberia, l'une des principales factions armées. 700 000 réfugiés sont alors revenus au pays, mais en 2000, des combats ont repris dans le nord, après la formation d'une nouvelle rébellion, l'Union libérienne pour la réconciliation et la démocratie. Au début de 2001, des milliers de civils ont donc à nouveau fui cette zone.

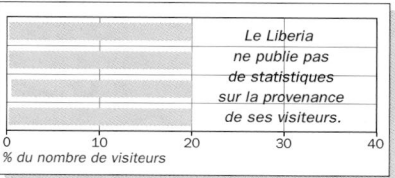

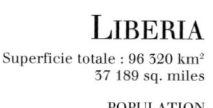

LIBERIA

Superficie totale : 96 320 km²
37 189 sq. miles

POPULATION

Plus de 100 000
Plus de 10 000
Moins de 10 000

ALTIMÉTRIE

1 000 m/3 281ft
500 m/1 640ft
200 m/656ft
Niveau de la mer

L

POLITIQUE EXTÉRIEURE

 ACP   CEAO   AIEA   EEE   OMC

L'ONU a imposé des sanctions en 2001, accusant le Libéria de préparer la guerre en Afrique de l'ouest. Les relations avec les pays voisins se sont gravement détériorées, et des combattants libériens sont impliqués dans des conflits en Sierra Leone et en Côte d'Ivoire. En 2003, l'arrivée des forces de maintien de la paix a été retardée par les combats au Libéria.

AIDE INTERNATIONALE

 94 M $ (reçus)   Plus 29 % en 1999

Le pays dépend des aides extérieures. En 2000, l'UE a diminué ses versements, accusant le régime de vendre des armes aux rebelles de Sierra Leone.

DÉFENSE

 25 M $ Moins 46 % en 1999

L'accord de paix signé en 1996 a conduit à la démobilisation des diverses factions et à la formation d'une seule et unique armée nationale.

ÉCONOMIE

 459 M $ 1 dollar libérien

CHIFFRES SIGNIFICATIFS

- ❏ CLASSEMENT DU PNB AU NIVEAU MONDIAL ..171e
- ❏ PNB PAR HABITANT ....140 $
- ❏ BALANCE DES PAIEMENTS ....– 145 M $
- ❏ INFLATION ....8 %
- ❏ CHÔMAGE ....70 %

ATOUTS
Possibilité de réouvrir la plantation de caoutchouc Firestone et la mine de fer LAMCO. Présence de bois tropical, mais les réserves s'amenuisent.

FAIBLESSES
Faible activité commerciale. Instabilité politique. Sanctions internationales sur le commerce des diamants en 2001.

EXPORTATIONS

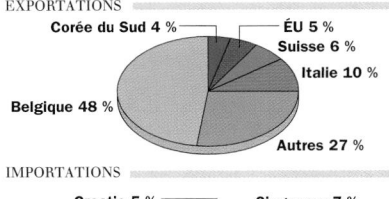

Corée du Sud 4 %, ÉU 5 %, Suisse 6 %, Italie 10 %, Autres 27 %, Belgique 48 %

IMPORTATIONS

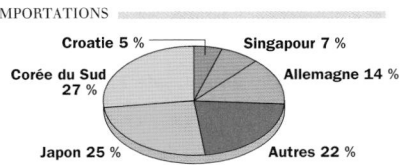

Croatie 5 %, Singapour 7 %, Corée du Sud 27 %, Allemagne 14 %, Japon 25 %, Autres 22 %

Village de la région de Gbarnga, où sont concentrés les Kpellés, le plus important des 16 groupes ethniques indigènes du Liberia.

RESSOURCES

 8 580 tonnes   Pays non producteur

220 000 caprins
210 000 ovins
3,5 M de volailles   Fer, diamants, baryte, kyanite, colombite, manganèse, or

Le Liberia dispose de réserves de fer estimées à un milliard de tonnes sur le Mont Nimba. Même si le pays était en paix, le niveau actuel de la demande mondiale ne justifierait pas qu'il soit exploité.

ENVIRONNEMENT

 1 %   0,1 tonne par habitant

Le FNPL et d'autres groupes armés ont abattu les forêts tropicales pour financer leurs armées.

MÉDIAS

 16 quotidiens pour 1 000 habitants.

PRESSE ET TÉLÉCOMMUNICATIONS

 6 quotidiens, dont le *Daily Observer*, indépendant

 1 chaîne partiellement publique   10 stations, dont 6 indépendantes

La presse de Monrovia est plus libre depuis la chute du régime de Doe, mais les problèmes de distribution et de diffusion entraînés par la guerre diminuent l'impact des journaux.

CRIMINALITÉ

 Pas de chiffre sur la population carcérale   Pas de forces de l'ordre. Criminalité omniprésente.

Les droits de l'homme, depuis toujours méprisés, n'ont plus du tout été respectés après 1990. Les factions en guerre ont massacré des civils, les ont enrôlés de force, ou les ont forcés à trouver refuge dans les pays voisins.

ÉDUCATION

 54 %    5 095 étudiants

Initialement basé sur le modèle des ÉU, le système éducatif s'effondre complètement pendant la guerre civile.

CHRONOLOGIE

De 1816 à 1892, 22 000 esclaves affranchis, la plupart des ÉU, s'établirent au Liberia, et fondèrent une république en 1847.

- ❏ **1980** Coup d'État de Samuel Doe. Le président est assassiné.
- ❏ **1990** La guerre civile éclate.
- ❏ **1991** Doe est assassiné.
- ❏ **1996** Deuxième accord de paix.
- ❏ **1997** Charles Taylor président.
- ❏ **1999** Retrait de l'ECOMOG.
- ❏ **2001** Conflit avec les rebelles.
- ❏ **2003** Les rebelles entrent dans Monrovia. Taylor s'exile au Nigéria.

SANTÉ

 1 pour 9 350 habitants   Maladies contagieuses, parasitaires, cardiaques, diarrhées

Très peu de gens ont accès aux soins même élémentaires. Le taux de mortalité infantile est un des plus élevés de la planète.

RICHESSES

CONSOMMATION ET DÉPENSES

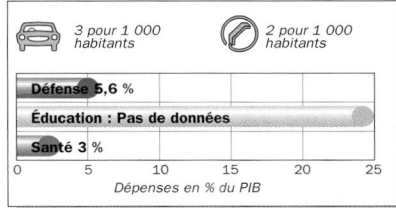

3 pour 1 000 habitants   2 pour 1 000 habitants

Défense 5,6 %
Éducation : Pas de données
Santé 3 %

0 5 10 15 20 25
Dépenses en % du PIB

Pouvoir et richesses sont liés. Le régime américano-libérien et celui de Doe considéraient l'État comme une simple source de gros salaires ou de pots-de-vin, tout comme les factions armées pendant la guerre. La majorité des Libériens ruraux vivent dans une très grande pauvreté.

CLASSEMENT MONDIAL

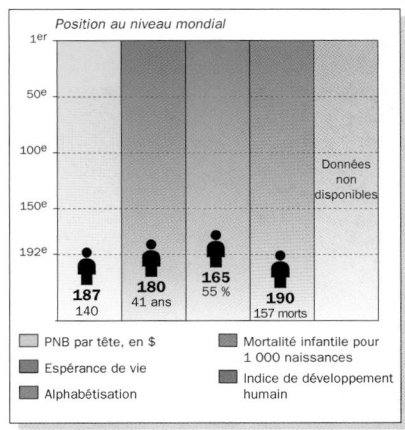

Position au niveau mondial

1er, 50e, 100e, 150e, 192e

Données non disponibles

187 — 140
180 — 41 ans
165 — 55 %
190 — 157 morts

- ◻ PNB par tête, en $
- ◻ Espérance de vie
- ◻ Alphabétisation
- ◻ Mortalité infantile pour 1 000 naissances
- ◻ Indice de développement humain

L

LIBYE

NOM OFFICIEL : Jamahiriyah arabe libyienne populaire et socialiste   **CAPITALE** : Tripoli
POPULATION : 5,5 millions   **MONNAIE** : dinar libyen   **LANGUE OFFICIELLE** : arabe

SITUÉE entre l'Égypte et l'Algérie, la Libye est constituée de déserts ou de zones semi-désertiques, à l'exception de la zone côtière et des montagnes du Sud. La situation stratégique de la Libye au sein de l'Afrique du Nord et l'abondance de ses réserves de gaz naturel et de pétrole font du pays un partenaire commercial important pour les pays européens. En raison de ses liens avec des terroristes, la Lybie a été mise à l'écart par l'Occident, mais les sanctions de l'ONU ont été levées en 1999, lorsque la Lybie a livré deux hommes soupçonnés d'avoir organisé l'attentat de Lockerbie (1998).

Amphithéâtre romain à Sabratah. L'impressionnant héritage classique que la Libye a reçu témoigne de son rôle primordial sous l'Antiquité.

CLIMAT

DONNÉES MÉTÉOROLOGIQUES

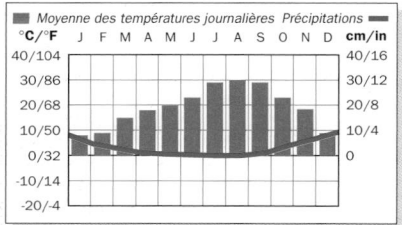

La zone côtière bénéficie d'un climat chaud et tempéré marqué par des hivers doux et humides et des étés secs.

TRANSPORTS

 **Tripoli International**    144 navires
567 000 tpl

RÉSEAU DE TRANSPORT

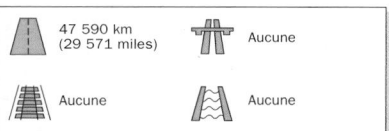

La Route nationale côtière relie l'Égypte et la Tunisie sur 1 825 km et passe par les principales villes. Un chemin de fer est à l'étude. Les compagnies aériennes ont repris leurs vols vers la Lybie depuis la fin des sanctions.

L'oasis d'al kufrah. La Libye étant constituée à 90 % de roches arides et de sable, les oasis représentent des zones essentielles pour l'agriculture et le tourisme.

TOURISME

 40 000 visiteurs    Plus 25 % en 1999

La Libye a hérité d'un patrimoine gréco-romain très riche situé dans les anciennes villes côtières de Labdah (Leptis Magna), de Sabratah, près de Tripoli, et de Shahhat (Cyrène), plus à l'est. Tripoli possède des plages très agréables. Un programme de 2 à 3 milliards de $ a été lancé pour attirer des visiteurs. Les touristes occidentaux reviennent, depuis la fin des sanctions.

PROVENANCE DES TOURISTES ÉTRANGERS

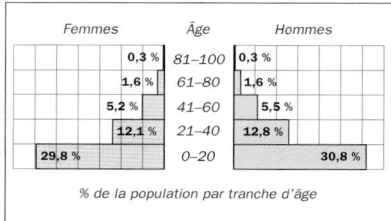

Provenance	%
Tunisie	48 %
Égypte	40 %
Algérie	4 %
Maroc	2 %
Irak	1 %
Autres	5 %

% du nombre de visiteurs

POPULATION

 Arabe, tamachele    3 hab./km²

PART DE LA POPULATION URBAINE/RURALE

87 %   13 %

RELIGION

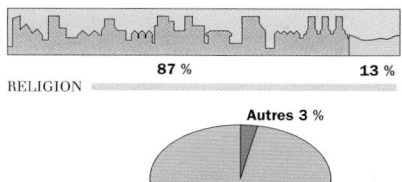

Autres 3 %
Musulmans, sunnites principalement 97 %

COMPOSITION ETHNIQUE

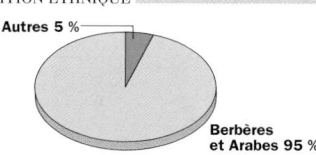

Autres 5 %
Berbères et Arabes 95 %

PYRAMIDE DES ÂGES

Femmes	Âge	Hommes
0,3 %	81–100	0,3 %
1,6 %	61–80	1,6 %
5,2 %	41–60	5,5 %
12,1 %	21–40	12,8 %
29,8 %	0–20	30,8 %

% de la population par tranche d'âge

Les Arabes et les Berbères, répartis en de nombreux sous-groupes, constituent 95 % de la population. L'unification de trois provinces ottomanes en 1915 les a artificiellement rassemblés. La monarchie pro-occidentale d'alors perpétuait la domination des tribus cyrénaïques et de l'ordre religieux sinsoussi.
La révolution de 1969 a mis au pouvoir le colonel Kadhafi, un nationaliste arabe qui incarnait les aspirations indépendantistes, communautaires et profondément

islamiques des tribus rurales du Fezzan. Cette révolution a fait disparaître les entreprises privées et la classe moyenne urbanisée, a chassé les Européens et les Juifs, sapé les fondements de l'*establishment* musulman et imposé une forme de démocratie populaire, la *jamahiriyah* (l'État des masses).
Le régime est de plus en plus contesté, car le pouvoir est manifestement entre les mains des tribus Sirtica, et en particulier du clan de Kadhafi, le Qadhadhfa.
Depuis la révolution, la Libye est devenu un pays majoritairement citadin.
Les Juifs ont été invités à revenir dans le pays afin d'y investir, et on a fait venir des immigrés d'Afrique subsaharienne pour fournir une main-d'œuvre bon marché.
Cependant, les émeutes de 2000 qui ont fait plus de 100 morts, ont souligné l'importance des problèmes sociaux qui ne semblent pas prêts de disparaître.

L

POLITIQUE

 Ne s'applique pas   Colonel Muammar al-Kadhafi

LES PARTIS POLITIQUES
Conseil général du peuple 750 membres

Pas d'élections directes. Renouvelé en mai 2000.

Le pouvoir exécutif est exercé par le Comité général du peuple ; le Congrès général du peuple élit le chef d'État, appelé le Guide de la révolution.

PRINCIPAUX PROBLÈMES POLITIQUES
La répression
Les opposants politiques, dont les islamistes, sont réprimés. Des dissidents auraient été tués à l'étranger par des agents du gouvernement. Les partis politiques sont interdits depuis 1971, mais il existe des groupes d'opposition en Égypte et au Soudan.

L'image publique du régime
Le régime a fait des efforts durant ces dernières années pour redorer son image au plan international. Ainsi a-t-il libéré quelques prisonniers politiques et autorisé des exilés à entrer dans le pays et à se rendre à l'étranger.

PROFIL
En 1977, une nouvelle forme de démocratie directe a été promulguée : quelques 2 000 membres Congrès du peuple s'efforcent d'impliquer tous les adultes dans la vie politique. En théorie, leurs souhaits sont réalisés par des comités populaires. En pratique, c'est Khadafi et ses collaborateurs qui décident. Parmi ces derniers, le Cdt Abdessalem Jalloud, son adjoint, a été mis à l'écart en 1994 ; un autre chef militaire proche de Kadhafi, Khoueldi Hamidi, se serait aussi désolidarisé de son chef en 1995. En 2000, Kadhafi a lancé le concept d'unité africaine, peu populaire en Libye, ce qui lui a encore aliéné d'autres collaborateurs. On pense que Kadhafi s'appuie à présent sur les membres de son propre clan, en particulier ses cinq fils.

Le colonel Kadhafi, à la tête de la Libye depuis 1969, refuse tout titre officiel.

L'ex-roi Idris a été renversé par le colonel Kadhafi en 1969.

POLITIQUE EXTÉRIEURE

 LA   UMA   MNA   OCI   OPEP

Le régime semble moins agressif qu'au cours des décennies passées, à l'époque où il soutenait des groupes terroristes ou s'opposait fortement au processus de paix au Moyen Orient. Les sanctions de 1992 ont été en partie levées en 1999, lorsque la Libye a livré 2 hommes soupçonnés d'avoir organisé l'attentat de Lockerbie. Il est même question de lever entièrement ces sanctions. Le RU a repris ses relations en 1999. Les relations s'améliorent aussi avec d'autres pays de l'UE, et même avec les ÉU.

L

CHRONOLOGIE
L'Italie occupa la Libye en 1911 après en avoir chassé les Turcs. En 1951, le RU et la France acceptèrent un plan de l'ONU instaurant une monarchie indépendante.

❑ **1969** Le roi Idris est renversé par un coup d'État du colonel Kadhafi. La Charte de Tripoli instaure une alliance révolutionnaire avec le Soudan et l'Égypte.

❑ **1970** Expulsion des armées du RU et des ÉU. Confiscation des biens italiens et juifs. Nationalisation des compagnies pétrolières occidentales.

❑ **1973** Tentative avortée d'union avec l'Égypte. Kadhafi lance la Révolution culturelle. Occupation de la bande d'Aozou (Tchad).

❑ **1974** Union Libye-Tunisie.

❑ **1977** Le pays est rebaptisé Grande Jamahiriyah arabe libyenne populaire et socialiste.

❑ **1979** Les membres du Conseil de la révolution sont remplacés par des élus. Kadhafi reste Chef de la révolution.

❑ **1981** Les ÉU abattent 2 appareils lybiens au-dessus du golfe de Sirte.

❑ **1984** Un tireur de l'ambassade lybienne de Londres tue une femme policier. Londres rompt ses liens ⇨

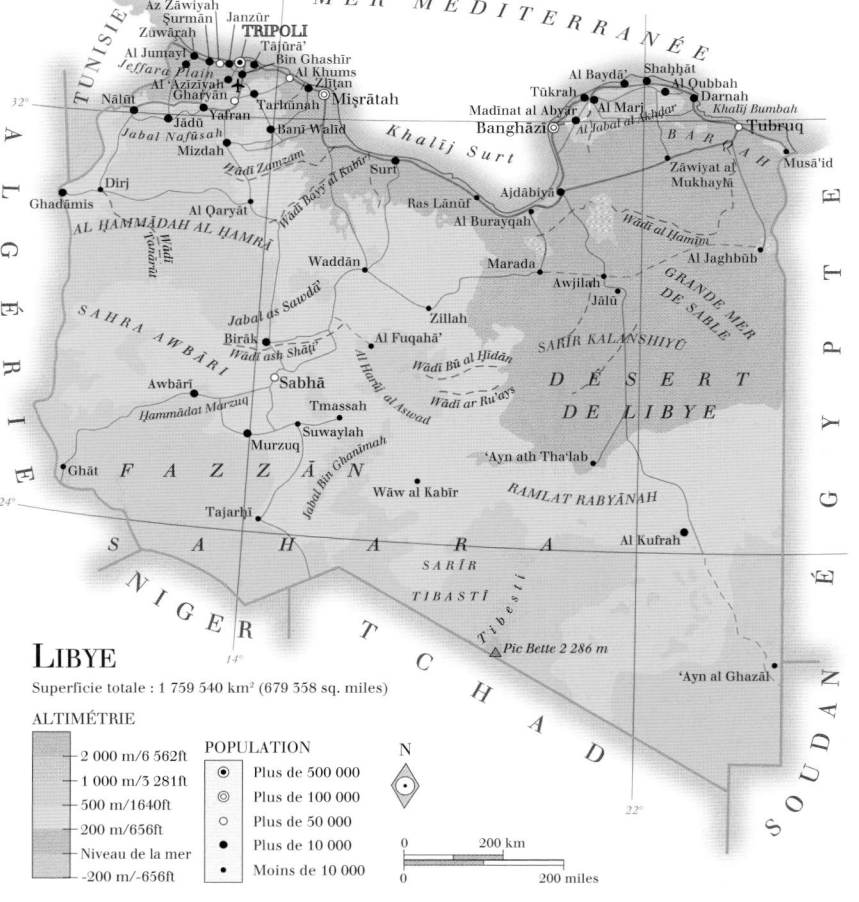

LIBYE

Superficie totale : 1 759 540 km² (679 358 sq. miles)

ALTIMÉTRIE

- 2 000 m/6 562ft
- 1 000 m/3 281ft
- 500 m/1640ft
- 200 m/656ft
- Niveau de la mer
- -200 m/-656ft

POPULATION   N
- ◉ Plus de 500 000
- ◎ Plus de 100 000
- ○ Plus de 50 000
- ● Plus de 10 000
- • Moins de 10 000

0   200 km
0   200 miles

L

CHRONOLOGIE *suite*

diplomatiques. Signature de l'accord d'Oudjo avec le Maroc, en vue de créer une Fédération arabo-africaine.
- ❏ **1985** Expulsion de 30 000 travailleurs étrangers. La Tunisie rompt ses liens diplomatiques.
- ❏ **1986** L'aviation américaine bombarde la Lybie, tuant 101 personnes et détruisant la résidence de Kadhafi.
- ❏ **1988** Suppression de l'armée et de la police. Explosion d'un avion de la Pan-Am au dessus de Lockerbie. La Lybie est soupçonnée de complicité.
- ❏ **1989** Union arabe du Maghreb avec l'Algérie, le Maroc, la Mauritanie et la Tunisie. Cessez-le-feu dans la bande d'Aozou.
- ❏ **1990** Expulsion de la branche dissidente palestinienne d'Abu Abbas.
- ❏ **1991** Début des travaux de la Grande rivière artificielle.
- ❏ **1992–1993** Malgré les sanctions de l'ONU, la Lybie refuse de livrer les suspects de Lockerbie ; les sanctions sont alourdies.
- ❏ **1994** Pour la 1ère fois depuis 1969, les chefs religieux obtiennent le droit d'émettre des décrets religieux, ou fatwas. Le Tchad récupère la bande d'Aozou.
- ❏ **1996** Les ÉU imposent des sanctions aux entreprises étrangères qui investissent en Libye.
- ❏ **1999** Les suspects dans l'attentat de Lockerbie sont livrés à un tribunal occidental.
- ❏ **2000** Kadhafi annonce son plan pour des États Unis d'Afrique.
- ❏ **2001** Un suspect condamné dans le procès de Lockerbie. Allègement supplémentaire des sanctions.
- ❏ **2003** Levée des sanctions de l'ONU.

AIDE INTERNATIONALE

 7 M $ (reçus)   Pas de changement en 1999

En tant que pays exportateur de pétrole, la Libye ne peut prétendre à aucune aide internationale, bien qu'elle fasse partie des pays en développement. Durant les années 1970, le colonel Kadhafi soutient financièrement plusieurs mouvements de libération africains bien implantés tels que le FROLINAT au Tchad, et fournit son code à des dissidents en les formant au sein de sa légion pan-africaine. Il verse également des aides à l'OLP du Moyen-Orient, à l'IRA d'Irlande du Nord, aux Moros des Philippines, aux Basques, aux Corses et à d'autres mouvements ethniques. En 1993, la Libye a versé 27 millions de $ d'aides, malgré les sanctions de l'ONU.

DÉFENSE

 1,31 Md $ Moins 12 % en 1999

FORCES ARMÉES LIBIENNES

 2 210 chars de combat (1600 T–54/55, 350 T–62, 260 T–72) — 45 000 hommes

 2 sous-marins, 2 frégates, et 16 patrouilleurs — 8 000 hommes

 426 avions de combat (40 MIG–23BN, 15 MiG–23U, 58 Mirage, 45 Su–20/22) — 23 000 hommes

Aucun

L'armée libyenne a été durement affectée par la guerre civile du Tchad, dans laquelle elle a perdu des milliers d'hommes et pour plus de 1,4 milliard de $ en 1987. Le conflit de la Libye avec le Tchad concernant la zone frontalière du Sud a pris fin en 1994.

L'armée a été supprimée en tant qu'entité en 1989, et remplacée par « le Peuple armé ». Les efforts du colonel Kadhafi pour dépolitiser les corps armés ont été peu fructueux et certains rapports relatent toujours des mouvements dissidents dans les rangs. Conséquence de l'interdiction absolue de vendre des armes à la Libye décidée par l'ONU, la plupart du matériel militaire est obsolète.

Malgré la suspension des sanctions, un éventuel fournisseur aurait encore trop de problèmes à vendre des armes à la Lybie.

ÉCONOMIE

 29,2 Md $ 0,4595–0,5423 dinar lybien

CHIFFRES SIGNIFICATIFS

- ❏ CLASSEMENT DU PNB AU NIVEAU MONDIAL 59ᵉ
- ❏ PNB PAR HABITANT ....5 540 $
- ❏ BALANCE DES PAIEMENTS ....1,98 Md $
- ❏ INFLATION ....13,6 %
- ❏ CHÔMAGE ....30 %

EXPORTATIONS

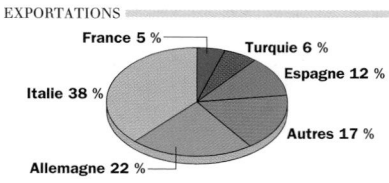

France 5 % | Turquie 6 % | Espagne 12 % | Italie 38 % | Autres 17 % | Allemagne 22 %

IMPORTATIONS

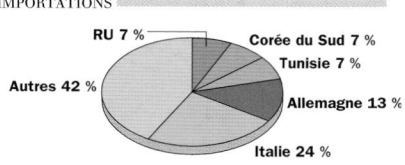

RU 7 % | Corée du Sud 7 % | Tunisie 7 % | Autres 42 % | Allemagne 13 % | Italie 24 %

ATOUTS
Production de pétrole et de gaz. Taux d'investissement élevé dans le secteur des produits dérivés — la pétrochimie, le raffinage, les engrais et les fonderies d'aluminium.

FAIBLESSES
Économie assujettie aux fluctuations du marché du pétrole. Importe la plus grande partie de sa consommation alimentaire. Dépendance vis-à-vis de la main-d'œuvre étrangère. Eau en quantité insuffisante pour couvrir les besoins de l'agriculture. Image internationale.

PROFIL
Les compagnies pétrolières occidentales entretenaient des relations très étroites avec le pays jusqu'aux sanctions de 1992. En 1993, Kadhafi a relancé un

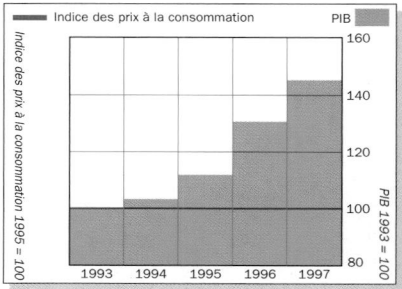

INDICATEUR DES PERFORMANCES ÉCONOMIQUES

Indice des prix à la consommation | PIB

Indice des prix à la consommation 1995 = 100
PIB 1993 = 100

1993 1994 1995 1996 1997

programme de privatisations, mais sans grand résultat. Un ambitieux programme d'industrialisation a démarré dans les années 1970. Le projet le plus controversé reste la Grande rivière artificielle ; commencé en 1984 avec l'aide de compagnie sud-coréennes et européennes, cet ouvrage devait amener l'eau souterraine du Sahara à la côte, mais les tuyaux rouillent et fuient déjà.

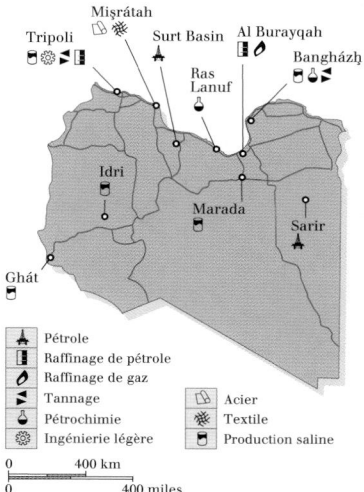

LIBYE : PRINCIPALES ACTIVITÉS

Mişrátah | Tripoli | Surt Basin | Al Burayqah | Banghâzh | Ras Lanuf | Idri | Marada | Sarir | Ghât

Pétrole
Raffinage de pétrole
Raffinage de gaz
Tannage
Pétrochimie
Ingénierie légère
Acier
Textile
Production saline

0 — 400 km
0 — 400 miles

RESSOURCES

 32 849 tonnes

 1,5 millions b/j
(réserves :
29 500 000 000 b)

6,45 M d'ovins
2,25 M de caprins
24,8 M de volailles

Pétrole, gaz naturel,
fer, potasse, gypse,
magnésium, soufre

PRODUCTION ÉLECTRIQUE

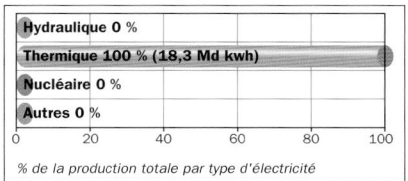

% de la production totale par type d'électricité

Hydraulique 0 %
Thermique 100 % (18,3 Md kwh)
Nucléaire 0 %
Autres 0 %

La Libye possède des réserves de
pétrole brut très importantes et restera
au rang des exportateurs de pétrole

ENVIRONNEMENT

 1 % (0,1 %
partiellement
protégé)

 8,4 tonnes
par habitant

TRAITÉS ÉCOLOGIQUES

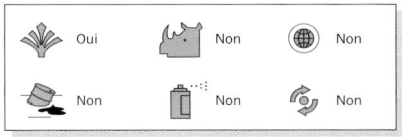

Oui   Non   Non

Non   Non   Non

Le plan de développement de l'ONU parle
de la Libye comme d'un « terrain vague »
à plus de 90 %. La plus grande partie du
pays est désertique, à l'exception de deux
bandes côtières – la plaine de Jafara et l'Al
Jabal al-Akhdar, en Cirénaïque – et de
l'oasis du Fezzan. Les zones irriguées
reçoivent généralement de l'eau salée,
conséquences du captage abusif de l'eau
des nappes naturelles à l'aide de puits
artésiens. Les Libyens boivent aujourd'hui
de l'eau salée jusqu'à une vingtaine de
kilomètres à l'intérieur des terres, non
loin de Tripoli.

MÉDIAS

 14 quotidiens pour 1 000 habitants

PRESSE ET TÉLÉCOMMUNICATIONS

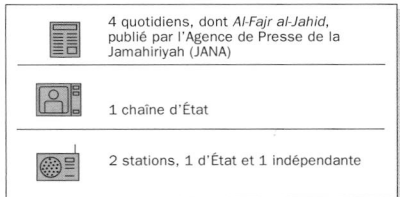

4 quotidiens, dont *Al-Fajr al-Jahid*,
publié par l'Agence de Presse de la
Jamahiriyah (JANA)

1 chaîne d'État

2 stations, 1 d'État et 1 indépendante

La presse et la télévision libyennes
sont les porte-paroles du pouvoir. Les
chaînes satellites et Internet sont
facilement accessibles mais très
surveillés. Le principal quotidien, de
langue arabe, tire à 40 000 exemplaires.
La télévision est surtout en arabe ; des
émissions dans d'autres langues étaient
prévues mais ont été reportées.

pendant une grande partie du XXIᵉ
siècle. Son potentiel en gaz naturel est
plus limité mais cela ne menacera pas
l'avenir du pays si les Libyens
parviennent à établir des liens avec
d'autres pays d'Afrique du Nord. La
Libye possède en outre des réserves de
fer, de potassium, de soufre, de
magnésium et de gypse.
L'irrigation du pays s'améliore à
mesure que le projet de la Grande
rivière artificielle progresse. L'élevage
est la principale activité agricole mais
la Libye produit également des
céréales, des oliviers des dattes et des
agrumes. Elle doit en revanche
importer la plupart des produits de
transformation.

CRIMINALITÉ

 Pas de chiffre sur la
population carcérale

 Moins 3 % en
1996–1998

TAUX DE CRIMINALITÉ

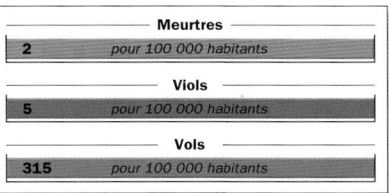

Meurtres
2   *pour 100 000 habitants*

Viols
5   *pour 100 000 habitants*

Vols
315   *pour 100 000 habitants*

L'autorité policière est souvent exercée
par des gangs engagés pour réprimer les
mouvements contestataires, et des
factions secrètes à l'étranger prendraient
pour cible les exilés libyens.

ÉDUCATION

 80 %

 72 899 étudiants

LE SYSTÈME ÉDUCATIF

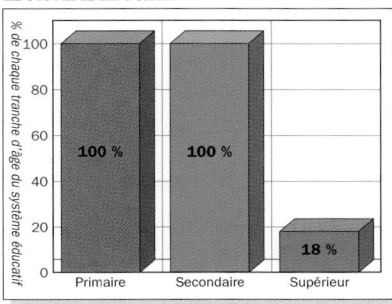

% de chaque tranche d'âge du système éducatif

Primaire 100 %   Secondaire 100 %   Supérieur 18 %

Un million de jeunes Libyens suivent
une scolarité ; obligatoire et très suivie
de 6 à 15 ans, elle est d'une qualité
inégale et souvent approximative dans
les zones rurales. Ensuite,
l'enseignement secondaire s'étale sur
trois années. Il existe 13 universités et
des instituts techniques qui dispensent
un enseignement supérieur. Depuis
1970, le taux d'alphabétisation a plus
que doublé.

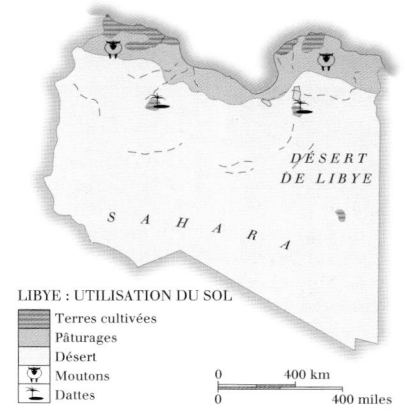

LIBYE : UTILISATION DU SOL

Terres cultivées
Pâturages
Désert
Moutons
Dattes

DÉSERT DE LIBYE

S A H A R A

0   400 km
0   400 miles

SANTÉ

 1 pour
769 habitants

 Maladies pulmonaires,
diarrhées, accidents,
cancers

Les infrastructures de santé dispensent
les soins courants, sauf dans les zones
éloignées. Les hôpitaux manquent
d'équipement.

RICHESSES

CONSOMMATION ET DÉPENSES

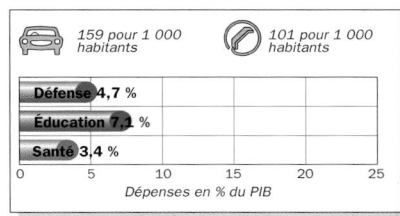

159 pour 1 000
habitants

101 pour 1 000
habitants

Défense 4,7 %
Éducation 7,1 %
Santé 3,4 %

Dépenses en % du PIB

Après des années de sanctions sur
les importations, la pauvreté s'est
répandue. Kadhafi refuse de
consacrer les revenus du pétrole à
des dépenses élémentaires, comme
l'augmentation des salaires.

CLASSEMENT MONDIAL

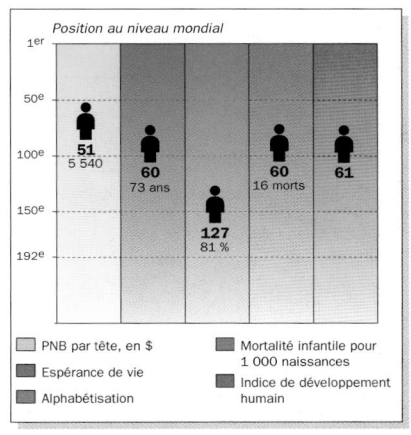

Position au niveau mondial

1ᵉʳ
50ᵉ
100ᵉ
150ᵉ
192ᵉ

51 — 5 540
60 — 73 ans
127 — 81 %
60 — 16 morts
61

PNB par tête, en $
Espérance de vie
Alphabétisation
Mortalité infantile pour
1 000 naissances
Indice de développement
humain

L

LIECHTENSTEIN

EUROPE

NOM OFFICIEL : Principauté du Liechtenstein   **CAPITALE :** Vaduz
POPULATION : 32 842   **MONNAIE :** franc suisse   **LANGUE OFFICIELLE :** allemand

PERCHÉ sur les hauteurs des Alpes entre la Suisse et l'Autriche, le Liechtenstein est l'un des rares petits pays à disposer à la fois d'un secteur bancaire prospère et d'une économie s'appuyant sur un appareil productif diversifié. C'est un proche allié de la Suisse, laquelle a la responsabilité de sa politique extérieure et de sa défense. Le Liechtenstein est un pays stable et conservateur. Ses lois pour la protection du secret bancaire et son régime fiscal avantageux ont poussé un nombre important de grandes entreprises étrangères, de banques et de société d'investissement à y établir leur siège.

CLIMAT

DONNÉES MÉTÉOROLOGIQUES

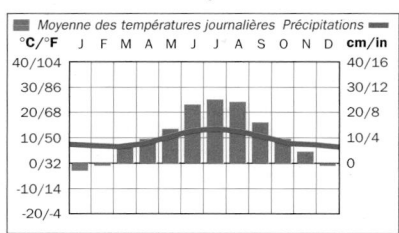

Le climat varie en fonction de l'altitude. Les chutes de neige importantes en hiver sont propices à la pratique du ski. Les étés sont chauds et humides.

TRANSPORTS

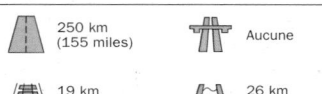

Aucun   Pas de flotte

RÉSEAU DE TRANSPORT

250 km (155 miles)		Aucune	
19 km (12 miles)		26 km (16 miles)	

Les transports publics du Liechtenstein reposent sur le réseau de bus de la poste. Le réseau ferroviaire ne compte que quelques stations. L'aéroport le plus proche est celui de Zurich.

TOURISME

 61 000 visiteurs   Plus 2 % en 2000

PROVENANCE DES TOURISTES ÉTRANGERS

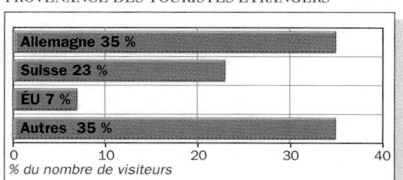

Allemagne 35 %
Suisse 23 %
ÉU 7 %
Autres 35 %

0   10   20   30   40
% du nombre de visiteurs

Les paysages alpins attirent les skieurs en hiver et les amateurs d'escalade et de randonnée en été.

POPULATION

 Allemand, dialecte alémanique, italien   201 hab./km²

PART DE LA POPULATION URBAINE/RURALE

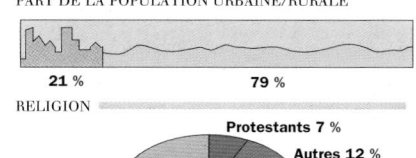

21 %   **79 %**

RELIGION

Protestants 7 %
Autres 12 %
Catholiques 81 %

Le Liechtenstein compte un grand nombre de résidents étrangers du fait de son statut de centre financier ; la moitié de ces étrangers est suisse, l'autre étant constituée d'Allemands. Le niveau de vie est élevé et les conflits sociaux ou ethniques sont donc marginaux. La vie familiale est extrêmement traditionaliste. Les femmes n'ont obtenu le droit de vote qu'en 1984. L'année suivante, la population a rejeté à une large majorité une proposition soumise à référendum qui visait à inclure dans la Constitution le principe de l'égalité des droits pour la femme.

POLITIQUE

 2001/2005    Sa majesté le prince Hans-Adam II

AUX DERNIÈRES ÉLECTIONS
Parlement 25 membres

52 %   **44 %**   **4 %**
FBP   **VU**   **FL**

FBP = parti des citoyens progressistes
VU = parti patriotique   **FL** = Liste libre

De 1938 à 1997, le VU et le FBP ont dirigé des coalitions en alternance, sauf en 1993. Ce partenariat a pris fin en 1997 avec la formation par Mario Frick du premier gouvernement uniquement VU. Aux élections de 2001, le FBP de Otmar Hasler a battu le VU. On a de plus en plus recours aux référendums.

POLITIQUE EXTÉRIEURE

CE   OSCE   AIEA   EEE   OMC

Le Liechtenstein renonce véritablement à conduire lui-même sa politique étrangère en 1924, année durant laquelle il ratifie le traité de l'Union douanière avec la Suisse. Celui-ci dispose que tout traité liant le Liechtenstein et un pays tiers doit être approuvé par la Suisse. Le pays ne devient membre de l'ONU qu'en 1990 ; il entre à l'AELE en 1991 et il est membre de l'EEE depuis 1995. Cependant, le refus de la Suisse de devenir membre de l'UE en 1992 rend l'éventualité d'une entrée du Liechtenstein dans l'UE peu probable dans un futur proche.

AIDE INTERNATIONALE

 Donateur, mais ne publie pas de chiffres   Ne s'applique pas

Bien que les aides extérieures que le Liechtenstein verse soient faibles et constituent un thème politique de second plan, le pays participe à la reconstruction de l'ex-Yougoslavie, et aide la Bulgarie.

LIECHTENSTEIN

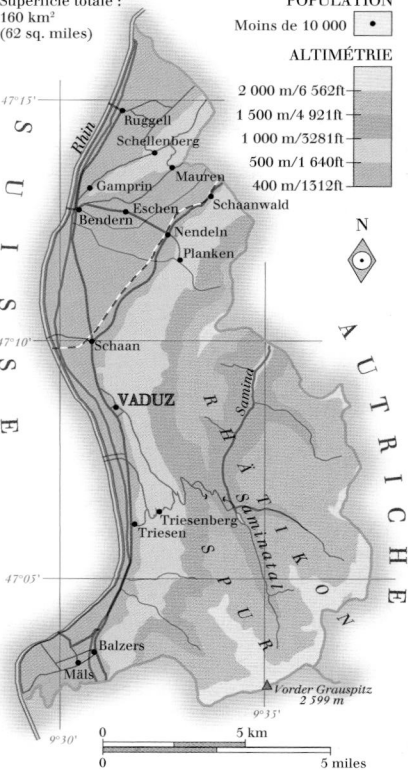

Superficie totale : 160 km² (62 sq. miles)

POPULATION
Moins de 10 000

ALTIMÉTRIE
2 000 m/6 562 ft
1 500 m/4 921 ft
1 000 m/3281 ft
500 m/1 640 ft
400 m/1312 ft

Paysage alpin. *L'État consacre 2 % de son budget à la restauration de la végétation des montagnes.*

DÉFENSE

 Pas d'armée   Ne s'applique pas

Le Liechtenstein ne comporte plus d'armée permanente depuis 1868 et ses services de police sont très réduits. Il bénéficie *de facto* de la protection de la Suisse. Tout citoyen âgé de moins de 60 ans doit théoriquement intégrer l'armée en cas d'urgence nationale mais cette loi n'a jamais été invoquée.

ÉCONOMIE

 1,2 Md $ 1,6007–1,6205 franc suisse

CHIFFRES SIGNIFICATIFS

- ❑ CLASSEMENT DU PNB AU NIVEAU MONDIAL ..144ᵉ
- ❑ PNB PAR HABITANT ....50 000 $
- ❑ BALANCE DES PAIEMENTS ..DANS LE TOTAL DE LA SUISSE
- ❑ INFLATION ....1 %
- ❑ CHÔMAGE...2 %

ATOUTS
La stabilité du pays et ses fortes relations avec la Suisse ont conduit le Liechtenstein à devenir un paradis fiscal ; n'appartenant pas à l'UE, il sera moins affecté par un changement de ses lois bancaires. L'économie du pays est diversifiée ; l'industrie chimique, l'ameublement et la fabrication d'instruments de précision en sont des secteurs dynamiques.

FAIBLESSES
Très peu nombreuses. Doit trouver un équilibre entre intégration et indépendance économique.

EXPORTATIONS

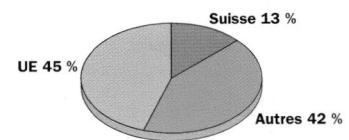

Suisse 13 %
UE 45 %
Autres 42 %

IMPORTATIONS

Le marché intérieur du Liechtenstein est très restreint et son industrie est à large tendance exportatrice. Le Liechtenstein est lié à la Suisse par une union douanière et il ne publie pas de chiffres distincts sur ses importations.

RESSOURCES

 Aucun   Pays non producteur

 6 000 bovins
3 000 porcins
2 900 ovins
280 caprins   aucun

Le Liechtenstein doit importer son énergie. La quasi totalité de son électricité provient de stations électriques allemandes.

ENVIRONNEMENT

 38 % partiellemnt protégés   Pas de changement

La protection des paysages alpins est un sujet suffisamment préoccupant au niveau politique pour que l'un des cinq conseillers (ou ministres) ait la responsabilité de l'environnement. Comme en Suisse, l'importance du trafic routier et du nombre d'automobiles constitue la principale source de préoccupation. Toutefois, la tentative de mise en place d'un service de bus gratuit s'est soldée par un échec, les habitants étant très attachés à la voiture.

MÉDIAS

 602 quotidiens pour 1 000 habitants.

PRESSE ET TÉLÉCOMMUNICATIONS

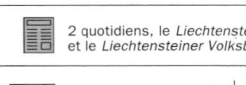

2 quotidiens, le *Liechtensteiner Vaterland* et le *Liechtensteiner Volksblatt*

Pas de chaîne de télévision   1 station de radio

Bien qu'indépendants de l'État, les deux quotidiens sont publiés l'un par le VU (*L. Vaterland*), l'autre par le FBP (*L. Volksblatt*). Ils tirent chacun à 10 000 exemplaires.

CRIMINALITÉ

 Pas de chiffre sur la population carcérale   La criminalité n'est pas préoccupante

Le crime est un phénomène marginal du fait de la répartition relativement égalitaire des richesses et du niveau de vie élevé. Le Liechtenstein veille scrupuleusement à protéger son statut de paradis fiscal en contrôlant étroitement son secteur financier. Le pays n'a pas connu de scandales et surveille le blanchiment d'argent.

ÉDUCATION

 99 %   Données non disponibles

Le système éducatif, inspiré du modèle allemand, comporte deux types d'établissements secondaires : le *Gymnasium*, plus « classique » et la *Realschule*. Le Liechtenstein ne possède pas d'universités et les étudiants vont étudier dans les universités d'Autriche, de Suisse, d'Allemagne et dans les écoles de commerce américaines.

CHRONOLOGIE

En 1719, le Liechtenstein devient une principauté indépendante du Saint Empire romain germanique.

- ❑ **1924** Union douanière avec la Suisse.
- ❑ **1990** Entre à l'ONU.
- ❑ **1995** Membre de l'EEE
- ❑ **1997** Fin de la coalition VU-FBP, qui dirigeait le pays depuis 1938.
- ❑ **2001** Le FBP l'emporte. Otmar Hasler devient Premier ministre.

SANTÉ

 1 pour 948 habitants   Maladies cardiaques et respiratoires, cancers

Bien que les cliniques et les hôpitaux soient peu nombreux, le système de santé assure un service de grande qualité. Beaucoup de Liechtensteinois disposent d'une couverture de santé personnelle qui leur permet de bénéficier du savoir-faire médical de la Suisse.

RICHESSES

CONSOMMATION ET DÉPENSES

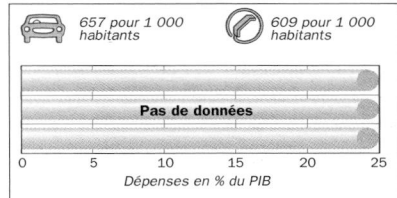

657 pour 1 000 habitants   609 pour 1 000 habitants

Pas de données

0   5   10   15   20   25
Dépenses en % du PIB

Contrairement à d'autres paradis fiscaux, le Lichtenstein reste d'une prospérité discrète. Les comptes des particuliers ne sont pas essentiels aux activités bancaires, mais le blanchiment d'argent et la mise sur liste noire du pays ont conduit à la suppression des comptes anonymes en 2000.

CLASSEMENT MONDIAL

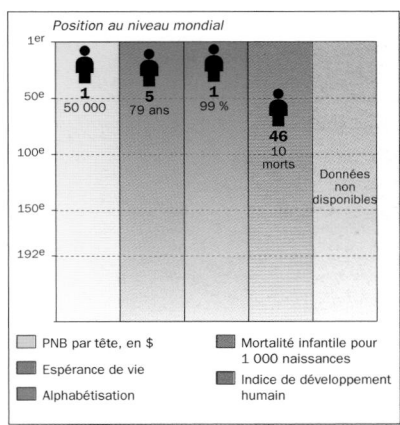

Position au niveau mondial

1ᵉʳ
50ᵉ   1 — 50 000   5 — 79 ans   1 — 99 %
100ᵉ   46 — 10 morts
150ᵉ   Données non disponibles
192ᵉ

- ☐ PNB par tête, en $
- ☐ Espérance de vie
- ☐ Alphabétisation
- ☐ Mortalité infantile pour 1 000 naissances
- ☐ Indice de développement humain

 L

385

LITUANIE

NOM OFFICIEL : République de Lituanie   CAPITALE : Vilnius
POPULATION : 3,7 millions   MONNAIE : litas   LANGUE OFFICIELLE : lituanien

  1991 1991 16 fév.  LT + 2 + 370 .lt

S ITUÉE sur la côte Est de la mer Baltique, la Lituanie
est bordée par la Lettonie, la Biélorussie, la Pologne et
la région de Kaliningrad, ville de la Fédération russe. Son
relief généralement plat comporte un grand nombre de lacs, de marécages
et de tourbières. La Lituanie est devenue indépendante de l'ex-URSS en
1991. Son économie repose essentiellement sur l'agriculture et l'industrie.
La Russie a retiré ses dernières forces de Lituanie en 1993.

CLIMAT

DONNÉES MÉTÉOROLOGIQUES

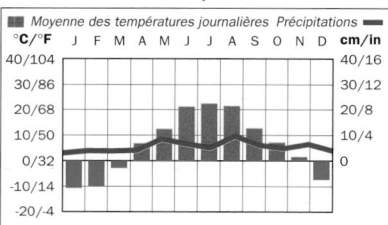

La situation côtière de la Lituanie
tempère son climat qui est normalement
de type continental. Ses étés sont frais.

TRANSPORTS

 **Vilnius International**
480 708 passagers

 206 navires
481 100 tpl

RÉSEAU DE TRANSPORT

 64 951 km
(40 359 miles)

417 km
(259 miles)

1 905 km
(1 184 miles)

600 km
(373 miles)

Amélioration des routes et voies
ferrées. Hausse du trafic aérien
vers l'Ouest.

TOURISME

1,2 M de visiteurs   Moins 14 % en 2000

PROVENANCE DES TOURISTES ÉTRANGERS

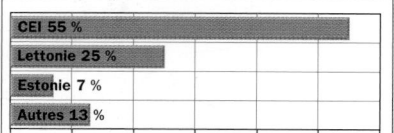

CEI 55 %
Lettonie 25 %
Estonie 7 %
Autres 13 %
% du nombre de visiteurs

Le tourisme s'est développé au cours de
ces dernières années. Le centre historique
de Vilnius a survécu à l'occupation
allemande et russe. Trakai, capitale du
Grand duché au XVIe siècle, est également
un site touristique prisé.

POPULATION

Lituanien, russe   57 hab./km²

PART DE LA POPULATION URBAINE/RURALE

68 %   32 %

COMPOSITION ETHNIQUE

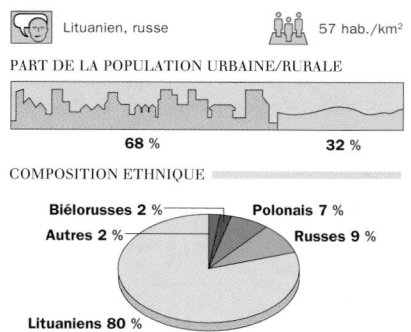

Biélorusses 2 %   Polonais 7 %
Autres 2 %   Russes 9 %
Lituaniens 80 %

Les relations avec la minorité russe,
moins importante que dans d'autres
pays baltes, sont meilleures. La
population en majorité catholique a des
liens historiques avec la Pologne,
malgré des tensions récentes. D'autres
tensions persistent avec la minorité
juive. Plus de 90% des Lituaniens
d'origine étrangère ont obtenu la
nationalité.

POLITIQUE

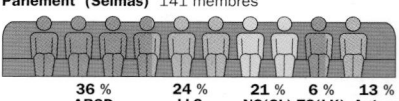 2000/2004   Arturas Paulauskas,
président de la
République par interim

AUX DERNIÈRES ÉLECTIONS

Parlement (Selmas) 141 membres

36 % ABSD   24 % LLS   21 % NS(SL)   6 % TS(LK)   13 % Autres

ABSD = Coalition social-démocrate d'A. Brazauskas
LLS = Union libérale lituanienne
NS(SL) = Nouvelle union (social-libérale)
TS(LK) = Union pour la patrie (conservateurs).

Dans les années 1990, la Lituanie a été
la plus stable des républiques baltes.
Montrant un fort nationalisme en
affirmant son indépendance en 1991,
la Lituanie a surpris en réélisant les
ex-communistes, en 1992 et 1993.
L'ancien dirigeant communiste
A. Brazauskas est resté président 5 ans
avant d'être remplacé par l'homme
d'affaire Valdas Adamkus en 1998. Le
parti conservateur avait entre-temps
remporté les élections législatives de
1996, sur fond de scandale financier ;
il a perdu sa popularité au point d'être
écrasé aux législatives de 2000.
Adamkus a court-circuité les sociaux-
démocrates, avec une coalition
favorable à l'économie de marché, qui
s'est effondrée en 2001. Adamkus a
perdu le pouvoir en 2003 au profit de
Rolandos Paksas, lui-même destitué
pour ses liens avec un homme
d'affaires russe en 2004.

LITUANIE

Superficie totale :
65 200 km²
(25 174 sq. miles)

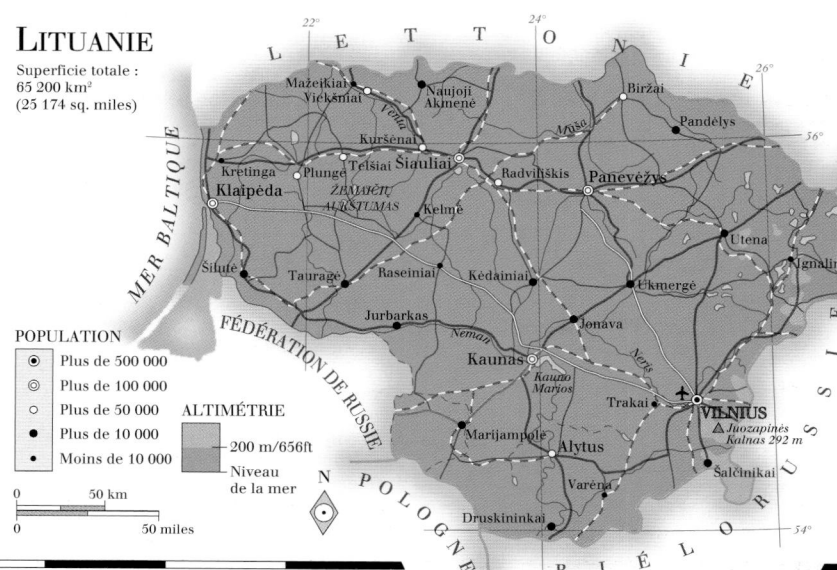

POPULATION
Plus de 500 000
Plus de 100 000
Plus de 50 000
Plus de 10 000
Moins de 10 000

ALTIMÉTRIE
200 m/656ft
Niveau
de la mer

POLITIQUE EXTÉRIEURE

La Lituanie est entrée dans l'UE, en 2004. Elle a les meilleures relations avec la Russie de tous les pays baltes, tout en intégrant l'OTAN (2004).

AIDE INTERNATIONALE

 129 M $ (reçus)   Plus 26 % en 1997–1999

Les aides sont versées par le FMI et l'UE ; elles sont utilisées dans le cadre de plans de développement des infrastructures.

DÉFENSE

 106 M $ Moins 24 % en 1999

La sécurité nationale repose sur l'armée de terre, une marine et une aviation limitées, et sur une Garde nationale frontalière. Le service obligatoire dure 12 mois. Les ÉU souhaitent que le pays entre dans l'OTAN.

ÉCONOMIE

 11,17 Md $ 3-3,4 litas

CHIFFRES SIGNIFICATIFS

❏ Classement du PNB au niveau mondial 82ᵉ
❏ PNB par habitant ....3 350 $
❏ Balance des paiements ... .–574 Md $
❏ Inflation 1,2%
❏ Chômage ....11 %

ATOUTS
Stimulation économique due aux privatisations. Inflation maîtrisée.

FAIBLESSES
Agriculture désorganisée suite à la décollectivisation. Exportations durement touchées par la crise en Russie. Manque de matières premières. Nécessité d'importer du gaz et du pétrole russes. Manque d'investissements étrangers importants.

EXPORTATIONS

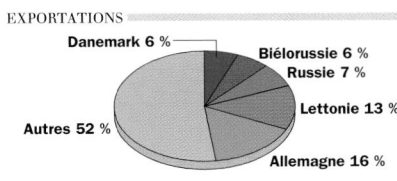

Danemark 6 %
Biélorussie 6 %
Russie 7 %
Lettonie 13 %
Autres 52 %
Allemagne 16 %

IMPORTATIONS

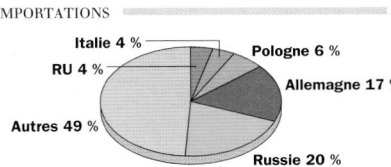

Italie 4 %
Pologne 6 %
RU 4 %
Allemagne 17 %
Autres 49 %
Russie 20 %

L'un des 3 000 lacs de Lituanie. L'ensemble du pays est situé à une faible altitude. Sa côte bordée de dunes de sable est réputée pour son ambre.

RESSOURCES

 19 837 tonnes

 4251 b/j (réserves : 13 966 550 b)

 936 100 porcins
897 800 bovins
6 M de volailles

Sable, gravier, argile, chaux, gypse

Importantes réserves de tourbe et de matériaux utilisés dans la construction. La centrale nucléaire d'Ignalina fournit plus de 80% de l'électricité. Le pétrole vient surtout de Russie.

ENVIRONNEMENT

 10 %   4,1 tonnes par habitant

La centrale géante d'Ignalina, sur le modèle de Tchernobyl, suscite des inquiétudes. Un de ses 2 réacteurs doit fermer en 2004. L'UE incite fermement (et financièrement) le pays à la mettre hors service dès que possible.

MÉDIAS

 93 quotidiens pour 1 000 habitants

PRESSE ET TÉLÉCOMMUNICATIONS

 19 quotidiens, dont *Lietuvos Ritas* et *Respublika*

 10 chaînes, dont 1 publique   24 stations, dont 1 publique

Depuis la fin du communisme, les principaux médias s'expriment surtout en lituanien.

CRIMINALITÉ

 13 228 détenus   Plus 15 % en 1996–1998

Le taux de criminalité est peu élevé par rapport à celui des autres régions de l'ex-URSS. Les vols s'accroissent fortement.

ÉDUCATION

 99 %   83 645 étudiants

L'enseignement est dispensé en lituanien à tous les niveaux, ce qui défavorise les minorités qui souhaitent effectuer des études supérieures. 8 % de la population est diplômée du supérieur.

CHRONOLOGIE

La Russie a annexé la Lituanie en 1795. La répression des révoltes de 1831 et 1863 n'ont pas étouffé le sentiment nationaliste.

❏ **1915** Occupation militaire allemande
❏ **1918** Déclaration d'indépendance.
❏ **1926** Coup d'État ; parti unique.
❏ **1940** Annexion soviétique.
❏ **1941–1944** Occupation nazie.
❏ **1945** Le pays est incorporé à l'URSS.
❏ **1991** Indépendance complète.
❏ **1992** Premières élections pluralistes.
❏ **1993** Retrait des troupes russes.
❏ **1996** Le Premier ministre est chassé du pouvoir par un scandale financier. Victoire électorale des conservateurs.
❏ **1998** Valdas Adamkus élu président.
❏ **2001** L'ex-président Brazauskas devient Premier ministre.
❏ **2003** Destitution du président Rolandos Paksas.
❏ **2004** Entrée dans l'UE.

SANTÉ

 1 pour 256 habitants   Maladies cardiaques, cancers, accidents, tuberculose

Depuis 1997, la réorganisation du service de santé vise à remplacer les caisses publiques par des assurances privées.

RICHESSES

CONSOMMATION ET DÉPENSES

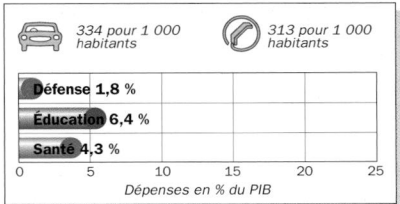

334 pour 1 000 habitants   313 pour 1 000 habitants

Défense 1,8 %
Éducation 6,4 %
Santé 4,3 %

Dépenses en % du PIB

Les Lituaniens sont en moyenne plus pauvres que leurs voisins baltes. Depuis 1991, l'écart se creuse entre les revenus.

CLASSEMENT MONDIAL

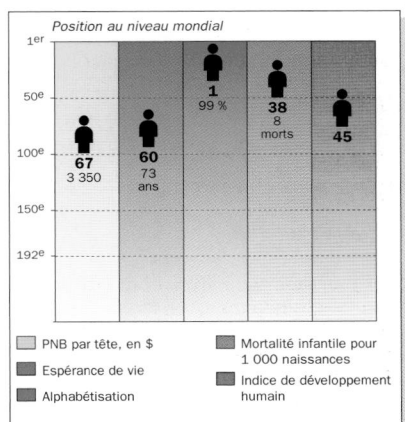

Position au niveau mondial

67 — 3 350
60 — 73 ans
1 — 99 %
38 — 8 morts
45

PNB par tête, en $
Espérance de vie
Alphabétisation
Mortalité infantile pour 1 000 naissances
Indice de développement humain

L

387

LUXEMBOURG

NOM OFFICIEL : Grand-duché de Luxembourg   CAPITALE : Luxembourg
POPULATION : 448 000   MONNAIE : euro   LANGUE OFFICIELLE : luxembourgois

 1867   1867   23 juin   L   + 1   + 352   .lu

LE LUXEMBOURG est limitrophe des régions industrielles allemandes, françaises et belges et a le revenu par habitant le plus élevé d'Europe. Sa campagne, qui couvre une partie du plateau ardennais, est vallonnée et couverte de forêts. La prospérité du pays reposait autrefois sur l'acier ; avant la Deuxième Guerre mondiale, sa production par habitant dépassait celle des ÉU. Le Luxembourg est aujourd'hui réputé pour son statut de paradis fiscal et de centre d'activités bancaires ; il est aussi le siège d'importantes institutions de l'UE.

CLIMAT

DONNÉES MÉTÉOROLOGIQUES

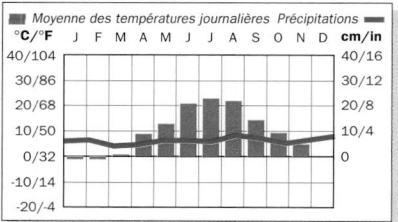

Le Sud est la région la plus chaude ; c'est là qu'est cultivée la vigne. Les hivers sont froids et neigeux, surtout dans les Ardennes.

TRANSPORTS

 Findel, Luxembourg-Ville 1,58 M de passagers   Pas de flotte

RÉSEAU DE TRANSPORT

5 166 km (3 210 miles)		118 km (73 miles)	
274 km (170 miles)		37 km (23 miles)	

Le Luxembourg dispose d'un réseau routier très développé mais souvent saturé. Trains et bus forment un seul service.

TOURISME

 834 000 visiteurs    Plus 6 % en 1999

PROVENANCE DES TOURISTES ÉTRANGERS

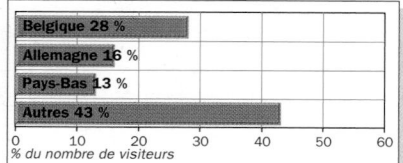

Belgique 28 %
Allemagne 16 %
Pays-Bas 13 %
Autres 43 %

0 10 20 30 40 50 60
% du nombre de visiteurs

Les touristes viennent au Luxembourg pour ses montagnes, ses forêts et ses 76 châteaux. Le gouvernement vient de lancer un programme visant à enseigner l'histoire, la langue et la culture du duché au personnel hôtelier étranger.

POPULATION

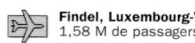 Luxembourgeois, allemand, français    167 hab./km²

PART DE LA POPULATION URBAINE/RURALE

91 %   9 %

RELIGION

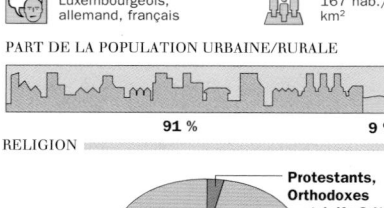

Protestants, Orthodoxes et Juifs 3 %
Catholiques 97 %

Près d'un tiers des résidents luxembourgeois et la moitié des ouvriers sont étrangers. Leur intégration a été rapide ; ils sont pour la plupart européens, originaire d'Italie ou du Portugal, et sont de religion catholique. Le Luxembourg offre une grande qualité de vie ; les salaires y sont élevés ; le taux de chômage est bas et les tensions sociales sont peu importantes.

POLITIQUE

 1999/2004   Son altesse le grand duc Henri

AUX DERNIÈRES ÉLECTIONS
Chambre des députés 60 membres   12 % 2 %
                                                  ACDJ   L

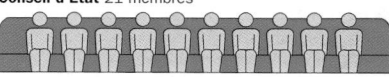

31 %   25 %   22 %   8 %
CSV/PCS   DP/PD   LSAP/POSL   G

CSV/PCS = Parti social-chrétien   DP/PD = Parti démocrate
LSAP/POSL = Parti socialiste des travailleurs du Luxembourg
ACDJ = Comité d'action pour la démocratie et la justice
G = Verts   L = La Gauche

Conseil d'État 21 membres

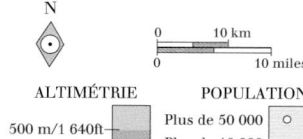

Les membres du conseil d'État sont nommés à vie par le grand-duc.

La politique luxembourgeoise se caractérise par un consensus remarquable ; elle s'organise en coalitions. Les principales questions politiques tournent autour de l'intégration européenne.

POLITIQUE EXTÉRIEURE

| Benelux | UE | OTAN | OCDE | OSCE |

Le Luxembourg a longtemps été le membre le plus actif de l'UE. C'est sous sa présidence à l'UE qu'est rédigé le traité de Maastricht ; le Luxembourg est non seulement le premier à remplir les critères économiques, financiers et légaux que le traité de Maastricht fixe pour l'union, mais il les remplit un an avant la date. Cet engagement pour l'UE est révélateur des avantages énormes que le Luxembourg tire de son appartenance à l'UE. Le Luxembourg abrite le Parlement européen et la Cour de justice et ses habitants tirent parti des salaires élevés et non-imposables que ces organisations offrent. En 1995, le Premier ministre Jacques Santer abandonne ses fonctions pour devenir président de la Commission Européenne. Mais doit démissionner en 1999 suite à des accusations de corruption.

LUXEMBOURG

Superficie totale : 2 585 km² (998 sq. miles)

N

0   10 km
0   10 miles

ALTIMÉTRIE   POPULATION
500 m/1 640ft   ○ Plus de 50 000
200 m/656ft   ● Plus de 10 000
Niveau de la mer   • Moins de 10 000

L

Le pont Charlotte au Luxembourg. Le système routier très bien aménagé offre des axes de communication reliant le reste de l'Europe.

AIDE INTERNATIONALE

 119 M $　　　 Plus 6 % en 1999

Les aides versées par le Luxembourg représentent 0,64 % de son PNB et les bénéficiaires en sont des pays d'Afrique.

DÉFENSE

 138 M $　　　 Moins 5 % en 1999

L'armée luxembourgeoise compte 900 soldats permanents. Les dépenses ont un peu baissé.

ÉCONOMIE

 18,5 Md $　　　 1,095 euro

CHIFFRES SIGNIFICATIFS

❏ CLASSEMENT DU PNB AU NIVEAU MONDIAL 71ᵉ
❏ PNB PAR HABITANT ....39 840 $
❏ BALANCE DES PAIEMENTS ... .884 M $
❏ INFLATION ....2,7 %
❏ CHÔMAGE ....3 %

ATOUTS
Siège des institutions de l'UE. Le secret bancaire et le savoir-faire du pays dans ce domaine ont conduit 980 sociétés d'investissement et 192 banques à s'établir dans sa capitale.

FAIBLESSES
Les services internationaux représentent 65 % du PNB, ce qui assujettit le Luxembourg aux fluctuations des marchés étrangers. Baisse du cours de l'acier.

EXPORTATIONS

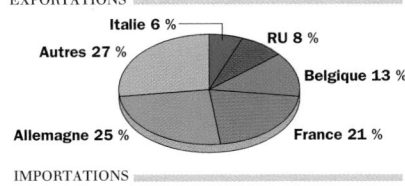

Italie 6 %　RU 8 %
Autres 27 %
Belgique 13 %
Allemagne 25 %
France 21 %

IMPORTATIONS

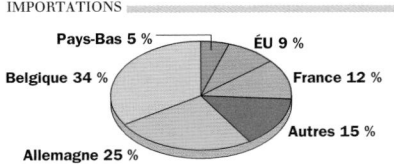

Pays-Bas 5 %　ÉU 9 %
Belgique 34 %　France 12 %
Autres 15 %
Allemagne 25 %

RESSOURCES

 Pas de données　　 Pays non producteur

 208 740 bovins
81 392 porcins
2 342 équins　　 Fer

Le pays n'a que très peu de ressources énergétiques (hydraulique). Arbed est le 7ᵉ producteur d'acier mondial.

ENVIRONNEMENT

 Aucune　　　19,6 tonnes par habitant

Les pluies acides provoquées par les usines européennes ont contaminé 19 % des arbres du Luxembourg et parfois jusqu'à 30 % des arbres d'âge adulte. Le grand-duché fait partie d'un comité international pour la diminution de la pollution du Rhin.

MÉDIAS

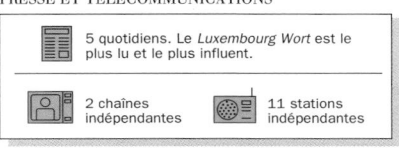 328 quotidiens pour 1 000 habitants.

PRESSE ET TÉLÉCOMMUNICATIONS

 5 quotidiens. Le *Luxembourg Wort* est le plus lu et le plus influent.

 2 chaînes indépendantes　　11 stations indépendantes

Le paysage audiovisuel est dominé par RTL (Radio-Télévision Luxembourg), l'un des groupes médiatiques les plus importants d'Europe, qui exporte des programmes dans un grand nombre de langues.

CRIMINALITÉ

 469 détenus　　 Moins 5% en 1996–1998

Les règles très sévères qui protègent le secret bancaire au Luxembourg peuvent favoriser l'évasion fiscale. Les crimes de sang sont rares.

ÉDUCATION

 99 %　　 1 415 étudiants

L'enseignement se fait surtout en allemand dans le primaire et en français dans le secondaire. Beaucoup d'étudiants vont à l'université dans d'autres pays d'Europe. Les banques luxembourgeoises dispenseraient la meilleure formation d'Europe.

SANTÉ

1 pour 368 habitants　　Maladies cardiaques, cancers, accidents

Il n'y a pas d'hôpitaux privés au Luxembourg ; les établissements hospitaliers sont publics ou tenus par des sœurs. Les frais médicaux des malades sont pris en charge par une caisse de maladie.

CHRONOLOGIE

Jusqu'en 1867, le Luxembourg fut dirigé par diverses puissances européennes voisines

❏ **1890** Fin du rattachement à la couronne de Hollande.
❏ **1921** Union économique avec la Belgique.
❏ **1940–1944** Occupation allemande.
❏ **1948** Application du traité du Bénélux (1944) d'union douanière.
❏ **1957** En tant que membre fondateur de la CEE, signe le Traité de Rome.
❏ **1995** J. Santer, Premier ministre, président de la Commission européenne.
❏ **1999** Santer démissionne, accusé de corruption. Défaite électorale des socialistes.
❏ **2000** Le grand-duc Jean abdique en faveur de son fils Henri.
❏ **2002** Adoption de l'euro.

RICHESSES

CONSOMMATION ET DÉPENSES

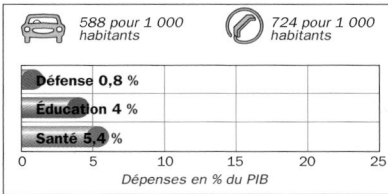

588 pour 1 000 habitants　　724 pour 1 000 habitants

Défense 0,8 %
Éducation 4 %
Santé 5,4 %

0　　5　　10　　15　　20　　25
Dépenses en % du PIB

Avec le revenu par tête le plus élevé du monde, les Luxembourgeois vivent dans l'aisance. De récents bons résultats économiques ont permis au gouvernement de baisser les impôts tout en augmentant les dépenses de sécurité sociale. Le chômage faible attire des travailleurs étrangers venus pour la plupart des pays voisins, de l'Italie ou du Portugal. Ils prennent les emplois moins rémunérés. Le vieillissement de la population risque de poser des problèmes, comme partout en Europe occidentale.

CLASSEMENT MONDIAL

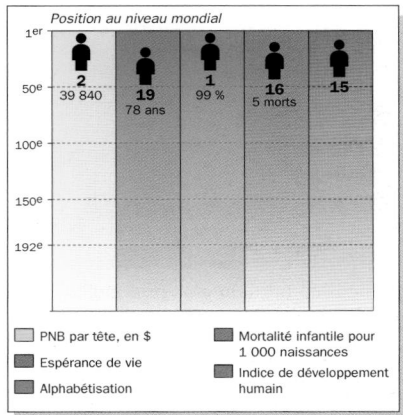

Position au niveau mondial

1er
50e
100e
150e
192e

2　39 840
19　78 ans
1　99 %
16　5 morts
15

☐ PNB par tête, en $
☐ Espérance de vie
☐ Alphabétisation
■ Mortalité infantile pour 1 000 naissances
■ Indice de développement humain

 L

MACÉDOINE

NOM OFFICIEL : République ex-yougoslave de Macédoine   **CAPITALE :** Skopje
POPULATION : 2,1 millions   **MONNAIE :** dinar macédonien   **LANGUE OFFICIELLE :** macédonien

SITUÉE dans le sud-est de l'Europe, la république ex-yougoslave de Macédoine est un pays entouré de terres. En dépit d'un accord signé en 1995, le gouvernement grec reste hostile à la république ex-yougoslave de Macédoine car il la soupçonne de vouloir absorber le nord de la Grèce — qui s'appelle également Macédoine — pour créer une « Grande Macédoine ». Un conflit avec la communauté albanaise s'est déclenché en 2001.

Cabane de pêcheur sur le lac Dojran situé à cheval sur la Grèce et sur le sud-est de la Macédoine.

CLIMAT

DONNÉES MÉTÉOROLOGIQUES

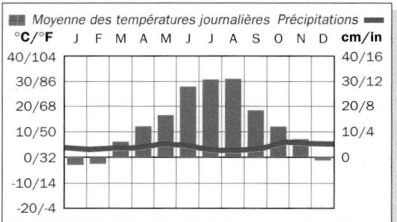

Le climat de la Macédoine est de type continental. Il neige beaucoup en hiver.

TRANSPORTS

 Skopje International
840 985 passagers
 Pas de flotte

RÉSEAU DE TRANSPORT

 5 540 km
(3 442 miles)
 133 km
(83 miles)

699 km
(434 miles)
 Aucune

L'axe routier et ferroviaire reliant Tirana (Albanie) à Sofia (Bulgarie), en passant par la Macédoine, permettra au pays de moins dépendre de la Yougoslavie.

TOURISME

 224 000 visiteurs   Plus 24 % en 2000

PROVENANCE DES TOURISTES ÉTRANGERS

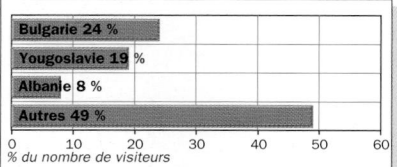

Bulgarie 24 %	
Yougoslavie 19 %	
Albanie 8 %	
Autres 49 %	

0   10   20   30   40   50   60
% du nombre de visiteurs

Situées au bord du plus profond lac d'Europe, les ruines du site religieux d'Ohrid constituent le principal attrait touristique du pays. En dehors des lacs on peut néanmoins signaler le ski dans les montagnes Sara.

POPULATION

 Macédonien, albanais, serbo-croate
 78 hab. /km²

PART DE LA POPULATION URBAINE/RURALE

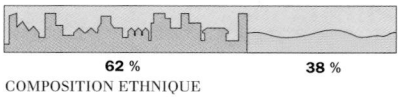

62 %   **38 %**

COMPOSITION ETHNIQUE

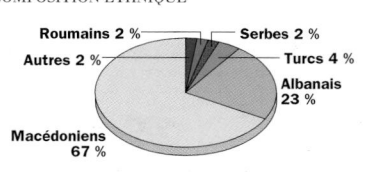

Roumains 2 %   Serbes 2 %
Autres 2 %   Turcs 4 %
Albanais 23 %
Macédoniens 67 %

Les Macédoniens slaves, qui parlent une langue proche du bulgare, forment la majorité de la population. La forte minorité albanaise affirme en représenter plus du tiers, même s'ils n'en constituaient que 23 % au recensement de 1994. L'afflux d'Albanais de souche fuyant le Kosovo a provoqué des tensions.
La plupart des Macédoniens sont orthodoxes, mais il existe un certain nombre de musulmans, dont les ancêtres s'étaient convertis durant l'occupation ottomane. Les Albanais d'origine sont en grande majorité musulmans.

POLITIQUE

 2002/2006
 Branko Crvenkovski, président de la République

AUX DERNIÈRES ÉLECTIONS

Assemblée de la République 120 membres

6 % 1 %
PDS PDK

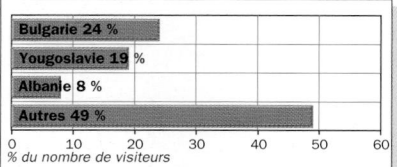

49 %   28 %   13% 2% 1 %
ZMZ   VMRO-DPMNE   BDI PDP SPM

VMRO–DPMNE = Parti démocratique pour l'unité nationale macédonienne   **PDP** = Parti de la prospérité démocratique   **SPM** = Parti socialiste macédonien   **PDS** = Parti démocrate albanais   **PDK** = Parti national démocratique   **ZMZ** = Ensemble pour la Macédoine (Alliance social-démocrate de Macédoine)   **BDI** = Union démocratique pour l'intégration.

Le début des années 1990 a été marqué par un désaccord avec la Grèce sur le nom de « Macédoine » ; la signature d'un traité en 1995 a réglé cette question et délimité une frontière commune internationalement reconnue.
Les ex-communistes ont gouverné jusqu'à la fin des années 1990. D'autres partis se forment sur des clivages ethniques.
Le DPA albanais, qui demande la reconnaissance d'une nation à l'intérieur de la Macédoine, s'oppose aux méthodes de guérilla de l'Armée de libération nationale, apparue en 2001.
Le président Boris Trajkovski, issu du parti conservateur VMRO-DPMNE et élu en décembre 1999, dirige une coalition multi-ethnique, dont la survie a été menacée par le conflit de 2001.

POLITIQUE EXTÉRIEURE

 CE   AIEA   CPEA   PpP   OSCE

La Macédoine a accueilli les troupes de l'OTAN lors du conflit du Kosovo en 1999, optant pour le camp occidental. En 2003, l'UE a pris en charge la force de maintien de la paix.

AIDE INTERNATIONALE

 273 M $ (reçus)   Plus 197 % en 1999

Fournie principalement par la Banque mondiale et l'UE, sauf pour l'aide militaire. L'UE a décidé en mars 2001 d'augmenter considérablement ses versements. Les troubles régionaux limitent les investissements étrangers.

DÉFENSE

 67 M $ Moins 7 % en 1999

Depuis l'indépendance, l'armée dépend surtout de la formation de ses officiers au sein de l'OTAN. Le conflit de 2001 contre les partisans albanais a porté un dur coup à la discipline militaire.

M

ÉCONOMIE

 3,46 Md $ 53–61 dinars macédoniens

CHIFFRES SIGNIFICATIFS

- ❏ CLASSEMENT DU PNB AU NIVEAU MONDIAL ..126ᵉ
- ❏ PNB PAR HABITANT ....1 690 $
- ❏ BALANCE DES PAIEMENTS ....– 324 M $
- ❏ INFLATION ....– 5,3 %
- ❏ CHÔMAGE ....32 %

EXPORTATIONS

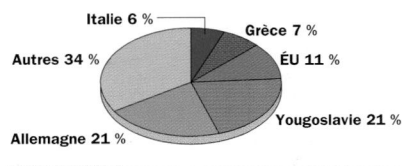

Italie 6 %
Grèce 7 %
Autres 34 %
ÉU 11 %
Yougoslavie 21 %
Allemagne 21 %

IMPORTATIONS

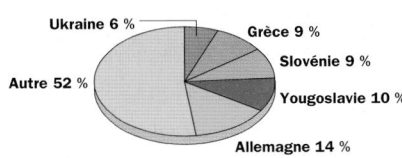

Ukraine 6 %
Grèce 9 %
Slovénie 9 %
Autre 52 %
Yougoslavie 10 %
Allemagne 14 %

ATOUTS

Essor des investissements étrangers et du secteur privé. Ressources minérales.

FAIBLESSES

Au milieu des années 1990 : l'embargo grec et les sanctions contre l'ex-Yougoslavie engendrent des pertes. Dépendance en matière de pétrole, gaz et machines. Désorganisation due aux conflits récents.

RÉPUBLIQUE EX-YOUGOSLAVE DE MACÉDOINE

Superficie totale :
25 715 km²
(9 929 sq. miles)

ALTIMÉTRIE
- 2 000 m/6 562ft
- 1 000 m/3 281ft
- 500 m/1 640ft
- 50 m/164ft

POPULATION
- ⊙ Plus de 500 000
- ◎ Plus de 100 000
- ○ Plus de 50 000
- ● Plus de 10 000
- • Moins de 10 000

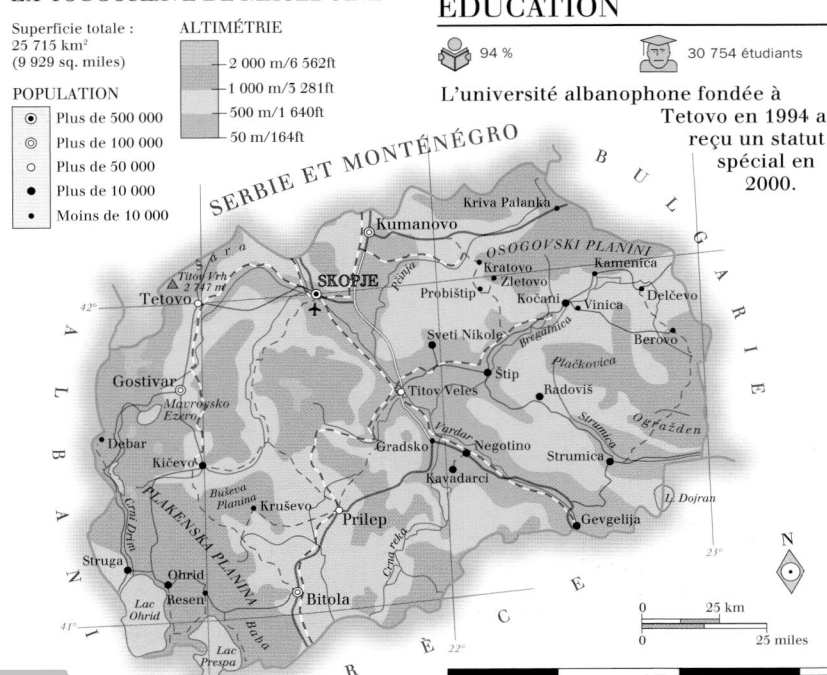

RESSOURCES

 1 137 tonnes   Pays non producteur

 1,55 M d'ovins
290 000 bovins
3,34 M de volailles

Charbon, cuivre, fer, bauxite, antimoine, chrome, plomb, zinc

Les ressources minérales sont sous-exploitées. Les plaines fertiles du sud produisent des primeurs pour le marché européen.

ENVIRONNEMENT

 7 %   5,5 tonnes par habitant

La pollution industrielle affecte la qualité de l'eau ; la fonderie de Titov Veles produit de nombreux déchets toxiques.

MÉDIAS

 21 quotidiens pour 1 000 habitants

PRESSE ET TÉLÉCOMMUNICATIONS

 4 quotidiens, dont l'albanais *Flaka e Vellazeremit* financé par le gouvernement

3 chaînes, dont 1 publique   Plusieurs stations, dont 1 publique

Les ventes de journaux ont connu un essor rapide. En 2001, deux journaux indépendants ont « volontairement » cessé de paraître.

CRIMINALITÉ

 Pas de chiffre sur la population carcérale   Moins 11 % en 1996–1998

La mafia albanaise locale dirige un réseau de contrebande de cigarettes, de drogue, de devises stratégiques et d'armes à Skopje.

ÉDUCATION

 94 %   30 754 étudiants

L'université albanophone fondée à Tetovo en 1994 a reçu un statut spécial en 2000.

CHRONOLOGIE

Après la partition de l'ancienne province ottomane entre la Serbie, la Bulgarie et la Grèce en 1912-1913, la Macédoine actuelle a fait partie de la Yougoslavie jusqu'en 1991.

- ❏ **1944** Tito proclame la république, en insistant sur l'identité macédonienne.
- ❏ **1945** Adoption de la langue macédonienne.
- ❏ **1989–1990** Élections multipartites.
- ❏ **1991** Déclaration d'indépendance. Les Grecs ralentissent la reconnaissance par l'UE.
- ❏ **1995** Accord avec la Grèce.
- ❏ **1999** Conflit au Kosovo.
- ❏ **2001** Intervention de l'OTAN. Constitution plus égalitaire.
- ❏ **2002** Victoire du ZMZ (centre-gauche).

M

SANTÉ

1 pour 435 habitants   Maladies cardiaques et cérébrovasculaires, cancers

L'État garantit en théorie l'accès au système de santé à l'ensemble de la population, mais dans la pratique, le secteur privé est le seul à proposer des soins rapides et efficaces.

RICHESSES

CONSOMMATION ET DÉPENSES

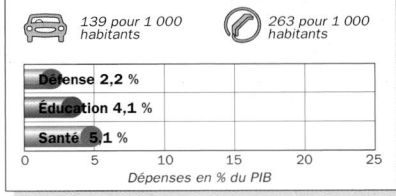

139 pour 1 000 habitants   263 pour 1 000 habitants

Défense 2,2 %
Éducation 4,1 %
Santé 5,1 %

Dépenses en % du PIB

Depuis 1990, les revenus ont baissé de plus des 2/3, même si une minorité de trafiquants et de mafieux s'est ostensiblement enrichie.

CLASSEMENT MONDIAL

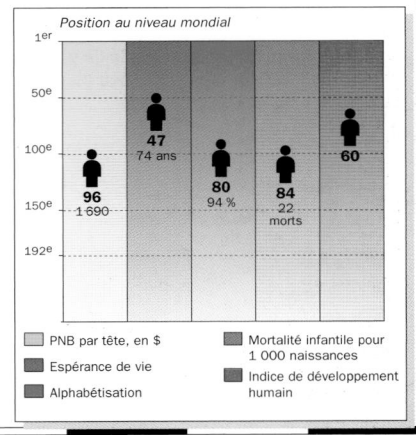

Position au niveau mondial

96
1 690

47
74 ans

80
94 %

84
22 morts

60

- ☐ PNB par tête, en $
- ☐ Espérance de vie
- ☐ Alphabétisation
- ☐ Mortalité infantile pour 1 000 naissances
- ☐ Indice de développement humain

MADAGASCAR

NOM OFFICIEL : République de Madagascar **CAPITALE :** Antananarivo
POPULATION : 16,9 millions **MONNAIE :** franc malgache **LANGUES OFFICIELLES :** français et malgache

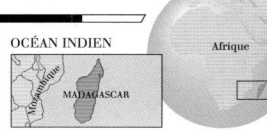

OCÉAN INDIEN — Afrique — MADAGASCAR

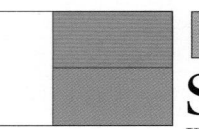 1960 1960 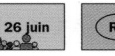 26 juin RM + 3 + 261 .mg

SITUÉE dans l'océan Indien, Madagascar est, en terme de superficie, la quatrième île du monde. À l'Est, le vaste plateau se transforme en versants très pentus qui se perdent dans des forêts escarpées avant de rejoindre la côte. L'Ouest, moins incliné, est caractérisé par des plaines fertiles. Ancienne colonie française, Madagascar devient indépendante en 1960. En 1993, après 18 ans de socialisme radical sous le régime de Didier Ratsiraka, Madagascar s'efforce de reconstruire une économie basée sur l'agriculture. En 2002, le pouvoir passe aux mains de Marc Ramalomanana, après des élections controversées.

POLITIQUE

Ch. basse 2002/2007
Ch. haute 2001/2007

Marc Ramalomanana, président de la République

AUX DERNIÈRES ÉLECTIONS
Assemblée nationale 160 membres

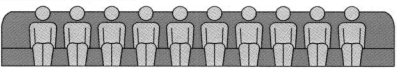

3 % RPSD   3 % Autres

64 % TIM   14 % FP   14 % Ind   2 % Arema

Arema = Association pour la renaissance de Madagascar
Ind = Indépendants **RPSD** = Rassemblement pour le socialisme et la démocratie **TIM** = « J'aime Madagascar »
FP = Unité nationale

Sénat 90 membres

Deux tiers des membres sont élus par un collège électoral : le tiers restant est nommé par le président.

En 2002, après des présidentielles très contestées, D. Ratsiraka s'enfuit et Marc Ramalomanana est reconnu président.

CLIMAT

DONNÉES MÉTÉOROLOGIQUES

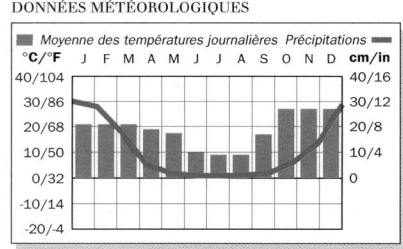

Moyenne des températures journalières Précipitations

Les cyclones sont fréquents. Les plaines côtières, humides, subissent des précipitations de 200 cm à l'est mais de moins de 80 cm à l'ouest. Le plateau central jouit d'un climat plus frais, il y tombe 100 à 150 cm de pluie par an.

TRANSPORTS

 Ivato, Antananarivo
678 366 passagers

 101 navires
41 700 tpl

RÉSEAU DE TRANSPORT

 5 781 km
(3 592 miles)

 Aucune

 883 km
(549 miles)

 600 km
(373 miles)

Madagascar a mis en place un réseau aérien intérieur très développé pour s'affranchir des insuffisances de son système routier et de son chemin de fer. Nombre de routes sont en effet impraticables en période de pluie et le réseau de chemin de fer est peu étendu.

TOURISME

 160 000 visiteurs

 Plus 16 % en 2000

PROVENANCE DES TOURISTES ÉTRANGERS

France 51 %
Réunion 10 %
Italie 6 %
Autres 33 %
0 10 20 30 40 50 60
% du nombre de visiteurs

POPULATION

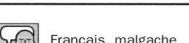 Français, malgache

 27 hab. /km²

PART DE LA POPULATION URBAINE/RURALE

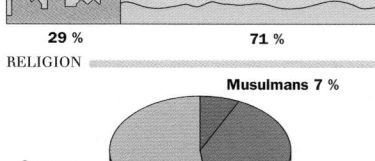

29 %   71 %

RELIGION

Musulmans 7 %
Croyances indigènes 52 %
Chrétiens 41 % (Catholiques surtout)

La majeure partie de la population de Madagascar est, à l'instar de sa langue, malo-indonésienne. Ses ancêtres ont traversé l'océan Indien par vagues successives pour venir s'y établir à partir du 1er siècle. Par la suite, d'autres immigrants venus du continent africain se sont mêlés à la population et ont apportés avec eux les nombreux termes africains que compte le malgache. La seule véritable division ethnique se situe entre les peuples « côtiers » et ceux du plateau central. Les Merinas du plateau central, dont les origines malaises sont plus marquées, ont longtemps dirigé Madagascar. Ils constituent aujourd'hui l'élite sociale et composent une grande partie du gouvernement, ce que désapprouvent les peuples « côtiers ». L'ex-président Didier Ratsiraka a dû la longévité de son règne politique au fait qu'il était « côtier ». Le tissu social repose sur la famille étendue.

Avec ses 5 000 kilomètres de plages tropicales et sa faune et sa flore sans pareilles, Madagascar dispose d'un potentiel touristique très important. Toutefois, bien que ce secteur alimente le pays en devises, il est peu développé. Après la forte baisse enregistrée en 1991, le flux de touristes varie en fonction de la stabilité politique du pays, mise à mal en 2002.

MADAGASCAR

Superficie totale : 581 540 km²
(224 533 sq. miles)

POPULATION

⊙ Plus de 500 000
◉ Plus de 100 000
○ Plus de 50 000
● Plus de 10 000
• Moins de 10 000

0   200 km
0   200 miles

ALTIMÉTRIE

2 000 m/6 562ft
1 000 m/3 281ft
500 m/1 640ft
200 m/656ft
Niveau de la mer

N

Antsirañana
Nosy Be
Andoany
Ambilobe
Ambanja
Maromokotro ▲ 2 876 m
Samba
Tangorombohitr' i Tsaralanana
Andapa
Antal
Analalava
Maroantset
Analamera
Sofia
Lembalemba Anibanin' Androna
Mahajanga
Marovoay
Helodrano Antongila
Nosy Sainte Marie
Besalampy
Kósin' i Kelifely
Mahavavy
Betsiboka
Analamaitso
Farihy Alaotra
Fenoarivo Ats
Ambatondrazaka
Maintirano
Mania
Ambohidratrimo
Toamasina
Tsiroanomandidy
ANTANANARIVO
Moramanga
Belo Tsiribihina
Tangorombohitr' Ankaratra
Antsirabe
Fandriana
Mahanoro
Morondava
Ambositra
Itremo
Mananjary
Tangorombohitr' i Makay
Matsiara
Fianarantsoa
Morombe
Mangoky
Ambalavao
Manakara
Manombo Atsimo
Ihosy
Farafangana
Toliara
Tangorombohitr' Isalo
Irukoany
Vangaindrano
Onilahy
Mandrare
Lembalemba Madakaly
Amboasary
Tôlañaro (Fort Dauphin)
MOZAMBIQUE
Canal du Mozambique
OCÉAN INDIEN

12°
16°
20°
24°
44°
48°

POLITIQUE EXTÉRIEURE

 MCAEA   OIF   AIEA   COI   OUA

Les relations étroites que Madagascar entretenait avec Moscou et la Corée du Nord se sont distendues à partir de la fin des années 1980, période à laquelle le pays s'est rapproché de la France, des ÉU et du FMI. En 2003, l'UA a reconnu tardivement le gouvernement de Ravalomanana. Les liens traditionnels avec l'Afrique francophone restent forts.

AIDE INTERNATIONALE

 358 M $ (reçus)   Moins 28 % en 1999

En 1999, le FMI a promis une aide à la réforme fiscale et économique. Après les cyclones et inondations de 2000, le pays a eu besoin d'une aide d'urgence.

DÉFENSE

 $43 M   Moins 4 % en 1999

L'armée, qui joue un rôle clé, veut maintenir la stabilité et l'unité de l'État. Elle s'est opposée en 1992 aux fédéralistes.

ÉCONOMIE

 4,19 Md $  5880-6030 francs malgaches

CHIFFRES SIGNIFICATIFS

- ❏ CLASSEMENT DU PNB AU NIVEAU MONDIAL ..119ᵉ
- ❏ PNB PAR HABITANT............................260 $
- ❏ BALANCE DES PAIEMENTS ....– 17 M $
- ❏ INFLATION ....6,9 %
- ❏ CHÔMAGE ....sous-emploi très important

ATOUTS
Agiculture diversifiée : exportations de vanille, de café et de clous de girofle. Réserves de pétrole et de gaz naturel. Crevettes, Tourisme. Main-d'œuvre alphabétisée.

FAIBLESSES
Prix de la vanille non concurrentiel. Sécheresses et cyclones. Réformes économiques encore inefficaces. Pas d'autosuffisance en riz, l'aliment de base.

EXPORTATIONS

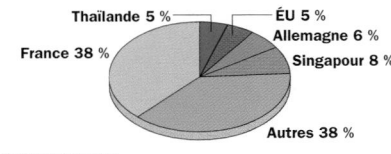

Thaïlande 5 % — ÉU 5 % — Allemagne 6 % — France 38 % — Singapour 8 % — Autres 38 %

IMPORTATIONS

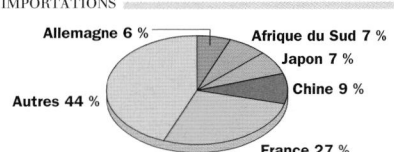

Allemagne 6 % — Afrique du Sud 7 % — Japon 7 % — Autres 44 % — Chine 9 % — France 27 %

Tôlañaro (aussi appelée Fort-Dauphin), port de la côte Sud-Est. C'est dans cette région que les français ont commencé à s'établir, au XVIᵉ siècle.

RESSOURCES

 124 973 tonnes   Pays non producteur

10,4 M de bovins
3,9 M de canards
3,1 M d'oies
20 M d'autres volailles

Chromite, graphite, gaz pétrole, mica, fer, bitume, pierres précieuses, marbre

Électricité hydraulique. Gisements de minerais sous-exploités. Pétrole et gaz offshore. Découverte de nombreux saphirs de haute qualité en 1998.

ENVIRONNEMENT

 3 % (1 % partiellement protégé)   0,1 tonne par habitant

L'environnement de Madagascar est très riche ; 80 % de sa flore et une partie de sa faune ne se retrouvent dans aucun autre pays. Les pays donateurs versent donc des fonds pour lutter contre la déforestation.

MÉDIAS

 5 quotidiens pour 1 000 habitants

PRESSE ET TÉLÉCOMMUNICATIONS

 5 quotidiens, dont *Madagascar Tribune* et *Midi-Magakasikara*

 1 chaîne publique   Nombreuses stations, dont 1 publique

La presse d'opposition était florissante avant même le retour de la démocratie en 1993. On compte 127 radios.

CRIMINALITÉ

 20 136 détenus   Moins 68 % en 1992–1994

Le taux de criminalité augmente (vols...). L'armée est accusée de ne pas respecter les droits de l'homme et d'avoir fusillé des fédéralistes en 1993.

ÉDUCATION

 67 %    26 715 étudiants

Le pays a l'un des taux d'alphabétisation les plus élevés d'Afrique. L'enseignement primaire se fera bientôt en français et plus en malgache. 40 % d'une tranche d'âge suit l'enseignement secondaire.

CHRONOLOGIE

La France envahit l'île en 1895, puis la colonise. La monarchie Merina fut abolie.

- ❏ **1947–1948** Soulèvement nationaliste réprimé par l'armée française.
- ❏ **1960** Indépendance.
- ❏ **1975** Rastiraka s'empare du pouvoir.
- ❏ **1990** Réformes pour le multipartisme.
- ❏ **1991** L'opposition monte la coalition des « Forces Vives », conduite par M. Zafy. Grèves contre le régime.
- ❏ **1992** Retour d'un gouvernement civil.
- ❏ **1993** Lors d'élections libres, la coalition de Zafy bat celle de Ratsiraka.
- ❏ **1997** Ratsiraka est élu président.
- ❏ **1998** Nouvelle Constitution qui accroît les pouvoirs présidentiels.
- ❏ **2002** Après des présidentielles très contestées, Ratsiraka perd le pouvoir au profit de son opposant Marc Ramalomanana.

SANTÉ

 1 pour 3 333 habitants   Malaria, maladies entériques et respiratoires

Légalisation du système privé en 1993. Le système public, gratuit, est insuffisant. La malaria est très répandue ; la peste bubonique réapparaît occasionnellement.

RICHESSES

CONSOMMATION ET DÉPENSES

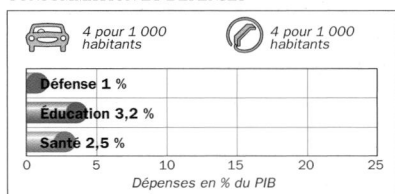

4 pour 1 000 habitants   4 pour 1 000 habitants

Défense 1 %
Éducation 3,2 %
Santé 2,5 %

0   5   10   15   20   25
Dépenses en % du PIB

La plupart des Malgaches sont très pauvres. Les habitants du plateau central sont plus riches que les « côtiers ».

CLASSEMENT MONDIAL

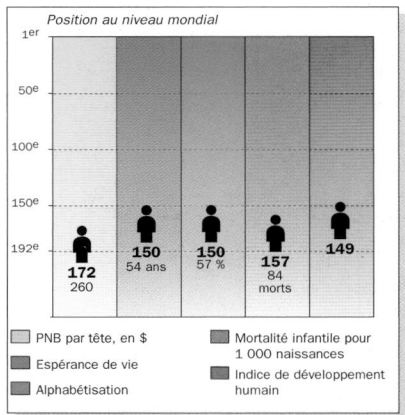

Position au niveau mondial

1er — 50e — 100e — 150e — 192e

172 / 260   150 / 54 ans   150 / 57 %   157 / 84 morts   149

PNB par tête, en $ — Mortalité infantile pour 1 000 naissances — Espérance de vie — Indice de développement humain — Alphabétisation

M

MALAISIE

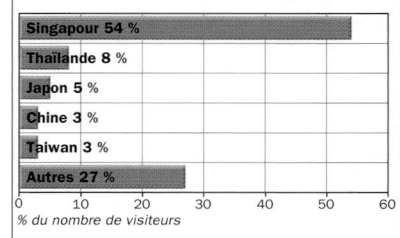

NOM OFFICIEL : Malaisie   **CAPITALE** : Kuala Lumpur
POPULATION : 23 millions   **MONNAIE** : ringgit   **LANGUE OFFICIELLE** : malais

       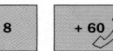

CONSTITUÉE des trois territoires distincts de Malaisie, de Sarawak et de Sabah, la Malaisie (ou Malaysia) s'étend sur 2 000 km, de la péninsule malaise à la côte nord-est de l'île de Bornéo. Elle partage ses frontières avec l'Indonésie et les États enclavés de Singapour et de Brunei. La péninsule malaise est divisée par une chaîne de montagnes, avec à l'Ouest des plaines fertiles et à l'Est une bande côtière plus étroite. Sarawak et Sabah sont caractérisés par des plaines côtières marécageuses qui s'élèvent pour donner naissance à des montagnes à la frontière indonésienne. Putrojaya, centre high-tech au sud de Kuala Lumpur, devrait devenir la capitale.

CLIMAT

DONNÉES MÉTÉOROLOGIQUES

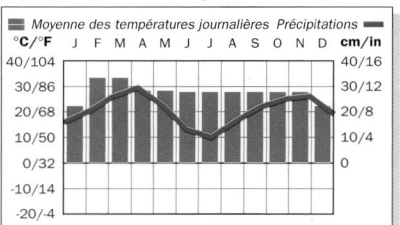

L'ensemble du pays est caractérisé par un climat équatorial. Les précipitations s'étalent sur toute l'année ; il pleut 150 à 200 jours par an quasiment partout. Toutefois, on peut distinguer deux saisons pluvieuses pendant lesquelles les précipitations sont les plus importantes : de mars à mai et de septembre à novembre. Les zones côtières sont en outre soumises à la mousson qui souffle tantôt du Sud-Ouest, tantôt du Nord-Est.

Plantation de thé dans les Cameron Highlands, au centre-ouest de la Malaisie. Cette région abrite également les montagnes les plus prisées d'Asie.

TRANSPORTS

 Subang International, Kuala Lumpur 15,17 M de passagers

 828 navires 5,2 M tpl

RÉSEAU DE TRANSPORT

 70 970 km (44 099 miles)		580 km (360 miles)
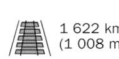 1 622 km (1 008 miles)		7 296 km (4 534 miles)

Une importante voie rapide nord-sud a été construite ; le transport public de la capitale s'est étendu aux banlieues environnantes. Le Proton, « voiture nationale », est un succès : depuis 1985, les ventes de voiture ont triplé. Plusieurs ports sont en réfection : le commerce est maritime à 90 %.

TOURISME

 10,2 M de visiteurs   Plus 29 % en 2000

PROVENANCE DES TOURISTES ÉTRANGERS

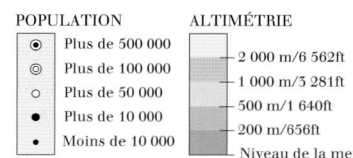

Singapour	54 %
Thaïlande	8 %
Japon	5 %
Chine	3 %
Taiwan	3 %
Autres	27 %

% du nombre de visiteurs

La Malaisie est la première destination touristique d'Asie. La plupart des visiteurs viennent admirer les plages tropicales de la côte est, randonner dans les Cameron Highlands ou à Bornéo, dans les plus anciennes jungles du monde. La capacité hôtelière (congrès d'affaires notamment) augmente de 10% par an. En 1990, le gouvernement a lancé la campagne « Année de visite de la Malaisie ». Le tourisme est devenu la 3e source de capitaux étrangers du pays. Deux autres campagnes similaires ont été lancées en 1994 et 1998. Cependant, l'apparition de partis islamistes interdisant l'alcool et obligeant les femmes à s'habiller de manière traditionnelle a dissuadé certains touristes occidentaux. En 2000, la Malaisie a lancé un projet de tourisme commun avec la Thaïlande, l'Indonésie et Singapour.

MALAISIE

Superficie totale : 328 550 km² (126 853 sq. miles)

POPULATION
- ⊙ Plus de 500 000
- ◉ Plus de 100 000
- ○ Plus de 50 000
- ● Plus de 10 000
- · Moins de 10 000

ALTIMÉTRIE
- 2 000 m/6 562ft
- 1 000 m/3 281ft
- 500 m/1 640ft
- 200 m/656ft
- Niveau de la mer

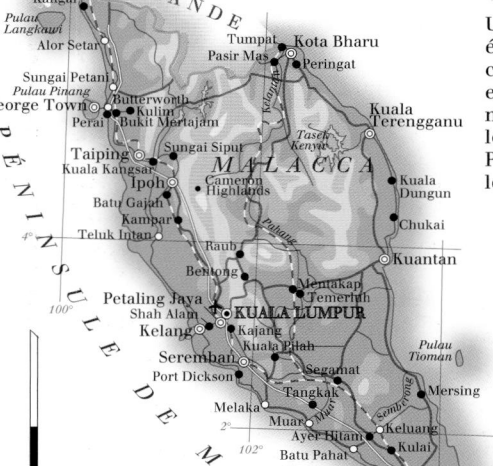

POPULATION

 Malais, chinois, tamoul, anglais

 68 habitants /km²

PART DE LA POPULATION URBAINE/RURALE

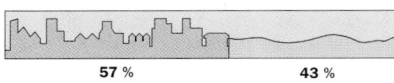

57 %　　　　　43 %

Le principal cloisonnement au sein de la société malaise sépare d'une part les Malais indigènes musulmans et d'autre part les Chinois. Les Malais sont les plus nombreux mais les Chinois ont toujours contrôlé la plupart des activités commerciales. La Nouvelle politique économique (NEP) que le pays a mise en place dans les années 1970 portait l'accent sur une série de mesures discriminatoires positives au profit des Malais, lesquels ont été favorisés par le système éducatif et sur le marché du travail public et privé. Le régime invite

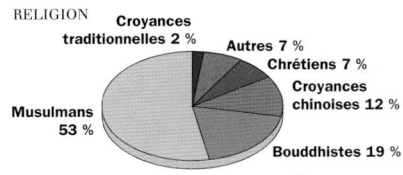

RELIGION

Croyances traditionnelles 2 %
Autres 7 %
Chrétiens 7 %
Croyances chinoises 12 %
Musulmans 53 %
Bouddhistes 19 %

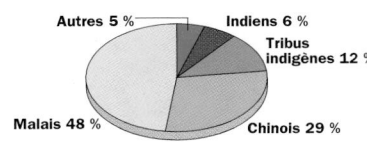

COMPOSITION ETHNIQUE

Autres 5 %
Indiens 6 %
Tribus indigènes 12 %
Malais 48 %
Chinois 29 %

les femmes musulmanes à revêtir le voile. On estime à plus d'un million le nombre d'immigrants indonésiens et philippins vivant en Fédération de

 PYRAMIDE DES ÂGES

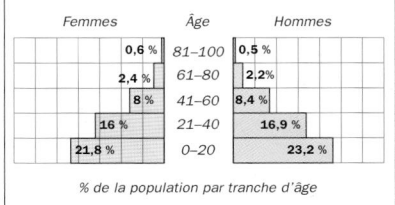

Femmes	Âge	Hommes
0,6 %	81–100	0,5 %
2,4 %	61–80	2,2%
8 %	41–60	8,4 %
16 %	21–40	16,9 %
21,8 %	0–20	23,2 %

% de la population par tranche d'âge

Malaisie ; ce chiffre s'explique par la pénurie de main-d'œuvre enregistrée sur le sol malais et les problèmes de chômage qui touchent l'Indonésie et les Philippins.
Sur les 250 000 réfugiés vietnamiens accueillis sur le sol de la Fédération de Malaisie entre 1975 et 1997, 6 000 restent encore sur le territoire malais.

POLITIQUE

 Ch. basse 1999/2004
Ch. haute variable

 Syed Sirajuddin

AUX ÉLECTIONS DE 1999

Chambre des représentants 193 membres

5 % DAP　2 % PBS

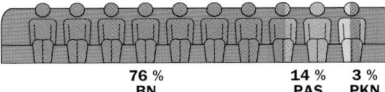

76 % BN　　14 % PAS　　3 % PKN

BN = Front national (dominé par l'UMNO, l'Organisation nationale de l'union malaise)
PAS = Parti islamique pan-malais
DAP = Parti de l'action démocratique
PKN = Parti de la justice nationale (Keadilan)
PBS = Parti uni du Sabah
Le DAP, le PAS et le PKN forment le Front alternatif.

Sénat 69 membres

26 membres élus au suffrage indirect par les Assemblées législatives des États, et 43 par le chef de l'État.

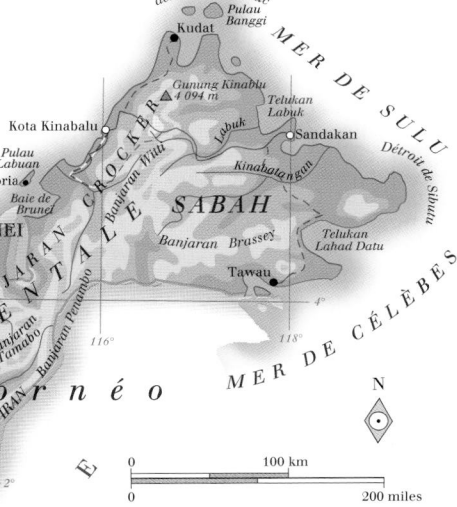

Le pouvoir suprême est détenu par le monarque, qui agit sur conseil du parlement. Les partis d'opposition sont autorisés mais étroitement surveillés.

Principaux Problèmes Politiques
La supériorité malaise
Alors que le gouvernement du Dr Mahathir actuellement au pouvoir a déclaré qu'il ne souhaitait plus appliquer de mesures discriminatoires positives en faveur des Malais, la communauté chinoise se sent de plus en plus isolée. Elle accuse le gouvernement de corruption et de pratiques déloyales, affirmant que les Malais sont toujours favorisés lors des attributions de marchés publics. La société islamique restrictive continue à vouloir faire perdre son identité à la communauté chinoise.

Profil
Depuis l'indépendance de 1957, la Malaisie est dirigée par l'UMNO, qui appartient à la coalition BN. Ce parti contrôle un immense réseau clientéliste. Cependant, la crise économique de 1997-1998 et des problèmes dans la coalition au pouvoir ont sapé l'autorité de Mahathir. En 1998, Anwar Ibrahim, vice-premier

Anwar Ibrahim *a été limogé en 1998 par Mahathir Mohamed.*

Mahathir Mohamed *a été Premier ministre de 1981 à 2003.*

ministre et successeur désigné de Mahathir, a été renvoyé pour avoir critiqué la politique économique du gouvernement et demandé des réformes politiques. Accusé de corruption, il a été condamné en avril 1999 à 6 ans de prison, puis à un total de 15 ans après un 2ᵉ procès en 2000 pour « sodomie ». Le premier verdict a déclenché des émeutes et renforcé la cause du PKN dirigé par Wan Azizah, la femme d'Anwar. Les militants du PKN sont harcelés par le gouvernement. Lors des élections de 1999, le BN a conservé une confortable majorité mais l'UMNO, le parti de Mahathir, a régressé. Pour regagner sa popularité auprès des musulmans, le gouvernement, bien que laïc, a nommé des responsables dans les 5 000 mosquées du pays.

POLITIQUE EXTÉRIEURE

 CEAP　 ANSEA　 Comm　 G15　 OCI

Mahathir se considère comme l'une des voix du Tiers-Monde. Officiellement anti-américain, il a critiqué l'Occident pour ne pas avoir mieux contrôlé le marché des changes, responsable selon lui de la crise financière asiatique. Ses positions pro-malaises inquiètent Singapour qui dépend de la Malaisie pour son approvisionnement en eau.

AIDE INTERNATIONALE

 143 M $ (reçus)　 Moins 29 % en 1999

L'aide internationale à la Malaisie servait surtout à financer des projets d'infrastructure, jusqu'à la crise du S-E asiatique (1997-1998), qui l'a obligée à rechercher une assistance économique.

M

CHRONOLOGIE

Ancien protectorat britannique divisé en 11 États, la Malaisie a accédé à l'indépendance en 1957. La Fédération de Malaisie, qui inclut Singapour, Sarawak et Sabah a été créée en 1963.

- ❏ **1965** Singapour quitte la Fédération.
- ❏ **1970** Tensions ethniques entre Chinois et Malais : démission du Premier ministre Tunku Abdul Rahman. Son successeur Tun Abdul Razak forme une coalition BN.
- ❏ **1976-1978** Guérilla avec le parti communiste interdit, basé au sud de la Thaïlande.
- ❏ **1976** Mort de Tun Abdul Razak. Son adjoint lui succède.
- ❏ **1977** Agitation à Kelantan suite à l'expulsion de son ministre du Parti Panislamique (PAS) de Malaisie. Proclamation de l'état d'urgence national. Le PAS est exclu de la coalition BN.
- ❏ **1978** Le BN est réélu, le PAS marginalisé. Rejet d'un projet d'université chinoise.
- ❏ **1978-1989** Le pays ouvre grand ses frontières aux réfugiés venus du Viet-nam.
- ❏ **1981** Mahathir Mohammed devient Premier ministre.
- ❏ **1982** Retour du BN au pouvoir.
- ❏ **1985** Défaite du BN face au PBS lors d'élections à Sabah.
- ❏ **1986** Le PBS rejoint le BN. Conflit entre Mahathir et son adjoint Dakuk Musa : élections générales, remportées par le BN.
- ❏ **1987** Détention sans jugement de 106 hommes politiques soupçonnés de sympathies prochinoises. Censure des médias.
- ❏ **1989** Sélection des réfugiés vietnamiens. Le Parti communiste malais signe des accords de paix avec la Thaïlande et la Malaisie.
- ❏ **1990** Élections générales. Le BN garde le pouvoir mais perd des électeurs.
- ❏ **1993** Les sultans perdent certains pouvoirs, dont l'immunité.
- ❏ **1995** 9ᵉ élections générales. Le BN l'emporte haut-la-main.
- ❏ **1997** Grave crise financière : fin de 10 années d'une croissance spectaculaire.
- ❏ **1998–1999** Le Premier ministre adjoint Anwar Ibrahim est renvoyé. Il lance un mouvement réformiste, mais est condamné pour corruption puis pour « sodomie » : de 6 ans, sa peine de prison passe à 15.
- ❏ **2004** Le successeur de Mahatir, Abdullah Badawi, remporte les élections législatives.

M

DÉFENSE

 3,16 Md $ Plus 67 % en 1999

FORCES ARMÉES MALAISES

🚙	26 chars légers (26 Scorpion (90 mm))	80 000 hommes
🚢	4 frégates et 41 patrouilleurs	8 000 hommes
✈	84 avions de combat	8 000 hommes
🔪	Aucun	

Le pays s'inquiète de l'armée nombreuse et bien équipée de Singapour, ainsi que de celle de l'Indonésie, dans une moindre mesure, et de l'influence grandissante de la Chine en mer de Chine méridionale. L'armée est exclusivement composée de Malais. En 1999, les dépenses militaires ont absorbé 10 % du budget national. La Malaisie est un marché important pour les vendeurs d'armes occidentaux. En 1994, le pays a toutefois signé un contrat d'achat de MIG-29 russes, ce qui en fait le premier État du Sud-Est asiatique non communiste à utiliser du matériel russe.
La marine, dont les effectifs sont relativement importants pour la région, patrouille essentiellement le long des côtes est et ouest.

ÉCONOMIE

 76,9 Md $ 3,8 ringgits

CHIFFRES SIGNIFICATIFS

- ❏ CLASSEMENT DU PNB AU NIVEAU MONDIAL 42ᵉ
- ❏ PNB PAR HABITANT ....3 330 $
- ❏ BALANCE DES PAIEMENTS ....7,29 Md $
- ❏ INFLATION ....1,4 %
- ❏ CHÔMAGE....................................3 %

EXPORTATIONS

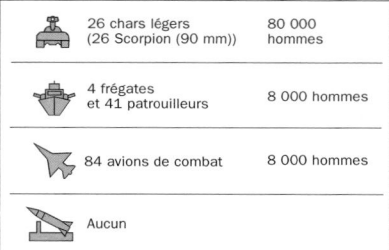

- Pays-Bas 5 %
- Taiwan 5 %
- Japon 12 %
- Autres 38 %
- Singapour 17 %
- ÉU 23 %

IMPORTATIONS

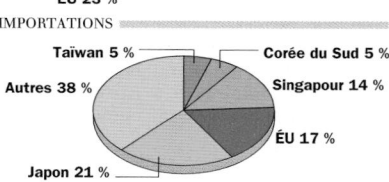

- Taïwan 5 %
- Corée du Sud 5 %
- Autres 38 %
- Singapour 14 %
- ÉU 17 %
- Japon 21 %

ATOUTS
Grand producteur d'informatique hardware. Industries lourdes (acier). Huile de palme. Latex, caoutchouc. Matériel électrique. Produits chimiques.

MALAISIE : PRINCIPALES ACTIVITÉS

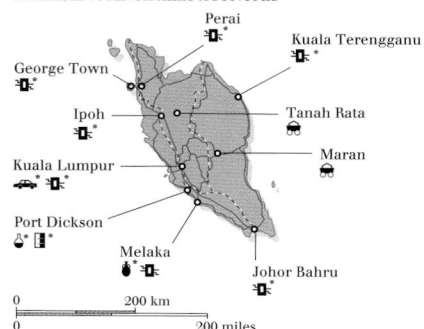

Perai
Kuala Terengganu
George Town
Ipoh
Tanah Rata
Kuala Lumpur
Maran
Port Dickson
Melaka
Johor Bahru

0   200 km
0   200 miles

INDICATEUR DES PERFORMANCES ÉCONOMIQUES

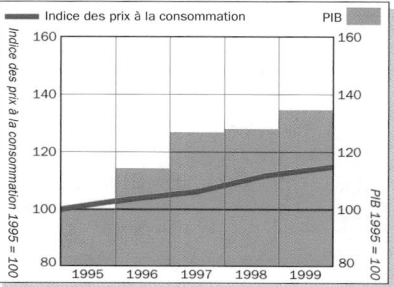

Indice des prix à la consommation — PIB

FAIBLESSES
Fort endettement. Manque de main-d'œuvre qualifiée. Les taux d'intérêt élevés ont un effet dissuasif sur les investisseurs privés. Dépenses publiques élevées. Concurrence de la part des nouveaux NPI.

PROFIL
Dès 1987, avec un taux de croissance annuel de 8 %, la Malaisie s'est développée plus vite que n'importe quel autre pays du S-E asiatique. Pourtant, la crise financière a obligé le pays à reconsidérer son projet d'industrialisation « Vision 2020 ». On s'attend pourtant à une croissance de 7,5 % dans les prochaines années. Le projet de Super-Couloir Multimédia, au sud de Kuala Lumpur, devrait attirer des multinationales.

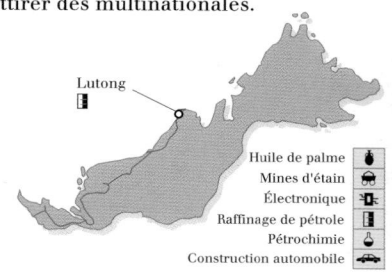

Lutong

- Huile de palme
- Mines d'étain
- Électronique
- Raffinage de pétrole
- Pétrochimie
- Construction automobile

* Importante participation de multinationales

RESSOURCES

 1,28 M de tonnes

 805 000 b/j (réserves : 3 900 000 000 b)

13 M de canards
3 M de porcins
118 M de poulets

Gaz naturel, pétrole, étain, bauxite, cuivre, fer, charbon

PRODUCTION ÉLECTRIQUE

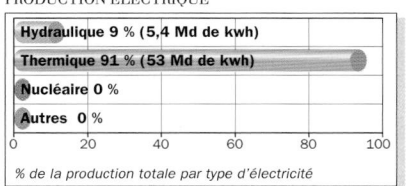

| Hydraulique 9 % (5,4 Md de kwh) |
| Thermique 91 % (53 Md de kwh) |
| Nucléaire 0 % |
| Autres 0 % |

% de la production totale par type d'électricité

ENVIRONNEMENT

 5 %   6,3 tonnes par habitant

TRAITÉS ÉCOLOGIQUES

Oui   Oui   Oui
Oui   Oui   Oui

L'exploitation forestière est le principal problème écologique. La Banque mondiale estime que les arbres sont abattus 4 fois plus vite que ne le permettent les réserves. Les forêts de communautés indigènes sont en voie de destruction, et certaines essences disparaissent. À partir de 1992, le Sarawak a essayé de diversifier son économie, mais les profits liés à l'abattage sont tentants. En septembre 1997, un gigantesque incendie de forêt en Indonésie a causé des dégâts environnementaux et sanitaires dans toute la région. Certains projets de modernisation pharaoniques menacent les modes de vie traditionnels ; la construction du barrage de Bakun, retardée en 1997, a redémarré en 2000.

MÉDIAS

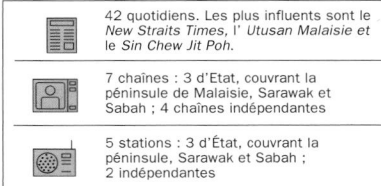 163 quotidiens pour 1 000 habitants

PRESSE ET TÉLÉCOMMUNICATIONS

	42 quotidiens. Les plus influents sont le *New Straits Times*, l'*Utusan Malaisie* et le *Sin Chew Jit Poh*.
	7 chaînes : 3 d'Etat, couvrant la péninsule de Malaisie, Sarawak et Sabah ; 4 chaînes indépendantes
	5 stations : 3 d'État, couvrant la péninsule, Sarawak et Sabah ; 2 indépendantes

Presque tous les journaux sont sous le contrôle de l'UMNO, le parti au pouvoir. La radio et la télévision sont également surveillées étroitement en vertu de la loi sur l'audiovisuel de 1987, et les télévisions occidentales sont interdites. Le Sud du pays capte les programmes de la télévision singapourienne.

La Malaisie s'est fait supplanter par la Thaïlande dans le domaine du caoutchouc dont elle n'est plus le premier producteur mondial. L'huile de palme, dont la Malaisie est le premier producteur, représente une partie importante de ses exportations. Le pays exporte également une quantité non négligeable de pétrole sous-marin

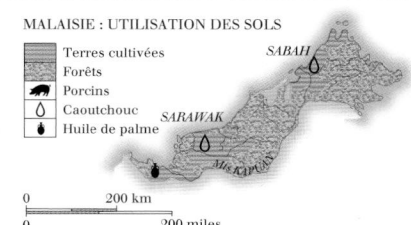

PÉNINSULE DE MALACCA

CRIMINALITÉ

 20 324 détenus   Plus 80 % en 1996-1998

TAUX DE CRIMINALITÉ.

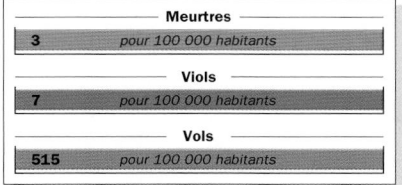

Meurtres	
3	*pour 100 000 habitants*
Viols	
7	*pour 100 000 habitants*
Vols	
515	*pour 100 000 habitants*

Le judiciaire et le parti au pouvoir, l'UMNO, sont étroitement liés. Quiconque est convaincu de détention de drogue doit être condamné à mort. L'État du Kelantan a essayé d'appliquer le code pénal islamique : l'adultère doit être puni par la lapidation et les voleurs doivent être amputés.

ÉDUCATION

 88 %   230 000 étudiants

LE SYSTÈME ÉDUCATIF

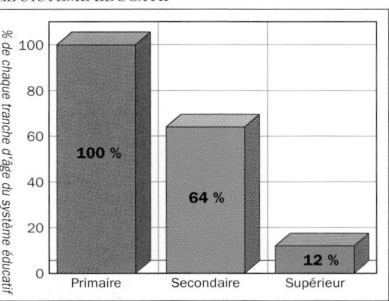

% de chaque tranche d'âge du système éducatif

- Primaire : 100 %
- Secondaire : 64 %
- Supérieur : 12 %

L'enseignement primaire et public est gratuit de 6 à 18 ans.
Les Malais sont privilégiés, en particulier au niveau supérieur où un système de quotas les favorise. La communauté chinoise possède ses propres écoles, mais le gouvernement a refusé la création d'une université chinoise privée. De nombreux étudiants, en particulier Chinois, terminent leurs études supérieures au RU ou aux ÉU.

MALAISIE : UTILISATION DES SOLS

- Terres cultivées
- Forêts
- Porcins
- Caoutchouc
- Huile de palme

SABAH
SARAWAK
Mts KAPUAN

0   200 km
0   200 miles

de bonne qualité et de gaz naturel. Il importe du pétrole brut pour le raffiner. La Malaisie produit près de la moitié du bois exporté dans le monde.

SANTÉ

 1 pour 2 000 habitants    Maladies cardiaques, cancers

Il existe une différence marquée entre les soins dispensés dans les villes et la médecine traditionnelle chinoise des régions éloignées.

RICHESSES

CONSOMMATION ET DÉPENSES

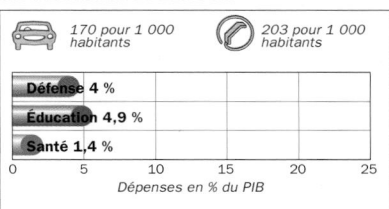

170 pour 1 000 habitants   203 pour 1 000 habitants

| Défense 4 % |
| Éducation 4,9 % |
| Santé 1,4 % |

Dépenses en % du PIB

La population chinoise demeure le groupe social le plus fortuné. Toutefois, à la suite des émeutes de 1970, l'UMNO a pris un ensemble de mesures dont le but officiel était de faire passer sous contrôle malais 30 % des entreprises du pays. Nombreux sont les Malais qui s'enrichissent rapidement grâce à la campagne de privatisation préférentielle mise en place au début des années 1990.

CLASSEMENT MONDIAL

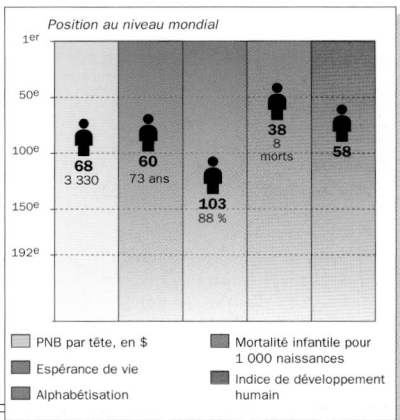

Position au niveau mondial

- 1er
- 50e
- 100e
- 150e
- 192e

- 68 — 3 330
- 60 — 73 ans
- 103 — 88 %
- 38 — 8 morts
- 58

- PNB par tête, en $
- Espérance de vie
- Alphabétisation
- Mortalité infantile pour 1 000 naissances
- Indice de développement humain

M

397

MALAWI

NOM OFFICIEL : République de Malawi   **CAPITALE :** Lilongwe
POPULATION : 11,8 millions   **MONNAIE :** kwacha malawien   **LANGUES OFFICIELLES :** chichewa et anglais

AFRIQUE AUSTRALE · Afrique

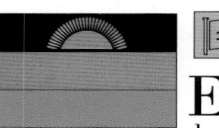  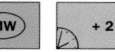 

ENTOURÉ de toutes parts par l'Afrique du Sud, le Malawi est situé sur un plateau qui borde la vallée du Rift. Le lac Malawi, qui s'étend sur une longueur de 586 km et occupe un cinquième du territoire, est l'un des plus grands d'Afrique. Dans les années 1980, le Malawi a accueilli de nombreux réfugiés du Mozambique. Ancienne colonie britannique, le Malawi, dirigé par Bakili Muluzi, a rétabli la démocratie en 1994 après avoir été dirigé pendant trente ans par un régime qui n'admettait qu'un parti.

CLIMAT

DONNÉES MÉTÉOROLOGIQUES

Moyenne des températures journalières ▬ *Précipitations* ▬

°C/°F	J F M A M J J A S O N D	cm/in
40/104		40/16
30/86		30/12
20/68		20/8
10/50		10/4
0/32		0
-10/14		
-20/-4		

Le pays a un climat chaud et très ensoleillé pendant la saison sèche ; les températures des hauts plateaux sont plus fraîches.

TRANSPORTS

 Kamuzu International, Lilongwe
198 924 passagers

 Pas de flotte

RÉSEAU DE TRANSPORT

5 254 km (3 265 miles)

Aucune

797 km (495 miles)

144 km (89 miles)

Remise en état de l'autoroute Kamuzu. La voie ferrée de Nacala a fait l'objet d'investissements privés.

TOURISME

228 000 visiteurs

Moins 10 % en 2000

PROVENANCE DES TOURISTES ÉTRANGERS

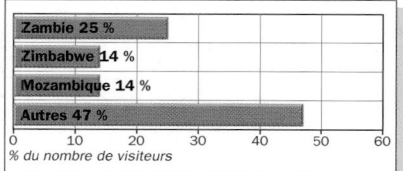

Zambie 25 %	
Zimbabwe 14 %	
Mozambique 14 %	
Autres 47 %	

0   10   20   30   40   50   60
% du nombre de visiteurs

Les parcs nationaux ainsi que la pêche et les sports nautiques sur le lac Nyasa constituent des pôles d'attraction. Deux aéroports internationaux ont été ouverts à Blantyre et Lilongwe.

POPULATION

Chewa, lomwe, yao, ngouni, anglais

116 habitants/km²

PART DE LA POPULATION URBAINE/RURALE

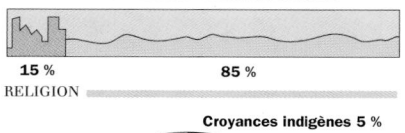

15 %   85 %

RELIGION

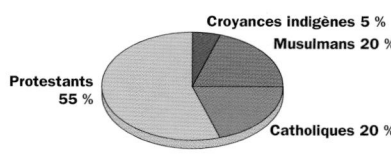

Croyances indigènes 5 %
Musulmans 20 %
Catholiques 20 %
Protestants 55 %

Les tensions ethniques sont peu nombreuses au Malawi car la majeure partie de la population est d'origine bantoue. Les principaux groupements ethniques sont les Chewa, les Yao, les Chieoka, les Tonga, les Tumbuka, les Ngouni et les Nyanja.

L'appartenance ethnique n'a jamais pris l'importance politique qu'elle revêt dans les pays voisins.

Sous le régime de Hastings Banda, la population du Nord a souffert d'une sous-représentation politique. Le nouveau gouvernement s'emploie à y mettre fin.

L'élection du président Muluzi, membre de la minorité musulmane, semble indiquer l'échec de la tentative de Benda pour instaurer une domination protestante. De nombreux musulmans d'origine asiatique tiennent des commerces.

Vendeurs de fruits et légumes à la frontière du Mozambique. L'agriculture est très développée dans le sud du pays.

POLITIQUE

1999/2004

Bakili Muluzi, président de la République

AUX DERNIÈRES ÉLECTIONS

Assemblée nationale 193 membres   2 % Ind   1 % Autres

48 % UDF   34 % MCP   15 % AFORD

UDF = Front démocratique Uni **MCP** = Parti du congrès Malawien **AFORD** = Alliance pour la démocratie

Hastings Banda a dirigé le pays en autocrate depuis l'indépendance, en 1964. Son régime à parti unique avait déclaré toute opposition illégale, les dissidents étant fréquemment torturés ou emprisonnés sans jugement. En 1992, ces atteintes aux droits humains ont conduit à la suspension de l'aide internationale. En 1993, un référendum a obligé Banda à rétablir les partis politiques. En 1994, les élections ont offert une victoire éclatante à l'UDF de B. Muluzi, basé dans le sud du pays. Muluzi, riche homme d'affaires, a aussi largement battu Banda aux présidentielles. Muluzi a eu l'intelligence de recruter des responsables du MCP dans son équipe. Il s'est engagé à rétablir les libertés, à libéraliser et ranimer une économie en ruines et à renforcer le rôle régional du Malawi.

Réélu de justesse en 1999, B. Muluzi a dû faire face à la contestation de l'opposition, emmenée par Gwanda Chakuamba. Des musulmans et des membres de l'UDF ont subi des violences dans le Nord.

POLITIQUE EXTÉRIEURE

Comm | OUA | MNA | MCAEA | CDAA

Le Malawi s'emploie avant tout à préserver son statut de bénéficiaire d'aides internationales, rétablies depuis peu, en particulier avec le RU. Le Malawi est le seul pays d'Afrique noire à avoir préservé ses relations diplomatiques avec ce pays depuis 1967. Au cours des années 1980, un dixième de la population du Mozambique s'est réfugiée au Malawi.

AIDE INTERNATIONALE

446 M $ (reçus)

Plus 3 % en 1999

L'avènement de la démocratie a permis la reprise de l'aide non-humanitaire. Les bailleurs de fonds se sont engagés à la hauteur de 1,2 milliard de $. Le PAM a lancé une campagne d'urgence après les inondations d'avril 2001.

M

DÉFENSE

 27 M $  Plus 4 % en 1999

Le nouveau gouvernement croit à la loyauté de l'armée, qui compte 5 000 hommes, car à la fin du régime de Banda elle cherchait à accélérer le processus de démocratisation. En 1993, elle a pris l'initiative de désarmer les Jeunes pionniers, section paramilitaire du MCP.

ÉCONOMIE

 2 Md $ 46,43–80,40 kwachas

CHIFFRES SIGNIFICATIFS

- ❏ CLASSEMENT DU PNB AU NIVEAU MONDIAL ..142ᵉ
- ❏ PNB PAR HABITANT ....160 $
- ❏ BALANCE DES PAIEMENTS ....– 531 M $
- ❏ INFLATION ....28,6 %
- ❏ CHÔMAGE ....1 %

ATOUTS
Culture du tabac, qui représente 76 % des entrées de devises. Production de thé et de sucre. Réserves non-exploitées de bauxite, d'amiante et de charbon. Potentiel touristique.

FAIBLESSES
L'agriculture, est souvent frappée par la sécheresse. L'industrie ne représente que 14 % du PIB. Marché intérieur restreint. Manque de personnel qualifié. Problèmes liés aux réfugiés.

EXPORTATIONS
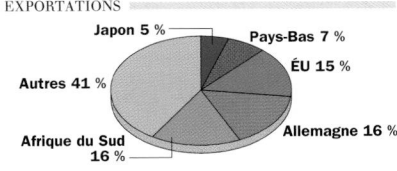
Japon 5 % — Pays-Bas 7 % — ÉU 15 % — Autres 41 % — Afrique du Sud 16 % — Allemagne 16 %

IMPORTATIONS
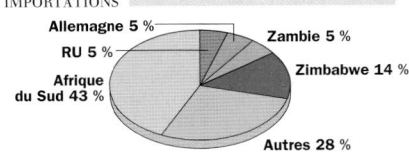
Allemagne 5 % — RU 5 % — Afrique du Sud 43 % — Zambie 5 % — Zimbabwe 14 % — Autres 28 %

RESSOURCES

 56 564 tonnes   1,27 M de caprins 760 000 bovins 15 M de volailles   Pays non producteur   Charbon, chaux, bauxite, pierres précieuses, graphite, uranium

La centrale hydraulique du Shire, qui produit 215 Mwatt, fournit 85 % de la production électrique, mais seulement 3 % de la consommation : la plupart des gens font brûler du bois. Le pays encourage désormais la privatisation, la diversification des cultures, l'irrigation et l'intégration dans le CDAA pour exploiter ses ressources limitées. Une mine de charbon profonde s'est ouverte à Rumphi.

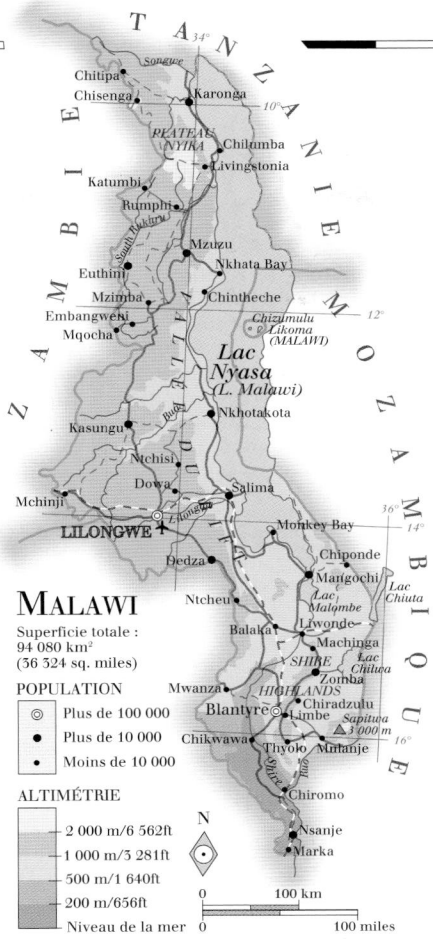

MALAWI
Superficie totale :
94 080 km²
(36 324 sq. miles)

POPULATION
- ◎ Plus de 100 000
- ● Plus de 10 000
- • Moins de 10 000

ALTIMÉTRIE
- 2 000 m/6 562ft
- 1 000 m/3 281ft
- 500 m/1 640ft
- 200 m/656ft
- Niveau de la mer

0 — 100 km
0 — 100 miles

ENVIRONNEMENT

 11 %    0,1 tonne par habitant

La sécheresse est le principal problème. Une gestion plus écologique attire maintenant le tourisme.

MÉDIAS

 3 quotidiens pour 1 000 habitants.

PRESSE ET TÉLÉCOMMUNICATIONS

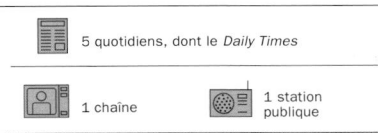
5 quotidiens, dont le *Daily Times*
1 chaîne   1 station publique

La première chaîne a été lancée en 1999. En 1998, le président Muluzi a accusé certains journaux de « défaitisme ».

CRIMINALITÉ

 Pas de chiffre sur la population carcérale   Plus 10 % en 1990

Hausse de la criminalité urbaine. La prolifération des armes (à feu notamment) est liée à la multiplication des vols à main armée.

CHRONOLOGIE

Le Malawi, où des missionnaires écossais s'étaient fortement implantés, est passé sous contrôle britannique en 1891, sous le nom de Nyasaland.

- ❏ **1964** Indépendance. Hastings Banda au pouvoir.
- ❏ **1966** Parti unique.
- ❏ **1992** Émeutes antigouvernementales ; union de groupes pro-démocratiques clandestins.
- ❏ **1993** Référendum sur le multipartisme.
- ❏ **1994** L'UDF de Muluzi remporte les élections.
- ❏ **1999** Réélection de Muluzi.
- ❏ **2001** Inondations catastrophiques.

ÉDUCATION

 60 %    5 561 étudiants

L'école primaire est bien implantée puisque 73 % des garçons et 60 % des filles s'y rendent régulièrement.

SANTÉ

 1 pour 20 000 habitants   Maladies infectieuses, parasitaires et respiratoires

Il n'est pas toujours facile de se faire soigner par les services de santé publics. L'épidémie de Sida empire.

RICHESSES

CONSOMMATION ET DÉPENSES

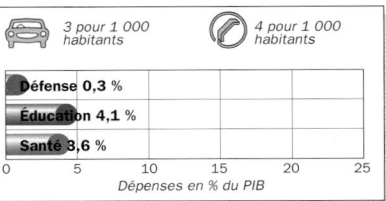
3 pour 1 000 habitants   4 pour 1 000 habitants
Défense 0,3 %
Éducation 4,1 %
Santé 3,6 %
Dépenses en % du PIB

CLASSEMENT MONDIAL

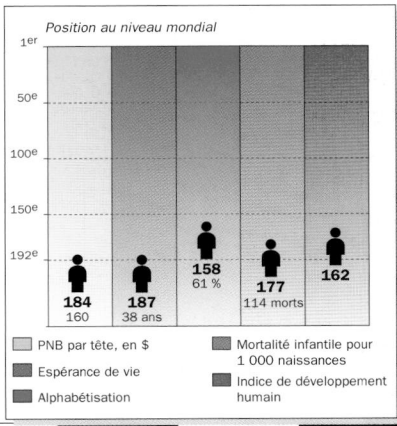
Position au niveau mondial

184 — 160
187 — 38 ans
158 — 61 %
177 — 114 morts
162

PNB par tête, en $ — Mortalité infantile pour 1 000 naissances
Espérance de vie — Indice de développement humain
Alphabétisation

M

MALDIVES

NOM OFFICIEL : République des Maldives   **CAPITALE** : Malé
POPULATION : 309 000   **MONNAIE** : rufiyaa   **LANGUE OFFICIELLE** : divehi

OCÉAN INDIEN

LES MALDIVES sont un archipel de 1 190 petites îles coralliennes situées dans l'océan Indien, au sud-ouest de l'Inde. Ces îles, dont aucune ne dépasse 1,80 m d'altitude, sont protégées par des barrières de récifs aussi appelées *faros*. Seules 200 sont habitées. Le tourisme se développe, mais il demeure une distinction entre les îles à vocation touristique et les îles colonisées. En octobre 1998, le président Maumoon Abdul Gayoom, qui a résisté à trois tentatives de coup d'État, a été élu pour un cinquième mandat.

Bateau de commerce traditionnel maldivien. Les 1 190 îles coralliennes sont regroupées sous forme d'atolls naturels – le terme « atoll » vient du maldivien « atolu ».

CLIMAT

DONNÉES MÉTÉOROLOGIQUES

 Moyenne des températures journalières   Précipitations

Les Maldives sont caractérisées par un climat tropical avec des précipitations importantes et des températures élevées. Les îles du Nord sont parfois frappées par de violents orages provoqués par des cyclones. C'est dans le Sud que les précipitations sont les plus élevées.

TRANSPORTS

 **Malé International, Île d'Hulule**
1 670 000 passagers

 10 navires
101 100 tpl

RÉSEAU DE TRANSPORT

 10 km
(6 miles)

 Aucune

Aucune

Aucune

Le transport entre les îles s'effectue en ferry et en *dhoni*, bateau traditionnel. Le tour de Malé s'effectue en 20 mn à pied.

TOURISME

 467 000 visiteurs    Plus 9 % en 2000

PROVENANCE DES TOURISTES ÉTRANGERS

Italie 20 %		
Allemagne 19 %		
RU 14 %		
Autres 47 %		

0   10   20   30   40   50   60
% du nombre de visiteurs

Le tourisme, avec 20 % du PIB, est la principale source de capitaux étrangers. Le premier complexe a été bâti en 1972 ; on a également construit des hôtels sur des îles inhabitées.

POLITIQUE

 1999/2004   Maumoon Abdul Gayoom, président de la République

AUX DERNIÈRES ÉLECTIONS
Conseil du citoyen 50 membres

Pas de partis politiques. 42 membres du *Majilis* (assemblée) sont élus, et 8 nommés par le président.

La vie politique est limitée à un petit groupe de familles influentes, pour la plupart déjà puissantes sous le sultanat. La politique s'organisant autour de loyautés claniques et familiales, les idéologies et les partis officiels ne jouent pas un rôle très important. L'histoire politique du pays a été marquée par quelques personnages depuis l'indépendance. En 1975, l'ancien président Ibrahim Nasir a renforcé le rôle présidentiel et supprimé le poste de Premier ministre. Maumoon Abdul Gayoom, un riche homme d'affaires, est président depuis 1978 ; son beau-frère Ilyas Ibrahim est son principal rival. Une jeune élite occidentalisée essaye d'obtenir des réformes politiques libérales.

POPULATION

 Divehi (maldivien)   953 hab./km²

PART DE LA POPULATION URBAINE/RURALE

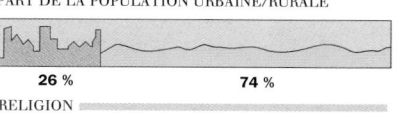

26 %   74 %

RELIGION

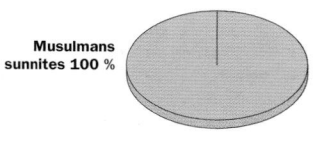

Musulmans sunnites 100 %

Les historiens pensent que les îles Maldives ont été habitées dès 1500 av. J.-C. Les immigrants aryens s'y sont installés en 500 av. J.-C., puis ce sont des marchands arabes qui ont ensuite redécouvert ces îles. Les Maldiviens sont tous musulmans sunnites, ne vivent que sur 200 des 1 190 îles. Près de 25 % de la population totale est établie à Malé, l'île qui est la capitale du pays. Selon des estimations, 12 000 travailleurs étrangers originaires du Sri Lanka et d'Inde, pays voisins, travaillent aux Maldives. La prospérité qui caractérise depuis peu le pays a donné naissance à une élite formée d'hommes d'affaires.

M

Passage du Huitième Degré

Atoll Ihavandippolhu
Atoll Thiladhunmathi
Atoll Makunudhoo
Atoll Miladummadulu du Nord
6°
Atoll Maalhosmadulu du Nord
Atoll Miladummadulu du Sud
Atoll Maalhosmadulu du Sud
Atoll Faadhippolhu
Atoll Horsburgh
Atoll Rasdu
Atoll Malé
MALÉ
Atoll Ari

MALDIVES

Superficie totale : 300 km²
(116 sq. miles)

Atoll Felidhu
Atoll Nilandhe du Nord
Atoll Mulaku
Atoll Nilandhe du Sud
Atoll Kolhumadulu
Atoll Hadhdhunmathi

Passage du Degré et demi

Atoll Huvadhu du Nord
Atoll Huvadhu du Sud

Canal équatorial   Équateur

Fuammulah
Atoll Addu
Gan
73°

POPULATION
Plus de 10 000
Moins de 10 000

ALTIMÉTRIE
100 m/328ft
Niveau de la mer

OCÉAN INDIEN

N

0   100 km
0   100 miles

POLITIQUE EXTÉRIEURE

L'État maldive fait depuis longtemps partie des nations non alignées. Son gouvernement continue de soutenir le MNA et refuse d'entendre les critiques affirmant qu'il n'a pas de rôle à jouer dans l'ère de l'après-guerre froide. Le pays a vu sa dimension internationale s'accroître en 1990 grâce à la tenue à Malé du cinquième sommet de l'AASCR.

AIDE INTERNATIONNALE

 31 M $ (reçus)   Plus 24 % en 1999

Les aides ont contribué au financement du développement des infrastructures portuaires et aéroportuaires. Le Japon est le principal donateur bilatéral. L'Inde, le Pakistan et les ÉU ont débloqué des aides d'urgence en 1991 après les tempêtes qui ont provoqué des dégâts s'élevant à 30 millions de dollars.

DÉFENSE

 41 M $ Plus 5 % en 1999

Il n'y a plus de forces armées britanniques sur la base de ravitaillement de Gan, dans l'atoll d'Addu depuis 1975. Les Maldives mènent une politique de non-alignement, mais elles ont demandé en 1988 une aide militaire à l'Inde pour lutter contre une tentative de coup d'État.

ÉCONOMIE

 322 M $ 11,06-11,77 rufiyaas

CHIFFRES SIGNIFICATIFS

❏ CLASSEMENT DU PNB AU NIVEAU MONDIAL ..168e
❏ PNB PAR HABITANT ....2 000 $
❏ BALANCE DES PAIEMENTS ....– 53 M $
❏ INFLATION ....0,6 %
❏ CHÔMAGE...1 %

ATOUTS
Développement du tourisme. Activités liées à la pêche, notamment du thon. Fret, industrie textile, production de noix de coco. Les réformes économiques ont facilité les importations et encouragé les investissements étrangers.

FAIBLESSES
Économie tributaire des fluctuations du tourisme. Augmentation du déficit commercial. Manque de main-d'œuvre qualifiée. Appareil productif peu développé.

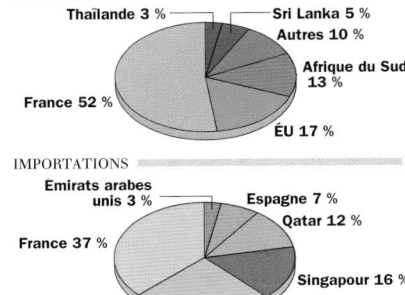

EXPORTATIONS
Thaïlande 3 %
Sri Lanka 5 %
Autres 10 %
Afrique du Sud 13 %
France 52 %
ÉU 17 %

IMPORTATIONS
Emirats arabes unis 3 %
Espagne 7 %
Qatar 12 %
France 37 %
Singapour 16 %
Autres 25 %

RESSOURCES

 107 676 tonnes   Pays non producteur

 31 000 bovins
20 000 caprins
11 000 ovins   Aucun

Les Maldives disposent de réserves importantes de poisson. La pêche emploie 20 % de la population active. Le pays est un gros producteur de noix de coco ; il importe la totalité de sa consommation de pétrole et la quasi-totalité de ses produits alimentaires de base.

ENVIRONNEMENT

  Aucune    1,2 tonne par habitant

Le réchauffement de la planète fait monter le niveau de la mer, ce qui menace les îles dont l'altitude moyenne est d'1,5 mètre. Une digue a été construite autour de Malé. Le traitement des eaux usées et des déchets est aussi un problème, tout comme la destruction des récifs coralliens.

MÉDIAS

 19 quotidiens pour 1 000 personnes

PRESSE ET TÉLÉCOMMUNICATIONS

3 quotidiens, dont *Haveeru Daily* et *Aafathis*, publiés en anglais et en divehi

 1 chaîne publique   2 stations

Le régime censure fortement la presse. Il est déjà arrivé que des journalistes satiriques soient mis en prison.

CRIMINALITÉ

Pas de chiffre sur la population carcérale   Plus 90 % en 1992-1996

Les Maldives sont une société islamique stricte qui punit lourdement les crimes liés à la drogue. Les prisonniers politiques sont exilés dans des îles éloignées. Le judiciaire et l'exécutif sont étroitement liés.

CHRONOLOGIE

Les Maldives, sous protectorat anglais à partir de 1887, ont accédé à l'indépendance en 1965.

❏ **1932** Première Constitution écrite.
❏ **1968** Abolition du sultanat. Proclamation de la République. Ibrahim Nasir est élu président.
❏ **1978** Gayoom devient président.
❏ **1994** Élections législatives sans partis.
❏ **1998** Nouvelle Constitution.
❏ **2003** Gayoom est réélu pour 5 ans.

ÉDUCATION

  96 %    Données non disponibles

L'école primaire a bénéficié d'améliorations. Le système éducatif secondaire est moins développé dans les îles éloignées.

SANTÉ

 1 pour 1 358 habitants   Maladies infectieuses et parasitaires, tuberculose, maladies périnatales

Le pays souffre d'un manque d'infrastructures et de services médicaux, encore moins développés dans les îles éloignées.

RICHESSES

CONSOMMATION ET DÉPENSES

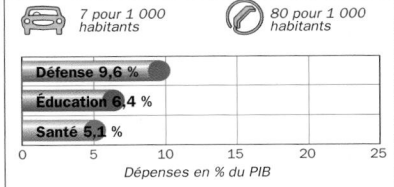

7 pour 1 000 habitants   80 pour 1 000 habitants

Défense 9,6 %
Éducation 6,4 %
Santé 5,1 %

0   5   10   15   20   25
Dépenses en % du PIB

Disparités importantes entre la population de Malé et celle des îles éloignées.

CLASSEMENT MONDIAL

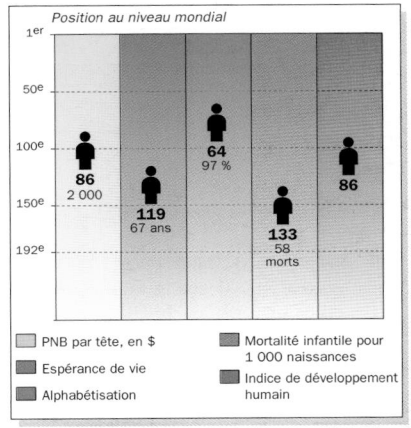

Position au niveau mondial
1er
50e
100e
150e
192e

86
2 000

119
67 ans

64
97 %

133
58 morts

86

❏ PNB par tête, en $ ❏ Mortalité infantile pour 1 000 naissances
❏ Espérance de vie   ❏ Indice de développement humain
❏ Alphabétisation

M

MALI

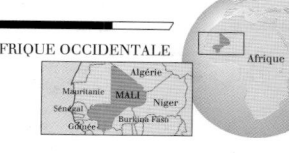
AFRIQUE OCCIDENTALE

Nom Officiel : République du Mali **Capitale** : Bamako
Population : 12,4 millions **Monnaie** : franc CFA **Langue Officielle** : français

1960 1960 22 sept. RMM 0 + 223 .ml

L E MALI est enclavé au cœur de l'Afrique occidentale. Son territoire, au relief généralement plat, couvre les plaines quasi-inhabitées du Sahara au nord et des savanes plus fertiles au sud, où est établie la plus grande partie de la population. Le Centre et le Sud-Ouest du pays sont irrigués par le Niger. Après 1960, année de son accession à l'indépendance, le Mali a pendant longtemps été dirigé par un régime à parti unique. Une démocratie pluraliste est instaurée en 1992.

CLIMAT

DONNÉES MÉTÉOROLOGIQUES

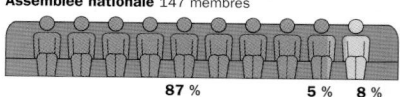

Moyenne des températures journalières ▮ Précipitations ▬

Le Sud, très chaud, connaît une période de pluies et une période sèche. Le Nord enregistre des précipitations quasi nulles.

TRANSPORTS

Bamako–Senou
381 034 passagers   Pas de flotte

RÉSEAU DE TRANSPORT

1 827 km (1 135 miles)		Aucune	
729 km (453 miles)		1 815 km (1 128 miles)	

Le Mali est relié au port de Dakar par des voies ferrées ; des axes routiers permettent d'accéder au port d'Abidjan.

TOURISME

91 000 visiteurs   Plus 5 % en 2000

PROVENANCE DES TOURISTES ÉTRANGERS

France 24 %	
Afrique 20 %	
EU 8 %	
Autres 48 %	

% du nombre de visiteurs

Le tourisme repose sur le safari, même si les villes historiques de Djenné, de Gao et de Mopti, sur les bords du Niger, attirent également des visiteurs. Une compagnie aérienne nationale assure des vols intérieurs depuis 1990.

POPULATION

Bambara, fulani, senoufo, soninké, français   9 hab./km²

PART DE LA POPULATION URBAINE/RURALE

29 %   71 %

RELIGION

Autres 1 %   Chrétiens 1 %
Croyances traditionnelles 18 %
Musulmans 80 %

Les Bambaras constituent la communauté ethnique la plus importante et ils dominent également au plan politique. Ils parlent la *lingua franca* du fleuve Niger, parlée également par les Malinkés et d'autres communautés. Les Bambaras et les Malinkés, majoritaires, entretiennent des relations tendues et parfois violentes avec les Touaregs du Nord du Sahara. La famille étendue est un élément essentiel de la stabilité sociale du pays ; elle permet d'établir un lien entre les pauvres des villes et des zones rurales. Certaines femmes occupent des postes à responsabilités, mais elles sont en général peu reconnues socialement.

POLITIQUE

1997/2002   Amadou Toumani Touré, président de la République

AUX DERNIÈRES ÉLECTIONS
Assemblée nationale 147 membres

87 % **ADEMA**   5 % **PARENA**   8 % **Autres**

ADEMA = Alliance pour la démocratie au Mali
PARENA = Parti pour le renouveau national
Autres = Convention démocratique et sociale ; Parti pour la démocratie et le progrès ; Union pour la démocratie et le développement ; Convention pour le progrès populaire ; Parti pour la démocratie et la justice ; Rassemblement national et démocratique.

Le Mali a réussi à se convertir au pluralisme politique en 1992, un an après la chute de Moussa Traoré, dictateur au pouvoir depuis 23 ans. L'armée a joué un rôle déterminant dans le déroulement du coup d'État ; le colonel Touré a, pour sa part, eu pour mission, en tant que président par intérim, de rétablir un régime civil en moins d'un an. Ce changement de régime a pour la première fois fait régner le pluralisme politique au Mali. Il est primordial que le gouvernement maintienne de bonnes relations avec les Touaregs après l'armistice qu'il a signé avec eux en 1991. Toutefois, la mission la plus délicate qui attend le gouvernement du président Alpha Oumar Konaré est de lutter contre la pauvreté tout en calmant l'opposition qui l'accuse de fraude aux élections de 1997. L'opposition s'élève contre sa politique au fur et à mesure que ses mesures d'austérité entrent en vigueur.

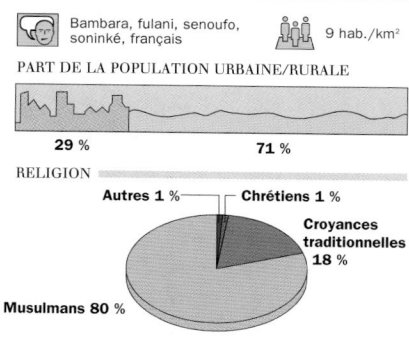

MALI

Superficie totale : 1 220 190 km²
(471 115 sq. miles)

POPULATION

ALTIMÉTRIE

500 m/1 640ft	Plus de 100 000 ⊚
200 m/656ft	Plus de 50 000 ○
Plus de 100 m/328ft	Plus de 10 000 ●
	Moins de 10 000 ·

POLITIQUE EXTÉRIEURE

 CEAO ZF OUA OCI OIF

Le Mali s'applique surtout à rester en bons termes avec un grand nombre de pays voisins. Il entretient des relations tendues avec la Libye, qui est soupçonnée d'attiser la révolte des Touaregs. Avoir de bons rapports avec l'Occident est vital pour le Mali.

AIDE INTERNATIONALE

 354 M $ (reçus)   Plus 1 % en 1999

Le Mali est tributaire des aides qui viennent de France, de Chine, de quelques pays arabes, des ÉU et d'organismes de prêts internationaux.

DÉFENSE

 34 M $ Moins 6 % en 1999

L'armée malienne, forte de 7 800 hommes, n'a pas joué de rôle politique depuis le renversement du président Traoré en 1991.

ÉCONOMIE

 2,6 Md $ 654-698 francs CFA

CHIFFRES SIGNIFICATIFS

- ❑ CLASSEMENT DU PNB AU NIVEAU MONDIAL ..134e
- ❑ PNB PAR HABITANT ....240 $
- ❑ BALANCE DES PAIEMENTS ....– 178 M $
- ❑ INFLATION ....– 1,2 %
- ❑ CHÔMAGE ....Sous-emploi très important

ATOUTS
Coton de très bonne qualité. Potentiel d'irrigation des fleuves Niger et Sénégal. Développement rapide de la production d'or.

FAIBLESSES
Pauvreté et sous-développement. La situation géographique du pays, et son territoire très étendu entraînent des problèmes de communication. Le pays est exposé à la sécheresse.

EXPORTATIONS

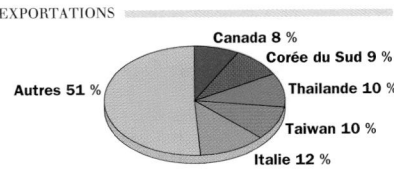

Canada 8 %
Corée du Sud 9 %
Thaïlande 10 %
Taiwan 10 %
Italie 12 %
Autres 51 %

IMPORTATIONS

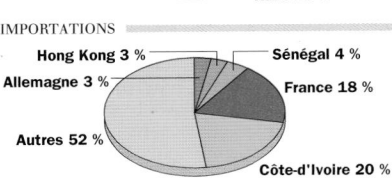

Hong Kong 3 %
Sénégal 4 %
Allemagne 3 %
France 18 %
Autres 52 %
Côte-d'Ivoire 20 %

Village situé non loin de Bandiagara. C'est dans ces collines irrégulières typiques de l'Est et du Sud-Est du Mali que la population dogon s'est établie.

RESSOURCES

 99 610 tonnes   Pays non producteur

8,52 M de caprins
6,06 M de bovins
5,98 M d'ovins
24,5 M de volailles

Or, sel, marbre, phosphates, tungstène, diamants, pétrole

Les réserves d'or sont désormais exploitées. Des prospections ont lieu pour trouver du tungstène, des diamants et du pétrole. L'exploitation des ressources est gênée par les infrastructures médiocres ainsi que par l'enclavement du pays. L'électricité provient surtout du barrage Sélingué, sur le Niger. Le barrage sur le fleuve Sénégal, prévu pour avril 2002, devrait générer un surplus.

ENVIRONNEMENT

 4 %   0,05 tonne par habitant

La sécheresse de 1983 a anéanti les troupeaux et accéléré le processus de désertification et de déforestation. Le barrage de Sélingué a en outre des conséquences dramatiques sur le niveau des eaux du Niger.

MÉDIAS

 1 quotidien pour 1 000 personnes

PRESSE ET TÉLÉCOMMUNICATIONS

 5 quotidiens, dont l'*Essor-La Voix du Peuple*, pro-gouvernemental

 3 chaînes, dont 1 publique   15 stations, dont 1 publique

La censure s'était déjà assouplie avant 1991. La Constitution de 1992 garantit la liberté de la presse ; les médias maliens sont parmi les plus libres d'Afrique.

CRIMINALITÉ

 Pas de chiffre sur la population carcérale   Le taux de criminalité augmente lentement

La criminalité n'est pas un phénomène préoccupant, ce qui est la conséquence d'un tissu familial soudé et d'un faible taux d'urbanisation. Les villes doivent faire face à la progression des vols, de la délinquance juvénile et de la contrebande.

CHRONOLOGIE

Le Mali, autrefois empire commercial saharien très important, fut colonisé par les Français entre 1881 et 1895.

- ❑ **1960** Indépendance.
- ❑ **1968** Coup d'État du général Traoré.
- ❑ **1990** Manifestations en faveur de la démocratie.
- ❑ **1991** Arrestation de Traoré.
- ❑ **1992** Élections libres.
- ❑ **1997** Réélection du président Konaré et de son parti ADEMA lors d'un scrutin controversé.
- ❑ **2002** Amadou Toumani Touré est élu président.

ÉDUCATION

 41 %   13 847 étudiants

Le taux de scolarisation primaire est de 25 %, et secondaire de 7 %. En 2001, un programme décennal en faveur des filles a été lancé.

SANTÉ

 1 pour 10 000 habitants   Malaria, pneumonie, maladies parasitaires et diarrhées

Un programme de vaccination infantile et d'accès aux soins a débuté en 1998.

M

RICHESSES

CONSOMMATION ET DÉPENSES

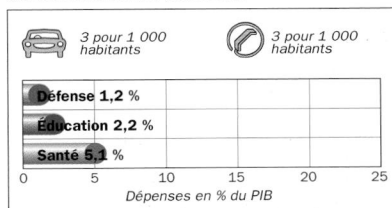

3 pour 1 000 habitants   3 pour 1 000 habitants

Défense 1,2 %
Éducation 2,2 %
Santé 5,1 %

0   5   10   15   20   25
Dépenses en % du PIB

La pauvreté affecte une grande partie de la population.

CLASSEMENT MONDIAL

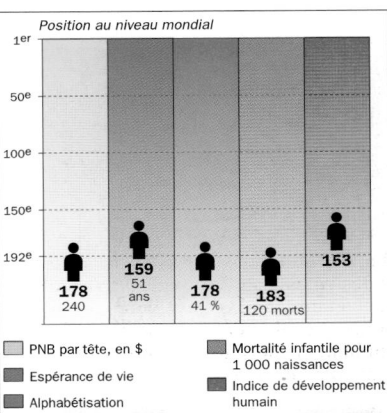

Position au niveau mondial
1er
50e
100e
150e
192e

178   159   178   183   153
240   51 ans   41 %   120 morts

- ☐ PNB par tête, en $
- ☐ Espérance de vie
- ☐ Alphabétisation
- ☐ Mortalité infantile pour 1 000 naissances
- ☐ Indice de développement humain

MALTE

NOM OFFICIEL : République de Malte CAPITALE : La Valette
POPULATION : 393 000 MONNAIE : livre maltaise LANGUES OFFICIELLES : maltais et anglais

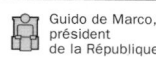

L'ARCHIPEL maltais est situé à un endroit stratégique, à mi-chemin entre l'Europe et l'Afrique du Nord. Malte a été sous le contrôle de plusieurs puissances coloniales successives avant de devenir indépendante du RU en 1964. Les îles s'élèvent à une altitude peu importante ; elles sont bordées par des côtes rocheuses ; seules Malte, Gozo et Kemmuna sont habitées. Le tourisme est la source de revenu la plus importante du pays, avec un nombre annuel de touristes plus de trois fois supérieur au nombre d'habitants de l'archipel.

POLITIQUE

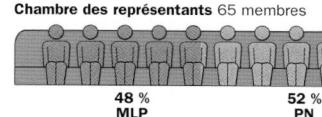

2003/2008

Guido de Marco, président de la République

AUX DERNIÈRES ÉLECTIONS

Chambre des représentants 65 membres

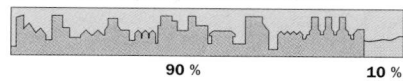

48 % MLP   52 % PN

PN = Parti nationaliste MLP = Parti travailliste de Malte

La vie politique maltaise se caractérise par une forte bipolarisation entre le PN (droite) et le MLP (gauche). Ce dernier a gouverné dans les années 1970 et 1980, contrôlant l'industrie et suivant une politique étrangère de non-alignement.
Les années 1990 ont vu la victoire du PN et du Premier ministre Edward Fenech-Adami, au pouvoir de 1987 à 1996 et depuis 1998. Au cours de la première période, Malte s'est rapprochée de l'Europe et de l'économie de marché. La hausse du niveau de vie a contribué à faire réélire le PN en 1992. En 1996, un MLP modernisé a mis fin à 9 ans de règne du PN. Sous la houlette d'Alfred Sant, écrivain et diplômé d'Harvard, le gouvernement a rompu certains liens traditionnels avec les syndicats et gelé sa demande d'admission dans l'UE. Cependant, la courte majorité parlementaire du MLP a affaibli le gouvernement et le PN a gagné les élections de 1998. E. Fenech-Adami, réélu en 1998, a alors relancé le processus d'adhésion à l'UE.

CLIMAT

DONNÉES MÉTÉOROLOGIQUES

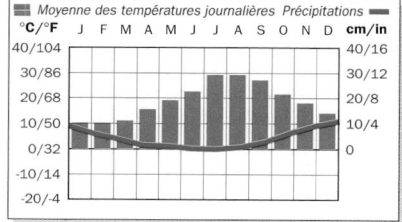

Le climat de Malte est du même type que celui de la Grèce ; le soleil brille au moins six heures par jour, même en hiver.

TRANSPORTS

 **Luqa International, La Valette** 2,94 M de passagers

 3 189 navires 28,6 Mtpl

RÉSEAU DE TRANSPORT

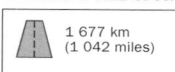 1 677 km (1 042 miles)

 Aucune

 Aucune

 Aucune

Le port de Marsaxlokk jouit d'une position stratégique en Méditerranée. En été, il suffit de 5 minutes d'hélicoptère pour aller de Malte à Gozo. Les transports publics sont efficaces, avec un système de bus, de ferry-boats et d'hovercrafts sur les deux îles.

*Luzzus **peint aux couleurs traditionnelles** dans le port de St Julian. Le poisson pêché est destiné exclusivement à la consommation nationale et aux touristes.*

TOURISME

 1,2 M de visiteurs

 Pas de changement

PROVENANCE DES TOURISTES ÉTRANGERS

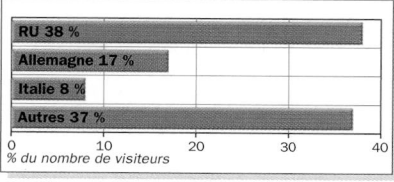

RU 38 %	
Allemagne 17 %	
Italie 8 %	
Autres 37 %	

% du nombre de visiteurs

Le tourisme, qui représente plus de 30 % du PIB, est vital pour l'économie maltaise, même si la plupart des touristes disposent de moyens modestes. Outre les plages, les sites historiques de La Valette et Mdina constituent des pôles d'attraction, tout comme les quelques hôtels de luxe de Gozo.

POPULATION

 Maltais, anglais

 1 216 hab./km²

PART DE LA POPULATION URBAINE/RURALE

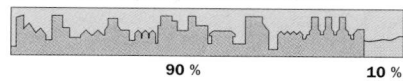

90 %   10 %

RELIGION

Autres 2 %

Catholiques 98 %

Au fil des siècles, la population maltaise a été sous influence arabe, sicilienne, normande, espagnole, anglaise et italienne. Aujourd'hui, nombre de jeunes Maltais se rendent à l'étranger pour trouver un emploi, plus particulièrement aux ÉU et en Australie ; le marché de l'emploi de l'île ne leur offre en effet que des perspectives très limitées. Malte est un pays profondément catholique. La population qui n'est pas catholique est généralement anglicane et rattachée au diocèse de Gibraltar. Le divorce est interdit par la loi.

POLITIQUE EXTÉRIEURE

 CE   Comm   BIRD MNA   OSCE

Malte, en suivant une politique de non-alignement, a bien tiré parti de sa position stratégique à la limite de l'Europe. Le pays entretient des liens historiquement forts avec le monde arabe et l'Afrique du Nord, y compris avec la Lybie, et a des relations commerciales poussées avec la Chine et la Russie.
Pourtant, les relations avec l'UE sont au cœur des débats récents. Le MLP ayant gelé la demande d'admission au sein de l'union en 1996, Malte a perdu sa place de « candidat de la première vague ». Cependant, le retour au pouvoir en 1998 du PN, pro-européen, a permis de relancer le processus. Malte a ainsi participé à des négociations en mars 2000 et fait désormais partie de l'Union Européenne.

M

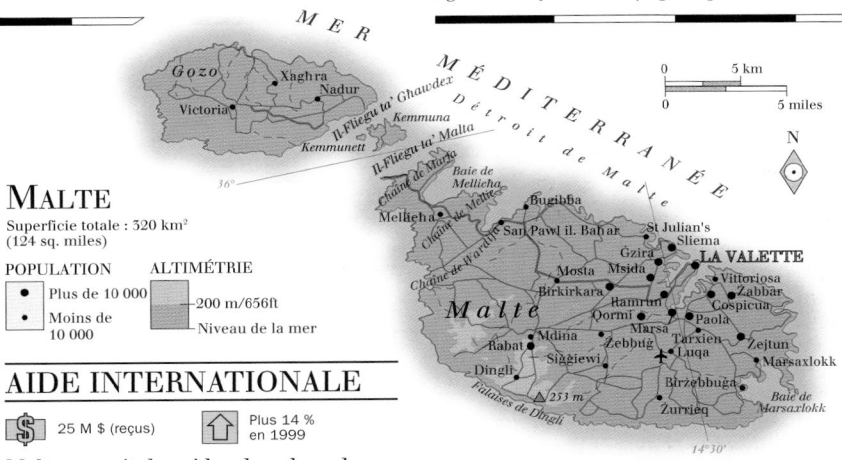

MALTE

Superficie totale : 320 km²
(124 sq. miles)

POPULATION   ALTIMÉTRIE

 Plus de 10 000

Moins de 10 000

200 m/656ft

Niveau de la mer

AIDE INTERNATIONALE

 25 M $ (reçus)   Plus 14 % en 1999

Malte perçoit des aides dans le cadre d'accords avec l'UE. Le RU est le donateur bilatéral le plus important.

DÉFENSE

 27 M $ Moins 10 % en 1999

L'armée maltaise, entraînée par les Lybiens dans les années 1980, est maintenant équipée et formée par l'Italie, l'Allemagne et le RU.

ÉCONOMIE

3,64 Md $ 0,37-0,42 livres maltaises

CHIFFRES SIGNIFICATIFS

- ❏ CLASSEMENT DU PNB AU NIVEAU MONDIAL ..124ᵉ
- ❏ PNB PAR HABITANT ....9 210 $
- ❏ BALANCE DES PAIEMENTS ....– 172 M $
- ❏ INFLATION ....2,9 %
- ❏ CHÔMAGE..5 %

ATOUTS

Tourisme. Zones portuaires. Programmes pour attirer des sociétés étrangères high-tech. Secteur bancaire. Position stratégique en Méditerranée.

FAIBLESSES

Compétition des pays africains et asiatiques dans le secteur traditionnel du textile. Nécessité d'importer la plupart des biens consommés.

EXPORTATIONS

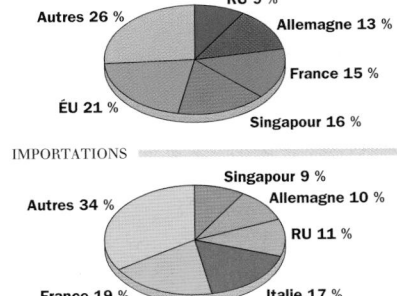

RU 9 %
Allemagne 13 %
France 15 %
Singapour 16 %
ÉU 21 %
Autres 26 %

IMPORTATIONS

Singapour 9 %
Allemagne 10 %
RU 11 %
Italie 17 %
France 19 %
Autres 34 %

RESSOURCES

 2 667 tonnes   Pays non producteur

 69 000 porcins
19 000 bovins
820 000 volailles

 Pierre, sable

Malte doit dessaler son eau potable, et importer tout son pétrole, principalement de Lybie, même si des prospections offshore sont en cours.

ENVIRONNEMENT

 Aucune   4,7 tonnes par habitant

Le tourisme constitue la principale menace pour l'environnement. Le manque de coordination des projets des années 1970 a conduit à défigurer certaines plages. Les projets d'aménagement des plages sont aujourd'hui examinés très attentivement.

MÉDIAS

 127 quotidiens pour 1 000 personnes

PRESSE ET TÉLÉCOMMUNICATIONS

 4 quotidiens : *In-Nazzjon, L-Orizzont, The Times, The Malta Independent*

7 chaînes, dont 1 publique

12 stations, dont 1 publique

La presse maltaise est très politisée. Deux des trois principaux groupes de presse sont affiliés au PN et au MLP ; un autre est indépendant.

CRIMINALITÉ

 196 détenus   Moins 19 % en 1992-1996

Le taux de criminalité est peu élevé par rapport à la moyenne du continent européen. Toutefois, les trafics de drogue et les crimes qui en découlent sont en augmentation.

CHRONOLOGIE

Malte fut occupée par les Phéniciens, les Carthaginois, les Grecs, les Romains et plus tard par les Arabes, la Sicile normande, l'Espagne, la France et enfin le RU.

- ❏ **1947** Gouvernement autonome.
- ❏ **1964** Indépendance complète.
- ❏ **1971** Le MLP de Dom Mintoff arrive au pouvoir.
- ❏ **1987–1996** Gouvernement d'Edward Fenech-Adami.
- ❏ **1998** Retour au pouvoir du PN.
- ❏ **2003** Réélection du PN.
- ❏ **2004** Entrée dans l'UE.

ÉDUCATION

 92 %   8 260 étudiants

Un tiers des élèves suivent un enseignement privé. Il existe une université publique à La Valette.

SANTÉ

 1 pour 383 habitants   Maladies cardiaques et cérébrovasculaires, cancers, diabète

Malte compte 5 hôpitaux publics et 2 privés.

RICHESSES

CONSOMMATION ET DÉPENSES

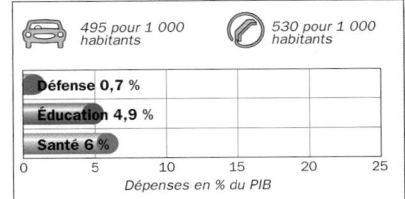

495 pour 1 000 habitants   530 pour 1 000 habitants

Défense 0,7 %
Éducation 4,9 %
Santé 6 %

Dépenses en % du PIB

Le revenu par habitant de Malte est inférieur à la moyenne européenne. Les salaires de la population émigrée constituent une source de revenu très importante pour le pays.

CLASSEMENT MONDIAL

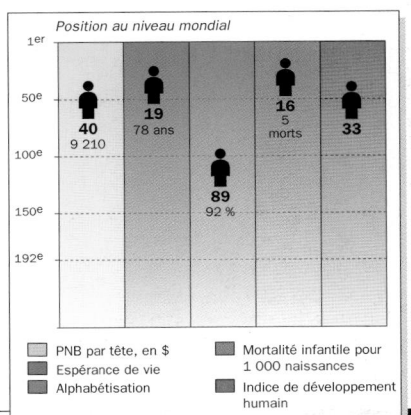

Position au niveau mondial

1er
50e
100e
150e
192e

40 — 9 210
19 — 78 ans
89 — 92 %
16 — 5 morts
33

- ■ PNB par tête, en $
- ■ Espérance de vie
- ■ Alphabétisation
- ■ Mortalité infantile pour 1 000 naissances
- ■ Indice de développement humain

M

Maroc

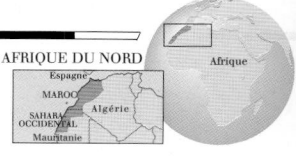

NOM OFFICIEL : Royaume du Maroc   CAPITALE : Rabat
POPULATION : 31 millions   MONNAIE : dirham marocain   LANGUE OFFICIELLE : arabe

 1956   1956   30 juil.   MA   0   + 212 .ma

LE MAROC est un État d'Afrique du Nord qui partage ses frontières avec l'Algérie et le Sahara-Occidental, pays dont l'avenir dépend d'un référendum supervisé par l'ONU. Le Nord bénéficie d'un climat méditerranéen tandis qu'au Sud s'étendent des régions désertiques semi-arides. Le prestige international du roi Hassan II avait donné au Maroc une place qui est loin d'être à la mesure de ses richesses. Le sort encore incertain du Sahara-Occidental et la menace intérieure que représente l'islamisme sont les principales difficultés auxquelles doit faire face le pays aujourd'hui. Le tourisme, la production de phosphates et l'agriculture sont les trois principaux atouts de l'économie marocaine.

TOURISME

4,1 M de visiteurs   Plus 7 % en 2000

PROVENANCE DES TOURISTES ÉTRANGERS

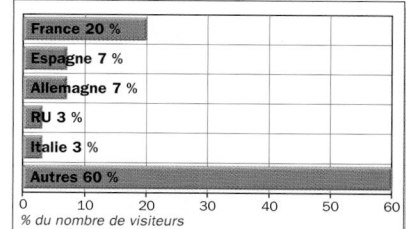

France 20 %
Espagne 7 %
Allemagne 7 %
RU 3 %
Italie 3 %
Autres 60 %

0   10   20   30   40   50   60
% du nombre de visiteurs

Le tourisme joue un rôle essentiel dans l'économie. Les plages sont belles et nombreuses. Agadir bénéficie de 300 jours d'ensoleillement par an. Fès et Marrakech offrent un intérêt culturel, alors que l'Atlas attire skieurs et randonneurs. On propose des safaris dans le Sahara. Les touristes occidentaux viennent principalement de France, d'Allemagne et d'Espagne.

CLIMAT

DONNÉES MÉTÉOROLOGIQUES

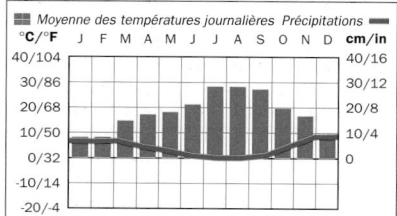

Moyenne des températures journalières Précipitations
°C/°F   J F M A M J J A S O N D   cm/in
40/104   40/16
30/86   30/12
20/68   20/8
10/50   10/4
0/32   0
-10/14
-20/-4

Le climat varie entre chaud et tempéré au Nord et semi-aride au Sud, avec des températures plus fraîches en montagne, notamment dans le Haut-Atlas. L'été, le sirocco et le chergui, vents chauds venant du Sahara, soufflent sur le pays.

TRANSPORTS

Mohammed V, Casablanca   496 navires
3,42 M de passagers   444 000 tpl

RÉSEAU DE TRANSPORT

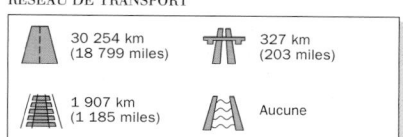

30 254 km   327 km
(18 799 miles)   (203 miles)

1 907 km   Aucune
(1 185 miles)

Le Maroc compte 6 aéroports internationaux. Une autoroute relie Rabat à Casablanca, et un projet de voie trans-saharienne de Tanger à Lagos (Nigeria) a été dévoilé en 2000. Les routes rurales sont souvent à l'abandon.

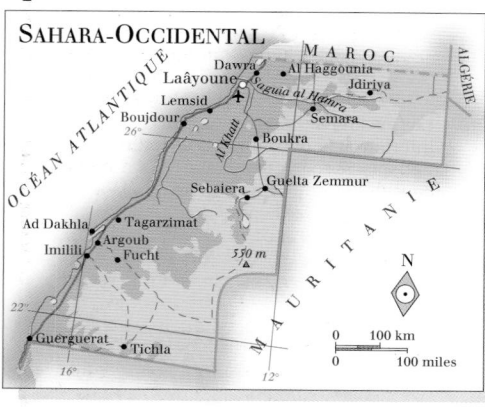

SAHARA-OCCIDENTAL

MAROC
AFRIQUE DU NORD

MAROC

Superficie totale : 446 300 km²
(172 316 sq. miles)

POPULATION
Plus de 1 000 000
Plus de 500 000
Plus de 100 000
Plus de 50 000
Plus de 10 000
Moins de 10 000

ALTIMÉTRIE
3 000 m/9 843ft
2 000 m/6 562ft
1 000 m/3 281ft
500 m/1 640ft
200 m/656ft
Niveau de la Mer

M

POPULATION

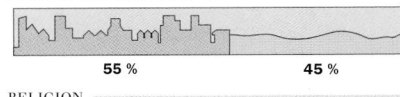
Arabe, berbère (chleuh, tamazirt, rifain), français, espagnol   14 hab./km²

PART DE LA POPULATION URBAINE/RURALE
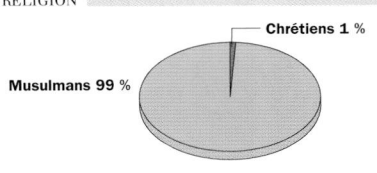
55 % 45 %

RELIGION

Chrétiens 1 %
Musulmans 99 %

COMPOSITION ETHNIQUE

Européens 1 %
Berbères 29 %
Arabes 70 %

Le Maroc est le dernier refuge des descendants des Berbères qui peuplaient à l'origine le Nord-Ouest africain. Environ 35 % des Marocains parlent le berbère. Les Berbères vivent principalement dans les villages de montagne, tandis que la majorité arabe habite les plaines. Avant son accession à l'indépendance, le Maroc, sous protectorat français, abritait 450 000 Européens qui ne représentent plus qu'une infime minorité aujourd'hui. 45 000 Juifs bénéficient de la liberté religieuse et de la pleine jouissance de leurs droits civils, situation unique dans les pays arabes. La majeure partie des Marocains parle arabe ; le français est également utilisé dans les zones urbaines. L'Islam sunnite est la religion majoritaire. Le roi Mohammed VI est le chef spirituel du Maroc en sa qualité de Commandeur des croyants.

L'émancipation des femmes est lente, malgré les progrès faits en matière d'éducation et les relations sociales de plus en plus libres entre hommes et femmes.

PYRAMIDE DES ÂGES

Femmes	Âge	Hommes
0,8 %	81–100	0,7 %
3 %	61–80	2,5 %
7,3 %	41–60	6,4 %
16,4 %	21–40	15,1 %
23,4 %	0–20	24,4 %

% de la population par tranche d'âge

POLITIQUE

 Ch. basse 2002/2007
Ch. haute 2000/2003
 Sa Majesté le roi Mohammed VI

AUX DERNIÈRES ÉLECTIONS

Chambre des représentants 325 membres
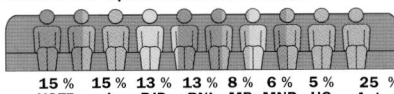

15 %	15 %	13 %	13 %	8 %	6 %	5 %	25 %
USFP	I	PJD	RNI	MP	MNP	UC	Autres

USFP = Union socialiste des forces populaires **I** = Istiqlal (Indépendance) **PJD** = Parti de la justice et du développement **RNI** = Rassemblement national des indépendants **MP** = Mouvement populaire **MNP** = Mouvement national populaire **UC** = Union constitutionnelle

Chambre des conseillers 270 membres

Élue au suffrage indirect, elle a été créée en 1997.

Le Maroc est une monarchie constitutionnelle à deux chambres.

PRINCIPAUX PROBLÈMES POLITIQUES
L'après-Hassan
Le nouveau roi Mohammed VI est considéré comme moins autoritaire que son père Hassan II, ce qui laisse espérer des changements.

L'islamisme
Sous Hassan II, le gouvernement réprimait les islamistes sans états d'âme, mais avait fini par adopter une politique moins répressive, que Mohammed VI et ses ministres ont également suivie. En mai 2000, Abdessalam Yassine, chef d'un mouvement islamiste, a été relâché après 10 ans passés en prison sans jugement. Le soutien populaire au fondamentalisme islamique est renforcé par la peur de perdre l'identité religieuse. Les manifestations pro-religieuse de mars 2000 ont eu bien plus de succès que celles en faveur des droits des femmes.

PROFIL
Bien que le parti majoritaire au parlement choisisse à présent le gouvernement, le roi se réserve le droit de nommer et de renvoyer le Premier ministre. Les élections législatives de 1997 ont partagé le parlement en 3, les islamistes n'obtenant que 9 sièges. Par la suite, la formation d'un gouvernement socialiste a clairement montré le rôle grandissant des partis.

***Le Premier ministre Driss Jettou**, nommé en 2002.*

***Le roi Mohammed VI**, qui succéda à son père, Hassan II.*

La ville de Boumaine-Dadès

***La ville de Boumaine-Dadès** s'étend sur les contreforts sud de l'Atlas. Les paysages remarquables de la région en font l'un des principaux attraits touristiques du Maroc.*

POLITIQUE EXTÉRIEURE

 LEA   UMA   BIRD   MNA   OCI

La visite du Premier ministre israélien Yitzhak Rabin à Rabat, à la suite de la signature de l'accord de paix avec l'Organisation de Libération de la Palestine en 1993 à Washington, souligna le rôle important du Maroc dans la poursuite d'une paix durable au Moyen-Orient. Le roi Hassan II était également à la tête du Comité de Jérusalem de l'Organisation de la conférence islamique – et ses différents gouvernements ont toujours adopté une attitude pro-occidentale en matière de politique extérieure. Le fait que le Maroc protège sa propre communauté juive lui a également valu un certain respect. Malgré l'opposition internationale, le Maroc occupe l'ancienne colonie espagnole du Sahara-Occidental depuis 1975. La guérilla que mène le Front Polisario pour accéder à l'indépendance du Sahara-Occidental a commencé en 1983 et continue malgré un plan de paix sous l'égide de l'ONU. Ce plan s'est enlisé, du fait des querelles entre le gouvernement marocain et le Front Polisario sur le processus devant mener à l'indépendance. En 2001, l'ONU a proposé que la région devienne territoire autonome du Maroc pour 10 ans. Les relations avec l'UE ont été renforcées par la signature d'un accord d'association fin 1995 qui prévoit le libre-échange des produits industriels pendant 12 ans. Le différend qui oppose le Maroc à l'UE à propos des droits de pêche des Espagnols et des Portugais au large de la côte marocaine n'a cependant toujours pas été réglé.

AIDE INTERNATIONALE

 678 M $ (reçus)   Plus 28 % en 1999

L'Arabie Saoudite a annulé 2,7 milliards de $ de la dette marocaine après la guerre de Golfe. Le Maroc a également bénéficié d'un soutien financier de la Banque mondiale.

M

CHRONOLOGIE

Le Maroc est le plus ancien royaume du monde arabe.

❏ **1956** La France reconnaît l'indépendance du Maroc, qui entre à l'ONU. L'Espagne renonce au contrôle du Maroc espagnol à l'exception des enclaves de Ceuta, Melilla et Ifni et des territoires du Sud.
❏ **1957** Accession au trône du sultan Mohammad V Ben Youssef.
❏ **1961** Le prince héritier Hassan devient roi à la mort de son père.
❏ **1967** Soutien de la cause arabe dans la guerre des Six-Jours contre Israël.
❏ **1969** L'Espagne rend Ifni au Maroc.
❏ **1972** Attentat contre le roi Hassan.
❏ **1975** La Cour internationale de justice accorde au Sahara-Occidental le droit à l'autodétermination. L'armée marocaine s'empare de la capitale saharienne.
❏ **1976** Le Maroc et la Mauritanie se partagent le Sahara-Occidental.
❏ **1979** La Mauritanie renonce à sa partie du Sahara-Occidental qui revient au Maroc.
❏ **1984** Le roi Hassan et le colonel Kadhafi (Libye) signent le traité d'Oujda. Le Maroc se retire de l'OUA en raison des critiques pour son rôle au Sahara-Occidental.
❏ **1986** Le Maroc abroge le traité d'Oujda avec la Libye.
❏ **1987** Achèvement du mur de défense entourant le Sahara-Occidental.
❏ **1989** Ratification du traité frontalier avec l'Algérie. L'Union du Maghreb Arabe (UMA) crée une zone de libre-échange entre le Maroc, l'Algérie, la Tunisie, la Lybie et la Mauritanie. Le roi Hassan : premier président.
❏ **1990** Le Maroc condamne l'invasion du Koweït par l'Irak.
❏ **1991** Le Maroc accepte le plan de l'ONU qui prévoit un référendum au Sahara-Occidental.
❏ **1992** La nouvelle Constitution autorise les membres du parti majoritaire au parlement à choisir le gouvernement.
❏ **1993** Premières élections générales depuis 9 ans. Les partis ayant refusé de collaborer avec le roi, il désigne un gouvernement indépendant.
❏ **1995** Retour de l'opposant islamiste Mohammed Basri après 28 ans d'exil.
❏ **1998** Socialistes au gouvernement (P. M. Abderrahmane el Youssoufi).
❏ **1999** Mort du roi Hassan, son fils Mohammed VI lui succède. Plan de libéralisation annoncé.
❏ **2000–2001** Plan de paix de l'ONU pour le Sahara-Occidental.
❏ **2002** Percée des islamistes aux élections.
❏ **2004** Les députés adoptent à l'unanimité l'égalité juridique entre hommes et femmes.

M

DÉFENSE

 1,76 Md $ Plus 4 % en 1999

FORCES ARMÉES MAROCAINES

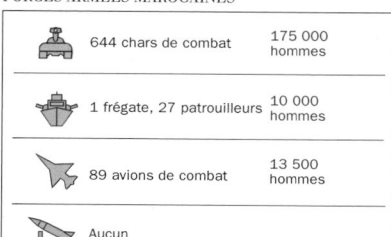

644 chars de combat	175 000 hommes
1 frégate, 27 patrouilleurs	10 000 hommes
89 avions de combat	13 500 hommes
Aucun	

Le conflit qui oppose le Maroc au Front Polisario au Sahara-Occidental a permis au royaume d'asseoir la réputation de ses forces armées. Les Marocains se sont battus lors de la guerre du Golfe comme mercenaires. Au cours des années 1980, les soldats ont construit un mur de 2 500 km afin d'empêcher les incursions au Sahara-Occidental des guérilleros du Front Polisario réfugiés en Algérie. La position pro-occidentale du Maroc a permis à ses forces armées d'accéder à des armes sophistiquées et à la formation militaire de ses hommes par l'Occident, contrairement aux États nord-africains voisins qui dépendent de l'ancien bloc soviétique.
L'armée de l'air a été créée en 1956 ; elle utilise des avions américains et européens. La marine dispose de bâtiments fournis par les Occidentaux, mais sa force est peu significative dans la région. On compte également 42 000 paramilitaires.
Les dépenses militaires représentent environ 4 % du revenu national, chiffre qui reste relativement élevé pour un pays en voie de développement. Le service national, d'une durée de 18 mois, est obligatoire.

ÉCONOMIE

 34,7 Md $ 9,45-10,64 dirhams marocains

CHIFFRES SIGNIFICATIFS

❏ CLASSEMENT DU PNB AU NIVEAU MONDIAL 57ᵉ
❏ PNB PAR HABITANT ....1 190 $
❏ BALANCE DES PAIEMENTS ....1,61 Md $
❏ INFLATION ....0,6 %
❏ CHÔMAGE...23 %

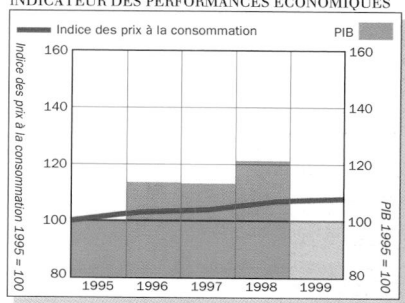

INDICATEUR DES PERFORMANCES ÉCONOMIQUES

EXPORTATIONS

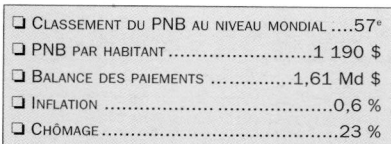

ÉU 5 %   Allemagne 6 %   RU 7 %   Espagne 8 %   France 32 %   Autres 42 %

IMPORTATIONS

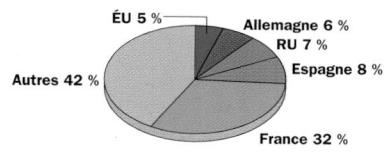

RU 5 %   Italie 6 %   Allemagne 6 %   Espagne 10 %   France 28 %   Autres 45 %

ATOUTS
Encouragement aux investissements étrangers ; main-d'œuvre abondante. Inflation faible. Industrie touristique. Fort potentiel agricole. Phosphates.

FAIBLESSES
Le taux de chômage et la démographie sont élevés. L'agriculture a souffert de sécheresses répétées. La production de cannabis (principale source de l'approvisionnement européen) empêche un rapprochement avec l'UE.

PROFIL
Le programme de privatisations à grande échelle, lancé en 1992, visait à attirer les investisseurs, en particulier européens. La grave sécheresse de 1995 a rendu des mesures d'austérité nécessaires. Le nouveau gouvernement socialiste accorde la priorité aux politiques sociales. Les revenus pétroliers à venir devraient servir au développement rural.

MAROC : PRINCIPALES ACTIVITÉS

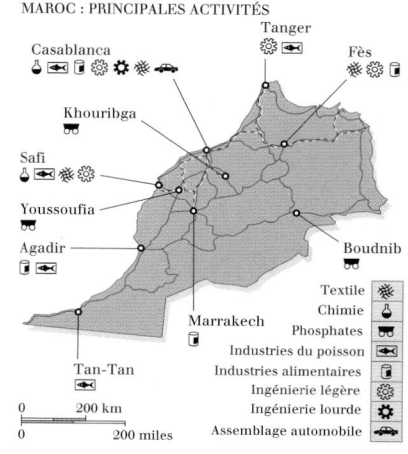

RESSOURCES

785 843 tonnes

16,3 M d'ovins
5,7 M de caprins
2,7 M de bovins
100 M de poulets

241 b/j
(réserves inférieures à 50 000 b/j)
Phosphates, pétrole, gaz, charbon, fer, baryte, plomb, cuivre, zinc

PRODUCTION ÉLECTRIQUE

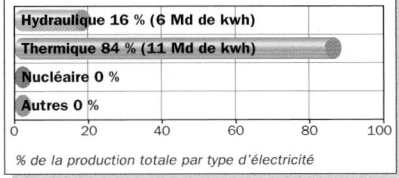

Hydraulique 16 % (6 Md de kwh)
Thermique 84 % (11 Md de kwh)
Nucléaire 0 %
Autres 0 %

% de la production totale par type d'électricité

Le Maroc possède 75 % des réserves mondiales de phosphates. Les gisements de gaz et de pétrole

ENVIRONNEMENT

1 % (0,7 % partiellement protégé)

1,3 tonne par habitant

TRAITÉS ÉCOLOGIQUES

Oui   Oui   Oui
Oui   Oui   Non

La richesse du Maroc en espèces végétales et animales a gravement souffert de longues périodes de sécheresse. Le développement non planifié des stations touristiques menace le fragile équilibre des écosystèmes côtiers.

MÉDIAS

27 quotidiens pour 1 000 personnes

PRESSE ET TÉLÉCOMMUNICATIONS

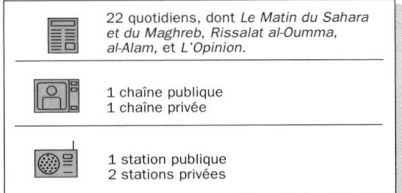

22 quotidiens, dont *Le Matin du Sahara et du Maghreb*, *Rissalat al-Oumma*, *al-Alam*, et *L'Opinion*.

1 chaîne publique
1 chaîne privée

1 station publique
2 stations privées

L'arrivée de Mohammed VI avait suscité des espoirs, mais les médias demeurent strictement contrôlés. En 2000, l'hebdomadaire *Demain* a été interdit à cause de son franc-parler. Les rubriques les plus dynamiques de la presse sont celles des sports, en particulier du football. La télévision publique a commencé à émettre en arabe et en français en 1962. Les émissions radio se font en arabe, berbère, français, espagnol et anglais, depuis Rabat ou Tanger. Le Maroc reçoit les émissions des radios espagnoles et capte les principales chaînes espagnoles au Nord du pays.

découverts en 2000 dans le désert du Nord-Est pourraient apporter des revenus annuels de 400 millions de $.

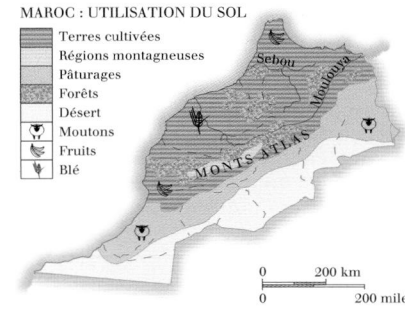

MAROC : UTILISATION DU SOL

Terres cultivées
Régions montagneuses
Pâturages
Forêts
Désert
Moutons
Fruits
Blé

0   200 km
0   200 miles

CRIMINALITÉ

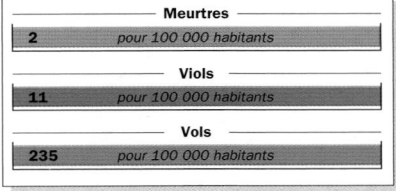

21 332 détenus

Forte augmentation en 1991-1994

TAUX DE CRIMINALITÉ.

Meurtres
2   pour 100 000 habitants

Viols
11   pour 100 000 habitants

Vols
235   pour 100 000 habitants

La criminalité urbaine augmente mais les agressions restent rares. À part une grève sanglante à Fès en 1990 (40 morts), le Maroc est épargné par les troubles civils. Les prisons sont surpeuplées.

ÉDUCATION

49 %   311 743 étudiants

LE SYSTÈME ÉDUCATIF

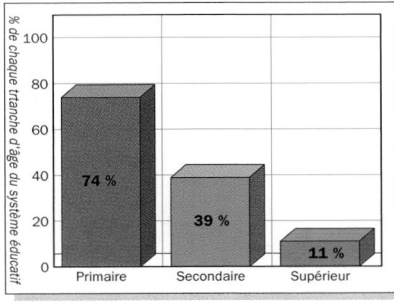

Primaire 74 %   Secondaire 39 %   Supérieur 11 %

Les populations rurales sont beaucoup moins alphabétisées (14 % seulement) que celles des villes. À niveau de vie comparable, l'alphabétisation et la scolarisation au Maroc sont en retard par rapport à d'autres pays ; le travail des enfants est très répandu. Il existe des écoles privées et publiques. En 1988, le baccalauréat marocain a été remplacé par un contrôle continu.

SANTÉ

1 pour 2 500 habitants

Causes néonatales, maladies cérébrovasculaires et cardiaques

Malgré de récents progrès, la mortalité infantile et le niveau nutritionnel de la population marocaine la plus pauvre sont très en dessous de la moyenne. Le Maroc compte 1 médecin pour 2 500 habitants et un lit d'hôpital pour 1 000 personnes. Face à la quasi-inexistence de médecine de première nécessité hors des villes, les remèdes traditionnels restent le seul recours contre la maladie. Tous les salariés cotisent à la Sécurité sociale.

RICHESSES

CONSOMMATION ET DÉPENSES

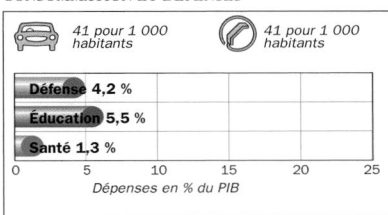

41 pour 1 000 habitants   41 pour 1 000 habitants

Défense 4,2 %
Éducation 5,5 %
Santé 1,3 %

Dépenses en % du PIB

Le dynamisme de l'économie parallèle a permis au Maroc d'éviter les troubles sociaux. Sans compter le commerce illégal du haschich ni le trafic d'alcool et de produits occidentaux, cette économie souterraine crée des emplois dans la confection, l'industrie alimentaire, l'hôtellerie et le bâtiment. Le revenu par tête est bien moins élevé qu'en Algérie ou en Tunisie. 1 Marocain sur 5 vit en dessous du seuil de pauvreté ; les disparités entre villes et campagnes sont considérables. Or près de la moitié des habitants vit en zone rurale. Dans les années 1990, une période de sécheresse a accéléré l'exode rural.

CLASSEMENT MONDIAL

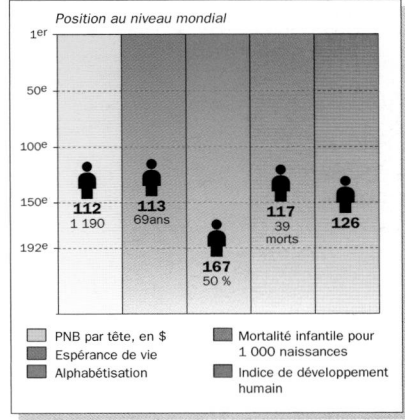

Position au niveau mondial

112 (1 190)   113 (69ans)   167 (50 %)   117 (39 morts)   126

PNB par tête, en $
Espérance de vie
Alphabétisation
Mortalité infantile pour 1 000 naissances
Indice de développement humain

M

MARSHALL (ÎLES)

NOM OFFICIEL : République des Îles Marshall   **CAPITALE** : Majuro
POPULATION : 73 630   **MONNAIE** : dollar américain   **LANGUES OFFICIELLES** : anglais et marshallien

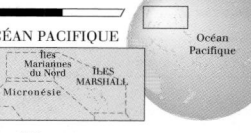

 1986
 1986
 1er mai
 MH
 + 12
 + 692
 .mh

LES ÎLES MARSHALL sont constituées de 34 atolls éparpillés au centre de l'océan Pacifique. Ces atolls, dont certains sont les plus importants du monde, sont constitués d'îles coralliennes de faible altitude bordées par des plages de sable. Les îles Marshall ont tout d'abord fait partie de la zone Pacifique placée sous tutelle américaine. Celle-ci a cessé depuis 1990, mais l'économie reste tributaire des aides américaines et du loyer que les ÉU versent pour la base de missiles qu'ils occupent sur l'atoll de Kwajalein.

L'île d'Ebeye, dans les îles Marshall.
La croissance démographique a entraîné la disparition de la quasi-totalité des arbres et des espaces verts de l'île.

CLIMAT

DONNÉES MÉTÉOROLOGIQUES

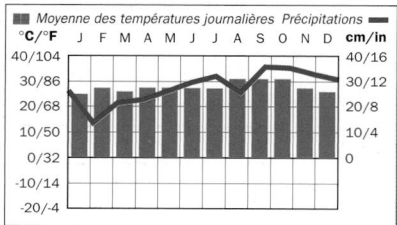

Le climat est de type océanique tropical. Les températures varient peu selon les saisons et s'élèvent en moyenne à 30 °C.

POPULATION

 Marshallien, anglais, japonais, allemand

 376 hab./km²

PART DE LA POPULATION URBAINE/RURALE

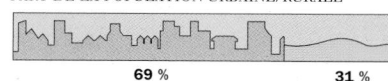

69 %   **31 %**

COMPOSITION ETHNIQUE

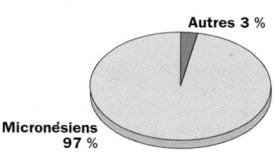

Autres 3 %
Micronésiens 97 %

24 des 34 atolls qui constituent les îles Marshall sont habités. Majuro, qui est le pôle commercial et la capitale du pays, abrite près de la moitié de la population. Nombre d'habitants vivent dans des taudis. L'autre grande partie de la population est établie sur l'île d'Ebeye, siège de tensions sociales du fait du niveau de vie peu élevé. La plupart des habitants d'Ebeye ont été contraints de quitter l'atoll de Kwajalein en 1947 pour permettre au centre militaire de s'établir ; et beaucoup d'entre eux travaillent dans cette base. L'économie des îles éloignées repose toujours sur l'agriculture de subsistance et la pêche. La société est traditionnellement matriarcale.

POLITIQUE

 1999/2003

Kessai Note, président de la République

AUX DERNIÈRES ÉLECTIONS

Parlement (Nitijela) 33 membres

55 % UDP   **45 % K**

UDP = Parti de l'union démocratique   **K** = Groupe pro-Kabua
Les 33 membres sont élus par 25 districts.

Conseil des chefs 12 membres

Les 12 membres sont des grands chefs.

La vie politique des îles Marshall reste dominée par les chefs traditionnels. Amata Kabua, grand chef et premier président de l'île jusqu'à sa mort en décembre 1996, a été remplacé par son cousin Imata Kabua. Les élections de 1999 ont été remportées par le Parti de l'union démocratique. Son candidat, Kessai Note, a été élu président en janvier 2000. Un an plus tard, il a dû faire face à un vote de défiance proposé par Kabua, opposé à l'attitude du gouvernement quant à la renégociation du traité de libre association avec les ÉU : cet accord, crucial pour l'économie et la défense du pays, a cessé de s'appliquer fin 2001. Ce vote de défiance, qui était seulement le second de toute l'histoire des îles, n'a pas obtenu le nombre de voix nécessaire pour être adopté.

TRANSPORTS

 Majuro International

 207 navires 6 400 000 tpl

RÉSEAU DE TRANSPORT

Routes goudronnées sur les îles importantes   Aucune

Aucune   Aucune

Le système de transports reste limité, malgré quelques liaisons par bateau entre les îles. La compagnie aérienne nationale a connu des difficultés.

TOURISME

 5 000 visiteurs

 Pas de changement en 2000

PROVENANCE DES TOURISTES ÉTRANGERS

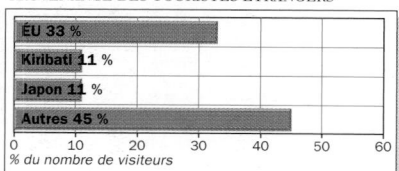

ÉU 33 %
Kiribati 11 %
Japon 11 %
Autres 45 %

% du nombre de visiteurs

Vers la fin des années 1990, de grands complexes ont été construits sur Majuro et Mili. Les touristes viennent plonger, pêcher au gros et découvrir les sites de la guerre du Pacifique.

ÎLES MARSHALL

Superficie totale : 181 km² (70 sq. miles)

ALTIMÉTRIE
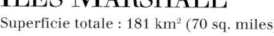
100 m/328ft
Niveau de la mer

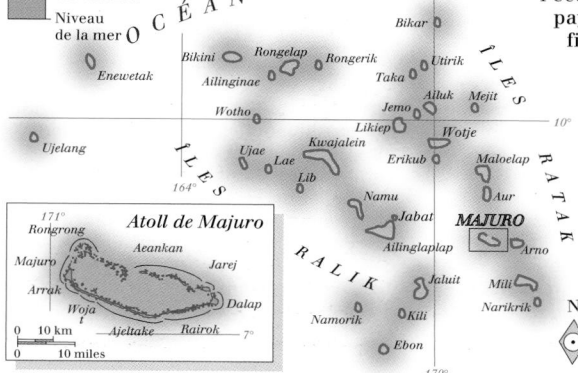

OCÉAN PACIFIQUE

Bokak
Bikar
Bikini   Rongelap   Rongerik
Enewetak   Ailinginae   Taka   Utirik
Jemo   Ailuk   Mejit
Wotho   Likiep   Wotje
Ujelang   Ujae   Kwajalein   Erikub
ÎLES   Lae   Lib   Maloelap
Namu   Aur
RALIK   Jabat   Arno
Ailinglaplap   MAJURO   RATAK
Jaluit   Mili
Namorik   Kili   Narikrik
Ebon

Atoll de Majuro
Rongrong   Aeankan
Majuro   Jarej
Arrak   Dalap
Woja   Ajeltake   Rairok

M

POLITIQUE EXTÉRIEURE

L'accord signé depuis 15 ans avec les ÉU a pris une importance capitale, notamment en politique extérieure et militaire. De 1986 à 2001, les ÉU ont payé 1 Md de $ pour utiliser l'atoll de Kwajalein comme base de missiles. Taiwan est devenu un pays donateur, ce qui a posé un problème de reconnaissance diplomatique.

AIDE INTERNATIONALE

 63 M $ (reçus)   Plus 26 % en 1999

Les aides versées par les ÉU représentent les 2/3 des revenus des îles. L'Australie et Taiwan sont également donateurs.

DÉFENSE

 Défense prise en charge par les ÉU   Ne s'applique pas

Les îles Marshall ne possèdent pas de défense nationale. Les ÉU ne disposent pas d'armes offensives dans les îles mais leurs patrouilleurs sillonnent la région.

ÉCONOMIE

115 M $ Dollar américain

CHIFFRES SIGNIFICATIFS

❑ CLASSEMENT DU PNB AU NIVEAU MONDIAL ..188ᵉ
❑ PNB PAR HABITANT ....2 190 $
❑ BALANCE DES PAIEMENTS … ....21 M $
❑ INFLATION ....2 %
❑ CHÔMAGE...31 %

ATOUTS
Aides versées par les ÉU. Refus stratégique de la part des ÉU de voir les îles s'appauvrir de peur qu'un autre pays n'accroisse son influence sur cette zone du globe. Production de coprah. Énorme potentiel touristique.

FAIBLESSES
Dépendance en matière d'importations. La totalité du pétrole consommé doit être importée. Région souvent dévastée par des tempêtes. Secteur étatique très développé.

EXPORTATIONS

Les ÉU, l'Australie et le Japon sont les principaux partenaires commerciaux des îles Marshall.

IMPORTATIONS

Singapour 3 %   Australie 4 %
Japon 3 %   Guam 5 %
ÉU 47 %   Autres 38 %

RESSOURCES

 405 tonnes   Pays non producteur
Données non disponibles   Phosphates

Peu de ressources stratégiques. Des travaux de prospection ont permis d'établir la présence de phosphates d'excellente qualité, mais en quantité insuffisante pour en envisager une exploitation commerciale. Électricité fournie par de petits générateurs diesel.

ENVIRONNEMENT

 Aucune   Données non disponibles

De 1945 à 1958, Bikini, Enewetak et les atolls voisins ont été rendus inhabitables par les essais nucléaires américains. Les habitants d'Enewetak ont pu revenir chez eux en 1980, et ceux de Rongelap en 2001. En 1999, un tribunal a fixé des critères stricts de décontamination. Les ÉU ont payé à ce jour plus de 101 millions de $ aux victimes des essais nucléaires. En 1999, l'importation de déchets nucléaires a été interdite. L'élévation du niveau de la mer est inquiétante, tout comme l'érosion des plages et la contamination des sols par l'eau saumâtre.

MÉDIAS

 Pas de quotidien

PRESSE ET TÉLÉCOMMUNICATIONS

Il n'existe qu'un hebdomadaire, privé, le *Marshall Islands Journal*.

2 chaînes privées   1 station publique 1 station privée

La radio est la principale source d'information. Il existe une chaîne de télévision par abonnement. Les forces américaines ont leurs propres chaînes de télévision et stations de radio.

CRIMINALITÉ

 Pas de chiffre sur la population carcérale   Peu de changements d'une année sur l'autre

Le taux de délinquance est très faible mais il augmente à Ebeye.

ÉDUCATION

 91 %   Données non disponibles

Le système éducatif, obligatoire de 6 à 14 ans, est basé sur le modèle américain. Le nombre de diplômés du secondaire est supérieur au nombre de places disponibles sur le marché de l'emploi des îles Marshall. Nombre de jeunes font leurs études supérieures aux ÉU.

CHRONOLOGIE

Après une période d'occupation espagnole, les îles Marshall sont devenues un protectorat allemand en 1885 ; le Japon s'en est emparé au début de la Première Guerre mondiale. Les ÉU en ont pris le contrôle en 1945.

❑ **1946** Premiers essais nucléaires américains.
❑ **1947** Zone Pacifique des Nations Unies.
❑ **1961** Kwajalein devient une base de tir de missiles américains.
❑ **1979** Constitution approuvée par référendum. 1ᵉʳ gouvernement.
❑ **1986** Accord avec les ÉU de « territoire librement associé ».
❑ **1990** Fin de la Zone Pacifique.
❑ **2000** Kessai Note remplace Imata Kabua après la victoire de l'opposition.
❑ **2003** Nouvel accord.

SANTÉ

 1 pour 3 294 habitants   Maladies respiratoires et cardiaques, diarrhées

Équipement médical rudimentaire. Les opérations compliquées se font à Hawaii. Malnutrition, notamment carence en vitamine A.

M

RICHESSES

CONSOMMATION ET DÉPENSES

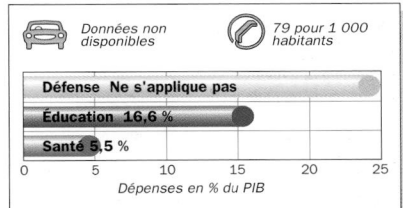

Données non disponibles   79 pour 1 000 habitants

Défense Ne s'applique pas		
Éducation 16,6 %		
Santé 5,5 %		

0 5 10 15 20 25
Dépenses en % du PIB

Peu d'inégalités, mais rares sont ceux qui peuvent s'offrir des biens de luxe.

CLASSEMENT MONDIAL

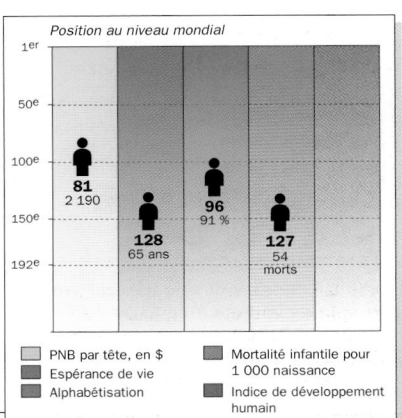

Position au niveau mondial

81 2 190   96 91 %   128 65 ans   127 54 morts

PNB par tête, en $ Mortalité infantile pour 1 000 naissance
Espérance de vie   Indice de développement humain
Alphabétisation

MAURICE

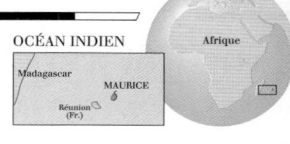

NOM OFFICIEL : Maurice   CAPITALE : Port-Louis
POPULATION : 1,2 million   MONNAIE : roupie mauricienne   LANGUE OFFICIELLE : anglais

| 1968 | 1968 | 12 mars | MS | + 4 | + 230 | .mu |

LES ÎLES qui composent Maurice sont situées dans l'océan Indien, à l'est de Madagascar. L'île principale, qui a donné son nom au pays, est d'origine volcanique ; elle est entourée de récifs coralliens. Le pays compte d'autres îles, situées à 500 km au nord de l'île principale : l'île Rodrigues, les îles Agalega, et Saint-Brandon. L'économie mauricienne est prospère depuis que son industrie s'est diversifiée et que son tourisme se développe.

CLIMAT

DONNÉES MÉTÉOROLOGIQUES

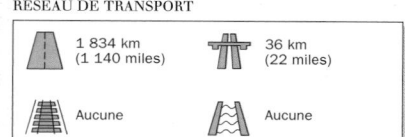

Moyenne des températures journalières Précipitations

°C/°F   J F M A M J J A S O N D   cm/in

Le climat est de type subtropical humide. Les mois de décembre à mars sont les plus chauds et les plus humides. Pendant cette période, le pays est la cible de cyclones.

TRANSPORTS

Sir Seewoosagur Ramgoolam International
870 000 passagers

51 navires
206 000 tpl

RÉSEAU DE TRANSPORT

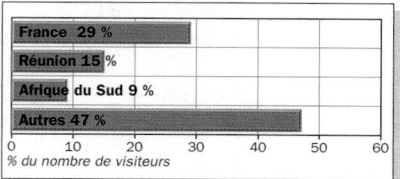

1 834 km (1 140 miles)

36 km (22 miles)

Aucune

Aucune

Le réseau routier est développé mais souvent saturé. Un train sur monorail reliant Port-Louis à Curepipe est à l'étude.

TOURISME

656 000 visiteurs

Plus 14 % en 2000-2001

PROVENANCE DES TOURISTES ÉTRANGERS

France 29 %	
Réunion 15 %	
Afrique du Sud 9 %	
Autres 47 %	

0 10 20 30 40 50 60
% du nombre de visiteurs

Le tourisme s'est développé très vite ces dix dernières années. Les visiteurs viennent à Maurice pour ses plages magnifiques, les sports nautiques, la pêche au gros.

POPULATION

Français, créole, hindi, ourdou, tamoul, chinois, anglais

645 hab./km²

PART DE LA POPULATION URBAINE/RURALE

41 %   59 %

RELIGION

Protestants 2 %   Autres 3 %
Hindous 52 %   Musulmans 17 %
Catholiques 26 %

Maurice est l'un des pays les plus densément peuplés du monde. La majorité de la population descend de travailleurs indiens arrivés au XIXᵉ siècle. On compte 27 % de Créoles et 3 % de Chinois. Les violences entre hindous, musulmans et Créoles ont disparu, mais les Créoles se plaignent de discriminations à leur encontre.

POLITIQUE

2000/2005

Sir Anerood Jugnauth, président de la République

AUX DERNIÈRES ÉLECTIONS

Assemblée Nationale 70 membres

11 % PTr/PMXD   3 % MR

83 % MSM/MMM   3 % OPR

MSM/MMM = Mouvement socialiste mauricien/Mouvement militant mauricien   **PTr/PMXD** = parti travailliste/Parti social-démocrate mauricien de Xavier Duval   **OPR** = Organisation du peuple de Rodrigues   **MR** = Mouvement Rodriguais
62 membres de l'assemblée sont élus au suffrage direct, et jusqu'à 8 autres peuvent être nommés parmi les candidats battus ayant recueilli le plus de voix.

Maurice est devenue une république en 1992. Navin Ramgoolam, du PTr, a été nommé Premier ministre en 1995. Une affaire de corruption a entraîné des élections anticipées en 2000 ; le PTr a été battu : Sir Anerood Jugnauth dirige une coalition comprenant le MSM et l'ancienne opposition, le MMM.

POLITIQUE EXTÉRIEURE

| Comm | MCAEA | OCI | OUA | CDAA |

Maurice a accueilli un sommet de la francophonie en 1995, et la 1ʳᵉ conférence de l'OUA sur les droits humains en 1999. Le pays entretient des liens importants avec l'Inde et l'Afrique du Sud. Il existe un contentieux avec le RU (île de Diego Garcia) et avec la France (île de Tromelin).

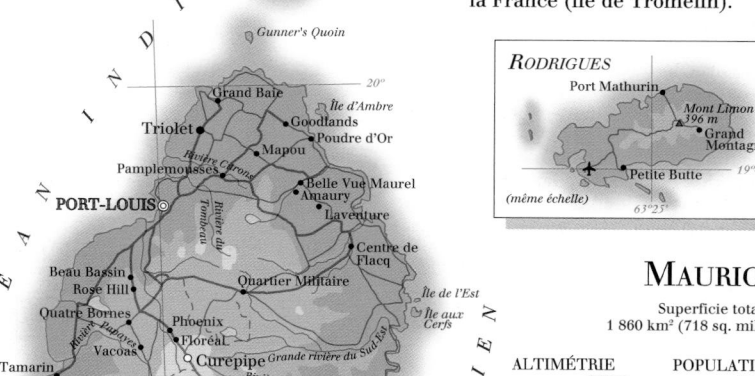

OCÉAN INDIEN

Madagascar   MAURICE   Réunion (Fr.)   Afrique

Île ronde
Île plate   Îlot Gabriel
Gunner's Quoin
Grand Baie   Île d'Ambre
Triolet   Goodlands   Poudre d'Or
Pamplemousses   Mapou
Rivière Citron   Belle Vue Maurel   Amaury
PORT-LOUIS   L'aventure
Rivière du Tombeau   Centre de Flacq
Beau Bassin   Quartier Militaire
Rose Hill   Île de l'Est
Quatre Bornes   Phoenix   Île aux Cerfs
Floréal
Tamarin   Vacoas
Curepipe   Grande rivière du Sud-Est
Rivière des Créoles
R. Noire   Rivière La Chaux
Piton de la Petite   Nouvelle France   Rose Belle   Mahebourg
Rivière Noire 828 m   Rivière des Anguilles   Sir Seewoosagur Ramgoolam Intl
Île aux Bénitiers
Chamouny   Chemin Grenier
Bel Ombre   Surinam   Rivière des Anguilles
Souillac

OCÉAN INDIEN

RODRIGUES

Port Mathurin
Mont Limon 396 m   Grand Montagne
Petite Butte
(même échelle)

MAURICE

Superficie totale : 1 860 km² (718 sq. miles)

ALTIMÉTRIE	POPULATION
500 m/1 640ft	Plus de 100 000
200 m/656ft	Plus de 50 000
Niveau de la mer	Plus de 10 000
	Moins de 10 000

0   10 km
0   10 miles

M

AIDE INTERNATIONALE

 42 M $ (reçus)   Plus 5 % en 1999

La plupart des aides sont bilatérales et la France et le RU sont de grands donateurs. Maurice reçoit aussi des aides de la Norvège, de l'UE, dans le cadre de la convention de Lomé, ainsi que d'autres organisations internationales. 1990 a marqué le début d'un programme de mesures conservatoires sur cinq ans financé par la Banque mondiale qui a aussi promis de débloquer 53 M de $ pour transformer Port-Louis en port franc.

DÉFENSE

 91 M $ Plus 2 % en 1999

Maurice n'a pas d'armée, mais une police spéciale forte de 1 000 hommes, pour assurer la sécurité intérieure, ainsi qu'une unité de garde-côtes de 500 hommes.

ÉCONOMIE

 4,59 Md $ 29-30 roupies mauriciennes

CHIFFRES SIGNIFICATIFS

- ❏ CLASSEMENT DU PNB AU NIVEAU MONDIAL ..116e
- ❏ PNB PAR HABITANT.........................3 830 $
- ❏ BALANCE DES PAIEMENTS ....247 $
- ❏ INFLATION ....5,4 %
- ❏ CHÔMAGE.....................................6 %

ATOUTS
Forte croissance économique. Industrie sucrière (30 % des recettes de l'exportation). Zone de traitement des exportations (textile notamment). Tourisme. Main-d'œuvre qualifiée. Élue économie la plus compétitive d'Afrique par le Forum Economique Mondial en 1999. Services financiers extraterritoriaux.

FAIBLESSES
Vulnérabilité aux fluctuations des cours du sucre. Sécheresse. Importation de 75 % de la nourriture. Tendance à la monoculture sucrière. Manque de ressources stratégiques. Isolement géographique.

EXPORTATIONS
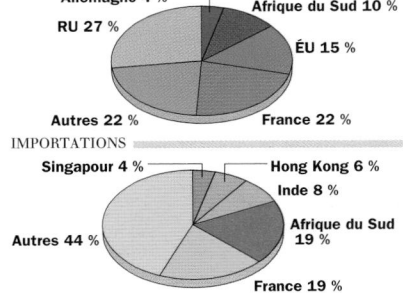
Allemagne 4 % | Afrique du Sud 10 % | RU 27 % | ÉU 15 % | Autres 22 % | France 22 %

IMPORTATIONS
Singapour 4 % | Hong Kong 6 % | Inde 8 % | Autres 44 % | Afrique du Sud 19 % | France 19 %

Villageois autour d'une source du centre de l'île Maurice. Les fleuves sont exploités pour produire de l'énergie hydroélectrique.

RESSOURCES

 13 852 tonnes   Pays non producteur

94 000 caprins
29 400 bovins
4,4 M de volailles   Aucun

Maurice importe du pétrole ; le gouvernement doit donc investir fortement dans des sources d'énergie alternatives comme l'hydroélectricité ou la bagasse (produit sucrier). L'industrialisation et la diversification agricole devraient compenser le manque de ressources naturelles.

ENVIRONNEMENT

 5 % (0,1 % partiellement protégé)   1,5 tonne par habitant

L'industrialisation et le développement sauvage des infrastructures hôtelières sont à l'origine de problèmes écologiques. Les récifs coralliens sont menacés par l'extraction du sable corallien et par les rejets d'effluents non traités dans la mer.

MÉDIAS

 76 quotidiens pour 1 000 personnes

PRESSE ET TÉLÉCOMMUNICATIONS

 10 quotidiens : Le Quotidien, L'Express, et Le Mauricien sont les plus lus.

 1 chaîne privée    1 station privée

La presse est très active, peu réglementée et couvre un lectorat important. Les journaux sont publiés en anglais, en français, en créole, en hindi, en chinois et en tamoul. Les partis d'opposition déplorent que les programmes télévisés et radiodiffusés soient favorables au gouvernement.

CRIMINALITÉ

 1 056 détenus   Plus 4 % en 1996-1998

Le taux de criminalité de l'île principale est relativement bas. Les vols sont en légère augmentation dans les villes ; la délinquance est un phénomène quasi-inexistant dans les îles éloignées.

CHRONOLOGIE

Maurice a été colonisée par les Hollandais au XVIIe siècle, les Français (1710-1810) puis les Anglais.

- ❏ **1959** Premières élections.
- ❏ **1968** Indépendance. Émeutes entre créoles et musulmans.
- ❏ **1982–1995** Sir Anerood Jugnauth devient Premier Ministre et forme le MSM.
- ❏ **1992** Maurice devient une république.
- ❏ **1995** Le PTr-MMM remporte les élections.
- ❏ **2003** Jugnauth réélu président.

ÉDUCATION

 85 %   6 419 étudiants

Le système éducatif est bien développé et 91 % des Mauriciens de moins de 30 ans sont alphabétisés. L'université compte 2 000 étudiants.

SANTÉ

 1 pour 1 111 habitants   Maladies respiratoires et cardiaques, cancers

Les soins gratuits sont accessibles à tous. Le pays compte 14 hôpitaux publics et six cliniques privées.

RICHESSES

CONSOMMATION ET DÉPENSES

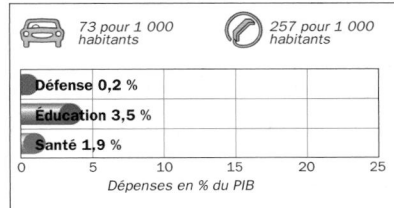
73 pour 1 000 habitants | 257 pour 1 000 habitants
Défense 0,2 % | Éducation 3,5 % | Santé 1,9 %
Dépenses en % du PIB

Les propriétaires d'hôtels et de plantations de souche française sont les plus riches. Les fonctionnaires sont bien payés.

CLASSEMENT MONDIAL

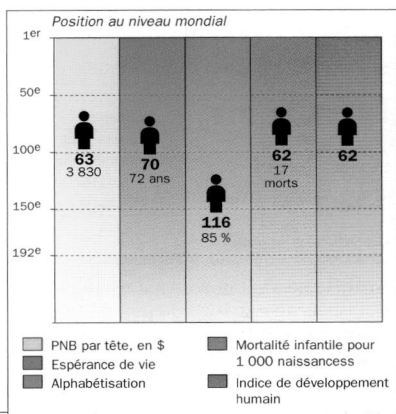
Position au niveau mondial
63 — 3 830 | 70 — 72 ans | 116 — 85 % | 62 — 17 morts | 62
PNB par tête, en $ | Espérance de vie | Alphabétisation | Mortalité infantile pour 1 000 naissances | Indice de développement humain

M

MAURITANIE

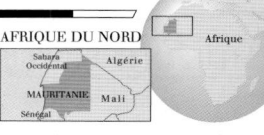
AFRIQUE DU NORD
Afrique

NOM OFFICIEL : République islamique de Mauritanie   CAPITALE : Nouakchott
POPULATION : 2,8 millions   MONNAIE : ouguiya   LANGUES OFFICIELLES : arabe et français

 1960
 1960
 28 nov.
 RIM
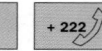 0
 + 222
.mr

Située dans le Nord-Ouest de l'Afrique, la Mauritanie est membre de l'OUA et de la Ligue arabe. Ancienne colonie française, le pays a adopté à partir de 1964 une ligne de conduite radicalement arabe ; la politique est aujourd'hui dirigée par les Mauritaniens, qui dominent la minorité noire. Le Sahara couvre les deux tiers du territoire mauritanien. Les seules terres cultivables sont situées au Sud et au Sud-Ouest ; elles sont irriguées par le Sénégal.

CLIMAT

DONNÉES MÉTÉOROLOGIQUES

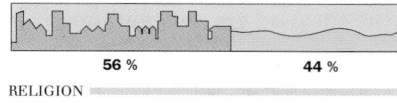
Moyenne des températures journalières Précipitations
°C/°F J F M A M J J A S O N D cm/in

L'harmattan, vent saharien poussiéreux, rend plus pénibles encore les températures élevées et le climat sec. Quelques pluies au Sud.

TRANSPORTS

 Nouakchott
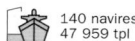 140 navires 47 959 tpl

RÉSEAU DE TRANSPORT

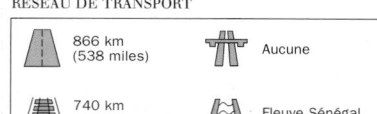
866 km (538 miles)   Aucune
740 km (460 miles)   Fleuve Sénégal

Le réseau de transport est réparti inégalement. Deux routes importantes, que les vents de sable obligent à entretenir en permanence.

TOURISME

 24 000 visiteurs
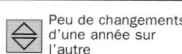 Peu de changements d'une année sur l'autre

PROVENANCE DES TOURISTES ÉTRANGERS

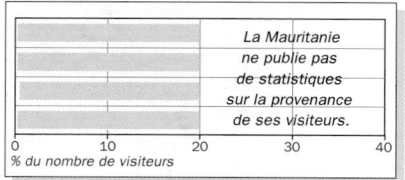
La Mauritanie ne publie pas de statistiques sur la provenance de ses visiteurs.
% du nombre de visiteurs
0   10   20   30   40

Hormis les amateurs de safari, le pays attire peu de touristes. Les régions les plus montagneuses offrent des paysages extraordinaires mais elles sont difficiles d'accès. Quelques hôtels à Nouakchott.

POPULATION

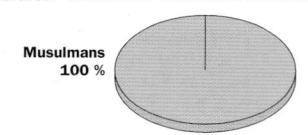
Arabe hassaniyah, ouolof, français   3 hab./km²

PART DE LA POPULATION URBAINE/RURALE

56 %   44 %

RELIGION

Musulmans 100 %

Les Mauritaniens, qui dominent la politique du pays, représentent un tiers de la population. La population noire est constituée des groupements ethniques havalin, sénégalais, toucouleur, peul et ouolof. L'oppression de la population noire par les Mauritaniens est la cause principale des tensions ethniques. La vieille bourgeoisie noire a été supplantée par une classe mauritanienne et le pays compterait des milliers d'esclaves noirs. En 1989, 200 000 Mauritaniens se sont réfugiés au Sénégal. Les Sénégalais établis en Mauritanie ont alors été pris pour cible et ont été déportés dans des camps de réfugiés. La solidarité familiale est extrêmement forte dans la population nomade.

POLITIQUE

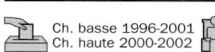
Ch. basse 1996-2001
Ch. haute 2000-2002
Maaouya Ould Sid'Ahmed Taya, président de la République

AUX DERNIÈRES ÉLECTIONS

Assemblée Nationale 79 membres

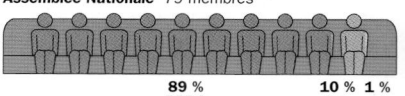

89 % PRDS   10 % 1 % Ind AC

PRDS = Parti républicain démocratique et social
Ind = Indépendants   **AC** = Action pour le changement

Sénat 56 membres

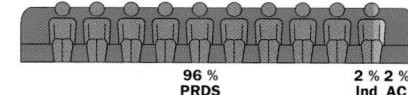

96 % PRDS   2 % 2 % Ind AC

Le Sénat est élu au suffrage indirect.

La Mauritanie est devenue officiellement une démocratie en 1991. Néanmoins, les élections présidentielles de 1992 et 1997 n'ont fait que consacrer le chef militaire déjà en place, le colonel Taya. L'opposition, elle aussi principalement dirigée par des Maures, a boycotté les élections législatives, accusant le gouvernement de fraude électorale. De nombreux remaniements ministériels ont eu lieu récemment. Les Noirs du Sud soutiennent des partis en exil, comme le FLAM basé à Dakar.

MAURITANIE

Superficie total : 1 025 520 km² (395 953 sq. miles)

POPULATION
Plus de 500 000
Plus de 10 000
Moins de 10 000

ALTIMÉTRIE
500 m/1 640ft
200 m/656ft
Niveau de la mer

N

0   200 km
0   200 miles

M

POLITIQUE EXTÉRIEURE

La Mauritanie doit préserver l'équilibre fragile qui existe entre ses relations avec l'Afrique subsaharienne et ses liens avec le monde arabe. Ses relations avec le Sénégal, pays voisin, se sont améliorées depuis les conflits de 1989.

AIDE INTERNATIONALE

 219 M $ (reçus)   Plus 27 % en 1999

La Mauritanie reçoit des aides de la France, de l'Allemagne, du FMI, de l'OPEP et de l'Irak. Ces aides sont généralement affectées à des projets de développement, comme la route transmauritanienne.

DÉFENSE

 24 M $  Moins 8 % en 1999

Avec ses 15 000 hommes, l'armée grève le budget du pays. La France est le principal fournisseur d'armes.

ÉCONOMIE

 1 Md $  223-250 ouguiyas

CHIFFRES SIGNIFICATIFS

- ❏ CLASSEMENT DU PNB AU NIVEAU MONDIAL ..156ᵉ
- ❏ PNB PAR HABITANT ....390 $
- ❏ BALANCE DES PAIEMENTS ... .77 M $
- ❏ INFLATION ....4,1 %
- ❏ CHÔMAGE ....23 %

ATOUTS
Mines de fer exploitées par Cominor, à Zouérat. Gisements de gypse les plus importants du monde. Présence de cuivre, dont l'exploitation n'a pas encore véritablement commencé. Pêche côtière.

FAIBLESSESS
Dette du pays : près de 2 Md de dollars. Sécheresse. Sauterelles. Terres désertiques aux deux tiers. Climat sec et très chaud. Fluctuations des prix des données de base.

EXPORTATIONS

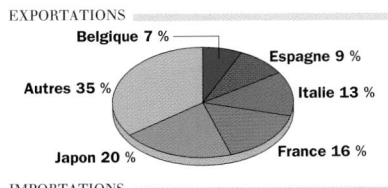

Belgique 7 %
Espagne 9 %
Autres 35 %
Italie 13 %
Japon 20 %
France 16 %

IMPORTATIONS

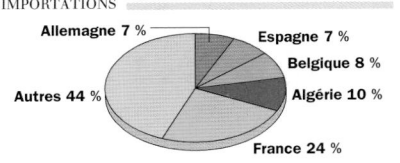

Allemagne 7 %
Espagne 7 %
Belgique 8 %
Autres 44 %
Algérie 10 %
France 24 %

Le climat extrêmement aride de la Mauritanie ne permet de cultiver que 1 % des terres. Le Sahara s'étend sur deux tiers du pays ; le tiers restant permet de nourrir quelques troupeaux.

RESSOURCES

 82 000 tonnes   Pays non producteur

6,2 M d'ovins
4,13 M de caprins
1,44 M de bovins
4,1 M de volailles

 Fer, gypse, cuivre, or, phosphates, yttrium, diamants

Malgré la baisse des cours, le fer continue d'être exploité. Présence d'or et de diamants. Les produits miniers et la pêche représentent 99,7 % des exportations. La production d'électricité a augmenté de 40 % entre 1989 et 1996, et devrait s'accroître avec le barrage de Manantali. Gisements de phosphates près du fleuve Sénégal. Prospections pétrolières offshore en cours.

ENVIRONNEMENT

 2 % (0,2 % partiellement protégé)   1,2 tonne par habitant

La progression du désert est le principal problème écologique de la Mauritanie. La situation s'est aggravée avec les sécheresses de 1973 et de 1983, qui ont entraîné une réduction massive de la surface de pâturages. L'exode rural qui a suivi a fait passer la population de Nouakchott de 20 000 habitants en 1960 à presque 1 000 000 à ce jour.

MÉDIAS

 0,5 quotidien pour 1 000 habitants

PRESSE ET TÉLÉCOMMUNICATIONS

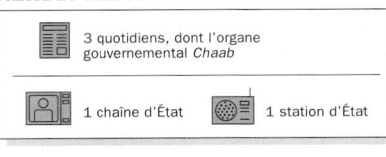

3 quotidiens, dont l'organe gouvernemental *Chaab*

1 chaîne d'État   1 station d'État

La presse subit une forte censure ; radio et télévision sont contrôlées par l'État. *Chaab* paraît aussi en version française (sous le titre : *Horizons*).

CRIMINALITÉ

 Pas de chiffre sur la population carcérale   Moins 23 % en 1992-1996

On déplore surtout contrebande et vols. Le niveau de la violence est inférieur à la moyenne de l'Afrique de l'Ouest.

ÉDUCATION

 42 %    8 496 étudiants

Malgré une amélioration, la moitié de la population reste analphabète. L'enseignement en arabe est obligatoire dans les écoles depuis 1988.

SANTÉ

 1 pour 10 000 habitants   Diarrhées, maladies respiratoires, grippe, tuberculose

Les inégalités régionales font que la capitale possède les meilleurs services de santé – ceux-ci étant similaires à ceux des pays voisins.

RICHESSES

CONSOMMATION ET DÉPENSES

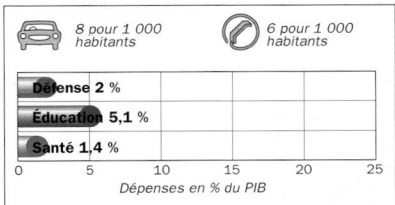

8 pour 1 000 habitants   6 pour 1 000 habitants

Défense 2 %
Éducation 5,1 %
Santé 1,4 %

Dépenses en % du PIB

L'élite maure qui dirige le pays concentre les richesses. Certains se rendent en pèlerinage à la Mecque.

CLASSEMENT MONDIAL

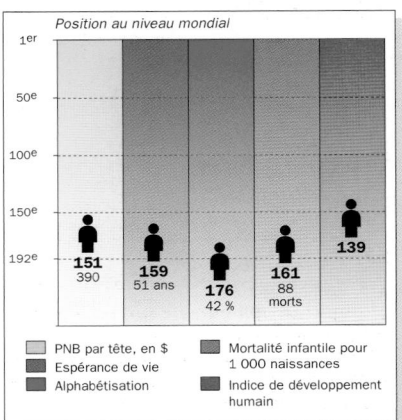

Position au niveau mondial

1er
50e
100e
150e
192e

151 — 390
159 — 51 ans
176 — 42 %
161 — 88 morts
139

- PNB par tête, en $
- Espérance de vie
- Alphabétisation
- Mortalité infantile pour 1 000 naissances
- Indice de développement humain

M

MEXIQUE

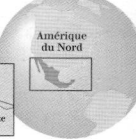

NOM OFFICIEL : États-Unis du Mexique **CAPITALE :** Mexico
POPULATION : 102 millions **MONNAIE :** peso mexicain **LANGUE OFFICIELLE :** espagnol

Sᴵᴛᴜᴇ́ à l'extrémité sud du continent américain, le Mexique est de plus en plus assimilé à un pays d'Amérique du Nord et non plus d'Amérique centrale. Les plaines qui bordent les côtes atlantique et pacifique s'élèvent progressivement pour donner naissance à un plateau central aride qui abrite la conurbation la plus importante du monde : Mexico, bâtie à la place de Tenochtitlán, capitale aztèque. Colonisée par les Espagnols pour ses mines d'argent, le Mexique accède à l'indépendance en 1836. C'est pendant la « révolution épique », qui dure de 1910 à 1920 et qui fait 250 000 victimes, que la structure moderne du Mexique se met en place. En 1994, le Mexique ratifie l'accord de libre-échange nord-américain (ALENA).

La cathédrale churrigueresque de Santa Prisca, dans l'État de Guerrero. Elle a été bâtie durant les années 1750.

CLIMAT

DONNÉES MÉTÉOROLOGIQUES

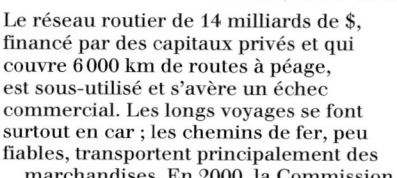

Les températures du plateau et des montagnes sont souvent élevées. Le climat de la côte pacifique est tropical.

TRANSPORTS

Benito Juárez International, Mexico
20,45 M de passagers

626 navires
1,1 M de tpl

RÉSEAU DE TRANSPORT

96 221 km (59 789 miles) 6 335 km (3 936 miles)
26 595 km (16 526 miles) 2 900 km (1 802 miles)

Le réseau routier de 14 milliards de $, financé par des capitaux privés et qui couvre 6 000 km de routes à péage, est sous-utilisé et s'avère un échec commercial. Les longs voyages se font surtout en car ; les chemins de fer, peu fiables, transportent principalement des marchandises. En 2000, la Commission fédérale de la concurrence a ordonné le démantèlement d'un groupe possédant 80 % des lignes aériennes.

TOURISME

20,6 M de visiteurs Plus 18 % en 2000

PROVENANCE DES TOURISTES ÉTRANGERS

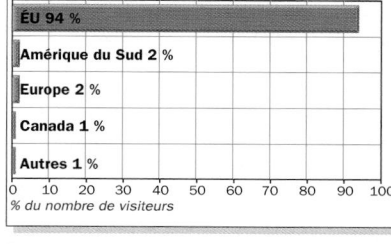

ÉU 94 %
Amérique du Sud 2 %
Europe 2 %
Canada 1 %
Autres 1 %

Le tourisme est le secteur qui emploie le plus grand nombre de personnes. Les touristes viennent au Mexique pour ses stations balnéaires très agréables au bord du Pacifique telles qu'Acapulco et pour les nouvelles stations de la péninsule du Yucatán, sur la côte Atlantique. Le Mexique compte également un grand nombre de sites archéologiques aztèques et mayas faisant partie du patrimoine mondial. Les nombreuses villes coloniales, telles Morelia et Guadalajara, restées quasiment intactes depuis la conquête du pays, attirent également des touristes. L'expansion du tourisme fait partie des priorités du gouvernement.

M

POPULATION

 Espagnol, nahuati, maya, zapotèque, mixtèque, otomi, totonaque, tzotzil, tzeltal 52 hab./km²

PART DE LA POPULATION URBAINE/RURALE

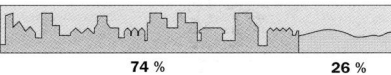

74 %   **26 %**

RELIGION

Protestants 1 %   Autres 4 %

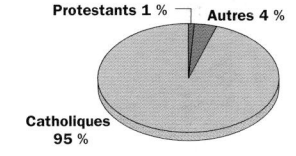

Catholiques
95 %

COMPOSITION ETHNIQUE

Autres 9 %

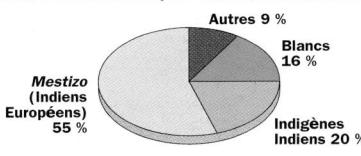

Blancs
16 %

Mestizo
**(Indiens
Européens)
55 %**

Indigènes
Indiens 20 %

Alors que la plupart des Mexicains sont *mestizo*, le gouvernement mexicain défend la culture indienne du pays, ce qui occulte la ségrégation dont les Indiens sont victimes. Cette situation dure depuis la période coloniale espagnole. La communauté noire, peu importante et regroupée le long de la côte Est, est bien

PYRAMIDE DES ÂGES

Femmes	Âge	Hommes
0,5 %	81–100	0,4 %
2,9 %	61–80	2,7 %
7,4 %	41–60	7,1 %
16,7 %	21–40	15,5 %
23,2 %	0–20	23,6 %

% de la population par tranche d'âge

intégrée. Plusieurs centaines de milliers de réfugiés ont fui vers le Mexique, il y a peu, pour échapper aux guerres civiles d'Amérique centrale. Ils ont généralement été placés dans des camps de réfugiés et commencent aujourd'hui à rentrer chez eux. Le problème le plus préoccupant est celui de la pauvreté. En 1994, la rébellion des guerilleros zapatistes a éclaté sous la pression des Indiens. Dans un plébiscite officieux de 1999 de l'AZNL, 3 000 000 de Mexicains ont déclaré que les Amérindiens devraient jouer un rôle actif dans le développement du pays, et voir leurs droits reconnus par la Constitution. Comme dans la plupart des pays d'Amérique latine, les hommes sont influents dans le secteur des affaires et les femmes peu présentes sur la scène politique.

POLITIQUE

 Ch. basse 2003/2006
Ch. haute 2000/2006   Vicente Fox, président de la République

AUX DERNIÈRES ÉLECTIONS
Chambres fédérale des députés 500 membres

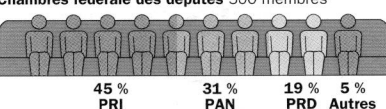

45 % PRI   **31 %** PAN   **19 %** PRD   **5 %** Autres

PAN–PVEM = Alliance pour le changement (Parti d'action nationale et Parti vert) **PRI** = Parti révolutionnaire institutionnel **PRD–PT** = Alliance pour le Mexique (Parti révolutionnaire démocratique et Parti travailliste)

Sénat 128 membres

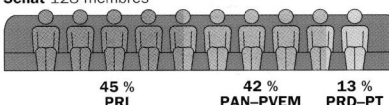

45 % PRI   **42 %** PAN–PVEM   **13 %** PRD–PT

Avant les réformes de 1997, le Mexique n'était qu'une démocratie de nom.

PRINCIPAUX PROBLÈMES POLITIQUES
Capacité d'action du Président Fox
Le PRI détient encore des postes importants dans des commissions parlementaires, dont il compte se servir pour gêner les réformes du gouvernement. M. Fox est aussi en délicatesse avec son propre parti.

La paix au Chiapas
Fox, en relâchant certains prisonniers et en retirant ses troupes du Chiapas, a rapidement honoré les engagements pris auprès de l'AZLN.

Mais l'opposition de l'armée, du PRI local, des paramilitaires, ainsi que les restrictions budgétaires, risquent de retarder les réformes socio-économiques nécessaires.

L'avenir du PRI
Depuis sa défaite en 2000, le PRI est divisé et à la dérive. Il est possible qu'il éclate, malgré son importance au niveau local et parlementaire.

PROFIL
Le PRI dominait la vie politique depuis 1920. Les élections régionales des années 1990 ont démontré la puissance des partis d'opposition, et le PRI, après une réforme électorale, a perdu son monopole en 1997. Le PAN du président Fox est devenu le parti le plus important à la Chambre, mais il n'a pas la majorité absolue. Fox a promis un « gouvernement de transition » à base élargie.

Vicente Fox, élu président en 2000, a mis fin à 70 ans de pouvoir du PRI.   *Sous-commandant Marcos, chef de l'Armée zapatiste de libération nationale.*

POLITIQUE EXTÉRIEURE

 G15   ALENA   OCDE   OEA GR

L'ALENA a lié les économies du Mexique et des EU. Peu de progrès sur la question de l'immigration économique. Tensions bilatérales avec les EU (pêche au thon, transport par camion, subventions agricoles). Les paysans mexicains pauvres, subissant la concurrence des EU depuis la levée des barrières douanières, ont demandé des protections tarifaires. Le gouvernement a promis des renégociations, mais les EU et le Canada s'y opposent. Sous Fox, le soutien traditionnel à Cuba a diminué en faveur des EU. Le Mexique a des accords de libre échange avec de nombreux pays (dont ceux de l'UE). Il est en compétition avec le Brésil pour le rôle de principal négociateur lors de la formation de la Zone de libre échange des Amériques (prévue en 2005).

AIDE INTERNATIONALE

 34 M $ (reçus)  Plus 127 % en 1999

Aide limitée. Certaines ONG européennes et américaines versent également des aides (programmes d'alphabétisation).

M

CHRONOLOGIE

Le royaume aztèque est vaincu en 1521 lors de la guerre l'opposant à l'Espagnol Hernán Cortés. En 1546, les Espagnols découvrent d'importantes mines d'argent à Zacatecas. Le Mexique, Nouvelle Espagne, est intégré à l'empire colonial espagnol.

❏ **1810** Échec de la riposte contre les Espagnols.
❏ **1821** Le vice-roi espagnol est contraint d'abdiquer par Augustin de Iturbide.
❏ **1822** Démocratie fédérale.
❏ **1823** Le Texas ouvre ses frontières aux immigrants américains.
❏ **1829** Tentative de reprise du pouvoir par un corps expéditionnaire militaire.
❏ **1836** Les ÉU sont le premier pays à reconnaître l'Indépendance du Mexique, suivis de l'Espagne. Le Texas proclame son indépendance vis-à-vis du Mexique.
❏ **1846** Début de la guerre entre le Mexique et les ÉU.
❏ **1848** Le Mexique perd le Nouveau-Mexique, l'Arizona, le Nevada, l'Utah, la Californie et une partie du Colorado.

- ❏ **1858–1861** Guerre de la réforme gagnée par les anticléricaux.
- ❏ **1863** La France s'empare de Mexico. Maximilien d'Autriche est couronné empereur du Mexique.
- ❏ **1867** Benito Juárez s'empare du pays. Maximilien est fusillé.
- ❏ **1876** Porfirio Díaz devient président. Croissance économique; construction du réseau ferroviaire.
- ❏ **1901** La production de pétrole débute.
- ❏ **1910–1920** Début de la «Révolution épique » due à l'exploitation de la population par les entreprises étrangères et au désir d'une réforme agraire.
- ❏ **1911** Porfirio Díaz est renversé par Francisco Madero. Guérilla dans le Nord du pays. Zapata organise une guérilla paysanne dans le Sud.
- ❏ **1913** Francisco Madero est assassiné. La guerre civile fait 250 000 morts.
- ❏ **1917** Une nouvelle Constitution réduit les pouvoirs de l'Église.
- ❏ **1926–1929** Rébellion des *Cristems* menée par des prêtres catholiques.
- ❏ **1929** Création du Parti national révolutionnaire (le futur PRI).
- ❏ **1934** Le général Cárdenas devient président. Accélération de la réforme agraire. Mise en place des coopératives agricoles, nationalisation des compagnies de chemin de fer et expulsion des compagnies pétrolières américaines et britanniques.
- ❏ **1940-1950** L'effort de guerre des ÉU permet un boom économique.
- ❏ **1970** La croissance de la population s'accélère et atteint 3 % par an.
- ❏ **1982** Le Mexique ne peut pas rembourser sa dette extérieure de plus de 800 milliards de $. Le FMI exige des mesures économiques avant de rééchelonner sa dette.
- ❏ **1984** Le gouvernement enfreint la Constitution et assouplit les lois sur les investissements étrangers.
- ❏ **1985** Tremblement de terre (Mexico).
- ❏ **1988** Carlos Salinas de Gortari est élu président à 50,3 % des suffrages.
- ❏ **1990** Le gouvernement PRI programme des privatisations.
- ❏ **1994–1995** Répression par l'armée de la rébellion du Chiapas, 100 victimes. Le Mexique devient membre de l'ALENA. Assassinat de Luis Colosio, candidat du PRI. Ernesto Zedillo le remplace et est élu président. Crise économique.
- ❏ **1997** Fin du monopole du PRI.
- ❏ **1999** Budget d'austérité.
- ❏ **2000** En juillet, présidentielles remportées par le PAN (Vicente Fox).
- ❏ **2001** Marche de l'AZLN du Chiapas à Mexico.
- ❏ **2003** Percée du PRI aux élections de mi-mandat.

M

DÉFENSE

 4,29 Md $ Plus 10 % en 1999

L'armée mexicaine ne s'occupe que de sécurité intérieure. Les militaires se tiennent globalement à l'écart de la vie politique. Les principaux vendeurs d'armes sont les ÉU et la France. En 1994, la police a été chargée de surveiller la frontière américaine. La rébellion zapatiste de 1994 a déclenché une réaction brutale de l'armée, aux ordres du PRI. La militarisation croissante de l'État au cours des six années suivantes a empêché tout processus de paix et conduit à une prolifération de paramilitaires, avec la bénédiction tacite du PRI local, accusé du massacre

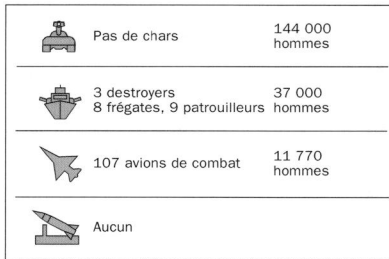

FORCES ARMÉES MEXICAINES

Pas de chars		144 000 hommes
3 destroyers 8 frégates, 9 patrouilleurs		37 000 hommes
107 avions de combat		11 770 hommes
Aucun		

d'Amérindiens par des défenseurs des droits de l'homme. Le PAN a retiré plusieurs unités de zones clés du Chiapas.

ÉCONOMIE

 550 Md $ 9,9-10,4 pesos mexicains

CHIFFRES SIGNIFICATIFS

- ❏ CLASSEMENT DU PNB AU NIVEAU MONDIAL 10ᵉ
- ❏ PNB PAR HABITANT ....5 530 $
- ❏ BALANCE DES PAIEMENTS ....– 17,7 Md $
- ❏ INFLATION ....6,4 %
- ❏ CHÔMAGE ....3 %

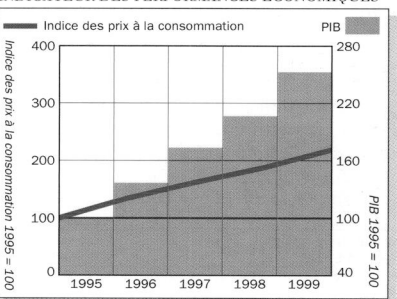

INDICATEUR DES PERFORMANCES ÉCONOMIQUES

EXPORTATIONS

Japon 1 %   Allemagne 2 %
Espagne 1 %   Canada 2 %
Autres 6 %
ÉU 88 %

IMPORTATIONS

Canada 2 %   Allemagne 4 %
Corée du Sud 2 %   Japon 4 %
Autres 14 %
ÉU 74 %

ATOUTS
Important producteur de pétrole (réserves considérables). Ressources minérales. Investissements étrangers directs. Produits d'exportation diversifiés. Membre de l'ALENA. Faibles charges.

FAIBLESSES
Poids de la dette. Monnaie vulnérable. Corruption. Influence du cours du pétrole et du ralentissement de l'économie américaine. Problèmes fiscaux.

PROFIL
Un contrôle des dépenses a permis le retour des investisseurs en 2000. Le gouvernement et la banque centrale ont juré de maintenir le cap monétaire et de s'attaquer à la fraude fiscale, mais les promesses de M. Fox de lutter contre la pauvreté et les problèmes sociaux risquent de le conduire à augmenter les

dépenses. Les revenus du pétrole (un tiers du budget), la stabilité du peso, et l'avenir des exportations en cas de récession américaine restent des problèmes sérieux.
L'endettement des années 1980 a obligé le PRI à privatiser. La crise du peso en 1994, malgré une aide internationale de 20 milliards de $, a gravement ralenti la croissance. Le gouvernement Zedillo a lancé des réformes drastiques, mais la perte de confiance vis-à-vis des « marchés émergents » a durablement affecté la vie économique.

MEXIQUE : PRINCIPALES ACTIVITÉS

Industrie alimentaire   Pétrochimie
Construction automobile   Raffinerie de pétrole
Informatique
Tijuana   Mines d'argent
Ciudad Juárez   Électronique
Monterrey   Brasseries
Textile
Reynosa
Tampico
Minatitlán
Durango
Guadalajara
Salamanca
Mexico
0   400 km
0   400 miles
* Importante participation de multinationales

RESSOURCES

 1,53 M de tonnes

 30,3 M de bovins
13,7 M de porcins
9,6 M de caprins
476 M de volailles

3,5 millions de b/j
(réserves :
28 300 000 000 b)
Pétrole, gaz, or,
argent, cuivre,
charbon, fluorite,
mercure, antimoine

PRODUCTION ÉLECTRIQUE

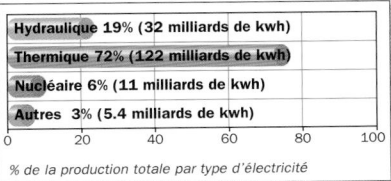

Hydraulique 19% (32 milliards de kwh)

Thermique 72% (122 milliards de kwh)

Nucléaire 6% (11 milliards de kwh)

Autres 3% (5.4 milliards de kwh)

0   20   40   60   80   100

% de la production totale par type d'électricité

Le Mexique est l'un des plus gros producteurs de pétrole du monde qui ne fasse pas partie du cartel de l'OPEP. La plus grande part de son pétrole est produite par des plates-formes situées en mer, dans le golfe du Mexique. L'industrie pétrolière était un secteur public dirigé par la PEMEX,

ENVIRONNEMENT

 4 % (partiellement protégés)

4 tonnes par habitant

TRAITÉS ÉCOLOGIQUES

Oui   Oui   Oui

Oui   Oui   Oui

Les problèmes écologiques posés par la conurbation de Mexico sont sans doute les plus importants. Le développement effréné de cette région qui abrite 20,2 millions d'habitants et l'absence de contrôles sur les usines ont entraîné une pollution de l'air certainement la plus grave au monde.
La situation des zones frontalières est également préoccupante. Les usines d'assemblage n'effectuent pas de contrôles écologiques et sont généralement situées au milieu de bidonvilles. Le tourisme côtier pose aussi des problèmes.

MÉDIAS

 97 quotidiens pour 1 000 personnes

PRESSE ET TÉLÉCOMMUNICATIONS

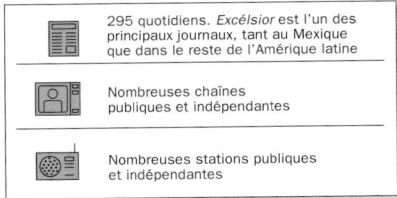

295 quotidiens. *Excélsior* est l'un des principaux journaux, tant au Mexique que dans le reste de l'Amérique latine

Nombreuses chaînes publiques et indépendantes

Nombreuses stations publiques et indépendantes

Le PRI a toujours manipulé les médias et a été accusé, lors des élections de 2000, de museler l'opposition.

MEXIQUE : UTILISATION DU SOL

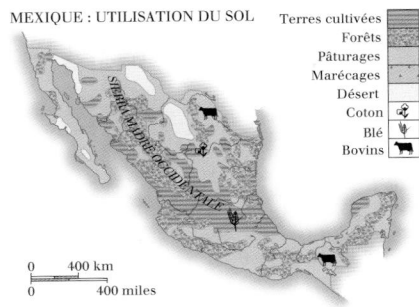

Terres cultivées
Forêts
Pâturages
Marécages
Désert
Coton
Blé
Bovins

0   400 km
0   400 miles

la cinquième compagnie pétrolière du monde (120 000 personnes). La décision de privatiser 61 usines pétrochimiques a provoqué, en 1995-1996, d'importants troubles sociaux. Malgré ses réserves de pétrole, le Mexique a lancé un programme nucléaire, veut moderniser son réseau électrique et augmenter la production de gaz naturel.

CRIMINALITÉ

 83 520 prisonniers

 Peu d'évolution

TAUX DE CRIMINALITÉ

Le Mexique ne publie pas de chiffres sur les meurtres les vols, ou les viols.

Le nord du pays est une plaque tournante du narcotrafic. Les policiers américains accusent leurs homologues de corruption. Les armes à feu sont répandues et de simples altercations peuvent dégénérer. Le taux de criminalité de la capitale est devenu un problème politique, tout comme la réforme d'une police et d'une justice corrompues.

ÉDUCATION

 91 %

 1,6 M d'étudiants

LE SYSTÈME ÉDUCATIF

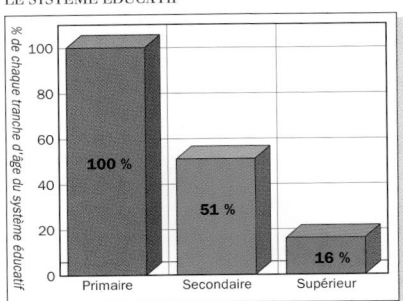

% de chaque tranche d'âge du système éducatif

100 %

51 %

16 %

Primaire   Secondaire   Supérieur

Lééducation publique, officiellement obligatoire pour les six premières années, manque de moyens, surtout en zone rurale. Il s'inspire des modèles français et américains. Bonnes infrastructures universitaires publiques.

SANTÉ

 1 pour 625 habitants

 Maladies cardiaques, accidents, cancers, violence

Le système public reste rudimentaire et manque de moyens, malgré le lancement d'un programme ambitieux en 1996.
Les chirurgiens et dentistes sont réputés, surtout dans le secteur privé. Cependant, les riches vont souvent se faire soigner aux ÉU.

RICHESSES

CONSOMMATION ET DÉPENSES

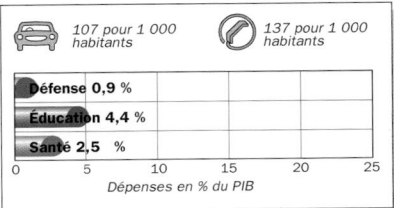

107 pour 1 000 habitants

137 pour 1 000 habitants

Défense 0,9 %

Éducation 4,4 %

Santé 2,5 %

0   5   10   15   20   25

Dépenses en % du PIB

Le Mexique est caractérisé par des disparités de richesse énormes, avec d'une part 12 milliardaires et d'autre part 16 % de la population qui vivent en dessous du seuil de pauvreté. Par le passé, les habitants fortunés ne payaient pas d'impôts et tiraient souvent parti de l'appareil étatique très développé. La fraude fiscale reste un grave problème.
Les Amérindiens appartiennent probablement à la catégorie la plus défavorisée. Ces dix dernières années, la pauvreté les a forcés à aller travailler dans des usines (*maquiladoras*) en vivant dans des bidonvilles, dans les conditions que l'on imagine. Les salaires réels ont baissé de 70 % au cours de la dernière décennie. La révolte du Chiapas est liée à un manque de terre arables. Nombre de paysans pauvres émigrent aux ÉU pour envoyer de l'argent à leur famille.

CLASSEMENT MONDIAL

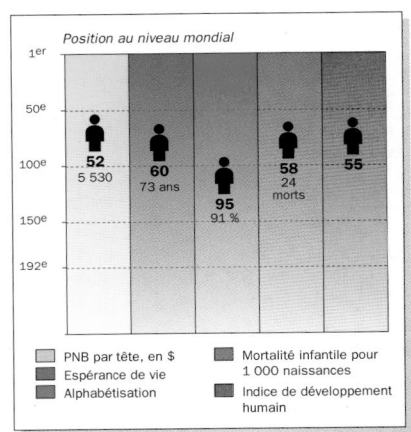

Position au niveau mondial

1er

50e

100e

150e

192e

52
5 530

60
73 ans

95
91 %

58
24 morts

55

☐ PNB par tête, en $
☐ Espérance de vie
☐ Alphabétisation

☐ Mortalité infantile pour 1 000 naissances
☐ Indice de développement humain

M

MICRONÉSIE

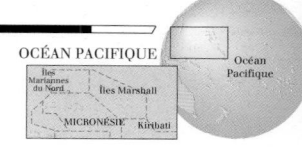

OCÉAN PACIFIQUE

NOM OFFICIEL : États fédérés de Micronésie **CAPITALE** : Palikir
POPULATION : 135 869 **MONNAIE** : dollar américain **LANGUE OFFICIELLE** : anglais

Situés dans l'océan Pacifique, les États fédérés de Micronésie englobent toutes les îles Carolines à l'exception de Belau. Ils sont constitués de quatre États principaux : Pohnpei, Kosrae, Truk et Yap, eux-mêmes composés d'îles. Ces îles sont tantôt très élevées et d'origine volcanique, tantôt peu élevées et de type corallien. La Micronésie faisait autrefois partie des îles du Pacifique placées sous tutelle américaine ; elle est devenue indépendante mais bénéficie toujours d'aides importantes des ÉU.

CLIMAT

DONNÉES MÉTÉOROLOGIQUES

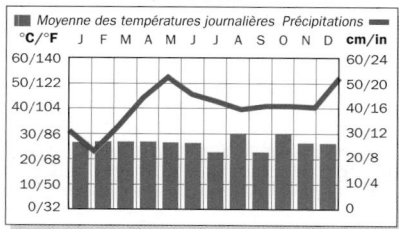

Le climat des îles est humide et assez chaud durant toute l'année avec des amplitudes thermiques peu importantes.

TRANSPORTS

Pohnpei 44 834 passagers   19 navires 10 400 tpl

RÉSEAU DE TRANSPORT

42 km (26 miles)   Aucune
Aucune   Aucune

Inauguration en 2000 des premières liaisons en Boeing 737. Les navires transportent surtout du coprah et du fret. Certaines îles possèdent des routes recouvertes de corail.

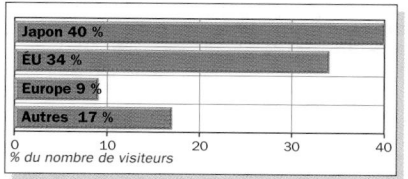

Îles rocheuses de Micronésie. *La Micronésie redoute que le réchauffement de la planète entraîne une montée du niveau de la mer.*

TOURISME

20 000 visiteurs   Plus 82 % en 1994-1996

PROVENANCE DES TOURISTES ÉTRANGERS

Japon 40 %	
ÉU 34 %	
Europe 9 %	
Autres 17 %	

% du nombre de visiteurs

Le tourisme n'est pas développé. Seuls les navires qui ont sombré au large de Truk pendant la guerre et les plages de l'île de Kosrae attirent des touristes. Les îles éloignées sont restées intactes.

POPULATION

Trukien, pohnpéien, mortiockéen, losréen, anglais   190 hab./km²

PART DE LA POPULATION URBAINE/RURALE

28 %   72 %

RELIGION

Autres 2 %
Catholiques 50 %
Protestants 48 %

La population est variée physiquement, linguistiquement et culturellement. Les Mélanésiens vivent sur Yap, les Polynésiens sur Pohnpei. La plupart n'ont ni l'électricité ni eau courante ; beaucoup bénéficient d'aides sociales américaines. La société est traditionnellement matrilinéaire.

POLITIQUE

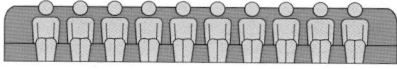

2003/2005   Joseph Urusemal, président de la République

AUX DERNIÈRES ÉLECTIONS
Congrès 14 membres

Pas de partis politiques. Les 14 sénateurs sont élus en tant qu'indépendants. 10 sont choisis pour 2 ans ; 4 autres – 1 par État – ne sont rattachés à aucune circonscription et sont élus pour 4 ans.

La structure fédérale du pays prévoit que le président et le vice-président soient élus par le corps législatif fédéral parmi les quatre sénateurs non rattachés à une circonscription électorale (un par État). Les chefs traditionnels exercent toujours une influence très forte sur la politique du pays. La Micronésie cherche aujourd'hui à accroître son indépendance économique; cette question a dominé les débats en 2000-2001 sur la nouvelle convention de libre association avec les ÉU.

MICRONÉSIE

Superficie totale : 702 km² (271 sq. miles)

POPULATION
• Moins de 10 000

ALTIMÉTRIE
100 m/528 ft
Niveau de la mer

[Carte des îles Carolines : MER DES PHILIPPINES, ÎLES HALL, Yap, Ulithi, Fais, ÉTAT DE YAP, Gaferut, Namonuito, Île de Fayu Est, Murilo, Minto Reef, Ngulu, Faraulep, Île de Fayu Ouest, Pikelot, ÉTAT DE TRUK, ÎLES POHNPEI, Sorol, Olimarao, Lamotrek, Pulap, Nomwin, ÎLES DE TRUK, Oroluk, Woleai, Elato, Satawal, Puluwat, Kuop, Weno, Losap, Pakin, PALIKIR, Île de Jalik Ouest, Eauripik, Pulusuk, MORTLOCKS SUPÉRIEURES, Pohnpei, ÉTAT DE POHNPEI, Mokil, Pingelap, ÎLES CAROLINES OCCIDENTALES, Namoluk, MORTLOCKS INFÉRIEURES, Ngatik, Satawan, Kosrae, ÉTAT DE KOSRAE, ÎLES CAROLINES ORIENTALES, Nukuoro, OCÉAN PACIFIQUE, Kapingamarangi]

0 200 km / 0 200 miles
N

M

POLITIQUE EXTÉRIEURE

Les ÉU restent le principal partenaire de la Micronésie qui, à partir de 1947, fit partie des territoires du Pacifique sous tutelle américaine. En vertu des conditions prévues par le Compact (Contrat) de libre association, les ÉU conservent le contrôle exclusif des affaires étrangères et de la politique de défense des États fédérés de Micronésie.

Le Japon est également un partenaire important, notamment sur le plan économique ; certains habitants âgés parlent aujourd'hui encore japonais. Le Japon a financé un projet destiné à agrandir le port de Yap.

La Micronésie a également noué des liens avec la Chine.

AIDE INTERNATIONALE

 108 M $ (reçus)    Plus 35 % en 1999

les ÉU sont les principaux donneurs de fonds pour les hôpitaux, les écoles, les programmes d'aide alimentaire et les projets de construction.

DÉFENSE

 Les ÉU sont responsables de la sécurité du pays   Ne s'applique pas

La défense repose entièrement sur les ÉU qui ont utilisé les pistes d'atterrissage du pays pendant la guerre du Viêt-nam.

ÉCONOMIE

 258 M $  Dollar américain

CHIFFRES SIGNIFICATIFS

❏ CLASSEMENT DU PNB AU NIVEAU MONDIAL ..179e
❏ PNB PAR HABITANT ....2 150 $
❏ BALANCE DES PAIEMENTS ... .67 M $
❏ INFLATION ....2,5 %
❏ CHÔMAGE ....16 %

ATOUTS

Accès au marché des ÉU facilité par des accords commerciaux préférentiels, surtout dans le secteur de l'habillement. Le bâtiment est le secteur privé le plus dynamique. Tourisme, pêche et production de coprah. Le pays reçoit des subventions des ÉU car il a un intérêt stratégique.

FAIBLESSES

Dépendance vis-à-vis des importations américaines (carburant). Fort endettement. Pénurie d'eau qui limite le développement. Sous-emploi très répandu.

EXPORTATIONS

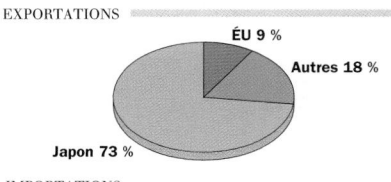

ÉU 9 %
Autres 18 %
Japon 73 %

IMPORTATIONS

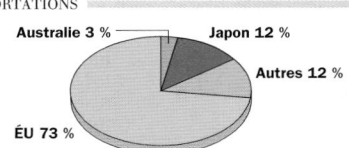

Australie 3 %
Japon 12 %
Autres 12 %
ÉU 73 %

RESSOURCES

 9 428 tonnes   Pays non producteur

32 000 porcins
13 900 bovins
4 000 caprins
185 000 volailles

Aucun

La Micronésie dépend entièrement de l'extérieur pour son approvisionnement en énergie. Presque toute l'électricité est fournie par des générateurs diesel. Les ressources principales sont le coprah et le poisson (thon).

ENVIRONNEMENT

 Aucune   Données non disponibles

La pollution de la Micronésie n'atteint pas les proportions de celle des îles Marshall, toutes proches. Cependant, l'État de Truk souffre de sécheresses très sévères et les autorités doivent parfois rationner l'eau pendant des périodes limitées.

MÉDIAS

 Pas de quotidien

PRESSE ET TÉLÉCOMMUNICATIONS

 Pas de quotidien. *Le National Union*, bimensuel, est assez lu.

 4 chaînes, dont 1 publique   1 station publique

Depuis l'expulsion vivement critiquée d'un journaliste canadien en 1997, la liberté de la presse n'a pas été remise en cause.

CRIMINALITÉ

 Pas de chiffre sur la population carcérale   Peu de changement d'une année sur l'autre

Faible criminalité, en particulier dans les îles éloignées. Quelques agressions sous l'effet de l'alcool à Chuuk.

ÉDUCATION

 89 %    1 461 étudiants

L'école est obligatoire de 6 à 14 ans. La plupart des étudiants bénéficient de bourses américaines pour aller étudier aux ÉU.

CHRONOLOGIE

Colonisées par les Espagnols, les îles Carolines sont vendues à l'Allemagne en 1899. Devenues une base japonaise importante pendant la Seconde Guerre mondiale, elles passent sous contrôle américain en 1945.

❏ **1947** Définition par l'ONU de la zone des îles du Pacifique placées sous la tutelle des ÉU.
❏ **1979** Les îles Carolines deviennent les États fédérés de Micronésie.
❏ **1986** Entrée en vigueur de la convention de libre association signée avec les ÉU.
❏ **1990** Fin officielle de la tutelle.
❏ **1991** Devient membre de l'ONU.
❏ **1997** Jacob Nena lui succède.
❏ **2003** Nouveau Contrat (accord) signé.

SANTÉ

 1 pour 2 311 habitants   Maladies cardiaques, cérébrovasculaires et intestinales

Les soins élémentaires sont accessibles à tous. Diabète et toxicomanie deviennent préoccupants. L'importation de nourriture cause des problèmes diététiques.

RICHESSES

CONSOMMATION ET DÉPENSES

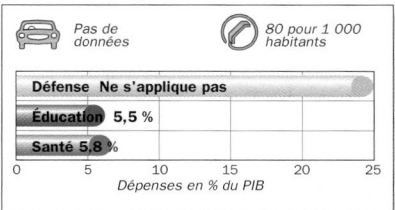

Pas de données   80 pour 1 000 habitants

Défense   Ne s'applique pas
Éducation   5,5 %
Santé 5,8 %

0   5   10   15   20   25
Dépenses en % du PIB

L'écart entre les riches et les pauvres se creuse car hommes d'affaires et fonctionnaires détournent l'aide américaine à leur profit.

CLASSEMENT MONDIAL

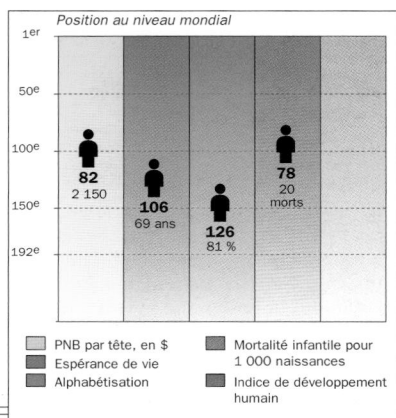

Position au niveau mondial

1er
50e
100e
150e
192e

82
2 150

106
69 ans

126
81 %

78
20 morts

❏ PNB par tête, en $
❏ Espérance de vie
❏ Alphabétisation
❏ Mortalité infantile pour 1 000 naissances
❏ Indice de développement humain

M

421

MOLDAVIE

NOM OFFICIEL : République de Moldavie **CAPITALE** : Chişinău
POPULATION : 4,3 millions **MONNAIE** : leu moldave **LANGUE OFFICIELLE** : moldave

LA MOLDAVIE fit tout d'abord partie de la Roumanie avant d'être incorporée à l'URSS en 1940. En 1991, l'accession à l'indépendance laisse espérer qu'elle pourra être réintégrée à la Roumanie, mais lors des élections de 1993, les Moldaves votent contre cette proposition. Le paysage moldave est dominé par des steppes vallonnées. La Moldavie est la plus petite des anciennes républiques soviétiques et c'est aussi la plus densément peuplée. La majorité de sa population vit de l'agriculture intensive.

Paysage agricole. *La chaleur des étés et la régularité des pluies assurent au pays des conditions climatiques idéales pour la culture des fruits et des céréales.*

CLIMAT

DONNÉES MÉTÉOROLOGIQUES

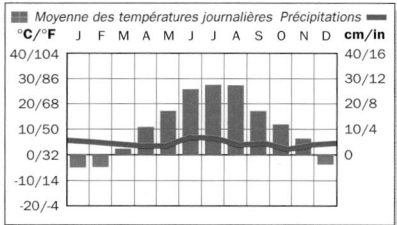

Caractérisé par des étés chauds, des hivers doux et des précipitations modérées, le climat est propice à l'agriculture.

TRANSPORTS

 Chişinău International
233 269 passagers

 Flotte réduite sur la mer Noire

RÉSEAU DE TRANSPORT

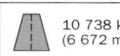 10 738 km (6 672 miles)

 Aucune

 1 140 km (708 miles)

 424 km (263 miles)

Le « couloir Europe-Caucase-Asie » est en projet. Les voies ferroviaires et routières se dégradent.

TOURISME

 17 000 visiteurs Plus 21 % en 2000

PROVENANCE DES TOURISTES ÉTRANGERS

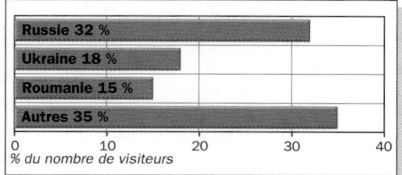

Russie 32 %
Ukraine 18 %
Roumanie 15 %
Autres 35 %

0   10   20   30   40
% du nombre de visiteurs

La Moldavie accueille très peu de touristes. Ceux-ci visitent souvent également la Roumanie voisine. Les vignes et les caves à vin souterraines constituent les principaux centres d'intérêt touristiques.

POPULATION

 Moldave, roumain, russe

131 hab./km²

PART DE LA POPULATION URBAINE/RURALE

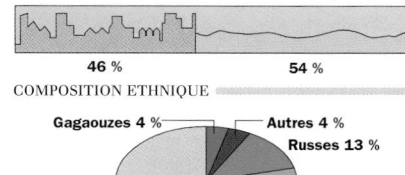

46 %   54 %

COMPOSITION ETHNIQUE

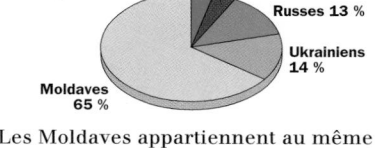

Gagaouzes 4 %
Autres 4 %
Russes 13 %
Ukrainiens 14 %
Moldaves 65 %

Les Moldaves appartiennent au même groupe ethnique que les Roumains. On compte 153 000 Gagaouzes (Turcs chrétiens orthodoxes) au sud et un groupe moldo-russo-ukrainien sur la rive orientale du Dniestr.

POLITIQUE

2001/2005

Vladimir Voronin, président de la République

AUX DERNIÈRES ÉLECTIONS
Parlement 101 membres

70 % CPM   19 % EBBA   11 % CDPP

CPM = Parti communiste moldave
EBBA = Bloc électoral de l'alliance Braghis
CDPP = Parti populaire chrétien-démocrate

La Moldavie se proclame démocratie pluraliste en 1991, mais elle conserve dans un premier temps l'administration provisoire mise en place par le dernier soviet en 1990. La Moldavie a proclamé son indépendance en 1991.
Petru Lucinschi, un centriste favorable à l'économie de marché, a remporté les élections présidentielles de 1996. Son gouvernement a été gêné par la gauche au parlement, en particulier après 1998 et la victoire du CPM. En 2000, le parlement a voulu supprimer le suffrage présidentiel direct, mais n'a pas su trouver un successeur à Lucinschi. Les élections législatives de 2001 ont donné au CPM une majorité écrasante, ce qui lui a permis de nommer Vladimir Vorodin, du CPM, à la tête du pays. La Transnistrie s'est proclamée indépendante en 1990, tout comme la Gagaouzie qui elle, accepte le statut d'autonomie qui lui a été conféré en 1994.

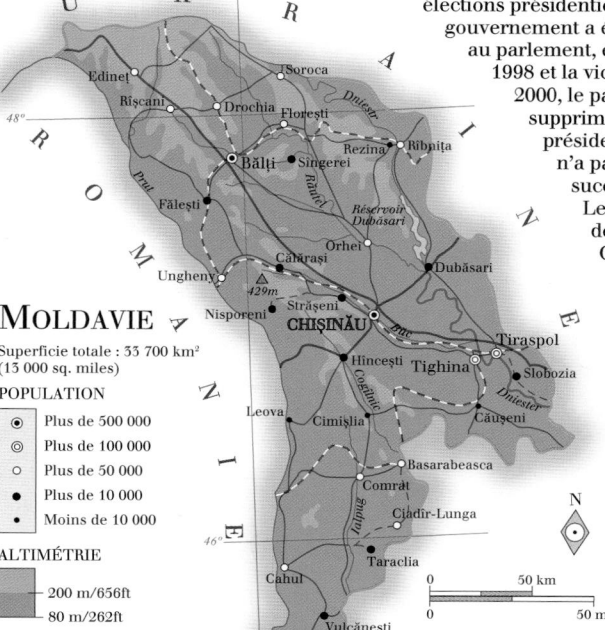

MOLDAVIE

Superficie totale : 33 700 km² (13 000 sq. miles)

POPULATION
Plus de 500 000
Plus de 100 000
Plus de 50 000
Plus de 10 000
Moins de 10 000

ALTIMÉTRIE
200 m/656ft
80 m/262ft

0   50 km
0   50 miles

M

POLITIQUE EXTÉRIEURE

La Moldavie ne souhaite pas entrer dans l'OTAN, mais s'est montrée intéressée en 2001 par une union avec la Russie et la Biélorussie. Des liens se développent avec d'autres pays de la mer Noire (Roumanie, Ukraine). Il est aussi question de la création d'une zone franche économique autour de l'embouchure du Danube.

AIDE INTERNATIONALE

 102 M $ Plus 200 % en 1999

Le FMI et la Banque mondiale financent actuellement des réformes économiques. Viennent ensuite l'UE, la Roumanie, la Turquie et la Bulgarie.

DÉFENSE

 6 M $ Moins 89 % en 1999

Les forces russes doivent se retirer de Transnistrie d'ici la fin 2005. En 1999, l'armée a annoncé un plan pour diminuer les effectifs de 30 % ; le service militaire est passé de 18 à 12 mois.

ÉCONOMIE

 1,5 Md $ 11,66-12,39 lei moldaves

CHIFFRES SIGNIFICATIFS

- ❑ CLASSEMENT DU PNB AU NIVEAU MONDIAL ..146ᵉ
- ❑ PNB PAR HABITANT ....400 $
- ❑ BALANCE DES PAIEMENTS ....– 118 M $
- ❑ INFLATION ....9,8 %
- ❑ CHÔMAGE ....11 %

ATOUTS
Agriculture – vin, tabac, et coton – et industrie alimentaire. Industrie légère.

FAIBLESSES
Dépendance envers la Russie pour le combustible et les matières premières, et pour l'absorption des exportations. Contraction de l'économie depuis l'indépendance. Enclavement, faible réseau de transports. Réformes lentes. Pesanteurs bureaucratiques. Importante économie parallèle. Service de la dette extérieure (plus de 50 % du PIB) supérieur à 20 % des recettes d'exportation.

EXPORTATIONS
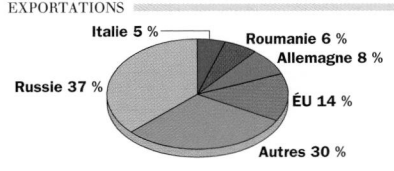

IMPORTATIONS
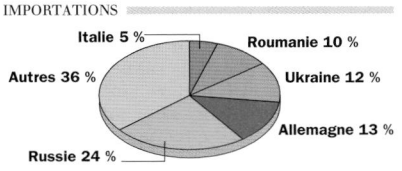

RESSOURCES

 1 272 tonnes   Réserves de gaz et de pétrole non exploitées

974 000 ovins
705 000 porcins
13,5 M de volailles   Lignite, phosphates, gypse, pétrole, gaz naturel

La Moldavie dispose de peu de ressources minérales, et importe la totalité de son combustible et presque toute son éléctricité.

ENVIRONNEMENT

 1 %   2,4 tonnes par habitant

L'érosion des sols pose problème, ainsi que l'utilisation abusive des produits chimiques sur les champs de tabac. Le budget environnemental est faible.

MÉDIAS

 60 quotidiens pour 1 000 habitants

PRESSE ET TÉLÉCOMMUNICATIONS

 4 quotidiens importants, dont l'indépendant *Nezavisimaya Moldova*

 1 chaîne publique   1 station publique

Les nombreuses publications représentent des tendances diverses. Le nombre d'émissions en russe est limité.

CRIMINALITÉ

 10 363 prisonniers   Plus 5 % en 1996-1998

Le taux de criminalité a augmenté parallèlement à la détérioration de l'économie. La situation instable en Transnistrie a contribué au développement de la criminalité dans les régions avoisinantes (trafic d'armes russes).

ÉDUCATION

 99 %   93 759 étudiants

Depuis 1990, des tentatives ont eu lieu pour passer du système soviétique au roumain (d'inspiration française). Les écoles d'ingénieur sont l'établissement supérieur le plus important.

SANTÉ

 1 pour 278 habitants   Maladies circulatoires, cancers et accidents

Système centralisé, médiocre pour la région, avec pénuries de matériel.

CHRONOLOGIE

La Moldavie actuelle correspond à peu près à la partie orientale de la principauté roumaine de Moldavie, fondée en 1359 et qui a survécu cinq siècles. La Russie en a annexée la majeure partie, la Bessarabie, en 1812.

- ❑ **1918** La Bessarabie est réunie à la Roumanie.
- ❑ **1924** La République autonome de Moldavie entre dans l'URSS.
- ❑ **1940** La Roumanie cède la Bessarabie aux RSS d'Ukraine et de Moldavie.
- ❑ **1941–1945** La Bessarabie repasse sous contrôle roumain.
- ❑ **1990** La Moldavie proclame sa souveraineté.
- ❑ **1991** Indépendance.
- ❑ **1993–1994** Défaite électorale des partis pour l'unification avec la Roumanie. Entrée dans la CEI.
- ❑ **1996** Lucinschi élu président.
- ❑ **1998** Retour des communistes aux élections.
- ❑ **2001** Forte majorité CPM. Voronin devient président.

RICHESSES

CONSOMMATION ET DÉPENSES

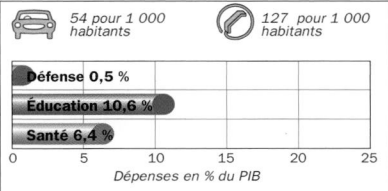

54 pour 1 000 habitants   127 pour 1 000 habitants

Les anciens dirigeants communistes ont profité des privatisations. Les propriétaires de voitures sont plus nombreux, mais les pensions et salaires sont du retard. En 1998, les aides versées aux familles pauvres et aux vétérans ont diminué. Les Gagaouzes sont les moins favorisés.

CLASSEMENT MONDIAL

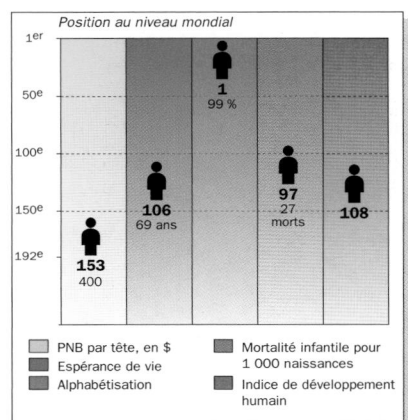

M

MONACO

NOM OFFICIEL : Principauté de Monaco **CAPITALE** : Monaco
POPULATION : 31 987 **MONNAIE** : euro **LANGUE OFFICIELLE** : français

 EUROPE Europe

MONACO borde le Sud-Est de la France et constitue une minuscule enclave dans la côte d'Azur. Sa destinée a changé radicalement en 1863, lorsque le prince Charles III, qui a donné son nom à Monte-Carlo, a fait ouvrir le casino. Aujourd'hui, Monaco est à la fois un centre de services et de transactions bancaires qui attire beaucoup d'argent et un pôle d'attraction touristique. Le mariage du prince Rainier et de la star de cinéma Grace Kelly et la manière très habile dont le pays gère son économie ont fait de Monaco le point de convergence de la jet-set internationale. En 1962, l'autorité princière absolue a été abolie et le pays a adopté une constitution démocratique.

CLIMAT

DONNÉES MÉTÉOROLOGIQUES

Les étés sont très chauds et secs et il n'est pas rare que le soleil brille pendant 12 heures. Hivers doux et ensoleillés.

TRANSPORTS

Héliport de Monaco, Fontvieille
141 932 passagers

8 navires

RÉSEAU DE TRANSPORT

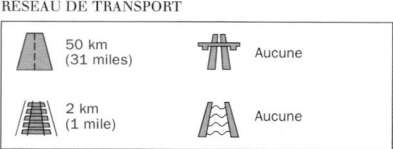

50 km (31 miles)	Aucune
2 km (1 mile)	Aucune

En 1999, l'ouverture d'une nouvelle voie ferrée souterraine menant au Cap d'Ail en France a augmenté la superficie de la principauté de 2%. Une extension de la jetée flottante a commencé à l'ouest du port de la Condamine.

TOURISME

300 000 visiteurs — Plus 8 % en 2000

PROVENANCE DES TOURISTES ÉTRANGERS

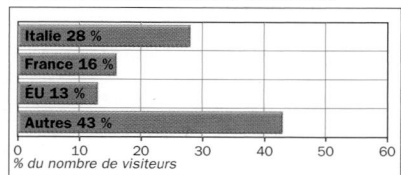

De très nombreux touristes, pour la plupart originaires de France et d'Italie, visitent Monaco chaque année. La plupart viennent pour une journée, jouer dans les casinos ou observer la jet-set monégasque. 75 % des chambres d'hôtel sont classées « 4 étoiles », ce qui attire nombre d'Italiens très fortunés. Le centre de conférences Grimaldi, qui a ouvert ses portes en 2000, espère attirer encore davantage d'hommes d'affaires. Tous les printemps, des manifestations sportives ou sociales comme le bal de la Rose (en mars), l'open de tennis (en avril) ou le grand prix de Formule 1 (en mai) attirent des foules considérables.

MONACO

Superficie totale : 1,95 km² (0.75 sq. miles)

Sites touristiques
Parcs et jardins
Circuit de formule 1

0 — 500 m
0 — 656 ft

POPULATION

Français, italien, monégasque, anglais — 16 253 hab./km²

PART DE LA POPULATION URBAINE/RURALE

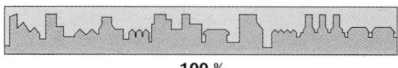

100 %

RELIGION

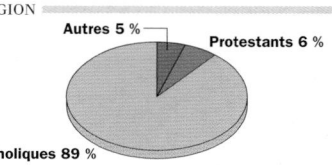

Autres 5 %
Protestants 6 %
Catholiques 89 %

Moins d'un cinquième de la population de Monaco est monégasque. Une moitié est française, l'autre étant constituée d'Italiens, d'Américains, d'Anglais et de Belges. Les Monégasques bénéficient d'avantages considérables, notamment d'aides au logement pour faire face aux prix très élevés de l'immobilier ainsi que d'un droit de préemption pour tout poste de travail offert à un étranger. Les femmes jouissent des mêmes droits que les hommes mais elles n'ont obtenu le droit de vote qu'en 1962.

POLITIQUE

2003/2008 — Son altesse sérénissime le prince Rainier III

AUX DERNIÈRES ÉLECTIONS
Conseil National 24 membres

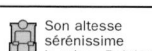

88 % UPM **12 % UND**

UND = Union nationale démocratique Monaco **UPM** = Union pour

Les Grimaldi règnent sur Monaco depuis plus de 700 ans. Le Prince Rainier III a renoncé en 1962 au pouvoir absolu, mais garde des prérogatives considérables. Il choisit le ministre d'État sur une liste de diplomates français. Les dernières élections au Conseil national (on élit des personnalités par des partis) datent de 1998.

POLITIQUE EXTÉRIEURE

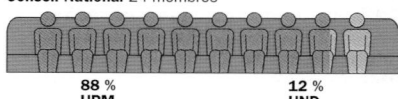 ZF AIEA OSCE OIF

La principauté est particulièrement soucieuse de préserver son secret bancaire et son régime fiscal libéral de la réglementation de l'UE malgré l'introduction de l'euro en 1999. Les citoyens français n'ont pas le droit d'effectuer des transactions dans les banques monégasques.

M

Monte-Carlo, ses hôtels de luxe et son port de plaisance. Les seules terres encore utilisables sont des terres marines asséchées.

AIDE INTERNATIONALE

 Monaco ne perçoit pas d'aides et n'est pas donateur.   Ne s'applique pas

Monaco ne perçoit ni ne verse aucune aide, et ce n'est pas un sujet de préocupation pour les Monégasques.

DÉFENSE

 La France est responsable de la défense du pays.   Ne s'applique pas

Monaco ne dispose ni d'armée ni de budget consacré à la défense. La France doit, en tant que puissance protectrice, assurer la défense de la principauté.

ÉCONOMIE

 800 Md $ 0,87-1,01 euro

CHIFFRES SIGNIFICATIFS

- ❏ CLASSEMENT DU PNB AU NIVEAU MONDIAL ..157ᵉ
- ❏ PNB PAR HABITANT ....25 000 $
- ❏ BALANCE DES PAIEMENTS ... .incluse dans celle de la France
- ❏ INFLATION .... .incluse dans celle de la France
- ❏ CHÔMAGE ....3 %

ATOUTS

L'anonymat bancaire strict et les impôts réduits attirent des milliards de dollars de l'étranger. Tourisme très développé. Fin des années 1990 : les sommes gérées par les banques monégasques ont augmenté de 18 % par an. Pas d'endettement ; les réserves dépassent 2,3 milliards d'euros. Chômage quasi-inexistant.

FAIBLESSES

Blanchiment d'argent, malgré les nouvelles lois sur la levée de l'anonymat dans certains cas, adoptées en 1994 en accord avec la France. Dépendance vis-à-vis des économies française et italienne. 55 % des revenus proviennent de la TVA. Pressions de l'UE en vue de supprimer les privilèges bancaires et fiscaux. Manque de ressources naturelles ; tout doit être importé.

EXPORTATIONS/IMPORTATIONS

> *Les frontières douanières de Monaco sont intégrées à celles de la France*

RESSOURCES

 4 tonnes   Pays non producteur

 Inclus dans le total français   Aucun

Monaco n'a pas de ressources naturelles et importe toute son énergie de France. Pas de terres arables.

ENVIRONNEMENT

 Aucune   4,4 tonnes par habitant

Pour lutter contre l'omniprésence des voitures, Monaco a bâti le plus grand complexe mondial de parkings souterrains. Les constructions autour du port restent controversées. La pollution et l'assèchement des terres menacent les bancs de corail rouge.

MÉDIAS

 251 quotidiens pour 1 000 habitants

PRESSE ET TÉLÉCOMMUNICATIONS

 Un quotidien régional français, *Nice-Matin*, publie une édition monégasque

 2 chaînes   4 stations, dont 1 partiellement publique (État français)

Outre sa chaîne de télévision et sa station de radio, Monaco peut capter toutes les chaînes françaises et italiennes importantes.

CRIMINALITÉ

 Pas de chiffre sur la population carcérale   Moins 11 % en 1996-1998

Particulièrement faible, elle permet aux riches d'afficher leurs fourrures et bijoux. En 1998, la cours d'appel de la principauté a confirmé la toute première condamnation pour blanchiment d'argent.

ÉDUCATION

 99 %   Données non disponibles

Le système scolaire est presque identique à celui de la France. La plupart des bacheliers partent étudier en France mais reviennent ensuite à Monaco occuper de bonnes situations. L'Église catholique, très influente, est toujours responsable de l'enseignement primaire.

SANTÉ

 1 pour 333 habitants   Maladies cardiaques et cérébrovasculaires, cancers

Les soins médicaux sont dispensés par un système d'assurance médicale privée. Les médecins sont formés en France. L'hôpital Princesse Grace a une capacité de 60 000 lits et accueille donc des malades d'autres pays.

CHRONOLOGIE

En 1297, les Grimaldi se sont déclarés souverains héréditaires.

- ❏ **1861** Indépendance sous protection française.
- ❏ **1911** Promulgation de la Constitution.
- ❏ **1949** Rainier III monte sur le trône.
- ❏ **1962** Modification de la Constitution. Fin du pouvoir princier absolu.
- ❏ **1963** Premières élections législatives démocratiques.
- ❏ **1982** La princesse Grace meurt dans un accident de voiture.
- ❏ **2002** Adoption de l'euro.

RICHESSES

CONSOMMATION ET DÉPENSES

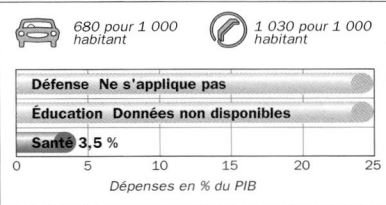

L'image internationale de Monaco à radicalement changé à compter de 1949, année de l'accession au pouvoir du prince Rainier. Autrefois réputée surtout pour ses jeux d'argent, la principauté fait aujourd'hui partie des destinations touristiques les plus prisées de la « jet set ». Ce changement s'explique par le mariage du prince Rainier et de Grace Kelly, une star hollywoodienne très en vogue, mais surtout, le prince Rainier s'est employé à faire de Monaco un paradis fiscal de premier plan et une station balnéaire haut de gamme. Nombre d'exilés fiscaux résident à Monaco : comme Bob Beckman, l'une des figures de Wall Street et Luciano Pavarotti.

CLASSEMENT MONDIAL

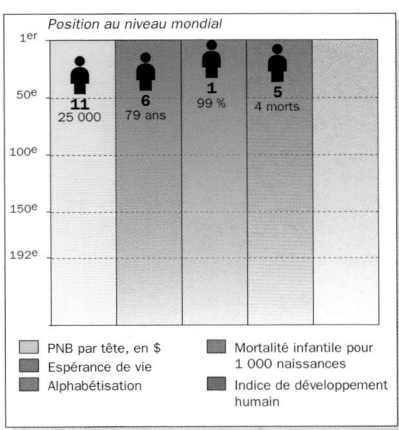

M

MONGOLIE

NOM OFFICIEL : Mongolie   **CAPITALE :** Oulan Bator
POPULATION : 2,6 millions   **MONNAIE :** tugrik   **LANGUE OFFICIELLE :** khalkha

ENCLAVÉE entre la Russie et la Chine, la Mongolie s'élève progressivement à partir du désert semi-aride de Gobi pour donner naissance à des steppes montagneuses. La Mongolie a été unifiée par Gengis Khan en 1206 puis a été incorporée à la Chine mandchoue. Indépendante en 1924, elle est devenue communiste et s'est alignée officiellement sur l'URSS à partir de 1936. En 1990, elle a abandonné le communisme et le niveau de vie s'est effondré. Les hivers très rudes de 1999-2001 ont gravement perturbé l'économie rurale.

CLIMAT

DONNÉES MÉTÉOROLOGIQUES

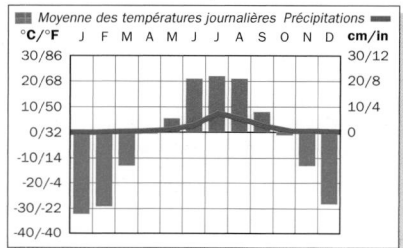

Très forte amplitude thermique. Un été sec combiné à un hiver très rude (*zud*), comme cela a été le cas en 1999 et 2000, peut décimer le bétail.

TRANSPORTS

 Buyant–Ukhaa, Oulan Bator   Pas de flotte

RÉSEAU DE TRANSPORT

	1 674 km (1 040 miles)		Aucune
	1 810 km (1 125 miles)		397 km (247 miles)

L'infrastructure du pays, laissée à l'abandon, souffre d'un manque d'investissements, ce qui accroît les coûts de transport et de distribution. Priorité est donnée aux axes vers la Chine et le Pacifique. Les pénuries de carburant ont entraîné le recours aux bêtes de trait.

MONGOLIE

Superficie totale : 1 565 000 km² (604 247 sq. miles)

0 ———— 400 km
0 ———— 400 miles

POPULATION
⊙ Plus de 500 000
○ Plus de 50 000
● Plus de 10 000
• Moins de 10 000

ALTIMÉTRIE
3 000 m/9 843ft
2 000 m/6 562ft
1 000 m/3 281ft
plus de 500 m

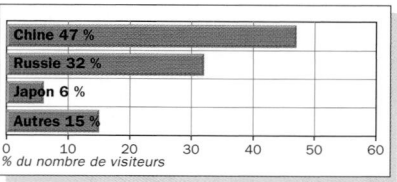

*Gers **traditionnels dans le désert de Gobi.***
Les Mongols préfèrent toujours le mode de vie nomade dans des tentes de feutre, les gers.

TOURISME

 158 000 visiteurs   Moins 1 % en 2000

PROVENANCE DES TOURISTES ÉTRANGERS

Chine 47 %	
Russie 32 %	
Japon 6 %	
Autres 15 %	

% du nombre de visiteurs

0   10   20   30   40   50   60

Le tourisme est en expansion depuis 1991, année où les formalités de visa ont été simplifiées. Sous le régime communiste, tous les voyages étaient coordonnés par l'agence publique Zhuuichin, mais des entreprises privées s'implantent actuellement sur le marché.

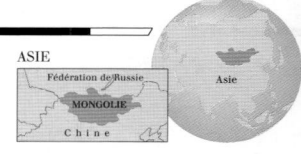

POPULATION

 Mongol khalkha, turkestanais, chinois, russe   2 hab./km²

PART DE LA POPULATION URBAINE/RURALE

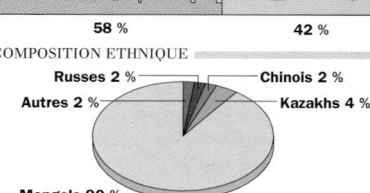

58 %   42 %

COMPOSITION ETHNIQUE

Russes 2 %   —   Chinois 2 %
Autres 2 %   —   Kazakhs 4 %
Mongols 90 %

Les Mongols khalkhas sont majoritaires. Les nécessités économiques obligent beaucoup d'habitants à rester proches des villes (un tiers d'entre eux vivent à Oulan Bator), mais la plupart sont encore nomades. Les Kazakhs de l'Ouest constituent la minorité la plus forte, malgré l'émigration au Kazakhstan des années 1990. Tensions persistantes avec les minorités russe et chinoise.

POLITIQUE

 2000/2004    Natsagyn Bagabandi, président de la République

AUX DERNIÈRES ÉLECTIONS
Grand Hural 76 membres

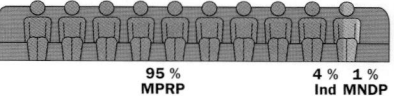

95 %   4 %   1 %
MPRP   Ind MNDP

MPRP = Parti révolutionnaire du peuple mongol
Ind = Indépendants
MNDP = Parti national démocratique mongol

En 1990, la chute du communisme et l'avènement de la démocratie ont révolutionné la vie politique. Le choc des réformes économiques a incité de nombreux électeurs à revenir aux certitudes de l'ère communiste. En 1992, les communistes, rebaptisés MPRP, ont repris le pouvoir, mais leur échec économique a ramené une coalition démocratique au gouvernement en 1996. De 1998 à 2000, une cohabitation difficile s'est instaurée, entre le président Natsagyn Bagabandi du MPRP et le gouvernement du MNDP, avant le triomphe du MPRP aux élections de 2000.

FÉDÉRATION DE RUSSIE

Lac Ubsa
Oulangom
Lac Chövsgöl
Ouleguéï
Lac Hirgis
Möuren
Selenge
Soukhe-Bator
Hovd
Darhan
Erdenet
Sharin Gol
Mönh Hayrhan Uul 4362 m
Ouliassoutaï
Boulgan
Dzüünharaa
Orhon
Altay
OULAN BATOR
Bagannur
Keroulen
Gojbalsan
Tsetserleg
Dzoun-Mod
Nalayh
Baïan Khongor
Ounder-Khan
Arhaï-Khere
Bogd Khan
Baroun-Ourt
Mandal-Gobi
Saïn-Chand
GOBI
Dalan Dzadgad

CHINE

N

POLITIQUE EXTÉRIEURE

AIEA BIRD MNA BAD OMC

Malgré des relations plus étroites avec le Japon et d'autres États d'Asie orientale, la Mongolie conserve des liens traditionnels avec la Russie et la Chine. Certaines tensions persistent avec la Chine, car une majorité de Mongols réside dans la province chinoise voisine de Mongolie intérieure, mais le pays ne craint plus d'être annexé.

AIDE INTERNATIONALE

 219 M $ (reçus)   Plus 8 % en 1999

Les aides sont vitales pour compenser le déficit de la balance des paiements et les aléas climatiques. Les principaux donateurs sont les ÉU et le Japon.

DÉFENSE

 19 M $ Moins 10 % en 1999

Les dernières troupes soviétiques sont parties en 1992. Néanmoins, suite à des accords passés en 2000 et 2001, la Russie va aider l'armée, réduite et mal équipée, à se moderniser.

ÉCONOMIE

 927 M $ 1 072-1 097 tugriks

CHIFFRES SIGNIFICATIFS

- ❑ CLASSEMENT DU PNB AU NIVEAU MONDIAL ..156ᵉ
- ❑ PNB PAR HABITANT ....400 $
- ❑ BALANCE DES PAIEMENTS ....– 79 M $
- ❑ INFLATION ....8,7 %
- ❑ CHÔMAGE...5 %

ATOUTS
Cuivre, cachemire. Réserves de charbon et de pétrole quasi intactes. Économie rurale traditionnelle efficace.

FAIBLESSES
Bétail décimé par les hivers de 1999-2001. Infrastructures à l'abandon. Accroissement de la pauvreté.

EXPORTATIONS

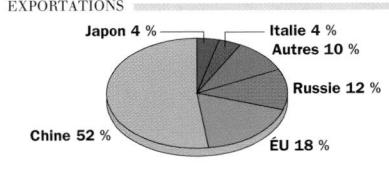

Japon 4 % — Italie 4 %
Autres 10 %
Russie 12 %
ÉU 18 %
Chine 52 %

IMPORTATIONS

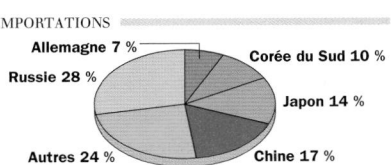

Allemagne 7 % — Corée du Sud 10 %
Russie 28 %
Japon 14 %
Autres 24 %
Chine 17 %

RESSOURCES

 181 tonnes

 14 M d'ovins
10 M de caprins
3,5 M de bovins
3,1 M de chevaux

Contrats signés récemment en vue de prospections

Pétrole, charbon, cuivre, plomb, fluorite, tungstène, étain, or, uranium

La Mongolie dispose de réserves abondantes de pétrole et de minerais. Les travaux de prospection sont récents. D'après les réserves de pétrole connues à ce jour, la Mongolie devrait à l'avenir satisfaire la quasi totalité de ses besoins. Mise en place d'une *joint-venture* d'exploitation d'uranium avec la Russie et signature d'un accord d'extraction pétrolière avec la Chine (1999).

ENVIRONNEMENT

 10 %   3,3 tonnes par habitant

Dangereuse pollution industrielle autour d'Oulan Bator, ainsi que dans le lac Chövsgol. Un programme a été lancé pour protéger le Bogd Khan, la plus ancienne réserve naturelle mondiale (1788) de la déforestation, de la chasse et de la pollution atmosphérique.

MÉDIAS

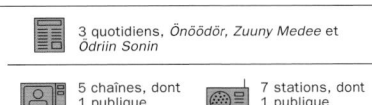 27 quotidiens pour 1 000 habitants

PRESSE ET TÉLÉCOMMUNICATIONS

3 quotidiens, *Önöödör*, *Zuuny Medee* et *Ödriin Sonin*

5 chaînes, dont 1 publique   7 stations, dont 1 publique

Depuis 1990, la presse mongole est libre. Une loi de 1999 a levé certaines restrictions encore appliquées aux médias. Cependant, les pénuries de carburant et de papier limitent le nombre de publications et leur distribution.

CRIMINALITÉ

 Pas de chiffre sur la population carcérale   Moins 1 % en 1996-1999

La criminalité est en forte augmentation depuis 1990 ; le crime organisé et les attaques à l'arme blanche se multiplient. Oulan Bator est la zone la plus dangereuse, surtout pour les étrangers (Russes, Chinois et surtout touristes américains, porteurs de dollars).

ÉDUCATION

 99 %   50 961 étudiants

Le système scolaire est inspiré de l'ancien modèle soviétique. La plupart des enseignants sont des femmes peu rémunérées. Des écoles privées plus imprégnées de la culture mongole s'ouvrent.

CHRONOLOGIE

Au XVIIᵉ siècle, les Mandchous prennent le contrôle de la Mongolie qui reste sous domination chinoise jusqu'en 1911.

- ❑ **1919** la Chine réoccupe la Mongolie.
- ❑ **1924** La Mongolie devient un État communiste indépendant.
- ❑ **1989–1990** Le pays devient une démocratie pluraliste.
- ❑ **1992** Les anciens communistes reviennent au pouvoir.
- ❑ **1996** Victoire de la coalition d'Union démocratique.
- ❑ **1997** Victoire présidentielle du MPRP.
- ❑ **1999–2001** Hivers très rudes.
- ❑ **2000** Triomphe électoral du MPRP.

SANTÉ

 1 pour 385 habitants   Maladies cardiaques, parasitaires et respiratoires

Le manque de médicaments et de matériel a relancé l'usage des herbes médicinales. Les soins sont dispensés par un système de santé public et quelques monastères bouddhistes.

RICHESSES

CONSOMMATION ET DÉPENSES

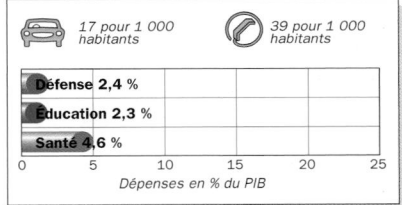

17 pour 1 000 habitants   39 pour 1 000 habitants

Défense 2,4 %
Éducation 2,3 %
Santé 4,6 %

0   5   10   15   20   25
Dépenses en % du PIB

Depuis la libéralisation économique, de grandes inégalités sont apparues. Un tiers de la population vit en-dessous du seuil de pauvreté ; certains ne peuvent même pas s'acheter de pain. Début de famine après les hivers 1999-2001.

CLASSEMENT MONDIAL

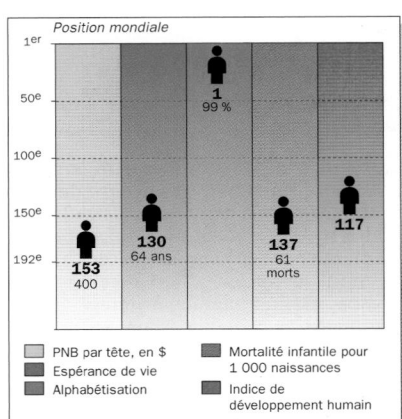

Position mondiale

1er
50ᵉ — 1 / 99 %
100ᵉ
150ᵉ — 130 / 64 ans — 137 / 61 morts — 117
192ᵉ — 153 / 400

- ▢ PNB par tête, en $
- ▢ Espérance de vie
- ▢ Alphabétisation
- ▢ Mortalité infantile pour 1 000 naissances
- ▢ Indice de développement humain

M

MOZAMBIQUE

NOM OFFICIEL : République du Mozambique   **CAPITALE** : Maputo
POPULATION : 19 millions   **MONNAIE** : métical   **LANGUE OFFICIELLE** : portugais

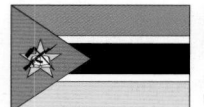

SITUÉ sur la côte sud-est de l'Afrique, le Mozambique est traversé d'est en ouest par le Zambèze, sur lequel a été construit un barrage, à Cabora bassa. Le Sud du Zambèze est caractérisé par des savanes semi-arides. Les provinces qui bordent le delta situé au centre-nord, dans la région de Tete, sont les plus fertiles ; la plupart des ethnies qui composent la population du Mozambique y sont établies. Après son indépendance du Portugal en 1975, le Mozambique a connu une guerre civile opposant le FRELIMO, parti marxiste au pouvoir, et le RENAMO, parti de la résistance nationale. Celle-ci a pris fin en 1992 avec la signature d'un accord de paix sous l'égide de l'ONU. En 1994, le FRELIMO a remporté des élections libres. En 2000-2001, des inondations ont dévasté le pays.

CLIMAT

DONNÉES MÉTÉOROLOGIQUES

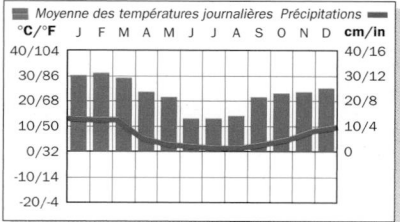

Le climat est marqué par une saison des pluies et une saison sèche. Toutefois, dans les années 1980, la sécheresse a provoqué deux famines dramatiques. La côte située au sud de Beira et les hauts plateaux qui touchent le Malawi et le Zimbabwe sont les régions les plus humides. Le climat de la côte Nord est très sec car les alizés sont stoppés par Madagascar. La vallée du Zambèze est la région la plus sèche. Des inondations ont dévasté le pays en 2000-2001.

TRANSPORTS

 Maputo International, 390 882 passagers   124 navires 35 300 tpl

RÉSEAU DE TRANSPORT

 5 685 km (3 532 miles)   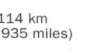 Aucune

 3 114 km (1 935 miles)   3 750 km (2 330 miles)

Le couloir de Maputo, inauguré en 1995 pour un coût d'un milliard de dollars, relie les centres industriels sud-africains à la côte du Mozambique. CFM, la compagnie publique des chemins de fer, collabore avec les États voisins. La compagnie aérienne nationale est rentable. Mais des millions de mines enterrées et des ponts détruits gênent le transport, isolant de nombreuses communautés.

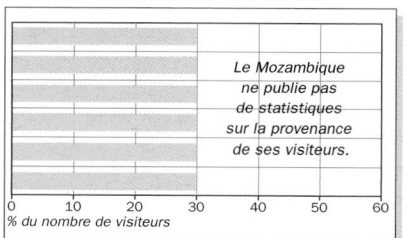

Cueillette de thé. *Les noix de cajou, le coton, le sucre, le coprah et les agrumes sont également des cultures d'exportation importantes.*

TOURISME

Le tourisme n'a pas repris depuis la guerre.   Peu de changement d'une année sur l'autre.

PROVENANCE DES TOURISTES ÉTRANGERS

Le Mozambique ne publie pas de statistiques sur la provenance de ses visiteurs.

% du nombre de visiteurs   0 10 20 30 40 50 60

Le secteur touristique, qui dans les années 1970 recensait jusqu'à 300 000 visiteurs venus d'Afrique du Sud et de Rhodésie, a été anéanti par la guerre civile. Il commence lentement à se reconstruire. Les mines antipersonnel disséminées sur le territoire rendent encore aléatoire tout déplacement en dehors de la capitale, tandis que la pénurie alimentaire et le manque d'infrastructures représentent autant d'obstacles au développement du tourisme. S'il parvient à préserver sa stabilité politique, le pays pourra exploiter ses superbes plages et ses réserves d'animaux, notamment le Parc national Gorongosa. Des groupes hôteliers souhaitent également s'établir à Maputo.

POPULATION

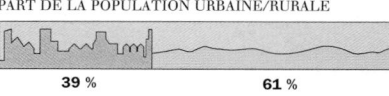
Makoua, thonga, shona, lomwe, portugais   25 hab./km²

PART DE LA POPULATION URBAINE/RURALE

39 %   61 %

RELIGION

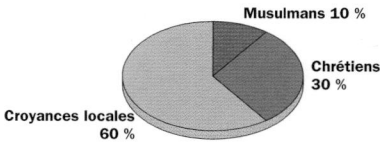
Musulmans 10 %
Chrétiens 30 %
Croyances locales 60 %

COMPOSITION ETHNIQUE

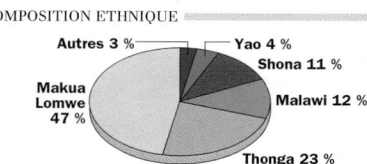
Autres 3 %   Yao 4 %
Shona 11 %
Makua Lomwe 47 %
Malawi 12 %
Thonga 23 %

Le Mozambique est une mosaïque d'ethnies ; la très grande majorité noire est divisée en de nombreux groupes. Cependant, ce sont les tensions régionales et non pas ethniques qui prédominent : le RENAMO, puissant dans le Nord et le centre du pays, accuse le FRELIMO au pouvoir de favoriser le Sud. De leur côté, les «Africanistes» affirment que la minorité blanche exerce une trop grande influence politique dans le pays – grave reproche dans un pays où l'espérance de vie n'atteint pas 50 ans et où la pauvreté reste endémique.
La société est basée sur la famille étendue. Dans certaines provinces comme le Zambèze, le Cabo Delgado ou Tete, elle est matriarcale. La polygamie est répandue chez les hommes qui en ont les moyens. Le FRELIMO s'intéresse particulièrement aux droits des femmes, nombreuses dans ses rangs. Leur activité politique est encouragée par des organisations féministes locales et il existe des lois sur le divorce, la garde des enfants et l'abandon du foyer par le mari.

PYRAMIDE DES ÂGES

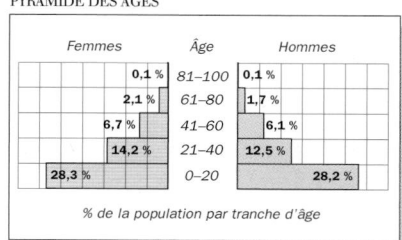

Femmes	Âge	Hommes
0,1 %	81–100	0,1 %
2,1 %	61–80	1,7 %
6,7 %	41–60	6,1 %
14,2 %	21–40	12,5 %
28,3 %	0–20	28,2 %

% de la population par tranche d'âge

M

POLITIQUE

1999/2004

Joaquim Alberto Chissano, président de la République

AUX DERNIÈRES ÉLECTIONS

Assemblée de la République 250 membres

| 53 % FRELIMO | 47 % RENAMO |

FRELIMO = Front de libération du Mozambique
RENAMO = Parti de la Résistance Nationale du Mozambique

PRINCIPAUX PROBLÈMES POLITIQUES

La marche vers la démocratie

En 1993, l'ONU est parvenue, non sans difficultés, à réunir les 260 millions de dollars et les 7 500 soldats de la communauté internationale dont elle avait besoin pour démobiliser les factions en guerre au Mozambique et organiser les premières élections démocratiques. Ces élections se sont finalement déroulées en octobre 1994, et le Front de libération du Mozambique a enregistré une nouvelle victoire. Toutefois, le taux de mobilisation du RENAMO a surpris. Son chef a obtenu de bons résultats aux présidentielles de 1994 et 1999 ; il a contesté la victoire de M. Chissano.

La reconstruction

Le gouvernement doit aujourd'hui faire face à la reconstruction d'un pays dévasté par les récentes inondations et par une guerre civile qui a fait 900 000 victimes et qui a laissé un million de réfugiés et 90 % des habitants vivant en dessous du seuil de pauvreté.

Joaquim Chissano,
président depuis 1986, a encouragé l'avènement du pluralisme politique.

Afonso Dhlakama,
chef du RENAMO, souhaite s'engager dans la politique.

PROFIL

De 1977 à 1990, le régime à parti unique du FRELIMO, soutenu par l'URSS, a gouverné le pays. Il avait lutté pour l'indépendance du pays dès les années 1960. L'Afrique du Sud blanche et la Rhodésie du Sud (actuel Zimbabwe) avaient de leur côté soutenu les rebelles anti-marxistes du RENAMO. Le FRELIMO a fini par adopter une Constitution démocratique et pluraliste en 1990, tandis que le RENAMO perdait ses alliés. Aujourd'hui, les différences idéologiques sont faibles. Malgré la majorité parlementaire du FRELIMO, le RENAMO a obtenu de bons résultats électoraux et demande à être davantage reconnu. De nouveaux groupes politiques sont apparus récemment, comme les anti-blancs PALMO, COINMO et UNAMO. Le FRELIMO souhaite décentraliser le pays. Depuis les élections de 1999, les désaccords entre le FRELIMO et le RENAMO quant à la représentation régionale font à nouveau craindre pour l'avenir de la démocratie.

OCÉAN INDIEN

MOZAMBIQUE

Superficie totale : 784 090 km²
(302 757 sq. miles)

POPULATION

▣	Plus de 1 000 000
◎	Plus de 100 000
○	Plus de 50 000
●	Plus de 10 000
•	Moins de 10 000

ALTIMÉTRIE

	2 000 m/6 562ft
	1 000 m/3 281ft
	500 m/1 640ft
	200 m/656ft
	Niveau de la mer

N

0   200 km
0   200 miles

M

POLITIQUE EXTÉRIEURE

| OUA | CDAA | Comm | OCI | CPLP |

Durant la Guerre froide, le Mozambique devient un champ de bataille important dans le conflit qui oppose le marxisme au capitalisme soutenu par les ÉU et l'Afrique du Sud. Ce conflit provoque une guerre civile qui dévaste le pays de 1977 à 1992. Toutefois, dès le début des années 1980, le FRELIMO modifie ses positions car il ne reçoit plus qu'un soutien irrégulier de l'URSS en perte de vitesse économique et politique. Le président Samora Machel marque ensuite la volonté d'une réconciliation avec l'Ouest, ce qui conduit

les ÉU à lever l'interdiction d'aide économique qui frappait le pays et amène la Grande-Bretagne à accepter de livrer des armes aux soldats du FRELIMO en 1987. En dépit de l'armistice signé en 1984, l'Afrique du Sud continue de soutenir le RENAMO jusqu'en 1990. Les troupes zimbabwéennes ne se sont retirées qu'en 1993. Après avoir établi les modalités d'un traité de paix et financé la phase de transition qui a permis au pays d'accéder à la démocratie, l'ONU a retiré ses 6 000 soldats stationnés dans le pays en janvier 1995. Le Mozambique a été admis au sein du Commonwealth. Des tensions persistent avec l'Afrique du Sud et le Swaziland.

CHRONOLOGIE

Les Portugais dirigent le commerce d'esclaves, d'or et d'ivoire du Mozambique au XVIe siècle et colonisent le pays en 1752.

- ❑ **1964** Début de la guerre de libération.
- ❑ **1975** Proclamation d'indépendance. Samora Machel, chef marxiste du FRELIMO, devient président.
- ❑ **1976** Implantation au Mozambique du RENAMO, mouvement résistant soutenu par la Rhodésie.
- ❑ **1976–1980** Le Mozambique ferme sa frontière avec la Rhodésie, et soutient les combattants pour la liberté zimbabwéens. Le RENAMO organise des représailles.
- ❑ **1980** L'Afrique du Sud soutient à son tour le RENAMO.
- ❑ **1982** Arrivée de soldats zimbabwéens.
- ❑ **1984** Accord mort-né de Nkomati : ➭

M

AIDE INTERNATIONALE

 118 M $ (reçus)   ⬇ Moins 89 % en 1999

Le Mozambique est le 2ᵉ pays au monde à dépendre le plus de l'aide internationale, qui constitue 60 % du revenu national et paye la nourriture de 7 millions d'habitants. En 1999, le pays a été l'un des quatre choisis par le G7 dont la dette a été allégée (d'environ 3 millions de dollars). Les principaux pays donateurs sont l'Italie, le RU, les ÉU, la Suède, le Danemark, la Norvège et depuis peu, l'Afrique du Sud. Les dettes envers l'ex-URSS ont été annulées.

DÉFENSE

 94 M $ ⬆ Plus 15 % en 1999

Deux millions et demi d'hommes ont été jugés «aptes au service militaire» en 1998, mais le rôle autrefois dominant de l'armée a beaucoup diminué depuis la fin de la guerre civile, en 1992. Des militaires hauts responsables du FRELIMO ont même été écartés du pouvoir politique.
La nouvelle armée permanente, entraînée par le RU, a officiellement pris ses fonctions en 1994. Elle ne compte que 3 à 5 000 hommes, issus du FRELIMO comme du RENAMO. Malheureusement, cette réorganisation a conduit à la démobilisation de quelque 75 000 soldats. Une fois leur dernière solde touchée (en 1996), ils ont éprouvé des difficultés considérables à se reconvertir et à se réinsérer dans la vie civile.

Certains se sont alors malheureusement tournés vers le banditisme, en désespoir de cause. Avec la fin de la guerre, les forces étrangères ont quitté le pays, les unités zimbabwéennes (qui surveillaient les lignes de chemins de fer stratégiques) comme les 6 000 soldats de l'ONU.

FORCES ARMÉES MOZAMBICAINES

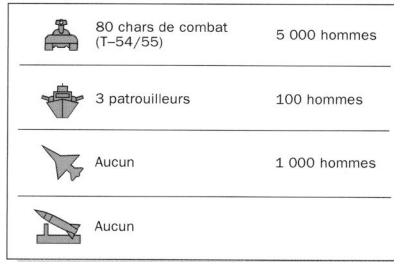

🛡	80 chars de combat (T–54/55)	5 000 hommes
🚢	3 patrouilleurs	100 hommes
✈	Aucun	1 000 hommes
	Aucun	

ÉCONOMIE

 3,8 M $ 💲 23 meticais

CHIFFRES SIGNIFICATIFS

❏ CLASSEMENT DU PNB AU NIVEAU MONDIAL ..123ᵉ
❏ PNB PAR HABITANT ....210 $
❏ BALANCE DES PAIEMENTS ....– 1,6 M $
❏ INFLATION ....10 %
❏ CHÔMAGE ....21 %

EXPORTATIONS

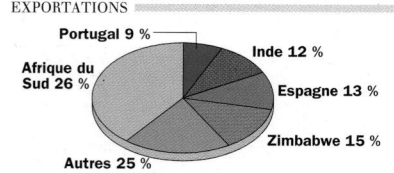

Portugal 9 %
Inde 12 %
Afrique du Sud 26 %
Espagne 13 %
Zimbabwe 15 %
Autres 25 %

IMPORTATIONS

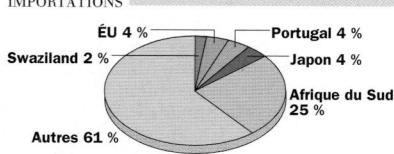

ÉU 4 %
Portugal 4 %
Swaziland 2 %
Japon 4 %
Afrique du Sud 25 %
Autres 61 %

ATOUTS
Les privatisations et la libéralisation des tarifs et des taux de change ont encouragé l'aide extérieure et permis de développer les exportations. D'importants programmes de développement rural ont été lancés

INDICATEUR DES PERFORMANCES ÉCONOMIQUES

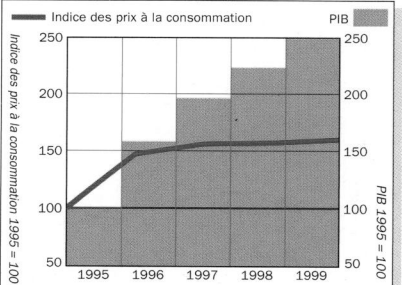

— Indice des prix à la consommation   ▮ PIB

(l'agriculture emploie toujours 85 % de la population). Potentiel de pêche industrielle. L'amélioration du réseau de transport vers Maputo, le deuxième port d'Afrique, permettra de désenclaver de nombreuses régions.

FAIBLESSES
Sans l'aide internationale extérieure, la moitié de la population mourrait de faim. Cette extrême dépendance risque de poser problème à terme. Le pays est en outre vulnérable à la sécheresse, aux inondations et aux cyclones. La destruction des voies de communication au cours de la guerre freine l'exploitation des ressources minérales. La main-d'œuvre qualifiée émigre souvent.

PROFIL
Malgré les énormes problèmes auxquels le pays doit faire face, le gouvernement a dévoilé en 1995 un plan optimiste, calqué sur les recommandations de la Banque mondiale et destiné à éradiquer la pauvreté et atteindre une croissance de 8 à 9%par an en 2000. Mais les inondations de 2000 et 2001 ont réduit ces espoirs à néant ; le gouvernement ne compte désormais plus que sur une croissance inférieure à 4%.

MOZAMBIQUE : PRINCIPALES ACTIVITÉS

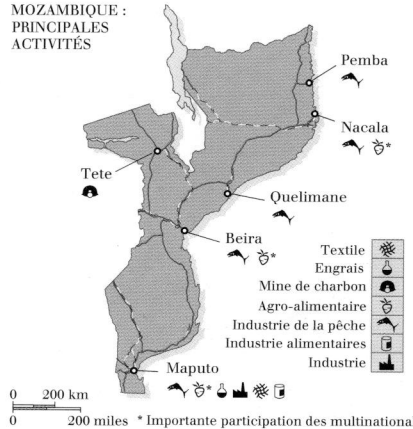

Pemba
Nacala
Tete
Quelimane
Beira
Maputo

Textile
Engrais
Mine de charbon
Agro-alimentaire
Industrie de la pêche
Industrie alimentaire
Industrie

0   200 km
0   200 miles *Importante participation des multinationales

RESSOURCES

 39 579 tonnes

 Pays non producteur

1,32 M de bovins
670 000 canards
28 M d'autres volailles

Charbon, fer, tantalite, uranium, or, bauxite, titane, cuivre, gaz

PRODUCTION ÉLECTRIQUE

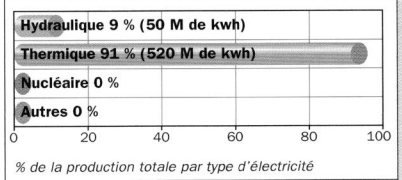

Hydraulique 9 % (50 M de kwh)
Thermique 91 % (520 M de kwh)
Nucléaire 0 %
Autres 0 %

% de la production totale par type d'électricité

Les réserves de minerai sont sous-exploitées faute d'infrastructures de transport en bon état. La pêche est le

ENVIRONNEMENT

 6 %

 0,1 tonne par habitant

TRAITÉS ÉCOLOGIQUES

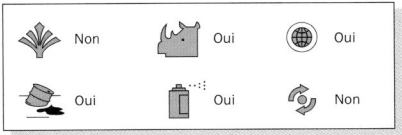

Non — Oui — Oui
Oui — Oui — Non

Les crues suivies de sécheresses ont eu des effets catastrophiques sur l'environnement. Les inondations ont frappé environ 1 million de personnes en 2000, et ont déplacé 200 000 en 2001. La pire sécheresse de mémoire d'homme a eu lieu en 1982-1984, faisant 100 000 victimes et laissant 4 millions de personnes au bord de la famine. La guerre civile a fait fuir les habitants des campagnes vers les villes et les côtes, provoquant des problèmes de surpopulation, de maladies, de pollution et de désertification du tissu rural. L'écologie n'est pourtant pas une priorité nationale.

MÉDIAS

 3 quotidiens pour 1 000 habitants

PRESSE ET TÉLÉCOMMUNICATIONS

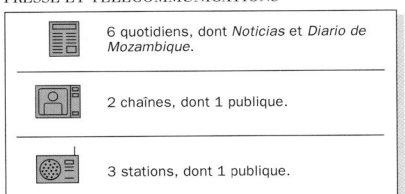

6 quotidiens, dont *Noticias* et *Diario de Mozambique*.

2 chaînes, dont 1 publique.

3 stations, dont 1 publique.

La presse, auparavant au service du FRELIMO, est plus libre depuis les années 1990. L'assassinat en 2000 du journaliste Carlos Cardoso, apprécié pour son franc-parler, a choqué le pays. Peu de téléviseurs. La radio publique émet en portugais, en anglais et dans des langues locales.

secteur d'activité le plus important (crevettes à l'exportation). Le gouvernement s'emploie actuellement à rétablir l'électricité dans le pays. L'usine d'aluminium de Mozal a ouvert en 2000.

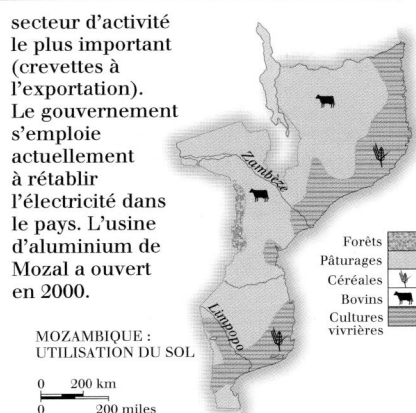

MOZAMBIQUE : UTILISATION DU SOL

Forêts
Pâturages
Céréales
Bovins
Cultures vivrières

0   200 km
0   200 miles

CRIMINALITÉ

 9 608 détenus

 Criminalité en hausse

TAUX DE CRIMINALITÉ.

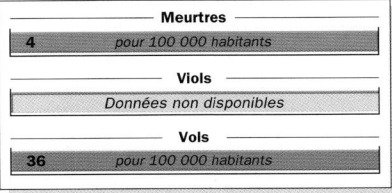

Meurtres
4 — *pour 100 000 habitants*
Viols
Données non disponibles
Vols
36 — *pour 100 000 habitants*

Les armes sont répandues au Mozambique. En zone rurale, des bandits, souvent des ex-soldats, rendent les voyages par route dangereux. Des dirigeants sont accusés de détourner l'aide alimentaire.

ÉDUCATION

 44 %

 7 143 étudiants

LE SYSTÈME ÉDUCATIF

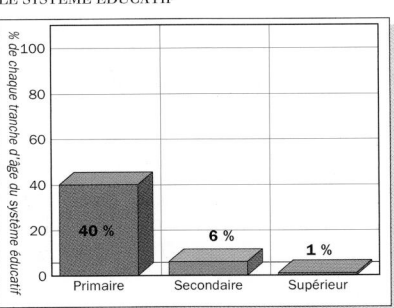

Primaire 40 % — Secondaire 6 % — Supérieur 1 %

À l'indépendance, 85 à 95 % de la population adulte était analphabète. La guerre civile, en fermant les écoles, a créé une nouvelle génération d'illettrés. En 2000, le gouvernement a dévoilé un programme prévoyant la scolarisation de 86 % des enfants, en particulier en zone rurale. La hausse du budget de l'éducation a été financée par l'allègement de la dette.

SANTÉ

 1 pour 50 000 habitants

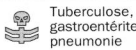 Tuberculose, gastroentérite, pneumonie

Au cours de la guerre civile, des milliers de personnes ont été amputées après avoir sauté sur des mines antipersonnel, ou ont souffert d'épouvantables traumatismes physiques ou psychiques. Le système de santé s'est amélioré depuis la fin de la guerre. La médecine préventive et prénatale est gratuite. Les docteurs doivent un service de 2 ans en zone rurale. Des cliniques privées sont apparue dès 1987. En 1999 des cas de choléra ont été signalés à Beira et dans les provinces de Niassa, Cabo Delgado et Nampula. Environ 1 million d'habitants ont contracté le virus du Sida.

RICHESSES

CONSOMMATION ET DÉPENSES

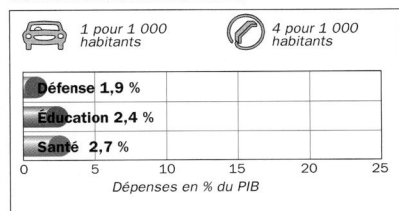

1 pour 1 000 habitants — 4 pour 1 000 habitants

Défense 1,9 %
Éducation 2,4 %
Santé 2,7 %

Dépenses en % du PIB

Le Mozambique est l'un des pays les plus pauvres du monde. Plus de 90 % de la population vit sous le seuil de nutrition. Les mesures associées à l'aide occidentale n'ont fait qu'aggraver la situation, entraînant une hausse du prix du riz de 600 %. La hausse des exportations n'a guère profité aux petits agriculteurs. Seuls les responsables du FRELIMO, du RENAMO et des autres partis politiques peuvent s'offrir le luxe d'une voiture, de la climatisation ou d'un appartement construit en dur. La progression vers l'économie de marché devrait toutefois élargir à long terme l'accès aux biens de consommation.

CLASSEMENT MONDIAL

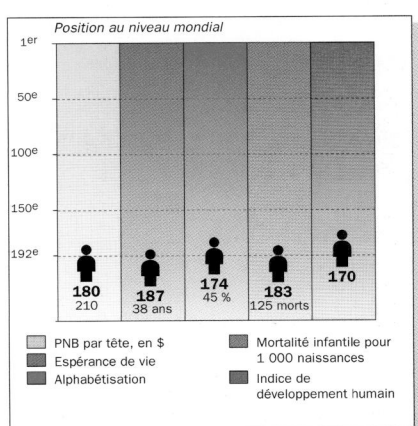

Position au niveau mondial

180 / 210 — 187 / 38 ans — 174 / 45 % — 183 / 125 morts — 170

PNB par tête, en $
Espérance de vie
Alphabétisation
Mortalité infantile pour 1 000 naissances
Indice de développement humain

M

AFRIQUE AUSTRALE

NAMIBIE

NOM OFFICIEL : République de Namibie   **CAPITALE** : Windhoek
POPULATION : 1,8 million   **MONNAIE** : dollar namibien   **LANGUE OFFICIELLE** : anglais

 1990 1994  21 mars NAM + 2   + 264   .na

SITUÉE DANS LE SUD-OUEST de l'Afrique, la Namibie comporte une bande côtière désertique formée par le désert du Namib. La Namibie est devenue indépendante de l'Afrique du Sud en 1990 après des années de guérilla. Bien que le pays se soit éloigné de l'apartheid, son économie repose toujours principalement sur le petit groupe d'habitants blancs qui constitue la main-d'œuvre qualifiée, conséquence de l'insuffisance des infrastructures scolaires mises à la disposition de la population noire. La Namibie est le quatrième producteur de minerai d'Afrique.

CLIMAT

DONNÉES MÉTÉOROLOGIQUES

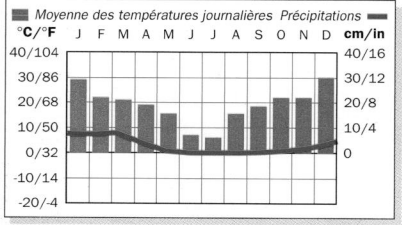

■ Moyenne des températures journalières Précipitations ■

Il ne pleut quasiment jamais. La côte est généralement enveloppée d'un brouillard épais et froid, sauf lorsque le vent souffle.

TRANSPORTS

Windhoek International
492 957 passagers

105 navires
54 794 tpl

RÉSEAU DE TRANSPORT

| 5 250 km (3 262 miles) | Aucune |
| 2 382 km (1 480 miles) | Aucune |

Le secteur industriel très développé est bien desservi par les axes routiers et ferroviaires. Un nouveau port doit être construit à Walvis Bay.

TOURISME

614 000 visiteurs   Plus 54 % en 1995–1998

PROVENANCE DES TOURISTES ÉTRANGERS

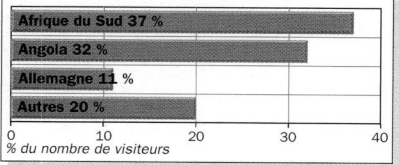

Afrique du Sud 37 %
Angola 32 %
Allemagne 11 %
Autres 20 %

% du nombre de visiteurs

Les touristes allemands visitent le secteur allemand de Windhoek. Il est prévu de limiter le nombre de touristes à 500 000 par an pour préserver le désert particulièrement fragile. Le tourisme n'est pas développé.

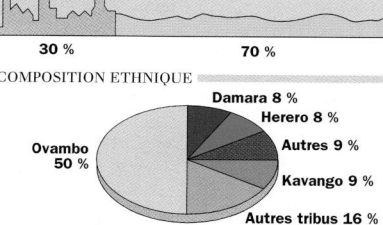
Le Spitzkopje, à l'ouest de Karibib. Les paysages uniques tels que celui-ci attirent de plus en plus d'adeptes du tourisme.

POPULATION

 Ovambo, kavango, anglais, bergdama, allemand   2 hab./km²

PART DE LA POPULATION URBAINE/RURALE

30 %   70 %

COMPOSITION ETHNIQUE

Damara 8 %
Herero 8 %
Autres 9 %
Kavango 9 %
Autres tribus 16 %
Ovambo 50 %

Le groupe le plus important, les Ovambo, vit plutôt dans le Nord du pays, peu peuplé. Les Blancs – dont 60 % d'Afrikaners – habitent la capitale, qui abrite aussi une riche communauté allemande. Les premiers habitants de la Namibie, les San et les Khoi (autrefois appelés Bushmen), ne constituent plus qu'une petite minorité marginalisée. Les conflits ethniques prédits en 1990 n'ont pas eu lieu. La plupart des Namibiens noirs, qui pratiquent une agriculture de subsistance, acceptent la richesse de la communauté blanche. En Namibie, les familles noires de six enfants ou plus ne sont pas rares. La constitution prône l'égalité des sexes et pratique la discrimination en faveur des femmes, mais celles-ci restent peu nombreuses à détenir des biens ou des postes à responsabilité. L'homosexualité est interdite.

POLITIQUE

Ch. basse 1999/2004
Ch. haute 1998/2004

Samuel Nujoma, président de la République

AUX DERNIÈRES ÉLECTIONS

Assemblée Nationale 72 membres

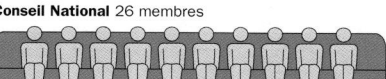

10 % CoD   3 % UDF
76 % SWAPO   10 % DTA   1 % MAG

SWAPO = Organisation du peuple d'Afrique du Sud-Ouest **CoD** = Congrès des démocrates **DTA** = Alliance démocratique de la Turnhalle **UDF** = Front démocratique uni **MAG** = Groupe de contrôle et d'action
Six membres supplémentaires non-votants peuvent être nommés par le président.

Conseil National 26 membres

Deux membres sont élus parmi les membres de chacun des treize conseils régionaux.

La guérilla de la SWAPO a obtenu l'indépendance en 1990. La Namibie est passée d'un système d'apartheid à la démocratie. Le SWAPO de centre-gauche domine toujours la vie politique. En 1998, le président Nujoma s'est présenté pour la troisième fois et a été réélu fin 1999. L'opposition est surtout représentée par la DTA, une coalition de centre-droit favorable à l'économie de marché.

POLITIQUE EXTÉRIEURE

 OUA   Comm   MNA   CDAA   MCAEA

En 1992, le contentieux frontalier entre l'Afrique du Sud et la Namibie a été réglé ; en 1994, l'Afrique du Sud a cédé l'enclave de Walvis Bay, l'unique port en eau profonde du pays, et a aussi supprimé la dette de la Namibie. Les soldats namibiens ont commencé à se retirer de l'ex-Zaïre en 2001.

AIDE INTERNATIONALE

 178 M $ (reçus)    Moins 1 % en 1999

L'ONU est le principal donateur mais l'Allemagne est le pays qui verse l'aide unilatérale la plus importante. Un tiers de l'aide va à l'éducation.

DÉFENSE

 120 M $ Plus 28 % en 1999

L'armée surveille les bancs de poissons souvent décimés par les chalutiers étrangers. La Namibie a envoyé des soldats de la paix en ex-Zaïre.

N

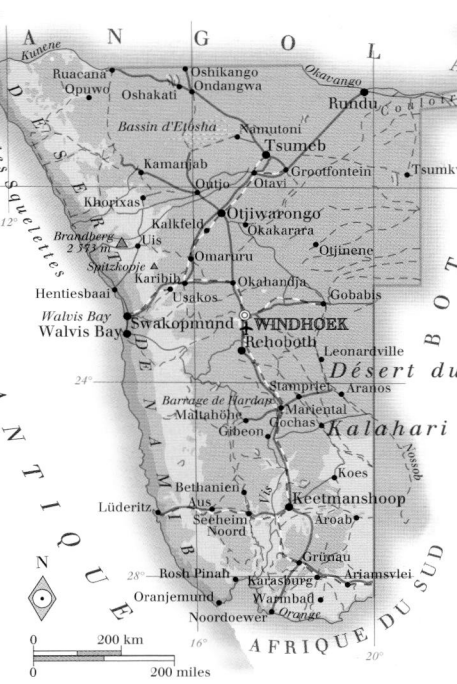

NAMIBIE

Superficie totale :
823 290 km²
(317 872 sq. miles)

POPULATION

Plus de 100 000 ⊚
Plus de 10 000 ●
Moins de 10 000 ·

ALTIMÉTRIE

2 000 m/6 562ft
1 000 m/3 281ft
500 m/1 640ft
200 m/656ft
niveau de
la mer

CHRONOLOGIE

En 1915, l'ancienne colonie allemande est placée sous contrôle sud-africain dans le cadre d'un mandat de la Ligue des nations.

❏ **1966** Lois de l'apartheid. Le SWAPO entame une lutte armée.
❏ **1968** Le pays est rebaptisé Namibie.
❏ **1973** L'ONU reconnaît le SWAPO.
❏ **1990** Indépendance.
❏ **1994** L'Afrique du Sud renonce à Walvis Bay.
❏ **1999** Réélection de Sam Nujoma.

RESSOURCES

 291 164 tonnes    Pays non producteur

2,1 M d'ovins
2,06 M de bovins
1,65 M de caprins
2,3 M de volailles

 Uranium, plomb, cadmium, diamants, cuivre, zinc, or, argent

Le pays possède d'importants gisements d'uranium, de plomb et de cadmium, ainsi qu'un fort potentiel hydroélectrique, diamantifère et pétrolifère. Le débit du fleuve Okavango est plus important que tous ceux des cours d'eau d'Afrique du Sud.

ENVIRONNEMENT

 13 %   Données non disponibles

Les éléphants et les rhinocéros noirs qui vivent dans le désert namibien sont menacés par le braconnage et par l'apparition de maladies cutanées. L'écosystème désertique du pays est très fragile; il est en grande partie protégé. Le gouvernement est sensible aux problèmes écologiques (abstraction faite des massacres de bébés-phoques qui ont lieu chaque année pour préserver les bancs de poissons) et sa politique vise davantage à promouvoir le tourisme vert que le tourisme de masse.

MÉDIAS

 19 quotidiens pour 1 000 habitants

PRESSE ET TÉLÉCOMMUNICATIONS

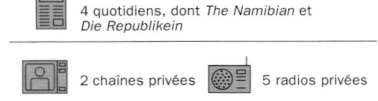

4 quotidiens, dont *The Namibian* et *Die Republikein*

2 chaînes privées   5 radios privées

La radio publique émet en 11 langues, dont l'allemand et l'anglais. La presse, très active, s'attaque aux politiciens corrompus.

CRIMINALITÉ

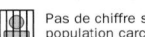 Pas de chiffre sur la population carcérale   Moins 1 % en 1996-1998

Vols et cambriolages augmentent dans les villes. Trafic d'autruches vers les ÉU.

ÉDUCATION

 82 %   11 344 étudiants

90 % des enfants vont à l'école primaire, mais, malgré la fin de l'apartheid, beaucoup d'adultes noirs restent illettrés.

SANTÉ

1 pour 5 000 habitants   Maladies respiratoires, cardiaques et intestinales, Sida

Les soins préventifs et en milieu rural sont une priorité. Le pays manque d'eau potable. Le Sida est la première cause de mortalité.

RICHESSES

CONSOMMATION ET DÉPENSES

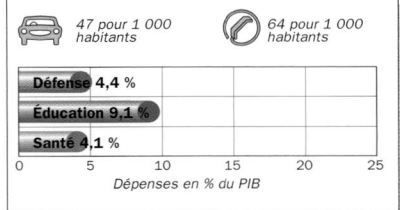

47 pour 1 000 habitants   64 pour 1 000 habitants

Défense 4,4 %	
Éducation 9,1 %	
Santé 4,1 %	

0   5   10   15   20   25
Dépenses en % du PIB

D'énormes inégalités demeurent : 1% des foyers les plus riches consomment autant que les 50% les plus pauvres.

CLASSEMENT MONDIAL

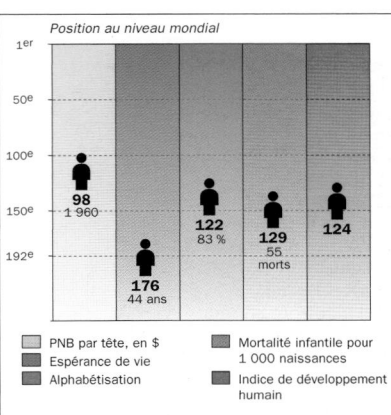

Position au niveau mondial

1er
50e
100e
150e
192e

98 / 1 960
176 / 44 ans
122 / 83 %
129 / 55 morts
124

◻ PNB par tête, en $ ◼ Mortalité infantile pour 1 000 naissances
◻ Espérance de vie
◼ Alphabétisation   ◼ Indice de développement humain

ÉCONOMIE

 3,2 Md $  6,15-7,57 dollars namibiens

CHIFFRES SIGNIFICATIFS

❏ CLASSEMENT DU PNB AU NIVEAU MONDIAL	..125e
❏ PNB PAR HABITANT	1 960 $
❏ BALANCE DES PAIEMENTS	162 M $
❏ INFLATION	9,5 %
❏ CHÔMAGE	40 %

ATOUTS
Nombreuses ressources minérales. Marché intéressant pour les investisseurs privés. Nombreux bancs de poissons. Potentiel de désenclavement maritime par Walvis Bay. Faible dette extérieure.

FAIBLESSES
La plupart des produits sont importés. Fluctuations des cours des minerais. Contrecoup de la récession en Afrique du Sud. Manque de main-d'œuvre qualifiée ; chômage élevé. Forte sécheresse en 1996.

EXPORTATIONS

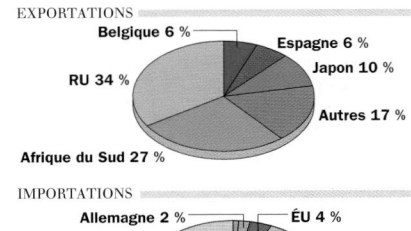

Belgique 6 %
Espagne 6 %
Japon 10 %
RU 34 %
Autres 17 %
Afrique du Sud 27 %

IMPORTATIONS

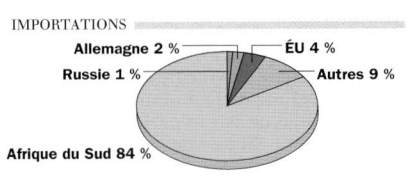

Allemagne 2 %
ÉU 4 %
Russie 1 %
Autres 9 %
Afrique du Sud 84 %

N

NAURU

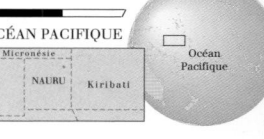

NOM OFFICIEL : République de Nauru **CAPITALE** : Pas de capitale officielle
POPULATION : 12 329 **MONNAIE** : dollar australien **LANGUE OFFICIELLE** : nauruan

 1968 1968 31 janv. NAU  + 12 + 674 .nr

LE NAURU est situé dans l'océan Pacifique, à 4 000 km au nord-est de l'Australie. À l'époque où le pays était une colonie anglaise, ses gisements de phosphates étaient exploités par le RU, l'Australie et la Nouvelle-Zélande. Depuis 1968, année de son indépendance, cette industrie fait des habitants du Nauru l'une des populations les plus riches du monde. Toutefois, ces réserves devraient s'épuiser bientôt, et l'économie mal gérée devrait se réformer.

CLIMAT

DONNÉES MÉTÉOROLOGIQUES

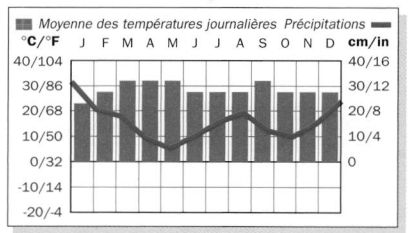

Du fait de sa taille minuscule, le pays est souvent évité par les nuages ; il arrive qu'il ne pleuve pas de l'année.

TRANSPORTS

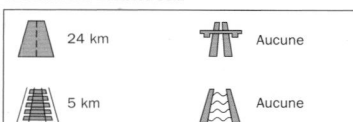

Île de Nauru International

3 navires
1 000 tpl

RÉSEAU DE TRANSPORT

24 km		Aucune
5 km		Aucune

Le Nauru possède sa compagnie aérienne. La ligne de paquebots constitue le principal moyen de communication avec le monde extérieur. Toutefois, les prix des voyages à destination de l'étranger sont extrêmement élevés. Le Nauru ne possède pas de ports et les navires qui chargent les phosphates s'amarrent à de gigantesques caissons de béton qui flottent en mer. La seule route du pays, circulaire, est souvent bordée de voitures abandonnées, notamment de Mercedes, car il revient beaucoup moins cher à la population d'importer de nouveaux véhicules que de les réparer. Le taux d'accidents de la route mortels est l'un des plus élevés du Pacifique Sud.

TOURISME

Nombre de touristes minime

Peu de changement d'une année sur l'autre

PROVENANCE DES TOURISTES ÉTRANGERS

Le Nauru ne publie pas de statistiques sur la provenance de ses visiteurs.

0   10   20   30   40
% du nombre de visiteurs

Même si le Nauru disposait des infrastructures touristiques traditionnelles, le prix du voyage resterait dissuasif pour la plupart des touristes. L'étrange paysage lunaire qui s'est dessiné durant les 80 années d'extraction de phosphates constitue la principale curiosité du pays. Le Nauru ne possède pas de plages et ses quelques hôtels sont peu confortables.

NAURU

Superficie totale : 21,2 km² (8.2 sq. miles)

ALTIMÉTRIE

200 m/565 ft
Niveau de la mer

Zone urbanisée
mine de Phosphate

0   1 km
0   1 mile

OCÉAN PACIFIQUE

166°56'   166°57'
166°55'
0°31'
Hôpital général
Hôpital de la compagnie des phosphates
Mine de phosphate
Lagon Buada
0°32'
Usines de phosphate
Émetteur de télévision
Poste
Centre civique
Aéroport international
0°33'
Hôtel Meneng
Terminal aérien
École secondaire   Parlement
Poste de police
OCÉAN PACIFIQUE

POPULATION

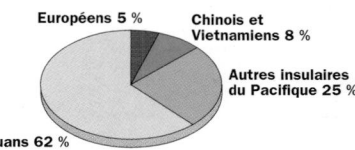

Nauruan, kiribatien, chinois, tuvaluan, anglais

564 hab./km²

PART DE LA POPULATION URBAINE/RURALE

Le pays est à 100 % semi-urbanisé.

COMPOSITION ETHNIQUE

Européens 5 %
Chinois et Vietnamiens 8 %
Autres insulaires du Pacifique 25 %
Nauruans 62 %

La société est homogène. Les habitants travaillent traditionnellement dans les services publics, tandis que les immigrés – principalement originaires de Kiribati – extraient les phosphates. Des conflits de générations sont apparus entre les jeunes Nauruans qui partent faire des études en Australie et qui sont peu motivés pour réussir et leurs parents, qui se sont battus pour l'indépendance. Au fur et à mesure que les réserves de phosphates s'amenuisent, la jeunesse est envahie par un sentiment d'inutilité. Nombre de jeunes pensent que leur futur se trouve plutôt en Australie ou en Nouvelle-Zélande, mais ils redoutent de voir baisser leur niveau de vie et craignent de perdre le luxe que constitue la souveraineté. Cette crainte a d'ailleurs conduit les Nauruans à décliner l'offre que leur avait faite l'Australie de s'établir sur une île située au large du Queensland.

POLITIQUE

 2003/2006

René Harris, président de la République

AUX DERNIÈRES ÉLECTIONS

Parlement 18 membres

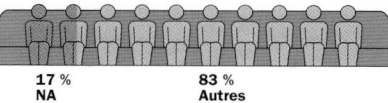

17 %
NA

83 %
Autres

NA = Nauru d'abord   **Autres** dont les indépendants

Le parlement s'inspire du modèle britannique, mais il est dominé par les chefs traditionnels. Le passage d'une coalition à l'autre en fonction des affinités personnelles et non politiques est fréquent. Hammer DeRoburt est devenu le premier président de l'île en 1968, et a dirigé le pays jusqu'en 1989, date où il a été destitué par un vote de défiance. Depuis la chute de DeRoburt, la présidence, élue par le parlement, a fréquemment changé de mains, dans une atmosphère nettement plus instable.

N

POLITIQUE EXTÉRIEURE

 Comm   PC   FIP  BAD ACP

Après le plus long procès de l'histoire judiciaire britannique, la demande d'indemnisation exigée par Nauru du RU pour l'exploitation des phosphates a été rejetée en 1992. Cette même année, l'Australie a cependant versé à l'île 107 millions de $ australiens. Le Nauru, entré à l'ONU en 1999, se préoccupe de sa participation au Forum des îles du Pacifique et de l'établissement de fonds en fidéicommis pour faire vivre le pays, lorsque les gisements de phosphate seront épuisés.

AIDE INTERNATIONALE

 7 M $ (reçus)   Plus 250 % en 1999

Le Nauru ne perçoit ni ne verse aucune aide, sauf dans le cadre du Forum du Pacifique-Sud.

DÉFENSE

 L'Australie est responsable de la défense du pays.   Ne s'applique pas

Le Nauru ne possède pas d'armée. L'Australie est responsable *de facto* de la sécurité de l'île.

ÉCONOMIE

 42 M $ 1,49-1,78 dollar australien

CHIFFRES SIGNIFICATIFS

- ❏ CLASSEMENT DU PNB AU NIVEAU MONDIAL ..191ᵉ
- ❏ PNB PAR HABITANT ....3 540 $
- ❏ BALANCE DES PAIEMENTS ....non disponible
- ❏ INFLATION ....– 3,6 %
- ❏ CHÔMAGE ....très réduit

ATOUTS
Importants investissements à l'étranger. Paradis fiscal. Potentiel bancaire extraterritorial. Fonds en fidéicommis. Dollar australien fort.

FAIBLESSES
Épuisement du phosphate (prévu pour 2003). Coût élevé de la réhabilitation des 80 % exploités de l'île. Pas d'autres ressources. Mauvaise gestion des placements dans les années 1990.

EXPORTATIONS

Le Nauru n'exporte que du phosphate, en direction de l'Australie et de la Nouvelle-Zélande.

IMPORTATIONS

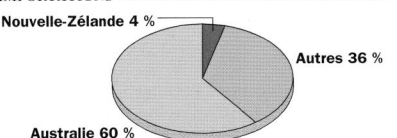
Nouvelle-Zélande 4 %
Autres 36 %
Australie 60 %

RESSOURCES

 400 tonnes   Pays non producteur

 2 100 ovins
2 800 porcins
5 000 volailles   Guano (phosphates)

Depuis 1888, les importantes réserves de phosphates du Nauru ont été exploitées par les Allemands, les Britanniques, les Australiens puis par les Nauruans eux-mêmes. L'extraction s'est effectuée très rapidement et les réserves sont presque épuisées. Le Nauru ne dispose d'aucune autre ressource. Il dépend entièrement de l'extérieur pour ses approvisionnements en énergie et le prix du pétrole y est plus élevé de 50 % que dans le reste du Pacifique car le Nauru n'est situé sur aucune ligne maritime. Le pays produit la plus grande partie de son électricité à l'aide de petits générateurs diesel.

ENVIRONNEMENT

 Aucune   Ne s'applique pas

Le Nauru, dont l'exploitation minière a saccagé près de 80 % de la superficie, est de plus menacé par la montée du niveau de la mer. Les anciens sites d'essais atomiques français voisins de l'île suscitent également de très vives inquiétudes.

MÉDIAS

 Pas de quotidien

PRESSE ET TÉLÉCOMMUNICATIONS

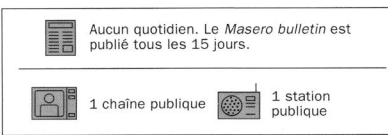
Aucun quotidien. Le *Masero bulletin* est publié tous les 15 jours.

1 chaîne publique   1 station publique

Le Nauru possède une chaîne de télévision et une station de radio, toutes deux publiques.

CRIMINALITÉ

 Pas de chiffre sur la population carcérale   Légère hausse du taux de criminalité

Le vol est un phénomène quasi inexistant. Les agressions et la conduite en état d'ébriété sont en revanche plus préoccupants.

Le Nauru est presque circulaire ; il ne comporte qu'une route qui fait le tour de l'île. La bande côtière est la seule région habitable.

CHRONOLOGIE
Colonisée par les Allemands à partir de 1888, l'île a été administrée conjointement par le RU, l'Australie et la Nouvelle-Zélande dès 1919.

- ❏ **1968** Indépendance.
- ❏ **1992** L'Australie accorde des dédommagements pour avoir exploité le phosphate.
- ❏ **1998-2003** Présidence alternée de Harris et Dowiyogo.

ÉDUCATION

 99 %   Données non disponibles

Beaucoup de Nauruans partent en pension en Australie dès leur plus jeune âge. Ils sont en revanche peu nombreux à aller à l'université.

SANTÉ

 1 pour 700 habitants   Tuberculose, carences en vitamines, diabète

La population se nourrit d'aliments importés et l'obésité est fréquente. La population compte un tiers de diabétiques non-insulino dépendants.

RICHESSES

CONSOMMATION ET DÉPENSES

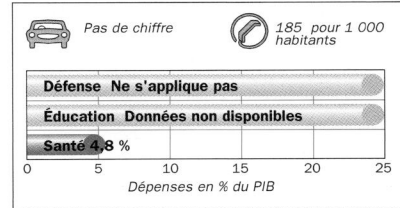
Pas de chiffre   185 pour 1 000 habitants

Défense	Ne s'applique pas
Éducation	Données non disponibles
Santé	4,8 %

0   5   10   15   20   25
Dépenses en % du PIB

Programme d'agustement économique pour s'adapter à l'épuissement des phosphates.

CLASSEMENT MONDIAL

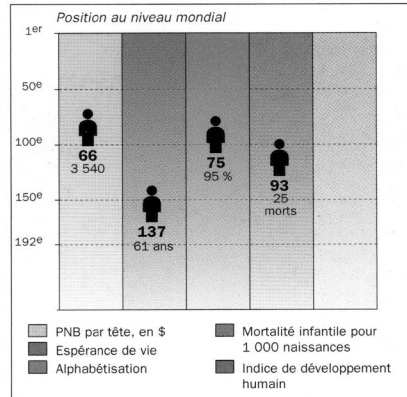
Position au niveau mondial

1ᵉʳ
50ᵉ
100ᵉ **66** 3 540   **75** 95 %   **93** 25 morts
150ᵉ **137** 61 ans
192ᵉ

- ■ PNB par tête, en $
- ■ Espérance de vie
- ■ Alphabétisation
- ■ Mortalité infantile pour 1 000 naissances
- ■ Indice de développement humain

N

435

NÉPAL

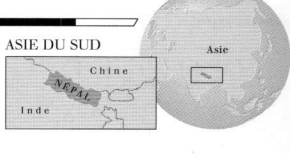

ASIE DU SUD

NOM OFFICIEL : Royaume du Népal   CAPITALE : Katmandou
POPULATION : 24,2 millions   MONNAIE : roupie népalaise   LANGUE OFFICIELLE : népalais

PERCHÉ sur la partie sud de la chaîne himalayenne, le Népal est entouré de l'Inde et de la Chine. Jusqu'en 1990, c'était une monarchie absolue. Depuis, sa vie politique est de plus en plus instable. L'économie, essentiellement agricole, est fortement tributaire de la précocité de la mousson. Le Népal s'attache à promouvoir l'hydroélectricité, malgré les effets néfastes des grands barrages. Le trekking, source importante de revenus touristiques, entraîne également des problèmes d'environnement.

CLIMAT

DONNÉES MÉTÉOROLOGIQUES

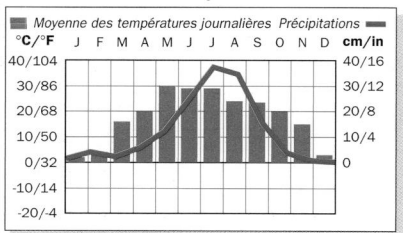

La mousson chaude affecte l'ensemble du pays et provoque des inondations dans la plaine du Teraï, où les températures sont particulièrement élevées. Elle diminue généralement au Nord et à l'Ouest. Le reste de l'année bénéficie d'un climat sec, ensoleillé et doux, sauf dans la chaîne himalayenne (– 10 °C).

TRANSPORTS

 **Tribhuvan International, Katmandou**
800 000 passagers

 Pas de flotte

RÉSEAU DE TRANSPORT

 4 073 km (2 531 miles)

Aucune

 101 km (63 miles)

Aucune

Les vols intérieurs relient les principales villes. Le sud et la vallée de Katmandou possèdent des routes goudronnées. Deux tronçons de voies ferrées très courts empiètent sur l'Inde.

Moisson himalayenne. *Les versants très escarpés des montagnes et la forte érosion des sols ont conduit les habitants à aménager leurs champs en terrasses.*

TOURISME

 451 000 visiteurs

 Moins 8 % en 2000

PROVENANCE DES TOURISTES ÉTRANGERS

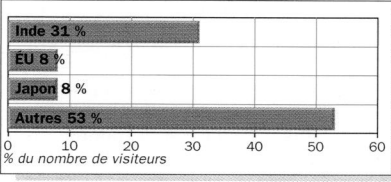

Inde 31 %	
ÉU 8 %	
Japon 8 %	
Autres 53 %	

% du nombre de visiteurs

Le Népal est pris entre le désir de préserver son environnement et celui d'augmenter les revenus du tourisme. L'activité terroriste (détournement, en 1999, de l'avion d'Air India à destination du Népal), ainsi que la guérilla maoïste, nettement plus populaire en 2001, menacent le tourisme. Depuis 2000, une loi interdit le travail des enfants dans le tourisme.

POPULATION

 Népalais, maithilli, bhojpuri

 175 hab./km²

PART DE LA POPULATION URBAINE/RURALE

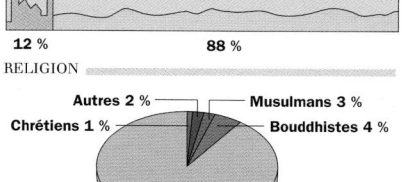

12 %   88 %

RELIGION

Autres 2 % — Musulmans 3 %
Chrétiens 1 % — Bouddhistes 4 %

Hindous 90 %

Les tensions sont peu nombreuses, malgré la diversité des groupements ethniques, parmi lesquels les Sherpas, établis dans le Nord, les Brahmanes, Chhettris, Newars et autres ethnies de la vallée de Katmandou et les habitants du Teraï, regroupés au Sud. Les femmes Sherpas et Bouddhistes sont moins cloîtrées que les Hindous. La société himalayenne est polygame. Depuis 1990, de nombreux réfugiés népalais du Bhoutan se sont installés au Népal.

POLITIQUE

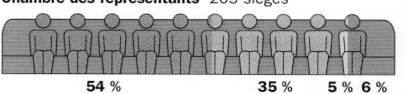

(élections reportées)   Sa majesté le roi Gyanendra Bir Bikram Shah Dev

AUX DERNIÈRES ÉLECTIONS

Chambre des représentants 205 sièges

54 %   35 %   5 %   6 %
NCP   CPN–UML   NDP   Autres

NCP = Parti du congrès népalais CPN–UML = Parti communiste du Népal-Parti marxiste-léniniste uni NDP = Parti national démocratique Nom = nommés par le roi

Conseil national 60 membres

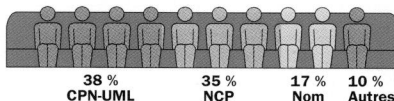

38 %   35 %   17 %   10 %
CPN-UML   NCP   Nom   Autres

Le système multipartite, introduit en 1990, a entraîné la formation, en 1994, d'un gouvernement communiste éphémère, puis d'une série de coalitions jusqu'à la victoire du NCP aux élections de 1999. En juin 2001, le pays a été secoué par l'assassinat du roi Birendra au cours d'un massacre dans son palais. Gyanendra, son frère, devint roi dans une atmosphère troublée. Les rebelles maoïstes poussèrent le Premier ministre, Girija Prasad Koirala, à la démission. Sher Bahadur Deuba le remplaça en juillet.

POLITIQUE EXTÉRIEURE

 PC   BIRD   MNA   AASCR FMI

Les relations de sécurité entre le Népal et l'Inde sont remises en question par l'UML, pro-Chinois. Le gouvernement NCP a repris les relations avec l'Inde, dont le Népal dépend pour le commerce extérieur. La question des réfugiés bhoutanais installés au Népal met ses relations avec le Bhoutan à rude épreuve.

AIDE INTERNATIONALE

 344 M $ (reçus)

 Moins 15 % en 1999

De par sa situation géographique stratégique, le Népal attire l'attention des pays donateurs les plus importants, parmi lesquels les ÉU, la Chine, l'Inde, le Japon et des États membres du CEI.

DÉFENSE

 42,9 M $

 Plus 80 % en 1999

Ne comptant que 46 000 hommes, l'armée ne possède ni tank, ni avion de combat. Ses armes proviennent d'Inde et du RU.

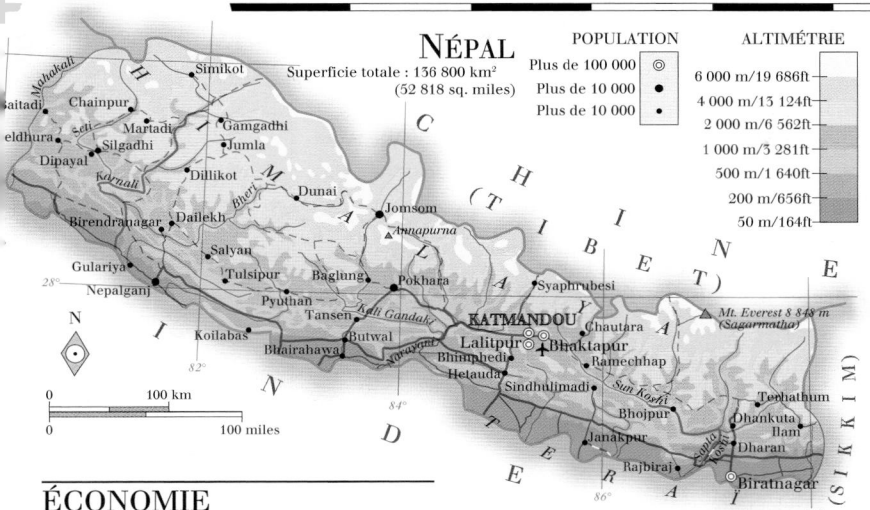

NÉPAL

Superficie totale : 136 800 km²
(52 818 sq. miles)

POPULATION
Plus de 100 000 ◎
Plus de 10 000 ●
Plus de 10 000 ·

ALTIMÉTRIE
6 000 m/19 686ft
4 000 m/13 124ft
2 000 m/6 562ft
1 000 m/3 281ft
500 m/1 640ft
200 m/656ft
50 m/164ft

CHRONOLOGIE

Les fondations de l'État népalais sont établies en 1769 lors de la conquête par le roi Prithvi Narayan Shah.

❑ **1816–1925** Le pays devient quasi-protectorat britannique.
❑ **1959** Première Constitution multipartite.
❑ **1960** Annulation de la Constitution.
❑ **1962–1990** Système sans parti de Panchayat.
❑ **1972** Birendra monte sur le trône.
❑ **1994** Gouvernement communiste.
❑ **1995–1998** Succession de coalitions gouvernementales faibles.
❑ **1999** Le NCP remporte les élections. Soulèvement maoïste dans les campagnes.
❑ **2001** En juin, assassinat de Birendra. Couronnement de Gyanendra.
❑ **2002** Gyanendra dissous le gouvernement NCP.

ÉCONOMIE

 5,83 Md $

 75,6-77,6 roupies népalaises

CHIFFRES SIGNIFICATIFS

❑ CLASSEMENT DU PNB AU NIVEAU MONDIAL ..107ᵉ
❑ PNB PAR HABITANT ....250 $
❑ BALANCE DES PAIEMENTS ... .172 M $
❑ INFLATION ....2,8 %
❑ CHÔMAGE ....1 %

ATOUTS
La production céréalière répond généralement à la demande du pays. Libéralisation économique sous le gouvernement NCP. Potentiel hydroélectrique. Dette publique faible.

FAIBLESSES
Dépend de l'extérieur pour les produits agricoles. L'industrie ne représente que 10 % du PIB. Pas d'accès à la mer. Épargne faible. Pas d'entrepreneurs actifs.

EXPORTATIONS

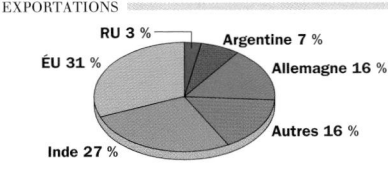

RU 3 %
Argentine 7 %
ÉU 31 %
Allemagne 16 %
Autres 16 %
Inde 27 %

IMPORTATIONS

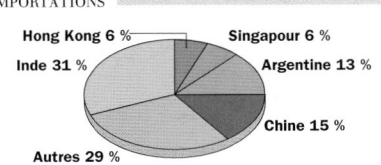

Hong Kong 6 %
Singapour 6 %
Inde 31 %
Argentine 13 %
Chine 15 %
Autres 29 %

RESSOURCES

 23 206 tonnes

 Pays non producteur

7 M de bovins
6,2 M d'ovins
3,5 M de buffles
17,8 M de poulets

 Mica, lignite, cuivre, cobalt, fer

La première centrale électrique à capitaux privés a ouvert près de Ramechhap en 2000.

ENVIRONNEMENT

 8 % (1 % partiellement protégé)

 0,1 tonne par habitant

Problèmes chroniques de circulation et de pollution à Katmandou. La déforestation et l'érosion des sols sont préoccupantes. Le tigre est en voie de disparition rapide. En 2000, le projet controversé d'hydroélectricité Arun III a abouti.

MÉDIA

 Diffusion de quotidiens 11 pour 1 000 habitants

PRESSE ET TÉLÉCOMMUNICATIONS

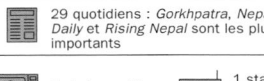
29 quotidiens : *Gorkhpatra*, *Nepali Hindi Daily* et *Rising Nepal* sont les plus importants

1 chaîne publique peu importante
1 station publique et 1 station indépendante

La télévision népalaise a commencé à émettre en 1986 et moins de 25 % de la population la reçoit à ce jour. La plupart des journaux sont implantés à Katmandou et leur diffusion est faible. Le *Sunday Despatch* est le journal le plus critique vis-à-vis du gouvernement.

CRIMINALITÉ

 Pas de chiffre sur la population carcérale

 Moins 80 % en 1996-1998

Les larcins et la contrebande sont préoccupants. La loi autorise la mise en détention sans jugement préalable; la police a souvent recours à la violence pour réprimer les manifestations.

ÉDUCATION

 42 %

 99 300 étudiants

80 % des garçons vont à l'école, contre une minorité de filles. Le taux d'alphabétisation du Népal est l'un des plus bas du monde.

SANTÉ

 1 pour 20 000 habitants

 Maladies respiratoires, diarrhée, natalité en couches

Les *dharmi-jhankri* (guérisseurs) sont presque 100 fois plus nombreux que le personnel de santé. Le taux de décès en couches est élevé (techniques d'accouchement traditionnelles).

RICHESSES

CONSOMMATION ET DÉPENSES

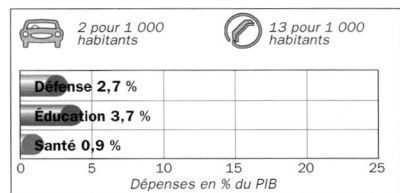
2 pour 1 000 habitants
13 pour 1 000 habitants
Défense 2,7 %
Éducation 3,7 %
Santé 0,9 %
0   5   10   15   20   25
Dépenses en % du PIB

Le Népal est l'un des pays les plus pauvres du monde. Le travail forcé a été aboli en 2000, libérant 36 000 personnes.

CLASSEMENT MONDIAL

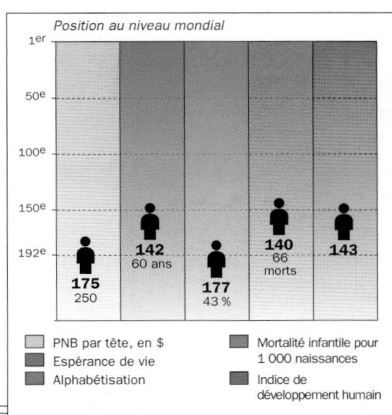
Position au niveau mondial
1er
50e
100e
150e
192e
175 — 250
142 — 60 ans
177 — 43 %
140 — 66 morts
143

PNB par tête, en $
Espérance de vie
Alphabétisation
Mortalité infantile pour 1 000 naissances
Indice de développement humain

N

NICARAGUA

NOM OFFICIEL : République du Nicaragua   CAPITALE : Managua
POPULATION : 5,3 millions   MONNAIE : nouveau córdoba   LANGUE OFFICIELLE : espagnol

  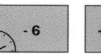

BORDÉ à l'Ouest par l'océan Pacifique et à l'Est par la mer des Caraïbes, le Nicaragua est situé au cœur de l'Amérique centrale. En 1978, la révolution sandiniste a marqué la fin de 40 ans de dictature et le début d'une guerre civile qui a duré 11 ans et a quasiment anéanti l'économie du pays. La droite est au pouvoir depuis la défaite inattendue des Sandinistes aux élections de 1990. Ces derniers représentent toujours l'opposition principale, malgré une scission dans le parti.

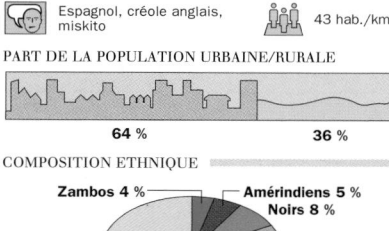

Raffinerie de pétrole à Blufields, le long de la côte Atlantique. Sous le régime sandiniste, l'essentiel du pétrole brut provenait de l'ex-URSS.

CLIMAT

DONNÉES MÉTÉOROLOGIQUES

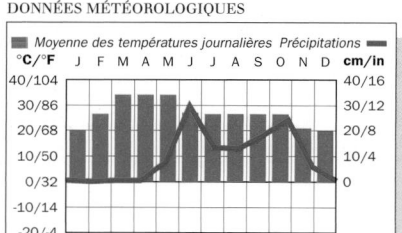

Le climat tropical est souvent violent (ouragan Mitch en 1998). Le pays est parfois secoué par des tremblements de terre.

TRANSPORTS

 Augusto C Sandino int., Managua
729 004 passagers

 28 navires
4 300 tpl

RÉSEAU DE TRANSPORT

1 818 km (1 130 miles)	Autoroute panaméricaine 384 km
Aucune	2 220 km (1 379 miles)

Un port en eaux profondes fait défaut. L'ouragan Mitch a endommagé les routes principales et détruit 35 ponts stratégiques.

TOURISME

 486 000 visiteurs

 Plus 4 % en 2000

PROVENANCE DES TOURISTES ÉTRANGERS

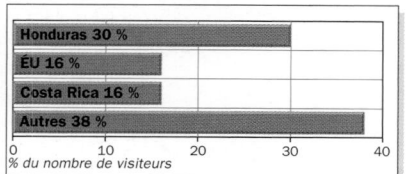

Honduras 30 %	
ÉU 16 %	
Costa Rica 16 %	
Autres 38 %	

% du nombre de visiteurs

Le tourisme s'est quasiment effondré avec la guerre civile et le lent redémarrage a été interrompu par les dégâts dus à l'ouragan Mitch. Ce n'est qu'en 1997-1998 que les investissements étrangers ont commencé à augmenter.

POPULATION

Espagnol, créole anglais, miskito

43 hab./km²

PART DE LA POPULATION URBAINE/RURALE

64 %   **36 %**

COMPOSITION ETHNIQUE

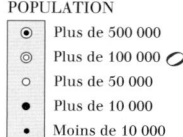

Zambos 4 %   Amérindiens 5 %
Noirs 8 %
Blancs 14 %
Métis 69 %

Les régions de la côte Atlantique, qui sont devenues indépendantes en 1987, sont isolées des régions de la côte Pacifique, plus peuplées. Les tribus indigènes miskito et les descendants des Africains amenés par les colons espagnols au XVIIIᵉ siècle pour travailler dans les plantations sont concentrés le long de la côte Atlantique, région où l'anglais créole est très répandu. En modifiant la législation et en imposant leur insertion dans la vie économique et politique, la révolution sandiniste a amélioré le statut des femmes. Et pourtant, la pauvreté et le manque permanent d'emplois ont contraint un grand nombre de femmes à se prostituer.

NICARAGUA

Superficie totale : 118 750 km² (45 849 sq. miles)

POPULATION

- ⊙ Plus de 500 000
- ◎ Plus de 100 000
- ○ Plus de 50 000
- ● Plus de 10 000
- · Moins de 10 000

ALTIMÉTRIE

N

- 1 000 m/3 281ft
- 500 m/1 640ft
- 200 m/656ft
- Niveau de la mer 0

100 km
100 miles

POLITIQUE

 2001/2006

Enrique Balanos, président de la République

AUX DERNIÈRES ÉLECTIONS
Assemblée nationale 92 sièges

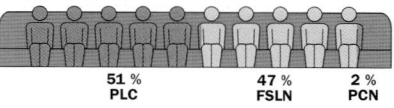

51 % PLC	47 % FSLN	2 % PCN

FSLN = Front sandiniste de libération nationale
PCN = Parti conservateur du Nicaragua   **PLC** = Parti constitutionnaliste libéral

Battu aux élections de 1990 et 1996 par les partis de droite, le FSLN a connu une crise interne. Le gouvernement de l'Alliance libérale du Président Arnoldo Alemán, à la tête du pays depuis 1997, avait promis d'unifier le pays, mais ses mesures d'austérité et les allégations de corruption contre lui l'ont rapidement rendu impopulaire. Une domination bi-partite et un pacte controversé entre le PLC au pouvoir et le FSLN en 2000, ont fragilisé la démocratie.

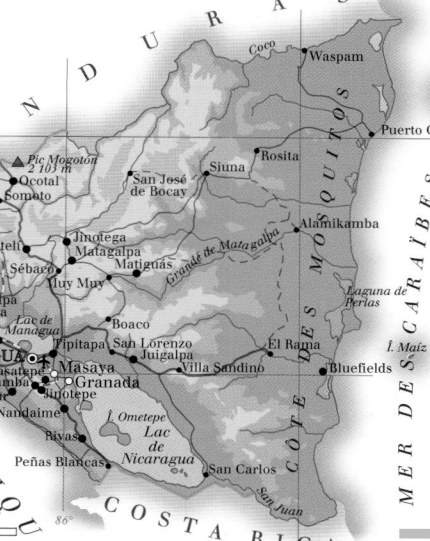

N

POLITIQUE EXTÉRIEURE

Problèmes liés à l'endettement consécutif à l'ouragan Mitch, à la coopération avec les pays voisins en vue d'accroître l'accès au commerce américain et à la prise en

charge des 300 000 réfugiés au Costa Rica. Un accord de libre-échange a été conclu avec le Mexique. Le désaccord avec le Costa Rica sur frontières a été résolu en 2000. Mais celui avec le Honduras et la Colombie est toujours d'actualité et s'accompagne de rivalités au sujet des eaux territoriales.

AIDE INTERNATIONALE

 675 M $ (reçus)   Plus 18 % en 1999

Le pays a contracté un nouvel endettement auprès de la Banque mondiale et de l'IDB suite aux ravages causés par l'ouragan Mitch. Cuba, la France, la Finlande et

l'Espagne ont annulé tout ou partie de la dette. Les ÉU et le club de Paris des créditeurs internationaux ont annulé le service de la dette lorsque le pays a été admis dans le club des pays pauvres surendettés, géré par le FMI.

DÉFENSE

 25 M $ Moins 17 % en 1999

L'armée du Nicaragua est issue des forces qui avaient renversé le régime de Somoza. Avec 134 000 hommes durant la guerre

civile, elle a été réduite à 10 000 en 1995. La vieille garde sandiniste fait partie des officiers mis en retraite en 1998. Il est prévu que l'armée soit orientée vers des actions d'intérêt communautaire.

ÉCONOMIE

 1,78 Md $ 15 nouveaux córdobas

CHIFFRES SIGNIFICATIFS

- ❏ CLASSEMENT DU PNB AU NIVEAU MONDIAL ..140ᵉ
- ❏ PNB PAR HABITANT ....370 $
- ❏ BALANCE DES PAIEMENTS ....– 557 M $
- ❏ INFLATION ....7,4 %
- ❏ CHÔMAGE...11 %

ATOUTS
Exportateur de café, sucre et céréales. L'aide étrangère ainsi que le travail de reconstruction (suite à l'ouragan Mitch) permettront de favoriser le tourisme, l'énergie, les services, la construction.

FAIBLESSES
Lourd endettement. Les exportations sont soumises aux fluctuations des prix. Fort taux de chômage. Faiblesse des infrastructures et des ressources énergétiques. Peu d'investissements et de diversification. Faiblesse du système bancaire. Privatisations retardées. Problèmes au sujet de la propriété de la terre. Corruption.

EXPORTATIONS

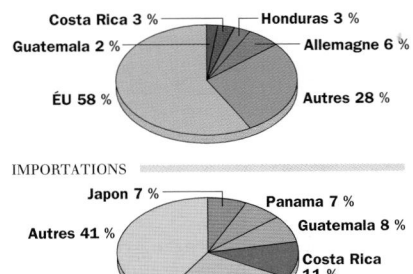

Costa Rica 3 % — Honduras 3 %
Guatemala 2 % — Allemagne 6 %
ÉU 58 % — Autres 28 %

IMPORTATIONS

Japon 7 % — Panama 7 %
Autres 41 % — Guatemala 8 %
Costa Rica 11 %
ÉU 26 %

RESSOURCES

 16 130 tonnes   Possibles gisements de pétrole offshore

 1,66 M de bovins
400 000 porcins
10 M de volailles   Or, argent, plomb, zinc, cuivre, tungsten, set

Le Nicaragua possède de petites quantités d'or et d'argent. De nouveaux projets thermiques sont prévus pour surmonter les déficits en ressources énergétiques.

ENVIRONNEMENT

 7 %   0,7 tonne par habitant

La déforestation et l'utilisation à grande échelle de pesticides sont les problèmes les plus préoccupants.

MÉDIAS

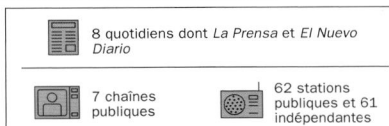 30 quotidiens pour 1 000 habitants

PRESSE ET TÉLÉCOMMUNICATIONS

8 quotidiens dont *La Prensa* et *El Nuevo Diario*

7 chaînes publiques   62 stations publiques et 61 indépendantes

Depuis la guerre civile, la presse tend à s'allier avec le gouvernement ou l'opposition, laissant ainsi peu de place à la neutralité.

CRIMINALITÉ

 3 046 détenus   Crime en augmentation

Des gangs d'anciens combattants menacent certaines régions du centre et du nord du pays. Les crimes et le trafic de stupéfiants sont en hausse.

CHRONOLOGIE

Le Nicaragua est devenu indépendant en 1838. La guérilla, menée par le Général Sandino, a tenu tête à la marine américaine au début des années 1930.

- ❏ **1978–1990** Le FSLN met fin à 44 ans de dictature de Somoza. Guerre civile entre sandinistes et contras.
- ❏ **1998** L'ouragan Mitch ravage le pays.

ÉDUCATION

 69 %   56 558 étudiants

Les effets de la « croisade pour l'alphabétisation » sandiniste, spectaculaires durant les années 1980, ne sont plus perceptibles aujourd'hui. La contestation étudiante de ces dernières années portait sur les budgets pour l'éducation.

SANTÉ

 1 pour 1 250 habitants   Maladies cardiaques, infections intestinales, accidents, tuberculose

La qualité des soins s'est beaucoup améliorée dans les années 1980 sous le gouvernement sandiniste. De 1988 à 1993, les dépenses de santé ont diminué de 71 % sans remonter depuis.

RICHESSES

CONSOMMATION ET DÉPENSES

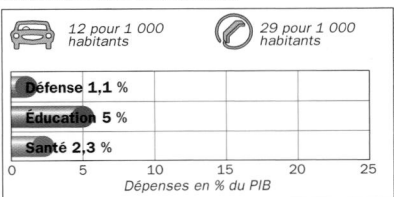

12 pour 1 000 habitants   29 pour 1 000 habitants

Défense 1,1 %
Éducation 5 %
Santé 2,3 %

Dépenses en % du PIB

En 1998, une étude du UNDP a révélé que 44 % des Nicaraguayens ont moins d'1 $ par jour pour survivre.

CLASSEMENT MONDIAL

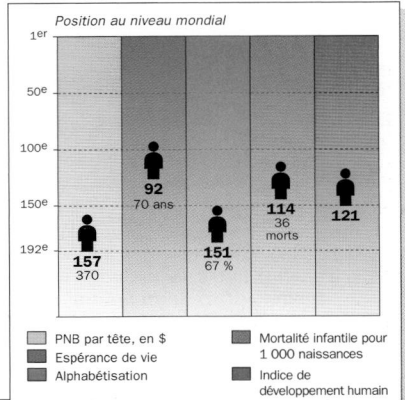

Position au niveau mondial

1ᵉʳ
50ᵉ
100ᵉ
92 — 70 ans
150ᵉ
114 — 36 morts
121
192ᵉ
157 — 370
151 — 67 %

PNB par tête, en $
Espérance de vie
Alphabétisation
Mortalité infantile pour 1 000 naissances
Indice de développement humain

N

NIGER

NOM OFFICIEL : République du Niger **CAPITALE :** Niamey
POPULATION : 11,6 millions **MONNAIE :** franc CFA **LANGUE OFFICIELLE :** français

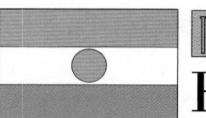   

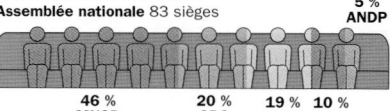
AFRIQUE OCCIDENTALE

ENCLAVÉ dans la partie ouest de l'Afrique, le Niger est relié à la mer par le fleuve du même nom. Les régions du Nord, la zone qui entoure l'Aïr, et le Nord-Est, vaste région inhabitée, sont soumises à un climat saharien. Dirigé par des régimes dictatoriaux jusqu'en 1992, le pays est entré depuis dans une phase de démocratisation instable, interrompue par les coups d'États militaires de 1996 et 1999.

CLIMAT

DONNÉES MÉTÉOROLOGIQUES

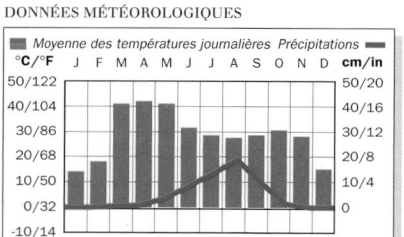

Le Nord saharien ne connaît quasiment aucune précipitation. Le Sud (Sahel) est marqué par une chaleur diurne extrême et des pluies irrégulières.

TRANSPORTS

 **Niamey international** 96 928 passagers  Pas de flotte

RÉSEAU DE TRANSPORT

 798 km (496 miles)  Autoroute transsaharienne 428 km (266 miles)

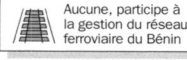 Aucune, participe à la gestion du réseau ferroviaire du Bénin   300 km (186 miles)

Seule une fraction du réseau routier est goudronnée. Un aéroport international existe à Niamey et un autre à Agadez.

TOURISME

 50 000 visiteurs  Plus 16 % en 2000

PROVENANCE DES TOURISTES ÉTRANGERS

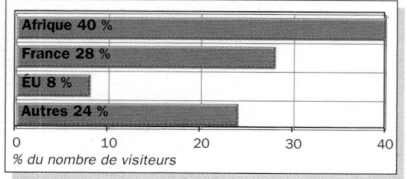

L'Aïr, les villes haoussa du Sud et la culture touareg attirent un petit nombre de touristes, malgré les infrastructures limitées et l'instabilité du pays.

POPULATION

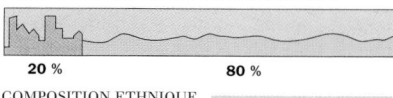 Haoussa, djerma, fulani, touareg, teda, français 8 hab./km²

PART DE LA POPULATION URBAINE/RURALE

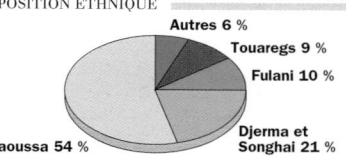
20 % 80 %

COMPOSITION ETHNIQUE

Autres 6 %
Touaregs 9 %
Fulani 10 %
Djerma et Songhai 21 %
Haoussa 54 %

La société nigérienne est marquée par des tensions entre les Touaregs et les groupements ethniques du Sud. Depuis les sécheresses de 1973 et 1983, qui ont bouleversé leur mode de vie, les Touaregs ont de plus en plus le sentiment d'être marginalisés par les principaux partis du pays. Cinq années de révolte des Touaregs du Nord se sont conclues par un accord de paix. À l'Est, les Toubous et les Arabes se sont également révoltés.
Les antagonismes qui opposent les Djerma aux Haoussa sont plus subtils. Jusqu'à peu, l'élite djerma du Sud-Ouest dominait la scène politique du pays. Depuis 1993, ce sont les Haoussa, majoritaires dans le pays, qui exercent l'influence la plus forte. La société nigérienne est à large tendance islamique. Les droits des femmes sont limités et elles n'ont pas systématiquement accès au système éducatif.

Essais de perches de barques sur le marché d'Ayorou, le long du Niger, seule voie d'eau permanente importante du pays.

POLITIQUE

 1999/2004   Mamadou Tandja, président de la République

AUX DERNIÈRES ÉLECTIONS
Assemblée nationale 83 sièges
5 % ANDP
46 % MNSD 20 % CDS 19 % PNDS 10 % RDP

MNSD = Mouvement national pour le développement de la société CDS = Convention démocratique et sociale
PNDS = Parti nigérien pour la démocratie et le socialisme
RDP = Ralliement à la démocratie et au progrès
ANDP = Alliance nigérienne pour la démocratie et le progrès

La mort du dictateur militaire Seyni Kountché en 1987 a ouvert la voie aux manifestations pour la démocratie et a abouti à la tenue d'élections libre en 1993. Une lutte pour le pouvoir entre le président Mahamane Ousmane et son opposant politique a provoqué un coup d'État militaire en 1996. Le Général Ibrahim Barre Mainassara a institué une nouvelle Constitution et a remporté l'élection, déclarée frauduleuse par l'opposition. Mainassara a été assassiné par sa garde présidentielle début 1999. Le nouveau pouvoir militaire a instauré une nouvelle Constitution et le leader du MNSD, Mamadou Tandja, a remporté les élections présidentielles qui ont suivi. Son parti, allié au CDS de l'ex-président Ousmane conduit la nouvelle législature.

POLITIQUE EXTÉRIEURE

CILSS CEAO ZF OUA OCI

Les relations avec la Libye et l'Algérie se sont améliorées depuis la fin du soulèvement touareg de 1995. Les membres de la Cedeao et l'OUA ont condamné le coup d'État de 1999 tout comme l'ont fait tous les principaux donateurs menés par la France.

AIDE INTERNATIONALE

 187 M $ (reçus) Moins 36 % en 1999

La France est le principal donateur, suivi du FMI et des pays arabes. La plupart de l'aide a été gelée dès l'annonce du coup d'État en 1999, mais à la fin 2000, le FMI a donné son aval pour un prêt de trois ans.

DÉFENSE

 28 M $ Plus 8 % en 1999

Les forces armées du Niger auxquelles s'ajoutent les éléments paramilitaires se montent à 10 700 hommes. Les militaires dominent la politique depuis 1974.

NIGER

Superficie totale : 1 266 700 km²
(489 073 sq. miles)

POPULATION   ALTIMÉTRIE

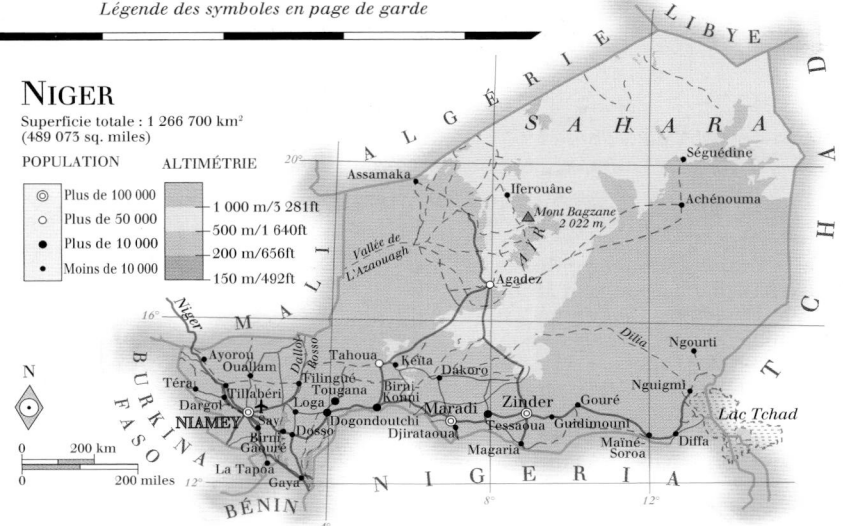

- ⊚ Plus de 100 000
- ○ Plus de 50 000
- ● Plus de 10 000
- ∙ Moins de 10 000

1 000 m/3 281ft
500 m/1 640ft
200 m/656ft
150 m/492ft

CHRONOLOGIE

Arrivée des Français à la tête du Niger (1883-1901) et dissolution du puissant empire islamique Sokoto.

- ❑ **1960** Indépendance.
- ❑ **1968** Ouverture de mines d'uranium par les Français.
- ❑ **1973** Sécheresse.
- ❑ **1974** Coup d'État militaire. Le général Kountché interdit les partis.
- ❑ **1984** Grave assèchement du fleuve Niger. Fin de l'essor de l'uranium.
- ❑ **1987** Mort de Kountché. Le général Saibou facilite le processus de démocratisation.
- ❑ **1990-1995** Révolte des Touaregs.
- ❑ **1992** Constitution multipartite.
- ❑ **1993** Élections démocratiques.
- ❑ **1996** Coup d'État militaire.
- ❑ **1999** Nouvelle Constitution. Assassinat du général Mainassara. Victoire de Mamadou Tandja aux élections libres.

ÉCONOMIE

 1,97 Md $ 654,42-698,69 francs CFA

CHIFFRES SIGNIFICATIFS

- ❑ CLASSEMENT DU PNB AU NIVEAU MONDIAL ..138ᵉ
- ❑ PNB PAR HABITANT ....180 $
- ❑ BALANCE DES PAIEMENTS ....– 170 M $
- ❑ INFLATION ....4 %
- ❑ CHÔMAGE...3 %

ATOUTS
Importants gisements d'uranium, d'or et de pétrole.

FAIBLESSES
Économie tributaire des aides extérieures. Effondrement du cours de l'uranium. Lourd endettement. 3 % de terre cultivable. Infrastructures peu développées. Sécheresses. Instabilité.

EXPORTATIONS

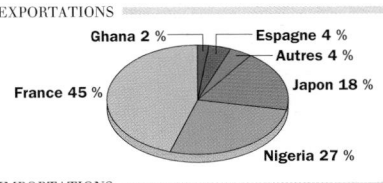

Ghana 2 %   Espagne 4 %   Autres 4 %   Japon 18 %   France 45 %   Nigeria 27 %

IMPORTATIONS

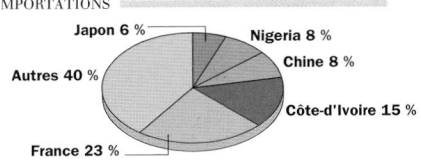

Japon 6 %   Nigeria 8 %   Chine 8 %   Autres 40 %   Côte-d'Ivoire 15 %   France 23 %

RESSOURCES

 6 341 tonnes

6,6 M de caprins
4,3 M d'ovins
2,2 M de bovins
20 M de volailles

Pays non producteur

Uranium, étain, gypse, charbon, sel, pétrole, tungstène, fer, phosphates, or

Durant les années 1970, les mines d'uranium se sont développées extrêmement rapidement, mais la production s'est ensuite effondrée. Les réserves de pétrole découvertes dans la région du lac Tchad ne sont pas encore exploitables. L'exploitation du sel est traditionnelle, tout comme celle du doum et des palmiers palmyres.

ENVIRONNEMENT

 8 %   0,1 tonne par habitant

Les sécheresses très sévères accélèrent la désertification. Pour protéger les espèces, la chasse a été interdite en 2001.

MÉDIAS

0,2 quotidien pour 1 000 habitants

PRESSES ET TÉLÉCOMMUNICATIONS

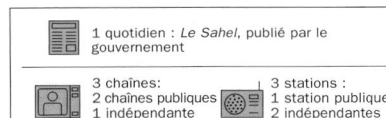

1 quotidien : *Le Sahel*, publié par le gouvernement

3 chaînes: 2 chaînes publiques 1 indépendante

3 stations : 1 station publique 2 indépendantes

Le gouvernement contrôle la plupart des diffusions. Le programme Haoussa de la *BBC* est très influent.

CRIMINALITÉ

 Pas de chiffre sur la population carcérale   Moins 36 % en 1996-1998

Lié à l'accès aux pâturages et à l'eau, le banditisme rural est répandu. La criminalité urbaine est faible ; aux frontières, la contrebande est un moyen de subsistance.

ÉDUCATION

 16 %   4 513 étudiants

Valorisation des langues locales. Le taux de scolarisation n'est que de 30 %.

SANTÉ

1 pour 20 000 habitants   Malaria, tuberculose, méningite, rougeole, malnutrition

Le système de santé s'est amélioré mais les mesures contre la malaria et la malnutrition infantile sont insuffisantes.

RICHESSES

CONSOMMATION ET DÉPENSES

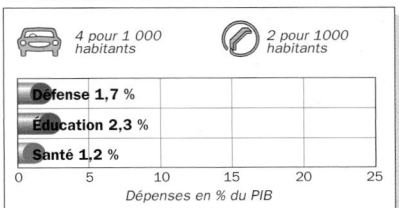

4 pour 1 000 habitants   2 pour 1000 habitants

Défense 1,7 %
Éducation 2,3 %
Santé 1,2 %

Dépenses en % du PIB

Un cercle restreint et secret de familles commerçantes détient la plus grande part des richesses nationales.

CLASSEMENT MONDIAL

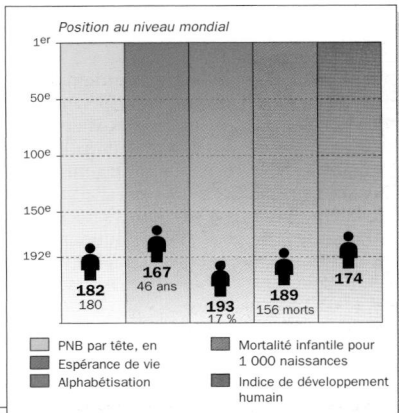

Position au niveau mondial

182 / 180   167 / 46 ans   193 / 17 %   189 / 156 morts   174

- PNB par tête, en
- Espérance de vie
- Alphabétisation
- Mortalité infantile pour 1 000 naissances
- Indice de développement humain

N

NIGERIA

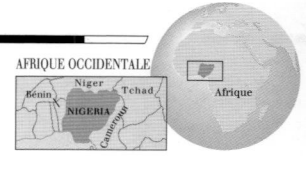

NOM OFFICIEL : République fédérale du Nigeria **CAPITALE** : Abuja
POPULATION : 120 millions **MONNAIE** : naira **LANGUE OFFICIELLE** : anglais

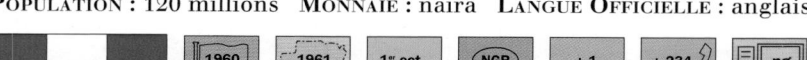

1960 1961 1er oct. NGR + 1 + 234 .ng

DEVENU indépendant de la Grande-Bretagne en 1960, le Nigeria est aujourd'hui le pays le plus peuplé d'Afrique. Il partage ses frontières avec le Bénin, le Niger, le Tchad et le Cameroun. Le sud du pays est constitué de forêts tropicales humides et de marécages tandis que le Nord est couvert de savanes. Le Nigeria est dirigé par des gouvernements militaires depuis 1966. Après moult reports, le retour promis à un régime civil a eu lieu en 1999. Olusegun Obasanjo, un ancien général qui avait dirigé le pays entre 1976 et 1979, a été élu président. Le Nigeria est le quatrième producteur de pétrole de l'OPEP mais son niveau de vie actuel est moins élevé que durant le boom des années 1970.

Village situé près du pic Tengele, dans l'État de Bouchi. Une grande partie de la population nigériane vit de cultures vivrières.

CLIMAT

DONNÉES MÉTÉOROLOGIQUES

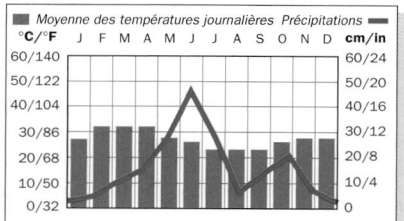

Moyenne des températures journalières Précipitations
°C/°F J F M A M J J A S O N D cm/in

Le climat du Sud est très chaud, ensoleillé et humide pendant la plus grande partie de l'année. Le Nord, soumis à un climat aride, ne compte qu'une saison des pluies, de mai à septembre. Sa saison sèche, extrêmement chaude, est caractérisée par un vent chargé de chargé de poussières : l'harmattan. Le climat est plus frais dans le Jos plateau et les montagnes de l'Est que dans le reste du pays.

TRANSPORTS

Murtala Muhammed, Lagos
2,39 M de passagers

293 navires
451 900 tpl

RÉSEAU DE TRANSPORT

60 068 km
(37 324 miles)

1 194 km
(742 miles)

3 557 km
(2210 miles)

8 575 km
(5328 miles)

Le Nigeria dépend essentiellement de son réseau routier. Durant l'essor pétrolier des années 1970, de grands axes et des portions d'autoroutes ont été construits. Aujourd'hui, ce réseau a un urgent besoin de réparation. Le taux d'accidents de la circulation est parmi les plus élevés du monde et Lagos est chroniquement la proie des embouteillages. Un projet d'autoroute transsaharienne, reliant Lagos à Tanger (Maroc), a été annoncé en 2000. Et en 2001, la construction d'un port a commencé reliant les cinq États du Sud-Est.

TOURISME

739 000 visiteurs

Plus 2 % en 1998

Le Nigeria tente avec peu de succès d'attirer les touristes. Les températures tropicales d'un bout à l'autre de l'année et le manque d'infrastructures entravent la croissance du tourisme. Toutefois, c'est surtout le niveau de criminalité du pays qui dissuade les touristes.

PROVENANCE DES TOURISTES ÉTRANGERS

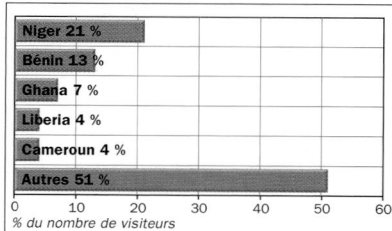

Niger 21 %
Bénin 13 %
Ghana 7 %
Liberia 4 %
Cameroun 4 %
Autres 51 %

% du nombre de visiteurs

NIGERIA

Superficie totale : 910 770 km²
(351 648 sq. miles)

POPULATION

Plus de 1 000 000
Plus de 500 000
Plus de 100 000
Plus de 50 000
Plus de 10 000
Moins de 10 000

ALTIMÉTRIE

2 000 m/6 562ft
1 000 m/3 281ft
500 m/1 640ft
200 m/656ft
Niveau de la mer

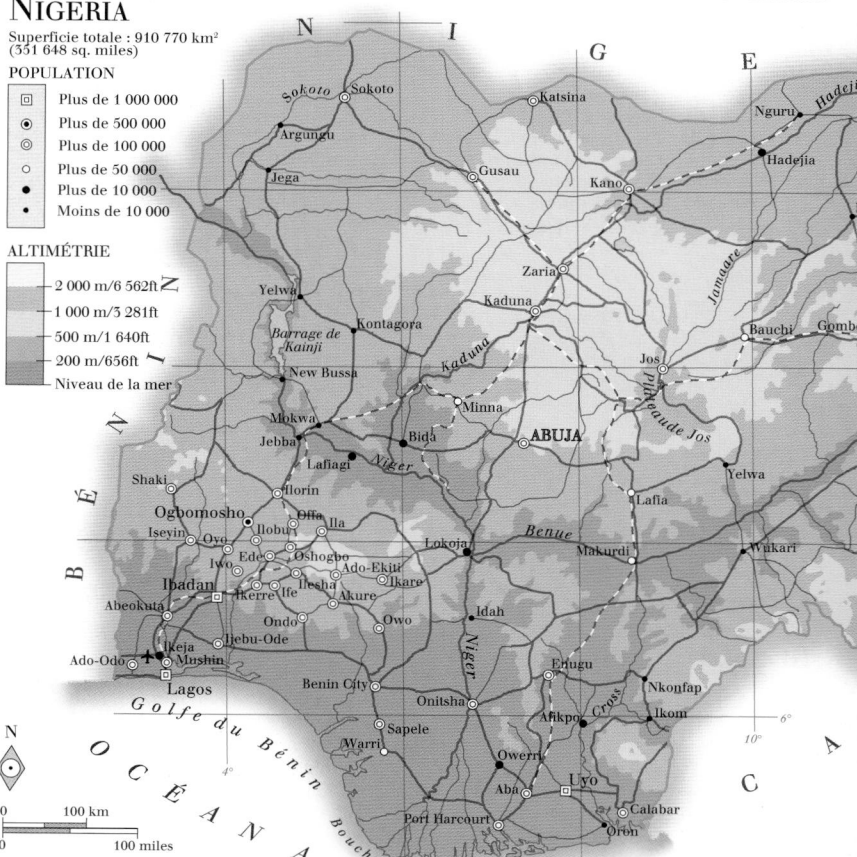

POPULATION

 Haoussa, yorouba, ibo, anglais   122 hab./km²

PART DE LA POPULATION URBAINE/RURALE

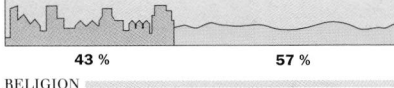

43 %   **57 %**

RELIGION

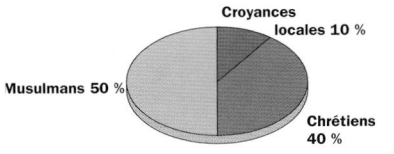

Croyances locales 10 %
Musulmans 50 %
Chrétiens 40 %

COMPOSITION ETHNIQUE

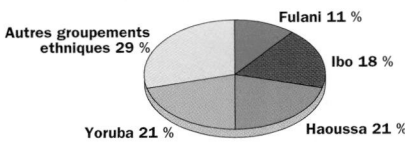

Autres groupements ethniques 29 %
Fulani 11 %
Ibo 18 %
Yoruba 21 %
Haoussa 21 %

Jusqu'à l'irruption, en 1999, des combats entre Haoussas et Yorubas, le Nigeria était parvenu à maîtriser les tensions provoquées par les différences d'appartenance ethnique, linguistique et religieuse. Les religions, notamment, sont une source de tensions et les violences qui éclatent, particulièrement au Nord, sont souvent le fait de conflits opposants les intégristes musulmans et les missionnaires catholiques. Lorsque la *charia* – loi islamique – a été promulguée, en 1999, dans l'État de Zamfara, au Nord, le président Obasanjo, un chrétien, a refusé d'assister à la cérémonie. En 2000, des propositions pour promulguer la *charia* dans d'autres États du Nord ont déclenché des violences provoquant la mort de 400 personnes au Kaduna. De tout temps, excepté dans le Nord musulman, les femmes ont eu un statut d'indépendance économique. Toutefois, ces dernières années ont marqué une détérioration de leurs conditions professionnelles.

PYRAMIDE DES ÂGES

Femmes	Âge	Hommes
0,5 %	81–100	0,5 %
1,9 %	61–80	2,2 %
5,2 %	41–60	6 %
15,1 %	21–40	13,1 %
27,3 %	0–20	28,2 %

% de la population par tranche d'âge

POLITIQUE

 Ch. basse. 2003/2007
Ch. haute. 2003/2007
 Olusegun Obasanjo, président de la République

AUX DERNIÈRES ÉLECTIONS
Chambre des représentants 360 sièges

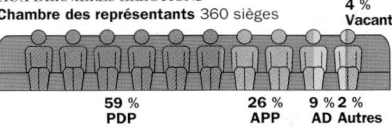

4 % Vacant

59 %
PDP
26 %
APP
9 % **2 %**
AD Autres

PDP = Parti démocrate du peuple   **APP** = Parti de tout le peuple   **AD** = Alliance pour la démocratie

Sénat 109 sièges

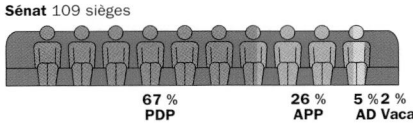

67 %
PDP
26 %
APP
5 % **2 %**
AD Vacant

Depuis 1999 et après 16 ans de dictature militaire, le Nigeria est doté d'une Constitution. Le président Obasanjo, avec le PDP, promettent la réconciliation nationale.

PRINCIPAUX PROBLÈMES POLITIQUES
La corruption
La corruption est reconnue comme responsable d'une grande partie de l'endettement du pays. Les bureaucrates exigent des pots-de-vin en échange de contrats. Cela a atteint des sommets avec la mise en accusation, en 2000, du président du Sénat. Le président Obasanjo a promis d'éradiquer la corruption.

Les tensions ethniques
Le régime d'Obasanjo a des difficultés pour contrer les rivalités entre les Haoussas, Yorubas et Ibos. La situation s'est détériorée au début 2000, avec des violences engageant des séparatistes Yorubas et des émeutes si sérieuses entre chrétiens et la majorité musulmane, dans le Nord, que le gouvernement est revenu sur le projet d'appliquer la *charia*. Toutefois, à l'orée 2001, dix États du Nord avaient promulgué le code islamique.

PROFIL
La mort soudaine du dirigeant militaire Sani Abacha en 1998, suivie par l'emprisonnement de Chef Moshood Abiola, vainqueur présumé de l'élection présidentielle annulée de 1993, ont permis au général Abdusalma Aboubakar de mettre en place un gouvernement civil. Olusegun Obasanjo, général populaire à la tête de l'État entre 1976 et 1979, a remporté les élections de 1999.

Olusegun Obasanjo, *élu président en 1999.*

Général Abacha, *mort en 1998.*

CHRONOLOGIE

Avant d'être colonisé officiellement par les Britanniques à partir de 1861, le Nigeria est constitué d'une myriade d'États africains enrichis par le commerce transatlantique et transsaharien, dont celui des esclaves au XVIIIᵉ siècle.

- **1885** La Compagnie du Niger reçoit la responsabilité officielle de la sphère d'influence britannique le long des fleuves Niger et Benue.
- **1897** Création des forces de la frontière ouest-africaine ; début de l'assujettissement des régions Nord.
- **1898** Abrogation du contrat de la Compagnie royale du Niger.
- **1900** Établissement du protectorat britannique du Nigeria du Nord.
- **1906** Le Lagos est incorporé au protectorat du Nigeria du Sud.
- **1914** Protectorats du Sud et du Nord forment la colonie du Nigeria.
- **1960** Le Nigeria devient une fédération indépendante.
- **1961** Le secteur britannique de la zone camerounaise sous tutelle de l'ONU est incorporé à la région du Nord du Nigeria.
- **1966** Janvier, premier coup d'État militaire, dirigé par le général Ironsi. Juillet, second coup d'État, organisé par un groupe d'officiers de l'armée du Nord. Ironsi est assassiné et des milliers d'Ibo sont massacrés dans la région du Nord. Le général Gowon prend le contrôle du Nord et de l'Ouest.
- **1967–1970** Guerre civile. Le colonel Ojukwu appelle la région Est, riche en pétrole, à faire sécession pour former le Biafra. Plus d'un million de morts avant que l'armée fédérale réprime les sécessionnistes.
- **1970** Général Gowon au pouvoir.
- **1975** Gowon est renversé lors d'un coup d'État sans effusion de sang. Brig. Mohammed prend le pouvoir.
- **1976** Murtala Mohammed assassiné lors d'une tentative de coup d'État. Le général Olusegun Obasanjo lui succède.
- **1978** Légalisation des partis politiques qui représentent des intérêts nationaux et non pas tribaux.
- **1979** Alhaji Shebu Shagari et le parti national du Nigeria (NPN) remportent les élections. Retour d'un gouvernement civil.
- **1983** Coup d'État militaire. Le général Mohammed Buhari dirige le Conseil militaire Suprême.
- **1985** Le Général Ibrahim Babangida dirige un coup d'État sans effusion de sang.
- **1993** Août, annulation des élections ; Babangida démissionne ; les militaires instaurent le gouvernement national provisoire (ING)

N

CHRONOLOGIE *suite*

dissout en novembre. Prise du pouvoir par les militaires dirigés par Sani Abacha.
- **1994** Arrestation de Moshood Abiola.
- **1995** L'interdiction des partis politiques est levée. Le tribunal militaire condamne l'ancien chef d'État général Olusegun Obasanjo. Exécution de Ken Saro-Wiwa Sanctions de UE ; suspension du Commonwealth.
- **1998** Mort d'Abiola et d'Abacha. Son successeur annonce un calendrier pour rétablir un pouvoir civil d'ici 1999.
- **1999** Élections des gouverneurs d'États, législatives et présidentielles (Olusegun Obasanjo élu). Reprise des relations avec le Commonwealth et levée des sanctions.
- **2000-2002** Recrudescence de la violence ethnique.
- **2003** Obasanjo et le PDP réélus lors d'un scrutin contesté.

POLITIQUE EXTÉRIEURE

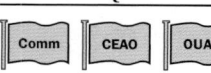  

Le Nigéria se considère comme l'un des principaux acteurs de l'Afrique méridionale – une position à la mesure de sa population. Partisan de la CEDAO et de l'UA, il est le principal contributeur aux forces régionales de maintien de la paix. Il a récemment joué un rôle clé dans une tentative de médiation interne au Zimbabwe. Ses réserves pétrolières offshore provoquent des tensions avec le Cameroun.
Les atteintes aux droits de l'homme sous le régime militaire (en particulier l'exécution du défenseur des droits de l'homme Ken Saro-Wiwa en 1995) ont valu au Nigéria d'être suspendu du Commonwealth. Il l'a réintégré en 1999, avec le retour d'un gouvernement civil, mais les inquiétudes persistent.

AIDE INTERNATIONALE

 152 M $ (reçus)   Moins 25 % en 1999

La dette du Nigeria a augmenté à une vitesse vertigineuse depuis la chute des cours du pétrole. De puissance donatrice, le Nigeria est devenu l'un des principaux bénéficiaires des aides de la Banque mondiale. Cependant, l'aide internationale, interrompue suite à l'exécution de Ken Saro-Wiwa à la fin 1995, a repris en 2000.

DÉFENSE

 2,24 Md $ Plus 5 % en 1999

Le secteur de la défense est perturbé par la corruption. Sous le régime d'Ibrahim Babangida (1985-1993), la plupart des avions militaires étaient immobilisés au sol, car les crédits prévus pour les pièces de rechange étaient détournés sur les comptes des fonctionnaires les mieux placés dans la hiérarchie. Depuis ces dernières années, la solde baisse sans cesse ; les conditions de vie dans les casernes se sont détériorées et le moral des troupes est très bas. Toutefois, le retour d'un gouvernement militaire en 1993 a redonné aux soldats l'espoir d'une amélioration. Ces aspirations causent des soucis au gouvernement civil élu en 1999.

FORCES ARMÉES NIGÉRIANES

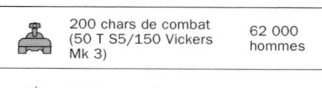
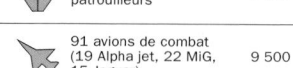

Les forces nigérianes composaient le gros du contingent de la CEDEAO envoyé au Libéria de 1990 à 1999 et de 1993 à 2000 au Sierra Leone.

ÉCONOMIE

 37,1 Md $ 119,9-130 nairas

CHIFFRES SIGNIFICATIFS

- CLASSEMENT DU PNB AU NIVEAU MONDIAL 55ᵉ
- PNB PAR HABITANT ....290 $
- BALANCE DES PAIEMENTS ....6,98 Md $
- INFLATION ....16,5 %
- CHÔMAGE....................................28 %

EXPORTATIONS

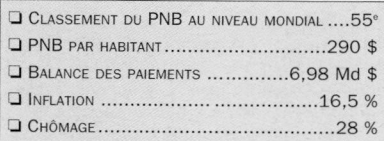

IMPORTATIONS

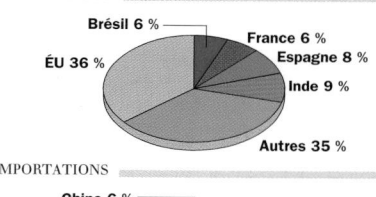

ATOUTS

Avec 2,1 millions de b/j, le Nigeria est l'un des principaux producteurs de pétrole. D'importants gisements de gaz naturel sont à exploiter. L'augmentation faramineuse des cours du pétrole en 2000 a permis de compenser l'effondrement de 1986. Le pays répond presque totalement à ses besoins alimentaires. Il existe une puissante classe d'entrepreneurs et un important marché intérieur.

FAIBLESSES

Depuis les années 1970, le pays dépend du secteur pétrolier, ce qui entraîne une inefficacité étatique. Les avantages d'un gros marché intérieur sont atténués par le faible pouvoir d'achat et les coûts élevés des transports. Les chefs d'entreprises investissent donc plus dans le commerce que dans la production. Le cacao est le seul survivant des exportations agricoles traditionnelles. La corruption notoire et

INDICATEUR DES PERFORMANCES ÉCONOMIQUES

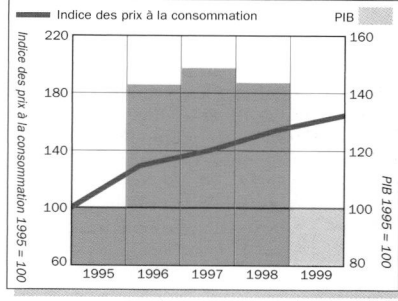

une mauvaise administration sapent la confiance des investisseurs.

PROFIL

Dépenses publiques très importantes et endettement qui s'accumule sans pouvoir être remboursé depuis 1981, date du début de la chute des cours du pétrole. Les créanciers du Nigeria exigent du pays des économies conséquentes. Les subventions à l'essence ont coûté, à elles-seules, 2,4 Md de $ par an. De telles mesures sont lourdes de danger sur le plan politique. En mai 1999, le gouvernement a lancé une campagne contre la corruption.

NIGERIA : PRINCIPALES ACTIVITÉS

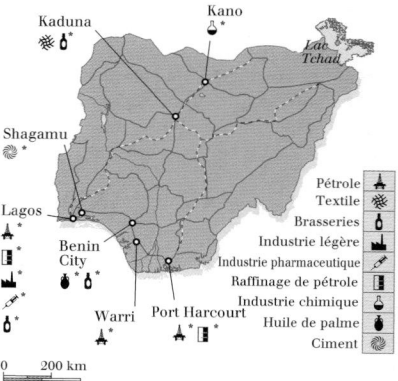

N

RESSOURCES

 383 417 tonnes

 2,1 M b/j (réserves : 22 500 000 000 b)

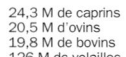 24,3 M de caprins
20,5 M d'ovins
19,8 M de bovins
126 M de volailles

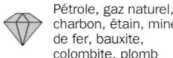 Pétrole, gaz naturel, charbon, étain, minerai de fer, bauxite, colombite, plomb

PRODUCTION ÉLECTRIQUE

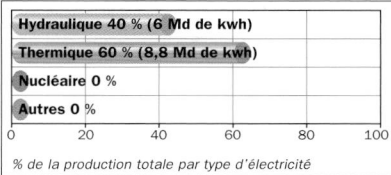

| Hydraulique 40 % (6 Md de kwh) |
| Thermique 60 % (8,8 Md de kwh) |
| Nucléaire 0 % |
| Autres 0 % |

% de la production totale par type d'électricité

Depuis les années 1970, le pétrole constitue la principale ressource naturelle du Nigeria. Le gouvernement cherche à faire passer la production à 3 millions de barils par jour en 2003. La consommation du pays est de 300 000 barils par jour, dont la plupart est revendu, en contrebande, aux pays voisins. L'État contrôle 60 % du pétrole et du gaz naturel. Shell est le principal détenteur étranger. Le Nigeria possède d'importants gisements de minerai de fer encore inexploités ; les aciéries nationales utilisent du minerai importé. La bauxite aussi est sous exploitée mais des projets de production d'aluminium sont en cours.

NIGERIA : UTILISATION DU SOL

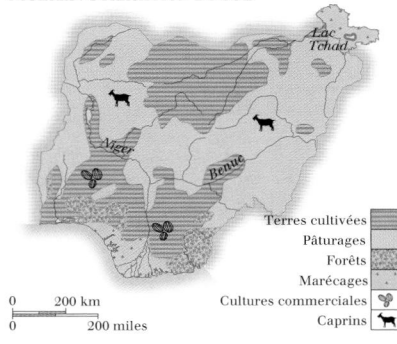

Terres cultivées
Pâturages
Forêts
Marécages
Cultures commerciales
Caprins

0   200 km
0   200 miles

ENVIRONNEMENT

 3% (1 % partiellement protégé)

 0,7 tonne par habitant

TRAITÉS ÉCOLOGIQUES

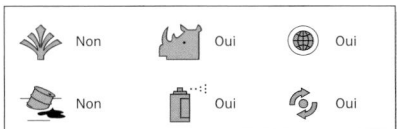

Non   Oui   Oui

Non   Oui   Oui

La pollution provoquée par l'exploitation du pétrole dans le delta du Niger, devenue une des grandes préoccupations du pays, a pris une portée internationale en 1995. Avant la découverte d'une cargaison de produits toxiques à Lagos, en 1988, le Niger recevait des déchets chimiques dangereux en provenance d'Europe.

MÉDIAS

 27 quotidiens pour 1 000 habitants

Les Nigérians sont de fervents lecteurs de journaux et la presse nigériane est traditionnellement l'une des plus dynamiques d'Afrique. La liberté de la presse a progressé sous le gouvernement civil. Le pays compte environ 80 stations de télévision, dont 21 sont gérées par la *Nigerian Television Authority*.

CRIMINALITÉ

 Pas de chiffre sur la population carcérale

 En hausse

TAUX DE CRIMINALITÉ

Meurtres	
94	pour 100 000 habitants
Viols	
Données non disponibles	
Vols	
1 256	pour 100 000 habitants

Le taux de criminalité du Nigeria est l'un des plus élevés du monde. Les vols mineurs sont souvent accompagnés de meurtres. La corruption pervertit la bureaucratie ; l'octroi de pots de vin à des partisans est considéré comme la norme plutôt que comme un délit. Les Nigérians fortunés sont protégés dans des propriétés équipées de clôtures électriques et surveillées par des gardes armés.

ÉDUCATION

 64%

 207 982 étudiants

LE SYSTÈME ÉDUCATIF

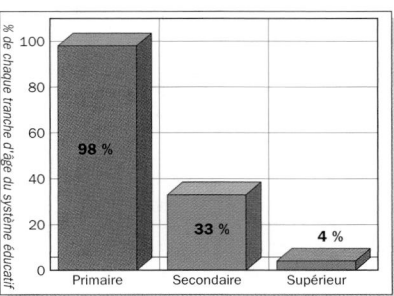

% de chaque tranche d'âge du système éducatif

Primaire : 98 %
Secondaire : 33 %
Supérieur : 4 %

Le gouvernement fédéral et celui des différents États se partagent la responsabilité de l'éducation. Durant les années de prospérité, due aux ventes de pétrole, le pays a créé 31 universités dont certaines comptent de prestigieux départements de médecine et de sciences. Toutefois, les écoles primaires n'ont pas bénéficié des mêmes subventions et la qualité de l'enseignement est en baisse depuis les années 1970.

PRESSE ET TÉLÉCOMMUNICATIONS

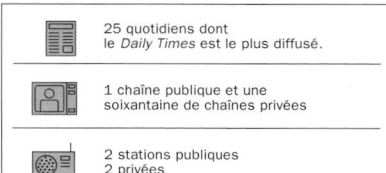

25 quotidiens dont le *Daily Times* est le plus diffusé.

1 chaîne publique et une soixantaine de chaînes privées

2 stations publiques
2 privées

SANTÉ

 1 pour 5 000 habitants

 Fièvre jaune, malaria, trachome, pian

Les infrastructures de santé sont concentrées dans les zones urbaines. En 1999, selon un rapport d'État, seuls 49 % de la population bénéficiaient d'eau potable et des services de santé. Le système de santé a souffert des restrictions budgétaires. En 2000, plus de 2, 7 millions de Nigérians étaient porteurs du virus du Sida.

RICHESSES

CONSOMMATION ET DÉPENSES

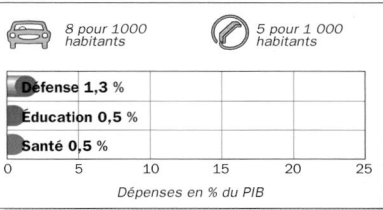

8 pour 1000 habitants   5 pour 1 000 habitants

Défense 1,3 %
Éducation 0,5 %
Santé 0,5 %

Dépenses en % du PIB

Durant les années de prospérité de l'industrie pétrolière, les Nigérians qui avaient des fonctions politiques menaient un train de vie élevé : Mascraté et Mercedes, études en occident pour les enfants. L'essentiel de leurs dépenses étaient financées par les emprunts publics. La baisse du cours du pétrole n'a pas modifié ces habitudes mais elle a entraîné une augmentation des emprunts.

CLASSEMENT MONDIAL

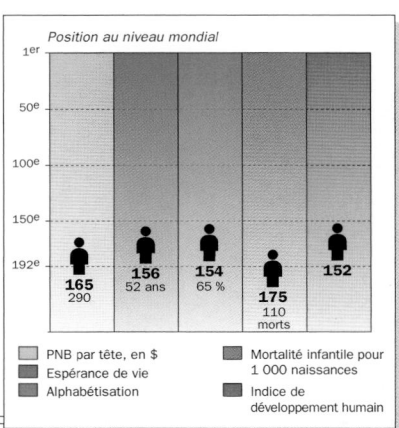

Position au niveau mondial

1er
50e
100e
150e
192e

165 — 290
156 — 52 ans
154 — 65 %
175 — 110 morts
152

PNB par tête, en $
Espérance de vie
Alphabétisation
Mortalité infantile pour 1 000 naissances
Indice de développement humain

NORVÈGE

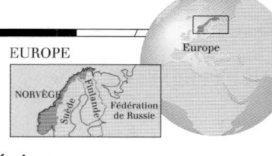
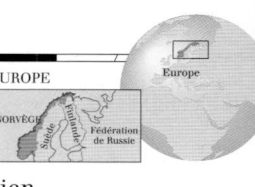

EUROPE

NOM OFFICIEL : Royaume de Norvège   CAPITALE : Oslo
POPULATION : 4,5 millions   MONNAIE : couronne norvégienne   LANGUE OFFICIELLE : norvégien

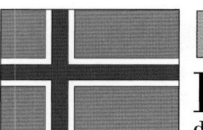

LA NORVÈGE occupe la partie occidentale de la Scandinavie ; sa côte Ouest comporte un grand nombre de fjords et d'îles. Les recettes importantes générées par le gaz naturel et le pétrole ont permis au pays de devenir prospère. Gro Harlem Brundtland, qui fut la première femme Premier ministre du pays, a intégré la direction de l'ONU. Malgré la récession qui a affecté l'ensemble de l'Europe, au début des années 1990, la Norvège est parvenue à maintenir son taux de chômage sous la barre des 6 % atteints en 1993. La constitution du pays stipule que le gouvernement doit créer les conditions qui permettent à chacun de trouver un emploi.

Reine, village situé sur l'île de Moskenesøya à 160 km à l'intérieur du cercle arctique, dans l'archipel de Lofoten, est un site touristique prisé l'été.

CLIMAT

DONNÉES MÉTÉOROLOGIQUES

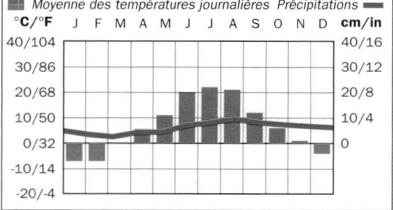

L'ensemble de la côte Ouest norvégienne est préservé des glaces par le Gulf Stream, courant marin chaud. Les précipitations y sont plus élevées que dans le reste du pays ; la moyenne annuelle de Bergen est de 225 cm. Les températures de la Norvège sont les plus élevées de Scandinavie, mais en hiver, le froid peut atteindre – 25 °C à Oslo.

TRANSPORTS

 Fornebu international, Oslo 14,1 M de passagers

 2 325 navires 23,1 M de tpl

RÉSEAU DE TRANSPORT

67 602 km (42 006 miles)	128 km (80 miles)	
4 179 km (2 597 miles)	1 577 km (980 miles)	

Il a été impossible d'étendre le réseau ferroviaire à l'intérieur du cercle arctique, au-delà de Bodø. Le moyen de transport le plus fréquent pour se rendre à Lofoten, à Narvik ou plus au Nord, est l'avion. Avec 5 % du tonnage total du monde, la Norvège est la sixième nation pour le trafic maritime.

NORVÈGE

Superficie totale : 306 830 km² (118 467 sq. miles)

ALTIMÉTRIE

2 000 m/6 562ft
1 000 m/3 281ft
500 m/1 640ft
200 m/656ft
Niveau de la mer

POPULATION

Plus de 100 000
Plus de 50 000
Plus de 10 000
Moins de 10 000

Le palais royal d'Oslo, situé près du théâtre national, au bout de la Karl Johan Gate, l'avenue principale de la ville.

Carte

OCÉAN ARCTIQUE
MER DE BARENTS
Magerøya
Sørøya   Hammerfest
Ringvassøya   Porsangen   Tana
Kvaløya   Alta   Varangerfjorden
Tromsø   Karasjok   Kirkenes
Senja   FINNMARKSVIDDA
Vesterålen   Andfjorden   LAPONIE   FINLANDE
Harstad   FÉDÉRATION DE RUSSIE
Stamsund   Narvik
Lofoten   Vestfjorden
Bodø
MER DE NORVÈGE
Cercle polaire Arctique
Mo
Mosjøen
Overhalla   Namsos
Trondheimsfjorden   Verdal   Steinkjer
Hitra   Stjørdal
Kristiansund   Trondheim   Støren
Molde   Røros
Ålesund   Oppdal
Ørsta   DOVREFJELL   Glomma
Glittertind 2470m   Lågen
JOTUNHEIMEN
Hermansverk
Sognefjorden   Lillehammer
Voss   Gjøvik   Elverum
Bergen   Gol   Hamar   Stange
Hardangerfjorden   Begna   Eidsvoll
Hønefoss   Kongsvinger
Haukeligrend   Kongsberg   OSLO   Lillestrøm
MER DU NORD   Åkrehamn   Notodden   Drammen
Haugesund   Horten   Oslofjorden
Boknafjorden   Skien   Sarpsborg
Stavanger   Porsgrunn   Halden
Sola   Larvik   Fredrikstad
Sandnes   Sandefjord   Tønsberg
Egersund
Evnesla   Arendal
Mandal   Kristiansand
Skagerrak

OCÉAN ATLANTIQUE

TOURISME

 4,5 M de visiteurs   Moins 1 % en 1999

La Norvège est une destination très prisée et la plupart des visiteurs viennent d'Europe et des ÉU. Son tourisme hivernal s'est développé davantage encore grâce à la tenue des Jeux Olympiques d'hiver à Lillehammer en 1994. En été, les touristes aiment se promener en bateau le long des fjords. En juin, les régions situées dans le cercle arctique attirent les touristes à la recherche du soleil de minuit. Oslo est réputée pour ses concerts. Les séjours sont

PROVENANCE DES TOURISTES ÉTRANGERS

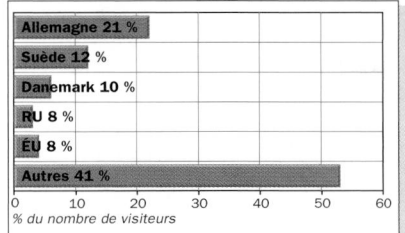

% du nombre de visiteurs

- Allemagne 21 %
- Suède 12 %
- Danemark 10 %
- RU 8 %
- EU 8 %
- Autres 41 %

chers ; la couronne est une monnaie forte et le coût de la vie est élevé.

POPULATION

 Norvégien (*Bokmål* « langue des livres » et *Nynorsk* « nouveau norrois »), lapon   15 hab. / km²

PART DE LA POPULATION URBAINE/RURALE

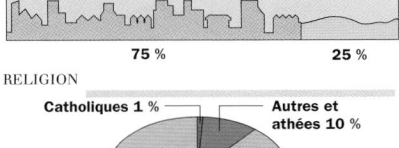

75 %   25 %

RELIGION

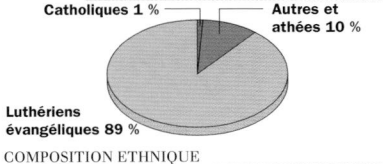

Catholiques 1 %
Autres et athées 10 %
Luthériens évangéliques 89 %

COMPOSITION ETHNIQUE

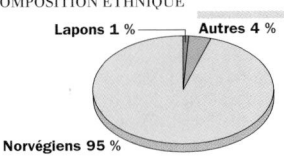

Lapons 1 %
Autres 4 %
Norvégiens 95 %

La population norvégienne compte très peu d'immigrés. Au cours de ces dernières années, notamment à la suite du conflit bosniaque, le pays a connu l'arrivée d'un petit nombre de réfugiés, dont certains ont été victimes d'agressions de bandes d'extrême-droite.
La famille norvégienne est nucléaire et elle se limite aux proches parents. Le mari doit participer à l'éducation des enfants.
Les enfants vont souvent à l'école avant l'âge de deux ans. Les femmes norvégiennes jouissent d'un pouvoir et d'une liberté considérables. À l'instar de l'ancien Premier ministre, Brundtland, elles comptent de nombreuses responsables politiques. Plus de la moitié des mariages se soldent par un divorce.

PYRAMIDE DES ÂGES

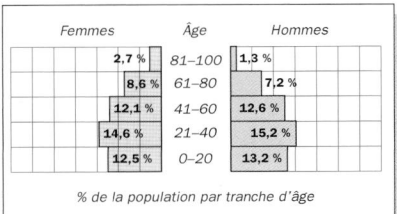

Femmes	Âge	Hommes
2,7 %	81–100	1,3 %
8,6 %	61–80	7,2 %
12,1 %	41–60	12,6 %
14,6 %	21–40	15,2 %
12,5 %	0–20	13,2 %

% de la population par tranche d'âge

POLITIQUE

 2001/2005 Sa majesté le roi Harald V

AUX DERNIÈRES ÉLECTIONS

Parlement 165 sièges

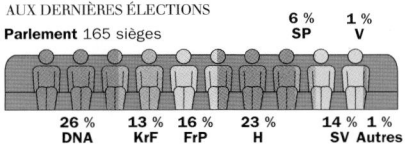

| | | | | | 6 % SP | 1 % V |
| 26 % DNA | 13 % KrF | 16 % FrP | 23 % H | 14 % SV | 1 % Autres |

DNA = Parti travailliste norvégien **KrF** = Parti démocrate chrétien **FrP** = Parti du progrès **H** = (*Hoeyre*) Parti conservateur **SP** = Parti du centre **SV** = Parti socialiste de gauche **V** = (*Venstre*) Parti libéral
Le Parlement (*Storting*) est élu globalement, mais, pour la plupart des affaires législatives, il se répartit en une chambre haute (*Lagting* 42 membres) et une chambre basse (*Odelsting* 123 membres).

La Norvège est une monarchie constitutionnelle ; le roi est le chef de l'État et les membres du parlement sont élus.

PRINCIPAUX PROBLÈMES POLITIQUES
Adhésion à l'UE
Lors d'un référendum en 1994, 52 % des Norvégiens se sont prononcés contre l'adhésion à l'UE, déjà rejetée en 1972. Un accord sur les conditions d'accession avait été obtenu, défendu par les industriels et le gouvernement, mais les opposants ont soutenu avec succès que cela se traduirait par la perte du contrôle sur les ressources naturelles, particulièrement de la pêche et du pétrole off shore. La négociation d'un nouvel accord est un enjeu important.

PROFIL
Les décisions politiques s'établissent sur la base d'un consensus entre le gouvernement, le parlement et les syndicats les plus puissants. Lors des élections de 1993, le SP, parti le plus hostile à l'adhésion à l'UE, a plus que doublé le nombre de ses sièges, tandis que le Parti conservateur, partisan de l'adhésion, a enregistré un recul sévère. Dans les années 1980 et 1990, le DNA a été avantagé par la stature personnelle de Gro Harlem Brundtland. En 2000, le DNA est revenu aux affaires avec le gouvernement de minorité de Jens Stoltenberg. En 2001, une coalition minoritaire de centre droit a pris les rênes du pouvoir.

POLITIQUE EXTÉRIEURE

 UEO   OTAN   OCDE   OSCE   EEE

Membre fondateur de l'ONU, la Norvège apporte son soutien, jamais démenti, à cet organisme. Le pays est aussi devenu un membre associé de l'UEO en 1992. Compte tenu du verdict du référendum de 1994 de rejeter l'adhésion à l'UE, l'accès principal de la Norvège au marché unique européen passe par la zone d'échange européen (EEE). En tant que membre du Conseil nordique, la Norvège est également associée à la Convention de Schengen. Un sondage récent montre qu'une majorité de Norvégiens est en faveur de l'adhésion.
La Norvège a joué un rôle dans les accords de paix de nombreux conflits internationaux. Les Accords d'Oslo en 1995, bien qu'aujourd'hui au point mort, ont été salués, à l'époque, comme une avancée fondamentale dans la résolution du conflit Israëlo-Palestinien.
Le gouvernement a été incapable de contrôler les effets écologiques des pluies acides qui détruisent ses forêts. En 1994, 25 pays européens et le Canada ont signé à Oslo un protocole de l'ONU sur la réduction des émissions de soufre.

Le roi Harald V, qui a succédé à son père, Olav V en 1991.

Le Premier ministre Kjell Magne Bondevik, réélu en 2002.

CHRONOLOGIE

La Norvège devient indépendante de la couronne suédoise en 1905 et élit son propre roi, Häkon VII.

- ❑ **1935** Le DNA forme le gouvernement.
- ❑ **1940–1945** Occupation nazie. Régime fantoche de Vidkun Quisling.
- ❑ **1945** Le DNA revient au pouvoir.
- ❑ **1949** Membre de l'OTAN.
- ❑ **1957** Mort du roi Häkon. Son fils Olav V lui succède.
- ❑ **1960** La Norvège adhère à l'AELE.
- ❑ **1962** La Norvège demande à intégrer la CEE mais sans succès.
- ❑ **1965** Défaite électorale du DNA, battu par la coalition du SP de Per Boten.
- ❑ **1967** Nouvelle demande d'adhésion la CEE rejetée.
- ❑ **1971** Per Boten démissionne de son poste suite aux révélations sur des

⇨

N

CHRONOLOGIE *suite*

négociations secrètes pour adhérer à la CEE. Mise en place d'un gouvernement formé par le DNA et dirigé par M. Bratteli.

❑ **1972** Adhésion à la CEE rejetée à 4 % près lors du référendum. Bratteli démissionne. Lars Korvald devient chef d'un gouvernement de coalition centre.

❑ **1973** Élections. Bratteli redevient Premier ministre.

❑ **1976** Odvar Nordli, Premier ministre.

❑ **1981** Nordli démissionne pour raison de santé. Les élections portent au pouvoir, pour la première fois depuis 53 ans, le parti conservateur (H). Premier ministre : Kare Willoch.

❑ **1983** Coalition des conservateurs avec le SP et le KRF.

❑ **1985** Elections. La coalition H-SP-KRF de Kare Willoch reconduite. La Norvège interdit la pêche à la baleine.

❑ **1986** 100 000 manifestants pour de meilleures conditions de travail et Gro Harlem Brundtland, première femme Premier ministre de Norvège, forme un gouvernement de minorité. Dévaluation de 12 %.

❑ **1990** La coalition H-KRF éclate au sujet du renforcement des relations avec l'UE. Brundtland et DNA accède au pouvoir.

❑ **1991** Olav V meurt, remplacé par son fils, Harald V.

❑ **1994** Création de l'EEE. Nouveau rejet de l'UE.

❑ **1996** Démission de Brundtland, remplacée par Thorbjørn Jagland (DNA).

❑ **1997** Le DNA recule aux élections. Kjell Magne Bondevik forme une coalition de centre droit.

❑ **2002** Kjell Magne Bondevik à la tête d'une coalition minoritaire devient Premier ministre.

AIDE INTERNATIONALE

 1,37 Md $ (versés)   ⬆ Plus 4 % en 1999

Depuis 1975, les aides versées par la Norvège aux pays en développement excèdent chaque année la part de 0,7 % du PNB fixée par l'ONU. La Norvège verse l'essentiel de ses aides bilatérales aux pays les moins avancés du Sud-Est de l'Afrique, du Sud de l'Asie et d'Amérique centrale, ainsi qu'à la Palestine et à la Bosnie. Le gouvernement norvégien alloue également des crédits à divers programmes d'aides multilatérales.

DÉFENSE

 3,15 Md $ Moins 7% en 1999

Il est prévu de diminuer de moitié le nombre d'appelés de l'armée norvégienne. Le pays est membre de l'OTAN depuis 1949. Le souci majeur de la défense norvégienne concerne la stabilité de la Russie et le maintien de la paix le long de leur frontière commune. Cinq diplomates russes ont été expulsés en 1998, après qu'un agent double a dévoilé que la Russie détenait des informations sur la défense et le pétrole norvégiens.

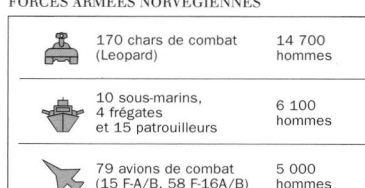

FORCES ARMÉES NORVÉGIENNES

🛡	170 chars de combat (Leopard)	14 700 hommes
🚢	10 sous-marins, 4 frégates et 15 patrouilleurs	6 100 hommes
✈	79 avions de combat (15 F-A/B, 58 F-16A/B)	5 000 hommes
🚀	Aucun	

ÉCONOMIE

 161 Md $ 7,2-7,5 couronnes norvégiennes

CHIFFRES SIGNIFICATIFS

❑ CLASSEMENT DU PNB AU NIVEAU MONDIAL 27ᵉ
❑ PNB PAR HABITANT ....35 630 $
❑ BALANCE DES PAIEMENTS ....26 Md $
❑ INFLATION ....3 %
❑ CHÔMAGE ....34 %

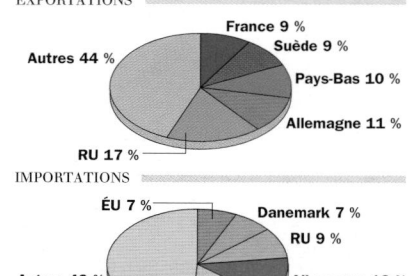

EXPORTATIONS

France 9 %
Suède 9 %
Pays-Bas 10 %
Allemagne 11 %
RU 17 %
Autres 44 %

IMPORTATIONS

ÉU 7 %
Danemark 7 %
RU 9 %
Allemagne 13 %
Suède 15 %
Autres 49 %

ATOUTS
La Norvège est le premier exportateur de pétrole et de gaz naturel d'Europe. Elle possède des réserves de minerai. La production hydroélectrique couvre les besoins du pays en énergie et lui permet d'exporter la plus grande partie de sa production de pétrole. Flotte marchande importante. Taux d'inflation et de chômage peu élevés par rapport au reste de l'Europe.

FAIBLESSES
Pays trop dépendant des recettes générées par l'exploitation pétrolière. Pays difficile d'accès doté d'un marché intérieur réduit. Manque de main d'œuvre qualifiée. Secteur agricole limité en raison du climat.

PROFIL
L'État est interventionniste par nature. En 1991, il est venu en aide aux principales banques commerciales qui avaient consenti des prêts à des débiteurs insolvables et a commencé à les privatiser en 1994. L'État attribue les autorisations d'exploitation du pétrole sous-marin et du

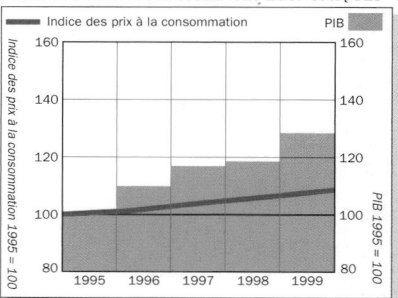

INDICATEUR DES PERFORMANCES ÉCONOMIQUES

— Indice des prix à la consommation   ▓ PIB

(graphique : Indice des prix à la consommation 1995 = 100 / PIB 1995 = 100 ; années 1995, 1996, 1997, 1998, 1999)

gaz naturel, qu'il contrôle pour plus de la moitié par l'intermédiaire de sa propre entreprise, Statoil (dont la privatisation était envisagée en 2000).
La Norvège sera appelée, pour des raisons sociales et stratégiques, à poursuivre sa politique de redistribution des ressources du Sud, région plus prospère, au Nord, coupé du reste du monde. La prospérité économique du pays est assurée à court terme par son secteur pétrolier. Le manque de main-d'œuvre qualifiée est contrebalancée par l'arrivée de travailleurs immigrés.

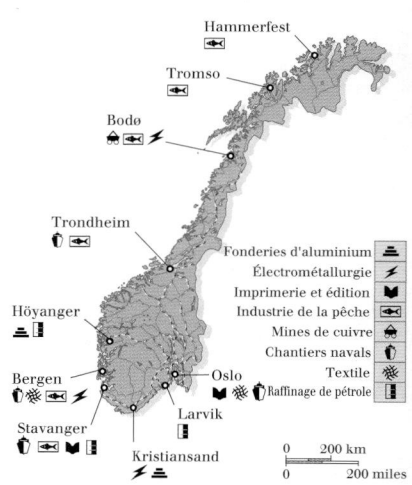

NORVÈGE : PRINCIPALES ACTIVITÉS

Hammerfest
Tromso
Bodø
Trondheim
Höyanger
Bergen
Stavanger
Kristiansand
Oslo
Larvik

Fonderies d'aluminium
Électrométallurgie
Imprimerie et édition
Industrie de la pêche
Mines de cuivre
Chantiers navals
Textile
Raffinage de pétrole

0   200 km
0   200 miles

N

RESSOURCES

 3,22 M de tonnes

3,4 M b/j (réserves : 9 400 000 000 b)

2,4 M d'ovins
1,04 M de bovins
23,3 M de volailles

Pétrole, gaz naturel, fer, charbon, cuivre, étain, zinc

PRODUCTION ÉLECTRIQUE

Hydraulique 99 % (111 Md de kwh)				
Thermique 1 % (0,6 Md de kwh)				
Nucléaire 0 %				
Autres 0 %				
0	20	40	60	80	100

% de la production totale par type d'électricité

L'hydroélectricité couvre l'essentiel des besoins en énergie et, en été, le surplus est exporté. La pêche et l'exploitation forestière sont des secteurs importants ; l'élevage de saumons se développe rapidement. Avec l'agriculture, ces secteurs ne représentent que 2,5 % du PIB et 6 % de la main-d'œuvre, mais de nombreux Norvégiens les estiment suffisants pour rejeter l'adhésion à l'UE.

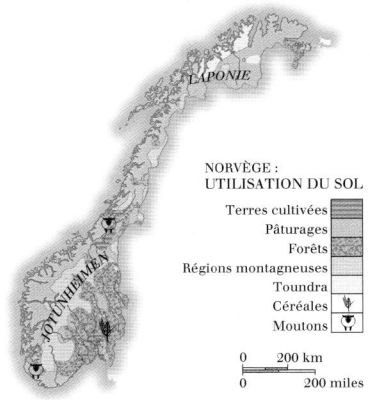

LAPONIE

NORVÈGE :
UTILISATION DU SOL

Terres cultivées
Pâturages
Forêts
Régions montagneuses
Toundra
Céréales
Moutons

JOTUNHEIMEN

0   200 km
0   200 miles

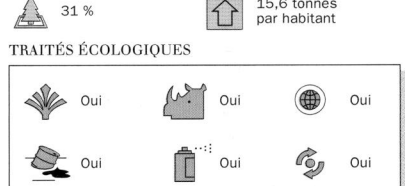

ENVIRONNEMENT

31 %

15,6 tonnes par habitant

TRAITÉS ÉCOLOGIQUES

	Oui		Oui		Oui
	Oui		Oui		Oui

En 1986, la contamination radioactive due à la catastrophe de Tchernobyl a touché le Nord de la Norvège. Le pays a imposé une taxe sur les émissions de dioxyde de carbone et a également joué un rôle actif dans le Protocole de Kyoto pour la réduction des gaz à effet de serre. En 1993 le pays a levé l'interdiction de la pêche au rorqual, invoquant que cette espèce n'était pas menacée, et il s'est attiré de nouvelles critiques en autorisant l'exportation de produits baleiniers à partir de 2001.

MÉDIAS

 590 quotidiens pour 1 000 habitants

PRESSE ET TÉLÉCOMMUNICATIONS

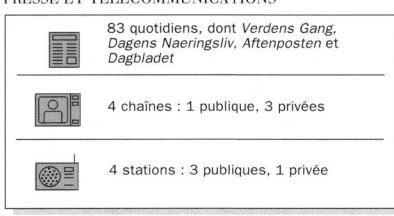

83 quotidiens, dont *Verdens Gang*, *Dagens Naeringsliv*, *Aftenposten* et *Dagbladet*

4 chaînes : 1 publique, 3 privées

4 stations : 3 publiques, 1 privée

Avec plus de 80 quotidiens, tirés à plus de 2 millions d'exemplaires, la diffusion par personne est la deuxième plus importante du monde. Le *Verdens Gang* est le plus vendu avec un tirage à 370 000 exemplaires.

CRIMINALITÉ

 2 398 détenus

 Plus 7 % en 1996-1998

TAUX DE CRIMINALITÉ

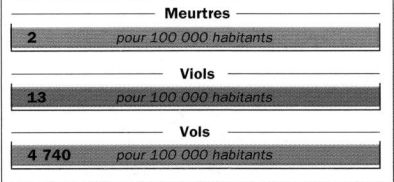

Meurtres	
2	*pour 100 000 habitants*
Viols	
13	*pour 100 000 habitants*
Vols	
4 740	*pour 100 000 habitants*

Même selon les normes scandinaves, le niveau de la criminalité est bas. La violence est un phénomène quasi inexistant : le taux de meurtres y atteint un quart de celui de la Suède, et les agressions et les vols y sont moins nombreux.

ÉDUCATION

 99 %

 185 320 étudiants

LE SYSTÈME ÉDUCATIF

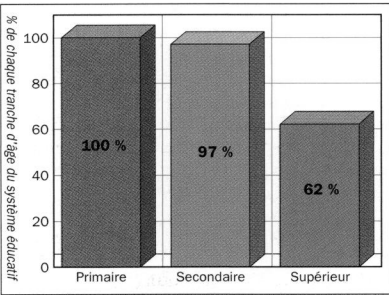

% de chaque tranche d'âge du système éducatif

100 %   97 %   62 %

Primaire   Secondaire   Supérieur

La scolarité obligatoire est passée de 9 à 10 années en 1997/1998. La plupart des écoles sont gérées par les municipalités. Il existe quatre universités et des instituts spécialisés, dont l'Institut nordique des Pêcheries. L'encouragement à la poursuite des études a maintenu le niveau de chômage des jeunes à un taux faible durant la récession des années 1990.

SANTÉ

 1 pour 400 habitants

 Maladies cardiaques et cérébrovasculaires, cancers, accidents

L'OMS place la Norvège au 3e rang mondial pour la protection de la santé. Le taux de mortalité infantile est l'un des plus bas du monde et son espérance de vie est l'une des plus élevées. Les dépenses ne sont toutefois pas plus importantes que la moyenne de l'OCDE. La capacité d'accueil de ses hôpitaux équivaut au tiers de celle de la Finlande. La télémédecine (diagnostic audio et vidéo en ligne) permet aux hôpitaux du Nord de bénéficier de consultations de spécialistes sans avoir à envoyer les patients dans les centres hospitaliers régionaux. Des enquêtes menées en 1998 révèlent que des hôpitaux ont mené des expériences de stérilisation sur des patients handicapés mentaux entre 1974 et 1994.

RICHESSES

CONSOMMATION ET DÉPENSES

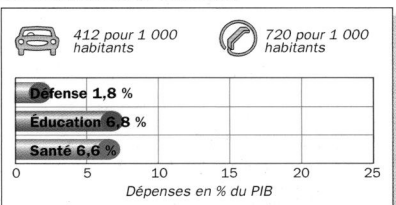

412 pour 1 000 habitants

720 pour 1 000 habitants

Défense 1,8 %				
Éducation 6,8 %				
Santé 6,6 %				
0	5	10	15	20	25

Dépenses en % du PIB

Les pays nordiques sont les plus égalitaires du monde en termes de distribution de revenus. La couche sociale la plus favorisée, qui constitue 10 % de la population, possède une proportion nettement moins importante de la richesse nationale que dans les autres pays développés. Les sans-abri et les exclus sociaux sont rares. Les réfugiés bosniaques arrivés récemment constituent la couche la plus défavorisée.
Les écarts de salaires entre hommes et femmes sont plus importants qu'en Suède ou en Finlande, mais ils sont largement inférieurs à la moyenne européenne.

CLASSEMENT MONDIAL

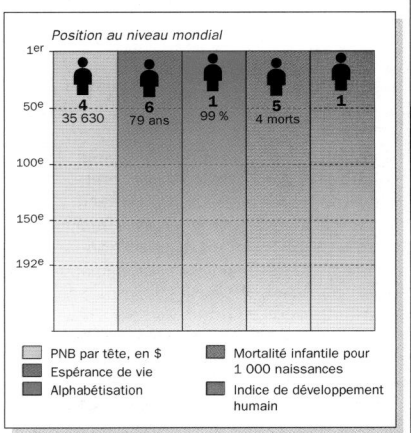

Position au niveau mondial

1er

50e

100e

150e

192e

| 4 | 6 | 1 | 5 | 1 |
| 35 630 | 79 ans | 99 % | 4 morts | |

PNB par tête, en $
Espérance de vie
Alphabétisation

Mortalité infantile pour 1 000 naissances
Indice de développement humain

N

Voir aussi les Territoires et Dépendances d'Outre-mer p. 640

NOUVELLE-ZÉLANDE

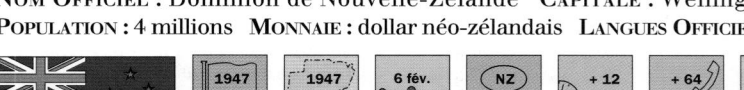

NOM OFFICIEL : Dominion de Nouvelle-Zélande **CAPITALE** : Wellington
POPULATION : 4 millions **MONNAIE** : dollar néo-zélandais **LANGUES OFFICIELLES** : anglais et maori

SITUÉE dans le Pacifique-Sud, à 1 600 kilomètres au sud-est de l'Australie, la Nouvelle-Zélande est constituée des îles du Nord et du Sud, séparées par le détroit de Cook, et d'un grand nombre de petites îles. L'île du Sud est la plus montagneuse ; l'île du Nord, qui possède des sources d'eau chaude et des geysers, rassemble l'essentiel de la population. La politique du pays, depuis longtemps libérale et égalitaire a été dominée par les partis Travailliste et National. Les réformes radicales mises en place depuis 1984, très impopulaires, ont permis à la Nouvelle-Zélande de renouer avec la croissance et ont accéléré la diversification de son économie ; elles ont également permis au pays de renforcer sa position au sein de l'Alliance Pacifique.

CLIMAT

DONNÉES MÉTÉOROLOGIQUES

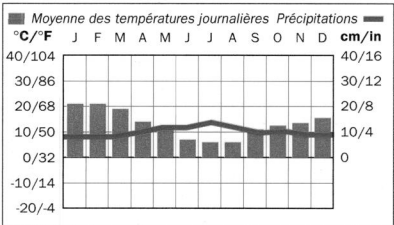

La plupart des régions sont soumises à un climat tempéré humide ; la moyenne des températures est de 12 °C. Toutefois, il existe des différences climatiques entre les deux îles qui s'étirent sur 2 000 km du nord au sud. Le climat de l'extrême Nord du pays est presque subtropical, tandis que le Sud connaît des hivers froids. Le vent est très présent : Wellington est connu pour ses tempêtes qui peuvent durer plusieurs jours.

TRANSPORTS

 Auckland international
7,5 M de passagers

 173 navires
336 278 tpl

RÉSEAU DE TRANSPORT

 53 568 km
(33 286 miles)

 144 km
(89 miles)

 3 900 km
(2 423 miles)

 1 609 km
(1 000 miles)

Les deux principales îles disposent d'infrastructures de transport bien développées ; le réseau routier et ferroviaire de l'île du Nord est plus étendu. Des liaisons par ferry et par avion desservent toutes les îles. Le transport de marchandises par ferry est particulièrement important pour les populations de l'île de Ross (Antarctique). Les liaisons avec les autres territoires – îles Cook, Niue et les atolls de Tokelau – sont insuffisantes.

TOURISME

 1,8 M de visiteurs

Plus 11 % en 2000

PROVENANCE DES TOURISTES ÉTRANGERS

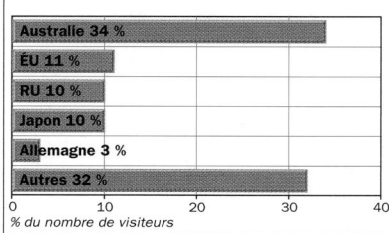

Australie 34 %
EU 11 %
RU 10 %
Japon 10 %
Allemagne 3 %
Autres 32 %

% du nombre de visiteurs

Ce sont surtout les paysages préservés qui attirent les touristes en Nouvelle-Zélande : le pays comporte des montagnes, des fjords et des lacs ainsi que des glaciers, des forêts tropicales humides, des plages, des sources de boue bouillante et des geysers. Les touristes viennent aussi pour découvrir la culture maori, pour pratiquer des activités de plein air telles que le rafting, la pêche ou le ski, pour observer les baleines ou pour faire du saut à l'élastique, invention néo-zélandaise. Le tourisme est la plus importante source de devises étrangères, de l'ordre de 4 milliards de dollars néo-zélandais. Ce secteur continue à progresser malgré la baisse de 10 % provoquée par la crise économique de 1997-1998 en Asie.

Le mont Egmont, volcan éteint, est l'un des nombreux sites touristiques naturels de l'île du Nord.

POPULATION

 Anglais, maori

 15 hab./km²

PART DE LA POPULATION URBAINE/RURALE

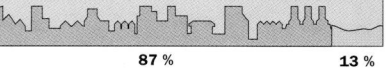

87 %   13 %

RELIGION

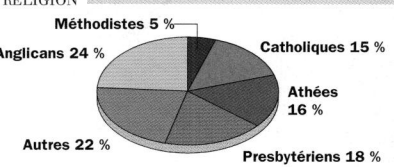

Méthodistes 5 %
Anglicans 24 %
Catholiques 15 %
Athées 16 %
Autres 22 %
Presbytériens 18 %

COMPOSITION ETHNIQUE

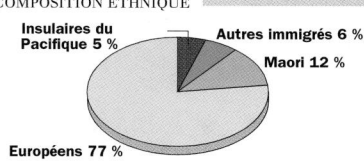

Insulaires du Pacifique 5 %
Autres immigrés 6 %
Maori 12 %
Européens 77 %

La Nouvelle-Zélande est un pays peuplé d'immigrés. Les Maoris, premier peuple à coloniser ces îles, sont arrivés de Polynésie il y a environ 1 200 ans. La majorité de la population actuelle, d'origine européenne, descend de Britanniques arrivés après 1840. Récemment, sont arrivés des immigrés de Hong-Kong et de Malaisie, ainsi que des Polynésiens. Le gouvernement cherche à attirer une main-d'œuvre qualifiée de Sud-Américains, de Russes, de Chinois et d'Africains, pour relancer l'économie.
Le niveau de vie des Maoris est largement inférieur à celui de la population d'origine européenne. Il s'ensuit une certaine tension entre ces deux communautés. En 1995, la Couronne a signé le *Waikato Raupatu Claims Settlement Act* et a officiellement présenté ses excuses aux Maoris. En 1998, le tribunal de Waitangi a ordonné la restitution des terres confisquées.
La Nouvelle-Zélande est le premier pays à avoir accordé le droit de vote aux femmes – en 1893. En 2001, le Premier ministre, le leader de l'opposition et le gouverneur général étaient tous... des femmes.

PYRAMIDE DES ÂGES

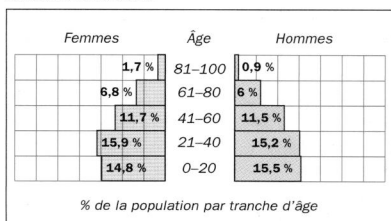

Femmes	Âge	Hommes
1,7 %	81–100	0,9 %
6,8 %	61–80	6 %
11,7 %	41–60	11,5 %
15,9 %	21–40	15,2 %
14,8 %	0–20	15,5 %

% de la population par tranche d'âge

N

POLITIQUE

 2002/2005   Sa majesté la reine Elisabeth II

AUX DERNIÈRES ÉLECTIONS

Chambre des représentants 120 sièges   **8 %2 %**
GP PC

43 %	22 %	11 %	8 %	6 %
LP	**NP**	**NZF**	**ACT**	**UFNZ**

LP = Parti travailliste   **NP** = Parti national   **ACT** = Association de Consommateurs et de Contribuables   **NZF** = Premier Parti de NZ   **GP** = Parti vert   **PC** = Coalition progressiste   **LP** = Parti travailliste   **NZF** = Premier parti de Nouvelle-Zélande   **UFNZ** = Union pour l'avenir

Helen Clark,
dirigeante du LP et Premier ministre depuis 1999.

Jenny Shipley,
dirigeante du NP, première femme à avoir été Premier ministre.

La Nouvelle-Zélande est une démocratie parlementaire monocamérale. Les îles Cook et l'atoll de Niue sont des territoires autonomes.

PRINCIPAUX PROBLÈMES POLITIQUES
La réforme électorale

La Nouvelle-Zélande a adopté un mode de scrutin à la proportionnelle peu de temps avant les élections législatives de 1996. Ce souhait d'une réforme électorale, exprimé par la population lors du référendum de novembre 1993, témoignait d'une certaine désillusion quant au NP et au LP. Le nouveau système (d'inspiration allemande) renforce le rôle des petites formations. Comme on pouvait s'y attendre, les premières élections à se dérouler selon le nouveau système ont mis en place un gouvernement de coalition, dirigé par le NP. Acculé à une position minoritaire en 1998, le NP a appelé, en vain, à une révision du scrutin proportionnel.

PROFIL

Le système majoritaire a toujours placé le pays sous la domination du NP ou du LP. 1984 a marqué le début d'une période de réformes radicales de l'économie, lorsque le NP était au pouvoir, puis du système de sécurité sociale quand le LP lui a succédé en novembre 1999, avec Helen Clark à sa tête. Ces réductions budgétaires et les privatisations furent très impopulaires.

POLITIQUE EXTÉRIEURE

Comm	CEAP	OCDE	PC	FIP

La majorité des Néo-Zélandais sont très attachés à la Couronne britannique. Mais l'implication du RU dans l'UE contraint le pays à réorienter sa politique extérieure vers ses voisins de l'Alliance Pacifique, et notamment vers l'Australie, devenue son principal partenaire commercial.

Leur Traité de relations économiques rapprochées (CER) de 1983 a été consolidé par un accord de reconnaissance mutuelle en 1996. La Nouvelle-Zélande entretient par ailleurs des relations de plus en plus étroites avec l'Asie. La crise asiatique de 1997-1998 a profondément affecté le commerce et notamment le tourisme. Les rapports avec les ÉU s'améliorent après une période de froid due aux prises de position néo-zélandaises sur les essais nucléaires, ce qui a conduit à son exclusion du pacte de l'ANZUS. Les relations avec la France, rompues en 1985 (après l'attentat par les agents français contre le *Rainbow Warrior*, navire de Greenpeace, dans le port d'Auckland), ont repris en 1997.

AIDE INTERNATIONALE

💲 134 M $ (versés)   ⬆ Plus 3 % en 1999

Plus de la moitié des aides internationales de la Nouvelle-Zélande sont bilatérales vis-à-vis des États ou des organisations du Pacifique. Elle est l'un des membres les plus actifs du Forum du Pacifique-Sud, de l'Université du Pacifique-Sud et du Programme écologique pour le Pacifique. Elle accorde des bourses à des étudiants étrangers pour qu'ils viennent étudier sur son territoire.

N

NOUVELLE-ZÉLANDE

Superficie totale : 268 670 km²
(103 733 sq. miles)

ALTIMÉTRIE	POPULATION	
2 000 m/6 562ft	Plus de 500 000	◉
1 000 m/3 281ft	Plus de 100 000	◎
500 m/1 640ft	Plus de 50 000	○
200 m/656ft	Plus de 10 000	●
Niveau de la mer	Moins de 10 000	·

0   100 km
0   100 miles

Îles Chatham
Baie de Petre   *I. Chatham*
Waitangi   *I. Pitt*
Détroit Pitt
(à la même échelle)

CHRONOLOGIE

Ancienne colonie britannique, la Nouvelle-Zélande obtient le statut de dominion en 1907 et devient indépendante en 1947.

- ❑ **1962** Les Samoa-Occidentales accèdent à l'indépendance.
- ❑ **1965** Les îles Cook obtiennent un gouvernement autonome.
- ❑ **1975** Victoire du parti conservateur, le NP. Politique d'austérité.
- ❑ **1976** Baisse de plus de 80 % de l'immigration.
- ❑ **1984** LP élu, David Lange Premier ministre. La pointe du port d'Auckland restituée aux Maoris.
- ❑ **1985** La Nouvelle-Zélande interdit ses eaux territoriales aux navires nucléaires. Des agents français coulent le *Rainbow Warrior*, navire de Greenpeace.
- ❑ **1986** Les ÉU dégagent le pays de ses obligations militaires dans le cadre du pacte de l'ANZUS.
- ❑ **1987** Victoire du LP aux élections. Privatisations controversées et législation interdisant le nucléaire.
- ❑ **1989** Scission au sein du gouvernement. D. Lange est remplacé par Geoffroy Palmer.
- ❑ **1990** Démission de Palmer. Le LP perd les élections au profit du NP. James Bolger Premier ministre.
- ❑ **1991** Contestation massive contre la réduction des dépenses publiques.
- ❑ **1992** Les droits de pêche de l'Île du Sud deviennent propriété des Maoris. Référendum en faveur de la réforme du système électoral.
- ❑ **1994** Reprise des relations avec les ÉU, qui acceptent de ne pas amarrer de navires nucléaires.
- ❑ **1995** Abandon de la commémoration de Waitangi suite aux manifestations des Maoris. La Couronne présente ses excuses et signe le traité de Waikato Raupatu.
- ❑ **1996** Le NP forme une coalition pour assurer sa majorité législative. Premières élections législatives au scrutin proportionnel.
- ❑ **1997** Coalition du NP avec le parti NZF. Bolger démissionne, Jenny Shipley devient la première femme au poste de Premier ministre.
- ❑ **1998** Shipley démet le leader du NZF de son poste de Premier ministre. La coalition explose. Gouvernement de minorité. L'État rend 6,1 M de dollars néo-zélandais de terre aux Maoris.
- ❑ **1999** Le LP gagne les élections générales.
- ❑ **2001** Renationalisation d'Air New Zealand
- ❑ **2001** Suppression des escadrons de chasse militaires ; réélection du LP.

DÉFENSE

 824 M $ Moins 8 % en 1999

Les réductions du budget militaire, annoncées en mai 2001, amènent à des objectifs plus modestes de maintien de la paix. Ce choix accentue la pression sur le pacte de sécurité de l'ANZUS, signé en 1951 entre l'Australie et les ÉU. La décision de 1984 de refuser l'accès de ses ports aux navires nucléaires a remis en cause la coopération en matière de défense avec les ÉU et autres pays occidentaux ; les relations ont repris en 1994. Depuis, le RU a également repris l'envoi de ses navires en NZ, et poussé le pays à renforcer sa collaboration avec l'Australie. Les ÉU

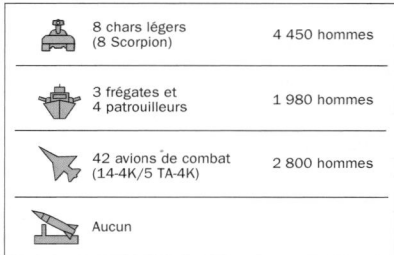

FORCES ARMÉES NÉO-ZÉLANDAISES

	8 chars légers (8 Scorpion)	4 450 hommes
	3 frégates et 4 patrouilleurs	1 980 hommes
	42 avions de combat (14-4K/5 TA-4K)	2 800 hommes
	Aucun	

ont annoncé qu'ils s'abstiendraient d'envoyer des navires nucléaires dans les ports néo-zélandais.

ÉCONOMIE

 51 Md $ 1,7-2,05 dollars néo-zélandais

CHIFFRES SIGNIFICATIFS

- ❑ CLASSEMENT DU PNB AU NIVEAU MONDIAL 48ᵉ
- ❑ PNB PAR HABITANT ....13 250 $
- ❑ BALANCE DES PAIEMENTS ... .– 1,59 Md $
- ❑ INFLATION ....2,6 %
- ❑ CHÔMAGE..5 %

INDICATEUR DES PERFORMANCES ÉCONOMIQUES

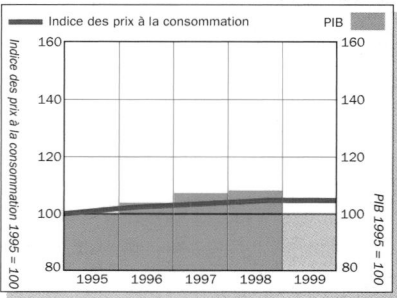

EXPORTATIONS

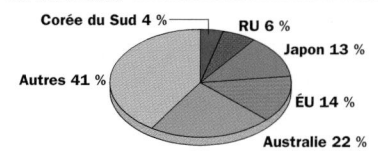

Corée du Sud 4 % RU 6 % Japon 13 % ÉU 14 % Australie 22 % Autres 41 %

IMPORTATIONS

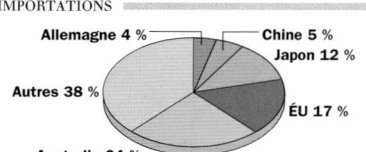

Allemagne 4 % Chine 5 % Japon 12 % ÉU 17 % Australie 24 % Autres 38 %

à la croissance et à la baisse du taux d'inflation. La diversification des nouveaux marchés et des produits s'est rétablie après la crise économique asiatique de 1997-1998. Le Premier ministre Clark a formulé des objections, en 2001, sur l'éventuelle unification des dollars australien et néo-zélandais. L'importante dette publique et le peu d'investissements privés posent problème.

ATOUTS

Secteur agricole moderne ; premier exportateur mondial de beurre et de laine (par habitant). Expansion rapide du tourisme. Industries, notamment technologies de pointe. Échanges commerciaux avec l'Alliance Pacifique.

FAIBLESSES

Taux d'endettement public très élevé. La Nouvelle-Zélande est toujours tributaire de certaines importations de produits manufacturés et de l'investissement étranger.

PROFIL

A partir de 1984, le Nouvelle-Zélande est devenue l'une des économies les plus ouvertes du monde. Les réformes radicales ainsi que les réductions drastiques des dépenses ont conduit

NOUVELLE-ZÉLANDE : PRINCIPALES ACTIVITÉS

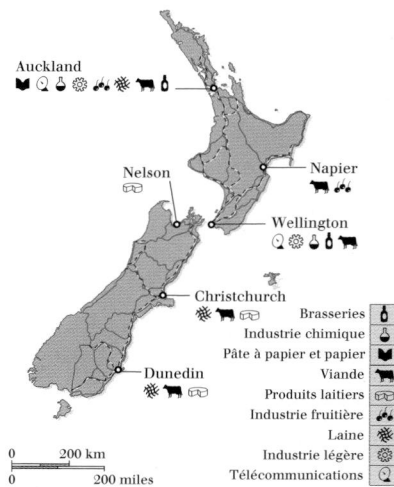

Auckland
Nelson
Napier
Wellington
Christchurch
Dunedin

Brasseries
Industrie chimique
Pâte à papier et papier
Viande
Produits laitiers
Industrie fruitière
Laine
Industrie légère
Télécommunications

0   200 km
0   200 miles

N

RESSOURCES

669 267 tonnes

51 889 b/j (réserves : 94,72 Md de barils)

45,5 M d'ovins
9,46 M de bovins
344 000 porcins
13 M de poulets

Charbon, pétrole, gaz naturel, fer, or, silice

PRODUCTION ÉLECTRIQUE

- Hydraulique 67 % (24 Md kwh)
- Thermique 28 % (10 Md kwh)
- Nucléaire 0 %
- Autres 5 % (2 Md kwh)

% de la production totale par type d'électricité

Les pâturages ont toujours constitué une ressource clé. L'élevage d'ovins, la production de laine et les produits laitiers ont fait la fortune du pays. Les fruits, les légumes, le poisson, le liège, le bois et les fibres textiles sont parmi les nouveaux produits exportés. La pêche est également en pleine expansion.
La Nouvelle-Zélande est bien dotée en ressources énergétiques : gisements de charbon, de pétrole, de gaz naturel, et potentiel hydroélectrique considérable.

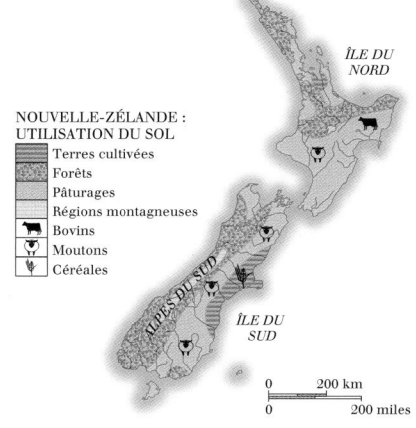

ÎLE DU NORD

NOUVELLE-ZÉLANDE : UTILISATION DU SOL
- Terres cultivées
- Forêts
- Pâturages
- Régions montagneuses
- Bovins
- Moutons
- Céréales

ALPES DU SUD

ÎLE DU SUD

0   200 km
0   200 miles

ENVIRONNEMENT

24 %

8,4 tonnes par habitant

TRAITÉS ÉCOLOGIQUES

Oui   Oui   Oui

Oui   Oui   Oui

L'isolement, une population réduite et une industrie limitée ont permis au pays d'être l'un des moins pollués au monde. Principal opposant aux essais nucléaires français dans le Pacifique, il a également interdit ses ports aux navires armés de matériel atomique. L'amincissement de la couche d'ozone au-dessus de l'Antarctique et la déforestation constituent des motifs d'alerte.

MÉDIAS

216 quotidiens pour 1 000 habitants

PRESSE ET TÉLÉCOMMUNICATIONS

29 quotidiens. Le *New Herald* est le principal

7 chaînes, 1 d'État, 6 privées

3 stations, 1 d'État, 2 privées

Dérégulée en 1988, la télévision néo-zélandaise est l'un des médias les plus libéraux au monde. *Ruia Mai*, la première radio en langue maori, diffuse depuis 1996.

CRIMINALITÉ

4 553 détenus

Moins 3 % en 1992–1996

TAUX DE CRIMINALITÉ

Meurtres
3   *pour 100 000 habitants*

Viols
35   *pour 100 000 habitants*

Vols
7 515   *pour 100 000 habitants*

Les zones urbaines ont enregistré une hausse de la criminalité ces dernières années. Toutefois, la Nouvelle-Zélande reste l'un des pays les plus paisibles et les plus sûrs au monde.

ÉDUCATION

99 %

169 656 étudiants

LE SYSTÈME ÉDUCATIF

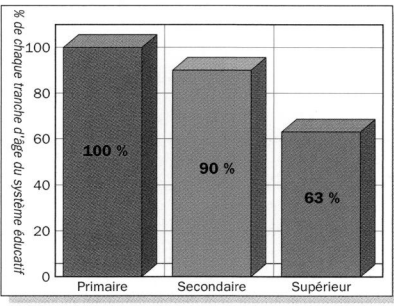

Primaire 100 %, Secondaire 90 %, Supérieur 63 %
% de chaque tranche d'âge du système éducatif

L'école est gratuite et obligatoire entre 6 et 16 ans. De nombreuses écoles délivrent un enseignement primaire et secondaire. La Nouvelle-Zélande est le pays de l'OCDE où le taux de diplômés du supérieur est le plus fort. Toutefois, le taux d'alphabétisation est l'un des pires du monde développé. Le gouvernement a lancé une campagne, *Plus que des Mots*, en 2000.

SANTÉ

1 pour 435 habitants

Maladies cardiaques et cérébrovasculaires, cancers, accidents

La Nouvelle-Zélande a été, en 1936, le premier pays à introduire un système de protection sociale. La politique menée par le gouvernement depuis 1991 pour imposer dans le système de santé des mesures inspirées de l'économie de marché est impopulaire. Si l'espérance de vie s'accroît selon l'OCDE, la santé publique recule et le taux de mortalité dû aux maladies cardiovasculaires, aux cancers du sein et des intestins, aux accidents de la circulation et au suicide est élevé.

RICHESSES

CONSOMMATION ET DÉPENSES

580 pour 1 000 habitants

477 pour 1 000 habitants

- Défense 1,4 %
- Éducation 6,1 %
- Santé 6,2 %

Dépenses en % du PIB

L'année 1984 a marqué le début d'une période très difficile pour les Néo-Zélandais, habitués à un niveau de vie élevé et à un système social et médical généreux. Les réformes économiques et sociales ont fait baisser le niveau des salaires et provoqué une hausse du chômage ainsi qu'une réduction des dépenses sociales.
Une puissante tradition d'égalitarisme permet que les richesses soient encore relativement bien redistribuées.
La nation satisfait les besoins élémentaires de tous et assure un environnement urbain et rural sain et non pollué. La mobilité sociale est relativement élevée. La population favorisée cherche généralement à acquérir une maison à proximité de l'eau.

CLASSEMENT MONDIAL

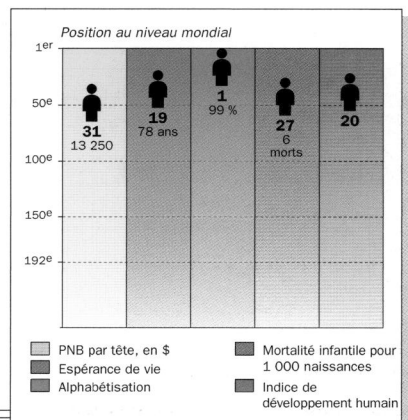

Position au niveau mondial

31 — 13 250
19 — 78 ans
1 — 99 %
27 — 6 morts
20

- PNB par tête, en $
- Espérance de vie
- Alphabétisation
- Mortalité infantile pour 1 000 naissances
- Indice de développement humain

N

OMAN

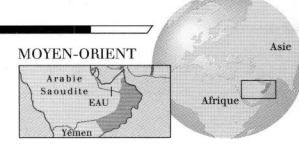

Nom Officiel : Sultanat d'Oman   Capitale : Mascate
Population : 2,7 millions   Monnaie : riyal omani   Langue Officielle : arabe

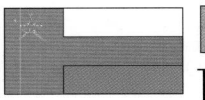

Bordé par le Yémen, les Émirats Arabes Unis et l'Arabie Saoudite, Oman détient une position stratégique à l'entrée du Golfe persique. C'est le moins développé des États du Golfe. La côte Nord et la plaine de Salalah, au sud, sont les régions les plus peuplées. Le pétrole a apporté une prospérité très relative à la population, dirigée par un sultan paternaliste arrivé au pouvoir dans les années 1970 après avoir réprimé une insurrection marxiste.

CLIMAT

DONNÉES MÉTÉOROLOGIQUES

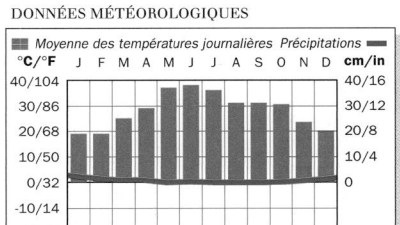

Le Nord du pays subit des températures pouvant atteindre 45 °C en été. Le Sud est soumis à un climat de moussons.

TRANSPORTS

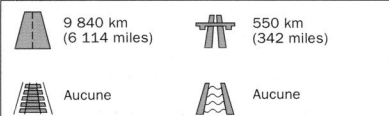

Seeb International, Mascate — 2,8 M de passagers
20 navires — 15 000 tpl
RÉSEAU DE TRANSPORT
9 840 km (6 114 miles) — 550 km (342 miles)
Aucune — Aucune

Bonnes infrastructures routières reliant le pays aux États voisins ; l'axe routier nord-sud a été achevé en 1982.

TOURISME

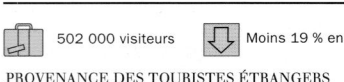

502 000 visiteurs — Moins 19 % en 1999

PROVENANCE DES TOURISTES ÉTRANGERS

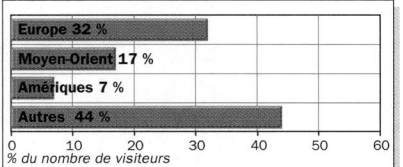

Europe 32 %
Moyen-Orient 17 %
Amériques 7 %
Autres 44 %

Si jusqu'à la fin des années 1980, le pays ne laissait entrer que les visiteurs en voyage officiel et les hommes d'affaires, les milliers de touristes occidentaux profitent aujourd'hui du patrimoine du sultanat, de ses plages, de ses hôtels de luxe.

POPULATION

Arabe, baluchi — 12 hab./km²

PART DE LA POPULATION URBAINE/RURALE
82 % — 18 %

RELIGION
Autres musulmans et hindous 25 %
Musulmans Ibadi 75 %

La population est constituée aux trois quarts d'habitants de souche omanaise, dont une partie de réfugiés qui ont fui Zanzibar dans les années 1960. Les Baluchi forment la première communauté étrangère. L'immigration ne représente pas une menace pour le régime et les Occidentaux jouissent d'une grande liberté. Avec l'exode rural, la majorité de la population vit aujourd'hui dans les villes. Oman compte diverses minorités bien distinctes, parmi lesquelles les Djebeliens du Dhofar : gardiens de troupeaux nomades, parlant une langue proche de l'éthiopien, ils ont soutenu les insurgés marxistes au cours des années 1970, mais ils sont aujourd'hui considérés comme fidèles au régime. La plupart des Omanais sont musulmans ibadi et rattachés à un imam. L'ibadisme n'est pas opposé à la liberté de la femme. Deux d'entre elles ont été élues en 2000 au Conseil consultatif.

POLITIQUE

2000/2003 — Qabous ibn Saïd, sultan

Conseil consultatif 82 sièges

Il n'existe pas de partis politiques. Les membres du Conseil consultatif (Majlis ash-shura) ont été élus pour la première fois en 2000 par les comités électoraux représentant chaque district. Parmi eux, deux femmes.

Le sultan Qabous ibn Saïd est un monarque autoritaire mais paternaliste, issu d'une dynastie dont les origines remontent au XVIIIe siècle. Il est le chef de l'État, mais également le Premier ministre, le ministre des Affaires étrangères, de la Défense et des Finances. Les membres de sa famille détiennent les autres postes clés. Le régime ne connaît aucune opposition sérieuse, même si le sultan surveille scrupuleusement la droite religieuse. En 1991, il a créé le Conseil consultatif pour doter le pays d'un semblant de démocratie. Depuis 2000, ses membres sont élus par des comités de district et non plus désignés. Le pays envisage aujourd'hui d'entreprendre la privatisation des projets gouvernementaux de moyenne envergure et l'amélioration des capacités de défense du pays.

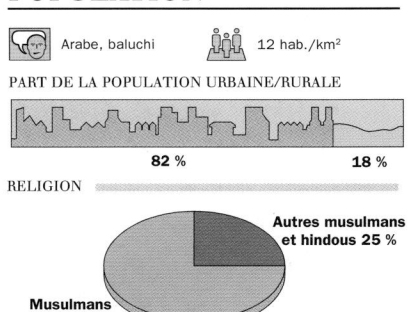

OMAN
Superficie totale : 212 460 km² (82 030 sq. miles)

POPULATION
Plus de 50 000
Plus de 10 000
Plus de 10 000

ALTIMÉTRIE
2 000 m/6 562 ft
1 000 m/3 281 ft
500 m/1 640 ft
200 m/656 ft
Niveau de la mer

POLITIQUE EXTÉRIEURE

 LA FMA Damasc. CCG OCI

Les relations avec Israël sont maintenues. Oman est résolument pro-occidental, mais entretient de bonnes relations avec l'Iran et l'Irak. Membre fondateur du CCG, le pays s'est entendu sur le tracé de ses frontières avec l'Arabie Saoudite en 1992 et avec le Yémen en 1997.

Tour de guet surplombant une oasis.
L'essentiel du territoire omanais est constitué de regs (déserts de pierres).

CHRONOLOGIE

La dynastie Albusaidi actuellement au pouvoir dirige Oman depuis 1749.

- ❑ **1932** Sultan bin Taimur au pouvoir.
- ❑ **1970** Son fils lui succède.
- ❑ **1975** Répression de la révolte Dhofax.
- ❑ **1991** Création du Conseil consultatif.
- ❑ **1993** Limitation de la production de pétrole.
- ❑ **2000** Les comites électoraux élisent pour la 1re fois les membres du conseil.

AIDE INTERNATIONALE

 40 M $ (reçus)   Moins 2 % en 1999

Oman reçoit des aides de la Banque mondiale et d'organismes américains et britanniques. Les agences éprouvent des difficultés à établir le montant des aides car le pays n'a pas encore effectué de recensement.

DÉFENSE

 1,63 Md $ Moins 9 % en 1999

La Grande-Bretagne est son principal fournisseur d'armes. Durant la guerre du Golfe, Oman a aidé les forces alliées. Le Conseil de défense, mis en place en 1996, a reconstitué son stock de tanks, de navires et d'avions. L'armée omanaise fait appel à des mercenaires baluchi.

ÉCONOMIE

 11 Md $  0,3851 riyal omani

CHIFFRES SIGNIFICATIFS

- ❑ CLASSEMENT DU PNB AU NIVEAU MONDIAL 75e
- ❑ PNB PAR HABITANT ....6 180 $
- ❑ BALANCE DES PAIEMENTS ....2,32 Md $
- ❑ INFLATION ....– 1,1 %
- ❑ CHÔMAGE..5 %

ATOUTS
Pays producteur de pétrole. Resté à l'écart de l'OPEP, il fixe ses prix et échappe aux quotas. Les cours vertigineux du pétrole en 2000 ont permis de se remettre de l'effondrement de 1986. Eaux très poissonneuses de l'océan Indien.

FAIBLESSES
Trop dépendant de la production pétrolière (90 % du PNB), le pays dispose de moins de 20 ans de réserves. Main-d'œuvre étrangère indispensable.

EXPORTATIONS

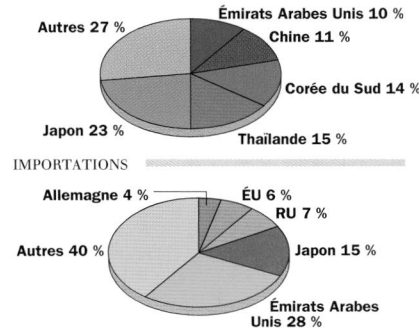

Autres 27 %
Émirats Arabes Unis 10 %
Chine 11 %
Corée du Sud 14 %
Thaïlande 15 %
Japon 23 %

IMPORTATIONS

Allemagne 4 %
ÉU 6 %
RU 7 %
Autres 40 %
Japon 15 %
Émirats Arabes Unis 28 %

RESSOURCES

 117 049 tonnes   960 000 b/j (réserves : 5,5 Md de barils)

 729 000 chèvres, 180 000 bovins, 3,4 M de volailles   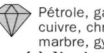 Pétrole, gaz naturel, cuivre, chromite, marbre, gypse

En 1993, Oman a renoncé à limiter sa production de pétrole pour économiser ses ressources après la découverte de gisements.

ENVIRONNEMENT

 16 %   8,2 tonnes par habitant

Le pompage excessif d'eau a entraîné l'infiltration d'eau de mer dans les nappes phréatiques. Des lois de protection de la nature et de régulation de la chasse préservent une faune diversifiée.

MÉDIAS

❌ 28 quotidiens pour 1 000 habitants

PRESSE ET TÉLÉCOMMUNICATIONS

📰 5 quotidiens, dont *Al-Watan*, *Oman Daily Newspaper* et *Oman Daily Observer* de langue anglaise.

📺 1 chaîne publique   📻 2 stations publiques

Malgré la loi de 1984, il est interdit de critiquer le gouvernement.

CRIMINALITÉ

 Pas de chiffre sur la population carcérale   Plus 334 % en 1996-1998

Les jeunes Omanais conduisent dangereusement. Une « cour volante » officie dans les villages isolés.

ÉDUCATION

 72 %   16 032 étudiants

L'Éducation s'est améliorée mais l'analphabétisme rural reste élevé.

SANTÉ

 1 pour 769 habitants   Maladies cérébrovasculaires, accidents

Les villes de Mascate et de Salalah disposent d'hôpitaux. Les soins des zones rurales sont dispensés par des cliniques.

RICHESSES

CONSOMMATION ET DÉPENSES

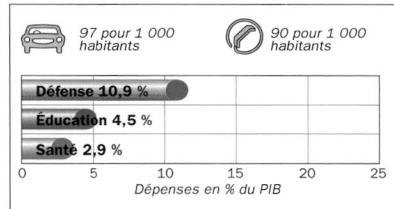

🚗 97 pour 1 000 habitants   📀 90 pour 1 000 habitants

Défense 10,9 %
Éducation 4,5 %
Santé 2,9 %

0 5 10 15 20 25
Dépenses en % du PIB

Beaucoup d'Omanais vivent à l'extérieur du pays. Le niveau de vie des citadins est le même que dans les autres États du Golfe persique.

CLASSEMENT MONDIAL

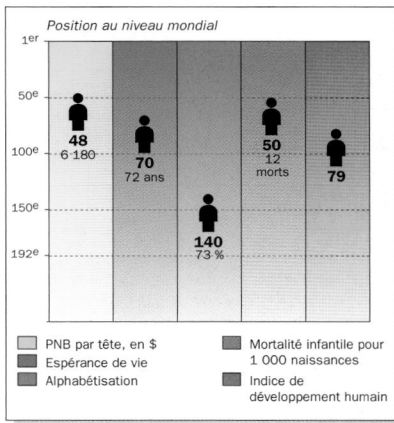

Position au niveau mondial
1er
50e
100e
150e
192e

48
6 180

70
72 ans

50
12 morts

79

140
73 %

☐ PNB par tête, en $ ☐ Mortalité infantile pour 1 000 naissances
☐ Espérance de vie
☐ Alphabétisation   ☐ Indice de développement humain

O

OUGANDA

NOM OFFICIEL : République de l'Ouganda CAPITALE : Kampala
POPULATION : 24,8 millions MONNAIE : shilling ougandais LANGUES OFFICIELLES : anglais et swahili

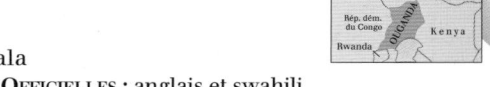

 1962   1962   9 oct.   EAU   + 3   + 256 .ug

PAYS d'Afrique orientale où dominent hauts plateaux fertiles et montagnes, l'Ouganda a accès à la mer par le Kenya et la Tanzanie. Depuis son accession à l'indépendance en 1962 jusqu'en 1986, les guerres interethniques ont prévalu. Depuis cette date, avec la présidence du L¹-Gᵃˡ Museveni, la paix a été rétablie et des mesures ont été prises pour le rétablissement de la démocratie.

Kampala, la capitale de l'Ouganda compte 774 000 habitants, mais seulement 25 000 foyers disposent d'eau courante.

CLIMAT

DONNÉES MÉTÉOROLOGIQUES

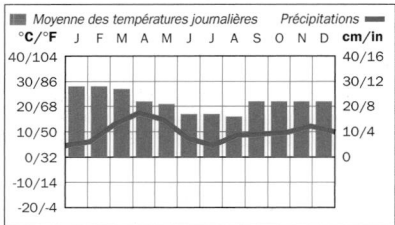

L'altitude et l'influence du lac Victoria adoucissent le climat équatorial de l'Ouganda.

TRANSPORTS

 Entebbe International 448 528 passagers   2 navires 5 900 tpl

RÉSEAU DE TRANSPORT

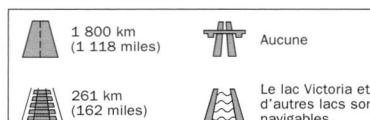

1 800 km (1 118 miles)   Aucune

261 km (162 miles)   Le lac Victoria et d'autres lacs sont navigables.

L'État rénove son infrastructure de transports grâce à l'aide économique internationale.

TOURISME

 238 000 visiteurs   Plus 5 % en 1998

PROVENANCE DES TOURISTES ÉTRANGERS

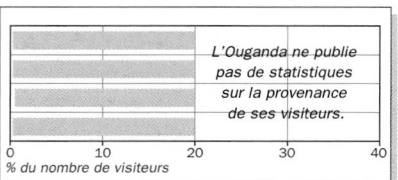

L'Ouganda ne publie pas de statistiques sur la provenance de ses visiteurs.

0   10   20   30   40
% du nombre de visiteurs

Les plus beaux sites sont les lacs et les montagnes, notamment la chaîne très découpée de Ruwenzori. L'assassinat brutal de huit touristes étrangers par des chasseurs rwandais dans le parc naturel de Bwindi en mars 1999 a constitué un revers sévère pour les perspectives touristiques en Ouganda.

POPULATION

 Kiswahili, kiganda, luganda, luo, lusoga, rukiga, runyankole, runyoro, acholi, anglais   109 hab./km²

PART DE LA POPULATION URBAINE/RURALE

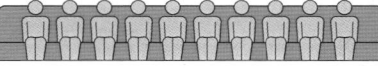

14 %   86 %

RELIGION

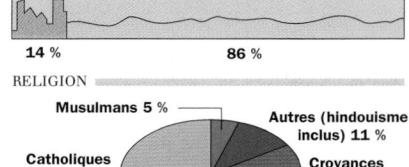

Musulmans 5 %   Autres (hindouisme inclus) 11 %
Catholiques 38 %   Croyances locales 13 %
Protestants 33 %

La population rurale est principalement constituée de 13 groupes ethniques. Les animosités traditionnelles, attisées par les anciens présidents Idi Amin Dada et Milton Obote, furent à l'origine de conflits interethniques. Depuis 1986, le président Museveni a œuvré avec opiniâtreté pour la réconciliation nationale. En 1993, il a autorisé la restauration des quatre monarchies historiques ougandaises.

POLITIQUE

2001/2006   L¹-Gᵃˡ Yoweri Kaguta Museveni, président de la République

AUX DERNIÈRES ÉLECTIONS
Assemblée nationale 276 membres

Les élections du parlement en juin 2001 se sont déroulées sur une base non partisane.

Depuis 1986, le président Museveni est à la tête d'une « démocratie sans parti », avec une représentation des partis politiques au sein d'un gouvernement d'unité nationale, mais interdiction de faire campagne. La maîtrise des violences interethniques est aujourd'hui la préoccupation principale de l'État. Dans les années 1970 et 1980, ces conflits ont ravagé l'économie. Les insurrections des rebelles dans le Nord et l'Ouest ont conduit à la mort, au kidnapping et au déplacement de dizaines de milliers de personnes. Un référendum organisé en juin 2000 sur le retour au multipartisme a fait triompher les partisans d'un système sans parti politique. En 2001, Museveni obtient un nouveau mandat et une nette majorité aux législatives.

OUGANDA

Superficie totale : 199 550 km² (77 046 sq. miles)

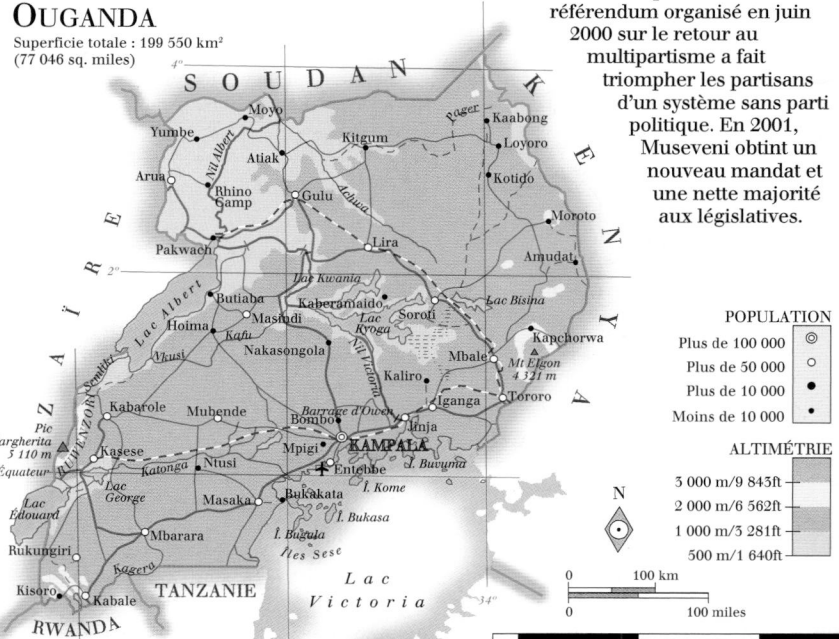

POPULATION
Plus de 100 000
Plus de 50 000
Plus de 10 000
Moins de 10 000

ALTIMÉTRIE
3 000 m/9 843ft
2 000 m/6 562ft
1 000 m/3 281ft
500 m/1 640ft

0   100 km
0   100 miles

POLITIQUE EXTÉRIEURE

 Comm MCAEA AIGD CAE OCI

Les relations sont tendues avec le Soudan et le Congo (ex-Zaïre). Les conflits intérieurs dans ces deux pays, ainsi qu'au Rwanda, ont entraîné un afflux massif de réfugiés. Le soutien apporté par l'Ouganda aux rebelles anti-gouvernementaux du Soudan a semblé prendre fin au cours de l'année 1999. Les forces ougandaises se sont retirées du Congo en 2001.

AIDE INTERNATIONALE

 590 M $ (reçus)   Plus 25 % en 1999

L'aide financière en provenance de la Banque mondiale et du FMI a augmenté, grâce à l'adoption par l'Ouganda d'une politique de libéralisation économique. Les fonds perçus ont surtout été investis dans le soutien de la balance des paiements, la rénovation des transports et la lutte contre le Sida.

DÉFENSE

 199 M $ Moins 13 % en 1999

Avant 1986, l'armée s'est rendue coupable de nombreuses atrocités sous le régime d'Idi Amin Dada. L'objectif prioritaire pendant les années 1990 a été le maintien de la sécurité dans les zones frontalières. En particulier face au Congo (ex-Zaïre), où l'Ouganda a soutenu les rebelles anti-gouvernementaux. L'armée a également maté des rébellions internes.

ÉCONOMIE

 6,8 Md $ 1,505-1,767,5 nouveau shilling ougandais

CHIFFRES SIGNIFICATIFS

❏ CLASSEMENT DU PNB AU NIVEAU MONDIAL	106ᵉ
❏ PNB PAR HABITANT	260 $
❏ BALANCE DES PAIEMENTS	– 369 M $
❏ INFLATION	2 %
❏ CHÔMAGE	Généralisé

ATOUTS
Le commerce du café représente 93 % des revenus à l'exportation. Le réseau routier est en réparation. Politique en faveur des investissements.

FAIBLESSES
Manque de main-d'œuvre qualifiée. Instabilité. Fluctuations des cours mondiaux du café. Coûts élevés des transports.

EXPORTATIONS
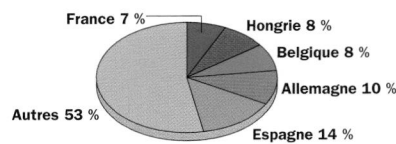
France 7 % · Hongrie 8 % · Belgique 8 % · Allemagne 10 % · Autres 53 % · Espagne 14 %

IMPORTATIONS
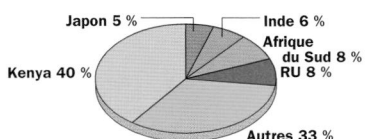
Japon 5 % · Inde 6 % · Afrique du Sud 8 % · RU 8 % · Kenya 40 % · Autres 33 %

RESSOURCES

 218 236 tonnes

5,9 M de bovins
3,7 M d'ovins
2 M de caprins
25 M de volailles

Pays non producteur qui ne possède pas de raffineries

Cuivre, cobalt, étain, apalite, magnétite, tungstène, or

Les ressources du sous-sol sont variées mais très peu exploitées. L'Ouganda dispose d'importants gisements de cuivre. Les mines, fermées sous Obote, sont en train d'être réouvertes. L'extraction du cobalt et de l'or doit reprendre et une campagne de prospection pétrolière a été entreprise. La production hydroélectrique s'accroît.

ENVIRONNEMENT

 10 % (4 % partiellement protégés)   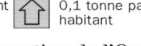 0,1 tonne par habitant

La première préoccupation de l'Ouganda est sa restructuration économique, mais les considérations écologiques ne sont pas oubliées. La construction d'une immense centrale hydroélectrique sur les chutes de Kabalega (au-dessus du lac Albert) été annulée à la suite de protestations locales.

MÉDIAS

 2 quotidiens pour 1 000 habitants

PRESSE ET TÉLÉCOMMUNICATIONS

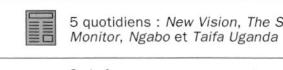
5 quotidiens : *New Vision, The Star, The Monitor, Ngabo* et *Taifa Uganda Empya*

2 chaînes (1 publique et 1 privée)   4 stations de radio dont 3 privées

Les 13 quotidiens et magazines couvrent tout l'éventail politique et religieux ; 8 d'entre eux sont publiés en anglais. Seul le *New Vision* est sous contrôle de l'État.

CRIMINALITÉ

 10 445 détenus   Plus 12 % en 1996-1998

La criminalité est faible, bien que les vols soient en recrudescence à Kampala. En 2000 furent découverts les corps des 780 adeptes du culte de la Restauration des Dix Commandements de Dieu.

CHRONOLOGIE

Les royaumes de l'Ouganda furent regroupés par le RU pour former un protectorat qui dura de 1893 jusqu'en 1962, année de l'indépendance.

- ❏ **1962–1971** Milton Obote au pouvoir.
- ❏ **1971–1986** Conflits interethniques, effondrement économique sous le régime d'Amin Dada et d'Obote.
- ❏ **1986** Museveni est élu président.
- ❏ **1996** Museveni remporte les premières élections présidentielles.
- ❏ **2000** Un référendum entérine le système politique sans partis.

ÉDUCATION

 67 %   34 773 étudiants

Toutes les écoles sont payantes. Le taux de scolarisation dans le primaire est de 94 %, mais de seulement 11 % dans le secondaire.

SANTÉ

 1 pour 20 000 habitants   Malaria, maladies respiratoires et diarrhéiques, rougeole

Une campagne d'information efficace a permis de réduire l'épidémie de Sida de 14% de la population au début des années 1990 à environ 8 %.

RICHESSES

CONSOMMATION ET DÉPENSES

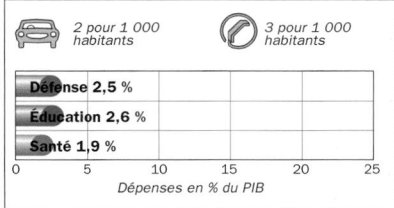
2 pour 1 000 habitants   3 pour 1 000 habitants

Défense 2,5 %
Éducation 2,6 %
Santé 1,9 %

Dépenses en % du PIB

La classe moyenne s'accroît, mais 44 % de la population vit sous le seuil de pauvreté.

CLASSEMENT MONDIAL

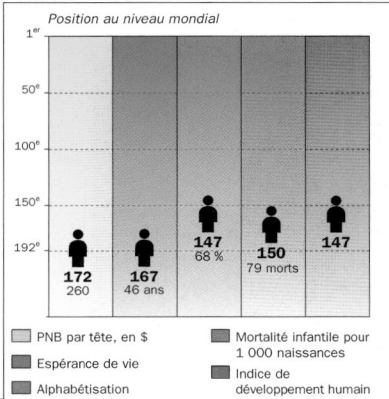
Position au niveau mondial

172 — 260
167 — 46 ans
147 — 68 %
150 — 79 morts
147

❏ PNB par tête, en $
❏ Espérance de vie
❏ Alphabétisation
❏ Mortalité infantile pour 1 000 naissances
❏ Indice de développement humain

O

OUZBÉKISTAN

NOM OFFICIEL : République d'Ouzbékistan **CAPITALE** : Tachkent
POPULATION : 25,6 millions **MONNAIE** : som **LANGUE OFFICIELLE** : ouzbek

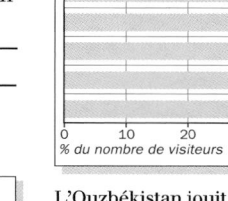

ASIE CENTRALE

L'OUZBÉKISTAN partage le littoral de la mer d'Aral avec son voisin le Kazakhstan, et est enclavé entre cinq pays dont l'Afghanistan au sud. République d'Asie centrale la plus peuplée, elle dispose de ressources naturelles considérables. Le pays abrite de hauts lieux de l'art islamique comme Samarkand, Boukhara, Khiva et Tachkent. La dictature du président Islam Karimov a contenu la propagation de l'islamisme.

CLIMAT

DONNÉES MÉTÉOROLOGIQUES

L'Ouzbékistan est marqué par un rude climat continental ; les étés peuvent y être très chauds et très secs. De grandes parties du territoire sont désertiques.

TRANSPORTS

Tachkent International
1,85 M de passagers

Pas de flotte

RÉSEAU DE TRANSPORT

71 237 km (44 265 miles)

Aucune

3 645 km (2 265 miles)

1 100 km (684 miles)

L'Ouzbékistan bénéficie d'un système de transports bien développé, un service de bus très ramifié dessert les zones rurales, et de bons réseaux de tramways et de trolleybus de type soviétique sont en service dans les grandes villes. Mais les réseaux routiers et ferroviaires se sont détériorés depuis 1991, et se concentrent dans le sud et l'est. La compagnie aérienne nationale est Ouzbek Khavo Yullan.

TOURISME

272 000 visiteurs

Plus 196 % en 1995-1998

PROVENANCE DES TOURISTES ÉTRANGERS

L'Ouzbékistan ne publie pas de statistiques sur la provenance de ses visiteurs.

% du nombre de visiteurs

L'Ouzbékistan jouit d'un immense potentiel touristique. Boukhara, autrefois centre d'échanges commerciaux sur la route de la soie, est une ville célèbre dans le monde entier pour son architecture et ses tapis. Cette cité est d'une grande importance religieuse pour les musulmans que l'on encourage à faire au moins un pèlerinage sur ses lieux saints. La mosquée Kalyan de Boukhara est célèbre pour son minaret construit en briques non cuites. La ville de Samarkand fut rebâtie au XIVᵉ siècle par Tamerlan, elle abrite le portail monumental de la *madrasa* Chir Dar qui est, avec le Taj Mahal en Inde, un des plus beaux monuments d'art islamique du monde.

OUZBÉKISTAN

Superficie totale : 447 400 km² (172 741 sq. miles)

ALTIMÉTRIE

- 3 000 m/9 843ft
- 2 000 m/6 562ft
- 1 000 m/3 281ft
- 500 m/1 640ft
- 200 m/656ft
- Niveau de la mer

POPULATION

- Plus de 1 000 000
- Plus de 100 000
- Plus de 50 000
- Plus de 10 000

Mosquée à Samarkand.
La ville reste un bastion islamique malgré la répression des communistes à l'époque où l'Ouzbékistan faisait partie de l'URSS.

POPULATION

 Ouzbek, russe    54 hab./km²

PART DE LA POPULATION URBAINE/RURALE

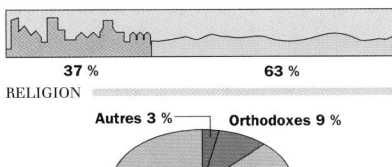

37 %   **63 %**

RELIGION

Autres 3 % — Orthodoxes 9 %

Musulmans 88 %

COMPOSITION ETHNIQUE

Kazakhs 4 %   Tadjiks 5 %
                     Russes 8 %
                     Autres 12 %

Ouzbeks 71 %

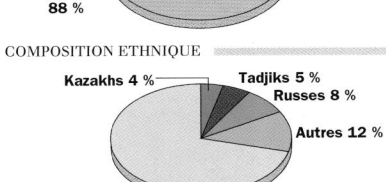

La composition ethnique est relativement complexe comparée aux autres républiques de l'ex-URSS. En plus des Ouzbeks, des Russes, des Tadjiks et des Kazakhs, on y trouve de faibles minorités de Tatars et de Karakalpaks. La proportion de Russes décroît depuis les années 1970,

époque où leur émigration a dépassé leur immigration. Les tensions interethniques pourraient causer des conflits régionaux, mais la nature autoritaire du régime présidentiel de I. Karimov a pour l'instant empêché les antagonismes de tourner à la violence. Les incidents comme ceux survenus en 1989 et 1990 entre les Meskhetians, les Turcs et les Ouzbeks sont rares. La dissolution du parti communiste a restauré le tissu social traditionnel avec une famille forte, la religion, le clan et la région pour remplacer l'appartenance au parti. L'indépendance n'a pas modifié le rôle mineur que jouaient les femmes en politique. Les mariages arrangés sont encore courants à la campagne.

PYRAMIDE DES ÂGES

Femmes	Âge	Hommes
0,6 %	81–100	0,3 %
3,4 %	61–80	2,2 %
6,1 %	41–60	6 %
15,3 %	21–40	15,1 %
25,2 %	0–20	25,8 %

% de la population par tranche d'âge

POLITIQUE

 1999/2004   Islam Karimov, président de la République

AUX DERNIÈRES ÉLECTIONS   4 % 1 %
Assemblée suprême 250 membres   NT Vac.

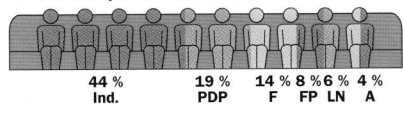

44 %   **19 %**   **14 % 8 % 6 % 4 %**
Ind.   **PDP**   **F FP LN   A**

Ind. = indépendants **PDP** = Parti démocrate du peuple d'Ouzbékistan **F** = Fidorkorlar **FP** = Progrès de la Nation (Il s'agit des deux seuls partis autorisés à se présenter aux élections) **LN** = Représentants locaux **A** = Adolat **NT** = Renaissance nationale **Vac.** = vacants

PRINCIPAUX PROBLÈMES POLITIQUES
Le fondamentalisme islamique
La guerre civile qui a éclaté au Tadjikistan a provoqué la méfiance du régime Karimov à l'égard de tout fondamentalisme islamique. La Constitution prévoit la séparation de l'Islam et de l'État, et l'Islam est tenu strictement à l'écart de la politique. Une opération conjointe menée avec le Kirghizstan et le Tadjikistan contre le mouvement islamique pan-régional de l'Ouzbékistan a commencé au milieu de l'année 2000.

Le régionalisme
Le taux de natalité élevé de l'Ouzbékistan est trop élevé au regard des possibilités agricoles. Certaines régions ont demandé la sécession par peur d'un trop grand flux migratoire en provenance des zones les plus pauvres. Dans le bassin du Ferghana, une des régions les plus peuplées du pays, des incidents violents ont même éclaté.

PROFIL
Le parti démocrate du peuple d'Ouzbékistan du président I. Karimov n'a pas encore montré de volonté de partager le pouvoir. La Constitution adoptée en décembre 1992 semblait permettre le multipartisme à l'occidentale. En revanche, elle octroyait plus de pouvoir que précédemment au président I. Karimov, qui en profita pour interdire certains partis d'opposition : par exemple le mouvement nationaliste *Birlik* (Unité) et le parti de la renaissance islamique. Le seul parti d'opposition légal, *Erk* (Liberté) a été interdit en 1993 et, en 1995, il a encouru la colère du gouvernement lorsqu'un groupe d'activistes a été condamné à une peine de prison sévère après avoir été reconnu coupable de subversion. L'opposition est clandestine. Les emprisonnements arbitraires et les intimidations à l'encontre de dissidents sont courants.

Islam A. Karimov, premier président élu en 1990, et unique leader politique depuis l'indépendance.

POLITIQUE EXTÉRIEURE

 CEI   OCS   OCI MNA OSCE

Contrairement à ses voisins le Turkménistan, le Kirghizstan et le Tadjikistan, l'Ouzbékistan possède suffisamment de ressources pour mener une politique extérieure relativement indépendante. Le régime Karimov a profité de cette position pour faire de l'Ouzbékistan le leader des États d'Asie centrale. Le pays est devenu la base politique de la CEI dans la région et a été un des acteurs clés de la formation du marché commun d'Asie centrale (avec le Kazakhstan et le Kirghizstan) en 1994. En 1995, I. Karimov a demandé que soit créée la République du « Turkestan » regroupant les cinq anciennes républiques soviétiques d'Asie centrale, et a soutenu le projet d'un conseil régional de défense commune. Les relations avec la Turquie, qui remporte de gros marchés, notamment de télécommunications, se développent également. Le partenaire principal reste la Russie, qui garde 100 000 soldats stationnés dans le pays. Ces troupes jouent un grand rôle dans la stabilité du pouvoir de I. Karimov. En 1994, un traité bilatéral envisageait l'intégration économique de l'Ouzbékistan à la Russie.

O

CHRONOLOGIE

L'actuel Ouzbékistan, ancienne région du grand empire mongol, fut intégré à l'empire russe de 1865 à 1876. La russification de la région fut superficielle et l'immigration slave ne commença vraiment qu'avec le régime soviétique. Un deuxième afflux de Slaves arriva en Ouzbékistan pendant le programme de collectivisation forcée de Staline.

❏ **1917** Mise en place du pouvoir soviétique à Tachkent.
❏ **1918** Proclamation de la République socialiste soviétique autonome (RSSA) du Turkestan, qui englobait l'actuel Ouzbékistan.
❏ **1923–1941** La langue officielle change à plusieurs reprises passant de l'alphabet arabe à l'alphabet latin, avant d'être finalement remplacé par l'alphabet cyrillique.
❏ **1924** Répression de la révolte des Basmatchis contre le pouvoir soviétique. Fondation de la RSS d'Ouzbékistan (qui inclut la RSSA du Tadjikistan jusqu'en 1929).
❏ **1925** Campagne de répression contre l'Islam. Les écoles musulmanes et les mosquées ferment leurs portes.
❏ **1936** La RSSA de Karakalpakie est incorporée à la RSS d'Ouzbékistan. ➭

CHRONOLOGIE *suite*

❏ **1937** Les chefs communistes d'Ouzbékistan sont victimes des purges staliniennes.

❏ **1941–1945** Boom industriel.

❏ **1959** Sharaf Rashidov devient premier secrétaire du CPUZ et reste en place jusqu'en 1983.

❏ **1982–1983** Youri Andropov devient président de l'URSS. Sa campagne anti-corruption entraîne l'émergence d'une nouvelle génération de dirigeants en Asie centrale.

❏ **1989** Premier mouvement politique non communiste, le parti de l'Unité (*Birlik*) est créé, mais pas enregistré officiellement. En juin, des accrochages entre les Turcs du Meskhetian et la population ouzbèke de souche dans le bassin du Ferghana font 100 morts. Le *Birlik* fait adopter l'ouzbek comme langue officielle.

❏ **1990** Islam Karimov devient président exécutif du nouveau Soviet suprême d'Ouzbékistan. De nouveaux combats interethniques dans le bassin du Ferghana font 320 morts.

❏ **1991** Déclaration d'indépendance le 31 août. Octobre, l'Ouzbékistan signe un traité établissant une communauté économique avec 7 autres républiques de l'ex-URSS. En novembre, le Parti communiste d'Ouzbékistan subit une restructuration et devient le Parti démocrate du peule d'Ouzbékistan. I. Karimov reste à la tête du parti. En décembre, il est confirmé à la présidence avec 86 % des voix. L'Ouzbékistan entre dans la CEI.

❏ **1992** La libération des prix provoque des émeutes estudiantines à Tachkent. Adoption de la nouvelle Constitution rédigée selon les principes démocratiques occidentaux. Tous les partis d'inspiration religieuse sont interdits. Septembre : l'Ouzbékistan envoie des troupes au Tadjikistan pour rétablir le calme et renforcer le contrôle des frontières.

❏ **1993** Harcèlement croissant des partis d'opposition, l'*Erk* et le *Birlik*.

❏ **1994** Signature d'un traité d'intégration économique avec la Russie. Une nouvelle monnaie, le som, est introduite en octobre.

❏ **1995** En janvier, le PDP de Karimov remporte les élections législatives. En mars, un référendum entérine l'allongement du mandat présidentiel jusqu'à l'an 2000. En décembre, Utkur Sultanov devient Premier ministre.

❏ **1999** Les attentats à la bombe de terroristes islamiques entraînent l'arrestation de centaines de militants de l'opposition. Élections législatives.

❏ **2000** Karimov est réélu président.

AIDE INTERNATIONALE

 134 M $ (reçus)   Moins 8 % en 1999

Le manque de volonté de réforme, l'absence de mesure pour une stabilisation économique et les violations des droits de l'homme ont un effet dissuasif sur les pays donateurs. La Banque mondiale lui a cependant attribué des millions de dollars pour aider les réformes économiques.

DÉFENSE

 615 M $ Moins 8 % en 1999

L'Ouzbékistan dispose d'une garde nationale de 1 000 hommes qui joue généralement le rôle de garde personnelle du président Karimov. Des troupes russes sont encore stationnées en territoire ouzbek. En 1995, l'Ouzbékistan a approuvé le projet d'un conseil de défense commune avec le Kazakhstan et le Kirghizstan. Le président Karimov est un fervent défenseur d'une zone de dénucléarisation en Asie centrale.

FORCES ARMÉES OUZBÈKES

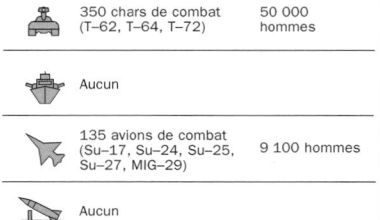

350 chars de combat (T-62, T-64, T-72)	50 000 hommes
Aucun	
135 avions de combat (Su-17, Su-24, Su-25, Su-27, MIG-29)	9 100 hommes
Aucun	

ÉCONOMIE

 17,6 Md $ 650,0-322,8 soms

CHIFFRES SIGNIFICATIFS

❏ CLASSEMENT DU PNB AU NIVEAU MONDIAL 78ᵉ
❏ PNB PAR HABITANT ....550 $
❏ BALANCE DES PAIEMENTS...............– 113 M $
❏ INFLATION..23 %
❏ CHÔMAGE ....10 %

EXPORTATIONS

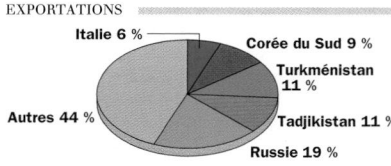

Italie 6 %
Corée du Sud 9 %
Turkménistan 11 %
Tadjikistan 11 %
Russie 19 %
Autres 44 %

IMPORTATIONS

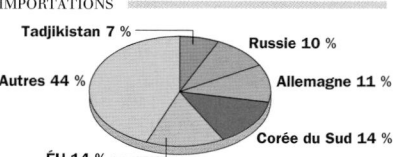

Tadjikistan 7 %
Russie 10 %
Allemagne 11 %
Corée du Sud 14 %
ÉU 14 %
Autres 44 %

ATOUTS

Production d'or. Marché du coton très développé. Considérables gisements de pétrole et de gaz encore non exploités. L'actuelle production de gaz naturel contribue largement à la production d'électricité. Parmi les industries traditionnelles, on trouve la fabrication des machines agricoles et la seule usine d'aviation d'Asie centrale.

FAIBLESSES

Réformes économiques très limitées. Forte inflation. Dépendance par rapport aux importations de céréales dans la mesure où la production ne couvre que 25 % des besoins nationaux. Environnement très touché par le système d'irrigation résultant de la culture du coton.

INDICATEUR DES PERFORMANCES ÉCONOMIQUES

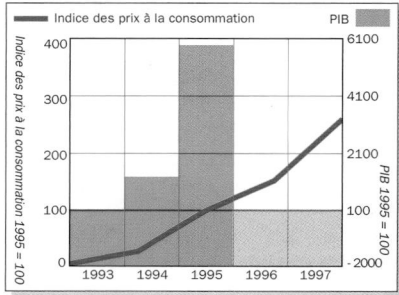

Indice des prix à la consommation — PIB

Indice des prix à la consommation 1995 = 100 / PIB 1995 = 100

PROFIL

L'économie ouzbèke reste fondamentalement agricole. L'ancien régime communiste n'a mis en place que lentement des réformes en faveur d'une économie de marché. L'inflation de 1 500 % est à l'origine d'une véritable flambée des prix des denrées alimentaires, qui a conduit à un rationnement des vivres début 1995.

OUZBÉKISTAN : PRINCIPALES ACTIVITÉS

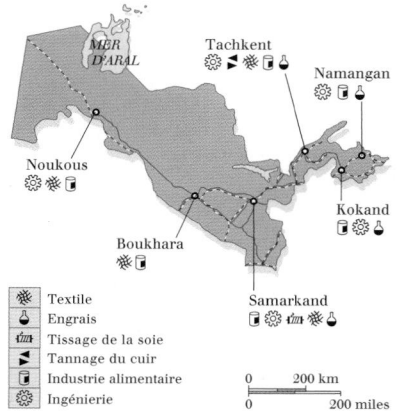

MER D'ARAL
Tachkent
Namangan
Noukous
Kokand
Boukhara
Samarkand

Textile
Engrais
Tissage de la soie
Tannage du cuir
Industrie alimentaire
Ingénierie

0   200 km
0   200 miles

RESSOURCES

 10 565 tonnes

 175 000 b/j (réserves : 6 Md de barils)

 8,92 M d'ovins
5,27 M de bovins
14,4 M de volailles

 Gaz naturel, charbon, pétrole, or, uranium, cuivre, tungstène, bauxite

L'Ouzbékistan possède la plus grande mine d'or du monde à Murantau, ainsi que des gisements de gaz naturel, de pétrole, de charbon et d'uranium. Une importante nappe de pétrole a été découverte en 1992 dans la région de Namangan, et la production pourrait croître avec des investissements. Le gaz est en grande partie destiné au marché intérieur, mais pourrait devenir une source importante d'exportation. L'agriculture est essentiellement basée sur le coton : l'Ouzbékistan en est le quatrième

PRODUCTION ÉLECTRIQUE

Hydraulique 12 % (5,8 Md kWh)	
Thermique 88 % (40 Md kWh)	
Nucléaire 0 %	
Autres 0 %	

% de la production totale par type d'électricité

producteur mondial. Après l'indépendance, on abandonna des tentatives de diversification devant l'évidence de la valeur du coton sur le marché. Les fruits, les cocons de soie et les légumes pour le marché moscovite prennent aussi de l'importance.

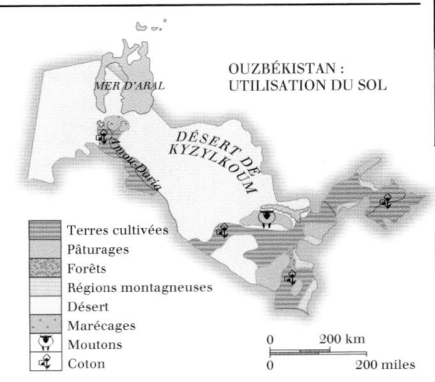

OUZBÉKISTAN : UTILISATION DU SOL

Terres cultivées
Pâturages
Forêts
Régions montagneuses
Désert
Marécages
Moutons
Coton

0 — 200 km
0 — 200 miles

ENVIRONNEMENT

 2 %

4,4 tonnes par habitant

TRAITÉS ÉCOLOGIQUES

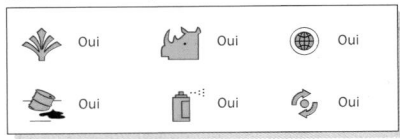
Oui / Oui / Oui / Oui / Oui / Oui

Les systèmes d'irrigation nécessaires aux cultures du coton furent mal conçus et causèrent des torts considérables à l'environnement. La salinisation du sol est devenue préoccupante, ainsi que l'assèchement de la mer d'Aral qui, d'une surface totale de 61 836 km² en 1974 est passée à la moitié de cette superficie en 1997. En 1998, la Banque mondiale a approuvé un financement de plus de 11 millions de $ pour sauver la région de la mer d'Aral. L'utilisation inconsidérée des engrais et des pesticides pour intensifier la production a gravement pollué de nombreuses rivières.

MÉDIAS

 3 quotidiens pour 1 000 habitants

PRESSE ET TÉLÉCOMMUNICATIONS

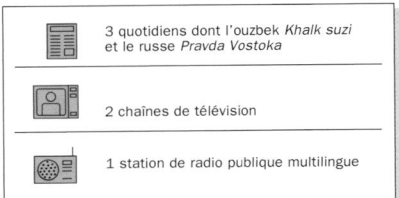
3 quotidiens dont l'ouzbek *Khalk suzi* et le russe *Pravda Vostoka*

2 chaînes de télévision

1 station de radio publique multilingue

Les restrictions touchant les publications indépendantes et destinées à encourager le culte de la personnalité, ainsi que la politique de Karimov ont été atténuées au milieu de l'année 1998 avec la parution du premier quotidien privé. L'expression des thèses islamistes ou nationalistes est toutefois interdite.

CRIMINALITÉ

 Pas de chiffre sur la population carcérale

 Plus 5 % en 1996-1998

TAUX DE CRIMINALITÉ

Meurtres	
3	pour 100 000 habitants
Viols	
2	pour 100 000 habitants
Vols	
81	pour 100 000 habitants

La baisse du niveau de vie a entraîné une hausse de la criminalité. Une grande partie de la population rurale cultive le pavot pour la production de drogue, afin d'apporter un complément à ses revenus qui diminuent.

ÉDUCATION

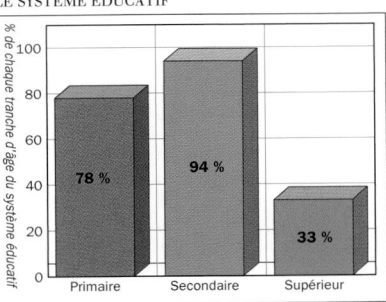 89 %

638 200 étudiants

LE SYSTÈME ÉDUCATIF

% de chaque tranche d'âge du système éducatif
Primaire 78 % / Secondaire 94 % / Supérieur 33 %

Le système scolaire s'inspire toujours du modèle soviétique, bien que certains cours soient donnés à présent en ouzbek. À la fin des années 1980, quelques écoles tadjikes firent leur apparition. Elle furent presque toutes fermées en 1992 en raison de la détérioration des relations avec le Tadjikistan. La montée de l'islamisme a engendré la multiplication des *madrasas*, écoles rattachées aux mosquées. En 1999, une université islamique a été autorisée à Tachkent.

SANTÉ

 1 pour 303 habitants

 Maladies circulatoires et respiratoires, accidents, cancers

Le service de santé s'est dégradé depuis la dissolution de l'URSS. Certaines régions rurales ne sont plus couvertes. En 1998, un projet a été annoncé pour améliorer les services de santé. On observe une recrudescence des graves maladies respiratoires dont souffrent les travailleurs des exploitations de coton.

RICHESSES

CONSOMMATION ET DÉPENSES

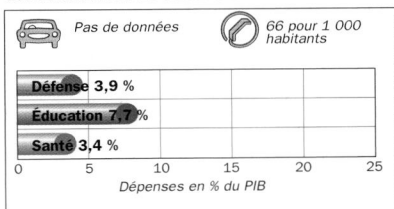
Pas de données / 66 pour 1 000 habitants
Défense 3,9 %
Éducation 7,7 %
Santé 3,4 %
Dépenses en % du PIB

Les anciens communistes forment toujours le groupe le plus fortuné. En milieu rural, beaucoup de personnes vivent au-dessous du seuil de pauvreté.

CLASSEMENT MONDIAL

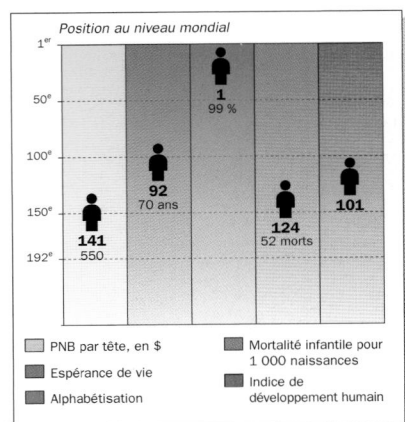
Position au niveau mondial
141 550 / 92 70 ans / 1 99 % / 124 52 morts / 101

PNB par tête, en $
Espérance de vie
Alphabétisation
Mortalité infantile pour 1 000 naissances
Indice de développement humain

O

PAKISTAN

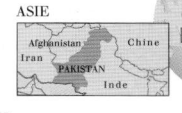

NOM OFFICIEL : République islamique du Pakistan   **CAPITALE** : Islamabad
POPULATION : 149 millions   **MONNAIE** : roupie pakistanaise   **LANGUE OFFICIELLE** : ourdou

CRÉÉ en 1947 en réponse au besoin d'un État indien indépendant à domination musulmane, le Pakistan occupe un territoire qui faisait autrefois partie des Indes britanniques. À l'origine, cette nouvelle nation incluait le Pakistan oriental qui est devenu indépendant d'Islamabad en 1971 sous le nom de Bangladesh. La plaine de l'Indus, qui s'étend du Sud à l'Est du pays, est extrêmement fertile et permet de produire du coton pour alimenter l'industrie textile, très développée.

Paysage aride du Kacchi, Baloutchistan.
Cette partie du Pakistan a les températures les plus élevées du monde de mai à septembre.

CLIMAT

DONNÉES MÉTÉOROLOGIQUES

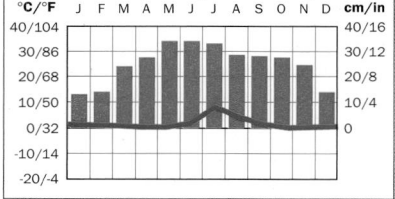

Les températures peuvent atteindre 50 °C au Sind et au Baloutchistan et descendre à − 20 °C dans les montagnes du Nord.

TRANSPORTS

 Karachi International 4,94 M de passagers   57 navires 401 200 tpl

RÉSEAU DE TRANSPORT

 141 252 km (87 770 miles)   339 km (211 miles)

7 792 km (4 842 miles)   Aucune

La plupart des routes sont mal entretenues. En 1997, une autoroute moderne, reliant Islamabad à Lahore, a été inaugurée.

TOURISME

 543 000 visiteurs    Plus 26 % en 2000

PROVENANCE DES TOURISTES ÉTRANGERS

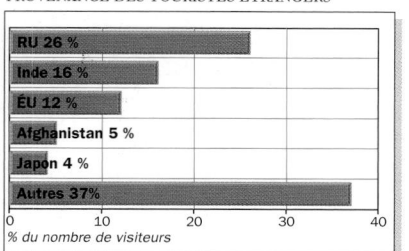

RU 26 %				
Inde 16 %				
ÉU 12 %				
Afghanistan 5 %				
Japon 4 %				
Autres 37%				

0   10   20   30   40
% du nombre de visiteurs

Le Pakistan attire peu de touristes malgré la richesse de son héritage culturel et la beauté de ses plages préservées.

POPULATION

 Pendjabi, sindhi, pachtou, ourdou, balouchi, brahoul   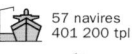 203 hab./km²

PART DE LA POPULATION URBAINE/RURALE

36 %   64 %

RELIGION

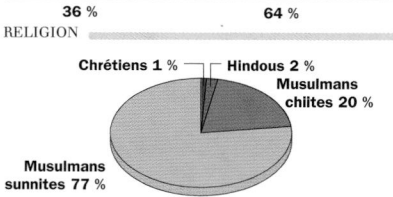

Chrétiens 1 %   Hindous 2 %
Musulmans chiites 20 %
Musulmans sunnites 77 %

COMPOSITION ETHNIQUE

Balouchi 5 %   Autres 7 %
Mohajir 8 %
Punjabi 50 %   Pachtounes 15 %
Sindhi 15 %

Les Pendjabi représentent 50 % de la population, mais les Sindhi, les Pachtounes et les Baluchi en constituent également une part importante. Les Mohajir – communauté qui a quitté l'Inde au moment de la partition du pays et qui parle ourdou – sont majoritaires à Karachi et à Hyderabad. La domination pendjab au sein de l'armée et de l'administration du gouvernement centralisé est à l'origine de nombreux mouvements autonomistes. Les Pachtounes ont menacé à maintes reprises de créer un territoire réservé à leur ethnie, présente de part et d'autre de la frontière afghane. Les tensions entre, d'une part, les réfugiés baluchi et pachtounes d'Afghanistan et, de l'autre, les indigènes sindhi et les immigrés mohajir provoquent parfois des accès de violence.
Le fossé qui sépare la population favorisée de la population pauvre est énorme et la société s'apparente à un système féodal. La classe moyenne, constituée de petits marchands et d'industriels, tend à se développer.
L'influence des fondamentalistes s'est accrue ces dernières années, ce qui entraîne une politique discriminatoire envers les minorités religieuses. Après

PYRAMIDE DES ÂGES

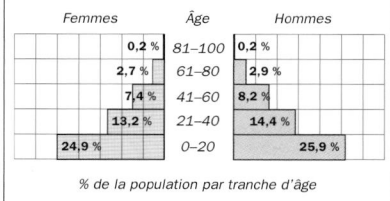

Femmes	Âge	Hommes
0,2 %	81–100	0,2 %
2,7 %	61–80	2,9 %
7,4 %	41–60	8,2 %
13,2 %	21–40	14,4 %
24,9 %	0–20	25,9 %

% de la population par tranche d'âge

le coup d'État de 1999, le régime de Moucharraf a dû marcher sur un fil pour tenter d'éviter un conflit avec les intégristes musulmans, à la fois sur l'application stricte de la loi islamiste, la *charia*, et sur la politique étrangère. La famille étendue est toujours une composante essentielle du tissu social et les liens entre ses membres sont très étroits. Certaines femmes occupent des postes à responsabilité, telle Benazir Bhutto, deux fois Premier ministre, mais dans l'ensemble, il est rare que les hommes, religieux conservateurs, autorisent leur femme à travailler. Le Pakistan est l'un des pays où la proportion de femmes est la plus faible ce qui implique un mépris généralisé à son égard ainsi que des infanticides de petites filles. Amnesty international a condamné le Pakistan en 2000 pour l'absence de protection des droits de la femme.

P

POLITIQUE

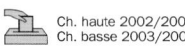

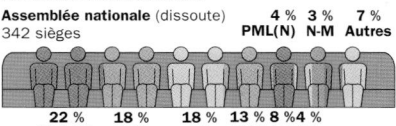

Ch. haute 2002/2006
Ch. basse 2003/2007
Pervez Moucharraf, président de la République

AUX DERNIÈRES ÉLECTIONS

Assemblée nationale (dissoute)
342 sièges

4 % | 3 % | 7 %
PML(N) | N-M | Autres

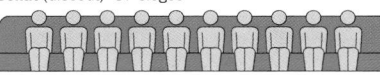

22 % PML(Q) | 18 % PPP | 18 % W | 13 % NMA | 8 % Ind | 4 % NA

PML = Ligue musulmane du Pakistan   **W** = Femmes
PPP = Parti du peuple pakistanais   **ANP** = Parti national Awami   **N-M** = Minorités non musulmanes
Autres = Parti national baluchi, **Jamiat-Ulemae Pakistan**, Parti du peuple pakistanais, **Parti Jamhoori Watan** (Parti républicain national), **Parti national du peuple** et Indépendants   **PLM(Q)** = Ligue musulmane pakistanaise
MMA = Muttahida majlis-e-Amal   **NA** = Alliance nationale

Sénat (dissout) 87 sièges

Le Sénat est élu au suffrage indirect.

L'armée a aboli le régime démocratique en 1999. L'Assemblée nationale a été dissoute en juin 2001.

PRINCIPAUX PROBLÈMES POLITIQUES

L'armée
La popularité du coup d'Etat d'octobre 1999 est un indice de la perte de respect envers les institutions démocratiques. Sous le général Pervez Moucharraf,

le conseil de sécurité tient lieu de gouvernement.

La corruption
Les inculpations pour corruption ont évincé l'ancien Premier ministre Benazir Bhutto et les membres du gouvernement de Nawaz Sharif, lui-même déclaré coupable de trahison en 2000.

Les violences interethniques
Les violences entre les Sindhi et les Mohajir de langue ourdoue ont fait des milliers de victimes dans les années 1990. Les groupes islamistes sont actifs et, depuis 1994, la violence entre musulmans sunnites et chiites augmente.

PROFIL
Durant les années 1990, de fragiles coalitions ont été contraintes de gouverner en collaboration avec le président et l'armée, entravées par une importante bureaucratie. Le régime militaire qui a renversé Nawaz Sharif en 1999 prévoit un retour à la démocratie en 2002, avant de remporter un referendum le confirmant président pour cinq ans. En juin 2001, Moucharraf s'est autoproclamé président.

Benazir Bhutto, *leader du PPP et ancien Premier ministre.*

Pervez Moucharraf, *dirigeant militaire et président autoproclamé.*

POLITIQUE EXTÉRIEURE

 AIEA   OCE   MNA   OCI   AASCR

En 1998, le Pakistan a procédé à des essais nucléaires, en réponse à ceux de l'Inde, s'attirant la condamnation internationale et trois années de sanctions des EU. Après trois guerres, l'Inde et le Pakistan se disputent toujours le Cachemire. Fin 2001-début 2002, des attaques de musulmans du Cachemire faillirent déclencher la guerre. Depuis la chute des talibans en Afghanistan, le Pakistan courtise le régime de transition installé par les EU. Un projet de gazoduc passant par l'Afghanistan fournirait le Pakistan en gaz turkmène. Des tensions subsistent en raison du soutien apporté à des islamistes afghans dans les régions nord du Pakistan.
Depuis le coup d'Etat de 1999, le Pakistan est suspendu du Commonwealth.

P

PAKISTAN

Superficie totale :
770 880 km²
(297 637 sq. miles)

ALTIMÉTRIE

POPULATION

6 000 m/19 686ft
4 000 m/13 124ft   Plus de 5 000 000 ▣
3 000 m/9 843ft   Plus de 1 000 000 ▣
2 000 m/6 562ft   Plus de 500 000 ◉
1 000 m/3 281ft   Plus de 100 000 ◎
500 m/1 640ft   Plus de 50 000 ○
200 m/656ft   Plus de 10 000 ●
Niveau de la mer

0   200 km
0   200 miles

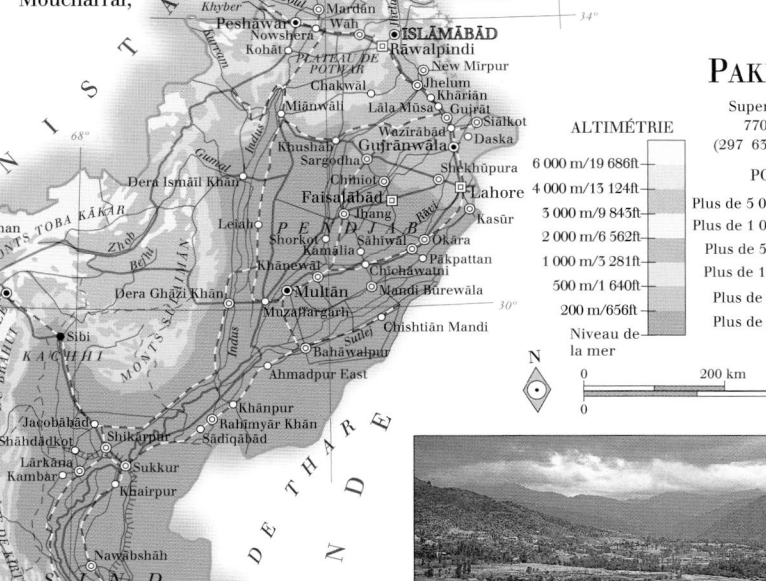

Champs de riz paddy, *sous un ciel chargé de nuages apportés par la mousson. Le riz est la deuxième culture d'exportation après le coton.*

CHRONOLOGIE

Du VIIIᵉ au XVIᵉ siècle, la domination musulmane s'est étendue au Nord-Ouest et au Nord-Est de l'Inde. Le Pendjab et le Sind, annexés par la Compagnie des Indes britanniques dans les années 1850, furent cédés à l'empire britannique en 1857.

❏ **1906** Création de la Ligue musulmane, qui revendique un État musulman.
❏ **1947** Partition de l'Inde. Muhammad Ali Jinnah est le premier gouverneur général du Pakistan, pays séparé, entre l'Est et l'Ouest, par 1 600 km de terres indiennes. Des millions d'habitants sont déplacés.
❏ **1948** Première guerre indo-pakistanaise au sujet du Cashmere.
❏ **1949** Fondation de la Ligue Awami (LA), qui revendique l'autonomie du Pakistan oriental.
❏ **1956** La Constitution établit le statut de république islamique du Pakistan.
❏ **1958** Loi martiale. Général Muhammad Ayyub Kban est élu président en 1960. ⇨

CHRONOLOGIE *suite*

- ❑ **1965** 2ᵉ guerre indo-pakistanaise au sujet du Cachemire.
- ❑ **1970** Ayyub Kban démissionne, remplacé par le général Agha Yahya Khan. Premières élections au suffrage universel ; victoire de l'AL. Les partis de l'Ouest refusent les résultats : guerre civile. L'Inde soutient l'Est.
- ❑ **1971** Sécession de l'Est qui donne naissance au Bangladesh. Zulficar Ali Bhutto, dirigeant du PPP, devient président du Pakistan.
- ❑ **1972** Accord de paix avec l'Inde.
- ❑ **1973** Bhutto, Premier ministre, instaure le « socialisme islamique ».
- ❑ **1977** Élections législatives. Émeutes. Coup d'État du général Zia ul-Haq.
- ❑ **1979** Exécution de Bhutto.
- ❑ **1986** Retour d'exil de la fille de Bhutto, Benazir, la tête du PPP.
- ❑ **1988** Zia tué dans un accident. Benazir remporte les législatives.
- ❑ **1990** Conflits ethniques au Sind. Le président limoge Bhutto. Nawaz devient Premier ministre.
- ❑ **1991** Intégration de la *charia*, la loi musulmane, dans la législation.
- ❑ **1993** Démission du Président Khan et du Premier ministre Sharif. Victoire aux élections de Bhutto.
- ❑ **1996** Le Président destitue Bhutto.
- ❑ **1997** Victoire écrasante du PML aux élections ; Sharif élu Premier ministre.
- ❑ **1998** Essais nucléaires.
- ❑ **1999–2000** Coup d'État militaire. Sharif, coupable de trahison, est exilé en Arabie Saoudite.
- ❑ **2001** Juin, l'Assemblée nationale est suspendue, Moucharraf s'autoproclame Président. Juillet, pourparlers entre Musharraf et le Premier ministre indien, Vajpayee. Le Pakistan soutient les ÉU dans leur intervention en Afghanistan.
- ❑ **2002** Menace de guerre avec l'Inde au Cachemire. Victoire du PLM(Q) aux élections.

AIDE INTERNATIONALE

 732 M $ (reçus)   Moins 30 % en 1999

Le Pakistan est tributaire des aides extérieures, bien que le gouvernement ait une longue tradition de détournement de ces fonds. Les aides destinées à des projets de grande envergure servent régulièrement à financer le déficit de la balance des paiements courants. En 1998, lorsque les ÉU et les autres pays donateurs ont suspendu leurs aides suite aux essais nucléaires pakistanais, le FMI a accordé une aide au Pakistan pour le remboursement de sa dette internationale.

DÉFENSE

 3,52 Md $ Moins 14 % en 1999

Le Pakistan est devenu un marchand d'armes notable au niveau régional. Il s'est imposé comme puissance nucléaire suite à plusieurs essais réussis en mai 1998. Le budget de la Défense fait partie des priorités du gouvernement et représente un quart des dépenses publiques. Les ÉU étaient le principal fournisseur de matériel militaire du Pakistan jusqu'aux sanctions imposées en 1990 et 1998. Les autres fournisseurs sont la France, le RU et la Chine. Depuis l'indépendance, l'armée a toujours joué un rôle important dans la politique du pays, même sans être directement au pouvoir. Deux ans avant le coup d'État

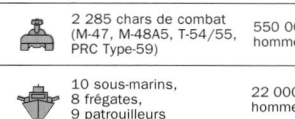

FORCES ARMÉES PAKISTANAISES

	2 285 chars de combat (M-47, M-48A5, T-54/55, PRC Type-59)	550 000 hommes
	10 sous-marins, 8 frégates, 9 patrouilleurs	22 000 hommes
	353 avions de combat (52 Mirage 5, 42 Q-5)	40 000 hommes
	Aucune donnée révélée sur l'armement nucléaire du Pakistan. Essais en mai 1998.	

de 1999, elle occupait déjà une place formelle dans le pouvoir civil grâce à son intégration au sein du Conseil national de sécurité.

ÉCONOMIE

 60 Md $ 57,8-60 roupies pakistanaises

CHIFFRES SIGNIFICATIFS

- ❑ CLASSEMENT DU PNB AU NIVEAU MONDIAL 44ᵉ
- ❑ PNB PAR HABITANT..............................420 $
- ❑ BALANCE DES PAIEMENTS ... .– 1,11 Md $
- ❑ INFLATION ....3,1 %
- ❑ CHÔMAGE...6 %

EXPORTATIONS

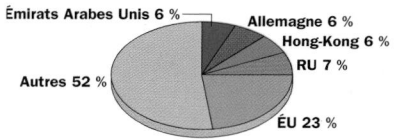

Émirats Arabes Unis 6 %
Allemagne 6 %
Hong-Kong 6 %
RU 7 %
Autres 52 %
ÉU 23 %

IMPORTATIONS

ÉU 6 %
Émirats Arabes Unis 7 %
Koweït 8 %
Japon 8 %
Arabie Saoudite 8 %
Autres 63 %

INDICATEUR DES PERFORMANCES ÉCONOMIQUES

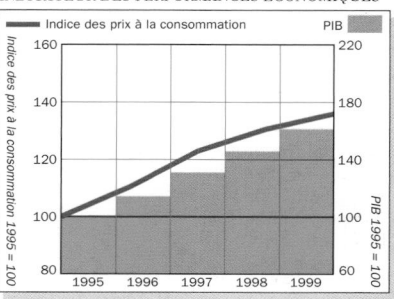

— Indice des prix à la consommation   PIB

ATOUTS

Gaz, eau, charbon, pétrole. Le Pakistan est doté de ressources naturelles encore inexploitées. Coût de la main-d'œuvre peu élevé. Important marché potentiel. Le pays est l'un des premiers producteurs de coton au monde et l'un des principaux exportateurs de riz.

FAIBLESSES

Les variations climatiques entraînent des fluctuations importantes de la production et des ventes de coton et de riz. Politique économique souvent inefficace et aléatoire. Infrastructures peu développées.

PROFIL

Le Pakistan a encore du chemin à faire pour gérer ses considérables problèmes économiques. Bien que les gouvernements successifs soient revenus sur la politique de nationalisation engagée durant les

années 1970, l'entreprise privée est étouffée par une bureaucratie colossale. Les capitaux étrangers rentrent un peu dans les secteurs jusque là étatisés, comme la banque, l'eau et les services publics. Toutefois, la corruption à tous les niveaux de l'État a sapé la confiance économique durant les années 1990, tout particulièrement sous le gouvernement de Benazir Bhutto. Les efforts du régime militaire pour faire face à la corruption et à la pauvreté ont été loués par la Banque mondiale en 2001. Les dépenses militaires sont toujours élevées.

PAKISTAN : PRINCIPALES ACTIVITÉS

⚙ Industrie légère		🏮 Tissage de tapis
⚗ Industrie chimique		⚡ Électronique
🚗 Assemblage automobile		Textile
🚢 Chantiers navals		Tanneries
Industrie alimentaire		
🚬 Tabac		
Acier		

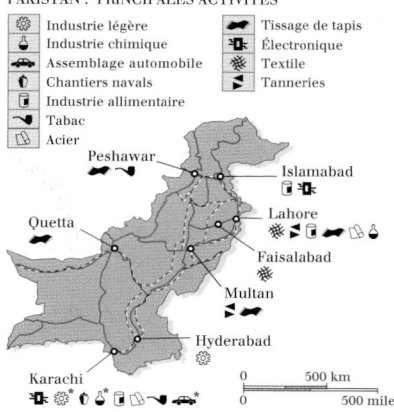

Peshawar
Islamabad
Lahore
Quetta
Faisalabad
Multan
Hyderabad
Karachi

0   500 km
0   500 miles

* Importantes participations de multinationales

RESSOURCES

 597 201 tonnes

 57 223 b/j (réserves : 208 912 800 b)

 47,4 M d'ovins
22,7 M de buffles
148 M de volailles

 Pétrole, gaz naturel, charbon, chaux, sel, gypse, silice

PRODUCTION ÉLECTRIQUE

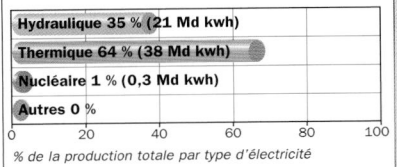

% de la production totale par type d'électricité

Outre le coton et le riz, les principales ressources du Pakistan sont le pétrole, le charbon, le gaz naturel et l'eau. Le pays espère que la privatisation des services publics lui permettra de réduire sa consommation d'énergie et les pénuries. Des mesures ont été prises pour attirer davantage d'investissements étrangers dans les secteurs de l'extraction et de la distribution pétrolières et gazières. Les capacités actuelles de raffinage de pétrole sont insuffisantes pour couvrir la demande de 280 000 barils par jour, sans parler de la demande future.

PAKISTAN : UTILISATION DU SOL

Terres cultivées
Pâturages
Forêts
Déserts
Marécages
Régions montagneuses
Canne à sucre
Blé
Bovins

ENVIRONNEMENT

 5 % (3 % partiellement protégés)

 0,8 tonne par habitant

TRAITÉS ÉCOLOGIQUES

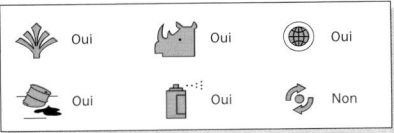

Oui Oui Oui
Oui Oui Non

Des mesures sont prises pour juguler l'abattage illégal des arbres. La pollution urbaine est grave.

MÉDIAS

 21 quotidiens pour 1 000 habitants

PRESSE ET TÉLÉCOMMUNICATIONS

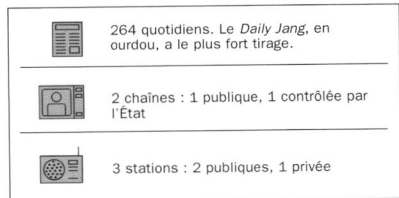

264 quotidiens. Le *Daily Jang*, en ourdou, a le plus fort tirage.

2 chaînes : 1 publique, 1 contrôlée par l'État

3 stations : 2 publiques, 1 privée

Les médias sont très largement dominés par l'État. Les journalistes qui contestent les positions officielles sont systématiquement harcelés.

ÉDUCATION

 46 %

 1,05 M d'étudiants

LE SYSTÈME ÉDUCATIF

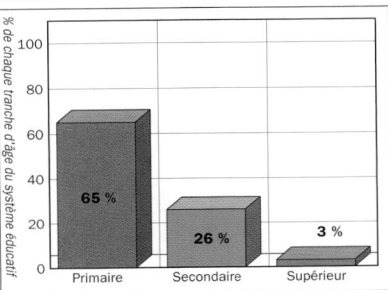

Bien que l'enseignement primaire gratuit soit un droit constitutionnel, l'école n'est pas obligatoire. Le taux d'analphabétisme est parmi les plus élevés du monde. Le système éducatif pakistanais est fortement islamisé et s'adresse en priorité à la population masculine ; la majorité des élèves du primaire sont des garçons. Les 23 universités, 99 écoles professionnelles et 675 instituts littéraires et scientifiques accueillent en majorité des étudiants littéraires. Les parents les plus fortunés envoient leurs enfants faire des études supérieures à l'étranger, principalement aux ÉU ou au RU.

SANTÉ

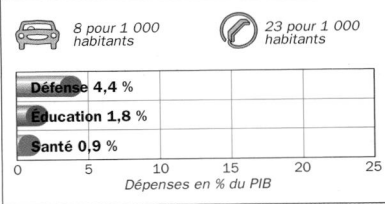 1 pour 1 667 habitants

Malaria, tuberculose, diarrhée

Le nombre de médecins et de lits d'hôpital du Pakistan est l'un des plus bas au monde. En outre, le pays manque de matériel médical et de médicaments. La contrefaçon de médicaments est très répandue. À Lahore, un hôpital spécialisé dans le cancer a ouvert en 1995, offrant des services modernes et des traitements de pointe. Le taux d'héroïnomanes très élevé est la conséquence de la proximité de l'Afghanistan.

RICHESSES

CONSOMMATION ET DÉPENSES

8 pour 1 000 habitants   23 pour 1 000 habitants

Défense 4,4 %
Éducation 1,8 %
Santé 0,9 %

Dépenses en % du PIB

Les membres de l'élite bureaucratique et politique sont très riches, tout comme la haute hiérarchie militaire. Malgré l'important potentiel économique, une grande partie de la population vit en dessous du seuil de pauvreté.

CRIMINALITÉ

 44 640 détenus

 Taux de criminalité élevé

TAUX DE CRIMINALITÉ.

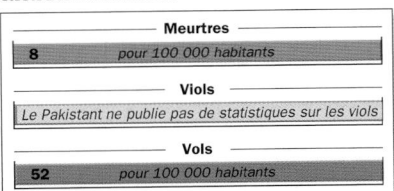

Meurtres
8 pour 100 000 habitants

Viols
Le Pakistan ne publie pas de statistiques sur les viols

Vols
52 pour 100 000 habitants

Comparé aux autres pays islamiques, la criminalité est élevée. La corruption et les viols apparaissent comme les fléaux les plus préoccupants. Les femmes seraient menacées de mort ou même tuées en cas de refus d'un mariage arrangé. En prison, la torture et les décès de détenus sont chose courante et les viols de femmes se multiplient. La région la plus dangereuse est la province du Sind, où le Mouvement de la communauté mohadjir fait régner la terreur. Des groupes sectaires sont également accusés de la montée récente de la criminalité dans le Pendjab. Des *dacoits* (bandits) armés détiennent encore le contrôle de régions de l'intérieur. Cédant à la pression des partis islamiques, le gouvernement a remplacé le droit civil par des tribunaux appliquant la *charia* dans la province frontalière du Nord-Ouest.

CLASSEMENT MONDIAL

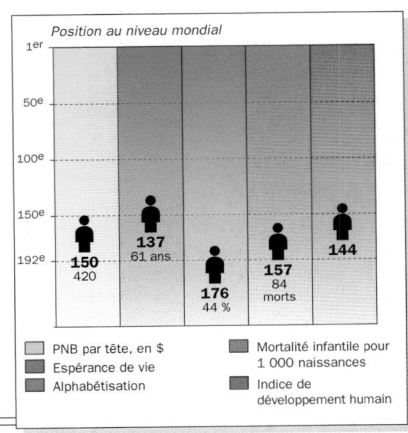

Position au niveau mondial

PNB par tête, en $
Espérance de vie
Alphabétisation
Mortalité infantile pour 1 000 naissances
Indice de développement humain

P

PALAU

NOM OFFICIEL : République de Palau   CAPITALE : Koror
POPULATION : 19 409   MONNAIE : dollar américain   LANGUES OFFICIELLES : palauen, anglais

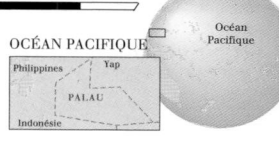

OCÉAN PACIFIQUE

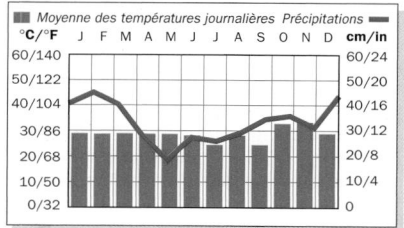

LA RÉPUBLIQUE de Palau (connue aussi sous le nom de Belau) est située dans le Pacifique occidental. Elle est constituée de plus de 300 îles qui font partie de l'archipel des îles Carolines et dont 9 seulement sont habitées. Après avoir appartenu aux territoires américains du Pacifique, Palau a accédé à l'indépendance en 1994 en association avec les ÉU, tout en restant très dépendante de l'aide économique américaine.

CLIMAT

DONNÉES MÉTÉOROLOGIQUES

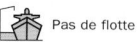

Les îles ont un climat humide et une température moyenne de 27 °C. De juillet à août et de décembre à janvier, les précipitations sont très importantes.

TRANSPORTS

 Palau international, Koror   Pas de flotte

RÉSEAU DE TRANSPORT

 36 km (22 miles)   Aucune

 Aucune   Aucune

Des liaisons aériennes limitées et des transports maritimes locaux relient les îles. L'amélioration du réseau routier de l'île de Babelthuap est en projet.

TOURISME

 55 000 visiteurs   Moins 14 % en 1999

PROVENANCE DES TOURISTES ÉTRANGERS

Japon 34 %	
Taiwan 29 %	
ÉU 19 %	
Autres 18 %	

0   10   20   30   40
% du nombre de visiteurs

Le tourisme est en expansion. Il est prévu une amélioration du transport, en dépit des conséquences sur la culture traditionnelle. Certaines îles sont d'anciens champs de bataille de la guerre du Pacifique.

POPULATION

 Palauen, anglais, japonais   37 hab./km²

PART DE LA POPULATION URBAINE/RURALE

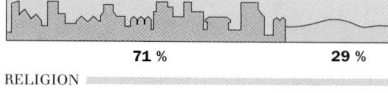

71 %   29 %

RELIGION

Modekngei 34 %

Chrétiens 66%

Les Palauens peuvent se revendiquer d'un héritage génétique varié. La première colonisation de Palau, effectuée par des peuples du Sud-Est asiatique, date de 3 000 ans. Depuis, d'autres Mélanésiens et Polynésiens sont venus se mélanger aux premiers. Plus récemment, une immigration de Philippins peu qualifiés est venue s'ajouter à la population. Depuis 2001, l'immigration en provenance de l'Asie du Sud-Est est suspendue à cause de tensions croissantes. 70 % des Palauens vivent dans l'île cité de Koror (une nouvelle capitale est en construction sur l'île voisine de Babelthuap). Dispersée, le reste de la population parle des langues distinctes dans la plupart des îles du Sud. Les ÉU et le Japon exercent une forte influence culturelle, mais les îles éloignées conservent un mode de vie plus traditionnel. La société demeure majoritairement matrilinéaire.

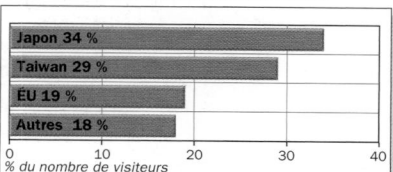

Les îles Palau ont de nombreuses plages idylliques mais le tourisme y est encore peu développé.

POLITIQUE

 Ch. basse 2000/2004
Ch. haute 2000/2004   Tommy Remengesau, président de la République

AUX DERNIÈRES ÉLECTIONS
Chambre des délégués 16 sièges

1 délégué est élu par chacun des 16 États.

Sénat 14 sénateurs

14 sénateurs représentent les districts géographiques, selon leur population.

L'indépendance de Palau s'appuie sur le Compact, ou contrat de libre association avec les ÉU. La clause sur le transport et le stockage de matériel nucléaire a fait l'objet de plusieurs référendums jusqu'à ce qu'une majorité se dégage en 1993 et permette l'application de la souveraineté en 1994. En novembre 2000, le vice-président Tommy Remengesau a été élu président.

POLITIQUE EXTÉRIEURE

PC   FIP   BIRD   ACP

En vertu du contrat de 1994, les ÉU conservent le contrôle exclusif des affaires étrangères et de la politique de défense de Palau. Le pays a rétabli des relations cordiales avec le Forum des îles du Pacifique en 1999, après une période de tensions suite au soutien accordé par Palau au droit de veto du Japon sur le sanctuaire de baleines dans le Pacifique Sud.

AIDE INTERNATIONALE

 29 M $ (reçus)   Moins 67 % en 1999

L'économie du pays est fortement dépendante des ÉU. Le montant des aides a été un élément crucial dans la décision d'accepter, en 1994, le Compact de libre association, à la fin de la tutelle de l'ONU. Palau doit recevoir 700 millions de $ sur 15 ans en échange de la mise à disposition d'infrastructures militaires.

DÉFENSE

 Pas de forces armées   Ne s'applique pas

Selon le contrat de libre association signé avec les ÉU (le Compact), ceux-ci sont responsables de la défense de Palau.

P

ÉCONOMIE

 82 M $

 Dollar américain

CHIFFRES SIGNIFICATIFS

- ❏ CLASSEMENT DU PNB AU NIVEAU MONDIAL ..187ᵉ
- ❏ PNB PAR HABITANT.........................6 780 $
- ❏ BALANCE DES PAIEMENTS ....17,2 Md $
- ❏ INFLATION ....2,6 %
- ❏ CHÔMAGE...2 %

ATOUTS

Accès au marché américain par des accords commerciaux préférentiels. Tourisme, pêche et production de coprah. Quelques minerais (surtout de l'or). Augmentation du commerce avec les Philippines. Revenu par habitant élevé.

RESSOURCES

 1 500 tonnes

 Pays non producteur

 Données non disponibles

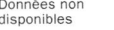 Or

Le sol de certaines îles est très fertile, mais le relief des plus grandes rend l'agriculture difficile. Certaines des îles sont très boisées. Palau dispose de gisements de coprah et d'or. Des réserves sous-marines de minerai pourraient être exploitées. Petite industrie de pêche avec un fort potentiel de développement.

PALAU

Superficie totale : 508 km²
(196 sq. miles)

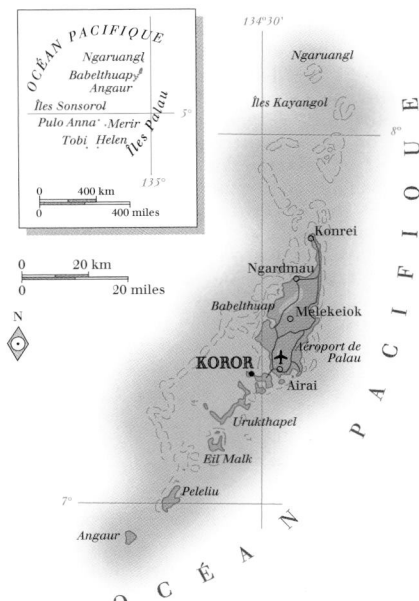

EXPORTATIONS

Palau ne publie pas de chiffres sur ses exportations par pays.

IMPORTATIONS

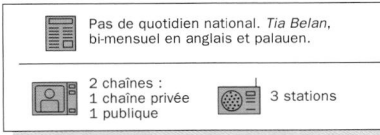

- Taiwan 5 %
- ÉU 40 %
- Guam 18 %
- Autres 11 %
- Japon 13 %
- Singapour 13 %

FAIBLESSES

Forte dépendance à l'aide économique américaine. Important taux de chômage. Isolement, transports limités.

ENVIRONNEMENT

 Aucune

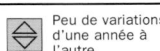 13,9 tonnes par habitant

Palau ne possède pas d'installations adéquates pour le traitement des déchets solides. L'écosystème marin est gravement menacé par le dragage du corail et du sable, ainsi que par l'usage illégal de la dynamite comme méthode de pêche. Les constructions et les infrastructures peu protégées des principaux centres urbains résistent mal aux cyclones qui frappent régulièrement l'archipel.

MÉDIAS

 Pas de quotidien

PRESSE ET TÉLÉCOMMUNICATIONS

Pas de quotidien national. *Tia Belan*, bi-mensuel en anglais et palauen.

2 chaînes :
1 chaîne privée
1 publique

3 stations

Les stations de radio et les chaînes de télévision du pays tendent à retransmettre des émissions qui proviennent en grande partie des ÉU.

CRIMINALITÉ

Pas de chiffre sur la population carcérale

Peu de variations d'une année à l'autre

Il existe une petite criminalité due à l'abus de boissons alcoolisées, mais le pays, surtout les îles éloignées, est très paisible dans l'ensemble.

ÉDUCATION

 92 %

 305 étudiants

La scolarité est obligatoire entre 6 et 14 ans. L'institut *Micronesian Occupational*, situé à Palau, propose des cycles de formation sur deux ans.

SANTÉ

 1 pour 83 habitants

 Maladies cardiaques, cérébrovasculaires et intestinales

Les soins élémentaires sont assurés, mais beaucoup d'îles éloignées n'ont pas facilement accès à des spécialistes. La santé repose donc souvent sur les infirmières et la médecine traditionnelle. En 2000, une épidémie de dengue, transmis par les moustiques, s'est déclarée.

RICHESSES

CONSOMMATION ET DÉPENSES

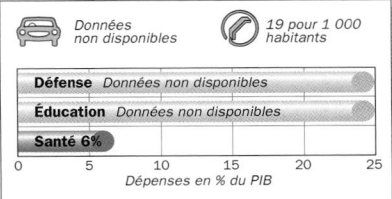

Données non disponibles

19 pour 1 000 habitants

Défense	*Données non disponibles*
Éducation	*Données non disponibles*
Santé 6%	

0   5   10   15   20   25
Dépenses en % du PIB

Le fossé entre les riches et les pauvres s'accentue depuis que les chefs d'entreprise et le gouvernement utilisent l'aide américaine pour développer le tourisme. En 2001, les ÉU ont accordé une subvention de 200 000 $ pour un programme de logement à loyer modéré.

CLASSEMENT MONDIAL

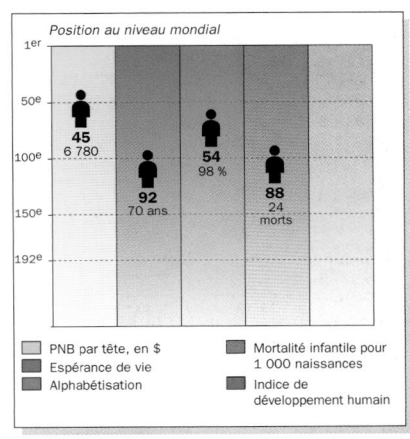

Position au niveau mondial

1ᵉʳ
50ᵉ
100ᵉ
150ᵉ
192ᵉ

45 — 6 780
92 — 70 ans
54 — 98 %
88 — 24 morts

- ◻ PNB par tête, en $
- ◻ Espérance de vie
- ◻ Alphabétisation
- ◻ Mortalité infantile pour 1 000 naissances
- ◻ Indice de développement humain

P

PANAMÁ

NOM OFFICIEL : République de Panamá **CAPITALE :** Panamá
POPULATION : 2,9 millions **MONNAIE :** balboa **LANGUE OFFICIELLE :** espagnol

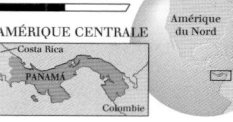

DES sept pays qui composent l'isthme reliant l'Amérique du Nord à l'Amérique du Sud, le Panamá est le plus méridional. Les forêts tropicales humides de la péninsule du Darien font partie des régions les plus sauvages du continent. Depuis l'invasion américaine de 1989, le pays est dirigé par des gouvernements élus. Le secteur bancaire est depuis longtemps l'un des principaux atouts du Panamá. Les ÉU ont restitué aux autorités panaméennes le contrôle de la zone du canal de Panamá le 31 décembre 1999.

Paquebot sur le canal de Panamá. Le canal réduit de 4 800 km la distance qu'il faudrait parcourir pour se rendre de la côte Est des États-Unis au Japon.

CLIMAT

DONNÉES MÉTÉOROLOGIQUES

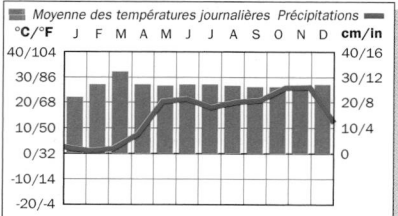

Le climat est de type tropical humide ; les précipitations sont plus élevées sur le littoral caribéen que sur la côte Pacifique.

TRANSPORTS

Tocumen International, Panama City
898 000 passagers

6143 navire
98,2 M tpl

RÉSEAU DE TRANSPORT

3 783 km (2 351 miles)

Autoroute panaméricaine : 30 km (19 miles)

485 km (301 miles)

800 km (497 miles)

5 % de tout le commerce océanique transite par les 80 km du canal de Panamá. La construction d'un nouveau port est prévue à Colón, ainsi que la modernisation du chemin de fer du canal.

TOURISME

479 000 visiteurs

Plus 5 % en 2000

PROVENANCE DES TOURISTES ÉTRANGERS

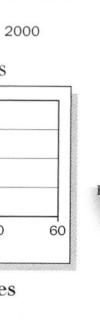

ÉU 24 %	
Colombie 16 %	
Costa Rica 13 %	
Autres 47 %	

0 10 20 30 40 50 60
% du nombre de visiteurs

En 2000, de nouvelles infrastructures destinées à recevoir les bateaux de croisière ont été inaugurées à Colón.

POPULATION

Espagnol, anglais, créole, langues amérindiennes, chibcha

38 hab./km²

PART DE LA POPULATION URBAINE/RURALE

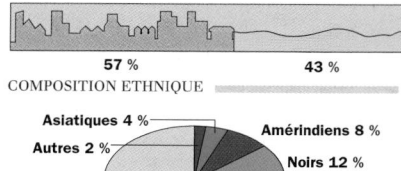

57 % **43 %**

COMPOSITION ETHNIQUE

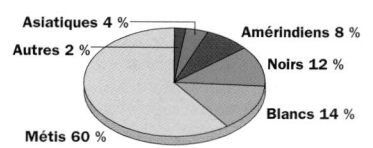

Asiatiques 4 %
Autres 2 %
Métis 60 %
Amérindiens 8 %
Noirs 12 %
Blancs 14 %

La côte Nord-Ouest abrite une importante communauté noire. L'essentiel de cette population descend des immigrés africains qui travaillaient dans les plantations et parle le créole anglais (et non l'espagnol). La population panaméenne compte quelque 8 % d'Indiens appartenant aux tribus Kuna, Guaymi et Choco. La religion catholique et la famille étendue occupent toujours une place prépondérante dans le paysage social.

PANAMA

Superficie totale : 75 990 km² (29 340 sq. miles)

POPULATION
- Plus de 500 000
- Plus de 100 000
- Plus de 50 000
- Plus de 10 000
- Moins de 10 000

ALTIMÉTRIE
2 000 m/6 562ft
1 000 m/3 281ft
500 m/1 640ft
200 m/656ft
Niveau de la mer

POLITIQUE

1999/2004

Martin Torrijos, président de la République

AUX DERNIÈRES ÉLECTIONS
Assemblée législative 41 sièges

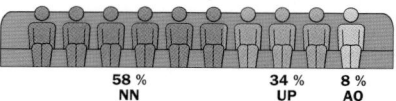

58 % **NN** **34 %** **UP** **8 %** **AO**

NN = Nouvelle nation (dont le Parti révolutionnaire démocratique (**PRD**), le Parti de la solidarité, le Parti national libéral et le Mouvement Papa Egoro).
UP = Union pour le Panamá (dont le Parti Arnulfisto (**PA**), MOLIRENA, le Parti du changement démocratique et MORENA) **AO** = Action pour l'opposition (dont le Parti chrétien démocratique, le Parti libéral, le Parti Populaire nationaliste et le Parti de la rénovation civile)

En 1989, les ÉU ont envahi le Panamá et ont arrêté son dirigeant, le général Manuel Noriega, pour trafic de stupéfiant. Les forces américaines ont installé le gouvernement conciliant de Endara, critiqué pour corruption. Les élections présidentielles et législatives de 1994 ont marqué la victoire de Ernesto Perez Balladares et du PRD, l'ancien parti de Noriega. Les réformes économiques du nouveau gouvernement, pro-américain, lui ont attiré un mécontentement général. En 1998, un référendum a refusé à Balladares un second mandat. En mai 1999, Mireya Moscoso du PA, dirigeante de l'opposition, a été élue présidente. Elle a appliqué le programme du FMI et vu sa popularité décroître.

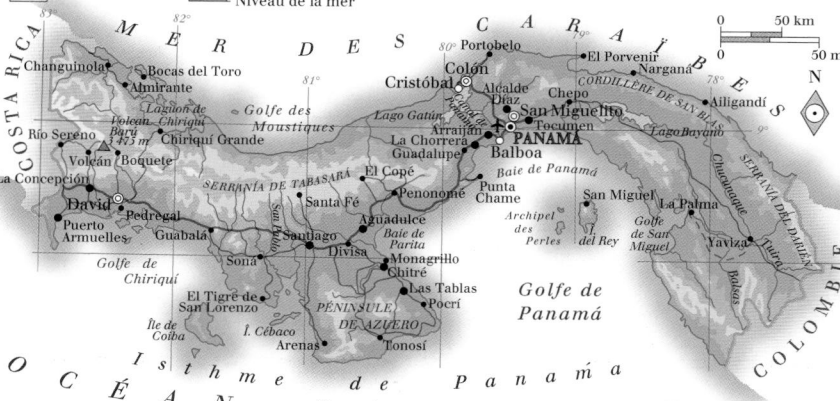

P

POLITIQUE EXTÉRIEURE

La zone du canal a été restituée au Panamá le 31 décembre 1999. Les ÉU, qui y avaient 14 bases militaires, ont dû rapatrier, en Floride, leurs bases de lutte contre les trafiquants de stupéfiants après l'échec d'un accord sur le maintien de quelques troupes au Panamá. Ce débat n'est toujours pas clos.

Depuis 1995, le pays a le statut d'observateur dans la Communauté andine.

AIDE INTERNATIONALE

 14 M $ (reçus)   Moins 36 % en 1999

Les ÉU sont le principal donateur. Après le renversement du général Noriega, ils ont versé 480 millions de dollars au Panamá.

DÉFENSE

 128 M $ Plus 5 % en 1999

La Garde nationale et l'armée ont été dissoutes après l'invasion américaine de 1989 et ont été remplacées par la *Fuerza Pública* – la Force publique. Le Panamá est désormais allié militairement aux ÉU.

ÉCONOMIE

 8,7 Md $  1 balboa

CHIFFRES SIGNIFICATIFS

- ❏ CLASSEMENT DU PNB AU NIVEAU MONDIAL 87ᵉ
- ❏ PNB PAR HABITANT ....3 260 $
- ❏ BALANCE DES PAIEMENTS ....– 499 M $
- ❏ INFLATION ....0,3 %
- ❏ CHÔMAGE...13 %

ATOUTS

La zone de libre-échange de Colón est la deuxième au monde. Les institutions bancaires, financières et les assurances et autres secteurs semblables sont très développées. Exportations de bananes et de crevettes. Recettes importantes générées par la flotte marchande battant pavillon panaméen.

FAIBLESSES

L'instabilité politique et la corruption caractérisent l'histoire du pays. Importante dette extérieure. Fort taux de chômage, sous-emploi. Peu d'infrastructures.

EXPORTATIONS

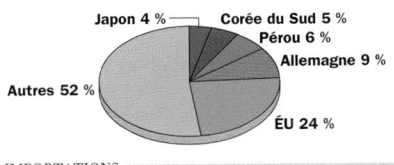

Japon 4 % — Corée du Sud 5 % — Pérou 6 % — Allemagne 9 % — ÉU 24 % — Autres 52 %

IMPORTATIONS

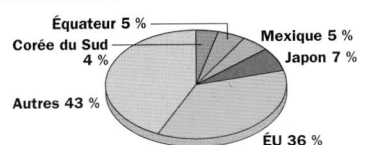

Équateur 5 % — Corée du Sud 4 % — Mexique 5 % — Japon 7 % — ÉU 36 % — Autres 43 %

RESSOURCES

 169 718 tonnes   Pays non producteur ; raffine 100 000 b/j

1,36 M de bovins, 278 300 porcins, 11,8 M de volailles   Cuivre, charbon, or, argent, manganèse, sel, argile

La région de Petaquilla, à l'ouest du canal, possède de vastes gisements de cuivre et d'or. La production d'énergie hydroélectrique a été accélérée afin de rendre le pays moins dépendant des importations de pétrole. Quatre centrales électriques ont été privatisées en 1999.

ENVIRONNEMENT

 19 %   2,9 tonnes par habitant

La destruction des forêts tropicales progresse de plus en plus rapidement et accélère l'érosion des sols. De nombreuses espèces d'oiseaux et d'animaux rares sont menacées. Les égouts de Panamá et de Colón se déversent directement dans les eaux côtières, les canaux et les fossés. Des portions entières de mangrove sont abattues au profit du développement urbain, des stations balnéaires et des élevages de crevettes.

MÉDIAS

 62 quotidiens pour 1 000 habitants

PRESSE ET TÉLÉCOMMUNICATIONS

 8 quotidiens, dont *La Prensa* et *La Estrella de Panamá*

 5 chaînes privées   1 station publique, plus de 200 stations indépendantes

La presse indépendante s'est développée depuis la chute de Noriega.

CRIMINALITÉ

 5 595 détenus   Moins 44 % en 1996-1998

Le taux de criminalité est élevé dans les villes de Panamá et de Colón, où règne le blanchiment d'argent, le trafic de stupéfiants et la corruption.

ÉDUCATION

 92 %   80 980 étudiants

Le système éducatif panaméen est basé sur le modèle américain.

CHRONOLOGIE

Indépendant de l'Espagne en 1821, puis incorporé à la Grande-Colombie. Aidé par les ÉU, il devint indépendant de la Colombie en 1903.

- ❏ **1903** Les ÉU acquièrent une concession pour construire le canal de Panamá.
- ❏ **1914–1939** Mise en service du canal. Protectorat américain.
- ❏ **1968–1981** Régime du colonel Torrijos Herrera.
- ❏ **1989** Accusé de trafic de stupéfiant le général Noriega annule les élections. Invasion américaine.
- ❏ **1994** Le PRD, remporte les élections présidentielles et obtient la majorité au parlement.
- ❏ **1999** Mireya Moscoso, du PA, première femme élue présidente. En décembre, le contrôle du canal est restitué par les ÉU au Panamá.
- ❏ **2004** Élection de M. Torrijos.

SANTÉ

 1 pour 588 habitants   Maladies cardiaques et cardiovasculaires, cancers, violence, accidents, tuberculose

Les soins de première nécessité sont accessibles aux 2/3 de la population rurale.

RICHESSES

CONSOMMATION ET DÉPENSES

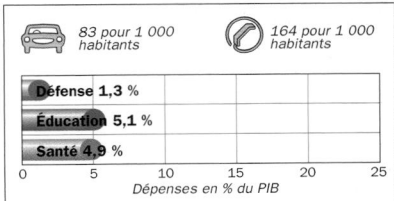

83 pour 1 000 habitants — 164 pour 1 000 habitants — Défense 1,3 % — Éducation 5,1 % — Santé 4,9 % — *Dépenses en % du PIB*

La pauvreté touche plus de la moitié de la population. Les membres de la classe bureaucratique sont les plus favorisés.

CLASSEMENT MONDIAL

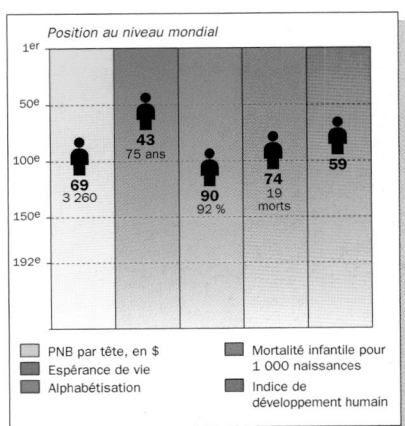

Position au niveau mondial

PNB par tête, en $ — Espérance de vie — Alphabétisation — Mortalité infantile pour 1 000 naissances — Indice de développement humain

P

PAPOUASIE-NOUVELLE-GUINÉE

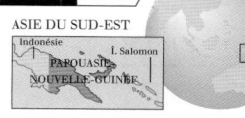

ASIE DU SUD-EST

NOM OFFICIEL : État indépendant de Papouasie-Nouvelle-Guinée **CAPITALE** : Port Moresby
POPULATION : 5 millions **MONNAIE** : kina **LANGUES OFFICIELLES** : anglais pidgin et motu

   1975 1975 16 sept. PNG + 10 + 675 .pg

AVEC plus de 750 langues différentes, la Papouasie-Nouvelle-Guinée est le pays qui présente la plus grande diversité linguistique au monde. Devenu indépendant de l'Australie en 1975, il occupe l'extrémité orientale de l'île de Nouvelle-Guinée et plusieurs autres archipels. L'essentiel du pays est toujours isolé du monde extérieur. La population indigène, établie à l'intérieur des terres, vit de chasse et de cueillette.

CLIMAT

DONNÉES MÉTÉOROLOGIQUES

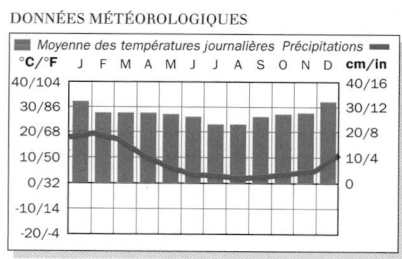

La chaleur constante des plaines contraste avec les neiges du Mont Victoria. Le climat s'est détérioré après le passage d'El Niño en 1997-1998.

TRANSPORTS

Jacksons, Port Moresby
745 000 passagers

102 navires
61 000 tpl

RÉSEAU DE TRANSPORT

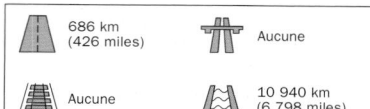

686 km
(426 miles)

Aucune

Aucune

10 940 km
(6 798 miles)

Les infrastructures sont en net progrès grâce à la construction et à la modernisation du réseau.

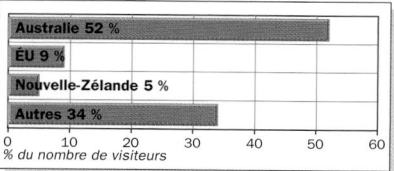

Les quelque 600 îles de Papouasie-Nouvelle-Guinée sont pour la plupart d'origine volcanique, possèdent une végétation luxuriante et sont entourées de récifs coralliens.

TOURISME

58 000 visiteurs

Moins 13 % en 2000

PROVENANCE DES TOURISTES ÉTRANGERS

Australie 52 %		
ÉU 9 %		
Nouvelle-Zélande 5 %		
Autres 34 %		

% du nombre de visiteurs

Le tourisme est très prometteur. Il est toutefois freiné par le taux élevé de criminalité liée à la pauvreté, surtout dans les centres urbains.

POPULATION

Anglais pidgin, motu, anglais, 750 langues indigènes (est)

11 hab./km²

PART DE LA POPULATION URBAINE/RURALE

17 %   83 %

RELIGION

Autres 3 %
Catholiques 37 %
Protestants 60 %

La population est extrêmement variée : elle compte environ 750 communautés linguistiques et davantage encore de tribus. La société est divisée entre les habitants des plaines, souvent en contact avec le monde extérieur, et les habitants des montagnes, qui sont isolés. Ces tribus considèrent tous les étrangers comme hostiles. Les vendettas s'étalent souvent sur plusieurs générations. La majorité de la population est chrétienne, mais les croyances et pratiques animistes sont très répandues.

POLITIQUE

2002/2007

Sa majesté la reine Elizabeth II

AUX DERNIÈRES ÉLECTIONS

Parlement national 109 sièges

5 %
PAP

17 %
NAP

16 %
Ind

7 %
PPP

6 %
V

6 %
PP

32 %
Autres

Ind = Indépendants **PPP** = Parti progressiste populaire
PP = Pangu Pati **PDM** = Mouvement populaire démocratique **PAP** = Parti populaire d'action **NAP** = Parti de l'alliance nationale **V** = Vacant

Il manque aux nombreux partis de Papouasie-Nouvelle-Guinée des bases idéologiques claires, ce qui entraîne une constante instabilité politique. Les rapports d'intérêts servant à réaliser des alliances favorisent la corruption. Le Premier ministre, Sir Mekere Morauta tente de modifier ce système ; en mai 2001, après de nombreuses tractations au sein même du parlement, son parti, le PDM, a revendiqué la majorité pour la première fois. Au bout de 10 ans d'insurrection, les séparatistes de Bougainville ont signé un cessez-le-feu en 1998. Après des élections mouvementées, Sir Michael Somare devient Premier ministre en 2002.

PAPOUASIE-NOUVELLE-GUINÉE

Superficie totale :
452 860 km²
(174 849 sq. miles)

POPULATION

◎ Plus de 100 000
○ Plus de 50 000
● Plus de 10 000
• Moins de 10 000

ALTIMÉTRIE

5 000 m/9 843ft
2 000 m/6 562ft
1 000 m/3 281ft
500 m/1 640ft
200 m/656ft
Niveau de la mer

0   200 km
0   200 miles

POLITIQUE EXTÉRIEURE

CEAP — Comm — MNA — PC — FIP

Relations tendues suite aux accusations de soutien apporté par la Papouasie-Nouvelle-Guinée aux séparatistes de la province indonésienne voisine (Irian Jaya). La politique favorable à Taiwan, contre une aide, a provoqué la colère des Chinois en 1999.

AIDE INTERNATIONALE

 216 M $ (reçus)   Moins 40 % en 1999

L'Australie est le principal donateur. La Banque mondiale a donné son aval aux réformes de Morauta avec un prêt de 90 millions de dollars.

DÉFENSE

 59 M $ Plus 4 % en 1999

Une mutinerie a éclaté dans l'armée en mars 2001 et avorté, suite à des craintes de cessation de l'aide internationale.

ÉCONOMIE

 3,03 Md $ 3,49-3,97 kina

CHIFFRES SIGNIFICATIFS

❏ CLASSEMENT DU PNB AU NIVEAU MONDIAL	131e
❏ PNB PAR HABITANT	580 $
❏ BALANCE DES PAIEMENTS	286 M $
❏ INFLATION	9,3 %
❏ CHÔMAGE	8 %

ATOUTS
Importantes réserves de cuivre, d'or, de nickel, de cobalt, de pétrole et de gaz naturel. La construction d'un pipeline entre les montagnes et l'Australie rapporterait 219 millions de $ par an.

FAIBLESSES
La production agricole et l'extraction de minerais ont été fortement désorganisées par les sécheresses engendrées par El Niño en 1997-1998. Transports et système bancaire insuffisants. Instabilité politique.

EXPORTATIONS

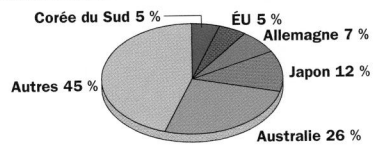

Corée du Sud 5 % — ÉU 5 % — Allemagne 7 % — Japon 12 % — Australie 26 % — Autres 45 %

IMPORTATIONS

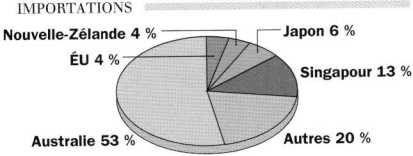

Nouvelle-Zélande 4 % — Japon 6 % — ÉU 4 % — Singapour 13 % — Australie 53 % — Autres 20 %

RESSOURCES

 42 025 tonnes   70 000 b/j (réserves : de 300 000 000 Mdb)

 1,55 M de porcins / 86 000 bovins / 9 000 canards / 3,6 M de volailles

 Cuivre, or, argent, gaz naturel, pétrole, chromite, cobalt

La Papouasie-Nouvelle-Guinée est riche en minéraux. La mine Ok Tedi, dans les montagnes Star, est la plus productive du pays. La mine d'or de Porgera est l'une des plus importantes au monde. En 1998, la sécheresse a porté un coup à la production de ces deux mines. De récentes prospections ont mis à jour d'importants gisements de pétrole et de gaz naturel.

ENVIRONNEMENT

 Aucune   0,5 tonne par habitant

La déforestation et la pollution par les métaux lourds sont les problèmes les plus préoccupants. En 2000, une mine exploitée par des Australiens a causé une forte pollution de l'eau au cyanure.

MÉDIAS

 15 quotidiens pour 1 000 habitants

PRESSE ET TÉLÉCOMMUNICATIONS

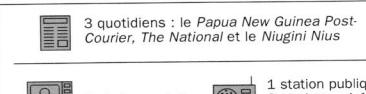

3 quotidiens : le *Papua New Guinea Post-Courier*, *The National* et le *Niugini Nius*

2 chaînes privées   1 station publique / 2 stations privées

La démission du directeur de la Commission Nationale de Diffusion en 2001 a soulevé des inquiétudes concernant la liberté d'expression.

CRIMINALITÉ

 Pas de chiffre sur la population carcérale   Plus 22 % en 1992

La criminalité violente des bandes de « voyous » est très répandue. La tradition culturelle de vendetta perdure.

ÉDUCATION

 64 %   13 663 étudiants

L'école n'est pas obligatoire. Des droits d'inscription et des frais de scolarité ont été instaurés.

SANTÉ

 1 pour 10 000 habitants   Malaria, pneumonie, diarrhée

Le système de santé a connu de récentes réductions budgétaires. Le Sida et la tuberculose atteignent des taux inquiétants. L'espérance de vie est parmi les plus faibles du Pacifique.

CHRONOLOGIE

En 1884, les Britanniques annexèrent le Sud-Est de la Nouvelle-Guinée, tandis que les Allemands annexaient le Nord-Est.

- ❏ **1904** L'Australie prend possession du secteur britannique.
- ❏ **1914** Occupation du secteur allemand par l'Australie.
- ❏ **1942–1945** Occupation japonaise.
- ❏ **1964** Création de la Chambre de l'assemblée.
- ❏ **1971** Pays baptisé : Papouasie-Nouvelle-Guinée.
- ❏ **1975** Indépendance.
- ❏ **1988** L'armée révolutionnaire sécessionniste de Bougainville (BRA) lance la guérila.
- ❏ **1997** El Niño engendre sécheresses et tsunamis.
- ❏ **2000** Loloata Understanding promet l'autonomie pour Bougainville.
- ❏ **2001** Le PDM revendique la majorité parlementaire. Traité de paix final après un cessez-le-feu de 3 ans.
- ❏ **2002** Le NAP remporte les élections. Somare redevient Premier ministre.

RICHESSES

CONSOMMATION ET DÉPENSES

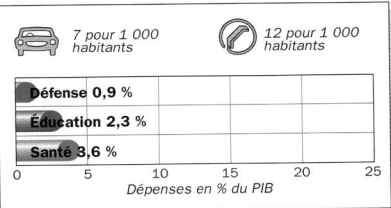

7 pour 1 000 habitants   12 pour 1 000 habitants

Défense 0,9 %
Éducation 2,3 %
Santé 3,6 %

Dépenses en % du PIB

Le fossé entre les riches et les pauvres s'accroît dans le pays, notamment en zone urbaine. Le gouvernement a réduit les dépenses des services publiques afin de collecter des capitaux pour investir dans les infrastructures, l'éducation et la santé publiques.

CLASSEMENT MONDIAL

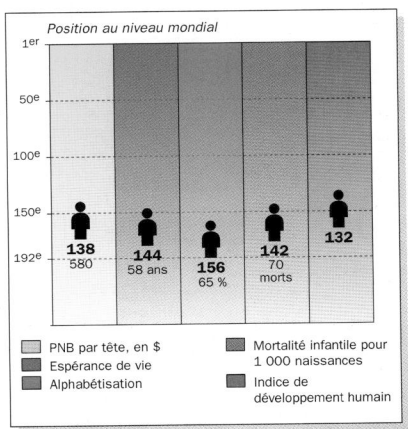

Position au niveau mondial

138 / 580
144 / 58 ans
156 / 65 %
142 / 70 morts
132

PNB par tête, en $
Espérance de vie
Alphabétisation
Mortalité infantile pour 1 000 naissances
Indice de développement humain

P

PARAGUAY

AMÉRIQUE DU SUD

NOM OFFICIEL : République du Paraguay   CAPITALE : Assomption
POPULATION : 5,8 millions   MONNAIE : guarani   LANGUES OFFICIELLES : espagnol et guarani

1811   1938   14 mai   PY   - 4   + 595   .py

ENCLAVÉ au centre de l'Amérique du Sud, le Paraguay a appartenu à l'Espagne jusqu'en 1811 et a ravi de larges bandes de terres à la Bolivie en 1838. Jusqu'en 1989, année de la chute du général Stroessner, le dictateur d'Amérique du Sud dont la présence au pouvoir aura été la plus longue, le Paraguay a vu se succéder des périodes d'anarchie et des régimes militaires. Le pays est baigné par le fleuve du même nom qui sépare les montagnes de l'Est et les plaines fertiles, qui regroupent 90 % de la population, du Chaco, région quasiment inhabitée située à l'Ouest.

CLIMAT

DONNÉES MÉTÉOROLOGIQUES

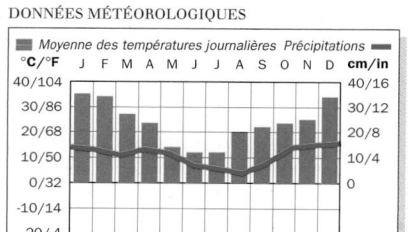

Moyenne des températures journalières   Précipitations

Le climat du Paraguay est de type subtropical ; l'ensemble du pays est exposé aux inondations et aux sécheresses.

TRANSPORTS

Silvie Pettirosi international, Assomption
320 000 passagers

47 navires
44 900 tpl

RÉSEAU DE TRANSPORT

15 000 km
(9 321 miles)

Autoroute panaméricaine :
700 km (435 miles)

370 km
(230 miles)

3 100 km
(1 926 miles)

Les routes ont sérieusement besoin d'être réparées. Le gouvernement veut privatiser la compagnie de chemin de fer (FCCAL), proche de la paralysie.

TOURISME

221 000 visiteurs

Moins 18 % en 2000

PROVENANCE DES TOURISTES ÉTRANGERS

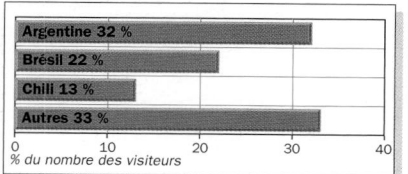

Argentine 32 %
Brésil 22 %
Chili 13 %
Autres 33 %

0   10   20   30   40
% du nombre de visiteurs

Hormis les visiteurs d'un jour qui traversent les frontières argentine et brésilienne et affluent à Ciudad del Este, le tourisme est peu développé. Le Chaco attire les adeptes de safaris.

POPULATION

Guarani, espagnol

14 hab./km²

PART DE LA POPULATION URBAINE/RURALE

55 %   45 %

COMPOSITION ETHNIQUE

  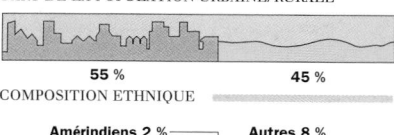

Amérindiens 2 %   Autres 8 %

Métis 90 %

La plupart des Paraguayens sont d'origine métisse, d'Espagnol et de Guarani. Dans les centres urbains la plupart sont bilingues, mais ailleurs la langue exclusive est le guarani. Privés de leurs terres ancestrales, les Guaranis ont été poussés à la marginalité et à la prostitution.

POLITIQUE

Ch. haute 2003/2008
Ch. basse 2003/2008

Nicanor Duarte Frutos, président de la République

AUX DERNIÈRES ÉLECTIONS

Chambre des députés 80 sièges

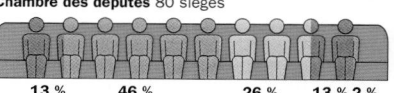

13 %
UNACE

46 %
ANR-PC

26 %
PLRA

13 % 2 %
MPQ PPS

ANR–PC = Association nationale républicaine – Parti Colorado   UNACE = Union nationale des citoyens éthiques
PLRA = Parti libéral radical authentique   MPQ = Mouvement du pays bien-aimé   PPS = Parti pour un pays uni
PEN = Parti du ralliement national

Sénat 45 sièges

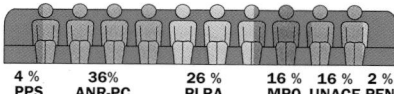

4 %
PPS

36%
ANR-PC

26 %
PLRA

16 %
MPQ

16 %
UNACE

2 %
PEN

En 1989, un coup d'État a mis aux 34 années de dictature du Général Stroessner. En 1993, son parti, le PC, a remporté les premières élections depuis 60 ans, tout en continuant à s'appuyer sur l'armée. En 1998, le PC est à nouveau sorti victorieux, malgré l'annulation de dernière minute de la candidature de l'ancien chef des armées, le Général Lino Oviedo. En 1999, l'instabilité consécutive à l'assassinat du vice-président Luis Argaña, a contraint le président Raoul Cubas à démissionner. En mai 2000, la fragile coalition gouvernementale survécut au coup d'État fomenté par Oviedo . Une coalition PC-PLRA sans précédent a vu le jour en août 2000.

PARAGUAY

Superficie totale : 397 300 km²
(153 398 sq. miles)

0   100 km
0   100 miles

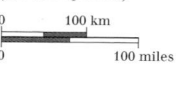

POPULATION
◎ Plus de 100 000
○ Plus de 50 000
● Plus de 10 000
• Moins de 10 000

ALTIMÉTRIE
1 000 m/3 281ft
500 m/1 640ft
200 m/656ft
Niveau de la mer

POLITIQUE EXTÉRIEURE

 BIRD   AIEA   Geplacea   Mercosur   GR

Le Paraguay cherche à être traité plus équitablement au sein du Mercosur et à améliorer ses relations avec les ÉU et l'Europe.

AIDE INTERNATIONALE

 78 M $ (reçus)   Plus 3 % en 1999

La Banque mondiale accorde des aides au développement et le FMI des prêts conditionnels.

DÉFENSE

 128 M $ Moins 5 % en 1999

Sous le Gal Stroessner, l'armée contrôlait la vie politique et économique. Entre 1994 et 1995, le Congrès a tenté de limiter ses pouvoirs tandis que le président J. C. Wasmosy sanctionnait son rôle politique et institutionnel. Le pacte entre l'armée et le PC, au pouvoir depuis 1947, est affaibli par des dissensions.

ÉCONOMIE

 7,6 M $ 5845-6200 guaranis

CHIFFRES SIGNIFICATIFS

- ❏ CLASSEMENT DU PNB AU NIVEAU MONDIAL 99ᵉ
- ❏ PNB PAR HABITANT ....1 350 $
- ❏ BALANCE DES PAIEMENTS ....– 207 M $
- ❏ INFLATION 7,3%
- ❏ CHÔMAGE ....16 %

ATOUTS
Pays exportateur d'électricité. La production de blé et autres produits de base suffit à la consommation nationale.

FAIBLESSES
Dépend de l'agriculture et des marchés brésilien et argentin. Faiblesse des secteurs financier et bancaire. L'instabilité dissuade l'investissement étranger.

EXPORTATIONS

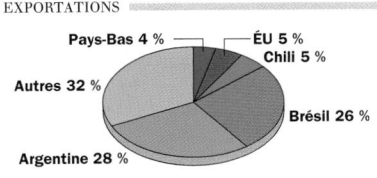

Pays-Bas 4 %   ÉU 5 %
Chili 5 %
Autres 32 %
Brésil 26 %
Argentine 28 %

IMPORTATIONS

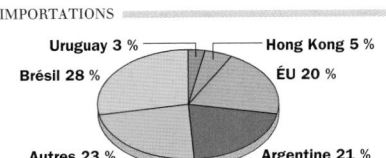

Uruguay 3 %   Hong Kong 5 %
Brésil 28 %   ÉU 20 %
Autres 23 %   Argentine 21 %

Les chutes d'Iguaçu, le long des frontières brésilienne et argentine, comptent plus de vingt cataractes.

RESSOURCES

 28 000 tonnes   Pays non producteur

9,91 M de bovins
2,7 M de porcins   Fer, manganèse,
710 000 canards   argile, uranium, gypse,
25 M de volailles   marbre, kaolin

Le barrage d'hydroélectricité, géré par le Paraguay et le Brésil à Itaipu, est le plus grand au monde. Celui de Yacyreta est exploité avec l'Argentine.

ENVIRONNEMENT

 4 %   0,8 tonne par habitant

Outre la destruction des forêts pour accroître la surface cultivable, le pays déplore un trafic d'espèces animales destinés aux marchés étrangers.

MÉDIAS

 43 quotidiens pour 1 000 habitants

PRESSE ET TÉLÉCOMMUNICATIONS

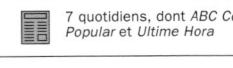 7 quotidiens, dont *ABC Color*, *Noticias*, *Popular* et *Ultime Hora*

 4 chaînes privées   21 stations indépendantes

Les médias sont traditionnellement soutenus par des partis politiques. Ils se sont développés après la chute du général Stroessner et ont publié des articles détaillés sur la corruption et sur les violations des droits de l'homme.

CRIMINALITÉ

 Pas de chiffre sur la population carcérale   Moins 3 % en 1996-1999

Le Paraguay est la capitale de la contrebande de l'Amérique latine. Les pistes d'atterrissage situées dans la jungle ouvrent la voie au trafic de drogue.

ÉDUCATION

 93 %   42 302 étudiants

L'école est obligatoire jusqu'à 12 ans et seuls 28 % des enfants continuent à l'école secondaire.

CHRONOLOGIE

Le Paraguay était sous domination espagnole de 1536 à 1811.

- ❏ **1864–1870** Le pays perd la guerre de la Triple Alliance contre l'Argentine, le Brésil et l'Uruguay.
- ❏ **1928–1935** Deux guerres du Chaco contre la Bolivie au sujet de territoires.
- ❏ **1938** Établissement de la frontière avec la Bolivie.
- ❏ **1954–1989** Régime répressif et militaire du Général Stroessner.
- ❏ **1993** Premières élections libres.
- ❏ **1996** Tentative de coup d'État du Général Lino Oviedo.
- ❏ **1998–1999** Raoul Cubas élu président. Il démissionne suite à l'assassinat du vice-président.
- ❏ **2003** Nicanor Duarte Frutos du PC devient président.

SANTÉ

 1 pour 909 habitants   Maladies cardiaques, cancers, complications obstétriques, tuberculose

L'hépatite, la typhoïde, la dysenterie et la tuberculose sont endémiques et la lèpre est répandue. Les soins médicaux sont chers.

RICHESSES

CONSOMMATION ET DÉPENSES

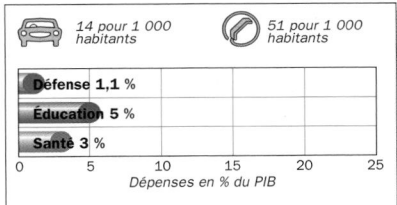

14 pour 1 000 habitants   51 pour 1 000 habitants

Défense 1,1 %
Éducation 5 %
Santé 3 %

0   5   10   15   20   25
Dépenses en % du PIB

Les inégalités de revenus sont grandes et la pauvreté rurale est élevée. La hiérarchie militaire, les élites rurales et des affaires détiennent toutes les richesses.

CLASSEMENT MONDIAL

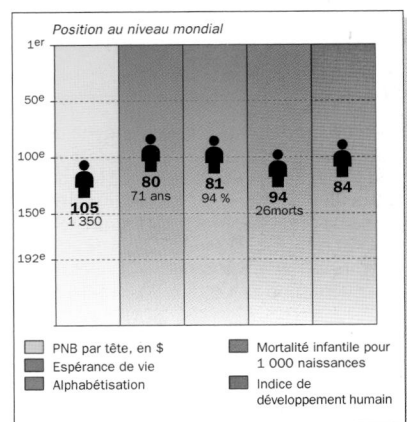

Position au niveau mondial

1ᵉʳ
50ᵉ
100ᵉ
150ᵉ
192ᵉ

105   80   81   94   84
1 350   71 ans 94 %   26morts

- ▢ PNB par tête, en $
- ▢ Espérance de vie
- ▢ Alphabétisation
- ▢ Mortalité infantile pour 1 000 naissances
- ▢ Indice de développement humain

P

PAYS-BAS

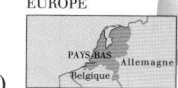
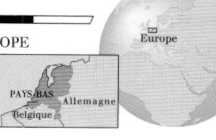

NOM OFFICIEL : Royaume des Pays-Bas CAPITALES : Amsterdam, La Haye (capitale gouv.tale)
POPULATION : 16,2 millions MONNAIE : euro LANGUE OFFICIELLE : néerlandais

 1815   1839   30 avril   NL   + 1   + 31   .nl

LES PAYS-BAS sont situés dans un delta formé par cinq fleuves importants, dans le Nord-Ouest de l'Europe. Les quelques collines de l'Est et du Sud du pays s'abaissent progressivement en une zone côtière plate bordée par la mer du Nord. Cette région est protégée par des infrastructures gigantesques, notamment des dunes, des digues et des canaux, car 27 % du territoire côtier est situé en dessous du niveau de la mer. Historiquement l'une des premières républiques fédérales du monde, son indépendance fut proclamée en 1648. La prospérité économique du pays repose depuis longtemps sur son activité commerciale, et Rotterdam est le port le plus important du monde.

CLIMAT

DONNÉES MÉTÉOROLOGIQUES

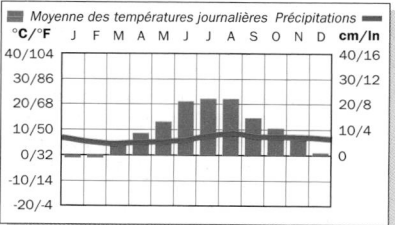

Les Pays-Bas sont caractérisés par un climat tempéré avec des hivers doux et des étés frais. Les régions côtières bénéficient du climat le plus doux, mais les coups de vent y sont fréquents, surtout à l'automne et en hiver.

TRANSPORTS

 Schipol, Amsterdam
14,77 M de passagers

 1 214 navires
4,3 M tpl

RÉSEAU DE TRANSPORT

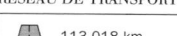 113 018 km
(70 226 miles)

 2 235 km
(1 389 miles)

2 808 km
(1 745 miles)

 5 043 km
(3 134 miles)

Rotterdam est le port par lequel transite la plupart des échanges du Nord de l'Europe. Le gouvernement a débloqué 15 milliards de dollars pour agrandir l'aéroport de Schipol. De nouvelles voies de chemin de fer doivent être construites pour permettre au TGV d'assurer une liaison entre Bruxelles et Amsterdam.

TOURISME

 10,2 M de visiteurs   Plus 3 % en 2000

PROVENANCE DES TOURISTES ÉTRANGERS

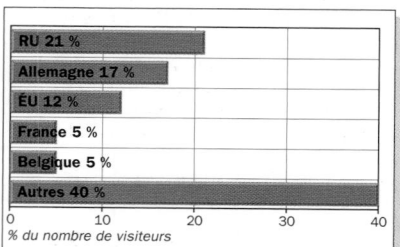

Le tourisme est un secteur d'activité très important aux Pays-Bas. Amsterdam est le site préféré mais Groningen et Maastricht accueillent de plus en plus de touristes. Certains des musées d'Amsterdam, tel le Rijksmuseum, et ses collections de Vermeer et de Rembrandt sont célèbres dans le monde entier. Son réseau de canaux est très apprécié. La ville est également réputée par son attitude tolérante envers le sexe et son quartier réservé attire chaque année des millions de visiteurs. Au cours de la dernière décennie, la capitale est aussi devenue le centre de la communauté homosexuelle masculine européenne qui y organise des célébrations, notamment l'*Amsterdam Pride* au mois d'août. Le nombre important des discothèques et la législation libérale du pays en matière de stupéfiants attirent de plus en plus de visiteurs des pays limitrophes. Au printemps et en été, les champs de tulipes et les plages de la mer du Nord séduisent de nombreux touristes.

Moulin à vent à Baambrugge. Un cercle de 900 moulins a protégé Amsterdam des inondations. Les Pays-Bas ne comptent plus que 1 000 moulins, contre 10 000 il y a un siècle.

POPULATION

 Néerlandais, frison   466 hab./km²

PART DE LA POPULATION URBAINE/RURALE

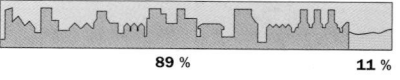

89 % 11 %

RELIGION

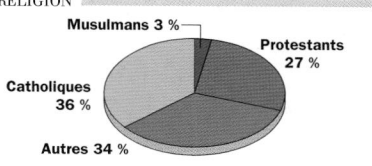

Musulmans 3 %
Protestants 27 %
Catholiques 36 %
Autres 34 %

COMPOSITION ETHNIQUE

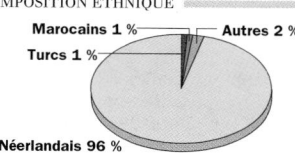

Marocains 1 % Autres 2 %
Turcs 1 %
Néerlandais 96 %

Les Néerlandais considèrent leur pays comme le plus tolérant d'Europe car il a commencé très tôt à accueillir des réfugiés à la recherche d'un asile religieux ou politique. Au XXe siècle, des immigrants d'anciennes colonies s'installent aux Pays-Bas et leur citoyenneté est pleinement reconnue. La première vague vient d'Indonésie ; les suivantes du Surinam et des Antilles néerlandaises. Les membres de la communauté turque, toutefois, n'ont pas la pleine citoyenneté.
La tradition de tolérance est également sensible en matière de sexualité. En 2001 le mariage homosexuel a été légalisé, accordant à ces couples les mêmes droits qu'aux autres, y compris celui de l'adoption (au bout de 3 ans de mariage). La consommation de stupéfiants est considérée comme un choix personnel. En 2001 les Pays Bas sont devenus le premier pays à légaliser l'euthanasie, quoique sous des conditions strictes.
Les femmes bénéficient de l'égalité des droits et détiennent 37 % des sièges de la seconde Chambre du parlement, mais elles sont mal représentées au Conseil.

RÉPARTITION DE LA POPULATION PAR TRANCHE D'ÂGE

Femmes	Âge	Hommes
2,2 %	81–100	0,9 %
8,1 %	61–80	6,6 %
12,9 %	41–60	13,3 %
15,6 %	21–40	16,1 %
11,9 %	0–20	12,4 %

P

POLITIQUE

Ch. haute 2003-2007
Ch. basse 2003-2007

Sa majesté la reine Beatrix

AUX DERNIÈRES ÉLECTIONS

Seconde Chambre du parlement 150 membres

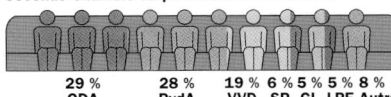

| 29 % CDA | 28 % PvdA | 19 % VVD | 6 % SP | 5 % GL | 5 % LPF | 8 % Autres |

PvdA = Parti travailliste VVD = Parti populaire pour la liberté et la démocratie CDA = Appel démocrate-chrétien
D66 = Démocrates 66 GL = Gauche verte SP = Parti socialiste LPF = Liste Pim Fortuyt

Première Chambre du parlement 75 membres

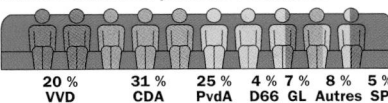

| 20 % VVD | 31 % CDA | 25 % PvdA | 4 % D66 | 7 % GL | 8 % Autres | 5 % SP |

La première Chambre est élue au suffrage indirect.

Les Pays-Bas sont une monarchie constitutionnelle. Le pouvoir législatif est exercé par le parlement. Le monarque n'a qu'un pouvoir nominal.

PRINCIPAUX PROBLÈMES POLITIQUES
L'avenir de la sécurité sociale
Les Pays-Bas ont réduit le budget des aides sociales dans les années 1980 mais leur système est toujours l'un des plus généreux d'Europe. La plupart des partis politiques reconnaissent que le pays ne pourra les maintenir indéfiniment à leur niveau

PAYS-BAS
Superficie totale : 33 920 km² (13 097 sq. miles)

La reine Beatrix, couronnée en 1980, a su réconcilier les Néerlandais avec la monarchie.

Jan Peter Balkenende, chef du CDA, nommé Premier ministre en 2002.

actuel. La question est donc de savoir quelles aides réduire et de combien.

Les réfugiés politiques
Ces dernières années, le nombre de demandeurs d'asile politique n'a cessé d'augmenter. Outre les coûts que cela implique, certains redoutent que les partis d'extrême-droite n'enregistrent une progression significative. En 1994, les lois sur l'immigration se sont

renforcées comme dans les pays voisins.

PROFIL
La politique néerlandaise s'organise en coalitions; elle s'appuie sur un consensus remarquable. Les Néerlandais pensent généralement que le gouvernement a un rôle social à jouer et ils acceptent le niveau relativement élevé de la fiscalité et le principe d'un système de sécurité sociale généreux. La scène politique est plus animée par des réflexions sur la portée à donner aux choix de société que par des différences idéologiques. Le gouvernement a longtemps été dirigé par une coalition composée de deux partis et dirigée par le CDA, l'autre parti étant soit le PvdA, parti de centre gauche, soit le VVD, parti de droite. Toutefois, après les élections de 1994, le VdpA, le VVD et la gauche libérale du D66 ont formé un gouvernement gauche-droite – surnommé la coalition violette (à cause du mélange de rouge et de bleu) – sous la direction de Wim Kok, dirigeant du VdpA. Réélu en 1998, ce gouvernement a surmonté la crise de 1999.
La coalition de Wim Kok poursuit une politique générale connue sous le nom de « modèle polder ». Formulée au début des années 1980, elle propose la création d'emplois, la modération salariale, la dérégulation économique et une protection sociale généreuse.

POLITIQUE EXTÉRIEURE

Benelux UE OTAN OCDE OSCE

L'intégration politique et monétaire à l'UE rencontre un important soutien populaire. En 1995, les Pays-Bas ont aboli les contrôles aux frontières selon l'accord de Schengen. En 1999, ils ont introduit l'euro. L'ancien ministre des Finances, Wim Duisenberg, a été nommé premier président de la Banque centrale européenne. La Cour internationale de justice et le Tribunal pénal international siègent à la Haye.

P

AIDE INTERNATIONALE

 3,13 Md $ (versés)    Plus 3 % en 1999

Les Pays-Bas sont l'un des rares pays à dépasser l'objectif fixé par l'ONU de 0,7 % du PNB consacré à l'aide internationale : en 1998, elle s'élevait à 0,8 % du PNB. Le gouvernement subordonne l'octroi d'aides au respect des droits de l'homme et donne la priorité aux projets qui avantagent les objectifs à long terme, tout en s'efforçant de gérer et de réduire les conflits internes.

POPULATION
Plus de 1 000 000
Plus de 500 000
Plus de 100 000
Plus de 50 000
Plus de 10 000

ALTIMÉTRIE
100 m/328ft
Niveau de la mer
- 100 m/- 328ft

CHRONOLOGIE

La répression du protestantisme par les Habsbourg espagnols conduit à la révolte et les provinces du Nord forment une république indépendante en 1581, reconnue par l'Espagne en 1648.

- ❏ **1813** Les Hollandais se débarrassent de 18 ans de domination française et adoptent le statut de monarchie constitutionnelle.
- ❏ **1815** Création du Royaume uni des Pays-Bas incluant la Belgique et le Luxembourg.
- ❏ **1848** Nouvelle Constitution – les ministres sont responsables devant le parlement.
- ❏ **1897–1901** Promulgation d'une législation sociale de grande envergure. Essor de puissants syndicats.
- ❏ **1898** Wilhelmina monte sur le trône, marquant la fin de l'union avec le Luxembourg où sévit la loi salique sur l'héritage masculin.
- ❏ **1914–1918** La neutralité hollandaise respectée durant la Première Guerre mondiale.
- ❏ **1922** Émancipation complète des femmes.
- ❏ **1940** Malgré leur neutralité affirmée, les Pays-Bas sont envahis par l'Allemagne. Très forte résistance.
- ❏ **1942** Le Japon envahit les Antilles néerlandaises.
- ❏ **1944–1945** « L'hiver de la famine » dans les provinces de l'Ouest occupées par l'Allemagne.
- ❏ **1945** Libération. Établissement de la Cour de justice internationale à La Haye.
- ❏ **1946–1958** Le PvdA dirige une coalition formée avec le CVP.
- ❏ **1948** Juliana monte sur le trône.
- ❏ **1949** Adhésion à l'OTAN. Accession à l'indépendance de la plupart des colonies des Indes orientales, qui donnent naissance à l'Indonésie.
- ❏ **1957** Cofondateur de la CEE.
- ❏ **1960** Union économique avec le Luxembourg et la Belgique.
- ❏ **1975** Le PvdA accède au pouvoir après 15 ans d'opposition. Coalition de centre-gauche.
- ❏ **1977–1981** Coalition CDA-VVD.
- ❏ **1980** Deux partis protestants s'unissent pour former le CDA. Beatrix monte sur le trône.
- ❏ **1992** Légalisation des maisons closes.
- ❏ **1999** Introduction de l'euro.
- ❏ **2001** Légalisation de l'euthanasie et des mariages homosexuels.
- ❏ **2002** Jan Peter Balkenende (CDA) devient Premier ministre après l'assassinat de Pim Fortuyn.
- ❏ **2003** Réélection du CDA.

DÉFENSE

💲 6,95 Md $ ⬇ Moins 3 % en 1999

FORCES ARMÉES NÉERLANDAISES

🚜	330 chars de combat (Leopard 2)	23 100 hommes
🚢	4 sous-marins, 12 frégates et 3 destroyers	12 340 hommes
✈	153 avions de combat (F-16A, –B)	11 300 hommes
🚀	Aucun	

Depuis la fin de la guerre froide, l'armée des Pays-Bas a subi une restructuration fondamentale, dont l'objectif est d'en faire une force d'intervention plus souple. En 1996, le service militaire obligatoire a été aboli et les effectifs réduits de 44 %. Un corps d'armée de 28 000 hommes – néerlandais et allemands – a été constitué en 1995. Le nouveau rôle des forces armées est apparu lors de leur participation à la force internationale de retour et de maintien de la paix en Bosnie. L'industrie de l'armement est très importante.

ÉCONOMIE

📊 390 Md $ 💲 0,87-1,01 euro

CHIFFRES SIGNIFICATIFS

- ❏ CLASSEMENT DU PNB AU NIVEAU MONDIAL 14ᵉ
- ❏ PNB PAR HABITANT ....24 330 $
- ❏ BALANCE DES PAIEMENTS ....12,4 Md $
- ❏ INFLATION ....4,5 %
- ❏ CHÔMAGE..2 %

INDICATEUR DES PERFORMANCES ÉCONOMIQUES

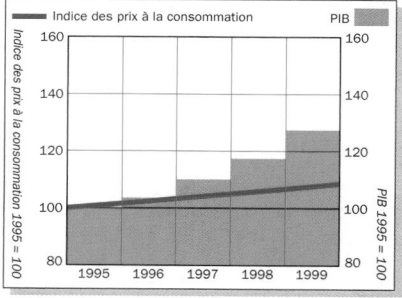

EXPORTATIONS

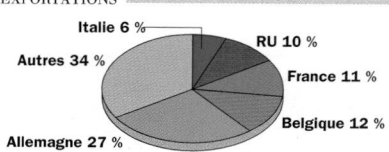

Italie 6 %   RU 10 %   France 11 %   Belgique 12 %   Allemagne 27 %   Autres 34 %

IMPORTATIONS

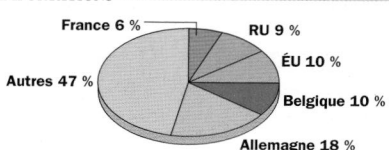

France 6 %   RU 9 %   ÉU 10 %   Belgique 10 %   Allemagne 18 %   Autres 47 %

ATOUTS

Main-d'œuvre hautement qualifiée, diplômée et polyglotte. Infrastructures très développées. Nombreuses grandes multinationales, dont Philips et Shell. Consensus entre employeurs et employés. Faible taux d'inflation. Lié de longue date aux innovations de haute technologie.

FAIBLESSES

Taux d'imposition et prime d'assurances élevés du fait de l'importance des dépenses sociales; la sécurité sociale représente un tiers du revenu national. Coût de la main-d'œuvre élevé.

PROFIL

Le commerce est l'élément clé du succès de l'économie et ce depuis le XVIᵉ siècle. La plupart des échanges transitent par Rotterdam. Outre leurs entreprises de haute technologie, spécialisées dans l'électronique, les

télécommunications ou la chimie, les Pays-Bas disposent d'une agriculture performante. Les rendements agricoles sont très élevés et la production de fromage, de légumes, de viande et de fleurs occupe une grande place dans les exportations du pays. Des plans de création d'emplois ont réduit le chômage. Les allocations handicapés et maladies sont nombreuses.

PAYS-BAS : PRINCIPALES ACTIVITÉS

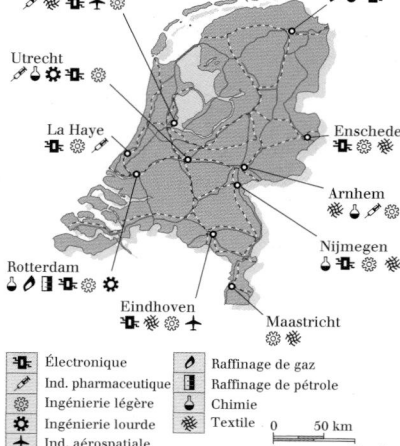

Amsterdam   Groningue   Utrecht   La Haye   Enschede   Arnhem   Nijmegen   Rotterdam   Eindhoven   Maastricht

- ⚡ Électronique
- 💉 Ind. pharmaceutique
- Ingénierie légère
- ⚙ Ingénierie lourde
- ✈ Ind. aérospatiale
- 🔥 Raffinage de gaz
- Raffinage de pétrole
- Chimie
- Textile

0   50 km
0   50 miles

RESSOURCES

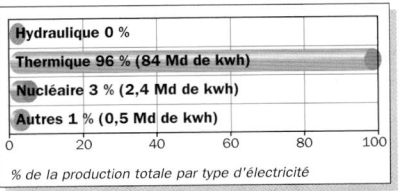

550 009 tonnes

41 483 b/j (réserves : 75 725 400 b)

13,1 M de porcins
4,15 M de bovins
1,47 M d'ovins
100 M de poulets

Gaz naturel, pétrole

PRODUCTION ÉLECTRIQUE

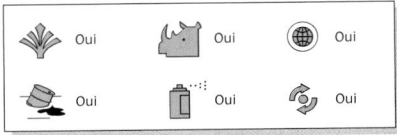

Hydraulique 0 %
Thermique 96 % (84 Md de kwh)
Nucléaire 3 % (2,4 Md de kwh)
Autres 1 % (0,5 Md de kwh)

% de la production totale par type d'électricité

Le Nord est doté d'importantes réserves de gaz naturel. Les forages de la mer du Nord permettent de produire un peu de pétrole.

ENVIRONNEMENT

7 %

10,5 tonnes par habitant

TRAITÉS ÉCOLOGIQUES

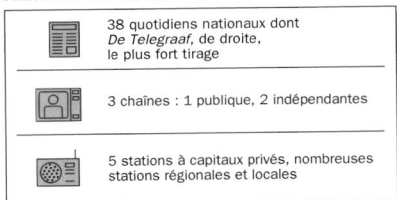

Oui — Oui — Oui
Oui — Oui — Oui

La protection de l'environnement est une des préoccupations traditionnelles aux Pays-Bas. Les ONG telles que Greenpeace sont bien implantées et le parti écologiste est représenté au parlement. Les Néerlandais recyclent leurs ordures ménagères, ils ont une politique d'économie d'énergie particulièrement efficace et ont mis au point des projets innovants pour l'habitat et les transports en commun. En 1996 une taxe « écologique », la première en son genre en Occident, a été imposée aux utilisateurs d'énergie, bien que la grande industrie en soit exempte. De graves inondations dues aux rivières Maas et Waal (un affluent du Rhin), en 1993 et 1995, ont ravivé les inquiétudes.

MÉDIAS

305 quotidiens pour 1 000 habitants

PRESSE ET TÉLÉCOMMUNICATIONS

38 quotidiens nationaux dont *De Telegraaf*, de droite, le plus fort tirage

3 chaînes : 1 publique, 2 indépendantes

5 stations à capitaux privés, nombreuses stations régionales et locales

Les journaux connaissent une diffusion importante. Bien qu'indépendante du point de vue de la rédaction, la communication audiovisuelle est fortement régulée.

PAYS-BAS : UTILISATION DU SOL

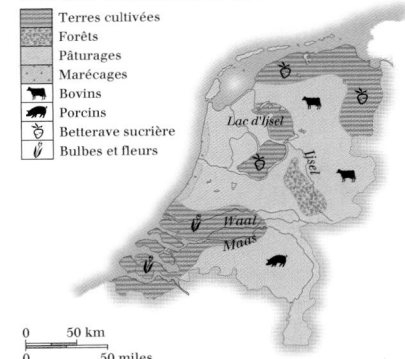

Terres cultivées
Forêts
Pâturages
Marécages
Bovins
Porcins
Betterave sucrière
Bulbes et fleurs

0 50 km
0 50 miles

CRIMINALITÉ

 10 143 détenus

Moins 16 % en 1996-1998

TAUX DE CRIMINALITÉ.

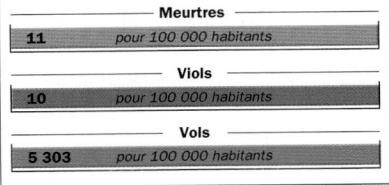

Meurtres
11 pour 100 000 habitants

Viols
10 pour 100 000 habitants

Vols
5 303 pour 100 000 habitants

Les Pays-Bas traitent les drogues dures comme un problème médical et social plutôt que comme une question de criminalité. D'autres membres de la convention de Schengen, dont la France, craignent que les ports hollandais deviennent la porte d'entrée des stupéfiants. La possession de cannabis pour consommation personnelle a été dépénalisée.

ÉDUCATION

99 %

468 970 étudiants

LE SYSTÈME ÉDUCATIF

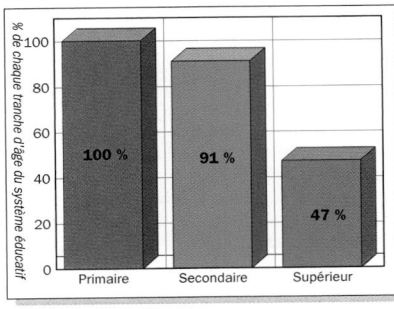

% de chaque tranche d'âge du système éducatif

100 % Primaire
91 % Secondaire
47 % Supérieur

Les entreprises subventionnent la recherche universitaire.
Les écoles publiques, gérées par les municipalités, attirent 35 % des élèves et celles du privé en reçoivent 65 %. Toutes sont financées par l'État.

SANTÉ

1 pour 385 habitants

Maladies cardiaques et respiratoires, cancers

L'essentiel du système de santé est financé par l'État, bien que 25 % des fonds proviennent du privé. Son budget très élevé en fait l'un des plus efficaces au monde. Toutefois, les Néerlandais risquent, à l'avenir, de devoir se contenter d'un service de qualité moindre, d'autant que la population vieillit. Le Sida y est plus répandu qu'en Suède et au Royaume Uni, mais moins qu'en Suisse, en France et en Espagne.

RICHESSES

CONSOMMATION ET DÉPENSES

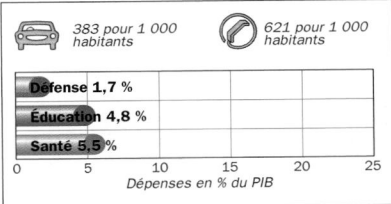

383 pour 1 000 habitants

621 pour 1 000 habitants

Défense 1,7 %
Éducation 4,8 %
Santé 5,5 %

Dépenses en % du PIB

Les Pays-Bas sont l'un des pays les plus riches au monde en termes de revenu par habitant. Les industriels du pétrole, les agents de change et les hommes d'affaires constituent la couche sociale la plus favorisée. Le régime fiscal proportionnel et les nombreuses aides sociales assurent une répartition égalitaire des richesses. La division des classes sociales ne joue pas un grand rôle dans la société. La plupart des Néerlandais considèrent qu'ils appartiennent à la classe moyenne. Tel n'est toutefois pas le cas de la communauté d'immigrés, généralement établie à la périphérie déshéritée des villes. Les immigrés clandestins constituent la population la plus défavorisée.

CLASSEMENT MONDIAL

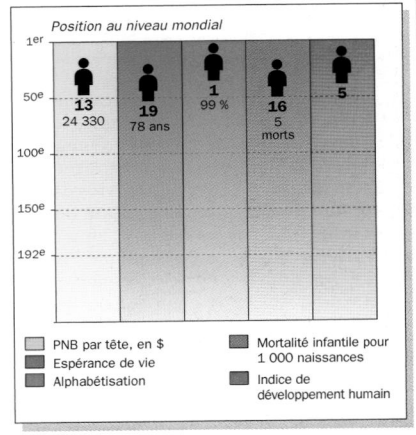

Position au niveau mondial

13 — 24 330
19 — 78 ans
1 — 99 %
16 — 5 morts
5

PNB par tête, en $
Espérance de vie
Alphabétisation
Mortalité infantile pour 1 000 naissances
Indice de développement humain

P

PÉROU

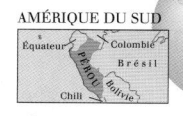

AMÉRIQUE DU SUD

NOM OFFICIEL : République du Pérou **CAPITALE** : Lima
POPULATION : 26,5 millions **MONNAIE** : nouveau sol **LANGUES OFFICIELLES** : espagnol, quechua

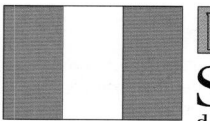

SITUÉ juste au sud de l'équateur, sur la côte Pacifique de l'Amérique du Sud, le Pérou est devenu indépendant de l'Espagne dès 1824. Le pays s'élève progressivement de la bande côtière aride aux Andes, dominées au sud par des volcans ; près de la moitié de la population vit dans des régions montagneuses. La frontière commune avec la Bolivie traverse le lac Titicaca. En 1995, une brève guerre frontalière a opposé le pays à l'Équateur.

CLIMAT

DONNÉES MÉTÉOROLOGIQUES

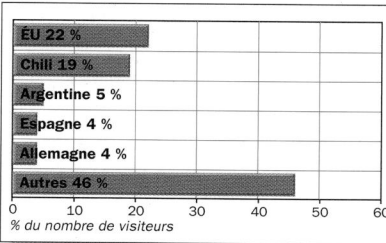

Les régions côtières arides ou désertiques sont souvent couvertes de nuages bas et de brumes persistantes ce qui explique que Lima connaisse toujours des hivers frais, malgré la proximité de l'équateur. Les versants des Andes, au climat plus tempéré, sont caractérisés par une forte amplitude thermique et une saison humide, tandis que le bassin tropical d'Amazonie enregistre des précipitations toute au long de l'année.

TRANSPORTS

Jorge Chávez International, Lima
2,57 M de passagers

719 navires
269 700 tpl

RÉSEAU DE TRANSPORT

8 700 km (5 406 miles)		Autoroute panaméricaine : 2 495 km (1 550 miles)	
1 639 km (1 018 miles)		8 600 km (5 344 miles)	

En 2001, la Banque mondiale a estimé le déficit des infrastructures publiques a 7 milliards de $. La plupart des routes ne sont pas goudronnées. D'autres travaux doivent aboutir à la mise en service d'une autoroute transcontinentale reliant Ilo, port franc situé sur le Pacifique, au port de Portos, au Brésil, en passant par Puerto Súarez, en Bolivie. Les deux réseaux ferroviaires du centre et du Sud ne sont pas encore reliés entre eux. Le transport fluvial assure une grande partie des liaisons vers Iquitos, en Amazonie. Outre les quatre aéroports internationaux, le Pérou compte 130 pistes d'atterrissage.

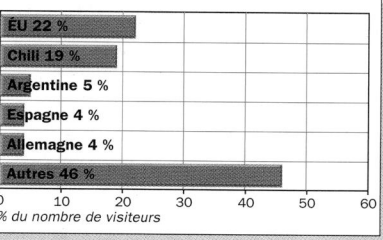

Église coloniale près de l'Urubamba. La région de l'Urubamba et ses gorges profondes avaient été surnommées Vallée sacrée par les Incas.

TOURISME

 1 M de visiteurs   Plus 9 % en 2000

PROVENANCE DES TOURISTES ÉTRANGERS

ÉU 22 %	
Chili 19 %	
Argentine 5 %	
Espagne 4 %	
Allemagne 4 %	
Autres 46 %	

% du nombre de visiteurs

On assiste depuis peu à une reprise progressive du tourisme qui avait beaucoup souffert, au début des années 1990, de la guérilla, de la criminalité et de la peur du choléra. Lourdement endettée, cette industrie n'est pas encore parvenue à profiter pleinement des nouvelles possibilités d'investissements. Des programmes de privatisation ont cependant débuté avec la vente d'hôtels appartenant à l'État. L'infrastructure reste insuffisante, notamment au niveau de l'hébergement, malgré la présence de sites incomparables comme le Machu Picchu. Le tourisme vert se développe en Amazonie, mais les écologistes redoutent que les familles indigènes n'en pâtissent. Les motifs, datant du IIe siècle av. J.-C., tracés dans le désert par les Nazca, ainsi que le lac Titicaca et l'architecture de Lima représentent d'autres attraits pour les touristes.

POPULATION

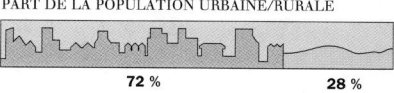

Espagnol, quechua, aymará

20 hab./km²

PART DE LA POPULATION URBAINE/RURALE

72 % 28 %

RELIGION

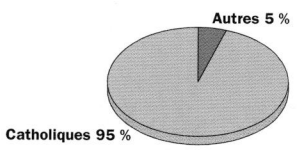

Autres 5 %

Catholiques 95 %

COMPOSITION ETHNIQUE

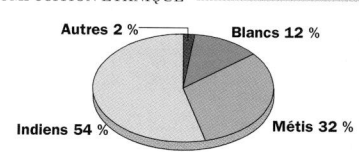

Autres 2 % Blancs 12 %

Indiens 54 % Métis 32 %

La majorité des Péruviens sont indiens ou métis. La petite communauté de descendance espagnole contrôle une grande partie de l'économie et du pouvoir politique ; elle constitue également l'essentiel de l'élite sociale. Les villes du Nord abritent un petit nombre de Chinois et de Japonais.
Les Indiens des Andes, jusque-là isolés, sont de plus en plus informés, par la radio et par la famille installée en ville, des événements survenant à Lima et sur la côte. Cela compense la marginalisation de leurs langues quechua et aymará. Les plaines de l'Est abritent une autre communauté de 250 000 Indiens d'Amazonie, qui souffre généralement de comportements discriminatoires très forts, à l'instar de la petite communauté noire (qui descend des ouvriers employés dans les plantations).
La famille étendue est toujours une composante essentielle tant des traditions indigènes indiennes que du tissu social catholique. Ces dernières années, les problèmes économiques du pays en ont fait le facteur principal de cohésion sociale pour la plupart des Péruviens.

PYRAMIDE DES ÂGES

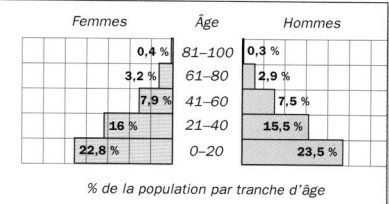

Femmes	Âge	Hommes
0,4 %	81–100	0,3 %
3,2 %	61–80	2,9 %
7,9 %	41–60	7,5 %
16 %	21–40	15,5 %
22,8 %	0–20	23,5 %

% de la population par tranche d'âge

P

POLITIQUE

 2001/2006

 Alejandro Toledo, président de la République

Alberto Fujimori, *président de 1990 à 2000, a gouverné de façon de plus en plus autocratique.*

Le président Alejandro Toledo, *élu en 2001, est le premier chef d'État amérindien.*

Le Pérou est en théorie une démocratie pluraliste dans laquelle le président détient le pouvoir exécutif.

PRINCIPAUX PROBLÈMES POLITIQUES
Démocratie
En 2000, l'ancien président Alberto Fujimori a obtenu un troisième mandat, ce qui est inconstitutionnel. Sa réélection, boycottée au second tour par le très populaire candidat de l'opposition, Alejandro Toledo, a provoqué des manifestations dans le pays. Peu après, suite à l'implication de son puissant chef des services secrets dans une affaire de corruption, Fujimori a démissionné de façon inattendue et s'est exilé au Japon. Un gouvernement provisoire d'unité nationale, avec un président désigné, a été chargé des affaires jusqu'à la tenue de nouvelles élections. Toutefois, aucun des candidats n'avait de politique très différente, ce qui risque bien de conduire, à l'avenir, à de fragiles coalitions de gouvernement et à divers maquignonnages.

Corruption
Le scandale qui a causé la perte d'Alberto Fujimori n'est que la partie visible de l'iceberg. La corruption est un problème endémique dans la vie politique, judiciaire et des affaires, ainsi que dans les forces armées et la police.

Réforme de l'armée
Les officiers supérieurs, fidèles à Fujimori et à son chef de la sécurité, Vladimiro Montesinos, ont été limogés. Mais il reste à réformer l'armée

AUX DERNIÈRES ÉLECTIONS
Congrès national 120 sièges

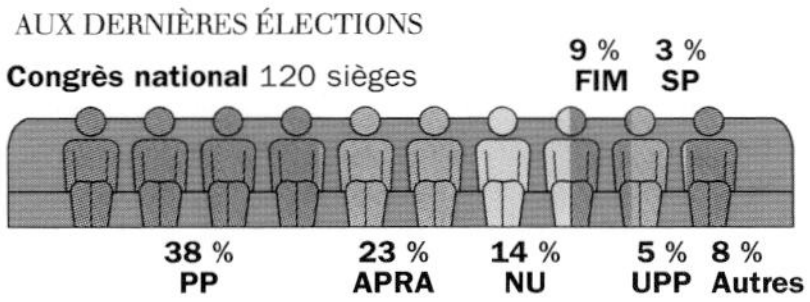

| 38 % PP | 23 % APRA | 14 % NU | 5 % UPP | 8 % Autres | 9 % FIM | 3 % SP |

PP = Pérou possible **APRA** = Alliance populaire révolutionnaire américaine **NU** = Unité nationale
FIM = Front indépendant moralisateur
UPP = Union pour le Pérou **SP** = Nous sommes le Pérou

et la police militaire afin qu'elles gagnent en professionnalité. Il y a cependant peu de chances pour que cela se fasse dans un avenir proche.

PROFIL
La longue tradition de domination de la vie politique par les grands partis s'est achevée avec l'élection de Fujimori en 1990. Son « coup personnel » a créé une législature et un système judiciaire conciliant et l'adoption d'une nouvelle Constitution a permis sa réélection en 1995. Sa côte de popularité a été renforcée par ses succès en matière d'hyperinflation et de lutte contre la guérilla du *Sentier Lumineux*. Mais elle est retombée à la fin des années 1990 lorsqu'il a cherché à renforcer sa mainmise personnelle sur le gouvernement, en s'appuyant de plus en plus sur l'armée. L'exécutif reste peu contrôlé. Fujimori a remporté son troisième mandat en 2000. Toutefois, lorsque son responsable des services de sécurité, Montesinos, fut filmé en train de soudoyer des législateurs de l'opposition, la fraude électorale et l'usage corrompu du pouvoir explosa au grand jour. Définitivement déconsidéré, Fujimori démissionna en novembre. Les nouvelles élections présidentielles et législatives, tenues en avril 2001 ont donné la victoire au populiste Alejandro Toledo et à son parti PR.

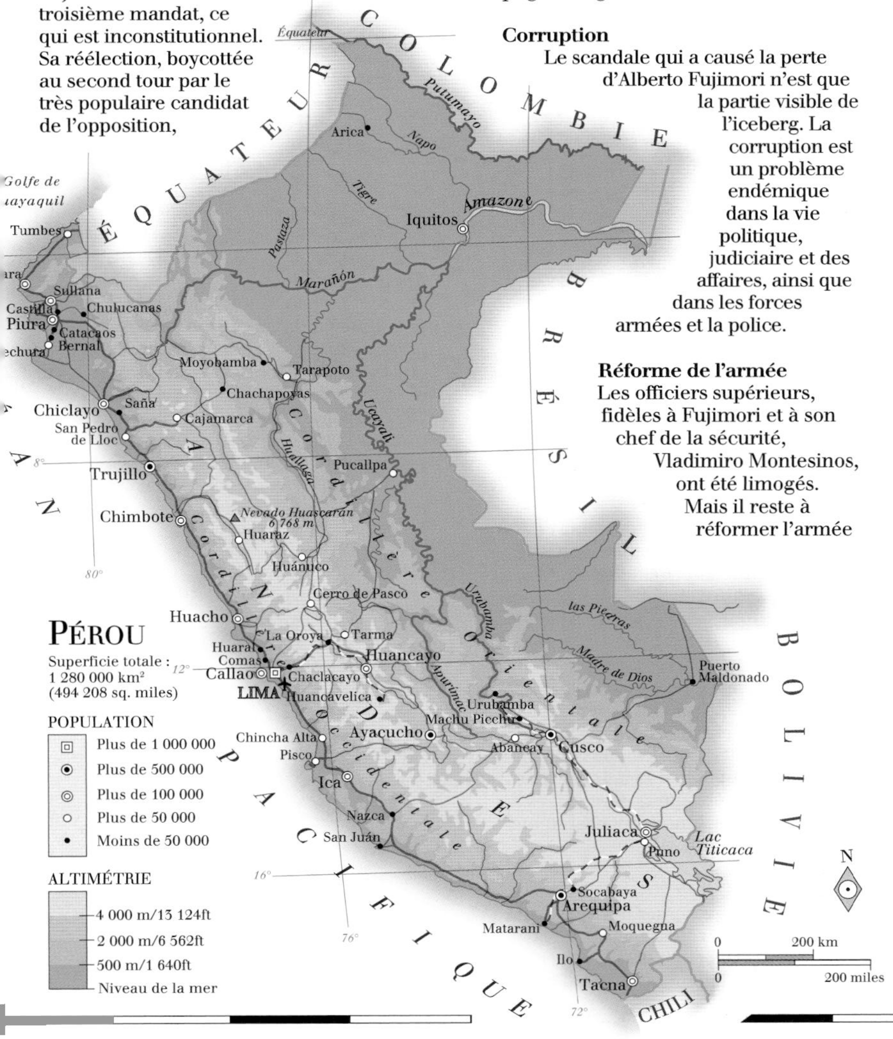

PÉROU
Superficie totale :
1 280 000 km²
(494 208 sq. miles)

POPULATION
- ⊡ Plus de 1 000 000
- ⊙ Plus de 500 000
- ◎ Plus de 100 000
- ○ Plus de 50 000
- • Moins de 50 000

ALTIMÉTRIE
- 4 000 m/13 124ft
- 2 000 m/6 562ft
- 500 m/1 640ft
- Niveau de la mer

(Map of Peru with labels: Équateur, COLOMBIE, Arica, Napo, Putumayo, Tigre, Amazone, Iquitos, Pastaza, Marañón, BRÉSIL, Ucayali, Huallaga, Moyobamba, Tarapoto, Chachapoyas, Pucallpa, Cajamarca, Cordillère, Nevado Huascarán 6 768 m, Huaraz, Huánuco, Cerro de Pasco, Urubamba, las Piedras, Huacho, La Oroya, Tarma, Huancayo, Puerto Maldonado, Madre de Dios, Huaral, Comas, Callao, Chaclacayo, LIMA, Huancavelica, Urubamba, Machu Picchu, Cusco, Ayacucho, Abancay, BOLIVIE, Chincha Alta, Pisco, Ica, Nazca, San Juán, Juliaca, Puno, Lac Titicaca, Socabaya, Arequipa, Matarani, Moquegua, Ilo, Tacna, CHILI, Golfe de Guayaquil, Tumbes, Sullana, Chulucanas, Casma, Piura, Catacaos, Bernal, Chiclayo, Saña, San Pedro de Lloc, Trujillo, Chimbote, PACIFIQUE, ÉQUATEUR)

0 — 200 km
0 — 200 miles

N

CHRONOLOGIE
En 1532, l'arrivée de Francisco Pizarro, pendant la guerre de succession entre deux chefs Incas, inaugure le début de la colonisation espagnole et la fin de l'Empire inca.

- ❏ **1821** Indépendance grâce au libérateur argentin, José de San Martin, qui venait de libérer le Chili.
- ❏ **1824** L'Espagne est vaincue à deux reprises, par Simón Bolivar et le général Sucre, libérateurs du Venezuela et de la Colombie.
- ❏ **1836–1859** Le Pérou et la Bolivie s'associent en une confédération.
- ❏ **1866** Guerre Pérou-Espagne.
- ❏ **1879–1884** Guerre du Pacifique. Le Pérou perd une partie de son territoire au Sud.
- ❏ **1908** Régime dictatorial d'Augusto Leguia y Salcedo.
- ❏ **1924** Le Dr Victor Raúl Haya de la Torre fonde l'Alliance populaire américaine révolutionnaire (APRA).
- ❏ **1930** Augusto Leguía y Salcedo est limogé. L'APRA s'implante au Pérou et devient le premier parti politique.
- ❏ **1931–1945** L'APRA est interdite.
- ❏ **1948** Accession au pouvoir du général Manuel Odria.
- ❏ **1956** Retour du gouvernement civil.
- ❏ **1962–1963** 2 coups d'États militaires.
- ❏ **1963** Élection de Fernando Belaúnde Terry.

P

CHRONOLOGIE *suite*

- ❑ **1968** Une junte militaire prend le pouvoir. Politique de lutte contre la pauvreté. Programme de nationalisation de grande ampleur.
- ❑ **1975–1978** Nouvelle junte de droite.
- ❑ **1980** Fernando Belaúnde est réélu. Une guérilla maoïste, le *Sentier lumineux*, entame un conflit armé.
- ❑ **1981–1998** Guerre de frontière avec l'Équateur.
- ❑ **1982** Les meurtres et les « disparitions » se multiplient.
- ❑ **1985** Élections remportées par l'APRA, parti de gauche dirigé par Alán Garcia Pérez.
- ❑ **1987** Effondrement de l'économie du Pérou. Le projet de nationalisation des banques est bloqué par le nouveau mouvement Libertad, dirigé par l'écrivain Mario Vargas Llosa.
- ❑ **1990** Plus de 3 000 assassinats politiques ont lieu. Alberto Fujimori, candidat indépendant, est élu président grâce à un programme axé sur la lutte contre la corruption. Instauration d'une politique économique d'austérité.
- ❑ **1992–1995** Coup d'État personnel de Fujimori. Nouvelle constitution, réélection de Fujimori.
- ❑ **1996–1997** Prise d'otages de la guérilla Tupac Amaru (siège de 4 mois).
- ❑ **2000** Fujimori s'enfuit au Japon et démissionne.
- ❑ **2003** Beatriz Merino, première femme chef de gouvernement démissionne. Carlo Ferrero Costa la remplace.

POLITIQUE EXTÉRIEURE

La coopération avec les ÉU, principaux fournisseurs d'aide, s'étend à la lutte contre la cocaïne, bien que la Pérou demeure l'un des principaux producteurs de coca. La sécurité aux frontières avec la Colombie est source de problèmes (intrusions de la guérilla, des paramilitaires et des narcotrafiquants). Le Pérou est en compétition avec le Chili (extraction et transport du gaz naturel de Bolivie).

AIDE INTERNATIONALE

 452 M $ (reçus)    Moins 10 % en 1999

Les aides américaines sont surtout destinées à la lutte contre la drogue. L'aide récente de 1,3 milliard de $, accordée par l'IDB (Banque internationale de développement), la Banque mondiale et le Japon est conditionnée à la réalisation d'objectifs concernant la santé et l'éducation et à la progression des privatisations. Le gouvernement est critiqué pour sa gestion des aides.

DÉFENSE

 888 M $ Moins 12 % en 1999

Aucun président d'Amérique latine n'a eu autant d'aval sur les forces armées que Fujimori. L'armée, au pouvoir de 1968 à 1980, a soutenu le coup d'État de Fujimori en 1992. Le quart du territoire national est resté en état de siège jusqu'en 2000, malgré la défaite de la guérilla du *Sentier Lumineux*. Le contrôle de Fujimori sur les promotions et les Services de Renseignements nationaux (SIN) lui a assuré la fidélité des chefs des armées. Après sa démission et la dissolution du SIN en 2000, le gouvernement provisoire a réduit l'influence de l'armée et limogé les principaux officiers. Une partie du commandement militaire n'a pas digéré

FORCES ARMÉES PÉRUVIENNES

	300 chars de combat (T-54/T-55)	75 000 hommes
	8 sous-marins, 1 destroyer, 4 frégates et 10 patrouilleurs	25 000 hommes
	121 avions de combat (SU-22 et 25, MIG-29, Canberra Mirage)	15 000 hommes
	Aucun	

l'accord de paix signé en 1998 avec l'Équateur. Des conseillers militaires américains sont détachés sur place pour participer à la lutte contre la drogue.

ÉCONOMIE

 52,2 Md $ 3,47 nouveaux sols

CHIFFRES SIGNIFICATIFS

- ❑ CLASSEMENT DU PNB AU NIVEAU MONDIAL 46ᵉ
- ❑ PNB PAR HABITANT ....1 980 $
- ❑ BALANCE DES PAIEMENTS ....– 1,1 M $
- ❑ INFLATION ....2 %
- ❑ CHÔMAGE ....8 %

EXPORTATIONS

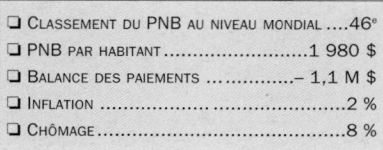

Allemagne 4 % — Japon 4 % — Suisse 9 % — RU 9 % — ÉU 29 % — Autres 45 %

IMPORTATIONS

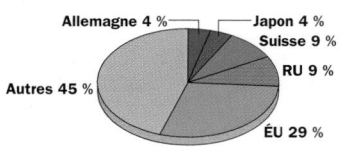

Japon 5 % — Colombie 5 % — Chili 7 % — Espagne 7 % — ÉU 32 % — Autres 44 %

ATOUTS

Ressources minérales abondantes et présence de pétrole. Grande diversité climatique qui autorise des cultures variées et assure des rendements élevés (coton et café). Secteur textile développé.

FAIBLESSES

Forte dépendance par rapport aux métaux et aux matières premières, dont les prix fluctuants sapent le commerce et les investissements. Privatisations au point mort. La corruption et la faiblesse des infrastructures découragent l'investissement. Faiblesse du système bancaire.

PROFIL

L'essentiel des richesses et de l'activité se situe dans les villes côtières. La politique sévère en matière fiscale et monétaire s'est poursuivie sous Fujimori.

INDICATEUR DES PERFORMANCES ÉCONOMIQUES

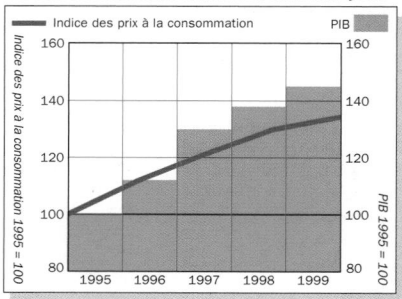

— Indice des prix à la consommation   PIB

En 1998, 3 chocs extérieurs – la désorganisation de la pêche à cause des tempêtes dues à El Niño, la crise économique asiatique et le désarroi provoqué par la Russie dans les marchés émergeants – a durement affecté la croissance, tout comme la baisse des cours mondiaux des matières premières. En 1999, le pays négocia avec le FMI un nouveau prêt sur trois ans. Le nouveau président Alejandro Toledo souhaite une « guerre ouverte contre la misère ».

PÉROU : PRINCIPALES ACTIVITÉS

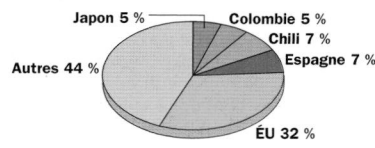

Arica
Talara
Sechura
Trujillo
Pucallpa
Cerro de Pasco
Lima
Ica
Arequipa

- 🗼 Pétrole
- Raffinage de pétrole
- Textile
- Mine
- Industrie du poisson
- Agro-alimentaire
- Assemblage de véhicules

0   400 km
0   400 miles

* Importante participation des multinationales

RESSOURCES

7,88 M de tonnes

105 000 b/j (réserves : 300 M de barils)

14,4 M d'ovins
4,9 M de bovins
2,8 M de porcins
81,3 M de volailles

Pétrole, charbon, plomb, zinc, argent, fer, or, cuivre

PRODUCTION ÉLECTRIQUE

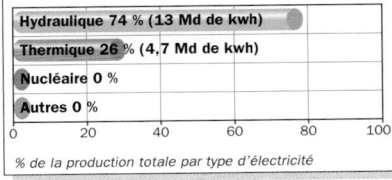

Hydraulique 74 % (13 Md de kwh)

Thermique 26 % (4,7 Md de kwh)

Nucléaire 0 %

Autres 0 %

% de la production totale par type d'électricité

Le Pérou est un gros exportateur de cuivre et de plomb. Les immenses gisements de cuivre et de zinc d'Antamina sont en passe d'être exploités. Le projet (3 Md de $) concernant les hydrocarbures de Camisea est en cours de réalisation. On ne connaît pas encore l'étendue réelle des gisements. Le développement de la production d'énergie hydroélectrique est une priorité.

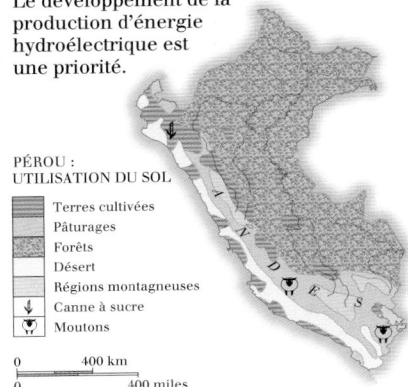

PÉROU :
UTILISATION DU SOL

Terres cultivées
Pâturages
Forêts
Désert
Régions montagneuses
Canne à sucre
Moutons

0   400 km
0   400 miles

ENVIRONNEMENT

3 %

1,2 tonne par habitant

TRAITÉS ÉCOLOGIQUES

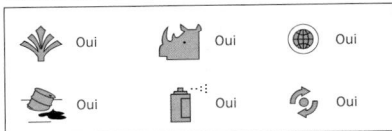

Oui   Oui   Oui

Oui   Oui   Oui

La pollution industrielle des zones côtières préoccupent les écologistes péruviens. La pêche aux anchois, trop intensive durant les années 1970, a failli provoquer l'extinction de l'espèce. L'attention de la population est aujourd'hui focalisée sur l'augmentation du nombre de dauphins capturés dans les filets des chalutiers. La pollution urbaine et industrielle, pas du tout réglementée, est une préoccupation majeure. Les écologistes craignent que les pesticides utilisés dans le cadre de la politique de destruction des champs de coca n'aggravent la pollution des rivières des Andes. L'extraction minière pose également de graves problèmes de pollution dans cette région.

MÉDIAS

84 quotidiens pour 1 000 habitants

PRESSE ET TÉLÉCOMMUNICATIONS

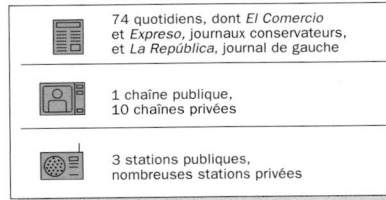

74 quotidiens, dont *El Comercio* et *Expreso,* journaux conservateurs, et *La República,* journal de gauche

1 chaîne publique, 10 chaînes privées

3 stations publiques, nombreuses stations privées

Le président de la chaîne TV 10 et le rédacteur en chef d'*Expreso* ont été filmés alors qu'ils acceptaient des pots de vin de Montesinos.

CRIMINALITÉ

19 236 détenus

Moins 81 % en 1992–1998

TAUX DE CRIMINALITÉ

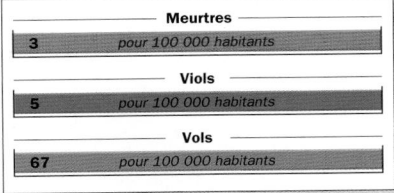

Meurtres
3   *pour 100 000 habitants*

Viols
5   *pour 100 000 habitants*

Vols
67   *pour 100 000 habitants*

Le pays et surtout Lima sont la proie d'enlèvements, de meurtres, de vols à main armée et de crimes liés au trafic de drogue. La corruption est profondément ancrée dans la police et les forces de sécurité. Malgré la quasi destruction des guérillas du *Sentier Lumineux*, les principales villes sont régulièrement soumises au couvre-feu et les riches ont des systèmes de sécurité sophistiqués et des gardes armés.

ÉDUCATION

90%

657 586 étudiants

LE SYSTÈME ÉDUCATIF

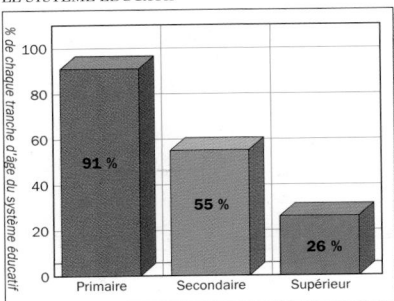

% de chaque tranche d'âge du système éducatif

91 %   55 %   26 %

Primaire   Secondaire   Supérieur

Le système éducatif repose sur le modèle américain et son budget est actuellement en baisse. Le financement de l'école publique, surtout à destination des pauvres, demeure un défi majeur.

SANTÉ

1 pour 1 111 habitants

Maladies respiratoires, cardiaques, infectieuses et parasitaires

La fin des années 1980 a vu la faillite du système de santé public. Nombre de régions n'ont pas accès aux soins de base et les cliniques privées des villes sont les seules à dispenser des soins nécessitant des techniques de pointe. Une grande partie de la population est atteinte d'une déformation de la glande tyroïdale – ou goitre. Conséquence de la perte d'acquis sociaux et de maladies telles que la diarrhée et la tuberculose, le taux de mortalité infantile augmente. La malaria est également répandue et le choléra a atteint le stade d'épidémie en 1994. Dans les années 1990, un programme public de limitation des naissances a contraint des milliers de femmes pauvres à la stérilisation.

RICHESSES

CONSOMMATION ET DÉPENSES

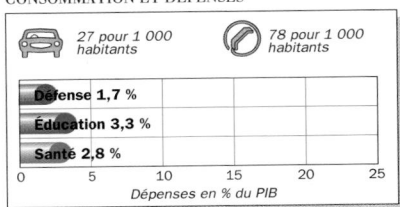

27 pour 1 000 habitants   78 pour 1 000 habitants

Défense 1,7 %
Éducation 3,3 %
Santé 2,8 %

Dépenses en % du PIB

L'essentiel des richesses et du pouvoir, dont la population indigène est totalement exclue, est toujours détenu par des familles espagnoles. Le nombre de gardes armés et de caméras de surveillance qui protègent certaines habitations est un indice du statut social. La surpopulation et la migration rurale accroissent la pauvreté de Lima, où quelque 2,7 millions d'habitants s'entassent dans des bidonvilles. Selon des estimations de l'ONU, plus de 30 % de la population vit au-dessous du seuil de pauvreté.

P

CLASSEMENT MONDIAL

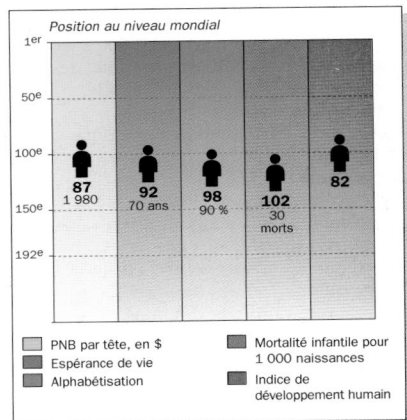

Position au niveau mondial

1er
50e
100e
150e
192e

87
1 980

92
70 ans

98
90 %

102
30 morts

82

PNB par tête, en $
Espérance de vie
Alphabétisation

Mortalité infantile pour 1 000 naissances
Indice de développement humain

PHILIPPINES

NOM OFFICIEL : République des Philippines CAPITALE : Manille
POPULATION : 78,6 millions MONNAIE : peso philippin LANGUES OFFICIELLES : pilipino et anglais

Situées sur la côte ouest du Pacifique, les Philippines sont de par leur taille le deuxième archipel au monde, derrière l'Indonésie. Elles comprennent 7 107 îles, dont 4 600 ont un nom et 1 000 sont habitées. L'archipel est constitué de trois principaux groupes d'îles : l'île de Luçon, les Visayas et les îles de Mindanao et de Sulu. Situées sur la « ceinture de feu » du Pacifique, les Philippines sont souvent frappées par des tremblements de terre et des éruptions volcaniques. Dans les années 1990, et jusqu'à la crise asiatique de 1997-1998, la croissance économique a dépassé l'augmentation de la population. Mais les efforts pour établir une démocratie stable ont été compromis par la corruption à grande échelle qui a conduit au limogeage du président Estrada en 2001.

L'île de Bohol comporte plus d'un millier de ces monticules surnommés « les collines de chocolat ».

CLIMAT

DONNÉES MÉTÉOROLOGIQUES

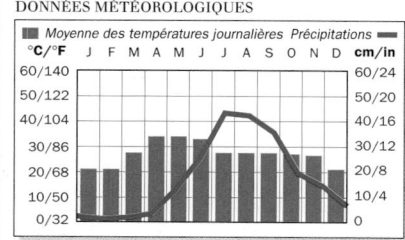

Les Philippines ont un climat chaud et humide toute l'année. La saison des pluies s'étend de juin à octobre. Le taux d'humidité passe de 85 % en septembre à 71 % en mars.

TOURISME

2,2 M de visiteurs   Plus 1 % en 1999

PROVENANCE DES TOURISTES ÉTRANGERS

ÉU 22 %					
Japon 17 %					
Taiwan 9 %					
RU 5 %					
Corée du Sud 4 %					
Autres 43%					

0   10   20   30   40   50   60
% du nombre de visiteurs

Le tourisme demeure moins développé que dans les NPI d'Asie du Sud-Est. Avec l'intensification de la pression internationale, l'industrie du sexe véhicule une image douteuse qui représente aujourd'hui un handicap pour le tourisme. C'est également le cas de la prise en otage de touristes par des indépendantistes musulmans.
La minuscule île centrale de Boracay est une station balnéaire appréciée et celle de Palawan conserve la quasi-totalité de ses forêts tropicales et de ses lagons coralliens.
Les rizières en terrasse au nord de Luçon attirent aussi les visiteurs.

TRANSPORTS

 Ninoy Aquino international, Manille
12,6 M de passagers

 1 726 navires
8,5 M tpl

RÉSEAU DE TRANSPORT

39 590 km (24 600 miles)		Aucune
485 km (301 miles)		3 219 km (2 000 miles)

L'investissement dans les infrastructures est insuffisant et nombre de routes nécessitent une remise en état urgente. Les embouteillages chroniques de Manille sont un frein au développement économique. L'avion est le seul moyen de se déplacer rapidement dans les îles. Les *Philippines Airlines*, privatisées en 1992, ont fait un gros effort d'investissement. Le chantier a commencé en 2000 avec la réalisation du nouveau terminal de l'aéroport international de Manille, triplant quasiment sa capacité. Jouissant d'une situation stratégique privilégiée, Subic Bay, très importante base navale américaine jusqu'en 1992, représente aujourd'hui un atout commercial pour le pays. Ainsi, son port naturel en eau profonde, offrant un accès à la mer de Chine méridionale, est en train d'être transformé en port franc et en zone d'activité. Les Taiwanais sont les principaux investisseurs pour ce projet.

PHILIPPINES

Superficie totale : 298 170 km² (115 123 sq. miles)

POPULATION

Plus de 1 000 000
Plus de 500 000
Plus de 100 000

ALTIMÉTRIE

2 000 m/6 562ft
1 000 m/3 281ft
500 m/1 640ft
200 m/656ft
Niveau de la mer

0   200 km
0   200 miles

P

POPULATION

 Pilipino, cebuan, hiligayna, samaran, ilocan, bikol, anglais

 255 hab./km²

PART DE LA POPULATION URBAINE/RURALE

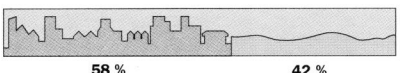

58 % **42 %**

Les Philippines comprennent plus de 100 communautés ethniques. La langue nationale, le pilipino, inspiré du tagalog, est parlée par les groupes éthniques d'origine malaise les plus importants. Les ethnies cebuan, ilocan, loac, bicolano, waray, pampargan et pangasinan sont également malaisiennes. Elles sont concentrées sur l'île principale Luçon et forment aussi une large partie de la population de l'île de Mindanao. La plupart des musulmans vivent sur cette île, mais il s'en trouve beaucoup aussi dans l'archipel de Sulu. La minorité chinoise, qui était déjà bien implantée en 1603, occupe toujours une place importante dans le domaine des affaires et du commerce. Les écoles chinoises, qui sont plus de 120, leur permettent de préserver une identité bien distincte.

RELIGION

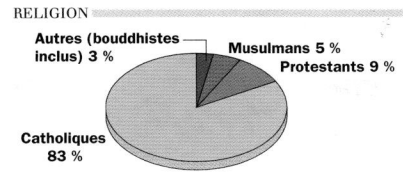

Autres (bouddhistes inclus) 3 %

Musulmans 5 %

Protestants 9 %

Catholiques 83 %

COMPOSITION ETHNIQUE

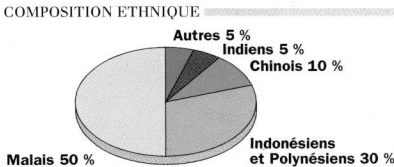

Autres 5 %

Indiens 5 %

Chinois 10 %

Indonésiens et Polynésiens 30 %

Malais 50 %

Le pays compte également un certain nombre de minorités animistes, parmi lesquelles les Ifougao, les Bontoc et les Ibaloi sur l'île de Luçon, les Manobo et les Bukidnon sur l'île de Mindanao et les Mangyan sur l'île de Palawan. Nombre de ces minorités parlent des dialectes malaiso-polynésiens. Les communautés des régions éloignées sont parvenues à préserver leur mode de vie traditionnel, les mariages interethniques étant peu nombreux. Les

PYRAMIDE DES ÂGES

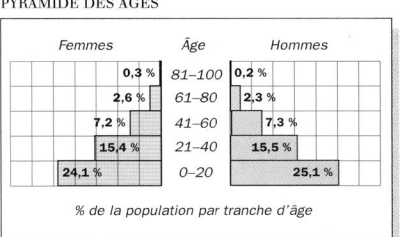

Femmes	Âge	Hommes
0,3 %	81–100	0,2 %
2,6 %	61–80	2,3 %
7,2 %	41–60	7,3 %
15,4 %	21–40	15,5 %
24,1 %	0–20	25,1 %

% de la population par tranche d'âge

Philippines sont le seul pays chrétien d'Asie ; plus de 80 % des Philippins sont catholiques et l'Église est l'institution culturelle la plus influente. Elle s'oppose aux programmes de planning familial de l'État, destinés à réduire le taux de croissance de la population. Les femmes occupent depuis longtemps une place prépondérante dans la société philippine. Les lois sur l'héritage leur confèrent les mêmes droits qu'aux hommes. Elles sont nombreuses dans les secteurs de la politique, des services bancaires et des affaires et sont majoritaires dans plusieurs catégories socioprofessionnelles.

POLITIQUE

 Ch. basse 2001-2004
Ch. haute 2001-2004

Gloria Macapagal Arroyo, présidente de la République

AUX DERNIÈRES ÉLECTIONS
Chambre des Représentants 216 membres

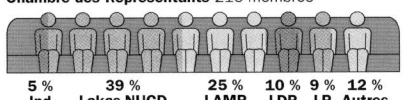

5 % Ind	39 % Lakas-NUCD	25 % LAMP	10 % LDP	9 % LP	12 % Autres

PnM = Coalition de la force des masses, dominée par le Laban (**LAMP**) **Lakas-NUCD** = Lakas-Union nationale des chrétiens-démocrates **LAMP** = Parti des masses philippines **LDP** = Combat des démocrates philippins **LP** = Parti libéral **Ind** = Indépendants **PP** = Coalition du pouvoir populaire (dominée par le Lakas-NUCD et incluant le LP) **PnM** = Coalition de la force des masses (dominée par le Laban et le LPD)

Sénat 24 membres

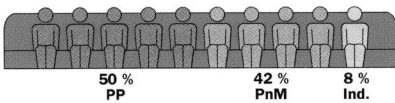

50 % PP	42 % PnM	8 % Ind.

Les Philippines sont une démocratie pluraliste.

PRINCIPAUX PROBLÈMES POLITIQUES
Stabilité politique
La chute du régime de Marcos en 1986 suite à des manifestations populaires a permis un retour à la démocratie. Les deux premiers présidents qui ont suivi ont pacifiquement transmis le pouvoir à leur successeur élu, mais l'ancienne vedette de cinéma Joseph Estrada a rapidement été embourbée dans des scandales de corruption. Les tentatives de le mettre en accusation ont été relayées par des manifestations massives à Manille. Contraint de quitter le pouvoir en janvier 2001, il a conservé un large soutien parmi les pauvres des campagnes. La légitimité de la prise de fonction constitutionnelle par

la vice-présidente Gloria Macapagal Arroyo s'en est trouvée remise en cause.

Séparatistes communistes et musulmans
Les communistes et les musulmans luttent contre le pouvoir de Manille depuis 30 ans, durant lesquels le pays a enregistré plus de 10 000 affrontements armés avec les rebelles. Les revendications sécessionnistes tiennent pour l'essentiel à l'incapacité du gouvernement à faire reculer la pauvreté. Depuis 1992, le gouvernement recherche la paix avec tous les groupes armés. Aujourd'hui sur le déclin, la Nouvelle Armée du peuple (NPA), communiste, autrefois considérée comme l'armée héroïque des opprimés et comme alternative à la politique traditionnelle, a lancé de nouvelles offensives en 2000. Le Front de libération national moro (FLNM), principale organisation des séparatistes musulmans de Mindanao, a signé un accord de paix en 1996. Le Front de libération islamique (FLIM), une scission du précédent, a poursuivi les combats, contraignant le gouvernement, par ses affrontements avec l'armée, à abandonner un important projet d'irrigation. La lutte a atteint un sommet en 2000, mais en 2001, le MILF s'est joint à l'accord de paix.

PROFIL
L'absence de légitimité populaire de la dictature de Ferdinand Marcos, vieille de 21 ans, a éclaté au grand jour en 1986 avec le soutien massif apporté par le « pouvoir du peuple » à son opposante Corazon Aquino, déclarée gagnante aux élections présidentielles. Sans le soutien des ÉU, Marcos fut contraint à l'exil. Aquino réussit

Joseph Estrada a perdu le pouvoir en 2001.

Gloria Macapagal Arroyo a succédé à Estrada.

à transmettre le pouvoir à Fidel Ramos à l'occasion d'élections équitables en 1992. Sa dépendance envers les coalitions au Congrès a compliqué l'application du programme de libéralisation de l'économie. Son successeur aux élections de 1998, le populiste Joseph Estrada, du LAMP, accusé d'intelligence avec un syndicat du jeu, a été mis en accusation fin 2000. Des protestations massives l'ont renversé en 2001. La vice-présidente Gloria Macapagal Arroyo, du NUCD, à la tête de l'opposition politique unie, a été nommée à son poste.

POLITIQUE EXTÉRIEURE

 CEAP | ANSEA | G24 | MNA | OMC

Les relations régionales sont d'une importance capitale, malgré des frictions avec la Malaisie. Manille est en conflit avec Pékin au sujet de la revendication sur les îles Spratly. Meilleure coopération de sécurité navale avec les EU ; la présidente a très vite soutenu la « guerre au terrorisme » des EU.

P

CHRONOLOGIE

Cédées aux ÉU par l'Espagne en 1898, les Philippines obtiennent un gouvernement autonome en 1935 et accèdent à l'indépendance en 1946, après avoir été occupées par le Japon pendant la Seconde Guerre mondiale.

- **1965** Ferdinand Marcos, candidat du NP, est élu président.
- **1969–1972** Réélections controversées de Marcos.
- **1972** Loi martiale.
- **1977** L'ex-dirigeant du LP, Benigno Aquino, est condamné à mort, mais l'opinion publique force Marcos à différer son exécution.
- **1978** Victoire électorale du nouveau parti de Marcos, la Nouvelle Société (KBL). Marcos est président et Premier ministre.
- **1981** Fin de la loi martiale. Marcos est réélu président par référendum.
- **1983** Aquino est tué par balle.
- **1986** Les ÉU contraignent Marcos à organiser des présidentielles contestées. Des militaires rebelles dirigés par le général Ramos et des manifestations portent au pouvoir la veuve de B. Aquino, Corazon. Marcos part en exil aux ÉU.
- **1987** Nouvelle Constitution. Législatives : victoire de la coalition dirigée par Corazon Aquino.
- **1988** Marcos et sa femme Imelda sont accusés de racket.
- **1989** Marcos meurt en exil.
- **1990** Imelda Marcos est acquittée. Séisme à Bognio City (1 600 morts).
- **1991** Éruption du mont Pinatubo. Les ÉU quittent la base aérienne de Clark.
- **1992** Ramos gagne l'élection présidentielle. La marine américaine quitte sa base de Subic Bay.
- **1996** Accord de paix avec les séparatistes musulmans du MNLF.
- **1998** Joseph Estrada élu président.
- **2000** Peine de mort suspendue.
- **2001** Estrada renversé, Gloria Macapagal Arroyo reprend la présidence. Le MILF musulman se joint au processus de paix.
- **2002** Elections locales, décrites comme « calmes » malgré 86 morts.

AIDE INTERNATIONALE

 690 M $ (reçus)   Plus 14 % en 1999

L'essentiel des aides bilatérales sont versées par les ÉU et le Japon. Les sommes envoyées par les Philippins qui travaillent à l'étranger sont également importantes. En 1975, 40 000 salariés contractuels philippins travaillaient à l'étranger. En 2001, ce chiffre est passé à plus de 5 millions. Les ONG sont nombreuses dans les îles éloignées.

DÉFENSE

 1,63 Md $ Plus 7 % en 1999

Les militaires ont toujours une influence considérable dans la vie politique. Début 1999, le gouvernement d'Estrada a annoncé son intention de moderniser l'armée. Jusqu'au début des années 1990, la présence militaire américaine permettait de maintenir les dépenses de l'armée en dessous du niveau régional. Les ÉU ont évacué la base de Clark en 1991, après l'éruption du mont Pinatubo, et celle de Subic Bay en 1992.

FORCES ARMÉES PHILIPPINES

40 chars légers (Scorpion)	66 000 hommes
1 frégate et 60 patrouilleurs	24 000 hommes
47 avions de combat (11 F–5A/B)	16 000 hommes
Aucun	

ÉCONOMIE

 80,8 Md $ 50,3 – 53,4 pesos philippins

CHIFFRES SIGNIFICATIFS

- CLASSEMENT DU PNB AU NIVEAU MONDIAL 41ᵉ
- PNB PAR HABITANT ....1 030 $
- BALANCE DES PAIEMENTS... ....4,5 Md $
- INFLATION.......................................6,1 %
- CHÔMAGE ....10 %

INDICATEUR DES PERFORMANCES ÉCONOMIQUES

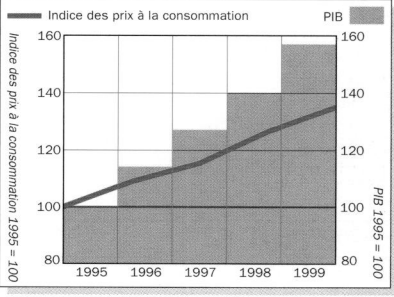

EXPORTATIONS

Singapour 7 %
Pays-Bas 8 %
Taiwan 8 %
Japon 13 %
ÉU 30 %
Autres 34 %

IMPORTATIONS

Taiwan 5 %
Singapour 5 %
Corée du Sud 9 %
ÉU 20 %
Japon 20 %
Autres 41 %

ATOUTS
Pays ouvert aux investisseurs étrangers. La productivité agricole est en hausse. Importante production d'ananas et de bananes pour l'exportation. Des sommes substantielles sont envoyées par les Philippins travaillant à l'étranger.

FAIBLESSES
Les coupures d'électricité limitent les perspectives de développement. Les infrastructures sont rudimentaires. Le taux d'épargne est faible et il place le pays sous la dépendance des investisseurs étrangers. Faible productivité. Agriculture de subsistance.

PROFIL
Économie autrefois parmi les plus développées d'Asie, les Philippines ont largement régressé. Près de 50 % de la population rurale vit en dessous du seuil de pauvreté. L'administration Ramos (1992-1998), soutenue par le FMI, a déréglementé l'économie afin d'attirer les investisseurs étrangers. Elle tente également de limiter le pouvoir de monopoles privés qui contrôlent l'essentiel de l'économie. En 1995, le revenu par habitant a commencé à augmenter et le nombre de pauvres est passé, officiellement, en dessous des 30 %. Lors de la crise asiatique de 1997, l'objectif de soutien au développement économique a subi un très sérieux recul. Estrada, a fait de nombreuses promesses populistes, mais il a conduit à un déficit paralysant du budget. La confiance des investisseurs s'est effondrée avec les scandales et crises politiques et, en 2001, le nouveau gouvernement a dû suspendre de nombreux projets.

PHILIPPINES : PRINCIPALES ACTIVITÉS

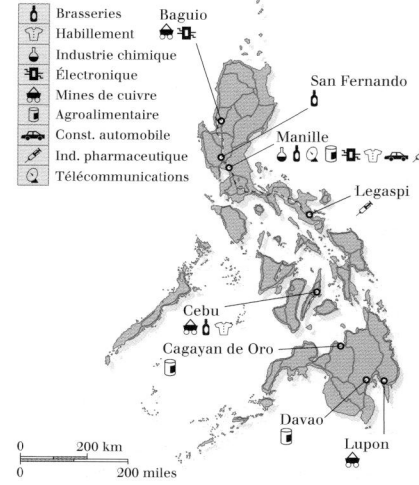

Brasseries
Habillement
Industrie chimique
Électronique
Mines de cuivre
Agroalimentaire
Const. automobile
Ind. pharmaceutique
Télécommunications

Baguio
San Fernando
Manille
Legaspi
Cebu
Cagayan de Oro
Davao
Lupon

0   200 km
0   200 miles

P

RESSOURCES

 2,14 M tonnes

 8 380 b/j (réserves : 147 540 000 barils)

10,7 M de canards
10,4 M de porcs
138 M de poulets

Charbon, cuivre, nickel, chromite, argent, manganèse, or

PRODUCTION ÉLECTRIQUE

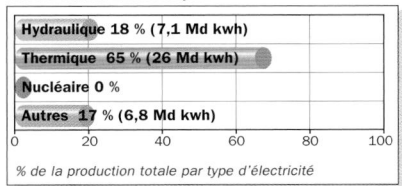

Hydraulique 18 % (7,1 Md kwh)

Thermique 65 % (26 Md kwh)

Nucléaire 0 %

Autres 17 % (6,8 Md kwh)

0   20   40   60   80   100

% de la production totale par type d'électricité

ENVIRONNEMENT

 2 % (1 % partiellement protégé)

1,1 tonne par habitant

TRAITÉS ÉCOLOGIQUES

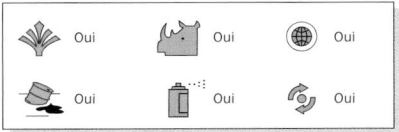

Oui   Oui   Oui

Oui   Oui   Oui

La protection de l'environnement est devenue un sujet de première importance. La plupart des forêts tropicales humides ont été détruites, à l'exception de quelques zones isolées. Les pêcheurs ont dynamité les habitats coralliens et se servent de cyanure pour accroître leurs pêches. Le gouvernement a reconnu le coût économique des dégâts écologiques. Les glissements de terrain accélèrent l'envasement des rivières et réduisent la production d'électricité des barrages. La destruction rapide des habitats coralliens porte atteinte au tourisme. L'abattage de bois est aujourd'hui interdit mais il est difficile de faire respecter cette interdiction. En outre, les cultures sur brûlis et les abattages de bois destinés à accroître la surface cultivable accélèrent la déforestation.

MÉDIAS

 82 quotidiens pour 1 000 habitants

PRESSE ET TÉLÉCOMMUNICATIONS

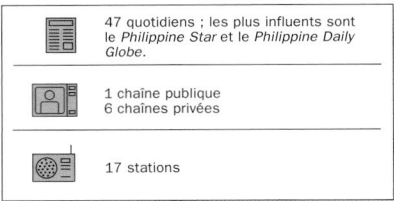

47 quotidiens ; les plus influents sont le *Philippine Star* et le *Philippine Daily Globe.*

1 chaîne publique
6 chaînes privées

17 stations

La levée de la censure qui a suivi l'élection de Corazon Aquino a entraîné une prolifération des médias. Outre les journaux nationaux, le pays compte plus de 250 journaux régionaux écrits en dialectes locaux. La chaîne de télévision publique émet en anglais et en pilipino.

Les Philippines sont le premier producteur de chrome réfractaire du monde. Le cuivre représente une part importante de ses exportations. Depuis 1996, d'importantes réserves d'or ont été extraites. 90 % du potentiel minéral du pays seraient toujours sous-exploités. La production de pétrole au large de Palawan a commencé en 1979. Les Philippines sont le pays qui utilise le plus d'énergie géothermique après les ÉU. Sur l'île de Luçon, près de 25 % de l'électricité est fournie ainsi. Le pays a cessé d'exporter du bois en 1989. Toutefois, les abattages illégaux aggravent la déforestation.

CRIMINALITÉ

 17 843 détenus

 Moins 39 % en 1990-1994

TAUX DE CRIMINALITÉ

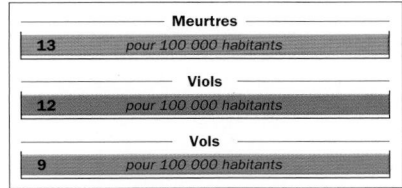

Meurtres
13   *pour 100 000 habitants*

Viols
12   *pour 100 000 habitants*

Vols
9   *pour 100 000 habitants*

Rétablie en 1993, la peine de mort a de nouveau été supprimée en 2000. La prise en otage de touristes sur des îles malaises voisines a fait la une des informations internationales en avril 2000.

ÉDUCATION

 95 %

 2,02 M d'étudiants

LE SYSTÈME ÉDUCATIF

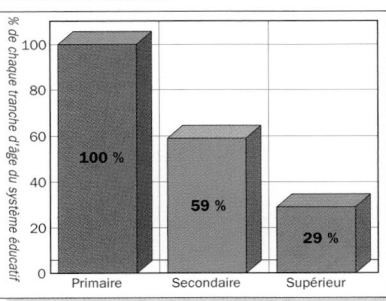

% de chaque tranche d'âge du système éducatif

100 %   Primaire
59 %   Secondaire
29 %   Supérieur

Les Philippines ont l'un des taux d'alphabétisation les plus élevés des pays en développement. Le système éducatif s'inspire du modèle américain et comprend un grand nombre d'écoles privées. L'anglais et le pilipino/tagalog sont les langues principales dans l'enseignement. Bien qu'il y ait un programme national jusqu'à l'âge de 15 ans, les écoles communautaires, notamment chinoises, sont répandues. La plupart des universités sont privées. L'université de San Carlos, à Cebu City et celle de San Tomas, située à Manille, ont été fondées par les Espagnols en 1595 et 1611 respectivement.

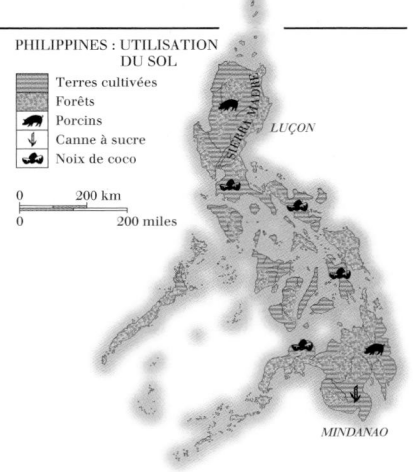

PHILIPPINES : UTILISATION DU SOL

Terres cultivées
Forêts
Porcins
Canne à sucre
Noix de coco

LUÇON

0   200 km
0   200 miles

MINDANAO

SANTÉ

 1 pour 10 000 habitants

 Pneumonie, accidents, violence, malaria, typhoïde, tuberculose

La plupart des hôpitaux sont privés. La malaria, qui était autrefois très répandue, ne sévit plus aujourd'hui que dans les régions isolées. Les mauvaises conditions d'hygiène et la maladie sont monnaie courante dans les bidonvilles de Manille.

RICHESSES

CONSOMMATION ET DÉPENSES

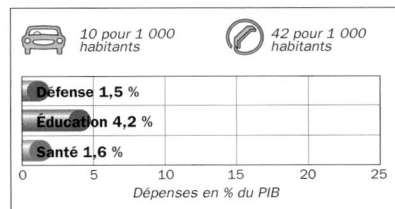

10 pour 1 000 habitants   42 pour 1 000 habitants

Défense 1,5 %
Éducation 4,2 %
Santé 1,6 %

0   5   10   15   20   25
Dépenses en % du PIB

Le contraste entre l'immense richesse et l'extrême pauvreté est particulièrement marqué. La richesse est fortement concentrée entre les mains de quelques grandes familles d'affaires de Manille.

CLASSEMENT MONDIAL

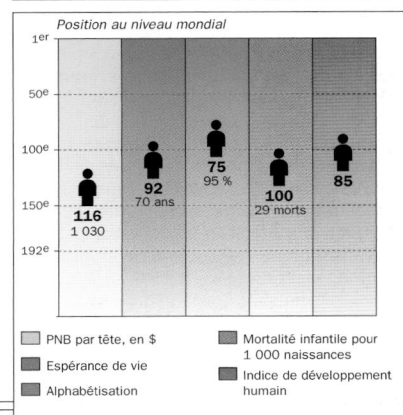

Position au niveau mondial

1er
50e
100e
150e
192e

116   1 030
92   70 ans
75   95 %
100   29 morts
85

PNB par tête, en $
Espérance de vie
Alphabétisation
Mortalité infantile pour 1 000 naissances
Indice de développement humain

P

POLOGNE

NOM OFFICIEL : République de Pologne **CAPITALE** : Varsovie
POPULATION : 38,2 millions **MONNAIE** : zloty **LANGUE OFFICIELLE** : polonais

Situées au cœur de l'Europe, les plaines de la Pologne sont bordées au nord par la Baltique et au sud par les Tatras, à cheval sur les frontières tchèque et slovaque. Depuis la chute du régime communiste, la Pologne traverse une période de bouleversements politiques, économiques et sociaux. Choisissant une « thérapie de choc » au début des années 1990 afin de lancer le passage à une économie de marché, le pays a connu un développement rapide. Parmi les principaux candidats à l'adhésion à l'UE, le pays a déjà été admis dans l'OTAN.

CLIMAT

DONNÉES MÉTÉOROLOGIQUES

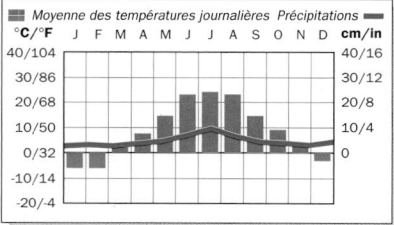

La plupart des régions sont soumises à un climat de type continental. Les étés sont chauds avec des précipitations importantes et souvent orageuses. Les hivers sont rigoureux et l'enneigement peut durer de 60 à 70 jours dans la partie orientale du pays.

TRANSPORTS

Okacia international, Varsovie
4 M de passagers

447 navires
1,4 M tpl

RÉSEAU DE TRANSPORT

249 966 km (155 321 miles)		268 km (167 miles)	
22 891 km (14 224 miles)		3 812 km (2 369 miles)	

Avec l'accroissement du nombre de vacanciers polonais partant à l'étranger, la compagnie aérienne nationale, LOT, a multiplié ses liaisons charters. Les appareils russes ont été remplacés par des avions occidentaux. Un programme d'expansion du réseau routier, sur 15 ans, a débuté en 1997. Des systèmes de tramway rapide pour les villes et de trains à grande vitesse pour les longues distances nécessitent de gros investissements. Les télécommunications ont été touchées par l'arrivée des téléphones portables, par la privatisation de *Telekomunikacja Polska* et la fin de son monopole sur les appels longue distance. Le gouvernement projette de réduire le personnel des chemins de fer et de privatiser partiellement la compagnie nationale (PKP) d'ici 2003.

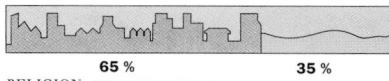

Le centre administratif médiéval de Lublin au cœur du Sud-Ouest polonais, région fortement agricole.

TOURISME

18,8 M de visiteurs

Plus 110 % en 1994

PROVENANCE DES TOURISTES ÉTRANGERS

Allemagne 58 %	
République tchèque 20 %	
Ukraine 5 %	
Slovaquie 5 %	
Biélorussie 3 %	
Autres 9 %	

% du nombre de visiteurs

Malgré de graves problèmes écologiques, la Pologne est très prisée des skieurs et des randonneurs, qui apprécient particulièrement les Tatras. Le centre médiéval de Cracovie a été préservé et Torun a restauré ses bâtiments allemands hanséatiques. Le centre de Varsovie a été reconstruit méticuleusement après sa destruction en 1944. De nouveaux hôtels et restaurants ouvrent leurs portes. Poznan a tiré parti de sa situation stratégique entre Varsovie et Berlin pour développer son secteur de foires et de salons professionnels. Les compagnies aériennes ont accru le nombre de vols au départ des villes européennes pour bénéficier du potentiel touristique de la Pologne.

POPULATION

Polonais

127 hab./km²

PART DE LA POPULATION URBAINE/RURALE

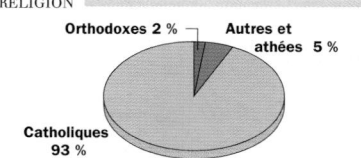

65 %   35 %

RELIGION

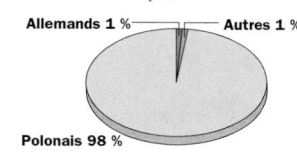

Orthodoxes 2 %   Autres et athées 5 %
Catholiques 93 %

COMPOSITION ETHNIQUE

Allemands 1 %   Autres 1 %
Polonais 98 %

La population polonaise est très catholique et compte peu de minorités ethniques. L'Église estime que le renforcement des liens avec l'Occident et en particulier l'adhésion à UE risquent d'amoindrir son influence. Le droit à l'avortement demeure un problème majeur et les tentatives de libéralisation ont été refusées par le Tribunal constitutionnel.

Certains groupes ethniques ont ouvert des écoles et des centres culturels et religieux. D'autres, notamment les Allemands de Silésie, prennent plus d'assurance. Les Juifs éprouvent encore du ressentiment dû aux discriminations du passé et l'antisémitisme n'a pas totalement disparu. L'emplacement du camp d'Auschwitz, près de Cracovie, a constitué une source de conflit entre Juifs et Catholiques.

Les disparités de richesses sont faibles, malgré la tension croissante due à l'augmentation de la fortune des entrepreneurs. Les principaux partis politiques de gauche et de droite sont d'accord pour poursuivre les réformes économiques.

Les femmes occupent une place prépondérante sur la scène politique. Hanna Suchocka a été Premier ministre de 1992 à 1993.

PYRAMIDE DES ÂGES

Femmes	Âge	Hommes
1,4 %	81–100	0,6 %
8,1 %	61–80	5,8 %
12,7 %	41–60	12,1 %
14,2 %	21–40	14,6 %
14,9 %	0–20	15,6 %

% de la population par tranche d'âge

P

POLITIQUE

Chambre basse 2001/2005
Chambre haute 2001/2005

Aleksander Kwasniewski, président de la République

AUX DERNIÈRES ÉLECTIONS
Parlement 460 membres

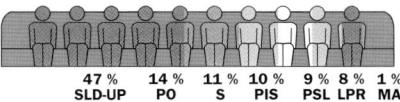

| 47 % SLD-UP | 14 % PO | 11 % S | 10 % PIS | 9 % PSL | 8 % LPR | 1 % MA |

PIS = Loi et justice   **SLD** = Alliance démocratique de gauche
LPR = Ligue des familles polonaises   **PSL** = Parti paysan
polonais   **PO** = Plate-forme citoyenne   **GM** = Minorité
allemande de Basse-Silésie   **S** = Autodéfense
MA = Minorité allemande de Silésie

Sénat 100 membres

4 % PSL

Depuis 1989, la Pologne est une démocratie parlementaire pluraliste.

PRINCIPAUX PROBLÈMES POLITIQUES
Le gouvernement de coalition
Le système de partis politiques qui se dessine en Pologne est perturbé par une surabondance de factions, et les coalitions éprouvent des difficultés à se maintenir.

Les partis doivent recueillir un minimum de 5 % des suffrages pour obtenir un siège et de 8 % pour avoir le droit de participer à un gouvernement de coalition.

Les relations entre l'Église et l'État
L'Église catholique exprime librement son opinion sur la politique du pays. Le débat sur l'avortement, sur le culte à l'école et sur l'éthique des médias a donné lieu à une polémique houleuse sur son rôle. Les lois sur l'avortement ont été assouplies en 1996 jusqu'à ce que le Tribunal constitutionnel condamne ces facilités.

PROFIL
De 1993 à 1997, les gouvernements successifs formés par les communistes réformés du SLD et le PSL ont poursuivi une politique de réformes économiques. Des formations plus à droite ont dominé la législature parlementaire entre 1997 et 2001, avec Jerzy Buzek, membre de Solidarité depuis sa formation en 1980, comme Premier ministre. Son alliance AWS, regroupement de droite comprenant des éléments catholiques et nationalistes, a formé une coalition avec les libéraux de l'UW. En 1999, la rupture de cette coalition, en désaccord au sujet des réformes du

Leszek Miller, ancien communiste, a été Premier ministre de 2001 à 2004.

Le président Aleksander Kwaniewski, du SLD, élu en 1995.

service de santé, a été évitée grâce à la démission du ministre de la Santé. Mais en mai 2000, d'autres controverses ont conduit les ministres UW à la démission, laissant le AWS continuer seul comme gouvernement minoritaire. Buzek, résistant à la pression pour organiser des élections anticipées, a été remis en cause y compris par son propre parti. En mai 2001, l'aile syndicale de Solidarité a décidé de se retirer de la vie politique. En juillet 1998, le gouvernement local a été réformé. Aux élections qui suivirent, l'AWS a obtenu presque tous les sièges, mais le SLD a remporté la direction d'un plus grand nombre de provinces.

POLITIQUE EXTÉRIEURE

| CE | BIRD | OTAN | ALEEC | OSCE |

La Pologne souhaite vivement intégrer l'UE (en 2004), après son admission à l'OTAN en 1999. Certaines négociations avec l'UE portaient sur la migration de Polonais à l'ouest. La Pologne a joué un rôle actif dans l'invasion de l'Irak en 2003, et a reçu le contrôle de l'une des régions militaires établies par la coalition.

P

POLOGNE

Superficie totale : 304 460 km²
(117 552 sq. miles)

POPULATION
▣ Plus de 1 000 000
◉ Plus de 500 000
◎ Plus de 100 000
○ Plus de 50 000

ALTIMÉTRIE
1 000 m/3 281ft
500 m/1 640ft
200 m/656ft
Niveau de la mer

N

100 km
100 miles

CHRONOLOGIE
La Constitution écrite polonaise est la deuxième plus ancienne d'Europe. En 1795, le territoire de la Pologne a été partagé entre l'Autriche-Hongrie, l'Allemagne et la Russie.

❑ **1918** L'État polonais est recréé.
❑ **1921** Constitution démocratique.
❑ **1926–1935** Coup d'État militaire dirigé par Josef Pilsudski.
❑ **1939** Envahie par l'Allemagne et la Russie.
❑ **1941** Premiers camps de concentration établis sur son territoire.
❑ **1944** Révoltes de Varsovie.
❑ **1945** Conférences de Potsdam et de Yalta qui fixent les frontières actuelles et rattachent le pays au bloc soviétique.   ⇨

CHRONOLOGIE *suite*

- ❏ **1947** Les communistes recourent à la fraude éléctorale pour prendre le pouvoir.
- ❏ **1956** Plus de 50 morts lors des émeutes de Poznan.
- ❏ **1970** L'augmentation des prix des produits alimentaires provoque des grèves et des émeutes dans les villes portuaires de la Baltique, qui font des milliers de morts.
- ❏ **1979** Élu Pape, Karol Wojtyla de Cracovie devient Jean-Paul II.
- ❏ **1980** Série de grèves qui contraint le gouvernement à négocier avec Solidarité. Les accords de Gdansk reconnaissent le droit de grève et celui de s'organiser en syndicats.
- ❏ **1981** Le général Jaruzelski devient Premier ministre.
- ❏ **1981-1983** La loi martiale est décrétée. Solidarité est contraint à la clandestinité. La plupart de ses dirigeants, parmi lesquels Lech Walesa, sont internés.
- ❏ **1983** Lech Walesa reçoit le prix Nobel de la paix.
- ❏ **1986** Les prisonniers politiques sont amnistiés.
- ❏ **1988** Conflits sociaux.
- ❏ **1989** Le PUTP accepte d'entamer des négociations avec Solidarité, de nouveau autorisé. Organisation d'élections partiellement libres. Premier gouvernement non-communiste depuis Yalta.
- ❏ **1990** Début d'une transition rapide vers l'économie de marché. Lech Walesa est élu président.
- ❏ **1991** Les élections libres aboutissent à une fragmentation du parlement.
- ❏ **1992** Départ des derniers soldats russes.
- ❏ **1993** Les nouveaux partis communistes forment un gouvernement de coalition.
- ❏ **1994** Privatisations massives.
- ❏ **1995** Aleksander Kwasniewski est élu président.
- ❏ **1997** En avril, nouvelle Constitution postcommuniste. En décembre, l'UE accepte d'ouvrir les négociations sur l'adhésion.
- ❏ **1999** Adhésion à l'OTAN.
- ❏ **2001** Elections, coalition de centre-gauche (Leszek Miller).
- ❏ **2004** Entrée dans l'UE.

P

AIDE INTERNATIONALE

 984 M $ (reçus)   Plus 54 % en 1997–1999

Dans les années 1990, le pays a bénéficié d'une aide très importante. Le FMI, la BERD et l'UE ont activement soutenu le programme de stabilisation et de réformes économiques du pays. L'aide de l'UE est aujourd'hui consacrée à la préparation de la Pologne en vue de son adhésion.

DÉFENSE

 3,24 Md $ Moins 7 % en 1999

La Pologne a adhéré à l'OTAN en mars 1999. Son armée permanente est la plus importante d'Europe après celle de la Russie. Elle dispose aussi d'unités paramilitaires comme les gardes-frontières. En 1997 le gouvernement a mis en place un programme de modernisation, sur 15 ans, des forces armées. En 1998, une alternative civile au service militaire a été proposée et, en 1999, il est passé de 18 mois à un an.

FORCES ARMÉES POLONAISES

	1 704 chars de combat (812 T-55, 706 T-72, 186 PT-91)	132 750 hommes
	3 sous-marins, 2 frégate, 1 destroyer et 25 patrouilleurs	16 860 hommes
	267 avions de combat (114 MIG-21/25 MIG 23/ 22 MIG-29/99 Su-22)	46 200 hommes
	Aucun	

ÉCONOMIE

 164 Md $ 3,94-4,05 zlotys

CHIFFRES SIGNIFICATIFS

- ❏ CLASSEMENT DU PNB AU NIVEAU MONDIAL 26ᵉ
- ❏ PNB PAR HABITANT ....4 230 $
- ❏ BALANCE DES PAIEMENTS….……..– 5,36 Md $
- ❏ INFLATION………………………………5,5 %
- ❏ CHÔMAGE ……………………………….18 %

EXPORTATIONS

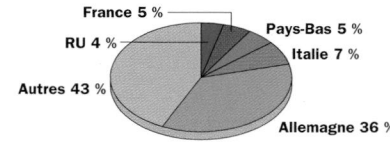

France 5 %
RU 4 %
Autres 43 %
Pays-Bas 5 %
Italie 7 %
Allemagne 36 %

IMPORTATIONS

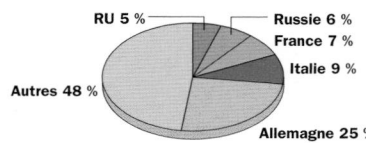

RU 5 %
Autres 48 %
Russie 6 %
France 7 %
Italie 9 %
Allemagne 25 %

ATOUTS
La restructuration de l'industrie du charbon, déficitaire, a débuté en 1998. Des privatisations réussies se sont accélérées à la fin des années 1990. Fort taux d'investissement étranger. Modernisation des sources d'électricité et de l'exploitation du pétrole. Industrie automobile dynamique.

FAIBLESSES
L'agriculture souffre d'un manque d'investissements, de la petite taille des exploitations et des sureffectifs. Pas de dédommagements pour les expropriations durant l'ère communiste. Manque de compétitivité des aciéries, des mines, de la construction navale, de l'énergie et des industries chimiques.

PROFIL
En 1990, après une décennie de crise économique, le gouvernement postcommuniste a mené le programme de conversion vers l'économie de marché le plus déterminé de la région. La libéralisation des prix a été quasi-totale

INDICATEUR DES PERFORMANCES ÉCONOMIQUES

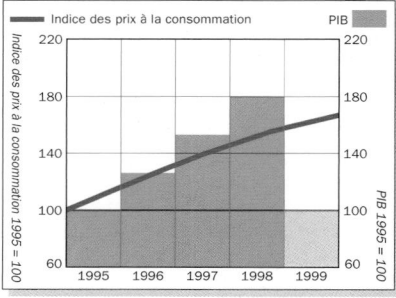

— Indice des prix à la consommation   ▨ PIB

et le zloty est devenu convertible. La croissance économique et les investissements ont grimpé. La Pologne attire aujourd'hui plus de capitaux étrangers que tout autre pays d'Europe centrale ou de l'Est.
Il existe encore une industrie lourde datant du régime communiste, mais certaines activités ont été réorganisées avec succès. Nombre de fermes d'État ont été liquidées, mais l'efficacité agricole augmente très lentement. 26 % de la main-d'œuvre travaille dans les fermes.
La croissance économique s'est ralentie à la fin des années 1990, mais est remontée à 4 % en 2000. L'inflation et le chômage sont restés relativement élevés.

POLOGNE : PRINCIPALES ACTIVITÉS

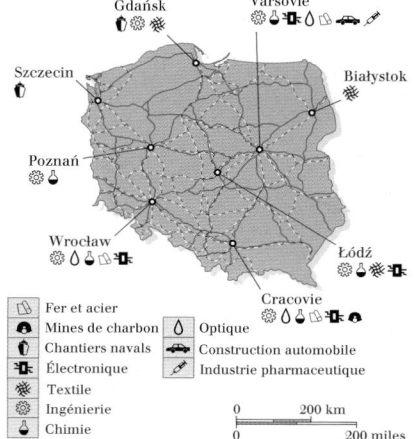

Gdańsk
Varsovie
Szczecin
Białystok
Poznań
Wrocław
Łódź
Cracovie

Fer et acier		Optique	
Mines de charbon		Construction automobile	
Chantiers navals		Industrie pharmaceutique	
Électronique			
Textile			
Ingénierie	0 200 km		
Chimie	0 200 miles		

RESSOURCES

 390 586 tonnes

 5 794 b/j (réserves : 35 963 160 Mdb)

6,2 M de bovins
3,55 M de canards
49,5 M de poulets

Charbon, cuivre, argent, soufre, gaz naturel, plomb, sel, fer

PRODUCTION ÉLECTRIQUE

Hydraulique 3 % (3,8 Md kwh)	
Thermique 97 % (139 Md kwh)	
Nucléaire 0 %	
Autres 0 %	

0   20   40   60   80   100

% de la production totale par type d'électricité

La Pologne cherche à devenir autonome et à exporter du combustible à plus long terme. Il existe des projets de privatisation de la production de combustibles et d'énergie. Le charbon fournit les deux tiers de l'énergie électrique produite. La production de cuivre polonaise est trop réduite pour affecter le marché mondial.

POLOGNE : UTILISATION DU SOL

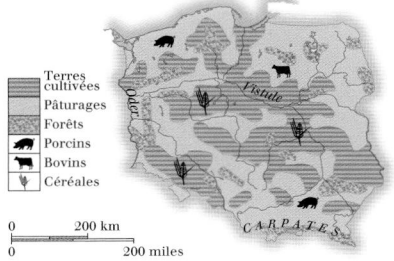

Terres cultivées
Pâturages
Forêts
Porcins
Bovins
Céréales

0   200 km
0   200 miles

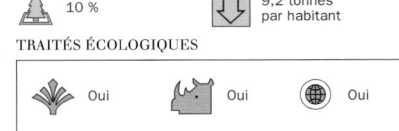

ENVIRONNEMENT

 10 %

9,2 tonnes par habitant

TRAITÉS ÉCOLOGIQUES

Oui		Oui		Oui	
Oui		Oui		Oui	

Les problèmes de pollution sont sérieux, mais tendent à se résoudre. En haute Silésie et dans la région de Cracovie la situation est particulièrement grave, mais l'industrie n'y émet plus qu'un tiers des agents qu'elle émettait en 1990. Maintenant que nombre d'industries lourdes ont été fermées ou assainies, l'inquiétude vient des petites industries, du chauffage domestique au charbon et de l'accroissement du parc automobile privé. La pollution de l'eau est inquiétante, notamment due à l'absence de traitement des eaux usées et des déversements industriels. Les rivières qui se jettent dans la Baltique sont sérieusement affectées par les nitrates et les phosphates utilisés par l'agriculture. Les normes polonaises, déjà peu respectées, sont loin des minima pour l'adhésion à UE.

MÉDIAS

 113 quotidiens pour 1 000 habitants

La Constitution garantit la liberté de la presse. La *Gazeta Wyborcza*, lancée par Solidarité en 1989, est toujours le premier quotidien et ses propriétaires investissent d'autres médias. Accusé de favoriser le président Kwasniewski, le responsable des programmes électoraux à la télévision publique (TVP) a démissionné en 2000.

CRIMINALITÉ

 65 819 détenus

 Plus 19 % en 1996–1998

TAUX DE CRIMINALITÉ.

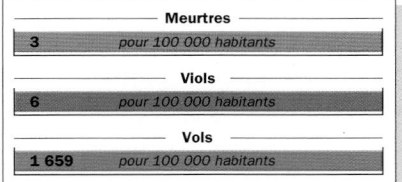

Meurtres	
3	pour 100 000 habitants
Viols	
6	pour 100 000 habitants
Vols	
1 659	pour 100 000 habitants

La contrebande est le problème le plus préoccupant et Varsovie en est le centre principal. Les voitures de luxe y transitent en chemin vers le marché russe ainsi que la drogue à destination de Berlin. Un institut national du Souvenir a été ouvert en 2000 pour juger les crimes des régimes communiste et nazi entre 1939 et 1989.

ÉDUCATION

 99 %

 720 267 étudiants

LE SYSTÈME ÉDUCATIF

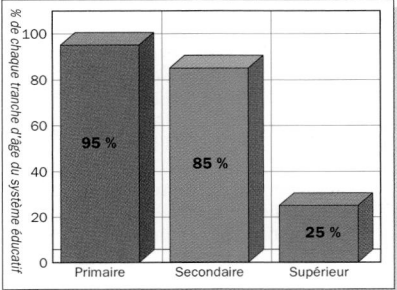

% de chaque tranche d'âge du système éducatif

Primaire 95 %
Secondaire 85 %
Supérieur 25 %

L'école est gratuite et obligatoire à partir de sept ans et pendant huit années. Malgré le taux officiel d'alphabétisation, une proportion importante des élèves en fin de scolarité ont des lacunes. Au niveau du secondaire, les élèves sont sélectionnés sur examen pour le technique, le général ou le professionnel. Dans les années 1990, les dépenses pour l'éducation ont dégringolé. Depuis 1989, l'Église est autorisée à administrer des écoles. La plupart des 140 institutions d'enseignement supérieur offrent des cursus liés au commerce.

PRESSE ET TÉLÉCOMMUNICATIONS

 52 quotidiens, dont la *Gazeta Wyborcza*, la *Rzeczpospolita*, et la *Zycie Warszawy*

 3 chaînes privées, plusieurs chaînes régionales

 6 stations indépendantes, plusieurs stations régionales

SANTÉ

 1 pour 435 habitants

 Maladies cardiaques et cérébrovasculaires, cancers, accidents

En 1999, des réformes fondamentales ont donné naissance à un système de santé privé, laissant aux malades le choix du lieu de traitement. La concurrence commerciale entre médecins et entre hôpitaux, s'est révélée déroutante pour certains. Les soins sont gratuits pour la plupart, mais il existe aujourd'hui quelques cliniques privées.

RICHESSES

CONSOMMATION ET DÉPENSES

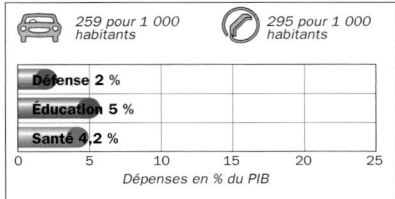

259 pour 1 000 habitants

295 pour 1 000 habitants

Défense 2 %	
Éducation 5 %	
Santé 4,2 %	

0   5   10   15   20   25
Dépenses en % du PIB

La conversion à une économie de marché a entraîné un chômage structurel, accompagné de ses inévitables difficultés. Il est prévu de poursuivre la restructuration de l'industrie lourde. Les retraités bénéficient d'allocations atteignant un pourcentage du PNB plus élevé que dans la plupart des autres pays. Toutefois, les réductions budgétaires rendent les pensions privées de plus en plus nécessaires.

CLASSEMENT MONDIAL

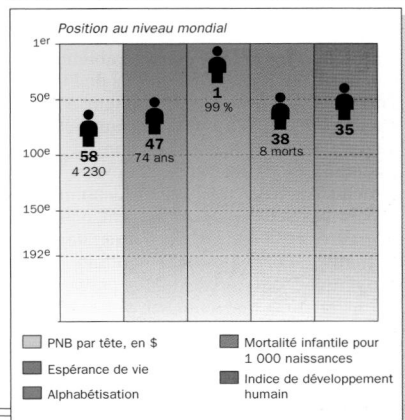

Position au niveau mondial

1er
50e
100e
150e
192e

58 — 4 230
47 — 74 ans
1 — 99 %
38 — 8 morts
35

PNB par tête, en $
Espérance de vie
Alphabétisation
Mortalité infantile pour 1 000 naissances
Indice de développement humain

P

PORTUGAL

NOM OFFICIEL : République du Portugal   **CAPITALE** : Lisbonne
POPULATION : 10 millions   **MONNAIE** : euro   **LANGUE OFFICIELLE** : portugais

 1640
 1640
 10 juin
 P
 0
 +351
 .pt

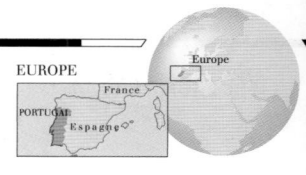
EUROPE

SITUÉ dans la partie ouest de la péninsule ibérique, le Portugal est bordé sur tout son littoral occidental par l'océan Atlantique. Le Tage sépare les régions plus montagneuses du Nord des terres vallonnées du Sud. En 1974, un coup d'État militaire sans effusion de sang a renversé le régime dictatorial conservateur qui dirigeait depuis longtemps le pays. Des élections démocratiques ont suivi en 1975 et les forces armées ont alors cessé d'intervenir dans la politique. Les années 1980 ont marqué la mise en place d'un programme de modernisation socio-économique considérable, processus stimulé par l'adhésion à la Communauté économique européenne en 1986.

Santa Maria de Penanguiao, village lové au coeur de la région vinicole portugaise, dans la vallée du Douro.

CLIMAT

DONNÉES MÉTÉOROLOGIQUES

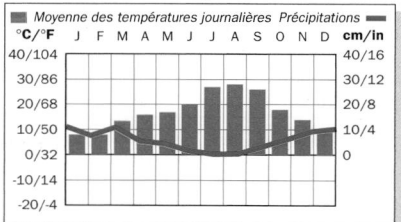

Le climat est de type océanique mais subit des influences méditerranéennes. Les étés sont chauds et humides, tandis que les hivers sont assez doux. Le climat est plus variable à l'intérieur des terres que sur les côtes. Les précipitations sont généralement plus élevées dans les montagnes du Nord, tandis que le centre est plus tempéré. La région méridionale d'Algarve est ensoleillée et sèche.

TRANSPORTS

 Portela de Sacavem, Lisbonne
8,67 M passagers

 442 navires
1,1 M tpl

RÉSEAU DE TRANSPORT

 59 110 km
(36 729 miles)

797 km
(495 miles)

2 813 km
(1 748 miles)

820 km
(510 miles)

Le réseau routier s'est considérablement amélioré grâce aux subventions de l'UE. Toutefois, les routes vers l'Espagne sont insuffisantes, malgré des programmes de modernisation et le nouveau pont Guadiana. Un troisième pont devrait franchir l'estuaire du Tage. À Lisbonne, le pont Vasco de Gama, de 18 km, a été inauguré en 1998. Une circulation dense, de mauvaises routes et une conduite dangereuse font du Portugal le pays européen où la mortalité sur routes est la plus élevée. Le métro efficace de Lisbonne complète ses tramways, mais celui de Porto n'est toujours pas terminé.

TOURISME

 12 M de visiteurs   Plus 4 % en 2000

PROVENANCE DES TOURISTES ÉTRANGERS

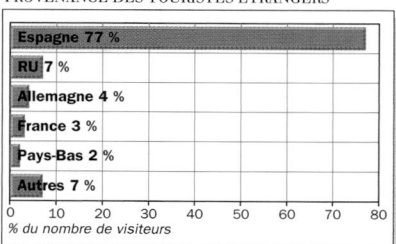

Espagne	77 %
RU	7 %
Allemagne	4 %
France	3 %
Pays-Bas	2 %
Autres	7 %

% du nombre de visiteurs

Depuis 1960, l'attrait touristique du Portugal résultait principalement du coût peu élevé de la vie et du taux de criminalité particulièrement faible, conséquences d'un développement économique limité. La croissance économique considérable a tempéré ces attraits, mais avec plus de 12 millions de visiteurs chaque année, le tourisme demeure une des principales sources de revenu du pays. La destination la plus prisée est la province de l'Algarve, la plus méridionale, suivie des stations balnéaires de Figueira da Foz et de la péninsule de Tróia, dans l'Ouest. Les visiteurs viennent également au Portugal pour son architecture et notamment ses monuments de l'époque manuéline (1490-1520), ainsi que pour son artisanat : ses céramiques, sa dentelle et ses tapisseries sont très prisées. Les parcours de golf du Portugal sont parmi les plus appréciés d'Europe.

PORTUGAL

Superficie totale : 91 950 km² (35 502 sq. miles)

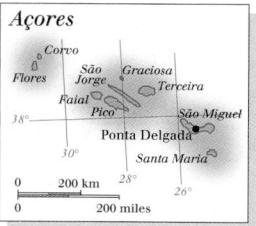
Açores

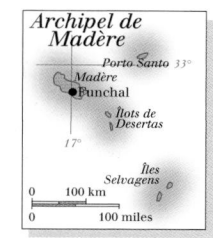
Archipel de Madère

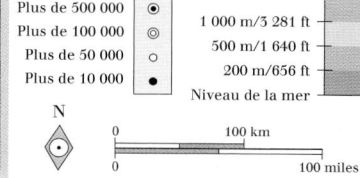

POPULATION		ALTIMÉTRIE	
Plus de 500 000	⊙	1 000 m/3 281 ft	
Plus de 100 000	◉	500 m/1 640 ft	
Plus de 50 000	○	200 m/656 ft	
Plus de 10 000	•	Niveau de la mer	

POPULATION

 Portugais   108 hab./ km²

PART DE LA POPULATION URBAINE/RURALE

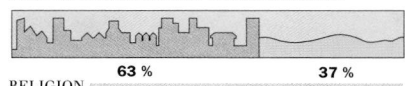

63 %   **37 %**

RELIGION

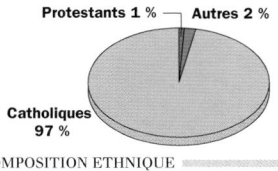

Protestants 1 % — Autres 2 %

Catholiques 97 %

COMPOSITION ETHNIQUE

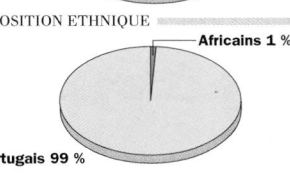

— Africains 1 %

Portugais 99 %

La société portugaise, autrefois jugée trop repliée sur elle-même, s'intègre de plus en plus au sein de l'Europe de l'Ouest. Les tensions ethniques et religieuses sont peu nombreuses. Les immigrés africains, qui viennent pour la plupart d'anciennes colonies telles que l'Angola, le Mozambique et la Guinée, se sont intégrés plutôt facilement à la société. L'Église catholique a perdu de son influence : le taux de natalité est aujourd'hui en baisse et le pays est plus libéral en matière de divorce, d'avortement et de mères célibataires (près d'un enfant sur 5 naît en dehors du mariage). Toutefois, à l'exception des zones urbaines importantes, le Nord du pays demeure profondément catholique.

Le tissu familial joue toujours un rôle primordial. Les femmes n'ont le droit de vote que depuis 1976 ; aujourd'hui 60 % des universitaires sont des femmes et 63 % des femmes en âge de travailler ont un emploi. La démocratie et les mutations socio-économiques ont dans l'ensemble créé une société plus égalitaire.

PYRAMIDE DES ÂGES

Femmes		Âge	Hommes	
1,9 %		81–100	**1,0 %**	
9,7 %		61–80		**7,6 %**
12,6 %		41–60	**11,5 %**	
15,4 %		21–40		**15,2 %**
12,3 %		0–20	**12,8 %**	

% de la population par tranche d'âge

POLITIQUE

 2002/2006    Jorge Sampaio, président de la République

EN 1999

Assemblée de la République 230 sièges

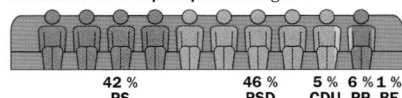

42 %	**46 %**	**5 %**	**6 %**	**1 %**
PS	**PSD**	**CDU**	**PP**	**BE**

PS = Parti socialiste **PSD** = Parti social-démocrate
CDU = Coalition de l'union démocratique **PP** = Parti du peuple **BE** = Bloc des gauches

Le Portugal est une démocratie pluraliste.

PRINCIPAUX PROBLÈMES POLITIQUES
Transformation
Le Portugal s'est transformé au cours de ces dernières décennies. La consolidation de la démocratie entreprise lors de la « révolution des Œillets » en 1974, et l'adhésion à l'UE en 1986, ont entraîné le Portugal dans le sillage européen. Les espoirs d'achever le processus de « rattrapage » sont grands comme en témoigne l'Exposition universelle de 1998 à Lisbonne. En 1999, le Portugal a été l'un des 11 pays à adopter l'euro.

Présidence et parlement
Les dix années précédant 1995, la présidence et le gouvernement étaient aux mains de partis opposés, situation favorisant conflits et stratégies d'obstruction. Les rapports se sont aplanis depuis, avec des présidents socialistes et des gouvernements PS de minorité. L'ancien dirigeant socialiste Jorge Sampãio, successeur de Mário Soares à la présidence, a été confortablement réélu début 2001.

PROFIL
Les législatives de 1995, qui ont vu la victoire du PS sur le PSD, ont mis fin à dix ans de gouvernement de centre droit. Le dirigeant PS, António Guterres est devenu le Premier ministre d'un gouvernement de minorité. Le PS qui s'était engagé, durant la campagne, à réaliser des réformes sociales, s'est plutôt employé à réduire le déficit budgétaire en diminuant les dépenses publiques. Couronnées de succès, ces mesures ont donné des bases solides à l'économie et ont assuré au PS un soutien populaire suffisant pour être réélu en 1999 avec un plus grand nombre de sièges (quoique juste en dessous de la majorité absolue). Toutefois, le faible taux de participation, révélateur de la désaffection des électeurs, est un nouveau sujet d'inquiétude.

Jorge Sampãio occupe le poste de président depuis 1996.

José Manuel Durão Barroso, Premier ministre PSD depuis 2002.

POLITIQUE EXTÉRIEURE

 UE   OTAN   OSCE   CE   OCDE

Depuis 1986, la politique extérieure du Portugal est absorbée par les conséquences de son adhésion à la CEE. Le Portugal est engagé dans l'OTAN mais son importance stratégique a diminué depuis que l'Espagne en est membre. Les relations avec ses anciennes colonies sont une priorité. Le Portugal a soutenu le Timor oriental dans sa lutte contre l'annexion par l'Indonésie. Le pays entretient des relations cordiales avec la Chine, qui ont permis la restitution pacifique de Macao en 1999.

AIDE INTERNATIONALE

 276 M $ (versés)   Plus 7 % en 1999

Le Portugal est un des principaux bénéficiaires des fonds structurels de l'UE. Il verse 0,25 % de son PIB à des pays en développement dont 60 % à ses anciennes colonies africaines en particulier au Mozambique pour la reconstruction du gigantesque barrage de Cahora Bassa, endommagé pendant la guerre.

CHRONOLOGIE

Le Portugal existe depuis le XIᵉ siècle, bien que souvent contesté par l'Espagne. Il a atteint son apogée au XVIᵉ siècle.

- ❑ **1755** Lisbonne détruite par un tremblement de terre.
- ❑ **1795** Rejoint la coalition contre la France révolutionnaire.
- ❑ **1807** Invasion française ; la famille royale se réfugie au Brésil.
- ❑ **1808** Arrivée de troupes britanniques commandées par le Gᵃˡ Wellington. Début de la Guerre péninsulaire.
- ❑ **1810** Les Français quittent le Portugal.
- ❑ **1820** Révolution libérale.
- ❑ **1822** Le roi Jean VI rentre au Portugal et accepte la première Constitution. Son fils Dom Pedro proclame l'indépendance du Brésil.
- ❑ **1834** Dom Pedro replonge le Portugal dans la guerre civile et fait de sa fille la reine Mary II.
- ❑ **1875–1876** Création des partis républicain et socialiste.
- ❑ **1891** Soulèvement républicain à Porto.
- ❑ **1908** Assassinat du roi Carlos, héritier de la couronne.
- ❑ **1910** Abdication de Manuel II et proclamation de la République. Séparation de l'Église et de l'État.
- ❑ **1916** Le Portugal s'unit aux Alliés pendant la Première Guerre mondiale.
- ❑ **1917–1918** Nouvelle République dirigée par Sidónio Pais.

P

P

CHRONOLOGIE *suite*

- ❏ **1926** L'armée met fin à la République.
- ❏ **1928** António de Oliveira Salazar devient ministre des Finances. L'économie du pays se redresse.
- ❏ **1932** Salazar est nommé Premier ministre.
- ❏ **1933** Promulgation de la Constitution du « nouvel État » qui institue une dictature de droite.
- ❏ **1936–1939** Salazar seconde Franco pendant la Guerre d'Espagne.
- ❏ **1939–1945** Le Portugal reste neutre mais permet au RU d'utiliser ses bases aériennes dans les Açores.
- ❏ **1949** Membre fondateur de l'OTAN.
- ❏ **1955** Adhère à l'ONU.
- ❏ **1958** Américo Thómas devient président de la République après la défaite du général Delgado.
- ❏ **1961** L'Inde annexe Goa. Début de guérilla en Angola, au Mozambique et en Guinée.
- ❏ **1970** Mort de Salazar. Il est remplacé par Marcelo Caetano.
- ❏ **1971** M. Caetano tente de libéraliser le pays.
- ❏ **1974** Révolution des Œillets. Le Mouvement des forces armées de gauche dépose M. Caetano.
- ❏ **1975** Tentative de prise de pouvoir communiste déjouée par les modérés et le PS, parti de M. Soares.
- ❏ **1974–1975** Les possessions portugaises africaines accèdent à l'indépendance, 750 000 expatriés portugais rentrent au pays.
- ❏ **1975–1976** L'Indonésie s'empare de la possession portugaise du Timor oriental sans rencontrer d'opposition.
- ❏ **1976** Le général António Eanes est élu président. Adoption d'une nouvelle Constitution. M. Soares est nommé Premier ministre.
- ❏ **1978** Période de gouvernement technocrate sans partis politiques.
- ❏ **1980** Le parti de centre-droit remporte les élections. Le général Eanes est réélu.
- ❏ **1982** Restauration formelle du gouvernement civil.
- ❏ **1983** M. Soares Premier ministre par intérim ; le PS est le parti majoritaire.
- ❏ **1986** M. Soares est élu président. Le Portugal devient membre de la CEE, qui finance d'importantes infrastructures.
- ❏ **1987** Cavaco Silva obtient la majorité absolue au parlement.
- ❏ **1991** M. Soares est réélu président.
- ❏ **1995** Législatives. Le chef du PS. Antonio Guterres devient Premier ministre.
- ❏ **1996** Jorge Sampio est élu président.
- ❏ **1999** Janvier, le Portugal est l'un des 11 pays de l'UE à adopter l'euro. Octobre, élections : le PS au pouvoir renforce ses positions. Décembre, Macao est restitué à la Chine.
- ❏ **2001** Sampião est réélu.
- ❏ **2002** Adoption de l'euro. Coalition PSD-PS. Durão Barroso premier ministre.

DÉFENSE

 2,28 Md $ Moins 4 % en 1999

Le Portugal est membre de l'OTAN depuis 1949. Sa flotte est peu importante mais relativement moderne. Les armées de terre et de l'air sont moins dotées. En 1999, le gouvernement a annoncé l'abolition prochaine du service militaire (aujourd'hui réduit à 4 mois, avec une alternative civile de 7 mois) d'ici la fin de ses 4 ans de mandat. Les ÉU, principal fournisseur d'armes du Portugal, ont une base aérienne stratégique dans l'archipel des Açores.

FORCES ARMÉES PORTUGAISES

🚜	187 chars de combat (86 M–48A5, 101 M–60)	25 650 hommes
🚢	3 sous-marins, 6 frégates, et 30 patrouilleurs	11 600 hommes
✈	66 avions de combat (40 Alpha Jet, 20 F–16A/B)	7 400 hommes
🚀	Aucun	

ÉCONOMIE

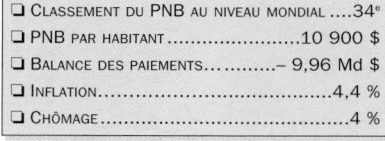 109 Md $ 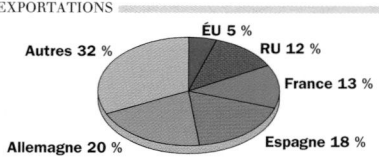 0,87-1,01 euro

CHIFFRES SIGNIFICATIFS

❏ CLASSEMENT DU PNB AU NIVEAU MONDIAL 34ᵉ
❏ PNB PAR HABITANT ....10 900 $
❏ BALANCE DES PAIEMENTS..........– 9,96 Md $
❏ INFLATION....................................4,4 %
❏ CHÔMAGE.......................................4 %

EXPORTATIONS

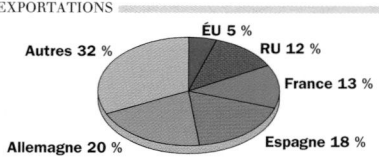

- ÉU 5 %
- RU 12 %
- France 13 %
- Espagne 18 %
- Allemagne 20 %
- Autres 32 %

IMPORTATIONS

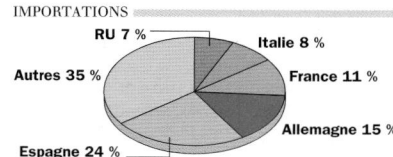

- RU 7 %
- Italie 8 %
- France 11 %
- Allemagne 15 %
- Espagne 24 %
- Autres 35 %

ATOUTS

Bien qu'en hausse, le coût de la main-d'œuvre reste faible, le travail est très flexible. Le niveau des investissements nationaux est élevé. Les secteurs bancaire et touristique sont très développés. Le tourisme représente 6 % du PIB, la proportion la plus importante au sein de l'UE. Des projets sont en cours pour moderniser les infrastructures routières du pays. Les capacités du port en eau profonde de Lisbonne sont développées. Le Portugal produit du vin, surtout du Porto, des tomates, des agrumes, du liège et des sardines. Les secteurs de l'habillement et de la chaussure, aujourd'hui rejoints par l'industrie automobile (Volkswagen surtout), sont très dynamiques.

FAIBLESSES

Dépendance envers le secteur public pour développer l'économie. Le secteur agricole, très important (5 % du PIB et 10 % de la population active) est le moins performant d'Europe car ses techniques sont archaïques. Le Portugal est concurrencé par l'Espagne, dont les produits sont meilleur marché.

INDICATEUR DES PERFORMANCES ÉCONOMIQUES

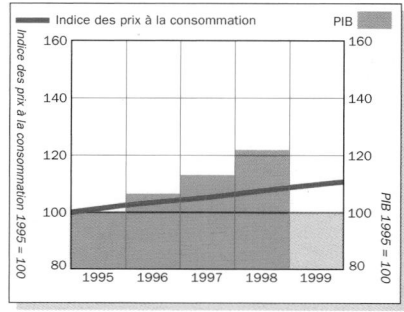

— Indice des prix à la consommation   PIB

(Indice des prix à la consommation 1995 = 100 ; PIB 1995 = 100 ; axe : 80 à 160, années 1995–1999)

PROFIL

Depuis son adhésion à la CEE en 1986, les investissements étrangers ont afflué vers ce pays essentiellement rural. Les exportations se sont accrues de façon spectaculaire. L'économie a enregistré une hausse de 3 % par an dans la seconde moitié des années 1990. Pour maintenir ce taux, il a fallu augmenter la productivité de la main-d'œuvre.

Le gouvernement de António Guterres, arrivé au pouvoir en 1995, a su satisfaire les critères économiques nécessaires pour que le Portugal se trouve, en janvier 1999, parmi les 11 pays à adopter l'euro. Alors que les salaires portugais n'atteignent que 70 % de la moyenne européenne, le chômage est parmi les plus faibles de l'UE.

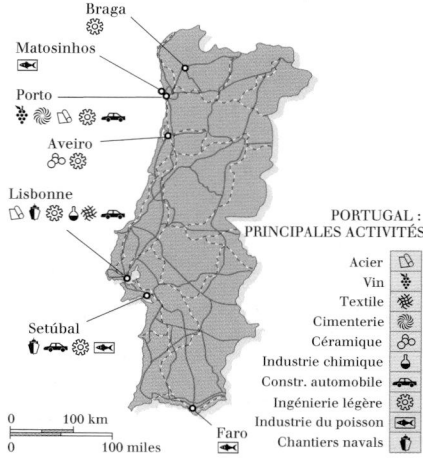

Braga
Matosinhos
Porto
Aveiro
Lisbonne
Setúbal
Faro

0 100 km
0 100 miles

PORTUGAL : PRINCIPALES ACTIVITÉS

- Acier
- Vin
- Textile
- Cimenterie
- Céramique
- Industrie chimique
- Constr. automobile
- Ingénierie légère
- Industrie du poisson
- Chantiers navals

RESSOURCES

 229 108 tonnes

 Pays non producteur; raffine 294 000 b/j

 7 M d'ovins
5,85 M de porcins
2,33 M de bovins
28 M de poulets

 Chaux, granite, marbre, cuivre

PRODUCTION ÉLECTRIQUE

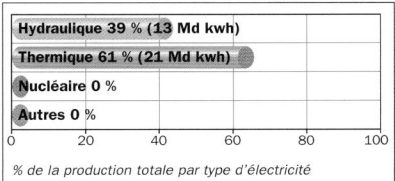

| Hydraulique 39 % (13 Md kwh) |
| Thermique 61 % (21 Md kwh) |
| Nucléaire 0 % |
| Autres 0 % |

% de la production totale par type d'électricité

Le Portugal souffre d'un manque de ressources naturelles y compris d'eau. Les mines, plus particulièrement celles de cuivre,

ENVIRONNEMENT

 6 %

 5,4 tonnes par habitant

TRAITÉS ÉCOLOGIQUES

Oui   Oui   Oui
Oui   Oui   Oui

Le développement des stations touristiques de l'Algarve et les investissements massifs dans la construction de nouveaux ports, de routes et de ponts ont des effets néfastes sur les milieux naturels. Les subventions de l'UE destinées au drainage des prairies, à la monoculture et au reboisement axé sur une seule espèce d'arbre entament la diversité biologique du pays. Les déchets toxiques sont généralement déversés dans la nature car les contrôles et les sites d'enfouissement sont rares. Une nouvelle politique de traitement des déchets doit être mise en place.

MÉDIAS

 75 quotidiens pour 1 000 habitants

PRESSE ET TÉLÉCOMMUNICATIONS

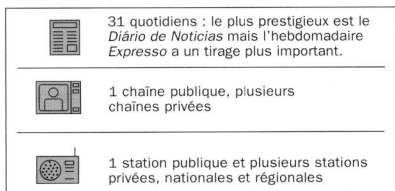

31 quotidiens : le plus prestigieux est le *Diário de Noticias* mais l'hebdomadaire *Expresso* a un tirage plus important.

1 chaîne publique, plusieurs chaînes privées

1 station publique et plusieurs stations privées, nationales et régionales

Faible diffusion des quotidiens, dont la plupart sont régionaux. La télévision est la principale source d'information. En 1992-1993, deux chaînes privées ont commencé à émettre en plus de la RTP nationale : la SIC, spécialisée dans les jeux et les feuilletons et la TVI Catholique, qui a été vendue en 1998 à Media Capital, l'un des quatre groupes qui contrôlent la presse et la télévision.

---

d'étain et de tungstène ont toujours joué un rôle important dans l'économie du pays. La dernière mine de charbon a fermé dans les années 1990. La pêche, autrefois prépondérante, est en baisse ces dernières années.

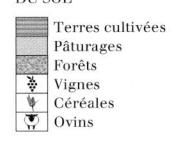

PORTUGAL : UTILISATION DU SOL

Terres cultivées
Pâturages
Forêts
Vignes
Céréales
Ovins

0   100 km
0   100 miles

CRIMINALITÉ

 12 150 détenus

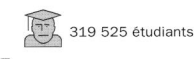 Moins 21 % en 1996-98

TAUX DE CRIMINALITÉ.

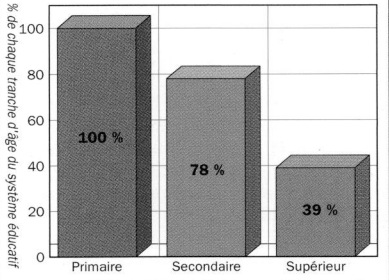

| **Meurtres** |
| 3 | *pour 100 000 habitants* |
| **Viols** |
| 1 | *pour 100 000 habitants* |
| **Viols** |
| 380 | *pour 100 000 habitants* |

Le taux de criminalité du Portugal est faible. La consommation et la possession de petites quantités de drogues ont été légalisées en 2001.

ÉDUCATION

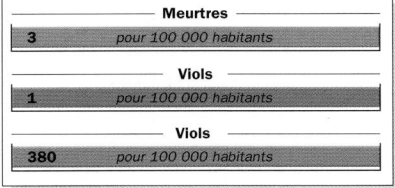 92 %   319 525 étudiants

LE SYSTÈME ÉDUCATIF

% de chaque tranche d'âge du système éducatif

100 % (Primaire)
78 % (Secondaire)
39 % (Supérieur)

Le portugais est la 7ᵉ langue la plus parlée au monde. Le système éducatif public s'adresse à tous les élèves âgés de 3 à 15 ans. La maternelle a été développée bien que l'école primaire ne soit obligatoire qu'à partir de 6 ans. Les parents de la classe moyenne préfèrent généralement inscrire leurs enfants dans des établissements privés. Les universités ont été agrandies pour faire face aux sureffectifs. Le pays compte en outre plusieurs universités privées prestigieuses.

SANTÉ

 1 pour 323 habitants

 Cancers, maladies cardiaques et cérébrovasculaires, accidents

Près de 10 % du budget de l'État sont consacrés à la santé. Le Portugal dispose d'un service de santé national et gratuit, depuis 1979. Les dépenses de santé ont sensiblement augmenté ces dernières années, mais sont en dessous de la moyenne de l'UE. Il existe de fortes disparités régionales, les grands hôpitaux urbains étant modernes et bien équipés. Le secteur privé est accessible et offre un rapport qualité-prix intéressant. Plus de 40 % des Portugais y ont recours.

RICHESSES

CONSOMMATION ET DÉPENSES

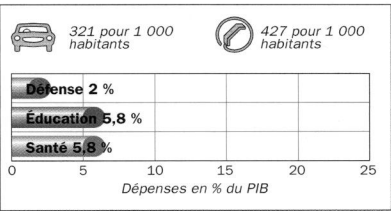

321 pour 1 000 habitants   427 pour 1 000 habitants

| Défense 2 % |
| Éducation 5,8 % |
| Santé 5,8 % |

Dépenses en % du PIB

Les écarts de richesse sont moins importants que dans la plupart des autres pays de l'UE. Avec la Constitution de 1976, les socialistes et les gouvernements qui leur ont succédé ont mis en place des mesures de redistribution des richesses à la portée limitée.
Les familles propriétaires des terres potentiellement intéressantes pour le tourisme, des parcours de golf par exemple, ont réalisé d'importants bénéfices. Avec la hausse du niveau de vie et les faibles taux d'intérêt de la fin des années 1990, les placements mobiliers ont augmenté. Le revenu moyen, pas plus de la moitié de la moyenne de l'UE en 1986, est passé aujourd'hui à 74 %. Plus de la moitié de la population possède des téléphones portables, avec un système de prépaiement, initié par le Portugal.

CLASSEMENT MONDIAL

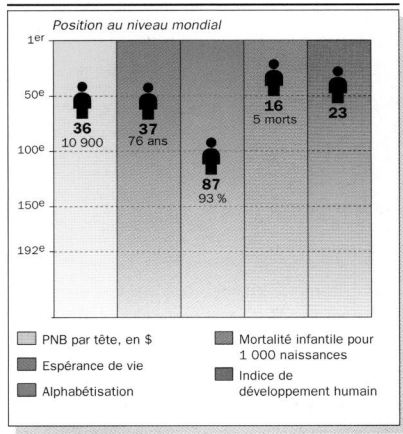

Position au niveau mondial

1ᵉʳ
50ᵉ
100ᵉ
150ᵉ
192ᵉ

36 — 10 900
37 — 76 ans
87 — 93 %
16 — 5 morts
23

PNB par tête, en $
Espérance de vie
Alphabétisation
Mortalité infantile pour 1 000 naissances
Indice de développement humain

P

QATAR

NOM OFFICIEL : État du Qatar   CAPITALE : Doha
POPULATION : 584 000   MONNAIE : riyal qatari   LANGUE OFFICIELLE : arabe

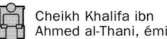

MOYEN-ORIENT

Situé au nord de la péninsule d'Arabie, dont il constitue un prolongement dans le golfe Persique, le Qatar a des frontières communes avec l'Arabie saoudite et les Émirats Arabes Unis. Il partage des eaux territoriales avec Bahreïn. L'essentiel du pays est occupé par un désert semi-aride et plat. Le Qatar est l'un des fondateurs de l'OPEP et ses réserves abondantes de pétrole et de gaz naturel en font l'un des États les plus riches de cette partie du globe. Le pays connaît une stabilité politique sous le règne du clan al-Thani.

POLITIQUE

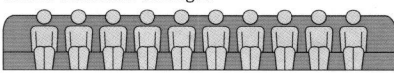

Ne s'applique pas

Cheikh Khalifa ibn Ahmed al-Thani, émir

AUX DERNIÈRES ÉLECTIONS
Conseil consultatif 35 sièges

Le Qatar est une monarchie absolue dépourvue de corps législatif. L'émir dirige le pays assisté du Conseil des ministres et du Conseil consultatif.

Le Qatar est un émirat traditionnel. Son gouvernement et son pouvoir religieux sont sous l'autorité de Cheikh Hamad qui destitua son père Cheikh Khalifa en 1995. Des Émirats arabes unis où il est installé depuis, Khalifa a tenté en vain de reprendre le pouvoir en 1996. Le mouvement pour la démocratie appelle à la réforme du Conseil consultatif de 35 membres. Le Cheikh Hamad a répondu en autorisant, en 1999, les premières élections pour un Conseil communal, avec droit de vote et d'acte de candidature pour tous les adultes, femmes comprises. Début 2001, il a promis l'organisation d'un scrutin pour l'élection directe d'un parlement dans un délai de 18 mois.

CLIMAT

DONNÉES MÉTÉOROLOGIQUES

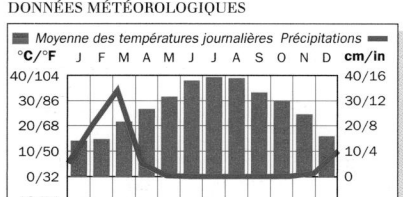

Le climat est chaud et étouffant. Il peut faire 44 °C en été et les pluies sont faibles.

TRANSPORTS

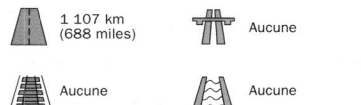

Doha International
1,1 M de passagers

64 navires
744 131 tpl

RÉSEAU DE TRANSPORT

 1 107 km (688 miles)	 Aucune
Aucune	Aucune

Le réseau routier qui relie le Qatar aux pays voisins est bien développé et un aéroport international s'est ouvert à Doha en 1997.

TOURISME

451 000 visiteurs

Plus 6 % en 1998

PROVENANCE DES TOURISTES ÉTRANGERS

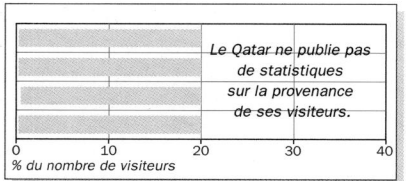

Le Qatar ne publie pas de statistiques sur la provenance de ses visiteurs.

% du nombre de visiteurs

Les quelques milliers de touristes européens apprécient ses plages préservées, ses boutiques de détaxes, ses hôtels modernes et son arrière-pays désertique. Les hôtels cinq étoiles peuvent proposer de l'alcool aux consommateurs non musulmans.

POPULATION

Arabe

64 hab. /km²

PART DE LA POPULATION URBAINE/RURALE

92 %

8 %

COMPOSITION ETHNIQUE

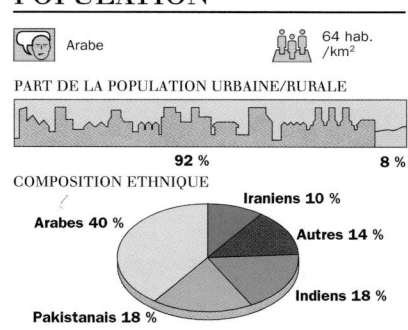

Arabes 40 %
Iraniens 10 %
Autres 14 %
Indiens 18 %
Pakistanais 18 %

La population qatarie ne compte que 20 % d'habitants nés dans le pays. Les autres sont des travailleurs étrangers venus d'Inde, d'Iran ou de pays nord-africains.
Les expatriés occidentaux jouissent d'un niveau de vie élevé mais ils ne participent pas à la politique du pays. Les Qataris sont partisans de l'interprétation wahhabite de l'Islam sunnite et sont conservateurs. Toutefois, les femmes ne sont pas obligées de porter le voile et ont le droit de passer le permis de conduire. Les expatriés chrétiens bénéficient de la liberté de culte mais ils ne sont pas autorisés à promouvoir le christianisme. Depuis que l'exploitation pétrolière a permis au Qatar de s'enrichir, l'essentiel de sa population, qui était auparavant constituée de Bédouins nomades, est urbaine. Près de 90 % des Qataris résident aujourd'hui à Doha, la capitale, ou dans sa banlieue ; cette urbanisation a provoqué un dépeuplement des villages du Nord.

Doha, la capitale. Bien que désertique, le Qatar produit l'essentiel des légumes qu'il consomme.

POLITIQUE EXTÉRIEURE

OPEP   LA   CCG   OPAEP   Damasc

Le Qatar est l'un des pays fondateurs du Conseil de coopération du Golfe. Depuis sa prise de pouvoir en 1995, le Cheikh Hamad y a adopté des positions indépendantes et parfois d'opposition, boycottant en partie, par exemple, le sommet annuel de 1995 pour protester contre la nomination d'un Saoudien à la tête du CCG. À la fin des années 1990, le pays a accepté de fournir du gaz naturel liquide (GNL) à Israël. Malgré ses critiques précédentes des bombardements occidentaux en Irak, l'émir a laissé le QG des EU utiliser son pays comme base, en 2003. Dans les négociations de l'OPEP sur les quotas pétroliers, le Qatar s'est prononcé en faveur d'un cours modéré. En 2001, le pays est parvenu à s'entendre avec l'Arabie Saoudite sur leurs frontières, mais a perdu les îles de Hawar devant la Cour internationale de Justice qui a prononcé un jugement en faveur de Bahreïn.

AIDE INTERNATIONALE

5 M $ (reçus)

Plus 400 % en 1997-1999

Durant les années 1970 et au début des années 1980, le Qatar versait des aides importantes, mais la baisse du cours du pétrole l'a conduit à les réduire considérablement.

Q

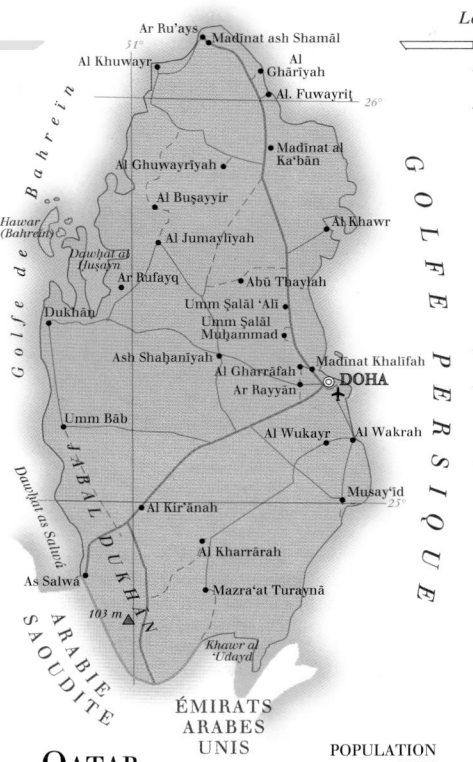

QATAR

Superficie totale : 11 000 km²
(4247 sq. miles)

0 ——— 30 km
0 ——— 30 miles

POPULATION
Plus de 100 000 ⊚
Moins de 10 000 •

ALTIMÉTRIE
200 m/1 640ft
Niveau de la mer

DÉFENSE

 1,47 Md $ Plus 7 % en 1999

L'armée ne compte que 12 000 hommes et serait d'un secours limité en cas de troubles politiques. L'accord de défense signé avec les ÉU prévoit des manœuvres communes et permet aux ÉU d'accéder aux bases militaires du pays.

ÉCONOMIE

 8,4 Md $ 3,6 riyals qataris

CHIFFRES SIGNIFICATIFS

❏ CLASSEMENT DU PNB AU NIVEAU MONDIAL 92ᵉ
❏ PNB PAR HABITANT 12 000
❏ BALANCE DES PAIEMENTS ....– 1,66 Md
❏ INFLATION ....2 %
❏ CHÔMAGE............................Non disponible

ATOUTS
Alimenté en permanence en pétrole brut, réserves très importantes de gaz naturel. Raffineries et entreprises de produits dérivés. Infrastructures modernes.

FAIBLESSES
Économie dépendante de la main-d'œuvre étrangère. Importe l'intégralité de ses matières premières et l'essentiel de sa consommation alimentaire. Le pays doit dessaler la quasi totalité de son eau.

RESSOURCES

 5 034 tonnes   795 000 b/j (réserves : 13 200 000 000 b)

 207 000 poulets, 179 000 ovins, 50 000 chameaux   Pétrole, gaz naturel

Le Qatar dispose de la plus faible réserve de pétrole de l'OPEP mais ses réserves de gaz naturel sont les 3ᵉ au monde ; et son gisement gazier non-associé le 1ᵉʳ.

ENVIRONNEMENT

 Aucun   72,9 tonnes par habitant

L'arrière-pays désertique se prête peu à la vie animale ou végétale et les espèces ont disparu à l'état sauvage. La pollution due au pétrole a dégradé le milieu marin. Marais salants dans le Sud du pays.

MÉDIAS

 161 quotidiens pour 1 000 habitants

PRESSE ET TÉLÉCOMMUNICATIONS

 6 quotidiens : *Ar-Rayah* et *Gulf Times*, son confrère anglais, *Al-'Arab* et *Ash-Sharq*

 2 chaînes publiques   1 station publique

Le Cheikh Hamad a assoupli la censure de la presse. La télévision qatarie est la plus indépendante de la région. *Al Jazeera* est la principale chaîne d'information de toute cette zone.

CRIMINALITÉ

 6 285 détenus   Plus 8 % en 1992

Les châtiments islamiques traditionnels limitent la criminalité. Toutefois, les trafics de drogue se multiplient. Faible taux de petite délinquance.

EXPORTATIONS

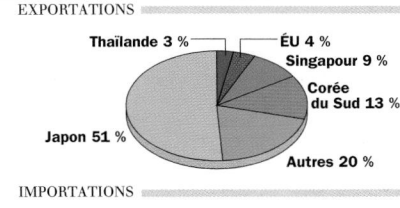
Thaïlande 3 % — ÉU 4 %
Singapour 9 %
Corée du Sud 13 %
Japon 51 %
Autres 20 %

IMPORTATIONS

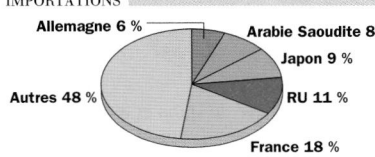
Allemagne 6 % — Arabie Saoudite 8 %
Japon 9 %
RU 11 %
Autres 48 %
France 18 %

Nouvelles industries qui dépendent de la consolidation d'accords avec des partenaires étrangers. Menace potentielle de l'Iran et de l'Irak qui dissuade les investisseurs internationaux.

CHRONOLOGIE

Les origines de la famille al-Thani (au pouvoir) remontent au XVIIIᵉ siècle. Elle est liée aux Khalifah de Bahreïn.

❏ **1971** Indépendance.
❏ **1995** Cheikh Hamad renverse Cheikh Khalifah.
❏ **1999** Premières élections, pour le nouveau Conseil communal.
❏ **2003** Référendum en faveur d'une assemblée partiellement élue.

ÉDUCATION

 81 %   8 475 étudiants

Le système éducatif est gratuit. Le gouvernement octroie des bourses aux étudiants qui partent à l'étranger.

SANTÉ

 1 pour 699 habitants   Maladies cardiaques, circulatoires et infectieuses, cancers

Accès gratuit aux soins de base. Les hôpitaux ont un niveau équivalent à celui de l'Occident. L'État subventionne les soins à l'étranger.

RICHESSES

CONSOMMATION ET DÉPENSES

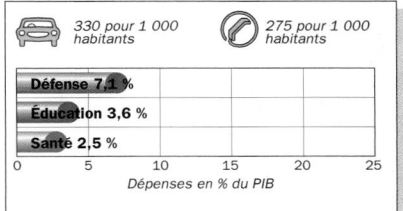
330 pour 1 000 habitants   275 pour 1 000 habitants

Défense 7,1 %
Éducation 3,6 %
Santé 2,5 %

Dépenses en % du PIB

Le revenu par habitant est très élevé. Pas d'impôt sur le revenu, services publics gratuits. Le gouvernement garantit un emploi aux jeunes diplômés. Le pays n'applique pas non plus de contrôle des changes.

CLASSEMENT MONDIAL

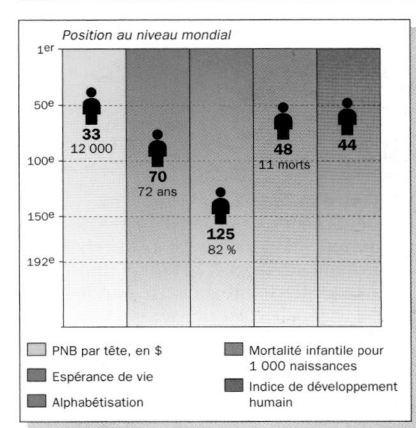
Position au niveau mondial
33 12 000
70 72 ans
125 82 %
48 11 morts
44

◻ PNB par tête, en $
◻ Espérance de vie
◻ Alphabétisation
◼ Mortalité infantile pour 1 000 naissances
◼ Indice de développement humain

Q

RÉP. DÉMOCRATIQUE DU CONGO

NOM OFFICIEL : République démocratique du Congo   **CAPITALE** : Kinshasa
POPULATION : 54,3 millions   **MONNAIE** : franc congolais   **LANGUES OFFICIELLES** : français et anglais

Situé au centre-est de l'Afrique, le Congo, anciennement Zaïre, est l'un des pays les plus étendus du continent. Les forêts équatoriales occupent 60 % du territoire. Devenu indépendant en 1960, le pays a immédiatement connu la guerre civile. En 1965, le général Mobutu a mis en place un régime notoirement basé sur la corruption. Il a été renversé en 1997 par les forces rebelles de Laurent-Désiré Kabila qui lui a succédé. Un an plus tard, un nouveau soulèvement plongeait le pays dans le chaos. L'arrivée au pouvoir de son fils Joseph Kabila en janvier 2001 a relancé les tentatives de pacification du pays.

Le Fleuve Congo, qui traverse tout le pays, est navigable sur 1 357 kilomètres.

CLIMAT

DONNÉES MÉTÉOROLOGIQUES

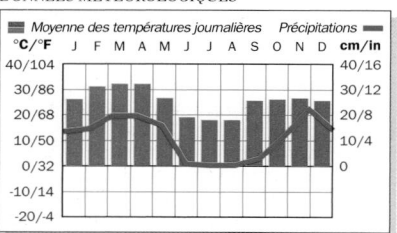

Climat tropical humide. L'amplitude thermique annuelle est réduite et la moyenne des températures est de 25 °C. Le niveau des précipitations annuelles est de l'ordre de 150 à 200 cm. Les régions montagneuses sont les plus humides. Le pays est traversé au Nord par l'équateur et présente des différences climatiques régionales marquées. Le Sud est marqué par une saison humide et une saison sèche bien distinctes qui durent respectivement d'octobre à mai et de juin à septembre. La saison sèche des régions nord dure de décembre à février. Le reste de l'année, le climat est humide.

TRANSPORTS

 **N'Djili, Kinshasa**
525 000 passagers

 20 navires
12 900 tpl

RÉSEAU DE TRANSPORT

 157 000 km
(97 555 miles)

30 km
(19 miles)

3 641 km
(2 263 miles)

 15 000 km
(9 321 miles)

Le fleuve Congo et ses nombreux affluents sont les principaux axes de communication du pays. La superficie importante du pays et le fait qu'une grande partie soit recouverte par des forêts tropicales très denses ont été autant d'obstacles au développement des réseaux routier et ferroviaire. Un grand nombre de villages forestiers ne sont accessibles que par voie aérienne.

TOURISME

53 000 visiteurs

Plus 86 % en 1995–1998

MAIN TOURIST ARRIVALS

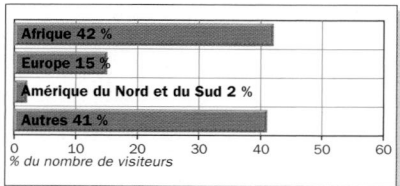

Afrique 42 %
Europe 15 %
Amérique du Nord et du Sud 2 %
Autres 41 %

% du nombre de visiteurs

Les remous politiques et le chaos qui règnent sur le pays depuis 1997 dissuadent toute velléité touristique. Le potentiel du pays tient principalement dans ses paysages, lacs et montagnes, sa faune et sa flore sauvages. Mais le Congo n'offre que très peu d'infrastructures d'accueil, y compris dans la capitale. Le fleuve Congo, dont la largeur peut atteindre 16 km, est le plus long fleuve d'Afrique après le Nil. Les musiciens de Kinshasa ont longtemps attiré les amateurs de concerts. Autrefois nombreux, les voyages d'affaires ont considérablement diminué face à l'instabilité chronique du pays dans les années 1990.

POPULATION

 Kiswahili, tsiluba, kikongo, lingala, français

 23 hab./km²

PART DE LA POPULATION URBAINE/RURALE

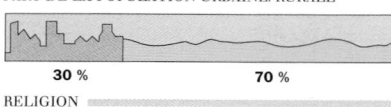

30 %   70 %

RELIGION

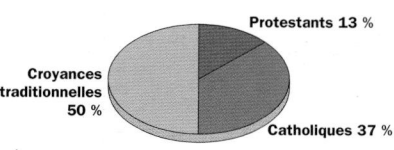

Protestants 13 %
Croyances traditionnelles 50 %
Catholiques 37 %

COMPOSITION ETHNIQUE

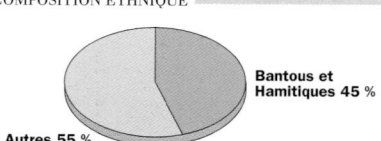

Bantous et Hamitiques 45 %
Autres 55 %

La région minière de Haba et les principaux centres urbains connaissent une forte densité de population, tandis que les forêts tropicales sont très peu peuplées : moins de 3 habitants au km². La plupart des gens subsistent en marge de l'économie. La composition ethnique est très variée. Le pays compte 12 communautés principales et environ 190 groupes plus petits. La plupart des habitants sont d'origine bantoue, mais on trouve également des Hamitiques et des Nilotiques, principalement établis au Nord et au Nord-Est du pays. Les pygmées des forêts ont été les premiers habitants du Congo, mais ils sont aujourd'hui une minorité extrêmement réduite et marginalisée. Jusque dans les années 1990, le président Mobutu est presque toujours parvenu à contenir les tensions ethniques héritées de l'ère coloniale. En 1993, ces conflits ont fait des milliers de victimes dans les provinces Sud-Est du pays. L'afflux de réfugiés Hutus en provenance du Rwanda l'année suivante a entraîné de graves tensions parmi les Tutsis des régions orientales. Les massacres devinrent une habitude, alimentée par un esprit de vengeance à l'échelle du pays tout entier. Considérés comme des étrangers par Mobutu, les Tutsis ont été les principaux instigateurs des insurrections de 1996 et 1997 qui eurent pour conséquence de le chasser du pouvoir. Les mêmes insurgés se retournèrent plus tard contre Laurent Kabila.

Aucune donnée n'est disponible concernant la composition de la population par sexe et par tranche d'âge, du fait du manque d'outil statistique et de l'instabilité du pays.

R

Rép. Démocratique Du Congo

Superficie totale : 2 267 600 km²
(875 520 sq. miles)

POPULATION

⊡	Plus de 1 000 000
⊙	Plus de 500 000
◎	Plus de 100 000
○	Plus de 50 000
●	Plus de 10 000
·	Moins de 10 000

ALTIMÉTRIE

2 000 m/6 562ft
1 000 m/3 281ft
500 m/1 640ft
200 m/656ft
Niveau
de la mer

POLITIQUE EXTÉRIEURE

CEPGL   MCAEA   OIF   G24   OUA

La guerre civile qui a ravagé le pays a aussi gravement compromis les relations extérieures. L'occident montre son impatience devant le retour tardif de la paix, tandis que les pays voisins sont aspirés dans l'un des plus grands conflits du continent. Attisée par la richesse des forêts et des gisements minéraux congolais, la guerre civile est rapidement devenue régionale, dès 1998. L'Angola, le Burundi, la Namibie, l'Ouganda, le Rwanda, le Soudan, le Tchad et le Zimbabwe y ont participé.

Les combats ont continué malgré le cessez-le-feu de 1999. Laurent Kabila s'est attiré de vives critiques pour avoir suspendu les accords en 2000, pour gouverner en autocrate et pour avoir fait obstacle à la MONUC. La mort de Kabila en 2001, remplacé par son fils Joseph, a relancé le processus de paix. Malgré la poursuite des combats, les troupes étrangères s'étaient retirées en grande partie à la fin 2002, à l'exception notable de l'Ouganda et du Rwanda. Ce vide au nord-est a été remplacé par des violences intercommunautaires. Des forces internationales emmenées par la France ont mené une mission de maintien de la paix limitée en 2003, dans un contexte d'inquiétudes humanitaires. L'implication d'entreprises étrangères dans le secteur minier du sud, laissé à l'abandon, a suscité de vives critiques à l'intérieur de la RDC, car les profits réalisés bénéficient rarement à l'économie locale.

POLITIQUE

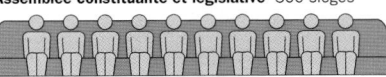

2000/gouvernement provisoire

Joseph Kabila, président de la République

AUX DERNIÈRES ÉLECTIONS

Assemblée constituante et législative 300 sièges

Le dernier scrutin a eu lieu en 1987. Les membres de l'Assemblée étaient alors choisis au sein du **MPR** (Mouvement populaire de la révolution), dirigé par Mobutu. Une législature intérimaire a été désignée en juillet-août 2000 par Laurent Kabila qui en a nommé les 300 membres.

Le régime autoritaire instauré par Laurent-Désiré Kabila continue sous l'investiture de son fils.

Principaux enjeux politiques

Dès 1990, Mobutu déclara vouloir établir une démocratie pluraliste, tout en affirmant sa volonté de rester au pouvoir. Les promesses de changement après le coup d'État de Laurent-Désiré Kabila en 1997 furent vite déçues. Les élections prévues en 1999 n'eurent pas lieu et les violences s'amplifièrent, alors que le gouvernement ne contrôlait plus que la moitié du pays. La mort de Kabila en 2001 permit de ramener les différentes factions autour de la table de négociations.

Profil

Très vite, Laurent-Désiré Kabila, qui s'était pourtant engagé à restaurer la démocratie, dissout le parlement et oublie

Joseph Kabila, président qui succéda à son père en 2001.

Mobutu, ditacteur déchu au pouvoir de 1965 à 1997.

la Constitution. Ce n'est pas avant 2000 qu'est convoquée la nouvelle Assemblée constituante et législative. Mais dès août 1998, les Tutsis qui soutenaient Kabila se rebellent contre lui. Les pays voisins se joignent à l'insurrection, et la guerre s'étend à la région tout entière. En 2000, l'ONU accepte d'envoyer une mission pacificatrice sur place. Kabila ne cesse de retarder l'arrivée des soldats de la paix. Il est assassiné en 2001, laissant le pouvoir vacant. Son fils Joseph, chef des armées, est rapidement désigné pour être son successeur. Prêtant serment quelques jours plus tard, il s'engage à rétablir le pluralisme politique et la libéralisation économique.

AIDE INTERNATIONALE

💲 132 M $ (reçus)   ⬆ Plus 5 % en 1999

Le pays a reçu des aides importantes de l'Occident pendant la guerre froide, car il était un allié stratégique. Entre 1970 et 1989, il a ainsi perçu 8,3 Md de dollars sous forme d'aides économiques et des programmes d'assistance militaire de grande envergure. Les priorités des ÉU ont changé et ils ont pris des sanctions contre le régime de Mobutu, en réponse aux violations des droits de l'homme et à la mauvaise utilisation des aides. Depuis 1990, l'Occident n'accorde plus au pays que des aides humanitaires. Le FMI a reproché au Congo de ne pas « coopérer » et il a exclu toute possibilité de rééchelonnement de sa dette extérieure de 10 millions de dollars. L'arrivée de Joseph Kabila début 2001 a rassuré la communauté internationale. La Belgique recommence à aider le pays.

R

CHRONOLOGIE

Le Congo fut l'un des principaux centres du commerce d'esclaves. Le roi belge Léopold II revendiqua la plus grande partie de la cuvette du Congo après 1876.

❏ **1885** Léopold II fonde l'État libre du Congo (ELC). Colonisation brutale.
❏ **1908** La Belgique s'empare de l'ELC sous les critiques de la communauté internationale.
❏ **1960** Indépendance de la république du Congo. Sécession de la province du Katanga (Shaba) qui prendra fin en 1963. Intervention de l'ONU.
❏ **1965** Le général Joseph-Désiré Mobutu prend le pouvoir.
❏ **1970** Mobutu est élu président.
❏ **1971** Le Congo devient le Zaïre.
❏ **1982** Des partis d'opposition créent l'Union pour la démocratie et le progrès social (UDPS).
❏ **1986–1990** Désordres civils. La communauté internationale dénonce les violations des droits de l'homme.
❏ **1990** La Belgique suspend ses aides après la mort de manifestants prodémocrates. Mobutu annonce une période de transition qui doit aboutir à l'établissement d'un régime pluraliste.
❏ **1991** Étienne Tshisekedi, leader d'opposition, dirige un éphèmère « gouvernement de crise », mis en place par Mobutu.
❏ **1994** Élection du Premier ministre Kengo wa Dondo.
❏ **1995** Face à l'afflux d'un million de réfugiés rwandais, le régime fait appel à l'aide internationale.
❏ **1996** Une insurrection éclate à l'Est du pays, menée par l'Alliance des forces démocrates pour la libération du Congo (AFDL). L'AFDL compte dans ses rangs le Parti révolutionnaire populaire (PRP) de Laurent-Désiré Kabila et les Tutsis Banyamulenges.
❏ **1997** Les forces armées conduites par Kabila se déploient au Sud et à l'Ouest du pays. Mobutu en fuite, Kabila prend le pouvoir. Le pays est rebaptisé République démocratique du Congo. Mobutu meurt en exil.
❏ **1998** Les Banyamulenges rejoignent les rangs des opposants à Kabila et portent la rébellion dans l'Est, soutenus par le Rwanda et l'Ouganda. Les États du Sud de l'Afrique apportent leur soutien militaire à Kabila.
❏ **2000** L'ONU accepte d'envoyer une mission de maintien de la paix. Kabila fait tout pour retarder son arrivée.
❏ **2001** Kabila assassiné ; son fils Joseph lui succède. Reprise des négociations de paix.
❏ **2003** Accord de paix signé. Des massacres à Drodro, dans le nord-est, font des centaines de mort (conflits tribaux).

DÉFENSE

 411 M $ ⬆ Plus 11 % en 1999

L'armée, bien qu'ayant toujours été à la solde du régime de Mobutu, n'a offert que peu de résistance quand les insurgés ont pris le pays d'assaut en 1996-1997. Les troupes gouvernementales peu enclines à la discipline, ont toujours été mal payées. Avec le soutien des pays frères, elles se sont battues sous le commandement de Joseph Kabila depuis 1998. La force de paix de l'ONU, la MONUC, assure une présence discrète en 2001.

FORCES ARMÉES CONGOLAISES

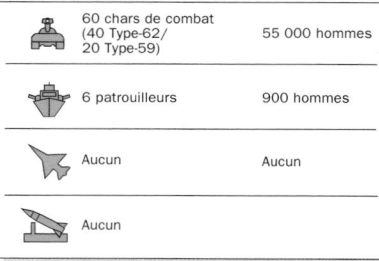

🛡	60 chars de combat (40 Type-62/ 20 Type-59)	55 000 hommes
🚢	6 patrouilleurs	900 hommes
✈	Aucun	Aucun
🚀	Aucun	

ÉCONOMIE

📊 4,16 Md $ 💲 346-421 francs congolais

CHIFFRES SIGNIFICATIFS

❏ Classement du PNB au niveau mondial ..120ᵉ
❏ PNB par habitant ....80 $
❏ Balance des paiements ....– 798 M $
❏ Inflation ....358 %
❏ Chômage ....Très élevé

EXPORTATIONS

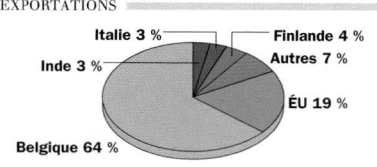

Italie 3 %
Inde 3 %
Finlande 4 %
Autres 7 %
ÉU 19 %
Belgique 64 %

IMPORTATIONS

Kenya 5 %
Zambie 5 %
Nigeria 10 %
Belgique 16 %
Afrique du Sud 22 %
Autres 42 %

ATOUTS

Le Congo est richement doté en ressources naturelles. Le cuivre, le cobalt et les diamants représentent 85 % de ses recettes d'exportation. Il possède des gisements de pétrole et le potentiel hydroélectrique le plus important d'Afrique. Son sol est très fertile et en partie inexploité. Sa balance commerciale est généralement excédentaire.

FAIBLESSES

Le pays doit supporter les conséquences de décennies de mauvaise gestion et de corruption : une dette extérieure de 10 milliards de dollars, un système de protection sociale et des infrastructures de transport quasiment réduits à néant, une instabilité politique et une inflation galopante. Le Congo a vu ses recettes d'exportation diminuer et les investisseurs étrangers se désengager. Il n'est pas autonome sur le plan alimentaire.

PROFIL

Potentiellement, l'économie de la RDC pourrait être une des plus florissantes

INDICATEUR DES PERFORMANCES ÉCONOMIQUES

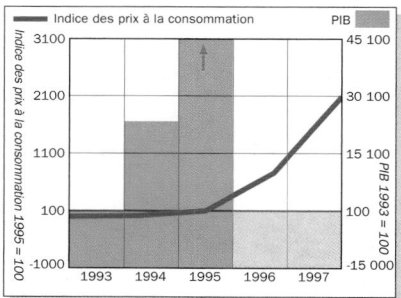

d'Afrique. Mais l'instabilité politique, la corruption à tous les niveaux et une gestion douteuse ont réduit le pays à un état proche de la catastrophe. Le PIB a connu un effondrement annuel d'au moins 10 %. Le déficit budgétaire a atteint des records et l'inflation s'est envolée à partir de 1994. La plupart des habitants pratiquent aujourd'hui l'agriculture de subsistance ou le petit commerce. La RDC va devoir se lancer dans des réformes difficiles. Il lui faudra également rembourser le FMI et ses autres créanciers. Le régime de Kabila, bien que se réclamant du marxisme, affirme vouloir mettre en place une réelle économie libérale.

RÉP. DÉM. DU CONGO : PRINCIPALES ACTIVITÉS

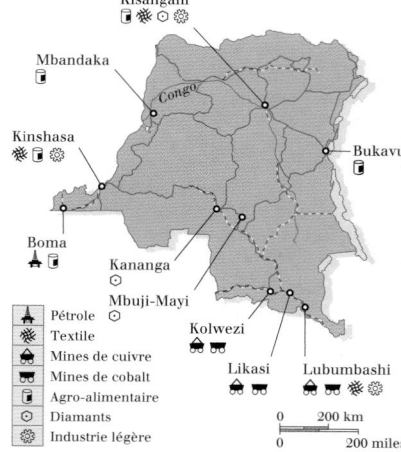

Kisangani
Mbandaka
Kinshasa
Bukavu
Boma
Kananga
Mbuji-Mayi
Kolwezi
Likasi
Lumumbashi

⛏ Pétrole ⊙
🔆 Textile
🏭 Mines de cuivre
🛒 Mines de cobalt
🗃 Agro-alimentaire
⊙ Diamants
🔅 Industrie légère

0   200 km
0   200 miles

RESSOURCES

 162 961 tonnes

 23 078 b/j (réserves : 193 782 360 Mdb)

4,3 M de chèvres
1,05 M de porcins
20 M de volailles

Cuivre, diamants, pétrole, cobalt, zinc, uranium, manganèse

PRODUCTION ÉLECTRIQUE

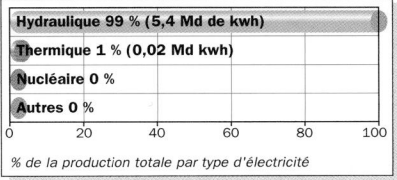

Hydraulique 99 % (5,4 Md de kwh)

Thermique 1 % (0,02 Md kwh)

Nucléaire 0 %

Autres 0 %

% de la production totale par type d'électricité

La RDC possède des ressources minérales, agricoles et énergétique abondantes et devrait à ce titre être un État riche.

ENVIRONNEMENT

 5 %

 0,1 tonne par habitant

TRAITÉS ÉCOLOGIQUES

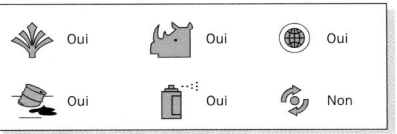

Oui   Oui   Oui

Oui   Oui   Non

Le territoire est couvert à plus de 60 % de forêts tropicales humides et denses, vierges pour l'essentiel, qui représentent près de 6 % des forêts mondiales et 50 % de la surface boisée d'Afrique. Ces forêts abritent des espèces en danger. Les infrastructures peu développées ont permis d'éviter l'exploitation forestière à grande échelle. La fermeture de décharges publiques et d'usines de traitement des eaux usées provoque d'importants problèmes de pollution et de santé. Les dégats dûs à la guerre s'élèvent à 320 M $.

MÉDIAS

 3 quotidiens pour 1 000 habitants

PRESSE ET TÉLÉCOMMUNICATIONS

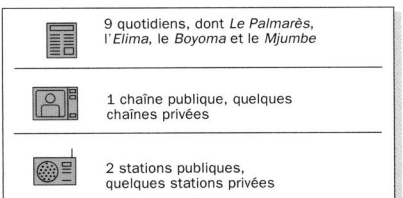

9 quotidiens, dont *Le Palmarès*, l'*Elima*, le *Boyoma* et le *Mjumbe*

1 chaîne publique, quelques chaînes privées

2 stations publiques, quelques stations privées

Contrairement à la chaîne de télévision et aux stations de radio, la presse est contrôlée par des investisseurs privés. L'opposition est mieux représentée au sein du paysage médiatique depuis 1990. Les critiques de la presse à l'encontre de Mobutu ou des forces de sécurité restent néanmoins censurées. De même, les télévisions étrangères sont interdites.

Toutefois, les erreurs de gestion de son gouvernement durant des décennies et l'instabilité politique depuis les années 1990 en ont fait l'un des pays les plus pauvres du monde. Durant les années 1980, le pays était le premier exportateur mondial de cobalt et le deuxième de diamants à usage industriel. Depuis 1990, ces productions se sont effondrées et les trafics de diamants se sont multipliés. La RDC possède également des réserves de pétrole. Le pays bénéficie en outre d'infrastructures hydroélectriques suffisantes pour exporter de l'énergie. Bien que son sol soit riche et que 80 % de ses habitants exercent une activité agricole, le pays n'est pas autonome sur le plan alimentaire.

CRIMINALITÉ

 Pas de chiffre sur la population carcérale

 Hausse de la violence et de la criminalité depuis 1990

TAUX DE CRIMINALITÉ

Hausse de tous les types de crimes

La crise politique et l'effondrement de l'économie exacerbent les problèmes de corruption et de violation des droits de l'homme auxquels le pays est confronté depuis longtemps. Les extorsions de fonds, les vols à main armée, les viols, les meurtres et les violences en général sont en hausse. La violence est partout et la guerre a entraîné la généralisation de zones de non-droit. Les conflits ethniques réprimés après 1965 ont ressurgi.

ÉDUCATION

 61 %

 93 266 étudiants

LE SYSTÈME ÉDUCATIF

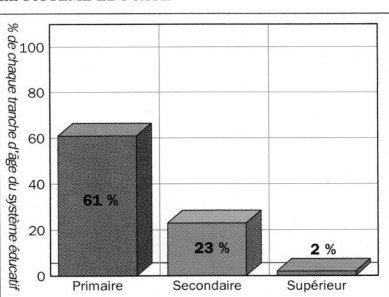

% de chaque tranche d'âge du système éducatif

61 % Primaire   23 % Secondaire   2 % Supérieur

En 1997, un peu plus de 37 % des enfants suivaient une scolarité secondaire. Un chiffre qui s'est effondré avec la guerre civile. Le budget consacré à l'éducation, au même titre que celui de la santé, est inégalement réparti et a connu de fortes réductions depuis 1980. Environ 70 % des établissements scolaires sont désormais administrés par l'Église catholique.

RÉP. DÉM. DU CONGO : UTILISATION DU SOL

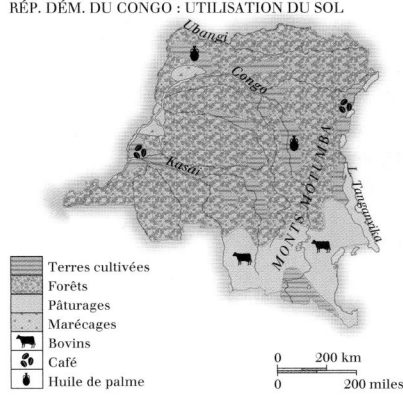

Terres cultivées
Forêts
Pâturages
Marécages
Bovins
Café
Huile de palme

0   200 km
0   200 miles

SANTÉ

 1 pour 10 000 habitants

 Malaria, maladies respiratoires, diarrhées

Le secteur public est aujourd'hui quasi-inexistant. Les maladies et le taux de mortalité sont en hausse. Un nouveau plan de santé sociale a été annoncé en 2001 afin de permettre un meilleur accès aux soins. En 1999, le nombre de séropositifs a été estimé à un million de personnes.

RICHESSES

CONSOMMATION ET DÉPENSES

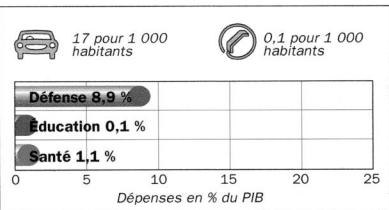

17 pour 1 000 habitants   0,1 pour 1 000 habitants

Défense 8,9 %

Éducation 0,1 %

Santé 1,1 %

Dépenses en % du PIB

Avant sa mort en exil en 1997, l'ex-dictateur Mobutu était considéré comme l'un des hommes les plus riches du monde. Pour la plupart, ses anciens sujets vivent dans une extrême pauvreté, encore aggravée par la guerre civile.

CLASSEMENT MONDIAL

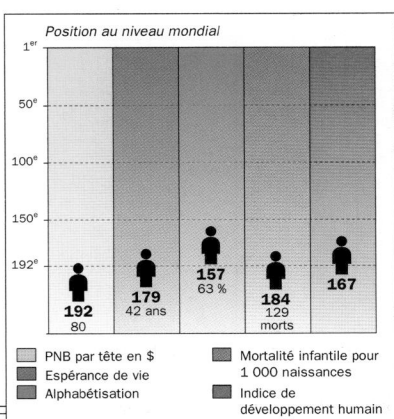

Position au niveau mondial

1ᵉʳ
50ᵉ
100ᵉ
150ᵉ
192ᵉ

192
80

179
42 ans

157
63 %

184
129 morts

167

PNB par tête en $
Espérance de vie
Alphabétisation

Mortalité infantile pour 1 000 naissances
Indice de développement humain

R

ROUMANIE

NOM OFFICIEL : Roumanie   **CAPITALE** : Bucarest
POPULATION : 21,7 millions   **MONNAIE** : leu   **LANGUE OFFICIELLE** : roumain

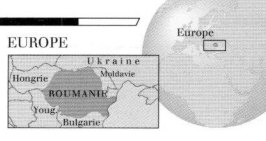

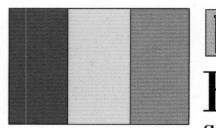   

B ORDÉE PAR la mer Noire, la Roumanie a le Danube pour frontière au sud. Le pays est traversé par les Carpates, qui forment un arc autour des hauteurs du bassin de Transylvanie. Longtemps dominée par les Empires ottoman et russe puis par les Habsbourg, la Roumanie est devenue indépendante en 1878. Après la Seconde Guerre mondiale, la monarchie a été remplacée par une République populaire démocratique dirigée à partir de 1965 par Nicolae Ceausescu, qui a été exécuté lors d'un coup d'État en 1989. Bien que vaincu aux élections de 1996, Iliescu est revenu aux affaires en 2000.

Village du nord-ouest de la Roumanie, sur les contreforts des Carpates, près de la frontière ukrainienne. Le maïs et le blé sont les principales cultures du pays.

CLIMAT

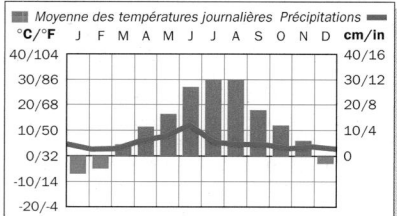

DONNÉES MÉTÉOROLOGIQUES

Le climat est de type continental, avec un été et un hiver longs. Les précipitations sont peu abondantes ; le printemps et le début de l'été sont les périodes les plus pluvieuses. Ponctuellement, des tempêtes de pluie printanières détruisent les cultures. Les hivers, qui peuvent être très rigoureux, sont souvent enneigés.

TRANSPORTS

 **Bucarest-Otopeni International** 1,68 M de passagers

 389 navires 2,1 M tpl

RÉSEAU DE TRANSPORT

 103 671 km (64 418 miles)

 133 km (83 miles)

 11 314 km (7 062 miles)

1 724 km (1 071 miles)

Le réseau routier est insuffisant et le trafic en augmentation. Les subventions de la BERD, de l'UE, de la Banque mondiale et du Japon sont essentiellement consacrées à la réalisation d'une voie express entre Bucarest et la Hongrie et à l'amélioration des routes principales. La modernisation du port de Constanţa en vue d'accueillir un terminal à conteneurs et un nouveau silo à grain est en cours.

TOURISME

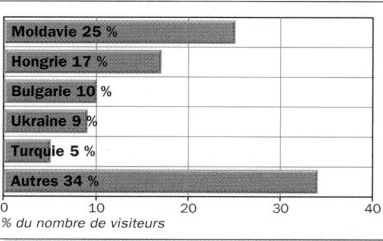 3,3 M de visiteurs   Plus 2 % en 2000

PROVENANCE DES TOURISTES ÉTRANGERS

Moldavie 25 %	
Hongrie 17 %	
Bulgarie 10 %	
Ukraine 9 %	
Turquie 5 %	
Autres 34 %	

% du nombre de visiteurs

La mer Noire, le delta du Danube et les Carpates sont les principaux sites touristiques naturels ; les monuments historiques de la Transylvanie sont également très prisés. Il existe un projet de parc d'attraction autour de la légende de Dracula. Toutefois, les infrastructures touristiques sont généralement peu développées. Sous le régime de Nicolae Ceausescu, l'hébergement des touristes passait avant celui des Roumains car le pays avait besoin de devises. La privatisation du secteur immobilier et le manque de logements ont entraîné une réduction de la capacité d'hébergement du pays.

ROUMANIE

Superficie totale 250 340 km²
(88 934 sq. miles)

POPULATION

Plus de 1 000 000 ⊡
Plus de 100 000 ◎
Plus de 50 000 ○

ALTIMÉTRIE

2 000 m/6 562ft
1 000 m/3 281ft
500 m/1 640ft
200 m/656ft
Niveau de la mer

R

POPULATION

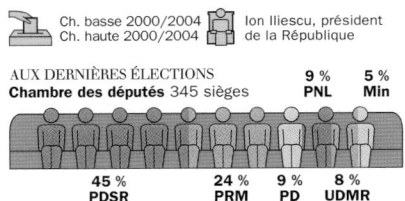

Roumain, hongrois, allemand   97 hab./km²

PART DE LA POPULATION URBAINE/RURALE

56 %   44 %

RELIGION

Catholiques grecs (Uniate) 1 %   Autres 2 %
Orthodoxes grecs 1 %   Protestants 4 %
          Catholiques romains 5 %
Orthodoxes roumains 87 %

COMPOSITION ETHNIQUE

Roms 1 %   Hongrois 9 %
Autres 1 %
Roumains 89 %

Le nationalisme roumain s'est renforcé depuis 1989 et les mesures d'austérité n'ont fait qu'aggraver la situation. Les violences ethniques se sont également multipliées, à l'égard principalement des Gitans et des Hongrois. La population hongroise est la première minorité ethnique. L'influence de l'État hongrois lui assure une protection, contrairement aux tziganes qui ne reçoivent aucun soutien et qui font l'objet d'une plus grande discrimination. La population roumaine est actuellement en diminution, conséquence de la hausse de l'émigration, généralement motivée par des facteurs économiques, et de la baisse du taux de natalité depuis le début des années 1990. Cette dernière tendance contraste radicalement avec la politique nataliste du régime de Ceausescu qui interdisait la contraception et l'avortement. Ces mesures ont effectivement entraîné une hausse du taux de natalité mais le nombre des habitants n'a pas connu de changement sensible car le taux de mortalité s'est lui aussi accru. L'avortement a été légalisé en 1989. L'adoption par les étrangers, choqués par la condition des orphelins, a été suspendue pour 1 an, au milieu 2001, à cause d'inquiétudes au sujet du trafic d'enfants. Dernier pays européen à le faire, la Roumanie a levé son interdiction contre l'homosexualité en 1996. Toutefois, les actions des homosexuels sont toujours sévèrement condamnées.

PYRAMIDE DES ÂGES

Femmes	Âge	Hommes
1,3 %	81–100	0,7 %
8,8 %	61–80	6,9 %
12,5 %	41–60	11,9 %
14,5 %	21–40	14,9 %
13,9 %	0–20	14,6 %

% de la population par tranche d'âge

POLITIQUE EXTÉRIEURE

OSCE   CE   CEMN   PpP   UEO

Le resserrement des liens avec l'Europe de l'Ouest est une priorité pour la Roumanie. En 1993, un accord d'association a été signé avec l'UE et en 1995 le pays a officiellement déposé sa candidature à l'adhésion. Il fait partie des six États de la « deuxième vague » qui ont commencé les négociations en 2000. Après de longues années de relations tendues avec la Hongrie, la Roumanie a signé, en 1996, un traité de réconciliation et d'amitié. Le pays n'a jamais cédé à la demande de la minorité hongroise de Transylvanie d'une plus grande autonomie. Les relations avec l'Ukraine restent tendues en raison d'une dispute territoriale concernant une île en Mer Noire dotée d'un fort potentiel pétrolier.

AIDE INTERNATIONALE

375 M $ (reçus)   Plus 89 % en 1997–1999

A partir du milieu des années 1990, l'aide occidentale a diminué, reflétant les incertitudes quant à la mise en œuvre des réformes. En 2001, la Banque mondiale a envisagé d'accorder une augmentation significative de ses aides annuelles à condition que la priorité soit donnée aux réformes suggérées.

POLITIQUE

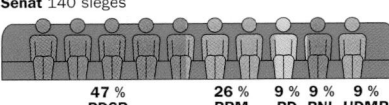

Ch. basse 2000/2004
Ch. haute 2000/2004

Ion Iliescu, président de la République

AUX DERNIÈRES ÉLECTIONS
Chambre des députés 345 sièges   9 % PNL   5 % Min

45 % PDSR   24 % PRM   9 % PD   8 % UDMR

PDSR = Parti démocrate social de Roumanie
PRM = Parti de la grande Roumanie   **PD** = Parti démocrate
PNL = Parti national libéral
UDMR = Union démocratique magyare
Min = Représentants des minorités : 18 sièges leur sont réservés

Sénat 140 sièges

47 % PDSR   26 % PRM   9 % PD   9 % PNL   9 % UDMR

La Roumanie est une démocratie multipartite dirigée par un président élu.

PRINCIPAUX PROBLÈMES POLITIQUES
Les performances économiques
Les Roumains endurent une pauvreté sans cesse accrue, sans voir les changements structurels que de molles tentatives de réformer l'économie n'ont pas mis en œuvre. Les grèves sont nombreuses et celles des mineurs particulièrement virulents, notamment contre la coalition de centre-droit au pouvoir entre 1996-2000.

Les tension ethniques
Les difficultés économiques ont accentué les tensions entre les différents groupes ethniques. L'extrême-droite a renforcé ses positions et le nationalisme est de plus en plus répandu. Certains ont proposé que soient mis en place des camps pour regrouper les minorités ethniques. Les tziganes sont souvent victimes d'attaques racistes violentes.

PROFIL
La « révolution roumaine » de 1989 a laissé au pouvoir la vieille élite communiste. La Roumanie ne disposait pas de mouvements organisés prêts à instaurer une véritable démocratie pour créer une économie de marché bien établie. Un grand nombre de biens de l'État ont été privatisés mais la plupart sont toujours contrôlés par les milieux proches du parti au pouvoir. Aujourd'hui démocrate, Iliescu est assuré du soutien de forces conservatrices comme les mineurs et les travailleurs ruraux. Les partis de la coalition au pouvoir après 1996 sont arrivés troisièmes lors du scrutin de 2000, derrière le PDSR de Ion Iliescu et les nationalistes du PRM ; Iliescu a remporté les présidentielles. En 2001, le PDSR et le parti Social Démocrate de Roumanie (PSDR) ont fusionné pour donner naissance à un nouveau parti de gouvernement, le parti Social Démocrate (PSD).

Ion Iliescu, premier président de l'ère post-communiste en 2001.

Adrian Nastase, Premier ministre depuis 2000.

R

CHRONOLOGIE

Nombre de tensions dans la politique extérieure sont le résultat du continuel remodelage du tracé de frontières.

❑ **1859** L'unification de la Moldavie et de la Valachie ouvre la voie à la future Roumanie.
❑ **1878** Indépendance au prix de l'abandon de la Bessarabie à la Russie.
❑ **1916–1918** Rejoint les Alliés. Obtient de nombreux territoires, dont la Transylvanie, cédée par la Hongrie.
❑ **1924** L'instabilité politique conduit à l'interdiction du Parti communiste. Montée de la « Garde de fer » fasciste.
❑ **1938** Le roi Carol instaure une autocratie royale.   ➪

CHRONOLOGIE *suite*

- ❑ **1940** Les pressions obligent la Roumanie à céder une partie de son territoire à l'Union soviétique, à la Bulgarie et à la Hongrie. La Garde de fer organise un coup d'État. Le roi Carol abdique en faveur de son fils Michel. Pacte avec l'Allemagne.
- ❑ **1941** Soutient l'Allemagne, dans l'espoir de reprendre la Bessarabie.
- ❑ **1944** Les Roumains changent de camp lorsque les troupes soviétiques arrivent à la frontière roumaine.
- ❑ **1945** Mise en place d'un régime soutenu par l'Union soviétique.
- ❑ **1946** La Transylvanie va à la Roumanie mais pas la Bessarabie donnée à l'URSS, qui exige d'énormes réparations. Le Front national démocratique, dirigé par des communistes, remporte les élections.
- ❑ **1947** Le roi Michel abdique.
- ❑ **1948–1953** Économie centralisée et planifiée.
- ❑ **1953** Les dirigeants de la communauté juive sont poursuivis pour sionisme.
- ❑ **1958** Retrait des forces soviétiques.
- ❑ **1964** Le Premier ministre Gheoghiu-Dej déclare la souveraineté nationale et propose le système de planification du COMECON pour réduire le contrôle économique de l'URSS.
- ❑ **1965** N. Ceausescu devient secrétaire du parti à la mort de Gheoghiu-Dej.
- ❑ **1968** Condamnation de l'invasion de la Tchécoslovaquie.
- ❑ **1982** N. Ceausescu promet de rembourser la dette extérieure.
- ❑ **1989** Manifestations. L'armée s'allie à l'opposition au sein du Front national du salut (NSF) pour former un nouveau gouvernement. Ilion Iliescu est déclaré président. N. Ceausescu est « jugé » puis exécuté.
- ❑ **1990** Élections remportées par le NSF. Libération des prisonniers politiques, souvent réincarcérés plus tard.
- ❑ **1991** Nouvelle Constitution : conversion à l'économie de marché.
- ❑ **1992** Nouvelles élections libres.
- ❑ **1994** Grève générale pour une accélération des réformes économiques.
- ❑ **1996** Traité de réconciliation avec la Hongrie. Victoire du centre-droit aux élections, en rupture avec le passé communiste ; Emil Constantinescu devient président.
- ❑ **1997** Traité reconnaissant la souveraineté de l'Ukraine sur un territoire sous domination roumaine de 1919 à 1940.
- ❑ **1998** Dissensions dans la coalition. Démission du Premier ministre, Victor Ciorbea.
- ❑ **2000** Décembre, Ion Iliescu et le PDSR remportent les élections.
- ❑ **2001** La Roumanie devient le dernier pays européen à dépénaliser l'homosexualité.
- ❑ **2004** Devient membre de l'OTAN.

DÉFENSE

 607 M $ Moins 33 % en 1999

Sous le régime de Ceausescu, l'armée disposait d'un budget limité et les troupes servaient régulièrement de main-d'œuvre bon marché. La Roumanie est le premier pays à adhérer au programme de paix de l'OTAN en 1994. Depuis 1996, le gouvernement fait tous les efforts pour adhérer à l'OTAN, mais la Roumanie n'était pas parmi les trois signataires du Pacte de Varsovie à adhérer en 1999.

FORCES ARMÉES ROUMAINES

🚗	1 253 chars de combat (821 T–55, 30 T–72, 314 TR–85, 88 TR–580)	106 000 hommes
⚓	1 sous-marin, 6 frégates, 1 destroyer, et 65 patrouilleurs	20 800 hommes
✈	323 avions de combat (73 IAR–93, 180 MiG–21, 40 MiG–23, 18 MiG–29)	43 500 hommes
	Aucun	

ÉCONOMIE

 38,6 Md $ 32,7-33,4 lei

CHIFFRES SIGNIFICATIFS

- ❑ CLASSEMENT DU PNB AU NIVEAU MONDIAL 53ᵉ
- ❑ PNB PAR HABITANT ....1 720 $
- ❑ BALANCE DES PAIEMENTS ....– 2,3 Md $
- ❑ INFLATION ....34,5 %
- ❑ CHÔMAGE...7 %

INDICATEUR DES PERFORMANCES ÉCONOMIQUES

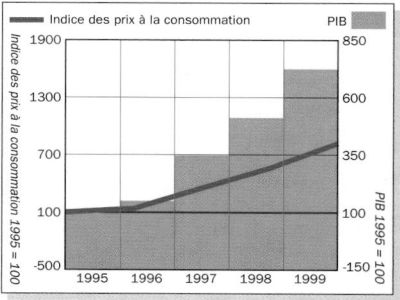

EXPORTATIONS

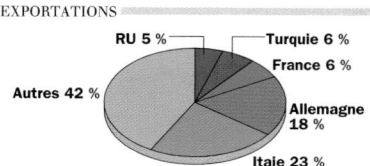

IMPORTATIONS

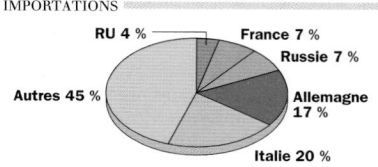

ATOUTS
Grand nombre de joint-ventures étrangères. Potentiel touristique important. Réserves de pétrole. Inflation en baisse.

FAIBLESSES
La transition d'une économie planifiée à une économie de marché est très lente et la réforme économique tarde à se mettre en place. Investissements étrangers peu élevé, l'appareil bureaucratique très développé.

PROFIL
Comparée aux autres ex-républiques communistes d'Europe de l'Est, la Roumanie a mis en place un nombre limité de réformes économiques. Tous ces pays ont été touchés par une récession mais c'est en Roumanie qu'elle a été la plus sévère, et rien ne porte à l'optimisme à court terme. Les secteurs de la chimie, de la pétrochimie, de la métallurgie, des transports et de l'industrie agro-alimentaire sont ceux qui exercent le plus de pression pour accélérer les réformes. Les entreprises prospères sont largement minoritaires et les salaires qui avaient diminué après le changement de régime baissent toujours en termes réels.

La privatisation du secteur agricole a commencé en 1989 et en 1994, 80 % des exploitations étaient détenues par des personnes privées. Mais l'industrie agro-alimentaire est toujours contrôlée par l'État et la production enregistre actuellement une baisse.

La Roumanie a été le premier pays d'Europe de l'Est à ouvrir son économie aux investissements étrangers et à accepter des entreprises financées intégralement par des capitaux étrangers, à partir de 1990. Le pays compte 21 000 joint-ventures, ce qui est le nombre le plus élevé d'Europe de l'Est, mais elles sont pour la plupart de taille modeste. L'UE est son principal partenaire commercial.

ROUMANIE : PRINCIPALES ACTIVITÉS

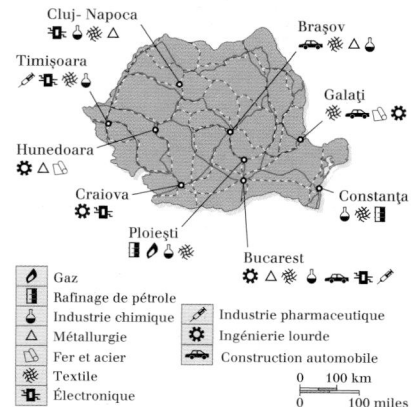

❑ R

RESSOURCES

 19 322 tonnes

 130 000 b/j
(réserves :
1 400 000 000 b)

8 M d'ovins
6 M de porcins
4 M de canards
72 M de poulets

Charbon, sel, fer, gaz
naturel, méthane,
bauxite, cuivre, plomb,
zinc, pétrole

PRODUCTION ÉLECTRIQUE

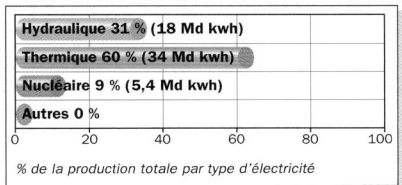

| Hydraulique 31 % (18 Md kwh) |
| Thermique 60 % (34 Md kwh) |
| Nucléaire 9 % (5,4 Md kwh) |
| Autres 0 % |

% de la production totale par type d'électricité

La Roumanie dispose de réserves de pétrole et de gaz naturel mais la production ne suffit pas à couvrir la consommation nationale. La production des puits situés en mer baisse depuis 25 ans. Le pays exploite aujourd'hui les gisements sous-marins de la mer Noire et a ouvert le marché de la prospection et de l'exploitation aux investisseurs étrangers. Les gisements de minerai sont limités et représentent une part insignifiante des recettes à l'exportation. De nombreuses mines de charbon ont fermé. Le secteur de l'électricité est obsolète mais parvient à produire un surplus pour l'exportation. En 2000, le réseau national a été raccordé à celui de la Bulgarie. L'abolition du blocage des prix depuis 1997, qui a provoqué leur doublement, est une forte incitation pour les usagers à réduire leur consommation.

ENVIRONNEMENT

 5 % (4 % partiellement protégés)

 4,9 tonnes par habitant

TRAITÉS ÉCOLOGIQUES

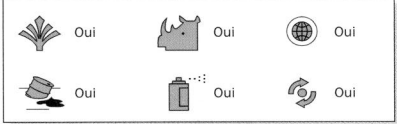

Oui　Oui　Oui
Oui　Oui　Oui

Face aux dégâts causés par les usines sous l'ère communiste, la Roumanie a besoin d'aide. La pollution de l'air due aux cimenteries, aux centrales électriques, aux gaz d'échappement et au charbon de mauvaise qualité, affecte surtout le Sud. Du cyanure et des métaux lourds se sont échappés d'une mine d'or à Baia Mare en 2000, provoquant une catastrophe écologique dans la rivière Tisza jusqu'en Hongrie. Malgré un taux de pollution élevé, le delta du Danube est une réserve potentielle de la biosphère.

MÉDIAS

 298 quotidiens pour 1 000 habitants

PRESSE ET TÉLÉCOMMUNICATIONS

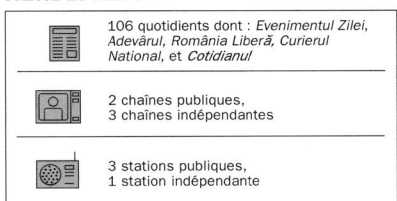

106 quotidiens dont : *Evenimentul Zilei, Adevǎrul, România Liberǎ, Curierul National,* et *Cotidianul*

2 chaînes publiques, 3 chaînes indépendantes

3 stations publiques, 1 station indépendante

Nombre de journaux qui ont proliféré après 1989 sont en train de disparaître, les lecteurs n'ayant plus les moyens d'en acheter du fait de la hausse des prix. Le gouvernement a rétabli la censure politique en 1994 et contrôle également la télévision privée. La première chaîne satellite a été lancée en 1994, et la première radio exclusivement hongroise en 1999.

CRIMINALITÉ

 45 309 détenus

 Plus 21 % en 1996-1998

TAUX DE CRIMINALITÉ.

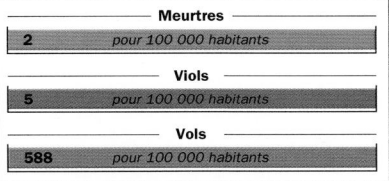

Meurtres	
2	pour 100 000 habitants
Viols	
5	pour 100 000 habitants
Vols	
588	pour 100 000 habitants

Le marché noir est la ressource principale d'un tiers de la population. Le niveau de la fraude serait l'un des plus élevés au monde.

ÉDUCATION

 98 %

 411 687 étudiants

LE SYSTÈME ÉDUCATIF

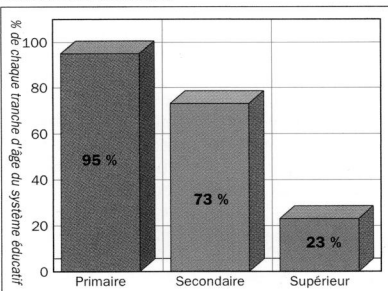

% de chaque tranche d'âge du système éducatif

Primaire 95 %　Secondaire 73 %　Supérieur 23 %

Le taux de fréquentation des établissements primaires et secondaires est largement inférieur à celui de la moyenne européenne. L'accès à l'université n'étant plus limité, le nombre des étudiants a augmenté rapidement. Le gouvernement a promis en 2000 de consacrer au moins 4 % du PIB à l'éducation. L'augmentation des salaires des enseignants a contribué à arrêter leur grève générale, destinée à protester contre le manque chronique de moyens.

ROUMANIE : UTILISATION DU SOL

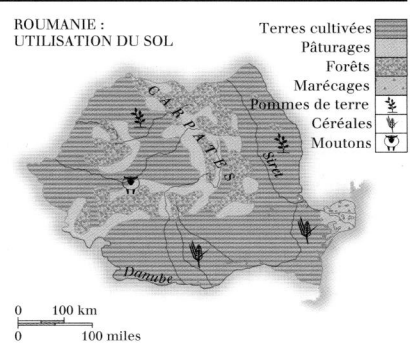

Terres cultivées
Pâturages
Forêts
Marécages
Pommes de terre
Céréales
Moutons

0　100 km
0　100 miles

SANTÉ

 1 pour 556 habitants

Maladies cardiaques et respiratoires, cancers, tuberculose

La Roumanie est, avec l'Albanie, le pays où l'espérance de vie est la plus faible d'Europe (61 ans dans les régions les plus polluées de Transylvanie). Le taux de tuberculose est le plus élevé d'Europe. Après des années de budgets insuffisants, on est passé en 1999-2001 à un système d'assurance.

RICHESSES

CONSOMMATION ET DÉPENSES

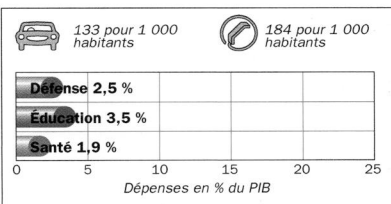

133 pour 1 000 habitants　　184 pour 1 000 habitants

| Défense 2,5 % |
| Éducation 3,5 % |
| Santé 1,9 % |

Dépenses en % du PIB

Les revenus ont pâti d'un décennie de déclin économique ; 40 % de la population vit au-dessous du seuil de pauvreté. La plupart des familles possèdent leur maison et beaucoup ont un lopin de terre. Les foyers ruraux possèdent rarement le tout-à-l'égout ou même l'eau courante.

R

CLASSEMENT MONDIAL

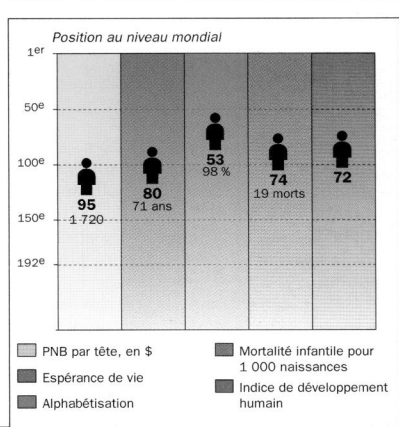

Position au niveau mondial

1er
50e
100e
150e
192e

95　1 720
80　71 ans
53　98 %
74　19 morts
72

PNB par tête, en $
Espérance de vie
Alphabétisation
Mortalité infantile pour 1 000 naissances
Indice de développement humain

ROYAUME-UNI

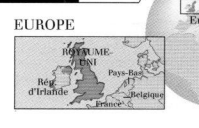

NOM OFFICIEL : Royaume-Uni de Grande-Bretagne et d'Irlande du Nord **CAPITALE** : Londres
POPULATION : 58,8 millions **MONNAIE** : livre sterling **LANGUE OFFICIELLE** : anglais

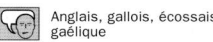

SITUÉ au nord-ouest du continent européen, le RU occupe la majeure partie des îles britanniques. Le pays se compose de l'Angleterre, de l'Écosse, du pays de Galles, de la région autonome d'Irlande du Nord dotée d'une Constitution à part, et de plusieurs îles. Il est coupé du continent européen par la Manche et la mer du Nord, et la côte Ouest donne sur l'océan Atlantique. La population est principalement citadine et, en Angleterre, les agglomérations sont réparties de façon égale sur tout le territoire. Si le Sud-Est compte la plus forte densité de population, l'Écosse est la région la plus sauvage. Le RU devint membre de la CEE (la future UE) en 1973. Les échanges commerciaux s'effectuent principalement avec ses partenaires européens. Son appartenance au Conseil de sécurité de l'ONU lui confère un rôle de premier plan dans la diplomatie internationale.

POPULATION

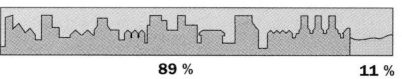

Anglais, gallois, écossais, gaélique

243 hab./km²

PART DE LA POPULATION URBAINE/RURALE

89 %   **11 %**

RELIGION

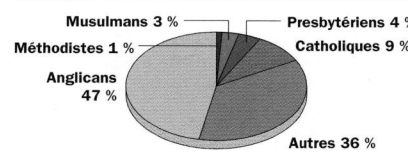

Musulmans 3 %
Méthodistes 1 %
Anglicans 47 %
Presbytériens 4 %
Catholiques 9 %
Autres 36 %

COMPOSITION ETHNIQUE

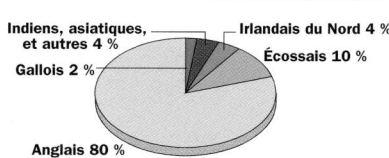

Indiens, asiatiques, et autres 4 %
Gallois 2 %
Irlandais du Nord 4 %
Écossais 10 %
Anglais 80 %

Le RU est le 21e pays par l'importance de sa population et le 6e par sa densité démographique. Les minorités écossaise et galloise sont de souches ethniques distinctes avec des cultures différentes. Les deux régions gardent des caractères nationaux bien spécifiques, et les Écossais conservent leurs propres systèmes scolaire et judiciaire. Les minorités ethniques représentent moins de 5 % de la population totale, et sont nées pour moitié en Grande-Bretagne. Elles sont en général concentrées dans les centres-villes où elles sont rejetées. Ces minorités sont toujours aussi peu représentées dans les domaines clés comme la politique, et les discriminations persistent. Le racisme institutionnel a même été mis en cause dans un rapport de l'ONU en 2000.
Un tiers des naissances a lieu hors mariage, contre 12 % en 1980, mais la plupart d'entre elles ont lieu au sein de couples vivant en concubinage. Les foyers monoparentaux représentent 1/5e du total des familles ayant des enfants de moins de 18 ans.

CLIMAT

DONNÉES MÉTÉOROLOGIQUES

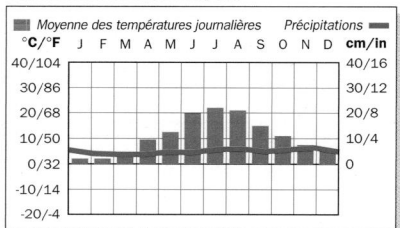

Moyenne des températures journalières   Précipitations

Le climat du RU est océanique, doux, tempéré et assez instable. Les précipitations sont bien réparties sur toute l'année, mais récemment, de longues périodes sèches ou au contraire humides ont causé des problèmes d'alimentation en eau dans certaines régions et d'inondations dans d'autres. L'Ouest est plus humide que l'Est, le Sud plus chaud que le Nord.

TRANSPORTS

 Heathrow, Londres
62,3 M de passagers

 1 421 navires
4,1 M tpl

RÉSEAU DE TRANSPORT

 371 603 km (230 903 miles)

 3 303 km (2 052 miles)

 17 064 km (10 604 miles)

 5 700 km (3 542 miles)

Le gouvernement n'a pas tenu ses promesses faites en 1997 de résoudre les problèmes de congestion, de pollution et de taxation élevée de l'essence. À l'issue de la privatisation précipitée des années 1990, les sociétés ferroviaires ont souffert du manque d'investissements et d'entretien, ainsi que de la fragmentation des services. La Grande-Bretagne n'a toujours pas d'infrastructure pour les trains à grande vitesse qui passent par le tunnel sous la Manche.

TOURISME

25,3 M de visiteurs

Pas de changement significatif en 2000

PROVENANCE DES TOURISTES ÉTRANGERS

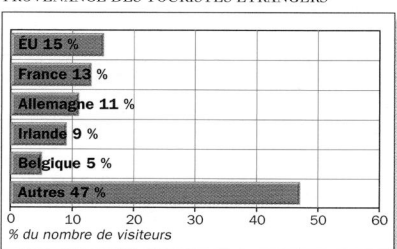

EU 15 %
France 13 %
Allemagne 11 %
Irlande 9 %
Belgique 5 %
Autres 47 %

% du nombre de visiteurs

Le RU est la cinquième destination touristique au monde. Les touristes nord-américains, les Allemands et les Français sont les plus nombreux. L'industrie du tourisme est l'un des secteurs économiques les plus importants et les plus créateurs d'emplois. Londres, avec ses musées, ses théâtres et ses bâtiments historiques reste l'une des premières destinations touristiques, mais de nombreux visiteurs vont directement admirer les splendeurs de Bath, de Startford-upon-Avon, du York médiéval, ou des Highlands en Écosse.

Oxford : siège de la plus vieille université du RU. L'enseignement y a débuté en 1096 ; le premier établissement d'enseignement supérieur a été fondé en 1249. L'une des constructions les plus belles est le Sheldonian Theater, semi-ovale, qui date du XVIIe siècle.

PYRAMIDE DES ÂGES

Femmes	Âge	Hommes
2,8 %	81–100	1,2 %
8,9 %	61–80	7,5 %
12,3 %	41–60	12,2 %
14,6 %	21–40	15,2 %
12,3 %	0–20	13 %

% de la population par tranche d'âge

R

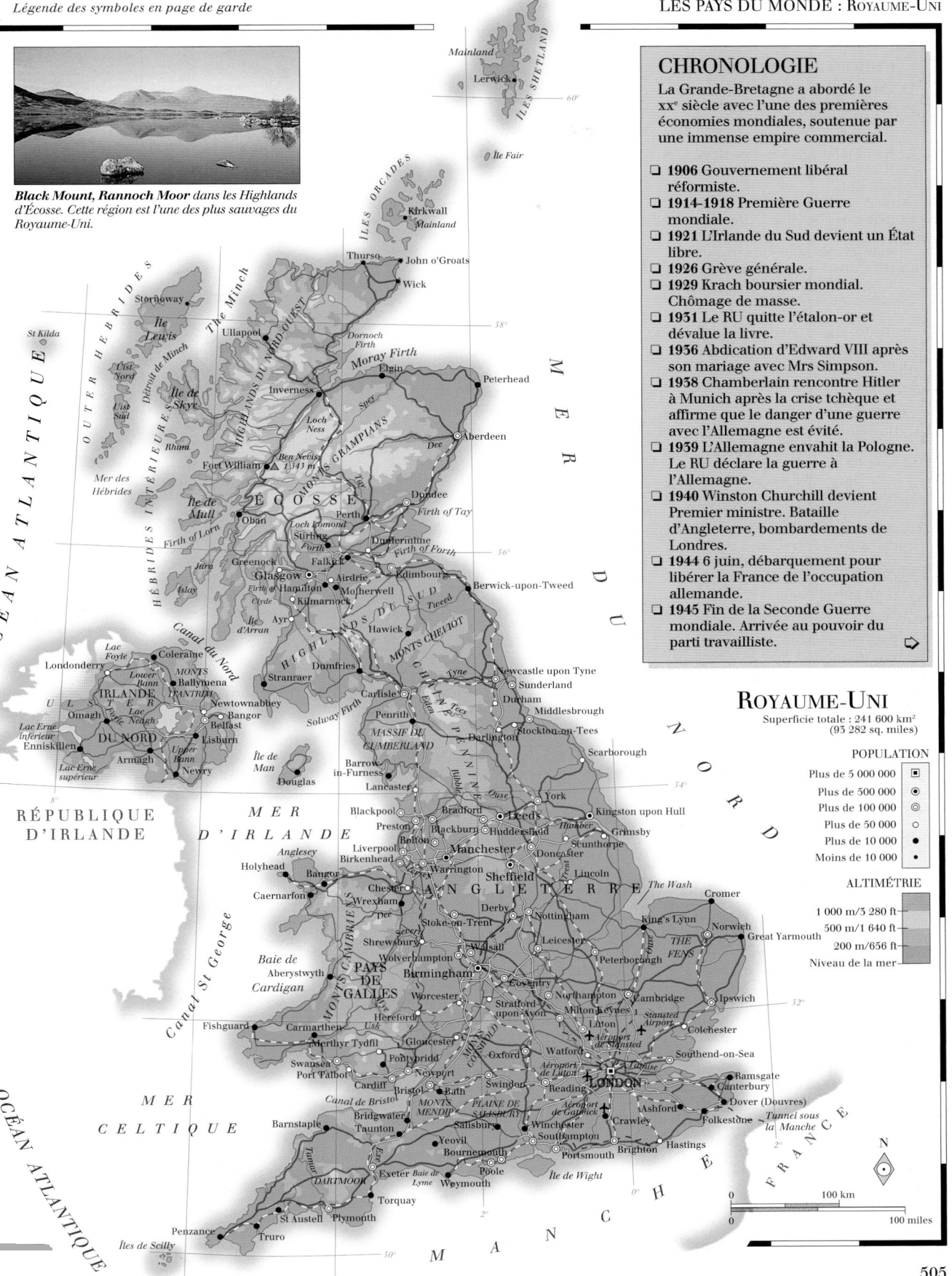

Black Mount, Rannoch Moor *dans les Highlands d'Écosse. Cette région est l'une des plus sauvages du Royaume-Uni.*

CHRONOLOGIE

La Grande-Bretagne a abordé le XXᵉ siècle avec l'une des premières économies mondiales, soutenue par une immense empire commercial.

- ❏ **1906** Gouvernement libéral réformiste.
- ❏ **1914-1918** Première Guerre mondiale.
- ❏ **1921** L'Irlande du Sud devient un État libre.
- ❏ **1926** Grève générale.
- ❏ **1929** Krach boursier mondial. Chômage de masse.
- ❏ **1931** Le RU quitte l'étalon-or et dévalue la livre.
- ❏ **1936** Abdication d'Edward VIII après son mariage avec Mrs Simpson.
- ❏ **1938** Chamberlain rencontre Hitler à Munich après la crise tchèque et affirme que le danger d'une guerre avec l'Allemagne est évité.
- ❏ **1959** L'Allemagne envahit la Pologne. Le RU déclare la guerre à l'Allemagne.
- ❏ **1940** Winston Churchill devient Premier ministre. Bataille d'Angleterre, bombardements de Londres.
- ❏ **1944** 6 juin, débarquement pour libérer la France de l'occupation allemande.
- ❏ **1945** Fin de la Seconde Guerre mondiale. Arrivée au pouvoir du parti travailliste. ⇨

ROYAUME-UNI

Superficie totale : 241 600 km²
(93 282 sq. miles)

POPULATION

Plus de 5 000 000 ▣
Plus de 500 000 ◉
Plus de 100 000 ◎
Plus de 50 000 ○
Plus de 10 000 ●
Moins de 10 000 •

ALTIMÉTRIE

1 000 m/3 280 ft
500 m/1 640 ft
200 m/656 ft
Niveau de la mer

R

R

CHRONOLOGIE *suite*

- ❏ **1946** Le gouvernement entame la nationalisation de la Banque d'Angleterre, des chemins de fer, des charbonnages et des services publics.
- ❏ **1947** Indépendance accordée à l'Inde.
- ❏ **1948** Création d'un service de santé national.
- ❏ **1949** Membre fondateur de l'OTAN.
- ❏ **1956** Crise de Suez. Le RU intervient dans la zone du canal et se retire suite aux pressions américaines.
- ❏ **1957** Missiles nucléaires des ÉU acceptés sur le territoire britannique.
- ❏ **1968** Avortement et homosexualité légalisés.
- ❏ **1969** Troupes britanniques envoyées en Irlande du Nord.
- ❏ **1970** Edward Heath, à la tête du parti conservateur, devient chef du gouvernement.
- ❏ **1973** Le RU entre dans la CEE. Crise du pétrole. Grèves des mineurs et des travailleurs de l'électricité.
- ❏ **1974** Le gouvernement travailliste, sous Harold Wilson, satisfait les revendications des mineurs. Inflation élevée.
- ❏ **1975** Margaret Thatcher prend la tête du parti conservateur. Un référendum plébiscite l'adhésion à la CEE. Premier pipeline en mer du Nord opérationnel.
- ❏ **1979–1997** Gouvernement conservateur.
- ❏ **1981** Début du programme de privatisation.
- ❏ **1982** L'Argentine envahit les Malouines. Les îles sont reprises par les Britanniques.
- ❏ **1983** Mesures de réduction des impôts.
- ❏ **1986** Dérégulation du marché des services financiers.
- ❏ **1990** John Major prend la tête du parti conservateur. Le RU s'engage dans la guerre du Golfe.
- ❏ **1992** Les conservateurs remportent les élections.
- ❏ **1994** Tony Blair, chef du parti travailliste.
- ❏ **1996** Lois restrictives sur la détention d'armes. Crise de la vache folle.
- ❏ **1997** Mai, victoire des travaillistes.
- ❏ **1998–1999** Conclusion d'un accord en Irlande du Nord compromis par des différends sur les modalités du désarmement.
- ❏ **1999** Mars-juin, participation aux bombardements de l'OTAN lors de la crise du Kosovo. En mai, le parlement écossais et l'assemblée galloise sont inaugurés. En décembre, délégation à l'Irlande du Nord d'un pouvoir exécutif partagé.
- ❏ **2001** Juin, les travaillistes remportent un second mandat à une large majorité.
- ❏ **2003** Le RU envahit l'Irak aux côtés des EU.

POLITIQUE

 2001/2006

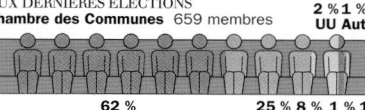 Sa Majesté la reine Elisabeth II

AUX DERNIÈRES ÉLECTIONS
Chambre des Communes 659 membres

2 % 1 %
UU Autres

62 %
Lab

25 % 8 % 1 % 1 %
Con LD SNP PC

Lab = Parti travailliste Con = Parti conservateur et unioniste
LD = Parti libéral démocrate UU = Partis unionistes d'Ulster
SNP = Parti national écossais PC = Plaid Cymru

Chambre des Lords 679 membres

La Chambre des Lords est constituée des pairs non élus du royaume : un peu moins de 100 sont des pairs héréditaires, 26 des pairs spirituels (évêques), et plus de 500 des pairs à vie (dont des juges) nommés par le monarque.

Le RU est une démocratie parlementaire pluraliste, la reine n'a aucun pouvoir réel.

PRINCIPAUX PROBLÈMES POLITIQUES
L'Europe
Le parti travailliste projette d'organiser un référendum sur l'introduction de la monnaie unique européenne. Les conservateurs, hostiles à l'euro, sont devenus de plus en plus euro-sceptiques, considérant que l'adhésion à l'UE porte atteinte à la souveraineté nationale.

Les changements constitutionnels
Des changements importants du système gouvernemental anglais ont été réalisés à la fin des années 1990. L'institution d'un parlement écossais autonome, auquel a été dévolu un pouvoir substantiel, a été approuvée par référendum et des élections ont eu lieu en mai 1999 ; il en a été de même pour la nouvelle assemblée galloise. La Chambre des Lords a également fait l'objet de réformes avec l'abolition du droit de vote de tous les membres, sauf des 75 pairs héréditaires, en attendant son remaniement complet. 15 « pairs du peuple » ont été choisis en 2001. La ville de Londres a obtenu davantage d'autonomie en 2000.
En Irlande du Nord, l'accord du « vendredi saint » de 1998 a permis de partager le pouvoir entre les unionistes et les républicains irlandais. Toutefois, les négociations ont butté sur les modalités du désarmement des milices paramilitaires. L'activité de l'organe exécutif commun constitué fin 1999 a été suspendue à plusieurs reprises, et le gouvernement britannique a fini par imposer à nouveau son autorité directe, les deux parties se rejetant mutuellement la responsabilité de l'échec des négociations. En août 2001, constatant l'absence de réponse positive de ses adversaires, l'IRA a retiré son ultime offre de mettre ses armes hors service.

L'économie
Un large consensus existe maintenant entre les grands partis sur la politique économique à suivre. Les travaillistes ne croient plus en la renationalisation des industries privatisées et ils se sont engagés à poursuivre la politique du gouvernement conservateur sortant en matière de limite des dépenses publiques. Le fait que le Labour ait cru pouvoir utiliser un management et des financements privés à l'intérieur de services publics, comme la santé ou l'éducation, lui a fait perdre certains de ses partisans traditionnels.

PROFIL
La victoire de Margaret Thatcher en 1979 a inauguré 18 ans de pouvoir conservateur, de politique monétariste et de privatisations. Les travaillistes ont retrouvé le pouvoir en 1997. Le gouvernement « New Labour » de Tony Blair, qui a adopté une position centriste, a conservé une forte majorité aux élections de juin 2001. La faible participation aux élections a toutefois mis en évidence le fait qu'il est de plus en plus perçu comme arrogant et loin de son électorat. Le parti conservateur n'a toujours pas réussi à ce jour à se présenter comme une alternative crédible.

La reine Elisabeth II, chef de l'État depuis 1952 et chef du Commonwealth.

Tony Blair, Premier ministre depuis 1997 et chef du parti travailliste.

Le Chancelier de l'Échiquier, Gordon Brown, appelé le « chancelier de fer ».

La baronne Thatcher, la seule femme Premier ministre de l'histoire du pays (1979-1990).

Le quai Canary, cœur du développement du quartier des docks.

POLITIQUE EXTÉRIEURE

En 2002, le premier ministre Blair a affirmé que le RU, tout en n'étant plus une « grande puissance » avait néanmoins un « rôle pivot » à jouer dans le monde. Le pays détient un siège permanent au Conseil de sécurité, et dirige officiellement le Commonwealth, pour maintenir des liens diplomatiques et économiques avec ses anciennes colonies. Le RU résiste à l'intégration complète à l'UE. Le gouvernement n'a pas défini de calendrier précis de passage à l'euro, malgré un engagement de principe. Le « New Labour » a soutenu l'invasion américaine en Irak, au nom d'une « relation spéciale » RU-EU.

AIDE INTERNATIONALE

 3,4 Md $ (versés)   Moins 12 % en 1999

L'aide internationale versée par le RU est tombée entre 1980 et 1997 en dessous de la moyenne européenne, et bien en dessous de l'objectif des pays industrialisés qui est de 0,7 % du PNB. Après 1997, le gouvernement a pris des mesures pour mettre fin à cette baisse mais en définitive, en 1999, la contribution britannique ne dépassait pas 0,24 % du PNB. Ce qui ressort de la politique d'aide britannique, c'est son effort en faveur des pays les plus pauvres et des ONG, l'accent ayant été mis à partir de 1996 sur l'aide bilatérale dont 85 % est allée à 20 pays d'Afrique subsaharienne et d'Asie du Sud. Les objectifs du programme d'aide encouragent les mesures en faveur de la démocratie, des femmes et de la protection de l'environnement.

DÉFENSE

36,9 Md $ Moins 3 % en 1999

FORCES ARMÉES BRITANNIQUES

🛡	616 chars de combat (192 Challenger 2, 410 Challenger, 14 Chieftain)	113 950 hommes
🚢	16 sous-marins, 3 porte-avions, 11 destroyers, 20 frégates, 23 patrouilleurs	43 700 hommes
✈	566 avions de combat (214 Tornado, 79 Jaguar, 86 Harrier, 182 F–3)	54 730 hommes
🚀	58 SLBM dans 4 SSBN	

Le programme « options pour le changement » de l'après-guerre froide, mis en place en 1993, a entraîné d'importantes réductions dans les effectifs et les achats de l'armée de terre et de la marine. Le dispositif de dissuasion nucléaire indépendant du RU a été réduit. Mais les dépenses nucléaires demeurent élevées. Des troupes britanniques sont toujours stationnées en Irlande du Nord mais les priorités stratégiques se situent de plus en plus au niveau de la constitution d'une force de réaction rapide. Les forces britanniques ont été particulièrement remarquées dans les opérations de maintien de la paix dans l'ex-Yougoslavie ou au Sierra Leone. Le RU est l'un des premiers exportateurs mondiaux d'armements. Ses principaux clients sont le Moyen-Orient et l'Asie du Sud-Est.

ÉCONOMIE

1 477 Md $ 0,60-0,65 livre sterling

CHIFFRES SIGNIFICATIFS

❏ CLASSEMENT DU PNB AU NIVEAU MONDIAL 4e	
❏ PNB PAR HABITANT ....25 120 $	
❏ BALANCE DES PAIEMENTS… ....– 29,4 Md $	
❏ INFLATION...1,8 %	
❏ CHÔMAGE...5 %	

EXPORTATIONS

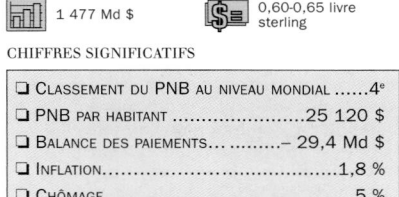

Irlande 6 %   Pays-Bas 7 %   France 9 %   Allemagne 11 %   ÉU 15 %   Autres 52 %

IMPORTATIONS

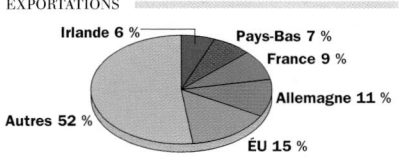

Pays-Bas 6 %   Japon 5 %   France 8 %   Allemagne 12 %   ÉU 13 %   Autres 56 %

ATOUTS

Leader mondial dans les services financiers, l'industrie pharmaceutique et l'industrie aérospatiale et de défense. Multinationales puissantes. Mécanique de précision et industries de haute technologie, en particulier dans les télécommunications et la biotechnologie. Secteur énergétique fort s'appuyant sur le pétrole et le gaz de la mer du Nord. Forte capacité d'innovation dans le domaine informatique. Horaires de travail flexibles. Maîtrise de l'inflation.

FAIBLESSES

Déclin de secteurs clés depuis les années 1970, comme l'automobile et les biens d'équipement ménager. La non participation du RU à l'euro menace sa position de leader de l'UE en terme d'investissements étrangers et a conduit certains investisseurs à fermer des usines en Grande-Bretagne.

PROFIL

L'industrie se trouve sur une pente de déclin à long terme, en particulier depuis les années 1980, lorsque des secteurs tels que les services financiers ont connu une forte croissance. Après une grave récession en 1991, la reprise a été lente mais dans la deuxième partie des années 1990, la croissance a été plus rapide

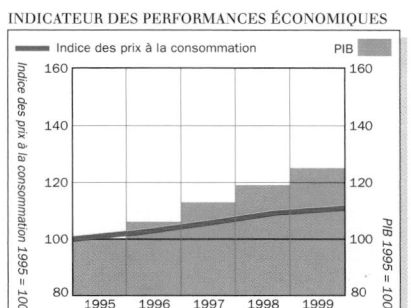

INDICATEUR DES PERFORMANCES ÉCONOMIQUES

que dans les autres pays européens. Les exportateurs britanniques restent préoccupés par la surévaluation de la livre. En 2000, le gouvernement a touché 22 Md de livres résultant de la vente des licences aux opérateurs de troisième génération de téléphone mobile. Les difficultés de l'économie américaine et l'effondrement des valeurs boursières de la net économie ont fait craindre le retour d'une récession ; la baisse des taux d'intérêt en 2001 devrait favoriser la demande intérieure. L'économie rurale a été durement touchée par une grave épidémie de fièvre aphteuse en 2001.

ROYAUME-UNI : PRINCIPALES ACTIVITÉS

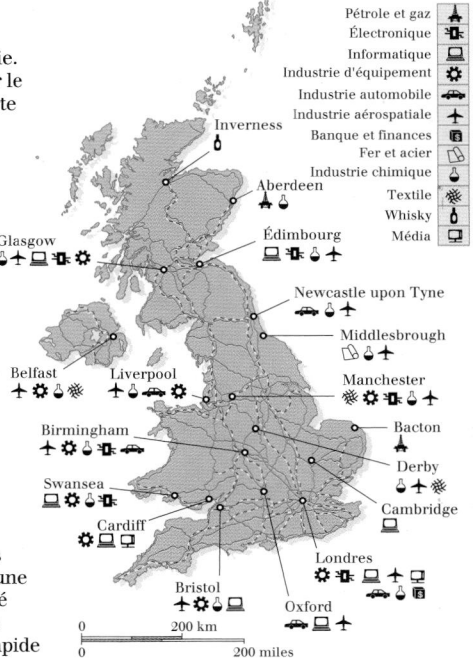

Pétrole et gaz
Électronique
Informatique
Industrie d'équipement
Industrie automobile
Industrie aérospatiale
Banque et finances
Fer et acier
Industrie chimique
Textile
Whisky
Média

R

507

RESSOURCES

1,03 M tonnes

2,7 M b/j (réserves : 5 Md de barils)

45 M de caprins
12 M de dindes
117 M de bovins
154 M de poulets

Charbon, chaux, gaz naturel, pétrole

PRODUCTION ÉLECTRIQUE

Hydraulique 2 % (5,6 Md kwh)	
Thermique 70 % (241 Md kwh)	
Nucléaire 28 % (98 Md kwh)	
Autres 0 %	

% de la production totale par type d'électricité

Le RU dispose des ressources énergétiques les plus importantes de l'UE. Cette richesse est surtout due à l'exploitation des gisements de pétrole et de gaz en mer du Nord sur le plateau continental et de nouveaux champs pétrolifères dans l'Atlantique Nord. L'extraction est difficile, mais le pétrole de grande qualité. Les revenus des taxes prélevées sur les compagnies pétrolières sont un atout important pour l'économie de pays, avec environ 12 milliards de $ par an. Les réserves de charbon sont aussi considérables, mais la plupart des puits ont été fermés en raison des importations bon marché et de la baisse de la demande. La privatisation de l'industrie de production d'électricité et les pressions exercées en faveur de la protection de l'environnement ont encouragé l'abandon des centrales à charbon au profit des centrales au gaz, accélérant la mise en place du programme gouvernemental d'urgence de la fin des années 1990 visant à obtenir un « charbon plus propre ».

ROYAUME-UNI :
UTILISATION DU SOL

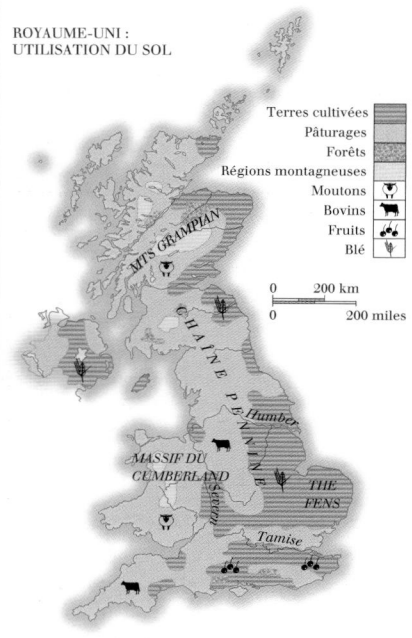

Terres cultivées
Pâturages
Forêts
Régions montagneuses
Moutons
Bovins
Fruits
Blé

0   200 km
0   200 miles

MTS GRAMPIAN
CHAINE PENNINE
Humber
MASSIF DU CUMBERLAND
THE FENS
Tamise

R

ENVIRONNEMENT

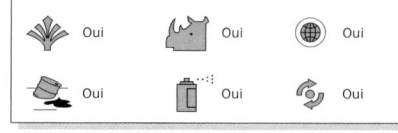

21 %

8,9 tonnes par habitant

TRAITÉS ÉCOLOGIQUES

Oui   Oui   Oui

Oui   Oui   Oui

En dehors de la destruction de l'environnement rural par la construction de routes et un développement économique tentaculaire, les principaux problèmes relèvent des questions de santé publique. La pollution de l'air dans les villes est une préoccupation centrale au même titre que les questions de sûreté nucléaire. Les peurs suscitées par les questions de sécurité alimentaire dans le contexte de la maladie de la vache folle ont augmenté après les décès survenus au milieu des années 1990. L'opposition aux OGM est très répandue.

MÉDIAS

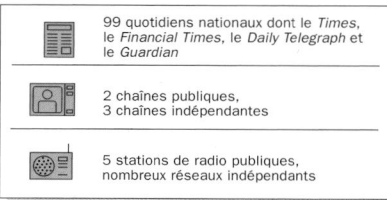

331 quotidiens pour 1 000 habitants

PRESSE ET TÉLÉCOMMUNICATIONS

99 quotidiens nationaux dont le *Times*, le *Financial Times*, le *Daily Telegraph* et le *Guardian*

2 chaînes publiques, 3 chaînes indépendantes

5 stations de radio publiques, nombreux réseaux indépendants

La presse est la propriété de grandes sociétés médiatiques. Il existe à présent de nombreuses publications sur l'Internet. Mise en cause pour son non-respect de la vie privée des personnes, la presse considère que l'auto-régulation est préférable à la réglementation. L'avènement de la télévision par satellite et par câble a accru la concurrence pour la BBC qui, malgré des coupes budgétaires, demeure une référence pour les informations internationales.

L'industrie galloise du charbon *a pratiquement disparu. Proportionnellement à sa population, le pays de Galles a maintenant le plus fort nombre de start-ups de tout le RU.*

CRIMINALITÉ

58 702 détenus

Plus 34 % en 1996-98

TAUX DE CRIMINALITÉ

Meurtres	
4	pour 100 000 habitants

Viols	
14	pour 100 000 habitants

Vols	
6 062	pour 100 000 habitants

Les vols avec effraction et les vols de voitures ont atteint des chiffres records au début des années 1990. La criminalité violente et la violence domestique constituent des problèmes graves. La violence urbaine est partiellement liée aux trafics de stupéfiants. La réglementation de la détention d'armes est devenue une priorité après le massacre de Dunblane en Écosse en 1996. Depuis 1997, le gouvernement travailliste a adopté une position de fermeté face à la criminalité.

ÉDUCATION

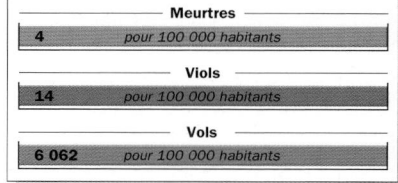

99 %

1,8 M d'étudiants

LE SYSTÈME ÉDUCATIF

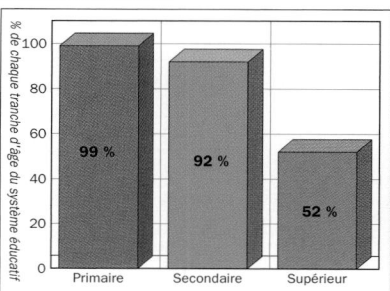

% de chaque tranche d'âge du système éducatif

Primaire 99 %
Secondaire 92 %
Supérieur 52 %

94 % des enfants vont dans le système public. Les autres vont dans les écoles privées payantes. Les écoles catholiques sont surtout importantes en Irlande du Nord, mais il existe à présent un certain engouement gouvernemental pour les écoles confessionnelles. Depuis les années 1960, un système scolaire à deux vitesses basé sur une sélection à l'entrée en sixième à l'âge de 11 ans a été remplacé par des écoles secondaires mixtes. Les réformes de 1988 ont introduit des programmes nationaux et affaibli le pouvoir des autorités scolaires locales. Le gouvernement travailliste s'est employé, à partir de 1997, à tester et à évaluer les méthodes d'enseignement afin de s'attaquer aux écoles dont les résultats sont insuffisants. Davantage d'établissements d'enseignement supérieur ont obtenu le statut d'université dans les années 1990 mais les centres universitaires, comme Oxford et Cambridge, sont les mieux dotés.

REPRÉSENTATION ET DÉCENTRALISATION

L'Acte d'union fondant le Royaume-Uni en unifiant la Grande-Bretagne et l'Irlande – et partiellement remis en cause lorsque l'Irlande (sauf la partie nord de l'île) devint indépendante en 1922 – date de 1801. Les couronnes anglaise et écossaise avait été unifiées en 1603 (James VI d'Écosse devenant James I d'Angleterre) et leur parlement le furent également en 1707. La principauté de Galles a perdu son statut indépendant et a été intégré à l'Angleterre en 1536. L'essor du nationalisme gallois, et plus encore du nationalisme écossais, provoqua l'échec de l'initiative de décentralisation prise en faveur des gouvernements régionaux dans les années 1970. À partir de 1997, le gouvernement travailliste donna une nouvelle impulsion à la décentralisation en créant de nouvelles assemblées en Irlande du Nord, en Écosse et au Pays de Galles.

L'IRLANDE DU NORD

En Irlande du Nord (population : 1,65 M d'habitants, superficie :14 120 km²,

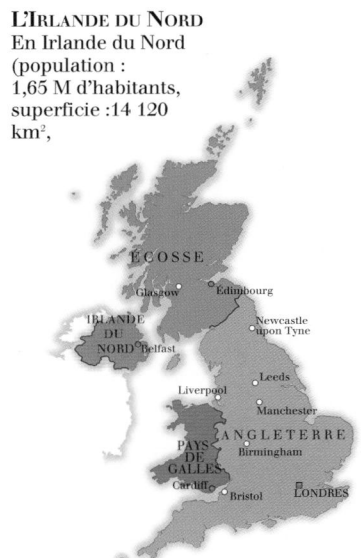

capitale : Belfast), la majorité protestante a dominé le parlement (*Stormont*) de l'autorité locale pendant ses 50 ans d'existence jusqu'en 1972, après que cette province a été placée sous l'autorité de Londres, dans l'attente de la création d'institutions de partage du pouvoir en 1998. Ce dernier prévoyait une assemblée d'Irlande du Nord élue à la proportionnelle et un exécutif partagé composé de 12 membres. La réalisation de l'accord buta toutefois principalement sur les modalités de désarmement des milices paramilitaires de l'IRA et de leurs rivales loyalistes unionistes.

L'ÉCOSSE ET LE PAYS DE GALLES

La percée électorale du parti national

Le bâtiment du parlement écossais à Édimbourg.

écossais en 1974 était sous-tendue par la crédibilité des thèses indépendantistes dès lors que l'Écosse contrôlerait les revenus pétroliers de la mer du Nord. Le gouvernement anglais proposa la décentralisation à l'Écosse et au Pays de Galles, mais lors des référendums de 1979, il s'avéra qu'il n'existait pas de majorité suffisante pour soutenir ces projets. En revanche, les propositions de décentralisation formulées une nouvelle fois en 1997 furent acceptées en Écosse et au Pays de Galles.

L'Écosse (population : 5,13 M d'habitants, superficie : 78 742 km², capitale : Édimbourg) a maintenant un parlement composé de 129 membres élus en 1999. Le pouvoir exécutif, composé d'un Premier ministre et d'un gouvernement de 11 ministres, est responsable devant le parlement. Les pouvoirs du parlement couvrent en particulier l'éducation et les taux d'imposition. L'une de ses premières initiatives marquantes a consisté à rejeter l'enseignement payant à l'université, qui était très controversé dans l'ensemble du RU.

Au Pays de Galles, (population : 2,9 M d'habitants, superficie : 20 761 km², capitale : Cardiff), une assemblée de 60 représentants a été élue en 1999. Son gouvernement comporte 8 ministres également dirigés par un Premier ministre.

Dans les régions montagneuses d'Écosse et du pays de Galles, on élève les moutons de manière extensive.

SANTÉ

 1 pour 588 habitants   Maladies cardiaques, cérébro-vasculaires et respiratoires, cancers

Le NHS (Service national de santé) offre une couverture universelle gratuite mais des problèmes financiers ont conduit à des coupes budgétaires et à des fermetures d'hôpitaux, ainsi qu'à l'instauration du paiement de frais de santé dans certaines régions. De même, les listes d'attente pour les opérations ne cessent de s'allonger. Face à cette situation, le budget 2000 a prévu des investissements majeurs. Le système de santé privé a connu un fort développement depuis les années 1970. Les récentes crises de santé publique ont surtout concerné les questions de sécurité alimentaire.

RICHESSES

CONSOMMATION ET DÉPENSES

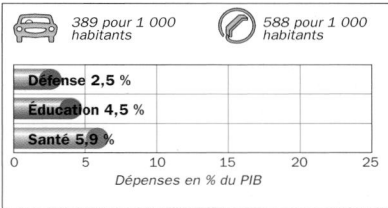

L'inégalité des revenus est plus forte au RU en 1994 qu'en 1884. Le revenu moyen des travailleurs était de 29 000 $ par an en 2001. Sous les gouvernements conservateurs des années 1980 et du début des années 1990, les impôts sur les gros revenus ont diminué, tout comme les recettes de l'État et les retraites. Depuis le milieu des années 1990, la croissance économique a permis de réduire le chômage. Les promesses électorales des travaillistes en 1997 ont empêché l'augmentation des recettes fiscales, ce qui a réduit la marge de manœuvre gouvernementale pour envisager des mesures de redistribution. La lutte contre la pauvreté dépend donc d'une meilleure allocation des minima sociaux.

R

CLASSEMENT MONDIAL

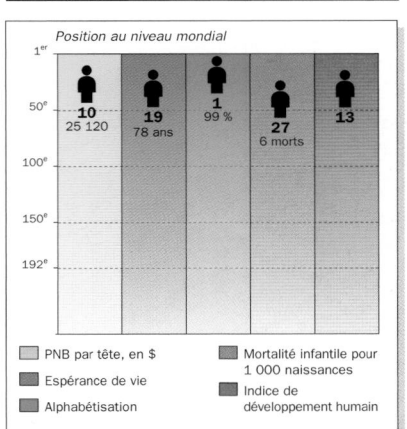

RUSSIE (FÉDÉRATION DE)

ASIE

FÉDÉRATION
DE RUSSIE

Asie

NOM OFFICIEL : Fédération de Russie   **CAPITALE** : Moscou
POPULATION : 143 millions   **MONNAIE** : rouble   **LANGUE OFFICIELLE** : russe

 1991   1991   12 juin   RUS   + 1 à + 11   + 7   .ru

LA RUSSIE qui couvre une superficie de 17 millions de km², est le plus grand pays au monde : son territoire est presque deux fois aussi vaste que celui des ÉU ou de la Chine. Bordée au nord par l'océan Arctique et à l'est par l'océan Pacifique, la Russie partage ses frontières avec 13 autres pays. Depuis la dissolution officielle de l'URSS en 1991, la Russie est un État indépendant. En tant que membre de la CEI, elle exerce toujours une influence dominante en Asie centrale et en Eurasie. L'ethnie russe représente 82 % de la population mais le pays compte quelques 150 minorités ethniques, disposant chacune de leur propre territoire à l'intérieur des frontières de la Russie. La montée du régionalisme est aujourd'hui un véritable problème politique et la situation est d'autant plus compliquée que nombre de ces territoires sont riches en ressources stratégiques et notamment en pétrole, en gaz, en or ou en diamants.

Le Kremlin à Moscou. Reconstruit en 1475 par Ivan le Grand, qui avait fait appel à des architectes de Pskov et d'Italie, il est entouré d'un mur de 3 kilomètres de long et longe la Moskova.

CLIMAT

DONNÉES MÉTÉOROLOGIQUES

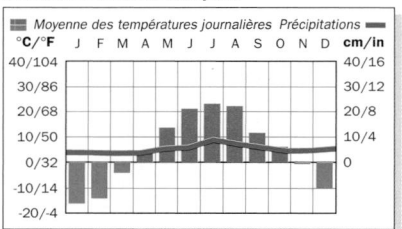

La Russie est soumise à un climat continental avec deux saisons distinctes. Le printemps et l'automne sont des périodes de transition très brèves entre l'été, marqué par des températures élevées, et l'hiver caractérisé par un froid glacial. Le pays subit l'influence de l'océan Arctique au nord et de l'océan Atlantique à l'ouest. Les montagnes situées au sud et à l'est empêchent l'influence adoucissante de l'océan Indien et de l'océan Pacifique. La plupart des régions connaissent des hivers très rigoureux et si les températures varient peu du nord au sud, elles sont moins élevées dans les régions situées à l'est. Les −70 °C enregistrés à Verkhoïansk, en Sibérie, figurent parmi les records mondiaux si l'on excepte l'Antarctique.

Logements à Moscou. *Les logements des grandes villes sont surpeuplés et il n'est pas rare que deux familles partagent un petit appartement.*

FÉDÉRATION DE RUSSIE

Superficie totale :
16 995 800 km²
(6 562 100 sq. miles)

POPULATION

⊡ Plus de 5 000 000
⊡ Plus de 1 000 000
◉ Plus de 500 000
◎ Plus de 100 000
○ Plus de 50 000
● Plus de 10 000

ALTIMÉTRIE

3 000 m/9 843 ft
2 000 m/6 562 ft
1 000 m/3 281 ft
500 m/1 640 ft
200 m/656 ft
Niveau de la mer
- 200 m/- 656ft

N

0   500 km
0   500 miles

R

TRANSPORTS

 Sheremetyevo-2, Moscou
10,9 M de passagers

 4 727 navires
10,2 M de tpl

RÉSEAU DE TRANSPORT

 336 000 km
(208 780 miles)

Aucune donnée

86 075 km
(53 484 miles)

 95 900 km
(59 589 miles)

La Russie dispose d'infrastructures de transport très développées. Les villes sont bien desservies par les lignes de bus et de tramway. Le réseau de métro de Moscou est l'un des plus impressionnants au monde. Les habitants des zones rurales possèdent toujours peu d'automobiles et ils s'appuient sur des services de bus très développés. Depuis 1991 toutefois, tous ces modes de transports se dégradent. Près de 20 % des rails devraient être renouvelés chaque année à cause du froid et d'autres facteurs de détérioration, mais ces travaux ne sont plus effectués faute de moyens. Le matériel est sérieusement surchargé et peu fiable, il est sujet à accidents et retards. De nouveaux rails ont été posés pour le train à grande vitesse de Sokol (Falcon) entre Moscou et Saint-Pétersbourg ; les premiers trains, en décembre 2000 ont mis une heure de moins et ce n'est qu'un début. Le réseau routier lui aussi s'est détérioré, notamment dans les grandes villes, de même que les autoroutes interurbaines.

La criminalité s'accroît dans les chemins de fer – le transsibérien notamment – et sur les routes. L'ancien monopole du transport aérien par l'Aeroflot est démantelé. La compagnie s'appelle aujourd'hui Lignes internationales russes Aeroflot et est concurrencée par des centaines de compagnies « bablyflot » régionales exploitant essentiellement des vols domestiques, certains avec des taux d'accidents inquiétants.

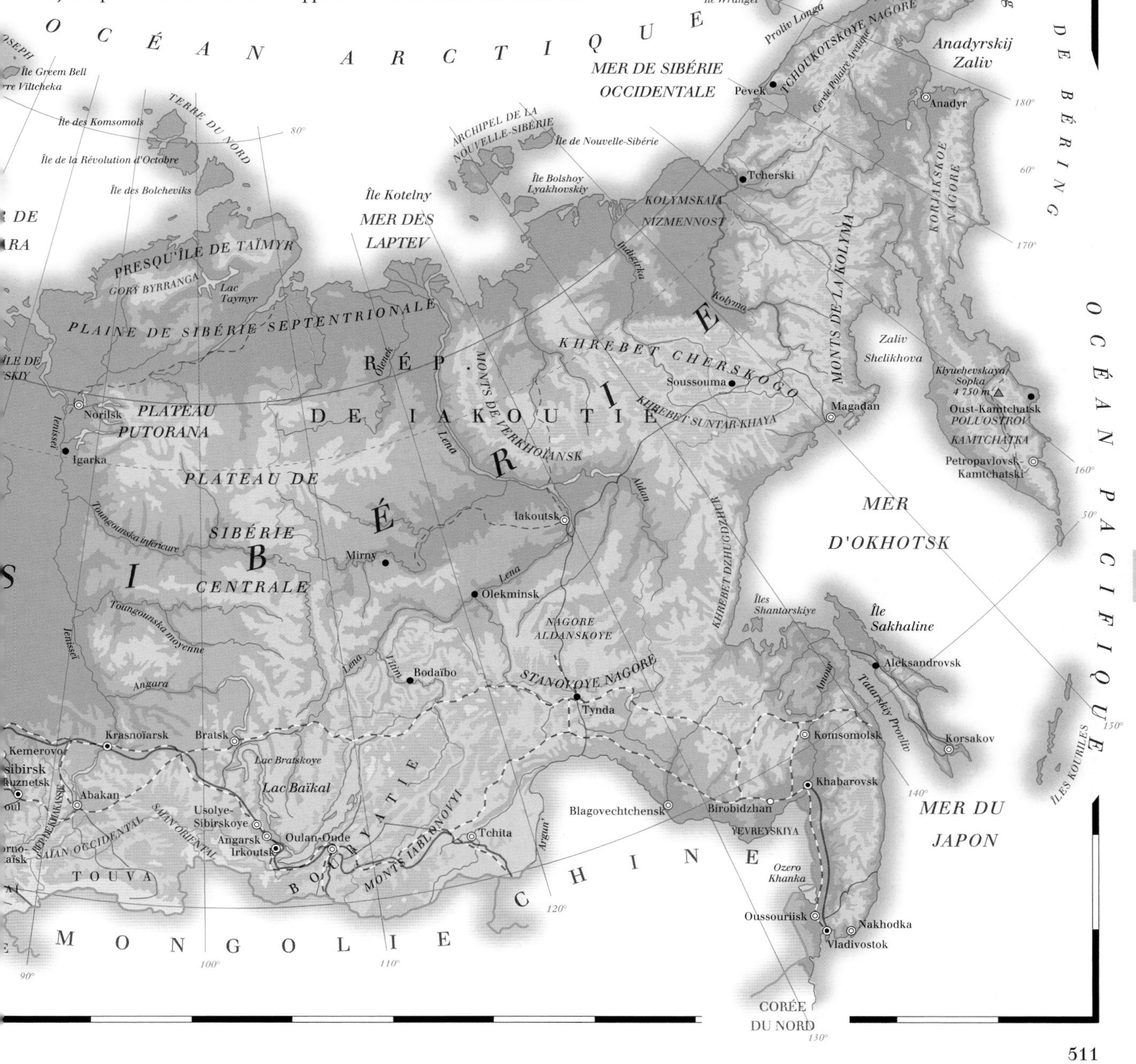

R

TOURISME

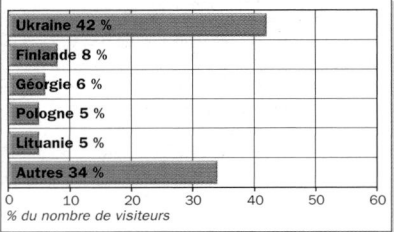

21,2 M de visiteurs

Plus 15 % en 2000

PROVENANCE DES TOURISTES ÉTRANGERS

Ukraine 42 %	
Finlande 8 %	
Géorgie 6 %	
Pologne 5 %	
Lituanie 5 %	
Autres 34 %	

0   10   20   30   40   50   60
% du nombre de visiteurs

La privatisation puis la dissolution d'Intourist, l'agence de voyages qui détenait le monopole du tourisme, ont conduit à une multiplication des débouchés touristiques en Russie ; chaque région cherche à attirer les touristes fortunés. Le summum du luxe consiste aujourd'hui à voyager dans le train officiel de Leonid Brejnev pour se rendre de Saint-Pétersbourg à Tachkent.

Les croisières sur la Volga et les visites de monastères médiévaux rencontrent de plus en plus de succès. Les touristes peuvent découvrir la vie dans la forêt ou pêcher le saumon sur la péninsule de Kola. Le secteur de la défense s'est également ouvert au tourisme et propose des vols en MIG et des promenades en char sur des T-84. Moscou et Saint-Pétersbourg sont toujours les villes les plus visitées. Novgorod compte un grand nombre d'églises magnifiques. La région de Pskov attire des touristes car elle est le cadre d'un grand nombre d'ouvrages d'Alexandre Pouchkine et notamment d'*Eugène Onéguine* et de *Boris Godounov*. Beaucoup de régions restent cependant inaccessibles aux touristes. L'interdiction qui frappait les touristes étrangers dans la région de l'Oural a été levée, mais les infrastructures y sont très limitées. Les stations balnéaires de la mer Noire telles que Sotchi, en revanche, ont vécu un véritable boom immobilier.

POPULATION

Russe

8 hab./km²

PART DE LA POPULATION URBAINE/RURALE

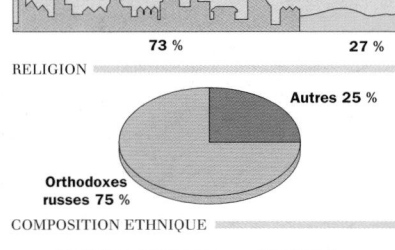

73 %   27 %

RELIGION

Autres 25 %

Orthodoxes russes 75 %

COMPOSITION ETHNIQUE

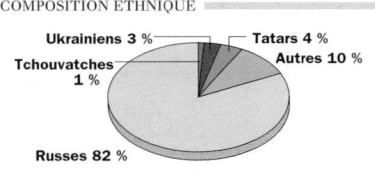

Ukrainiens 3 %   Tatars 4 %
Tchouvatches 1 %   Autres 10 %

Russes 82 %

Les Russes ne représentaient qu'un peu plus de la moitié de la population de l'ex-URSS, mais ils sont aujourd'hui largement majoritaires en Russie. Certaines républiques voisines d'Asie centrale, notamment l'Ukraine et la Lettonie, abritent toujours un grand nombre de Russes, mais la montée du nationalisme qui s'est généralisée en ex-URSS les a conduits à retourner en Russie. Les tensions interethniques se développent particulièrement dans le Caucase. L'hostilité envers les Tchéchènes musulmans est particulièrement forte. La fédération compte 57 nationalités ayant chacune leur territoire et 95 nationalités sans territoire propre (qui ne représentent cependant que 6 % de la population). Le paysage social n'a guère changé depuis la chute du communisme.

Toutefois, la levée de la censure a permis à la sexualité et à des mouvements politiques et religieux de s'exprimer plus librement. L'argent fait partie des nouveaux sujets de conversation de la population russe. Le système d'entraide qui s'appuyait sur un réseau étendu d'amis joue aujourd'hui un rôle moins important. La condition de la femme n'a guère changé depuis la chute du communisme. Les femmes sont de plus en plus touchées par le chômage, mais cette situation résulte généralement davantage d'un choix personnel d'abandonner un travail à temps partiel ou mal rémunéré que d'une tendance sexiste de la société. La plupart des Russes ont un niveau de vie très modeste. L'effondrement de l'économie à la fin des années 1990 les a encore plus appauvris. La reconstruction onéreuse de l'église du Christ Salvateur à Moscou est un symbole de ce changement. Le renouveau important de l'église orthodoxe russe est encouragé par la reconnaissance légale de son « rôle particulier » dans l'histoire de la Russie. Toutes les organisations religieuses ont été invitées à se faire enregistrer au 1er janvier 2000, avec des conditions suffisantes pour exclure de nombreuses églises minoritaires, sous prétexte d'écarter celles présentant un danger pour « la paix sociale ».

PYRAMIDE DES ÂGES

Femmes	Âge	Hommes
1,8 %	81–100	0,4 %
9,3 %	61–80	5,1 %
13,1 %	41–60	11,7 %
14,8 %	21–40	15,2 %
14 %	0–20	14,6 %

% de la population par tranche d'âge

POLITIQUE

Ch. haute 1999/2003
Ch. basse variable

Vladimir Poutine, président de la République

AUX DERNIÈRES ÉLECTIONS

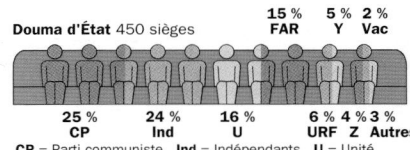

Douma d'État 450 sièges

15 % 5 % 2 %
FAR   Y   Vac

25 %   24 %   16 %   6 % 4 % 3 %
CP   Ind   U   URF Z Autres

CP = Parti communiste Ind = Indépendants U = Unité
FAR = Mère patrie de toute la Russie URF = Union forces de droite Y = Yabloko Z = Bloc de Zhirinovsky Vac = Vacant

Conseil fédéral 178 sièges

Chacune des 89 régions est représentée au conseil fédéral par deux membres choisis par le pouvoir législatif régional.

Le gouvernement est responsable devant la Douma (parlement élu) mais le pouvoir exécutif est entre les mains du président.

PROFIL

Le second mandat du président Eltsine (1996-99) fut entaché par ses problèmes de santé, la crise économique et la corruption. Eltsine s'opposa à la Douma en 1998 et 1999 sur le choix de son premier ministre. La confrontation cessa avec la nomination de Vladimir Poutine, peu connu et ancien chef du FSB, qui devint le favori à la succession d'Eltsine.

Poutine consolida sa position en prenant les fonctions de président à la fin 1999. Ayant remporté un triomphe électoral dès le premier tour des présidentielles de 2000, il s'attaqua au pouvoir des « oligarques » et des 89 gouverneurs régionaux de Russie, avec un programme de centralisation. Le bloc Unité qui le soutenait à la Douma (depuis les législatives de 1999) devint officiellement un parti, renforçant encore le pouvoir de Poutine. Une fusion avec le bloc Mère patrie, en avril 2001, fit d'Unité le plus grand parti du parlement.

Le conflit en Tchétchénie, bien que nuisant à l'image internationale de Poutine, lui permit en revanche de

L'ex président Boris Eltsine, *célèbre pour sa conduite fantasque, se retira en 1999.*

Mikhaïl Gorbachev, *dont les restructurations ont mené au démantèlement de l'URSS.*

R

POLITIQUE *suite*

peaufiner son image intérieure de chef fort. Sa popularité fut ébranlée par les critiques lors de la catastrophe du sous-marin Koursk, qui coûta la vie à 118 marins en août 2000.
Cependant, la nette embellie économique qui marqua la première année de son mandat lui valut un grand crédit populaire, ainsi qu'à son premier ministre Mikhail Kasyanov, nommé en 2000 et chargé de redynamiser l'économie.
Le parti communiste, le plus important de la Douma depuis 2001, reste puissant grâce à son organisation et à sa capacité à attirer les victimes des bouleversements de la période post-soviétique. Cependant, même avec des alliés au parlement, les communistes n'ont pas réussi à prendre le pouvoir, et leur chef Gennady Zyuganov a été battu trois fois à l'élection présidentielle.

PRINCIPAUX PROBLÈMES POLITIQUES
Régionalismes et séparatismes
Le séparatisme nationaliste est férocement réprimé, comme l'atteste la violente campagne militaire en Tchétchénie.
L'influence accumulée sous Eltsine par les 89 gouverneurs régionaux a été battue en brèche par des mesures de concentration du pouvoir. La police et les impôts ont été centralisés dans sept grands districts fédéraux, responsables devant Poutine seul, et les gouverneurs ont été dépouillés de leurs sièges au Conseil Fédéral.

Le niveau de vie
Les années 1990 se caractérisèrent par des efforts inégaux et dangereux pour créer une économie de marché, et qui engendrèrent une grande insécurité. La chute du communisme mit fin aux garanties soviétiques de l'accès à l'emploi, à l'habitation et à une nourriture décente. Les personnes âgées furent particulièrement touchées. Poutine et Kasyanov gèrent l'économie de manière plus crédible, et le niveau de vie de 2002 est plus élevé qu'avant le crash de 1998.

Vladimir Poutine
obtient le pouvoir de Boris Eltsine en 1999 et fut élu président en 2000.

Mikhaïl Kasyanov,
favorable aux réformes économiques, a été Premier ministre de 2000 à 2004.

Criminalité et corruption
Le niveau de criminalité connut un essor inquiétant après la chute du communisme, au point où les visiteurs étaient dissuadés de se promener le soir dans Moscou ou Saint-Pétersbourg. Une bureaucratie très corrompue faisait face aux « oligarques », qui s'étaient emparés des industries privatisées pour une bouchée de pain. Poutine lança une croisade contre eux, sans oser revenir sur le processus de privatisation.

La violence politique
Un certain nombre de meurtres de parlementaires et d'administrateurs régionaux ont secoué la vie politique ces dernières années. Ces assassinats, attribués à des tueurs à gages, témoignent des liens entre le crime organisé et le milieu politique.

POLITIQUE EXTÉRIEURE

CE | CEI | AIEA | G8 | OSCE

Les attentats du 11 septembre 2001 provoquèrent un important changement dans les relations avec l'occident. En soutenant immédiatement la « guerre contre le terrorisme » des EU, Poutine s'attira un soutien sans réserves pour sa campagne en Tchétchénie. Ce conflit, auparavant critiqué à l'ouest, devint une bataille légitime contre le « terrorisme ». En acceptant de partager des renseignements, la Russie et l'OTAN semblent avoir oublié leurs dissensions passées ; en 2002, un conseil OTAN-Russie fut établi. En contrepartie, la Russie accepta le système de missiles américain et un nouveau traité de désarmement nucléaire considéré comme favorable aux EU. Cependant, la Russie s'inquiète du renforcement de l'influence américaine en Asie centrale et dans le Caucase, sous prétexte de lutte antiterroriste.
Les Etats formés après la fin de l'URSS, l'« étranger proche », conservent des liens avec la Russie et restent (du moins selon les Russes) dans sa sphère d'influence. Un « espace économique » comprenant la Russie, la Biélorussie, le Kazakhstan et l'Ukraine a été annoncé pour 2003. La Biélorussie souhaite vivement une réunification, mais les projets d'union monétaire et politique restent au point mort depuis quelques années. Les relations avec les pays baltes, moins cordiales, s'améliorent après des tensions liées aux discriminations contre les habitants d'ethnie russe.

La cathédrale Saint-Basile, à Moscou, construite entre 1555 et 1561 pour célébrer la prise de la forteresse tatar de Kazan par Ivan le Terrible. Les bulbes ont été décorés dans les années 1670.

AIDE INTERNATIONALE

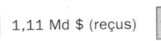

1,11 Md $ (reçus) Plus 29 % en 2001

La Russie a reçu des milliards de dollars d'aide des pays occidentaux à plusieurs reprises pour l'endettement de l'État et pour lancer les restructurations économiques. Le FMI a accordé d'importants crédits pendant la crise des années 1990.

DÉFENSE

63,7 Md $ Plus 22% en 2001

FORCES ARMÉES RUSSES

21 870 chars de combat (T–34, T–55, T–62, T–64, T–72, T–80, T–90)	321 000 hommes	
53 sous-marins, 1 transporteur, 14 destroyers, 7 croiseurs, 10 frégates, 88 patrouilleurs	171 500 hommes	
2 434 avions de combat (MIG–25/29/31, Su–24/25/27/TU–22)	184 600 hommes	
735 ICBM, 13 SSBN, 100 ABM		

La perte de 118 hommes et du sous-marin *Koursk* en août 2000 symbolise le déclin profond de la puissance militaire russe. L'entretien et l'utilisation de l'énorme machine de guerre des communistes se révèlent bien trop chers. Des plans sont élaborés pour réduire le nombre de militaires de centaines de milliers d'ici 2003 et le service militaire devrait être supprimé en 2005. Les protestations du service public ont entraîné des augmentations de salaire.
Les dépenses pour les forces nucléaires sont réduites à la protection physique des ogives. La *Douma* a ratifié le Traité de désarmement nucléaire Start II et celui d'annulation des essais début 2000, mais la Russie considère les propositions de nouveaux missiles de défense américains comme une déstabilisation fondamentale des accords nucléaires existants.
La flotte russe du nord et celle du Pacifique sont inactives et se détériorent rapidement notamment les sous-marins nucléaires.

R

LA FÉDÉRATION DE RUSSIE : UN EMPIRE MODERNE

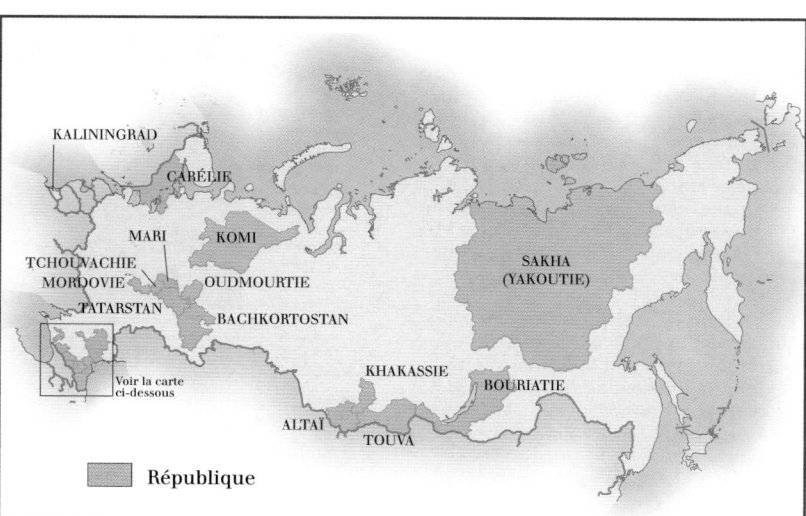

République

L A FÉDÉRATION DE RUSSIE (FR) est divisée en sept districts fédéraux, couvrant 89 « unités » fédérales distinctes, 49 oblasti (régions), 21 républiques, dix districts autonomes (okrugi) six kraya (territoires), deux villes (Moscou et Saint-Pétersbourg) et une oblast autonome (Yevreyskaya).

La Russie étendit son contrôle à l'ouest et à l'est de l'Oural au cours de l'expansion impériale, à partir du XVIᵉ siècle. Au début du XXᵉ siècle, l'empire allait jusqu'à inclure les Caréliens (parlant finnois) au nord-ouest, les différents peuples du Caucase (au sud), et les Esquimaux de la Sibérie arctique. Pour asseoir son autorité sur des distances aussi grandes, l'empire russe encouragea un processus de russification physique et culturelle, envoyant des milliers de colons répandre leur commerce, leur langue et leur religion orthodoxe. Ce processus s'accéléra sous l'Union soviétique – prônant le communisme au lieu du christianisme – malgré la libération officielle des ethnies et leur « détermination nationale ». Les peuples nomades furent obligés d'adopter des styles de vie sédentaires et coopératifs, et la religion fut découragée, voire réprimée.

Après l'effondrement de l'URSS, en 1991, une vague de sentiment nationaliste parcourut de nombreuses minorités ethniques. Les grandes ex-Républiques soviétiques voisines de la Russie devinrent des États indépendants. Les Républiques plus petites et autonomes reçurent leur statut au sein de la nouvelle

Fédération. Ces 20 républiques (21 après la séparation de l'Ingouchie et de la Tchétchénie) reçurent le droit de créer leur propre constitution et leur législation, à condition de reconnaître la suprématie constitutionnelle fédérale.

Peu de ces États seraient viables en tant que pays séparés, mais nombre d'entre eux revendiquaient fortement leur indépendance politique, économique et culturelle. Les ressources de l'Oural et de la Sibérie, l'importance stratégique du Caucase et du « grand est » firent de la relation entre la fédération et ses républiques un élément crucial. Dans de nombreux cas, les républiques ethniques se trouvent dans des régions pétrolifères, avec une infrastructure industrielle soviétique. La plupart des républiques signèrent rapidement des traités avec la fédération pour confirmer leur statut au sein de la FR, mais parfois, des luttes de pouvoir apparurent.

LE TATARSTAN

Les Tatars forment le 2ᵉ plus grand groupe ethnique de la FR, après les Russes. Leur culture est turco-musulmane, et ils figurent parmi les plus chauds partisans de l'autonomie régionale. En 1990, une république tatar souveraine fut proclamée, et en 1992, les autorités tatar refusèrent non seulement de signer un traité fédéral, mais déclarèrent l'indépendance du pays, après un référendum. Cependant, cette indépendance ne fut pas reconnue au niveau international et ne s'avéra pas un choix viable, le Tatarstan étant entouré par la Russie et peuplé de Russes à 43 %. Un accord de partage du pouvoir fut signé en 1994,

et le Tatarstan accepta de rejoindre la FR. Depuis, les relations sont difficiles ; le Tatarstan fut l'une des quatre républiques dénoncées en 2001 pour non-conformité de leurs lois avec la constitution fédérale. En 2002, une nouvelle constitution tenta de résoudre ce conflit, et les autorités locales se firent plus discrètes sur leur politique de « tatarisation â. Les tensions persistent. Le gouvernement tatar freine le processus de privatisation engagé ailleurs, et garde le contrôle de la compagnie pétrolière Tatneft.

LE CAUCASE ET LA TCHÉTCHÉNIE

Le Caucase du nord est l'une des plus grandes mosaïques ethniques du monde. Ses montagnes séparent ses populations en de nombreux groupes ethniques, linguistiques, culturels, voire religieux. On compte désormais huit républiques, dont le seul Etat bouddhiste d'Europe (la Kalmoukie) ; cependant, l'Islam domine dans les autres États. La république la plus à l'est, le Daguestan, constitue un microcosme religieux, accueillant plus de 32 groupes ethniques différents, un record en Europe.

Le Daguestan fait partie de la FR. Cependant, le séparatisme, alimenté par un islam sunnite conservateur, crée des tensions interethniques dans le pays. Une tentative de soulèvement islamiste en 1999, soutenue par des combattants musulmans aguerris de Tchétchénie, fut brutalement réprimée par les autorités russes, qui utilisèrent ce prétexte pour relancer une offensive en Tchétchénie.

Le nationalisme tchétchène prit son essor sous le régime plus libéral de la perestroïka, dans les années 1980. Une république tchétchène fut proclamée par Doudaïev, un ancien général, en novembre 1991. Retenu par un parlement hésitant, le président Eltsine ne parvint pas à lancer une

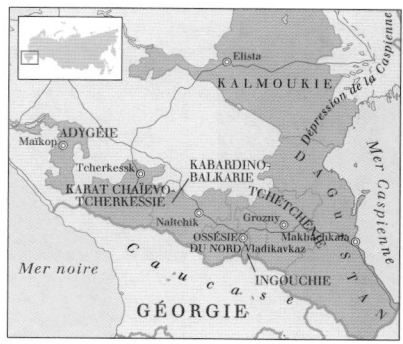

R

offensive militaire pour reprendre le contrôle. Trois ans plus tard, le régime autoritaire de Doudaïev provoqua une guerre civile en Tchétchénie. Eltsine, encouragé par une victoire récente sur son opposition, envoya des troupes russes.

Grozny, la capitale tchétchène, fut rasée lors d'une offensive féroce qui écrasa les séparatistes et déboucha sur un cessez-le-feu en 1996. Trois ans plus tard, cependant, la violence reprit, à la suite d'une rébellion avortée au Daguestan (voir plus haut). Cette fois-ci, Eltsine confia le problème à son nouveau premier ministre Poutine qui lança une nouvelle offensive d'envergure en octobre 1999. Les forces russes, qui affirmaient pourtant être victorieuses au début de l'année 2000 puis à la mi-2002, sont en butte à une guérilla intense. Vers le milieu de l'an 2000, au plus fort des hostilités, 160 soldats russes étaient tués chaque jour.

Pour mettre fin au conflit, un référendum sur une nouvelle constitution tchétchène se tint en mars 2003, remportant une majorité de 95 %

Un golomo (habitation hivernale) des Evenk, dans le nord-est de la Sibérie. La Russie comprend 152 nationalités différentes.

des voix. La Tchétchénie reçut le statut de république autonome de la FR. Cependant, les séparatistes ont rejeté ces dispositions et le combat continue. Les médias mentionnent surtout les événements qui se produisent en Russie même, comme la prise d'otages dans un théâtre moscovite (2002) ou l'explosion d'une bombe dans un concert rock (2003), mais les violences permanentes en Tchétchénie intéressent peu les médias internationaux.

ÉCONOMIE

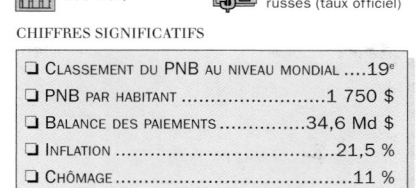 253 Md $ 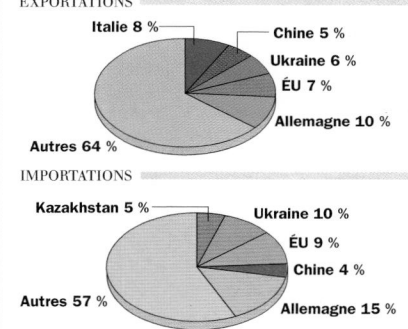 30,35 roubles russes (taux officiel)

CHIFFRES SIGNIFICATIFS

- ❏ Classement du PNB au niveau mondial 19ᵉ
- ❏ PNB par habitant ....1 750 $
- ❏ Balance des paiements ....34,6 Md $
- ❏ Inflation ....21,5 %
- ❏ Chômage ....11 %

EXPORTATIONS

- Italie 8 %
- Chine 5 %
- Ukraine 6 %
- ÉU 7 %
- Allemagne 10 %
- Autres 64 %

IMPORTATIONS

- Kazakhstan 5 %
- Ukraine 10 %
- ÉU 9 %
- Chine 4 %
- Allemagne 15 %
- Autres 57 %

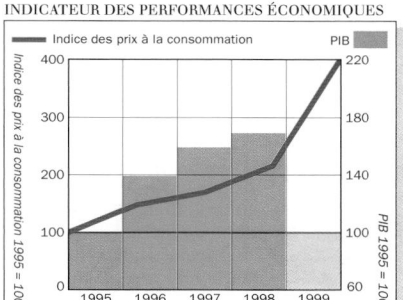

INDICATEUR DES PERFORMANCES ÉCONOMIQUES

— Indice des prix à la consommation   PIB

ATOUTS
Ressources naturelles colossales, en particulier hydrocarbures, métaux précieux, combustible, bois. Future installation de pipe-lines internationaux. Forte base scientifique, ingénierie. Accroissement des recettes de l'Etat grâce à une réforme fiscale. Privatisations profitables. Encouragements à l'investissement étranger.

FAIBLESSES
Revenus du pétrole dépendant de la fluctuation des prix mondiaux. Infrastructure délabrée. Transition économique lente. Pillage des entreprises privatisées par leurs anciens directeurs. Pans entiers de l'économie contrôlés par le crime organisé. Investissements régionaux restreints par la mise en œuvre inégale des lois

fédérales. Fraude fiscale et corruption toujours courantes. Hausse des importations et baisse du surplus commercial, dommageables à la production locale et dangereuses pour les petites entreprises.

PROFIL
Les rares avancées du début de l'ère postcommuniste furent réduites à néant par la crise de 1998. De puissants financiers « oligarques » apparurent, et le crime organisé investit la plupart des secteurs. Paradoxalement, la dévaluation du rouble contribua à un mini-boom en 1999-2000. Les petites entreprises s'agrandirent, et la dévaluation rendit les importations trop chères pour le consommateur moyen, ce qui encouragea la production locale. La production industrielle s'accrut et le PIB augmenta de 7,6 % en 2000. Poutine s'attaque au pouvoir de l'élite économique. Les ventes foncières privées sont autorisées depuis 2001, et le nouveau taux forfaitaire d'impôt sur le revenu, à 13 %, contribuerait à lutter contre la fraude fiscale. Cependant, alors que l'économie souffre du ralentissement général de 2001, la hausse du rouble pourrait contrebalancer les gains des années précédentes. La moitié environ de l'économie est « informelle ».

R

FÉDÉRATION DE RUSSIE : PRINCIPALES ACTIVITÉS

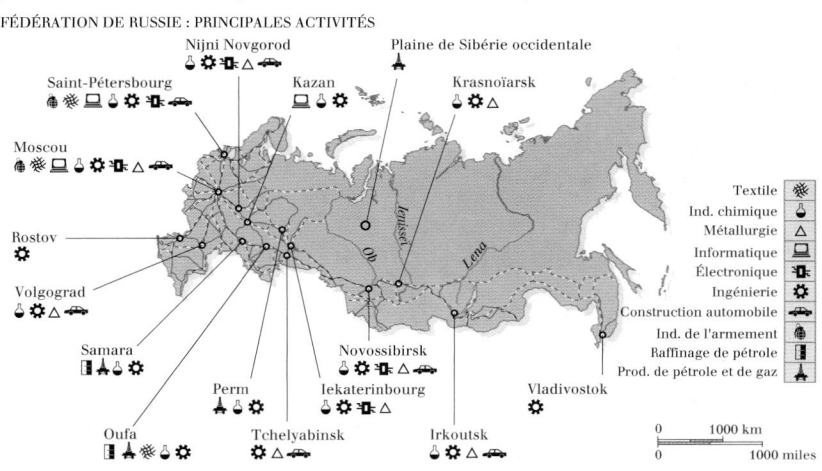

Textile
Ind. chimique
Métallurgie
Informatique
Électronique
Ingénierie
Construction automobile
Ind. de l'armement
Raffinage de pétrole
Prod. de pétrole et de gaz

0   1000 km
0   1000 miles

CHRONOLOGIE

Le premier État russe (la Rus) fut créé à l'emplacement de l'Ukraine actuelle.

- ❑ **1904–1905** Guerre opposant la Russie au Japon ; victoire du Japon.
- ❑ **1905** Révolution.
- ❑ **1909–1914** Expansion rapide de l'économie russe.
- ❑ **1914** Entrée dans la Première Guerre mondiale contre l'Allemagne.
- ❑ **1917** Révolution de février ; abdication de Nicolas II. Révolution d'octobre : les bolcheviks prennent le pouvoir, dirigés par Lénine.
- ❑ **1918** Juillet, Nicolas II et sa famille sont assassinés.
- ❑ **1918–1920** Guerre civile.
- ❑ **1921** Nouvelle politique économique ; retrait du socialisme.
- ❑ **1922** Création de l'URSS.
- ❑ **1924** Mort de Lénine. Lutte pour le pouvoir remportée par Staline.
- ❑ **1928** Lancement du premier plan quinquennal : industrialisation et collectivisation forcées.
- ❑ **1929** Trotsky est déporté.
- ❑ **1936–1938** Procès et campagne contre les opposants avérés et supposés, déportés par millions dans les goulags de Sibérie et d'autres régions.
- ❑ **1939** Le pacte signé entre Hitler et Staline octroie les États baltes, la partie orientale de la Pologne et la Bessarabie à l'URSS.
- ❑ **1941** Attaque de l'Allemagne contre l'URSS. Décembre, bataille de Moscou qui marque la première défaite de l'Allemagne.
- ❑ **1943** Février, grande victoire soviétique à Stalingrad.
- ❑ **1944–1945** Offensive des Soviétiques qui envahissent les Balkans.
- ❑ **1945** Défaite de l'Allemagne. Les accords de Yalta et de Potsdam placent l'Europe de l'Est et du Sud-Est dans la zone d'influence soviétique.
- ❑ **1947** Début de la Guerre froide.
- ❑ **1953** Mort de Staline.
- ❑ **1956** Soulèvement en Hongrie. Un rapport « secret » de Khrouchtchev dénonce Staline au congrès du parti.
- ❑ **1957** Khrouchtchev renforce son pouvoir. Lancement de *Spoutnik*.
- ❑ **1961** Avril, Iouri Gagarine est le premier homme dans l'espace.
- ❑ **1962** Octobre, crise des missiles de Cuba.
- ❑ **1964** Khrouchtchev est évincé lors d'un coup d'État et remplacé par Leonid Brejnev.
- ❑ **1975** Accord final d'Helsinki qui confirme le tracé des frontières européennes, décidé à la fin de la Seconde Guerre mondiale.
- ❑ **1979** La Russie envahit l'Afghanistan. Intensification de la Guerre froide.
- ❑ **1982** Mort de Brejnev.

➪

RESSOURCES

 4,05 M tonnes

27,1 M de bovins
16 M de porcins
13 M d'ovins
340 M de volailles

 7,7 M b/j (réserves : 60 Md de barils)

Charbon, gaz naturel, or, pétrole, diamants, fer, aluminium, manganèse

PRODUCTION ÉLECTRIQUE

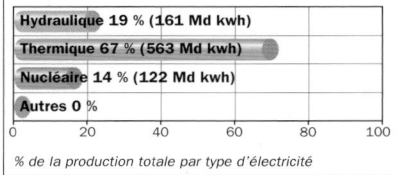

Hydraulique 19 % (161 Md kwh)
Thermique 67 % (563 Md kwh)
Nucléaire 14 % (122 Md kwh)
Autres 0 %

0   20   40   60   80   100

% de la production totale par type d'électricité

FÉDÉRATION DE RUSSIE : UTILISATION DU SOL

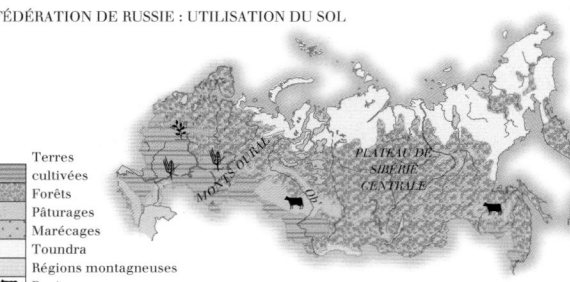

Terres cultivées
Forêts
Pâturages
Marécages
Toundra
Régions montagneuses
Bovins
Céréales
Pommes de terre

0   1000 km
0   1000 miles

ENVIRONNEMENT

 8% (0,8% partiellement protégés)

 9,8 tonnes par habitant

TRAITÉS ÉCOLOGIQUES

Oui   Oui   Oui

Oui   Non   Oui

La Russie a pris conscience de ses problèmes écologiques depuis la chute du communisme. Toutefois, les moyens financiers, la volonté politique et le savoir-faire technique font toujours défaut. La Russie abrite aujourd'hui un mouvement écologiste actif mais qui n'a mobilisé qu'un petit nombre d'électeurs. Chaque région est affectée par des problèmes écologiques particuliers. Le nord souffre des effets de l'abandon de containers de déchets et de la flotte de sous-marins nucléaires dans la mer de Barents. Des milliers de tonnes d'armes chimiques ont également été jetées dans la Baltique. Dans la Volga, des espèces de poisson ont aujourd'hui disparu. En Oural et dans les villes de Russie européenne, les usines de produits chimiques et l'industrie lourde ne traitent pas du tout leurs effluents rejetés directement dans les cours d'eau. En juin 2001, le parlement a adopté une loi autorisant le ministre de l'Énergie nucléaire à accepter le stockage et le recyclage de déchets nucléaires étrangers contre 2 milliards de dollars.

La Russie est l'un des principaux producteurs de pétrole, de gaz naturel et d'électricité du monde. Ses réserves confirmées en font le premier producteur mondial d'hydrocarbures, d'or et de métaux précieux, de diamants et de bois. Contrairement à certaines autres anciennes républiques soviétiques, la Russie n'a pas ouvert l'exploitation de ses ressources naturelles aux étrangers car elle ne souhaite pas perdre le contrôle de ce secteur au profit de multinationales occidentales. Ces ressources sont par conséquent sous-exploitées en raison de l'insuffisance des investissements et des moyens, ainsi que de l'isolement géographique. Une grande partie de ces ressources sont situées sur des territoires nationaux comme le Tatarstan, la Iakoutie et la Sibérie. Leur volonté d'autonomie a fait de la possession de ces ressources un problème politique délicat.

MÉDIAS

 105 quotidiens pour 1 000 habitants

PRESSE ET TÉLÉCOMMUNICATIONS

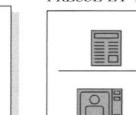

285 quotidiens dont *Izvestiya*, *Rossiiskaya Gazeta*, *Komsomolskaya Pravda* et *Trud*

2 chaînes principales, nationales et régionales, plusieurs chaînes privées

1 station principale publique, avec 2 canaux, 1 station étrangère, plusieurs stations privées

Le contrôle de l'État sur les médias suscite une inquiétude croissante. Les reportages télévisés partisans, courants sous Eltsine, continuent sous Poutine, notamment sur la Tchétchénie. L'entreprise d'État Gazprom a pris en 2001 le contrôle du réseau NTV, joyau du magnat exilé Goussinski. L'autre diffuseur national indépendant, TVS, a été fermé pour raison financières en 2003. Des journalistes critiques ont été licenciés. De nombreux Russes disposant de paraboles regardent CNN et d'autres chaînes occidentales. Avec ses 3 millions d'exemplaires, *Argumenty i Fakty* est l'hebdomadaire le plus vendu. La *Pravda* est le quotidien le plus vendu. L'ancien organe soviétique des *Izvestiya*, est désormais indépendant.

R

CHRONOLOGIE *suite*

- **1985** Gorbatchev arrive au pouvoir. Début de la Perestroïka. Premier des 3 sommets avec les ÉU. Aboutit à un traité de désarmement.
- **1988** Entrée en vigueur de la loi sur les entreprises publiques qui provoque une hausse du taux d'inflation et l'effondrement de l'économie.
- **1990** M. Gorbatchev devient le président de l'Union soviétique. Premières élections partiellement libres des membres du Soviet suprême.
- **1991** Boris Eltsine est élu président de Russie. Août, tentative de coup d'État, déjouée par M. Eltsine et des Moscovites. Gorbatchev écarté. Création de la CEI et disparition de l'URSS.
- **1993** M. Eltsine décrète la dissolution du Soviet suprême et recourt à la force pour dissoudre le parlement. Les élections marquent le retour d'une *Douma* conservatrice.
- **1994** Offensive russe en Tchétchénie.
- **1995** Victoire électorales des communistes.
- **1996** Eltsine réélu malgré une forte concurrence du PC. Accord de paix avec la Tchétchénie.
- **1998** Récession sévère, inflation, dévaluation du rouble.
- **1998–1999** Eltsine change sans cesse de Premier ministre lors de crises politiques successives.
- **1999** Démission d'Eltsine ; Poutine fait fonction de président.
- **1999-2000** Terrorisme au Daguestan et en Tchétchénie, attribué aux séparatistes islamiques. Offensive en Tchétchénie, chute de Grozny.
- **2000** Poutine, élu président, s'attaque aux « oligarques ». Embellie économique. Drame du sous-marin Koursk.
- **2001** Le parti de Poutine forme le plus grand groupe parlementaire.
- **2002** Avril : la guerre en Tchétchénie est « terminée » selon Poutine. **Octobre :** prise d'otage du théâtre de Moscou. Les séparatistes tchétchènes et 128 otages sont tués.

Paysage de toundra de l'Extrême-Orient russe. *La Russie compte certaines des zones inhabitées les plus étendues au monde.*

CRIMINALITÉ

 919 330 prisonniers   Moins 14% en 2000-2002

TAUX DE CRIMINALITÉ

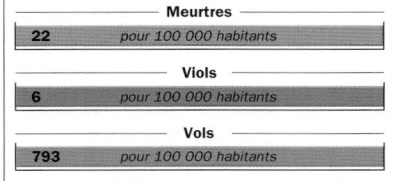

Meurtres	
22	*pour 100 000 habitants*

Viols	
6	*pour 100 000 habitants*

Vols	
793	*pour 100 000 habitants*

Malgré des chiffres optimistes, la criminalité prend aujourd'hui des proportions préoccupantes et la police ne parvient pas à faire face à son augmentation. La plupart des meurtres sont provoqués par des affrontements entre bandes rivales. La mafia russe exploite des réseaux de racket, de prostitution, de contrebande et de trafic de drogue et elle est également présente dans les pays occidentaux. La hausse de la criminalité est devenue un réel problème aux yeux de la plupart des Russes et les partis politiques qui promettent d'inverser cette tendance, attirent de plus en plus d'électeurs. La surpopulation des prisons et les mauvaises conditions de détention sont un gros problème.

ÉDUCATION

 99 %    7,22 M étudiants

LE SYSTÈME ÉDUCATIF

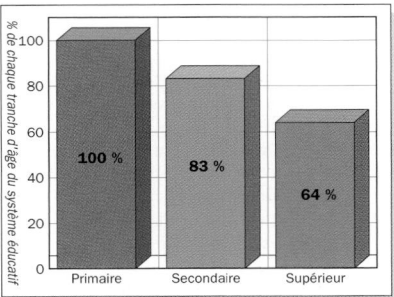

% de chaque tranche d'âge du système éducatif

- Primaire : **100 %**
- Secondaire : **83 %**
- Supérieur : **64 %**

L'école est gratuite et obligatoire de 6 à 15 ans. La Russie a tenté de réviser ses programmes d'histoire mais ses efforts ont été limités faute de moyens. Nombre de lycées, certains gérés par les chrétiens orthodoxes, proposent souvent des cours en anglais et en allemand. L'allemand est redevenu une langue commerciale importante à Moscou. L'enseignement supérieur souffre d'un manque de crédits et fait payer les étudiants. Nombre d'institutions telles que l'Académie des sciences ont réduit le nombre de leurs enseignants et de leurs programmes de recherche. La plupart des universitaires doivent travailler à l'extérieur pour mener une existence décente.

SANTÉ

 1 pour 236 habitants   Maladies cardiaques, accidents, violence, tuberculose et cancers

Crise du système. Pénuries de médicaments. Presque 2/3 des enfants sont déclarés « en mauvaise santé ». Fin du système public en 1991 : les employeurs cotisent désormais à un Fonds mutuel, mais les services privatisés recherchent la baisse des coûts. Corruption fréquente du personnel médical pour obtenir un traitement. L'alcoolisme est une cause croissante de mortalité.

RICHESSES

CONSOMMATION ET DÉPENSES

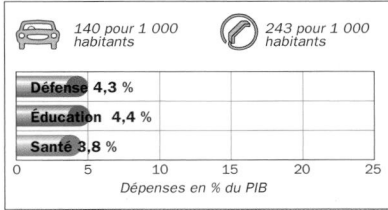

140 pour 1 000 habitants   243 pour 1 000 habitants

- Défense **4,3 %**
- Éducation **4,4 %**
- Santé **3,8 %**

Dépenses en % du PIB

Les écarts de richesse se creusent rapidement en Russie. Un petit noyau d'habitants s'est enrichi grâce au démantèlement de l'ancienne économie d'État soviétique. Seuls 10 % des Russes auraient profité de la libéralisation. Le nombre de milliardaires est en hausse, surtout à Moscou. La Russie est aujourd'hui le pays qui achète le plus de Rolls Royce, et les BMW, les Mercedes et les Volvo sont nombreuses à Moscou et à Saint-Pétersbourg ; une partie importante des capitaux du pays est placée sur des comptes à l'étranger. Ainsi les banques étrangères et notamment chypriotes recensent-elles des milliers de comptes appartenant à des Russes. Les parrains du crime organisé forment le groupe social le plus favorisé.

CLASSEMENT MONDIAL

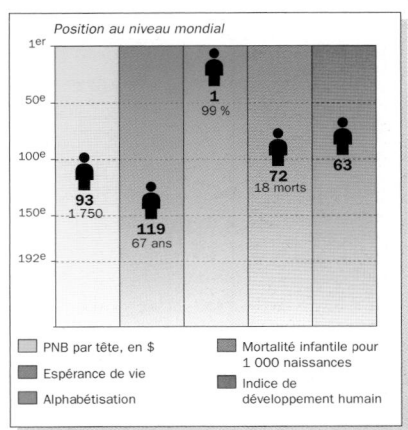

Position au niveau mondial

- **93** 1 750
- **119** 67 ans
- **1** 99 %
- **72** 18 morts
- **63**

- PNB par tête, en $
- Espérance de vie
- Alphabétisation
- Mortalité infantile pour 1 000 naissances
- Indice de développement humain

R

RWANDA

AFRIQUE CENTRALE · Afrique

NOM OFFICIEL : République du Rwanda **CAPITALE** : Kigali
POPULATION : 8,16 millions **MONNAIE** : franc rwandais **LANGUES OFFICIELLES** : français, kinyarwanda

SITUÉ juste au sud de l'Équateur, le Rwanda constitue une enclave dans le Sud-Est de l'Afrique. Depuis 1962, année de son indépendance, la scène politique rwandaise est dominée par des tensions ethniques. En 1994, la mort violente du président rwandais a provoqué une effroyable explosion de violence ethnique et politique. Plus de la moitié des survivants a été déplacée. Les auteurs de ce génocide détiennent une influence dans les camps de réfugiés surpeuplés des pays voisins.

CLIMAT

DONNÉES MÉTÉOROLOGIQUES

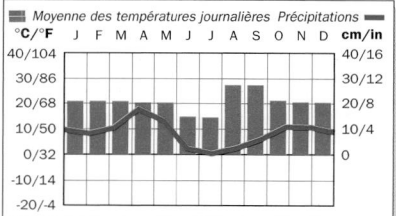
Moyenne des températures journalières Précipitations

Le climat du Rwanda est tropical. Les deux saisons chaudes permettent d'effectuer deux récoltes par an.

TRANSPORTS

 Kanombe International, Kigali
119 751 passagers

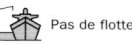 Pas de flotte

RÉSEAU DE TRANSPORT

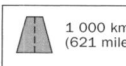 1 000 km (621 miles)

 Aucune

 Aucune

 Lac Kivu

Le réseau routier du Rwanda est bien développé. L'aéroport international situé près de Kigali a été achevé en 1986.

TOURISME

 2 000 visiteurs

 Peu de changement en 1998

PROVENANCE DES TOURISTES ÉTRANGERS

La guerre a fait cesser tout tourisme.

0 10 20 30 40
% du nombre de visiteurs

La guerre civile a fait cesser toute activité touristique. La paix rétablie, le Rwanda devrait retrouver son statut de destination prisée des adeptes de la faune. La montagne aux gorilles et le lac Kivu sont les principaux sites.

POPULATION

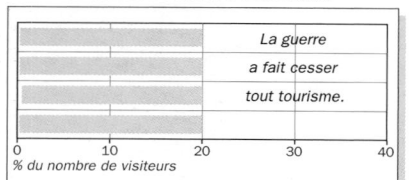 Kinyarwanda, français, swahili, anglais

309 hab./km²

PART DE LA POPULATION URBAINE/RURALE

6 %   94 %

COMPOSITION ETHNIQUE

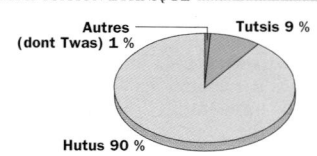
Autres (dont Twas) 1 %   Tutsis 9 %   Hutus 90 %

Les Hutus et les Tutsis sont les deux principales ethnies. Les pygmées twas, qui ont été les premiers à habiter le pays, sont aujourd'hui largement minoritaires. Pendant plus de 500 ans, le pays fut placé sous la domination politique des Tutsis qui opprimaient les Hutus. La révolte de 1959 a inversé les rôles et les deux principaux groupements ethniques se livrent depuis une guerre intermittente. Selon des estimations, 800 000 Rwandais auraient péri dans l'accès de violence qui a ravagé le pays dans les années 1990. La plupart sont des Tutsis, victimes de massacres imputables aux Hutus.

POLITIQUE

 1988/2003

 Paul Kagame, président de la République

AUX DERNIÈRES ÉLECTIONS
Assemblée nationale provisoire 74 sièges

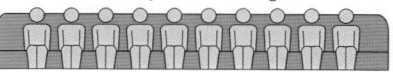

Les dernières élections pour le Conseil national de développement se sont déroulées en 1988. Les candidats furent choisis dans la liste du Mouvement républicain national pour le développement et la démocratie (**MRNDD**). Une assemblée provisoire existe depuis 1994. Le scrutin prévu pour 1999 a été reporté à 2003.

Un traité de paix pour arrêter la rébellion lancée en 1990 par le Front patriotique rwandais (FPR), d'obédience tutsie, a été signé en 1993. Ce fragile processus a été réduit à néant en 1994 par la mort du président dans un accident d'avion. Le génocide s'est déchaîné entre les supporters, majoritairement hutus, de l'ancien régime et ses opposants, principalement mais pas exclusivement tutsis. On estime à 800 000 le nombre de morts et à des millions le nombre de réfugiés. Le FPR a finalement remporté le pouvoir. Les Hutus ont obtenu des postes clés au gouvernement, dont la présidence. Mais lorsque, en mars 2000, la vapeur s'est renversée en faveur d'une représentation tutsie plus importante, le président Pasteur Bizimungu a démissionné. Le vice-président Paul Kagame, figure dominante du régime et dirigeant du FPR, a été formellement élu en avril. Des élections présidentielles et législatives sont prévues fin 2003, après l'adoption de la Constitution.

RWANDA

Superficie totale : 24 950 km² (9 633 sq. miles)

POPULATION
Plus de 100 000 ⊚
Plus de 10 000 ●
Moins de 10 000 ▪

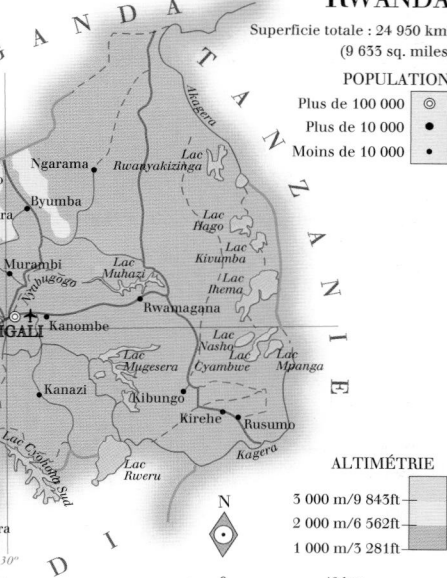

ALTIMÉTRIE
3 000 m/9 843ft
2 000 m/6 562ft
1 000 m/3 281ft

0 40 km
0 40 miles

POLITIQUE EXTÉRIEURE

Accusés d'abandonner le Rwanda à son sort en 1994, l'ONU a créé un tribunal de guerre contre le génocide ; il y a eu plusieurs condamnations. La présence des troupes rwandaises au Congo (ex-Zaïre) a bloqué les négociations de paix.

AIDE INTERNATIONALE

 373 M $ (reçus)   Plus 7 % en 1999

Le pays a besoin de nombreuses aides particulièrement pour son agriculture très touchée par la guerre. En novembre 2000, les pays donateurs ont fait pression pour le retrait des troupes rwandaises du Congo (ex-Zaïre).

DÉFENSE

 135 M $ Moins 6 % en 1999

L'armée est suffisamment puissante pour jouer un rôle influent dans cette région. Une force de police nationale a été mise en place en 1999.

ÉCONOMIE

 2,04 Md $ 336,06–359,03 francs rwandais

CHIFFRES SIGNIFICATIFS

- ❑ CLASSEMENT DU PNB AU NIVEAU MONDIAL ..139e
- ❑ PNB PAR HABITANT ....220 $
- ❑ BALANCE DES PAIEMENTS...............– 118 M $
- ❑ INFLATION.......................................3,3 %
- ❑ CHÔMAGE ....Peu d'habitants ont un emploi officiel

ATOUTS
Aucun pour l'instant. Si le pays retrouvait la stabilité, il pourrait produire du café et du thé. Réserves de pétrole et de gaz. Potentiel touristique.

FAIBLESSES
Activité économique totalement désorganisée par les violences de 1994. Les longs trajets vers les ports kenyans et tanzaniens rendent les prix de transport très élevés. Peu de ressources.

EXPORTATIONS
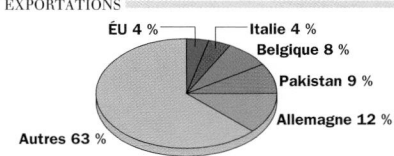
ÉU 4 % | Italie 4 % | Belgique 8 % | Pakistan 9 % | Allemagne 12 % | Autres 63 %

IMPORTATIONS
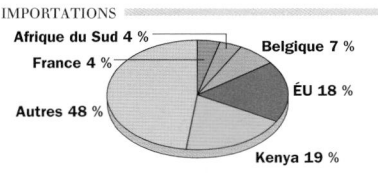
Afrique du Sud 4 % | France 4 % | Belgique 7 % | ÉU 18 % | Kenya 19 % | Autres 48 %

Champs en terrasses sur le flanc d'une colline. *Avant la guerre, le Rwanda était cultivé de manière intensive.*

RESSOURCES

 3 143 tonnes   Pays non producteur

725 000 bovins
700 000 caprins
1,4 M de volailles   Étain, tungstène, or, colombite-cantalite, méthane

Le pays devrait explorer les gisements de gaz naturel du lac Kivu conjointement avec le Zaïre. Seuls 20 % des citadins sont reliés au réseau électrique.

ENVIRONNEMENT

  15 %   0,1 tonne par habitant

Abstraction faite des effets de la guerre, l'érosion des sols et la déforestation sont les problèmes écologiques majeurs. Le secteur touristique a soutenu la préservation de la montagne aux gorilles.

MÉDIAS

 0,1 quotidien pour 1 000 habitants

PRESSE ET TÉLÉCOMMUNICATIONS

 1 quotidien ; le mensuel *Inkigi* et *La Relève* sont publiés respectivement en kinyarwanda et en français.

 1 chaîne publique   2 stations, dont 1 publique

Les médias ont été utilisés des deux côtés comme un outil de propagande durant la guerre civile.

CRIMINALITÉ

 Pas de chiffre sur la population carcérale   Taux de criminalité en hausse

En 2001, 125 000 personnes attendaient de passer en jugement pour génocide. Un système traditionnel de justice participative permettant de réduire le retard a été instauré en 2000.

ÉDUCATION

  67 %    3 389 étudiants

Les écoles sont administrées par l'État et par des missions chrétiennes. L'école primaire est obligatoire mais le taux de fréquentation était de 79 % en 1997 ; 8 % dans le secondaire.

CHRONOLOGIE

L'ethnie hutue s'est établie au Rwanda au XIVe siècle, suivie des guerriers tutsis au XVe siècle.

- ❑ **1962** Indépendance. Gouvernement hutu.
- ❑ **1960** Révolte et massacre de Tutsis. Milliers de Tutsis en exil.
- ❑ **1973** Coup d'État du général Habyarimana.
- ❑ **1994** Le président Habyarimana meurt dans un accident d'avion. Déclenchement de la violence par le régime hutu, renversé par le FPR tutsi. Exode des réfugiés hutus.
- ❑ **1995** Début du tribunal de guerre.
- ❑ **1997** Réfugiés rapatriés de force.
- ❑ **2000** Des Hutus réputés quittent le gouvernement.
- ❑ **2001** Début d'une retraite limitée des troupes du Congo (ex-Zaïre).

SANTÉ

 1 pour 20 000 habitants   Malaria, rougeole, diarrhée, violence

Le Rwanda a 34 hôpitaux et 188 dispensaires. Il y aurait 11 % de séropositifs dans la population.

RICHESSES

CONSOMMATION ET DÉPENSES

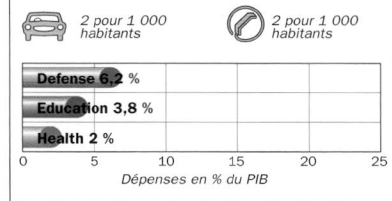
2 pour 1 000 habitants | 2 pour 1 000 habitants

Defense 6,2 %
Education 3,8 %
Health 2 %
Dépenses en % du PIB

L'élite politique détient le monopole des richesses. La plupart des Rwandais sont de pauvres fermiers. Les pygmées twas et les réfugiés sont les plus défavorisés.

R

CLASSEMENT MONDIAL

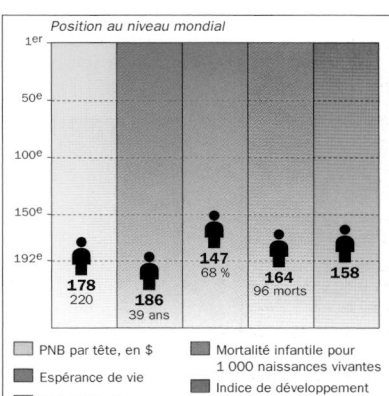
Position au niveau mondial

178 (220) | 186 (39 ans) | 147 (68 %) | 164 (96 morts) | 158

PNB par tête, en $ | Mortalité infantile pour 1 000 naissances vivantes
Espérance de vie | Indice de développement humain
Alphabétisation

SAINT-KITTS-ET-NEVIS

CARAÏBES

Amérique
du Nord

NOM OFFICIEL : Fédération de Saint-Christophe-et-Nevis   **CAPITALE** : Basseterre
POPULATION : 38 736   **MONNAIE** : dollar des Caraïbes de l'Est   **LANGUE OFFICIELLE** : anglais

ANCIENNE colonie britannique, Saint-Kitts-et-Nevis est situé à l'extrémité nord de l'archipel des îles Sous-le-Vent et fait partie des destinations touristiques les plus prisées. Saint-Kitts est une île d'origine volcanique et le mont Liamuiga, volcan en repos qui présente un cratère de 227 mètres de profondeur, est le point culminant de l'île. Nevis est distante de 3 kilomètres de Saint-Kitts ; elle est la plus luxuriante, mais aussi la moins développée des deux îles. Au XVIII⁰ siècle, ses printemps chauds et froids lui valaient la réputation de « station thermale des Caraïbes ».

CLIMAT

DONNÉES MÉTÉOROLOGIQUES

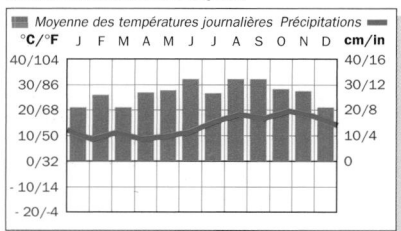

Saint-Kitts-et-Nevis est soumis à un climat typiquement caribéen, avec des températures élevées, des alizés et des précipitations modérées en été.

TRANSPORTS

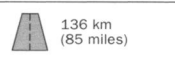 **Golden Rock, Basseterre**    1 navire 600 tpl

RÉSEAU DE TRANSPORT

 136 km (85 miles)   Aucune

58 km (36 miles)   Aucune

La plupart des routes longent la côte. Le gouvernement a prévu de construire une route qui desservira la pointe méridionale de Saint-Kitts. L'aéroport de Saint-Kitts accueille des gros-porteurs, tandis que celui de Nevis ne peut abriter que des petits avions. Les deux îles sont reliées entre elles par un service de ferry.

La péninsule du sud-est de Saint-Kitts fait face à Nevis, visible à l'arrière-plan.

TOURISME

 84 000 visiteurs   Moins 10 % en 1999

PROVENANCE DES TOURISTES ÉTRANGERS

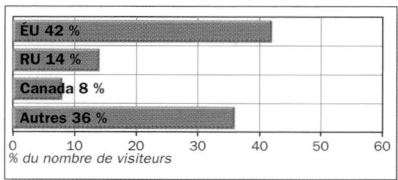

ÉU 42 %	
RU 14 %	
Canada 8 %	
Autres 36 %	

% du nombre de visiteurs

Saint-Kitts attire depuis longtemps le tourisme de masse américain. Son activité touristique devrait se développer davantage encore si ses voies de communication sont améliorées et l'accès à la péninsule méridionale de Saint-Kitts facilité. La plupart des visiteurs viennent à Saint-Kitts-et-Nevis pour ses plages, son soleil et son ambiance typiquement caribéenne, mais depuis ces dernières années, ils viennent aussi pour des safaris qui leur permettent d'admirer la faune et les sources minérales. La vieille forteresse de Brinstone Hill de Saint-Kitts a été transformée en musée, de même que la maison où est né Alexander Hamilton, l'un des architectes de la Constitution américaine.

POPULATION

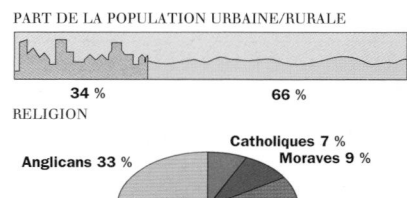

Anglais, créole anglais   114 hab./km²

PART DE LA POPULATION URBAINE/RURALE

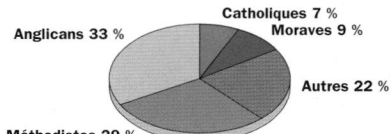

34 %   66 %

RELIGION

Catholiques 7 %
Moraves 9 %
Anglicans 33 %
Autres 22 %
Méthodistes 29 %

La plupart des habitants descendent des Africains arrivés au XVIIᵉ siècle ; les mariages interethniques ont mélangé toutes les autres races. Les Européens et Asiatique du Sud sont peu nombreux. Une émigration importante assure l'équilibre du nombre d'habitants et fournit une source de devises étrangères.

POLITIQUE

2000/2005   Sa Majesté la reine Elizabeth II

AUX DERNIÈRES ÉLECTIONS
Assemblée nationale 15 sièges

53 % SKLP	27 % Dés.	13 % CCM	7 % NRP

SKLP = Parti travailliste de Saint-Kitts   **CCM** = Mouvement de citoyens concernés   **NRP** = Parti réformateur de Nevis   **Dés.** = Désignés

Nevis possède ses propres pouvoirs législatif et exécutif, l'Assemblée de l'île de Nevis, qui exerce le pouvoir local.

Le SKLP (centre gauche) a mis fin aux 15 ans de pouvoir conservateur lors des élections de 1995 et a remporté un deuxième mandat en 2000. Un projet de sécession de l'île de Nevis a été vaincu de justesse lors d'un référendum en août 1998.

SAINT-KITTS-ET-NEVIS

Superficie totale : 360 km² (139 sq. miles)

ALTIMÉTRIE
1 000 m/3 281ft
500 m/1 640ft
200 m/656ft
Niveau de la mer

POPULATION
● Plus de 10 000
• Moins de 10 000

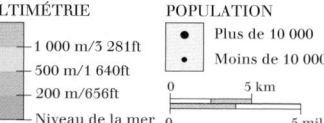

S

POLITIQUE EXTÉRIEURE

 AEC   Comm   Caricom   OEA   OECO

La reprise des pendaisons en 1998, après 13 années de moratoire, a soulevé la critique internationale. Suspectée de blanchiment d'argent sale St-Kitts a été condamné par le G7 en 2000.

AIDE INTERNATIONALE

 5 M $ (reçus)   Moins 29 % en 1999

En 1999, l'aide internationale a servi à soutenir un programme de redressement de l'économie et de secours, suite aux dégâts causés par les ouragans Georges et Lenny. L'aide vient essentiellement des ÉU, de l'UE et du RU.

DÉFENSE

 Le rôle de l'armée est rempli par la force de défense des volontaires.    Ne s'applique pas

Le pays a eu une armée pendant six ans mais il a décidé de la dissoudre en 1981. Il dispose toujours d'une petite unité paramilitaire qui a fait une apparition symbolique au milieu de l'armée américaine lors de l'invasion de Grenade.

ÉCONOMIE

 299 M $ 2,67-2,7 dollars des Caraïbes de l'Est

CHIFFRES SIGNIFICATIFS

- ❏ CLASSEMENT DU PNB AU NIVEAU MONDIAL ..177e
- ❏ PNB PAR HABITANT ....6 630 $
- ❏ BALANCE DES PAIEMENTS.................– 62 M $
- ❏ INFLATION.....................................1,7 %
- ❏ CHÔMAGE ....5 %

ATOUTS
Le secteur touristique, 10 % du PIB, devrait encore se développer. Diversification du secteur agricole.

FAIBLESSES
Le tourisme est sujet aux ravages des ouragans. Exportations agricoles sensibles aux fluctuations du marché.

EXPORTATIONS

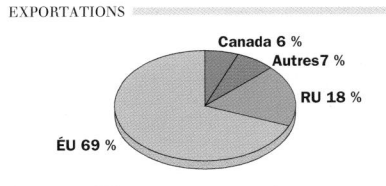

Canada 6 %
Autres 7 %
RU 18 %
ÉU 69 %

IMPORTATIONS

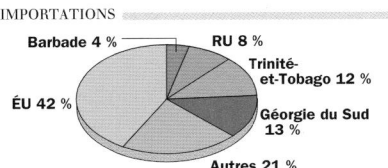

Barbade 4 %   RU 8 %
Trinité-et-Tobago 12 %
ÉU 42 %
Géorgie du Sud 13 %
Autres 21 %

RESSOURCES

 165 tonnes
14 500 caprins
8 000 ovins
3 600 bovins
60 000 volailles

 Pays non producteur

Aucun

Saint-Kitts ne dispose d'aucune ressource stratégique et doit importer l'intégralité de son énergie. Sa production de sucre a beaucoup baissé dans les années 1990. De nouvelles cultures, comme le coton, sont en cours d'introduction sur l'île de Nevis. La pêche côtière offre un potentiel.

ENVIRONNEMENT

 10 %   2,5 tonnes par habitant

Les ouragans sont la principale menace pour l'environnement. À lui seul, l'ouragan Georges a causé, en 1998, 40 millions de $ de dégâts. En 1999, il a été suivi de l'ouragan Lenny. Saint-Kitts-et-Nevis doit aujourd'hui investir les revenus générés par l'essor du tourisme dans des programmes de protection de l'environnement. Le gouvernement a imposé des mesures très strictes pour la préservation des forêts restantes et des singes indigènes.

MÉDIAS

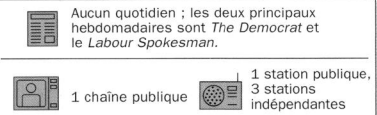 Pas de quotidien

PRESSE ET TÉLÉCOMMUNICATIONS

Aucun quotidien ; les deux principaux hebdomadaires sont *The Democrat* et le *Labour Spokesman*.

 1 chaîne publique   1 station publique, 3 stations indépendantes

Le gouvernement propose de privatiser la chaîne de télévision et la radio publiques. Les deux principaux hebdomadaires sont en effet financés par les partis politiques.

CRIMINALITÉ

 Pas de chiffre sur la population carcérale    Plus 5 % en 1996-1998

Le système judiciaire est basé sur le droit coutumier britannique. La police est formée par le RU. La pendaison a été rétablie en 1998 et le projet de 2001 de remplacer le rôle du Conseil privé britannique par une cour caribéenne de justice ont soulevé des craintes à ce sujet. Les crimes liés à la drogue sont en augmentation.

ÉDUCATION

90 %   394 étudiants

Le système éducatif est pour l'essentiel administré par l'État. Les étudiants fréquentent l'université des Indes occidentales, toute proche, ou partent étudier aux ÉU ou au RU.

CHRONOLOGIE

Saint-Kitts-et-Nevis devient une colonie britannique en 1783, au sein de la Fédération des îles Sous-le-Vent.

- ❏ **1932** Formation du Parti travailliste de Saint-Kitts-et-Nevis et d'Anguilla pour obtenir l'indépendance.
- ❏ **1967** Gouvernement national.
- ❏ **1980** Anguilla devient officiellement indépendante de Saint-Kitts-et-Nevis.
- ❏ **1983** Indépendance.
- ❏ **1998** Le référendum de Nevis rejette de peu la sécession.
- ❏ **2000** Réélection du SKLP. Accusations de blanchiment d'argent par le G7.

SANTÉ

 1 pour 1 124 habitants   Maladies cardiaques et respiratoires, cancers

Le système de santé publique dispense des soins de base à Nevis et à St-Kitts. L'UE et la France ont envoyé 8 millions de $ en 1998 pour remettre en état le principal hôpital de Basseterre endommagé par l'ouragan Georges.

RICHESSES

CONSOMMATION ET DÉPENSES

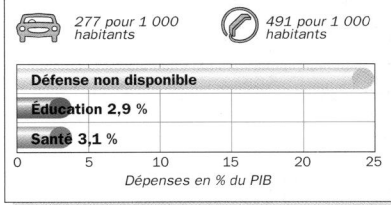

277 pour 1 000 habitants   491 pour 1 000 habitants

Défense non disponible		
Éducation 2,9 %		
Santé 3,1 %		

Dépenses en % du PIB (0, 5, 10, 15, 20, 25)

Les autochtones ont remplacé les expatriés dans les professions libérales et la fonction publique. C'est le groupe le mieux payé, mais les différences de revenus sont faibles.

CLASSEMENT MONDIAL

S

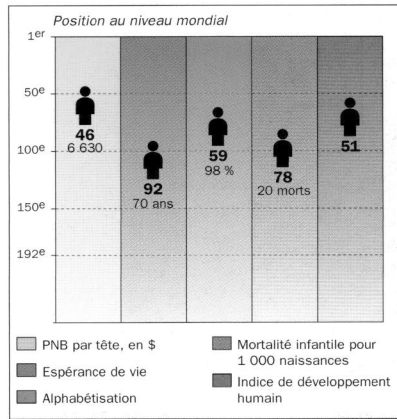

Position au niveau mondial

1er, 50e, 100e, 150e, 192e

46 — 6.630
92 — 70 ans
59 — 98 %
78 — 20 morts
51

- ⬜ PNB par tête, en $
- ⬛ Espérance de vie
- ⬛ Alphabétisation
- ⬜ Mortalité infantile pour 1 000 naissances
- ⬛ Indice de développement humain

SAINT-MARIN

NOM OFFICIEL : République de Saint-Marin   CAPITALE : San Marino
POPULATION : 27 730   MONNAIE : euro   LANGUE OFFICIELLE : italien

   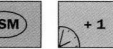

EUROPE

ADOSSÉ au mont Titano dans les Apennins italiens, Saint-Marin est la plus ancienne république du monde. Il est resté indépendant depuis le IVᵉ siècle. Son territoire est divisé en neuf châteaux ou départements. Un tiers des San-Marinais vivent à Serravalle, ville située au nord. La population san-marinaise vit aujourd'hui de l'agriculture, du tourisme et d'un secteur industriel limité. Dans la pratique, l'Italie contrôle l'essentiel de la politique du pays.

CLIMAT

DONNÉES MÉTÉOROLOGIQUES

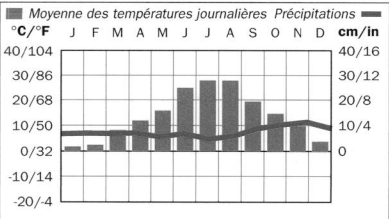

Le climat de Saint-Marin est de type méditerranéen, tempéré par des vents marins frais et par son altitude. Les températures peuvent atteindre 26 °C en été et descendre jusqu'à 7 °C en hiver. Les mois d'hiver sont rarement enneigés.

TRANSPORTS

 Aucun    Pas de flotte

RÉSEAU DE TRANSPORT

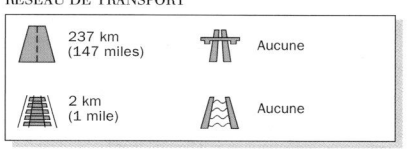

237 km (147 miles)   Aucune

2 km (1 mile)   Aucune

L'autoroute de 24 kilomètres jusqu'à Rimini, l'aéroport le plus proche, est le principal axe routier de Saint-Marin. Les problèmes de circulation sont préoccupants. Un funiculaire permet d'accéder aux hauteurs du mont Titano. La ligne de chemin de fer Saint-Marin / Rimini est actuellement en travaux.

La Cesta, deuxième forteresse de Saint-Marin, a été construite au XIIIᵉ siècle. Elle surplombe le pays à 755 mètres d'altitude.

POPULATION

 italien    442 hab./km²

PART DE LA POPULATION URBAINE/RURALE

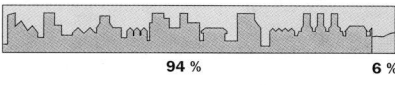

94 %   6 %

RELIGION

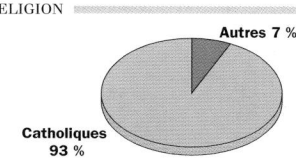

Autres 7 %

Catholiques 93 %

La citoyenneté s'obtient au bout de 30 ans de résidence dans le pays. Elle n'est plus automatique par le mariage. Les femmes ont obtenu le droit de vote en 1960, mais n'ont été autorisées à briguer des mandats officiels qu'en 1973. 20 000 ressortissants san-marinais travaillent à l'étranger, notamment en Italie. Il existe un dialecte régional.

TOURISME

 532 000 visiteurs   Peu de changement en 1999

Le tourisme est le principal secteur d'activité de Saint-Marin ; il représente plus de la moitié des revenus du pays et la plus grande part du PIB. Il emploie 20 % des habitants, qui reçoivent chaque année trois millions de visiteurs venus apprécier son folklore, ses musées, son climat et ses paysages contrastés.
Les forteresses de la Rocca, de la Cesta et de Montale, situées sur le mont Titano, ont été construites au Moyen Âge ; elles offrent des points de vue extraordinaires et sont les principales attractions. Nombre de visiteurs sont italiens et viennent à Saint-Marin pour la journée. Le secteur

PROVENANCE DES TOURISTES ÉTRANGERS

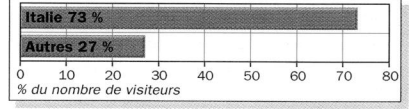

Italie 73 %

Autres 27 %

0 10 20 30 40 50 60 70 80
% du nombre de visiteurs

touristique bénéficie de la proximité des deux aéroports internationaux de Rimini et de Pise, tous deux situés en Italie. L'office de tourisme de Saint-Marin attire également des milliers de passionnés de sport en organisant toute une série de manifestations, telles que le marathon Rimini-Saint-Marin, qui a lieu en mai, la *Mille Miglia*, course de voitures d'époque, le Grand Prix de Saint-Marin, qui attire des milliers d'amateurs de formule 1 (et occasionne des embouteillages monstrueux !), ou encore la course de motos comptant pour le championnat du monde de motocross qui a lieu en juin.
Un concours d'arbalète réputé se tient le 3 septembre, jour de la fête nationale de Saint-Marin.
Des efforts ont été déployés pour attirer les réunions d'affaires et les conférences en lançant une campagne publicitaire d'envergure dans l'ensemble des médias italiens.

Procession religieuse. La religion d'État de Saint-Marin est le catholicisme, alors que l'Italie n'a pas de religion officielle.

SAINT-MARIN

Superficie totale : 61 km² (24 sq. miles)

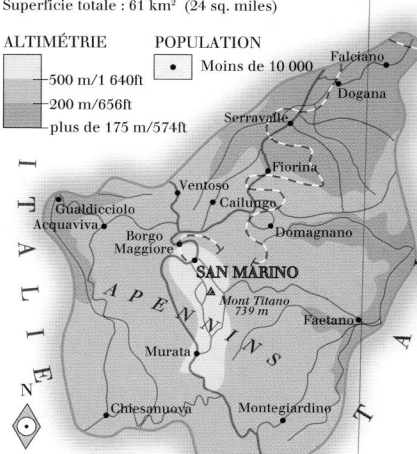

ALTIMÉTRIE

500 m/1 640ft
200 m/656ft
plus de 175 m/574ft

POPULATION
• Moins de 10 000

Falciano
Dogana
Serravalle
Fiorina
Ventoso   Cailungo
Gualdicciolo
Acquaviva   Borgo Maggiore   Domagnano
SAN MARINO
Mont Titano 739 m
Faetano
Murata
Chiesanuova   Montegiardino

ITALIE
APENNINS

0   4 km
0   4 miles

S

POLITIQUE

 2001/2006   Marino Menicucci et Giovanni Giannoni, capitaines-régents

Saint-Marin est une démocratie parlementaire avec, à la tête, 2 capitaines-régents élus tous les 6 mois. L'organisation des partis politiques est similaire à celle de l'Italie, et le gouvernement est régulièrement formé par des coalitions. Le PDCS est actuellement majoritaire au Grand Conseil général.

POLITIQUE EXTÉRIEURE

 CE   OSCE   BIRD   FMI

L'Italie, dont Saint-Marin est totalement dépendant, détient le pouvoir décisionnaire effectif en matière de politique extérieure. En 1992, Saint-Marin a obtenu un siège à l'ONU.

AIDE INTERNATIONALE

 Ne verse ni ne reçoit aucune aide   Ne s'applique pas

Saint-Marin ne reçoit pas d'aides. Toutefois, les subventions qu'il reçoit chaque année de l'Italie et le libre accès au marché italien dont il bénéficie sont vitaux pour son économie.

DÉFENSE

 1 M $ Peu de changement en 1998

Saint-Marin dispose d'une petite armée de terre. Le service militaire n'est pas obligatoire, mais tous les hommes âgés de 16 à 55 ans sont susceptibles d'être mobilisés en cas d'urgence nationale.

ÉCONOMIE

 190 M $ 0,915 euro

CHIFFRES SIGNIFICATIFS

- ❏ CLASSEMENT DU PNB AU NIVEAU MONDIAL ..185ᵉ
- ❏ PNB PAR HABITANT ....7 830 $
- ❏ BALANCE DES PAIEMENTS… ....11 M $
- ❏ INFLATION......................................3,3 %
- ❏ CHÔMAGE ....3 %

ATOUTS
Secteur touristique qui génère 60 % des revenus. Industrie légère dans les secteurs de l'ingénierie mécanique et du textile, spécialisé dans le « sportswear » et le haut de gamme. Philatélie.

FAIBLESSES
Saint-Marin doit importer l'intégralité de ses matières premières.

EXPORTATIONS/IMPORTATIONS

Saint-Marin ne publie pas de statistiques commerciales distinctes de celles de l'Italie.

AUX DERNIÈRES ÉLECTIONS
Grand Conseil général 60 membres

| 42 % PDCS | 25 % PSS | 20 % PPDS | 3 % RC | 8 % APDS | 2 % AN |

PDCS = Parti démocrate-chrétien san-marinais **PSS** = Parti socialiste san-marinais **PPDS** = Parti du progrès démocratique **APDS** = Alliance démocratique populaire **RC** = Refondation communiste **AN** = Alliance nationale

RESSOURCES

 Données non disponibles   Pays non producteur

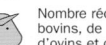 Nombre réduit de bovins, de porcins, d'ovins et de chevaux   Aucun

Saint-Marin doit importer toute son énergie d'Italie. Il ne dispose plus de ressources minérales, car la carrière de pierre du mont Titano est épuisée.

ENVIRONNEMENT

 Aucun   Données non disponibles

Le mont Titano est un affleurement calcaire : il abrite un écosystème localisé, isolé au sein de la plaine italienne.

MÉDIAS

 71 quotidiens pour 1 000 habitants

PRESSE ET TÉLÉCOMMUNICATIONS

 4 quotidiens : les journaux régionaux italiens, et notamment *Il Resto del Carlino*, sont également distribués.

1 chaîne privée   2 stations indépendantes

En 1993, une chaîne de télévision, San Marino RTV, a commencé à émettre, en plus dans les chaînes italiennes.

CRIMINALITÉ

 Pas de chiffre sur la population carcérale   Peu de changement d'une année sur l'autre

Le taux de criminalité de Saint-Marin est peu élevé. La justice est rendue par l'appareil judiciaire italien.

ÉDUCATION

 99 %   Données non disponibles

L'éducation absorbe 13 % des dépenses. Les lycéens peuvent poursuivre leurs études en Italie.

SANTÉ

 1 pour 375 habitants   Maladies cardiaques, cancers, accidents

Les soins sont gratuits et ouverts à tous. Les patients qui doivent subir des interventions chirurgicales délicates vont généralement se faire soigner à Rimini.

CHRONOLOGIE

Fondé au IVᵉ siècle, Saint-Marin est devenu l'une des nombreuses cités-États de l'Italie médiévale, mais a refusé de se joindre à l'État italien unifié en 1871.

- ❏ **1862** Signature d'un traité d'amitié entre Saint-Marin et l'Italie.
- ❏ **1914–1918** Saint-Marin combat aux côtés de l'Italie.
- ❏ **1940** Le pays soutient l'Axe et déclare la guerre aux Alliés.
- ❏ **1943** Proclamation de neutralité.
- ❏ **1960** Droit de vote des femmes.
- ❏ **1978** Coalition entre le Parti communiste de Saint-Marin (PCS) et le PSS – seul gouvernement communiste d'Europe de l'Ouest.
- ❏ **1986** Scandales financiers qui conduisent à la formation d'un nouveau gouvernement PDCS-PCS.
- ❏ **1988** Saint-Marin devient membre du Conseil de l'Europe.
- ❏ **1990** Le PCS devient le PPDS.
- ❏ **1992** Adhésion à l'ONU. Remplacement de l'alliance PDCS/PPDS par le gouvernement de coalition PDCS/PSS.
- ❏ **2002** Passage à l'euro.

RICHESSES

CONSOMMATION ET DÉPENSES

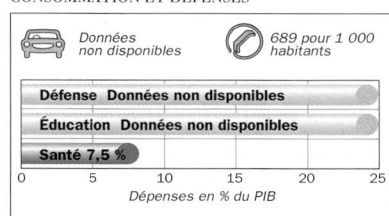

Le niveau de vie est comparable à celui du Nord de l'Italie. Le taux de chômage est, quant à lui, inférieur à celui de l'Italie.

CLASSEMENT MONDIAL   S

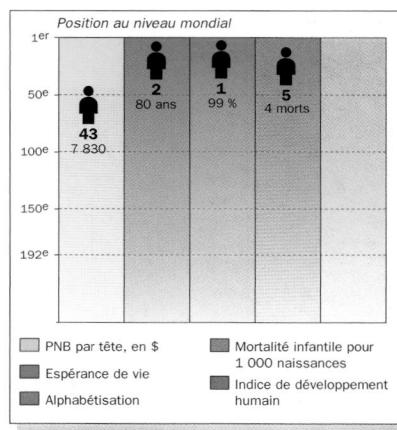

St-Vincent-et-les-Grenadines

Nom Officiel : Saint-Vincent-et-les-Grenadines **Capitale** : Kingstown
Population : 116 394 **Monnaie** : dollar des Caraïbes de l'Est **Langue Officielle** : anglais

Saint-Vincent-et-les-Grenadines fait partie des îles du Vent les plus prisées ; le pays fait aujourd'hui figure de club de vacances caribéen de la jet-set internationale. Le tourisme et la production de bananes sont les deux principaux secteurs d'activité du pays. Saint-Vincent est également le plus gros producteur d'arrow-root du monde. L'île de Saint-Vincent est occupée en grande partie par des volcans. La dernière éruption de la Soufrière, le seul volcan encore en activité, remonte à 1979. Les îles Grenadines sont surtout constituées de récifs coralliens plats et nus.

CLIMAT

DONNÉES MÉTÉOROLOGIQUES

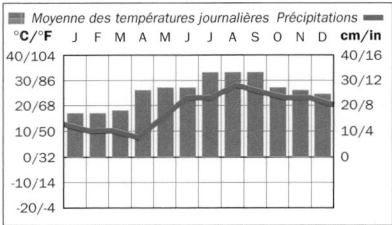

Les alizés qui soufflent en permanence tempèrent le climat tropical de Saint-Vincent. Les mois d'été sont les plus pluvieux. Le pays est parfois frappé par des dépressions tropicales et des ouragans.

TRANSPORTS

 Arnos Vale, Kingstown    1 317 navires 7,9 M tpl

RÉSEAU DE TRANSPORT

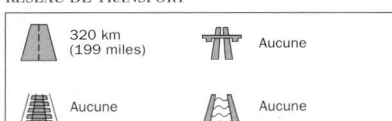

320 km (199 miles)		Aucune
Aucune		Aucune

Accès par avion des îles voisines. Un réseau routier goudronné couvre les côtes de Saint-Vincent. Ces dernières années, les installations portuaires ont été améliorées. Terminé en 1992, l'aéroport de Bequia peut recevoir des jets privés.

Vue aérienne de l'île de l'Union, dans la chaîne des Grenadines. Le gouvernement cherche à faire de cette île un important centre de plaisance.

TOURISME

 73 000 visiteurs   Plus 7 % en 2000

PROVENANCE DES TOURISTES ÉTRANGERS

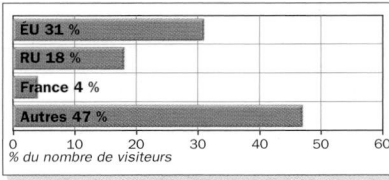

- **EU 31 %**
- **RU 18 %**
- **France 4 %**
- **Autres 47 %**

% du nombre de visiteurs

Le pays cherche davantage à attirer la classe mondaine internationale et les plaisanciers qu'à développer un tourisme de masse. L'activité touristique se concentre surtout sur les Grenadines. L'île Moustique est notamment fréquentée par Mick Jagger et la princesse Margaret d'Angleterre. L'île de l'Union est un centre de divertissement des plaisanciers fortunés. Les pétroglyphes précolombiens de Saint-Vincent sont très prisés des touristes.

POPULATION

 Anglais, créole anglais   340 hab./km²

PART DE LA POPULATION URBAINE/RURALE

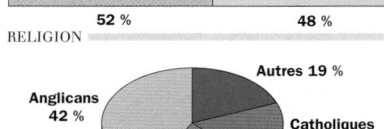

52 %   **48 %**

RELIGION

- **Anglicans 42 %**
- **Méthodistes 20 %**
- **Catholiques 19 %**
- **Autres 19 %**

À Saint-Vincent, la vie familiale est fortement influencée par l'Église anglicane. Les tensions raciales sont marginales, et les mariages interethniques ont depuis longtemps métissé la population. Nombreux sont ceux qui craignent que le mode de vie traditionnel de Saint-Vincent ne soit dénaturé par le développement du tourisme.

POLITIQUE

 2001/2006   Sa Majesté la reine Elizabeth II

AUX DERNIÈRES ÉLECTIONS

Chambre de l'assemblée 21 membres élus

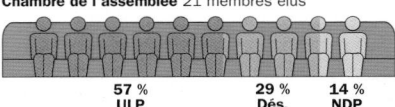

57 % ULP   **29 % Dés.**   **14 % NDP**

ULP = Parti travailliste unitaire **Dés.** = Désignés **NDP** = Nouveau Parti démocratique
Six sénateurs sont nommés à la chambre de l'assemblée par le gouverneur général.

En mars 2001, une écrasante défaite électorale a mis fin à 17 ans de pouvoir du NDP. Le dirigeant du parti d'opposition ULP, Ralph Gonsalves, a été nommé Premier ministre. Une nouvelle cour de justice des Caraïbes a été céée en 2001, mais les liens constitutionnels avec la monarchie britannique se perpétuent, malgré un fort mouvement républicain.

SAINT-VINCENT-ET-LES-GRENADINES

Superficie totale : 340 km² (131 sq. miles)

POPULATION
- ● Plus de 10 000
- • Moins de 10 000

ALTIMÉTRIE
- 1 000 m/3 281ft
- 500 m/1 640ft
- 200 m/656ft
- Niveau de la mer

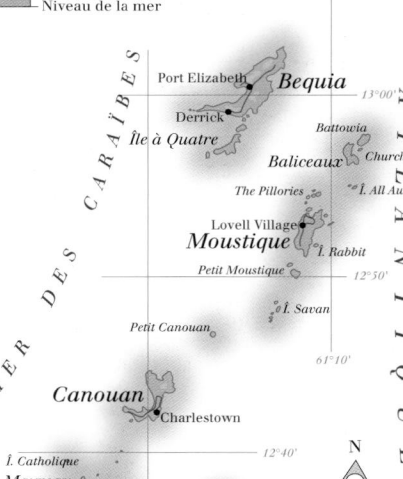

POLITIQUE EXTÉRIEURE

Les relations avec les ÉU se sont détériorées suite aux pressions américaines contre les producteurs de bananes des Caraïbes. Saint-Vincent soutient le Caricom pour promouvoir un système présidentiel de gouvernement à la place de la monarchie britannique.

AIDE INTERNATIONALE

 16 M $ (reçus)   Moins 20 % en 1999

En 1998, l'UE a versé 15,5 M de $ CE et la Banque de développement des Caraïbes 5,1 M de $ afin de développer le secteur du logement.

DÉFENSE

 3 M $ Peu de changement d'une année sur l'autre

Saint-Vincent ne dispose pas d'armée. Sa petite police, entraînée par les ÉU et le RU, appartient au Système de sécurité régional des Îles du Vent et Sous-le-Vent.

ÉCONOMIE

 301 M $ 2,70 dollars des Caraïbes de l'Est

CHIFFRES SIGNIFICATIFS

- ❏ CLASSEMENT DU PNB AU NIVEAU MONDIAL ..176e
- ❏ PNB PAR HABITANT ....2 740 $
- ❏ BALANCE DES PAIEMENTS.................– 26 M $
- ❏ INFLATION.......................................0,8 %
- ❏ CHÔMAGE ....22 %

ATOUTS
Accord pour l'accès préférentiel des bananes au marché américain jusqu'en 2006. Secteur touristique dynamique. Stabilité monétaire du pays. Premier producteur de fécule d'arrow-root.

FAIBLESSES
L'économie du pays est peu diversifiée. Forte concurrence de producteurs de bananes d'Amérique du Sud et centrale.

EXPORTATIONS
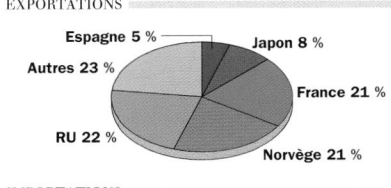

IMPORTATIONS
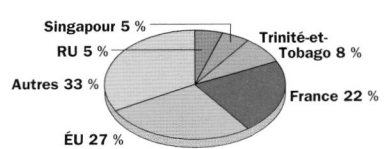

RESSOURCES

 1 410 tonnes   Pays non producteur

13 000 ovins
9 500 porcins
200 000 volailles   Aucun

Barrage hydroélectrique sur le Cumberland. Toutes les autres formes d'énergie doivent être importées. Certaines des îles Grenadines n'ont pas d'eau potable.

ENVIRONNEMENT

21 % (dont des zones marines protégées)   1,2 tonne par habitant

Les ouragans sont la principale menace naturelle. 70 % de la récolte de bananes ont été détruits par l'ouragan Emily en 1987. Pendant des années, les îles sont restées inaccessibles et le tourisme ne constituait qu'une menace mineure pour l'environnement. L'île Moustique bénéficie de mesures de protection – les projets de construction ont été limités à 30 maisons et les perspectives de développement demeurent réduites, puisque l'approvisionnement en eau potable de l'île se fait par l'extérieur. Le nouvel aéroport international de l'île de Bequia et l'essor touristique qu'il a entraîné constituent une menace pour l'environnement.

MÉDIAS

 9 quotidiens pour 1 000 habitants

PRESSE ET TÉLÉCOMMUNICATIONS

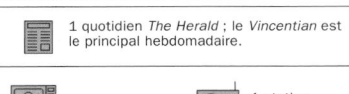
1 quotidien *The Herald* ; le *Vincentian* est le principal hebdomadaire.
1 chaîne publique   1 station publique

Deux des six hebdomadaires sont publiés par des partis politiques. La liberté de la presse est garantie par la Constitution.

CRIMINALITÉ

 281 détenus   Plus 81 % en 1990–1994

Saint-Vincent sert de plaque tournante de la drogue vers les ÉU. Les viols et les vols sont les problèmes les plus préoccupants, bien qu'ils soient extrêmement rares sur les îles isolées.

ÉDUCATION

 82 %   677 étudiants

Le système éducatif repose sur le modèle britannique. Le pays compte quelques écoles privées. Les étudiants effectuent leurs études à l'université antillaise de Jamaïque, mais un nombre croissant part étudier aux ÉU ou au RU.

CHRONOLOGIE

En 1795, nombre de Caribéens sont déportés après avoir organisé une révolte contre les Britanniques.

- ❏ **1951** Suffrage universel.
- ❏ **1969** Autonomie en matière de politique intérieure.
- ❏ **1972** James Mitchell, Premier ministre.
- ❏ **1974** Coalition entre le PPP et le SVLP.
- ❏ **1979** Avec Milton Cato du SVLP, Saint-Vincent devient totalement indépendant de la Grande-Bretagne. Éruption du volcan de la Soufrière.
- ❏ **1984** Le NDP, fondé en 1975 par Mitchell, remporte le premier de ses 4 mandats.
- ❏ **2000** Mitchell démissionne.
- ❏ **2001** Victoire de l'ULP. Ralph Gonsalves devient Premier ministre.

SANTÉ

 1 pour 2 174 habitants   Maladies cardiaques et respiratoires, cancers

Médecins formés aux Antilles. Les soins sont dispensés par des hôpitaux et cliniques publics. Les infrastructures de santé sont plus limitées sur les îles Grenadines.

RICHESSES

CONSOMMATION ET DÉPENSES

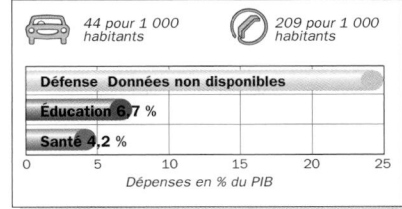
44 pour 1 000 habitants   209 pour 1 000 habitants
Défense Données non disponibles
Éducation 6,7 %
Santé 4,2 %
Dépenses en % du PIB

L'opulence tapageuse de la jet-set côtoie les très faibles salaires de la majorité des travailleurs.

CLASSEMENT MONDIAL

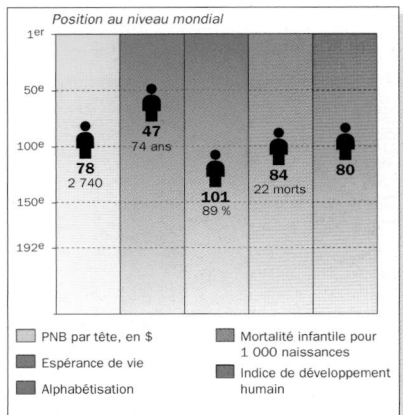

SAINTE-LUCIE

NOM OFFICIEL : Sainte-Lucie   **CAPITALE :** Castries
POPULATION : 160 145   **MONNAIE :** dollar des Caraïbes de l'Est   **LANGUE OFFICIELLE :** anglais

 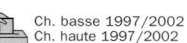 

SAINTE-LUCIE est l'une des plus belles des îles du Vent des Antilles. Les Pitons jumeaux situés au sud de Soufrière sont l'une des curiosités les plus étonnantes des Caraïbes. Sainte-Lucie a été à plusieurs reprises sous domination française puis britannique et elle présente aujourd'hui des similitudes avec ses anciennes métropoles. Sainte-Lucie est une république pluraliste ; l'économie repose sur la culture des bananes et un tourisme balnéaire et portuaire en plein essor. Ses forêts préservées sont appréciées des visiteurs amoureux de la nature.

CLIMAT

DONNÉES MÉTÉOROLOGIQUES

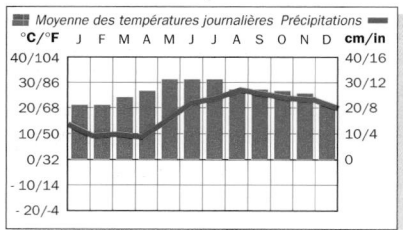

Pendant la saison sèche, les régions abritées enregistrent des températures très élevées. La saison humide est caractérisée par des averses de courte durée et il peut pleuvoir chaque jour.

TRANSPORTS

 Hewanorra international, Vieux Fort 447 269 passagers

 3 navires 911 tpl

RÉSEAU DE TRANSPORT

 63 km (39 miles)

 Aucune

Aucune   Aucune

Les routes, dont seule la moitié est goudronnée, ne desservent que la côte Ouest et Sud-Est. Les vols proviennent d'Europe, d'Amérique du Nord et d'autres îles des Caraïbes. D'Amérique du Sud, la traversée se fait plutôt par bateau.

L'un des Pitons jumeaux *situés au sud de Soufrière qui marquent l'entrée du port de la plantation Jalousie.*

TOURISME

 259 000 visiteurs   Moins 1 % en 2000

PROVENANCE DES TOURISTES ÉTRANGERS

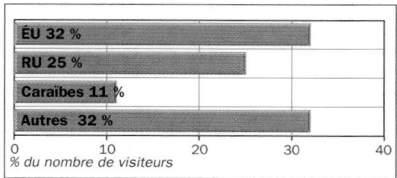
- ÉU 32 %
- RU 25 %
- Caraïbes 11 %
- Autres 32 %

% du nombre de visiteurs

Les plages tropicales et les villes typiques des Caraïbes, telle la Soufrière, font depuis longtemps de Sainte-Lucie l'une des destinations les plus prisées des Caraïbes. Le nombre de chambres d'hôtel augmente. Le tourisme vert se développe dans les forêts tropicales humides avec des visites organisées.

POPULATION

 Anglais, créole français   256 hab./km²

PART DE LA POPULATION URBAINE/RURALE

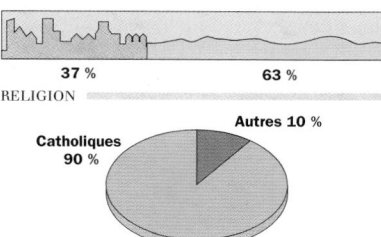

37 %   63 %

RELIGION

Autres 10 %
Catholiques 90 %

La population est aujourd'hui constituée de descendant d'Africains, d'Indiens caribéens ou de colons européens qui vivent en harmonie. La famille joue toujours un rôle primordial, bien que le mari soit souvent absent. Depuis ces dernières années, les femmes ont davantage accès aux études supérieures et sont de plus en plus nombreuses à travailler dans les secteurs juridique, médical et financier. Le parlement a voté une loi en 1998 autorisant l'usage occasionnel du créole dans son sein.

POLITIQUE

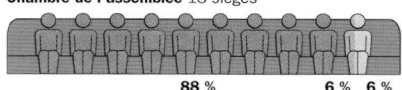 Ch. basse 1997/2002
Ch. haute 1997/2002   Sa Majesté la reine Elizabeth II

AUX DERNIÈRES ÉLECTIONS

Chambre de l'assemblée 18 sièges

88 % SLLP   6 % UWP   6 % Dés.

SLLP = Parti travailliste de Sainte-Lucie   **UWP** = Parti ouvrier uni   **Dés.** = Désignés

Sénat 11 sièges

6 sénateurs sont nommés par le gouvernement, 3 par l'opposition et 2 par le gouverneur général sur une base non partisane.

Pendant longtemps, la vie politique a tourné autour de John Compton du UWP et Julian Hunt du SLLP. Un climat moins personnalisé s'est instauré après 1996 avec l'émergence de nouvelles têtes. Après avoir été largement vaincu par le SLLP, l'UWP a changé 3 fois de dirigeant en l'espace de 3 ans.

POLITIQUE EXTÉRIEURE

 AEC   Comm   Caricom   OSCE   OEA

Les relations de Sainte-Lucie avec Washington se sont détériorées, suite aux pressions américaines sur l'UE concernant le marché des bananes en provenance des Caraïbes. Sainte-Lucie n'est pas en mesure de faire face à la concurrence des producteurs de fruits d'Amérique du Sud. Elle soutient le Japon, donateur d'aide, dans sa demande d'un siège permanent au Conseil de sécurité de l'ONU. L'accord de 2001 sur une cour de justice des Caraïbes rompt l'un des derniers liens constitutionnels avec le RU.

AIDE INTERNATIONALE

 26 M $ (reçus)   Plus 333 % en 1999

Les principaux pays donateurs sont les ÉU, l'UE et le RU. La Chine et le Japon ont accordé des aides et des prêts en 1998.

DÉFENSE

 5 M $ Peu de changement

Les services de police sont assistés par une petite unité paramilitaire formée par les ÉU et le RU.

S

SAINTE-LUCIE

Superficie totale : 620 km² (239 sq. miles)

POPULATION
- Plus de 10 000
- Moins de 10 000

ALTIMÉTRIE
- 500 m/1 640ft
- 200 m/656ft
- Niveau de la mer

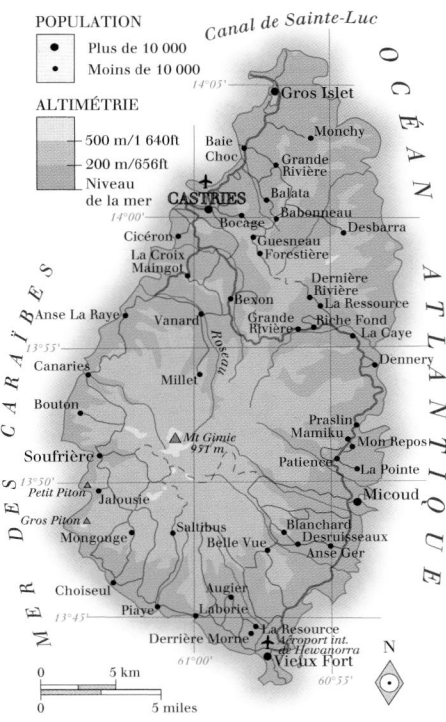

ÉCONOMIE

 540 M $

 2,7 dollars des Caraïbes de l'Est

CHIFFRES SIGNIFICATIFS

- CLASSEMENT DU PNB AU NIVEAU MONDIAL ..165ᵉ
- PNB PAR HABITANT ....3 950 $
- BALANCE DES PAIEMENTS................– 82 M $
- INFLATION...3 %
- CHÔMAGE ....16 %

ATOUTS
Industrie de la banane privatisée.
Potentiel touristique et de la pêche.

FAIBLESSES
La plupart des stations balnéaires sont détenues par des étrangers. Commerce préférentiel de la banane supprimé d'ici 2006.

EXPORTATIONS

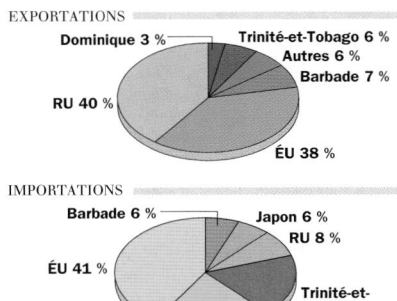

Dominique 3 %
Trinité-et-Tobago 6 %
Autres 6 %
Barbade 7 %
RU 40 %
ÉU 38 %

IMPORTATIONS

Barbade 6 %
Japon 6 %
RU 8 %
ÉU 41 %
Trinité-et-Tobago 18 %
Autres 21 %

RESSOURCES

 1 313 tonnes
 Pays non producteur

14 750 porcins
12 500 ovins
260 000 volailles

Aucun

Sainte-Lucie ne dispose pas de ressources minérales. Des projets sont en cours pour produire de l'énergie géothermique à partir de la chaleur des volcans.

ENVIRONNEMENT

2 % partiellement protégés
1,3 tonne par habitant

Les Saint-Luciens sont fiers de leur île et les problèmes écologiques provoquent des débats houleux. Ces dernières années, la décision la plus controversée a été l'autorisation de créer un complexe hôtelier de luxe sur la plantation Jalousie qui comprend les fameux Pitons jumeaux, sur un site archéologique amérindien. Les pressions commerciales pour développer le secteur touristique risquent d'occulter des préoccupations écologiques vitales. Les mesures de protection de l'environnement visent pour l'instant à protéger le perroquet de Sainte-Lucie. En 1978, l'île en comptait 150 ; des lois très sévères ont permis de porter ce nombre à 400 en 1992.

MÉDIAS

 Pas de quotidien

PRESSE ET TÉLÉCOMMUNICATIONS

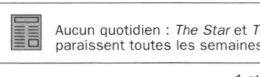

Aucun quotidien : *The Star* et *The Mirror* paraissent toutes les semaines.

4 chaînes privées
1 station publique, 3 stations indépendantes

Le gouvernement n'exerce aucun pouvoir sur la presse privée. L'île reçoit les chaînes de télévision américaines, mexicaines et certaines chaînes caribéennes.

CRIMINALITÉ

 1 016 détenus
 Criminalité en hausse

Les meurtres sont rares, mais le crime lié au trafic de drogue est en hausse, tout comme la violence dans les écoles et dans les villes. En 1998, le gouvernement a renforcé les forces de police.

ÉDUCATION

 82 %
 2 760 étudiants

Le système éducatif s'inspire du modèle britannique. L'île compte deux lauréats au prix Nobel : Sir Arthur Lewis (économie) et Derek Walcott (littérature).

CHRONOLOGIE

Base navale aux XVIIᵉ et XVIIIᵉ siècles, Sainte-Lucie passa alternativement sous le contrôle de la France et de l'Angleterre, avant d'être cédée finalement à cette dernière en 1814.

- 1958 Sainte-Lucie devient membre de la Fédération des Antilles.
- 1964 Culture du sucre en hausse.
- 1979 Accession à l'indépendance ; l'île devient membre du Commonwealth.
- 1990 Naissance d'un comité réunissant la République dominicaine, Grenade et Saint-Vincent pour évoquer la création de la Fédération des îles du Vent.
- 1997 L'UWP, jusque-là au pouvoir, réduit à un seul siège aux élections.
- 2000 Sur la liste noire de l'OCDE comme paradis fiscal.

SANTÉ

 1 pour 2 857 habitants

Maladies cardiaques et respiratoires, cancers

Le secteur de la santé s'est amélioré depuis les années 1960.

RICHESSES

CONSOMMATION ET DÉPENSES

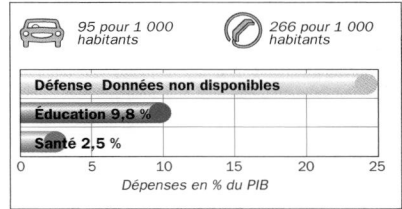

95 pour 1 000 habitants
266 pour 1 000 habitants

Défense	Données non disponibles	
Éducation 9,8 %		
Santé 2,5 %		

Dépenses en % du PIB

Les gros producteurs de bananes et les propriétaires d'hôtels constituent la couche sociale la plus favorisée. Un cinquième des foyers sont pauvres.

CLASSEMENT MONDIAL

S

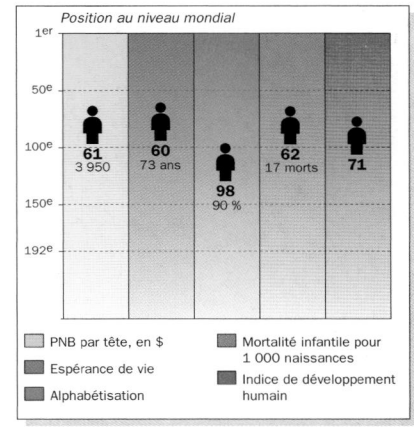

Position au niveau mondial

61 — 3 950
60 — 73 ans
98 — 90 %
62 — 17 morts
71

- PNB par tête, en $
- Espérance de vie
- Alphabétisation
- Mortalité infantile pour 1 000 naissances
- Indice de développement humain

SALOMON (ÎLES)

NOM OFFICIEL : Îles Salomon **CAPITALE :** Honiara
POPULATION : 479 000 **MONNAIE :** dollar des îles Salomon **LANGUE OFFICIELLE :** anglais

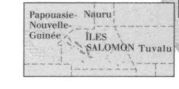

OCÉAN PACIFIQUE Océan Pacifique

DISSÉMINÉES sur plus de 645 000 km², les îles Salomon comptent plusieurs centaines d'îles. La population vit en majorité sur les six grandes îles de l'archipel – Guadalcanal, Malaita, la Nouvelle-Géorgie, Makira, Santa Isabel et Choiseul. Les îles Salomon sont habitées au moins depuis le premier millénaire av. J.-C. et furent découvertes par les Espagnols en 1568. Des conflits ethniques ont ravagé le pays entre 1998 et 2000. La plupart des îles sont des récifs de corail. Seul 1 % des terres est cultivable.

CLIMAT

DONNÉES MÉTÉOROLOGIQUES

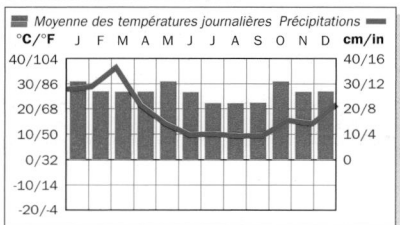

Climat subtropical chaud et humide sans saison marquée. Cyclones très violents.

TRANSPORTS

 Henderson, Honiara
22 000 passagers

 31 navires
1 400 tpl

RÉSEAU DE TRANSPORT

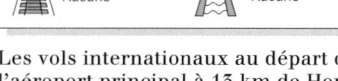

34 km (21 miles) — Aucune — Aucune — Aucune

Les vols internationaux au départ de l'aéroport principal à 13 km de Honiara ont repris en 2000 à la fin des affrontements ouverts.

Déchargement de noix de coco de semence près de Munda en Nouvelle-Géorgie. Les noix de coco sont la première culture commerciale.

TOURISME

 21 000 visiteurs Plus 62 % en 1999

PROVENANCE DES TOURISTES ÉTRANGERS

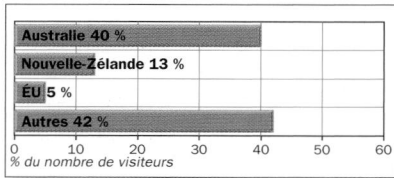

Australie 40 %	
Nouvelle-Zélande 13 %	
ÉU 5 %	
Autres 42 %	

% du nombre de visiteurs

L'importance de Guadalcanal durant la Seconde Guerre mondiale et la tranquillité des îles extérieures attiraient les visiteurs. Mais les conflits ethniques et les menaces contre les étrangers ont pratiquement interrompu tout tourisme en 1998. Le manque de subvention entrave le rétablissement.

POPULATION

 Anglais, pidgin anglais, pidgin mélanésien 16 hab./km²

PART DE LA POPULATION URBAINE/RURALE

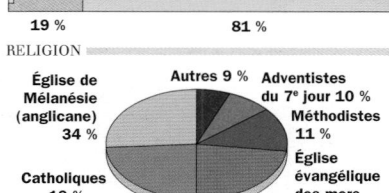

19 % 81 %

RELIGION

Église de Mélanésie (anglicane) 34 %
Autres 9 %
Adventistes du 7ᵉ jour 10 %
Méthodistes 11 %
Église évangélique des mers du Sud 17 %
Catholiques 19 %

Les Salomoniens sont en grande majorité mélanésiens. Durant le conflit de 1998-2000, 20 000 Malaitans ont été déplacés de Guadalcanal de force par les milices locale (Isatabu). Les autorités des îles isolées revendiquent plus d'autonomie. De petites minorités de Micronésiens descendants des I-Kiribati ont été provisoirement relogés en 1957. On recense plus de 50 dialectes sur les îles Salomon. Les habitants des îles sont pratiquement tous chrétiens et sont également très nombreux à conserver leurs croyances animistes traditionnelles.

POLITIQUE

 2001/2005 Sa Majesté la reine Elizabeth II

AUX DERNIÈRES ÉLECTIONS

Parlement national 50 sièges

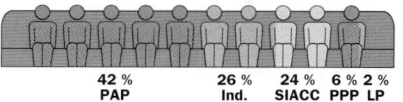

42 % PAP	26 % Ind.	24 % SIACC	6 % PPP	2 % LP

PAP Parti de l'alliance populaire **SIACC** Coalition de l'alliance pour le changement aux îles Salomon **PPP** Parti progressiste populaire **LP** Parti travailliste

Le parlement s'inspire de celui de Grande-Bretagne, mais il n'existe pas de classe politique dominante. Les représentants sont élus parmi les personnalités des villages et le renouvellement assez important rend les coalitions plutôt instables. Le conflit civil à Guadalcanal a provoqué la chute du gouvernement en juin 2000. Il a été rétabli en octobre sur la base d'un traité de paix fragile. Le nouveau Premier ministre, Manasseh Sogavare s'est efforcé de rétablir un semblant de stabilité avec un système étatique de délégation qui accorde une plus grande autonomie aux régions.

S

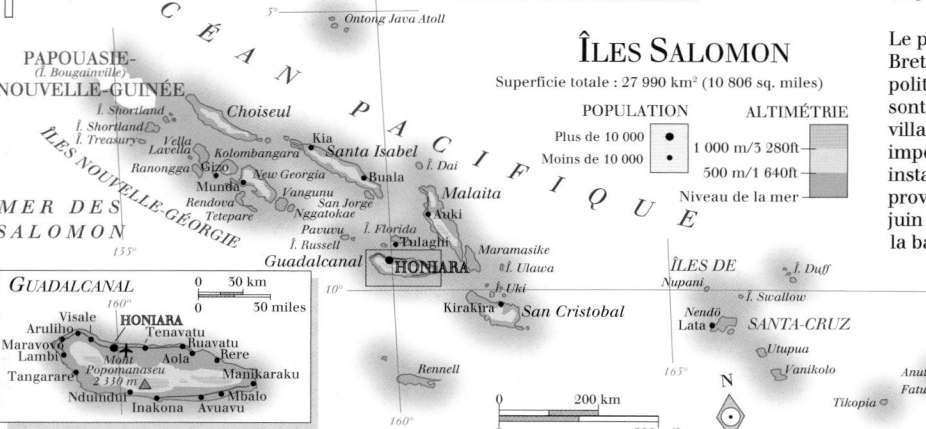

ÎLES SALOMON
Superficie totale : 27 990 km² (10 806 sq. miles)

POPULATION
Plus de 10 000
Moins de 10 000

ALTIMÉTRIE
1 000 m/3 280ft
500 m/1 640ft
Niveau de la mer

POLITIQUE EXTÉRIEURE

ACP   Comm   BIRD   PC   FIP

En 2000, la violence a causé des inquiétudes dans le Pacifique, et accéléré les efforts de médiation, notamment de l'Australie. Le gouvernement des Salomons désire une intervention directe pour rétablir l'ordre. En 2003, l'Australie a accepté de diriger une force régionale de maintien de la paix.

AIDE INTERNATIONALE

 40 M $ (reçus)   Moins 7 % en 1999

L'aide est essentiellement consacrée au rétablissement de la stabilité et à la reconstruction des infrastructures après deux ans de conflit. L'Australie, la Nouvelle- Zélande et Taiwan jouent un rôle essentiel. L'amélioration des relations avec la Papouasie-Nouvelle-Guinée a permis l'envoi d'une aide de 23 M de $.

DÉFENSE

 L'Australie est responsable de la défense des îles.   Ne s'applique pas

Les îles Salomon n'ont pas de forces armées qui leur soient propres. L'Australie assure une protection militaire *de facto* et fournit deux patrouilleurs rapides utilisés pour empêcher le braconnage des Taiwanais et des habitants d'Okinawa dans les zones de pêche salomoniennes.

ÉCONOMIE

 253 M $ 7,1-7,5 dollars des îles Salomon

CHIFFRES SIGNIFICATIFS

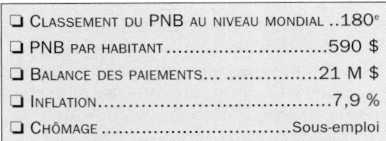

- ❏ CLASSEMENT DU PNB AU NIVEAU MONDIAL ..180ᵉ
- ❏ PNB PAR HABITANT ....590 $
- ❏ BALANCE DES PAIEMENTS... ....21 M $
- ❏ INFLATION.......................................7,9 %
- ❏ CHÔMAGE ....Sous-emploi

EXPORTATIONS

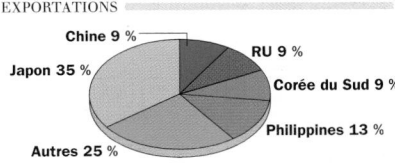

Chine 9 %   RU 9 %   Japon 35 %   Corée du Sud 9 %   Philippines 13 %   Autres 25 %

RESSOURCES

 53 442 tonnes   Pays non producteur

 58 000 porcins
10 000 bovins
185 000 volailles   Or, cuivre, bauxite, plomb, zinc, argent, cobalt, phosphates

Des gisements de bauxite ont été découverts sur l'île Rennell, ainsi que de l'or et du cuivre sur Guadalcanal. L'exploitation des forêts et des ressources maritimes est de plus en plus préoccupante.

ENVIRONNEMENT

 Aucun   0,4 tonne par habitant

Le mouvement écologique est puissant. Le pillage des ressources forestières et marines est une préoccupation majeure. En 1998, une politique de production forestière durable fut adoptée, mais la nécessité de rétablir l'économie fait pression sur les régions vulnérables.

IMPORTATIONS

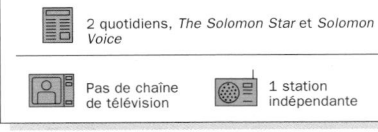

RU 2 %   Nouvelle-Zélande 6 %   Japon 11 %   Australie 39 %   Singapour 15 %   Autres 27 %

ATOUTS
Ressources agricoles et minérales. Afflux d'aide internationale.

FAIBLESSES
L'économie est au bord de la faillite après les affrontements ethniques. Destruction des infrastructures. Mines d'or fermées par les milices. Les revenus du coprah, de l'or, de la pêche et de l'huile de palme se sont taris. L'insécurité sociale décourage les investissements. Effets de la crise économique asiatique de 1997-1998.

MÉDIAS

 16 quotidiens pour 1 000 habitants

PRESSE ET TÉLÉCOMMUNICATIONS

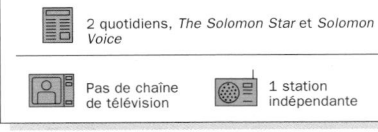

2 quotidiens, *The Solomon Star* et *Solomon Voice*

Pas de chaîne de télévision   1 station indépendante

L'unique station de radio des îles Salomon émet en anglais et en pidgin. Les Salomoniens s'opposent à la télévision.

CRIMINALITÉ

150 détenus   Hausse du taux de criminalité

Avec la présence de milices armées, les vols et la violence se sont accrus, particulièrement à Guadalcanal et à Malaita.

ÉDUCATION

 62 %    Données non disponibles

Le système éducatif s'inspire du modèle britannique. Les étudiants poursuivent leurs études à l'Université des îles Fidji.

SANTÉ

 1 pour 8 719 habitants   Données non disponibles

L'hôpital principal a sévèrement réduits ses services. La violence atteint même les services hospitaliers.

RICHESSES

CONSOMMATION ET DÉPENSES

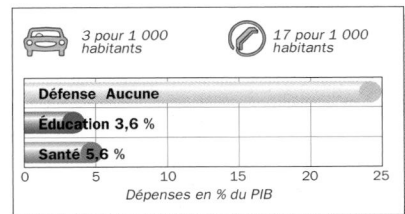

3 pour 1 000 habitants   17 pour 1 000 habitants

Défense Aucune
Éducation 3,6 %
Santé 5,6 %

Dépenses en % du PIB

Les Salomoniens les plus fortunés sont ceux employés par le gouvernement. Les îles les plus isolées sont extrêmement pauvres.

S

CLASSEMENT MONDIAL

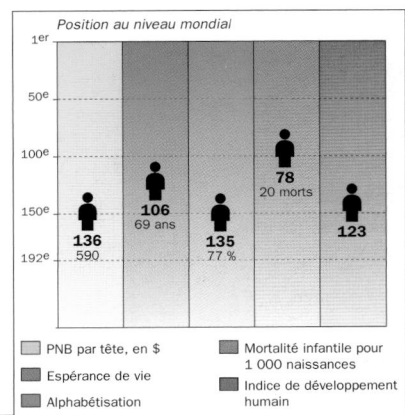

Position au niveau mondial

136   590
106   69 ans
135   77 %
78   20 morts
123

- ☐ PNB par tête, en $
- ☐ Espérance de vie
- ☐ Alphabétisation
- ☐ Mortalité infantile pour 1 000 naissances
- ☐ Indice de développement humain

SALVADOR

NOM OFFICIEL : République du Salvador CAPITALE : San Salvador
POPULATION : 6,5 millions MONNAIES : colón et dollar américain LANGUE OFFICIELLE : espagnol

   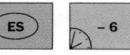

LA PLUS petite et la plus densément peuplée des républiques d'Amérique centrale, le Salvador acquit son indépendance en 1841. Situé sur la côte Pacifique, le pays s'étend à l'intérieur d'une zone sismique. Entre 1979 et 1991, le Salvador fut dévasté par une guerre civile qui opposa les gouvernements conservateurs successifs, soutenus par les ÉU, aux guérilleros du FFMLN de tendance marxiste. Depuis l'accord de paix signé en 1991 sous l'égide de l'ONU, le Salvador s'efforce de relancer son économie, ruinée par des années de guerre civile.

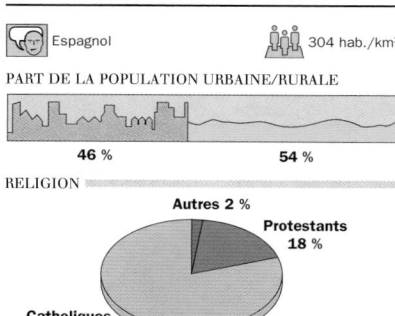

Vue sur la capitale, San Salvador. La ville s'étend au creux d'une vallée dans la chaîne de montagne la plus haute et la plus au sud du pays, qui compte plus d'une vingtaine de volcans.

CLIMAT

DONNÉES MÉTÉOROLOGIQUES

	Moyenne des températures journalières Précipitations	

La *tierra caliente*, le littoral tropical, est une région très chaude marquée par des précipitations saisonnières.
La *tierra templada*, région d'altitude, est plus sèche et plus froide.

TRANSPORTS

 Cuscatlan, San Salvador
1,37 M de passagers

 12 navires
1 500 tpl

RÉSEAU DE TRANSPORT

1 986 km (1 234 miles)	Panaméricaine 327 km (203 miles)
674 km (419 miles)	Rio Lempa

Une série de tremblements de terre, en 2001, a détérioré un réseau routier et ferroviaire déjà assez rudimentaire, surtout en zones rurales.

TOURISME

 795 000 visiteurs   Plus 21 % en 2000

PROVENANCE DES TOURISTES ÉTRANGERS

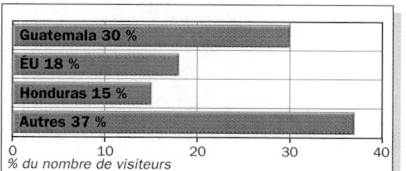

| Guatemala 30 % |
| ÉU 18 % |
| Honduras 15 % |
| Autres 37 % |

% du nombre de visiteurs

Interrompu par la guerre civile, le tourisme reprend mais est freiné par les prix et la criminalité.

POPULATION

 Espagnol    304 hab./km²

PART DE LA POPULATION URBAINE/RURALE

46 %   54 %

RELIGION

Autres 2 %
Protestants 18 %
Catholiques 80 %

Les Salvadoriens sont en grande majorité *mestizo* et le pays connaît peu de tensions interethniques. Les inégalités sociales furent à l'origine de la guerre civile.

POLITIQUE

 2003/2006   Elias Antonio Saca, président de la République

AUX DERNIÈRES ÉLECTIONS
Assemblée législative 84 sièges

6 % PDC

| 37 % FMLN | 32 % ARENA | 19 % PCN | 6 % CDU |

FMLN = Alliance républicaine nationale **ARENA** = Front Farabundo Martí **PCN** = Parti de la conciliation nationale **PDC** = Parti démocrate-chrétien **CDU** = Centre démocratique uni

Le Salvador a longtemps été dominé par le parti centriste PDC et par l'ARENA conservatrice. En 1997 cependant, l'opposition de gauche, représentée par les anciens guérilleros du FMLN, conquit la mairie de San Salvador et celle d'autres grandes villes. Aux élections présidentielles de 1999, des divisions au sein du FMLN favorisèrent la victoire du candidat de l'ARENA, Francisco Flores, qui promit alors de lutter contre la pauvreté et les inégalités sociales. Suite aux difficultés économiques, les électeurs sanctionnèrent l'ARENA en 2000 et donnèrent la majorité parlementaire au FMLN.

POLITIQUE EXTÉRIEURE

 OEA   AEC   Geplacea   San José   BIRD

Dans les années 1980, le Salvador fut mis au ban de la communauté internationale en raison des violations des droits de l'homme perpétrées par l'armée et ses escadrons de la mort. Aujourd'hui, il coopère davantage avec ses voisins, notamment pour faire pression sur les ÉU en matière de commerce et d'immigration et, en 2001, pour obtenir de l'aide suite à 3 tremblements de terre. En 2000, il a signé un accord de libre-échange avec le Guatemala, le Honduras et le Mexique. Des différends territoriaux persistent avec le Honduras.

AIDE INTERNATIONALE

 183 M$ (reçus)   Plus 2 % en 1999

Après la guerre civile, l'aide internationale a servi à financer la reconstruction et la réinstallation des réfugiés, dans le but de favoriser une paix durable et la réconciliation nationale. En 2001, l'ONU a lancé un appel à la communauté internationale afin de réunir 34,8 M de dollars pour une aide d'urgence après les tremblements de terre.

DÉFENSE

171 M $ Plus 5 % en 1999

Entre 1979 et 1991, l'armée, soutenue par les ÉU, mena une guerre sans merci contre le FMLN, au mépris des droits de l'homme et en renversant tous les gouvernements qui lui étaient hostiles. Après la signature des accords de paix, les militaires ont accepté de ne plus intervenir dans la vie politique ou la sécurité intérieure, mais ils demeurent une force importante.

S

ÉCONOMIE

 13 Md $ 8,7 colones salvadoriens

- CLASSEMENT DU PNB AU NIVEAU MONDIAL 80ᵉ
- PNB PAR HABITANT ....2 040 $
- BALANCE DES PAIEMENTS ....– 177 M $
- INFLATION ....3,8 %
- CHÔMAGE ....10 %

ATOUTS
Exportation de café. Manufactures d'assemblage en zone franche (les *maquilas*). Revenus envoyés par les Salvadoriens travaillant aux ÉU.

FAIBLESSES
Exportations non compétitives. Évasion fiscale. Chômage. Épargne insuffisante. Reconstruction nécessaire après les tremblements de terre.

EXPORTATIONS

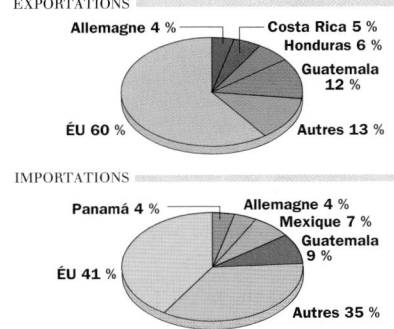

Allemagne 4 %
Costa Rica 5 %
Honduras 6 %
Guatemala 12 %
ÉU 60 %
Autres 13 %

IMPORTATIONS

Panamá 4 %
Allemagne 4 %
Mexique 7 %
Guatemala 9 %
ÉU 41 %
Autres 35 %

RESSOURCES

 10 987 tonnes   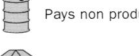 Pays non producteur

1,21 M de bovins, 368 200 porcins, 8,1 M de poulets   Sel, calcaire, gypse

Peu de ressources naturelles. Énergie géothermique abondante et bon marché grâce à la présence de plusieurs volcans.

ENVIRONNEMENT

 1 % (0,2 % partiellement protégé)   1 tonne par habitant

La déforestation a engendré une forte érosion, qui aggrave les glissements de terrain pendant les tremblements de terre. Usage excessif des pesticides.

MÉDIAS

 48 quotidiens pour 1 000 habitants

PRESSE ET TÉLÉCOMMUNICATIONS

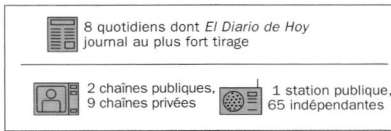

8 quotidiens dont *El Diario de Hoy* journal au plus fort tirage

2 chaînes publiques, 9 chaînes privées   1 station publique, 65 indépendantes

Les médias sont aux mains de groupes puissants, tels celui de la famille Dutriz. L'intimidation des journalistes et l'autocensure existent.

CRIMINALITÉ

 5 995 détenus   En baisse mais encore élevée pour la région

Une justice et une police corrompues n'ont pas su endiguer la vague criminelle favorisée par le grand nombre d'armes en circulation après la guerre. Le non-respect de certains points prévus par les accords de paix, comme le transfert de terres, a aussi entraîné des violences.

ÉDUCATION

 79 %   112 004 étudiants

Le système éducatif s'inspire du modèle nord-américain. Les zones rurales sont très défavorisées. Pendant la guerre civile, l'armée ferma les universités publiques et encouragea l'ouverture d'établissements privés qui prospèrent encore aujourd'hui malgré leur faible niveau.

CHRONOLOGIE

Le Salvador fut espagnol jusqu'en 1821. Il accède à l'indépendance en 1841.

- **1932** L'armée réprime la révolte paysanne conduite par F. Marti.
- **1944–1979** L'armée dirige le pays par l'intermédiaire du PCN.
- **1979** Le gouvernement PCN est renversé par des officiers réformistes.
- **1981** Début de la guerre civile à l'initiative du Front F. Marti de libération nationale (FMLN).
- **1991** Accord de paix grâce à l'ONU.
- **2000** Tremblements de terre. Importance du dollar dans l'économie.
- **2004** Elias Antonio Saca élu à la présidence.

SANTÉ

 1 pour 1 000 habitants   Accidents, violences, maladies circulatoires et infections

Les dépenses de santé ont diminué de moitié au cours de la guerre civile. Le système se réorganise lentement.

RICHESSES

ÉQUIPEMENT EN DÉPENSES

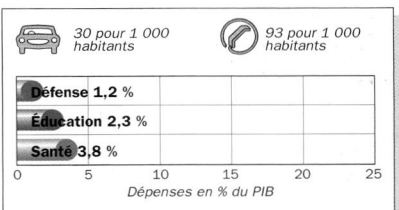

30 pour 1 000 habitants   93 pour 1 000 habitants

Défense 1,2 %
Éducation 2,3 %
Santé 3,8 %

Dépenses en % du PIB

20 % de la population détient 70 % des richesses. 3 millions de personnes vivent dans la pauvreté.

CLASSEMENT MONDIAL

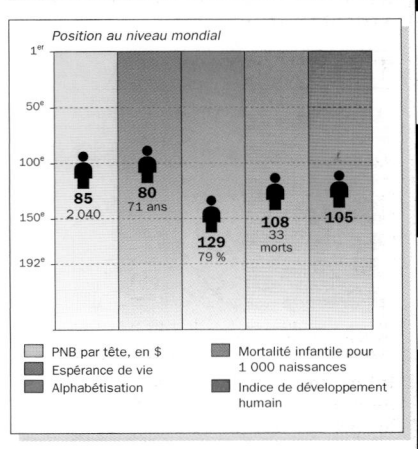

Position au niveau mondial

85 — 2.040
80 — 71 ans
129 — 79 %
108 — 33 morts
105

PNB par tête, en $
Espérance de vie
Alphabétisation
Mortalité infantile pour 1 000 naissances
Indice de développement humain

SALVADOR

Superficie totale : 20 720 km² (8 000 sq. miles)

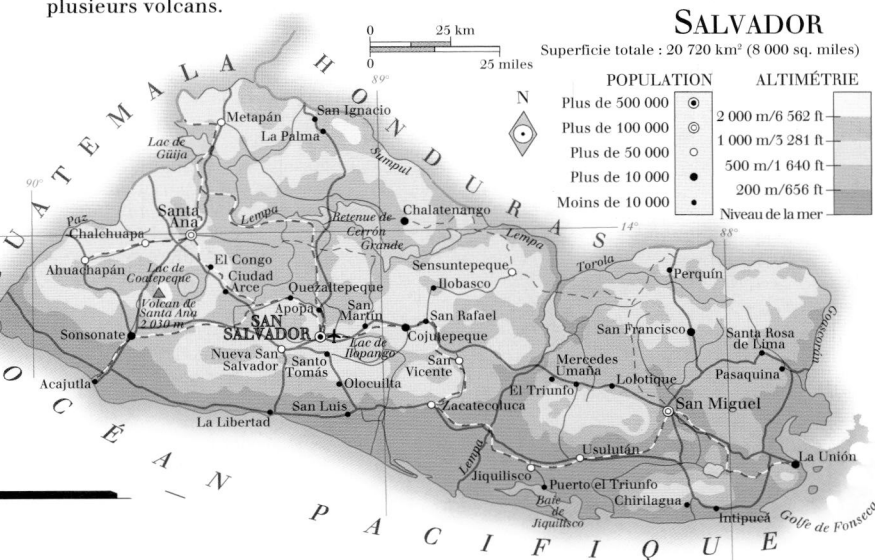

POPULATION
Plus de 500 000
Plus de 100 000
Plus de 50 000
Plus de 10 000
Moins de 10 000

ALTIMÉTRIE
2 000 m/6 562 ft
1 000 m/3 281 ft
500 m/1 640 ft
200 m/656 ft
Niveau de la mer

S

531

SAMOA OCCIDENTALES

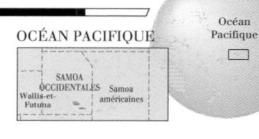

OCÉAN PACIFIQUE

Nom Officiel : État indépendant des Samoa occidentales **Capitale** : Apia
Population : 176 848 **Monnaie** : tala **Langues Officielles** : samoan et anglais

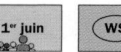

Situées en plein cœur du Pacifique Sud, les Samoa occidentales sont à 2 400 km de la Nouvelle-Zélande. Quatre des neuf îles volcaniques sont habitées – Apolima, Manon, 'Upolu et Savai'i, la plus grande, abritent 72 % de la population. Les montagnes sont couvertes de forêts tropicales ; les côtes offrent un terrain idéal pour la culture maraîchère et celle de la noix de coco. Le taux de chômage important et les faibles salaires font du pays l'un des moins développés au monde.

CLIMAT

DONNÉES MÉTÉOROLOGIQUES

Climat humide. Températures rarement inférieures à 25 °C. La période qui va de décembre à mars est la saison des ouragans.

TRANSPORTS

Faleolo Apia
271 240 passagers

3 navires
3 300 tpl

RÉSEAU DE TRANSPORT

332 km
(206 miles)

Aucune

Aucune

Aucune

Le port d'Apia a été rénové grâce à l'aide japonaise. L'avion assure l'essentiel des liaisons avec l'étranger et le ferry, la correspondance entre les îles.

TOURISME

88 000 visiteurs

Plus 4 % en 2000

PROVENANCE DES TOURISTES ÉTRANGERS

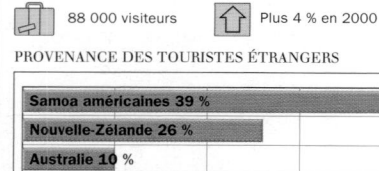

Samoa américaines 39 %				
Nouvelle-Zélande 26 %			
Australie 10 %		
Autres 25 %		

0   10   20   30   40
% du nombre de visiteurs

Le tourisme est un secteur en rapide développement. Le tourisme à petite échelle, en village, est encouragé. Les visiteurs sont attirés par le climat et le *fa'a samoa* (mode de vie samoan).

POPULATION

Samoan, anglais

64 hab./km²

PART DE LA POPULATION URBAINE/RURALE

22 %   78 %

COMPOSITION ETHNIQUE

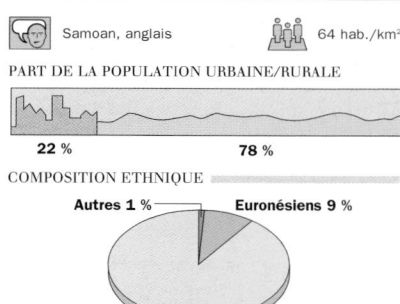

Autres 1 %   Euronésiens 9 %
Polynésiens 90 %

Le groupe ethnique des Samoans – environ 90 % de la population – est de par son importance la seconde ethnie polynésienne dans le monde après les Maoris. La *fa'a samoa*, le mode de vie samoan, est communautaire et formaliste. La société repose sur la famille étendue qui possède 80 % des terres, qu'elle n'a pas le droit de vendre. Un *matai*, ou chef élu, est à la tête de chaque famille ; il est responsable de ses intérêts politiques et sociaux. Un grand nombre de Samoans émigrent vers la Nouvelle-Zélande et les ÉU. Le conflit entre *fa'a samoa* et mode de vie occidental se fait particulièrement sentir parmi les jeunes, chez qui on enregistre un taux de suicide élevé.

SAMOA

Superficie totale : 2 830 km² (1 093 sq. miles)

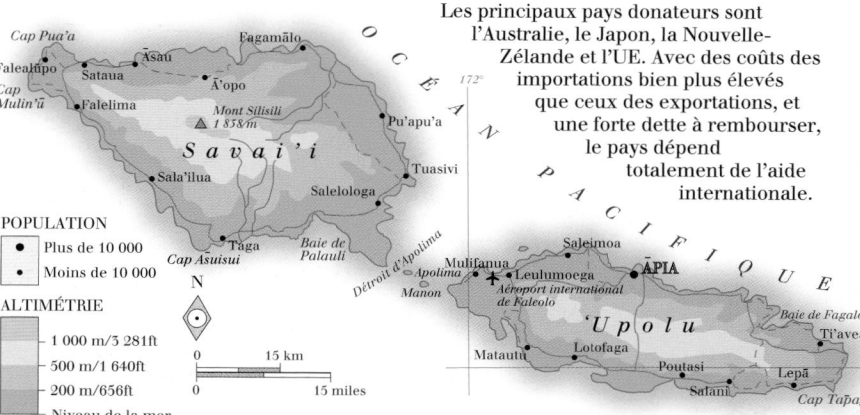

POPULATION
● Plus de 10 000
• Moins de 10 000

N

ALTIMÉTRIE
1 000 m/3 281ft
500 m/1 640ft
200 m/656ft
Niveau de la mer

0   15 km
0   15 miles

POLITIQUE

2001/2006

Son Altesse
Susuga Malietoa
Tanumafili II

AUX DERNIÈRES ÉLECTIONS
Assemblée législatives 49 sièges

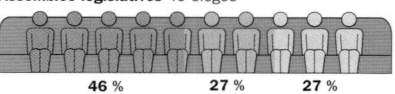

46 %   **27 %**   **27 %**
HRPP   **SNDP**   **Ind.**

HRPP = Parti des droits de l'homme **SNDP** = Parti du développement national **Ind.** = Indépendants

Le conservatisme du *fa'a samoa* ainsi que l'Église sont à la base de la stabilité politique du pays. L'allégeance aux deux principaux partis est inconstante. Jusqu'en 1990, seuls les 1 800 chefs élus étaient habilités à voter pour les 47 sièges attribués aux membres du groupe ethnique des Samoans, les deux sièges restant étant attribués aux non-Samoans. Le suffrage universel fut introduit en 1991.
Le Premier ministre Tofilau Eti Alesana du HRPP a démissionné en 1988. Son successeur, Tuilaepa Sailele Malielegaoi, du même parti, a été réélu en 2001.

POLITIQUE EXTÉRIEURE

ACP   Comm   BIRD   PC   FIP

L'Australie est le principal partenaire commercial, mais la Nouvelle-Zélande, les ÉU, le Japon, les îles Fidji, les Samoa américaines et l'UE sont également importants. Le pays entretient des relations commerciales avec les îles Cook et soutient un accord de libre-échange polynésien.

AIDE INTERNATIONALE

23 M $ (reçus)

Moins 36 % en 1999

Les principaux pays donateurs sont l'Australie, le Japon, la Nouvelle-Zélande et l'UE. Avec des coûts des importations bien plus élevés que ceux des exportations, et une forte dette à rembourser, le pays dépend totalement de l'aide internationale.

DÉFENSE

 Pas d'armée   Ne s'applique pas

En vertu d'un traité signé en 1962, la Nouvelle-Zélande est responsable de la défense des Samoa occidentales. Les *matais* (chefs) maintiennent l'ordre intérieur.

ÉCONOMIE

 181 M $ 3,0893–3,3389 talas

CHIFFRES SIGNIFICATIFS

- ❏ CLASSEMENT DU PNB AU NIVEAU MONDIAL ..178ᵉ
- ❏ PNB PAR HABITANT ....1 490 $
- ❏ BALANCE DES PAIEMENTS...............– 19 M $
- ❏ INFLATION...4 %
- ❏ CHÔMAGE ....important sous-emploi

ATOUTS
Croissance de l'industrie légère. Attire les entreprises étrangères, surtout japonaises. Croissance rapide du tourisme et des services depuis la mise en place en 1989 d'un secteur bancaire offshore. Agriculture d'exportation : taro, noix de coco, cacao, coprah.

FAIBLESSES
Fréquents cyclones. Fluctuation des cours du coprah et du cacao. Transports insuffisants. Dépendance de l'aide internationale et de l'argent des expatriés.

EXPORTATIONS
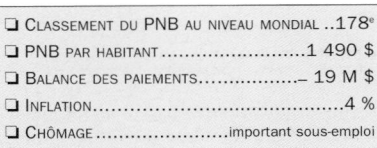
Nouvelle-Zélande 3 %   Allemagne 5 %
Pays-Bas 3 %   Autres 11 %
ÉU 12 %
Australie 66 %

IMPORTATIONS
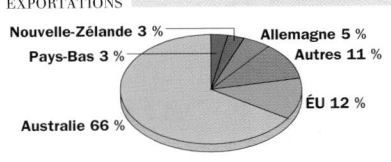
ÉU 8 %
Autres 28 %   Japon 12 %
Australie 14 %
Nouvelle-Zélande 22 %   Fidji 16 %

RESSOURCES

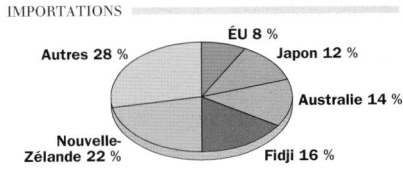

 4 590 tonnes   Pays non producteur

 178 800 porcins / 26 000 bovins / 350 000 volailles   Aucun

Dépourvues de minerais, les principales richesses des Samoa occidentales sont les forêts et l'agriculture tropicale. L'exploitation des forêts pour le bois s'intensifie dans les régions de basse altitude. On développe les plantations d'acajou et de teck. Les deux tiers de la population travaillent dans l'agriculture.

Apia, la capitale, sur 'Upolu, deuxième île en superficie des Samoa occidentales. Un massif montagneux volcanique s'étend au centre de l'île.

ENVIRONNEMENT

 Aucune   0,8 tonne par habitant

Le pays tente d'enrayer les dégâts occasionnés sur l'environnement par une sévère réglementation de l'abattage. Des plantations ont remplacé 80 % des forêts. La chasse et la destruction de l'habitat sont un danger pour des espèces rares de chauve-souris et de pigeons. Le pays s'inquiète de ses ressources sous-marines et a pris position contre les filets dérivants.

MÉDIAS

 Pas de quotidien

PRESSE ET TÉLÉCOMMUNICATIONS

 Pas de quotidien. Le *Samoa Times* et *The Samoa Observer* paraissent cinq fois par semaine.

 1 chaîne publique   1 station publique, 2 indépendantes

La presse indépendante est souvent confrontée à une forte opposition gouvernementale.

CRIMINALITÉ

 238 détenus   Moins 79 % en 1992–1994

À partir des délits liés à l'abus d'alcool le week-end, la violence criminelle n'existe pratiquement pas. Recrudescence des vols dans les zones urbaines.

ÉDUCATION

 80 %   562 étudiants

Le système éducatif repose sur le modèle néo-zélandais. La scolarité est universelle et le taux d'alphabétisation élevé. Une université s'est ouverte en 1988.

SANTÉ

 1 pour 2 632 habitants   Maladies cardiaques et cérébrovasculaires, pneumonies, suicides

Le diabète et les maladies cardiaques augmentent au fur et à mesure que les habitants adoptent les habitudes alimentaires occidentales.

CHRONOLOGIE

Les Polynésiens s'installèrent dans l'île vers – 1000 av. J.-C. Enjeux d'une rivalité occidentale à partir de 1830, les îles furent partagées en 1899 entre les îles occidentales, allemandes, et la partie orientale, américaine.

- ❏ **1914** La Nouvelle-Zélande occupe les Samoa occidentales.
- ❏ **1962** Devient la première nation polynésienne indépendante.
- ❏ **1990** Le cyclone Ofa fait 10 000 sans-abri.
- ❏ **1991** Le HRPP reste au pouvoir à l'issue des premières élections au suffrage universel de la population adulte.
- ❏ **1996 et 2001** Les élections portent le HRPP au pouvoir.

RICHESSES

CONSOMMATION ET DÉPENSES

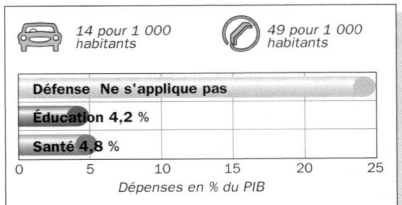
14 pour 1 000 habitants   49 pour 1 000 habitants

Défense Ne s'applique pas		
Éducation 4,2 %		
Santé 4,8 %		

Dépenses en % du PIB (0 5 10 15 20 25)

Figurant au rang des nations les moins développées du monde selon l'ONU, les Samoa occidentales ont les salaires les plus bas et le taux de chômage le plus élevé d'Océanie. En conséquence de quoi, l'immigration est importante ; environ 60 000 Samoans vivent en Nouvelle-Zélande, 50 000 aux ÉU et 10 000 dans les Samoa américaines voisines. Les Samoans vivent en grande majorité d'une culture de subsistance et de l'argent que leur envoient les membres de leur famille installés à l'étranger. Les deux tiers de la population active travaillent pour le gouvernement.

S

CLASSEMENT MONDIAL

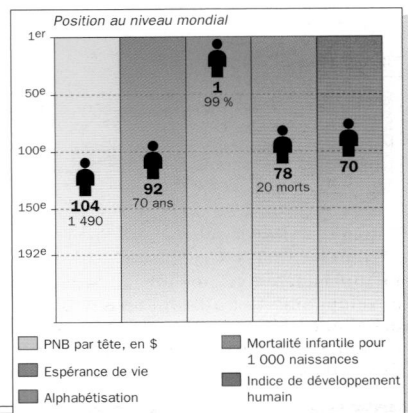

Position au niveau mondial
1ᵉʳ / 50ᵉ / 100ᵉ / 150ᵉ / 192ᵉ

104 (1 490)   92 (70 ans)   1 (99 %)   78 (20 morts)   70

- ■ PNB par tête, en $
- ■ Espérance de vie
- ■ Alphabétisation
- ■ Mortalité infantile pour 1 000 naissances
- ■ Indice de développement humain

SAO TOMÉ ET PRINCIPE

NOM OFFICIEL : République démocratique de Sao Tomé et Principe   **CAPITALE** : Sao Tomé
POPULATION : 170 372   **MONNAIE** : dobra   **LANGUE OFFICIELLE** : portugais

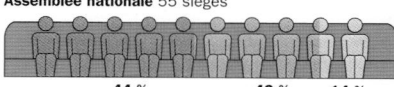

  1975 | 1975 | 12 juil. | STP | 0 | + 239 | .st

Située au large de la côte ouest du continent africain, la république de Sao Tomé et Principe est constituée des îles Sao Tomé et Principe ainsi que d'îlots situés à la périphérie. En 1975, un régime marxiste avait été mis en place après l'accession à l'indépendance. Mais lors du référendum de 1990, la population s'est prononcée à 72 % en faveur d'un retour à la démocratie. Le pays est aujourd'hui particulièrement soucieux de rétablir ses relations avec le Portugal mais aussi de se rapprocher de l'UE et des ÉU.

CLIMAT

DONNÉES MÉTÉOROLOGIQUES

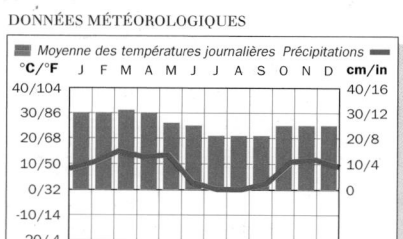

À cheval sur l'équateur, les îles bénéficient d'un climat chaud et humide.

TRANSPORTS

Sao Tomé international
23 000 passagers

10 navires
10 242 tpl

RÉSEAU DE TRANSPORT

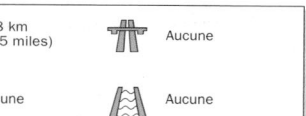

218 km
(135 miles)

Aucune

Aucune

Aucune

En 2000, la construction d'un port en eaux profondes dans la baie d'Agulhas, à Principe, était en projet.

TOURISME

 5 000 visiteurs

 Moins 17 % en 1995–1998

PROVENANCE DES TOURISTES ÉTRANGERS

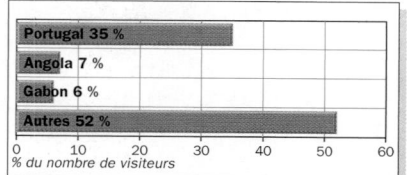

Portugal 35 %
Angola 7 %
Gabon 6 %
Autres 52 %

0   10   20   30   40   50   60
% du nombre de visiteurs

Peu développé, le tourisme concerne surtout de riches Africains et Européens. Malgré les investissements étrangers, les îles attirent relativement peu de touristes. Le premier hôtel moderne n'a ouvert ses portes qu'en 1986.

POPULATION

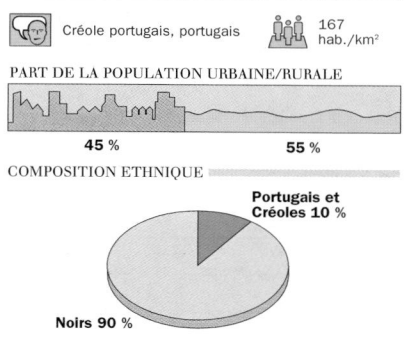

Créole portugais, portugais

167 hab./km²

PART DE LA POPULATION URBAINE/RURALE

45 %   55 %

COMPOSITION ETHNIQUE

Portugais et Créoles 10 %

Noirs 90 %

Tous les habitants sont des descendants d'immigrés, les Portugais ayant découvert des îles désertes lorsqu'ils s'y sont installés en 1470. Les colons portugais avaient alors amené des esclaves africains pour travailler dans les plantations. Depuis l'abolition de l'esclavage, au XIXᵉ siècle, et le départ de 4 000 Portugais au moment de l'accession à l'indépendance, la population du pays est constituée à 10 % de Portugais et de créoles et à 90 % d'Africains noirs, mais la culture portugaise est toujours prédominante. Les partis politiques sont dirigés par des Noirs. Les différents groupes ethniques sont parfaitement intégrés et les clivages sociaux résultent non pas de différences raciales, mais de différences de richesse ou de conviction idéologique. Les femmes jouissent d'un statut privilégié ; beaucoup occupent des postes à responsabilités.

Végétation luxuriante sur l'île de Sao Tomé. *Le climat tropical est légèrement tempéré par le courant marin de Benguela.*

POLITIQUE

 2002/2006

 Fradique de Menezes, président de la République

AUX DERNIÈRES ÉLECTIONS
Assemblée nationale 55 sièges

44 %
MLSTP–PSD

42 %
MDFM-PCD

14 %
UK

MLSTP–PSD Force pour le changement-Mouvement démocratique-Parti de rassemblement démocratique
UK Coalition Ue Kedadji

La Constitution pluraliste mise en place en 1990 a conduit à la chute du régime communiste à parti unique, qui dirigeait le pays depuis son indépendance, en 1975. Les élections de 1991 ont marqué la victoire du PCD, celles de 1994 la victoire du MLSTP-PSD, réélu en 1998. La plupart des partis politiques sont aujourd'hui regroupés autour de personnalités. Le pays s'est ouvert au pluralisme sous la présidence de Pinto da Costa. Les principales préoccupations politiques sont le respect du multipartisme et le développement de l'économie à l'aune des réserves pétrolières sous-marines (revenant au pays suite à un accord entre Sao Tomé et le Nigeria sur leur frontière maritime commune, en 2000). L'homme d'affaires Fradique de Menezes a battu l'ancien marxiste Pinto da Costa aux élections présidentielles de juillet 2001.

POLITIQUE EXTÉRIEURE

CPLP | ACP | OIF | MNA | OUA

Sao Tomé et Principe est parvenu à resserrer ses liens avec le Portugal et à se rapprocher d'anciennes colonies portugaises comme l'Angola. Le pays entretient des relations étroites avec le Gabon et cherche à se rapprocher d'autres pays du CEEAC, de la France et des ÉU, sans pour autant renoncer à ses relations avec d'anciens pays communistes.

AIDE INTERNATIONALE

28 M $ (reçus)

Peu de changement en 1999

Rapporté au nombre d'habitants du pays, le montant des aides perçues par Sao Tomé et Principe est l'un des plus élevés d'Afrique. En adhérant à la convention de Lomé dans les années 1970, le pays est parvenu à trouver de nouvelles sources d'aide après la chute du communisme. La Banque mondiale et le FMI sont les principaux donateurs.

S

DÉFENSE

 1 M $ Peu de changement d'une année à l'autre

Depuis l'indépendance, l'armée joue un rôle prépondérant dans la politique intérieure. Elle a ainsi déjoué plusieurs tentatives de coups d'État, dont une en 1978, après laquelle 2 000 soldats angolais et des conseillers soviétiques et cubains avaient été invités à venir s'établir dans le pays. En 1995, un groupe d'officiers s'est temporairement emparé du pouvoir. L'armée compte quelque 2 000 hommes. Depuis la chute du bloc soviétique, Sao Tomé et Principe reçoit une assistance militaire des ÉU.

ÉCONOMIE

 43 M $ 8700-9020 dobras

CHIFFRES SIGNIFICATIFS

- ❑ Classement du PNB au niveau mondial ..190ᵉ
- ❑ PNB par habitant ....280 $
- ❑ Balance des paiements.................– 9 M $
- ❑ Inflation..7 %
- ❑ Chômage ....50 %

EXPORTATIONS

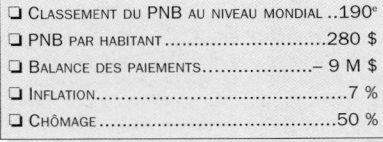

Autres 35 %
Italie 8 %
Pays-Bas 8 %
France 8 %
Espagne 8 %
Portugal 33 %

SAO TOMÉ ET PRINCIPE

Superficie totale : 960 km² (371 sq. miles)

POPULATION
- ● Plus de 10 000
- • Moins de 10 000

ALTIMÉTRIE
- 1 000 m/3 281ft
- 500 m/1 640ft
- 200 m/656ft
- Niveau de la mer

0   10 km
0   10 miles

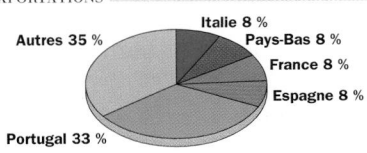

Principe
Ilha Bombom
Santo António
1°40′
Infante Dom Henrique
Ilha Caroço
1°30′
7°30′
Tinhosa Pequena
Tinhosa Grande
1°20′   (sur la même échelle)
7°20′

N
6°40′
6°30′
Ilha das Cabras
0°20′
SAO TOMÉ
Santana
Pic de Sao Tomé ▲ 2 024 m
Sao Tomé
0°10′
Santa Cruz
Golfe de Guinée
Porto Alegre
Équateur
Ilha das Rôlas

RESSOURCES

 3 338 tonnes   Pays non producteur

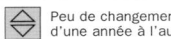 30 000 canards
4 800 caprins
300 000 volailles   Aucun

En 2001, le pays a signé un accord avec le Nigeria portant sur l'exploitation de pétrole offshore. Il n'y a aucun minerai sur l'île. Très fertile, l'île a recouvré sa productivité d'avant 1975 pour le cacao. La diversification des cultures est aujourd'hui une priorité. Les infrastructures portuaires se sont améliorées, mais son paysage sauvage favorise plus le tourisme que l'agriculture.

IMPORTATIONS

Afrique du Sud 4 %
Allemagne 6 %
RU 14 %
Portugal 45 %
Autres 15 %
France 16 %

ATOUTS
Le pays a hérité des infrastructures mises en place par les Portugais. Le tourisme, l'agriculture et la pêche ont un fort potentiel de développement. Capacité à attirer des aides substantielles.

FAIBLESSES
Le cacao représente 90 % des recettes à l'exportation. La mauvaise gestion des aides a conduit le pays à s'endetter lourdement. Monnaie faible.

ENVIRONNEMENT

 Aucune   0,6 tonne par habitant

La protection des réserves de poisson, la déforestation et l'expansion du tourisme sont des préoccupations majeures.

MÉDIAS

 Pas de quotidien

PRESSE ET TÉLÉCOMMUNICATIONS

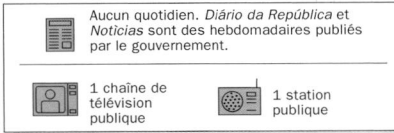

Aucun quotidien. *Diário da República* et *Noticias* sont des hebdomadaires publiés par le gouvernement.

1 chaîne de télévision publique   1 station radio publique

La liberté d'expression est respectée. L'État contrôle la radio et la télévision. Le nombre de postes est élevé par rapport à la moyenne africaine.

CRIMINALITÉ

 99 détenus   Criminalité en baisse

Le niveau de la criminalité est bas car la société est soudée. Les vols prennent des proportions préoccupantes dans les villes.

ÉDUCATION

75 %   Données non disponibles

L'école est obligatoire de 7 à 14 ans. Beaucoup d'enseignants sont étrangers.

SANTÉ

1 pour 3 125 habitants   Malaria, maladies respiratoires et parasitaires, diarrhée

Les soins sont payants. Le système de santé est plus performant que dans les autres anciennes colonies africaines.

RICHESSES

CONSOMMATION ET DÉPENSES

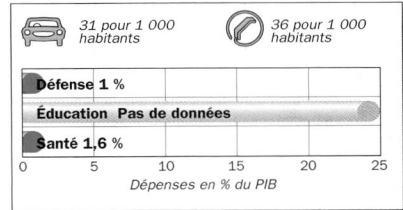

31 pour 1 000 habitants   36 pour 1 000 habitants

Défense 1 %
Éducation Pas de données
Santé 1,6 %

0   5   10   15   20   25
Dépenses en % du PIB

Les écarts de richesse sont peu importants, mais la classe des hommes d'affaires tend à s'élargir. Les travailleurs du cacao sont le groupe le plus pauvre.

CLASSEMENT MONDIAL

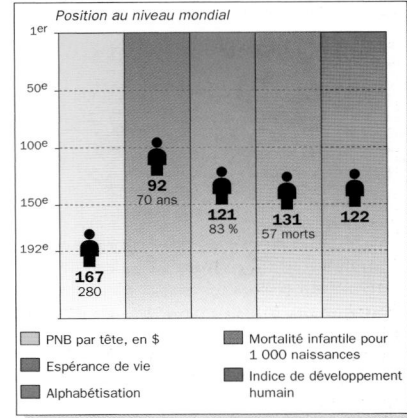

Position au niveau mondial
1ᵉʳ
50ᵉ
100ᵉ
92 70 ans
150ᵉ
121 83 %
131 57 morts
122
192ᵉ
167 280

- ☐ PNB par tête, en $
- ☐ Espérance de vie
- ☐ Alphabétisation
- ☐ Mortalité infantile pour 1 000 naissances
- ☐ Indice de développement humain

S

SÉNÉGAL

NOM OFFICIEL : République du Sénégal **CAPITALE :** Dakar
POPULATION : 9,9 millions **MONNAIE :** franc CFA **LANGUE OFFICIELLE :** français

DAKAR, la capitale sénégalaise, est le cap le plus occidental du continent africain. Le pays est essentiellement constitué de plaines semi-désertiques et de savanes, herbeuses au nord et plus denses au sud. Le Sénégal devint indépendant de la France en 1960 et a ensuite été dirigé par Léopold Senghor, jusqu'en 1981. Son Premier ministre Abdou Diouf, son successeur, a gouverné pendant 20 ans jusqu'à sa défaite électorale en mars 2000.

CLIMAT

DONNÉES MÉTÉOROLOGIQUES

 Moyenne des températures journalières Précipitations

°C/°F	J F M A M J J A S O N D	cm/in
40/104		40/16
30/86		30/12
20/68		20/8
10/50		10/4
0/32		0
-10/14		
-20/-4		

Les régions côtières, situées sur la trajectoire des alizés du nord, bénéficient d'un climat doux.

TRANSPORTS

 Dakar–Yoff international
1,03 M de passagers

 198 navires
51 000 tpl

RÉSEAU DE TRANSPORT

4 271 km (2 654 miles)		Aucune
751 km (467 miles)		897 km (557 miles)

Le port de Dakar est trop important pour la seule économie sénégalaise. Il sert de débouché au Mali et à la Guinée. La voie ferrée qui relie Bamako au Mali a été construite durant les années 1920.

TOURISME

 369 000 visiteurs   Plus 5 % en 1999

PROVENANCE DES TOURISTES ÉTRANGERS

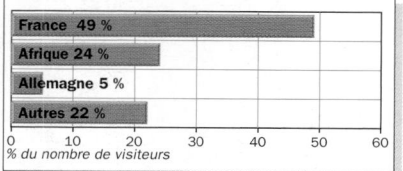

France	49 %
Afrique	24 %
Allemagne	5 %
Autres	22 %

0 10 20 30 40 50 60
% du nombre de visiteurs

Beaucoup de touristes français séjournent dans les stations balnéaires ; l'île de Gorée, sur laquelle vivaient autrefois des esclaves, attire de plus en plus de touristes afro-américains.

POPULATION

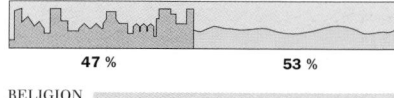 Ouolof, fulani, serer, diola, malinké, soninké, arabe, français   49 hab./km²

PART DE LA POPULATION URBAINE/RURALE

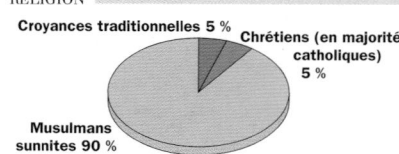

47 % 53 %

RELIGION

Croyances traditionnelles 5 %
Chrétiens (en majorité catholiques) 5 %
Musulmans sunnites 90 %

Le sentiment d'appartenance nationale est assez développé et les mariages interethniques ont limité les conflits raciaux. On peut toutefois distinguer plusieurs communautés : la population dakaroise est pour l'essentiel de souche Ouolof, tandis que les bords du fleuve Sénégal abritent une majorité de Toucouleurs. Les Malinké sont regroupés dans la partie orientale du pays, tandis que la plupart des Diola sont établis en Casamance. Ces derniers se sentent depuis longtemps exclus de la scène politique ce qui a provoqué des troubles dans la région. Un système de classes sociales à la française existe toujours. La Constitution de 2001 a donné aux femmes des droits de propriétés.

POLITIQUE

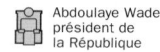 2001/2006   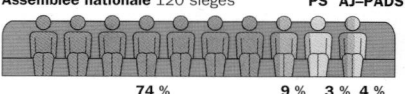 Abdoulaye Wade, président de la République

AUX DERNIÈRES ÉLECTIONS
Assemblée nationale 120 sièges

8 % 2 %
PS AJ–PADS

74 %
SC

9 % 3 % 4 %
AFP URD Autres

SC = coalition Sopi («changement» – dirigée par le **PDS** = Parti démocratique sénégalais) **AFP** = Alliance des forces progressives **PS** = Parti socialiste sénégalais **URD** = Union pour le renouveau démocratique **AJ–PADS** = And Jëf – Parti africain pour la démocratie et le socialisme

Le Sénégal est une démocratie multipartite depuis qu'une modification de la Constitution, sous Abdou Diouf, en 1981, a ouvert la vie politique à plus de quatre partis. Toutefois, le PS au pouvoir entre 1950 et 2000 a laissé une marque indélébile. Les élections présidentielles de 2000 ont marqué un tournant politique. Diouf a été battu par Abdoulaye Wade du parti libéral démocratique (PDS), parti dominant de la coalition « Sopi » (changement) qui a ensuite remporté une victoire écrasante aux élections législatives de 2001.
Une nouvelle Constitution, adoptée en 2001 par référendum, a aboli le Sénat et restreint le nombre de mandat présidentiel à deux.

POLITIQUE EXTÉRIEURE

 CILSS CEAO ZF OCI OMVG

Un des éléments majeurs de la politique étrangère du Sénégal est le maintien de bonnes relations avec la France, principal allié et fournisseur d'aide. Les rapports avec les pays voisins, la Gambie, la Mauritanie et la Guinée-Bissau sont une préoccupation constante.

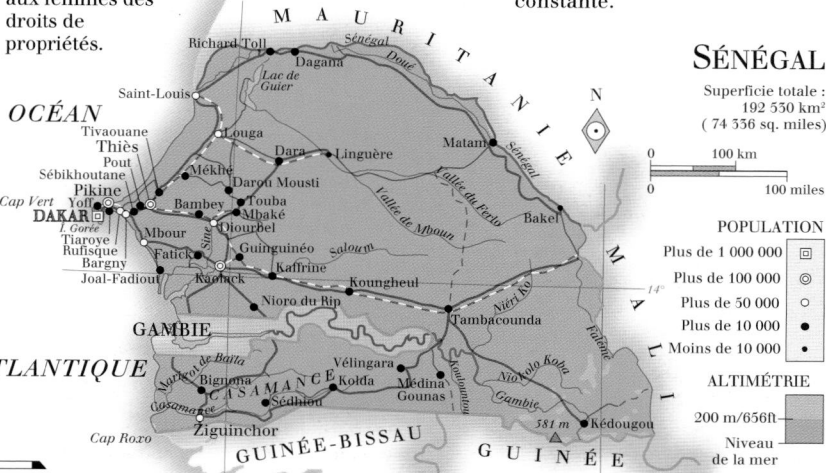

SÉNÉGAL

Superficie totale :
192 530 km²
(74 336 sq. miles)

0 100 km
0 100 miles

POPULATION

Plus de 1 000 000	▣
Plus de 100 000	◎
Plus de 50 000	○
Plus de 10 000	●
Moins de 10 000	•

ALTIMÉTRIE

200 m/656ft
Niveau de la mer

S

AIDE INTERNATIONALE

 534 M $ (reçus)   Plus 7 % en 1999

Le montant des aides par habitant est l'un des plus élevés d'Afrique. Ces aides, provenant surtout de la France, de l'UE et de la Banque mondiale, servent à financer les 400 000 tonnes de riz que le pays importe chaque année et à couvrir le coût de l'appareil administratif. Un important programme de réajustement structurel, soutenu par le FMI, a été reconduit pour un an en avril 2001.

DÉFENSE

 81 M $ Moins 2 % en 1999

La France possède une importante base navale à Dakar. Forte de 9 400 hommes, et d'une force paramilitaire de 4 000 autres, l'armée n'est jamais intervenue dans la vie politique. Les troupes sénégalaises ont participé à l'opération Tempête du désert contre l'Irak en 1991 et sont intervenues au Libéria, au Rwanda, en République centrafricaine, en Gambie et en Guinée-Bissau.

ÉCONOMIE

 4,7 Md $ 654,42–698,69 francs CFA

CHIFFRES SIGNIFICATIFS

- ❏ CLASSEMENT DU PNB AU NIVEAU MONDIAL ..115ᵉ
- ❏ PNB PAR HABITANT ....490 $
- ❏ BALANCE DES PAIEMENTS..............– 297 M $
- ❏ INFLATION......................................3,1 %
- ❏ CHÔMAGE ....Sous-emploi important

ATOUTS
Bonnes infrastructures. Secteur industriel relativement fort. Meilleure réputation internationale de solvabilité parmi les pays d'Afrique de l'Ouest.

FAIBLESSES
Le Sénégal dispose de ressources naturelles mais ne produit guère que des arachides, des phosphates et du poisson. La Casamance, très riche en pétrole, est difficile d'accès.

RESSOURCES

 507 040 tonnes   Pays non producteur

 4,3 M d'ovins
3,6 M de caprins
3 M de bovins
45 M de volailles

Phosphates, bauxite, sel, gaz naturel, marbre, fer, cuivre

Le Sénégal devait importer du combustible pour produire son électricité, mais la mise en service du barrage de Manantali, au Mali, devrait diminuer le coût de la production électrique. Potentiel pétrolier au large de la Casamance.

ENVIRONNEMENT

 11 %
(6 % partiellement protégés)   0,4 tonne par habitant

Une partie de la population redoute que les travaux de construction du barrage sur le Sénégal perturbent l'agriculture traditionnelle, qui repose sur les inondations saisonnières. Les deux grandes sécheresses de 1973 et de 1983 ont provoqué l'avancée du Sahara à l'ouest.

***La mosquée de Touba**, capitale religieuse du courant musulman mouride, fondé en 1887 au Sénégal.*

EXPORTATIONS

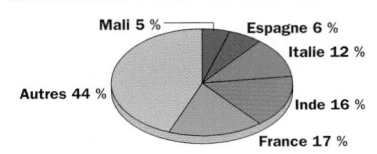

Mali 5 %
Espagne 6 %
Italie 12 %
Autres 44 %
Inde 16 %
France 17 %

IMPORTATIONS

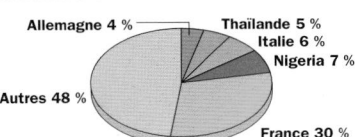

Allemagne 4 %
Thaïlande 5 %
Italie 6 %
Nigeria 7 %
Autres 48 %
France 30 %

MÉDIAS

 5 quotidiens pour 1 000 habitants

PRESSE ET TÉLÉCOMMUNICATIONS

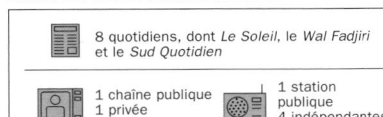

8 quotidiens, dont *Le Soleil*, le *Wal Fadjri* et le *Sud Quotidien*

1 chaîne publique
1 privée

1 station publique
4 indépendantes

Les médias indépendants ont proliféré depuis l'avènement du multipartisme. *Le Politicien*, créé en 1978, a été le premier journal satirique d'Afrique.

CRIMINALITÉ

 Pas de chiffre sur la population carcérale   Moins 62 % en 1992–1998

Le taux de criminalité est relativement bas. Seuls Dakar et les bidonvilles, où sont établies des bandes de malfaiteurs, enregistrent une hausse des crimes.

CHRONOLOGIE

En 1890, la France colonise le Sénégal. Dakar devient alors la capitale de l'Afrique Occidentale française.

- ❏ **1885** Sécession de la Gambie.
- ❏ **1960** Indépendance sous Léopold Sédar Senghor.
- ❏ **1966–1976** Parti unique.
- ❏ **1981** Rétablissement du multipartisme.
- ❏ **2000** Victoire d'Abdoulaye Wade aux présidentielles. Première défaite du PS.
- ❏ **2001** Nouvelle Constitution adoptée par référendum.

ÉDUCATION

 37 %   24 081 étudiants

Le pays doit aujourd'hui s'attacher à combattre l'analphabétisme. Il compte deux universités.

SANTÉ

 1 pour 10 000 habitants   Malaria, diarrhée

Le système de santé publique offre des soins rudimentaires. Le succès d'une campagne d'éducation permet de contenir le développement du Sida.

RICHESSES

CONSOMMATION ET DÉPENSES

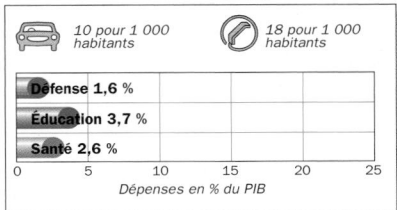

10 pour 1 000 habitants
18 pour 1 000 habitants

Défense 1,6 %
Éducation 3,7 %
Santé 2,6 %

0   5   10   15   20   25
Dépenses en % du PIB

Les écarts de richesse sont importants. Les proches du gouvernement sont les plus favorisés.

CLASSEMENT MONDIAL

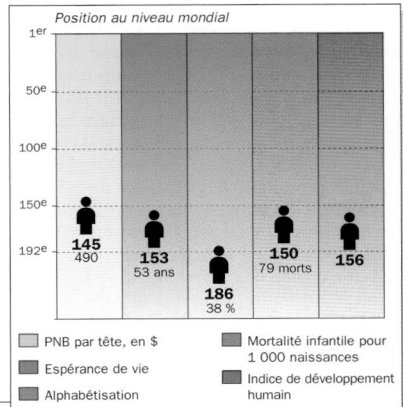

Position au niveau mondial

1ᵉʳ
50ᵉ
100ᵉ
150ᵉ
192ᵉ

145 — 490
153 — 53 ans
186 — 38 %
150 — 79 morts
156

☐ PNB par tête, en $
☐ Espérance de vie
☐ Alphabétisation
☐ Mortalité infantile pour 1 000 naissances
☐ Indice de développement humain

SERBIE et MONTÉNÉGRO

NOM OFFICIEL : République fédérale de Yougoslavie **CAPITALE** : Belgrade
POPULATION : 10,5 millions **MONNAIE** : dinar **LANGUE OFFICIELLE** : serbo-croate

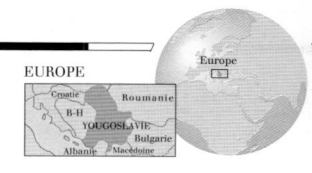

 1992   1992 29 nov. YU + 1 + 381   .yu

L A RÉPUBLIQUE FÉDÉRALE de Yougoslavie (RFY) est composée de la Serbie et du Monténégro, deux des six républiques qui constituaient l'ex-Yougoslavie. Slobodan Milosevic a galvanisé le sentiment national serbe en accédant au pouvoir lors de la désintégration de la fédération socialiste. Son régime a été condamné par la communauté internationale lors de la guerre de Bosnie (1992-95), et pour sa politique de purification ethnique dans la province du Kosovo, peuplée principalement d'Albanais. Les bombardements de l'OTAN en 1999 l'ont contraint à retirer ses troupes du Kosovo. Il est jugé par le tribunal pénal international de La Haye après sa chute en octobre 2000.

CLIMAT

DONNÉES MÉTÉOROLOGIQUES

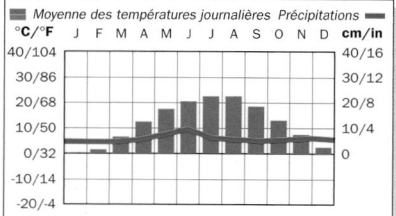

L'intérieur des terres a un climat continental, et le Monténégro un climat méditerranéen. Les étés sont chauds et les printemps pluvieux. Les hivers sont froids et les chutes de neige abondantes.

TRANSPORTS

 **Surcin, Belgrade** 544 509 passagers 9 navires 4 700 tpl

RÉSEAU DE TRANSPORT

28 822 km (17 909 miles)	560 km (348 miles)
4 059 km (2 522 miles)	587 km (365 miles)

Environ un tiers des voies ferrés de Yougoslavie est électrifié. La liaison ferroviaire avec la Grèce est l'une des principales voies d'approvisionnement de la Serbie. Les voies de communication qui traversent la Serbie demeurent les meilleures liaisons entre Budapest et Sofia. Les ponts et les réseaux ferroviaires ont été la cible principale des attaques de l'OTAN pendant les bombardements de 1999. La destruction du pont sur le Danube à Novi Sad a interrompu le trafic sur le fleuve qui est une artère de communication majeure et sa réouverture a été une priorité pour l'aide internationale après la chute de Milosévic. La Yougoslavie délivre des visas assez facilement.

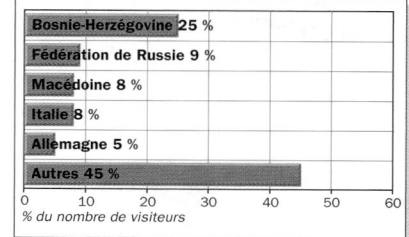

Les paysages montagneux de l'ex-Yougoslavie et ses plages attiraient cinq millions de touristes avant 1991.

TOURISME

152 000 visiteurs Moins 46 % en 1999

PROVENANCE DES TOURISTES ÉTRANGERS

Bosnie-Herzégovine	25 %
Fédération de Russie	9 %
Macédoine	8 %
Italie	8 %
Allemagne	5 %
Autres	45 %

% du nombre de visiteurs

La Serbie n'a jamais été un centre touristique important. La côte monténégrine, en revanche, possède des plages réputées. Les sanctions appliquées par l'ONU ont fait cesser le tourisme en provenance de l'étranger. Le secteur touristique du Monténégro est monopolisé par les Serbes et notamment par les membres politiques et criminels de l'élite serbe. La récession et l'inflation galopante empêchent la classe moyenne de partir en vacances.

YOUGOSLAVIE
(SERBIE ET MONTÉNÉGRO)

Superficie totale : 102 173 km² (39 449 sq. miles)

POPULATION
Plus de 1 000 000
Plus de 100 000
Plus de 50 000

ALTIMÉTRIE
2 000 m/6 562ft
1 000 m/3 281ft
500 m/1 640ft
200 m/656ft
Niveau de la mer

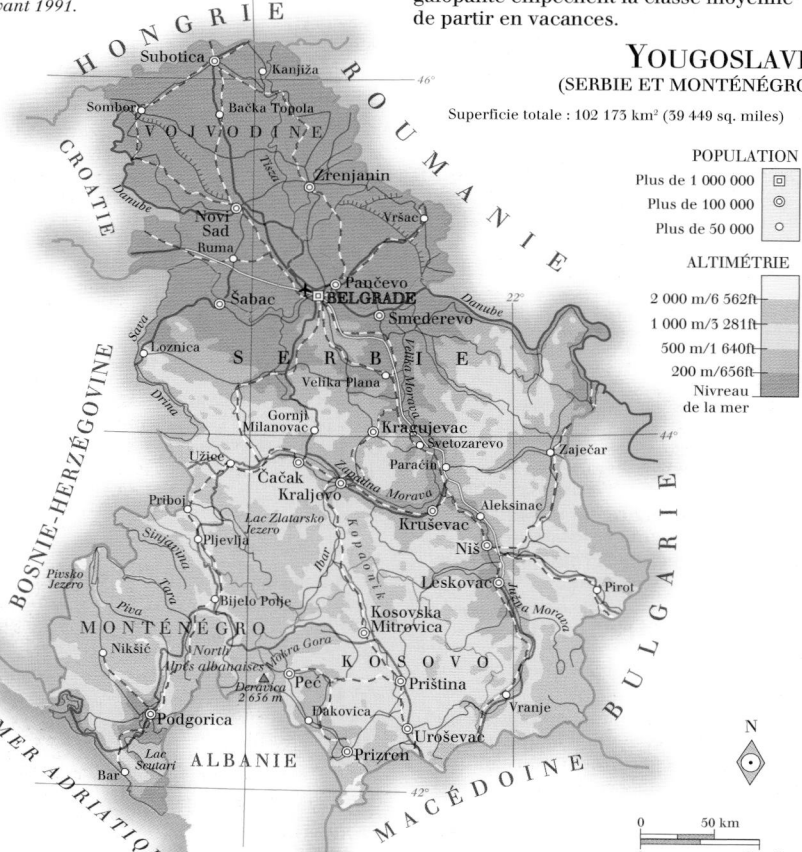

Y

POPULATION

 Serbo-croate, albanais, hongrois   104 hab./km²

PART DE LA POPULATION URBAINE/RURALE

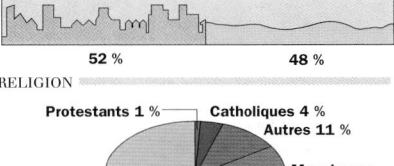

52 %   48 %

RELIGION

Protestants 1 % — Catholiques 4 %
Autres 11 %
Musulmans 19 %
Orthodoxes 65 %

COMPOSITION ETHNIQUE

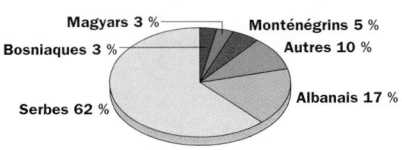

Magyars 3 %   Monténégrins 5 %
Bosniaques 3 %   Autres 10 %
Serbes 62 %   Albanais 17 %

L'ordre social de la RFY a été dévasté par une décennie de conflits dans la région. Les professions libérales ont quitté le pays et il y a un taux de suicide élevé parmi les personnes âgées résidant dans les villes. Au Kosovo, 900 000 Albanais ont dû fuir (en Macédoine et en Albanie)

POLITIQUE

 2003/2005   Svetozar Marovic, président de la République

AUX DERNIÈRES ÉLECTIONS

Assemblée de Serbie et Monténégro 126 sièges

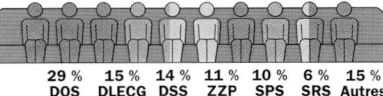

29 % DOS   15 % DLECG   14 % DSS   11 % ZZP   10 % SPS   6 % SRS   15 % Autres

DOS = Opposition démocrate de Serbie
DLECG = Liste démocratique pour le Monténégro européen
DSS = Parti démocrate de Serbie   **ZZP** = Ensemble pour le changement (conduit par le SNP, Parti socialiste populaire)
SPS = Parti socialiste serbe   **SRS** = Parti radical serbe

Chambre des Républiques 40 membres   3 % PPS   3 % MRS

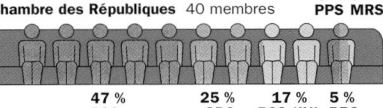

47 % PSS   25 % ODS   17 % PSS/JUL   5 % PRS

20 délégués sont élus à la Chambre des Républiques par chacune des deux républiques de Serbie et du Monténégro.

La Serbie et le Monténégro comptent tous deux un parlement et un président. Ils sont représentés par des membres à l'Assemblée fédérale.

PRINCIPAUX PROBLÈMES POLITIQUES

Le Kosovo

Les troupes de la RFY ont dû se retirer du Kosovo suite aux bombardements de l'OTAN en 1999. La minorité albanaise attend un référendum qui lui a été promis pour statuer sur son avenir. Les administrateurs internationaux ont annoncé des élections en novembre 2001 pour former une assemblée. Les Serbes du Kosovo considèrent qu'il s'agit là d'une

mesure allant trop loin et des affrontements sporadiques continuent.

Le Monténégro

La nouvelle RFY a pris ses distances par rapport à l'idée d'un référendum sur l'indépendance du Monténégro qui devait avoir lieu au milieu de l'année 2001.

PROFIL

Milosevic a dominé la Yougoslavie pendant une décennie. Le conflit yougoslave, qui a duré de 1991 à 1995, puis celui du Kosovo en 1999, ont créé un état de siège permanent. Ce sont surtout les sévères sanctions de l'OTAN qui ont scellé le sort de Milosevic. Après sa chute en octobre 2000, les réformateurs ont dominé les élections en décembre de la même année. Toutefois, le SOD au pouvoir contient des éléments nationalistes, comme le président Kostunica.

Milo Djukanovic, *souhaite mener le Monténégro à l'indépendance.*

Slobodan Milosevic, *ex-président en disgrâce, accusé de crimes de guerre.*

pendant le conflit de 1999. L'accord de juin 1999 leur a le plus souvent permis de rentrer, la minorité serbe ayant à son tour choisi l'exil (ou y a été contrainte) de peur des représailles et par crainte de l'indépendance du Kosovo à terme. La minorité hongroise (essentiellement catholique) est concentrée dans le Nord de la province serbe de la Voïvodine. Son désir d'une plus grande autonomie a des causes économiques : il s'agit de limiter les ponctions sur l'économie locale qui contribuent au financement du budget serbe. Les serbes orthodoxes convertis à l'Islam pendant la domination ottomane sont considérés comme ethniquement différents.

PYRAMIDE DES ÂGES

Femmes	Âge	Hommes
1,1 %	81–100	0,8 %
8,8 %	61–80	7,2 %
12,4 %	41–60	12,2 %
13,9 %	21–40	14,3 %
14,3 %	0–20	15 %

% de la population par tranche d'âge

POLITIQUE EXTÉRIEURE

 IEC   AIEA   BERD   FMI   OSCE

En 1995, la reconnaissance mutuelle des pays ayant constitué l'ex-Fédération de Yougoslavie a permis une normalisation des relations.

Milosevic a été inculpé en 1999 par le Tribunal international pour l'ex-Yougoslavie. Les forces de l'OTAN sont intervenues au cours du " nettoyage ethnique " du Kosovo. La Russie, vieille alliée de la Serbie (ethnie slave, religion orthodoxe) s'est fortement opposée à l'intervention de l'OTAN, mais a soutenu ses propositions de repeuplement. L'avènement du gouvernement Kustunica, en 2000, a reçu un accueil enthousiaste à l'Ouest comme en Russie. Le nouveau régime a rapidement été invité à prendre le siège vacant à l'ONU. Son accord de coopération avec leTPIY lui a valu une réouverture de l'aide internationale.

AIDE INTERNATIONALE

 638 M $ (reçus)   Plus 496 % en 1999

Le départ de Milosevic était une condition explicite à une aide des pays occidentaux pour reconstruire l'économie sinistrée par le conflit. La Yougoslavie a intégré la Banque mondiale en mai 2001 et a reçu des promesses d'aide d'un montant de 1,3 Md $.

CHRONOLOGIE

En 1389, les Serbes furent vaincus par les Turcs lors de la bataille du Kosovo. Certaines parties de cette région passèrent ensuite sous le contrôle de l'Empire autrichien des Habsbourg.

- ❏ **1878** La Serbie et le Monténégro deviennent totalement indépendants lors du Congrès de Berlin.
- ❏ **1918** Création du Royaume des Serbes, des Croates et des Slovènes.
- ❏ **1929** Le roi Alexandre de Serbie s'empare de tous les pouvoirs et donne au pays le nom de Yougoslavie.
- ❏ **1941** L'Allemagne attaque la Yougoslavie par surprise. Création de groupes de résistance rivaux Tchetnicks (royalistes) et Partisans (communistes dirigés par Tito).
- ❏ **1945** Création de la République populaire de Yougoslavie, dont Tito est le Premier ministre (et le président en 1953).
- ❏ **1948** Tito rompt avec Staline.
- ❏ **1951** Les paysans peuvent vendre leur production sur un marché libre.

⇨

Y

Y

CHRONOLOGIE *suite*

- ❑ **1955** Détente avec l'URSS.
- ❑ **1963** La troisième Constitution de l'après-guerre adopte le nom de République fédérale de Yougoslavie.
- ❑ **1973** Accord de coopération économique avec la RFA. Accord de non-ingérence avec l'URSS. Les nationalistes croates sont évincés du pouvoir.
- ❑ **1974** Nouvelle Constitution qui décentralise le gouvernement. La Voïvodine et le Kosovo deviennent autonomes au sein de la Serbie.
- ❑ **1980** Mort de Tito, remplacé par un régime présidentiel collégial.
- ❑ **1981** Troubles au sein de la minorité albanaise du Kosovo ; état d'urgence.
- ❑ **1986** Slobodan Milosevic dirige le Parti communiste de Serbie (PCS).
- ❑ **1988** Belgrade proteste contre l'austérité économique. Faillite budgétaire ; chute du gouvernement.
- ❑ **1989** 600ᵉ anniversaire de la bataille du Kosovo, qui perd son statut de province suite à des protestations.
- ❑ **1990** Milosevic et le Parti socialiste remportent les élections en Serbie. Les communistes remportent les présidentielles et les législatives au Monténégro.
- ❑ **1992** L'UE reconnaît les républiques sécessionnistes de Croatie, de Slovénie et de Bosnie-Herzégovine. Début de la guerre en Bosnie. Sanctions de l'ONU. Ibrahim Rugova est élu président de la République autoproclamée du Kosovo. Milosevic gagne les présidentielles, mais les socialistes n'ont plus la majorité absolue à l'Assemblée.
- ❑ **1995** Accord de paix en Bosnie.
- ❑ **1996** Levée des sanctions de l'ONU.
- ❑ **1997** D'importantes manifestations contre la fraude aux élections municipales. Milosevic devient président de la fédération.
- ❑ **1998** Escalade du conflit au Kosovo.
- ❑ **1999** Échec des négociations sur le Kosovo ; nettoyage ethnique et exode massif. Raids aériens de l'OTAN sur la Yougoslavie. L'armée serbe se retire du Kosovo. Arrivée d'une force internationale, la KFOR.
- ❑ **2000** Défaite de Milosevic aux présidentielles. V. Kostunica accède au pouvoir à l'issue de manifestations de masse. En décembre, l'Opposition Démocratique domine les élections.
- ❑ **2001** Arrestation de Milosevic extradé et traduit devant le tribunal pénal international à La Haye.
- ❑ **2002** Invalidation des présidentielles (faible participation).
- ❑ **2003** Nouvel Etat de Serbie Monténégro. Assassinat du P.ministre Djindjic. Svetozar Marovic élu président fédéral.

DÉFENSE

 1,65 Md $ Plus 4 % en 1999

FORCES ARMÉES

	1 035 chars de combat (733 T-55, 239M-84, 63 T-72)	74 000 hommes
	5 sous-marins, 4 frégates et 30 patrouilleurs	7 000 hommes
	183 avions de combat (40 Mlg-21, 30 Orao 2, 50 Galeb)	16 700 hommes
	Aucun	

Les forces armées de la RFY ont été la cible des bombardements aériens de l'OTAN en 1999, mais leurs effets sur les batteries anti-aériennes, les armes lourdes, et les capacités logistiques ont été peu efficaces dans la réalité. L'armée serbe a été l'acteur le plus visible durant le conflit yougoslave. La Serbie abritait depuis longtemps les principales unités de production d'armement de l'ex-Yougoslavie et a pu équiper son armée sans être tributaire de l'extérieur. Elle a dû créer de la monnaie pour payer ses fabricants d'armes ce qui a été l'une des principales causes de l'inflation galopante que le pays a connue en 1993. Le service militaire obligatoire dure 12 à 15 mois. 50 000 hommes de la KFOR (OTAN) sont stationnés au Kosovo.

ÉCONOMIE

 9,89 Md $ 56-61 dinars

CHIFFRES SIGNIFICATIFS

❑ CLASSEMENT DU PNB AU NIVEAU MONDIAL	86ᵉ
❑ PNB PAR HABITANT	930 $
❑ BALANCE DES PAIEMENTS	– 596 M $
❑ INFLATION	40 %
❑ CHÔMAGE	30 %

EXPORTATIONS
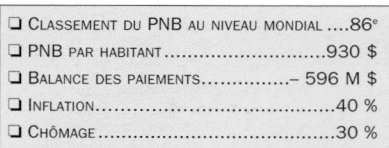

IMPORTATIONS
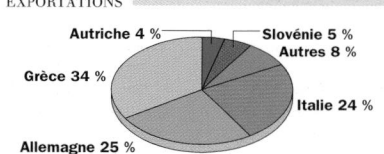

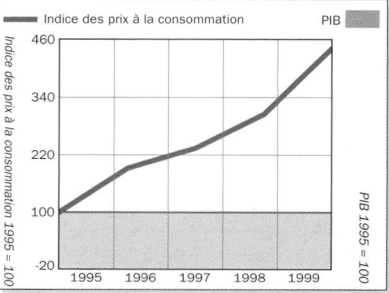
INDICATEUR DES PERFORMANCES ÉCONOMIQUES

aggravées en 1999, ont paralysé le commerce. L'inflation galopante avait déjà, en 1992-93, poussé le pays au bord de la faillite et les dommages causés par les bombardements de l'OTAN en 1999 sur l'infrastructure ont été très importants. La BERD estime à 20 Md de $ pendant trois ans le coût de la reconstruction. Les sanctions ont été levées peu après la chute de Milosevic et les perspectives sont meilleures.

ATOUTS
Reprise de l'aide internationale et des investissements depuis 2000-2001. Potentiel économique du Danube.

FAIBLESSES
Sévère dommages causées par les sanctions et les bombardements de 1999. Faibles réserves en devises fortes.

PROFIL
L'ex-Yougoslavie était l'un des pays les plus avancés des pays socialistes en terme de niveau de vie, mais sa disparition a entraîné un quasi-effondrement de l'économie ; plus de 50 % de l'ensemble des activités passent actuellement par le secteur informel de l'économie. Les conflits des années 1990 ont coupé court aux projets de réforme économique et les sanctions maintenues après la fin du conflit bosniaque en 1996,

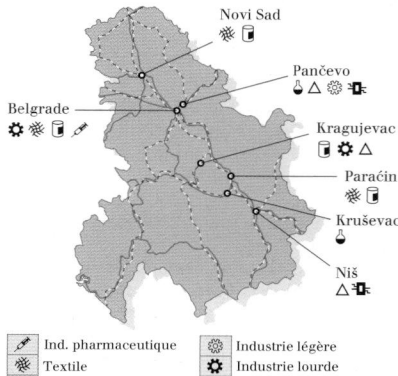
SERBIE ET MONTÉNÉGRO : PRINCIPALES ACTIVITÉS

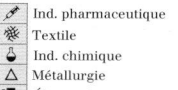

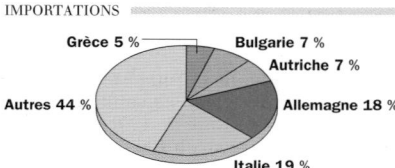

RESSOURCES

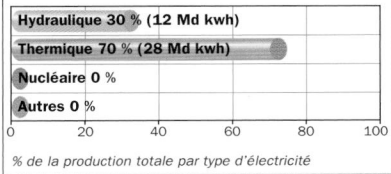

7 366 tonnes

4,37 M de porcins
2,39 M d'ovins
1,83 M de bovins
24,3 M de poulets

19 629 b/j (réserves : 78 829 080 b/j)

Charbon, bauxite, fer, plomb, cuivre, zinc

PRODUCTION ÉLECTRIQUE

Hydraulique 30 % (12 Md kwh)	
Thermique 70 % (28 Md kwh)	
Nucléaire 0 %	
Autres 0 %	

% de la production totale par type d'électricité

La Yougoslavie satisfait ses besoins en charbon et électricité. L'industrie pétrolière de Voïvodine couvre un tiers des besoins du pays malgré les bombardements de l'OTAN.

ENVIRONNEMENT

Aucune

4,7 tonnes par habitant

TRAITÉS ÉCOLOGIQUES

Oui　　Non　　Non

Oui　　Non　　Non

En Serbie, la prise de conscience écologique fut à son paroxysme à la fin des années 1980 pendant l'activité du Forum écologique. Les bombardements de l'OTAN ont entraîné une grave pollution du Danube et suscité la crainte de contaminations à la dioxine. L'uranium appauvri utilisé par les forces de l'OTAN dans certaines munitions inquiète aussi les populations.

MÉDIAS

106 quotidiens pour 1 000 habitants

PRESSE ET TÉLÉCOMMUNICATIONS

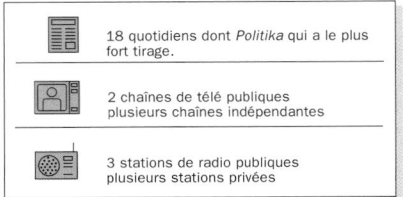

18 quotidiens dont *Politika* qui a le plus fort tirage.

2 chaînes de télé publiques plusieurs chaînes indépendantes

3 stations de radio publiques plusieurs stations privées

La radio d'État a été l'objectif prioritaire du soulèvement populaire d'octobre 2000 contre le régime de Milosevic qui muselait à la fois la radio et la presse. De nombreux journalistes ont apporté leur soutien à l'opposition. Quand elle n'était pas interdite d'antenne, la station de radio B92 était un phare du journalisme indépendant. La chaîne de télévision privée contrôlée par l'opposition, le Studio B, a été victime d'un renforcement des mesures de répression en mai 2000.

YOUGOSLAVIE : UTILISATION DU SOL

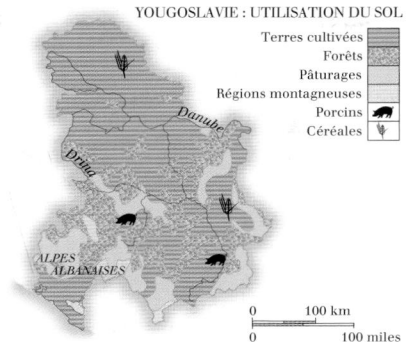

Terres cultivées
Forêts
Pâturages
Régions montagneuses
Porcins
Céréales

0　　100 km
0　　100 miles

CRIMINALITÉ

Pas de chiffre sur la population carcérale

Fort taux de criminalité

TAUX DE CRIMINALITÉ

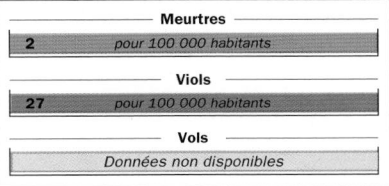

Meurtres
2　*pour 100 000 habitants*

Viols
27　*pour 100 000 habitants*

Vols
Données non disponibles

Criminalité répandue sous le régime Milosevic, allant du trafic de devises au marché noir en passant par la drogue et l'extorsion de fonds. La Yougoslavie a commencé à coopérer avec le tribunal pénal international en 2001 en procédant à des extraditions.

ÉDUCATION

93 %

172 313 étudiants

LE SYSTÈME ÉDUCATIF

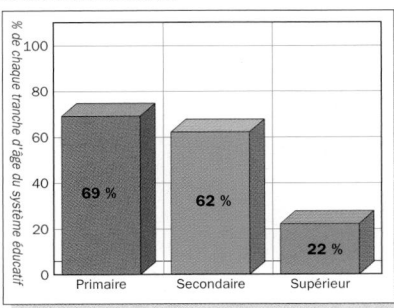

% de chaque tranche d'âge du système éducatif

Primaire 69 %　Secondaire 62 %　Supérieur 22 %

Le système scolaire a été totalement désorganisé lors du conflit du Kosovo. Les écoles de la minorité albanaise furent fermées en 1990, et 1999. Certaines familles fortunées parviennent à envoyer leurs enfants terminer leurs études à l'étranger. La reconstruction du système éducatif est une clé de la réconciliation nationale.

SANTÉ

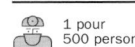

1 pour 500 personnes

Maladies cardiaques et cérébrovasculaires, cancers, accidents

L'isolement économique a affecté la qualité du système médical, bien que ni les médicaments ni les fournitures médicales ne soient concernés par les sanctions. La plupart des médicaments sont hors de prix ; le taux de mortalité infantile a fortement augmenté de même que celui des personnes âgées. En plus des problèmes de malnutrition, les problèmes de santé ont été aggravés par des hivers très froids.

RICHESSES

CONSOMMATION ET DÉPENSES

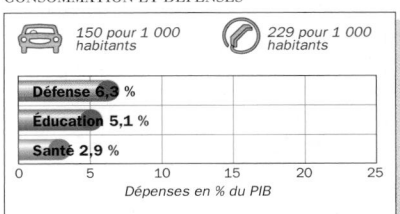

150 pour 1 000 habitants

229 pour 1 000 habitants

Défense 6,3 %	
Éducation 5,1 %	
Santé 2,9 %	

Dépenses en % du PIB

Les sanctions de l'ONU ont provoqué un appauvrissement général du pays et les prix de l'alimentation ont été supérieurs à la moyenne de l'Europe de l'Ouest. L'effondrement du système bancaire et l'inflation ont ruiné les petits épargnants. Le seul secteur florissant a été celui des biens illégalement importés qui a enrichi une minorité de personnes, notamment les proches de Milosevic. La levée des sanctions de 1995-96 s'est traduite par une forte amélioration des conditions de vie jusqu'à la survenue en 1999 du conflit au Kosovo qui a disloqué le système économique et ramené les privations. Avant même la crise du Kosovo, on estimait que les deux tiers de la population vivaient en-dessous du seuil de pauvreté. En dehors de la situation désespérée des réfugiés et des personnes déplacées, celle des retraités privés de ressources est encore pire.

CLASSEMENT MONDIAL

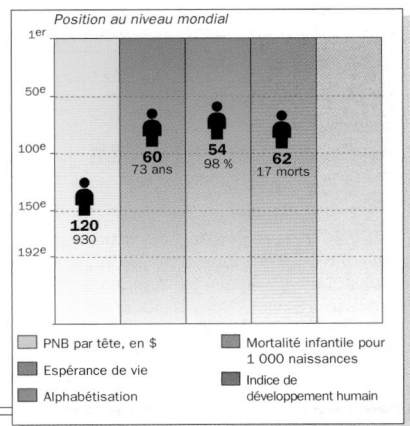

Position au niveau mondial

1er
50e
100e
150e
192e

120　930
60　73 ans
54　98 %
62　17 morts

PNB par tête, en $
Espérance de vie
Alphabétisation

Mortalité infantile pour 1 000 naissances
Indice de développement humain

Y

SEYCHELLES

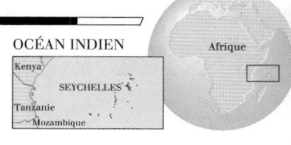

NOM OFFICIEL : République des Seychelles **CAPITALE** : Victoria
POPULATION : 80 098 **MONNAIE** : roupie seychelloise **LANGUE OFFICIELLE** : créole

SITUÉES dans l'océan Indien, les Seychelles sont constituées de 115 îles qui abritent une flore et une faune uniques, notamment des tortues géantes et la plus grosse graine végétale du monde : la coco-de-mer. Colonisées par le RU, soumises ensuite pendant 16 ans à un régime à parti unique, elles sont devenues une démocratie multipartite en 1993. Leur économie repose principalement sur le tourisme.

CLIMAT

DONNÉES MÉTÉOROLOGIQUES

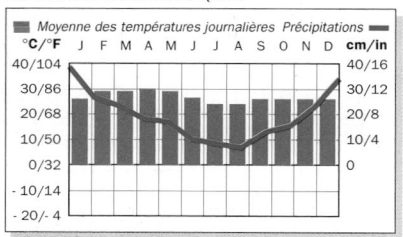

Climat tropical océanique caractérisé par une amplitude thermique presque nulle.

TRANSPORTS

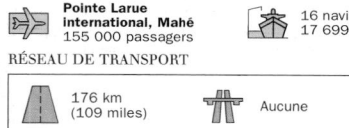

Pointe Larue international, Mahé 155 000 passagers

16 navires 17 699 tpl

RÉSEAU DE TRANSPORT

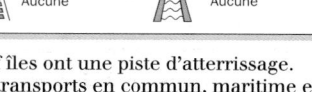

176 km (109 miles) Aucune
Aucune Aucune

Neuf îles ont une piste d'atterrissage. Les transports en commun, maritime et routier sont en voie de restauration. Port en eaux profondes à Victoria.

TOURISME

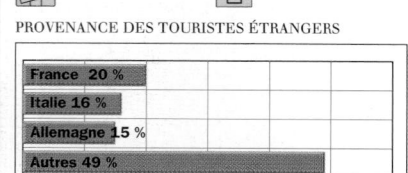

130 000 visiteurs Plus 4 % en 2000

PROVENANCE DES TOURISTES ÉTRANGERS

France 20 %
Italie 16 %
Allemagne 15 %
Autres 49 %

% du nombre de visiteurs
0 10 20 30 40 50 60

Depuis 1971, année de l'ouverture de l'aéroport international de Mahé, le tourisme est l'un des principaux secteurs économiques et emploie 30 % de la main-d'œuvre. De nouveaux hôtels sont en construction, mais le développement doit préserver la beauté des îles.

POPULATION

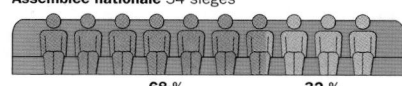

Créole français, anglais, français

294 hab./km²

PART DE LA POPULATION URBAINE/RURALE

57 % 43 %

RELIGION

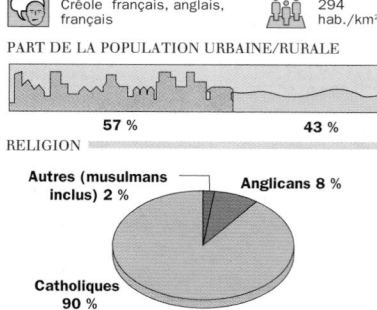

Autres (musulmans inclus) 2 %
Anglicans 8 %
Catholiques 90 %

Jusqu'à l'arrivée des colons français vers 1770, les Seychelles étaient inhabitées. La société seychelloise est aujourd'hui extrêmement homogène grâce aux mariages interethniques. La population créole descend des colons français et des Africains qui sont arrivés avec les différents administrateurs britanniques. Le pays compte également une minorité chinoise et une minorité indienne. Près de 90 % des Seychellois résident à Mahé. La croissance démographique des îles est très faible car près de 1 000 habitants quittent le pays chaque année. Il est probable que le retour à un système démocratique inversera cette tendance.

SEYCHELLES

Superficie totale : 270 km² (104 sq. miles)

POPULATION
● Plus de 10 000
• Moins de 10 000

ALTIMÉTRIE
500 m/1 640ft
200 m/656ft
Niveau de la mer

POLITIQUE

2002/2007

James Michel, président de la République

AUX DERNIÈRES ÉLECTIONS

Assemblée nationale 34 sièges

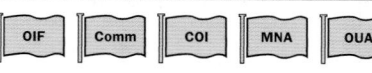

68 % SPPF 32 % SNP

SPPF = Front progressiste populaire seychellois
SNP = Parti national des Seychelles

En 1993, les Seychelles sont redevenues une démocratie pluraliste après 16 ans de régime socialiste à parti unique dirigé par le président René. Celui-ci a pris le contrôle du pays un an après son indépendance. Il est réélu en 1993 et son parti, le SPPF, conserve la majorité aux élections de 1998. Il avait abandonné son idéologie gauchiste et adopté de vastes réformes, encourageant les privatisations et légalisant les syndicats. Le point d'orgue est le projet de faire des Seychelles une zone internationale de commerce, avec un port franc et une nouvelle industrie.

POLITIQUE EXTÉRIEURE

OIF Comm COI MNA OUA

Les Seychelles font partie du Mouvement des pays non alignés. Toutefois, leur position géographique stratégique incite les puissances mondiales à développer des ententes avec elles, et les Seychelles ont effectivement signé des accords avec d'autres pays de l'océan Indien.

S

AIDE INTERNATIONALE

 13 M $ (reçus)   Moins 46 % en 1999

Les organisations internationales financent des projets de développement. En 1996, 13 millions de $ ont servi à l'amélioration des communications et à la protection de l'environnement. L'essentiel des aides bilatérales émanent de la France, des ÉU, du RU et de l'Australie.

DÉFENSE

 11 M $ Peu de changement en 1999

Les Seychelles possèdent une armée de 200 hommes et une garde paramilitaire composée de garde-côtes dans les forces aériennes et navales. L'armée a été créée en 1977 et sa formation technique était assurée par la Tanzanie. Ce pays a envoyé des soldats aux Seychelles en 1981 après une tentative de coup d'État. La Corée du Nord a envoyé des conseillers.

ÉCONOMIE

 538 M $ 5,61 roupies seychelloises

CHIFFRES SIGNIFICATIFS

- ❏ CLASSEMENT DU PNB AU NIVEAU MONDIAL ..169ᵉ
- ❏ PNB PAR HABITANT ....6 530 $
- ❏ BALANCE DES PAIEMENTS..............– 114 M $
- ❏ INFLATION...6 %
- ❏ CHÔMAGE ....9 %

ATOUTS
Tourisme dynamique. Pêches à la crevette et au thon prospères. La zone de commerce international attire des intérêts industriels étrangers. Production de coprah, de cannelle et de thé.

FAIBLESSES
Au début des années 1990, hausse du déficit budgétaire provoquée par la baisse du tourisme suite à la guerre du Golfe en 1991, par le coût des jeux de l'océan Indien et de 4 élections. Le pays est tributaire de l'extérieur pour les produits alimentaires. Le pays est tributaire de la main-d'œuvre étrangère.

EXPORTATIONS

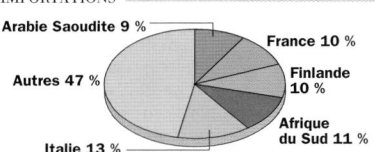

Pays-Bas 3 % — Autres 4 % / Allemagne 7 % / France 15 % / RU 48 % / Italie 23 %

IMPORTATIONS

Arabie Saoudite 9 % / France 10 % / Finlande 10 % / Afrique du Sud 11 % / Autres 47 % / Italie 13 %

L'une des 40 îles du centre du pays. Ces îles de granit sont très montagneuses et couvertes d'une végétation luxuriante.

RESSOURCES

 5 928 tonnes   Pays non producteur

 18 300 porcins / 5 200 caprins / 550 000 volailles   Guano, sel, granit, gaz naturel

Les Seychelles ne possèdent quasiment aucune ressource minérale. Tout le carburant doit être importé. Seules 3 îles ont l'électricité. La découverte de pétrole offshore et de gaz naturel a encouragé la prospection pétrolière.

ENVIRONNEMENT

 95 %   2,6 tonnes par habitant

Les Seychelles sont fières de leur politique écologique. Elles possèdent deux sites naturels classés au patrimoine mondial de l'humanité et ont contribué au projet de sanctuaire pour les baleines.

MÉDIAS

 46 quotidiens pour 1 000 habitants

PRESSE ET TÉLÉCOMMUNICATIONS

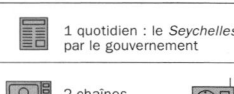

1 quotidien : le *Seychelles Nation*, publié par le gouvernement

2 chaînes indépendantes   3 stations indépendantes

La société de télédiffusion publique a été réorganisée et est aujourd'hui indépendante du gouvernement.

CRIMINALITÉ

 1 060 détenus   Moins 41 % en 1992–1996

Les actes de violence sont extrêmement rares aux Seychelles. Le pays assiste en revanche à une multiplication des larcins.

ÉDUCATION

 84 %    1 682 étudiants

Le Plan d'éducation et de formation 1995-2008 met un accent particulier sur l'accroissement de la scolarité féminine. Le service militaire est obligatoire pour accéder à l'enseignement supérieur.

CHRONOLOGIE

La France revendiqua la possession des Seychelles en 1756. Le conflit qui l'opposa à la Grande-Bretagne dura jusqu'en 1815, année où elle renonça aux Seychelles au profit du RU.

- ❏ **1952** Création de deux partis politiques dirigés par M. René (pro-indépendantiste) et James Mancham (partisan du régime britannique).
- ❏ **1965** Le RU restitue les îles de Desroches, Aldabra et Farquhar, louées aux ÉU en 1976.
- ❏ **1976** Indépendance. Coalition ; M. Mancham président et M. René Premier ministre.
- ❏ **1977** Prise de pouvoir de M. René lors d'un coup d'État.
- ❏ **1979** État socialiste, parti unique.
- ❏ **1979–1987** Tentatives de coups d'État.
- ❏ **1992** Retour de politiciens en exil.
- ❏ **1993** Élections démocratiques.
- ❏ **2004** René interrompt son 2ᵉ mandat.

SANTÉ

 1 pour 962 habitants   Maladies cardiaques et cérébrovasculaires, cancers

Les soins sont gratuits. Le secteur médical privé devrait être légalisé.

RICHESSES

CONSOMMATION ET DÉPENSES

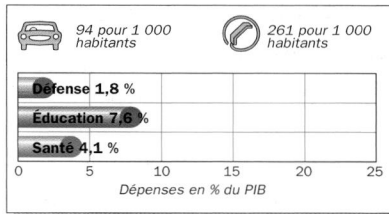

94 pour 1 000 habitants   261 pour 1 000 habitants

Défense **1,8 %** / Éducation **7,6 %** / Santé **4,1 %**

Dépenses en % du PIB

Le niveau de vie des Seychelles est le plus élevé des pays de l'OUA. Le pays ne compte pas de bidonvilles.

CLASSEMENT MONDIAL

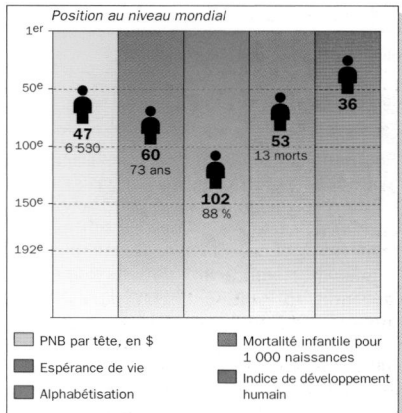

Position au niveau mondial

47 — 6 530 / 60 — 73 ans / 102 — 88 % / 53 — 13 morts / 36

PNB par tête, en $ / Espérance de vie / Alphabétisation / Mortalité infantile pour 1 000 naissances / Indice de développement humain

S

SIERRA LEONE

NOM OFFICIEL : République de Sierra Leone   CAPITALE : Freetown
POPULATION : 4,8 millions   MONNAIE : leone   LANGUE OFFICIELLE : anglais

ÉTAT d'Afrique de l'Ouest, la Sierra Leone a été créée par les Britanniques en 1787 pour des esclaves africains émancipés. Le relief plat des plaines côtières s'élève pour donner naissance à des montagnes au nord-est. Un gouvernement démocratique s'est installé en 1996 sur fond de rébellion sanglante. Le pays a ensuite rapidement plongé dans une guerre civile barbare. Le traité de paix de 1999 ne fut pas respecté longtemps. L'accord imposé par le CEAO en 2000 semble être plus solide.

CLIMAT

DONNÉES MÉTÉOROLOGIQUES

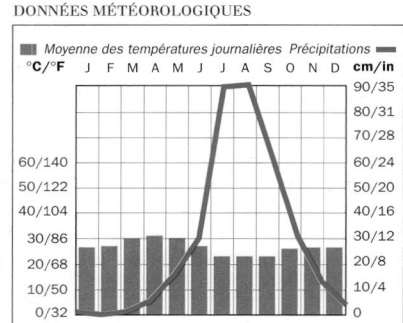

Les précipitations des régions côtières peuvent atteindre 500 cm par an. La Sierra Leone est l'un des pays les plus humides d'Afrique occidentale et le taux d'humidité de l'air est de 80 % durant la saison humide. L'harmattan, vent chargé de poussière venu du Sahara, souffle durant la saison sèche, de novembre à avril. Les savanes du nord-est ont un climat moins humide, mais elles font partie des régions les plus chaudes.

TRANSPORTS

Lungi international, Freetown
84 547 passagers

52 navires
18 792 tpl

RÉSEAU DE TRANSPORT

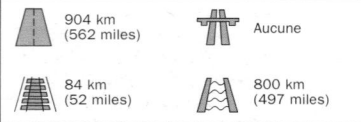
904 km (562 miles)

Aucune

84 km (52 miles)

800 km (497 miles)

On manque cruellement d'investissements pour développer les infrastructures routières. Les 300 kilomètres de voies ferrées d'écartement réduit ne sont plus utilisés car elles ne sont plus rentables. La compagnie aérienne nationale de Sierra Leone a fait faillite en 1987, mais elle assure de nouveau des vols, à destination de Paris uniquement, depuis 1991. Seul lien entre Freetown et l'aéroport, un service limité de bacs traverse l'estuaire.

TOURISME

10 000 visiteurs   Plus 67 % en 2000

PROVENANCE DES TOURISTES ÉTRANGERS

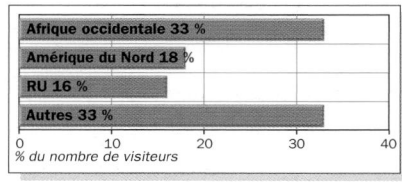

Afrique occidentale 33 %
Amérique du Nord 18 %
RU 16 %
Autres 33 %

% du nombre de visiteurs

Hormis quelques visiteurs qui effectuent des croisières, la Sierra Leone attire peu de touristes. Le secteur ne peut pour l'heure se développer compte tenu de la guerre civile. Les plages qui bordent la péninsule de Freetown, jusqu'à présent quasiment inexploitées, font partie des principaux atouts touristiques du pays.

SIERRA LEONE

Superficie totale : 71 620 km² (27 652 sq. miles)

ALTIMÉTRIE

1 000 m/3 281ft
500 m/1 640ft
200 m/656ft
Niveau de la mer

POPULATION

Plus de 100 000
Plus de 10 000
Moins de 10 000

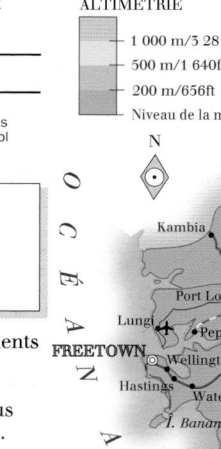

POPULATION

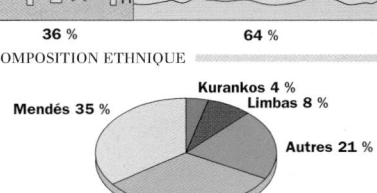

Mendé, temné, krio, anglais

68 hab./km²

PART DE LA POPULATION URBAINE/RURALE

36 %   64 %

COMPOSITION ETHNIQUE

Kurankos 4 %
Limbas 8 %
Autres 21 %
Temnés 32 %
Mendés 35 %

Freetown a été fondée par des esclaves émancipés. Les origines britanniques et américaines de la population de la Sierra Leone expliquent que sa culture créole soit fortement anglicisée. On estime à 2 millions le nombre de personnes déplacées par la guerre civile.

POLITIQUE

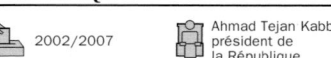
2002/2007

Ahmad Tejan Kabbah, président de la République

AUX DERNIÈRES ÉLECTIONS

Parlement 124 sièges
1 % PLP

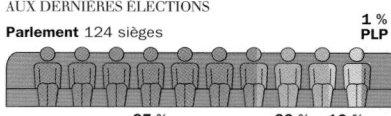

67 % SLPP   22 % APC   10 % App

SLPP = Parti du peuple sierra-léonais   APC = Congrès de tout le peuple   PLP = Parti de la paix et la libération   App Nommé (12 grands chefs sont élus au suffrage indirect pour représenter chaque province)

Une guerre civile particulièrement barbare ravage le pays depuis le début de la rébellion du Front uni révolutionnaire (RUF) en 1991. Le président Ahmad Kabbah a été élu à la tête d'un gouvernement civil en 1996. Un traité de paix de partage du pouvoir signé en juillet 1999 s'est écroulé en mai 2000 lorsque le RUF a relancé les hostilités. En novembre 2000, les forces gouvernementales, soutenues par un fort contingent de l'ONU et du RU, ont obtenu un nouveau cessez-le-feu. Le RUF et la milice progouvernementale ont commencé à désarmer en 2001.

S

POLITIQUE EXTÉRIEURE

Les forces du RU et des EU ont arrêté la guerre civile. Tensions avec le Libéria, en proie aux conflits.

AIDE INTERNATIONALE

 74 M $ (reçus)   Moins 30 % en 1999

La Sierra Leone n'a pas été en mesure de respecter les conditions associées aux aides qui lui ont été accordées par le FMI en 1989. Elle a utilisé ces fonds pour financer le coût des réfugiés libériens et du déplacement de ses propres habitants, qui ont fui la guerre civile, et pour amortir l'effondrement des services publics.

DÉFENSE

 11 M $ Moins 58 % en 1999

L'armée du pays est une force de combat inefficace, qui a sollicité l'assistance du RU en 2000. Les deux camps de la guerre civile ont enrôlé des enfants-soldats.

ÉCONOMIE

 693 M $ 2035-2370 leones

CHIFFRES SIGNIFICATIFS

- ❏ CLASSEMENT DU PNB AU NIVEAU MONDIAL ..160e
- ❏ PNB PAR HABITANT ....140 $
- ❏ BALANCE DES PAIEMENTS..............– 127 M $
- ❏ INFLATION....................................2,1 %
- ❏ CHÔMAGE....................................Endémique

ATOUTS
Production de diamants dont une grande partie est écoulée par la contrebande. Les exportations officielles ont repris fin 2000. Le pays produit de la bauxite et du rutile.

FAIBLESSES
Des années d'instabilité affectent les régions les plus productives et notamment celles qui abritent les mines de diamants. Secteurs agricole et minier fortement bouleversés.

EXPORTATIONS

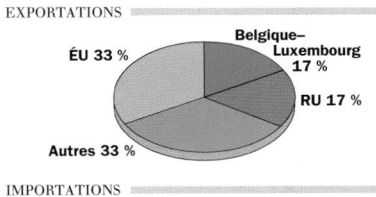

IMPORTATIONS

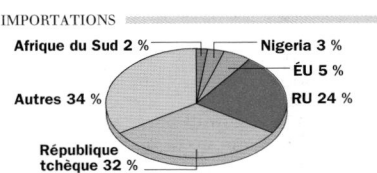

RESSOURCES

 68 739 tonnes   Pays non producteur

 400 000 bovins / 350 000 ovins / 6 M de volailles   Diamants, rutile, bauxite, or, titane

Des investissements seront nécessaires pour exploiter les gisements de diamants car les mines actuelles sont épuisées. Le Sud-Est est la région la plus fertile.

ENVIRONNEMENT

 1 %   0,1 tonne par habitant

La pression démographique et l'abandon dû à des années de guerre civile ont privé la terre de sa productivité.

MÉDIAS

 5 quotidiens pour 1 000 habitants

PRESSE ET TÉLÉCOMMUNICATIONS

 1 quotidien, le *Daily Mail*, publié par le gouvernement

 1 chaîne publique   1 station publique

Nombreux périodiques. Le nouveau gouvernement a promis la liberté de la presse, mais l'Internet est censuré.

CRIMINALITÉ

 Pas de chiffre sur la population carcérale   Hausse de la criminalité

La guerre civile a entraîné d'effroyables atrocités et un pillage massif des ressources. L'extraction illégale et la contrebande de diamants sont très lucratives. À la suite d'une campagne internationale, le groupe De Beers a instauré des règles plus strictes pour le commerce de diamants provenant des régions tenues par les rebelles, coup dur pour les finances du RUF.

ÉDUCATION

  36 %   4 742 étudiants

L'enseignement a toujours occupé une place importante à Freetown et l'université de la capitale est affiliée depuis 1876 à celle de Durham, au RU. Ces dernières années, les étudiants étaient souvent engagés dans la contestation politique.

SANTÉ

 1 pour 14 300 habitants   Maladies contagieuses, malaria, malnutrition

Hors de la capitale, seule existe la médecine traditionnelle. L'OMS a d'ailleurs classé le pays au bas de l'échelle mondiale en ce qui concerne les soins médicaux.

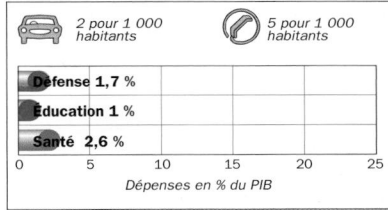

La rue principale de Kabala. La Sierra Leone fait toujours partie des pays les plus pauvres au monde.

CHRONOLOGIE

Freetown fut fondée en 1787 et devint une colonie britannique en 1808 ; l'intérieur des terres a été annexé en 1896.

- ❏ **1961** Accession à l'indépendance.
- ❏ **1978** République à parti unique.
- ❏ **1991** Début de la rébellion du RUF.
- ❏ **1996** Retour des civils au pouvoir après le coup d'État de 1992. Kabbah président.
- ❏ **1998** Kabbah réinvesti après le coup d'État de 1997. Poursuite de la guerre.
- ❏ **1999** Accord de partage du pouvoir.
- ❏ **2001** Le RUF met fin à la rébellion.
- ❏ **2002** Accord avec l'ONU pour juger les crimes de guerre.

RICHESSES

CONSOMMATION ET DÉPENSES

🚗 2 pour 1 000 habitants   5 pour 1 000 habitants

Défense 1,7 %
Éducation 1 %
Santé 2,6 %

Dépenses en % du PIB

Les rares Sierra-Léonais riches sont toujours associée au pouvoir politique.

CLASSEMENT MONDIAL

S

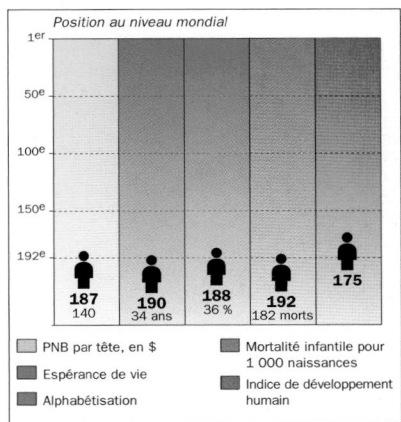

Position au niveau mondial

187 — 140 ; 190 — 34 ans ; 188 — 36 % ; 192 — 182 morts ; 175

- PNB par tête, en $
- Espérance de vie
- Alphabétisation
- Mortalité infantile pour 1 000 naissances
- Indice de développement humain

SINGAPOUR

NOM OFFICIEL : République de Singapour **CAPITALE :** Singapour
POPULATION : 4,2 millions **MONNAIE :** dollar de Singapour **LANGUES OFFICIELLES :** malais, chinois, tamoul, anglais

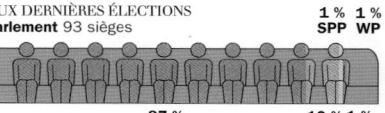

ÎLE-ÉTAT reliée à l'extrémité sud de la péninsule malaise par une chaussée de 1 200 m, Singapour fut pratiquement inhabitée entre le XIVᵉ et le XVIIIᵉ siècle. En 1819, un responsable de la Compagnie des Indes orientales britannique, sir Thomas Raffles reconnut la position stratégique de l'île sur le tracé des routes maritimes, et fit de Singapour une colonie commerciale. L'île reste aujourd'hui encore l'un des entrepôts les plus importants d'Asie.

CLIMAT

DONNÉES MÉTÉOROLOGIQUES

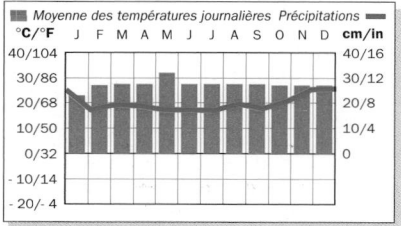

Le climat est équatorial, chaud et humide, ponctué deux fois par an par une période de chaleur étouffante, plus humide lorsque les alizés changent de direction.

TRANSPORTS

 **Changi international**
26 M de passagers

 1 677 navires
20,4 M tpl

RÉSEAU DE TRANSPORT

 3 038 km
(1 888 miles)

150 km
(93 miles)

26 km
(16 miles)

Aucune

Le métro, qui fut inauguré en 1991, est l'un des plus efficaces au monde. Il n'y a plus d'espace constructible pour de nouvelles routes. Une fois par mois, des enchères mettent en vente des certificats autorisant l'achat d'un véhicule. On agrandit le gigantesque port de Pasir Panjang sur des territoires revendiqué.

Le centre financier. Plus d'un quart du PIB national provient des services financiers et commerciaux.

TOURISME

 6,3 M de visiteurs

 Plus 11 % en 1999

PROVENANCE DES TOURISTES ÉTRANGERS

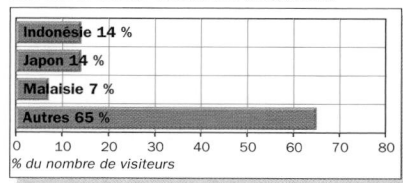

Indonésie 14 %
Japon 14 %
Malaisie 7 %
Autres 65 %

% du nombre de visiteurs

Atout touristique important, le pittoresque quartier chinois est en cours de réhabilitation. Un consortium de Singapour est engagé dans le développement d'une station balnéaire sur l'île de Bintan, à 45 km du détroit de Singapour.

POPULATION

 Chinois, malais, tamoul, anglais

 5 902 hab./km²

PART DE LA POPULATION URBAINE/RURALE

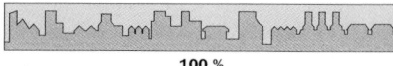

100 %

COMPOSITION ETHNIQUE

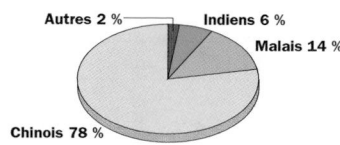

Autres 2 %
Indiens 6 %
Malais 14 %
Chinois 78 %

La société singapourienne est dominée par les Chinois – l'ancienne communauté parlant anglais et la plus récente parlant chinois – qui représentent 78 % de la population. La population autochtone, les Malais, forme la classe sociale la plus déshéritée. Les tensions interethniques ne dégénèrent aujourd'hui que très rarement en violence. L'île recense un nombre important de travailleurs étrangers. Un projet pour stabiliser la structure de la population a entraîné le gouvernement à annoncer en 2000 l'attribution de primes aux familles ayant plus d'un enfant. La société est très policée.

POLITIQUE

 2001/2006

S. R. Nathan, président de la République

AUX DERNIÈRES ÉLECTIONS
Parlement 93 sièges

1 % 1 %
SPP WP

87 %
PAP

10 % 1 %
Nom. SC

PAP = Parti de l'action populaire **Nom.** = nommés
SPP = Parti du peuple de Singapour **WP** = Parti travailliste
SC = Membres sans circonscription

En plus des 83 membres élus, 6 membres sans circonscription peuvent être nommés parmi les perdants détenant le plus de voix et 9 membres peuvent être désignés pour assurer une représentation plus large au parlement.

Singapour est une démocratie pluraliste, bien que la vie politique et une grande partie de l'économie soient sous le contrôle du Parti de l'action populaire (PAP). Suite à l'amendement constitutionnel de 1993, Ong Teng Cheong devint le premier président élu au suffrage direct.
On prévoit actuellement la création d'une idéologie nationale (« valeurs communes ») reposant sur la tradition confucianiste. Lee Kuan Yew, Premier ministre pendant 30 ans, influence toujours la vie politique. Le PAP conserve sa mainmise sur le pouvoir, fort d'avoir apporté à la population l'un des plus hauts niveaux de vie du monde, basé sur l'économie de marché. Malgré une baisse par rapport à son meilleur résultat de 1968, il conserve toujours une majorité écrasante au parlement. La première manifestation antigouvernementale a été autorisée en 2001.

POLITIQUE EXTÉRIEURE

 CEAP
 ANSEA
 Comm
 MNA
 OMC

Singapour a établi des relations diplomatiques avec la Chine tout en maintenant des liens avec Taiwan. En 2001, Singapour a signé le premier accord de libre échange avec le Japon.

AIDE INTERNATIONALE

 1 M $ (reçus)

 Moins 93 % en 1996–1997

L'aide internationale ne fait pas partie de la politique de Singapour. L'État n'aide aucun pays d'Asie du Sud-Est.

DÉFENSE

 4,7 Md $

 Moins 5 % en 1999

Malgré sa petite taille, Singapour est le pays le plus armé de la région avec une force de 60 000 hommes.

S

ÉCONOMIE

 88,8 Md $

 1,76 dollar de Singapour

CHIFFRES SIGNIFICATIFS

- ❏ CLASSEMENT DU PNB AU NIVEAU MONDIAL 38ᵉ
- ❏ PNB PAR HABITANT ....21 500 $
- ❏ BALANCE DES PAIEMENTS... ....17,9 Md $
- ❏ INFLATION...1 %
- ❏ CHÔMAGE ....3 %

ATOUTS

Son rôle très actif d'entrepôt et sa position prépondérante sur le marché des industries de pointe ont permis à Singapour d'accumuler des richesses colossales. Singapour est un gros producteur de lecteurs de disques informatiques. Leadership mondial dans le domaine des nouvelles biotechnologies.

RESSOURCES

 13 338 tonnes

 Pays non producteur

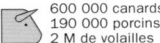 600 000 canards
190 000 porcins
2 M de volailles

 Aucun

L'île ne possède aucune ressource stratégique et doit importer pratiquement toutes les denrées alimentaires et l'énergie dont elle a besoin. Le pays doit sa richesse à ses ressources humaines et à sa situation géographique.

ENVIRONNEMENT

 Aucune

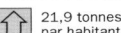 21,9 tonnes par habitant

Il existe une étroite ceinture verte près de la chaussée qui relie l'île au continent. Singapour se considère comme le modèle mondial en matière d'environnement urbain. Des amendes élevées permettent de garder les rues propres. Le chewing-gum est interdit.

SINGAPOUR

Superficie totale : 610 km² (236 sq. miles)

MER
DE CHINE
MÉRIDIONALE

Zones urbaines
Zones non construites
Réserves naturelles

EXPORTATIONS

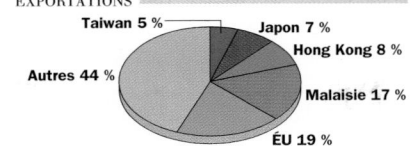

Taiwan 5 %
Japon 7 %
Hong Kong 8 %
Autres 44 %
Malaisie 17 %
ÉU 19 %

IMPORTATIONS

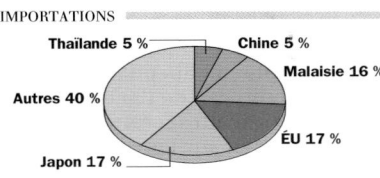

Thaïlande 5 %
Chine 5 %
Malaisie 16 %
Autres 40 %
ÉU 17 %
Japon 17 %

FAIBLESSES

Dépendante de la Malaisie pour ses approvisionnements en eau, et pour toutes ses denrées alimentaires et son énergie. Soumise aux fluctuations des cours mondiaux de l'électronique.

MÉDIAS

 324 quotidiens pour 1 000 habitants

PRESSE ET TÉLÉCOMMUNICATIONS

 8 quotidiens dont le *Straits Times* et *Lianhe Zaobao* respectivement en anglais et en chinois

 4 chaînes indépendantes, 1 aux mains des ÉU

 6 stations privées

Le gouvernement a annoncé son intention de partiellement libéraliser les médias locaux afin de promouvoir une « compétition constructive ». Les étrangers n'ont pas le droit de posséder de journaux ou de radios.

CRIMINALITÉ

 8 500 détenus

 Moins 23 % en 1996–1998

Le taux de criminalité est faible ; le piratage de la propriété intellectuelle constitue le principal problème en matière de criminalité.

CHRONOLOGIE

En 1826, Singapour était devenu le centre colonial des Britanniques en Asie du Sud-Est.

- ❏ **1959** Le PAP devient le parti dominant.
- ❏ **1965** Indépendance.
- ❏ **1993** Ong Teng Cheong est le premier président élu directement.
- ❏ **2001** Victoire du PAP, au pouvoir depuis l'indépendance.

ÉDUCATION

 92 %

 97 392 étudiants

L'école n'est pas obligatoire, mais le taux de scolarisation est élevé. L'éducation est considérée comme la clé pour obtenir un bon salaire.

SANTÉ

 1 pour 714 habitants

Maladies cardiaques et vasculaires, cancers

Système de santé efficace et moderne. On encourage les familles étendues pour que les enfants prennent en charge leurs parents âgés.

RICHESSES

CONSOMMATION ET DÉPENSES

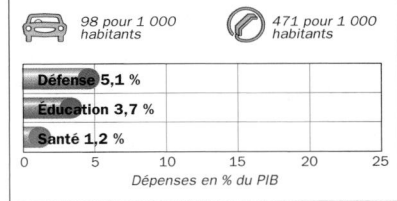

98 pour 1 000 habitants

471 pour 1 000 habitants

Défense 5,1 %
Éducation 3,7 %
Santé 1,2 %

0   5   10   15   20   25
Dépenses en % du PIB

Les appartements sont généralement modestes, malgré le niveau de vie élevé. Lancé en 2001, le projet « chacun sa part de Singapour » promet d'accorder à chacun sa part de l'économie du pays.

CLASSEMENT MONDIAL

S

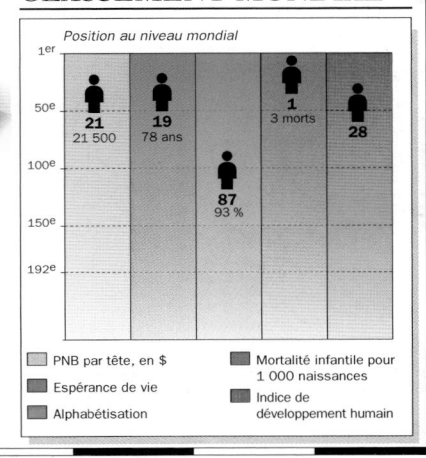

Position au niveau mondial

1er
50e   21   19   1   28
     21 500   78 ans   3 morts
100e   87
                   93 %
150e
192e

❏ PNB par tête, en $
❏ Espérance de vie
❏ Alphabétisation
■ Mortalité infantile pour 1 000 naissances
■ Indice de développement humain

SLOVAQUIE

NOM OFFICIEL : République slovaque **CAPITALE** : Bratislava
POPULATION : 5,4 millions **MONNAIE** : couronne slovaque **LANGUE OFFICIELLE** : slovaque

 1993   1993   1ᵉʳ oct   SK   + 1   + 421   .sk

LA SLOVAQUIE est bordée par la République tchèque, l'Autriche, la Pologne, la Hongrie et l'Ukraine. Les basses terres du Sud contrastent avec la chaîne des Carpates qui longe la frontière polonaise. Démocratie indépendante depuis 1993, la Slovaquie constitue la partie la moins développée de l'ancienne Tchécoslovaquie. Elle rencontre aujourd'hui des difficultés à rendre performante une économie qui repose essentiellement sur l'industrie.

Levoča, au nord-est de la Slovaquie, ville du XIIIᵉ siècle qui conserve son mur d'enceinte et ses rues médiévales.

CLIMAT

DONNÉES MÉTÉOROLOGIQUES

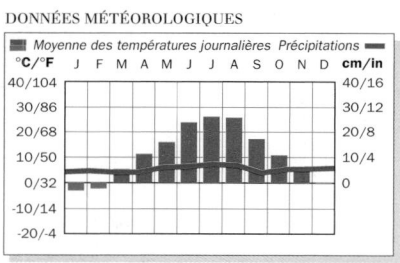

Le climat est continental. Les chutes de neige sont abondantes en hiver et les températures estivales sont modérées.

TRANSPORTS

Milan Rastislav Stefanik, Bratislava
286 450 passagers

Pas de flotte

RÉSEAU DE TRANSPORT

17 533 km (10 894 miles)		288 km (179 miles)	
3 662 km (2 276 miles)		172 km (107 miles)	

Le Danube est une artère vitale. Les trains sont bon marché et fonctionnent correctement. Les bus et les trams sont les piliers des transports en commun urbains.

TOURISME

 1,1 M de visiteurs  Plus 8 % en 2000

PROVENANCE DES TOURISTES ÉTRANGERS

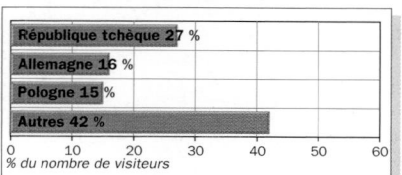
```
République tchèque 27 %
Allemagne 16 %
Pologne 15 %
Autres 42 %
0    10    20    30    40    50    60
% du nombre de visiteurs
```

Les touristes apprécient les Tatras, mais aussi Bratislava, son château et sa vieille ville, ainsi que les stations thermales. La quasi-totalité de l'industrie touristique a été privatisée.

POPULATION

Slovaque, hongrois, tchèque 110 hab./km²

PART DE LA POPULATION URBAINE/RURALE

57 % 43 %

RELIGION
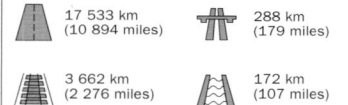

Orthodoxes 4 % Protestants 8 %
Athées 10 %
Catholiques 60 %
Autres 18 %

POLITIQUE

2002/2006 Ivan Gasparovich, président de la République

AUX DERNIÈRES ÉLECTIONS
Conseil national 150 sièges
10 % KDH 7 % KSS

24 % HZDS 19 % SDKU 17 % Smer 13 % SMK 10 % ANO

HZDS Mouvement pour la Slovaquie démocratique **Smer** Direction **SDKU** Union slovaque chrétienne-démocrate **KDH** Mouvement chrétien-démocrate **SMK** Parti de la coalition hongroise **ANO** Nouvelle alliance civique **KSS** Parti communiste slovaque

L'idée du partage de l'ancienne Tchécoslovaquie en 1993 prit corps lorsque le dirigeant slovaque, Vladimir Meciar fut tenté par l'indépendance comme moyen d'asseoir son pouvoir. Le populiste Meciar a dominé la scène politique du pays jusqu'en 1998 ; il s'affrontait sans cesse au président Michal Kovac, tous deux membres du HZDS. Une large coalition dirigée par le leader du centre droit, Mikulas Dzurinda, fut portée au pouvoir lors de l'élection de septembre 1998. Les premières élections directes de Slovaquie, en mai 1999, furent remportées par le pro-occidental Rudolf Schuster, frustrant Meciar de son aspiration au pouvoir. La minorité hongroise est représentée par ses propres partis et l'un d'entre eux s'est rallié à la coalition de Dzurinda. Les gitans, en revanche, ne sont pas représentés.

Si les Slovaques sont majoritaires, 9 % de la population est hongroise et on recense également une minorité relativement importante de Tsiganes qui subissent des discriminations. Les tensions entre Slovaques et Hongrois se sont tassées sous un gouvernement de coalition, avec 9 partis au pouvoir à partir de 1998. 300 000 Slovaques vivaient en Tchéquie en 1993. La double nationalité est aujourd'hui autorisée.

POLITIQUE EXTÉRIEURE

 CE   ALEEC  OCDE   CPEA OSCE

Sous Meciar, la Slovaquie était pro-russe ; depuis 1998, elle s'est tournée vers l'ouest. Elle a rejoint l'OCDE en 2000, et intégré l'OTAN et l'UE en 2004.

AIDE INTERNATIONALE

 318 M $ (reçus)   Plus 375 % en 1997–1999

L'aide internationale a chuté au milieu des années 1990, mais des programmes de l'UE sont en place.

DÉFENSE

 329 M $ Moins 22 % en 1999

Les forces armées comptent 13 600 conscrits. Le Premier ministre Dzurinda a pris le contre-pied de la politique pro-russe de défense de Meciar.

RESSOURCES

 2 640 tonnes   1 283 b/j (réserves : 7 495 680 bl)

 1,59 M de porcins 665 100 bovins 13,1 M de volailles   Charbon, lignite, gaz, pétrole, antimoine, cuivre, fer, mercure, zinc

44% de l'électricité provenait de centrales nucléaires, avant même la mise en service de la centrale nucléaire de Mochovce en 1998.

S

SLOVAQUIE

Superficie totale : 49 036 km²
(18 933 sq. miles)

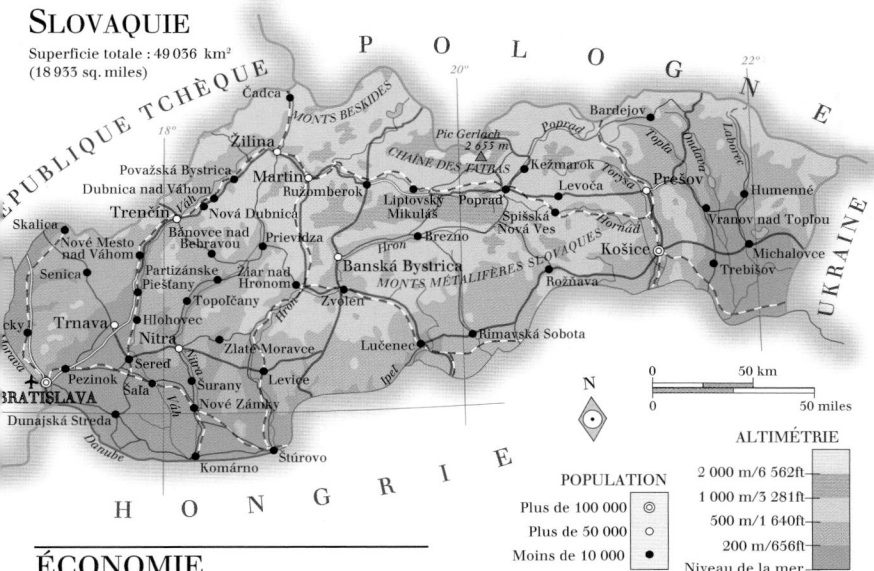

ÉCONOMIE

 20,3 Md $

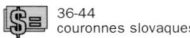 36-44
couronnes slovaques

CHIFFRES SIGNIFICATIFS

- ❑ CLASSEMENT DU PNB AU NIVEAU MONDIAL 60ᵉ
- ❑ PNB PAR HABITANT ....3 760 $
- ❑ BALANCE DES PAIEMENTS ....– 694 Md $
- ❑ INFLATION...............................7,3 %
- ❑ CHÔMAGE ....19 %

ATOUTS

Augmentation de la capacité industrielle, particulièrement autour de Bratislava. Progression récente dans la réduction des déficits budgétaires et dans la restructuration des secteurs publics et privés. Croissance des exportations vers l'UE. Potentiel touristique, notamment dans les stations de ski des Tatras.

FAIBLESSES

Fort endettement envers l'étranger. La dépendance du commerce extérieur rend l'économie vulnérable à la récession. L'industrie lourde a trouvé de nouveaux marchés à l'Ouest, mais se démène pour attirer des investissements étrangers. Région de l'Est très pauvre. Hausse du chômage.

EXPORTATIONS

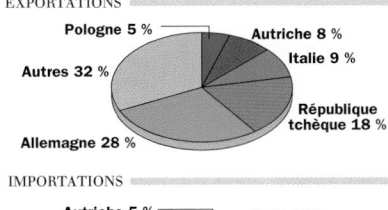

Pologne 5 %   Autriche 8 %
Autres 32 %   Italie 9 %
               République tchèque 18 %
Allemagne 28 %

IMPORTATIONS

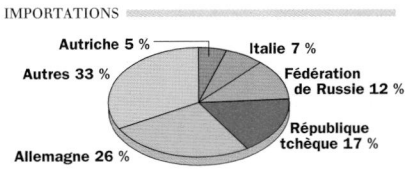

Autriche 5 %   Italie 7 %
Autres 33 %   Fédération de Russie 12 %
               République tchèque 17 %
Allemagne 26 %

ENVIRONNEMENT

 22 %

 7,1 tonnes par habitant

Le barrage de Gabcikovo et les réacteurs nucléaires de Bohunice, dont la fermeture est programmée, ont été très critiqués.

MÉDIAS

 184 quotidiens pour 1 000 habitants

PRESSE ET TÉLÉCOMMUNICATIONS

19 quotidiens dont *Novy Cas* et la *Pravda*, les plus forts tirages

1 chaîne publique, 1 indépendante

1 station publique, nombreuses stations privées

L'agence de presse d'État, TASR, accusée de manquer d'objectivité, s'est opposée à l'émergence de sa rivale indépendante SITA.

CRIMINALITÉ

 7 979 détenus

 Moins 6 % en 1996-1998

Le crime organisé a rapidement augmenté ces dernières années, ainsi que la délinquance « en col blanc ». Une loi de contrôle du blanchiment d'argent a été mise en œuvre en 2001. Un ancien ministre de l'Économie accusé de détournement de fonds a été assassiné en 1999.

ÉDUCATION

 99 %

 101 764 étudiants

L'enseignement connaît un retour aux traditions slovaques d'avant 1939. Les zones rurales sont défavorisées. Bratislava dispose d'une université moderne depuis quelques temps.

CHRONOLOGIE

La Slovaquie jointe aux États tchèques forme la République de Tchécoslovaquie à partir de 1918.

- ❑ **1939–1945** État slovaque « indépendant » sous Mᵍʳ Joseph Tiso, pro-nazi.
- ❑ **1945** Reconstitution de l'État tchécoslovaque d'avant-guerre.
- ❑ **1947** Les communistes au pouvoir.
- ❑ **1968** « Printemps de prague » écrasé par les troupes du pacte de Varsovie.
- ❑ **1989** Révolution de velours.
- ❑ **1990** Élections libres.
- ❑ **1993** 1ᵉʳ janvier, la Slovaquie et la République tchèque forment deux États indépendants.
- ❑ **1998** Une large coalition remporte les élections.
- ❑ **1999** Rudolf Schuster bat Meciar aux présidentielles.
- ❑ **2000** Pourparlers avec l'UE.
- ❑ **2004** Entrée dans l'UE.

SANTÉ

 1 pour 333 habitants

Cancers, maladies cardiaques et cérébro-vasculaires, accidents

La demande croissante pèse lourdement sur le système de santé. Le rétablissement de ce secteur est une priorité.

RICHESSES

CONSOMMATION ET DÉPENSES

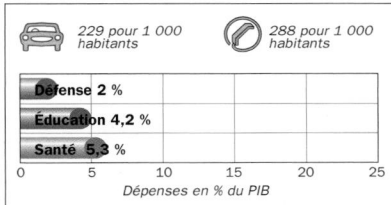

229 pour 1 000 habitants   288 pour 1 000 habitants

Défense 2 %
Éducation 4,2 %
Santé 5,3 %

0   5   10   15   20   25
Dépenses en % du PIB

Les plus pauvres sont les ouvriers des zones rurales et les habitants de l'Est.

CLASSEMENT MONDIAL

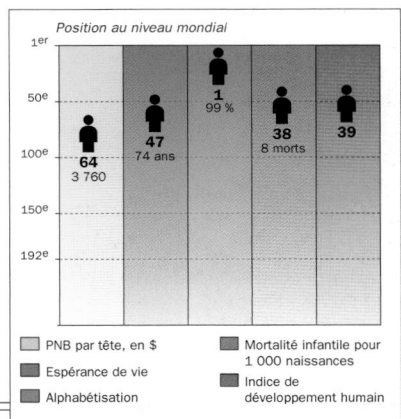

Position au niveau mondial

1ᵉʳ
50ᵉ
100ᵉ
150ᵉ
192ᵉ

1
99 %

64
3 760

47
74 ans

38
8 morts

39

- ❑ PNB par tête, en $
- ❑ Espérance de vie
- ❑ Alphabétisation
- ❑ Mortalité infantile pour 1 000 naissances
- ❑ Indice de développement humain

S

SLOVÉNIE

NOM OFFICIEL : République de Slovénie **CAPITALE** : Ljubljana
POPULATION : 1,6 million **MONNAIE** : tolar **LANGUE OFFICIELLE** : slovène

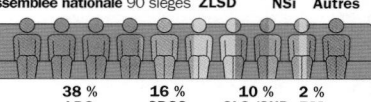

EUROPE

  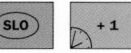

D E TOUTES les anciennes républiques yougoslaves, la Slovénie est l'État qui entretient les relations les plus étroites avec l'Europe de l'Ouest. Situé à l'extrémité nord-est de la mer Adriatique, ce petit État alpin contrôle certains des principaux axes de transit régionaux. Son indépendance en 1991 lui a permis d'échapper aux violences entraînées par l'éclatement de la Yougoslavie. Ce pays, le plus prospère des anciens États communistes européens, est la seule des anciennes républiques yougoslaves sur les rangs pour adhérer à l'UE.

POLITIQUE

Ch. basse 2000/2004
Ch. haute 2002/2007

Janez Drnovsek, président de la République

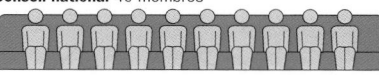

AUX DERNIÈRES ÉLECTIONS
Assemblée nationale 90 sièges

12 % ZLSD   9 % NSi   13 % Autres

38 % LDS   16 % SDSS   10 % SLS/SKD   2 % RM

LDS = Démocratie libérale de Slovénie **SDSS** = Parti social démocrate de Slovénie **ZLSD** = Liste unie des sociaux démocrates **SLS/SKD** = Parti du peuple slovène/chrétiens démocrates de Slovénie **NSi** = Nouvelle Slovénie – parti du peuple chrétien **RM** = Représentants minoritaires
Deux sièges réservés aux représentants des minorités italienne et hongroise

Conseil national 40 membres

22 membres sont élus et 18 délégués par un collège électoral de manière à représenter divers intérêts.

La Slovénie est parvenue à conserver une étonnante stabilité depuis son indépendance, avec Milan Kučan comme président. La fragmentation des partis rend indispensables les coalitions. Depuis 1992, Janez Drnovsek, dirigeant du LDS, de centre gauche, a été continuellement Premier ministre, excepté une période de six mois en 2000. Andrej Bajuk, leader du SLS, parti de droite, a pris sa place. Drnovsek est revenu au pouvoir après les élections de 2000.
Nombre d'anciens responsables communistes occupent toujours des postes clés. La propriété des usines nationalisées est toujours un problème. L'amertume au sujet de l'élimination des partisans de Tito dans les années 1940 est toujours vivace.

CLIMAT

DONNÉES MÉTÉOROLOGIQUES

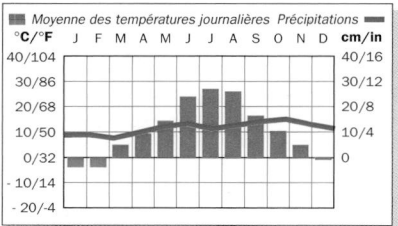

L'intérieur du pays a un climat continental. La région du littoral bénéficie d'un climat doux et méditerranéen.

TRANSPORTS

 Brnik international, Ljubljana 895 540 passagers

 10 navires 1 767 tpl

RÉSEAU DE TRANSPORT

 17 745 km (11 026 miles)

249 km (155 miles)

1 202 km (747 miles)

Aucun

La Slovénie occupe une position stratégique. Ses ports sur l'Adriatique constituent en outre le principal débouché maritime de l'Autriche.

TOURISME

 1,1 M visiteurs   Plus 23 % en 2000

PROVENANCE DES TOURISTES ÉTRANGERS

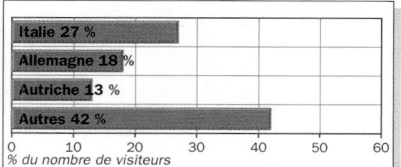

En augmentation, le tourisme apporte 9 % du PIB. Parmi les intérêts touristiques, le paysage et la mer, les stations thermales et les casinos. Investissements dans l'hôtellerie limités.

POPULATION

Slovène, serbo-croate   99 hab./km²

PART DE LA POPULATION URBAINE/RURALE
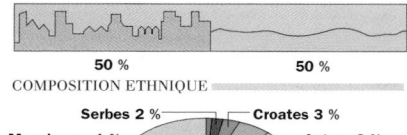
50 %   50 %

COMPOSITION ETHNIQUE
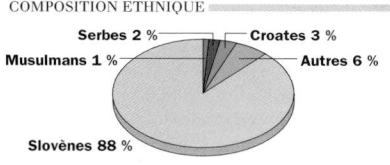
Serbes 2 %   Croates 3 %
Musulmans 1 %   Autres 6 %
Slovènes 88 %

D'un point de vue ethnique, la Slovénie, qui compte 88 % de Slovènes, est une société homogène. Il existe quelques petites communautés d'Italiens et de Hongrois. La langue slovène est suffisamment différente du serbo-croate pour nourrir une identité nationale distincte de celle de ses voisins yougoslaves. La Slovénie s'est traditionnellement toujours sentie plus proche des pays alpins situés à l'ouest que de ceux des Balkans. Ces facteurs ajoutés à celui d'une économie solidement développée permirent à la Slovénie de faire sécession de l'ex-Yougoslavie en 1991 sans essuyer trop de pertes.

SLOVÉNIE

Superficie totale : 20 250 km² (7 820 sq. miles)

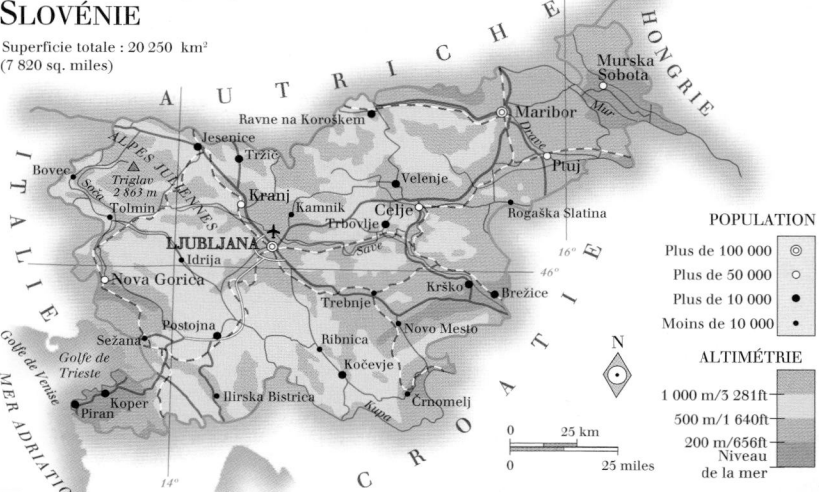

POPULATION
Plus de 100 000
Plus de 50 000
Plus de 10 000
Moins de 10 000

ALTIMÉTRIE
1 000 m/3 281ft
500 m/1 640ft
200 m/656ft
Niveau de la mer

POLITIQUE EXTÉRIEURE

 CE CPEA OSCE PpP OMC

En 2004, la Slovénie a adhéré à l'Union européenne et est entrée à l'OTAN.

AIDE INTERNATIONALE

 31 M $ (reçus)   Moins 23 % en 1999

Les aides de l'UE et de la Banque mondiale sont consacrées à l'infrastructure, à l'environnement et à la réforme agraire en vue de l'entrée dans l'union.

DÉFENSE

 337 M $ Plus 4 % en 1999

Les troupes slovènes parvinrent à contrer l'offensive yougoslave au lendemain de sa proclamation d'indépendance en 1991. Les défenses militaires doivent augmenter pour répondre aux exigences de l'OTAN.

ÉCONOMIE

 19,9 Md $ 198,5–227,5 tolars

CHIFFRES SIGNIFICATIFS

- ❏ CLASSEMENT DU PNB AU NIVEAU MONDIAL 65ᵉ
- ❏ PNB PAR HABITANT ....9 760 $
- ❏ BALANCE DES PAIEMENTS................– 66 M $
- ❏ INFLATION......................................9,4 %
- ❏ CHÔMAGE ....7 %

EXPORTATIONS

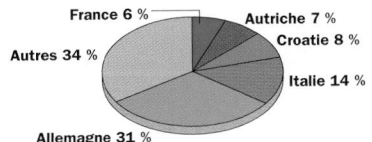

France 6 % — Autriche 7 % — Croatie 8 % — Autres 34 % — Italie 14 % — Allemagne 31 %

IMPORTATIONS

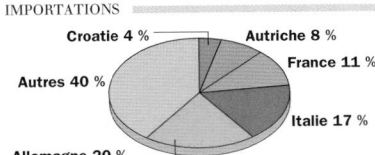

Croatie 4 % — Autriche 8 % — France 11 % — Autres 40 % — Italie 17 % — Allemagne 20 %

ATOUTS
Stabilité. Industrie de transformation compétitive. Exportations vers l'UE et l'ancien marché yougoslave. Port compétitif à Koper. Le moins endetté des pays d'Europe centrale et de l'Est.

FAIBLESSES
Économie partiellement libéralisée. Le contrôle des marchés des capitaux décourage les investissements étrangers. Taux de croissance plus faible que les autres marchés émergeants. Dissensions au sujet des privatisations.

Le lac Bled dans les Alpes juliennes, haut lieu touristique, s'étend de part et d'autre de la frontière slovéno-italienne.

RESSOURCES

 3 262 tonnes   20 b/j

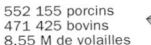 552 155 porcins 471 425 bovins 8,55 M de volailles   Charbon, lignite, plomb, zinc, uranium, argent, mercure

L'Autriche insiste pour que la Slovénie ferme la centrale nucléaire de Krško, qui produit un tiers de l'électricité slovène. Le pays possède des gisements de charbon brun, de qualité médiocre et dont l'extraction reste difficile.

ENVIRONNEMENT

 6 %   7,8 tonnes par habitant

La protection de l'environnement alpin est l'un des premiers objectifs. La pollution est due à l'extraction par fusion, à l'industrie chimique et à la consommation de charbon brun et de lignite.

MÉDIAS

 199 quotidiens pour 1 000 habitants

PRESSES ET TÉLÉCOMMUNICATIONS

 7 quotidiens. *Dnevnik* est indépendant.

 4 chaînes : 1 chaîne d'État, 3 indépendantes   4 stations nationales et des régionales

Une presse libre et critique s'est développée. Les animateurs de l'État ont un nouveau code éthique protégeant les sources des journalistes.

CRIMINALITÉ

 630 détenus   Plus 52 % en 1996–1998

Proportionnellement, la Slovénie a la plus faible taux de population carcérale en Europe. Le passage de clandestins en Europe de l'Ouest prend le pas sur le trafic de drogue dans le crime organisé.

ÉDUCATION

 99 %   51 009 étudiants

La scolarité est obligatoire pour les enfants de 7 à 15 ans. L'université de Ljubljana fut fondée en 1595.

CHRONOLOGIE

La Slovénie fit partie de l'Empire austro-hongrois jusqu'en 1918.

- ❏ **1949** Tito rompt avec Moscou.
- ❏ **1989** Le parlement confirme le droit de sécession et appelle à un vote.
- ❏ **1990** Contrôle sur l'armée. Les Slovènes se prononcent par référendum pour la sécession.
- ❏ **1991** Indépendance. Les Slovènes contrent l'offensive de l'armée fédérale yougoslave.
- ❏ **1992** Premières élections libres. Milan Kucan est élu à la présidence.
- ❏ **1993** Membre du FMI et de la BIRD.
- ❏ **1998** Début des pourparlers d'adhésion à l'ONU.
- ❏ **2000** Éviction de Drnovsek, qui retourne aux affaires.
- ❏ **2004** Entrée dans l'UE en 2004. Entrée dans l'OTAN.

SANTÉ

 1 pour 476 habitants   Maladies cérébrovasculaires et cardiaques, cancers, accidents

Le système de santé slovène s'appuie sur des centres médico-sociaux et des services de consultation externes.

RICHESSES

CONSOMMATION ET DÉPENSES

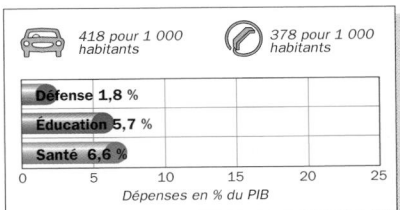

418 pour 1 000 habitants   378 pour 1 000 habitants

Défense 1,8 %
Éducation 5,7 %
Santé 6,6 %

Dépenses en % du PIB

La société slovène était la plus avancée et la plus industrialisée des six anciennes républiques yougoslaves. Les salaires sont à 60 % de la moyenne de l'UE.

CLASSEMENT MONDIAL

S

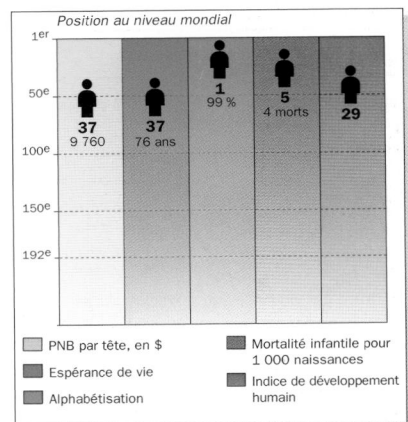

Position au niveau mondial

37 — 9 760
37 — 76 ans
1 — 99 %
5 — 4 morts
29

- ◻ PNB par tête, en $
- ◻ Espérance de vie
- ◻ Alphabétisation
- ◻ Mortalité infantile pour 1 000 naissances
- ◻ Indice de développement humain

SOMALIE

NOM OFFICIEL : République démocratique de Somalie   CAPITALE : Mogadiscio
POPULATION : 9,6 millions   MONNAIE : shilling somali   LANGUES OFFICIELLES : somali et arabe

AFRIQUE ORIENTALE   Afrique

   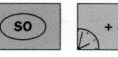

OCCUPANT la corne de l'Afrique, la Somalie indépendante naquit en 1960 de la fusion du Somaliland britannique et de l'ancien protectorat italien. Les terres sont semi-arides à l'exception d'une région plus fertile au sud. Des années de guerres opposant les différents clans du pays entraînèrent la chute du gouvernement central. Elles provoquèrent également l'intervention des ÉU et de l'ONU – dont le but était de faire face à l'immense mouvement de réfugiés – et la famine.

CLIMAT

DONNÉES MÉTÉOROLOGIQUES

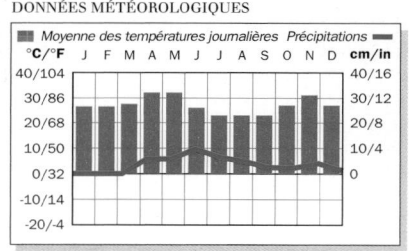

Le climat somalien est sec. L'Est est un peu moins chaud et plus sec que la côte Nord. À l'intérieur du pays, les températures sont extrêmement élevées.

TRANSPORTS

 **Mogadiscio international**   22 navires 11 400 tpl

RÉSEAU DE TRANSPORT

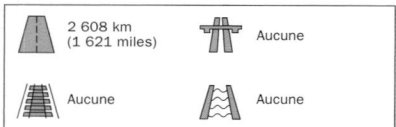

2 608 km (1 621 miles)		Aucune
Aucune		Aucune

50 % des Somalis sont des nomades pour qui le dromadaire constitue le principal moyen de transport. En 1990, l'AID accepta de rénover le réseau routier, mais en 2001, les travaux n'avaient toujours pas commencé.

TOURISME

 10 000 visiteurs   Peu de changement en 1998

PROVENANCE DES TOURISTES ÉTRANGERS

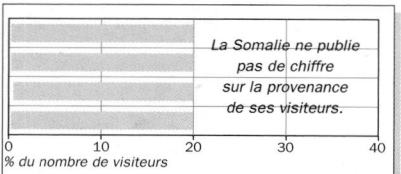

La Somalie ne publie pas de chiffre sur la provenance de ses visiteurs.

% du nombre de visiteurs

Les seuls visiteurs sont les représentants de l'aide humanitaire et les journalistes étrangers. Les mines pullulent.

Marché de Baydhabo. *L'agriculture de subsistance permet en gros de couvrir les besoins de la population malgré le chaos de la guerre.*

POPULATION

 Somali, arabe, anglais, italien   16 hab./km²

PART DE LA POPULATION URBAINE/RURALE

26 %   74 %

RELIGION

Chrétiens 2 %

Musulmans sunnites 98 %

Le tissu social, politique et commercial repose entièrement sur les clans. Sa structure se caractérise par des allégeances instables, tendance réprimée par la dictature de Siyaad Barre mais qui reprit après sa chute en 1991. En même temps qu'il réduisait le rôle traditionnel de médiateurs de justice des anciens, contribuant ainsi au vide politique actuel, Barre s'en prit aux Issas, entraînant la sécession du Somaliland en 1991. L'identité nationale est très forte, comme en témoigne le mouvement d'opposition général des Somaliens contre la force américaine de maintien de la paix sous l'égide de l'ONU.

POLITIQUE

1984/Incertain   Abdulkassim Salat Hassem, chef de l'État

AUX DERNIÈRES ÉLECTIONS
Assemblée nationale (suspendue)

On ne parle toujours pas de nouvelles élections depuis le renversement de Siyad Barré, une assemblée transitoire a été formée en 2000 sur une base non-partisanne.

La Somalie vit dans un état anarchique depuis la fuite du dictateur Siyaad Barre en 1991. Pris entre les conflits dans le Sud et le séparatisme dans le Nord, l'État unifié a éclaté. En 1992, les forces de paix des ÉU et de l'ONU présentes dans le Sud du pays ont échoué à confisquer le pouvoir aux factions en conflits. Durant les années 1990, les chefs de guerre rivaux, dont le puissant général Aïdid, ont combattu pour le pouvoir suprême. En 1997, un Conseil de salut national disparut sans laisser de traces. Une conférence d'hommes d'affaires et de personnalités influentes, réunie à Djibouti en 2000, installa une assemblée provisoire et proclama Abdulkassim Salat Hassem président. Le nouveau gouvernement, bien que chaleureusement accueilli à Mogadiscio, fut immédiatement rejeté par la plupart des chefs de guerre et par les séparatistes de Somaliland et de Puntland au Nord.

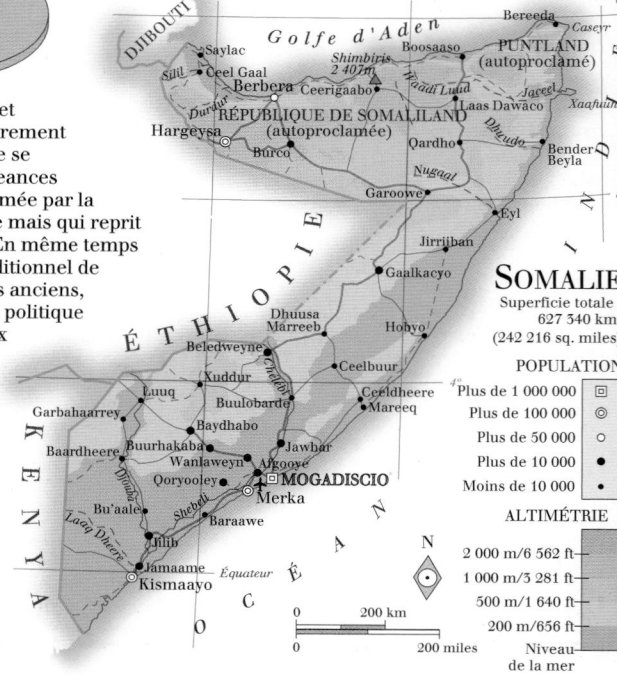

SOMALIE
Superficie totale :
627 340 km²
(242 216 sq. miles)

POPULATION
Plus de 1 000 000
Plus de 100 000
Plus de 50 000
Plus de 10 000
Moins de 10 000

ALTIMÉTRIE
2 000 m/6 562 ft
1 000 m/3 281 ft
500 m/1 640 ft
200 m/656 ft
Niveau de la mer

S

POLITIQUE EXTÉRIEURE

Après le retrait des EU (1995), la communauté internationale sembla avoir abandonné la Somalie jusqu'en 2000, année où elle approuva

l'assemblée de transition. Les relations avec l'Ethiopie sont très tendues ; la Somalie l'accuse de soutenir l'opposition armée. Les EU pensent que la Somalie accueille des terroristes, ce qui affecte leurs relations depuis le 11 septembre 2001.

AIDE INTERNATIONALE

 115 M $ (reçus)   Plus 44 % en 1999

Devant l'ampleur de la famine qui sévit en 1991, l'ONU organisa une importante opération humanitaire, appelant les forces nord-américaines à protéger les convois alimentaires des attaques des groupes armés.

DÉFENSE

 40 M $ Moins 2 % en 1999

Les anciens soldats ont été encouragés à se réengager. Des efforts de démobilisation des 75 000 hommes de la milice ont débuté en 2000.

ÉCONOMIE

 1,21 M $ 2 620 shilling somaliens

CHIFFRES SIGNIFICATIFS

- ❑ CLASSEMENT DU PNB AU NIVEAU MONDIAL ..151e
- ❑ PNB PAR HABITANT ....120 $
- ❑ BALANCE DES PAIEMENTS..............– 157 M $
- ❑ INFLATION........................ ....plus de 100 %
- ❑ CHÔMAGE ....très répandu

ATOUTS
Très peu. Reprise des exportations de bétail vers les pays arabes dans le Nord du pays. Apport financier des Somaliens vivant à l'étranger.

FAIBLESSES
Pénurie de tous les produits à l'exception des armes. Le potentiel économique du Sud du pays est limité. La sécheresse décime les troupeaux de bétail. Port de Mogadiscio fermé en octobre 2000 en raison de troubles sociaux.

EXPORTATIONS

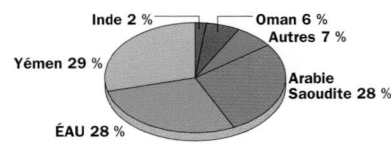

Inde 2 %
Oman 6 %
Autres 7 %
Yémen 29 %
Arabie Saoudite 28 %
ÉAU 28 %

IMPORTATIONS

Thaïlande 5 %
Inde 9 %
Autres 33 %
Kenya 12 %
Brésil 14 %
Djibouti 27 %

RESSOURCES

 15 700 tonnes   Pays non producteur

12 M d'ovins
11 M de caprins
5,8 M de chameaux
4,5 M de bovins

Sel, étain, zinc, cuivre, gypse, manganèse, uranium, fer

Les experts pétroliers soupçonnent l'existence d'importants gisements offshore dans le Nord. Le pays a signé un accord d'exploitation des gisements de pétrole avec une compagnie française en février 2001. Potentiel de minerais.

ENVIRONNEMENT

 0,3 % partiellement protégé   0,003 tonne par habitant

Les privations et la famine priment sur toute considération écologique.

MÉDIAS

 1 quotidien pour 1 000 habitants

PRESSE ET TÉLÉCOMMUNICATIONS

 5 quotidiens dont *Jamhuuriya*, *Qaran* et *Xiddigta Oktobar*

 2 chaînes limitées à la région de Mogadiscio

 11 stations essentiellement politiques et religieuses

Il existe trois stations de radio partisanes émettant à partir de Mogadiscio. Le Somali Television Network, chaîne indépendante multilingue, émet depuis 1999. Il y a pénurie de papier.

CRIMINALITÉ

 Pas de chiffre sur la population carcérale   Détérioration générale de l'ordre public depuis 1991

De vastes régions sont encore sous le contrôle de clans armés rivaux et de bandits. En 2001, le gouvernement provisoire a mis en place une police « nationale » à Mogadiscio. La *charia* (loi islamique) devenue, de fait, le système général est appliquée de façon improvisée par les anciens.

ÉDUCATION

 24 %    15 672 étudiants

La Somalie n'a plus de système éducatif depuis la guerre civile. En 1993, des cours furent improvisés en plein air dans les zones urbaines. Le somali n'est une langue écrite que depuis 1972.

CHRONOLOGIE

- ❑ **1880** Annexion par le RU et l'Italie.
- ❑ **1960** Indépendance.
- ❑ **1964–1987** Guerre avec l'Éthiopie au sujet d'Ogaden.
- ❑ **1969** Le général Siyaad Barre s'empare du pouvoir.
- ❑ **1991** Chute de Siyaad Barre. Le pays sombre dans l'anarchie provoquée par la lutte des clans rivaux. Grave famine. Sécession du Somaliland.
- ❑ **1992** Échec de l'intervention américaine.
- ❑ **1995** Retrait des troupes américaines.
- ❑ **1997** Accord signé par 26 clans.
- ❑ **2000** La conférence de réconciliation nationale nomme un gouvernement contesté par les chefs de guerre.
- ❑ **2001** Conseil somalien de réconciliation installé au sud.
- ❑ **2003** Projet d'une nouvelle autorité nationale.

SANTÉ

 1 pour 25 000 habitants   Maladies diarrhéiques, transmissibles et parasitaires

Le service de santé s'est effondré. Il existe des infrastructures médicales très rudimentaires, dirigées par des étrangers.

RICHESSES

CONSOMMATION ET DÉPENSES

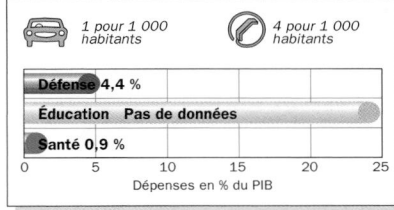

1 pour 1 000 habitants   4 pour 1 000 habitants

Défense 4,4 %
Éducation   Pas de données
Santé 0,9 %

0   5   10   15   20   25
Dépenses en % du PIB

Les chefs militaires s'enrichissent grâce à l'aide humanitaire qui est volée.

CLASSEMENT MONDIAL

S

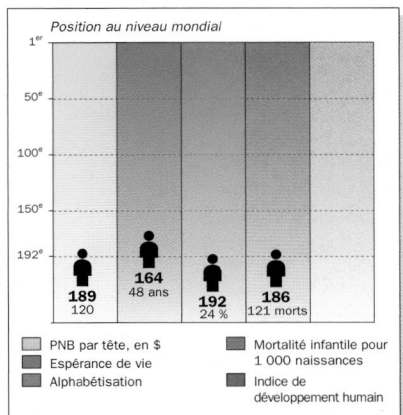

Position au niveau mondial

1er
50e
100e
150e
192e

189   164   192   186
120   48 ans   24 %   121 morts

PNB par tête, en $ Mortalité infantile pour 1 000 naissances
Espérance de vie
Alphabétisation   Indice de développement humain

SOUDAN

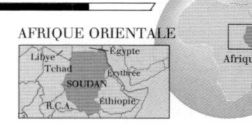
AFRIQUE ORIENTALE

NOM OFFICIEL : République du Soudan   **CAPITALE** : Khartoum
POPULATION : 32,6 millions   **MONNAIE** : livre ou dinar soudanais   **LANGUE OFFICIELLE** : arabe

 1956   1956   1er janv.    SUD   + 2   + 249   .sd

SITUÉ en bordure de la mer Rouge, le Soudan est le plus grand pays d'Afrique. Il offre une grande variété de paysages : désertiques au Nord, de végétation riche et tropicale au Sud, en passant par les plaines verdoyantes et les marécages du centre. Les tensions opposant le Nord arabe au Sud africain ont entraîné le pays dans deux guerres civiles depuis 1956, date de l'indépendance du Soudan. Le second de ces conflits n'a pas encore trouvé de solution. Le coup d'État de 1989 a porté au pouvoir un régime militaire fondamentaliste islamique.

Caravane de dromadaires dans le Nord. La sécheresse et la guerre expliquent l'importance des besoins en aide alimentaire.

CLIMAT

DONNÉES MÉTÉOROLOGIQUES

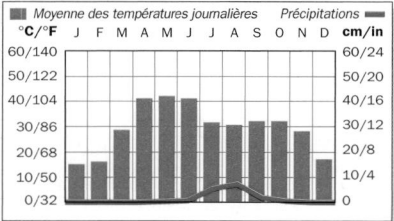

La moitié Nord du Soudan est un désert chaud et aride. Le reste du pays est marqué par une saison des pluies dont la durée varie de deux à huit mois.

TRANSPORTS

 Khartoum International   19 navires 43 078 tpl

RÉSEAU DE TRANSPORT

4 320 km (2 684 miles)		Aucune
4 595 km (2 855 miles)		5 310 km (3 299 miles)

La ligne de chemin de fer et la route qui relient Port Soudan à Khartoum sont les principaux axes de communication.

TOURISME

 50 000 visiteurs   Plus 28 % en 2000

PROVENANCE DES TOURISTES ÉTRANGERS

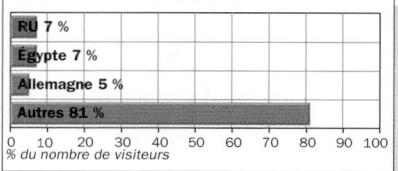

| RU 7 % |
| Égypte 7 % |
| Allemagne 5 % |
| Autres 81 % |

0 10 20 30 40 50 60 70 80 90 100
% du nombre de visiteurs

La guerre civile a mis fin à l'activité touristique. Les visiteurs sont des employés d'organismes d'aide humanitaire ou des hommes d'affaires.

POPULATION

 Arabe, dinka, nuer, nubien, beja, zande, bari, fur, shilluck, lotuko   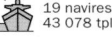 12 hab./km²

PART DE LA POPULATION URBAINE/RURALE

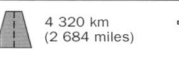

35 %   **65 %**

RELIGION

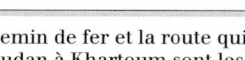

Autres 1 %   Chrétiens 9 %
Croyances locales 20 %
Musulmans (principalement sunnites) 70 %

Le Soudan compte un grand nombre de groupes ethniques et linguistiques. Quelque deux millions de Soudanais sont nomades. La principale fracture sociale oppose les musulmans arabisés du Nord à la population principalement africaine, animiste ou chrétienne du Sud. Les tentatives pour imposer les valeurs arabes et islamiques à l'ensemble du pays sont à l'origine de la guerre civile, qui ravage le Sud depuis 1983. Les rebelles se sont scindés en deux factions rivales, opposant les groupes ethniques aux Dinkas, la plus grande tribu du Sud. Il existe des communautés non arabes au Nord, ainsi que dans la région de Darfour. Les femmes qui refusent de porter l'habit islamique peuvent faire l'objet de harcèlement, voire de flagellation publique.

SOUDAN

Superficie totale : 2 376 000 km² (917 374 sq. miles)

0 ————— 400 km
0 ————— 400 miles

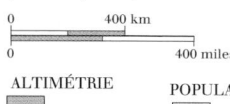

ALTIMÉTRIE

2 000 m/6 562ft
1 000 m/3 281ft
500 m/1 640ft
200 m/656ft
Niveau de la mer

POPULATION
◉ Plus de 500 000
◎ Plus de 100 000
○ Plus de 50 000
● Plus de 10 000
· Moins de 10 000

POLITIQUE

 2000/2004   Lieutenant général Omar Hassan Ahmad el-Béchir

AUX DERNIÈRES ÉLECTIONS
Assemblée nationale 400 membres

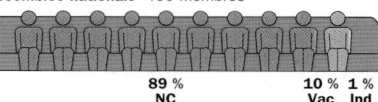

89 % **NC**   **10 %** **Vac**   **1 %** **Ind**

NC = Congrès National   **Vac** = Vacant   **Ind** = Indépendants

Ayant mis sur la touche son principal rival politique islamiste, l'ex-chef du NC Hassan al-Turabi, le général Omar Béchir, convoqua une conférence de réconciliation nationale au milieu de l'année 2000. Les élections de décembre tenues dans le cadre de la Constitution de 1999 autorisant les « associations politiques » ont été boycottées par l'opposition et ont permis à Béchir de revenir au pouvoir. La volonté de l'Armée de libération du peuple soudanais (SPLA) a laissé entrevoir la possibilité de mettre fin à près de 20 ans de conflit entre le Nord musulman et le Sud chrétien.

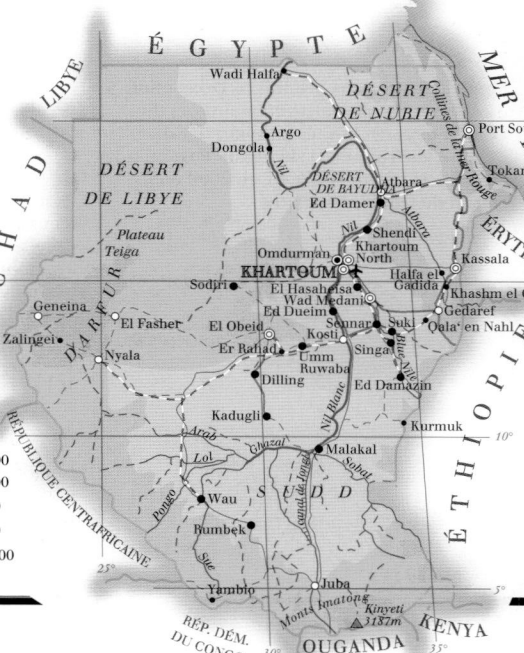

S

POLITIQUE EXTÉRIEURE

Depuis le soutien soudanais apporté à l'Irak lors de la guerre du Golfe en 1991 et à cause des soupçons de soutien au terrorisme, le pays est isolé. Seuls l'Iran, le Yémen et la Libye ont maintenu de bonnes relations.

AIDE INTERNATIONALE

 243 M $ reçus   Plus 16 % en 1999

La seule aide importante provient d'Iran. Les fonds du FMI ont été coupés en 1990.

DÉFENSE

 424 M $ Plus 11 % en 1999

Le NC contrôle l'armée et la police et possède sa propre milice paramilitaire. L'armée soudanaise, forte d'une centaine de milliers d'hommes, est engagée dans une guerre contre les deux factions de la SPLA qui sont d'une taille équivalente.

ÉCONOMIE

 10,7 M $ 258,7 dinars soudanais

CHIFFRES SIGNIFICATIFS

❏ CLASSEMENT DU PNB AU NIVEAU MONDIAL	86e
❏ PNB PAR HABITANT	330 $
❏ BALANCE DES PAIEMENTS	– 465 M $
❏ INFLATION	16 %
❏ CHÔMAGE	30 %

ATOUTS
Coton, gomme arabique, sésame, sucre. Extraction d'or en petites quantités.

FAIBLESSES
Faible industrialisation. Manque de devises étrangères pour l'importation d'énergie et de pièces détachées destinées à l'industrie. La guerre empêche l'exploitation des réserves pétrolières. Sécheresse. Les bailleurs de fonds et les investisseurs arabes se sont détournés du pays.

EXPORTATIONS

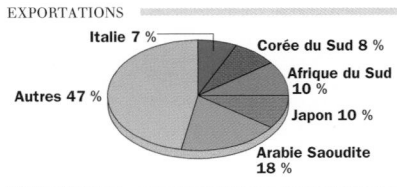

Italie 7 %
Corée du Sud 8 %
Afrique du Sud 10 %
Japon 10 %
Arabie Saoudite 18 %
Autres 47 %

IMPORTATIONS

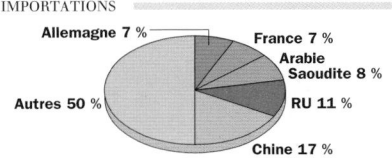

Allemagne 7 %
France 7 %
Arabie Saoudite 8 %
RU 11 %
Chine 17 %
Autres 50 %

RESSOURCES

 48 072 tonnes   Réserves : 300 M de barils

 42,8 M d'ovins 37,8 M de bovins 41,5 M de poulets   Pétrole, gaz, or, cuivre, gypse, marbre, mica, argent, chrome, zinc

D'importants gisements de pétrole et de gaz ont été découverts au cours des années 1980, mais n'ont pu être exploités que depuis 1999 en raison du conflit. La production électrique est insuffisante et les coupures d'une semaine sont fréquentes.

ENVIRONNEMENT

 4 % (0,3 % partiellement protégé)   0,1 tonne par habitant

Les crues du Nil Blanc vers le Sudd, le plus grand marécage de la planète qui est aussi un riche habitat naturel, auraient pu être affectées par le projet d'irrigation du canal de Jonglei qui a été interrompu en 1986.

MÉDIAS

 27 quotidiens pour 1 000 habitants

PRESSE ET TÉLÉCOMMUNICATIONS

 7 quotidiens dont *Al-Anbaa, Ar-Rai al-Amm* et *Al-Nasr*

 1 chaîne publique   2 stations de radio dont une privée.

Les médias sont sous le contrôle du gouvernement ou de l'armée et sont soumis à une stricte censure.

CRIMINALITÉ

 6 603 détenus   Moins 7 % en 1992-1994

L'opposition est souvent réprimée avec violence et la torture policière est courante. En 1996, l'ONU a condamné Soudan en matière de respect des droits de l'homme.

ÉDUCATION

 58 %   59 824 étudiants

Des mesures d'islamisation prévoient deux années de cours de religion islamique au primaire, et les Soudanais désireux d'entrer à l'université doivent d'abord faire un an de service au sein de la milice.

SANTÉ

 1 pour 10 000 habitants   Maladies infectieuses et parasitaires, malnutrition

La qualité des soins en zone rurale reste assez rudimentaire. La guerre civile a entraîné une recrudescence des maladies transmissibles, en particulier des infections parasitaires.

CHRONOLOGIE

Le Nord du Soudan fut occupé par l'Égypte à partir de 1821 et le Sud par les Britanniques à partir de 1877.

❏ **1883** Révolte islamique au Soudan sous l'égide de Muhammad Ahmed, le Mahdi.
❏ **1898** Les mahdistes sont vaincus. Établissement d'un condominium anglo-égyptien.
❏ **1954** Statut de gouvernement autonome.
❏ **1956** Indépendance.
❏ **1958–1964** L'armée est au pouvoir.
❏ **1965** Révolution civile, élections.
❏ **1969** Coup d'État du colonel Nimeri.
❏ **1973** L'Union socialiste soudanaise est le seul parti du pays.
❏ **1983** La rébellion sudiste reprend. Application de la charia.
❏ **1986** Coup d'État militaire.
❏ **1989** El-Béchir s'empare du pouvoir.
❏ **1991** Institution du code pénal de la charia. Le Soudan soutient l'Irak dans la guerre du Golfe.
❏ **2000** El-Béchir écarte le fondamentaliste Al-Turabi.
❏ **2002** Cessez-le feu avec la SPLA. Recrudescence des combats dans le sud pétrolier.

RICHESSES

CONSOMMATION ET DÉPENSES

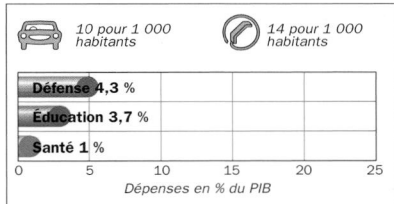

10 pour 1 000 habitants   14 pour 1 000 habitants

Défense 4,3 %
Éducation 3,7 %
Santé 1 %

Dépenses en % du PIB

Le NC et les chefs rebelles sudistes se partagent les richesses. La majorité des Soudanais est réduite à la misère.

CLASSEMENT MONDIAL

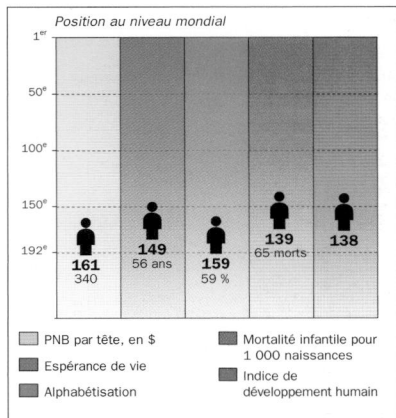

Position au niveau mondial

161 340
149 56 ans
159 59 %
139 65 morts
138

❏ PNB par tête, en $
❏ Espérance de vie
❏ Alphabétisation
❏ Mortalité infantile pour 1 000 naissances
❏ Indice de développement humain

S

SRI LANKA

NOM OFFICIEL : République socialiste démocratique du Sri Lanka   CAPITALE : Colombo
POPULATION : 19,3 millions   MONNAIE : roupie sri-lankaise   LANGUE OFFICIELLE : cinghalais

   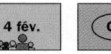

ASIE DU SUD
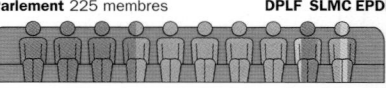

SÉPARÉ DE L'INDE par le détroit de Palk, le Sri Lanka comprend une grande île et plusieurs îlots coralliens au nord, connus sous le nom de Pont d'Adam. L'île principale est dominée par une région montagneuse au relief très accidenté. Les plaines fertiles du nord sont sillonnées de rivières et bordées au sud-est par le Mahaweli. La vie politique sri lankaise est dominée par le conflit opposant le gouvernement aux Tamouls, qui réclament un État indépendant.

POLITIQUE

2001/2007   Chandrika Kumaratunga, présidente de la République

AUX DERNIÈRES ÉLECTIONS
Parlement 225 membres

1 % DPLF   2 % SLMC   1 % EPDP

34 % PA   48 % UNP   7 % JVP   7 % TULF

PA = Alliance populaire (dont le SLFP = Parti de la liberté du Sri Lanka)   UNP = Parti national unifié   JVP = Front de libération du peuple   SLMC = Congrès musulman du Sri Lanka   TULF = Front de libération tamoul unifié   EPDP = Parti démocratique de l'Eelam   DPLF = Front de libération populaire et démocratique

Le conflit entre Tamouls et Cinghalais est au centre des débats politiques. Une guerre civile éclata en 1983, opposant les Tigres de libération de l'Eelam tamoul (LTTE ou Tigres tamoul) au gouvernement. Les LTTE revendiquent la création d'un État indépendant. Le gouvernement refuse quant à lui le fédéralisme. Les dernières tentatives de paix en 1995 furent un échec. Depuis, l'importance des offensives militaires et la reprise des attentats du LTTE ont entraîné un durcissement des positions. La gauche de l'Alliance du peuple de Chandrika Kumaratunga est au pouvoir depuis 1994 malgré l'échec de la paix. Le clergé bouddhiste aide le nationalisme cinghalais.

CLIMAT

DONNÉES MÉTÉOROLOGIQUES
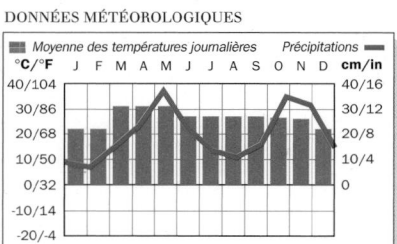
Le climat est tropical, avec des brises soufflant sur le littoral et des vents frais en montagne. Le Nord-Est est plus sec.

TRANSPORTS

Bandaranaike, Colombo 2,65 M de passagers   60 navires 189 200 tpl

RÉSEAU DE TRANSPORT
10 721 km (6 662 miles)   Aucune
1 463 km (909 miles)   430 km (267 miles)

Le trafic est très dense sur les routes principales et la circulation y est lente, mais les voies d'accès aux stations balnéaires sont en cours de rénovation.

TOURISME

400 000 visiteurs   Moins 8 % en 2000

PROVENANCE DES TOURISTES ÉTRANGERS
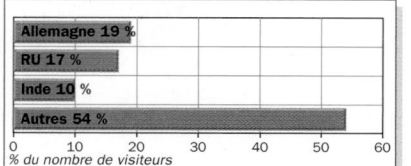
Allemagne 19 %
RU 17 %
Inde 10 %
Autres 54 %
% du nombre de visiteurs

Le Sri Lanka demeure une destination très prisée en dépit de la guerre civile. Une attaque tamoule en juillet 2001 sur la base aérienne militaire proche de l'aéroport de Colombo a mis en danger la vie de dizaines de touristes.

POPULATION

Cinghalais, tamoul, cinghalais-tamoul, anglais   284 hab./km²

PART DE LA POPULATION URBAINE/RURALE
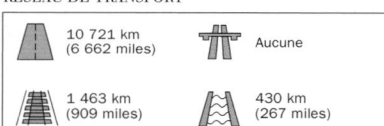
23 %   77 %

COMPOSITION ETHNIQUE
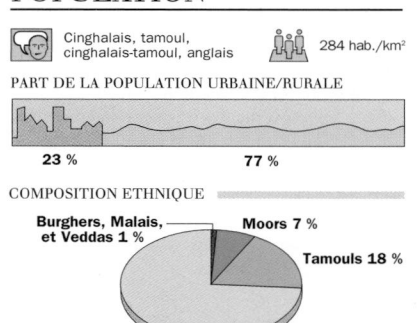
Burghers, Malais, et Veddas 1 %   Moors 7 %   Tamouls 18 %
Cinghalais 74 %

Les tensions interethniques entre la minorité tamoule et la majorité cinghalaise dégénérèrent en guerre civile à partir de 1983. Les colons anglais avaient privilégié la minorité tamoule. Après leur départ, on tenta de rétablir l'équilibre en votant des lois en faveur des Cinghalais. Les Tamouls eurent alors le sentiment d'être marginalisés et engagèrent des actions séparatistes. Le conflit a aussi une dimension religieuse. Les Cinghalais sont en majorité bouddhistes, tandis que les Tamouls sont musulmans ou hindous.

SRI LANKA
Superficie totale : 64 740 km² (24 996 sq. miles)

POPULATION
Plus de 500 000
Plus de 100 000
Plus de 50 000
Plus de 10 000
Moins de 10 000

ALTIMÉTRIE
2 000 m/6 562ft
1 000 m/3 281ft
500 m/1 640ft
200 m/656ft
Niveau de la mer

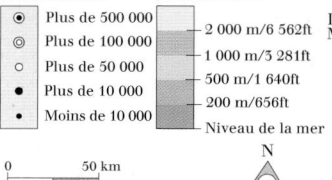

POLITIQUE EXTÉRIEURE

Comm | G24 | MNA | AASCR | OMC

Les relations avec l'Inde sont essentielles. Cependant, les Tigres tamouls ont rejeté le rôle de l'Inde comme médiateur, et celle-ci a dû retirer ses troupes, remplacée par la Norvège ces dernières années.

AIDE INTERNATIONALE

 251 M $ (reçus)　　 Moins 49 % en 1999

Réponse favorable aux donateurs occidentaux exigeant des améliorations en matière de droits de l'homme.

DÉFENSE

 807 M $　　 Plus 40 % en 2000

Une campagne de recrutement a été lancée pour constituer une troupe de 10 000 hommes destinée à combattre les Tigres tamouls.

ÉCONOMIE

 16,4 Md $　　 96,1-97,1 roupies sri-lankaises

CHIFFRES SIGNIFICATIFS

- ❑ CLASSEMENT DU PNB AU NIVEAU MONDIAL 73ᵉ
- ❑ PNB PAR HABITANT............................880 $
- ❑ BALANCE DES PAIEMENTS...............– 265 M $
- ❑ INFLATION.....................................14,2 %
- ❑ CHÔMAGE...9 %

ATOUTS
Principal exportateur mondial de thé. Des zones de développement des industries exportatrices et des programmes de privatisations attirent les investissements étrangers. Le gouvernement de gauche du président Kumaratunga a continué à vendre le patrimoine de l'État.

FAIBLESSES
La guerre civile coûte cher et dissuade les investisseurs et les touristes.

EXPORTATIONS

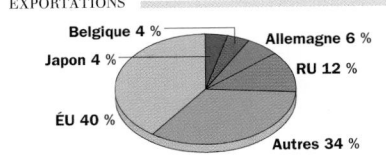

Belgique 4 % | Allemagne 6 %
Japon 4 % | RU 12 %
ÉU 40 %
Autres 34 %

IMPORTATIONS

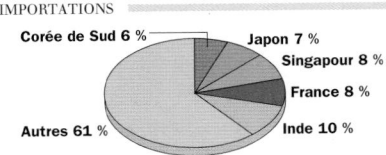

Corée de Sud 6 % | Japon 7 %
Singapour 8 %
France 8 %
Autres 61 % | Inde 10 %

Le Pic Adam *est un site religieux sur le sommet duquel se trouve un lieu de pèlerinage bouddhiste.*

RESSOURCES

 247 000 tonnes　　 Pays non producteur, raffine 50 000 b/j

1,62 M de bovins
727 700 buffles
9,92 M de poulets
 Pierre gemme, graphite, fer, monazite, uranium, ilménite, argile

Le Sri Lanka doit importer son pétrole. La production hydroélectrique couvre 75 % de ses besoins ; les sécheresses sont fréquentes et l'approvisionnement est parfois erratique. Le pays est soucieux de diversifier ses sources d'énergie (énergie thermique charbonnière).

ENVIRONNEMENT

 13 % (4 % partiellement protégés)　　 0,4 tonne par habitant

Politique réussie de promotion des parcs nationaux, malgré l'opposition du peuple Veddha, qui occupait traditionnellement ces régions.

MÉDIAS

 29 quotidiens pour 1 000 habitants

PRESSE ET TÉLÉCOMMUNICATIONS

 13 quotidiens, dont : *Daily News, Dawasa, Observer, Dinamina*

 4 chaînes indépendantes　　 5 stations dont 4 privées

La censure de la presse a été imposée en 1995 pour contrôler les reportages de guerre locaux. Depuis 1998, les journalistes étrangers sont confrontés au même problème.

CRIMINALITÉ

 14 128 détenus　　 Plus 52 % en 1992-1996

L'armée et les Tigres tamouls ont été accusés de violer les droits de l'homme. La guerre civile a fait au moins 30 000 morts depuis 1983.

ÉDUCATION

 92 %　　 63 660 étudiants

Le taux d'alphabétisation est le plus élevé des pays en développement. De nombreux Sri Lankais accèdent à l'université.

CHRONOLOGIE

Le Sri Lanka est habité dès le VIᵉ siècle. Appelée Ceylan par le RU, l'île devient indépendante en 1948.

- ❑ **1948** Les Indiens tamouls perdent leurs droits de vote et civiques.
- ❑ **1956** Le SFLP remporte les élections et promeut la langue cinghalaise.
- ❑ **1972** Prend le nom de Sri Lanka.
- ❑ **1983** Les Tigres tamouls commencent une guerre civile.
- ❑ **1994** Chandrika Kumaratunga devient président.
- ❑ **1995–1996** Échec des négociations de paix, reprise de la guerre civile.
- ❑ **1999** Kumaratunga échappe à une tentative d'assassinat et est réélu.
- ❑ **2002** Cessez-le-feu : vers la fin de la guerre civile.
- ❑ **2004** Processus de paix menacé.

SANTÉ

 1 pour 5 000 habitants　　 Crises cardiaques, cancers, pneumonies, attaques

Système de santé gratuit et accessible à tous. La médecine ayurvédique reste très populaire.

RICHESSES

CONSOMMATION ET DÉPENSES

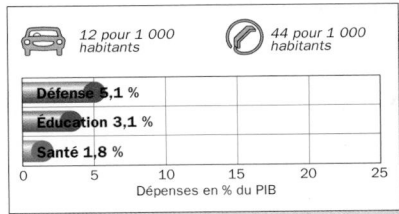

12 pour 1 000 habitants　　44 pour 1 000 habitants

Défense 5,1 %
Éducation 3,1 %
Santé 1,8 %

Dépenses en % du PIB

La croissance a créé une classe de riches Cinghalais. Les employés des exploitations de thé sont les plus pauvres.

CLASSEMENT MONDIAL

S

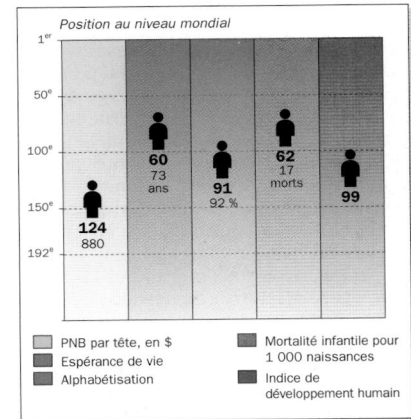

Position au niveau mondial

124 880
60 73 ans
91 92 %
62 17 morts
99

PNB par tête, en $
Espérance de vie
Alphabétisation
Mortalité infantile pour 1 000 naissances
Indice de développement humain

SUÈDE

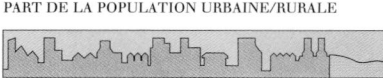

NOM OFFICIEL : Royaume de Suède **CAPITALE** : Stockholm

POPULATION : 8,8 millions **MONNAIE** : couronne suédoise **LANGUE OFFICIELLE** : suédois

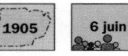

OCCUPANT LA PÉNINSULE scandinave entre la Norvège et la Finlande, la Suède est couverte d'une forêt dense, et les lacs occupent une superficie importante. L'extrémité septentrionale est située au-delà du cercle polaire. Les régions méridionales sont en majorité fertiles et cultivées. La Suède, dont le système de protection sociale est l'un des plus développés au monde, est également l'un des pays les plus avancés en matière d'égalité entre les sexes. Les industries de pointe et la production automobile, avec Volvo et Saab, sont deux secteurs puissants de l'économie. En janvier 1995, la Suède est devenue membre de l'UE.

POPULATION

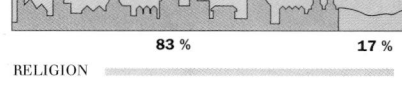

Suédois, finlandais, sami   22 hab./km²

PART DE LA POPULATION URBAINE/RURALE

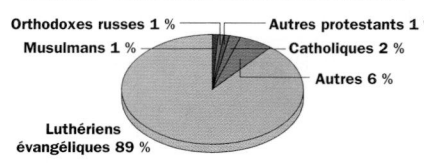

83 %   17 %

RELIGION

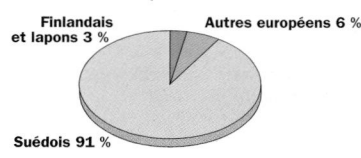

Orthodoxes russes 1 % — Autres protestants 1 %
Musulmans 1 % — Catholiques 2 %
Autres 6 %
Luthériens évangéliques 89 %

COMPOSITION ETHNIQUE

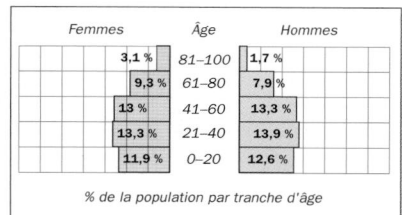

Finlandais et lapons 3 %   Autres européens 6 %

Suédois 91 %

CLIMAT

DONNÉES MÉTÉOROLOGIQUES

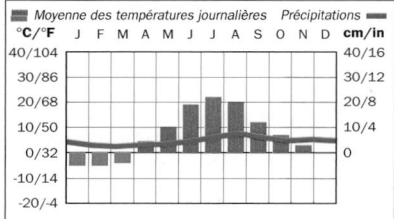

Le climat suédois est continental. La façade orientale est plus froide et il est fréquent que la Mer baltique gèle en hiver. L'été est frais sur l'ensemble du pays. Les écarts de température sont peu importants entre les régions du Nord et du Sud.

TRANSPORTS

 Arlanda, Stockholm 17,4 M de passagers   412 navires 2,9 M tpl

RÉSEAU DE TRANSPORT

 163 453 km (101 565 miles)   1 439 km (894 miles)

 10 799 km (6 710 miles)   2 052 km (1 275 miles)

L'entretien et l'amélioration des réseaux de transport est d'un intérêt vital pour la Suède qui est le quatrième pays européen de par sa superficie. Les gouvernements suédois successifs ont traditionnellement effectué des dépenses importantes pour l'infrastructure, le transport étant considéré comme un moyen de soutenir l'activité économique dans son ensemble. Un axe de 16 km reliant Malmö à Copenhague par un pont routier et ferroviaire au-dessus du détroit d'Øresund a été ouvert à la circulation en 2000, reliant la Suède au Danemark et au reste de l'Europe. Une nouvelle ligne ferroviaire entre Stockholm et l'aéroport d'Arlanda est en projet.

TOURISME

 2,6 M de visiteurs   Plus 1 % en 1999

PROVENANCE DES TOURISTES ÉTRANGERS

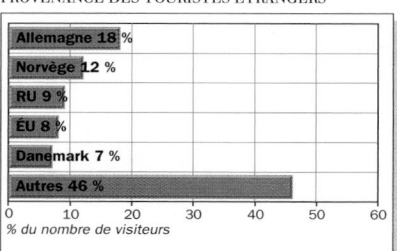

Allemagne	18 %
Norvège	12 %
RU	9 %
EU	8 %
Danemark	7 %
Autres	46 %

% du nombre de visiteurs

La Suède a connu un véritable essor touristique au cours des années 1970 et 1980. Stockholm est célèbre pour ses palais, tandis que le succès international du groupe pop Abba a vivifié la vie nocturne de la capitale. Les touristes qui visitent Stockholm sont en majorité jeunes et aisés. Bien qu'il y ait en Suède moins de lacs qu'en Finlande, et que ses paysages ne soient pas aussi exceptionnels que ceux de Norvège, le pays offre une grande variété de sites naturels. Les montagnes du « Soleil de minuit » s'étendent au nord du cercle polaire, tandis que le Sud compte de nombreuses plages de sable blanc. Certains touristes sont également sensibles aux vastes étendues désertiques ainsi qu'au mode de vie simple et communautaire des campagnes.

***Petite ferme du Darlana**, région du centre de la Suède, couverte de forêts sur plus de 50 % de sa superficie. Les industries du bois et du papier réalisent 20 % des exportations suédoises.*

Comme dans le reste de la Scandinavie, la société repose sur la famille nucléaire. Le taux de natalité est bas avec une moyenne de moins de deux enfants par famille. Le mariage est de moins en moins fréquent et le concubinage se généralise. La Suède est par tradition une société égalitaire. Pour les Suédois, le rôle de l'État est de garantir les conditions nécessaires pour que chaque individu, homme ou femme, puisse parvenir à l'indépendance économique par le travail. Le système de protection sociale est également l'un des plus développés du monde. La récession du début des années 1990 a entraîné une diminution des bénéfices et la prise de mesures d'austérité, comme la fermeture d'un grand nombre de crèches qui gêne les mères de famille. Malgré une législation libérale en matière de droit d'asile, la Suède est par ailleurs très stricte quant à sa politique d'immigration. Les tensions raciales sont rares bien que des réfugiés bosniaques aient été attaqués par des extrémistes de droite. Une communauté de 17 000 Samis (ou Lapons) vit dans le nord de la Suède. Leur mode de vie traditionnel est protégé.

PYRAMIDE DES ÂGES

Femmes	Âge	Hommes
3,1 %	81–100	1,7 %
9,3 %	61–80	7,9 %
13 %	41–60	13,3 %
13,3 %	21–40	13,9 %
11,9 %	0–20	12,6 %

% de la population par tranche d'âge

S

POLITIQUE

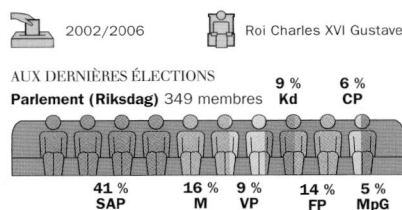

2002/2006   Roi Charles XVI Gustave

AUX DERNIÈRES ÉLECTIONS
Parlement (Riksdag) 349 membres

| 41 % | 16 % | 9 % | 14 % | 5 % | 9 % | 6 % |
| SAP | M | VP | FP | MpG | Kd | CP |

SAP = Parti travailliste social-démocrate **M** = Parti modéré
VP = Parti de gauche **Kd** = Parti chrétien-démocrate
CP = Parti centriste **FP** = Parti libéral **MpG** = Verts

La Suède est une monarchie
constitutionnelle avec un parlement élu
dirigé par le Premier ministre.

PRINCIPAUX PROBLÈMES POLITIQUES
L'adhésion à l'UE
La Suède a rejoint l'UE en 1995 en même
temps que l'Autriche et la Finlande mais
elle a, à l'instar du RU et du Danemark,
rejeté l'introduction de l'euro pour 1999.
La suède soutient l'élargissement de l'UE
aux pays d'Europe de l'Est.

Le coût élevé des dépenses sociales
Le coût du système de protection
sociale avait contribué aux énormes
déficits budgétaires des années 1980
et du début des années 1990. Alors que
les dérapages budgétaires ont fini par
être maîtrisés, la pression financière
exercée par le chômage
relativement élevé et le nombre
croissant de retraités reste forte.

PROFIL
La vie politique suédoise
se partage entre le parti
monolithique des sociaux-
démocrates (SDAP) et les
syndicats pour la gauche,
et une foule de partis
centristes et conservateurs.
Les premiers sont au
pouvoir depuis les années

SUÈDE

Superficie totale : 411 620 km²
(158 926 sq. miles)

POPULATION
⊡ Plus de 1 000 000
◎ Plus de 100 000
○ Plus de 50 000
● Plus de 10 000

ALTIMÉTRIE
1 000 m/3 281ft
500 m/1 640ft
200 m/656ft
Niveau de la mer

N

0   100 km
0   100 miles

1930, à l'exception de la période 1976-1982
et 1991-1994.
Lors des élections de 1994, les sociaux-
démocrates n'obtinrent pas la majorité des
sièges parlementaires et Ingvar Carlsson,
chef du SDAP, fut élu pour former un
gouvernement de minorité. En 1998,
le SDAP perdit encore du terrain.

Charles XVI Gustave,
*accéda à la couronne
en 1973. Son rôle est
purement honorifique.*

Göran Persson
*occupa le poste
de Premier ministre
en 1996.*

POLITIQUE EXTÉRIEURE

UE   CE   CN   OCDE   CSCE

Le but principal de la Suède a été de
procéder aux ajustements nécessaires à
son intégration au sein de l'UE. En 1998,
le parlement a ratifié les accords de
Schengen de libre circulation des
personnes au sein de neuf pays de l'UE.
Depuis l'effondrement de l'URSS, la
Suède est revenue sur sa neutralité et
a maintenant un statut d'observateur
au sein de l'UEO et de l'OTAN. Cela
constitue un revirement par rapport à
la politique pratiquée du temps d'Olof
Palme, Premier ministre des années
1980, lorsque la Suède était un fervent
détracteur de la politique anti-soviétique
des ÉU.

AIDE INTERNATIONALE

 1,63 Md $ (versé)   Plus 4 % en 1999

La Suède est l'un des rares pays à dépasser
l'objectif de 0,7 % du PIB consacré à l'aide
internationale . Les principaux
bénéficiaires sont les pays affricains.

CHRONOLOGIE

L'histoire de la Suède a été
étroitement liée au contrôle de la
Baltique et de ses routes maritimes
extrêmement lucratives. Sous le
règne de la maison des Vasa, la
Suède devint une puissance
dominante dans la région. Au XVIIIᵉ
siècle, elle a perdu une bonne partie
de son autorité face à la Russie.

❑ **1814–1815** La Suède cède des
territoires à la Russie et au
Danemark.
❑ **1865–1866** Le ministre de la Justice
Louis De Greer fait du Riksdag un
parlement bicaméral.
❑ **1905** Indépendance de la Norvège.
❑ **1911** Premier gouvernement libéral.
❑ **1914** Le gouvernement démissionne
suite à un désaccord en matière de
politique de défense.
❑ **1914–1917** La Suède reste neutre
mais approvisionne l'Allemagne.
Blocus des Alliés.

S

CHRONOLOGIE *SUITE*

- ❏ **1917** Pénurie alimentaire. Chute du gouvernement conservateur. Nils Eden forme un gouvernement libéral : limitation des exportations pour contribuer à l'effort de guerre allemand.
- ❏ **1919** Suffrage universel.
- ❏ **1921** La Suède doit céder les îles Åland à la Finlande par représailles pour son rôle pendant la guerre.
- ❏ **1932** Grave récession. Élection du gouvernement social-démocrate, présidé par Per Albin Hannsson.
- ❏ **1939–1945** Neutralité de la Suède. Accorde des droits de transit aux forces allemandes.
- ❏ **1945–1976** Le renouvellement des mandats pour la social-démocratie sous Tage Erlander permet d'éviter le « socialisme fonctionnel ». La Suède passe au rang des pays les plus avancés en matière de politique sociale et des nations les plus riches.
- ❏ **1950** Gustave VI Adolphe devient roi.
- ❏ **1959** Membre fondateur de l'AELE.
- ❏ **1969** Olof Palme succède à T. Erlander aux fonctions de Premier ministre.
- ❏ **1973** Charles XVI Gustave accède à la couronne.
- ❏ **1975** Fin du bicamérisme du Ricksdag.
- ❏ **1976** Le SDAP perd le pouvoir. Gouvernement formé d'une coalition et conduit par Thorbjörn Fälldin.
- ❏ **1978** Démission de T. Fälldin suite à une controverse sur l'énergie nucléaire. Ola Ullsten devient Premier ministre.
- ❏ **1979** T. Fälldin est de nouveau Premier ministre.
- ❏ **1982** Élections. Le SDAP forme un gouvernement minoritaire. O. Palme devient Premier ministre.
- ❏ **1986** O. Palme est assassiné. Son adjoint, Ingvar Carlsson, lui succède.
- ❏ **1990** L. Carlsson introduit des mesures d'austérité modérées.
- ❏ **1991** Juillet : démission de Carlsson. Octobre, Carl Bildt, chef du parti modéré (MS) forme une coalition de partis non socialistes.
- ❏ **1992** Les mesures d'austérité parviennent à réduire l'inflation. Novembre, le SDAP refuse de soutenir une politique qui prévoit d'augmenter les restrictions.
- ❏ **1994** Les conditions de l'adhésion à l'UE sont fixées. Les élections provoquent le retour du SAP au pouvoir. Un référendum entérine l'adhésion à l'UE.
- ❏ **1995** Adhésion à l'UE.
- ❏ **1998** Persson préserve son portefeuille grâce au soutien des Verts et des « non- socialistes ».
- ❏ **2001** Réforme de la défense.
- ❏ **2002** Elections : le SAP en tête mais sans majorité.

DÉFENSE

 5,25 Md $ Moins 9 % en 1999

FORCES ARMÉES SUÉDOISES

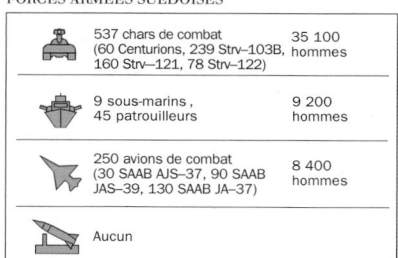

	537 chars de combat (60 Centurions, 239 Strv–103B, 160 Strv–121, 78 Strv–122)	35 100 hommes
	9 sous-marins, 45 patrouilleurs	9 200 hommes
	250 avions de combat (30 SAAB AJS–37, 90 SAAB JAS–39, 130 SAAB JA–37)	8 400 hommes
	Aucun	

La Suède entretient une force militaire puissante et sophistiquée reposant en particulier sur une production nationale de haute technologie qui fournit la plupart de ses équipements, notamment dans le domaine des avions de chasse (SAAB) et de l'artillerie anti-aérienne (Bofors). Toutefois, la fin de la guerre froide a changé ses priorités stratégiques : la Suède se sent moins liée par sa neutralité ; elle a participé à des partenariats avec l'OTAN pour des programmes de paix depuis 1994, et elle a un statut d'observateur à l'UEO. En 1999, les autorités ont annoncé des baisses dans les dépenses de défense présageant une réduction de moitié des forces armées après la disparition de la menace dans la région baltique et scandinave. Un programme de réforme décennal a été mis en place en 2001.

ÉCONOMIE

 236,9 Mds $ 8,543-9,436 couronnes suédoises

CHIFFRES SIGNIFICATIFS

- ❏ CLASSEMENT DU PNB AU NIVEAU MONDIAL 21ᵉ
- ❏ PNB PAR HABITANT ....25 400 $
- ❏ BALANCE DES PAIEMENTS… ....6,7 Md $
- ❏ INFLATION...2,4 %
- ❏ CHÔMAGE ....4 %

EXPORTATIONS

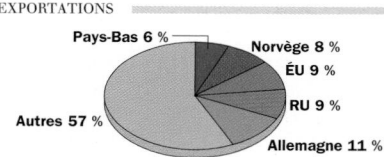

Pays-Bas 6 %
Norvège 8 %
ÉU 9 %
RU 9 %
Allemagne 11 %
Autres 57 %

IMPORTATIONS

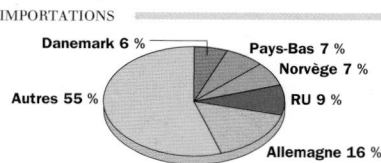

Danemark 6 %
Pays-Bas 7 %
Norvège 7 %
RU 9 %
Allemagne 16 %
Autres 55 %

ATOUTS

Entreprises de taille mondiale comme Saab, Volvo, Electrolux et SKF, le plus grand fabricant de paliers à rouleaux. Infrastructure très développée et constamment améliorée. Technologie très avancée et main-d'œuvre qualifiée maîtrisant presque parfaitement l'anglais.

FAIBLESSES

Coût élevé de la main-d'œuvre qui diminue la compétitivité des entreprises. Fiscalité la plus élevée des pays de l'OCDE, qui représente 60 % du PIB. Situation géographique périphérique, coûts de plus en plus élevés pour les producteurs et les exportateurs.

PROFIL

L'État joue un rôle important sur le plan économique mais a tendance à limiter son intervention aux services et aux

INDICATEUR DES PERFORMANCES ÉCONOMIQUES

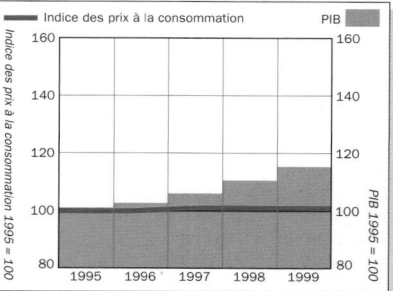

Indice des prix à la consommation — PIB

infrastructures. Les géants industriels suédois sont pour la plupart des entreprises privées. Le début des années 1990 fut marqué par un changement de la politique économique. Toutefois, la croissance n'a pas été au rendez-vous, le chômage et les coût globaux de la protection sociale ont débouché sur un déficit budgétaire qui était l'un des plus importants des pays de l'OCDE en 1994. La croissance est à présent revenue et les déficits ont été réduits, mais le chômage reste assez élevé. La Suède a choisi de ne pas adopter l'euro en 1999. Un référendum devrait en décider pour l'avenir.

SUÈDE : PRINCIPALES ACTIVITÉS

- 🚗 Industrie automobile
- Télécommunications
- ⚡ Électrométallurgie
- Extraction de minerai de fer
- Électronique
- Papier et pâte à papier
- Ingénierie
- Produits chimiques
- Textile

0   200 km
0   200 miles

Kiruna
Gällivare
Umeå
Gävle
Västerås
Stockholm
Göteborg
Norrköping
Linköping
Malmö

RESSOURCES

 364 115 tonnes

 Faible production pétrolière

1,92 M de porcins
1,71 M de bovins
7,85 M de poulets

Fer, uranium, cuivre, plomb, zinc, argent

PRODUCTION ÉLECTRIQUE

Hydraulique 46 % (69 Md kwh)				
Thermique 7 % (11 Md kwh)				
Nucléaire 47 % (70 Md kwh)				
Autres 0 %				

0   20   40   60   80   100

% de la production totale par type

Le sous-sol suédois est riche en minéraux, fer, cuivre et argent.
Si l'extraction et l'exploitation des carrières ne représentent que 0,3 % du PIB, elles soutiennent d'autres secteurs industriels.

ENVIRONNEMENT

 9 % (6 % partiellement protégés)

 5,5 tonnes par habitant

TRAITÉS ÉCOLOGIQUES

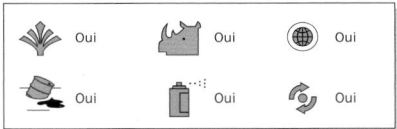

Oui   Oui   Oui
Oui   Oui   Oui

Depuis la loi sur l'environnement de 1969, les investissements en matière de protection ont été très importants. La Suède a dénoncé l'effet désastreux des pluies acides sur ses lacs et ses forêts, provoquées par les émanations d'anhydride sulfureux provenant des usines d'Europe de l'Ouest. Les installations nucléaires sont équipées de systèmes de filtres conçus pour retenir 90 % de toute la radioactivité dégagée au cours d'une éventuelle fusion du cœur d'un réacteur.

MÉDIAS

 445 quotidiens pour 1 000 habitants

PRESSE ET TÉLÉCOMMUNICATIONS

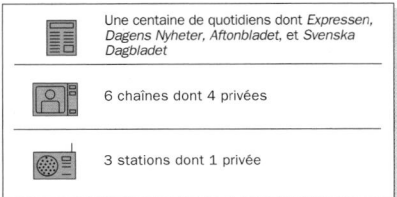

	Une centaine de quotidiens dont *Expressen, Dagens Nyheter, Aftonbladet,* et *Svenska Dagbladet*
	6 chaînes dont 4 privées
	3 stations dont 1 privée

Bien que la liberté de la presse soit bien enracinée, il est rare que les médias suédois livrent des points de vue radicaux. Le dynamisme de la presse régionale est tel que la portée des principaux quotidiens se limite pratiquement à Stockholm. Six groupes se partagent le contrôle de toutes les revues suédoises.

À l'issue d'un référendum organisé en 1980, la Suède décida, pour des raisons écologiques, d'abandonner en 2010 le nucléaire. En réalité, une seule centrale sur les quatre que compte le pays a été fermée à cette date.

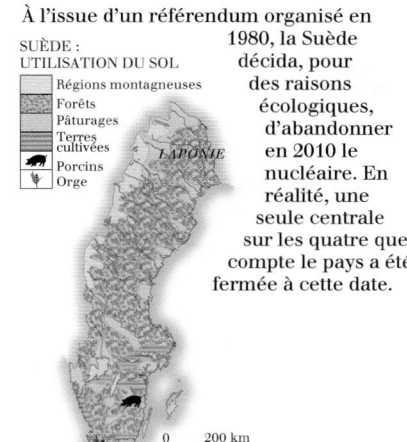

SUÈDE :
UTILISATION DU SOL

Régions montagneuses
Forêts
Pâturages
Terres cultivées
Porcins
Orge

LAPONIE

0   200 km
0   200 miles

CRIMINALITÉ

 5 767 détenus

 Moins 2 % en 1992-1996

TAUX DE CRIMINALITÉ

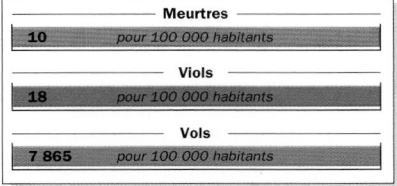

Meurtres	
10	*pour 100 000 habitants*
Viols	
18	*pour 100 000 habitants*
Vols	
7 865	*pour 100 000 habitants*

Le taux de criminalité est inférieur à la moyenne européenne, mais reste le plus élevé des pays scandinaves. Les agressions, les viols et les vols prennent une proportion inquiétante, dans les villes en particulier.

ÉDUCATION

 99 %

 275 217 étudiants

LE SYSTÈME ÉDUCATIF

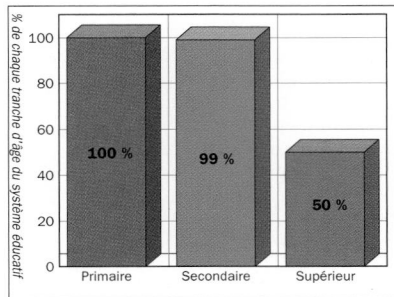

% de chaque tranche d'âge du système éducatif

100 %   99 %   50 %

Primaire   Secondaire   Supérieur

Les dépenses d'éducation (publiques et privées) sont parmi les plus élevées des pays de l'OCDE en pourcentage du PNB. Les établissements du secondaire sont pratiquement tous mixtes. La majorité des Suédois a accès à l'université qui reste gratuite, et il est très fréquent que les adultes reprennent leurs études.

SANTÉ

 1 pour 323 personnes

 Maladies cardiaques et cérébrovasculaires, cancers, accidents

Le système de santé est très développé et les soins de haut niveau. Les dépenses ont diminué de 2 % en monnaie constante dans les années 1990, mais la tendance s'est à présent inversée. Des économies ont été réalisées en augmentant les consultations à l'hôpital, en réduisant le nombre de lits et en supprimant du personnel. Depuis 1994, les patients ont le droit de choisir leur médecin et ces derniers ont la possibilité d'ouvrir des cabinets privés. En 1999, le gouvernement indemnisé plus de 60 000 personnes qui avaient été soumises à un programme de stérilisation forcée de 1935 et 1975.

RICHESSES

CONSOMMATION ET DÉPENSES

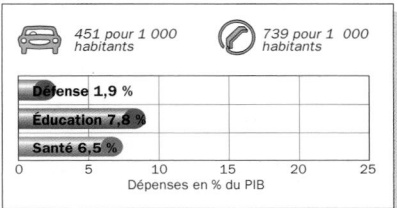

451 pour 1 000 habitants   739 pour 1 000 habitants

Défense 1,9 %				
Éducation 7,8 %				
Santé 6,5 %				

0   5   10   15   20   25

Dépenses en % du PIB

Les écarts de revenus sont peu marqués et les cadres suédois sont souvent moins payés que leurs homologues français, allemands et italiens. Les rivalités sociales et la hiérarchie sont moins développées que dans d'autres pays d'Europe ou aux ÉU. Malgré les compressions budgétaires touchant le secteur tertiaire, le « modèle suédois » offre encore les taux d'indemnisation de sécurité sociale, les retraites et les indemnités de chômage les plus élevés d'Europe.
Les Suédois achètent volontiers des biens immobiliers à l'étranger, notamment des villas en Italie et dans le Sud de la France.

S

CLASSEMENT MONDIAL

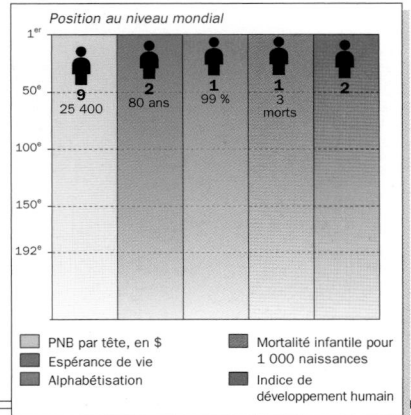

Position au niveau mondial

1er
50e
100e
150e
192e

9   2   1   1   2
25 400   80 ans   99 %   3 morts

PNB par tête, en $
Espérance de vie
Alphabétisation

Mortalité infantile pour 1 000 naissances
Indice de développement humain

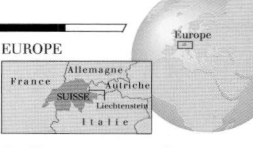

EUROPE

SUISSE

NOM OFFICIEL : Confédération suisse **CAPITALE :** Berne
POPULATION : 7,2 millions **MONNAIE :** franc suisse **LANGUES OFFICIELLES :** allemand, français, italien, romanche

 1291
 1857
 1ᵉʳ août
 CH
 + 1
 + 41
.ch

La SUISSE est située au centre de l'Europe de l'Ouest géographiquement, mais elle en est restée à l'écart politiquement. Elle est parfois surnommée le « château d'eau de l'Europe » car elle abrite les sources de grands fleuves : le Pô, le Rhin, le Rhône, l'Inn et le Danube. La Suisse est parvenue à rester neutre au cours des différents conflits qui ont marqué l'histoire de l'Europe depuis 1815. Aujourd'hui l'une des économies les plus prospères du monde, elle reste en dehors de l'UE.

L'Eiger, situé dans l'Oberland bernois. En 1994, un référendum a interdit les Alpes suisses au trafic de poids lourds en transit à compter de 2004.

CLIMAT

DONNÉES MÉTÉOROLOGIQUES

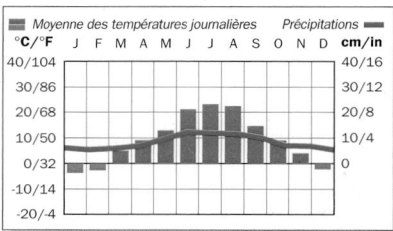

Moyenne des températures journalières Précipitations

Le climat est marqué par des écarts de précipitations et de températures importants selon les saisons et l'altitude, qui varie considérablement d'une région à l'autre. Cette particularité tient à la situation du pays au centre de l'Europe. Le plateau situé au nord des Alpes, où est établi l'essentiel de la population, connaît des étés chauds et des hivers secs, frais et souvent brumeux. Le climat des régions situées au sud est beaucoup plus chaud et ensoleillé. Le vent violent qui souffle du Sud – le foehn – peut provoquer un temps estival en plein hiver. Nombreuses avalanches.

TRANSPORTS

Kloten, Zurich
20,9 M de passagers

16 navires
368 000 tpl

RÉSEAU DE TRANSPORT

71 059 km
(44 154 miles)

1 638 km
(1 018 miles)

3 143 km
(1 953 miles)

1 208 km
(751 miles)

La Suisse est une plaque tournante du transport de marchandises européen. La pollution générée par les camions est préoccupante comme les risques du trafic routier dans le contexte de l'incendie majeur du tunnel du Mont Blanc en 1999. Le projet NEAT, inauguré en 1996, reliera Bâle à Milan par ferroutage.

TOURISME

11,4 M de visiteurs

Plus 7 % en 2000

PROVENANCE DES TOURISTES ÉTRANGERS

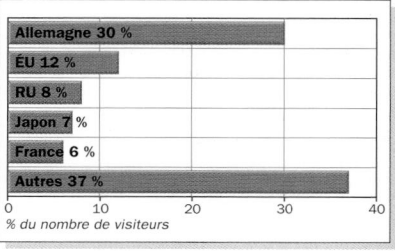

Allemagne 30 %	
EU 12 %	
RU 8 %	
Japon 7 %	
France 6 %	
Autres 37 %	

% du nombre de visiteurs

Le tourisme est le troisième secteur industriel de la Suisse et fait vivre 350 000 personnes, représentant 3% du PNB. Les Alpes sont le principal centre d'attraction du pays ; elles attirent des touristes du monde entier tant en hiver qu'en été. Toutefois, le secteur est fragilisé. La hausse des températures hivernales a raccourci la saison des sports d'hiver tandis que la hausse du franc suisse fait du pays une destination touristique réservée aux visiteurs aisés.

S

SUISSE

Superficie totale : 39 770 km²
(15 355 sq. miles)

POPULATION
Plus de 100 000
Plus de 50 000
Plus de 10 000

ALTIMÉTRIE
3 000 m/9 843ft
2 000 m/6 562ft
1 000 m/3 281ft
500 m/1 640ft
200 m/656ft

POPULATION

 Allemand, suisse-allemand, français, italien, romanche

 186 hab./km²

PART DE LA POPULATION URBAINE/RURALE

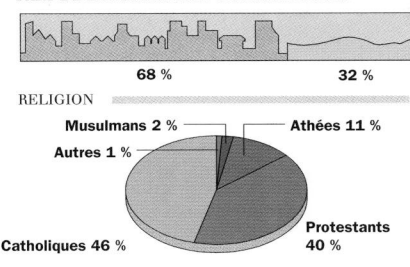

68 %   32 %

RELIGION

Musulmans 2 % ——   Athées 11 %

Autres 1 %

Catholiques 46 %   Protestants 40 %

COMPOSITION ETHNIQUE

Romanches 1 % ——   Autres 6 %
        Italiens 10 %

        Français 18 %

Allemands 65 %

La Suisse est composée de groupes linguistiques suisse-français, suisse-italien et suisse-allemand. Le canton des Grisons compte 40 000 habitants romanchophones. Le groupe suisse-allemand, majoritaire, constitue une communauté très unie à leur dialecte impénétrable aux étrangers.

Au cours de ces dernières années, les trois groupes ont continué à se développer séparément. Les Suisses-Français sont favorables à l'adhésion à l'UE. Dans le Ticino, qui était initialement un canton suisse-italien, un parti qui défend les intérêts de la population suisse-italienne a vu le jour. Les tensions qui opposent les Suisses aux travailleurs immigrés se sont aggravées et des revendications se sont faites entendre visant à une stricte limitation du nombre d'étrangers, mais en 2000, un référendum a massivement repoussé cette orientation. Deux demi-cantons n'ont accordé aux femmes le droit de voter aux élections fédérales qu'en 1989 et 1990. Le taux de nuptialité est élevé.

PYRAMIDE DES ÂGES

Femmes	Âge	Hommes
2,8 %	81–100	1,4 %
8,8 %	61–80	7,1 %
13,3 %	41–60	13,4 %
15,1 %	21–40	15,2 %
11,1 %	0–20	11,8 %

% de la population par tranche d'âge

POLITIQUE

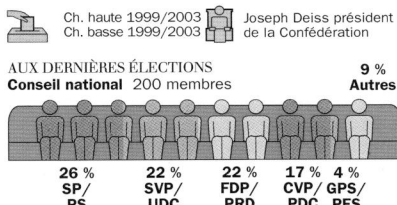 Ch. haute 1999/2003 — Ch. basse 1999/2003 — Joseph Deiss président de la Confédération

AUX DERNIÈRES ÉLECTIONS
Conseil national 200 membres   **9 % Autres**

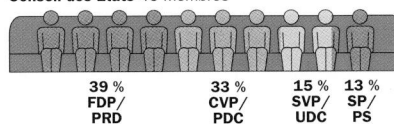

26 % SP/ PS	22 % SVP/ UDC	22 % FDP/ PRD	17 % CVP/ PDC	4 % GPS/ PES

SP/PS = Parti social démocrate **SVP/UDC** = Union démocratique du centre **FDP/PRD** = Parti radical démocratique **CVP/PDC** = Parti démocrate-chrétien **GPS/PES** = Parti vert

Conseil des États 46 membres

39 % FDP/ PRD	33 % CVP/ PDC	15 % SVP/ UDC	13 % SP/ PS

La Suisse est une démocratie fédérale constituée de 26 cantons. La présidence est tournante et change chaque année.

PRINCIPAUX PROBLÈMES POLITIQUES
Les banques et le fonds d'indemnisation des victimes de l'Holocauste
Les banques suisses ont été dénoncées au niveau international pour avoir failli à leur devoir de restitution des fonds déposés par les familles des victimes de l'Holocauste. En 1997, elles donnèrent leur accord pour la création d'un fonds d'indemnisation tandis que le gouvernement institua de son côté un fonds pour les personnes

nécessiteuses victimes de l'Holocauste. En 1998, les deux principales banques suisses accordèrent 1,25 milliard de $ à 31 500 survivants et à leurs familles en contrepartie de leur engagement à ne pas intenter d'actions ultérieures contre les banques suisses ou le gouvernement.

PROFIL
Le pays est dirigé par les quatre mêmes partis de coalition depuis 1959, ce qui explique, d'une part, la cohérence de sa politique intérieure et étrangère et, d'autre part, la lenteur des changements politiques. Toutefois, la scène politique est aujourd'hui davantage animée que par le passé ; l'attention des électeurs est en effet focalisée sur certains thèmes tels que l'adhésion à l'UE ou le problème de la drogue. Les dernières élections législatives ont permis au parti écologiste et au parti de droite, minoritaires jusqu'alors, d'accroître leur nombre de sièges. Le SVP/UDC, de droite, est ainsi sorti renforcé des élections de 1999, où il a joué sur l'hostilité croissante face aux immigrés.
La vie politique s'appuie sur une structure unique en Europe. Toutes les décisions importantes sont en effet soumises à référendum. Toute pétition sur un sujet qui reçoit plus de 100 000 signatures oblige également le gouvernement à organiser un référendum.

POLITIQUE EXTÉRIEURE

 CE   G10   OCDE   OSCE   AELE

La politique extérieure de la Suisse demeure axée sur sa neutralité. Genève abrite toujours les sièges d'un grand nombre d'organisations internationales et notamment celui du commandement européen de l'ONU et de la Croix-Rouge. La ville a été le théâtre d'un grand nombre de négociations diplomatiques. Ainsi l'accord de Camp David et les traités de désarmement nucléaire START ont-ils été négociés à Genève. Les négociations pour la paix en ex-Yougoslavie s'y sont déroulées. La Suisse a décidé de rester à l'écart du processus d'intégration européenne. Elle a refusé de faire partie de l'EEE et a décidé par référendum de ne pas adhérer à l'UE en 1992. De nombreux partisans de l'adhésion à l'UE pensent que l'économie aura à gagner d'une intégration plus étroite, les opposants invoquant pour leur part le fait que l'isolement apparent de la Suisse va augmenter son importance comme paradis fiscal. En 2000, les électeurs ont approuvé une série d'accords bilatéraux avec l'UE.

Pascal Couchepin, du FDP/PRD, président pendant l'année 2003.

Ruth Metzler-Arnold, du CVD/PDC, vice-présidente en 2003.

CHRONOLOGIE

L'autonomie des cantons suisses fut restreinte par l'empire des Habsbourg au XIᵉ siècle. En 1291, les trois cantons de Unterwalden, Schwyz et Uri créèrent la Ligue perpétuelle pour la liberté des cantons suisses. Rejoints par d'autres cantons, ils obtinrent une indépendance virtuelle en 1499, les Habsbourg conservant un rôle titulaire.

❑ **1648** La paix de Westphalie met fin à la guerre de Trente Ans et reconnaît à la Suisse l'indépendance absolue.

❑ **1815** Le Congrès de Vienne confirme l'indépendance de la Suisse et établit sa neutralité. Les cantons de Genève et du Valais rallient la confédération suisse.

❑ **1848** Nouvelle Constitution : davantage de pouvoirs sont confiés au gouvernement central. ⇨

S

CHRONOLOGIE *suite*

- ❑ **1857** Le canton de Neufchâtel devient membre de la Confédération.
- ❑ **1863** Henri Dunant fonde la Croix-Rouge internationale à Genève.
- ❑ **1874** Le référendum devient un outil législatif important.
- ❑ **1914–1918** La Suisse joue un rôle humanitaire durant la guerre.
- ❑ **1919** La représentation proportionnelle permet de garantir la stabilité politique.
- ❑ **1920** Adhésion à la SDN.
- ❑ **1939-1945** Le pays reste neutre et refuse de devenir membre de l'ONU.
- ❑ **1959** La Suisse est membre fondateur de l'AELE. Fin de la domination politique du FDP/PRD.
- ❑ **1967** Progression des partis de droite, qui militent pour une limitation du nombre de travailleurs immigrés.
- ❑ **1971** La plupart des cantons accordent aux femmes le droit de vote aux élections fédérales.
- ❑ **1984** Le parlement approuve la demande d'adhésion à l'ONU. Élisabeth Kopp devient la première femme ministre (de la Justice).
- ❑ **1986** Refus d'adhérer à l'ONU.
- ❑ **1988** Mme Kopp accusée d'avoir violé la confidentialité de certaines informations légales démissionne.
- ❑ **1990** Mme Kopp est acquittée. Le jugement révèle que le ministère public détenait des fichiers sur 200 000 personnes. Manifestations violentes.
- ❑ **1991** Hausse sensible du nombre d'attaques visant des foyers de demandeurs d'asile.
- ❑ **1992** La Suisse devient membre du FMI et de la Banque mondiale.
- ❑ **1994** Renforcement des lois contre les trafiquants de drogue et les immigrés clandestins.
- ❑ **1998** 1,25 Mds $ d'indemnisation sont accordés aux victimes de l'holocauste dont les fonds avaient été déposés dans des banques suisses.
- ❑ **2001** L'adhésion à l'UE est à nouveau rejetée par référendum.
- ❑ **2002** La Suisse devient le 190e membre de l'ONU.

AIDE INTERNATIONALE

 969 M $ (versés)   Plus 8 % en 1999

Avec une aide de 0,35 % de son PNB, la Suisse dépasse la moyenne de 0,25 % des pays de l'OCDE. Ses aides sont guidées par le souci prioritaire de promouvoir la vie politique et les investissements. La Yougoslavie (y compris le Kosovo) a récemment reçu la plus grande partie de cette aide suivie du Bangladesh et du Mozambique.

DÉFENSE

 3,11 Md $ Moins 16 % en 1999

FORCES ARMÉES SUISSES

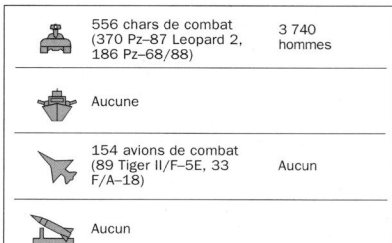

L'armée suisse est, dans un sens, l'une des plus importantes d'Europe. Le service militaire est obligatoire et les hommes doivent suivre une formation à intervalles réguliers jusqu'à l'âge de 50 ans. L'armée est organisée de manière à pouvoir mobiliser 400 000 réservistes en quelques heures. Elle circule toujours à ski, à bicyclette et à cheval pour préserver les Alpes. Les ponts et les tunnels sont minés, ce dispositif faisant partie d'une stratégie défensive mise en place dès le début du XXe siècle.

Comme dans le reste de l'Europe, les effectifs militaires ont été réduits pour prendre en compte la fin de la guerre froide. En 1995, la législation a introduit la possibilité d'un service civil. Les électeurs ont approuvé par référendum en 2001 la participation à des opérations de maintien de la paix.

ÉCONOMIE

 277 Md $ 1,35-1,48 franc suisse

CHIFFRES SIGNIFICATIFS

- ❑ CLASSEMENT DU PNB AU NIVEAU MONDIAL ....17^e
- ❑ PNB PAR HABITANT ....38 330 $
- ❑ BALANCE DES PAIEMENTS... ....22,6 Md $
- ❑ INFLATION..1 %
- ❑ CHÔMAGE...2 %

EXPORTATIONS

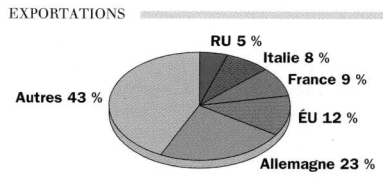

RU 5 %
Italie 8 %
France 9 %
ÉU 12 %
Allemagne 23 %
Autres 43 %

IMPORTATIONS

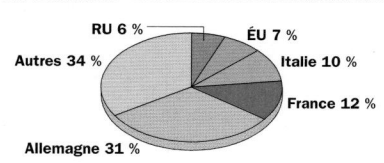

RU 6 %
ÉU 7 %
Italie 10 %
France 12 %
Allemagne 31 %
Autres 34 %

ATOUTS

La Suisse dispose d'une main-d'œuvre très qualifiée et d'un secteur de services très développé qui lui a permis d'asseoir sa puissance bancaire. Les secteurs des machines-outils et de l'ingénierie de précision, notamment dans l'horlogerie, sont également dynamiques. Le pays compte de grandes multinationales chimiques et bancaires. Capacité d'innovation et capacité à capter des marchés de consommation de masse comme en témoignent la montre Swatch et l'automobile Smart.

FAIBLESSES

Les cartels protégés pratiquent une politique de prix élevés. L'agriculture est hautement subventionnée.

PROFIL

L'économie est largement diversifiée,

INDICATEUR DES PERFORMANCES ÉCONOMIQUES

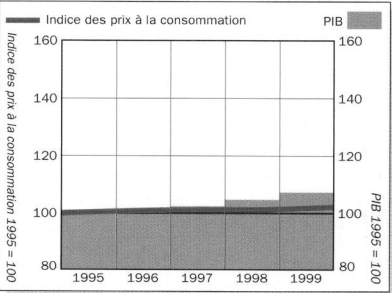

62 % du PNB provenant des services et 34 % de l'industrie. La Suisse compte plusieurs multinationales de grande taille et en particulier un secteur bancaire prospère (9 % du PNB) qui gère environ un tiers des investissements mondiaux à l'étranger.

SUISSE : PRINCIPALES ACTIVITÉS

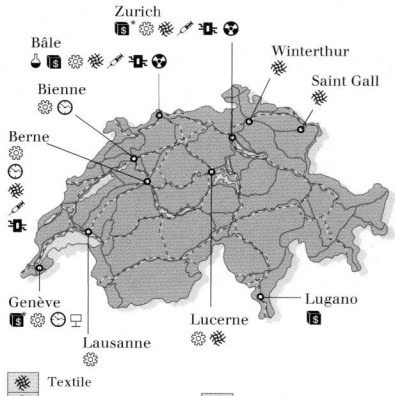

Textile
Industrie chimique
Électronique
Industrie horlogère
Industrie pharmaceutique
Biens de consommation
Industrie légère
Recherche et développement
Banques et établissements financiers

* Importante participation de multinationales

0   50 km
0   50 miles

S

RESSOURCES

 3 009 tonnes

 1,6 M de bovins
1,4 M de porcins
6,7 M de poulets

 Pays non producteur ;
raffine 132 000 b/j

 Sel de roche,
marbre, gypse

PRODUCTION ÉLECTRIQUE

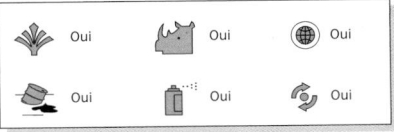

Hydraulique 56 % (35 Md de kwh)

Thermique 3 % (2,2 Md de kwh)

Nucléaire 41 % (25 Md de kwh)

Autres 0 %

0   20   40   60   80   100

% de la production totale par type d'électricité

ENVIRONNEMENT

 18 %

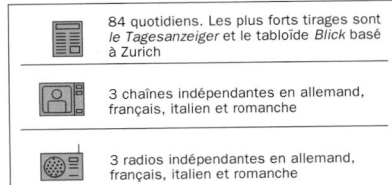 6 tonnes par habitant

TRAITÉS ÉCOLOGIQUES

Oui   Oui   Oui

Oui   Oui   Oui

La population suisse est l'une des plus soucieuses de la protection de l'environnement au monde et elle est prête à effectuer les sacrifices financiers nécessaires. Le projet de tunnel entre Bâle et Milan a été approuvé par référendum en dépit d'un coût de 13,3 Md de $. Le pays souhaite interdire totalement l'accès de son territoire aux poids lourds d'ici 2004. Les Suisses sont très favorables au recyclage des déchets et une partie des impôts sert à encourager les initiatives dans ce domaine.

MÉDIAS

331 quotidiens pour 1 000 habitants

PRESSE ET TÉLÉCOMMUNICATIONS

84 quotidiens. Les plus forts tirages sont *le Tagesanzeiger* et le tabloïde *Blick* basé à Zurich

3 chaînes indépendantes en allemand, français, italien et romanche

3 radios indépendantes en allemand, français, italien et romanche

Le paysage médiatique suisse reflète les différences linguistiques du pays. Les programmes des stations de radio et des chaînes de télévision abordent essentiellement des sujets chers à leurs publics respectifs. Une grande partie de la population a en outre accès aux chaînes télévisées publiques allemandes, françaises et italiennes relayées par satellite. Près de 70 % des foyers sont abonnés au câble. La *Tribune de Genève* et la *Neue Züricher Zeitung* sont les seuls journaux à tirage national.

La Suisse dispose de peu de ressources naturelles; elle n'a pas de ressources minérales stratégiques suffisantes pour en envisager l'exploitation. La moitié de son électricité est produite par des barrages hydroélectriques, le reste étant fourni pour l'essentiel par cinq centrales nucléaires. Ses importations de pétrole et de charbon sont ainsi minimes et ne représentent que 4 % du coût total de ses importations. La catastrophe de Tchernobyl a provoqué des manifestations de grande ampleur contre le développement de l'énergie nucléaire et le pays a renoncé à construire une sixième centrale.

CRIMINALITÉ

 5 655 détenus

 Plus 6 % en 1996-1998

TAUX DE CRIMINALITÉ.

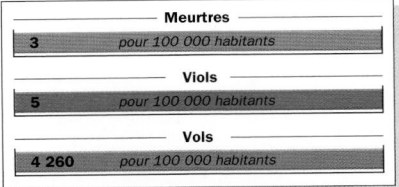

Meurtres
3   *pour 100 000 habitants*

Viols
5   *pour 100 000 habitants*

Vols
4 260   *pour 100 000 habitants*

Le niveau de criminalité en Suisse est bas, mais le pays connaît une hausse de la contrebande et des cambriolages souvent liés au trafic de drogue. Le nombre de procès pour des opérations de blanchiment encouragées par le secret bancaire ne cesse d'augmenter.

ÉDUCATION

 99 %

 148 024 étudiants

LE SYSTÈME ÉDUCATIF

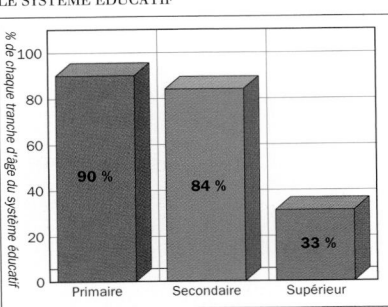

% de chaque tranche d'âge du système éducatif

100
80
60
40
20
0

90 %   Primaire
84 %   Secondaire
33 %   Supérieur

L'éducation représente 16 % des dépenses de l'État. Les cycles primaire et secondaire sont contrôlés par les cantons de sorte qu'il existe en définitive 26 systèmes différents. Les étudiants de plus de 16 ans sont encouragés à choisir des filières en relation avec le milieu professionnel. Ils reçoivent une formation de qualité, généralement complétée par un stage de trois ou quatre ans en entreprise. L'institut technologique fédéral de Zurich est célèbre pour ses activités de recherche dans le domaine de la programmation informatique.

SUISSE : UTILISATION DU SOL

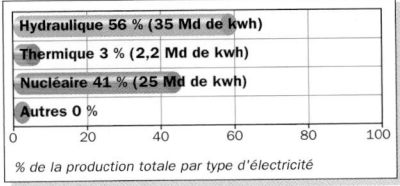

Terres cultivées
Forêts
Pâturages
Régions montagneuses
 Bovins
 Vignes

Rhin
Lac de Genève
Rhône
JURA
ALPES

0   50 km
0   50 miles

SANTÉ

1 pour 526 habitants

Maladies cardiaques et cérébrovasculaires, cancers

Le secteur médical est l'un des plus performants et des plus innovants du monde. Il est classé à la 2e place par l'OMS derrière le Japon. Les frais de santé sont pris en charge par un système d'assurance obligatoire.

RICHESSES

CONSOMMATION ET DÉPENSES

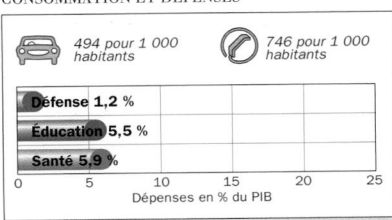

494 pour 1 000 habitants

746 pour 1 000 habitants

Défense 1,2 %
Éducation 5,5 %
Santé 5,9 %

0   5   10   15   20   25
Dépenses en % du PIB

Les travailleurs immigrés ont plutôt les travaux mal payés et ingrats. Les salaires du tertiaire sont relativement élevés mais le coût de la vie est au-dessus de la moyenne européenne. De nombreuses personnes choisissent de vivre en France et d'aller travailler en Suisse chaque jour. Le marché intérieur est très régulé.

S

CLASSEMENT MONDIAL

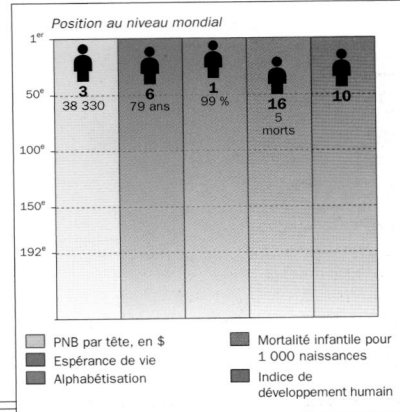

Position au niveau mondial

1er
50e
100e
150e
192e

3
38 330

6
79 ans

1
99 %

16
5 morts

10

PNB par tête, en $
Espérance de vie
Alphabétisation

Mortalité infantile pour 1 000 naissances
Indice de développement humain

SURINAM

NOM OFFICIEL : République du Surinam   **CAPITALE** : Paramaribo
POPULATION : 421 000   **MONNAIE** : guinée du Surinam   **LANGUE OFFICIELLE** : hollandais

   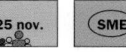

SITUÉ SUR la côte nord de l'Amérique du Sud, le Surinam partage ses frontières avec le Guyana, la Guyane et le Brésil. L'intérieur du pays, qui s'étend sur le massif des Guyanes, est couvert d'une forêt tropicale humide ; le littoral concentre une majorité de la population. En 1975, le pays accéda à l'indépendance après 300 ans de domination hollandaise. Les Pays-Bas sont toujours son principal pourvoyeur d'aide et accueillent un tiers de la population. Après 10 ans de régime militaire, le Surinam devint en 1991 une démocratie pluraliste.

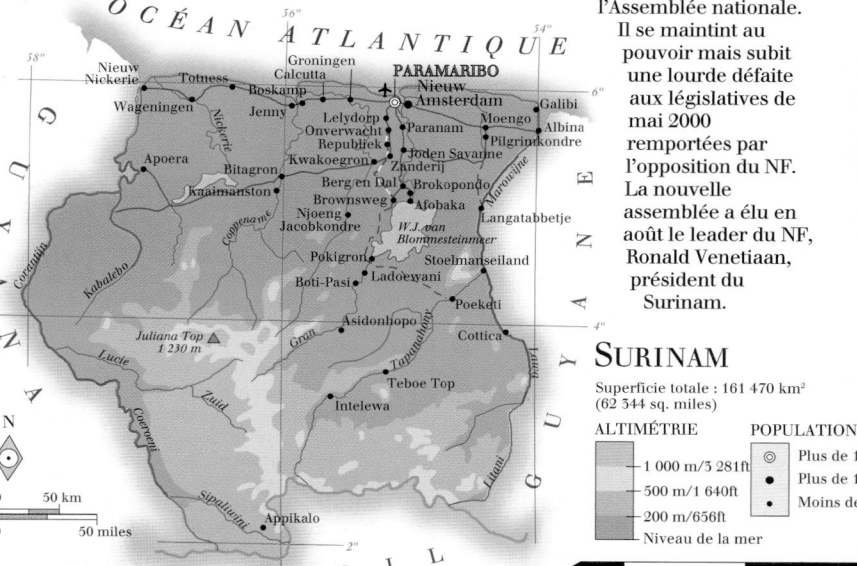

Embouteillage à Paramaribo. La ville se distingue par son architecture des XVIIIe et XIXe siècles et par sa mosquée, la plus grande des Caraïbes.

CLIMAT

DONNÉES MÉTÉOROLOGIQUES

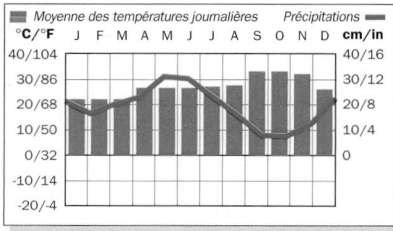

Les alizés rafraîchissent le climat tropical. La moyenne des températures est de 27 °C. Les précipitations varient de 150 cm à 300 cm entre la côte et l'intérieur.

TRANSPORTS

 Johann Pengel International, Paramaribo 175 000 passagers

 17 navires 14 300 tpl

RÉSEAU DE TRANSPORT

1 178 km (732 miles)		Aucune
157 km (98 miles)		1 200 km (746 miles)

Le réseau routier, qui dessert le pays d'est en ouest, est développé dans les régions littorales. Les rivières assurent l'essentiel du trafic nord-sud. Le transport intérieur se fait par voie fluviale et aérienne.

TOURISME

 57 000 visiteurs    Plus 4 % en 1999

PROVENANCE DES TOURISTES ÉTRANGERS

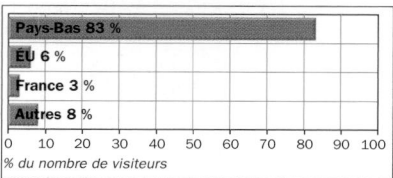

Pays-Bas 83 %
EU 6 %
France 3 %
Autres 8 %

% du nombre de visiteurs

Le tourisme est peu développé. Au-delà de la capitale, il vaut mieux emporter hamac et nourriture.

POPULATION

 Pidgin, hollandais, hindi, javanais, saramacca, langue caribéenne, chinois

3 hab./km²

PART DE LA POPULATION URBAINE/RURALE

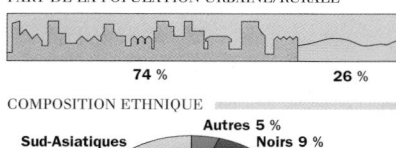

74 %   **26 %**

COMPOSITION ETHNIQUE

Sud-Asiatiques 34 %
Autres 5 %
Noirs 9 %
Javanais 18 %
Créoles 34 %

Quelque 250 000 Surinamais ont émigré depuis 1975. 90 % de la population vit près de la côte, tandis que les autres vivent au sein de communautés clairsemées dans la forêt tropicale. Des tensions entre le gouvernement dominé par les Créoles (les bosnegers, descendants des esclaves noirs fugitifs) et les Amérindiens débouchèrent sur une rébellion armée dans les années 1980. Les principales tendances religieuses sont le christianisme, l'hindouisme et l'islam.

POLITIQUE

2000/2005   Ronald Venetiaan, président de la République

AUX DERNIÈRES ÉLECTIONS

Assemblée nationale 51 membres   **19 % MC**   **10 % Autres**

65 % NF   **6 % DNP 2000**

NF = Nouveau front (formé du **NPS** = Parti national du Surinam, du **VHP** = Parti de la réforme progressiste, du **KTPI** = Parti pour l'unité nationale et la solidarité et du **SPA** = Parti travailliste du Surinam) **MC** = Coalition du millénaire (incluant le Parti national démocrate (**NDP**), l'Alternative démocratique et le Parti pour l'unité et l'harmonie) **DNP 2000** = Programme démocratique national 2000

La coalition gouvernementale élue démocratiquement en 1991 représentait les différentes communautés ethniques mais elle perdit le pouvoir en 1996 au profit du DNP de Desi Bouterse, le dictateur du régime militaire qui dura de 1980 à 1988. Au milieu de 1999, le président Jules Widjenbosch du DNP dut faire face à une nouvelle tentative de le remplacer fomentée par ses opposants à l'Assemblée nationale. Il se maintint au pouvoir mais subit une lourde défaite aux législatives de mai 2000 remportées par l'opposition du NF. La nouvelle assemblée a élu en août 2000 le leader du NF, Ronald Venetiaan, président du Surinam.

SURINAM

Superficie totale : 161 470 km² (62 344 sq. miles)

ALTIMÉTRIE

1 000 m/3 281ft
500 m/1 640ft
200 m/656ft
Niveau de la mer

POPULATION

Plus de 10
Plus de 10
Moins de 1

S

POLITIQUE EXTÉRIEURE

Les relations avec les Pays-Bas et les ÉU sont moins conflictuelles depuis 1991. Dans les années 1980, les deux pays

AIDE INTERNATIONALE

 36 M $ (reçus)   Moins 39 % en 1999

Les Pays-Bas étaient les principaux donateurs jusqu'à la détérioration des relations qui a entraîné la suspension de l'aide en 1998. La BID et l'UE ont octroyé des prêts, même en 1998, pour le développement agricole et industriel.

DÉFENSE

 22 M $ Plus 47 % en 1999

L'armée a joué un rôle dominant dans les années 1980 sous le régime du Lt-col. D. Bouterse qui a démissionné de ses fonctions de commandant en chef en 1992. La guerre civile contre les rebelles bosnegers a pris fin en 1992.

ÉCONOMIE

 684 M $ 809,5-981 guinées du Surinam

CHIFFRES SIGNIFICATIFS

- ❑ CLASSEMENT DU PNB AU NIVEAU MONDIAL ..158e
- ❑ PNB PAR HABITANT ....1 810 $
- ❑ BALANCE DES PAIEMENTS… ....32 M $
- ❑ INFLATION.....................................36,2 %
- ❑ CHÔMAGE ....11 %

ATOUTS
Or, bauxite, pétrole. Potentiel forestier. Exportations : riz, bananes, agrumes, crevettes.

FAIBLESSES
Dépend de l'exploitation de la bauxite et de l'aide hollandaise, toutes deux en diminution. Monnaie faible. Pénurie de devises étrangères. Vulnérabilité aux cours mondiaux des matières premières.

EXPORTATIONS
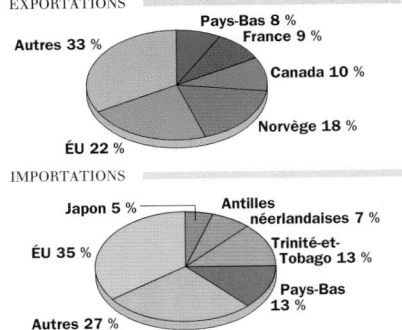
Pays-Bas 8 %, France 9 %, Canada 10 %, Norvège 18 %, ÉU 22 %, Autres 33 %

IMPORTATIONS
Japon 5 %, Antilles néerlandaises 7 %, Trinité-et-Tobago 13 %, Pays-Bas 13 %, ÉU 35 %, Autres 27 %

avaient cessé leur aide en représailles contre les violations des droits de l'homme. Les priorités actuelles sont l'intégration dans la région des Caraïbes et l'amélioration des relations avec le Mexique, le Venezuela et l'UE.

RESSOURCES

 13 001 tonnes   4 932 b/j (réserves : 88 235 280 barils)

 106 000 bovins 66 000 canards 2,2 M de poulets   Bauxite, fer, manganèse, cuivre, nickel, platine, or

Le Surinam est l'un des principaux exportateurs d'aluminium et de bauxite mais le secteur est touché par les cours trop bas. Il en est de même pour l'or. La consommation de pétrole est presque le double de la production. L'exploitation des forêts tropicales a commencé. Le riz et les fruits sont les principales richesses agricoles.

ENVIRONNEMENT

 10 % partiellement protégés   5,2 tonnes par habitant

En 1998 le gouvernement a décidé de transformer 16 000 km² de forêt tropicale en réserve naturelle – soit près de 10 % de la superficie du pays. L'organisation *Conservation International* accorda une subvention d'un million de dollars.

MÉDIAS

 122 quotidiens pour 1 000 habitants

PRESSE ET TÉLÉCOMMUNICATIONS

 2 quotidiens : *De Ware Tijd* et *De West*

2 chaînes publiques   10 stations de radio dont 9 indépendantes

Les stations de radio émettent en plusieurs langues. Le hollandais reste la langue des quotidiens et des chaînes de télévision.

CRIMINALITÉ

 Pas de chiffre sur la population carcérale   Taux de criminalité en augmentation d'année en année

La chute du régime militaire a marqué la fin des violations des droits de l'homme. Le président Venetiaan s'est efforcé de lutter contre le trafic d'armes et de cocaïne, problèmes qui prirent des proportions alarmantes au cours des années 1980.

ÉDUCATION

 94 %   4 319 étudiants

L'enseignement est gratuit et l'Éducation nationale met en place des programmes d'alphabétisation pour adultes. La plupart des diplômés vivent aux Pays-Bas.

CHRONOLOGIE

D'abord occupé par les Britanniques, le Surinam fut placé sous domination hollandaise pendant près de 300 ans.

- ❑ **1975** Indépendance.
- ❑ **1980** Coup d'État. Le gouvernement militaire est dirigé par le lieutenant-colonel Desi Bouterse.
- ❑ **1986–1992** Rébellion des bosnegers.
- ❑ **1988–1991** Les élections libres portent au pouvoir la coalition conduite par le président Shankar.
- ❑ **1992** D. Bouterse démissionne du commandement de l'armée.
- ❑ **1998–1999** Le président Wijdenbosch refuse d'extrader Bouterse vers les Pays-Bas pour y être jugé pour trafic de drogue.
- ❑ **2000** L'opposition du NF remporte les élections.

SANTÉ

 1 pour 2 500 habitants   Crises cardiaques, cancers, malaria, malnutrition, tuberculose

Les infrastructures médicales sont relativement bonnes ; Paramaribo dispose de plusieurs hôpitaux. À l'intérieur du pays, les soins sont assurés de manière assez rudimentaire par les centres des missions.

RICHESSES

CONSOMMATION ET DÉPENSES

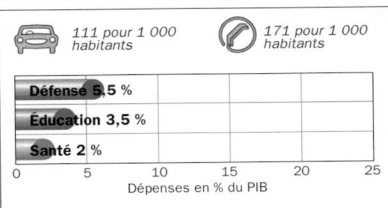
111 pour 1 000 habitants — 171 pour 1 000 habitants
Défense 5,5 % — Éducation 3,5 % — Santé 2 %
Dépenses en % du PIB

Le niveau de vie a baissé depuis 1982 à cause de la guerre et de la suspension de l'aide internationale.

CLASSEMENT MONDIAL

S

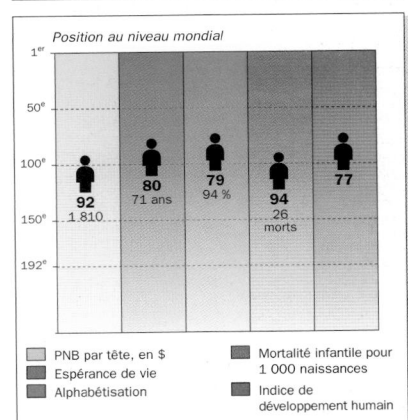
Position au niveau mondial
92 (1 810), 80 (71 ans), 79 (94 %), 94 (26 morts), 77
PNB par tête, en $; Espérance de vie ; Alphabétisation ; Mortalité infantile pour 1 000 naissances ; Indice de développement humain

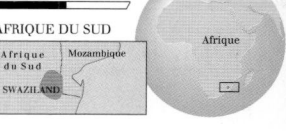

AFRIQUE DU SUD

SWAZILAND

NOM OFFICIEL : Royaume de Swaziland   CAPITALE : Mbabane
POPULATION : 948 000   MONNAIE : lilangeni   LANGUES OFFICIELLES : siswati et anglais

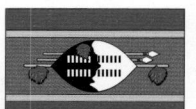
 1968
 1968
 6 sept.
 SD
 + 2
 + 268
.sz

PETIT ÉTAT d'Afrique australe enclavé entre le Mozambique et l'Afrique du Sud, le royaume de Swaziland est principalement formé de hauts plateaux et de montagnes. Gouverné par un puissant souverain héréditaire, le Swaziland est un pays où la tradition est aujourd'hui remise en cause par les partisans du multipartisme politique. Le roi Mswati III, couronné en 1986, a remanié le système électoral mais n'a pas encore légalisé la politique de partis.

CLIMAT

DONNÉES MÉTÉOROLOGIQUES

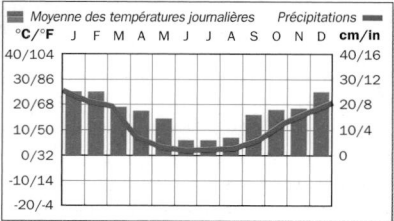

■ Moyenne des températures journalières   Précipitations ■

Le Swaziland est un pays tempéré. Les températures sont plus élevées et les précipitations moins importantes, au fur à mesure que l'on descend vers l'est.

TRANSPORTS

 **Matsapha, Manzini**
93 000 passagers   Pas de flotte

RÉSEAU DE TRANSPORT

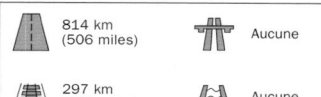

814 km (506 miles)		Aucune
297 km (185 miles)		Aucune

En raison d'une forte hausse du trafic routier, la priorité a été donnée à l'amélioration du réseau. Les chemins de fer servent surtout aux exportations.

TOURISME

 319 000 visiteurs   Moins 1 % en 1999

PROVENANCE DES TOURISTES ÉTRANGERS

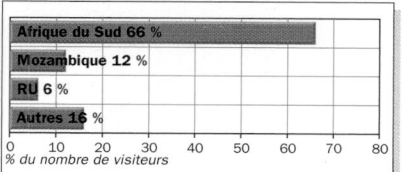

| Afrique du Sud 66 % |
| Mozambique 12 % |
| RU 6 % |
| Autres 16 % |

% du nombre de visiteurs

Les principaux attraits touristiques du Swaziland sont ses réserves de grands fauves, ses montagnes et, pour les Sud-Africains, ses casinos.

Les environs de Mbabane. La ville s'étend sur le Haut Veld, là où le surpâturage rend l'élevage traditionnel de bétail de plus en plus difficile.

POPULATION

 Siswati, anglais, zoulou, tsonga   59 hab./km²

PART DE LA POPULATION URBAINE/RURALE

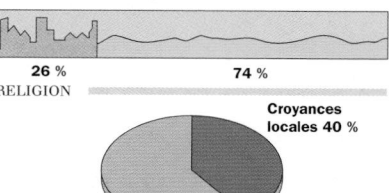

26 %   74 %

RELIGION

Croyances locales 40 %

Chrétiens 60 %

Avec plus de 95 % de la population appartenant au groupe ethnique des Swazis, le Swaziland est l'un des États d'Afrique les plus homogènes. C'est également l'un des plus traditionnels, bien que l'influence des réformateurs, installés dans les villes, commence à se faire sentir. La monarchie, puissante, domine la vie politique. Les anciennes traditions, telles que l'*incwala*, la fête annuelle mobile de la saison des pluies, demeure très populaire. Les chefs possèdent beaucoup de « territoires nationaux » et exercent leur autorité à travers des consultations locales appelées *tindkhundla*. La société est patriarcale et s'organise autour des chefs et des clans. Les femmes travaillent aux champs et peuvent voter mais leurs pouvoirs politique et économique restent limités.

POLITIQUE

Ch. haute 2003/2008   Sa Majesté
Ch. basse 2003/2008   le roi Mswati III

AUX DERNIÈRES ÉLECTIONS

Chambre de l'Assemblée 65 membres

Il n'y a aucun parti politique. 10 membres de la Chambre de l'Assemblée sont nommés par le roi.

Sénat 30 membres

10 sénateurs sont choisis par la Chambre de l'Assemblée parmi ses propres membres et 20 sont nommés par le roi.

La politique est dominée par une monarchie exécutive puissante et des rivalités au sein du clan Dlamini, le clan royal. Les conseillers traditionnels du roi ont un rôle d'opposant face au cabinet. Des élections directes ont eu lieu en 1993 mais les partis demeurent interdits. Le roi a nommé en 1996 Sibusiso Dlamini premier ministre et a institué une commission de réforme du système politique. Des militants prodémocrates ont organisé des manifestations en 2000.

SWAZILAND

Superficie totale : 17 200 km² (6641 sq. miles)

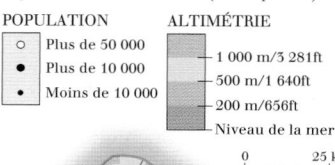

POPULATION
○ Plus de 50 000
● Plus de 10 000
• Moins de 10 000

ALTIMÉTRIE
1 000 m/3 281ft
500 m/1 640ft
200 m/656ft
Niveau de la mer

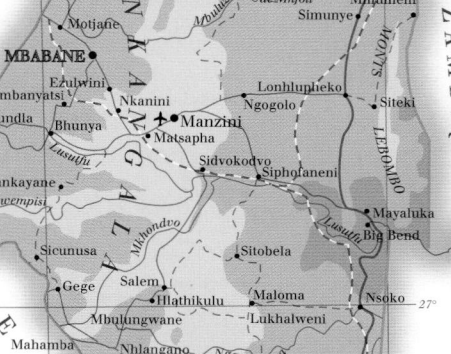

POLITIQUE EXTÉRIEURE

ACP   Comm   MNA   OUA   CDAA

L'importance des relations avec l'Afrique du Sud s'explique par la dépendance économique par rapport à celle-ci.

L'élection d'un gouvernement dominé par l'ANC a été très bien accueillie, mais le roi Mswati s'est déclaré inquiet du soutien apporté par l'Afrique du Sud aux militants pour la démocratie du Swaziland. Retour de 134 000 réfugiés au Mozambique.

AIDE INTERNATIONALE

 29 M $ (reçus)   Moins 3 % en 1999

L'aide contribue à la balance des paiements et finance le développement du centre industriel de Matsapha, des routes et des projets sociaux. Les donateurs sont l'Allemagne, les ÉU, le RU et la banque mondiale. L'aide de l'UE se concentre sur des microprojets et soutient une réforme constitutionnelle.

DÉFENSE

 20 M $ Pas de changement

Les forces armées du Swaziland ne comptent que 3 000 hommes. Si elle ne joue pas un rôle politique manifeste, l'armée reste fidèle au roi et au *statu quo*.

ÉCONOMIE

 1,39 M $ 7,5-10 lilangenis

CHIFFRES SIGNIFICATIFS

- ❏ CLASSEMENT DU PNB AU NIVEAU MONDIAL ..147ᵉ
- ❏ PNB PAR HABITANT ....1 300 $
- ❏ BALANCE DES PAIEMENTS.................– 53 M $
- ❏ INFLATION.................................5,9 %
- ❏ CHÔMAGE ....22 %

ATOUTS
Économie relativement diversifiée en cours de croissance. L'industrie de transformation représente 32 % du PIB. Législation favorable aux investisseurs. Le sucre représente 33 % des recettes d'exportation. Pâte à bois. Faible service de la dette, seulement 3,8% des recettes d'exportations en 1993.

FAIBLESSES
Le sucre dépend de la fluctuation des cours sur le marché international. Dépendance par rapport à l'Afrique du Sud concernant les emplois, les revenus, les investissements et l'électricité. Forte démographie.

EXPORTATIONS

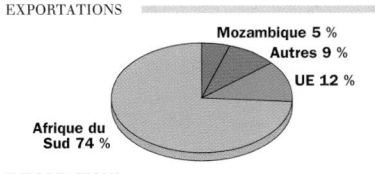

Mozambique 5 %
Autres 9 %
UE 12 %
Afrique du Sud 74 %

IMPORTATIONS

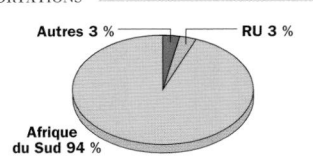

Autres 3 %   RU 3 %
Afrique du Sud 94 %

RESSOURCES

 131 tonnes   Pays non producteur

 665 000 bovins
440 000 caprins
3 M de poulets

 Charbon, diamants, or, amiante, cassitérite, fer, étain

Le Swaziland exporte de la canne à sucre, de la pâte à bois, du charbon et de l'amiante. La centrale de Lupholo-Ezulwim réduira les importations énergétiques d'Afrique du Sud.

ENVIRONNEMENT

 3 % (partiellement protégés)   0,4 tonne par habitant

En 1998, le Swaziland, le Mozambique et l'Afrique du Sud ont lancé un projet écologique dans les plus grands marais du monde dans les montagnes Lebombo.

MÉDIAS

 27 quotidiens pour 1 000 habitants

PRESSE ET TÉLÉCOMMUNICATIONS

 1 seul quotidien : *The Times of Swaziland*

 1 chaîne publique   3 stations de radio dont 2 privées

Le roi, répondant à des pressions, a rapidement annulé son décret de 2001 qui prévoyait la fermeture du quotidien indépendant, *Swaziland Observer*.

CRIMINALITÉ

Pas de chiffre sur la population carcérale   Moins 20 % en 1992-1998

La criminalité est faible. La recrudescence des violences armées s'explique par l'afflux d'armes amenées par les réfugiés.

ÉDUCATION

80 %   5 658 étudiants

L'école est obligatoire et payante. Le taux de scolarisation est de 93 % dans le primaire. Le taux d'échec scolaire est élevé au secondaire.

CHRONOLOGIE

Le Swaziland devint un protectorat britannique en 1903.

- ❏ **1968** Indépendance.
- ❏ **1973** Le roi interdit l'activité politique.
- ❏ **1978** La nouvelle Constitution institutionnalise le pouvoir exécutif et législatif du roi.
- ❏ **1982** Mort du roi Sobhuza. La reine mère assure la régence pour le prince Makhosetive.
- ❏ **1986** Couronnement du prince Makhosetive : Mswati III.
- ❏ **1992** Réforme électorale limitée.
- ❏ **1993** Élections dans le cadre du nouveau système politique.
- ❏ **2000** Manifestations de masse en faveur de la démocratie.
- ❏ **2003** Nouvelle constitution : droits de l'homme, mais toujours pas de partis.

SANTÉ

 1 pour 6 700 habitants   Maladies diarrhéiques et respiratoires

Les infrastructures de santé sont rudimentaires. Le quart de la population entre 15 et 49 ans est séropositif.

RICHESSES

CONSOMMATION ET DÉPENSES

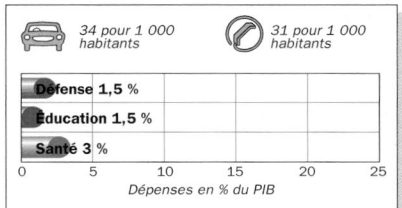

34 pour 1 000 habitants   31 pour 1 000 habitants

Défense 1,5 %
Éducation 1,5 %
Santé 3 %

Dépenses en % du PIB

50 % des Swazis vivent sous le seuil de pauvreté défini par l'ONU. Le clan Dlamini fait partie des rares privilégiés.

CLASSEMENT MONDIAL

S

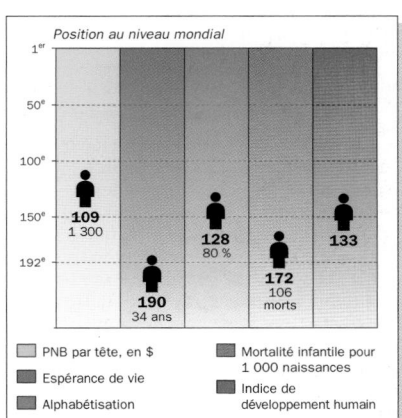

Position au niveau mondial

109 — 1 300
190 — 34 ans
128 — 80 %
172 — 106 morts
133

❏ PNB par tête, en $
❏ Espérance de vie
❏ Alphabétisation
❏ Mortalité infantile pour 1 000 naissances
❏ Indice de développement humain

SYRIE

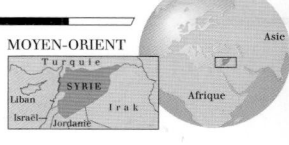

NOM OFFICIEL : République arabe syrienne   **CAPITALE :** Damas
POPULATION : 17 millions   **MONNAIE :** livre syrienne   **LANGUE OFFICIELLE :** arabe

BORDÉE par le Liban, Israël, la Jordanie et la Turquie, la Syrie résulte, aux yeux d'un grand nombre de ses habitants, d'un tracé territorial artificiel établi par le régime colonial français qui a dirigé le pays de 1920 à 1946. Ils s'identifient davantage à une grande Syrie comprenant le Liban, la Jordanie et la Palestine. Depuis l'indépendance, la politique extérieure syrienne s'est toujours caractérisée par une certaine instabilité contrastant avec la stabilité interne du régime baasiste autoritaire du président Hafiz al-Assad.

CLIMAT

DONNÉES MÉTÉOROLOGIQUES

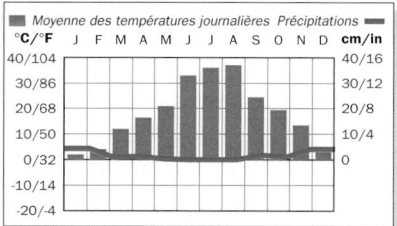

Les régions côtières sont placées sous l'influence d'un climat méditerranéen avec des hivers doux et humides et des étés chauds. Le climat est plus aride à l'intérieur des terres et certaines régions sont même désertiques. Dans les montagnes, il est courant qu'il neige en hiver. Les précipitations sont généralement inférieures à 25 cm par an.

TRANSPORTS

Damas International
1,5 M de passagers

220 navires
427 500 tpl

RÉSEAU DE TRANSPORT

26 299 km (16 341 miles)		877 km (545 miles)	
1 525 km (948 miles)		870 km (541 miles)	

Le réseau routier peut être dangereux dans les régions rurales, surtout pendant la période hivernale humide. Des services de cars publics et privés relient Damas et Alep. Le réseau ferroviaire transporte plus de 4 millions de passagers par an. La liaison ferroviaire d'Alep à Al'Mawsil en Irak a été réouverte en 2000. Damas et Lattaquié sont respectivement le principal aéroport international et le principal port syriens.

POPULATION

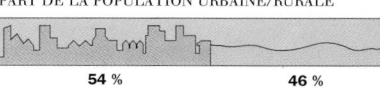

Arabe, français, kurde, arménien, circassien, turkmène, assyrien, araméen

80 hab./km²

PART DE LA POPULATION URBAINE/RURALE

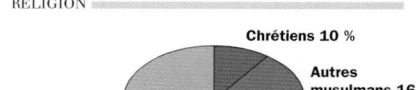

54 %   46 %

RELIGION

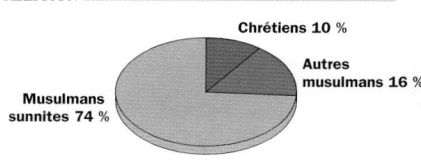

Chrétiens 10 %
Autres musulmans 16 %
Musulmans sunnites 74 %

COMPOSITION ETHNIQUE

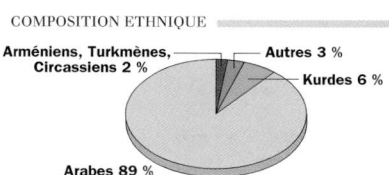

Arméniens, Turkmènes, Circassiens 2 %
Autres 3 %
Kurdes 6 %
Arabes 89 %

La plupart des habitants résident à moins de 100 km de la côte, où se trouvent les villes principales. La population compte 90 % de musulmans, parmi lesquels la majorité alawi, établie dans les provinces de Lattaquié et de Tartous. Le pays compte également une importante minorité chrétienne. L'ouest et le nord abritent une mosaïque de peuples, constituée notamment de communautés kurdes, turcophones et arméniennes, ces dernières étant généralement établies dans les villes. Damas, Al Qamishli et Alep abritent une petite communauté juive. Trois villages parlent l'araméen. Le pays a en outre accueilli 300 000 réfugiés palestiniens. À l'origine, les minorités soutenaient le parti Baas au pouvoir parce qu'il privilégiait l'État au-delà des différents intérêts sectaires. Toutefois, les conflits entre les différentes factions ont placé le parti sous le contrôle des musulmans alawi, ce qui suscite aujourd'hui un sentiment d'amertume au sein de la majorité musulmane sunnite. Le processus d'émancipation de la femme se poursuit.

TOURISME

1,4 M de visiteurs   Plus 9 % en 1999

PROVENANCE DES TOURISTES ÉTRANGERS

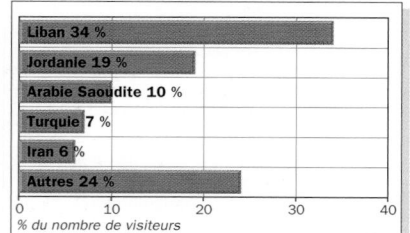

Liban 34 %
Jordanie 19 %
Arabie Saoudite 10 %
Turquie 7 %
Iran 6 %
Autres 24 %

% du nombre de visiteurs

Le développement du tourisme a été retardé par les années de troubles politiques qu'a connu le pays, les accusations de violations des droits de l'homme commises sous le régime d'Hafiz al-Assad, et par la réglementation très stricte et complexe qui régit ce secteur. Toutefois, peu avant la guerre du Golfe de 1990 à 1991, la Syrie était devenue une destination aussi prisée que le reste du Moyen-Orient. Des hôtels modernes ont vu le jour dans la plupart des villes importantes et les infrastructures se sont développées pour accueillir un nombre croissant de touristes occidentaux. La guerre du Golfe avait entraîné une baisse sensible de l'activité touristique mais la tendance est de nouveau à la hausse. Les touristes apprécient particulièrement les vestiges antiques de Damas, d'Alep (avec sa citadelle), et de Palmyre dans le désert, ainsi que leurs souks, leurs mosquées et leurs thermes.

Le littoral méditerranéen est bordé de plages magnifiques et le pays compte des stations de sports d'hiver dans la province de Lattaquié.

La ville antique de Palmyre, située au centre de la Syrie, fut jadis la capitale du royaume de la reine Zénobie.

PYRAMIDE DES ÂGES

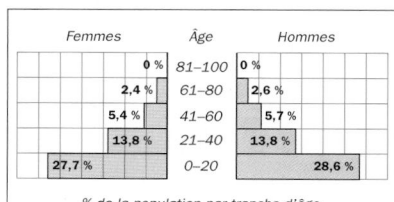

Femmes	Âge	Hommes
0 %	81–100	0 %
2,4 %	61–80	2,6 %
5,4 %	41–60	5,7 %
13,8 %	21–40	13,8 %
27,7 %	0–20	28,6 %

% de la population par tranche d'âge

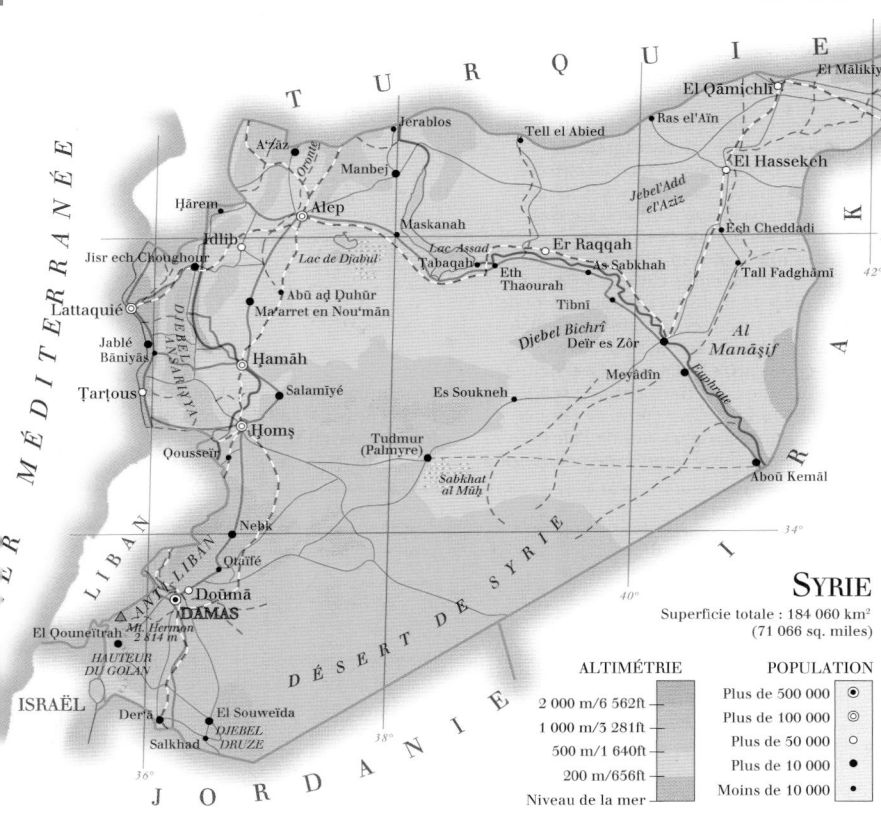

SYRIE

Superficie totale : 184 060 km²
(71 066 sq. miles)

ALTIMÉTRIE		POPULATION	
2 000 m/6 562ft		Plus de 500 000	⊙
1 000 m/3 281ft		Plus de 100 000	⊚
500 m/1 640ft		Plus de 50 000	○
200 m/656ft		Plus de 10 000	•
Niveau de la mer		Moins de 10 000	·

POLITIQUE

 2003/2007

 Bachar al-Assad, président de la République

AUX DERNIÈRES ÉLECTIONS
Conseil du peuple 250 membres

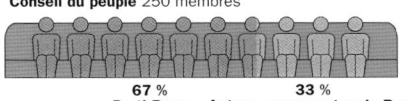

67 %	33 %
Parti Baas	**Autres composantes du Baas**

Parti Baas = Membres du Front national du progrès (alliés du parti Baas) **Autres composantes du Baas** = Partis alliés au parti Baas

La Syrie est en fait un régime de parti unique soutenu par l'armée et qui a été dirigé de 1971 à 2001 par le président Hafiz al-Assad, auquel son fils, Bachar, a succédé à sa mort en juin 2001.

PRINCIPAUX PROBLÈMES POLITIQUES
Droits de l'homme
La loi martiale n'a pas été levée depuis 1963, mais le régime semble plus respectueux des droits de l'homme depuis quelques années.

Pluralisme politique
Le président Hafiz al-Assad a dominé la vie politique syrienne pendant 30 ans, exerçant un contrôle très étroit sur le pouvoir et aidé par l'armée qui s'appuie sur le mouvement alawi chiite, même si les sunnites ont obtenu de hauts postes politiques au cours de la dernière

décennie. En dépit des promesses faites en réponse aux fortes pressions internationales, le président n'a jamais permis que s'installe un régime de multipartisme. Peu avant la mort de Hafiz, le Premier ministre Mahmoud az-Zoubi a été contraint à la démission. Toutefois, la disparition d'Hafiz al-Assad a été immédiatement suivie par l'élection de son fils à la tête du parti, entérinée à une écrasante majorité par référendum.

PROFIL
L'armée baasiste est arrivée au pouvoir en 1964 avec la volonté d'unifier toutes les nations arabes pour créer un système socialiste dominé par les Syriens. Son coup d'État a mis fin au pouvoir de l'élite des villes. L'État devint le principal employeur. Lorsque le président Hafiz est arrivé à la tête du pays en 1971, il a renforcé le pouvoir du Parti Baas pour en faire le premier mouvement politique. Sur le plan intérieur, les troubles causés par les militants islamistes furent matés et le principal objectif du président Hafiz al-Assad en matière de politique extérieure fut alors de faire de la Syrie une grande puissance.
La Syrie et l'Irak ont échafaudé un projet d'union en 1978, mais leurs relations se sont rapidement détériorées.

POLITIQUE EXTÉRIEURE

| LA | Damasc | G24 | MNA | OCI |

Depuis la signature d'un accord entre l'Égypte et Israël, en 1979, la Syrie constitue le principal obstacle à la domination d'Israël dans cette partie du globe. Elle a accru son influence aujourd'hui considérable sur le Liban, la Jordanie et les groupes extrémistes palestiniens et cherche à conclure des alliances avec des pays d'Afrique du Nord. Le principal différend qui oppose la Syrie et Israël concerne l'occupation du plateau du Golan, envahi par Israël durant la guerre de Six Jours.
Il y a des tensions persistantes avec la Turquie concernant les relations avec Israël, la guérilla kurde turque, l'accès à l'eau, et la rétrocession à la Syrie de sa province d'Alexandretta.
La Syrie, parmi d'autres États arabes, a soutenu l'Iran lors du conflit Iran-Irak des années 1980. Les EU ont accusé la Syrie de soutenir le terrorisme et le régime de Saddam Hussein. Les relations sont meilleures avec l'Europe. Assad a apporté son soutien aux Occidentaux lors de la guerre du Golfe et, en envoyant des troupes, a légitimé ce conflit au yeux du monde arabe. Toutefois, en 2000, la Syrie a envoyé une aide humanitaire à l'Irak, défiant ainsi l'embargo de l'ONU.

AIDE INTERNATIONALE

$ 228 M $ (reçus)   ⬆ Plus 46 % en 1999

Les aides reçues par la Syrie ont toujours été minimes. L'exploitation pétrolière lui permet de disposer d'un revenu confortable. Toutefois, suite à la guerre du Golfe, le pays a reçu 2 milliards de dollars en 1992 et 1,2 milliard en 1993, versés par l'Arabie Saoudite, les États du Golfe, les pays occidentaux et le Japon.

Le président Hafiz al-Assad gouverna jusqu'à sa mort en 2000.

Bachar al-Assad a succédé à son père, Hafiz, comme président.

S

CHRONOLOGIE

La Syrie devint indépendante de la France en 1946. Elle a ensuite fusionné son territoire avec celui de l'Égypte de 1958 à 1961 pour former la République arabe unie.

❏ **1963** Junte militaire baasiste qui marque l'arrivée au pouvoir du Conseil national du commandement révolutionnaire. Le général Amin al-Hafiz devient le nouveau président.

❏ **1966** Une junte militaire de membres radicaux du Parti Baas prend le pouvoir.

❏ **1967** Israël envahit toutes les positions syriennes situées au-dessus du lac de Tibériade, s'empare des hauteurs du Golan et de Qunaitra. La Syrie boycotte le sommet arabe et refuse tout compromis avec Israël.

❏ **1970** Hafiz al-Assad prend le pouvoir à la faveur d'un coup d'État « de rectification ».

❏ **1971** M. Assad est élu président pour sept ans.

❏ **1973** Nouvelle Constitution qui confirme le rôle politique dominant du Parti Baas. La Syrie entre en guerre contre Israël.

❏ **1976** Intervention militaire de la Syrie sur mandat de la Ligue arabe pour mettre fin aux hostilités au Liban.

❏ **1978** Charte nationale avec l'Irak qui institue une union entre les deux pays. Le président Assad est reconduit dans ses fonctions.

❏ **1981** Israël annexe officiellement les hauteurs du Golan. Abandon de la charte signée avec l'Irak.

❏ **1982** Émeutes organisées par des extrémistes islamiques à Hama aussitôt réprimées, faisant plusieurs milliers de victimes.

❏ **1985** M. Assad est réélu président.

❏ **1986** La Syrie est accusée d'avoir placé une bombe à bord d'un appareil israélien à Londres. Tous les pays de la CEE, sauf la Grèce, sanctionnent le pays.

❏ **1991** Les forces syriennes participent à l'opération Tempête du désert pour libérer le Koweït de l'occupant irakien. Le RU rétablit des relations diplomatiques avec la Syrie, qui est intervenue pour faire libérer les otages occidentaux. Signature du pacte de déclaration d'aide et de défense de Damas entre la Syrie, l'Égypte, l'Arabie Saoudite, le Koweït, les Émirats Arabes Unis, le Qatar, Bahreïn et Oman.

❏ **1992-1999** Assad est réélu président.

❏ **2000** Démission forcée et suicide de Mahmoud az-Zoubi après 13 années passées au poste de Premier ministre. Mort de Hafiz al-Assad, son fils Bachar lui succède.

DÉFENSE

 989 M $ Plus 1 % en 1999

La Syrie considère son important potentiel militaire comme un instrument de dissuasion conséquent face aux visées expansionnistes israéliennes. L'armée syrienne a participé à quatre guerres contre Israël depuis 1948 et est aujourd'hui la plus importante de cette partie du globe après celle de l'Égypte. La plupart du matériel militaire vient de l'ex-URSS. Au cours des années 1980, les forces syriennes se sont heurtées à plusieurs reprises à l'armée israélienne et ont empêché cette dernière de prendre le contrôle du Liban. Au cours de l'année 2000, un nombre croissant de Palestiniens ont protesté contre la présence militaire

FORCES ARMÉES SYRIENNES

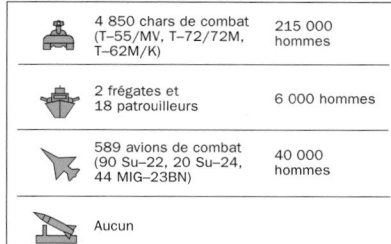

syrienne au Liban – violant apparemment les accords de Taif de 1989 – et en 2001 les troupes syriennes se sont retirées de Beyrouth.

ÉCONOMIE

 17,3 Md $ 46-51 livres syriennes

CHIFFRES SIGNIFICATIFS

❏ CLASSEMENT DU PNB AU NIVEAU MONDIAL 72ᵉ
❏ PNB PAR HABITANT ....1 040 $
❏ BALANCE DES PAIEMENTS ....1,06 Md $
❏ INFLATION ....0,3 %
❏ CHÔMAGE ....20 %

INDICATEUR DES PERFORMANCES ÉCONOMIQUES

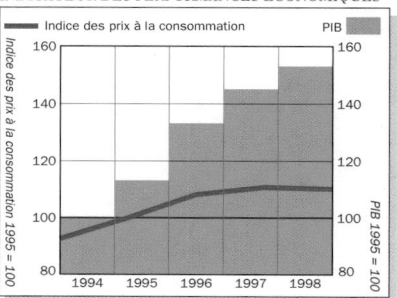

EXPORTATIONS

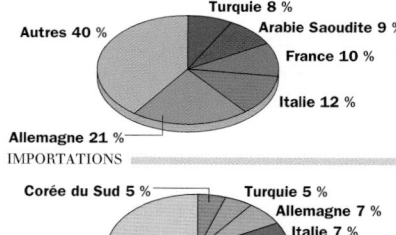

Turquie 8 %
Arabie Saoudite 9 %
France 10 %
Italie 12 %
Allemagne 21 %
Autres 40 %

IMPORTATIONS

Corée du Sud 5 %
Turquie 5 %
Allemagne 7 %
Italie 7 %
France 10 %
Autres 66 %

ATOUTS
Son industrie de transformation s'est développée et elle dispose d'un secteur agricole dynamique. Exportatrice du pétrole brut, sa production augmente avec la découverte de nouveaux gisements.

FAIBLESSES
Le niveau élevé du budget de l'armement entrave la croissance économique du pays. L'économie parallèle est très développée et le taux de l'inflation est élevé. Le régime autocratique décourage les investisseurs étrangers. Approvisionnement en eau vulnérable.

PROFIL
L'économie syrienne a bénéficié de plusieurs milliards de dollars de don en provenance des ÉU, de l'UE, d'Arabie Saoudite et d'autres États du Golfe après la

guerre du Golfe. Cet apport de capitaux et la hausse des revenus générés par le secteur pétrolier ont garanti au pays une croissance élevée. La décision de détourner les eaux de l'Euphrate vers les plaines fertiles a entraîné une augmentation de la production agricole. Les hommes d'affaires font souvent venir des capitaux par le biais de l'économie libanaise qui est plus libre. Un ensemble de mesures de réformes économiques ont en 2000 permis d'ouvrir un marché de capitaux et de banques privées.

SYRIE : PRINCIPALES ACTIVITÉS

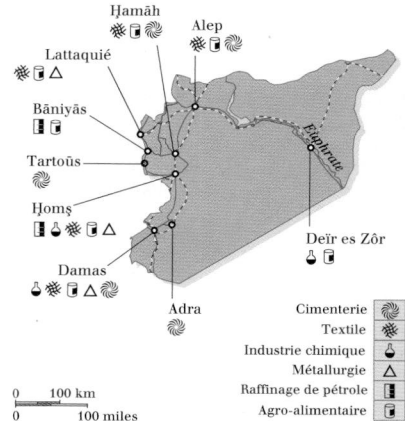

S

RESSOURCES

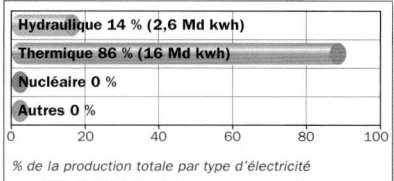

7 721 tonnes

14,5 M d'ovins
1,1 M de caprins
920 000 bovins
22 M de volailles

540 000 b/j
(réserves : 2,5 Md
de barils)

Phosphates, pétrole,
gaz naturel, fer

PRODUCTION ÉLECTRIQUE

Hydraulique 14 % (2,6 Md kwh)	
Thermique 86 % (16 Md kwh)	
Nucléaire 0 %	
Autres 0 %	

% de la production totale par type d'électricité

La Syrie possède des gisements importants de pétrole de bonne qualité le long de l'Euphrate. De gros gisements de gaz naturel ont été localisés près de Palmyre. Les phosphates et le fer sont également abondants. Le reste de l'énergie consommée par le pays est d'origine hydroélectrique. L'appareil industriel repose largement sur le secteur du pétrole et de ses dérivés. Les secteurs textile et agricole sont très développés. Le coton est la principale culture d'exportation mais le pays produit également des fruits et des légumes.

SYRIE : UTILISATION DU SOL

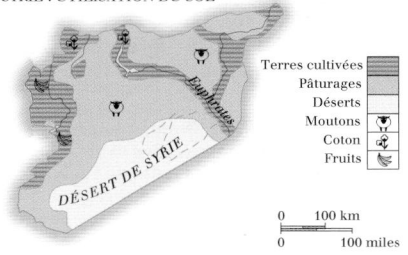

Terres cultivées
Pâturages
Déserts
Moutons
Coton
Fruits

0   100 km
0   100 miles

ENVIRONNEMENT

Aucune

3,3 tonnes
par habitant

TRAITÉS ÉCOLOGIQUES

Oui		Non		Oui	
Oui		Oui		Non	

Le projet le plus coûteux et le plus controversé du régime du président Assad aura été la construction du barrage de l'Euphrate, de la centrale électrique et du réseau d'irrigation de Tabaqah. Le grand réservoir du barrage a provoqué la disparition de 300 villages et de 25 000 hectares de terres. Le développement industriel du pays a également occasionné des dégâts écologiques, notamment la cimenterie de Tartous, construite par l'Allemangne de l'Est au milieu des années 1970.

MÉDIAS

 20 quotidiens pour 1 000 habitants

La quasi-totalité des quotidiens sont affiliés au gouvernement. Toutefois, les journaux jordaniens ont à nouveau été autorisés en 1999, ainsi que la télévision par satellite qui est très regardée ; et Bachar al-Assad a personnellement encouragé l'utilisation de l'Internet.

CRIMINALITÉ

 Pas de chiffre sur la population carcérale

 Moins 82 % en 1992–1994

TAUX DE CRIMINALITÉ

Meurtres	
1	pour 100 000 habitants

Viols	
3	pour 100 000 habitants

Vols	
42	pour 100 000 habitants

L'appareil judiciaire de la Syrie n'est pas indépendant. Les services de sécurité ont le pouvoir d'arrêter et d'incarcérer les individus jugés hors-la-loi. Des cas de torture en détention ont été rapportés. La plupart des hommes politiques renversés par Assad dans les années 1970 n'ont été libérés que récemment.

ÉDUCATION

 75 %

 215 734 étudiants

LE SYSTÈME ÉDUCATIF

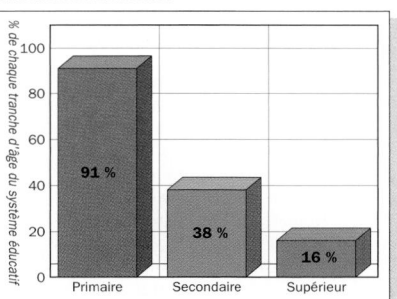

% de chaque tranche d'âge du système éducatif

Primaire 91 %
Secondaire 38 %
Supérieur 16 %

Dès son arrivée au pouvoir, le Parti Baas s'est fixé comme priorité de créer un système éducatif gratuit accessible à tous. L'enseignement mixte a d'abord été mis en place dans les villes et s'est étendu progressivement aux régions rurales sous la présidence de M. Assad. Le pays compte sept universités, dont celles de Damas, Alep, Tishrin et Homs, qui accueillent au total 130 000 étudiants. Les universités privées sont autorisées depuis 2001. Le budget de l'Éducation nationale arrive en deuxième position derrière celui de l'armée (toutefois, un écart important les sépare).

PRESSE ET TÉLÉCOMMUNICATIONS

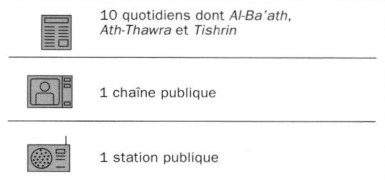

10 quotidiens dont *Al-Ba'ath, Ath-Thawra* et *Tishrin*

1 chaîne publique

1 station publique

SANTÉ

 1 pour 769 personnes

 Maladies cardiaques, respiratoires, digestives, infectieuses

Le Parti Baas a mis en place un système de santé performant et gratuit pour ceux qui ne disposent pas de moyens suffisants. Mais les hôpitaux manquent souvent de matériel médical et les services médicaux ont aujourd'hui besoin de crédits. Les zones rurales en particulier ont besoin d'aide pour combattre l'extension des maladies.

RICHESSES

CONSOMMATION ET DÉPENSES

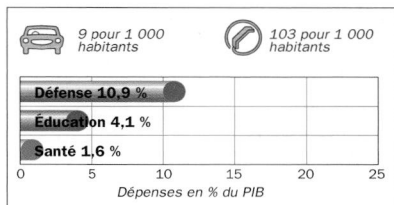

9 pour 1 000 habitants

103 pour 1 000 habitants

Défense 10,9 %	
Éducation 4,1 %	
Santé 1,6 %	

Dépenses en % du PIB

La société syrienne est caractérisée par des écarts de richesse très importants, loin de la société équitable que le Parti Baas avait envisagée. L'élite syrienne, établie pour l'essentiel à West Malki, banlieue de Damas, est plus riche et plus nombreuse que jamais. Les réfugiés palestiniens et la population au chômage des zones urbaines constituent la couche sociale la plus défavorisée.

CLASSEMENT MONDIAL

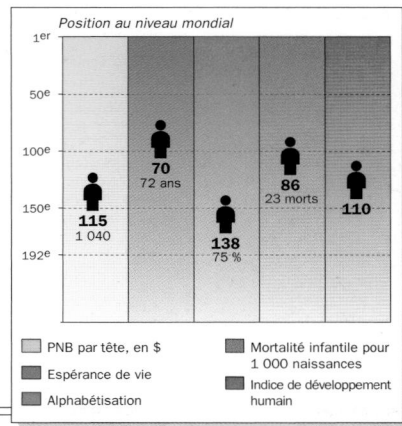

Position au niveau mondial

115 1 040
70 72 ans
138 75 %
86 23 morts
110

PNB par tête, en $
Espérance de vie
Alphabétisation
Mortalité infantile pour 1 000 naissances
Indice de développement humain

S

ASIE CENTRALE

TADJIKISTAN

Nom Officiel : République de Tadjikistan   Capitale : Douchanbé
Population : 6,2 millions   Monnaie : rouble tadjik   Langue Officielle : tadjik

 1991
 1991
 9 sept.
 TJ
 + 5
 + 992
.tj

PAYS d'Asie centrale, le Tadjikistan s'étend sur le versant occidental du Pamir. La langue et les traditions des Tadjiks sont plus proches de celles des Iraniens que des Ouzbeks, qui parlent l'une des langues turques. Le Tadjikistan opta pour la souveraineté en 1991. La république est depuis déchirée par les conflits armés qui opposent les rebelles islamiques tadjiks au gouvernement communiste, soutenu par la Russie et les Ouzbeks. Un accord de paix signé en 1997 a limité ces affrontements.

Troupeau de moutons dans les gorges du Varzob au nord de Douchanbé.

CLIMAT

DONNÉES MÉTÉOROLOGIQUES

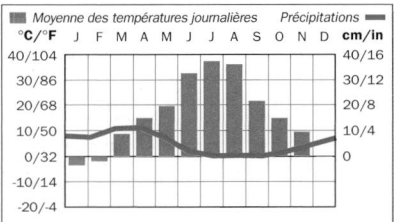

Faibles précipitations dans les vallées. En montagne, les températures hivernales chutent parfois sous les – 45 °C.

TRANSPORTS

 Douchanbé International
 Pas de flotte

RÉSEAU DE TRANSPORT

 11 330 km (7 040 miles)
 Aucune

547 km (340 miles)
200 km (124 miles)

Le Tadjikistan, qui servit d'étape de ravitaillement aux forces soviétiques au cours de la guerre d'Afghanistan, possède un réseau routier transfrontalier en bon état et des terrains d'aviation bien entretenus.

TOURISME

 511 000 visiteurs
 En augmentation lente

PROVENANCE DES TOURISTES ÉTRANGERS

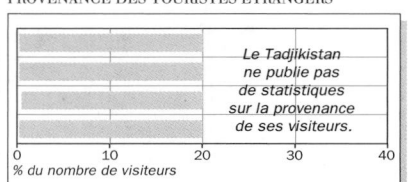
Le Tadjikistan ne publie pas de statistiques sur la provenance de ses visiteurs.

Le conflit rend tout voyage au Tadjikistan pratiquement impossible. Les journalistes occidentaux sont souvent agressés.

POPULATION

 Tadjik, russe
 43 hab. km²

PART DE LA POPULATION URBAINE/RURALE

28 %   72 %

RELIGION

Musulmans chiites 5 %
Autres 15 %
Musulmans sunnites 80 %

Le principal conflit interethnique du Tadjikistan oppose les Tadjiks aux Ouzbeks, respectivement d'origine perse et turque. Comme dans l'Ouzbékistan voisin, les Russes sont victimes d'une forte discrimination et leur nombre est passé de 400 000 en 1989 à 200 000. En 1990, la petite communauté allemande (35 000 personnes) avait entièrement quitté le pays. Le conflit entre les communistes de Douchanbé et les islamistes des régions centrales et orientales a déplacé plus de 50 000 Tadjiks réfugiés aujourd'hui en Afghanistan où ils étaient déjà plus d'un million. On estime que 20 000 réfugiés s'y trouvent encore en Afghanistan.

TADJIKISTAN

Superficie totale : 143 100 km² (55 251 sq. miles)

POPULATION
◉ Plus de 500 000
◎ Plus de 100 000
○ Plus de 50 000
● Plus de 10 000
· Moins de 10 000

ALTIMÉTRIE
4 000 m/13 124ft
3 000 m/9 843ft
2 000 m/6 562ft
1 000 m/3 281ft
500 m/1 640ft
200 m/656ft

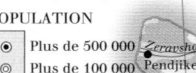
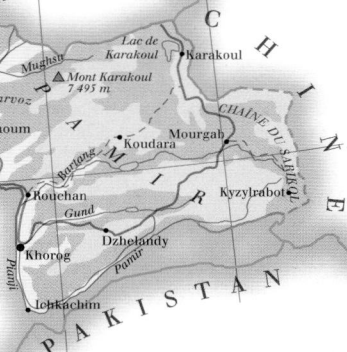

POLITIQUE

Ch. haute 2000/2005
Ch. basse 2000/2005
Imomali Rakhmonov, président de la République

AUX DERNIÈRES ÉLECTIONS
Assemblée suprême 63 membres   3 % 3 % IRP Autres

71 % PDPT   21 % CPT   2 % Vac

PDPT = Parti démocratique populaire du Tadjikistan et alliés
CPT = Parti communiste du Tadjikistan IRP = Parti de la renaissance islamique Vac = Vacant

Assemblée nationale 33 sièges

Cinq députés sont élus dans chaque assemblée régionale et huit autres députés sont nommés par le président.

L'accalmie dans les affrontements entre les forces gouvernementales et les rebelles islamiques, obtenue à l'issue de l'accord de paix de 1997, a consolidé le régime d'ex-communistes dirigé par le président Rakhmonov. En 1998, l'opposition islamique a intégré le gouvernement conformément aux accords de paix prévoyant une commission nationale de réconciliation parallèlement à des élections parlementaires. Lors des élections de 2000, le PDPT pro Rakhmonov, demanda le soutien de l'UTO.

T

POLITIQUE EXTÉRIEURE

Le Tadjikistan est fortement dépendant de la Russie sur le plan de l'aide économique et militaire. En 1993, il accepta son entrée dans la zone du rouble, cédant par la même une part considérable de sa souveraineté en matière de politique économique. L'introduction du rouble tadjik en 1995 a inversé la tendance. La Russie partage la volonté du gouvernement tadjik, qui cherche à neutraliser l'action des fondamentalistes islamiques. Une opération conjointe avec l'Ouzbékistan et le Kirghizistan a été lancée en 2000 pour combattre le mouvement islamique basé dans le nord du Tadjikistan.

AIDE INTERNATIONALE

 122 M $ (reçus)   Plus 16 % en 1999

Une aide alimentaire a été requise en 2000 et 2001 pour faire face à de terribles sécheresses.

DÉFENSE

 92 M $ Moins 10 % en 1999

Les forces armées tadjikes sont insuffisantes et les troupes russes de maintien de paix contiennent les rebelles tadjiks actifs dans la région de Gorno Badakhshan, proche de l'Afganistan.

ÉCONOMIE

 1,7 Md $ 2,4 roubles tadjiks

CHIFFRES SIGNIFICATIFS

❏ CLASSEMENT DU PNB AU NIVEAU MONDIAL	152ᵉ
❏ PNB PAR HABITANT	180 $
❏ BALANCE DES PAIEMENTS	– 74 M $
❏ INFLATION	33 %
❏ CHÔMAGE	6 %

ATOUTS
Le pays a très peu d'atouts bien que le Tadjikistan possède 14 % des réserves mondiales d'uranium connues. Très fort potentiel hydro-électrique. Fabrication de tapis.

FAIBLESSES
L'économie officielle est sur le point de s'effondrer. Importance vitale de l'économie de troc. Agriculture peu diversifiée ; seuls 6 % des terres sont arables. Départ des Russes qualifiés. Production en baisse dans tous les secteurs.

EXPORTATIONS

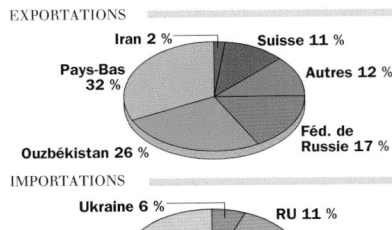

IMPORTATIONS

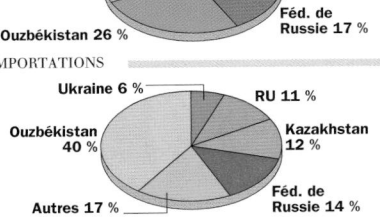

RESSOURCES

 285 tonnes   501 b/j (réserves : 14,64 M de barils)

 1,6 M d'ovins 1 M de bovins 800 000 poulets   Uranium, or, fer, charbon, plomb, mercure, étain

Le Tadjikistan dispose d'une ressource stratégique – l'uranium – qui représentait avant 1990, 30 % de la production globale de l'URSS. L'uranium a cependant beaucoup perdu de sa valeur depuis la fin de la course à l'armement nucléaire. L'industrie est concentrée dans la vallée de la Fergana proche de la frontière avec l'Ouzbékistan.

ENVIRONNEMENT

 4 %   0,9 tonne par habitant

Les glissements de terrain, constituent un problème majeur. L'irrigation excessive des terres consacrées à la culture du coton a entraîné la salinisation du sol.

MÉDIAS

 21 quotidiens pour 1 000 habitants

PRESSE ET TÉLÉCOMMUNICATIONS

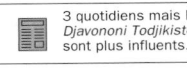 3 quotidiens mais les hebdomadaires *Djavononi Todjikiston* et *Tochikiston ovozi* sont plus influents.

 3 chaînes contrôlées par l'État   1 station contrôlée par l'État

La censure communiste sur les médias s'est renforcée début 1994 avec la prise de contrôle des organes de presse, de radio et de télédiffusion par Rakhmonov.

CRIMINALITÉ

 Pas de chiffre sur la population carcérale   Hausse spectaculaire de la criminalité

Seules quelques rares régions isolées échappent aux violences perpétuées par les groupes armés. Le trafic de stupéfiants est en augmentation.

ÉDUCATION

 99 %    108 203 étudiants

Le départ des enseignants russes a entraîné une baisse de la qualité des cours dispensés à l'Université de Douchanbé.

CHRONOLOGIE

Au XIXᵉ siècle, l'actuel Tadjikistan était formé de principautés, certaines sous domination russe, d'autres sous domination de l'Émirat de Boukhara.

❏ **1925** Sous autorité soviétique.
❏ **1989** Le tadjik : la langue officielle.
❏ **1991** Indépendance totale par rapport à Moscou.
❏ **1994**, Rakhmonov réélu président.
❏ **1995** Élections législatives. Introduction du rouble tadjik.
❏ **1997–1998** Accord de paix avec les rebelles ; l'UTO intègre le gouvernement.
❏ **2003** Un référendum permet à Rakhmonov de se maintenir en place jusqu'en 2020.

SANTÉ

 1 pour 476 habitants   Maladies cardiaques, cérébrovasculaires, respiratoires, infectieuses et parasitaires

Le système de santé du Tadjikistan n'a jamais disposé de moyens importants. Le taux de mortalité infantile avant 1990 était l'un des plus élevés d'URSS.

RICHESSES

CONSOMMATION ET DÉPENSES

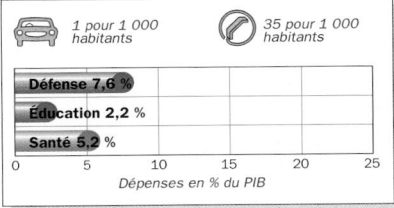

L'emploi officiel ne concerne qu'une minorité de Tadjiks ; la plupart vivent de l'élevage bovin. Plus de 80 % vivent sous le seuil de pauvreté. La guerre a rendu les conditions de vie encore plus difficiles.

CLASSEMENT MONDIAL

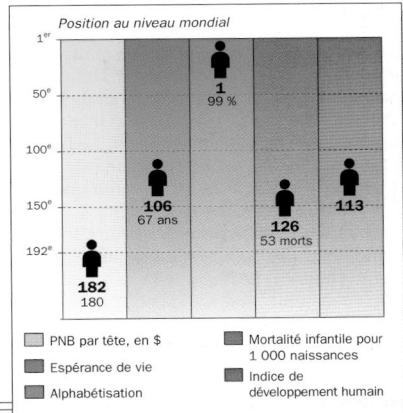

T

TAIWAN

NOM OFFICIEL : République de Chine   **CAPITALE :** Taipei
POPULATION : 22,5 millions   **MONNAIE :** dollar de Taiwan   **LANGUE OFFICIELLE :** chinois du Nord (mandarin)

1949   1949   10 oct.   RC   + 8   + 886   .tw

L'ÎLE de Taiwan, qui s'est d'abord appelée Formose, se trouve au Sud-Est des côtes de la Chine continentale. Elle est dominée par un ensemble de massifs montagneux qui s'étendent du nord au sud et couvrent les deux tiers de l'île. Les plaines sont extrêmement fertiles, la culture du riz y est très développée. En 1949, lorsque les communistes chinois chassèrent de Chine continentale le Kuomintang de Tchang Kaï-chek, ce dernier créa sur l'île le gouvernement de la République de Chine. Le régime militaire qui dirigeait *de facto* Taiwan s'est progressivement démocratisé depuis 1986. L'emprise du Kuomintang sur le pouvoir a été ébranlée par sa défaite aux élections présidentielles de 2000. La Chine continentale considère toujours Taiwan comme une province rebelle.

Le temple Wen Wu, sur les bords du lac Sun Moon, dans les montagnes du centre du pays, région célèbre pour ses nombreux temples. Presque toute la population est bouddhiste.

CLIMAT

DONNÉES MÉTÉOROLOGIQUES

Régime de mousson tropicale similaire à celui du Sud de la Chine continentale. Les typhons en provenance de la mer de Chine méridionale frappent le pays de juillet à septembre.

TRANSPORTS

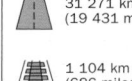

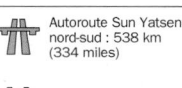

Tchang Kaï-chek International, Taoyuan 16,4 M de passagers

686 navires 5,5 M tpl

RÉSEAU DE TRANSPORT

31 271 km (19 431 miles)

Autoroute Sun Yatsen nord-sud : 538 km (334 miles)

1 104 km (686 miles)

Aucune

Taiwan conduit actuellement plusieurs projets pour développer ses infrastructures de transport. Des réseaux de métro et de transport rapide sont actuellement en construction à Taipei et Kaoshiung. De nouveaux axes routiers doivent voir le jour pour desservir le pays du nord au sud et d'est en ouest. Le pays craint que la densité du trafic ne ralentisse sa croissance économique. La majorité des citadins circulent aujourd'hui à scooter mais les experts des transports tablent sur une hausse du nombre d'automobiles. L'usage de la bicyclette n'est pas aussi répandu qu'en Chine continentale. Taiwan est toutefois le premier producteur de bicyclettes du monde.

TOURISME

2,6 M de visiteurs

Plus 9 % en 2000

PROVENANCE DES TOURISTES ÉTRANGERS

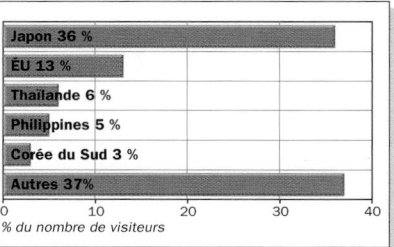

Japon 36 %
EU 13 %
Thaïlande 6 %
Philippines 5 %
Corée du Sud 3 %
Autres 37%

% du nombre de visiteurs

Le secteur touristique de Taiwan est peu développé. Le pays n'a commencé que très récemment à attirer les touristes américains et japonais. Il rénove aujourd'hui ses hôtels et développe ses infrastructures aéroportuaires. Le musée du Palais de Taipei, qui abrite le trésor très important ravi par les nationalistes de Pékin, est la principale attraction touristique. Seuls 5 % de ses richesses peuvent être exposés en même temps. L'industrie du sexe attire un grand nombre de touristes à Taibei, qui est le deuxième marché mondial du sexe après Bangkok.

POPULATION

Chinois d'Amoy, chinois mandarin, chinois hakka

688 hab./km²

PART DE LA POPULATION URBAINE/RURALE

69 %   31 %

RELIGION

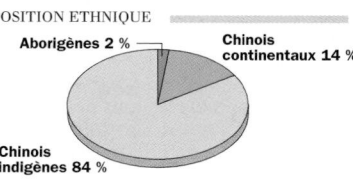

Autres 2 %   Chrétiens 5 %
Bouddhistes, confucianistes et taoïstes 93 %

COMPOSITION ETHNIQUE

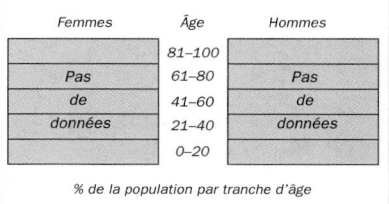

Aborigènes 2 %   Chinois continentaux 14 %
Chinois indigènes 84 %

La population taiwanaise est composée pour l'essentiel de Chinois han, arrivés avec la vague d'immigrants qui a quitté la Chine continentale en 1644. Les 100 000 nationalistes arrivés sur l'île en 1949 ont voulu constituer la classe dirigeante et se sont octroyés les postes administratifs les

plus prestigieux, attitude qui a provoqué un ressentiment profond au sein de la population locale. Toutefois, lorsque la génération élue sur le continent en 1947 a dû être remplacée pour une raison d'âge, la population autochtone a commencé à participer à la vie politique du pays. Les tensions ethniques sont minimes malgré la forte discrimination dont sont victimes les minorités indigènes des montagnes de l'Est. La famille étendue demeure une composante essentielle du tissu social ; elle constitue le système de sécurité sociale des personnes âgées. La famille taiwanaise tend toutefois à se rapprocher du modèle familial nucléaire européen, du fait, notamment de la pénurie de logements.

PYRAMIDE DES ÂGES

Femmes	Âge	Hommes
	81–100	
Pas	61–80	Pas
de	41–60	de
données	21–40	données
	0–20	

% de la population par tranche d'âge

T

POLITIQUE

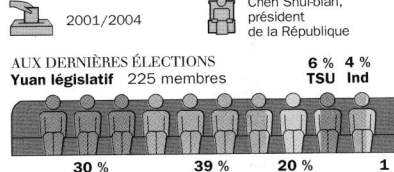

2001/2004

Chen Shui-bian, président de la République

AUX DERNIÈRES ÉLECTIONS
Yuan législatif 225 membres

		6 % TSU	4 % Ind

30 % KMT	39 % DPP	20 % PFP	1 % Autres

KMT = Parti national de Chine **DPP** = Parti démocratique progressiste **TSU** Union solidaire taiwanaise **PFP** Premier parti du peuple **Ind** Indépendants

Depuis 1986, Taiwan est devenue une démocratie pluraliste, bien que la domination électorale du KMT n'ait pris fin qu'en 2000. Le gouvernement est dirigé par le président qui est responsable devant l'Assemblée nationale, une institution supplémentaire élue pour régler les affaires constitutionnelles.

PRINCIPAUX PROBLÈMES POLITIQUES
Les relations avec la Chine
Le DDP, dans l'opposition au parlement mais propulsé par sa victoire à l'élection présidentielle de 2000,

s'est déclaré en faveur de l'indépendance par rapport à la Chine malgré les menaces militaires de celle-ci. Adoptant une position plus prudente depuis sa victoire aux élections, Chen Shui-bian a promis de ne faire aucune déclaration d'indépendance pendant toute la durée de son mandat. Le KMT, officiellement engagé en faveur d'une éventuelle réunification avec la Chine, se déclare maintenant pour une solution plus adaptée qui suppose la reconnaissance d'une identité nationale taiwanaise séparée.

La stabilité politique
Lors des élections législatives de 1998, le KMT au pouvoir, qui avait enregistré son pire résultat électoral en 1995, s'est assuré la majorité absolue. L'opposition

Tchang Kaï-chek, qui fonda Taiwan en 1949.

Chen Shui-bian, le premier président depuis 1949 n'appartenant pas au KMT.

indépendantiste du DDP a également atteint des résultats impressionnants mais le CNP, dont le discours était centré sur la réunification avec la Chine, n'a pas trouvé beaucoup d'écho. L'issue du scrutin a permis à l'aile modérée du KMT de se renforcer sous l'ex-président Lee Teng-hui qui favorise de plus en plus le développement d'une identité « néo-taiwanaise » susceptible d'atténuer la division entre les natifs de l'île et les Chinois du continent.

PROFIL
De 1949 à 1986, le KMT, parti créé par Tchang Kaï-chek, a eu le monopole du pouvoir à Taiwan et a fait appliquer la loi martiale. En 1986, le général Tchang Tching-kuo, fils et successeur du général Tchang Kaï-chek, a décidé d'amorcer le processus de démocratisation. Les premières élections libres ont eu lieu en 1986. Le président a été élu au suffrage direct en mars 1996, pour la première fois. La monopolisation du pouvoir par le KMT a pris fin lors de l'élection présidentielle en mars 2000, gagné par Chen Shui-bian du DDP.

TAIWAN

Superficie totale : 32 260 km² (12 456 sq. miles)

POPULATION
- ⊡ Plus de 1 000 000
- ◉ Plus de 500 000
- ◎ Plus de 100 000
- ○ Plus de 50 000
- ● Plus de 10 000
- • Moins de 10 000

[Carte de Taiwan avec lieux : Tamsui, Santsung, Hsinchuang, TAIPEI, Keelung, Chungho, Chungli, Taoyuan, Pate, Hsintien, Toucheng, Hsinchu, Toufen, Chunan, Ilan, Loiung, Suao, Chingshui, Tachia, Tungshih, Hsüeh Shan 3 884 m, Tachoshui, Fengyuan, Taichung, Changhua, Chunghsinghsintsun, Lukang, Nantou, Hualien, Erhlin, Yuanlin, Fenglin, Tacheng, Tounan, Kouhu, Peikang, Chiayi, Yü Shan 3 997 m, Juishui, Putai, Yenshui, Hsinying, Nanhsi, Chiali, Shanhua, Tainan, Liukuei, Chishan, Taitung, Kaohsiung, Pingtung, Fengshan, Chaochou, Tungkang, Fangliao, Checheng, Oluanpi; Penghu Liehtao (archipel des Pescadores), Makung, Pachao Tao, Lü Tao (Île Verte), Lan Yü (Île Orchidée); MER DE CHINE ORIENTALE, OCÉAN PACIFIQUE, MER DE CHINE MÉRIDIONALE, Détroit de Taiwan, Canal de Penghu, Détroit de Luzon, Canal Bashi, CHUNGYANG SHANMO, HSÜEHSHAN SHANMO, ALI SHAN SHANMO]

ALTIMÉTRIE
- 3 000 m/9 843 ft
- 2 000 m/6 562 ft
- 1 000 m/3 281 ft
- 500 m/1 640 ft
- 200 m/656 ft
- Niveau de la mer

0 ___ 40 km
0 ___ 40 miles

POLITIQUE EXTÉRIEURE

CEAP · BAD · OMC

Les relations avec la Chine jouent un rôle dominant. La réunification est depuis longtemps un but ultime, mais l'idée d'indépendance gagne les jeunes Taiwanais. Les gesticulations militaires sont monnaie courante d'un côté comme de l'autre. Les deux pays sont néanmoins conscients de leur interdépendance économique ; Taiwan est un gros investisseur en Chine.
Taiwan a cédé à la Chine son siège à l'ONU, en 1971. Taiwan doit mener sa diplomatie par le biais de délégations commerciales. L'aide lui permet d'obtenir le soutien de petits États. L'île entretient de fort liens bilatéraux avec les EU et le Japon. Les EU garantissent officieusement la sécurité de Taiwan.

T

AIDE INTERNATIONALE

 92 M $ (versés)    Plus 16 % en 1995

Taiwan accorde des aides importantes aux États qui lui garantissent une reconnaissance diplomatique. Il s'agit en l'occurrence des îles du Pacifique de Kiribati, Tuvalu et Tonga qui représentent les intérêts de Taiwan à l'ONU depuis 1972, lorsque l'île y perdit son siège en faveur de la République populaire de Chine. En 1998, Taiwan a fait un don de 2 millions $ à sept États d'Amérique centrale, dont Panamá, pour y promouvoir l'alphabétisation.

CHRONOLOGIE

Après la révolution communiste chinoise de 1949, le KMT, parti nationaliste dirigé par le général Tchang Kaï-chek s'est réfugié dans la province insulaire de Taiwan.

❏ **1971** La République populaire de Chine remplace Taiwan à l'ONU et au Conseil de sécurité de l'ONU.
❏ **1973** Le régime de Taipei, composé de membres du KMT, rejette l'offre de négociations secrètes faite par Pékin pour réunifier la Chine.
❏ **1975** Le président Tchang Kaï-chek meurt. Son fils, Tchang Tching-kuo, lui succède à la tête du KMT. Dr Yen Chia-kan président.
❏ **1979** Les ÉU rompent leurs relations avec Taiwan au profit de la République populaire de Chine. Ils continuent cependant à livrer des armes à Taiwan.
❏ **1984** Le président Tchang est reconduit dans ses fonctions.
❏ **1986** Réformes politiques : le KMT autorise l'existence d'autres partis, met fin à la loi martiale et autorise les visites justifiées sur le plan humanitaire aux Chinois continentaux pour la première fois depuis 38 ans.
❏ **1991** Le DPP, parti d'opposition, formule un projet de Constitution qui fait de Taiwan un État indépendant. Cette attitude provoque l'indignation du KMT et de Pékin. Le KMT remporte une nouvelle fois les élections à une large majorité.
❏ **1995–1996** Le KMT voit sa majorité réduite aux élections législatives.
❏ **1996** Lee Teng-hui remporte les premières élections présidentielles au suffrage direct.
❏ **1998** Majorité absolue du KMT aux élections du Yuan législatif.
❏ **2000** En mars, Chen Shui-bian du DDP devient président et met fin à la domination du KMT.
❏ **2001** Elections : DPP parti majoritaire. Admission à l'OMC.
❏ **2004** Chen Shui-bian, réélu président après une tentative d'assassinat.

DÉFENSE

 14,96 Md $ Plus 4 % en 1999

La population de Taiwan est relativement réduite mais son armée est la cinquième du monde. Le pays redoute principalement une invasion de la Chine. Il y a plus d'un demi million de réservistes et le service militaire dure deux ans. L'armée de l'air est généralement équipée du matériel le plus moderne. Craignant de ne pas être soutenue par l'armée américaine, Taipei a ainsi acheté des Mirage en plus des F-16 qu'elle possédait déjà.

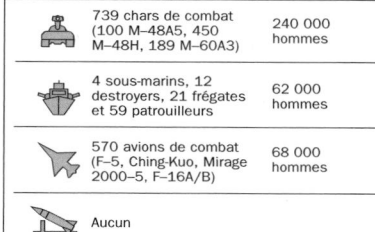

FORCES ARMÉES TAIWANAISES

739 chars de combat (100 M–48A5, 450 M–48H, 189 M–60A3)	240 000 hommes
4 sous-marins, 12 destroyers, 21 frégates et 59 patrouilleurs	62 000 hommes
570 avions de combat (F–5, Ching-Kuo, Mirage 2000–5, F–16A/B)	68 000 hommes
Aucun	

ÉCONOMIE

 283 Md $ 33,4-34,6 dollars taiwanais

CHIFFRES SIGNIFICATIFS

❏ CLASSEMENT DU PNB AU NIVEAU MONDIAL 16ᵉ
❏ PNB PAR HABITANT ....13 450 $
❏ BALANCE DES PAIEMENTS… ....18,9 Md $
❏ INFLATION..0,5 %
❏ CHÔMAGE ....3 %

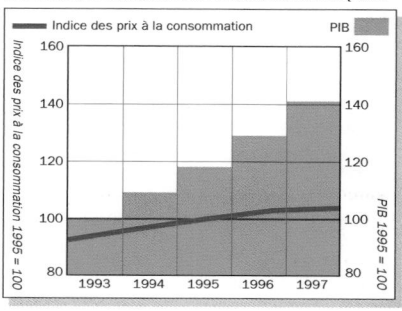

INDICATEUR DES PERFORMANCES ÉCONOMIQUES

EXPORTATIONS
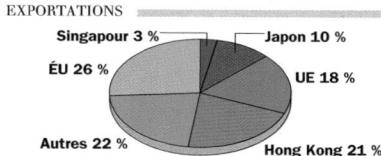
Singapour 3 %   Japon 10 %
ÉU 26 %   UE 18 %
Autres 22 %   Hong Kong 21 %

IMPORTATIONS
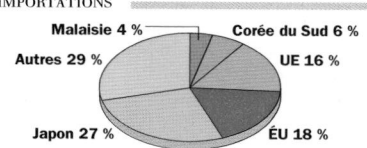
Malaisie 4 %   Corée du Sud 6 %
Autres 29 %   UE 16 %
Japon 27 %   ÉU 18 %

PROFIL
Taiwan est l'une des économies les plus prospères au monde. La concurrence issue des pays sous-développés à bas coûts de production oblige Taiwan à effectuer une difficile transition vers des industries tertiaires à fort apport capitalistique et technologique. Les plans économiques globaux d'une durée de six ans soulignent la forte présence de l'État dans l'économie. Les investissements lourds à l'étranger représentent plus de 60 % des investissements effectués en Chine depuis 1990.

ATOUTS
Taiwan dispose d'une main-d'œuvre qualifiée et très ambitieuse ; nombre de Taiwanais ont fait leurs études et ont effectué des stages aux ÉU : ils connaissent par conséquent bien le marché américain. L'appareil industriel du pays repose sur des petites entreprises capables de s'adapter à l'évolution du marché. Le pays a été le premier producteur mondial de téléviseurs, de montres et d'ordinateurs. Il est également un producteur important de chaussures. Sa balance commerciale est largement excédentaire, ce qui lui permet d'investir dans les pays d'Asie du Sud-Est.

FAIBLESSES
Les petites unités de production taiwanaises n'ont pas la force des multinationales japonaises et occidentales et ne peuvent par conséquent pas faire face à la guerre des prix. Les secteurs de la recherche et du développement sont peu développés : le pays n'est guère capable d'innover et de créer de nouveaux marchés. Son secteur bancaire est très rigide.

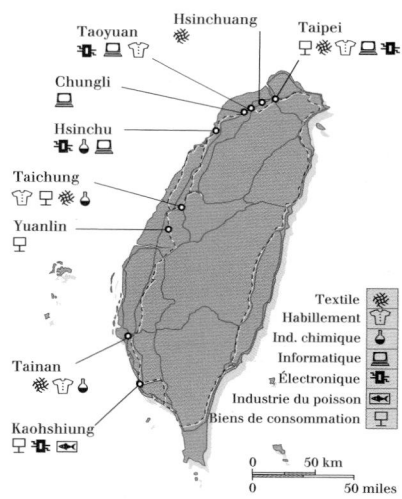

TAIWAN : PRINCIPALES ACTIVITÉS

RESSOURCES

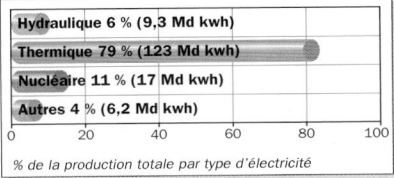

1,29 M tonnes

Pays non producteur, raffine 542 500 b/j

11,5 M de canards
6,5 M de porcins
121 M de poulets

Charbon, cuivre, marbre, dolomite, or, argent

PRODUCTION ÉLECTRIQUE

- Hydraulique 6 % (9,3 Md kwh)
- Thermique 79 % (123 Md kwh)
- Nucléaire 11 % (17 Md kwh)
- Autres 4 % (6,2 Md kwh)

% de la production totale par type d'électricité

Taiwan a peu de ressources naturelles. Le pays importe l'intégralité de sa consommation de pétrole et achète une part importante de la production d'uranium de l'Afrique du Sud. Une forte dépendance du pays en énergie nucléaire s'avère aujourd'hui impossible du fait de sérieux problèmes de sécurité et du traitement des déchets radioactifs. Les infrastructures hydroélectriques sont également développées et l'énergie thermique est, quant à elle, une option controversée. Le secteur de la pêche est très prospère et le pays est l'un des principaux fournisseurs du Japon, qui est un marché gigantesque.

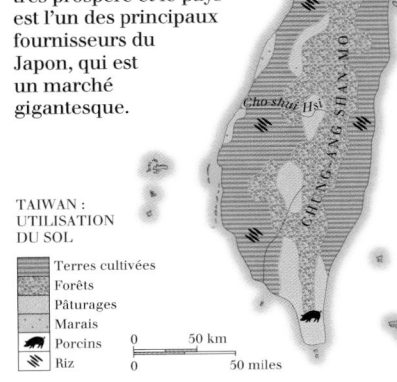

TAIWAN :
UTILISATION
DU SOL

- Terres cultivées
- Forêts
- Pâturages
- Marais
- Porcins
- Riz

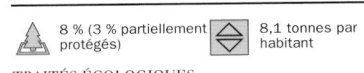 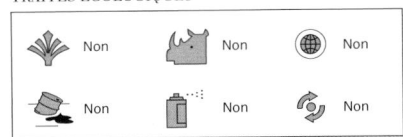

50 km
50 miles

ENVIRONNEMENT

8 % (3 % partiellement protégés)

8,1 tonnes par habitant

TRAITÉS ÉCOLOGIQUES

- Non
- Non
- Non
- Non
- Non
- Non

La course à la croissance a entraîné une absence totale de législation en matière d'urbanisme ou de protection de l'environnement. L'opinion publique, à présent plus consciente, s'oppose à une quatrième centrale nucléaire et demeure circonspecte envers l'option thermique. Les pêcheurs sont fréquemment accusés d'utiliser des filets trop longs qui capturent les dauphins.

MÉDIAS

Pas de donnée disponible sur la diffusion des quotidiens

PRESSE ET TÉLÉCOMMUNICATIONS

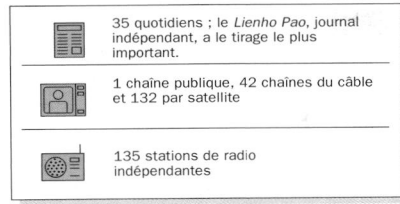

35 quotidiens ; le *Lienho Pao*, journal indépendant, a le tirage le plus important.

1 chaîne publique, 42 chaînes du câble et 132 par satellite

135 stations de radio indépendantes

L'État a assoupli le régime très strict auquel il soumettait les médias et les partis d'opposition ont aujourd'hui accès aux médias nationaux. Avant les années 1990, les publications en caractères chinois simplifiés étaient interdites. L'industrie cinématographique et télévisée est très développée.

CRIMINALITÉ

Pas de chiffre sur la population carcérale

Peu de changement d'une année sur l'autre

TAUX DE CRIMINALITÉ

La plupart des Taiwanais sont fortement préoccupés par le niveau de la criminalité, qui est pourtant inférieur à celui des ÉU et de l'Europe.

Depuis la fin de la loi martiale en 1986, la plupart des prisonniers politiques ont été libérés. Le crime organisé n'a pas pris les proportions de Hong Kong ou du Japon. La contrefaçon de disques compacts est très développée.

ÉDUCATION

94 %

795 547 étudiants

LE SYSTÈME ÉDUCATIF

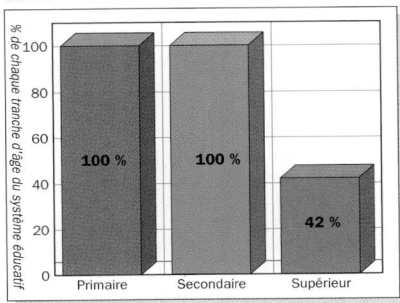

- Primaire 100 %
- Secondaire 100 %
- Supérieur 42 %

% de chaque tranche d'âge du système éducatif

La réforme du système éducatif archaïque, rigide et excessivement orienté vers la réussite aux examens, est une préoccupation majeure du gouvernement. L'enseignement libre est accessible à partir de l'âge de 15 ans et il existe de nombreuses écoles privées. La fréquentation d'institutions universitaires diversifiées est l'une des plus élevées au monde. Beaucoup de Taiwanais font leurs études aux ÉU.

SANTÉ

1 pour 894 habitants

Maladies cardiaques, cérébrovasculaires et hypertension

La plupart des soins sont dispensés par des établissements privés. Taiwan applique un système d'assurance médicale très élaboré et le malade doit justifier de sa prise en charge par une compagnie d'assurance. Les infrastructures sanitaires de l'île sont parmi les plus développées au monde. La proportion de malades du Sida est du même ordre que celui du reste de l'Asie du Sud-Est. Une épidémie entéro-virale a touché Taiwan en 1998 provoquant la mort d'un grand nombre de bébés et infectant des milliers d'enfants.

RICHESSES

CONSOMMATION ET DÉPENSES

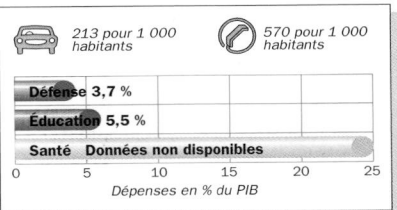

213 pour 1 000 habitants

570 pour 1 000 habitants

- Défense 3,7 %
- Éducation 5,5 %
- Santé Données non disponibles

Dépenses en % du PIB

Jusqu'en 1987, les réserves financières de Taiwan étaient les plus importantes du monde. Son marché était en effet très fermé et ses entreprises exportatrices prospères. La population a profité de cette richesse et les différences de revenu sont réduites. La société taiwanaise est très unie, conséquence, notamment, des réformes agraires des années 1950, qui ont permis aux ouvriers agricoles de devenir propriétaires des terres et ont accordé aux propriétaires terriens des indemnités pour qu'ils s'installent en ville et créent leur entreprise. La plupart des Taiwanais ont aujourd'hui le sentiment d'appartenir à la classe moyenne. Taiwan est vraisemblablement le pays du monde où la consommation de masse est la plus importante.

CLASSEMENT MONDIAL

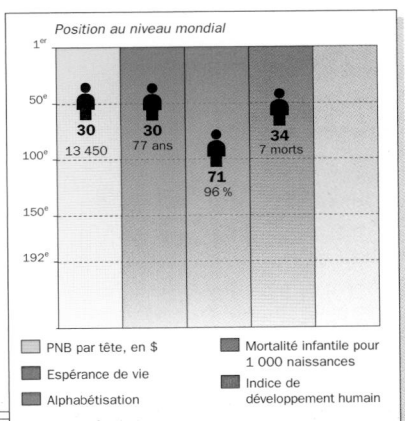

Position au niveau mondial

- 30 — 13 450
- 30 — 77 ans
- 71 — 96 %
- 34 — 7 morts

- PNB par tête, en $
- Espérance de vie
- Alphabétisation
- Mortalité infantile pour 1 000 naissances
- Indice de développement humain

T

TANZANIE

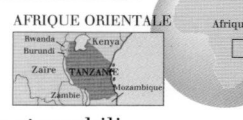

NOM OFFICIEL : République unie de Tanzanie   **CAPITALE :** Dodoma
POPULATION : 36,8 millions   **MONNAIE :** shilling tanzanien   **LANGUES OFFICIELLES :** anglais et swahili

LA TANZANIE s'étend le long de la côte orientale de l'Afrique, entre le Kenya et le Mozambique. Formée de l'union du Tanganyika et du Zanzibar, la Tanzanie englobe une étroite plaine côtière et un vaste plateau traversé par la vallée du Rift, massif volcanique où s'élève le Kilimandjaro, point culminant de l'Afrique. Le socialiste Julius Nyerere fut à la tête du pays de 1962 à 1985, date à laquelle il se retira de la scène politique. La Tanzanie tourne aujourd'hui le dos au socialisme pour s'orienter vers une plus grande démocratie.

Le parc national d'Arusha s'étend à l'intérieur du cratère de Ngurdoto et abrite des buffles, des rhinocéros, des éléphants et des girafes.

CLIMAT

DONNÉES MÉTÉRÉOLOGIQUES

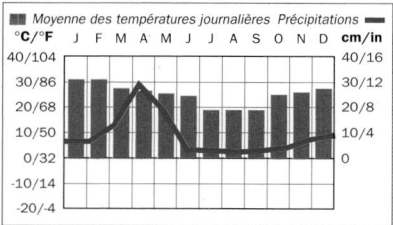

Le climat est tropical sur la côte et sur l'île de Zanzibar, semi-aride sur le plateau central et semi-tempéré dans les régions montagneuses.

TRANSPORTS

 Dar es Salaam International
582 166 passagers

 53 navires
35 500 tpl

RÉSEAU DE TRANSPORT

3 704 km
(2 302 miles)

Aucune

2 721 km
(1 691 miles)

Lacs Tanganyika, Victoria et Nyasa

Les infrastructures routières, ferroviaires et portuaires font l'objet d'un programme de rénovation de 870 M $.

TOURISME

 450 000 visiteurs   Plus 29 % en 1998

PROVENANCE DES TOURISTES ÉTRANGERS

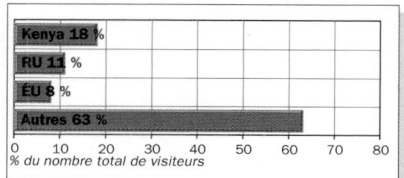

Kenya 18 %
RU 11 %
ÉU 8 %
Autres 63 %

0   10   20   30   40   50   60   70   80
% du nombre total de visiteurs

Les parc nationaux et réserves occupent un tiers du pays. Le cratère du N'Gorongoro et le parc du Serengeti sont les pôles d'attraction. Le tourisme est en hausse depuis 1990.

POPULATION

 Swahili, sukuma, chaga, nyamouézi, hehe, makondé, yao, sandawe, anglais

 34 hab./km²

PART DE LA POPULATION URBAINE/RURALE

27 %   **73 %**

RELIGION

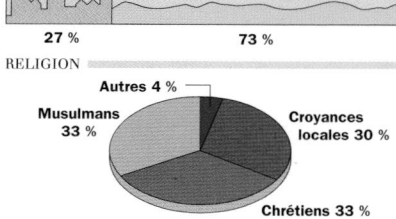

Autres 4 %
Musulmans 33 %
Croyances locales 30 %
Chrétiens 33 %

Pour nombre de Tanzaniens, la famille reste au centre de la vie rurale traditionnelle. 99 % de la population appartient à l'un des 120 petits groupes ethniques bantous. Le reste comprend des minorités arabe, asiatique et européenne. L'usage du swahili comme langue véhiculaire a contribué à gommer les rivalités interethniques.

POLITIQUE

 2000/2005

Benjamin Mkapa, président de la République

AUX DERNIÈRES ÉLECTIONS
Assemblée nationale 296 sièges

7 % CUF   7 % Autres

82 % CCM

2 % TLP   2 % Chadema

CCM = Parti révolutionnaire de Tanzanie   **CUF** = Front civique unifié   **TLP** = Parti travailliste de Tanzanie   **Chadema** = Parti pour la démocratie et le progrès
Les autres sont 5 membres choisis par la chambre des représentants de Zanzibar, 10 nommés par le président, et le procureur général qui a un siège.

Julius Nyerere a dominé pendant 21 ans la scène politique tanzanienne. Il fut le fondateur du parti en place, le CCM, et sa philosophie du socialisme africain servit de guide au développement de la Tanzanie. Ali Hassan Mwinyi lui succéda à la présidence en 1985. Il veilla à l'assouplissement de la politique socialiste et assura la transition vers la démocratie. Il fut battu aux élections de 1995. Zanzibar reste le principal problème du pays, les tendances séparatistes ayant causé en 2001 des affrontements violents.

TANZANIE

Superficie totale :
886 040 km²
(342 100 sq. miles)

POPULATION

Plus de 1 000 000
Plus de 100 000
Plus de 50 000
Plus de 10 000
Moins de 10 000

ALTIMÉTRIE

3 000 m/9 843ft
2 000 m/6 562ft
1 000 m/3 281ft
500 m/1 640ft
200 m/656ft
Niveau de la mer

T

POLITIQUE EXTÉRIEURE

Les voisins de la Tanzanie sont préoccupés par son instabilité. Celle-ci a accueilli un demi-million de réfugiés burundais et rwandais dans les années 1990. Elle a aussi procédé à des rapatriements massifs en 1996. L'amélioration de ses relations avec l'Ouganda et le Kenya ont conduit à la renaissance en 2001 de la communauté d'Afrique orientale.

AIDE INTERNATIONALE

 990 M (reçus)   Moins 1 % en 1999

Permettant de rééquilibrer sa balance des paiements, l'aide est liée à un programme de réforme économique soutenu par le FMI. L'aide constituait 25 % du PNB en 1990, mais plus que 10 % en 1999.

DÉFENSE

 141 M $ Moins 3 % en 1999

La défense ne représente plus que 3,5 % du budget de l'État. Les forces armées sont étroitement liées au CCM au pouvoir. Il existe une force de réservistes de 80 000 hommes.

ÉCONOMIE

 9,41 Md $ 939-1 039 shillings tanzaniens

CHIFFRES SIGNIFICATIFS

❑ CLASSEMENT DU PNB AU NIVEAU MONDIAL 88ᵉ
❑ PNB PAR HABITANT ....270 $
❑ BALANCE DES PAIEMENTS ....– 738 M $
❑ INFLATION ....5,1 %
❑ CHÔMAGE ....Pas de données

ATOUTS

Café, coton, sisal, thé. Clous de girofle de Zanzibar, 3ᵉ producteur mondial. Diamants. Augmentation des exportations non traditionnelles et des investissements intérieurs. Engagement de l'État à poursuivre Les réformes. Retour à la croissance.

FAIBLESSES

La croissance est encore trop faible pour entraîner une augmentation du revenu par habitant. Pénurie d'investissements étrangers. L'agriculture souffre du manque de crédits et de matériel.

EXPORTATIONS

IMPORTATIONS

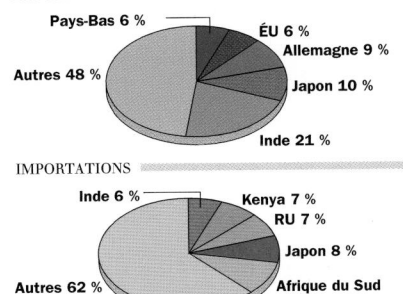

RESSOURCES

 357 210 tonnes   Pays non producteur

14,4 M de bovins
10 M de caprins
4,2 M d'ovins
29 M de poulets

 Gaz naturel, pétrole, fer, diamants, or, sel, phosphates, charbon, gypse, kaolin, étain

L'agriculture est la principale ressource du pays : plus de la moitié du PNB, 80 % des emplois et des exportations. La forêt couvre 50 % du pays. Le bois satisfait 90 % des besoins énergétiques. On développe l'hydroélectrique qui représente aujourd'hui 70 % de la production. Afin de réduire les importations pétrolières, on commence à exploiter un gisement de gaz naturel offshore à Songo Songo.

ENVIRONNEMENT

 16 %   0,1 tonne par habitant

La demande en bois de chauffage est un danger pour la forêt. Les autorités s'appliquent à répondre aux exigences du tourisme, tout en respectant l'équilibre de certains écosystèmes.

MÉDIAS

 4 quotidens pour 1 000 habitants

PRESSE ET TÉLÉCOMMUNICATIONS

 9 quotidiens dont *Daily News*, *Uhuru*, et *Kipanga*

 3 chaînes indépendantes   2 stations publiques et 3 privées

La presse quotidienne est étatisée, il existe quelques journaux privés en swahili.

CRIMINALITÉ

 Pas de chiffre sur la population carcérale   Plus 2 % en 1996–1998

Le taux de criminalité est faible, bien que les vols augmentent à Dar el Salaam.

ÉDUCATION

 76 %    17 812 étudiants

L'enseignement primaire, de 7 à 14 ans, est gratuit. Le secondaire est payant. En 1999, le taux de scolarité était de 75 % pour le primaire et de 6 % pour le secondaire, mais le taux d'alphabétisation est élevé.

CHRONOLOGIE

Colonie allemande de Tanganyika (1884) ; protectorat britannique sur le sultanat de Zanzibar (1890).

❑ **1918** Le Tanganyka devient colonie britannique.
❑ **1961** Indépendance du Tanganyika.
❑ **1962** J. Nyerere président.
❑ **1963** Indépendance de Zanzibar.
❑ **1964** Le Zanzibar s'unit au Tanganyika pour former la Tanzanie.
❑ **1985** J. Nyerere se retire. Le président Mwinyi entreprend d'assouplir la politique socialiste de Nyerere.
❑ **1992** Partis politiques autorisés.
❑ **1995** Élections libres.
❑ **2000** Mkapa est élu pour un second mandat.
❑ **2001** Troubles liés aux séparatistes de Zanzibar.

SANTÉ

 1 pour 20 000 habitants   Maladies diarrhéiques et respiratoires, malaria

L'État et les missions religieuses se chargent des soins courants. Le Sida fait des ravages. Dans les zones rurales, les soins sont dispensés par des cliniques.

RICHESSES

CONSOMMATION ET DÉPENSES

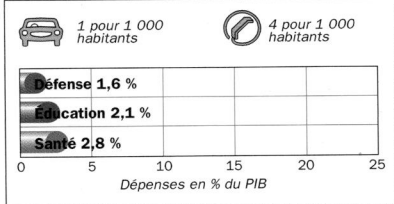

Les Tanzaniens vivent en majorité d'une agriculture de subsistance. Il existe une classe privilégiée composée d'asiatiques et d'arabes travaillant dans le commerce et l'industrie.

CLASSEMENT MONDIAL

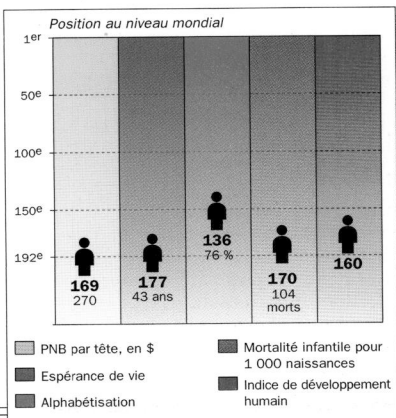

T

TCHAD

NOM OFFICIEL : République du Tchad **CAPITALE :** N'Djamena
POPULATION : 8,4 millions **MONNAIE :** franc CFA **LANGUES OFFICIELLES :** français et arabe

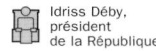

AFRIQUE CENTRALE

Afrique

PAYS enclavé du Nord de l'Afrique centrale, le Tchad a connu une histoire très tumultueuse depuis son indépendance en 1960, qui mit fin à la domination française. Le coup d'État militaire de 1975 fut suivi par des périodes de guerre civile. En 1990, après un coup d'Etat, fut instauré un gouvernement de transition chargé d'assurer le passage au multipartisme avec une nouvelle Constitution. La découverte d'importantes réserves de pétrole pourrait aggraver l'instabilité. Producteur de coton, le Sud au climat tropical concentre la population.

POLITIQUE

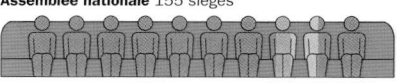

2002/2006

Idriss Déby, président de la République

AUX DERNIÈRES ÉLECTIONS

Assemblée nationale 155 sièges

72 % MPS		**6 %** FAR	**7 %** RDP	**15 %** Autres

MPS = Mouvement du salut patriotique **RDP** = Ralliement pour la démocratie et le progrès **FAR** = Front des forces d'action pour la République

CLIMAT

DONNÉES MÉTÉOROLOGIQUES

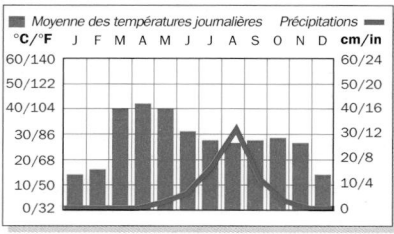

Le Tchad est divisé en trois zones : le Sud tropical, la ceinture sahélienne semi-aride du centre et le désert au nord.

TRANSPORTS

 **N'Djamena International** 7 760 passagers

 Pas de flotte

RÉSEAU DE TRANSPORT

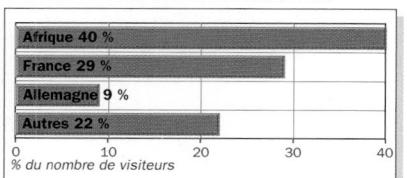

267 km (166 miles) Aucune
Aucune 2 000 km (1 243 miles)

Les infrastructures sont peu développées. Les axes ferroviaires les plus proches se trouvent au Nigeria et au Cameroun.

TOURISME

40 000 visiteurs Moins 15 % en 2000

PROVENANCE DES TOURISTES ÉTRANGERS

Afrique 40 %
France 29 %
Allemagne 9 %
Autres 22 %

0   10   20   30   40
% du nombre de visiteurs

Le tourisme est presque inexistant, mais avec des atouts potentiels : parcs nationaux et réserves de chasse. Les gravures rupestres préhistoriques du plateau du Tibesti et les villes musulmanes du centre du Tchad attirent les plus aventureux.

Point d'eau à Oum Hadjer, *village situé près du cours d'eau Batha au centre du Tchad, à 145 km à l'est d'Ati.*

POPULATION

 Français, sara, arabe, maba   6 hab./km²

PART DE LA POPULATION URBAINE/RURALE

23 %   **77 %**

RELIGION

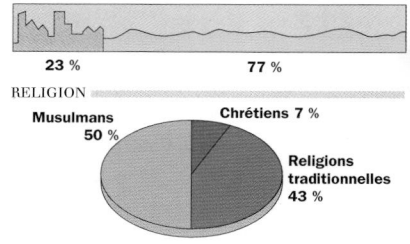

Musulmans 50 %
Chrétiens 7 %
Religions traditionnelles 43 %

La moitié de la population, constituée en majorité de peuples de langue sara, se concentre au Sud, sur un cinquième du territoire national. Le reste vit essentiellement dans les sultanats du centre du pays. Le tiers septentrional ne recense que 100 000 habitants en majorité toubous, un peuple de nomades musulmans.

TCHAD

Superficie totale : 1 259 200 km² (486 177 sq. miles)

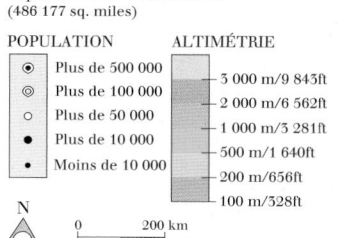

POPULATION
⊙ Plus de 500 000
◎ Plus de 100 000
○ Plus de 50 000
● Plus de 10 000
• Moins de 10 000

ALTIMÉTRIE
3 000 m/9 843ft
2 000 m/6 562ft
1 000 m/3 281ft
500 m/1 640ft
200 m/656ft
100 m/328ft

N

0   200 km
0   200 miles

En 1990 après avoir préparé une invasion armée à partir du Soudan, Idriss Déby renverse le président Hissène Habré. Il promet le multipartisme et en 1992, légalise les partis politiques interdits depuis le début des années 1960. En 1996, la période transitoire prend fin alors que le peuple approuve lors d'un référendum, la nouvelle Constitution inspirée de celle de la France. Le président Déby est confirmé dans ses fonctions par les élections de 1996, puis 2001. Son parti, le MPS, remporte 63 sièges aux élections de 1997 et obtient la majorité. Malgré les tentatives répétées du gouvernement pour restaurer la paix, une nouvelle rébellion éclate en 1999 parmi les Toubous, nomades du Nord.

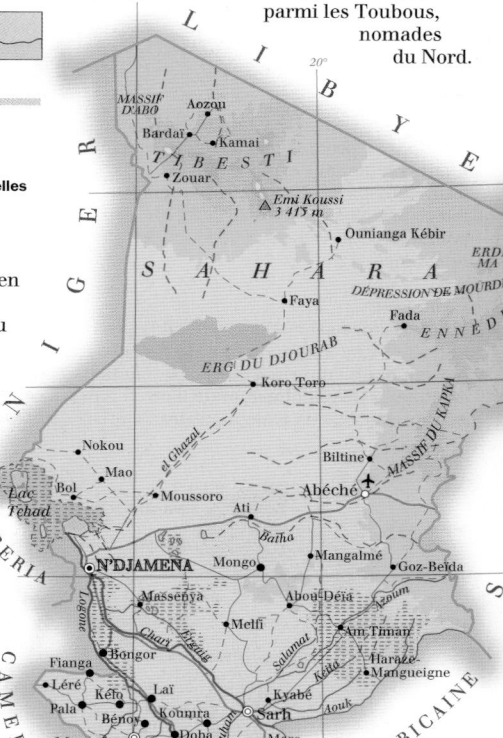

T

POLITIQUE EXTÉRIEURE

Liens très étroits avec la France. Des escarmouches frontalières créent des tensions avec la Centrafrique.

AIDE INTERNATIONALE

 188 M $ (reçus)   Plus 13 % en 1999

L'aide est surtout française mais provient également de la Libye, de l'UE, des ÉU, du FMI et des pays arabes, en particulier de l'OPEP. Sans l'aide qui a permis le paiement des fonctionnaires ces dernières années, le pays aurait sombré.

DÉFENSE

 47 M $ Moins 27 % en 1999

Des soldats irréguliers venus du Soudan, engagés par I. Déby sont venus grossir les rangs de l'armée tchadienne. La tendance s'est aujourd'hui inversée et le gouvernement a ramené ses effectifs à 25 000 hommes avec les réservistes. Le Tchad bénéficie de l'aide militaire française.

ÉCONOMIE

 1,59 Md $ 571-664 francs CFA

CHIFFRES SIGNIFICATIFS

- ❏ CLASSEMENT DU PNB AU NIVEAU MONDIAL ..145ᵉ
- ❏ PNB PAR HABITANT ....200 $
- ❏ BALANCE DES PAIEMENTS ....– 600 M $
- ❏ INFLATION ....12,4 %
- ❏ CHÔMAGE ....Très répandu

ATOUTS

Les gisements pétroliers découverts récemment permettront au pays de sortir de sa mauvaise posture financière. Industrie du coton, développement agricole possible dans le Sud. Situation stratégique (en Afrique) sur le plan commercial. Réserves d'uranium et de natron.

FAIBLESSES

Sous-développement, pauvreté. Fréquentes sécheresses. Peu de réseaux de transports.

EXPORTATIONS

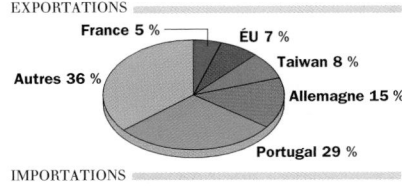

IMPORTATIONS

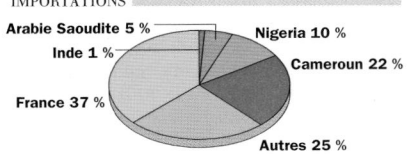

RESSOURCES

 85 000 tonnes   Réserves non exploitées

5,58 M de bovins
4,97 M de caprins
2,43 M d'ovins
4,8 M de volailles

 Natron, uranium, pétrole, kaolin, soude, sel de roche.

Les réserves pétrolières récemment mises à jour près de Doba par un consortium constitué des sociétés ESSO, Shell et ELF, pourraient faire du Tchad un grand producteur africain. Le seul minéral actuellement exploité est le natron. La bande d'Aozou est riche en uranium.

ENVIRONNEMENT

 9 %   0,02 tonne par habitant

Le gouvernement du président Déby a fait de la protection de l'environnement une priorité. Des mesures de lutte contre la désertification, comme les campagnes de reforestation et des programmes d'aide à l'irrigation ont été mises en œuvre. On s'inquiète également des dégats potentiels occasionnés par l'oléoduc qui doit relier le Tchad au Cameroun.

MÉDIAS

 0,2 quotidien pour 1 000 habitants

PRESSE ET TÉLÉCOMMUNICATIONS

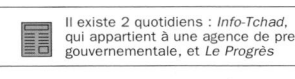

Il existe 2 quotidiens : *Info-Tchad*, qui appartient à une agence de presse gouvernementale, et *Le Progrès*.

1 chaîne publique   1 station publique

Télévision et radio sont entre les mains du gouvernement qui permet parfois la diffusion d'opinions adverses. Il n'y a que très peu de publications indépendantes, la plus connue est l'hebdomadaire *N'Djamena Hebdo*.

CRIMINALITÉ

 Pas de chiffre sur la population carcérale   Hausse de la criminalité

Ces vingt dernières années, la libre circulation des armes a aggravé le moindre conflit local : un problème d'eau ou de pâturage se règle à coups de fusil. Attaques à main armée, contrebande et vandalisme sont fréquents. Les anciens rebelles démobilisés sèment la terreur dans plusieurs régions.

ÉDUCATION

 43 %    3 446 étudiants

Le système éducatif s'inspire du modèle français ; il existe quelques écoles coraniques au nord du pays. L'école primaire est en principe obligatoire, mais seulement 46 % des enfants sont scolarisés, malgré l'aide apportée par la Banque mondiale.

CHRONOLOGIE

Le Tchad tomba peu à peu sous la domination arabe. La France contrôle le pays en 1900.

- ❏ **1960** Indépendance et parti unique.
- ❏ **1973** La Libye occupe la bande d'Aozou.
- ❏ **1975** Coup d'État du gᵃˡ Malloum.
- ❏ **1979–1982** Guerre civile Nord/Sud.
- ❏ **1980** Goukouni Oueddei au pouvoir.
- ❏ **1982** Victoire d'Hissène Habré. Soutien militaire de la France.
- ❏ **1990** Idriss Déby renverse Habré.
- ❏ **1994** La Libye cède la bande d'Aozou.
- ❏ **1996** Cessez-le-feu. Constitution.
- ❏ **1999** Rébellion au Nord.
- ❏ **2001** Les combats continuent. Déby est réélu.

SANTÉ

 1 pour 20 000 personnes    Maladies diarrhéiques, parasitaires et transmissibles

Quelques hôpitaux et 300 dispensaires dont la moitié tenus par des religieux ou des organismes humanitaires.

RICHESSES

CONSOMMATION ET DÉPENSES

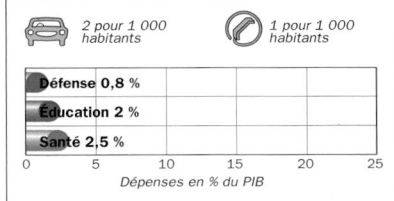

La pauvreté n'épargne pratiquement personne, il existe une petite classe moyenne. Certains individus se sont enrichis, comme par exemple H. Habré avant d'être renversé.

CLASSEMENT MONDIAL

T

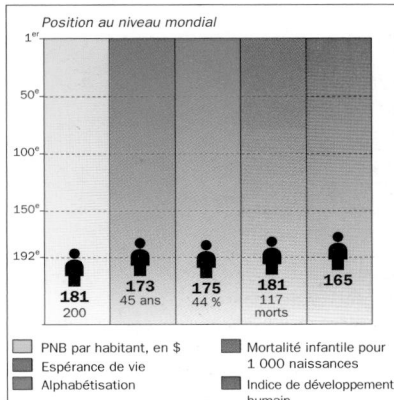

TCHÈQUE (RÉPUBLIQUE)

NOM OFFICIEL : République tchèque **CAPITALE** : Prague
POPULATION : 10,3 millions **MONNAIE** : couronne tchèque **LANGUE OFFICIELLE** : tchèque

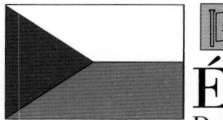
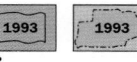

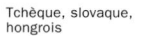

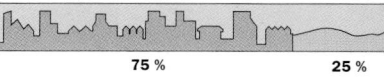

ÉTAT enclavé d'Europe de l'Est, la République tchèque englobe les territoires de Bohême et de Moravie. Durant la quasi-totalité du XX\e siècle, le pays faisait partie de la Tchécoslovaquie. En 1989, la « révolution de velours » fut suivie un an plus tard par des élections libres mettant un terme à 40 ans de régime communiste. En 1993, la République tchèque et la Slovaquie démantelèrent leur union fédérale en douceur pour devenir deux États indépendants.

CLIMAT

DONNÉES MÉTÉOROLOGIQUES

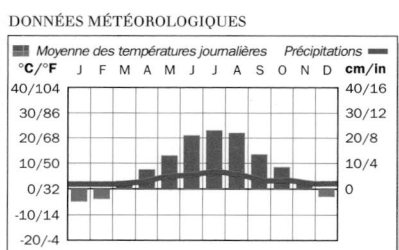

Le climat tchèque est tempéré, bien que les vents d'est entraînent une baisse sensible des températures en hiver.

TRANSPORTS

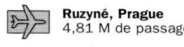

Ruzyné, Prague
4,81 M de passagers

18 navires
3 155 tpl

RÉSEAU DE TRANSPORT

127 693
(79 345 miles)

498
(309 miles)

9 365 km
(5 819 miles)

677 km
(421 miles)

Voies express et liens ferroviaires vers l'Allemagne. Carrefour régional pour le trafic aérien.

TOURISME

5,7 M de visiteurs

Plus 2 % en 2000

PROVENANCE DES TOURISTES ÉTRANGERS

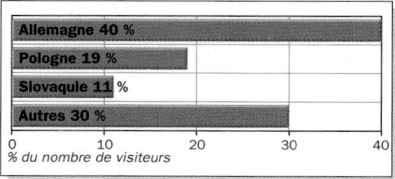

Allemagne 40 %
Pologne 19 %
Slovaquie 11 %
Autres 30 %

% du nombre de visiteurs

L'économie tchèque bénéficie d'un apport en devises fortes dû à l'expansion du tourisme. Venus en majorité d'Allemagne, les touristes rapportent chaque année près de 4 milliards de dollars. Prague, dont la beauté n'a d'égale que celle de Paris parmi les capitales européennes, fait généralement partie du parcours obligé des touristes étrangers. Mais ils sont de plus en plus nombreux à profiter des stations thermales et de sports d'hiver, en particulier dans les Carpates.

RÉPUBLIQUE TCHÈQUE

Superficie totale : 78 864 km² (30 449 sq. miles)

ALTIMÉTRIE

1 000 m/3 281ft
500 m/1 640ft
200 m/656ft
150 m/492ft

POPULATION

Plus de 1 000 000
Plus de 500 000
Plus de 100 000
Plus de 50 000
Plus de 10 000
Moins de 10 000

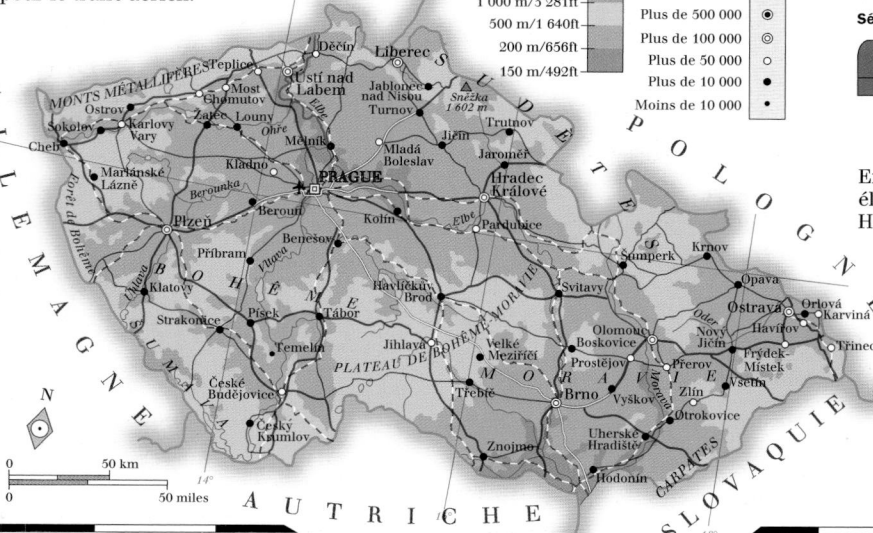

POPULATION

Tchèque, slovaque, hongrois

129 hab./km²

PART DE LA POPULATION URBAINE/RURALE

75 %   25 %

RELIGION

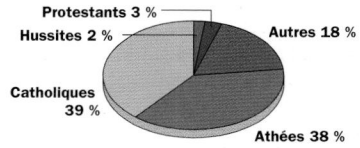

Protestants 3 %
Hussites 2 %
Catholiques 39 %
Autres 18 %
Athées 38 %

Les Tchèques représentent 80 % de la population, viennent ensuite les Moraves. 300 000 Slovaques sont restés en République tchèque après le démantèlement de la Tchécoslovaquie, mais aujourd'hui la double nationalité est officiellement reconnue. Les tensions interethniques sont rares bien qu'il existe une certaine hostilité envers les immigrés roumains.

POLITIQUE

Ch. basse
2002/2006
Ch. haute
2002/2004

Václav Claus, président de la République

EN 1997

Chambre des députés 200 membres

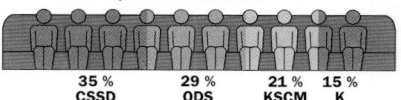

35 %
CSSD

29 %
ODS

21 %
KSCM

15 %
K

CSSD = Parti social-démocrate tchèque **ODS** = Parti démocratique civique **KSCM** = Parti communiste de Bohême et de Moravie **K** = Coalition Union chrétienne-démocrate-Parti populaire tchèque (KDU-CSL) et Union pour la liberté (**US**)

Sénat 81 membres

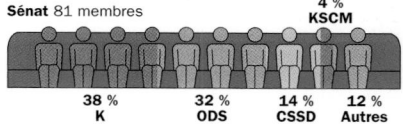

4 %
KSCM

38 %
K

32 %
ODS

14 %
CSSD

12 %
Autres

En 1990, le Forum civique remporta les élections libres, et l'écrivain dissident Václav Havel devint président de la République. L'ODS de Václav Klaus naquit de la scission du Forum civique en 1991. Si le parti a su prévoir la rupture avec la République slovaque en 1993, il perdit néanmoins les élections de 1996. Klaus démissiona en 1997, alors qu'éclatait un scandale concernant le financement du parti. Vladimir Spidla succéda en 2002 au Premier ministre Milos Zeman élu en 1998.

T

POLITIQUE EXTÉRIEURE

  CE ALEEC OTAN OCDE OSCE

La République tchèque a intégré l'UE en 2004. Elle a rejoint l'OTAN en 1999. Les relations avec l'Allemagne sont une priorité : l'expulsion des Allemands en 1945 reste une pomme de discorde. L'Autriche et l'Allemagne se sont opposées à l'ouverture de la centrale nucléaire de Temelín en 2000.

AIDE INTERNATIONALE

 318 M $ (reçus)   Plus 197 % en 1997-1999

L'aide pour la reconstruction économique permet de financer la modernisation des infrastructures et des télécommunications.

DÉFENSE

 1,16 Md $ Moins 1 % en 1999

Au lendemain de la partition de la Tchécoslovaquie, la nouvelle République tchèque se retrouva à la tête d'une armée trop importante et trop coûteuse. En 1994, le gouvernement approuva le projet de réduire ses effectifs de 20 000 hommes. Le pays est le 12e exportateur d'armes au monde.

ÉCONOMIE

 54,3 Md $ 27,5-29,5 couronnes tchèques

CHIFFRES SIGNIFICATIFS

- ❏ CLASSEMENT DU PNB AU NIVEAU MONDIAL 45e
- ❏ PNB PAR HABITANT ....5 310 $
- ❏ BALANCE DES PAIEMENTS ... .– 2,64 Md $
- ❏ INFLATION ....4,7 %
- ❏ CHÔMAGE...8 %

ATOUTS
Solide base industrielle. Privatisation rapide des industries publiques. Investisseurs allemands. Importance de Prague sur le plan touristique.

FAIBLESSES
Industrie peu diversifiée. Restructurations limitées. Déficit budgétaire. Secteur bancaire déficient.

EXPORTATIONS
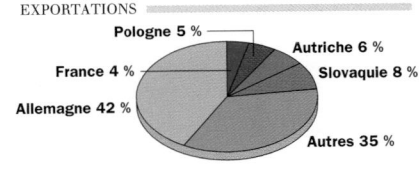
Pologne 5 % — Autriche 6 % — France 4 % — Slovaquie 8 % — Allemagne 42 % — Autres 35 %

IMPORTATIONS
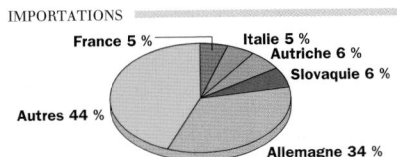
France 5 % — Italie 5 % — Autriche 6 % — Slovaquie 6 % — Autres 44 % — Allemagne 34 %

RESSOURCES

 20 881 tonnes   3 268 b/j (réserves : 88 293 840 Mbl)
 2,1 M de bovins, 4 M de porcins, 196 000 d'ovins Cuivre, plomb, zinc, charbon, pétrole, gaz naturel, uranium

Les principales ressources minérales sont le cuivre, le plomb, le zinc et le charbon. L'arrêt des centrales à charbon les plus polluantes est prévu par le gouvernement. Une ferme opposition à la construction d'une centrale nucléaire, notamment de l'Autriche et de l'Allemagne, a retardé cette mesure.

ENVIRONNEMENT

 16 %   12,2 tonnes par habitant

Les principales préoccupations environnementales tournent autour des industries chimiques et de la production d'énergie, le projet de Temelín compris.

MÉDIAS

 254 quotidiens pour 1 000 habitants

PRESSE ET TÉLÉCOMMUNICATIONS

 21 quotidiens dont *Mladá Fronta Dnes* qui a le plus fort tirage.
 4 chaînes dont 1 chaîne publique 3 indépendantes   1 station publique, 44 stations indépendantes

La nomination par le gouvernement de hauts fonctionnaires à la tête des médias a provoqué une vague de protestations et la modificiation de la loi en 2001.

CRIMINALITÉ

 19 508 détenus   Plus 8 % en 1996-1998

La prostitution est un problème grave, en particulier près des frontières de l'Autriche et de l'Allemagne.

ÉDUCATION

 99 %  207 221 étudiants

Le système scolaire a repris sa forme d'avant 1945. L'université Charles de Prague fut fondée au XIIIe siècle.

SANTÉ

 1 pour 333 habitants   Cancers, maladies cardiaques et cérébrovasculaires, accidents

Les dépenses publiques réservées à la santé ont augmenté de 30 % depuis 1990.

La Vltava à Prague. Des millions de touristes, en provenance principalement d'Europe et des ÉU, visitent Prague chaque année.

CHRONOLOGIE

La République de Tchécoslovaquie vit le jour en 1918 après l'effondrement de l'Empire austro-hongrois. Le pays a été occupé par l'Allemagne nazie en 1939.

- ❏ **1968** « Printemps de Prague ». Invasion des forces du pacte de Varsovie.
- ❏ **1989** Révolution de velours.
- ❏ **1990** Élections libres. Václav Havel élu président.
- ❏ **1993** Rupture entre la République tchèque et la Slovaquie.
- ❏ **1999** Le pays rejoint l'OTAN.
- ❏ **2003** V. Claus président.
- ❏ **2004** Entrée dans l'UE.

RICHESSES

CONSOMMATION ET DÉPENSES

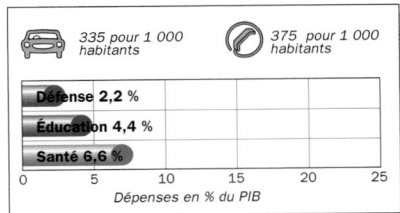
335 pour 1 000 habitants — 375 pour 1 000 habitants
Défense 2,2 % — Éducation 4,4 % — Santé 6,6 %
Dépenses en % du PIB

Depuis 1989 et la « révolution de velours », émerge une classe d'entrepreneurs.

CLASSEMENT MONDIAL

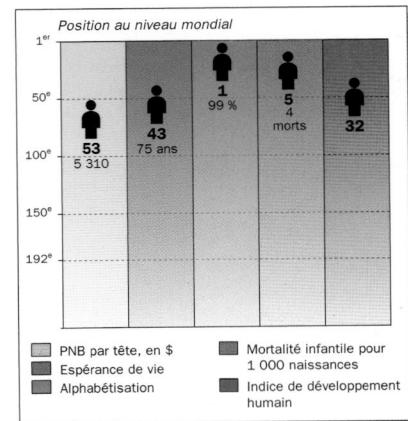
Position au niveau mondial
53 (5 310) — 43 (75 ans) — 1 (99 %) — 5 (4 morts) — 32

PNB par tête, en $ — Espérance de vie — Alphabétisation — Mortalité infantile pour 1 000 naissances — Indice de développement humain

T

THAÏLANDE

NOM OFFICIEL : Royaume de Thaïlande   CAPITALE : Bangkok
POPULATION : 64,3 millions   MONNAIE : baht   LANGUE OFFICIELLE : thaï

 ASIE DU SUD-EST Asie

LA THAÏLANDE s'étend entre l'océan Indien et l'océan Pacifique dans le Sud-Est asiatique. Le relief est montagneux au nord, à l'ouest le long de la frontière birmane, et dans la bande de l'isthme de Kra. La région la plus peuplée et la plus fertile se situe dans les plaines centrales ; le bas plateau du Nord-Est est la zone la plus pauvre. La Thaïlande a presque toujours été un royaume indépendant, et est une monarchie constitutionnelle depuis 1932, avec une succession de gouvernements civils et militaires. Une industrialisation rapide cause un grave appauvrissement des ressources naturelles.

CLIMAT

DONNÉES MÉTÉOROLOGIQUES

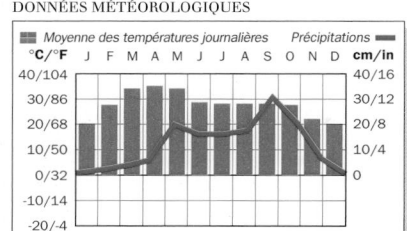

La Thaïlande, avec son régime des moussons, connaît trois saisons : une période chaude et étouffante, des pluies et une saison sèche plus fraîche.

TRANSPORTS

 **Don Muang International, Bangkok** 27,3 M de passagers   552 navires 2 M tpl

RÉSEAU DE TRANSPORT

62 985 km (39 137 miles)	Aucune
4 623 km (2 873 miles)	3 701 km (2 300 miles)

Bangkok est victime d'encombrements géants. Sa première superinfrastructure de transport – une autoroute et une voie ferrée surélevées – est partiellement entrée en service en 1999. De bonnes routes construites par les américains traversent le pays vers le nord et l'est. Les transports fluviaux empruntent le cours du Chao Phraya.

Île de la mer d'Andaman.

TOURISME

 9,5 M de visiteurs    Plus 10 % en 2000

PROVENANCE DES TOURISTES ÉTRANGERS

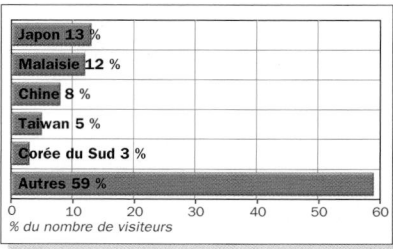

Japon 13 %
Malaisie 12 %
Chine 8 %
Taiwan 5 %
Corée du Sud 3 %
Autres 59 %

% du nombre de visiteurs

Le tourisme est l'un des secteurs clé de l'économie thaïlandaise. Au début des années 1990, on enregistra une chute du tourisme causée par la récession mondiale et par le trop grand développement local lors de l'essor des années 1980. En 1993, malgré un regain du tourisme, les stations les plus recherchées étaient les moins aménagées. Aujourd'hui le taux d'occupation des hôtels de Bangkok décroît constamment en raison des constructions incessantes. L'urbanisation sauvage de la station balnéaire de Pattaya a provoqué une pollution marine inquiétante. Dans les tribus montagnardes du nord, la résistance face à l'intrusion d'un trop grand nombre de touristes prend de l'ampleur. Bangkok et Pattaya sont les centres d'une industrie touristique illégale du sexe très prospère, et l'État thaïlandais craint que cette activité ne nuise à l'image de marque du pays. Les clients viennent principalement du Japon et d'Allemagne, tandis que les prostituées sont recrutées pour la plupart en Birmanie. La prostitution des enfants pose un grave problème. Le tourisme lié au golf est en expansion, surtout parmi les Japonais. La Thaïlande devient la destination numéro un du golf en Asie grâce au nombre croissant des terrains. Les arrosages abondants nécessaires à l'entretien des parcours aggravent la sérieuse pénurie d'eau dont souffre le pays.

POPULATION

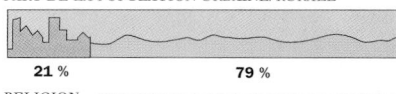 Thaï, chinois, malais, khmer, mon, karen, miao   120 hab./km²

PART DE LA POPULATION URBAINE/RURALE

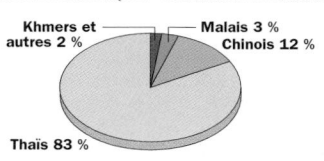

21 %   79 %

RELIGION

Autres 1 %   Chrétiens 1 %
Musulmans 3 %
Bouddhistes 95 %

COMPOSITION ETHNIQUE

Khmers et autres 2 %   Malais 3 %
Chinois 12 %
Thaïs 83 %

Il y a peu de tensions interethniques en Thaïlande où le bouddhisme constitue un fort ciment culturel. La majorité thaï observe le bouddhisme Theravada, et la secte bouddhiste réformiste Asoke Santi, qui prône une nouvelle austérité morale, connaît une influence accrue. Les principes de cette secte ont été adoptés par l'un des principaux partis de l'opposition, le Palang Dharma (PD), avec à sa tête le gouverneur de Bangkok dont l'objectif est d'assainir la vie politique. À l'extrême Nord et Nord-Est vivent environ 600 000 membres des tribus montagnardes, ainsi que des réfugiés définitivement implantés en provenance du Laos.
La communauté chinoise, très importante, est la mieux assimilée du Sud-Est asiatique. Les Sino-Thaïs se distinguent dans la commercialisation des produits agricoles. La population malaise musulmane, d'un million de personnes, se regroupe dans le Sud du pays. Les affinités restent plus fortes avec les musulmans de Malaisie qu'avec la culture thaïlandaise, ce qui a éveillé un mouvement indépendantiste. Les femmes occupent une place importante dans le commerce.

PYRAMIDE DES ÂGES

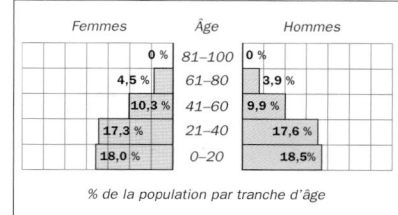

Femmes	Âge	Hommes
0 %	81–100	0 %
4,5 %	61–80	3,9 %
10,3 %	41–60	9,9 %
17,3 %	21–40	17,6 %
18,0 %	0–20	18,5 %

% de la population par tranche d'âge

T

POLITIQUE

Ch. haute 2001/2005
Ch basse 2000/2006

Sa Majesté le roi
Bhumidol Adulyadej
(Rama IX)

AUX DERNIÈRES ÉLECTIONS

Chambre des députés 500 membres   **8 % CT**   **6 % CP**

49 % TRT	26 % DP	7 % NAP	4 % Autres

TRT = Thaï Rak Thaï   **DP** = Parti démocratique   **CT** = Chart Patthana (parti de la nation thaï)   **NAP** = Parti des aspirations nouvelles   **CP** = Chart Patthana (Parti du développement national)

Sénat 200 membres

Selon la Constitution de 1997, les sénateurs sont directement élus sur une base non partisane.

La Thaïlande est une démocratie parlementaire. Le roi est le chef de l'État, et malgré le régime de monarchie constitutionnelle, il jouit d'un immense prestige personnel. On ne tolère aucune critique contre lui.

Principaux Problèmes Politiques

Le cycle démocratie-régime militaire

Depuis 1932, la Thaïlande est gouvernée en alternance par des régimes civils et militaires. En 1992, la décision des partis pro-militaires de nommer comme Premier ministre un général de l'armée non élu provoqua de grandes manifestations à Bangkok. La violente répression de l'armée entraîna une intervention personnelle du roi et la Constitution fut amendée pour stipuler que le Premier ministre serait élu parmi les membres du parlement. Depuis, l'armée a été contenue.

L'engorgement de Bangkok

La concentration de l'industrie et du commerce dans le secteur de Bangkok provoque de graves inquiétudes. L'expansion galopante cause dans cette ville les pires encombrements de la planète, ce qui freine gravement l'activité économique. En décembre 1999 a été officiellement inaugurée une superinfrastructure de transport routier surélevée. Bangkok est aussi une des rares grandes agglomérations du monde à être dépourvue de réseau de communications. En conséquence, un projet de métro aérien a été adopté, et une route surélevée desservira l'aéroport. En 1993, le gouvernement amorça une politique d'encouragement à la relocalisation des industries en province en leur offrant des avantages. Cette mesure est également destinée à favoriser une répartition plus juste des richesses.

Le roi Bhumibol *en fonction depuis 1946 : la durée de son règne est la plus longue au monde.*

Thaksin Shinawatra, *un milliardaire controversé qui a été élu Premier ministre en 2001.*

L'eau

La pénurie d'eau, causée par la rapidité de l'industrialisation, connaît une telle ampleur qu'elle entraîne des conséquences sur la production industrielle et agricole.

Profil

Le système politique thaïlandais est marqué par ses hommes politiques. Les partis se regroupent autour de personnalités qui jouent de leur influence ou représentent des groupes d'intérêts. Les querelles de personnes sont fréquentes et déstabilisent les coalitions. Le manque de coordination entre les membres des coalitions entrave les prises de décision. Une impasse politique a été résolue en 1996 en provoquant de nouvelles élections générales à l'issue desquelles le NAP est devenu la principale formation politique et son leader, Chaovalit Yongchaiyuth, Premier ministre. Ce gouvernement a été renversé en 1997 pour son incurie face à la crise économique. Le nouveau parti populiste TRT a remporté les élections de 2001 à une courte majorité parlementaire.

POLITIQUE EXTÉRIEURE

 CEAP   ANSEA   Mékong   MNA   OMC

Les relations avec la Birmanie voisine se sont tendues à la suite du soutien apporté par la Birmanie à la guérilla ethnique thaï opérant sur la frontière entre les deux pays. Plusieurs exploitations forestières, souvent dirigées par l'armée, ont déplacé leurs activités en Birmanie depuis la loi thaïlandaise de 1988 interdisant l'abattage du bois sur son territoire. Les relations avec le Viêt-nam sont cordiales malgré l'opposition de la Thaïlande au régime vietnamien dans les années 1980. La Thaïlande, l'Indonésie et la Malaisie ont commencé à libéraliser le commerce afin de promouvoir le développement dans chaque pays des régions éloignées de leur capitale respective.

La Thaïlande entretient des relations étroites avec les ÉU en dépit des différends qui les opposent sur les droits de propriété intellectuelle et sur certaines questions commerciales secondaires.

T

THAÏLANDE

Superficie totale : 510 890 km² (197 255 sq. miles)

ALTIMÉTRIE	POPULATION
2 000 m/6 562ft	Plus de 5 000 000
1 000 m/3 281ft	Plus de 1 000 000
500 m/1 640ft	Plus de 100 000
200 m/656ft	Plus de 50 000
Niveau de la mer	Plus de 10 000

AIDE INTERNATIONALE

 1 Md $ (reçu)   Plus 45 % en 1999

L'aide provient principalement de la Banque mondiale et du Japon.

CHRONOLOGIE

Le royaume de Thaïlande fut constitué au XIIIᵉ siècle, et à la fin du XVIIᵉ. Sa capitale, Ayuthya à l'époque, était la plus grande ville du Sud-Est asiatique.

❏ **1910** Le Laos et le Cambodge, pris par la Thaïlande en 1824-1851, sont cédés à la France.
❏ **1907** La Thaïlande cède le Cambodge à la France.
❏ **1925** Le roi Prajadhipok, monarque absolu.
❏ **1932** Monarchie constitutionnelle.
❏ **1933** Les militaires prennent le pouvoir.
❏ **1941** Invasion japonaise. Collaboration du gouvernement.
❏ **1944** Le Premier ministre pro-japonais et l'ex-dictateur militaire Phibun sont renversés.
❏ **1945** Retour d'exil du roi Ananda.
❏ **1946** Assassinat d'Ananda. Accession au trône du roi Bhumibol.
❏ **1947** Coup d'État militaire.
❏ **1957** Nouveau coup d'État militaire. Abolition de la Constitution.
❏ **1965** Autorisation pour les ÉU d'utiliser des bases thaïlandaises pendant la guerre du Viêt-nam.
❏ **1969** Les chefs militaires acceptent une nouvelle Constitution et un parlement élu.
❏ **1971** L'armée suspend la Constitution.
❏ **1973–1976** Des émeutes estudiantines mènent à la suspension de la démocratie.
❏ **1976** Les militaires reprennent le pouvoir.
❏ **1980–1988** Gᵃˡ Prem Tinsulanond Premier ministre. Restauration partielle de la démocratie.
❏ **1988** Élections. Gᵃˡ Chatichai Choonhaven, leader CT de droite, Premier ministre.
❏ **1991** Les militaires accusent le gouvernement de corruption et prennent le pouvoir. Le civil Anand Panyarachun, Premier ministre intérimaire.
❏ **1992** Élections. Gᵃˡ Suchinda nommé Premier ministre. Manifestations. Le roi oblige Suchinda à démissionner et rétablit Anand. En septembre, les modérés remportent les élections.
❏ **1995** Le CT remporte les élections.
❏ **1997** Élections anticipées ; le gouvernement de Chaovalit tombe ; Chuan Leekpai du DP devient premier ministre.
❏ **1997** Crise économique
❏ **2001** Le TRT conduit par Thaksin Shinawatra remporte les élections.

DÉFENSE

 2,64 Md $ Plus 24 % en 1999

LES FORCES ARMÉES THAÏS

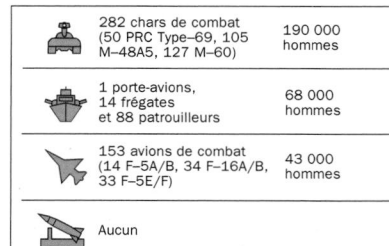

	282 chars de combat (50 PRC Type–69, 105 M–48A5, 127 M–60)	190 000 hommes
	1 porte-avions, 14 frégates et 88 patrouilleurs	68 000 hommes
	153 avions de combat (14 F–5A/B, 34 F–16A/B, 33 F–5E/F)	43 000 hommes
	Aucun	

L'armée a principalement gouverné le pays ou joué un rôle prépondérant dans la vie politique thaïlandaise depuis 1932. Elle est intervenue pour la dernière fois en 1991 pour prendre le pouvoir. En 1996, son rôle au Sénat – jusque-là bastion de l'armée – a été réduit, mais les généraux à la retraite détiennent toujours des places de choix dans les grands partis politiques.
La Chine, l'Allemagne et l'Espagne fournissent des navires de guerre, les ÉU, le RU et la Russie des avions. Les principaux problème sont les différends frontaliers avec le Cambodge, la Birmanie et le Laos, le mouvement islamiste sécessionniste du Sud, ainsi que les pirates de la mer de Chine méridionale.

ÉCONOMIE

 121,1 Md $ 37,58–43,38 bahts

CHIFFRES SIGNIFICATIFS

❏ CLASSEMENT DU PNB AU NIVEAU MONDIAL 32ᵉ
❏ PNB PAR HABITANT ....1 940 $
❏ BALANCE DES PAIEMENTS… ....6,3 Md $
❏ INFLATION.......................................1,7 %
❏ CHÔMAGE ....4 %

EXPORTATIONS

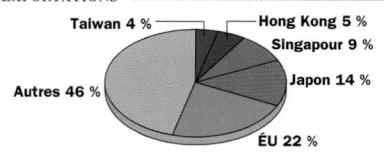

Taiwan 4 %
Hong Kong 5 %
Singapour 9 %
Japon 14 %
ÉU 22 %
Autres 46 %

IMPORTATIONS

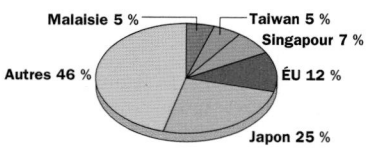

Malaisie 5 %
Taiwan 5 %
Singapour 7 %
ÉU 12 %
Japon 25 %
Autres 46 %

ATOUTS
Succès des produits manufacturés d'exportation et de substitution aux produits importés. Expansion économique rapide. Gaz naturel. Tourisme. Premier exportateur mondial de riz et de caoutchouc.

FAIBLESSES
La concentration de l'activité économique dans la région de Bangkok provoque sa congestion. Augmentation rapide de la dette extérieure. Gestion inadéquate des réserves d'eau. 60 % de la population pratique une agriculture à faible rendement.

PROFIL
De 1987 à 1997, l'économie a connu un taux de croissance de 9 % tiré par une augmentation régulière du volume des produits manufacturés et une énorme

INDICATEUR DES PERFORMANCES ÉCONOMIQUES

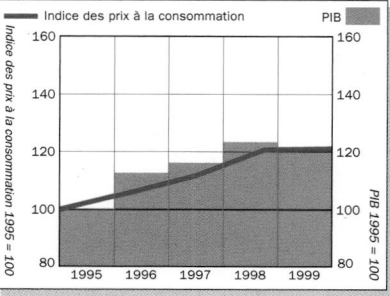

— Indice des prix à la consommation   PIB

hausse des investissements étrangers, en particulier japonais. En 1997, l'augmentation de la dette extérieure et la forte dépréciation du bath ont obligé le FMI à se porter au secours de la Thaïlande grâce à une injection de fonds qui s'est accompagnée d'une politique d'économies massives. Au milieu de 2000, le FMI a cessé son intervention directe et s'est déclaré optimiste sur le cours ultérieur des choses.

THAÏLANDE : PRINCIPALES ACTIVITÉS

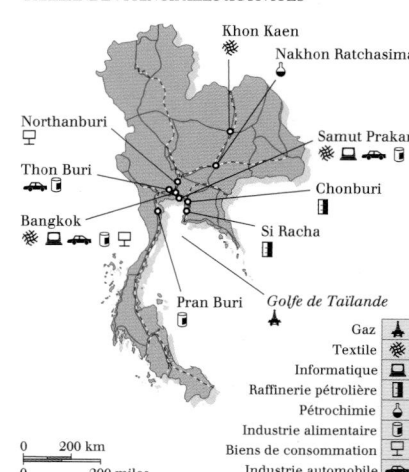

Khon Kaen
Nakhon Ratchasima
Northanburi
Samut Prakan
Thon Buri
Chonburi
Bangkok
Si Racha
Pran Buri   *Golfe de Taïlande*

Gaz
Textile
Informatique
Raffinerie pétrolière
Pétrochimie
Industrie alimentaire
Biens de consommation
Industrie automobile

0   200 km
0   200 miles

T

RESSOURCES

 3,49 M tonnes

 165 000 b/j (réserves : 4 M de barils)

22 M de canards
7,68 M de porcins
6,1 M de bovins
172 M de poulets

Étain, lignite, gaz, pétrole, tungstène, plomb, zinc, pierres précieuses, or, antimoine, cuivre

PRODUCTION ÉLECTRIQUE

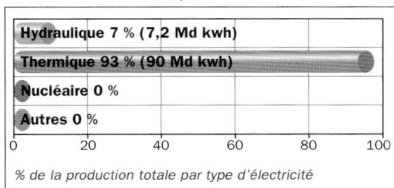

Hydraulique 7 % (7,2 Md kwh)
Thermique 93 % (90 Md kwh)
Nucléaire 0 %
Autres 0 %

% de la production totale par type d'électricité

La Thaïlande possède peu de pétrole brut et a rejeté la solution nucléaire au profit d'une exploitation plus intensive de ses grandes ressources en gaz naturel. Importants gisements de lignite pour la production électrique. La demande mondiale en étain a décru mais des découvertes récentes d'or et de cuivre offrent de nouveaux potentiels. C'est le plus grand producteur de crevettes au monde.

THAÏLANDE : UTILISATION DU SOL

Terres cultivées
Forêts
Pâturages
Bovins
Caoutchouc
Riz

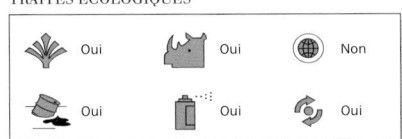

0   200 km
0   200 miles

ENVIRONNEMENT

14 %

3,8 tonnes par habitant

TRAITÉS ÉCOLOGIQUES

Oui | Oui | Non
Oui | Oui | Oui

Efforts accrus pour combattre la pollution et la déforestation, en particulier aux lignes de partage des eaux dans le Nord. Des inondations particulièrement dramatiques dans le Sud ont conduit à une interdiction totale de l'abattage des arbres en 1988. Des coupes illégales se poursuivent malgré cette mesure. Des projets de reboisement, certains critiqués pour leur choix d'espèces uniques à croissance rapide, ne résoudront pas le problème national de pénurie d'eau. Les autorités s'inquiètent du niveau de la pollution. Aucune industrie nouvelle n'a le droit d'utiliser de gaz CFC.

MÉDIAS

 64 quotidiens pour 1 000 habitants

PRESSE ET TÉLÉCOMMUNICATIONS

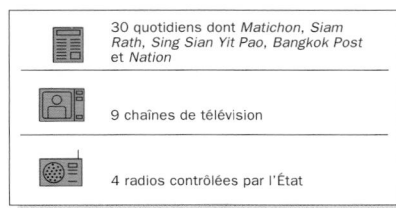

30 quotidiens dont *Matichon*, *Siam Rath*, *Sing Sian Yit Pao*, *Bangkok Post* et *Nation*

9 chaînes de télévision

4 radios contrôlées par l'État

La presse jouit d'une grande liberté d'expression politique. Deux chaînes de télévision sont tenues par l'armée. Il y a 60 stations de radio autour de Bangkok, essentiellement publiques.

CRIMINALITÉ

 106 676 détenus

 Plus 95 % en 1992-1996

TAUX DE CRIMINALITÉ

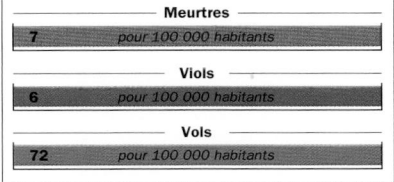

Meurtres
7 *pour 100 000 habitants*

Viols
6 *pour 100 000 habitants*

Vols
72 *pour 100 000 habitants*

Depuis le début des années 1980, les incarcérations politiques ont quasiment disparu. Les exécutions extrajudiciaires et les mauvais traitements policiers des détenus sont courants. Le roi a lancé un programme de cultures de substitution à la production agricole d'opium. Le gouvernement a décidé d'organiser la répression du piratage des œuvres musicales, logiciels et vidéo.

ÉDUCATION

 96 %

 1,5 M d'étudiants

LE SYSTÈME ÉDUCATIF

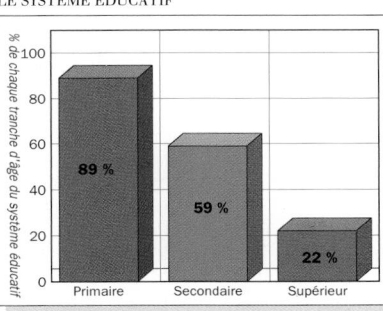

% de chaque tranche d'âge du système éducatif

89 % Primaire
59 % Secondaire
22 % Supérieur

Le caractère sous-développé du système éducatif a conduit a une pénurie des qualifications requises pour le développement des industries de haute technologie. En 1993, une réforme fut amorcée concernant la scolarisation.

SANTÉ

 1 pour 2 500 habitants

 Maladies cardiaques, gastro-entérites

Les services de santé, de grande qualité, se concentrent à Bangkok. De façon générale, le milieu rural (75 % de la population) n'a accès qu'à des services de santé primaire. Un personnel qualifié est secondé dans les villages par des bénévoles, des moines, des enseignants et des praticiens de médecine traditionnelle.

En 1993, pour améliorer l'état sanitaire des campagnes, la décision fut prise de renforcer la formation du personnel soignant plutôt que d'augmenter le nombre de médecins qualifiés. Le système de sécurité sociale donne aux pauvres le droit à une carte annuelle qui leur garantit la gratuité des soins. Des programmes de planning familial de grande qualité ralentissent la croissance démographique, et des cours d'éducation sexuelle chez les prostituées sont destinés à combattre la transmission du Sida. Une efficace campagne de prévention du Sida a contribué à réduire le nombre de nouvelles infections.

RICHESSES

CONSOMMATION ET DÉPENSES

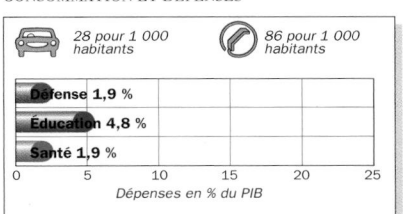

28 pour 1 000 habitants | 86 pour 1 000 habitants

Défense 1,9 %
Éducation 4,8 %
Santé 1,9 %

Dépenses en % du PIB

Le gouvernement s'efforce de décentraliser vers la province la grande concentration de population et de richesses de Bangkok. Le Nord-Est est particulièrement pauvre. L'écart entre les riches et les pauvres est très élevé en Thaïlande.

CLASSEMENT MONDIAL

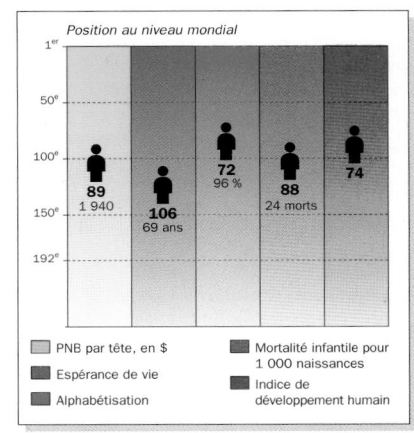

Position au niveau mondial

1er
50e
100e
150e
192e

89 — 1 940
106 — 69 ans
72 — 96 %
88 — 24 morts
74

PNB par tête, en $
Espérance de vie
Alphabétisation
Mortalité infantile pour 1 000 naissances
Indice de développement humain

T

TIMOR ORIENTAL

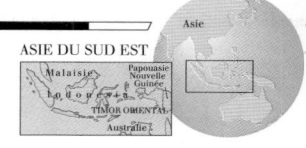

ASIE DU SUD EST

NOM OFFICIEL : République démocratique du Timor-Leste **CAPITALE** : Dili
POPULATION : 779 000 **MONNAIE** : Dollar EU **LANGUE OFFICIELLE** : Tetum et portugais

AU NORD DE l'Australie, l'île du Timor possède une plaine côtière étroite, en bordure de plateaux boisés. Sa crête montagneuse atteint 2963 m de haut. La moitié orientale fut colonisée pendant 400 ans par les Portugais, puis occupée à partir de 1975 par l'Indonésie, dont l'armée pourchassait les résistants. Le référendum de 1999 déboucha sur une transition difficile vers l'indépendance (mai 2002).

POLITIQUE

 2001/Transitio

 Xanana Gusmão, Président de la République

AUX DERNIERES ELECTIONS
Assemblée constituante 88 sièges

63% Fretilin **8%** PD **7%** ASDT **15%** Others **7%** PSD

Fretilin = Front révolutionnaire pour l'indépendance du Timor oriental **PD** = Parti démocrate **PSD** = Parti social-démocrate **ASDT** = Association social-démocrate timoraise

Le Timor oriental est une démocratie multipartite émergente. Le Fretilin mena la longue lutte pour l'indépendance. Participation élevée aux dernières élections.
Après des années de troubles et de violations des droits de l'homme commises par l'armée indonésienne, le gouvernement indonésien accepta un référendum sur l'avenir du Timor oriental, en 1999. Des milices pro-indonésiennes tuèrent des centaines de personnes dans des agressions aveugles, repoussant des milliers de gens vers la moitié ouest de l'île, contrôlée par l'Indonésie. Une force de paix internationale menée par l'Australie finit par assurer un calme relatif et organisa le vote promis le 30 août 1999. 80 % des votants dirent oui à l'indépendance.
La mission de l'ONU au Timor oriental obtint les pleins pouvoirs sur le territoire en octobre 1999. Le Fretilin remporta une nette victoire aux élections à l'Assemblée constituante, à la fin 2001. Son chef, le populaire Xanana Gusmão, fut élu président en 2002. Le pays devint indépendant le 20 mai.
Le nouveau gouvernement, dirigé par le premier ministre Mari Alkatiri, s'est engagé en faveur de la santé et l'éducation.

CLIMAT

DONNEES METEOROLOGIQUES

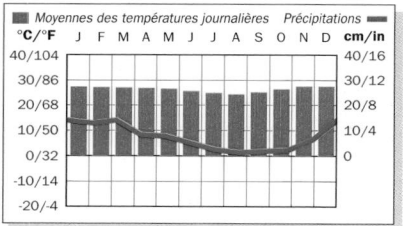

Tropical, avec de fortes pluies de décembre à mars, ensuite sec avec une chaleur progressivement accrue, en particulier dans le nord.

TRANSPORTS

 **Dili International**  Aucune données

RESEAU DE TRANSPORT

 1414 km (879 miles)   Aucune

 Aucune  Aucun

Les routes sont mauvaises et les transports publics rares et peu fiables en dehors de Dili.

TOURISME

 3000 visiteurs  Baisse en 1999–2000

PROVENANCE DES TOURISTES ETRANGERS

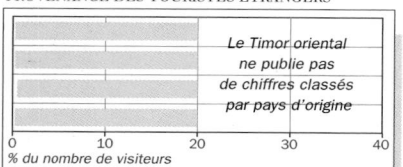

Le Timor oriental ne publie pas de chiffres classés par pays d'origine

0   10   20   30   40
% du nombre de visiteurs

Le tourisme s'effondra après les violences pré-indépendance. Les visiteurs sont en général découragés par la criminalité et le manque d'infrastructures touristiques.

POPULATION

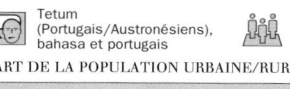

Tetum (Portugais/Austronésiens), bahasa et portugais

53 hab/ km²

PART DE LA POPULATION URBAINE/RURALE

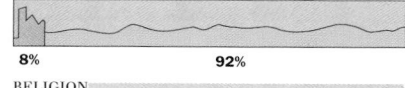

8% **92%**

RELIGION

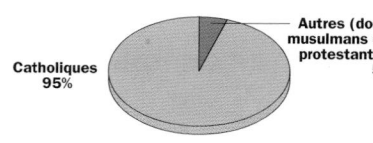

Catholiques 95% **Autres (dont musulmans et protestants) 5%**

Le Timor oriental est presque exclusivement catholique. Les Timorais sont un mélange d'ethnies de Malaisie et de Papouasie, et de nombreuses tribus papous indigènes subsistent. Une minorité chinoise vit en ville, et les colons indonésiens arrivèrent après l'annexion, constituant 20 % de la population en 1999. Les violences d'avant l'indépendance étaient plus politiques qu'ethniques.
Les femmes n'ont guère de rôle dans la vie publique. La violence domestique est courante.

TIMOR ORIENTAL

Superficie totale : 15 007 km² (5794 sq. miles)

POPULATION
Plus de 10 000 ●
Moins de 10 000 ●

ALTIMÊTRIE
2000m/6562ft
1000m/3281ft
500m/1640ft
Niveau de la mer

T

POLITIQUES EXTERIEURES

Les relations avec l'Indonésie restent tendues, à cause des atteintes aux droits de l'homme commises par le passé. Le Portugal, ancienne puissance coloniale, a mené l'opposition internationale à l'annexion de l'Indonésie. L'Australie, l'un des rares pays occidentaux à avoir soutenu cette annexion au début, finit par accorder un soutien crucial à la cause indépendantiste. Il joue aussi un rôle essentiel de pays donateur.
Depuis l'indépendance, le Timor oriental a rejoint l'ONU et la BAD.

AIDE INTERNATIONALE

 195 M $ (reçus)   Moins 16% en 2001

L'aide internationale constitue l'essentiel du PIB du Timor oriental. L'Australie et le Portugal sont de loin les plus gros donateurs.

DEFENSE

 Non disponible   Non disponible

La Force de défense est-timoraise a été établie en 2001, (recrutement dans les milices indépendantistes). Son rôle reste avant tout policier, les troupes de l'ONU assumant une fonction militaire.

ECONOMIE

 391 M $ La monnaie est le dollar EU

CHIFFRES SIGNIFICATIFS

- ❏ CLASSEMENT DU PNB AU NIVEAU MONDIAL ..173e
- ❏ PNB PAR HABITANT ....520 $
- ❏ BALANCE DES PAIEMENTS ... .8 M $
- ❏ INFLATION ....2,5 %
- ❏ CHÔMAGE..4 %

ATOUTS
Réserves de pétrole et de gaz naturel offshore. Agriculture traditionnelle : exportateur de café.

FAIBLESSES
Infrastructure ravagée par les violences de 1999. L'insécurité détourne les investisseurs. Secteur industriel sous-développé.

EXPORTATIONS/IMPORTATIONS

Les données pour les importations et exportations ne sont pas disponibles pour le Timor oriental.

Despite its young age, *East Timor has a strong national identity, based largely on the domination of Roman Catholicism.*

RESSOURCES

 356 tonnes   pétrole : pas de données

343 072 porcins, 175 000 bovins, 2,1 M de volailles   pétrole, gaz naturel, or, manganèse, marbre

Le Timor oriental a peu de ressources naturelles. En 2003, l'Australie accepta de partager les importantes réserves pétrolières offshore.

ENVIRONNEMENT

 Non disponible   Non disponible

Sous l'autorité indonésienne, une déforestation incontrôlée a détruit beaucoup d'essences, et contribué à l'érosion d'un sol pauvre.

MEDIAS

 Données non disponibles

PRESSE ET TELECOMMUNICATIONS

 1 quotidien, le *Timor Post*. La mission de l'ONU publie un bihebdomadaire, le *Tais Timor*.

 1 chaîne de l'ONU   4 radios dont 1 de l'ONU et 1 catholique.

Les journaux officiels sont les plus diffusés. Plusieurs organes indépendants sont apparus en 2000, dont le *Timor Post*, dirigé par l'équipe du *Suara Timor Timur*, le quotidien d'avant l'indépendance.

CRIMINALITE

 Le Timor oriental ne publie pas de chiffres   Criminalité en hausse

Crimes et délits fréquents. La plupart des responsables des violences de 1999 n'ont toujours pas été jugés.

EDUCATION

 48%   7500 étudiants

Sous la domination indonésienne, l'enseignement avait lieu en bahasa. Après avoir chuté brutalement en 1999, le nombre d'élèves et d'étudiants est déjà reparti à la hausse.

CHRONOLOGIE

Les Portugais arrivèrent au Timor dans les années 1520. Le Timor fut officiellement partagé entre le Portugal et les Pays-Bas en 1859.

- ❏ **1868** le Timor néerlandais (ouest) est annexé à l'Indonésie.
- ❏ **1975** Déclaration d'indépendance par le Fretilin ; invasion indonésienne.
- ❏ **1991** Massacre d'indépendantistes à Dili.
- ❏ **1996** Les leaders timorais reçoivent le prix Nobel de la paix.
- ❏ **1999** Le gouvernement indonésien accepte un référendum ; les violences sont arrêtées par les troupes de l'ONU.
- ❏ **2001** Elections à la nouvelle Assemblée Constituante. Majorité pour le Fretilin.
- ❏ **2002** Xanana Gusmão président. Indépendance.

SANTE

 1 pour 40 000 habitants   Non disponible

L'espérance de vie est traditionnellement plus faible que dans le reste de l'archipel indonésien. La plupart des médecins sont partis en 1999.

RICHESSES

CONSOMMATION ET DEPENSES

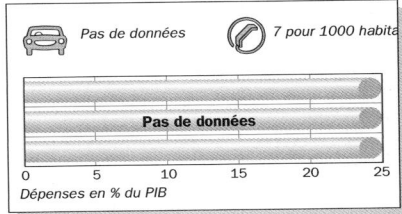

Le niveau de vie, déjà faible pour la région, s'est encore effondré en 1999. Le contraste est fort avec un personnel onusien bien payé.

CLASSEMENT MONDIAL

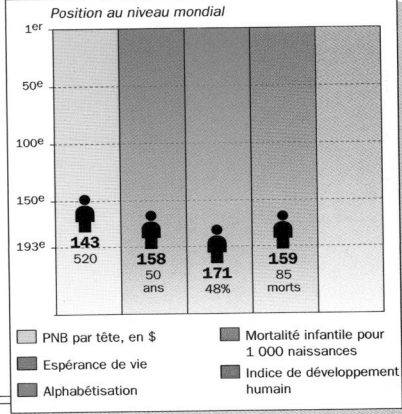

TOGO

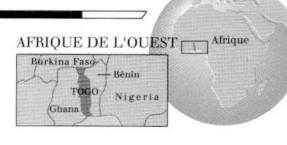

AFRIQUE DE L'OUEST

NOM OFFICIEL : République du Togo   **CAPITALE** : Lomé
POPULATION : 4,8 millions   **MONNAIE** : franc CFA   **LANGUE OFFICIELLE** : français, éwé, kabyé

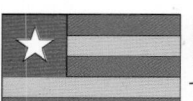 1960   1960   27 avril   TG   0   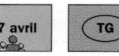 + 228   .tg

PAYS D'AFRIQUE OCCIDENTALE, le Togo est encadré par le Ghana et le Bénin. La région centrale, boisée, est bordée au nord et au sud par la savane. Sa situation géographique et le port de Lomé lui permettent de jouer un rôle d'entrepôt pour les échanges commerciaux en Afrique occidentale. Le président, le général Gnassingbé Eyadéma, est au pouvoir depuis 1967.

CLIMAT

DONNÉES MÉTÉOROLOGIQUES

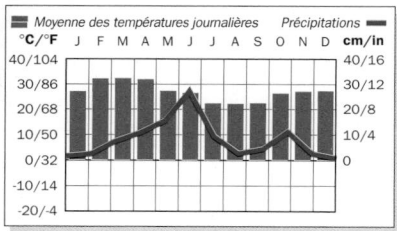

■ *Moyenne des températures journalières* *Précipitations* ■

Le climat est typique de l'ensemble du golfe de Guinée : chaud et humide sur la côte et plus sec à l'intérieur des terres.

TRANSPORTS

 Tokoin, Lomé
219 444 passagers

 9 navires
1 608 tpl

RÉSEAU DE TRANSPORT

2 376 km (1 476 miles)	Aucune
517 km (321 miles)	50 km (31 miles)

Priorité est donnée à l'amélioration d'un réseau routier de qualité déjà satisfaisante et des installations portuaires. Les liaisons aériennes et ferroviaires vers l'intérieur du pays sont toutefois limitées. La seule ligne de chemin de fer relie Lomé et Kpalimé.

TOURISME

 60 000 visiteurs    Moins 14 % en 2000

PROVENANCE DES TOURISTES ÉTRANGERS

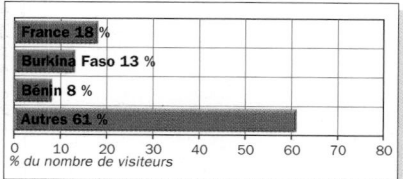

France 18 %
Burkina Faso 13 %
Bénin 8 %
Autres 61 %

% du nombre de visiteurs

Il y a un peu de tourisme organisé, essentiellement français et allemand, autour des hôtels et villages de vacances du littoral. L'instabilité politique des années 1990 a touché le secteur.

POPULATION

 Éwé, kabyé, guma, français    85 hab./km²

PART DE LA POPULATION URBAINE/RURALE

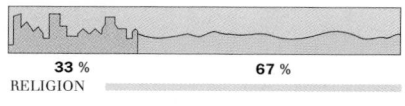

33 %   **67 %**

RELIGION

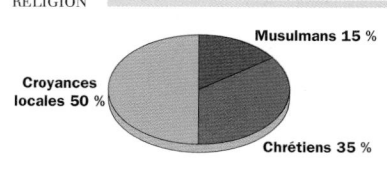

Croyances locales 50 %
Musulmans 15 %
Chrétiens 35 %

Le sud et le nord sont divisés par un antagonisme antérieur à l'indépendance. Le sud accepte mal la prédominance dans l'armée des Kabyés, originaires du plateau éponyme. De leur côté, les peuples du nord, dont les Kabyés, s'insurgent contre le niveau de développement beaucoup plus élevé du sud, surtout en ce qui concerne l'éducation. Les Éwés, ethnie dominante du sud, représentent 40 % de la population.

Comme partout ailleurs en Afrique, la famille étendue, le tribalisme et le népotisme sont les fondements de la société. Certaines minorités ethniques togolaises, comme les Minas, sont organisées en sociétés matriarcales. Et les « Nana Benz », commerçantes du marché de Lomé qui contrôlent la vente du détail, disposent de richesses personnelles. La politique reste cependant un univers d'hommes.

***Cultures kabyées près de Kara**, nord du Togo. Les principales cultures vivrières sont le manioc, l'igname et le maïs.*

POLITIQUE

 2002/2007   Gnassingbé Eyadéma, président de la République

AUX DERNIÈRES ÉLECTIONS

Assemblée nationale 81 membres

4 %
RSDD

89 %
RPT

7 %
Autres

RPT = Rassemblement du peuple togolais
RSDD = Rassemblement pour la démocratie et le développement

Le paysage politique est dominé par le Gal Eyadéma qui a pris le pouvoir à la tête d'un gouvernement militaire en 1967 et qui est, de tout le continent africain, le chef d'État en fonction depuis le plus longtemps. Le mouvement démocratique prend de l'ampleur depuis les émeutes de Lomé en 1990. Les nombreux partis non-officiels qui virent alors le jour furent légitimés au début 1991 mais doivent encore lutter contre les tentatives du Gal Eyadéma pour restaurer son pouvoir absolu. L'élection présidentielle libre tenue en 1993 fut boycottée par l'opposition pour protester contre l'exclusion de Gilchrist Olympio, grand opposant au Gal Eyadéma. Eyadéma se déclara à nouveau vainqueur lors des élections présidentielles de 1998 qui l'opposaient à Olympio. Il fut accusé de malversations et d'avoir assassiné des centaines d'opposants juste avant les législatives en 1999. L'opposition accepta le résultat des élections et Eyadéma déclara qu'il ne se représenterait pas en 2003. L'accord politique de 1999 a permis l'émergence d'un corps électoral nouveau et indépendant ainsi que la mise en place d'un code de conduite sur le plan politique.

POLITIQUE EXTÉRIEURE

 BOAD   **CEAO**   **ZF**   **OUA**   **UEMOA**

Le Togo souhaite prioritairement conserver ses liens traditionnels en particulier avec la France. Le Gal Eyadéma fut en 1998 président de la CEAO et intervint comme médiateur dans le conflit de la Guinée-Bissau puis en organisant des négociations en Sierra Leone.

AIDE INTERNATIONALE

 71 M $ (reçus)   Moins 45 % en 1999

Les projets de développement et l'économie ont souffert de l'interruption en 1998 des aides, notamment des ÉU et de l'UE.

T

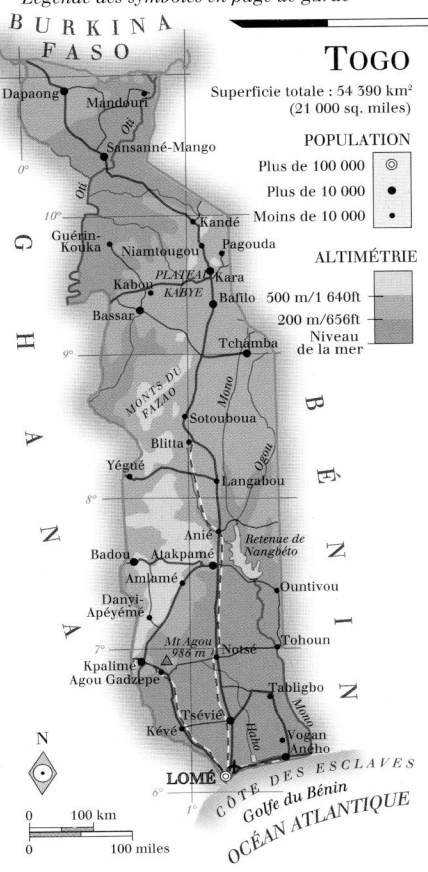

TOGO

Superficie totale : 54 390 km²
(21 000 sq. miles)

POPULATION

Plus de 100 000
Plus de 10 000 ●
Moins de 10 000 •

ALTIMÉTRIE

 500 m/1 640ft
 200 m/656ft
Niveau de la mer

RESSOURCES

 14 310 tonnes

 Pays non producteur

1,11 M de bovins
850 000 porcins
7,5 M de poulets

Phosphates, fer, chromite, bauxite, marbre, dolomite

Les phosphates sont la principale ressource. Le barrage de Nangbéto, construit avec le Bénin, est en service depuis 1988 et réduit la dépendance énergétique vis-à-vis du Ghana. Des gisements offshore de pétrole et de gaz ont été découverts en 1999.

ENVIRONNEMENT

 8 %

0,2 tonne par habitant

Les écologistes ont protesté contre la transformation des réserves naturelles en terrains de chasse pour les officiers. On s'inquiète aussi de l'érosion côtière autour d'Aného et de la désertification.

MÉDIAS

 4 quotidiens pour 1 000 habitants

PRESSE ET TÉLÉCOMMUNICATIONS

 2 quotidiens, *Togo-presse*, publié par le gouvernement, et *les Échos du Demain*

1 chaîne d'État

 3 stations de radio dont 2 privées

Les journaux indépendants de l'opposition défient à présent le quotidien gouvernemental *Togo-Presse*.

CRIMINALITÉ

 Pas de chiffre sur la population carcérale

 Augmentation des vols dans la capitale

Le Togo est normalement assez calme mais la criminalité urbaine a augmenté dans l'ensemble au cours des années 1990, surtout pendant les troubles politiques dans la capitale.

DÉFENSE

 34 M $

 Moins 3 % en 1999

L'armée joue un rôle important au Togo et les dépenses militaires sont élevées. Les sphères supérieures de la hiérarchie militaire sont dominées par les tribus loyalistes du nord du président Eyadéma. La France garantit la sécurité du Togo par un accord de défense, elle fournit l'essentiel de son équipement et entraîne ses troupes.

ÉCONOMIE

 1,28 Md $

 571-664 francs CFA

CHIFFRES SIGNIFICATIFS

❑ CLASSEMENT DU PNB AU NIVEAU MONDIAL ..149e
❑ PNB PAR HABITANT ....270 $
❑ BALANCE DES PAIEMENTS...............– 106 M $
❑ INFLATION......................................5,4 %
❑ CHÔMAGE.............................Pas de données

ATOUTS

Fonction publique efficace. Emplacement idéal pour jouer le rôle d'entrepôt. Fort revenu généré par la contrebande. Ingéniosité des entrepreneurs, notamment des commerçantes sur les marchés. Les gisements de phosphates sont les plus riches au monde. Autosuffisance alimentaire. Cultures vivrières variées.

EXPORTATIONS

Taiwan 5 %
Canada 6 %
Brésil 6 %
Nigeria 8 %
Bénin 10 %
Autres 65 %

IMPORTATIONS

Thaïlande 5 %
Côte-d'Ivoire 7 %
Chine 7 %
France 12 %
Autres 44 %
Ghana 25 %

FAIBLESSES

Bas prix des cours mondiaux de phosphate. La production hydroélectrique pâtit des sécheresses. Réduction des aides internationales dans les années 1990.

CHRONOLOGIE

Colonie allemande en 1894, le Togoland fut partagé entre la France et l'Angleterre en 1922.

❑ **1960** Indépendance de la partie française sous le nom de Togo.
❑ **1967** Coup d'État du Gal Eyadéma.
❑ **1991-1992** Répression de la grève.
❑ **1993** Eyadéma élu président.
❑ **1998-1999** Elections contestées
❑ **2002-2003** Réélection du RPT et d'Eyadéma.

ÉDUCATION

 57 %

 13 124 étudiants

Le système éducatif est inspiré du modèle français. L'université de Lomé compte 4 000 étudiants.

SANTÉ

 1 pour 10 000 habitants

 Malaria, maladies diarrhéiques, infectieuses et parasitaires

Grâce à l'aide internationale, le Togo bénéficie d'un système de santé bien structuré qui manque néanmoins de ressources, surtout dans les campagnes.

RICHESSES

CONSOMMATION ET DÉPENSES

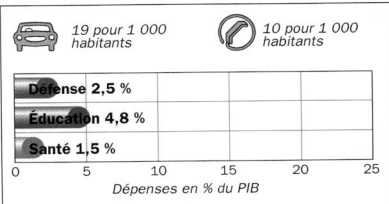

19 pour 1 000 habitants

10 pour 1 000 habitants

Défense 2,5 %
Éducation 4,8 %
Santé 1,5 %

Dépenses en % du PIB

Grande disparité de richesses, entre, d'un côté, les milieux politiques et d'affaires, et, de l'autre, les populations rurales. Entre les deux, les citadins sont assez aisés.

CLASSEMENT MONDIAL

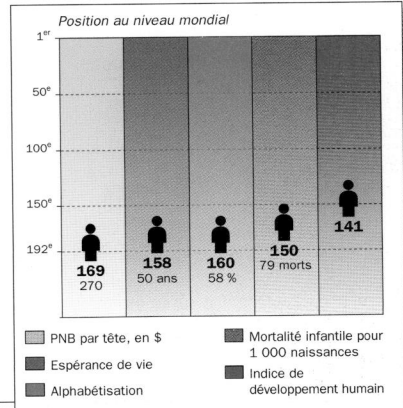

Position au niveau mondial

169	158	160	150	141
270	50 ans	58 %	79 morts	

PNB par tête, en $
Espérance de vie
Alphabétisation
Mortalité infantile pour 1 000 naissances
Indice de développement humain

T

TONGA

NOM OFFICIEL : Royaume des Tonga   **CAPITALE** : Nuku'alofa
POPULATION : 106 137   **MONNAIE** : pa anga   **LANGUES OFFICIELLES** : anglais et tonguien

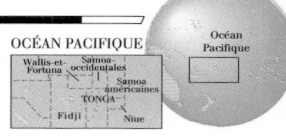

L'ARCHIPEL des Tonga comprend 170 îles, dans l'océan Pacifique Sud, au nord-est de la Nouvelle-Zélande. Les Tonga se divisent en trois groupes : Vava'u, Ha'apai et Tongatapu. Les îles de l'est sont généralement basses et fertiles ; celles de l'ouest, plus hautes, sont d'origine volcanique. L'économie est essentiellement agricole, avec en particulier la culture du cocotier, du manioc et du fruit de la passion. Le roi détient le pouvoir politique.

CLIMAT

DONNÉES MÉTÉOROLOGIQUES

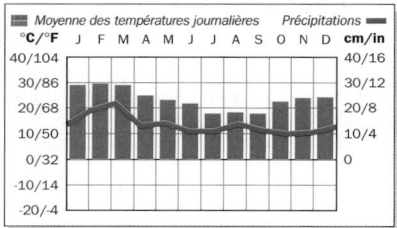

Le climat des îles Tonga est de type tropical océanique avec des températures annuelles allant de 17 °C à 30 °C.

TRANSPORTS

Fua'amotu International, Tongatabu
67 000 passagers

18 navires
22 200 tpl

RÉSEAU DE TRANSPORT

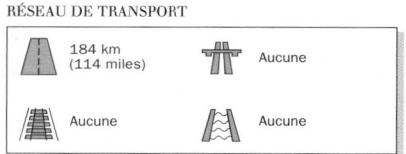

184 km (114 miles)   Aucune

Aucune   Aucune

L'aide internationale, principalement japonaise, finance la construction d'un grand port à Nuku'alofa. Les améliorations de l'aéroport de Fua'amotu ont permis une augmentation du trafic.

TOURISME

 35 000 visiteurs    Plus 13 % en 2000

PROVENANCE DES TOURISTES ÉTRANGERS

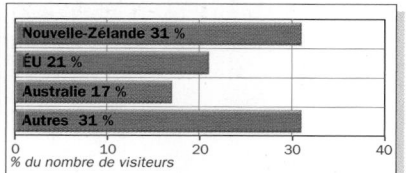

Nouvelle-Zélande 31 %		
ÉU 21 %		
Australie 17 %		
Autres 31 %		

% du nombre de visiteurs

On visite les Tonga pour leurs plages tropicales. La tendance à la baisse du tourisme a été accentuée en 2000 par l'insécurité politique des îles Salomon et Fidji.

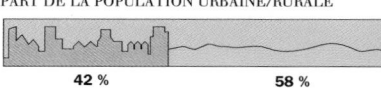

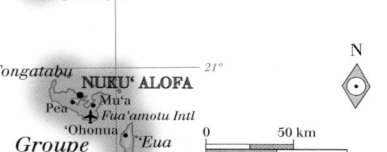

Paysage montagneux *des îles Tonga occidentales. Les 170 îles de l'archipel sont disséminées sur une vaste zone de l'océan Pacifique Sud ; seules 45 sont habitées.*

TONGA

Superficie totale : 720 km²
(278 sq. miles)

POPULATION

● Plus de 10 000
· Moins de 10 000

ALTIMÉTRIE

200 m/656ft
Niveau de la mer

(Carte des îles Tonga : Niuafo'ou, Tafahi, Niuatoputapu, Fonualei, Toku, 'Uta Vava'u, Holonga, Neiafu, Groupe des Vava'u, Late, Kao, Kao 1014m, Tofua, Ha'ano, Pangai, Foa, Lifuka, Uoleva, Groupe des Ha'apai, Uiha, Groupe des Kotu, Nomuka, Fonuafo'ou, Groupe des Nomuka, Groupe des Otu Tolu, Hunga Tonga, Hunga Ha'apai, Tongatabu, NUKU'ALOFA, Pea, Mu'a, Fua'amotu Intl, 'Ohonua, 'Eua, Groupe des Tongatapu, Ata)

POPULATION

Anglais, tonguien   142 hab./km²

PART DE LA POPULATION URBAINE/RURALE

42 %   58 %

RELIGION

Catholiques 15 %
Autres 21 %
Méthodistes 64 %

Des liens ethniques très forts unissent les îles Tonga aux îles Fidji occidentales, en raison des migrations entre les deux archipels. Jamais entièrement colonisés, toujours gouvernés par un roi, les Tonguiens considèrent qu'ils ont un statut à part parmi les habitants des îles du Pacifique. Aux Tonga, le respect des institutions et des valeurs traditionnelles reste fort. Les Tonguiens sont très croyants ; les Églises — méthodiste, catholique, mormone — ont beaucoup d'influence et financent souvent les écoles. Cela n'empêche pas une nouvelle génération éduquée à l'occidentale de remettre en cause les traditions.

POLITIQUE

 2002/2005   Sa majesté le roi Taufa'ahau Tupou IV

AUX DERNIÈRES ÉLECTIONS

Assemblée législative 30 membres

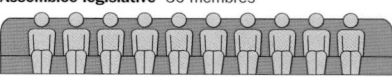

L'Assemblée législative est composée par le roi, 11 membres du conseil privé, 9 nobles héréditaires choisis par leurs pairs et 9 membres élus.

Les véritables détenteurs du pouvoir politique sont le roi, les nobles et les propriétaires fonciers. Le roi actuel, Taufa'ahau Tupou IV, a succédé à sa mère Salote en 1965. Le roi, chef du gouvernement, exerce fréquemment ses prérogatives ; l'assemblée législative et le gouvernement se plient à ses décisions. Le roi a ainsi adopté plusieurs projets de développement sans passer par le gouvernement. La résistance du roi face à la montée des revendications démocratiques a éclaté au grand jour en 2000 lorsqu'il écarta de la succession son fils aîné réformiste et qu'il nomma son troisième fils, conservateur, le prince Ulukalala Lavaka Ata, au poste de Premier ministre.

T

POLITIQUE EXTÉRIEURE

 ACP Comm PC PIF ONU

En 1998, Tonga a abandonné ses relations avec Taiwan au profit de la Chine. Inquiétudes internationales quant aux trafics de ses pavillons de complaisance.

AIDE INTERNATIONALE

 21 M $ Moins 16 % en 1999

L'aide finance les grands projets d'infrastructure et provient essentiellement d'Australie, des ÉU, de Nouvelle-Zélande, de l'UE et de la BAsD. Depuis une suspension en 1997, Tonga réclame le statut de « pays les moins développé ».

DÉFENSE

 2 M $ Pas de changement significatif

Petite armée comprenant des soldats de métier et des réservistes. La police de Tonga est intervenue pour maintenir la sécurité aux îles Salomon en 2000.

ÉCONOMIE

 154 M $ 1,49-1,78 pa'anga

CHIFFRES SIGNIFICATIFS

❏ CLASSEMENT DU PNB AU NIVEAU MONDIAL ..186ᵉ
❏ PNB PAR HABITANT ....1 530 $
❏ BALANCE DES PAIEMENTS... ....0 M $
❏ INFLATION...................................8,3 %
❏ CHÔMAGE ....13 %

ATOUTS
L'agriculture représente la part la plus importante du PNB. Le tourisme est la source principale de devises.

FAIBLESSES
Archipel éloigné des routes maritimes. Doit importer sa nourriture. Exportations en concurrence directe avec le reste du Pacifique Sud. Beaucoup de Tonguiens productifs vivent à l'étranger.

EXPORTATIONS
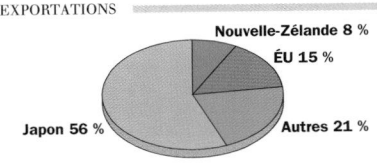

IMPORTATIONS
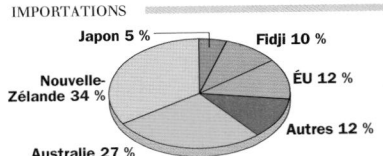

RESSOURCES

 2 739 tonnes   Pays non producteur
80 853 porcins / 13 939 bovins / 266 000 poulets   Aucun

Les îles Tonga ne possèdent aucune ressource stratégique ou minérale. L'électricité est produite à partir de pétrole qui est importé à grands frais par bidons de 200 litres. La recherche de gisements pétroliers n'a pas été couronnée de succès.

ENVIRONNEMENT

 Aucun   1,2 tonne par habitant

L'archipel ne souffre pas de problèmes écologiques graves, même s'il est parfois victime de désastres naturels comme le cyclone de 1982 et l'effet d'El Niño en 1997-1998.

MÉDIAS

 72 quotidiens pour 1 000 habitants

PRESSE ET TÉLÉCOMMUNICATIONS

 1 quotidien. Les hebdomadaires sont le *Conch Shell* et le *Tonga Chronicle*.

 1 chaîne de télé servant de relais aux programmes américains   4 stations de radio indépendantes

En 2000, la firme *Cable and Wireless* a cédé les télécommunications de Tonga, qu'elle contrôlait depuis 1978, à une entreprise locale.

CRIMINALITÉ

 58 détenus   Vols en augmentation

Le taux de criminalité est peu élevé, en partie grâce à la forte influence de la structure familiale. La croissance du chômage chez les jeunes provoque une recrudescence des cambriolages.

ÉDUCATION

 98 %    705 étudiants

Dans le système éducatif, inspiré des modèles australien et néo-zélandais, la participation financière des églises est importante. Un projet de création d'une nouvelle université nationale a été approuvé en 2000 après les incidents violents qui ont eu lieu à Fidji.

SANTÉ

 1 pour 2 176 habitants   Maladies cardiaques, cérébrovasculaires et diarrhéiques

Les îles Tonga bénéficient d'une infrastructure médicale moderne, mais les patients sont transportés par avion en Australie ou en Nouvelle-Zélande pour les opérations délicates.

CHRONOLOGIE

Découvertes par les Polynésiens, les îles Tonga furent visitées par les Hollandais au XVIIᵉ siècle et par le capitaine Cook au XVIIIᵉ siècle. Dans la seconde moitié du XIXᵉ siècle, sous le règne du roi George Tupou Iᵉʳ, les îles furent unifiées à l'issue d'une guerre civile.

❏ **1875** Première Constitution établie par le roi George Tupou Iᵉʳ.
❏ **1900** Signature d'un traité d'amitié et de protection avec le RU.
❏ **1918–1965** Règne de la reine Salote Tupou III.
❏ **1965** Le roi Taufa'ahau Tupou IV succède à sa mère décédée.
❏ **1970** Indépendance, membre du Commonwealth.
❏ **1988** Traité autorisant le passage des navires de guerre nucléaires américains dans les eaux territoriales.
❏ **2000** Le roi nomme son 3ᵉ fils au poste de Premier ministre.
❏ **2001** Le bouffon royal détourne 20 M$ de fonds publics.
❏ **2003** Forte percée des candidats prodémocrates.

RICHESSES

CONSOMMATION ET DÉPENSES

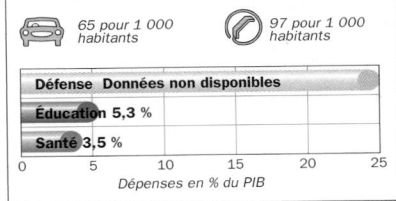

Importance économique des fonds envoyés par les Tonguiens résidant à l'étranger.
Les objets de luxe sont peu prisés ; les plus fortunés entretiennent les membres pauvres de la famille.

CLASSEMENT MONDIAL

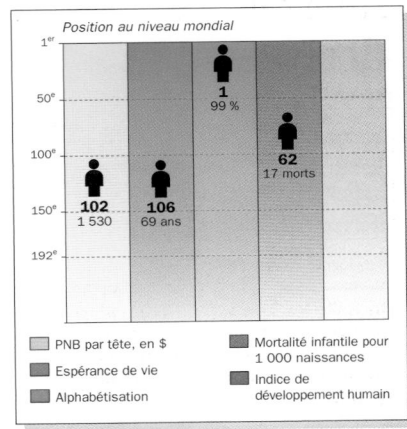

T

LES PAYS DU MONDE

TRINITÉ-ET-TOBAGO

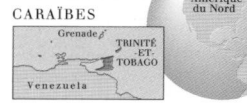

NOM OFFICIEL : République de Trinité-et-Tobago   **CAPITALE** : Port of Spain
POPULATION : 1,3 million   **MONNAIE** : dollar de Trinité-et-Tobago   **LANGUE OFFICIELLE** : anglais

LES deux îles de Trinité-et-Tobago sont situées à l'extrême sud des îles du Vent dans les Petites Antilles, à 15 km seulement de la côte vénézuélienne. Elles obtinrent ensemble leur indépendance de la Grande-Bretagne en 1962 et Tobago bénéficia de l'autonomie interne en 1987. De magnifiques chaînes de montagnes et de grands marécages abritent une flore et une faune tropicales très riches. Au lac Pitch, dans l'île de Trinité, on trouve le plus grand champ d'asphalte naturel du monde.

CLIMAT

DONNÉES MÉTÉOROLOGIQUES

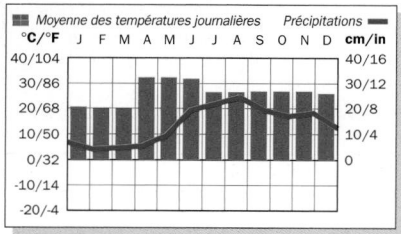

Ces îles jouissent d'un climat un peu plus chaud que le reste des Antilles et sont à l'écart des ouragans qui passent par le nord.

TRANSPORTS

 Piarco International, Port of Spain 1,77 M de passagers    50 navires 18 600 tpl

RÉSEAU DE TRANSPORT

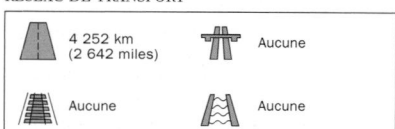

Le réseau routier est bien développé avec des taxis ou des minibus à trajet fixe. Le transporteur national BWIA et Air Caribbean exploitent les liaisons entre Trinité et Tobago, BWIA avec les ÉU.

TOURISME

336 000 visiteurs   Moins 3 % en 1999

PROVENANCE DES TOURISTES ÉTRANGERS

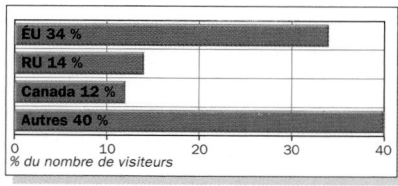

Le tourisme se concentre sur l'île de Tobago (considérée comme le modèle de l'île de Robinson Crusoé) qui est réputée pour son immense variété de faune sud-américaine, notamment 210 espèces d'oiseaux tropicaux.

TRINITÉ-ET-TOBAGO

Superficie totale : 5 130 km² (1 981 sq. miles)

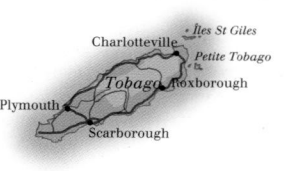

POPULATION

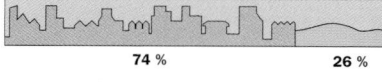

Créole anglais, anglais, hindi, français, espagnol   253 hab./ km²

PART DE LA POPULATION URBAINE/RURALE

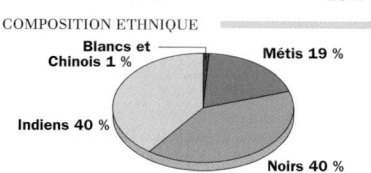

74 %   26 %

COMPOSITION ETHNIQUE

Blancs et Chinois 1 %   Métis 19 %
Indiens 40 %   Noirs 40 %

La communauté indienne de Trinité-et-Tobago est la plus importante des Caraïbes et conserve son héritage musulman et hindou. L'esprit d'ouverture de la société face aux problèmes liés au racisme permet en partie de dissiper les tensions interethniques latentes entre les Trinidadiens noirs et indiens.

POLITIQUE

Ch. haute 2002/2007
Ch. basse 2002/2007   George Maxwell, président de la République

AUX DERNIÈRES ÉLECTIONS

Chambre des députés   36 membres

44 % UNC   56 % PNM

UNC = Rassemblement national uni national du peuple   **PNM** = Mouvement

Sénat   31 membres

16 membres choisis par le Premier ministre, 6 par le chef de l'opposition et 9 par le président.

L'hégémonie du parti de droite, le PNM, de l'indépendance jusque dans les années 1990, a conduit à une fragmentation du paysage politique et à une tentative de coup d'État islamiste en 1990. Basdeo Panday, de l'UNC, Premier ministre hindou, a été élu en 1995 et s'est engagé à lutter contre le chômage, la criminalité et la discrimination raciale. Le PNM n'a pu prendre à l'UNC sa majorité absolue lors des élections de 2000. Panday a affirmé qu'une cache d'armes, découverte en Floride en juin 2001, était destinée à une tentative de coup d'État préparée par les forces de l'opposition à Trinité.

Les plages de sable blanc de Tobago, son paysage verdoyant et ses ports naturels ont permis de développer une industrie touristique.

T

596

POLITIQUE EXTÉRIEURE

La politique étrangère vise à tirer le plus grand bénéfice de l'essor rapide des industries gazière et pétrolière et des secteurs industriel et financier. Liens étroits avec les EU, bonnes relations avec l'UE. Trinité soutient l'intégration régionale. Différend avec le Vénézuéla : pétrole offshore et pêche.

AIDE INTERNATIONALE

 26 M $ (reçus)   Plus 86 % en 1999

L'aide extérieure est faible : la Chine a prêté 20 M $ sans intérêts en 2000 pour aider le petit commerce.

DÉFENSE

 62 M $ Plus 40 % en 1999

Une armée de terre, une petite armée de l'air et des garde-côtes qui patrouillent dans les zones de pêche.

ÉCONOMIE

 7,81 Md $ 6,08-6,14 $ de Trinité-et-Tobago

CHIFFRES SIGNIFICATIFS

❑ CLASSEMENT DU PNB AU NIVEAU MONDIAL 96ᵉ
❑ PNB PAR HABITANT ....5 960 $
❑ BALANCE DES PAIEMENTS..............– 644 M $
❑ INFLATION......................................5,6 %
❑ CHÔMAGE ....13 %

ATOUTS
Le pétrole représente 70 % des exportations. Exploitation croissante du gaz naturel. Exportations de méthanol, d'ammoniac, de fer et d'acier.

FAIBLESSES
Économie peu diversifiée et très sensible à la variation des cours du pétrole. Taux élevé de chômage.

EXPORTATIONS
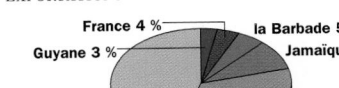

IMPORTATIONS
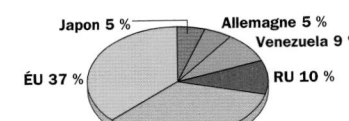

RESSOURCES

15 012 tonnes

59 000 bovins
41 000 porcins
10 M de poulets

170 000 b/j (réserves : 700 000 000 b)

Pétrole, gaz naturel, asphalte naturelle, fer

Le pétrole et le gaz sont les deux principales ressources. En 1998 on a découvert d'immenses gisements offshore de pétrole brut.

ENVIRONNEMENT

 4 % 17,4 tonnes par habitant

Les marées menacent les réserves naturelles du littoral telles que les marais du Caroni et ses nombreuses espèces de papillons. Les feux de forêts dûs aux sécheresses récurrentes et au trafic automobile constituent des problèmes graves.

MÉDIAS

 123 quotidiens pour 1 000 habitants

PRESSE ET TÉLÉCOMMUNICATIONS

 4 quotidiens dont le *Trinidad Express* et le *Trinidad Guardian*

 1 chaîne publique, 1 chaîne indépendante

 7 stations de radio, dont 6 indépendantes

Les programmes de télévision sont largement dominés par les productions américaines tandis que lors du carnaval la radio retransmet de la calypso.

CRIMINALITÉ

 2 387 détenus   Moins 63 % en 1992-1998

La criminalité liée à la drogue a augmenté le taux de meurtres. Le pays a décidé en 2001 de remplacer les autorités du conseil privé du souverain britannique par une cour de justice des Caraïbes.

ÉDUCATION

 94 %   8 170 étudiants

L'éducation s'inspire du système britannique avec examen d'entrée en sixième. Les étudiants poursuivent en général leurs études à l'université des Indes occidentales. Les riches fréquentent les universités américaines.

SANTÉ

 1 pour 1 250 habitants   Maladies cérébro-vasculaires et cardiaques, cancers, diabète

L'argent du pétrole a permis de mettre en place un système de santé national plus performant que dans le reste des Caraïbes et d'ouvrir davantage de cliniques privées, essentiellement à la disposition des communautés expatriées.

CHRONOLOGIE

La Grande-Bretagne a conquis l'île de Trinité sur l'Espagne en 1797 et l'île de Tobago sur la France en 1802. Les deux îles furent unifiées en 1888.

❑ **1956** Fondation du PNM par le Dr Eric Williams qui remporte les élections législatives soutenu essentiellement par les Noirs, la population hindoue soutenant l'opposition.
❑ **1961** L'État quitte la Fédération des Antilles, dont il était membre depuis 1958.
❑ **1962** Indépendance.
❑ **1970** Manifestation en faveur d'un pouvoir noir.
❑ **1980** Tobago obtient une assemblée législative ; autonomie en 1987.
❑ **1990–1991** Le Premier ministre est pris en otage lors d'une tentative de coup d'État fondamentaliste qui échoue. Le PNM revient au pouvoir.
❑ **2002** Victoire du PNM aux élections

RICHESSES

CONSOMMATION ET DÉPENSES

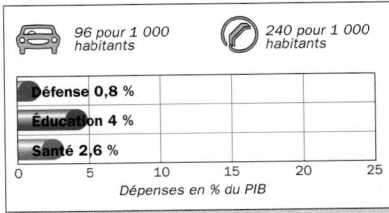

Les inégalités de revenus sont grandes entre les ouvriers agricoles et les milieux aisés de l'industrie pétrolière, en grande partie des expatriés. Les travailleurs du secteur touristique sont mal payés. Aujourd'hui, la pauvreté rurale de l'intérieur, surtout parmi la population d'origine indienne, pose un problème croissant.

CLASSEMENT MONDIAL

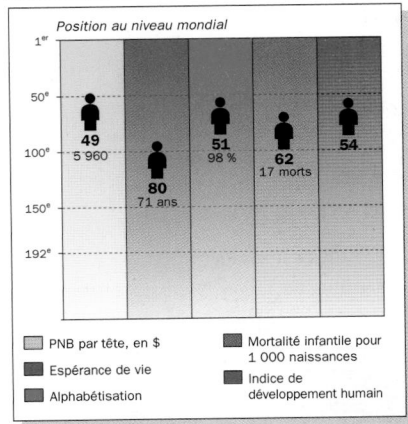

TUNISIE

NOM OFFICIEL : République tunisienne   **CAPITALE** : Tunis
POPULATION : 9,7 millions   **MONNAIE** : dinar tunisien   **LANGUE OFFICIELLE** : arabe

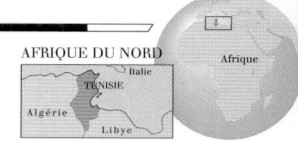

AFRIQUE DU NORD

LA TUNISIE, le plus petit État d'Afrique du Nord, est encadrée par la Libye et l'Algérie. Le Nord, densément peuplé, est montagneux, fertile par endroits, et doté d'un long littoral méditerranéen. Le Sud est principalement désertique. Habib Bourguiba dirigea le pays à partir de l'indépendance en 1956 jusqu'à sa destitution en 1987. Depuis, le régime, sous la présidence de M. Ben Ali, s'achemine vers une démocratie pluraliste mais doit faire face au danger islamiste. Ses liens avec l'UE, qui est son premier partenaire commercial se sont renforcés suite à la première conférence Euro-Méditerranéenne qui s'est tenue en 1995. On assiste à l'essor de l'industrie et du tourisme.

TOURISME

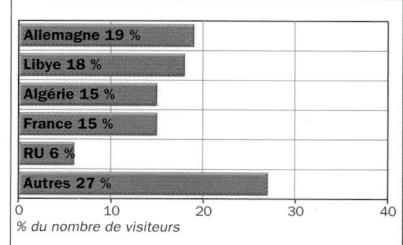

🧳 5,1 M de visiteurs   ⬆ Plus 5 % en 2000

PROVENANCE DES TOURISTES ÉTRANGERS

- Allemagne 19 %
- Libye 18 %
- Algérie 15 %
- France 15 %
- RU 6 %
- Autres 27 %

% du nombre de visiteurs

Les touristes affluent en Tunisie depuis les années 1960, attirés par les hivers ensoleillés, les plages, le désert et les vestiges antiques. Un des pays les moins chers de la Méditerranée pour les voyages organisés, la Tunisie attire plus de 2 millions d'Européens chaque année. Ces chiffres s'effondrèrent en 1990-1991 lors de la guerre du Golfe et par peur des attentats commis par les islamistes. L'industrie du tourisme emploie 200 000 personnes et attire les investisseurs. La capacité d'accueil a doublé depuis 1980 passant à 200 000 lits en 2001. L'impact sur l'environnement suscite des inquiétudes.

CLIMAT

DONNÉES MÉTÉOROLOGIQUES

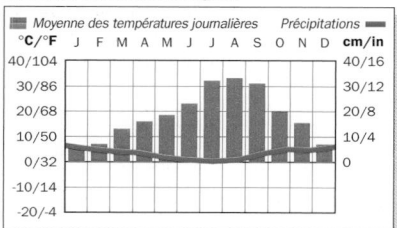

Le climat est très chaud l'été. Le Nord est humide et venteux en hiver. L'extrême Sud est aride. Au printemps, le chili, vent sec et sabloneux, souffle du Sahara.

TRANSPORTS

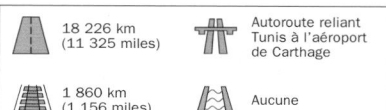

✈ **Habib Bourguiba, Monastir**
3,61 M de passagers

🚢 78 navires
193 500 tpl

RÉSEAU DE TRANSPORT

🛣 18 226 km
(11 325 miles)

🚋 1 860 km
(1 156 miles)

Autoroute reliant Tunis à l'aéroport de Carthage

Aucune

La Tunisie compte six aéroports internationaux. Une ligne de métro à Tunis, un chemin de fer entre Gafsa et Gabès sont en construction. Le Sud n'est desservi que par quelques routes. Une autoroute relie Tunis à Carthage.

POPULATION

 Arabe, français   62 hab./km²

PART DE LA POPULATION URBAINE/RURALE

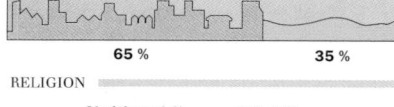

65 %   35 %

RELIGION

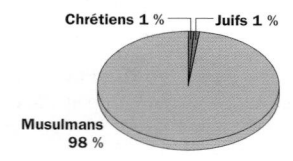

Chrétiens 1 %   Juifs 1 %
Musulmans 98 %

COMPOSITION ETHNIQUE

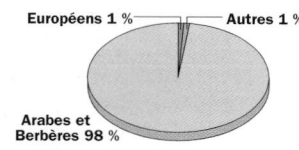

Européens 1 %   Autres 1 %
Arabes et Berbères 98 %

Beaucoup de Tunisiens vivent encore dans des familles étendues où cohabitent trois ou quatre générations. Par tradition, la Tunisie est un des États arabes les plus libéraux. Le nouveau code de statut personnel du président Bourguiba promulgué en 1956 permit l'émancipation des femmes, qui jouissent de plus de droits que dans les autres pays arabes. D'autres mesures ont accordé aux femmes le droit de garde des enfants dans les procès de divorce, instauré des peines contre les violences domestiques et aidé à l'obtention de pensions alimentaires en cas de divorce. Depuis le début des années 1960, les programmes de planning familial et la contraception sont librement accessibles. Les femmes représentent 31 % de la population active et 35 % de la main-d'œuvre industrielle. Le chiffre des femmes propriétaires d'entreprise s'accroît régulièrement, mais la politique reste un domaine réservé aux hommes.
Depuis quelques années, ces libertés sont mises en péril par la montée de l'intégrisme islamiste, situation préoccupante pour le monde politique et les milieux d'affaires, francophones, qui désirent renforcer les liens avec l'Europe. Le régime autoritaire de Ben Ali a été critiqué pour sa répression des militants islamistes, en particulier du parti interdit Al-Nahda. Amnesty International a dénoncé des violations des droits de l'homme, principalement contre des femmes membres d'Al-Nahda.

PYRAMIDE DES ÂGES

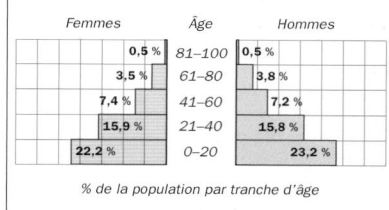

Femmes	Âge	Hommes
0,5 %	81–100	0,5 %
3,5 %	61–80	3,8 %
7,4 %	41–60	7,2 %
15,9 %	21–40	15,8 %
22,2 %	0–20	23,2 %

% de la population par tranche d'âge

***Vestiges romains** dans la région de Tozeur. On trouve un certain nombre de sites archéologiques à travers la Tunisie.*

T

POLITIQUE

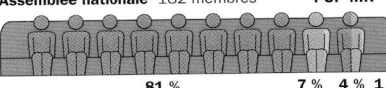 1999/2004

Zino al-Abidine Ben Ali, président de la République

AUX DERNIÈRES ÉLECTIONS
Assemblée nationale 182 membres

4 % 3 %
PUP MR

81 %
RCD

7 % 4 % 1 %
MDS UDU SLP

RCD = Rassemblement constitutionnel démocratique
MDS = Mouvement démocratique social **PUP** = Parti d'union populaire **UDU** = Union démocratique unioniste
MR = Parti du renouveau **SLP** = Parti social libéral

Bien que le multipartisme soit officiellement adopté depuis 1988, la Tunisie est toujours dominée par le RCD, parti du président Ben Ali.

PRINCIPAUX PROBLÈMES POLITIQUES

L'intégrisme

Le RCD a entrepris une sévère répression des islamistes intégristes, et particulièrement du parti interdit Al-Nahda, ou parti du renouveau. En 1991, 500 membres de ce parti, soupçonnés de subir des influences fondamentalistes, furent arrêtés à la suite d'un coup d'État manqué. Leur chef, Rachid Gannouchi est aujourd'hui en exil.

Les droits de l'homme

Les activités de la ligue tunisienne des droits de l'homme ont été suspendues en janvier 2001. Le RCD est de plus en plus critiqué pour son non respect des droits de l'homme. Le RCD s'est engagé à promouvoir les droits de la femme.

PROFIL

Le système politique s'est libéralisé avec, par exemple, l'abolition de la présidence à vie. La liberté de la presse est aussi en progrès et l'existence des partis politiques encouragée. Tout en accordant davantage de pluralisme, un système de représentation proportionnelle complexe a entraîné une écrasante victoire du RCD aux élections de 1994. Cette situation a été confortée par le résultat des élections de 1999. En 2000, d'autres mesures ont été annoncées en faveur d'une poursuite de la démocratisation et de la promotion des droits de l'homme.

Le président Ben Ali occupe le poste de chef de l'État depuis 1987.

Mohammed Ghannouchi, *Premier ministre élu en 1999.*

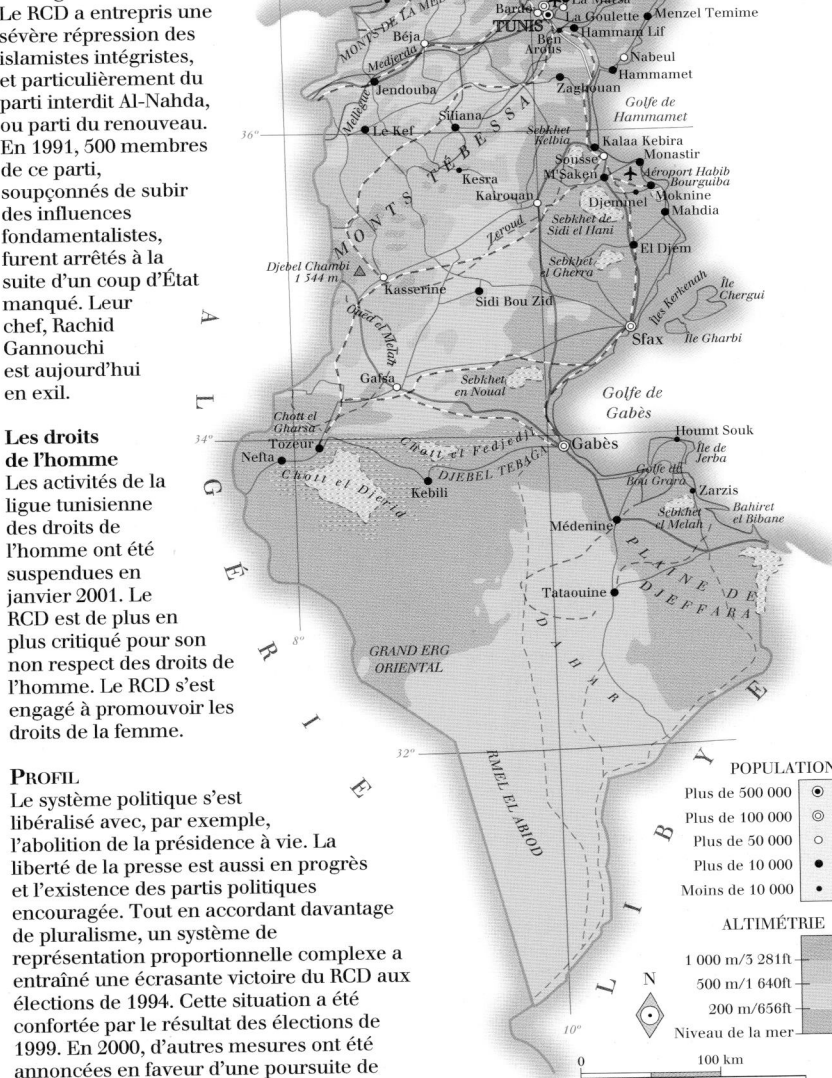

TUNISIE

Superficie totale :
155 360 km²
(59 984 sq. miles)

POPULATION

Plus de 500 000 ⊙
Plus de 100 000 ◎
Plus de 50 000 ○
Plus de 10 000 ●
Moins de 10 000 ·

ALTIMÉTRIE

1 000 m/3 281ft
500 m/1 640ft
200 m/656ft
Niveau de la mer

N

0 ___ 100 km

0 ___ 100 miles

POLITIQUE EXTÉRIEURE

 LA UMA OUA MNA OCI

Le premier objectif de la Tunisie est de renforcer ses relations avec l'Occident , qui ont généralement été bonnes grâce à sa politique économique et sociale libérale. Les plus grands efforts se portent sur les liens avec l'UE, marché le plus important pour ses exportations, la Tunisie ayant joué un rôle important dans la première conférence euro-méditerranéenne qui s'est tenue en 1995. Tunis a abrité le siège de l'OLP après son expulsion du Liban. Les relations avec d'autres États arabes, comme le Koweït et l'Arabie Saoudite, se sont détériorées depuis le soutien apporté à l'Irak lors de la guerre du Golfe. Le gouvernement souhaite rétablir des rapports cordiaux avec ces pays, et s'inquiète par ailleurs de la montée de l'islamisme en Algérie, son plus proche voisin. Les relations s'améliorent avec la Libye qui apprécie le libre-passage accordé à ceux qui ne respectent pas l'embargo.

CHRONOLOGIE

Depuis la préhistoire, l'actuelle Tunisie a été occupée par les Berbères zénètes. Carthage (proche de l'emplacement actuel de Tunis) fut fondée au IXᵉ siècle av. J.-C. ; elle devint la capitale de l'empire commercial phénicien qui dura un millénaire, reliant les réseaux commerciaux d'Europe et d'Afrique. La Tunisie fut ensuite incorporée aux empires romain, byzantin, arabe, ottoman et, finalement, à la France.

❏ **1883** La convention de La Marsa fait de la Tunisie un protectorat français, mettant fin à sa semi-dépendance. Le bey de Tunis reste monarque.
❏ **1900** Début de l'installation des colons français et italiens.
❏ **1920** Formation du parti Destour (« Constitution ») pour l'autonomie.
❏ **1935** Habib Bourguiba fonde le Néo-Destour.
❏ **1943** La victoire des divisions britanniques sur les forces de l'Axe permet de rétablir le pouvoir français.
❏ **1955** Autonomie interne. Retour d'exil de Bourguiba.
❏ **1956** Indépendance. Bourguiba est élu Premier ministre. Début de l'émancipation des femmes. Planning familial.
❏ **1957** Le bey est déposé. La République est proclamée avec Bourguiba comme premier président.
❏ **1964** Le Néo-Destour devient le seul parti politique légal, prend le nom de parti socialiste destourien (PSD).
❏ **1969** Le programme de collectivisation agraire, commencé en 1964, est abandonné. ⇨

T

CHRONOLOGIE *suite*

- ❑ **1974** Bourguiba est élu président à vie par l'Assemblée nationale.
- ❑ **1974–1976** Des centaines de personnes sont incarcérées pour appartenance à des « organisations illégales ».
- ❑ **1978** Le mouvement syndicaliste UGTT appelle à une grève générale de 24 heures ; 50 tués au cours d'affrontements. Les chefs de l'UGTT sont remplacés par des loyalistes du PSD.
- ❑ **1980** Le nouveau Premier ministre Muhammed Mazli prône une plus grande tolérance politique.
- ❑ **1981** Élections. L'opposition fait état de fraudes.
- ❑ **1984** Émeutes généralisées après la hausse des prix alimentaires.
- ❑ **1986** Le général Zine al-Abidine Ben Ali devient ministre de l'Intérieur.
- ❑ **1987** Arrestation du leader islamiste Rachid Gannouchi. M. Ben Ali devient Premier ministre puis président, après confirmation médicale de la sénilité de Bourguiba. Le PSD devient le RCD.
- ❑ **1988** Libération de la plupart des prisonniers politiques. Des réformes constitutionnelles introduisent le multipartisme et abolissent la présidence à vie.
- ❑ **1989** Élections. Le RCD remporte tous les sièges. Les intégristes obtiennent 13 % des voix.
- ❑ **1990** La Tunisie apporte son soutien à l'Irak lors de l'invasion du Koweit.
- ❑ **1991** Échec d'un coup d'État imputé à Al-Nahda, plus de 500 arrestations.
- ❑ **1993** Accord multipartite autour d'une plateforme électorale.
- ❑ **1994** Élections : Ben Ali, seul candidat, est réélu ; le RCD au pouvoir remporte l'ensemble des sièges ; l'opposition obtient 19 sièges réservés.
- ❑ **1999** Ben Ali et le RCD remportent à nouveau les élections.
- ❑ **2002** Une réforme de la constitution approuvée par referendum permet au président de briguer un 4ᵉ mandat.

AIDE INTERNATIONALE

 244 M $ (reçus)   Plus 66 % en 1999

La France, principal donateur, procure plus d'un tiers de l'aide bilatérale. L'Italie, l'Allemagne, la Banque mondiale et la Banque du développement africain apportent d'autres sources d'aide économique. Les riches États arabes du pétrole, comme l'Arabie Saoudite et le Koweit, ont suspendu leur soutien financier depuis 1990 en raison de la position pro-irakienne de la Tunisie lors de la guerre du Golfe. La dette extérieure est équivalente à 62 % du PNB.

DÉFENSE

 348 M $ Moins 4 % en 1999

Malgré sa taille réduite — 35 000 hommes dont 26 400 appelés — l'armée est une force politique importante. Elle est équipée d'armes américaines. L'entraînement des officiers s'effectue en France, aux ÉU et en Tunisie. La sécurité des frontières avec l'Algérie est le principal problème. Après qu'en 1995 des islamistes algériens aient attaqué les garde-frontières tunisiens en représailles du soutien apporté au gouvernement algérien.

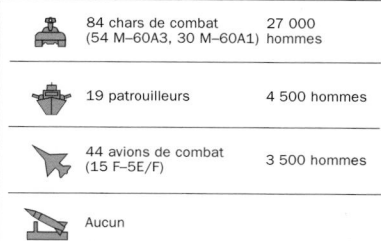

FORCES ARMÉES TUNISIENNES

ÉCONOMIE

 19,8 Md $ 1,2607 – 1,3844 dinar

CHIFFRES SIGNIFICATIFS

- ❑ CLASSEMENT DU PNB AU NIVEAU MONDIAL 62ᵉ
- ❑ PNB PAR HABITANT ....2 070 $
- ❑ BALANCE DES PAIEMENTS..............– 910 M $
- ❑ INFLATION.....................................1,9 %
- ❑ CHÔMAGE ....16 %

EXPORTATIONS

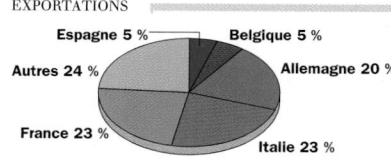

IMPORTATIONS

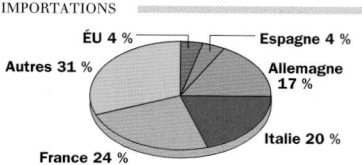

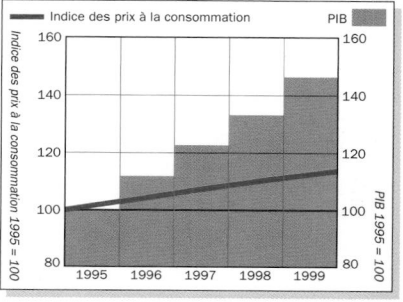

INDICATEUR DES PERFORMANCES ÉCONOMIQUES

ATOUTS
Économie bien diversifiée malgré des ressources limitées. Tourisme. Exportation de pétrole et de gaz. Exportation agricoles : huile d'olive, olives, agrumes, dattes. Secteur manufacturier en expansion avec une croissance moyenne de 5,4 % sur la période 1990-1998 ; les secteurs importants sont le textile et les matériaux de construction, les machines et les produits chimiques. L'économie tunisienne a été classée comme la plus compétitive du continent africain par le Forum Économique International en 2000.

FAIBLESSES
Soumis aux aléas d'un secteur agricole tributaire des sécheresses. Besoins énergétiques intérieurs croissants, qui puisent dans les ressources de pétrole et de gaz naturel.

PROFIL
Depuis le début du processus de restructuration entamé en 1988 et

soutenu par le FMI ainsi que la Banque mondiale, la Tunisie s'est tournée vers une économie de marché de plus en plus ouverte. La croissance réelle a atteint 6 % en 2001 après avoir été de 5 % en moyenne depuis 1987. L'inflation est restée en-dessous de 3 % en 2000 en dépit de la hausse des prix alimentaires et énergétiques. Les prix ont été libérés, la majorité des entreprises d'État sont privatisées, et les barrières douanières ont été partiellement abaissées. Les pays membres de l'UE sont les principaux partenaires du pays qui réalise avec eux 70 % de ses importations et 80 % de ses exportations.

TUNISIE : PRINCIPALES ACTIVITÉS

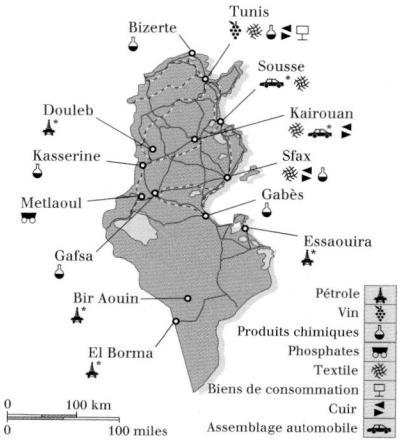

* Importantes participations de multinationales

RESSOURCES

 89 027 tonnes

 80 000 b/j (réserves : 300 Mdb)

 6,6 M d'ovins 2,9 M de dindes 37 M de poulets

 Phosphates, fer, zinc, plomb, sel, pétrole, gaz

PRODUCTION ÉLECTRIQUE

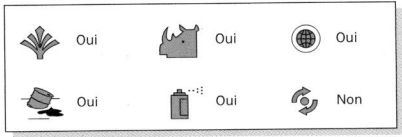

Hydraulique 1 % (0,04 Md kwh)
Thermique 99 % (8,3 Md kwh)
Nucléaire 0 %
Autres 0 %

% de la production totale par type d'électricité

La Tunisie est un des plus grands producteurs mondiaux de phosphates pour les engrais, extraits dans les mines

ENVIRONNEMENT

 1 %   2 tonnes par habitant

TRAITÉS ÉCOLOGIQUES

Oui   Oui   Oui
Oui   Oui   Non

La désertification gagne les régions arides du centre et du Sud, mais la première préoccupation écologique provient du développement rapide du tourisme depuis les années 1980. Les zones littorales, telles que la côte d'Hammamet et l'île de Djerba, sont défigurées par de grands hôtels et des stations balnéaires mal conçues qui ne s'intègrent pas au paysage local. Le tourisme commence également à avoir un impact sur la fragile écologie du désert, au Sud.

MÉDIAS

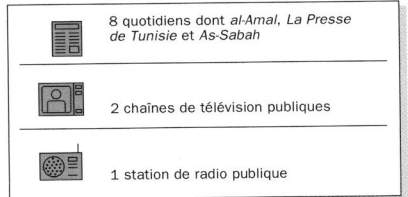 31 quotidiens pour 1 000 habitants

PRESSE ET TÉLÉCOMMUNICATIONS

8 quotidiens dont *al-Amal*, *La Presse de Tunisie* et *As-Sabah*

2 chaînes de télévision publiques

1 station de radio publique

Depuis la fin des années 1980, des réformes ont, en théorie, accru la liberté de la presse en Tunisie, pays traditionnellement libéral dans le monde arabe. En pratique, des restrictions gouvernementales subsistent. La presse étrangère est parfois interdite, mais l'arrivée de la télévision par satellite, qui émet depuis l'Europe, permet à la population de recevoir des émissions très diverses. L'Internet est sévèrement censuré.

TUNISIE : UTILISATION DU SOL

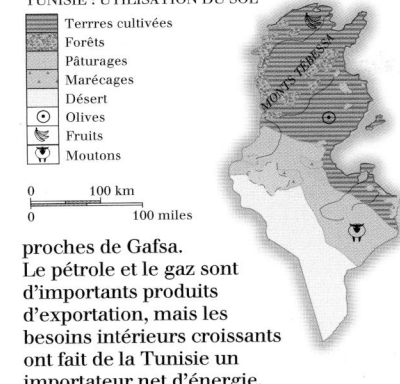

Terres cultivées
Forêts
Pâturages
Marécages
Désert
Olives
Fruits
Moutons

0 100 km
0 100 miles

proches de Gafsa. Le pétrole et le gaz sont d'importants produits d'exportation, mais les besoins intérieurs croissants ont fait de la Tunisie un importateur net d'énergie.

CRIMINALITÉ

 Pas de chiffre sur la population carcérale

 Plus 4 % en 1996-1998

TAUX DE CRIMINALITÉ.

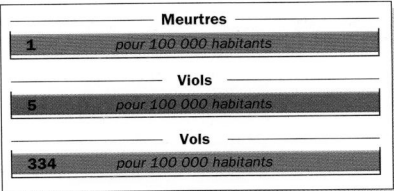

Meurtres
1   pour 100 000 habitants
Viols
5   pour 100 000 habitants
Vols
334   pour 100 000 habitants

La criminalité urbaine est faible. La Tunisie respecte peu les droits de l'homme. On a signalé des mauvais traitements infligés à des détenus. Les arrestations arbitraires et la torture, pratiquée par la police, sont monnaie courante, en particulier contre les militants islamistes.

ÉDUCATION

 71 %   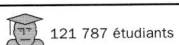 121 787 étudiants

LE SYSTÈME ÉDUCATIF

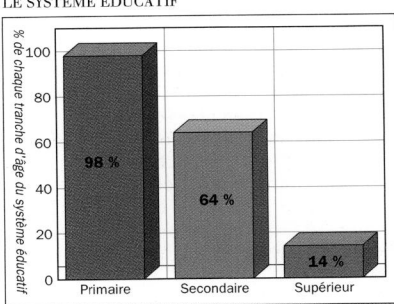

% de chaque tranche d'âge du système éducatif

Primaire 98 % Secondaire 64 % Supérieur 14 %

L'école est obligatoire de 6 à 16 ans, le cycle secondaire commençant à l'âge de 12 ans. L'arabe est la première langue officielle, mais le français est aussi enseigné. Il est presque exclusivement utilisé dans l'enseignement supérieur. le pays compte sept universités. Le nombre d'étudiants a doublé depuis 1995.

SANTÉ

 1 pour 1 429 habitants

 Maladies cardiaques et cérébrovasculaires

Un planning familial de qualité a pratiquement réduit de moitié le taux de natalité du pays au cours des trente dernières années. Le taux de croissance de la population est tombé de 3,2 % à 1,9 % ce qui en fait le plus bas de la région. La mortalité a chuté de plus de moitié (à 55 pour 1 000 habitants). Cette amélioration est le fruit du développement des services médicaux gratuits, dont bénéficie aujourd'hui plus de 70 % de la population. Il s'agit d'un système de soins de base très complet qui rayonne dans tout le pays et est accessible à tous, sauf aux communautés rurales les plus isolées.

RICHESSES

CONSOMMATION ET DÉPENSES

30 pour 1 000 habitants   90 pour 1 000 habitants

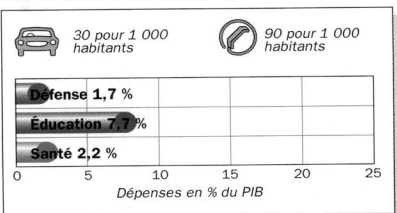

Défense 1,7 %
Éducation 7,7 %
Santé 2,2 %

Dépenses en % du PIB

Aujourd'hui on estime à 7 % la proportion de Tunisiens vivant en état de pauvreté absolue, alors que le chiffre était encore de 30 % en 1970. Les plus défavorisés habitent souvent dans des bidonvilles. Les milieux privilégiés, occidentalisés, ont des liens avec la classe dirigeante ou le monde des affaires. La couverture sociale prend en charge la maladie, la vieillesse et la maternité mais pas le chômage. Le gouvernement est conscient que le chômage encourage l'islamisme. Des projets spéciaux sont montés dans les zones urbaines les plus défavorisées.

CLASSEMENT MONDIAL

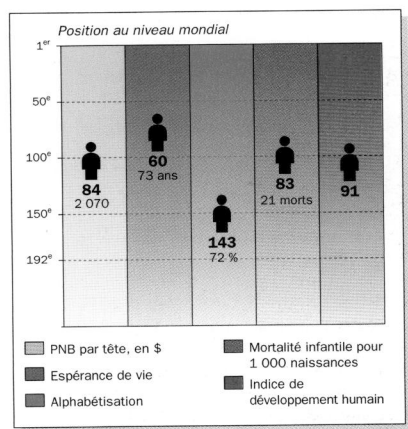

Position au niveau mondial

84 2 070 60 73 ans 143 72 % 83 21 morts 91

PNB par tête, en $ Mortalité infantile pour 1 000 naissances
Espérance de vie   Indice de développement humain
Alphabétisation

T

TURKMÉNISTAN

NOM OFFICIEL : République du Turkménistan **CAPITALE** : Achgabat
POPULATION : 4,9 millions **MONNAIE** : manat **LANGUE OFFICIELLE** : turkmène

1991 1991 27 oct TM + 5 + 993 .tm

LE TURKMÉNISTAN, après avoir été la plus pauvre des républiques d'URSS, s'est plutôt mieux adapté que les autres à l'indépendance grâce à ses riches ressources en gaz naturel. Cette région, où dominent les Musulmans sunnites, a d'abord fait partie du Turkestan, dernière terre d'Asie centrale annexée par la Russie tsariste. La société repose encore sur des relations tribales. Le pays est isolé, les téléphones et les autres moyens de communication sont rares.

CLIMAT

DONNÉES MÉTÉOROLOGIQUES

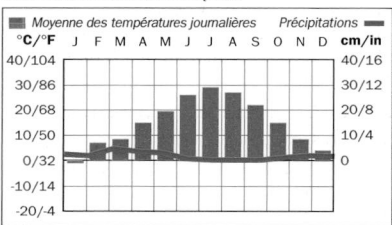

Le territoire est en majeure partie occupé par un désert et 2 % seulement des terres sont cultivables.

TRANSPORTS

 Turkmenistan international, Achgabat

 38 navires 38 400 tpl

RÉSEAU DE TRANSPORT

 19 488 km (12 109 miles)

 Aucune

2 365 km (1 470 miles) Rivière Amu-Daria

Les voies routières et ferroviaires pour Téhéran seront les premières rénovées. L'aéroport d'Achgabat doit être modernisé.

TOURISME

 300 000 visiteurs Plus 26 % en 1998

PROVENANCE DES TOURISTES ÉTRANGERS

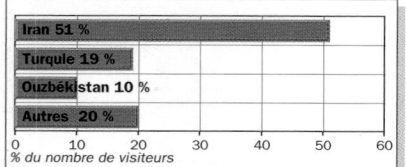

Iran 51 %					
Turquie 19 %					
Ouzbékistan 10 %					
Autres 20 %					

0   10   20   30   40   50   60
% du nombre de visiteurs

Actuellement, les visiteurs sont surtout des hommes d'affaires attirés par la stabilité du pays, mais il pourrait devenir un pôle d'attraction touristique. Dans cette optique, une lente restauration des monuments traditionnels musulmans a été entreprise.

Région du canal du Karakoum : *étendues de sel et chaîne du Kopet-Dag à la frontière iranienne. Le Karakoum est le plus grand désert du Turkménistan.*

POPULATION

 Turkmène, ouzbek, russe   9 hab. / km²

PART DE LA POPULATION URBAINE/RURALE

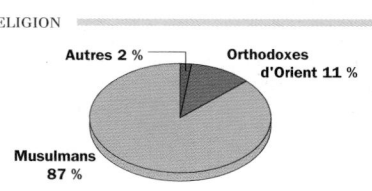

45 %   55 %

RELIGION

Autres 2 %   Orthodoxes d'Orient 11 %

Musulmans 87 %

Avant l'annexion du Turkestan par la Russie tsariste en 1884, les Turkmènes vivaient en tribus principalement nomades. Les plus importantes restent celles des Tekkes au centre, des Ersarys à la frontière afghane orientale et des Yomouds à l'Ouest. Paradoxalement, les relations avec les importantes minorités russe et ouzbèke provoquent moins de tensions que les rapports intertribaux. Depuis l'indépendance, le nationalisme a donc été moins virulent que dans les autres républiques de l'ex-URSS. Depuis 1989, le Turkménistan réhabilite sa langue et sa culture traditionnelles et redécouvre son histoire. L'Islam a retrouvé son importance bien que peu de Turkmènes effectuent le pèlerinage à la Mecque *(hadj)* et que le culte des ancêtres soit toujours très respecté.

POLITIQUE

 Ch. haute 2003/2008 Ch. basse 1998/2003

 Saparmurad Niyazov, président de la République

AUX DERNIÈRES ÉLECTIONS

Parlement 50 membres

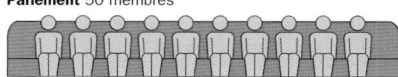

Au élections de 1999, tous les sièges ont été attribués au parti démocratique du Turkménistan (**DPT**) au pouvoir, seul parti existant.

Conseil populaire 110 membres

50 membres sont directement élus, 10 représentants régionaux sont nommés auxquels s'ajoutent un nombre variable d'autres membres.

Officiellement, le Turkménistan s'est déclaré démocratie pluraliste en 1990. En pratique, comme dans les autres États indépendants de l'ex-URSS, l'ancienne nomenklatura communiste contrôle toujours la vie politique. Les communistes se sont rebaptisés Parti démocrate du Turkménistan en 1991. Le DPT reste méfiant à l'égard de l'islamisme iranien. Le président Nyazov, qui s'est forgé un fort culte de la personnalité, soigne son image en fournissant l'eau et l'électricité gratuitement. Il a aussi institué un jour férié pour commémorer son anniversaire et inauguré en 1998 une statue de 12 mètres de haut dorée à l'or fin à son effigie dans le centre d'Achgabat. Le premier souci politique du gouvernement est d'éviter les conflits sociaux et nationalistes qui ont déchiré les autres États de la CEI. Le russe reste la langue de l'administration.

POLITIQUE EXTÉRIEURE

 CEI   OCE   CPEA   OCI  OSCE

Les relations avec l'Iran et la Turquie sont essentielles : le pays a besoin de leurs investissements, mais s'inquiète du fondamentalisme religieux. Le président s'oppose à l'union économique avec la CEI et à l'union politique avec les États turcophones. En 2003, les relations avec la Russie se sont dégradées (fin de la double citoyenneté pour les Turkmènes d'origine russe).

AIDE INTERNATIONALE

 21 M $ (reçus)   Plus 24 % en 1999

L'aide internationale centrée sur les industries du pétrole et du gaz provient de Turquie, d'Iran, de Suisse et d'Allemagne.

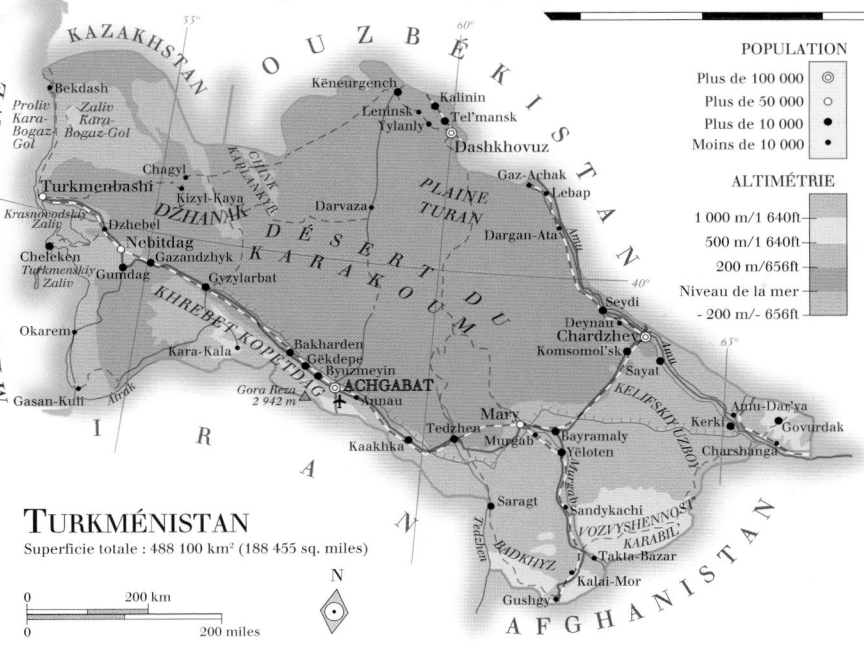

POPULATION
- Plus de 100 000
- Plus de 50 000
- Plus de 10 000
- Moins de 10 000

ALTIMÉTRIE
- 1 000 m/1 640ft
- 500 m/1 640ft
- 200 m/656ft
- Niveau de la mer
- - 200 m/- 656ft

TURKMÉNISTAN

Superficie totale : 488 100 km² (188 455 sq. miles)

CHRONOLOGIE

Les peuples nomades du Turkestan occidental passèrent sous contrôle de la Russie impériale vers 1850.

- ❑ **1924** Turkestan divisé par l'URSS en 5 républiques dont le Turkménistan.
- ❑ **1991** Accession à l'indépendance.
- ❑ **1994** Les anciens communistes gagnent les élections.
- ❑ **1999** Le mandat de Niyazov est reconduit sans limite par le parlement.

ÉDUCATION

 98 %    76 000 étudiants

Langue et littérature turkmènes, interdites jusqu'en 1987, sont maintenant au programme. Le niveau des écoles russes reste meilleur.

SANTÉ

 1 pour 5 000 personnes    Maladies cardiaques, cérébrovasculaires et respiratoires

La pollution de l'eau cause un grave danger sanitaire, 35 % de la population seulement bénéficie d'eau courante potable.

DÉFENSE

  112 M $  Plus 30 % en 1999

Le pays dépend de la Russie pour son armée sous commandement commun.

ÉCONOMIE

 5,14 Md $ 5 200 manats

CHIFFRES SIGNIFICATIFS

❑ CLASSEMENT DU PNB AU NIVEAU MONDIAL	..113ᵉ
❑ PNB PAR HABITANT	950 $
❑ BALANCE DES PAIEMENTS	– 74 M $
❑ INFLATION	10 %
❑ CHÔMAGE	2 %

ATOUTS
Coton et gaz. La suppression de fermes collectives favorise le secteur privé.

FAIBLESSES
La monoculture du coton contraint à importer presque toutes les denrées alimentaires. La plupart des échanges se font avec la Russie et le reste de la CEI.

EXPORTATIONS

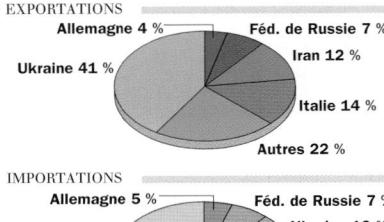

Allemagne 4 %
Féd. de Russie 7 %
Iran 12 %
Ukraine 41 %
Italie 14 %
Autres 22 %

IMPORTATIONS

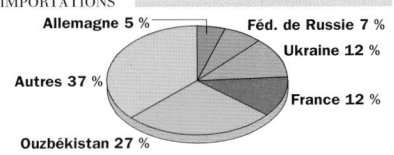

Allemagne 5 %
Féd. de Russie 7 %
Ukraine 12 %
Autres 37 %
France 12 %
Ouzbékistan 27 %

RESSOURCES

 8 828 tonnes   150 000 b/j (réserves : 500 Mdb)

5,6 M d'ovins
850 000 bovins
4,4 M de poulets   Pétrole, gaz naturel, potassium, soufre, sulfate de sodium

Durant le régime soviétique, l'agriculture turkmène était tournée vers le coton qui était une culture stratégique pour Moscou.

ENVIRONNEMENT

 4 %   6,7 tonnes par habitant

La construction du canal du Karakoum lancée en 1958 a asséché près de 35 % de la mer d'Aral. Le projet d'un grand lac artificiel dans le désert de Karakoum a été annoncé en 2000.

MÉDIAS

 Taux de circulation des quotidiens : données non disponibles

PRESSE ET TÉLÉCOMMUNICATIONS

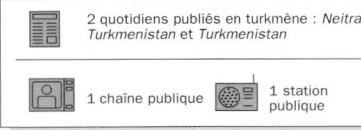

2 quotidiens publiés en turkmène : *Neitralnyi Turkmenistan* et *Turkmenistan*

1 chaîne publique   1 station publique

Les stations de radio iraniennes et afghanes sont très écoutées. On ne reçoit la télévision que dans les villes.

CRIMINALITÉ

 Pas de chiffre sur la population carcérale   Recrudescence des vols

Le taux de criminalité est relativement bas. La peine de mort a été abolie en décembre 1999.

RICHESSES

CONSOMMATION ET DÉPENSES

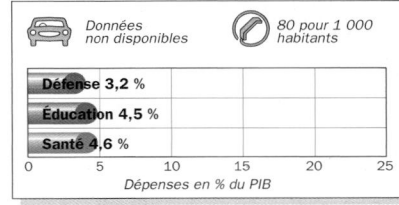

Données non disponibles   80 pour 1 000 habitants

	0	5	10	15	20	25
Défense 3,2 %						
Éducation 4,5 %						
Santé 4,6 %						

Dépenses en % du PIB

Les plus pauvres sont les chômeurs et les personnes âgées. Les bureaucrates de l'ancien régime communiste sont toujours les plus riches.

CLASSEMENT MONDIAL

T

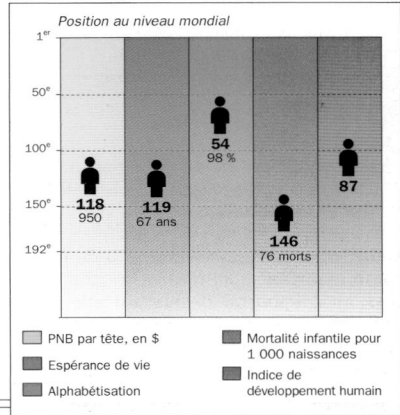

Position au niveau mondial

1ᵉʳ
50ᵉ
100ᵉ
150ᵉ
192ᵉ

54 / 98 %
118 / 950
119 / 67 ans
146 / 76 morts
87

- PNB par tête, en $
- Espérance de vie
- Alphabétisation
- Mortalité infantile pour 1 000 naissances
- Indice de développement humain

TURQUIE

NOM OFFICIEL : République turque   **CAPITALE** : Ankara
POPULATION : 66,6 millions   **MONNAIE** : livre turque   **LANGUE OFFICIELLE** : turc

L A TURQUIE, qui occupe principalement la péninsule d'Asie Mineure, englobe également la région de la Thrace occidentale en Europe. Cette position lui donne le contrôle de l'accès à la mer Noire, avec Istanbul, la plus grande ville du pays, de part et d'autre de l'entrée du détroit du Bosphore. La majeure partie de la population vit dans la moitié occidentale du pays. Le sud et l'est du plateau d'Anatolie sont peuplés de Kurdes. La situation stratégique de la Turquie lui offre une grande influence en Méditerranée, dans la mer Noire et au Moyen-Orient. Située sur une faille sismique, la Turquie subit de fréquents séismes.

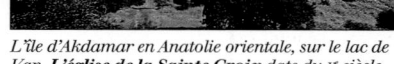

*L'île d'Akdamar en Anatolie orientale, sur le lac de Van. **L'église de la Sainte Croix** date du Xe siècle, lorsque le Christianisme était la religion dominante.*

CLIMAT

DONNÉES MÉTÉOROLOGIQUES

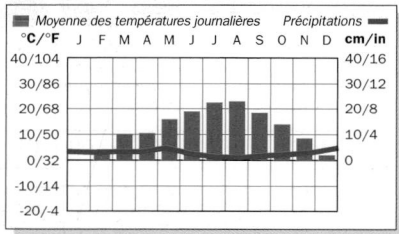

Le littoral jouit d'un climat méditerranéen. L'intérieur du pays connaît des hivers froids et neigeux, et des étés chauds et secs.

TRANSPORTS

 Atatürk International, Istanbul 13,2 M de passagers

 1 135 navires 6,3 M tpl

RÉSEAU DE TRANSPORT

 95 599 km (59 402 miles)

1 726 km (1 072 miles)

 8 682 km (5 395 miles)

1 200 km (746 miles)

Des projets de création d'un tunnel ferroviaire sous le Bogazi et d'une liaison à très grande vitesse entre Istanbul et Ankara sont à l'étude. Le transport par bateau représente une forte proportion du trafic de marchandises.

TOURISME

 9,6 M de visiteurs

 Plus 39 % en 2000

La Turquie possède un riche patrimoine historique avec, par exemple, les sites d'Éphèse et de Troie, et des vestiges byzantins et ottomans. Les visiteurs sont aussi attirés par les plages de sable fin. Le tourisme a subi un recul en 1994 suite aux attaques de touristes par des militants kurdes. Après une reprise, le nombre des visiteurs a de nouveau baissé en 1999 après le tremblement de terre d'Izmit.

POPULATION

Turc, kurde, arabe, circassien, arménien, grec, géorgien, ladino

 87 hab./km^2

PART DE LA POPULATION URBAINE/RURALE

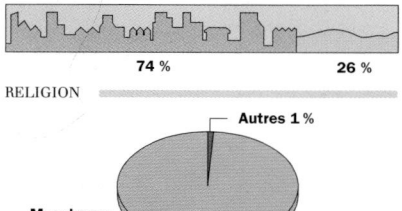

74 %   26 %

RELIGION

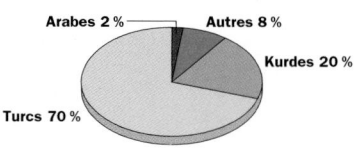

Autres 1 %

Musulmans 99 %

COMPOSITION ETHNIQUE

Arabes 2 %   Autres 8 %

Kurdes 20 %

Turcs 70 %

Les Turcs ont des origines ethniques très diverses. Beaucoup sont des réfugiés ou des descendants de réfugiés des Balkans ou d'autres territoires placés autrefois sous autorité russe. Malgré cela, le sentiment d'identité nationale est fort, enraciné dans une même langue et une même religion : les Turcs sont en majorité musulmans sunnites avec cependant une communauté chiite qui croît rapidement en Anatolie centrale. Avec 2,5 millions de

PYRAMIDE DES ÂGES

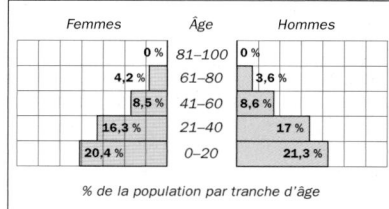

Femmes	Âge	Hommes
0 %	81–100	0 %
4,2 %	61–80	3,6 %
8,5 %	41–60	8,6 %
16,3 %	21–40	17 %
20,4 %	0–20	21,3 %

% de la population par tranche d'âge

personnes, les Kurdes sont la première minorité. Bien que les femmes bénéficient d'un statut d'égalité de droits, les hommes dominent la vie politique et familiale. Tansu Ciller a été la première femme Premier ministre de Turquie en 1993-1996.

PROVENANCE DES TOURISTES ÉTRANGERS

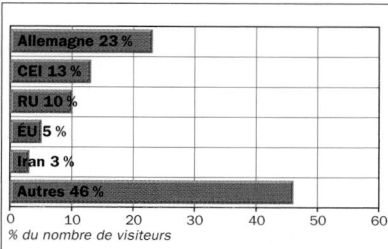

Allemagne 23 %
CEI 13 %
RU 10 %
EU 5 %
Iran 3 %
Autres 46 %

% du nombre de visiteurs

EUROPE

Europe

BULGARIE

GRÈCE

Edirne   Kırklareli

Tekirdağ   Kâğıthane   Bosphore   Istanbul

Mer de Marmara   Yalova   Izmit

Dardanelles   Çanakkale   Bandırma   Bursa   Bilecik

Balıkesir   Eskişehir

Manisa   Akhisar   Kütahya

Izmir   Turgutlu   Uşak   Afyon

Aydın   Nazilli

Söke   Büyükmenderes

Milas   Denizli   Burdur   Isparta

Bodrum   Muğla

Marmaris   Fethiye   Antalya

Finike

Kaş

MER ÉGÉE

MER MÉDITE

POLITIQUE

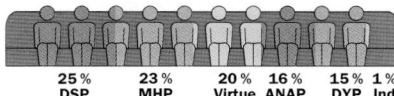

1999/2004

Ahmet Necdet Sezer, président de la République

AUX DERNIÈRES ÉLECTIONS
Grande Assemblée nationale turque 550 membres

25 % DSP	23 % MHP	20 % Virtue	16 % ANAP	15 % DYP	1 % Ind

DSP = Parti de la gauche démocratique **MHP** = Parti d'action nationaliste **Virtue** = Parti de la vertu **ANAP** = Parti de la mère patrie **DYP** = Parti du chemin de la vérité **Ind** = Indépendants

Selon la Constitution de 1982, la Turquie est une république pluraliste avec une Assemblée nationale élue tous les 5 ans. La durée du mandat présidentiel est de 7 ans, le président nomme le Premier ministre.

PRINCIPAUX PROBLÈMES POLITIQUES
Le fondamentalisme islamique
L'identité de la Turquie moderne en tant qu'État séculaire a été profondément remise en cause par le programme islamiste du parti de la prospérité (RP), la principale formation parlementaire sortie des urnes en 1995. La coalition laïque destinée à écarter le RP du pouvoir n'a pas survécu à celle du RP de Necmettin Erkaban avec le parti du chemin de la vérité au milieu de l'année 1996. Évincé en 1997, le RP a été interdit en 1998. De nombreux membres du RP ont alors rallié le parti de la vertu qui fut à son tour interdit en 2001.

Le séparatisme kurde
La partie sud-est du pays est le théâtre d'une grave guerre civile depuis 1984.

Le conflit qui oppose les indépendantistes kurdes, soutenus par le parti des travailleurs du Kurdistan (PKK), à l'armée turque a causé des milliers de morts. Le PKK a accepté un cessez-le-feu en 1993 et a renoncé à sa volonté d'indépendance, ne demandant plus que la reconnaissance des droits des Kurdes à l'intérieur de la société turque. En 1999, le leader kurde Abdullah Ocalan a été capturé à l'étranger, jugé et condamné à mort sans toutefois être exécuté. De sa prison, il a exhorté ses partisans à renoncer à la lutte armée. En août 2002, le gouvernement a enfin accordé aux Kurdes le droit d'enseigner leur langue.

Les droits de l'homme
Le non-respect des droits de l'homme fait l'objet de critiques sévères de la part de la communauté internationale. On s'inquiète des disparitions et des exécutions illégales ainsi que du traitement infligé à la minorité kurde. Les réformes effectuées en 1995 ont levé certaines restrictions des libertés publiques inscrites dans la Constitution de 1982. Une campagne de grève de la faim contre les conditions d'internement dans les quartiers de haute sécurité a suscité une vague de sensibilisation au début de 2001.

PROFIL
La vie politique turque est plus divisée par l'affrontement entre personnalités qu'entre idéologies. Le Conseil de Sécurité Nationale, dominé par l'armée, a également une grande influence politique. Bulent Ecevit est devenu premier ministre en 1999 après la belle performance du DSP aux élections. Ecevit a formé une nouvelle coalition avec le parti d'extrême droite MHP et avec l'ANAP (soutenu par les habitants d'Istanbul).

Bulent Ecevit, *Premier ministre depuis 1999, a ordonné l'invasion de Chypre en 1974.*

Le président Ahmet Necdet Sezer s'est souvent opposé à Ecevit.

POLITIQUE EXTÉRIEURE

CE	OTAN	OCDE	OCI	OSCE

Première ligne de défense de l'OTAN à l'ouest contre l'URSS, la Turquie a perdu sa valeur stratégique avec la fin de la guerre froide. Elle entretient à présent d'étroites relations avec ses anciens voisins communistes, en particulier la Bulgarie et la Géorgie, ainsi qu'avec les États turcophones d'Asie centrale. Elle a rejoint le Projet de Coopération Economique de la Mer Noire et a essayé de servir de médiateur dans le conflit opposant l'Arménie et l'Azerbaïdjan. En 2000, la Turquie a accepté d'envoyer des armes à l'Ouzbékistan pour contenir la rébellion islamiste. Les négociations en vue de l'adhésion à l'UE se sont ouvertes en 1999 et ont bénéficié de la récente éclaircie dans ses relations avec la Grèce, bien que la partition de Chypre reste un obstacle. En 2002, le pays a aboli la peine de mort et accordé des droits culturels aux Kurdes afin d'être accepté au sein de l'UE.

AIDE INTERNATIONALE

 14 M $

 Le remboursement des emprunts a excédé l'aide perçue en 1999.

La Turquie était un bénéficiaire net de l'aide internationale (en particulier de la part des Alliés de la guerre du Golfe) jusqu'en 1997. La grave crise économique de 2000-2001 a rendu urgent le versement à la Turquie d'une aide du FMI de 10 millions $. La Grèce, son adversaire traditionnel, lui a offert une aide humanitaire après le tremblement de terre d'Izmit en 1999.

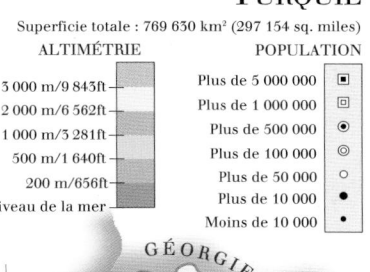

TURQUIE

Superficie totale : 769 630 km² (297 154 sq. miles)

ALTIMÉTRIE	POPULATION
3 000 m/9 843ft	Plus de 5 000 000
2 000 m/6 562ft	Plus de 1 000 000
1 000 m/3 281ft	Plus de 500 000
500 m/1 640ft	Plus de 100 000
200 m/656ft	Plus de 50 000
Niveau de la mer	Plus de 10 000
	Moins de 10 000

T

CHRONOLOGIE

À la suite de l'effondrement de l'empire ottoman et de la défaite de la Turquie à la fin de la Première Guerre mondiale, le nationaliste Mustapha Kemal Atatürk déposa le sultan régnant en 1922, créant une république turque l'année suivante.

- ❏ **1928** L'islam n'est plus la religion d'État.
- ❏ **1934** Droit de vote accordé aux femmes.
- ❏ **1938** Mort du président Atatürk. Ismet Inonu lui succède.
- ❏ **1945** La Turquie déclare la guerre à l'Allemagne et entre à l'ONU.
- ❏ **1952** La Turquie est admise au Conseil de l'Europe et entre dans l'OTAN.
- ❏ **1960** Un putsch militaire renverse le Parti démocrate au pouvoir.
- ❏ **1961** Nouvelle Constitution. La démocratisation est relancée.
- ❏ **1963** Signature d'un accord d'association avec la CEE.
- ❏ **1974** Les Turcs envahissent Chypre et occupent la partie nord de l'île.
- ❏ **1980** Coup d'Etat militaire, loi martiale.
- ❏ **1982** Nouvelle Constitution.
- ❏ **1983** Élections législatives remportées par le parti de M. Turgut Özal, parti de la Mère Patrie.
- ❏ **1984** Le PKK, parti des séparatistes kurdes, lance la guérilla dans les provinces du Sud-Est.
- ❏ **1990** La coalition conduite par les ÉU lance des raids aériens contre l'Irak à partir des bases turques.
- ❏ **1991** Élections remportées par le DYP, conduit par Süleyman Demirel.
- ❏ **1993** Demirel élu à la présidence. Mᵐᵉ Çiller prend la tête du DYP et devient Premier ministre.
- ❏ **1995** Offensive générale anti-kurde. L'âge électoral est abaissé à 18 ans. La coalition de centre-droit du DYP-ANAP forme un gouvernement. Accord économique avec l'UE.
- ❏ **1996–1997** Le chef de l'opposition du RP, Necmettin Erbakan, conduit le premier gouvernement islamique depuis la création de l'État laïque.
- ❏ **1997** Mesut Yilmaz conduit à nouveau un gouvernement de minorité autour de l'ANAP.
- ❏ **1998** Yilmaz démissionne suite à des accusations de corruption ; il est remplacé par Bulent Ecevit du DSP.
- ❏ **1999** Le DSP remporte davantage de sièges aux élections ; Ecevit dirige une coalition de droite. Le tremblement de terre d'Izmit fait 14 000 morts.
- ❏ **2000** L'Assemblée nationale refuse d'entériner la réélection de Demirel. Il est remplacé par Ahmet Necdet Sezer.
- ❏ **2001** Grave crise financière.

DÉFENSE

 10,2 Md $ Plus 5 % en 1999

FORCES ARMÉES TURQUES

🛡	4 205 chars de combat (2876 M–48, 932 M–60, 397 Leopard)	495 000 hommes
⚓	14 sous-marins, 22 frégates et 49 patrouilleurs	54 600 hommes
✈	505 avions de combat (240 F–16C/D, 87 F–5, 178 F–4E)	60 100 hommes
🚀	Aucun	

Les forces armées turques sont les deuxièmes en importance de l'Alliance atlantique que la Turquie a intégrée en 1952. La Turquie consacre à ses dépenses militaires un pourcentage du PNB plus élevé que n'importe quel autre pays de l'OTAN à l'exception de la Grèce. La majorité de ses effectifs sont des conscrits qui doivent faire un service militaire d'une durée de 18 mois à l'âge de 20 ans. L'Allemagne a menacé, également membre de l'OTAN, la Turquie de boycotter ses livraisons d'armes pour protester contre leur utilisation dans le conflit visant à éliminer la minorité kurde. Les offensives contre les séparatistes kurdes dans le nord de l'Irak et les provinces turques du Sud-Est ont mobilisé plus de 50 000 hommes et entraîné des incursions répétées en territoire irakien.

ÉCONOMIE

 1,86 Md $ 542,4-670,3 livres turques

CHIFFRES SIGNIFICATIFS

- ❏ CLASSEMENT DU PNB AU NIVEAU MONDIAL 23ᵉ
- ❏ PNB PAR HABITANT ....2 900 $
- ❏ BALANCE DES PAIEMENTS… ....1,87 M $
- ❏ INFLATION..................................64,9 %
- ❏ CHÔMAGE...7 %

EXPORTATIONS

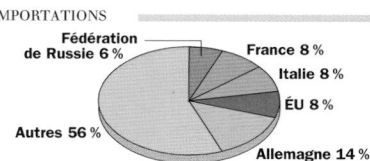

Italie 6 % — France 6 % — RU 7 % — ÉU 9 % — Allemagne 21 % — Autres 51 %

IMPORTATIONS

Fédération de Russie 6 % — France 8 % — Italie 8 % — ÉU 8 % — Allemagne 14 % — Autres 56 %

ATOUTS
La libéralisation de l'économie a débouché sur la plus forte croissance des pays de l'OCDE au début des années 1990. Autosuffisance agricole. Secteurs du textile, des produits manufacturés et de la construction compétitifs sur le marché mondial. Industrie touristique. Le secteur privé de l'économie est dynamique. Main-d'œuvre qualifiée. Union douanière avec l'UE depuis 1995 et perspective d'adhérer à l'UE dans un futur proche.

FAIBLESSES
Forte inflation persistante. Mauvaise situation des finances publiques. Lourde bureaucratie gouvernementale. Programme de privatisation inégal. Mauvaise situation du secteur bancaire. Influence de la criminalité organisée. Coût élevé des actions militaires contre les Kurdes.

INDICATEUR DES PERFORMANCES ÉCONOMIQUES

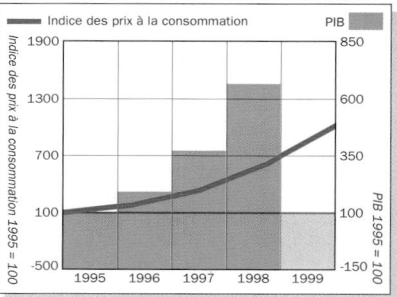

PROFIL
La Turquie a l'une des plus anciennes et des plus performantes économies de marché émergentes. En 1997-1998, le gouvernement a édicté des lois fiscales pour améliorer la levée des impôts et s'orienter vers des réformes structurelles. Mais cela a été compromis par une crise financière en 2000-2001 qui a nécessité l'aide du FMI en contrepartie de réformes du secteur bancaire et de privatisations des entreprises publiques endettées.

TURQUIE : ACTIVITÉS PRINCIPALES

RESSOURCES

 500 260 tonnes

30,2 M d'ovins
11,2 M de bovins
8,4 M de caprins
237 M de poulets

 69 152 b/j (reserves : 252 466 800 b)

Chrome, pétrole, cuivre, borax, charbon, gaz, bauxite, fer

PRODUCTION ÉLECTRIQUE

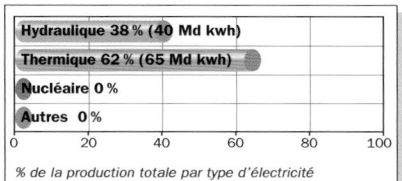

% de la production totale par type d'électricité

Au milieu des années 1980, la Turquie a lancé le Projet pour le Sud-Est de l'Anatolie, des barrages immenses sur l'Euphrate et le Tigre. En 1999, une polémique est apparue au sujet du barrage d'Ilisu sur le Tigre qui va engloutir 15 villes et 52 villages, et en 2001 à propos du barrage sur l'Euphrate qui menace les vestiges de la ville romaine de Zengma. L'extraction pétrolière se situe dans les régions de Garcan et de Raman, avec un petit raffinage local. Les régions de l'Est sont riches en minerais, tel le chrome dont la Turquie est le premier producteur mondial.

TURQUIE : UTILISATION DU SOL

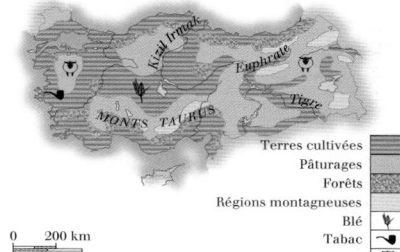

Terres cultivées
Pâturages
Forêts
Régions montagneuses
Blé
Tabac
Moutons

ENVIRONNEMENT

 1 %

 3,5 tonnes par habitant

TRAITÉS ÉCOLOGIQUES

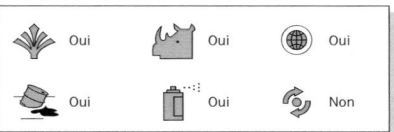

Oui   Oui   Oui

Oui   Oui   Non

Le programme de barrages sur l'Euphrate et le Tigre a fait l'objet d'une condamnation internationale, en particulier de la part de la Syrie et de l'Irak dont les rivières verront décroître leur débit. Des inquiétudes ont également été exprimées à l'égard d'un projet de construction de centrale nucléaire. Une partie du littoral occidental s'est dégradée faute de réglementation du développement des complexes touristiques.

MÉDIAS

 110 quotidiens pour 1 000 habitants

PRESSE ET TÉLÉCOMMUNICATIONS

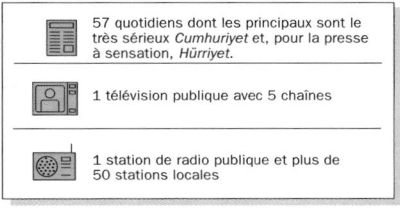

57 quotidiens dont les principaux sont le très sérieux *Cumhuriyet* et, pour la presse à sensation, *Hürriyet*.

1 télévision publique avec 5 chaînes

1 station de radio publique et plus de 50 stations locales

La presse turque est diversifiée, puissante et dans une grande mesure privée. En 1995, l'Assemblée nationale a amendé les lois sur la censure, datant du putsch de 1980. Un nombre particulièrement élevé de journalistes sont toutefois en prison. La liberté de la presse est donc limitée. Bien que l'Islam soit la religion majoritaire, les médias ne sont pas soumis à la censure morale qui existe dans les autres États du Golfe. Presque tous les journaux d'Istanbul sont imprimés à Ankara et à Izmir le jour même. Les programmes par satellite ou par câble sont accessibles ainsi que les chaînes nationales de la radio et de la télévision publique turque.

CRIMINALITÉ

 44 342 détenus

Moins 15 % en 1996-1998

TAUX DE CRIMINALITÉ.

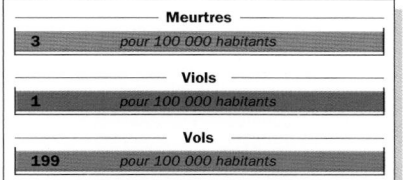

Meurtres
3   pour 100 000 habitants

Viols
1   pour 100 000 habitants

Vols
199   pour 100 000 habitants

La criminalité est en hausse depuis 1992, notamment les crimes et délits liés à la drogue. La torture systématique des prisonniers par la police reste un problème. En 1994-1995 les actions terroristes des militants kurdes se sont accrues. En 2002, la peine de mort a été abolie.

ÉDUCATION

 85 %

 1,43 M d'étudiants

LE SYSTÈME ÉDUCATIF

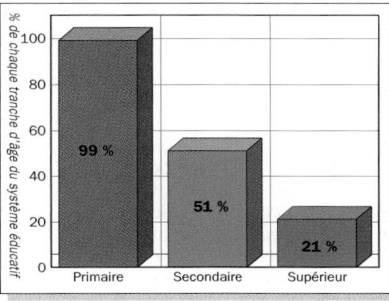

% de chaque tranche d'âge du système éducatif

Primaire 99 %
Secondaire 51 %
Supérieur 21 %

À la formation de la République turque, tous les établissements scolaires furent nationalisés. En 1928, l'alphabet latin fut adopté. En 1997, la scolarité obligatoire fut augmentée de 5 à 8 années, faisant passer l'âge d'entrée dans les écoles islamiques de 11 à 14 ans, de manière à réduire la fréquentation de ce type d'écoles. Les écoles publiques sont mixtes et gratuites. Les filières d'ingénierie occupent une place de choix dans les nombreuses universités turques.

SANTÉ

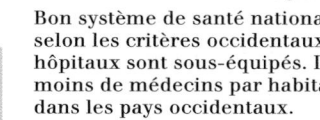

1 pour 833 habitants

Maladies cardiaques, cérébrovasculaires et digestives

Bon système de santé national, mais selon les critères occidentaux, les hôpitaux sont sous-équipés. Il y a moins de médecins par habitant que dans les pays occidentaux.

RICHESSES

CONSOMMATION ET DÉPENSES

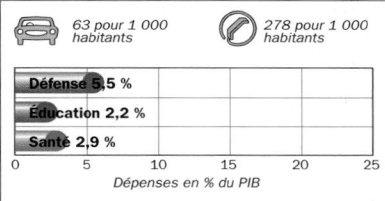

63 pour 1 000 habitants

278 pour 1 000 habitants

Défense 5,5 %
Éducation 2,2 %
Santé 2,9 %

Dépenses en % du PIB

La croissance économique des années 1980 a généré une nouvelle classe d'entrepreneurs riches. Les différences entre ville et campagne restent prononcées. Dans les années 1990, la forte inflation a érodé le pouvoir d'achat et l'inégalité des revenus a augmenté. Beaucoup de Turcs ont choisi d'émigrer pour trouver un emploi en Allemagne ou aux Pays-Bas.

CLASSEMENT MONDIAL

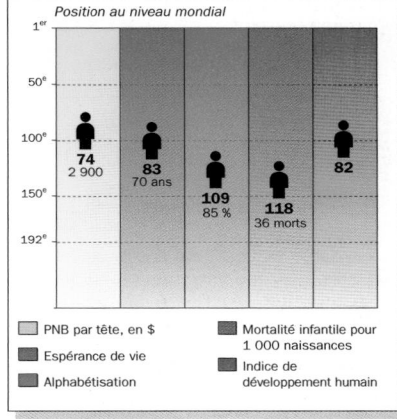

Position au niveau mondial

74   2 900
83   70 ans
109   85 %
118   36 morts
82

PNB par tête, en $
Espérance de vie
Alphabétisation
Mortalité infantile pour 1 000 naissances
Indice de développement humain

T

TUVALU

NOM OFFICIEL : Tuvalu **CAPITALE** : Fongafale sur l'atoll de Funafuti
POPULATION : 11 146 **MONNAIES** : dollar australien, dollar tuvaluan **LANGUE OFFICIELLE** : anglais

     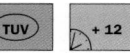

TUVALU, l'un des États les plus petits et les plus isolés du monde, se trouve à 1 050 km au nord des Fidji, au centre de l'océan Pacifique. L'archipel est constitué par un alignement de 9 atolls coralliens et sa superficie totale est de 26 km². Jusqu'à son indépendance en 1978, Tuvalu, anciennement îles Ellice, était une colonie britannique reliée aux îles Gilbert. L'économie est tournée vers l'agriculture et la pêche.

CLIMAT

DONNÉES MÉTÉOROLOGIQUES

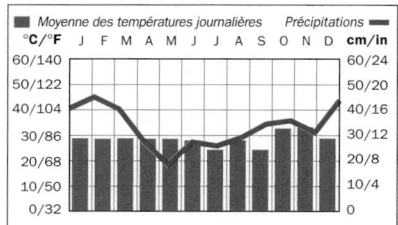

Malgré une humidité supérieure à 90 %, le climat est agréablement chaud avec une moyenne de températures annuelles de 29 °C. D'octobre à mars, la saison des ouragans fait subir aux îles des tempêtes.

TRANSPORTS

 Une piste d'aviation sur l'atoll de Funafuti 1 navire 57 000 tpl

RÉSEAU DE TRANSPORT

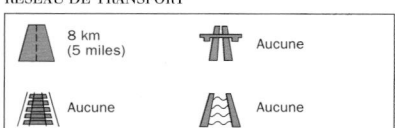

8 km (5 miles) — Aucune — Aucune — Aucune

Un service de ferry existe entre les atolls. Liaisons aériennes avec les îles Kiribati et Fidji. Quais en eau profonde.

TOURISME

 1 000 visiteurs Peu de variations en 2000

PROVENANCE DES TOURISTES ÉTRANGERS

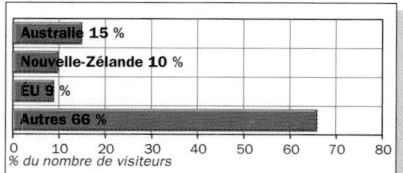

Australie 15 %
Nouvelle-Zélande 10 %
ÉU 9 %
Autres 66 %

0 10 20 30 40 50 60 70 80
% du nombre de visiteurs

Ces atolls coralliens encore vierges et baignés par les eaux les plus chaudes du globe attirent peu de touristes. On y trouve une piste d'aviation récente et l'unique hôtel de Tuvalu, sur l'île de Funafuti, construit avec des investissements taiwanais.

POPULATION

 Tuvaluan, Kiribati, anglais 417 hab./km²

PART DE LA POPULATION URBAINE/RURALE

40 % 60 %

RELIGION

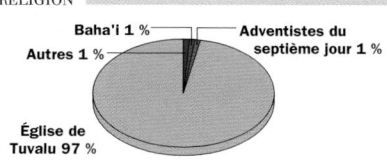

Baha'i 1 %
Autres 1 %
Adventistes du septième jour 1 %
Église de Tuvalu 97 %

Environ 95 % des Tuvaluans sont originaires de Polynésie, avec une émigration des Tonga et des Samoa qui remonte à 2 000 ans. L'atoll de Nui a subi des influences micronésiennes et on trouve une communauté kiribatienne sur Funafuti. Les 9 îles sont habitées, cependant plus de 40 % de la population vit actuellement sur Funafuti. À Tuvalu on mène encore une vie rude, traditionnelle et communautaire. Les sécheresses sont fréquentes et l'eau douce précieuse. Environ 80 % de la population dépend d'une agriculture de subsistance qui se pratique en creusant le massif corallien pour faire pousser des cultures peu diversifiées. La pêche joue aussi un rôle important et les Tuvaluans ont une excellente réputation de navigateurs. Environ 1 000 Tuvaluans travaillent à l'étranger, surtout dans les mines de phosphates de Nauru et comme marins.

À **Tuvalu**, le sol est poreux, mais suffisamment fertile pour permettre la croissance des cocotiers, des pandanus et des plantes tolérant le sel.

POLITIQUE

 1998/2002 Sa Majesté la reine Elisabeth II

AUX DERNIÈRES ÉLECTIONS
Parlement de Tuvalu 13 membres

Il n'y a pas de partis politiques. Tous les membres du Parlement sont des candidats Indépendants.

Les 13 parlementaires sont élus pour 4 ans, se présentent de façon indépendante et appartiennent à des associations politiques informelles. Le Premier ministre, membre du parlement élu par ses pairs, travaille avec un conseil des Ministres composé d'autres parlementaires. La scène politique a été dominée jusqu'en 1998 par deux personnalités : Tomasi Puapua (actuel gouverneur général) et Bikenibeu Paeniu. Faimalaga Luka est devenu Premier ministre en 2001 après la mort de Ionatana Ionatana en décembre 2000. La gestion ordinaire des affaires locales est prise en charge par des conseils élus sur chacune des îles.

POLITIQUE EXTÉRIEURE

 ACP Comm CP FIP ONU

L'admission de Tuvalu aux Nations Unies a été approuvée par le Conseil de sécurité en 2000. Des accords existent avec Taiwan, la Corée et les ÉU dont les navires ont le droit d'exploiter ses eaux territoriales poissonneuses d'une superficie de 3,2 millions de km². Pour tenir compte de son implication dans les affaires internationales, le Commonwealth l'a admis en son sein en 2000.

AIDE INTERNATIONALE

 7 M $ (reçus) Plus 40 % en 1999

Avec des échanges commerciaux très largement déficitaires. Tuvalu est tributaire de l'aide internationale. En 1987, un prêt de 41 M $ (australiens) lui a été consenti par l'Australie, la Nouvelle-Zélande et le RU. Tandis que l'aide du RU a été réduite, celle de Taiwan et du Japon a augmenté. Tuvalu projette de privatiser son secteur public.

DÉFENSE

 Pas de forces armées Ne s'applique pas

Tuvalu n'a pas d'armée. La sécurité intérieure est assurée par une police peu nombreuse.

T

ÉCONOMIE

 3 M $

 1,5282–1,7997 dollars australiens

CHIFFRES SIGNIFICATIFS

▲□ CLASSEMENT DU PNB AU NIVEAU MONDIAL192ᵉ
❏ PNB PAR HABITANT.........................1 930 $
❏ BALANCE DES PAIEMENTS ..Données non disponibles
❏ INFLATION..5 %
❏ CHÔMAGE ....faible

ATOUTS

Économie de subsistance viable. La zone économique exclusive permet de générer des emplois et des revenus grâce aux droits de pêche. Revenus du fonds d'aide international. 175 millions de dollars américains par an proviennent en outre des royalties de l'utilisation du suffixe .tv sur l'Internet.

RESSOURCES

 400 tonnes

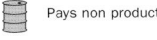 Pays non producteur

12 600 porcins
7 000 canards
27 000 poulets

 Aucun

La seule ressource réelle de Tuvalu est sa zone économique exclusive, une zone de pêche de 3,2 million de km². Les bancs de poissons sont exploités principalement par des bâtiments étrangers en échange de droits de pêche. Le Japon, cependant, a offert des chalutiers à Tuvalu. De plus, des possibilités d'extraction de minerais se dessinent depuis la découverte d'une montagne sous-marine. L'énergie solaire se développe de façon à réduire les besoins en pétrole pour la production d'électricité. Le combustible représente environ 14 % des coûts d'importation.

TUVALU

Superficie totale : 26 km² (10 sq. miles)

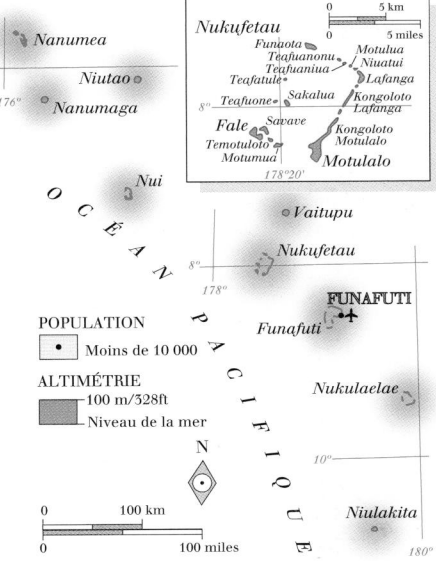

POPULATION
• Moins de 10 000

ALTIMÉTRIE
■ 100 m/328ft
Niveau de la mer

EXPORTATIONS

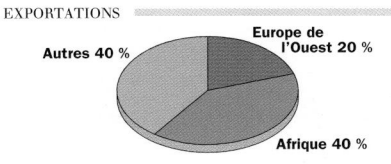

Autres 40 %
Europe de l'Ouest 20 %
Afrique 40 %

IMPORTATIONS

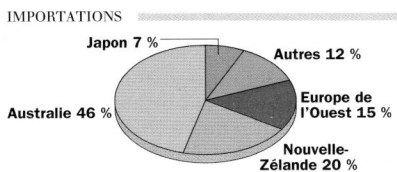

Japon 7 %
Autres 12 %
Europe de l'Ouest 15 %
Nouvelle-Zélande 20 %
Australie 46 %

FAIBLESSES

Micro-économie. Isolement géographique. Faibles exportations. Tributaire de l'aide

ENVIRONNEMENT

 Aucun

 Données non disponibles

Des projets de reboisement et d'utilisation de l'énergie solaire sont mis en place. Sur l'île de Funafuti, la forte densité de population conduit à l'épuisement des ressources halieutiques du lagon. Les modifications climatiques liées à l'effet de serre sont inquiétantes ; on attribue déjà à ce phénomène la forte recrudescence des cyclones. Une montée même légère du niveau de la mer submergerait les îles.

MÉDIAS

 Aucun quotidien

PRESSE ET TÉLÉCOMMUNICATIONS

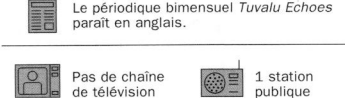

Le périodique bimensuel *Tuvalu Echoes* paraît en anglais.

Pas de chaîne de télévision

1 station publique

Trois magazines : deux périodiques et un mensuel religieux, *Te Lama*.

CRIMINALITÉ

 Pas de chiffre sur la population carcérale

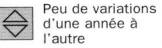 Peu de variations d'une année à l'autre

La criminalité est minime ; les violences liées à l'abus d'alcool, surtout en fin de semaine, forment l'essentiel des délits.

ÉDUCATION

 95 %

 Données non disponibles

Chaque île a une école primaire. Un collège et une école maritime se trouvent sur Funafuti. Des boursiers poursuivent leurs études à l'université du Pacifique Sud.

CHRONOLOGIE

Les anciennes îles Ellice, unies aux îles Gilbert, annexées par le RU en 1892.

❏ **1974** Les habitants des îles Ellice se prononcent pour l'indépendance.
❏ **1978** Les îles Ellice deviennent l'État indépendant de Tuvalu.
❏ **1987** Mise en place du fonds d'aide international de Tuvalu.
❏ **1996–1998** Bikenibeu Paepiu devient Premier ministre.
❏ **2000** Devient le 189ᵉ membre de l'ONU. Mort soudaine du premier ministre Ionatana en décembre.

SANTÉ

 1 pour 1 125 personnes

 Malaria, maladies diarrhéiques et parasitaires

Depuis l'indépendance, les efforts concertés pour améliorer les infrastructures et les programmes médicaux ont réduit la proportion des maladies contagieuses. L'espérance de vie moyenne est supérieure à celle des autres États des îles du Pacifique.

RICHESSES

CONSOMMATION ET DÉPENSES

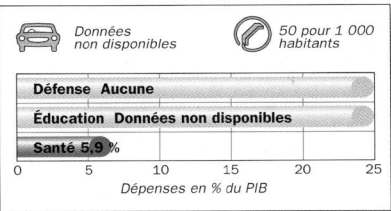

Données non disponibles

50 pour 1 000 habitants

Défense Aucune	
Éducation Données non disponibles	
Santé 5,9 %	

Dépenses en % du PIB

Faibles disparités dans la répartition des richesses. Un système traditionnel d'entraide sociale pallie l'extrême pauvreté. Transferts de fonds provenant des Tuvaluans résidant à l'étranger.

CLASSEMENT MONDIAL

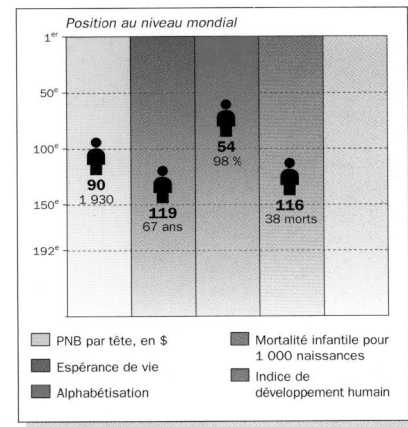

Position au niveau mondial

90
1 930

119
67 ans

54
98 %

116
38 morts

■ PNB par tête, en $
■ Espérance de vie
■ Alphabétisation
■ Mortalité infantile pour 1 000 naissances
■ Indice de développement humain

UKRAINE

NOM OFFICIEL : République d'Ukraine **CAPITALE :** Kiev
POPULATION : 48,7 millions **MONNAIE :** hryvna **LANGUE OFFICIELLE :** ukrainien

 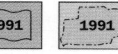 

BORDÉE au Sud par la mer Noire et par la mer d'Azov, l'Ukraine est entourée par 7 pays. En 1918, l'État ukrainien indépendant qui venait d'être fondé la même année fut envahi par les troupes soviétiques à l'Est et par les troupes polonaises à l'Ouest. Le pays ne redevint indépendant qu'en 1991. Historiquement, l'Ukraine est divisée entre la région occidentale nationaliste d'expression ukrainienne, qui ne fut annexée à l'URSS qu'à la faveur de la Seconde Guerre mondiale (dont une partie était polonaise avant la guerre), et la partie orientale où vit une forte minorité russe.

Vue de la cathédrale de l'Assomption à Kharkov. Les villes ukrainiennes sont pour la plupart desservies par d'excellents réseaux de tramways.

CLIMAT

DONNÉES MÉTÉOROLOGIQUES

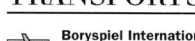  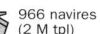

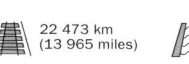

L'Ukraine jouit d'un climat continental, à l'exception de la côte méridionale de la Crimée au climat méditerranéen. Il y a quatre saisons distinctes.

TRANSPORTS

Boryspiel International, Kiev
1,33 M de passagers

966 navires (2 M tpl)

RÉSEAU DE TRANSPORT

170 139 km (105 719 miles)

1 770 km (1 100 miles)

22 473 km (13 965 miles)

4 400 km (2 734 miles)

Les transports dans les grandes villes sont assurés par des métros et des tramways. L'amélioration de la route principale reliant Kiev à Lvov est à l'étude. Le réseau ferroviaire a besoin d'être rénové.

TOURISME

4,2 M de visiteurs

Moins 32 % en 1999

PROVENANCE DES TOURISTES ÉTRANGERS

Fédération de Russie 34 %		
Moldavie 21 %		
Biélorussie 20 %		
Hongrie 7 %		
Pologne 4 %		
Autres 14 %		

% du nombre de visiteurs

Les lieux de villégiature de Crimée et du Sud, au climat chaud, et les montagnes des Carpates pourraient attirer des visiteurs si le gouvernement n'avait conservé un strict contrôle sur le tourisme.
Le prix élevé des hôtels de style soviétique, seuls habilités à les recevoir, a un effet dissuasif sur les touristes occidentaux.

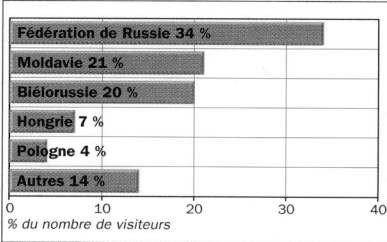

UKRAINE

Superficie totale :
603 700 km² (223 090 sq. miles)

POPULATION
- Plus de 1 000 000
- Plus de 500 000
- Plus de 100 000
- Plus de 50 000
- Plus de 10 000

ALTIMÉTRIE
- 2 000 m/6 562ft
- 1 000 m/3 281ft
- 500 m/1 640ft
- 200 m/656ft
- Niveau de la mer

N

0   100 km

0   100 miles

POPULATION

Ukrainien, russe, tatar — 84 hab./km²

PART DE LA POPULATION URBAINE/RURALE

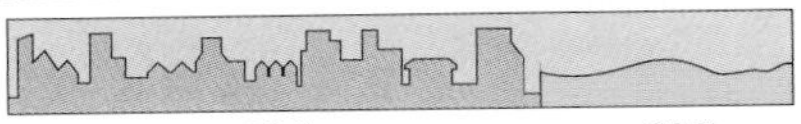
68 %
32 %

RELIGION

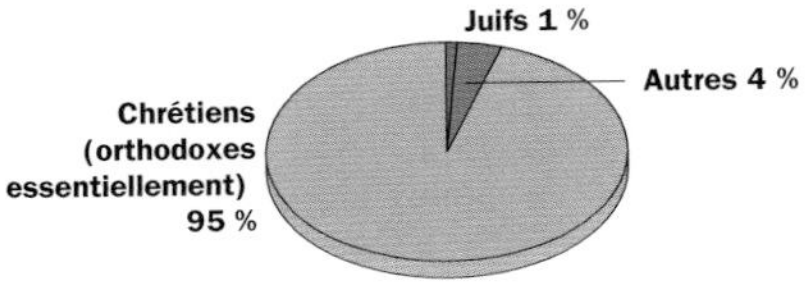
Juifs 1 %
Autres 4 %
Chrétiens (orthodoxes essentiellement) 95 %

COMPOSITION ETHNIQUE

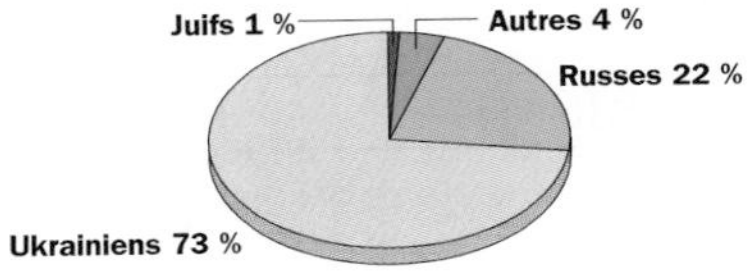
Juifs 1 %
Autres 4 %
Russes 22 %
Ukrainiens 73 %

Dans les villes et la campagne d'Ukraine occidentale, les Ukrainiens sont largement majoritaires. En revanche, la population russe est dominante dans plusieurs grandes villes de l'Est, héritage de l'industrialisation du XIXe siècle et d'une immigration plus récente datant de l'ère soviétique. Lors de l'indépendance, les Russes, dans leur ensemble, ont accepté la souveraineté ukrainienne, mais des tensions subsistent.
En Crimée, cependant, où les Russes composent les deux tiers de la population, le gouvernement central se méfie des tendances séparatistes. L'autre principale minorité de Crimée est constituée par la population tatare turcophone. Déportés en masse sous Staline dans l'Est de l'URSS en 1944, les Tatares sont retournés en Crimée depuis 1990 et représentent maintenant 12 % de la population. Il y a aussi une minorité parlant roumain dans la région d'Odessa.

PYRAMIDE DES ÂGES

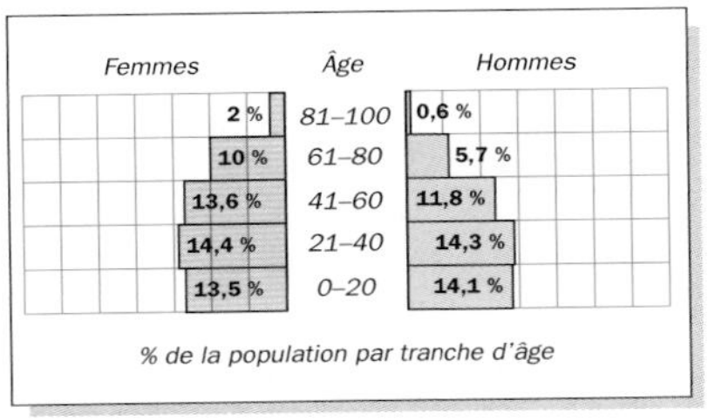
Femmes
Âge
Hommes
2 %
81–100
0,6 %
10 %
61–80
5,7 %
13,6 %
41–60
11,8 %
14,4 %
21–40
14,3 %
13,5 %
0–20
14,1 %
% de la population par tranche d'âge

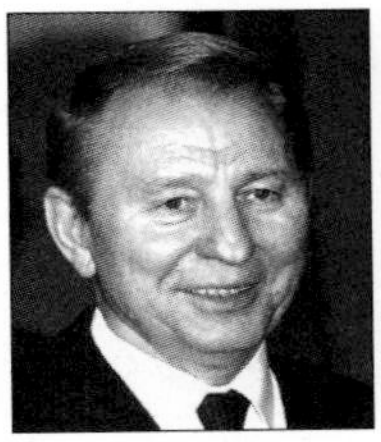

Leonid Kuchma a été élu au poste de président de la République en 1994.

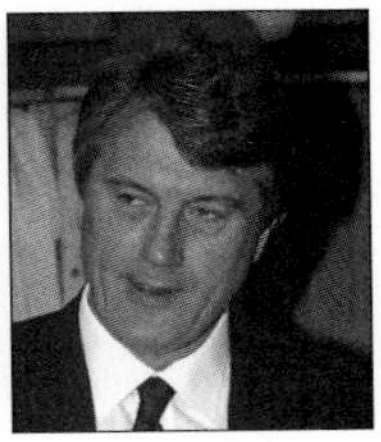

Viktor Yuschenko, Premier ministre en 1999-2001, à présent chef de l'opposition.

POLITIQUE

2002/2006 — Leonid Koutchma, président de la République

EN 1998
Assemblée Nationale 450 membres

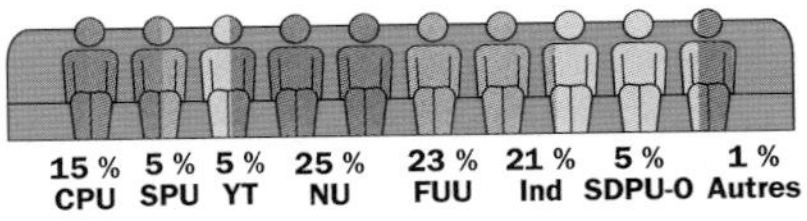
15 % CPU
5 % SPU
5 % YT
25 % NU
23 % FUU
21 % Ind
5 % SDPU-O
1 % Autres

CPU = Parti communiste ukrainien **Ind** = Indépendants **SPU** = Parti socialiste d'Ukraine **YT** = Bloc électoral Yulia Timoshenko **NU** = Notre Ukraine **FUU** = Union pour l'Ukraine **SDPU-O** = Parti unitaire social-démocrate d'Ukraine **Autres** = Écologistes et parti socialiste progressiste

L'Ukraine est une démocratie pluraliste depuis 1991. Les premières élections démocratiques ont eu lieu en 1994.

PRINCIPAUX PROBLÈMES POLITIQUES

La réforme économique et la corruption
Les régions d'Ukraine occidentale et centrale sont généralement plus favorables aux réformes économiques que la partie orientale du pays, qui reste attachée au système collectiviste. Il y a eu des efforts intermittents pour promouvoir la transition vers une économie de marché, en particulier au cours de l'année 2000 pendant la présidence de l'ex Premier ministre Youri Yushchenko.
Le radicalisme des réformes a suscité une opposition au parlement, un manque de soutien de la part de Kuchma, des problèmes de corruption à haut niveau, un affairisme puissant et la formation de factions politiques rivales.

Le séparatisme des Russes
La déclaration d'indépendance du parlement de Crimée en 1994 a menacé la souveraineté de l'Ukraine qui l'a finalement abrogée, bien que Kiev ait réaffirmé le statut de la Crimée en tant que république autonome. Une nouvelle constitution pour la Crimée a été approuvée en 1999. Le Donbass a également fait pression pour plus d'autonomie et la région du Donetsk a institué le russe comme seconde langue officielle.

PROFIL

L'ex-Premier ministre Leonid Kuchma, qui avait remporté les élections présidentielles de 1994 contre le nationaliste Leonid Kravchuk, disposa de davantage de pouvoirs à l'issue des changements constitutionnels de 1996. La réélection de Kuchma en 1999 a toutefois été vivement contestée, ses opposants l'accusant de fraude, ce qui se solda par de violents affrontements au parlement puis dans les rues. Le nouvel élan que Kuchma retira au début de l'année 2000 du référendum avalisant la réforme électorale, et l'enthousiasme des occidentaux pour son gouvernement réformiste, furent contrariés par un scandale l'impliquant dans le meurtre d'un journaliste ainsi que dans des fraudes financières massives. Au milieu de l'année 2001, Kuchma a remplacé son Premier ministre Yushschenko après la défaite de ce dernier au parlement.

POLITIQUE EXTÉRIEURE

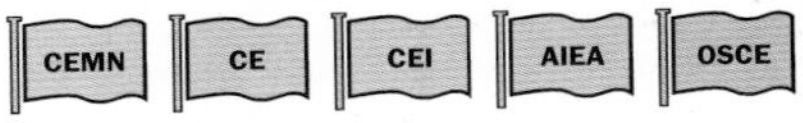
CEMN
CE
CEI
AIEA
OSCE

Avec le temps, le soutien inconditionnel que l'occident apportait à l'Ukraine depuis son indépendance s'est érodé, notamment à cause de la méfiance suscitée par le président Kuchma, et de l'amélioration des relations ouest-Russie. Parallèlement, l'Ukraine a resserré ses liens avec Moscou. L'Ukraine a signé un accord commercial avec l'UE et a été admise au Conseil de l'Europe en 1995, mais elle est de plus en plus critiquée pour son régime autoritaire et la lenteur de ses réformes.
Malgré un différend avec la Roumanie concernant l'Île du Serpent, à fort potentiel pétrolier, un traité de coopération et d'amitié a été signé en 1997.
En 2002, les EU ont été indignés d'apprendre que l'Ukraine avait fourni à l'Irak un système de radar l'année précédente.

CHRONOLOGIE

En 1240, Kiev fut conquise par les Mongols. Les Cosaques d'Ukraine furent ensuite soumis à la domination de la Lituanie, de la Pologne et de la Russie.

- **1918** État ukrainien indépendant établi à la suite de l'effondrement des Empires russe et autrichien. Signature du traité de Brest-Litovsk avec l'Allemagne.
- **1919** Arrivée de l'Armée rouge. Proclamation de la République socialiste soviétique d'Ukraine.
- **1920** Invasion par la Pologne. L'Ukraine de l'Ouest est occupée.
- **1922** Création de l'URSS, la RSS d'Ukraine est membre fondateur.
- **1922–1930** Renaissance culturelle dans le cadre de la politique de Lénine d'ukrainisation pour atténuer le sentiment national.

U

CHRONOLOGIE *suite*

- ❏ **1932–1933** Staline provoque des famines pour éliminer l'opposition au régime, 7 millions de morts.
- ❏ **1939** L'URSS envahit la Pologne et intègre les territoires ethniques ukrainiens polonais à l'Ukraine.
- ❏ **1941** Seconde Guerre mondiale : 7,5 millions d'Ukrainiens trouvent la mort.
- ❏ **1942** L'Armée insurgée ukrainienne se bat à la fois contre les Allemands et les Soviétiques.
- ❏ **1954** La Crimée cédée à l'Ukraine.
- ❏ **1972** Arrestations en masse de dissidents. Chtcherbitsky, brejnévien, remplace le réformiste Chelest à la tête du parti communiste d'Ukraine (CPU).
- ❏ **1986** Catastrophe nucléaire à la centrale de Tchernobyl.
- ❏ **1989** Grève importante des mineurs du Donbass. M. Ivashko, favorable à Gorbatchev, devient chef du CPU.
- ❏ **1990** Juillet, le parlement ukrainien déclare la souveraineté de la RSS d'Ukraine. Leonid Kravtchouk remplace M. Ivashko.
- ❏ **1991** Janvier, la Crimée proclamée république autonome à l'intérieur de la RSS d'Ukraine. Août, le gouvernement déclare l'indépendance de l'Ukraine sous réserve d'un référendum. Décembre, plus de 90 % des électeurs votent pour l'indépendance. Interdiction du CPU.
- ❏ **1994** La Crimée élit Youri Meshkov premier président. Leonid Kuchma devient le premier président ukrainien démocratiquement élu.
- ❏ **1996** Le hryvna remplace le karbonavet comme monnaie. Nouvelle Constitution.
- ❏ **1997** Traité d'amitié avec la Russie. Accord sur la flotte de la Mer Noire.
- ❏ **1998** Accord de coopération commercial de dix ans avec la Russie. Le CPU domine les élections générales.
- ❏ **1999** Réélection de Kuchma accusé de fraude. Gouvernement réformiste.
- ❏ **2000** La centrale nucléaire de Tchernobyl est fermée.
- ❏ **2001** Protestations montantes contre Kuchma, le nouveau Premier ministre.
- ❏ **2001** Kuchma impliqué dans le meurtre d'un journaliste. Défaite parlementaire pour le 1er ministre réformiste Yuschenko.
- ❏ **2002** Elections législatives. Percée des partis d'opposition.

AIDE INTERNATIONALE

 480 M (reçus)   Plus 173 % en 1997-1999

L'aide américaine dans les années 1990 a été le quatrième programme par son importance sur le plan mondial, tandis que l'UE a fourni au total une aide de 3,5 Md de $ sur la période 1991-1999.

DÉFENSE

 1,44 Md $ Plus 2 % en 1999

FORCES ARMÉES UKRAINIENNES

	3 895 chars de combat (145 T–55, 2 250 T–64, 1 230 T–72, 270 T–80)	151 200 hommes
	Flotte de la Mer Noire : 1 sous-marin, 1 croiseur, 3 frégates, 10 patrouilleurs	13 000 hommes
	911 avions de combat (MIG–23, MiG–29, Su–27, Su–25, Su–24)	96 000 hommes
	27 ICBM	

L'Ukraine était un centre de production d'armement sous l'ancien système soviétique, et est devenue à présent un exportateur majeur d'armes. En tant que membre de la CEI, l'Ukraine a fini par résoudre son long contentieux avec la Russie concernant le contrôle de la flotte de la mer Noire en lui en cédant la moitié, tout en lui louant le port de Sébastopol pour 20 ans. Entre-temps, le parlement ukrainien a ratifié les accords START I de désarmement nucléaire et les têtes nucléaires de l'Ukraine ont été transférées vers la Russie dans le cadre d'un accord trilatéral de démantèlement incluant également une substantielle aide financière américaine.

En 2000, l'Ukraine a décidé de supprimer en 2015 le service militaire obligatoire qui est actuellement de 18 mois. Ses forces armées ont été réduites, un format plus ramassé étant prévu à l'horizon 2005 avec 285 000 hommes. L'Ukraine a rallié le partenariat pour la paix de l'OTAN et signé un accord de sécurité avec l'Alliance atlantique en 1997 lorsque des manœuvres conjointes ont été organisées en Crimée avec les forces de l'OTAN.

ÉCONOMIE

 35,2 Md $ 5,3 hryvnas

CHIFFRES SIGNIFICATIFS

- ❏ CLASSEMENT DU PNB AU NIVEAU MONDIAL 56ᵉ
- ❏ PNB PAR HABITANT ....720 $
- ❏ BALANCE DES PAIEMENTS... ....1,4 Md $
- ❏ INFLATION...12 %
- ❏ CHÔMAGE...12 %

EXPORTATIONS

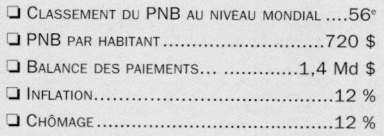

Italie 4 % — Allemagne 5 % — Chine 6 % — Turquie 6 % — Fédération de Russie 21 % — Autres 58 %

IMPORTATIONS

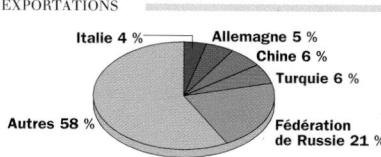

Biélorussie 3 % — ÉU 3 % — Turkménistan 4 % — Allemagne 8 % — Fédération de Russie 47 % — Autres 35 %

ATOUTS

Population instruite. Bonne infrastructure de transports publics dans les villes. Potentiel technologique dans le domaine aérospatial et informatique. Nombreux instituts de recherche dans ces domaines. Possibilités d'exportation intensive à long terme pour les céréales et les denrées alimentaires. Minerais.

FAIBLESSES

Incapacité à mettre en place une réforme de l'économie centralisée après l'effondrement de l'URSS. Inflation galopante. Classe politique très largement opposée aux réformes. Industrie financée par l'État et peu productive. Corruption à tous les niveaux.

INDICATEUR DES PERFORMANCES ÉCONOMIQUES

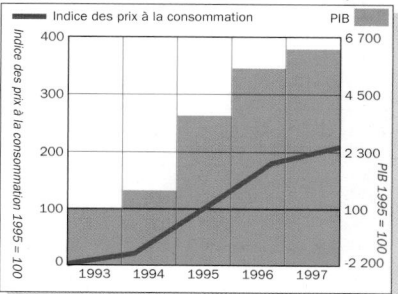

PROFIL

Après dix ans de dépression, l'année 2000 a enregistré des chiffres de croissance. L'initiative privée est étouffée par la bureaucratie. L'absence de réforme agraire empêche l'Ukraine de redevenir le grenier à blé de l'Europe.

UKRAINE : PRINCIPALES ACTIVITÉS

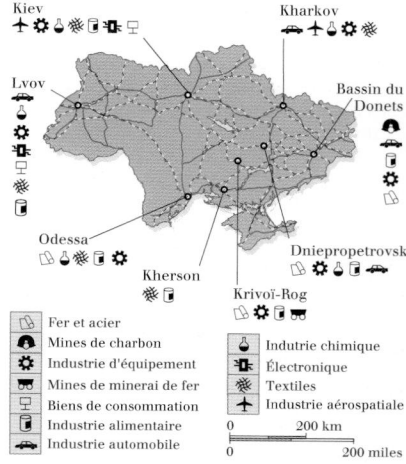

Kiev, Kharkov, Lvov, Bassin du Donets, Odessa, Kherson, Krivoï-Rog, Dniepropetrovsk

- Fer et acier
- Mines de charbon
- Industrie d'équipement
- Mines de minerai de fer
- Biens de consommation
- Industrie alimentaire
- Industrie automobile
- Industrie chimique
- Électronique
- Textiles
- Industrie aérospatiale

0   200 km
0   200 miles

U

RESSOURCES

 403 005 tonnes

 82 766 b/j (réserves : 1 601 498 800 Md)

22 M de canards
10,6 M de bovins
10,1 M de porcins
93,5 M de poulets

Charbon, fer, pétrole, gaz naturel, mercure, manganèse, lignite

PRODUCTION ÉLECTRIQUE

Hydraulique 6 % (10 Md kwh)
Thermique 50 % (89 Md kwh)
Nucléaire 44 % (79 Md kwh)
Autres 0 %

% de la production totale par type d'électricité

L'Ukraine importe 80 % de son pétrole et de son gaz (sa principale source d'énergie), essentiellement de Russie. L'Ukraine reçoit du gaz de la Russie pour le transport du gaz russe à travers son territoire, mais elle n'est souvent pas parvenue à honorer ses dettes. L'Ukraine dispose cependant de réserves propres. Un peu moins de la moitié de l'électricité est d'origine nucléaire. Le charbon est exploité dans des conditions de sécurité effroyables dans la région du Donbass-Donetsk. L'Ukraine possède 5 % des réserves minières mondiales, notamment de titane, de fer et de manganèse. L'industrie minière représentait près de 20 % du PNB en 1997 et 28 % des exportations du pays. L'industrie métallurgique a recommencé à croître.

UKRAINE : UTILISATION DU SOL

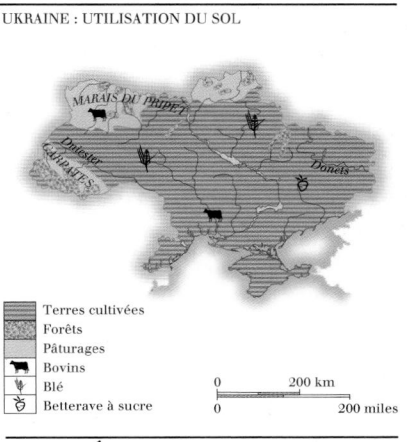

Terres cultivées
Forêts
Pâturages
Bovins
Blé
Betterave à sucre

0   200 km
0   200 miles

ENVIRONNEMENT

2 %   7,3 tonnes par habitant

TRAITÉS ÉCOLOGIQUES

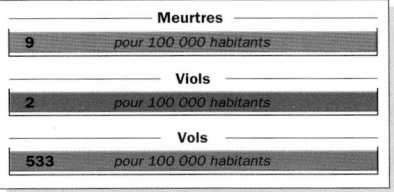
Oui   Oui   Oui
Oui   Non   Oui

À la suite de la catastrophe nucléaire de Tchernobyl – le plus grave accident nucléaire au monde – plus de trois millions d'Ukrainiens vivent dans des zones radioactives dangereuses et 12 % des terres arables sont contaminées. Le dernier réacteur en activité de la centrale de Tchernobyl a été fermé à la fin de l'année 2000 dans le cadre d'accords passés avec les pays occidentaux fournissant à l'Ukraine une aide financière importante. Toutefois, la production nucléaire continue ailleurs en raison du coût des importations de pétrole et de gaz russes. Les centrales thermiques à charbon sont obsolètes, hautement polluantes et inefficaces. La pollution industrielle est omniprésente, en particulier dans la région du Donbass.

MÉDIAS

54 quotidiens pour 1 000 habitants

PRESSE ET TÉLÉCOMMUNICATIONS

44 quotidiens dont *Holos Ukrainy* qui a le plus fort tirage

3 chaînes de télé dont 2 indépendantes

3 stations de radio dont 1 indépendant

Certains journaux indépendants à grand tirage sont publiés en russe. Les chaînes de télévision reflètent les tendances politiques régionales.

CRIMINALITÉ

203 998 détenus   Moins 4 % en 1996-1998

TAUX DE CRIMINALITÉ.

Meurtres
9   pour 100 000 habitants
Viols
2   pour 100 000 habitants
Vols
533   pour 100 000 habitants

Les meurtres, les vols, la violence et le vol de voitures sous la menace d'une arme ont fortement augmenté. La corruption est endémique dans toute l'économie. On assiste à des meurtres politiques, comme par exemple celui du journaliste Gyorgy Gongadze en 2000. La peine de mort a été abolie.

ÉDUCATION

99 %   1,54 M d'étudiants

LE SYSTÈME ÉDUCATIF

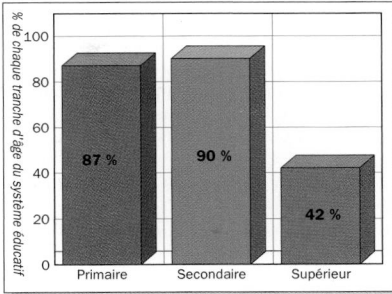
% de chaque tranche d'âge du système éducatif
87 %   90 %   42 %
Primaire   Secondaire   Supérieur

L'utilisation de l'ukrainien à l'école est l'élément essentiel de la politique de promotion de la langue nationale. Certaines écoles dans l'ouest du pays n'enseignent plus le russe. L'enseignement universitaire se fait en russe à l'est du pays, et en ukrainien à l'ouest.

SANTÉ

1 pour 222 personnes

Maladies cérébrovasculaires, cardiaques, cancers, violence, tuberculose, accidents

Net déclin du système de santé dans la période post-soviétique, même des soins les plus élémentaires. Un programme des Nations Unies de 2 millions de $ permet de procurer un traitement aux 330 000 personnes touchées par la catastrophe de Tchernobyl.

RICHESSES

CONSOMMATION ET DÉPENSES

 104 pour 1 000 habitants   212 pour 1 000 habitants

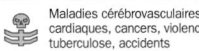 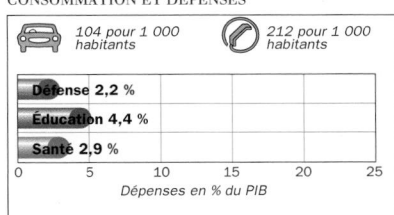
Défense 2,2 %
Éducation 4,4 %
Santé 2,9 %
0   5   10   15   20   25
Dépenses en % du PIB

L'écart entre les riches et les pauvres a augmenté de manière significative. Les salaires impayés et le chômage massif sont des problèmes majeurs.

CLASSEMENT MONDIAL

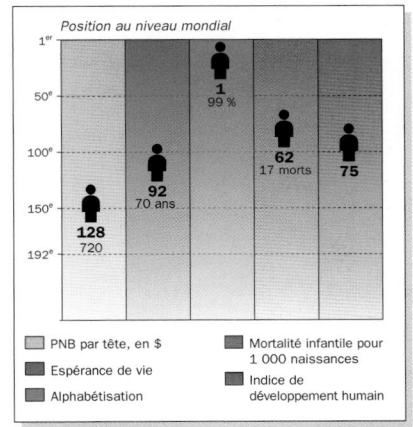
Position au niveau mondial
1er
50e
100e
150e
192e
1 — 99 %
62 — 17 morts
75
92 — 70 ans
128 — 720

PNB par tête, en $
Espérance de vie
Alphabétisation
Mortalité infantile pour 1 000 naissances
Indice de développement humain

U

613

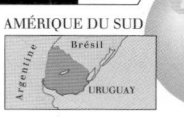

AMÉRIQUE DU SUD

URUGUAY

NOM OFFICIEL : République orientale de l'Uruguay   CAPITALE : Montevideo
POPULATION : 3,4 millions   MONNAIE : peso uruguayen   LANGUE OFFICIELLE : espagnol

   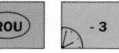

L'URUGUAY est situé au sud-est de l'Amérique latine. Sa capitale, Montevideo, est un port ouvert sur l'océan Atlantique à l'embouchure du Rio de La Plata, face à la capitale argentine, Buenos Aires, placée sur l'autre rive de l'estuaire. L'Uruguay a gagné son indépendance en 1828 après environ 150 ans de domination espagnole et portugaise. Des décennies de démocratie furent interrompues en 1973 par un putsch militaire qui imposa 12 ans de dictature durant lesquelles 400 000 personnes durent émigrer ; ces expatriés sont pour la plupart rentrés dans leur pays. Le paysage plat est dominé par la prairie qui est consacrée à l'élevage bovin et ovin. L'Uruguay est le deuxième exportateur mondial de laine. Le tourisme et les activités bancaires offshore sont maintenant une source de revenus importants en provenance de l'étranger.

Prairie uruguayenne. De gras pâturages couvrent les trois-quarts du pays, domaine des vaches et des moutons. L'élevage et les productions dérivées constituent un tiers des recettes à l'exportation.

CLIMAT

DONNÉES MÉTÉOROLOGIQUES

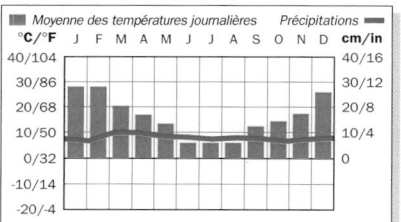

L'Uruguay jouit d'un des climats les plus cléments du globe, tempéré sur l'ensemble du territoire. Les hivers sont doux, le gel rare et il ne neige jamais. Les étés sont généralement frais pour cette latitude et la chaleur tropicale est inconnue. Les journées sont très ensoleillées ; les pluies, d'un niveau modéré, tombent par fortes averses.

TRANSPORTS

 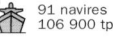
Carrasco, Montevideo
1,17 M de passagers

91 navires
106 900 tpl

RÉSEAU DE TRANSPORT

8 085 km
(5 024 miles)

8 683 km
(5 395 miles)

3 002 km
(1 865 miles)

1 600 km
(994 miles)

Le gouvernement a vendu ses parts de la compagnie nationale d'autocars qui assure les liaisons intérieures et internationales, et il a fermé l'ensemble des services de liaison ferroviaire pour le transport de passagers. En 1998, le Sénat a donné son feu vert au projet de pont routier au-dessus du Rio de la Plata entre Colonia et Buenos Aires, mais le recours à des financements internationaux pourrait compliquer la réalisation de l'ouvrage.

TOURISME

2 M de visiteurs

Moins 5 % en 2000

PROVENANCE DES TOURISTES ÉTRANGERS

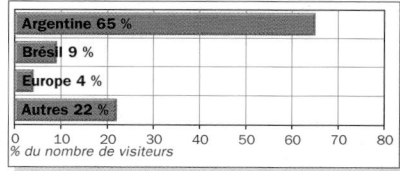

Argentine 65 %
Brésil 9 %
Europe 4 %
Autres 22 %

0   10   20   30   40   50   60   70   80
% du nombre de visiteurs

Les plages de sable fin proches de l'estuaire du Rio de la Plata constituent une attraction majeure. Les anciennes fortifications espagnoles de Montevideo ont été détruites, mais la ville a gardé son architecture coloniale. Punta del Este, à 138 km à l'est de la capitale, est la plus grande station balnéaire du pays. Les touristes sont principalement argentins.

POPULATION

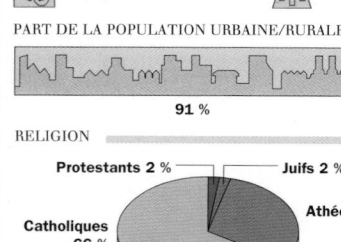
Espagnol

19 hab./km²

PART DE LA POPULATION URBAINE/RURALE

91 %   9 %

RELIGION

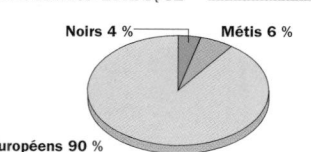

Protestants 2 %   Juifs 2 %
                       Athées 30 %
Catholiques 66 %

COMPOSITION ETHNIQUE

Noirs 4 %   Métis 6 %

Européens 90 %

Les Uruguayens sont pour la plupart des descendants de deuxième ou troisième génération d'immigrés européens, principalement originaires d'Espagne et d'Italie. Pour le reste, on trouve une petite proportion de mestizos et une faible minorité de descendants d'Africains ou de Brésiliens qui vivent soit autour de Montevideo, soit près de la frontière brésilienne. Tous les groupes amérindiens de souche se sont intégrés à la population métisse dès le milieu du XIXe siècle. Les immigrants plus récents sont d'origine juive, arménienne et libanaise. Les tensions interethniques sont rares, et la natalité est basse pour un pays d'Amérique latine. La grande prospérité due à l'élevage du bétail a permis à l'Uruguay d'adopter des lois sociales bien avant ses voisins d'Amérique latine. Malgré le grave déclin économique amorcé à la fin des années 1950, la classe moyenne est encore importante même si elle a connu une

baisse de son niveau de vie. Pendant la dictature militaire, la dégradation sociale et économique du pays s'est traduite par l'apparition de bidonvilles autour de la capitale.
Le pays, catholique, reste tolérant à l'égard des autres religions. Le divorce est légal, les femmes ont le droit de vote depuis 1932 et ont le même statut que celui des hommes.

PYRAMIDE DES ÂGES

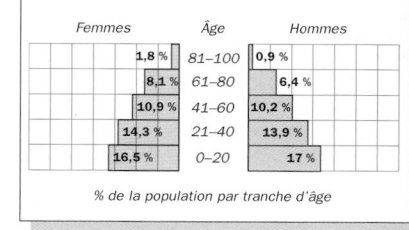

Femmes	Âge	Hommes
1,8 %	81–100	0,9 %
8,1 %	61–80	6,4 %
10,9 %	41–60	10,2 %
14,3 %	21–40	13,9 %
16,5 %	0–20	17 %

% de la population par tranche d'âge

U

POLITIQUE

Ch. haute 1999/2004
Ch. basse 1999/2004

Jorge Batlle, président de la République

AUX DERNIÈRES ÉLECTIONS
Chambre des représentants   99 membres

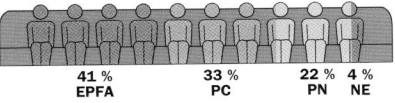

| 41 % EPFA | 33 % PC | 22 % PN | 4 % NE |

EPFA = Large Front Progressiste   **PC** = Parti colorado (colorados)   **PN** = Parti national (blancos)
NE = Nouvel espace   **Res** = Réservé au vice-président

Sénat   31 membres

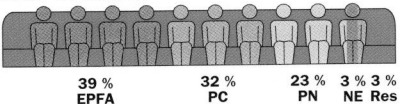

| 39 % EPFA | 32 % PC | 23 % PN | 3 % NE | 3 % Res |

L'Uruguay est une démocratie pluraliste avec un fort pouvoir présidentiel.

PRINCIPAUX PROBLÈMES POLITIQUES
Les grandes privatisations
Confronté à une économie en situation difficile, le président Batlle se doit d'enregistrer des progrès en matière de réformes structurelles. L'opinion publique est cependant hostile à un vaste programme de privatisations.

Les disparus
Le président Batlle a institué une commission chargée d'enquêter sur les 160 personnes qui ont disparu sous la dictature militaire (1973-1985), affirmant que son but est de donner à l'Uruguay « une réponse morale et éthique ».

PROFIL
Les élections de 1984 ont été marquées par le retour de la démocratie en Uruguay. Depuis, c'est essentiellement le Colorado (PC) et le Blanco (PN) qui ont dominé la scène politique, soit seuls, soit dans le cadre d'une coalition, et ce en dépit du fait qu'ils soient depuis toujours opposés. Le Front Large, de gauche, a rassemblé l'opposition souvent alliée à des syndicats combattant la politique d'austérité et la réforme du système de sécurité sociale. Malgré un calendrier électoral chargé en 1999, et les luttes internes du Blanco, un large consensus politique a permis de poursuivre les réformes économiques. Jorge Batlle (PC) a gagné les élections présidentielles de 1999.

Luis Alberto Lacalle Herrera, *président de 1990 à 1995.*

Jorge Batlle Ibáñez, *qui a pris ses fonctions de président en 2000.*

URUGUAY
Superficie totale : 174 810 km² (67 494 sq. miles)

ALTIMÉTRIE
200 m/656ft
Niveau de la mer

POPULATION
⊚ Plus de 1 000 000
○ Plus de 50 000
● Plus de 10 000
• Moins de 10 000

0 — 100 km
0 — 100 miles

POLITIQUE EXTÉRIEURE

OEA   Mercosur   BIRD   GR   MNA

L'intégration régionale joue un rôle essentiel, mais la détermination du président Batlle à obtenir un traité de commerce bilatéral avec les EU lui a valu un conflit avec le gouvernement brésilien, pour qui il s'agissait d'une infraction aux règles de négociation globale du Mercosur. L'Argentine a aussi dérogé à certains plans pour protéger l'industrie uruguayenne des effets de la dévaluation argentine. Ces difficultés ralentissent la formation d'un bloc capable de représenter le Mercosur lors des négociations de la Zone de libre échange des Amériques.
L'Uruguay et les EU ont passé un accord de coopération judiciaire et bancaire pour lutter contre le narco trafic et le blanchiment d'argent.

AIDE INTERNATIONALE

 22 M $ (reçus)   Moins 8 % en 1999

L'Uruguay a reçu du FMI une aide sous la forme d'une réduction de sa dette au début des années 1990, mais l'aide reste modeste.

CHRONOLOGIE
L'Espagne fut le premier pays à coloniser la région située au nord du Rio de la Plata. En 1680, le Portugal fonda aussi une colonie dans cette zone à Colonia del Sacramento, entamant une rivalité de 150 ans.

❏ **1726** Les Espagnols fondent Montevideo. À la fin du siècle, l'ensemble du pays est divisé en fermes d'élevage de bovins.
❏ **1808** Montevideo réclame son indépendance de Buenos Aires.
❏ **1811** Le patriote José Gervasio Artigas repousse l'attaque du Brésil.
❏ **1812–1820** Les Uruguayens, les « orientales » (car ils vivaient sur la rive orientale du Rio de la Plata) se battent contre les envahisseurs argentins et brésiliens. Le Brésil conquiert Montevideo.
❏ **1827** Le g^al Lavalleja bat les Brésiliens avec l'aide de l'Argentine.
❏ **1828** Intéressée économiquement par l'existence d'un État tampon entre le Brésil et l'Argentine, la Grande-Bretagne fait office de médiateur et obtient l'indépendance de l'Uruguay.
❏ **1836** Début du vaste afflux migratoire en provenance d'Europe.

U

CHRONOLOGIE *suite*

- ❏ **1858–1865** La *Guerra Grande*, guerre civile entre les blancos (blancs, actuel parti conservateur) et les colorados (rouges, actuel parti libéral).
- ❏ **1865–1870** Le g^{al} Venancio Flores, président de la république colorado, participe à la guerre de la Triple alliance contre le Paraguay.
- ❏ **1872** Période de paix sous régime militaire. Puissance des blancos en zone rurale et des colorados en ville.
- ❏ **1890** Violentes grèves des syndicalistes immigrés contre les propriétaires terriens enrichis par les investissements européens massifs dans les ranchs.
- ❏ **1903–1907** Le réformiste colorado, José Batlié y Ordóñez, président.
- ❏ **1911–1915** Batllé réélu. Battlismo crée des lois de protection sociales, premières en leur genre en Amérique latine, avec retraites, indemnités de chômage, scolarité gratuite et sécurité sociale ; il opère aussi des nationalisations, instaure la séparation de l'Église et de l'État, et abolit la peine de mort.
- ❏ **1933** Coup d'État militaire. Exclusion politique de l'opposition.
- ❏ **1942** Le président de la République, Alfredo Baldomir, dissout le gouvernement et essaie de revenir à une représentation démocratique.
- ❏ **1939–1945** Neutralité.
- ❏ **1951** La nouvelle Constitution remplace le président par un Conseil de 9 membres. Décennie de grande prospérité jusqu'à l'effondrement des cours agricoles mondiaux. Forte chute des investissements étrangers.
- ❏ **1958** Le parti blanco remporte les élections pour la première fois depuis près d'un siècle.
- ❏ **1962** Formation du groupe de guérilla urbaine des Tupamaros. Terrorisme jusqu'en 1973.
- ❏ **1966** Le régime présidentiel est rétabli. Les colorados reprennent le pouvoir.
- ❏ **1967** Jorge Pacheco président.
- ❏ **1973** Coup d'état militaire. Suppression de la liberté politique et répression brutale de la gauche. 400 000 personnes quittent le pays.
- ❏ **1984–1985** Retrait des militaires. Le Dr Julio Sanguinetti (colorado) devient président.
- ❏ **1986** Amnistie des responsables de violations des droits de l'homme.
- ❏ **1989** Un référendum approuve l'amnistie. Élections libres remportées par L. Lacalle Herrera et le parti blanco.
- ❏ **1994–1995** Sanguinetti, réélu, formation d'une coalition. Adhésion au Mercosur.
- ❏ **1999** Jorge Batlle du Colorado gagne les présidentielles.
- ❏ **2002** L'Uruguay perd des investissements en raison de la crise argentine.

DÉFENSE

 317 M $ Moins 1 % en 1999

Les militaires se sont retirés du pouvoir en 1985 et ont respecté depuis le régime civil, mais des groupes secrets d'extrême-droite liés à l'armée veillent à la défense des intérêts des officiers et ont manifesté leur opposition au renouvellement de la hiérarchie militaire. Une loi de 1986 bloque toute enquête autour des disparitions, des meurtres et de la torture pendant les années de dictature ; la pression publique s'exerce toujours pour que les officiers coupables soient traduits en justice. Un décret présidentiel de 1997 a garanti l'amnistie aux officiers sanctionnés pour avoir commis des délits sous le régime militaire. Budget modeste, l'équipement vient surtout des ÉU.

FORCES ARMÉES URUGUAYENNES

🛡	15 chars (T–55)	15 200 hommes
🚢	3 frégates et 10 patrouilleurs	5 500 hommes
✈	21 avions de combat (10 A37B, 5 IA–58B)	3 000 hommes
	Aucun	

ÉCONOMIE

 19,2 Md $ 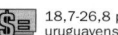 18,7-26,8 pesos uruguayens

CHIFFRES SIGNIFICATIFS

- ❏ Classement du PNB au niveau mondial 66ᵉ
- ❏ PNB par habitant ....5 710 $
- ❏ Balance des paiements...............– 513 M $
- ❏ Inflation......................................4,4 %
- ❏ Chômage ....14 %

EXPORTATIONS

Paraguay 4 % — Allemagne 5 % — ÉU 7 % — Argentine 16 % — Brésil 25 % — Autres 43 %

IMPORTATIONS

France 4 % — Chypre 6 % — ÉU 11 % — Brésil 18 % — Argentine 22 % — Autres 39 %

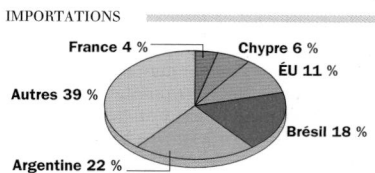

INDICATEUR DES PERFORMANCES ÉCONOMIQUES

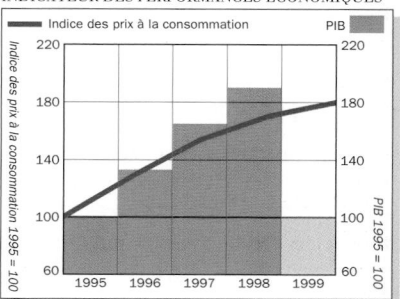

le PIB. L'élevage et les produits animaux, surtout la viande et la laine, représentent plus du tiers des recettes d'exportation. L'industrie, 18 % du PIB, est liée à la production agricole. C'est maintenant le tourisme qui se développe. La moitié de la population se regroupe autour de Montevideo, où se concentre l'activité économique du pays. La croissance de ces dernières années a été faible, rendant difficile la réalisation des efforts demandés par le FMI. Les syndicats s'opposent aux réformes structurelles nécessaires.

ATOUTS
Revenus substantiels provenant de l'activité bancaire offshore. Tourisme florissant. Deuxième exportateur mondial de laine. Pâturages fertiles.

FAIBLESSES
Peu de ressources naturelles. Dépendance par rapport au Brésil et à l'Argentine. Industrie modeste. Important déficit du secteur public. Croissance économique faible. Menace potentielle sur sa situation de pays receveur d'investissements.

PROFIL
L'économie uruguayenne reposait traditionnellement sur l'agriculture. Les trois-quarts des riches prairies du pays servent à l'élevage des bêtes, et le reste aux cultures. Les exploitations agricoles, qui furent à l'origine de la richesse du pays, n'emploient plus que 15 % de la main-d'œuvre, et entrent pour 19 % dans

URUGUAY : PRINCIPALES ACTIVITÉS

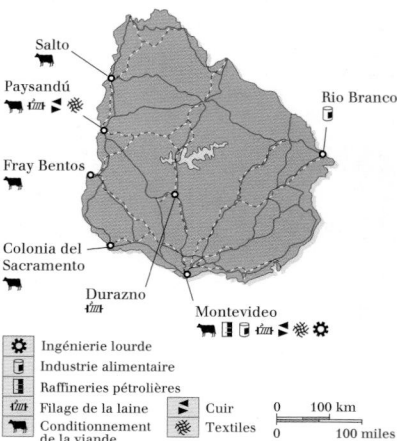

- ⚙ Ingénierie lourde
- Industrie alimentaire
- Raffineries pétrolières
- Filage de la laine
- Cuir
- Conditionnement de la viande
- Textiles

0 — 100 km / 0 — 100 miles

U

RESSOURCES

 136 912 tonnes   Pays non producteur

 15,2 M d'ovins
10,8 M de bovins
13 M de poulets   Agate, améthyste, or, fer, cuivre, manganèse

L'Uruguay est un pays agricole dont les terres sont consacrées presque exclusivement à l'élevage bovin et ovin. Le riz est la seule culture d'importance sur le marché mondial. Le sous-sol, malgré les bons résultats de la prospection géologique, n'est pas encore exploité. On extrait malgré tout quelques matériaux de construction, ainsi que des agates et des

PRODUCTION ÉLECTRIQUE

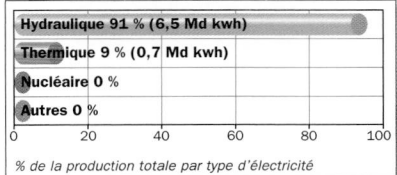

% de la production totale par type d'électricité

améthystes. Les gisements d'or sont en voie d'exploitation. L'énergie hydroélectrique satisfait l'essentiel des besoins en électricité.

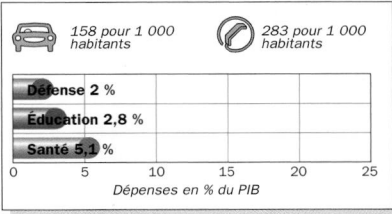

URUGUAY : UTILISATION DU SOL

ENVIRONNEMENT

 1 % (0,1 % partiellement protégé)   1,8 tonne par habitant

TRAITÉS ÉCOLOGIQUES

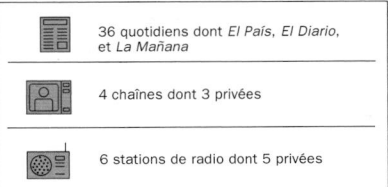

La pollution des grands cours d'eau, l'Uruguay et le Rio de la Plata, est un problème, ainsi que le trafic à Montevideo.

MÉDIAS

 293 quotidiens pour 1 000 habitants

PRESSE ET TÉLÉCOMMUNICATIONS

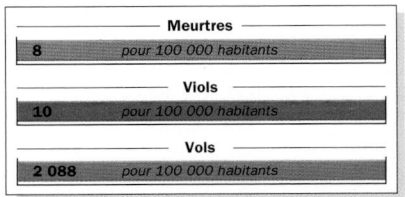

36 quotidiens dont *El País, El Diario,* et *La Mañana*

4 chaînes dont 3 privées

6 stations de radio dont 5 privées

La presse est maintenant relativement libre. *El Pais* soutient les blancos (PN) et *La Mañana* les colorados (PC).

CRIMINALITÉ

3 159 détenus   En hausse

TAUX DE CRIMINALITÉ.

Meurtres — 8 pour 100 000 habitants
Viols — 10 pour 100 000 habitants
Vols — 2 088 pour 100 000 habitants

Le taux de criminalité n'est pas élevé en Uruguay, surtout en comparaison avec le Brésil et l'Argentine. Les vols domestiques sont la première forme d'infraction. La corruption est rare.

ÉDUCATION

 98 %    79 691 étudiants

LE SYSTÈME ÉDUCATIF

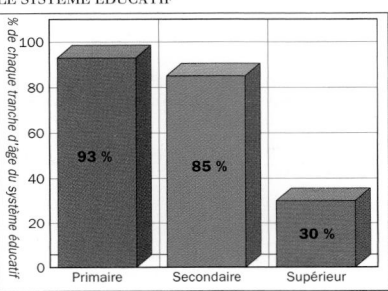

Primaire 93 % — Secondaire 85 % — Supérieur 30 %

Le système scolaire s'inspire du modèle français avec des collèges et des lycées, et la gratuité jusqu'à la fin du secondaire (soit 12 années de scolarité). L'école est obligatoire de 6 à 14 ans, et le taux d'alphabétisation est le plus haut d'Amérique latine. Les établissements privés et publics suivent les mêmes programmes et les écoles privées sont contrôlées par l'État. Dans les zones rurales pauvres, cependant, les écoles restent rudimentaires. L'Uruguay a deux universités publiques, mais les enfants de familles aisées vont poursuivre leurs études aux ÉU. L'hostilité de la population à l'augmentation des impôts et les contraintes budgétaires font peser des menaces sur l'éducation.

SANTÉ

 1 pour 270 personnes   Maladies cardiaques et cérébrovasculaires, cancers, accidents

Les services de santé sont accessibles à tous les citoyens. L'espérance de vie est élevée. Le service public pourvoit aux besoins de 40 % de la population tandis que le secteur privé se charge des 60 % restants. Malgré un mouvement de protestation, le gouvernement a privatisé certains établissements médicaux publics. Les dépenses de santé ont ces dernières années été la cible des réformes de la protection sociale s'efforçant de contrôler le déficit budgétaire.

RICHESSES

CONSOMMATION ET DÉPENSES

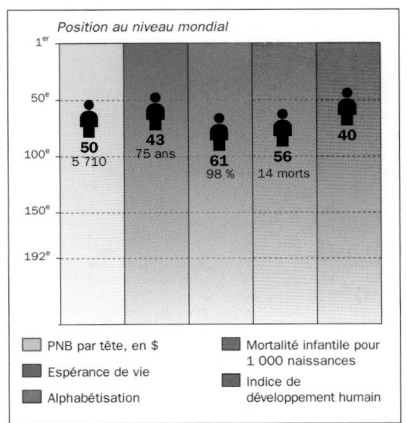

158 pour 1 000 habitants   283 pour 1 000 habitants

Défense 2 % — Éducation 2,8 % — Santé 5,1 %

Dépenses en % du PIB

La mobilité sociale est caractéristique des pays constitués par des décennies de flux migratoires très importants. Les professions libérales sont souvent issues de milieux modestes. Les plus riches sont propriétaires terriens ou travaillent dans la finance et se tournent davantage vers l'Europe que vers les ÉU pour les produits de luxe. Les catégories les plus défavorisées sont les ruraux qui ne possèdent pas, ou très peu, de terres, et les habitants des quartiers pauvres de Montevideo, souvent d'origine métissée africaine et européenne. En 1999, un rapport de l'IDB situait l'Uruguay (ainsi que le Costa Rica et la Jamaïque) en dehors de la tendance à une forte disparité des revenus qui prévaut dans cette région.

CLASSEMENT MONDIAL

Position au niveau mondial

50 — 5 710 (PNB par tête)
43 — 75 ans (Espérance de vie)
61 — 98 % (Alphabétisation)
56 — 14 morts (Mortalité infantile)
40 (Indice de développement humain)

PNB par tête, en $ — Mortalité infantile pour 1 000 naissances — Espérance de vie — Indice de développement humain — Alphabétisation

U

VANUATU

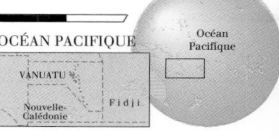

OCÉAN PACIFIQUE

NOM OFFICIEL : République de Vanuatu **CAPITALE** : Port-Vila
POPULATION : 207 000 **MONNAIE** : vatu **LANGUES OFFICIELLES** : Bislama, anglais et français

ARCHIPEL du Pacifique Sud s'étendant sur 1 300 km, les îles de Vanuatu se situent à 1 000 km à l'ouest des Fidji. Montagneuses et d'origine volcanique, seules 12 îles sur les 82 qui forment Vanuatu sont de taille notable, Esperitu Santo et Malekula étant les plus grandes. Jusqu'à son indépendance en 1980, l'archipel se nommait les Nouvelles-Hébrides, sous contrôle commun de la Grande-Bretagne et de la France depuis 1906. Le régime politique est démocratique mais instable.

CLIMAT

DONNÉES MÉTÉOROLOGIQUES

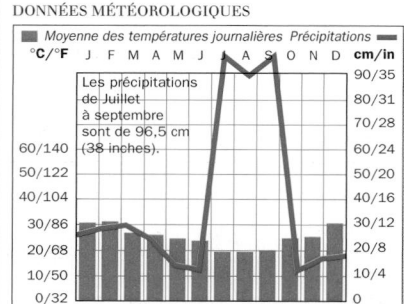

Les précipitations de Juillet à septembre sont de 96,5 cm (38 inches).

Le climat est tropical et chaud. Les températures et les pluies décroissent du nord au sud. La saison des cyclones se situe entre novembre et avril.

TRANSPORTS

 Bauerfield, Port-Vila   293 navires 1,6 M tpl

RÉSEAU DE TRANSPORT

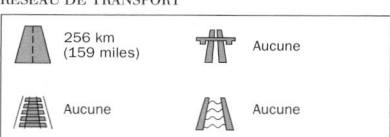

256 km (159 miles)   Aucune

Aucune   Aucune

Le transporteur international Air Vanuatu a fusionné en mars 2001 avec le transporteur local Vanair.

TOURISME

 57 000 visiteurs   Plus 14 % en 2000

PROVENANCE DES TOURISTES ÉTRANGERS

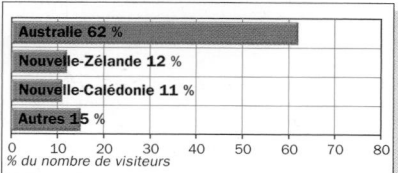

Australie 62 %			
Nouvelle-Zélande 12 %			
Nouvelle-Calédonie 11 %			
Autres 15 %			

0 10 20 30 40 50 60 70 80
% du nombre de visiteurs

Le tourisme, est le secteur le plus dynamique de l'économie. Les circuits organisés proposent : pêche, voile, kayak, plongée.

POPULATION

Bislama (pidgin mélanésien), anglais, français   16 hab./km²

PART DE LA POPULATION URBAINE/RURALE

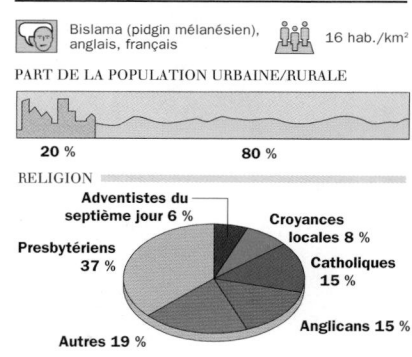

20 %   80 %

RELIGION

Adventistes du septième jour 6 %
Croyances locales 8 %
Presbytériens 37 %
Catholiques 15 %
Anglicans 15 %
Autres 19 %

Les Vanuatuans, Mélanésiens de souche, représentent 94 % de la population. Sur les 82 îles de l'archipel, 67 sont habitées, mais 80 % des habitants se regroupent sur les 12 îles principales. Le taux d'urbanisation est en hausse (un Vanuatuan sur huit réside à Port-Vila). Mais 75 % de la population vit encore de l'agriculture de subsistance. L'archipel est empreint de traditions locales très fortes. Avec ses 105 langues locales, Vanuatu possède la plus grande densité de langues par habitant du globe. La langue véhiculaire est le bislamar. Le statut social des femmes reste inférieur à celui des hommes, et le paiement d'une dot est encore courant. De nombreuses femmes cultivées refusent de se marier pour ne pas perdre leurs droits à la propriété. Pour encourager l'égalité, les écoles primaires doivent accueillir 50 % de filles.

Les plages de Vanuatu sont une des causes de la croissance de l'industrie touristique.

POLITIQUE

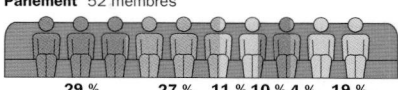 2002/2006   Fr. John Bani, président de la République

AUX DERNIÈRES ÉLECTIONS
Parlement 52 membres

29 %	27 %	11 %	10 %	4 %	19 %
UMP	VP	NUP	Ind	MPP	Autres

VP = Vanua'aku Pati **UMP** = Union des partis modérés
Ind = Indépendants **NUP** = Parti national uni **MPP** = Parti progressiste mélanésien

La scène politique de Vanuatu peut être décrite comme anarchique. Les alliances politiques sont éphémères et les gouvernements sont renversés. Contrairement à la Grande-Bretagne, la France a, pour cette raison, rejeté l'indépendance de Vanuatu en 1980, après avoir apporté son soutien à la tentative avortée de sécession d'Esperitu Santo la même année. Le VP a dominé la vie politique, gouvernant sans interruption de 1980 à 1991. Bien que Lini ait démissionné de son poste de Premier ministre en 1991 et quitté le VP, il resta une figure politique locale dominante jusqu'à sa mort en 1999. Le VP est revenu au pouvoir en 1998 à la tête d'un gouvernement basé sur des relations restaurées avec Lini et ses partisans, mais à la fin de l'année, incapable de conserver une majorité stable, le VP est passé dans l'opposition. L'un des adversaires majeurs de Lini et membre fondateur du VP, Barak Sope, a été élu en 1999 à la tête d'une large coalition anti VP pour être finalement évincé lors d'une motion de censure votée en avril 2001 quand le VP est revenu au pouvoir.

POLITIQUE EXTÉRIEURE

 OIF   Comm   MNA ACP   FIP

Vanuatu fut le premier État du Pacifique sud à devenir membre à part entière du Mouvement des pays non alignés. En 2002-2003, l'OCDE l'a forcé à améliorer sa transparence financière.

AIDE INTERNATIONALE

 37 M $ (reçus)   Moins 10 % en 1999

Vanuatu est l'État le plus dépendant de l'aide internationale parmi les pays de la Mélanésie et il est classé parmi les « pays les moins développés » par l'ONU. Les principaux donateurs sont l'Australie, la Nouvelle-Zélande, le RU, le Japon et la France.

V

DÉFENSE

 Pas d'armée   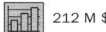 Ne s'applique pas

Il existe un corps paramilitaire de faible importance. Les troupes de Papouasie-Nouvelle-Guinée contribuèrent à mettre fin au mouvement sécessionniste sur Espiritu Santo en 1980.

ÉCONOMIE

 212 M $ 212 M $ 120-134,9 vatus

CHIFFRES SIGNIFICATIFS

- ❏ CLASSEMENT DU PNB AU NIVEAU MONDIAL ..183ᵉ
- ❏ PNB PAR HABITANT ....1 050 $
- ❏ BALANCE DES PAIEMENTS ....– 3 M $
- ❏ INFLATION ....3,7 %
- ❏ CHÔMAGE......................................Faible

ATOUTS
Secteur tertiaire en expansion, grâce au tourisme et aux activités financières offshore. Réformes économiques récentes, dont l'introduction d'une TVA de 12,5 %, et un reformatage des services publics en échange de l'aide de l'ADB.

FAIBLESSES
Forts déficits commercial et budgétaire. Taux de croissance stagnant ces dernières années et négatif en 1999. Dépendance du secteur agricole, vulnérabilité aux conditions climatiques et aux fluctuations des cours mondiaux. Pénurie de main-d'œuvre qualifiée.

EXPORTATIONS

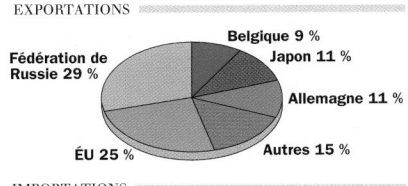

Fédération de Russie 29 %
Belgique 9 %
Japon 11 %
Allemagne 11 %
ÉU 25 %
Autres 15 %

IMPORTATIONS

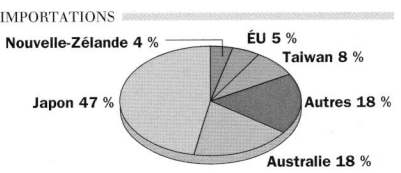

Nouvelle-Zélande 4 %
ÉU 5 %
Taiwan 8 %
Japon 47 %
Autres 18 %
Australie 18 %

RESSOURCES

 2 589 tonnes   Pays non producteur

 152 000 bovins
62 000 porcins
320 000 poulets
 Aucun

Les principales ressources du Vanuatu sont ses terres arables, ses forêts et ses eaux qui pourraient être utiles au tourisme, aux industries du bois et de la pêche. On cherche à compenser les exportations de coprah et de cacao qui périclitent. Importance accrue de l'élevage bovin. La production d'énergie nucléaire a été interdite en 1983.

VANUATU

Superficie totale : 12 190 km²
(4707 sq. miles)

POPULATION
Plus de 10 000 ●
Moins de 10 000 ▫

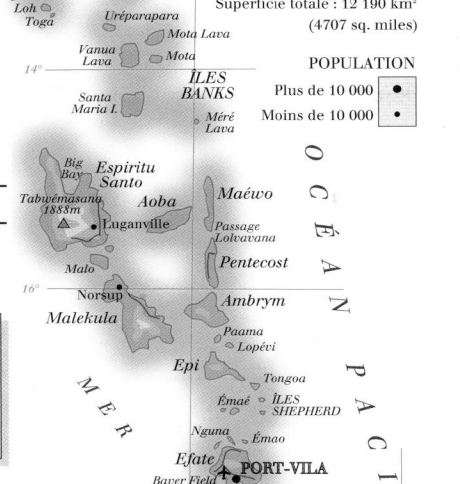

ALTIMÉTRIE

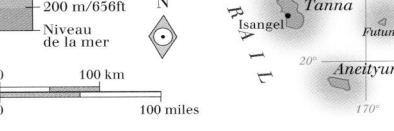

1 000 m/3 281ft
500 m/1 640ft
200 m/656ft
Niveau de la mer

N

0   100 km
0   100 miles

ENVIRONNEMENT

 Aucun    0,3 tonne par habitant

L'exploitation de la forêt reste raisonnable et les exportations de rondins coupés sont interdites. La croissance de la population, 3 %, est élevée, mais pas problématique. La majorité de la population n'a pas d'accès fiable à l'eau potable.

MÉDIAS

 Le taux de circulation des quotidiens est très bas.

PRESSE ET TÉLÉCOMMUNICATIONS

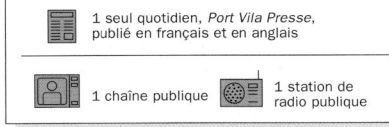

1 seul quotidien, *Port Vila Presse*, publié en français et en anglais

1 chaîne publique   1 station de radio publique

Le *Vanuatu Weekly* paraît dans les trois langues officielles. La chaîne *Television Blong Vanuatu* émet 4 h par jour.

CRIMINALITÉ

 Pas de chiffre sur la population carcérale   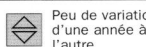 Peu de variations d'une année à l'autre

La violence intrafamiliale est le seul problème sérieux de Vanuatu, avec celle liée à l'alcoolisme.

CHRONOLOGIE

En 1906, la Grande-Bretagne et la France créent un condominium pour contrôler les Nouvelles-Hébrides.

- ❏ **1980** Indépendance. Walter Lini du VP Premier ministre. Tentative de sécession d'Esperitu Santo.
- ❏ **1999** Un raz-de-marée cause de lourds dégâts.
- ❏ **2001** B. Sope perd le pouvoir.
- ❏ **2003** Réformes pour sortir de la liste noire des paradis fiscaux.

ÉDUCATION

 64 %    Données non disponibles

L'instauration de la gratuité a fait grimper le taux de scolarité, mais l'analphabétisme reste un problème majeur.

SANTÉ

 1 pour 14 100 habitants   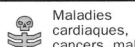 Maladies cardiaques, cancers, malaria

Un réseau de dispensaires et de personnel paramédical dans les villages a permis d'améliorer le niveau de la santé publique.

RICHESSES

CONSOMMATION ET DÉPENSES

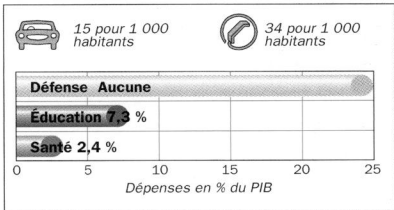

15 pour 1 000 habitants   34 pour 1 000 habitants

	Dépenses en % du PIB
Défense Aucune	
Éducation 7,3 %	
Santé 2,4 %	

0   5   10   15   20   25

L'agriculture de subsistance et des cultures d'exportation permettent d'éviter l'extrême pauvreté. La plupart des riches sont étrangers.

CLASSEMENT MONDIAL

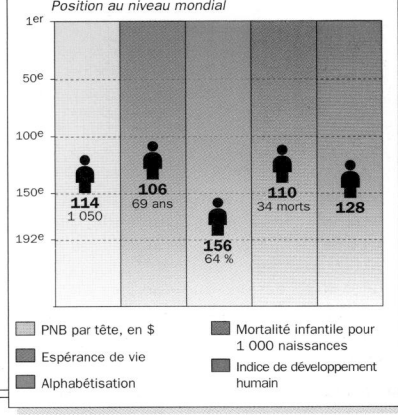

Position au niveau mondial

1er
50ᵉ
100ᵉ
150ᵉ
192ᵉ

114   106   110   128
1 050   69 ans   34 morts
156
64 %

◻ PNB par tête, en $ ◼ Mortalité infantile pour 1 000 naissances
◼ Espérance de vie   ◼ Indice de développement humain
◼ Alphabétisation

V

VATICAN

NOM OFFICIEL : État de la Cité du Vatican **CAPITALE :** *ne s'applique pas*
POPULATION : 1 000 **MONNAIE :** euro **LANGUES OFFICIELLES :** italien et latin

 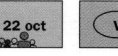 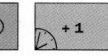 

EUROPE

LA CITÉ du Vatican est proche du Tibre au centre de Rome. C'est un État souverain à part entière, comprenant également dix autres édifices dispersés dans Rome ainsi que la résidence du pape de Castel Gondolfo. L'État du Saint-Siège est le centre de l'Église catholique et tire ses revenus d'investissements et de contributions charitables, appelées denier de Saint-Pierre.

CLIMAT

DONNÉES MÉTÉOROLOGIQUES

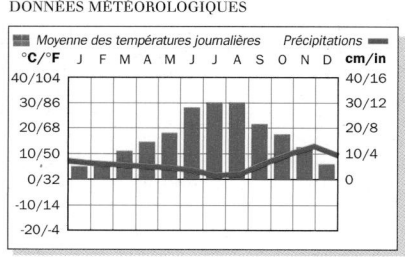

Les hivers sont doux, bien que le mois de novembre soit gris, et l'été est chaud.

TRANSPORTS

 Héliport pour les visiteurs officiels

 Pas de flotte

RÉSEAU DE TRANSPORT

Aucune		Aucune	
1 km (0,6 miles)		Aucune	

Les marchandises transitent par le chemin de fer. Les visiteurs officiels arrivent par hélicoptère de l'aéroport de Rome.

TOURISME

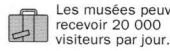 Les musées peuvent recevoir 20 000 visiteurs par jour.

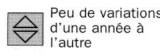 Peu de variations d'une année à l'autre

PROVENANCE DES TOURISTES ÉTRANGERS

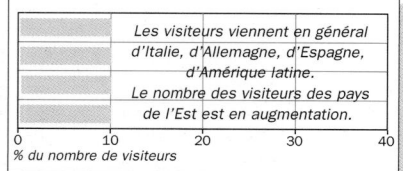

Les visiteurs viennent en général d'Italie, d'Allemagne, d'Espagne, d'Amérique latine.
Le nombre des visiteurs des pays de l'Est est en augmentation.

0   10   20   30   40
% du nombre de visiteurs

Presque tous les touristes qui visitent Rome vont aussi au Vatican tandis que d'autres viennent en pèlerins. Jusqu'à 100 000 personnes viennent écouter le message de Pâques du pape. Les musées du Vatican sont parmi les plus beaux du monde. La restauration des fresques de la chapelle Sixtine a été achevée en 1994.

POPULATION

 Italien, latin

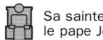 2 273 hab./km²

PART DE LA POPULATION URBAINE/RURALE

100 %

RELIGION

Catholiques 100 %

Le Vatican abrite de façon permanente environ 1 000 habitants, dont plusieurs centaines de laïcs, et emploie un personnel de 3 400 laïcs extérieurs. La citoyenneté vaticane s'obtient par une résidence stable et un emploi ou une fonction à l'intérieur de la Cité. La famille d'un citoyen ne peut obtenir le droit de résider au Vatican que par autorisation spéciale. Le pape est le chef spirituel d'environ 18 % de la population mondiale. Les pays qui comptent le plus de catholiques sont le Brésil, le Mexique, l'Italie, les ÉU et les Philippines.

LA CITÉ DU VATICAN

Superficie totale : 0,44 km² (0.17 sq. miles)

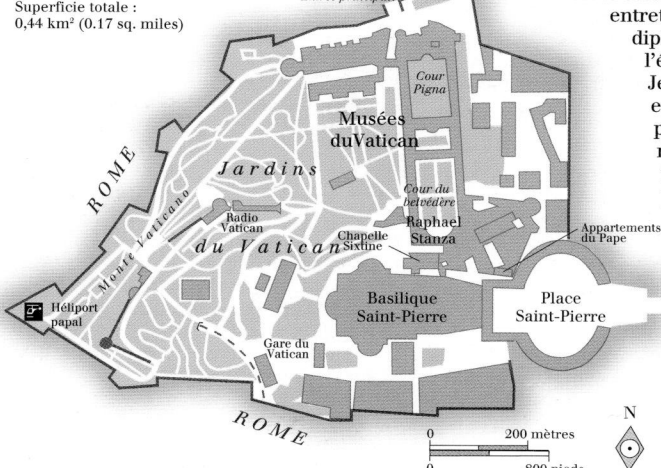

Les bâtiments et les jardins du Vatican. La basilique Saint-Pierre fut construite à l'emplacement du tombeau de Saint-Pierre de 1506 à 1626.

POLITIQUE

À la mort du pape

Sa sainteté le pape Jean-Paul II

Collège des cardinaux 120 membres

Les cardinaux âgés de moins de 80 ans sont habilités à élire un nouveau pape. Il n'y a pas de partis politiques.

La Cité du Vatican est une sorte de monarchie soumise à élection, puisque le pape détient les pouvoirs exécutif, législatif et judiciaire, et que le pontificat est une dignité à vie. Le souverain pontife est élu par les 120 membres du collège des cardinaux qui procèdent à des tours de scrutin jusqu'à ce qu'un candidat obtienne une majorité des deux-tiers. L'administration de l'État du Vatican, dont le pape est le chef temporel, est prise en charge par la commission pontificale. Le Saint-Siège, tête de l'Église catholique mondiale avec le pape pour chef spirituel, est gouverné par la curie romaine, c'est-à-dire l'ensemble des administrations de l'Église. C'est le Saint-Siège qui entretient des relations diplomatiques avec l'étranger. Le pape Jean-Paul II, élu en 1978, est le premier pape non italien depuis 1523. Âgé à présent de 80 ans, il continue à assumer ses fonctions bien qu'il soit atteint de la maladie de Parkinson.

V

POLITIQUE EXTÉRIEURE

Le Vatican est un État neutre qui a le statut d'observateur dans beaucoup d'organisations internationales. Médiateur dans de nombreux conflits, il a été l'instigateur de l'accord de paix de 1993 au Mozambique. Le pape Jean-Paul II voyage beaucoup plus que ses prédécesseurs pour promouvoir le dialogue politique et dépasser les oppositions religieuses. En l'an 2000, au cours d'un pèlerinage en Terre Sainte, il a présenté ses excuses pour l'antijudaïsme dont l'Église a fait preuve. En 2001, en Syrie, il a prié dans une mosquée, puis a visité la Grèce orthodoxe.

AIDE INTERNATIONALE

 Non communiquée　 Non communiquée

L'aide financière est versée soit par des organisations caritatives dépendantes du pape (comme la sainte association pour l'enfance qui distribue environ 15 M $ par an), soit directement par le pape sous forme de dons, soit par des ordres religieux.

DÉFENSE

 Garde suisse, uniquement pour les cérémonies　 Pas de variation notable d'une année à l'autre

Le Vatican est un État strictement neutre. La convention de la Haye (1954) reconnaît le territoire comme « patrimoine moral, artistique et culturel digne d'être respecté comme trésor de l'humanité ».

ÉCONOMIE

 Ne s'applique pas　 1,095 euro

CHIFFRES SIGNIFICATIFS

- ❏ CLASSEMENT DU PNB AU NIVEAU MONDIAL ......*Le*
- ❏ PNB PAR HABITANT ....*vatican n'a pas*
- ❏ BALANCE DES PAIEMENTS... ....*d'économie*
- ❏ INFLATION...................... ....*nationale au*
- ❏ CHÔMAGE ....*sens babituel.*

ATOUTS

L'*Instituto per le Opere di Religione* possède un capital de 3 ou 4 milliards de dollars. Dons des catholiques du monde entier (le denier de Saint-Pierre). Réserves d'or à Fort Knox aux ÉU. Émission de timbres et frappe de pièces de monnaie.

FAIBLESSES

Déficit budgétaire en hausse : dépenses dues à la radio et à la presse vaticanes, aux visites du pape à l'étranger, au coût de fonctionnement des bâtiments, de l'administration et des missions diplomatiques.

EXPORTATIONS/IMPORTATIONS

Le Vatican n'exporte rien. Tous les biens de consommation sont importés, généralement d'Italie.

RESSOURCES

 Aucun　 Aucune

 Aucun　 Aucune

Le Vatican importe toute son énergie, et ne possède pas de terres agricoles, son périmètre se limitant à quelques hectares.

ENVIRONNEMENT

 Aucune　 Données non disponibles

Le Vatican est de plus en plus préoccupé par la nécessité d'associer développement et protection de la nature. En 1993, le pape a appelé les scientifiques du monde entier à sensibiliser les peuples à la protection de l'environnement.

MÉDIAS

 Données non disponibles sur le taux de circulation des quotidiens

PRESSE ET TÉLÉCOMMUNICATIONS

 1 quotidien, l'*Osservatore Romano*, qui paraît aussi toutes les semaines en 5 langues européennes.

 1 chaîne publique　 1 station publique

Les émissions en grandes ondes de Radio Vatican ayant dépassé leur largeur de bandes autorisée ont cessé en 2001.

CRIMINALITÉ

 Il n'y a pas de prison au Vatican　 Infime taux de criminalité

La réputation de la Garde suisse (105 hommes) a été ébranlée en 1998 lorsqu'un jeune garde a abattu son commandant et la femme de ce dernier avant de se suicider. Trois responsables de la banque du Vatican ont été impliqués dans la faillite de la banque Ambrosiano.

ÉDUCATION

99 %　14 403 étudiants

L'université, fondée par Grégoire XIII, est renommée pour son enseignement philosophique et théologique. Il y a plus de 110 000 établissements primaires et secondaires catholiques dans le monde.

CHRONOLOGIE

Le Vatican se situe à Rome parce que, selon la tradition, Saint-Pierre aurait été enterré sur le site de la basilique de Constantin, qui fut détruite à la Renaissance pour permettre d'édifier la basilique Saint-Pierre. Le Vatican est la résidence principale du pape depuis 1417, époque où les papes rentrèrent définitivement d'Avignon à l'issue des 39 ans du grand schisme.

- ❏ **1870** L'Italie occupe les États pontificaux dans le centre de l'Italie.
- ❏ **1929** Accords du Latran ; l'Italie reconnaît le statut d'État souverain à la Cité du Vatican.
- ❏ **1978** Karol Wojtyla devient pape.
- ❏ **1981–1982** Attentats contre le pape.
- ❏ **1984** Séparation de l'Église catholique et de l'État italien.
- ❏ **1985** Révision du catéchisme pour la première fois depuis 1566.
- ❏ **1994–1995** Oppositions répétées à la contraception aux conférences des Nations Unies du Caire et de Beijing.
- ❏ **1998** L'Église exprime ses regrets pour sa passivité face à l'Holocauste.
- ❏ **2000** Année du jubilé. Le pape présente ses excuses pour les violences dues à l'Église.
- ❏ **2001** Le pape entre dans une mosquée.

SANTÉ

 Le médecin du pape réside au Vatican.　 Maladies cardiaques et cardio-vasculaires, cancers

La forte opposition de Jean-Paul II à l'avortement et à la contraception lui a valu des critiques dans le monde entier, parfois même de l'Église catholique.

RICHESSES

CONSOMMATION ET DÉPENSES

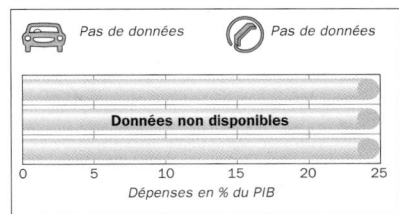
Pas de données　Pas de données

Données non disponibles

Dépenses en % du PIB

La richesse du Vatican est principalement celle de l'Église. Ses œuvres d'art ne peuvent être vendues. On ne connaît pas l'ampleur de la fortune personnelle de ses citoyens.

CLASSEMENT MONDIAL

Le pape et le personnel du Vatican bénéficient de l'un des niveaux de vie les plus élevés au monde.

V

VENEZUELA

AMÉRIQUE DU SUD

NOM OFFICIEL : République bolivarienne du Venezuela   **CAPITALE** : Caracas
POPULATION : 25,1 millions   **MONNAIE** : bolivar   **LANGUES OFFICIELLES** : espagnol et langues amérindiennes

 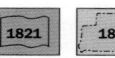 

LE VENEZUELA se situe sur la côte septentrionale de l'Amérique latine ; sa vaste plaine centrale est drainée par le fleuve Orénoque, et le plateau des Guyanes occupe tout le sud-ouest du pays. Colonie espagnole jusqu'en 1811, le Venezuela a longtemps été considéré comme la démocratie la plus stable d'Amérique latine, mais des bouleversements politiques récents ont causé des craintes. Le pays, qui possède les plus grands gisements pétroliers connus après ceux du Moyen-Orient, laisse toujours une grande partie de sa population vivre dans la misère des bidonvilles.

Le président Hugo Chavez.
La nouvelle appellation du pays (république bolivarienne du Venezuela) renvoie au modèle de Simon Bolivar.

CLIMAT

DONNÉES MÉTÉOROLOGIQUES

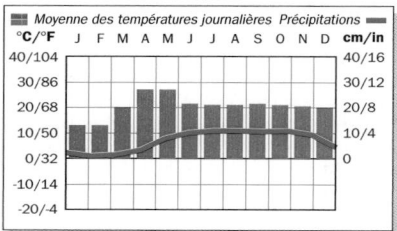

Le littoral de Maracaibo est étonnamment sec ; les *Llanos* de l'Orénoque sont successivement asséchées ou inondées. Les terres hautes sont froides.

TRANSPORTS

 Simon Bolivar, Caracas
6,81 M de passagers

 246 navires
665 300 tpl

RÉSEAU DE TRANSPORT

 32 308 km
(20 075 miles)

 2 690 km
(1 671 miles)

 336 km
(209 miles)

 7 100 km
(4 412 miles)

Dans les années 1960, un programme d'aménagement des routes fut lancé pour favoriser les industries du pétrole et de l'aluminium. Le métro de Caracas, de conception française a été mis en service en 1995. La construction de l'autoroute Centro-Occidental est en cours.

L'Orénoque : cinq millions de bovins viennent paître sur ses immenses plaines (llanos). *À la saison sèche, le bétail est rassemblé près des rives.*

TOURISME

 587 000 visiteurs   Moins 14 % en 1999

PROVENANCE DES TOURISTES ÉTRANGERS

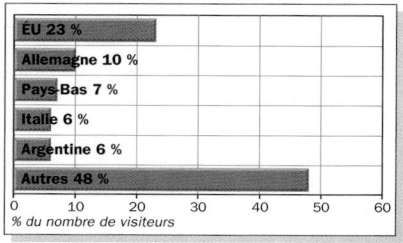

Le tourisme est encore une industrie relativement mineure au Venezuela, mais riche en ressources. Le pays offre de nombreuses plages aussi belles que celles des Antilles, ainsi qu'une jungle fascinante à l'intérieur des terres. Pendant de nombreuses années, le cours très élevé du bolivar faisait du Venezuela une destination coûteuse mais après la dévaluation de 1983, le pays est devenu l'un des moins chers des Caraïbes. Le gouvernement a entrepris la privatisation des hôtels d'État et cherche à attirer les investissements étrangers.

POPULATION

Espagnol, langues amérindiennes   27 hab./km²

PART DE LA POPULATION URBAINE/RURALE

87 %   13 %

RELIGION

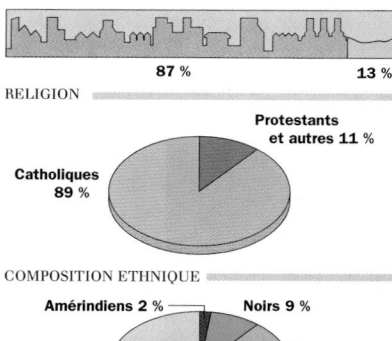

Protestants et autres 11 %

Catholiques 89 %

COMPOSITION ETHNIQUE

Amérindiens 2 %   Noirs 9 %

Blancs 20 %

Métis 69 %

Le Venezuela est le pays le plus urbanisé d'Amérique latine. La population est presque totalement citadine, principalement au nord du pays. On a longtemps considéré le Venezuela comme le « melting pot » du continent sud-américain, terre d'accueil d'une forte immigration venue d'Italie, du Portugal, d'Espagne et de tous les pays d'Amérique du Sud. L'aristocratie blanche hispanique qui subsiste en Colombie et en Équateur s'y trouve très peu représentée,

quant aux Amérindiens comme les Yanomami, ils sont peu nombreux et vivent dans des régions éloignées, à présent menacées par une colonisation illégale. La population noire, descendant des Africains amenés pour travailler dans les exploitations de cacao au XIXᵉ siècle, se regroupe plutôt le long de la côte caraïbe. L'argent du pétrole a apporté une certaine prospérité économique, mais les habitants des *barrios*, bidonvilles qui s'étalent à flanc de collines autour de Caracas, mènent une vie extrêmement misérable. Les émeutes sanglantes de 1989 et 1991 portèrent atteinte à la réputation démocratique du pays.

Par ailleurs, le boom pétrolier a favorisé le statut des femmes qui trouvent aujourd'hui des emplois dans tous les secteurs sauf en politique, domaine encore réservé aux hommes. Cette influence du pétrole a aussi conduit à une certaine américanisation : la boxe et le base-ball sont très pratiqués.

PYRAMIDE DES ÂGES

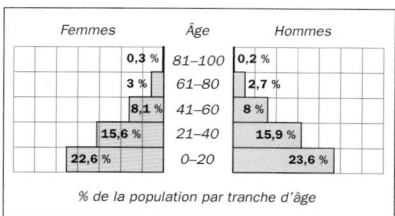

% de la population par tranche d'âge

V

VENEZUELA

Superficie totale : 882 050 km²
(340 560 sq. miles)

POPULATION
- ▣ Plus de 1 000 000
- ◉ Plus de 500 000
- ◎ Plus de 100 000
- ○ Plus de 50 000
- ● Plus de 10 000

ALTIMÉTRIE
- 3 000 m/9 843ft
- 2 000 m/6 562ft
- 1 000 m/3 281ft
- 500 m/1 640ft
- Niveau de la mer
- Chemin de fer en projet

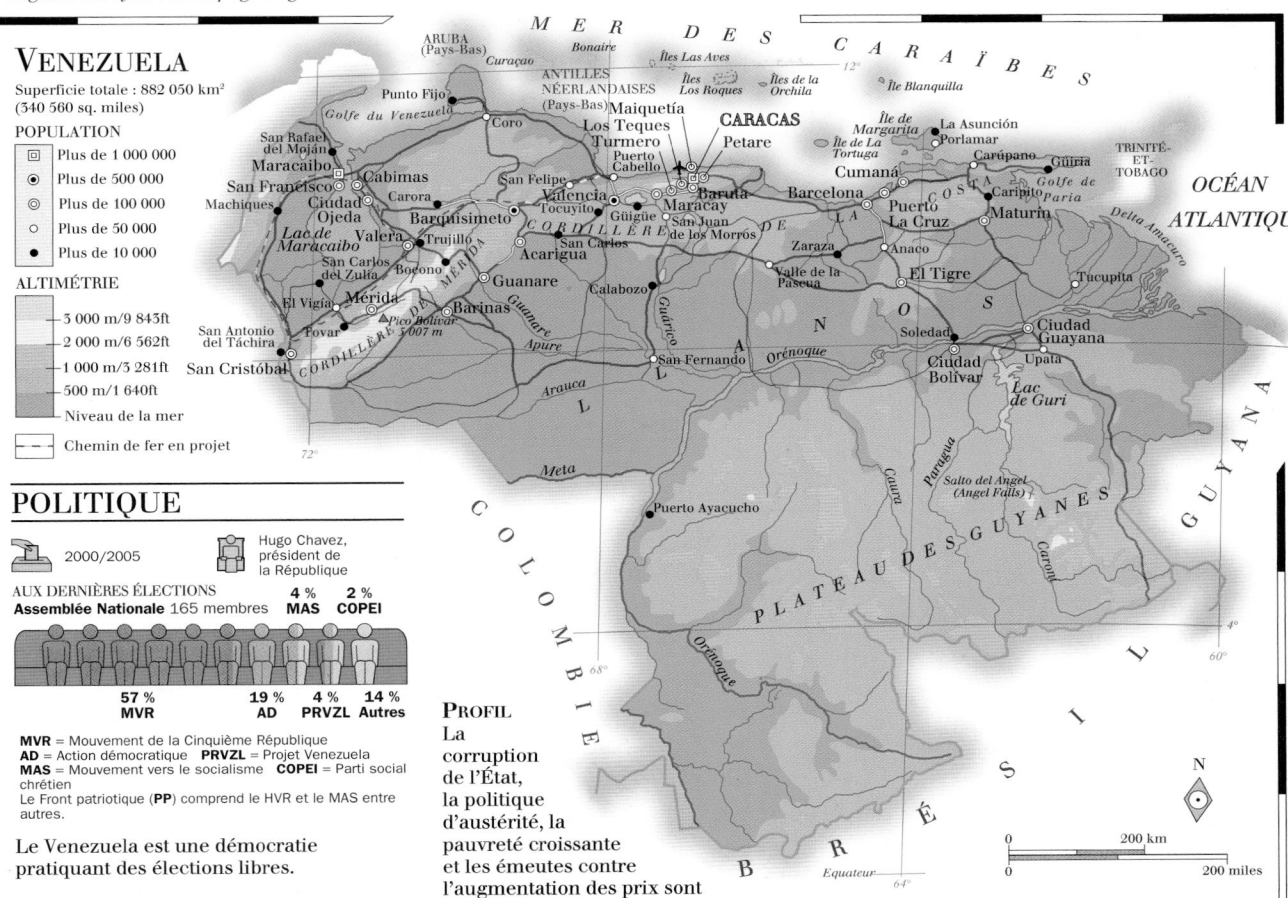

POLITIQUE

2000/2005

Hugo Chavez, président de la République

AUX DERNIÈRES ÉLECTIONS
Assemblée Nationale 165 membres

57 % MVR	19 % AD	4 % PRVZL	14 % Autres	4 % MAS	2 % COPEI

MVR = Mouvement de la Cinquième République
AD = Action démocratique **PRVZL** = Projet Venezuela
MAS = Mouvement vers le socialisme **COPEI** = Parti social chrétien
Le Front patriotique (**PP**) comprend le HVR et le MAS entre autres.

Le Venezuela est une démocratie pratiquant des élections libres.

PRINCIPAUX PROBLÈMES POLITIQUES
Les réformes politiques et juridiques
La rhétorique enflammée du président Chavez et son parti pris populiste lui ont valu de gagner les élections présidentielles de 1998 grâce aux voix des pauvres. Il a entrepris de réformer le Congrès et la justice et de rédiger une nouvelle Constitution tout en demandant l'élection d'une nouvelle Assemblée constituante qui s'est réunie en 1999. Celle-ci a alors repris provisoirement plusieurs des pouvoirs du congrès existant, suscitant une réaction hostile de la part des opposants au président Chavez qui parlèrent de véritable coup d'État. Dans le cadre d'une nouvelle constitution « bolivarienne » approuvée par référendum en 1999, des élections présidentielles et législatives ont eu lieu en 2000 qui ont renouvelé le mandat du président Chavez. Un « comité de nomination » destiné à sélectionner les candidats pour des postes clés gouvernementaux et une loi habilitant Chavez à approuver par décret un ensemble de mesures législatives constituent autant de dispositions préoccupantes pour la démocratie.

La dépendance au pétrole
La politique populiste de Chavez est tributaire de ressources sur lesquelles le pays ne peut compter que lorsque les cours pétroliers sont élevés.

PROFIL
La corruption de l'État, la politique d'austérité, la pauvreté croissante et les émeutes contre l'augmentation des prix sont à l'origine de la double tentative de coup d'État de 1992. L'un d'entre eux avait été fomenté par Chavez dont l'élection à la présidence en 1998 brisa la mainmise des partis traditionnels sur le pouvoir. Il suscita de fortes attentes dans la population pauvre, mais son style de plus en plus autocratique lui a valu une opposition croissante.

POLITIQUE EXTÉRIEURE

OPEP | GR | OEA | AEC | G3

La politique traditionnellement pro-EU a été remise en cause par l'amitié personnelle de Chavez pour Castro, ses visites en Libye et en Irak, et son opposition au « plan Colombie ». L'administration Bush a reconnu le gouvernement intérimaire du coup d'Etat militaire de 2002, mais a nié toute participation, alors même que les putschistes s'étaient ostensiblement rendus au Département d'Etat des EU au cours des mois précédents. Les voisins du Venezuela ont condamné ce coup d'Etat. L'intégration économique régionale avec les Caraïbes et l'Amérique latine représente un enjeu important.

CHRONOLOGIE

Le Venezuela fut la première colonie de l'empire espagnol à rejeter l'autorité de Madrid, sous la conduite du révolutionnaire Simon Bolivar en 1811.

❑ **1821** La bataille de Carabobo met définitivement fin à la domination espagnole et consolide l'indépendance de la Grande-Colombie (Venezuela, Colombie et Équateur).
❑ **1830** Effondrement de la Grande-Colombie, José Antonio Paez prend la tête de l'État.
❑ **1870** Guzmán Blanco accède au pouvoir. Construction du réseau ferroviaire.
❑ **1908** Le général Juan Vincente Gómez est au pouvoir. Développement de l'industrie pétrolière.
❑ **1935** Destitution de Vincente Gómez. Démocratisation croissante du régime.
❑ **1945** Coup d'État militaire. Romulo Betancourt du parti de l'action démocratique (AD) prend la tête d'une junte civilo-militaire.
❑ **1948** Février, l'AD remporte les élections présidentielles avec le romancier Romulo Gallegos. Novembre, coup d'État militaire. ➪

V

623

CHRONOLOGIE *suite*

Marcos Pérez Jimenez gouverne avec le soutien des ÉU.

❏ **1958** Grève générale. L'amiral Larrazabal dépose le gouvernement Jiménez. Élections libres, R. Betancourt remporte les présidentielles comme candidat de l'AD. Campagne anti-communiste. Mesures de protection sociale.

❏ **1960** Le Mouvement de la gauche révolutionnaire (MIR) fait scission avec l'AD et entreprend des activités anti-gouvernementales.

❏ **1961** Membre fondateur de l'OPEP.

❏ **1962** La guérilla soutenue pour importer la révolution cubaine ne trouve pas de soutien populaire.

❏ **1963** Raúl Leoni (AD) élu à la présidence, première passation de pouvoir démocratique dans l'histoire du pays. Campagne anti-guérilla.

❏ **1966** Coup d'État manqué des fidèles de l'ancien président P. Jiménez.

❏ **1969** Élections. Le Dr Rafael Caldera Rodriguez du parti démocrate chrétien (COPEI) remporte la présidence et poursuit la politique de R. Leoni.

❏ **1973** Nationalisations de l'industrie du pétrole et de la sidérurgie. Choc pétrolier. Hausse de la valeur du bolivar par rapport au dollar.

❏ **1978** Le Dr Luis Herrera Campins, COPEI, élu à la présidence. Programmes économiques désastreux.

❏ **1983** Élections. Victoire de l'AD avec Jaime Lusinchi à sa tête. La chute des cours mondiaux du pétrole entraîne la réduction des dépenses sociales.

❏ **1988–1989** Carlos Andrés Perez remporte les élections pour l'AD. Emeutes de la faim à Caracas : 1 500 morts.

❏ **1993–1995** Destitution de Carlos Andrés Pérez qui est jugé pour corruption. Caldera Rodriguez réélu. Nouvelles émeutes sociales.

❏ **1998–1999** La coalition du Front Patriotique de Hugo Chavez renverse la coalition conduite par le COPEI. Chavez lance un programme de réformes politiques.

❏ **2000** Prolongation du mandat du président Chavez. Convocation d'une nouvelle assemblée constituante.

❏ **2002 (avril)** Chavez renversé par un putsch, retrouve son siège le lendemain, après des protestations nationales et internationales. Décembre, une grève massive paralyse l'économie (prend fin début 2003).

AIDE INTERNATIONALE

 44 M $ (reçus)   Plus 19 % en 1993

La banque de développement interaméricaine soutient le programme de réforme de la protection sociale.

DÉFENSE

 1,33 Md $ Moins 1 % en 1999

Ce sont de jeunes officiers opposés à la politique d'austérité et à la corruption qui ont organisé les coups d'État manqués de 1992. L'un d'eux, Hugo Chavez, devint plus tard président. Il s'est servi du personnel militaire comme « fer de lance du développement » et nomma des officiers à des postes ministériels clés. Le premier ministre civil de la Défense a été nommé en 2001, mais a peu d'autorité sur l'armée.

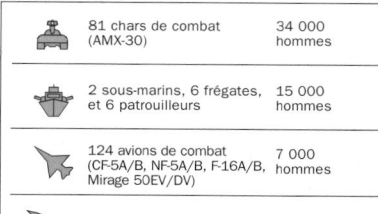

FORCES ARMÉES VÉNÉZUÉLIENNES

	81 chars de combat (AMX-30)	34 000 hommes
	2 sous-marins, 6 frégates, et 6 patrouilleurs	15 000 hommes
	124 avions de combat (CF-5A/B, NF-5A/B, F-16A/B, Mirage 50EV/DV)	7 000 hommes
	Aucun	

ÉCONOMIE

 117 Md $ 1346-1598 bolivars

CHIFFRES SIGNIFICATIFS

❏ CLASSEMENT DU PNB AU NIVEAU MONDIAL 33ᵉ
❏ PNB PAR HABITANT ....4 760 $
❏ BALANCE DES PAIEMENTS ....4,36 Md $
❏ INFLATION ....12,5 %
❏ CHÔMAGE ....16 %

EXPORTATIONS

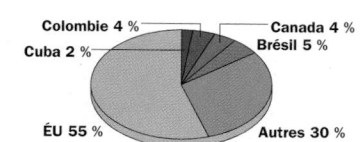

Colombie 4 % — Canada 4 %
Cuba 2 % — Brésil 5 %
ÉU 55 % — Autres 30 %

IMPORTATIONS

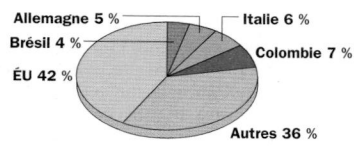

Allemagne 5 % — Italie 6 %
Brésil 4 % — Colombie 7 %
ÉU 42 % — Autres 36 %

ATOUTS

Possède les plus grandes réserves de pétrole connues, après celles du Moyen-Orient et de la CEI. Les prix pétroliers ont grimpé en 2000 permettant de compenser l'effondrement de 1986. Immenses réserves de charbon, de bauxite, de fer et d'or. Succès du développement d'un nouveau combustible au bitume, l'Orimulsion, produit dans le delta de l'Orénoque. Très importants investissements étrangers dans la banque, les télécommunications, le fer et l'acier. Producteur d'un aluminium de haute qualité. Marché du travail davantage flexible.

FAIBLESSES

Secteur public démesuré et lourd malgré certaines privatisations. De vastes secteurs demeurent pléthoriques, inefficaces et corrompus. Services publics de mauvaise qualité et mal entretenus en dépit de la période de prospérité pétrolière ; la rénovation des infrastructures aurait dû être entreprise depuis longtemps. Les revenus de l'État pâtissent de la fraude fiscale, très répandue. Monnaie faible.

INDICATEUR DES PERFORMANCES ÉCONOMIQUES

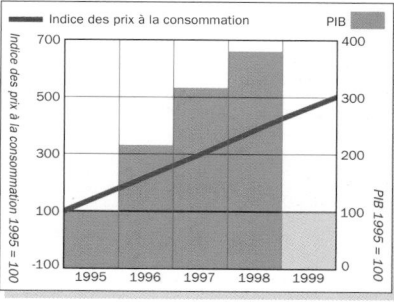

PROFIL

Le Venezuela est un paradoxe économique : alors que son économie est l'une des plus fortes d'Amérique latine, sa situation financière est très mauvaise. Les années d'interventionnisme étatique ont fait perdre aux cadres du public leur sens des responsabilités. Un programme de privatisation et de réduction des dépenses de l'État a donc été mis en œuvre. Les promesses du président Chavez pour venir à bout des excès, diversifier l'économie en diminuant la dépendance par rapport aux exportations de pétrole brut, en assurant la promotion des industries nationales de transformation, ont été diversement appréciées par les investisseurs qui préfèreraient des réformes davantage favorables au marché.

VENEZUELA : PRICIPALES ACTIVITÉS

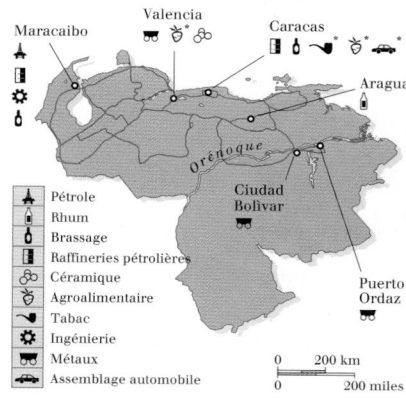

Pétrole
Rhum
Brassage
Raffineries pétrolières
Céramique
Agroalimentaire
Tabac
Ingénierie
Métaux
Assemblage automobile

0   200 km
0   200 miles

* Importante participation de multinationales

V

RESSOURCES

 502 728 tonnes

 15,8 M de bovins
4,5 M de porcins
4 M d'ovins
110 M de poulets

3,2 M b/j (réserves : 76 900 000 Mdb)

Pétrole, bauxite, fer, gaz naturel, charbon, or, aluminium, diamants

PRODUCTION ÉLECTRIQUE

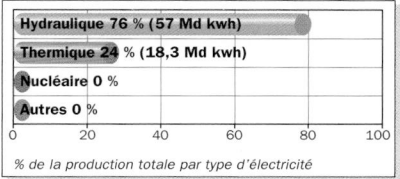

% de la production totale par type d'électricité

ENVIRONNEMENT

 36 %

 8,4 tonnes par habitant

TRAITÉS ÉCOLOGIQUES

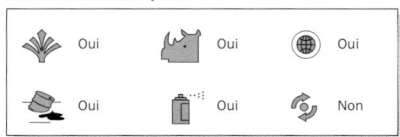

Les inondations et les coulées de boue causées par la surexploitation du littoral ont fait des milliers de morts à la fin de 1999.

MÉDIAS

 206 quotidiens pour 1 000 habitants

PRESSE ET TÉLÉCOMMUNICATIONS

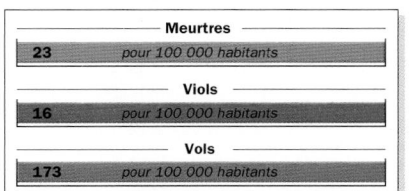

86 quotidiens dont les plus importants sont *El Universal* et *El Nacional*.

8 chaînes de télévision dont 6 privées

1 station de radio publique, 500 stations privées

La presse est presque entièrement indépendante des grands partis politiques. Les feuilletons vénézuéliens sont en forte concurrence avec les productions mexicaines.

CRIMINALITÉ

32 000 détenus   Peu de changement

TAUX DE CRIMINALITÉ

Meurtres	
23	*pour 100 000 habitants*
Viols	
16	*pour 100 000 habitants*
Vols	
173	*pour 100 000 habitants*

Les vols à main armée et la violence des jeunes posent un problème majeur avec les délits liés à la drogue. Le trafic de bétail avec la Colombie est répandu.

Le Venezuela a des ressources naturelles très variées. Les réserves de pétrole connues sont de 77 Md de barils, et le sous-sol est riche en charbon, en minerai de fer, en bauxite et en or. Production hydroélectrique bon marché. Des programmes d'investissements très importants visent à augmenter les productions y compris les capacités de raffinage. Le gouvernement Chavez souhaite réduire ses dépenses d'investissement dans la compagnie pétrolière d'État, la PDVSA, diminuer sa production et augmenter ses contributions au trésor public. Ces incertitudes pourraient ébranler les investisseurs privés. Le pays produit un nouveau combustible à base de bitume extrait de l'Orénoque, l'Orimulsion, dont les réserves sont estimées à 270 Md de barils. L'objectif du Venezuela de devenir le principal producteur d'aluminium du monde est compromis par la difficile privatisation du secteur.

ÉDUCATION

 93%    550 783 étudiants

LE SYSTÈME ÉDUCATIF

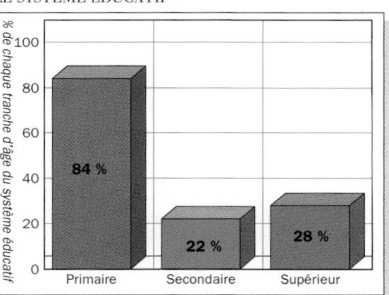

Un budget d'un milliard de dollars supplémentaire de dépenses sociales approuvé en 2000 a permis une augmentation des allocations.
Le système éducatif manque d'enseignants et a un taux d'échec scolaire important. Le niveau de l'enseignement universitaire public est bas. Le secteur privé progresse.

SANTÉ

 1 pour 417 habitants

 Maladies cardiaques, accidents, agressions, cancers

Le système de santé a souffert de la mauvaise gestion des années 1970 et 1980, ainsi que des réductions budgétaires appliquées dans les années 1990. Les établissements médicaux se concentrent dans les villes et les habitants des communautés amérindiennes doivent souvent parcourir de longues distances pour bénéficier de soins. Les médicaments, qu'il faut payer, sont chers et les maladies souvent récurrentes. Les hôpitaux ont besoin d'être modernisés. Un additif budgétaire d'1 Md $ de dépenses sociales a été approuvé en 2000 en faveur de la santé.

VENEZUELA : UTILISATION DU SOL

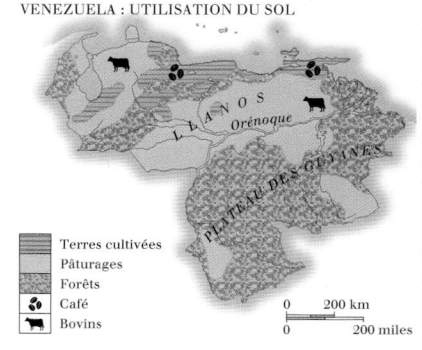

Terres cultivées
Pâturages
Forêts
Café
Bovins

RICHESSES

CONSOMMATION ET DÉPENSES

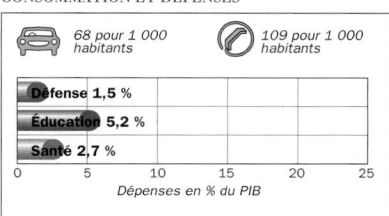

68 pour 1 000 habitants   109 pour 1 000 habitants

Défense 1,5 %		
Éducation 5,2 %		
Santé 2,7 %		

Dépenses en % du PIB

Le boom pétrolier des années 1970 a largement profité aux populations déjà riches, quant aux consommateurs des classes moyennes, ils bénéficient surtout des améliorations financées par l'État dans le domaine de la santé, de l'éducation et des biens subventionnés, et ce largement aux dépens des couches défavorisées. L'effondrement des cours pétroliers, les mesures d'austérité, l'inflation élevée et la dévaluation du bolivar dans les années 1980 et 1990 ont ruiné les classes moyennes et considérablement réduit le niveau de vie des ouvriers. Un rapport de l'Ocei, le service public central d'information, publié en 2001, fait état de 20,7 % de la population vivant dans l'extrême pauvreté, soit une augmentation de 3 % depuis 1999.

CLASSEMENT MONDIAL

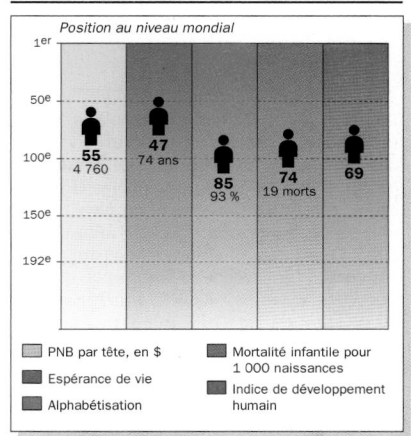

Position au niveau mondial

PNB par tête, en $
Espérance de vie
Alphabétisation
Mortalité infantile pour 1 000 naissances
Indice de développement humain

V

VIÊT NAM

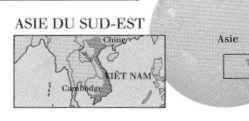
ASIE DU SUD-EST

NOM OFFICIEL : République socialiste du Viêt Nam **CAPITALE** : Hanoi
POPULATION : 80,2 millions **MONNAIE** : nouveau dong **LANGUE OFFICIELLE** : vietnamien

L e territoire du Viêt Nam, pays situé sur la côte est de la péninsule indochinoise, est pour plus de la moitié occupé par des chaînes de montagnes couvertes d'une forêt très dense, la cordillère Anamitique. Les régions les plus peuplées, qui sont aussi les plus cultivées, se trouvent le long du Mékong et du fleuve Rouge. À la suite du conflit le plus long du XXᵉ siècle, la guerre du Viêt Nam qui dura de 1962 à 1975, le parti communiste réunifia le pays qui avait été coupé en deux après la Seconde Guerre mondiale. Aujourd'hui le Viêt Nam est un État à parti unique dirigé par le parti communiste. Depuis 1986, le régime suit une politique économique libérale connue sous le nom de *doi moi* (renouveau).

CLIMAT

DONNÉES MÉTÉOROLOGIQUES

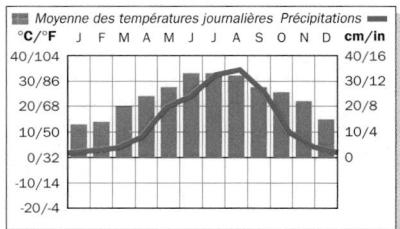

Le climat du Viêt Nam est très contrasté. Les hivers sont frais au Nord, en revanche un climat tropical règne dans le Sud avec des températures constantes toute l'année. Les provinces du centre sont touchées par des typhons. Les régions les plus cultivées sont les deltas du Mékong et du fleuve Rouge, qui sont sujets pour le premier à de graves inondations et pour le second à des sécheresses.

TRANSPORTS

 Tân Son Nhát International, Hô Chi Minh-Ville 629 navires 784 000 tpl

RÉSEAU DE TRANSPORT

 23 418 km (14 551 miles)   430 km (267 miles)

 2 632 km (1 636 miles)   17 702 km (10 999 miles)

La priorité est toujours donnée à la reconstruction des infrastructures détruites pendant la guerre. Le principal projet, l'autoroute à quatre voies Hô Chi Minh, reliant Hanoi au sud du pays, ne pourra probablement pas être achevé en 2003. Des zones portuaires sont en construction. Les trains sont lents, avec une vitesse moyenne de 15 km/h. Le trajet de Hanoi à Hô Chi Minh-Ville prend donc trois jours. Le réseau de bus est dense mais les voyages sont longs. Les taxis et les vélos sont peu onéreux. Un métro aérien est prévu à Hanoi.

TOURISME

 2,1 M de visiteurs   Plus 20 % en 2000

PROVENANCE DES TOURISTES ÉTRANGERS

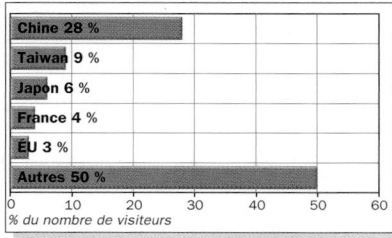

Dans les années 1980, le Viêt Nam a accueilli environ 400 000 touristes par an venant principalement de Russie, d'Europe de l'Est et des pays occidentaux. Les autres voyageurs venaient pour affaires ou étaient des Viet Kieu, Vietnamiens expatriés, qui rendaient visite à leur famille. Un vaste plan a été adopté en 1996 et d'importants investissements consentis dans l'hôtellerie, mais l'objectif officiel de 3 millions de touristes en l'an 2000 s'est avéré trop ambitieux avec un résultat en retrait d'un million de touristes. Les problèmes d'insuffisance des infrastructures subsistent. Le Viêt Nam offre encore le charme d'un rythme de vie asiatique toujours authentique et des sites de toute beauté comme la baie de Ha Long dans le delta du fleuve Rouge.

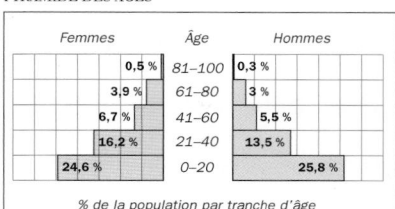
Bateaux à l'ancre près de Nha Trang. Avec 3 444 km de côtes, l'utilisation de la mer pour le transport et la pêche est vitale pour le Viêt Nam.

POPULATION

 Vietnamien, chinois, thaï, khmer, muong, nung, miao, yao, jarai   245 hab./km²

PART DE LA POPULATION URBAINE/RURALE

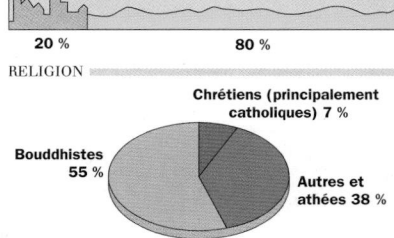

20 %   **80 %**

RELIGION

Chrétiens (principalement catholiques) 7 %
Bouddhistes 55 %
Autres et athées 38 %

COMPOSITION ETHNIQUE

Thaïs 2 %   Chinois 4 %
Autres 6 %
Vietnamiens 88 %

La famille est importante et fondée sur les liens de parenté à l'intérieur des clans villageois. La population d'origine chinoise est la principale minorité. Le clivage culturel nord-sud demeure évident dans les villes. Lorsque les communistes victorieux réunifièrent le Viêt Nam en 1976, les Chinois de Saigon, avec leurs liens taiwanais, étaient considérés comme des bourgeois corrompus tandis que les Chinois des montagnes du Nord étaient suspectés d'appartenir à une cinquième colonne au service de la Chine. D'autres minorités montagnardes, qui par le passé avaient collaboré avec les Français et les Américains et poursuivi une résistance armée, furent aussi tenues à l'écart par le régime de Hanoi. L'hostilité des montagnards envers les habitants des plaines transférés dans leurs régions a dégénéré en affrontements au début de 2001. Les femmes sont plus nombreuses que les hommes à cause des pertes de la guerre. Elles forment une bonne part de la main-d'œuvre industrielle et commencent à émerger politiquement, comme le montre la vice-présidente Nguyen Thi Binh.

PYRAMIDE DES ÂGES

Femmes		Âge	Hommes	
	0,5 %	81–100	0,3 %	
	3,9 %	61–80	3 %	
	6,7 %	41–60	5,5 %	
	16,2 %	21–40	13,5 %	
24,6 %		0–20		25,8 %

% de la population par tranche d'âge

Tran Duc Luong,
président depuis 1997.

Nong Duc Manh,
le puissant Secrétaire général du parti communiste vietnamien.

POLITIQUE

 2002/2007　　　 Tran Duc Luong, président de la République

AUX DERNIÈRES ÉLECTIONS
Assemblée Nationale 500 membres

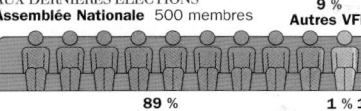

9 %
Autres VFF

89 %
PCV

1 % 1 %
Ind Vac

Le seul parti politique autorisé est le **VFF** (Front Patriotique Vietnamien) qui est dominé par le Parti Communiste Vietnamien (**PCV**). **Autres VFF** = parti socialiste et parti démocratique **Ind** = Indépendants

Le Viêt Nam est un État communiste à parti unique.

PRINCIPAUX PROBLÈMES POLITIQUES

La réforme économique

Le Viêt Nam essaie de passer d'une économie centralisée à une économie de marché sans appliquer la libéralisation politique. Les fondateurs du PCV des années 1950-70 ont attendu longtemps avant de passer le pouvoir à la génération suivante et ont freiné la démocratisation. Les changements opérés au niveau des plus hautes instances en 1997 ont laissé les réformateurs tels que le nouveau Premier ministre Phan Van Khai en minorité face aux conservateurs. En 2001 le congrès du parti a tenté d'associer démocratie et engagement renouvelé en faveur du socialisme.

PROFIL

Le Viêt Nam est encore gouverné selon le système communiste traditionnel. Dirigeant le secrétariat et le politburo, le secrétaire général du parti a plus de pouvoir que le Premier ministre et le président. L'influence des réformateurs de l'économie a été renforcée grâce à la nomination de Nong Duc Manh à la tête du parti lors du congrès d'avril 2001, où se sont manifestées des tensions relatives à l'ouverture des fermes et des entreprises d'État à la concurrence.

POLITIQUE EXTÉRIEURE

 ANSEA　 AIEA　 BIRD　Mékong　MNA

La libéralisation économique du Viêt Nam a conduit à l'amélioration de ses relations avec les ÉU, à la levée de l'embargo de Washington sur l'aide et les échanges commerciaux en 1993, au rétablissement des relations diplomatiques en 1995 et à la conclusion d'un accord commercial bilatéral en 2000 avant la visite du président Bill Clinton. Le Viêt Nam a intégré l'ANSEA en 1995 juste après l'arrangement conclu avec le Cambodge. Les liens de coopération avec le Japon ont été renforcés en 1999-2000. Les relations avec la Chine s'apaisent hormis le problème de la souveraineté sur les îles Spratly.

AIDE INTERNATIONALE

 1,42 Md $　　 Plus 22 % en 1999

L'invasion vietnamienne du Cambodge en 1978 stoppa les aides financières de la Chine, du Japon et des pays occidentaux, sauf des pays scandinaves. Le Viêt Nam se tourna alors vers l'URSS. Les donateurs occidentaux ont rétabli leur aide au début des années 90, devenue la principale source de capitaux destinés à l'amélioration des infrastructures, même si les investissements étrangers ont ensuite diminué.

VIÊT NAM

Superficie totale : 325 360 km²
(125 621 sq. miles)

POPULATION
☒ Plus de 1 000 000
◉ Plus de 500 000
◎ Plus de 100 000
○ Plus de 50 000
● Plus de 10 000
· Moins de 10 000

ALTIMÉTRIE
2 000 m/6 562ft
1 000 m/3 281ft
500 m/1 640ft
200 m/656ft
Niveau de la mer

0   100 km
0   100 miles

N

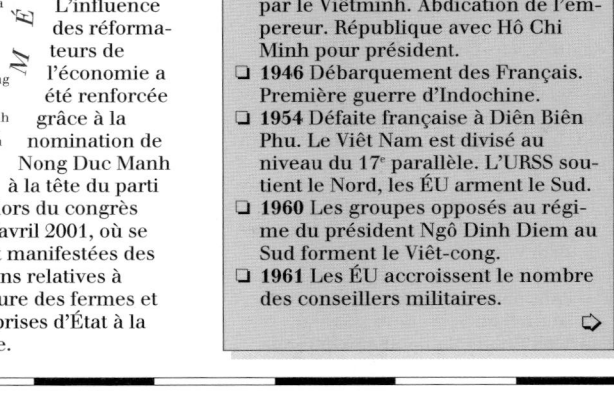

CHRONOLOGIE

Les brutales persécutions dont furent victimes à partir de 1825 les catholiques vietnamiens convertis par des prêtres français au XVIIᵉ siècle fournirent un prétexte à la France pour coloniser la Cochinchine, l'Annam et le Tonkin qui furent ensuite unis au Laos et au Cambodge.

❑ **1920** Le *quoc ngu* (alphabet latin) remplace l'écriture chinoise.
❑ **1930** Hô Chi Minh fonde le parti communiste indochinois.
❑ **1940** Invasion japonaise.
❑ **1941** La résistance Viet-minh, s'organise depuis l'exil en Chine.
❑ **1945** Prise de Saïgon et de Hanoï par le Viêtminh. Abdication de l'empereur. République avec Hô Chi Minh pour président.
❑ **1946** Débarquement des Français. Première guerre d'Indochine.
❑ **1954** Défaite française à Diên Biên Phu. Le Viêt Nam est divisé au niveau du 17ᵉ parallèle. L'URSS soutient le Nord, les ÉU arment le Sud.
❑ **1960** Les groupes opposés au régime du président Ngô Dinh Diem au Sud forment le Viêt-cong.
❑ **1961** Les ÉU accroissent le nombre des conseillers militaires.

⇨

V

627

CHRONOLOGIE *suite*

- ❏ **1964** Le Congrès américain donne son feu vert à la guerre.
- ❏ **1965** Le Gal Nguyen Van Thieu prend la tête du pouvoir militaire au Sud. Débarquement des premières unités de combat américaines.
- ❏ **1965–1968** Opération *Rolling Thunder* – bombardement du Nord Viêt Nam par le Sud Viêtnam et les ÉU.
- ❏ **1967** Début des manifestations contre la guerre aux ÉU et ailleurs.
- ❏ **1968** Offensive du *Têt* (nouvel an). 105 villes sont attaquées simultanément dans le Sud. Le Viêt-cong subit de lourdes pertes. Début des pourparlers de paix.
- ❏ **1969** Mort de Hô Chi Minh remplacé par Le Duan. Regain de la guerre malgré les négociations.
- ❏ **1970** Les ÉU lancent des attaques secrètes au Laos et au Cambodge, ainsi que des bombardements intensifs du Nord pour essayer d'empêcher les livraisons d'armes.
- ❏ **1972** Noël, intense campagne de bombardement de 11 jours.
- ❏ **1973** Accords de paix de Paris, mais les combats perdurent.
- ❏ **1975** Saigon tombe devant les troupes alliées du Nord et du Gouvernement révolutionnaire provisoire (Viêt-cong) du Sud. Exode massif.
- ❏ **1976** Le Viêt Nam est réunifié en tant que République socialiste. Saigon devient Hô Chi Minh ville.
- ❏ **1978** Début de l'invasion du Cambodge par le Viêt Nam pour renverser le régime de Pol Pot.
- ❏ **1979** Guerre des 9 jours avec la Chine, les Chinois sont repoussés. Invasion du Kampuchea par le Viêt Nam qui renverse Pol Pot. Crise internationale créée par les « boat people ». Le Viêt Nam légalise l'émigration, mais l'exode continue.
- ❏ **1986** Mort de Le Duan. Nguyen Van Linh Secrétaire général, politique économique plus libérale.
- ❏ **1987** Les Vietnamiens poursuivent les résistants du Kampuchea sur le territoire thaïlandais.
- ❏ **1989** L'armée quitte le Cambodge.
- ❏ **1991** Criminalisation de la dissidence.
- ❏ **1992** Après révision, la Constitution permet les investissements étrangers, mais le pouvoir du parti demeure.
- ❏ **1995** Normalisation des relations entre le Viêt Nam et les ÉU. Le Viêt Nam intègre l'ANSEA.
- ❏ **1997** Élections législatives. Tran Duc Luong devient président, Phan Van Khai Premier ministre.
- ❏ **1998** La crise économique asiatique tempère le boom économique.
- ❏ **1999** Traité frontalier avec la Chine.
- ❏ **2000** Visite du président Clinton.
- ❏ **2001** Visite du président russe Poutine. 9e congrès du parti. Nong Duc Manh Secrétaire général.
- ❏ **2003** Epidémie de SRAS contenue.

DÉFENSE

 890 M $ Moins 6 % en 1999

Le Viêt Nam possède des forces armées importantes et bien équipées, en particulier la neuvième armée de terre au monde par l'importance de ses effectifs. Le service militaire est obligatoire et dure deux ans. Les missions de l'armée consistant à préserver la stabilité du pays et le socialisme ont été réaffirmées en 2001. La hausse des dépenses en faveur de la marine reflète les tensions en Mer de Chine autour des îles Spratly et Paracel.

FORCES ARMÉES VIETNAMIENNES

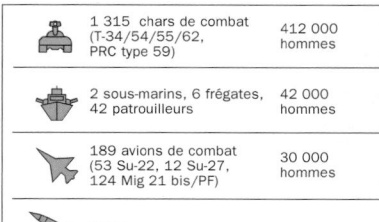

1 315 chars de combat (T-34/54/55/62, PRC type 59)	412 000 hommes
2 sous-marins, 6 frégates, 42 patrouilleurs	42 000 hommes
189 avions de combat (53 Su-22, 12 Su-27, 124 Mig 21 bis/PF)	30 000 hommes
Aucun	

ÉCONOMIE

 32,8 Md $ 15,2-15,49 nouveaux dongs

CHIFFRES SIGNIFICATIFS

- ❏ CLASSEMENT DU PNB AU NIVEAU MONDIAL ....58^e
- ❏ PNB PAR HABITANT ....410 $
- ❏ BALANCE DES PAIEMENTS ... .682 M $
- ❏ INFLATION ....– 0,4 %
- ❏ CHÔMAGE ....25 %

INDICATEUR DES PERFORMANCES ÉCONOMIQUES

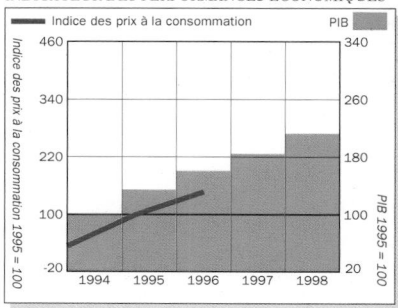

EXPORTATIONS

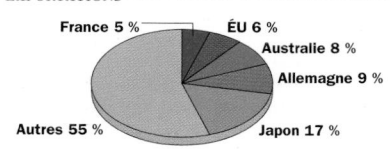

France 5 % — ÉU 6 % — Australie 8 % — Allemagne 9 % — Japon 17 % — Autres 55 %

IMPORTATIONS

Chine 8 % — Taiwan 11 % — Singapour 12 % — Corée du Sud 12 % — Japon 14 % — Autres 43 %

ATOUTS
Ressources variées. Main-d'œuvre jeune, bien formée, peu coûteuse. Forte industrie légère et industries artisanales exportatrices.

FAIBLESSES
Poids de la bureaucratie. Forte dépendance par rapport à l'aide internationale pour la reconstruction. Suspicion durable à l'égard de l'esprit d'initiative privée et de l'individualisme supposé de la partie sud du pays. Corruption.

PROFIL
L'encouragement de l'initiative privée a commencé en 1988. Considéré par certains comme le prochain « tigre » asiatique dans les années 1990, le Viêt Nam s'est donné un objectif de croissance plus modéré depuis la crise asiatique de 1997-98. L'augmentation du PNB qui a dépassé 5% en 2000, et qui est censée atteindre 7% en 2003, est impressionnante, mais tout dépendra des réformes et de la capacité à attirer des investissements étrangers. La première bourse du pays s'est ouverte en 2000. Le gouvernement a pour objectif de doubler le PNB dans les 10 ans. Le potentiel repose sur une main-d'œuvre qualifiée et très motivée ainsi que sur les ressources minérales du nord du pays. L'augmentation de la production de riz a permis une forte hausse des revenus, et la demande intérieure a contribué à la reprise après 1998. L'inflation, jadis énorme, a été réduite dans les années 1990, et est maintenant maîtrisée. Un plan triennal pour les entreprises publiques devrait leur permettre de réaliser des *joint ventures* et de nouvelles lois devraient attirer les capitaux étrangers.

VIÊT NAM : PRINCIPALES ACTIVITÉS

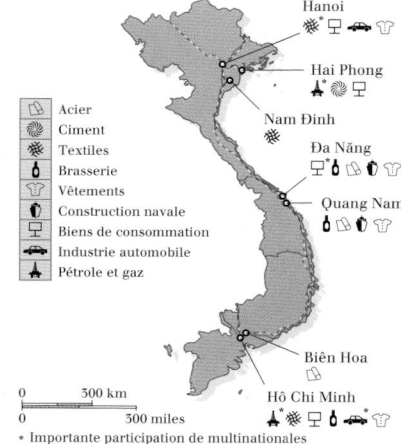

* Importante participation de multinationales

RESSOURCES

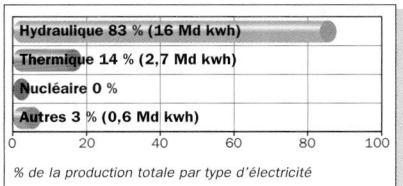

1,55 M de tonnes

50 M de canards
19,6 M de porcins
4,1 M de bovins
190 M de poulets

320 000 b/j
(réserves :
600 000 000 Mdb)
Charbon, pétrole,
étain, zinc, fer,
antimoine, apatite,
sel, bauxite

PRODUCTION ÉLECTRIQUE

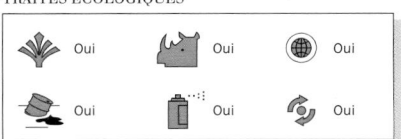

Hydraulique 83 % (16 Md kwh)
Thermique 14 % (2,7 Md kwh)
Nucléaire 0 %
Autres 3 % (0,6 Md kwh)

% de la production totale par type d'électricité

Le Viêt Nam est le troisième exportateur mondial de riz et le second producteur de café après la Thaïlande et les ÉU. La pro-duction pétrolière est négligeable à l'échelle planétaire mais suffisante pour représenter la plus grosse recette d'ex-portation du pays. L'extraction du pétrole et du gaz est assurée par une entreprise en participation avec des entreprises étrangères.

Le Viêt Nam possède de très vastes gise-ments de gaz non exploités en mer de Chine méridionale.

Les exportations forestières ont été inter-dites en 1997 pour sauvegarder la forêt.

Le Viêt Nam du Nord dispose d'un surplus d'électricité essentiellement d'origine hydroélectrique.

ENVIRONNEMENT

3 %

0,6 tonne par habitant

TRAITÉS ÉCOLOGIQUES

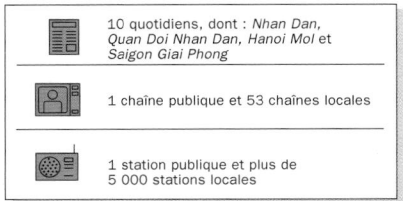

Oui / Oui / Oui / Oui / Oui / Oui

7 millions de tonnes de bombes furent lâchées sur le pays et l'Agent orange, produit chimique défoliant, fut deversé sur plus de 1,7 million d'hectares. Un recensement des effets à long terme sur la santé a été annoncé en 1999. 50 % des forêts ont été gravement endommagés, et 5 % totalement détruits. La déforestation a continué jusque dans les années 90 en raison de l'exploitation forestière et de l'expan-sion des cultures du café engendrant l'érosion des sols et des inondations.

MÉDIAS

4 quotidiens pour 1 000 habitants

PRESSE ET TÉLÉCOMMUNICATIONS

10 quotidiens, dont : *Nhan Dan, Quan Doi Nhan Dan, Hanoi Mol* et *Saigon Giai Phong*

1 chaîne publique et 53 chaînes locales

1 station publique et plus de 5 000 stations locales

Bien que les médias soient sous stricte surveillance et que les rédacteurs en chef doivent être membres du Parti, il est possible de critiquer le gouvernement. L'hebdomadaire *Tuoi Tre* est connu pour son journalisme d'investigation et *Nhan Dan*, le journal du Parti, a même dénon-cé le laxisme judiciaire. Le quotidien de l'armée, *Quan Doi Nhan Dan*, est idéolo-giquement le plus orthodoxe.

CRIMINALITÉ

Pas de chiffre sur la population carcérale

Vols simples en augmentation

TAUX DE CRIMINALITÉ

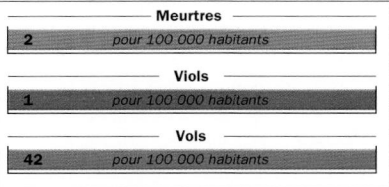

Meurtres — 2 pour 100 000 habitants
Viols — 1 pour 100 000 habitants
Vols — 42 pour 100 000 habitants

Le système judiciaire s'inspire du modè-le soviétique. Bien que les camps de rééducation établis après la libération soient maintenant fermés, les dissidents religieux et politiques sont encore déte-nus sans procès. Les étrangers sont vic-times de vols à la tire dans les grandes villes. Depuis la libéralisation écono-mique, on observe un net accroissement de la corruption de même que la présen-ce illégale de jeunes en zone urbaine, où ils commettent de petits larcins, men-dient ou se prostituent.

ÉDUCATION

93 % / 509 300 étudiants

LE SYSTÈME ÉDUCATIF

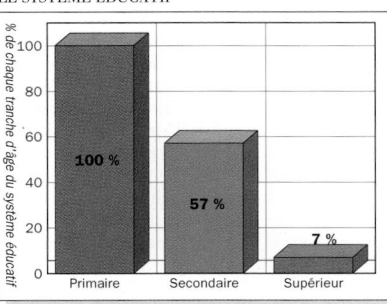

100 % Primaire / 57 % Secondaire / 7 % Supérieur

Une loi approuvée en 1998 encourage le soutien financier privé de l'éducation par les particuliers et les entreprises. Les études supérieures sont payantes. L'université vietnamienne a une longue tradition dans le domaine des arts.

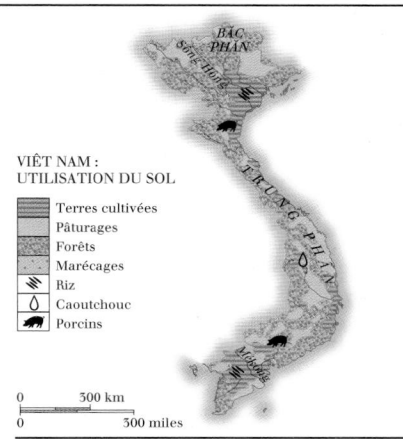

VIÊT NAM : UTILISATION DU SOL

Terres cultivées / Pâturages / Forêts / Marécages / Riz / Caoutchouc / Porcins

0 300 km
0 300 miles

SANTÉ

1 pour 1 667 habitants

Maladies cardiaques, cancers, malaria

Les plus grandes découvertes médicales sont la mise au point d'un vaccin contre l'hépatite B et l'extraction d'une substan-ce antipaludéenne d'un arbre local, le Thanh Hao. Une vaste campagne d'infor-mation sur le Sida est mise en œuvre.

RICHESSES

CONSOMMATION ET DÉPENSES

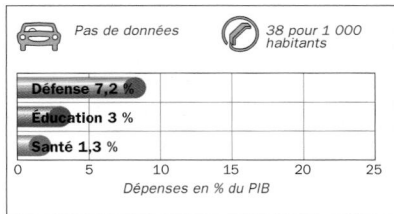

Pas de données / 38 pour 1 000 habitants

Défense 7,2 % / Éducation 3 % / Santé 1,3 %
Dépenses en % du PIB

Le consumérisme augmente malgré la désapprobation des autorités, mais demeure inaccessible. Les bonnes récoltes de riz ont contribué à doubler le revenu par habitant depuis 1993.

CLASSEMENT MONDIAL

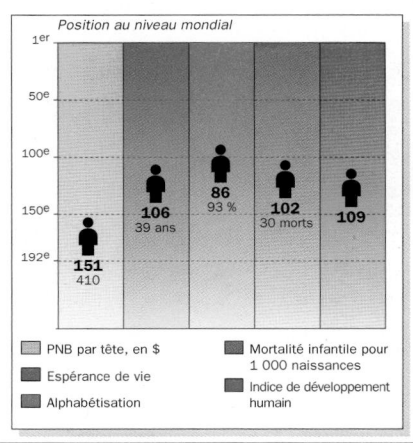

Position au niveau mondial

106 39 ans / 86 93 % / 102 30 morts / 109 / 151 410

PNB par tête, en $ / Espérance de vie / Alphabétisation / Mortalité infantile pour 1 000 naissances / Indice de développement humain

V

YÉMEN

NOM OFFICIEL : République du Yémen   CAPITALE : Sanaa
POPULATION : 19,9 millions   MONNAIE : riyal   LANGUE OFFICIELLE : arabe

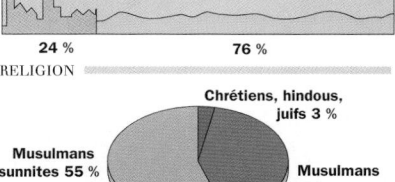
MOYEN-ORIENT   Asie   Afrique

1990   1990   22 mai   ADN   + 3   + 967   .ye

L E YÉMEN est situé dans le Sud de la péninsule arabique, entre l'Arabie Saoudite et Oman. Le Nord du pays est montagneux. Le Sud est surtout constitué de montagnes et de déserts. Le Yémen était autrefois composé de deux États : la république arabe du Yémen, au Nord, et la république populaire du Yémen, au Sud, qui se sont unifiés en 1990. Le Yémen du Sud, dont la capitale était Aden, est devenu le seul pays marxiste du monde arabe après le départ des Britanniques, en 1967. Le Yémen du Nord, qui avait pour capitale Sanaa, a été dirigé par les militaires. Les conflits postérieurs à l'unification ont dégénéré en guerre civile en 1994, fatale aux ex-marxistes du Sud.

CLIMAT

DONNÉES MÉTÉOROLOGIQUES

Moyenne des températures journalières   Précipitations

°C/°F   J F M A M J J A S O N D   cm/in
40/104 — 40/16
30/86 — 30/12
20/68 — 20/8
10/50 — 10/4
0/32 — 0
-10/14
-20/-4

Climat désertique. L'altitude peut faire varier les températures de 12° C. Les précipitations sont plus importantes dans le Nord-Ouest et au centre du pays.

TRANSPORTS

 **Sanaa International**
624 000 passagers

 45 navires
25 300 tpl

RÉSEAU DE TRANSPORT

 7 700 km
(4 785 miles)

 Aucune

 Aucune

 Aucune

La situation géographique privilégiée d'Aden, à l'entrée de la mer Rouge, fait de la ville un grand port commercial. Bon réseau routier entre les villes principales. Lignes aériennes internationales à Sanaa et Aden.

Village perché sur la montagne. Ces constructions sur plusieurs étages et décorées selon la tradition ont été réalisées en briques de boue.

TOURISME

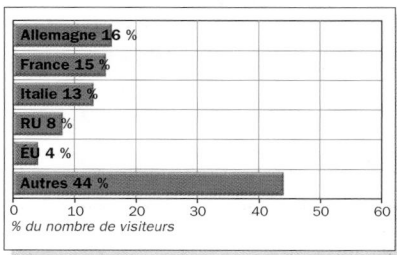

88 000 visiteurs   Plus 5 % en 1998

PROVENANCE DES TOURISTES ÉTRANGERS

Allemagne 16 %
France 15 %
Italie 13 %
RU 8 %
EU 4 %
Autres 44 %

0   10   20   30   40   50   60
% du nombre de visiteurs

Le Yémen, pays de la reine de Saba selon la légende, attire des touristes passionnés par la société arabe, l'archéologie et les vestiges historiques. Les Romains avaient surnommé l'Arabie yéménite *Felix* en référence à ses terres cultivées très fertiles et à l'importance du commerce de l'encens. Le Yémen fut le deuxième pays, après l'Arabie Saoudite, à se convertir à l'Islam. Le Yémen du Sud ne s'est ouvert aux visiteurs occidentaux qu'en 1990.

L'insuffisance de ses infrastructures et le nombre limité des hôtels, surtout sur la côte, ont entravé le développement du tourisme. La ville médiévale fortifiée de Sanaa est le site touristique le plus intéressant. Son architecture et en particulier ses hautes maisons de pierre et de terre cuite, ainsi que les palais de l'ancien imam, sont remarquables. Bien qu'il soit distant de plus de 100 km de la capitale, le très ancien barrage de Marib, est très visité. Les touristes allemands et français formèrent les premiers groupes importants au Yémen du Nord, dans les années 1980. Les espoirs de voir le tourisme augmenter après la fin de la guerre civile de 1994 se sont envolés en 1998 après le meurtre de quatre touristes par des hommes des tribus. L'alcool n'est autorisé que dans les hôtels cinq étoiles.

POPULATION

 Arabe

32 hab./km²

PART DE LA POPULATION URBAINE/RURALE

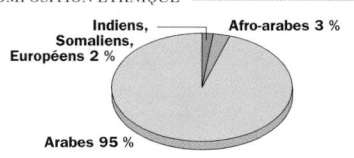

24 %   76 %

RELIGION

Chrétiens, hindous, juifs 3 %
Musulmans sunnites 55 %
Musulmans chiites 42 %

COMPOSITION ETHNIQUE

Indiens, Somaliens, Européens 2 %
Afro-arabes 3 %
Arabes 95 %

L'essentiel de la population est de souche bédouine et arabe. Le pays compte également une petite communauté juive qui tend à diminuer et une population d'origine arabo-africaine installée sur la côte Sud. La plupart des Yéménites sont musulmans sunnites et appartiennent à la secte Shafi. Toutefois, les chiites Zaydi sont concentrés dans le Nord où les populations ont des liens étroits avec l'Arabie Saoudite. Beaucoup de Yéménites considèrent que l'Asir, province de l'Arabie Saoudite, fait partie du Yémen. Le secteur agricole emploie plus de la moitié de la population. Durant les années 1970, qui ont marqué une envolée des prix du pétrole, nombre de Yéménites sont partis chercher du travail en Arabie Saoudite et dans les pays du Golfe. Plus d'un million d'entre eux ont ainsi travaillé en Arabie Saoudite. Ils ont été ensuite expulsés du pays lorsque le Yémen a approuvé l'invasion du Koweït par l'Irak, en 1990, ce qui a fait augmenter le taux de chômage du pays.

Dans les régions rurales du Nord la plupart des femmes portent le voile. Les tensions subsistent toujours entre le Sud, dominé par la ville cosmopolite d'Aden, et le Nord plus conservateur.

PYRAMIDE DES ÂGES

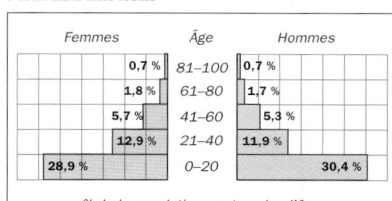

Femmes	Âge	Hommes
0,7 %	81–100	0,7 %
1,8 %	61–80	1,7 %
5,7 %	41–60	5,3 %
12,9 %	21–40	11,9 %
28,9 %	0–20	30,4 %

% de la population par tranche d'âge

Y

YÉMEN

Superficie totale : 562 970 km²
(217 362 sq. miles)

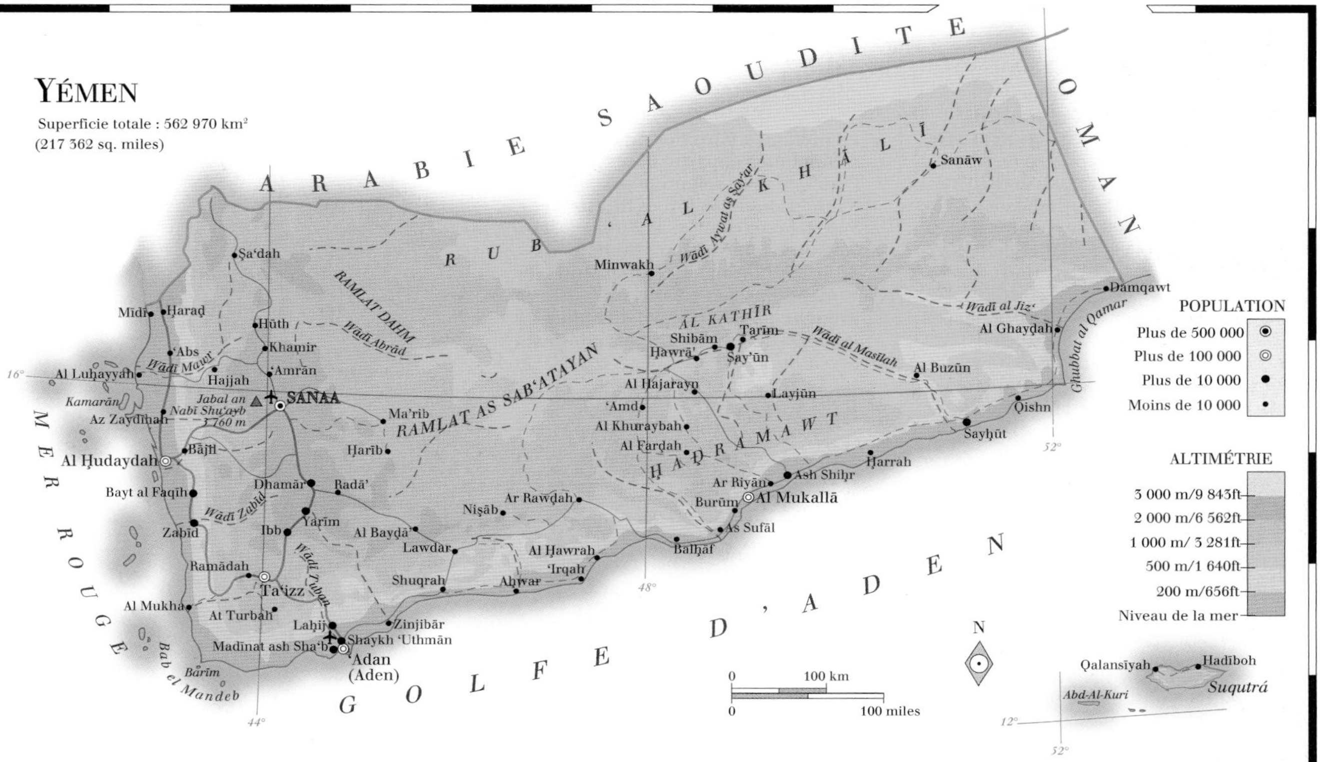

POPULATION

Plus de 500 000	◉
Plus de 100 000	◎
Plus de 10 000	●
Moins de 10 000	·

ALTIMÉTRIE

3 000 m/9 843ft	
2 000 m/6 562ft	
1 000 m/ 3 281ft	
500 m/1 640ft	
200 m/656ft	
Niveau de la mer	

0 — 100 km
0 — 100 miles

POLITIQUE

 2003/2009  Ali Abdallah Saleh, président de la République

AUX DERNIÈRES ÉLECTIONS
Chambre des représentants 301 membres

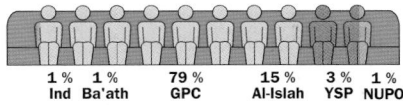

1 %	1 %	79 %		15 %	3 %	1 %
Ind	**Ba'ath**	**GPC**		**Al-Islah**	**YSP**	**NUPO**

GPC = Congrès général du peuple **Ind** = Indépendants
NUPO = Organisation populaire unioniste nasserite
Ba'ath = parti Baas socialiste arabe
Al-Islah = Alliance réformiste yéménite
YSP = Parti socialiste du Yémen

Le Yémen est une démocratie pluraliste où le pouvoir est exercé par le président.

PRINCIPAUX PROBLÈMES POLITIQUES
L'instabilité
Depuis la fin de la guerre civile, un conflit frontalier avec l'Arabie Saoudite, des insurrections tribales de plus en plus fréquentes et une montée de l'hostilité de la population envers le pouvoir du président Saleh ont menacé la stabilité du pays.

L'ingérence saoudienne
Les relations avec l'Arabie Saoudite ont été longtemps tendues en raison de conflits liés aux droits d'exploration pétrolière et des accusations selon lesquelles Riyad financerait les tribus séditieuses. Un accord a certes été signé au début de 1995, mais en 1998 les deux parties se sont à nouveau affrontées sur la question des 1 600 km de frontières litigieuses. Au début de 2001, les deux pays ont retiré leur troupes de la frontière en vertu du traité signé l'année précédente.

PROFIL
La fusion du Yémen du Nord et du Yémen du Sud a placé les Yéménites sous la direction d'un chef d'État commun pour la première fois depuis 1735. Le président Ali Saleh a d'abord pu préserver l'unité du pays, mais au printemps 1994, les tensions se sont aggravées et les Yéménites du Sud furent écrasés.
Aux élections législatives de 1997, le GPC du président Saleh a acquis la majorité absolue en sièges, et en 1999, il remporta la première élection directe d'un chef d'État dans ce pays. Les tribus sudistes mécontentes de leur pauvreté ont depuis 1992 enlevé plus de cent étrangers, touristes ou diplomates.

Ali Abdallah Saleh, *dirigeant du Yémen unifié.*

Shaikh Abdallah al-Ahmar, *chef de l'opposition al-Islah.*

CHRONOLOGIE
À partir du IXᵉ siècle, le Yémen a été dirigé par la dynastie des Zaydi, qui resta au pouvoir jusqu'à ce qu'elle soit vaincue par les Turcs ottomans en 1517. Les Turcs ont ensuite été chassés par les imams Zaydi en 1636.

- ❏ **1859** Le RU occupe Aden.
- ❏ **1918** Indépendance.
- ❏ **1937** Aden devient une colonie de la Couronne. Les terres intérieures deviennent un protectorat.
- ❏ **1962** Coup d'État militaire. L'imam est renversé. Création de la république arabe du Yémen (RAY) au Nord.
- ❏ **1962–1970** Guerre civile au Nord entre royalistes et républicains.
- ❏ **1963** Unification d'Aden et du protectorat qui donne naissance à la Fédération d'Arabie du Sud.
- ❏ **1967** L'armée du RU quitte Aden.
- ❏ **1970** Le Yémen du Sud est renommé République démocratique populaire du Yémen (RDPY). Victoire des républicains en RAY.
- ❏ **1971** Élections civiles en RDPY.
- ❏ **1972** Septembre, guerre entre le RDPY et la RAY. Octobre, signature d'un accord de paix.
- ❏ **1974** Coup d'État militaire en RAY.
- ❏ **1978** M. Saleh devient le président de la RAY. Coup d'État en RDPY. Accession au pouvoir d'Abdalfattah Ismail, homme politique radical.
- ❏ **1980** M. Ismail est remplacé par ⇨

Y

CHRONOLOGIE *suite*

le modéré Ali Muhammed.
- **1984** La RAY signe un traité de coopération de 20 ans avec l'URSS.
- **1986** Coup d'État contre le président Muhammed, en RDPY, guerre civile. Les rebelles contrôlent Aden. Rencontre des présidents de la RDPY et de la RAY.
- **1987** Début de l'extraction pétrolière.
- **1988** Des élections sont organisées en RAY pour créer un conseil consultatif. La confrérie musulmane gagne en influence.
- **1989** La RDPY publie un projet de réformes pour évoluer vers l'économie libérale. La RAY et la RDPY signent un accord qui prévoit l'unification des deux États. Publication de la Constitution du Yémen unifié.
- **1990** Libre circulation entre la RAY et la RDPY. Opposition croissante des Yéménites fondamentalistes à cette nouvelle Constitution laïque. 22 mai, unification de la RDPY et de la RAY M. Saleh devient le président de la République du Yémen.
- **1991** Les travailleurs yéménites sont expulsés d'Arabie Saoudite en représailles au soutien du Yémen à l'Irak lors de l'invasion du Koweït.
- **1992** Assassinats et troubles politiques retardent les élections.
- **1994** Guerre civile. Les sécessionnistes du Sud sont battus.
- **1997** Le parti du président Saleh remporte les élections générales.
- **1999** Saleh est réélu.
- **2000** Acord frontalier avec l'Arabie Saoudite.
- **2001** Un référendum approuve le septennat présidentiel.
- **2002** Le gouvernement s'attaque aux alliés présumés d'al-Qaida dans les zones tribales.

POLITIQUE EXTÉRIEURE

LEA FMA BIRD MNA OCI

Isolé depuis son soutien à l'Irak lors de la Guerre du Golfe, le Yémen soutient à présent les EU, dont les agents opèrent sur son territoire pour retrouver les terroristes islamistes qui s'y trouvent.

AIDE INTERNATIONALE

 456 M $ (reçus)    Plus 47 % en 1999

En 1996, le Yémen a reçu 700 millions $ du FMI et de pays donateurs pour soutenir son programme de réformes économiques.

DÉFENSE

 429 M $ Plus 6 % en 1999

La méfiance entre les deux anciennes républiques apparue au lendemain de l'unification a ralenti le processus d'intégration des forces du Nord et du Sud. Le contrôle des tribus séditieuses constitue le principal problème de sécurité intérieure. L'implication du Yémen dans des actions terroristes a été évoquée en 2000 lors de l'attaque au large d'Aden du destroyer américain *USS Cole*.

FORCES ARMÉES YÉMÉNITES

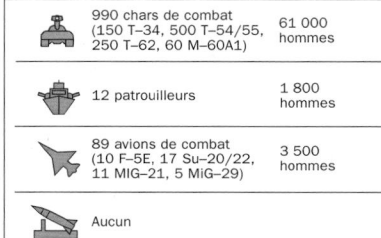

	990 chars de combat (150 T–34, 500 T–54/55, 250 T–62, 60 M–60A1)	61 000 hommes
	12 patrouilleurs	1 800 hommes
	89 avions de combat (10 F–5E, 17 Su–20/22, 11 MIG–21, 5 MiG–29)	3 500 hommes
	Aucun	

ÉCONOMIE

 8,18 Md $  174-178 riyals yéménites

CHIFFRES SIGNIFICATIFS

- CLASSEMENT DU PNB AU NIVEAU MONDIAL 93e
- PNB PAR HABITANT ....450 $
- BALANCE DES PAIEMENTS ....1,11 Md $
- INFLATION ....10 %
- CHÔMAGE ....30 %

EXPORTATIONS

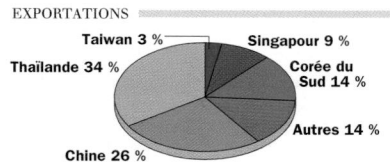

Taiwan 3 %
Singapour 9 %
Thaïlande 34 %
Corée du Sud 14 %
Autres 14 %
Chine 26 %

IMPORTATIONS

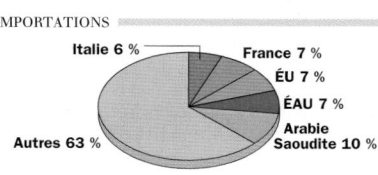

Italie 6 %
France 7 %
ÉU 7 %
ÉAU 7 %
Arabie Saoudite 10 %
Autres 63 %

ATOUTS
Production de pétrole en hausse. Mines de sel, gisements de cuivre, d'or, de plomb, de zinc et de molybdène. Raffineries de pétrole, usines de produits chimiques et alimentaires.

FAIBLESSES
L'instabilité politique décourage les investisseurs étrangers. Le marché noir particulièrement bien organisé pénalise le système fiscal. La balance des paiements est fortement déficitaire. Le pays dépend de l'extérieur pour ses besoins alimentaires. Poids de la croissance démographique.

PROFIL
L'unification de 1990 devait s'accompagner d'une transformation de l'économie du pays. Le gouvernement avait fondé de grands espoirs sur l'exploitation des réserves importantes de pétrole et de gaz naturel découvertes en 1984, et le Yémen a effectivement commencé à exporter du pétrole en 1987. Des projets ont été lancés pour

INDICATEUR DES PERFORMANCES ÉCONOMIQUES

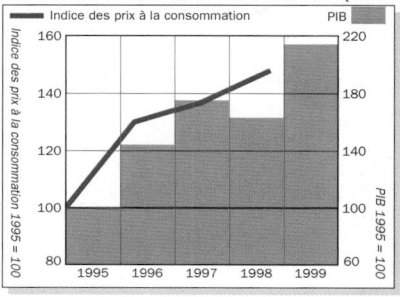

— Indice des prix à la consommation   PIB

encourager les investissements industriels autour du port d'Aden. Cette politique de redressement a connu de sérieux revers dus au conflit du Golfe de 1990-91. En outre, l'expulsion de plus d'un million de Yéménites qui travaillaient en Arabie Saoudite a supprimé les flux financiers de l'argent qu'ils envoyaient chez eux.
La crise économique a forcé le gouvernement à réduire les dépenses et les subventions affectées aux produits alimentaires de base. La guerre civile de 1994 a détruit une grande partie des infrastructures. En 1995, le gouvernement s'est lancé dans un programme de réformes soutenu par le FMI visant à stabiliser l'économie. En 1998, la suppression des subventions des produits alimentaires de base a provoqué des manifestations.

YÉMEN : PRINCIPALES ACTIVITÉS

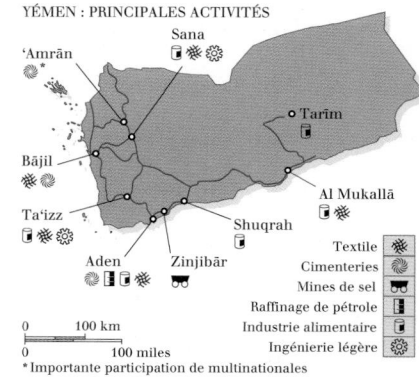

Sana
'Amrân
Tarîm
Bâjil
Al Mukallâ
Ta'izz
Shuqrah
Aden   Zinjibâr

Textile	
Cimenteries	
Mines de sel	
Raffinage de pétrole	
Industrie alimentaire	
Ingénierie légère	

0   100 km
0   100 miles
* Importante participation de multinationales

Y

RESSOURCES

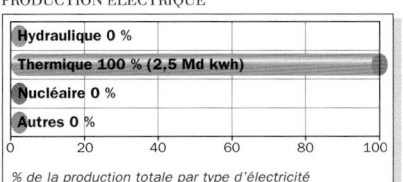

115 654 tonnes

440 000 b/j (réserves : 4 Mdb)

4,6 M d'ovins
4,2 M de chèvres
27,3 M de poulets
1,3 M de bovins

Pétrole, gaz naturel, sel, marbre, gypse, or, cuivre, plomb, zinc, molybdène

PRODUCTION ÉLECTRIQUE

Hydraulique 0 %

Thermique 100 % (2,5 Md kwh)

Nucléaire 0 %

Autres 0 %

| 0 | 20 | 40 | 60 | 80 | 100 |

% de la production totale par type d'électricité

Le Yémen possède d'importantes réserves de pétrole et de gaz naturel. La production et le raffinage de pétrole brut ont été entravés par les compagnies occidentales pour ménager l'Arabie Saoudite, mais l'accord frontalier conclu entre les deux pays en 2000 va permettre un meilleur accès du Yémen à de riches champs pétrolifères. La prospection se poursuit dans nombre de régions malgré les attaques perpétrées par des malfaiteurs. Le sel est à ce jour le seul minéral exploité commercialement et sa production est en hausse constante. Le secteur agricole emploie 55 % de la population active et réalise 22 % du PIB. Le coton est destiné à l'exportation. Le Yémen compte aussi un secteur d'exploitation forestière limité. La chasse vise principalement à approvisionner les tanneurs. L'économie du Nord repose sur l'élevage et sur la production de produits laitiers et de peaux. Le Yémen a commencé à exploiter ses fonds marins poissonneux dans la mer d'Arabie.

YÉMEN :
UTILISATION DU SOL

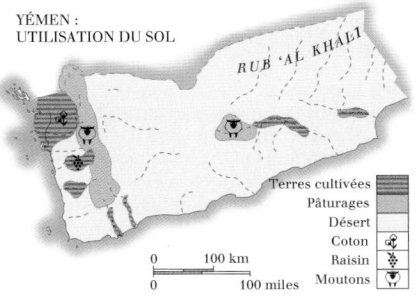

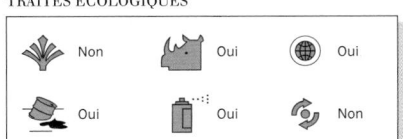

Terres cultivées
Pâturages
Désert
Coton
Raisin
Moutons

| 0 | 100 km |
| 0 | 100 miles |

ENVIRONNEMENT

Aucune

1 tonne par habitant

TRAITÉS ÉCOLOGIQUES

Non
Oui
Oui

Oui
Oui
Non

De vastes régions sont restées indemnes. Les problèmes sont la désertification, la rareté de l'eau, la surexploitation des pâturages et l'érosion des sols.

MÉDIAS

15 quotidiens pour 1 000 habitants

PRESSE ET TÉLÉCOMMUNICATIONS

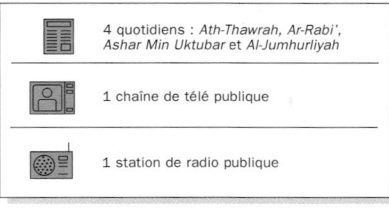

4 quotidiens : *Ath-Thawrah, Ar-Rabi', Ashar Min Uktubar* et *Al-Jumhurliyah*

1 chaîne de télé publique

1 station de radio publique

CRIMINALITÉ

Pas de chiffre sur la population carcérale

Moins 51 % en 1991–1996

TAUX DE CRIMINALITÉ

Meurtres
3 *pour 100 000 habitants*

Viols
0,4 *pour 100 000 habitants*

Vols
28 *pour 100 000 habitants*

Les assassinats politiques font partie de la vie du Yémen. Les lois officielles ne sont appliquées que dans les villes importantes et les entreprises occidentales risquent de voir leur personnel se faire enlever, et de se faire voler leur équipement par des Bédouins. Les armes illégales prolifèrent (50 millions). Le qat est la drogue locale.

ÉDUCATION

46 %

65 675 étudiants

LE SYSTÈME ÉDUCATIF

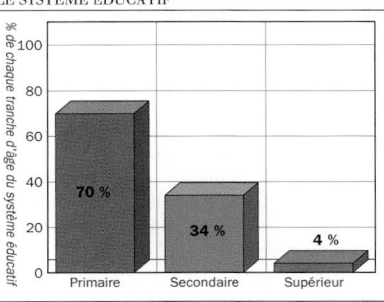

% de chaque tranche d'âge du système éducatif

70 %

34 %

4 %

Primaire | Secondaire | Supérieur

80 % de la population n'a pas accès à un enseignement dispensé dans des salles de cours. Les infrastructures sont quasiment inexistantes dans les régions rurales. Le taux d'analphabétisme est très élevé chez les femmes (74 %) et 13 % des étudiants des deux universités – situées à Sanaa et Aden – sont des femmes. Quelques établissements d'enseignement supérieurs techniques. Mécontentement estudiantin.

Le paysage médiatique yéménite est depuis longtemps marqué par des débats intellectuels d'un niveau élevé mais le secteur de la presse est peu développé malgré la législation garantissant depuis 1990 la liberté de la presse. Le gouvernement contrôle les médias et les entrées de journalistes dans le pays. La télévision et la radio couvrent un public restreint, concentré dans les villes importantes. Le nombre de récepteurs radio et de téléviseurs par habitant est bas.

SANTÉ

1 pour 5 000 habitants

Diarrhée, tuberculose, malaria, bilharziose

Les villes importantes possèdent un système sanitaire de base. Un nouvel hôpital de 300 lits doit être installé à Sanaa en 2004. Les régions rurales sont moins bien desservies. Les services sanitaires sont en outre sous la menace des bandes tribales. En 1998, trois infirmières religieuses travaillant à l'hôpital Dar al-Salam à l'ouest de Hudaydah ont été tuées.

RICHESSES

CONSOMMATION ET DÉPENSES

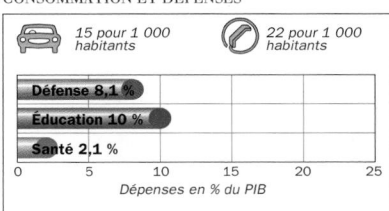

15 pour 1 000 habitants

22 pour 1 000 habitants

Défense 8,1 %

Éducation 10 %

Santé 2,1 %

| 0 | 5 | 10 | 15 | 20 | 25 |

Dépenses en % du PIB

La plupart des habitants ont subi une baisse de leur niveau de vie depuis que l'Arabie Saoudite a expulsé les travailleurs yéménites. Hausse du taux de chômage (estimé à 30 %). Les biens de consommation durables ne sont accessibles qu'à une minorité.

CLASSEMENT MONDIAL

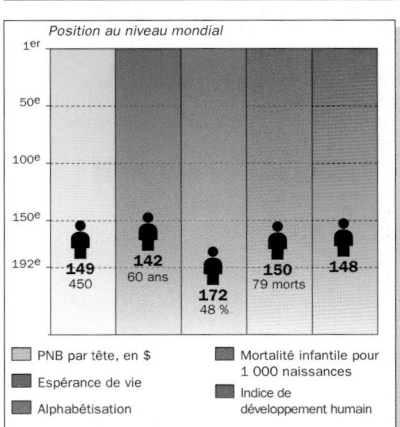

Position au niveau mondial

1er

50e

100e

150e

192e

149 — 450
142 — 60 ans
172 — 48 %
150 — 79 morts
148

PNB par tête, en $

Espérance de vie

Alphabétisation

Mortalité infantile pour 1 000 naissances

Indice de développement humain

Y

ZAMBIE

NOM OFFICIEL : République de Zambie **CAPITALE** : Lusaka
POPULATION : 10,9 millions **MONNAIE** : kwacha **LANGUE OFFICIELLE** : anglais

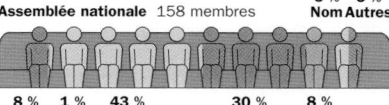

SITUÉE au cœur de l'Afrique méridionale, la Zambie est limitée au Sud par le Zambèze et l'essentiel de son relief est constitué de hauts plateaux. Sa situation économique est étroitement liée à celle des mines de cuivre. La chute du cours du cuivre à la fin des années 1970 et l'inaccessibilité croissante des gisements ont provoqué une récession particulièrement sévère. En 1991, la Zambie, qui était soumise au régime du parti unique, a amorcé avec succès une transition pacifique vers la démocratie pluraliste.

CLIMAT

DONNÉES MÉTÉOROLOGIQUES

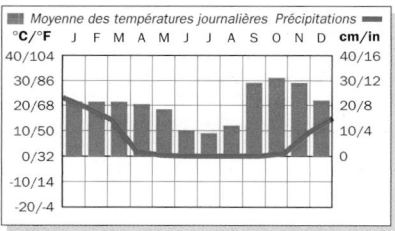

Le climat de la Zambie est tropical et la saison humide s'étend de novembre à avril. Le sud-ouest souffre de la sécheresse.

TRANSPORTS

 Lusaka International 341 361 passagers   Pas de flotte

RÉSEAU DE TRANSPORT

39 700 km (24 668 miles)		60 km (37 miles)	
1 273 km (791 miles)		2 250 km (1 398 miles)	

Le maigre réseau routier et ferroviaire, qui nécessite une rénovation urgente, pourrait saborder le redémarrage économique. La Zambian Airways a été liquidée en 1994 et remplacée par des compagnies privées.

TOURISME

 574 000 visiteurs   Plus 26 % en 2000

PROVENANCE DES TOURISTES ÉTRANGERS

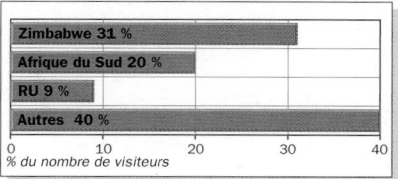

Zimbabwe 31 %
Afrique du Sud 20 %
RU 9 %
Autres 40 %

% du nombre de visiteurs

La faune, les chutes Victoria et la pratique du rafting sont les principales attractions touristiques du pays. L'augmentation du tourisme pénalise le Zimbabwe voisin.

POPULATION

 Bemba, nyanja, tonga, kaonde, lounda, lovale, lozi, anglais   12 hab./km²

PART DE LA POPULATION URBAINE/RURALE

44 %   56 %

RELIGION

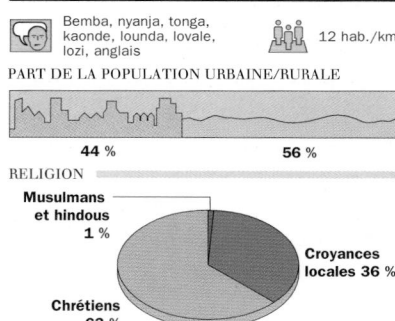

Musulmans et hindous 1 %
Croyances locales 36 %
Chrétiens 63 %

La population zambienne est caractérisée par une composition ethnique très hétérogène : elle compte en effet plus de 70 groupes ethniques mais les tensions y sont moins prononcées que dans la plupart des autres pays africains. Les Bembas, regroupés dans le Nord-Est et qui dominent la Copper Belt, région qui regroupe les mines de cuivre, représentent 18 % de la population totale.
Les communautés tonga, nyanga et lozi, établies respectivement au Sud, à l'Est et à l'Ouest, sont également nombreuses. La Zambie abrite également 225 000 réfugiés venant essentiellement d'Angola.
La Zambie est l'un des pays les plus urbanisés d'Afrique ; de nombreuses familles habitent les villes de la Copper Belt depuis trois ou quatre générations. La population rurale vit d'une agriculture de subsistance. Depuis 2000, des efforts sont faits pour améliorer le statut des femmes.

Les chutes Victoria, connues en Afrique sous le nom de Musi-o-Tunyi (la fumée qui gronde). La vapeur qu'elles génèrent est visible à 30 km.

POLITIQUE

2001/2006   Levy Mwanawasa, président de la République

EN 1996

Assemblée nationale 158 membres

5 % Nom   5 % Autres

8 % FDD   1 % Vacant   43 % MMD   30 % UPND   8 % UNIP

MMD = Mouvement pour la démocratie pluraliste
Nom = nommés   **FDD** = Forum pour la démocratie et le développement   **UPND** = Parti uni pour le développement national   **UNIP** = Parti uni d'indépendance nationale

Jusqu'à 8 membres sont nommés par le président et

L'année 1991 a vu la tenue des premières élections libres depuis 19 ans et la défaite de K. Kaunda due au mécontentement de la population face à la situation économique et à la corruption de l'Etat. Le président Chiluba et le MMD ont fait des réformes sociales douloureuses et d'une efficacité économique limitée. Chiluba, jadis très respecté comme point de ralliement de l'opposition démocratique à Kaunda, est lui-même à présent très contesté pour son comportement arbitraire et autoritaire et son échec face à la pauvreté et au Sida. Les élections de 1996 ont été boycottées par l'opposition. En 2001, Chiluba a purgé le MMD de ses principaux opposants, accélérant ainsi la formation de nouveaux partis d'opposition.

POLITIQUE EXTÉRIEURE

 OUA   Comm   MNA   CDAA   G15

Sous la présidence de Kaunda, la Zambie s'opposait activement au régime de l'apartheid en Afrique du Sud. Le MMD entretient à présent des relations étroites avec Pretoria. La Zambie a également servi de médiateur dans les conflits de la région.

AIDE INTERNATIONALE

 623 M (reçus)   Plus 79 % en 1999

Après une période de gel due à la corruption de l'État, l'aide internationale a repris en 1997 avec des dons d'un montant de 1,5 Md $ par an. Le FMI a attribué un prêt de 349 M $ sur trois ans en 1999, et accordé une remise de la dette à hauteur de 3,8 Md $ en 2000.

DÉFENSE

 88 M $ Plus 33 % en 1999

Malgré un budget assez modeste, l'armée (21 600 hommes) dispose d'un matériel moderne et sécurise la frontière avec l'Angola.

Z

ÉCONOMIE

 3,33 Md $ 4468-4768
kwachas zambiens

CHIFFRES SIGNIFICATIFS

- ❏ CLASSEMENT DU PNB AU NIVEAU MONDIAL ..128ᵉ
- ❏ PNB PAR HABITANT ....320 $
- ❏ BALANCE DES PAIEMENTS ....– 584 M $
- ❏ INFLATION ....21,5 %
- ❏ CHÔMAGE ....50 %

ATOUTS

La Zambie dispose de ressources suffisantes pour parvenir à l'autonomie alimentaire et exporter un grand nombre de produits agricoles, comme le coton et les fleurs. Le pays possède des gisements de cuivre, de cobalt et de charbon. Réformes de transition vers une économie de marché et politique attractive pour les investisseurs étrangers privés.

FAIBLESSES

Dépendance par rapport aux exportations de cuivre qui représentent 90 % des recettes totales d'exportations. Peu de ressources financières pour restructurer l'économie. Forte inflation, récession et sécheresses en 1998. Terres arables sous-exploitées. Retards dans la privatisation (cuivre).

EXPORTATIONS

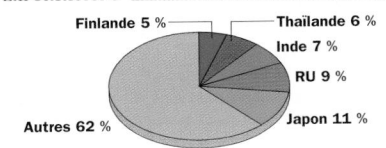

Finlande 5 %   Thaïlande 6 %
                Inde 7 %
                RU 9 %
Autres 62 %
                Japon 11 %

IMPORTATIONS

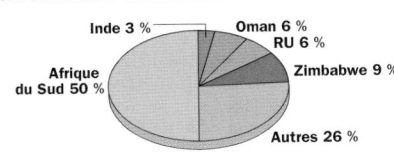

Inde 3 %   Oman 6 %
            RU 6 %
Afrique du Sud 50 %   Zimbabwe 9 %
            Autres 26 %

ZAMBIE

Superficie totale : 740 720 km² (285 992 sq. miles)

POPULATION
- ⊙ Plus de 500 000
- ◉ Plus de 100 000
- ○ Plus de 50 000
- ● Plus de 10 000
- · Moins de 10 000

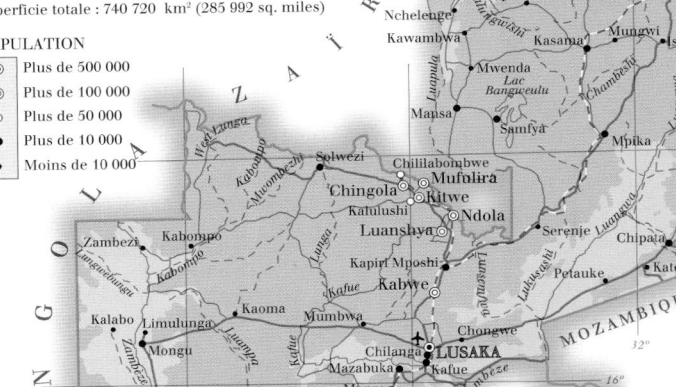

ALTIMÉTRIE

1 000 m/3 281ft
500 m/1 640ft
200 m/656ft

0   200 km
0   200 miles

RESSOURCES

 70 702 tonnes   Pays non producteur

2,37 M de caprins
1,25 M de bovins
29 M de poulets

Cuivre, cobalt, charbon, zinc, plomb, or, émeraudes, améthystes

La Zambie est le sixième producteur mondial de cuivre, qui demeure la principale ressource du pays malgré l'amenuisement des réserves. Le pays a un riche potentiel hydroélectrique.

ENVIRONNEMENT

 9 %   0,3 tonne par habitant

La sécheresse est un danger récurrent. Le rhinocéros, victime du braconnage, est en voie d'extinction. Les revenus générés par le secteur de la chasse autorisée sont redistribués aux villages.

MÉDIAS

 14 quotidiens pour 1 000 habitants

PRESSE ET TÉLÉCOMMUNICATIONS

3 quotidiens : le *Times of Zambia*, le *Daily Mail* et le *Daily Express*	
2 chaînes de télé : 1 publique et 1 pour l'éducation	4 stations de radio dont 3 privées

Les quotidiens sont concurrencés par les hebdomadaires privés. Les journalistes d'opposition ont été accusés de trahison.

CRIMINALITÉ

 26 175 détenus   Plus 17 % en 1992-1994

La criminalité augmente rapidement. En 1998, la Zambie a promis de remettre en état son système pénitentiaire et sa police.

CHRONOLOGIE

La Zambie, colonisée par les Britanniques pour ses gisements de cuivre, fut baptisée Rhodésie du Nord. Elle accède à l'indépendance en 1964 sous la présidence de K. Kaunda.

- ❏ **1972** Nouveau gouvernement (UNIP) et régime à parti unique.
- ❏ **1982–1991** Corruption et politique d'austérité.
- ❏ **1996** Élections contestées. Retour au pouvoir de Chiluba.
- ❏ **2002** Levy Mwanawasa président.

ÉDUCATION

 78 %   10 489 étudiants

L'école primaire est obligatoire. L'enseignement secondaire devenu payant a encore baissé en fréquentation.

SANTÉ

 1 pour 10 000 habitants   Infections respiratoires, diarrhée, malaria

Un programme anti-Sida a fait baisser le taux de contamination à Lusaka. Plus de 25 % de séropositifs vivent dans les bidonvilles.

RICHESSES

CONSOMMATION ET DÉPENSES

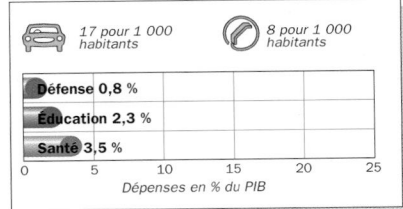

17 pour 1 000 habitants   8 pour 1 000 habitants

Défense 0,8 %
Éducation 2,3 %
Santé 3,5 %

0   5   10   15   20   25
Dépenses en % du PIB

Le niveau de vie est souvent inférieur en monnaie constante à celui de 1964, date de l'indépendance. De nombreuses personnes souffrent de malnutrition.

CLASSEMENT MONDIAL

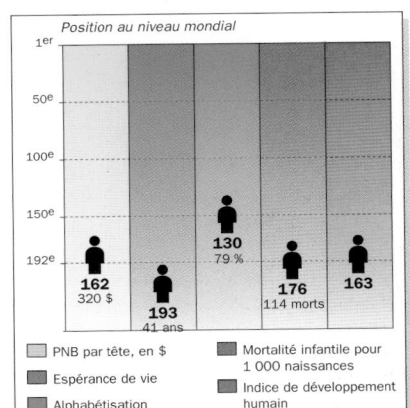

Position au niveau mondial

1er
50ᵉ
100ᵉ
150ᵉ
192ᵉ

130
79 %

162
320 $

193
41 ans

176
114 morts

163

- ▢ PNB par tête, en $
- ▢ Espérance de vie
- ▢ Alphabétisation
- ▢ Mortalité infantile pour 1 000 naissances
- ▢ Indice de développement humain

Z

ZIMBABWE

NOM OFFICIEL : République du Zimbabwe   **CAPITALE :** Harare
POPULATION : 13,1 millions   **MONNAIE :** dollar zimbabwéen   **LANGUE OFFICIELLE :** ANGLAIS

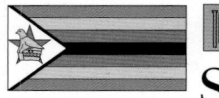

SITUÉ en Afrique australe, le Zimbabwe partage ses frontières avec l'Afrique du Sud, le Botswana, la Zambie et le Mozambique. Les hauteurs du plateau central sont traversées par des rivières qui se jettent dans le lac Kariba et le Zambèze. Les chutes Victoria du Zambèze sont le site naturel le plus impressionnant du Zimbabwe. Le pays s'est d'abord appelé Rhodésie du Sud et était alors une colonie britannique. Il est devenu indépendant en 1980 au terme d'un conflit armé entre la minorité blanche dirigée par le Premier ministre Ian Smith et la majorité noire représentée par le Front patriotique (PF), dirigé par Robert Mugabe et Joshua Nkomo

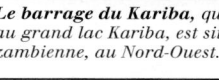

Le barrage du Kariba, qui a donné naissance au grand lac Kariba, est situé sur la frontière zambienne, au Nord-Ouest.

CLIMAT

DONNÉES MÉTÉOROLOGIQUES

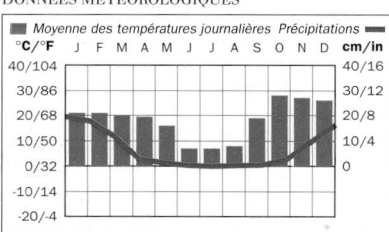

Du fait de son altitude, le Zimbabwe bénéficie d'un climat relativement tempéré au regard de sa situation tropicale, et d'un taux d'humidité faible. La saison humide s'étend de novembre à mars. À l'exception des hauts plateaux situés à l'est, les précipitations sont irrégulières et le pays est souvent frappé par la sécheresse. Les précipitations annuelles s'élèvent à 140 cm sur les hauts plateaux de l'Est et elles ne dépassent pas 40 cm dans la vallée du Limpopo.

TRANSPORTS

Harare International
1,02 M de passagers

Pas de flotte

RÉSEAU DE TRANSPORT

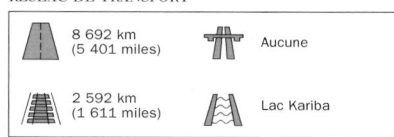

8 692 km (5 401 miles)

Aucune

2 592 km (1 611 miles)

Lac Kariba

Le nombre de liaisons aériennes internationales va en augmentant. Le réseau ferroviaire du Zimbabwe, l'un des plus denses de l'Afrique subsaharienne, fait actuellement l'objet d'améliorations.

TOURISME

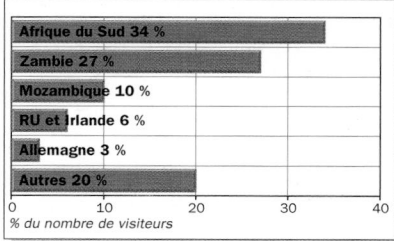

1,9 M de visiteurs

Moins 11 % en 2000

PROVENANCE DES TOURISTES ÉTRANGERS

Afrique du Sud 34 %	
Zambie 27 %	
Mozambique 10 %	
RU et Irlande 6 %	
Allemagne 3 %	
Autres 20 %	

% du nombre de visiteurs

Les principales attractions du pays sont : les chutes Victoria, le barrage du Kariba, les nombreux parcs nationaux, les vestiges situés près de Masvingo et *Word's View* sur les Monts Matopo. La multiplication des fermes commerciales dirigées par des vétérans de guerre et la violence de la campagne électorale de l'an 2000 ont mis le pays sur la liste rouge des destinations touristiques. Le manque de carburants et de devises étrangères ont en outre ruiné le secteur touristique.

Le gouvernement ne souhaite pas développer un tourisme de masse préjudiciable à l'environnement. Toutefois, les perspectives de recettes en devises ont conduit au développement de sites de vacances tels que le complexe Elephant Hills, situé sur le site des chutes Victoria. Harare et le site des chutes Victoria peuvent accueillir des conférences.

La législation stipule que 30 % des affaires commerciales liées au tourisme doivent être détenues par des nationaux.

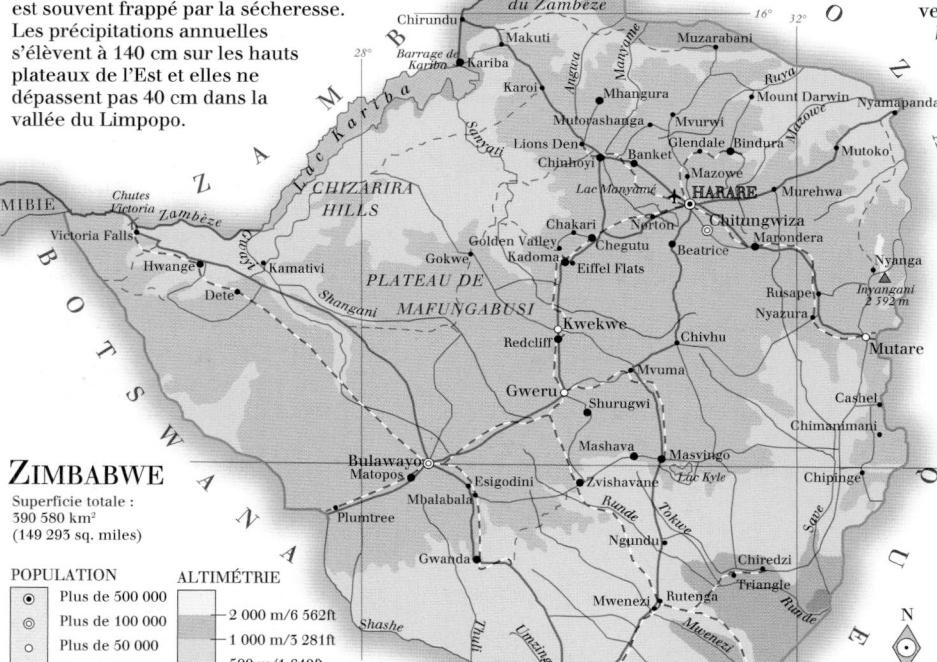

ZIMBABWE

Superficie totale :
390 580 km²
(149 293 sq. miles)

POPULATION
- ◉ Plus de 500 000
- ◎ Plus de 100 000
- ○ Plus de 50 000
- • Plus de 10 000
- · Moins de 10 000

ALTIMÉTRIE
- 2 000 m/6 562ft
- 1 000 m/3 281ft
- 500 m/1 640ft
- 200 m/656ft
- 180 m/590ft

Z

POPULATION

 Shona, ndébélé, anglais   30 hab./km²

PART DE LA POPULATION URBAINE/RURALE

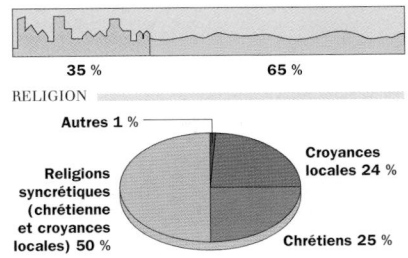

35 %   65 %

RELIGION

Autres 1 %
Croyances locales 24 %
Religions syncrétiques (chrétienne et croyances locales) 50 %
Chrétiens 25 %

COMPOSITION ETHNIQUE

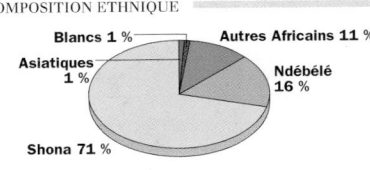

Blancs 1 %   Autres Africains 11 %
Asiatiques 1 %
Ndébélé 16 %
Shona 71 %

La population compte deux groupes ethniques principaux : les Ndébélé au Nord, et les Shona au Sud. Blancs et Asiatiques représentent 2 % de la population. Les tensions ethniques ont été exacerbées durant les années 1980. En 1983, 1 500 Matabélé ont été tués par l'armée avec la tentative de l'Union nationale africaine du Zimbabwe (ZANU-PF) du président Mugabé, de supprimer le principal parti d'opposition, l'Union du peuple africain du Zimbabwe (ZAPU-PF). La situation s'apaise après la signature en 1987 d'un accord d'unité et la nomination, en 1990, de Joshua Nkomo au poste de vice-président du ZAPU. Conséquence de la colonisation, la population blanche est la plus favorisée. Ce déséquilibre a été réduit par les mesures destinées à accroître la qualification et à faciliter l'accès des Noirs aux postes administratifs. La redistribution des terres, d'abord lente et controversée,

PYRAMIDE DES ÂGES

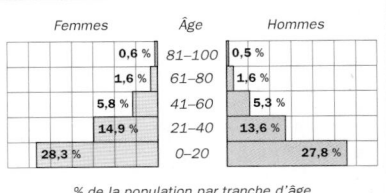

Femmes	Âge	Hommes
0,6 %	81–100	0,5 %
1,6 %	61–80	1,6 %
5,8 %	41–60	5,3 %
14,9 %	21–40	13,6 %
28,3 %	0–20	27,8 %

% de la population par tranche d'âge

s'est accélérée en 2000 lorsque le gouvernement a soutenu un mouvement de saisie des fermes possédées par les Blancs.
Les familles sont nombreuses et la moitié de la population a moins de 15 ans. La société est traditionnellement patriarcale. En 1999, un arrêt de la cour suprême n'a accordé aux femmes mariées noires qu'un statut d' « adolescent subalterne ».

POLITIQUE

 2000/2005   Robert Gabriel Mugabe, président de la République

AUX DERNIÈRES ÉLECTIONS
Parlement 150 membres   1 % ZANU–Ndonga

41 % ZANU–PF   38 % MDC   20 % Nom

ZANU–PF = Union nationale africaine du Zimbabwe – Front patriotique **MDC** = Mouvement Démocratique du Changement **Nom** = nommés **ZANU–Ndonga** = Union nationale du Zimbabwe – Ndonga
30 sièges sont réservés aux nominations du Président et aux chefs traditionnels

80 % des députés sont élus et restent en poste cinq ans. Le président est élu tous les six ans par le parlement.

PRINCIPAUX PROBLÈMES POLITIQUES
La domination du président Mugabe
Robert Mugabe a été nommé président en 1987. L'idée d'un État socialiste à parti unique a été abandonnée en 1991 avec les disparitions de l'URSS et de l'apartheid en Afrique du Sud. Face à l'effondrement de l'économie, son parti, le ZANU-PF, a, depuis lors, perdu tout soutien dans l'opinion, et rencontré l'opposition du Mouvement Démocratique du Changement (MDC). Le ZANU-PF s'est maintenu au pouvoir de justesse lors des

élections de l'an 2000, fragilisant encore Mugabe.

La redistribution des terres
Bien qu'il y ait eu un consensus par rapport au fait que le plan d'occupation des sols privilégiait la minorité blanche, la méthode de redistribution des terres et le fait qu'elle ait pris du retard ont provoqué une vague de protestations. En 2000, Mugabe dressa un plan d'expropriation sans compensation des fermes possédées par les Blancs et apporta sa caution à leur occupation violente sous l'égide des vétérans de guerre. Le MDC a en revanche cautionné une redistribution plus lente et une indemnisation.

PROFIL
Le ZANU-PF est sorti victorieux en 1980 de la longue lutte contre le régime de Ian Smith favorable à la suprématie blanche. Les rivalités au sein du ZANU ont été dépassées en 1987 lorsqu'a commencé l'expérience socialiste sous la férule de R. Mugabe. En réalité, la répression s'est installée et le service civil a été fermé aux personnes non membres du parti.
Le pouvoir du ZANU-PF a été ébranlé en 2000 au profit du MDC, malgré une campagne d'intimidation menée par le pouvoir avant les élections.

Robert Mugabe, élu Premier ministre en 1980 et président en 1987 et 1996.

Morgan Tsvangirai, chef du parti d'opposition MDC.

AIDE INTERNATIONALE

 244 M $ (reçus)    Moins 13 % en 1999

En janvier 1992, le FMI a octroyé 484 millions de dollars au Zimbabwe pour financer un plan de réforme économique. L'UE a accordé une aide un peu moindre. L'aide bilatérale a diminué d'un tiers entre 1994 et 1996 après que les donateurs tels que le RU, le Danemark, les ÉU, la France et l'Allemagne aient appris qu'elle était détournée de ses objectifs initiaux. En 1998, le FMI a approuvé un crédit de 175 millions de dollars. Mais les violences politiques de l'année 2000 ont provoqué la suspension de l'aide du RU, des ÉU et du FMI.

POLITIQUE EXTÉRIEURE

 OUA CDAA Comm MNA G15

Le Zimbabwe participe activement à la CDAA et à la Zone d'accords préférentiels d'Afrique du sud et de l'est. Les relations avec l'Afrique du Sud de l'après-apartheid sont particulièrement développées. Les troupes zimbabwéennes ont joué un rôle

actif en RDC (1998-2002). Cette implication et la posture anticolonialiste de Mugabe lui ont valu des soutiens régionaux pour sa politique opposée aux exploitants agricoles blancs. Cependant, ses positions de plus en plus antidémocratiques lui ont valu d'être isolé de la communauté internationale. Les EU, l'UE et le RU ont condamné son régime, et

leur sanctions ont détérioré l'économie du pays. En 2002, l'Afrique du Sud et le Nigéria ont voté pour sa suspension du Commonwealth, montrant –chose rare – leur irritation devant la réélection de Mugabe, qualifiée d'« inéquitable ».

Z

CHRONOLOGIE

En 1953, la colonie britannique de Rhodésie du Sud (Zimbabwe) a été intégrée à la Fédération de Rhodésie et du Nyasaland en même temps que la Rhodésie du Nord (Zambie) et le Nyasaland (Malawi).

❏ **1961** M. Nkomo crée le ZAPU.
❏ **1962** Le ZAPU est interdit. Le Front rhodésien (RF), pour la ségrégation raciale, remporte les élections.
❏ **1963** Les nationalistes de Rhodésie du Nord et du Nyasaland exigent la dissolution de la fédération. Fondation du ZANU, émanation du ZAPU, par le père Sithole et M. Mugabe.
❏ **1964** Ian Smith (RF) Premier ministre. Rejet des conditions britanniques pour l'accession à l'indépendance. Interdiction du ZANU.
❏ **1965** Mai, le RF remporte les élections. Novembre, l'état d'urgence est décrété (renouvelé jusqu'en 1990) : Smith proclame unilatéralement l'indépendance du pays. Sanctions économiques du RU. L'ANC, le ZANU et le ZAPU en guerre civile.
❏ **1974** Le régime composé de membres du RF parvient à un accord de cessez-le feu avec les nationalistes africains.
❏ **1977** Le PF reçoit le soutien des États africains « du front » : Mozambique, Tanzanie, Botswana et Zambie.
❏ **1979** Nouvelle Constitution.
❏ **1980** Indépendance du Zimbabwe. Mugabe devient Premier ministre d'un gouvernement de coalition ZANU/ZAPU au terme d'une campagne électorale violente. Rupture diplomatique avec l'Afrique du Sud.
❏ **1985** Élections et victoire du ZANU-PF. Arrestation de membres du ZAPU-PF et manifeste pour la création d'un État à parti unique.
❏ **1987** Juin, le ZAPU-PF est interdit. Septembre, suppression des lois qui autorisaient les Blancs à siéger au parlement. Novembre, levée de l'interdiction qui frappait le ZAPU-PF. Décembre, signature d'un accord d'unité entre le ZANU-PF et le ZAPU-PF, qui fusionnent en 1989. Mugabe devient président.
❏ **1990** Élections remportées par le ZANU-PF. Mugabe, président.
❏ **1991** Mugabe renonce à son projet d'État à parti unique.
❏ **1998** Grève générale et rumeur de coup d'État militaire.
❏ **1999** L'opposition forme le MDC.
❏ **2000** Référendum sur la nouvelle Constitution : le gouvernement est mis en échec. Expropriations de fermiers blancs. Très bons résultats du MDC aux élections.
❏ **2002** Mugabe réélu lors d'élections truquées. Expulsion des fermiers blancs. Suspension du Commonwealth. Risque de famine et d'effondrement économique.

DÉFENSE

 418 M $ Plus 25 % en 1999

La guérilla nationaliste a été l'héroïne de l'indépendance en 1980. À la fin des années 1990 toutefois, les demandes de pensions exigées par les anciens combattants se sont heurtées à l'hostilité de la population. Au début des années 1980, cependant, un certain nombre de soldats ont déserté pour lutter contre les forces gouvernementales dans le maquis matabélé. Ils ont été à l'origine des dissidences qui ont déstabilisé le régime jusqu'à la signature de l'accord d'unité, en 1987. Le Zimbabwe reçoit une aide militaire du RU et de la Corée du Sud, qui assurent la formation technique de ses soldats. Il fait partie du Mouvement des non-alignés et n'a donc signé aucune alliance formelle. Il a toutefois soutenu

le régime mozambicain contre les guérilleros du RENAMO et l'intervention en Somalie des ÉU en 1992-1995. Le retrait des troupes du Congo, envoyées en 1998 pour aider Kabila à combattre les rebelles, a commencé en avril 2001 après l'accord de Lusaka.

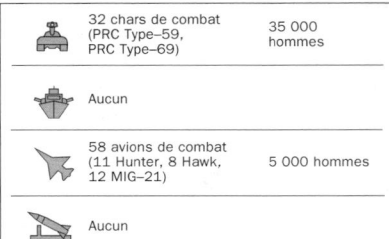

FORCES ARMÉES ZIMBABWÉENNES

🚙	32 chars de combat (PRC Type–59, PRC Type–69)	35 000 hommes
🚢	Aucun	
✈	58 avions de combat (11 Hunter, 8 Hawk, 12 MIG–21)	5 000 hommes
🚀	Aucun	

ÉCONOMIE

 6,16 Md $ 55,5-824 dollars zimbabwéens

CHIFFRES SIGNIFICATIFS

❏ CLASSEMENT DU PNB AU NIVEAU MONDIAL ..104e
❏ PNB PAR HABITANT ....480 $
❏ BALANCE DES PAIEMENTS ....– 425 M $
❏ INFLATION ....76,7 %
❏ CHÔMAGE ....50 %

EXPORTATIONS

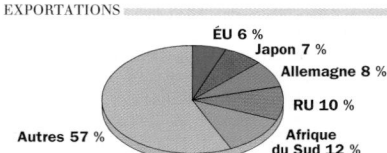

ÉU 6 %
Japon 7 %
Allemagne 8 %
RU 10 %
Afrique du Sud 12 %
Autres 57 %

IMPORTATIONS

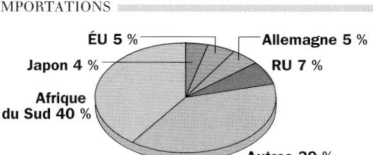

ÉU 5 %
Allemagne 5 %
Japon 4 %
RU 7 %
Afrique du Sud 40 %
Autres 39 %

ATOUTS
Le Zimbabwe a l'appareil industriel le plus développé d'Afrique et des infrastructures saines. Il satisfait la quasi-totalité de ses besoins alimentaires et énergétiques. Membre fondateur de la zone de libre échange régionale. Or, charbon, tabac, horticulture.

FAIBLESSES
Les sécheresses handicapent le secteur agricole et l'appareil hydroélectrique. Budget fortement déficitaire. Inflation élevée. 50 % de la population au chômage. Agitation ouvrière, effondrement bancaire, émeutes résultant des prix alimentaires. La monnaie nationale a été dévaluée de 50 % en 1998 et en 2000. Les importations bon marché détruisent les industries locales. La violence politique et

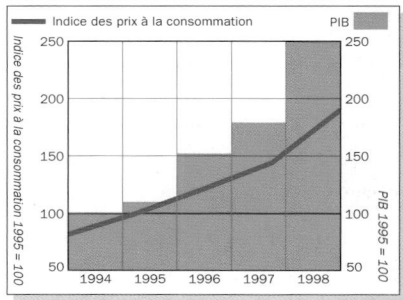

INDICATEUR DES PERFORMANCES ÉCONOMIQUES

— Indice des prix à la consommation   PIB

l'effondrement économique de l'année 2000 ont effrayé les investisseurs.

PROFIL
La mise en place d'une économie de marché a augmenté le chômage et l'inflation. L'avenir des industries minières apparaît sombre. Le coût de la vie a explosé en 2000. La question de la propriété des terres reste aiguë.

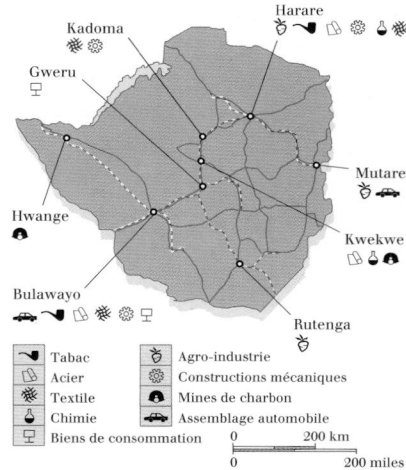

ZIMBABWE : PRINCIPALES ACTIVITÉS

Harare
Kadoma
Gweru
Mutare
Hwange
Kwekwe
Bulawayo
Rutenga

🚬 Tabac   🌱 Agro-industrie
📖 Acier   ⚙ Constructions mécaniques
❄ Textile   ⛏ Mines de charbon
⚗ Chimie   🚗 Assemblage automobile
💻 Biens de consommation

0   200 km
0   200 miles

RESSOURCES

 18 241 tonnes   Pays non producteur

5,6 M de bovins
2,5 M de caprins
16 M de poulets
    Or, charbon, amiante, nickel, cuivre, argent, fer, émeraudes, lithium, diamants

PRODUCTION ÉLECTRIQUE

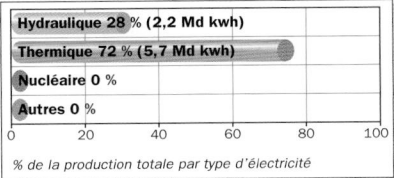

Hydraulique 28 % (2,2 Md kwh)	
Thermique 72 % (5,7 Md kwh)	
Nucléaire 0 %	
Autres 0 %	

% de la production totale par type d'électricité

ENVIRONNEMENT

 8 % (1 % partiellement protégé)   1,6 tonne par habitant

TRAITÉS ÉCOLOGIQUES

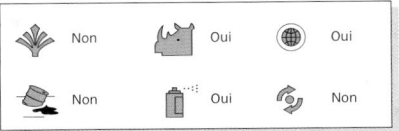

Non   Oui   Oui

Non   Oui   Non

La sécheresse qui a frappé le pays de 1991 à 1992 a rendu la moitié de la population dépendante des services d'aide et absorbé 20 % des dépenses publiques.
Les zones urbanisées sont surpeuplées. La déforestation, l'érosion des sols et le déclin de la faune sauvage et des ressources en eau progressent à un rythme préoccupant. Le gouvernement a pris des mesures pour protéger le rhinocéros noir : des patrouilles luttent contre les braconniers convoitant les cornes. 150 braconniers ont été abattus par les patrouilles depuis 1986. Les populations de rhinocéros ont par ailleurs été déplacées dans des zones plus sûres, mais le gouvernement soutient également à présent un programme de décornage des rhinocéros. En 1997, à la conférence internationale pour la protection des espèces menacées, le Zimbabwe a pris la tête des pays favorables à une reprise limitée du commerce de l'ivoire. Depuis 1999, l'augmentation du braconnage de l'ivoire a suscité des appels en faveur d'une meilleure protection des éléphants.

MÉDIAS

 19 quotidiens pour 1 000 habitants.

PRESSE ET TÉLÉCOMMUNICATIONS

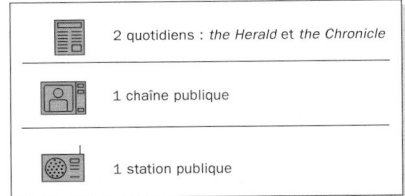

2 quotidiens : *the Herald* et *the Chronicle*

1 chaîne publique

1 station publique

L'État censure sévèrement, voire persécute, la presse et les stations de radio.

Près de 30 % de l'énergie consommée est produite par des centrales hydroélectriques, notamment par le barrage de Kariba, exploité conjointement avec la Zambie. En 1991, il a été décidé d'étendre les infrastructures du barrage au sud de Kariba et de construire une nouvelle centrale à Bartoka Gorge. L'oléoduc qui relie Beira, au Mozambique, à Mutare, doit être prolongé jusqu'à Harare. Les mines de charbon de Hwange abritent des réserves de 400 M de tonnes et l'activité minière profite des investissements de la Malaisie.

CRIMINALITÉ

 21 000 détenus   Plus 4 % en 1996-1998

TAUX DE CRIMINALITÉ.

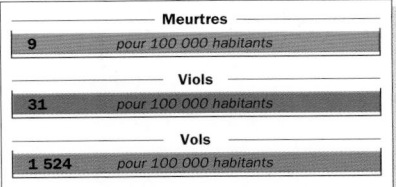

Meurtres	
9	pour 100 000 habitants

Viols	
31	pour 100 000 habitants

Vols	
1 524	pour 100 000 habitants

Le niveau de la criminalité et des délits liés au trafic de stupéfiants est important dans les villes. L'occupation illégale, soutenue par le gouvernement, des fermes possédées par la population blanche et les violences commises lors des élections de l'année 2000 ont causé plusieurs morts. Les services secrets sont accusés de violation des droits de l'homme.

ÉDUCATION

 89 %    46 673 étudiants

LE SYSTÈME ÉDUCATIF

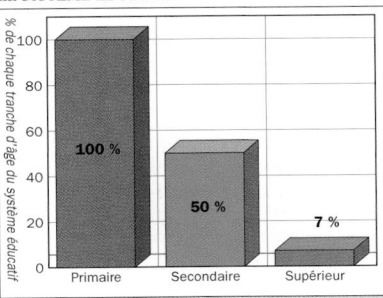

% de chaque tranche d'âge du système éducatif

100 % — Primaire
50 % — Secondaire
7 % — Supérieur

L'amélioration du système éducatif a été l'un des grands succès du ZANU-PF. En tout juste 10 ans, la population scolaire est passée de 820 000 à 2,3 millions d'élèves. L'éducation est obligatoire, anglophone, et payante depuis 1992. Construction de deux nouvelles universités à Bulawayo et Mutare. Développement des stages professionnels pour améliorer les qualifications dans l'agriculture, la médecine et l'ingénierie.

ZIMBABWE : UTILISATION DU SOL

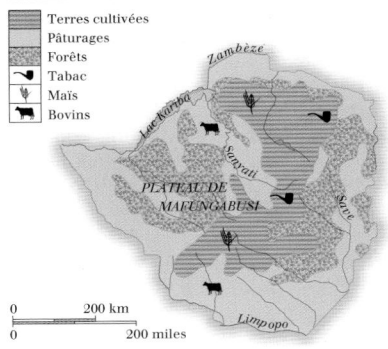

Terres cultivées
Pâturages
Forêts
Tabac
Maïs
Bovins

Zambèze — *Lac Kariba* — *Sanyati* — *PLATEAU DE MAFUNGABUSI* — *Save* — *Limpopo*

0   200 km
0   200 miles

SANTÉ

 1 pour 10 000 habitants   Sida, tuberculose, accidents, malaria, maladies cardiaques, cancers

Le Sida, principale menace pesant sur la santé publique, a ramené l'espérance de vie à 43 ans, fait 800 000 orphelins et tue 700 personnes par semaine. Un programme tardif de prévention est en cours. Le système de santé ne peut faire face à la demande ; il est gratuit pour les pauvres, mais il est peu performant et manque de personnel.

RICHESSES

CONSOMMATION ET DÉPENSES

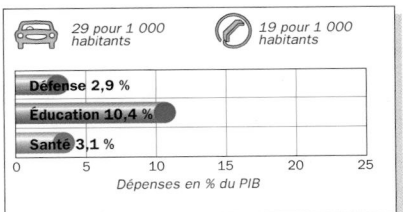

29 pour 1 000 habitants   19 pour 1 000 habitants

Défense 2,9 %	
Éducation 10,4 %	
Santé 3,1 %	

Dépenses en % du PIB

Durant les années 1980, le programme « Croissance et équité » a diminué les inégalités. Mais inflation et dévaluations ont réduit les salaires réels.

CLASSEMENT MONDIAL

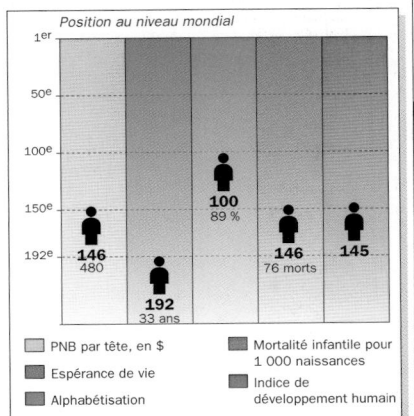

Position au niveau mondial

1er
50e
100e
150e
192e

146 — 480
192 — 33 ans
100 — 89 %
146 — 76 morts
145

PNB par tête, en $
Espérance de vie
Alphabétisation
Mortalité infantile pour 1 000 naissances
Indice de développement humain

Z

TERRITOIRES ET DÉPENDANCES D'OUTRE-MER

LE PROCESSUS de décolonisation amorcé en 1945 (pages 52-55) a été rapide mais 10 millions de personnes vivent encore sous la protection de la France, de l'Australie, du Danemark, de la Nouvelle-Zélande, de la Norvège, du Portugal, du Royaume-Uni, des États-Unis ou des Pays-Bas ce qui s'explique par des facteurs économiques, historiques ou politiques. Ainsi les territoires de Hong Kong et Macao ont-ils été restitués à la Chine à la fin des années 1990. D'autres sont dans l'instance de référendums, qui détermineront leur avenir. Certains territoires restent sous l'égide de leur colonisateur car ils présentent une importance économique ou stratégique ; d'autres sont jugés trop petits ou trop faibles pour survivre en tant que nations indépendantes.

LE ROYAUME-UNI

LE RU EST TOUJOURS LE PAYS qui compte le plus de territoires d'outre-mer, classables en 3 catégories : les colonies de la Couronne, les territoires de la Couronne et les territoires indépendants. Ces distinctions sont d'ordre constitutionnel, puisque tous ont aujourd'hui acquis un degré élevé d'autonomie, et que la notion de citoyenneté fait actuellement l'objet d'une révision. La Grande-Bretagne pratique généralement une politique de non ingérence. Si un territoire manifeste officiellement le désir de devenir indépendant constitutionnellement, elle lui reconnaît ce droit dès lors qu'il est économiquement viable.

Svalbard (Norvège)

MER DE BARENTS

Jan Mayen (Norvège)

Île Féroé (Danemark)

Île de Man (RU)

ROYAUME UNI

MER DU NORD

NORVÈGE

MER BALTIQUE

DANEMARK

PAYS-BAS

Île de la Manche: Guernesey et Jersey (RU)

FRANCE

EUROPE

PORTUGAL

Gibraltar (RU)

MÉDITERRANÉE

ASIE

MER DU JAPON

MER JAUNE

MER DE CHINE ORIENTALE

AFRIQUE

MER D'ARABIE

Îles Paracel (Contestées)

MER DE CHINE MÉRIDIONALE

Îles Spratley (Contestées)

Îles Mariannes du Nord (ÉU)

Guam (ÉU)

Ascension (Administré par Sainte-Hélène)

Sainte-Hélène (RU)

OCÉAN ATLANTIQUE

Îles Chagos (RU)

Mayotte (France)

La Réunion (France)

Europa (Administré par la Réunion)

Bassas da India (Administré par la Réunion)

Îles Cocos (Keeling) (Australie)

MER DE JAVA

Îles Christmas (Australie)

Îles Ashmore et Cartier (Australie)

MER D'ARAFURA

OCÉAN INDIEN

AUSTRALIE

Tristan de Cunha (Administré par Sainte-Hélène)

Île Gough (Administré par Sainte-Hélène)

Île St. Paul

Île Amsterdam

Territoires français du Sud de l'Antarctique (France)

Îles Crozet

Kerguelen

Île Bouvet (Norvège)

Îles Heard et McDonald (Australie)

Les territoires français du Sud de l'Antarctique et les zones antarctiques sujettes à des revendications territoriales ne sont pas traités ici.

LA NOUVELLE-ZÉLANDE

LA NOUVELLE-ZÉLANDE n'est pas attachée au maintien de ses relations avec ses territoires d'outre-mer. Toutefois, la faiblesse économique de Tokelau, territoire indépendant, de Niue et des îles Cook, États libre association, l'oblige à prendre en charge leur politique extérieure et leur défense.

Australie
Nouvelle-Zélande
Royaume-Uni
États-Unis
France

Danemark
Pays-Bas
Norvège
Contesté

ES ÉTATS-UNIS

ES TERRITOIRES D'OUTRE-MER DES ÉU leur ont permis de
éserver des intérêts stratégiques. Le plus souvent, le
uvernement américain a laissé la population locale libre
e décider de son statut. Ainsi les trois territoires placés
us la tutelle de l'ONU et administrés par les ÉU sont-ils
venus souverains, et les territoires du Commonwealth
méricain tels que Porto Rico jouissent d'une plus grande
utonomie que les territoires extérieurs non incorporés.

OCÉAN ARCTIQUE

MER DE
BEAUFORT

Groenland
(Danemark)

OCÉAN
ATLANTIQUE

MER DE
BÉRING

AMÉRIQUE DU NORD

ÉTATS-UNIS
D'AMÉRIQUE

St Pierre et
Miquelon
(France)

Îles Turks et Caïcos
(RU)

Porto Rico
(ÉU)

Îles Vierges
du Royaume-Uni

Anguilla
(RU)

Bermudes
(RU)

Îles Midway
(ÉU)

Golfe du
Mexique

Îles Caïmans
(RU)

MER DES
CARAÏBES

Îles Vierges
(ÉU)

Guadeloupe
(France)

Atoll de
Johnston (ÉU)

OCÉAN PACIFIQUE

Île Navassa
(RU)

MER DES
CARAÏBES

Antilles Néerlandaises
(Pays-bas)

Montserrat
(RU)

Île Clipperton
(Administrée par la
Polynésie Française)

Aruba
(Pays-bas)

Martinique
(France)

Kingman Reef (ÉU)

Atoll de Palmyra
(ÉU)

Îles Baker et
owland (ÉU)

Îles Jarvis
(ÉU)

Tokelau

Guyane Française
(France)

t Futuna
(France)

Îles Cook
(NZ)

amoa-Américaine
(ÉU)

Niue
(NZ)

Polynésie
Française
(France)

Îles Pitcairn
(RU)

AMÉRIQUE
DU SUD

uvelle-Calédonie
ance)

Îles Norfolk
(Australie)

LA FRANCE

LES TERRITOIRES FRANÇAIS D'OUTRE-MER sont considérés comme une
partie indivisible de la République et la France a développé des
liens très étroits avec eux, mettant l'accent sur les avantages de
l'interdépendance par rapport à l'indépendance. Ils sont classés
selon une hiérarchie très stricte. Les départements d'outre-mer
disposent de leur propre gouvernement. Les collectivités
territoriales sont administrées par un commissionnaire nommé
par la France et un conseil dont les membres sont élus par la
population locale. Le degré d'autonomie varie d'un territoire
à l'autre.

NOUVELLE-
ZÉLANDE

Îles Malouines
(RU)

Géorgie du Sud
et Îles Sandwich du Sud
(RU)

SAMOA-AMÉRICAINES

STATUT : Territoire non incorporé des ÉU   DATE DE COLONISATION : 1900
CHEF-LIEU : Pago Pago   POP. : 63 781   DENSITÉ : 327 hab./km²

SITUÉES DANS LE SUD DU PACIFIQUE, les Samoa-Américaines sont constituées de cinq îles volcaniques et de deux atolls coralliens. Elles sont soumises à un climat tropical et enregistrent des précipitations annuelles moyennes de 5 000 mm. Les typhons et les tempêtes tropicales sont fréquents de décembre à mars. Les Samoans sont les derniers autochtones de Polynésie. La société se conforme toujours au Fa'a Samoa, le mode de vie samoan. Le tissu social repose sur la famille étendue, l'aiga. Les chefs occupent une place prépondérante au sein du gouvernement, état de fait qui est à l'origine de tensions car les jeunes sont attirés par le mode de vie américain, le Fa'a America. Nombre d'entre eux ont ainsi émigré aux ÉU. Un cinquième du thon consommé aux ÉU provient des conserveries de Pago Pago, qui emploient 25 % de la population. Le gouvernement samoan essaie aujourd'hui de diversifier l'économie et de développer les secteurs de l'industrie légère et du tourisme.

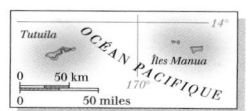

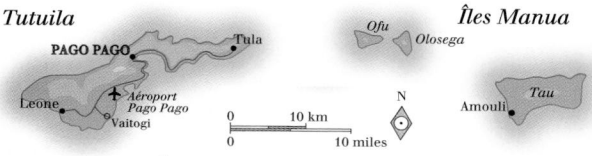

ANGUILLA

STATUT : Territoire dépendant du RU   DATE DE COLONISATION : 1650
CHEF-LIEU : The Valley   POP. : 11 407   DENSITÉ : 119 hab./km²

ANGUILLA EST SITUÉE à l'extrémité nord des îles Sous-le-Vent, dans la mer des Caraïbes. Elle est soumise à un climat tropical dont l'humidité et la chaleur sont tempérées par les alizés. En 1967, la population a refusé que l'île devienne indépendante en même temps que Saint-Kitts-et-Nevis, privilégiant la stabilité que lui conférait son statut de territoire associé. Le Parti progressiste du peuple, devenu l'Alliance nationale d'Anguilla en 1980 a dominé la scène politique jusqu'en 1994, puis est revenue au pouvoir six ans plus tard au sein d'une coalition avec le parti démocratique d'Anguilla. Le Premier ministre Hubert Hugues continue à développer le secteur du tourisme et à attirer des investisseurs étrangers. La croissance économique est essentiellement due au tourisme.

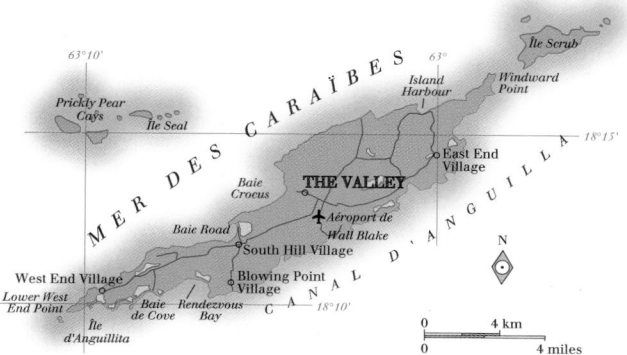

ARUBA

STATUT : Partie autonome des Pays-Bas   DATE DE COLONISATION : 1643
CHEF-LIEU : Oranjestad   POPULATION : 95 201   DENSITÉ : 493 hab./km²

SITUÉE À 25 KM de la côte vénézuélienne, Aruba et l'une des plus petites îles des Caraïbes néerlandaises. Elle connaît un climat tropical tempéré par les alizés.

Jadis la plus riche des îles des Antilles néerlandaises, Aruba est devenue une dépendance autonome en 1986. Le processus qui devait conduire à l'indépendance, attendue pour 1996, a été interrompu en 1994 après un accord intervenu entre les Pays-Bas, Anguilla et les Antilles néerlandaises.

Les Pays-Bas ont exprimé leur inquiétude quant à sa sécurité militaire et ont souligné le danger que l'île devienne une plaque tournante du trafic de drogue. Le gouvernement, dirigé par Hendrik Eman, n'est pas certain que le pays ait intérêt à devenir totalement indépendant, compte tenu de sont taux de chômage élevé et de son instabilité économique. L'économie du pays reposait autrefois sur le raffinage de pétrole mais elle s'est diversifiée à partir de 1986. Le secteur du tourisme et les activités financières extra-

Palm Beach connue aussi sous le nom de côte turquoise, se trouve sur la partie ouest de l'île. La plage s'étend sur 10 km et abrite une station balnéaire faite de constructions basses.

territoriales sont aujourd'hui les principaux secteurs de l'économie. Il y a plus de 700 000 visiteurs par an, dont près de 60 % viennent des ÉU. Toutefois, l'expansion rapide du tourisme a fait peser de lourdes contraintes sur l'infrastructure de l'île et l'on a commencé à restreindre le nombre de visiteurs. En même temps, les infrastructures ont été améliorées pour encourager l'industrie des micro-processeurs.

La coopération d'Aruba avec les ÉU dans la région passe par

Oranjestad, la capitale, comporte de nombreux bâtiments de style colonial hollandais, datant pour les plus anciens du XVIIe siècle.

le soutien que le gouvernement de l'île leur apporte dans leur lutte contre les narco-trafiquants qui opèrent à partir de l'Amérique du Sud. Depuis la fermeture des bases américaines au Panama en 1999, les avions américains utilisent les bases de l'île pour effectuer des vols de reconnaissance. Ceux qui s'opposent à cette coopération craignent qu'elle implique Aruba dans la guerre civile colombienne.

au-dessus du niveau de la mer   200 m/656ft   500 m/1 640ft   1 000 m/3 281ft   1 500 m/4 572ft   plus de 2 000 m/6 562ft

BERMUDES

STATUT : Colonie de la Couronne britannique   DATE DE COLONISATION : 1612
CHEF-LIEU : Hamilton   POP. : 64 000   DENSITÉ : 1208 hab./km²

SITUÉES À PLUS DE 900 km de la Caroline-du-Sud, les Bermudes comptent plus de 150 îles coralliennes. Le Gulf Stream, qui circule entre les Bermudes et la côte Est américaine,

place le pays sous l'influence d'un climat doux et humide. La société des Bermudes est d'une composition ethnique très hétérogène ; 60 % des habitants sont d'origine africaine, le reste étant principalement de souche européenne. Les tensions ethniques des années 1960 et 1970 ont diminué avec la mise en place d'un système électoral plus représentatif après la visite d'une commission royale en 1978. Pendant 30 ans après les premières élections, qui se sont tenues en 1968, toutes ont été remportées par le Parti uni des Bermudes (UBP), parti conservateur modéré. En 1995, John Swan a quitté la direction du parti et démissionné de son poste de Premier ministre après l'échec massif du référendum qu'il avait organisé en faveur de l'indépendance. Aux élections générales de novembre 1998,

l'UBP, dirigé à présent par Pamela Gordon, a été totalement mis en échec par le parti travailliste progressiste conduit par Jennifer Smith. Les principaux problèmes de l'île sont liés aux défis sociaux et économiques du retrait des bases militaires britanniques et américaines, aux questions d'environnement et au trafic de drogue. Les Bermudes ont essentiellement une économie de services. Les lis sont cultivés pour l'exportation, mais peu d'autres biens agricoles sont produits en quantité suffisante, et les îles dépendent de l'importation de nourriture. L'économie de l'île a beaucoup profité de son statut de paradis fiscal qui l'a aidé à conserver l'un des plus hauts revenus par habitant au monde. Toutefois, le gouvernement s'est efforcé, à travers un certain nombre de réformes touchant à son environnement financier, de parer aux critiques dont l'île a fait l'objet à l'étranger. Les Bermudes sont également leader sur le marché des assurances et exploitent l'une des plus grandes flottes au monde de pavillons de complaisance.

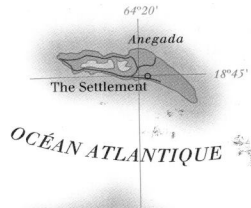

Les Bermudes sont l'une des régions du monde qui comptent le plus de parcours de golf par rapport à leur superficie. Huit parcours ont ainsi été aménagés.

TERRITOIRE BRITANNIQUE DE L'OCÉAN INDIEN

STATUT : Territoire dépendant du RU   DATE DE COLONISATION : 1814
CHEF-LIEU : Diego Garcia   POP. : 3100   DENSITÉ : 52 hab./km²

CE TERRITOIRE, également appelé Îles Chagos, se trouve au beau milieu de l'océan Indien. Les atolls de corail ne sont occupés que par les armées britannique et américaine, basées à Diego Garcia. Le RU les cèdera à l'Île Maurice lorsqu'elles ne seront plus utilisées. En 2000, les autochtones expulsés ont gagné le droit devant la Haute Cour du RU de réintégrer leurs terres, malgré la farouche opposition des ÉU.

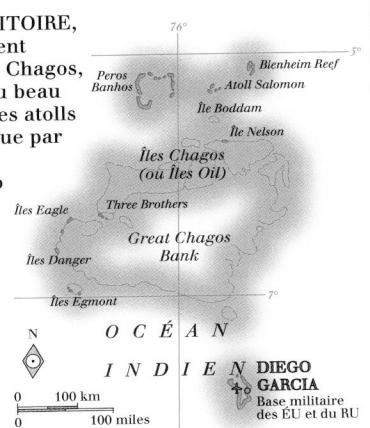

ÎLES VIERGES DU RU

STATUT : Territoire dépendant du RU   DATE DE COLONISATION : 1672
CHEF-LIEU : Road Town   POP. : 19 864   DENSITÉ : 130 hab./km²

SITUÉ À L'EXTRÉMITÉ des Grandes Antilles, l'archipel des îles Vierges du RU est constitué de 60 îles, dont 15 sont habitées. Son climat tropical a favorisé le développement du tourisme, qui constitue aujourd'hui l'activité principale. Les autorités sont cependant préoccupées par son impact sur l'environnement et l'on craint aussi que les noms des lieux traditionnels soient obligés d'être révisés. Les îles Vierges sont également un paradis fiscal. Toutefois, des scandales financiers impliquant des entreprises immatriculées dans les îles ont conduit à adopter une législation plus sévère en 1990.

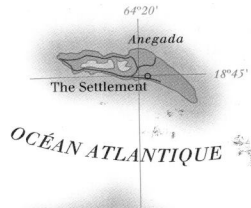

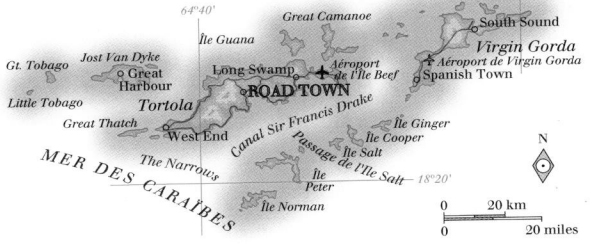

CAÏMANS (ÎLES)

STATUT : Territoire dépendant du RU DATE DE COLONISATION : 1670
CHEF-LIEU : Georgetown POP. : 39 000 DENSITÉ : 151 hab./km²

SITUÉES à 300 km au nord-ouest de la Jamaïque, les îles Caïmans sont le plus grand territoire encore sous dépendance britannique. L'île de Grande Caïman est considérée comme la patrie de la plongée sous-marine, le premier magasin au monde spécialisé dans ce domaine y ayant ouvert ses portes dès 1957. Les habitants de l'île ont rejeté l'option d'une plus grande autonomie, persuadés que leur stabilité économique est liée à leur statut de dépendance territoriale. L'absence de tout contrôle des changes et de toute imposition permet aux îles Caïmans d'être l'un des principaux paradis fiscaux du monde, mais le tourisme demeure la base de l'économie.

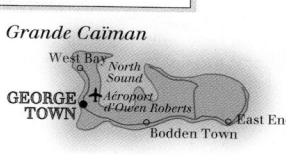

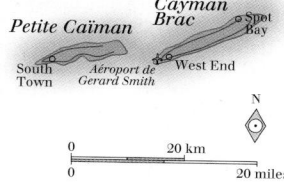

CHRISTMAS (ÎLE)

STATUT : Territoire externe australien DATE DE COLONISATION : 1958
CHEF-LIEU : Flying Fish Cove POP. : 1 906 DENSITÉ : 14 hab./km²

APPELÉE ainsi parce qu'elle a été localisée le jour de Noël 1643, l'île Christmas est située à 300 km au sud de Java. La population, surtout d'origine malaise ou chinoise, descend des travailleurs amenés pour exploiter les gisements de phosphate. Un parc national couvre environ 70 % de l'île. En 2001, le gouvernement australien a passé un accord avec la Russie pour commencer la construction d'un site de lancement de fusée.

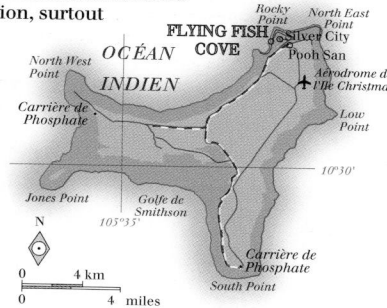

COCOS (KEELING) (ÎLES)

STATUT : Territoire externe australien DATE DE COLONISATION : 1955
CHEF-LIEU : West (île) POP. : 621 DENSITÉ : 44 hab./km²

LES ÎLES Cocos (Keeling) comptent 27 atolls coralliens situés à mi-chemin entre l'Australie et le Sri Lanka. Elles sont intégrées à la circonscription électorale des Territoires du Nord depuis 1992. L'essentiel de la population de l'île West est de souche européenne, tandis que celle de l'île Home est d'origine malaise. Les noix de coco, cultivées sur tous les atolls, constituent la seule culture destinée à l'exportation.

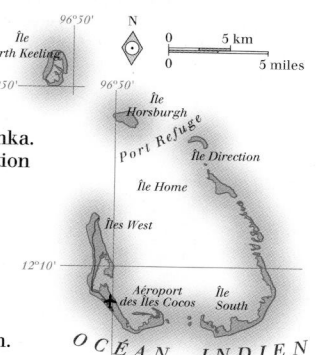

COOK (ÎLES)

STATUT : Territoire en libre association avec la Nouvelle-Zélande DATE DE COLONISATION :
CHEF-LIEU : Avarua POP. : 14 300 DENSITÉ : 60 hab./km²

SITUÉES à 3 500 km au nord-est de la Nouvelle-Zélande, les îles Cook comptent 24 atolls coralliens et îles volcaniques. Elles ont obtenu un gouvernement indépendant en 1965 et ont mis en place une économie diversifiée : tourisme, activités bancaires, élevage de palourdes, d'huîtres perlières et d'autruches. Importants gisements de minerais situés sur le fond des océans. Ces îles disposent de secteurs bancaire et touristique très dynamiques. Depuis 1986, les îles Cook ont proclamé leur neutralité, craignant que la Nouvelle-Zélande ne puisse assurer leur défense. En 1991, elles ont signé avec la France un traité d'amitié qui prévoit une coopération économique et commerciale ainsi que la surveillance de leurs eaux territoriales par la France. Mais leurs relations se sont détériorées après les six essais nucléaires français sur l'atoll de Mururoa en 1995. Les projets controversés de développement d'élevage d'huîtres perlières sur l'atoll de Suwarrow, qui est d'une importance écologique cruciale, ont été abandonnés en 2001 après un scandale public.

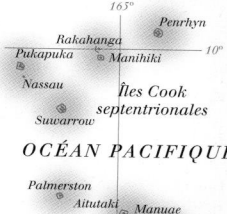

FÉROÉ (ÎLES)

STATUT : Territoire autonome du Danemark DATE DE COLONISATION : 1380
CHEF-LIEU : Tórshavn POP. : 46 122 DENSITÉ : 33 hab./km²

À MI-CHEMIN entre l'Écosse et l'Islande, dans l'Atlantique Nord, les îles Féroé sont sous l'influence du Gulf Stream qui leur confère un climat doux pour leur latitude. L'autonomie dont elles disposent depuis 1948 en politique intérieure a fait naître une identité nationale très forte. L'intégration à la CEE avec le Danemark a été refusé en 1973, mais les relations commerciales sont bonnes avec la plupart des membres de l'UE. La pêche est la principale activité et représente 90 % des exportations. Malgré les critiques internationales, les îles continuent à autoriser la pêche à la baleine-pilote et au dauphin souffleur. Les îles comptent aussi un grand nombre d'élevages de moutons. Une petite industrie textile exporte des laines traditionnelles ainsi que des plumes de puffins et d'eiders à duvet. La politique d'intégration européenne, que le Danemark a par la suite privilégiée, a engendré des revendications indépendantistes. Des négociations destinées à établir une « nation souveraine » au sein de la monarchie danoise ont commencé en 1998. Toutefois, en 2001, les menaces du gouvernement danois de suspendre ses subventions ont suscité des appels en faveur d'un référendum.

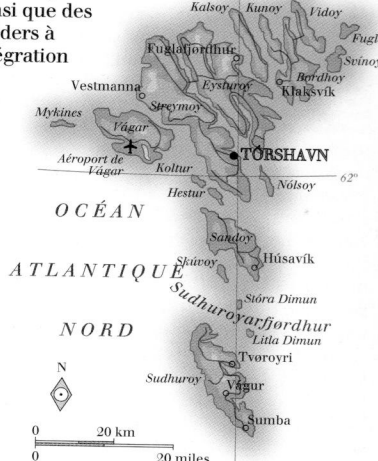

ALTIMÉTRIE au-dessus du niveau de la mer 200 m/656ft 500 m/1 640ft 1 000 m/3 281ft 1 500 m/4 572ft plus de 2 000 m/6 562ft

MALOUINES (ÎLES)

STATUT : Territoire dépendant du RU   DATE DE COLONISATION : 1832
CHEF-LIEU : Port Stanley   POP. : 2 826   DENSITÉ : 0,23 hab./km²

SITUÉES dans le sud de l'océan Atlantique, à 12 000 km du RU, les îles connaissent un climat doux tempéré mais sont souvent soumises à des vents violents. Les Malouines ont fait l'actualité internationale lorsqu'elles ont été envahies par l'Argentine puis reconquises par les Britanniques en 1982. Depuis, le gouvernement britannique investit lourdement dans une politique visant à en faire une véritable forteresse. Un nouvel aéroport et une base militaire ont été construits sur le Mont Pleasant pour abriter une garnison plus importante. Les habitants souhaitent maintenir le *statu quo*, mais en 1999 l'amélioration des relations a permis le rétablissement des liaisons aériennes régulières avec l'Argentine (*via* le Chili). La situation économique des îles s'est améliorée. Les insulaires sont depuis peu marqués par un sentiment d'appartenance très prononcé et ont fortement investi pour développer leurs écoles, leur réseau routier et leur secteur touristique. En 1987, la vente de droits de pêche a permis aux Malouines de devenir solvables, et ce secteur demeure la principale source de revenus et d'emplois.

Avec la chute du cours de la laine, le niveau de vie de la population, composée pour l'essentiel d'éleveurs de moutons, a commencé à baisser. Le RU et l'Argentine sont parvenus en 1995 à un accord concernant l'exploration pétrolière au large des Malouines. Le tourisme qui attire les ornithologues amateurs, les photographes et les historiens militaires est en pleine expansion.

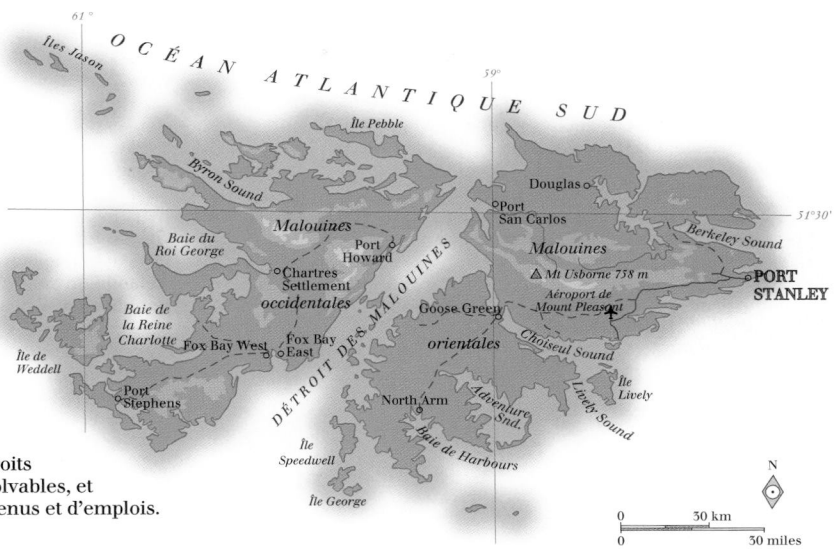

GUYANE

STATUT : Département d'outre-mer   DATE DE COLONISATION : 1817
CHEF-LIEU : Cayenne   POP. : 157 213   DENSITÉ : 2 hab./km²

ENCLAVÉE ENTRE le Brésil et le Surinam, sur la côte nord-est de l'Amérique du Sud, la Guyane est la seule colonie que compte encore le continent. La côte est constituée d'une bande de marécages ; l'intérieur des terres est occupé par une jungle équatoriale. La Guyane est longtemps restée célèbre pour son bagne, situé sur l'île du Diable. La forêt tropicale est caractérisée par une faune et une flore extrêmement riches. Elle abrite plus de 400 000 espèces d'animaux, par exemple plus de variétés d'oiseaux qu'il n'y en a dans toute l'Europe. Regroupée pour l'essentiel sur le littoral, la population est constituée d'un mélange ethnique : tandis que 40 % sont créoles, il existe environ 20 000 Amérindiens et un village d'un millier de Hmongs qui ont

fui la guerre civile du Laos dans les années 1980. Sa communauté de nègres bush, descendants d'esclaves évadés, est l'une des plus importantes d'Amérique du Sud. La campagne mise en place à la fin des années 1970 et au début des années 1980 pour réclamer davantage d'autonomie a abouti à une légère décentralisation des pouvoirs au profit du Conseil régional. Le Parti socialiste guyanais (PSG) est parvenu à préserver sa mainmise sur le pouvoir face à une opposition divisée. La Guyane est confrontée à une dégradation de sa situation économique et sociale et il y a eu des émeutes en 1996 et 1997, notamment en raison de problèmes dans le système éducatif. La Guyane en tant que DOM fait partie de l'UE, mais elle dépend toujours principalement de la France pour ses approvisionnements en produits alimentaires et en biens manufacturés. Les ressources naturelles (or, pêche, forêts) et le potentiel touristique sont réels mais elle ne les a pas encore exploités faute de main-d'œuvre qualifiée et d'infrastructures. La base de lancement de l'Agence spatiale européenne créée à Kourou en 1964 lui confère une importance stratégique.

Kourou a été choisie comme site de lancement de la fusée Ariane pour sa situation équatoriale. La ville est passée de 800 habitants à 15 000.

POPULATION   Moins de 5 000   • Moins de 10 000   ● Plus de 10 000   ◎ Plus de 50 000   ◉ Plus de 100 000   □ Régions urbaines   AÉROPORTS   ✚ International   ✛ National   **645**

POLYNÉSIE FRANÇAISE

STATUT : Territoire d'outre-mer français   DATE DE COLONISATION : 1843
CHEF-LIEU : Papeete   POP. : 231 500   DENSITÉ : 66 hab./km²

SITUÉE dans le sud du Pacifique, la Polynésie française comptent 130 îles et atolls coralliens dispersés sur une superficie équivalente à celle de l'Europe. La température moyenne varie de 20 à 29 °C et les précipitations s'élèvent à 1 500 mm. 75 % des habitants sont établis à Tahiti, l'île principale. La population de souche polynésienne, majoritaire, a vu son économie, modeste mais autonome, devenir dépendante de l'armée française et du tourisme. Les essais nucléaires effectués sur l'atoll de Mururoa avaient créé de nombreux emplois, mais une opposition croissante et la dernière campagne effectuée en 1995-1996 malgré un mouvement international de protestations, ont provoqué des émeutes à Papeete. Les Polynésiens revendiquent aujourd'hui une plus grande autonomie et des mesures pour redévelopper le commerce indigène et diminuer le tourisme. Les perspectives reposent essentiellement sur la création d'entreprises de pêche du thon.

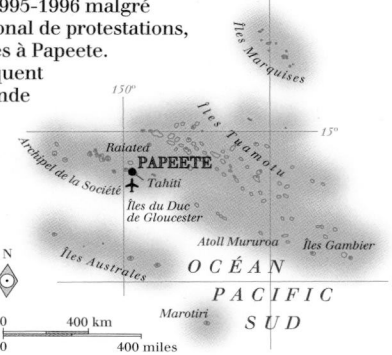

GIBRALTAR

STATUT : Colonie de la Couronne britannique   DATE DE COLONISATION : 1713
CHEF-LIEU : Gibraltar   POP. : 27 025   DENSITÉ : 3 861 hab./km²

GIBRALTAR est situé à l'entrée ouest de la Méditerranée. Les revenus générés par la marine marchande et l'armée constituent ses principales ressources. Toutefois, la Grande-Bretagne ayant réduit son budget de la Défense, les forces du RU sont aujourd'hui moins présentes sur le Rocher. La population a su développer un secteur d'activités bancaires extraterritoriales dynamique. Les nouvelles lois introduites en 1995 visant à lutter contre la contrebande ont permis de réduire le trafic vers l'Espagne. Les sociaux-démocrates de Peter Caruana sont favorables à des liens plus étroits avec le RU, tandis que l'Espagne continue à faire pression pour récupérer Gibraltar. La frontière avec l'Espagne est souvent bloquée.

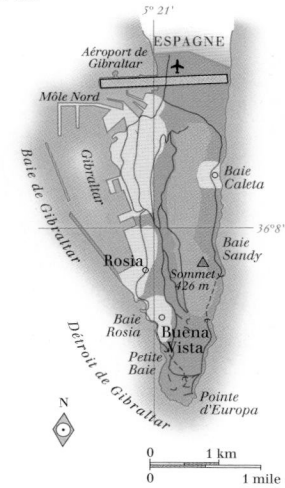

Le Rocher de Gibraltar. Les Britanniques ont construit 143 grottes, 50 km de routes et 50 km de tunnels pour les besoins de leur défense.

GROENLAND

STATUT : Territoire autonome du Danemark   DATE DE COLONISATION : 1380
CHEF-LIEU : Nuuk   POP. : 56 307   DENSITÉ : 0,03 hab./km²

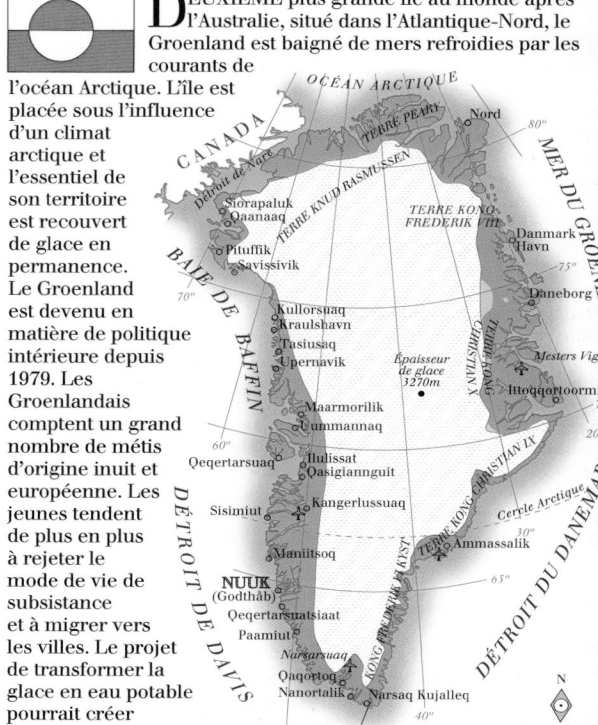

DEUXIÈME plus grande île au monde après l'Australie, situé dans l'Atlantique-Nord, le Groenland est baigné de mers refroidies par les courants de l'océan Arctique. L'île est placée sous l'influence d'un climat arctique et l'essentiel de son territoire est recouvert de glace en permanence. Le Groenland est devenu en matière de politique intérieure depuis 1979. Les Groenlandais comptent un grand nombre de métis d'origine inuit et européenne. Les jeunes tendent de plus en plus à rejeter le mode de vie de subsistance et à migrer vers les villes. Le projet de transformer la glace en eau potable pourrait créer d'importants revenus.

GUADELOUPE

STATUT : Département d'outre-mer français   DATE DE COLONISATION : 1635
CHEF-LIEU : Basse-Terre   POP. : 422 496   DENSITÉ : 257 hab./km²

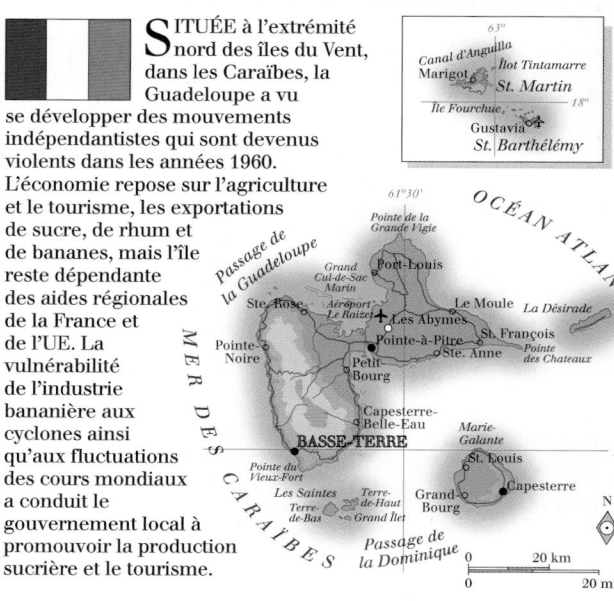

SITUÉE à l'extrémité nord des îles du Vent, dans les Caraïbes, la Guadeloupe a vu se développer des mouvements indépendantistes qui sont devenus violents dans les années 1960. L'économie repose sur l'agriculture et le tourisme, les exportations de sucre, de rhum et de bananes, mais l'île reste dépendante des aides régionales de la France et de l'UE. La vulnérabilité de l'industrie bananière aux cyclones ainsi qu'aux fluctuations des cours mondiaux a conduit le gouvernement local à promouvoir la production sucrière et le tourisme.

ALTIMÉTRIE   au-dessus du niveau de la mer   200 m/656ft   500 m/1 640ft   1 000 m/3 281ft   1 500 m/4 572ft   plus de 2 000 m/6 562ft

GUERNESEY

STATUT : Colonie de la Couronne britannique   DATE DE COLONISATION : 1066
CHEF-LIEU : St. Peter Port   POP. : 58 681   DENSITÉ : 903 hab./km²

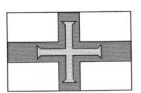

SITUÉES à 47 km de la côte française, Guernesey et ses dépendances constituent la partie nord-ouest des îles Anglo-Normandes. L'anglais est la langue la plus utilisée, mais le patois normand est aussi parlé dans quelques villages. Le français est employé pour certaines formalités administratives. Il est plus facile de voyager vers la France que vers le RU ; Alderney n'est qu'à 13 km de la France continentale. Certaines îles sont trop petites pour que leurs habitants aient besoin d'automobiles et leur mode de vie, paisible, a peu évolué au fil des siècles. Des lois très strictes régissent l'arrivée de nouveaux habitants. Le climat doux a permis au tourisme et aux cultures maraîchères de devenir les principaux secteurs d'activité. Les tomates et les fleurs sont produites surtout pour le marché anglais. Le système de faible

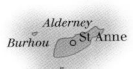

GUAM

STATUT : Territoire non incorporé aux ÉU   DATE DE COLONISATION : 1898
CHEF-LIEU : Agana   POP. : 154 805   DENSITÉ : 282 hab./km²

SITUÉE à l'extrémité sud de l'archipel des Mariannes, dans le Pacifique, Guam est une île d'origine volcanique. Son climat tropical a permis au tourisme de s'y développer, bien que cette partie du globe soit régulièrement frappée par des typhons. La vie politique et sociale de l'île est dominée par les Chamorro, peuple indigène qui représente la moitié de la population totale. Les Chamorro sont célèbres pour un mode d'expression faciale, le « sourcil », qui constitue un langage à part entière. Bien que l'anglais soit la langue officielle, le Chamorro est parlé communément et, en 1998, l'orthographe de la capitale a été changée pour se conformer à la prononciation locale. Guam abrite une base militaire américaine qui occupe un tiers de son territoire. L'île revêt un intérêt stratégique pour les ÉU. Les dépenses militaires et les recettes générées par le tourisme assurent un niveau de vie élevé à la population. Toutefois, l'américanisation de la culture et des mœurs constitue une menace pour la stabilité sociale de l'île.

fiscalité a fait émerger une industrie de services financiers. De nombreuses banques internationales ont des filiales à Guernesey.

Emballage des tomates.
Tomates et fleurs sont précoces à Guernesey grâce au doux climat de l'île. Elles sont exportées vers la Grande-Bretagne.

MAN (ÎLE DE)

STATUT : Colonie de la Couronne britannique   DATE DE COLONISATION : 1765
CHEF-LIEU : Douglas   POP. : 71 714   DENSITÉ : 125 hab./km²

À MI-CHEMIN entre l'Angleterre et l'Irlande du Nord, dans la mer d'Irlande, l'île de Man a été habitée pendant plusieurs siècles par des peuples celtiques manx. Le parlement manx – ou Tynwold – créé par les Vikings au IXᵉ siècle est autonome dans un certain nombre de domaines, parmi lesquels celui de la fiscalité. La peine de mort n'a été abolie qu'en 1993. Les insulaires ont tiré parti de cette autonomie pour développer des secteurs financier et commercial extrêmement prospères qui ont créé de nouveaux emplois alors que les secteurs traditionnels de la pêche et de l'agriculture étaient en déclin. Il existe toujours une industrie de la pêche aux coquillages, spécialisée dans les coquilles Saint-Jacques. Le tourisme est également important, il y a plus de 20 000 visiteurs par an. La culture manx menaçait de disparaître mais elle a connu un renouveau en 1993, lorsque la langue locale fut de nouveau enseignée dans les écoles. L'île Calf of Man est inhabitée et est devenue une réserve naturelle.

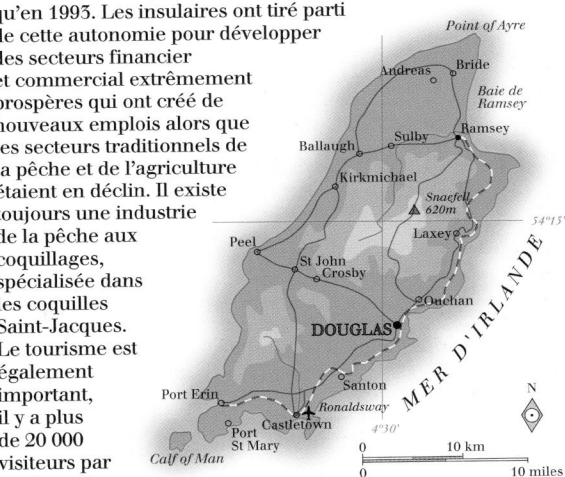

Course de motos du Touring Trophy sur l'île de Man. Des milliers de motards viennent chaque année sur l'île pour assister à cette course qui est disputée sur un circuit de 61 km autour de l'île.

JERSEY

STATUT : Colonie de la Couronne britannique **DATE DE COLONISATION :** 1066
CHEF-LIEU : Saint-Hélier **POP. :** 85 150 **DENSITÉ :** 734 hab./km²

SITUÉ à une vingtaine de kilomètres de la côte normande, Jersey est la plus importante des îles anglo-normandes. Elle bénéficie de l'influence du Gulf Stream, qui lui confère un climat doux. Elle possède de belles plages et est plus ensoleillée que les autres îles britanniques. La langue officielle est l'anglais depuis 1960, mais le français continue à être utilisé dans les tribunaux. Jersey dispose de ses propres systèmes fiscal et légal. Son corps législatif, l'Assemblée des États de Jersey, est l'un des plus anciens du monde. Jersey ne compte pas de parti politique ; les candidats se présentent en tant qu'indépendants. Jersey est considérée comme une entité particulière de la monarchie britannique et a le droit de rejeter des lois britanniques jugées inacceptables.

L'agriculture a longtemps été le secteur économique le plus important de l'île (vaches laitières, pommes de terre, tomates, fleurs). À la fin du XXᵉ siècle, toutefois, le secteur agricole a été relégué au second plan par rapport au tourisme et au secteur financier extraterritorial.

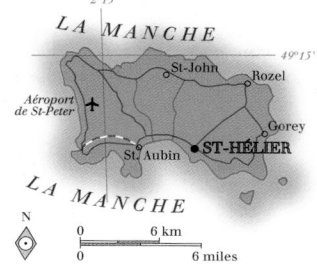

La croissance de ces secteurs et les lois très strictes qui régissent l'arrivée de nouveaux habitants ont permis à la population de jouir d'un niveau de vie élevé.

JOHNSTON (ATOLL DE)

STATUT : Territoire non incorporé des ÉU **DATE DE COLONISATION :** 1858
CHEF-LIEU : *Ne s'applique pas* **POP. :** 173 **DENSITÉ :** 67 hab./km²

L'ATOLL DE JOHNSTON est situé à 1 150 km au sud-ouest d'Hawaii. Il est composé d'un récif corallien, de deux îles naturelles fortement modifiées, Johnston et Sand, et de deux îles complètement artificielles, Akau et Hikina. Ces îles, qui furent utilisées par les ÉU pour procéder à des essais nucléaires, ont été gravement contaminées en 1962 lorsqu'un missile nucléaire explosa lors d'un essai. Les essais réguliers commencèrent en 1971 et, jusqu'en l'an 2000, les îles furent utilisées pour le stockage des matériaux nucléaires et la destruction des armes chimiques et bactériologiques, dont les gaz innervants sarin et les agents défoliants Orange. Les opérations de nettoyage ont commencé en l'an 2000. Ces îles sont habitées uniquement par des fonctionnaires américains et du personnel civil qui travaille dans les installations. Elles ont aussi été choisies par les ÉU comme réserve naturelle, en particulier comme lieu de nidification pour les oiseaux marins et les tortues de mer. L'armée américaine projette de quitter complètement cette base en 2003.

MARTINIQUE

STATUT : Département d'outre-mer français **DATE DE COLONISATION :** 163
CHEF-LIEU : Fort-de-France **POP. :** 381 427 **DENSITÉ :** 338 hab./km²

CHRISTOPHE COLOMB avait dit de la Martinique qu'elle était « le plus beau pays du monde ». Elle est située dans la partie est de la mer des Caraïbes et est dominée par la montagne Pelée dont l'éruption en 1902 avait englouti la vieille capitale, St-Pierre. Elle est également située à l'intérieur du périmètre des Caraïbes exposées aux ouragans et déplore en moyenne une catastrophe naturelle tous les cinq ans. Près de 90 % de la population est noire ou métissée. Ce sont toutefois les Beke (descendants des colons blancs) qui détiennent le pouvoir économique ; ils possèdent en effet la plupart des terres cultivables. Les postes administratifs sont également occupés en majorité par des expatriés. Cette situation a provoqué des vagues de violence et la population revendique aujourd'hui davantage d'autonomie. Le gouvernement français a pris des mesures pour réduire la dépendance de l'île, mais la population est également consciente que son niveau de vie dépend des aides que lui verse la France. L'économie martiniquaise repose sur le tourisme et la production de sucre de canne et de bananes. La réduction des subventions de l'UE a contraint l'île à diversifier son économie. Près de 80 % du demi-million de visiteurs annuels viennent de France. En dépit d'une productivité inférieure, les salaires ont été indexés sur ceux de la métropole ; malgré cela, des manifestations ont eu lieu pour protester contre les bas salaires, et près de 400 personnes ont été prises en otage par le personnel d'un village de vacances en 1998. L'émigration et le chômage ont été importants depuis la fin des années 1980, ce qui a pour conséquence que plus de 30 % des Martiniquais ont élu domicile en France métropolitaine.

La Martinique. Les touristes viennent admirer les plages de l'île, son arrière-pays montagneux et les villes historiques de Fort-de-France et de Saint-Pierre.

ALTIMÉTRIE au-dessus du niveau de la mer | 200 m/656ft | 500 m/1 640ft | 1 000 m/3 281ft | 1 500 m/4 572ft | plus de 2 000 m/6 562ft

MAYOTTE

STATUT : Collectivité territoriale française   DATE DE COLONISATION : 1843
CHEF-LIEU : Mamoudzou   POP. : 142 000   DENSITÉ : 380 hab./km²

MAYOTTE est située entre Madagascar et la côte est-africaine, à quelque 8 000 km de la France. Elle fait partie de l'archipel des Comores. Ce fut la seule île de l'archipel à voter contre l'indépendance par rapport à la France lors du référendum de 1974. Les autres îles se déclarèrent indépendantes unilatéralement en 1975 et demandèrent à Mayotte d'en faire autant. Mais les Mahorais se prononcèrent encore contre l'indépendance en 1976, malgré l'ampleur de la pauvreté, le chômage endémique et le coût de la vie deux fois plus élevé qu'en France. Le principal mouvement politique de l'île a demandé en vain que Mayotte ait un statut de département français qui permettrait à l'île de bénéficier de davantage d'aides pour développer ses vastes ressources agricoles. La France s'y est opposée, arguant du fait que le coût en serait trop élevé, mais en juillet 2000 elle a garanti à l'île une autonomie de type départemental. L'économie est toujours largement agricole, produisant à la fois pour la demande intérieure et l'exportation, ce qui n'empêche nullement que de grandes quantités de nourriture soit importées. La France a investi dans la construction d'un port et d'un aéroport, mais l'industrie touristique ne démarre que lentement. Néanmoins, la prospérité relative de Mayotte a encouragé les deux autres îles des Comores à établir des liens plus étroits avec la France.

MIDWAY (ÎLES)

STATUT : Territoire non incorporé des ÉU   DATE DE COLONISATION : 1867
CHEF-LIEU : Ne s'applique pas   POP. : 453   DENSITÉ : 91 hab./km²

L'ATOLL CORALLIEN de Midway est situé à l'extrémité ouest des îles hawaiiennes et à égale distance de la Californie et du Japon. Il est constitué de deux grandes îles couvrant une superficie totale de 4 km² et de plusieurs îles plus petites et a été le champ d'une importante bataille de la Deuxième Guerre mondiale. Il abrite une base aérienne mais sert aussi de refuge à une faune très abondante. Il n'est habité que par des militaires et des employés d'entreprises privées, mais un tourisme limité y est autorisé essentiellement en rapport avec la nature.

MONTSERRAT

STATUT : Territoire dépendant britannique   DATE DE COLONISATION : 1632
CHEF-LIEU : Plymouth   POP. : 5 000   DENSITÉ : 49 hab./km²

MONTSERRAT est située à l'extrémité est des Caraïbes et fait partie des îles des Petites Antilles. Elle a été dévastée par une éruption volcanique qui a commencé en 1995 et culminé en 1997 et 1998 lors des explosions massives du volcan de la Soufrière. Les deux tiers de l'île, où étaient situés

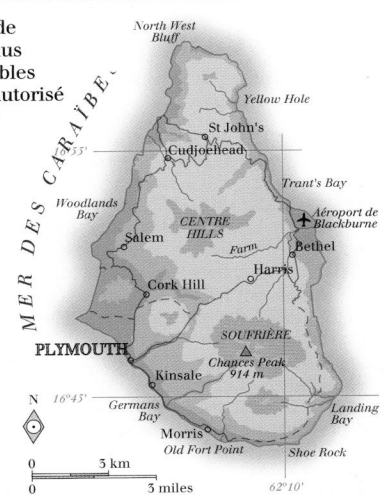

Plymouth et l'aéroport de Blackburne, sont devenus complètement inhabitables et plus personne n'est autorisé à pénétrer dans la zone d'exclusion du volcan. Plus de la moitié des 10 000 habitants ont définitivement émigré sur les îles voisines ou sont partis en Grande-Bretagne. Les revendications indépendantistes, issues du boom touristique des années 1980, ont été pratiquement abandonnées depuis que l'île ne dépend plus que de l'aide britannique. Les relations avec la métropole se sont toutefois aigries au point de déclencher une polémique sur les coûts de la réinstallation et de la reconstruction. Une nouvelle capitale, provisoirement baptisée Port Diana, est en projet sur la côte nord de l'île restée intacte. L'activité touristique tente de redémarrer, mais elle est entravée par la fermeture du port et de l'aéroport entraînée par l'éruption. On ne peut plus se rendre à Montserrat que par l'île voisine d'Antigua.

Montserrat, surnommée l'île « émeraude » en raison de la richesse de sa flore et de son héritage culturel irlandais.

ANTILLES NÉERLANDAISES

STATUT : Partie autonome des Pays-Bas   DATE DE COLONISATION : 1816
CHEF-LIEU : Willemstad   POP. : 207 175   DENSITÉ : 259 hab./km²

LES ANTILLES NÉERLANDAISES sont composées de Curaçao, richement dotée en ressources naturelles, et Bonaire, qui sont situées à proximité de la côte vénézuélienne, et de Saba, Saint-Eustache et la partie néerlandaise de Saint-Martin, dont la moitié nord fait partie de la Guadeloupe. Les scandales financiers, l'instabilité politique et la question de l'avenir de la fédération ont, entre autres choses, contribué à tendre les relations avec le gouvernement hollandais qui fournit l'essentiel de l'aide. Le raffinage du pétrole vénézuélien est la principale activité industrielle de l'île.

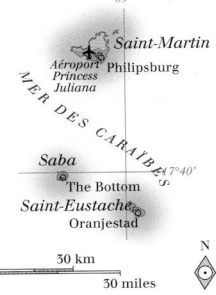

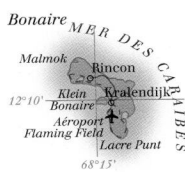

NOUVELLE-CALÉDONIE

STATUT : Territoire d'outre-mer français DATE DE COLONISATION : 1853
CHEF-LIEU : Nouméa POP. : 209 222 DENSITÉ : 11 hab./km²

LA NOUVELLE-CALÉDONIE, appelée Kanaki par les indigènes (Kanaks) d'origine mélanaisienne, est constituée d'un groupe d'îles situées à 1 350 km de la côte nord-est australienne. Elle a longtemps été plongée dans un climat de violence politique et de tensions entre les Kanaks et les Caldoches, expatriés proches du gouvernement français, provoquées par les inégalités socio-économiques et les divergences entre partisans de l'indépendance et opposants. Dans le cadre des accords de Matignon de 1988, la France a décidé de placer le territoire sous son contrôle pendant un an avant d'introduire une nouvelle structure constitutionnelle destinée à satisfaire les attentes des Kanaks en faveur d'une plus grande autonomie. Les accords de Nouméa signés en avril 1998 ont institué un programme de 15 ans devant mener progressivement à l'indépendance et à un référendum

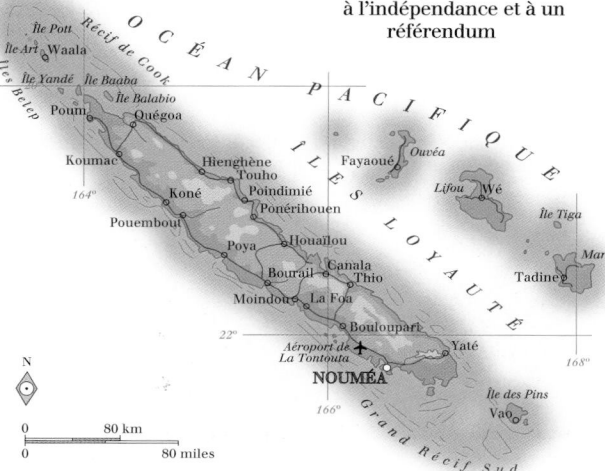

d'autodétermination. Les mines de nickel constituent l'industrie d'exportation la plus rentable puisqu'elle représente plus de 90 % des recettes. La Nouvelle-Calédonie possède 30 % des réserves de la planète et elle est le premier producteur mondial, mais cette activité emploie relativement peu de personnes, demeure vulnérable aux fluctuations des cours mondiaux, et a été très affectée par la crise financière asiatique de 1997-98 lorsqu'il fallut supprimer 300 emplois. Le tourisme et l'agriculture fournissent davantage d'emplois bien que moins de 1 % de la surface totale du pays soit cultivé. Le blé, l'igname, les patates douces et les noix de coco sont les principaux produits agricoles. Dans les années 1990, l'exportation de melons vers le Japon était florissante de ce métal. Un projet d'élevage de palourdes géantes a été mis en place en 1996. Le chômage continue de toucher durement les jeunes Kanaks.

Une mine de nickel
en Nouvelle-Calédonie.
L'importance de l'indus-
trie d'extraction dans
l'économie de l'île a fait
du contrôle des réserves
un enjeu politique
majeur, en particulier
lors des négociations
avec la France sur
l'indépendance de l'île.

NIUE

STATUT : Territoire en libre association avec la Nouvelle-Zélande DATE DE COLONISATION :
CHEF-LIEU : Alofi POP. : 1 857 DENSITÉ : 7 hab./km²

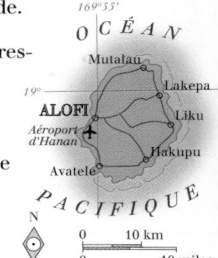

SITUÉE à 2 100 km au nord-est de la Nouvelle-Zélande, Niue est la plus grande île corallienne du monde. La production de fruits exotiques, le tourisme et les ventes de timbres-poste lui assurent des recettes en devises. Près de 10 000 habitants sans perspective d'emploi ont quitté l'île pour la Nouvelle-Zélande. Celle-ci a mis en place des investissements pour développer l'économie de l'île et stopper cette migration mais les dégâts dûs aux cyclones et la mauvaise utilisation de ces fonds ont empêché toute croissance.

NORFOLK (ÎLE)

STATUT : Territoire externe australien DATE DE COLONISATION : 1774
CHEF-LIEU : Kingston POP. : 2 181 DENSITÉ : 62 hab./km²

SITUÉE à 1 400 km à l'est de l'Australie, Norfolk est habitée par des descendants des mutins du Bounty et d'immigrés australiens. Les insulaires parlent une langue qui mélange un dialecte du sud-ouest de l'Angleterre, du gaélique et du tahitien ancien. Ils ont acquis un haut degré d'autonomie et ont refusé en 1991 de faire partie de l'État fédéral australien. Le tourisme, qui repose sur le climat privilégié et une flore sans pareille, assure aux habitants un niveau de vie assez élevé.

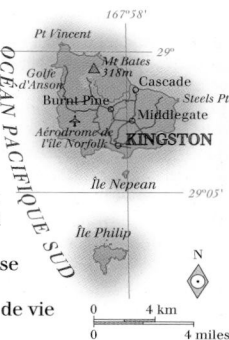

MARIANNES-DU-NORD

STATUT : Territoire du Commonwealth des ÉU DATE DE COLONISATION : 1947
CHEF-LIEU : Saipan POP. : 69 221 DENSITÉ : 151 hab./km²

ALORS QUE les autres territoires du Pacifique occidental sous tutelle de l'ONU ont choisi de devenir indépendants en 1987, les Mariannes-du-Nord ont préféré conserver leurs liens avec les ÉU. Toutefois, les hommes politiques commencent à remettre en cause ce statut. Les aides américaines ont permis à l'économie de croître fortement durant les années 1980.

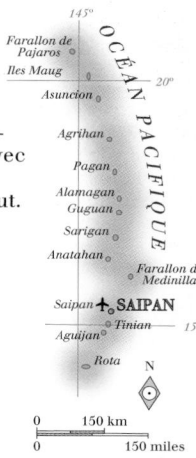

Île de Rota. *L'affleurement calcaire*
qui constitue la montagne Wedding
Cake fait face au village de
Songsong.

ALTIMÉTRIE au-dessus du niveau de la mer 200 m/656ft 500 m/1 640ft 1 000 m/3 281ft 1 500 m/4 572ft plus de 2 000 m/6 562ft

PARACEL

STATUT : *Contesté* DATE DE COLONISATION : *Ne s'applique pas*
CHEF-LIEU : Île Woody POPULATION: *Inconnu*

OCCUPÉES PAR LES FORCES CHINOISES, mais également revendiquées par Taïwan et le Viêt Nam, les îles Paracel forment un petit groupe d'atolls coralliens, situé à 325 km à l'est du Viêt Nam, dans la mer de Chine méridionale. Sujettes à de nombreux typhons, elles ont un climat tropical. Les îles Paracel sont l'enjeu d'un contentieux régional concernant les vastes réserves de pétrole et de gaz naturel qui se trouveraient dans leurs eaux territoriales. La Chine a construit des installations portuaires et un aéroport sur l'île Woody pour appuyer ses revendications territoriales.

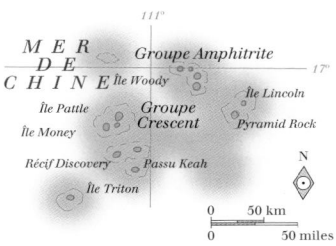

PITCAIRN (ÎLES)

STATUT : Territoire dépendant britannique DATE DE COLONISATION : 1887
CHEF-LIEU : Adamstown POP. : 44 DENSITÉ : 1,2 hab./km²

LES ÎLES PITCAIRN dans le Pacifique Sud constituent la dépendance britannique la plus isolée. Elles ont été le dernier refuge des mutins du Bounty. L'émigration a beaucoup réduit le nombre d'habitants qui dépendent des colis parachutés par la Nouvelle-Zélande et des navires qui viennent les approvisionner. L'économie repose sur le troc, la pêche et l'agriculture de subsistance. La vente de timbres-poste assure aux îles des recettes en devises. L'activité minière pourrait stimuler leur économie à l'avenir.

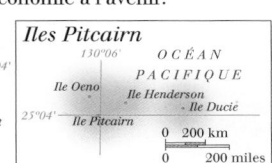

PORTO RICO

STATUT : Territoire du Commonwealth des ÉU DATE DE COLONISATION : 1898
CHEF-LIEU : San Juan POP. : 3,8 millions DENSITÉ : 425 hab./ km²

PORTO RICO est de loin le plus peuplé des territoires d'outre-mer des États-Unis. Il se trouve à l'extrémité est de la chaîne des Grandes Antilles située dans les Caraïbes. La densité de population, qui se concentre autour de San Juan, comparable à celle des Pays-Bas est plus élevée que celle d'aucun État américain. Le climat tropical attire un nombre croissant de touristes dont 80 % sont américains, et d'importants efforts ont été faits pour développer les hôtels et autres infrastructures de villégiature. Porto Rico s'est vu octroyer son actuel statut d'État associé du Commonwealth américain en 1952, quatre ans après l'échec d'une insurrection indépendantiste. Les habitants ont la citoyenneté américaine, mais ne disposent que d'une autonomie limitée. À l'issue des trois plébiscites de 1967, 1993 et 1998, les Portoricains ont approuvé la pérennisation de leur statut plutôt que de devenir un État américain ou d'opter pour l'indépendance. Le résultat du dernier était très serré, mais le gouverneur de l'île de l'époque, Pedro Rossello, a été remplacé en 2001 par Sila Calderon, la première femme gouverneur de Porto Rico, qui est opposée à la perspective d'en faire le 51ᵉ État américain. Bien que la plupart des Portoricains hispanophones aient émigré vers le continent pour y gagner davantage d'argent, la population de l'île jouit d'un des niveaux de vie les plus élevés de la région. Le système d'allégements

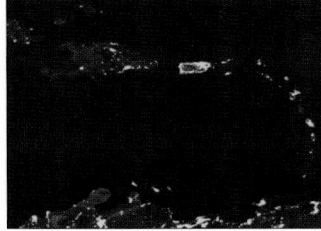

La nuit, les lumières du réseau routier très développé, des zones peuplées et des activités portuaires de Porto-Rico offrent un fort contraste avec le reste des Caraïbes – en particulier avec les contours sombres d'Haïti, qui se trouve un peu à l'Ouest.

fiscaux de l'île, le faible coût de sa main-d'œuvre et son rôle de zone d'exportation ont poussé un grand nombre d'entreprises à s'y installer, essentiellement pour le marché américain. L'habillement, l'électronique, la pétrochimie et les industries pharmaceutiques ont dominé jusqu'ici mais une réforme fiscale a entraîné une récession en 1996 et il a fallu mettre l'accent sur le développement des services. Les nouvelles industries appartiennent au domaine de la santé, des tests cliniques, des biotechnologies et de la haute technologie. Sila Calderon a fait campagne pour que l'armée américaine cesse ses exercices de bombardements sur la partie orientale de l'île de Vieques. En 2000, l'occupation de cette zone par des manifestants dont Robert Kennedy Jr a conduit à l'arrestation de personnalités. Un an plus tard, George W. Bush a annoncé que la marine n'utiliserait plus l'île après 2003.

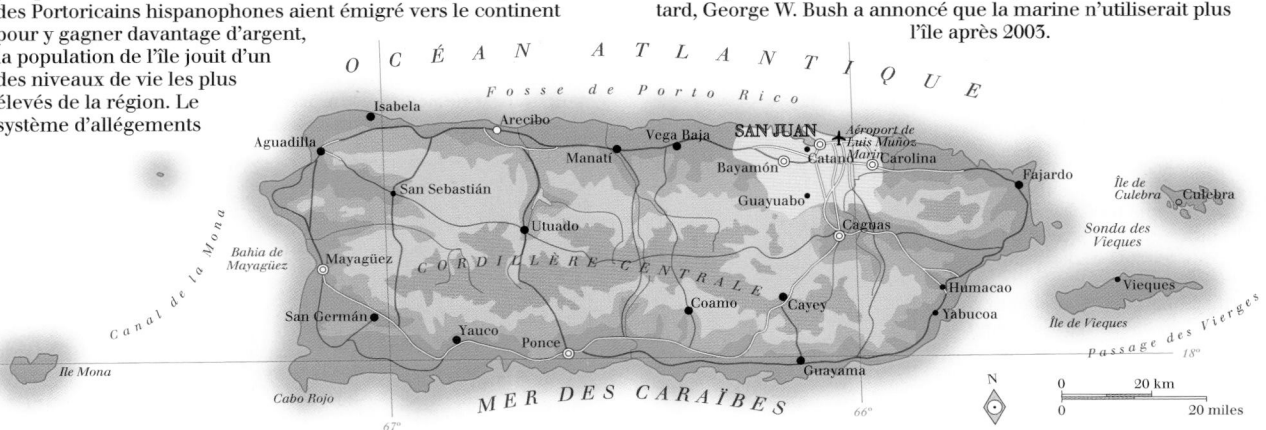

POPULATION ◦ Moins de 5 000 ● Moins de 10 000 ● Plus de 10 000 ◌ Plus de 50 000 ◎ Plus de 100 000 ▢ Régions urbaines AÉROPORTS International  National

LA RÉUNION

STATUT : Département d'outre-mer français **DATE DE COLONISATION** : 1638
CHEF-LIEU : Saint-Denis **POP.** : 706 300 **DENSITÉ** : 281 hab./km²

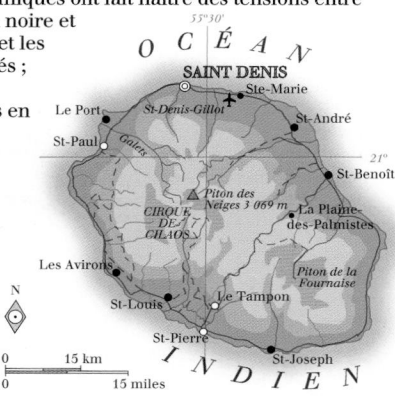

L A GRANDE ÎLE volcanique de la Réunion, située à 800 km à l'est de Madagascar, procure à la France une présence stratégique dans l'océan Indien où elle peut ainsi entretenir une importante base militaire. L'intérieur des terres est très montagneux et a contraint la population à s'établir le long de la côte. Les différences socio-économiques ont fait naître des tensions entre d'une part la population noire et d'autre part les Indiens et les Européens, plus favorisés ; elles ont été à l'origine d'émeutes très violentes en 1991. Le gouvernement français a alors pris des mesures applicables à tous les départements d'outre-mer pour leur permettre de rattraper le niveau économique et social de la France. Le sucre de canne est aujourd'hui encore la principale culture de la Réunion.

SAINTE-HÉLÈNE ET SES DÉPENDANCES

STATUT : Territoire dépendant britannique **DATE DE COLONISATION** : 1673
CHEF-LIEU : Jamestown **POP.** : 6 472 **DENSITÉ** : 53 hab./km²

L 'ÎLE DE Sainte-Hélène, l'archipel volcanique Tristan da Cunha et l'île de l'Ascension constituent la principale dépendance britannique de l'Atlantique Sud. Sainte-Hélène, célèbre pour avoir été le lieu d'exil de Napoléon jusqu'à sa mort, est la dernière à être encore dépendante des aides financières du RU. Ses principaux secteurs d'activité – la pêche, l'élevage et la production d'outils – ne suffisent pas à assurer la survie de sa population. Le chômage est élevé. Ses dépendances semblent bénéficier de perspectives plus encourageantes et beaucoup d'habitants ont été contraints de quitter l'île principale pour travailler sur l'île de l'Ascension, qui est interdite à l'habitation car elle abrite une base et un centre de télécommunications militaires, bien que les vols civils aient en fait été rétablis depuis 1998. Elle fait partie intégrante du pont aérien qui approvisionne les Malouines. Tristan da Cunha, à 2 000 km au sud de Sainte-Hélène, est habité par une petite communauté agricole très unie.

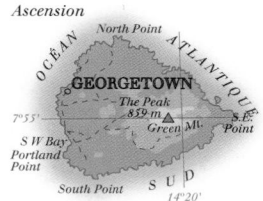

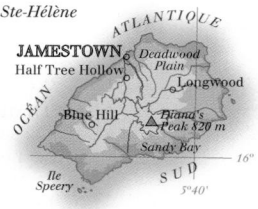

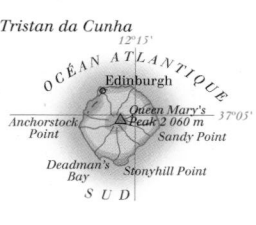

SAINT-PIERRE-ET-MIQUELON

STATUT : Collectivité territoriale française **DATE DE COLONISATION** : 1604
CHEF-LIEU : Saint-Pierre **POP.** : 6 316 **DENSITÉ** : 26 hab./km²

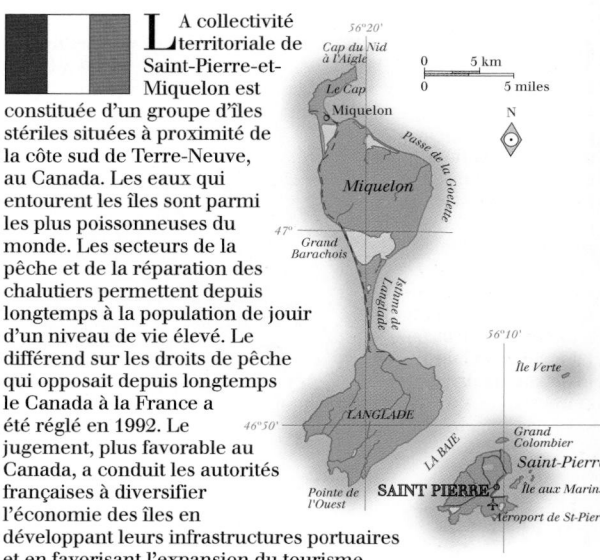

L A collectivité territoriale de Saint-Pierre-et-Miquelon est constituée d'un groupe d'îles stériles situées à proximité de la côte sud de Terre-Neuve, au Canada. Les eaux qui entourent les îles sont parmi les plus poissonneuses du monde. Les secteurs de la pêche et de la réparation des chalutiers permettent depuis longtemps à la population de jouir d'un niveau de vie élevé. Le différend sur les droits de pêche qui opposait depuis longtemps le Canada à la France a été réglé en 1992. Le jugement, plus favorable au Canada, a conduit les autorités françaises à diversifier l'économie des îles en développant leurs infrastructures portuaires et en favorisant l'expansion du tourisme.

SPRATLEY (ÎLES)

STATUT : *Disputé* **DATE DE COLONISATION** : *Ne s'applique pas*
CHEF-LIEU : *Ne s'applique pas* **POP.** : *Inconnu*

D ISPERSÉS dans la mer de Chine méridionale, les récifs, îles et atolls qui constituent les îles Spratley sont devenus un des plus sérieux problèmes de sécurité de l'Asie du Sud-Est. Revendiquées, en totalité ou en partie, par la Chine, Taiwan, le Viêt Nam, Brunei, la Malaisie et les Philippines, 44 des îles les plus importantes ont maintenant des garnisons de certains de ces pays. Les raisons de cet intérêt et des accrochages occasionnels sont doubles. Stratégiquement, les îles contrôlent certaines des plus importantes voies de navigation du monde. De plus, des études montrent que des réserves importantes de pétrole et de gaz naturel déjà repérées se situent dans leurs eaux territoriales.

La force d'occupation chinoise isolée sur l'une des îles Spratley.

ALTIMÉTRIE au-dessus du niveau de la mer 200 m/656ft 500 m/1 640ft 1 000 m/3 281ft 1 500 m/4 572ft plus de 2 000 m/6 562ft

SVALBARD

STATUT : Dépendance norvégienne   DATE DE COLONISATION : 1920
CHEF-LIEU : Longyearbyen   POP. : 2 591   DENSITÉ : 0,04 hab./km²

SITUÉE À 650 km au nord de la Norvège, la dépendance de Svalbard est constituée de 9 îles recouvertes de glace. Selon le traité du Spitzberg signé en 1920, tous les pays qui le souhaitent sont autorisés à exploiter les gisements de charbon et les autres ressources minérales des îles sous le contrôle de la Norvège. Svalbard a été un enjeu de litige avec l'Islande au sujet des droits de pêche. Plus de la moitié de la superficie de l'île est zone naturelle protégée.

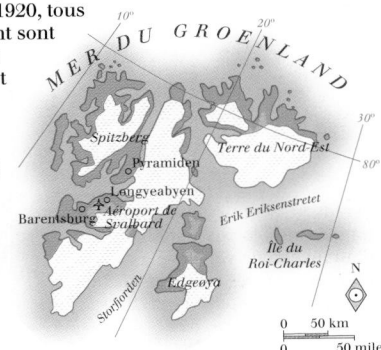

TOKELAU

STATUT : Territoire dépendant néo-zélandais   DATE DE COLONISATION : 1926
CHEF-LIEU : Ne s'applique pas   POP. : 1 487   DENSITÉ : 149 hab./km²

LE TERRITOIRE de Tokelau est constitué d'une île située dans le Pacifique Sud qui, selon un rapport réalisé par l'ONU en 1989, disparaîtra sous les mers au cours du XXIe siècle si aucune mesure n'est prise pour freiner le réchauffement de la planète. L'économie de l'île dépend d'une conserverie de thon, de la vente des droits de pêche, des timbres et des pièces de monnaie. Une liaison assurée par catamaran entre les atolls a accru son potentiel touristique. Sa petite taille et sa fragilité économique rendent son indépendance improbable, mais en 1996 elle a acquis le droit d'établir sa propre législation interne.

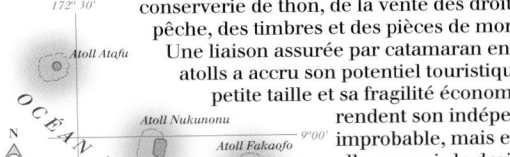

TURKS ET CAICOS (ÎLES)

STATUT : Territoire dépendant britannique   DATE DE COLONISATION : 1766
CHEF-LIEU : Cockburn Town   POP. : 16 863   DENSITÉ : 39 hab./km²

SITUÉ à 40 km au sud des Bahamas, l'archipel de Turks et Caicos regroupe 30 îles de faible altitude dont huit sont habitées. Son économie traditionnelle reposant sur l'exploitation du sel a disparu en 1964. Depuis les années 1980, le tourisme et les activités bancaires d'extra-territorialité ont permis à l'île de connaître une remarquable renaissance économique.

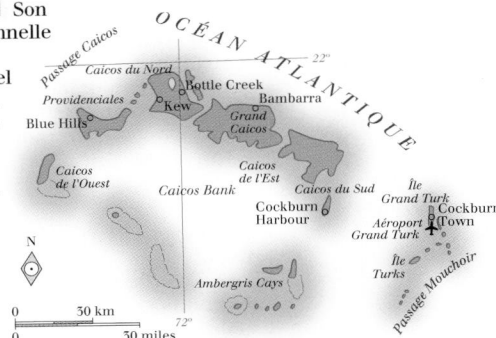

VIERGES (ÎLES)

STATUT : Territoire non incorporé des ÉU   DATE DE COLONISATION : 1917
CHEF-LIEU : Charlotte Amalie   POP. : 101 809   DENS. : 293 hab./km²

LES ÎLES VIERGES sont constituées de 53 îles d'origine volcanique situées à proximité de Porto Rico. L'essentiel de la population est composé de communautés africaine et européenne. L'économie des îles repose sur le tourisme, mais Sainte-Croix a utilisé les aides qu'elle reçoit des ÉU pour développer son secteur industriel. Elle compte l'une des raffineries les plus importantes du monde.

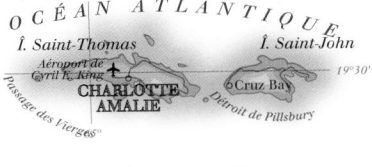

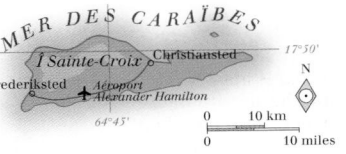

L'île de Saint-Thomas, dans les îles Vierges américaines, est un point d'escale important pour les bateaux de croisière des Caraïbes. Les touristes sont attirés par les magasins hors taxe de l'île.

WAKE (ÎLE)

STATUT : Territoire non incorporé des ÉU   DATE DE COLONISATION : 1898
CHEF-LIEU : Ne s'applique pas   POP. : 302   DENSITÉ : 38 hab./km²

FORMÉE PAR le cratère d'un volcan sous-marin éteint, l'île Wake est utilisée comme piste d'atterrissage d'urgence pour les liaisons transpacifiques. En 1998, le projet d'en faire un terrain de stockage de déchets nucléaires a été abandonné à la suite d'une vague de protestations.

WALLIS-ET-FUTUNA

STATUT : Territoire d'outre-mer français   DATE DE COLONISATION : 1842
CHEF-LIEU : Mata Utu   POP. : 14 375   DENSITÉ : 52 hab./km²

CONTRAIREMENT aux autres territoires français du Pacifique Sud, l'archipel de Wallis-et-Futuna ne cherche pas à devenir indépendant. Son économie repose sur l'agriculture de subsistance. Les salaires perçus par la population expatriée et les droits de pêche vendus aux flottes japonaises et coréennes permettent aux îles de bénéficier de recettes en devises. La déforestation constitue un sujet de préoccupation majeure.

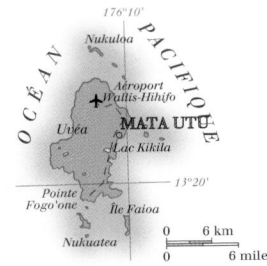

GLOSSAIRE DES TERMES GÉOGRAPHIQUES

On trouvera ci-dessous la liste de tous les termes géographiques figurant sur les cartes et dans les entrées principales de l'index géographique. Selon le cas, ce terme est accolé au nom propre auquel il se rapporte ou est placé devant ou derrière ; lorsque le terme géographique précède le nom propre, on inversera l'ordre des termes pour les besoins de l'indexation, ainsi Poluostrov Yamal sera indexé sous Yamal, Poluostrov.

EXEMPLE
Terme géographique *langue*, Terme

A

Å *danois, norvégien*, cours d'eau
Alpen *allemand*, Alpes
Altiplanicie *espagnol*, plateau
Älv(en) *suédois*, cours d'eau
Archipiélago *espagnol*, archipel
Arcipelago *italien*, archipel
Arquipélago *portugais*, archipel
Aukstuma *lituanien*, hautes terres

B

Bahía *espagnol*, baie
Baía *portugais*, baie
Bahr *arabe*, cours d'eau
Bandao *chinois*, péninsule
Banjaran *malais*, chaîne
Batang *malais*, ruisseau
-berg *afrikaans, norvégien*, mont
Birket *arabe*, lac
Bogazi *turc*, lac
Bucht *allemand*, baie
Bugten *danois*, baie
Buhayrat *arabe*, lac, retenue d'eau
Buheiret *arabe*, lac
Bukit *malais*, mont
-bukta *norvégien*, baie
Bukten *suédois*, baie
Burnu *turc*, cap, pointe
Buuraha *somali*, monts

C

Cabo *portugais*, cap
Cascada *portugais*, cascade
Cerro *espagnol*, mont
Chau *cantonais*, île
Chay *turc*, cours d'eau
Chhâk *cambodgien*, baie
Chhu *tibétain*, cours d'eau
-chosuji *coréen*, retenue d'eau
Chott *arabe*, lac salé, dépression
Ch'ün-tao *chinois*, groupes d'îles
Chuôr Phnum *cambodgien*, monts
Cordillera *espagnol*, chaîne
Costa *espagnol*, côte
Cuchilla *espagnol*, monts

D

Dagi *azerbaïdjanais, turc*, mont
Daglari *azerbaïdjanais, turc*, monts
-dake *japonais*, pic
Danau *indonésien*, lac
Dao *vietnamien*, île
Darya *persan*, cours d'eau
Daryacheh *persan*, lac
Dasht *persan*, plaine, désert
Dawhat *arabe*, baie

Dere *turc*, ruisseau
Dili *azerbaïdjanais*, pointe (de terre)
-do *coréen*, île
Dooxo *somali*, vallée
Düzü *azerbaïdjanais*, steppe
-dwip *bengali*, île

E

Embalse *espagnol*, retenue d'eau
Erg *arabe*, dunes
Estany *catalan*, lac
Estrecho *espagnol*, détroit
-ey *islandais*, île
Ezero *bulgare, macédonien*, lac

F

Fjord *danois*, fjord
-fjorden *norvégien*, fjord
-fjørdhur *féroïen*, fjord
Fliegu *maltais*, bras de mer
-fljór *islandais*, cours d'eau

G

-gang *coréen*, cours d'eau
Ganga *népalais, singhalais*, cours d'eau
Gaoyuan *chinois*, plateau
-gawa *japonais*, cours d'eau
Gebel *arabe*, mont
-gebirge *allemand*, monts
Ghubbat *arabe*, baie
Gjiri *albanais*, baie
Gol *mongol*, cours d'eau
Golfo *italien, espagnol*, golfe
Gora *russe, serbe*, mont
Gory *russe*, monts
Guba *russe*, baie
Gunung malais, *mont*

H

Hadd *arabe*, pointe (de terre)
-haehyop *coréen*, détroit
Haff *allemand*, lagon
Hai *chinois*, mer, baie
Hammadat *arabe*, plateau
Hamun *persan*, lac
Hawr *arabe*, lac
Hayk' *amharique*, lac
He *chinois*, cours d'eau
Helodrano *malgache*, baie
-hegység *hongrois*, chaîne
Hka *birman*, cours d'eau
-ho *coréen*, lac
Hô *coréen*, retenue d'eau
Holot *hébreu*, dunes
Hora *biélorusse*, mont
Hrada *biéloruse*, monts, crête
Hsi *chinois*, cours d'eau
Hu *chinois*, lac

I

Ilha(s) *portugais*, île(s)
Ilhéu(s) *portugais*, îlot(s)
Irmak *turc*, cours d'eau
Isla(s) *espagnol*, île(s)
Isola (Isole) *italien*, île(s)

J

Jabal *arabe*, mont
Jal *arabe*, crête
-järvi *finnois*, lac
Jazirat *arabe*, île
Jazireh *persan*, île
Jebel *arabe*, mont
Jezero *serbo-croate*, lac
Jiang *chinois*, cours d'eau
-joki *finnois*, cours d'eau
-jökull *islandais*, glacier
Juzur *arabe*, îles

K

Kaikyo *japonais*, détroit
-kaise *lapon*, mont
Kali *népalais*, cours d'eau
Kalnas *lituanien*, mont
Kalns *letton*, mont
Kang *chinois*, port
Kangri *tibétain*, mont(s)
Kaôh *cambodgien*, île
Kapp *norvégien*, cap
Kavir *persan*, désert
K'edi *géorgien*, chaînes de montagnes
Kediet *arabe*, mont
Kepulauan *indonésien, malais*, groupe d'îles
Khalîg, Khalij *arabe*, golfe
Khawr *arabe*, anse
Khola *népalais*, cours d'eau
Khrebet *russe*, chaîne
Ko *thaï*, île
Kolpos *grec*, baie
-kopf *allemand*, pic
Körfäzi *azerbaïdjanais*, baie
Körfezi *turc*, baie
Kõrgustik *estonien*, hautes terres
Koshi *népalais*, cours d'eau
Kowtal *persan*, col, défilé
Kuh(ha) *persan*, mont(s)
-kundo *coréen*, groupe d'îles
-kysten *norvégien*, côte
Kyun *birman*, île

L

Laaq *somali*, rivière
Lacul *roumain*, lac
Lago *italien, portugais, espagnol*, lac
Laguna *espagnol*, lagon, lac
Laht *estonien*, baie

Laut *indonésien*, mer
Lembalemba *malgache*, plateau
Lerr *arménien*, mont
Lerrnashght'a *arménien*, chaîne
Les *tchèque*, forêt
Lich *arménien*, lac
Liqeni *albanais*, lac
Lumi *albanais*, cours d'eau
Lyman *ukrainien*, estuaire

M

Mae Nam *thaï*, cours d'eau
-mägi *estonien*, colline
Maja *albanais*, mont
-man *coréen*, baie
Marios *lituanien*, lac
-meer *néerlandais*, lac
Melkosopochnik *russe*, plaine
-meri *estonien*, mer
Mifraz *hébreu*, baie
Monkhafad *arabe*, dépression
Monte *italien, portugais*, mont
More *russe*, mer
Mörön *mongol*, cours d'eau

N

Nagor'ye *russe*, hautes terres
Nahal *hébreu*, cours d'eau
Nahr *arabe*, cours d'eau
Nam *laotien*, cours d'eau
Nehri *turc*, cours d'eau
Nevado *espagnol*, mont (enneigé)
Nisoi *grec*, îles
Nizmennost' *russe*, basses terres, plaine
Nosy *malgache*, île
Nur *mongol*, lac
Nuruu *mongol*, monts
Nuur *mongol*, lac
Nyzovyna *ukrainien*, basses terres, plaine

O

Ostrov(a) *russe*, île(s)
Oued *arabe*, rivière
-oy *féroïen*, île
-øy(a) *norvégien*, île
Oya *singhalais*, cours d'eau
Ozero *russe, ukrainien*, lac

P

Passo *italien*, col, défilé
Pegunungan *indonésien, malais*, chaîne
Pelagos *grec*, mer
Penisola *italien*, péninsule
Peski *russe*, désert de sable
Phanom *thaï*, mont
Phou *laotien*, mont
Pi *chinois*, pointe
Pico *portugais, espagnol*, pic
Pik *russe*, pic
Planalto *portugais*, plateau
Planina, planini *bulgare, macédonien, serbo-croate*, chaîne
Ploskogor'ye *russe*, hautes terres
Poluostrov *russe*, péninsule
Potamos *grec*, cours d'eau
Proliv *russe*, détroit
Pulau *indonésien, malais*, île

Pulu *malais*, île
Punta *portugais, espagnol*, pointe

Q

Qa' *arabe*, dépression
Qolleh *persan*, mont

R

Raas *somali*, cap
-rags *letton*, cap
Ramlat *arabe*, désert de sable
Ra's *arabe*, cap, pointe, promontoire
Ravnina *bulgare, russe*, plaine
Represa (Rep.) *espagnol, portugais*, retenue d'eau
-retto *japonais*, chaîne d'îles
Riacho *espagnol*, ruisseau
Riban' *malgache*, monts
Rio *portugais*, cours d'eau
Río *espagnol*, cours d'eau
Riu *catalan*, cours d'eau
Rivier *néerlandais*, cours d'eau
Rowd *pashto*, cours d'eau
Rud *persan*, cours d'eau
Rudohorie *slovaque*, monts

S

Sabkhat *arabe*, marais salant
Sahra' *arabe*, désert
Samudra *singhalais*, retenue d'eau
-san *japonais, coréen*, mont
-sanchi *japonais*, monts
-sanmaek *coréen*, monts
Sarir *arabe*, désert
Sebkha, Sebkhet *arabe*, marais salant, dépression
See *allemand*, lac
Selat *indonésien*, détroit
-selkä *finnois*, crête
Selseleh *persan*, chaîne
Serra *portugais*, mont
Serranía *espagnol*, mont
Sha ib *arabe*, rivière
Shamo *chinois*, désert
Shan *chinois*, mont(s)
Shan-mo *chinois*, chaîne
Shatt *arabe*, défluent
-shima *japonais*, île
Shiqqat *arabe*, dépression
Shui-tao *chinois*, bras de mer
Sierra *espagnol*, monts
Son *vietnamien*, mont
Sông *vietnamien*, cours d'eau
-spitze *allemand*, pic
Stít *slovaque*, pic
Stoeng *cambodgien*, cours d'eau
Stretto *italien*, détroit
Su Anbari *azerbaïdjanais*, retenue d'eau
Sungai *indonésien, malais*, cours d'eau
Suu *turc*, cours d'eau

T

Tal *mongol*, plaine
Tandavan' *malgache*, chaîne
Tangorombohitr *malgache*, massif
Tao *chinois*, île
Tassili *berbère*, plateau, mont
Tau *russe*, mont(s)
Taungdan *birman*, chaîne

Teluk *indonésien, malais*, baie
Terara *amharique*, mont
Tog *somali*, vallée
Tônlé *cambodgien*, lac
Top *néerlandais*, pic
-tunturi *finnois*, mont
Tur ar *arabe*, bras de mer

V

Väin *estonien*, détroit
-vatn *islandais*, lac
-vesi *finnois*, lac
Vinh *vietnamien*, lac
Vodokhranilichtche (Vdkhr.) *russe*, retenue d'eau
Vodoskhovychtche (Vdskh.) *ukrainien*, retenue d'eau
Volcán *espagnol*, volcan
Vozvyshennost' *russe*, hautes terres, plateau
Vrh *macédonien*, pic
Vysochyna *ukrainien*, hautes terres
Vysocina *tchèque*, plateau

W

Waadi *somali*, rivière
Wadi *arabe*, rivière
Wahat, Wâhat *arabe*, oasis
Wald *allemand*, forêt
Wan *chinois*, baie
Wyzyna *polonais*, hautes terres

X

Xé *laotien*, cours d'eau

Y

Yarimadasi *azerbaïdjanais*, péninsule
Yazovir *bulgare*, retenue d'eau
Yoma *birman*, monts
Yü *chinois*, île

Z

Zaliv *bulgare, russe*, baie
Zatoka *ukrainien*, baie
Zemlya *russe*, baie

GLOSSAIRE DES ABRÉVIATIONS

Ce glossaire répertorie toutes les abréviations utilisées dans l'atlas et dans l'index géographique.

A

abrév. abréviation
ACP Pays d'Afrique, des Caraïbes et du Pacifique
afr. afrikaans
AIBT Accord international sur les bois tropicaux
alb. albanais
ALCM Missile(s) de croisière
all. allemand
amh. amharique
anc. ancien
anciennt anciennement
angl. anglais
ap. J.-C. après Jésus-Christ
approx. approximativement
ar. arabe
arm. arménien
ARYM Ancienne République yougoslave de Macédoine
aust. australien
av. J.-C. avant Jésus-Christ
az. azerbaïdjanais
Azerb. Azerbaïdjan

B

B-H Bosnie-Herzégovine
b/j barils par jour
basq. basque
bel. biélorusse
ben. bengali
ber. berbère
bir. birman
BP British Petroleum
bret. breton
Brig Général de brigade
brit. britannique
bul. bulgare

C

C° degré(s) centigrade(s)
C centre
C. cap
camb. cambodgien
cant. cantonais
Capt Capitaine
cast. castillan
cat. catalan
CE voir UE
CEE voir UE
CEI Communauté des États indépendants
chin. chinois
CITES Convention sur le commerce international des espèces de la faune et de la flore sauvages menacées d'extinction (Convention on International Trade in Endangered Species of wild flora and fauna)
cm centimètre(s)
Cmdt Commandant
Col Colonel
cor. coréen
cro. croate

DE

dan. danois
dép. département
Détr. Détroit
dév. développement
Dr Docteur
E Est
ÉAU États arabes unis
Éc. Écossais
ECU European Currency Unit (Monnaie de compte de la Communauté européenne)
EHE Énergie hydroélectrique
ESB Encéphalopathie spongiforme bovine
esp. espagnol
est estimation
est. estonien
ÉU États-Unis

FG

F° degré(s) Fahrenheit
Féd. rus. Fédération de Russie
fér. féroïen
fid. fidjien
fin. finnois
fr. français
fris. frison
g gramme(s)
gaél. gaélique
gal. galicien
gall. gallois
GATT Accord général sur les tarifs douaniers et le commerce
gc grec
Gén Général
géor. géorgien
GNL Gaz naturel liquide

HI

hab. habitant(s)
héb. hébreu
hind. hindi
hist. historique(ment)
HMS navire de la marine britannique (His/Her Majesty's ship)
hong. hongrois
I. Île
ICBM Missile(s) balistique(s) intercontinental/aux
in. inuit (esquimau)
ind. indonésien
Intl International
irl. irlandais
Is Îles
isl. islandais
it. italien

JKL

jap. japonais
kaz. kazakh
kg kilogramme(s)
kir. kirghiz
km kilomètre(s)
km² kilomètre carré
kur. kurde
kW kilowatt(s)
kWh kilowattheure(s)
L. Lac
lao. laotien
lap. lapon
lat. latin

let. letton
Liech. Liechtenstein
lit. lituanien
Lt Lieutenant
Lux. Luxembourg

MNO

m mètre(s)
M million(s)
MAB Missile(s) antibalistique(s)
mac. macédonien
Macéd. Macédoine
Maj Major
mal. malais
malg. malgache
malt. maltais
MBMP Missile(s) balistique(s) de moyenne portée
Md milliard
Mdb milliard de barils
mi. mile(s) 1,609 km
mong. mongol
MSS Missile(s) sol-sol
Mt. Mont
Mt Monts
N Nord
néerl. néerlandais
nép. népalais
nic. nicaraguayen
nor. norvégien
NPI Nouveau pays industrialisé
NZ Nouvelle-Zélande
O Ouest
ONG Organisation non gouvernementale
ONU Organisation des Nations unies
ouï. Ouïgour
our. ourdou
ouz. Ouzbek

PQR

P-B Pays-Bas
P. Père
pc pouce (2,54 cm)
PC Personal Computer/ordinateur
pd pied(s) (30,48 cm)
per. persan
PIB Produit intérieur brut (valeur totale des biens et services produits par un pays moins les revenus provenant des pays extérieurs)
PNB Produit national brut (valeur totale des biens et services produits par un pays)
PNG Papouasie-Nouvelle-Guinée
pol. polonais
poly. polynésien
port. portugais
RCA République centrafricaine
Rep. Represa (espagnol ou portugais pour retenue d'eau)
Rép. République
Rép. dom République dominicaine
Rép. tch. République tchèque
Ret. Retenue d'eau
Rév. Révérend
rmch. romanche
roum. roumain
RSSA République socialiste soviétique autonome

RU Royaume-Uni
rus. russe

S

S Sud
SA Son Altesse
s-cr serbo-croate
SALT Traité sur la limitation des armes stratégiques (Strategic Arms Limitation Treaty)
SAR Son Altesse Royale
SAS Son Altesse Sérénissime
ser. serbe
Sida Syndrome d'immunodéficience acquise
singh. singhalais
SLBM Missile(s) balistique(s) sous-marin(s)
slvn. slovène
slvq. slovaque
SME Système monétaire européen
som. somali
SSBN Sous-matin(s) atomique(s) lanceur(s) d'engins nucléaires
St., St Saint
START Traité sur la réduction des armes stratégiques (Strategic Arms Reduction Treaty)
sué. suédois
Sui. Suisse
swa. swahili

TU

tad. tadjik
tch. tchèque
th. thaï
Thaï. Thaïlande
tib. tibétain
TNP Traité de non-prolifération
tpl tonne(s) de port en lourd
tu. turc
turk. turkmen
Turkm. Turkménistan
TV télévision
UE Union européenne (anciennement Communauté européenne [CE], Communauté économique européenne [CEE])
ukr. ukrainien
UNCLOS Convention des Nations unies sur la loi de la mer (United Nations Convention on the Law of the Sea)
URSS Union des républiques socialistes soviétiques
USS navire de la marine américaine (United States ship)

VWXYZ

var. variante
VBTT Véhicule blindé de transport de troupes
Vdkhr. Vodokhranilichtche (russe pour retenue d'eau)
Vdskh. Vodoskhovychtche (ukrainien pour retenue d'eau)
VIH Virus d'immunodéficience humaine
vtn. vietnamien
yougo. yougoslave
ZEE Zone économique exclusive
ZF Zone franc

NOMS DE LIEUX

Lorsqu'il porte un nom de lieu sur une carte, le cartographe doit choisir parmi un nombre considérable de possibilités différentes. Les critères qui détermineront son choix dépendent de toute une série de facteurs : l'existence de formes locales et étrangères (London, Londres, Londra), de variantes orthographiques dans un même pays (Gent, Gand) et d'appellations totalement différentes d'un pays à l'autre pour désigner un même lieu international (La Manche, The English Channel).

Au-delà de ces considérations linguistiques, le cartographe devra également prendre en compte les nécessités diplomatiques, la clarté et l'usage auquel est destiné la carte.

La révision des formes et de l'orthographe des toponymes, qui représente une activité administrative permanente dans le monde entier, rend le sujet encore plus complexe. Depuis l'effondrement du communisme soviétique, par exemple, un nombre important de noms de lieux russes ont été modifiés de manière à effacer toute trace d'idéologie communiste (l'exemple le plus connu étant celui de la ville de Leningrad qui en 1991 reprit le nom qu'elle portait avant 1914, Saint-Pétersbourg). Dans les anciennes républiques soviétiques, les noms russes ont souvent été remplacés par des formes locales (notamment en Ukraine, Biélorussie, Géorgie et Arménie).

Si l'usage des formes et orthographes arabes normalisées a été institué dans la plupart des pays du monde arabe, il est plus lent à mettre en place dans certaines anciennes colonies françaises d'Afrique du Nord comme l'Algérie, où la population continue à utiliser les formes françaises.

LES CARTES

Les cartes illustrant les pays du monde ont été établies à partir des sources de référence disponibles les plus récentes, afin d'intégrer les formes et orthographes utilisées dans la langue locale, c'est-à-dire celles employées dans le pays concerné. À notre époque où les déplacements internationaux, qu'ils soient touristiques ou d'affaires, deviennent de plus en plus fréquents, ce critère nous a semblé le plus approprié.

Les formes conventionnelles françaises ont été utilisées pour tous les lieux internationaux (tels que les mers, océans et chaînes de montagnes séparant les États), pour toutes les capitales ainsi que pour tous les noms de pays (l'index géographique donne les formes et orthographes locales et indique clairement les variantes les plus courantes, comme pour la Birmanie/Myanmar). Le système de renvoi de l'index géographique permettra au lecteur de passer facilement du français conventionnel 'Florence' au 'Firenze' italien utilisé sur les cartes.

Les formes conventionnelles françaises apparaissent également sur toutes les cartes du Monde aujourd'hui et celles reproduites dans les Questions d'ordre planétaire. Ces cartes n'ont pas été indexées, tous les lieux mentionnés pouvant être repérés de manière plus pratique et plus précise sur les cartes nationales.

L'INDEX GEOGRAPHIQUE

On trouvera dans l'index géographique la liste de tous les noms apparaissant sur les cartes des pays du monde de l'atlas. Les caractéristiques physiques sont définies comme telles, comme le sont les noms de pays, de régions administratives et de provinces figurant sur les cartes ; tous les autres noms indiquent des agglomérations. Chaque entrée est suivie du numéro de page de la carte correspondante, de sa position sur la carte indiquée par les lettres N(ord), S(ud), E(st), O(uest) et C(entre) ou d'une combinaison de ses lettres selon le cas, puis du nom du pays.

Chaque entrée principale est également suivie de ses variantes orthographiques les plus courantes, de son (ses) ancien(s) nom(s) et des formes étrangères qui ont été utilisées de façon significative au cours de l'histoire moderne depuis 1940. Cette date, généralement choisie comme date charnière, permet d'intégrer tous les changements de noms intervenus au cours ou au lendemain de la Seconde Guerre mondiale. On indiquera également les modifications toponymiques intervenues en Russie et dans les autres pays de l'ancienne Union soviétique avant 1940, dans la mesure où beaucoup de noms anciens sont actuellement repris dans ces pays.

Les pages suivantes sont ensuite consacrées à un glossaire complet des abréviations (659) utilisées dans l'index géographique et dans tout l'atlas et à un glossaire des termes géographiques étrangers (660-661) apparaissant dans les entrées principales.

INDEX

A

C

Colorado 222 rivière NE Costa Rica
Colorado 259 fleuve Texas, CS ÉU
Colorado 259 fleuve SO ÉU
Colorado 258-259 État SO ÉU
Colorado Springs 259 Colorado, SO ÉU
Colorados, Archipiélago de los 228 archipel NO Cuba
Columbia 258 fleuve NO ÉU
Columbia 259 Caroline-du-Sud, SE ÉU
Columbia, District de 259 district fédéral NE ÉU
Columbus 259 Géorgie, SE ÉU
Columbus 259 Ohio, NE ÉU
Columbus, Canal 596 canal reliant l'océan Atlantique au Golfe de Paria
Colville, Canal 451 canal reliant la Baie de Plenty au Golfe d'Hauraki, N Ile du Nord, Nouvelle-Zélande
Comarapa 154 C Bolivie
Comas 479 O Pérou
Comayagua 308 O Honduras
Comendador 238 anc. Elías Piña. O Rép. dominicaine
Comilla 131 ben. Kumillá. E Bangladesh
Commissioner's Point 643 promontoire de l'île d'Irlande du Nord, O Bermudes
Como 340 N Italie
Como, Lago di 340 var. Lario, fr. Lac de Côme, all. Comer See. Lac N Italie
Comodoro Rivadavia 109 SE Argentine
Comrat 422 rus. Komrat. S Moldavie
Côn Dao 627 var. Con Son. Ile S Viêt Nam
Conakry 299 ❖ Guinée, SO Guinée
Concepción 154 E Bolivie
Concepción 195 C Chili
Concepción 472 var. Villa Concepción. C Paraguay
Conchos 416 rivière NO Mexique
Concord 259 New Hampshire, NE ÉU
Concord 294 O île de Grenade, Grenade
Concordia 109 E Argentine
Condado 228 C Cuba
Condroz 137 région SE Belgique
Congo, Bassin du fleuve 497 bassin de drainage C Afrique
Conn, Lac 332 irl. Loch Con. Lac NO Irlande
Connaught 332 province O Irlande
Connecticut 259 État NE ÉU
Consolación del Sur 228 O Cuba
Constance 90 S Allemagne
Constant Spring 347 SE Jamaïque
Constanta 500 all. Konstantza, tu. Köstence, var. Küstendje, fr. Constanta. SE Roumanie
Constantine 87 ar. Qoussantîna, var. Qacentina, NE Algérie
Constantine 294 SO île de Grenade, Grenade
Constanza 238 C Rép. dominicaine
Contagem 163 SE Brésil
Contuboel 300 NE Guinée-Bissau

Cook méridionales, Iles 644 Archipel S Iles Cook
Cook septentrionales, Iles 644 archipel N îles Cook
Cook, Détroit de 451 var. Raukawa. Détroit entre l'île du Nord et l'île du Sud de la Nouvelle-Zélande, reliant l'océan Pacifique Sud à la mer de Tasman
Cook, Iles 644 territoire en libre association avec la Nouvelle-Zélande, océan Pacifique. ❖ Avarua
Cook, Mont 451 anc. Aorangi. Mont O île du Sud, Nouvelle-Zélande
Cook, Récif de 650 récif de l'océan Pacifique, N Nouvelle-Calédonie
Cooktown 115 NE Australie
Cooper Creek 115 var. Barcoo, Cooper's Creek. Rivière C Australie
Cooper, Ile 643 île SE Iles Vierges du RU
Copacabana 154 O Bolivie
Copenhague 232 dan. København. ❖ Danemark, Sjælland, E Danemark
Copiapó 195 N Chili
Coppename 566 var. Koppename. Rivière C Surinam
Coppermine 184 var. Qurlurtunq. NO Canada
Coquimbo 195 N Chili
Corail 306 SO Haïti
Coral Harbour 185 NE Canada
Coral Harbour 185 île Southampton, NE Canada
Corantijn 566 var. Coeroeni, Corentyne, Courantyne. Rivière de Guyana et du Surinam
Cordillère australienne 115 monts E Australie
Córdoba 109 C Argentine
Córdoba 253 var. Cordoba, fr. Cordoue. SO Espagne
Cordova 258 Alaska, ÉU
Corée, Détroit de 218 cor. Tachanhachyop, jap. Chôsen-kaikyô. Détroit reliant la mer de Chine méridionale à la mer du Japon, E Asie
Corfou 291 voir Kérkyra
Corinth 294 SE île de Grenade, Grenade
Corinthe 291 voir Kórinthos
Corinthe, Isthme de 291 voir Korínthou, Isthmós
Corinto 438 O Nicaragua
Corisco, Ile 302 Ile SO Guinée équatoriale
Cork 332 irl. Corcaigh. S Irlande
Cork Hill 649 O Montserrat
Corleone 341 Sicile, S Italie
Corn Exchange 372 NO Lesotho
Corner Brook 185 Terre-Neuve, E Canada
Cornwallis, Ile 184 île des îles Parry, N Canada
Coro 623 var. Santa Ana de Coro. NO Venezuela
Corocoro 154 O Bolivie
Coromandel Peninsula 451 péninsule NE Ile du Nord, Nouvelle-Zélande
Coronel Bogado 472 S Paraguay
Coronel Oviedo 472 SE Paraguay

Çorovodë 85 var. Çorovoda, Corovoda. SE Albanie
Corozal 140 N Belize
Corrib, Lac 332 irl. Loch Corrib. Lac O Irlande
Corrientes 109 NE Argentine
Corriverton 304 E Guyana
Corse 277 angl. Corsica. Ile SE France
Cortés 222 SE Costa Rica
Corubal 300 var. Cocoli, Rio Grande. Rivière O Afrique
Çorum 605 N Turquie
Corvallis 258 Oregon, NO ÉU
Corvo 490 var. Ilha do Corvo. Ile des Açores, Portugal
Cosenza 341 S Italie
Cospicua 405 E Malte
Cosmolédo, Atoll 542 Atoll du groupe des Aldabra, SO Seychelles
Costa, Cordillère de la 623 var. Cordillera de Venezuela. Monts N Venezuela
Cotagaita 154 S Bolivie
Côtière, Chaîne 184 Chaîne du Canada et des ÉU
Côtière, Chaîne 258 Chaîne O ÉU
Cotonou 142 var. Kotonu. S Bénin
Cotopaxi 248 volcan actif N Équateur
Cotswold Hills 505 collines O Angleterre, RU
Cottbus 91 anc. Kottbus. E Allemagne
Cottica 566 E Surinam
Cotton Ground 520 NO Nevis, St-Kitts-et-Nevis
Cotuí 238 C Rép. dominicaine
Coulibistri 240 O Dominique
Coupe, Cap 652 cap de l'océan Atlantique sur la côte de Miquelon, S Saint-Pierre-et-Miquelon
Courcelles 137 S Belgique
Courtrai 137 néerl. Kortrijk O Belgique
Couva 596 O Trinité, Trinité-et-Tobago
Couvin 137 S Belgique
Cova Figueira 190 Fogo, S Cap-Vert
Cove Bay 642 baie de la mer des Caraïbes côte S d'Anguilla
Coventry 505 E Angleterre, RU
Covilhã 490 E Portugal
Cox's Bãzãr 131 S Bangladesh
Coyah 299 SO Guinée
Cozumel, Isla de 416 île SE Mexique
Cradock 81 Cap Oriental, S Afrique du Sud
Craiova 500 SO Roumanie
Cranbrook 184 SO Canada
Crane, The 135 SE Barbade
Crawley 505 SE Angleterre, RU
Créoles, Rivière des 412 rivière SE Maurice
Cres 227 it. Cherso. Ile O Croatie
Crescent, Groupe 651 archipel C îles Paracel
Crète, Mer de 291 gc Kritikó Pélagos. Partie de la mer Méditerranée, SE Grèce
Créteil 277 N France
Creuse 277 rivière C France
Crikvenica 227 it. Cirquenizza. NO Croatie

Crimée 610 rus. Krym. Péninsule et région SE Ukraine
Cristóbal 468 N Panamá
Cristóbal Colón, Pico 209 pic N Colombie
Crna reka 391 rivière S Macédoine
Crochu 294 SE île de Grenade, Grenade
Crocker, Banjaran 397 var. Crocker Range. Monts C Bornéo, Malaysia
Crocus. Baie 642 baie de la mer des Caraïbes côte O Anguilla
Cromer 505 E Angleterre, RU
Crooked Tree 140 NE Belize
Crooked, Ile 126 île E Bahamas
Crooked, Passage de 126 passage de l'océan Atlantique entre l'île Crooked et l'île Long, Bahamas
Crosby 647 C Ile de Man
Cross 442 rivière du Cameroun et du Nigeria
Crossroads 332 N Irlande
Crotone 341 S Italie
Crucero Contramaestre 228 S Cuba
Cruz Bay 653 Saint John, E Iles Vierges (ÉU)
Cruz del Eje 109 C Argentine
Cuamba 429 N Mozambique
Cuanza 98 var. Kwanza. Rivière Angola
Cuareim 615 port. Quaraí. Rivière du Brésil et de l'Uruguay
Cubal 98 O Angola
Cubango 98 var. Kuvango, port. Vila Artuur de Paiva, Vila da Ponte. C Angola
Cuchilla de Haedo 615 monts NO Uruguay
Cúcuta 209 var. San José de Cúcuta. N Colombie
Cuddapah 314 S Inde
Cudjoehead 649 NO Montserrat
Cuenca 248 O Équateur
Cuenca 253 C Espagne
Cueno 340 N Italie
Cuernavaca 416 S Mexique
Cueto 228 SE Cuba
Cuiabá 163 anc. Cuyabá. SO Brésil
Cuilapa 296 S Guatemala
Cuito 98 var. Kwito. Rivière Angola
Cuito Cuanavale 98 S Angola
Culebra 651 var. Isla de Culebra, NE Porto Rico
Culebra, Isla de 651 île NE Porto Rico
Culiacán 416 O Mexique
Culion, Ile 482 île du groupe Calamian, O Philippines
Cumaná 623 N Venezuela
Cumberland 524 rivière O St-Vincent, St-Vincent-et-les-Grenadines
Cumberland, Péninsule 185 péninsule de l'île de Baffin, NE Canada
Cumberland, Péninsule de 185 péninsule de l'île
Cumbrian, Monts 505 Monts NO Angleterre, RU
Cunnamulla 115 E Australie
Curanilahue 195 C Chili
Curaray 248 rivière de l'Équateur et du Pérou
Curepe 596 NO Trinité, Trinité-et-Tobago

E

I

J

Jādū 383 NO Libye
Jālū 381 NE Libye
Jāmnagar 314 *anc.* Navangar. O Inde
Jabal aẕ Ẕannah 246 *var.* Jebel Dhanna, O Émirats arabes unis
Jabalpur 314 *anc.* Jubbulpore. C Inde
Jabat 410 *var.* Ile Jabwot. Ile S îles Marshall
Jabbul, Sabkhat al 571 étendue salée NO Syrie
Jablah 571 *var.* Jeble, *fr.* Djéblé. O Syrie
Jablanica 85 monts E Albanie
Jablonee nad Nisou 584 *all.* Gablonz an der Neisse. N République tchèque
Jaboatão 163 E Brésil
Jaceel 552 *it.* Uadi Giahel. Rivière saisonnière NE Somalie
Jackson 259 Mississipi, SE ÉU
Jacksonville 259 Floride, SE ÉU
Jacmel 306 *var.* Jaquemel. S Haïti
Jacó 222 SO Costa Rica
Jacobābād 463 SO Pakistan
Jaén 253 SO Espagne
Jaffna 556 N Sri Lanka
Jaffna, Lagon 556 lagon N Sri Lanka
Jafr, Qā al 354 *var.* El Jafr. Surface salée S Jordanie
Jägala 256 *var.* Jägala Jõgi. Rivière N Estonie
Jaipur 314 *anc.* Jeypore. N Inde
Jaipur Hāt 131 NO Bangladesh
Jajce 158 O Bosnie-Herzégovine
Jakar 144 C Bhoutan
Jakarta 320 *anc.* Djakarta, *néerl.* Batavia. ❖ Indonésie, Java, C Indonésie
Jakobstad 273 O Finlande
Jalandhar 314 *anc.* Jullundur. N Inde
Jalapa 296 C Guatemala
Jalapa 416 *var.* Jalapa Enríquez, *anc.* Xalapa. SE Mexique
Jalousie 527 Ste-Lucie
Jaluit 410 île S îles Marshall
Jamālpur 131 N Bangladesh
Jamaame 552 *it.* Giamame. S Somalie
Jamaare 442 rivière NE Nigeria
Jamaïque, Canal de la 306 canal de la mer des Caraïbes entre Haïti et la Jamaïque
Jambi 320 *anc.* Djambi, *var.* Telanaipura. Sumatra, O Indonésie
James, Baie 185 C Canada
James, Baie de 185 anse de la Baie d'Hudson, C Canada
Jamestown 652 ❖ Ste-Hélène, N Ste-Hélène
Jammerbugten 232 baie NO Danemark
Jammu 314 N Inde
Jämsä 273 S Finlande
Jamshedpur 314 E Inde
Jamuna 131 cours d'eau inférieur du Brahmaputra, N Bangladesh
Janakpur 437 E Népal
Janela 190 Santo Antão, N Cap-Vert
Janzūr 381 NO Libye

Jappeni 285 C Gambie
Japurá 162 *var.* Yapurá. Rivière Brésil
Jarābulus 571 *var.* Jerablus, *fr.* Djérablous. N Syrie
Jarabacoa 238 C Rép. dominicaine
Jarash 354 *var.* Jerash. NO Jordanie
Jardines de la Reina, Archipiélago de los 228 archipel S Cuba
Jarej 410 région de Majuro, SE îles Marshall
Jari 163 *var.* Jary. Rivière N Brésil
Jaroměř 584 NE Rép. tchèque
Jarqŭrghon 458 *rus.* Dzharkurgan. SE Ouzbékistan
Järvenpää 273 *sué.* Träskända. S Finlande
Jason, Iles 645 archipel NO îles Malouines
Jastrzębie Zdrój 487 S Pologne
Jászberény 310 NE Hongrie
Jaune, Mer 218 *cor.* Hwany-Hae, *chin.* Huang Hai. Mer de l'océan Pacifique entre la Chine et la Corée
Jaunpiebalga 374 NE Lettonie
Java 320 *var.* Jawa, *anc.* Djawa. Ile C Indonésie
Jawa, Laut 320 *fr.* Mer de Java. Mer de l'océan Pacifique, C Indonésie
Jawhar 552 *var.* Jowhar, *it.* Giohar. S Somalie
Jaya, Puneak 321 *anc.* Puntjak Sukarno, Puntjak Carstensz. Mont de l'Irian Jaya, E Indonésie
Jayapura 321 *anc.* Sukarnapura, *néerl.* Hollandia. Irian Jaya, E Indonésie
Jaz Murian, Hamun-e 329 lac SE Iran
Jazā'ir, Ra's al 129 cap SO Bahreïn
Jbaïl 376 *var.* Jubayl. O Liban
Jdiriya 406 NE Sahara-Occidental
Jēkabpils 374 *all.* Jakobstadt. SE Lettonie
Jebba 442 O Nigeria
Jefferson City 259 Missouri, C ÉU
Jega 442 NO Nigeria
Jelenia Góra 487 *all.* Hirschberg in Riesengebirge. SO Pologne
Jelgava 374 *all.* Mitau. C Lettonie
Jember 320 *anc.* Djember. Juva, C Indonésie
Jemo 410 île C îles Marshall
Jendouba 599 *var.* Jundūbah. NO Tunisie
Jennings 102 O Antigua, Antigua et Barbuda
Jenny 566 N Surinam
Jequilinhonha 163 rivière E Brésil
Jerada 406 NE Maroc
Jerba, Ile 599 *var.* Djerha, Jazīrat Jarbah. Ile E Tunisie
Jérémie 306 SO Haïti
Jerez de la Frontera 252 SO Espagne
Jerid, Chott el 599 *var.* Shaṭṭ al Jarīd. Lac salé SO Tunisie
Jersey 276 Colonie de la couronne britannique de la Manche. ❖ St Helier.

Jesenice 550 *all.* Assling. NO Slovénie
Jessore 131 O Bangladesh
Jesús Menéndez 228 SE Cuba
Jeta, Ile de 300 île O Guinée-Bissau
Jezercës, Maja e 85 *var.* Jezerce, Mont N Albanie
Jezzine 376 *var.* Jazzīn. S Liban
Jhālakāti 131 S Bangladesh
Jhang 463 *var.* Jhung Sadar, Jhang Sadr. NE Pakistan
Jhelum 463 NE Pakistan
Jhelum 463 rivière d'Inde et du Pakistan
Jhenida 131 O Bangladesh
Jīma 267 *var.* Jimma, Ft. Gimma, SO Éthiopie
Jīzān 104 *var.* Qizan. S Arabie Saoudite
Jiangsu 199 *var.* Kiangsu, Chiang-su. Province E Chine
Jičín 584 N Rép. tchèque
Jidd Ḩafş 129 *var.* Judd Ḩafş. N Bahreïn
Jiddah 104 *fr.* Djeddah. O Arabie Saoudite
Jiddah 129 île NO Bahreïn
Jiftilik Post 338 E Cisjordanie
Jiguaní 228 SE Cuba
Jihlava 584 *all.* Iglau. S Rép. tchèque
Jijel 87 *var.* Djidjel, *anc.* Djidjelli. NE Algérie
Jijiga 267 *it.* Giggiga. E Éthiopie
Jilib 552 *it.* Gelib. S Somalie
Jilin 199 *var.* Kirin, Chi-lin, *anc.* Yungki. Jilin, NE Chine
Jilin 199 *var.* Kirin, Chi-lin. Province NE Chine
Jimani 238 O Rép. dominicaine
Jinan 199 *var.* Chinen, Tsinan. Shandong, E Chine
Jinja 456 S Ouganda
Jinotega 438 C Nicaragua
Jinotepe 438 S Nicaragua
Jintotlolo, Canal 482 canal reliant le détroit de Mindoro à la mer Visayan
Jinzhou 199 *var.* Chin-chou, Chinchow, *anc.* Chinhsien. Liaoning, NE Chine
Jipijapa 248 O Équateur
Jiquilisco 531 S Salvador
Jiquilisco, Bahia de 531 baie de l'océan Pacifique S Salvador
Jirgatol 574 *rus.* Dzhirgatal'. C Tadjikistan
Jirriiban 552 *anc.* Ceel Xamurre, *it.* El Hamurre, E Somalie
Jisr ash Shughūr 571 *var.* Djisr el Choghour. NO Syrie
Jiu 500 *all.* Schyl, *hong.* Zsily. Rivière S Roumanie
Jixi 199 *var.* Chi-hsi. Heilongjiang, NE Chine
Jiz', Wādī al 631 cours d'eau asséché E Yémen
Jizuka 348 Kyūshū, SO Japon
Jizzakh 458 *rus.* Dzhizak. SE Ouzbékistan
Jjamusi 199 *var.* Chia-mu-ssu, Kiamusze. Heilongjiang, NE Chine
Jlobin 146 E Biélorussie
Joal-Fadiout 536 *anc.* Joal. O Sénégal
João Barrosa 190 Boa Vista, E Cap-Vert
João Pessoa 163 *anc.* Paraíba, E Brésil
Joden Savanne 566 NE Surinam

Jodhpur 314 NO Inde
Joel's Drift 372 N Lesotho
Joensuu 273 SE Finlande
Jõgeva 256 *all.* Laisholm. C Estonie
Johannesburg 81 Pretoria-Witwatersrand-Vereeniging, NE Afrique du Sud
John o'Groats 505 N Écosse, RU
Johnson, Rapides 497 rapides de la Rép. dém. du Congo et de la Zambie
Johnsons Point 102 SO Antigua, Antigua et Barbuda
Johnston, Atoll 648 territoire non-incorporé aux ÉU, océan Pacifique
Johnston, Ile 648 île S atoll Johnston
Johor Bahru 396 SE Péninsule de Malacca
Johore, Détroit 547 détroit reliant le détroit de Malacca à la mer de Chine mériodionale
Joinville 163 *var.* Joinvile. S Brésil
Jolo, Groupe 482 archipel de Sulu Archipelago, SO Philippines
Jolo, Ile 482 île du groupe Jolo, SO Philippines
Jomsom 437 NO Népal
Jona 562 NE Suisse
Jonava 386 *all.* Janow, C Lituanie
Jones Point 644 promontoire côte O île de Christmas
Jonglei, Canal 554 canal S Soudan
Jönköping 559 S Suède
Jonquière 185 SE Canada
Jos 442 C Nigeria
Jos, Plateau 442 plateau C Nigeria
José Batlle y Ordóñez 615 C Uruguay
José E. Bisanó 238 N Rép. dominicaine
José Pedro Varela 615 SE Uruguay
Joseph Bonaparte, Golfe 115 golfe de la mer de Timor côte NO Australie
Jost Van Dyke 643 îles O îles Vierges du RU
Jotunheimen 446 monts SO Norvège
Joûnié 376 *var.* Jūniyah, Juniye. O Liban
Jovellanos 228 NO Cuba
Jozini, Barrage 536 réservoir d'Afrique du Sud et du Swaziland
Jsahaya 348 Kyūshū, SO Japon
Jūrmala 374 NO Lettonie
Juan Fernández, Iles 195 archipel O Chili
Juan L. Lacaze 615 *anc.* Sauce. SO Uruguay
Juarzon 378 *var.* Juazohn. SE Liberia
Juazeiro do Norte 163 E Brésil
Juba 554 *var.* Jūbā. S Soudan
Júcar 253 rivière C Espagne
Juclà, Estany de 96 lac NE Andorre
Judenburg 120 C Autriche
Juigalpa 438 S Nicaragua
Juishui 577 E Taiwan
Juiz de Fora 163 SE Brésil
Juliaca 479 SE Pérou
Juliana Top 566 mont C Surinam

Likasi 497 *anc.* Jadotville. SE Rép. dém. du Congo
Likiep 410 île C îles Marshall
Likouala 214 rivière NO Congo
Likouala aux Herbes 214 rivière E Congo
Liku 650 E Niue
Lille 277 *néerl.* Rijssel. N France
Lillebaelt 232 *fr.* Petit Belt, *var.* Lille Baelt. Détroit entre Fyn et Jylland, SO Danemark
Lillehammer 446 S Norvège
Lillestrøm 446 S Norvège
Lilongwe 395 ❖ Malawi, O Malawi
Lilongwe 395 rivière O Malawi
Lim Chu Kang 547 région NO Singapour
Lima 479 ❖ Pérou, O Pérou
Limassol 207 *var.* Lemesos. SO Chypre
Limbe 182 *anc.* Victoria. SO Cameroun
Limbe 395 S Malawi
Limbé 306 N Haïti
Limerick 332 *irl.* Luimneach. SO Irlande
Limfjorden 232 fjord de Jylland, NO Danemark
Limnos 291 *var.* Lemnos. Ile E Grèce
Limoges 277 C France
Limón 222 E Costa Rica
Limón 308 NE Honduras
Limon, Mont 412 mont Rodrigues, Maurice
Limousin 277 région C France
Limpopo 636 *var.* Crocodile. Rivière d'Afrique du Sud
Limulunga 635 O Zambie
Linakeng 372 E Lesotho
Linares 195 C Chili
Linares 253 S Espagne
Lincoln 259 Nebraska, C ÉU
Lincoln 505 E Angleterre, RU
Lincoln, Ile 651 île E îles Paracei
Linden 304 E Guyana
Lindi 497 rivière NE Rép. dém. du Congo
Lindi 580 SE Tanzanie
Lingayen, Golfe de 482 golfe de la mer de Chine méridionale, N Philippines
Lingga, Kepulauan 320 archipel E Sumatra, O Indonésie
Linguère 536 N Sénégal
Linköping 559 S Suède
Linyanti 160 rivière du Botswana et de Namibie
Linz 120 N Autriche
Lion, Golfe du 277 Golfe de la mer Méditerranée S France
Lions Den 636 N Zimbabwe
Lipa 482 Luzon, N Philippines
Lipari, Isola 341 île S Italie
Lipetsk 210 O Féd. de Russie
Lippstadt 90 O Allemagne
Liptovský Mikuláš 549 *all.* Liptau-Sankt-Nikolaus, *hong.* Liptószentmiklós. C Slovaquie
Lira 456 N Ouganda
Liranga 214 E Congo
Liri 341 rivière C Italie
Lisala 497 N Rép. dém. du Congo
Lisbonne 490 *port.* Lisboa, ❖ Portugal, O Portugal
Lisburn 505 Irlande du Nord, RU
Lisieux 277 NO France
Lismore 115 E Australie

Litani 376 rivière C Liban
Litani 566 *var.* Itany. Rivière de Guyane et du Surinam
Lithgow 115 SE Australie
Litla Dimun 644 île S îles Féroé
Little Rock 259 Arkansas, CS ÉU
Little Sound 643 baie de l'océan Atlantique Nord, O Bermudes
Little Tobago 596 *var.* Bird of Paradise Island. Ile E Tobago, Trinité-et-Tobago
Little Tobago 643 île O îles Vierges du RU
Liuch'iu Yü 577 île SO Taiwan
Liukuci 577 S Taiwan
Liuzhou 199 *var.* Liu-chou, Liuchow. Guangxi, S Chine
Livadhh 207 *var.* Leivadi. Rivière O Chypre
Lively Sound 645 partie de l'océan Atlantique Sud, E îles Malouines
Lively, Ile 645 île E îles Malouines
Liverpool 505 NO Angleterre, RU
Livingston 296 E Guatemala
Livingstone 635 *var.* Maramba. S Zambie
Livingstonia 395 N Malawi
Livno 158 SO Bosnie-Herzégovine
Livojoki 273 rivière C Finlande
Livorno 340 *angl.* Leghorn. C Italie
Liwonde 395 S Malawi
Liyāḥ, Jāl al 368 crête NO Koweit
Ljubljana 550 *var.* Lyublyana, *all.* Lalbach, *it.* Lubiana, ❖ Slovénie, C Slovénie
Ljungan 559 rivière C Suède
Ljusnan 559 rivière C Suède
Llallagua 154 SO Bolivie
Llanos 623 C Venezuela
Lleida 253 *cast.* Lérida. NE Espagne
Llolleo 195 C Chili
Lloydminster 184 SO Canada
Lô 627 rivière de Chine et du Viêt Nam
Lo-tung 577 *jup.* Ratō. NE Taiwan
Løkken 232 Jylland, NO Danemark
Loaita, Ile 652 île O îles Spratley
Lobatse 160 *var.* Lobatsi, S Botswana
Lobaye 193 rivière SO Rép. centrafricaine
Lobito 98 O Angola
Lôc Ninh 627 SO Viêt Nam
Locarno 562 *all.* Luggarus, C Suisse
Locri 341 S Italie
Lod 337 *var.* Lydda. C Israël
Lodge 520 NE St-Kitts, St-Kitts-et-Nevis
Lodja 497 C Rép. dém. du Congo
Lodwar 360 NO Kenya
Łódź 489 *rus.* Lodz. C Pologne
Loei 587 *var.* Muang Loei. N Thaïlande
Lofa 378 *var.* Loffa. Rivière de Guinée et du Liberia
Lofoten 446 *var.* Iles Lofoten. Iles NE Norvège
Loga 441 O Niger
Logan, Mont 184 mont. NO Canada

Logone 182 *var.* Lagone. Rivière du Cameroun et du Tchad
Logroño 253 N Espagne
Lögurinn 334 *var.* Lagarfljót. Lac E Islande
Loh 619 îles Torres, N Vanuatu
Loibl, col du 120 *var.* Ljubelj, *all.* Loihlpass, *slvn.* Ljublrlj. Col d'Autriche et de Slovénie
Loikaw 151 E Birmanie
Loir 277 rivière NO France
Loire 277 rivière C France
Loita Hills 360 région vallonnée SO Kenya
Loja 248 S Équateur
Lökbatan 124 *rus.* Lokbatan. E Azerbaïdjan
Lokeren 137 NO Belgique
Lokitaung 360 NO Kenya
Lokoja 146 C Nigeria
Lokoja 442 C Nigeria
Lokossa 142 S Bénin
Loksa 256 *all.* Loxa. N Estonie
Lol 554 rivière S Sudan
Lola 299 SE Guinée
Lolland 232 *anc.* Laaland. Ile S Danemark
Lolotique 531 SE Salvador
Lolvavana, Passage de 542 détroit entre Maewo et Pentecost, C Seychelles
Lom 168 rivière du Cameroun et de la Rép. centrafricaine
Lom 170 *anc.* Lom-Palanka, NO Bulgarie
Lom 182 rivière du Cameroun et du la Réplublique centrafricaine
Lom Sak 587 *var.* Muang Lom Sak. N Thaïlande
Lomahasha 568 NE Swaziland
Lomami 497 rivière C Rép. dém. du Congo
Lomas de Zamora 109 E Argentine
Lombok 320 île de Nusa Tenggara, C Indonésie
Lomé 593 ❖ du Togo, S Togo
Lomond, Loch 505 lac C Écosse, RU
Londiani 360 O Kenya
London 185 S Canada
London 366 Kiritimati, E Kiribati
London Bridge 294 île au N de l'île de Grenade, Grenade
Londonderry 505 *var.* Derry, Irlande du Nord, RU
Londres 505 ❖ du RU
Londrina 163 S Brésil
Long Baie 643 baie de l'océan atlantique Nord, E Bermudes
Long Bay 643 baie de l'océan atlantique Nord, O Bermudes
Long Swamp 643 Tortola, C Iles Viergus du RU
Long Xuên 627 SO Viêt Nam
Long, île 643 île O Bermudes
Longa, Proliv 511 *fr.* Détroit de De Long. Détroit reliant la mer de Tchouktches à la mer de Sibérie orientale, entre NE Asie et NO Amérique du Nord
Longford 332 *irl.* Longphort. C Irlande
Longmont 259 Colorado, SO ÉU
Longoni, Baie de 649 *var.* Longoni Bay. Baie de l'océan indien sur la côte N de Mayotte
Longreach 115 E Australie

Longue, île 102 île N Antigua, Antigua et Barhuda
Longue, île 126 île C Bahamas
Longwood 652 E Ste-Hélène
Longyearbyen 653 ❖ de Svalbard, Spitsbergen, O Svalbard
Lonhlupheko 568 E Swaziland
Lons-le-Saunier 277 E France
Loop Head 332 promontoire sur la côte O de l'Irlande
Lop Buri 587 C Thaïlande
Lopévi 619 île C Vanuatu
Lopez, Cap 282 O Gabon
Lora, Hāmūn-i- 462 marais salant O Pakistan
Lorca 253 S Espagne
Lorengau 470 *var.* Lorungau, Ile Manus, Papouasie-Nouvelle-Guinée
Lorentz 321 rivière de l'Irian Jaya, E Indonésie
Loreto 472 C Paraguay
Lorian, Marécages 360 marécage E Kenya
Lorient 276 O France
Lorn, Firth of 505 anse de l'océan Atlantique, O Ecosse, RU
Lorraine 277 région NE France
Los Amates 296 E Guatemala
Los Andes 195 C Chili
Los Angeles 195 C Chili
Los Angeles 258 Californie, O ÉU
Los Chiles 222 NO Costa Rica
Los Mochis 390 O Mexique
Los Roques, Islas 623 archipel N Venezuela
Los Teques 623 N Venezuela
Los, Iles de 299 Archipel SO Guinée
Lošinj 227 *it.* Lussino, Ile O Croatie
Losap 420 atoll C Micronésie
Lot 249 rivière S France
Lot 277 rivière S France
Lotofaga 628 Upolu, Samoa Occidentales
Louang Namtha 370 *var.* Luong Nam Tha. N Laos
Louangphrabang 370 *var.* Luang Prabang, C Laos
Loubiere 240 SO Dominique
Loubomo 214 *anc.* Dolisie, S Congo
Loudima 214 S Congo
Louéssé 214 rivière SO Congo
Louga 536 NO Sénégal
Loughrea 310 O Irlande
Louis Trichardt 81 Transvaal-Nord, NE Afrique du Sud
Louisiade Archipelago 174 archipel SE Papouasie-Nouvelle-Guinée
Louisiane 259 Etat CS ÉU
Louisville 140 N Belize
Louisville 259 Kentucky, C ÉU
Loukoléla 214 E Congo
Loum 182 O Cameroun
Louna 214 rivière SE Congo
Louny 212 NO Rép. tchèque
Louvain 137 *néerl.* Leuven, *all.* Löwen, C Belgique
Lovech 170 *var.* Loveč, NO Bulgarie
Lovell Village 524 Mustique, St Vincent-et-les-Grenadines
Lóvua 98 N Angola
Low Point 644 promontoire sur la côte E de l'île Christmas

Otrokovice 584 SE Rép. tchèque

Ôtsu 348 Honshū, C Japon

Ottawa 184 *fr.* Outaouais. Rivière SE Canada

Ottawa 185 ❖ Canada, SE Canada

Otterup 232 Fyn, C Danemark

Otu Tolu, Groupe 594 archipel SE Tonga

Ötztal, Alpes de l' 120 *it.* Alpi Venosie. Monts d'Autriche et d'Italie

Ou 370 rivière N Laos

Ouâd Nâga 414 SO Mauritanie

Ouaddi 236 NE Djibouti

Ouagadougou 175 *var.* Wagadugu. ❖ Burkina Faso, C Burkina Faso

Ouâhayyi 236 rivière de Djibouti et de Somalie

Ouahígouya 175 NO Burkina Faso

Ouaka 193 rivière C Rép. centrafricaine

Oualâta 414 SE Mauritanie

Ouallam 441 *var.* Oualam. O Niger

Ouanary 645 E Guyane

Ouanda Djallé 193 NE Rép. centrafricaine

Ouani 212 N Anjouan, Comores

Ouara 193 rivière E Rép. centrafricaine

Ouargla 87 *var.* Wargla. NE Algérie

Ouarkziz 406 rivière saisonnière SO Maroc

Ouarzazate 406 S Maroc

Ouazzane 406 N Maroc

Ouchan 647 E Ile de Man

Oudmourtic 510 république autonome O Féd. de Russie

Oued Zem 406 C Maroc

Ouégoa 650 N Nouvelle-Calédonie

Ouéléssébougou 402 *var.* Ouolossébougou. SO Mali

Ouémé 142 rivière C Bénin

Ouessant, Ile d' 276 NO France

Ouèssè 142 *var.* Ouéssé. E Bénin

Ouésso 214 NO Congo

Ouidah 142 *var.* Wida. S Bénin

Oujda 406 NE Maroc

Oujeft 414 C Mauritanie

Oulan Bator 426 ❖ de Mongolie. C Mongolie

Ould Yenjé 414 S Mauritanie

Ouled Djellal 87 *var.* Awled Djellal. N Algérie

Oulu 273 *sue.* Uleåborg. C Finlande

Oulujärvi 273 *sue.* Uleträsk.Lac C Finlande

Oulujoki 273 *sue.* Uleälv. Rivière C Finlande

Oum er Rbia 406 rivière C Maroc

Oumé 224 C Côte-d'Ivoire

Oumm ed Droûs Telli, Sebkhet 414 lac salé N Mauritanie

Ounasjoki 273 rivière N Finlande

Ounianga Kébir 582 NE Tchad

Ountivou 593 E Togo

Our 388 rivière O Europe

Oura-Tioubé 574 NO Tadjikistan

Oural, Monts 510 var. Ural'sky Khrebet, Ural'skiye Gory. Monts O Féd. de Russie

Ourense 252 *cast.* Orense, NO Espagne

Ourthe 137 rivière E Belgique

Ouse 505 rivière N Angleterre, RU

Outer Hebrides 505 *var.* Western Isles, Archipel NO Écosse, RU

Outjo 137 N Namibie

Ouvéa 650 île des Iles Loyauté, NE Nouvelle-Calédonie

Ovalau 270 île au NE de Viti Levu, C Fidji

Ovalle 195 N Chili

Ovan 282 NE Gabon

Overflakkee 475 île SO Pays-Bas

Overhalla 446 C Norvège

Ovgos 207 rivière NO Chypre

Oviedo 252 NO Espagne

Owando 214 C Congo

Owen Falls, Barrage d' 456 barrage S Ouganda

Owen Stanley, Monts 470 monts SE Papouasie-Nouvelle-Guinée

Owerri 442 S Nigeria

Owia 524 N St-Vincent, St-Vincent-et-les-Grenadines

Owo 428 SO Nigeria

Owo 442 SO Nigeria

Oxbow 334 N Lesotho

Oxford 505 C Angleterre, RU

Oyama 348 Honshū, N Japon

Oyem 282 N Gabon

Oyo 214 C Congo

Oyo 442 O Nigeria

Oyster, Ile 151 île O Birmanie

Ozama 238 rivière S Rép. dominicaine

Ózd 310 NE Hongrie

Ozurget'i 286 *anc.* Makharadzc. O Géorgie

P

P'aro-ho 218 *var.* Hwach'ŏn-chŏsuji. Réservoir N Corée du Sud

P'eng-hu Shui-tao 577 *fr.* Canal des Pescadores. Canal reliant la mer de Chine méridionale au détroit de Taiwan

P'enghu Liehtao 577 *fr.* Archipel des Pescadores (Penghu). Archipel O Taiwan

P'enghu Tao 577 île O Taiwan

P'ingchen 577 *jap.* Heichin. N Taiwan

P'ingtung 577 *jap.* Heito. SO Taiwan

P'ohang 218 *jap.* Hokō. E Corée du Sud

P'ot'i 286 O Géorgie

P'yŏngt'aek 218 NO Corée du Sud

Pābna 131 O Bangladesh

Pākpattan 463 E Pakistan

Pāksey 131 O Bangladesh

Pānāji 314 SO Inde

Paama 619 île C Vanuatu

Paamiut 646 *dan.* Frederikshåb. SO Groenland

Paarl 81 Cap Occidental, SO Afrique du Sud

Pachao Tao 577 archipel O Taiwan

Pachuca 416 *var.* Pachuca de Soto. C Mexique

Pacifique, Océan 296 océan le plus large du monde bordant l'Asie et l'Australie à l'O, les Amériques à l'E et l'Antarctique au S

Padang 320 Sumatra, O Indonésie

Paderborn 90 NO Allemagne

Padma 117 nom du Gange au Bangladesh, *voir* Gange

Padova 341 *angl.* Padua. N Italie

Paektu-san 217 *Chin.* Baitou Shan. Monts de Chine et de Corée du Nord

Pag 227 *it.* Pago. Ile C Croatie

Pagan 650 île C Iles Marianes-du-Nord

Pager 456 rivière NE Ouganda

Paget, Ile 643 île E Bermudes

Pago Pago 642 ❖ Samoa-Occidentales, Tutuila, O Samoa-Occidentales

Pagon, Bukit 168 monts SE Brunei

Pagouda 593 *var.* Kpagouda. NE Togo

Pahang 396 *var.* Syngei Pahang. Rivière C Péninsule de Malacca

Paide 256 *all.* Weissenstein. C Estonie

Päijänne 273 lac S Finlande

Paîlîn 179 O Cambodge

Paine, Cerro 195 mont S Chili

País Valenciano 253 *cat.* València, *fr.* Valence. Communauté autonome NE Espagne

País Vasco 253 communauté autonome N Espagne

Pak Lay 370 O Laos

Pakambaru 321 Sumatra, O Indonésie

Pakch'ŏn 217 O Corée du Nord

Pakhna 207 *var.* Pachna. SO Chypre

Pakin 420 atoll E Micronésie

Pakokku 151 O Birmanie

Pakwach 456 NO Ouganda

Pakxé 370 *var.* Pakse. S Laos

Pal 96 O Andorre

Pala 582 SO Tchad

Palapye 160 SE Botswana

Palau 467 *var.* Belau. Pays de l'océan Pacifique, ❖ Koror

Palauli, Baie 532 baie de l'océan Pacifique au large de Sava'i, SO Samoa-Occidentales

Palawan 482 île O Philippines

Palawan, Passage 482 passage de la mer de Chine méridionale, entre les Iles Spratley et Palawan, Philippines

Paldiski 256 *anc.* Baltiski, *all.* Baltischport. NO Estonie

Palembang 320 Sumatra, O Indonésie

Palencia 253 NO Espagne

Palermo 341 *fr.* Palerme. Sicile, S Italie

Palikir 420 ❖ Micronésie, Pohnpei, Micronésie

Palm Beach 642 NO Aruba

Palma 253 *var.* Palma de Mallorca. Mallorca, E Espagne

Palma 429 N Mozambique

Palma Soriano 228 SE Cuba

Palmar Norte 222 SE Costa Rica

Palmeira 190 Sal, NE Cap-Vert

Palmer 100 station de recherche américaine de la péninsule antarctique, Antarctique

Palmerston 644 île des Iles Cook du Sud, S Iles Cook

Palmerston North 451 S Ile du Nord, Nouvelle-Zélande

Palmetto, Pointe 102 SO Barbuda, Antigua et Barbuda

Palmira 209 O Colombie

Palu 320 Célèbes, C Indonésie

Pamandzi 649 Petite-Terre, E Mayotte

Pamir 574 rivière d'Afghanistan, du Pakistan et du Tadjikistan

Pamir 574 monts E Tadjikistan

Pampas 95 grande plaine d'Amérique du Sud

Pamplemousses 412 NO Maurice

Pamplona 209 NE Colombia

Pamplona 253 *var.* Pampeluna, *basq.* Iruñea. N Espagne

Pan de Azúcar 615 S Uruguay

Pana 282 S Gabon

Panadura 556 SO Sri Lanka

Panáevo 538 *var.* Pantschowa, *hong.* Pancsova. N Serbie, Serbie et Monténégro

Panagyurishte 150 *var.* Panagjurište, O Bulgarie

Panamá 468 *esp.* Panamá, *var.* Ciudad de Panamá. ❖ Panamá, C Panamá

Panamá, Bahía de 468 baie au S de Panamá

Panamá, Baiha de 468 golfe de l'océan Pacifique au S de Panamá

Panamá, Canal 468 canal navigable reliant la mer des Caraïbes à l'océan Pacifique, à travers C Panamá

Panamá, Canal de 468 Bande de terre entre l'Amérique du Nord et l'Amérique du Sud

Panay 482 île C Philippines

Panay, Golfe de 482 golfe de la mer de Sulu

Panda 429 S Mozambique

Pandan, Réservoir 547 réservoir SO Singapour

Pandan, Sclat 547 détroit reliant le détroit de Malacca et la mer de Chine méridionale

Pandaruan 168 rivière NE Brunei

Pandėlys 386 *var.* Pandelis. NE Lituanie

Pandivere Kõrgustik 256 *var.* Pandivere Kõrgendik. Plateau NO et NE Estonie

Pando 615 S Uruguay

Panevėžys 386 NE Lituanie

Panfilov 356 SE Kazakhstan

Pangai 560 Lifuka, Groupe Hai'pai, Tonga

Pangani 580 E Tanzanie

Pangani 580 rivière NE Tanzanie

Pangar 182 rivière C Cameroun

Pangkalpínang 320 Pulau Bangka, O Indonésie

Panguma 544 E Sierra Leone

Panguna 470 I Bougainville, Papouasie-Nouvelle-Guinée

Pangutaran, Groupe 482 archipel de Sulu Archipelago, SO Philippines

Paniai, Danau 320 lac d'Irian Jaya, E Indonésie

Q

Ruacana 433 NO Namibie
Ruapehu, Mont 451 mont C Ile du Nord, Nouvelle-Zélande
Ruatoria 451 E Ile du Nord, Nouvelle-Zélande
Ruavalu 528 NE Guadulcanal, Iles Salomon
Rub 'al Khali 631 *fr.* grand désert de sable. Région désertique SO Arabie
Rubeho, Monts 580 monts C Tanzanie
Rubtsovsk 510 C Féd. de Russie
Rucava 374 SO Lettonie
Ruda Śląska 487 S Pologne
Rudnyy 356 N Kazakhstan
Rufiji 580 rivière E Tanzanie
Rufisque 536 O Sénégal
Ruggell 384 N Liechtenstein
Rugombo 176 NO Burundi
Rugusye 176 *var.* Lugusi. Rivière E Burundi
Ruhango 518 SO Rwanda
Ruhengeri 518 NO Rwanda
Ruhnu 256 île SO Estonie
Ruhondo, Lac 518 lac N Rwanda
Ruhr, Vallée de la 90 région O Allemagne
Ruhwa 518 rivière du Burundi et du Rwanda
Ruki 497 rivière O Rép. dém. du Congo
Rukungiri 456 SO Ouganda
Rukwa, Lac 580 lac peu profond O Tanzanie
Rum Cay 126 île S Bahamas
Ruma 558 NO Serbie, Serbie et Monténégro
Rumbek 554 S Soudan
Rumphi 395 N Malawi
Rumpi, Monts 182 *var.* Rumpi, Collines. Région vallonnée O Cameroun
Rumpungwe 176 *var.* Lumpungu. Rivière E Burundi
Runde 636 rivière SE Zimbabwe
Rundu 433 *var.* Runtu. N Namibie
Rungwa 580 C Tanzanie
Runway Bay 347 N Jamaïque
Ruo 395 rivière S Malawi
Ruoqiang 198 *var.* Jo-ch'iang, *oui.* Qarkilik, *var.* Charkhlik, Charkhliq. Xinjiang Uygur Zizhiqu, NO Chine
Rupat, Pulau 520 *anc.* Roepat. Ile E de Sumatra, O Indonésie
Rupet 137 rivière N Belgique
Rupununi 304 rivière SO Guyana
Rusape 636 E Zimbabwe
Ruse 170 *lu.* Rusçuk, *var.* Ruschuk, Rustchuk. N Bulgarie
Rusengo 176 C Burundi
Rushashi 518 NO Rwanda
Rusinga, Ile 360 île du lac Victoria, SO Kenya
Rusizi 176 *var.* Ruzizi. Rivière E Afrique
Russell, Iles 528 archipel C Iles Salomon
Russkaïa 100 station de recherche CEI du Petit Antarctique, Antarctique
Rust'avi 286 SE Géorgie
Rustenburg 81 Nord Ouest. N Afrique du Sud
Rusumo 518 E Rwanda
Rutana 176 C Burundi
Rutovu 176 S Burundi

Ruvubu 176 *var.* Ruvuvu. Rivière C Burundi
Ruvironza 176 *var.* Luvironza. Rivière C Burundi
Ruwenzori 456 monts d'Ouganda et de la Rép. dém. du Congo
Ruya 636 rivière du Mozambique et du Zimbabwe
Ruyigi 176 C Burundi
Ružomberok 549 *hong.* Rózsahegy, *all.* Rosenberg. N Slovaquie
Rwamagana 518 E Rwanda
Rwamalamu 518 O Rwanda
Rwanyakizinga, Lac 518 lac NE Rwanda
Rwesero 518 SO Rwanda
Ryazan' 510 O Féd. de Russie
Rybinskoye Vodokhranilishche 510 *angl.* Rybinsk Reservoir. Réservoir O Féd. de Russie
Rybnik 487 S Pologne
Rysy 487 mont S Pologne
Rysy 487 mont S pologne
Rzeszów 487 SE Pologne

S

Šata 547 *hong.* Sellye. SO Slovaquie
Šiauliai 388 *all.* Schaulen. NO Lituanie
Šibenik 227 *it.* Sebenico. S Croatie
Štip 393 E Macédoine
Štúrovo 547 *anc.* Parkan, *hong.* Párkány. S Slovaquie
Šumperk 582 *all.* Mährisch-Schönberg. E Rép. tchèque
Šurany 547 *hong.* Nagysurány. SO Slovaquie
Sa Dec 627 S Viêt Nam
Sa'dah 631 NO Yémen
Sa'dīyah, Hawr as 324 lac E Irak
Sābarī, Hāmūn-e 77 *var.* Sīstān, Daryācheh-ye. Lac d'Afghanistan et d'Iran
Sādiqābād 463 SE Pakistan
Sāhīwāl 463 *anc.* Montgomery. E Pakistan
Sāmarrā 324 C Irak
Sātkhira 131 SO Bangladesh
Sāki 124 *rus.* Sheki, *var.* _eki, *anc.* Nukha. NO Azerbaïdjan
Saale 91 rivière C Allemagne
Saarbruck 90 *fr.* Sarrebruck. SO Allemagne
Sääre 256 Saaremaa, Estonie
Saaremaa 256 *var.* Saare, Sarema, *All.* Ösel, *var.* Oesel. Ile O Estonie
Saaristomeri 273 région de mer de la mer Baltique
Saartuz 574 O Tadjikistan
Saath 124 *rus.* Saatly. C Azerbaïdjan
Saati 250 E Erythrée
Saatta 250 NO Erythrée
Sab 179 rivière S Cambodge
Sab'alayn, Ramlat as 631 région désertique C Yémen
Saba 650 île de N Antilles néerlandaises
Sabadell 253 E Espagne

Sabana de la Mar 238 E Rép. dominicaine
Sabana, Archipiélago de 228 archipel N Cuba
Sabanalarga 209 N Colombie
Sabaneta 238 NO Rép. dominicaine
Sabaya 154 S Bolivie
Sabhā 381 O Libye
Sabi 285 E Cambie
Sabinal, Cayo 228 île NE Cuba
Sabirabad 124 C Azerbaïdjan
Sabkhat al Múh 571 rivière S Syrie
Sable, désert de 462 région désertique O Pakistan
Sabzevār 329 NE Iran
Sacavém 490 O Portugal
Sachs Harbour 184 Ile Banks, NO Canada
Sacramento 258 Californie, O ÉU
Sada 649 O Mayotte
Sadaï 236 rivière NE Djibouti
Sadlers 520 N St-Kitts, St-Kitts-et-Nevis
Sado 348 île O Honshū, N Japon
Safi 406 O Maroc
Safid Khers, Kūh-e 77 monts NE Afghanistan
Safid Kūh 77 monts NO Afghanistan
Safim 300 O Guinée-Bissau
Saga 348 Kyūshū, SO Japon
Sagaing 151 C Birmanie
Saganthit, Ile 151 *var.* Sakanthit, *anc.* I. Sellore. Ile S Birmanie
Sagay 482 Negros, C Philippines
Sagua la Grande 228 C Cuba
Saguia al Hamra 406 rivière N Sahara Occidental
Saham 354 *var.* Sahm. N Jordanie
Sahara el Gharqîya 242 *var.* As Sahrā al Gharbīyah, *angl.* Western Desert. Désert C Égypte
Sahara el Sharqîya 242 *var.* As Sahrā ash Sharqīyah, *fr.* désert Arabique. Désert E Égypte
Sahara occidental 406 Territoire contesté N Afrique, administré par le Maroc
Saïda 87 NO Algérie
Saïda 376 *var.* Saydá. O Liban
Saidpur 131 NO Bangladesh
Saiki 348 Kyūshū, SO Japon
Sail Rock 524 îlot S St-Vincent-et-les-Grenadines
Saimaa 273 lac SE Finlande
Saint Catherines 185 SE Canada
Saint Croix 653 île S Iles Vierges
Saint Joan de Caselles 96 NE Andorre
Saint John 185 SE Canada
Saint John's 185 Terre-Neuve, E Canada
Saint John, Ile 653 île NE Iles Vierges (ÉU)
Saint Julià de Lòria 96 SO Andorre
Saint Miguel d'Engolasters 96 C Andorre
Saint Sauveur 240 E Dominique
Saint Thomas Ile 653 île O Iles Vierges (ÉU)
Saint-Albert 184 SO Canada
Saint-Élie 645 N Guyane

Saint-Kitts 520 île des petites Antilles, qui, avec Nevis, forme l'état indépendant de St Kitts-et-Nevis
Saint-Laurent, Fleuve 185 Fleuve SE Canada
Saint-Laurent, Golfe du 185 Golfe de l'océan Atlantique, SE Canada
Saint-Louis 536 NO Sénégal
Saint-Marin 522 ❖ Saint-Marin, C Saint-Marin
Saint-Pierre 652 ❖ Saint-Pierre-et-Miquelon, SE Saint-Pierre
Saint-Pierre 652 île SE Saint-Pierre-et-Miquelon
Saint-Pierre-et-Miquelon 652 Collectivité territoriale française de l'océan Atlantique ❖ Saint-Pierre
Saint-Vincent 524 île des petites Antilles qui, avec les Grenadines du Nord forme l'état indépendant de St Vincent-et-les-Grenadines
Sainte Marie, Nosy 392 *var.* Nosy Boraha. Ile NE Madagascar
Sainte-Catherine, Mont 242 *voir* Katherina, Gebel
Sainte-Hélène Baie 81 baie océan Atlantique, côte O Afrique du Sud
Sainte-Lucie, Canal de 527 canal reliant l'océan Atlantique à la mer des Caraïbes
Saintes 276 O France
Saipan 650 île S îles Mariannes-du-Nord
Saipan 650 ❖ îles Mariannes-du-Nord, Saipan, S Iles Mariannes-du-Nord
Sajama, Nevado 154 montagne O Bolivie
Sakākah 104 N Arabie Saoudite
Sakaide 348 Shikoku, SO Japon
Sakalua 609 îlot Nukufetau, Tuvalu
Sakarya 604 rivière NO Turquie
Sakata 348 Honshū, N Japon
Sakchu 217 O Corée du Nord
Sakété 142 S Bénin
Sakha, République de 510 Rép. autonome de lakoutie E Féd. de Russie
Sakhalin, Ostrov 511 île SE Féd. de Russie
Sakijang Bendera, Pulau 547 *anc.* Ile St. John S Singapour
Sakijang Pelepah, Pulau 547 *anc.* Ile Lazarus S Singapour
Sakishima-shotō 326 groupe d'îles du Nansei-shotō, SO Japon
Sakon Nakhon 587 NE Thaïlande
Sakra, Pulau 547 île SO Singapour
Sakskøbing 232 Lolland, SE Danemark
Sal 190 île NE Cap-Vert
Sal Rei 190 *var.* Vila de Sal Rei. Boa Vista, E Cap-Vert
Sala Ban Thin 370 C Laos
Sala'ilua 532 Savai'i, Samoa-Occidentales
Salacgriva 374 N Lettonie
Salado 228 rivière SE Cuba
Salaga 288 C Ghana
Salala 378 C Liberia
Salalah 454 SO Oman
Salamá 296 C Guatemala

Termes géographiques et abréviations en pages 654-657 / ❖ = *la capitale*

Surkhob 574 rivière C Tadjikistan

Surmān 381 NO Libye

Surt 381 *var.* Sidra, Sirte. N Libye

Surt, Khalíj 381 *var.* Golfe de Syrte. Golfe mer Méditerranée, au large côte N Libye

Susana 300 O Guinée Bissau

Susuman 511 Ostrov Sakhalin, E Féd. de Russie

Sutlej 463 rivière d'Inde et du Pakistan

Suur Munamägi 256 *var.* Munamägi, Mont SE Estonie

Suur Väin 256 détroit de la mer Baltique, entre le continent et l'île de Muhu, O Estonie

Suure-Jaani 256 *all.* Gross-Sankt-Johannis. C Estonie

Suva 270 ❖ Fidji, Viti Levu, O Fidji

Suwa 250 SE Érythrée

Suwarrow 644 île des îles Cook septentrionales, N Iles Cook

Suwayhān 246 E Émirats arabes unis

Suwŏn 218 *var.* Suweon, *jap.* Suigen. NO Corée du Sud

Suzhou 199 *var.* Soochow, Su-chou, Suchow, *anc.* Wuhsien. Jiangsu, E Chine

Suzuka 348 Honshū, C Japon

Svalbard 653 Dépendance norvégienne de la mer du Groenland

Svay Chék 179 rivière du Cambodge et de la Thaïlande

Svay Riĕng 179 SE Cambodge

Svendborg 232 Fyn, S Danemark

Sverdrup Iles 184 archipel N Canada

Sveti Nikole 391 *anc.* Sveti Nikola. C Macédoine

Svetlagorsk 146 *rus.* Svetlogorsk. SE Biélorussie

Svetozarevo 538 *anc.* Jagodina. C Serbie, Yougoslavie

Svilengrad 170 *anc.* Mustafa-Pasha. SE Bulgarie

Svínoy 644 *var.* Svinø. Ile NE Iles Féroé

Svishtov 170 *var.* Svistov. N Bulgarie

Svitavy 584 E Rép. tchèque

Swakopmund 433 O Namibie

Swallow Iles 528 petit archipel dans Iles Santa Cruz, E Iles Salomon

Swan 114 rivière SO Australie

Swansea 505 *gall.* Abertawe. S Pays de Galles, RU

Swellendam 81 Cap Occidental, S Afrique du Sud

Swetes 102 S Antigua, Antigua et Barbuda

Swift Current 184 SO Canada

Swindon 505 C Angleterre, RU

Swords 332 *irl.* Sórd Choluim Chille. E Irlande

Syaphrubesi 437 *var.* Syabrubensi. C Népal

Sydney 115 SE Australie

Sydney 185 Ile Cap Breton, SE Canada

Syktyvkar 510 *anc.* Ust'-Sisol'sk. NO Féd. de Russie

Sylhet 131 NE Bangladesh

Syr Daria 574 *rus.* Syrdar'ya, *Kaz.* Syrdariya, *ouz.* Sirdaryo. Rivière C Asie

Syracuse 259 New York, NE ÉU

Syrdar'ya 458 E Ouzbékistan

Syriam 151 S Birmanie

Syvash, Zatoka 610 anse de la mer d'Azov

Szczecin 487 *all.* Stettin. NO Pologne

Szeged 310 *all.* Szegedin. SE Hongrie

Székesfehérvár 310 *all.* Stuhlweissenburg. O Hongrie

Szekszárd 310 S Hongrie

Szentes 310 SE Hongrie

Szolnok 310 C Hongrie

Szombathely 310 *all.* Steinamanger. O Hongrie

T

T'aichung 575 *jap.* Taichū. O Taïwan

T'aihsi 577 O Taïwan

T'ainan 577 *jap.* Tainan. SO Taïwan

T'aitung 577 *jap.* Taitō. SE Taïwan

T'ana Hāyk' 267 *var.* Lac Tana. Lac NO Éthiopie

Ta Khmau 179 S Cambodge

Ta'izz 631 SO Yémen

Tājūrā' 381 *var.* Tagiura, NO Libye

Tabac, Rivière 412 rivière S Maurice

Tabaqah 571 N Syrie

Tabaquite 596 C Trinité, Trinité-et-Tobago

Tabarka 599 *var.* Tabarqah. NO Tunisie

Tabasará, Serranía de 468 monts O Panamá

Tabernacle 520 NE St-Kitts, St-Kitts-et-Nevis

Tabiteuea 366 île des îles Gilbert, O Kiribati

Tablas Ile 482 île C Philippines

Table Hill Gordon 102 SE Antigua, Antigua et Barbuda

Tabligbo 593 SE Togo

Tábor 584 SO Rép. tchèque

Tabora 580 O Tanzanie

Tabou 224 *var.* Tabu. S Côte-d'Ivoire

Tabrīz 329 NO Iran

Tabūk 104 NO Arabie Saoudite

Tabuaeran 366 *var.* Ile Fanning. Ile des Iles de la Ligne, E Kiribati

Tabwémasana 619 mont Espiritu Santo, O Vanuatu

Täby 559 SE Suède

Tachia Hsi 577 rivière O Taïwan

Tachoshui 577 E Taïwan

Tacloban 482 Leyte, E Philippines

Tacna 479 SE Pérou

Tacoma 258 Washington, NO ÉU

Tacoma 258 Washington, NO ÉU

Tacuarembó 615 rivière C Uruguay

Tademaït, Plateau du 87 plateau C Algérie

Tadine 650 Maré, Iles Loyauté, E Nouvelle-Calédonie

Tadjoura 236 E Djibouti

Tadjoura, Golfe de 236 anse du Golfe d'Aden, E Djibouti

Taebaek-sanmaek 218 monts Corée du Sud

Taedong 217 rivière C Corée du Nord

Taegu 218 *var.* Daegu, *jap.* Taikyú. SE Corée du Sud

Taejŏn 218 *jap.* Taiden. C Corée du Sud

Tafahi 594 île N Tonga

Taff Viejo 109 NO Argentine

Taftlund 232 Jylland, SO Danemark

Taga 532 Savai'i, Samoa-Occidentales

Tagarzimat 406 O Sahara-Occidental

Tage 490 fleuve C Portugal

Tagliamento 341 rivière N Italie

Taguasco 228 C Cuba

Taguatinga 163 C Brésil

Tagula, Ile 470 *anc.* Southeast I. Ile De Papouasie-Nouvelle-Guinée

Tagum 482 rivière de Mindanao, S Philippines

Tahat 87 mont SE Algérie

Tahiti 646 île O Polynésie-française

Tahoua 441 O Niger

Tai Hu 199 lac E Chine

Tai Van 648 baie de la mer de Chine méridionale, S Macao

Taia 544 rivière C Sierra Leone

Taiama 544 C Sierra Leone

Taieri 451 rivière S Ile du Sud, Nouvelle-Zélande

Taipa 648 Taipa, C Macao

Taipa 648 île C Macao

Taipa-Coloane Chaussée 648 pont entre Taipa et îles Coloane, S Macao

Taipei 577 *var.* Taipei, *jap.* Taihoku. ❖ Taïwan, N Taïwan

Taiping 396 NO Péninsule de Malacca

Taiyuan 199 *var.* T'ai-yuan *anc.* Yangku. Shanxi, N Chine

Tajarhī 378 SO Libye

Tajo 252-253 fleuve de l'Espagne et du Portugal

Tajrīsh 329 NO Iran

Tajumulco, Volcán 296 mont O Guatemala

Tak 587 *var.* Rahaeng. O Thaïlande

Taka 410 île N îles Marshall

Takamaka 542 Mahé, Seychelles

Takamatsu 348 Shikoku, SO Japon

Takaoka 348 Honshū, C Japon

Takapuna 451 NO Ile du Nord, Nouvelle-Zélande

Takasaki 348 Honshū, SE Japon

Takefu 348 Honshū, C Japon

Takêv 179 S Cambodge

Takhiatosh 458 *rus.* Takhiatash. O Ouzbékistan

Takhta-Bazar 603 *var.* Tagtabazar. SE Turkménistan

Takhtakûpir 458 *rus.* Takhtakupyr. NO Ouzbékistan

Takikawa 349 Hokkaidō, N Japon

Takld-Makan 198 Désert du Xinjiang Uygur Zizhiqu, NO Chine

Takutea 644 île des îles Cook méridionales, S Iles Cook

Tala 615 S Uruguay

Talamanca, Cordillera de 222 monts du Costa Rica

Talara 479 NO Pérou

Talas 365 NO Kirgizstan

Talaud, Kepulauan 320 archipel NE Célèbes, E Indonésie

Talawakele 556 S Sri Lanka

Talca 195 C Chili

Talcahuano 195 C Chili

Taldykorgan 356 *kaz.* Taldyqorghan. SE Kazakhstan

Talin 112 *anc.* Verin T'alin. O Arménie

Talish, Monts 124 *az.* Talis Daglari, *rus.* Talyshskiye Gory, *per.* Kūhhā-ye Tavālesh. Monts du S Azerbaïdjan et d'Iran

Tall Fadghāmī 571 *var.* Fadghāmī. NE Syrie

Tall'Afar 324 N Irak

Talladi 556 NO Sri Lanka

Tallahassee 259 Floride, SE ÉU

Tallinn 256 *anc.* Revel, *all.* Reval, *rus.* Tallin. ❖ Estonie, NO Estonie

Talofofo 647 SE Guam

Talsi 374 *all.* Talsen. NO Lettonie

Talvin 605 E Turquie

Tam Ky 627 E Viêt Nam

Tamabo, Banjaran 397 monts de Bornéo, E Malaysia

Tamale 288 N Ghana

Tamana 366 île des îles Gilbert, O Kiribati

Tamanrasset 87 SE Algérie

Tamar 505 rivière SO Angleterre, RU

Tamarin 412 E Maurice

Tambach 360 O Kenya

Tambacounda 536 SE Sénégal

Tambov 510 O Féd. de Russie

Tâmchekket 414 *var.* Tamchaket. S Mauritanie

Tampa 259 Floride, SE ÉU

Tampere 273 *sué.* Tammerfors. SO Finlande

Tampico 416 C Mexique

Tamuning 647 NO Guam

Tamworth 115 E Australie

Tân An 627 S Viêt Nam

Tana 150 NE Norvège

Tana 360 rivière SE Kenya

Tanārūt, Wādī 381 cours d'eau asséché NO Libye

Tanabe 348 Honshū, C Japon

Tanami, Désert 115 région désertique N Australie

Tanaro 340 rivière N Italie

Tanch'ŏn 217 C Corée du Nord

Tandil 109 E Argentine

Tando Ādam 463 *var.* Adam-jo-Tando. S Pakistan

Tane Monts 587 *bir.* Tanen Taunggy. Monts N Thaïlande

Tanezrouft 87 région désertique d'Algérie et du Mali

Tanga 580 E Tanzanie

Tangail 131 C Bangladesh

Tanganyika, Lac 580 O Tanzanie

Tangarare 528 O Guadalcanal, Iles Salomon

Tanger 406 *esp.* Tánger, *all.* Tanger. NO Maroc

Tanggula Shan 198 var. Tanglha Mont. Monts Xizang Zizhiqu, O Chine

Tangkak 396 S Péninsule de Malacca

Tangshan 199 Hebei, NE Chine

Tanguiéta 142 NO Bénin

Tanimbar, Kepulauan 320 archipel de Maluku, E Indonésie

Tanjungkarang 320 var. Tanjungkarang-Telukbetung. Sumatra, O Indonésie

Tanna 619 île S Vanuatu

Tansen 437 C Népal

Tanshui 577 jap. Tansui. N Taiwan

Tanshui Kang 577 rivière N Taiwan

Tantă 242 N Égypte

Taoa 653 Ile Futuna, N Wallis et Futuna

Taormina 341 Sicilia, S Italie

Taoudenni 402 var. Taoudenit. N Mali

Taouril 406 NE Maroc

Taoyüan 577 jap. Tóen. N Taiwan

Tapa 256 all. Taps. N Estonie

Tapachula 416 SE Mexique

Tápaga, Cap 532 Cap côte SE d'Upulu, Samoa Occidentales

Tapajós 163 var. Tapajóz. Rivière NO Brésil

Tapanahony 566 var. Tapanahoni. Rivière E Surinam

Tapeta 378 C Liberia

Tápi 314 anc. Tápti. Rivière O Inde

Tapiantana Groupe 186 groupe d'îles de l'archipel Sulu, SO Philippines

Tapiantana, Groupe 482 groupe d'îles de l'archipel Sulu, SO Philippines

Tapiwa 366 Banaba, O Kiribati

Tapoa 175 rivière E Burkina Faso

Tapul Groupe 482 groupe d'îles de l'archipel Sulu, SO Philippines

Tara 446 NE Norvège

Tara 446 fin. Tero. Rivière de Norvège et de Finlande

Taraclia 422 rus. Tarakilya. S Moldavie

Taranaki du Nord, Baie de 451 région de la mer de Tasman. O île du Nord, Nouvelle-Zélande

Taranaki du Sud, baie de 155 région de la mer de Tasman SO île du Nord Nouvelle-Zélande

Taranaki du Sud, Baie de 451 région de la mer de Tasman. SO île du Nord, Nouvelle-Zélande

Tarante, Golfe de 341 Golfe de la mer Méditerranée, côte S Italie

Taranto 341 S Italie

Tarapoto 479 N Pérou

Tarawa 366 île des îles Gilbert, O Kiribati

Tarbela, barrage 463 barrage N Pakistan

Tarbes 277 SO France

Taree 115 E Australie

Târgoviste 500 Tîrgoviste. S Roumanie

Târgu Mures 500 hong. Marosvásárhely, anc. Tirgu Mures, all. Neumarkt. C Roumanie

Târgu-Jiu 500 anc. Tîrgu Jiu. O Roumanie

Tarhūnah 381 NO Libye

Tarīf 246 O Émirats arabes unis

Tarīm 631 C Yémen

Tarīn Kowt 77 C Afghanistan

Tarifa, Punta de 252 cap SO Espagne

Tarija 154 S Bolivie

Tarim He 198 rivière de Xinjiang Uygur Zizhiqu, NO Chine

Tarime 580 N Tanzanie

Tarkwa 288 S Ghana

Tarlac 482 Luzon, N Philippines

Tarma 479 C Pérou

Tarn 277 rivière S France

Tarnów 487 S Pologne

Tarrafal 190 Santiago, S Cap-Vert

Tarrafal 190 Santo Antão, N Cap-Vert

Tarragona 253 E Espagne

Tarsus 605 S Turquie

Tärtär 124 rus. Terter. Rivière SO Azerbaïdjan

Tartu 256 anc. Yu'rev, var. Yurev, all. Dorpat. SE Estonie

Tartus 571 O Syrie

Tarxien 405 E Malte

Tasek Kenyir 395 région NE Péninsule de Malacca

Tash-Kumyr 365 kir. Tash-Kömür. O Kirgizstan

Tashi Yangtsi 144 E Bhoutan

Tashigang 144 E Bhoutan

Tashir 112 anc. Kalinino. N Arménie

Tasikmalaya 320 anc. Tasikmalaja. Java, C Indonésie

Tasiusaq 646 O Groenland

Tasman, Baie de 451 anse de la mer Tasman, côte N Ile du Sud, Nouvelle-Zélande

Tassili des Ajjer 87 var. Hamada du Tinghert. Plateau désertique SE Algérie

Tassili ta-n-Ahaggar 87 var. Tassili du Hoggar. Plateau désertique S Algérie

Tastrup 232 Sjælland. E Danemark

Tatabánya 310 NO Hongrie

Tataouine 599 var. Tātawīn. SE Tunisie

Tatarskiy Provliv 511 fr. Détroit de Tatari. Détroit reliant la mer d'Okhotsk à la mer du Japon, entre Ostrov Sakhalin et côte SE Féd. de Russie

Tatarstan, République du 510 république autonome O Féd. de Russie

Tathlīth 104 S Arabie Saoudite

Tatlisu 207 var. Akanthou. NE Chypre

Tatras, Chaîne des 549 var. Hauts Tatras, slvk. Tatry, var. Vysoké Tatry all. Tatra, var. Hohe Tatra, hong. Magas Tátra, pol. Tatry, Monts de Pologne et de Slovaquie

Tau 642 île des îles Manua, F. Samoa-Américaines

Taubaté 163 S Brésil

Taumarunui 155 S Ile du Nord, Nouvelle-Zélande

Taumarunui 451 S Ile du Nord, Nouvelle-Zélande

Taungdwingyi 151 C Birmanie

Taunggyi 151 C Birmanie

Taunton 505 SO Angleterre, RU

Taupo 451 S Ile du Nord, Nouvelle-Zélande

Taupo, Lac 451 lac C Ile du Nord, Nouvelle-Zélande

Tauragë 386 C Lituanie

Tauranga 451 C Ile du Nord, Nouvelle-Zélande

Taurus, Monts 604 tu. Toros Dağlari. Monts S Turquie

Taurus, monts 605 tu. Toros Dağlari, monts S Turquie

Tavela 360 S Kenya

Taveuni 270 île N Fidji

Tavoy 151 var. Dawel. SE Birmanie

Tavua 270 Viti Levu, O Fidji

Tavuki 270 Kadavu, SO Fidji

Tawau 397 E Bornéo, Malaysia

Tawi-Tawi 482 île du groupe Tawi-Tawi, Philippines

Tawi-Tawi, Groupe 482 groupe d'îles de l'archipel Sulu, SO Philippines

Tay 505 rivière C Écosse, RU

Tây Ninh 627 SO Viêt Nam

Tay, Firth of 505 estuaire de la Tay, E Écosse, RU

Taymā' 104 NO Arabie Saoudite

Taymyr, Ozero 511 Lac N Féd. de Russie

Taymyr, Poluostrov 511 Péninsule N Féd. de Russie

Taza 406 N Maroc

Tbanh Hoa 627 N Viêt Nam

Tbilisi 286 géor. T'bilisi, anc. Tiflis. ❖ Géorgie, SE Géorgie

Tchārīkar 77 NE Afghanistan

Tchad, Lac 182 lac C Afrique

Tchad, Lac 582 S

Tchamba 593 E Togo

Tchangcha 199 Hunan, S Chine

Tchangchéou 199 var. Ch'eng-chou, Chengehow, anc. Chenghsien, Henan, C Chine

Tchangtchoun 199 anc. Hsinking. Jilin, NE Chine

Tchaourou 132 E Bénin

Tcharentsavan 112 var. Čareneaven. C Arménie

Tchengtou 199 var. Chenglu. Sichuan, SO Chine

Tchernobyl 610 N Ukraine

Tchétchénie, République 510 rus. Chechnya, Respublika, république autonome SO Féd. de Russie

Tchetti 142 SO Bénin

Tchibanga 282 S Gabon

Tchibenda, Lac 214 lac S Congo

Tchongqing 199 var. Chungking, Ch'ung-ching, Yuzhou. Sichuan, SO Chine

Tchouktches, Mer des 511 rus. Chukotskoye, More. Mer de l'océan Arctique entre NE Asie et NO Amérique du Nord

Tchouvachie, République de 510 rus. Chuvashskiya, Respublika. République autonome O Féd. de Russie

Te Anau 451 SO Ile du Sud, Nouvelle-Zélande

Te Anau, Lac 451 lac O Ile du Sud, Nouvelle-Zélande

Te-n-Dghâmcha, Sebkhet 414 var. Sebkha de Ndrhamcha, Sebkra de Ndaghamcha. Lac salé O Mauritanie

Teafatule 609 îlot de Nukufetau, Tuvalu

Teafuaniua 609 îlot de Nukufetau, Tuvalu

Teafuanonu 609 îlot de Nukufetau, Tuvalu

Teafuone 609 îlot de Nukufetau, Tuvalu

Tebaga, Jebel 599 monts C Tunisie

Tébessa 87 NE Algérie

Tébessa, Monts 599 NO Tunisie

Tebicuary 472 rivière S Paraguay

Tebingtinggi 320 NE Sumatra, O Indonésie

Tebingtinggi, Pulau 320 var. Pulau Rantau. Ile E Sumatra, O Indonésie

Teboe Top 566 SE Surinam

Tecuci 500 E Roumanie

Tedzhen 603 turk. Tejen. S Turkmenistan

Tedzhen 603 turk. Tejen, per. Harīrūd. Rivière du Turkmenistan et de l'Iran

Tees 505 rivière NE Angleterre, RU

Tegal 320 Java, C Indonésie

Tégua 619 Iles Torres, N Vanuatu

Tegucigalpa 308 ❖ Honduras, SO Honduras

Tehrān 329 var. Teheran. ❖ Iran, NO Iran

Tehuantepec, Golfo de 416 golfe de l'océan Pacifique

Tehuantepec, Istmo de 416 var. Isthme de Tehuantepec. Partie la plus étroite du Mexique, entre la Bahía de Campeche et le Golfe de Tehuantepec

Teiga, Plateau de 554 plateau O Sudan

Tekapo, Lac 451 lac C Ile du Sud, Nouvelle-Zélande

Tekeli 356 SE Kazakhstan

Tekirdağ 604 it. Rodosto. NO Turquie

Tekong Kechil, Pulau 547 île E Singapour

Tekong, Pulau 547 île E Singapour

Tel Aviv-Yafo 337 C Israël

Tel'mansk 603 turk. Tel'man. N Turkmenistan

Tela 308 NO Honduras

Telavi 286 E Géorgie

Telica 438 O Nicaragua

Télimélé 299 O Guinée

Telire 222 rivière E Costa Rica

Telok Blangah 547 région S Singapour

Telšiai 386 all. Telschen. NO Lituanie

Teluk Intan 396 anc. Teluk Anson. O Péninsule de Malacca

Tema 288 SE Ghana

Tembakul, Pulau 547 anc. Ile Kusu. S Singapour

Temburong, Sungai 168 rivière NE Brunei

Temelín 584 SO Rép. tchèque

Temerluh 396 var. Temerloh. SE Péninsule de Malacca

Temir 356 O Kazakhstan

Temirtau 356 anc. Samarkandski. C Kazakhstan

Temotuloto 609 îlot de Nukufetau, Tuvalu

Tempisque 222 rivière NO Costa Rica

V

Yuty 472 S Paraguay
Yuzhno-Sakhalinsk 511 *anc.* Vladimirovka, *jap.* Toyohara. Ostrov Sakhalin, SE Féd. de Russie
Yverdon 562 *var.* Yverdon-les-Bains, *all.* Iferten. O Suisse
Yylanly 603 *anc.* H'yaly, *var.* H'jaly. N Turkménistan

Z

Žatec 582 NO Rép. tchèque
Žemaičiū Aukštumas 388 région NO Lituanie
Žiar nad Hronom 547 *var.* Sväly Kríž nad Hronom, *all.* Heiligenkreuz, *hong.* Garamszentkereszt. O Slovaquie
Žilina 547 *hong.* Zsolna, *all.* Sillein. NO Slovaquie
Županja 227 *hong.* Zsupanya. NE Croatie
Zāgros, Kuhhá-ye 329 *angl.* Zagros Mountains. Monts d'Iran
Zākhō 324 *var.* Zākhō. N Irak
Zāwiyat al Mukhaylā 381 NE Libye
Zaandam 475 C Pays-Bas
Zab, Grand 324 *ar.* Az Zäb Al Kabīr, *tu.* Büyükzap Suyu, *kur.* Zā-i Bādīnān. Rivière d'Irak et de Turquie.
Zab, Petit 324 *ar.* Zāb as Saghīr, *kur.* Zē-i kõya. Rivière d'Iran et d'Irak
Zabbar 405 SE Malte
Zabīd 631 O Yémen
Zabid, Wādī 631 oued O Yémen
Zabré 175 *var.* Zabéré. S Burkina Faso
Zabrze 487 *all.* Hindenburg. S Pologne
Zacalecoluca 531 S Salvador
Zacapa 296 E Guatemala
Zacatecas 416 C Mexique
Zadar 227 *it.* Zara. O Croatie
Zafra 252 SO Espagne
Zagaziz 242 *var.* Az Zagāzīq. N Égypte
Zaghouan 599 *var.* Zaghwán. N Tunisie
Zagreb 227 *all.* Agram, *hong.* Zágráb. ❖ Croatie, N Croatie
Zāhedān 329 *var.* Zahidan. E Iran
Zahlé 376 *var.* Zahlah. C Liban

Zahrān 104 S Arabie Saoudite
Zaječar 538 E Serbie, Serbie et Monténégro
Zákynthos 291 *it.* Zante, *anc.* Zúkinthos. Ile O Grèce
Zalău 500 *all.* Zillenmarkt, *hong.* Zilah. NO Roumanie
Zalaegerszeg 310 O Hongrie
Zalim 104 C Arabie Saoudite
Zalingei 554 *var.* Zalinje. O Soudan
Zambeze 635 *var.* Zambesi, *port.* Zambeze. Fleuve S Afrique
Zambezi 655 O Zambie
Zambezi, Escarpement 636 escarpement N Zimbabwe
Zamboanga 482 Mindanao, S Philippines
Zamora 248 S Équateur
Zamora 253 NO Espagne
Zamzam, Wādī 381 oued NO Libye
Zanderij 566 NE Surinam
Zanjān 329 *var.* Zenjan, Zinjan. NO Iran
Zanzibar 580 Zanzibar, Tanzanie
Zanzibar 580 île E Tanzanie
Zapadna Morava 538 rivière C Serbie, Serbie et Monténégro
Zapadno-Sibirskaya Ravnina 510 *fr.* Plaine de Sibérie occidentale. Vaste plaine C Féd. de Russie
Zapadnyy Sayan 511 *fr.* Saïans occidentaux. Monts C Féd. de Russie
Zapátoca 209 N Colombie
Zaporizhzhya 610 *rus.* Zaporozh'ye, *anc.* Aleksandrovsk. SE Ukraine
Zaqatala 124 *rus.* Zakataly. NO Azerbaïdjan
Zarafshon 458 *rus.* Zarafshan. C Ouzbékistan
Zarafshon 574 *rus.* Zeravshan. O Tadjikistan
Zaragoza 253 *fr.* Saragosse. NE Espagne
Zaranj 77 SO Afghanistan
Zárate 109 *anc.* General J. F. Uriburu. E Argentine
Zaraza 623 NE Venezuela
Zarcero 222 C Costa Rica
Zarghūn Shahr 77 SE Afghanistan
Zaria 442 C Nigeria
Zarzis 599 *var.* Jarjīs. SE Tunisie
Zawr, Jál az 368 *var.* Jal az Zor. Crête NE Koweït

Zaysan, Ozero 356 *kaz.* Zaysan Köt. Lac E Kazakhstan
Zebbug 405 C Malte
Zeebrugge 157 NO Belgique
Zefat 337 *ar.* Safad. N Israël
Zeist 475 C Pays-Bas
Zejtun 405 E Malte
Zelimai 378 N Liberia
Zémio 193 E Rép. centrafricaine
Zempléni-hegység 310 monts NE Hongrie
Zenica 158 C Bosnie-Herzégovine
Zeravshan 574 riv. O Tadjikistan
Zeroud, Oued 599 *var.* Zeroud, Wādī Zurūd. Oued N Tunisie
Zêzere 490 rivière C Portugal
Zgharta 376 N Liban
Zhambyl 356 *anc.* Dzhambul, Auliye-Ata. S Kazakhstan
Zhangjiakou 199 *var.* Zhang-chia-k'ou, Changkiakow, *anc.* Wanchuan, *angl.* Kalgan. Hebei, NE Chine
Zhanjiang 199 *var.* Chan-chiang, *cant.* Tsamkong, *fr.* Fort-Bayard. Guangxi, S Chine
Zhejiang 199 *var.* Chekiang, Che-chiang. Province E Chine
Zhezkazgan 356 *anc.* Dzhezkazgan, *Kaz.* Khezqazghan. C Kazakhstan
Zhob 463 rivière C Pakistan
Zhodzina 146 *rus.* Zhodino. N Biélorussie
Zhytkavitchy 146 SE Biélorussie
Zia Town 378 E Liberia
Zibák 77 NE Afghanistan
Zibo 199 *var.* Zhangdian, Chang-tien. Shandong, E Chine
Zielona Góra 487 *all.* Grünberg in Schlesien. O Pologne
Zienzu 378 C Liberia
Zigong 199 Tzekung. Sichuan, SO Chine
Ziguinchor 536 SO Sénégal
Zillah 381 C Libye
Ziller 120 rivière O Autriche
Zillertaler, Alpes du 120 *it.* Alpi Aurine. Monts d'Autriche et d'Italie
Zilupe 374 *all.* Rosenhof. E Lettonie
Zimmi 544 S Sierra Leone
Zinder 441 S Niger
Ziniaré 175 C Burkina Faso
Zinjibár 631 SO Yémen
Zion 520 E Nevis, St-Kitts-et-Nevis
Zipaquirá 209 C Colombie

Zithomir 610 NO Ukraine
Zitundo 407 S Mozambique
Ziway Hâyk' 267 *var.* Lac Zway. Lac C Éthiopie
Ziyamet 207 *var.* Leonarisso. NE Chypre
Zlatarsko Jezero 538 lac SO Serbie, Yougoslavie
Zlaté Moravee 549 *hong.* Aranyosmarót, SO Slovaquie
Zletovo 391 NE Macédoine
Zlín 584 *anc.* Gottwaldov. SE Rép. tchèque
Zlítan 381 *var.* Zlitán. N Libye
Znojmo 584 *all.* Znaim, S Rép. tchèque
Zóbuè 429 NO Mozambique
Zoetermeer 475 O Pays-Bas
Zomba 395 S Malawi
Zongo 497 N Rép. dém. du Congo
Zonguldak 604 NO Turquie
Zorzor 378 N Liberia
Zou 142 rivière S Bénin
Zouar 582 N Tchad
Zouérat 414 *var.* Zouérate, Zouîrât. N Mauritanie
Zrenjanin 538 *anc.* Petrovgrad, Velikl Bečkerek, *all.* Grossbetschkerek, *hong.* Nagybecskerek. N Serbie, Serbie et Monténégro
Zuénoula 224 C Côte-d'Ivoire
Zufār 454 *angl.* Dhofar. Région administrative SO Oman
Zug 562 C Suisse
Zugdidi 286 O Géorgie
Zugspitze 91 mont d'Autriche et d'Allemagne
Zuid 566 rivière SO Surinam
Zuid-Beveland 475 île SO Pays-Bas
Zürich 562 *fr.* Zurich, N Suisse
Zürichsee 562 *fr.* Lac de Zurich. Lac NE Suisse
Zurrieq 405 S Malte
Zuwārah 381 NO Libye
Zuwaylah 381 *var.* Zawīlah, *it.* Zueila, SO Libye
Zvishavane 636 *anc.* Shabani. S Zimbabwe
Zvolen 549 *all.* Altsohl, *hong.* Zólyom. C Slovaquie
Zvornik 158 E Bosnie-Herzégovine
Zwedru 378 E Liberia
Zwetll 120 N Autriche
Zwickau 91 SE Allemagne
Zwijndrecht 475 SO Pays-Bas
Zwolle 475 NE Pays-Bas
Zyryanovsk 356 E Kazakhstan

SOURCES DES DONNÉES STATISTIQUES UTILISÉES DANS CE LIVRE

Agence Internationale de l'Énergie Atomique (AIEA)

Airports Council International

Amnesty International

Automobile Association (AA)

Banque Européenne pour la Reconstruction et le Développement (BERD)

Banque mondiale : World Development Indicators, World Development Report, World Bank Atlas

British Petroleum (BP) : World Energy Data

Cambridge International Reference on Current Affairs (CIRCA)

CIA (United States Central Intelligence Agency)

Commonwealth Secretariat : Small States Economic Review and Basic Statistics

Convention sur le Commerce International des Espèces de la faune et de la flore sauvages menacées d'extinction (CITES)

Dorling Kindersley

Europa World Yearbook

Financial Times

Fischer Weltalmanach

Fonds Monétaire International (FMI) : Balance of Payments Statistics Yearbook, Direction of Trade Statistics Yearbook, Government Financial Statistics Yearbook, International Financial Statistics, World Economic Outlook

Fonds des Nations Unies pour la Population (FNUAP) : The State of World Population

Food and Agriculture Organization (FAO)

Forum Mondial Économique (FME)

International Institute for Strategic Studies (IISS) : The Military Balance

International Road Federation

International Union for Conservation of Nature (IUCN)

International Union of Railways

INTERPOL International Crime Statistics

Lloyd's Register of Shipping

Organisation pour la Coopération et le Développement Économique (OCDE) : Economic surveys

OCDE Development Assistance Committee (DAC) : Development Cooperation

Organisation Internationale du Travail (OIT) : World Labor Report

Organisation Mondiale de la Santé (OMS)

Organisation Mondiale du Tourisme (OMT)

Organisation des Pays Exportateurs de Pétrole (OPEP)

Programme des Nations Unies pour le Développement (PNUD) : Human Development Report

Programme des Nations Unies pour l'Environnement (PNUE)

Royal Automobile Club (RAC)

UNESCO (Organisation des Nations Unies pour l'Éducation, la Science et la Culture) : Statistical Yearbook

UNICEF (Fonds des Nations Unies pour l'Enfance)

United Nations Demographic Yearbook

United Nations Energy Statistics Yearbook

United Nations Framework Convention on Climate Change

United Nations Industrial Commodity Statistics Yearbook

United Nations International Trade Statistics Yearbook

United Nations Statistical Yearbook

United Nations Statistical Yearbook of Asia and the Pacific

World Conservation Monitoring Center (WCMC) : Biodiversity Data Sourcebook

WWF (Worldwide Fund for Nature)

REMERCIEMENTS

DORLING KINDERSLEY aimerait remercier les personnes, sociétés et institutions suivantes pour leur aide à la préparation de cet atlas :

CARTOGRAPHIE SUPPLÉMENTAIRE

Advanced Illustration (Congleton, RU)

Andrew Bright

Cosmographics (Watford, RU)

Malcolm Porter

Swanston Publishing (Derby, RU)

Andrew Thompson

DESIGN

Boyd Annison, Icon Solutions (Chesham, RU) *pour conseil Macintosh et gabarit de cartes*

Bruno Maag, Dalton Maag (Londres, RU) *pour les conseils de fontes et de production*

RECHERCHE ET RÉFÉRENCE

Administration (USTTA, Londres, RU)

Alexander Fyges-Walker

Amnesty International (Londres, RU)

Banque Internationale pour la Reconstruction et le Développement (Banque mondiale, Washington, DC, ÉU)

Caroline Blunden

Chris Joseph, United States Travel and Tourism

Christel Heideloff, Institute of Shipping Economics and Logistics (Bremen, Allemagne)

CNN International (New York, ÉU)

Comité International de la Croix-Rouge (ICRC, Genève, Suisse)

CSL Davies

Dataquest Europe SA (Paris, France)

Department of Trade and Industry Export Market Information Centre (Londres, RU)

Dr D Alkhateeb, Organisation des Pays Exportateurs de Pétrole (OPEP, Vienne, Autriche)

Foreign and Commonwealth Office (Londres, RU)

Institute of Latin American Studies, University of London (Londres, RU)

Intermediate Technology Development Group (Rugby, RU)

International Boundaries Research Unit, University of Durham

International Civil Aviation Organization (ICAO, Montréal, Canada)

International Institute for Strategic Studies, for information from *The Military Balance* (Londres, RU)

Latin American Bureau (Londres, RU)

Matt Ridley

National Meteorological Library and Archive (Bracknell, RU)

Oil and Gas Journal (Houston, Texas)

Organisation Internationale de Police Criminelle (INTERPOL, Lyon, France)

Organisation Mondiale de la Santé (OMS, Genève, Suisse)

Organisation Mondiale du Tourisme (Madrid, Espagne)

Organisation pour la Coopération et le Développement Économique (OCDE, Paris, France)

Patrick Mahaffey, Ohio European Office (Bruxelles, Belgique)

Penal Reform International (Londres, RU)

Peter Mansfield

Programme des Nations Unies pour l'Environnement (PNUE, Nairobi, Kenya)

Programme des Nations Unies pour le Développement (Paris, France)

Robert Minton-Taylor

Screen Digest (Londres, RU)

The Flag Institute (Chester, RU)

Tourism Concern (Londres, RU)

United Nations Crime Prevention and Criminal Justice Branch (UNCPC, Vienne, Autriche)

United Nations Food and Agriculture Organization (UNFAO, Rome, Italie)

United Nations International Labour Organization (UNILO, Genève, Suisse)

United Nations Population Fund (UNFPA, New York, ÉU)

Westminster Reference Library (Londres, RU)

William Smith, Chicago Sun-Times (Chicago, ÉU)

World Conservation Monitoring Centre (Cambridge, RU)

Les nombreuses ambassades, Hautes Commissions, aéroports, offices de tourisme et d'information nationale de Londres et du monde entier.

CRÉDITS PHOTOGRAPHIQUES

NOTES

NOTES

NOTES

N° d'editeur: 10111659 - Juillet 2004 Imprimé en Italie par STIGE.